中国思想政治工作年鉴

（2010年3月～2011年2月）

全国思想政治工作科学专业委员会
《中国思想政治工作年鉴》编撰委员会 编

中共中央党校出版社
2011年6月

责任编辑　崔宪涛等
封面设计　刘广通
版式设计　刘广通
责任校对　陈　薇　王惠丽

图书在版编目(CIP)数据

2010~2011中国思想政治工作年鉴／全国思想政治工作科学专业委员会,《中国思想政治工作年鉴》编撰委员会编. —北京:中共中央党校出版社,2011. 6
ISBN 978-7-5035-4539-9

Ⅰ.①2… Ⅱ.①全… ②中… Ⅲ.①中国共产党—政治工作—2010~2011—年鉴 Ⅳ.①D261.1-54

中国版本图书馆CIP数据核字(2011)第105321号

中共中央党校出版社出版发行
社址:北京市海淀区大有庄100号
电话:(010)62805800(办公室)(010)62805816(发行部)
邮编:100091　网址:www.dxcbs.net
新华书店经销
天津市武清区雍阳印刷厂印刷装订
2011年6月第1版　2011年6月第1次印刷
开本:787毫米×1092毫米　1/16　印张:92.5
字数:2300千字　　印数1—3000册

ISBN 978-7-5035-4539-9
D·2282　**定价:398.00元**

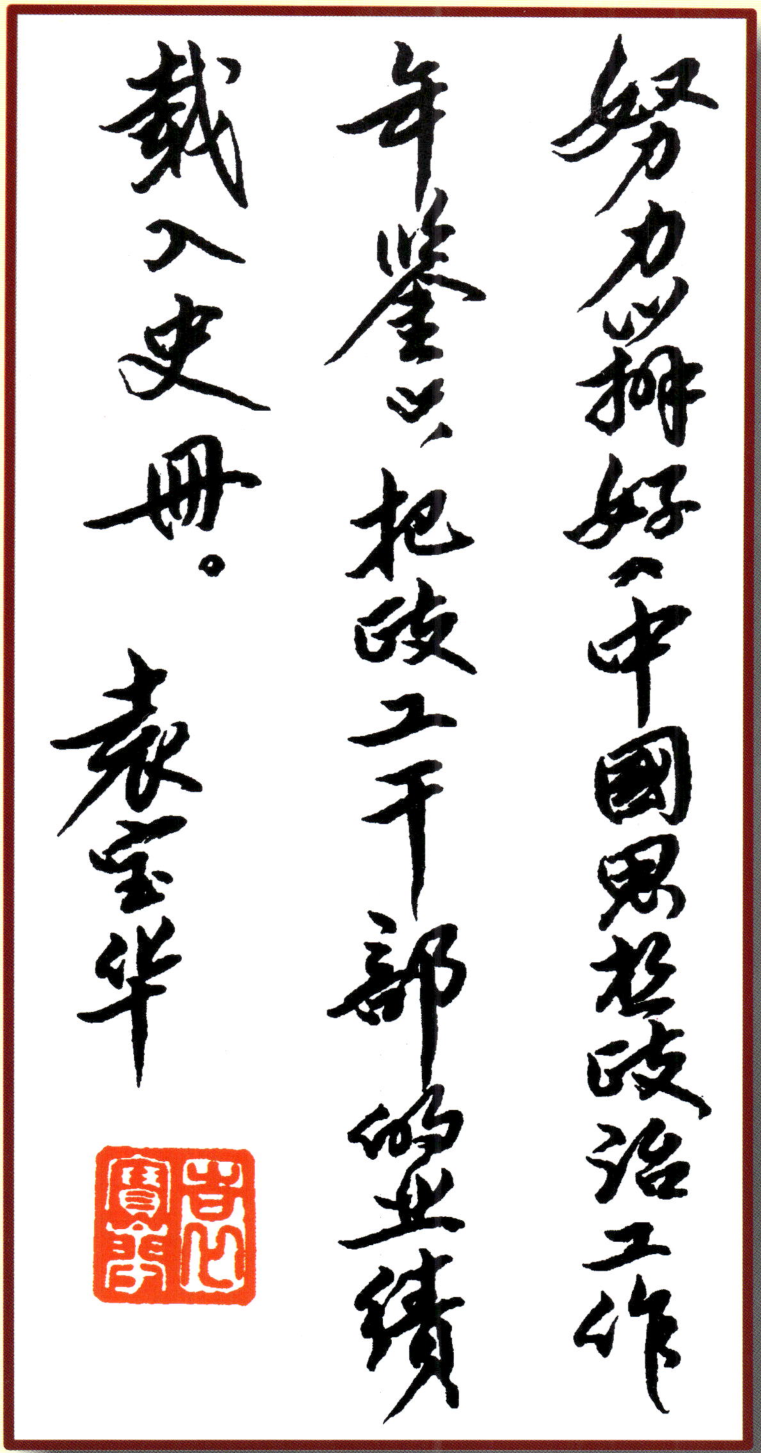

中国思想政治工作研究会原会长、原国家经委主任袁宝华为年鉴题词：“努力办好《中国思想政治工作年鉴》，把政工干部的业绩载入史册。”

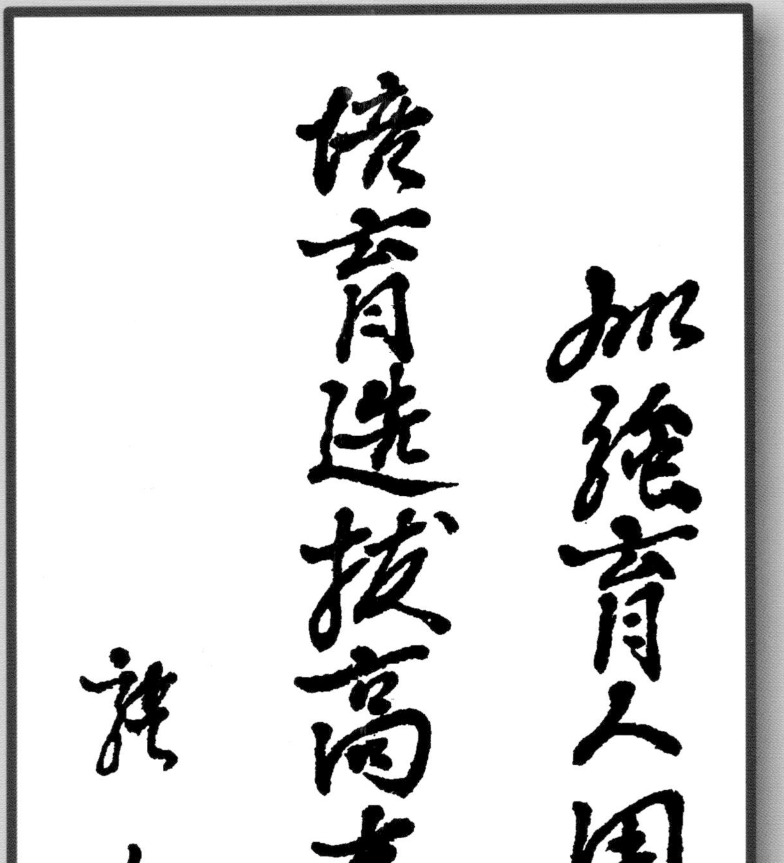

中共中央组织部原部长、全国党建研究会会长张全景为年鉴题词：“加强育人用人研究培育选拔高素质人才。”

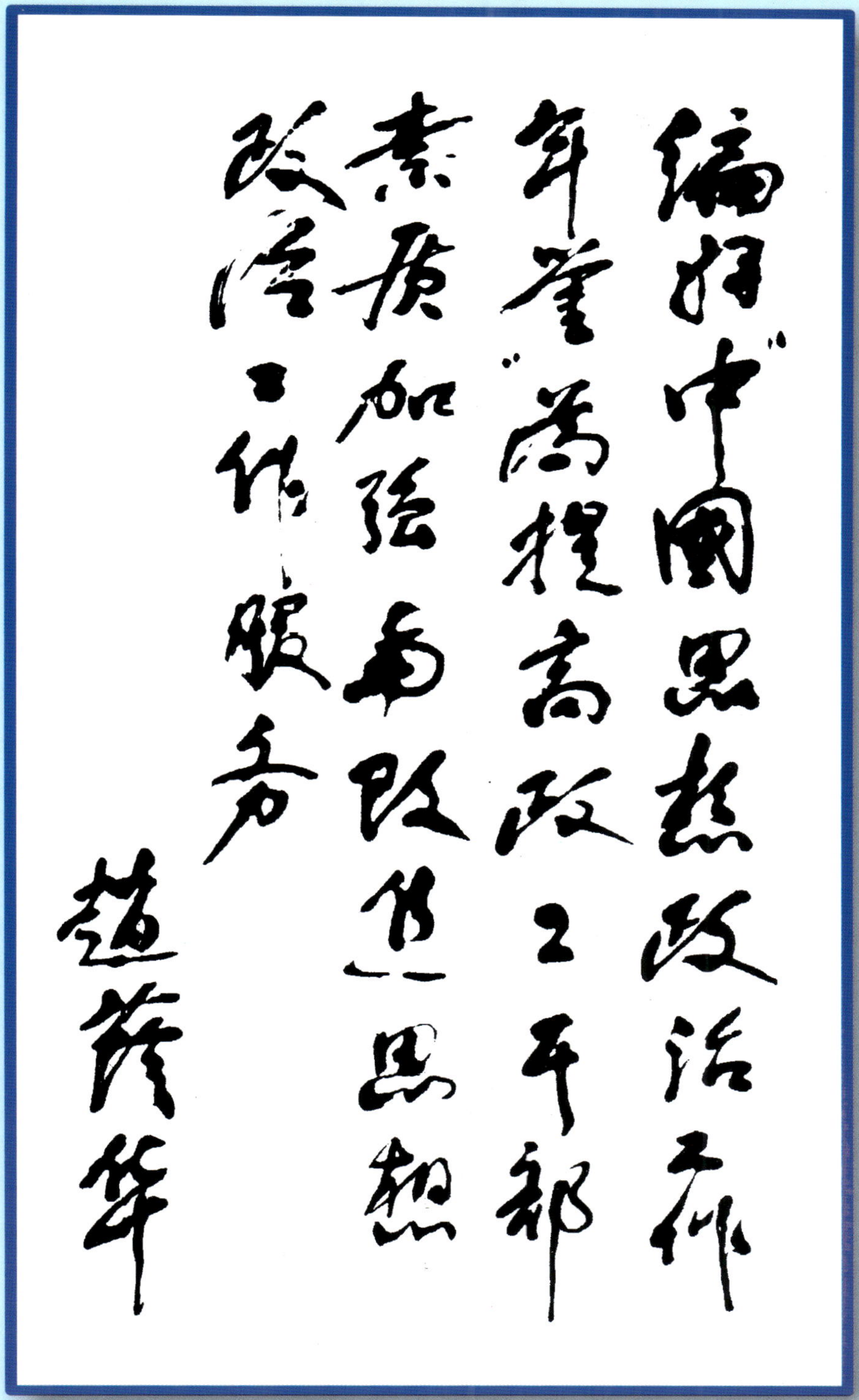

中国思想政治工作研究会原常务副会长、原国家经委副主任赵荫华为年鉴题词：“编好‘中国思想政治工作年鉴’为提高政工干部素质加强与改进思想政治工作服务。”

1994年9月23日，时任中共中央政治局常委、书记处书记的胡锦涛同志，在中共中央党校与出席全国思想政治工作科学专业委员会第一次特约研究员会议的全体代表合影。（资料照片）

全国思想政治工作科学专业委员会第十七届年会代表合影

2010.7.25 宁夏·银川

全国思想政治工作科学专业委员会第17届年会于2010年7月25日在银川市召开。图为参加会议的代表合影。

《中国思想政治工作年鉴》
编撰委员会

《中国思想政治工作年鉴》

目 录

第一部分 政工重要文献

在全党深入学习实践科学发展观活动总结大会上的讲话(2010 年 4 月 6 日) ………… 胡锦涛(2)
在中国科学院第十五次院士大会中国工程院第十次院士大会上的讲话
(2010 年 6 月 7 日) ………………………………………………………………… 胡锦涛(8)
在全国教育工作会议上的讲话(2010 年 7 月 13 日) ………………………………… 胡锦涛(13)
在深圳经济特区建立 30 周年庆祝大会上的讲话(2010 年 9 月 6 日) ……………… 胡锦涛(19)
深入贯彻落实党的十七届五中全会精神 不断开创中国特色社会主义事业新局面
(2010 年 10 月 18 日) ………………………………………………………………… 胡锦涛(23)
在形成中国特色社会主义法律体系座谈会上的讲话(2011 年 1 月 24 日) …………… 吴邦国(25)
加强重点领域反腐倡廉制度建设 切实提高制度执行力
——在国务院第三次廉政工作会议上的讲话(2010 年 3 月 23 日) ………………… 温家宝(32)
在庆祝中华人民共和国成立 61 周年招待会上的讲话(2010 年 9 月 30 日) ………… 温家宝(36)
坚定不移走中国特色解决民族问题的正确道路 ……………………………………… 贾庆林(37)
切实抓好生态文明建设的若干重大工程 ……………………………………………… 贾庆林(42)
正确认识和处理文化建设发展中的若干重大关系 努力探索中国特色社会主义
文化发展道路 ………………………………………………………………………… 李长春(45)
切实加强对文化产品创作生产的引导 多出精品力作多出优秀人才 ……………… 李长春(55)
在纪念中国人民抗日战争胜利 65 周年座谈会上的讲话(2010 年 9 月 3 日) ……… 李长春(59)
深入学习中国特色社会主义理论体系 努力掌握马克思主义立场观点方法 ………… 习近平(63)
努力克服不良文风 积极倡导优良文风 ……………………………………………… 习近平(72)
在全国组织部长会议上的讲话(2010 年 12 月 17 日) ……………………………… 习近平(76)
深刻理解《建议》主题主线 促进经济社会全面协调可持续发展 …………………… 李克强(82)
坚持改革创新 狠抓工作落实 努力取得党风廉政建设和反腐败斗争新成效
——在中国共产党第十七届中央纪律检查委员会第六次全体会议上的工作报告
(2011 年 1 月 9 日) …………………………………………………………… 贺国强(90)
开展“发扬传统、坚定信念、执法为民”主题教育实践活动 以崭新的精神面貌
迎接中国共产党成立 90 周年 ……………………………………………………… 周永康(100)
党政领导干部选拔任用工作有关事项报告办法(试行) ……………………………………… (102)
地方党委常委会向全委会报告干部选拔任用工作并接受民主评议办法(试行) ……………… (103)

市县党委书记履行干部选拔任用工作职责离任检查办法(试行) …………………… (104)
党政领导干部选拔任用工作责任追究办法(试行) ……………………………………… (106)
中央组织部、中央宣传部关于在党的基层组织和党员中深入开展创先争优活动的意见 …… (108)
国家中长期人才发展规划纲要(2010—2020年) ……………………………………… (111)
关于领导干部报告个人有关事项的规定 ………………………………………………… (124)
2010—2020干部教育培训改革纲要 …………………………………………………… (126)
关于党的基层组织实行党务公开的意见 ………………………………………………… (131)
中共中央关于制定国民经济和社会发展第十二个五年规划的建议
(2010年10月18日中国共产党第十七届中央委员会第五次全体会议通过) ………… (134)
关于加强和改进城市社区居民委员会建设工作的意见 ………………………………… (147)
党政主要领导干部和国有企业领导人员经济责任审计规定 …………………………… (153)
关于实行党风廉政建设责任制的规定 …………………………………………………… (156)
军队党组织实施党内监督的规定(试行) ………………………………………………… (159)
中央宣传部、国务院国资委关于加强和改进新形势下国有及国有控股企业
思想政治工作的意见 ………………………………………………………………… (165)

第二部分　政工大事纪实

2010年3月 ……………………………………………………………………………… (172)
2010年4月 ……………………………………………………………………………… (177)
2010年5月 ……………………………………………………………………………… (184)
2010年6月 ……………………………………………………………………………… (192)
2010年7月 ……………………………………………………………………………… (200)
2010年8月 ……………………………………………………………………………… (209)
2010年9月 ……………………………………………………………………………… (213)
2010年10月 ……………………………………………………………………………… (222)
2010年11月 ……………………………………………………………………………… (227)
2010年12月 ……………………………………………………………………………… (231)
2011年1月 ……………………………………………………………………………… (242)
2011年2月 ……………………………………………………………………………… (250)

第三部分　政工学会专辑

全国思想政治工作科学专业委员会第十七届年会会议纪要 ……………………………… (259)
全国思想政治工作科学专业委员会工作汇报(2009年7月—2010年7月)
…………………………… 全国思想政治工作科学专业委员会常务理事会(260)

学习贯彻十七届四中全会精神　把党的政治优势转化为科学发展优势 …………… 张蔚萍(263)
如何认识后危机时代世界格局变化与中国和平发展道路? …………………………… 宫　力(269)
提高党的建设科学化水平 ………………………………………………………………… 戴焰军(271)
2010年中国科学社会主义学会年会暨中国特色社会主义实践形式理论研讨会综述 ……… (275)
在全国党建研究会秘书长研讨班上的讲话 ……………………………………………… 虞云耀(277)
第六届"中国企业文化论坛"召开 …………………………………………………………… (284)
新中国六十年与历史唯物主义理论研讨会综述 ………………………………………… 彭　博(285)

第四部分　政工新课题与创新问题研究

弘扬延安精神 ……………………………………………………………………………… 李铁映(288)
重视思想政治工作的覆盖面 ……………………………………………………………… 徐惟诚(292)
转型期基层思想政治工作的着力点 ……………………………………………………… 聂辰席(294)
改进创新思想政治教育 …………………………………………………………………… 高东璐(296)
《钢铁是怎样炼成的》照亮人生
——答《中国党政干部论坛》记者问 …………………………………………………… 石仲泉(297)
没有信仰,就没有名副其实的生命 ……………………………………………………… 李慎明(299)
加强和改进新形势下基层思想政治工作 ………………………………………………… 杨文明(300)
警惕政治优势弱化 ………………………………………………………………………… 甄小英(305)
信仰的力量 ………………………………………………………………………………… 金一南(306)
建设社会主义核心价值体系的几点思考 ………………………………………………… 丛　斌(307)
提升主流意识形态影响力研究
……………………… 中共中央党校第54期地厅级干部班"新形势下党的工作"课题组(309)
信息化条件下的意识形态安全策略 ……………………………………………………… 周国平(315)
论人文关怀与社会主义核心价值体系学习教育 ………………………………………… 寇东亮(317)
对社会主义核心价值体系建设的方法论思考 ……………………………… 赵晓红　李抒望(322)
信息化条件下思想政治工作应对突发公共事件的思考 …………………… 张可让　孙新刚(326)
为经济发展方式转变提供强大精神动力 ………………………………………………… 杨冬生(329)
创新典型宣传　入耳入脑入心 …………………………………………………………… 贯永清(331)
以核心价值引领时代精神 ………………………………………………………………… 竹立家(333)
微传播带来的机遇与挑战 ………………………………………………………………… 何国平(335)
微公益在社会思想道德建设中的价值 …………………………………………………… 周中之(338)
以"滴灌模式"培育核心价值体系 ………………………………………………………… 田海舰(341)
社会主义中国精神家园的理念内涵 ……………………………………………………… 葛晨虹(342)
时代精神:社会主义精神家园的活力源泉 ………………………………… 宋新滨　李元卿(345)
转型时期的社会群体心理特征 …………………………………………………………… 陶文昭(348)
社会转型期的心理失衡与和谐社会心理构建 …………………………………………… 司春燕(352)
运用手机媒体创新思想政治工作方式 …………………………………………………… 郑　峰(355)
加强政工队伍素质建设的调查与思考 ……………………………………… 李　华　王进忠(357)

新形势下党的群众工作面临的突出问题及其对策 …………………………………… 赵刚印(360)
新时期群众工作的新特点新要求 …………………………………………………… 王永凤(363)
建立一个高信任度社会 ……………………………………………………………… 竹立家(366)
中华传统美德对社会信任建设的价值 ……………………………………………… 赵爱玲(369)
用产品信任夯实社会信任的基础 ………………………………………… 任建东　黄娅蓉(372)
当前社会信任危机现状、影响及对策 ……………………………………… 孟晓旭　王　宛(375)
思想政治工作覆盖面的现状分析及对策思考 ……………………………………… 徐正初(378)
思想政治工作要解决好吸引人的问题 …………………………………… 韦诗业　沈壮海(381)
基层思想政治工作基本状况调查及创新之路 ………… 浙江省思想政治工作研究会课题组(384)
基层宣传思想工作存在问题及建议 ………………………………………………… 孟　敏(388)
关于县级思想政治工作情况的调研 ………………………… 河北省思想政治工作研究会课题组(391)
我国乡级宣传思想文化工作基本状况及对策 ……………………………… 辛向阳　陈建波(394)
德能兼备　师从百工　培养高素质的能工巧匠 …………………………………… 黄克敬(397)

第五部分　文化建设与文化体制改革

中国特色社会主义文化建设的实践探索和理论思考 ………………………………… 刘云山(402)
努力探索中国特色社会主义文化发展道路 …………………………………………… 蔡　武(406)
深化文化体制改革　加快文化产业发展 ……………………………………………… 吉炳轩(409)
加大对外文化交流　推动中华文化走向世界 ………………………………………… 胡振民(412)
努力推出更多的文学精品力作 ……………………………………………………… 李　冰(415)
文化自觉　文化自信　文化自强
——对繁荣发展中国特色社会主义文化的思考 …………………………………… 云　杉(417)
推进文化创新　繁荣发展文化事业和文化产业 ……………………………………… 雒树刚(430)
文化发展:转变发展方式的重要支撑 ………………………………………………… 江泽林(434)
真转真改是深化文化体制改革的要害 ……………………………………………… 张　江(436)
浙江发展文化产业的实践 …………………………………………………………… 茅临生(439)
提升社会主义思想文化软实力
——划清社会主义思想文化同封建主义、资本主义腐朽思想文化的界限 ……… 范印华(441)
努力打造无愧于时代的民族文化精品 ……………………………………………… 张　平(443)
世界经济格局变化的文化应对 ……………………………………………………… 冯韶慧(445)
文化:国家发展和民族振兴的强大力量 ……………………………………………… 韩振峰(450)
关注“打工文化”的力量
——以“工友之家”为例 ……………………………………………………………… 刘　忱(452)
关注民工文化　提高执政能力 ……………………………………………………… 关爱和(456)
把文化体制改革引向深入　大力兴起文化建设新高潮 ………………… 《求是》杂志评论员(457)
深化文化体制改革的几点体会和思考 ……………………………………………… 王晓玲(459)
我国文化产业发展与投融资支持
——陕西文化产业现状调查引发的思考 …………………………………………… 汪　洋(462)

报业体制改革中行业报何去何从 …………………………………………… 温继武(465)
文化体制改革下剧场管理模式研究
——上海市剧场运营和管理情况调研 …………………………………… 张　哲(468)
世界有关国家文化产业发展策略 …………………………………………… 刘国强(473)
我国文化建设的战略取向和重点任务 ……………………………………… 陈少峰(475)

第六部分　学习十七届五中全会精神　推动"十二五"规划落实

创新社会服务和管理　推动首都社会主义和谐社会建设 ……………………… 刘　淇(479)
认真学习贯彻五中全会精神　扎实深入开展创先争优活动 ………………… 李源潮(483)
围绕科学发展推进组织工作改革创新　为"十二五"开好局提供组织保证 ………… 李源潮(484)
制定"十二五"规划的指导思想 ……………………………………………… 令计划(491)
加快财税体制改革　促进又好又快发展 …………………………………… 谢旭人(498)
毫不动摇地加快转变农业发展方式 ………………………………………… 韩长赋(501)
以转型发展为主线　再造一个新山西 ……………………………………… 袁纯清(505)
陕西加快经济发展方式转变的着力点 ……………………………………… 赵乐际(509)
为推进科学发展加快经济发展方式转变提供组织保证 …………………… 黄燕明(510)
商务工作要自觉服务加快经济发展方式转变 ……………………………… 陈德铭(513)
健全覆盖城乡居民的社会保障体系 ………………………………………… 尹蔚民(515)
坚持以改善民生为重点推进社会建设 ……………………………………… 卫留成(518)
加快经济发展方式转变　推动辽宁全面振兴 ……………………………… 王　珉(520)
"十二五":加快工业发展方式转变的关键期……………………………… 李毅中(522)
"十二五"期间我国经济社会发展的国际环境……………………………… 卢中原(525)
充分挖掘我国内需的巨大潜力 ……………………………………………… 谢伏瞻(528)
加快社会主义新农村建设 …………………………………………………… 陈锡文(531)
一项重大的民心工程 ………………………………………………………… 戴相龙(535)
为加快转变经济发展方式勇挑重担、建功立业
——学习胡锦涛同志在两院院士大会上的重要讲话 ……………………… 周　济(538)
立足上海实际加快经济发展方式转变 ……………………………………… 韩　正(540)
加快发展现代服务业　全力推动经济转型升级 …………………………… 罗志军(541)
在转变发展方式中拓宽西部开发新路 ……………………………………… 王正伟(544)
构建畅通高效安全绿色交通运输体系 ……………………………………… 李盛霖(547)
继续抓住和用好我国发展的重要战略机遇期 ……………………………… 郑必坚(550)
以加快转变经济发展方式为主线是推动科学发展的必由之路 …………… 朱之鑫(554)
"十二五"时期经济社会发展主要目标 ……………………………………… 张　平(558)
提高生态文明水平 …………………………………………………………… 周生贤(562)
转变政府职能　为加快经济发展方式转变提供制度保障 ………………… 魏礼群(566)
深刻领会十七届五中全会的基本精神　加快转变经济发展方式 ………… 张蔚萍(570)

第七部分　建设学习型政党与学习中共党史

在建设学习型党组织中不断推动首都科学发展 …… 刘　淇(577)
一本常学常新的好书
——我1948年开始读《共产党宣言》…… 张全景(580)
树立良好学风是建设马克思主义学习型政党的重要保证 …… 李景田(581)
不断提高中心组学习水平　着力推进学习型党组织建设 …… 赵乐际(585)
提高党员干部学习力　推动福建跨越发展 …… 孙春兰(588)
兴读书之风　做学习表率 …… 苏　荣(591)
坚持以理论创新推进马克思主义学习型政党建设 …… 王伟光(593)
高标准落实建设学习型党组织要求　着力提高学习运用科学发展观水平 …… 常万全(596)
扎实有效地搞好学习型党组织建设 …… 陈祥如(599)
坚持把深化理论武装作为建设学习型党组织的首要任务 …… 张　阳(602)
努力提高三大思维和两大能力 …… 石仲泉(604)
紧紧围绕转变经济发展方式推进学习型领导班子建设 …… 中共广东省委理论学习中心组(605)
建设马克思主义学习型政党是坚持马克思主义指导地位的重要保证 …… 徐光春(608)
人人都应该学习 …… 陈先达(610)
关于建设学习型党组织的若干重大问题 …… 张蔚萍(611)
延安时期的全党大学习 …… 陈　述(617)
树立执政学习理念　建设学习型政党 …… 程　扬(619)
建设高校学习型党组织要注重“三性” …… 王　山(621)
发挥领导班子在推进学习型党组织建设中的示范作用
…… 中共黑龙江省委理论学习中心组(624)
学习:推动老工业基地全面振兴的强大动力 …… 中共辽宁省委中心组(626)
让思想解放从观念走向实践 …… 中共吉林省委理论学习中心组(629)
以学习型党组织建设推进学习型城市建设 …… 黄坤明(632)
关于建设学习型党组织的若干思考 …… 王国君(634)
以建设学习型党组织推动讲师团工作蓬勃发展 …… 崔耀中(636)
准确把握党的历史的主流和本质
——写在《中国共产党历史》第二卷出版之际 …… 欧阳淞(637)
一部重要的党史著作
——读《中国共产党历史》第二卷 …… 逄先知(643)
全国党史工作会议和《中国共产党历史》第二卷的出版 …… 金冲及(647)
从党的历史中汲取前进的智慧和力量
——读《中国共产党历史》第二卷(1949—1978) …… 曲青山(649)
用历史唯物主义观点正确书写党的历史
——贺《中国共产党历史》第二卷出版 …… 张启华(652)

党的艰辛探索的厚重史书
——读《中国共产党历史》第二卷 …… 石仲泉(656)
中国共产党成立之初马克思主义中译本重要著作介绍 …… 杨　荣(659)
学习党史:善采资政育人的精华 …… 田培炎(667)
革命理想高于天
——读《革命烈士诗抄》 …… 张海迪(668)

第八部分　重大理论与热点问题探讨

立足中国国情　坚持改革创新　探索具有自身特色的社会主义现代化道路 …… 刘云山(673)
加强国史研究　推进民族复兴 …… 陈奎元(677)
众志成城　抗震救灾　再建美丽新家园 …… 强　卫(681)
国际金融危机与社会主义、马克思主义的历史命运 …… 王伟光(684)
社会主义市场经济与资本主义市场经济的两个根本性区别 …… 刘国光(688)
毛泽东关于党同人民群众关系问题的独创见解
——纪念毛泽东诞辰117周年 …… 卫建林(691)
认真学习《马克思恩格斯文集》、《列宁专题文集》
系统掌握马克思主义基本理论 …… 江　流(695)
正确处理新时期人民内部矛盾 …… 邢贲思(698)
试析忧党意识的政治价值 …… 毕京京(701)
划清界限:思想战线的长期任务
——论自觉划清马克思主义和反马克思主义的界限 …… 赵　曜(704)
划清“四个重大界限”的有关理论与实践问题 …… 秋　石(708)
学习毛泽东经济开放思想的辩证思维 …… 鲁　勇(716)
论解决三农问题的根本出路 …… 吴振坤(718)
坚定不移地走中国特色社会主义政治发展道路 …… 秋　石(721)
关于中国政治体制改革的几个问题 …… 陈红太(725)
转变政府管理方式　推进政府管理创新 …… 许耀桐　曹　胜(728)
苏联特权阶层——苏联剧变的关键内因 …… 戴隆斌(733)
新观点　新理念　新成果
——马克思主义理论与科学社会主义学科建设巡礼 …… 严书翰(736)
2005年以来学术界国外社会主义研究综述 …… 中央党校科社部社会主义发展史教研室(741)
2005年以来学术界关于“中国模式”问题研究综述
…… 中央党校科社部社会制度比较教研室(747)
关于马克思主义中国化、时代化、大众化研究综述 …… 文　华(754)
“金砖四国”的由来及其国际经济合作 …… 张幼文(757)
苏联是怎样被搞垮的?
——俄罗斯科学院资深院士谈对苏联“改革”及赫鲁晓夫等人的政治评价
…… 张树华　罗文东　辛向阳(760)

论毛泽东对中国特色社会主义理论的奠基作用 …………………………………… 王浩军(763)

第九部分 践行科学发展观与构建和谐社会

加快发展方式转变 增创科学发展优势 ……………………………………………… 汪 洋(769)
深入推进三项重点工作 努力营造良好发展环境 ………………………………………… 张高丽(771)
创新社会服务和管理 推动首都社会主义和谐社会建设 ………………………………… 刘 淇(774)
推进三项重点工作 促进社会和谐稳定 …………………………………………………… 赵洪祝(778)
人的全面发展与科学发展观 ………………………………………………………………… 林炎志(781)
深入推进三项重点工作 为国际旅游岛建设提供和谐稳定的社会环境 …………… 肖若海(784)
在深化改革开放中努力探索科学发展新路
——深入学习胡锦涛总书记在深圳经济特区建立30周年庆祝大会上的重要讲话
……………………………………………………………… 中共广东省委理论学习中心组(786)
坚持用科学发展观引领党的建设科学发展 ……… 中共宁夏自治区委党校理论学习中心组(789)
中央学习实践科学发展观活动领导小组办公室负责人答记者问 ………… 《求是》杂志记者(791)
构建和谐劳动关系 促进企业和谐发展 …………………………………………………… 张鸣起(796)
着力提高党委班子领导科学发展能力 ……………………………………………………… 朱新民(799)
以科学发展观引领信息时代领导作用力的提升 …………………………………………… 徐建平(802)
坚持科学开发 推动绿色发展 ……………………………………………………………… 李 裴(806)
党建工作是国有企业实现科学发展的有力保证 …………………………………………… 李庆奎(808)
打造区域人才高地 培育科学发展动力 …………………………………………………… 赵爱明(810)
不断提升科学发展水平 ……………………………………………………………………… 许 宁(813)
科学发展观的重大战略思想研究 …………………………………………………………… 李康平(814)
科学发展观与跳出“历史周期率” …………………………………………… 刘启春 杨 路(818)
孔子、老子的“信”对建设和谐社会的启示 ………………………………………………… 谢永鑫(823)
深入贯彻落实科学发展观应把握的六个关键点 …………………………………………… 刘友忠(827)

第十部分 党的建设、社会管理与领导科学研究

党的优良传统是我党我军的宝贵财富 ……………………………………………………… 张全景(834)
中青年干部要讲党性重品行作表率 ………………………………………………………… 沈跃跃(843)
开展创先争优活动 推进湖南科学发展 …………………………………………………… 周 强(846)
努力加强和创新社会管理 …………………………………………………………………… 马 凯(849)
加强社会管理创新 促进社会和谐稳定
…………………………………………… 中共中央党校第55期地厅级干部进修班课题组(855)
创新社会管理 维护社会稳定 ……………………………………………………………… 吴鹏飞(860)
切实增强党性教育的针对性和有效性 ……………………………………………………… 王宪魁(862)
学习贯彻十七届四中全会精神 加强哲学社会科学领域党的建设 …………………… 高全立(866)

机关党的工作必须遵循的基本规章
——认真学习贯彻《中国共产党党和国家机关基层组织工作条例》…………孙　淦(870)
积极推进党委新闻发言人制度建设 ……………………………………………王　晨(873)
深入开展创先争优活动　推进新玉树新家园建设 ……………………………齐　玉(876)
以“五型”创评活动提升机关建设水平 ……………………………………曹维新(878)
论提高党的建设科学化水平 ……………………………………………………姚　桓(880)
新形势下怎样当好县委书记 ……………………………………《党建研究》编辑部(885)
加强县委书记队伍建设的调查 …………………………………………………谢玉安(887)
强化党员干部的政治忠诚教育 …………………………………………………曾仁忠(889)
领导干部要牢固树立和坚持正确的工作观 ……………………………………洪向华(891)
领导干部领导科学发展须具备的核心能力 ……………………………………李小三(895)
全球化视野下的领导学学科建设……………………………………………………李锡炎(901)
领导学的学科性质与社会功能 ……………………………………………………匡　胜(904)
论领导科学学科的本质性要求………………………………………………………张世和(907)

第十一部分　积极开展创先争优活动

紧紧围绕科学发展中心任务　扎实有效开展创先争优活动 ……………………李源潮(912)
勇当创先争优排头兵 ………………………………………………………………陈国令(915)
在各级妇联和广大妇女中深入开展创先争优活动 ……………………………宋秀岩(917)
带头创先争优　打造过硬队伍 ……………………………………………………蔡　奇(919)
深刻认识创先争优活动的重大意义 ………………………………………………楼阳生(921)
推动科学发展　促进全面振兴　确保创先争优活动取得成效 ………………唐　军(923)
切实增强创先争优活动的实效性 …………………………………………………徐松南(927)
学沈浩　创先进　争优秀 …………………………………………………………段敦厚(929)
抓好创先争优活动　推进基层组织建设 …………………………………………李文慧(931)
以创先争优促进经济发展方式转变 ………………………………………………孙永春(933)
扎实推进“五个基本”建设　在创先争优中加快发展步伐 ……………………肖旭明(935)
扎实推进创先争优活动 ……………………………………………………………金湘军(936)
突出特色　推动发展 ………………………………………………………………杨克忠(937)
让创先争优活动得民心促发展 ……………………………………………………崔保华(938)
以“世博先锋行动”为主题开展创先争优活动 ………………中共上海市委组织部(940)
激发创先争优活力　建设和谐壮乡首府 ……………………中共南宁市委员会(942)
紧贴实际　确保实效 ……………………………………………中共河北省委组织部(944)
以“四在前”活动推进非公企业创先争优 …………………………………………姜　杰(945)
在创先争优中践行科学发展观 ……………………………………………………张建军(947)
以创先争优活动推动新农村建设 ………………………中共福建省三明市委组织部(948)
在创先争优活动中锤炼过硬作风 …………………………………………………刘中会(949)
正确处理创先争优活动中的若干关系 ……………………………………………杨立平(951)

在创先争优活动中学习郭明义先进事迹和崇高品德 …… 廖　言(952)
在创先争优中进一步加强农村基层党组织建设 …… 郭新民(955)
创先争优:助推社区思想政治工作全覆盖
——北京西长安街街道扩大社区思想政治工作覆盖面调研报告
…… 中国政研会课题组(957)
牢记嘱托创先争优　加快建设美好安塞 …… 程引弟(960)
探索建立服务群众新机制　推动创先争优活动深入开展 …… 王西冀(961)
争创科学重建示范　争当跨越发展先锋 …… 颜　超(962)
大力实施“四大工程”　使创先争优活动成为群众满意工程 …… 刘　利(963)
谨防创先争优活动中的“四种现象” …… 郭三潮(964)

第十二部分　组织人才工作与干部人事制度改革

努力建设先进组工文化　推动组织工作科学发展 …… 李源潮(968)
全力落实干部人事制度改革《规划纲要》 …… 李源潮(970)
推动人才事业全面发展 …… 沈跃跃(971)
以高层次、高技能人才为重点　统筹推进各类人才队伍建设 …… 尹蔚民(974)
扎实推进党外代表人士队伍建设 …… 杜青林(977)
努力为党的事业培养一批又一批坚定的青年马克思主义者 …… 王兆国(981)
有力推动海外高层次人才引进工作 …… 中共北京市委(984)
探索司局级领导干部选拔任用新机制 …… 国土资源部党组(986)
创新选用环节　选好用好干部 …… 梅克保(988)
破除“官本位”要靠深化干部人事制度改革 …… 陈存根(990)
进一步创新选人用人机制 …… 黄建国(992)
改进对县委书记的考核工作 …… 梁　滨(994)
提高干部工作民主科学性和真实性的思考 …… 蔡　奇(996)
加强干部队伍能力建设　为经济社会发展提供保障 …… 张少农(998)
完善干部选拔任用监督机制 …… 李玉妹(1000)
科学组工　文化为魂 …… 楼阳生(1004)
培育和弘扬组工文化　树立组工干部新形象 …… 徐泽洲(1006)
微博:组工文化建设的新载体 …… 马　利(1008)
坚持以点带面落实干部人事制度改革任务 …… 郭广银(1010)
在干部选拔任用关键环节上改革创新 …… 曹力卓(1012)
改革和完善干部选拔任用制度的几点思考 …… 李高山(1014)
着力推进中央企业干部人事制度改革 …… 姜志刚(1019)
规范选任县委书记提名工作 …… 盛克勤(1021)
加强年轻干部实践锻炼的做法 …… 中共江苏省扬州市委组织部(1023)
大规模培训干部的探索 …… 中共陕西省榆林市委组织部(1024)
创新选拔正职领导干部方法 …… 于跃敏(1025)

深化干部人事制度改革的探索实践 …………………………………………………………… 张　兵(1026)
努力形成充满活力的选人用人机制 …………………………………………………………… 李烈满(1028)
抓难点促落实提高选人用人公信度 …………………………………………………………… 杨天宗(1031)
规范干部选拔任用提名制度 ………………………………………………………………… 魏国强(1033)
人岗相适、用当其时、人尽其才是干部工作科学化的要求 ………………………………… 孙　强(1035)
积极稳妥地推进干部制度改革 ……………………………………………………………… 赵长茂(1037)
加强创新型人才队伍建设的思考 …………………………………………………………… 李淑华(1038)
更新党的干部人事工作理念 ………………………………………………………………… 高新民(1040)
中组部负责人就《2010—2020 年干部教育培训改革纲要》答记者问
………………………………………………………………………………………… 人民日报记者(1041)
着力推进干部教育培训运行机制改革 ……………………………… 中组部干部教育局课题组(1044)
纠正干部任职年龄"一刀切"的难点与对策 ………………………………… 《党建研究内参》记者(1047)

第十三部分　党风廉政建设与反腐败斗争

在全国市级纪委书记培训班开班式上的讲话 ………………………………………………… 何　勇(1051)
认真学习贯彻新修订的行政监察法　进一步提高履行行政监察职责的能力 ……… 马　驭(1060)
进一步提高反腐倡廉建设科学化水平 ……………………………………………………… 张惠新(1064)
进一步加强理论和实践上的探索创新　推动治理商业贿赂专项工作取得新成效
………………………………………………………………………………………………… 李玉赋(1067)
推动信访举报案件办理工作深入开展 ……………………………………………………… 张惠新(1071)
廉政文化建设:拒腐防变的重要工程 ……………………………………………………… 李君如(1076)
大力弘扬延安精神　深入推进党风廉政建设 ……………………………………………… 郭永平(1079)
充分发挥纪检监察在服务大局中的作用 …………………………………………………… 任泽民(1082)
反腐倡廉工作要勇于创新善于创新 ………………………………………………………… 许云昭(1084)
改进作风　严明纪律　确保新一轮西部大开发战略顺利实施 …………………………… 刘晓滨(1088)
纪检监察领导干部加强学习要着力在"勤、广、深、活"上下工夫
………………………………………………………………………………………………… 弘　强(1090)
建设廉政文化　弘扬清风正气　努力为反腐倡廉营造良好的社会氛围 ……………… 张　力(1091)
深入开展廉政文化建设　为反腐倡廉建设提供坚强保证 ………………………………… 王海超(1094)
抓好重点领域廉政建设　促进反腐倡廉工作深入发展 …………………………………… 黄作兴(1098)
加强反腐倡廉教育有关问题的思考 ………………………………………………………… 李桂春(1099)
中央纪委负责同志就颁布实施《党员领导干部违反规定插手干预工程
建设领域行为适用〈中国共产党纪律处分条例〉若干问题的解释》答记者问
……………………………………………………………………………… 《党风廉政建设》记者(1102)
党员领导干部违反规定插手干预工程建设领域行为适用《中国共产党
纪律处分条例》若干问题的解释(2010 年 5 月 7 日) ………………………………………… (1104)
中央纪委监察部命名第一批 50 个全国廉政教育基地 ………………… 《党风廉政建设》记者(1106)

中央纪委负责同志就《中国共产党党员领导干部廉洁从政若干准则》的颁布实施答记者问 ……………………………………《党风廉政建设》记者(1108)
监察部负责同志就修改《中华人民共和国行政监察法》答记者问 ……………………………………《党风廉政建设》记者(1111)
中央纪委、中央组织部负责同志就《关于对配偶子女均已移居国(境)外的国家工作人员加强管理的暂行规定》的颁布实施答记者问 ……………………………………《党风廉政建设》记者(1115)
中央纪委、中央组织部负责同志就《关于领导干部报告个人有关事项的规定》的颁布实施答记者问 ……………………………………《党风廉政建设》记者(1117)
中央纪委监察部负责同志就《关于进一步推进国有企业贯彻落实"三重一大"决策制度的意见》的颁布实施答记者问 ……………………《党风廉政建设》记者(1121)
关于进一步推进国有企业贯彻落实"三重一大"决策制度的意见(2010年6月5日) …… (1123)
网络反腐行为的法治化与社会管理创新 ………………………………………… 林　喆(1126)
着力构建项目建设廉政风险防控机制 ………………………………………… 范锐平(1129)
纪检监察机关要为深入推进西部大开发提供"六种服务" ……………………… 左新军(1131)
践行《廉政准则》　坚守"四条底线" ………………………………………… 胡文龙(1134)
重视发挥派驻机构作用　强化驻在部门反腐倡廉建设 ………………………… 刘崇秋(1136)
加大惩治和预防渎职侵权犯罪工作力度　深入推进党风廉政建设和反腐败斗争 ……………………………………………………………… 曹建明(1139)

第十四部分　政工学者论坛

党的思想理论建设科学化研究的理论价值 ………………………………………… 石云霞(1144)
关于社会主义价值理念的几点探讨 ……………………………………………… 公方彬(1147)
社区:当前思想政治工作的重要领域 …………………………………………… 孙其昂(1150)
新时期社区思想政治工作创新初探 …………………………………… 万　军　张　希(1153)
社区思想政治工作特点分析 …………………………………………… 彭庆红　邵艳军(1157)
把握"街头巷尾"思想政治工作规律 …………………………………………… 戴志伟(1159)
当前党建的核心问题是解决人们的信心问题 ………………………………… 梁伟平(1161)
迈步前进的海南南方民族艺术学校 …………………………………………… 王子鸿(1166)
企业思想政治工作呼唤"行家里手" …………………………………………… 冯建军(1168)
谈新时期如何做好企业党建工作 ……………………………………………… 白明俊(1169)
关于煤矿安全培训教育的点滴思考 …………………………………………… 徐明先(1172)
浅析村"两委"关系不协调的原因与对策 ……………………………………… 孙　闽(1175)
关于企业培训学校思想政治工作的点滴思考 ………………………………… 包　华(1178)
坚持创新　助推通化医药产业又好又快发展 ………………………………… 赵忠国(1180)
构建教育、管理、服务三维体系　有效促进毕业生到社会基层就业 ………… 王恒胤(1182)
试述建国以来我国刑法法治发展历程 ………………………………………… 邢　冰(1185)
政府干预经济的宪法学思考 …………………………………………………… 王恒胤(1189)

手机媒体——我国民主政治建设的催化剂 …………… 王笑笑　国万忠　陈林元　郭洪生(1195)

第十五部分　军队政治工作专辑

认真抓好《政工条例》贯彻落实　把军队政治工作做得更加科学扎实有效 ………… 徐才厚(1200)
高标准高质量地抓好《政工条例》贯彻落实 …………………………………………… 李继耐(1203)
建设学习型研究型领导班子　为军事科研创新发展提供坚强组织保证
…………………………………………………………………………………… 刘　源(1205)
“三栖精兵”何祥美成长历程对深化当代革命军人核心价值观培育的启示 ………… 陈国令(1208)
确立推进部队学习型党组织建设的科学理念和正确思路 …………………………… 张　阳(1211)
认真学习贯彻《政工条例》　扎实推进政治工作法制化规范化 …………………… 黄献中(1214)
建立完善制度执行机制　切实提高反腐倡廉制度执行力 ………………………… 杜恒岩(1217)
以求实创新精神推动部队思想政治建设科学发展 …………………………………… 董万才(1219)
按照“三个紧贴”要求改进创新部队思想政治教育 …………………………………… 张国栋(1221)
学习贯彻胡主席重大战略思想　努力建设高素质干部队伍 ……………………… 郑卫平(1223)
谈提高党委班子领导部队建设科学发展能力 ……………………………………… 刘晓江(1226)
推动政治工作科学发展的基本法规
——谈学习贯彻《中国人民解放军政治工作条例》……………………………… 王森泰(1230)
大力加强和改进军事科研中思想政治教育 ………………………………………… 宋文彬(1236)
论抓典型 …………………………………………………………………………… 康士建(1239)
把经常性思想工作抓经常做到位 …………………………………………………… 魏　亮(1245)
建设学习型党组织要坚持理论联系实际 …………………………………………… 厉江潭(1248)
以工作指导的科学化推进部队党的建设科学化 …………………………………… 陈大民(1250)
关于当代革命军人核心价值观培育工作常态化的思考 ……………………………… 王志宏(1253)

第十六部分　教育改革与学校思想政治教育

指导我国教育改革发展的宏伟纲领和行动指南 ……………………………………… 刘延东(1257)
推动教育事业科学发展 ……………………………………………………………… 袁贵仁(1262)
深入贯彻落实科学发展观　扎实推进教育事业科学发展 ………………… 中共教育部党组(1266)
教育事业科学发展的宏伟蓝图 ……………………………………………………… 严隽琪(1269)
谱写教育改革的新篇章 ……………………………………………………………… 刘川生(1270)
办好每一所学校　教好每一个学生 ………………………………………………… 顾明远(1272)
坚定理想信念 ……………………………………………………………………… 张全景(1273)
积极推进马克思主义大众化　大力提升大学生的理论素养 ……………………… 程天权(1275)
当代青年政治认知教育:一项带有战略意义的课题
——对四所高校的调研 ……………………………………… 中共中央党校省部班调研组(1278)
坚持和完善党委领导下的校长负责制 ……………………………………………… 赵永贤(1283)
论高校思想政治工作的人文关怀和心理疏导 ……………………………………… 梁　宏(1285)

把社会主义核心价值体系融入学校思想教育的全过程 …………………………………………… 张蔚萍(1288)
学习贯彻全国教育工作会议精神　切实加强大学生思想政治教育 ………………… 夏智伦(1293)
大学生职业生涯规划与创新高校思想政治教育 ……………………………………………… 屈善孝(1296)
开展体现社会要求的学校师德建设 ……………………………………………………………… 孙其昂(1299)
当前师德状况及建设路径分析 …………………………………………………… 刘铁芳　罗繁荣(1302)
论新时期中小学师德建设 ………………………………………………………………………… 杨春茂(1305)
发挥新形势下大学生党员先锋模范作用 ……………………………………………………… 毛　静(1308)
我国高校思想政治工作现状与对策 ……………………………………………………………… 朱喜坤(1310)
坚持知识教育与价值观教育紧密结合 …………………………………………………………… 骆郁廷(1313)
把学校教育与家庭教育紧密结合起来 …………………………………………………………… 曲建武(1316)
“以社会主义核心价值体系引领大学校园文化建设”研讨会综述
……………………………………………………………………… 徐德荣　王　琰　邓铁男(1320)
“研究生思想政治教育与创新人才培养”理论研讨会综述 ……………………………………… 朱喜坤(1322)

第十七部分　国企政工与企业文化建设

致第六届中国企业文化论坛的贺信 ……………………………………………………………… 刘云山(1325)
在第六届中国企业文化论坛上的讲话 …………………………………………………………… 申维辰(1325)
研究新问题　探索新办法　开创中央企业党建思想政治工作新局面 ………………… 黄丹华(1330)
进一步推进国有经济结构战略性调整 ………………………………… 中共中央党校省部班课题组(1334)
加强中央企业领军人才队伍建设 ………………………………………………………………… 樊友山(1338)
推动企业走科学发展新路 ………………………………………………………………………… 陈建华(1340)
以创先争优推动企业跨越式发展 ………………………………………………………………… 陈亚杰(1342)
深化三项制度改革　优化企业人才成长环境 ……………………………… 中国华能集团公司党组(1343)
“融入+服务”　创新企业思想政治工作 …………………………………… 冀中能源峰峰集团党委(1345)
首钢企业改制的实践与启示 ……………………………………………………………………… 姜兴宏(1348)
在企业社会责任视域中重新理解国企改革与发展 ……………………………………………… 徐敏生(1350)
自主创新:为企业发展方式转变奠基 …………………………………………………………… 徐　龙(1352)
提高国有企业党建工作科学化水平 ……………………………………………………………… 杜茂华(1355)
相融并进:企业文化与学习型组织建设 ………………………………………………………… 邓　戈(1357)
思想政治工作要为企业科学发展提供有力保障 ………………………………………………… 陈善富(1358)
同心聚力　同创佳绩　同享辉煌 ……………………………………………… 石家庄供电公司党委(1360)
关于加强煤矿企业安全文化建设的思考 ………………………………………………………… 魏金奎(1361)
“阳光行动”推进文化深耕落地 …………………………………………………… 陈　咏　孙冬丽(1363)
新时期国企思想政治工作有所为有所不为 ……………………………………………………… 何生杰(1364)
关于职工心理状况的调查与启示 ………………………………………………………………… 刘长华(1367)
“三违”职工爱心恳谈会 …………………………………………………………………………… 刘雅琴(1368)
企业思想政治工作的关键点、支撑点和着重点 ……………………… 娄淑华　孙　巨　潘丽萍(1369)
构建“三角”动力机制　提高党组织合力 ………………………………………………………… 杨春权(1371)

第十八部分　民企科学发展之路

积极探索新形势下加强非公有制企业党建工作的有效途径 …… 陆　浩(1377)
不断优化发展环境　促进中小企业转型创新 …… 刘　昆(1380)
国家应进一步支持中小企业发展 …… 李兴山(1381)
引导和推进中小企业转型发展的思路 …… 朱宏任(1385)
新形势下中小企业的地位作用和发展战略 …… 陈文玲(1387)
不断加大金融支持力度　服务中小企业转型创新 …… 肖远企(1390)
面向中小企业创新网络平台 …… 胥和平(1392)
加强中小企业发展的综合环境建设 …… 白津夫(1393)
给中小企业及其员工创新空间 …… 钟国兴(1394)
大力发展非公有制经济　积极促进扩大社会就业 …… 王东峰(1396)
开拓小企业融资新路 …… 樊大志(1399)
新形势下民营企业的成功之路 …… 张蔚萍(1402)
中小企业新一轮创新的三大特点 …… 陈乃醒(1408)
当前"国进民退"之说不能成立 …… 卫兴华　张福军(1409)
不断创新非公企业思想政治工作 …… 曹国旗(1413)
关于引领民营企业走科学发展之路的思考 …… 戴海东　谢建芬　贺　李(1415)
积极探索外企党建工作途径 …… 杜永亮(1420)
深圳市非公企业员工思想状况调研报告 …… 李卫星(1422)
杭州市萧山区民企廉洁文化建设"3+3"模式综述 …… 杭州市萧山区纪委监察局(1424)
甘肃非公企业党组织和党员在抢险救灾中创先争优 …… 李爱珍　徐　强(1426)
关于两新组织党建指导员队伍建设的调查 …… 谢　冰(1428)
实施"四个三"工程　推进非公企业党建工作 …… 李胜基(1430)
国务院鼓励民资"新36条"正式公布 …… (1432)
非公企业工会存在的问题与对策建议 …… 中国劳动关系学院课题组(1433)
着力培育"五勤"风气　积极推进科学发展 …… 田立金(1440)
抓住机遇　加快金西开发区建设步伐 …… 张旭辉(1444)
职工思想动态分析应做到"六见" …… 栾爱玲　冯启臣(1447)
一个成功管理者须具备较高的综合素质 …… 王子文(1449)
对思想政治工作者劳动价值的再认识 …… 葛　梅(1451)

第一部分

政工重要文献

在全党深入学习实践科学发展观活动总结大会上的讲话

（2010 年 4 月 6 日）

胡锦涛

同志们：

今天，我们召开大会，对在全党开展的深入学习实践科学发展观活动进行总结，对巩固和扩大学习实践活动成果作出部署，进一步推动学习实践科学发展观向深度和广度发展。

这次学习实践活动，是在新中国成立 60 年特别是改革开放 30 年来我国取得举世瞩目伟大成就、正在新的历史起点上向前迈进的背景下开展的，是在世情、国情、党情发生深刻变化，我国正处在改革发展关键阶段、我们面临的机遇和挑战都前所未有的背景下开展的，特别是在全党全国积极应对国际金融危机冲击、加快经济发展方式转变、保持经济平稳较快发展的背景下开展的，取得了丰硕的认识成果、实践成果、制度成果。认真总结这次学习实践活动的成果和经验，对深入贯彻落实科学发展观，以改革创新精神加强和改进新形势下党的建设，不断夺取全面建设小康社会新胜利、开创中国特色社会主义事业新局面，具有十分重要的意义。

下面，我讲 3 个问题。

一、学习实践活动扎实有效，取得丰硕成果

党的十七大强调，科学发展观是对党的三代中央领导集体关于发展的重要思想的继承和发展，是我国经济社会发展的重要指导方针，是发展中国特色社会主义必须坚持和贯彻的重大战略思想。党的十七大深刻阐述了科学发展观的科学内涵、精神实质、根本要求，作出了在全党开展深入学习实践科学发展观活动的战略决策。

党的十七大之后，党中央对开展学习实践活动高度重视。中央政治局、中央政治局常委会多次对学习实践活动进行研究部署，强调在全党开展深入学习实践科学发展观活动是用中国特色社会主义理论体系武装全党的重大举措，是深入推进改革开放、推动经济社会又好又快发展、促进社会和谐稳定的迫切需要，是提高党的执政能力、保持和发展党的先进性的必然要求，是更好实现党的十七大提出的宏伟蓝图和行动纲领的现实需要。中央要求全党把深入学习实践科学发展观摆在突出位置，真正把科学发展观体现到各级党组织和广大党员、干部的行动中去，把党的政治优势和组织优势转化为推动经济社会又好又快发展的强大力量，为实现全面建设小康社会的宏伟目标进一步奠定思想基础、政治基础、组织基础。

为开展好学习实践活动，中央举行专门研讨科学发展问题的中央政治局集体学习，举办全党深入学习实践科学发展观活动动员大会暨省部级主要领导干部专题研讨班，举办省部级主要领导干部深入贯彻落实科学发展观加快经济发展方式转变专题研讨班。中央政治局常委同志带头参加学习实践活动，认真参加专题民主生活会，深入联系点调研指导。中央党的建设工作领导小组多次听取学习实践活动情况汇报，进行专题研究，提出指导意见。中央学习实践活动领导小组认真贯彻中央精神，切实履行职责，加强对学习实践活动的统筹谋划和组织指导。各级党组织认真落实中央决策部署，结合实际精心组织实施，把学习实践活动扎实向前推进。广大党员、干部把参加学习实践活动

作为增强党性修养、提高综合素质的难得机遇，积极投身学习实践活动，扎实开展各项工作，认真完成各项任务，向党和人民交出了一份合格答卷。

学习实践活动从2008年3月开始试点、同年9月正式启动，自上而下分3批进行，到今年2月底基本结束，共有370多万个党组织、7500多万名党员参加。这次学习实践活动，紧紧围绕党员干部受教育、科学发展上水平、人民群众得实惠的总要求，牢牢把握坚持解放思想、突出实践特色、贯彻群众路线、正面教育为主的原则，主题鲜明，领导有力，组织严密，措施得当，有3个鲜明特点。一是从各批次、各领域和各类党员群体实际出发，统筹协调，分类指导，突出重点，批次衔接，组织广大党员、干部深化理论学习，努力为促进科学发展打牢思想基础；以学习实践活动为契机，大力加强基层组织建设，努力为促进科学发展夯实组织基础；依靠群众、发扬民主，广泛吸收群众参与，努力为促进科学发展巩固群众基础。二是紧密联系各项工作实际，开展丰富多彩的主题实践活动，凝聚科学发展力量；紧贴群众愿望和期待，着力为群众办实事、做好事、解难事，努力使学习实践活动成为群众满意工程。三是坚持边学边改、边查边改、集中整改，着力转变不适应不符合科学发展观的思想观念，着力解决影响和制约科学发展的突出问题以及党员、干部党性党风党纪方面群众反映强烈的突出问题；抓住重点领域和关键环节，加大体制机制创新力度，努力构建有利于科学发展的体制机制。

经过全党共同努力，学习实践活动基本实现了提高思想认识、解决突出问题、创新体制机制、促进科学发展、加强基层组织的目标，取得明显成效。一是广大党员、干部受到深刻的马克思主义教育，贯彻落实科学发展观的自觉性和坚定性明显增强，加强党性修养和作风建设的自觉性明显提高，对事关本地区本部门本单位科学发展重大问题的认识进一步深化，领导和推动科学发展能力进一步提高。二是科学发展水平得到有效提升，进一步理清了本地区本部门本单位科学发展思路，制定了一批推动科学发展的政策措施，解决了一批影响和制约科学发展的突出问题，建立健全了一批保障和促进科学发展的体制机制。三是人民群众得到更多实惠，有力推动了中央惠民利民政策的落实，解决了大量涉及群众切身利益的实际问题，密切了党群关系、干群关系，促进了社会和谐稳定。四是党的基层组织建设得到明显加强，扩大了党的组织和党的工作覆盖面，丰富了党组织和党员发挥作用的有效途径和方法，改进了基层党的建设领导体制和工作机制。

按照中央的部署和要求，人民解放军和武警部队紧密结合当前形势和部队实际，围绕党员干部受教育、科学发展上水平、履行使命见成效的总要求，组织党员认真学习科学发展观，着力查找解决影响和制约军队建设和军事斗争准备科学发展的突出问题，把全力维护改革发展稳定大局、有效履行军队使命作为学习实践活动最大的实践和最重要的实际，取得了明显成效，进一步打牢了全军官兵高举旗帜、听党指挥、履行使命的思想政治基础，更加牢固地确立了科学发展观在国防和军队建设中的重要指导方针地位，全面加强了部队各级党组织建设，提高了部队以打赢信息化条件下局部战争能力为核心的完成多样化军事任务的能力，有力促进了军队建设又好又快发展。

在开展学习实践活动期间，我国成功举办北京奥运会、残奥会，隆重庆祝新中国成立60周年和党的十一届三中全会召开30周年，全力抗击四川汶川特大地震灾害和全面开展灾后恢复重建，有力应对国际金融危机冲击、保持经济平稳较快发展，积极筹办上海世博会，依法坚决平息和妥善处理拉萨“3·14”事件和乌鲁木齐“7·5”事件，可以说大事多、喜事多、难事多。这次学习实践活动，把服务党和国家中心工作、推动完成重大任务、促进解决突出问题作为最重要的实际、最大的实践、最需要取得的实效，为党和国家办成大事、办好喜事、办妥难事提供了强大动力和重要保证。

总起来说，这次学习实践活动，是深入贯彻落实党的十七大精神、坚持用中国特色社会主义理论体系武装全党、推进马克思主义中国化时代化大众化的一次富有成效的实践，是深入贯彻落实科学发展观、积极应对国际金融危机冲击、推动经济社会又好又快发展的一次富有成效的实践，也是加强和改进新形势下党的建设、提高党的执政能力、保持和发展党的先进性的一次富有成效的实践，对推进党的建设新的伟大工程和中国特色社会主义伟大事业具有重大现实意义和深远历史意义。实践证明，党的十七大作出在全党开展深入学习实践科学发展观活动的战略决策是完全正确的，广大党员、干部和人民群众对学习实践活动是衷心拥护的，社会各界对学习实践活动的成效是充分认可的。

在充分肯定成绩的同时，我们也要清醒地看到，这次学习实践活动还存在一些值得注意的问题，比如，学习实践活动在地区、部门、单位之间开展得不够平衡，一些党员、干部对科学发展观的理解和把握不够深刻，一些党员领导干部领导和推动科学发展的能力素质有待进一步提高，一些影响和制约科学发展的深层次问题有待解决，促进科学发展的体制机制需要进一步健全完善。进一步解决好这些问题，把学习实践活动成果运用于经常性工作，还有大量工作要做。这次学习实践活动为深入贯彻落实科学发展观打下了坚实基础，同时国际国内形势新变化和中国特色社会主义事业新发展对贯彻落实科学发展观提出了更高要求。全党同志要充分认识贯彻落实科学发展观的重要性和紧迫性，继续把学习实践科学发展观引向深入，切实把科学发展观贯彻落实到经济社会发展各个方面。

二、学习实践活动积累了丰富经验，为深入贯彻落实科学发展观提供了重要启示

这次学习实践活动，充分运用党的建设基本经验特别是党内开展集中教育活动的成功做法，在探索新形势下用马克思主义中国化最新成果武装头脑、指导实践、推动工作方面积累了宝贵经验，为深入贯彻落实科学发展观提供了重要启示。

第一，深入贯彻落实科学发展观，基础在于用马克思主义中国化最新成果武装广大党员、干部头脑。这次学习实践活动，坚持把加强理论学习、转变思想观念作为首要任务，组织引导广大党员、干部在深化理论学习中提高思想认识，在提高思想认识中推动工作，在推动工作实践中提高能力本领。实践证明，思想理论建设是党的根本建设，坚持用实践基础上的理论创新成果武装全党，形成全党团结一心、共同奋斗的思想基础，是我们党加强自身建设、推动事业发展的重要保证。深入贯彻落实科学发展观，必须打牢推动科学发展的思想基础，坚持理论联系实际，实现学习和实践有机统一，使党的理论创新成果转化为推动科学发展的思想力量、政策措施、实际能力、自觉行动。

第二，深入贯彻落实科学发展观，目的在于推动经济社会又好又快发展。这次学习实践活动，坚持围绕中心、服务大局，组织引导广大党员、干部着力查找和解决影响制约科学发展的突出问题。特别是在应对国际金融危机冲击的过程中，全党同志积极落实中央保增长、保民生、保稳定的决策部署，努力化危为机、危中求进，有力促进了我国经济率先回升向好。实践证明，发展是解决中国一切问题的关键，发展应该是以人为本、全面协调可持续的科学发展。深入贯彻落实科学发展观，必须始终抓住发展这个党执政兴国的第一要务，把科学发展新要求和当前发展阶段新特征结合起来，加快经济发展方式转变，着力提高经济发展质量和效益，牢牢把握发展主动权。

第三，深入贯彻落实科学发展观，关键在于提高各级领导班子和领导干部领导科学发展能力。这次学习实践活动，坚持以县级以上领导班子、党员领导干部、基层单位党员负责人为重

点，认真解决领导班子和领导干部思想、能力、作风等方面存在的突出问题，特别是在推动各级领导班子和领导干部提高应对国际国内重大考验、领导和推动科学发展能力上下功夫、见成效。实践证明，各级领导班子和领导干部谋划科学发展的意识、推动科学发展的能力在很大程度上决定着贯彻落实科学发展观的成效。深入贯彻落实科学发展观，必须紧紧抓住领导班子和领导干部这个关键，帮助他们不断增强领导和推动科学发展本领，更好发挥组织领导和示范带动作用。

第四，深入贯彻落实科学发展观，根本在于发挥人民主体作用。这次学习实践活动，坚持问政于民、问需于民、问计于民，广泛吸收群众参与，虚心听取群众意见，主动接受群众评判，凝聚民心，集中民智，形成了推动科学发展的强大合力。实践证明，推动科学发展，一定要尊重人民主体地位，紧紧依靠人民群众，切实体现人民意愿，把全社会的发展积极性引导到推动科学发展上来。深入贯彻落实科学发展观，必须把实现好、维护好、发展好最广大人民根本利益作为一切工作的出发点和落脚点，使贯彻落实科学发展观的过程成为不断为民造福的过程，最大限度地把人民群众的智慧和力量凝聚到推动科学发展上来。

第五，深入贯彻落实科学发展观，动力在于创新体制机制。这次学习实践活动，立足于解决制约科学发展的突出矛盾和问题，着眼于建立健全保障和促进科学发展的体制机制、推动科学发展的政策法规、体现科学发展要求的规章制度，在解决问题与创新体制机制的结合上进行了积极探索。实践证明，创新体制机制是实现科学发展的必然要求。深入贯彻落实科学发展观，必须坚持求真务实、改革创新，加快构建充满活力、富有效率、更加开放、有利于科学发展的体制机制，为推动科学发展提供有力制度保障和持久推动力量。

这些重要启示，来源于党员群众实践，集中了全党全社会智慧，对推动学习研究和贯彻落实科学发展观向深度和广度发展具有重要作用，我们要倍加珍惜并切实运用于今后实践。

我们党在领导革命、建设、改革的实践中，历来坚持根据形势和任务的新变化、时代发展对党的建设的新要求，在全党开展马克思主义集中教育活动，以更好促进党和人民事业发展。尽管不同时期开展的集中教育活动背景、任务、内容、做法有所不同，但每一次都紧紧围绕党的中心任务来谋划、来推进、来检验，把集中教育活动作为解放思想、统一认识、振奋精神、凝聚力量、攻坚克难、推进工作的总动员，使全党创造活力和奋进动力得到广泛激发；每一次都突出理论武装的重要作用，做到党的理论创新每前进一步、理论武装就跟进一步，教育引导广大党员、干部感情上真诚认同、政治上坚定信仰、行动上自觉运用马克思主义中国化最新成果，使党的创新理论得到广泛普及；每一次都从人民群众最关注最盼望的问题抓起，立说立行，边整边改，以实际行动取信于民，保持党同人民群众的血肉联系，使党群关系、干群关系得到广泛改善；每一次都运用批评和自我批评的武器，着力解决党员、干部党性党风党纪方面群众反映强烈的突出问题，动员群众广泛参与，认真清扫政治灰尘，保持党的肌体健康，使广大党员、干部的党性修养和作风养成得到广泛提高。实践证明，适时在全党开展集中教育活动是运用马克思主义建党学说加强党的建设的重大举措，是保持和发展党的先进性的伟大创举。我们要根据实践的新发展，紧密联系党的建设新实际，坚持和运用好这一成功做法。

三、以改革创新精神加强党的建设，为深入贯彻落实科学发展观提供坚强保证

当今世界正处在大发展大变革大调整时期，当代中国正在新的历史起点上向前迈进。全面建成惠及十几亿人口的更高水平的小康社会、进而基本实现现代化、实现全体人民共同富裕，需要我们付出艰巨努力。我们党正处在新

的历史方位，面临的执政考验、改革开放考验、市场经济考验、外部环境考验是长期的、复杂的、严峻的，党的领导水平和执政水平、党的建设状况、党员队伍素质同党肩负的历史使命还存在不少不相适应的地方。在这样的国内外条件下，我们党要团结带领全国各族人民继续抓住和用好我国发展的重要战略机遇期，战胜在政治、经济、文化、社会领域和自然界出现的困难和风险，全面做好改革发展稳定各项工作，关键在于加强和改善党的领导，全面推进党的建设新的伟大工程。我们要全面贯彻党的十七大和十七届四中全会精神，以邓小平理论和“三个代表”重要思想为指导，深入贯彻落实科学发展观，坚持把党的执政能力建设和先进性建设作为主线，以改革创新为动力，以解决影响和制约科学发展的突出问题为重点，把开展学习实践科学发展观活动的成功经验和有效做法运用到经常性工作中去，努力在以科学理论指导党的建设、以科学制度保障党的建设、以科学方法推进党的建设上取得新的成效，不断提高党的建设科学化水平，为推动科学发展提供坚强保证。

第一，进一步加强思想理论建设，不断提高全党学习和运用科学发展观水平。推动理论学习，提高全党理论素养，是一项紧迫的政治任务。要坚持把党的思想理论建设放在首位，继续认真学习马克思列宁主义、毛泽东思想、邓小平理论、“三个代表”重要思想以及科学发展观，在实践中不断丰富和发展中国特色社会主义理论体系，努力开拓马克思主义新境界，切实提高全党运用科学理论改造主观世界和客观世界的能力。要坚持按照建设马克思主义学习型政党的要求，完善学习制度，丰富学习内容，创新学习方法，努力把各级党组织建设成为学习型党组织、把各级领导班子建设成为学习型领导班子。要坚持教育引导广大党员、干部牢固树立重视学习、善于学习、终身学习的观念，自觉学习社会主义核心价值体系，自觉学习党的路线方针政策和国家法律法规，自觉学习现代化建设所需要的各方面知识，不断提高理论素养和知识素养。各级领导干部要带头学习，先学一步、多学一点、学深一些，做真学真懂真信真用科学发展观的模范。要坚持学以致用、学用相长，引导广大党员、干部向书本学习、向实践学习、向群众学习，把学习科学发展观同解决人民最关心最直接最现实的利益问题、本地区本部门本单位改革发展稳定的重大问题、党的建设突出问题结合起来，把学习成果转化为推动科学发展的实际能力。

第二，进一步加强领导班子和干部队伍建设，不断提高各级领导班子和领导干部推动科学发展、促进社会和谐能力。各级领导班子和干部队伍是贯彻落实科学发展观的关键。要坚持按照科学发展观要求选干部、配班子、建队伍、聚人才，努力把各级领导班子建设成为贯彻落实科学发展观的坚强领导集体，把广大干部培养成为贯彻落实科学发展观的重要骨干，不断提高科学决策、民主决策、依法决策水平，增强推动科学发展、促进社会和谐的整体能力。要坚持德才兼备、以德为先用人标准，形成充满活力的选人用人机制，完善促进科学发展的考核评价机制，把贯彻落实科学发展观的自觉性和坚定性作为考察干部德的重要内容，把领导和推动科学发展能力作为考察干部才的重要标准，把科学发展的实际成效作为考察干部实绩的重要依据，形成有利于科学发展的用人导向。要坚持民主、公开、竞争、择优，深化干部人事制度改革，广开举贤荐能之路，使各方面优秀人才脱颖而出，并在推动科学发展、促进社会和谐的事业中建功立业。要坚持加强教育培训、强化实践锻炼，重点提高领导干部谋划发展、统筹发展、优化发展、推动发展的本领和群众工作、公共服务、社会管理、维护稳定的本领。要坚持把加快经济发展方式转变作为深入贯彻落实科学发展观的重要目标和战略举措，认真总结和运用我国应对国际金融危机冲击的成功经验，促进领导干部开阔眼界、开阔思路、开阔胸襟，增强做好加快经济发展方式转变各项工作的意识和能力。要坚持提高选人用人公信度，匡正选人用人风气，使选拔出来的干部组织放心、群众满意。

第三，进一步加强党的基层组织建设，努力把基层党组织建设成为贯彻落实科学发展观的坚强战斗堡垒。党的基层组织是党全部工作和战斗力的基础，承担着把科学发展观贯彻落实到基层的重要责任。要始终把抓基层打基础摆在更加突出的位置，大力推进基层组织工作创新，统筹抓好各领域各行业基层党组织建设，广泛开展创建先进基层党组织、争做优秀共产党员的创先争优活动，充分发挥基层党组织推动发展、服务群众、凝聚人心、促进和谐的作用。要坚持完善基层党组织设置形式，形成分布广泛、完善严密、坚强有力的基层党组织网络体系，不断扩大党的组织和党的工作覆盖面。要坚持强化基层党组织功能，找准基层党建工作与中心任务的结合点，从实际出发落实好中央方针政策和工作部署，体现好人民群众关切和期待，提高基层党组织工作水平。要坚持加强基层党组织书记队伍建设，按照守信念、讲奉献、有本领、重品行的要求，形成一支能够团结带领广大党员、群众推动科学发展和共同致富的高素质基层党组织带头人队伍。要坚持加强党员队伍建设，建立健全教育、管理、服务党员长效机制，充分发挥党员在党内生活中的主体作用，增强党员队伍生机活力，激发广大党员坚定信念、牢记宗旨、爱岗敬业、勇于进取的自觉性。要加强对老党员、生活困难党员的关怀帮助，真正重视、真情关心、真心爱护基层党员干部，让他们切实感受到党的温暖，增强荣誉感、归宿感、责任感。

第四，进一步加强党的作风建设，努力营造深入贯彻落实科学发展观的风清气正环境。推动科学发展必须有良好作风作保证。各级党组织要按照党的十七届四中全会提出的要求，大兴密切联系群众之风、求真务实之风、艰苦奋斗之风、批评和自我批评之风，以优良的党风促政风带民风，形成凝聚党心民心的强大力量。实现最广大人民根本利益是贯彻落实科学发展观的根本目的。要坚持全心全意为人民服务的根本宗旨，坚持以人为本，贯彻党的群众路线，深入了解民情，充分反映民意，广泛集中民智，切实珍惜民力，着力解决好人民最关心最直接最现实的利益问题，把群众满意不满意作为衡量各项工作的根本标准，引导广大党员、干部特别是领导干部始终与人民群众同甘共苦、为人民利益不懈奋斗。要坚持引导广大党员、干部特别是领导干部自觉学习党章、遵守党章、贯彻党章、维护党章，自觉加强党性修养，增强党的意识、宗旨意识、执政意识、大局意识和责任意识，切实做到为党分忧、为国尽责、为民奉献。要坚持解放思想、求真务实，牢固树立正确政绩观，既勇于开拓创新，又坚持埋头苦干，真正把功夫下在察实情、出实招、办实事上，努力创造经得起实践、人民、历史检验的实绩。要坚持发挥先进典型的示范带动作用，组织广大党员、干部学习先进典型，讲党性、重品行、作表率，争做群众贴心人、群众信得过的好干部。各级领导干部要始终保持高尚的精神追求和道德情操，坚持严于律己、清正廉洁，老老实实做人、干干净净做事，时刻警惕权力、金钱、美色的诱惑，坚决同一切腐败行为作斗争，用实际行动推进反腐倡廉建设，真正做到为民、务实、清廉。

加强和改进新形势下党的建设是全党的重大政治责任。各级党委要坚持党要管党、从严治党，在全党特别是党的各级领导干部中形成党组织抓好党建是本职、不抓党建是失职、抓不好党建是不称职的思想共识和舆论导向。要全面落实党建工作责任制，健全党委统一领导、部门齐抓共管、一级抓一级、层层抓落实的党建工作格局，确保党的建设各项任务落到基层、落到实处。要把巩固和扩大学习实践活动成果、扎实做好整改落实后续工作、切实健全长效机制作为各级党委贯彻落实党建工作责任制的重要内容，推动学习实践活动有效做法制度化、管用经验长效化，让学习实践活动成果在经常性工作中充分发挥作用。

同志们，实践永无止境，党的理论创新也永

无止境。全党同志要紧密团结在党中央周围，高举中国特色社会主义伟大旗帜，开拓创新、团结前进，为夺取全面建设小康社会新胜利、开创中国特色社会主义事业新局面而不懈奋斗！

在中国科学院第十五次院士大会中国工程院第十次院士大会上的讲话

（2010年6月7日）

胡锦涛

各位院士，同志们：

中国科学院第十五次院士大会、中国工程院第十次院士大会今天隆重开幕了，这是全国科技界的一次盛会。首先，我代表党中央、国务院，向大会的召开，表示热烈的祝贺！向两院院士和全国广大科技工作者，致以诚挚的问候！

党的十七大强调，实现未来经济发展目标，关键要在加快转变经济发展方式、完善社会主义市场经济体制方面取得重大进展，坚持走中国特色新型工业化道路，促进经济增长由主要依靠增加物质资源消耗向主要依靠科技进步、劳动者素质提高、管理创新转变。在加快转变经济发展方式的进程中，我国科技界肩负着重大使命。这次大会，对动员两院院士和全国广大科技工作者为加快转变经济发展方式勇挑重担、建功立业，具有十分重要的意义。

下面，我想就这个问题讲几点意见，同大家一起讨论。

一、深刻认识加快转变经济发展方式的重要性和紧迫性

国际金融危机发生以来，我国发展的外部环境和内部条件发生了很大变化，加快转变经济发展方式的紧迫性更加凸显出来。从国际上看，世界经济走出国际金融危机最困难的时期并出现复苏，同时国际金融危机影响依然存在，各种全球性问题相互交织，影响世界经济全面复苏的不确定因素依然较多。在这样的背景下，各国尤其是主要大国都在对自身经济发展进行战略筹划，纷纷把发展新能源、新材料、信息网络、生物医药、节能环保、低碳技术、绿色经济等作为新一轮产业发展的重点，加大投入，着力推进。世界范围内生产力、生产方式、生活方式、经济社会发展格局正在发生深刻变革。培育新的经济增长点、抢占国际经济科技制高点已经成为世界发展大趋势，科技竞争在综合国力竞争中的地位更加突出。

从国内看，新中国成立60多年特别是改革开放30多年来，我国社会主义经济建设、政治建设、文化建设、社会建设以及生态文明建设取得举世瞩目的伟大成就。面对国际金融危机冲击，我们坚定信心、迎难而上，努力化挑战为机遇，迅速采取一系列重大应对措施，统筹做好保增长、保民生、保稳定各项工作，实现经济总体回升向好，为推动世界经济复苏作出重要贡献。同时，我们必须清醒地看到，尽管我国经济总量已列世界前茅，但生产力水平总体上还不高，产业结构不合理，城乡、区域发展不平衡，长期形成的结构性矛盾和粗放型增长方式尚未根本改变，工业化、城镇化快速发展同能源资源和生态环境的矛盾日趋突出，影响科学发展的体制机制障碍依然存在。经过长期努力，我国科技事业发展取得长足进步，但自主创新能力还不强，总体上经济发展技术含量不高，很多关键技术和核心技术受制于人，先导性战略高技术领域科技力量薄弱，重要产业对外技术依赖程度仍

然较高。为增强我国经济发展后劲和国际竞争力、推动经济社会又好又快发展,我们必须提高自主创新能力,加快转变经济发展方式,下大气力解决制约我国经济发展的深层次矛盾和问题。

我们要从国际国内经济、科技发展大势来认识加快转变经济发展方式的重要性和紧迫性。未来几十年,世界上包括我国13亿人口在内的20亿至30亿人将逐步进入现代化行列,能源资源需求和生态环境压力将大幅上升,经济社会快速发展与地球有限承载能力的矛盾将日益尖锐。作为工业化、城镇化快速发展的人口大国,我国面临的能源资源和生态环境矛盾尤为突出,推动可持续发展任务尤为艰巨。全球发展面临的严峻挑战迫切需要创新经济发展方式。从科技发展和知识创新的角度看,世界范围经济发展方式正呈现出以下一些重要特点。

第一,科学技术迅猛发展深刻改变着经济发展方式,创新成为解决人类面临的能源资源、生态环境、自然灾害、人口健康等全球性问题的重要途径,成为经济社会发展的主要驱动力。经济发展方式从资源依赖型、投资驱动型向创新驱动型为主转变,以知识为基础的产业快速发展。经济发展方式将加速向资源节约、环境友好、人与自然和谐相处的方向转变,推动可持续发展成为各国共同面临的任务和挑战。

第二,知识是发展永恒的重要资源,知识创新成为国家竞争力的核心要素,知识生产和消费成为经济发展、社会进步乃至人的全面发展的重要方式。知识增长越快、普及越广、应用面越宽,就越能为人类发展进步不断提供智力保障。

第三,科学技术迅猛发展正在引发社会生产方式的深刻变革。信息网络技术的广泛应用不断推动生产方式发生变化,柔性制造、网络制造、绿色制造、智能制造、全球制造日益成为生产方式变革的方向,互联网、云计算、物联网、知识服务、智能服务的快速发展为个性化制造和服务创新提供了有力工具和环境,人依靠机器生产产品变成机器围绕人生产产品成为可能,个性化制造和规模化协同创新有机结合将成为重要的生产方式。

第四,激发人的创造力、促进人的全面发展是社会充满发展活力的重要前提。科技创新将不断创造新的知识资源和知识需求,创造以知识为基础的新工艺、新服务、新产业、新市场,推动创造更多社会财富,为促进社会和谐充实物质基础。科技创新将不断深化人们对自然界、人类社会发展规律的系统认知,将不断丰富促进社会和谐的文化基础,引导人们树立科学的世界观和价值观、确立科学的发展理念,有效激发全社会的创新意识和全民的创新兴趣,推动形成科学理性的生产方式和生活方式。

实践充分证明,科学技术是经济社会发展中最活跃、最具革命性的因素。人类文明每一次重大进步都与科学技术的革命性突破密切相关。科学技术作为人类智慧的伟大结晶,推动创造了巨大的物质财富和精神财富。当今世界,科学技术作为第一生产力的作用日益突出,科学技术作为人类文明进步的基石和原动力的作用日益凸显,科学技术比历史上任何时期都更加深刻地决定着经济发展、社会进步、人民幸福。人类社会是在认识、利用、适应自然的过程中不断发展进步的,永不停息的科技进步和创新使人类认识、利用、适应自然的水平和能力不断提高。当前,人和自然的关系日益密切和复杂,寻求科学的发展理念和可持续的发展方式已成为世界各国共同关注的重大问题。我们必须把握机遇,审时度势,科学谋划,顺势而为,加快转变经济发展方式,使我国发展质量越来越高、发展空间越来越大、发展道路越走越宽,在激烈的国际竞争中赢得主动。

二、充分发挥科学技术在加快转变经济发展方式、推动经济社会又好又快发展中的重要作用

建设创新型国家,加快转变经济发展方式,

赢得发展先机和主动权，最根本的是要靠科技的力量，最关键的是要大幅提高自主创新能力。当前，经济社会发展的迫切要求，日益突出的全球性问题，科学技术体系的内在演进，都在孕育重大科技突破。科技知识创新、传播、应用的规模和速度不断提高，科学研究、技术创新、产业发展、社会进步相互促进和一体化发展趋势更加明显，一系列重大科技成果以前所未有的速度转化为现实生产力，正在深刻改变世界科技和经济社会发展形态。

当今世界，各国都在积极追求绿色、智能、可持续的发展。绿色发展，就是要发展环境友好型产业，降低能耗和物耗，保护和修复生态环境，发展循环经济和低碳技术，使经济社会发展与自然相协调。智能发展，就是要推进信息化与工业化融合，不断创造新的经济增长点、新的市场、新的就业形态，提高社会运行效率，实现互联互通、信息共享、智能处理、协同工作。可持续发展，就是要解决好经济社会发展的能源资源约束，有效保证发展对能源资源的需求，不仅要造福当代人，而且要使子孙后代永续发展。发展的目的，就是要不断降低产品和服务成本，不断创造更多更好的就业和创业机会，不断提高人民生活质量和健康水平，实现广大群众安居乐业、富裕幸福。

一个国家的科技竞争力决定了其在国际竞争中的地位和前途。对世界经济、科技发展的新形势新趋势，我们必须准确判断并牢牢把握，紧密结合我国国情，切实推动以人为本、全面协调可持续的科学发展，坚定不移走生产发展、生活富裕、生态良好的文明发展道路。我们要紧紧抓住加快转变经济发展方式这一战略任务，在组织实施好国家中长期科学和技术发展规划纲要、重点产业调整振兴规划、重大科技专项的基础上，前瞻部署，持续攻关，全力建设创新型国家，为加快转变经济发展方式提供强大科技支撑。

我们必须坚定不移走中国特色自主创新道路，深刻认识我国经济社会发展所处的历史阶段以及所面临问题的复杂性和艰巨性，深刻认识和正确运用经济社会发展客观规律，切实把科学技术摆在优先发展的战略地位，坚持自主创新、重点跨越、支撑发展、引领未来的方针，把增强自主创新能力作为战略基点，着力提升原始创新能力，大力增强集成创新和引进消化吸收再创新能力，提升知识、技术转移转化和规模产业化能力，形成更多具有自主知识产权的创新技术，构建完整的创新体系，牢牢把握发展主动权。

我们必须把科技进步与国家发展战略、经济社会发展目标、人民日益增长的物质文化需要紧密结合起来，站到科技和产业发展前沿，选择对国家长远发展具有带动作用的先导性战略高技术领域进行部署，推动科学研究、技术创新、产业发展有效结合，推动基础研究和应用研究有效结合，推动科学前沿高新技术融合创新，推动产业技术创新，下大气力解决影响我国未来发展的重大科学和关键技术问题，重点突破制约我国经济社会发展的瓶颈问题，着力突破制约我国产业升级的核心技术、关键技术、共性技术，推动产业从规模优势向技术优势转变，抢占未来发展先机。

我们必须坚持以人为本，大力发展与民生相关的科学技术，按照以改善民生为重点加强社会建设的要求，把科技进步和创新与提高人民生活水平和质量、提高人民科学文化素质和健康素质紧密结合起来，着力解决关系民生的重大科技问题，不断强化公共服务、改善民生环境、保障民生安全。

当前，要重点在推动以下科技发展上作出努力，争取尽快取得突破性进展。

第一，大力发展能源资源开发利用科学技术。要坚持系统谋划、节能优先、创新替代、循环利用、绿色低碳、安全持续，加强对我国能源资源问题的研究，制定我国可持续发展路线图。要发展资源勘探开发和高效利用技术，积极发展大陆架和地球深部能源资源勘查和开发，积极发展可再生能源和新型、安全、清洁替代能源，形成可持续的能源资源体系，切实保障我国能源资源有效供给和高效利用，使我国能源资源产业具有国际竞争力。要发展节能建筑、轨道交通、电动汽车技术，加强煤的清洁高效综合利用、煤转天然气、煤制重要化学品技术研发，构建覆盖城乡的智能、高效、可靠的电网体系。

第二，大力发展新材料和先进制造科学技术。要重视材料的环境友好性、可再生循环性、制备使役全过程的节能减排特性，加快推进材料产业结构调整，积极发展先进结构材料和复合材料、功能材料等，积极发展电子信息材料、器件和系统技术。要促进我国制造业结构升级和战略调整，发展先进装备制造业，推进制造业绿色化、智能化，实现制造系统智能运行，形成先进材料和绿色、智能、网络制造和服务体系，保障先进材料和先进装备有效供给和高效清洁循环利用，为加快建设资源节约型、环境友好型社会提供有力支持。

第三，大力发展信息网络科学技术。要抓住新一代信息网络技术发展的机遇，创新信息产业技术，以信息化带动工业化，发展和普及互联网技术，加快发展物联网技术，重视网络计算和信息存储技术开发，加快相关基础设施建设，积极研发和建设新一代互联网，改变我国信息资源行业分隔、核心技术受制于人的局面，促进信息共享，保障信息安全。要积极发展智能宽带无线网络、先进传感和显示、先进可靠软件技术，建设由传感网络、通信设施、网络超算、智能软件构成的智能基础设施，按照可靠、低成本信息化的要求，构建泛在的信息网络体系，使基于数据和知识的产业成为重要新兴支柱产业，推进国民经济和社会信息化。

第四，大力发展现代农业科学技术。要发展高产、优质、高效、生态、安全农业和相关生物产业，保障粮食和主要农产品安全，实现农产品优质化、营养化、功能化，推进农业信息化、数字化、精准化，构建我国生态高值农业和生物产业体系，建成农业高值转化的产业体系，形成生态系统持续良性循环、景观优美、功能多样、城乡一体的新型农业。要发展先进育种技术，提高农产品质量、产量和抗逆性，研发推广节约资源、减少面源污染、农业废弃物资源化利用等技术，提高我国农业可持续发展能力和国际竞争力。

第五，大力发展健康科学技术。要建设世界先进水平的生物安全、食品安全、健康营养生活方式的科技保障系统，建设突发公共卫生事件及生物防范网络和系统，构建以创新药物研发和先进医疗设备制造为龙头的规模化医药研发产业链，提高生物医药产业水平，为基本公共卫生保健普惠化、个性化发展提供先进可靠并可共同分享的技术支持，提高疾病预防、早期诊断、治疗康复能力，提高健康科学和健康服务水平。要全面实施食品安全工程、国民健康工程等，不断提升消费品和公共产品科技含量和质量，让广大群众吃得更放心、住得更舒适、出行更便捷、身心更健康、生活更幸福。

第六，大力加强生态环境保护科学技术。要系统认知环境演变规律，提升生态环境监测、保护、修复能力和应对气候变化能力，提高自然灾害预测预报和防灾减灾能力，发展相关技术、方法、手段，提供系统解决方案，构建人与自然和谐相处的生态环境保育发展体系，实现典型退化生态系统恢复和污染环境修复，有效遏制我国生态环境退化趋势，实现环境优美、生态良好。要注重源头治理，发展节能减排和循环利用关键技术，建立资源节约型、环境友好型技术体系和生产体系。

第七，大力发展空间和海洋科学技术。要提高空间探测能力、对地观测能力、信息应用能力，在空间科学技术研究及其应用方面取得原创性重大突破，保证我国有效和平利用空间。要提高海洋探测及应用研究能力和海洋资源开发利用能力，使我国海洋科技水平进入世界前列，增强我国海洋能力拓展，支撑我国海洋事业发展，保护和利用海洋。

第八，大力发展国家安全和公共安全科学技术。要加快发展空间安全、海洋安全、生物安全、信息网络安全技术，提高对传统和非传统国家安全和公共安全的监测、预警、应对、管理能力，加强安全生产技术研究和推广，构建先进国家安全和公共安全体系，有效防范对人民生活和生态环境的生物威胁，维护信息和网络空间安全，维护国家利益，捍卫国家主权，保障社会稳定。

三、切实加强和改进科技工作

为充分发挥科学技术在加快转变经济发展方式中的重要作用，必须进一步加强和改进科技工作。

第一，加强对科技工作的领导，为加快科技事业发展提供坚强保证。各级党委和政府要高度重视对科技工作的领导和支持，坚持把推动科技进步和创新作为加快转变经济发展方式的重要途径，积极营造支持科技事业发展的法律政策环境、市场环境、社会文化环境。要坚持科学决策、民主决策、依法决策，认真听取科技专家意见，把握科技发展趋势，制定和采取有效措施，推动解决经济社会发展涉及的重大科技问题。要充分发挥我国社会主义制度能够集中力量办大事的政治优势，加强科技投入，提高科技经费使用效益，组织重大科技攻关，显著提高科技进步和创新对经济发展的贡献率。要注重推动基础研究和高技术前沿探索，重视可能发生革命性变革的科技方向，重视交叉综合性科技领域和新兴前沿方向的前瞻布局，积极推动主流学科走到世界前列、重要战略高技术领域实现跨越，加快实现前沿跟踪和自主创新相结合的历史性转变。

第二，加强人才工作，为科技进步和创新提供强大人才支持。要坚持尊重知识、尊重人才、尊重劳动、尊重创造的重大方针，深入实施人才强国战略，确立人才优先发展战略布局，以高层次人才、高技能人才为重点，统筹推进各类人才队伍建设，培养造就规模宏大、结构优化、布局合理、素质优良的人才队伍。要创新人才培养体系，用科学合理的方法评价人才，加强全球范围拔尖人才引进工作，大力培养造就具有世界科研前沿水平的高级专家、高层次科技领军人才，注重培养一线创新人才和青年科技人才。要完善现代国民教育体系和终身教育体系，优化教育结构，推进素质教育，突出培养具有科学精神、创造性思维、创新能力的人才。要充分调动广大科技工作者的创新积极性，提高全社会创新意识，积极营造诚信、宽松、和谐的学术环境，鼓励自主探索，保护知识产权，发扬学术民主，提倡学术争鸣，使一切创新想法得到尊重、一切创新举措得到支持、一切创新才能得到发挥、一切创新成果得到肯定。

第三，深化科技体制改革，为加快建设创新型国家提供有力体制保障。要适应社会主义市场经济发展，建立健全国家科技决策机制和宏观协调机制，促进全社会科技资源高效配置和综合集成，促进科研布局和结构调整。要加快构建以企业为主体、市场为导向、产学研相结合的技术创新体系，使企业真正成为研究开发投入的主体、技术创新活动的主体、创新成果应用的主体，全面提高企业自主创新能力，加快科技成果向现实生产力转化。要加快构建科学研究与人才培养有机结合的知识创新体系，支持从事基础研究、前沿高技术研究、产业共性技术研究和社会公益研究的科研机构，集中力量形成若干优势学科领域、研究基地、创新团队。要加快构建军民结合、寓军于民的国防科技创新体系，加强军民科技资源的集成，形成军民高技术共享和相互转移的良好格局。要加快构建各具特色和优势的区域创新体系，提高区域创新能力和竞争力，促进区域协调发展。要加快构建社会化、网络化的科技中介服务体系，提高全社会创新效率，促进知识成果传播、转化、应用。

各位院士、同志们！

科学精神是科学技术的灵魂。在探索自然、改造世界的长期实践中，人类不断推进科技进步和创新，不仅从物质层面改变了世界，而且在精神层面深刻影响了人类社会文明发展。历史表明，每一次科技革命的发生和发展都伴随着科学精神的发扬光大，科学精神又为科技进步和创新提供强大精神动力。贯彻落实科学发展观，建设创新型国家，加快转变经济发展方式，必须大力弘扬求真务实、勇于创新的科学精神，在全社会形成讲科学、爱科学、学科学、用科学的良好风尚，为科技创新营造良好社会环境。

中国科学院院士、中国工程院院士代表着我国科学和工程技术界的最高学术水平，肩负着党和人民重托，享有崇高荣誉，受到全社会广泛尊重。长期以来，两院院士作为全国科技战线的领军人物，孜孜以求，敬业奉献，为党和国家作出了重大贡献。希望同志们自觉弘扬科学精神，以科教兴国为己任，坚持科技为经济社会发展服务、为人民服务，把自己的事业抱负、科技专长同国家发展、社会进步、人民幸福更加紧密地联系起来，把为加快转变经济发展方式提供科技支持作为重要目标，勇于探索，敢为人先，努力攀登世界科技高峰，悉心培养和提携优秀青年人才，为建设创新型国家、推动经济社会又好又快发展作出新的更大的贡献。

在全国教育工作会议上的讲话

（2010年7月13日）

胡锦涛

这次全国教育工作会议，是党中央、国务院在新世纪召开的第一次全国教育会议。会议的主要任务是：总结交流教育工作经验，分析教育工作面临的新情况新问题，动员全党全社会全面实施《国家中长期教育改革和发展规划纲要（2010—2020年）》，坚持优先发展教育，推动教育事业科学发展，建设人力资源强国，为全面建设小康社会、加快推进社会主义现代化提供更有力的人才保证和人力资源支撑。

一、充分认识推进教育改革和发展的重大意义

教育是民族振兴、社会进步的基石，是提高国民素质、促进人的全面发展的根本途径，寄托着亿万家庭对美好生活的期盼。强国必先强教。新中国成立以来，党和国家始终高度重视教育。经过60多年特别是改革开放30多年的不懈努力，在我国这样一个拥有13亿人口的发展中大国，我们开辟了中国特色社会主义教育发展道路，建成了世界最大规模的教育体系，保障了亿万人民群众受教育的权利，城乡免费义务教育全面实现，职业教育快速发展，高等教育进入大众化阶段，教育公平迈出重大步伐，办学水平不断提高，取得了举世瞩目的伟大成就。我国教育事业不断发展，极大提高了全民族素质，有力推进了科技创新和文化繁荣，推动我国实现了从人口大国向人力资源大国的转变，为我国经济社会发展作出了不可替代的重大贡献。

长期以来，全国广大教师和教育工作者认真贯彻党的教育方针，教书育人，勤勉工作，默默耕耘，无私奉献，为我国教育事业发展付出了大量心血，为我国社会主义建设培养了大批人才，为党和人民作出了杰出贡献。在这里，我代表党中央、国务院，向全国广大教师和教育工作者，向所有关心和支持我国教育事业的广大干部群众和社会各界人士，表示衷心的感谢和诚挚的问候！

新中国教育的60年，是中国特色社会主义教育体系日益完善的60年。在这一历史进程中，我们不断深化对我国社会主义教育事业发展规律的认识，得出了十分重要的结论。一是

教育是国家和民族发展最根本的事业，必须坚持党对教育工作的领导，明确政府发展和管理教育的责任，落实教育优先发展的战略地位，实现教育和经济社会协调发展，充分发挥教育在党和国家事业中的基础性、先导性、全局性地位和作用。二是教育的根本目的是培养德智体美全面发展的社会主义建设者和接班人，必须全面贯彻党的教育方针，把促进学生健康成长作为学校一切工作的出发点和落脚点。三是教育事业发展的生机活力在改革开放，必须始终按照面向现代化、面向世界、面向未来的要求，立足社会主义初级阶段基本国情，坚持继承和创新相结合，不断深化教育体制改革和教育教学改革。四是教育是改善民生、促进社会和谐的重要途径，必须坚持以人为本，促进教育公平，保障公民依法享有受教育的权利。五是教育事业发展的关键在教师，必须紧紧依靠广大教师和教育工作者，遵循教育规律办学教学，不断提高教师政治和业务素质，弘扬尊师重教的社会风气。这些重要结论弥足珍贵，已经在《教育规划纲要》中得到体现，更要在推进教育改革和发展中牢牢把握并不断丰富发展。

当前，我国社会主义现代化建设已进入新的发展阶段。我们的奋斗目标是，到2020年全面建成小康社会，进而到本世纪中叶基本实现现代化，在中国特色社会主义道路上实现中华民族伟大复兴。优先发展教育、提高教育现代化水平，对实现全面建设小康社会奋斗目标、建设富强民主文明和谐的社会主义现代化国家具有决定性意义。

随着科技进步日新月异，知识越来越成为提高综合国力和国际竞争力的决定性因素，人力资源越来越成为推动经济社会发展的战略性资源，科技、教育、人才竞争在综合国力竞争中的重要性日益凸显。当今世界的综合国力竞争，说到底是民族素质竞争。教育对提高人民思想道德素质和科学文化素质、发展科学技术、培养人才具有基础性作用。我们要紧紧抓住机遇、有力迎接挑战，坚持优先发展教育，提高教育现代化水平，充分发挥教育重大作用。我们要通过大力发展教育事业，努力培养造就数以亿计的高素质劳动者、数以千万计的专门人才和一大批拔尖创新人才，加快转变经济发展方式，坚持走中国特色新型工业化道路，增强我国发展后劲和国际竞争力，不断推动科学发展。我们要通过大力发展教育事业，在全社会特别是青少年中弘扬社会主义核心价值体系，进一步形成共同的理想信念和道德规范，培育文明风尚，增强民族凝聚力，打牢全党全国各族人民团结奋斗的思想道德基础，不断促进社会和谐。我们要通过大力发展教育事业，全面加强和改进德育、智育、体育、美育，坚持文化知识学习和思想品德修养的统一、理论学习和社会实践的统一、全面发展和个性发展的统一，不断促进人的全面发展。

我们必须清醒地看到，虽然我国教育事业已经取得巨大成就，但还不完全适应国家经济社会发展和人民群众接受良好教育的要求。主要问题是：有学上的问题基本解决，但上好学的问题依然突出，人民群众不断增长的多样化教育需求还不能得到很好满足；教育观念相对落后，内容方法比较陈旧，中小学生课业负担过重，素质教育推进困难；学生适应社会和就业创业能力不强，创新型、实用型、复合型人才紧缺；教育体制机制不完善，学校办学活力不足，教育结构和布局不尽合理，城乡、区域教育发展不平衡；教育投入不足，教育优先发展的战略地位尚未完全落实。我们要推动教育事业科学发展，必须着力解决这些问题。

教育是国计，也是民生；教育是今天，更是明天。大力发展教育事业，是全面建设小康社会、加快推进社会主义现代化、实现中华民族伟大复兴的必由之路。全党全国要积极行动起来，坚持育人为本，以改革创新为动力，以促进公平为重点，以提高质量为核心，推动教育事业在新的历史起点上科学发展，加快从教育大国向教育强国、从人力资源大国向人力资源强国迈进，为中华民族伟大复兴和人类文明进步作出更大贡献。

二、全面推动我国教育事业改革和发展

推动教育事业科学发展，必须高举中国特色社会主义伟大旗帜，以邓小平理论和"三个代表"重要思想为指导，深入贯彻落实科学发展观，实施科教兴国战略和人才强国战略，优先发展教育，完善中国特色社会主义现代教育体系，办好人民满意的教育，建设人力资源强国。要全面贯彻党的教育方针，坚持教育为社会主义现代化建设服务，为人民服务，与生产劳动和社会实践相结合，培养德智体美全面发展的社会主义建设者和接班人。要全面推动教育事业科学发展，立足社会主义初级阶段基本国情，把握教育发展阶段性特征，坚持以人为本，遵循教育规律，面向社会需求，优化结构布局，提高教育现代化水平。

关于当前和今后一个时期我国教育改革和发展的总体战略和主要任务，《教育规划纲要》已经作出全面部署，各级党委和政府要按照优先发展、育人为本、改革创新、促进公平、提高质量的工作方针，切实抓好落实，确保到2020年我国基本实现教育现代化，基本形成学习型社会，进入人力资源强国行列。这里，我想就推动教育事业科学发展强调几个问题。

第一，推动教育事业科学发展，必须优先发展教育。优先发展教育是党和国家长期坚持的一项重大方针。我国未来发展、中华民族伟大复兴，关键靠人才，基础在教育。在党和国家工作全局中，必须始终把教育摆在优先发展的战略地位。要把优先发展教育作为贯彻落实科学发展观的基本要求，切实保证经济社会发展规划优先安排教育发展、财政资金优先保障教育投入、公共资源优先满足教育和人力资源开发需要，并尽快形成科学规范的制度。要转变政府教育管理职能，落实政府发展和管理教育责任，积极推动建设覆盖城乡的基本公共教育服务体系，逐步实现基本公共教育服务均等化。教育投入是支撑国家长远发展的基础性、战略性投资，要健全以政府投入为主、多渠道筹集教育经费的体制，大幅度增加教育投入，2012年实现国家财政性教育经费支出占国内生产总值的4%，并保持稳定增长。要把是否坚持优先发展教育、发挥教育重大作用作为检验各级党政领导班子是否真正贯彻落实科学发展观的重要内容。

各地区各部门要从自身实际出发，明确分工，落实责任，密切配合，形成推动优先发展教育合力，统筹推进各级各类教育，实现更高水平的普及教育，形成惠及全民的公平教育，提供更加丰富的优质教育，构建体系完备的终身教育，健全充满活力的教育体制。要基本普及学前教育，重点发展农村学前教育，遵循幼儿身心发展规律，坚持科学保教方法，加强学前教育管理，保障幼儿快乐健康成长。要巩固义务教育普及成果，全面提高普及水平，全面提高教育质量，推动义务教育均衡发展，确保适龄儿童少年接受良好义务教育。要加快普及高中阶段教育，合理确定普通高中和中等职业学校招生比例，全面提高普通高中学生综合素质，推动普通高中多样化发展。要大力发展职业教育，加快发展面向农村的职业教育，形成适应经济发展方式转变和产业结构调整要求、体现终身教育理念、中等和高等职业教育协调发展的现代职业教育体系，着力培养学生的职业道德、职业技能、就业创业能力。要全面提高高等教育质量，提高人才培养、科学研究、社会服务整体水平，建成一批国际知名、有特色、高水平的高等学校，加快建设世界一流大学和一流学科，显著增强高等教育国际竞争力。同时，要抓好继续教育、民族教育、特殊教育，推动各级各类教育全面协调发展。

第二，推动教育事业科学发展，必须坚持以人为本。坚持以人为本、全面实施素质教育是教育改革和发展的战略主题，是贯彻党的教育方针的时代要求，核心是解决好培养什么人、怎样培养人的重大问题，重点是面向全体学生、促

进学生全面发展，着力提高学生服务国家服务人民的社会责任感、勇于探索的创新精神、善于解决问题的实践能力。坚持以人为本，在教育工作中的最集中体现就是育人为本、德育为先。德是做人的根本，只有树立崇高理想和远大志向，从小打牢思想道德基础，学习才有动力，前进才有方向，成才才有保障。要把育人为本作为教育工作的根本要求，加强理想信念教育和道德教育，把社会主义核心价值体系融入国民教育全过程，深入推动中国特色社会主义理论体系进教材、进课堂、进头脑，引导学生形成正确的世界观、人生观、价值观，坚定学生对中国共产党领导、社会主义制度的信念和信心，培养学生团结互助、诚实守信、遵纪守法、艰苦奋斗的良好品质，树立社会主义民主法治、自由平等、公平正义理念。要把德育融入学校课堂教学、学生管理、学生生活全过程，创新德育观念、目标、内容、方法，充分体现时代性，准确把握规律性，大力增强实效性。

坚持以人为本，在教育工作中的重要着眼点是全面提高国民素质。这就需要全面实施素质教育。实施素质教育不仅涉及教育各个阶段和领域，更涉及文化传统、经济发展、社会结构、用人制度等方方面面，必须统筹兼顾、协调推进，切实把实施素质教育这件大事抓紧抓好、抓出成效。人力资源是经济社会发展的第一资源，教育是开发人力资源的主要途径。要以学生为主体，以教师为主导，充分发挥学生的主动性，尊重教育规律和学生身心发展规律，为多样化、个性化、创新型人才成长提供良好环境和机制，着力培养我国现代化建设需要的各方面人才，特别是要高度重视培养拔尖创新人才。要促进学生全面发展，优化知识结构，丰富社会实践，加强劳动教育，着力提高学习能力、实践能力、创新能力，提高综合素质，加快改变学生创新能力培养不足状况。要把人人可以成才的观念贯穿教育全过程、贯穿社会各行各业，把培养人的创造性和培养拔尖创新人才有机统一起来，推进小学、中学、大学有机衔接，教学、科研、实践紧密结合，学校、家庭、社会密切配合，加强学校之间、校企之间、学校和科研机构之间合作以及中外合作等多种联合培养方式，更加重视打牢创新基础、倡导创新精神、激发创新活力，更加重视发展创新文化、完善创新机制、营造创新氛围，大幅提高教育培养创新人才能力和水平。要以终身学习理念引领学校教育改革，构建灵活开放的终身教育体系，努力做到学历教育和非学历教育协调发展、职业教育和普通教育相互沟通、职前教育和职后教育有效衔接，为努力形成全民学习、终身学习的学习型社会奠定坚实基础。

第三，推动教育事业科学发展，必须坚持改革创新。改革是教育事业发展的强大动力。要深化教育教学改革，重视改革的系统设计和整体安排，加快重要领域和关键环节改革步伐，以改革推动发展，以改革提高质量，以改革增强活力，进一步消除制约教育发展和创新的体制机制障碍，全面形成与社会主义市场经济体制和全面建设小康社会目标相适应的充满活力、富有效率、更加开放、有利于科学发展的教育体制机制。

深化教育体制改革，关键是更新教育观念，核心是改革人才培养体制，目的是提高人才培养水平。教育成效不应只看学生是否能准确填写标准答案，更要看学生的学习能力、实践能力、创新能力，看他们是否掌握了发现问题、解决问题的关键能力，看他们是否具备了高度的社会责任感。要树立全面发展观念、人人成才观念、多样化人才观念、系统培养观念、终身学习观念，形成体系开放、机制灵活、渠道互通、选择多样的人才培养体制。要创新人才培养模式，适应国家和社会发展需要，遵循教育规律和人才成长规律，注重学思结合、知行统一、因材施教，创新教育教学方法，倡导启发式、探究式、讨论式、参与式教学，激发学生好奇心，发挥学生主动精神，鼓励学生进行创造性思维，改变单纯灌输式的教育方法。要把中小学生从繁重的课业负担下解放出来，使广大青少年在发掘兴趣和潜能的基础上全面发展。

深化教育体制改革，要正确处理政府、学校、社会的关系，落实和扩大学校办学自主权，建设依法办学、自主管理、民主监督、社会参与的现代学校制度。要深化办学体制改革，坚持教育公益性原则，健全政府主导、社会参与，办学主体多元、办学形式多样、充满生机活力的办学体制，积极鼓励行业、企业等社会力量参与公办学校办学，引导社会资金以多种方式进入教育领域，大力支持民办教育，形成以政府办学为主体、全社会积极参与、公办教育和民办教育共同发展的格局。要深化教育管理体制改革，以转变政府职能和简政放权为重点，提高公共教育服务水平，明确各级政府责任，规范学校办学行为，形成政事分开、权责明确、统筹协调、规范有序的教育管理体制。在教育改革中，要正确处理改革发展稳定的关系，坚持改革力度、发展速度、社会可承受程度的统一。

在经济全球化深入发展、我国参与国际经济合作和竞争日益广泛深入的新形势下，我们必须加强教育国际交流合作，提高教育交流合作水平，充分利用国内国际两种教育资源。要借鉴国外先进教育理念和有益教育经验，引进优质教育资源，提升我国教育的国际地位和影响力、竞争力。要积极吸引更多世界一流专家学者来华从事教学、科研、管理工作，有计划引进海外高端人才和学术团队，推动我国高水平教育机构海外办学。要坚持支持留学、鼓励回国、来去自由的方针，创新和完善公派出国留学机制，提高对留学人员的服务和管理水平，吸引海外优秀留学人员回国服务。

第四，推动教育事业科学发展，必须促进教育公平。教育公平是社会公平的重要基础。坚持教育的公益性和普惠性，把促进公平作为国家基本教育政策，是促进社会公平的重要基础性任务。教育公平的关键是机会公平，基本要求是保障公民依法享有受教育的权利，重点是促进义务教育均衡发展和扶持困难群众，根本措施是合理配置教育资源。近年来，我国在保障教育机会公平方面迈出重大步伐，我们要在这个基础上继续促进公民受教育机会公平，推动教育公平不断迈上新台阶。要着力促进公共教育资源配置公平，加强薄弱环节和关键领域，加快缩小城乡、区域教育发展差距。要健全国家资助政策体系，逐步对农村家庭经济困难和城镇低保家庭子女接受学前教育予以资助，提高农村义务教育家庭经济困难寄宿生生活补助标准，改善中小学生营养状况，建立普通高中家庭经济困难学生国家资助制度，完善普通本科高校、高等职业学校、中等职业学校家庭经济困难学生资助政策体系，设立研究生国家奖学金，完善助学贷款体制机制。要进一步加大农村、边远贫困地区、民族地区教育投入，启动民族地区、贫困地区农村小学生营养改善计划，改善农村学生特别是留守儿童寄宿条件，努力不让一个孩子因家庭经济困难、就学困难或学习困难而失学。

促进教育公平，要着力促进教育制度规则公平，全面推进依法治教和依法治校，坚持用规范管理维护教育公平，探索教育行政执法体制机制改革，完善督导制度和监督问责机制。要实施好高校招生“阳光工程”，建立和完善高校毕业生就业服务体系，坚决治理教育乱收费。要依法落实民办学校、学生、教师与公办学校、学生、教师平等的法律地位。

推进教育公平是复杂的社会系统工程，也是一个需要逐步实现的历史过程。要坚持在经济社会发展的基础上，以发展促公平，以改革促公平，以政策支持促公平，不断满足广大群众日益增长的多层次、多样化教育需求。

第五，推动教育事业科学发展，必须重视教育质量。全面提高教育质量，对建设教育强国、人力资源强国意义重大。要把提高质量作为教育改革和发展的核心任务，摆在各级各类教育更加突出的位置，树立以提高质量为核心的教育发展观，坚持规模和质量的统一，注重教育内涵发展。要把促进人的全面发展、适应社会需要作为衡量教育质量的根本标准，努力协调好教育发展和人的全面发展、教育发展和社会发展的关系，鼓励学校办出特色、办出水平和出名师、育英才。要把教育资源配置和学校工作重点集中到强化教学环节、提高教育质量上来，建立以提高教育质量为导向的管理制度和工作机制，制定教育质量国家标准，建立健全教育质量保障体系。要深入研究经济社会发展和用人单位对人才结构培养质量需求变化情况，加强教育质量评估和监管。

教育大计，教师为本。要把加强教师队伍建设作为教育事业发展最重要的基础工作来抓，充分信任、紧密依靠广大教师，进一步激发和保护他们投身教育改革创新、推动教育事业发展的积极性、主动性、创造性，着力提升教师素质、优化队伍结构，着力加强中青年教师和创新团队建设，健全教师管理制度，努力造就一支师德高尚、业务精湛、结构合理、充满活力的高素质专业化教师队伍。要采取更有力的措施，提高教师地位，维护教师权益，改善教师待遇，加强教师培训，关心教师身心健康，依法保证教师平均工资水平不低于或者高于国家公务员平均工资水平并逐步提高，落实教师绩效工资，对长期在农村基层和艰苦边远地区工作的教师实行倾斜政策，落实和完善教师社会保障政策，为教师解决后顾之忧，为教师发展成长创造更多机会、提供更有利的条件。要吸引优秀人才从事教育工作，支持和鼓励他们长期从教、终身从教。要在全社会大力弘扬尊师重教的优良传统，宣传优秀教师先进事迹，使教师成为最受社会尊重的职业。要加强学校领导者、管理者队伍建设，加强辅导员、班主任队伍建设，提高队伍整体素质。要完善绩效考核，发扬良好校风、教风、学风，力戒浮躁，形成全面提高教育质量的良好氛围。

要以教育信息化带动教育现代化，把教育信息化纳入国家信息化发展整体战略，加快教育信息基础设施建设，超前部署教育信息网络，加强优质教育资源开发和应用，构建国家教育管理信息系统，确保到2020年基本建成覆盖城乡各级各类学校的教育信息化体系，促进优质教育资源普及共享，加快全民信息技术普及和应用。

三、全党全社会共同为推动教育事业科学发展而奋斗

推动教育事业科学发展，加强和改善党的领导是关键。贯彻落实好《教育规划纲要》是摆在全党全社会面前的重大任务，迫切要求各级党委、政府和领导干部提高领导教育工作能力和水平。各级党委和政府要提出实施方案，加强领导，明确目标，制定措施，加大投入，切实把《教育规划纲要》贯彻好、落实好。

第一，着力加强和改善对教育工作的领导。各级党委和政府要强化责任意识，正确处理教育发展与经济社会发展的关系，健全领导体制和决策机制，以更大的决心、更多的财力、更多的精力支持教育事业，加强教育宏观政策和发展战略研究，制订符合本地实际的教育发展规划和政策措施，抓好《教育规划纲要》提出的重大项目和改革试点，及时研究解决教育改革和发展的重大问题和群众关心的热点问题。要把制度建设作为推动教育事业科学发展的重要着力点，深化改革，勇于创新，增强改革措施的针对性、协调性、实效性，建立健全统筹教育和经济社会发展、统筹教育改革和对外开放、统筹城乡和区域教育发展、统筹各级各类教育发展的机制，建立健全推进教育公平、实施素质教育、培养创新人才的有效制度体系，建立健全有利于推动教育事业科学发展的综合评价体系。要加强和改进教育系统党的建设，健全各级各类学校党的组织，坚持和完善公办高等学校党委领导下的校长负责制，加强学校领导班子和领导干部队伍建设，加强在优秀青年教师、优秀学生中发展党员工作，重视学校共青团、少先队工作，充分发挥党组织在教育改革和发展中的作用。要坚持社会主义办学方向，牢牢把握党对学校意识形态工作的主导权，加强和改进学校思想政治工作，加强校园文化建设。要加强教

育系统党风廉政建设和行风建设，完善体现教育系统特点的惩治和预防腐败体系，严格执行党风廉政建设责任制，积极推行政务公开、校务公开，逐步推行基层党务公开，坚决惩治和有效预防腐败，坚决纠正损害群众利益的各种不正之风。要深入开展平安校园、文明校园、绿色校园、和谐校园创建活动，加强校园网络管理，加强师生安全教育和学校安全管理，加强校园和周边环境治安综合治理，切实维护教育系统和谐稳定。

第二，着力动员全社会共同推动教育事业科学发展。教育振兴，全民有责。实现教育改革和发展目标，必须发挥人民群众聪明才智、动员全社会一起努力，充分调动全社会关心和支持教育的积极性，共同担负起培育下一代的责任。要鼓励和支持全社会支持和参与教育事业发展，努力形成推动教育事业科学发展和促进人的全面发展的社会氛围。要切实保障人民群众对教育的知情权、参与权、表达权、监督权，建立和完善群众利益表达渠道和对教育建言献策的平台，积极利用社会力量监督和评价教育、参与教育管理。要完善相关政策，发动更多社会力量支持教育、投入教育、兴办教育。要引导和鼓励社会各界更新教育观、成才观、用人观，支持教育改革创新，形成既生动活泼又规范有序、共同推动教育事业科学发展的生动局面。

第三，着力组织广大教师和教育工作者投身教育事业科学发展伟大实践。广大教师和教育工作者是推动教育事业发展的生力军。推动教育事业科学发展，必须紧紧依靠广大教师和教育工作者。广大教师要增强教书育人的责任感和使命感，把教学作为首要任务，自觉加强师德建设，大力弘扬优良教风，努力提高业务水平，积极探索和实践教育教学规律，关爱学生，严谨笃学，淡泊名利，自尊自律，全心全意帮助学生全面发展，做学生健康成长的指导者和引路人。学校各级领导干部和管理人员要用主要精力抓好人才培养和学校管理，改进领导方式，发扬校内民主，开放社会监督，以优异工作业绩赢得教师、学生、家长信任和支持。

同志们，21 世纪是中华民族伟大复兴的世纪，也必将是我国教育事业全面发展的世纪。全党全国要积极行动起来，真抓实干，开拓进取，努力推动教育事业科学发展，为把我国建设成为人力资源强国、人才强国、创新型国家而不懈奋斗！

在深圳经济特区建立 30 周年庆祝大会上的讲话

（2010 年 9 月 6 日）

胡锦涛

同志们，朋友们：

今天，我们在这里隆重集会，庆祝深圳经济特区建立 30 周年。首先，我代表党中央、国务院，向经济特区广大建设者，向所有为经济特区建设作出贡献的同志们，致以热烈的祝贺和诚挚的问候！向在座各位来宾，向关心和支持经济特区建设的香港同胞、澳门同胞、台湾同胞、海外侨胞和各国朋友，表示衷心的感谢！

兴办经济特区是党和国家为推进我国改革开放和社会主义现代化作出的一项重大决策，是中国共产党人和中国人民在探索中国特色社会主义道路上进行的一个伟大创举。1978 年，党的十一届三中全会作出把党和国家工作中心转移到经济建设上来、实行改革开放的历史性决策。中国共产党团结带领全国各族人民解放思想、实事求是、与时俱进，积极探索和奋力开辟新的历史条件下我国社会主义事业发展新道路。在邓小平同志亲自关怀下，党中央、国务院决定兴办深圳、珠海、汕头、厦门经济特区，随后又兴办海南经济特区，实行特殊政策和灵活措施，发挥它们对全国改革开放和社会主义现代化建设的重要窗口和示范带动作用。

1980年8月，深圳经济特区正式建立。30年来，在党中央、国务院坚强领导和全国大力支持下，深圳经济特区坚持锐意改革，敢闯敢试、敢为天下先，勇于突破传统经济体制束缚，率先进行市场取向的经济体制改革，在我国实现从高度集中的计划经济体制到充满活力的社会主义市场经济体制的历史进程中发挥了重要作用；坚持发展第一要务，大力解放和发展社会生产力，积极推进自主创新，提高经济发展质量和效益，改善人民生活，创造了“深圳速度”，探索和积累了实现快速发展、走向富裕的成功经验；坚持对外开放，有效实行“引进来”和“走出去”，积极利用国际国内两个市场、两种资源，成功运用国外境外资金、技术、人才和管理经验，为我国实现从封闭半封闭到全方位开放进行了开拓性探索；坚持服务国家发展大局，全国支持经济特区发展，经济特区回馈全国，促进东中西部协调发展，对全国发展起到重要辐射和带动作用；坚持“一国两制”方针，加强同香港、澳门、台湾地区的多领域交流合作，为推动香港、澳门回归祖国并保持繁荣稳定和促进祖国和平统一大业发挥了桥梁和纽带作用。经过30年的不懈努力，深圳迅速从一个边陲小镇发展成为一座现代化大城市，综合经济实力跃居全国大中城市前列，创造了世界工业化、现代化、城市化发展史上的奇迹。深圳经济特区广大干部群众以蓬勃的进取精神和创新实践，为我国改革开放和社会主义现代化建设作出了重要贡献。

深圳等经济特区的发展成就，是邓小平理论和“三个代表”重要思想以及科学发展观的实践成果，是改革开放以来我国实现历史性变革和取得伟大成就的生动缩影，是我国社会主义制度优越性的有力印证。兴办经济特区，丰富了我们对改革开放和社会主义现代化建设规律的认识，坚定了全国各族人民坚持改革开放、走中国特色社会主义道路的信心，向世界展示了社会主义中国的勃勃生机和光明前景。

深圳等经济特区的成功实践雄辩地证明，党的十一届三中全会以来形成的党的基本理论、基本路线、基本纲领、基本经验是完全正确的，中央作出兴办经济特区的决策是完全正确的；改革开放是决定当代中国命运的关键抉择，符合党心民心、顺应时代潮流，只有改革开放才能发展中国、发展社会主义、发展马克思主义，中国特色社会主义道路是实现中华民族伟大复兴的必由之路、成功之路！

此时此刻，我们更加深切地缅怀邓小平同志等老一辈革命家。正是因为以邓小平同志为核心的党的第二代中央领导集体团结带领全党全国各族人民毅然踏上并推进改革开放的伟大征程，我们才胜利进入了改革开放历史新时期，成功开辟了中国特色社会主义道路，迎来了我国繁荣发展的崭新局面。我们要向以江泽民同志为核心的党的第三代中央领导集体致以崇高的敬意，他们团结带领全党全国各族人民锐意推进改革开放，继承和发展中国特色社会主义伟大事业，推动经济特区增创新优势、更上一层楼。

同志们、朋友们！

经过改革开放30多年来的不懈奋斗，我们胜利实现了现代化建设“三步走”战略的前两步目标，正在向第三步目标阔步前进。未来几十年，是我们实现第三步目标的重要时期。到2020年，我们将全面建成惠及十几亿人口的更高水平的小康社会；到新中国成立100年时，我们将基本实现现代化，建成富强民主文明和谐的社会主义现代化国家。面对错综复杂的国际形势，面对艰巨繁重的改革发展稳定任务，我们要胜利实现既定战略目标，必须坚定不移坚持中国特色社会主义道路，坚定不移坚持中国特色社会主义理论体系，勇于变革、勇于创新，永不僵化、永不停滞，不为任何风险所惧，不被任何干扰所惑，继续奋勇推进改革开放和社会主义现代化建设的伟大事业。

在全面建设小康社会、加快推进社会主义现代化的进程中，经济特区不仅应该继续办下去，而且应该办得更好。中央将一如既往支持经济特区大胆探索、先行先试、发挥作用。经济特区要适应国内外形势新变化、按照国家发展新要求、顺应人民新期待，面向现代化、面向世界、面向未来，继续解放思想，坚持改革开放，努力当好推动科学发展、促进社会和谐的排头兵，在改革开放和社会主义现代化建设中取得新进展、实现新突破、迈上新台阶。

第一，继续加快转变经济发展方式，努力为推动科学发展探索新路。加快转变经济发展方式是关系我国经济社会发展全局的重大战略任务，经济特区要带头加快转变经济发展方式，坚决打好这场硬仗。要坚持自主创新、重点跨越、支撑发展、引领未来的方针，加快构建以企业为主体、市场为导向、产学研相结合的技术创新体系，提升核心技术自主创新能力，推动经济发展从要素驱动向创新驱动转变。要加快经济结构战略性调整，扩大消费特别是居民消费，抢占战略性新兴产业制高点，发展先进制造业和高端服务业，构建现代产业体系。要加大统筹城乡发展力度，把新农村建设与城镇化结合起来，发挥城市对农村的辐射带动作用，发展现代农业，多渠道增加农民收入。要坚定不移实施人才强国战略，建设宏大的创新型人才队伍。要加强能源资源节约和生态环境保护，推广低碳技术，发展绿色经济，倡导绿色生活，率先建成资源节约型、环境友好型社会。

第二，继续深化改革开放，努力为推动科学发展提供制度保障和动力源泉。要坚定不移深化改革，提高改革决策的科学性，增强改革措施的协调性，全面推进经济体制、政治体制、文化体制、社会体制改革，努力在重要领域和关键环节改革上取得突破。要坚持社会主义市场经济的改革方向，抓住制约科学发展的体制症结，推进财税体制、金融体制、投资体制、收入分配制度改革，尽快建立反映市场供求关系、资源稀缺程度、环境损害成本的生产要素和资源价格形成机制，从制度上更好发挥市场在资源配置中的基础性作用，加快构建充满活力、富有效率、更加开放、有利于科学发展的体制机制。要坚持中国特色社会主义政治发展道路，加强社会主义政治文明建设，不断推进社会主义政治制度自我完善和发展，保证人民当家作主，增强党和国家活力，调动人民积极性。要扩大社会主义民主，加快建设社会主义法治国家，依法实行民主选举、民主决策、民主管理、民主监督，保障人民的知情权、参与权、表达权、监督权。要推进行政管理体制改革，进一步转变政府职能，建设服务型政府。要全面提升开放型经济水平，把“引进来”和“走出去”更好结合起来，扩大开放领域，提高开放质量，创新外贸增长方式、优化进出口结构，创新利用外资方式、优化利用外资结构，创新对外投资和合作方式、加大实施“走出去”战略力度，形成经济全球化条件下参与国际经济合作和竞争新优势。

第三，继续加强社会主义精神文明建设，努力为推动科学发展提供良好文化条件。要坚持“两手抓，两手都要硬”的方针，坚持社会主义先进文化前进方向，促进人的全面发展，交好物质文明建设和精神文明建设两份答卷。要深入推进社会主义核心价值体系建设，坚定中国特色社会主义理想信念，弘扬爱国主义、集体主义、社会主义思想，深入进行中华民族传统美德教育和民主法制教育，加强社会公德、职业道德、家庭美德、个人品德建设，高度重视青少年思想道德教育，培育文明风尚。要深化文化体制改革，发展公益性文化事业，构建公共文化服务体系，加快发展文化产业，满足人民群众多样化的精神文化需求。要坚持一手抓繁荣、一手抓管理，健全文化市场监管机制，努力营造健康向上的社会文化环境。要继承和发扬中华优秀文化，吸收和借鉴世界有益文化，有效抵御各种消极腐朽思想文化侵蚀，使广大人民群众始终保持昂扬向上的精神风貌。

第四，继续促进社会和谐，努力为推动科学发展营造良好社会环境。要按照推动经济社会协调发展的要求，加快以改善民生为重点的社会建设，调整国民收入分配结构，增加城乡居民收入，加强和改善公共服务，加快构建覆盖全体居民的终身教育体系、就业服务体系、社会保障体系、医疗保障体系、住房保障体系，努力满足人民群众在教育、劳动就业、社会保障、医药卫生、住房等方面的基本需求，促进社会公平正义。要全面提高社会管理水平，推进社会管理创新，形成科学有效的利益协调机制、诉求表达机制、矛盾调处机制、权益保障机制，统筹协调各方面利益关系，妥善处理人民内部矛盾，维护群众合法权益。要完善社会治安防控体系，加强社会治安综合治理，依法打击各类违法犯罪活动，增强人民群众安全感。要探索形成企业和职工利益共享机制，做好外来务工人员服务和管理工作，建立和谐劳动关系。要开展多种形式的和谐企业、和谐家庭、和谐社区创建活动，调动一切积极因素，努力形成社会和谐人人有责、和谐社会人人共享的生动局面。

第五，继续推进党的建设，努力为推动科学发展、促进社会和谐提供坚强保证。要深入贯彻落实党的十七大和十七届四中全会精神，坚持党要管党、从严治党，以改革创新精神全面推进党的思想建设、组织建设、作风建设、制度建设和反腐倡廉建设，着力加强党的执政能力建设和先进性建设，增强党组织的创造力、凝聚力、战斗力，不断提高党的建设科学化水平。要加强领导班子思想政治建设和能力培养，使各级领导班子不断提高理论政策水平，增强推动科学发展、促进社会和谐能力。要加强干部队伍建设，按照建设学习型党组织的要求，加强理论武装，强化实践锻炼，帮助广大干部坚定理想信念、更新知识观念、掌握过硬本领，更好适应新形势新任务的需要。要加强抓基层打基础工作，全面推进各领域党的基层组织建设，深入开展创先争优活动，创新活动方式，强化组织功能，扩大基层党内民主，尊重党员主体地位，保障党员民主权利，使基层党组织真正成为推动发展、服务群众、凝聚人心、促进和谐的坚强堡垒，使广大党员真正成为坚定信念、牢记宗旨、爱岗敬业、勇于进取的先锋模范。要加强党风廉政建设，大兴密切联系群众之风、求真务实之风、艰苦奋斗之风、批评和自我批评之风，坚决惩治和有效防止腐败，教育引导广大党员、干部牢固树立宗旨意识和群众观点，始终做到为民、务实、清廉。

经济特区是在全国人民支持下发展起来的，要进一步增强服务全国的大局意识，发挥自身优势，积极开展区域合作，积极支持和参与西部大开发、东北地区等老工业基地振兴、中部地区崛起等区域发展战略实施，加大对口支援和帮扶工作力度。要加强同香港、澳门、台湾地区的交流合作，为保持香港和澳门长期繁荣稳定、推动两岸关系和平发展发挥更大作用。

同志们、朋友们！

“大鹏一日同风起，抟摇直上九万里。”我们坚信，只要全党全国各族人民团结一心、开拓进取，坚定不移走中国特色社会主义道路，坚定不移推进改革开放，经济特区的明天一定会更加美好，我们国家的明天一定会更加美好，全国各族人民的明天一定会更加美好！

深入贯彻落实党的十七届五中全会精神 不断开创中国特色社会主义事业新局面

（2010年10月18日）

胡锦涛

全会通过的“十二五”规划建议，以邓小平理论和“三个代表”重要思想为指导，深入贯彻落实科学发展观，根据党的十七大提出的实现全面建设小康社会奋斗目标的新要求，结合当前国际国内新形势，确定了“十二五”时期我国经济社会发展的指导思想、总体思路、目标任务、重大举措，对推动“十二五”时期我国经济社会发展作出全面部署，是今后5年我国经济社会发展的重要指导性文件。全党同志要认真学习、深刻领会、切实贯彻全会精神，把思想和行动统一到中央决策部署上来，努力夺取全面建设小康社会新胜利、开创中国特色社会主义事业新局面。

全会制定的文件，经过党内外广泛讨论，凝聚了全党全国集体智慧，体现了全党全国共同意愿，现在的关键是抓好落实。

第一，准确把握“十二五”时期发展的主题，确保科学发展取得新的显著进步。全会强调，做好“十二五”时期经济社会发展工作，必须以科学发展为主题。贯彻落实全会精神，首先要深刻领会和准确把握这个主题。党的十七大强调，科学发展观，是对党的三代中央领导集体关于发展的重要思想的继承和发展，是马克思主义关于发展的世界观和方法论的集中体现；是同马克思列宁主义、毛泽东思想、邓小平理论和“三个代表”重要思想既一脉相承又与时俱进的科学理论，是我国经济社会发展的重要指导方针，是发展中国特色社会主义必须坚持和贯彻的重大战略思想。党的十七大要求全党立足社会主义初级阶段这个最大的实际，科学分析我国全面参与经济全球化的新机遇新挑战，全面认识工业化、信息化、城镇化、市场化、国际化深入发展的新形势新任务，深刻把握我国发展面临的新课题新矛盾，更加自觉地走科学发展道路。对这个科学判断，全党要继续深化认识、坚决贯彻。这次全会强调，在当代中国，坚持发展是硬道理的本质要求就是坚持科学发展。这就要求我们牢牢坚持发展是硬道理的战略思想，全面准确领会科学发展观的科学内涵、精神实质、根本要求，努力在经济社会发展各个方面加以落实。当前和今后一个时期，我们既要解决长期积累的深层次矛盾，也要面对不断出现的新课题。在坚定不移推动发展的过程中，我们要不断深化对发展中国特色社会主义的规律性认识，必须更加注重以人为本，坚持从最广大人民根本利益出发谋发展、促发展，加快推进以改善民生为重点的社会建设，不断满足人民日益增长的物质文化需要，走共同富裕道路，促进人的全面发展，做到发展为了人民、发展依靠人民、发展成果由人民共享；必须更加注重全面协调可持续发展，按照中国特色社会主义事业总体布局，促进现代化建设各个环节、各个方面相协调，促进生产关系与生产力、上层建筑与经济基础相协调，促进经济发展与人口资源环境相协调；必须更加注重统筹兼顾，正确认识和妥善处理中国特色社会主义事业中的重大关系，认真考虑和对待各方面发展需要，正确反映和兼顾各方面利益要求，充分调动全社会的发展积极性，为全面建设小康社会、实现中华民族伟大复兴集聚强大力量。

第二，准确把握“十二五”时期发展的主线，确保转变经济发展方式取得实质性进展。

全会把加快转变经济发展方式作为“十二五”时期发展的主线，这是贯彻落实科学发展观的内在要求和推动科学发展的重大举措，是适应全球需求结构重大变化、顺应我国经济社会发展新的阶段性特征的必然要求。必须认识到，随着我国经济总量不断扩大和国际竞争不断深化，资源环境约束强化，投资和消费关系失衡，收入分配差距较大，科技创新能力不强，产业结构不合理，城乡区域发展不协调，利益主体多元现象日益显现，社会矛盾明显增多。只有加快转变经济发展方式，进一步更新发展理念、创新发展模式，才能更好解决我国经济社会发展中的突出矛盾和问题，才能更好增强我国综合国力、提高人民生活水平，才能更好提升我国经济的国际竞争力和抵御风险能力。加快转变经济发展方式，最根本的是要靠科技的力量，最关键的是要大幅度提高自主创新能力，把增强自主创新能力作为战略基点，着力提升原始创新能力，大力增强集成创新和引进消化吸收再创新能力，提升知识、技术转移和规模化生产能力，大力推进体制机制改革创新，积极构建完整的创新体系和现代产业体系。全会指明了加快转变经济发展方式的努力方向和工作重点，全党同志一定要增强主动性、责任感、紧迫感，坚持把经济结构战略性调整作为主攻方向，坚持把科技进步和创新作为重要支撑，坚持把保障和改善民生作为根本出发点和落脚点，坚持把建设资源节约型、环境友好型社会作为重要着力点，坚持把改革开放作为强大动力，努力使加快转变经济发展方式要求贯穿经济社会发展全过程和各领域，切实做到在发展中促转变、在转变中谋发展。

第三，准确把握“十二五”时期发展的目标任务，确保做好改革发展稳定各项工作。“十二五”时期是全面建设小康社会承上启下的关键5年。全会深入总结“十一五”时期我国发展成就和经验，综合考虑未来国际国内发展趋势和条件，提出了今后5年我国发展的目标任务。这些目标任务，突出了保持经济平稳较快发展、推进经济结构战略性调整、提高人民生活质量和水平、深化改革开放等方面的要求，涉及经济建设、政治建设、文化建设、社会建设以及生态文明建设各个方面，反映了我国改革发展的趋势和要求，回应了广大人民群众对发展的关切和期盼，是我们党对全国各族人民的庄严承诺。这些目标任务既鼓舞人心又艰巨繁重，全党同志一定要全力以赴，确保这些目标任务如期实现，为全面建成小康社会打下具有决定性意义的基础。

第四，准确把握“十二五”时期发展的重大举措，确保落实到位。实践证明，实现既定发展目标，必须提出针对性强、操作性强、力度大的政策措施，并花大气力抓好落实。为实现“十二五”时期发展的目标任务，全会就坚持扩大内需战略、加快社会主义新农村建设、发展现代产业体系、促进区域协调发展、加快建设资源节约型环境友好型社会、深入实施科教兴国战略和人才强国战略、发展社会主义民主和健全社会主义法制、推动文化大发展大繁荣、加强社会建设、完善社会主义市场经济体制、提高对外开放水平、加强和改进党的领导等方面提出一系列重大举措。全面落实这些重大举措，既可以推动解决当前我国经济社会发展面临的突出问题，又可以为我国经济社会长远发展打下更加坚实的基础。国家有关部门要按照全会要求，精心制订“十二五”规划纲要。各地区各部门要结合自身情况，制定本地区本部门“十二五”时期发展规划，确定符合实际的发展战略、发展目标、发展重点，出台有关配套政策，细化各项落实措施，加强支持配合，增强工作的系统性、协调性、前瞻性、创造性，扎实做好各项工作，着力提高发展质量和效益。

各级党委和政府要加强组织领导，采取有力措施，广泛深入宣传全会精神，使广大党员、干部、群众全面了解和把握我国发展的前进方向、奋斗目标、美好前景，万众一心为实现“十二五”时期经济社会发展目标任务而奋斗。

（此文是胡锦涛同志在党的十七届五中全会第二次全体会议上讲话的一部分）

在形成中国特色社会主义法律体系座谈会上的讲话

（2011年1月24日）

吴邦国

今天，我们在人民大会堂金色大厅召开形成中国特色社会主义法律体系座谈会，回顾形成历程，畅谈重大意义，总结基本经验，分析形势任务，对加强和改进立法工作，在新的起点上完善中国特色社会主义法律体系，推进社会主义民主法制建设，实施依法治国基本方略，建设社会主义法治国家，具有十分重要的意义。下面，我讲三点意见。

一、充分认识形成中国特色社会主义法律体系的重大意义

发展社会主义民主，健全社会主义法制，是建设中国特色社会主义的一项重要战略任务。新中国成立以来特别是改革开放30多年来，在中国共产党的正确领导下，经过各方面坚持不懈的共同努力，我国立法工作取得了举世瞩目的巨大成就。1982年通过了现行宪法，此后又根据客观形势的发展需要，先后四次对宪法部分内容作了修改。到2010年底，我国已制定现行有效法律236件、行政法规690多件、地方性法规8600多件，并全面完成了对现行法律和行政法规、地方性法规的集中清理工作。目前，涵盖社会关系各个方面的法律部门已经齐全，各法律部门中基本的、主要的法律已经制定，相应的行政法规和地方性法规比较完备，法律体系内部总体做到科学和谐统一。一个立足中国国情和实际、适应改革开放和社会主义现代化建设需要、集中体现党和人民意志的，以宪法为统帅，以宪法相关法、民法商法等多个法律部门的法律为主干，由法律、行政法规、地方性法规等多个层次的法律规范构成的中国特色社会主义法律体系已经形成，国家经济建设、政治建设、文化建设、社会建设以及生态文明建设的各个方面实现有法可依。这是我国社会主义民主法制建设史上的重要里程碑，具有重大的现实意义和深远的历史意义。

第一，中国特色社会主义法律体系是中国特色社会主义永葆本色的法制根基。把马克思主义基本原理同中国具体实际相结合，走自己的路，建设中国特色社会主义，是我们党总结历史经验得出的基本结论，也是我们国家发展进步的惟一正确道路。坚持中国特色社会主义道路，最重要的是坚持正确的政治方向，在涉及国家根本制度等重大原则问题上不动摇。动摇了，不仅现代化建设无从谈起，已经取得的发展成果也会失去，甚至国家可能陷入内乱的深渊。中国特色社会主义法律体系，是以宪法和法律的形式，确立了国家的根本制度和根本任务，确立了中国共产党的领导地位，确立了马克思列宁主义、毛泽东思想、邓小平理论和“三个代表”重要思想的指导地位，确立了工人阶级领导的、以工农联盟为基础的人民民主专政的国体，确立了人民代表大会制度的政体，确立了国家一切权力属于人民、公民依法享有广泛的权利和自由，确立了中国共产党领导的多党合作和政治协商制度、民族区域自治制度以及基层群众自治制度，确立了公有制为主体、多种所有制经济共同发展的基本经济制度和按劳分配为主体、多种分配方式并存的分配制度。从中国国情出发，郑重表明我们不搞多党轮流执政，不搞指导思想多元化，不搞“三权鼎立”和两院制，不搞联邦制，不搞私有化。中国特色社会主

义法律体系的形成，夯实了立国兴邦、长治久安的法制根基，从制度上、法律上确保中国共产党始终成为中国特色社会主义事业的领导核心，确保国家一切权力牢牢掌握在人民手中，确保民族独立、国家主权和领土完整，确保国家统一、社会安定和各民族大团结，确保坚持独立自主的和平外交政策、走和平发展道路，确保国家永远沿着中国特色社会主义的正确方向奋勇前进。

第二，中国特色社会主义法律体系是中国特色社会主义创新实践的法制体现。改革开放是我们党带领全国各族人民作出的决定当代中国命运的关键抉择，也是发展中国特色社会主义、实现中华民族伟大复兴的必由之路，赋予社会主义新的生机活力。30多年来，我们始终坚持以经济建设为中心，全面推进改革开放，成功实现了从高度集中的计划经济体制到充满活力的社会主义市场经济体制、从封闭半封闭到全方位开放的伟大历史转折，极大地调动了亿万人民的积极性，极大地解放和发展了社会生产力，我国以世界上少有的速度持续快速向前发展。我们及时把改革开放和社会主义现代化建设的实践经验上升为法律，并与时俱进，根据改革开放中出现的新情况新问题，从推动经济发展方式转变，推动依法行政和公正司法，推动以保障和改善民生为重点的社会建设，推动社会主义文化大发展大繁荣，推动人与自然和谐相处等方面制定和完善相应的法律制度，充分发挥法律的规范、引导、保障和促进作用。中国特色社会主义法律体系的形成，从制度上、法律上保障国家始终坚持改革开放的正确方向，着力构建充满活力、富有效率、更加开放、有利于科学发展的体制机制，推动我国社会主义制度不断自我完善和发展。

第三，中国特色社会主义法律体系是中国特色社会主义兴旺发达的法制保障。实现现代化，是一代又一代中国人梦寐以求的美好愿景和矢志不渝的奋斗目标。改革开放30多年来，我们开辟了中国特色社会主义道路，形成了中国特色社会主义理论体系，这是我们取得一切成绩和进步的根本原因。我们将始终高举中国特色社会主义伟大旗帜，不为任何风险所惧，不被任何干扰所惑，聚精会神搞建设，一心一意谋发展，到2020年建成惠及十几亿人口的更高水平的小康社会，到本世纪中叶基本实现现代化。我们已经取得的发展成就离不开法制的保障，我们奋力开创更加美好的未来也离不开法制的保障。中国特色社会主义法律体系的形成，把国家各项事业发展纳入法制化轨道，从制度上、法律上解决了国家发展中带有根本性、全局性、稳定性和长期性的问题，为社会主义市场经济的不断完善、社会主义民主政治的深入发展、社会主义先进文化的日益繁荣、社会主义和谐社会的积极构建，确定了明确的价值取向、发展方向和根本路径，为建设富强民主文明和谐的社会主义现代化国家、实现中华民族伟大复兴奠定坚实的法制基础。

形成中国特色社会主义法律体系，是中国共产党领导亿万人民发展社会主义民主、健全社会主义法制取得的重大成果。以毛泽东同志为核心的党的第一代中央领导集体，带领全国各族人民经过长期浴血奋战，建立中华人民共和国，制定了《中国人民政治协商会议共同纲领》和新中国第一部宪法，确立国家基本制度，为社会主义民主法制建设和中国特色社会主义法律体系的形成奠定了根本政治前提和制度基础。以邓小平同志为核心的党的第二代中央领导集体，深刻总结“文化大革命”的惨痛教训，在作出把党和国家工作重心转移到经济建设上来、实行改革开放历史性决策的同时，把加强社会主义民主法制建设作为坚定不移的方针确定下来，强调必须使社会主义民主制度化、法律化，使这种制度和法律不因领导人的改变而改变，不因领导人看法和注意力的改变而改变，做到有法可依，有法必依，执法必严，违法必究，开辟了社会主义民主法制建设蓬勃发展的新时期。以江泽民同志为核心的党的第三代中央领导集体，带领全党全国各族人民把改革开放伟大事业成功推向21世纪，不断丰富和发展了中国特色社会主义民主法制建设思想，第一次将依法治国确定为党领导人民治理国家的基本方略，把建设社会主义法治国家作为社会主义现代化建设的重要内容，并明确提出到2010年形成中国特色社会主义法律体系的立法工作目标，开启了社会主义民主法制建设的新阶段。党的十六大以来，以胡锦涛同志为总书记的党中央继往开来、与时俱进，在全面建设小康社会实践中坚定不移地把改革开放伟大事业继续推向前进，提出科学发展观的重大战略思想和构建社会主义和谐社会的重大战略任务，全面实施依法治国基本方略，强调发展社会主义民主政治最根本的是坚持党的领导、人民当家作主、依法治国有机统一，开创了社会主义民主法制建设的新局面。

形成中国特色社会主义法律体系，是各方面长期共同努力的结果。全国人大及其常委会认真履行宪法和法律赋予的职责，不断加强和改进立法工作，着力提高立法质量，为形成中国特色社会主义法律体系做了大量卓有成效的工作。国务院适应经济社会发展和法律实施的需要，依法及时制定行政法规，地方人大及其常委会结合本地实际，依法制定大量地方性法规，为形成中国特色社会主义法律体系作出了重要贡献。地方各级人民政府、各级人民法院和人民检察院以及军队等有关方面，广大人民群众和专家学者大力支持和积极参与立法工作，为形成中国特色社会主义法律体系贡献了智慧和力量。

二、认真总结形成中国特色社会主义法律体系的基本经验

党的十一届三中全会，从发展社会主义民主、健全社会主义法制的迫切需要出发，明确提出全国人大及其常委会应当把立法工作摆到重要议程上来，从此我国立法活动全面恢复并迅速展开。党的十五大，站在实行依法治国、建设社会主义法治国家的战略高度，明确提出到2010年形成中国特色社会主义法律体系的立法工作目标。党的十七大，强调要坚持科学立法、民主立法，完善中国特色社会主义法律体系，坚定不移地发展社会主义民主政治，对新时期立法工作提出了新的要求。改革开放30多年来，在党中央的领导下，我们成功走出了一条中国特色的立法路子。我们坚持党的领导、人民当家作主、依法治国有机统一，紧紧围绕党和国家工作大局，有计划、有重点、有步骤地开展立法工作，仅仅用几十年时间就形成了中国特色社会主义法律体系，立法任务之重世所罕见，克服困难之多前所未有，成绩来之不易，经验弥足珍贵。这当中最重要的经验有五条。

一是坚持党的领导。中国共产党是中国特色社会主义事业的领导核心。党的领导是人民当家作主和依法治国的根本保证，也是加强民主法制建设、做好立法工作的根本保证。党的领导主要是政治、思想和组织领导，通过制定大政方针，提出立法建议，推荐重要干部，进行思想宣传，发挥党组织和党员的作用，坚持依法执政，实施党对国家和社会的领导。我们的党代表最广大人民的根本利益，党制定的大政方针，提出的立法建议，凝聚了全党全国的集体智慧，体现了最广大人民的共同意愿。坚持党的领导同服从人民利益是完全一致的。在立法工作中，我们始终坚持党的领导，使党的主张经过法定程序成为国家意志，成为全社会一体遵循的行为规范和准则，从制度上、法律上保证党的路线方针政策的贯彻落实，保证改革开放和社会主义现代化建设的顺利进行。我们紧紧围绕党和国家中心任务统筹谋划立法工作，科学制定立法规划和立法计划，积极推进重点立法项目，保证党和国家重大决策部署的贯彻落实。对党中央提出的立法建议，及时启动立法程序，坚决贯彻中央意图，圆满完成中央交办的政治任务。对立法中遇到的重点难点问题，向党中央报告。总之，我们的一切法律法规都是在党的领导下制定的，我们制定的一切法律法规都必须有利于加强和改善党的领导，有利于巩固和完善党

的执政地位，有利于保证党领导人民有效治理国家。

二是坚持以中国特色社会主义理论体系为指导。法律是实践证明正确的、成熟的、需要长期执行的党的路线方针政策的制度化、规范化和程序化。坚持正确的指导思想，是加强民主法制建设、做好立法工作的根本前提。中国特色社会主义理论体系是包括邓小平理论、“三个代表”重要思想以及科学发展观等重大战略思想在内的科学理论体系，是马克思主义中国化的最新成果，是我们党最可宝贵的政治和精神财富，是全国各族人民团结奋斗的共同思想基础，是必须长期坚持的指导思想，是我们做好一切工作的根本指针。在立法工作中，我们始终坚持以中国特色社会主义理论体系为指导，并以此统一思想认识、确定立法思路，在立法的指导思想上，我们始终把坚持四项基本原则同坚持改革开放结合起来，把坚持社会主义基本制度同发展市场经济结合起来，把推动经济基础变革同推动上层建筑改革结合起来，把提高效率同促进社会公平结合起来，把促进改革发展同保持社会稳定结合起来，把坚持独立自主同参与经济全球化结合起来，保证我们制定的法律法规有利于巩固和完善社会主义制度，有利于解放和发展社会生产力，有利于发挥社会主义制度的优越性。

三是坚持从中国国情和实际出发。法律属于上层建筑，是由经济基础所决定并为经济基础服务的。坚持从我国国情和实际出发，是加强民主法制建设、做好立法工作的客观要求。我国处于并将长期处于社会主义初级阶段，改革开放和社会主义现代化建设是在人口多、底子薄的基础上进行的，随着现代化建设事业的深入发展，我国经济社会呈现一系列新的阶段性特征，我们不仅要下大气力解决长期积累的深层次矛盾和问题，还要妥善应对发展面临的新情况新课题，改革发展稳定的任务极其繁重而艰巨。在立法工作中，我们始终坚持从我国国情和实际出发，把改革开放和社会主义现代化建设的伟大实践作为立法基础，紧紧围绕经济建设这个中心任务，紧紧围绕全面建设小康社会的奋斗目标，紧紧围绕推动科学发展和促进社会和谐开展立法工作。正确把握改革发展稳定的关系，妥善处理法律稳定性与实践变动性的关系，妥善处理法律前瞻性与可行性的关系，确保立法进程与改革开放和社会主义现代化建设进程相适应。对实践经验比较成熟的、各方面认识也比较一致的，规定得具体一些，增强法律的可操作性。对实践经验尚不成熟但现实中又需要法律进行规范的，先规定得原则一些，为引导实践提供规范和保障，并为深化改革留下空间，待条件成熟后再修改补充。对改革开放中遇到的一些新情况新问题，用法律来规范还不具备条件的，先依照法定权限制定行政法规和地方性法规，先行先试，待取得经验、条件成熟时再制定法律。我们还注意研究借鉴国外的立法经验，从中吸取那些对我们有益有用的东西，但绝不照抄照搬。各国的法律体系也不相同，我们不用西方某些国家的法律体系来套中国特色社会主义法律体系，外国法律体系中有的法律，但不符合我国国情和实际的，我们不搞；外国法律体系中没有的法律，但我国现实生活需要的，我们及时制定。

四是坚持以人为本、立法为民。体现人民共同意志、保障人民当家作主、维护人民根本利益，是中国特色社会主义法律体系的应有之义。坚持以人为本、立法为民，是加强民主法制建设、做好立法工作的根本目的。在立法工作中，我们始终坚持把实现好、维护好、发展好最广大人民的根本利益作为出发点和落脚点，无论在立法过程中还是在法律规范上都坚持以人为本，尊重人民主体地位，尊重人民首创精神，从人民的实践创造中汲取智慧，从人民的发展要求中获得动力。正确把握最广大人民根本利益、现阶段群众共同利益、不同群体特殊利益的关系，正确反映和统筹兼顾不同方面群众的利益，着力解决人民最关心最直接最现实的利益问题。正确处理权力与权利、权力与责任的关系，既赋予行政机关、审判机关、检察机关必要的权力，又注意对权力的行使加以规范、制约和监督，切实维护公民、法人和其他组织的合法权益。坚持走群众路线，深入推进科学立法、民主立法，不断扩大公民对立法的有序参与，充分发挥人大代表在立法中的作用，通过公布法律法规草案和举行立法座谈会、论证会、听证会等多种形式，广泛听取各方面意见尤其是基层群众的意见，切实做到集思广益、凝聚共识，使我们制定的法律法规充分体现人民群众的共同意愿，增强法律法规贯彻实施的群众基础。

五是坚持社会主义法制统一。坚持社会主义法制的统一，是加强民主法制建设、做好立法工作的内在要求。我国是统一的多民族的单一制国家。社会主义法制的统一，是维护国家统一、民族团结、社会稳定，建立统一的现代市场体系的基础。同时，我国地域辽阔，各地经济、文化、社会发展很不平衡，国家又处于深刻变革之中。这一基本国情，决定了国家实行统一而又分层次的立法体制，即在坚持全国人大及其常委会集中行使国家立法权的前提下，赋予国务院制定行政法规、省级人大及其常委会和较大市人大及其常委会制定地方性法规的权限，还赋予经济特区所在地制定经济特区法规的权限和民族自治地方制定自治条例、单行条例的权限。这样做，既维护了社会主义法制统一，又妥善照顾到各地区的特点和差异，充分调动了中央和地方两个积极性；既及时将改革开放中成熟的经验上升为法律，又为深化改革留下空间。我们始终坚持维护宪法作为国家根本法的权威地位，严格依照法定权限、遵循法定程序开展立法工作，在制定法律法规的同时，开展了对现行法律法规的集中清理工作，并加强对规范性文件备案审查，以保证法律、行政法规、地方性法规不同宪法相抵触，保证行政法规不同法律相抵触，保证地方性法规不同法律、行政法规相抵触，保证法律法规的规定之间衔接协调、不相互矛盾，保障了社会主义法制的统一。

三、深刻把握完善中国特色社会主义法律体系面临的新形势新任务

中国特色社会主义法律体系形成后，如何适应经济社会发展和社会主义民主法制建设的需要，继续加强立法工作，提高立法质量，完善中国特色社会主义法律体系，是摆在我们面前的一个重大课题。我们要坚持以往的成功经验和有效做法，统一认识，再接再厉，以饱满的政治热情和务实的工作作风，投身于建设社会主义法治国家的伟大实践，在新的起点上不断开创立法工作新局面。这里，我想强调三点。

第一点，立法工作任务依然艰巨而繁重。社会实践是法律的基础，法律是实践经验的总结。社会实践永无止境，立法工作也要不断推进。建设中国特色社会主义是一项长期的历史任务，完善中国特色社会主义法律体系也是一项长期的历史任务，必须随着中国特色社会主义实践的发展而发展。更何况中国特色社会主义法律体系本身就不是静止的、封闭的、固定的，而是动态的、开放的、发展的。新形势、新实践、新任务给立法工作提出了新的更高的要求。

这是因为：一是，我国正处在深刻变革的历史进程中，在前进的道路上会遇到这样或那样的新情况新问题，有些是可以预料的，有些是难以预料的，既要解决当前面临的突出问题，又要建立有利于科学发展的体制机制，改革发展稳定的任务依然艰巨，立法工作的任务不会减少，难度也不会降低。二是，我国经济社会发展已进入“十二五”时期，中央提出要牢牢抓住和用好重要战略机遇期，确保科学发展取得新的显著进步，确保转变经济发展方式取得实质性进展，我们的立法工作如何围绕“十二五”时期经济社会发展目标任务，从制度上、法律上推动中央重大决策部署的贯彻落实，有大量工作要做。三是，随着社会主义民主政治的深入发展，人民政治参与积极性不断提高，权利意识越来越强，利益诉求越来越具体，参与立法的愿望越来越

高，这对做好立法工作提出了更高的要求。还要看到，我们的法律体系虽然已经形成，但本身并不是完美无缺的，这当中既有一些现行法律需要修改的问题，也有部分配套法规急需制定的问题，还有个别法律尚未出台的问题，这主要是由于立法条件尚不成熟、各方面的认识不尽一致，需要在实践中继续探索，积累经验。总之，立法工作只能加强不能削弱。因此，全国人大及其常委会要充分发挥最高国家权力机关的作用，依法行使国家立法权，加强对立法工作的组织协调，督促有关方面认真研究解决立法中涉及的重大问题，创新立法工作思路，完善立法工作机制，加强立法工作机构和队伍建设，不断提高立法工作的质量和水平。

第二点，把修改完善法律和制定配套法规摆在更加突出位置。我们的法律体系形成后，应当把更多的精力放到法律的修改完善上来，放到配套法规的制定修改上来，当然还要制定一些新的法律，以适应形势发展的需要，推动中国特色社会主义法律体系的与时俱进和发展完善。当前和今后一个时期，要着重做好三方面的工作。

一要更加注重法律的修改完善工作。随着经济社会的深入发展，现行法律的一些规定可能难以适应新形势，甚至可能阻碍经济社会的发展，需要及时修改完善。有的法律规定，当时搞得比较原则，实施一段时间后，经验不断积累，认识不断深化，有条件修改得更具体明确一些、操作性更强一些。还有，不同时期制定的法律所调整的社会关系可能相同或相近，需要在通盘研究的基础上对这些法律进行整合。因此，我们要高度重视法律的修改完善工作，这既是完善法律体系的内在要求，也是今后一个时期立法工作的重要任务。同时，要在总结试点经验基础上，积极开展立法后评估工作，通过多种形式，对法律制度的科学性、法律规定的可操作性、法律执行的有效性等作出客观评价，为修改完善法律、改进立法工作提供重要依据。另外，我们还要加强法律解释以及法律编纂、清理等工作。对法律规定需要进一步明确具体含义的、法律制定后出现新情况需要明确适用法律依据的，可以通过及时作出立法解释，赋予法律条文更加准确、更具针对性的内涵，这也是保证法律有效实施的重要工作。

二要督促有关方面抓紧法律配套法规的制定工作。行政法规和地方性法规作为中国特色社会主义法律体系的重要组成部分，是对法律的细化和补充，虽然有一些是创制性和先行先试的，但大量的是为法律配套的。我们已经建立督促制定法律配套法规的工作机制，希望有关方面高度重视、积极配合，按照法律规定的原则，在法规集中清理的基础上，抓紧制定现行法律的配套法规。今后凡新制定和新修改的法律，其配套法规要与法律草案同步起草，力争在法律通过后及时出台，以更好保障法律的有效实施。

三要继续做好法律制定工作。为适应经济社会发展的需要，要抓紧研究制定推进转变经济发展方式、保障和改善民生、维护社会和谐稳定、促进可持续发展等方面的法律。要认真总结行政法规的实施经验，将那些应当用法律规范来调整、立法条件比较成熟、各方面意见比较一致的，及时上升为法律。这里要指出的是，调整社会关系的手段是多种多样的，除法律法规外，还有市场机制、社会习惯、道德规范以及管理经验、科学技术等，并不是法律越多越好，能够用其他社会调整手段解决问题的，就不宜也不必通过立法去解决。

第三点，在科学立法民主立法方面迈出新步伐。完善中国特色社会主义法律体系，必须继续深入推进科学立法、民主立法，这不仅是人民当家作主的重要体现，也是提高立法质量的重要途径。中国特色社会主义法律体系的形成过程，是科学立法、民主立法不断深化的过程，是发扬社会主义民主的集中体现。改革开放初期，无法可依的问题相当突出，我们提出"有比没有好"、"快搞比慢搞好"，这是必要的，也是合理的。即使在这样的情况下，我们始终强调立法要坚持走群众路线，充分发扬民主，成熟一个就制定一个。30多年来，我们在科学立法、民主立法方面积累了许多有益经验，对提高立法质量发挥了十分重要的作用。我们要认真总结实践经验，深入推进科学立法、民主立法，着力提高立法质量，不断完善中国特色社会主义法律体系。

要积极探索公众有序参与立法的途径和形式，充分发挥听证会、论证会、座谈会的作用，广泛征求社会各方面尤其是基层群众的意见和建议，认真听取专家学者的意见和建议，努力提高立法调研的针对性和实效性，不断完善公布法律草案的工作机制，建立健全采纳公众意见的反馈机制，积极回应社会关切，切实增强公众参与立法的实效，使立法过程成为普法过程。要完善人大代表参与立法的工作机制，把办理代表议案建议同制定修改法律结合起来，把邀请代表参与常委会活动同提高法律草案起草和审议质量结合起来，认真研究吸收代表提出的意见和建议，充分发挥人大代表在立法工作中的作用。要不断完善法律草案起草过程中的沟通协调机制，充分发挥法律委员会统一审议和专门委员会审议的作用，调动各方面的积极性，共同做好立法工作。要科学合理地确定立法项目，建立健全立法项目论证制度。要不断提高法律草案审议质量，对于法律关系比较复杂、分歧意见较大的法律草案，采取积极慎重的态度，需要调研的深入调研，需要协商的反复协商，需要论证的充分论证，在各方面基本取得共识后再提请表决。要完善立法技术，统一法律的体例、结构、用语，使法律规定更加准确、精炼、规范。

这里，我还要强调一下法律实施的问题。法律的生命力在于实施。中国特色社会主义法律体系的形成，总体上解决了有法可依的问题，在这种情况下，有法必依、执法必严、违法必究的问题就显得更为突出、更加紧迫，这也是广大人民群众普遍关注、各方面反映强烈的问题。因此，我们要在继续加强立法工作的同时，采取积极有效措施，切实保障宪法和法律的有效实施。一要维护宪法和法律的权威和尊严。一切国家机关和武装力量、各政党和各社会团体、各企业事业组织都必须遵守宪法和法律，任何组织或者个人都不得有超越宪法和法律的特权，一切违反宪法和法律的行为必须予以追究。二要坚持依法行政和公正司法。国家行政机关要严格按照法定权限和程序办事，加快建设法治政府。国家审判机关、检察机关要依法独立公正行使审判权、检察权，维护社会公平正义。三要增强全社会的法律意识和法治观念。制定实施“六五”普法规划，深入开展社会主义法治理念教育，形成自觉学法守法用法的社会氛围。让各级领导干部和国家机关工作人员带头遵守宪法和法律，善于运用法律解决现实生活中的实际问题，让广大人民群众懂得依法按程序表达利益诉求、解决矛盾纠纷，用法律武器维护自身的合法权益。全国人大及其常委会要依法行使监督宪法和法律实施的重要职权，地方各级人大及其常委会要依法行使保证宪法、法律和行政法规在本行政区域内得到遵守和执行的重要职权，确保各国家机关把人民赋予的权力真正用来为人民谋利益。

同志们，形成中国特色社会主义法律体系成就辉煌，完善中国特色社会主义法律体系任重道远。让我们紧密团结在以胡锦涛同志为总书记的党中央周围，高举中国特色社会主义伟大旗帜，深入贯彻落实党的十七大精神，坚持党的领导、人民当家作主、依法治国有机统一，不辱使命，开拓进取，在新的起点上完善中国特色社会主义法律体系，为加强社会主义民主法制建设，实施依法治国基本方略，建设社会主义法治国家作出新的更大的贡献！

加强重点领域反腐倡廉制度建设 切实提高制度执行力

——在国务院第三次廉政工作会议上的讲话

(2010 年 3 月 23 日)

温家宝

这次国务院廉政工作会议的主要任务，是贯彻落实十七届中央纪委第五次全会和胡锦涛总书记在会上的重要讲话精神，总结 2009 年、部署 2010 年政府系统反腐倡廉工作。

2009 年是新世纪以来我国经济发展最为困难的一年。在党中央的坚强领导下，全国各族人民同心同德、共克时艰，应对国际金融危机取得明显成效，经济社会保持平稳较快发展，改革开放继续深化，人民生活进一步改善，社会保持和谐稳定。一年来，各级政府认真贯彻落实中央关于反腐倡廉的部署和要求，紧紧围绕保增长、保民生、保稳定这条主线，全面推进反腐倡廉建设，取得了新成效。一是保障中央重大决策部署的贯彻落实。对政府投资项目、灾后重建项目、“三农”补贴等实施全程监管，加强对家电下乡、汽车摩托车下乡等政策落实的监督检查，严肃查处非法批地、低价出让土地获取利益的案件。二是加强立法和制度建设。中办、国办下发了《关于实行党政领导干部问责的暂行规定》和《国有企业领导人员廉洁从业若干规定》等文件。三是认真解决损害群众利益的突出问题。查处教育、医疗等行业乱收费工作力度继续加大。治理公路乱收费取得新进展。全国共取消评比达标表彰项目 7 万余项，占项目总量的 97.5%。四是大力压缩行政开支。年初确定的压缩行政经费指标基本完成，因公出国出境团组、人次和经费数与近 3 年平均数相比都下降 30% 以上。在全国范围内深入开展的“小金库”治理，取得了阶段性成果。五是严肃查处了一批影响恶劣的大案要案，严厉惩处了腐败分子。扎实开展治理商业贿赂和工程建设领域突出问题专项工作。在推进政务公开、行政问责和重点领域改革等方面也取得新的进展。

但是我们也要清醒地看到，反腐倡廉形势依然严峻。土地审批出让、矿产资源开发、公共工程建设、企业重组改制、金融等领域腐败现象仍然易发多发，教育、医疗、社保、环保等社会事业和民生领域腐败案件增多，少数中央企业的腐败案件影响恶劣，执法不公、行政不作为乱作为等问题比较突出，形式主义、官僚主义严重，奢侈浪费之风屡禁不止。产生这些问题的深层次原因，是权力过于集中又得不到有效约束，关键是有些制度不够完善，有些制度落实得不好。加强反腐倡廉建设，健全制度很重要，提高制度执行力和约束力更为重要。

今年我国改革发展稳定任务繁重。加强反腐倡廉建设，是完成各项任务的重要保证，也是人民群众的深切期盼。各级政府要坚持以邓小平理论和“三个代表”重要思想为指导，深入贯彻落实科学发展观，认真落实中央关于反腐倡廉的各项部署，标本兼治、综合治理、惩防并举、注重预防，以重点领域和关键环节为突破口，加强制度建设，强化对行政权力运行的监督和制约，推动反腐倡廉取得新成效。重点抓好以下方面工作：

一、强化政府投资项目和公共资金监管

今年我们将继续实施积极的财政政策和适

度宽松的货币政策，一批重大在建工程需要继续投入，一些薄弱环节要进一步加强，保障和改善民生等重点支出大幅度增加。政府投资数额大、项目多，社会高度关注。这些资金一分一厘都来自于民，必须管好用好，防止发生损失浪费和腐败问题。

一是继续加强公共工程项目监管。对铁路、公路、机场、城建项目和地震灾后恢复重建等重点领域，要实施全过程监管，及时发现和纠正问题。要进一步健全政府投资的社会监督机制，及时向社会公开有关信息，主动接受社会各界监督，使每项公共工程都成为阳光工程、廉洁工程和安全工程。

二是加强民生和社会事业领域公共资金监管。今年财政性社会保障支出大幅度提高，保障性安居工程建设规模扩大，医药卫生体制改革近期五项重点工作全面推进，教育改革与发展中长期规划发布实施。这些方面财政投入数额都很大，必须加强监管，确保把好事办好，让人民群众真正得到实惠。要加强对政府保障性住房建设、管理和分配的监督检查，督促落实资金和土地供应，保证建设项目顺利实施。要强化对社保基金、住房公积金、扶贫和救灾资金以及政府其他专项资金的财政和审计监督，规范资金管理和运行，确保资金安全，决不能出现任何差错。要继续加强对“三农”资金监管，确保中央强农惠农政策落实到位。坚决纠正向农民乱收费、乱罚款和乱摊派行为。要规范教育资金使用，规范学校收费行为，严格落实阳光招生制度。公立医疗卫生机构要全面实行药品网上集中招标采购，进一步规范医疗服务收费，坚决查处各种乱加价、乱收费和开单提成等行为。

三是推进公共资源配置领域的制度建设。国有土地使用权和矿业权出让，是公共资源配置最重要的两个领域，也是腐败易发高发领域。要完善土地使用权市场公开交易制度，经营性用地和工业用地都必须依法采取公开招标、拍卖、挂牌等方式出让。对于各类公益性用地，要完善相关制度和监管办法，严禁随意变更土地用途。加快推进探矿权、采矿权等矿业权出让市场化进程。

四是深入开展工程建设领域专项治理。去年7月，中央决定用两年左右时间，集中开展工程建设领域突出问题专项治理。今年要以政府投资和使用国有资金的项目为重点，加强制度建设和监督管理，着力解决违规审批、未批先建以及决策失误造成重大损失等问题，解决招投标过程中存在的突出问题，解决工程建设中的违规征地拆迁、截留克扣补偿金等问题。

二、完善财政预算制度，推进预算公开透明

财政资金管理和使用是反腐倡廉建设的一个重点领域，也是社会各界和人民群众关注的焦点。今年要继续推进财政体制改革，重点抓好以下工作：

一要把政府所有收支全部纳入预算管理。建立健全政府公共预算、政府性基金预算、国有资本经营预算和社会保险预算制度，形成覆盖政府所有收支的预算体系。加强预算审核，严格预算调整，防止超预算支出。提高预算编制的科学化水平，使预算更加详细、明确、具体，让广大群众能看得懂，了解政府资金的来源和使用情况。

二要推进财政预算公开。这是政府预算接受社会监督的前提条件。为此，要完善预算管理制度，做到：政府公共支出、基本建设支出、行政经费支出预算和执行情况等都要公开。任何一项行政费用都要纳入预算，做到公开透明，让老百姓清清楚楚地知道政府花了多少钱、办了什么事，能够有效监督政府。全国人大审议通过的政府性基金收支预算、中央国有资本经营预算等，也要全部向社会公开。

三要继续开展“小金库”治理工作。重点加强对中央单位、中央垂直管理单位和行政收费、罚款比较集中部门的监督检查。同时，要深化国库集中收付制度改革，严格执行“收支两条线”制度，健全财政资金监管制度，强化账目

和现金管理，坚决切断“小金库”的资金来源，并形成长效机制。

三、加强国有企业和国有金融机构反腐倡廉建设

国有企业和国有金融机构在我国国民经济中发挥着重要作用，也是占有和使用公共资源、垄断资源较多的部门。近年来国有企业和国有金融机构腐败案件时有发生，一些垄断行业薪酬过高，与其他行业职工收入差距过大。对此，必须采取有效措施切实加以规范和治理。一要落实国有企业负责人薪酬管理相关规定，合理确定国有企业负责人和高层管理人员基本年薪，使其收入与本企业职工收入保持合理比例；合理确定垄断行业职工收入，使其与其他行业职工收入保持合理比例。进一步规范企业负责人补充保险和职务消费。对企业负责人经营业绩进行全面科学的考核，避免绩效年薪不合理增长。要建立健全国有企业、国有金融机构领导人员和高层管理人员收入公开制度。二要严格执行中办、国办2009年下发的《国有企业领导人员廉洁从业若干规定》，进一步完善国有企业和国有金融机构领导人员报告个人有关事项等制度。三要加强对国有企业和国有金融机构主要负责人的监督管理，强化经济责任审计。充分发挥国有资产监管部门、纪检监察机关和审计部门、职工代表大会等方面的作用，形成监督合力。

国有企业和国有金融机构要带头执行中央的方针政策，集中精力搞好主业，收缩一般竞争性领域投资，加大战略性新兴产业研发投入，努力占领经济科技发展的制高点。有关部门要深入研究、完善政策，规范国有企业在房地产领域的投资行为。

加强国有企业和国有金融机构反腐倡廉建设，还要进一步健全国有资产监管体系，完善国有资本经营预算、企业业绩考核、境外国有资产监管、资产损失责任追究等制度，加强对重要经营领域和关键管理环节的监督。坚持重大事项集体决策制度。加强对企业兼并重组过程的监督，依法规范操作，防止国有资产流失，维护职工合法权益。

四、加强行政程序的制度建设

按法定程序办事，是依法行政的重要内容，也是依法行政的重要保障。当前征地拆迁、行政执法等领域侵犯群众利益的突出问题，许多都是不按程序办事或程序不规范造成的。依法规范政府行为，既要规范做什么，也要规范怎么做。没有程序公正，就很难保证实体公正和结果公正。

今年，各级政府要把建立和完善行政程序，作为推进依法行政和政府立法的重点任务。行政立法、决策、执法、监督都要有规范的程序。推进科学民主立法和决策，关键是完善立法和决策程序，把公众参与、专家咨询、合法性审查、集体讨论决定作为必经程序加以规范。行政执法更要注重程序。只有将执法的每一个环节、实施步骤程序化，才能让执法人员有所遵循，才能避免执法的随意性。要进一步完善行政监督程序，让人民群众知道怎么监督政府，拓宽人民群众向政府提出意见和建议的渠道。没有程序的民主，就没有实质的民主。各类行政程序都要向社会公开，所有行政行为都要接受社会监督，让行政权力按规范的程序在有效监督下运行。各级政府及工作人员特别是领导干部，必须树立程序意识，严格按程序办事。对违反行政程序损害群众利益或造成严重后果的行为，要加大查处力度，依纪依法追究责任。

五、加强政风建设

政风建设是政府反腐倡廉建设十分重要的方面。要从以下几个方面入手，促使各级政府机关和领导干部的工作作风有一个明显的改进。

一是大力精简会议和文件。这个问题讲了多年，抓了多年，但不断反复。会议多、文件多、讲话多，不仅造成很大浪费，也耗费了各级政府

和领导干部大量时间和精力。必须下决心解决这个问题。这里我重申几点要求:今后,国务院领导同志原则上不参加部门的会议。从严控制以国务院名义及各部门召开的全国性会议。各类会议经费支出要全部纳入预算管理。要开短会、讲短话、发短文。尽量开电视电话会议,能用发文和通知形式解决问题的就不要开会。今后国务院要充分利用政府网站发文,通过媒体公开发布的文件,不再下发纸质文件。要全面清理有关规定,抓紧研究形成一个制度,由国务院颁布执行。

二是严格控制庆典、论坛等活动。国务院及各部门领导同志,原则上不参加企业和社会上举办的庆典、论坛活动,不为这类活动题词,不发贺信、贺电。确实需要的,要按程序报批。对政府部门和国有企事业单位举办、参与和赞助举办庆典、论坛、商业演出等活动,要从严控制,严格管理和规范。

三是从严控制"三公"消费。今年要继续对公务接待、公车使用、因公出国出境经费实行量化指标控制。中央部门公用经费统一压缩5%,项目支出原则上按零增长控制,出国出境、车辆购置及运行、公务接待经费,都要有所减少。要严格执行公务接待的有关规定,加大监督检查力度,包括接受群众和社会舆论监督。严格控制楼堂馆所建设,禁止高档装修办公楼。在严格规范公务用车配备使用的同时,加快推进公务用车配备使用制度改革。现在乘用车社会化服务不断完善,家用轿车日益普及,已经具备了改革的条件。近年来一些地方进行了不同形式的探索,要鼓励各地从当地实际出发推进这项改革。中央机关也要抓紧研究改革方案,争取尽早推出。

同时,要继续纠正损害群众利益的不正之风。认真解决征地拆迁、环境保护、安全生产、食品药品安全、企业重组改制、劳动争议、涉法涉诉等领域损害群众利益的突出问题。严肃查处重大责任事故、群体性事件以及各类损害群众利益问题背后存在的干部徇私枉法、失职渎职、提供"保护伞"等违纪违法行为。

六、加强领导干部廉洁自律

防治腐败首先要从领导干部抓起。今年1月,针对领导干部廉洁自律方面的新情况新问题,中央颁布了重新修订的《中国共产党党员领导干部廉洁从政若干准则》,完善了党员领导干部廉洁从政行为规范。党的十七届四中全会明确要求把住房、投资、配偶子女从业等情况列入党员领导干部报告个人有关事项的内容。党中央、国务院将于近期作出专门规定,要认真抓好落实。

中央颁布的《廉政准则》以及领导干部报告个人有关事项规定,是规范领导干部从政行为、加强对领导干部管理和监督的重要制度。国务院和各级人民政府要全面贯彻执行。各级领导干部特别是主要领导干部要带头执行并接受监督。今年要在政府系统进行一次《廉政准则》学习教育活动,认真查找领导干部廉洁从政方面的薄弱环节和问题,采取有效措施加以解决。要加强对《廉政准则》和领导干部报告个人有关事项制度、收入申报制度执行情况的监督检查,严格管理措施,不能流于形式;对违反规定的,要及时纠正并严肃处理。

七、坚决查办违纪违法案件

严肃查处违纪违法案件,是惩治腐败最直接最有力的手段,这一手任何时候都不能放松。一要进一步拓宽发现腐败案件线索的渠道。高度重视人民群众来信来访工作,完善举报人和证人保护制度,健全网络举报和受理机制,发挥群众在惩治和预防腐败中的积极作用。注重从巡视、审计等渠道发现线索,对各类媒体反映的有价值线索要认真调查处理。二要突出重点查办大案要案。特别要严肃查办发生在领导机关和领导干部中的官商勾结、权钱交易案件,利用职权插手和干预城乡规划、建设项目审批、土地审批和出让、矿产资源开发、招标投标等谋取非法利益案件,重大安全生产事故、食品药品安全事件背后的失职渎职和腐败案件。深入查办重点领域的商业贿赂案件。要始终保持惩治腐败的高压态势，严厉惩处腐败分子。加大追逃和赃款赃物追缴力度，决不让腐败分子逍遥法外，决不让他们得到任何不法之财。

中央对反腐倡廉建设提出了新的更高要求，各地区、各部门、各单位要切实加强领导，狠抓工作落实。认真执行党风廉政建设责任制，各级政府和部门的主要领导干部要履行好第一责任人的政治责任，领导班子其他成员要抓好职责范围内的反腐倡廉工作。要加强对反腐倡廉各项制度落实情况的监督检查。监察、审计部门要充分发挥职能作用，严格执纪执法。

同志们，反腐倡廉责任重大，任务艰巨。我们要在以胡锦涛同志为总书记的党中央领导下，高举中国特色社会主义伟大旗帜，加强领导，狠抓落实，开拓创新，不断推进政府系统廉政建设和反腐败斗争取得新成效。

在庆祝中华人民共和国成立61周年招待会上的讲话

（2010年9月30日）

温家宝

各位来宾、各位朋友、各位同志：

在美好的金秋时节，我们迎来了中华人民共和国成立61周年。我代表党中央、国务院，向全国各族人民致以节日的祝贺！向港澳同胞、台湾同胞和海外侨胞，致以亲切的问候！向出席招待会的各国朋友和所有关心、支持我国现代化建设的国际友人，表示诚挚的感谢！

今年是我国实施经济社会发展“十一五”规划的最后一年。五年来，我们励精图治，成功应对国内外各种重大风险和挑战，国家面貌发生了新的历史性变化。社会生产力快速发展，综合国力大幅提升，人民生活持续改善，国际地位和影响力显著提高。特别是过去两年，面对国际金融危机的严重冲击，我们审时度势，果断采取有力措施，全面实施一揽子计划，克服重重困难，在世界率先实现经济回升向好，保持了经济发展的好势头，并为长期发展奠定了坚实基础。实践证明，党中央、国务院采取的政策措施是符合实际的，是及时、有力、有效的，是在关键时期做出的战胜当前困难、增强发展后劲、保障改善民生的正确选择。

过去五年，我们是一步一个脚印走过来的，中国人民有理由为此感到自豪！有了这五年的特殊经历和宝贵经验，中国人民对自己的未来更加充满信心！

我们正在制定国民经济和社会发展“十二五”规划。未来五年，对全面建成更高水平的小康社会至关重要。

我们要坚定不移地推动科学发展。这是解决一切问题的基础。要紧紧抓住战略机遇期，加快转变经济发展方式，调整经济结构，推动科技创新，提高经济增长的质量和效益，促进城乡、区域协调和可持续发展。我们的发展完全是为了国家繁荣昌盛、人民富裕幸福。因此，必须把保障和改善民生摆在更加突出的位置，努力扩大就业，不断增加城乡居民收入，扭转收入分配差距扩大的趋势；大力发展文化、教育、卫生等各项事业，完善养老、医疗等社会保障制度；增加保障性住房供给，保持房地产价格的合理和稳定，让经济发展成果更广泛地惠及全体人民。

我们要坚定不移地推进改革开放。全面深化经济体制改革，积极稳妥推进政治体制改革，统筹推进文化、社会等各领域改革，使整个体制更加适应经济社会的发展，更加适应建设社会主义民主政治、发展社会主义先进文化的要求，更加有利于促进社会公平正义，更加有利于实现人的全面发展。中国的发展进步离不开世界。一切有利于对外开放的政策，我们都将坚持下去。我们要大胆学习借鉴人类社会创造的一切文明成果发展自己，同时也要以自己的智慧和创造为人类文明发展做出贡献。

我们要坚定不移地走和平发展的道路。中国的发展不会损害任何人，也不会威胁任何人。中国绝不会走"国强必霸"的路子。中国在追求自身发展的进程中，将以促进人类的共同发展和繁荣为己任。我们愿同各国人民一道，携手建设持久和平、共同繁荣的和谐世界。

来宾们、朋友们、同志们！

我们将继续同广大香港、澳门同胞一道，携手维护和促进香港、澳门的长期繁荣稳定。

我们将继续同广大台湾同胞一道，携手推进两岸和平发展，实现祖国和平统一大业。

我们正站在新的历史起点。全国各族人民要紧密团结在以胡锦涛同志为总书记的党中央周围，高举中国特色社会主义伟大旗帜，以邓小平理论和"三个代表"重要思想为指导，深入贯彻落实科学发展观，为建设富强民主文明和谐的社会主义现代化国家而努力奋斗！

现在，我提议：

为庆祝中华人民共和国成立61周年，

为伟大祖国的繁荣富强和各族人民的幸福安康，

为中国人民同世界人民的友谊与合作，

为来宾们、朋友们和同志们的健康，

干杯！

坚定不移走中国特色解决民族问题的正确道路

贾庆林

民族问题是关系国家前途命运和人民幸福安康的重大问题。2009年9月，胡锦涛同志在国务院第五次全国民族团结进步表彰大会上的讲话中指出，新中国成立60年的经验归结到一点，就是必须坚持一切从我国民族问题实际出发，坚定不移走中国特色解决民族问题的正确道路。要按照中央要求，始终坚持好、发展好这条道路，认真贯彻落实党的民族理论政策，切实做好民族工作，不断巩固我国各民族在社会主义大家庭中和衷共济、和睦相处、和谐发展的良好局面。

一、中国特色解决民族问题的正确道路是中国共产党把马克思主义民族理论与中国具体实际相结合的智慧结晶

一个国家在解决民族问题上选择什么样的模式，是该国特定的经济条件、社会状况、文化传统和政治制度等各种因素共同作用的结果。中国特色解决民族问题的正确道路，是尊重历史、合乎国情的正确选择，是几代中国共产党人在解决我国民族问题长期实践中不断探索的伟大成果。

我国自古是一个统一的多民族国家。历史上，历代中央政权大都针对少数民族地区采取"因俗而治"的政策，创建了新疆伯克制、西藏噶伦制、蒙古盟旗制等带有民族自治色彩的管理模式。但这些政策都带有历史和阶级局限性，不可能从根本上解决民族问题。鸦片战争以后，中国逐步沦为半殖民地半封建社会，维护国家统一和民族团结，贯穿于争取民族独立、人民解放和国家富强的历史进程，近代无数仁人

志士和进步力量为此作出不懈努力，但也没能找到一条符合我国国情的解决民族问题的正确道路。特别是国民党统治时期，极力抹杀各民族之间的差别和利益要求，加剧了各民族之间的矛盾，激起了各族人民的反抗斗争。

1921年中国共产党成立后，开始了解决我国民族问题正确道路的新探索。根据马克思列宁主义关于民族问题的理论和国家学说，结合我国民族问题的现状，我们党从建党之日起就明确提出了倡导民族平等、联合的原则，并逐步形成了民族区域自治的思想。从第二次国内革命战争时期建立有少数民族参与的革命政权，到长征途中红军建立甘孜博巴政府、豫海县回民自治政府，再到抗日战争时期在一些革命根据地实行民族区域自治，我们党进行了不懈的探索和实践。特别是1947年5月，针对当时一些人提出的内蒙古"独立自治"的错误倾向和分裂活动，我们党明确提出并建立了第一个省级自治区——内蒙古自治区。

1949年中国人民政治协商会议筹备期间，对新中国是实行联邦制还是民族区域自治制度这一重大问题，以毛泽东同志为核心的党的第一代中央领导集体，采取了非常慎重的态度，广泛听取意见。根据我国历史情况、少数民族"大分散、小聚居"特点以及内蒙古自治区等成功实践，我们党采纳了"各少数民族聚居的地区，应实行民族的区域自治"的建议，并征得各界人士同意，载入具有临时宪法作用的《共同纲领》。新中国成立后，我们党慎重稳步推进民族地区的民主改革和社会主义改造，彻底废除了阶级压迫与剥削制度，实现了中华民族发展史上最广泛最深刻的社会变革。在全国范围进行民族调查和民族识别工作，并相继成立了新疆维吾尔自治区、广西壮族自治区、宁夏回族自治区和西藏自治区。

改革开放以来，以邓小平同志为核心的党的第二代中央领导集体根据新时期党和国家中心工作的历史性转变，及时将民族工作的重心转移到社会主义现代化建设上来，加大民族政策落实力度，特别是强调发展是解决民族问题的核心，高瞻远瞩地提出"两个大局"的战略构想，制定并实施我国第一部民族区域自治法，中国特色解决民族问题的正确道路焕发出新的生机与活力。以江泽民同志为核心的党的第三代中央领导集体，深刻把握冷战结束后复杂的国际国内形势和民族问题的发展变化，提出"民族宗教无小事"、"汉族离不开少数民族，少数民族离不开汉族，各少数民族之间也相互离不开"等重要思想，特别是作出实施西部大开发战略、全国对口支援西藏等重大决策，为民族地区加快发展奠定坚实基础。以胡锦涛同志为总书记的党中央，着眼新世纪新阶段全面建设小康社会的历史任务，明确提出各民族"共同团结奋斗、共同繁荣发展"的主题，制定一系列关于加快少数民族和民族地区经济社会发展的文件和规划。特别是今年以来，先后召开中央第五次西藏工作座谈会、中央新疆工作座谈会、西部大开发工作会议，就推进民族地区跨越式发展采取一系列优惠政策和重大举措，我国平等团结互助和谐的社会主义民族关系更加巩固，中国特色解决民族问题正确道路越走越宽广、越走越坚实。

实践证明，中国特色解决民族问题的正确道路，集中体现了我国各族人民追求平等、谋求发展的根本要求，集中体现了社会主义制度的巨大优越性。新中国成立60多年来，正是始终坚持这条道路，少数民族和民族地区从封闭走向开放、从落后走向进步、从贫穷走向富裕，社会面貌发生了历史性巨大变化。

二、中国特色解决民族问题的正确道路是中国共产党正确认识和处理民族关系、解决民族问题的伟大创举

中国特色解决民族问题的正确道路，形成于新民主主义时期的革命斗争，发展于社会主义建设的伟大实践，完善于改革开放和现代化建设的历史进程，创造了处理民族问题的崭新模式，具有鲜明的中国风格和独特品质。

在政治方向上，始终高举中国特色社会主义伟大旗帜。举什么样的旗、走什么样的路，决定着一个国家解决民族问题道路的性质和根本走向。纵观我们党探索解决民族问题的历程，中国特色解决民族问题的正确道路，始终与全国各族人民共同建立新中国、共同致力中国特色社会主义事业相生相伴，始终以坚持社会主义制度、坚持走中国特色社会主义道路为方向指引。正是由于把中国特色社会主义作为共同理想，顺应各族人民意愿，凝聚各族人民意志，从而巩固了各民族团结友爱、休戚与共的生动局面；正是由于把中国特色社会主义作为奋斗目标，吸引和激发各族儿女投身改革开放和现代化建设，从而汇聚了各民族同心协力、奋发拼搏的强大合力。

在制度设计上，始终坚持民族区域自治制度。民族问题的长期有效解决，需要对国家结构形式进行符合国情的创制，需要从国家制度层面进行切合实际的架构。我们党在解决和处理民族问题上，既没有盲目效仿实行联邦制，也没有简单沿袭和照抄照搬单一制，而是立足中国国情，将民族自治和区域自治有机地结合起来，创造了国家结构的新形式、民族关系的新模式。民族区域自治制度体现了民族因素与区域因素、政治因素与经济因素、历史因素与现实因素、制度因素与法律因素的有机结合，实现了我国社会主义多民族国家在民主基础上的高度统一。这一制度尊重民族情感，尊重各民族主体地位，尊重民族创造精神，符合中国特色社会主义事业的发展要求和全国各族人民的根本利益。

在工作主题上，始终坚持各民族共同团结奋斗、共同繁荣发展。我们党立足于社会主义初级阶段基本国情，根据我国经济社会发展的阶段性特征和民族问题实际，将“两个共同”融会贯通、有机统一起来，明确为民族工作的主题，体现了党的民族理论一脉相承而又不断发展创新的成果，赋予了中国特色解决民族问题正确道路鲜明的时代特征和实践特色。只有各民族共同团结奋斗，各民族繁荣发展，才能具有强大动力；只有各民族共同繁荣发展，各民族团结奋斗，才能具有建设基础。抓住了“两个共同”主题，就抓住了新形势下正确处理民族问题、切实做好民族工作的根本，就能在全面建设小康社会的历史进程中不断开创民族工作的新局面。

在根本途径上，始终坚持推动少数民族和民族地区加快发展。发展是解决民族问题的关键，是中国特色解决民族问题正确道路的鲜明特质和内在要求。无论什么样的解决民族问题道路，只有让民族地区发展起来，让少数民族群众富裕起来，才能经得起历史和实践的检验。新中国成立以来特别是改革开放30多年来，我们党始终从战略高度重视少数民族和民族地区发展，作出一整套战略部署，制定一系列专项规划，在政策、资金、人才、技术等方面给予全力支持。60多年来，民族地区发生了翻天覆地的变化，极大地增强了少数民族群众对党和国家的认同感，有效地增进了各民族之间的和谐度，成为坚持走中国特色解决民族问题正确道路的强大动力。

在精神纽带上，始终坚持“三个离不开”的思想。汉族离不开少数民族、少数民族离不开汉族、各少数民族之间也相互离不开，是我国各民族团结进步历史经验的高度概括，是中国特色解决民族问题正确道路的思想基础。在解决我国民族问题、增进各民族团结的长期实践中，我们党始终强调祖国大家庭强大的凝聚力和向心力，靠的是各民族之间剪不断的情感纽带，形成了虽有不同却亲如一家的生动格局。中国特色社会主义事业越是向前推进，维护国家统一和民族团结责任越是重大，越需要在各族群众中深入宣传“三个离不开”思想，增进各民族交往交流交融，始终同呼吸、共命运、心连心，不断夯实全国各族人民大团结的深厚根基。

在民族关系上，始终坚持平等、团结、互助、和谐。民族关系是多民族国家中至关重要的政治和社会关系，也是检验民族政策的重要标准。

我们党总结国内外处理民族关系的经验教训，在团结带领各族人民坚持走中国特色解决民族问题正确道路过程中，尊重各民族的差异性和自主性，重视和强调各民族之间相互学习、相互帮助，形成了以平等为基石、以团结为主线、以互助为保障、以和谐为本质的社会主义民族关系，并始终将其贯穿于民族工作的各方面和全过程，不断丰富发展。与世界一些国家民族冲突和民族战乱频发不同，我国长期保持国家团结统一、民族关系和谐，最根本的就在于始终坚持民族平等、加强民族团结、推动民族互助、促进民族和谐。

三、在新的历史起点上谱写坚持中国特色解决民族问题正确道路的新篇章

面对当前国际国内形势发生的深刻变化，着眼面临的新情况新任务，要认真总结运用和丰富发展民族工作的宝贵经验，进一步把中国特色解决民族问题道路坚持好、完善好，把这一道路的优势和作用运用好、发挥好，为实现我国各民族共同繁荣发展、保持社会长期和谐稳定提供重要基础和有利条件。

要始终坚持和认真落实党的基本民族理论、政策。以民族平等、民族团结、民族区域自治、各民族共同繁荣发展为基石的党的民族工作基本理论政策，是我国民族工作的生命线。要加大对党的民族理论政策、民族法律法规和民族基本知识的学习宣传力度，真正为广大干部群众所掌握，成为自觉行动。要不折不扣地把民族政策和民族法律法规作为处理民族问题的准绳，切实落实到民族工作的各个方面、各个环节。要坚持、完善和落实好民族区域自治制度，正确处理民族因素与区域因素的关系，将两者有机统一于推进我国民族团结进步和维护国家统一之中。要继续深入宣传贯彻民族区域自治法，抓好《国务院实施〈民族区域自治法〉若干规定》的贯彻落实，抓紧制定配套的法律法规和具体的措施办法，加强贯彻执行情况的监督检查。要对城镇化进程中落实民族区域自治制度和民族政策遇到的新情况新问题，深入进行研究，及时有效解决。要着眼新的实践，总结经验、探索规律，不断完善发展党的民族政策和民族区域自治制度，让其优越性、说服力、感召力得到充分体现，为民族地区社会发展稳定提供有力的政策和制度保证。

要把加快民族地区发展作为当前的紧迫任务。发展不能解决一切问题，但一切问题的解决离不开发展。要抓住深入实施西部大开发战略和主体功能区战略的机遇，推动民族地区加快构建现代化基础设施体系和国家生态安全屏障，为民族地区乃至全国可持续发展提供根本保障。要抓住国内外经济结构调整的机遇，从民族地区自身资源条件、区域特点、产业状况出发，推进经济发展方式转变，高标准培育战略支撑产业，做大做强特色优势产业，努力提升民族地区经济整体实力。要抓住全国对口支援西藏、新疆和其他民族地区的机遇，不断增强民族地区发展合力，提升自我发展能力，同时积极推进辖有民族自治地方的省、直辖市内比较发达地市，对口支援自治州、自治县，形成多层次对口支援格局。要抓住国家实施区域发展总体战略的机遇，推动国家扶持民族自治区、青海等四省藏区、云南边境地区等一系列政策的落实。特别是要认真研究和做好扶持人口较少民族发展、兴边富民行动、少数民族事业“十二五”规划编制工作，将优惠政策和扶持项目更多地向少数民族和民族地区倾斜，为少数民族和民族地区争取和创造更好的发展条件。

要把保障和改善民生作为民族工作的出发点和落脚点。民生问题是关系人心所向的大问题。把改善民生作为民族工作的出发点和落脚点，这是党的民族政策的本质要求，是当前民族工作的鲜明特色。要以各族群众最关心最直接最现实的利益问题为着力点，集中力量发展教育、科技、卫生等社会事业，突出抓好就业、社会保障、扶贫开发工作，不断提高公共服务水平。要大力贯彻落实国务院关于进一步繁荣发展少数民族文化事业的若干意见，加快形成覆盖城

乡的公共文化服务体系，继续实施文化惠民工程，努力使各族群众享有丰富多彩、健康向上的精神文化生活。要重点关注集中连片特殊困难地区的脱贫致富问题，积极推动新疆南疆地区、青藏高原东缘地区、武陵山区、乌蒙山区、滇西边境山区、秦巴山—六盘山区等民族地区的开发攻坚工程，为到2020年基本消除绝对贫困现象奠定坚实基础。要切实加大对人口较少民族聚居地区、牧区、边疆地区和大石山区等特殊类型地区调研力度，研究制定措施更实、含金量更高的扶持政策，加大对困难群体的帮扶，改善生产生活条件，让各族群众过上更加幸福美好的日子，使党对少数民族和民族地区的优惠政策真正成为利民、富民、安民的阳光雨露。

要大力推进民族团结进步事业。各民族团结进步是中华民族的生命所在、力量所在、希望所在。要更加广泛、深入、持久地开展民族团结进步宣传教育活动，既要教育群众，更要教育干部特别是领导干部，使各族干部群众深刻认识各民族都是中华民族大家庭的重要成员，都肩负着维护国家统一和实现中华民族伟大复兴的历史使命，切实增强全社会共同维护民族团结的自觉性和坚定性。要以多种形式弘扬各族人民同呼吸、共命运、心连心的优良传统，唱响共产党好、社会主义好、伟大祖国好、各族人民好、民族团结好的时代主旋律，努力营造各民族和睦相处、和衷共济、和谐发展的良好氛围。要把民族团结教育纳入公民道德教育全过程、社会主义精神文明建设全过程，特别是要在各族青少年中开展灵活多样的民族团结宣传教育活动，让“三个离不开”的思想，在广大青少年头脑中深深扎根。要认真组织开展民族团结进步创建和表彰活动，大力推进民族团结和谐村寨、和谐社区、和谐单位、和谐家庭建设，充分发挥各类先进典型作用，引导各族干部群众牢固树立中华民族意识和国家观念，不断增强对伟大祖国的认同、中华民族的认同、中华文化的认同、中国特色社会主义道路的认同。要不断深化各民族交往交流交融，积极推动民族地区与其他地区、民族地区之间的人员往来、经济合作、文化交流，引导各族群众相互尊重、相互学习，共同发展进步。

要加强少数民族干部和人才队伍建设。少数民族干部人才是党和政府联系少数民族群众的重要桥梁和纽带，是做好民族工作、加强民族团结的骨干力量。《国家中长期人才发展规划纲要（2010—2020年）》和《2010—2020年干部教育培训改革纲要》，对加强少数民族干部队伍建设提出了新的目标和要求。要切实把少数民族干部和各级各类人才队伍建设，作为管根本、管长远的大事来抓，坚持大力培养、大胆选拔、充分信任、放手使用，以民族地区发展需求、需要为导向，以少数民族党政干部人才队伍、专业技术人才队伍和企业经营管理人才为重点，制定和实施人才发展专项规划，优化资源配置，努力造就一支政治坚定、业务精通、能力出众的高素质少数民族干部队伍和人才队伍。要制定更加优惠的政策，采取灵活多样的措施，创造良好的用人机制和环境，引导、鼓励、支持、吸引各级各类人才向民族地区流动，到民族地区发展创业。要重视对少数民族代表人士的物色和培养，切实加强教育培训和实践锻炼，提高他们的综合素质，使其在联系、团结、引导本民族群众方面，发挥更加重要的作用。

要毫不动摇地维护民族团结和社会稳定大局。维护民族地区的改革发展稳定大局，是民族工作的重要职责。要旗帜鲜明地反对一切分裂祖国、破坏民族团结的言行，依法打击各种分裂活动，坚决维护民族团结、社会稳定和祖国统一。要认真贯彻中央第五次西藏工作座谈会、新疆工作座谈会精神，打压“藏独”分裂势力国际活动空间，打击“东突”分裂势力的恐怖破坏活动，努力实现西藏、新疆的跨越式发展和长治久安。要按照讲原则、讲法制、讲政策、讲策略的要求，采取教育、疏导、化解的办法，及时妥善处理影响民族团结的各种纠纷和矛盾，特别是要通过法制教育帮助各族群众学会运用法律来维护合法权益，做知法守法的公民。要加强城市民族工作，切实提高协调、服务和管理民族工作的水平，做好对少数民族流动人口的服务和管理，引导城市各族群众相互尊重、平等相待、团结互助，自觉维护安定有序的大好局面。

（此文载《求是》2010 年第 24 期）

切实抓好生态文明建设的若干重大工程

贾庆林

党的十七大在强调坚持中国特色社会主义经济建设、政治建设、文化建设、社会建设的基础上，首次提出了建设生态文明。十七届五中全会通过的《中共中央关于制定国民经济和社会发展第十二个五年规划的建议》，又把加快建设资源节约型、环境友好型社会，提高生态文明水平，作为重要一章，提出了全面的要求。生态文明是人类在改造客观世界的同时，积极改善和优化人与自然的关系，建设科学的生态运行机制和良好生态状况的总和。生态文明作为一种新的文明理念，摒弃了人类破坏自然、征服自然、主宰自然的理念和行为，倡导在经济社会发展中尊重自然、保护自然、合理利用自然，实现人与自然的和谐。建设生态文明，是推进中国特色社会主义事业的重大战略任务之一，是深入贯彻落实科学发展观的内在要求，是积极应对气候变化、共同呵护人类赖以生存的地球家园的必然选择。结合近几年在各地调研了解到的情况，我认为推进生态文明建设在当前和今后一个时期要切实抓好以下几项重大工程。

一、加强森林资源保护，加大植树造林力度

目前，我国生态安全形势十分严峻。全国水土流失面积达 356 万平方公里，占国土面积的 1/3 以上；全国有荒漠化土地面积 39.54 亿亩，影响到 4 亿人口的生产生活；我国人均水资源仅为世界平均水平的 28%，不少城市人口基本生活用水难以得到保证；全国旱涝灾害频繁发生，每年都有近 4 亿亩农田受到不同灾害的影响，生态问题确实已经成为影响我国经济社会发展的严重问题。加强森林资源保护和加大植树造林力度，是保护改善生态的重大措施之一。我国有 43 亿亩林地，还有 3 亿亩可治理的沙地。森林有涵养水源、固土、保肥、固碳、释氧、滞尘等六项生态服务功能。森林是大地之衣，没有植被遮蔽的土地必然是有雨则泥沙俱下，遇风则沙尘肆虐。森林对减少水土流失和泥石流及沙尘暴等自然灾害具有重要的作用。据有关方面测定，在年降雨量 300—400 毫米的地方，有林地的土壤冲刷量仅为 60 公斤/公顷，而裸地则高达 6750 公斤/公顷，两者之比是 1:110。森林通过光合作用可以吸收二氧化碳，放出氧气，这就是森林的碳汇功能。每增加 1 立方米的森林蓄积量，就相当于固定了 1.83 吨二氧化碳，释放出 1.62 吨氧气，可见森林对净化空气、减缓温室效应有着重要的作用。2009 年，胡锦涛总书记在联合国气候变化峰会上提出，中国要大力增加森林碳汇，争取到 2020 年森林面积比 2005 年增加 4000 万公顷，森林蓄积量比 2005 年增加 13 亿立方米。这是我国经济社会长远发展的内在要求，也是对国际社会的庄严承诺。应当看到，实现这个宏伟目标必须付出艰巨的努力。古话说，“十年树木，百年树人”，从现在到 2020 年正好还有十年时间。我们要紧急行动起来，抓住这宝贵的时

机，科学规划，尽快实施一批重大的植树造林工程。

森林不仅有重要的生态功能，也是一个重要的产业，有着巨大的经济效益。2009 年，我国林业总产值达 1.58 万亿元，还带动森林旅游业产值 1500 亿元，带动林区其他社会产值 4000 亿元以上。

另外，竹子在我国分布很广，竹子的碳汇功能比树木还要高，而且有很好的经济效益。我在浙江省安吉县亲眼看到浙江省推进“美丽乡村”建设的成就。在那里一根竹子从竹根、竹竿、竹叶甚至到竹粉末都可以得到全部利用，一根价值 15 元左右的原始竹子，经过全产业链精深开发，平均附加值达 60 多元，2009 年全县竹产业总值达 112 亿元，平均为农民增收 6500 元。可以说是一根翠竹催生一个产业、撑起一方经济、富裕了一方百姓。那里的茫茫竹海还成了多部著名电影的拍摄场景。

二、保护和发展草原、湿地

我国是世界第二草原大国，天然草地有 60 亿亩，其中北方 50 亿亩，南方 10 亿亩。解决草原保护利用和生态建设一个很重要的思路就是发展人工种草。中国科学院植物研究所一位院士认为，草原的第一功能就是生态功能，一亩人工草地的生产力相当于 10—20 亩天然草地。如果大力推广人工草地，实施舍饲圈养就可以使 90% 以上的天然草地得以完全退牧，不出三五年其生态功能便可得到全面恢复。我在湖南考察过，一亩人工草地每年能产几吨牧草，而天然草地只产几十公斤。内蒙古呼伦贝尔草原面积 25 万平方公里，相当于山东、江苏两个省面积的总和。伊敏河全长 3000 公里，从不断流，如能在两岸发展人工草场，就可以承担现在绝大部分草地的畜载量，使大部分草原完全退牧。锡林郭勒盟在 10% 的土地上打井种植人工牧草，既解决了畜牧业的问题，又很好地发挥了 90% 天然牧场的生态功能。美丽的阿尔卑斯山也经历过曲折的发展过程。过去，阿尔卑斯山的居民砍光用尽枞树林、毁掉高山畜牧业的根基，以至出现部分地区山泉枯竭、山洪暴发的情况。从上世纪 50 年代开始，阿尔卑斯山一律不准放牧，把牲畜都迁移到平原上来，大力发展平原现代农业和以人工饲草为基础的现代化养畜业。现在，阿尔卑斯山已成为世界上生态环境最好的地区之一。内蒙古 13 亿亩草原完全可以走这样的发展路子。我在宁夏调研时看到，宁夏已率先在全国以省为单位实行全境封育禁牧，累计治理水土流失面积 825 万亩，有效扭转了南部山区一些小流域水土流失的局面，取得了明显的生态效益和经济效益。

我国有近 6 亿亩湿地，湿地的碳汇功能、蓄水功能以及其他生态功能都非常重要。从生态服务价值来看，如果说森林是地球之肺，那么湿地便是地球之肾，生物多样性是地球的免疫系统。过去，我国乃至于世界上不少湿地遭到比较严重的破坏。近几年许多地方都提高了保护湿地的自觉性。例如，北京市在延庆县的一大片湿地就保护得很好，北京市还决定从延庆到官厅水库这一线要建设连片的大型湿地。杭州市与西湖毗邻的西溪湿地面积 11 平方公里，经过精心整治、保护性开发，不仅成为旅游的精品，还对全市的气候调节发挥了重要作用。据了解，当年红军长征所经过的草地就是四川松潘的若尔盖湿地，面积 1800 平方公里，这是黄河上游重要水源补给地之一。在“文革”期间，由于过度开垦遭到了严重破坏。虽然至今尚未完全恢复，但已成立了四川若尔盖湿地自然保护区，这里水草丰茂，栖息着各种野生动物。希望各地方对湿地的保护和建设都要引起高度重视。

三、合理开发和利用海洋资源，切实加强海洋生态文明建设

海洋系统是全球生态系统的重要组成部分。海洋生态的变化对气候的影响十分重大，如厄尔尼诺、拉尼娜现象等，威力巨大无比。我国是海洋大国，有 1.8 万公里的海岸线，超过

1平方公里的沿海岛屿有6500多个。加快发展海洋经济、保护和建设好海洋生态环境，对加快转变经济发展方式、加强生态文明建设，对保卫海洋国土、维护海洋权益，都具有十分重大的战略意义。《中共中央关于制定国民经济和社会发展第十二个五年规划的建议》中，对发展海洋经济作了专门的论述，提出了具体的要求。海洋拥有丰富的能源资源，发展海洋经济具有巨大的潜力。2009年，我国海洋生产总值31964亿元，占国内生产总值的9.53%，全国涉海就业人员3270万人。2001—2009年海洋生产总值以年均16.3%的速度增长，远高出同期国内生产总值的增长速度。我们要切实增强海洋意识，拓宽海洋经济发展思路，科学开发海洋资源，积极提升传统海洋产业，大力发展战略性新型海洋产业，使我国尽快进入海洋经济发达国家的行列。

海洋还有极为重要的碳汇功能，海洋吸收和释放温室气体的数量变化是影响温室效应的关键因素之一。据有关资料，当前人类每年排放的温室气体大致300亿吨，其中75亿吨被森林、草原、湿地等陆域生态系统吸收，大约75亿吨被海洋生态系统吸收，其他150亿吨成为大气层中的温室气体。海洋植物具有极强的碳捕获能力，每生产1吨海带、紫菜等大型海藻，固碳量达到0.3吨，折合二氧化碳当量为1.1吨。要充分发挥海洋的碳汇功能，加强海洋碳汇技术的研究和应用，大力发展以浅近海贝藻养殖为主的碳汇渔业，开展滨海湿地固碳示范区建设，不断提高海洋的碳固定和碳中和能力。

在加快开发海洋资源的同时，更要注意切实保护海洋生态环境。目前，我国海洋生态环境面临巨大压力，形势相当严峻。近岸受污染海域达15万平方公里左右，87%的入海排污口超标排放，大部分海湾、河口、滨海湿地等生态系统仍处于亚健康或不健康状态。某些水域富氧化严重，赤潮频繁发生。我们必须进一步加大海洋生态环境的保护和建设力度，积极调整沿海产业布局，严格控制海域和陆域的污染源，全面开展海洋资源与生态修复工作。要在科学探海、用海、治海、管海、养海上全面下功夫，探测摸清我国海域的海洋水文、环境、生态、资源分布与变化特征，提高海洋生态环境保护的科学化水平，加快建设强大的“蓝色生态屏障”。

四、以节能减排为重点，积极发展低碳技术和循环经济

积极发展低碳技术和循环经济是实现低能耗、低排放、低污染的关键环节。目前，发展低碳技术和循环经济已成为世界经济发展的一个潮流。从美国、德国、日本等西方发达国家到巴西、印度等发展中国家，都推出了一系列有关支持鼓励的政策和举措。从我国来说，以过度消耗能源资源、破坏生态环境为代价的粗放型发展模式已经难以为继。我国必须顺应历史潮流，坚定不移地走中国特色低消耗、低排放、高效益的发展道路。为此，在低碳技术方面必须有重大突破，而且要在国民经济和社会生活的各个领域全面努力推广应用，使能源、资源得到最充分、合理的使用。

要把开发利用风能、太阳能和生物质能源等新能源产业作为重要突破口，降低化石燃料的消耗比重。近几年，我国风能、太阳能等新型能源的发展非常迅猛。但也存在一些不容忽视的问题，主要是制造、生产环节发展很快，遍地开花，而基础研究和终端应用明显滞后。研发领域投入不足，核心技术严重匮乏。例如风电制造中的齿轮箱、电控系统等关键零部件还大量依靠进口，光伏电池中的三氯氢硅还原法的关键技术基本掌握在国外大企业手中。风电和太阳能发电都面临着成本过高的问题，必须从技术上有重大突破，才能被市场所接受，长期依赖财政补贴是没有生命力的。风电和太阳能发电电能的储存和通过智能电网的开发并入电网等方面也都有很多问题需要尽快解决。

大力发展沼气是减少温室气体排放的有效措施，而且简便易行。人粪便、牲畜粪便如不及时处理，就会释放甲烷，每吨甲烷气体造成的温

室效应相当于21吨二氧化碳。如果把这些东西转化为沼气，既净化环境，又充分利用了生物质能源，方便了群众生活。

积极发展循环经济，使能源资源得到最充分的利用。这几年，各地方和各个领域在发展循环经济方面都取得许多新的成果。例如我在内蒙古自治区看到的一个企业，就形成了“煤——煤矸石发电——精制盐——离子膜烧碱——聚氯乙烯——工业废渣制水泥”的一体化循环经济产业链，做到吃干榨净，资源充分利用。在农业生产领域，也有许多发展循环经济的成功案例，都取得了很好的效果。

全面落实节能减排目标，是大力推进社会主义生态文明建设的重点任务。要加快构建资源节约、环境友好的生产方式和消费模式，增强可持续发展能力。这里要解决好几个重要问题：一是强化技术创新，以先进高效的技术取代传统技术，以信息化带动工业化。这里，我还想特别强调，要大力发展绿色装备制造业。有了绿色制造，才能制造绿色。二是在节能减排工作上要严格依照法律来治理。对那些只图经济效益、对环保法等法律置若罔闻的企业和个人要依法予以严惩。三是加强规划指导、财税金融等政策支持，推进生产、流通、消费各个环节的节能减排和资源循环利用。四是在管理上要创造有利于转变经济发展方式、有利于推进生态文明建设的体制机制。要按照科学发展观的要求，健全完善对干部政绩和企业业绩的评价考核制度，以及公平合理的生态补偿机制。五是各地在编制“十二五规划”纲要时，务必认真贯彻落实党的十七届五中全会精神，着力转变经济发展方式，采取坚决有力的措施，切实抓好生态文明建设的若干重大工程，全面完成节能减排的各项目标。

建设生态文明，需要全社会的共同参与和行动。要在全社会牢固树立生态文明理念，倡导生态伦理道德，推行健康文明的生产方式和生活方式，努力使节约资源和保护环境成为十三亿中国人民的共同价值观和自觉行动。我们要按照党的十七大要求的那样，通过坚忍不拔的努力，到2020年全面建设小康社会目标实现之时，在建设生态文明方面基本形成节约能源资源和保护生态环境的产业结构、增长方式和消费模式，生态文明观念在全社会牢固树立，并为人类文明做出应有的贡献。

（此文载《求是》2011年第4期）

正确认识和处理文化建设发展中的若干重大关系
努力探索中国特色社会主义文化发展道路

李长春

今年2月，中央举办省部级主要领导干部深入贯彻落实科学发展观加快经济发展方式转变专题研讨班，胡锦涛总书记发表重要讲话，深刻阐述了加快经济发展方式转变的重要性和紧迫性，提出了加快经济发展方式转变的八项重点工作，其中强调发展文化产业有利于优化经济结构和产业结构，有利于拉动居民消费结构升级，有利于扩大就业和创业。要在重视发展公益性文化事业的同时，坚持经济效益与社会效益相统一，把满足人民日益增长的多样化、多层次、多方面精神文化需求作为扩大内需的重要组成部分，深化文化体制改革，加快文化产业发展。温家宝总理在今年政府工作报告中，把“大力加强文化建设”作为需要重点抓好的八个方面工作之一，强调要继续推进文化体制改革，扶持公益性文化事业，发展文化产业，鼓励文化创新，培育骨干文化企业，生产更多健康向上的文化产品，满足人民群众多样化的文化需求。胡锦涛总书记的重要讲话和温家宝总理所作的政府工作报告，进一步阐明了文化建设在中国特色社会主义事业总体布局中的重要地位和作用，指出了大力发展文化产业是加快经济发展方式转变的重要途径和重要方面，标志着我们党对文化建设规律的认识提升到了一个新的高度。这既是对宣传思想文化战线的巨大鼓舞和激励，也为进一步深化文化体制改革、加快发展文化事业和文化产业指明了方向。我们一定要深入学习、深刻领会，切实贯彻到实际工作中，推动文化建设迈上新台阶。

党的十六大以来，以胡锦涛同志为总书记的党中央高度重视文化建设，对深化文化体制改革、发展文化事业和文化产业作出了一系列重大决策部署。党的十七大进一步从中国特色社会主义事业“四位一体”总体布局的高度，提出了兴起社会主义文化建设新高潮、推动社会主义文化大发展大繁荣的战略任务。各地区各部门认真贯彻中央决策部署，解放思想、与时俱进、开拓创新，在实践中不断探索总结，开创了文化体制改革和文化发展的新局面。覆盖城乡的公共文化服务体系初步形成，人民群众基本文化权益得到更好保障；国有经营性文化单位转企改制取得决定性进展，国有文化企业的活力和竞争力大大增强；文化产业结构调整和资源整合力度不断加大，涌现出一批有实力有活力的国有或国有控股大型文化企业；作家艺术家讴歌时代和人民的积极性空前高涨，创新动力和创造活力进一步增强，主旋律作品大放异彩；广大文化工作者改革发展的积极性主动性显著增强，展现出良好精神风貌。可以说，文化建设的春天已经到来。我们一定要高举中国特色社会主义伟大旗帜，以邓小平理论和“三个代表”重要思想为指导，深入贯彻落实科学发展观，认真贯彻中央关于文化建设和文化体制改革的一系列重要方针政策，解放思想、转变观念，牢固树立忧患意识、机遇意识、改革意识、发展意识，正确认识和处理文化建设和发展中的若干重大关系，坚持社会主义先进文化前进方向，坚持贴近实际、贴近生活、贴近群众，以推动社会主义文化大发展大繁荣为主题，以满足人民群众日益增长的精神文化需求为根本任务，以改革创新和科技进步为强大动力，以构建有利于文化科学发展的体制机制为主攻方向，以全面提高人才队伍素质为重要保障，进一步深化文化体制改革，破解文化发展难题，转变文化发展方式，不断解放和发展文化生产力，加快发展文化事业和文化产业，努力探索中国特色社会主义文化发展道路。

第一，正确认识和处理人民群众基本文化需求与多样化、多层次、多方面文化需求的关系，坚持一手抓公益性文化事业，一手抓经营性文化产业，做到两手抓、两加强，最大限度地满足人民群众日益增长的精神文化需求。满足人民群众日益增长的精神文化需求，是文化建设的根本任务。随着我国经济社会持续快速发展和人民生活水平不断提高，城乡居民文化需求越来越旺盛，文化消费进入了快速增长期。从总体上看，人民群众的文化需求可以分为两部分，一部分是体现人民群众文化权益的基本文化需求，另一部分是多样化、多层次、多方面的文化需求。现阶段，我们界定的基本文化需求主要包括读书看报、听广播看电视、进行公共文化鉴赏、参加公共文化活动等。在农村，考虑到过去的传统，每个月为农民免费放映一场电影也属于这个范畴。除此之外，就属于多样化、多层次、多方面的文化需求。正确区分这两种文化需求并处理好二者关系，有助于我们对文化建设中政府职责和市场功能进行科学定位，明确文化建设的基本思路，即一手抓公益性文化事业，一手抓经营性文化产业，做到两手抓、两加强，两轮驱动，两翼齐飞，推动社会主义文化大发展大繁荣，最大限度地满足人民群众日益增长的精神文化需求。

人民群众的基本文化需求，是社会主义制度下人民群众必须得到保障的基本文化权益。因此，要以政府为主导，以公共财政为支撑，以公益性文化事业单位为骨干，以全民为服务对象，以基层特别是农村为重点，构建覆盖城乡的公共文化服务体系。基本文化权益具有公益性、均等性、基本性、便民性等属性。公益性，就是政府提供的公共文化服务基本上是免费服务，或是低于成本、收费很少的服务；均等性，就是不分男女老少，不分富人穷人，不分城市农村，不分东中西部，都平等地享受公共文化服务；基本性，就是政府提供的是基本文化服务，而不是所有文化服务；便民性，就是要网点化，做到一定空间范围内必须有公共文化活动场所，方便群众就近参与。公共文化服务体系建设的重点和难点在农村、在基层，要向农村和基层倾斜。当前，要优先安排涉及农村和基层群众切身利益的文化建设项目，积极推进广播电视村村通、文化信息资源共享、社区和乡镇综合文化站（室）、农家书屋、农村电影放映等重点文化惠民工程建设。要大力推动公共博物馆、纪念馆、美术馆、文化馆、图书馆、青少年宫、科技馆、群众艺术馆以及基层文化活动中心向全社会免费开放，提高公益性文化单位服务群众的能力和水平。要推动政府通过购买文化产品的方式在特定时段、以特定内容、向特定群体提供公共文化服务，同时要继续开展“三下乡”、“四进社区”、“送欢乐下基层”等文化惠民活动并不断规范，丰富基层群众的文化生活。

对于人民群众多样化、多层次、多方面的文化需求，主要靠市场来满足。在社会主义市场经济条件下，市场越来越成为人们进行个性化文化消费、满足多样化文化需求的主要途径。这就要求我们必须大力发展经营性文化产业，进一步繁荣文化市场。要大力发展文化创意、影视制作、出版发行、印刷复制、广告、演艺、娱乐、文化会展、数字内容和动漫等九大文化产业，不断壮大我国文化产业的总体实力。要培育各类自主经营、自我发展的合格市场主体，这是文化产业的基础。要加快构建和培育统一开放竞争有序的现代文化市场体系，建立门类齐全的文化产品市场和文化要素市场，繁荣城乡文化市场，培育大众性文化消费市场，更好地满足人民群众精神文化需求。要积极鼓励广大文化工作者创作更多群众喜闻乐见的精品力作，鼓励国有或国有控股文化企业积极开发市场、占有市场，发挥骨干作用，鼓励非公有制文化企业积极提供多样化的文化产品和服务，提高供给能力，努力满足不同地域、不同层次、不同群体、不同年龄群众丰富多彩、健康有益的文化需求。

第二，正确认识“两种属性”、“两个效益”的关系，始终把社会效益放在首位，努力做到社会效益与经济效益有机统一。在社会主义市场经济条件下，文化产品既有教育人民、引导社会的意识形态属性，也有通过市场交换获取经济利益、实现再生产的商品属性、产业属性、经济属性。在“两种属性”中，意识形态属性是文化产品的特殊性，商品、产业、经济属性是文化产品的普遍性。不能因为文化产品具有商品的一般属性，就忽视其意识形态的特殊属性；也不能因为文化产品具有意识形态的特殊属性，就排斥其商品的一般属性，而是要把两者统一起来。正确把握“两种属性”的关系，要求我们必须正确认识和处理“两个效益”即社会效益与经济效益的关系。不论是公益性文化事业，还是经营性文化产业，都要突出以文化人的功能。每个国家、每个民族、每个人都要有精神支撑，因此要充分发挥文化陶冶情操、凝聚力量、提振信心、鼓舞士气的重要功能。公益性文化事业、经营性文化产业，只是文化形式的差别、载体的不同，而承载的精神即文化的灵魂应是一致的，那就是必须以传播社会主义先进文化为己任。因此，文化建设必须坚持社会主义先进文化前进方向，把社会效益摆在首位。发展公益性文化事业，就是要追求社会效益的最大化，不搞产业化，但也要在内部引入激励机制，改善服务。发展经营性文化产业，就是要在把社会效益放在首位的前提下，努力实现社会效益与经济效益的有机统一，当经济效益同社会效益发生冲突时，经济效益要服从社会效益。在社会主义市场经济条件下，检验经营性文化产业产品和服务“两个效益”相统一的一个重要标准，就是人民群众喜欢不喜欢、是否愿意花钱购买和消费。购买优秀文化产品的人越多，受教育的面就越大，经济效益越好，社会效益也就越广泛。从这个意义上说，没有经济效益，社会效益也是空的。但如果文化产品不讲社会效益，不符合人民群众健康有益的文化需求，在某些方面管理疏漏的情况下，即使暂时会谋些蝇头小利，但终会被边缘化直至被逐出市场，经济效益也无从谈起。因此，实现社会效益与经济效益相辅相成、相互促进、有机统一，是经营性文化产业可持续发展的重要条件。要鼓励经营性文化单位创新体制机制，把面向群众、面向基层、面向农村与面向市场统一起来，认真做好市场调研，准确把握群众需要，在占领市场的过程中更好地服务群众，在服务群众的过程中更多地赢得市场，努力实现社会效益与经济效益的最大化。与此相适应，各级各类评奖机制也要进一步改革，改变一些地方和部门评奖过多过滥和文化产品只面向评委而不面向群众的弊端，把群众喜欢不喜欢、满意不满意、接受不接受、认可不认可作为评价作品的最终标准，在导向正确的前提下，将发行量、演出场次、票房收入和销售额等作为衡量文化产品社会影响的客观指标，使评奖真正成为推动文化产品更好地面向市场、面向群众的重要宏观调控手段，催生更多“既叫好又叫座”的精神文化产品，而不能使评奖成为反向调控的指挥棒。

第三，正确认识弘扬主旋律与提倡多样化的关系，坚持社会主义先进文化前进方向，坚持贴近实际、贴近生活、贴近群众，推动社会主义文化全面繁荣。弘扬主旋律、提倡多样化，是坚持社会主义先进文化前进方向的内在要求。弘扬主旋律、提倡多样化，与坚持为人民服务、为社会主义服务的“二为”方向和贯彻百花齐放、百家争鸣的“双百”方针，从根本上讲是一致的，都是社会主义文化建设规律的客观反映。弘扬主旋律，必须始终坚持为人民服务、为社会主义服务的方向；提倡多样化，必须全面贯彻百花齐放、百家争鸣的方针。坚持“二为”方向，弘扬主旋律，是社会主义制度对文化建设提出的本质要求，是社会主义精神文明的具体体现，是社会主义文化必须担负的社会责任；贯彻“双百”方针，提倡多样化，是社会主义初级阶段的基本国情对文化建设提出的客观要求，是由人民群众日益增长的多样化、多层次、多方面的精神文化需求决定的，是社会主义文化繁荣发展的活力所在。这两个方面相辅相成、不可或缺，都统一于贴近实际、贴近生活、贴近群众的具体实践中。文化必须有深刻的精神内涵，才能以文化人，中华文化就是要体现民族精神和时代精神。在当代中国，主旋律从精神层面上来讲，最根本的就是社会主义核心价值体系；从实践层面上来讲，最根本的就是全国各族人民在中国共产党领导下走中国特色社会主义道路、全面建设小康社会、实现中华民族伟大复兴的宏伟事业。在文化建设中，要全面贯穿这一鲜明的时代主旋律，热情歌颂改革开放和社会主义现代化建设取得的伟大成就，大力唱响共产党好、社会主义好、改革开放好、伟大祖国好、各族人民好的时代最强音，鼓舞和激励全党全国各族人民为夺取全面建设小康社会新胜利、开创中国特色社会主义事业新局面而不懈奋斗。同时，也要适应社会生活日趋丰富多彩、人民群众精神文化需求日趋多样多变的客观现实，在坚持“二为”方向、弘扬主旋律的前提下，认真贯彻“双百”方针，尊重差异、包容多样，充分发扬艺术民主和学术民主，在艺术创作上提倡不同形式和风格的自由发展，在艺术理论上提倡不同观点和学派的充分讨论，在艺术发展上提倡不同品种和业态的积极创新，使社会主义文化百花园更加绚丽多彩。弘扬主旋律要坚持思想性、艺术性、观赏性的有机统一，增强吸引力、感染力，不能脱离现实生活，不能空洞说教；提倡多样化要处理好高雅与通俗、普及与提高的关系，兼顾大众和小众的需求，高雅艺术形态也要努力贴近实际、贴近生活、贴近群众，不断扩大受众面，努力做到雅俗共赏；通俗艺术形态也要强调思想内涵，追求格调品味，寓教于乐，不降低艺术标准，不低俗媚俗庸俗。

第四，正确认识和处理改革创新与加快发展的关系，坚持以改革创新为强大动力，增强文化发展活力，不断解放和发展文化生产力。推动文化大发展大繁荣是社会主义文化建设的鲜明主题，改革创新是加快文化发展的强大动力。进一步推进文化体制改革，积极推进文化创新，大力发展文化事业和文化产业，是深入贯彻落实科学发展观、加快经济发展方式转变的迫切需要，是加快文化自身发展、增强自身活力、满足人民群众日益增长的精神文化需求的迫切需要，是适应我国深化各领域改革、完善社会主义市场经济体制的迫切需要，是顺应现代信息科技迅猛发展和广泛应用新趋势、抢占文化发展制高点的迫切需要，是适应对外开放不断扩大新形势、提高中华文化国际影响力和竞争力的迫切需要。我们一定要从党和国家事业发展的全局和战略高度，不断增强改革创新的自觉性和坚定性，深化文化体制改革，推进观念创新、体制创新、机制创新、内容创新、形式创新、传播手段创新、业态创新、科技创新，进一步增强文化发展的生机和活力。

坚持以改革创新为强大动力，推动文化科学发展，最根本的是要进一步解放思想、转变观念。解放思想是发展中国特色社会主义的一大法宝。思想观念是个总开关。观念决定思路，思路决定出路。在文化建设和发展的实践中要全面贯彻党的思想路线，始终坚持解放思想、实事求是、与时俱进，自觉地把思想认识从不符合文化科学发展的思想观念和思维定势的桎梏中解放出来，从不符合文化科学发展的做法和规定的限制中解放出来，从不符合文化科学发展的传统体制的束缚中解放出来，敢于突破陈规陋习，勇于用改革的办法破解难题，不断增强改革创新的意识和本领，努力用符合科学发展观要求的新的文化发展理念指导文化建设和发展的实践。

坚持以改革创新为强大动力，推动文化科学发展，要以体制机制创新为重点，大力推进文化体制改革。要根据区别对待、分类指导、循序渐进、逐步推开的指导方针，对公益性文化事业和经营性文化产业采取不同的改革路径，从实际出发，分阶段、有区别地加以实施。对公益性文化单位，包括公共博物馆、纪念馆、美术馆、文化馆、图书馆、青少年宫、科技馆、群众艺术馆等提供公共文化服务的单位，改革的方针是"增加投入、转换机制、增强活力、改善服务"，政府要增加投入，足额保证经费，单位自己不搞创收，但也要转换内部机制，深化劳动人事制度、收入分配制度等改革，不断增强活力，切实提高服务群众的能力和水平，最大限度地发挥社会效益。对国有经营性文化单位，主要包括出版社、新华书店、电影制片厂、电视剧制作中心、电影放映单位、一般艺术院团、重点新闻网站、非时政类报刊社以及主流媒体中可剥离的经营部分等，改革的方针是"创新体制、转换机制、面向市场、壮大实力"，核心是紧紧抓住转企改制这个中心环节，重塑文化市场主体，推动国有经营性文化单位从行政附属物转变为自主经营、自我发展、自我创新、依法运营的文化产品生产经营者。在转企改制过程中，要严格按照建立现代企业制度的要求，完善法人治理结构，使国有经营性文化单位成为真正的企业法人，做到可核查、不可逆，坚决杜绝出现行政事业性质的"翻牌公司"。要在转企改制的基础上，进行股份制改造，建立现代产权制度，并把改革和改组结合起来，盘活国有文化资产，以资本为纽带，推动跨地区跨行业跨领域兼并重组，实现低成本扩张，打造一批有实力、有竞争力和影响力的国有或国有控股的文化企业和企业集团，使之成为文化市场的主导力量和文化产业的战略投资者。要在演艺娱乐业、动漫游戏业、传媒业、网络业、影视业、出版发行业等重点文化产业，选择一批改革到位、成长性好、竞争力强的大型国有或国有控股集团公司，推动上市融资，尽快做优做大做强。在有条件的地方，要鼓励以财政、金融资金为主体，吸收社会资本，组建企业化的文化产业投资公司，进一步拓宽文化产业发展的融资渠道。要进一步完善文化市场体系，建立文化资产评估体系、文化产权交易体系，发展以版权交易为核心的各类文化资产交易市场，以及文化经纪代理、评估鉴定、风险投资、保险、担保、拍卖等中介服务机构，为文化企业的成长壮大创造良好市场条件。另外，从目前国情出发，还要正确把握处于公益性文化单位和经营性文化单位之间少数文化单位的改革，这些文化单位主要指国家扶持的体现民族特色和国家水准的艺术院团，包括国家直属院团和一些重点保护剧种的重点院团如京剧院团、昆曲院团，使其代表国家的水平，并发挥示范、引导作用；还有一些需要逐步培育市场的高雅艺术团体如交响乐团、芭蕾舞团等。这些文化单位不同于普通的公益性文化单位，与文化市场有着密切的联系，具有一定的经营性质，但完全走向市场目前还不具备条件，因此暂时仍实行事业单位企业化管理。对它们的改革方针是"政府扶持、转换机制、面向市场、增强活力"。政府扶持的目的，是要支持这些文化单位更好地面向市场、增强活力。因此，这些文化单位要积极进行内部机制改革创新，建立起符合艺术发展规律、体现按劳分配原则的分配制度和能进能出的人员流动机制，建立起以观众为中心、以市场为导向、以社会效益与经济效益有机统一为目标的院团经营管理机制，形成自我发展的内生动力，在面向群众、面向市场的过程中不断发展壮大。需要指出的是，这些文化单位毕竟是少数特殊情况，仅限于现有存量，在改革过程中，要严格界定、严格审查、严格控制，最大限度地减少事业性质企业化管理的文化单位，条件成熟的，鼓励进行转企改制的探索，推动越来越多的经营性文化单位转企改制。

坚持以改革创新为强大动力，推动文化科学发展，要善于把继承与创新有机统一起来。推进文化发展，基础在继承，关键在创新。不善于继承，创新就没有根基；不善于创新，继承就缺乏活力。要继承和弘扬中华民族的优秀文化传统，加强中华优秀文化传统教育，加强对文物和非物质文化遗产的保护，深入挖掘蕴藏其中的丰厚文化资源，并赋予新的时代内涵，使其与当代社会相适应、与现代文明相协调，在新的历史条件下继续发扬光大。对具有产业和市场潜力、具备经营条件的传统文化资源，要鼓励在国家政策支持下，运用市场和产业的手段进行保护、传承和发展，特别是和发展旅游业紧密结合，开发文化产品，拓展服务项目，在与产业和市场的结合中增强生机、焕发活力，实现可持续发展。要适应人民群众文化需求的新特点和审美情趣的新变化，推动不同传统艺术门类之间相互融合，推动传统艺术与现代艺术相互借鉴，积极运用声、光、电等手段提高传统文化表现力，实现题材体裁、风格流派和表现手法的创新发展。

第五，正确认识和处理文化与经济的关系，不断提高文化产业对加快经济发展方式转变的贡献。当今时代，文化与经济日益交融，在为经济发展提供强大精神动力的同时，文化的经济功能明显增强，经济的文化含量不断提高，文化在综合国力竞争中的地位和作用越来越突出，文化产业对促进经济增长和经济发展方式转变的贡献越来越大。从实践中看，在加快经济发展方式转变过程中，文化产业具有优结构、扩消费、增就业、促跨越、可持续的独特优势和突出特点。

优结构，就是无论从总供给还是从总需求的角度讲，发展文化产业都有利于优化经济结构、产业结构、需求结构。党的十七大强调，要促进经济增长由主要依靠第二产业带动向依靠第一、第二、第三产业协同带动转变。这也就是说，我们要从过去主要依靠第二产业带动经济增长，转变为依靠第一、第二、第三产业协同带动，特别是要增加第三产业的比重。文化产业是现代服务业的重要组成部分，既为生活服务，又为生产服务。因此，抓住了文化产业，就抓住了调整供给结构的突破口，就从总供给方面进一步优化了经济结构和产业结构。扩消费，就是从总需求的角度讲，发展文化产业有利于扩大居民消费，拉动居民消费结构升级。党的十七大强调，要促进经济增长主要由依靠投资、出口拉动向依靠消费、投资、出口协调拉动转变。这也就是说，我们要从过去主要依靠投资、出口拉动经济增长，转变为消费、投资、出口“三驾马车”协调拉动。从目前总需求与总供给平衡关系上来看，很多产业都出现产能过剩的问题，文化产业是少数几个总供给还远远不能满足总需求的朝阳产业之一，人民日益增长的物质文化需要同落后的社会生产之间的矛盾这一社会主要矛盾在文化领域表现得特别突出。特别是人均国内生产总值达到3000美元之后，人民群众精神文化需求呈“井喷”之势，而我们提供的优秀文化产品和服务相比之下还太少。因此，无论是文化事业还是文化产业，都是人民群众生活基本实现小康之后增加消费的重要途径，大力发展文化事业和文化产业，也就抓住了扩大消费的重要着力点。增就业，就是发展文化产业有利于增加就业、带动创业。文化产业投入的是智力资源，产出的是知识产权，不需要更多厂房和土地就能够创造很多的就业机会。而且文化创意是推动其他相关产业发展的重要动力。因此，发展文化产业，有利于解决更多的人就业特别是能够有效缓解大学生就业难的问题，有利于带动其他领域、其他产业的创新发展，实现更多的人就业创业。促跨越，就是发展文化产业有利于实现跨越式发展，对欠发达地区就更有意义。文化产业与一个地区原来的工业发展水平等基础条件关系不大，不需要提供配套元器件和复杂的工艺性协作，只要引进优秀人才，有好的创意，就能发展。中西部地区普遍拥有丰富的文化资源，只要善于在市场化、产业化、科技化上率先突破，就能把文化资源变成现实财富，促进本地区的跨越式发展。可持续，就是发展文化产业有利于实现可持续发展。当前，经济发展面临的资源、能源、环境等瓶颈制约越来越突出，而文化产业的一大特点是资源消耗低、环境污染小，是受资源、能源、环境瓶颈制约不大的新兴产业之一，最能够实现人与自然协调发展，是典型的低碳经济、绿色经济。抓住了文化产业，就抓住了推动可持续发展的重要途径。综合以上这些优势和特点，完全可以说文化产业是战略性、先导性产业，不仅能够提供精神动力、思想保证、文化条件，而且能够开辟经济发展的新途径、新空间，是转变经济发展方式的重要途径和突破口。因此，要从加快经济发展方式转变的全局和战略高度，大力发展文化产业，将其纳入经济社会发展总体规划，作为发展战略性新兴产业的重要组成部分，摆上更加重要的日程，采取更加有力的举措，积极推动文化产业与旅游、休闲、制造、电信、交通、房地产等产业相融合，使文化产业成为国民经济新的增长点和现代服务业的支柱产业。

第六，正确认识和处理发挥政府作用与调动全社会力量参与文化建设的关系，努力形成文化建设的强大合力。兴起社会主义文化建设新高潮，推动社会主义文化大发展大繁荣，是全党全社会的共同事业。无论是发展公益性文化事业还是发展经营性文化产业，都要既充分发挥政府的主导作用，又充分调动社会各方面的积极性、主动性、创造性，努力形成多元投入、协力发展的新格局。

政府在文化建设中的作用，主要体现在提供公共文化服务和为各类文化主体发展创造良好的政策环境、法制环境和市场环境等方面。具体来讲，就是要履行好“公共服务、政策调节、社会管理、市场监管”的职能。公共服务，即政府必须切实承担起提供公共文化服务、保障人民基本文化权益的职责，把建设公共文化服务体系纳入经济社会发展总体规划，依靠公共财政投入为主建设公共文化服务体系，扶持公益性文化单位，建设文化基础设施，购买文化产品用于公共文化服务，建立健全公共文化设施免费开放的财政保障机制，不断提高公共文化产品和服务的供给能力。政策调节，即政府要在深入调查研究基础上，科学制定文化发展规划，制定引导和推动文化事业和文化产业发展的政策措施。这些年，已相继出台了《国家“十一五”时期文化发展规划纲要》、《文化产业振兴规划》等一系列政策措施，有力地引导和推动了文化事业和文化产业的发展。社会管理，即要建立健全党委领导、政府管理、行业自律、企事业单位依法运营的文化管理体制和富有活力的文化产品生产经营体制机制，推进政企分开、政资分开、政事分开、政府与市场中介组织分开，推动形成行为规范、运转协调、公正透明、廉洁高效的管理体制，为各类文化主体创造良好的发展环境。市场监管，即政府主管部门必须切实担负起文化市场监管的职责，提高文化市场监管能力和水平，确保文化市场繁荣有序。

近年来，随着我国经济结构调整力度不断加大，文化产业已经成为最有吸引力的投资领域之一，社会力量参与和投入文化事业和文化产业的积极性越来越高，作用越来越突出。要适应形势发展的要求，抓住这一有利时机，制定和实施更加完善的政策措施，坚持公有制为主体、多种所有制经济共同发展的基本经济制度，毫不动摇地加快壮大国有或国有控股经营性文化企业，毫不动摇地鼓励和引导各种非公有制文化企业的发展，努力形成以公有制为主体、多种所有制共同发展的文化产业格局。要在法律和政策许可的范围内，适当降低非公资本进入文化产业的门槛，吸收社会资本参与到振兴文化产业的进程中来，鼓励民营文化企业参与国有经营性文化单位的转企改制。要进一步完善和落实社会力量捐赠公益性文化事业的政策措施，引导和鼓励社会各方面通过捐助、捐赠、自办等方式，投资兴办公共文化服务实体，建设公共文化设施，开展公益性文化活动。总之，要努力形成政府力量与民间力量一起上、公有制文化单位和非公有制文化单位一起上，汇聚强大合力，共同推动社会主义文化大发展大繁荣的生动局面。

第七，正确认识和处理民族文化与外来文化的关系，坚持对外开放，努力形成以民族文化为主体、积极吸收外来有益文化的文化市场格局，推动中华文化“走出去”，不断扩大中华文化的国际影响力和竞争力。随着世界多极化、经济全球化加快发展和我国对外开放不断扩大，中外思想文化交流交融交锋更加频繁，这既为我们学习借鉴世界有益文化、推动中华文化“走出去”、扩大中华文化在国际上的影响力和竞争力提供了极好机遇，同时也使我们面临更加直接、更加激烈的国际文化竞争。这就要求我们必须统筹国内国际两个市场、利用两种资源，既大力弘扬民族优秀文化，又坚持对外开放，积极借鉴吸收各国优秀文明成果，加快发展文化产业，把丰富的民族文化资源转化为文化产业优势，提高我国文化产品的市场竞争力，努力形成以民族文化为主体、积极吸收外来有益文化的文化市场格局，同时大力推动文化“走出去”，不断扩大中华文化的国际影响力和竞争力。要不断创新文化“走出去”的渠道、途径和方式方法，坚持“两条腿”走路，在继续推动政府主导的文化交流的同时，积极探索市场化、商业化、产业化的运作方式，着力打造一批具有国际竞争力的外向型文化企业，打造具有重要影响力的国际文化交易平台，以企业为主体、以市场化运作为主要方式推动我国文化产品和服务出口，扩大我国文化产品在国际市场上的份额。要着力打造具有自主知识产权和核心竞争力的知名文化品牌，提高我国文化产品的附加值。要鼓励文化企业通过投资、合资、参股等多种方式，在境外兴办文化实体，使我国文化产品更直接地参与国际文化市场竞争。要加强国际传播能力建设，加快建设语种多、受众广、信息量大、影响力强、覆盖全球的国际一流媒体，使我们的图像、声音、文字、信息、影视节目更广泛地传播到世界各地，不断扩大中华文化的国际影响力。

第八，正确认识和处理促进繁荣与加强管理的关系，通过不断提高管理的科学化水平确保文化健康有序发展。繁荣是目的，管理是保障。推动社会主义文化大发展大繁荣，必须始终坚持“两手抓”，一手抓发展繁荣、一手抓加强管理，在促进繁荣的过程中不断改进和创新管理，通过科学有效的管理促进文化发展繁荣，努力建立和完善中国特色社会主义文化管理体制。要在恰当运用思想教育手段的同时，更加注重依法管理为主，综合运用法律、经济、行政、科技等手段，推进管理工作的法制化、规范化、制度化、科学化，有效解决在管理上存在的突出问题。要进一步创新管理理念，强化服务意识，寓管理于服务之中。要坚持用改革的办法解决管理中出现的问题，向体制要秩序。要通过制定和完善法人、岗位、职业、产品等市场准入和退出机制，通过健全登记备案、年检制度、加强岗位培训等多种行业监管手段，强化行业自律，推动文化企业形成自我约束、自我监督、自我管理的良性发展机制，切实履行社会责任。要进一步转变政府职能，按照建设法治政府和服务型政府的要求，推动文化行政管理部门逐步实现由办文化为主向管文化为主转变，由管微观向管宏观转变，由主要面向直属单位转为面向全社会，进一步把工作的重心转移到文化市场的管理和服务上来，按照谁主管谁负责和属地管理原则，真正把管理职责落到实处。要结合地方机构改革，加快推进城市综合文化行政主体改革和文化市场综合执法改革，切实理顺文化执法体制，解决多头执法、力量分散、执法水平不高的问题，不断提高文化市场管理水平。要进一步加强网络文化建设和管理，推动相关行政管理部门的职责向互联网、手机等新兴媒体延伸，坚决清除淫秽色情和低俗内容，净化网络文化环境。要推进网吧连锁化、品牌化经营，加强学校电子阅览室和公共图书馆、社区活动中心、青少年宫等公益性上网场所建设。要加大执法力度，依法保护知识产权，坚持不懈地开展“扫黄打非”，不断建立和完善文化市场执法的长效机制。

第九，正确认识文化与科技的关系，把运用高新技术作为推动文化建设、提高文化创新能力和传播能力的新引擎。在信息技术高度发展的当今时代，谁的传播手段先进、传播能力强大，谁的思想文化和价值观念就能更广泛地流传，谁的文化产品就能更有力地影响世界。数字技术、网络技术的迅猛发展和广泛应用，极大地增强了文化的创造力和传播力，催生了一系列新兴文化业态和新的表现形式。这些新兴文化业态和新的表现形式，是文化产业中最具活力和潜力的部分，反映了文化产业未来发展的方向。可以说，科技进步与体制机制创新一样，是加快文化发展的强大动力。要充分认识科技进步对文化发展的重要作用，敏锐把握世界文化发展的新趋势，紧紧抓住信息化深入发展的历史机遇，加快文化与科技的融合，努力掌握文化发展和文化传播的主动权。要积极利用高新技术改造传统文化产业，大力发展文化创意、手机电视、网络电视、数字出版、动漫游戏等战略性新兴文化产业，催生新的文化业态，拓展文化发展的新领域。要建立健全以企业为主体、市场为导向、产学研相结合的文化创新体系，努力掌握一批具有自主知识产权的核心技术和关键共性技术，为我国文化产业的发展提供有力的技术支撑和创新动力。要充分运用高新技术特别是数字技术、网络技术发展的最新成果，加快构建覆盖广泛、技术先进的文化传播体系和创新体系，切实增强文化传播力和文化感染力。要适应现代信息技术发展的趋势，加快媒体资源特别是音视频媒体资源的整合和融合，积极推动地方广播电台电视台合并。传统媒体要积极创办新兴媒体，实现传统媒体与新兴媒体相互促进、共同发展。要积极推进“三网融合”，在确保内容服务有效管理和文化安全的基础上，有序推动广电和电信业务双向进入，促进文化产业、信息产业和相关服务业健康发展。

第十，正确处理充分调动广大文化工作者积极性与培养造就大批文化领域创新型、复合

型、外向型、科技型等新型人才的关系，为推动文化大发展大繁荣提供有力人才保障。推动文化大发展大繁荣，关键在人才。长期以来，广大文化工作者在推进社会主义文化建设方面发挥了重要作用，作出了重要贡献。在深化文化体制改革、兴起社会主义文化建设新高潮中，要充分发挥他们的积极性、主动性、创造性。对于曾为文化发展作出杰出贡献、有重大影响的老艺术家，要研究制定合理的保障机制，切实给予关爱。对于在国有经营性文化单位转企改制过程中的分流人员，要妥善安置，通过安排他们到社区文化中心担任文化辅导员等多种方式，为他们继续展示才华创造条件。要牢固树立“人才资源是第一资源”的观念，适应形势发展要求，进一步创新人才培养方式，拓展人才培养领域，提高人才培养质量，努力造就一大批文学创作、影视剧创作与编导、戏曲创作与编导、动漫制作等方面的领军人物，一大批勇于改革、敢于创新、善于开拓的创新型人才，一大批精通文化工作、懂经营善管理、具有现代科学素养的复合型人才，一大批精通外语、熟悉国际文化市场规则、善于开拓国际文化市场的外向型人才，一大批掌握现代科技知识、具有研发能力、能够占据文化科技制高点的科技型人才，构建一支门类齐全、结构合理、梯次分明、素质优良的文化工作者队伍。要尊重劳动、尊重知识、尊重人才、尊重创造，鼓励创新，宽容失败，建立和完善有利于优秀人才健康成长和脱颖而出的体制机制，最大限度地调动广大文化工作者的积极性、主动性、创造性，形成人尽其才、各展所长的良好局面。要注重发挥非公有制文化单位人员的积极性，在职称评定、培训提高、政府奖励资助等方面一视同仁，努力形成各类文化人才竞相涌现的生动局面。广大文化工作者要无愧于人类灵魂工程师的光荣称号，自觉担负起传播先进文化的历史职责，努力成为德艺双馨、深受人民群众喜爱的文化工作者。

以上十个方面的认识，是在以胡锦涛同志为总书记的党中央高度重视和坚强领导下，在实践中不断探索形成的宝贵经验和精神财富，体现了深入贯彻落实科学发展观对加强文化建设的具体要求，反映了新的历史条件下我国文化发展的客观规律，凝结着广大文化工作者的辛勤汗水和集体智慧。我们一定要始终坚持并在实践中不断发展和完善，更加自觉、更加主动地推动社会主义文化大发展大繁荣，使中国特色社会主义文化发展道路越走越宽广。

在新的历史条件下，探索中国特色社会主义文化发展道路，开创文化建设新局面，关键在党的领导。各级党委和政府一定要从中国特色社会主义事业“四位一体”总体布局的战略高度，深入学习领会、切实贯彻落实胡锦涛总书记在省部级主要领导干部专题研讨班上的重要讲话和全国“两会”精神，充分认识文化建设在经济社会发展中的重要地位和作用，充分认识发展文化产业对于调整经济结构、加快经济发展方式转变的重要性和紧迫性，进一步增强深化文化体制改革、加快发展文化事业和文化产业的自觉性坚定性。要切实把文化建设摆在更加突出的位置，纳入党委和政府的重要议事日程，纳入经济社会发展总体规划，纳入科学发展考核评价体系，与经济、政治、社会各领域工作一起部署、一同推进，加强组织领导，加强统筹协调，加强政策扶持，加强资金投入，加强督促检查，确保各项任务落到实处。要切实把文化产业作为战略性新兴产业，作为加快经济发展方式转变的重要突破口，列入产业振兴规划，积极推动文化产业与国民经济各领域各行业的融合，不断壮大文化产业的整体实力，为推动本地区经济结构调整、转变经济发展方式作出贡献。宣传思想文化战线特别是各级文化行政主管部门，要进一步增强改革创新意识，增强加快文化发展的责任感紧迫感，更加自觉地担负起兴起社会主义文化建设新高潮、推动社会主义文化大发展大繁荣的历史使命。要紧紧围绕经济建设这个中心，围绕党委和政府中心工作，从本地区经济社会发展全局出发，进一步理清文化发展思路，谋划文化发展战略，明确文化发展重点，优化文化发展布局，组织实施重大文化发展项目，加快构建覆盖城乡的公共文化服务体系，加快推进文化体制改革，大力发展文化产业特别是新兴文化产业，更好地发挥文化建设对推动经济社会发展的积极作用。

总之，新形势新任务对社会主义文化建设提出了新的更高要求。让我们更加紧密地团结在以胡锦涛同志为总书记的党中央周围，高举中国特色社会主义伟大旗帜，以邓小平理论和“三个代表”重要思想为指导，深入贯彻落实科学发展观，以改革创新精神推动文化事业和文化产业繁荣发展，为夺取全面建设小康社会新胜利、开创中国特色社会主义事业新局面作出新的更大贡献。

（此文载《求是》2010 年第 12 期）

切实加强对文化产品创作生产的引导 多出精品力作多出优秀人才

李长春

2010 年 7 月 23 日，中共中央政治局就深化我国文化体制改革研究进行了第二十二次集体学习。胡锦涛总书记在主持学习时发表重要讲话，从中国特色社会主义事业“四位一体”总体布局的战略高度，总结了党的十六大以来文化建设情况，充分肯定了文化建设和文化体制改革取得的成绩，深刻阐述了深化文化体制改革的重大意义，进一步明确了深入推进文化体制改革必须坚持的指导思想和重点工作。胡锦涛总书记的重要讲话，为当前和今后一个时期我国文化建设和文化体制改革指明了方向，我们必须认真学习领会，深入贯彻落实，进一步开创中国特色社会主义文化建设新局面。

胡锦涛总书记在讲话中特别强调，深入推进文化体制改革必须抓好四项重点工作，即加快文化体制机制改革创新、加快构建公共文化服务体系、加快发展文化产业、加强对文化产品创作生产的引导。我体会，这四项重点工作中，加快文化体制机制改革创新，事关冲破影响文化发展的体制机制障碍，为增强文化发展的生机活力、不断解放和发展文化生产力提供强大动力，决定着文化发展的整体实力和竞争力、影响力；加快构建公共文化服务体系事关保障人民群众基本文化权益，加快发展文化产业事关满足人民群众多样化、多层次、多方面的文化需求，二者如同车之两轮、鸟之双翼，共同构成了文化建设的两项基本任务，体现着社会主义文化建设的根本目的，成为社会主义文化大发展大繁荣的重要标志；加强对文化产品创作生产的引导，事关文化建设的旗帜和灵魂，体现着文化建设的思想内涵和精神价值，决定着文化建设的性质和方向。这几个方面相互促进、相辅相成，不可偏废。关于加快文化体制机制改革创新、加快构建公共文化服务体系、加快发展文化产业，党的十六大以来，以胡锦涛同志为总书记的党中央做出了一系列重大决策部署，各地区各部门认真贯彻落实中央精神，在实践中不断探索总结，取得了许多新进展，创造了许多新经验。这里，我想着重谈一谈加强对文化产品创作生产的引导问题。

文化建设是精神生产，投入的是智力劳动，产出的是精神产品，影响的是人们的思想和社会的精神。不论是文化事业还是文化产业，不论是推进改革还是加强创新，其最终的结果都要落实到推出更多更好的文化产品上来。因此，文化建设要始终重视加强对文化产品创作生产的引导，这是社会主义文化建设的根本和关键所在，是实现文化大发展大繁荣的重要基础，也是当前文化建设和发展中迫切需要解决的问题。加强对文化产品创作生产的引导，要坚持以社会主义先进文化为引领，以满足人民群众日益增长的精神文化需求为根本目的，以改革创新为强大动力，把数量不断增长和质量显著提高紧密结合起来，推动精神文化产品“又好又快”地繁荣发展，多出精品力作、多出优秀人才，充分发挥文化引导社会、教育人民、推动发展的功能和作用。

多出精品力作，就是要充分调动广大文化工作者的积极性、主动性、创造性，努力推出更多体现民族精神和时代精神，反映人民意愿，广大人民群众喜闻乐见，无愧于时代、无愧于历史、无愧于人民的优秀作品。多出精品力作特别是传世之作，要着力在这样几个方面下功夫：

一是要始终坚持社会主义先进文化的前进方向。社会主义先进文化，就是以马克思列宁主义、毛泽东思想、中国特色社会主义理论体系为指导，面向现代化、面向世界、面向未来的，民族的科学的大众的社会主义文化。坚持社会主义先进文化前进方向，就要高举中国特色社会主义伟大旗帜，遵循社会主义核心价值体系的要求，坚持“二为”方向和“双百”方针，弘扬主旋律、提倡多样化，热情歌颂改革开放和现代化建设的伟大实践，深刻反映当今时代中国人民解放思想、实事求是、与时俱进、开拓创新的精神风貌，大力唱响在中国共产党领导下、走中国特色社会主义道路、实现中华民族伟大复兴的时代主旋律，努力创作出经得起历史和人民检验的优秀精神文化产品。

二是要坚持思想性、知识性、艺术性、观赏性的有机统一。思想性是指文化产品引导社会、教育人民、推动发展的作用，知识性是指文化产品传承文明、传播知识的作用，艺术性是指文化产品审美育人、提升情趣、陶冶情操的作用，观赏性是指文化产品赏心悦目、娱乐放松、愉悦身心的作用。文化产品的创作生产与意识形态领域其他工作相比，都有引导社会、教育人民、推动发展的普遍性，但同时也有自身的特殊性。其特殊性就在于，思想性、知识性寓于艺术性、观赏性之中，并通过艺术性、观赏性得以实现。缺乏艺术性、观赏性，文艺产品就失去了吸引力，就难以为群众所接受，思想性、知识性也就无从谈起；缺乏思想性、知识性，文艺产品的艺术性、观赏性也就丧失了灵魂，失去内涵，变得浅薄乏味，因而就失去了生命力。这就要求在文艺产品的创作生产中，要善于把深刻的思想内涵、丰富的知识信息与完美的艺术形式有机结合起来，在注重提升作品思想内涵的同时，不断提高作品的艺术魅力，增强对人民群众的吸引力和感染力。

三是要始终坚持贴近实际、贴近生活、贴近群众。社会生活的广阔天地，人民群众的伟大实践，始终是文艺创作取之不尽、用之不竭的源泉，是产生精品力作的土壤和根基。古往今来，无数优秀作家艺术家的创作实践表明，能否创作生产出厚重隽永的文化精品，关键是看他们是否始终关注现实生活、聚焦普通群众，是否拥有丰富的生活积累、深刻的生活感悟，作品是否能够经受群众和实践的检验、给人以美的享受和深刻启迪。要自觉把人民群众作为文艺创作表现的主体和服务的对象，把全面建设小康社会、实现中华民族伟大复兴的生动实践作为文艺创作的丰富题材，深入生产生活第一线，建立文艺与人民群众的紧密联系，从人民群众的火热生活中挖掘素材，从人民群众的实践创造中提炼主题，从人民群众的审美需要中汲取灵感，说群众想说的话、讲群众能懂的话，创作更多反映现实生活和时代要求、深受人民群众喜爱的精品力作。

四是要开展积极的文艺批评。对于文艺作品的创作生产，我们一直主张要创造既有利于文艺作品始终坚持社会主义先进文化的前进方向，又有利于文艺工作者充分发挥聪明才智的良好环境。如何加强思想引导，推动文艺作品推陈出新、不断进步，比较好的办法就是推动文艺界自身运用好批评与自我批评的武器，即开展好文艺评论和文艺批评。现在文艺评论存在一些不容忽视的问题，有的一味评功摆好，有的甚至被金钱和利益“绑架”，这都是不正常、不健康的。要进一步加强文艺批评队伍建设，在全社会倡导正确的文艺批评导向。文化类专业报刊和专业网站应该更多地开展切中要害、积极有益的文艺批评，面向知识界、文化界的光明日报也要更多地开展健康的文艺批评，人民日报作为党报同样要重视文艺评论，开辟专栏，旗帜鲜明地开展正确的文艺批评，发挥文艺评论的积极引领作用。

五是要建立健全科学的评价标准和评价机制。人民群众是文化产品的最终评判者，要坚持把群众喜欢不喜欢、满意不满意、接受不接受、认可不认可作为评价作品的最终标准，这是历史唯物主义的基本观点在文化工作中的根本体现。当然在实际工作中，要处理好领导评价、专家评价、群众评价之间的关系。从根本上讲，三者的评价应该是一致的。但由于所处的角度不同，在实际当中三者的评价可能存在一定的差异，只要把群众认可作为领导与专家评价的重要依据，就能实现主观和客观相一致，认识和实践相统一。从操作层面看，对于文艺作品的评价，需要借助一些客观的、量化的指标，如发行量、收视率、点击率、票房收入等指标。事实上，思想性、知识性、艺术性、观赏性“四性”俱佳的优秀作品总是具有较好的社会效益和经济效益，《红楼梦》、《三国演义》、《西游记》、《水浒传》等“四大名著”就一直位列畅销书前列。同时，也不能把这些指标绝对化，因为文化产品引导社会、教育人民、推动发展等方面的功能有时需要较长时间的检验，有的也很难通过量化指标来体现。但无论如何，文艺作品束之高阁、无人问津，其引导社会、教育人民、推动发展的功能就是纸上谈兵，就很难说是好作品。这些量化指标也如同经济领域衡量经济总量的国内生产总值一样，它既是一个重要的统计工具，但如不能正确运用，也会产生很多弊端。因此，我们既要重视市场反映出的这些信息，充分发挥市场在文化资源配置中的基础性作用，又要充分考虑文化产品具有引导社会、教育人民、推动发展的特殊属性和市场存在自发性、盲目性的一面，把发挥市场作用和加强宏观调控、加强引导紧密结合起来，既不能将这些量化指标绝对化，又不能忽视市场信息甚至简单否定这些量化指标，而是要在加强引导和管理的前提下，趋利避害，积极探索，正确运用，逐步完善。另外，在实践中，要正确处理“评奖”问题。首先，“评奖”作为一种评价的手段，不可或缺，运用得好，可起到示范作用、导向作用、激励作用。其次，要评得准。要把人民群众喜欢不喜欢、满意不满意、接受不接受、认可不认可作为根本标准。评选过程中，要充分地、正确地反映民意，避免出现获奖作品束之高阁、无人问津的尴尬局面。当然，有一些好的作品，短期内群众可能还不了解，所以还有一个宣传推介、开拓市场的过程，但这并不能否定人民群众作为最终评判者的地位。这些年来我们开展“五个一”工程、文华奖、华表奖等评奖活动，都要求它们先经过群众和市场的检验，目的就是要把领导、专家、群众三种评判统一起来，最大限度地反映人民群众的意愿。同时，我们也强调，评奖不能过多过滥，要增强其权威性、示范性、指导性，评奖是手段不是目的，不能成为指挥棒，最根本的检验标准还是实践，实践的主体是人民群众，金杯银杯不如人民群众的口碑。总之，建立健全对文化产品创作生产科学的评价标准和评价机制，归根结底就是要引导广大文化工作者真正做到面向群众、面向市场、面向基层、面向农村，努力实现社会效益和经济效益的有机统一，使文化产品更好地发挥引导社会、教育人民、推动发展的作用。

六是要营造有利于文化创新、使优秀文化产品竞相涌现的良好环境。要坚持尊重差异、包容多样，充分发扬艺术民主和学术民主，提倡不同形式和风格的自由发展，提倡不同观点和学派的充分讨论，提倡不同种类和业态的积极创新，鼓励探索，扶持原创，宽容失败，着力营造积极健康、宽松和谐的氛围，最大限度地焕发广大文化工作者的创造活力。要处理好高雅与通俗的关系、继承与创新的关系、普及与提高的关系，兼顾大众需求与小众需求，使不同流派相得益彰、不同受众各得其所，最大限度地满足人民群众多样化、多层次、多方面的精神文化需求。

多出优秀人才特别是名家大师，就是要培养更多德艺双馨、为人民群众认可和欢迎、为广大文艺工作者敬重和学习的文艺家。德艺双馨是对文艺家的品格、成就、贡献和社会影响的最高评价，是文化艺术工作者孜孜以求、毕生为之奋斗的至高荣誉。德，就是个人品德、职业道德、价值取向、社会信誉，以及理想信念、思想境界、精神追求等，是中华民族优秀传统文化和社会主义先进文化的集中体现，是文化艺术工作者立身处世之根、人格魅力之本。艺，就是艺术才华、艺术能力、艺术思想、艺术风格、艺术境界等，是艺术造诣的集中展现，是文化艺术工作者成就事业之基、艺术魅力之源。德与艺相辅相成、相互促进。人品决定艺品，立艺先要立德；唯有德艺双馨，才能使高尚的人品和高超的艺品相得益彰、行之久远。德艺双馨是人品和艺品的有机统一，是文艺家用人生实践和艺术实践铸就的，是历史和人民给予的客观评价。培养德艺双馨、深受人民群众欢迎和喜爱的文艺家，要着力在这样几个方面下功夫：

一是要激励广大文艺工作者热爱党、热爱人民、热爱社会主义祖国。要通过组织文艺工作者到革命圣地、改革开放前沿、抗震救灾恢复重建现场实地体验和采风等方式，引导大家深入了解国情，了解中国共产党领导中国人民进行的革命、建设、改革开放史，不断增进对党、对人民、对国家的感情，牢固树立中国特色社会主义共同理想，以高度的政治责任感和历史使命感积极投身推动社会主义文化大发展大繁荣的伟大进程，热情讴歌中国共产党带领人民在革命、建设、改革进程中创造的辉煌业绩，热情讴歌以爱国主义为核心的民族精神和以改革创新为核心的时代精神，在人民的历史创造中进行文化的创造，在推动社会的进步中成就自己的艺术辉煌。

二是要激励广大文艺工作者加强学习、丰富知识。要勤于学习、善于学习，不断丰富知识积累，更新知识结构。既要向书本学习，广泛涉猎经济、政治、文化、社会、科技、法律、历史等方面的知识，学习互联网等新媒体知识，学习继承民族优秀文化传统，学习借鉴世界各国优秀文明成果，又要向实践和群众学习，注重了解和掌握人民群众的鲜活语言和无穷智慧，学习来源于现实生活的一切生动知识，不断打牢知识根底，为创作出具有厚重历史积淀、丰富知识内涵和鲜明时代特色的优秀作品奠定坚实基础。

三是要激励广大文艺工作者树立精品意识，心无旁骛、潜心创作。要树立十年磨一剑的精神，树立成就一番伟业的雄心，克服浮躁心态，克服急功近利，耐得住寂寞，坐得住冷板凳，精雕细琢、反复打磨，不断挖掘作品的深刻主题，不断丰富作品的表现力，不断提升作品的艺术境界，使自己的作品真正经得起历史和人民的检验。要始终保持创新的勇气和激情，不断攀登艺术高峰，在继承传统中开辟新风，在博采百家中创造辉煌，以更多精美的优秀作品赞美时代、歌颂生活、服务人民。

四是要激励广大文艺工作者加强思想道德修养。要树立人品重于文品、立德先于立言的观念，把思想道德修养作为立身和创作之本，追求积极的人生态度，陶冶高尚人格，培养健康向上的审美情趣，充分认识肩负的社会责任和作品的社会效果，多表现真善美的主题，多创作给人以深刻启迪和审美享受的隽永之作，努力用自己的人格魅力和作品的艺术魅力吸引和打动广大读者和观众，无愧于人类灵魂工程师的美誉。

五是要建立健全有利于优秀人才脱颖而出的体制机制。要牢固树立"人才资源是第一资源”的观念，坚持尊重劳动、尊重知识、尊重人才、尊重创造，从政治上、生活上、创作上关心广大文艺工作者，为他们深入实际、深入生活、深入群众创造条件，加大对有发展潜力的中青年文艺工作者的培养力度，抓紧研究制定设立国家荣誉制度、对有突出贡献的文艺工作者进行奖励的相关办法，加快建立完善有利于优秀人才健康成长和脱颖而出的体制机制，真正形成人才辈出、各领风骚的生动局面。要充分发挥各方面人才的积极作用，既要调动好专业文艺工作者的积极性、主动性、创造性，也要加强与业余作家、网络作家等各方面人才的联系，在评奖、职称评定、培训、资助等方面一视同仁，把他们团结和凝聚在党的周围，各尽其能、各展所长。

引导社会、教育人民、推动发展是社会主义文化的重要功能，是优秀文化产品的根本价值所在，是广大文化工作者必须担负的社会责任。引导社会，就是要求文化产品的创作生产必须紧跟时代步伐，反映社会发展要求，大力弘扬一切有利于发扬爱国主义、集体主义、社会主义的思想和精神，弘扬一切有利于改革开放和现代化建设的思想和精神，弘扬一切有利于民族团结、社会进步、人民幸福的思想和精神，弘扬一切有利于用诚实劳动争取美好生活的思想和精神，大力发展先进文化，支持健康有益文化，努力改造落后文化，抵御腐朽文化，坚决反对低俗之风，推动全社会形成共同理想信念、核心价值观念、社会主义道德规范和良好文明风尚，引领社会发展方向。教育人民，就是要以优秀的作品鼓舞人，以高尚的精神塑造人，把积极的人生追求、高尚的情感境界、健康的生活情趣传递给人民，让人们在美的享受中增长知识、愉悦身心、受到鼓舞、得到陶冶、获得启迪，丰富人们的精神世界，增强人们的精神力量，使广大干部群众始终保持昂扬向上、锐意进取的精神状态。推动发展，就是要通过优秀文化产品凝聚力量，鼓舞斗志，激励人们增强改革创新意识和加快发展的责任感、使命感，积极投身改革开放和现代化建设伟大实践；就是要通过加强公共文化服务体系建设，保障人民基本文化权益，推动经济社会协调发展；就是要通过大力发展文化产业，增加文化产业在国民经济中的比重，推动文化产业成为国民经济的支柱性产业，为推动科学发展、加快转变经济发展方式做出贡献。

中华民族的伟大复兴必然伴随着中华文化的繁荣兴盛，当今时代是一个需要也能够产生传世之作和名家大师的时代。我们一定要顺应时代发展要求，以高度的责任感和使命感，把加强对文化产品创作生产的引导贯穿于文化建设和文化体制改革的全过程，努力创作生产更多无愧于时代、无愧于历史、无愧于人民的文化精品，培养造就更多德艺双馨、深受人民群众欢迎和喜爱的优秀人才，最大限度发挥文化引导社会、教育人民、推动发展的功能，更好地推动社会主义文化大发展大繁荣。

（此文是李长春同志2010年8月27日在国家“十二五”时期文化体制改革和发展规划纲要编制工作调研座谈会讲话的部分内容）

在纪念中国人民抗日战争胜利65周年座谈会上的讲话

（2010年9月3日）

李长春

同志们、朋友们：

今天，是中国人民抗日战争胜利65周年纪念日，也是世界反法西斯战争胜利65周年纪念日。65年前，中国人民取得了抗击日本军国主义侵略的伟大胜利，维护了国家主权、民族尊严以及人类和平进步事业。在这里，我代表党中央、国务院，向全国参加抗日战争的老战士、爱国人士和抗日将领，向为中国人民抗日战争胜利建立了卓著功勋的海内外中华儿女，致以崇高的敬意！向支援和帮助过中国人民抗日战争的外国政府和国际友人，表示衷心的感谢！向所有血洒疆场、英勇牺牲的烈士们，向在战争中遇难的中国同胞和国际友人，表示深切的悼念和缅怀之情。

一、中国人民抗日战争的胜利具有重大而深远的意义

中国人民抗日战争的胜利，是20世纪人类历史上的重大事件，对于推动中华民族发展和人类文明进步事业具有重大的意义。

中国人民抗日战争的胜利，改变了国家的命运，提高了中国的国际地位，为民族独立、人民解放创造了历史契机。1840年鸦片战争以后，中国屡遭帝国主义列强的侵略和蹂躏，国家主权和领土完整不断受到侵蚀，中华民族的灾难日益深重。中国人民奋起抗争却一次次遭受挫折。抗日战争的胜利，彻底打败了日本侵略者，捍卫了国家主权和领土完整，使中华民族避免了遭受殖民奴役的厄运。抗日战争的胜利，还结束了日本在台湾50年的殖民统治，使台湾回到祖国怀抱。中国在世界反法西斯战争中的重要地位和作用，提高了中国的国际地位和影响。中国参与发起成立联合国并成为联合国安理会常任理事国。抗日战争是近代以来中华民族反抗外敌入侵第一次取得完全胜利的民族解放战争，谱写了中华民族奋斗史上的光辉篇章，充分体现了中华民族坚韧不拔的意志和顽强的生命力、战斗力。抗日战争的胜利，为中国共产党团结带领全国各族人民彻底实现民族独立、人民解放，奠定了重要基础。

中国人民抗日战争的胜利，促进了中华民族的觉醒和团结，为民族振兴提供了强大力量源泉。1840年以后，日益深重的民族危机促进了中华民族的觉醒，各族人民团结起来同侵略者进行了不屈不挠的斗争。1931年九一八事变后，随着日本侵略的步步扩大，深重的民族灾难，前所未有的亡国危险，震撼着每个人的心灵，使中华民族迸发出团结御侮的巨大力量。全体中华儿女万众一心、众志成城，各党派、各民族、各阶级、各阶层、各团体同仇敌忾，共赴国难。广大港澳同胞、台湾同胞、海外侨胞和海外华人，与祖国同呼吸、共命运，以各种方式参加和支援祖国人民的抗日战争。这种巨大的民族觉醒和空前的民族团结，彰显出气贯长虹的以爱国主义为核心的民族精神，不仅成为中国人民战胜日本军国主义的力量支撑，也为实现中华民族伟大复兴提供了强大动力。抗日战争的胜利，成为中华民族由衰落走向复兴的历史转折点。

中国人民抗日战争的胜利，改变了中国的政治力量对比，为中国共产党夺取新民主主义革命的胜利奠定了重要基础。在波澜壮阔的全民族抗战中，中国的两大政治力量国民党和共产党共赴国难，合作抗日。中国共产党制定全面抗战路线和持久战的战略总方针，为抗日战争指明了总的方向。中国共产党领导的敌后战场，广泛动员人民、依靠人民，八路军、新四军、华南游击队、东北抗日联军和其他人民抗日武装力量不怕牺牲，奋勇作战。敌后战场钳制和歼灭日军大量兵力，歼灭了大部分伪军，逐渐成为中国人民抗日战争的主战场。中国共产党以自己的政治主张、坚定意志和模范行动，成为全民族团结抗战的中流砥柱。中国人民深刻认识到，中国共产党提出的改造旧中国、建设新中国的主张，代表了历史发展的正确方向，符合中国人民和中华民族的根本利益；中国共产党是领导中国人民争取民族独立、人民解放的坚强核心。正是在抗日战争胜利的基础上，中国共产党在中国人民的完全拥护和支持下夺取了新民主主义革命胜利，建立了中华人民共和国，实现了中国历史上最伟大最深刻的历史变革。

中国人民抗日战争的胜利，对夺取世界反法西斯战争胜利，推动人类文明进步事业作出

了巨大贡献。中国人民抗日战争在世界反法西斯战争中开始时间最早、持续时间最长，长期牵制和抗击日本军队的主要兵力，对彻底战胜日本侵略者起到了决定性的作用。日本军队在海外作战损失的287万人中，有150多万是在中国战场被歼灭的。中国抗战减轻了其他战场的压力，对同盟国作战起到了战略策应和支持作用。中国军队还进入缅甸同日军作战，歼灭了大量日军有生力量。中国作为亚太地区盟军对日作战的重要后方基地，为盟军提供了大量的战略物资、军事情报和其他方面的帮助。世界反法西斯战争后期，中国参与了联合国的创建，致力于战后世界和平秩序的重建，对推动人类文明进步事业作出了重大贡献。

二、中国人民抗日战争创造和积累了极其丰富的经验

在长达14年的抗日战争中，中国人民以顽强不屈的抗争，经受住血与火的考验，创造和积累了极为宝贵的经验。

中国人民抗日战争的历史告诉我们，必须大力弘扬以爱国主义为核心的伟大民族精神。中华民族具有深厚的爱国主义传统。日本军国主义发动侵华战争，极大地唤起了中华民族的危机意识和使命意识，促进了中国人民的团结抗争。抗日战争使中华民族的爱国主义传统得到进一步发扬光大，突出表现为：全国各民族、各阶级、各阶层坚持国家和民族利益至上、誓死不当亡国奴的民族自尊品格；万众一心、共赴国难的民族团结意识；不畏强暴、敢于同敌人血战到底的民族英雄气概；百折不挠、勇于依靠自己力量战胜侵略者的民族自强信念；开拓创新、善于在危难中开辟发展新路的民族创新精神；坚持正义、自觉为人类和平进步事业贡献力量的民族奉献精神。抗日战争中，中华民族的爱国主义较之以前任何时代都表现得更强烈、更广泛、更持久。以爱国主义为核心的伟大民族精神，成为夺取抗日战争胜利的强大精神支柱。

中国人民抗日战争的历史告诉我们，必须建立和扩大最广泛的爱国统一战线，团结一切可以团结的力量。抗日民族统一战线的建立、巩固和发展，是夺取抗日战争胜利的重要保证。九一八事变后，日本侵略者企图灭亡中国的现实，向中国各种政治力量提出了挽救民族危亡的紧迫任务。中国共产党从中华民族的根本利益出发，率先提出了建立抗日民族统一战线的主张。卢沟桥抗战爆发后，以国共合作为基础的抗日民族统一战线正式形成。在整个抗战过程中，中国共产党始终从民族利益和抗战大局出发，巩固和发展抗日民族统一战线，维护了抗战大局，保证了全民族团结抗战直至最后胜利。中国人民的巨大民族觉醒、空前民族团结和英勇民族抗争，是抗日战争胜利的决定性因素。

中国人民抗日战争的历史告诉我们，必须加强党的自身建设，发挥中流砥柱和领导核心作用。在抗日战争中，中国共产党始终站在时代前列，牢记历史使命，全面加强党的建设。1935年12月中共中央政治局会议明确提出：中国共产党是中国无产阶级的先锋队，同时又是全民族的先锋队。抗日战争时期，毛泽东同志提出要把党的建设作为一项“伟大的工程”，提出建设一个“全国范围的、广大群众性的、思想上政治上组织上完全巩固的布尔什维克化的中国共产党”的任务。为实现这一任务，中国共产党发展了马克思主义中国化的理论成果毛泽东思想，形成了正确而坚强的中央领导集体，建立了密切联系群众的党的组织系统，发展了党的优良作风，树立了党在人民群众中的良好形象。中国共产党人以强烈的爱国主义精神、不怕流血牺牲的先锋模范作用，支撑起全民族救亡图存的希望，成为夺取抗日战争胜利的民族先锋。抗战时期党的建设的历史表明：必须把马克思主义基本原理同中国实际相结合，坚持实事求是的思想路线，实现党的理论创新；必须正确把握时代主题和国内外形势，充分认识党所肩负的历史使命，紧密联系党的政治路线和中心任务来加强党的建设；必须始终代表中国人民和中华民族的根本利益，把保持党同人

民群众的血肉联系作为力量源泉。

中国人民抗日战争的历史告诉我们，必须坚持国际友好合作，共同维护世界和平与正义。抗日战争的胜利，主要是中国人民自力更生、不畏强暴、浴血奋战的结果。同时，中国抗战也得到世界许多爱好和平的国家政府和人民、组织团体的同情与援助，这是中国人民永远不会忘记的。抗日战争时期，中国同国际上一切反法西斯力量建立和发展关系，共同反对日本侵略者，支持世界反法西斯战争。为实现战胜德、意、日法西斯的共同目标，世界不同政治制度及类型的国家或政治力量，求同存异，结成同盟，形成空前广泛的世界反法西斯统一战线。中国作为世界反法西斯战争的主要国家之一，积极参加同盟国的战略行动，把争取中华民族独立、人民解放的伟大事业同反对侵略战争、维护世界和平这一人类共同事业有机地结合起来，为夺取抗日战争胜利营造了良好的国际环境，创造了有利的外部条件。历史证明，世界各国为了反对侵略战争、维护世界和平，应该也可以超越政治制度和意识形态的差别，加强团结合作，共同推动人类文明的发展进程。

三、继承和弘扬中国人民抗日战争的伟大精神，为实现中华民族伟大复兴而努力奋斗

中国人民抗日战争的胜利，是中华民族付出巨大的民族牺牲换来的。今天，我们纪念中国人民抗日战争胜利，就要珍惜这一胜利取得的成果，继承和发扬中国人民在这场战争中表现出来的伟大精神，继续把党和国家各项事业推向前进。

我们要坚持中国特色社会主义道路，不断增强综合国力，使中华民族永远屹立于世界民族之林。中华民族是一个历经磨难而始终不屈不挠的民族。近代中国积贫积弱、任人宰割的悲惨状况，腐朽落后就要挨打的沉痛教训，使中国人民刻骨铭心。今天，我们要坚持和发展中国特色社会主义，实现中华民族伟大复兴，就要坚持以邓小平理论和“三个代表”重要思想为指导，深入贯彻落实科学发展观，紧紧抓住和用好重要战略机遇期，坚定不移地把改革开放和社会主义现代化伟大事业继续推向前进，促进社会主义经济建设、政治建设、文化建设、社会建设以及生态文明建设全面发展，不断增强我国的经济实力、科技实力、国防实力和民族凝聚力，夺取全面建设小康社会新胜利，开创中国特色社会主义事业新局面。

我们要大力弘扬以爱国主义为核心的民族精神，巩固全国各族人民和全体中华儿女的大团结。抗日战争的历史雄辩地证明，包括港澳同胞、台湾同胞、海外侨胞在内的全体中华儿女和衷共济、团结奋斗，是实现中华民族伟大复兴的重要保证。我们要大力弘扬以爱国主义为核心的民族精神，为全国各族人民风雨同舟、开拓进取提供强大的精神支柱，鼓舞和激励一代又一代中华儿女为实现祖国的繁荣富强而团结奋斗。要继续巩固全国各族人民的大团结，巩固海内外中华儿女的大团结，最大限度地把全民族的力量凝聚起来，形成中华民族自强不息、奋勇前进的巨大力量。实现祖国和平统一，是全体中华儿女的共同愿望，也是实现中华民族伟大复兴的应有之义。我们要从抗日战争这段历史中汲取教益，凝聚祖国统一的共识和力量，发挥中华民族的智慧和勇气，推动两岸关系和平发展，争取祖国和平统一大业早日实现。

我们要加强党的执政能力建设和先进性建设，确保党始终走在时代前列。中国共产党担当着领导实现中华民族伟大复兴的历史重任，必须大力加强和改进自身建设。要坚持以加强党的执政能力建设和先进性建设为主线，全面推进党的建设新的伟大工程，切实提高党的建设科学化水平，不断解决好提高领导水平和执政水平、提高拒腐防变和抵御风险能力这两大历史性课题，不断增强党的创造力、凝聚力、战斗力，更好地完成执政使命。要坚持党的思想路线，解放思想、实事求是、与时俱进，永不自满，永不懈怠，用发展的眼光审视和评估自己，以改革的精神加强和完善自己，使党始终保持

旺盛活力和蓬勃朝气，始终走在时代前列，始终成为团结带领人民全面建设小康社会、实现中华民族伟大复兴的坚强领导核心。

我们要高举和平、发展、合作的旗帜，珍惜来之不易的和平环境，坚定不移走和平发展道路。当年，德、意、日法西斯逆世界潮流而动，疯狂地发动世界大战，给人类文明造成空前浩劫，最终遭到了历史的惩罚。战争教育了人民，人民赢得了和平与进步。战后65年来，人类社会在曲折中获得了长足的发展。我们总结中国人民抗日战争的历史经验，就要顺应当今世界和平、发展、合作的时代潮流，不断把人类文明推向更高的水平。中华民族是一个爱好和平的民族，长期饱经战乱之苦的中国人民深知和平的可贵。中国始终不渝地坚持走和平发展道路，奉行独立自主的和平外交政策和防御性的国防政策，奉行互利共赢的开放战略，反对通过武力或以武力相威胁来实现本国的利益，永远不扩张、不称霸，永远是反对侵略战争、维护世界和平的坚定力量。无论国际风云如何变幻，中国人民都将同各国人民一道，推动建设持久和平、共同繁荣的和谐世界，努力为人类文明进步事业作出新的更大贡献。

同志们、朋友们！中国人民抗日战争胜利已经65年了，但人们对于这场战争的关注却历久弥新。今天，我们在这里隆重纪念中国人民抗日战争胜利，就是要牢记历史、不忘过去、珍爱和平、开创未来，在中国共产党领导下，激励和动员全国各族人民和海内外中华儿女，进一步增强民族自信心、自豪感和民族凝聚力，为实现中华民族伟大复兴、促进世界和平与发展的崇高事业而继续努力奋斗。让我们更加紧密地团结在以胡锦涛同志为总书记的党中央周围，牢牢抓住中华民族发展所面临的难得历史机遇，不断开创中国特色社会主义事业新局面，迎接中华民族伟大复兴的美好前景！

深入学习中国特色社会主义理论体系
努力掌握马克思主义立场观点方法

习近平

中央党校是学习、研究和宣传马克思主义的重要阵地，是我们党对干部进行教育培训的最高学府。大家到中央党校来学习，主要是学习马克思主义理论。今天，我围绕深入学习中国特色社会主义理论体系、学习和掌握马克思主义立场观点方法，谈一些自己的体会和认识，与同志们交流。

一、学习和掌握马克思主义立场观点方法，是深入学习中国特色社会主义理论体系、提高思想理论水平的根本要求

党的十七大明确提出，要深入学习贯彻中国特色社会主义理论体系，着力用马克思主义最新成果武装全党。党的十七届四中全会再次强调这个问题，进一步提出党员领导干部要作真学真懂真信真用的表率。马克思主义立场观点方法，贯穿于马克思列宁主义、毛泽东思想和中国特色社会主义理论体系之中，是马克思主义科学思想体系的精髓所在。党员领导干部只有努力学习和掌握马克思主义立场观点方法，才能从根本上不断提高自己的思想理论水平和辨别是非能力，增强认识世界和改造世界的能力，坚定中国特色社会主义信念和共产主义理想；才能全面、正确地理解和贯彻党的基本理

论、基本路线、基本纲领、基本经验和各项方针政策,坚定不移地继续解放思想、坚持改革开放、推动科学发展、促进社会和谐,为夺取全面建设小康社会新胜利而奋斗;也才能不断改进工作作风和工作方法,增强工作的原则性、系统性、预见性、创造性,克服和避免摇摆性、片面性、盲目性,把自己的工作做得更好。因此,我们党郑重提出的党员领导干部要真学真懂真信真用中国特色社会主义理论体系的要求,既要求真学真懂真信真用这一理论体系的基本内容,又要求真学真懂真信真用贯穿其中的马克思主义立场观点方法。

掌握和运用马克思主义立场观点方法来研究和解决中国的实际问题,是以毛泽东同志为主要代表的中国共产党人留给我们的传家宝。毛泽东同志的《中国社会各阶级的分析》、《湖南农民运动考察报告》、《中国革命战争的战略问题》、《中国共产党在民族战争中的地位》、《中国革命和中国共产党》、《论联合政府》等著作,就是学习和运用马克思主义立场观点方法写出来的指导中国革命的重要著作。1938 年 10 月,他在党的六届六中全会上提出"马克思主义在中国具体化"时明确指出,我们"不但应当了解马克思、恩格斯、列宁、斯大林他们研究广泛的真实生活和革命经验所得出的关于一般规律的结论,而且应当学习他们观察问题和解决问题的立场和方法"。他 1941 年在《改造我们的学习》这篇重要文献中,针对当时党内存在的理论脱离实际、教条主义地对待马克思主义的严重问题,再次指出许多同志学习马克思列宁主义,"只会片面地引用马克思、恩格斯、列宁、斯大林的个别词句,而不会运用他们的立场、观点和方法,来具体地研究中国的现状和中国的历史,具体地分析中国革命问题和解决中国革命问题"。那一年中央还作出决定,"号召我们的同志学习应用马克思列宁主义的立场、观点和方法,认真地研究中国的历史,研究中国的经济、政治、军事和文化,对每一问题要根据详细的材料加以具体的分析,然后引出理论性的结论来"。毛泽东同志说:"这个责任是担在我们的身上。"毛泽东同志关于学习和掌握马克思主义立场观点方法的重要思想,是毛泽东思想的重要组成部分,也是我们做好领导工作的重要指针。

邓小平同志在改革开放初期总结社会主义建设经验教训时指出:我们"主要的是要用马克思主义的立场、观点、方法来分析问题,解决问题。马克思主义的活的灵魂,就是具体地分析具体情况。马列主义、毛泽东思想如果不同实际情况相结合,就没有生命力了"。江泽民同志指出:"我们学习理论,关键要学会运用马克思主义的立场、观点、方法来观察和解决问题,提高辩证思维的能力,防止形而上学和片面性。"胡锦涛同志指出:"高举毛泽东思想、邓小平理论、'三个代表'重要思想的旗帜,不断开创中国特色社会主义事业新局面,不断开创马克思主义在中国发展的新境界,最重要的是始终坚持贯穿这个科学思想体系的活的灵魂,始终坚持马克思主义立场、观点和方法。"我们党的领导人之所以一以贯之地强调学习和掌握马克思主义立场观点方法,是因为这是对待马克思主义的基本态度问题。邓小平同志指出:"绝不能要求马克思为解决他去世之后上百年、几百年所产生的问题提供现成答案,列宁同样也不能承担为他去世以后五十年、一百年所产生的问题提供现成答案的任务。"我们学习马克思主义,就要学习和掌握马克思主义立场观点方法,既坚决抵制马克思主义"过时论"等种种否定马克思主义的错误思想,又不要被针对具体情况、具体条件的个别词句、个别结论束缚住手脚。正因为我们党采取这种科学态度,坚持把马克思主义基本原理同中国具体实际和时代特征相结合,自觉运用马克思主义立场观点方法研究和解决中国革命、建设、改革的实际问题,不断推进马克思主义中国化,才先后形成了毛泽东思想、邓小平理论、"三个代表"重要思想以及科学发展观等重大战略思想,指引中国革命、建设、改革不断取得伟大胜利。

这里我还要特别说到，学习和掌握马克思主义立场观点方法，对于我们当前深入学习实践科学发展观、巩固扩大深入学习实践科学发展观活动成果，具有十分重要的意义。科学发展观是马克思主义中国化最新成果，是马克思主义关于发展的世界观和方法论的集中体现，它的第一要义是发展，核心是以人为本，基本要求是全面协调可持续，根本方法是统筹兼顾。这里的第一要义、核心、基本要求、根本方法，反映和体现的正是马克思主义立场观点方法。用科学发展观武装党员干部头脑、指导工作，始终抓住发展这个第一要义，始终坚持以人为本这个核心，始终遵循全面协调可持续这个基本要求，始终坚持统筹兼顾这个根本方法，从实际出发贯彻落实并富有成效地解决问题，我国经济社会就会实现又好又快发展。按照党的十七大部署在全党开展的深入学习实践科学发展观活动，从2008年9月开始至今历时一年半，加上试点工作整整两年，自上而下分三批在全党开展，呈现出许多特点，各地区各部门有许多创造，积累了宝贵经验，取得了明显成效。实践证明，深入学习实践科学发展观活动是马克思主义中国化最新成果在全党的一次大普及，是贯彻落实科学发展观、积极推进中国特色社会主义伟大事业和党的建设新的伟大工程的一次成功实践，为我们有效应对国际金融危机冲击、加快经济发展方式转变、保持经济平稳较快发展发挥了重要作用。按照中央的统一部署，学习实践活动已于2月底基本结束，中央将召开总结大会。各地区各部门各单位也要认真总结和切实运用学习实践活动的成功经验，认真做好建立健全贯彻落实科学发展观长效机制工作，运用学习和掌握的马克思主义立场观点方法不断解决影响和制约科学发展的突出问题以及党员干部党性党风党纪方面群众反映强烈的突出问题，努力形成有利于贯彻落实科学发展观的政策导向、舆论导向、用人导向和体制机制，在新的起点上推动学习实践科学发展观不断向深度和广度发展。

二、坚持中国特色社会主义理论体系中贯穿的马克思主义立场，始终站在人民大众立场上，立党为公、执政为民，把服务群众、造福百姓作为最大责任

立场，是人们观察、认识和处理问题的立足点。这个立足点，从根本上讲是由人们的经济政治社会利益和地位决定的。从马克思、恩格斯在《共产党宣言》中明确提出共产党人始终坚持为无产阶级、为绝大多数劳动人民谋利益，到列宁强调党是无产阶级的先进部队，要为人民群众服务、代表他们的利益；从毛泽东同志关于共产党人必须全心全意为人民服务的重要思想，到邓小平同志关于必须把人民拥护不拥护、赞成不赞成、高兴不高兴、答应不答应作为衡量改革和一切事业根本标准的重要思想，到江泽民同志关于中国共产党必须始终代表最广大人民根本利益的重要思想，到胡锦涛同志关于必须把最广大人民的根本利益作为贯彻落实科学发展观的根本出发点和落脚点的重要思想，从中我们可以清楚地看到一条一脉相承又与时俱进的思想主线，这就是：始终站在人民大众立场上，一切为了人民、一切相信人民、一切依靠人民，诚心诚意为人民谋利益。这是马克思列宁主义的根本出发点和落脚点，也是毛泽东思想、邓小平理论、“三个代表”重要思想以及科学发展观等重大战略思想的根本出发点和落脚点。始终站在人民大众立场上，始终不脱离、不动摇这个立场，这是共产党人掌握马克思主义世界观的重大问题，因而也是我们广大党员干部学习贯彻中国特色社会主义理论体系要解决好的重大问题。

党员领导干部要真正站在人民大众立场上，首先要对人民群众有真挚感情。随着我国改革开放的深入，在社会利益多样化、价值观念多元化的情况下，领导干部中存在着一些不符合甚至违背马克思主义立场的突出问题。有的脱离群众，对群众的感情淡漠了，有的甚至与民争利，侵害群众利益。这些都损害了党同人民

群众的血肉联系。古往今来，一些对推动社会进步有作为的政治家，在不同程度上都以关心老百姓疾苦为己任，从范仲淹的“先天下之忧而忧，后天下之乐而乐”，到郑板桥的“些小吾曹州县吏，一枝一叶总关情”；从杜甫的“安得广厦千万间，大庇天下寒士俱欢颜”，到于谦的“但愿苍生俱温饱，不辞辛苦出深林”，就说明了这一点。封建士大夫们尚且如此，我们共产党的干部更应该时刻把群众的安危冷暖挂在心上，扎实做好事关群众切身利益的每项工作。大量情况表明，在党长期执政和改革开放新的历史条件下，各级领导干部面临着进一步培养、巩固和增进同人民群众感情的问题。我们要始终牢记党的根本宗旨，从思想和感情深处真正把人民群众当主人、当先生，把自己看作人民群众的公仆和学生，自觉贯彻党的群众路线。人民群众中有的是能者和智者，要虚心向他们求教问策，把政治智慧的增长、执政本领的增强、领导艺术的提高深深扎根于人民群众的实践沃土中，不断从人民群众中吸取营养和力量。毛泽东同志曾经说过：“拜人民为师，这就灵了。”这个话包含的道理是很深刻的。人民是创造历史的动力，我们共产党人任何时候都不要忘记这个历史唯物主义最基本的道理。

党员领导干部要真正站在人民大众立场上，归根到底必须解决好为谁掌权用权的问题。在我国，中国共产党是执政党，一切权力属于人民，一切权力服务于人民。领导干部的权力是人民赋予的，只能用来为人民谋利益，决不能把它变成牟取个人或少数人私利的工具。我们常说领导干部要正确对待群众、正确对待组织、正确对待自己，其中一个深刻用意就是告诉领导干部要正确认识权力的性质，用好手中的权力，不辱使命、不负重托。权力是柄“双刃剑”。领导干部手中掌握一定权力，为我们创造和提供了为人民服务的机遇，同时也容易成为权力寻租的主攻目标。现在，社会上出现的对领导干部拉拢腐蚀的手段越来越多，形式也越来越隐蔽，目的就是要千方百计结交权力。领导干部一旦放松了警惕，经受不住各种诱惑，就可能搞权钱交易，滑向腐败和犯罪的深渊。对各级领导干部来说，权力就是责任，权力越大责任也越大，一定要真正在思想上解决入党为什么、当干部做什么、身后留什么的问题，任何时候任何情况下都要以人民利益为重、全心全意为人民谋利益，都要把执政为民、为民用权作为正确使用权力的基本要求，真正做到立身不忘做人之本、为政不移公仆之心、用权不谋一己之私。牢固树立这样的权力观，要求我们把权力用在贯彻执行党的路线方针政策和各项部署上，确保权力行使不偏向、不越轨、不出格，始终做到公正用权；要求我们必须牢固树立法律面前人人平等、制度面前没有特权、制度约束没有例外的意识，按规定的权限行使权力、不超越用权的界限，按规定的程序行使权力、不任意妄为，按规定的责任行使权力、不逃避约束，始终做到依法依规用权；要求我们必须主动接受监督、自觉接受监督、乐于接受监督，时刻警惕官僚主义滋长蔓延，坚决抵御来自各方面的诱惑，带头遵守《中国共产党党员领导干部廉洁从政若干准则》，清清白白做人，干干净净干事，始终做到立党为公、为民用权、廉洁用权。

三、坚持中国特色社会主义理论体系中贯穿的马克思主义观点，自觉运用辩证唯物主义和历史唯物主义的思想武器改造客观世界和主观世界

观点，是人们对事物的看法。马克思主义观点是马克思主义关于自然、社会和人类思维规律的科学认识，是对自然界规律和人类社会实践经验的科学总结，体现在马克思主义哲学、政治经济学和科学社会主义这三个组成部分之中，涵盖面非常广泛。比如，关于世界观、人生观、价值观的基本观点；关于辩证唯物主义和历史唯物主义的基本观点；关于社会形态和社会基本矛盾运动规律的基本观点；关于社会主义必然代替资本主义的基本观点；关于社会主义革命和无产阶级专政的基本观点；关于无产阶

级政党的基本观点;关于社会主义本质特征和社会主义建设的基本观点,等等。这些基本观点贯穿于马克思主义科学思想体系之中,内容博大、思想精深,需要坚持不懈地刻苦学习、深入钻研,需要原原本本地阅读马克思主义原著,才能领会得更加深透。最近,《马克思恩格斯文集》和《列宁专题文集》正式出版发行,这是党的思想理论建设的一件大事,对于广大党员干部深入学习马克思主义经典著作,更好地用马克思主义指导实践,坚持中国特色社会主义不动摇,必将起到十分重要的作用。当前,重点是系统学习和掌握包括邓小平理论、"三个代表"重要思想以及科学发展观等重大战略思想在内的当代中国马克思主义,也就是中国特色社会主义理论体系中的基本观点,用以观察、分析和解决我们在改革开放和社会主义现代化建设中面临的实际问题,用以指导客观世界和主观世界的改造。

学习和掌握中国特色社会主义理论体系中贯穿的马克思主义观点,就要学习和掌握马克思主义关于人类社会发展规律及其历史趋势的基本观点,始终坚定中国特色社会主义信念和共产主义理想。马克思主义把唯物主义原则应用于社会历史领域,揭示了人类社会的发展是一个自然历史过程,社会基本矛盾的运动决定了社会主义必然代替资本主义。这个科学理想,激励和鼓舞了世界上一代又一代共产党人为之奋斗、为之流血牺牲。现在,我们有些党员在矛盾面前畏缩不前,在困难面前悲观失望,在诱惑面前不能保持应有的纯洁以至腐败堕落,说到底是理想信念出了问题。实践表明,共产党员坚定理想信念,必须努力学习和掌握辩证唯物主义和历史唯物主义的强大思想武器,把理想信念建立在科学分析的理性基础之上。既要正确认识目前资本主义经济、科技发展的现实,更要正确认识资本主义社会的基本矛盾及其最终必然走向衰亡的历史趋势;既要正确认识社会主义发展过程中出现的曲折和反复,更要正确认识社会主义的发展前途是光明的;既要正确认识社会主义事业的长期性、艰巨性、复杂性,更要正确认识社会主义制度的强大生命力和巨大优越性。就是说,要从马克思主义关于人类社会发展规律的高度来认识当今世界的变化及其趋势,始终坚定自己的理想信念。要深刻认识到,中国特色社会主义理论体系这个当代中国的马克思主义,既坚持了科学社会主义的基本原则、又根据我国实际和时代特征形成了鲜明的中国特色,是引领当今中国社会不断发展进步、引领中华民族实现伟大复兴的科学理论,因而要始终不为任何风险所惧、不被任何干扰所惑,坚定不移地沿着中国特色社会主义方向勇往直前。

学习和掌握中国特色社会主义理论体系中贯穿的马克思主义观点,就要学习和掌握马克思主义关于生产活动是人类社会存在和发展根本前提的观点,始终把发展作为党执政兴国的第一要务。马克思主义坚持从社会物质生产特别是生产力和生产关系的矛盾运动来把握社会,揭示出生产力始终是推动社会前进最活跃、最革命的力量,从而确定社会主义的根本任务就是发展社会生产力。这个基本原理,要求我们在建设社会主义的整个历史进程中,都必须把集中力量发展社会生产力摆在首要位置,把经济建设作为党和国家的中心工作,聚精会神搞建设,一心一意谋发展。邓小平同志反复强调,发展是硬道理。我国正处于并将长期处于社会主义初级阶段,人民日益增长的物质文化需要同落后的社会生产之间的矛盾始终是我国社会的主要矛盾。因此,我们必须始终抓好发展这个第一要务,必须始终坚持以经济建设为中心,无论遇到什么情况都不能动摇。这一条,各级领导干部一定要牢牢把握。我们讲发展,是与人口资源环境相协调的可持续发展,是建立在优化结构、提高质量和效益基础上的又好又快发展。改革开放以来,我国社会主义现代化建设取得了举世瞩目的巨大成就。同时必须清醒地看到,我国经济社会发展也存在一些长期积累、制约全局的深层次矛盾和问题,集中表现为经济发展方式不适应的问题越来越凸显。国际金融危机对我国经济的冲击表面上是对经济增长速度的冲击，实质上是对经济发展方式的冲击。粗放型增长模式已难以为继，我国经济已经进入了只有加快经济发展方式转变和经济结构调整才能持续平稳较快发展的关键时期。正如胡锦涛同志强调指出的，综合判断国际国内形势，转变经济发展方式已刻不容缓。各级领导干部都要以宽广的视野、战略的思维，深刻认识加快经济发展方式转变的重要性和紧迫性，进一步增强责任感和使命感，自觉贯彻落实好中央关于推动科学发展的重大决策部署，坚定不移地推进经济发展方式转变。

学习和掌握中国特色社会主义理论体系中贯穿的马克思主义观点，就要学习和掌握社会主义经济政治文化社会协调发展的观点，把中国特色社会主义事业全面推向前进。实现物质财富极大丰富、人民精神境界极大提高、每个人自由而全面发展的共产主义社会，是马克思主义最崇高的社会理想。社会主义社会是以经济建设为中心，同时实现全面发展、全面进步的社会。没有经济的发展，其他方面的发展就没有物质基础；没有其他方面的发展和进步，物质文明建设就没有必要保障和更强大动力，经济发展目标也就难以实现。改革开放以来，我们党明确提出一系列“两手抓”的方针，就是为了既实现经济持续发展又实现社会全面进步，完整地体现和发挥社会主义制度的优越性。正是基于对马克思主义的深刻理解、对中国实际和时代特征的准确把握，党的十七大明确提出：中国特色社会主义道路，就是在中国共产党领导下，立足基本国情，以经济建设为中心，坚持四项基本原则，坚持改革开放，解放和发展社会生产力，巩固和完善社会主义制度，建设社会主义市场经济、社会主义民主政治、社会主义先进文化、社会主义和谐社会，建设富强民主文明和谐的社会主义现代化国家。各级领导干部要深刻理解这个科学概括，坚持以兴国为己任、以富民为目标，在集中力量抓好经济建设的同时，更加注重推进社会主义政治建设、文化建设、社会建设以及生态文明建设。

学习和掌握中国特色社会主义理论体系中贯穿的马克思主义观点，就要学习和掌握马克思主义关于人的全面发展的观点，在发展中始终坚持以人为本。马克思主义历来认为，人的自由和全面发展是共产主义的本质特征，是建设社会主义的重要任务。党的十六大以后，胡锦涛同志明确提出了以人为本的重要思想，指出我们提出以人为本的根本含义，就是坚持全心全意为人民服务，立党为公、执政为民，始终把最广大人民的根本利益作为党和国家工作的根本出发点和落脚点，坚持发展为了人民、发展依靠人民、发展成果由人民共享。我们在推进发展的过程中，既要见物又要见人，既要重视物质生产水平的提高又要重视人的素质的提高，既要注重经济指标又要注重人文和资源环境指标。这就必须树立致力于全面发展、全面进步的正确政绩观，也只有坚持这样的政绩观，才能做出经得起实践检验和人民满意的实绩。

四、坚持中国特色社会主义理论体系中贯穿的马克思主义方法，用唯物辩证、实事求是、群众路线的思想方法和工作方法武装头脑、指导实践，不断提高领导工作水平

这里所说的方法，是与马克思主义世界观相统一的方法论，它是指导我们正确认识和改造世界的根本思想方法和工作方法。恩格斯指出：“马克思的整个世界观不是教义，而是方法。它提供的不是现成的教条，而是进一步研究的出发点和供这种研究使用的方法。”列宁指出：“马克思主义者从马克思的理论中，无疑地只是借用了宝贵的方法。”毛泽东同志指出：“马克思主义的方法就是政治上军事上的望远镜和显微镜”，是指导我们认识世界、改造世界的根本方法。邓小平同志强调，学习运用马克思列宁主义理论，最重要的是掌握它的基本原则和基本方法。江泽民同志指出，学习和运用

科学世界观和方法论，多掌握一点唯物辩证法，是对各级领导干部的一条重要要求。胡锦涛同志对学习和掌握马克思主义方法作出了许多深刻阐述，强调“辩证唯物主义和历史唯物主义的世界观和方法论，是马克思主义最根本的理论特征”。马克思主义的世界观和方法论是有机统一的。学习和掌握正确的世界观和正确的方法论，始终是马克思主义政党思想建设的重大任务。

学习和掌握马克思主义方法，必须学习和掌握唯物辩证的思想方法。客观地而不是主观地、发展地而不是静止地、全面地而不是片面地、系统地而不是零散地、普遍联系地而不是孤立地观察事物、分析问题、解决问题，在矛盾双方对立统一的过程中把握事物发展规律，这是学习和掌握唯物辩证思想方法的基本要求。坚持唯物辩证的思想方法，对于做好领导工作十分重要。比如，出主意、用干部是领导工作的重要职责。要出好主意，基础和前提是科学认识和正确把握形势。只有学会辩证地分析和比较从局部到全局、从眼前到长远的发展形势，学会辩证地认识和比较国内外经济、政治、文化的发展趋势，学会辩证地思考和比较历史的和现实的发展经验，才能善于把本地区本部门本单位的工作放到局部与全局、眼前与长远、国内与国外、历史与现实的大形势、大趋势和历史经验之中去考虑、去研究，才能作出正确谋断和决策。选拔使用干部也是这样，既看长处又看短处，用其所长、避其所短或补其所短，让干部各得其所、各展所长。科学发展观是充分贯彻和体现马克思主义唯物辩证法的发展观。它所强调的发展，是正确处理局部与全局、数量与质量、速度与效益关系的又好又快发展，是正确处理人与人、人与社会、人与自然关系的协调发展，是正确处理城市与农村、发达地区与欠发达地区、国内发展与对外开放关系的统筹发展，是正确处理经济、政治、文化、社会以及生态等各方面关系的全面发展，是正确处理当前与长远、现在与未来关系的可持续发展。我们学习实践科学发展观，要特别注意掌握蕴含其中的辩证法，掌握得越全面、了解得越深入，对我国经济社会发展规律的把握也就会越全面，对推动科学发展的理论和实践的认识也就会越深刻、行动也就会越自觉，就越能创造出推动科学发展、促进社会和谐的业绩。

学习和掌握马克思主义方法，必须学习和掌握实事求是的思想方法。实事求是，集中体现了马克思主义唯物的、辩证的认识论，是我们党始终坚持的根本思想方法。解放思想是实事求是的内在要求。只有解放思想，不断研究新情况、解决新问题，把思想认识从各种不合时宜的观念、做法和体制的束缚中解放出来，才能使我们正确地把握不断发展变化着的客观实际，才能使我们的思想认识符合客观实际，这样才能真正做到实事求是。与时俱进是实事求是的必然要求和结果。随着时间的推移和时代的前进，客观实际发生了变化，我们的思想认识必须相应地跟着变、跟着前进，这也就是实事求是。因此，坚持实事求是，一定要同解放思想、与时俱进有机统一起来，在解放思想、与时俱进中坚持真理、纠正错误，做到不唯上、不唯书、只唯实。实践表明，坚持实事求是说起来容易做起来难，难就难在客观实际是错综复杂、千变万化的，隐藏在现象背后的规律不是那么容易把握的。要真正做到实事求是，必须注重和坚持调查研究。对于各级领导干部来说，调查研究是做好一切工作的一门必备的基本功。当今时代，信息手段十分发达，利用信息工具了解和掌握情况，也是一种方式，而且是越来越重要的方式。但不管通信手段多么发达，有多少了解情况的其他渠道，都不能替代亲自深入实际、深入基层、深入群众进行实地的调查研究。坚持实事求是，一个重要的要求就是敢于讲真话、讲实话。各级领导干部要勇于开展批评和自我批评，带头讲真话，敢于道实情，有一说一，有二说二，不刻意评功摆好，不回避和掩饰问题。要善于听真话，鼓励下级和群众讲心里话，反映真实情况。要正确对待和诚恳接受同志的诤言挚语，坚持言者无罪、闻者足戒，有则改之、无则加勉，建立和谐融洽的同志关系，坚决反对党内生活庸俗化。

学习和掌握马克思主义方法，必须学习和掌握群众路线的工作方法。一切为了群众、一切依靠群众，从群众中来、到群众中去的群众路线，是马克思主义历史唯物主义基本原理在实际工作中的具体体现，也是我们党始终坚持的根本工作路线和根本工作方法。现在，群众路线已经被有些党员干部淡忘了。不少基层党员和群众反映，现在交通工具发达了，干部与群众的距离却远了；通信工具先进了，干部与群众的沟通却难了；干部的学历高了，做群众工作的水平却低了。这种说法，从一些侧面反映出党的群众工作和党群关系、干群关系中存在的问题。这里面既有立场问题、感情问题，也有方法问题、能力问题。各级领导机关和领导干部要从政治的高度深刻认识密切联系群众的重要性，放下架子，扑下身子，深入实际、深入基层，从群众中寻找解决问题的方案和办法，使作出的决策和决策的执行充分体现民心民意。要深入研究新形势下群众工作的规律和特点，努力提高群众工作的针对性和有效性，在改革发展过程中处理好效率与公平的关系，充分调动各方面群众的积极性主动性创造性；在利益格局调整的过程中兼顾不同群体的利益诉求，妥善协调和处理不同方面群众的利益关切；在思想观念发展变化的过程中寻找与群众交流沟通的共同语言，拉近与群众的思想感情距离，努力掌握为人民服务的科学方法，提高为人民服务的实际本领，真正把广大群众凝聚在党和政府周围，为推动科学发展、促进社会和谐而共同奋斗。

五、切实运用马克思主义立场观点方法指导新形势下党的建设，不断提高党建工作科学化水平

掌握和运用马克思主义立场观点方法指导党的建设，是一个系统工程，需要从多方面努力。这里我强调三点。

第一，切实运用马克思主义立场观点方法不断提高战略思维、创新思维、辩证思维能力。党的十七届四中全会明确提出，领导干部要切实提高战略思维、创新思维、辩证思维能力。学习和掌握马克思主义立场观点方法，是领导干部不断提高这“三种能力”的重要途径。

战略思维能力，就是高瞻远瞩、统揽全局，善于把握事物发展总体趋势和方向的能力。马克思主义立场观点方法，揭示了整个物质世界的本质特性及人类社会发展的客观规律，阐明了现象与本质、特殊与普遍、局部与整体、当前与长远的辩证关系，为我们正确认识和妥善处理中国特色社会主义事业中诸多重大关系，树立全局眼光、提高统筹能力提供了思想武器。各级领导干部只有认真学习和掌握马克思主义立场观点方法，才能站在战略和全局的高度观察和处理问题、从政治上认识和判断形势、透过纷繁复杂的表面现象把握事物的本质和发展的内在规律，才能视野开阔、胸襟博大，紧跟时代前进步伐，才能既抓住重点又统筹兼顾，既立足当前又放眼长远，既熟悉国情又把握世情，克服和避免只见现象不见本质、只见树木不见森林以及急功近利、目光短浅等现象，不断提升战略思维能力。

创新思维能力，就是破除迷信、超越过时的陈规，善于因时制宜、知难而进、开拓创新的能力。马克思主义坚持革命的辩证法，富于批判性、革命性和创造性，具有与时俱进的理论品质。马克思主义反对把一切事物看作凝固不变的形而上学的观点，主张不但要解释世界更要改造世界。在对待自身学说的问题上，马克思主义同样坚持科学的世界观与方法论，依据实践发展和科学进步不断修正、丰富和发展自己的理论。这从根本上破除了因循守旧、思想僵化、形式主义和无所作为，因而要求人们转变思维习惯、突破思维定势，在把握事物发展客观规律的基础上实现变革和创新。各级领导干部只有认真学习和掌握马克思主义立场观点方法，才能自觉地做到解放思想、求真务实、勇于探索，不断研究新情况、解决新问题、创造新经验、

开创新局面，不断提升创新思维能力。

辩证思维能力，就是承认矛盾、分析矛盾、解决矛盾，善于抓住关键、找准重点、洞察事物发展规律的能力。马克思主义唯物辩证法揭示了物质世界普遍联系和永恒发展的特性，厘清了本质与现象、内容与形式、原因与结果、必然性与偶然性、可能性与现实性等诸多范畴，反对一切违背唯物辩证法的形而上学的东西并与之划清界限，要求人们在认识世界和改造世界的过程中充分运用辩证方法观察和处理问题。各级领导干部只有认真学习和掌握马克思主义立场观点方法，才能正确分析矛盾，在对立中把握统一、在统一中把握对立，克服极端化、片面性，不断提升辩证思维能力。

第二，切实运用马克思主义立场观点方法不断深化对马克思主义执政党建设规律的认识。我们党是按照马克思主义建党学说组织起来的，坚持运用马克思主义立场观点方法分析、研究、解决党的建设中遇到的矛盾和问题，不断深化对执政党建设规律的认识，是提高党的建设科学化水平的内在要求。在新的历史条件下，我们党面临着长期、复杂而又严峻的执政考验、改革开放考验、市场经济考验、外部环境考验，迫切要求我们不断加强对新形势下党的建设实践的探索，不断深化对执政党建设规律的认识。党的性质、宗旨、指导思想、最终目标、组织原则、优良作风，是马克思主义立场观点方法在党的建设方面的具体体现，是马克思主义建党学说的基本内容，任何时候任何情况下都必须坚持而不能动摇。同时，我们要坚持继承与创新相结合，坚持运用马克思主义立场观点方法分析情况、提出任务，科学判断并准确把握党的历史方位，正确处理推进党领导的伟大事业同推进党的建设伟大工程的关系，总结和运用世界各国执政党建设正反两方面经验，使党的建设始终体现时代性、把握规律性、富于创造性。党的十七届四中全会深入分析党的建设面临的新形势新任务，认真总结我们党作为马克思主义执政党加强自身建设的基本经验，明确提出了加强和改进党的建设的总体要求、目标任务、重要举措，进一步深化了对执政党建设规律的认识。我们要认真贯彻全会精神，突出重点、突破难点，以改革创新精神加强和改进党的思想建设、组织建设、作风建设、制度建设和反腐倡廉建设，在全面推进党的建设新的伟大工程的实践中不断深化对马克思主义执政党建设规律的认识，不断提高党的建设科学化水平。

第三，切实运用马克思主义立场观点方法研究和回答党建工作中的重大问题。当前，党的建设面临许多新情况、新问题、新矛盾、新挑战，迫切需要我们运用马克思主义立场观点方法，坚持解放思想、实事求是、与时俱进，坚持从群众中来、到群众中去的工作方法，坚持实践是检验真理的唯一标准，加强对党的建设全局性、战略性、前瞻性问题的研究，积极探索破解难题的有效办法和途径，力求在一些关键问题、难点问题上取得新突破。

选人用人关系党的事业兴衰成败，中央历来高度重视，干部群众十分关心。改革开放30多年来，我国干部人事制度改革取得重大进展和明显成效，干部选拔任用制度和机制逐步健全，已经初步建立起具有中国特色的干部人事制度体系。但是，干部人事制度方面需要改进和完善的地方仍然不少，选人用人方面的不正之风仍然严重。从组织工作满意度民意调查看，用人不公、跑官要官、拉票贿选等依然是广大干部群众反映强烈的突出问题。如何针对存在的问题，进一步深化干部人事制度改革，提高选人用人公信度，还有许多问题需要深入研究。比如，中央反复强调要坚持德才兼备、以德为先用人标准，在实际工作中如何把"德"、"才"考实考准，如何把在一线艰苦岗位上埋头苦干的人和老实人正派人选用上来，还需要制定操作性较强而且群众信服的办法。比如，民主推荐干部是党内民主建设的一个重大进步，必须坚持。但如何做到既尊重民意又充分发挥领导班子和党组织的职能作用，防止简单以票取人、拉票贿选问题，需要进一步探索和完善。比如，中央对竞争性选拔干部作出了一些刚性规定，但如何通过科学的制度和程序设计避免简单的以考取人、高分低能等问题，需要认真探索。比如，中央明确提出选拔任用干部要改进提名制度，普遍推行差额推荐、差额考核、差额酝酿，这是一项很重要的改革，如何使其制度化、规范化，同样需要认真研究。

党的基层基础工作是党的建设的重点。与新形势新任务的要求相比，党的基层基础工作仍存在一些不适应的问题。比如，近年来各类农村专业合作社、专业协会蓬勃兴起，城市非公有制经济组织、新社会组织发展迅速。如何适应这种新情况，改进和完善基层党组织的设置方式，丰富活动内容，加大在产业链和非公有制经济组织、新社会组织中建立党组织的力度，扩大基层党组织在新领域的覆盖面，需要认真研究。在第三批学习实践科学发展观活动中，非公有制经济组织、新社会组织的基层党组织建设通过学习实践活动得到强有力的推进，尤其是律师行业、会计师行业等党组织覆盖率大幅度提高，成为这次学习实践活动一个新亮点，但非公有制经济组织和新社会组织党的建设仍然是一个薄弱环节，有不少问题需要研究和探索。比如，如何确立党员队伍建设的方针，处理好党员数量与党员质量的关系，把好入口、畅通出口，保证党员队伍的素质和党的纯洁性，也是需要深入研究的重要课题。

民主集中制是我们党的根本组织制度和领导制度。当前，我们正在深入贯彻落实科学发展观、加快经济发展方式转变，这是十分复杂而宏大的工程，必须有民主集中制作保证。如何把民主基础上的集中和集中指导下的民主有机结合起来，既充分发扬民主、尊重群众创造，进一步健全决策机制，切实提高科学决策、民主决策、依法决策水平，充分调动各方面积极性，又结合本地区本部门实际认真贯彻中央关于推动科学发展的重大决策部署，自觉在思想上、政治上、行动上同党中央保持高度一致，坚决维护中央权威，保证政令畅通，这也是需要深入研究的重大问题。

类似以上这样的重要问题，党的建设工作中还有不少，都需要我们运用马克思主义立场观点方法，以改革创新精神进行理论与实践相结合的研究。把这些问题研究清楚，找到了解决问题的有效办法和途径，党的建设科学化水平就会得到新的提高。

（此文是习近平同志 2010 年 3 月 1 日在中央党校春季学期开学典礼上的讲话）

努力克服不良文风　积极倡导优良文风

习近平

党的十七届四中全会明确提出："从领导机关做起，大力整治文风会风，提倡开短会、讲短话、讲管用的话，力戒空话套话。"中央党校作为学习、研究和宣传马克思主义的重要阵地，在贯彻落实四中全会精神、树立和倡导马克思主义文风方面负有重要责任。到中央党校来学习的同志，大都是党的中高级干部，有些是思想理论战线的骨干，讲话、写文章、参与文件起草，工作中都会遇到文风问题。因此，今天我就改进文风问题谈一些体会和认识。

一、为什么要大力改进文风

文风不是小事。毛泽东同志指出："学风和文风也都是党的作风，都是党风。"党风决定着文风，文风体现出党风。人们从文风状况中可以判断党的作风，评价党的形象，进而观察党的宗旨的贯彻落实情况。

我们党是一个郑重的马克思主义政党，特别是延安整风以来，一直为培育和弘扬马克思主义文风而努力。延安整风的一个重要内容，就是整顿文风。毛泽东同志对党八股进行了淋漓尽致的批判，号召全党抛弃党八股，采取生动活泼新鲜有力的马克思主义文风。在这方面，他为我们树立了榜样。翻开《毛泽东选集》，鲜明朴实的文风扑面而来，生动活泼的语言引人入胜，深入浅出的论述让人茅塞顿开。邓小平同志历来注重务实，反对不实风气，粉碎"四人帮"以后他带头恢复党的实事求是的思想路线，针对党的优良文风在"文化大革命"中遭到严重破坏的现状，大力倡导并率先垂范开短会，讲短话、讲实话、讲新话。他反复强调："我们开会，作报告，作决议，以及做任何工作，都为的是解决问题。"江泽民同志在党的作风建设上明确提出了"八个坚持、八个反对"的重要思想，一再强调要纠正不良文风。他指出，有些文章翻来覆去老是那么几句套话，也有的哗众取宠，乱造概念，词句离奇，使人看不懂，这种不良文风应加以纠正。党的十六大以来，胡锦涛同志同样重视文风建设，多次强调各级领导干部要发扬求真务实精神、大兴求真务实之风，下决心从文山会海中摆脱出来，把心思用在干事业上，把精力投到抓落实中。他在党的十七大报告中明确指出，要"改进学风和文风，精简会议和文件，反对形式主义、官僚主义，反对弄虚作假"。

在党中央的大力倡导下，全党抓文风建设取得很大成绩。改革开放30多年来，党的优良文风逐渐得到恢复，并在新的历史条件下有新的发展。文风与党风同社会风气是紧密相连的，弘扬优良文风、纠正不良文风是一项长期任务，不可能一蹴而就、一劳永逸。当前，在一些党政机关文件、一些领导干部讲话、一些理论文章中，文风上存在的问题仍然很突出，主要表现为长、空、假。

长，就是有意无意地将文章、讲话添枝加叶，短话长说，看似面面俱到，实则离题万里。群众形容说，这样的讲话有数量无质量，有长度无力度；这样的讲话汇集的书，有价格无价值，有厚度无深度。

空，就是空话、套话多。照抄照搬、移花接木，面孔大同小异，语言上下雷同，没有针对性，既不触及实际问题，也不回答群众关切，如同镜中之花，没味、没用。

假，就是夸大其词，言不由衷，虚与委蛇，文过饰非。不顾客观情况，刻意掩盖存在的问题，夸大其词，歌功颂德。堆砌辞藻，词语生涩，让人听不懂、看不懂。

党的历史经验证明，文风不正，危害极大。它严重影响真抓实干、影响执政成效，耗费大量时间和精力，耽误实际矛盾和问题的研究解决。不良文风蔓延开来，不仅损害讲话者、为文者自身形象，也降低党的威信，导致干部脱离群众，群众疏远干部，使党的理论和路线方针政策在群众中失去吸引力、感召力、亲和力。可以说，一切不良文风都是不符合党的性质、宗旨的，都是同党肩负的历史使命相背离的。大力纠正不良文风，积极倡导优良文风，已成为新形势下加强和改进党的作风建设一项重要任务。

二、应该提倡什么样的文风

提倡什么，反对什么，是改进文风的首要问题。针对上面所说的不良文风的三个字，我想另外提出三个字，就是短、实、新。

一是短。就是要力求简短精炼、直截了当，要言不烦、意尽言止，观点鲜明、重点突出。能够三言两语说清楚的事绝不拖泥带水，能够用短小篇幅阐明的道理绝不绕弯子。古人说"删繁就简三秋树"，讲的就是这个意思。毛泽东同志为人民英雄纪念碑起草的碑文，只有114个字，却反映了一部中国近代史。1975年，邓小平同志负责起草周恩来总理在四届全国人大一次会议上的报告，只用了五千字。后来谈到这件事的时候，邓小平同志说："毛主席指定我负责起草，要求不得超过五千字，我完成了任务。五千字，不是也很管用吗？”江泽民同志和胡锦涛同志也有许多短小精干、言简意赅、思想深刻的文章、讲话。鲁迅先生说过，文章写完至少看两遍，竭力将可有可无的字、句、段删去，毫不可惜。现在，不少地方和部门按照中央改进文风会风的要求，提出以“能少则少、能短则短、能精则精、能简则简”为原则，尽可能开短会、讲短话、发短文。这“三短”，就是我们应当大力倡导的风气。

当然，也不是说长文章一概不好。有内容、有见解的长文章，人们也是喜欢读的。文章长短要视具体情况而定，宜短则短，宜长则长。要坚持内容决定形式，有些非长不可、篇幅短说不明白的事情则可以长些。《庄子》上有这样几句话：“长者不为有余，短者不为不足。是故凫胫虽短，续之则忧；鹤胫虽长，断之则悲。”意思是说，野鸭子的腿虽然很短，给它接上一截它就要发愁；仙鹤的腿虽然很长，给它截去一段它就要悲伤。这个道理同样适用于写文章。就今天来说，把“野鸭子的腿加长”的文章太多了，提倡短文章、短讲话、短文件是当前改进文风的主要任务。

二是实。就是要讲符合实际的话不讲脱离实际的话，讲管用的话不讲虚话，讲有感而发的话不讲无病呻吟的话，讲反映自己判断的话不讲照本宣科的话，讲明白通俗的话不讲故作高深的话。这就要求我们的文件、讲话和文章，力求反映事物的本来面目，分析问题要客观、全面，既要指出现象，更要弄清本质；阐述对策要具体、实在，要有针对性和可操作性。要实事求是，有一说一、有二说二，是则是、非则非，不夸大成绩，不掩饰问题。要深入浅出，用朴实的语言阐述深刻的理论。要有感而发，情真意切。毛泽东同志笔下的愚公、白求恩、张思德，我们今天记忆犹新，就是因为这些人在他的心灵深处产生过激烈震荡，所以讲出的话饱含深情、富于哲理，能深深植入人民心里，引起共鸣。

这里需要说明，一些关于党和国家工作的总体性要求，事关全局，事关党和国家前进方向及政策连续性，事关党的团结和社会稳定，需要在重要文件和重要讲话中反复强调。这和形式主义的套话、穿靴戴帽是两回事。

三是新。就是力求思想深刻、富有新意，正所谓“领异标新二月花”。如果一个文件、一篇讲话毫无新意，那么制定这样的文件、作这样的讲话还有多少意义呢？可以说，能不能讲出新意，反映一个领导干部的思想水平、理论水平、经验水平以及语言表达能力。这里所说的新意，既包括在探索规律、认识真理上有新发现、前人没有讲过的话，又包括把中央精神和上级要求与本地区本部门本单位实际结合起来，在解决问题上有新理念、新思路、新举措的话；既包括角度新、材料新、语言表达新的话，又包括富有个性、特色鲜明、生动活泼的话。需要指出的是，讲出新意，并不是要去刻意求新，甚至搞文字游戏。更不能背离马克思主义立场观点方法，背离党的路线方针政策去标新立异。

三、怎样大力改进文风

文风不正是多种原因造成的。克服不良文风、提倡优良文风，真正使讲短话、讲实话、讲新话蔚然成风，需要多管齐下，标本兼治。这里强调三条。

第一，各级领导机关和领导干部要起带头作用。文风问题上下都有，但文风改不改，领导是关键。从领导干部自身说，文风不正是不是主要由这样几个因素、几种情况所导致的：一是有的干部由于知识、经验都不够，功底、能力达不到，故而难以讲出新话、管用的话来。二是有的干部思想懒惰，不愿去下深入调查研究和独立思考的苦功夫，只会在现成的文件、书本上讨生活、照抄照讲。三是有的干部认为只有照讲文件上的话、报刊上的话，才是同上级和中央在思想上政治上“保持一致”。这完全是一种误解。四是有的干部认为讲长话就是对工作重视和认真的表现，给哪个部门讲的话长就是重视那个部门。这也是一种误解。五是有的干部不负责任,别人写什么念什么,写多长念多长。明明知道用处不大,但照念不误。六是还有的干部认为讲大话、空话、套话、歌功颂德的话最保险,不会犯错误。其实这是个人患得患失的思想在作怪,本身就是错误的。

这些因素和情况,都与领导干部的素质能力有关。文如其人。作文与做人、与人的素质是紧密联系的。领导干部改进文风,需要在两个方面努力。一要学习。学习什么?学习党的基本理论,掌握马克思主义立场观点方法,以此作为政治上的望远镜和显微镜;学习新知识,了解新事物,不断拓宽视野,提高自己的综合素质;学习古人语言中有生命力的东西,充分合理地继承和运用。理论功底扎实了,知识积累厚实了,肚子里装的东西多了,才能厚积薄发,言之有物、深入浅出地讲话、写文章。二要增强党性修养。坚持以德修身,努力成为高尚人格的模范。只有自己的境界高了,没有私心杂念,才能做到言行一致、表里如一,讲出的话、写出的文章人们才愿意听、愿意看。如果言行不一、表里不一,台上台下两个形象,圈内圈外两种表现,即使讲得天花乱坠,也不会有人相信你。

各级领导干部要把改进文风作为一项工作要求,带头讲短话、讲实话、讲新话,通过自己以身作则带出好文风来。这里很重要的是自己要亲自参与重要文稿的起草。邓小平同志说过,拿笔杆是实行领导的主要方法,领导同志要学会拿笔杆。现在各级领导干部的理论素养和知识素养在不断提高,如果时间和条件允许,还是要尽可能自己动手。一些重要讲话和文章应当全程参与,出思想、谈看法、拿主意,在大的方面把好关。

第二,把改进文风同改进干部工作作风结合起来,尤其要加强调查研究、深入了解群众呼声。文风不实,反映出思想作风不纯、工作作风不实。没有调查就没有发言权。写文件、作报告、发表文章,都是为了解决问题。办法从哪里来?只能从调查研究中来,从群众的实践和创造中来。胸有成竹才能出口成章,找准症结才能对症下药,源于实践才能指导实践。领导干部改进文风,应当走出机关,深入基层,在实际生活中"望闻问切",在充分占有和分析第一手材料的基础上概括出新思想、新观点、新论断、新举措,把群众的创造吸收到文件、讲话、文章中来,使我们的思想和文字体现时代要求,符合实际情况,能够解决问题。

群众是真正的英雄,是创造历史的动力。不能和群众谈心,你说的话群众听不懂,怎么会有感召力?怎么指导实践、推动工作?一些地方开展作风整顿年活动,不少干部住村蹲点后感慨地说:"在老乡家拉家常与在办公室接待群众来访不一样,睡在农家硬板床上考虑问题与坐在办公室沙发上考虑问题不一样,能够发现平时在办公室看不到、听不到的问题,学到在办公室学不到的新思想、新话语,拿出在办公室想不到的新思路、新举措。"这些体会给我们许多启示。改进文风,必须从思想和感情深处把人民群众当主人、当先生。群众的思想最鲜活、语言最生动。深入群众,你就来到了智慧的大课堂、语言的大课堂,我们的文件、讲话、文章就可以有的放矢,体现群众意愿,让群众愿意看、看得懂,愿意听、听得进。

第三,把改进文风同改进党风统一起来,特别要大力改进会风。不良文风的总根源,主要在于形式主义和官僚主义。形式主义和官僚主义的一个重要表现,就是会议太多,会风不正。现在以会议落实会议、以文件落实文件、以讲话落实讲话的现象依然存在,这对文风不正起了推波助澜的作用。要改进会风,能不开的会尽可能不开,没准备好的会坚决不开,能合并的会最好合并开,必须开的会也要能短则短,对会议的时限、数量、质量、规格等加以规范,提出明确要求。条件具备,会议可以直接开到基层,多利用现代通信和技术手段召开电视电话会议或者网络会议。改进文风会风,要努力活跃党内生活,扩大党内民主,大力倡导独立思考的风气,创造鼓励讲真话、提倡讲新话的宽松环境。

围绕文风问题就讲这些看法,与大家探讨

和交流。让我们按照党的十七大和十七届四中全会关于改进文风的要求，身体力行、勉力而为，在弘扬优良文风上不断取得新进步。

（此文是习近平同志2010年5月12日在中央党校2010年春季学期第二批入学学员开学典礼上的讲话）

在全国组织部长会议上的讲话

（2010年12月17日）

习近平

这次全国组织部长会议，是在2010年党的组织工作取得显著成绩、2011年党的组织工作面临繁重任务的形势下召开的。2010年，党的各级组织部门围绕中心、服务大局，奋发有为、开拓进取，各项工作取得明显进展。深入学习实践科学发展观活动成果得到进一步巩固，创先争优活动呈现良好态势，领导班子和干部队伍建设得到新的加强，干部人事制度改革取得新的进步，基层党组织和党员队伍建设继续推进，整治用人上存在的不正之风力度加大，组织工作群众满意度进一步提高，实施人才发展规划纲要有了良好开端。这些工作成绩，为推动党和国家事业发展，为巩固和扩大应对国际金融危机冲击成果、战胜青海玉树强烈地震和甘肃舟曲特大山洪泥石流等重大自然灾害、成功举办上海世博会和广州亚运会、贯彻落实好中央第五次西藏工作座谈会和新疆工作座谈会精神，真正把这些大事办成、难事办妥、喜事办好，提供了有力的组织保证。

2011年是中国共产党成立90周年，是“十二五”时期开局之年，是省市县乡四级党委集中换届之年。做好组织工作具有不同寻常的重要意义。新的一年，组织工作要深入贯彻落实党的十七大和十七届三中、四中、五中全会精神，把为“十二五”时期开好局、起好步提供坚强组织保证作为根本立足点和落脚点，把搞好省市县乡党委换届作为重中之重，把狠抓落实作为根本要求，围绕中心、服务大局，突出重点、整体推进，以优异成绩迎接建党90周年。

我主要就几个重要问题讲一些意见。

一、坚持德才兼备、以德为先的用人标准，以高度政治责任感抓好省市县乡党委换届工作

从2011年起到2012年上半年，全国省市县乡四级党委将自下而上集中进行换届。省市县乡党委是我们党作为执政党在全国地方各层级的组织领导机构，是地方各级的领导核心，肩负着推动科学发展、促进社会和谐的重大责任。换届后的党委领导班子任期，正值“十二五”时期，是全面建设小康社会的关键时期，也是深化改革开放、加快转变经济发展方式的攻坚时期。通过这次换届把干部选好、把班子配强，关系“十二五”时期目标任务和全面建设小康社会奋斗目标的实现，关系中国特色社会主义事业的继续发展，关系我们党执政地位的进一步巩固。我们之所以把搞好这次换届作为2011年组织工作的重中之重，根本着眼点就在这里。

做好换届工作，最重要的是按照德才兼备、以德为先的用人标准选好干部、配强班子。在新的历史条件下如何坚持德才标准，胡锦涛同志提出了明确要求，换届中要把这一要求落到实处，真正把政治坚定、实绩突出、作风过硬、群众信任的干部选拔上来。特别要注意把那些一心为民、埋头苦干、坚持原则、敢抓善管、为人正派、作风过硬的优秀干部，把那些长期在基层及

生产一线努力工作和长期在条件艰苦、情况复杂、困难很多的地方努力工作的优秀干部，把那些思想解放、实事求是、勇于创新、锐意进取的优秀干部选拔上来，杜绝品行不端、心术不正、作风不实的投机钻营者谋到好处、占到便宜，鲜明体现党的干部路线和用人导向。科学发展观是我国经济社会发展的重要指导方针。贯彻德才兼备、以德为先的用人标准，要突出科学发展导向，防止简单地把经济总量、发展速度等作为评价干部政绩的主要依据，真正把在贯彻落实科学发展观、转变经济发展方式上思路好、能力强、实绩突出的德才兼备的优秀干部选拔到领导岗位。要紧紧围绕考准考实干部的德和才，根据不同领域、不同层次领导班子和领导干部特点完善干部考核评价办法，采取科学的方法和程序考核干部，综合评价干部的德才表现。

做好换届工作，要充分发扬民主，提高干部民主推荐、民主测评的科学性和真实性。民主推荐、民主测评已经成为选拔任用干部的必经程序，总的效果是好的。但是在具体应用中也出现了一些值得注意的问题，干部群众反映比较多的主要有：一是简单以票取人，在不少地方和单位票数成了选干部的唯一因素；二是推荐中的拉票现象更趋隐蔽化，有些干部把“工作”做在平时，使得拉票行为很难发现、很难认定；三是好人主义严重，一部分干部奉行多栽花、少栽刺的处世哲学，不敢坚持原则；四是一些地方和单位以推荐、测评代替了广泛深入地考察了解干部。这些问题的存在，影响了干部选拔任用的准确度和公信度。群众对干部工作的评价，要看选人的过程是否民主、是否符合规定，还要看经过民主程序选出的干部是否胜任、是否真正优秀。我们在干部工作中，一定要坚持扩大干部工作民主的方向，同时要认真总结近年来扩大民主的有效做法和成功经验，在充分用好干部人事制度改革成果、提高干部工作民主质量上下功夫。换届中，要坚持把民主推荐结果与年度考核、日常考核、任职考核结合起来，重视干部一贯表现，既充分尊重民意，又不简单以票取人，做到全面、历史、辩证地评价干部，真正把优秀干部选拔出来。

坚持五湖四海、任人唯贤，是我们党选人用人的优良传统，也是坚持德才兼备、以德为先用人标准的重要保证。在延安整风中，毛泽东提出要坚决反对宗派主义，在用人上要搞五湖四海，不能搞小圈子。他指出，任人唯贤和任人唯亲是两条对立的干部路线，“共产党的干部政策，应是以能否坚决地执行党的路线，服从党的纪律，和群众有密切的联系，有独立的工作能力，积极肯干，不谋私利为标准，这就是‘任人唯贤’的路线”。邓小平指出，在选人问题上，“要任人唯贤，选真正好的”，“要反对那些搞帮派、搞宗派主义的行为，要反对任人唯亲”。江泽民同志指出：“要坚持任人唯贤，反对任人唯亲。坚决反对在选人用人中搞‘团团’‘伙伙’、‘以人划线’、凭个人好恶选人等恶劣作风。”胡锦涛同志指出：“各级党委首先是主要负责同志，应当坚持任人唯贤、反对任人唯亲，在用什么人、不用什么人上体现出党的干部标准的原则性和干部政策的鲜明性。”我引用以上这些论述是要说明，我们党在选人用人上坚持五湖四海、任人唯贤是旗帜鲜明和一以贯之的。这个好传统，在这次换届中要很好地继承和发扬。要从党和国家事业发展需要出发，从巩固党的执政地位出发，放开选人用人视野，全面准确地识别干部，客观公正地评价干部，切实做到唯贤是举。对新进班子的提名人选，工作一定要细之又细、慎之又慎，深入考察、反复酝酿，使选拔出来的干部真正能够让组织放心、群众满意、社会认可。

这次换届中，要着眼于增强领导班子整体功能和合力，进一步优化班子结构。既要考虑专业、能力结构上的合理性，又要考虑个性特点和工作阅历、工作经验上的互补性；既要大力选拔优秀年轻干部，又要科学使用好其他年龄段干部。近几年，一些地方特别是一些县、乡对干部任职年龄搞一刀切，45 岁、50 岁就要从领导岗位上退下来，不仅不利于调动广大干部的积极性，而且造成了干部资源的浪费。这次换届，要处理好满足班子结构性要求与能力素质要求的关系，不能为了达到结构性要求而降格以求。县乡要注意保留一些50岁以上经验丰富、工作得力的干部。要重点抓好党委书记的选配，严格把握人选标准和条件，真正做到好中选优。在搞好省市县乡党委换届的同时，要坚持通盘考虑，统筹做好同级人大、政府、政协换届工作。

集中换届往往成为用人上不正之风的易发多发期，因此正风肃纪尤为重要。要加强各级领导班子和领导干部思想政治建设，引导广大干部正确对待进退留转，积极支持、配合换届工作。今年，中央颁布了干部选拔任用四项监督制度，要结合换届工作实际认真贯彻落实，严明纪律、严格监督、严厉查处，努力营造风清气正的换届环境。

二、以关键岗位为重点从严管理干部，进一步增强干部教育培训工作的统筹性、针对性、实效性，切实提高干部队伍素质

从严治党，关键在于从严管理干部。这些年，各级党委在干部管理工作中进行了很多富有成效的探索，创造了不少好经验。但是也要看到，干部管理中仍然存在一些薄弱环节。反映比较普遍的是重选拔轻管理，很多干部选拔到领导岗位后缺少有效管理，特别是对一把手的管理监督薄弱，如果自律不严必然出问题甚至出大问题。从一些干部违法犯罪的事实看，这方面的教训极为深刻。去年，中央办公厅印发了《关于进一步从严管理干部的意见》，各地区各部门各单位要认真贯彻落实，深入查找干部管理工作中的漏洞和薄弱环节，切实解决重选拔轻管理和失之于宽、失之于软的问题，建立健全干部经常性管理机制，特别要加强对党政主要领导干部用权行为的规范和约束，促使他们依法用权、公正用权。要认真落实干部民主生活会、谈心谈话、巡视、审计等制度，确保对干部身上出现的苗头性倾向性问题能够早发现、早提醒、早纠正。对省市县乡党政一把手、执法执纪、管人管钱管物等关键岗位的干部，要重点配备、重点教育、重点考核、重点监督。省市县乡换届后，将有一大批新同志走上关键岗位，对这些干部要及时进行任职培训，上级党委主要负责同志要与他们普遍进行谈话，提出明确要求。

大规模培训干部的工作，2011年要进一步抓好。经过多年实践和发展，我们的干部教育培训工作形成了有效的管理体制，就是在党中央领导下，由中央组织部主管，中央和国家机关有关工作部门分工负责，中央和地方分级分类培训。各级党校、行政学院、干部学院是干部教育培训的主渠道、主阵地，要认清定位，全面履行职能，充分发挥各自优势，彰显办学特色。各级党委和组织部门要按照中央要求加强对分级分类培训的管理，指导各级党校、行政学院、干部学院强化基础、发挥优势、突出特色、互相学习，推动形成特色鲜明、优势互补、功能完备的培训格局和有机联系的培训链，使干部教育培训工作在党的干部队伍建设中更好地发挥作用。

这几年我到地方调研，了解到党的十七大以来各地推进新一轮大规模培训干部工作力度大、措施实、效果好，同时也了解到干部教育培训中还存在着统筹性、针对性、实效性不够的问题。主要是：有的干部一年参加不止一次培训，重复培训、多头培训现象仍然存在，有些干部却多年得不到培训；对中高级领导干部培训抓得紧，基层干部往往缺少培训机会；培训内容一定程度上存在与需求脱节现象，特别是对推动科学发展、转变经济发展方式、创新社会管理、应对突发事件、对待新闻媒体、做好群众工作等能力的培训亟待加强；还存在理论脱离实际的问题。这些问题，要深入研究解决。从2011年开始，各地在继续抓好中高级干部教育培训的同时，要充分发挥市县级党校和其他培训机构的作用，充分运用农村党员干部现代远程教育网络，加强对基层干部的教育培训，大力推进优质教育培训资源向基层延伸和倾斜。在教育培训内容上，要加强中国特色社会主义理论体系教

育和党性党风党纪教育，抓好党的十七届五中全会精神学习培训。善于做群众工作是我们党的看家本领，要重视和加强做好新形势下群众工作的培训，通过教育培训引导和帮助干部真正懂得牢固树立群众观点、坚持群众路线、增进群众感情的重要性，学习和掌握新形势下群众工作新特点，学习和掌握处理人民内部矛盾的正确方法和手段，切实提高干部特别是基层干部做群众工作的本领。

2011年，我们将迎来中国共产党成立90周年。我们党90年的奋斗历程，蕴含着以史鉴今、资政育人的宝贵精神财富。各级党委要以纪念建党90周年为契机，组织党员干部认真学习党的理论、党的知识、党的历史，深入了解我们党领导中国人民进行革命、建设、改革的光辉历程，深入了解我们党为国家、为民族建立的丰功伟绩，深入了解我们党在长期奋斗中形成的优良传统和积累的宝贵经验，坚定理想信念，增强宗旨意识，做到为党分忧、为国尽责、为民奉献。要按照中央要求，组织开展先进基层党组织、优秀共产党员和优秀党务工作者表彰活动，宣传为新中国成立作出突出贡献的优秀共产党员的先进事迹，宣传新中国成立以来各个时期为建设新中国作出杰出贡献的优秀共产党员的先进事迹，宣传奋斗在各条战线上的先进基层党组织和优秀共产党员的先进事迹，增强广大党员为坚持和发展中国特色社会主义而不懈奋斗的使命感和自豪感。

三、深入开展创先争优活动，进一步做好抓基层、打基础工作，切实增强基层党组织的创造力、凝聚力、战斗力

创先争优活动开展以来，各级党组织认真部署、广泛动员，积极创新活动方式，形成浓厚氛围，已取得初步成效。下一步，要把创先争优活动作为基层党建一项经常性工作，同做好当前各项工作结合起来，同基层党建工作三级联创等活动结合起来，同完善基层组织体系、建设骨干队伍、健全工作制度等结合起来，同建设学习型党组织结合起来，健全创先争优长效机制，在广大基层党组织和党员中形成学先进、赶先进、创先进的良好风尚，推动基层党组织履职尽责创先进，促使广大党员立足岗位争优秀，为基层党建工作注入新的动力和活力。

基层党组织是党团结人民群众、推进改革发展、促进社会和谐稳定的战斗堡垒，必须下大气力坚持不懈地抓紧抓实抓好基层党组织的日常建设，全面持久地夯实党的组织基础和工作基础。基础不牢，地动山摇。基层安，天下安。人民群众工作和生活在社会基层，他们看发展繁荣，看和谐稳定，看党的作风，首先从身边看起，从基层看起。而看基层的状况，又要先看基层党组织的状况。基层党组织巩固了、坚强了，他们的创造力、凝聚力、战斗力提高了，作用充分发挥出来了，基层不断呈现出发展繁荣和和谐稳定的局面，我们党、我们国家兴旺发达和长治久安就有了深厚力量源泉和坚实组织基础。这些最基本的道理，我们要牢牢记住。

改革开放以来，我国城乡基层社会结构、生产方式和组织形态发生了深刻变化，由此带来基层党建工作的环境、对象、方式也发生了深刻变化。各级党委要准确把握这种变化，把联系服务群众、做好群众工作作为基层党组织的核心任务、基层干部的基本职责，着眼全覆盖、规范化、长效化，改进和创新基层党组织工作思路、工作内容、工作方式，把基层党建工作做实、做深、做细、做精，把基层党建工作成效落实和体现到推动科学发展、解决群众疾苦、化解基层矛盾、维护社会稳定、密切党群关系、夯实执政根基上来，努力走出一条新形势下做好基层党建工作的新路子。要按照构建城乡统筹的基层党建新格局的要求，组织城乡基层党组织开展多种形式的结对共建、对口帮扶活动，引导城市基层党组织从政策、人才、技术、信息、资金、物资等方面帮扶农村党组织。要依托街道社区，积极探索区域化党建模式，充分发挥辖区内各类党组织的优势，通过组织共建、人才互动、党员联管、活动互助等方式，整合利用区域党建资

源，提升基层党建工作水平。

近年来，随着城市化进程的加快，县级城区越来越成为矛盾集中地，不少群体性事件发生在县城。各级党委和组织部门要高度重视加强县级城区基层党建工作，采取有力措施解决存在的突出问题，提高基层党组织解决复杂矛盾、处置突发事件能力。要加强和改进边疆民族地区基层党组织建设，使这些地区的基层党组织在团结各族群众、推动发展、促进和谐、反对分裂、维护稳定中充分发挥战斗堡垒作用。

做好抓基层、打基础工作，必须有一定的物质条件。各地要根据经济社会发展水平，探索建立以财政投入为主、多渠道投入的基层党建工作经费保障机制，继续加强村级组织活动场所、党员群众服务中心等阵地建设，进一步解决基层组织无钱办事、服务功能不强等突出问题。要重视基层干部队伍建设，为他们提供合理的待遇保障，解除后顾之忧，把中央关于真正重视、真情关怀、真心爱护基层干部的要求落到实处。要坚持党在农村的基本经济制度和基本政策，把发展壮大村级集体经济作为基层党组织一项重大而又紧迫的任务来抓，着力破解村级集体经济发展难题，增强基层党组织的凝聚力，提高村级组织服务群众能力。

做好抓基层、打基础工作，关键是要有一支熟悉基层、热爱基层、扎根基层、服务基层的高素质带头人队伍和党务工作者队伍。要精心组织好村“两委”换届，以此为契机选好配强村级领导班子。现在，不少农村、企业、社区等基层党务工作者存在年龄大、文化低等问题，而年轻干部又引不来、留不住、成长难。加强基层党务工作者队伍建设，事关党的路线方针政策在基层的贯彻落实，事关基层党建工作的成效，需要引起高度重视。各地在这方面已做了不少探索，如实施大学生“村官”计划、选派党政机关干部到基层任职、从当地优秀人才中发现和培养等，多管齐下拓宽基层党务工作者的来源和渠道，效果不错。希望各地进一步积极探索，创造更多更好的经验。

四、认真落实全国人才工作会议精神，完善人才发展体制机制，积极推进人才政策创新

2010年，中央召开了全国人才工作会议，颁布了中长期人才发展规划纲要，提出了建设人才强国的战略目标。各级组织部门要在党委领导下，坚持党管人才原则，发挥好牵头抓总作用，不断完善人才工作格局，建立健全人才工作目标责任制，推动人才发展规划各项任务的落实。

做好人才工作，很重要的是抓好创新型科技人才队伍建设，造就一批世界一流的科技创新人才和创新团队。科技创新是寂寞艰辛的工作，也是充满希望的事业，需要广大科技人员以十年磨一剑的精神，心无旁骛地潜心钻研。现在的问题是，一部分科研和教学人员长期忙于争项目、跑资金、应付各种评审，未能把主要精力放在科研上。要针对这种情况，制定有利于科技人员专注研究和创新的政策，把广大科技人员的主要精力和创造智慧引导到攀登科技高峰、服务经济社会发展上来，扬长避短，充分发挥他们的专业技术特长。要积极推行高校、科研机构等事业单位的改革，开辟体现科技人员和管理人员不同特点的职业发展道路，鼓励和支持科技人员在科技创新实践中成就事业并享有相应的经济社会待遇。要尊重科学发现、技术发明规律，完善以质量和创新为导向、以成果和贡献为依据的科研评价制度，把广大科技人员从不必要的、烦琐的考评中解脱出来。同时，要完善科研经费管理制度，进一步整合资源，扩大科研机构自主权，提高经费使用效率。

近年来，各地大力实施引进海外高层次人才的“千人计划”，人才引进工作取得明显成效。需要强调的是，人才引进中要正确处理数量与质量的关系，坚持质量第一，既要放手大胆使用，充分发挥他们的作用，又要加强海外人才的识别、评价和管理，重点引进能够突破关键技术、发展高新技术产业、带动新兴学科的战略性

科技人才和创新创业的领军人才。要把握节奏，采取更加务实的态度和科学的方法，坚持以用为本、按需引进，积极稳妥地推进海外高层次人才引进工作。人才引进政策要统筹兼顾，既要坚持为引进海外人才提供优惠政策，同时要研究和采取有效措施，保护好、调动好、发挥好广大国内人才的积极性。

统筹区域协调发展是国家的大战略、大政策。人才工作必须为这个大局提供支持。目前，欠发达地区特别是基层人才匮乏、农村人才匮乏、人才向条件好的地方流动问题很突出，已经成为制约欠发达地区和农村发展的瓶颈。要根据国家实施区域发展总体战略的需要，着眼于深入推进西部大开发、大力促进中部地区崛起、全面振兴东北地区等老工业基地，加强重大人才项目布局，加大重大人才政策支持力度。研究和采取切实有效的政策措施，发挥我们的制度优势，引导各类人才向西部地区流动、向欠发达地区流动、向基层流动、向农村流动。充分依托对口支援渠道、干部人才援疆援藏项目等，组织开展各类人才定向选派和定向培养。坚持政府引导与市场调节相结合，制定有吸引力的倾斜政策，促进区域人才协调发展。

五、进一步加强组织部门自身建设，在抓落实上下功夫、见成效

近几年，组织部门发扬求真务实精神，带头推进干部人事制度改革、带头开展党性集中教育、带头创建学习型机关、带头开展创先争优活动，在加强自身建设方面做了大量工作。广大组工干部坚持原则、公道正派、甘为人梯、清正廉洁，树立了良好形象。希望各级组织部门再接再厉、继续努力，在加强自身建设上不断取得新进步。

组织部门是各级党委主管组织工作、干部工作的重要职能部门，是党委在组织工作、干部工作方面的助手和参谋，承担着领导班子和干部队伍建设、党组织和党员队伍建设的重要职责，工作任务重、工作战线长、工作头绪多，社会关注度高。这就要求我们站位要高、视野要宽、定位要准，深刻认识和把握党的组织工作与党的中心任务的内在联系，深刻认识和把握组织工作规律，坚持着眼大局、超前思考、科学谋划、合理布局，搞好宏观规划，注意突出重点，处理好重点工作与其他工作的关系，把握好工作的力度和节奏，防止工作缺位、错位。新的形势下，组织工作面临的新情况新问题很多。各级组织部门要围绕组织工作服务科学发展、加快转变经济发展方式需要解决的突出问题，围绕组织工作、干部工作中一些重大理论和现实问题，围绕广大干部群众反映强烈的热点、难点问题，拿出更多的时间和精力深入实际进行专题调查研究，总结各地区各部门特别是基层的实践经验，探索和寻求破解难题的措施和办法。要加强作风建设，进一步转变文风、会风和工作作风，坚持眼睛向下看，身子往下沉，做到既有清晰的工作思路和周密的工作部署，又能认认真真抓实施、抓落实。要建立抓落实的责任制，各项工作都做到责任到领导、责任到各个部门和单位、责任到岗到人，一级抓一级、层层有保障，确保各项工作扎实有效地推进。在抓落实过程中，要注意分类指导，及时掌握工作进展，根据实际情况完善措施、改进工作，帮助解决落实中遇到的困难和问题。

公道正派是组工干部必须恪守的职业道德和职业准则，也是提高自身素质的基本要求。公道正派源于党性。各级组工干部要把公道正派作为立身之本内化于心、外用于行，贯彻和体现到自己工作的全过程和各方面，任何时候任何情况下都要始终忠诚党的事业，严格按照党的原则和政策办事，带头讲党性、重品行、作表率，不为个人得失、远近亲疏和歪风邪气所困惑、所干扰，公道正派地选人用人，旗帜鲜明地同违反党的原则的不正之风作斗争。组工干部特别是领导干部往往成为那些跑官要官者和别有用心者拉拢腐蚀的对象，如果把握不住自己就可能犯错误甚至违法犯罪。要警钟长鸣、防微杜渐，自觉做到遵规守法、情趣健康、交友谨

慎，提高拒腐防变能力，始终保持清正廉洁。

各级党委要切实加强对组织部门的领导，认真研究和解决组织工作中的重大问题，为组织部门开展工作创造必要条件，在机构设置、人员配备、经费保障等方面保证承担工作任务的需要。要加强对组工干部的培养教育，关心他们的成长进步，坚持以事业留人、感情留人、适当的待遇留人，充分调动他们的积极性、主动性、创造性。要特别注意保护那些党性强、敢于坚持原则的同志，为他们开展工作创造良好条件。

新的一年组织工作任务繁重，使命光荣。我们要紧密团结在以胡锦涛同志为总书记的党中央周围，坚持以邓小平理论和"三个代表"重要思想为指导，深入贯彻落实科学发展观，开拓进取、真抓实干，进一步提高组织工作科学化水平，努力取得组织工作新进步和新成绩。

深刻理解《建议》主题主线
促进经济社会全面协调可持续发展

李克强

党的十七届五中全会通过的《中共中央关于制定国民经济和社会发展第十二个五年规划的建议》（简称《建议》），高举中国特色社会主义伟大旗帜，以邓小平理论和"三个代表"重要思想为指导，深入贯彻落实科学发展观，根据实现全面建设小康社会奋斗目标的新要求，结合当前国际国内新形势，确定了"十二五"时期我国经济社会发展的指导思想、总体思路、目标任务和重大举措，对今后5年发展作出了全面部署，是指导"十二五"时期经济社会发展的纲领性文件。《建议》明确提出，制定"十二五"规划必须以科学发展为主题，以加快转变经济发展方式为主线。深刻理解《建议》的精神实质和"十二五"规划的主题主线，对于继续抓住和用好我国发展的重要战略机遇期、促进经济社会全面协调可持续发展、夺取全面建设小康社会新胜利、推进中国特色社会主义伟大事业，具有十分重要的意义。

一、正确认识"十二五"经济社会发展的国内外环境

"十一五"期间，面对复杂多变的国际环境和艰巨繁重的改革发展任务，我们党团结带领全国各族人民，继续解放思想，坚持改革开放，推动科学发展，促进社会和谐，有效应对了国际金融危机巨大冲击，战胜了汶川特大地震等重大自然灾害，成功举办了北京奥运会和上海世博会，胜利完成了"十一五"规划确定的主要目标和任务，我国经济社会发展取得新的巨大成就。

"十二五"时期，是我国全面建设小康社会的关键时期，也是深化改革开放、加快转变经济发展方式的攻坚时期。综观国际国内形势，世情和国情继续发生深刻变化，变化孕育着机遇，也伴随着挑战，我国经济社会发展呈现新的阶段性特征。

（一）国际环境的新趋势

当前世界正处于大发展大调整大变革之中，国际金融危机引发全球经济发展模式、供需关系、治理结构调整变化，外部环境更趋复杂，给我国经济社会发展带来多方面影响。

一是世界经济增长和市场需求发生新变化。世界经济不确定性仍然较大，国际金融危机的深层次影响依然存在，各国经济复苏仍不

均衡，贸易保护主义有所抬头。主要发达国家失业率居高不下、消费不振，房地产、金融等支柱产业在危机中受到重创，新的经济增长点短期内还难以形成。一些国家政府负债过高，财政收支矛盾突出，其潜在危害和影响不容小视。特别是一些主要经济体为刺激本国经济复苏，持续实施扩张性货币政策，大量投放流动性，可能会引起国际金融市场的动荡，推动能源资源等大宗商品价格上涨；热钱的涌入也会对新兴经济体发展带来冲击。与此同时，世界范围内经济结构重组引人关注。一些发达国家开始倡导储蓄、鼓励出口并支持实体经济发展，试图解决财政赤字和政府债务过高、经济"虚拟化"等问题。有的发达国家还实施扩大出口战略，推行产业回归和制造业再造，力求改善贸易失衡状况。世界经济缓慢增长，全球需求结构明显变化，对我国稳定和拓展外需、保持经济平稳较快发展形成新的压力，也对我们在内需和外需的平衡中把握机遇、应对挑战提出了新的要求。

二是科技创新和产业升级孕育新突破。国际金融危机催生新的科技革命，世界可能进入创新集聚爆发和新兴产业加速成长时期，绿色发展成为一大趋势。不少发达国家在应对危机中提出"绿色新政"，制定未来发展战略，大幅增加研发投入，支持新能源、生物医药、信息网络等领域创新发展。全球范围内，绿色经济、低碳技术等正在兴起，抢占未来发展制高点的竞争日趋激烈。在有些领域，新兴经济体与发达国家的差距相对较小。在这样的背景下，只要我们把握趋势、应对得当，就可能抢占先机、赢得优势，推动实现跨越式发展。否则，就会贻误时机，难以实现赶超，甚至陷于被动和落后。

三是国际治理结构出现新调整。经历金融危机的洗礼，国际社会积极推动全球治理结构和金融监管制度改革。通过改进和完善已有架构，形成一个有利于兼顾公平和效率的全球治理体系，以反映国际政治经济格局的变化，已成为各方共识。世界银行、国际货币基金组织治理结构调整已经实施或正在推进，新兴经济体和发展中国家话语权有所增强。各国围绕气候变化、能源资源安全、粮食安全、公共卫生安全等全球性问题的合作与博弈强化，牵动着国际关系调整演变和国际力量分化组合。如何适应国际政治经济格局变化，趋利避害，有所作为，是我们面临的新课题。

（二）国内环境的新特征

"十一五"时期，我国经济社会发展又上了一个新台阶，我们已经站在一个新的历史起点上。但发展中不平衡、不协调、不可持续问题依然突出，发展的环境和条件继续发生新变化。

一是经济社会结构变化呈现新特点。2009年，我国人均国内生产总值达到3700美元，2010年有望超过4000美元，"十二五"期间将向更高水平迈进。国际经验表明，人均国内生产总值从3000美元向10000美元提升的阶段，既是中等收入国家向中等发达国家迈进的重要阶段，又是矛盾增多、爬坡过坎的关键阶段。对我国而言，在这个阶段，随着人均收入水平继续提高，消费结构将持续升级，投资结构、产业结构也将随之调整变化，带动工业化、信息化、城镇化、市场化、国际化深入发展，为持续发展提供有力支撑。同时，在快速增长变动中，经济结构升级的约束增多，社会结构平衡的难度加大，经济和社会转型的进程中存在不少需要解决的矛盾和问题，在推动经济发展的同时，亟待加强和改善社会建设。

二是传统增长模式面临新挑战。现在，我国经济规模已位居全球前列，但人均国民收入仍排在世界百位左右。在我们这样一个有着十几亿人口的大国推进现代化，在人类历史上还没有先例。在经济持续发展中瓶颈制约也明显加大，传统的增长模式难以为继。主要表现在：能源资源和生态环境约束强化，节能减排任务艰巨。国际收支不平衡，外贸增长方式粗放。投资和消费关系失衡，消费率偏低。城乡和区域发展不协调，收入分配差距较大。产业结构不合理，科技创新能力不强，许多核心与关键技术受制于人。农业基础仍然薄弱，受土地、水、自然灾害等多重制约，主要农产品稳产增产难度较大，加上市场流动性较多、国际市场价格波动等因素的影响，保持国内价格稳定、管理通胀预期的压力加大。就业总量压力和结构性矛盾并存，社会矛盾明显增多。经济增长的内生动力不足，制约科学发展的体制机制障碍依然较多。

三是人民群众对提高生活水平和质量有了新期待。群众的温饱问题基本解决后，对提高生活水平和改善生活质量的愿望明显增强。近些年来，尽管我国社会事业有了很大进步，但总体上依然滞后于经济发展，仍是现代化建设中的一块“短板”。在就业、教育、住房、医疗卫生、环境保护、社会保障等关系群众切身利益的领域，还存在不少难点和焦点问题，基本公共服务的可及性、公平性仍然不够。社会主体的多元性、独立性、选择性增强，而社会建设还不到位，经验缺乏，人才也不足。这些都与人民群众对过上更好生活的新期待有较大差距。

（三）我国仍处于发展的重要战略机遇期

党的十六大提出，新世纪头20年，对我国来说，是一个必须紧紧抓住并且可以大有作为的重要战略机遇期。党的十七大提出，机遇前所未有，挑战也前所未有，机遇大于挑战。《建议》明确提出，我国发展仍处于可以大有作为的重要战略机遇期，既面临难得的历史机遇，也面对诸多可以预见和难以预见的风险挑战。我们要科学把握发展规律，主动适应环境变化，有效化解各种矛盾，更加奋发有为地推进我国改革开放和社会主义现代化建设。这是在新的时代背景下对我们党重要战略机遇期思想的进一步阐述，是指导我们正确把握国际国内形势的重大战略判断。

改革开放30多年来，我们把握时代脉搏，顺应历史潮流，把工作重心转移到经济建设上来，由关起门来搞建设转向通过开放促发展，由传统计划经济逐步转向社会主义市场经济，我国经济总量、综合国力和人民生活水平显著提升。新世纪以来，我们继往开来，与时俱进，适应国内外形势的发展变化，战胜各种困难和风险，在全面建设小康社会、加快推进社会主义现代化中迈出坚实步伐。

应当看到，我国发展的有利条件、内在优势和长期向好趋势没有改变。我国人均国民收入稳步增加，市场需求潜力巨大，发展的回旋余地广阔，物质技术基础日益增强，产业体系比较完整，资金、劳动、科技等生产要素组合具有综合优势，经济体制活力显著增强，政府宏观调控和应对复杂局面能力明显提高，社会大局保持稳定。经过近些年的磨砺尤其是国际金融危机的考验，在许多方面又积累了新的经验、铸造了新的优势。我们有信心、有条件、有能力把经济平稳较快发展的形势长期保持下去。

还应看到，我国发展的重要战略机遇期也没有因为国际金融危机而改变。和平、发展、合作仍然是时代潮流，世界多极化趋势更加明显，经济全球化继续深入发展，国际环境总体上仍有利于我国和平发展。国内外两个大局互动加深，相互联系更为紧密，为我国在全球范围提高配置资源能力、拓展外部发展空间提供了机遇；全球科技产业变革趋势，为我国发挥后发优势、实现技术和产业整体跃升创造了条件；国际经济体系和治理结构进入调整期，发展理念和模式的多样性更加受到重视，为构建公平、公正、包容、有序的国际经济新秩序，使我们在更大程度上参与国际事务成为可能。

当今世界正在发生广泛而深刻的变化，当代中国正在发生广泛而深刻的变革，战略机遇十分宝贵，时不我待，稍纵即逝。同时应当清醒地看到，机遇和挑战总是并存的。我们必须进一步增强责任感、紧迫感，增强机遇意识、忧患意识和风险意识，在形势发展变化中捕捉新机遇，在国际国内相互影响中把握主动权，清醒认识前进道路上可能遇到的困难和问题，妥善应对各种挑战，继续紧紧抓住并用好可以大有作为的重要战略机遇期，推动经济社会发展和综合国力再上新台阶。

二、牢牢把握“十二五”发展的主题和主线

主题和主线是发展的指南，也是规划的灵魂。以科学发展为主题、以加快转变经济发展方式为主线，符合党心民心，符合时代潮流，符合现代化建设要求，具有很强的指导性和现实意义。把握好“十二五”时期发展的主题和主线，是深刻理解和贯彻落实《建议》精神的关键。

（一）以科学发展为主题，是时代的要求，关系改革开放和现代化建设全局。改革开放以来，我国发展取得举世瞩目的成就，但必须看到，我国仍处于并将长期处于社会主义初级阶段的基本国情没有变，人民日益增长的物质文化需要同落后的社会生产之间的矛盾这一社会主要矛盾没有变，我国仍然是世界上最大的发展中国家。人口多、底子薄、发展不平衡的基本国情，是我们考虑问题的重要出发点。资源相对不足、环境容量有限，成为我国基本国情的新特征。我们已经取得的发展成果与广大人民群众的要求相比还有较大差距，达到全面建设小康社会目标、基本实现现代化还需要继续奋斗十年、几十年，发展经济和改善民生的任务仍然繁重而艰巨。发展是我们党执政兴国的第一要务，是解决中国所有问题的关键、基础和“总钥匙”，必须毫不动摇地坚持发展是硬道理的战略思想，坚持聚精会神搞建设，一心一意谋发展，坚定不移地实现现代化的既定目标。

在新的时代背景下，我们所谋求的发展，必须是科学发展。坚持科学发展；需要更加注重以人为本，更加注重全面协调可持续发展，更加注重统筹兼顾，更加注重保障和改善民生，促进社会公平正义。要着力把握发展趋势，创新发展理念，转变发展模式，完善发展机制，破解发展难题，调整和优化经济结构，促进资源节约和环境保护，实现又好又快发展。要认识规律，遵循规律，按经济、社会、自然等客观规律办事，把发展的途径和方式与发展的成效和结果有机统一起来，真正实现科学发展。

（二）以加快转变经济发展方式为主线，是推动科学发展的必由之路，符合我国基本国情和发展阶段性新特征。我国已经进入只有加快转变经济发展方式才能实现可持续发展的关键时期。其一，这是贯彻落实科学发展观的战略举措。只有转变经济发展方式，才能解决不平衡、不协调、不可持续的问题，使发展走上科学发展的轨道。其二，这是我国发展实践的深化和经验的总结。早在“九五”时期，中央就提出要实现经济增长方式从粗放型增长向集约型增长的根本性转变。党的十七大又提出了经济发展方式转变的战略任务，强调从需求结构、产业结构、要素投入结构三个方面加以转变。其三，这是适应发展新阶段、解决现实问题的迫切要求。世界经济结构调整、发展模式转型所形成的“倒逼机制”，化解国内经济社会发展中各种矛盾的现实需要，对推动经济发展方式转变形成外在压力和内在动力。尤其需要指出的是，加快转变经济发展方式是全面建设小康社会的客观要求。党的十七大提出了到2020年实现全面建设小康社会的奋斗目标，现在只有10年时间了。只有加快转变经济发展方式，才能建成惠及十几亿人口的更高水平的小康社会。面对存在的矛盾和问题，转变经济发展方式已经刻不容缓，关键要在“加快”上下功夫、见实效，早转早主动，能够实现更好更大的发展；晚转则被动，付出的代价大，影响发展全局。

加快转变经济发展方式，是我国经济社会领域一场深刻变革，必须贯穿经济社会发展全过程和各领域。转变经济发展方式，涉及发展理念的变革、模式的转型、路径的创新，是一种综合性、系统性、战略性的转变，与改革开放的要求一脉相承、一以贯之。改革开放是现代化建设的必由之路，转变经济发展方式也是现代化建设和实现科学发展的必由之路。从这个意义上说，转变也是改革。《建议》明确提出了加快转变经济发展方式的“五个坚持”的基本要求，即坚持把经济结构战略性调整作为主攻方

向，坚持把科技进步和创新作为重要支撑，坚持把保障和改善民生作为根本出发点和落脚点，坚持把建设资源节约型、环境友好型社会作为重要着力点，坚持把改革开放作为强大动力。这是转变经济发展方式的基本内涵，是规划主线的具体体现。

（三）加快转变经济发展方式，需要处理好转变与发展的关系，在发展中促转变，在转变中谋发展。转变是发展的必然要求，不转变，发展就会重量轻质、不可持续。发展是转变的基本前提，不谋发展，转变就成了无源之水、无本之木。转方式与谋发展是内在统一、相互促进的。促转变，要坚持好字当头、快在其中，为长期平稳较快发展提供支撑。谋发展，要坚持科学发展的第一要义，以科学的方式推动发展。我们加快转变经济发展方式，是经济增长、持续发展中的转变，也是调整结构、有促有控、调优调强的发展。我们要切实在加快转变上下更多功夫、见更大实效，使经济增长真正建立在优化结构、提高效益、降低消耗、保护环境、改善民生的基础上，努力实现全面协调可持续发展。

三、切实把加快转变经济发展方式贯穿经济社会发展全过程和各领域

加快转变经济发展方式，是当前和今后一个时期我国经济社会发展的重大战略任务。在这个过程中，既要促进经济转型，也要创新体制机制。这就要求我们把经济增长与结构调整更好地结合起来，把经济发展与改善民生更好地结合起来，把发展生产力与调整生产关系更好地结合起来，在改革开放中努力提高发展的质量和效益，促进经济长期平稳较快发展。

（一）加快推进经济结构战略性调整

经济结构不合理，是我国经济发展方式存在诸多问题的主要症结所在。调整经济结构既具有长期性、艰巨性，又是当前一项紧迫的任务。必须按照加快转变经济发展方式的要求，针对突出矛盾，采取有力举措，大力推动需求结构、产业结构、要素投入结构、城乡结构、区域结构的全方位调整，实现经济转型升级。

一是坚持扩大内需战略。扩大内需是我国经济发展的基本立足点和长期战略方针，也是转方式、调结构的重要任务。从国际经验看，以内需为主导，是大国经济发展的必然途径。我国人口众多，地域辽阔，内需潜力是促进我国长期平稳较快发展的最大优势。扩大内需要把扩大消费需求作为战略重点，注重发挥投资与消费的协调拉动作用。消费一头连着生产、一头连着民生，扩大消费是提高经济内循环能力的根本途径。核心是要大力提高居民消费能力，建立起促进消费和扩大内需的长效机制，在消费政策、消费环境、消费业态等方面综合施治、多策并举，鼓励和引导居民消费。

扩大内需，保障和改善民生，需要提高居民消费能力，这也就必然要求深化收入分配制度改革。要更加注重就业创业和劳动报酬在初次分配中的作用，更加注重社会保障和公共服务在再分配中的作用，通过健全初次分配和再分配调节体系，合理调整国家、企业、个人分配关系，努力实现居民收入增长与经济发展同步、劳动报酬增长与劳动生产率提高同步，明显增加低收入者收入，持续扩大中等收入群体，扭转收入差距扩大趋势。

投资是扩大内需的重要力量，我国正处于经济快速发展的阶段，需要保持适当的投资增长速度，但如果投资率过高，各方面条件难以承受。应当把政策重点放在优化投资结构、提高投资效益上，把增投资与扩消费、惠民生更多地结合起来，实现一举多得。要鼓励和支持民间投资，管好用好政府公共投资，引导投资向重点领域倾斜，建设好关系发展全局和保障民生的重大工程，增强发展后劲，提高发展水平。

二是促进城乡区域协调发展。统筹城乡发展，是全面建设小康社会乃至整个现代化进程中的重大问题。“十二五”时期，我国城镇化率将超过50%，这意味着有一半以上人口将工作和生活在城镇。我们应当顺势而为，在推进工业化、城镇化的同时，大力推进农业现代化，加

快社会主义新农村建设。要坚持以工促农、以城带乡，加强水利等农村基础设施建设和公共服务，完善农村发展体制机制，确保耕地安全、粮食安全，促进农民稳定增收。城镇化是关系现代化全局的重大战略，是扩大内需、激发经济社会发展活力的重要引擎。我们应当遵循城镇化发展的规律，抓住城乡人口结构转折的重大机遇，以大城市为依托，以中小城市为重点，逐步形成辐射作用大的城市群，促进大中小城市和小城镇协调发展，构建城镇化战略格局。积极稳妥地推进城镇化，把符合落户条件的农业转移人口逐步转为城镇居民，在城镇化中释放内需潜力、促进城乡结构调整。区域协调发展关系经济繁荣、社会和谐、民族团结和国家安全。要按照“两个大局”战略思想和促进区域协调发展的要求，把深入实施西部大开发战略放在区域发展总体战略优先位置，全面振兴东北地区等老工业基地，大力促进中部地区崛起，积极支持东部地区率先发展，实现良性互动、共同发展。促进区域协调发展，需要对特殊地区采取特殊的政策措施。要加大对革命老区、民族地区、边疆地区、贫困地区的扶持力度，支持西藏、新疆等地的发展，这事关全局。要搞好主体功能区等规划引导，优化国土空间开发格局，实施分类管理的区域政策，促进人口、经济、社会与资源环境相协调。

三是推动科技创新和结构升级。加快转变经济发展方式，赢得发展先机和主动权，要靠科技创新。在创新路径上，对关键领域核心技术，要集中力量组织攻关推进原始创新，努力取得突破；对能够引进的技术，应善于站在“巨人”的肩上，搞再创新和集成创新，缩短创新的进程，获得最大的国家利益。科技创新的关键在人才，人才的基础在教育，把人口多的压力转化为丰富的人力资源、人才资源，是我们必须解决的重大问题，也是我国未来发展的巨大潜力所在，可以形成新的比较优势。近年来，国家在科技、教育、人才三个方面相继制定了中长期规划纲要，覆盖了“十二五”时期。要以这些规划为抓手，深入实施科教兴国战略和人才强国战略，充分发挥科技第一生产力和人才第一资源的作用，加快建设创新型国家，促进经济增长向主要依靠科技进步、劳动者素质提高、管理创新转变。

要把增强自主创新能力与完善现代产业体系结合起来，充分发挥科技创新对产业优化升级的驱动作用，强化企业在技术创新中的主体地位，引导资金、人才、技术等创新资源向企业集聚，推进产学研战略联盟，提升产业核心竞争力。要着眼于国际国内两个市场，继续发挥我国比较优势，用高新技术和先进适用技术改造提升传统产业。要面向社会生产和人民生活，加快发展服务业，加强现代能源产业和综合运输体系建设。还要着眼于抢占未来技术和产业制高点，大力培育发展战略性新兴产业，进一步发展高技术产业，努力形成先导性、支柱性产业。加快建设宽带、泛在、融合、智能、安全的信息基础设施，推进经济社会各领域信息化，推动信息化和工业化深度融合。

要把创新发展与绿色发展有机结合起来，推动形成节约能源资源、保护生态环境和有利于应对气候变化的产业结构、增长方式和消费模式。节约资源和保护环境是我国的基本国策，是经济社会发展的内在要求，也是世界各国发展的共同趋势。无论是发展战略性新兴产业，还是改造传统产业、促进服务业发展、加强基础设施建设，都要切实加强节约增效和生态环保。加快发展绿色经济、循环经济、低碳技术，大力推进节能环保技术改造，努力降低能源消耗强度和二氧化碳排放强度，加强防灾减灾体系建设，把节约和环保贯穿于生产、流通、消费、建设各个领域各个环节，加快建设资源节约型、环境友好型社会，提高生态文明水平，走可持续发展之路。

（二）协调推进经济发展和社会建设

社会建设是一举托两头的大事，既有利于改善民生，又有利于发展经济。社会事业的繁荣进步，是建设现代国家的要求。我国发展到今天，社会事业这块“短板”如不尽快补上，就会拖经济发展、扩大内需的后腿。现在，我们既需要也有条件加强社会建设。要把推进社会领域发展改革作为加快转变经济发展方式的重要着力点和公共财政支出的优先方向，促进社会和谐稳定与全面进步，增强经济社会全面发展能力，不断提高人民生活水平和质量。

要把促进基本公共服务逐步均等化作为社会建设的重要目标和内容，把基本公共服务制度作为公共产品向全民提供，完善公共财政制度，提高政府保障能力，建立健全符合国情、比较完整、覆盖城乡、可持续的基本公共服务体系，努力使发展成果惠及全体人民。做好这方面工作，应当区分“基本”和“非基本”两类性质的服务。基本的部分属于公共产品，保基本是政府义不容辞的责任。要明确今后5年基本公共服务范围和标准。保基本，应做到广覆盖、可持续，使保障范围逐步覆盖城乡全体居民，在保障标准上，既尽力而为又量力而行，刚开始可以低一些，以后再随着发展而逐步提高，增强政策的可持续性，使基本公共服务制度能够长期运行下去。非基本的部分，应当交给市场和社会，充分利用市场机制，逐步完善调控办法，通过发展相关行业，满足多层次、个性化的需求。这样做，既可以为社会资本开辟更大的投资空间，促进社会建设，又可以使政府更好地集中财力，履行保基本的职责。即使是政府提供的基本部分，也应注重利用市场手段，通过购买服务等多种方式，提高服务的质量和效率。社会领域既有事业也有产业。繁荣发展文化事业和文化产业，有利于满足人民群众不断增长的精神文化需求，有利于增强民族凝聚力创造力。应加快公共文化服务体系建设，促进文化市场和经营性文化产业加快发展，提升我国的文化软实力。

加强社会建设，重点是进一步保障和改善民生。应当从解决关系人民群众切身利益的问题入手，推进就业、教育、医疗、住房等方面重点民生工程，着力构建社会保障的安全网。近年开始实施的医药卫生体制改革、保障性安居工程等，已经取得初步成果，必须深入推进。要按照保基本、强基层、建机制的要求，深化医药卫生体制改革，加快实施近期五项重点改革措施，逐步把基本医疗卫生制度作为公共产品向全民提供。要强化各级政府职责，加大保障性安居工程建设力度，继续推进廉租住房建设，加快棚户区改造，大力发展公共租赁住房，增加中低收入居民住房供给。通过建机制，做到保基本、促公平、可持续，形成符合国情的住房保障和供应体系，促进房地产市场持续健康发展。我们应做更加艰苦细致的工作，把这些惠民利民的事情办实办好。

随着社会结构加快变动、利益格局深刻调整，各种社会矛盾也可能进入多发期，维护社会和谐稳定面临更大挑战。在新形势下，迫切需要我们完善社会管理格局，创新社会管理机制，加快向服务型政府转变，履行好政府社会管理和公共服务职责。要加强社会管理能力建设，健全基层管理和服务体系，提高城乡社区自治和服务功能。推动社会管理的重心下移。发挥群众组织和社会组织的作用，增强公民意识，推行公共治理，形成社会管理和服务合力。要针对社会安全保障的新形势，强化抗风险意识和危机管理能力，健全社会应急管理体制，按照预防与应急并重、常态与非常态结合的原则，有效处置自然灾害、事故灾难、公共卫生、社会安全等突发公共事件。

（三）深入推进改革开放和体制机制创新

实践表明，制约经济发展方式转变的最大症结在于体制机制不合理，推动科学发展根本上要靠强有力的制度保障。改革开放是发展的强大动力，也是加快转变经济发展方式的强大动力。“十二五”时期，是改革的攻坚时期，不加快改革，就可能贻误重要战略机遇期，丧失已有的发展成果。因此，我们必须以更大的决心、勇气和精力，全面推进各领域改革。要更加重视改革的顶层设计和总体规划，进一步明确改革的优先顺序和重点任务，进一步调动各方面改革的积极性，切实尊重群众首创精神，大力推进经济体制改革，积极稳妥推进政治体制改革，加快推进文化体制、社会体制改革，不断完善社会主义市场经济体制，使上层建筑更加适应经济基础发展变化，为科学发展与社会和谐提供有力保障。

推进经济体制改革，要力争在重点领域和关键环节取得突破。坚持和完善基本经济制度是经济体制改革的重要内容，要推进国有经济战略性调整，支持和引导非公有制经济发展，营造各种所有制经济公平竞争、共同发展的体制环境。行政体制改革是深化经济体制改革的必然要求，要加快转变政府职能，强化服务和监管职责，减少对微观经济活动的干预，充分发挥市场在资源配置中的基础性作用。财税体制对加快转变经济发展方式至关重要，要围绕完善中央与地方的财税关系、促进基本公共服务均等化、公平税负、节能环保等，加快财税体制改革。金融体制对资源有效配置具有关键作用，要立足我国国情，吸取国际金融危机教训，完善金融管理体制，增强金融企业活力，加强金融监管协调，防范系统性金融风险。市场价格是经济活动最为灵敏的信号，要深化资源性产品价格和要素市场改革，理顺价格关系，完善价格形成机制，健全要素市场。

在全球化深入发展的条件下，进一步扩大开放，是加快我国现代化建设的必然选择，也是与国际社会共同应对挑战、共享发展机遇的客观需要。“十二五”时期，要适应世界格局深刻变化，坚持对外开放的基本国策，实施互利共赢的开放战略，进一步扩大开放领域，拓展开放空间，提高开放质量，完善开放型经济体系，形成新形势下参与国际经济合作和竞争的新优势。扩大开放，有一个完善开放格局的问题。既要提升沿海开放、向东开放，又要加快沿边开放、向西开放，还要扩大内陆开放，积极承接国内外产业转移。扩大开放，也有一个转变外贸发展方式的问题。要下大力气推动外贸从规模速度型向质量效益型转变，推动我国产业在全球分工中逐步从低端向高端转变。扩大开放还有一个统筹“引进来”与“走出去”的问题。要在继续做好“引进来”工作、提高利用外资水平的同时，加快“走出去”步伐，着眼全球范围配置资源和要素，推动我国从贸易大国向贸易投资大国转变。要积极参与全球经济治理和区域合作，加快实施自由贸易区战略，反对贸易保护主义，推动国际经济秩序朝着更加公正合理的方向发展。

《建议》主题主线鲜明，内涵丰富，部署明确，是“十二五”时期我国经济社会发展的重要指导性文件。我们要认真学习、深刻领会《建议》精神实质，真正把思想认识统一到中央精神上来，统一到中央推动科学发展、加快转变经济发展方式的部署上来。要充分发挥党的领导核心作用，坚持用科学发展观教育和武装各级领导干部，加快建设学习型政党，不断提高各级领导班子和领导干部破解发展难题、创新发展模式、提高发展质量的能力，完善经济社会发展综合评价体系，努力调动各方面推动科学发展和加快转变经济发展方式的积极性，促进经济长期平稳较快发展和社会全面进步。

让我们紧密团结在以胡锦涛同志为总书记的党中央周围，高举中国特色社会主义伟大旗帜，开拓创新，扎实工作，促进经济社会全面协调可持续发展，为实现国民经济和社会发展第十二个五年规划和全面建设小康社会宏伟目标作出新的更大的贡献。

（此文载2010年11月15日《人民日报》）

坚持改革创新　狠抓工作落实
努力取得党风廉政建设和反腐败斗争新成效

——在中国共产党第十七届中央纪律检查委员会第六次全体会议上的工作报告

（2011 年 1 月 9 日）

贺国强

我代表中央纪律检查委员会常务委员会向第六次全体会议报告工作，请予审议。

这次全会的主要任务是：深入贯彻党的十七大和十七届三中、四中、五中全会精神，回顾总结 2010 年党风廉政建设和反腐败工作，研究部署 2011 年任务。党中央对这次会议十分重视，中央政治局和中央政治局常委会专门审议了这个报告，在京中央政治局、中央书记处的同志将出席会议，胡锦涛同志将发表重要讲话，我们要认真学习领会，坚决贯彻落实。

一、2010 年党风廉政建设和反腐败工作回顾

2010 年，面对国际国内形势的深刻变化，以胡锦涛同志为总书记的党中央团结带领全党全国各族人民，有效实施应对国际金融危机冲击的一揽子计划，加快转变经济发展方式，保持经济平稳较快发展，着力保障和改善民生，深化改革开放，有力应对青海玉树强烈地震、甘肃舟曲特大山洪泥石流等严重自然灾害，大力推进西藏、新疆跨越式发展和长治久安工作，成功举办上海世博会、广州亚运会，顺利完成全党深入学习实践科学发展观活动，胜利召开党的十七届五中全会，党和国家各项事业取得新的显著进展。党中央、国务院高度重视党风廉政建设和反腐败工作。胡锦涛同志在第十七届中央纪委第五次全会上发表重要讲话，对党风廉政建设和反腐败工作提出明确要求，着重阐述了加强反腐倡廉制度建设的重要性及基本要求；在党的十七届五中全会上，要求全党清醒认识反腐倡廉形势，深入开展党风廉政建设，坚决惩治和有效预防腐败。国务院召开第三次廉政工作会议，温家宝同志对政府系统反腐倡廉工作作出部署。各级党委、政府和纪检监察机关围绕贯彻落实党的十七届四中全会精神这条主线，着力解决反腐倡廉建设中人民群众反映强烈的突出问题，切实加强作风建设，强化对领导干部的教育和监督，推进反腐倡廉制度建设，进一步落实《建立健全惩治和预防腐败体系 2008—2012 年工作规划》，党风廉政建设和反腐败工作取得新成效，为全面做好党和国家各方面工作发挥了重要保障和促进作用。

（一）认真学习贯彻党的十七届四中、五中全会精神，加大监督检查力度，促进中央重大决策部署的贯彻落实。党的十七届四中、五中全会召开后，各级纪检监察机关深入学习全会精神，迅速作出部署，认真履行职责，严明党的纪律特别是政治纪律，努力抓好全会精神的贯彻落实。按照党中央、国务院的决策部署，继续加强对中央扩大内需促进经济增长政策落实情况的监督检查，24 个中央检查组分两轮深入各省（区、市）、新疆生产建设兵团以及有关行业和中央企业进行检查，实地检查项目 2399 个，发现问题 3589 个，提出整改建议 3394 条，有力促进了中央重大决策部署的顺利实施。围绕加快转变经济发展方式，重点就经济结构调整、节能减排和环境保护、规范和节约用地、房地产市场调控等政策落实情况开展监督检查。在继续抓

好汶川地震恢复重建监督检查的同时，开展对玉树强烈地震、舟曲特大山洪泥石流及部分地方严重旱灾、洪涝灾害救灾和灾后重建工作的监督检查。对中央关于西藏、新疆工作重大决策部署落实情况进行监督检查，坚决维护民族团结和社会稳定。总结推广廉洁奥运经验，廉洁办世博、廉洁办亚运工作取得明显成效。

（二）坚决查处违纪违法案件，惩治腐败力度进一步加大。2010 年，全国纪检监察机关共接受信访举报 1427186 件（次），立案 139621 件，结案 139482 件，给予党纪政纪处分 146517 人，涉嫌犯罪被移送司法机关处理 5373 人，立案、结案件数和党纪政纪处分人数同比都有所增长。严肃查处了康日新、黄瑶、宋勇、许宗衡等一批大案要案。治理商业贿赂专项工作扎实推进，全国共查办商业贿赂案件 1.59 万件，涉案金额 42.99 亿元。坚持依纪依法、安全文明办案，制定下发加强办案安全工作的意见，案件审理和监督管理工作得到加强，办案质量和水平进一步提高。开展案件剖析和警示教育，惩治和预防腐败的综合效应更加显现。

（三）加大专项治理工作力度，解决反腐倡廉建设中人民群众反映强烈的突出问题取得明显成效。颁布《关于领导干部报告个人有关事项的规定》和《关于对配偶子女均已移居国（境）外的国家工作人员加强管理的暂行规定》，加强学习教育和舆论宣传，确定联系点先行先试，为在全国全面施行作了工作准备。进一步落实党政机关厉行节约各项要求，在地厅级以上党政机关全部实行公款出国（境）经费先行审核制度，制止奢侈浪费工作成果进一步巩固。2010 年，全国因公出国（境）、公务用车购置及运行、公务接待等 3 项经费的财政预算，在 2009 年已缩减的基础上又压缩了 57.51 亿元；全国党政干部因公出国（境）团组数、人次数和经费数与 2006—2008 年平均数相比分别下降 47.1%、43.9% 和 32.6%。工程建设领域突出问题专项治理扎实推进，全国共排查工程建设项目 36.7 万个，整改问题 15.87 万个，查办违纪违法案件 1.56 万件。“小金库”专项治理工作深入开展，全国党政机关和事业单位共清理出“小金库”25738 个，涉及金额 127.86 亿元。出台《关于党的基层组织实行党务公开的意见》和《关于开展县委权力公开透明运行试点工作的意见》，党务公开工作稳步推进。反腐倡廉网络舆情收集、研判、处置和引导机制逐步完善，人民群众参与反腐倡廉建设的渠道更加顺畅。

（四）落实“四个大兴”的要求，党的作风建设深入推进。按照大兴密切联系群众之风、求真务实之风、艰苦奋斗之风、批评和自我批评之风的要求，加大对党政机关和领导干部作风方面突出问题的整顿力度。颁布实施《党政领导干部选拔任用工作责任追究办法（试行）》等 4 项监督制度，严厉整治选人用人上的不正之风。清理规范评比达标表彰工作成果进一步巩固。各地区各部门结合实际，开展了领导干部集中下访和定期接访、治庸治懒等作风建设活动。完善国有企业“三重一大”决策制度，规范农村集体资金、资产、资源管理，推进高等学校反腐倡廉建设，基层党风廉政建设得到加强。

（五）坚持以人为本，纠正损害群众利益不正之风取得新成效。针对重大自然灾害较多和国家抗灾救灾及灾后重建投入增多的实际，强化对各类救灾救济、扶贫资金的监管，开展强农惠农资金专项清理和检查，进一步完善征地补偿机制，切实维护人民群众利益。加大打击制售假冒伪劣食品药品力度。全国 50% 以上的政府办基层医疗卫生机构实施了基本药物制度，药品价格有所下降。教育收费行为进一步规范。公路基本无“三乱”成果得到有效巩固。依法开展对安全生产法律法规执行情况的监督检查，严肃查处生产安全责任事故。对社保基金、住房公积金的监管力度加大。民主评议政风行风工作进一步深化。

（六）认真贯彻新修订的《中国共产党党员领导干部廉洁从政若干准则》，反腐倡廉宣传教育和监督工作得到加强。首次发布《中国的反腐败和廉政建设》白皮书，大力开展反腐倡廉宣传工作。深入开展廉政准则的学习宣传，加强示范教育、警示教育和岗位廉政教育，廉政文化创建活动扎实开展。督促各地区各部门严格执行廉政准则，召开了专题民主生活会，解决了一批领导干部廉洁自律方面的突出问题。据不完全统计，全国共有39045名干部主动上缴礼金、有价证券合计金额3.8亿元。一些领导干部违反规定私自从事营利性活动的行为受到查处。诫勉谈话、述职述廉、函询等党内监督制度进一步落实。中央巡视组完成对12个省（区、市）、8家中央金融机构和国有重要骨干企业的巡视，各省（区、市）认真开展对市（地、州、盟）、县（市、区、旗）和有关单位的巡视，部分中央和国家机关以及金融机构和国有重要骨干企业积极开展对所属单位的巡视，巡视工作领导体制、工作机制和配套制度日益完善，对领导班子和领导干部的监督得到加强。政府信息公开全方位推行，政务公开、厂务公开、村（居）务公开和公共事业单位办事公开广泛实行。绩效管理和行政效能监察工作逐步开展。

（七）推进反腐倡廉制度建设和改革创新，从源头上防治腐败工作深入开展。认真贯彻胡锦涛同志在第十七届中央纪委第五次全会上的重要讲话精神，加大反腐倡廉制度建设力度，将任务逐项分解到中央和国家机关有关部门及单位，制定或修订了一批反腐倡廉法规制度。开展惩治和预防腐败体系建设检查，反腐倡廉制度执行力得到提高。行政审批制度改革继续推进，截至目前，国务院已分五批取消和调整了2183项行政审批项目，占原有项目总数的60.6%。贯彻《2010—2020年深化干部人事制度改革规划纲要》，重点改革项目取得明显成效。政法机关执法监督、执法过错责任追究等制度逐步健全。预算公开大力推进，财税管理体制改革进一步深入。政府重大投资项目公示试点和项目后评价工作继续深化，国有产权交易市场更加规范，金融体制改革和风险控制取得初步成效。各地区各部门坚持改革创新，在公共资源交易制度改革、廉政风险防控等方面进行了积极探索，形成了许多反腐倡廉创新成果。中央纪委召开全国反腐倡廉建设创新经验交流会，总结推广了一批基层创造的成功经验。

（八）巩固学习实践活动和主题实践活动成果，纪检监察机关自身建设取得新进展。全面总结纪检监察系统学习实践活动和“做党的忠诚卫士、当群众的贴心人”主题实践活动，制定下发《关于进一步加强和改进纪检监察干部队伍建设的若干意见》，特别是提出“五严守、五禁止”的纪律规定，要求纪检监察干部进一步树立监督者更要接受监督的理念。全面推进地方县级纪检监察机关建设，加强和改进中央企业和中央金融机构纪检监察组织建设。积极开展创先争优活动，深入宣传王瑛等纪检监察战线先进典型。集中培训全国市级纪委书记和市辖区纪委书记。中国纪检监察学院一期建成并开展培训。

在推进党风廉政建设和反腐败斗争实践中，中央纪委常委会高度重视自身建设，始终强调要坚持正确的政治立场和政治方向，按照党要管党、从严治党的要求，坚决贯彻中央的决策部署，自觉同以胡锦涛同志为总书记的党中央保持高度一致；坚持围绕中心、服务大局，自觉把纪检监察工作放在党和国家工作大局中谋划部署，加强监督检查，严肃政治纪律，确保中央政令畅通；坚持加强思想政治建设，用中国特色社会主义理论体系武装头脑、指导实践、推进工作，努力建设学习型领导班子，不断提高常委会组成人员的政治素质和履职能力；坚持以改革创新精神推动工作，及时总结基层创造的新鲜经验，不断推进反腐倡廉理念思路、工作内容、方式方法和体制机制创新；坚持认真贯彻民主集中制，建立和完善领导班子定期务虚制度，依靠集体智慧，实行科学决策；坚持严格执行廉洁自律各项规定，自觉接受监督；坚持加强纪检监察干部队伍建设，努力提高纪检监察干部的综合素质。中央纪委各位委员和各级纪检监察机关认真履行职责，积极完成工作任务，并对我们的工作给予了真诚帮助和大力支持，这里我代表中央纪委常委会向大家表示衷心感谢。我们在工作中还存在一些问题和不足，希望同志们提出意见和建议，帮助我们把工作做得更好。

在党中央、国务院的坚强领导下，经过全党全社会的共同努力，党风廉政建设和反腐败斗争取得了新的明显成效，总体呈现出良好发展态势。但我们必须清醒地看到，当前我国正处于体制转轨时期，各方面政策法规、体制机制还不完善，滋生腐败的土壤仍然存在，党风廉政建设仍面临不少新情况新问题，反腐败斗争形势依然严峻，任务依然艰巨。少数领导干部违纪违法问题仍然比较严重，一些重点领域中和关键岗位上的干部违纪违法问题突出，腐败现象在一些领域仍然易发多发；领导干部作风和廉洁从政方面仍然存在诸多问题；一些单位党组织和党员干部纪律观念淡薄、执行纪律不严；一些群众反映强烈的突出问题仍然没有得到有效解决；一些反腐倡廉制度执行还不够有力，建设科学严密、完备管用的反腐倡廉制度体系还任重道远，等等。我们必须深刻认识反腐败斗争的长期性、复杂性、艰巨性，既要看到反腐败斗争形势依然严峻复杂，居安思危，增强忧患意识，又要看到反腐败斗争取得的明显成效，充分认识深入推进反腐倡廉建设的有利条件，增强机遇意识，以更加坚定的信心、更加坚决的态度、更加有力的措施，推进反腐倡廉各项工作，不断取得党风廉政建设和反腐败斗争的新成效。

二、2011 年党风廉政建设和反腐败工作主要任务

2011 年是深入贯彻落实党的十七届五中全会精神、全面实施"十二五"规划的开局之年，是中国共产党成立 90 周年，也是全面落实《建立健全惩治和预防腐败体系 2008—2012 年工作规划》的关键一年。党和国家各方面工作任务十分繁重，纪检监察工作责任重大。今年工作总的要求是：全面贯彻党的十七大和十七届三中、四中、五中全会精神，高举中国特色社会主义伟大旗帜，以邓小平理论和"三个代表"重要思想为指导，深入贯彻落实科学发展观，坚持标本兼治、综合治理、惩防并举、注重预防的方针，认真执行党风廉政建设责任制，加强以保持党同人民群众血肉联系为重点的作风建设，加强以完善惩治和预防腐败体系为重点的反腐倡廉建设，着力解决反腐倡廉建设中人民群众反映强烈的突出问题，围绕中心、服务大局，突出重点、整体推进，改革创新、狠抓落实，不断提高反腐倡廉建设科学化水平，为顺利实施"十二五"规划、促进经济社会又好又快发展提供有力保证，以党风廉政建设和反腐败斗争的新成效迎接中国共产党成立 90 周年。

各级纪检监察机关要全面履行党章和行政监察法赋予的职责，既要统筹兼顾，整体推进党风廉政建设和反腐败斗争各项长期性、基础性工作，又要适应发展变化的新形势，顺应人民群众的新期待，抓住热点、破解难点，集中力量解决反腐倡廉建设中人民群众反映强烈的突出问题。

关于党风廉政建设和反腐败斗争的长期性、基础性工作，要着力抓好以下 3 个方面：

（一）严明党的政治纪律，加强监督检查，保证党的十七届五中全会精神和中央重大决策部署的贯彻落实

认真学习贯彻党的十七届五中全会精神是当前和今后一个时期全党的首要政治任务。各级纪检监察机关要准确把握"十二五"规划建议的指导思想、总体思路、目标任务和重大举措，全面贯彻中央关于加强党的作风建设和反腐倡廉建设的新部署新要求，加强对落实党的十七届五中全会精神情况的监督检查，为把全会提出的任务和措施落到实处提供保证。

按照"十二五"规划建议和中央经济工作会议要求，紧紧围绕科学发展这个主题和加快转变经济发展方式这条主线，会同有关部门对中央关于加强和改善宏观调控、做好"三农"工作、推进经济结构战略性调整以及市场价格调

控、房地产调控、规范和节约用地、资源节约和环境保护、保障和改善民生等重大决策部署执行情况开展监督检查,继续抓好对玉树、舟曲灾后恢复重建政策落实情况的监督检查,加强对中央第五次西藏工作座谈会和中央新疆工作座谈会精神以及维护民族团结和社会稳定决策部署贯彻落实情况的监督检查,及时发现和解决存在的问题,严肃处理违纪违法行为,坚决纠正有令不行、有禁不止的现象,保证中央政令畅通,维护中央权威。认真总结对扩大内需促进经济增长、抗震救灾和灾后恢复重建以及廉洁办世博、廉洁办亚运等重大活动开展监督检查的经验,完善监督检查体制机制,健全对中央重大决策部署执行情况监督检查制度,建立纪律保障机制,不断提高监督检查的科学化、制度化、规范化水平。

坚持把维护党的政治纪律摆在首位,坚决维护党的集中统一。党的各级组织要深入开展政治纪律教育,引导广大党员干部增强党的意识、宗旨意识、执政意识、大局意识、责任意识,坚定政治立场,增强政治敏锐性和政治鉴别力,毫不动摇地坚持党的领导,毫不动摇地坚持中国特色社会主义道路,毫不动摇地坚持党的基本路线,在思想上、政治上、行动上自觉同以胡锦涛同志为总书记的党中央保持高度一致。严禁散布违背党的理论和路线方针政策的意见,严禁公开发表同中央精神相违背的言论,严禁编造、传播政治谣言,严禁以任何形式泄露党和国家秘密,严禁参与各种非法组织和非法活动。各级纪委要加强对政治纪律执行情况的监督检查,对违反党的政治纪律的,视情节轻重给予批评教育或组织处理;对造成严重后果的,依纪依法予以惩处。

(二)以保持党同人民群众血肉联系为重点,扎实推进党的作风建设

胡锦涛同志在党的十七届五中全会上深刻阐述了密切党同人民群众血肉联系的极端重要性,对加强和改进新形势下群众工作提出了明确要求。要认真学习贯彻胡锦涛同志重要讲话精神,切实加强新形势下党的作风建设。要坚持以人为本、执政为民,坚持和发扬党的优良传统,大力弘扬理论联系实际、密切联系群众、批评和自我批评的作风,及时发现和纠正党员干部在思想作风、学风、工作作风、领导作风和生活作风方面存在的突出问题,以优良的党风政风凝聚党心民心,形成推进中国特色社会主义事业的强大力量。

大力弘扬密切联系群众的优良作风。进一步加强群众观点和群众立场教育,增强广大党员干部贯彻执行党的群众路线的自觉性和坚定性,提高群众工作本领。认真落实中央关于加强和改进群众工作的各项要求,改进群众工作方式方法,建立健全服务群众、联系群众和保障群众权益制度。加强对党的群众路线执行情况的监督检查,督促领导干部带头做好群众工作,认真执行领导干部定期接访、下访等规定,坚决纠正脱离群众的不良风气。要会同有关部门健全党和政府主导的维护群众权益和化解社会矛盾机制,做好群体性事件的防范和处置工作,进一步密切党群干群关系。

大力弘扬求真务实和艰苦奋斗的优良作风。认真落实关于促进科学发展的党政领导班子和领导干部考核评价规定,坚决纠正不切实际、不顾民力、急功近利的决策和乱铺摊子、乱上项目、劳民伤财的行为,坚决克服官僚主义、形式主义、弄虚作假、铺张浪费等问题。对搞"形象工程"和"政绩工程"引发重大事件或造成重大损失的,要严肃追究责任。督促各级领导干部认真落实中央有关厉行节约的规定,严格执行财经制度和经济工作纪律。

大力弘扬批评和自我批评的优良作风。广大党员干部要加强党性修养,坚持党性原则,敢于揭露和纠正缺点错误,敢于同消极腐败现象和损害人民群众利益的行为作斗争。坚决反对上下级和干部之间逢迎讨好、互相吹捧等庸俗作风,自觉克服好人主义,始终保持共产党人的蓬勃朝气、昂扬锐气、浩然正气。

扎实推进农村、企业、高等学校、城市社区

党风廉政建设。认真落实农村基层干部廉洁履行职责的有关规定。研究制定加强农村集体资金、资产、资源管理的规范性文件，认真开展清产核资工作。加强对国有企业“三重一大”决策制度执行情况的监督检查。严格执行《国有企业领导人员廉洁从业若干规定》，加强对国有企业关键岗位管理人员的监督，坚决查处和纠正企业领导人员通过同业经营或关联交易为本人或特定关系人谋取非法利益等行为。严格执行国有企业领导人员经济责任审计规定。进一步落实《关于加强高等学校反腐倡廉建设的意见》。加强对城市社区公共资源营业性收入、公共建设投入等资金使用情况的监督检查。积极探索非公有制经济组织和新社会组织开展反腐倡廉建设的途径和方法。

（三）以完善惩治和预防腐败体系为重点，整体推进反腐倡廉各项工作

按照建立健全惩治和预防腐败体系实施纲要的部署，抓紧落实《建立健全惩治和预防腐败体系2008—2012年工作规划》确定的各项任务，扎实推进教育、制度、监督、改革、纠风、惩治等工作。同时，加强调查研究，理清工作思路，启动惩治和预防腐败体系2013—2017年工作规划的起草工作，不断取得体系建设阶段性成果。

加强对领导干部的教育和监督。认真贯彻落实关于加强领导干部反腐倡廉教育的相关文件，以理想信念教育和党性党风党纪教育为重点，深入开展示范教育、警示教育和岗位廉政教育，引导党员干部讲党性、重品行、作表率。推进廉政文化建设，增强反腐倡廉教育的针对性和实效性。认真贯彻执行党内监督条例。严格执行领导干部述职述廉、诫勉谈话、函询、罢免或撤换等制度。加强对民主集中制执行情况的监督检查，提高民主生活会质量。认真落实党政主要领导干部经济责任审计规定。继续做好对省（区、市）、中央金融机构和国有重要骨干企业的巡视工作。各省（区、市）要加大对市（地、州、盟）和县（市、区、旗）的巡视力度。中央和国家机关、中央金融机构、国有重要骨干企业可根据实际需要，开展对所属单位的巡视。强化巡视成果运用，加强对整改落实情况的监督检查。坚持党内监督与党外监督、专门机关监督与群众监督相结合，重视发挥新闻舆论的监督作用。全面推行廉政风险防控管理及行政权力、公共服务公开透明运行，认真开展制度廉洁性评估，积极推广“制度＋科技”等预防腐败经验。认真总结纪检监察派驻机构履行职责、开展工作的情况，积极探索对驻在部门领导班子及其成员加强监督的有效途径和措施，支持和指导派驻机构加强办案工作。

加大查办违纪违法案件工作力度。始终保持查办案件的强劲势头，对腐败分子要一查到底，决不姑息，决不让任何腐败分子逃脱党纪国法的惩处。要严肃查办发生在领导机关和领导干部中贪污贿赂、失职渎职案件，重点领域和关键环节中的违纪违法案件，严重违反政治纪律和组织人事纪律的案件，重大责任事故和群体性事件涉及的失职渎职及背后的腐败案件；严肃查办商业贿赂案件，依法查处跨国（境）商业贿赂行为，加大对行贿行为的处罚力度；严肃查办发生在基层政权组织和重点岗位以权谋私、滥用职权的案件；严肃查办以案谋私、贪赃枉法和为黑恶势力充当“保护伞”等案件。认真贯彻落实《关于加大惩治和预防渎职侵权违法犯罪工作力度的若干意见》。建立健全查办案件工作组织协调机制，加强跨地区、跨部门、跨行业案件查处的协作配合。健全防范腐败分子外逃机制。改进信访举报、案件审理和案件监督管理工作，建立健全腐败案件及时揭露、发现、查处机制，严格依纪依法、安全文明办案，进一步发挥查办案件的治本功能。

坚决纠正损害群众利益的不正之风。会同有关部门重点解决征地拆迁、住房保障、食品药品安全、环境保护、安全生产等方面损害群众利益的突出问题。加快建立科学完善的征地补偿机制，坚决制止违法违规强制征地拆迁行为。强化对保障性住房建设、住房资金使用、工程质量和分配使用的监管。完善食品药品安全监管体制机制和责任体系。严肃查处环境违法行为。加强对安全生产法律法规执行情况的监督检查,加大生产安全责任事故追究力度。加强对社保基金、住房公积金和扶贫、救灾救济资金以及其他涉及民生的政府专项资金的管理和监督。加大对强农惠农政策落实和资金使用情况的监督检查力度,切实解决在农村土地承包、流转、占补平衡等环节损害农民利益的问题。清理公路超期收费等不合理收费问题,巩固治理公路“三乱”成果。继续治理中小学校教育乱收费、医药购销和医疗服务中的不正之风。

深入推进改革和制度创新。配合和督促有关部门深化行政管理体制、干部人事制度、司法体制和工作机制改革。进一步精减和调整行政审批事项,积极推行绩效管理和行政问责。稳步推行差额选拔干部等制度,积极稳妥地推进干部人事工作中的民主。完善对司法权运行的制约监督机制,健全司法公开、司法回避、司法问责等制度规范,确保司法机关公正廉洁执法。深化财税管理体制、投资体制、金融体制和国有资产管理体制改革。逐步取消预算外收入,完善企业投资核准制和政府投资项目公示制度,加强金融企业外部监管和内控机制建设,建立健全公司法人治理结构。完善反洗钱合作机制。加强社会现金流通管理,推动使用银行卡消费。建立健全防止利益冲突制度。深化资源性产品价格和要素市场改革,推进公共资源交易统一规范管理。整治行业协会、市场中介组织违规违法问题,研究制定社会领域防治腐败工作指导意见,努力形成各方面积极参与、共同推进反腐倡廉建设的社会氛围。

关于认真解决反腐倡廉建设中人民群众反映强烈的突出问题,要着重在以下 4 个方面下功夫:

(一)深入推进专项治理工作,努力遏制消极腐败现象和不正之风在一些领域易发多发的势头。专项治理是防治腐败的有力手段。要坚持惩处和规范相结合,以重点带全面,不断巩固和扩大专项治理成果。一是深化工程建设领域突出问题专项治理。继续加大治理工作力度。认真贯彻《关于解决当前政府投资工程建设中带有普遍性问题的意见》,配合有关部门抓好排查整改工作,严肃查处违规项目审批、规划调整以及规避招标、虚假招标、转包、违法分包等问题。深化对国有建设用地使用权和矿业权出让制度执行情况的清理,严肃查办在土地矿产资源审批、项目实施、工程质量、资金使用、政府采购及执纪执法中的案件。大力推进工程建设、土地使用权、矿业权市场体系建设和信息公开、诚信体系建设。二是深化“小金库”专项治理。巩固治理成果,加强整改落实,推动完善防治“小金库”长效机制。社会团体、国有及国有控股(金融)企业要加大治理力度,努力取得成效。三是深入开展庆典、研讨会、论坛过多过滥问题专项治理。要严格审批程序,加强经费监管,规范领导干部行为。未经批准,各级党政机关一律不得举办或参与举办庆典、研讨会、论坛等活动;经批准举办的,要纳入财政预算,接受审计监督;各级领导干部未经批准不得出席此类活动。四是认真开展公务用车问题专项治理。认真落实新发布的党政机关和领导干部公务用车配备使用管理办法。会同有关部门集中开展党政机关公务用车专项治理,重点纠正超编制超标准配备公务用车和违规换车、借车、摊派款项购车、豪华装饰及公车私用等问题。积极推进公务用车制度改革。各级党政机关所属事业单位,以及国有企业、金融机构也要结合实际,制定相关规定,规范公车管理。各地区各部门还要根据实际情况,对群众反映强烈的其他突出问题开展专项治理。

(二)认真落实廉政准则,着力解决党员领导干部在廉洁自律方面存在的突出问题。要加大落实廉政准则的力度,严格执行领导干部廉洁从政的各项规定,重点解决以下问题。一是认真落实领导干部报告个人有关事项等两项制度。全面落实《关于领导干部报告个人有关事项的规定》和《关于对配偶子女均已移居国

(境)外的国家工作人员加强管理的暂行规定》。领导干部要按照规定,主动、如实报告有关内容。各级纪检监察机关(机构)、组织(人事)部门要认真负责地组织好相关工作。要加强调查研究,针对普遍存在的问题,完善配套制度,强化工作措施。要认真执行纪律,注意把握政策,严肃查处违规违纪行为。二是坚决整治领导干部违规收受礼金问题。严禁领导干部以各种名义接受管理和服务对象以及其他与行使职权有关系的单位或者个人的礼金和各种有价证券、支付凭证。对违反规定构成违纪的,严肃追究党纪政纪责任;涉嫌犯罪的,移送司法机关处理。三是巩固党政机关厉行节约、制止奢侈浪费工作成果。完善因公出国(境)管理制度,建立健全禁止公款出国(境)旅游长效机制。认真执行关于党政机关国内公务接待的管理规定,严格公务接待经费预算管理,逐步推进公务卡制度。继续严格控制党政机关办公楼等楼堂馆所建设。在抓好上述3个方面工作的同时,要继续认真治理违反规定多占住房、买卖经济适用房或租赁廉租住房等保障性住房,利用职务之便接受可能影响公正执行公务的宴请以及旅游、健身、娱乐等活动安排,利用职权以委托理财等形式谋取不正当利益,利用内幕信息谋取利益等问题。推进规范公务员津贴补贴工作。落实中央关于领导干部离职或退休后从业的有关规定。今年,将适时组织开展一次对廉政准则执行情况的专项检查。

(三)严肃组织人事工作纪律,确保地方党委换届工作健康顺利进行。严格执行党政领导干部选拔任用工作有关规定,规范和强化对拟提拔干部的廉政考察。加强对《党政领导干部选拔任用工作责任追究办法(试行)》等4项监督制度落实情况的监督检查,防止和纠正"带病上岗"、"带病提拔"等问题,严肃查处违反组织人事纪律的行为,匡正选人用人风气。今年,地方各级党委开始集中换届。要教育引导领导干部增强党性观念,从大局出发,正确对待进退留转。要进一步严明换届纪律,加强对选人用人情况的监督检查,坚决惩治跑官要官、买官卖官、拉票贿选和突击提拔干部等行为,确保地方党委换届工作风清气正、健康顺利进行。

(四)加强基层党风廉政建设,着力解决发生在群众身边的腐败问题。基层干部处在改革开放和现代化建设的第一线,直接面对人民群众,担负着重要职责。加强基层党风廉政建设,促使基层干部廉洁奉公、勤政为民,对于密切党群干群关系、巩固党的执政基础至关重要。一是深入推进基层事务公开和透明。以落实群众知情权为重点,大力实施各项公开制度,认真倾听群众意见,接受群众监督,维护群众利益。深入落实《关于党的基层组织实行党务公开的意见》,积极探索党的地方组织党务公开工作,继续抓好县委权力公开透明运行试点工作。加大政务公开、司法公开、厂务公开、村(居)务公开和公共事业单位办事公开力度,将各种公开形式有机结合起来,统筹协调,形成合力。二是加强对基层干部的教育、管理和监督。巩固先进性教育和学习实践活动成果,结合创先争优活动,教育和引导基层党员干部牢固树立遵纪守法、服务群众的意识,切实把人民利益放在首位。依照党纪条规和监察法规加强对基层干部的监督。注意解决基层干部在征地拆迁、涉法涉诉等方面存在的问题,严肃查处少数基层干部滥用职权、涉黑涉恶、侵吞国家和集体财产等行为。深入开展民主评议基层站所、评议部门和行业风气等工作。三是加大对损害群众利益行为的问责力度。建立健全并严格执行问责制的各项规定,认真落实岗位责任制、首问负责制、限时办结制、绩效管理制等制度。围绕群众最关心最直接最现实的利益问题开展监督检查,坚决纠正对群众疾苦漠不关心、对群众呼声置若罔闻、对群众利益麻木不仁,甚至与民争利、以权谋私的行为。对因不履行或不正确履行职责严重侵害群众利益的,要追究有关人员的责任。四是畅通群众反映问题、表达合理诉求的渠道。做好群众来信来访工作,畅通社情民意反映渠道,关注群众特别是困难群众的实际问题和利益诉求，维护他们的合法权益。加强对反腐倡廉舆情特别是网络信息的收集、研判和处置，切实做好信息发布和澄清是非、释疑解惑工作，注意核查新闻媒体和网络舆情反映的案件线索，充分发挥广大群众的监督作用。

三、切实抓好反腐倡廉各项任务的落实

各级党委、政府和纪检监察机关要按照党的十七届五中全会的部署和要求，进一步增强责任感和紧迫感，认真履行职责，抓任务落实、抓巩固提高、抓改革创新，确保反腐倡廉各项任务落到实处。

（一）认真落实党风廉政建设责任制，进一步形成全党动手抓党风廉政建设和反腐败工作的合力。各级党委、政府要以贯彻落实新修订的《关于实行党风廉政建设责任制的规定》为契机，坚持和完善反腐败领导体制和工作机制，巩固党政齐抓共管、群众支持参与的良好局面。领导班子要对职责范围内的党风廉政建设负全面领导责任，主要负责人要率先垂范、严格自律，同时要管好班子、带好队伍，认真履行第一责任人的职责，做到重要工作亲自部署、重大问题亲自过问、重点环节亲自协调、重要案件亲自督办；其他成员也要根据分工，对职责范围内的党风廉政建设负主要领导责任。各级纪检监察机关要认真履行组织协调职责，积极协助党委、政府搞好责任分解和检查考核，并把检查考核结果作为对领导班子总体评价和领导干部业绩评定、奖励惩处、选拔任用的重要依据。要进一步加大责任追究力度，发现有对党风廉政建设工作领导不力以致职责范围内明令禁止的不正之风得不到有效治理、造成不良影响的，对本地区本部门本系统发现的严重违纪违法行为隐瞒不报、压案不查或处理失之于宽、失之于软的，对因疏于监督管理致使领导班子成员或者直接管辖的下属发生严重违纪违法问题的，要严格追究有关领导班子和领导干部的责任。

（二）全面履行纪检监察两项职能，注重发挥行政监察的职能作用。各级纪律检查机关要切实维护党的章程和其他党内法规，认真检查党的路线方针政策和决议的执行情况，积极协助党委加强党风建设和组织协调反腐败工作。在加强党的纪律检查工作的同时，要严格执行新修改的行政监察法，充分发挥行政监察职能作用。进一步加强和改进执法监察工作，强化对国家行政机关遵守和执行法律、法规和政府的决定、命令情况的检查，防止和纠正行政不作为、乱作为行为；进一步加强和改进廉政监察工作，以强化对权力的制约和监督为重点，严肃行政纪律，坚决查处以权谋私、严重损害国家和人民利益的行为；进一步加强和改进效能监察工作，积极推行绩效管理，开展对行政机关及其公务员的绩效考核和绩效评估，切实解决机关工作中存在的推诿扯皮、效率低下、资源浪费等问题。要按照新修改的行政监察法要求，加强对政务公开和纠正损害群众利益不正之风工作的组织协调和检查指导，加强对具有公共事务管理职能的组织及其人员的监察，加强对受委托从事公务的组织及其人员的监察。

（三）加大改革创新力度，努力提高反腐倡廉建设科学化水平。各级纪检监察机关要积极适应新形势新任务的需要，特别是要围绕实施“十二五”规划、加快转变经济发展方式的新要求，坚持解放思想、实事求是、与时俱进，及时总结推广各地区各部门各单位创造的新鲜经验，借鉴国（境）外反腐败的有益做法，大力推进反腐倡廉理念思路、工作内容、方式方法和体制机制创新。要自觉把科学发展观的要求贯穿于反腐倡廉建设的全过程和各个方面，牢固树立服务大局、以人为本、统筹兼顾的理念，正确处理治标和治本、惩治和预防的关系。要坚持以改革的精神、创新的思路、发展的办法解决滋生腐败的深层次矛盾和问题，不断深化重点领域和关键环节改革，最大限度地减少体制障碍和制度漏洞。要切实转变纪检监察工作方式方法，坚持用系统的思维、统筹的观念、科学的方法推进反腐倡廉建设，不断增强惩治和预防腐败的

有效性。要大兴调查研究之风，加强理论研究和政策研究，认真总结我们党成立90年来特别是改革开放以来反腐倡廉历史经验，深化对新形势下反腐倡廉工作特点和规律的认识，使反腐倡廉建设不断体现时代性、把握规律性、富于创造性。

（四）加强纪检监察机关自身建设，为落实反腐倡廉各项任务提供组织保证。要巩固学习实践活动和主题实践活动成果，认真贯彻落实《关于进一步加强和改进纪检监察干部队伍建设的若干意见》，深入开展创先争优活动，努力建设一支政治坚强、公正清廉、纪律严明、业务精通、作风优良的纪检监察干部队伍。要努力建设学习型纪检监察机关，组织广大纪检监察干部认真学习中国特色社会主义理论体系，深入钻研纪检监察业务，广泛了解和掌握各方面知识，着力提高服务、保障和促进科学发展的能力，着力提高做好群众工作和维护社会和谐稳定的能力，着力提高有效防治腐败的能力。要结合地方各级党委换届，积极做好地方各级纪委的换届工作，切实把那些党性好、作风正、能力强、威信高的干部选拔到各级纪检监察机关领导班子中来。严格把好“进人关”，选调和录用一批熟悉经济、法律、审计等业务的干部，优化纪检监察干部队伍结构。深入推进干部人事制度改革，扩大干部公开选拔和竞争上岗范围，加大干部轮岗、挂职、交流力度，增强干部队伍的综合素质和生机活力。做好5年一次的全国纪检监察系统评比表彰活动。完善纪检监察机关派驻（出）机构统一管理，规范未派驻（出）部门和单位纪检监察机构建设，继续加强县级纪检监察机关建设，积极探索改革乡镇纪律检查机构、充分发挥其职能作用的有效途径和办法，加强国有企业、金融机构和高等学校纪检监察组织建设，夯实工作基础。要严明纪律，切实加强对纪检监察干部队伍的教育、管理和监督，督促纪检监察干部严格遵守政治纪律、工作纪律、办案纪律、保密纪律和廉政纪律。对出现的苗头性、倾向性问题要早打招呼早提醒，对不适合在纪检监察机关工作的要坚决调离，对违纪违法的要严肃处理。广大纪检监察干部要自觉接受党组织和人民群众的监督，接受社会各界和新闻媒体的监督，秉公执纪、依法办事，维护纪检监察干部可亲、可信、可敬的良好形象。

坚决惩治和有效预防腐败，关系人心向背和党的生死存亡，是党必须始终抓好的重大政治任务。各级纪检监察机关和广大纪检监察干部一定要以奋发有为的精神和求真务实的作风，脚踏实地，埋头苦干，尽心尽力地履行好肩负的职责，认真抓好反腐倡廉各项任务的落实。要统一思想、振奋精神，深刻理解和准确把握当前党和国家的大政方针与决策部署，切实把思想和行动统一到中央关于党风廉政建设的部署和要求上来，认清形势，把握规律，坚定不移地推进反腐倡廉各项工作。要兢兢业业、尽职尽责，坚持立党为公、执纪为民，一身正气、无私无畏，坚决同一切违纪违法行为作斗争，做忠于党、忠于人民的坚强卫士，为党分忧、为国尽责、为民奉献。要真抓实干、务求实效，大力弘扬求真务实作风，把心思放在抓工作上，把功夫下到求实效上，坚持抓重点带一般、攻难点求突破，一个环节一个环节地落实，一个问题一个问题地解决，努力创造出无愧于党和人民的业绩。

让我们更加紧密地团结在以胡锦涛同志为总书记的党中央周围，开拓进取，狠抓落实，不断取得党风廉政建设和反腐败斗争新成效，为深入贯彻落实党的十七届五中全会精神、顺利实施“十二五”规划、夺取全面建设小康社会新胜利作出应有的贡献！

开展“发扬传统、坚定信念、执法为民”主题教育实践活动 以崭新的精神面貌迎接中国共产党成立90周年

周永康

2011年是中国共产党成立90周年。根据中央要求，结合开展创先争优活动，中央政法委研究决定，在全体政法干警中开展“发扬传统、坚定信念、执法为民”主题教育实践活动，着力解决在理想信念、宗旨意识、执法司法等方面存在的突出问题，努力造就一支政治坚定、业务精通、作风优良、执法公正的政法队伍，让人民群众切实感受到政法机关的新变化、新气象。

一、集中开展革命传统和理想信念教育

回顾我们党近90年的奋斗历程，革命战争年代，无数革命先辈甘愿抛头颅、洒热血，就是因为有坚定的理想信念；建设和改革年代，一代又一代共产党人献身于中国特色社会主义伟大事业，夙兴夜寐、开拓进取，同样是因为有坚定的理想信念。面对繁重艰巨的工作任务，政法机关要担当起中国特色社会主义事业建设者、捍卫者的历史重任，保护人民群众生命财产安全、维护社会公平正义，最根本的一条是坚定理想信念。中央政法委将邀请一批革命前辈、党史专家、政法英模，组成革命传统和理想信念教育宣讲团，深入各省区市政法机关进行巡回宣讲。各级政法机关要通过重温入党誓词、重读红色经典、瞻仰革命旧址、走访革命前辈和召开报告会、座谈会、研讨会等形式，对每一名政法干警进行生动深刻的革命传统和理想信念教育，从思想深处解决为什么入党、为什么从警、为什么当法官检察官、为什么奋斗和为谁掌权、为谁执法、为谁服务的问题，使政法队伍始终保持忠于党、忠于国家、忠于人民、忠于法律的政治本色，坚定不移地走中国特色社会主义道路。要推动社会主义法治理念“进学校、进课堂、进头脑”，加强对政法院校学生的革命传统和理想信念教育，努力把他们培养成为中国特色社会主义法治建设的合格接班人。对广大律师也要开展革命传统和理想信念教育，使他们真正成为中国特色社会主义法律工作者。

二、把服务群众贯穿于执法工作全过程

政法机关既是执法司法机关，也是群众工作机关；政法干警既是执法司法工作者，也是群众工作者。密切联系群众是我们党最大的优势，脱离群众是我们党最大的危险。各级政法机关要按照胡锦涛总书记关于加强和改进新形势下群众工作的要求，认真组织开展群众观点再教育，认真审视我们对群众的感情究竟有多深，群众在我们心中的位置究竟有多重，我们为群众办的实事究竟有多少，群众不满意的地方究竟在哪里，从而真正在思想上尊重群众、感情上贴近群众、工作上依靠群众、生活上关心群众。要借鉴“大接访”、“大走访”、“大下访”等成功经验和做法，通过开门评警、回访信访当事人等形式，主动倾听群众呼声，及时了解群众疾苦，千方百计为群众排忧解难。要把执法过程变成服务群众的过程，既维护好群众合法权益，又理顺群众情绪，引导群众依法理性表达诉求，把党和政府主导的维护群众权益机制落到实处。要针对群众反映强烈的执法不严、裁判不公和诉讼难、执行难问题，认真开展自查自纠，

让群众切实感受到公平正义就在身边。要坚持充分发动群众、紧紧依靠群众，不断探索完善新形势下专群结合、群防群治的新途径、新办法、新机制，把政法工作建立在坚实的群众基础之上。

三、以创先争优促进政法机关党的建设

全国政法干警中，共产党员占70%以上。党的建设搞好了，政法队伍建设就有了根本保证。各级党委政法委和政法各单位要根据中央要求，抓好政法各单位创先争优活动，带动和促进全国政法机关党的建设。2011年“七一”前后，中央政法委将在全国政法系统集中表彰100个先进基层党组织、100名优秀党务工作者、1000名优秀党员干警。各级党委政法委要加强自身建设，增强政治敏锐性和政治鉴别力，提高统筹谋划政法工作、协调解决重大问题的能力，协助党委把党对政法工作的思想领导、政治领导、组织领导落到实处，坚决把好政法工作的政治方向；要坚持依法律、按程序办事，支持法院、检察院和公安、国家安全、司法行政机关依法独立公正行使职权；要加强对政法各单位的统筹协调，确保政法各单位形成工作合力；要加强政法队伍思想、组织、作风建设，努力造就一支过硬的政法队伍。各级政法机关要建好建强各执法司法机关和基层政法单位的党组织，建好建强律师事务所、公证处、法律援助中心等法律服务机构的党组织，实现党组织和党的工作全覆盖，坚持按制度开展经常性活动，创新活动内容方式，充分发挥政治核心作用。政法机关要坚持围绕中心抓党建、抓好党建促工作，切实发挥好基层党组织的战斗堡垒作用，发挥好党员干警的先锋模范作用。广大党员干警要带头扎根基层一线、做群众的贴心人，带头勤学苦练、勇担急难险重的任务，带头公正廉洁执法、坚决抵制不正之风，做到哪里有困难有危险、哪里群众最需要，哪里就有党员干警。

四、把从严治警的各项纪律要求坚决落实到位

近年来，各级党委政法委和政法各单位出台了一系列从严治警的规定，有的称“铁规”、“禁令”。比如，对法官，有“五个严禁”；对检察官，有“禁酒令”、领导干部“十个严禁”；对民警，有“五条禁令”、领导干部“五个严禁”；对律师，有“年度考核规则”、“违法行为处罚办法”，等等，取得了良好成效。下一步，要在加强思想教育和严格管理的同时，以铁的决心维护纪律的严肃性、权威性，以“零容忍”的态度严肃查处违纪违规违法问题，确保纪律得到有效执行。今后，接受当事人及其委托律师吃请、娱乐、财物的，一律停止执行职务；利用职权插手案件办理影响公正执法、滥用职权侵犯当事人合法权益的，一律调离执法岗位；徇私枉法、贪赃枉法的，一律清除出政法队伍；构成犯罪的，一律依法追究刑事责任。政法各单位要建立公开透明的群众评议机制，严肃认真处理每一起群众举报。各级党委和政府、政法机关在坚持从严治警的同时，要进一步关心爱护政法干警，落实从优待警政策，帮助他们解决好工作生活中的实际困难，注重人文关怀和心理疏导，舒解他们的身心压力，保护好政法干警工作的积极性、主动性、创造性。

当前，政法宣传舆论工作的主流是好的，同时面临的形势依然比较复杂。现在不少网络热点事件与一些司法个案有关。对此，各级政法机关首先要把自己的事情做好，切实做到公正廉洁文明规范执法，进一步提高执法水平和执法公信力。同时，要高度重视、切实改进新形势下的政法宣传舆论工作，充分运用互联网等新兴媒体和广播电视报纸等传统媒体，加大对中国特色社会主义政治制度、司法制度的宣传力度，加大对政法工作发展进步的宣传力度，加大对政法队伍付出的辛劳、作出的贡献的宣传力度，进一步赢得社会各界和广大人民群众的理解支持，进一步树立政法机关的良好形象，为政

法机关更好地履行法定职责营造良好的舆论环境。

政法干警处在维护国家安全、惩治违法犯罪、化解社会矛盾的第一线，承担着艰巨任务，承受着巨大压力，时刻面临着流血牺牲。希望各级党委和政府进一步加强对政法工作的领导，建设好、管理好、使用好政法队伍，大力支持政法机关依法履行职责，及时研究解决工作中遇到的困难和问题。要高度重视政法各单位领导班子建设，选优配强政法各单位主要负责人和班子成员，为政法事业发展进步提供坚强的组织保证。

（此文节选自周永康同志2010年12月19日在全国政法工作会议上的讲话）

党政领导干部选拔任用工作有关事项报告办法（试行）

第一条　为加强对党政领导干部选拔任用工作的监督，进一步规范干部选拔任用行为，防止和纠正用人上不正之风，根据《党政领导干部选拔任用工作条例》、《党政领导干部选拔任用工作监督检查办法（试行）》，制定本办法。

第二条　党委（党组）组织（人事）部门按照干部管理权限，负责本级党委管理的党政领导干部选拔任用工作有关事项的报告工作，并负责审核下一级组织（人事）部门报告的党政领导干部选拔任用工作有关事项。

第三条　在干部选拔任用工作中有下列情形之一的，应当按照要求书面报告上一级组织（人事）部门，经批复同意后方可进行：

（一）在机构变动或者主要领导成员已经明确即将离任时确因工作需要提拔、调整干部的；

（二）越级提拔干部的；

（三）党委、政府及其工作部门个别特殊需要的领导成员人选，不经民主推荐，由组织推荐提名作为考察对象的；

（四）市、县、乡党政正职在同一岗位任期不到3年进行调整的；

（五）其他应当事先报批的事项。

本条第（四）项需要报经更上一级组织（人事）部门批复同意。

报告内容包括提拔调整干部的原由，拟提拔调整对象个人情况、任用意向，职数配备以及其他需要说明的情况。

第四条　在干部选拔任用工作中有下列情形之一的，在作出决定前应当征求上一级组织（人事）部门的意见：

（一）破格提拔干部的；

（二）除领导班子换届外，一批集中调整干部数量较大的（具体数量界限由各级组织人事部门根据实际确定）；

（三）领导干部的近亲属在领导干部所在单位（系统）内提拔任用，或者在领导干部所在地区提拔担任下一级领导职务的；

（四）领导干部的秘书等身边工作人员提拔任用的；

（五）领导干部因被问责受到组织处理或者纪律处分，影响期满拟重新任用的；

（六）超过任职年龄或者规定任期需要继续留任的；

（七）其他需要报告的事项。

本条第（三）项所称领导干部的近亲属，是指与领导干部有夫妻关系、直系血亲关系、三代以内旁系血亲以及近姻亲关系的人员。

征求意见应当以书面形式事前函报上一级组织（人事）部门，随函附报拟提拔任用干部的《干部任免审批表》、考察材料等。

第五条　上级组织（人事）部门依据有关规定审核报告事项，应当在15个工作日内予以答复。未经答复，不得提交党委（党组）会议讨论决定相关任用事项。党委（党组）会议讨论研究有关干部任用时，本级组织（人事）部门应当如实报告征求意见的情况。

第六条　凡违反本办法作出的干部任用决定，应当予以纠正，并按照规定追究有关责任人的责任。

第七条　工会、共青团、妇联等人民团体和国有企事业单位参照本办法执行。

第八条　本办法由中共中央组织部负责解释。

第九条　本办法自发布之日起施行。

（此文载2010年4月1日《人民日报》）

地方党委常委会向全委会报告干部选拔任用工作并接受民主评议办法（试行）

第一条　为加强对干部选拔任用工作的民主监督，提高选人用人公信度，根据《中国共产党党内监督条例（试行）》、《党政领导干部选拔任用工作监督检查办法（试行）》，制定本办法。

第二条　地方党委常委会每年向全委会报告工作时，要专题报告年度干部选拔任用工作情况，并在一定范围内接受对本级党委干部选拔任用工作和新选拔任用领导干部的民主评议（以下简称“一报告两评议”）。

第三条　“一报告两评议”一般安排在当年年底或者次年年初的全委（扩大）会上进行，可以与领导班子和领导干部年度总结或者年度考核结合进行。下列人员参加民主评议：

（一）全委会成员；

（二）本级人大、政府、政协领导班子成员；

（三）本级纪委常委会成员；

（四）本级人民法院、人民检察院、党委工作部门、政府工作部门、人民团体及本级党委、政府派出机构的主要领导成员；

（五）下一级党委和政府的主要领导成员；

（六）其他需要参加的人员。

第四条　党委负责人代表常委会报告干部选拔任用工作。干部选拔任用工作专题报告可作为单独的报告，也可作为常委会工作报告的一个专项内容。报告一般包括下列内容：

（一）选拔任用干部的总体情况；

（二）贯彻执行党的干部路线方针政策的情况；

（三）创新选人用人措施和办法，建立健全干部选拔任用和监督机制的情况；

（四）整治用人上不正之风的情况（包括上年度评议整改措施落实情况）；

（五）存在的主要问题和改进的措施；

（六）其他需要报告的情况。

第五条　参加评议人员采取无记名方式填写《干部选拔任用工作民主评议表》和《新选拔任用干部民主评议表》。新选拔任用干部民主评议的对象包括近一年内选拔任用的下列人员：

（一）下一级党委、政府正职领导干部；

（二）本级党委、政府工作部门正职领导干部；

（三）由本级党委管理的其他正职领导干部；

（四）破格提拔（含越级提拔）的由本级党委管理的领导干部；

（五）其他提拔担任重要岗位领导职务的干部（具体评议对象由上级党委组织部门根据实际情况确定）。

地方党政领导班子集中换届时，可以只对本级党委新提拔的正职领导干部进行评议。

第六条　“一报告两评议”由上级党委组织部门会同本级党委组织实施。本级党委组织部门应当提前将开展“一报告两评议”的具体安排报告上级党委组织部门。民主评议表的收集、统计由上级党委组织部门负责，本级党委组织部门配合做好有关工作。

上级党委组织部门或者巡视组本年度已经对该地区干部选拔任用工作进行过检查和民主评议的，经报上级党委组织部门同意，可不再进行民主评议。

第七条　“一报告两评议”结束后，上级党委组织部门应当及时反馈民主评议结果。党委常委会应当对民主评议结果进行分析，研究提出加强和改进工作的措施，并采取适当方式向全委会成员通报干部选拔任用工作民主评议结果和相关整改措施。

第八条　根据民主评议结果，上级党委组织部门对民主评议满意度高、工作成绩突出的，要予以表扬；对民主评议满意度明显偏低、干部群众反映强烈的，经组织考核认定后，按照规定追究有关责任人员的责任，并督促进行整改。

对民主评议满意度明显偏低、干部群众意见集中的干部，本级党委组织部门应当对其选拔任用情况作出说明，并进行相应的教育和处理。

第九条　开展“一报告两评议”应当严格遵守纪律。不准弄虚作假、隐瞒真实情况，不准干扰参加评议人员表达真实看法，不准更改、伪造民主评议结果，不得以征求意见等方式代替民主评议。

第十条　各级党委、政府工作部门和工会、共青团、妇联等人民团体以及国有企事业单位党委（党组）参照本办法的有关规定，结合领导班子和领导干部年度总结或者年度考核开展“一报告两评议”。

第十一条　本办法由中共中央组织部负责解释。

第十二条　本办法自发布之日起施行。

（此文载2010年4月1日《人民日报》）

市县党委书记履行干部选拔任用工作职责离任检查办法（试行）

第一条　为促进市（地、州、盟）、县（市、区、旗）党委书记（以下简称市县党委书记）认真履行干部选拔任用工作职责，提高选人用人质量，根据《党政领导干部选拔任用工作条例》、《党政领导干部选拔任用工作监督检查办法（试行）》，制定本办法。

第二条　市县党委书记履行干部选拔任用工作职责离任检查，是指市县党委书记因提拔使用、平级交流、到龄退休等原因即将离任时，由上级党委组织部门对其任职期间履行干部选拔任用工作职责的情况进行检查。

第三条　对因拟提拔使用即将离任的市县党委书记的检查，一般结合干部考察进行，由上级党委组织部门派出的干部考察组负责实施。

第四条　对因平级交流、到龄退休等原因即将离任的市县党委书记的检查，按照干部管理权限由上级党委组织部门干部监督机构负责组织实施。

第五条　对即将离任的市县党委书记履行干部选拔任用工作职责的情况，重点检查下列内容：

（一）任职期间贯彻执行党的干部路线方针政策的情况；

（二）任职期间市县党委选拔任用的干部的情况；

（三）任职期间本地区用人风气的情况；

（四）任职期间遵守组织人事纪律的情况特别是离任前有无突击提拔调整干部的情况；

（五）任职期间加强干部监督管理工作的情况；

（六）其他应当检查的情况。

第六条　离任检查一般按下列程序进行：

（一）即将离任的市县党委书记报告任职期间第五条所列情况；

（二）在一定范围内对即将离任的市县党委书记任职期间履行干部选拔任用工作职责情况和市县党委近期新任用的干部进行民主评议；

（三）通过个别访谈、召开座谈会、受理举报等方式听取干部群众意见；

（四）查阅干部任免相关材料；

（五）向下达检查任务的党委组织部门报告检查情况；

（六）向被检查的市县党委书记反馈检查结果。

市县党委集中换届时，对拟提拔使用的市县党委书记履行干部选拔任用工作职责的离任检查，除本条第（一）、（二）项外，其他程序可以结合考察工作适当简化。

第七条　对拟提拔使用的市县党委书记的民主评议，参加人员范围与考察时的参加民主测评人员范围一致。

对因平级交流、到龄退休等原因即将离任的市县党委书记的民主评议，一般由下列人员参加：

（一）全委会成员；

（二）本级人大、政府、政协领导班子成员；

（三）本级纪委常委会成员；

（四）本级人民法院、人民检察院主要领导成员；

（五）其他需要参加的人员。

第八条　检查结果作为评价、使用市县党委书记的重要依据。对民主评议中履行干部选拔任用工作职责总体评价“满意”、“基本满意”两项比率合计不足三分之二，或者用人风气总体评价“好”、“较好”两项比率合计不足三分之二的人员，经组织考核认定，要采取相应的组织处理措施，其中拟提拔使用的，应当取消其资格。

拟提拔使用干部的考察材料中应当反映检查情况和民主评议结果。

第九条　检查发现即将离任的市县党委书记任职期间存在严重违反干部选拔任用工作规定问题的，以及在干部选拔任用工作中不履行或者不正确履行职责导致用人失察失误、造成严重后果或者恶劣影响的，要进行调查核实。经调查属实的，根据有关规定追究其责任，给予相应的组织处理或者纪律处分，对于拟提拔使用的，先取消其提拔资格，再视情况作进一步处理。

对于在新任用的干部民主评议中满意度明显偏低的干部，市县党委书记应当就其任用情况作出说明。考察组或者检查组应当对其任用过程进行调查了解。

第十条　各省、自治区、直辖市党委组织部门可根据本办法制定实施细则。党政机关直属单位党组（党委）书记的离任检查，可参照本办法执行。

第十一条　本办法由中共中央组织部负责解释。

第十二条　本办法自发布之日起施行。

（此文载2010年4月1日《人民日报》）

党政领导干部选拔任用工作责任追究办法(试行)

第一条　为保证党的干部路线方针政策的贯彻执行,防止用人失察失误,严肃处理干部选拔任用工作中的违规违纪行为,根据《党政领导干部选拔任用工作条例》、《中国共产党纪律处分条例》、《关于实行党政领导干部问责的暂行规定》等党内法规和《中华人民共和国公务员法》等国家法律法规,制定本办法。

第二条　对党政领导干部选拔任用工作实行责任追究,坚持党委领导、分级负责,实事求是、客观公正,权责一致、惩教结合,严格要求、违规必究的原则。

第三条　党委(党组)及纪检监察机关、组织人事部门按照职责权限负责对党政领导干部选拔任用工作实行责任追究。

第四条　在党政领导干部选拔任用工作中,有下列情形之一的,追究党委(党组)主要领导干部或者有关领导干部的责任:

(一)违反干部任免程序和规定,个人指定提拔、调整人选的;

(二)临时动议决定干部任免的;

(三)不按照规定召开党委(党组)会议讨论决定干部任免的;

(四)个人决定干部任免或者个人改变党委(党组)会议集体作出的干部任免决定的;

(五)突击提拔、调整干部的;

(六)违反规定超职数配备领导干部或者提高干部职级待遇的;

(七)授意、指使、强令组织人事部门违反规定选拔任用干部,或者阻挠、制止纪检监察机关和组织人事部门对选人用人问题进行调查核实以及按照有关规定作出处理的;

(八)违反干部选拔任用工作规定,导致用人失察失误,造成恶劣影响的;

(九)本地区本部门用人上不正之风严重,干部群众反映强烈以及对违反组织人事纪律的行为查处不力的;

(十)有其他违反干部选拔任用工作规定行为的。

在发生突发重大自然灾害、群体性事件及其他紧急情况下,经上一级党组织批准的用人行为,不列入责任追究范围,但事后应当履行有关干部任免程序,并在一定范围内通报。

第五条　在党政领导干部选拔任用工作中,有下列情形之一的,追究组织人事部门主要领导干部和有关人员的责任:

(一)不按照规定的基本条件、任职资格、方式、程序和范围进行民主推荐、民主测评的;

(二)不如实向党委(党组)报告民主推荐、民主测评、考察等情况的;

(三)不按照规定征求纪检监察机关对拟任人选的意见,或者不如实向党委(党组)报告纪检监察机关意见建议的;

(四)不按照规定向上级组织人事部门报告干部选拔任用工作有关事项的;

(五)对反映的线索清楚、内容具体的违反规定选拔任用干部问题不进行调查核实以及核实后不按照有关规定作出处理的;

(六)对本地区本部门领导成员违反干部选拔任用工作规定的行为不提出反对意见的;

(七)不按照有关规定对干部选拔任用工作进行监督检查,整治用人上不正之风工作不力,干部群众反映强烈的;

(八)有其他违反干部选拔任用工作规定行为的。

第六条　在党政领导干部选拔任用工作中,有下列情形之一的,追究干部考察组负责人和有关人员的责任:

(一)更改、伪造民主推荐、民主测评结

果的；

（二）不按照规定的程序和范围进行考察的；

（三）对反映考察对象问题的线索清楚、内容具体的举报不进行调查核实或者不如实报告的；

（四）隐瞒、歪曲、泄露考察情况的；

（五）接受考察对象或者考察对象请托人的礼品、礼金、有价证券或者支付凭证等财物，参加考察对象或者考察对象请托人安排的消费活动，以及接受考察对象所在单位特殊接待的；

（六）不认真审核干部档案，导致干部信息不准确，造成严重后果的；

（七）按照规定应当回避而不回避的；

（八）有其他违反干部选拔任用工作规定行为的。

第七条　在党政领导干部选拔任用工作中，有下列情形之一的，追究纪检监察机关有关领导干部和人员的责任：

（一）不如实向组织人事部门回复掌握的有关拟任人选遵守党纪政纪情况的；

（二）不按照有关规定对干部选拔任用工作进行监督检查的；

（三）对发现的干部选拔任用工作中的违规违纪行为不进行调查处理的；

（四）对反映拟任人选问题的性质严重、线索清楚、内容具体的举报不按照有关规定进行调查核实的。

第八条　在党政领导干部选拔任用工作中，有下列情形之一的，追究有关领导干部和人员的责任：

（一）在个别谈话推荐和考察中故意提供虚假情况的；

（二）在干部选拔任用工作中营私舞弊，收受或者给予他人财物，安排或者接受他人安排的消费活动的；

（三）利用职务便利违反规定干预下级或者原任职地区、单位干部选拔任用工作的；

（四）要求提拔本人近亲属，或者指令提拔秘书等身边工作人员的；

（五）在民主推荐、民主测评、组织考察或者选举中搞拉票贿选等非组织活动的；

（六）泄露民主推荐、民主测评、考察、酝酿、讨论决定等有关情况的；

（七）故意向干部选拔任用问题调查部门提供虚假信息或者不实材料的；

（八）有其他违反干部选拔任用工作规定行为的。

第九条　在党政领导干部选拔任用工作民主评议、民意调查中，本地区本部门群众满意度明显偏低、选人用人方面问题突出、干部群众反映强烈的，经组织考核认定，应当追究负有责任的党委（党组）和组织人事部门主要领导干部的责任。

第十条　有本办法所列应当追究责任的情形，情节较轻的，给予批评教育或者责令作出书面检查；情节较重或者群众反映强烈、造成恶劣影响的，给予组织处理。组织处理的方式包括调离岗位、引咎辞职、责令辞职、免职、降职等。组织处理的情况，应当在一定范围内通报。

有本办法第八条第（五）项所列情形，已列为考察对象或者提拔人选的，应当首先将其排除出考察对象或者取消其提拔资格，再按照本条前款规定作出处理。

第十一条　有本办法所列应当追究责任的情形，应当给予党纪处分的，依照《中国共产党纪律处分条例》及有关规定给予党纪处分；应当追究政纪责任的，建议有关机关依照有关规定给予相应的政纪处分；涉嫌犯罪的，依法移送司法机关处理。

第十二条　组织处理和纪律处分可以单独使用，也可以同时使用。

第十三条　组织人事部门对工作中发现、群众举报或者新闻媒体反映的线索清楚、内容具体的违反干部选拔任用工作规定的问题必须进行调查处理，也可会同纪检监察机关进行调查处理。

纪检监察机关在受理举报、查办案件等工

作中发现的违反干部选拔任用工作规定的问题，应当按照有关规定进行调查处理。处理情况应当向组织人事部门通报。需要给予组织处理的，与组织人事部门共同研究提出处理建议方案，按照干部管理权限报批。

作出责任追究决定后，由组织人事部门、纪检监察机关办理责任追究相关事宜。

第十四条　领导干部因违纪违法受到撤销党内职务或者行政职务以上处分且在其提拔任职前就有违纪违法行为的，组织人事部门必须对其选拔任用过程进行调查。其中，对本级党委(党组)管理的下一级党政正职领导干部的选拔任用过程，由上一级组织人事部门直接进行调查。经调查核实，确实存在违反规定选拔任用干部问题的，追究有关责任人的责任。

第十五条　受到责任追究的人员对责任追究决定不服的，可以向作出责任追究决定的机关提出书面申诉。作出责任追究决定的机关应当依据有关规定受理并作出处理。

申诉期间，不停止责任追究决定的执行。

第十六条　受到调离岗位处理的，一年内不得提拔；引咎辞职和受到责令辞职、免职处理的，一年内不得重新担任与其原任职务相当的领导职务，两年内不得提拔；受到降职处理的，两年内不得提拔；同时受到纪律处分的，按照影响期长的规定执行。

引咎辞职和受到责令辞职、免职、降职处理的党政领导干部，应当综合考虑其一贯表现、资历、特长等因素，合理安排工作岗位或者相应工作任务，并同时确定相应的职级待遇。受到组织处理或者纪律处分，影响期满后拟重新任用的，在作出决定前应当征得上一级组织人事部门同意。

第十七条　实行党政领导干部选拔任用工作记实制度。有关部门应当如实记录选拔任用干部过程中推荐提名、考察、酝酿、讨论决定等情况，为实施党政领导干部选拔任用工作责任追究提供依据。

第十八条　县级以上党委、政府直属事业单位和工会、共青团、妇联等人民团体领导干部选拔任用工作的责任追究，参照本办法执行。

第十九条　本办法由中共中央纪律检查委员会、中共中央组织部负责解释。

第二十条　本办法自发布之日起施行。

(此文载2010年4月1日《人民日报》)

中央组织部、中央宣传部关于在党的基层组织和党员中深入开展创先争优活动的意见

在党的基层组织和党员中深入开展创建先进基层党组织、争当优秀共产党员活动，是巩固和拓展全党深入学习实践科学发展观活动成果的重要举措，是党的建设一项重要的经常性工作。组织实施这项活动，对于进一步抓好学习实践活动整改落实工作、完善长效机制、推动学习实践科学发展观向深度和广度发展，对于激发各级党组织和广大党员生机活力、提高党的执政能力、保持和发展党的先进性，对于促进各级党组织和广大党员更好地联系和服务群众、始终保持党同人民群众血肉联系，对于推动党的建设更好地服务党和国家工作大局、服务本地区本部门本单位中心工作、加快转变经济发展方式、促进经济社会又好又快发展，都具有十分重要的意义。为确保创先争优活动健康有序开展，取得实际成效，现就在党的基层组织和党

员中深入开展创先争优活动提出如下意见。

一、把握总体要求

深入开展创先争优活动，要认真贯彻落实党的十七大和十七届三中、四中全会精神，以邓小平理论和“三个代表”重要思想为指导，以深入学习实践科学发展观为主题，坚持从本地区本部门本单位实际出发，改革创新，务求实效，统筹推进党的建设其他经常性工作，充分发挥基层党组织的战斗堡垒作用和共产党员的先锋模范作用，在推动科学发展、促进社会和谐、服务人民群众、加强基层组织的实践中建功立业。

推动科学发展，就是要求基层党组织认真履行职责，切实贯彻落实党的路线方针政策以及本单位科学发展规划、思路、举措；党员以模范行动影响和带领广大群众努力完成各项工作任务。

促进社会和谐，就是要求基层党组织和党员及时了解群众思想动态，有针对性地做好引导工作；积极践行社会主义核心价值体系，推动形成良好社会风气；主动排查矛盾纠纷，做好化解工作；在重大突发事件面前，立场坚定、旗帜鲜明，坚决捍卫国家和人民利益。

服务人民群众，就是要求基层党组织和党员充分尊重群众，紧紧依靠群众，认真倾听群众呼声，及时反映群众意愿，主动关心群众疾苦，帮助群众解决生产生活中遇到的实际困难；积极参加党员志愿服务活动，多为群众办实事办好事。

加强基层组织，就是要求基层党组织优化组织设置，扩大组织覆盖，创新活动方式，积极推进学习型党组织建设，增强党员队伍的生机活力，造就高素质的基层党组织带头人队伍，充分发挥基层党组织的战斗堡垒作用；通过基层党组织建设，带动其他各类基层组织建设。

二、明确主要内容

创先争优活动，以创建先进基层党组织、争当优秀共产党员为主要内容。

先进基层党组织的基本要求是，学习型党组织建设成效明显，出色完成党章规定的基本任务，努力做到“五个好”：一是领导班子好。领导班子能深入学习实践科学发展观，认真贯彻党的路线方针政策，团结协作，求真务实，勤政廉洁，有较强的凝聚力和战斗力。二是党员队伍好。党员素质优良，有较强的党员意识，能够充分发挥先锋模范作用。三是工作机制好。规章制度完善，管理措施到位，工作运行顺畅有序。四是工作业绩好。本单位各项工作成绩显著，围绕中心、服务大局事迹突出。五是群众反映好。基层党组织在群众中有较高威信，党员在群众中有良好形象，党群干群关系密切。

优秀共产党员的基本要求是，模范履行党章规定的义务，努力做到“五带头”：一是带头学习提高。认真学习实践科学发展观，自觉坚定理想信念；认真学习科学文化知识，成为本职工作的行家里手。二是带头争创佳绩。具有强烈的事业心和责任感，埋头苦干、开拓创新、无私奉献，在本职岗位上做出显著成绩。三是带头服务群众。积极帮助群众解决实际困难，自觉维护群众正当权益。四是带头遵纪守法。自觉遵守党的纪律，模范遵守国家法律法规。五是带头弘扬正气。发扬社会主义新风尚，敢于同不良风气、违纪违法行为作斗争。

各单位在坚持以上基本要求的前提下，可结合自身实际，进一步明确先进基层党组织和优秀共产党员的具体条件。

三、实施分类指导

各级党组织要根据基层单位的实际情况和党员的岗位特点，精心设计特色鲜明、务实管用的载体，分类提出开展创先争优活动的具体要求。

农村党组织要把创先争优活动与深化农村基层党建工作三级联创活动有机结合起来，认真落实“一定三有”政策，大力推广“四议两公开”工作法，通过设岗定责、依岗承诺、“一强双带”等形式发挥党员作用，大力推进社会主义新农村建设。

街道社区党组织要把创先争优活动与借鉴农村基层组织建设经验，在区、街道、社区开展基层党建工作三级联创活动有机结合起来，认真落实“三有一化”，通过开展党员示范楼院、党员志愿服务等活动发挥党员作用，努力建设文明和谐社区。

国有企业和金融机构党组织要把开展创先争优活动与深化“四好”领导班子创建活动和开展“四强”党组织、“四优”共产党员创建活动有机结合起来，通过党员责任区、党员品牌工程、党员攻关项目等发挥党员作用，增强国有经济活力、控制力、影响力。

机关党组织要把开展创先争优活动与开展讲党性、重品行、作表率活动有机结合起来，通过设立党员先锋岗、党员示范窗口等发挥党员作用，切实改进机关作风，提高机关效能。

高等学校党组织要紧紧围绕推进教育改革、搞好教书育人、加强教师队伍建设设计载体，可通过设立党员教学科研和后勤服务示范岗、开展党员志愿服务等发挥党员作用，努力办人民满意的高等教育。

科研、文化、卫生、体育、中等职业学校和中小学校等事业单位党组织要围绕做好职工思想政治工作、促进事业发展设计载体，可结合各自实际，通过创建课题攻关党员先锋团队，争当德艺双馨党员艺术家、“优秀共产党员·人民满意的白衣天使”、“优秀共产党员·师德标兵”等活动发挥党员作用，努力提升工作质量和服务水平。

非公有制经济组织和社会组织中的党组织要围绕发挥党组织和党员作用、促进生产经营和各项业务工作设计载体，可通过开展立足岗位比奉献等活动发挥党员作用，贯彻党的路线方针政策，引导和监督非公有制经济组织和社会组织遵守国家法律法规，团结凝聚职工群众，维护各方合法权益，促进健康发展。

少数民族聚居地区党组织还要把团结各族群众推动发展、促进和谐、反对分裂、维护稳定贯穿于创先争优活动始终，坚决维护民族团结和社会稳定，促进各民族共同团结奋斗、共同繁荣发展。

四、扎实推进活动

各基层单位党组织要从自身实际出发，围绕中心工作设计主题，把广大党员吸引到创先争优活动中来。要紧紧围绕确定的主题，通过以下方式，扎实推进创先争优活动。

（一）公开承诺。基层党组织制定开展创先争优活动实施方案，党员提出参加活动的具体打算，并采取适当方式向群众公布，作出承诺，接受群众监督。

（二）领导点评。上级党组织负责人适时对基层党组织和党员开展创先争优活动情况进行点评，实事求是肯定取得的成绩，指出存在的问题和努力方向。

（三）群众评议。上级党组织对基层党组织、基层党组织对党员开展创先争优活动情况，适时组织党员、群众进行评议。

（四）评选表彰。上级党组织对基层党组织、基层党组织对党员开展创先争优活动情况进行考核。在此基础上，适时评选表彰创先争优活动中涌现出的先进基层党组织和优秀共产党员。评选表彰要注重工作实绩和社会公认度，广泛听取党员和群众意见。

从2010年4月开始，着重围绕迎接中国共产党成立90周年开展创先争优活动。在搞好动员的基础上，各基层单位要坚持抓好学习实践活动整改落实后续工作，切实兑现向群众作出的承诺，建立健全深入学习实践科学发展观的长效机制；引导基层党组织切实履行职责，共产党员立足本职岗位争创一流业绩，掀起创先争优活动高潮。2012年“七一”前，中央组织部将专项表彰2010—2012年创先争优活动先进基层党组织、优秀共产党员，以及开展创先争优活动成绩显著的先进县（市、区、旗）党委。

五、加强组织领导

（一）落实领导责任。各级党委（党组）负

责本地区本部门本单位创先争优活动，结合实际制定开展创先争优活动实施意见，构建党委统一领导、组织部门和宣传部门共同负责、相关部门参与指导的工作机制。全国创先争优活动由中央组织部、中央宣传部牵头成立中央创先争优活动领导小组。中央和国家机关有关部门要加强对相关领域（行业）创先争优活动的具体指导。垂直管理单位和条块共管单位的主管部门也要加强对本行业本系统创先争优活动的指导。县（市、区、旗）党委要切实担负起本地开展创先争优活动的领导和指导责任。基层党组织要具体负责本地区本单位创先争优活动的组织实施。注重发挥党建工作指导员和大学生“村官”在创先争优活动中的作用。要以基层党组织和党员的创先争优活动带动工会、共青团、妇联等群众组织开展创建先进集体、争当先进个人活动。

（二）运用典型引路。充分发挥报刊、广播、电视、互联网以及现代远程教育网络、党员电化教育、党建信息网和手机短信平台的作用，采取基层党员群众喜闻乐见的方式，大力宣传各行各业先进基层党组织和优秀共产党员的先进事迹，引导广大党员以全国优秀共产党员中的先进典型为榜样，争做优秀共产党员，努力在全社会形成学习先进、崇尚先进、争当先进的良好风气。

（三）加强督促检查。采取分领域分行业召开座谈会、经常性督查、随机抽查等方式，了解活动进展，通报活动情况，总结交流经验，研究解决问题。对创先争优活动思想上不重视、工作上不得力的，有关党组织要及时提出批评，要求限期整改。

各省、自治区、直辖市，中央直属机关工委、中央国家机关工委、国务院国资委、中央金融机构、铁道部、国家民航局和新疆生产建设兵团制定本地区本部门本系统开展创先争优活动实施意见后，要及时报中央创先争优活动领导小组。

军队和武警部队的创先争优活动，由总政治部作出具体部署。

（此文载2010年5月14日《人民日报》）

国家中长期人才发展规划纲要（2010—2020年）

根据党的十七大提出的更好实施人才强国战略的总体要求，着眼于为实现全面建设小康社会奋斗目标提供人才保证，制定《人才规划纲要》。

序　言

人才是指具有一定的专业知识或专门技能，进行创造性劳动并对社会作出贡献的人，是人力资源中能力和素质较高的劳动者。人才是我国经济社会发展的第一资源。

在人类社会发展进程中，人才是社会文明进步、人民富裕幸福、国家繁荣昌盛的重要推动力量。当今世界正处在大发展大变革大调整时期。世界多极化、经济全球化深入发展，科技进步日新月异，知识经济方兴未艾，加快人才发展是在激烈的国际竞争中赢得主动的重大战略选择。我国正处在改革发展的关键阶段，深入贯彻落实科学发展观，全面推进经济建设、政治建设、文化建设、社会建设以及生态文明建设，推动工业化、信息化、城镇化、市场化、国际化深入发展，全面建设小康社会，实现中华民族伟大复兴，必须大力提高国民素质，在继续发挥我国人力资源优势的同时，加快形成我国人才竞争比较优势，逐步实现由人力资源大国向人才强国的转变。

党和国家历来高度重视人才工作，新中国

成立以来特别是改革开放以来，提出了一系列加强人才工作的政策措施，培养造就了各个领域的大批人才。进入新世纪新阶段，党中央、国务院作出了实施人才强国战略的重大决策，人才强国战略已成为我国经济社会发展的一项基本战略，人才发展取得了显著成就。科学人才观逐步确立，以高层次人才、高技能人才为重点的各类人才队伍不断壮大，有利于人才发展的政策体系进一步完善，市场配置人才资源的基础性作用初步发挥，人才效能明显提高，党管人才工作新格局基本形成。同时必须清醒地看到，当前我国人才发展的总体水平同世界先进国家相比仍存在较大差距，与我国经济社会发展需要相比还有许多不适应的地方，主要是：高层次创新型人才匮乏，人才创新创业能力不强，人才结构和布局不尽合理，人才发展体制机制障碍尚未消除，人才资源开发投入不足，等等。

未来十几年，是我国人才事业发展的重要战略机遇期。我们必须进一步增强责任感、使命感和危机感，积极应对日趋激烈的国际人才竞争，主动适应我国经济社会发展需要，坚定不移地走人才强国之路，科学规划，深化改革，重点突破，整体推进，不断开创人才辈出、人尽其才的新局面。

一、指导方针、战略目标和总体部署

（一）指导方针

高举中国特色社会主义伟大旗帜，以邓小平理论和"三个代表"重要思想为指导，深入贯彻落实科学发展观，尊重劳动、尊重知识、尊重人才、尊重创造，更好实施人才强国战略，坚持党管人才原则，遵循社会主义市场经济规律和人才成长规律，加快人才发展体制机制改革和政策创新，扩大对外开放，开发利用国内国际两种人才资源，以高层次人才、高技能人才为重点统筹推进各类人才队伍建设，为实现全面建设小康社会奋斗目标提供坚强的人才保证和广泛的智力支持。

当前和今后一个时期，我国人才发展的指导方针是：服务发展、人才优先、以用为本、创新机制、高端引领、整体开发。

服务发展。把服务科学发展作为人才工作的根本出发点和落脚点，围绕科学发展目标确定人才队伍建设任务，根据科学发展需要制定人才政策措施，用科学发展成果检验人才工作成效。

人才优先。确立在经济社会发展中人才优先发展的战略布局，充分发挥人才的基础性、战略性作用，做到人才资源优先开发、人才结构优先调整、人才投资优先保证、人才制度优先创新，促进经济发展方式向主要依靠科技进步、劳动者素质提高、管理创新转变。

以用为本。把充分发挥各类人才的作用作为人才工作的根本任务，围绕用好用活人才来培养人才、引进人才，积极为各类人才干事创业和实现价值提供机会和条件，使全社会创新智慧竞相迸发。

创新机制。把深化改革作为推动人才发展的根本动力，坚决破除束缚人才发展的思想观念和制度障碍，构建与社会主义市场经济体制相适应、有利于科学发展的人才发展体制机制，最大限度地激发人才的创造活力。

高端引领。培养造就一批善于治国理政的领导人才，一批经营管理水平高、市场开拓能力强的优秀企业家，一批世界水平的科学家、科技领军人才、工程师和高水平的哲学社会科学专家、文学家、艺术家、教育家，一大批技艺精湛的高技能人才，一大批社会主义新农村建设带头人，一大批职业化、专业化的高级社会工作人才，充分发挥高层次人才在经济社会发展和人才队伍建设中的引领作用。

整体开发。加强人才培养，注重理想信念教育和职业道德建设，培育拼搏奉献、艰苦创业、诚实守信、团结协作精神，促进人的全面发展。关心人才成长，鼓励和支持人人都作贡献、人人都能成才、行行出状元。统筹国内国际两个市场，推进城乡、区域、产业、行业和不同所有制人才资源开发，实现各类人才队伍协调发展。

(二)战略目标

到2020年,我国人才发展的总体目标是:培养和造就规模宏大、结构优化、布局合理、素质优良的人才队伍,确立国家人才竞争比较优势,进入世界人才强国行列,为在本世纪中叶基本实现社会主义现代化奠定人才基础。

——人才资源总量稳步增长,队伍规模不断壮大。人才资源总量从现在的1.14亿人增加到1.8亿人,增长58%,人才资源占人力资源总量的比重提高到16%,基本满足经济社会发展需要。

——人才素质大幅度提高,结构进一步优化。主要劳动年龄人口受过高等教育的比例达到20%,每万劳动力中研发人员达到43人年,高技能人才占技能劳动者的比例达到28%。人才的分布和层次、类型、性别等结构趋于合理。

——人才竞争比较优势明显增强,竞争力不断提升。人才规模效益显著提高。在装备制造、信息、生物技术、新材料、航空航天、海洋、金融财会、生态环境保护、新能源、农业科技、宣传思想文化等经济社会发展重点领域,建成一批人才高地。

——人才使用效能明显提高。人才发展体制机制创新取得突破性进展,人才辈出、人尽其才的环境基本形成。人力资本投资占国内生产总值比例达到15%,人力资本对经济增长贡献率达到33%,人才贡献率达到35%。

专栏:国家人才发展主要指标

指标	单位	2008年	2015年	2020年
人才资源总量	万人	11385	15625	18025
每万劳动力中研发人员	人年/万人	24.8	33	43
高技能人才占技能劳动者比例	%	24.4	27	28
主要劳动年龄人口受过高等教育的比例	%	9.2	15	20
人力资本投资占国内生产总值比例	%	10.75	13	15
人才贡献率	%	18.9	32	35

注:人才贡献率数据为区间年均值,其中2008年数据为1978—2008年的平均值,2015年数据为2008—2015年的平均值,2020年数据为2008—2020年的平均值。

(三)总体部署

一是实行人才投资优先,健全政府、社会、用人单位和个人多元人才投入机制,加大对人才发展的投入,提高人才投资效益。二是加强人才资源能力建设,创新人才培养模式,注重思想道德建设,突出创新精神和创新能力培养,大幅度提升各类人才的整体素质。三是推动人才结构战略性调整,充分发挥市场配置人才资源的基础性作用,改善宏观调控,促进人才结构与经济社会发展相协调。四是造就宏大的高素质人才队伍,突出培养创新型科技人才,重视培养领军人才和复合型人才,大力开发经济社会发展重点领域急需紧缺专门人才,统筹抓好党政人才、企业经营管理人才、专业技术人才、高技能人才、农村实用人才以及社会工作人才等人才队伍建设,培养造就数以亿计的各类人才,数以千万计的专门人才和一大批拔尖创新人才。五是改革人才发展体制机制,完善人才管理体制,创新人才培养开发、评价发现、选拔任用、流动配置、激励保障机制,营造充满活力、富有效率、更加开放的人才制度环境。六是大力吸引海外高层次人才和急需紧缺专门人才,坚持自主培养开发与引进海外人才并举,积极利用国(境)外教育培训资源培养人才。七是加快人才工作法制建设,建立健全人才法律法规,坚持依法管理,保护人才合法权益。八是加强和改进党对人才工作的领导,完善党管人才格局,创新党管人才方式方法,为人才发展提供坚强的组织保证。

推进人才发展，要统筹兼顾，分步实施。到2015年，重点在制度建设、机制创新上有较大突破。到2020年，全面落实各项任务，确保人才发展战略目标的实现。

二、人才队伍建设主要任务

（一）突出培养造就创新型科技人才

发展目标：围绕提高自主创新能力、建设创新型国家，以高层次创新型科技人才为重点，努力造就一批世界水平的科学家、科技领军人才、工程师和高水平创新团队，注重培养一线创新人才和青年科技人才，建设宏大的创新型科技人才队伍。到2020年，研发人员总量达到380万人年，高层次创新型科技人才总量达到4万人左右。

主要举措：创新人才培养模式，建立学校教育和实践锻炼相结合、国内培养和国际交流合作相衔接的开放式培养体系。探索并推行创新型教育方式方法，突出培养学生的科学精神、创造性思维和创新能力。加强实践培养，依托国家重大科研项目和重大工程、重点学科和重点科研基地、国际学术交流合作项目，建设一批高层次创新型科技人才培养基地。加强领军人才、核心技术研发人才培养和创新团队建设，形成科研人才和科研辅助人才衔接有序、梯次配备的合理结构，提高自主创新能力。深化科技体制改革，完善权责明确、评价科学、创新引导的科技管理制度，健全有利于科技人才创新创业的评价、使用、激励措施，进一步解放和发展科技生产力。制定加强高层次创新型科技人才队伍建设意见。改进完善院士制度，注重院士称号精神激励作用，规范院士学术兼职。加大海外高层次创新创业人才引进力度。组织实施创新人才推进计划、海外高层次人才引进计划，推进“百人计划”、“长江学者奖励计划”、“国家杰出青年科学基金”等人才项目。注重复合型人才培养，破除论资排辈、求全责备观念，加大对优秀青年科技人才的发现、培养、使用和资助力度。加强产学研合作，重视企业工程技术与管理人才的培养，推动科技人才向企业集聚。发展创新文化，倡导追求真理、勇攀高峰、宽容失败、团结协作的创新精神，营造科学民主、学术自由、严谨求实、开放包容的创新氛围。建立健全科研诚信体系，从严治理学术不端行为。

（二）大力开发经济社会发展重点领域急需紧缺专门人才

发展目标：适应发展现代产业体系和构建社会主义和谐社会的需要，加大重点领域急需紧缺专门人才开发力度。到2020年，在装备制造、信息、生物技术、新材料、航空航天、海洋、金融财会、国际商务、生态环境保护、能源资源、现代交通运输、农业科技等经济重点领域培养开发急需紧缺专门人才500多万人；在教育、政法、宣传思想文化、医药卫生、防灾减灾等社会发展重点领域培养开发急需紧缺专门人才800多万人。经济社会发展重点领域各类专业人才数量充足，整体素质和创新能力显著提升，人才结构趋于合理。

主要举措：加强产业、行业人才发展统筹规划和分类指导，围绕重点领域发展，开展人才需求预测，定期发布急需紧缺人才目录。调整优化高等学校学科专业设置，加大急需研发人才和紧缺技术、管理人才的培养力度。大规模开展重点领域专门人才知识更新培训。建设一批工程创新训练基地，建立和完善与国际接轨的工程师认证认可制度，提高工程技术人才职业化、国际化水平。根据国家规划，制定人才特别是产业领军人才、工程技术人才向重点产业集聚的倾斜政策。继续实施“四个一批”人才培养工程，加强哲学社会科学、新闻、出版、文艺等领域高层次人才队伍建设。注重培养造就一批马克思主义理论家特别是中青年理论家。依托重大哲学社会科学研究项目，大力培养哲学社会科学学术带头人。加强宣传思想文化、医药卫生人才培养。支持重点领域科学家参加国际科研计划、学术交流。完善重点领域科研骨干人才分配激励办法。建立重点领域相关部门人才开发协调机制。

（三）统筹推进各类人才队伍建设

1. 党政人才队伍

发展目标：按照加强党的执政能力建设和先进性建设的要求，以提高领导水平和执政能力为核心，以中高级领导干部为重点，造就一批善于治国理政的领导人才，建设一支政治坚定、勇于创新、勤政廉洁、求真务实、奋发有为、善于推动科学发展的高素质党政人才队伍。到2020年，具有大学本科及以上学历的干部占党政干部队伍的85%，专业化水平明显提高，结构更加合理，总量从严控制。

主要举措：适应科学发展要求和干部成长规律，开展大规模干部教育培训，加强干部自学。实施党政人才素质能力提升工程，构建理论教育、知识教育、党性教育和实践锻炼"四位一体"的干部培养教育体系。坚持德才兼备、以德为先用人标准，坚持民主、公开、竞争、择优改革方针，树立坚定信念、注重品行、科学发展、崇尚实干、重视基层、鼓励创新、群众公认的用人导向。扩大干部工作民主，加大竞争性选拔党政领导干部工作力度，拓宽选人用人渠道，提高干部工作科学化水平，促进优秀人才脱颖而出。实施后备干部队伍建设"百千万工程"。注重从基层和生产一线选拔党政人才。加强女干部、少数民族干部、非中共党员干部培养选拔和教育培训工作。实施促进科学发展的干部综合考核评价办法。建立健全党政干部岗位职责规范及其能力素质评价标准，加强工作业绩考核。完善党政人才分类管理制度。加大领导干部跨地区跨部门交流力度，推进党政机关重要岗位干部定期交流、轮岗。健全权力约束制衡机制，加强干部管理监督。

2. 企业经营管理人才队伍

发展目标：适应产业结构优化升级和实施"走出去"战略的需要，以提高现代经营管理水平和企业国际竞争力为核心，以战略企业家和职业经理人为重点，加快推进企业经营管理人才职业化、市场化、专业化和国际化，培养造就一大批具有全球战略眼光、市场开拓精神、管理创新能力和社会责任感的优秀企业家和一支高水平的企业经营管理人才队伍。到2015年，企业经营管理人才总量达到3500万人。到2020年，企业经营管理人才总量达到4200万人，培养造就100名左右能够引领中国企业跻身世界500强的战略企业家；国有及国有控股企业国际化人才总量达到4万人左右；国有企业领导人员通过竞争性方式选聘比例达到50%。

主要举措：依托知名跨国公司、国内外高水平大学和其他培训机构，加强企业经营管理人才培训，提高战略管理和跨文化经营管理能力。采取组织选拔与市场化选聘相结合的方式选拔国有企业领导人员。健全企业经营管理者聘任制、任期制和任期目标责任制，实行契约化管理。完善以市场和出资人认可为核心的企业经营管理人才评价体系，积极发展企业经营管理人才评价机构，建立社会化的职业经理人资质评价制度，加强规范化管理。健全企业经营管理人才经营业绩评价指标体系。完善年度薪酬管理制度、协议工资制度和股权激励等中长期激励制度。建立企业经营管理人才库。培养和引进一批科技创新创业企业家和企业发展急需的战略规划、资本运作、科技管理、项目管理等方面专门人才。实施企业经营管理人才素质提升工程和国家中小企业银河培训工程。

3. 专业技术人才队伍

发展目标：适应社会主义现代化建设的需要，以提高专业水平和创新能力为核心，以高层次人才和紧缺人才为重点，打造一支宏大的高素质专业技术人才队伍。到2015年，专业技术人才总量达到6800万人。到2020年，专业技术人才总量达到7500万人，占从业人员的10%左右，高级、中级、初级专业技术人才比例为10∶40∶50。

主要举措：进一步扩大专业技术人才队伍培养规模，提高专业技术人才创新能力。构建分层分类的专业技术人才继续教育体系，加快实施专业技术人才知识更新工程。进一步实施并完善新世纪百千万人才工程。组织实施青年英才开发计划、高素质教育人才培养工程、文化名家工程、全民健康卫生人才保障工程。加大现代物流、电子商务、法律、咨询、会计、工业设计、知识产权、食品安全、旅游等现代服务业人才培养开发力度,重视传统服务业各类技术人才的培养。发挥各类社会组织培养专业技术人才的作用。制定双向挂职、短期工作、项目合作等灵活多样的人才柔性流动政策,引导党政机关、科研院所和高等学校专业技术人才向企业、社会组织和基层一线有序流动,促进专业技术人才合理分布。统筹推进专业技术职称和职业资格制度改革。完善政府特殊津贴制度,强化激励,科学管理。改进专业技术人才收入分配等激励办法。改善基层专业技术人才工作、生活条件,拓展职业发展空间。注重发挥离退休专业技术人才的作用。

4. 高技能人才队伍

发展目标:适应走新型工业化道路和产业结构优化升级的要求,以提升职业素质和职业技能为核心,以技师和高级技师为重点,形成一支门类齐全、技艺精湛的高技能人才队伍。到2015年,高技能人才总量达到3400万人。到2020年,高技能人才总量达到3900万人,其中技师、高级技师达到1000万人左右。

主要举措:完善以企业为主体、职业院校为基础,学校教育与企业培养紧密联系、政府推动与社会支持相结合的高技能人才培养培训体系。加强职业培训,统筹职业教育发展,整合利用现有各类职业教育培训资源,依托大型骨干企业(集团)、重点职业院校和培训机构,建设一批示范性国家级高技能人才培养基地和公共实训基地。改革职业教育办学模式,大力推行校企合作、工学结合和顶岗实习。加强职业教育“双师型”教师队伍建设。在职业教育中推行学历证书和职业资格证书“双证书”制度。逐步实行中等职业教育免费和学生生活补助制度。实施国家高技能人才振兴计划。促进技能人才评价多元化。制定高技能人才与工程技术人才职业发展贯通办法。建立高技能人才绝技绝活代际传承机制。广泛开展各种形式的职业技能竞赛和岗位练兵活动。完善国家高技能人才评选表彰制度,进一步提高高技能人才经济待遇和社会地位。

5. 农村实用人才队伍

发展目标:围绕社会主义新农村建设,以提高科技素质、职业技能和经营能力为核心,以农村实用人才带头人和农村生产经营型人才为重点,着力打造服务农村经济社会发展、数量充足的农村实用人才队伍。到2015年,农村实用人才总量达到1300万人。到2020年,农村实用人才总量达到1800万人,平均受教育年限达到10.2年,每个行政村主要特色产业至少有1—2名示范带动能力强的带头人。

主要举措:大规模开展农村实用人才培训,充分发挥农村现代远程教育网络、全国文化信息资源共享工程网络、各类农民教育培训项目、农业技术推广体系、各类职业学校和培训机构的主渠道作用。整合现有培训项目,健全县域职业教育培训网络,推进农村实用人才带头人素质提升计划和新农村实用人才培训工程,重点实施现代农业人才支撑计划。鼓励和支持农村实用人才带头人牵头建立专业合作组织和专业技术协会,加快培养农业产业化发展急需的企业经营管理人员、农民专业合作组织带头人和农村经纪人。积极扶持农村实用人才创业兴业,在创业培训、项目审批、信贷发放、土地使用等方面给予政策支持。因地制宜,建立健全农村实用人才评价制度。加大对农村实用人才的表彰激励和宣传力度,提高农村实用人才社会地位。加大公共财政对农村发展急需的农业技术人员、教师、医生等方面人才培养的支持力度。继续开展城乡人才对口扶持,推进万名医师支援农村卫生、城镇教师支援农村教育、社会工作者服务社会主义新农村建设、科技人才下乡支农等工作。

6. 社会工作人才队伍

发展目标:适应构建社会主义和谐社会的

需要，以人才培养和岗位开发为基础，以中高级社会工作人才为重点，培养造就一支职业化、专业化的社会工作人才队伍。到2015年，社会工作人才总量达到200万人。到2020年，社会工作人才总量达到300万人。

主要举措：建立不同学历层次教育协调配套、专业培训和知识普及有机结合的社会工作人才培养体系。加强社会工作学科专业体系建设。建设一批社会工作培训基地。加强社会工作从业人员专业知识培训，制定社会工作培训质量评估指标体系。建立健全社会工作人才评价制度。加强社会工作者队伍职业化管理。加快制定社会工作岗位开发设置政策措施。推进公益服务类事业单位、城乡社区和公益类社会组织建设，完善培育扶持和依法管理社会组织的政策。组织实施社会工作服务组织标准化建设示范工程。研究制定政府购买社会工作服务政策。建立社会工作人才和志愿者队伍联动机制。制定加强社会工作人才队伍建设意见。

三、体制机制创新

（一）改进完善人才工作管理体制

1. 完善党管人才的领导体制

目标要求：坚持党管人才原则，创新党管人才方式方法，完善党委统一领导，组织部门牵头抓总，有关部门各司其职、密切配合，社会力量广泛参与的人才工作格局。发挥党委领导核心作用，统筹经济社会发展和人才发展，切实履行好管宏观、管政策、管协调、管服务的职责，用事业凝聚人才，用实践造就人才，用机制激励人才，用法制保障人才，提高党管人才工作水平。党政主要负责人要树立强烈的人才意识，善于发现人才、培养人才、团结人才、用好人才、服务人才。

主要任务：制定完善党管人才工作格局的意见。健全各级党委人才工作领导机构，建立科学的决策机制、协调机制和督促落实机制，形成统分结合、上下联动、协调高效、整体推进的人才工作运行机制。建立党委、政府人才工作目标责任制，提高各级党政领导班子综合考核指标体系中人才工作专项考核的权重。建立各级党委常委会听取人才工作专项报告制度。完善党委联系专家制度。实行重大决策专家咨询制度。完善党委组织部门牵头抓总职能，发挥政府人力资源管理部门作用，强化各职能部门人才工作职责，充分调动各人民团体、企事业单位、社会组织的积极性，动员和组织全社会力量，形成人才工作整体合力。

2. 改进人才管理方式

目标要求：围绕用好用活人才，完善政府宏观管理、市场有效配置、单位自主用人、人才自主择业的人才管理体制。改进宏观调控，推动政府人才管理职能向创造良好发展环境、提供优质公共服务转变，运行机制和管理方式向规范有序、公开透明、便捷高效转变。健全人才市场体系，发挥市场配置人才资源的基础性作用。遵循放开搞活、分类指导和科学规范的原则，深化国有企业和事业单位人事制度改革，创新管理体制，转换用人机制，扩大和落实单位用人自主权。发挥用人单位在人才培养、吸引和使用中的主体作用。

主要任务：按照政府行政管理体制改革的总体部署，完善人才管理运行机制。规范行政行为，推动人才管理部门进一步简政放权，减少和规范人才评价、流动等环节中的行政审批和收费事项。分类推进事业单位人事制度改革，逐步建立起权责清晰、分类科学、机制灵活、监管有力的事业单位人事管理制度。克服人才管理中存在的行政化、“官本位”倾向，取消科研院所、学校、医院等事业单位实际存在的行政级别和行政化管理模式。在科研、医疗等事业单位探索建立理事会、董事会等形式的法人治理结构。建立与现代科研院所制度、现代大学制度和公共医疗卫生制度相适应的人才管理制度。完善国有企业领导人员管理体制，健全符合现代企业制度要求的企业人事制度。鼓励地方和行业结合自身实际建立与国际人才管理体系接轨的人才管理改革试验区。

3. 加强人才工作法制建设

目标要求：坚持用法制保障人才，推进人才管理工作科学化、制度化、规范化，形成有利于人才发展的法制环境。加强立法工作，建立健全涵盖国家人才安全保障、人才权益保护、人才市场管理和人才培养、吸引、使用等人才资源开发管理各个环节的人才法律法规。

主要任务：研究制定人才开发促进法和终身学习、工资管理、事业单位人事管理、专业技术人才继续教育、职业资格管理、人力资源市场管理、外国专家来华工作等方面的法律法规。完善保护人才和用人主体合法权益的法律法规。

（二）创新人才工作机制

1. 人才培养开发机制

目标要求：坚持以国家发展需要和社会需求为导向，以提高思想道德素质和创新能力为核心，完善现代国民教育和终身教育体系，注重在实践中发现、培养、造就人才，构建人人能够成才、人人得到发展的人才培养开发机制。坚持面向现代化、面向世界、面向未来，充分发挥教育在人才培养中的基础性作用，立足培养全面发展的人才，突出培养创新型人才，注重培养应用型人才，深化教育改革，促进教育公平，提高教育质量。统筹规划继续教育，基本形成学习型社会。

主要任务：把社会主义核心价值体系教育贯穿人才培养开发全过程，不断提高各类人才的思想道德水平。建立人才培养结构与经济社会发展需求相适应的动态调控机制，优化教育学科专业、类型、层次结构和区域布局。创新人才培养模式，全面推进素质教育。坚持因材施教，建立高等学校拔尖学生重点培养制度，实行特殊人才特殊培养。改革高等学校招生考试制度，建立健全多元招生录取机制，提高人才培养质量。建立社会参与的人才培养质量评价机制。完善发展职业教育的保障机制，改革职业教育模式。完善在职人员继续教育制度，分类制定在职人员定期培训办法，倡导干中学。构建网络化、开放式、自主性终身教育体系，大力发展现代远程教育，支持发展各类专业化培训机构。支持建立军民结合、寓军于民的军队人才培养体系。

2. 人才评价发现机制

目标要求：建立以岗位职责要求为基础，以品德、能力和业绩为导向，科学化、社会化的人才评价发现机制。完善人才评价标准，克服唯学历、唯论文倾向，对人才不求全责备，注重靠实践和贡献评价人才。改进人才评价方式，拓宽人才评价渠道。把评价人才和发现人才结合起来，坚持在实践和群众中识别人才、发现人才。

主要任务：健全科学的职业分类体系，建立各类人才能力素质标准。建立以岗位绩效考核为基础的事业单位人员考核评价制度。分行业制定事业单位领导人员考核评价办法。完善重在业内和社会认可的专业技术人才评价机制。加快推进职称制度改革，规范专业技术人才职业准入，依法严格管理；完善专业技术人才职业水平评价办法，提高社会化程度；完善专业技术职务任职评价办法，落实用人单位在专业技术职务（岗位）聘任中的自主权。完善以任期目标为依据、工作业绩为核心的国有企业领导人员考核评价办法。探索技能人才多元评价机制，逐步完善社会化职业技能鉴定、企业技能人才评价、院校职业资格认证和专项职业能力考核办法。健全完善党政领导干部考核评价机制。建立健全公务员职位分类制度。建立在重大科研、工程项目实施和急难险重工作中发现、识别人才的机制。健全举才荐才的社会化机制。

3. 人才选拔任用机制

目标要求：改革各类人才选拔使用方式，科学合理使用人才，促进人岗相适、用当其时、人尽其才，形成有利于各类人才脱颖而出、充分施展才能的选人用人机制。深化党政领导干部选拔任用制度改革，提高选人用人公信度。健全国有企业领导人员选拔制度，加大市场化选聘力度。完善事业单位聘用制度和岗位管理制度，健全事业单位领导人员选拔制度。

主要任务：完善党政领导干部公开选拔、竞争上岗制度，探索公推公选等竞争性选拔干部方式。规范干部选拔任用提名制度。推行和完善地方党委讨论决定任用重要干部票决制。坚持和完善党政领导干部职务任期制。建立聘任制公务员管理制度。建立组织选拔、市场配置和依法管理相结合的国有企业领导人员选拔任用制度，完善国有资产出资人代表派出制和选举制。健全事业单位领导人员委任、聘任、选任等任用方式。全面推行事业单位公开招聘、竞聘上岗和合同管理制度。建立事业单位关键岗位和国家重大项目负责人全球招聘制度。

4. 人才流动配置机制

目标要求：根据完善社会主义市场经济体制的要求，推进人才市场体系建设，完善市场服务功能，畅通人才流动渠道，建立政府部门宏观调控、市场主体公平竞争、中介组织提供服务、人才自主择业的人才流动配置机制。健全人才市场供求、价格、竞争机制，进一步促进人才供求主体到位。大力发展人才服务业。加强政府对人才流动的政策引导和监督，推动产业、区域人才协调发展，促进人才资源有效配置。

主要任务：在建立统一规范、更加开放的人力资源市场基础上，发展专业性、行业性人才市场。健全专业化、信息化、产业化、国际化的人才市场服务体系。积极培育专业化人才服务机构，注重发挥人才服务行业协会作用。进一步破除人才流动的体制性障碍，制定发挥市场配置人才资源基础性作用的政策措施。推进政府所属人才服务机构管理体制改革，实现政事分开、管办分离。逐步建立城乡统一的户口登记制度，调整户口迁移政策，使之有利于引进人才。加快建立社会化的人才档案公共管理服务系统。完善社会保险关系转移接续办法。建立人才需求信息定期发布制度。完善劳动合同、人事争议仲裁、人才竞业避止等制度，维护各类人才和用人单位的合法权益。建立完善与西部大开发、东北地区等老工业基地振兴、中部地区崛起、东部地区率先发展战略相配套的区域人才交流合作机制，加快长江三角洲、珠江三角洲、环渤海等区域人才开发一体化进程。根据国家主体功能区布局，引导各类人才合理分布。

5. 人才激励保障机制

目标要求：完善分配、激励、保障制度，建立健全与工作业绩紧密联系、充分体现人才价值、有利于激发人才活力和维护人才合法权益的激励保障机制。完善各类人才薪酬制度，加强对收入分配的宏观管理，逐步建立秩序规范、激发活力、注重公平、监管有力的工资制度。坚持精神激励和物质奖励相结合，健全以政府奖励为导向、用人单位和社会力量奖励为主体的人才奖励体系。完善以养老保险和医疗保险为重点的社会保障制度，形成国家、社会和单位相结合的人才保障体系。

主要任务：统筹协调党政机关和国有企事业单位收入分配，稳步推进工资制度改革。建立产权激励制度，制定知识、技术、管理、技能等生产要素按贡献参与分配的办法。健全国有企业人才激励机制，推行股权、期权等中长期激励办法，重点向创新创业人才倾斜。逐步提高企业退休人员基本养老金，对在企业退休的高层次专业技术人员给予重点倾斜。建立完善事业单位岗位绩效工资制度。探索高层次人才、高技能人才协议工资制和项目工资制等多种分配形式。建立国家荣誉制度，表彰在经济社会发展中作出杰出贡献的人才。调整规范各类人才奖项设置。研究制定人才补充保险办法，支持用人单位为各类人才建立补充养老、医疗保险。扩大对农村、非公有制经济组织、新社会组织人才的社会保障覆盖面。

四、重大政策

（一）实施促进人才投资优先保证的财税金融政策

各级政府优先保证对人才发展的投入，确保国家教育、科技支出增长幅度高于财政经常性收入增长幅度，卫生投入增长幅度高于财政经常性支出增长幅度。逐步改善经济社会发展的要素投入结构，较大幅度增加人力资本投资比重，提高投资效益。进一步加大人才发展资金投入力度，保障人才发展重大项目的实施。鼓励和支持企业和社会组织建立人才发展基金。在重大建设和科研项目经费中，应安排部分经费用于人才培训。适当调整财政税收政策，提高企业职工培训经费的提取比例。通过税收、贴息等优惠政策，鼓励和引导社会、用人单位、个人投资人才资源开发。加大对中西部地区财政转移支付力度，引导中西部地区加大人才投入。利用国际金融组织和外国政府贷款投资人才开发项目。

（二）实施产学研合作培养创新人才政策

建立政府指导下以企业为主体、市场为导向、多种形式的产学研战略联盟，通过共建科技创新平台、开展合作教育、共同实施重大项目等方式，培养高层次人才和创新团队。实施研究生教育创新计划，发展专业学位教育，建立高等学校、科研院所、企业高层次人才双向交流制度，推行产学研联合培养研究生的"双导师制"。改革完善博士后制度，建立多元化的投入渠道，发挥高等学校、科研院所和企业的主体作用，提高博士后培养质量。实行"人才+项目"的培养模式，依托国家重大人才计划以及重大科研、工程、产业攻关、国际科技合作等项目，重视发挥企业作用，在实践中集聚和培养创新人才。对企业等用人单位接纳高等学校、职业学校学生实习等实行财税优惠政策。

（三）实施引导人才向农村基层和艰苦边远地区流动政策

对在农村基层和艰苦边远地区工作的人才，在工资、职务、职称等方面实行倾斜政策，提高艰苦边远地区津贴标准，改善工作和生活条件。采取政府购买岗位、报考公职人员优先录用等措施，鼓励和引导高校毕业生到农村和中小企业就业。逐步提高省级以上党政机关从基层招录公务员的比例。制定高校毕业生到艰苦边远地区创业就业扶持办法。开发基层社会管理和公共服务岗位。实施公职人员到基层服务和锻炼的派遣和轮调办法。完善科技特派员到农村和企业服务的政策措施。实施东部带西部、城市带农村的人才对口支持政策，引导人才向西部和农村流动。实施高校毕业生基层培养计划，继续做好"三支一扶"、大学生志愿服务西部计划和农村义务教育阶段学校教师特设岗位计划等工作。加强和改进干部援藏援疆、博士服务团、"西部之光"访问学者、少数民族科技骨干和少数民族地区小学"双语"教师特殊培养等工作，为西部地区特别是边疆少数民族地区提供人才和智力支持。实施边远贫困地区、边疆民族地区和革命老区人才支持计划。

（四）实施人才创业扶持政策

促进知识产权质押融资、创业贷款等业务的规范发展，完善支持人才创业的金融政策。完善知识产权、技术等作为资本参股的措施。加大税收优惠、财政贴息力度，扶持创业风险投资基金，支持创办科技型企业，促进科技成果转化和技术转移。加强创业技能培训和创业服务指导，提高创业成功率。继续加大对创业孵化器等基础设施的投入，创建创业服务网络，探索多种组织形式，为人才创业提供服务。制定科研机构、高等学校科技人员创办科技型企业的激励保障办法。

（五）实施有利于科技人员潜心研究和创新政策

在科研院所、高等学校、企业建立符合科技人员和管理人员不同特点的职业发展途径，鼓励和支持科技人员在创新实践中成就事业并享有相应的社会地位和经济待遇。对事业单位管理人员全面推行职员制度。完善科研管理制度，扩大科研机构用人自主权和科研经费使用自主权，健全科研机构内部决策、管理和监督的各项制度。建立以学术和创新绩效为主导的资源配置和学术发展模式。改进科技评价和奖励方式，完善以创新和质量为导向的科研评价办法，克服考核过于频繁、过度量化的倾向。加大对基础研究、前沿技术研究、社会公益类科研机构的投入力度，建立以财政性资金设立的科研机构创新绩效综合评价制度。完善科技经费管理办法和国家科技计划管理办法，对高水平创新团队给予长期稳定支持。健全科研院所分配激励机制，注重向科研关键岗位和优秀拔尖人才倾斜。改善青年科技人才的生活条件，有条件的城市可在国家保障性住房建设中优先解决住房问题。

（六）实施推进党政人才、企业经营管理人才、专业技术人才合理流动政策

完善党政人才、企业经营管理人才、专业技术人才交流和挂职锻炼制度，打破人才身份、单位、部门和所有制限制，营造开放的用人环境。扩大党政机关和国有企事业单位领导人员跨地区跨部门交流任职范围。拓宽党政人才来源渠道，完善从企事业单位和社会组织选拔人才制度。完善党政机关人才向企事业单位流动的社会保险关系转移接续办法。

（七）实施更加开放的人才政策

大力吸引海外高层次人才回国（来华）创新创业，制定完善出入境和长期居留、税收、保险、住房、子女入学、配偶安置，担任领导职务、承担重大科技项目、参与国家标准制定、参加院士评选和政府奖励等方面的特殊政策措施。建立海外高层次人才特聘专家制度。鼓励海外留学人员回国工作、创业或以多种方式为国服务。加强留学人员创业园区建设，提供创业资助和融资服务。建立统一的海外高层次人才信息库和人才需求信息发布平台。完善外国人永久居留权制度，吸引外籍高层次人才来华工作。加大引进国外智力工作力度，探索实行技术移民，制定国外智力资源供给、发现评价、市场准入、使用激励、绩效评估、引智成果共享等办法。扩大国家公派出国留学和来华留学规模。开发国（境）外优质教育培训资源，完善出国（境）培训管理制度和措施。支持高等学校、科研院所与海外高水平教育、科研机构建立联合研发基地。推动我国企业设立海外研发机构。积极支持和推荐优秀人才到国际组织任职。推进专业技术人才职业资格国际、地区间互认。发展国际人才市场，培育一批国际人才中介服务机构。制定维护国家重要人才安全的政策措施。

（八）实施鼓励非公有制经济组织、新社会组织人才发展政策

对社会主义市场经济体制下各种所有制组织中的人才，坚持一视同仁、平等对待。把非公有制经济组织、新社会组织人才开发纳入各级政府人才发展规划。制定加强非公有制经济组织、新社会组织人才队伍建设意见。政府在人才培养、吸引、评价、使用等方面的各项政策，非公有制经济组织、新社会组织人才平等享受。政府支持人才创新创业的资金、项目、信息等公共资源，向非公有制经济组织、新社会组织人才平等开放。政府开展人才宣传、表彰、奖励等方面活动，非公有制经济组织、新社会组织人才平等参与。

（九）实施促进人才发展的公共服务政策

完善政府人才公共服务体系，建立全国一体化的服务网络。健全人事代理、社会保险代理、企业用工登记、劳动人事争议调解仲裁、人事档案管理、就业服务等公共服务平台，满足人才多样化需求。创新政府提供人才公共服务的方式，建立政府购买公共服务制度，为各类人才平衡工作和家庭责任创造条件。加强对人才公共服务产品的标准化管理，大力开发公共服务产品。

（十）实施知识产权保护政策

实施国家知识产权战略。制定职务技术成果条例，完善科技成果知识产权归属和利益分享机制，保护科技成果创造者的合法权益。明确职务发明人权益，提高主要发明人受益比例。制定职务发明人流动中的利益共享办法。建立非职务发明评价体系，加强对非职务发明创造的支持和管理。制定国家支持个人和中小企业发明创造的资助办法，鼓励创造知识财产。加强专利技术运用转化平台建设。完善非物质文化遗产传承人知识产权保护相关措施。完善知识产权工作体系，加大知识产权宣传普及和执法保护力度。建立健全有利于知识产权保护的社会信用制度。营造保护知识产权的法制、市场和文化氛围，提升知识产权创造、运用、保护和管理能力，推进国际合作交流。

五、重大人才工程

（一）创新人才推进计划

为积极应对国际科技竞争，提高自主创新能力，着眼于培养造就一批世界水平的科学家，在我国具有相对优势的科研领域设立100个科学家工作室；瞄准世界科技前沿和战略性新兴产业，每年重点支持和培养一批具有发展潜力的中青年科技创新领军人才；着眼于推动企业成为技术创新主体，每年重点扶持1000名科技创新创业人才；依托一批国家重大科研项目、国家重点工程和重大建设项目，建设若干重点领域创新团队；以高等学校、科研院所和高新技术产业开发区为依托，建设300个创新人才培养示范基地。

（二）青年英才开发计划

着眼于人才基础性培养和战略性开发，提升我国未来人才竞争力，在自然科学、哲学社会科学和文化艺术等重点学科领域，每年重点培养扶持一批青年拔尖人才；在高水平研究型大学和科研院所的优势基础学科建设一批国家青年英才培养基地，按照严入口、小规模、重特色、高水平的原则，每年选拔一批拔尖大学生进行专门培养；为培养造就未来国家所需的高素质、专业化管理人才，每年从应届高中、大学毕业生中筛选若干优秀人才送到国外一流大学深造，进行定向跟踪培养。

（三）企业经营管理人才素质提升工程

着眼于提高我国企业现代化经营管理水平和国际竞争力，到2020年，培养一批具有世界眼光、战略思维、创新精神和经营能力的企业家；培养1万名精通战略规划、资本运作、人力资源管理、财会、法律等专业知识的企业经营管理人才。

（四）高素质教育人才培养工程

为建设一支高素质、创新型教育人才队伍，通过研修培训、学术交流、项目资助等方式，每年重点培养和支持2万名各类学校教育教学骨干、“双师型”教师、学术带头人和校长，在中小学校、职业院校、高等学校培养造就一批教育家、教学名师和学科领军人才。

（五）文化名家工程

为更好地推动宣传思想文化工作，进一步提高国家文化软实力，着眼于培养造就一批造诣高深、成就突出、影响广泛的宣传思想文化领域杰出人才，每年重点扶持、资助一批哲学社会科学、新闻出版、广播影视、文化艺术、文物保护名家承担重大课题、重点项目、重要演出，开展创作研究、展演交流、出版专著等活动。到2020年，由国家资助的宣传思想文化领域文化名家达到2000名。

（六）全民健康卫生人才保障工程

适应深化医药卫生体制改革、保障全民健康需要，加大对卫生人才培养支持力度。到2020年，培养造就一批医学杰出骨干人才，给予科研专项经费支持；开展住院医师规范化培训工作，支持培养5万名住院医师；加强以全科医师为重点的基层卫生人才队伍建设，通过多种途径培训30万名全科医师，提高基层医疗卫生服务能力。

（七）海外高层次人才引进计划

重点围绕国家发展战略目标，在中央、国家有关部门、地方分层次、有计划引进一批能够突破关键技术、发展高新技术产业、带动新兴学科的战略科学家和创新创业领军人才。其中，中央层面实施“千人计划”，建设一批海外高层次人才创新创业基地，用5—10年时间引进2000名左右海外高层次人才回国（来华）创新创业。

（八）专业技术人才知识更新工程

围绕我国经济结构调整、高新技术产业发展和自主创新能力的提高，在装备制造、信息、生物技术、新材料、海洋、金融财会、生态环境保护、能源资源、防灾减灾、现代交通运输、农业科技、社会工作等重点领域，开展大规模的知识更新继续教育，每年培训100万名高层次、急需紧缺和骨干专业技术人才，到2020年，累计培训1000万名左右。依托高等学校、科研院所和大型企业现有施教机构，建设一批国家级继续教育基地。

（九）国家高技能人才振兴计划

适应走新型工业化道路、加快产业结构优化升级的需要，加强职业院校和实训基地建设，培养造就一大批具有精湛技艺的高技能人才。到2020年，在全国建成一批技能大师工作室、1200个高技能人才培训基地，培养100万名高级技师。

（十）现代农业人才支撑计划

适应建设社会主义新农村、加快发展现代农业的需要，加大对现代农业的人才支持力度。到2020年，选拔一批农业科研杰出人才，给予科研专项经费支持；支持1万名有突出贡献的农业技术推广人才，开展技术交流、学习研修、观摩展示等活动；选拔3万名农业产业化龙头企业负责人和专业合作组织负责人、10万名生产能手和农村经纪人等优秀生产经营人才，给予重点扶持。

（十一）边远贫困地区、边疆民族地区和革命老区人才支持计划

为促进边远贫困地区、边疆民族地区和革命老区加快发展，实现基本公共服务均等化目标，在职务、职称晋升等方面采取倾斜政策，每年引导10万名优秀教师、医生、科技人员、社会工作者、文化工作者到边远贫困地区、边疆民族地区和革命老区工作或提供服务。每年重点扶持培养1万名边远贫困地区、边疆民族地区和革命老区急需紧缺人才。

（十二）高校毕业生基层培养计划

着眼于解决基层特别是中西部地区基层人才匮乏问题，培养锻炼后备人才，积极引导和鼓励高校毕业生到基层创业就业。实施一村一名大学生计划，用5年时间，先期选派10万名高校毕业生到村任职，到2020年，实现一村一名大学生目标。统筹各类大学生到基层服务创业计划。通过政府购买工作岗位、实施学费和助学贷款代偿、提供创业扶持等方式，引导高校毕业生到农村和社区服务、就业和自主创业。

六、组织实施

（一）加强对《人才规划纲要》实施工作的组织领导

中央人才工作协调小组负责《人才规划纲要》实施的统筹协调和宏观指导。制定各项目标任务的分解落实方案和重大工程实施办法。建立《人才规划纲要》实施情况的监测、评估、考核机制，加强督促检查。

（二）建立健全人才发展规划体系

各省（自治区、直辖市）、中央和国家机关有关部门要以《人才规划纲要》为指导，根据实际，编制地区、行业系统以及重点领域的人才发展规划，形成全国人才发展规划体系。

（三）营造实施《人才规划纲要》的良好社会环境

大力宣传党和国家人才工作的重大战略思想和方针政策，宣传实施《人才规划纲要》的重大意义和《人才规划纲要》的指导方针、目标任务、重大举措，宣传《人才规划纲要》实施中的典型经验、做法和成效，形成全社会关心、支持人才发展的良好社会氛围。

（四）加强人才工作基础性建设

深入开展人才理论研究，积极探索人才资源开发规律。加强人才学科和研究机构建设。建立健全人才资源统计和定期发布制度。推进人才工作信息化建设，建立人才信息网络和数据库。加强人才工作队伍建设，加大培训力度，提高人才工作队伍的政治素质和业务水平。

中国人民解放军和中国人民武装警察部队人才发展规划，由中央军委另行制定。

（此文载2010年6月7日《人民日报》）

关于领导干部报告个人有关事项的规定

第一条　为加强对领导干部的管理和监督，促进领导干部廉洁从政，根据《中国共产党章程》、党内有关规定和国家有关法律法规，制定本规定。

第二条　本规定所称领导干部包括：

（一）各级党的机关、人大机关、行政机关、政协机关、审判机关、检察机关、民主党派机关中县处级副职以上（含县处级副职，下同）的干部；

（二）人民团体、事业单位中相当于县处级副职以上的干部；

（三）大型、特大型国有独资企业、国有控股企业（含国有独资金融企业和国有控股金融企业）的中层以上领导人员和中型国有独资企业、国有控股企业（含国有独资金融企业和国有控股金融企业）的领导班子成员。

副调研员以上非领导职务的干部和已退出现职、但尚未办理退（离）休手续的干部报告个人有关事项，适用本规定。

第三条　领导干部应当报告下列本人婚姻变化和配偶、子女移居国（境）外、从业等事项：

（一）本人的婚姻变化情况；

（二）本人持有因私出国（境）证件的情况；

（三）本人因私出国（境）的情况；

（四）子女与外国人、无国籍人通婚的情况；

（五）子女与港澳以及台湾居民通婚的情况；

（六）配偶、子女移居国（境）外的情况；

（七）配偶、子女从业情况，包括配偶、子女在国（境）外从业的情况和职务情况；

（八）配偶、子女被司法机关追究刑事责任的情况。

第四条　领导干部应当报告下列收入、房产、投资等事项：

（一）本人的工资及各类奖金、津贴、补贴等；

（二）本人从事讲学、写作、咨询、审稿、书画等劳务所得；

（三）本人、配偶、共同生活的子女的房产情况；

（四）本人、配偶、共同生活的子女投资或者以其他方式持有有价证券、股票（包括股权激励）、期货、基金、投资型保险以及其他金融理财产品的情况；

（五）配偶、共同生活的子女投资非上市公司、企业的情况；

（六）配偶、共同生活的子女注册个体工商户、个人独资企业或者合伙企业的情况。

第五条　领导干部应当于每年1月31日前集中报告一次上一年度本规定第三条、第四条所列事项。

第六条　领导干部发生本规定第三条所列事项的，应当在事后30日内填写《领导干部个人有关事项报告表》，并按照规定报告。因特殊原因不能按时报告的，特殊原因消除后应当及时补报，并说明原因。

第七条　新任领导干部应当在符合报告条件后30日内按照本规定报告个人有关事项。

领导干部辞去公职的，在提出辞职申请时，应当一并报告个人有关事项。

第八条　领导干部报告个人有关事项，按照干部管理权限由相应的组织（人事）部门负责受理：

（一）中央管理的领导干部向中共中央组织部报告，报告材料由该领导干部所在单位主要负责人审签后，交所在党委（党组）的组织（人事）部门转交。

（二）属于本单位管理的领导干部，向本单

位的组织(人事)部门报告;不属于本单位管理的领导干部,向上一级党委(党组)的组织(人事)部门报告,报告材料由该领导干部所在单位主要负责人审签后,交所在党委(党组)的组织(人事)部门转交。

领导干部因发生职务变动而导致受理机构发生变化的,原受理机构应当及时将该领导干部的报告材料按照干部管理权限转交新的受理机构。

第九条　领导干部在执行本规定过程中,认为有需要请示的事项,可以向受理报告的组织(人事)部门请示。

请示事项属于具体执行中的问题,受理报告的组织(人事)部门应当认真研究,及时答复报告人;属于本规定的解释问题,受理报告的组织(人事)部门应当按照规定向中共中央纪律检查委员会、中共中央组织部、监察部请示,并按照中共中央纪律检查委员会、中共中央组织部、监察部的意见答复报告人。报告人应当按照组织答复意见办理。

第十条　报告人未按时报告的,有关组织(人事)部门应当督促其报告。

第十一条　组织(人事)部门、纪检监察机关(机构)根据工作需要,可以对报告情况进行汇总综合,对存在的普遍性问题进行专项治理。

第十二条　组织(人事)部门在干部监督工作和干部选拔任用工作中,按照干部管理权限,经本机关、本单位主要负责人批准,可以查阅有关领导干部报告个人有关事项的材料。

纪检监察机关(机构)在履行职责时,按照干部管理权限,经本机关主要负责人批准,可以查阅有关领导干部报告个人有关事项的材料。

检察机关在查办职务犯罪案件时,经本机关主要负责人批准,可以查阅案件涉及的领导干部报告个人有关事项的材料。

第十三条　纪检监察机关(机构)、组织(人事)部门接到有关举报,或者在干部考核考察、巡视等工作中群众对领导干部涉及个人有关事项的问题反映突出的,按照干部管理权限,经纪检监察机关(机构)、组织(人事)部门主要负责人批准,可以对有关领导干部报告个人有关事项的材料进行调查核实。

第十四条　受理报告的组织(人事)部门对报告人的报告材料,应当设专人妥善保管。

第十五条　纪检监察机关(机构)和组织(人事)部门要加强对本规定执行情况的监督检查。

第十六条　领导干部应当按照本规定如实报告个人有关事项,自觉接受监督。

第十七条　领导干部有下列情形之一的,根据情节轻重,给予批评教育、限期改正、责令作出检查、诫勉谈话、通报批评或者调整工作岗位、免职等处理;构成违纪的,依照有关规定给予纪律处分:

(一)无正当理由不按时报告的;

(二)不如实报告的;

(三)隐瞒不报的;

(四)不按照组织答复意见办理的。

不按照规定报告个人有关事项,同时该事项构成另一违纪行为的,依照有关规定进行合并处理。

第十八条　本规定第三条第(六)项所称"移居国(境)外",是指领导干部的配偶、子女获得外国国籍,或者获得国(境)外永久居留权、长期居留许可。

本规定第四条所称"共同生活的子女",是指领导干部的未成年子女和由其抚养的不能独立生活的成年子女。

本规定第四条第(三)项所称"房产",是指领导干部本人、配偶、共同生活的子女为所有权人或者共有人的房屋。

第十九条　中共中央纪律检查委员会、中共中央组织部、监察部可以结合工作实际,制定实施细则。

第二十条　中央军委可以根据本规定,结合中国人民解放军和中国人民武装警察部队的实际,制定有关规定。

第二十一条　各省、自治区、直辖市党委和政府，需要扩大报告主体范围或者细化执行程序的，可以根据本规定，结合各自工作实际，制定具体实施办法，报中共中央纪律检查委员会、中共中央组织部、监察部备案。

第二十二条 本规定由中共中央纪律检查委员会、中共中央组织部、监察部负责解释。

第二十三条 本规定自发布之日起施行。1995年发布的《关于党政机关县（处）级以上领导干部收入申报的规定》、2006年发布的《关于党员领导干部报告个人有关事项的规定》同时废止。

（此文载2010年7月12日《人民日报》）

2010—2020干部教育培训改革纲要

为进一步提高干部教育培训科学化水平，培养造就高素质干部队伍，推进马克思主义学习型政党建设，根据党的十七大、十七届四中全会精神和《干部教育培训工作条例（试行）》，制定本纲要。

一、改革的重要性和紧迫性

1. 干部教育培训是建设高素质干部队伍的先导性、基础性、战略性工程，是加强党的执政能力建设和先进性建设的重要途径，是推动科学发展、促进社会和谐的重要保证，在建设和发展中国特色社会主义事业中具有不可替代的地位和作用。

2. 改革开放以来，我们党始终把干部教育培训作为党和国家事业发展全局中的一项重要工作，各级党委（党组）高度重视，各干部教育培训机构充分发挥作用，广大干部积极参与，干部教育培训工作取得显著成效。面对世情、国情、党情的深刻变化，面对改革开放和社会主义现代化建设的新形势新任务，党的十七大作出继续大规模培训干部、大幅度提高干部素质的重大决策，党的十七届四中全会提出建设马克思主义学习型政党的战略任务，这对干部教育培训工作提出了新的更高要求。各级党委（党组）必须从全局和战略高度深刻认识干部教育培训工作的重要意义，进一步增强做好新形势下干部教育培训工作的责任感和紧迫感，不断开创干部教育培训工作新局面。

3. 改革创新是提高干部教育培训质量的不竭动力，是干部教育培训工作保持生机活力的必由之路。近年来，各地区各部门按照中央提出的联系实际创新路、加强培训求实效的要求，积极推进干部教育培训改革，取得了明显进展。但是，干部教育培训还不同程度地存在针对性实效性不强、党性教育比较薄弱，培训机构体系的开放度和竞争性不够、优质培训资源不足与资源相对过剩并存，干部学习内生动力不足、学用脱节、学风不正等问题。这些问题不仅涉及干部教育培训内容方式，而且涉及干部教育培训体制机制。各级党委（党组）必须进一步解放思想，加大改革创新力度，着力破除制约干部教育培训科学发展的体制机制障碍，切实提高干部教育培训质量和效益，全面推进干部教育培训事业发展，努力形成有中国特色的干部教育培训体系。

二、改革的指导思想、基本原则和主要目标

4. 指导思想

高举中国特色社会主义伟大旗帜，以邓小平理论和"三个代表"重要思想为指导，深入贯彻落实科学发展观，围绕推进马克思主义学习型政党建设，以建立健全中国特色干部教育培训体系为目标，以体制机制改革为重点，以提高

培训质量为主线，不断提高干部教育培训科学化水平，全面落实大规模培训干部、大幅度提高干部素质的战略任务，努力培养造就一支政治上靠得住、工作上有本事、作风上过得硬、人民群众信得过的高素质干部队伍，为全面建成小康社会、基本实现现代化提供思想政治保证、人才保证和智力支持。

5.基本原则

——坚持服务大局、以人为本。适应经济社会发展需要，围绕党和国家工作大局谋划和推进改革，突出干部在学习培训中的主体地位，强化培训需求导向，真正做到科学发展需要什么就培训什么，干部成长缺什么就补什么，更好地为科学发展服务、为干部成长服务。

——坚持改革创新、竞争择优。在继承党的干部教育培训工作优良传统和成功经验的基础上，以改革促动力释放，以创新促活力增强，以竞争促资源盘活，以择优促质量提升，实现干部教育培训工作科学发展。

——坚持联系实际、学用结合。认真研究解决干部教育培训中学用脱节、学风不正问题，把理论素养、学习能力作为选拔任用领导干部的重要依据，形成推动培训机构联系实际办学、教师联系实际教学、学员联系实际真学的机制。

——坚持质量第一、注重实效。将提高教学质量和培训效果作为谋划、推进和评价改革的基本要求，贯穿于改革的各个环节和各个方面，实现干部教育培训规模和质量、效益相统一。

6.主要目标

到2020年，建立健全与中国特色社会主义事业相适应，与建设马克思主义学习型政党要求相符合，与干部人事制度改革相衔接，更加开放、更具活力、更有实效的中国特色干部教育培训体系。

——形成党校、行政学院、干部学院主渠道作用充分发挥，高等学校和其他培训机构积极参与，网络培训广泛运用，开放竞争、优势互补、充满活力的办学体制。

——形成以培训需求为导向，组织调训为主、自主选学为辅，激励与约束相结合，规范有序、健全高效的运行机制。

——形成遵循干部成长规律和教育培训规律，培训理念、内容和方式不断创新，更具针对性实效性和吸引力感染力的教育培训模式。

——形成适应科学发展新要求、广大干部新期待，吸引各类优秀人才，并充分发挥其聪明才智的师资选聘、培养、评价机制。

——形成促进干部教育培训科学化，指导与服务相结合，职责明确、制度健全、保障有力、效能显著的宏观管理体制。

三、办学体制改革

7.深化市（地）、县（市）党校（行政学院）办学体制改革。着眼于提高办学水平、满足基层干部日益增长的培训需求，深入推进市（地）、县（市）党校（行政学院）办学体制改革。通过整合本行政区域内同级各类干部教育培训机构等途径，增强市（地）级党校（行政学院）办学实力，提高培训水平。县级党校（行政学院）可作为市（地）级党校（行政学院）分校，由市（地）级党校（行政学院）统筹教学工作；也可拓展培训职能，整合本行政区域内其他干部教育培训资源，将培训对象延伸到基层广大党员干部。市（地）属区级党校（行政学院）和不具备办学条件的县级党校（行政学院）可以精减重组，其培训任务由相应市（地）级党校（行政学院）承担。各省（自治区、直辖市）可根据本地实际，继续探索县级党校（行政学院）办学体制改革新途径，为广大基层干部提供更好的培训资源。到2015年，基本完成市（地）、县两级党校（行政学院）办学体制改革任务。

8.优化整合部门、行业干部教育培训机构。按照少而精、突出特色的原则，大力推进部门、行业干部教育培训机构优化整合，不断提升其专业化水平。中央和国家机关各有关部门、人民团体要综合考虑培训任务总量、专业化程度和市场可替代性，优化整合本部门本单位所属干部教育培训机构。各省（自治区、直辖市）要对直属部门所属的职能、业务相近的干部教育培训机构进行整合，原则上不再建立新的部门、行业干部教育培训机构。市（地）、县两级部门、行业干部教育培训机构，除特殊需要外，要逐步撤销，其培训资源和职能可并入上级部门、行业干部教育培训机构或同级党校（行政学院）。市（地）、县两级部门、行业干部教育培训机构改革涉及面广，各省（自治区、直辖市）党委要在深入调查研究基础上，认真谋划、周密部署，积极稳妥推进。对名为培训干校、培训中心等实为宾馆、度假村，主要靠非教育培训业务进行营利性活动的，坚决取消其办学资格。

9. 构建更加开放的干部教育培训格局。党校、行政学院、干部学院要充分发挥主渠道、主阵地作用，突出培训特点，增强培训实效。中央组织部、省（自治区、直辖市）党委组织部可利用高等学校优质资源开展新理论、新知识、新技能、新信息培训。发挥资源优势，开辟各类实践教研基地，为加强干部能力培养和党性锻炼提供直观、生动的课堂。鼓励和引导具备干部教育培训资质的社会培训机构参与干部教育培训。坚持以我为主、为我所用、趋利避害、注重实效的方针，积极利用境外著名大学和其他培训机构开展干部培训。积极稳妥开展领导人才培训国际合作交流。

10. 加快建设干部教育培训网络平台。适应现代信息技术迅猛发展的新形势，加强网络培训基础设施建设，规范干部网络培训管理，更好地满足干部多样化的学习需求。整合现有网络培训资源，建立开放、兼容、共享的全国干部教育培训网络，到2012年基本建成功能完备、资源共享、规范高效的干部网络培训体系。

四、运行机制改革

11. 完善体现培训需求的计划生成机制。牢固树立按需培训理念，把需求调研作为培训计划生成的必经环节。干部教育培训管理部门要深入研究经济社会发展对干部素质能力的新要求，提出做好干部教育培训工作的指导意见。干部教育培训机构要组织专门力量，开展深入细致的需求调研，准确把握组织需求、岗位需求和干部需求，以此为依据设计培训项目，提出教学计划。干部所在单位要根据工作需要和干部成长需要，主动提出培训需求。建立干部教育培训需求调研成果共享制度。干部教育培训管理部门和培训机构要建立培训计划协调会商机制，研究确定需求调研、重点班次、培训计划等事项。国家级干部教育培训机构的年度培训计划，由中央组织部征求各省（自治区、直辖市）党委、中央和国家机关有关部门党组（党委）的意见。

12. 建立激发干部教育培训机构办学活力的竞争择优机制。省级以上干部教育培训管理部门要制定干部教育培训机构资质认证标准，对承担干部教育培训职能的社会培训机构进行资质认证。推行项目管理制度，对部分培训项目采取直接委托等方式，在干部教育培训主渠道、高校培训基地和经过资质认证的社会培训机构中，择优确定培训项目承担者。加强对干部培训竞争的监督和管理，确保培训机构公平参与、规范运作、能进能出。

13. 建立组织调训为主、自主选学为辅的干部参训机制。坚持和完善组织调训制度，严格执行调训计划申报制度，加强对调训计划的统筹协调，提高调训计划的科学性和透明度，解决多头调训、重复调训、多年不训的问题。对政治理论、党性教育、党和国家重大战略部署等需要组织调训的，坚持实行组织调训。对主要领导干部、重点岗位干部以及需要点名调训的，可实行点名调训。把组织要求和干部个人需求结合起来，推行干部自主选学，鼓励干部自愿参训，逐步扩大干部选择培训机构、培训内容、培训师资、培训时间的自主权。充分利用干部教育培训网络平台，抓好“供、选、教、管”等关键环节和配套制度建设，提高干部自主选学质量。2010年，进行中央和国家机关司局级干部自主选学试点，取得经验后在中央和国家机关各部门普遍推开。各省（自治区、直辖市）要积极推动干部自主选学工作。中央组织部要适时研究制定干部自主选学办法，规范和推进干部自主选学工作。

14. 建立健全干部学习培训考核评价机制。严格执行干部学习培训情况考核制度。全面考核干部的学习态度和表现、掌握运用理论和知识、党性修养和作风养成等情况。对中青年干部培训班等重点班次，由干部教育培训主管部门委托或会同干部教育培训机构进行考核并作出鉴定，向干部所在单位反馈。建立健全干部教育培训登记管理制度，将干部学习培训情况和考核结果如实记入干部信息库，并将重要培训情况纳入干部人事档案。建立干部教育培训跟踪管理制度，不断拓展和延伸培训效果。

15. 完善干部学习培训激励约束机制。建立健全组织人事部门内部干部培训工作与干部管理工作之间的沟通协调机制，把理论素养、学习能力作为选拔任用领导干部的重要依据。对干部进行任职考察，要把干部学习培训情况作为重要内容。提拔担任县处级以上党政领导干部，要达到《干部教育培训工作条例（试行）》规定的培训时间要求，确因特殊情况在提任前未达到要求的，须在提任后1年内完成培训，仍未完成的要延长试用期。结合干部年度考核，开展述学评学考学活动。干部学习培训考核不合格的，年度考核不得确定为优秀等次。将开展干部教育培训工作情况作为各地区各部门和干部所在单位领导班子年度考核的重要内容。

16. 建立干部教育培训质量评估机制。干部教育培训主管部门要会同同级党校、行政学院和干部学院等，研究制定教学质量评估办法和指标体系，定期开展评估工作，将评估结果作为培训机构承担培训任务、深化教学改革的重要依据。干部教育培训机构要组织学员对培训项目、课程设置、师资水平、教学管理等进行评价，根据评价情况不断改进工作，提高教学水平。到2012年，在全国普遍推行教学质量评估制度。

五、内容方式改革

17. 制定分类培训大纲。各级干部教育培训主管部门要按照科学理论武装、具有世界眼光、善于把握规律、富有创新精神的要求，根据干部管理权限，研究不同类别、不同层次、不同岗位干部的素质能力模型，制定分类培训大纲，明确干部初任培训、任职培训、专门业务培训、岗位培训等的目标、内容和方式等，不断提高干部教育培训科学化水平。

18. 完善培训内容体系。着眼于提高干部素质和能力，建立以培训需求为导向的培训内容更新机制，不断完善理论教育、知识教育、党性教育体系。致力于提高干部的思想政治素质，在加强马克思列宁主义、毛泽东思想教育的同时，重点进行中国特色社会主义理论体系特别是科学发展观教育，进行党的路线方针政策和国家法律法规、党的历史、国情和形势教育；致力于提高干部的知识素养和实践能力，广泛开展推进中国特色社会主义经济建设、政治建设、文化建设、社会建设以及生态文明建设和党的建设所需的各种知识的教育培训，重点抓好提高推动科学发展、促进社会和谐能力所需知识的教育培训；致力于提高干部的道德品行和精神境界，大力加强党性党风党纪教育和社会主义核心价值体系教育，重点开展忠于党和人民、尽职尽责工作、培养高尚道德情操、拒腐防变的教育。干部教育培训管理部门要会同干部教育培训机构，加强干部教育培训学科、课程和教材体系建设，打造品牌培训项目，实施精品课程和精品教材工程，大力开发案例教材。全国干部培训教材编审指导委员会要加强宏观指导和审核把关，确保教材质量。中央宣传部、中央组织部每年定期向党员干部推荐学习书目。

19. 创新培训方式方法。改进培训班次设置方式，推广专题研究、短期培训、小班教学，突出按干部类别开展培训。改进讲授式教学，推广研究式、案例式、体验式、模拟式教学。倡导异地培训、挂职培训、分段式培训，探索完善干部免职脱岗培训、后备干部个性化定制培训制度。探索跨地区、跨部门、跨学校的合作培训模式。上级干部教育培训主管部门、干部教育培训机构要针对重点地区、重点领域干部的特殊培训需求，主动送教上门。鼓励干部利用业余时间多读书、读好书，不断改进干部在职自学。

六、师资管理改革

20.改进师资队伍选聘。探索建立符合干部教育培训特点的师资准入和退出机制，引导优秀师资积极参与干部教育培训，做到不求所有、但求所用、优胜劣汰、有进有出。坚持专兼结合，面向社会公开选拔、择优聘用专职教师，大力选聘优秀党政领导干部、企业经营管理人员和知名专家学者担任兼职教师，形成结构合理、专兼职比例适当的高素质师资队伍。市（地）级以下干部教育培训机构师资构成要逐步过渡到以兼职教师为主。建立领导干部上讲台制度，党政领导干部特别是主要领导干部要坚持到干部教育培训机构授课。积极开展送教下基层活动，选送优秀教师支持基层干部教育培训工作。到2012年，中央组织部和各省（自治区、直辖市）党委组织部分别牵头建成国家级、省级干部教育培训师资库，为实现优秀师资资源共享创造条件。

21.强化师资队伍培养。实施培训者培训工程。有计划、分步骤地组织优秀教师特别是中青年骨干教师，到境内外知名高校和上级干部教育培训机构学习进修。通过挂职锻炼、实地调研、跟班学习等途径，切实提高教师理论联系实际能力和业务水平。

22.完善师资队伍评价。深化干部教育培训机构人事制度改革，探索建立符合干部教育培训特点的师资考核评价体系和职称评定、岗位聘任办法。研究制定干部教育培训师资职业道德规范。推行教师竞争竞聘上岗，并将岗位等级、工作业绩与薪酬挂钩。

七、宏观管理改革

23.强化管理职能。中央组织部和各省（自治区、直辖市）党委组织部，对干部教育培训要以宏观管理为主，在抓好重点培训项目的同时，切实履行好整体规划、宏观指导、协调服务、督促检查、制度规范职能。干部教育培训主管部门要加强与其他干部教育培训管理部门的沟通协调，加强对干部教育培训机构的工作指导，及时研究解决干部教育培训工作中的重要问题。加强基层干部教育培训，加大对西部地区、民族地区干部教育培训支持力度，指导东部地区做好对口支援西部地区干部教育培训工作。继续做好军地领导干部交叉培训工作。

24.改进管理方式。加强干部教育培训法制建设，研究制定规范公务员培训的法规，完善干部教育培训权益保障、竞争择优、考核评估和监督约束等方面配套制度。加强干部教育培训工作理论和政策研究。推进干部教育培训管理信息化建设，建立国家干部教育培训信息管理系统。加强干部教育培训管理工作者队伍建设，注重培训，促进交流，优化结构，提高素质。

25.加强和改进学风建设。干部教育培训机构要坚持理论联系实际，从严治校，勤俭办学。学员要加强党性锻炼，端正学习态度，严守校纪校规。教师要严守纪律、严谨治学、以德施教。组织人事部门要将干部学习态度、参与程度、互动效果、学习成果作为评价学风情况的重要内容。纪检监察机关要将干部学习培训期间的表现纳入干部日常监督管理范围，对培训期间违反有关规定和纪律的，视情节轻重，给予批评教育直至纪律处分。

26.改革经费管理。各级政府要将干部教育培训经费列入年度财政预算，随着财政收入增长逐步提高，保证干部教育培训工作需要。建立健全以财政投入为主体、社会投入和个人出资相结合的干部教育培训经费投入机制。建立健全干部教育培训专项经费制度，加强专项经费管理，完善经费“跟着项目走”的管理办法，探索建立经费“跟着干部走”的使用方式，促进经费向优质培训资源流动。加大干部教育培训经费使用监督检查力度。

八、加强组织领导

27. 落实领导责任。各级党委(党组)要高度重视干部教育培训改革,切实把这项工作摆上重要议事日程,充分发挥领导作用,做到思想到位、组织到位、措施到位。党委(党组)主要负责同志要加强调查研究,及时掌握情况,解决干部教育培训改革中的困难和问题。各级组织部门要在党委领导下履行好牵头抓总职能,纪检监察、宣传、统战、机关工委、编制、发展改革、教育、财政、人力资源和社会保障、国有资产管理等有关部门,党校、行政学院、干部学院等教育培训机构,要按照职责分工,认真落实好相关改革任务和要求,形成各司其职、各尽其责、密切配合、齐抓共管的工作格局。建立健全干部教育培训领导小组或联席会议制度,加强对干部教育培训改革工作的沟通协调。

28. 强化工作指导。充分尊重基层和群众的首创精神,鼓励基层大胆探索,切实解决干部教育培训工作的重点难点问题。认真总结推广各地区各部门创造的成功经验,及时转化为改革的具体措施。注重分类指导,针对不同地区、不同部门、不同培训机构的特点,提出推动改革的指导意见。

29. 加强督促检查。中央组织部要对本纲要实施情况进行跟踪了解和督促检查,针对存在的问题和不足,提出具体意见和措施。地方各级党委组织部门也要及时对本地区干部教育培训改革情况进行督促检查,确保改革扎实推进,取得实效。

各地区各部门要根据本纲要要求,结合实际制定具体实施意见。国有企业和事业单位可根据本纲要精神,制定相应的实施意见。

(此文载2010年8月18日《人民日报》)

关于党的基层组织实行党务公开的意见

为贯彻落实党的十七大和十七届四中全会精神,切实推进党的基层组织实行党务公开,根据《中国共产党章程》和《中国共产党党内监督条例(试行)》、《中国共产党党员权利保障条例》等党内法规,现提出如下意见。

一、充分认识党的基层组织实行党务公开的重要意义

党内民主是党的生命,党务公开是党内民主的重要内容。党务公开是指党内事务的内容、程序、结果等在一定范围内进行公布。党的基层组织是党全部工作和战斗力的基础。党的基层组织实行党务公开,是深入贯彻落实科学发展观、提高党的执政能力、保持和发展党的先进性的必然要求,是扩大党内基层民主、保障党员民主权利、增强党的基层组织生机活力的客观需要,是实践党的宗旨、密切党群关系、促进基层和谐稳定的有效途径,是加强党内监督、规范权力运行、推进基层党风廉政建设的重要举措,对于加强和改进新形势下党的基层组织建设,以改革创新精神全面推进党的建设新的伟大工程,具有重要意义。各级党组织和广大党员要充分认识党的基层组织实行党务公开的重要性和紧迫性,立足当前、着眼长远,深入推进党的基层组织党务公开。

二、准确把握党的基层组织实行党务公开的指导思想和基本原则

党的基层组织实行党务公开的指导思想是:高举中国特色社会主义伟大旗帜,以邓小平理论和“三个代表”重要思想为指导,深入贯彻

落实科学发展观,坚持围绕中心、服务大局,坚持党要管党、从严治党,尊重党员主体地位,推进党内基层民主建设,不断提高党的基层组织的创造力、凝聚力、战斗力,为推动科学发展、促进社会和谐提供有力保证。

党的基层组织实行党务公开,必须坚持以下基则:

——发扬民主,广泛参与。以落实党员的知情权、参与权、选举权、表达权、监督权为重点,进一步提高党员对党内事务的参与度,充分发挥党员在党内生活中的主体作用。拓宽党员意见表达渠道,营造党内民主讨论、民主监督环境,调动广大党员的积极性、主动性和创造性。

——积极稳妥,注重实效。坚持自上而下的指导和自下而上的探索相结合,坚持先党内后党外,循序渐进,讲求实效,防止形式主义。党内事务除涉及党和国家秘密等依照规定不宜公开或不能公开的外,都应向党员公开。公开内容应真实、具体,公开形式应多样、便捷,并保证党务公开的时效性和经常性。

——统筹兼顾,改革创新。把党务公开与政务公开、厂务公开、村(居)务公开和公共事业单位办事公开等有机结合起来,相互促进、协调运转。积极适应党内基层民主建设新要求,不断完善公开制度,丰富公开内容,创新公开形式,努力探索党员发挥作用的途径和方式。

——区别情况,分类指导。针对不同类型党的基层组织的特点,确定相应的公开内容和形式,提高党务公开的针对性和有效性。

三、明确党的基层组织实行党务公开的内容、程序和方式

(一)党务公开的内容

1. 党组织决议、决定及执行情况。执行中央方针政策,上级党组织决议、决定和工作部署等情况;本地区本部门本单位重要决策及执行,任期工作目标、阶段性工作部署、工作任务及落实等情况。

2. 党的思想建设情况。本级党组织开展思想政治工作、理论学习计划及落实、党员干部教育培训计划及落实等情况。

3. 党的组织管理情况。本级党组织的设置、主要职责、机构调整、换届选举,党员发展、民主评议、创先争优,党费收缴、管理和使用,党务工作经费管理和使用,党员权利保障等情况。

4. 领导班子建设情况。领导班子职责分工、议事规则和决策程序,执行民主集中制,召开民主生活会,年度考核评价等情况。

5. 干部选任和管理情况。干部选拔任用、轮岗交流、考核奖惩,干部监督制度及执行等情况。

6. 联系和服务党员、群众情况。听取、反映和采纳党员、群众意见和建议,帮助党员、群众解决生产生活实际困难,接待来信来访、排查化解矛盾纠纷,办理涉及党员、群众切身利益重要事项等情况。

7. 党风廉政建设情况。执行廉洁自律规定、落实党内监督制度、推进惩治和预防腐败体系建设、落实党风廉政建设责任制、处理违纪党员等情况。

8. 其他应当公开的事项。

(二)党务公开的程序

1. 制定目录。县(旗)、自治县、不设区的市和市辖区党委分类制定所属党的基层组织党务公开目录,其他党的基层组织党务公开目录由上一级党组织制定,规范公开的内容、范围、方式和时限等。省部级党委(党组)对制定党的基层组织党务公开目录提出指导性意见。

2. 实施公开。党的基层组织党务公开依照目录进行。如有目录外需要公开的事项,基层党组织应制定工作方案,报经制定党务公开目录的党组织审核同意后进行公开。公开的时限应与公开的内容和范围相适应。

3. 收集反馈。党的基层组织应认真收集党员对党务公开情况的意见和建议,及时作出处理或整改,并将结果向党员反馈。

4. 归档管理。党的基层组织对公开的党务信息资料应及时登记归档,并做好管理利用

工作。

（三）党务公开的方式

党的基层组织应根据党务公开的内容和范围，通过党内有关会议、文件、简报等方式进行公开。健全党内情况通报制度，及时公布党内信息，畅通党内信息上下互通渠道。开展党内事务问询和党员定期评议等活动。

四、建立健全党的基层组织党务公开工作保障制度

（一）例行公开制度。列入党的基层组织党务公开目录的事项，按规定及时主动公开；暂时不宜公开或不能公开的，报上一级党组织备案。公开事项如需变更、撤销或终止，由制定党务公开目录的党组织批准，报省部级党委（党组）备案后及时公布并作出说明。

（二）依申请公开制度。党员按有关规定向党的基层组织申请公开相关党内事务。对申请的事项，可以公开的，党的基层组织向申请人公开或在一定范围内公开；暂时不宜公开或不能公开的，及时向申请人说明情况。申请事项及办理情况应报上一级党组织备案。

（三）监督检查制度。上级党组织要加强对党的基层组织党务公开工作的监督检查，推动工作落实。党的基层组织可通过聘请党员作为党务公开监督员等方式，加强对党务公开工作的监督。

（四）考核评价制度。把党的基层组织党务公开工作情况作为党组织及其主要负责人年度工作考核和党建工作考核的重要内容。适时组织党员对党的基层组织党务公开情况进行评议，并及时公布评议结果。对不按规定公开或弄虚作假的，要批评教育，限期整改；情节严重的，要追究有关领导和直接责任人的责任。

五、加强对党的基层组织党务公开工作的组织领导

各级党委（党组）要把党的基层组织党务公开工作列入重要议事日程，切实加强领导。建立由党委（党组）主要领导或分管领导任组长、有关部门和单位负责人参加的党务公开工作领导小组，明确办事机构，统一组织、协调和指导党的基层组织党务公开工作。领导小组成员单位要充分发挥职能作用，加强协调配合，积极开展工作。党的基层组织是本级组织实行党务公开的责任主体，主要负责人是实行党务公开的第一责任人。党的基层组织要从实际出发，积极主动做好党务公开工作。

党的基层组织党务公开是一项新的实践，要积极探索、总结经验，把握工作规律，拓宽工作思路，不断把党务公开工作推向深入。加强宣传教育，提高思想认识，坚持正确舆论导向，发挥典型示范作用，努力营造党务公开的良好氛围。加强调查研究和督促指导，及时解决党务公开实践中存在的困难和问题，为党的基层组织实行党务公开提供必要的工作条件。

党的基层组织对事关本地区本部门本单位经济社会发展、人民群众生产生活和切身利益等重大事项，按规定可以向党外公开的，应列入党务公开目录，通过新闻媒体、党建网站、公示栏等适时公开。

企业、农村、机关、学校、科研院所、街道社区、社会组织和其他单位党的基层组织实行党务公开，适用本意见，并可根据实际制定实施细则。中国人民解放军和中国人民武装警察部队党的基层组织党务公开工作，由总政治部根据本意见精神作出规定。

（此文载2010年10月9日《人民日报》）

中共中央关于制定国民经济和社会发展第十二个五年规划的建议

（2010年10月18日中国共产党第十七届中央委员会第五次全体会议通过）

“十二五”时期（2011年至2015年），是全面建设小康社会的关键时期，是深化改革开放、加快转变经济发展方式的攻坚时期。深刻认识并准确把握国内外形势新变化新特点，科学制定“十二五”规划，对于继续抓住和用好我国发展的重要战略机遇期、促进经济长期平稳较快发展，对于夺取全面建设小康社会新胜利、推进中国特色社会主义伟大事业，具有十分重要的意义。

一、加快转变经济发展方式，开创科学发展新局面

（1）“十一五”时期经济社会发展取得巨大成就。“十一五”时期是我国发展史上极不平凡的五年。面对国内外环境的复杂变化和重大风险挑战，我们党团结带领全国各族人民，紧紧抓住发展这个党执政兴国的第一要务，贯彻落实党的理论和路线方针政策，实施正确而有力的宏观调控，充分发挥我国社会主义制度的政治优势，充分发挥市场在资源配置中的基础性作用，使国家面貌发生新的历史性变化。我们有效应对国际金融危机巨大冲击，保持了经济平稳较快发展良好态势，并为长远可持续发展奠定了重要基础。我们战胜了汶川特大地震等重大自然灾害，成功举办了北京奥运会和上海世博会，胜利完成了“十一五”规划确定的主要目标和任务。经过五年努力奋斗，我国社会生产力快速发展，综合国力大幅提升，人民生活明显改善，国际地位和影响力显著提高，社会主义经济建设、政治建设、文化建设、社会建设以及生态文明建设和党的建设取得重大进展，谱写了中国特色社会主义事业新篇章。五年取得的成绩来之不易，积累的经验弥足珍贵，创造的精神财富影响深远。

（2）“十二五”时期经济社会发展的国内外环境。当前和今后一个时期，世情、国情继续发生深刻变化，我国经济社会发展呈现新的阶段性特征。综合判断国际国内形势，我国发展仍处于可以大有作为的重要战略机遇期，既面临难得的历史机遇，也面对诸多可以预见和难以预见的风险挑战。我们要增强机遇意识和忧患意识，科学把握发展规律，主动适应环境变化，有效化解各种矛盾，更加奋发有为地推进我国改革开放和社会主义现代化建设。

当今世界，和平、发展、合作仍是时代潮流，世界多极化、经济全球化深入发展，世界经济政治格局出现新变化，科技创新孕育新突破，国际环境总体上有利于我国和平发展。同时，国际金融危机影响深远，世界经济增长速度减缓，全球需求结构出现明显变化，围绕市场、资源、人才、技术、标准等的竞争更加激烈，气候变化以及能源资源安全、粮食安全等全球性问题更加突出，各种形式的保护主义抬头，我国发展的外部环境更趋复杂。我们必须坚持以更广阔的视野，冷静观察，沉着应对，统筹国内国际两个大局，把握好在全球经济分工中的新定位，积极创造参与国际经济合作和竞争新优势。

从国内看，工业化、信息化、城镇化、市场化、国际化深入发展，人均国民收入稳步增加，经济结构转型加快，市场需求潜力巨大，资金供给充裕，科技和教育整体水平提升，劳动力素质改善，基础设施日益完善，体制活力显著增强，

政府宏观调控和应对复杂局面能力明显提高，社会保障体系逐步健全，社会大局保持稳定，我们完全有条件推动经济社会发展和综合国力再上新台阶。同时，必须清醒地看到，我国发展中不平衡、不协调、不可持续问题依然突出，主要是，经济增长的资源环境约束强化，投资和消费关系失衡，收入分配差距较大，科技创新能力不强，产业结构不合理，农业基础仍然薄弱，城乡区域发展不协调，就业总量压力和结构性矛盾并存，社会矛盾明显增多，制约科学发展的体制机制障碍依然较多。我们必须科学判断和准确把握发展趋势，充分利用各种有利条件，加快解决突出矛盾和问题，集中力量办好自己的事情。

(3)制定“十二五”规划的指导思想。制定“十二五”规划，必须高举中国特色社会主义伟大旗帜，以邓小平理论和“三个代表”重要思想为指导，深入贯彻落实科学发展观，适应国内外形势新变化，顺应各族人民过上更好生活新期待，以科学发展为主题，以加快转变经济发展方式为主线，深化改革开放，保障和改善民生，巩固和扩大应对国际金融危机冲击成果，促进经济长期平稳较快发展和社会和谐稳定，为全面建成小康社会打下具有决定性意义的基础。

以科学发展为主题，是时代的要求，关系改革开放和现代化建设全局。我国是拥有十三亿人口的发展中大国，仍处于并将长期处于社会主义初级阶段，发展仍是解决我国所有问题的关键。在当代中国，坚持发展是硬道理的本质要求，就是坚持科学发展，更加注重以人为本，更加注重全面协调可持续发展，更加注重统筹兼顾，更加注重保障和改善民生，促进社会公平正义。

以加快转变经济发展方式为主线，是推动科学发展的必由之路，符合我国基本国情和发展阶段性新特征。加快转变经济发展方式是我国经济社会领域的一场深刻变革，必须贯穿经济社会发展全过程和各领域，提高发展的全面性、协调性、可持续性，坚持在发展中促转变、在转变中谋发展，实现经济社会又好又快发展。基本要求是：

——坚持把经济结构战略性调整作为加快转变经济发展方式的主攻方向。构建扩大内需长效机制，促进经济增长向依靠消费、投资、出口协调拉动转变。加强农业基础地位，提升制造业核心竞争力，发展战略性新兴产业，加快发展服务业，促进经济增长向依靠第一、第二、第三产业协同带动转变。统筹城乡发展，积极稳妥推进城镇化，加快推进社会主义新农村建设，促进区域良性互动、协调发展。

——坚持把科技进步和创新作为加快转变经济发展方式的重要支撑。深入实施科教兴国战略和人才强国战略，充分发挥科技第一生产力和人才第一资源作用，提高教育现代化水平，增强自主创新能力，壮大创新人才队伍，推动发展向主要依靠科技进步、劳动者素质提高、管理创新转变，加快建设创新型国家。

——坚持把保障和改善民生作为加快转变经济发展方式的根本出发点和落脚点。完善保障和改善民生的制度安排，把促进就业放在经济社会发展优先位置，加快发展各项社会事业，推进基本公共服务均等化，加大收入分配调节力度，坚定不移走共同富裕道路，使发展成果惠及全体人民。

——坚持把建设资源节约型、环境友好型社会作为加快转变经济发展方式的重要着力点。深入贯彻节约资源和保护环境基本国策，节约能源，降低温室气体排放强度，发展循环经济，推广低碳技术，积极应对气候变化，促进经济社会发展与人口资源环境相协调，走可持续发展之路。

——坚持把改革开放作为加快转变经济发展方式的强大动力。坚定推进经济、政治、文化、社会等领域改革，加快构建有利于科学发展的体制机制。实施互利共赢的开放战略，与国际社会共同应对全球性挑战、共同分享发展机遇。

(4)“十二五”时期经济社会发展主要目标。“十二五”规划要具有战略性、前瞻性、指导性，与应对国际金融危机冲击重大部署紧密衔接，与到2020年实现全面建设小康社会奋斗目标紧密衔接。综合考虑未来发展趋势和条件，今后五年经济社会发展的主要目标是：

——经济平稳较快发展。价格总水平基本稳定，就业持续增加，国际收支趋向基本平衡，经济增长质量和效益明显提高。

——经济结构战略性调整取得重大进展。居民消费率上升，服务业比重和城镇化水平提高，城乡区域发展的协调性增强。经济增长的科技含量提高，单位国内生产总值能源消耗和二氧化碳排放大幅下降，主要污染物排放总量显著减少，生态环境质量明显改善。

——城乡居民收入普遍较快增加。努力实现居民收入增长和经济发展同步、劳动报酬增长和劳动生产率提高同步，低收入者收入明显增加，中等收入群体持续扩大，贫困人口显著减少，人民生活质量和水平不断提高。

——社会建设明显加强。覆盖城乡居民的基本公共服务体系逐步完善，全民受教育程度稳步提升，全民族思想道德素质、科学文化素质和健康素质不断提高。社会主义民主法制更加健全，人民权益得到切实保障。文化事业和文化产业加快发展。社会管理制度趋于完善，社会更加和谐稳定。

——改革开放不断深化。财税金融、要素价格、垄断行业等重要领域和关键环节改革取得明显进展，政府职能加快转变，政府公信力和行政效率进一步提高。对外开放广度和深度不断拓展，互利共赢开放格局进一步形成。

经过全国人民共同努力奋斗，要使我国转变经济发展方式取得实质性进展，综合国力、国际竞争力、抵御风险能力显著提高，人民物质文化生活明显改善，全面建成小康社会的基础更加牢固。

二、坚持扩大内需战略，保持经济平稳较快发展

坚持扩大内需特别是消费需求的战略，必须充分挖掘我国内需的巨大潜力，着力破解制约扩大内需的体制机制障碍，加快形成消费、投资、出口协调拉动经济增长新局面。

(5)加强和改善宏观调控。巩固和扩大应对国际金融危机冲击成果是“十二五”时期的重要任务。要处理好保持经济平稳较快发展、调整经济结构和管理通胀预期的关系，保持宏观经济政策的连续性和稳定性，增强针对性和灵活性，提高宏观调控的科学性和预见性，防范各类潜在风险，避免经济大的起落。把短期调控政策和长期发展政策有机结合起来，加强各项政策协调配合，促进经济平稳较快发展。

(6)建立扩大消费需求的长效机制。把扩大消费需求作为扩大内需的战略重点，进一步释放城乡居民消费潜力，逐步使我国国内市场总体规模位居世界前列。要积极稳妥推进城镇化，大力发展服务业和中小企业，增加就业创业机会。要完善收入分配制度，合理调整国民收入分配格局，着力提高城乡中低收入居民收入，增强居民消费能力。要增加政府支出用于改善民生和社会事业比重，扩大社会保障制度覆盖面，逐步完善基本公共服务体系，形成良好的居民消费预期。要加强市场流通体系建设，发展新型消费业态，拓展新兴服务消费，完善鼓励消费的政策，改善消费环境，保护消费者权益，积极促进消费结构升级。要合理引导消费行为，发展节能环保型消费品，倡导与我国国情相适应的文明、节约、绿色、低碳消费模式。

(7)调整优化投资结构。发挥投资对扩大内需的重要作用，保持投资合理增长，优化投资结构，完善投资体制机制，提高投资质量和效益，有效拉动经济增长。“十二五”前期要确保国家扩大内需的重点在建和续建项目顺利完成并发挥效益。发挥产业政策作用，引导投资进一步向民生和社会事业、农业农村、科技创新、生态环保、资源节约等领域倾斜。坚持区别对待、分类指导，引导投资更多投向中西部地区。严格执行投资项目用地、节能、环保、安全等准入标准，有效遏制盲目扩张和重复建设。促进

投资消费良性互动，把扩大投资和增加就业、改善民生有机结合起来，创造最终需求。明确界定政府投资范围，加强和规范地方政府融资平台管理，防范投资风险。规范国有企业投资行为，注重提高经济效益和社会效益。鼓励扩大民间投资，放宽市场准入，支持民间资本进入基础产业、基础设施、市政公用事业、社会事业、金融服务等领域。

三、推进农业现代化，加快社会主义新农村建设

在工业化、城镇化深入发展中同步推进农业现代化，是"十二五"时期的一项重大任务，必须坚持把解决好农业、农村、农民问题作为全党工作重中之重，统筹城乡发展，坚持工业反哺农业、城市支持农村和多予少取放活方针，加大强农惠农力度，夯实农业农村发展基础，提高农业现代化水平和农民生活水平，建设农民幸福生活的美好家园。

(8)加快发展现代农业。坚持走中国特色农业现代化道路，把保障国家粮食安全作为首要目标，加快转变农业发展方式，提高农业综合生产能力、抗风险能力、市场竞争能力。实施全国新增千亿斤粮食生产能力规划，加大粮食主产区投入和利益补偿。严格保护耕地，加快农村土地整理复垦，大规模建设旱涝保收高标准农田。推进农业科技创新，健全公益性农业技术推广体系，发展现代种业，加快农业机械化。完善现代农业产业体系，发展高产、优质、高效、生态、安全农业，促进园艺产品、畜产品、水产品规模种养，加快发展设施农业和农产品加工业、流通业，促进农业生产经营专业化、标准化、规模化、集约化。推进现代农业示范区建设。发展节水农业。推广清洁环保生产方式，治理农业面源污染。

(9)加强农村基础设施建设和公共服务。按照推进城乡经济社会发展一体化的要求，搞好社会主义新农村建设规划，加快改善农村生产生活条件。农村基础设施建设要以水利为重点，大幅增加投入，完善建设和管护机制，推进小型病险水库除险加固，加快大中型灌区配套改造，搞好抗旱水源工程建设，完善农村小微型水利设施，全面加强农田水利建设。继续推进农村电网改造，加强农村饮水安全工程、公路、沼气建设，继续改造农村危房，实施农村清洁工程，开展农村环境综合整治。提高农村义务教育质量和均衡发展水平，推进农村中等职业教育免费进程。加强农村三级医疗卫生服务网络建设。完善农村社会保障体系，逐步提高保障标准。深入推进开发式扶贫，逐步提高扶贫标准，加大扶贫投入，加快解决集中连片特殊困难地区的贫困问题，有序开展移民扶贫，实现农村低保制度与扶贫开发政策有效衔接。

(10)拓宽农民增收渠道。提高农民职业技能和创收能力，多渠道增加农民收入。鼓励农民优化种养结构、提高效益，完善农产品市场体系和价格形成机制，健全农业补贴等支持保护制度，增加农民生产经营收入。引导农产品加工业在产区布局，发展农村非农产业，壮大县域经济，促进农民转移就业，增加工资性收入。

(11)完善农村发展体制机制。坚持和完善农村基本经营制度，现有农村土地承包关系保持稳定并长久不变，在依法自愿有偿和加强服务基础上完善土地承包经营权流转市场，发展多种形式的适度规模经营，支持农民专业合作社和农业产业化龙头企业发展，加快健全农业社会化服务体系，提高农业经营组织化程度。完善城乡平等的要素交换关系，促进土地增值收益和农村存款主要用于农业农村。按照节约用地、保障农民权益的要求推进征地制度改革，积极稳妥推进农村土地整治，完善农村集体经营性建设用地流转和宅基地管理机制。深化农村信用社改革，鼓励有条件的地区以县为单位建立社区银行，发展农村小型金融组织和小额信贷，健全农业保险制度，改善农村金融服务。深化农村综合改革，推进集体林权和国有林区林权制度改革，完善草原承包经营制度。认真总结统筹城乡综合配套改革试点经验，积极探

索解决农业、农村、农民问题新途径。

四、发展现代产业体系，提高产业核心竞争力

坚持走中国特色新型工业化道路，必须适应市场需求变化，根据科技进步新趋势，发挥我国产业在全球经济中的比较优势，发展结构优化、技术先进、清洁安全、附加值高、吸纳就业能力强的现代产业体系。

（12）改造提升制造业。制造业发展重点是优化结构，改善品种质量，增强产业配套能力，淘汰落后产能。发展先进装备制造业，调整优化原材料工业，改造提升消费品工业，促进制造业由大变强。完善依托国家重点工程发展重大技术装备政策，提高基础工艺、基础材料、基础元器件研发和系统集成水平。支持企业技术改造，增强新产品开发能力和品牌创建能力。合理引导企业兼并重组，提高产业集中度，发展拥有国际知名品牌和核心竞争力的大中型企业，提升小企业专业化分工协作水平，促进企业组织结构优化。

（13）培育发展战略性新兴产业。科学判断未来市场需求变化和技术发展趋势，加强政策支持和规划引导，强化核心关键技术研发，突破重点领域，积极有序发展新一代信息技术、节能环保、新能源、生物、高端装备制造、新材料、新能源汽车等产业，加快形成先导性、支柱性产业，切实提高产业核心竞争力和经济效益。发挥国家重大科技专项的引领支撑作用，实施产业创新发展工程，加强财税金融政策支持，推动高技术产业做强做大。

（14）加快发展服务业。把推动服务业大发展作为产业结构优化升级的战略重点，建立公平、规范、透明的市场准入标准，探索适合新型服务业态发展的市场管理办法，调整税费和土地、水、电等要素价格政策，营造有利于服务业发展的政策和体制环境。大力发展生产性服务业和生活性服务业，积极发展旅游业。拓展服务业新领域，发展新业态，培育新热点，推进规模化、品牌化、网络化经营。推动特大城市形成以服务经济为主的产业结构。

（15）加强现代能源产业和综合运输体系建设。推动能源生产和利用方式变革，构建安全、稳定、经济、清洁的现代能源产业体系。加快新能源开发，推进传统能源清洁高效利用，在保护生态的前提下积极发展水电，在确保安全的基础上高效发展核电，加强电网建设，发展智能电网，完善油气管网，扩大油气战略储备。按照适度超前原则，统筹各种运输方式发展，构建便捷、安全、高效的综合运输体系。推进国家运输通道建设，基本建成国家快速铁路网和高速公路网，发展高速铁路，加强省际通道和国省干线公路建设，积极发展水运，完善港口和机场布局，改革空域管理体制。

（16）全面提高信息化水平。推动信息化和工业化深度融合，加快经济社会各领域信息化。发展和提升软件产业。积极发展电子商务。加强重要信息系统建设，强化地理、人口、金融、税收、统计等基础信息资源开发利用。实现电信网、广播电视网、互联网“三网融合”，构建宽带、融合、安全的下一代国家信息基础设施。推进物联网研发应用。以信息共享、互联互通为重点，大力推进国家电子政务网络建设，整合提升政府公共服务和管理能力。确保基础信息网络和重要信息系统安全。

（17）发展海洋经济。坚持陆海统筹，制定和实施海洋发展战略，提高海洋开发、控制、综合管理能力。科学规划海洋经济发展，发展海洋油气、运输、渔业等产业，合理开发利用海洋资源，加强渔港建设，保护海岛、海岸带和海洋生态环境。保障海上通道安全，维护我国海洋权益。

五、促进区域协调发展，积极稳妥推进城镇化

实施区域发展总体战略和主体功能区战略，构筑区域经济优势互补、主体功能定位清晰、国土空间高效利用、人与自然和谐相处的区

域发展格局，逐步实现不同区域基本公共服务均等化。坚持走中国特色城镇化道路，科学制定城镇化发展规划，促进城镇化健康发展。

(18)实施区域发展总体战略。坚持把深入实施西部大开发战略放在区域发展总体战略优先位置，给予特殊政策支持，发挥资源优势和生态安全屏障作用，加强基础设施建设和生态环境保护，大力发展科技教育，支持特色优势产业发展。加大支持西藏、新疆和其他民族地区发展力度，扶持人口较少民族发展。全面振兴东北地区等老工业基地，发挥产业和科技基础较强的优势，完善现代产业体系，促进资源枯竭地区转型发展。大力促进中部地区崛起，发挥承东启西的区位优势，改善投资环境，壮大优势产业，发展现代产业体系，强化交通运输枢纽地位。积极支持东部地区率先发展，发挥对全国经济发展的支撑作用，在更高层次参与国际经济合作和竞争，在转变经济发展方式、调整经济结构和自主创新中走在全国前列。加强和完善跨区域合作机制，消除市场壁垒，促进要素流动，引导产业有序转移。实行地区互助政策，开展多种形式对口支援。加大对革命老区、民族地区、边疆地区、贫困地区扶持力度。更好发挥经济特区、上海浦东新区、天津滨海新区在改革开放中先行先试的重要作用。加快沿边地区开发开放，加强国际通道、边境城市和口岸建设，深入实施兴边富民行动。

(19)实施主体功能区战略。按照全国经济合理布局的要求，规范开发秩序，控制开发强度，形成高效、协调、可持续的国土空间开发格局。对人口密集、开发强度偏高、资源环境负荷过重的部分城市化地区要优化开发。对资源环境承载能力较强、集聚人口和经济条件较好的城市化地区要重点开发。对影响全局生态安全的重点生态功能区要限制大规模、高强度的工业化城镇化开发。对依法设立的各级各类自然文化资源保护区和其他需要特殊保护的区域要禁止开发。基本形成适应主体功能区要求的法律法规、政策和规划体系，完善绩效考核办法和利益补偿机制，引导各地区严格按照主体功能定位推进发展。

(20)完善城市化布局和形态。按照统筹规划、合理布局、完善功能、以大带小的原则，遵循城市发展客观规律，以大城市为依托，以中小城市为重点，逐步形成辐射作用大的城市群，促进大中小城市和小城镇协调发展。科学规划城市群内各城市功能定位和产业布局，缓解特大城市中心城区压力，强化中小城市产业功能，增强小城镇公共服务和居住功能，推进大中小城市交通、通信、供电、供排水等基础设施一体化建设和网络化发展。

(21)加强城镇化管理。要把符合落户条件的农业转移人口逐步转为城镇居民作为推进城镇化的重要任务。大城市要加强和改进人口管理，中小城市和小城镇要根据实际放宽外来人口落户条件。注重在制度上解决好农民工权益保护问题。合理确定城市开发边界，提高建成区人口密度，防止特大城市面积过度扩张。城市规划和建设要注重以人为本、节地节能、生态环保、安全实用、突出特色、保护文化和自然遗产，强化规划约束力，加强城市公用设施建设，预防和治理"城市病"。

加强土地、财税、金融政策调节，加快住房信息系统建设，完善符合国情的住房体制机制和政策体系，合理引导住房需求。强化各级政府职责，加大保障性安居工程建设力度，加快棚户区改造，发展公共租赁住房，增加中低收入居民住房供给。加强市场监管，规范房地产市场秩序，抑制投机需求，促进房地产业平稳健康发展。

六、加快建设资源节约型、环境友好型社会，提高生态文明水平

面对日趋强化的资源环境约束，必须增强危机意识，树立绿色、低碳发展理念，以节能减排为重点，健全激励和约束机制，加快构建资源节约、环境友好的生产方式和消费模式，增强可持续发展能力。

(22)积极应对全球气候变化。把大幅降低能源消耗强度和二氧化碳排放强度作为约束性指标,有效控制温室气体排放。合理控制能源消费总量,抑制高耗能产业过快增长,提高能源利用效率。强化节能目标责任考核,完善节能法规和标准,健全节能市场化机制和对企业的激励与约束,实施重点节能工程,推广先进节能技术和产品,加快推行合同能源管理,抓好工业、建筑、交通运输等重点领域节能。调整能源消费结构,增加非化石能源比重。提高森林覆盖率,增加蓄积量,增强固碳能力。加强适应气候变化特别是应对极端气候事件能力建设。建立完善温室气体排放和节能减排统计监测制度,加强气候变化科学研究,加快低碳技术研发和应用,逐步建立碳排放交易市场。坚持共同但有区别的责任原则,积极开展应对全球气候变化国际合作。

(23)大力发展循环经济。以提高资源产出效率为目标,加强规划指导、财税金融等政策支持,完善法律法规,实行生产者责任延伸制度,推进生产、流通、消费各环节循环经济发展。加快资源循环利用产业发展,加强矿产资源综合利用,鼓励产业废物循环利用,完善再生资源回收体系和垃圾分类回收制度,推进资源再生利用产业化。开发应用源头减量、循环利用、再制造、零排放和产业链接技术,推广循环经济典型模式。

(24)加强资源节约和管理。落实节约优先战略,全面实行资源利用总量控制、供需双向调节、差别化管理。加强能源和矿产资源地质勘查、保护、合理开发,形成能源和矿产资源战略接续区,建立重要矿产资源储备体系。完善土地管理制度,强化规划和年度计划管控,严格用途管制,健全节约土地标准,加强用地节地责任和考核。高度重视水安全,建设节水型社会,健全水资源配置体系,强化水资源管理和有偿使用,鼓励海水淡化,严格控制地下水开采。

(25)加大环境保护力度。以解决饮用水不安全和空气、土壤污染等损害群众健康的突出环境问题为重点,加强综合治理,明显改善环境质量。落实减排目标责任制,强化污染物减排和治理,增加主要污染物总量控制种类,加快城镇污水、垃圾处理设施建设,加大重点流域水污染防治力度,有效控制城市大气、噪声污染,加强重金属、危险废物、土壤污染治理,强化核与辐射监管能力。严格污染物排放标准和环境影响评价,强化执法监督,健全重大环境事件和污染事故责任追究制度。完善环境保护科技和经济政策,建立健全污染者付费制度,建立多元环保投融资机制,大力发展环保产业。

(26)加强生态保护和防灾减灾体系建设。坚持保护优先和自然恢复为主,从源头上扭转生态环境恶化趋势。实施重大生态修复工程,巩固天然林保护、退耕还林还草、退牧还草等成果,推进荒漠化、石漠化综合治理,保护好草原和湿地。加快建立生态补偿机制,加强重点生态功能区保护和管理,增强涵养水源、保持水土、防风固沙能力,保护生物多样性。加强水利基础设施建设,推进大江大河支流、湖泊和中小河流治理,增强城乡防洪能力。加快建立地质灾害易发区调查评价体系、监测预警体系、防治体系、应急体系。加大重点区域地质灾害治理力度,加强救援队伍建设,提高物资保障水平。推行自然灾害风险评估,科学安排危险区域生产和生活设施的合理避让。

七、深入实施科教兴国战略和人才强国战略,加快建设创新型国家

推动我国经济发展更多依靠科技创新驱动,必须全面落实国家中长期科技、教育、人才规划纲要,大力提高科技创新能力,加快教育改革发展,发挥人才资源优势,为加快转变经济发展方式、实现全面建设小康社会奋斗目标奠定坚实科技和人力资源基础。

(27)增强科技创新能力。坚持自主创新、重点跨越、支撑发展、引领未来的方针,增强共性、核心技术突破能力,促进科技成果向现实生产力转化。加快推进国家重大科技专项,深入

实施知识创新和技术创新工程。把科技进步与产业结构优化升级、改善民生紧密结合起来，增强原始创新、集成创新和引进消化吸收再创新能力，在现代农业、装备制造、生态环保、能源资源、信息网络、新型材料、安全健康等领域取得新突破，在核心电子器件、极大规模集成电路、系统软件、转基因新品种、新药创制等领域攻克一批核心关键技术。加强基础前沿研究，在生命科学、空间海洋、地球科学、纳米科技等领域抢占未来科技竞争制高点。

(28)完善科技创新体制机制。深化科技体制改革，加强科学研究与高等教育有机结合，建设国家创新体系，强化基础性、前沿性技术和共性技术研究平台建设，加强军民科技资源集成融合，推进各具特色的区域创新体系建设，鼓励发展科技中介服务，深化科研经费管理制度改革，完善科技成果评价奖励制度。重点引导和支持创新要素向企业集聚，加快建立以企业为主体、市场为导向、产学研相结合的技术创新体系。增强科研院所和高校创新动力，鼓励大型企业加大研发投入，激发中小企业创新活力，发挥企业家和科技领军人才在科技创新中的重要作用。鼓励发明创造。强化支持企业创新和科研成果产业化的财税金融政策，加大政府对基础研究的投入，推进重大科技基础设施建设和开放共享，促进科技和金融结合，培育和发展创业风险投资。实施知识产权战略，完善知识产权法律制度，加强知识产权创造、运用、保护、管理。

(29)加快教育改革发展。全面贯彻党的教育方针，保障公民依法享有受教育的权利，办好人民满意的教育。按照优先发展、育人为本、改革创新、促进公平、提高质量的要求，深化教育教学改革，推动教育事业科学发展。全面推进素质教育，遵循教育规律和学生身心发展规律，坚持德育为先、能力为重，促进学生德智体美全面发展。积极发展学前教育，巩固提高义务教育质量和水平，加快普及高中阶段教育，大力发展职业教育，全面提高高等教育质量，加快发展继续教育，支持民族教育、特殊教育发展，建设全民学习、终身学习的学习型社会。创新人才培养体制、教育管理体制、办学体制，改革教学内容、教学方法、质量评价、考试招生制度。促进教育公平，合理配置公共教育资源，重点向农村、边远贫困、民族地区倾斜，加快缩小教育差距。健全国家资助制度，扶助家庭经济困难学生完成学业。加强师德师风建设，提高教师业务水平，鼓励优秀人才终身从教。增加教育投入，鼓励引导社会力量兴办教育，以加强薄弱环节和关键领域为重点，实施重大教育改革和发展项目。

(30)建设人才强国。坚持党管人才原则，坚持服务发展、人才优先、以用为本、创新机制、高端引领、整体开发的指导方针，加强现代化建设需要的各类人才队伍建设，充分发挥国内人才作用，积极引进和用好海外高层次人才。建立健全政府宏观管理、市场有效配置、单位自主用人、人才自主择业的体制机制，形成多元化投入格局，明显提高人力资本投资比重。营造尊重人才的社会环境、平等公开和竞争择优的制度环境，促进优秀人才脱颖而出。改进人才管理方式，落实国家重大人才政策，抓好重大人才工程，推动人才事业全面发展。

八、加强社会建设，建立健全基本公共服务体系

着力保障和改善民生，必须逐步完善符合国情、比较完整、覆盖城乡、可持续的基本公共服务体系，提高政府保障能力，推进基本公共服务均等化。加强社会管理能力建设，创新社会管理机制，切实维护社会和谐稳定。

(31)促进就业和构建和谐劳动关系。实施更加积极的就业政策，大力发展劳动密集型产业、服务业和小型微型企业，多渠道开发就业岗位，鼓励自主创业，促进充分就业。健全统一规范灵活的人力资源市场，为劳动者提供优质高效的就业服务。加强职业培训和择业观念教育，提高劳动者就业能力，把解决高校毕业生、

农村转移劳动力、城镇就业困难人员就业问题作为工作重点。做好退役军人就业工作。加强劳动执法，完善劳动争议处理机制，改善劳动条件，保障劳动者权益。发挥政府、工会和企业作用，努力形成企业和职工利益共享机制，建立和谐劳动关系。

(32)合理调整收入分配关系。坚持和完善按劳分配为主体、多种分配方式并存的分配制度。初次分配和再分配都要处理好效率和公平的关系，再分配更加注重公平。努力提高居民收入在国民收入分配中的比重，提高劳动报酬在初次分配中的比重。创造条件增加居民财产性收入。健全扩大就业增加劳动收入的发展环境和制度条件，促进机会公平。逐步提高最低工资标准，保障职工工资正常增长和支付。规范分配秩序，加强税收对收入分配的调节作用，有效调节过高收入，努力扭转城乡、区域、行业和社会成员之间收入差距扩大趋势。完善公务员工资制度，深化事业单位收入分配制度改革。

(33)健全覆盖城乡居民的社会保障体系。坚持广覆盖、保基本、多层次、可持续方针，加快推进覆盖城乡居民的社会保障体系建设。实现新型农村社会养老保险制度全覆盖，完善实施城镇职工和居民养老保险制度，实现基础养老金全国统筹。推动机关事业单位养老保险制度改革。进一步做实养老保险个人账户，实现跨省可接续。扩大社会保障覆盖范围，逐步提高保障标准。发展企业年金和职业年金。发挥商业保险补充性作用。实现城乡社会救助全覆盖。积极稳妥推进养老基金投资运营。大力发展慈善事业。加强社会保障信息网络建设，推进社会保障卡应用，实现精确管理。

(34)加快医疗卫生事业改革发展。按照保基本、强基层、建机制的要求，增加财政投入，深化医药卫生体制改革，调动医务人员积极性，把基本医疗卫生制度作为公共产品向全民提供，优先满足群众基本医疗卫生需求。加强公共卫生服务体系建设，扩大国家基本公共卫生服务项目。健全覆盖城乡居民的基本医疗保障体系，逐步提高保障标准。建立和完善以国家基本药物制度为基础的药品供应保障体系，确保药品质量和安全，加强城乡医疗卫生服务体系建设，新增医疗卫生资源重点向农村和城市社区倾斜，加强医学人才特别是全科医生培养，完善鼓励全科医生长期在基层服务政策。积极稳妥推进公立医院改革，探索形成各类城市医院和基层医疗机构合理分工和协作格局。坚持中西医并重，支持中医药事业发展。积极防治重大传染病、慢性病、职业病、地方病和精神疾病。鼓励社会资本以多种形式举办医疗机构，促进有序竞争，加强监管、提高服务质量和效率，满足群众多样化医疗卫生需求。

(35)全面做好人口工作。坚持计划生育基本国策，逐步完善政策，促进人口长期均衡发展。提高生殖健康水平，改善出生人口素质，遏制出生人口性别比偏高趋势。坚持男女平等，切实保障妇女合法权益，加强未成年人保护，发展妇女儿童事业。积极应对人口老龄化，注重发挥家庭和社区功能，优先发展社会养老服务，培育壮大老龄服务事业和产业。支持残疾人事业发展，健全残疾人服务体系。

(36)加强和创新社会管理。按照健全党委领导、政府负责、社会协同、公众参与的社会管理格局的要求，加强社会管理法律、体制、能力建设。完善法律法规和政策，健全基层管理和服务体系，加强和改进基层党组织工作，发挥群众组织和社会组织作用，提高城乡社区自治和服务功能，形成社会管理和服务合力。健全党和政府主导的维护群众权益机制，完善人民调解、行政调解、司法调解联动的工作体系，整合各方面力量，建立调处化解矛盾纠纷综合平台。畅通和规范群众诉求表达、利益协调、权益保障渠道，建立重大工程项目建设和重大政策制定的社会稳定风险评估机制，正确处理人民内部矛盾，把各种不稳定因素化解在基层和萌芽状态。加大公共安全投入，加强安全生产，健全对事故灾难、公共卫生事件、食品安全事件、社会安全事件的预防预警和应急处置体系。做好流动人口服务管理，加强特殊人群帮教管理和服务工作，加大社会管理薄弱环节整治力度。完善社会治安防控体系，加强城乡社区警务、群防群治等基层基础建设，加强政法队伍建设，严格公正廉洁执法，增强公共安全和社会治安保障能力，加强重点地区社会治安综合治理。严密防范、依法打击各种违法犯罪活动，切实保障人民生命财产安全。

九、推动文化大发展大繁荣，提升国家文化软实力

文化是一个民族的精神和灵魂，是国家发展和民族振兴的强大力量，必须坚持社会主义先进文化前进方向，弘扬中华文化，建设和谐文化，发展文化事业和文化产业，满足人民群众不断增长的精神文化需求，充分发挥文化引导社会、教育人民、推动发展的功能，建设中华民族共有精神家园，增强民族凝聚力和创造力。

(37)提高全民族文明素质。建设社会主义核心价值体系，加强走中国特色社会主义道路和实现中华民族伟大复兴的理想信念教育，倡导爱国守法和敬业诚信，构建传承中华传统美德、符合社会主义精神文明要求、适应社会主义市场经济的道德和行为规范。深入推进社会公德、职业道德、家庭美德、个人品德建设，不断拓展群众性精神文明创建活动，广泛开展志愿服务。弘扬科学精神，加强人文关怀，注重心理疏导，培育奋发进取、理性平和、开放包容的社会心态。提倡修身律己、尊老爱幼、勤勉做事、平实做人，推动形成我为人人、人人为我的社会氛围。强化职业操守，支持创新创业，鼓励劳动致富，发扬团队精神。净化社会文化环境，保护青少年身心健康。综合运用教育、法律、行政、舆论手段，引导人们知荣辱、讲正气、尽义务，形成扶正祛邪、惩恶扬善的社会风气。

(38)推进文化创新。适应群众文化需求新变化新要求，弘扬主旋律，提倡多样化，使精神文化产品和社会文化生活更加丰富多彩。立足当代中国实践，传承优秀民族文化，借鉴世界文明成果，反映人民主体地位和现实生活，提高文化产品质量，创作生产更多思想深刻、艺术精湛、群众喜闻乐见的文化精品。推进学科体系、学术观点、科研方法创新，繁荣发展哲学社会科学。深化文化体制改革，创新文化生产和传播方式，解放和发展文化生产力，增强文化发展活力。

(39)繁荣发展文化事业和文化产业。坚持一手抓公益性文化事业、一手抓经营性文化产业，始终把社会效益放在首位，实现经济效益和社会效益有机统一。以农村基层和中西部地区为重点，继续实施文化惠民工程，基本建成公共文化服务体系。广泛开展群众性文化活动。加强重要新闻媒体建设，重视互联网等新兴媒体建设、运用、管理，把握正确舆论导向，提高传播能力。加强基层文化队伍建设。扶持公益性文化事业，加强文化遗产保护。在政府引导下发挥市场机制积极作用，培育骨干文化企业和战略投资者，鼓励和引导非公有制经济进入，发展新型文化业态，增强多元化供给能力，满足多样化社会需求，繁荣社会主义文化市场，推动文化产业成为国民经济支柱性产业。加强对外宣传和文化交流，创新文化“走出去”模式，增强中华文化国际竞争力和影响力。大力开展全民健身运动，增强人民体质，提高竞技运动水平，振奋民族精神。

十、加快改革攻坚步伐，完善社会主义市场经济体制

改革是加快转变经济发展方式的强大动力，必须以更大决心和勇气全面推进各领域改革。更加重视改革顶层设计和总体规划，明确改革优先顺序和重点任务，进一步调动各方面改革积极性，尊重群众首创精神，大力推进经济体制改革，积极稳妥推进政治体制改革，加快推进文化体制、社会体制改革，不断完善社会主义市场经济体制，使上层建筑更加适应经济基础发展变化，为科学发展提供有力保障。

(40)坚持和完善基本经济制度。坚持公有制为主体、多种所有制经济共同发展的基本经济制度，营造各种所有制经济依法平等使用生产要素、公平参与市场竞争、同等受到法律保护的体制环境。推进国有经济战略性调整，健全国有资本有进有退、合理流动机制。加快国有大型企业改革。深化垄断行业改革。完善各类国有资产管理体制。健全国有资本经营预算和收益分享制度。支持和引导非公有制经济发展，鼓励非公有制企业参与国有企业改革。

(41)推进行政体制改革。进一步转变政府职能，深化行政审批制度改革，加快推进政企分开，减少政府对微观经济活动的干预，加快建设法治政府和服务型政府。继续优化政府结构、行政层级、职能责任，降低行政成本，坚定推进大部门制改革，在有条件的地方探索省直接管理县(市)的体制。健全科学决策、民主决策、依法决策机制，推进政务公开，增强公共政策制定透明度和公众参与度，加强行政问责制，改进行政复议和行政诉讼，完善政府绩效评估制度，提高政府公信力。

(42)加快财税体制改革。积极构建有利于转变经济发展方式的财税体制。在合理界定事权基础上，按照财力与事权相匹配的要求，进一步理顺各级政府间财政分配关系。增加一般性转移支付规模和比例，加强县级政府提供基本公共服务财力保障。完善预算编制和执行管理制度，提高预算完整性和透明度。改革和完善税收制度。扩大增值税征收范围，相应调减营业税等税收，合理调整消费税范围和税率结构，完善有利于产业结构升级和服务业发展的税收政策。逐步建立健全综合和分类相结合的个人所得税制度。继续推进费改税，全面改革资源税，开征环境保护税，研究推进房地产税改革。逐步健全地方税体系，赋予省级政府适当税政管理权限。

(43)深化金融体制改革。构建逆周期的金融宏观审慎管理制度框架。稳步推进利率市场化改革，完善以市场供求为基础的有管理的浮动汇率制度，改进外汇储备经营管理，逐步实现人民币资本项目可兑换。加强金融监管协调，建立健全系统性金融风险防范预警体系和处置机制。参与国际金融准则新一轮修订，提升我国金融业稳健标准。建立存款保险制度。深化政策性银行体制改革。健全国有金融资产管理体制。完善地方政府金融管理体制。

(44)深化资源性产品价格和要素市场改革。理顺煤、电、油、气、水、矿产等资源类产品价格关系，完善重要商品、服务、要素价格形成机制。加快多层次资本市场体系建设，显著提高直接融资比重。积极发展债券市场，稳步发展场外交易市场和期货市场。健全土地、资本、劳动力、技术、信息等要素市场，加快社会信用体系建设，完善市场法规和监管体制，规范市场秩序。

(45)加快社会事业体制改革。积极稳妥推进科技、教育、文化、卫生、体育等事业单位分类改革。培育扶持和依法管理社会组织，支持、引导其参与社会管理和服务。改革基本公共服务提供方式，引入竞争机制，扩大购买服务，实现提供主体和提供方式多元化。推进非基本公共服务市场化改革，增强多层次供给能力，满足群众多样化需求。

十一、实施互利共赢的开放战略，进一步提高对外开放水平

适应我国对外开放由出口和吸收外资为主转向进口和出口、吸收外资和对外投资并重的新形势，必须实行更加积极主动的开放战略，不断拓展新的开放领域和空间，扩大和深化同各方利益的汇合点，完善更加适应发展开放型经济要求的体制机制，有效防范风险，以开放促发展、促改革、促创新。

(46)优化对外贸易结构。继续稳定和拓展外需，保持现有出口竞争优势，加快培育以技术、品牌、质量、服务为核心竞争力的新优势，延长加工贸易国内增值链，推进市场多元化，大力发展服务贸易，促进出口结构转型升级。发挥

进口对宏观经济平衡和结构调整的重要作用，促进贸易收支基本平衡。

（47）提高利用外资水平。利用外资要优化结构、丰富方式、拓宽渠道、提高质量，注重完善投资软环境，切实保护投资者合法权益。加大智力、人才和技术引进工作力度，鼓励外资企业在华设立研发中心，借鉴国际先进管理理念、制度、经验，促进体制创新和科技创新。扩大金融、物流等服务业对外开放，发展服务外包，稳步开放教育、医疗、体育等领域，引进优质资源，提高服务业国际化水平。

（48）加快实施"走出去"战略。按照市场导向和企业自主决策原则，引导各类所有制企业有序到境外投资合作。发展海外工程承包，扩大农业国际合作，深化国际能源资源互利合作，积极开展有利于改善当地民生的项目合作。逐步发展我国大型跨国公司和跨国金融机构，提高国际化经营水平。扩大人民币在跨境贸易和投资中的作用。做好海外投资环境研究，强化投资项目的科学评估。提高综合统筹能力，完善跨部门协调机制，加强实施"走出去"战略的宏观指导和服务。维护我国海外权益，防范各类风险。

（49）积极参与全球经济治理和区域合作。推动国际经济体系改革，促进国际经济秩序朝着更加公正合理的方向发展。推动建立均衡、普惠、共赢的多边贸易体制，反对各种形式的保护主义。引导和推动区域合作进程，加快实施自由贸易区战略，深化同新兴市场国家和发展中国家的务实合作，增加对发展中国家的经济援助。

十二、全党全国各族人民团结起来，为实现"十二五"规划而奋斗

（50）充分发挥党的领导核心作用。党的领导是实现"十二五"时期经济社会发展目标的根本保证，必须加强党的执政能力建设和先进性建设，不断提高党领导经济社会发展能力和水平。各级党委要准确把握发展趋势，科学谋划发展蓝图，努力创新发展模式，加强对发展的统筹协调，切实提高发展质量。推进学习型党组织建设，加强和改进干部教育培训，注重实践锻炼，增强领导班子和领导干部推动科学发展、促进社会和谐能力。深化干部人事制度改革，创新和完善干部选拔任用机制，健全领导班子和领导干部考核评价制度，形成有利于科学发展的用人导向。

（51）加强社会主义政治文明建设。坚持党的领导、人民当家作主、依法治国有机统一，发展社会主义民主政治，保障人民知情权、参与权、表达权、监督权。坚持和完善人民代表大会制度、中国共产党领导的多党合作和政治协商制度、民族区域自治制度以及基层群众自治制度。巩固和壮大最广泛的爱国统一战线。发挥工会、共青团、妇联等人民团体作用。切实做好民族和宗教工作，加强民族团结进步教育。全面落实依法治国基本方略，完善中国特色社会主义法律体系，维护法制权威，推进依法行政、公正廉洁执法，加强普法教育，形成人人学法守法的良好社会氛围，加快建设社会主义法治国家。加强人权保障，促进人权事业全面发展。

（52）加强国防和军队现代化建设。在全面建设小康社会进程中实现富国和强军的统一，将国防和军队现代化建设融入国家经济社会发展进程。坚持以毛泽东军事思想、邓小平新时期军队建设思想、江泽民国防和军队建设思想为指导，把科学发展观作为国防和军队建设的重要指导方针，贯彻新时期军事战略方针，全面加强军队革命化、现代化、正规化建设，加快军队机械化信息化复合发展，提高以打赢信息化条件下局部战争能力为核心的完成多样化军事任务能力。深化国防和军队改革，优化领导管理体制，健全联合作战指挥体制，发展新型作战力量，推动军事理论、军事技术、军事组织、军事管理创新。坚持军民融合式发展路子，完善武器装备科研生产体系、军队人才培养体系、军队保障体系和国防动员体系。建设现代化武装警察力量。深化全民国防教育，加强后备力

量建设，密切军政军民团结。

（53）保持香港、澳门长期繁荣稳定。坚定不移贯彻“一国两制”、“港人治港”、“澳人治澳”、高度自治的方针，严格按照特别行政区基本法办事，全力支持特别行政区行政长官和政府依法施政。加强内地和香港、澳门交流合作，继续实施更紧密经贸关系安排。深化粤港澳合作，促进区域经济发展。支持香港巩固和提升国际金融、贸易、航运中心地位，增强产业创新能力，推动经济社会协调发展。支持澳门建设世界旅游休闲中心，促进经济适度多元发展。

（54）推进两岸关系和平发展和祖国统一大业。坚持“和平统一、一国两制”的方针和现阶段发展两岸关系、推进祖国和平统一进程的八项主张，全面贯彻推动两岸关系和平发展重要思想和六点意见，牢牢把握两岸关系和平发展主题，反对“台独”分裂活动。巩固两岸关系发展基础，推进两岸交往机制化进程，构建两岸关系和平发展框架。深化两岸经济合作，落实两岸经济合作框架协议，促进双向投资，加强新兴产业、金融等现代服务业合作。积极扩大两岸各界往来，加强两岸文化、教育等领域交流合作，依法保护台湾同胞正当权益。充分发挥海峡西岸经济区在推进两岸交流合作中的先行先试作用。

（55）积极创造有利的外部环境。高举和平、发展、合作旗帜，奉行独立自主的和平外交政策，坚持走和平发展道路，坚持互利共赢的开放战略，维护我国主权、安全、发展利益，同世界各国一道推动建设持久和平、共同繁荣的和谐世界。扩大同发达国家的交流合作，增进相互信任，提高合作水平。深化同周边国家的睦邻友好和务实合作，维护地区和平稳定，促进共同发展繁荣。加强同发展中国家的团结合作，深化传统友谊，维护共同利益。深入开展多边外交，积极参加国际合作。维护我国海外公民和企业正当权益。加强公共外交，广泛开展民间友好交往，推动人文交流，增进中国人民同各国人民相互了解和友谊。

（56）全党同志要充分发挥推动科学发展、促进社会和谐的先锋模范作用。全体共产党员要坚定不移贯彻党的理论和路线方针政策，牢固树立科学发展理念，积极落实加快转变经济发展方式决策部署。切实加强党的基层组织建设，深入开展创先争优活动，带领广大群众推动经济社会又好又快发展。各级领导干部要坚持全心全意为人民服务的根本宗旨，坚持党的群众路线，始终保持同人民群众的血肉联系，树立正确政绩观，努力做出经得起实践、人民、历史检验的实绩。严明党的政治纪律，健全对中央重大决策部署执行情况纪律保障机制，确保中央政令畅通。加强反腐倡廉建设，推进反腐倡廉制度创新，严格执行党风廉政建设责任制，深化党性党风党纪教育，加强领导干部廉洁自律和严格管理，严格权力运行制约和监督，加大查办违纪违法案件工作力度。大力弘扬党的光荣传统和优良作风，谦虚谨慎，不骄不躁，艰苦奋斗，勤俭节约，真抓实干，坚决反对形式主义、官僚主义，以优良党风凝聚党心民心，形成推进中国特色社会主义事业的强大力量。

全党同志和全国各族人民要紧密团结在以胡锦涛同志为总书记的党中央周围，高举中国特色社会主义伟大旗帜，解放思想、实事求是、与时俱进、开拓创新，为实现国民经济和社会发展第十二个五年规划和全面建设小康社会宏伟目标而奋斗！

（此文载《求是》2010年第21期）

关于加强和改进城市社区居民委员会建设工作的意见

我国城市社区居民委员会是居民自我管理、自我教育、自我服务的基层群众性自治组织。自2000年11月《中共中央办公厅、国务院办公厅关于转发〈民政部关于在全国推进城市社区建设的意见〉的通知》下发以来，城市社区居民委员会在服务居民群众、搞好城市管理、密切党群干群关系、维护社会稳定等方面发挥了不可替代的重要作用。当前，我国正处于全面建设小康社会、加快推进社会主义现代化建设的新的历史起点，城市基层正在发生新的深刻变革，社区居民委员会承担的社会管理任务更加繁重、维护社会稳定的功能更加突出，居民群众对社区居民委员会的服务需求更加迫切，但不少社区居民委员会还存在着组织不健全、工作关系不顺、工作人员素质偏低、服务设施薄弱、工作经费难以落实等问题，影响了社区居民委员会功能作用的发挥，影响了城市社区建设的整体推进。为深入贯彻落实党的十七大和十七届三中、四中全会精神，适应新形势新任务需要，进一步完善基层群众自治制度，健全城市基层管理和服务体制，经党中央、国务院同意，现就加强和改进城市社区居民委员会建设工作提出以下意见。

一、正确把握加强和改进城市社区居民委员会建设工作的指导思想、基本原则和目标任务

（一）加强和改进城市社区居民委员会建设的指导思想是：全面贯彻党的十七大和十七届三中、四中全会精神，以邓小平理论和“三个代表”重要思想为指导，深入贯彻落实科学发展观，认真实施《中华人民共和国城市居民委员会组织法》，以服务居民群众为宗旨，以提高居民文明素质和社会文明程度、促进社区和谐为目标，着力加强和改进社区居民委员会组织建设、队伍建设、制度建设、设施建设，努力把社区居民委员会建设成为功能完善、充满活力、作用明显、群众满意的基层群众性自治组织，进一步健全完善以社区党组织为核心的城市社区组织体系，为构建社会主义和谐社会奠定组织基础。

（二）加强和改进城市社区居民委员会建设工作的基本原则是：

——坚持党的领导，把握正确方向。从社会主义初级阶段基本国情出发，坚持同完善社会主义市场经济体制相适应，坚持党的领导、人民当家作主、依法治国有机统一，推进社区居民依法直接行使民主权利，管理社区公共事务和公益事业，建立健全社区党组织领导的充满活力的基层群众自治机制，实现政府行政管理与基层群众自治的有效衔接和良性互动。

——坚持以人为本，服务居民群众。始终把实现好维护好发展好社区居民的根本利益作为工作的出发点和落脚点，把居民的服务需求作为第一信号，把居民满意程度作为检验工作成效的第一标准，真正把加强和改进社区居民委员会建设工作变成服务居民、造福居民的民心工程。

——坚持政府主导，社会共同参与。切实转变政府职能，理顺关系，充分发挥各级党委和政府在政策制定、工作部署、设施建设、财力投入等方面的主导作用，尊重社区居民群众的主体地位，积极动员社会力量共驻共建、资源共享，形成社区居民委员会建设的合力。

——坚持因地制宜，注重工作实效。紧密联系各地实际，区分不同情况，加强分类指导，创新工作载体，切实解决长期以来困扰和阻碍社区居民委员会建设的突出问题，力戒形式主

义，使社区居民委员会建设工作始终体现时代性、把握规律性、富于创造性。

（三）加强和改进城市社区居民委员会建设的目标任务是：到2020年，努力使全国城市社区居民委员会的组织体系更加健全，社区居民的组织化程度明显提高；社区居民群众享有更多更切实的民主权利，社区居民自治范围进一步扩大，社区民主管理制度日趋完善；干部队伍结构进一步优化，社区管理和服务能力显著增强；工作用房和居民公益性服务设施能够满足社区居民群众的基本服务需求；政府投入与社会投入相结合的经费保障机制基本建立；内外关系更加协调，全社会尊重、关心和支持社区居民委员会工作的良好氛围进一步形成。

"十二五"时期是全面加强和改进社区居民委员会建设的关键时期。要着力理顺社区工作关系，强化社区管理和服务功能，充实壮大社区工作力量，建立健全社区保障机制，为实现到2020年城市社区居民委员会建设的各项奋斗目标奠定坚实基础。

二、进一步明确城市社区居民委员会的主要职责

（四）依法组织居民开展自治活动。社区居民委员会是社区居民自治的组织者、推动者和实践者，要宣传宪法、法律、法规和国家的政策，教育居民遵守社会公德和居民公约、依法履行应尽义务，开展多种形式的社会主义精神文明建设活动；召集社区居民会议，办理本社区居民的公共事务和公益事业；开展便民利民的社区服务活动，兴办有关服务事业，推动社区互助服务和志愿服务活动；组织居民积极参与社会治安综合治理、开展群防群治，调解民间纠纷，及时化解社区居民群众间的矛盾，促进家庭和睦、邻里和谐；管理本社区居民委员会的财产，推行居务公开；及时向人民政府或者它的派出机关反映社区居民群众的意见、要求和提出建议。

（五）依法协助城市基层人民政府或者它的派出机关开展工作。社区居民委员会是党和政府联系社区居民群众的桥梁和纽带，要协助城市基层人民政府或者它的派出机关做好与居民利益有关的社会治安、社区矫正、公共卫生、计划生育、优抚救济、社区教育、劳动就业、社会保障、社会救助、住房保障、文化体育、消费维权以及老年人、残疾人、未成年人、流动人口权益保障等工作，推动政府社会管理和公共服务覆盖到全社区。

（六）依法依规组织开展有关监督活动。社区居民委员会是社区居民利益的重要维护者，要组织居民有序参与涉及切身利益的公共政策听证活动，组织居民群众参与对城市基层人民政府或者它的派出机关及其工作人员的工作、驻社区单位参与社区建设的情况进行民主评议，对供水、供电、供气、环境卫生、园林绿化等市政服务单位在社区的服务情况进行监督。指导和监督社区内社会组织、业主委员会、业主大会、物业服务企业开展工作，维护社区居民的合法权益。

三、不断健全城市社区居民委员会组织体系

（七）加快社区居民委员会组织全覆盖。社区居民委员会的设置要充分考虑公共服务资源配置和人口规模、管理幅度等因素，按照便于管理、便于服务、便于居民自治的原则确定管辖范围，一个社区原则上设置一个社区居民委员会。加快城乡结合部、城中村、工矿企业所在地、新建住宅区、流动人口聚居地的社区居民委员会组建工作。新建住宅区居民入住率达到50%的，应及时成立社区居民委员会，在此之前应成立居民小组或由相邻的社区居民委员会代管，实现对社区居民的全员管理和无缝隙管理。社区居民委员会的筹建工作在社区党组织领导下开展。

（八）健全社区居民委员会下属的委员会。调整充实社区居民委员会下属的委员会设置，建立有效承接社区管理和服务的人民调解、治

安保卫、公共卫生、计划生育、群众文化等各类下属的委员会，切实增强社区居民委员会组织居民开展自治活动和协助城市基层人民政府或者它的派出机关加强社会管理、提供公共服务的能力。选齐配强居民小组长、楼院门栋长，积极开展楼院门栋居民自治，推动形成社区居民委员会及其下属的委员会、居民小组、楼院门栋上下贯通、左右联动的社区居民委员会组织体系新格局。

（九）规范社区居民委员会专业服务机构。为更好地完成社区管理和服务任务，辖区人口较多、社区管理和服务任务较重的社区居民委员会，根据工作需要可建立社区服务站（或称社区工作站、社会工作站）等专业服务机构。按照专干不单干、分工不分家的原则，社区专业服务机构在社区党组织和社区居民委员会统一领导和管理下开展工作，以形成工作合力。社区居民委员会有足够能力承担应尽职责的社区，可以不另设专业服务机构。

四、努力壮大城市社区居民委员会工作队伍

（十）扩大社区居民委员会工作人员来源渠道。社区居民委员会一般配置5至9人，辖区人口较多、社区管理和服务任务较重的社区居民委员会可适当增加若干社区专职工作人员。社区专职工作人员面向社会公开招聘，优先安排符合岗位要求的就业困难人员，其配备比例、招聘办法及专业服务机构的设置标准由市（地）级人民政府或各省、自治区、直辖市人民政府确定。提倡社区党组织班子成员、社区居民委员会成员与业主委员会成员交叉任职，社区居民委员会下属的委员会和居民小组的负责人可以由社区居民推选产生，也可以由社区居民委员会成员或社区专职工作人员经过民主程序兼任。鼓励社区民警、群团组织负责人通过民主选举程序担任社区居民委员会成员。研究建立新录用公务员到社区锻炼制度。鼓励党政机关和企事业单位优秀年轻干部到社区居民委员会帮助工作或建立经常性联系制度，鼓励高校毕业生、复转军人等社会优秀人才到社区担任专职工作人员，鼓励党政机关、企事业单位在职或退休党员干部、社会知名人士以及社区专职工作人员参与社区居民委员会选举，经过民主选举担任社区居民委员会成员。

（十一）加强对社区居民委员会工作人员的教育培训。根据经济社会发展和社区工作的需要，制定培训规划，丰富培训内容，改进培训方式，提高培训效果。城市基层人民政府或者它的派出机关每年至少对社区居民委员会主任培训一次，其他成员每2年至少接受培训一次。要组织社区居民委员会成员和社区专职工作人员深入学习中国特色社会主义理论体系，学习党的路线方针政策和国家法律法规，学习社会工作知识，增强他们坚持党的领导的信念，牢固树立爱岗敬业、乐于奉献、一心为民的精神，努力掌握在新的历史条件下做好群众工作的方法和本领，不断提高服务群众和依法办事的能力和水平。鼓励社区居民委员会成员和社区专职工作人员立足岗位，自学成才，支持他们参加社会工作等各种职业资格考试和学历教育考试，不断提高综合素质。

（十二）关心社区居民委员会工作人员的成长进步。积极把优秀社区居民委员会工作人员培养发展成为党员，积极推荐符合条件的优秀社区居民委员会工作人员担任各级党代会代表、人大代表、政协委员和劳动模范，加大从优秀社区居民委员会成员、社区专职工作人员中考录公务员和选任街道（乡镇）机关、事业单位领导干部的力度。对工作成绩突出、居民群众满意的社区居民委员会工作人员应及时给予宣传、表彰和奖励。

五、积极完善城市社区党组织领导下的社区居民自治制度

（十三）坚持以扩大党内基层民主带动社区居民民主。推广社区党组织班子成员由党员和群众公开推荐与上级党组织推荐相结合的办

法，逐步扩大社区党组织领导班子直接选举范围。全面推进社区党务公开，健全社区党员代表议事制度，引导党员参与民主实践，积极探索扩大党内基层民主多种实现形式，带动和促进社区居民民主健康发展。

（十四）坚持和发展社区民主选举制度。进一步规范社区民主选举程序，稳步扩大社区居民委员会直接选举覆盖面。社区党组织要加强对社区居民委员会选举工作的领导和指导，提倡按照民主程序将不参与选举的社区党组织负责人推选为居民选举委员会主任，主持居民选举委员会工作。社区居民委员会选举由居民推选产生的居民选举委员会主持。居民选举委员会成员依法被确定为居民委员会成员候选人的，应当退出居民选举委员会，所缺名额从原推选结果中依次递补。在符合相关法律法规规定的前提下，各地要对居民委员会成员候选人的资格条件作出规定，引导居民把办事公道、廉洁奉公、遵纪守法、热心为居民服务的人提名为候选人。探索社区流动人口在居住地参加社区居民委员会选举的方式方法，保障其民主政治权利。

（十五）完善社区民主管理制度。进一步健全社区党组织领导的充满活力的社区居民自治机制，推广社区党员或党员代表议事制度，深入开展以居民会议、议事协商、民主听证为主要形式的民主决策实践，以自我管理、自我教育、自我服务为主要目的的民主管理实践，以居务公开、民主评议为主要内容的民主监督实践，全面推进居民自治制度化、规范化、程序化。积极探索网上论坛、民情恳谈、社区对话等有效形式，鼓励社区居民和驻区单位广泛参与，切实保障社区居民的知情权、参与权、决策权、监督权。

（十六）健全社区居民委员会日常工作制度。社区居民委员会要把工作重点进一步转移到社区管理和服务上来，按照居民活动空间最大化、服务设施效益最优化的要求，改进社区居民委员会服务场所管理，方便居民群众使用。建立健全社区居民委员会与驻区单位协商议事制度，推行分片包块、上门走访、服务承诺、结对帮扶等做法，密切社区居民委员会工作人员与社区居民的关系。实行错时上下班、全日值班、节假日轮休等工作制度，方便群众办事。建立健全社区党组织与社区居民委员会联席会议制度，规范社区居民委员会财产、档案、公章管理，确保社区居民委员会工作有效运转。

六、切实改善城市社区居民委员会服务设施

（十七）加强工作用房和居民公益性服务设施建设。要将社区居民委员会工作用房和居民公益性服务设施建设纳入城市规划、土地利用规划和社区发展相关专项规划，并与社区卫生、警务、文化、体育、养老等服务设施统筹规划建设。地方政府应对建设资金来源、产权归属和使用管理方式等作出明确规定。新建住宅小区和旧城区连片改造居民区的建设单位必须按照国家有关标准要求，将公共服务设施配套建设纳入建设工程规划设计方案。城市规划行政主管部门要按照规定的配套建设指标对建设工程规划设计方案进行审查，对不符合规定配置标准和要求的不予批准。工程的设计、施工及验收使用，应广泛征求社区居民及所在地街道办事处的意见。未按规划要求建设社区居民委员会工作用房和居民公益性服务设施的，不能通过验收。验收合格后，建设单位要根据规定将社区居民委员会工作用房和居民公益性服务设施交给所在地街道办事处使用管理。老城区和已建成居住区没有社区居民委员会工作用房和居民公益性服务设施的或者不能满足需要的，由区（县、市）人民政府负责建设，也可以从其他社区设施中调剂置换，或者以购买、租借等方式解决，所需资金由地方各级人民政府统筹解决。积极推动社区综合服务设施建设，提倡“一室多用”，提高使用效益。服务设施的供暖、水电、煤气、电信等费用应按照当地居民使用价格标准收取。

（十八）积极推进社区信息化建设。整合

社区现有信息网络资源，鼓励建立覆盖区（县、市）或更大范围的社区综合信息管理和服务平台，实现数据一次收集、资源多方共享。整合区、街道、社区面向居民群众、驻区单位服务的内容和流程，建设集行政管理、社会事务、便民服务为一体的社区信息服务网络，逐步改善社区居民委员会信息技术装备条件，提高社区居民信息技术运用能力，全面支撑社区管理和服务工作。积极推进社区居民委员会内部管理电子化，减轻工作负担，提高工作效率。

七、逐步理顺城市社区居民委员会与相关组织的工作关系

（十九）自觉接受社区党组织的领导。社区党组织是党在社区全部工作和战斗力的基础，是社区各类组织和各项工作的领导核心。社区居民委员会要自觉接受社区党组织的领导，社区党组织要不断加强自身建设、改进工作方式，切实领导和指导好社区居民委员会工作。以“三有一化”（即有人有钱有场所、构建城市区域化党建格局）为重点，积极推进社区党组织建设，为社会主义和谐社区建设提供坚强组织保证。支持和保障社区居民委员会充分行使职权，及时帮助解决社区居民委员会工作中存在的困难和问题。提倡社区党组织班子成员与社区居民委员会成员交叉任职，健全社区党组织领导社区居民委员会开展工作的相关制度，确保社区党建与和谐社区建设紧密结合，确保党的路线方针政策和各项工作得到贯彻落实。切实加强社区党员教育、管理和服务工作，坚持和完善党员设岗定责、依岗承诺、志愿服务和帮扶结对等制度，进一步落实在职党员到社区报到的要求，拓宽党员服务群众渠道，充分发挥党员在和谐社区建设中的先锋模范作用。

（二十）支持社会组织和社区志愿者参与社区管理和服务。社区居民委员会要积极培育社区服务性、公益性、互助性社会组织，对不具备登记条件的社区服务性、公益性、互助性社会组织，要主动帮助办理备案手续，并在组织运作、活动场地等方面为其提供帮助。社区党组织要加强对社区各类社会组织的政治领导，注意培养社区社会组织负责人队伍。要通过政府购买服务、设立项目资金等途径，积极引导各种社会组织和各类志愿者参与社区管理和服务，鼓励和支持社区居民开展互助服务，使之成为推进社区居民委员会工作的重要力量。大力推行社区志愿者注册制度，健全社区志愿服务网络，力争用3至5年的时间，实现社区志愿者注册率占居民人口10%以上的目标。

（二十一）发挥业主大会和业主委员会在社区管理和服务中的积极作用。社区居民委员会要积极支持物业服务企业开展多种形式的社区服务，业主委员会和物业服务企业要主动接受社区居民委员会的指导和监督。建立健全社区党组织、社区居民委员会、业主委员会和物业服务企业协调机制，及时协调解决物业服务纠纷，维护各方合法权益。召开业主大会、业主委员会会议应当告知所在社区居民委员会，并听取其意见。

（二十二）强化驻区单位的社区建设责任。建立社区党组织、社区居民委员会、驻区单位联席会议制度，定期研究资源共享、社区共建事项。积极推动驻区单位将文化、教育、体育等活动设施向社区居民开放。推动驻区单位将服务性、公益性、社会性事业逐步向社区开放，为社区居民委员会提供人力、物力、财力支持。探索建立驻区单位社区建设责任评价体系，推动共驻共建、资源共享。要把驻区单位履行社区建设责任的情况纳入和谐社区示范单位创建内容，有关部门在评先表优时要主动听取社区居民委员会对驻区单位的意见。

八、大力加强对城市社区居民委员会建设工作的领导

（二十三）城市基层人民政府或者它的派出机关对社区居民委员会的工作给予指导、支持和帮助。城市基层人民政府或者它的派出机关要大力推进服务型政府建设，切实转变职能，

改进管理方式和工作作风，履行好社会管理和公共服务的职责。要在街道社区服务中心设立“一站式”服务大厅，为社区及居民群众提供方便快捷优质的服务。普遍推行社区公共服务事项准入制度，凡属于基层人民政府及其职能部门、街道办事处职责范围内的事项，不得转嫁给社区居民委员会；凡依法应由社区居民委员会协助的事项，应当为社区居民委员会提供必要的经费和工作条件；凡委托给社区居民委员会办理的有关服务事项，应当实行权随责走、费随事转。逐步清理和整合在社区设立的各种工作机构，规范政府部门面向社区居民委员会开展的检查评比达标活动，大力压缩针对社区居民委员会的各类会议、台账和材料报表。加快街道办事处法制建设步伐，省级人民政府要积极研究制定城市基层人民政府或者它的派出机关指导社区居民委员会工作规则。

（二十四）落实领导责任制。要把加强和改进社区居民委员会建设工作纳入党委重要议事日程，纳入政府履行社会管理和公共服务职能的重要内容。各省、自治区、直辖市党委和政府要定期研究社区居民委员会建设工作。区（县、市）委书记要认真履行第一责任人的职责，街道办事处党工委书记要履行好直接责任人的职责，市、区（县、市）领导干部和街道（镇）领导干部要建立社区居民委员会建设联系点，要将社区居民委员会建设工作成效作为市、区（县、市）党委和政府工作目标管理和年度目标考核的重要内容。

（二十五）加强部门协调配合。在当地党委、政府统一领导下，党委组织部门在加强社区居民委员会建设中要发挥抓总引领作用，民政部门要充分发挥牵头指导作用，搞好协调服务。依托社区居民委员会开展公共服务的教育、科技、公安、司法、社会治安综合治理、人力资源和社会保障、城乡建设、文化、卫生、人口和计划生育、环保、体育等部门要强化责任意识，把支持和帮助社区居民委员会建设作为为民办实事的重要内容予以落实。各级发展改革、财政、金融、税务、工商等部门要按照各自职能和权限，采取有效政策措施，积极支持社区居民委员会建设。工会、共青团、妇联及残联、老龄协会、计划生育协会、慈善协会等群众组织要发挥各自优势，积极参与社区居民委员会建设。

（二十六）切实加大经费保障力度。要将社区居民委员会的工作经费、人员报酬以及服务设施和社区信息化建设等项经费纳入财政预算。社区居民委员会兴办公益事业所需费用，经居民会议或居民代表会议讨论，按照自愿原则，可以向社区居民或受益单位筹集。街道办事处要将社区居民委员会工作经费纳入街道办事处银行账户管理，实行专款专用、分账核算，不得挪用、挤占、截留，并定期向社区居民委员会及居民公开使用情况，接受居民监督。加大对财政困难地区一般性转移支付力度，增强其做好社区居民委员会建设工作的保障能力。社区居民委员会成员、社区专职工作人员报酬问题由县级以上地方人民政府统筹解决，其标准原则上不低于上年度当地社会平均工资水平。社区居民委员会成员和社区专职工作人员按国家有关规定参加基本养老、失业、基本医疗、生育、工伤保险，有条件的地方逐步落实住房公积金政策。

（二十七）提高指导社区居民委员会建设的工作水平。要以改革创新精神研究新情况、解决新问题，不断改进社区居民委员会建设的工作方法，创新工作机制。针对不同地区社区居民委员会建设的实际加强分类指导，不断总结和探索社区居民委员会建设工作的经验和规律。要把加强社区居民委员会建设工作与党的建设紧密结合，与社区建设紧密结合，加大宣传力度，大力表彰先进典型，总结推广先进经验，为推进城市社区居民委员会建设、构建社会主义和谐社会创造良好氛围。

各地区各有关部门要按照本意见精神，结合实际，制定贯彻落实的具体措施。

（此文载2010年11月10日《人民日报》）

党政主要领导干部和国有企业领导人员经济责任审计规定

第一章　总　　则

第一条　为健全和完善经济责任审计制度，加强对党政主要领导干部和国有企业领导人员（以下简称领导干部）的管理监督，推进党风廉政建设，根据《中华人民共和国审计法》和其他有关法律法规，以及干部管理监督的有关规定，制定本规定。

第二条　党政主要领导干部经济责任审计的对象包括：

（一）地方各级党委、政府、审判机关、检察机关的正职领导干部或者主持工作一年以上的副职领导干部；

（二）中央和地方各级党政工作部门、事业单位和人民团体等单位的正职领导干部或者主持工作一年以上的副职领导干部；上级领导干部兼任部门、单位的正职领导干部，且不实际履行经济责任时，实际负责本部门、本单位常务工作的副职领导干部。

第三条　国有企业领导人员经济责任审计的对象包括国有和国有控股企业（含国有和国有控股金融企业）的法定代表人。

第四条　本规定所称经济责任，是指领导干部在任职期间因其所任职务，依法对本地区、本部门（系统）、本单位的财政收支、财务收支以及有关经济活动应当履行的职责、义务。

第五条　领导干部履行经济责任的情况，应当依法接受审计监督。

根据干部管理监督的需要，可以在领导干部任职期间进行任中经济责任审计，也可以在领导干部不再担任所任职务时进行离任经济责任审计。

第六条　领导干部的经济责任审计依照干部管理权限确定。

地方审计机关主要领导干部的经济责任审计，由本级党委与上一级审计机关协商后，由上一级审计机关组织实施。

审计署审计长的经济责任审计，报请国务院总理批准后实施。

第七条　审计机关依法独立实施经济责任审计，任何组织和个人不得拒绝、阻碍、干涉，不得打击报复审计人员。

第八条　审计机关和审计人员对经济责任审计工作中知悉的国家秘密、商业秘密，负有保密义务。

第九条　各级党委和政府应当保证审计机关履行经济责任审计职责所必需的机构、人员和经费。

第二章　组织协调

第十条　各级党委和政府应当加强对经济责任审计工作的领导，建立经济责任审计工作联席会议（以下简称联席会议）制度。联席会议由纪检、组织、审计、监察、人力资源社会保障和国有资产监督管理等部门组成。

联席会议下设办公室，与同级审计机关内设的经济责任审计机构合署办公，负责日常工作。联席会议办公室主任为同级审计机关的副职领导或者同职级领导。

第十一条　联席会议的主要职责是研究制定有关经济责任审计的政策和制度，监督检查、交流通报经济责任审计工作开展情况，协调解决工作中出现的问题。

第十二条　联席会议办公室的主要职责是

研究起草有关经济责任审计的法规、制度和文件，研究提出年度经济责任审计计划草案，总结推广经济责任审计工作经验，督促落实联席会议决定的有关事项。

第十三条　经济责任审计应当有计划地进行。组织部门每年提出下一年度经济责任审计委托建议，经联席会议办公室研究后提出经济责任审计计划草案，由审计机关报请本级政府行政首长审定后，纳入审计机关年度审计工作计划并组织实施。

第三章　审计内容

第十四条　经济责任审计应当以促进领导干部推动本地区、本部门（系统）、本单位科学发展为目标，以领导干部守法、守纪、守规、尽责情况为重点，以领导干部任职期间本地区、本部门（系统）、本单位财政收支、财务收支以及有关经济活动的真实、合法和效益为基础，严格依法界定审计内容。

第十五条　地方各级党委和政府主要领导干部经济责任审计的主要内容是：本地区财政收支的真实、合法和效益情况；国有资产的管理和使用情况；政府债务的举借、管理和使用情况；政府投资和以政府投资为主的重要项目的建设和管理情况；对直接分管部门预算执行和其他财政收支、财务收支以及有关经济活动的管理和监督情况。

第十六条　党政工作部门、审判机关、检察机关、事业单位和人民团体等单位主要领导干部经济责任审计的主要内容是：本部门（系统）、本单位预算执行和其他财政收支、财务收支的真实、合法和效益情况；重要投资项目的建设和管理情况；重要经济事项管理制度的建立和执行情况；对下属单位财政收支、财务收支以及有关经济活动的管理和监督情况。

第十七条　国有企业领导人员经济责任审计的主要内容是：本企业财务收支的真实、合法和效益情况；有关内部控制制度的建立和执行情况；履行国有资产出资人经济管理和监督职责情况。

第十八条　在审计以上主要内容时，应当关注领导干部在履行经济责任过程中的下列情况：贯彻落实科学发展观，推动经济社会科学发展情况；遵守有关经济法律法规、贯彻执行党和国家有关经济工作的方针政策和决策部署情况；制定和执行重大经济决策情况；与领导干部履行经济责任有关的管理、决策等活动的经济效益、社会效益和环境效益情况；遵守有关廉洁从政（从业）规定情况等。

第十九条　有关部门和单位、地方党委和政府的主要领导干部由上级领导干部兼任，且实际履行经济责任的，对其进行经济责任审计时，审计内容仅限于该领导干部所兼任职务应当履行的经济责任。

第四章　审计实施

第二十条　审计机关应当根据年度经济责任审计计划，组成审计组并实施审计。

第二十一条　审计机关应当在实施经济责任审计3日前，向被审计领导干部及其所在单位或者原任职单位（以下简称所在单位）送达审计通知书。遇有特殊情况，经本级政府批准，审计机关可以直接持审计通知书实施经济责任审计。

第二十二条　审计机关实施经济责任审计时，应当召开有审计组主要成员、被审计领导干部及其所在单位有关人员参加的会议，安排审计工作有关事项。联席会议有关成员单位根据工作需要可以派人参加。

审计机关实施经济责任审计，应当进行审计公示。

第二十三条　审计机关在经济责任审计过程中，应当听取本级党委、政府和被审计领导干部所在单位有关领导同志，以及本级联席会议有关成员单位的意见。

第二十四条　审计机关在进行经济责任审计时，被审计领导干部及其所在单位，以及其他有关单位应当提供与被审计领导干部履行经济责任有关的下列资料：

(一)财政收支、财务收支相关资料；

(二)工作计划、工作总结、会议记录、会议纪要、经济合同、考核检查结果、业务档案等资料；

(三)被审计领导干部履行经济责任情况的述职报告；

(四)其他有关资料。

第二十五条　被审计领导干部及其所在单位应当对所提供资料的真实性、完整性负责，并作出书面承诺。

第二十六条　审计机关履行经济责任审计职责时，可以依法提请有关部门和单位予以协助，有关部门和单位应当予以配合。

第二十七条　审计组实施审计后，应当将审计组的审计报告书面征求被审计领导干部及其所在单位的意见。根据工作需要可以征求本级党委、政府有关领导同志，以及本级联席会议有关成员单位的意见。

被审计领导干部及其所在单位应当自接到审计组的审计报告之日起10日内提出书面意见；10日内未提出书面意见的，视同无异议。

第二十八条　审计机关按照《中华人民共和国审计法》及相关法律法规规定的程序，对审计组的审计报告进行审议，出具审计机关的经济责任审计报告和审计结果报告。

第二十九条　审计机关应当将经济责任审计报告送达被审计领导干部及其所在单位。

第三十条　审计机关应当将经济责任审计结果报告等结论性文书报送本级政府行政首长，必要时报送本级党委主要负责同志；提交委托审计的组织部门；抄送联席会议有关成员单位。

第三十一条　被审计领导干部所在单位存在违反国家规定的财政收支、财务收支行为，依法应当给予处理、处罚的，由审计机关在法定职权范围内作出审计决定。

审计机关在经济责任审计中发现的应当由其他部门处理的问题，依法移送有关部门处理。

第三十二条　被审计领导干部对审计机关出具的经济责任审计报告有异议的，可以自收到审计报告之日起30日内向出具审计报告的审计机关申诉，审计机关应当自收到申诉之日起30日内作出复查决定；被审计领导干部对复查决定仍有异议的，可以自收到复查决定之日起30日内向上一级审计机关申请复核，上一级审计机关应当自收到复核申请之日起60日内作出复核决定。

上一级审计机关的复核决定和审计署的复查决定为审计机关的最终决定。

第五章　审计评价与结果运用

第三十三条　审计机关应当根据审计查证或者认定的事实，依照法律法规、国家有关规定和政策，以及责任制考核目标和行业标准等，在法定职权范围内，对被审计领导干部履行经济责任情况作出客观公正、实事求是的评价。审计评价应当与审计内容相统一，评价结论应当有充分的审计证据支持。

第三十四条　审计机关对被审计领导干部履行经济责任过程中存在问题所应当承担的直接责任、主管责任、领导责任，应当区别不同情况作出界定。

第三十五条　本规定所称直接责任，是指领导干部对履行经济责任过程中的下列行为应当承担的责任：

(一)直接违反法律法规、国家有关规定和单位内部管理规定的行为；

(二)授意、指使、强令、纵容、包庇下属人员违反法律法规、国家有关规定和单位内部管理规定的行为；

(三)未经民主决策、相关会议讨论而直接决定、批准、组织实施重大经济事项，并造成重大经济损失浪费、国有资产(资金、资源)流失等严重后果的行为；

(四)主持相关会议讨论或者以其他方式研究，但是在多数人不同意的情况下直接决定、批准、组织实施重大经济事项，由于决策不当或

者决策失误造成重大经济损失浪费、国有资产(资金、资源)流失等严重后果的行为;

(五)其他应当承担直接责任的行为。

第三十六条　本规定所称主管责任,是指领导干部对履行经济责任过程中的下列行为应当承担的责任:

(一)除直接责任外,领导干部对其直接分管的工作不履行或者不正确履行经济责任的行为;

(二)主持相关会议讨论或者以其他方式研究,并且在多数人同意的情况下决定、批准、组织实施重大经济事项,由于决策不当或者决策失误造成重大经济损失浪费、国有资产(资金、资源)流失等严重后果的行为。

第三十七条　本规定所称领导责任,是指除直接责任和主管责任外,领导干部对其不履行或者不正确履行经济责任的其他行为应当承担的责任。

第三十八条　各级党委和政府应当建立健全经济责任审计情况通报、审计整改以及责任追究等结果运用制度,逐步探索和推行经济责任审计结果公告制度。

第三十九条　有关部门和单位应当根据干部管理监督的相关要求运用经济责任审计结果,将其作为考核、任免、奖惩被审计领导干部的重要依据,并以适当方式将审计结果运用情况反馈审计机关。

经济责任审计结果报告应当归入被审计领导干部本人档案。

第六章　附　　则

第四十条　审计机关和审计人员、被审计领导干部及其所在单位,以及其他有关单位和个人在经济责任审计中的职责、权限、法律责任等,本规定未作规定的,依照《中华人民共和国审计法》、《中华人民共和国审计法实施条例》和其他法律法规的有关规定执行。

第四十一条　审计机关开展领导干部经济责任审计适用本规定。有关机构依法履行国有资产监督管理职责时,按照干部管理权限开展的经济责任审计,参照本规定组织实施。部门和单位可以根据本规定,制定内部管理领导干部经济责任审计的规定。

第四十二条　中央经济责任审计工作联席会议应当根据本规定,制定实施细则或者贯彻实施意见。

第四十三条·本规定由审计署负责解释。

第四十四条　本规定自印发之日起施行。1999年5月中共中央办公厅、国务院办公厅印发的《县级以下党政领导干部任期经济责任审计暂行规定》和《国有企业及国有控股企业领导人员任期经济责任审计暂行规定》(中办发〔1999〕20号)同时废止。

(此文载2010年12月9日《人民日报》)

关于实行党风廉政建设责任制的规定

第一章　总　　则

第一条　为了加强党风廉政建设,明确领导班子、领导干部在党风廉政建设中的责任,推动科学发展,促进社会和谐,提高党的执政能力,保持和发展党的先进性,根据《中华人民共和国宪法》和《中国共产党章程》,制定本规定。

第二条　本规定适用于各级党的机关、人大机关、行政机关、政协机关、审判机关、检察机关的领导班子、领导干部。

人民团体、国有和国有控股企业(含国有和国有控股金融企业)、事业单位的领导班子、领导干部参照执行本规定。

第三条 实行党风廉政建设责任制，要以邓小平理论和“三个代表”重要思想为指导，深入贯彻落实科学发展观，坚持党要管党、从严治党，坚持标本兼治、综合治理、惩防并举、注重预防，扎实推进惩治和预防腐败体系建设，保证党中央、国务院关于党风廉政建设的决策和部署的贯彻落实。

第四条 实行党风廉政建设责任制，要坚持党委统一领导，党政齐抓共管，纪委组织协调，部门各负其责，依靠群众的支持和参与。要把党风廉政建设作为党的建设和政权建设的重要内容，纳入领导班子、领导干部目标管理，与经济建设、政治建设、文化建设、社会建设以及生态文明建设和业务工作紧密结合，一起部署，一起落实，一起检查，一起考核。

第五条 实行党风廉政建设责任制，要坚持集体领导与个人分工负责相结合，谁主管、谁负责，一级抓一级、层层抓落实。

第二章 责任内容

第六条 领导班子对职责范围内的党风廉政建设负全面领导责任。

领导班子主要负责人是职责范围内的党风廉政建设第一责任人，应当重要工作亲自部署、重大问题亲自过问、重点环节亲自协调、重要案件亲自督办。

领导班子其他成员根据工作分工，对职责范围内的党风廉政建设负主要领导责任。

第七条 领导班子、领导干部在党风廉政建设中承担以下领导责任：

（一）贯彻落实党中央、国务院以及上级党委（党组）、政府和纪检监察机关关于党风廉政建设的部署和要求，结合实际研究制定党风廉政建设工作计划、目标要求和具体措施，每年召开专题研究党风廉政建设的党委常委会议（党组会议）和政府廉政建设工作会议，对党风廉政建设工作任务进行责任分解，明确领导班子、领导干部在党风廉政建设中的职责和任务分工，并按照计划推动落实；

（二）开展党性党风党纪和廉洁从政教育，组织党员、干部学习党风廉政建设理论和法规制度，加强廉政文化建设；

（三）贯彻落实党风廉政法规制度，推进制度创新，深化体制机制改革，从源头上预防和治理腐败；

（四）强化权力制约和监督，建立健全决策权、执行权、监督权既相互制约又相互协调的权力结构和运行机制，推进权力运行程序化和公开透明；

（五）监督检查本地区、本部门、本系统的党风廉政建设情况和下级领导班子、领导干部廉洁从政情况；

（六）严格按照规定选拔任用干部，防止和纠正选人用人上的不正之风；

（七）加强作风建设，纠正损害群众利益的不正之风，切实解决党风政风方面存在的突出问题；

（八）领导、组织并支持执纪执法机关依纪依法履行职责，及时听取工作汇报，切实解决重大问题。

第三章 检查考核与监督

第八条 党委（党组）应当建立党风廉政建设责任制的检查考核制度，建立健全检查考核机制，制定检查考核的评价标准、指标体系，明确检查考核的内容、方法、程序。

第九条 党委（党组）应当建立健全党风廉政建设责任制领导小组，负责对下一级领导班子、领导干部党风廉政建设责任制执行情况的检查考核。

第十条 检查考核工作每年进行一次。检查考核可以与领导班子、领导干部工作目标考核、年度考核、惩治和预防腐败体系建设检查工作等结合进行，也可以组织专门检查考核。

检查考核情况应当及时向同级党委（党组）报告。

第十一条 党委（党组）应当将检查考核

情况在适当范围内通报。对检查考核中发现的问题，要及时研究解决，督促整改落实。

第十二条　党委（党组）应当建立和完善检查考核结果运用制度。检查考核结果作为对领导班子总体评价和领导干部业绩评定、奖励惩处、选拔任用的重要依据。

第十三条　纪检监察机关（机构）、组织人事部门协助同级党委（党组）开展对党风廉政建设责任制执行情况的检查考核，或者根据职责开展检查工作。

第十四条　党委常委会应当将执行党风廉政建设责任制的情况，作为向同级党的委员会全体会议报告工作的一项重要内容。

第十五条　领导干部执行党风廉政建设责任制的情况，应当列为民主生活会和述职述廉的重要内容，并在本单位、本部门进行评议。

第十六条　党委（党组）应当将贯彻落实党风廉政建设责任制的情况，每年专题报告上一级党委（党组）和纪委。

第十七条　中央和省、自治区、直辖市党委巡视组应当依照巡视工作的有关规定，加强对有关党组织领导班子及其成员执行党风廉政建设责任制情况的巡视监督。

第十八条　党委（党组）应当结合本地区、本部门、本系统实际，建立走访座谈、社会问卷调查等党风廉政建设社会评价机制，动员和组织党员、群众有序参与，广泛接受监督。

第四章　责任追究

第十九条　领导班子、领导干部违反或者未能正确履行本规定第七条规定的职责，有下列情形之一的，应当追究责任：

（一）对党风廉政建设工作领导不力，以致职责范围内明令禁止的不正之风得不到有效治理，造成不良影响的；

（二）对上级领导机关交办的党风廉政建设责任范围内的事项不传达贯彻、不安排部署、不督促落实，或者拒不办理的；

（三）对本地区、本部门、本系统发现的严重违纪违法行为隐瞒不报、压案不查的；

（四）疏于监督管理，致使领导班子成员或者直接管辖的下属发生严重违纪违法问题的；

（五）违反规定选拔任用干部，或者用人失察、失误造成恶劣影响的；

（六）放任、包庇、纵容下属人员违反财政、金融、税务、审计、统计等法律法规，弄虚作假的；

（七）有其他违反党风廉政建设责任制行为的。

第二十条　领导班子有本规定第十九条所列情形，情节较轻的，责令作出书面检查；情节较重的，给予通报批评；情节严重的，进行调整处理。

第二十一条　领导干部有本规定第十九条所列情形，情节较轻的，给予批评教育、诫勉谈话、责令作出书面检查；情节较重的，给予通报批评；情节严重的，给予党纪政纪处分，或者给予调整职务、责令辞职、免职和降职等组织处理。涉嫌犯罪的，移送司法机关依法处理。

以上责任追究方式可以单独使用，也可以合并使用。

第二十二条　领导班子、领导干部具有本规定第十九条所列情形，并具有下列情节之一的，应当从重追究责任：

（一）对职责范围内发生的问题进行掩盖、袒护的；

（二）干扰、阻碍责任追究调查处理的。

第二十三条　领导班子、领导干部具有本规定第十九条所列情形，并具有下列情节之一的，可以从轻或者减轻追究责任：

（一）对职责范围内发生的问题及时如实报告并主动查处和纠正，有效避免损失或者挽回影响的；

（二）认真整改，成效明显的。

第二十四条　领导班子、领导干部违反本规定，需要查明事实、追究责任的，由有关机关或者部门按照职责和权限调查处理。其中需要追究党纪政纪责任的，由纪检监察机关按照党纪政纪案件的调查处理程序办理；需要给予组织处理的，由组织人事部门或者由负责调查的纪检监察机关会同组织人事部门，按照有关权限和程序办理。

第二十五条　实施责任追究，要实事求是，分清集体责任和个人责任、主要领导责任和重要领导责任。

追究集体责任时，领导班子主要负责人和直接主管的领导班子成员承担主要领导责任，参与决策的班子其他成员承担重要领导责任。对错误决策提出明确反对意见而没有被采纳的，不承担领导责任。

错误决策由领导干部个人决定或者批准的，追究该领导干部个人的责任。

第二十六条　实施责任追究不因领导干部工作岗位或者职务的变动而免予追究。已退休但按照本规定应当追究责任的，仍须进行相应的责任追究。

第二十七条　受到责任追究的领导班子、领导干部，取消当年年度考核评优和评选各类先进的资格。

单独受到责令辞职、免职处理的领导干部，一年内不得重新担任与其原任职务相当的领导职务；受到降职处理的，两年内不得提升职务。同时受到党纪政纪处分和组织处理的，按影响期较长的执行。

第二十八条　各级纪检监察机关应当加强对下级党委（党组）、政府实施责任追究情况的监督检查，发现有应当追究而未追究或者责任追究处理决定不落实等问题的，应当及时督促下级党委（党组）、政府予以纠正。

第五章　附　　则

第二十九条　各省、自治区、直辖市，中央和国家机关各部委可以根据本规定制定实施办法。

第三十条　中央军委可以根据本规定，结合中国人民解放军和中国人民武装警察部队的实际情况，制定具体规定。

第三十一条　本规定由中央纪委、监察部负责解释。

第三十二条　本规定自发布之日起施行。1998 年 11 月发布的《关于实行党风廉政建设责任制的规定》同时废止。

（此文载 2010 年 12 月 16 日《人民日报》）

军队党组织实施党内监督的规定（试行）

第一章　总　　则

第一条　为了加强和规范军队党组织实施党内监督工作，发展军队党内民主，维护党的团结统一，促进各级党组织能力建设和先进性建设，根据《中国共产党章程》、《中国共产党党内监督条例（试行）》和《中国人民解放军政治工作条例》，制定本规定。

第二条　军队党组织实施党内监督，必须以马克思列宁主义、毛泽东思想、邓小平理论和“三个代表”重要思想为指导，深入贯彻落实科学发展观，坚持党对军队的绝对领导，坚持民主集中制，坚持从严治党、从严治军，贯彻发扬民主、维护团结，实事求是、依法开展，突出重点、注重实效的原则。

第三条　军队党组织实施党内监督的主要内容是：

（一）遵守党的章程和其他党内法规，维护党中央、中央军委的权威，贯彻执行党的路线、方针、政策和上级决议、命令、指示的情况；

（二）遵守宪法、法律、法规和规章制度，坚持依法治军、从严治军的情况；

（三）贯彻执行民主集中制的情况；

（四）在干部选拔任用、士兵提干、士官选取、院校招生、兵员征集、经费管理、工程建设、房地产租赁、科研管理、物资采购、装备采购等事项中执行有关制度规定的情况；

（五）保障党员权利、维护官兵合法权益的情况；

（六）廉洁自律和抓党风廉政建设的情况。

第四条　军队党组织依照本规定实施党内监督，重点对各级党委和党员领导干部特别是党委书记、副书记进行监督。

第二章　监督职责

第五条　各级党委领导本单位党内监督工作，主要对本级党委成员，同级纪委及其成员，下一级党委班子及其成员特别是书记、副书记，以及上级党委、纪委的工作进行监督，履行下列职责：

（一）制定贯彻上级党委和同级党的代表大会关于加强党内监督工作的决议、决定的措施，研究部署党内监督工作；

（二）组织对党内监督制度落实情况的检查，研究解决党内监督工作中的问题；

（三）检查党委决议、决定的执行情况，研究解决执行中的问题；

（四）明确同级纪委和政治机关在党内监督工作方面的任务与要求；

（五）对上级党委、纪委的工作提出意见和建议。

第六条　各级党委成员主要对所在党委、同级纪委的工作以及所在党委的成员、同级纪委的成员进行监督，履行下列职责：

（一）参与和维护集体领导，对党委讨论决定的问题提出意见和建议；

（二）向所在党委反映部队官兵对党委及其成员、同级纪委及其成员的意见和建议；

（三）署真实姓名以书面形式或者以其他形式，向所在党委、同级纪委提出或者向上一级党委、纪委反映所在党委及其成员、同级纪委及其成员的问题；

（四）遵守党内监督的各项制度规定，开展批评与自我批评。

第七条　各级纪委与本级政治机关共同协助同级党委组织协调党内监督工作，履行下列职责：

（一）组织开展对党内监督工作的检查；

（二）对党员领导干部履行职责、行使权力和廉洁自律情况进行监督；

（三）检查和处理党组织和党员违反党的章程和其他党内法规的比较重要或者复杂的案件；

（四）向同级党委和上一级纪委报告党内监督工作情况，提出意见和建议，组织起草、制定有关规定，作出关于维护党纪的决定；

（五）受理对党组织和党员违犯党纪行为的检举；

（六）受理党员的控告、申诉，保障党员的权利。

第八条　各级纪委成员主要对所在纪委及其办事机构的工作以及所在纪委的成员、办事机构的党员领导干部进行监督，履行下列职责：

（一）参与和维护集体领导，对纪委讨论决定的事项提出意见和建议；

（二）向所在纪委反映部队官兵对纪委及其成员、办事机构的党员领导干部的意见和建议，反映部队党风廉政建设的重要情况；

（三）署真实姓名以书面形式或者以其他形式，向所在纪委、同级党委提出或者反映所在纪委及其成员、办事机构的党员领导干部的问题；

（四）遵守党内监督的各项制度规定，开展批评与自我批评。

第九条　各级政治机关与本级纪委共同协助本级党委组织协调党内监督工作，按照党委的决定组织开展有关党内监督工作。

第十条　基层党委主要对本级党委成员、

所属单位党支部和党员干部进行监督；对上级党委、纪委的工作进行监督，提出意见和建议。

党总支部、党支部委员会主要对本支部成员和党员遵守规定、履行职责、廉洁自律情况进行监督；对上级党委、纪委的工作进行监督，提出意见和建议。

第十一条　党员在党内监督方面有下列责任和权利：

（一）及时向党组织反映部队官兵的意见和要求，维护官兵的合法权益；

（二）在党的会议上有根据地批评党的任何组织和任何党员，勇于揭露和纠正工作中的缺点、错误；

（三）反映党组织和党员违纪违法的情况，同消极腐败现象作斗争；

（四）参加党组织开展的对党员领导干部的民主评议和民主测评活动，发表意见。

第十二条　各级党的代表大会代表除履行党员的监督责任和享有党员的监督权利外，还应当按照军队有关党代表大会代表权利与职责的规定，对所在党代表大会选举产生的同级党委及其成员、纪委及其成员进行监督，反映所在选举单位党员的意见和建议。

第三章　决策监督

第十三条　各级党委必须坚持民主集中制，严格执行党委统一的集体领导下的首长分工负责制。一切重大问题必须由党委集体讨论决定；紧急情况下可以由首长临机处置，但事后必须及时向党委报告，并接受检查。

第十四条　各级党委应当严格执行《中国人民解放军政治工作条例》、《中国共产党军队委员会工作条例》和其他党内法规规定的党委议事和决策制度，做到科学决策、民主决策、依法决策。

第十五条　对党委全委会讨论决定的重大问题，常委会事先应当组织充分酝酿。对党委常委会讨论决定的重大问题，书记、副书记会前应当与其他常委进行个别酝酿；未征得半数以上同意的，不得提交会议讨论。

各级党委讨论决定事项前，应当按照规定广泛听取下级党组织、机关、基层官兵和相关专家的意见；其中，对本单位建设发展的重大问题作出决策或者制定党内重要文件，还应当听取党的代表大会代表的意见。

第十六条　各级党委讨论决定事项时，应当根据情况，安排有关人员到会作出说明；讨论干部任免事项时，应当明确、如实地介绍干部德才表现、任免理由，以及推荐、考察、酝酿等情况和征求同级纪委意见的情况。

各级党委讨论决定事项时，应当按照规定进行民主讨论和会议表决、形成决议；对少数人的不同意见，应当认真考虑；出现两种意见人数接近或者形成两种以上意见时，应当进一步调查论证，提交下次会议复议；特殊情况下，可以将讨论情况向上级党委报告，请求裁决。党委成员对党委的决定有不同意见的，可以声明保留，也可以向上级反映，但在党委决定未改变之前，必须坚决执行。

各级党委应当准确、如实地记录讨论决定事项中的各种意见和主要理由，以及按照规定的表决方式进行表决的结果；除无记名投票外，每个党委成员的表决意见应当记录在案。

第十七条　各级党委对党委决议的执行情况应当组织检查监督，及时研究解决执行中的问题，保证党委决议得到正确的贯彻执行。

第十八条　党委、纪委应当加强对议事决策制度落实情况的检查监督，对违反议事决策制度、有下列情形之一的，应当追究有关人员的责任：

（一）对应当由集体讨论决定的事项，未经集体讨论也未征求其他成员意见，由个人或者少数人决定的；

（二）党委集体讨论决定的事项出现决策失误，造成严重后果的；

（三）党委成员不按照党委要求落实党委决议，或者不遵守、不执行党委决议，给工作造成损失的；

（四）党委成员明知所在党委、下级党委有严重违反议事决策制度的问题，不及时指出、不按照规定向上级反映的。

第四章　重要情况通报

第十九条　各级党委全委会作出的决议、决定，一般应当向下级党组织和党员通报。

各级党委常委会研究决定的事项，按照下列规定范围进行通报：

（一）对本级确定的师级以下后备干部情况，向下一级单位党委常委通报；对本级任免干部的情况，向党委委员通报；

（二）重大经费开支的决定和执行情况，向党委委员通报；

（三）重大工程建设、科研管理、大宗物资采购、装备采购等事项的决定和执行情况，向党委委员和本级机关党员领导干部通报；

（四）房地产租赁、对外有偿服务等收支情况，向本级机关党员干部通报；

（五）涉及官兵切身利益的有关事项，向全体官兵通报；

（六）其他事项，根据需要在适当范围内通报。

第二十条　各级党委通报重要情况，根据通报的范围，可以分别采取书面、会议或者在本单位局域网上公布等方式。

第二十一条　各级党委、纪委在同级党的代表大会闭会期间，应当采取适当方式，向同级党的代表大会代表通报有关情况，主要包括：党委的决议、决定和纪委的决定以及贯彻落实情况，党内其他重要情况。

第二十二条　旅、团级单位党委应当按照规定实施党务公开，接受下级党组织、党员和群众的监督。

第二十三条　各级党委应当及时了解掌握下级党组织、党员和群众对通报事项的意见和建议，认真进行梳理研究，在规定的时限内处理，并以适当方式公开处理结果，或者作出解释和说明。

第二十四条　党组织和党员有权要求党委、纪委按照规定通报重要情况，了解自己所提意见和建议的处理情况，向党委、纪委反映违反重要情况通报制度的问题。

第二十五条　党委、纪委应当加强对重要情况通报制度落实情况的检查监督，对违反重要情况通报制度、有下列情形之一的，应当追究有关人员的责任：

（一）不按照规定通报重要情况或者不按照规定进行党务公开的；

（二）在重要情况通报中弄虚作假，损害官兵利益的；

（三）党委成员明知所在党委、下级党委有严重违反重要情况通报制度的问题，不及时指出、不按照规定向上级反映的。

第五章　请示报告

第二十六条　各级党组织对本单位的重要情况和重大问题，应当按照规定向上级党组织请示报告。

纪委对开展反腐倡廉工作中的重大问题，以及特别重要或者复杂的案件检查处理中的问题和处理结果，应当按照规定向同级党委和上级纪委请示报告。

各级党委成员、纪委成员对履行监督职责中的问题，应当及时向所在党委、纪委请示报告。

各级党委、纪委对接到的请示报告事项，应当及时答复、批复。

第二十七条　各级党委、纪委和政治机关应当组织和督促党员领导干部按照规定如实报告个人有关事项，自觉接受监督；接到涉及党员领导干部报告个人有关事项的检举、控告，或者群众对党员领导干部报告个人有关事项方面的问题有突出反映的，应当按照规定进行调查核实。

第二十八条　党支部应当组织和督促党员按照规定向党支部或者党小组汇报思想和工作情况；发现党员遇有重要情况或者问题时，应当督促党员及时汇报并妥善处理。

第二十九条　党委、纪委和政治机关应当加强对请示报告制度落实情况的检查监督，对违反请示报告制度、有下列情形之一的，应当追究有关人员的责任：

（一）对应当请示报告的事项不及时请示报告或者隐瞒不报、不如实报告、干扰和阻挠如实报告的；

（二）对请示报告的事项不及时答复、批复，或者对属于本级职权的问题不及时处置，造成严重后果的；

（三）党委成员、纪委成员明知有关党组织有严重违反请示报告制度的问题，不及时指出、不按照规定向上级反映的。

第六章　民主生活会

第三十条　各级党委（党支部）应当认真落实民主生活会制度，按照规定召开民主生活会，统一思想，改进作风，加强监督，增进团结，提高依靠自身力量解决问题的能力。

各级党委（党支部）应当组织党员领导干部按照规定参加双重组织生活，接受党组织、党员和群众的监督。

第三十一条　各级党委（党支部）召开民主生活会前，应当采取多种形式征求下级党组织、党员和群众的意见，并将意见和有关建议如实反馈给党委（党支部）成员；安排党委（党支部）成员之间开展谈心活动，进行相互帮助。

第三十二条　各级党委（党支部）成员应当围绕民主生活会的主题搞好对照检查，开展批评与自我批评；其中，对下列情况应当负责任地作出检查或者说明：

（一）行使权力的情况；

（二）执行住房、用车等待遇规定的情况；

（三）社会交往的情况；

（四）工资薪金以外收入的情况；

（五）对配偶、子女和身边工作人员教育管理的情况；

（六）征求意见中反映出的有关问题。

第三十三条　党委（党支部）书记、副书记应当带头搞好对照检查。党委（党支部）书记应当对党委（党支部）其他成员对照检查的情况进行讲评，实事求是地指出其存在的问题。党委（党支部）成员对自身存在的问题，应当有针对性地提出改进办法，并向党组织汇报。

各级党委（党支部）召开民主生活会的情况和有关整改措施，应当按照规定上报，并以适当方式向下级党组织、党员和群众通报，接受监督。

第三十四条　各级党委应当加强对民主生活会制度落实情况的检查监督，发现下级党组织没有按照规定召开民主生活会或者民主生活会没有按照规定进行对照检查的，应当提出批评，责令改正；对民主生活会质量不高、没有解决问题的，应当责令重新召开。

第七章　述职述廉

第三十五条　团级以上单位党委常委会、纪委每年至少向党委全委会报告一次工作。党委常委会报告工作，应当报告党委常委会抓党风廉政建设和常委执行廉洁自律规定的情况。

第三十六条　各级党委、纪委和政治机关应当组织党员领导干部按照规定进行述职述廉。

述职述廉前，党委应当采取多种形式征求下级党组织、党员和群众对党员领导干部的意见，并将意见和有关建议如实反馈给党员领导干部；安排党员领导干部以谈心等形式，充分听取群众意见。

述职述廉后，党委应当按照规定组织对党员领导干部进行民主评议或者民主测评。民主评议或者民主测评情况应当按照规定在一定范围内公布并报上一级党委、纪委。上级党委派出工作组参加党员领导干部述职述廉时，由工作组组织民主评议或者民主测评。

第三十七条　基层党委（党支部）书记、副书记应当每年结合年终工作总结向所在党委（党支部）或者党员大会进行述职述廉；述职述廉时，可以邀请群众代表参加。

第三十八条　党组织和党员有权了解自己对党委、纪委、党员领导干部所提意见和建议的处理情况，向上级党委、纪委反映党组织和党员领导干部违反述职述廉制度的问题。

第三十九条　各级党委、纪委和政治机关应当加强对述职述廉制度落实情况的检查监督，对隐瞒、回避问题或者对存在的问题不认真改正的，应当进行批评教育或者按照规定进行诫勉谈话；对情节严重的，应当追究责任。

第八章　谈话和函询

第四十条　各级党委常委应当利用调研、检查指导工作等时机，与下一级党委（党支部）成员进行谈话，其中党委书记、副书记每年至少与下一级党委（党支部）书记、副书记进行一次谈话，主要了解执行党的路线、方针、政策和上级决定、命令、指示，以及坚持民主集中制、实施党内监督和党委（党支部）成员廉政勤政的情况，指出存在的问题和不足，提出意见和要求。

第四十一条　各级党委应当按照规定组织与新任职的党员领导干部进行任职谈话，根据考核情况，对其提出贯彻执行民主集中制、廉政勤政的要求，指出需要改进和注意的问题，明确努力方向。

第四十二条　各级党委发现党员领导干部有不严格执行制度规定、不认真履行职责等行为，尚不够纪律处分的，应当按照规定及时对其进行诫勉谈话。对党员领导干部提出的诫勉要求和党员领导干部的说明及表态，应当作书面记录，经本人核实后，由实施诫勉谈话的纪委和政治机关留存。

诫勉谈话后，纪委、政治机关应当采取适当方式了解党员领导干部对自身问题的改正情况，对于在规定期限内确已改正的，应当给予肯定；对于在规定期限内没有改正或者改正不明显的，应当向同级党委报告，并根据党委的意见，进行批评教育并督促改正，或者作出组织处理。

第四十三条　各级纪委对群众反映党员领导干部在政治思想、道德品质、工作作风、廉洁自律、选人用人等方面的苗头性问题，可以根据情况对被反映的党员领导干部进行函询。

纪委对未回复清楚函询问题的党员领导干部，可以再次对其进行函询或者采取其他方式了解群众反映的问题；对无故不回复函询的，应当责令其尽快回复；对拒不回复函询的，应当按照规定程序对其进行诫勉谈话或者作出组织处理。

第四十四条　各级党委、纪委和政治机关应当加强对谈话和函询制度落实情况的检查监督，对违反谈话和函询制度的问题，应当及时指出、责令改正；对造成严重后果的，应当追究有关人员的责任。

第九章　信访处理

第四十五条　各级党委、纪委应当重视群众来信来访反映的问题，通过信访处理对下级党组织和党员领导干部实施监督；对重要信访事项的办理，应当督促检查，直至得到妥善处理。

第四十六条　各级纪委应当经常对群众来信来访情况进行分析，针对群众反映的党员领导干部中存在的倾向性问题，研究提出解决的措施和办法。

第四十七条　各级党委、纪委对检举党组织或者党员严重违纪违法的问题，以及党员控告侵害自己合法权益的信访，应当按照规定及时调查处理。

对党员署真实姓名实施检举的，纪委应当以适当方式将调查处理的情况告知该党员，听取其意见。

第四十八条　各级党委、纪委应当加强对信访处理制度落实情况的检查监督，对不及时调查处理信访事项或者不及时反馈情况，造成严重后果的，应当追究有关人员的责任。

第十章　监督保障

第四十九条　各级党委(党支部)、纪委和政治机关应当按照本规定切实履行监督职责,发挥监督作用;对违反监督制度的问题,应当及时指出并提出改正意见;对拒不改正并可能造成严重后果的,应当向上一级党委、纪委和政治机关反映。

党员和党代表大会代表应当认真履行监督责任,正确行使监督权利。

第五十条　各级党委、纪委和政治机关应当鼓励、支持下级党委(党支部)、纪委和政治机关以及党员、党代表大会代表在党内监督工作中积极发挥作用;对阻挠、压制监督或者打击报复监督者的,应当追究有关人员的责任。

党委、纪委和政治机关及其工作人员对党委成员、纪委成员和党员、党代表大会代表署真实姓名反映问题或者检举、控告违纪违法行为的,应当及时研究处理并以适当方式答复;同时为其保密,对泄露有关情况的,应当追究有关人员的责任。

党委、纪委和政治机关对检举、控告党组织、党员严重违纪违法问题经查证属实的,应当以适当方式对检举人、控告人给予表扬或者奖励;对以监督为名对他人进行侮辱、诽谤、诬陷的,应当追究有关人员的责任。

第五十一条　党委、纪委和政治机关对违反本规定的单位和个人,应当给予批评教育,并责令改正;需要追究有关人员责任的,依照《中国共产党纪律处分条例》和军队有关规定,对责任人给予纪律处分或者作出组织处理;涉嫌犯罪的,移送司法机关处理。

第五十二条　受到处理的党组织、党员对处理决定不服的,可以向作出处理决定的党组织申诉;接到申诉的党组织应当认真复议、复查,并作出结论;党组织、党员对复议、复查结论仍有意见的,可以向作出复议、复查结论的党组织的上一级党组织申诉。

申诉期间,不影响处理决定的执行。

第十一章　附　　则

第五十三条　中国人民武装警察部队党组织实施党内监督,执行本规定。

第五十四条　本规定由总政治部、军委纪委负责解释。

第五十五条　本规定自二〇一一年一月一日起施行。

(此文载2010年12月30日《人民日报》)

中央宣传部、国务院国资委关于加强和改进新形势下国有及国有控股企业思想政治工作的意见

为了深入贯彻落实党的十七大和十七届三中、四中、五中全会精神,扎实推进社会主义核心价值体系建设,为国有及国有控股企业(以下简称国有企业)改革发展、和谐稳定提供强大精神动力和思想保证,现就加强和改进新形势下国有企业思想政治工作提出如下意见。

一、加强和改进新形势下国有企业思想政治工作的重要意义和总体要求

1.国有企业思想政治工作在党和国家工作全局中的重要地位和作用。国有企业是全面建设小康社会的重要力量,是中国特色社会主义的重要支柱,是我们党执政的重要基础。思想

政治工作是国有企业的优良传统和政治优势，是国有企业改革发展稳定的有力保证，是中国特色现代国有企业制度的鲜明特征。改革开放以来，国有企业思想政治工作在改进中加强、在创新中提高，在学习宣传贯彻党的理论路线方针政策，提高干部职工思想道德素质、科学文化素质和健康素质，保证和服务企业改革发展等方面发挥了重要作用。加强和改进新形势下国有企业思想政治工作，对于坚持工人阶级的主人翁地位、充分调动广大干部职工的积极性主动性创造性，对于提升企业核心竞争力、确保企业又好又快发展，对于推动社会主义核心价值体系建设、构建社会主义和谐社会，具有十分重要的意义。

2. 加强和改进新形势下国有企业思想政治工作的必要性紧迫性。当前，国有企业所处的社会环境、经营环境发生很大变化，公司制股份制改革和用工制度改革日益深化，农民工、劳务派遣人员等职工群体大量涌现，职工队伍结构呈现出新变化新特点，职工思想观念多元多样多变趋势明显。与新形势新任务的要求相比，国有企业思想政治工作还存在许多薄弱环节，如工作覆盖不到位、工作体制机制不顺、工作方式方法简单、阵地设施建设不足、经费保障不力、队伍素质有待提高等，特别是一些地方和企业不同程度地存在着忽视、削弱思想政治工作的现象。这就迫切要求各级党委、政府和国有企业党组织从维护改革发展稳定大局的高度，充分认识加强和改进新形势下国有企业思想政治工作的必要性紧迫性，进一步增强做好国有企业思想政治工作的责任感和使命感。

3. 加强和改进新形势下国有企业思想政治工作的总体要求。高举中国特色社会主义伟大旗帜，以邓小平理论和“三个代表”重要思想为指导，深入贯彻落实科学发展观，紧紧围绕党和国家工作大局，紧紧围绕建设社会主义核心价值体系，紧密结合企业生产经营、改革发展中心任务，坚持解放思想、实事求是、与时俱进、开拓创新，坚持党的全心全意依靠工人阶级根本方针，坚持以人为本、尊重人理解人关心人，坚持把解决思想问题与解决实际问题结合起来，贴近实际、贴近生活、贴近群众，创新内容形式、创新方法手段、创新体制机制，努力提高国有企业思想政治工作科学化水平，培养和造就有理想、有道德、有文化、有纪律的社会主义劳动者，为推动企业科学发展、促进社会和谐稳定作出新贡献。

4. 把改革创新贯穿于加强和改进新形势下国有企业思想政治工作全过程。我们党历来高度重视国有企业思想政治工作，在长期实践中积累了许多好经验好做法，必须大力继承和发扬。同时，要结合形势任务的发展变化，研究新情况，解决新问题，创造新经验，增强工作针对性实效性和吸引力感染力。要适应经济基础、体制环境、社会条件和传播方式深刻变化的新形势，以时代的眼光审视国有企业思想政治工作的实践发展，以改革的思路寻求加强和改进工作的新途径新办法，不断丰富工作的内涵外延。要适应职工群众接受心理的新特点，广泛运用宣讲报告、展览展示、文体活动、影视片等群众喜闻乐见、形象生动的教育形式，把思想性、知识性、趣味性统一起来。要适应大众传媒特别是互联网、手机等新兴媒体广泛普及的新趋势，有效利用职工群众经常接触、便于接受的传播渠道，更好地发挥大众传媒在职工思想政治工作中的作用。要适应职工群众主体意识、参与意识日益增强的新变化，多搭建职工群众乐于参与、便于参与的活动平台，吸引职工群众广泛参与，加强自我教育。要适应“单位人”向“社会人”转变的新情况，注重发挥街道（社区）组织的作用，形成做好职工思想政治工作的合力。

二、加强和改进新形势下国有企业思想政治工作的主要任务

5. 推进社会主义核心价值体系的学习教育，坚定干部职工对中国特色社会主义的信念。要把社会主义核心价值体系贯穿于国有企业思

想政治工作各个方面，坚持不懈地开展中国特色社会主义理论体系宣传普及活动，深入学习实践科学发展观，使马克思主义中国化最新成果深入人心；开展理想信念教育，引导干部职工牢固树立中国特色社会主义共同理想和正确的世界观、人生观、价值观；开展以爱国主义为核心的民族精神和以改革创新为核心的时代精神教育，增强干部职工的国家意识、公民意识；开展社会主义荣辱观的宣传教育，弘扬中国工人阶级伟大品格。

6. 强化形势政策教育，激励干部职工积极投身改革开放和社会主义现代化建设。要结合国际国内形势的发展变化、党和国家重大政策措施的出台，宣传我国各项事业取得的新进展新成就，分析经济社会发展面临的机遇和挑战，讲解中央的决策部署，帮助干部职工正确认识形势、准确理解党和国家的大政方针。要针对干部职工普遍关心的劳动就业、社会保障、收入分配、教育卫生、居民住房、安全生产等热点问题，把党和政府的各项政策措施讲清楚，把对人民群众的利益安排讲明白，做好解疑释惑、增进共识工作。要及时向干部职工阐释企业市场环境的新变化和企业改革发展的新任务，介绍企业发展的长远规划和实施步骤，坚定干部职工搞好国有企业的信心。

7. 加强企业文化建设，激发干部职工爱岗敬业、奉献社会的热情。要大力开展社会责任教育，引导企业和职工深刻认识国有企业的特殊性质和历史使命，正确处理国家、企业、职工三者之间的利益关系，更好地履行国有企业的经济责任、政治责任、社会责任。要紧密结合企业实际，深入挖掘企业历史与文化资源，总结提炼并不断完善企业价值理念，增强企业文化对职工的号召力和影响力。要扎实推进以爱岗敬业、诚实守信为主要内容的职业道德建设和以廉洁从业为重点的廉洁文化建设，增强干部职工的职业精神和廉洁意识。要进一步弘扬劳模精神，发现和推广生产经营一线涌现出的先进典型，广泛宣传劳动模范和先进工作者的感人事迹和崇高精神，充分发挥模范人物的示范带动作用，形成劳动光荣、知识崇高、人才宝贵、创造伟大的浓厚氛围。要深化文明企业、文明车间、文明班组、文明职工等精神文明创建活动，广泛开展“创建学习型企业、争做知识型员工”活动，深入开展志愿服务活动，在干部职工中形成热爱学习、积极上进、岗位建功、奉献社会的风气。要组织开展内容丰富、形式多样的群众性文化体育活动，使干部职工在参与中满足精神文化需求，陶冶道德情操。

8. 维护职工合法权益，增强广大职工的主人翁意识。发挥广大职工的主人翁作用是中国特色现代国有企业制度的内在要求，越是深化企业改革，越要始终贯彻全心全意依靠工人阶级的方针，尊重职工群众主体地位，依法保障职工政治权益、经济权益、文化权益、劳动权益，努力形成企业和职工利益共享机制，建立和谐劳动关系。要坚持和完善以职工代表大会为基本形式的民主管理制度，建立和完善职工董事、职工监事制度，实行企务公开，组织职工参与民主管理，建立健全利益协调机制、诉求表达机制、矛盾调处机制、权益保障机制、职工工资正常增长和支付保障机制，确保企业改革发展成果惠及全体职工。要积极探索贴近职工、服务职工的新途径新办法，立足企业长远发展，结合职工个人实际，帮助职工做好职业生涯规划，为职工发挥聪明才智创造条件，实现职工与企业共同发展。要关心职工疾苦、倾听职工呼声，多办暖人心、稳人心的好事实事，满足职工改善生产环境、加强劳动保护、提高生活待遇等方面的合理要求，在解决实际问题的过程中解决好思想问题。

9. 注重人文关怀和心理疏导，引导干部职工用正确方式处理人际关系、表达利益诉求。要高度重视和密切关注干部职工多方面心理感受和情绪反应，根据不同群体的特点，开展心理健康教育，健全心理咨询网络，提供及时有效的心理咨询服务，引导干部职工正确对待自己、他人和社会，正确对待困难、挫折和荣誉，培育奋发进取、理性平和、开放包容的社会心态。要加强心理危机干预工作，妥善应对重大心理危机事件。大型国有企业要建立心理咨询机构。农民工是国有企业职工队伍的重要组成部分，要给予他们更多的关心关爱，维护他们的合法权益，丰富他们的精神文化生活，提高他们的自我保护能力，不断增强他们对企业的归属感和认同感。要积极做好对劳务派遣人员、海外员工和困难职工等群体的人文关怀和心理疏导工作。

三、建立健全国有企业思想政治工作的责任体系和保障机制

10. 健全符合中国特色现代国有企业制度要求的思想政治工作格局。要充分发挥国有企业党组织的政治核心作用，科学配置思想政治工作资源，采取党委（党组）成员、董事会成员和经理班子成员“双向进入、交叉任职”、“专兼结合、一岗双责”等任职方式，建立健全目标明确、责权分明、运转协调、渠道畅通的思想政治工作领导体制和工作机制。要把思想政治工作同生产经营、后勤保障、人力资源开发、企业精神培育、企业文化建设、管理服务等领域工作结合起来，同集团公司、分厂分公司、车间、班组等不同层面工作贯通起来，形成党委统一领导、党政共同负责、党政工团齐抓共管，以专兼职政工干部队伍为骨干、以职工群众广泛参与为特色的大政工格局。

11. 进一步强化企业党委（党组）在做好思想政治工作中的领导职责。国有企业党委（党组）对思想政治工作负总责，党委（党组）书记是国有企业思想政治工作的第一责任人。企业领导班子和领导干部要讲党性、重品行、作表率，模范践行社会主义核心价值体系，自觉遵守廉洁自律各项规定，以实际行动赢得职工群众的信赖。要积极组织开展学习型党组织建设和创先争优活动，提高企业党组织建设科学化水平，促进思想政治工作的开展，把党的政治优势和组织优势转化为增强企业核心竞争力的重要实践。要按照精简、高效、协调、务实的原则，科学设置思想政治工作机构，大型企业应设立专门的思想政治工作机构，中小型企业根据实际情况设立精干健全的党群综合工作部门，履行思想政治工作职责。要紧密结合企业改革发展的中心任务和阶段性目标，制定实施思想政治工作总体规划、年度计划，采取有效措施确保思想政治工作各项任务要求落到实处。

12. 充分调动企业基层党组织做好思想政治工作的积极性创造性。要有效发挥分厂分公司、车间、班组等企业基层党组织教育群众、服务群众的重要作用，严格执行支部党员大会、支部委员会、党小组会和党课“三会一课”制度，大力推广“党员责任区”、“党员先锋岗”等做法，动员组织广大党员做好群众工作，团结带领全体职工干事创业。要认真组织政治理论学习和主题教育活动，把党的理论路线方针政策传达到每位职工、落实到基层一线。要举办经常性的座谈会恳谈会，做好日常面对面沟通和一对一谈心，了解职工思想、学习和工作情况，听取职工意见和建议，找准思想政治工作与职工所思所盼所忧的契合点，真正把工作做到职工心坎上。

13. 实行企业行政领导“一岗双责”的思想政治工作责任制。国有企业行政领导要强化思想政治工作意识，在抓好业务工作的同时，自觉做好思想政治工作，使两者有机结合、相互促进。要把思想政治工作纳入企业管理目标考核体系，把职业精神和职业道德融入岗位职责和工作标准，把解决好职工的思想、工作、生活等方面问题放在与抓好生产经营同等重要的位置来抓。要积极参与思想政治工作的决策酝酿、工作计划制定，带头执行并推动落实有关规章制度，支持政工部门、督促行政业务部门和车间班组开展思想政治工作，在人员、物资、经费等方面给予保障。

14. 积极发挥企业工会等群众组织在开展思想政治工作方面的重要作用。国有企业工会组织是党联系职工群众的桥梁和纽带，是职工

利益的代表，要依法履行职能，按照促进企业发展、维护职工权益的原则，组织职工参加民主管理和民主监督，与企业行政方面建立协商制度，及时就涉及职工利益的重大事项决策、重要规章制度制定征求意见、提出建议，畅通职工利益诉求表达渠道，维护职工的合法权益；鼓励支持职工学习科学技术知识和岗位专业知识，积极组织开展岗位技能竞赛，开展健康有益的文体活动，不断提高职工队伍的思想道德素质、科学文化素质和健康素质；做好劳动模范和先进生产者的评选表彰工作，注重发挥他们的示范带头作用。共青团组织要根据青年职工特点做好各项工作，深入开展"我与祖国共奋进"等各种主题教育活动，组织团员青年学习党的理论路线方针政策，学习科学文化知识，团结带领团员青年在生产经营实践中发挥生力军作用。女职工委员会要组织开展巾帼建功活动，教育引导广大女职工增强自尊、自信、自立、自强精神，全面提高素质，为企业改革发展作出应有贡献。

15. 加强企业政工队伍建设。包括党务、工会、共青团等专职人员在内的国有企业政工干部，是直接面向职工群众开展工作的一线队伍，是搞好企业思想政治工作的骨干力量。要根据企业实际需要确定专职政工干部的数量，原则上应不低于正式职工总数的1%。要牢固树立政工干部是企业人才的理念，按照稳定队伍、优化结构、提高素质的要求，实施企业思想政治工作队伍人才培养工程，采取措施吸引和选拔政治素质好、知识层次高、懂经营会管理的中青年干部和优秀高校毕业生到政工岗位上工作。要制定实施企业政工干部培训计划，力争每5年对基层政工干部轮训一遍。要建立政工干部交流、轮岗制度，使政工干部合理流动，在不同岗位经受锻炼、增长才干，成为复合型人才。要关心政工干部的工作和生活，合理确定政工干部的工资、奖金，确保政工干部在学习培训、职称评定、职务晋升等方面与同级生产经营管理干部享受相同政策。专职政工干部要坚持深入基层、深入群众，提高服务本领，努力成为思想政治工作的行家里手。兼职政工干部要把思想政治工作与业务工作结合起来，在抓好业务工作的同时，投入足够时间和精力做好思想政治工作。

16. 加大企业思想政治工作经费保障和阵地建设力度。国有企业要把日常思想政治工作经费列入企业年度经费总体预算，具体额度可根据企业经营情况确定。要加强企业报刊、广播、电视、网站以及图书室、活动室、文化宫、俱乐部、电影院、文化广场等宣传思想文化阵地建设，为丰富干部职工精神文化生活搭建更多载体。要加大企业内部网络建设的投入，建立网络、手机即时交流平台，开设新闻、访谈、论坛、博客、微博、学习园地等栏目，构建高效、互动、个性化的企业思想政治工作网络体系。要加强对企业各类宣传思想文化阵地的管理，做到把握导向、改善条件、优化服务、高效利用。

四、加强对国有企业思想政治工作的组织领导

17. 加强党委和政府对国有企业思想政治工作的领导。各级党委和政府要把加强和改进国有企业思想政治工作列入重要议事日程，定期进行专题研究，提出指导性意见。党政领导干部要经常深入企业车间、深入职工群众调查研究，不断探索做好新形势下国有企业思想政治工作的新思路。党委宣传部门要加强对国有企业思想政治工作的指导，中央宣传部要会同中央组织部、中央编办、人力资源和社会保障部、国务院国资委、全国总工会等部门和单位，进一步完善全国政工人才评价和政工专业职务评聘工作，推动落实相关待遇；会同中央组织部、人力资源和社会保障部、国务院国资委、全国总工会等部门和单位按照有关规定开展评选表彰，奖励在思想政治工作方面取得突出成绩、作出突出贡献的优秀企业和先进个人。

18. 加强国有资产监管机构对国有企业思想政治工作的组织协调。要根据不同类型国有企业的实际情况和特点进行分类指导，鼓励支

持企业创造性地开展思想政治工作，督促企业落实思想政治工作责任制、完善相关领导体制和工作机制。要把思想政治工作纳入企业综合绩效考评体系和企业党政领导班子年度考核管理目标，并作为评价和使用干部的重要依据。中央宣传部要会同国务院国资委等部门在深入调查研究的基础上，制定下发国有企业思想政治工作评价指标体系，为考核工作的有效开展提供科学依据。

19.加强思想政治工作研究会对国有企业思想政治工作的调查研究。各有关地区、行业、企业思想政治工作研究会要采取多种方式，深入开展企业舆情调查，跟踪职工思想动态，及时发现热点难点问题，探索新形势下国有企业思想政治工作的特点和规律，提出加强和改进工作的对策建议，为领导科学决策提供服务。中国思想政治工作研究会要总结推广有价值的学术成果和基层创造的新鲜经验，促进国有企业思想政治工作水平不断提高。

20.营造全党全社会关心支持国有企业思想政治工作的浓厚氛围。国有企业思想政治工作是一项社会系统工程，需要党政各部门、社会各方面热情支持和积极参与。各级纪检、组织、教育、科技、工业和信息化、公安、司法、人力资源和社会保障、卫生、信访等部门和工会、共青团、妇联等群众组织，都要结合自身职能，发挥各自优势，推动国有企业搞好思想政治工作。各类文化艺术、广播影视、新闻出版、网络传媒等单位，都要大力宣传中央关于国有企业改革发展的方针政策和决策部署，宣传国有企业为经济社会发展作出的重要贡献，宣传国有企业特别是生产经营一线涌现出的先进典型，为国有企业开展思想政治工作提供舆论支持、营造良好氛围。

（此文载2011年3月1日《人民日报》）

第二部分

政工大事纪实

2010年3月

中央党校举行2010年春季学期开学典礼

3月1日，中央党校举行2010年春季学期开学典礼，习近平校长出席并讲话。

习近平强调，掌握和运用马克思主义立场观点方法研究和解决中国的实际问题，是我们党的传家宝。正因为我们党坚持把马克思主义基本原理同中国具体实际和时代特征相结合，自觉运用马克思主义立场观点方法研究和解决中国革命、建设、改革的实际问题，不断推进马克思主义中国化，才先后形成了毛泽东思想、邓小平理论、“三个代表”重要思想以及科学发展观等重大战略思想，指引党和国家事业不断取得伟大胜利。要始终站在人民大众立场上，一切为了人民、一切相信人民、一切依靠人民，诚心诚意为人民谋利益，这是中国共产党人坚持马克思主义立场的根本要求。各级领导干部要始终牢记党的根本宗旨，从思想和感情深处真正把人民群众当主人、当先生，虚心向他们求教问策，把政治智慧的增长、执政本领的增强、领导艺术的提高深深扎根于人民群众的实践沃土中，不断从人民群众中吸取营养和力量。把服务群众、造福百姓作为最大责任，把执政为民、为民用权作为正确使用权力的基本准则，真正做到立身不忘做人之本、为政不移公仆之心、用权不谋一己之私。

深入学习中国特色社会主义理论体系，要坚持这一理论体系中贯穿的马克思主义观点，用以观察、分析和解决改革开放和社会主义现代化建设中面临的实际问题，用以指导客观世界和主观世界的改造。各级领导干部要学习和掌握关于人类社会发展规律及其历史趋势的基本观点，始终坚定中国特色社会主义信念和共产主义理想；学习和掌握关于生产活动是人类社会存在和发展根本前提的观点，始终抓好发展这个党执政兴国的第一要务；学习和掌握关于人的全面发展的观点，在发展中始终坚持以人为本；学习和掌握关于社会主义经济政治文化社会协调发展的观点，把中国特色社会主义事业全面推向前进。

李源潮、何勇、令计划等出席了开学典礼。李景田常务副校长主持开学典礼。中央有关部门负责人、中央党校负责人以及2010年春季学期全体学员、分校学员代表和党校教职员工，共1800多人参加了开学典礼。

中央社会主义学院举行2010年春季开学典礼

3月1日，中央社会主义学院举行2010年春季开学典礼。严隽琪院长、杜青林出席开学典礼并讲话。叶小文主持开学典礼。

杜青林在讲话中指出，着眼时代发展对社会主义民主政治提出的新要求，立足多党合作事业发展的新实践，坚持和完善多党合作制度，必须以坚持中国特色社会主义政治发展道路为根本遵循，以推进中国特色社会主义伟大事业为奋斗目标，以践行社会主义核心价值体系为精神动力，以发挥社会主义政治制度和政党制度优势作用为基本要求，不断提高多党合作的科学化水平，切实把我国政党制度坚持好、完善好、发展好。希望各民主党派和无党派人士同中国共产党一道，把坚持和完善多党合作制度作为一项重大政治任务，在凝聚共识中坚持，在坚持中国共产党领导、走中国特色社会主义道路上增进共识，使各民主党派同中国共产党政治认同更加深化、目标任务更加一致、政党关系更加和谐；在实践探索中完善，立足多党合作的生动实践，不断提高制度建设的科学化水平；在继承传统中发展，推动多党合作事业薪火相传、持续发展；在顺应时代中创新，使理论政策、运行机制、实现方式等充分体现时代要求，推进多党合作事业在新的历史起点上实现新的发展。

严隽琪在讲话中指出，树立和践行社会主义核心价值体系，是民主党派搞好政治交接学习活动的一项核心内容，其重点是坚持以马克思主义为指导，坚持走中国特色社会主义道路，坚持中国共产党的领导，坚持社会主义荣辱观，目的是要把社会主义核心价值体系内化为民主党派广大成员的行为准则和价值取向。她强调，民主党派树立和践行社会主义核心价值体系，既要遵循建设社会主义核心价值体系的普遍要求，又要立足参政党定位，体现参政党特色。

国家行政学院举行 2010 年春季开学典礼

3 月 2 日，国家行政学院举行 2010 年春季开学典礼，马凯院长出席并讲话。开学典礼由魏礼群常务副院长主持。

马凯指出，正确分析判断经济形势，是科学制定经济工作方针政策的基础和前提，也是领导干部的基本功。当前世界经济存在许多不稳定、不确定因素，国内经济面临一系列两难问题和矛盾，经济形势的复杂性已成为常态并日益加深，迫切要求各级领导干部不断提高正确分析判断经济形势的能力，以利统一思想，形成合力，增强贯彻执行中央决策部署的自觉性和坚定性。他强调，科学分析判断经济形势，必须坚持用马克思主义的基本立场、观点和方法，借助于成熟的经济学基本理论和分析工具，历史、客观、全面、辩证地分析和研究经济运行的主客观环境、条件、现状和趋势。要善于把总量分析与结构分析、宏观分析与微观分析结合起来，准确判断经济运行的基本面和主要问题，正确确定宏观调控的基本取向、重点和政策组合；要把国际经济对国内经济的影响、虚拟经济对实体经济的影响，作为经济形势分析的重要内容，制定正确的趋利避害对策；要在现状分析的基础上加强趋势分析，在短期分析的基础上进行长期分析，定性分析与定量分析结合，纵向比较与横向比较并用，丰富和深化对经济运行总体状况的认识，更好地把握经济发展趋势和经济变化的度，正确确定宏观调控的时机、节奏和力度，提高宏观调控的预见性、针对性和有效性；要善于透过现象找原因，在分析的基础上进行综合，揭示经济现象的本质和经济运行的规律，更深刻地把握经济形势，为科学决策、有效调控提供强有力支撑。要提高科学分析判断经济形势的能力，必须加强学习，掌握实情，科学研判，敢讲真话。他强调，党中央、国务院应对国际金融危机的经验是宝贵的财富，要全面、深入、系统地进行总结，这对于提高各级领导干部分析判断经济形势的能力和经济工作整体水平具有重要的现实意义和深远的历史意义。

有关部门负责同志以及行政学院各类培训班学员、教职员工，共约 800 人参加了开学典礼。

全国政协十一届三次会议召开

3 月 3 日至 13 日，中国人民政治协商会议第十一届全国委员会第三次会议在北京召开。10 天里，来自各党派团体和各族各界的全国政协委员围绕关系国计民生的重大问题，积极建言献策，切实履行职能。

开幕式上贾庆林代表政协第十一届全国委员会常务委员会向大会报告工作。他说，一年来，在以胡锦涛同志为总书记的中共中央亲切关怀、坚强领导下，人民政协高举爱国主义、社会主义旗帜，牢牢把握团结和民主两大主题，认真履行政治协商、民主监督、参政议政职能，团结动员各党派、各团体、各民族、各阶层和各界人士，齐心协力谋发展，尽心竭力惠民生，凝心聚力促和谐，为有效应对国际金融危机冲击、推进全面建设小康社会进程、促进祖国和平统一大业作出了重要贡献，人民政协事业呈现出团结和谐、务实进取、蓬勃发展的良好局面。2010年是应对国际金融危机冲击、保持经济平稳较快发展的关键一年，也是人民政协服务科学发展、实现自身科学发展的重要一年。我们要全面贯彻中共十七大和十七届三中、四中全会精神，以邓小平理论和"三个代表"重要思想为指导，深入贯彻落实科学发展观，认真学习贯彻胡锦涛同志在庆祝人民政协成立60周年大会上的重要讲话精神，牢牢把握团结和民主两大主题，更好地协调关系、汇聚力量、建言献策、服务大局，在推动科学发展、促进社会和谐上创造新业绩，在促进祖国和平统一大业、扩大对外交流交往上发挥新作用，在加强自身建设、提高政协工作科学化水平上迈出新步伐。

罗富和代表政协第十一届全国委员会常务委员会向大会报告政协十一届二次会议以来的提案工作情况。一年来，政协委员、政协各参加单位和各专门委员会共提交提案5820件，经审查，立案5218件。截至2010年2月20日，180个承办单位已办复提案5196件，占立案总数的99.58%。

会上，委员们用电子表决器进行表决的方式，增选何厚铧为政协第十一届全国委员会副主席。会议还通过了政协第十一届全国委员会第三次会议关于常务委员会工作报告的决议、政协第十一届全国委员会提案委员会关于政协十一届三次会议提案审查情况的报告、政协第十一届全国委员会第三次会议政治决议。

贾庆林在大会总结讲话中指出，今年是继续应对国际金融危机、保持经济平稳较快发展、加快转变经济发展方式的关键一年，是全面实现"十一五"规划目标、为"十二五"发展打好基础的重要一年。做好今年经济社会发展工作意义重大、任务繁重。人民政协的各级组织、各参加单位和广大政协委员要认真学习、宣传、贯彻全国两会精神，切实把思想和行动统一到中共中央对形势的分析判断和决策部署上来。要深入学习贯彻胡锦涛同志在庆祝人民政协成立60周年大会上的重要讲话精神，为建设社会主义政治文明作出新贡献。要突出加快经济发展方式转变这个重点，深入调查研究，提炼履职成果。要更加关注就业、教育、医疗、住房、环保、收入分配、灾后重建等民生问题。要深化同港澳台侨同胞的交流合作，推进人民政协的公共外交。会议号召，人民政协的各级组织、各参加单位和广大政协委员，紧密团结在以胡锦涛同志为总书记的中共中央周围，高举中国特色社会主义伟大旗帜，以邓小平理论和"三个代表"重要思想为指导，深入贯彻落实科学发展观，以敢于担当的勇气肩负起光荣使命，以团结一致的精神凝聚起前进力量，以昂扬奋发的干劲完成好艰巨任务，为夺取改革开放和社会主义现代化建设新的伟大胜利而奋斗！

十一届全国人大三次会议召开

3月5日至14日，第十一届全国人民代表大会第三次会议在北京召开。开幕式上温家宝向大会作政府工作报告。

会议表决通过了关于政府工作报告的决议。会议表决通过了关于2009年国民经济和社会发展计划执行情况与2010年国民经济和社会发展计划的决议，决定批准关于2009年国民经济和社会发展计划执行情况与2010年国民经济和社会发展计划草案的报告，批准2010年国民经济和社会发展计划；表决通过了关于2009年中央和地方预算执行情况与2010年中央和地方预算的决议，决定批准关于2009年中央和地方预算执行情况与2010年中央和地方预算草案的报告，批准2010年中央预算。

会议经表决，通过了全国人民代表大会关于修改中华人民共和国全国人民代表大会和地方各级人民代表大会选举法的决定。

会议表决通过了关于全国人大常委会工作报告的决议。决议指出，会议充分肯定全国人大常委会过去一年的工作，同意报告提出的今后一年的主要任务，决定批准这个报告。

会议表决通过了关于最高人民法院工作报告的决议、关于最高人民检察院工作报告的决议，决定批准这两个报告。

会议表决通过了关于确认全国人大常委会接受李东生辞去全国人大常委会委员职务的请求的决定。李东生同志因担任国家行政部门职务，依照法律规定，向全国人大常委会提出辞职请求。

大会完成各项议程后，吴邦国发表讲话。他指出，会议作出的关于修改选举法的决定，实行城乡按相同人口比例选举人大代表，符合党的十七大精神，符合我国国情和实际，符合各族人民的共同利益，更好地体现了人人平等、地区平等、民族平等的原则，对于坚持和完善人民代表大会制度，发展社会主义民主政治具有重要意义。会议期间，代表团和代表共提出506件议案，大会主席团已全部交付全国人大有关专门委员会审议。各专门委员会要认真负责地审议代表议案，切实提高代表议案办理质量，充分发挥代表议案在立法等工作中的重要作用。代表们在审议政府工作报告等有关报告过程中，结合本地区、本部门、本单位实际，就深入贯彻落实科学发展观、加快转变经济发展方式等重大问题提出了许多好的意见和建议。大家一致认为，加快经济发展方式转变，是党的十七大提出的紧迫而重大的战略任务，是贯彻落实科学发展观、推动科学发展、促进社会和谐的迫切要求，是我国经济领域的一场深刻变革，关系改革开放和社会主义现代化建设全局。我们必须增强主动性、紧迫感和责任感，深化认识，统一思想，突出战略重点，加倍努力工作，正确处理速度与效益、局部和整体的关系，把解决当前问题与实现长远发展结合起来，在加快经济发展方式转变上迈出实质性步伐。时代赋予我们的使命神圣而光荣，人民寄予我们的期望殷切而厚重。让我们紧密团结在以胡锦涛同志为总书记的党中央周围，高举中国特色社会主义伟大旗帜，以邓小平理论和“三个代表”重要思想为指导，深入贯彻落实科学发展观，团结一心，奋发图强，为夺取全面建设小康社会新胜利、开创中国特色社会主义事业新局面而努力奋斗。

中共中央政治局召开会议总结全党深入学习实践科学发展观活动

3月19日，中共中央政治局召开会议，总结全党深入学习实践科学发展观活动，研究部署巩固扩大学习实践活动成果工作。中共中央总书记胡锦涛主持会议。

会议指出，按照党的十七大部署，全党深入学习实践科学发展观活动自2008年3月开始试点，2008年9月正式启动，到2010年2月底基本结束。在党中央正确领导下，在各级党组织精心组织、广大党员积极参与、人民群众大力支持下，这次学习实践活动紧扣党和国家中心工作，着力服务改革发展稳定大局，紧紧围绕党员干部受教育、科学发展上水平、人民群众得实惠的总要求，取得了丰富的认识成果、实践成果、制度成果，广大党员干部受到深刻教育，科学发展水平得到有效提高，人民群众得到更多实惠，基层组织得到明显加强，基本实现了提高思想认识、解决突出问题、创新体制机制、促进科学发展、加强基层组织的目标。

会议强调，这次学习实践活动是深入贯彻落实党的十七大精神，用中国特色社会主义理论体系武装全党、推进马克思主义中国化时代化大众化的一项重大举措，是深入贯彻落实科学发展观，积极应对国际金融危机冲击和各种挑战、保持经济社会又好又快发展的一次重大实践，是以改革创新精神加强和改进党的建设的一个重大步骤，对推进中国特色社会主义伟大事业和党的建设新的伟大工程具有重大而深远的意义。

各级党组织要继续深化对科学发展观的学习，把中国特色社会主义理论体系作为理论武装的重要内容，扎实推进学习型党组织建设。要继续抓好学习实践活动整改落实后续工作，切实兑现向群众作出的承诺，以整改落实的实际成效取信于民。要总结运用学习实践活动的好经验好做法，着力解决影响和制约科学发展的深层次矛盾和问题，不断健全体现科学发展观要求的长效机制。要在党的基层组织和党员中深入开展以学习实践科学发展观为主题的创先争优活动，不断巩固和拓展学习实践活动成果。学习研究和贯彻落实科学发展观是长期战略任务。要把学习实践科学发展观活动的成功经验和有效做法运用到经常性工作中去，在新的起点上继续推动学习实践科学发展观向深度和广度发展。当前，尤其要把加快转变经济发展方式作为深入贯彻落实科学发展观的重要目标和战略举措，不断提高经济发展质量和效益，努力实现经济社会又好又快发展。要以改革创新精神加强和改进新形势下党的建设，不断提高党的建设科学化水平，为推动科学发展、促进社会和谐提供坚强保证。

纪念艾思奇同志诞辰100周年暨推进当代中国马克思主义大众化座谈会召开

3月25日，中央宣传部、中央党校、中共云南省委在北京召开纪念艾思奇同志诞辰100周年暨推进当代中国马克思主义大众化座谈会，刘云山出席会议并讲话。

艾思奇同志是著名的马克思主义哲学家，是党的理论战线的忠诚战士。他1910年出生于云南省腾冲县，青年时代积极参加学生爱国运动。1937年到延安后，先后在抗日军政大学、陕北公学、马列学院任教。新中国成立后，历任中央高级党校哲学教研室主任、副校长。他始终把自己的理论追求同党领导的革命和建设事业联系在一起，为研究宣传马列主义、毛泽东思想，提高广大干部群众的理论素养，培养马克思主义理论人才作出了杰出贡献。他的《大众哲学》等著作一版再版、影响深远，引领一代又一代人选择了正确的人生道路。

刘云山在讲话中指出，回顾艾思奇同志的理论实践，总结我们党思想理论建设的历史进程，一条基本经验是，要发挥科学理论对实践的巨大指导作用，就必须推进科学理论走向大众。党的十七届四中全会把马克思主义大众化同中国化、时代化作为一个有机整体进行了科学阐述，赋予大众化更加重要的意义、更加深刻的内涵、更加明确的要求。面对新形势新任务，要在坚持与时俱进、实现理论创新中推进大众化，以改革发展稳定中的实际问题、以我们正在做的事情为中心，认真总结实践的新鲜经验，不断作出新的理论概括。要在深化理论武装、深入指导实践中推进大众化，引导人们掌握中国特色社会主义理论体系蕴含的新思想新观点新论断，深入学习实践科学发展观，提高运用科学理论分析和解决问题的能力。要在关注热点难点、着力解疑释惑中推进大众化，紧紧围绕“六个为什么”、“四个重大界限”以及与群众切身利益相关的现实问题，把道理讲透彻、讲清楚、讲明白。要在用好大众传媒、拓展传播渠道中推进大众化，发挥报刊、广播、电视在理论普及中的重要作用，把互联网等新兴媒体建设成为大众化的崭新平台。要在改进文风、贴近群众中推进大众化，多用通俗易懂的语言，多用群众身边的事例，坚持以理服人与以情感人相统一，增强理论宣传的针对性实效性。他强调，推进马克思主义大众化，必须有过硬的理论人才队伍作保障。理论工作者要深入学习掌握党的理论和路线方针政策，自觉用马克思主义中国化最新成果指导理论研究，不断攀登学术高峰。要深入实际、深入群众，自觉加强学术道德修养，切实增强社会责任感，为推进当代中国马克思主义大众化作出新的贡献。

李景田、张研农、李卫红、焦利、周锡生、李纪恒在座谈会上发言。艾思奇同志亲属代表，中央宣传文化单位、各省区市党委宣传部有关负责同志和理论界部分专家学者参加会议。雒树刚主持会议。

《建国以来毛泽东军事文稿》出版座谈会举行

3月30日，《建国以来毛泽东军事文稿》出版座谈会在北京人民大会堂举行。郭伯雄出席座谈会，他首先代表胡主席和中央军委对《建国以来毛泽东军事文稿》的出版表示热烈的祝贺。他指出，毛泽东同志在领导波澜壮阔的中国革命、建设实践中，把马克思主义普遍原理同中国革命战争和国防建设实际相结合，创立了毛泽东军事思想，指引中国人民打败了国内外强敌，赢得了民族独立和人民解放的辉煌胜利，并科学回答了在夺取全国政权后如何进行国防和军队建设的理论和实践问题。新中国成立后，毛泽东同志在领导建立现代国防，捍卫国家主权、安全、领土完整的实践中，作出了一系列重大决策和重要论述。这一系列重大决策和重要论述，是毛泽东军事思想的重要组成部分，集中反映了这一历史时期国防和军队建设的基本经验和客观规律，为建立和巩固我国国防，实现人民军队建设的新发展，提供了科学的理论指导。

郭伯雄强调，要把《建国以来毛泽东军事文稿》放在毛泽东军事思想的完整体系中学习理解，与系统学习党的军事理论结合起来，与学习邓小平新时期军队建设思想、江泽民国防和军队建设思想、胡主席关于新形势下国防和军队建设重要论述结合起来，全面理解、准确把握党的军事理论的指导意义、思想内涵和精神实质，进一步增强用党的军事理论指导部队建设的自觉性和坚定性。要把学习《建国以来毛泽东军事文稿》与当前国防和军队建设的实际结合起来，与建设学习型党组织的要求结合起来，与研究部队建设的重大现实问题结合起来，为推动军队建设科学发展、全面履行新世纪新阶段我军历史使命提供有力的理论支撑。

2010 年 4 月

中共中央办公厅印发《党政领导干部选拔任用工作责任追究办法(试行)》

4 月 1 日人民日报报道，中共中央办公厅近日印发了《党政领导干部选拔任用工作责任追究办法(试行)》(以下简称《责任追究办法》)，并发出通知，要求各地区各部门认真贯彻执行。

通知指出，健全党政领导干部选拔任用责任追究制度，是深入贯彻落实党的十七大和十七届四中全会精神，进一步匡正选人用人风气、提高选人用人公信度的重要举措。《责任追究办法》的颁布实施，对于促进各级党政领导干部提高认真执行《党政领导干部选拔任用工作条例》及相关政策法规的自觉性，严格依规照章办事；对于防止用人失察失误，严肃处理干部选拔任用工作中的违规违纪行为，深入整治用人上的不正之风；对于进一步提高干部选拔任用工作的科学化、规范化水平，进一步深化干部人事制度改革，不断提高选人用人质量，切实加强各级领导班子和干部队伍建设，都具有重要意义。

通知要求，各级党委(党组)及纪检监察机关、组织人事部门，要按照《责任追究办法》的要求，切实履行职责，强化监督检查，完善举报措施，严格责任追究，发挥制度应有的作用。为健全干部选拔任用工作监督机制，切实加强对干部选拔任用工作全过程的监督，经中央领导同志同意，中央组织部制定了《党政领导干部选拔任用工作有关事项报告办法(试行)》、《地方党委常委会向全委会报告干部选拔任用工作并接受民主评议办法(试行)》、《市县党委书记履行干部选拔任用工作职责离任检查办法(试行)》。这3个试行办法与《责任追究办法》配套衔接,共同构成事前要报告、事后要评议、离任要检查、违规失责要追究的干部选拔任用监督体系。各地区各部门要在认真贯彻执行《责任追究办法》的同时,一并抓好上述3个试行办法的贯彻落实,切实提高干部选拔任用监督工作水平。

监察部特邀监察员座谈会召开

4月2日,监察部特邀监察员座谈会召开。贺国强出席并讲话,何勇主持会议。

反腐倡廉是事关党和国家生死存亡的重大政治问题,也是全党全社会的共同任务,需要广泛调动社会各方面的积极性、充分发挥广大人民群众的重要作用,协力推进。各民主党派、工商联和无党派人士,各级工会、共青团、妇联等人民团体,各新闻媒体以及广大人民群众,要结合工作实际,发挥各自优势,努力在建言献策、参与工作、加强监督、营造环境等方面为推进反腐倡廉建设贡献力量。要加强调查研究,如实反映群众的利益诉求,积极提出意见建议,为反腐倡廉建设多建睿智之言、多献务实之策;要积极参与监督检查、宣传教育、纠风治理、查办案件、理论创新、制度建设等实际工作,形成反腐倡廉整体合力;要以加强对权力运行的制约和监督为重点,把党内监督与党外监督、专门机关监督与群众监督以及新闻舆论监督有机结合起来,形成监督合力,增强监督实效;要健全行业管理和自律机制,加强职业道德建设和政风行风建设,加强反腐倡廉舆论宣传和廉政文化建设,自觉践行社会主义核心价值体系,牢固树立社会主义荣辱观,努力营造以廉为荣、以贪为耻的社会氛围。

纪检监察机关等专门机关要拓宽了解社情民意的渠道,广泛听取社会各界和广大人民群众对反腐倡廉建设的意见和建议,不断推进反腐倡廉决策的科学化、民主化;要完善政策措施,拓宽渠道领域,规范形式程序,为广大人民群众参与反腐倡廉建设创造更好条件;要树立监督者更要接受监督的意识,带头遵守党纪国法,坚持党委的统一领导,主动接受各方面监督,树立纪检监察干部可亲、可信、可敬的形象。

马馼通报了党的十七大以来全国特邀监察员工作的基本情况。王伟、吴玉良、郝明金出席会议。监察部特邀监察员和监察部机关有关厅(室、局)负责人参加了会议。

全党深入学习实践科学发展观活动总结大会举行

4月6日,全党深入学习实践科学发展观活动总结大会隆重举行。胡锦涛在大会上发表重要讲话。吴邦国、温家宝、贾庆林、李长春、李克强、贺国强、周永康出席大会,大会由习近平主持。

胡锦涛说,这次学习实践活动,是在世情、国情、党情发生深刻变化,我国正处在改革发展关键阶段、我们面临的机遇和挑战都前所未有的背景下开展的,特别是在全党全国积极应对国际金融危机冲击、加快经济发展方式转变、保持经济平稳较快发展的背景下开展的,取得了丰硕的认识成果、实践成果、制度成果。认真总结这次学习实践活动的成果和经验,对深入贯彻落实科学发展观,以改革创新精神加强和改进新形势下党的建设,不断夺取全面建设小康社会新胜利、开创中国特色社会主义事业新局面,具有十分重要的意义。

党的十七大作出了在全党开展深入学习实践科学发展观活动的战略决策。党中央对开展学习实践活动高度重视,要求全党真正把科学发展观体现到各级党组织和广大党员、干部的行动中去,把党的政治优势和组织优势转化为推动经济社会又好又快发展的强大力量,为实现全面建设小康社会的宏伟目标进一步奠定思想基础、政治基础、组织基础。这次学习实践活动，紧紧围绕党员干部受教育、科学发展上水平、人民群众得实惠的总要求，牢牢把握坚持解放思想、突出实践特色、贯彻群众路线、正面教育为主的原则，主题鲜明，领导有力，组织严密，措施得当。经过全党共同努力，学习实践活动基本实现了提高思想认识、解决突出问题、创新体制机制、促进科学发展、加强基层组织的目标，取得明显成效，为党和国家办成大事、办好喜事、办妥难事提供了强大动力和重要保证。广大党员、干部把参加学习实践活动作为增强党性修养、提高综合素质的难得机遇，积极投身学习实践活动，向党和人民交出了一份合格答卷。

胡锦涛指出，在充分肯定成绩的同时，我们也要清醒地看到，这次学习实践活动还存在一些值得注意的问题，比如，学习实践活动在地区、部门、单位之间开展得不够平衡，一些影响和制约科学发展的深层次问题有待解决，促进科学发展的体制机制需要进一步健全完善。进一步解决好这些问题，把学习实践活动成果运用于经常性工作，还有大量工作要做。全党同志要充分认识贯彻落实科学发展观的重要性和紧迫性，继续把学习实践科学发展观引向深入，切实把科学发展观贯彻落实到经济社会发展各个方面。加强和改进新形势下党的建设是全党的重大政治责任。各级党委要坚持党要管党、从严治党，把巩固和扩大学习实践活动成果、扎实做好整改落实后续工作、切实健全长效机制作为各级党委贯彻落实党建工作责任制的重要内容，广泛开展创建先进基层党组织、争做优秀共产党员的创先争优活动，确保党的建设各项任务落到基层，落到实处。

习近平在主持会议时指出，胡锦涛总书记的重要讲话全面总结了在全党开展的深入学习实践科学发展观活动的鲜明特点和取得的丰硕成果，深刻阐述了这次学习实践活动的重要经验和有益启示，对以改革创新精神加强党的建设、为深入贯彻落实科学发展观提供坚强保证提出了明确要求，各级党组织要组织党员认真学习、深刻领会、全面贯彻。要把学习贯彻讲话精神落实到扎实做好今年工作上来，进一步做好经济社会发展各项工作；落实到做好新形势下党的建设工作上来，不断提高党的建设科学化水平；落实到做好学习实践科学发展观活动后续工作中来，进一步巩固学习实践活动成果。各级党组织要坚持从实际出发，把在党的基层组织和党员中深入开展创先争优活动抓实抓好、抓出成效。

总结大会以电视电话会议形式召开，主会场设在人民大会堂小礼堂，各省、自治区、直辖市和副省级城市、新疆生产建设兵团以及各市（地、州、盟）、县（市、区、旗）和人民解放军、武警部队团级以上单位设分会场。

中央部署在基层党组织和党员中开展创先争优活动

4 月 6 日，中组部、中宣部在北京召开会议，对创先争优活动进行部署。李源潮指出，要按照党的十七大、十七届四中全会和胡锦涛总书记在学习实践活动总结大会上提出的要求，以学习实践科学发展观为主题，深入开展创建先进基层党组织、争做优秀共产党员的创先争优活动，组织动员基层党组织和广大共产党员在推动科学发展、促进社会和谐、服务人民群众、加强基层组织的实践中建功立业。

创先争优活动是学习实践活动的延展和深入，是推动基层党组织和党员立足本职发挥先进模范作用的经常性工作。创建先进基层党组织要努力做到“五个好”，即领导班子好、党员队伍好、工作机制好、工作业绩好、群众反映好；争做优秀共产党员要努力做到“五带头”，即带头学习提高、带头争创佳绩、带头服务群众、带头遵纪守法、带头弘扬正气。要借鉴和运用学习实践活动经验，把创先争优活动抓实抓好。要紧密结合本地区本部门本单位中心工作来谋划和推动创先争优；贴近基层单位实际，确定具体争创主题；坚持分类指导，设计活动载体；加强舆论宣传，充分发挥先进典型的示范引领作用。要广泛吸引群众参与，以基层党组织和党员的创先争优活动，带动工会、共青团、妇联等群团组织广泛开展创建先进集体、争当先进个人活动，在全社会形成学习先进、崇尚先进、争当先进的良好风气。

中组部、中宣部负责同志，各省区市和新疆生产建设兵团党委组织部部长，中央和国家机关有关部门负责人参加会议。翟卫华主持会议。

全国宣传部长座谈会召开

4月9日，全国宣传部长座谈会在北京召开，李长春出席会议并讲话，刘云山主持座谈会，刘延东、陈奎元出席会议。

李长春在讲话中系统阐述了发展文化事业和文化产业需要正确认识和处理的十个方面重要关系，他强调，在新的历史条件下，探索中国特色社会主义文化发展道路，开创文化建设新局面，必须正确认识满足人民群众基本文化需求与多样化多层次多方面文化需求的关系，坚持一手抓公益性文化事业，一手抓经营性文化产业，做到两手抓、两加强，最大限度地满足人民群众日益增长的精神文化需求；正确处理社会效益与经济效益的关系，始终把社会效益放在首位，努力做到经济效益与社会效益有机统一；正确处理弘扬主旋律与提倡多样化的关系，坚持社会主义先进文化前进方向，坚持贴近实际、贴近生活、贴近群众，推动社会主义文化全面繁荣；正确处理改革与发展的关系，坚持以改革创新为强大动力，增强文化发展的活力，不断解放和发展文化生产力；正确处理文化与经济的关系，充分发挥文化产业优结构、扩消费、增就业、促跨越、可持续的独特作用，不断提高文化产业对加快经济发展方式转变的贡献；正确处理发挥政府作用与调动全社会力量参与文化建设的关系，努力形成文化建设的强大合力；正确处理民族文化与外来文化的关系，坚持对外开放，努力形成以民族文化为主体、吸收外来有益文化的文化市场格局，推动文化走出去，不断扩大中华文化的国际影响力和竞争力；正确处理促进繁荣与加强管理的关系，通过不断提高管理的科学化水平确保文化健康有序发展；正确认识发展文化与运用科技的关系，把运用高新科技作为推动文化建设、提高文化创新能力和传播能力的新引擎；正确处理充分调动广大文化工作者积极性与培养造就一大批文化领域创新型复合型外向型科技型等新型人才的关系，为推动文化大发展大繁荣提供有力人才保障。

各级党委政府一定要从中国特色社会主义事业“四位一体”总体布局的战略高度，充分认识文化建设在经济社会发展中的重要地位和作用，把文化建设纳入党委政府重要议事日程，纳入经济社会发展总体规划，纳入科学发展考核评价体系，加强组织领导，加强统筹协调，加强政策扶持，加强资金投入，加强督促检查，确保文化建设各项任务落到实处。要把文化产业作为加快经济发展方式转变的重要突破口，纳入产业振兴规划，积极推动文化产业与国民经济各领域各行业的融合，不断壮大文化产业的整体实力。宣传思想文化战线要进一步增强责任感紧迫感，以改革创新精神推进文化建设，加快文化体制改革步伐，加快构建覆盖城乡的公共文化服务体系，加快发展文化产业特别是新兴文化产业，进一步提高文化建设对经济社会发展的贡献。

各省区市和新疆生产建设兵团党委宣传部长、中央宣传思想文化单位负责同志以及文化体制改革研讨班代表共300多人参加会议。

全军学习实践活动总结大会召开

4月9日，全军深入学习实践科学发展观活动总结大会在京召开。按照党中央、中央军委和胡主席的部署要求，全军和武警部队的学习实践活动自2008年3月开始试点，2008年9月正式启动，分军以上党委机关、师旅团党委机关和基层党组织三个批次进行，今年2月底基本结束。在党中央、中央军委和胡主席的正确领导下，在各级党组织和广大党员的共同努力下，学习实践活动取得了丰硕的认识成果、实践成果和制度成果，实现了“党员干部受教育，科学发展上水平，履行使命见成效”的总要求。

郭伯雄在讲话中指出，全军和武警部队要把学习贯彻胡主席在全党深入学习实践活动总结大会上的重要讲话作为一项重要政治任务，反复学习、深刻理解讲话的科学内涵、精神实质，切实把思想认识统一到胡主席重要讲话精神上来。特别是要深刻理解胡主席关于开展学习实践活动的重要意义、学习实践活动的经验和启示，以及加强党的建设的重要论述，进一步认识党中央关于在全党开展深入学习实践科学发展观活动的决策部署是完全正确的；进一步认识科学发展观是国家经济社会发展和国防与军队建设不可动摇的重要指导方针；进一步认识只要我们始终不渝地深入贯彻落实科学发展观，我们就能战胜前进道路上的各种困难和挑战，推动军队全面建设和军事斗争准备又好又快发展。要围绕主题、抓住重点，切实把工作的主要着力点放到推动学习实践科学发展观向深度和广度发展上来。要增强推动学习实践科学发展观向深度和广度发展的自觉性和紧迫感，在新的认识高度上，对本单位学习实践活动进行“回头看”，反思查找存在的问题和不足，认真制定改进措施。要在新的起点上扎实做好整改落实后续工作，完善健全长效机制，落实兑现对官兵的承诺。要采取动员教育、舆论宣传、典型示范、制度保障等措施，使学习实践科学发展观经常化、大众化、具体化，贯穿到部队建设的各方面和全过程。要科学指导，狠抓落实，切实把功夫下在高标准做好当前正在做的各项重要工作上来。要大力加强思想政治建设和军队党的建设，始终保持部队建设坚定正确的政治方向，确保部队坚决听从党中央、中央军委和胡主席指挥。要继续拓展和深化军事斗争准备，持续兴起大抓军事训练热潮，不断提高部队以打赢信息化条件下局部战争能力为核心的完成多样化军事任务的能力。要全面加强基层建设，努力实现基层建设全面过硬、官兵素质全面提高，进一步打牢部队建设的基础。要继续做好维护社会稳定工作和亚丁湾、索马里海域护航工作，做好支援西南地区抗旱救灾工作，并做好执行其他急难险重任务的准备。要进一步增强忧患意识、大局意识和责任意识，坚决防范和杜绝重大安全问题发生，确保部队建设安全发展。

徐才厚在讲话中指出，在党中央、中央军委和胡主席坚强领导下，全军学习实践活动取得了丰硕成果：广大党员受到深刻的马克思主义教育，进一步牢固确立了科学发展观在国防和军队建设中的重要指导方针地位；集中解决了一批影响部队建设科学发展的突出矛盾和问题，有力推动了部队各项建设和改革；办了一批惠及基层官兵的好事实事，部队建设的基础更加牢固；进一步建立健全符合科学发展观要求的制度机制，为推动部队建设又好又快发展提供了制度保障；各级党组织贯彻落实科学发展观的能力得到提高，党员干部作风形象进一步改进；部队精神面貌更加昂扬振奋，有力促进了各项工作落实特别是重大任务的完成。他在系统总结全军学习实践活动的经验启示后强调，学习实践活动取得丰硕成果，标志着学习实践科学发展观站到新的起点。全军各级党委要把学习贯彻胡主席在全党学习实践活动总结大会上的重要讲话，作为一项重要政治任务，更加自觉坚定地把深入贯彻落实科学发展观作为长期战略任务紧抓不放，努力做到理论武装达到新水平、科学发展实现新进步、履行使命取得新成效。要适应推进马克思主义中国化时代化大众化要求，更加全面系统地学习掌握中国特色社会主义理论体系，以建设学习型党组织为契机推进理论武装深入，在党的创新理论宣传普及上下更大功夫。要在运用科学发展观指导实践上取得更大成效，创新和改进思想政治工作，拓展和深化军事斗争准备，以更大的决心和力度研究解决制约部队建设科学发展的突出矛盾问题，更加科学有效地指导和落实抓基层各项工作，切实使党的理论创新成果转化为推动科学发展的思想力量、政策措施、实际能力、自觉行动。要抓紧构建学习实践科学发展观的长效机制，根据深化军队改革的部署抓紧推进有关政策制度的调整和制定，使制度机制建设始终跟上时代发展步伐。要突出抓好军队党的建设这个关键，把确保党对军队绝对领导作为深入学习实践科学发展观的核心要求，着力增强各级党委班子和领导干部贯彻落实科学发展观的能力，切实把党的政治优势和组织优势转化为推动部队建设科学发展的强大力量。

梁光烈、陈炳德、廖锡龙、常万全、靖志远、吴胜利、许其亮参加会议，李继耐主持会议。大会以电视电话会议形式召开。四总部有关领导，驻京各大单位主要领导，军委办公厅领导，全军学习实践活动领导小组成员，四总部和驻京大单位学习实践活动领导小组成员，全军和武警部队团级以上单位党委常委、机关有关人员和部分基层干部，分别在主会场和分会场参加了会议。

全国劳动模范和先进工作者表彰大会举行

4月27日，2010年全国劳动模范和先进工作者表彰大会在北京人民大会堂隆重举行。胡锦涛在会上发表重要讲话，吴邦国、温家宝、贾庆林、李长春、习近平、李克强、贺国强、周永康等党和国家领导人出席，温家宝主持大会。

张德江宣读《国务院关于表彰全国劳动模范和先进工作者的决定》。国务院决定授予2115人全国劳动模范荣誉称号、授予870人全国先进工作者荣誉称号。

胡锦涛发表重要讲话。他指出，在全世界工人阶级和劳动群众的光辉节日——“五一”国际劳动节即将来临之际，我们在这里集会，隆重表彰全国劳动模范和先进工作者，这对激励和鼓舞全国各族人民满怀豪情地推进全面建设小康社会进程、不断开创中国特色社会主义事业新局面，对激励和鼓舞青海玉树地震灾区各族干部群众、广大救援人员和全国各族人民信心百倍地战胜一切艰难险阻、全面做好抗震救灾工作，具有十分重要的意义。他代表党中央、国务院，向全国各族工人、农民、知识分子和其他各阶层劳动群众，向人民解放军指战员、武警部队官兵和公安民警，向香港特别行政区同胞、澳门特别行政区同胞、台湾同胞和海外侨胞，致以节日的祝贺！向为改革开放和社会主义现代化建设作出突出贡献的劳动模范和先进工作者致以崇高的敬意。他还代表中国工人阶级和广大劳动群众，向全世界工人阶级和广大劳动群众致以诚挚的问候。

胡锦涛强调，紧紧依靠和切实关心广大劳动群众，是坚持党的全心全意为人民服务的根本宗旨和贯彻党的群众路线最重要最根本的体现。各级党委和政府要始终坚持全心全意依靠工人阶级的根本方针，把广大劳动群众紧紧团结在党和政府周围，充分发挥他们的主力军作用。各级领导干部要增强对劳动群众的感情，密切同劳动群众的联系，深入劳动群众、关心劳动群众，为他们排忧解难，始终与劳动群众心连心。各级工会组织要全面履行各项职能，诚心诚意为广大职工群众服务，主动维护广大职工包括农民工合法权益，把党和政府的关怀和温暖送到广大劳动群众心坎上。

胡锦涛最后指出，劳动是人类文明进步的源泉，劳动创造世界。在我们社会主义国家，一定要在全社会大力培育和弘扬劳动光荣、知识崇高、人才宝贵、创造伟大的时代新风，让全体人民特别是广大青少年都懂得并践行劳动最光荣、劳动者最伟大的真理。我国工人阶级和广大劳动群众要更加紧密地团结起来，在党的坚强领导下，万众一心，开拓进取，继续为祖国、为人民、为民族建功立业，继续为全面建设小康社会、实现中华民族伟大复兴而不懈奋斗。

温家宝在主持大会时说，胡锦涛总书记的重要讲话，充分肯定了以全国劳动模范和先进工作者为代表的亿万劳动群众为改革开放和社会主义现代化建设作出的巨大贡献，高度评价了先进模范人物身上集中体现出来的崇高精神和伟大品格，号召全社会向先进模范人物学习，为全面建设小康社会、坚持和发展中国特色社会主义而不懈奋斗。我们一定要认真学习、深刻领会。让我们紧密团结在以胡锦涛同志为总书记的党中央周围，在全社会大力弘扬伟大劳模精神，坚定信心、开拓进取，同心同德、奋发图强，为推进中国特色社会主义伟大事业作出新的更大的贡献！

马克思主义理论研究和建设工程重点教材任课教师培训工作会议召开

4月28日，中宣部、教育部在京联合召开会议，贯彻落实中央要求，就加强马克思主义理论研究和建设工程重点教材使用与任课教师培训工作进行专题部署。

会议指出，中央组织实施马克思主义理论研究和建设工程，一项重要任务就是组织编写高校思想政治理论课教材和哲学社会科学重点骨干课程的专业课教材，构建充分反映马克思主义中国化最新成果的哲学社会科学教材体系。经过六年的艰苦努力，工程重点教材的编写工作取得重要成果。高校思想政治理论课《马克思主义基本原理概论》、《毛泽东思想和中国特色社会主义理论体系概论》、《中国近现代史纲要》、《思想道德修养与法律基础》四本教材，从2006年9月开始陆续在全国高校使用，受到高校师生的普遍欢迎，在社会上产生良好反响。哲学社会科学重点骨干课程的专业课教材，《马克思主义哲学》、《文学理论》、《史学概论》、《新闻学概论》、《法理学》等已经正式出版，其他重点骨干课程教材也将陆续出版。这些重点教材的编写，是经过严格的立项审批程序，成立专门的教材编写课题组，集中全国最优秀的教学和科研力量，在深入调查研究的基础上，集体攻关、反复研讨、精心修改完成的。每本重点教材的编写提纲和书稿，都经过由国内最权威专家组成的工程咨询委员会的多次审议，经过工程办公室在全国范围内组织的优秀专家的反复审改，最后报经中央领导同志审定批准。已经出版的重点教材比较充分地反映了马克思主义中国化的最新成果，反映了中国特色社会主义实践的新经验，反映了各学科领域研究的新进展，体现了政治性、思想性、学术性的统一。

加强工程重点教材任课教师培训，是保证这些教材在全国高校中推广使用的基础工作，对于巩固马克思主义在意识形态领域的指导地位，促进哲学社会科学健康繁荣发展，培养中国特色社会主义事业的合格建设者和可靠接班人具有重大意义。各级教育行政部门和高校必须从政治高度和全局高度充分认识这项工作的重要性，做到领导到位、组织到位、责任到位、经费到位，确保培训工作顺利进行，最大限度地发挥教材的社会效益。要按照“稳步推进、分层实施、点面结合、全员培训”的要求，建立对工程重点教材任课教师的分级、分层培训机制，明确培训内容和方式，扎实做好培训工作。中宣部、教育部联合举办中央一级示范培训班，主要是为各地开展培训工作培训教员；在此基础上，各省级教育行政部门组织本地区高校相关专业任课教师的全员培训工作。要通过培训，使任课教师准确领会工程重点教材的指导思想、总体框架、重点内容，以及教学中需要把握的重点和难点，深化对马克思列宁主义、毛泽东思想和中国特色社会主义理论体系的认识，深化对党的路线方针政策的认识，加深对“六个为什么”的理解，自觉划清“四个重大界限”。

中国2010年上海世界博览会隆重开幕

4月30日，中国2010年上海世界博览会开幕式在上海世博文化中心隆重举行，胡锦涛出席开幕式并宣布上海世博会开幕。李长春、习近平、李克强、贺国强、周永康，国际展览局主席蓝峰，来自世界各地的领导人和贵宾出席开幕式。

上海世博会是继北京奥运会后我国举办的又一国际盛会，也是第一次在发展中国家举办的注册类世界博览会。本届世博会的主题是

"城市,让生活更美好",来自世界各地的参展方将通过展示、论坛、表演等形式,共同探讨城市未来发展理念,尽情畅想人类进步美好前景。

俞正声主持开幕式,王岐山在开幕式上致辞,国际展览局主席蓝峰用中英法3种语言致辞,胡锦涛宣布:中国2010年上海世界博览会开幕!

出席开幕式的世界各地领导人有:亚美尼亚总统萨尔基相、刚果(布)总统萨苏、朝鲜最高人民会议常任委员会委员长金永南、法国总统萨科齐、加蓬总统邦戈、肯尼亚总统齐贝吉、马拉维总统穆塔里卡、马里总统杜尔、密克罗尼西亚联邦总统莫里、蒙古国总统额勒贝格道尔吉、巴勒斯坦国总统阿巴斯、韩国总统李明博、塞舌尔总统米歇尔、土库曼斯坦总统别尔德穆哈梅多夫、柬埔寨首相洪森、欧盟委员会主席巴罗佐、哈萨克斯坦总理马西莫夫、荷兰首相巴尔克嫩德、越南总理阮晋勇。

出席开幕式的中方领导人还有:刘云山、李源潮、郭伯雄、何勇、令计划、王沪宁、韩启德、孟建柱、戴秉国、黄孟复以及中央军委委员李继耐。香港特别行政区行政长官曾荫权、澳门特别行政区行政长官崔世安出席开幕式。中国国民党荣誉主席连战、吴伯雄,亲民党主席宋楚瑜,新党主席郁慕明,无党团结联盟主席林炳坤出席开幕式。国际展览局秘书长洛塞泰斯和有关国际组织负责人等出席开幕式。

2010年5月

"中国青年五四奖章"等表彰仪式举行

5月4日,第十四届"中国青年五四奖章"暨2009年度"全国优秀共青团员"、"全国优秀共青团干部"、"全国五四红旗团委(团支部)"表彰仪式在北京人民大会堂举行。王兆国出席表彰仪式并会见获奖代表。陆昊参加会见。

王兆国首先向全国各族团员青年致以节日的问候。他充分肯定了获奖者取得的优异成绩,希望先进模范珍惜荣誉、再接再厉,进一步发扬艰苦奋斗、开拓创新的精神,为青年的事业、党和国家的事业多做贡献。他指出,今年我国将全面完成"十一五"规划的各项任务、制定实施"十二五"规划,党和国家事业发展的新任务新要求,为广大团员青年施展才华、发挥作用提供了广阔的空间和舞台。希望团员青年树立远大理想,掌握过硬本领,着眼于科学发展、创新发展、区域协调发展和可持续发展,进一步激发创新活力和创造潜能,到基层去、到条件艰苦的地方去、到祖国和人民最需要的地方去艰苦创业,努力为加快转变经济发展方式贡献力量。要弘扬新风,大力践行社会主义荣辱观,踊跃参加群众性精神文明创建活动,引领社会风尚、促进社会和谐。

各级团组织要进一步做好培养、举荐、宣传青年人才的工作,充分发挥青年人才的示范带动作用,推动一批又一批优秀青年人才不断涌现。尤其要进一步把基层团组织的网络健全起来、工作活跃起来,对基层的团员青年给予特别的关心、培养和帮助,把更多的团员青年吸引、凝聚在党的周围。

中央党务公开工作领导小组第二次会议召开

5月5日,中央党务公开工作领导小组第

二次会议在京召开。何勇出席会议并讲话，张毅主持会议并通报了2009年全国党务公开工作情况。

2009年中央党务公开工作领导小组第一次会议召开以来，经过各地区各部门的共同努力，基层党务公开工作覆盖面逐步扩大，党务公开联系点作用进一步发挥，县委权力公开透明运行试点工作进展顺利，取得了良好开局。推行党务公开，畅通了党员参与、管理和监督党内事务的渠道，发展了党内民主，促进了党内和谐。

何勇要求，要认真学习领会中央关于党务公开的决策部署，准确把握党务公开工作的思路要求，在党务公开工作中坚持服务科学发展，坚持尊重党员主体地位，坚持依法全面真实，坚持从实际出发循序渐进，坚持分类指导，坚持与政务公开、厂务公开、村务公开有机结合，做到相互促进、相互补充。要按照十七届中央纪委第五次全会的部署，抓好党的基层组织党务公开，编制党务公开目录，建立健全党务公开工作各项制度。要抓好党务公开工作联系点建设，继续选择一批不同层次、不同类型的党组织作为党务公开工作联系点，其中注意选择一些工作基础较好的地方党组织作为联系点，探索实行地方党务公开的途径和方式，充分发挥联系点的作用。要抓好县委权力公开透明运行试点工作，在认真总结试点工作经验的基础上，适当扩大试点范围，加强检查指导，及时了解情况，研究解决问题，推动工作顺利开展。要督促各地区各部门建立由党委主要领导或分管领导任组长、有关部门和单位负责人参加的党务公开工作领导小组，加强对党务公开工作的组织领导。要不断深化对党务公开的规律性认识，努力把中央的精神转化为具体的政策规定和措施办法，进一步增强工作的前瞻性、针对性和有效性，推动党务公开健康有序发展。

中央国家机关全面部署
深入开展创先争优活动

5月6日，中央国家机关召开动员会，深入贯彻落实胡锦涛总书记关于创先争优活动的重要指示和中央总体要求，对深入开展创先争优活动进行全面部署。

会议认为，中央国家机关各部门要自觉把思想统一到中央的精神和部署上来，充分认识开展创先争优活动的重要意义，以高度政治责任感组织开展好这项活动。

杨衍银作动员讲话时强调，中央国家机关各级党组织要明确任务，以更高的标准、更严的要求，更有成效地开展好创先争优活动。一要把握总体要求。充分发挥基层党组织的战斗堡垒作用和共产党员的先锋模范作用，在推动科学发展、促进社会和谐、服务人民群众、加强基层组织的实践中建功立业。二要把握主要内容。围绕创建先进基层党组织、争当优秀共产党员，努力做到领导班子好、党员队伍好、工作机制好、工作业绩好、群众反映好，努力做到带头学习提高、带头争创佳绩、带头服务群众、带头遵纪守法、带头弘扬正气。三要把握活动主题和载体。紧密联系党和国家工作大局，紧密结合中央国家机关各部门实际，确定具体争创主题，精心设计和搭建活动载体，有机整合各类活动资源。四要把握好活动方式和节奏。运用好公开承诺、领导点评、群众评议、评选表彰等方式，坚持抓好学习实践活动整改落实后续工作，切实兑现向群众作出的承诺，建立健全深入学习实践科学发展观的长效机制，引导基层党组织切实履行职责，共产党员立足本职岗位争创一流业绩，掀起创先争优活动高潮。

中央国家机关各级党组织对创先争优活动要予以高度重视，落实领导责任，运用典型引路，加强督促检查，形成长效机制，确保活动取得实效，不断增强党组织的创造力凝聚力战斗力，为深入贯彻落实科学发展观、推动经济社会又好又快发展提供强大动力和保证。

首届高职院校校长培训班开班

5月6日，由中共中央党校和中华职业教育社共同举办的首届高职院校校长培训班开班典礼在中央党校举行。张榕明出席了开班仪式。他首先对培训班开学表示热烈的祝贺，并为学员作了专题报告。她指出，经过多年探索与实践，我国职业教育界逐步形成了“以就业为导向，以服务为宗旨，以质量为重点”的新时期职业教育办学新思路。但是，随着经济全球化的进一步发展，特别是国际金融危机的爆发，促使我国加快了经济发展方式转变和经济结构调整的步伐，对职业教育提出了新的挑战。她鼓励参训校长珍惜难得的学习机会，认真学习，积极交流，以饱满的精神面貌圆满完成培训班的学习任务，更好地担负起历史和时代赋予的光荣使命，为培养一支宏大的社会主义劳动者和建设者大军做出新的更大的贡献。

本次培训班共设计了“当前宏观经济形势”、“科学技术发展史”、“中国的传统文化精神”、“国家产业振兴计划”解读、“校长领导艺术”等14个专题讲座。共有来自全国各地的50多名高职院校的校长、党委书记、董事长将参加为期10天的专题培训。

中央纪委印发《党员领导干部违反规定插手干预工程建设领域行为适用〈中国共产党纪律处分条例〉若干问题的解释》

5月7日，为惩处党员领导干部违反规定插手干预工程建设领域行为，规范工程建设秩序，确保工程建设项目安全、廉洁、高效运行，中央纪委印发了《党员领导干部违反规定插手干预工程建设领域行为适用〈中国共产党纪律处分条例〉若干问题的解释》（以下简称《解释》）。

《解释》共15条，3000余字，对党员领导干部违反规定插手干预工程建设领域的具体违纪行为及其适用的《中国共产党纪律处分条例》的相关条款作出了明确规定。

《解释》将适用对象规定为党和国家机关中副科级以上党员领导干部，人民团体、事业单位中相当于副科级以上党员领导干部，国有和国有控股企业（含国有和国有控股金融企业）及其分支机构领导人员中的党员。

《解释》明确规定，违反规定插手干预工程建设领域行为，是指党员领导干部违反法律、法规、规章、政策性规定或者议事规则，利用职权或者职务上的影响，向相关部门、单位或者有关人员以指定、授意、暗示等方式提出要求，影响工程建设正常开展或者干扰正常监管、执法活动的行为。

《解释》将党员领导干部插手干预工程建设领域并谋取私利的行为细化为插手干预工程建设项目决策、招标投标、土地使用权与矿业权审批出让、城乡规划管理、房地产开发与经营、工程建设实施和工程质量监督管理、安全生产、环境保护、物资采购和资金安排使用管理等九个方面，三十九种具体行为表现形式，并明确了给予党纪处分所应当适用的《中国共产党纪律处分条例》的有关条款。同时，《解释》还对党员领导干部插手干预工程建设，给党、国家和人民利益以及公共财产造成较大损失的行为；或者未造成较大损失，但给本地区、本单位造成严重不良影响的行为，明确了党纪处分依据。

《解释》自发布之日起施行。中央纪委、监察部2004年2月3日发布的《关于领导干部利用职权违反规定干预和插手建设工程招标投标、经营性土地使用权出让、房地产开发与经营等市场经济活动，为个人和亲友谋取私利的处理规定》同时废止。

贯彻落实《关于加强和改进中央企业和中央金融机构纪检监察组织建设的若干意见》座谈会召开

5月10日，中央纪委监察部在北京召开贯彻落实《关于加强和改进中央企业和中央金融机构纪检监察组织建设的若干意见》座谈会。贺国强出席会议并讲话，何勇主持会议。

国有企业是我国国民经济的重要支柱，中央企业是国有经济发挥主导作用的骨干和中坚；金融是现代经济的核心，中央金融机构在整个金融体系中居于中心地位。中央企业和中央金融机构在国民经济和社会发展中的重要地位和作用，决定了其党风建设和反腐倡廉工作的极端重要性。适应新的形势和任务，加强和改进中央企业和中央金融机构纪检监察组织建设，是中央企业和中央金融机构改革发展的重要保证，是加强和改进党对中央企业和中央金融机构领导的重要举措，是深入推进中央企业和中央金融机构党风建设和反腐倡廉工作的现实需要。要把思想政治建设作为首要任务，进一步巩固和扩大深入学习实践科学发展观活动和“做党的忠诚卫士、当群众的贴心人”主题实践活动成果，教育引导纪检监察工作人员增强政治意识、大局意识、责任意识、廉洁意识，不断提高中央企业和中央金融机构纪检监察队伍的政治素质；要把健全机构作为重要措施，明确纪检监察组织定位，健全纪检监察组织机构，强化纪检监察工作职能，完善纪检监察体制机制，为中央企业和中央金融机构纪检监察组织履行职责、发挥作用提供组织保证；要把领导班子建设作为关键环节，选好配强纪检监察领导班子，严格班子成员选任程序，明确纪委书记（纪检组组长）的分工，加大干部交流力度，切实增强中央企业和中央金融机构纪检监察领导班子整体功能；要把队伍建设作为基础工程，充实工作力量，提高人员素质，强化激励保障，严格管理监督，努力建设一支高素质的中央企业和中央金融机构纪检监察工作人员队伍。

加强和改进中央企业和中央金融机构纪检监察组织建设，必须强化组织领导、狠抓工作落实。要深入宣传教育，切实增强各有关部门、中央企业和中央金融机构广大党员干部特别是领导干部贯彻落实《意见》的自觉性。要落实职责任务，各中央企业和中央金融机构领导班子作为贯彻落实《意见》的责任主体，要切实承担起加强纪检监察组织建设的领导责任，制定具体方案，精心组织实施，领导班子主要负责同志要积极支持纪检监察工作和纪检监察组织建设，带头抓好《意见》的贯彻落实；各中央企业和中央金融机构纪检监察机构要逐项落实《意见》要求，认真履行职责任务，切实加强自身建设；中央纪委监察部、中央组织部和国务院国资委要按照管理权限，加强对中央企业和中央金融机构纪检监察组织建设的领导和指导。要开展监督检查，强化责任追究，促进《意见》的贯彻落实。要积极探索创新，深入调查研究，认真总结经验，把握工作规律，不断研究提出加强中央企业和中央金融机构纪检监察组织建设的新思路、新途径、新办法。

中央党校举行2010年春季学期第二批入学学员开学典礼

5月12日，中央党校举行2010年春季学期第二批入学学员开学典礼。习近平出席典礼并讲话，李景田主持开学典礼，李源潮、何勇、令计划出席。

习近平指出，在党中央的大力倡导下，全党抓文风建设取得很大成绩。改革开放30多年来，党的优良文风逐渐得到恢复，并在新的历史条件下有新的发展。同时要看到，改进文风不是一蹴而就、一劳永逸的，当前文风上仍然存在一些突出问题。文风不正，严重影响真抓实干、影响工作成效，耗费大量时间和精力，耽误实际矛盾和问题的研究解决。不良文风蔓延开来，损害党的威信，导致干部脱离群众，使党的理论和路线方针政策在群众中失去感召力、亲和力。按照四中全会要求改进文风，是新形势下加强和改进党的作风建设一项重要任务。

改进文风，在三个方面下功夫、见成效很重要。一是短。力求简短精炼、直截了当，要言不烦、意尽言止，观点鲜明、重点突出。坚持内容决定形式，宜短则短，宜长则长。二是实。讲符合实际的话不讲脱离实际的话，讲管用的话不讲虚话，讲反映自己判断的话不讲照本宣科的话。三是新。在研究新情况、解决新问题上有新思路、新举措、新语言，力求思想深刻、富有新意。积极倡导、大力弘扬优良文风，各级领导机关和领导干部要带头。领导干部改进文风，需要从两个方面努力。一要勤于学习。学习党的基本理论，掌握马克思主义立场观点方法，以此作为政治上的望远镜和显微镜；学习新知识，了解新事物，不断拓宽视野，提高自己的综合素质；学习古人语言中有生命力的东西，充分合理地继承和运用。理论功底扎实了，知识积累厚实了，才能厚积薄发，言之有物、深入浅出地讲话、写文章。二要增强党性修养。坚持以德修身，努力成为高尚人格的模范，做到言行一致、表里如一。这样讲出的话、写出的文章，才会有感染力、亲和力。胸有成竹才能出口成章，找准症结才能对症下药，源于实践才能指导实践。领导干部改进文风，应当深入基层，在实际生活中"望闻问切"，使思想和文字体现时代要求，符合实际情况，能够解决问题。群众的思想最鲜活，群众的语言最生动。深入群众，就来到了智慧的大课堂、语言的大课堂，我们的讲话、文章就可以有的放矢，体现群众意愿，让群众愿意看、看得懂，愿意听、听得进。

习近平强调，现在以会议落实会议、以文件落实文件、以讲话落实讲话的现象依然存在，这对文风不正起了推波助澜的作用。改进文风，必须改进会风。还要努力活跃党内生活，大力倡导独立思考的风气，进一步创造鼓励讲真话、提倡讲新话的宽松环境。

中央有关部门负责人、中央党校负责人以及2010年春季学期第二批入学学员和在校学员，共900多人参加了开学典礼。

中办转发《中央组织部、中央宣传部关于在党的基层组织和党员中深入开展创先争优活动的意见》

5月14日人民日报报道，中共中央办公厅日前转发了《中央组织部、中央宣传部关于在党的基层组织和党员中深入开展创先争优活动的意见》，并发出通知，要求各地区各部门结合实际认真贯彻执行。

创先争优活动，以创建先进基层党组织、争当优秀共产党员为主要内容。先进基层党组织的基本要求是，学习型党组织建设成效明显，出色完成党章规定的基本任务，努力做到"五个好"：一是领导班子好。二是党员队伍好。三是工作机制好。四是工作业绩好。五是群众反映好。

优秀共产党员的基本要求是，模范履行党章规定的义务，努力做到"五带头"：一是带头学习提高。二是带头争创佳绩。三是带头服务群众。四是带头遵纪守法。五是带头弘扬正气。

国家社科基金年度项目评审工作会议召开

5月16日，2010年国家社科基金年度项目评审工作会议在京召开。刘云山出席会议并讲话，陈奎元主持会议。

近年来，哲学社会科学战线认真贯彻中央要求，坚持高举旗帜、围绕大局、服务人民、改革创新，积极推动哲学社会科学繁荣发展，取得了丰硕成果和显著成效，为巩固马克思主义指导地位、打牢全党全国人民团结奋斗的共同思想基础做出重要贡献，为提高全民族思想道德素质和科学文化素质、促进人的全面发展做出重要贡献，为促进改革发展稳定、全面推进小康社会建设做出重要贡献。

刘云山强调，哲学社会科学战线要充分认识世情国情党情的深刻变化提出的新要求，进一步加强对关系党和国家事业发展全局的重大理论和现实问题研究，不断为改革建设实践提供有力的理论支撑。要继续深化中国特色社会主义理论体系的研究阐释，大力推进马克思主义中国化、时代化、大众化；深化科学发展观的研究阐释，积极推动科学发展观的学习实践；深化中国发展道路的研究阐释，充分展示中国特色社会主义的制度优势；深化加快经济发展方式转变的研究，促进经济社会又好又快发展；深化经济社会发展前瞻性战略性问题研究，为"十二五"规划制定实施提供支持；深化社会主义核心价值体系研究，凝聚全民族团结奋进的精神力量；深化提高党的建设科学化水平研究，更好地服务党的执政能力建设和先进性建设；深化基础理论研究，构建具有中国特色的哲学社会科学学科体系和教材体系。要不断提高国家社科基金管理工作水平，注重政治方向，注重改进创新，注重战略谋划，发挥好国家社科基金项目的导向性、示范性作用。

今年国家社科基金23个学科共收到27000多项申报课题。经过通讯初评，有4600多项课题入围本次会议评审。会议将按照公平、公正的要求，评审出2300个左右拟立项目。

全国哲学社会科学规划领导小组成员和评审专家共280多人出席会议。

全国重点新闻网站
转企改制试点工作座谈会召开

5月17日，国务院新闻办公室在湖南长沙召开全国重点新闻网站转企改制试点工作座谈会，交流重点新闻网站转企改制工作经验，加快推进重点新闻网站转企改制试点工作。

据了解，列入转企改制试点的有10家重点新闻网站，分别是人民网、新华网、央视网3家中央重点新闻网站和北京千龙网、上海东方网、天津北方网、湖南华声在线、山东大众网、浙江在线和四川新闻网7家地方重点新闻网站。目前，人民网、新华网改制方案已经获国务院新闻办公室批准，千龙网、华声在线、四川新闻网改制方案正在报批，其他试点网站正在加紧制定方案。

我国新闻网站从无到有，在互联网新闻信息服务和舆论引导格局中扮演着越来越重要的角色。随着网络和信息技术发展，以及互联网应用的普及，重点新闻网站在新闻报道和网上舆论引导中面临着日益繁重的任务，必须加快改革创新，才能不断增强活力，壮大实力，提高网上的影响力和引导力。

全国重点新闻网站转企改制试点工作是去年10月启动的，预计到今年年底前基本完成。试点工作的主要任务是：以发展为主题，以改革为动力，以体制机制创新为重点，建立现代企业制度，实行股份制改造，运用上市融资等经济手段，增强重点新闻网站综合实力，探索既符合社会主义先进文化要求又符合互联网传播特点，既保证导向正确又富有活力的重点新闻网站发展道路，为下一步改革积累经验。

在座谈会上，各试点网站负责人分别介绍了转企改制的工作经验、思路及进展。据介绍，10家网站在试点工作中，抓住转企改制机遇，解放思想，转变观念，通过资源整合，大力开展搜索引擎、手机报、手机电视、互联网电视、电子商务、电信增值、动漫游戏等新媒体业务，构建盈利模式，增强盈利能力，努力将网站打造成为具有强大竞争力的新型互联网企业。转企改制试点工作推动了有关重点新闻网站的发展，人民网、新华网今年以来的运营收入均比去年同期有较大增长。

全国反腐倡廉建设创新经验交流会召开

5月18日，中央纪委监察部在南京市召开全国反腐倡廉建设创新经验交流会。贺国强出席会议并讲话，何勇主持会议。

在认真听取江苏、北京、上海等13家单位的发言后，贺国强指出，我们党是一个善于创造经验、总结经验、运用经验的马克思主义政党。党的十六大以来，在以胡锦涛同志为总书记的党中央坚强领导下，各级党委、政府和纪检监察机关以改革创新精神推进工作，注重发挥惩治和预防腐败体系建设的龙头带动作用、反腐倡廉教育的先导作用、制度建设的基础作用、对权力运行制约和监督的关键作用、重点领域和关键环节改革的推动作用、纠风工作的整治作用、惩治的震慑作用、科技的支撑作用、自身建设的保障作用，形成了一大批反腐倡廉建设成果和经验，有力地促进了党风廉政建设和反腐败斗争。

改革创新是社会发展进步的时代潮流，是事业兴旺发达的不竭动力。当前，反腐倡廉建设面临许多新情况新问题新矛盾，要求我们继续坚持以改革创新精神推进工作，不断提高反腐倡廉建设水平。一是反腐倡廉建设创新必须坚持以中国特色社会主义理论体系为指导。二是反腐倡廉建设创新必须坚持围绕中心、服务大局。三是反腐倡廉建设创新必须抓住完善惩治和预防腐败体系这个工作重点。四是反腐倡廉建设创新必须重视方式方法创新。五是反腐倡廉建设创新必须大力加强理论创新。六是反腐倡廉建设创新必须尊重基层和群众的首创精神。各级党委、政府和纪检监察机关特别是各级领导干部要增强创新意识、加强组织领导、整合资源力量、营造创新环境，为推进反腐倡廉建设创新提供有力保证。

中国延安精神研究会召开会员代表大会

5月18日，中国延安精神研究会在京召开第五次会员代表大会，纪念研究会成立20周年并进行理事会换届。习近平致信表示祝贺，李铁映出席大会并讲话。

中国延安精神研究会由一批曾在延安战斗、工作过的老同志动议，于1990年5月18日成立，专门从事延安精神的研究和宣传工作。习近平在贺信中对中国延安精神研究会成立20周年和研究会第五次会员代表大会的召开表示热烈祝贺，向全国所有为弘扬延安精神作出贡献的同志们表示亲切慰问。

习近平指出，延安精神是中华民族优良传统的继承和发展，是我们党的性质和宗旨的集中体现。弘扬延安精神，对于推进中国特色社会主义事业、实现中华民族伟大复兴具有重要意义。中国延安精神研究会成立20年来，紧密结合党的理论和路线方针政策的贯彻实施，深入研究延安精神、积极宣传延安精神、认真践行延安精神、大力弘扬延安精神，在理论上和实践上取得了显著成果，产生了重要的社会影响，为推进社会主义核心价值体系建设、推进党的建设新的伟大工程作出了积极贡献。希望中国延安精神研究会以成立20周年为新起点，认真贯彻党的十七大和十七届四中全会精神，深入总结经验，科学规划未来，更好发挥老同志作用，广泛吸引青年同志参与，与时俱进地弘扬延安精神，为加强和改进新形势下党的建设作出新的更大贡献。

全国宣传文化系统
“四个一批”人才研修班举办

5月24日至29日，中宣部在京举办第四期全国宣传文化系统“四个一批”人才研修班。刘云山29日同研修班学员座谈并讲话，雒树刚主持会议。

刘云山指出，文化繁荣发展最根本的是创新，创新是文化的本质特征。推进文化创新，必须尊重劳动、尊重知识、尊重人才、尊重创造，建设一支适应时代要求、富有开拓精神、善于创新创造的文化人才队伍。“四个一批”人才作为宣传文化领域的优秀代表，应当大力倡导文化创新，努力追求文化创新，在勇于创新中展示才华，在奋力开拓中成就事业，为推动社会主义文化大发展大繁荣贡献智慧和力量。当代宣传文化工作者是文化创新的主力军，要把创新作为一种责任、一种追求、一种境界，解放思想、更新观念，不断学习、不断积累，重在实践、重在探索，牢记社会责任、弘扬职业精神，积极投身改革、激发创新活力，使我们的文化不断有所创造、有所前进。各级宣传思想文化部门要认真贯彻中央人才工作方针和全国人才工作会议精神，以“四个一批”人才培养工程引领和带动整个宣传思想文化人才队伍建设，创造有利条件让一切创新才华充分施展，让一切创新成果得到尊重。

来自理论、新闻、出版、文艺等领域的288名全国宣传文化系统“四个一批”人才参加了研修班，有关部门负责同志和专家在研修班上作了专题报告。中央宣传文化部门负责同志出席29日下午的座谈会。

全国人才工作会议举行

5月25日至26日，中共中央、国务院召开的全国人才工作会议在北京举行。全国人才工作会议第一次全体会议以电视电话会议形式召开，主会场设在人民大会堂小礼堂，各省、自治区、直辖市及计划单列市设分会场。胡锦涛、吴邦国、温家宝、贾庆林、李长春、习近平、李克强、贺国强、周永康出席会议。

胡锦涛在会上发表重要讲话，强调切实做好人才工作，加快建设人才强国，是推动经济社会又好又快发展、实现全面建设小康社会奋斗目标的重要保证，是确立我国人才竞争比较优势、增强国家核心竞争力的战略选择，是坚持以人为本、促进人的全面发展的重要途径，是提高党的执政能力、保持和发展党的先进性的重要支撑。全党全国要统一思想，真抓实干，全面落实加快建设人才强国各项战略任务，努力培养造就数以亿计的高素质劳动者、数以千万计的专门人才和一大批拔尖创新人才，进一步开创我国人才事业新局面，为全面建设小康社会、加快推进社会主义现代化、实现中华民族伟大复兴提供有力人才保证。

温家宝在会议上讲话。习近平在会议结束时作总结讲话。

大会向“千人计划”国家特聘专家代表颁发证书，北京市、江苏省、山东省、湖北省、国务院国有资产监督管理委员会、中国科学院等单位有关负责同志在会上发言。

纪念中共中央移驻西柏坡62周年暨西柏坡精神高层论坛举行

5月26日，纪念中共中央移驻西柏坡62周年暨西柏坡精神高层论坛在石家庄举行。

62年前，毛泽东和中共中央机关移驻西柏坡。在西柏坡，党中央召开了具有历史意义的七届二中全会，铸就了以“两个务必”为核心的西柏坡精神。论坛期间，中共中央文献研究室、中国社科院马克思主义研究院、中国人民军事博物馆、北京师范大学、国家行政学院等从事党史、党建方面研究的著名专家学者作了主旨发言。

石家庄市领导表示，本次论坛为做大做强西柏坡品牌，建设全国一流的爱国主义教育基地，提供了难得的机遇。今后将完善提升西柏坡景区；进一步强化省会城区旅游服务功能，打造西柏坡经典剧目；整合西柏坡高速路沿线县（市）旅游、文化、经济资源，构筑一条旅游风景线、历史文化长廊及经济发展产业带。

全国加强和改进大学生思想政治教育工作座谈会举行

5月29日至30日，全国加强和改进大学生思想政治教育工作座谈会在北京召开。李长春出席会议并讲话，刘云山主持会议，刘延东作会议总结。

李长春在讲话中总结了近年来大学生思想政治教育工作取得的积极进展和成功经验。他指出，以胡锦涛同志为总书记的党中央高度重视大学生思想政治教育，作出了一系列重大决策部署。2004年8月《中共中央、国务院关于进一步加强和改进大学生思想政治教育的意见》下发以来，各地各部门各高校认真贯彻落实中央决策部署，紧紧围绕立德树人这一根本任务，抓住关键环节，采取有效措施，创新途径方法，完善体制机制，扎实推进各项工作，大学生思想政治教育工作呈现良好发展态势，大学生思想政治面貌发生可喜变化，主流积极健康向上。同时也要看到，与党和国家事业发展要求相比，与大学生健康成长的需要相比，与广大人民群众的期望相比，大学生思想政治教育工作还存在较大差距。要充分认识大学生思想政治教育面临的新形势新挑战，进一步增强责任感、紧迫感和使命感，保持清醒头脑，采取有力措施，推动大学生思想政治教育工作不断取得新进展、新成效。

要深入推进社会主义核心价值体系学习教育，有效引导大学生树立正确的理想信念；不断改进思想政治理论课教育教学，更好发挥大学生思想政治教育的主渠道作用；进一步创新方式方法和途径，不断增强大学生思想政治教育的针对性实效性和亲和力感染力；强化环境育人功能，进一步营造有利于大学生健康成长的良好氛围；加强和改善大学生管理服务工作，努力在解决实际问题过程中提高思想政治教育效果；大力加强队伍建设，切实提高大学生思想政治教育工作者的育人能力；进一步完善长效机制，不断提高大学生思想政治教育工作的科学化水平。李长春指出，加强和改进大学生思想政治教育工作，关键在领导。各级党委和政府要充分认识加强和改进大学生思想政治教育工作的重要性和紧迫性，把大学生思想政治教育工作摆上更加突出的位置，纳入党委和政府的重要议事日程，纳入科学发展考核评价体系，加强高校领导班子建设，加强统筹协调，加强督促检查，扎扎实实地推进各项工作，不断开创大学生思想政治教育工作新局面。

辽宁省委高校工委、广东省委教育工委和北京大学、清华大学、复旦大学、南开大学、上海大学党委以及共青团浙江省委的负责同志在会上发言。

2010年6月

《2010—2012年军队高中级干部学习规划》印发全军

6月2日，经胡锦涛主席和中央军委批准，总政治部下发文件，印发《2010—2012年军队高中级干部学习规划》，要求认真抓好贯彻落实。

《规划》充分体现党的十七届四中全会关于建设马克思主义学习型政党、学习型党组织的要求，体现胡主席和军委领导关于加强学习的重要指示，着眼坚定理想信念、提高战略思维创新思维辩证思维能力，以系统掌握中国特色社会主义理论体系、提高学习和运用科学发展观水平为根本任务，按照提高理论素养、军事素养、人文素养和增强党性修养相结合的思路，对指导思想和目标、学习的主要内容、组织学习的方法和途径、组织领导等，作出明确规范，提出具体要求。《规划》按照注重导向性、知识性、可读性的要求，推荐了21种学习书目，其中必读书目9种，选读书目12种。

《规划》是在深入调研、广泛听取各方面意见基础上制定的，具有很强的指导性和可操作性。认真贯彻落实《规划》，对于促进领导干部学习制度化规范化，形成勤于学习、不断学习、善于学习的导向，提高领导干部的思想政治水平和领导部队建设科学发展、带领部队完成各项任务的能力，做真学真懂真信真用科学发展观的模范，具有十分重要的意义。

干部人事制度改革工作联席会议召开

6月2日，干部人事制度改革工作联席会议在北京召开。李源潮主持会议并讲话。

干部人事制度改革《规划纲要》颁布实施半年来，各地各部门都很重视。目前，已有11个省区市及部分中央和国家机关制定了实施意见或工作方案，许多地方和部门围绕重点突破项目推出了一系列改革措施。联席会上，中央纪委、中组部、中央编办、人社部和国务院国资委等单位介绍了落实《规划纲要》进展情况。

李源潮指出，目前各级领导班子处于相对稳定期，推进改革的条件比较有利。要审时度势，抓紧实施《规划纲要》。要继续下力气抓好重点改革任务的落实，明确推进的时间节点，加强统筹协调和分类指导。要精心制定、抓紧出台有关文件，充分考虑时效性；已经出台的改革措施要认真落实，在落实过程中随时分析改革的效应和干部群众的反映，在改革中完善改革；比较成熟的改革措施要抓普及；难度比较大的改革项目要组织力量到基层调研和试点。

李源潮指出，提高选人用人公信度，与干部人事制度改革的力度和成效有正相关性。中央和国家机关的干部人事制度改革具有重要示范和带动作用，要以更大的力度抓紧推进。各级党委（党组）要加强对干部人事制度改革的领导和统筹，齐心协力落实好干部人事制度改革《规划纲要》。

中央军委主席胡锦涛签署命令发布施行新修订的内务条令、纪律条令和队列条令

6月4日人民日报报道，中央军委主席胡锦涛日前签署命令，发布施行新修订的《中国人民解放军内务条令》、《中国人民解放军纪律条令》和《中国人民解放军队列条令》（统称共同条令）。这次修订共同条令，是深入贯彻党的十七大精神、推动军队建设科学发展的重大举措，对于在新的历史起点上推进我军革命化、现代化、正规化建设，巩固和提高部队战斗力，确保部队高度集中统一和安全稳定，具有十分重要的意义。

新修订的内务条令，在总则中增写了把科学发展观作为国防和军队建设的重要指导方针、全面履行新世纪新阶段我军历史使命、发扬“听党指挥、服务人民、英勇善战”的优良传统、大力培育当代革命军人核心价值观、实施科学管理、坚持安全发展理念等重要内容。针对我军内务建设和管理教育工作面临的新情况新问题，对军人誓词、着装规定、仪容举止、与军外人员的交往、保密守则、警卫制度、财务管理、装备日常管理和常见事故防范等作了修改与完善，增加了心理疏导、士官留营住宿、军人居民身份证使用、移动电话和国际互联网使用管理、军事交通运输管理等新内容。内务条令由原来的21章48节326条，修改为21章62节420条。

新修订的纪律条令，对我军奖励制度进行了必要的改革，把个人荣誉称号奖章调整为个人荣誉称号勋章，在保持现有奖励项目的基础上增设了5类纪念章，并把军地重要表彰纳入个人奖励条件；为突出奖励为作战、训练服务的导向作用，一些科研评比和文体比赛奖项不再与奖励项目直接挂钩。同时，为进一步增强处分的针对性、操作性和严肃性，增加了10种新的处分条件，规范了“除名”处分项目的条件、权限和程序，调整了对军官、文职干部的部分处分权限，取消了“取消士官资格”处分项目。纪律条令由原来的7章12节96条，修改为7章15节179条。

新修订的队列条令，适应了军队建设发展的新变化新要求，适用性、规范性明显增强，主要增写了军人宣誓、新式轻武器操作和纪念仪式中礼兵行进的“礼步”等队列动作，以及晋升（授予）军衔、授枪、纪念仪式等新的内容，修改了坐姿脱（戴）帽和放帽、分队乘坐交通工具、车辆行进中的调整指挥等队列动作和一些过时的称谓。队列条令由原来的9章2节65条，修改为11章71条。

新修订的共同条令自2010年6月15日起施行。

中共中央国务院印发《国家中长期人才发展规划纲要（2010—2020年）》

6月7日人民日报报道，中共中央、国务院印发了《国家中长期人才发展规划纲要（2010—2020年）》（以下简称《人才规划纲要》），并发出通知，要求各地区各部门结合实际认真贯彻执行。

通知要求各级党委和政府要把人才作为经济社会发展的第一资源摆在突出位置，加强对《人才规划纲要》实施的组织领导。要组织广大干部群众特别是各级领导干部认真学习《人

才规划纲要》,深刻理解《人才规划纲要》提出的新思想新理念,深刻理解"服务发展、人才优先、以用为本、创新机制、高端引领、整体开发"的人才发展指导方针,深刻理解建设人才强国的战略目标,深刻理解人才发展的重点任务和重要举措,进一步增强做好人才工作的紧迫感和自觉性。要开展广泛深入的宣传活动,在全社会形成有利于《人才规划纲要》实施的良好舆论氛围。要结合本地区本部门实际,采取有力措施,把《人才规划纲要》提出的各项任务落到实处。要抓紧编制省(自治区、直辖市)、行业系统以及重点领域人才发展规划,形成全国人才发展规划体系。

中国科学院第十五次院士大会
中国工程院第十次院士大会开幕

6月7日,中国科学院第十五次院士大会、中国工程院第十次院士大会在人民大会堂开幕。胡锦涛出席会议并发表重要讲话。吴邦国、温家宝、贾庆林、李长春、习近平、李克强、周永康出席会议。

胡锦涛在讲话中首先代表党中央、国务院向大会的召开表示热烈的祝贺,向两院院士和全国广大科技工作者致以诚挚的问候。

胡锦涛指出,一个国家的科技竞争力决定了其在国际竞争中的地位和前途。对世界经济、科技发展的新形势新趋势,我们必须准确判断并牢牢把握,紧密结合我国国情,切实推动以人为本、全面协调可持续的科学发展,坚定不移走生产发展、生活富裕、生态良好的文明发展道路。我们必须坚定不移地走中国特色自主创新道路,切实把科学技术摆在优先发展的战略地位,坚持自主创新、重点跨越、支撑发展、引领未来的方针,把增强自主创新能力作为战略基点,构建完整的创新体系,牢牢把握发展主动权。我们必须把科技进步与国家发展战略、经济社会发展目标、人民日益增长的物质文化需要紧密结合起来,站到科技和产业发展前沿,下大气力解决影响我国未来发展的重大科学和关键技术问题,抢占未来发展先机。我们必须坚持以人为本,大力发展与民生相关的科学技术,把科技进步和创新与提高人民生活水平和质量、提高人民科学文化素质和健康素质紧密结合起来,不断强化公共服务、改善民生环境、保障民生安全。

胡锦涛就当前要重点推动的科技发展工作提出8点意见。一是大力发展能源资源开发利用科学技术,坚持系统谋划、节能优先、创新替代、循环利用、绿色低碳、安全持续,形成可持续的能源资源体系,切实保障我国能源资源有效供给和高效利用。二是大力发展新材料和先进制造科学技术,加快推进材料产业结构调整,促进我国制造业结构升级和战略调整,发展先进装备制造业。三是大力发展信息网络科学技术,抓住新一代信息网络技术发展的机遇,创新信息产业技术,以信息化带动工业化,发展和普及互联网技术,推进国民经济和社会信息化。四是大力发展现代农业科学技术,发展高产、优质、高效、生态、安全农业和相关生物产业,保障粮食和主要农产品安全,实现农产品优质化、营养化、功能化。五是大力发展健康科学技术,建设世界先进水平的生物安全、食品安全、健康营养生活方式的科技保障系统,提高健康科学和健康服务水平。六是大力加强生态环境保护科学技术,提升生态环境监测、保护、修复能力和应对气候变化能力,构建人与自然和谐相处的生态环境保育发展体系。七是大力发展空间和海洋科学技术,保证我国有效和平利用空间,使我国海洋科技水平进入世界前列。八是大力发展国家安全和公共安全科学技术,提高对传统和非传统国家安全和公共安全的监测、预警、应对、管理能力,加强安全生产技术研究和推广。

各级党委和政府要高度重视对科技工作的领导和支持,坚持把推动科技进步和创新作为加快转变经济发展方式的重要途径,加强科技投入,认真听取科技专家意见,把握科技发展趋势,制定和采取有效措施,推动解决经济社会发展涉及的重大科技问题。

大会由路甬祥主持，徐匡迪致开幕词。1400多位两院院士，中央和国家机关有关部门负责人出席大会。

中央纪委印发《用公款出国（境）旅游及相关违纪行为适用〈中国共产党纪律处分条例〉若干问题的解释》

6月9日，为明确政策界限，惩处用公款出国（境）旅游及相关违纪行为，中央纪委印发了《用公款出国（境）旅游及相关违纪行为适用〈中国共产党纪律处分条例〉若干问题的解释》（以下简称《解释》）。

《解释》共8条，1100余字，对用公款出国（境）旅游及相关违纪行为以及应当适用的《中国共产党纪律处分条例》的有关条款作了规定。

《解释》明确界定了“用公款出国（境）旅游行为”。根据《解释》规定，“用公款出国（境）旅游行为，是指无出国（境）公务，组织或者参加用公款支付全部或者部分费用，到国（境）外进行参观、游览等活动的行为；其中包括无实质性公务，以考察、学习、培训、研讨、招商、参展、参加会议等名义，变相用公款出国（境）旅游的行为。”

同时，《解释》结合典型案例，针对用公款出国（境）旅游行为以及与之密切相关的以不正当方式谋求用公款出国（境）、组织以营利为目的的双跨团组用公款出国（境）等行为，在《解释》中共规定了十二种具体违纪行为，并明确了给予党纪处分所应当适用的《中国共产党纪律处分条例》的有关条款，为制止公款出国（境）旅游专项治理工作深入开展提供了制度保障。

由于组织用公款出国（境）旅游的行为，较之参加用公款出国（境）旅游的行为，其危害更大，影响更为恶劣，因此，应当依纪从重处分。所以，《解释》第二条规定，对于组织者，给予撤销党内职务或者留党察看处分，情节严重的，给予开除党籍处分。

为挽回用公款出国（境）旅游给国有财产造成的损失，《解释》第八条规定，用公款出国（境）旅游的，依照《中国共产党纪律处分条例》第四十一条的规定，应当责令其退赔用公款支付的各项费用。

总政要求全军和武警部队进一步推进学习型党组织建设

6月11日，解放军总政治部发出《关于进一步推进学习型党组织建设的通知》，要求全军和武警部队按照胡主席和军委领导的有关重要指示精神，切实把建设学习型党组织作为深入贯彻落实科学发展观的重要举措抓紧抓好，不断提高军队党的建设科学化水平，增强各级党组织的创造力凝聚力战斗力。

通知强调，要按照中央决策部署，紧贴军队实际，围绕把科学理论武装作为首要任务，把提高素质能力作为重要着力点，把推动部队建设科学发展、有效履行使命任务作为实践平台，把加强党性修养、弘扬优良作风作为现实课题，把健全完善制度机制作为重要保障等基本要求，进一步理清建设学习型党组织的工作思路，搞好谋划指导。

要着眼提高理论素养，组织认真研读《军队高中级干部理论学习读本》、《中国特色社会主义理论体系基层读本》，着重学好《国防和军队建设贯彻落实科学发展观重要论述选编》，系统掌握中国特色社会主义理论体系，提高学习和运用科学发展观水平。要着眼提高党性修养，把组织学习与党性锻炼结合起来，深入扎实地抓好培育当代革命军人核心价值观主题教育，引导党员干部自觉划清“四个重大界限”。要着眼提高工作水平，把学理论、学科技、学管理结合起来，把向书本学习、向实践学习、向官兵学习结合起来，抓好高科技知识培训，抓好联合作战知识学习，努力掌握军队现代化建设所需要的知识和本领。

要把团以上领导班子、领导干部作为建设学习型党组织的重点。着力提高党委中心组学习质量，注重基本理论学习，增强理论素养，注重现实问题研讨，提高领导能力，注重联系思想实际，加强主观世界改造。着力增强集中轮训效果，科学确定学习内容，改进形式方法，规范和细化过程管理，切实防止重规模效应轻实际效果的现象。着力抓好领导干部自学，认真落实《2010—2012 年军队高中级干部学习规划》。

中共中央政治局召开会议审议国家中长期教育改革和发展规划纲要

6 月 21 日，中共中央政治局召开会议，审议并通过《国家中长期教育改革和发展规划纲要(2010—2020 年)》，胡锦涛主持会议。

会议强调，面对全面建设小康社会的新要求、人民群众的新期盼、国际竞争的新形势，必须高举中国特色社会主义伟大旗帜，以邓小平理论和“三个代表”重要思想为指导，深入贯彻落实科学发展观，全面贯彻党的教育方针，坚持社会主义办学方向，面向现代化、面向世界、面向未来，遵循教育规律和人才成长规律，认真落实优先发展、育人为本、改革创新、促进公平、提高质量的工作方针，全面推进教育事业科学发展，办好人民满意的教育，建设人力资源强国。

在党和国家工作全局中，要坚定不移把教育摆在优先发展的战略地位，大力实施科教兴国战略和人才强国战略。要坚持以人为本、全面实施素质教育，把促进学生健康成长作为学校一切工作的出发点和落脚点，着力提高学生服务国家服务人民的社会责任感、勇于探索的创新精神和善于解决问题的实践能力，培养德智体美全面发展的社会主义建设者和接班人。要把改革创新作为教育发展的强大动力，创新人才培养体制、办学体制、教育管理体制，改革教学内容、方法、手段，扩大教育开放。要把促进公平作为国家基本教育政策，建成覆盖城乡的基本公共教育服务体系，合理配置公共教育资源，向农村地区、边远贫困地区、民族地区倾斜，努力办好每一所学校，教好每一个学生，保障公民依法享有受教育的权利。要把提高质量作为教育改革发展的核心任务，树立科学的教育质量观，注重教育内涵发展。要完善中国特色社会主义现代教育体系，基本普及学前教育，巩固提高九年义务教育水平，加快普及高中阶段教育，大力发展职业教育，全面提高高等教育质量，加快发展继续教育，重视和支持民族教育事业，关心和支持特殊教育。要切实提高教师综合素质和业务水平，鼓励优秀人才长期从教、终身从教、到艰苦贫困地区从教，努力造就师德高尚、业务精湛、结构合理、充满活力的高素质专业化教师队伍。要保障经费投入，健全以政府投入为主、多渠道筹集教育经费的体制，调动全社会办教育的积极性。

各级党委和政府要切实加强对教育工作的领导，把落实教育优先发展、推动教育事业科学发展作为重要职责，把国家中长期教育改革和发展规划纲要各项任务措施落到实处，形成全党全社会重视、关心、支持教育发展的良好氛围。

曾庆红《关于党的建设工作》一书出版发行

6 月 21 日，在中国共产党成立 89 周年前夕，曾庆红同志《关于党的建设工作》一书由中央文献出版社、党建读物出版社出版，即日起在全国公开发行。

本书收入曾庆红同志从 1985 年 5 月至 2007 年 11 月担任中共上海市委组织部、中共中央办公厅、中共中央组织部领导工作期间，特别是担任党的十六届中央政治局常委、中央书记处书记、国家副主席和中央党校校长期间，关于党的建设工作的讲话、报告、文章、序言、贺信、贺词等共 107 篇，约 62 万字，分为上下两册。大部分文稿是首次公开发表。

本书记录了曾庆红同志从地方到中央从事党的建设工作的思想轨迹，反映了曾庆红同志坚决认真贯彻党中央决策部署，在关于党的思想理论建设、领导班子和干部队伍建设、人才队伍建设、党的基层组织和党员队伍建设、党的作风建设和反腐倡廉建设，以及干部人事制度改革、干部培训和干部监督工作等方面的思考和创新。全书贯穿了党的基本理论、基本路线、基本纲领、基本经验，贯穿了办好中国的事情关键在党、关键在人的重要观点，贯穿了党领导的伟大事业同党的建设新的伟大工程相辅相成的重要观点，贯穿了党的建设既要加强又要改进、既要继承又要创新的重要观点，贯穿了在党的领导下让红色江山既永不变色又充满活力的重要观点。

本书的出版，对广大党员干部特别是各级领导干部深入学习贯彻党的十七大和十七届四中全会精神，以邓小平理论和“三个代表”重要思想为指导，深入贯彻落实科学发展观，坚持承前启后、继往开来，全面提高党的建设科学化水平，具有重要参考价值。

中共中央政治局进行第二十一次集体学习

6月22日，在中国共产党成立89周年前夕，中共中央政治局就加强党的基层组织建设问题进行第二十一次集体学习。胡锦涛在主持学习时代表党中央，向奋斗在各条战线的广大基层党员、干部，向全体共产党员致以节日问候。国防大学军队建设与军队政治工作教研部吴杰明教授、中央组织部党建研究所高永中研究员就这个问题进行讲解，并谈了他们的意见和建议。

胡锦涛在主持学习时发表了讲话。他指出，我们党是以民主集中制为原则建立起来的马克思主义政党，分布广泛、严密完善、富有活力的基层组织是党全部工作和战斗力的基础，是贯彻落实党的路线方针政策和各项工作任务的战斗堡垒。国际形势越是复杂多变，我国社会越是深刻变革，改革发展稳定任务越是艰巨繁重，我们越要做好抓基层打基础工作。

加强党的基层组织建设，必须按照党的十七大和十七届三中、四中全会作出的部署，以邓小平理论和“三个代表”重要思想为指导，深入贯彻落实科学发展观，坚持围绕中心、服务大局、拓宽领域、强化功能，抓好组织体系、骨干队伍、活动载体、工作制度、场所阵地建设，着力扩大覆盖面、增强生机活力，着力解决存在的突出矛盾和问题，使党的基层组织充分发挥推动发展、服务群众、凝聚人心、促进和谐的作用，不断开创党的基层组织建设新局面。并就加强党的基层组织建设提出4点要求。一是要进一步健全党的基层组织体系，全面推进各领域党的基层组织建设，形成科学严密的组织架构，实现党组织和党的工作全社会覆盖，把人民群众紧密团结在党组织周围。二是要进一步推动基层党建工作创新，找准基层党建工作与中心任务的结合点，创新党的基层组织发挥作用的途径和方式，积极探索扩大党内基层民主的多种实现形式，不断增强基层党组织服务大局、推动科学发展、维护社会和谐稳定的能力。三是要进一步增强基层党员干部队伍活力，建立健全教育、管理、服务党员长效机制，形成新形势下党员经常受教育、永葆先进性的长效机制。四是要进一步构建城乡统筹的基层党建新格局，推进城乡基层党建工作双向开放、资源共享、优势互补、相互促进，发挥城市基层党建带动优势，加强对革命老区、民族地区、边疆地区、贫困地区基层党建工作的支持，推动城乡、区域基层党建工作协调发展。

各级党委要坚持党要管党、从严治党，强化党委管党建、书记抓党建的责任，完善基层党建工作领导体制，加强分类指导、统筹协调、监督检查，深入调查研究，尊重党的基层组织和广大党员的首创精神，建设高素质基层党务工作者队伍，保障基层组织建设工作经费，确保加强和改进新形势下基层党建工作各项重大举措落到实处。当前，各级党组织要切实抓好深入开展创建先进基层党组织、争做优秀共产党员活动，在基层党组织和广大党员中营造学先进、赶先进、作贡献、当表率的良好风气。

国有企业外宣工作座谈会召开

6月22日，国有企业外宣工作座谈会在京

召开。刘云山出席会议并讲话。

刘云山指出，做好国有企业对外宣传，关键是发挥好企业的主动性创造性。国有企业地位重要、影响力强，要把宣传展示国家形象作为重要职责和光荣使命，积极主动地向国际社会展示我改革开放和现代化建设的成就，介绍我们党立党为公、执政为民的执政理念，宣传我走和平发展道路、推动建设和谐世界的政策主张。要进一步提高同媒体打交道的能力，善待媒体、善用媒体，主动同境外媒体加强联系、建立良好关系，多提供权威信息，多提供报道素材，多举行新闻发布、媒体联谊等活动，加深媒体对企业的了解。要妥善应对热点难点，及时准确、公开透明地发布信息，努力做好敏感问题、突发事件的舆论引导。要自觉遵守当地法律法规，尊重当地风俗习惯，积极履行社会责任、参与公益事业，用服务当地经济社会发展的实际行动树立良好声誉，赢得国外民众的尊重。要充分运用中华文化宝贵资源，结合所在国的文化特点，培育特色鲜明的企业文化，开展多种形式的文化交流，树立中国企业、中国产品的文化标识和良好形象。

国有企业外宣工作涉及许多领域，需要加强统筹协调，运用好各方面资源，形成整体效应。要建立统一高效的协调机制，分工负责、密切配合，及时研究解决工作中的实际问题，推动企业外宣工作制度化常态化。有关部门要加强宏观指导，加强政策扶持，加强人才培养，为企业外宣提供必要保障和有效服务。中央主要媒体要加大对国有企业的宣传力度，及时报道我国有企业在海外重大工程、重要项目的进展情况，反映我国有企业诚实守信、合作友善的良好风貌。国有企业的对外宣传是一个新课题，要深入研究企业外宣工作的特点和规律，在实践中不断总结好的经验做法，推动企业外宣工作不断向广度深度拓展。

截至2009年底全国共产党员人数达7799.5万名

6月28日，中央组织部发布的最新党内统计数据显示，截至2009年底，中国共产党党员总数为7799.5万名，比上年净增206.5万名。

其中，女党员1694万名，占党员总数的21.7%；少数民族党员513万名，占党员总数的6.6%；具有大专以上学历的党员2787.3万名，占党员总数的35.7%。

从党员的年龄来看，35岁以下的党员1847.3万名，占党员总数的23.7%；36岁至45岁的党员1687.6万名，占21.6%；46岁至59岁的党员2283.5万名，占29.3%；60岁以上的党员1981.1万名，占25.4%。

从党员的入党时间看，新中国成立前入党的67.5万名，新中国成立后至“文革”前入党的760.6万名，“文革”期间入党的1211.5万名，粉碎“四人帮”至党的十六大前入党的3857.8万名，党的十六大以来入党的1902.2万名。

从党员的职业看，工人693.7万名，农牧渔民2402万名，党政机关工作人员659.6万名，企事业单位管理人员、专业技术人员1772.5万名，学生226.9万名，离退休人员1452.5万名，其他职业人员592.3万名。

中共中央召开深入开展创建先进基层党组织、争当优秀共产党员活动座谈会

6月30日，在中国共产党成立89周年之际，中共中央在北京召开深入开展创建先进基层党组织、争当优秀共产党员活动座谈会。会前，胡锦涛会见与会的全国先进基层党组织和优秀共产党员代表并作重要讲话。胡锦涛代表党中央向各条战线的先进基层党组织和优秀共产党员致以崇高的敬意，向全国广大基层党组织和共产党员致以节日的问候。

胡锦涛指出，我们党已经走过了89年光辉历程。党的基层组织是党全部工作和战斗力的基础。我们党89年来团结带领全国各族人民取得的一切成就，都是同广大基层党组织和共产党员的不懈奋斗紧密联系在一起的。任何时候任何情况下，我们都要高度重视并切实做好

抓基层打基础的工作，不断提高基层党组织建设科学化水平。

深入开展创建先进基层党组织、争当优秀共产党员活动，是加强党的基层组织建设的一项经常性工作，也是新形势下加强党的先进性建设的有效载体和有力抓手。各级党委都要认真开展这项活动，在广大基层党组织和党员中营造学习先进、争当先进、赶超先进的良好风气，推动基层党组织充分发挥战斗堡垒作用、党的基层干部充分发挥骨干带头作用、广大党员充分发挥先锋模范作用，为夺取全面建设小康社会新胜利、开创中国特色社会主义事业新局面作出新的更大的贡献。

习近平、贺国强参加会见并出席座谈会，座谈会由李源潮主持。习近平在讲话中指出，一个先进基层党组织就是一个坚强战斗堡垒，一名优秀共产党员就是群众中一面鲜艳旗帜。开展创先争优活动，既为进一步落实深入学习实践科学发展观活动需要长期整改的任务特别是延伸到基层的任务、切实兑现向群众作出的承诺、建立健全深入学习实践科学发展观长效机制提供了有力抓手，也为进一步健全党的基层组织体系、推动基层党建工作创新、增强党员队伍战斗力提供了重要平台。

深入开展创先争优活动，重在解决问题，重在取得实效。各级党组织要围绕党和国家中心工作，根据各个行业党组织的特点和各个岗位党员的实际，确定具有自身特色的活动主题和活动方式，打造特色鲜明、为基层和党员喜闻乐见的活动载体，使创先争优活动真正成为推动科学发展、促进社会和谐、服务人民群众、加强基层组织的经常性动力。创先争优活动要达到预期目标，发挥好先进示范、典型引路的作用很重要。要及时总结和挖掘先进典型，广泛宣传他们的先进事迹，用身边事教育身边人，充分激发广大基层党组织和党员干事创业的热情和动力，在党内外形成比学习、比工作、比奉献和学先进、赶先进、当先进的浓厚氛围，使创先争优成为全社会的价值取向。

座谈会上，四川省汶川县副县长、水磨镇党委书记王志勇，青海省玉树县扎西大同村党支部书记智扎才仁，广西壮族自治区那坡县龙合乡党委书记余炎先，上海世博局中国馆党委副书记、常务副馆长钱之广，吉林省长春市二道区东站街道党工委副书记、十委社区党委书记姚珺，中南大学校长黄伯云，中国铁建第一勘察设计院副院长李金城，青海省玉树军分区司令员、党委副书记吴勇等8位代表先后发言。

11个党中央部门单位和31个省区市党委组织部门设立新闻发言人制度

6月30日，在中央外宣办举办的中外记者见面会上获悉：目前我国已有11个党中央的部门和单位设立了新闻发言人制度，全国31个省区市及近一半的地市都建立了党委组织部门的新闻发言人制度。

近年来，党中央高度重视党务公开和党务信息发布工作。党的十六届四中全会提出要“逐步推进党务公开，增强党组织工作的透明度”。按照中央要求，党中央有关部门和地方党委积极推进和开展党务信息发布工作，并取得明显成效，党务公开工作不断出现新气象。

另据了解，截至目前，中国共产党已同世界上160个国家的570多个政党或政治组织展开了不同形式的交流与合作。

中国共产党思想理论资源数据库上线运行

6月30日，由新闻出版总署主管、人民出版社承建的“中国共产党思想理论资源数据库与传播工程”首期宣告落成，并正式上线运行。

“中国共产党思想理论资源数据库与传播工程”以“人民出版社”网为传播平台，将马克思主义经典著作、党和国家重要文献文件和我党诞生以来公开发表、出版的思想理论类图书、文章、音视频、图片等资源进行数字化加工和公益性传播。工程第一期已完成8000余种中国特色社会主义理论体系重要著作文献和其他马克思主义基本著作等图书的数字化开发和上网。该工程第二期已开始对1921年以来出版的党的思想理论图书资源进行全面的开发加工。第三期将从2011年开始,在全国范围内整合党的思想理论资源,丰富传播形式。

工程自主研发的语义查询系统、概念关联系统、引文自动比对、自助听读系统、经典诵读、经典视频导读、理论学习自测、多功能动画书、“人民出版社手机网”等特色服务功能,以其丰富多样的视、听、检索、比对等传播手段受到读者欢迎。

2010年7月

在非公有制经济组织党组织和党员中深入开展创先争优活动

7月1日,中央组织部、中央宣传部、中央创先争优活动领导小组联合转发了全国非公有制经济组织创先争优活动指导小组《关于在非公有制经济组织党组织和党员中深入开展创先争优活动的实施意见》,并发出通知,要求各地区各部门结合实际认真贯彻执行。

意见指出,在非公有制经济组织党组织和党员中深入开展创先争优活动,是在党的基层组织和党员中深入开展创先争优活动的重要组成部分,是激发非公有制经济组织加快发展方式转变的内在动力,是构建和谐劳动关系的必然要求,是进一步巩固党在非公有制经济领域执政基础的迫切需要。非公有制经济组织的创先争优活动,要紧紧围绕中央的总体要求,按照创建“五个好”先进基层党组织、争做“五带头”优秀共产党员的基本要求,以“推动加快经济发展方式转变,促进企业实现科学发展”为主题,坚持从非公有制经济组织实际出发,以切实发挥党组织和党员作用为根本,努力达到“组织创先进、党员争优秀、企业有发展、职工得实惠”的具体要求。非公有制经济组织的创先争优活动要把握好工作重点,在增强活动的针对性、操作性和实效性上下功夫。要精心设计载体,突出分类指导,扩大党组织和党的工作“两个覆盖”,搞好教育培训,注重典型引路,营造学习先进、崇尚先进、争当先进的良好风气。

中国社科院庆祝《中国社会科学》创刊30周年

7月2日,中国社会科学院在京举行《中国社会科学》创刊30周年暨《中国社会科学报》创刊1周年座谈会。张梅颖、陈奎元出席座谈会并讲话。

会议认为,哲学社会科学是一个国家和民族的灵魂,是一个国家、一个民族价值观形成的土壤和基石。目前,我国的发展还面临许多复杂的矛盾和问题,许多重大的理论和实践问题需要哲学社会科学工作者研究和回答。我们国家在和平发展的过程中,还面临着许多外部的污蔑、曲解、误解或无知,这既是对我国哲学社会科学工作者的考验,同时也为哲学社会科学工作者提供了广阔的施展舞台。会议希望中国学者能不断创新,不断地提高国际话语权,运用国际上通行的容易理解的语言和术语,充分说明中国的真实情况。

中央党校召开第二十八期中青年干部培训班学员座谈会

7月3日，中组部与中央党校召开第二十八期中青年干部培训班学员座谈会，李源潮出席并与学员座谈。

这期中青年干部培训班共有100位学员。座谈会上，中央党校常务副校长李景田介绍了这期中青班的情况，8位学员谈了学习体会和收获。在近半年的学习培训中，学员们比较系统地学习中国特色社会主义理论，赴井冈山、延安进行党性教育体验，深入基层调查研究，理论素养和领导能力有了新的提高，党性锻炼得到增强。

李源潮指出，先进和优秀是共产党人的特征和追求，更应是党的干部的特征和追求。中青年干部要有理想追求、品德追求、知识追求、贡献追求，建设新一代共产党人的精神家园。要坚定中国特色社会主义信念，坚持为民、务实、清廉的从政品德，努力学习理论，在实践中总结提高。要有奉献精神，甘于牺牲个人利益，为党和人民多做贡献。

中青年干部要经得起官、利、名、情的考验，坚守共产党人的核心价值观。要当清正廉明的干部，不当贪官、庸官、懒官、昏官。要追求公利、约束私利，绝不以公权谋取私利。要干实事不图虚名，立百姓口碑不争风头功名。共产党人既讲对人民之情，也讲同志和亲友之情，但情不可越法、情不可越规、情不可越德。要自重、自省、自警、自励，自觉遵守从严治党的纪律要求。

《中国反腐倡廉大事记(1978—2010)》出版

7月5日，一部由人民日报社、中国纪检监察报社、中国方正出版社联合编写的《中国反腐倡廉大事记(1978—2010)》出版发行。

该书根据权威文献资料，以记事的形式，记述了1978年12月至2010年1月间，党和国家主要领导有关党风、党纪、廉政建设、反对腐败等方面的重要论述；中央纪委恢复成立以来的重要文献、政策规章；有关纪检(监察)工作的重要会议、活动；改革开放以来反腐倡廉典型大案、要案等，共350万字。

全国市辖区纪委书记培训班学员代表座谈会召开

7月8日，国家行政学院召开全国市辖区纪委书记培训班学员代表座谈会。贺国强出席并讲话。

在认真听取学员代表发言后，贺国强指出，建设一支高素质的纪检监察干部队伍，是深入推进党风廉政建设和反腐败斗争的重要组织保证。各级纪检监察机关必须把提高干部队伍素质和能力作为一项重要而紧迫的任务来抓。对年轻领导干部特别是纪检监察干部来讲，最根本的是要解决好以下3个问题。

第一，坚定信念。理想信念是思想和行动的"总开关"、"总闸门"。第二，提高本领。练就过硬的工作本领，不仅是党和国家事业发展的要求，也是每个人成长进步的基础。第三，改进作风。加强作风建设是我们党的一项优良传统和宝贵经验，也是一项常抓常新的重要课题和战略任务。

何勇以及中央纪委监察部、中央党校、国家行政学院有关负责同志参加了座谈会。据悉，中央纪委监察部继去年对全国2000多名县纪委书记集中培训后，今年6月对全国400多名市纪委书记、这次又对850多名市辖区纪委书记进行了集中培训。

中办国办印发《关于领导干部报告个人有关事项的规定》

7月12日人民日报报道，中共中央办公厅、国务院办公厅近日印发了《关于领导干部报告个人有关事项的规定》，并发出通知，要求各地区各部门认真贯彻执行。

通知指出,《规定》针对当前领导干部廉洁自律方面出现的新情况新问题,进一步规范了领导干部报告个人有关事项的制度。这是贯彻落实党的十七大和十七届四中全会精神、推进惩治和预防腐败体系建设的重要体现,是促进领导干部廉洁自律、回应社会关切的重要举措和制度创新,对加强领导班子和干部队伍建设、推进反腐倡廉制度建设特别是健全党内监督制度具有十分重要的意义。

通知要求,各地区各部门要把学习宣传贯彻《规定》作为当前的一项重要政治任务列入议事日程,切实加强组织领导。各级领导干部要按照《规定》要求如实报告个人有关事项,自觉接受监督。各级党组织要依照《规定》认真做好领导干部报告个人有关事项制度的组织实施工作,加强对领导干部的管理和监督。各级纪检监察机关和有关部门要协助党委抓好任务分解,保证《规定》得到贯彻落实。

全国教育工作会议召开

7月13日至14日,中共中央、国务院在北京召开全国教育工作会议。第一次全体会议以电视电话会议形式召开,主会场设在人民大会堂小礼堂。胡锦涛、温家宝、贾庆林、李长春、习近平、李克强、贺国强、周永康出席会议。胡锦涛在会议上发表重要讲话。温家宝在会议上讲话。李克强主持会议。

胡锦涛在讲话中强调,大力发展教育事业是全面建设小康社会、加快推进社会主义现代化、实现中华民族伟大复兴的必由之路。全党全国要积极行动起来,坚持育人为本,以改革创新为动力,以促进公平为重点,以提高质量为核心,推动教育事业在新的历史起点上科学发展,加快从教育大国向教育强国、从人力资源大国向人力资源强国迈进,为中华民族伟大复兴和人类文明进步作出更大贡献。

温家宝在讲话中强调,推进教育事业改革和发展是一项长期而艰巨的任务。《教育规划纲要》的制定和实施只是一个新的起点。实现教育科学发展,根本出路在改革创新。要解放思想,实事求是,敢于冲破传统观念和体制机制的束缚,允许和鼓励各地进行探索和试验,通过改革创新使教育发展更加符合时代发展的潮流,更加符合建设中国特色社会主义对人才的需要,更加符合广大人民群众对教育的殷切期望。

刘延东在总结讲话中指出,这次会议是在现代化建设进入关键时期、教育改革发展站在新的历史起点上召开的一次重要会议。要认真学习贯彻胡锦涛、温家宝同志的重要讲话和《教育规划纲要》,深刻领会中央战略部署和任务要求,把思想和行动统一到中央精神上来。要科学把握教育改革发展中的重要关系,特别是正确处理优先发展和服务全局的关系,把教育摆在优先发展的战略位置;正确处理公平和效率的关系,重在机会公平,把有限教育资源投向最需要领域、最困难群体;正确处理规模和质量的关系,注重质量,走内涵式发展道路;正确处理政府主导和社会参与的关系,强化政府责任、调动全社会力量共同支持教育发展;正确处理整体推进和分类指导的关系,因地制宜、突出特色,探索符合实际的教育改革发展途径;正确处理尽力而为和量力而行的关系,以务实措施实现教育发展目标,满足群众合理期望;正确处理立足国情和面向世界的关系,构建中国特色社会主义现代教育体系;正确处理改革发展和维护稳定的关系,解放思想、勇于探索、试点先行、稳步推进。各地区各部门要迅速行动起来,科学制定贯彻落实会议精神的配套政策和具体措施,抓紧启动重大发展项目和改革试点。

中宣部、发展改革委、财政部、教育部和江苏、福建、山东、湖北、湖南、重庆等10个单位和地区有关负责同志在会上发言。

中直机关工委举办学习贯彻《中国共产党党和国家机关基层组织工作条例》研讨班

7月14日至15日,中直机关工委在京举办学习贯彻《中国共产党党和国家机关基层组织工作条例》研讨班。孙淦就贯彻落实《条例》提出要求：要从党的建设和党的事业发展全局的高度，深刻认识《条例》修订颁布的重大意义。要切实抓好《条例》的贯彻落实，进一步提高机关党的工作科学化水平。一要认真学习，提高认识；二要加强领导，狠抓落实；三要加强监督检查，确保取得实效。他指出，要以学习贯彻《条例》为契机，扎实做好当前机关党建的重要工作。

孟学农就贯彻《条例》的《实施办法》作了说明。中央组织部、中央宣传部、共青团中央、广电总局、中国出版集团等5个单位就如何贯彻落实《条例》作了大会经验交流。

中宣部举办第三十六期地方党委宣传部长培训班和第一期西藏宣传干部培训班

7月15日，刘云山同地方党委宣传部长培训班和西藏宣传干部培训班学员座谈。第三十六期地方党委宣传部长培训班和第一期西藏宣传干部培训班由中宣部在北京举办，6月21日开班7月15日结束。

刘云山在座谈时指出，长期以来基层宣传文化工作者在探索开拓中，做了大量卓有成效的工作，为传播党的理论路线方针政策、促进改革发展稳定作出了重要贡献。同时也要看到，社会环境、社会结构深刻变化，社会成员的流动性、社会组织的复杂性日益增强，人们精神文化需求更加多种多样，对基层宣传思想文化工作提出了许多新任务新要求。创新才有活力，创新才能提高。加强基层宣传思想文化工作，一定要把改进创新作为基本着力点，作为增强工作活力的重要途径，作为开创工作新局面的基本要求。改进创新必须从基层实际出发，找准目标定位、明确努力方向。理论武装工作关键是推进党的理论创新成果的宣传普及，关注大众需求、回应大众关切，做好大众化的宣传、阐释和解读，推动中国特色社会主义理论体系更好地走进人民大众。思想政治工作关键是抓好社会主义核心价值体系宣传教育，围绕群众关注的热点难点问题开展形势政策教育，更好地统一思想、凝聚共识，化解矛盾、疏导情绪。公共文化服务体系建设关键是深入实施重点文化惠民工程，优先安排与人民群众切身利益紧密相关的文化项目，不断健全公共文化服务网络，提高文化产品和服务供给能力。群众性精神文明创建关键是扩大覆盖面、提高参与度，着力解决群众反映强烈的突出问题，把工作做到社区、企业，延伸到村镇、农户。

改进创新必须适应社会生活的新变化和群众接受习惯的新特点，从内容形式、方法手段等多方面入手，增强基层宣传思想文化工作的时代感。要贴近群众的实际需求，多出版基层群众买得起、看得懂、用得上的图书，多制作基层群众喜爱、对生产生活有指导作用的影视节目，多开展群众乐于参与、便于参与的文化活动。要丰富手段载体，发挥报刊、广播、电视等传统媒体的作用，发挥互联网、手机等新兴媒体的优势，利用重大节庆、重大活动、重大纪念日开展主题活动，提高基层宣传思想文化工作的辐射力吸引力。要充分运用各地历史文化遗迹和革命传统教育资源，丰富宣传内容、提升思想内涵，不断开辟更多符合基层特点、适应群众需要的工作途径和渠道。

全国农村党风廉政建设工作座谈会召开

7月15日至16日，全国农村党风廉政建设工作座谈会在哈尔滨市召开。何勇出席会议并讲话，张毅主持会议，屈万祥出席会议。

何勇指出，当前和今后一个时期，深入推进农村党风廉政建设，要进一步加强监督检查，推动党在农村各项方针政策和决策部署的贯彻落实；要扎实开展创先争优活动，切实加强农村基层党员干部作风建设；要认真贯彻中央关于改善农村民生的一系列政策措施，坚决解决损害农民利益的突出问题；要进一步加强农村集体资金、资产、资源管理，加大工作力度，推动取得新的进展；要深入推进农村基层民主建设，积极推进乡镇政务公开、村务公开和农村基层党务公开；要严肃查处农村基层党员干部违纪违法案件，同时注意为受到错告诬告的农村基层党员干部澄清是非，保护他们干事创业的积极性。

各级党委、政府要把农村党风廉政建设摆上重要议事日程，切实担负起全面领导责任。有关职能部门要紧密结合农业和农村工作实际，抓好农村党风廉政建设各项工作。纪检监察机关要协助党委、政府制订加强农村党风廉政建设的工作方案，及时掌握各部门工作的进展情况，协调解决出现的矛盾和问题。要注意总结和推广各地在实践中创造的好做法好经验，丰富和完善农村党风廉政建设内容和载体，推动农村党风廉政建设深入开展。

中央农村基层党风廉政建设工作联席会议成员单位负责同志等出席会议。

中央党校举行
2010年春季学期毕业典礼

7月16日，中共中央党校举行2010年春季学期毕业典礼。习近平出席毕业典礼，并为学员颁发毕业证书。

李源潮、令计划出席毕业典礼。李景田在毕业典礼上讲话。他希望大家继续加强学习，不断深化学习，努力作学习的表率；清醒认识当前的国际国内形势，全力落实中央决策部署，进一步开创各项工作新局面；深入开展创先争优活动，着力解决突出问题，务求取得实效；继续关心党校建设，为进一步大规模培训干部、大幅度提高干部素质作出新贡献。

学员们普遍反映，通过在党校的学习，提升了马克思主义素养，进一步夯实了做好工作的理论基础；开阔了视野胸襟，进一步理清了解决一些重大现实问题的思路；交流了从政经验、心得感悟，进一步提高了领导素质和执政能力；强化了党性意识，进一步培养了履行岗位职责所需要的优良作风。

中央党校本期毕业学员共747人。另有中直机关分校、中央国家机关分校、部队分部和国资委分校的3300多名学员同期毕业。

中共中央就当前经济形势和
下半年经济工作召开党外人士座谈会

7月20日，中共中央在中南海召开党外人士座谈会，就当前经济形势和下半年经济工作听取各民主党派中央、全国工商联领导人和无党派人士的意见和建议。胡锦涛主持座谈会并发表重要讲话。

温家宝、贾庆林、习近平、李克强出席座谈会。温家宝通报了上半年经济工作有关情况，介绍了中共中央、国务院关于做好下半年经济工作的考虑。

座谈会上，民革中央主席周铁农、民盟中央主席蒋树声、民建中央主席陈昌智、民进中央主席严隽琪、农工党中央主席桑国卫、致公党中央常务副主席王钦敏、九三学社中央主席韩启德、台盟中央主席林文漪、全国工商联主席黄孟复、无党派人士陈章良先后发言。他们表示赞同中共中央、国务院对当前我国经济形势的分析和对下半年经济工作的考虑，并就优化投资结构、加快转变经济发展方式、加快培育战略性新兴产业、加强农田水利建设、推进城镇化建设、保障和改善民生、深化改革开放等提出意见和建议。

在认真听取了大家的发言后，胡锦涛作了重要讲话。他表示，对大家提出的意见和建议，我们将认真研究、积极采纳。胡锦涛强调，做好下半年经济工作，对全面完成"十一五"规划确定的目标任务，具有十分重要的意义。我们必须正确把握国内外经济形势新变化新特点，保持宏观经济政策的连续性和稳定性，提高政策调控的针对性和灵活性，努力促进经济平稳较快发展。要继续实施积极的财政政策和适度宽松的货币政策，同时要加强经济监测预测预警，加强宏观经济政策协调配合，注意把握好政策调控力度和节奏，推进解决深层次矛盾和问题。

要继续做好农业发展工作，抓好夏种夏管和秋粮生产，力争全年农业再获好收成，抓好防汛抗旱、防灾减灾各项工作。要继续构建扩大内需的长效机制，着力增强消费需求对经济增长的拉动作用，落实和完善扩大消费政策，提高政府投资质量和效益，引导民间资本更多投向国家鼓励的产业和薄弱环节。要继续加强对经济结构调整的支持和引导，加快培育和发展战略性新兴产业，推进自主创新成果产业化，全面提高服务业发展水平，做好推动西藏、新疆和其他民族地区加快发展工作。要继续推进节能减排，坚持实现节能减排目标不动摇、不松劲，全面落实目标责任制，坚决淘汰落后产能。要继续深化改革开放，加快推进财税、金融、价格、房地产、社会保障等方面改革，推动外贸发展方式由数量规模型向质量效益型转变，加大实施“走出去”战略力度，开拓新的开放领域和空间。要继续切实保障和改善民生，加大社会建设力度，努力满足人民群众在教育、劳动就业、社会保障、医药卫生、住房等方面的基本需求，扎实做好灾后恢复重建工作，加强安全生产工作，维护社会和谐稳定。

温家宝在通报情况时强调，做好下半年经济工作，要坚持搞好宏观调控，以稳定政策为主基调，把处理好保持经济平稳较快发展、调整经济结构和管理通胀预期的关系作为宏观调控的核心，始终把握好政策实施的力度、节奏和重点。无论是解决长期存在的体制性、结构性问题，还是解决经济运行中突出的紧迫性问题，都要在保持经济平稳较快发展的前提下进行。要坚持扩大内需特别是消费需求，落实和完善扩大消费的政策措施，加快建立消费可持续增长的体制机制，提高政府投资的质量和效益，鼓励和引导民间投资健康发展。要坚持远近结合、标本兼治，着力解决经济运行中的突出矛盾，为明年乃至更长时期的经济平稳较快发展奠定基础。要坚持深化经济体制改革，激发经济发展内在动力和活力，促进经济发展方式转变和经济结构调整，推动经济尽快走上内生增长、创新驱动的轨道。

全国党史工作会议在京举行

7月21日，全国党史工作会议在北京人民大会堂举行。会前，胡锦涛亲切会见与会代表，向会议的召开表示热烈祝贺，向全国党史工作者致以崇高的敬意和诚挚的问候。

李长春参加会见。习近平、贺国强参加会见并出席会议。

习近平在会议上发表重要讲话，他讲了五个问题：一、进一步提高对党史工作重要性的认识；二、坚持实事求是研究和宣传党的历史；三、加强党的历史的学习和教育；四、努力提高党史工作的科学化水平；五、切实加强对党史工作的领导。

中国共产党的历史是一部丰富生动的教科书。用党的历史教育党员、教育干部、教育群众尤其是教育青少年，是党史工作服务党和国家大局的重要内容。要以各级党员领导干部为重点，把党史教育纳入干部教育培训的必修课，把全面了解和正确认识党的历史作为一项基本要求，教育引导党员领导干部特别是年轻干部认真学习党的历史，努力提高思想政治素质和领导水平。要着力抓好青少年这个群体，开展形式多样的党的历史知识、光荣传统和优良作风、英雄模范事迹的教育，积极推动党史教育进学校、进课堂、进学生头脑，从小培养青少年热爱党、热爱社会主义的感情。

党史研究是一门研究中国共产党的历史、从中国共产党的活动揭示当代中国社会运动规律的科学，要坚持党性和科学性的统一，党史研究工作者遵守党的政治纪律、宣传纪律和充分发挥个人创造性的统一。既要坚持和发展马克思主义史学研究的优良传统，坚持和发展党史工作积累的成功经验和方法，也要吸收借鉴古今中外史学研究的有益经验和方法，还要积极运用现代科学技术，创新党史研究的手段、方法、载体。要注重发挥互联网等现代传媒在人们工作和生活中的独特作用，加大党史宣传教育和党史知识普及力度。

各级党委要把党史工作摆上重要议事日程，认真贯彻落实中央关于党史工作的指示精神，积极关心党史工作，对加强和做好党史工作提出明确要求，及时研究解决党史工作中的重大问题，推动党史工作各项任务的落实。

会议由李源潮主持。会上宣读了有关表彰决定，为32个全国党史系统先进集体和12名先进个人颁了奖。

中共中央政治局召开会议决定召开十七届五中全会

7月22日，中共中央政治局召开会议，决定2010年10月在北京召开中国共产党第十七届中央委员会第五次全体会议，主要议程是，中共中央政治局向中央委员会报告工作，研究关于制定国民经济和社会发展第十二个五年规划的建议。会议还研究了当前经济形势和经济工作。中共中央总书记胡锦涛主持会议。

会议指出，“十二五”时期是全面建设小康社会的关键时期，是深化改革开放、加快转变经济发展方式的攻坚时期。深刻认识并全面把握国内外形势新变化新特点，研究和提出关于制定国民经济和社会发展“十二五”规划的建议，对科学编制“十二五”规划，对继续抓住和用好我国发展的重要战略机遇期、保持经济平稳较快发展，对夺取全面建设小康社会新胜利、开创中国特色社会主义事业新局面，具有十分重要的意义。制定“十二五”规划，必须高举中国特色社会主义伟大旗帜，以邓小平理论和“三个代表”重要思想为指导，深入贯彻落实科学发展观，适应国内外形势新变化，顺应各族人民过上更好生活新期待，坚持科学发展，加快转变经济发展方式，不断深化改革开放，切实保障和改善民生，巩固和扩大应对国际金融危机冲击成果，促进经济长期平稳较快发展，为全面建成小康社会打下具有决定性意义的基础。

各地区各部门要把思想和行动统一到中央对形势的分析判断和对工作的总体部署上来，坚定信心，开拓创新，狠抓落实，务求实效。要千方百计促进农业稳定发展，切实抓好秋粮生产，做好防灾减灾工作，推进农业综合生产能力建设，加强水利建设；推动内需持续稳定增长，继续增加城乡居民收入，落实和完善扩大消费政策，保持投资合理增长，提高投资质量和效益，激发民间投资活力；保持价格总水平基本稳定，把握好信贷投放力度、节奏、重点，保障重要农产品市场供应和价格基本稳定，加强市场监管；下更大气力抓好节能减排，坚决清理违规建设项目，加快淘汰落后产能，开展节能减排专项督察；着力推进结构调整，培育和发展战略性新兴产业，推进重点产业调整振兴，改善服务业和中小企业发展环境，促进区域协调发展；提升对外贸易和利用外资水平，促进出口稳定发展和结构优化，努力扩大进口，积极有效利用外资，推动企业“走出去”；深化资源环境、国有企业、财税金融等重点领域改革，稳步推进农村综合改革；切实保障和改善民生，从群众最关心最需要的领域入手，把更多公共资源投向民生领域，保持就业稳定增长，构建和谐劳动关系，推进社会保障体系建设，加快教育、卫生、文化事业改革和发展，做好房地产市场调控和住房保障工作，扎实做好灾后恢复重建，安排好受灾地区群众生产生活，加强社会服务和社会管理，维护社会和谐稳定。

中共中央政治局举行第二十二次集体学习

7月23日，中共中央政治局就深化我国文化体制改革问题进行第二十二次集体学习。胡锦涛主持学习。上海社会科学院文学研究所蒯大申研究员、中央宣传部全国宣传干部学院李伟教授就这个问题进行了讲解，并谈了他们的意见和建议。

胡锦涛在主持学习时发表了讲话。他指出，文化是民族凝聚力和创造力的重要源泉，是综合国力竞争的重要因素，是经济社会发展的重要支撑。深化文化体制改革，是党中央作出的关系我国经济社会发展全局的重大决策。深入推进文化体制改革，推动文化建设和经济建设、政治建设、社会建设协调发展，已成为实现科学发展的必然要求。

当前和今后一个时期，要重点抓好以下几项工作。一是要加快文化体制机制改革创新，按照创新体制、转换机制、面向市场、增强活力的要求，加快经营性文化单位转企改制，稳步推进公益性文化事业单位改革，构建统一开放竞争有序的现代文化市场体系，加快推进文化管理体制改革。二是要加快构建公共文化服务体系，按照体现公益性、基本性、均等性、便利性的要求，坚持政府主导，加大投入力度，推进重点文化惠民工程，加强公共文化基础设施建设，促进基本公共文化服务均等化。三是要加快发展文化产业，认真落实文化产业振兴规划，精心实施重大文化产业项目带动战略，推进文化产业结构调整，培育新的文化业态，提高文化产业规模化、集约化、专业化水平。要精心打造中华民族文化品牌，提高我国文化产业国际竞争力，推动中华文化走向世界。四是要加强对文化产品创作生产的引导，真正从群众需要出发，继承和发扬中华文化优良传统，吸收借鉴世界有益文化成果，推出更多深受群众喜爱、思想性艺术性观赏性相统一的精品力作。要引导广大文化工作者和文化单位自觉践行社会主义核心价值体系，坚持社会主义先进文化前进方向，坚决抵制庸俗、低俗、媚俗之风。

各级党委和政府要把文化体制改革和文化建设摆在全局工作的重要位置，纳入经济社会发展总体规划，建立健全领导体制和工作机制，坚持一手抓繁荣、一手抓管理，牢牢把握文化发展主动权。要深入研究人民群众对文化建设的新要求新期待，深入研究文化发展的特点和规律，努力提高推动文化科学发展能力。要加强文化战线领导班子建设，加强文化事业和文化产业人才培养，为深化文化体制改革和文化建设提供有力组织保证和人才保障。要充分调动广大文化工作者和各方面的积极性、主动性、创造性，确保文化体制改革和文化建设各项工作扎实推进、取得成效。

全军党的建设座谈会召开

7月24日，胡锦涛会见出席全军党的建设座谈会的代表，并代表党中央、中央军委向受到表彰的先进单位和先进个人表示热烈祝贺，向出席会议的全体同志致以诚挚问候。郭伯雄、徐才厚、梁光烈、陈炳德、李继耐、廖锡龙、常万全、吴胜利、许其亮参加会见。

胡锦涛强调，加强和改进新形势下军队党的建设，是全面推进党的建设新的伟大工程的重要组成部分，是关系军队建设发展全局的重大政治任务。全军各级党组织要深入贯彻党的十七届四中全会精神和军委部署，结合部队实际，围绕中心任务，扎实抓好军队党的建设各项工作。要以党的创新理论武装为根本加强学习型党组织建设，以思想作风建设为重点加强各级党委班子建设，以创先争优活动为抓手加强基层党组织建设，不断提高军队党的建设科学化水平，为推进部队全面建设、有效履行新世纪新阶段军队历史使命，提供强大动力和坚强保证。

胡锦涛说，再过几天就是八一建军节了，借此机会，向同志们并向全军官兵致以节日的问候。

全军党的建设座谈会22日在北京召开，会上通报表彰了18个先进师旅团级单位党委、35个先进基层党组织和37名优秀共产党员、32名优秀师旅团级单位党委书记、19名优秀党务工作者。

全国思想政治工作科学专业委员会召开第十七届年会

7月24至27日，全国思想政治工作科学专业委员会第十七届年会在宁夏自治区银川市召开。国家人事部原常务副部长、学会常务理事程连昌，中央纪委副部级巡视专员、学会常务理事戴俭明作重要讲话。学会主任张蔚萍教授作《学习贯彻十七届四中全会精神，把党的政治优势转化为科学发展优势》专题报告。宁夏自治区党委常委、组织部长徐松南致欢迎词，宁夏自治区委党校校长、行政学院院长杨国林讲话，学会副主任段若鹏代表学会常务理事会作工作报告。会议开幕式由学会副主任兼秘书长王坚红教授主持。

会议就深入学习贯彻党的十七届四中全会精神，推动学习型党组织建设，努力把党的政治优势转化为科学发展优势，进行了深入研讨。来自全国各地的会员代表、专家、学者、企事业单位政工干部110余人出席了会议。

中共中央国务院印发《国家中长期教育改革和发展规划纲要（2010—2020年）》

7月30日人民日报报道，中共中央、国务院近日印发了《国家中长期教育改革和发展规划纲要（2010—2020年）》（以下简称《教育规划纲要》），并发出通知，要求各地区各部门结合实际认真贯彻执行。

通知指出，《教育规划纲要》是21世纪我国第一个中长期教育改革和发展规划，是今后一个时期指导全国教育改革和发展的纲领性文件。教育是民族振兴、社会进步的基石，是提高国民素质、促进人的全面发展的根本途径，寄托着亿万家庭对美好生活的期盼。强国必先强教。中国未来发展、中华民族伟大复兴，关键靠人才，基础在教育。制定并实施《教育规划纲要》，优先发展教育，提高教育现代化水平，对满足人民群众接受良好教育需求，实现全面建设小康社会奋斗目标、建设富强民主文明和谐的社会主义现代化国家具有决定性意义。

通知要求，各级党委和政府要切实加强对教育工作的领导，把落实教育优先发展、推动教育事业科学发展作为重要职责，加强对《教育规划纲要》实施的组织领导。要组织广大干部群众特别是各级领导干部认真学习《教育规划纲要》，深刻理解《教育规划纲要》提出的新思想新理念，深刻理解“优先发展、育人为本、改革创新、促进公平、提高质量”的工作方针，深刻理解“基本实现教育现代化，基本形成学习型社会，进入人力资源强国行列”的战略目标，深刻理解“坚持以人为本、全面实施素质教育”的战略主题，深刻理解教育改革发展的重点任务和重要举措，进一步增强做好教育工作的紧迫感和自觉性。要开展广泛深入的宣传活动，形成全党全社会重视、关心、支持教育发展的良好氛围。

国防部举行庆祝解放军建军83周年招待会

7月31日，中华人民共和国国防部在人民大会堂举行招待会，热烈庆祝中国人民解放军建军83周年。梁光烈上将致祝酒辞。陈炳德、李继耐、廖锡龙、常万全、靖志远、吴胜利、许其亮出席了招待会。

梁光烈向中外来宾致祝酒辞。他首先代表党中央、国务院、中央军委，向中国人民解放军指战员、武装警察部队官兵、预备役军人和广大民兵致以节日祝贺！向辛勤工作在国防科技工业战线的同志们致以诚挚问候！向为我军建设作出重要贡献的军队离退休老同志、转业退伍军人、革命伤残军人和烈军属表示亲切慰问！向关心支持国防和军队建设的各级党政机关、社会团体和全国各族人民表示衷心感谢！向出席招待会的各国驻华武官和夫人及各位来宾表示热烈欢迎！

梁光烈说，中国人民解放军成立83年来，在中国共产党的正确领导下，一代又一代英雄儿女前赴后继，浴血奋战，不辱使命，为民族的独立、人民的解放、国家的安定和经济社会发展建立了卓越功勋。我军全面加强、协调推进革命化现代化正规化建设，取得了显著成就。特别是近年来，我军广泛开展深入学习实践科学发展观活动，在新的起点上大力推进国防和军队建设科学发展，圆满完成国庆首都阅兵、抗震救灾、抗洪抢险等重大任务，谱写了新的篇章。83年的光辉历史证明，我军不愧是一支忠于党、忠于社会主义、忠于祖国、忠于人民的英雄军队，不愧是闻名于世的威武之师、文明之师、和平之师，不愧是建设中国特色社会主义的重要力量。

当前，我军建设处在关键发展阶段，面临艰巨繁重任务。要始终把思想政治建设摆在军队各项建设的首位。坚持用中国特色社会主义理论体系武装官兵，大力培育当代革命军人核心价值观，加强和改进军队党的建设，确保部队一切行动听从党中央、中央军委和胡主席指挥。

和平与发展仍是当今时代的主题。我们将本着相互尊重、平等协商、互利互惠、合作共赢的原则，与世界各国军队加强交流、深化合作，积极履行国际责任和义务，为维护世界和平、促进共同发展贡献力量。面对新的形势和任务，全军官兵要在以胡锦涛同志为总书记的党中央领导下，高举中国特色社会主义伟大旗帜，以邓小平理论和“三个代表”重要思想为指导，深入贯彻落实科学发展观，振奋精神，开拓创新，扎实工作，在新的起点上推动国防和军队建设又好又快发展，坚决完成党和人民赋予的各项任务！

出席招待会的还有解放军四总部、驻京各大单位、武警总部、军委办公厅负责人章沁生、马晓天、刘振起、童世平、贾廷安、孙大发、刘晓江、邓昌友、张海阳、刘成军、刘源、刘亚洲、房峰辉、刘福连、王建平、陈勇、年福纯、魏亮、秦银河、韩延林、苏士亮、高东璐等。

中共中央、国务院有关部门，北京市、对外友协负责人艾平、孙亚夫、董云虎、张志军、陈求发、蔡安季、马建、孙绍骋、廖晓军、易小准、刘敬民、陈昊苏等也出席了招待会。

出席招待会的还有在京的军队离休老干部代表，部队各有关部门负责人，部队英模、首都民兵、军烈属和原国民党起义人员代表等。外国驻华大使馆武官夫妇等也应邀出席了招待会。

2010 年 8 月

《划清“四个重大界限”学习读本》出版

8 月 9 日，中央宣传部理论局组织编写的《划清“四个重大界限”学习读本》，由学习出版社出版，在全国发行。

《划清“四个重大界限”学习读本》紧密联系我国改革开放和现代化建设的实际，紧密联系干部群众的思想实际，从理论和实践的结合上，全面准确地阐释了划清马克思主义同反马克思主义的界限，社会主义公有制为主体、多种所有制经济共同发展的基本经济制度同私有化和单一公有制的界限，中国特色社会主义民主同西方资本主义民主的界限，社会主义思想文化同封建主义、资本主义腐朽思想文化的界限等有关重要问题。该书观点鲜明、说理透彻、阐释通俗，具有较强的说服力和针对性，是深入学习贯彻中国特色社会主义理论体系，深入把握社会主义核心价值体系的重要读物，对于引导广大党员、干部和群众增强贯彻党的基本理论、基本路线、基本纲领、基本经验的自觉性和坚定性具有重要意义。

中央宣传部办公厅发出关于认真组织学习《划清“四个重大界限”学习读本》的通知。通知要求，各级党委中心组要认真组织好《读本》的学习。各级党委宣传部要组织好《读本》的学习宣传工作。各级党委讲师团要围绕《读本》的内容，组织好对党员干部和基层群众的宣讲。各高校要把《读本》作为大学生思想政治理论课的重要辅助材料，推动中国特色社会主义理论体系进教材、进课堂、进头脑工作。

全国文化体制改革工作会议召开

8月13日至14日，全国文化体制改革工作会议在青岛召开。李长春对会议作出重要批示。

李长春在批示中强调，当前，各地区各部门特别是宣传思想文化战线要把深入学习贯彻胡锦涛总书记的重要讲话精神作为一项十分重要的政治任务，把思想和认识统一到讲话精神上来，把工作统一到中央的决策部署上来，深化文化体制改革，加快发展文化事业和文化产业。要加快文化体制机制改革创新，推动文化体制改革在重点领域取得进展；加快构建公共文化服务体系，更好地保障人民群众基本文化权益；加快发展文化产业，不断增强文化产业整体实力和竞争力；加强对文化产品创作生产的引导，推出更多深受群众喜爱、思想性艺术性观赏性相统一的精品力作，最大限度发挥文化引导社会、教育人民、推动发展的功能。各级党委和政府要把文化体制改革和文化建设摆在全局工作的重要位置，建立健全领导体制和工作机制，坚持一手抓繁荣、一手抓管理，牢牢把握文化发展主动权，不断提高推动文化科学发展的能力。

刘云山出席会议并在讲话中强调，要积极推进出版发行、电影、演艺、广电网络等领域经营性文化单位转企改制，培育有实力、有竞争力、有影响力的国有或国有控股的文化企业和企业集团；继续深化公益性文化单位人事、收入分配和社会保障制度改革，探索建立法人治理结构，进一步激发发展活力；稳步推进新闻单位相关改革，努力做大做强主流媒体，不断提高舆论引导能力、事业发展能力和传播能力；紧紧围绕转变政府职能、提高管理效能，积极推进政企、政事分开和管办分离，推动文化行政管理部门履行好政策调节、市场监管、社会管理和公共服务职能。要把转变文化发展方式作为改革的重要任务，调整布局结构、优化资源配置、促进产业升级，不断提高文化发展效益，增强文化发展后劲。要把促进繁荣发展作为改革的重要目标，加强引导、有效激励，推动创作生产更多无愧于时代、无愧于人民的文化精品，更好地满足人民群众多样化多层次多方面的精神文化需求。

刘延东出席会议并讲话。她指出，文化改革发展的成效如何，关键在组织领导。各级党委、政府要深刻认识文化建设的重要地位和作用，深刻认识文化建设面临的机遇和挑战，深刻认识文化建设的内在特点和规律，切实把文化工作摆上重要议事日程，努力提高文化改革发展的科学化水平。要与国民经济和社会发展第十二个五年规划纲要建议相协调，与相关领域规划相衔接，抓紧调研编制"十二五"时期文化体制改革和发展规划纲要，统筹推进文化改革与发展。要建立健全"党委统一领导、政府组织实施、宣传部门协调指导、行政主管部门具体落实、有关部门密切配合"的领导体制和工作机制，形成推进文化改革发展的强大合力。机构编制、发展改革、财政、金融、税务、工商、商务、人力资源和社会保障、统计、科技等部门，要继续加大扶持力度，为文化改革发展提供有力政策保障。文化、广电、新闻出版等文化行政管理部门要加强分类指导、加强督促检查，确保各项任务落到实处。

中央文化体制改革工作领导小组及其办公室成员，各省区市党委宣传部部长、副省长（副主席、副市长），中央主要新闻单位负责同志，副省级城市党委宣传部部长，各省区市文化、广电、新闻出版部门以及部分文化企业负责人等出席会议。

中共中央办公厅印发《2010—2020干部教育培训改革纲要》

8月18日人民日报报道，中共中央办公厅日前印发了《2010—2020年干部教育培训改革纲要》(以下简称《纲要》),并发出通知,要求各地区各部门结合实际认真贯彻执行。

通知指出,《纲要》根据党的十七大和十七届四中全会精神,对2010—2020年干部教育培训改革作出全面部署,是深化干部教育培训改革的重要指导性文件。《纲要》的颁布实施,对于进一步增强干部教育培训的针对性实效性,切实提高干部教育培训科学化水平,扎实推进马克思主义学习型政党建设,更好地服务科学发展和干部成长,具有十分重要的意义。

通知要求,各级党委(党组)要结合实际,解放思想,大胆探索,研究提出贯彻落实《纲要》的具体意见。要深入学习宣传,加强统筹协调,充分调动各有关方面积极性,形成推动干部教育培训改革的整体合力。要加强督促检查,及时研究解决干部教育培训改革中的困难和问题,把《纲要》确定的各项任务落到实处。

中共中央政治局召开会议研究部署党的基层组织实行党务公开工作

8月20日,中共中央政治局召开会议,审议并通过了《关于党的基层组织实行党务公开的意见》。胡锦涛主持会议。

会议指出,党内民主是党的生命,党务公开是党内民主的重要内容。党的基层组织实行党务公开,是深入贯彻落实科学发展观、提高党的执政能力、保持和发展党的先进性的必然要求,是扩大党内基层民主、保障党员民主权利、增强党的基层组织生机活力的客观需要,是实践党的宗旨、密切党群关系、促进基层和谐稳定的有效途径,是加强党内监督、规范权力运行、推进基层党风廉政建设的重要举措。

党的基层组织实行党务公开,要高举中国特色社会主义伟大旗帜,以邓小平理论和"三个代表"重要思想为指导,深入贯彻落实科学发展观,坚持围绕中心、服务大局,坚持党要管党、从严治党,尊重党员主体地位,推进党内基层民主建设,不断提高党的基层组织的创造力、凝聚力、战斗力,为推动科学发展、促进社会和谐提供有力保证。要坚持发扬民主、广泛参与,以落实党员的知情权、参与权、选举权、表达权、监督权为重点,进一步提高党员对党内事务的参与度,拓宽党员意见表达渠道,营造党内民主讨论、民主监督环境;要坚持积极稳妥、注重实效,把自上而下的指导和自下而上的探索结合起来,循序渐进,讲求实效,保证公开的时效性和经常性,防止形式主义;要坚持统筹兼顾、改革创新,把党务公开与政务公开、村务(居务)公开和公用事业单位办事公开等有机结合,相互促进,协调运转,丰富公开形式,完善公开制度;要坚持区别情况、分类指导,针对不同类型党的基层组织的特点,确定相应的公开内容和形式,提高党务公开的针对性和有效性。要建立健全例行公开、监督检查、考核评价等制度。要加强组织领导,明确办事机构,统一组织、协调、指导党的基层组织党务公开工作。党的基层组织是本级组织实行党务公开的责任主体,主要负责人是第一责任人。党的基层组织要从实际出发,积极主动做好党务公开工作。要积极探索,总结经验,把握工作规律,拓宽工作思路,不断完善提高。

全国地市委组织部长培训班开班

8月25日,全国地市委组织部长培训班在中央党校开班。李源潮出席并讲话,沈跃跃主持开班式,李景田出席。

李源潮指出,组织部长要有很强的政治意识、大局意识、责任意识,紧紧围绕党的中心任务,以改革创新精神推进组织工作。

要深刻认识当前组织工作面临的新形势新挑战,以改革创新精神继续抓好党的十七大和十七届四中全会部署各项任务的落实。要深入开展创先争优活动,为中心工作提供动力和保证。要认真落实干部人事制度《改革规划》,坚持民主、公开、竞争、择优,积极稳妥推进干部人事制度改革。要全面落实国家中长期人才发展规划,加大推进人才强市工作力度。要坚持德才兼备、以德为先，选好人、用好人、培养好人，把那些不仅得票比较高，而且敢于负责、不怕得罪人、真正能担重任的干部选拔到关键岗位上。要认真谋划本地领导班子和干部队伍长远建设，合理使用各年龄段干部。要重视基层、狠抓落实，加强基层党组织带头人队伍建设。组织部长要带头讲党性、重品行、作表率，坚定共产党人的理想信念，坚守公道正派的党性原则，弘扬开拓进取的创新精神，保持清正廉洁的政治本色。要创先争优、率先示范，努力建设模范部门、打造过硬队伍，使先进和优秀成为组织部门的鲜明特征。

今年初，中组部按照组工干部要从优配备、从严管理、强化培训的要求，下发了《加强和改进新形势下组工干部教育培训工作的意见》，明确地市委组织部长每年要集中培训一次。这期培训班是《意见》下发后的第一期，来自全国市、地、州、盟的430多位组织部长参加培训。

全国党建研究会
国企党建研究专业委员会成立

8月27日，全国党建研究会国有企业党建研究专业委员会成立，这标志着国有企业党建工作从此有了专门的指导机构和研究平台。

虞云耀在讲话中提出，做好国有企业党建研究工作要坚持以下四点：一要围绕中心、服务大局，确保国有企业党建研究的正确方向；二要坚持以中国特色社会主义理论为指导，使研究成果具有鲜明的时代性和实践性；三要坚持从实际出发，弘扬理论联系实际的优良学风；四要坚持解放思想、改革创新。

王勇在致辞中说，国有企业党建研究专业委员会要坚持理论联系实际，认真研究解决企业党建工作中的重大理论和实践问题，努力把专委会建设成为党建工作交流的平台、党建人才成长的摇篮、党建成果展示的窗口、企业管理层决策的"智库"，为国有企业科学发展上水平做出贡献。

国家"十二五"时期文化体制改革和发展规划纲要编制工作调研座谈会召开

8月27日，国家"十二五"时期文化体制改革和发展规划纲要编制工作调研座谈会在重庆召开。李长春主持，薄熙来参加座谈会。

座谈会上，天津、山西、辽宁、上海、江苏、安徽、河南、湖南、重庆等9省市党委宣传部长先后发言，围绕党的十六大以来文化改革发展取得的进展、当前文化建设面临的形势、以改革创新精神谋划"十二五"时期文化改革发展等畅所欲言、献计献策。李长春认真听取意见，不时插话，与大家一起交流讨论。他指出，胡锦涛总书记的重要讲话对于推动我国文化体制改革和文化建设具有长远指导作用，必须深入学习领会，坚决贯彻落实。加强对文化产品创作生产的引导，是文化建设的首要任务，是实现文化大发展大繁荣的重要基础。要体现社会主义核心价值体系的要求，坚持先进文化前进方向，坚持"二为"方向和"双百"方针，坚持"三贴近"原则，坚持思想性、知识性、艺术性、观赏性相统一，坚决抵制低俗庸俗媚俗之风，推出更多面向群众、面向基层、面向市场，无愧于时代、无愧于历史、无愧于人民的精品力作，培育更多德艺双馨、深受人民群众欢迎的优秀文艺工作者特别是名家大师，最大限度发挥文化引导社会、教育人民、推动发展的功能。

"十二五"时期是我国文化改革发展的关键时期。编制好国家"十二五"时期文化体制改革和发展规划纲要，对于深入推进文化体制改革，加快发展文化事业和文化产业，推动文化建设与经济建设、政治建设、社会建设协调发展具有重要意义。要高度重视，精心组织，深入调查研究，认真总结经验，科学分析形势，加强统筹协调，努力编制出一个体现中央要求、反映人民意愿、符合当前实际、适应发展需要，具有战略性、前瞻性、指导性的规划纲要，为推动未来五年我国文化建设提供发展蓝图和行动纲领，进一步开创中国特色社会主义文化建设新局面。

2010 年 9 月

中央党校举行秋季学期开学典礼

9 月 1 日，中央党校举行 2010 年秋季学期开学典礼，习近平出席并讲话。李源潮、何勇、令计划出席开学典礼，李景田主持。

习近平指出，中国共产党坚持辩证唯物主义和历史唯物主义的马克思主义世界观，始终坚持代表最广大人民根本利益的政治方向、政治立场、政治观点。领导干部树立正确的世界观，必须坚定共产主义理想和中国特色社会主义信念，自觉把人生追求和价值目标融入为祖国富强、民族振兴、人民幸福的奋斗之中。有了这样的理想信念，才能使自己变得精神高尚、眼界开阔、胸怀坦荡、生活充实，也才能做到淡泊名利、克己奉公、无私无畏、勇往直前，毫无保留地为国家为民族为人民贡献自己的一切力量。

他强调，马克思主义权力观概括起来是两句话：权为民所赋，权为民所用。中国共产党人的事业观，就是为人民利益不懈奋斗，为中国特色社会主义事业不懈奋斗。前进的道路上不会一帆风顺，事业顺利时要满怀信心、毫不动摇地为之奋斗，遇到曲折和挫折时同样要满怀信心、毫不动摇地为之奋斗。共产党员和领导干部不论做何种工作，都是为坚持和发展中国特色社会主义干事创业，都是必须做好的光荣事业，都要真正把精力与才干集中和用在所干的每一件工作上。领导干部树立正确事业观，必须树立科学发展观。在发展观上出现盲区，往往会在事业观上陷入误区。不坚持科学发展，即使一时搞得轰轰烈烈，最终也干不出党和人民需要的事业来。领导干部对待政绩，要坚持实践观点，把求真务实作为实现政绩的基本途径；要坚持群众观点，把维护群众利益作为追求政绩的根本目的；要坚持历史观点，把科学发展作为衡量政绩的主要标准，做到立足当前、着眼长远、统筹兼顾。

当前正在基层党组织和广大党员中开展的创先争优活动，是推动干部树立正确世界观权力观事业观的有利契机。各级党组织要把树立正确的世界观权力观事业观作为党员领导干部创先争优的内在动力，教育引导他们带头学习提高、带头干事创业、带头服务群众、带头廉洁自律、带头弘扬正气，在改革发展稳定各项工作中充分发挥骨干作用。

中央有关部门负责人、中央党校负责人以及 2010 年秋季学期全体在校学员、党校教职员工共 1900 多人参加了开学典礼。

全国党外代表人士教育培训工作会议暨全国社会主义学院工作会议召开

9 月 1 日，全国党外代表人士教育培训工作会议暨全国社会主义学院工作会议在京召开。杜青林出席会议并讲话。

杜青林指出，中央颁布的《2010—2020 年党外代表人士教育培训改革和发展纲要》，科学回答了加强党外代表人士培养的重要理论和实践问题，具有鲜明时代性、科学指导性和现实针对性，是加强党外代表人士教育培训工作的纲领性文件，标志着我们党对党外代表人士工作重要性的认识达到新高度，党外代表人士队伍建设在党和国家人才工作中确立新定位，党外代表人士教育培训工作跃升新层次。

党外代表人士是我国人才资源的重要组成部分，党外代表人士教育培训工作是统一战线的一项基础性、战略性工程。要深刻领会《纲要》的主要内容和精神实质，准确把握坚持改革创新、科学发展的鲜明主线，深刻认识强化政治共识教育的核心内容，始终坚持理论培训与实践锻炼相结合的基本途径，切实发挥社会主义学院的主阵地作用。要强化组织推动，突出工作重点，优化资源配置，推进社院建设，加强监督检查，推动党外代表人士教育培训工作在新的起点上实现新发展。

全国人大常委会副委员长、民革中央主席周铁农代表各民主党派中央、全国工商联和无党派人士对会议的召开表示热烈的祝贺。他指出，各民主党派、工商联和广大无党派人士要认真学习《纲要》，不断加强和完善自我教育，扎实推进对广大成员的教育培训工作，培养出更多的政治坚定、专业突出、群众认同的高素质代表人士。

严隽琪在致辞中说，《纲要》对社会主义学院建设和发展作出新阐述，要深刻领会《纲要》精神，始终坚持正确的办学方向；积极落实《纲要》要求，提高办学正规化水平；全面加强自身建设，努力开创社会主义学院科学发展新局面。

国家行政学院举行秋季开学典礼

9 月 2 日，国家行政学院举行 2010 年秋季开学典礼。马凯出席并讲话，魏礼群主持。

马凯强调，加强和创新社会管理，要以中国特色社会主义理论为指导，按照科学发展观和构建和谐社会的要求，坚持以人为本、服务优先，多方参与、共同治理，统筹兼顾、动态协调，既有秩序、又有活力，立足国情、改革创新的基本原则。要确立社会管理的新思路，努力实现从传统模式向政府行政管理与社会自我调节、居民自治管理良性互动，社区管理与单位管理有机结合，多种手段综合运用，管理与服务融合，有序与活力统一的多元治理、共建共享的新模式转变，构建与发展社会主义市场经济、民主政治、先进文化以及建设和谐社会要求相适应的中国特色社会管理体制。

要从源头治理、动态协调和应急处置三个层面，加快构建健全的新型社会管理制度体系，尽可能减少社会问题，及时化解社会矛盾，果断处置社会冲突。要加强源头治理体系建设，着力健全社会规范体系、保障和改善民生、完善政府决策机制、深化体制机制改革、强化思想道德建设、加强社会心理服务工作、建立健全虚拟社会综合管理机制；要强化动态协调机制建设，着力建立和完善诉求表达机制、矛盾纠纷滚动排查和预警机制、社会矛盾调解机制、社会治安防控体系；要推进应急管理体制建设，着力强化应急管理领导体制，完善应急法律和预案体系建设，健全突发事件监测预警机制，提高应急处置能力。要按照“党委领导、政府负责、社会协同、公众参与”的要求，进一步完善社会管理工作格局，改进社会管理方式，不断提高社会管理水平。

纪念中国人民抗日战争胜利 65 周年座谈会举行

9 月 3 日，纪念中国人民抗日战争胜利 65 周年座谈会在京举行。李长春出席座谈会并讲话。座谈会由郭伯雄主持。刘淇、李源潮、韩启德、马凯、戴秉国、黄孟复出席。

座谈会上，中央党史研究室主任欧阳淞、解放军总政治部副主任刘振起、抗战老战士代表马法古、青年学生代表齐兴达先后发言。

李长春在讲话中代表党中央、国务院，向全国参加抗日战争的老战士、爱国人士和抗日将领，向为中国人民抗日战争胜利建立了卓著功勋的海内外中华儿女致以崇高的敬意；向支援和帮助过中国人民抗日战争的外国政府和国际友人表示衷心的感谢；向所有血洒疆场、英勇牺牲的烈士们，向在战争中遇难的中国同胞和国际友人表示深切的悼念和缅怀之情。李长春指出，中国人民抗日战争的胜利是 20 世纪人类历史上的重大事件，对于推动中华民族发展和人类文明进步事业具有重大的意义。中国人民抗日战争的胜利，改变了国家的命运，提高了中国的国际地位和影响，为民族独立、人民解放创造了历史契机；促进了中华民族巨大的觉醒和空前的团结，为实现中华民族伟大复兴提供了强大动力；改变了中国的政治力量对比，为中国共产党夺取新民主主义革命的胜利奠定了重要基础；对夺取世界反法西斯战争胜利，推动人类文明进步事业作出了巨大贡献。

中国人民抗日战争的胜利，是中华民族付出巨大的民族牺牲换来的。纪念中国人民抗日战争胜利，就要珍惜这一胜利取得的成果，继承和发扬中国人民在这场战争中表现出来的伟大精神，继续把党和国家各项事业推向前进。要坚持中国特色社会主义道路，不断增强综合国力，使中华民族永远屹立于世界民族之林；要大力弘扬以爱国主义为核心的民族精神，最大限度地把全民族的力量凝聚起来，形成中华民族自强不息、奋勇前进的巨大力量；要加强党的执政能力建设和先进性建设，确保党始终走在时代前列，始终成为团结带领全国各族人民全面建设小康社会、实现中华民族伟大复兴的坚强领导核心；要高举和平、发展、合作的旗帜，珍惜来之不易的和平环境，坚定不移走和平发展道路，推动建设持久和平、共同繁荣的和谐世界，努力为人类文明进步事业作出新的更大贡献。李长春强调，我们要更加紧密地团结在以胡锦涛同志为总书记的党中央周围，坚持以邓小平理论和“三个代表”重要思想为指导，深入贯彻落实科学发展观，牢牢抓住中华民族发展所面临的难得历史机遇，不断开创中国特色社会主义事业新局面，迎接中华民族伟大复兴的美好前景。

座谈会由中央党史研究室、解放军总政治部联合举办。出席座谈会的还有在京参加过抗日战争的老战士和老同志代表，中央党政军群有关部门负责同志，各民主党派中央、全国工商联负责人和无党派人士代表，在京为中国人民抗日战争胜利作出贡献的国际友人或其遗属代表，首都各界代表等。

深圳经济特区
建立30周年庆祝大会举行

9月6日，深圳经济特区建立30周年庆祝大会在广东深圳举行。胡锦涛出席庆祝大会并发表重要讲话。他首先代表党中央、国务院，向经济特区广大建设者、向所有为经济特区建设作出贡献的同志们致以热烈的祝贺和诚挚的问候，向关心和支持经济特区建设的香港同胞、澳门同胞、台湾同胞、海外侨胞和各国朋友表示衷心的感谢。

胡锦涛在讲话中指出，兴办经济特区是党和国家为推进我国改革开放和社会主义现代化作出的一项重大决策，是中国共产党人和中国人民在探索中国特色社会主义道路上进行的一个伟大创举。30年来，在党中央、国务院坚强领导和全国大力支持下，深圳经济特区坚持锐意改革，率先进行市场取向的经济体制改革，在我国实现从高度集中的计划经济体制到充满活力的社会主义市场经济体制的历史进程中发挥了重要作用；坚持发展第一要务，大力解放和发展社会生产力，积极推进自主创新，提高经济发展质量和效益，改善人民生活，创造了“深圳速度”，探索和积累了实现快速发展、走向富裕的成功经验；坚持对外开放，有效实行“引进来”和“走出去”，积极利用国际国内两个市场、两种资源，成功运用国外境外资金、技术、人才和管理经验，为我国实现从封闭半封闭到全方位开放进行了开拓性探索；坚持服务国家发展大局，全国支持经济特区发展，经济特区回馈全国，促进东中西部协调发展，对全国发展起到重要辐射和带动作用；坚持“一国两制”方针，加强同香港、澳门、台湾地区的多领域交流合作，为推动香港、澳门回归祖国并保持繁荣稳定和促进祖国和平统一大业发挥了桥梁和纽带作用。经过30年的不懈努力，深圳迅速从一个边陲小镇发展成为一座现代化大城市，综合经济实力跃居全国大中城市前列，创造了世界工业化、现代化、城市化发展史上的奇迹。深圳经济特区广大干部群众以蓬勃的进取精神和创新实践，为我国改革开放和社会主义现代化建设作出了重要贡献。

在全面建设小康社会、加快推进社会主义现代化的进程中，经济特区不仅应该继续办下去，而且应该办得更好。中央将一如既往支持经济特区大胆探索、先行先试、发挥作用。经济特区要适应国内外形势新变化、按照国家发展新要求、顺应人民新期待，面向现代化、面向世界、面向未来，继续解放思想，坚持改革开放，努力当好推动科学发展、促进社会和谐的排头兵，在改革开放和社会主义现代化建设中取得新进展、实现新突破、迈上新台阶。

胡锦涛在讲话中对经济特区提出5点要求：第一，继续加快转变经济发展方式，努力为推动科学发展探索新路。第二，继续深化改革开放，努力为推动科学发展提供制度保障和动力源泉。第三，继续加强社会主义精神文明建设，努力为推动科学发展提供良好文化条件。第四，继续促进社会和谐，努力为推动科学发展营造良好社会环境。第五，继续推进党的建设，努力为推动科学发展、促进社会和谐提供坚强保证。他强调，只要全党全国各族人民团结一心、开拓进取，坚定不移走中国特色社会主义道路，坚定不移推进改革开放，经济特区的明天一定会更加美好，我们国家的明天一定会更加美好，全国各族人民的明天一定会更加美好。

广东省委常委、深圳市委书记王荣，优秀建设者代表王传福，国有企业代表傅育宁，民营企业代表马化腾，境外投资企业代表李嘉诚在大会上先后发言。

庆祝大会前，胡锦涛亲切会见了深圳经济特区优秀建设者代表、深圳市和其他经济特区及其所在省市负责同志。

大会由汪洋主持，王岐山、刘云山、令计划、王沪宁、华建敏、戴秉国、李兆焯、董建华、常万全等出席庆祝大会并参加会见。曾荫权、崔世安，中央和国家机关有关部门负责同志，广东省有关负责同志，深圳、珠海、汕头、厦门、海南经济特区和浦东、滨海新区及其所在省市负责同志，深圳对口扶持地区负责同志，外宾和港澳人士代表，深圳各界代表共4000余人参加了庆祝大会。

第六次中越两党理论研讨会举行

9月8日，以“在对外开放和市场经济条件下推进文化建设”为主题的第六次中越两党理论研讨会在越南岘港举行。中共中央政治局委员、中央书记处书记、中宣部部长刘云山和越共中央政治局委员、中央书记处书记、中央宣教部部长、中央理论委员会主席苏辉若出席开幕式并作主旨报告。

刘云山着重介绍了中国特色社会主义文化建设的实践探索和理论思考。改革开放以来，中国党和政府高度重视文化建设。近年来，进一步提出推动文化大发展大繁荣、兴起文化建设新高潮的战略任务，就深化文化体制改革、加快文化事业文化产业发展作出了一系列重大部署，开创了文化建设的新局面。他表示，文化是不同国家和民族心灵沟通的桥梁，深化国与国之间的交往需要开展多层次、全方位的文化交流。中越两国都是社会主义国家和发展中国家，中国共产党和越南共产党都是执政党，双方通过研讨交流，深化对文化发展规律的认识和把握，对更好地推动文化建设与经济、政治、社会建设协同发展更具特殊意义。

苏辉若在主旨报告中介绍了越南在对外开放和市场经济条件下推进文化建设的做法和体会。

中联部部长王家瑞、越共中央对外部部长黄平君分别致开幕词。双方有关部门负责人和专家学者近200人参加此次研讨会。

《中国人民解放军政治工作条例》颁布施行

9月14日人民日报报道，经中共中央、中央军委批准，新修订的《中国人民解放军政治工作条例》(以下简称《政工条例》)日前颁布施行。

《政工条例》集中规范党领导军队的根本原则、根本制度和组织体制,是我军政治工作的基本法规。新修订的《政工条例》充分体现党的创新理论对军队政治工作的新要求,总结吸收军队政治工作的新经验新成果,回答和解决政治工作遇到的新情况新问题,对新形势下我军的使命任务、建设目标和政治工作的指导思想、基本任务、工作原则、根本作风、主要内容以及党的领导制度、政治机关的主要职责等方面的规定,作了进一步充实和完善。

新修订的《政工条例》,把深入贯彻落实科学发展观体现到我军的性质、任务和政治工作的原则要求、主要内容等各个方面,并对军队各级党委、政治机关和政治干部学习中国特色社会主义理论体系提出了具体要求。充分体现了胡锦涛主席关于新世纪新阶段我军历史使命、思想政治建设"三个确保"时代课题、思想政治工作"三个紧贴"要求、增强思想政治建设的科学性、培育当代革命军人核心价值观和提高军队党的建设科学化水平等重要思想。对近年来军队政治工作实践,如用中国特色社会主义理论体系武装官兵、开展深入学习实践科学发展观活动、大力培育当代革命军人核心价值观、加强党组织能力建设和先进性建设、改进和完善干部选拔任用机制、开展舆论战心理战法律战教育训练中探索总结的新鲜经验,都作了认真概括和充分吸收。

新修订的《政工条例》,适应时代发展的新变化、使命任务的新要求,增加了做好军队使命课题训练、联合训练、战略战役首长机关训练、基础训练和非战争军事行动中政治工作以及推进学习型党组织建设、培养高素质新型军事人才、抓好部队政法工作等内容,强调重视运用信息化手段开展政治工作,对党委(支部)领导完成多样化军事任务、政治机关和政治干部组织执行任务中政治工作等作了明确规定。

组织部门落实国家中长期人才发展规划培训班开班

9月14日,组织部门落实国家中长期人才发展规划培训班在北京开班。李源潮与培训班学员座谈。

座谈会上,学员们介绍了各地贯彻落实全国人才工作会议和人才发展规划的情况,提出了意见建议。李源潮指出,人才是高层次的发展要素,是我们党有影响的执政基础,也是党的骨干的重要来源。组织部门作为党管人才的责任部门,要充分认识担负的责任,把握人才成长规律,服务人才发展需要,推动实施人才强国、人才强省、人才强市战略,把尽可能多的人才团结在党的周围,为完成党的中心任务共同奋斗。

党管人才既要宏观领导,又要重点推动。要树立科学的人才工作理念,解放思想、更新观念、明确思路。要从本地实际出发,确定人才发展战略目标,制定人才发展规划。要鼓励基层大胆探索,通过政策创新、实践突破、由点到面,推进人才发展体制机制改革创新,充分调动各类人才创新创业的积极性,为他们发挥作用、成就事业创造良好环境。要把落实人才发展规划作为人才工作的重点,加强学习宣传,建立规划体系和执行机制,抓紧推进重大政策创新和重大人才工程实施。要把人才工作重要任务纳入本地"十二五"规划,落实人才优先发展战略布局。

"十二五"时期文化改革发展调研座谈会召开

9月20日,"十二五"时期文化体制改革和发展规划纲要编制工作调研座谈会在河南洛阳召开。刘云山主持会议。

座谈会上,河南、河北、浙江、江西、山东、广东、广西、云南、陕西、福建、内蒙古等省区党委宣传部长先后发言,刘云山认真听取发言并同大家进行交流讨论。刘云山指出,文化体制改革是解放文化生产力、实现文化繁荣发展的根本途径，编制规划纲要应着眼于构建充满活力、富有效率、更加开放、有利于文化科学发展的体制机制，积极创新公益性文化单位运行机制，深入推进国有经营性文化单位转企改制，推动形成统一开放、竞争有序的文化市场体系。转变发展方式是赢得文化发展新优势的必然选择，编制规划纲要应着眼于促进文化又好又快发展，把转变文化发展方式作为一个基本要求，树立长远眼光，在优化布局、调整结构、提高产业集中度方面作出科学安排、提出可行措施。推进文化建设离不开政策支撑和法律保障，编制规划纲要应着眼于形成完善的文化政策体系和法规体系，认真研究实践中面临的新情况新问题，用好的政策法规来推动、来激励、来规范文化改革发展。文化已渗透于经济社会生活的各个方面，文化建设与各领域各行业联系十分密切，编制规划纲要应着眼于激发全社会的创造活力，最大限度地动员全党全社会的力量，最大限度地发挥方方面面投身文化建设的积极性主动性。

他强调，精神产品生产，质量问题至关重要。规划未来文化发展，要处理好数量与质量的关系，在不断丰富品种数量的基础上，引导文化单位和文化工作者把精力用到提升文化产品的质量上来。要组织实施文化精品工程，推动创作生产更多人民群众喜闻乐见、思想性艺术性观赏性相统一的精品力作；建立科学评价体系，努力使文化产品经得起历史、实践和人民的检验；加强和改进文艺批评，倡导正确创作思想，讴歌主流价值取向，更好地发挥文化引导社会、教育人民、推动发展的重要功能。

《中国共产党军队纪律检查委员会工作条例》发布

9月25日，经中央军委主席胡锦涛批准，中央军委印发《中国共产党军队纪律检查委员会工作条例》。这部《条例》的制定，是贯彻落实党的十七大和十七届三中、四中全会精神，加强军队党的建设，推进军队各级纪委工作制度化、规范化的重要举措，也是构建军队惩治和预防腐败体系的重要成果。

《条例》以马克思列宁主义、毛泽东思想、邓小平理论和“三个代表”重要思想为指导，深入贯彻落实科学发展观，全面贯彻党的十七大和十七届三中、四中全会精神，以《中国共产党章程》、《中国人民解放军政治工作条例》和其他有关法规为依据，在总结概括我军纪律检查工作优良传统和实践经验的基础上，充分吸收近年来全军反腐倡廉建设的创新成果，对新形势下军队团级以上单位纪委和总部、师级以上单位机关纪委的领导关系、工作原则、组织设置与职责、工作内容与程序、工作制度与要求等作出了全面具体的规定，是军队各级纪委开展工作和自身建设的基本依据。

《条例》立足军队实际，对纪委工作中同级党委和上级纪委双重领导的具体内容，对纪委以及纪委书记、副书记、委员的职责，对各级纪委的组成人数和纪委书记、副书记的设置都作出了明确规定，使纪委的领导关系和职责权限更加清晰明确，纪委组成更加科学合理。为了使各级纪委更好地发挥职能作用，《条例》对纪委协助同级党委组织协调反腐败、开展党性党风党纪教育、实施监督、查处案件、处理申诉等工作的内容、程序和要求作出了具体规定。

全国基层党建带团建座谈会召开

9月26日，全国基层党建带团建暨共青团系统深入开展创先争优活动座谈会在北京召开。李源潮出席并讲话，沈跃跃主持会议。

党建带团建是党中央的一贯要求。2000年中组部和团中央召开全国基层党建带团建工作会议以来，各级党组织从思想、组织、作风和制度等方面探索党建带团建的有效途径，取得了明显成效。各级团组织在党组织带领下，推出“双培”、“联创共建”、“两学一研”等创新成果，加强对团员青年的教育、培养和管理，1000多万名优秀团员经“推优”入党。

党建带团建要实带而不是虚带。要带干部

队伍建设，从优配备、从严要求、强化培训、长期考察，尤其要重视带好团干部的思想作风建设，帮助团的领导干部养成讲政治、讲大局、讲原则的作风，查实情、说实话、干实事的作风，不争名、不争利、不争官的作风，努力建设一支让党放心、让青年满意的高素质团干部队伍。要带基层组织建设，坚持组织共建、阵地共建共享，充分发挥团组织和团员青年的生力军、突击队作用。要带创先争优活动，坚持基层党组织创先争优与基层团组织创先争优同推进、同讲评、同表彰，引导广大团员青年围绕中心工作、立足本职岗位争当先进、争创优秀。

共青团中央书记处第一书记陆昊在会上讲话，要求各级团组织发挥积极性、主动性、创造性，把党建带团建的要求落到实处。要把创先争优作为加强党建带团建的重要载体，全面加强团员队伍建设、团干部队伍建设和阵地建设，在团员青年中形成学习先进、争当先进、赶超先进的良好氛围。

共青团上海市委、江苏省委组织部、甘肃省委组织部、武汉大学团委、大庆油田有限责任公司党委等单位作会议交流。

浦东干部学院举行干部教育培训工作座谈会

9月27日，浦东干部学院举行干部教育培训工作座谈会。习近平出席并讲话。

习近平指出，马克思主义理论素养是领导干部的必备素质，是保持政治上清醒坚定的基础和前提。领导干部学习马克思主义理论，在现阶段主要是学习中国特色社会主义理论体系；干部教育培训中理论教育的重点内容，也是中国特色社会主义理论体系。同时，还要抓好马克思列宁主义、毛泽东思想经典著作的学习教育，引导干部系统掌握马克思主义科学真理，深化对中国特色社会主义理论体系的理解和运用。

实践是干部教育培训最好的课堂。要充分运用改革开放和社会主义现代化建设这个实践大课堂，把实践中好的经验好的做法作为干部教育培训的鲜活教材，组织学员到这一伟大实践的第一线去学习，到处于这一伟大实践的最基层去学习，到作为这一伟大实践主力军的广大群众中去学习，从历史的比较和现实的学习教育中坚定中国特色社会主义理想信念，提高理论联系实际的能力，增强推动科学发展、促进社会和谐的本领。干部教育培训工作既要坚持运用我们党在长期实践中创造积累的行之有效的传统方法，又要通过改革创新探索新的办法，不断提高教育培训科学化水平。他指出，干部教育培训必须区分对象，针对干部全面成长的个性化、差异化需求分层分类地组织培训。要适应经济社会发展的需要和知识更新越来越快的趋势，紧密结合学员思想、知识和工作能力的实际，建立培训内容的更新机制，把党的理论创新最新成果、改革开放和社会主义现代化建设新鲜经验、改革发展稳定面临的重点难点问题，及时转化为培训内容，及时进课堂、进教材、进学员头脑。提高教育培训科学化水平，必须创新培训方式方法，针对不同对象、不同专题和不同内容采取灵活有效的培训方式和手段，因人施教，因材施教，增强培训的互动性、实践性和实效性。要加强对干部学习培训情况的考核评价，研究建立干部教育培训与干部培养使用密切结合的机制和办法。

李源潮主持会议，俞正声陪同参加有关活动。中央组织部和浦东、井冈山、延安干部学院负责人在会上发了言。

中共中央政治局召开会议讨论拟提请十七届五中全会审议的文件

9月28日，中共中央政治局召开会议，讨论十七届四中全会以来中央政治局的工作，研究制定国民经济和社会发展第十二个五年规划的建议等问题。胡锦涛主持会议。

会议决定，中国共产党第十七届中央委员会第五次全体会议于10月15日至18日在北京召开。

中共中央政治局听取了《中共中央关于制定国民经济和社会发展第十二个五年规划的建议》稿在党内外一定范围征求意见后修改情况的报告。会议认为，这次征求意见，各地区各部门各有关方面和党的十七大代表对文件稿提出了许多很好的意见和建议，充分发扬了民主，集中了全党和各方面的智慧。会议决定，根据这次会议讨论的意见进行修改后将文件稿提请十七届五中全会审议。

会议指出，当前和今后一个时期，是全面建设小康社会的关键时期，是深化改革开放、加快转变经济发展方式的攻坚时期。综合判断国际国内形势，我国发展仍处于可以大有作为的重要战略机遇期，既面临难得的历史机遇，也面对诸多可以预见和难以预见的风险挑战。制定“十二五”规划，必须高举中国特色社会主义伟大旗帜，以邓小平理论和“三个代表”重要思想为指导，深入贯彻落实科学发展观，适应国内外形势新变化，顺应各族人民过上更好生活新期待，推动科学发展，加快转变经济发展方式，深化改革开放，保障和改善民生，巩固和扩大应对国际金融危机冲击成果，促进经济长期平稳较快发展和社会和谐稳定，为全面建成小康社会打下具有决定性意义的基础。要坚持科学发展，更加注重以人为本，更加注重全面协调可持续发展，更加注重统筹兼顾，更加注重保障和改善民生，促进社会公平正义。要把加快转变经济发展方式贯穿于经济社会发展全过程和各领域，提高发展的全面性、协调性、可持续性，坚持在发展中促转变、在转变中谋发展，实现经济社会又好又快发展。要坚持把经济结构战略性调整作为加快转变经济发展方式的主攻方向，坚持把科技进步和创新作为加快转变经济发展方式的重要支撑，坚持把保障和改善民生作为加快转变经济发展方式的根本出发点和落脚点，坚持把建设资源节约型、环境友好型社会作为加快转变经济发展方式的重要着力点，坚持把改革开放作为加快转变经济发展方式的强大动力。

会议要求，全党同志要增强机遇意识和忧患意识，科学把握发展规律，主动适应环境变化，有效化解各种矛盾，更加奋发有为地推进我国改革开放和社会主义现代化建设，使我国转变经济发展方式取得实质性进展，综合国力、国际竞争力、抵御风险能力显著提高，人民物质文化生活明显改善，全面建成小康社会的基础更加牢固。

中共中央政治局
举行第二十三次集体学习

9月29日，中共中央政治局就正确处理新时期人民内部矛盾问题的研究进行第二十三次集体学习。胡锦涛主持学习并讲话。中国社会科学院财政与贸易经济研究所高培勇教授、政治学研究所房宁研究员就这个问题进行讲解，并谈了他们的意见和建议。

胡锦涛指出，正确处理人民内部矛盾，是关系改革发展稳定的全局性课题，是促进社会和谐的基础性工作。改革开放以来，我国经济社会发展取得巨大成就，为我们解决好人民内部矛盾奠定了坚实物质基础。同时，我们也要清醒地看到，我国正处于并将长期处于社会主义初级阶段，由于经济体制深刻变革、社会结构深刻变动、利益格局深刻调整、思想观念深刻变化，由于发展不平衡、不协调、不可持续问题短期内难以根本解决，人民内部各种具体利益矛盾难以避免地会经常地大量地表现出来。虽然人民内部矛盾是在全体人民根本利益一致基础上的矛盾，但必须高度重视，下大气力做好工作，以激发社会活力、增强人民团结，促进党和国家事业更好发展。

胡锦涛就正确处理人民内部矛盾工作提出4点要求。一是注重从源头上减少矛盾。要坚持聚精会神搞建设、一心一意谋发展，努力实现以人为本、全面协调可持续的科学发展，不断为正确处理人民内部矛盾打牢物质基础。要强化政府社会管理和公共服务职能，推进决策科学化、民主化，坚持把最广大人民根本利益作为制定政策、部署工作的出发点和落脚点，使各项决策符合客观实际和人民群众根本利益。二是注重维护群众权益。要健全党和政府主导的维护群众权益机制，正确反映和兼顾不同方面群众的利益，注重维护社会公平正义。要把依法治国基本方略落实到社会管理各领域和全过程，善于用法律手段解决矛盾，依法保护群众权益。三是注重做好群众工作。要认真研究和把握新形势下群众工作的特点和规律，深入做好组织群众、宣传群众、教育群众、服务群众工作，加强社会主义核心价值体系建设，加强党和国家方针政策宣传教育，推行领导干部接待群众制度，健全信访工作责任制，及时了解群众心声和实际需求。四是注重加强和创新社会管理。要主动适应社会主义市场经济条件下社会管理发展变化，积极推动社会管理体制机制创新，健全民主制度，建立健全党委领导、政府负责、社会协调、公众参与的社会管理格局，加强社会管理基层基础建设，提高基层群众自治组织自我管理、自我服务、自我教育、自我监督能力，加强社会组织管理和服务体系建设，提高社会管理信息化水平。

提高正确处理人民内部矛盾能力和水平，是加强党的执政能力建设的重要任务。各级党委和政府要把正确处理人民内部矛盾作为一项基础性工作列入重要议事日程，周密部署，扎实推进，加强调查研究，认真总结实践经验，探索新思路新办法，创新和完善体制机制。各级领导干部要自觉贯彻群众路线、切实转变作风，多做顺民意、解民忧、得民心的实事，坚决纠正损害群众利益的行为。

国务院举行国庆招待会庆祝中华人民共和国成立六十一周年

9月30日，国务院在人民大会堂举行国庆招待会，热烈庆祝中华人民共和国成立61周年。胡锦涛、吴邦国、温家宝、贾庆林、李长春、习近平、李克强、贺国强、周永康等党和国家领导人与1000多名中外人士欢聚一堂，共庆佳节。

温家宝发表了热情洋溢的讲话。他代表党中央、国务院向全国各族人民致以节日的祝贺；向港澳同胞、台湾同胞和海外侨胞致以亲切的问候；向出席招待会的各国朋友和所有关心、支持我国现代化建设的国际友人表示诚挚的感谢。

温家宝说，今年是我国实施经济社会发展“十一五”规划的最后一年。5年来，我们励精图治，成功应对国内外各种重大风险和挑战，国家面貌发生了新的历史性变化。社会生产力快速发展，综合国力大幅提升，人民生活持续改善，国际地位和影响力显著提高。特别是过去两年，面对国际金融危机的严重冲击，我们审时度势，果断采取有力措施，全面实施一揽子计划，克服重重困难，在世界率先实现经济回升向好，保持了经济发展的好势头，并为长期发展奠定了坚实基础。我们正在制定国民经济和社会发展“十二五”规划。未来5年，对全面建成更高水平的小康社会至关重要。我们要坚定不移地推动科学发展，坚定不移地推进改革开放，坚定不移地走和平发展的道路。我们将继续同广大香港、澳门同胞一道，携手维护和促进香港、澳门的长期繁荣稳定；继续同广大台湾同胞一道，携手推进两岸和平发展，实现祖国和平统一大业。

温家宝最后说，我们正站在新的历史起点。全国各族人民要紧密团结在以胡锦涛同志为总书记的党中央周围，高举中国特色社会主义伟大旗帜，以邓小平理论和“三个代表”重要思想为指导，深入贯彻落实科学发展观，为建设富强民主文明和谐的社会主义现代化国家而努力奋斗。

2010 年 10 月

中共中央办公厅印发《关于党的基层组织实行党务公开的意见》

10 月 9 日人民日报报道，中共中央办公厅日前印发了《关于党的基层组织实行党务公开的意见》，并发出通知，要求各地区各部门认真贯彻执行。

《意见》共分五个部分，分别阐述了党的基层组织实行党务公开的重要意义，实行党务公开的指导思想和基本原则，实行党务公开的内容、程序和方式，建立健全党的基层组织党务公开工作保障制度和加强对党的基层组织党务公开工作的组织领导。

《意见》指出，党内民主是党的生命，党务公开是党内民主的重要内容。党务公开是指党内事务的内容、程序、结果等在一定范围内进行公布。党的基层组织实行党务公开，是深入贯彻落实科学发展观、提高党的执政能力、保持和发展党的先进性的必然要求，是扩大党内基层民主、保障党员民主权利、增强党的基层组织生机活力的客观需要，是实践党的宗旨、密切党群关系、促进基层和谐稳定的有效途径，是加强党内监督、规范权力运行、推进基层党风廉政建设的重要举措。各级党组织和广大党员要充分认识党的基层组织实行党务公开的重要性和紧迫性，立足当前、着眼长远，深入推进党的基层组织党务公开。

《意见》强调，党的基层组织实行党务公开，要高举中国特色社会主义伟大旗帜，以邓小平理论和“三个代表”重要思想为指导，深入贯彻落实科学发展观，坚持围绕中心、服务大局，坚持党要管党、从严治党，尊重党员主体地位，推进党内基层民主建设，不断提高党的基层组织的创造力、凝聚力、战斗力，为推动科学发展、促进社会和谐提供有力保证。要坚持发扬民主、广泛参与，以落实党员的知情权、参与权、选举权、表达权、监督权为重点，进一步提高党员对党内事务的参与度，拓宽党员意见表达渠道，营造党内民主讨论、民主监督环境；要坚持积极稳妥、注重实效，把自上而下的指导和自下而上的探索结合起来，循序渐进，讲求实效，保证公开的时效性和经常性，防止形式主义；要坚持统筹兼顾、改革创新，把党务公开与政务公开、厂务公开、村(居)务公开和公共事业单位办事公开等有机结合，相互促进、协调运转，不断完善公开制度，丰富公开内容，创新公开形式；要坚持区别情况、分类指导，针对不同类型党的基层组织的特点，确定相应的公开内容和形式，提高党务公开的针对性和有效性。

《意见》要求，党的基层组织要按照制定目录、实施公开、收集反馈和归档管理的程序，通过党内有关会议、文件、简报等方式，及时公开党组织决议、决定及执行情况，党的思想建设情况，党的组织管理情况，领导班子建设情况，干部选任和管理情况，联系和服务党员、群众情况，党风廉政建设情况等应当公开的内容。要建立健全例行公开、监督检查、考核评价等制度，为党的基层组织党务公开工作提供保障。要加强组织领导，明确办事机构，统一组织、协调和指导党的基层组织党务公开工作。党的基层组织是本级组织实行党务公开的责任主体，主要负责人是第一责任人。党的基层组织要从实际出发，积极主动地做好党务公开工作。要积极探索、总结经验，把握工作规律，拓宽工作思路，不断把党务公开工作推向深入。

全国党报党刊发行工作视频会议召开

10月13日，2011年度全国党报党刊发行工作视频会议在京召开。

会议指出，人民日报、《求是》杂志作为党中央机关报和机关刊物，是党中央指导全党和全国工作的重要思想舆论工具，肩负着为推动科学发展，促进社会和谐，加强党的建设，开创中国特色社会主义事业新局面提供强大思想保证、精神动力和舆论支持的重大任务。各级党组织要高度重视中央重点党报党刊发行工作，宣传部门具体组织实施，组织部门大力支持，邮政部门密切配合，确保发行工作顺利开展，把中央重点党报党刊及时送到广大党员干部和人民群众手中。要坚持改进创新，整合发行资源，完善营销网络，提高投递实效，拓展覆盖范围，不断扩大党报党刊的市场占有率和社会影响力。提高报刊质量是做好发行工作的基础。党报党刊要坚持正确舆论导向，贯彻“三贴近”方针，创新传播方式，提升传播能力，进一步增强针对性、实效性，办出特色、办出水平，不断提高亲和力、吸引力、感染力。

会议要求各省、自治区、直辖市党委宣传部门要会同新闻出版及邮政部门加强督促检查，确保工作落实。各级纪检监察部门要加大纠正报刊征订工作中不正之风的力度，对违反规定、影响恶劣的案件要坚决查处。

中国共产党第十七届中央委员会第五次全体会议举行

10月15日至18日，中国共产党第十七届中央委员会第五次全体会议在北京举行。出席这次全会的有中央委员202人，候补中央委员163人。中央纪律检查委员会常务委员会委员和有关方面负责同志列席了会议。党的十七大代表中部分基层同志和专家学者也列席了会议。全会由中央政治局主持。胡锦涛作了重要讲话。

全会听取和讨论了胡锦涛受中央政治局委托作的工作报告，审议通过了《中共中央关于制定国民经济和社会发展第十二个五年规划的建议》。温家宝就《建议（讨论稿）》向全会作了说明。

全会充分肯定党的十七届四中全会以来中央政治局的工作。一致认为，面对国际金融危机带来的严重影响和国际国内环境的深刻变化，中央政治局全面贯彻党的十七大和十七届一中、二中、三中、四中全会精神，高举中国特色社会主义伟大旗帜，以邓小平理论和“三个代表”重要思想为指导，深入贯彻落实科学发展观，团结带领全党全军全国各族人民，隆重庆祝中华人民共和国成立60周年，有效实施应对国际金融危机冲击的一揽子计划，有针对性地加强和改善宏观调控，巩固和发展应对国际金融危机冲击的成效，加快转变经济发展方式，保持经济平稳较快发展，着力保障和改善民生，有力应对玉树强烈地震、舟曲特大山洪泥石流等严重自然灾害，胜利完成全党深入学习实践科学发展观活动，成功举办上海世博会，党和国家各项事业和各项工作取得新的显著进展。“十二五”时期是全面建设小康社会的关键时期，是深化改革开放、加快转变经济发展方式的攻坚时期。深刻认识并准确把握国内外形势新变化新特点，科学制定“十二五”规划，对于继续抓住和用好我国发展的重要战略机遇期、促进经济长期平稳较快发展，对于夺取全面建设小康社会新胜利、推进中国特色社会主义伟大事业，具有十分重要的意义。

全会高度评价“十一五”时期我国经济社会发展取得的巨大成就，认为我们党团结带领全国各族人民，紧紧抓住发展这个党执政兴国的第一要务，贯彻落实党的理论和路线方针政策，实施正确而有力的宏观调控，充分发挥我国社会主义制度的政治优势，充分发挥市场在资源配置中的基础性作用，使国家面貌发生新的历史性变化。经过五年努力奋斗，我国社会生产力快速发展，综合国力大幅提升，人民生活明显改善，国际地位和影响力显著提高，社会主义经济建设、政治建设、文化建设、社会建设以及生态文明建设和党的建设取得重大进展，谱写了中国特色社会主义事业新篇章。五年取得的成绩来之不易，积累的经验弥足珍贵，创造的精神财富影响深远。

全会深入分析了今后一个时期我国经济社会发展的国内外环境，强调综合判断国际国内形势，我国发展仍处于可以大有作为的重要战略机遇期，既面临难得的历史机遇，也面对诸多可以预见和难以预见的风险挑战。我们要增强机遇意识和忧患意识，科学把握发展规律，主动适应环境变化，有效化解各种矛盾，更加奋发有为地推进我国改革开放和社会主义现代化建设。

全会指出，制定"十二五"规划，必须高举中国特色社会主义伟大旗帜，以邓小平理论和"三个代表"重要思想为指导，深入贯彻落实科学发展观，适应国内外形势新变化，顺应各族人民过上更好生活新期待，以科学发展为主题，以加快转变经济发展方式为主线，深化改革开放，保障和改善民生，巩固和扩大应对国际金融危机冲击成果，促进经济长期平稳较快发展和社会和谐稳定，为全面建成小康社会打下具有决定性意义的基础。

全会决定，增补习近平为中央军事委员会副主席。按照党章规定，决定递补中央委员会候补委员焉荣竹为中央委员会委员。审议并通过了《中共中央纪律检查委员会关于康日新问题的审查报告》，决定撤销康日新中央委员会委员职务，确认中央政治局2009年12月29日作出的给予康日新开除党籍的处分。

全会号召，全党同志和全国各族人民要紧密团结在以胡锦涛同志为总书记的党中央周围，认真学习、深刻领会、切实贯彻全会精神，解放思想、实事求是、与时俱进、开拓创新，万众一心为实现"十二五"时期经济社会发展目标任务而奋斗！

中央党校西藏班创办30周年座谈会召开

10月21日，中共中央党校召开座谈会，纪念西藏民族干部培训班创办30周年。习近平出席座谈会并讲话，李景田主持座谈会。

中央党校西藏民族干部培训班是在党中央亲切关怀下，在西藏自治区党委和中央有关部门大力支持下，于1980年9月创办的。30年来，西藏班共举办了42期，培训学员1700多名。毕业学员大多数成为西藏各条战线上的领导骨干，对西藏的经济发展和社会进步、民族团结和社会稳定、反对民族分裂和维护国家统一与安全发挥了十分重要的作用。

习近平在讲话中充分肯定西藏班创办以来取得的显著成绩，代表中央党校校委对西藏班创办30周年表示热烈祝贺，向西藏班全体学员表示亲切问候，向多年来为办好西藏班付出辛勤劳动的同志们表示衷心感谢。他希望中央党校继续与西藏自治区党委和中央有关部门密切配合，在30年办班基础上把西藏班继续办好、而且要越办越好。

习近平指出，建设一支能够担当重任、经得起风浪考验的高素质的各族干部与人才队伍，尤其是大力培养和造就一大批德才兼备的少数民族优秀干部，是更快更好推动民族地区经济发展与社会进步的关键性因素。各级党委和中央有关部门要进一步增强做好新形势下少数民族干部工作的责任感和紧迫感，坚持德才兼备、以德为先用人标准，一方面注重在实践中特别是地方和基层一线实践中培养、锻炼和提高少数民族干部，切实加强少数民族优秀年轻干部的培养选拔工作；另一方面要继续有计划、分层次组织安排少数民族干部到党校、行政学院、干部学院、民族干部院校进行培训，使他们不断提高政治素质和业务能力，增强抓好发展这个第一要务、履行好维护稳定这个第一责任的本领。

在培养少数民族干部工作中，党校系统负有义不容辞的责任，也具有优良传统和独特优势。各级党校要进一步贯彻落实好全国干部教育培训工作会议、全国党校工作会议精神和《2010—2020 年干部教育培训改革纲要》,在提高少数民族干部培训工作科学化水平上进一步下功夫、见成效。在培训内容上,要坚持重点抓好理论教育和党性教育,帮助少数民族干部全面提高思想政治素质;同时加强知识教育、领导能力教育,帮助他们提高履行领导职责和工作职责所必需的知识素养。在培训方式上,既要坚持运用在长期实践中行之有效的传统方法,又要通过改革探索新的办法,增强培训的实践性和实效性,不断提高培训质量和效果。要强化实践培训的分量,改进和完善调研考察、现场教学等教育培训方法,组织少数民族学员到改革开放和社会主义现代化建设伟大实践中开阔思路、增长见识、锤炼党性、提高本领。

西藏自治区党委书记张庆黎,中央统战部常务副部长朱维群,国家民委主任杨晶,中央组织部副部长王尔乘,中央党校副校长孙庆聚,西藏班学员代表、拉萨市委常委、城关区委书记赤列多吉在座谈会上发了言。有关部门负责人、中央党校各直属单位负责人、西藏班全体在校学员,共 130 多人参加了座谈会。

中老两党理论研讨会举行

10 月 22 日,以“社会主义现代化建设中的重大理论和实践问题”为主题的首次中老两党理论研讨会在老挝首都万象举行。中共中央政治局委员、中央书记处书记、中宣部部长刘云山和老挝人民革命党中央政治局委员、国会主席通邢出席开幕式并作主旨报告。

刘云山在主旨报告中说,中老两国都是社会主义国家,中国共产党和老挝人民革命党都是执政党,在推进本国社会主义现代化建设过程中都取得了重大成就,也都面临着一些相同或相似的课题。两党两国加强研讨交流、相互学习借鉴,深化对社会主义建设规律的认识,有利于在新形势下更好地推进社会主义现代化事业。改革开放以来,中国共产党团结带领全党全国各族人民从中国实际出发,成功开辟了中国特色社会主义道路,积累了许多重要理论成果。实践告诉我们,建设富强民主文明和谐的社会主义现代化国家,一定要始终坚持马克思主义基本原理同本国实际相结合,不断推进实践基础上的理论创新,为社会主义现代化建设提供理论指导。始终坚持以经济建设为中心,不断解放和发展社会生产力,为社会主义现代化建设奠定坚实物质基础。始终坚持改革开放,不断推进社会主义制度的自我完善和发展,为社会主义现代化建设提供强大动力。始终坚持中国特色社会主义事业总体布局,协调推进经济、政治、文化和社会建设,为实现全面建设小康社会目标而奋斗。始终坚持正确处理改革发展稳定的关系,把改革力度、发展速度和社会可承受程度统一起来,为社会主义现代化建设营造良好社会条件。始终坚持独立自主的和平外交政策、走和平发展道路,推动建设持久和平、共同繁荣的和谐世界,为社会主义现代化建设创造有利外部环境。始终坚持加强和改善党的领导,着力提高党的执政能力和领导水平,使党始终成为社会主义现代化建设的坚强领导核心。刘云山强调,我们将一如既往地高举中国特色社会主义伟大旗帜,以邓小平理论和“三个代表”重要思想为指导,深入贯彻落实科学发展观,解放思想、实事求是、与时俱进,推动经济社会又好又快发展,不断开创社会主义现代化建设新局面。

通邢在主旨报告中回顾了老挝人民革命党坚持解放思想,探索符合本国国情的社会主义道路,推动革新事业发展的经验和做法。他说,革新以来,老挝坚持以经济建设为中心,坚持国有经济为主导、多种经济成分共同发展,坚持以人为本、改善民生,建设法治型政府以及不断加强党的建设,这些成功经验是老挝革新事业不断发展,最终实现国富民强、社会文明目标的根本保证。通邢强调,老中双方适时就社会主义建设的重大理论和实践问题进行交流,将推动两国改革开放和革新事业迈上新台阶。

中联部部长王家瑞、老挝人民革命党中央政策研究室主任兼国家社会科学院院长坎培·班马莱通分别致开幕词。双方有关部门负责人和专家学者100多人参加研讨会。

中组部举办第二届党性教育“延安论坛”

10月23日至25日，第二届党性教育“延安论坛”在延安举办。此次论坛由中央组织部主办、中国延安干部学院承办。论坛采取主题发言、嘉宾论坛、现场答问、分组讨论及现场教学观摩等多种形式，探寻目前党性教育存在的突出问题，交流党性教育的新鲜经验和创新成果，深入探讨依托革命传统教育资源开展党性教育、加强党性修养的新思路、新办法。

本届“延安论坛”认为，革命传统教育资源是党在领导中国革命与建设的伟大实践中创造和积累的丰富历史经验，它生动记载了中国革命的历史进程，再现了革命先辈的光辉足迹，体现了中华民族的伟大精神，是一笔宝贵的财富。运用革命传统教育资源开展党性教育，对广大党员干部加强党性修养、坚定理想信念、保持优良作风具有不可替代的重要作用。

参会代表们认为，党性教育要紧扣当前社会热点、难点问题，善于抓住改革发展稳定中遇到的重大问题和人民群众普遍关注的问题，充分运用和整合各地革命传统资源，突出特色，不断增强党性教育的针对性和实效性。

中央文献研究室、国防大学、中国井冈山干部学院，全国纪检、组织、宣传干部学院，中央各大新闻媒体，部分省区市党委组织部、党校，有关的高等院校、研究机构、革命纪念馆的领导及专家学者参加了本次论坛。

国防大学第五次党代表大会召开

10月27日，国防大学第五次党代表大会召开。胡锦涛会见了大会全体代表。习近平一同会见。郭伯雄、徐才厚、梁光烈、陈炳德、李继耐、廖锡龙、常万全、靖志远、吴胜利、许其亮参加会见。

胡锦涛首先代表党中央、中央军委，对国防大学第五次党代表大会的召开表示热烈祝贺，向出席会议的各位代表和国防大学全校教职员工致以诚挚问候。胡锦涛说，多年来，国防大学党委坚决贯彻党中央、中央军委的决策指示，坚持把思想政治建设摆在各项建设的首位，扎实做好以教学科研为中心的各项工作，学校全面建设不断取得新的进步，为国防和军队现代化建设作出了重要贡献。

在新的形势下，国防大学要牢牢把握办学治校的正确方向，进一步加大高素质联合作战指挥人才培养力度，加大军事理论创新发展工作力度，加大从严治校力度，全面推进学校建设和改革各项工作，为有效履行新世纪新阶段我军历史使命，提供更加有力的智力支持和人才保证。

《庆祝中国共产党成立九十周年专题资源库》启动

10月27日，中央党校图书馆、中央党校中共党史教研部和文化部全国文化信息资源建设管理中心合作建设《庆祝中国共产党成立九十周年专题资源库》的签字与启动仪式在中央党校举行。

《庆祝中国共产党成立九十周年专题资源库》依托中央党校的资源和科研优势，利用文化共享工程的信息技术和传输网络，通过多媒体技术生动反映中国共产党的辉煌历程，对于记录历史、传承文明、教育人民、培训党员干部具有广泛而深远的历史意义和现实价值，也是向建党九十周年的一次献礼。

第六届“中国企业文化论坛”开幕

10月29日，第六届“中国企业文化论坛”在河北省石家庄市开幕。刘云山为论坛发来贺信，付志方致辞，申维辰作大会主旨讲话。

刘云山在贺信中指出，文化是一个民族的精神和灵魂，是国家发展和民族振兴的强大力量。构建先进的企业文化、推动建设中华民族共有精神家园，是企业思想政治工作和中国特色企业文化建设的重要任务。要始终以邓小平理论和“三个代表”重要思想为指导，深入贯彻落实科学发展观，扎实做好马克思主义中国化最新成果的宣传普及工作，引导干部职工高举中国特色社会主义伟大旗帜，坚持中国特色社会主义道路和中国特色社会主义理论体系不动摇。要广泛开展理想信念教育、国情教育和形势政策教育，大力弘扬以爱国主义为核心的民族精神和以改革创新为核心的时代精神，深入进行职业道德教育和职业精神教育，更好地把社会主义核心价值体系要求融入企业思想政治工作和企业文化建设的全过程，转化为企业经营发展的价值理念，转化为企业干部职工的自觉追求。要坚持与时俱进，大力改革创新，积极适应企业发展环境的新变化和干部职工精神文化生活的新需求，不断增强企业思想政治工作和企业文化的吸引力感染力。

申维辰在讲话中指出，要以新的视角，充分认识企业文化作为独特的经济资源，在提高企业经济效益、增强企业核心竞争力、推动企业科学发展和实现社会主义文化大发展大繁荣中的重要地位和作用，以社会主义核心价值体系为根本，扎实推进企业文化建设。当前和今后一个时期，加强企业文化建设，要全面落实十七届五中全会提出的任务，紧紧围绕科学发展这一主题，围绕加快转变经济发展方式这一主线，围绕企业改革发展的中心工作，坚持以人为本，坚持贴近实际、贴近生活、贴近职工，坚持主题内容创新、方法手段创新、体制机制创新，进一步把握企业文化建设的特点规律，进一步拓展企业文化建设的视野，进一步丰富企业文化建设的渠道载体，进一步完善企业文化建设的保障措施，着力建立与社会主义市场经济相适应、与现代企业制度相符合、与企业和员工共同发展需求相一致的企业文化体系，不断培养有理想、有道德、有文化、有纪律的社会主义劳动者，为推动“十二五”时期的科学发展，为全面建成小康社会打下具有决定性意义的基础。

论坛由中国思想政治工作研究会主办，河北省委宣传部、河北省思想政治工作研究会承办。中国思想政治工作研究会顾问徐惟诚，全国政协常委、中国思想政治工作研究会副会长高俊良，中央和国家机关、各省区市有关部门负责同志，专家学者和企业代表150余人出席论坛。

2010年11月

中央党校举行2010年秋季学期第一批进修班暨专题研讨班毕业典礼

11月5日，中共中央党校举行2010年秋季学期第一批进修班暨专题研讨班毕业典礼。习近平出席毕业典礼，并为学员颁发毕业证书，李源潮、何勇出席毕业典礼。

中央党校本期毕业学员共278人。学员们反映，通过在中央党校的学习，夯实了理论基础，进一步提高了做好工作的理论、政治素养；开阔了视野，进一步深化了对一些热点难点问题的认识；培养了战略思维，进一步增强了施政本领；增强了党性，进一步锤炼了党风、学风、文风。

李景田在讲话中希望毕业学员能够继续加强学习，努力作学习的表率；认真贯彻落实十七届五中全会精神,进一步开创各项工作新局面;深入开展创先争优活动,为实现“十二五”奋斗目标提供政治动力和组织保证;关心党校建设,为进一步大规模培训干部、大幅度提高干部素质作出新的更大贡献。

全国组工文化论坛举办

11月12日至13日,全国组工文化论坛在海南省海口市举办。李源潮出席并讲话,卫留成、罗保铭出席论坛。

这次组工文化论坛由中组部党建研究所和海南省委组织部举办,100多名代表围绕加强新形势下组工文化建设进行了深入探讨。李源潮指出,一代又一代组工干部在长期实践中不断创造、积淀和升华,形成了以政治坚定、公道正派、廉洁勤奋、求实创新为核心的优秀组工文化。新形势下加强组工文化建设,要弘扬优良传统,体现时代精神。要引导广大组工干部坚定对党忠诚、为民奉献的政治追求,对党高度负责,主动为党分忧,坚守党的宗旨,坚守党的原则,把为民奉献作为标准,教育党员、要求干部、开展活动、体现价值。要恪守实事求是、公道正派的职业品格,做到对己清正、对人公正、对内严格、对外平等。要弘扬与时俱进、改革创新的进取精神,不断解放思想,开阔眼界、开阔思路、开阔胸襟。要形成争当先进、创造优秀的良好风气,做到中央有号召、组织部门先带头,组织工作有部署、组工干部作表率。要保持严格自律、清正廉洁的政治本色,坚持从严治部、从严律己、从严带队伍,严格执行“十严禁”纪律,坚决同选人用人上不正之风进行战斗,努力建设模范部门、打造过硬队伍。

学习型党组织建设工作座谈会召开

11月19日,学习型党组织建设工作座谈会在京召开。李长春出席会议并作重要讲话,刘云山主持会议,刘延东、陈奎元出席会议。

李长春在讲话中指出,要从学习贯彻十七届五中全会精神、顺利推进党和国家事业发展的高度,充分认识学习型党组织建设的重要性和紧迫性,推动学习型党组织建设取得更大发展,不断提升广大党员的学习能力、理论素养、工作本领,不断增强党组织的创造力、凝聚力、战斗力。推进学习型党组织建设,当前要以学习贯彻党的十七届五中全会精神为主要内容,广泛深入地进行形势政策宣传教育。建设学习型党组织,要坚持以思想理论建设为根本,坚持不懈地用中国特色社会主义理论体系武装头脑,深入学习实践科学发展观,不断提高广大党员干部的思想理论素养,增强坚持中国特色社会主义旗帜、道路和理论体系的自觉性坚定性。要坚持以领导干部为重点,带动各级党组织和广大党员自觉加强学习。要坚持以改革创新精神开展工作,尊重党员主体地位,不断创新学习理念,拓展学习内容,努力使学习型党组织建设体现时代特点、贴近党员需求、富有实际成效。建设学习型党组织是一项长期而重大的战略任务,各级党委要把这项工作纳入重要议事日程,健全领导体制和工作机制,建立科学完备的学习制度,加大舆论宣传和理论研究力度,加强对工作的督促检查,切实把各项任务落到实处。

中央建设学习型党组织工作协调小组成员单位主要负责同志,各省区市和新疆生产建设兵团党委宣传部长,中央和国家机关有关部委、中央宣传文化系统各单位负责同志,解放军总政治部和武警总部有关负责同志,部分中央企业和在京高校党委负责同志,全国中国特色社会主义理论体系研究中心负责同志,马克思主义理论研究和建设工程专家学者等200多人参加会议。江西省委、广东省委、中央统战部、外交部、中国国电集团公司党组、江苏省泰州市委、四川省自贡市委和湖南大学党委有关负责同志在座谈会上发言。

李源潮在中央党校作人才发展报告

11月19日,李源潮在中央党校作人才发展报告,李景田主持报告会,1200多名学员参加。

李源潮指出，贯彻落实十七届五中全会精神，实现“十二五”发展目标，必须充分发挥科技第一生产力和人才第一资源作用，推动加快转变经济发展方式，实现科学发展。要认真落实国家中长期人才发展规划，坚持服务发展、人才优先、以用为本、创新机制、高端引领、整体开发的方针，努力培养造就宏大人才队伍，把我国人力资源优势转化为人才资源优势。要进一步解放思想、解放人才、解放科技生产力，以用好用活人才、提高人才效能为主线，创新人才政策和体制机制。要抓紧组织实施重大人才工程，统筹推进各类人才队伍建设。

领导干部要抓好发展这个党执政兴国的第一要务，必须开发好人才这个第一资源。要重视人才作用，深刻认识人才在创新、创业、创优中的引领作用、骨干作用、带动作用，依靠人才突破科技瓶颈制约，发展新兴产业，提升发展质量和效益。要重视人才工作，做好人才发展规划，在人才投入上舍得花钱，有计划、有步骤地扎实推进人才工作。要重视人才政策，不断制定和完善尊重人才、吸引人才、培养人才、用好人才的政策，为各类人才成长和施展才干创造良好环境。要重视人才影响，发挥人才在创造科技生产力、提升文化创造力、增强政治引导力等方面的重大作用，最大限度地把各类人才团结凝聚到党和人民的事业中来。

全国宣传部长座谈会举行

11 月 20 日，全国宣传部长座谈会在京举行。刘云山出席会议并讲话，雒树刚主持会议。

刘云山指出，不断深化十七届五中全会精神的学习宣传，是当前和今后一个时期宣传思想文化战线的重要政治任务。要紧密联系世情国情的深刻变化，深入阐释我国发展面临的战略机遇和困难挑战，引导人们珍惜机遇、抓住机遇、用好机遇，聚精会神搞建设、一心一意谋发展。要紧密联系我国经济社会发展的新要求，深入阐释“十二五”发展的主题主线，引导人们更加自觉地贯彻落实科学发展观，增强加快转变经济发展方式的责任感紧迫感。要紧密联系全面建设小康社会的历史进程，深入阐释经济社会发展的目标任务和重大举措，增强信心、鼓舞士气，引导人们为实现“十二五”宏伟目标而奋斗。开展形势政策宣传教育，是把全会精神学习贯彻引向深入的有效途径。要组织领导干部、专家学者和实际工作者深入企业、农村、社区、高校，面对面地宣讲全会精神。要搭建多种平台广泛开展群众性教育活动，运用各种资源、各种渠道，鼓励群众联系身边变化谈形势谈发展、谈规划谈未来，自我教育、自我提高。要发挥大众传媒的作用，多层次、多角度地进行宣传，扩大教育的覆盖面和影响力。要注重实际效果，根据不同社会群体的特点，找准宣传教育与群众切身利益的结合点，用事实说话、用典型说话，把人们的思想收获转化为夺取全面建设小康社会新胜利、开创科学发展新局面的实际行动。

增强文化自觉、加强文化建设，是贯彻落实五中全会精神的应有之义和必然要求。要以新的视角、新的理念看待文化，以新的思路、新的办法建设文化，坚持以发展为主题，以体制机制创新为重点，以满足人民群众精神文化需求为出发点和落脚点，推动文化体制改革不断取得突破，推动文化事业文化产业加快发展。要结合贯彻落实五中全会关于国民经济和社会发展“十二五”规划《建议》，抓紧制定文化改革发展规划纲要，注重战略性、前瞻性、指导性，谋划好今后一个时期文化建设的总体目标、重点任务、政策措施，更好地推动文化大发展大繁荣，促进文化建设与经济、政治、社会建设协调发展。

中央党校举行中青年干部培训班学员座谈会

11 月 23 日，中央党校举行第 29 期中青年干部培训班学员座谈会。李源潮出席座谈会并讲话，李景田和中央组织部、中央党校有关负责同志参加座谈。

这期中青班有 120 多位学员。在已进行的两个多月培训中，学员们系统学习中国特色社会主义理论，到井冈山、延安进行党性教育，深入基层调查研究，加强了理论武装，拓宽了知识眼界，总结了实践经验，提高了能力素质。

座谈会上学员们踊跃发言，畅谈学习收获和体会。李源潮讲话时说，领导干部的能力从学习中来、从实践中来。中青年干部要加强理论学习，培养理性思维能力；掌握现代知识，不断更新知识结构；注重实践锻炼，在实际工作中积累经验、增长才干。要发扬艰苦奋斗精神、无私奉献精神，保持创先争优的精神状态。要见贤思齐，善于学习别人的经验教训，开阔眼界、开阔思路、开阔胸襟。

李源潮指出，理想信念是中国共产党凝聚力的核心，是走中国特色社会主义道路的动力和保证。中青年干部只有坚定走中国特色社会主义道路的信念，才能始终保持为党和人民干事创业的激情。改革开放是党的基本路线的重要内容，是我国实现社会主义现代化的基本国策。推进改革开放，必须坚持中国特色社会主义方向不动摇。改革不可能一帆风顺，改革的过程是一个不断解决矛盾和问题的过程。我们既要坚定不移地推进改革，又要有序可控地操作改革，审时度势、稳步前进，不动摇、不懈怠、不折腾。加强干部交流是深化干部人事制度改革的重要举措，是中青年干部锻炼成长的有效途径。中青年干部要勇于到艰苦地区、复杂环境和基层岗位交流任职，丰富阅历、砥砺品质、锤炼作风，增进对人民群众的深厚感情。

全军党史军史工作会议召开

11月29日，经胡锦涛主席和中央军委批准，全军党史军史工作会议在京召开。郭伯雄、徐才厚在讲话时会见与会代表，代表胡锦涛主席、习近平副主席和军委其他领导，向受表彰的单位和个人表示热烈祝贺，向长期奋战在军队党史军史工作战线的同志们表示诚挚问候，向关心和支持军队党史军史工作的中央有关部门领导和同志表示衷心感谢。中央军委委员、总参谋长陈炳德参加会见，中央军委委员、总政治部主任李继耐参加会见并主持会议。

徐才厚指出，我们党领导人民军队革命、建设、发展的伟大历程，是一部波澜壮阔的历史。长期以来，军队党史军史工作着眼党和国家工作大局，紧紧围绕部队中心任务，在修史治史、学史用史等方面取得重要成果，为推动部队建设发展、促进官兵成长进步作出了重要贡献。新形势下，这项工作任务更加艰巨繁重，标准要求更高。党的三代领导核心和胡主席高度重视做好党史军史工作。做好这项工作，对于我们更好地理解和运用党的军事指导理论，把握军队建设发展所处历史方位和阶段性特征，探索形成兴军强军的正确思路和决策，对于打好意识形态主动仗，强化官兵军魂意识，坚定理想信念，使我党我军的优良传统薪火相传，具有重大而深远的意义。

他强调，要站在政治和全局的高度，以科学求实精神扎实做好新形势下的军队党史军史工作。要坚持用马克思主义历史观加强党史军史的研究编纂，全面准确地记载党领导人民军队革命、建设、发展的历史进程，确保党史军史研究编纂成果经得起历史、实践和人民检验。要着眼打牢官兵思想政治根基，加大党史军史学习教育和宣传力度，激发献身国防和军队建设事业的精神动力。要紧紧围绕推动部队建设科学发展，充分发挥党史军史工作的资政作用，从历史经验中寻求解决部队建设现实矛盾问题的对策办法。要提升党史军史工作的质量水平。要加强对军队党史军史工作的组织领导，推动这项重要工作不断发展进步。

中直机关学习型党组织建设经验交流会召开

11月30日，中直机关学习型党组织建设经验交流会在京召开。孙淦、孙志军出席会议并讲话，赵凯主持会议。会议传达学习了全国学习型党组织建设工作座谈会精神，总结交流了中直机关开展学习型党组织建设的经验做法，并对下一阶段工作任务进行了安排。

会议指出，大力推进学习型党组织建设，是党的十七届四中全会作出的重大战略决策。中直工委对此高度重视，切实把建设学习型党组织作为2010年中直机关党建工作要实现“三个突破”的首要任务，精心谋划，狠抓落实。中直机关各单位按照党中央的统一部署和工委的具体要求，紧紧围绕党和国家工作大局，围绕本单位的中心工作，牢牢把握学习型党组织建设的根本要求，突出学习重点，创新学习方法，拓展学习渠道，营造学习氛围，探索建立有效的学习制度，各项工作扎实推进，有力地推动了中心工作，推动了机关党的建设，取得了阶段性成果。

孙淦说，中直机关各级党组织要紧密结合工作实际，以更高的标准、更严的要求、更加自觉的行动，切实从全局和战略高度进一步深刻认识学习型党组织建设的重大意义，把中央的要求贯彻好。要认真研究新形势下机关党员干部的新变化、新特点和新需求，积极探索推动学习的新方法、新途径和新载体。

中央统战部、人民日报社、共青团中央、中央党校研究室、广电总局中国电影科研所、新华社新华网等6个单位作了经验交流发言。

2010年12月

中共中央政治局召开会议分析研究2011年经济工作

12月3日，中共中央政治局召开会议，分析研究明年经济工作。胡锦涛主持会议。

会议指出，做好明年经济社会发展工作，对于“十二五”开好局、起好步，以优异成绩迎接建党90周年，具有十分重要的意义。要继续加强和改善宏观调控，统筹当前和长远，把握好政策实施的重点、力度、节奏，既要解决当前突出问题，又要切实推进解决深层次矛盾和化解潜在风险，为长远发展打下良好基础。要进一步扩大国内需求特别是消费需求，努力提高中低收入群众收入，积极扩大商品消费，大力拓展服务消费；发挥好政府投资对经济结构调整的引导作用，促进社会投资稳定增长和结构优化，防止乱铺摊子和盲目重复建设。要大力推进现代农业建设，促进农业稳产增产，严格保护耕地，加强水利基础设施和防灾减灾能力建设，增强科技支撑作用，完善农业扶持政策，加快推进农业信息化、专业化、集约化、产业化发展。要加强市场保障和价格稳定工作，落实“米袋子”省长负责制和“菜篮子”市长负责制，完善市场调控预案，继续整顿和规范市场价格秩序。要扎实推动产业结构调整，制定出台战略性新兴产业发展规划，加强以企业为主体、以市场为导向、产学研结合的技术创新体系建设，促进企业技术改造和兼并重组，大力扶持中小企业发展。要坚持不懈推进节能减排和应对气候变化工作，加强重点节能环保工程建设，深入推进循环经济，落实控制温室气体排放行动目标，加强应对气候变化国际合作。要稳步提升开放型经济水平，稳定外贸政策，促进对外贸易平稳增长，积极扩大进口，优化利用外资结构，深入实施“走出去”战略。要提高区域发展协调性，加大对革命老区、民族地区、边疆地区、贫困地区的扶持力度，积极推进主体功能区建设，积极稳妥推进城镇化。要着力推进重点领域和关键环节改革，积极推进财税、金融、投资体制改革，深化农村改革，做好综合配套改革试点工作。要大力保障和改善民生，坚持更加积极的就业政策，促进教育均衡发展，加强社会保障薄弱环节建设，基本完成医药卫生体制改革3年重点工作任务，继续深化文化体制改革，大力促进文化繁荣发展，加大保障性安居工程建设力度，做好灾后恢复重建工作，切实抓好安全生产，加强社会管理。

中共中央政治局举行第二十四次集体学习

12月3日，中共中央政治局就从上海世博会看世界发展的新趋势新理念问题进行第二十四次集体学习。胡锦涛主持学习。上海市社会科学院黄仁伟研究员、同济大学公共管理系诸大建教授就这个问题进行讲解，并谈了他们的意见和建议。

胡锦涛在主持学习时发表讲话。他指出，上海世博会是第一次在发展中国家举办的注册类世博会，也是参展方和参与人数最多的一届世博会。上海世博会围绕“城市，让生活更美好”的主题，充分展示城市文明成果、交流城市发展经验、传播先进城市理念、探讨城乡互动发展，使理解、沟通、欢聚、合作的世博理念得到充分发扬，办成了一届成功、精彩、难忘的世界性盛会。上海世博会的圆满成功，是在国际社会积极帮助下，全国各族人民大力支持、共同努力的成果，是上海广大干部群众顽强拼搏、真诚奉献的成果，是各地区各部门各单位齐心协力、密切配合的成果。上海世博会展示了中华民族五千年灿烂文明，展示了新中国60年特别是改革开放30多年的辉煌成就，展示了我国各族人民为实现全面建设小康社会目标而团结奋斗的精神风貌，促进了我国同各国各地区经济文化交流，增进了我国人民同各国各地区人民相互了解和友谊。

要研究和总结上海世博会所展示的具有引领未来作用的发展理念，深化对以人为本、全面协调可持续发展的认识，增强转变发展观念、创新发展方式的自觉性和主动性，加快推动经济发展方式转变和经济结构调整，推动经济社会又好又快发展。要认真吸收和应用上海世博会所展示的世界最新科技成果，积极研判世界科技发展趋势，力求突破更多关键技术、获得更多知识产权，积极培育和发展战略性新兴产业，加快培养创新人才，加快建设创新型国家。要认真吸收和运用上海世博会所展示的世界城市建设和管理的先进理念，坚持走中国特色城镇化道路，深入探索城市居住、生活、工作新模式，自觉统筹城乡一体化发展。要把上海世博会举办期间城市管理和运行、群众工作、宣传工作等方面行之有效的做法常态化、制度化，确保社会和谐稳定。

当今世界，世界多极化和经济全球化深入发展，科技进步日新月异，综合国力竞争的广度和深度前所未有。我们要实现我国发展的战略目标，就必须树立世界眼光，提高战略思维能力，提高认识和把握国内外发展大势能力。要坚持以更加开阔的视野观察世界，正确认识时代特点，坚持统筹国内国际两个大局，以更加开放的姿态面向世界，全面了解世界经济、政治、文化、社会发展趋势，全面了解当代知识创新、科技发明、人文进步情况，大力加强同各国的文化交流，以更加虚心的态度借鉴和吸收人类文明成果、研究和学习各国发展有益经验，科学制定符合我国实际的发展战略和政策措施，始终站在时代发展前列。

中共中央国务院举行全国防汛抗旱暨舟曲抢险救灾总结表彰大会

12月7日，中共中央、国务院在甘肃省兰州市举行全国防汛抗旱暨舟曲抢险救灾总结表彰大会。回良玉出席并讲话，刘云山主持大会，徐才厚、司马义·铁力瓦尔地、马凯、阿不来提·阿不都热西提出席大会。

人力资源和社会保障部负责同志首先宣读了《关于表彰全国防汛抗旱先进集体和先进个

人的决定》，会议向受表彰的219个先进集体和378名先进个人代表颁奖。

回良玉发表讲话时指出，今年以来，我国极端灾害性天气突发多发，洪涝、干旱、台风和山洪、泥石流、滑坡等灾害异常严重，特别是甘肃舟曲发生了特大山洪泥石流灾害，造成重大人员伤亡和财产损失。在党中央、国务院和中央军委的坚强领导下，全党全军全国各族人民团结奋战、顽强拼搏，开展了艰苦卓绝的防汛抗旱抢险救灾工作，奋力夺取了抗灾救灾的重大胜利，共同谱写了中国防灾减灾史上新的壮丽篇章。今天，我们隆重召开全国防汛抗旱暨舟曲抢险救灾总结表彰大会，就是要全面总结防汛抗旱抢险救灾工作，表彰全国防汛抗旱先进集体和先进个人，号召全党全军全国各族人民学习他们的先进事迹，弘扬伟大的抗洪精神，为夺取全面建设小康社会新胜利、推进中国特色社会主义伟大事业而不懈奋斗。

表彰大会上，全国防汛抗旱先进集体和先进个人代表甘肃省舟曲县人民政府县长迭目江腾、武警部队水电第三总队九支队支队长王永平、福建省漳浦县人民政府县长曾智勇、江西省修水县山口镇人民武装部部长杨永、云南省昆明市水务局副局长储汝明、解放军沈阳军区某部政治处副主任方宝双等6位同志先后发言。各省、自治区、直辖市和新疆生产建设兵团负责同志，国家防汛抗旱总指挥部成员单位、国务院舟曲特大山洪泥石流灾害抢险救援指导协调小组成员单位、中央和国家机关有关部门负责同志，解放军有关单位和武警部队负责同志，全国总工会、共青团中央、全国妇联负责同志，中央管理的部分企业负责同志，全国防汛抗旱先进集体代表和先进个人，以及各方面代表约1000人参加了大会。

全国未成年人思想道德建设工作会议召开

12月8日，全国未成年人思想道德建设工作视讯会议召开。刘云山出席会议并讲话。

刘云山对去年全国未成年人思想道德建设经验交流会以来的工作给予充分肯定，指出各地各部门认真贯彻中央部署，把未成年人思想道德建设作为战略工程、基础工程认真加以推进，社会主义核心价值体系进教材进课堂进头脑工作扎实有效，“做一个有道德的人”和优秀童谣传唱等主题活动有声有色，净化社会文化环境工作不断深化，未成年人思想道德建设保持了积极健康向上的良好态势。同时要看到，未成年人思想道德建设面临许多新情况新问题，加强和改进的任务仍然十分繁重，必须以对民族、对未来高度负责的精神坚持不懈地做好工作，把未成年人思想道德建设不断推向前进。

做好新形势下未成年人思想道德建设工作，要切实加强社会主义核心价值体系学习教育，融入学校教学、深化道德实践，着力培养未成年人高尚思想品质和良好道德情操。要紧紧抓住网络、手机媒体、网吧、荧屏声频、校园周边环境等重点领域和环节，标本兼治、综合治理，着力形成有利于未成年人身心健康的良好社会文化环境。要坚持以文化人、以文育人，加强优秀文化产品创作生产的引导，组织开展丰富多彩的文化活动，着力丰富未成年人精神文化生活。要强化学校、家庭、社会有效衔接的运行机制，健全督查考评制度，完善有利于未成年人健康成长的政策法律，着力实现未成年人思想道德建设工作科学化制度化规范化。

党和国家的事业要靠今天的未成年人去继承，祖国和民族的未来要靠今天的未成年人去开创。各地区各部门要进一步统一思想、提高认识，把未成年人思想道德建设工作摆上更加突出位置，健全完善党委统一领导、党政群齐抓共管、文明委组织协调、有关部门各负其责、全社会积极参与的领导体制和工作机制，确保领导到位、措施到位、保障到位。要弘扬改革创新、求真务实精神，探索新渠道、搭建新平台，坚持狠狠地抓，一天不放松地抓，从具体事情抓起，着力解决群众反映强烈的问题，多办作用大、青少年欢迎的好事实事，把未成年人思想道德建设各项任务落到实处。

这次视讯会议在京设主会场，各省、自治区、直辖市和新疆生产建设兵团及各市（地、州、盟）设分会场。中央文明委部分成员单位和有关部门负责同志，各地文明委负责同志和宣传部、文明办等部门负责同志参加会议。中央外宣办、教育部、文化部、全国妇联和江苏省、广州市、成都市、淄博市负责同志作了发言。

中共中央办公厅、国务院办公厅印发《党政主要领导干部和国有企业领导人员经济责任审计规定》

12月9日人民日报报道，中共中央办公厅、国务院办公厅印发《党政主要领导干部和国有企业领导人员经济责任审计规定》（以下简称《规定》），并发出通知，要求各地区各部门结合实际认真贯彻执行。

通知指出，《规定》的颁布施行，是贯彻落实党的十七大和十七届四中全会精神的重要举措，是加强经济责任审计法规制度建设、规范经济责任审计行为、促进经济责任审计工作科学发展的现实需要，对于增强领导干部依法履行经济责任意识、完善领导干部管理和监督机制、促进惩治和预防腐败体系建设具有重要意义。

通知强调，地方各级党委和政府要切实加强对经济责任审计工作的领导，党政主要领导干部和国有企业领导人员要依法依规自觉接受、主动配合经济责任审计。各地区各部门要按照中央的统一部署和要求，结合实际情况，研究制定加强领导干部经济责任审计的具体措施。

中央经济工作会议举行

12月10日至12日，中央经济工作会议在北京举行。胡锦涛、吴邦国、温家宝、贾庆林、李长春、习近平、李克强、贺国强、周永康出席会议。

胡锦涛在会上发表重要讲话，深刻总结今年及“十一五”时期我国经济社会发展取得的成就，全面分析当前国际国内经济形势，明确提出明年经济工作的总体要求、重要原则、主要任务。温家宝在讲话中全面总结今年经济工作，阐述明年经济社会发展主要预期目标和宏观经济政策，对明年经济工作作出具体部署。

会议提出了明年经济工作的主要任务。一、加强和改善宏观调控，保持经济平稳健康运行。二、推进发展现代农业，确保农产品有效供给。三、加快经济结构战略性调整，增强经济发展协调性和竞争力。四、完善基本公共服务，创新社会管理机制。五、加大改革攻坚力度，推动经济发展方式转变。六、坚持互利共赢的开放战略，拓展国际经济合作空间。

会议要求，在明年经济工作中，各方面要切实把重点放到加快转变经济发展方式上来，使经济增长速度与结构质量效益相统一，经济发展与人口资源环境相协调，切实做到在发展中促转变、在转变中谋发展。全党全国各族人民要紧密团结在以胡锦涛同志为总书记的党中央周围，坚定信心、锐意进取，着力促进经济长期平稳较快发展和社会和谐稳定，以优异成绩迎接中国共产党成立90周年！

全国党的基层组织党务公开工作电视电话会议召开

12月14日，全国党的基层组织党务公开工作电视电话会议在北京召开。贺国强出席会议并讲话，何勇主持会议。

在安徽省委、审计署党组、贵阳市委、大连市西岗区委、太原钢铁（集团）有限公司党委等单位发言后，贺国强指出，高度重视党内民主建设，充分调动各级党组织和广大党员的积极性、主动性和创造性，自觉接受党员和人民群众监督，是我们党在长期革命、建设和改革实践中形成的一项优良传统。今年9月中央办公厅印发的《关于党的基层组织实行党务公开的意见》，是推进党的基层组织党务公开工作的规范性文件。各级党组织要全面把握和认真落实《意见》提出的基本要求和主要任务，坚持发扬民主、广泛参与，积极稳妥、注重实效，统筹兼顾、改革创新，区别情况、分类指导，扎实做好党的基层组织党务公开工作。一是要搞好宣传教育、提高思想认识。采取多种形式深入宣传中央的要求和部署、党员的权利和义务、基层党务公开取得的成效、经验和先进典型等，切实把各级党组织和广大党员的思想与行动统一到中央精神上来。二是要明确职责任务、抓紧全面推开。各级党委（党组）要认真执行党建工作责任制和党风廉政建设责任制，加强组织领导，健全领导机制，完善工作格局；各级党务公开工作领导小组及其成员单位要加强分类指导、开展监督检查、强化考核评价、严格责任追究；广大基层党组织要发挥责任主体作用，紧密结合实际，制定具体方案、精心组织实施，切实把党务公开在企业、农村、机关、学校、科研院所、街道社区、社会组织和其他单位党的基层组织全面推开，确保到2011年底在全国基层党组织中全面实行党务公开。三是要规范运作程序、依纪依法办事。规范公开内容、程序、形式，除涉及党和国家秘密等依照规定不宜公开或不能公开的外，要把党组织决议、决定及执行情况，党的思想建设情况，党的组织管理情况，领导班子建设情况，干部选任和管理情况，联系和服务党员、群众情况，党风廉政建设情况以及党员关心的热点问题等其他应当公开的事项列入公开目录，按照规定及时主动公开；对可以向党外公开的事项，要本着先党内后党外的原则，以适当方式向人民群众和社会公开。四是要紧跟形势任务、突出公开重点。紧紧围绕党和国家工作大局特别是基层党组织的中心任务及时公开有关事项，当前特别要抓好贯彻落实党的十七届五中全会和中央经济工作会议精神、加强和改进新形势下群众工作和基层党建工作重要情况的公开，更好地凝聚各方面力量、推动中心任务完成。五是要总结实践经验、完善制度保障。鼓励支持基层党组织大胆创新，积极探索工作新思路新办法，进一步健全体制机制制度，不断提高党的基层组织党务公开工作的科学化、制度化、规范化水平。

何勇在主持会议时指出，各地区各部门要及时召开党委（党组）会议，认真传达学习贺国强同志的重要讲话及会议精神，真正把思想和行动统一到中央要求上来，切实增强推进党的基层组织党务公开的责任感和紧迫感。要把贯彻落实《意见》作为加强和改进新形势下党的建设的重要战略任务，搞好宣传教育、明确职责任务、规范运作程序、突出公开重点、完善制度保障，切实抓紧抓好，为发展党内民主、加强党内监督，全面推进党的建设新的伟大工程和中国特色社会主义伟大事业作出积极贡献。

全国高等学校党的建设工作会议召开

12月14日，中共中央组织部、中共中央宣传部、中共教育部党组在北京召开第十九次全国高等学校党的建设工作会议。习近平在会前会见会议代表并讲话。

习近平指出，高校在国家经济社会发展全局中居于重要地位。加强和改进高校党的建设，是促进高等教育科学发展、建设高等教育强国的根本保证，是全面贯彻党的教育方针、培养社会主义事业建设者和接班人的必然要求。要坚持和完善党委领导下的校长负责制，按照德才兼备、以德为先用人标准，把政治上坚定、业务上优秀、作风上过硬、广大师生认可的同志选配到学校领导班子中，特别要选好配强党委书记和校长，切实增强高校领导班子的整体功能，提高领导班子办学治校能力。做好抓基层、打基础的工作是高校党的建设的一项基本任务。当前要认真贯彻新修订的《中国共产党普通高等学校基层组织工作条例》，适应高校改革发展建立健全高校党的各级组织，进一步明确党组织职责任务，丰富党组织活动内容，健全党组织工作制度，实现高校党的组织和党的工作全覆盖。他指出，当前正在广大基层党组织和党员中开展的创先争优活动，是加强党的基层组织建设的一项经常性工作。高校党组织要紧紧围绕高校的中心任务，努力创科学发展之先、争校园和谐之优，在高校党组织和党员中进一步营造学先进、赶先进、创先进的浓厚氛围，使创先争优活动真正成为推动高等教育科学发展的强大动力。

刘延东出席会议并讲话。她强调，围绕中心抓党建、抓好党建促发展是高校党的建设总的要求。要紧紧抓住重要战略机遇期，立足现代化建设全局，进一步增强做好党建工作的责任感使命感。要按照建设中国特色现代高等教育体系的要求，把落实党的教育方针，提升人才培养、科学研究、社会服务和文化传承水平贯穿高校党建工作始终，为高等教育科学发展提供坚强保障。要坚持育人为本、德育为先，创新思想政治教育的内容和方法，牢牢把握意识形态领域的主导权，保持高校和谐稳定的良好局面。要以优良党风正校风、促教风、带学风，弘扬爱国精神、科学精神和人文精神，培育以社会主义核心价值为主体的各具特色的大学文化。她指出，《条例》体现了中央对高校党建工作的新要求，必须结合各高校实际学习好贯彻好，要加强高校领导班子建设，创新基层党组织设置形式和活动方式，加强和改进大学生思想政治教育工作，做好新形势下高校群众工作，推动党组织和党员立足本职、创先争优、建功立业，提高高校基层党组织建设科学化水平。

中共中央国务院印发《关于实行党风廉政建设责任制的规定》

12 月 16 日人民日报报道，中共中央、国务院近日印发了《关于实行党风廉政建设责任制的规定》（以下简称《规定》），并发出通知，要求各地区各部门认真贯彻执行。通知指出，1998 年中共中央、国务院印发的《关于实行党风廉政建设责任制的规定》，在促进各级党委和政府抓好党风廉政建设和反腐败斗争、不断增强拒腐防变和抵御风险能力、切实提高党的领导水平和执政水平方面发挥了重要作用，但随着新时期党的建设特别是反腐倡廉建设的不断深入，已经不能完全适应现实需要，中央决定予以修订。《规定》是深入推进党风廉政建设和反腐败斗争的一项重要基础性法规，对于强化各级领导班子和领导干部抓反腐倡廉建设的政治责任，保证党中央、国务院关于党风廉政建设和反腐败斗争各项决策部署的贯彻落实，进一步提高管党治党水平，为推动科学发展、促进社会和谐提供有力的政治保障，具有十分重要的意义。

各级党委和政府要从提高党的执政能力、巩固党的执政地位的高度，充分认识贯彻实施《规定》的重要性，结合贯彻落实党的十七大和十七届四中、五中全会精神，扎扎实实地抓好组织实施工作。要采取多种形式加强宣传教育，为贯彻实施《规定》创造良好氛围和条件；要对照《规定》分析查找本地区、本部门、本系统在党风廉政建设方面存在的突出问题，采取有效措施加以解决；要加强对《规定》贯彻执行情况的监督检查，及时纠正并严肃处理违反《规定》的行为。各级领导干部要把落实党风廉政建设责任制作为一项重要任务，进一步增强责任意识，切实采取有效措施，全面履行自身职责，推动形成反腐倡廉的强大合力，不断开创党风廉政建设和反腐败斗争的新局面。

全国组织部长会议召开

12 月 18 日，全国组织部长会议在京结束。李源潮出席并讲话，沈跃跃作会议总结。

李源潮指出，2010 年组织工作进一步改革创新，取得了新进展。明年各级组织部门要在党中央和各级党委领导下，集中精力做好地方党委换届工作，坚持德才兼备、以德为先标准，注重科学发展和重视基层导向，坚持五湖四海、任人唯贤，选优配强领导班子尤其是主要领导干部。要扩大换届工作中的民主，提高民主的质量。要继续与用人上不正之风进行坚决战斗，保证换届风清气正。

要扎实推进创先争优活动，调动和激发基层党组织和党员的内在动力，努力争科学发展之先、创社会和谐之优。认真落实干部人事制度《改革规划》，区别不同情况，积极稳妥推进干部人事制度改革。深入落实干部教育培训《改革纲要》，提高领导班子和领导干部推动科学发展、促进社会和谐能力。坚持从严管理干部，对关键岗位干部加强重点管理。全面落实《人才发展规划》，加快推进建设人才强国。加强党的基层组织建设，健全抓基层打基础长效机制。以纪念建党90周年为契机，组织党员干部学习党的光辉历史，弘扬密切联系群众优良传统。

各级组织部门要讲党性、重品行、作表率，以创先争优精神建设模范部门、打造过硬队伍。要加强党性建设，树立公道正派良好形象；加强能力建设，开阔眼界、开阔思路、开阔胸襟；加强作风建设，弘扬高度负责、真抓实干、一抓到底作风；加强廉政建设，从严治部、从严律己、从严带队伍。

全国政法工作会议召开

12月18日至20日，全国政法工作会议在北京召开。周永康出席会议并讲话，王乐泉、孟建柱先后主持会议。

18日进行了大会经验交流，来自地方党委、政府和政法机关的12个单位，采取大会发言和播放专题片相结合的方式，向会议代表生动介绍了一年来在推进三项重点工作中进行的探索、取得的成效。19日上午召开了全国电视电话会议，各省、市、县党委政府主要领导、分管领导、各政法单位负责人以及中央各政法单位厅局级干部在各会场参加了会议。19日下午、晚上和20日上午，进行了分组讨论和大会总结。

周永康讲话时说，2010年，面对错综复杂的国际国内形势和来自各方面的风险挑战，在党中央、国务院坚强领导下，各级政法机关认真履行第一责任，主动服务第一要务，充分发挥职能作用，扎实推进三项重点工作，解决了一大批影响社会和谐稳定的问题，确保了上海世博会、广州亚运会等重大活动和抗灾救灾工作顺利进行，深化司法体制机制改革取得重大进展，从整体上提升了政法工作和政法队伍建设水平，为巩固和扩大应对国际金融危机成果、全面完成“十一五”规划目标任务，为维护社会和谐稳定、促进社会公平正义，作出了重要贡献。

明年是实施“十二五”规划的开局之年，各级政法机关要增强大局意识、服务意识，深化三项重点工作，促进经济平稳较快发展。要建立健全科学的预防化解矛盾机制，更加注重从政策制度层面妥善解决社会矛盾；依法打击暴力恐怖、分裂破坏活动，维护国家安全和社会政治稳定；构建立体化社会治安防控体系，进一步解决好影响群众安全的突出治安问题；着力突破人口服务管理中的难点问题，最大限度增加和谐因素、减少不和谐因素；加强对新经济组织、新社会组织和新兴媒体的服务管理，充分发挥积极作用；深化司法改革、扩大司法民主、推进司法公开，强化对司法权的监督制约；加强政法机关基层基础建设，筑牢维护社会和谐稳定的第一道防线。

明年是我们党成立90周年，中央政法委决定，在全体政法干警中组织开展“发扬传统、坚定信念、执法为民”主题教育实践活动，着力解决在理想信念、宗旨意识、执法司法等方面存在的突出问题，确保政法队伍切实肩负起中国特色社会主义事业建设者捍卫者的历史重任。明年“七一”前后，中央政法委将在全国政法系统集中表彰一批先进基层党组织、优秀党务工作者、优秀党员干警，以创先争优促进政法机关党的建设，促进整个政法队伍建设。要认真落实中央关于做好新形势下群众工作的要求，把服务群众贯穿于政法工作各方面、全过程，维护好群众合法权益，让广大群众感受到社会公平正义就在身边。要坚决落实中央政法委关于从严治警的“四个一律”要求和政法各单位的各项纪律，严肃查处违纪违法问题，确保公正廉洁执法。各级党委要进一步加强对政法工作的领导，建设好、管理好、使用好政法队伍，为政法机关履行法定职责提供有力保障。

王胜俊、曹建明等中央政法委委员，各省区市政法委书记、高级人民法院院长、人民检察院检察长、公安厅局长、国家安全厅局长、司法厅局长、综治办主任和中央政法各单位、中央和国家机关有关部门负责人出席会议。

全国行政学院院长会议召开

12月20日，2010年全国行政学院院长会议在京召开。马凯出席会议并讲话，魏礼群主持会议。

马凯指出，各级行政学院要牢牢把握“十二五”规划建议基本精神，把对“十二五”规划的培训摆在突出重要位置，及时更新培训内容，合理配置培训班次，抓紧完善培训教材，认真做好全会精神进课堂、进教材、进头脑工作。紧紧围绕党和政府中心任务和工作大局，对“十二五”规划中提出的长期性、全局性、战略性问题以及重大而紧迫的现实问题，开展全面、系统、深入的研究，为政府决策提供有价值的科研咨询服务。

各级行政学院要深刻认识“十二五”规划建议对政府建设和公务员素质提出的更高要求，解放思想、改革创新，明确自身定位，注重发挥优势，突出办学特色，充分发扬民主，集中各方智慧，认真编制好行政学院“十二五”时期发展规划。

中央和国家机关有关部门负责同志，各省（区、市）行政学院负责人和国家行政学院干部和教职工共800余人参加会议。

中央农村工作会议举行

12月21日至22日，中央农村工作会议在北京举行。党中央、国务院高度重视这次会议。会前，中央政治局常委会议、国务院常务会议和中央农村工作领导小组会议专门研究了会议文件，对做好明年农业农村工作提出了明确要求。

会议讨论了《中共中央、国务院关于加快水利改革发展的决定（讨论稿）》。回良玉出席会议并讲话。

会议指出，2010年是我国经济社会发展极不平凡的一年，也是“三农”工作历尽艰辛、砥砺奋进、再创佳绩的一年。全国上下在党中央、国务院的坚强领导下，齐心协力，成功应对了极为严重的自然灾害、农产品市场价格异常波动和非常复杂的外部环境，农业农村发展取得了极不平常的显著成就。全年粮食总产10928亿斤，增产312亿斤，实现了半个世纪以来的首次“七连增”。预计全年农民人均纯收入超过5800元，实际增长10%左右。

2011年是实施“十二五”规划的开局之年，做好农业农村工作具有特殊重要的意义。明年农业农村工作的重点任务：一、继续大幅度增加“三农”投入，巩固完善强化强农惠农政策。二、毫不放松抓好农业生产，切实保障主要农产品有效供给。三、大力改善农产品流通和市场调控，努力保持农产品价格合理水平，畅通农产品流通渠道，加快形成流通成本低、运行效率高的农产品营销网络。四、加强农业物质技术装备建设，强化农业发展基础支撑。五、着力保障和改善农村民生，建设农民幸福生活的美好家园。六、深入推进农村改革，不断增强农村发展活力。

我国水利改革发展的任务极为艰巨复杂，党中央、国务院从党和国家事业全局的高度全面部署水利改革发展，有利于全党全社会统一思想认识、形成治水兴水合力，这既是基层干部群众、“三农”战线同志和社会各界的热切期盼，也为推动水利跨越式发展提供了难得的历史机遇。

夺取明年农业丰收，保持农村发展好势头，打好“十二五”时期第一仗，意义非凡，任务艰巨，使命光荣。我们要紧密团结在以胡锦涛同志为总书记的党中央周围，高举中国特色社会主义伟大旗帜，坚定信心，开拓进取，扎实工作，圆满完成农业农村发展各项任务，以优异成绩迎接中国共产党成立90周年。

马凯主持了第一次全体会议。黑龙江、江苏、安徽、宁夏等省、自治区和吉林省榆树市、河南省新乡市、广东省增城市的有关负责同志在大会上发言。

上海世博会总结表彰大会举行

12月27日，中国2010年上海世界博览会总结表彰大会在人民大会堂举行。胡锦涛在会上发表重要讲话，吴邦国、温家宝、贾庆林、李长春、习近平、李克强、贺国强、周永康出席大会，大会由温家宝主持。

胡锦涛强调，上海世博会的成功举办，实现了中华民族百年世博梦想，向世界展示了中华民族五千年灿烂文明，展示了新中国60年特别是改革开放30多年的辉煌成就，展示了我国各族人民为实现全面建设小康社会目标而团结奋斗的精神风貌，增强了全国各族人民的民族自豪感、自信心、凝聚力。要大力弘扬上海世博会精神，进一步动员全党全国各族人民为全面建设小康社会、坚持和发展中国特色社会主义而继续奋斗。

王岐山宣读《中共中央、国务院关于表彰中国2010年上海世博会先进集体和先进个人的决定》、《国务院关于表彰香港特区参与中国2010年上海世界博览会督导委员会的决定》、《国务院关于表彰南光展览工程有限公司布展团队的决定》。

表彰大会上，上海世博会执委会主任俞正声，上海世博会先进个人代表、同济大学学生、上海世博会志愿者白一帆，上海世博会先进个人代表、中央电视台新闻中心经济部记者朱虹，上海世博会先进集体代表、上海市市长助理、市公安局局长张学兵，上海世博会先进集体代表、外交部国际司司长陈旭，上海世博会先进集体代表、中国人民解放军某部政委陈辉先后发言。

出席表彰大会的领导同志还有刘云山、令计划、李建国、马凯、孟建柱、戴秉国、白立忱、陈炳德。中央和国家机关有关部门负责同志，上海世博会组委会、执委会及成员单位负责同志，上海世博会各专项工作机构负责同志，受表彰的先进集体和先进个人代表，参与上海世博会的工作人员代表等约3000人参加大会。

中共中央政治局召开会议研究部署党风廉政建设和反腐败工作

12月28日，中共中央政治局召开会议，听取中央纪律检查委员会2010年工作汇报，分析当前党风廉政建设和反腐败工作形势，研究部署2011年党风廉政建设和反腐败工作。胡锦涛主持会议。

会议指出，今年以来，在党中央、国务院坚强领导下，各级党委、政府和纪检监察机关认真贯彻落实党的十七届三中、四中、五中全会精神，加强对中央重大决策部署贯彻落实情况的监督检查，坚决查处违纪违法案件，着力解决反腐倡廉建设中人民群众反映强烈的突出问题，加强党的作风建设，加大对领导干部的教育和监督力度，深入推进反腐倡廉制度建设和改革创新，进一步落实《建立健全惩治和预防腐败体系2008—2012年工作规划》，党风廉政建设和反腐败工作取得新的明显成效。同时，也要清醒地看到，当前党风廉政建设仍面临不少新情况新问题，反腐败斗争形势依然严峻，任务依然艰巨。全党同志必须深刻认识反腐败斗争的长期性、复杂性、艰巨性，以更加坚定的信心、更加坚决的态度、更加有力的措施推进反腐倡廉各项工作，不断取得党风廉政建设和反腐败斗争新成效。

2011年，各级党委、政府和纪检监察机关要全面贯彻党的十七大和十七届三中、四中、五中全会精神，高举中国特色社会主义伟大旗帜，以邓小平理论和"三个代表"重要思想为指导，深入贯彻落实科学发展观，坚持标本兼治、综合治理、惩防并举、注重预防的方针，加强以保持党同人民群众血肉联系为重点的作风建设，加强以完善惩治和预防腐败体系为重点的反腐倡廉建设。

要集中力量解决反腐倡廉建设中人民群众反映强烈的突出问题。要深入推进专项治理工作，继续深化工程建设领域突出问题和"小金库”专项治理，深入开展庆典、研讨会、论坛过多过滥问题和公务用车问题专项治理。要认真落实《中国共产党党员领导干部廉洁从政若干准则》，促进领导干部廉洁自律。要严肃组织人事工作纪律，匡正选人用人风气。要加强基层党风廉政建设，着力解决发生在群众身边的腐败问题。要严格执行党风廉政建设责任制，不断提高反腐倡廉建设科学化水平，为顺利实施“十二五”规划、促进经济社会又好又快发展提供有力保证，以党风廉政建设和反腐败斗争新成效迎接中国共产党成立90周年。

会议同意明年1月召开第十七届中央纪律检查委员会第六次全体会议。

中共中央政治局举行第二十五次集体学习

12月28日，中共中央政治局就在新的历史起点上推动我国经济社会又好又快发展问题进行第二十五次集体学习。胡锦涛主持学习。国家发展和改革委员会宏观经济研究院王一鸣研究员、中国社会科学院人口与劳动经济研究所蔡昉研究员就这个问题进行讲解，并谈了他们的意见和建议。

胡锦涛在主持学习时发表了讲话。他指出，要坚持抓住主题、把握主线。以科学发展为主题，以加快转变经济发展方式为主线，必须贯穿“十二五”时期经济社会发展全过程各环节，始终扭住不放，努力不断取得实质性进展。以科学发展为主题，是时代的要求，关系我国改革开放和社会主义现代化建设全局。以加快转变经济发展方式为主线，是推动科学发展的必由之路。要深刻认识坚持发展是硬道理的本质要求就是坚持科学发展，用科学发展的眼光、思路、办法解决前进中的问题，创新发展理念、发展模式，更加注重以人为本，更加注重全面协调可持续发展，更加注重统筹兼顾，更加注重保障和改善民生，切实推动经济社会又好又快发展。要把转变经济发展方式的基本要求切实落实到经济社会发展全过程，着力提高发展的全面性、协调性、可持续性，在实践中不断开拓科学发展之路。

要坚持统筹兼顾、突出重点，从党和国家工作全局出发，提高辩证思维水平、增强驾驭全局能力，把经济社会发展各领域各环节协调好。同时要抓住和解决牵动全局的主要工作、事关长远的重大问题、关系民生的紧迫任务，特别是要下大气力抓好建立扩大消费需求的长效机制、改造提升传统产业、培育发展战略性新兴产业、加快发展服务业、促进区域协调发展、积极稳妥推进城镇化等方面工作，下大气力抓好保障市场供应和稳定物价、促进就业创业、扩大社会保障覆盖面、加强保障性安居工程建设等方面工作，通过重点突破，促进全面协调可持续发展。要坚持锐意进取、改革创新，围绕“十二五”时期经济社会发展的目标任务和工作要求，加强改革顶层设计和总体规划，坚持社会主义市场经济的改革方向，抓住制约科学发展的体制障碍和深层次矛盾，全面协调推进经济、政治、文化、社会等体制改革创新，切实在一些重要领域和关键环节改革取得新突破，不断推进社会主义制度自我完善和发展，加快形成有利于科学发展的体制机制。要坚持深入实践、狠抓落实，紧密结合本地区本部门实际，坚持问政于民、问需于民、问计于民，深入基层群众，加强调查研究，全面谋划本地区本部门经济社会发展的战略任务和紧迫课题，制订符合实际的经济社会发展规划，把党的十七届五中全会作出的决策部署和提出的工作要求变成本地区本部门的行动方案，密切同人民群众的联系，办好为人民服务的实事，团结带领人民群众为实现“十二五”时期经济社会发展目标任务而不懈奋斗。

第七次全国社会主义学院院长会议召开

12月28日，第七次全国社会主义学院院长会议在北京召开。会议的主题是，进一步贯彻落实《2010—2020年党外代表人士教育培训改革和发展纲要》，推进社会主义学院正规化建设。严隽琪出席会议并讲话，杜青林发表书面讲话。叶小文在会上作工作报告。

杜青林在书面讲话中指出，中央对党外代表人士教育培训工作高度重视。《纲要》对新形势下党外代表人士教育培训工作作出了战略规划和全面部署。社会主义学院要深入学习贯彻全国统战部长会议精神，狠抓《纲要》贯彻落实，坚持“高层次、有特色、正规化”办学方针，坚定正确方向，拓宽工作思路、发挥自身优势、打造亮点品牌，努力建设具有鲜明特点和比较优势的联合党校。

严隽琪在讲话中说，中共中央颁布《纲要》为社会主义学院建设和发展提出了新要求、带来了新机遇、赋予了新使命。把贯彻《纲要》精神引向深入，社会主义学院必须紧紧围绕党和国家工作大局，加强党外代表人士教育培训工作，培养更多与中国共产党亲密合作、共同致力于中国特色社会主义伟大事业的统一战线各类人才，更好地为国家经济社会发展服务。

中央军委印发《军队党组织实施党内监督的规定（试行）》

12月30日人民日报报道，经胡锦涛主席批准，中央军委日前印发《军队党组织实施党内监督的规定（试行）》（简称《规定》）。《规定》的发布实施，是贯彻党的十七大和十七届四中、五中全会精神，加强和改进新形势下军队党的建设的重要举措，也是构建军队惩治和预防腐败体系的重要制度成果，对于坚持从严治党、从严治军，发展军队党内民主，促进各级党组织能力建设和先进性建设，具有重要作用。

《规定》以马克思列宁主义、毛泽东思想、邓小平理论和“三个代表”重要思想为指导，深入贯彻落实科学发展观，坚持从严治党、从严治军，着眼建立健全军队惩治和预防腐败体系，推进军队党风廉政建设，遵循军队开展党内监督工作的特点规律，认真总结吸收近年来部队实施党内监督的实践经验和有效做法，对党内监督的对象和主要内容、监督主体的监督职责、监督制度、保障措施等作出了明确规定。《规定》体现了党中央、中央军委关于加强新形势下党内监督的新思想新部署新要求，是军队党组织实施党内监督的法规依据。

《规定》把确保党对军队绝对领导作为党内监督的根本目的，在规范和实施党内监督工作的指导思想、原则、职责和制度等方面，贯穿和体现了党对军队绝对领导的根本原则和制度。《规定》明确，军队党组织实施党内监督必须贯彻发扬民主、维护团结，实事求是、依法开展，突出重点、注重实效的原则；监督对象重点是各级党委和党员领导干部特别是党委书记、副书记。在监督内容上，规定了遵守党纪政纪、执行法律法规、贯彻民主集中制、廉洁自律等内容，将部队普遍关注的干部选拔任用、士兵提干、士官选取、院校招生、兵员征集、经费管理、工程建设、房地产租赁、科研管理、物资采购、装备采购等事项纳入其中，突出了对重点部位、重要领域和关键环节的监督。《规定》贯彻源头治理和防范在先的思想，规定了决策监督、重要情况通报、请示报告、民主生活会、述职述廉、谈话和函询、信访处理等监督制度，并对违反监督制度的行为，作出了追究责任的规定；对各级党组织和党员领导干部履行监督职责提出了要求，规定了党员、党组织的监督权利和申诉权利保障。

2011年1月

全国宣传部长会议召开

1月4日，全国宣传部长会议在北京召开。李长春出席会议并讲话，刘云山主持会议，刘延东、陈奎元出席会议。

李长春指出，2010年，宣传思想文化战线坚决贯彻中央决策部署，牢牢把握正确导向，成功组织一系列重大宣传战役，有效应对各种挑战，大力推进改革创新，为党和国家战胜困难风险、推动经济社会发展、维护社会和谐稳定，提供了强有力的思想文化支持。

今年是我国文化改革发展加速推进的关键一年，要以胡锦涛总书记在中央政治局第二十二次集体学习时的重要讲话为强大思想武器，进一步增强改革创新的自觉性和主动性，紧紧围绕加快文化体制机制改革创新、加快构建公共文化服务体系、加快发展文化产业、加强对文化产品创作生产引导的重点任务，按照"十二五"时期文化改革发展的总体部署，加大力度、加快进度、巩固提高、重点突破、全面推进，着力破解文化发展难题，着力转变文化发展方式，在深化文化体制改革上迈出新步伐，促进我国文化又好又快发展。各级党委要深入学习领会中央精神，进一步提高对宣传思想文化工作重要战略地位的认识，努力使宣传思想文化工作达到新的水平。

各省、自治区、直辖市和新疆生产建设兵团以及副省级城市的党委宣传部长，中央和国家机关有关部委、中央宣传文化系统各单位、总政宣传部、武警总部政治部和有关人民团体的负责同志出席会议。出席全国对外宣传工作会议、全国文明办主任会议、全国文化厅局长会议的代表列席了会议。

纪念杨得志同志百年诞辰座谈会举行

1月4日，纪念杨得志同志诞辰100周年座谈会在北京人民大会堂举行。习近平出席座谈会。

杨得志同志是中国共产党的优秀党员，忠诚的共产主义战士，久经考验的无产阶级革命家、军事家，我军著名的高级将领，曾任国防部副部长、解放军总参谋长，中央军委常委、副秘书长，第十一届中央书记处书记、第十二届中央政治局委员等重要职务。

郭伯雄在座谈会上讲话。他在全面回顾了杨得志同志的光辉革命生涯和崇高精神后说，杨得志同志为民族独立和人民解放，为国防和军队建设事业贡献了毕生精力，建立了不朽功勋。他的崇高品质和革命风范，永远值得我们学习。我们要学习杨得志同志对党忠诚、对共产主义事业矢志不移的坚定信念；要学习杨得志同志智勇双全、能征善战的指挥才能；要学习杨得志同志善于学习、锐意进取的开拓精神；要学习杨得志同志襟怀坦白、光明磊落的崇高品德。

当前我军建设正处在关键阶段，任务艰巨繁重。让我们更加紧密地团结在以胡锦涛同志为总书记的党中央周围，高举中国特色社会主义伟大旗帜，以邓小平理论和"三个代表"重要思想为指导，深入贯彻落实科学发展观，继承发扬老一辈无产阶级革命家的优良传统和作风，同心同德，振奋精神，埋头苦干，在新的起点上推动军队建设科学发展，不断提高履行使命任务的能力，为维护国家主权、安全和发展利益，为全面建设小康社会贡献力量。

徐才厚、梁光烈、迟浩田、曹刚川，以及李继耐、廖锡龙、常万全、靖志远、吴胜利、许其亮出席座谈会。座谈会由陈炳德主持。座谈会上，副总参谋长章沁生、湖南省委副书记梅克保、军事科学院原战术研究部研究员杨凤安先后发言。

有关部门负责同志，杨得志同志亲属及生前友好等约200人出席座谈会。

全国对外宣传工作会议召开

1月4日至5日，全国对外宣传工作会议在北京召开，王晨出席会议并讲话。

会议认为，“十一五”时期是我国发展史上极不平凡的5年，是我国国际地位和影响力显著提高的5年，是让世界更多地了解中国、展现中国负责任大国形象的5年。我国外宣事业取得了可喜成绩和重大进展，外宣总体实力增强，新闻发布和新闻发言人制度建设不断推进，一系列大事喜事难事的对外报道影响深远，国际传播能力建设加速推进，互联网新兴媒体新闻传播和管理工作逐步完善，向国际社会提供中国信息的能力不断增强。当前，国际社会对中国发展变化的关注程度越来越高，了解中国的愿望更加强烈，外宣事业既面临挑战，更面临难得发展机遇。

会议要求，做好2011年外宣工作，要统筹国内国际两个大局，更加积极地传递中国信息，传播中国声音，积极对外介绍“十二五”规划和“十二五”开局取得的进展，做好中国共产党成立90周年等重大活动对外新闻报道工作，宣传我坚持走和平发展道路、推动建设和谐世界的立场主张和实际行动。进一步完善新闻发布制度建设，围绕党和国家中心工作加大新闻发布力度。坚持“请进来”、“走出去”，多做增信释疑工作，增进中国与世界各国友好关系。推进互联网新兴媒体的发展和管理工作，促进我国互联网健康有序发展。大力加强国际传播能力建设。增强中华文化在国际上的竞争力影响力，让世界了解一个丰富、真实和发展中的中国。

中央党校第48期省部级干部进修班学员举行座谈会

1月5日，中央党校第48期省部级干部进修班学员举行座谈会。习近平出席并讲话。

这期省部级干部进修班于2010年11月中旬开学，将于1月中旬毕业。经过近两个月的学习，学员们在理论上有新提高，在党性锻炼上有新收获。召开这个座谈会，主要是了解学员的学习收获和体会，围绕加强和改进干部教育培训工作、做好群众工作、进一步加强党的建设，听取学员的意见和建议。

座谈会上，来自不同领域的9位学员谈了自己的学习收获和体会，围绕座谈主题提出了意见和建议。听了学员们的发言后，习近平发表了讲话。他指出，同志们在中央党校的学习虽然即将结束，但学习的任务永远不会结束，特别是在世界和中国发展变化很快、新情况新事物层出不穷的形势下，加强学习是一项长期任务。领导干部无论工作多忙，都要抽出适当时间坚持学习，尤其要高度重视中国特色社会主义理论体系的学习，坚持用马克思主义中国化最新成果武装头脑，切实增强战略思维、创新思维、辩证思维能力，把理论底子打扎实，这样才能从根本上提高领导水平和工作水平。

习近平指出，干部教育培训工作是全面提高干部队伍素质的重要手段。各级党校、行政学院、干部学院要认真贯彻执行《2010—2020年干部教育培训改革纲要》，按照中央关于新一轮大规模培训干部的要求和部署，大力推进教育培训改革，不断完善培训班次、丰富培训内容、创新教学方式、改进教学方法，不断提高教育培训科学化水平，在推进干部队伍建设、领导班子建设和学习型党组织建设中充分发挥作用。

群众工作是我们党的优良传统和政治优

势。群众工作的本质是密切党群关系，核心是正确处理人民内部矛盾。做群众工作，要始终站在人民群众的立场上，真心为群众着想，全力为群众造福，办好顺民意、解民忧、惠民生的实事，维护好、实现好、发展好最广大人民的根本利益。正确的方式方法是做好群众工作的保障。要认真贯彻执行已有的行之有效的群众工作制度，大力弘扬深入群众、深入基层、深入调查研究的优良传统，拿出更多的时间和精力到基层去、到一线去、到条件较差和情况复杂的地方去，察实情、办实事、求实效，做到谋划发展思路向人民群众问计，查找发展中的问题听人民群众意见，改进发展措施向人民群众请教，落实发展任务靠人民群众努力，衡量发展成效由人民群众评判。面对新形势新任务，要善于研究和把握群众工作的特点和规律，创新工作方法，把群众工作做深做细做实，增强群众工作的亲和力和感染力，提高群众工作的针对性和实效性。

《马克思恩格斯文集》《列宁专题文集》发行突破两万套

1月5日，从人民出版社获悉：截至2010年12月22日，10卷本《马克思恩格斯文集》和5卷本《列宁专题文集》出版发行一周年以来，发行量已突破两万套。

两部文集销量突破两万套是马克思主义中国化、时代化和大众化的重大成果，标志着我国马克思主义理论研究和建设工程的出版发行取得重大成绩，更好地促进了我国马克思主义学习型政党的建设。

人民出版社相关负责人介绍，中央领导同志和相关部门对两部文集的销售工作高度重视，并作出重要批示，要求进一步推进两部文集的出版发行工作。可以说，两部文集出版工作凝聚了无数心血、承载着殷殷期盼。为落实领导指示精神，中宣部将两部文集列入向党员、干部推荐的第一批学习书目；新闻出版总署要求出版战线领导干部认真学习两部文集；中央编译局多次就两部文集的编译和出版工作召开专题研讨会。

中央国家机关工委召开学习型党组织建设经验交流会

1月7日，中央国家机关工委在京召开学习型党组织建设经验交流会。杨衍银出席并讲话。

杨衍银在讲话中强调，中央国家机关推进学习型党组织建设，要以队伍建设为重点，坚持把理论武装作为首要任务，着力加强业务能力建设和作风建设，充分发挥教育人、培养人、塑造人的作用。要以组织建设为基础，把学习型党组织建设与创先争优活动、发展党内民主、基层组织工作创新结合起来，大力增强基层党组织的创造力、凝聚力和战斗力。要以改革创新为动力，更新学习理念，拓展学习内容，丰富学习形式，切实改进学风，努力增强吸引力和感染力。要以健全制度为保证，完善学习管理制度，加强对学习情况的考核，建立健全工作责任制，推动学习活动持续有效开展。

经验交流会上，国务院办公厅、国家安全部、新闻出版总署、银监会、国家信访局等5个部门机关党委，高检院公诉厅党总支、中国林科院分党组等2个单位的负责同志介绍了本部门和本单位开展学习型党组织建设的做法和经验，外交部等8个部门和单位做了书面经验交流。

中国共产党第十七届中央纪律检查委员会第六次全体会议召开

1月9日，中国共产党第十七届中央纪律检查委员会第六次全体会议召开，胡锦涛出席并发表重要讲话。吴邦国、温家宝、贾庆林、李长春、习近平、周永康出席会议。中央纪律检查委员会常务委员会主持了会议。贺国强代表中央纪律检查委员会常务委员会作了题为《坚持改革创新，狠抓工作落实，努力取得党风廉政建设和反腐败斗争新成效》的工作报告。中央纪律检查委员会委员 118 人出席了会议。

胡锦涛在讲话中指出，必须清醒地看到，党风廉政建设和反腐败斗争仍然面临一些突出问题，反腐败斗争形势依然严峻、任务依然艰巨。我们既要看到反腐倡廉建设取得的明显成效，又要看到反腐败斗争的长期性、复杂性、艰巨性，以更加坚定的决心和更加有力的举措坚决惩治腐败、有效预防腐败，进一步提高反腐倡廉建设科学化水平。

当前要重点抓好以下工作。第一，加强对中央重大决策部署执行情况的监督检查，按照党的十七届五中全会的部署和要求，促进全会提出的任务和措施落到实处。要严明党的政治纪律，坚决维护党的集中统一，坚定不移走中国特色社会主义道路。第二，加强惩治和预防腐败体系建设，在统筹推进教育、制度、监督、改革、纠风、惩治等各项工作的基础上，突出重点、突破难点，努力推进重点领域和关键环节改革，不断提高预防腐败的能力和水平。第三，加强领导干部廉洁自律工作，继续抓好领导干部廉洁自律各项规定贯彻落实。第四，加大查办违纪违法案件工作力度，始终保持查办案件强劲势头，严肃查处重点领域和关键岗位发生的腐败案件，坚决遏制腐败现象易发多发势头。第五，加强对群众反映强烈的突出问题的治理，深化专项治理工作，加强基层党风廉政建设，着力解决发生在群众身边的腐败问题。第六，加强对地方换届工作的纪律保障，加强对干部选拔任用全过程的监督，防止和纠正选人用人上的不正之风。

党风廉政建设和反腐败斗争贯彻落实以人为本、执政为民，一是要着力加强以人为本、执政为民教育，加强党的性质和宗旨教育，引导党员干部牢固树立群众观点、坚持党的群众路线，自觉站在人民群众的立场上，坚持思想上尊重群众、感情上贴近群众、工作上依靠群众，始终与人民群众同呼吸、共命运、心连心。二是要着力建立健全体现以人为本、执政为民要求的决策机制，作决策、定政策必须充分考虑群众利益、充分尊重群众意愿，统筹协调各方面利益关系，坚持问政于民、问需于民、问计于民，坚持科学决策、民主决策、依法决策。三是要着力按照法律法规和政策开展工作，大力增强法治观念和依法办事意识，大力推行依法行使权力，大力提高依法办事能力，大力实施各项公开制度，保证权力在阳光下运行。四是要着力维护人民群众权益，保障人民群众的经济、政治、文化、社会等各项权益，切实把改善人民生活作为正确处理改革发展稳定关系的结合点，切实解决损害群众利益的突出问题，切实健全党和政府主导的维护群众权益机制，完善中央惠民政策落实保障机制。五是要着力查处损害群众切身利益的案件，维护群众利益。六是要着力加强基层干部队伍作风建设，教育引导基层干部加强党性修养，继承和发扬党的优良传统和作风，帮助基层干部掌握新知识、新技能、新本领。要理解基层工作的困难、体谅基层干部的艰辛，真正重视、真情关怀、真心爱护基层干部，使他们不断为党和人民作出新的工作业绩。

贺国强在主持会议时指出，胡锦涛总书记的重要讲话，从党和国家事业发展全局和战略的高度，全面总结了党风廉政建设和反腐败斗争取得的成效和经验，科学分析了当前的反腐倡廉形势，明确提出了今年党风廉政建设和反腐败工作的主要任务，深刻阐述了切实把以人为本、执政为民贯彻落实到党风廉政建设和反腐败斗争之中的重要性、紧迫性以及总体要求、工作重点，对于深入推进党的作风建设和反腐倡廉建设，推动全面做好党和国家各项工作、顺利完成“十二五”时期经济社会发展目标任务具有重大而深远的意义。我们一定要认真学习领会，坚决贯彻落实，以党风廉政建设和反腐败斗争的实际成效取信于民。

王刚、王乐泉、王兆国、王岐山、刘淇、刘云山、刘延东、李源潮、张德江、徐才厚、郭伯雄、何勇、令计划、王沪宁、李建国、马凯、孟建柱、戴秉国、王胜俊、曹建明、李金华等出席了会议。陈炳德、李继耐、廖锡龙、常万全、靖志远、吴胜利、许其亮和中央纪律检查委员会委员，中直机关、中央国家机关各部门的主要负责同志，解放军驻京各大单位及武警部队、在京中央骨干企业的负责同志，列席中国共产党第十七届中央纪律检查委员会第六次全体会议的代表，出席全军纪律检查工作会议的全体同志参加了会议。

《中国共产党历史》第二卷正式出版

1月11日，在中国共产党成立90周年之际，经党中央批准，由中共中央党史研究室编写的《中国共产党历史》第二卷（1949—1978）正式出版。该书编写历时16年，凝聚了几代党史工作者的心血和智慧。为做好《中国共产党历史》第二卷的学习和宣传工作，中共中央组织部、中共中央宣传部、中共中央党史研究室联合下发《关于认真组织学习宣传〈中国共产党历史〉第二卷的通知》。

《中国共产党历史》第二卷记述中国共产党从1949年10月中华人民共和国成立到1978年12月党的十一届三中全会召开这29年的历史。该书坚持以马克思列宁主义、毛泽东思想、邓小平理论和“三个代表”重要思想为指导，深入贯彻落实科学发展观，以中共中央《关于建国以来党的若干历史问题的决议》和中央有关重要文献为依据，充分吸收改革开放30多年来党史学界重要研究成果，坚持解放思想、实事求是、与时俱进，坚持党性原则和科学精神的统一，全面准确地反映了我们党带领全国各族人民进行社会主义革命和开展大规模社会主义建设的不平凡历程，是一部正确总结历史经验的权威性党史基本著作。该书的出版发行，对于深入贯彻《中共中央关于加强和改进新形势下党史工作的意见》和全国党史工作会议精神，对于广大党员干部尤其是高中级领导干部正确认识党的历史，进一步统一思想、提高素质，将发挥重要作用。

《中国共产党历史》第二卷分上下册，全书98.8万字，由中共党史出版社出版，即日起在全国各地新华书店发行。为方便读者阅读，《中国共产党历史》第一卷（1921—1949）也经党中央批准校订重印。

中央精神文明建设指导委员会召开全体会议

1月13日，中央精神文明建设指导委员会召开全体会议，研究部署当前和今后一个时期精神文明建设工作。李长春主持会议并讲话，刘云山、刘延东出席会议。

李长春在讲话中指出，2011年是实施“十二五”规划的开局之年，精神文明建设既面临极好机遇，又肩负繁重任务。我们一定要从战略和全局的高度深刻把握精神文明建设面临的新形势、新任务、新挑战，不断增强做好工作的责任感和使命感。要紧紧围绕深入学习宣传贯彻党的十七届五中全会精神开展形势政策教育，引导广大干部群众坚定信心、奋发有为，积极投身“十二五”时期改革发展，为实现全面建设小康社会的宏伟目标而努力奋斗。要以庆祝中国共产党成立90周年等重大活动为契机，深入开展系列主题宣传教育活动，唱响共产党好、社会主义好、改革开放好、伟大祖国好、各族人民好的时代主旋律。要精心组织第三届全国道德模范评选表彰和学习宣传活动，进一步营造学习、崇尚、关爱、争当道德模范的社会风尚。要加强全社会诚实守信教育，认真做好第三批全国文明城市、文明村镇、文明单位的评选表彰工作，进一步兴起群众性精神文明创建活动热潮。要切实加强农村精神文明建设，为农村改革发展提供有力支撑。要积极推进文化体制改革，大力发展文化事业和文化产业，更好地满足人民群众日益增长的精神文化需求。要坚持不懈地开展整治互联网和手机淫秽色情信息专项行动，强力净化社会文化环境，为青少年健康成长营造良好氛围。要大力发展红色旅游，进一步扩大红色旅游的经济、政治、文化和社会效益。

精神文明建设是党和国家工作的重要组成部分，关系人民群众切身利益，是各级党委政府的重要职责。要坚持两手抓、两手都要硬，把精神文明建设工作摆上更加突出的位置，纳入重要议事日程，纳入经济社会发展总体规划，纳入科学发展考核体系。要把群众拥护不拥护、赞成不赞成、高兴不高兴、答应不答应作为检验工作成效的根本标准，着力在服务群众、务求实效上下功夫，把解决思想问题与解决实际问题结合起来，把教育群众与服务群众结合起来，把深化群众性精神文明创建与推动改善民生结合起来，多办顺民意、解民忧、惠民生的好事实事，不断开创精神文明建设工作新局面。

中央国家机关第二十五次党的工作会议暨第二十三次纪检工作会议召开

1月13日，中央国家机关第二十五次党的工作会议暨第二十三次纪检工作会议在北京召开，马凯出席会议并讲话，杨衍银作工作报告。

马凯强调，中央国家机关具有党员领导干部集中、执政骨干集中和权力责任集中的特点，担负着重要职能，弘扬三大作风有着特别重要意义和特殊的更高要求：一要做理论联系实际的模范。最重要的是要以科学理论为指导，想大事、议大事、抓大事，认真研究和解决关系党和国家长远发展的重大战略问题，思考和破解影响国家长治久安的重点难点问题，创造性地把中央的决策部署落实到本部门本系统；坚持实事求是的思想路线，注重在科学理论指导下研究新情况、新问题；大力弘扬求真务实作风，加强调查研究，改进文风会风。二要做密切联系群众的模范。最重要的是要坚持以人为本、执政为民这个根本，想问题、办事情、定政策、作决策都要从人民利益出发；坚持从群众中来、到群众中去，把决策的过程作为尊重民意、集中民智的过程；着力推动解决人民群众最关心最直接最现实的利益问题；始终牢记“两个务必”，保持清正廉洁。三要做批评与自我批评的模范。勇于自我批评，敢于承担责任；正确开展批评，出以公心，讲究方法；正确对待批评，营造敢讲真话、实话的良好氛围。要真正成为弘扬党的优良作风的模范，必须加强党性教育，自觉增强政治意识、大局意识和责任意识、公仆意识；必须加强制度建设，完善学习制度、联系群众制度、组织生活制度；必须加强领导和监督，以开展创先争优活动为契机，引导党员干部在弘扬优良作风上创先进、争优秀。

中央国家机关工委班子成员、各部门党组（党委）书记、机关党委书记和专职副书记、机关纪委书记等共300余人参加了会议。

中共中央、国务院举行国家科学技术奖励大会

1月14日，中共中央、国务院在北京举行国家科学技术奖励大会。胡锦涛、温家宝、李长春、习近平、李克强出席大会并为获奖代表颁奖，温家宝代表党中央、国务院在大会上讲话，李克强主持大会。

胡锦涛首先向获得2010年度国家最高科学技术奖的中国科学院院士、中国工程院院士、国家自然科学基金委员会特邀顾问、中国科学院金属研究所名誉所长、著名材料科学家师昌绪，中国工程院院士、上海交通大学医学院附属瑞金医院终身教授、著名血液学专家王振义颁发奖励证书。随后，胡锦涛等党和国家领导人向获得国家自然科学奖、国家技术发明奖、国家科学技术进步奖和中华人民共和国国际科学技术合作奖的代表颁奖。

温家宝代表党中央、国务院向2010年度国家科学技术奖获得者表示热烈祝贺，向全国广大科技工作者表示诚挚问候和崇高敬意。温家宝要求，必须把促进科技成果向现实生产力的转化，作为“十二五”时期科技工作的一项重要任务。要大力增强技术创新和研发能力，大幅度提高科技成果转化应用水平。要建立健全企业主导技术研发的体制机制，鼓励企业协作开展关键共性技术研发。要鼓励广大科研人员、科研院所和高等学校以多种形式与企业合作，共同推进技术创新和科技成果转化应用，提升

企业和产业素质，增强市场竞争能力。要深化科技体制改革，促进科技资源优化配置和有效利用，推动科技与经济发展紧密结合。要坚定不移地实施国家知识产权战略，保护广大科技工作者和全社会的创新动力，激发创新活力。要在全社会大力弘扬追求真理、独立思考、大胆探索、勇攀高峰的科学精神，发扬学术民主，倡导百家争鸣，鼓励创新，宽容失败，为科技进步和优秀人才成长营造良好的学术环境和社会环境，努力培养和造就一支规模宏大、素质优良的科技队伍，为我国科技事业发展奠定坚实的人才基础。

李克强在主持大会时强调，建设创新型国家、加快转变经济发展方式、赢得发展先机和主动权，必须依靠科学技术的力量。希望广大科技工作者以获奖者为榜样，继续发扬求真务实、勇于创新的科学精神，不畏艰险、勇攀高峰的探索精神，团结协作、淡泊名利的团队精神，报效祖国、服务社会的奉献精神，共同肩负起科教兴国的重任。

刘延东在会上宣读了《国务院关于2010年度国家科学技术奖励的决定》。

师昌绪在代表全体获奖人员发言时表示，中央召开科学技术奖励大会，中央领导同志向获奖人员代表颁奖，这充分体现了党和国家对科技事业的高度重视和对科技工作者的热情关怀。全体科技工作者要以科教兴国为己任，将自己的专长同国家发展、社会进步、人民幸福紧密结合起来，为建设创新型国家、为实现全面建设小康社会奋斗目标作出更大的贡献。

中央和国家机关及军队有关方面负责同志、国家科技教育领导小组成员、国家科学技术奖励委员会委员和首都科技界代表等共约3300人出席大会。

2010年度国家科学技术奖励共授奖356项(人)。其中，国家最高科学技术奖获得者2人；国家自然科学奖授奖项目30项，其中一等奖空缺、二等奖30项；国家技术发明奖授奖项目46项，其中一等奖2项、二等奖44项；国家科学技术进步奖授奖项目273项，其中特等奖3项、一等奖31项、二等奖239项；授予5名外籍科学家中华人民共和国国际科学技术合作奖。

中共中央党校举行
2010年秋季学期毕业典礼

1月14日，中共中央党校举行2010年秋季学期毕业典礼。习近平出席毕业典礼，并为学员颁发毕业证书，李源潮、何勇、令计划出席毕业典礼。

中央党校本期毕业学员共682人。另有中直机关分校、中央国家机关分校、部队分部和国资委分校的近3000名学员同期毕业。学员们普遍反映，通过在党校的学习，提高了理论素养和政治素养，提高了学习能力和研究能力，提高了领导能力和执政能力，提高了党性修养水平。

李景田在毕业典礼上讲话。他希望学员们继续加强学习，不断深化学习，努力作学习的表率；认真贯彻落实党的十七届五中全会和中央经济工作会议精神，进一步开创各项工作的新局面；切实把以人为本、执政为民的理念贯彻到各项工作中；关心党校建设，为进一步大规模培训干部、大幅度提高干部素质作出新的更大贡献。

中央直属机关党的工作会议召开

1月16日至17日，中央直属机关党的工作会议在京召开。令计划出席会议并讲话，孙淦在会上作了工作报告，孟学农主持会议。

令计划在讲话中指出，知党才能爱党，爱党才能兴党。中直机关各级党组织要以纪念建党90周年为重要契机，帮助党员特别是年轻党员认真学习党的理论、党的知识、党的历史，进一步坚定理想信念、增强宗旨意识、强化党性修养，自觉做到为党分忧、为国尽责、为民奉献，在弘扬优良传统上有新的建树。

群众是真正的英雄，是我们党的力量源泉和胜利之本。中直机关各级党组织要以做好新形势下群众工作为突出任务，加强责任意识、公仆意识、服务意识教育，引导党员深刻理解权力就是责任、干部就是公仆、领导就是服务，切实把为党中央服务与为人民群众服务统一起来，真正把群众工作做深做细做实，在密切党群关系上有新的举措。

深入开展创先争优活动，是巩固和拓展深入学习实践科学发展观活动成果的重要举措。中直机关各级党组织要以开展创先争优活动为有效载体，着眼基层、立足支部，充分激发基层党组织的创造活力，大力推广基层党组织的好经验好做法，切实解决基层党组织面临的实际问题，在夯实基层基础上有新的进展。

加强党风廉政建设是全党的大事，中直机关一定要走在前列。中直机关各级党组织要以推进党风廉政建设为有力抓手，带头维护党的政治纪律，带头搞好反腐倡廉教育，带头纠正各种不正之风，在打造过硬队伍上有新的成效。

纪念党的对外工作90年暨中联部建部60年大会举行

1月17日，纪念党的对外工作90年暨中联部建部60年大会在北京举行。习近平出席大会并讲话，戴秉国出席大会。

习近平在讲话中回顾了党的对外工作历史和在各个不同历史时期的重要贡献。他指出，党的对外工作90年，是在国际战线和世界舞台上为我们党的成长、壮大、发展，为我们党实现国家独立、人民解放和建立社会主义制度、发展社会主义事业而不断创造外部条件、借鉴外部经验、争取外部支持和扩大对外影响的90年；党的对外工作的90年，也是集中体现我们党在国际战线和世界舞台上为世界的和平发展而不懈努力并作出重大贡献的90年。90年的经验告诉我们，党的对外工作必须坚持以马克思列宁主义、毛泽东思想、邓小平理论和“三个代表”重要思想为指导，深入贯彻落实科学发展观，坚持解放思想、实事求是、与时俱进；必须密切关注和把握世界格局的变化及其特点，正确估计在世界现实格局下国内的工作和发展可以利用的机遇及可能遇到的风险，切实增强战略谋划和运筹；必须在围绕党的中心任务、服务国家总体外交中找准切入点和着力点，不断拓展工作的广度和深度，不断增强工作的特色和优势；必须遵循独立自主、完全平等、互相尊重、互不干涉内部事务的党际关系四项原则，诚心诚意同各国政党发展有利于促进国家关系和人民友谊的党际关系，推动同各国友好关系的发展。

我们要全面建设小康社会，实现把我国建设成为富强民主文明和谐的社会主义现代化国家的宏伟目标，在对外领域面临的首要任务就是维护和用好我国发展的重要战略机遇期，为我国改革开放和社会主义现代化建设创造和平的国际环境和有利的外部条件。习近平对进一步做好党的对外工作提出明确要求。第一，紧密结合深入贯彻落实科学发展观的要求推进党的对外工作，注重科学谋划、宏观布局、统筹兼顾，增强党的对外工作的协调性、科学性和实效性。第二，紧密结合统筹国内国际两个大局的要求推进党的对外工作，自觉把党的对外工作放到党和国家工作大局中来认识，放到中国与世界关系的发展变化中来把握，放到国家总体外交的战略部署中来谋划，处理好内政和外交的辩证关系。第三，紧密结合加强和改进新形势下党的建设要求推进党的对外工作，加强对外国政党治党治国经验的比较研究，冷静观察、深入思考世界政党兴衰成败的经验教训，深化对共产党执政规律的认识。第四，紧密结合提升党的国际形象的要求推进党的对外工作，广泛介绍我们党以人为本的执政理念，展示我们党的执政成就，表明我们党维护世界和平、促进共同发展的真诚愿望，增进国际社会对我们党的了解、尊重和认同。第五，紧密结合深入开展创先争优活动的要求，加强党的对外工作队伍建设，不断提高干部队伍的理论素质、党性修养和工作能力，以党组织建设和党员队伍建设不断取得的成效推动党的对外工作发展。

中央纪委监察部派驻机构工作总结暨主要负责人述职述廉会召开

1月28日，中央纪委监察部召开派驻机构工作总结暨主要负责人述职述廉会。何勇出席会议并讲话。

何勇指出，2010年各派驻机构认真贯彻落实中央的部署和要求，更加自觉地围绕中心、服务大局，更加主动地强化监督、尽职履责，更加有力地深化改革、健全制度，派驻机构纪检监察工作保持了健康有序的发展态势，取得了明显成效。2011年各派驻机构要按照第十七届中央纪委第六次全会的部署和要求，切实把以人为本、执政为民贯彻到纪检监察工作各个方面。要紧紧围绕科学发展这个主题和加快转变经济发展方式这条主线，加强监督检查，促进中央重大决策部署的贯彻落实；要以全面落实《建立健全惩治和预防腐败体系2008—2012年工作规划》为重点，加强惩治和预防腐败体系建设；要以专项治理为抓手，着力解决反腐倡廉建设中人民群众反映强烈的突出问题；要以严肃查处重点案件为突破口，坚决遏制腐败现象易发多发的势头；要以深入学习《中国共产党党员领导干部廉洁从政若干准则》为契机，进一步加强对领导班子及其成员的教育和监督；要以贯彻落实《关于实行党风廉政建设责任制的规定》为重点，推动驻在部门加强党风廉政建设。

各派驻机构和广大纪检监察干部要大力加强自身建设，牢固树立以人为本、执政为民的理念，着力增强履行职责能力，切实提高派驻机构纪检监察工作科学化水平，努力在实践根本宗旨、坚持群众路线、做好群众工作上作出表率。

2011年2月

中央军委发布新修订的《中国共产党军队委员会工作条例》

2月9日人民日报报道，经中央军委主席胡锦涛批准，中央军委近日发布了新修订的《中国共产党军队委员会工作条例》（以下简称《党委工作条例》）。

《党委工作条例》是规范军队党委工作的基本法规，是军队各级党委开展工作的基本依据。2004年4月中央军委发布的《中国共产党军队委员会工作条例（试行）》，对于规范和指导各级党委工作，加强党委班子能力建设和先进性建设，发挥了重要作用。此次修订《党委工作条例》，是全面贯彻党的十七大和十七届四中、五中全会精神，进一步加强军队党的建设、规范军队各级党委工作的重要措施。

新修订的《党委工作条例》，着眼更加牢固地确立科学发展观在国防和军队建设中的重要指导方针地位，将深入贯彻落实科学发展观写入党委工作的指导思想，把研究部署学习科学发展观作为党委全委会、常委会的一项重要职责，把树立与科学发展观相符合的思想观念作为党委领导作风的重要内容作出了明确规定。新修订的《党委工作条例》，贯彻和体现了全面履行新世纪新阶段我军历史使命，提高以打赢信息化条件下局部战争能力为核心的完成多样化军事任务的能力，思想政治建设“三个确保”时代课题，以党的创新理论武装为根本加强学习型党组织建设，以思想作风建设为重点加强各级党委班子建设和建设坚强有力、奋发有为的党委班子，以及深入开展创先争优活动等重要思想。新修订的《党委工作条例》，充分体现了近年来中央军委关于加强党组织能力建设和先进性建设、干部队伍建设、作风建设、反腐倡廉建设等方面的新规定，充分吸收了近年来部队各级党委在工作实践中探索总结的成功经验和做法。

新修订的《党委工作条例》，是深入学习实践科学发展观的重要制度成果，条例的发布施行，将进一步规范军队各级党委的工作，促进军队各级党委的建设，提高党委科学决策、民主决策、依法决策水平，增强党委的创造力、凝聚力、战斗力，更好地发挥党委在推动部队建设科学发展和带领部队完成各项任务中的领导核心作用。

全国党的建设研究会第五次会员代表大会召开

2月14日，全国党的建设研究会第五次会员代表大会召开。胡锦涛在北京人民大会堂会见了代表，习近平、贺国强及刘云山、李源潮、何勇、令计划、王沪宁参加会见。

李源潮发表讲话。他指出，全国党的建设研究会要按照党中央的部署和要求，团结带领广大党建研究工作者解放思想、求真务实、积极探索，不断提高党建研究能力和水平。要把握正确方向、坚持与时俱进，加强党建理论研究和创新，为提高党的建设科学化水平服务。要以改革创新精神加强党建研究会自身建设，凝聚和造就高素质党建研究工作者队伍。

这次全国党的建设研究会会员代表大会修订了研究会章程，选举产生了新一届理事会，部署了今后的工作。

中共中央办公厅、国务院办公厅印发《关于进一步加强新形势下农村精神文明建设工作的意见》

2月15日人民日报报道，中共中央办公厅、国务院办公厅印发《关于进一步加强新形势下农村精神文明建设工作的意见》，要求深入贯彻落实党的十七大和十七届三中、四中、五中全会精神，进一步加强新形势下农村精神文明建设。

《意见》指出，农村精神文明建设是社会主义精神文明建设的重要组成部分，是社会主义新农村建设的重要内容。在新形势下，要高举中国特色社会主义伟大旗帜，以邓小平理论和“三个代表”重要思想为指导，深入贯彻落实科学发展观，紧紧抓住社会主义核心价值体系建设这个根本，按照社会主义新农村建设“生产发展、生活宽裕、乡风文明、村容整洁、管理民主”的总体要求，突出抓好群众性精神文明创建活动，着力培育新农民、倡导新风尚、发展新文化，着力提高农民思想道德文化素质和农村社会文明程度，推动农村精神文明建设迈上新台阶，为建设社会主义新农村、促进农村经济社会又好又快发展提供思想保证、精神动力和文化环境。

要扎实开展群众性精神文明创建活动，加快提升农村社会文明程度。大力推进文明村镇创建，制订村镇发展规划，加快基础设施建设，加强农村自然历史文化风貌保护，开展群众性爱国卫生运动，实施农村清洁工程，推动村庄美化、环境净化。深化文明生态村、文明小康村等创建工作。加强农村文明社区、文明集市建设，努力营造管理民主、服务完善、文明祥和的社区环境和依法经营、诚实守信、整洁有序的市场环境。制订完善乡规民约，引导农民自我教育、自我管理，培育文明乡风。大力加强农村科普工作，开展民主法制宣传教育，深入推进平安村镇建设，依法查处封建迷信、黄赌毒、非法宗教等活动，切实维护农村社会稳定。深入开展城乡共创活动，有效整合城市、行业、单位和农村的创建资源，加大城乡共建力度，建设更多的文明县城、文明小城镇。高度重视解决农民工精神文化需求问题，鼓励农民工较多的企业与务工地共同开展创建活动。积极开展农村志愿服务活动，帮助孤寡老人、残疾人和留守妇女、留守儿童解决生活困难。开展科技志愿服务，向农民传授实用生产技术、职业技能，帮助提高增收致富能力。

要不断丰富广大农民的精神文化生活，广泛开展各种形式的群众文化活动，深入进行共产党好、社会主义好、改革开放好、伟大祖国好、各族人民好的宣传教育。利用重要传统节日开展节日民俗、文化娱乐活动，弘扬中华民族优秀文化传统。紧密结合文明村镇、文明户创建实际，积极发展农村特色文化。实施乡土文化品牌战略，培养一批农村文化能人、文化经纪人，培育一批有品牌、有市场的农村文化企业，打造一批有影响力的文化名镇、名村。重视对婚丧嫁娶等民间习俗的引导，倡导科学文明、移风易俗，传播现代文明风尚。加强农村公共文化服务体系建设，兴办更多符合农民需要的文化服务网点，努力为农民提供更多更好的精神文化产品和服务。加强农村思想文化阵地建设，继续实施广播电视村村通、乡镇综合文化站、文化信息资源共享、农村电影放映、农家书屋等重点文化惠民工程，整合利用现有文化设施和资源，不断拓展农村精神文明建设的阵地与渠道。

各级党委、政府要高度重视农村精神文明建设工作，始终坚持两手抓、两手都要硬的方针，把加强农村精神文明建设与转变农村经济发展方式、加快农民致富步伐结合起来，与学习型党组织建设和创先争优活动结合起来，列入经济社会发展总体规划，纳入科学发展考核评价体系，作为领导干部工作实绩考核的重要内容。增加农村精神文明建设工作的投入，扩大公共财政覆盖农村的范围，并向边远、贫困和民族地区倾斜。加大城市对农村精神文明建设的支持力度，组织开展结对共建活动。加强农村基层工作队伍建设，发挥乡镇党委宣传委员和大学生村官、文化协管员在农村精神文明建设工作中的重要作用。各地区各有关部门和单位要担负起重要职责、发挥自身优势，推动农村精神文明建设各项任务落到实处，形成全党全社会共同关心支持农村精神文明建设的新局面。

中央党校省部级主要领导干部社会管理及其创新专题研讨班开班

2月19日，省部级主要领导干部社会管理及其创新专题研讨班开班式在中央党校举行。胡锦涛发表重要讲话。吴邦国、温家宝、贾庆林、李长春、李克强、贺国强、周永康出席开班式，习近平主持。

胡锦涛在讲话中指出，中央举办这次省部级主要领导干部专题研讨班，目的是正确把握国内外形势新变化新特点，针对当前社会管理中的突出问题，着重研究加强和创新社会管理、做好新形势下群众工作的思路和举措，为促进社会和谐、实现“十二五”时期经济社会发展目标任务凝聚强大力量。加强和创新社会管理，是继续抓住和用好我国发展重要战略机遇期、推进党和国家事业的必然要求，是构建社会主义和谐社会的必然要求，是维护最广大人民根本利益的必然要求，是提高党的执政能力和巩固党的执政地位的必然要求，对实现全面建设小康社会宏伟目标、实现党和国家长治久安具有重大战略意义。

当前我国既处于发展的重要战略机遇期，又处于社会矛盾凸显期，社会管理领域存在的问题还不少。从总体上看，我国社会管理领域存在的问题，是我国经济社会发展水平和阶段性特征的集中反映。经过新中国成立60多年特别是改革开放30多年来的建设和发展，我国经济实力和综合国力显著增强，这为我们不断满足人民日益增长的物质文化需要、解决社会管理领域存在的问题打下了重要物质基础。同时，我国仍处于并将长期处于社会主义初级阶段的基本国情没有变，人民日益增长的物质文化需要同落后的社会生产之间的矛盾这一社会主要矛盾没有变，发展中不平衡、不协调、不可持续问题依然突出，我们解决各种社会问题的物质基础还比较薄弱。解决社会管理领域存在的问题既要增强紧迫感、又要长期努力，加强实践探索和工作落实，深化认识，总结经验，把握规律，开拓创新，全面提高社会管理科学化水平。社会管理，说到底是对人的管理和服务，涉及广大人民群众切身利益，必须始终坚持以人为本、执政为民，切实贯彻党的全心全意为人民服务的根本宗旨，不断实现好、维护好、发展好最广大人民根本利益。要坚持贯彻党的群众路线，坚持人民主体地位，发挥人民首创精神，紧紧依靠人民群众开创新形势下社会管理新局面。要坚持思想上尊重群众、感情上贴近群众、工作上依靠群众，把群众满意不满意作为加强和创新社会管理的出发点和落脚点。要以人民群众利益为重、以人民群众期盼为念，着力解决好人民最关心最直接最现实的利益问题，始终保持党同人民群众的血肉联系。

胡锦涛就当前要重点抓好的工作提出8点意见。第一，进一步加强和完善社会管理格局，切实加强党的领导，强化政府社会管理职能，强化各类企事业单位社会管理和服务职责，引导各类社会组织加强自身建设、增强服务社会能力，支持人民团体参与社会管理和公共服务，发挥群众参与社会管理的基础作用。第二，进一步加强和完善党和政府主导的维护群众权益机制，形成科学有效的利益协调机制、诉求表达机制、矛盾调处机制、权益保障机制，统筹协调各方面利益关系，加强社会矛盾源头治理，妥善处理人民内部矛盾，坚决纠正损害群众利益的不正之风，切实维护群众合法权益。第三，进一步加强和完善流动人口和特殊人群管理和服务，建立覆盖全国人口的国家人口基础信息库，建立健全实有人口动态管理机制，完善特殊人群管理和服务政策。第四，进一步加强和完善基层社会管理和服务体系，把人力、财力、物力更多投到基层，努力夯实基层组织、壮大基层力量、整合基层资源、强化基础工作，强化城乡社区自治和服务功能，健全新型社区管理和服务体制。第五，进一步加强和完善公共安全体系，健全食品药品安全监管机制，建立健全安全生产监管体制，完善社会治安防控体系，完善应急管理体制。第六，进一步加强和完善非公有制经济组织、社会组织管理，明确非公有制经济组织管理和服务员工的社会责任，推动社会组织健康有序发展。第七，进一步加强和完善信息网络管理，提高对虚拟社会的管理水平，健全网上舆论引导机制。第八，进一步加强和完善思想道德建设，持之以恒加强社会主义精神文明建设，加强社会主义核心价值体系建设，增强全社会的法制意识，深入开展精神文明创建活动，增强社会诚信。

胡锦涛指出，社会管理要搞好，必须加快推进以保障和改善民生为重点的社会建设。要把保障和改善民生作为加快转变经济发展方式的根本出发点和落脚点，坚定不移走共同富裕道路，完善保障和改善民生的制度安排，加快发展各项社会事业，坚持优先发展教育，着力抓好就业这个民生之本，合理调整收入分配关系，加快推进覆盖城乡居民的社会保障体系建设，加快医疗卫生事业改革发展，加快推进住房保障体系建设，继续推进扶贫开发，发展妇女儿童事业，培育壮大老龄服务事业和产业，健全残疾人服务体系，使发展成果更好惠及全体人民。

各级党委和政府要充分认识新形势下加强和创新社会管理的重大意义，统筹经济建设、政治建设、文化建设、社会建设以及生态文明建设，把社会管理工作摆在更加突出的位置，深刻认识和准确把握社会管理规律，加强调查研究，加强政策制定，加强工作部署，加强任务落实，不断提高社会管理科学化水平，不断促进社会和谐稳定，努力为“十二五”时期经济社会发展、为实现全面建设小康社会宏伟目标创造更加良好的社会条件。

习近平在主持开班式时指出，胡锦涛总书记的重要讲话深刻阐述了加强和创新社会管理的重要性和紧迫性，明确提出了新形势下加强和创新社会管理、做好群众工作的总体思路和重点任务。讲话高屋建瓴、内涵丰富，具有很强的思想性、针对性、指导性，对进一步统一全党思想，深入贯彻落实科学发展观，构建社会主义和谐社会，不断完善中国特色社会主义社会管理体系、实现“十二五”时期经济社会发展目标任务，具有十分重要的意义。我们要认真学习、深刻领会，用讲话精神指导办好研讨班，推动加强和创新社会管理、做好群众工作的实践。

参加这次研讨班的有各省区市、中央和国家机关以及军队各大单位主要负责同志。中央和国家机关副部级单位主要负责同志，中央管理的国有重要骨干企业、金融机构和高等学校主要负责同志，列席了开班式。

中共中央政治局召开会议讨论政府工作报告和“十二五”规划纲要草案

2月21日，中共中央政治局召开会议，讨论国务院拟提请第十一届全国人民代表大会第四次会议审议的政府工作报告稿和审查的中华人民共和国国民经济和社会发展第十二个五年规划纲要草案稿。胡锦涛主持会议。

会议指出，“十一五”时期是我国发展进程中极不平凡的5年。面对国内外环境的复杂变化和重大风险挑战，我们党团结带领全国各族人民，贯彻落实党的理论和路线方针政策，全面推进改革开放和社会主义现代化建设，国家面貌发生新的历史性变化。我国社会生产力、综合国力显著提高，各项社会事业加快发展，人民生活明显改善，改革开放取得重大进展，国际地位和影响力显著提高。

2011年是“十二五”时期开局之年。我国发展面临的形势仍然极其复杂。我们要保持清醒头脑，增强忧患意识，努力做好今年各项工作，为“十二五”时期发展开好局、起好步。要保持宏观经济政策的连续性、稳定性，提高针对性、灵活性、有效性，继续实施积极的财政政策和稳健的货币政策，处理好保持经济平稳较快发展、调整经济结构、管理通胀预期的关系，防止经济出现大的波动。要保持物价总水平基本稳定，进一步扩大内需特别是居民消费需求，巩固和加强农业基础地位，加快推进经济结构战略性调整，大力实施科教兴国战略和人才强国战略，加强社会建设和保障改善民生，大力加强文化建设，深入推进重点领域改革，进一步提高对外开放水平，加强廉政建设和反腐败工作。全党全国要在以胡锦涛同志为总书记的党中央领导下，紧紧抓住历史机遇，勇敢面对各种挑战，开拓进取，团结奋斗，扎实工作，努力实现“十二五”时期良好开局，把中国特色社会主义伟大事业继续推向前进。

中共中央政治局举行第二十六次集体学习

2月21日，中共中央政治局就优先发展教育、建设人力资源强国问题进行第二十六次集体学习。胡锦涛主持学习。中国教育学会谈松华研究员、中央教育科学研究所袁振国教授就这个问题进行讲解，并谈了他们的意见和建议。

胡锦涛在主持学习时发表了讲话。他指出，党的十七届五中全会进一步强调，要加快教育改革和发展，推动教育事业科学发展。这是从党和国家工作大局的战略高度、从为实现“十二五”时期经济社会发展目标任务提供强大人才保证和智力支持出发提出的一项重大任务。我国正处于全面建设小康社会的关键时期和深化改革开放、加快转变经济发展方式的攻坚时期，全面建设小康社会对教育事业发展提出了新的更高的要求。全国教育工作会议召开和《国家中长期教育改革和发展规划纲要》颁布以来，贯彻落实工作取得了初步成效。下一步，我们要以邓小平理论和“三个代表”重要思想为指导，深入贯彻落实科学发展观，大力实施科教兴国战略和人才强国战略，认真落实优先发展、育人为本、改革创新、促进公平、提高质量的工作方针，切实把教育规划纲要全面落实好。

胡锦涛就做好当前教育改革和发展工作提出4点意见。第一，着力提高人才培养水平，全面贯彻党的教育方针，坚持育人为本、德育为先，把促进学生健康成长作为学校一切工作的出发点和落脚点，坚持文化知识学习和思想品德修养的统一、理论学习和社会实践的统一、全面发展和个性发展的统一，强化能力培养，创新人才培养模式，注重培育学生的主动精神和创造性思维。第二，着力深化教育体制改革，加快形成与社会主义市场经济体制和全面建设小康社会目标相适应的教育体制机制。第三，着力推进教育内涵式发展，坚持走以促进公平和提高质量为重点的内涵式发展道路，建立健全覆盖城乡的基本公共教育服务体系，坚持公共教育资源向农村、中西部地区、贫困地区、边疆地区、民族地区倾斜，促进城乡、区域教育协调发展，满足人民群众多层次、多样化的教育需求。第四，着力建设高素质教师队伍，增强广大教师教书育人的责任感和使命感，加强教师职业理想和职业道德教育，提高教师综合素质和业务水平，在全社会倡导和形成尊师重教良好氛围。广大教师要学为人师、行为世范、教书育人，当好学生健康成长的指导者和引路人。

全国党委新闻发言人培训班举行

2月21日至23日，全国党委新闻发言人首次培训班在北京举行。这是党委新闻发言人制度建立以来，对全国党委新闻发言人进行的第一次集中培训。李长春22日会见了培训班全体学员并讲话。

李长春在讲话中指出，建立党委新闻发言人制度，是党的十七届四中全会确定的一项重要任务，对于新形势下提高党的执政能力，发展社会主义民主，保障人民群众的知情权、参与权、表达权、监督权，密切党同人民群众的血肉联系，把握舆论引导主动权，树立党和政府良好形象，都具有十分重要的意义。他希望参加这次培训班的学员认真学习领会党的十七大和十七届三中、四中、五中全会精神，学习领会中国特色社会主义理论体系的深刻内涵，学习领会党的新闻宣传工作方针政策和原则要求，深入探索信息化条件下舆论传播的特点和规律，切实提高舆论引导的能力和水平。当前，我国发展既面临难得机遇，也面临严峻挑战，党委新闻发言人任务艰巨、职责光荣。要以高度的责任感使命感，扎实做好新闻发布和舆论引导工作，着力营造庆祝中国共产党成立90周年的浓厚氛围，着力营造推动科学发展、促进社会和谐的浓厚氛围，着力营造紧紧抓住和用好战略机遇期、推动经济社会又好又快发展的浓厚氛围，着力营造为群众办实事、推动社会公正、做好群众工作的浓厚氛围，着力营造在国际上树立我国和平发展良好形象的浓厚氛围，引导广大干部群众把思想和行动统一到中央精神上来，把智慧和力量凝聚到实现“十二五”良好开局上来，为夺取全面建设小康社会新胜利、开创中国特色社会主义事业新局面而努力奋斗。

本次培训班由中共中央对外宣传办公室主办。培训设置的课程包括党委新闻发言人的基本素质和要求、如何发布新闻和与媒体打交道、互联网时代信息传播及舆论引导的规律特点、新闻发布会的策划组织、新闻发言人的工作技巧、突发事件新闻发布技巧等。

中央纪委、中组部、中宣部等13个党中央部门的新闻发言人、全国31个省区市和新疆生产建设兵团以及计划单列市、省会城市的党委新闻发言人和新闻发布工作团队负责人共200余人参加了培训。

中央党校举行省部级主要领导干部专题研讨班结业式

2月23日，中央党校举行省部级主要领导干部社会管理及其创新专题研讨班结业式，习近平作总结讲话，李源潮主持会议。

习近平在讲话中指出，几天来研讨班学员认真学习领会胡锦涛总书记等中央领导同志重要讲话精神，围绕新形势下加强和创新社会管理这个重大课题，联系本地区本部门本单位实际进行了深入的讨论交流，开阔了视野，统一了思想，深化了对加强和创新社会管理重要性和紧迫性的认识，深化了对建设中国特色社会主义社会管理体系的认识，深化了对加强和创新社会管理重点任务的认识，深化了对加强社会管理必须创新体制机制和方法手段的认识，取得了丰硕的学习研讨成果。

党和国家事业的发展进步，离不开人民的创造力量；党的全部执政活动，离不开强有力的群众工作。社会管理主要是对人的服务和管理，说到底是做群众的工作。一切社会管理部门都是为群众服务的部门，一切社会管理工作都是为群众谋利益的工作，一切社会管理过程都是做群众工作的过程。从这个意义上说，群众工作是社会管理的基础性、经常性、根本性工作。在不同历史时期和不同发展阶段，群众工作会有不同的具体特点。随着改革开放的深入和社会主义市场经济的发展，群众工作对象更加多样化，群众工作内容更加丰富，群众工作环境越来越复杂，群众工作组织网络需要进一步健全。这就要求我们把做好新形势下群众工作摆在更加突出的位置，不断增强群众工作的针对性和有效性。

党的基层组织和基层干部是加强和创新社会管理、做好群众工作最基本、最直接、最有效的力量，是我们党执政为民最为重要的组织基础。各级党委要切实加强基层组织建设，推动基层组织把知民情、解民忧、化民怨、暖民心作为经常性工作，按照情况掌握在基层、问题解决在基层、矛盾化解在基层、工作推动在基层、感情融洽在基层的要求做好群众工作。要进一步突出重视基层的用人导向，通过多种方式使那些适合基层工作、作风好能力强的干部留在基层，让那些在基层工作有经验、有实绩的优秀干部得到更好的培养和使用。要在继承和运用以往群众工作有效做法的基础上不断创新方式方法，帮助基层干部不断提高新形势下群众工作能力。做好群众工作是领导干部的重要职责。是否重视做群众工作，是否善于做群众工作，是衡量领导干部政治上是否合格、工作上是否称职、领导能力强不强的一个基本标准。各级领导干部要以身作则，从树立群众观点、坚定群众立场、坚持群众路线、增进同群众的感情和创新群众工作方式方法等方面加强修养和锻炼，以正确的世界观立身，以正确的权力观用权，以正确的事业观做事，在做好群众工作中充分发挥示范引领作用。

全国党史研究室主任会议和中国中共党史学会第七次会员代表大会召开

2月24日至25日，全国党史研究室主任会议和中国中共党史学会第七次会员代表大会在北京召开，习近平会见大会代表。

习近平在讲话中指出，党史工作是党和国家工作全局中一项十分重要的工作。党中央对党史工作高度重视，2010年党中央第一次以中央名义制定颁发了党史工作文件，召开了全国党史工作会议，对加强和改进新形势下党史工作作出全面部署。随后，中央又批准出版了《中国共产党历史》第二卷、修订重印了第一卷。所有这些，都为进一步做好党史工作增添了强大动力，提供了有利条件。当前和今后一个时期，党史工作的中心任务就是认真贯彻全国党史工作会议精神，把各项任务落实好，充分发挥党史以史鉴今、资政育人的作用。

中国中共党史学会是党史工作特别是党史研究的一支重要力量。学会成立30多年来，在历届理事会领导下，在中央党史研究室指导下，为推进党史学科和党史事业的发展作出了积极贡献。习近平希望中国中共党史学会更好地发挥学术团体的桥梁和纽带作用，坚持正确方向，发扬学术民主，鼓励科学探索，营造良好氛围，在推进党史研究和党史学科建设、开展党史宣传教育、加强自身建设等方面不断取得新的成绩。

欧阳淞作了工作报告。中国中共党史学会第七次会员代表大会修订了学会章程，选举产生新一届理事会。

中共中央办公厅、国务院办公厅转发《中央宣传部、国务院国资委关于加强和改进新形势下国有及国有控股企业思想政治工作的意见》

2月28日，中共中央办公厅、国务院办公

厅转发了《中央宣传部、国务院国资委关于加强和改进新形势下国有及国有控股企业思想政治工作的意见》，并发出通知，要求各地区各部门结合实际认真贯彻执行。

这是为了深入贯彻落实党的十七大和十七届三中、四中、五中全会精神，扎实推进社会主义核心价值体系建设，为国有及国有控股企业改革发展、和谐稳定提供强大精神动力和思想保证，就加强和改进新形势下国有及国有控股企业思想政治工作提出意见。

通知要求，各地区各有关部门要结合实际，按照本意见精神制定贯彻落实的具体办法。其他所有制企业的思想政治工作可参照本意见执行。

第三部分

政工学会专辑

全国思想政治工作科学专业委员会第十七届年会会议纪要

2010年7月25日至27日，全国思想政治工作科学专业委员会第十七届年会在宁夏回族自治区区委党校隆重举行。来自全国各地的150余名学会会员、特约研究员和特邀嘉宾参加了此次年会。会议紧紧围绕深入学习贯彻党的十七届四中全会精神，推动学习型党组织建设，努力把党的政治优势转化为科学发展优势问题进行了深入研讨。

会议开幕式由学会秘书长王坚红主持，中共宁夏回族自治区委常委、组织部长徐松南发表了热情洋溢的欢迎词，学会副主任段若鹏代表常务理事会汇报了学会一年来的工作情况。国家人事部原常务副部长、学会常务理事程连昌，中央纪委副部级巡视专员、学会常务理事戴俭明，中共宁夏回族自治区委党校常务副校长杨国林分别作了重要讲话，中央党校国际战略研究所所长、学会副主任宫力和中央党校党建部副主任、学会副主任戴焰军分别作了《如何认识后危机时代世界格局变化与中国和平发展道路》和《提高党的建设科学化水平》的书面发言。

中央党校教授、博士生导师、学会主任张蔚萍分别作了题为《学习贯彻十七届四中全会精神，把党的政治优势转化为科学发展优势》和《建设学习型党组织若干重大问题》的专题报告。与会代表认真学习了《中共中央关于加强和改进新形势下党的建设若干重大问题的决定》（以下简称《决定》），并围绕《决定》的重要背景、主要内容和贯彻的对策措施进行了研讨。会议认为中央作出《决定》的重要背景主要有两个大的方面：一是总结60年执政党建设经验和实现社会主义蓝图目标的迫切需要；二是适应世情、国情、党情发展变化的新要求。会议赞同学会主任对《决定》的基本精神和重要内容的概括，认为基本精神是：以改革创新精神全面推进党的建设新的伟大工程，努力把党的政治优势转化为科学发展优势，以保证我国经济社会又好又快的发展。《决定》的基本精神具体体现在主要内容上，突出表现在以下六个方面：第一，建设马克思主义学习型政党，提高全党思想政治水平；第二，健全民主集中制，积极发展党内民主；第三，深化干部人事制度改革，建设高素质干部队伍；第四，做好抓基层打基础工作，夯实党执政的组织基础；第五，弘扬党的优良作风，保持党同人民群众的血肉联系；第六，加快推进惩防腐败体系建设，深入开展反腐败斗争。会议还探讨了党的政治优势，认为党的政治优势突出表现在以下四个方面：一是思想理论优势；二是组织制度优势；三是领导能力优势；四是道德作风优势。会议强调，关键是如何将党的政治优势转化为科学发展优势。为此，必须采取如下重大措施：第一，各级党组织要认真学习贯彻十七届四中全会精神，确保《决定》各项部署落实到推动科学发展的三大要点上来；第二，各级党政领导干部要从建设学习型党组织入手，努力提高党的建设科学化水平，推动党的政治优势向科学发展优势转化；第三，探索实现优势转化的基本途径，关键问题是要通过学习和实践，努力实现党政干部思维方式的现代化转变，只有思维方式转变，才能带动工作方式转变，从而保证党的政治优势转化为科学发展优势。

25日下午，大会在学会副主任张邦柱主持下，继续围绕主题进行深入的研讨交流。中央党校原机关党委书记、办公厅副主任、校委秘书王桂英教授就学会成立十多年来的工作与今后的发展作了发言，中共上海市委党校校委委员吕会霖教授就关于密切党群关系若干问题作了发言，河南省委党校谢德民教授就《学习大智慧》作了发言，西安中菲投资发展集团党委书记王汉智就《学习实践科学发展观，做强做大中菲集团》作了发言，北京城建置业公司党委书记、副董事长高宝玉就《实施人本管理，促进科学发展的探索与实践》作了发言。

与会代表普遍感到本次会议时间紧凑、纪律严明、收获颇多，学会代表们提交的论文极具思想性和时代性，既有理论高度，又有诸多现实意义和可操作性。整个会议期间，与会代表认真听讲、详细记录，表现出对深入学习贯彻十七届四中全会精神的高度重视，对思想政治工作的真诚热爱以及对学会工作的支持和关心。

大会在紧张而有序的研讨交流之后，王坚红同志作了总结讲话，简要总结了本届年会的收获、经验和特点，提出了今后的研究任务，并真诚地希望广大会员共同努力，积极向学会提出意见和建议，期待明年的年会开得更好。

（此文由全国思想政治工作科学专业委员会办公室主任杨光整理）

全国思想政治工作科学专业委员会工作汇报

（2009 年 7 月—2010 年 7 月）

全国思想政治工作科学专业委员会常务理事会

各位领导、学会顾问，各位理事、特约研究员和到会的同志们：

我受学会主任张蔚萍教授委托，代表常务理事会汇报学会一年来的工作，请批评指正。

全国思想政治工作科学专业委员会第十七届年会在银川市顺利召开，得到了宁夏回族自治区领导和宁夏回族自治区委党校领导的大力支持，我代表学会对自治区领导和党校领导表示衷心的感谢！

同志们不畏路途遥远，在百忙之中抽出时间来参加会议，这是对学会工作的支持和关心，是对党的思想政治工作的真诚热爱，也是对深入学习贯彻党的十七届四中全会精神的高度重视。我代表学会对与会领导和同志们表示深深的敬意和感谢！

本届年会的主题为：深入学习贯彻党的十七届四中全会精神，推动学习型党组织建设，努力把党的政治优势转化为科学发展优势。

参加这次年会的同志，既有老会员和特约研究员，又有新会员和特约研究员。尤其是一些新会员和特约研究员对学会的历史和现状了解还不多，借此机会，我把学会情况简要介绍一下，然后再把最近一年来的工作作一简要汇报。

一、学会成立和研究的基本情况

学会是在中共中央党校领导和各位顾问的关怀下，适应新形势需要于 1994 年 5 月由民政部批准建立的，同年 9 月 23 日在中央党校召开成立大会，接着召开了为期 3 天的第一届思想政治工作理论学术研讨会。在中央党校召开成立大会时，时任中共中央政治局常委、中央党校校长胡锦涛接见了与会代表并合影留念。在合影留念前，他还专门召见学会主任谈了话，对学会研究方向作了明确指示，希望加强对思想政治工作这门科学的研究，特别要注重加强党员干部的教育规律研究，并结合党的中心任务开展研究。同时还嘱咐要与中国职工思想政治工作研究会有所分工。当时的中央党校常务副校长汪家鏐作了《紧紧围绕党的中心任务开展思想政治工作研究》的专题报告；中国社会科学院副院长兼中国科学社会主义学会会长江流和中央党史研究室副主任李传华等领导同志作了重要讲话。会议就加强思想政治工作这门科学研究和围绕党的中心任务开展思想政治工作研究，以及探索党员干部的思想政治教育管理规律和党的领导等问题进行了比较深入的探讨。

自从 1994 年学会成立以来，16 年间共召开了 16 次年会，还召开了 40 多次小型专题理论研讨会和座谈会；编写了 30 多部著作、论文集和大型工具书，并先后同中央党校思想政治工作研究室、全国育人用人科学专业委员会和中央党校出版社共同出版了 15 册《中国思想政治工作年鉴》。

学会目前的特约研究员和会员，已经由初创时的 100 多人发展到现在的 1200 多人，其中专家、教授和学者占二分之一，领导干部和基层政工干部占二分之一，这是一支理论工作者和实际工作者相结合的研究队伍。由于学会在研究上立足现实、注重实际，尽力将实践经验系统化、科学化、理论化，因而深受政工干部欢迎，并且在社会上的影响越来越大，反映越来越好。学会 16 年来一直在努力贯彻胡锦涛同志 1994 年 9 月 23 日接见学会代表时的指示精神。主要做了以下五个方面的工作：一是紧紧围绕党的中心工作和中心任务开展研究工作，坚定不移地同党中央保持一致，并把研究成果上报党的有关领导部门，作为中央起草加强思想政治工作文件时的参考。比如，1999 年为配合中央起草《中共中央关于加强和改进思想政治工作的若干意见》（即中央 17 号文件），学会在调研的基础上写了题为《关于新形势下加强和改进思想政治工作的若干问题》的研究报告，被中宣部领导批准刊登在供部领导参阅的《决策参考》上，受到了中央有关领导的关注和肯定。二是围绕现实生活中的热点难点问题和新时代提出的新课题进行理论研究，组织学会领导骨干和特约研究员共编写了 10 多部著作和教材，如编写了《社会主义市场经济条件下思想政治工作新课题研究》、《思想政治工作热点难点研究》、《思想政治工作学教程》、《面向新世纪的思想政治工作》等。三是加强了思想政治工作这门科学的研究，如组织编写了《思想政治工作学概论》、《思想行为学概论》、《中国共产党思想政治工作发展史》等专著；还组织完成了若干课题研究，并形成了《思想政治工作的基本规律研究》、《思想政治工作在发展物质生产力和精神生产力的作用问题研究》、《领导干部思维方式和领导方式现代化问题研究》、《思想政治工作与加强党的先进性建设研究》、《思想政治工作与构建和谐社会研究》、《思想工作与树立科学发展观问题研究》、《思想政治工作与提高执政能力问题研究》、《社会主义核心价值体系研究》、《企业思想政治工作创新问题研究》等长篇论文，其中大部分已在重要刊物上发表。四是根据政工干部的需要编写了一些工具书，如《党委书记工作大典》、《党务工作全书》、《思想政治工作知识辞典》等。五是坚持理论研究与评奖活动相结合，给政工研究工作以鼓励。如学会与浙江省委宣传部、《政工月谈》杂志联合举办了 3 次全国优秀政工论文大奖赛，以及全国优秀政工论文金点子奖大赛，最近几年又对年会提供的论文进行评奖等。这些活动推动了思想政治工作理论与实践的科学研究。由于重视加强现实重大问题和基础理论的研究，对政工干部和专家学者的吸引力越来越大，要求参加学会的人越来越多，在社会上的影响也越来越大。

二、学会近一年来的工作情况

自 2009 年 7 月 25 日在阿尔山市召开第 16 届年会到现在，整整一年时间了。这一年来学会主要做了以下工作：

第一，2009 年 11 月 6 日在中央党校召开“学习贯彻十七届四中全会精神暨学会成立十五周年座谈会”，来自全国各地的专家、学者、政工干部，中共中央党校有关部门的领导和教授及中央党校思想政治专业全体研究生共120余人出席了会议。会议得到了中央党校的大力支持,中央党校副校长陈宝生接见了与会代表并合影留念。国家经委原副主任、学会顾问赵荫华,中央政策研究室原副主任、学会顾问郑科扬,中共中央副部级巡视组专员、学会常务理事戴俭明,国家人事部原常务副部长、学会常务理事程连昌,解放军军事科学院军队建设部原副部长、少将、学会常务理事杨春长等出席了开幕式。学会副主任段若鹏主持会议,学会主任张蔚萍向出席会议的代表介绍了学会成立十五年来的工作情况。出席座谈会的学会顾问、常务理事和一些专家、学者对于学会十五年来的工作给予了高度评价,并对当前和今后一个时期的思想政治工作提出了一些精辟的见解。开幕式后,为使特约研究员深入学习、准确把握十七届四中全会精神,学会常务理事戴俭明作了《以四中全会精神为指导,深入开展反腐败斗争》、学会主任张蔚萍作了《新形势下加强改进党的建设的意义、背景和战略部署》、学会副主任宫力作了《当前国际战略的几个热点难点问题》专题讲座。

第二,2009年11月15日,参与了中国市场经济研究会主办的"纪念毛泽东同志诞辰116周年理论研讨会"重要活动。会议在人民大会堂召开,全国人大常委会原副委员长顾秀莲、中共中央党校原副校长刘海藩、解放军总政治部原政委周克玉上将等在会上讲话。应中国市场经济研究会的邀请,学会主任张蔚萍和办公室杨光同志参加了本次会议,张蔚萍在会上作了"毛泽东对党的建设的伟大贡献"专题报告,受到与会代表的高度评价。

第三,由学会主任张蔚萍和副秘书长雷常新主持编撰,学会几位领导积极参加,经过2年多的努力,于2010年3月由中共中央文献出版社出版了《新世纪党的建设与组织人才工作全书》一书,共300多万字。本书是按照马列主义党的学说和毛泽东建党学说的科学体系,从新世纪新阶段加强党务工作的实际需要出发,遵循理论与实践相结合的原则,并结合新世纪新阶段的时代特点编撰的,为广大党务工作者系统地学习党建理论和组织人才工作知识提供了方便。

第四,由学会主任张蔚萍和副主任张邦柱主持编撰,学会几位领导积极参加,经过3年多的努力,于2010年6月由中共中央党校出版社出版了《新世纪思想政治工作大典》一书,全书共360多万字。本书是在《新世纪思想政治工作》、《思想政治工作学教程》、《思想政治工作发展史》和《最新思想政治工作全书》的基础上,结合新时代特色编撰的大型思想政治工作文献工具书,有以下四个突出特点:第一,理论与实践紧密结合;第二,继承优良传统与改进创新紧密结合;第三,"史"、"论"与文献紧密结合;第四,指导性与应用操作性紧密结合。内容很丰富,可称为思想政治工作的百科全书,是广大政工干部工作的参谋和助手。

第五,调整学会、《年鉴》和育人用人科学专业委员会的组织机构,发展新会员和特约研究员,除名一些长期不与学会联系、不发挥作用的会员和特约研究员,进一步提高了学会的威望,增强了学会工作的活力。

第六,与天津市委宣传部、政工师指南杂志社共同编撰出版了2009年3月~2010年2月《中国思想政治工作年鉴》,内容比以前更加充实,约270万字,现已由中央党校出版社出版。期间,较大幅度地调整了编委会成员,充实了新生力量。同时,还修订了思想政治工作系列教材,并指导帮助一些省市培训高级政工专业人员,受到高度赞扬。

第七,加强了中国思想政治工作网的领导,开拓了新的领域,密切了同各省网站的联系,努力提高中国思想政治工作网的活力和知名度。

第八,积极筹办《思想政治内参》,现正申请内参号,希望与会同志给予支持和帮助。

第九,积极筹备本届年会,现已如期召开。

总之,自学会成立以来,我们紧紧围绕胡锦涛同志的指示精神开展研究活动,基本做到了1年召开1次年会,1年编写1本《年鉴》,1年编写和修订1—3本著作和教材;1年召开2—3次小型研讨会和座谈会。

思想政治工作是我们党的传家宝和政治优势,也是一门治党治国的科学。希望大家通过学会这个阵地,把广大政工研究工作者团结起来,推动思想政治工作教学和科研的深入开展,促进政工人才的培养和政工队伍素质的提高,在力所能及范围内,为党的思想政治工作科学研究事业作出应有的贡献。

我的汇报就到这里,再次对各位多年来的关心和支持表示诚挚的敬意!再次对各位领导和朋友们的到会表示衷心的感谢!

(此文是学会副主任段若鹏代表学会常务理事会在年会上所作的工作汇报)

学习贯彻十七届四中全会精神
把党的政治优势转化为科学发展优势

张蔚萍

2009年9月,中共中央在北京召开了十七届四中全会,审议通过了《中共中央关于加强和改进新形势下党的建设若干重大问题的决定》(以下简称《决定》)。党中央要求各级党组织认真学习贯彻十七届四中全会精神,努力把党的政治优势转化为经济社会科学发展的优势。

一、深刻了解十七届四中全会作出加强和改进党的建设《决定》的重要背景

了解背景,是为了加深理解中央作出这个《决定》的重大意义,以增强学习贯彻《决定》的自觉性。关于作出这个《决定》的背景问题,习近平同志从四个方面加以说明,归纳起来主要有两个大的方面:一是总结60年执政党建设经验和实现中国特色社会主义蓝图目标的迫切需要;二是适应世情、国情、党情深刻变化的新要求。

首先,作出这个《决定》是总结执政党建设经验和实现中国特色社会主义蓝图目标的迫切需要。

党中央之所以就加强和改进党的建设作出《决定》,这与我们党执政60年需要总结历史经验有密切关系。60年来,全世界共产党执政的14个社会主义国家,有10个已经亡党亡国,就连强大的苏联也不复存在,现在的俄罗斯共产党,也处于极其艰难困苦境地,党和工农大众饱偿了丧失政权之苦,俄共中央连起码的办公条件都没有,广大党员特别是老党员沦为贫困阶层,工农大众丧失了主人翁地位,生活困难,怨声载道,也无可奈何!而我们国家在中国共产党的领导下,60年已经实现了三个历史性转变:一是实现了从半殖民地半封建社会到民族独立、人民当家作主新社会的历史性转变;二是实现了从新民主主义革命到社会主义革命和建设的历史性转变;三是实现了从高度集中的计划经济体制到充满活力的社会主义市场经济体制和全方位开放的历史性转变。这三大转变,改变了中华民族命运,不仅综合国力由世界排名的三十多位跃升到第三位,国民生产总值从1952年的679亿元增加到2008年的30多万亿元人民币,而且国际政治地位不断提高,在联合国和世界很多组织中有了影响力和发言权。60年的伟大转变,使党中央深深地感到:只有毫不动摇地加强党的建设和坚持党的领导,才能取得革命和建设的伟大胜利。尤其要看到,我们

党正面临着全面建设小康社会的艰巨任务，也面临着如何巩固党的执政地位的严峻考验。在这种情况下，总结建国60年来执政党建设的宝贵经验，探索执政党建设的基本规律，对未来加强改进党的建设作出战略部署，有着重大而深远的意义。正是在这种历史背景下，党中央确定把加强和改进党的建设作为十七届四中全会的重要主题。

其次，作出这个《决定》是适应世情、国情、党情深刻变化的新要求。

十七届四中全公报指出："世情、国情、党情的深刻变化对党的建设提出了新的要求，党面临的执政考验、改革开放考验、市场经济考验、外部环境考验是长期的、复杂的、严峻的，落实党要管党、从严治党的任务比过去任何时候都更为繁重和紧迫。"这就是党中央作出《决定》的国际国内时代背景。

所谓世情，就是国际政治经济形势发生了深刻变化。世情的深刻变化可以从两个方面来分析：一是和平与发展仍然是当今世界的主题，二是这个世界并不太平。所谓和平与发展仍然是当今世界的主题，主要表现在：经济全球化在深入发展；政治多极化在曲折发展；高科技在迅猛发展。这三种发展说明世界正处在大发展大变革大调整时期，它要求我国执政党不断与时俱进，不断创新党建。否则，就要落后于时代，在激烈竞争中被淘汰。在新形势下，人们对和平发展是主题比较认同，而对世界并不太平还缺乏深入了解。这里，我着重讲一下世界并不太平问题。所谓世界并不太平，主要表现在两个方面：一是有硝烟战争和恐怖事件不断，如中东战事、一些国家内乱、塔利班活动猖狂以及各种爆炸事件不断，等等。二是无硝烟战争和"颜色革命"已成为西方敌对势力颠覆社会主义政权的主要手段。这个问题党的第二代领导人向第三代领导人交接班时就明确讲过。比如，在十四大之前，邓小平同志就指出："西方国家正在打一场没有硝烟的第三次世界大战。所谓没有硝烟，就是要社会主义国家和平演变。"进入新世纪时，第三代向新一代领导集体交接班时又强调这个问题。比如，在十六大之前，江泽民同志在中央一次重要会议上就特别指出："西方敌对势力加紧以各种手段和方式对我国施行西化、分化的政治战略，企图颠覆中国共产党的领导和社会主义制度。"在新世纪新阶段，当新自由主义开始泛滥时，胡锦涛同志曾经严厉批判了新自由主义的传播和危害，对此，必须保持清醒的认识，否则就有可能导致理论和政策上的失误。

所谓国情，就是改革开放以来我们党面临的一系列考验。党不仅面临着执政的考验，而且还面临着改革开放和市场经济的考验。最近20年来，我国最大的一个变化就是搞了市场经济，这是一切变化的经济根源。然而，在第一线搞市场经济的很多党员干部并不全面了解市场经济，不完全懂得市场经济的两重性。所谓市场经济两重性，就是指它既有积极性又有消极性。积极性很多人已经熟悉，比如能合理配置社会资源，能推动物质生产力发展，能提供大量信息，能促使观念更新，等等。但是，对其消极性很多人却并不根本了解。所谓市场经济的消极性，就是指它具有盲目性、滞后性和自发性。特别是这种自发性，危害极大。革命导师列宁早就说过，一旦这种自发性形成习惯势力，就会变成一种可怕的势力。之所以可怕，就在于它能够把市场经济重视金钱、重视享乐、重视个人利益这些正确的东西推向极端，使其不知不觉地演变成拜金主义、享乐主义和利己主义。这三种主义是资产阶级人生价值观的核心，如果失去党的领导和思想教育，这种人生价值观就会在党员干部灵魂深处滋长泛滥，轻者会产生腐败作风和违纪行为，重者就会违法乱纪和堕落腐败。最近20多年来，我们党查处的200多万违法违纪和腐败分子，哪一个不是被拜金主义、享乐主义和利己主义腐蚀而垮掉的？尤其要看到，我国的市场经济体制还不完善，漏洞很多、空隙很多、问题很多，这就为那些居心不良和受腐蚀的人提供了钻空子的机会，导致腐败不断滋生蔓延。过去辽宁出现的牟马犯罪团伙，黑龙江出现的韩桂芝犯罪团伙，上海出现的陈良宇犯罪团伙，以及现在广东省查处的原省纪委书记王华元，省政协主席陈绍基，深圳市长徐宗衡；北京市查处的副市长刘志华；公安部查处的部长助理郑少东；全国人大查处的财经委副主任朱志刚；最高法院查处的副院长黄松有；天津市查处的市委常委、开发区主任皮黔生；国资委查处的中石油董事长陈国海和首都机场董事长李培英，等等，都说明市场经济体制不完善阶段容易出现腐败问题。中纪委把这个阶段称为腐败的易发期和多发期。在这种情况下，必须大力加强和改进党的建设。

所谓党情，主要是指党组织和党员干部队伍发生了巨大变化。一方面，党的队伍和党组织不断发展壮大。比如，基层党组织已由建国初的几十万个发展到现在的370多万个，其中非公有企业已有39万个；又比如，党员队伍已由建国初的400多万人发展到现在的7600多万人，其中党员干部有1200多万人。全世界200多个马克思主义政党约9000多万人，80%在中国。中国共产党是否坚强，不仅关系到中国特色社会主义事业的前途和命运，而且关系到国际社会主义事业的兴衰成败。另一方面，我们党在发展壮大过程中也面临不少亟待解决的问题，包括如何提高执政能力和保持先进性的问题；如何保持和发挥党的政治优势问题；如何有效治理和预防腐败滋长蔓延问题；如何提高基层党组织的战斗力和凝聚力问题，等等。《决定》对存在的问题共概括了六个方面，突出强调党员素质、领导班子和腐败滋长问题。解决这些问题的措施很多，其中最重要的是改革创新和与时俱进。所以，党中央旗帜鲜明地提出要以改革创新精神全面推进党的建设。

二、准确把握十七届四中全会《决定》的基本精神和主要内容

（一）准确把握十七届四中全会《决定》的基本精神

基本精神概括起来就是三句话：以改革创新精神全面推进党的建设新的伟大工程，努力把党的政治优势转化为科学发展优势，以保证我国经济社会又好又快发展。这个基本精神包含三层意思：第一层强调以改革创新精神推进党的建设。为什么强调改革创新精神？一是世情、国情、党情的新变化要求党的建设创新；二是一些党员干部还不能适应这种新变化，有的缺乏创新意识和观念，有的缺乏创新勇气和信心，有的缺乏创新思路和才能。鉴于这种情况，必须大力倡导党建创新。创新的前提是敢创，关键是在“新”字上下功夫，努力做到“六新”，即适应时代的新变化，研究现实的新情况，形成决策的新思路，探索实施的新办法，开创党建的新局面，为党的事业作出新贡献。第二层强调把政治优势转化为科学发展优势。这里关键是做好转化工作。同时，还要搞清楚什么是党的政治优势，什么是科学发展优势，如何采取措施实现转化。第三层强调要保证我国经济社会又好又快发展。这既是科学发展观的实质问题，又是中央作出这个《决定》的重要目的。中央领导指出：我们加强党的建设，最终是要保证经济社会又好又快的科学发展。

（二）准确把握十七届四中全会《决定》的主要内容

十七届四中全会《决定》的基本精神，具体体现在主要内容上。《决定》共讲了八个方面的问题，按其结构来讲，这八个问题由两大块组成。第一大块由前两个问题组成，即论述加强和改进党的建设的意义、背景和总结60年执政党建设经验。第二大块由后六个问题组成，即论述今后加强和改进党的建设的重大战略部署。这六大战略部署是：第一，建设马克思主义学习型政党，提高全党思想政治水平。这条的关键是动员全党学习中国特色社会主义理论体系，核心是解决党员干部的立场、观点、方法问题和领导能力问题。第二，健全民主集中制，积极发展党内民主。这条的关键是把握民主与集中的有机结合，核心是通过发扬党内民主来调动全党的积极性。第三，深化干部人事制度改

革，建设高素质干部队伍。这条的关键是通过改革把德才兼备的人才选拔到重要领导岗位，为人民掌好权用好权。第四，做好抓基层打基础工作，夯实党执政的组织基础。这条的关键是高度重视农村、企业、学校、社区等基层组织建设，构建城乡统筹的基层党建新格局。第五，弘扬党的优良作风，保持党同人民群众的血肉联系。这条的关键是强调执政党永远不脱离群众，永远要成为人民利益的忠实代表。第六，加快推进惩防腐败体系建设，深入开展反腐败斗争。这条的关键是建立惩防并举、注重预防的反腐败体系，强调要筑牢思想防线、组织防线和纪检防线，从源头上防治腐败。

三、学习贯彻十七届四中全会精神，努力把党的政治优势转化为科学发展优势

学习贯彻十七届四中全会精神，其核心问题是要把党的政治优势转化为科学发展优势。为此，就要搞清楚什么是党的政治优势？什么是科学发展优势？怎样实现这种转变？转变的关键环节是什么？

（一）党的政治优势的突出表现

中国共产党之所以能生存发展和不断取得胜利，就是因为它有强大的政治优势。这种政治优势，突出表现在以下四个方面。

一是思想理论优势。能善于用马列主义、毛泽东思想武装全党。在现阶段，就是用中国特色社会主义理论体系武装全党和教育人民。要武装全党和教育人民，首先要武装党员干部特别是领导干部。今年3月1日，习近平同志在中央党校春季开学典礼上，专门讲了深入学习中国特色社会主义理论体系问题，强调要努力掌握马克思主义立场、观点、方法。中央提出“建设马克思主义学习型政党”的目的，就是要解决党员干部的立场、观点、方法问题。如果这个问题不解决，建设学习型政党就失去了它的重大意义。从历史经验看，发挥思想理论优势，就能把握前进的正确方向，提高全党的思想政治觉悟，使广大党员干部有坚定的立场、正确的观点、科学的方法，从而为党和人民的伟大事业自觉奋斗。

二是组织制度优势。能善于运用民主集中制的组织原则建立严密的组织系统、组织制度和组织纪律，为从严治党奠定组织基础。这个组织制度优势的灵魂，就是能把民主基础上的集中与集中指导下的民主结合起来，并以此建立严密的组织系统、组织制度和组织纪律。在我们党的组织系统中，每个党员不论职务高低，都必须参加党的支部，绝对不允许有任何特殊党员存在。这是共产党保持先进性和战斗力的组织优势，是历史上和现实中任何一个政党无法比拟的。

三是领导能力优势。能自上而下形成以党委为核心的坚强领导。中国是一个拥有13亿人口的大国，中国共产党是一个拥有7600万党员的大党，要把全党全国人民团结起来，形成一个强大的合力，就必须有坚强的领导能力。这种能力，在经济上首先表现为有驾驭市场经济的能力，从而推动经济持续快速发展；在政治上首先表现为有掌握政权和驾驭民主政治的能力，从而使社会主义政权不断巩固；在文化上首先表现为有推动先进文化发展的能力，从而使马克思主义意识形态占主导地位；在社会上首先表现为有构建和谐社会的能力，从而使民生问题不断解决和社会文明不断进步；在国际上首先表现为有应对复杂局势和广泛国际交往的能力，从而不断提高党和国家的国际地位和影响力。

四是道德作风优势。能以正气压邪气、以廉洁之风战胜腐败之风，从而赢得人民的拥护和爱戴。我们党一贯重视道德作风建设，倡导要发扬理论联系实际、密切联系群众、批评与自我批评、谦虚谨慎、艰苦奋斗的优良作风，强调以党风带民风，形成良好的社会风气。然而在市场经济条件下，一度出现腐败之风猛增局面。据统计，改革开放以来我们党惩处的党员干部已有二、三百万，仅2009年就有14万4千多人。邓小平早就告诫全党：我们这个党该抓了，

不抓不行了。但有人说"抓也不行了"。我看只要大力发挥党的政治优势,还是可以遏制腐败滋长的。关键是采取什么方针政策。中央强调还是要发挥我党的政治优势,采取严惩与预防相结合的办法,这样就能不断战胜腐败。

(二)科学发展优势的表现及其实现转化的对策

要把党的政治优势转化为科学发展优势,还必须明确科学发展优势的表现。科学发展优势突出表现在三个方面:一是坚持以人为本,一切为了人民、一切依靠人民,形成合力推进发展;二是坚持全面、协调、可持续发展,统筹兼顾、科学规划,努力实现城乡一体化发展;三是坚持又好又快的发展思路,好字当头,在好中求快,实现科学发展。

那么,怎样把党的政治优势转化为科学发展优势呢?重大措施主要有以下三个方面。

第一,各级党组织要认真学习贯彻十七届四中全会精神,确保《决定》各项部署落实到推动科学发展的三大要点上来。首先,要落实科学发展观的核心——以人为本。以人为本的实质是以民为本。为此,就要做到:发展为了人民,发展依靠人民,发展成果由人民共享。实现以人为本的关键,是坚持"以人才为本",真正把人才资源看成是发展的第一资源,把人才队伍看成是先进生产力的第一要素,把人才开发看成是经济社会发展的第一动力。其次,要落实全面、协调、可持续发展的要求。所谓全面发展,是指物质文明、精神文明、政治文明、社会文明和生态文明要一起发展。所谓协调发展,是指工业、农业、科技、商贸和服务业都要协调发展。所谓可持续发展,是指要转变经济发展方式,节约资源、降低成本,以保持我国经济社会长久的发展。再次,要把握好科学发展观的实质,实现经济社会又好又快发展。这里,关键是处理好质量与数量、公平与效率、速度与效益的关系,始终把"好"放在第一位,在好中求快,做到又好又快发展。

第二,各级党政领导干部要以《决定》为指导提高党的建设科学化水平,推动党的政治优势向科学发展优势转化。在十七届四中全会闭幕会上,胡锦涛同志强调要提高党的建设科学化水平,以保证经济社会科学发展。这里讲的提高党的建设科学化水平,是指要学习和研究党的建设科学理论、科学知识和科学方法,努力掌握党的建设基本规律。只有这样,才能提高科学化水平。实践证明,党政领导干部党的建设科学化水平提高了,就具备了实施这种转化的能力,就能不断推动各地区各行业经济社会科学发展。一些先进地区和先进单位的领导提出,提高党的建设科学化水平也是一种先进生产力,或者说是推动先进生产力发展的强大动力。这就告诉我们,提高党的建设科学化水平,是实施党的政治优势向科学发展优势转化的一项根本性措施。

第三,探索实现优势转化的基本途径,从体制上保证党的政治优势向科学发展优势转化。通过什么途经来实现优势转化?这是很多同志都在思考的问题。为此,全国思想政治工作科学专业委员会曾召开座谈会专门研讨这个问题。大家一致认为,解决转化途径的关键是解决党政领导体制和运行机制问题。从全国来讲,要进一步健全和完善党委领导下的行政首长负责制体制,从中央到省、地、县,都要坚持和完善这一体制。这一体制的优势,就是把坚持党的领导核心地位与实行行政首长具体负责紧密结合起来,其实质是把党的意志化为行政首长的具体行为,这既有利于巩固党的执政地位,又有利于推动科学发展,是从体制上实现党的政治优势向科学发展优势转化的基本制度。有了好的体制,还必须有科学运行机制。从实践经验看,运行机制主要有三种:一是以党委为核心,行政等主要领导进入党委,由党委集体决策、常委分工负责执行的运行机制;二是以权力机构为中心,党委主要成员参与决策的运行机制,一般实行"双向进入、交叉任职"的办法,调动党政两个方面的积极性;三是权力机构内部设立党组的运行机制,一般是党组书记兼任行政一把手。我国的领导体制正在深化改革,总的方向是既要坚持党的领导又要调动行政负责人的积极性,促使党政合力推动党的政治优势向科学发展优势转化。

四、党政干部思维方式现代化是实现政治优势转化为科学发展优势的关键

如何推动政治优势向科学发展优势转化?这不仅是专家学者思考的一个重大理论问题,也是实际工作者和企业家们思考的一个重大课题。

我国的著名企业家张瑞敏和鲁冠球有句名言:"思路决定出路。"这里讲的思路,主要是指发展的新思路。那么发展的新思路从何而来?他们认为是从学习和实践中产生的新思维而来。还有一位著名的企业家也说过,新思维决定新思路,新思路决定新出路。实践证明,我们要在这种优势转化中找到新的思路和出路,必须实现思维变革,树立现代化思维方式。应该清醒地认识到,我们党正处在高科技迅速发展的知识经济时代,信息化、网络化、数字化不仅改变着人们的生活方式和工作方式,也在改变着人们的思维方式。实现思维方式的变革,树立现代化思维方式,是新时代对我们提出的要求,各级党政领导者必须要充分认识到这一点。

思维科学告诉我们,现代化思维方式具有以下四个基本特点:一是善于战略思维,即善于从全局性、长远性、根本性来思考问题,并能把握好全局与局部、长远与暂时、根本与非根本之间的辩证关系,在解决策略问题的过程中实现战略目标。二是善于创新思维,即善于从开拓性、预见性和超前性来思考问题,并能把握好机遇与挑战、继承与创新、与时俱进与稳步前进的辩证关系,在解决新课题的实践中及时抓住机遇实现创新目标。三是善于立体思维,即善于从各个方面、各个角度、各个层次透过现象看本质来思考问题,并能把握好点性与线性、面性与立体、环节与系统、低层与高层、表层与深层之间的辩证关系,在历史发展地、全面系统地分析问题的过程中得出科学结论。四是善于效益思维,即善于捕捉最新信息,用最低成本、最快速度取得最佳效果,并能把握好信息的收集与加工、判断与推理、过程与结果之间的辩证关系,在科学的运筹中获得最好效果。实践证明,只有认识和掌握了现代化思维的这些基本特点,才能自觉地以改革创新精神推进科学发展和现代化建设事业。

在当今伟大变革的进程中,我们讲的不是一两个人的现代化思维,而是讲整个干部队伍的现代化思维。我们把整个干部队伍的现代化思维又称为思维能力和方式的现代化。我们党正在尽一切努力要实现干部队伍思维能力和方式的现代化。然而,实现思维能力和方式的现代化不是一件容易的事情,因为这是思维领域的一场变革。那么,如何采取有效措施实现思维能力和方式的重大变革呢?有两点要加以强调:一是从党组织角度讲,各级党委和领导干部要高度重视这场思维领域的重大变革,认真研究思维能力和方式现代化的条件和规律,把它提到党委重要议事日程加以讨论,把思维能力和方式现代化纳入干部培训计划,并且要运用舆论工具加强这方面的宣传,以引起全社会的重视和关注。这里,各级党委要特别重视"三抓",即抓教育、抓培训、抓管理,这是实现思维方式现代化不可缺少的措施。抓教育,首先要抓辩证唯物主义思维方式的教育,同时还要抓当代新科学知识的教育。抓培训,不仅要抓正规培训和系统培训,而且要抓日常培训和应急培训,包括请专家教授讲座,不断提高现代化思维素养。抓管理,不仅要采取硬措施,制定计划和制度,鞭策党员干部实现思维方式变革,而且要采取软措施,调动党员干部变革思维方式的积极性和主动性,并鼓励和表彰实现思维方式变革的先进分子。二是从个人角度讲,各级党员干部要重视这方面的学习和实践,把学习、训练、实践、总结四个环节结合起来。学习,是指要学习哲学特别是辩证唯物主义认识论,学习思维科学和当代新科学知识,掌握思维能力和方式现代化

的内容和特征。学习贵在坚持，要牢记列宁的名言："学习、学习、再学习。"要像周总理那样"活到老、学到老、改造到老"。训练，是指既要联系思想实际改造自己的小生产思维方式，又要结合思想实际养成善于战略思维、创新思维、立体思维和效益思维的习惯，不断提高自身的理论思维能力。实践，就是指要结合工作实际，按照现代化思维形成的新思路及时作出正确决策，采取切实有效的措施，扎扎实实地开创各项工作的新局面。总结，就是在不断总结实践经验中提高自己的认识能力，从而把感性认识上升到理性认识，增强预见性和鉴别力。实践证明，只有善于总结，才能有所发现，有所发明，有所创造，有所进步。只要各级党政领导高度重视，广大干部不懈努力，我们的现代化思维能力和方式就一定会有一个新的提高，我们的工作能力和方式也一定会不断改进和创新，从而推动社会主义现代化建设不断科学发展。

（作者：中共中央党校教授、博士生导师，全国思想政治工作科学专业委员会主任）

如何认识后危机时代世界格局变化与中国和平发展道路？

宫　力

由美国引发的全球金融危机不能不对国际战略力量对比和世界格局的走向产生深刻影响。而战略学家的责任，就是通过冷静和客观的分析，透过纷繁的表象，来"认清已被改变的战略版图"，并由此确立自己的战略和策略。

美国在金融危机过后，仍是世界上最大的经济体，仍有着超群的军事实力，仍是世界上最为强大的国家，其政治、社会和文化仍然对一些国家有一定的吸引力。但是，这不能改变美国在世界战略格局中的优势地位已呈相对下降之势的客观事实，而且这一趋势由于近些年中、印等新兴大国经济的强势增长而变得更加清晰可辨。

在由美国引发的全球金融危机中，美国、欧洲、日本遭受重创，实力地位受到一定程度的削弱。2009 年发达国家经济体负增长达3.4%。中国经济也受到冲击，但应对措施得力，实现增长9.1%，率先走出低谷，引领世界经济复苏。

金融危机使世界经济发生了深刻变化，主要战略力量对比也在发生变化，由此必然影响到世界格局。从 G7 到 G8，再到 G8 +5，一直到 G20 在应对金融危机中发挥越来越重要的作用。这一过程再清楚不过地体现了世界经济格局和世界经济秩序在过去几十年中变化的轨迹和发展的趋向。曾几何时，以美国为核心的 G7，一直主导着全球经济和金融事务。但在金融危机爆发之后，这个集团的局限性和新兴大国参与世界经济的政策协调和金融合作的重要性已为越来越多的政治家所认识。G7 已不再是世界经济问题的主导者，G20 的有效性和机构体制得到进一步加强。如今，没有中国、印度和巴西等新兴大国参与，解决不了全球经济问题。

与此同时，世界经济格局的变迁也在呼唤新兴国家发挥更大的作用，取得更多的话语权和投票权，但这不会一蹴而就，而将是一个渐进的过程。在 G20 峰会上，新兴大国和发展中国家已经发出了自己的声音，开始谋求发展中国家在国际货币金融体系中的更多地位，提出了提升发展中国家在金融体系中的知情权、话语权和投票权的正当要求。当然，希望以美元为主导的国际金融体系立刻就发生根本改变是不现实的，但是我们可以看见的是，以美国为核心的 G7 主宰世界经济事务已经难以为继，变革时代已经来临，发达国家为了渡过难关，也在不断调整和适应新的情况，开始接受和正视新兴大国正在崛起的现实，这是一种趋势性的变化。

当今世界格局的主要战略态势是：世界多极化趋势不可逆转，求和平、谋发展、促合作成为不可抗拒的时代主流，国际环境保持总体稳定，但影响和平与发展的不稳定不确定因素也在增多。

谈到国际战略力量的消长和金融危机对世界格局的影响，不能不提到美国的实力地位和美国霸权的变化。美国在冷战结束后，它的经济在世界中的比重从 20 世纪 90 年代初的 25% 左右一度上升至本世纪初的 32% 左右，达到了一个高点。所以，小布什在第一任期内的单边主义不是偶然的，而是以实力的增长为后盾的。但是物极必反，2002 年、2003 年美国分别发动阿富汗战争和伊拉克战争，打了六、七年仍不能摆脱困境。由于美国过度伸展力量，其硬实力受到严重消耗，进入战略透支期。其软实力也因其发动伊拉克战争的合法性遭到质疑而受到削弱，其作为“世界警察”的道德基础和道义威信一落千丈。再加上这次金融危机的打击，美国不仅经济遭到重创，而且由于其缺乏监管的金融体制导致了全球性经济灾难，把世界各国都变成了牺牲者，因此不可避免地受到世界各国的指责和诟病，其软实力进一步下降。

现在的美国经济在世界经济中的比重已从本世纪初的 32% 左右逐渐回落至 2009 年的 22% 左右。金融危机已经使美国经济受到重创，复苏将经历漫长的过程。经过本轮金融危机的冲击，美国经济在世界经济中的比重还会继续下滑，而不是上升。这表明，美国维持霸权的经济能力受到严重削弱。随之而来的是美国操控国际局势的能力也在下降。

在本世纪初，战略学界还在讨论美国单极世界的目标是否能够得逞的问题。几年过后，就连美国自己也不再认为那是一个能够实现的目标。美国的实力地位和对国际事务的操控能力已很难再回到 2000 年的高点。

金融危机不仅冲击现存的世界格局，而且前所未有地激起了发展中国家要求变革国际秩序的愿望与决心。这对中国这样一个后起的大国而言，也蕴含着巨大的机遇。现在很多国家不仅希望听到中国的声音，而且期待中国在国际秩序的变革中发挥更大的作用。因此，中国应当首先把自己的事情办好，在保持国内稳定和持续发展的基础上，也应义不容辞地积极参与建立在共同利益基础之上的应对金融危机的国际合作和协调行动，并以此为契机，推动国际秩序朝着公正合理的方向发展。

我们应当看到，当代国际秩序仍然有许多不公正不合理的地方，但中国在现有的国际政治经济秩序中的地位已呈逐步上升之势。在这种情况下，中国应积极参与国际政治经济秩序的建设与变革，以渐进的方式、和平的方式、民主的方式改革现有国际政治经济秩序中不合理的方面，不断提升自己的作用和影响力，并由此逐步确立起中国是一个负责任大国的地位和形象。

自从 1978 年改革开放成为中国的基本国策以来，中国走上了一条与本国国情和时代特征相适应的和平发展的新道路。它的基本内涵是，中国既通过争取和平的国际环境来发展自己，又以自身的发展来维护和促进世界和平；中国主要依靠自身力量和改革创新实现发展，同时坚持对外开放；中国顺应经济全球化发展趋势，在平等互利的基础上同世界各国开展交流与合作，努力实现与各国的互利共赢和共同发展；中国坚持高举和平、发展、合作的旗帜，与世界各国共同致力于建设持久和平与共同繁荣的和谐世界。总之，中国的发展是和平的发展、开放的发展、合作的发展、和谐的发展。

“始终不渝走和平发展道路”是中国根据时代发展潮流和自身根本利益作出的战略抉择。和平发展道路，新就新在它在人类历史上第一次超越后起大国传统的崛起之路，不是通过军事扩张、掠夺资源、争霸或称霸，而是通过和平的方式、渐进的方式，主要依靠自己的力量，发展内需，挖掘潜力，改革创新，落实科学发展观，走有中国特色的富民强国之路，积极参与国际经济技术合作与竞争，在与经济全球化相联系的历史进程中，在改革开放的大背景下，独立自主地建设有中国特色的社会主义，促进国际社会互利共赢和共同发展，争取在本世纪中叶实现中国和平发展的战略总目标。

一个和平发展、高速发展的中国必然会对后危机时代的世界格局产生较大的影响。

首先，中国的和平发展会使世界局势更加稳定，使世界和平更有保障，因为当今的中国在国际社会中是负责任的大国，在国际秩序的建设与变革中是积极的参与者和建设者，是维护世界和平与稳定的坚定力量。

其次，在经济全球化的时代，具有五千年悠久历史的中华文明焕发青春，并与其他文明共存与交汇，必将有助于世界文明的相互交流、相互融合和取长补短，必将促进世界文明和谐时代的早日到来。

第三，中国经济持续、快速、协调、健康地发展，已经而且必将继续给国际社会带来更多的机遇和更大的合作空间，形成更多的利益共同体和利害共同体，从而有利于世界经济的繁荣，有利于促进各国的共同发展。据世界银行公布的数据，2000 年以来，中国经济增长对世界经济增长的平均贡献率为 13% 以上，成为世界经济增长的重要推动力量。2008 年中国贸易进出口总额达 2.5 万亿美元，其中进口超过 1 万亿美元。这表明，中国在不断扩大出口的过程中，也逐渐成为世界主要的进口市场。随着中国经济贸易规模的不断扩大，中国将给世界带来更大的市场机会和就业规模效应。

第四，中国的和平发展将为国际社会提供一个全新的发展模式，即不是通过传统的军事扩张、争霸或称霸，而是通过和平的方式、渐进的方式，在与经济全球化紧密相连的进程中因势利导，趋利避害，既向整个国际社会实行全方位的开放，又坚持独立自主，主要依靠自己的力量，扩大内需，挖掘潜力，走有中国特色的富民强国的现代化之路。这对国际社会将具有巨大的启迪意义。

总而言之，中国作为一个负责任的大国，主要是通过改变自身的面貌来影响世界，造福于世界，贡献于世界。和平、开放、合作、和谐、共赢是中国的长期主张、中国的文明理念、中国的基本原则、中国的不懈追求。随着中国的和平发展、和谐发展，人类五分之一人口将彻底摆脱贫困，走上富裕和文明之路，从而极大地改变世界的面貌，并对推动建设一个持久和平、共同繁荣的和谐世界作出更大的贡献。

（作者：中共中央党校国际战略研究所所长、教授、博士生导师，全国思想政治工作科学专业委员会副主任）

提高党的建设科学化水平

戴焰军

中国共产党十七届四中全会《决定》，在系统总结党执政六十年自身建设基本经验的基础上，明确提出提高党的建设科学化水平的要求，内涵深刻、意义重大。提高科学化水平，是在原来基础之上的提高，说明我们党六十年的建设是体现了科学化要求的建设；同时，提高科学化水平，是在原有水平上的提高，说明我们党在自身建设方面还需要更好地体现科学化要求。

那么，什么是科学化要求呢？首先，科学化最本质的是认识和把握规律，按规律办事。科学是对规律的揭示和遵循，中国共产党执政六十年来，正是靠不断总结经验，探索和把握规律，才使自身建设不断得到发展的。这规律，包括共产党执政规律、社会主义建设规律、人类社会发展规律这些基本的规律，也包括党的自身建设中各种具体规律，如《决定》中所总结的，坚持把推进党的建设伟大工程同推进党领导的伟大事业紧密结合起来，就是对党的建设和党领导的事业之间内在联系的深刻揭示；坚持把思想理论建设放在首位，就是对思想理论建设和其他方面建设内在联系的深刻揭示；坚持以执政能力和先进性建设为主线，就是对执政能力建设和先进性建设在党的整个建设中所处的地位和作用的深刻揭示。因为不断深化对规律的认识，并自觉遵循规律，才使得我们党能够正确处理所面临的各种问题，正确应对来自各方面的挑战，果敢地纠正自己工作中由于背离规律而导致的失误，不断发展壮大自己，并领导中国社会主义革命、建设和改革取得一个个重大胜利。

其次，科学化必须有科学理论指导、科学制度保障、科学方法支撑。按规律办事，就需要合乎规律要求的科学理论指导。六十年的实践说明，把马克思主义普遍真理和中国社会主义革命、建设与改革的具体实践相结合，使马克思主义中国化，并坚持用中国化的马克思主义指导党的建设和党的工作实际，是我们的事业取得成功的根本保证。正是由于我们在实现这一结合中形成了毛泽东关于社会主义革命和建设的正确思想，形成了邓小平理论、“三个代表”重要思想、科学发展观，形成了中国特色社会主义理论体系，才保证了我们党的自身建设和党的工作与时代要求和实践需要的一致性。按规律办事，就需要合乎规律要求的科学制度保证。制度具有长期性、稳定性、根本性、全局性，这是邓小平总结党的建设和党的工作经验和教训所作出的科学论断。我们党在自身建设中，吃过由于制度不健全而导致失误的亏，也得到了由于健全完善制度而带来的利，特别是改革开放三十年来，我们把制度建设作为党的一项根本建设，对于党的建设在整体上的规范化、法制化、科学化发挥了重要作用。按规律办事，就需要合乎规律的科学方法支撑。过河需要解决桥和船的问题，在党的自身建设中，马克思主义给我们提供了根本的科学方法论，但如何把这种科学方法论转化为指导实际工作的具体方法，贯穿体现到各项具体工作中去，则是我们在党的建设中一直致力于解决的重要问题。我们党的思想政治工作方法、群众工作方法、党在社会基层的领导方法、党的集体领导与个人分工负责相结合的方法、党的生活中的批评与自我批评相结合的方法等等，就是在实践中探索总结形成的行之有效的方法。这些方法，对于保持党的肌体健康和生机活力，保证党的自身建设和各项工作的推进与发展有着不可替代的作用。

再次，科学化需要在实践中不断检验并被实践所肯定。科学化是对规律的认识和遵循，所以其表现形式也就具有规律性，就是说它是可以在实践中为人们捕捉得到，可以在实践中被复制并在实践检验中被肯定的。这也是科学化的重要意义所在。我们党是一个重视实践、重视理论与实践相结合的政党，党的建设的理论、制度和方法，大量的是来自于实践，特别是来自于基层党组织和广大基层党员、干部的工作实践。像《决定》中所涉及到的扩大党内基层民主、发挥党的基层组织在保障党员民主权利方面作用的很多要求，推进党的基层组织工作创新、增强党员队伍生机活力、构建城乡统筹的基层党建新格局方面的很多要求，贯彻党的群众路线、密切联系群众、根据新特点做好群众工作方面的很多要求等等，都是在总结这些年来党的建设和党的工作实践经验基础上提出来的，而且这些做法在长期的实践中已经被反复证明是可行的、有效的。善于从实践中总结经验并上升到理论，再用来指导新的实践，并在新的实践中检验和发展，是我们党的一个传统，是马克思主义认识论在党的建设实际工作中的体现，也是党的建设科学化的基本要求。

明确了科学化要求的含义，我们就不难理解，为什么我们在加强和改进新形势下党的建设工作中，要把提高党的建设科学化水平放到一个十分重要的地位加以强调了。

我们党在推进改革开放和社会主义建设中肩负任务的艰巨性、复杂性、繁重性世所罕见，完成这些任务要求提高党的建设科学化水平。正像《决定》所讲的，当今世界正处在大发展、大变革、大调整时期，世界多极化、经济全球化的深入发展，以及科学技术日新月异的进步，国际金融危机的深远影响，使整个世界经济格局发生新的变化，国际力量对比出现新的态势，全球思想文化交流、交融、交锋呈现新的特点，发达国家在经济、科技等方面仍占优势，整个世界范围内综合国力竞争和各种力量较量更趋激烈，各种不稳定不确定因素增多，给我国发展带来新的机遇和挑战。在国内，一方面由于已经取得经济、政治、文化、社会各项建设的全面发展，使我们处在一个新的历史起点上。另一方面，由于面临的人民日益增长的物质文化需要同落后的社会生产之间的矛盾这一社会主要矛盾没有变，我国仍处于并将长期处于社会主义初级阶段的国情没有变。这种没有变化的基本国情条件下的经济社会迅速发展，使我国呈现出一系列新的阶段性特征，出现一系列新情况新问题。办好中国的事情，关键在党。抓住机遇、应对挑战，正确把握新特点、认识新情况、解决新问题，要求我们必须提高党的建设科学化水平。

党内存在的不适应新形势新任务要求、不符合党的性质和宗旨的问题，要求我们提高党的建设科学化水平。《决定》指出，当前，党的领导水平和执政水平、党的建设状况、党员队伍素质总体上同党肩负的历史使命是适应的。同时，党内也存在着不少不适应新形势新任务要求、不符合党的性质和宗旨的问题。分析这些问题及其产生和存在的根源，我们不难看出，这正是与党的建设科学化水平要求相背离的结果，是党的建设科学化水平还没有达到预期目标的表现。这中间有因为科学理论武装在某些方面还没有真正落到实处所产生的问题，有科学制度在某些方面还不完善或保障不力所产生的问题，有思想方法和工作方法在某些方面还不能适应迅速发展变化的现实所产生的问题，还有因为这些因素综合发挥负面效应所导致的问题，如干部制度方面、干部作风方面以及党员干部理想信念、法制意识和纪律观念方面存在的问题，就既有因思想理论水平偏低，认识出现偏差，世界观、人生观、价值观发生偏移的原因，又有相关制度不健全、不完善、不能有效发挥制度作用的因素，还有对形势发展、工作成败、事物发展规律的认识缺乏正确的方法，产生片面性，作出不正确判断的原因。所以，解决这些问题，要求我们必须从各方面提高党的建设科学化水平。

我们具有进一步提高党的建设科学化水平的充足条件。提高党的建设科学化水平，像做好其他任何工作一样，也需要相应的条件。我们党已经执政六十年，在执政党自身建设方面积累了非常丰富的经验。党的十七届四中全会对这六十年的基本经验作了系统的总结，这对于我们进一步深刻认识和把握在中国特定社会条件下共产党的执政规律提供了难得的前提；我们的党建研究这些年不断拓展视野、开阔眼界，对世界上其他政党在执政过程中自身建设的经验和教训有了越来越深刻的认识，特别是对苏共和东欧一系列共产党在执政中因为失误而亡党亡国的教训有了非常深刻的认识，这对于我们更清醒地了解我们党在自身建设中具有的优势和存在的不足提供了难得的借鉴和参考；改革开放三十年来，我们把加强和改进党的建设作为改革的主要目的之一，在推进经济、政治、文化、社会等各方面改革的同时，根据党所领导的各项事业发展的要求，同步推进党的自身建设的改革创新探索，取得了改革创新党的建设的大量理论成果和实践经验，为我们进一步提高党的建设科学化水平奠定了坚实的基础。所有这一切，使我们具备了提高党的建设科学化水平的充足条件。

面对着提高党的建设科学化水平的迫切要求，占据着提高党的建设科学化水平难得的条件优势，我们如何把十七届四中全会提高党的建设科学化水平的要求落到实处呢？

（一）需要深刻认识和把握规律。认识和把握规律包括中国共产党执政规律与中国共产党在执政中自身建设规律，中国共产党在社会主义市场经济和改革开放条件下执政规律与中国共产党在社会主义市场经济条件和改革开放条件下执政中自身建设的规律。政党执政，是现代政治生活中的一种普遍现象，这中间的确有许多带有共性的东西需要我们认真研究，并为我们现实工作提供借鉴。但是，因为政党之间阶级性和意识形态的本质差异，我们更需要研究共产党的执政规律与执政中自身建设规律。这包括我们党，包括其他共产党，也包括已经失去执政地位的共产党。因为这方面的经验和教训，对我们更具有现实意义，认识这方面的规律对我们更具有指导作用和参考价值。而同样是执政的共产党，由于历史文化背景和现实国情的不同，其执政要求和执政中自身建设要求又有很大差异。所以，我们还需要从总结自己的历史经验中探索和把握中国共产党的执政规律和自身建设规律。例如，把思想理论建设放在党的建设首位，就是我们党在中国具体国情条件下形成的一个传统优势，这其中的规律就很有我们自己的特点。然而，同一个党在不同的历史方位活动，在不同的环境中执政，其活动的要求又有不同。所以，我们更需要探索和把握中国共产党在社会主义市场经济与改革开放条件下执政的规律与自身建设的规律，这正是我们党这些年来一直强调党的历史方位变化的意义所在。不探索和把握这方面的规律，我们就很难做到确保党在新的形势下、在应对国内外各种风险和考验的历史进程中始终保持自身的先进性。

（二）需要把坚持理论武装、制度保证和方法支撑更好地结合起来。坚持科学理论武装，就要坚持推进马克思主义中国化、时代化、大众化，坚持把马克思主义作为立党立国的根本指导思想，紧密结合我国国情和时代特征大力推进理论创新，用中国化的马克思主义武装党员干部头脑，指导各项工作。特别是要把马克思主义基本理论具体化为用来说明各种社会现象、解决各种实际问题的具体理论，并体现在我们各方面的工作之中。坚持科学制度保证，就要根据发展着的实践需要，不断健全完善各方面的制度，不但要完善实体化制度规定，而且要完善程序化制度规定，还要根据制度建设要求形成相应的工作体制和机制。要最大限度地减少制度中的不确定因素。坚持科学方法支撑，就要通过各种形式的培训、学习，帮助广大党员干部特别是领导干部掌握马克思主义的方法论，并通过不断总结经验，学习和掌握各方面实际工作中所要求的具体方法，如解决新形势下各种社会矛盾、应对新形势下各种社会风险的方法等，特别是要开阔视野，从各种科学如社会学、管理学、教育学、心理学中汲取有益的方法，并从国外其他党和政府处理各种问题的实践中借鉴和吸收对我们有益的方法。科学理论武装、科学制度保证、科学方法支撑在提高党的建设科学化水平中各有其意义，但它们又是有内在联系的，实践中需要把这些方面有机地结合起来。

（三）需要坚持以改革创新精神推进党的建设。以改革创新精神推进党的建设，是党的十七大对新形势下党的建设的总体要求，也是提高党的建设科学化水平的根本要求。所谓提高，一个很重要的含义就是根据新的要求在原有做法基础上的改进和完善。我们党是一个有八十八年发展历史、六十年执政历史的政党，在长期的发展中形成了很多好的做法、好的制度、好的传统，这是一笔非常宝贵的财富。党的十七届四中全会总结历史基本经验，并在工作要求中明确强调继承发扬党在思想、组织、作风、制度和反腐倡廉建设方面的很多优良传统，体现的就是党对自身优良传统和基本经验的重视与珍惜。但同时也要看到，全会《决定》在总结经验的基础上，也对党的建设各个方面的改革创新提出了新的明确要求。这是我们党坚持继承与创新相结合，坚持用时代发展要求审视自己，以改革创新精神提高和完善自己的必然要求。而且这种要求还体现在对优良传统的继承中，需要根据实践的发展赋予很多传统做法以新的含义，以适应党在社会主义市场经济和改革开放新环境下执政和自身建设的现实需求。六十年执政和三十年领导改革开放中党的建设实践都反复证明，党只有勇于变革、勇于创新、永不僵化、永不停滞，坚持自身建设的改革创新，党的建设的科学化水平才能够不断得到提高。

（作者：中共中央党校党建部副主任、教授、博士生导师，全国思想政治工作科学专业委员会副主任）

2010年中国科学社会主义学会年会暨中国特色社会主义实践形式理论研讨会综述

7月31日至8月1日，2010年中国科学社会主义学会年会暨中国特色社会主义实践形式理论研讨会——鄂尔多斯市转型发展模式高层论坛在鄂尔多斯市举办。

中国文献研究室主任、中国科学社会主义学会会长冷溶，内蒙古自治区党委副书记、政府副主席任亚平，鄂尔多斯市市委书记、市人大常委会主任杜梓出席开幕式并致辞。鄂尔多斯市市委副书记、市长云光中作主旨发言。

中国科学社会主义学会是中共中央党校主管的一级社团组织。学会依托党校强大的政治资源和专家教授的优势，开展课题研究、论坛研讨等工作。今年的年会以中国特色社会主义实践形式为主题，通过考察、调研、探讨鄂尔多斯转型发展的经验、做法，为我国深入贯彻落实科学发展观，加快转变经济发展方式，科学制定"十二五"规划建言献策。

冷溶代表中国科学社会主义学会对内蒙古自治区党委、政府和鄂尔多斯市委、市政府给予这次年会的支持表示感谢。他说，在美丽的鄂尔多斯召开这次中国科学社会主义学会2010年年会暨中国特色社会主义实践形式理论研讨会，紧扣中国特色社会主义，探讨它的实践形式，为深入贯彻落实科学发展观，加快转变经济发展方式，科学制定"十二五"规划建言献策。近几年，中国科学社会主义学会年会开始更多地关注和总结各地经济社会发展的成功经验，更加注重理论和实践的结合。这次年会我们将就鄂尔多斯市的转型发展模式进行调研和探讨。鄂尔多斯作为改革开放30年全国18个典型地区之一，其发展模式很值得研究，希望到会的专家学者能够为鄂尔多斯的发展多提宝贵意见。

任亚平代表内蒙古自治区党委、政府对年会的召开表示热烈的祝贺，并向与会的专家学者介绍了内蒙古近年来经济社会发展情况。他说，中国科学社会主义学会2010年年会在内蒙古鄂尔多斯市召开，深入研讨中国特色社会主义实践形式，共同探讨鄂尔多斯市转型发展模式，这不仅对深化科学社会主义理论研究、促进中国特色社会主义理论和实践的发展具有重要意义，同时也会为内蒙古经济社会发展提供有力的理论指导。作为内蒙古"金三角"之一的鄂尔多斯市积极探索转变经济发展方式、提高资源综合利用开发水平、推动产业升级和多元的新路子，实现了经济社会发展的重大跨越，成为我国改革开放30年18个典型之一，全国学习实践科学发展观5个典型地区之一。加快转变经济发展方式是建设中国特色社会主义道路，深入贯彻落实科学发展观的重大现实课题。探讨这一课题关键是加快，承载在转变，主题是改革，内容是创新。中国科学社会主义学会是全国开展科学社会主义理论研究的权威性的学术组织，在研究重大理论和实践问题方面发挥着重要作用，希望各位专家学者结合探讨中国特色社会主义实践形式和鄂尔多斯市转型发展模式，对内蒙古的经济社会发展和经济发展方式转变从理论和实践上多多给予指导。

杜梓在介绍鄂尔多斯市经济社会发展情况后说，历史上的鄂尔多斯，8个旗区5个是国家贫困旗，3个是自治区贫困旗，真正有大的变化是改革开放以来，特别是西部大开发的10年。鄂尔多斯的发展过程，就是坚持科学发展观，结构不停转型，产业不断升级的过程。特别是西部大开发以来，我们正在实现由生态环境治理向生态文明建设转变，正在实现由传统农牧业向现代农牧业转变，实现了由农牧业经济为主向工业经济为主的转变，正在实现由单极支撑向多极支撑、由资源开发向资源深度加工转化转变，正在实现由城乡二元分割向城乡统筹发展转变。近年来，我市全面落实科学发展观，认真贯彻落实自治区党委、政府的决策部署，深入实施“结构转型、创新强市”和“城乡统筹、集约发展”新战略，坚持发展第一要务，一手抓结构调整转方式，一手抓惠民保障促和谐，着力推动经济发展方式转变，持续改善民生，不断强化党的建设，全力抓好社会矛盾化解工作，地区经济社会保持和拓展了又好又快的发展态势。本次年会选择在鄂尔多斯召开，并以鄂尔多斯市发展实践的回顾与展望为主题，为我们解决理论和实践问题提供了难得的机遇。我们清醒地看到，鄂尔多斯的发展任重道远，尤其是转变发展方式、创新发展模式更为紧迫和重要，因而希望各位专家学者能够留下宝贵的意见和建议，能够与鄂尔多斯建立长久的合作与交流，能够通过理论与实践的交融，推动鄂尔多斯在加快发展、跨越发展、科学发展的征途上走得更扎实、更坚定、更有效。

云光中在发言中说，“十一五”以来，在能源产业发展势头良好的时候，鄂尔多斯就见盛观衰，未雨绸缪，大力调整经济结构，转变发展方式，在推动地区转型发展方面进行了一系列探索。调整发展思路，以科学发展观统领转型发展；把握产业演进规律，确立产业转型升级的方向和重点；统筹城乡发展，充分发挥城市对转型发展的支撑作用；加强环境保护，为转型发展创造良好的生态环境；坚持以人为本，把转型发展的成效更多地惠及民生。在今后的发展中，我们将坚持科学发展、和谐发展、绿色发展，坚持富民与强市并重，坚定不移地走具有鄂尔多斯特色的转型发展之路。更加注重现代化产业体系的构筑；更加注重发挥城市对转型发展的带动作用；更加注重发挥科技创新在转型发展中的引领作用；更加注重重大基础设施对转型发展的支撑作用；更加注重在转型发展中改善民生。

来自中央党校、中国社科院、北京大学、中国人民大学、国防大学及全国各省市区科学社会主义领域的专家学者140余人参加论坛。与会人员在听取鄂尔多斯主旨介绍后，参观考察了康巴什新区城市建设、鄂尔多斯集团和鄂尔多斯城乡统筹示范区，并进行了热烈的探讨交流。专家学者们一致认为，鄂尔多斯是我国实施西部大开发战略取得重大成效的典型代表，在西部大开发10周年之际，中国科学社会主义学会在鄂尔多斯举行年会具有特殊的意义。特别是在当前深入贯彻落实科学发展观、加快转变经济发展方式的背景下，紧紧围绕“中国特色社会主义”这一命题，探索研究具有鄂尔多斯特色的转型发展之路，这是非常有时代意义、实践意义和理论价值的课题。

专家学者们认为，鄂尔多斯这些年创造性

地抓住了实施西部大开发战略、贯彻落实科学发展观和转变发展方式的机遇，实现了经济社会又好又快发展，形成了科学的发展思路和发展模式。专家学者们将鄂尔多斯转型发展的成果、经验概括提炼为“三大要素”、“三大精神”、“两个回报”：鄂尔多斯的转型发展具备了科学发展强政府，资源配置市场主导，民族团结、社会和谐的奋发向上精神“三大要素”；具有不待扬鞭自奋蹄、咬定青山不放松、科学运筹谋长远的“三大精神”；实现了回报自然、回报老百姓的“两个回报”。同时认为，鄂尔多斯的发展具有“五点启示”：一是以转型发展的思路来推动经济社会发展；二是坚定不移地走社会主义市场经济的道路，恰当地处理了政府与市场的关系；三是促进经济社会发展过程中坚定不移地坚持以人为本；四是在经济社会发展的同时化解好社会矛盾；五是以与时俱进的精神推动经济社会发展。这些思路、做法、经验、启示为大家深入了解学习西部大开发战略和科学发展观在西部地区的实践上了生动一课。尤其是鄂尔多斯的发展经验为资源型城市贯彻落实科学发展观，进行资源保护、实现全面发展树立了榜样。鄂尔多斯转型发展中在发挥科技创新的引领作用、统筹城乡发展、保护生态环境、改善民生等方面形成了许多值得借鉴的好做法、好经验。

本次年会由中国科学社会主义学会和鄂尔多斯市委、市政府主办，由内蒙古自治区党委党校和鄂尔多斯市委党校承办。

（中国科学社会主义学会提供）

在全国党建研究会秘书长研讨班上的讲话

虞云耀

按照全国党建研究会今年的工作计划，举办这次秘书长研讨班。全国党建研究会成立以来，举办这样的研讨班还是第一次。时间虽然不长，但内容很充实，大家普遍反映收获很大。听了中国社科院副院长、全国党建研究会副会长李慎明同志，中组部党建研究所所长、全国党建研究会秘书长高永中同志，中组部党建研究所副巡视员陈东平同志所作的3个报告，很受启发。大家围绕如何履行党建研究会秘书长职责，提高党建研究会工作水平，进行了交流研讨，总结工作，交流经验，加深了对党建研究工作的规律性认识，增强了做好工作的信心和责任感。研讨班办得很成功，达到了预期目的。

利用这个机会，我想和大家一起研讨，简要回顾全国党建研究会成立以来走过的历程，共同探寻党建研究工作的规律，以增强工作的主动性和创造性，进一步提高党建研究工作的科学化水平。

全国党建研究会成立于1992年1月。当时，国内发生的政治风波平息不久，苏联东欧突发剧变，世界社会主义运动出现严重挫折，西方反共反华势力对我实施“西化”、“分化”战略，我国社会主义事业面临严峻的考验和巨大的压力。在这种情况下，我们党更加坚定地全面贯彻党的基本路线，坚定不移地推进改革开放和现代化建设，中央发出关于加强党的建设的通知，邓小平同志强调聚精会神抓党的建设，告诫全党“我们这个党该抓了”。正是在这个大背景下，由中央纪委、中央组织部、中央宣传部、中央政策研究室、中央党校联合发起的全国党建研究会应运而生。

全国党建研究会成立后，经过1995年12

月、2000年9月、2005年12月召开的第二、第三、第四次会员代表大会进行换届，队伍逐步扩大，组织机构和工作制度日益完善，高质量、高水平的研究成果不断涌现，研究会的研究成果和重要活动越来越受到人们的关注，社会影响力显著提高。

大家不禁要问，党建研究会作为一个群众性的学术团体，近20年来为什么有这么大的发展？它有哪些特点和优势？又有哪些基本经验需要认真总结和长期坚持？希望大家都来研究和思考这个问题。下面从五个方面谈谈我的看法。

第一，党中央、中央领导同志高度重视党建理论研究和党建研究会的发展，各级党委及有关部门关心和支持党建研究工作，这是党建研究会特有的政治优势。

全国党建研究会是在民政部注册登记，按照自己的章程开展活动的群众性学术团体，但又不是一般的学术研究团体，它还是在党建工作上的咨询组织和参谋助手。全国党建研究会是由中央组织部主管，在中央组织部直接领导和有关方面的关心支持下，进行马克思主义党建理论研究的重要力量。正是这样的性质和定位，使全国党建研究会的发展一直得到党中央和中央领导同志的亲切关怀和高度重视。江泽民同志多次强调，实现跨世纪发展的宏伟目标，关键要把党建设好，要“高度重视马克思主义党建理论的学习、研究和传播”。“各级党委都要根据党的建设的实际情况，确定一批关于党建工作全局的重要题目，深入进行调查研究”。胡锦涛同志也多次强调，必须紧密结合新的历史条件和历史任务，加强党建理论研究工作。“推进党的建设新的伟大工程，提高党建工作水平，需要大力加强党建理论研究工作”。1995年12月全国党建研究会召开第二次会员代表大会，胡锦涛同志代表中央向研究会提出殷切期望：“希望党建研究会继续努力，在加强党建理论研究、培养和发现理论研究人才，推进新的伟大工程中发挥更大作用。”2000年9月第三次会员代表大会期间，江泽民、胡锦涛、尉健行、曾庆红等中央领导同志亲切接见与会代表，给党建研究工作者以极大的鼓舞。2005年12月，在全国党建研究会第四次会员代表大会上，胡锦涛、贺国强、吴官正等中央领导同志接见与会代表，胡锦涛总书记发表重要讲话，他指出：“党建研究工作任务重大，使命光荣。希望大家和这次大会推选出的新一届理事会，大力弘扬理论联系实际的优良学风，进一步发挥参谋咨询作用，推动党建理论的学习、研究和宣传，为推进党的建设新的伟大工程作出更大贡献。”近些年来，中央党建工作领导小组每年都在《中央党建工作要点》中给全国党建研究会下达任务。

作为主管部门的中央组织部十分关心、支持全国党建研究会的发展和自身建设。中组部的历任部长和部务会高度重视党建研究会的工作，经常给研究会出题目、交任务、提要求，对研究会工作给予具体指导，并在研究会活动经费、秘书处人员编制等方面都给予大力支持。2006年5月，全国性的“保持共产党员先进性教育活动与党的先进性建设”理论研讨会，就是中央保持共产党员先进性教育活动领导小组与全国党建研究会共同举办的。2008年11月，“纪念改革开放30年党的建设与组织工作”理论研讨会，也是中央组织部与全国党建研究会共同召开的。2009年10月，全国党建研究会召开学习贯彻党的十七届四中全会精神座谈会，李源潮同志作出明确指示：“贯彻四中全会精神是当前党建研究的首要任务。研究会要在贯彻中研究，通过研究推动贯彻。”

各省区市的党建研究会（学会）中，大部分由党委组织部主管，一部分由省区市党校主管。不论哪个部门主管，所在地方党委对党建研究会的工作都非常重视。有些地方是省委或组织部的领导同志担任会长。许多地方党建研究会召开会员代表大会或者年会时，省委领导同志都亲自出席并发表讲话。研究会每年的工作，党委组织部门都给予具体指导和支持。

正因为有了这样的政治优势，全国党建研究会及各省区市党建研究会（学会）始终坚持正确的研究方向，保持理论上的清醒和政治上的坚定；始终坚持以中国特色社会主义理论体系为指导，以我们正在做的事情为中心开展调查研究；始终坚持围绕中心、服务大局，着力研究党的建设面临的新情况新问题；始终坚持以改革创新精神不断改进工作，为推进党的建设理论创新、实践创新、制度创新作出积极贡献。

第二，紧紧围绕党中央的决策部署，以马列主义、毛泽东思想和中国特色社会主义理论体系为指导，着力研究党的执政规律和执政党建设的重大理论和实际问题，这是党建研究会特有的思想理论优势。

改革开放和长期执政，是新时期我们党面临的最大的考验。加强党的执政能力建设和先进性建设，是新的历史条件下党的建设的主线。全国党建研究会紧紧围绕这条主线开展研究，取得了许多有价值的成果，为中央在党的建设方面的决策当参谋、助手，凸显了在这方面的思想理论优势。在这里，不妨列举一些已经做过的重要课题和开展的重要活动，加以说明。

1992 年 1 月，在北京召开以共产党员要增强党性、经受住新的考验为主题的理论研讨会。

1996 年 8 月，在吉林长春召开“巩固和加强执政党的阶级基础问题”专题研讨会。

1997 年 2 月召开深入学习邓小平同志执政党建设理论座谈会。

1998 年底，为纪念党的十一届三中全会召开 20 周年，在北京召开“改革开放 20 年座谈会”。

1999 年 1 月，在北京召开“中国共产党执政 50 年的基本经验”理论研讨会。

2002 年 6 月中旬，全国党建研究会以“党的执政规律”为主题，邀请在京部分专家学者进行研讨。

2002 年 7 月，召开“三个代表”重要思想与党建理论和实践创新研讨会。

2004 年 2 月，在福建厦门召开党的执政规律问题研讨会。

2006 年 5 月，中央保持共产党员先进性教育活动领导小组和全国党建研究会联合召开“保持共产党员先进性教育活动与党的先进性建设”理论研讨会。

2007 年 1 月，在北京召开“科学发展观与党的建设”理论研讨会。

2008 年 11 月，中央组织部与全国党建研究会在北京共同举办纪念改革开放 30 周年党的建设和组织工作理论研讨会。

2009 年 9 月，在北京召开新中国成立 60 年党的建设主要成就与经验研讨会。

以上列举的内容很可能不全，但从中可以看出，全国党建研究会清醒地认识到自己的职责，准确地把握自己的定位，较好地发挥了思想理论上的优势。2005 年 12 月，胡锦涛总书记在会见全国党建研究会第四次会员代表大会代表时，对研究会的工作给予了充分肯定。他指出，全国党建研究会按照中央关于党的建设总体部署和要求，就党的建设中一些重大理论和现实问题开展调查研究，提出了一些有情况、有分析、有见解的意见和建议，团结凝聚了一大批党建研究人才，为加强和改进党的建设作出了积极贡献。

近 20 年来的经验告诉我们：紧紧抓住改革开放和长期执政条件下党的建设规律和党的执政规律研究，敢于对执政党建设面临的重大理论和现实问题展开研究，并不断推出高质量、高水平的研究成果，这是全国党建研究会的力量和生命力之所在。党建研究决不能搞从原则到原则、从概念到概念的研究，也不能搞一般性的工作研究和就事论事的研究。

第三，全国党建研究会及各会员单位联系着广大党建研究工作者，共同组成了系统而较为严密的工作体系，这是党建研究会特有的组织优势。

目前，全国党建研究会共有会员单位 120 家，理事 180 人，聘请顾问 17 人，特邀研究员 14 人，已经形成了一个比较完整的组织体系。

全国党建研究会以吸收团体会员为主，主要构成是：中央和国家机关有关部门及各省区市、新疆生产建设兵团、副省级城市的党建研究会（学会），解放军、武警，高等院校，大型企业和其他有关部门中从事党建研究工作的单位等。这样的组织架构，彰显了强大的组织优势。

从2002年起，为了适应不同领域党的建设研究工作发展的需要，有效整合各领域党建研究资源，经民政部批准，全国党建研究会陆续成立了7个分支机构：机关、社区、农村、高校、党建理论教学与研究、非公有制经济组织、科研院所党建研究专业委员会。经过几年的努力，这几个专委会工作机构日益健全，工作制度不断完善，研究活动十分活跃。它们通过定期举办党建论坛、开展征文活动、评选党建创新成果等形式，有力地推动各领域基层党建的理论与实践研究深入开展。目前，国有企业党建研究专业委员会正在筹建中。

全国党建研究会每年组织协调各会员单位，针对党的建设面临的重大理论和实际问题确定选题，深入基层调查研究，开展形式多样的党建理论研讨和学术交流，促进各会员单位之间的横向交流与合作，实现了资源共享，优势互补，形成了强大的工作合力，使党建研究队伍不断壮大，党建研究活动日趋活跃，热心党建研究的氛围更加浓厚。

第四，党建研究会广泛联系着各领域的党建理论工作者和实际工作者，会聚着一批长期关心、支持党建研究工作的老领导、老同志，这是党建研究会特有的人才优势。

全国党建研究会联系了一大批长期从事党建工作的老领导、老同志。他们从工作岗位上退下来后，被聘请为研究会的顾问、理事或特邀研究员。这些老领导、老同志虽然年事已高，但仍不辞辛劳深入基层调研，积极参加课题研讨，为研究会的工作出谋划策，成为党建研究会的宝贵财富和独特资源。他们政治立场坚定、政治敏感性强，帮助我们把好政治关；他们有深厚的马克思主义理论素养，坚持求真务实、与时俱进，从理论上给我们以帮助和指点；他们有丰富的党建工作经验，熟悉国情党情，善于提出符合实际的意见和建议；他们发扬党的优良传统，传承我们党在长期实践中形成的理论联系实际、密切联系群众、实事求是等优良作风；他们有甘于奉献、肯于吃苦的精神，热爱党建研究工作，能够做到言传身教。

从全国党建研究会联系的党建研究机构及相关机构看，还凝聚了社会上多方面的研究力量，包括：全国性的、与党的建设有较密切关系的学科研究会和学会；中央直属机关和中央国家机关承担党的建设研究及相关工作的部门和单位；地方党委和政府的相关部门；中国社会科学院、各省区市社会科学研究机构中从事与党的建设有较密切关系的学科研究单位，以及高等院校中主要从事党的建设或与党的建设有较密切关系的学科研究和教学的学院、系、教研室、研究所等。此外，党建研究会与许许多多从事党务工作、党建理论研究和相关学科研究的专家学者保持密切联系，这不仅拓展了我们的研究领域和视角，也有利于我们及时了解和掌握全国党建研究及相关研究工作的最新进展。全国党建研究会通过开展理论研讨和学习交流，为广大理论研究工作者搭建展示才华的平台，把更多的人才吸引到党建研究工作中来。

第五，在长期的实践中全国党建研究会形成了独具特色的研究方法和组织管理制度，促使研究成果多渠道发挥作用，这是党建研究会特有的成果转化优势。

长期以来，全国党建研究会注意总结借鉴各地的好经验好做法，不断探索重点课题研究方式和途径，制定了关于课题立项、任务分解、组织协调、检查验收、成果评审等制度，形成了一套相对规范、比较完整、独具特色的课题研究模式。坚持以马克思主义中国化的最新成果为指导，坚定正确的政治立场，坚持党性和科学性的统一；着眼于科学回答涉及党的建设全局性、前瞻性和战略性的重大理论和实践问题，精心策划选题，不断增强研究的针对性；坚持理论联系实际，深入基层、深入实践、深入普通党员和干部群众中开展调查研究，获取大量的第一手素材，使研究结论来自实践、源自基层；建立了“确定课题牵头人、开好课题协调会、制定调研实施方案、深入开展调查研究、进行研究成果交流、广泛听取各方意见、注重课题成果转化”等课题研究组织管理制度，提高党建研究工作的制度化、规范化水平；党建研究会的研究成果通过上报中央组织部和中央党建工作领导小组、在党内刊物或公开刊物上发表、结集出版、作为制定相关法规文件的参考等形式，实现从理论形态向实践形态转化，用以指导实际工作。

近年来，全国党建研究会许多重点课题研究成果得到了中央领导同志和有关部门的充分肯定。比如，2007 年重点课题《规模以上非公有制企业党组织的地位和作用研究》报告受到中央领导同志和有关部门的高度重视和肯定。中央政治局常委、全国政协主席贾庆林同志对调研报告批示，认为报告从理论和实际结合上讲清了加强非公有制企业党建工作的一些方针政策。中央书记处书记、中央政策研究室主任王沪宁同志认为，调研报告有分析、有材料、有观点，对策建议部分可以在送阅件上发表。2008 年重点课题《改革开放 30 年党的建设主要成就和经验研究》的成果，被列入中宣部和国家新闻出版总署“强国之路”——纪念改革开放 30 周年重点书系。课题总报告和子报告，在中组部和全国党建研究会召开的纪念改革开放 30 周年党的建设和组织工作理论研讨会上作了交流，以总报告为基础形成的理论文章在《求是》、《党建研究》等刊物上发表，反响很好。2009 年重点课题《新中国成立 60 年来党的执政成就和经验研究》，被列入中央宣传部和国家新闻出版总署推出的庆祝新中国成立 60 年重点出版物选题。根据总报告改写的论文《伟大的国家　伟大的人民　伟大的党》在新中国成立 60 年来党的建设主要成就与经验研讨会上作大会发言，并在《求是》等刊物上发表，受到广泛好评。

近年来，在全党重视抓党的建设工作的大环境下，党建研究工作持续升温。全国党建研究会围绕学习贯彻党的十七大和十七届四中全会精神、开展保持共产党员先进性教育活动、深入学习实践科学发展观活动、纪念改革开放 30 周年和新中国成立 60 周年等主题，举办较大规模的理论研讨会就有 6 次。每次研讨会都征集到大量论文，引起社会的广泛关注。全国党建研究会还定期开展全国优秀党建读物评选活动，通过向各级党组织、广大党务工作者和党员推荐优秀党建读物，促进优秀党建读物的出版和宣传。人民日报、《求是》杂志、光明日报等中央级报刊，多次发表研究会的文章，一些网络媒体邀请研究会的同志在线访谈，都扩大了全国党建研究会的社会影响。

回顾历史，是为了开创未来。总结经验，是为了更好地探索规律。看到优势，是为了进一步增强信心，把今后的工作做得更好。党的十七大和十七届四中全会深刻分析了党的建设面临的新形势新任务，对加强和改进新形势下党的建设作出战略部署，为我们加强党建研究工作指明了方向。我们要进一步增强政治责任感和现实紧迫感，增强工作的主动性和实效性，更好地发挥党建研究会在凝聚力量、组织协调、参谋咨询等方面的作用，促进党建研究会工作再上新台阶。我认为，把握好以下六条，尤为重要。

（一）围绕中心，服务大局，坚持党建研究工作正确的政治方向。党建研究工作，必须围绕全党全国中心工作来开展，始终从全党全国工作大局出发，主动为大局服务。这是全国党建研究会思考问题、安排工作和组织活动的基本立足点、出发点。只有把党建研究工作放在全党全国工作大局中来思考、来谋划，才能找准研究方向，突出重点，有所作为。党建研究工作必须坚持以马克思列宁主义、毛泽东思想、邓小平理论和“三个代表”重要思想为指导，全面贯彻落实科学发展观，始终保持理论上的清醒和政治上的坚定，不断增强政治敏锐性和鉴别力，确保党建研究活动沿着正确的方向前进。党建研究会是一个政治性很强的学术研究团体，要处理好研究与宣传的关系，总的要求是：科学探索无禁区、公开宣传有纪律。我们要密切关注社会上思想理论领域的新动向，坚持党性原则，增强责任意识，发挥正确的舆论导向作用，旗帜鲜明地宣传党的理论和路线方针政策，坚决与违背党的立场和原则的错误思潮作斗争。

（二）深入研究当前党的建设面临的重大理论与实际问题，增强党建研究的针对性和实效性。当今世界正处在大变革大调整之中，正在发生广泛而深刻的变化。当代中国正在发生广泛而深刻的变革，沿着中国特色社会主义道路奋勇前进。我们党正面临许多前所未有的新课题新考验。社会变革最激烈的时期，往往是理论创新最活跃的时期，同时也是人们对理论的需求最强烈的时期。在这样的大背景下，党建研究责任重大、大有可为。我们要肩负起时代赋予的重任，深入研究党的重大理论创新成果，科学回答广大党员和群众普遍关注的党的建设的热点难点问题，不断推出高质量的研究成果。要继续加强对党的建设基础理论的研究，尤其要加强对中国特色社会主义理论体系党的建设思想的研究，形成具有中国特色的执政党建设理论；要结合迎接建党 90 周年，进一步系统总结党的建设的历史经验，不断深化对共产党执政规律和党的自身建设规律的认识；要深入研究建设马克思主义学习型政党问题，探索学习型党组织发挥作用的功能模式；要继续推进基层党建工作创新研究，把基层党组织创造的新鲜经验上升到理论层面；要深化对坚持和健全民主集中制、发展党内民主问题的研究，力求在推进党内民主的动力机制等方面有新突破；要深化对干部人事制度改革问题的研究，着力在扩大干部工作民主，形成干部选拔任用的科学机制和体现科学发展观、正确政绩观要求的干部考核评价体系等方面有新进展；要继续加强对反腐倡廉建设问题的研究，努力在新的历史条件下建立健全防止腐败的体制机制等方面有新思路新举措。

（三）坚持和发扬理论联系实际的学风，大力弘扬求真务实的作风，切实改进文风。党的建设研究理论性、实践性都很强，研究的价值全在于应用。我们要坚持解放思想、实事求是、与时俱进，发扬理论联系实际的学风，坚持深入基层，深入群众，掌握第一手材料，通过科学的实证分析和理性思考，透过纷繁复杂的现象把握问题的本质，提出破解党的建设中难点问题的应对之策。党建研究工作者要带头改进文风。文风不正，危害极大。改进文风，人人有责。我们要按照习近平同志在中央党校 2010 年春季学期开学典礼上重要讲话的要求，坚决克服“长”、“空”、“假”的不良文风，着力在“短”、“实”、“新”上下功夫，提倡写短文、开短会、讲短话。少讲空洞的套话和正确的废话。研究报告要言之有理、言之有据、言之有物。努力形成讲真话、讲新话、讲管用的话的良好风气。在党建研究中要形成独立思考、民主讨论、相互切磋、集思广益的良好氛围和宽松的环境。

（四）努力认识、把握和遵循规律，提高党建研究工作的科学化水平。推进党的建设科学化，要求我们不断提高党建研究工作的科学化水平。提高党建研究的科学化水平是一项长期而艰巨的任务，要在认真总结党建研究工作经验的基础上，积极探索党建研究工作的内在规律。多年来，我们一直在努力探寻党建研究工作中的规律性认识，并自觉地加以应用。如理论与实践、继承与创新的相互关系及作用，战略性、前瞻性、全局性问题与当前紧迫问题的联系及正确处理它们之间的关系，总结我们党自身的实践经验与学习借鉴人类文明有益成果的关系等。再从大的方面讲，中国共产党作为世界上党员人数最多的马克思主义执政党，遵循人类社会发展规律、社会主义建设规律、共产党执政规律，勇敢地担当起带领中国人民创造幸福生活、实现中华民族伟大复兴的历史使命，取得了举世瞩目的伟大成就。我们要认真学习、研究和自觉运用这三大规律。党建研究会要按照科学研究的特点和规律来管理和谋划研究工作，做好中长期规划，加强课题管理协调，建立健全课题成果转化和奖励机制，进一步推进各项工作的制度化、规范化，不断提高党建研究工作的科学化水平。

（五）党建研究工作要贯彻创先争优要求，努力出精品力作。当前，全党正在党的基层组织和党员中深入开展创先争优活动，要求基层党组织和广大党员在推动科学发展、促进社会和谐、服务人民群众、加强基层组织的实践中建功立业。李源潮同志指出："如果每个党组织、每个干部、每个党员都带头创先争优，社会的每个成员、每个分子都积极响应，大家都抱着一种创先争优的态度对待工作、对待学习、对待科研，整个社会就充满着生生不息的持续进步动力。"党建研究会、党建研究工作者要按照中央和中组部的要求，以创先争优的态度做好党建研究工作。要进一步增强做好党建研究工作的责任感、使命感，时刻关注、深入思考党建领域的重大问题，敢于提出独具创见的思想观点，积极交流和鼓励发表高质量的研究报告，努力形成以多出、多转化优秀理论研究成果为荣的良好导向，把党建研究工作者的聪明才智和创造热情引导到出精品、出力作上来。

（六）按照建设马克思主义学习型政党的要求，建设高素质的党建研究队伍。搞好党建研究工作，关键是建设一支高素质的党建研究队伍。要增强学习的自觉性，改进学习方法。要倡导研究会成员平等参与、自由研讨、充分交流、共同提高，努力把每一个党建研究会都建设成马克思主义学习型组织。党建研究工作者要努力成为学习中国特色社会主义理论体系的模范，成为勇于和善于运用马克思主义立场观点方法认识问题、分析问题、解决问题的表率。要倡导研究会成员深入学习党的历史，广泛学习政治、经济、文化、科技、社会和国外政党等多方面知识，拓宽研究问题的思路和视野。要通过组织形式多样的理论研讨活动，把学习和研究紧密结合起来，营造民主讨论的浓厚氛围，在激烈的思想碰撞、观点交流中把问题研究深、研究透。要探索建立有利于优秀人才健康成长的机制，通过老同志对中青年同志的传、帮、带和鼓励支持思想活跃、充满活力的优秀中青年同志脱颖而出，提高党建研究队伍的整体水平。要结合课题研究工作，发现人才、培养人才，不断丰富党建研究人才库，努力造就一支政治素质好、理论水平高、研究能力强的党建研究人才队伍。

这次秘书长研讨班结束后，请大家回去后向主管部门汇报，并结合实际，提出下一步改进工作的思路和办法。借此机会，我通报一下下半年全国党建研究会的一项重点工作。根据章程规定，今年年底将召开全国党建研究会第五次会员代表大会进行换届。这次换届要在中央组织部的领导下进行，主要任务是对5年来的工作进行总结，在广泛征求意见的基础上修改本会章程和相关规章制度，从实际出发对会员单位进行适当调整，协商推荐和选举新一届理事会理事及领导成员。希望各地、各会员单位对换届工作给予大力支持和协助，在全国党建研究会换届会召开之前，健全各单位的组织和工作制度，依照章程应该换届的要及时作出安排进行换届。同时，希望大家对全国党建研究会的工作提出意见和建议，齐心协力，共同做好换届工作。

（作者：全国人大常委会委员、全国党的建设研究会会长）

第六届“中国企业文化论坛”召开

2010年10月29日，第六届“中国企业文化论坛”在河北省石家庄市开幕。中共中央政治局委员、中共中央书记处书记、中宣部部长刘云山为论坛发来贺信。河北省委副书记付志方致辞，中宣部副部长申维辰作大会主旨讲话。

刘云山在贺信中指出，党的十七届五中全会是一次总结过去、规划未来、明确发展方向和奋斗目标的重要会议。加强企业思想政治工作、推进企业文化建设，要把学习宣传贯彻十七届五中全会精神作为当前和今后一个时期的重要政治任务，突出科学发展这个主题，把握加快转变经济发展方式这一主线，围绕今后五年经济社会发展的目标任务和重大举措，推动兴起学习贯彻全会精神的热潮，鼓励和动员干部职工为实现经济社会又好又快发展、夺取全面建设小康社会新胜利贡献智慧和力量。

刘云山指出，文化是一个民族的精神和灵魂，是国家发展和民族振兴的强大力量。构建先进的企业文化、推动建设中华民族共有精神家园，是企业思想政治工作和中国特色企业文化建设的重要任务。要始终以邓小平理论和“三个代表”重要思想为指导，深入贯彻落实科学发展观，扎实做好马克思主义中国化最新成果的宣传普及工作，引导干部职工高举中国特色社会主义伟大旗帜，坚持中国特色社会主义道路和中国特色社会主义理论体系不动摇。要广泛开展理想信念教育、国情教育和形势政策教育，大力弘扬以爱国主义为核心的民族精神和以改革创新为核心的时代精神，深入进行职业道德教育和职业精神教育，更好地把社会主义核心价值体系要求融入企业思想政治工作和企业文化建设的全过程，转化为企业经营发展的价值理念，转化为企业干部职工的自觉追求。要坚持与时俱进，大力改革创新，积极适应企业发展环境的新变化和干部职工精神文化生活的新需求，不断增强企业思想政治工作和企业文化的吸引力感染力。

申维辰在讲话中指出，要以新的视角，充分认识企业文化作为独特的经济资源，在提高企业经济效益、增强企业核心竞争力、推动企业科学发展和实现社会主义文化大发展大繁荣中的重要地位和作用，以社会主义核心价值体系为根本，扎实推进企业文化建设。当前和今后一个时期，加强企业文化建设，要全面落实十七届五中全会提出的任务，紧紧围绕科学发展这一主题，围绕加快转变经济发展方式这一主线，围绕企业改革发展的中心工作，坚持以人为本，坚持贴近实际、贴近生活、贴近职工，坚持主题内容创新、方法手段创新、体制机制创新，进一步把握企业文化建设的特点规律，进一步拓展企业文化建设的眼界视野，进一步丰富企业文化建设的渠道载体，进一步完善企业文化建设的保障措施，着力建立与社会主义市场经济相适应、与现代企业制度相符合、与企业和员工共同发展需求相一致的企业文化体系，不断培养有理想、有道德、有文化、有纪律的社会主义劳动者，为推动“十二五”时期的科学发展，为全面建成小康社会打下具有决定性意义的基础。

论坛由中国思想政治工作研究会主办，河北省委宣传部、河北省思想政治工作研究会承办。中国思想政治工作研究会顾问徐惟诚，全国政协常委、中国思想政治工作研究会副会长高俊良，中央和国家机关、各省区市有关部门负责同志，专家学者和企业代表150余人出席论坛。

（中国思想政治工作研究会提供）

新中国六十年与历史唯物主义理论研讨会综述

彭 博

7月25日至27日，经中国社会科学院批准，由中国历史唯物主义学会主办、国防大学马克思主义教研部和北京外国语大学承办的“新中国六十年与历史唯物主义理论研讨会暨中国历史唯物主义学会第六届会员代表大会”在国防大学举行。中国社会科学院常务副院长王伟光、国防大学政委童世平、北京外国语大学党委副书记文君出席了会议。

王伟光代表中国社会科学院对这次理论研讨会的召开表示热烈的祝贺。他说，今年10月1日，是新中国成立60周年。新中国的60年，是探索马克思主义基本原理同中国具体实际相结合、不断开拓马克思主义中国化新境界的60年；是中国人民掌握自己命运、意气风发地建设社会主义新生活的60年；是我们党经受各种风浪考验，不断提高执政能力、不断发展壮大，领导中国社会主义事业不断发展进步的60年；是中华民族跃居人类历史前列，迎接各种挑战、克服各种风险，逐步实现伟大复兴的60年。

王伟光指出，新中国的发展历程波澜壮阔，取得的成就来之不易，积累的经验弥足珍贵。60年来，在共产党的领导下，全国人民团结奋斗，使我们这个幅员辽阔、人口众多、经济文化落后的东方大国，发生了空前深刻的社会变革，建立和巩固社会主义制度，建设富强民主文明和谐的社会主义现代化国家，对马克思主义理论和社会主义事业，作出了历史性的创造和贡献。特别是十一届三中全会以来，我们党制定和贯彻“一个中心、两个基本点”的基本路线，牢牢扭住经济建设这个中心，把坚持四项基本原则同坚持改革开放结合起来，既以四项基本原则保证改革开放的正确方向，又通过改革开放赋予四项基本原则新的时代内涵，从而使中国特色社会主义的伟大实践，在当今世界深刻变动和当代中国深刻变革中，不断探索前进，成为充满生机与活力的社会主义。与此同时，我们党把坚持马克思主义基本原理同推进马克思主义中国化结合起来，形成和发展了包括邓小平理论、“三个代表”重要思想，以及科学发展观等重大战略思想在内的中国特色社会主义理论体系，继承和发展了马克思列宁主义、毛泽东思想，增强了马克思主义的生命力、吸引力和感召力。实践证明：只有社会主义才能救中国，只有改革开放才能发展中国、发展社会主义、发展马克思主义。新中国的历史进程和伟大成就，闪耀着马克思主义的真理光芒，是实践辩证唯物主义和历史唯物主义的伟大胜利。

王伟光强调，作为马克思主义最重要的组成部分，历史唯物主义为各国工人阶级政党和劳动人民正确认识和把握社会发展规律、社会主义建设规律、共产党执政规律，改造旧世界、建设新社会，为实现工人阶级解放和人类解放，为每个人的自由而全面的发展，奠定了科学的理论基础，提供了伟大的认识工具。新中国成立以来，我国理论界在马克思主义指导下，学习和运用唯物史观，反对和批判唯心史观，开展中国历史、世界历史和其他哲学社会科学的研究，取得了丰硕的成果。但我们也要清醒地看到，意识形态领域中唯物史观与唯心史观的斗争、社会主义思想与一切剥削阶级腐朽没落思想之间的较量和斗争，是长期和复杂的。我们广大理论工作者要更加自觉地坚持以马克思主义为指导，努力学习、坚持和运用唯物史观，深入研究和正确总结新中国成立以来的革命、建设和改革的历史进程、实践经验和理论创新的重大成果，深入研究和阐明人民如何选择了马克思主义、选择了中国共产党、选择了社会主义、选择了改革开放，深入研究中国特色社会主义建设提出的重大理论和现实问题，不断坚持和推进马克思主义中国化，不断坚持和发展中国特色社会主义理论体系，为夺取全面建设小康社会新胜利，加快社会主义现代化，实现中华民族的伟大复兴，作出新的更大的贡献。

会上，相关学者围绕历史唯物主义的新发展、新中国60年的历史经验、中国特色社会主义理论体系、当代中国现实问题研究进行了深入的探讨。

第四部分

政工新课题与创新问题研究

弘扬延安精神

李铁映

一个政党、国家和民族，要兴旺发达，就要有自己的精神力量，要有自己的理论。一个没有自己理论和精神的政党、国家和民族，是站不住、挺不直、走不远的，就会成为别人的俘虏。有了自己的理论和精神，也就掌握了自己的前途和命运。延安精神就是中国共产党在马克思主义指导下，根据自己的实践经验，形成的属于自己的精神，自己的理论力量。

一、延安精神是中华民族的精神力量

——延安精神是中国共产党的伟大创造。什么是延安精神，中央领导同志和广大理论工作者从各个层面进行了阐述，讲得比较清楚。延安精神就是中国共产党领导中国人民，在艰难险阻、浴血奋斗的革命实践中，形成的伟大精神。在民族危亡之际，在那样一个偏僻的山沟里，在如此艰苦危险的条件下，创造出以小克大、以弱胜强的人间奇迹，把一个积贫积弱的中国，带向民族独立、富强和全面振兴的新时代。沧桑巨变，古今中外历史上，是绝无仅有、十分罕见的。

中国革命是在极端困难危险的环境中进行的。这样的环境，锻造了中国共产党人一种特殊的品格，这就是"独立自主、艰苦奋斗"，不怕鬼、不信邪、不怕牺牲，走自己的路，自己解放自己。正是依靠这种精神，中国共产党领导人民战胜了强大的国内外敌人，不断开创革命事业的新局面，从胜利走向新的胜利。

——延安精神是中华民族精神的集中体现。五千多年的文明发展历程，中华民族形成了以爱国主义为核心的民族精神。特别是1840年鸦片战争以来，面对内忧外患，中华民族锻造出了为独立求解放、英勇奋斗、百折不挠的革命精神。这种革命精神在延安时期的革命斗争中得到了充分的体现和升华。延安精神就是中华民族伟大精神的继承和发展，是具有鲜明中国气派、中国风格的民族之魂。

——延安精神是中华民族对世界文明的重要贡献。延安精神不仅属于中国，也属于世界。延安精神培育了一代又一代中国共产党人和中华儿女，激励他们战胜各种艰难险阻，为中国人民的解放和民族的振兴奋斗不息。延安精神也成为鼓舞世界被压迫民族和人民进行革命斗争、探索自己的道路、发展自己国家的精神力量，在世界上产生了广泛的影响。

古人说："灭人之国，必先去其史。"苏联解体的重要教训，就是否定苏联共产党的历史。所谓"大揭秘"，无非是给苏共、苏联人民的历史抹黑泼污水。谎言篡改了真理，恶丑亵渎了善美，教训极为深刻。

我们今天弘扬延安精神，就是使我们的革命传统代代相继、永不断章。胡锦涛同志指出："延安精神是我们党的优良传统和宝贵财富，过去是、今天仍然是我们战胜困难、取得胜利的法宝。"同延安时期相比，我们今天的时代不同了，条件变化了，历史任务也变化了，但是延安精神没有过时，而且永远都不会过时，始终是中华民族振兴的强大精神动力，是中国精神之魂。对此，我们是坚信不移的。

二、延安精神是马克思主义与中国实际相结合的成果

任何一种传统、文明、理论、精神，在继承和

弘扬时，必须与时代特征和新的实际相结合，不结合就不能继承，就要走进历史博物馆。在改革开放的历史条件下，弘扬延安精神，必须与党的历史任务和时代精神结合起来。结合得好，才能弘扬延安精神。深入研究和积极推进这个结合，是延安精神研究会的主要任务，也是新时期思想理论研究的重要任务。

所以强调这个结合，因为它是事物发展规律的要求：

其一，结合就是实事求是。结合就是探索，就是创造，就是发展，就是观念形态的东西变为客观存在的过程，就是化理想为现实的过程。结合是一种科学方法，更是一种哲学。纵观人类发展史，一切鲜活的生命，一切发明创造，一切发展的东西，都是结合的产物。结合是前后相继、新旧相生、发展创新的必然过程。文明是发展的，不是从天上掉下来的。因此，任何发展都是历史的继承和新的创造，也就是结合。不结合，抱残守缺，传统得不到继承，反倒会成为包袱；不结合，生吞活剥，外来的好东西不能滋养我们，反倒因消化不良而贻害我们。结合就是把一切好的、成功的，和我们的实际相统一。结合是实践过程，是方法论。

其二，结合是党的宝贵历史经验。从一定意义上说，马克思主义发展史、社会主义发展史、中国共产党发展史，就是一部结合的历史。马克思主义正是因为同各国的具体实际相结合，才成为世界性的科学理论；社会主义正是因为同各国的历史和现实相结合，才具有强大的生命力；中国共产党，正是由于把马克思主义基本原理同中国的具体实际结合起来，实现了马克思主义的中国化，才逐步探索出了中国革命、建设、改革的新道路，领导人民取得一个又一个的胜利。回顾党的历史，能否实现结合，以及实现怎样的结合，是党在理论上、政治上成熟的重要标志。而正确的结合就是实事求是，一切从实际出发，理论和实际相结合，它是与教条主义根本对立的。

其三，延安精神本身就是结合的范例。延安精神之所以有力量，就是把马克思主义与中国实际结合了。中国化是哲学概念，中国化是中国话语。理论要中国化，体制制度要中国化，具体的方法也要中国化。任何理论，任何外国的成功经验，任何好的都必须同中国的实际结合，才能在中国解决中国的问题，才能发挥实际作用。延安精神就是中国共产党人，把马克思主义同中国革命的具体实际相结合的最重要成果，它有着十分丰富深邃的内涵，包括坚定正确的政治方向，实事求是的思想路线，全心全意为人民服务的根本宗旨，自力更生艰苦奋斗的创业精神，群众路线的工作方法，批评和自我批评的优良作风，等等。延安精神是毛泽东思想的重要组成部分。

今天，中国人民的历史任务，就是高举中国特色社会主义伟大旗帜，深入贯彻落实科学发展观，加快推进社会主义现代化，夺取全面建设小康社会的新胜利，建设富强、民主、文明、和谐的社会主义国家，实现中华民族的全面振兴，这就是中国精神。

简言之，国内要保持长期稳定，实现长期发展；国际上要维护持久和平、共同繁荣。贯彻落实科学发展观，必须实现中国的长期发展，不能实现长期发展，不是科学发展。而要实现长期发展，就必须保持长期稳定，建设和谐社会。不能长期稳定，也不是科学发展。在国际上，必须维护持久和平，促进合作共赢，实现共同繁荣。中国是与世界共同发展和繁荣的，中国的成功是世界成功的重要的一部分。中国要成为世界各国的朋友，中国人民要成为世界各国人民最喜欢的人。这也是中国发展与世界发展的必然要求。

三、弘扬延安精神必须使之融汇到时代精神中去

在新的历史时期，弘扬延安精神，必须把延安精神融汇到时代精神当中去，为改革开放和社会主义现代化建设服务。这就是继承和弘扬之必然。

——在改革开放中弘扬延安精神。改革开放是中国现代化的必然要求,是时代的基本任务,也是新的时代精神。改革是社会进步的方式,是解放和发展生产力的方法,是革除束缚、促进发展的精神。开放也是社会进步的方式,也是解放和发展社会生产力的方法,是大胆吸收借鉴人类文明成果,与世界各国和平共处、共同繁荣的精神。不改革,社会就没有活力,社会主义就不能发展,历史就不能前进。僵化就是死路一条。不开放,就不能吸收人类文明的优秀成果。闭关锁国,也是死路一条。改革开放,合作共赢,正是中国的和平发展道路。

以改革创新为核心的时代精神,与延安精神是有机统一的。延安时期,我们党把马克思主义基本原理和中国实际相结合,积极探索中国革命道路,积极探索如何推翻旧制度建立新中国。这是一场深刻的革命,也是一场深刻的改革。因此,延安时期,我们党在边区政治、经济、军事、文化、社会等方面创建了一整套新的制度,如"三三制"、男女平等、婚姻自由、民主选举、精兵简政、减租减息等等,既是对旧中国、国民党制度的改造,也是对苏维埃制度的创新和新探索。

延安时期,我们党领导人民群众的实践是革命的,也是开放的。据不完全统计,当时从国统区奔赴延安的知识青年有25万多人,仅1938年5月—8月,经八路军驻西安办事处介绍到延安的就有2288人,最多时一个月就有1000人。还有600多海外华侨、200多国际友人来到延安。这些都说明,即使在那样的一个山沟里,我们党也不是封闭的。

当代中国的改革开放,同一百多年来的历史发展有直接的关系。孙中山、毛泽东、邓小平,都是伟大的革命者,也是伟大的改革者,伟大的探索者。我们今天的改革开放事业,是前人进行的革命、改革、探索的继续,我们要在新的历史条件下弘扬延安精神,使之放射出更加璀璨的光芒。

——不断推进理论和实践的双重探索。延安时期,中国共产党人在理论和实践的双重探索中,取得了辉煌成果。实践的探索找到了中国革命的道路,建立了新中国;理论的探索形成了毛泽东思想。没有这种理论和实践的双重探索,就没有中国革命的成功,也没有毛泽东思想。

实践探索是理论探索的基础、源泉、动力、检验标准和价值体现。理论探索是总结和概括实践探索的经验、升华的科学理论,又是实践的新任务、前进方向的指导原则。两种探索相生相依、相伴相随,共同谱写出中国革命、建设和改革的历史。

中国特色社会主义,同样是理论和实践的双重探索,同样是伟大的结合过程,但是任务更艰巨,情况更复杂。现实的社会主义,都是特色的、具体的、不断探索的。社会主义的发展就是一个历史的探索过程,是历史唯物主义的过程。

发展永无止境,探索也必然永无止境。不同历史阶段,有不同的探索。今天我们搞中国特色社会主义,是延安时期伟大探索精神的继承和发展,是规模更大、范围更广、程度更深、情况也更复杂的探索。延安时期,条件艰苦,形势危急,敌人就在眼前,凶险能直感身受,而现在的环境远比延安时期复杂得多,风险也诡谲多变,延安时期的敌人不会给我们唱赞歌,而现在的敌对势力,对我们围追堵截的手法多不胜举、奇异变幻。正因如此,我们既要大胆探索,又要十分谨慎应对。

——着力研究解决中国的实际问题。结合的目的是解决实际问题,探索是在理论上和实践中,找到解决实际问题的科学方法。从来没有什么救世主,一切全靠我们自己,走自己的路,这就是历史的结论。这正是延安精神给我们的最大启示。当代中国,13亿人齐步迈向工业化、现代化,在人类历史上,这是一幅多么波澜壮阔、振奋人心、震惊世界的画卷!这样一个伟大历史进程没有现成的模式可以借鉴。我们现在所遇到的各种问题和艰难险阻,都是前所未有的。解决中国的所有问题,都要在中国共产党的领导下，依靠全国人民的智慧，依靠中华民族的集体力量，进行艰苦卓绝的历史探索。问题是时代的声音。没有问题，要共产党人干什么？中国共产党人的历史使命就是解决中国的问题，为中国人民谋幸福，为中国的发展和中华民族的振兴服务。我们要在研究解决中国实际问题的历史进程中，实现中华民族的振兴，这就是今天中国的精神。发展是问题，发展之后还有问题，问题和发展是前后相继、连绵不绝的。

今天中国的发展，已经进入“大块头、大变化、高速度”的历史时期。这就是中国现在的特点，所有问题都和这一特点相联系。“治大国，若烹小鲜”。我们的发展要谋求“高速度小波动”的发展，必须保持长期稳定和长期发展。低速度不是科学发展，大波动也不是科学发展。如何实现高速度长期稳定发展呢？我称它为“大船”操控理论。我们今天已经不是在江河湖泊中运行的“小船”了，而是在大洋的狂风巨浪中航行的“大船”。中国共产党人驾驶满载着13亿中国人民的这艘大船，正航行在世界各国合作、竞争又充满着斗争风险的历史波涛之中。

在国际上，我们要坚持对外开放，学习借鉴世界各国的文明成果。封闭是不能发展的。一切美好的东西，都要拿来为我所用，只要有利于中华民族的发展，都要拿来学习、研究和借鉴。中国的发展要同世界各国建立平等互利、合作共赢、共同繁荣的国际关系。没有共同利益的和平是靠不住的。当今中国的发展，是建立在与世界各国长期的和平、合作、共赢基础上的发展。

哥本哈根会议改变了人类对世界未来和发展道路的看法。世界各国都在重新审视工业文明以来的发展观，推动了发展观的重大变革。发展不应是对自然的征服和掠夺，而应该是人与自然的协调发展。我们的工业化、现代化也不可能重复西方式工业化、现代化的老路，只能走一条符合中国国情和时代趋势的发展道路。

所有这一切，要靠当代中国人自己探索。别国的理论和经验可以学习借鉴，但不能照抄照搬。“东教条”不行，“西教条”也不行，一切教条主义都不是科学，都不能解决中国的实际问题。靠自己，走自己的路。这就是历史的结论。抓中国的“老鼠”，要靠中国的“猫”。中国的发展要靠中国精神。

这次全球金融危机，给我们一个深刻的启示。在经济全球化背景下，所谓“新自由主义”实质上是资本打开别国大门的钥匙。中国的经济理论必须是从中国发展的实践中产生，能够回答解决中国问题的理论。当中国真正实现工业化、现代化的时候，经济学必将发生重大的历史变革。

——**要善于总结历史经验**。什么是最宝贵的？自己的经验是最宝贵的！总结历史经验，可以使我们更加清醒、更加理性地把握历史发展规律，坚持实践中被证明为正确的东西，修正被实践证明为错误、不合理或不适应的东西，以期更好地指导实践。我们党非常重视总结历史经验，形成了两个历史问题的决议，理性、科学地总结了党的历史。总结历史经验不是一次完成的。对于党中央在延安13年的历史，我们还需要进一步系统地加以整理总结。不仅今天要进行整理和总结，将来后人还要进行整理和总结。我们要力争写出一部信史，我们的后人也会努力丰富完善这部信史。这样，才能科学、翔实地说明我们党在延安时期的历史，才能科学、准确地阐明延安精神，不给历史留下空隙和遗憾。

——**不断有所创造、有所发展**。一切不发展的东西，都是坚持不住，弘扬不了的。继承和弘扬的过程，就是对优秀传统研究和发展的过程。延安时期是党和人民的创造力空前迸发的时期，毛泽东思想，就是这种伟大创造精神所结出的丰硕成果。在新的历史时期，我们继承和弘扬延安精神，就要进一步弘扬这种创造精神，用创造性的思维和精神推动各项事业的发展。

——**盛世必须有忧患**。在面临艰难困苦、生死存亡危机的时候，忧患意识自然产生。在危难条件下，不是要不要有忧患意识，而是忧患就在眼前，危险近在咫尺。盛世则必先有忧患，后才有久安。忧患才能长盛，成功必须谦虚。忧患、谦虚，是盛世危言，也是醒世警言，是顺境之时必有的一种治世之恒言！最近，中央反复强调全党同志要有强烈的忧患意识，非常具有现实针对性，是高瞻远瞩、极端重要的。古人讲，"生于忧患，死于安乐"，盛世必须忧患。我国要长期发展，长期稳定，必须要有忧患意识。忧患意识，是历史唯物主义。历史是发展的，问题是常在的，忧患是长存的，这也是历史的必然。忧患是盛世之理，是盛世不衰之大智慧！随着我国综合国力的提高，国际上遏制、威胁、恐吓、围追堵截的"棒杀"舆论有所收敛，但忽悠、美誉、赞歌的"捧杀"舆论格外兴盛起来。什么"崛起"呀，"模式"呀，中国二十年三十年赶上美国呀，等等。真正爱中国的是中国人！中国人民在历史的发展进程中从来不惧怕任何外来的恐吓和威胁，不怕"棒杀"。延安精神可以说就是面对这种"棒杀"的凶险，在革命斗争实践中而产生的伟大精神。今天我们要特别警惕"捧杀"！在思想、理论和观念上要进一步提高对"捧杀"特点和应对之策的研究和认识。"棒"和"捧"，在汉字中两字只差一笔呀！从历史上看，往往是多一笔则生，少一笔则死啊！一个民族被"棒杀"的可能性不是没有，但一个民族被"捧杀"的历史事实则是不绝于史的。对付"棒杀"要革命，要"枪杆子里面出政权"。对付"捧杀"则要自明自强，刚柔相济打好太极拳。由盛到衰，由强至亡，多数是内因所致！强者会自己倒下去，大厦能自己垮下来，盛世可自腐而朽，苏联解体、苏共垮台就是最好的史证。对于"捧杀"，不是怕不怕的问题。美誉赞歌心不迷，同桌共饮身不醉。不迷、不醉，始终清醒是难得的大智慧。

总之，延安精神是我们党的宝贵财富，是我们国家的光荣，是中华民族的骄傲，是一面有着鲜红特色的旗帜。我们一定要把这一宝贵的精神财富传承下去，发扬光大，让延安精神在新的历史时期焕发出更加绚丽的光彩。我们坚信，在以胡锦涛同志为总书记的党中央领导下，高举中国特色社会主义伟大旗帜，深入贯彻落实科学发展观，解放思想，实事求是，与时俱进，延安精神必将发扬光大，中国的发展必将取得更大的成就！

（此文是李铁映同志2010年5月17日在中国延安精神研究会第五次会员代表大会上的讲话，《求是》发表时有删节）

重视思想政治工作的覆盖面

徐惟诚

思想政治工作是我们党的传家宝。

几十年来我们党依靠正确的艰苦细致的思想政治工作，团结教育全体中国人民，成功地进行了伟大的革命斗争，推翻了旧社会，建立了新中国，推进了中国特色社会主义建设，国力不断增强，人民逐渐富裕。我们的一切成就都离不开思想政治工作。近几年来，无论是在抗击严重的自然灾害，应对国际金融危机，还是在粉碎民族分裂活动等方面，都可以看到，正是正确有效的思想政治工作，促进了亿万人民团结一心，共同奋斗，夺取了一个又一个胜利，创造了人民安居乐业、昂扬向上的大好局面。思想政治工作在新时期的重要意义日益被人们所认识。

思想政治工作必须与时俱进。首先，任务

变了。不同的时代,民族前进的目标也不同。其次,形势变了。不同的时代,我们主观和客观的形势条件都有所不同,要解决的问题自然也不同。第三,对象变了。思想政治工作的对象是人,不同的时代,人的情况有了很大的变化。经济状况、政治状况、受教育的状况、劳动状况、生活条件等都发生了翻天覆地的变化,尤其是接受信息的状况变化甚大,人们的观念、思想方法也和过去大不相同。第四,环境变了。思想政治工作的手段、影响人们观念的渠道也和过去大不相同了。这四个方面的变化,决定着思想政治工作的内容和方法必须有新的发展、新的创造,否则就不能适应新时代的需要。

在过去长期的思想政治工作中,我们已经积累了丰富的经验,形成了许多规律性的认识。在新的历史时期,仍然需要继承这些优秀的成果,同时又要及时地科学地研究新的情况,正确掌握新时期思想政治工作的规律,使思想政治工作科学化。

思想政治工作科学化,需要解决的问题很多。当前迫切需要解决的问题之一就是要认真研究思想政治工作的覆盖问题。

从根本上说,思想政治工作是面向全民的工作,而不能只是面向一部分人。我们面临的任务十分艰巨,既要全面持续发展,又要安定团结,必须依靠全体人民,在重要的根本的问题上尽可能地形成共识,同心同德,团结一致,互相协调,共同奋斗,才能克服万难,取得胜利。如果各种不同的群体,认识和目标各不一致,甚至互相冲突,行动起来互相抵消,那么共同的目标就不可能顺利实现,共同的利益就不可能得到保证。我们过去思想政治工作所以成功,一条重要的经验,就是尽可能广泛地教育、影响和动员最广大的群众。以计划生育、遵守交通规则、不要随地吐痰这样的具体问题为例,如果我们的思想工作只是针对一些愿意接受、已经接受的人群,而不能达及某些有思想障碍的人群,那么,无论教育的力度有多大,都不可能有好的效果。所以我们对思想政治工作的要求历来强调"横向到边,纵向到底",也就是要全民覆盖。

但是现在社会人群的状况已经发生了很大的变化,这是整个社会深刻变动的反映。用我们传统的思想政治工作渠道和方法,很少甚至根本不可能实现全覆盖,不可能或者很难对所有人群产生影响。密切联系群众是党的三大作风之一。但是如果只按过去的方法,必然对一部分群众很少联系,有的甚至根本没有联系。这就不仅是做思想政治工作的同志要转变作风的问题,而是要从整个思想政治工作的格局上有切实改进设计和创造。

当前中国新出现的最大人群就是进城的农民工。上亿的人口离开农村,也就是离开原来的社区,农村党组织对他们的影响已经很微弱了,甚至可能都不知道其中有些人的去向。他们又还没有完全融入城市的生活。其中当然也有党员、团员,可是许多人的组织关系只放在自己的口袋里,长期不参加组织生活。许多人也参加不了工会。许多人流动性很强,居无定所。一部分人拿计件工资,劳动时间很长,闲暇时间很少。许多人既不参加会议,又不读书,不看报,不看电视,不听广播。传统的思想政治工作渠道几乎对他们不发生影响。他们又是相对弱势的群体,有许多苦恼、许多压抑,往往受到不公正的对待,却无处诉求。尤其是新生代的农民工,对自身前景的期望值更高,心理上的落差也更大,更加迫切需要有组织的引导。近年来对这个人群的工作逐渐有所改善,但与客观的需求相比距离仍然甚远。

在城市中处于流动状态的还有一个庞大的人群。他们是随着市场经济的发展穿流于各个不同城市之间办事的人们。有的只是一两天的短期停留,有的甚至组成派出办事的机构,常驻于某一城市。派出单位鞭长莫及,对他们的状况很少了解,也很难监督。驻在地区也不了解他们的底细,难以建立思想影响的渠道。大部分宾馆、招待所、旅社,除了有一台电视机,连报纸都不提供。

外资企业、合资企业、民营企业、个体小企

业中的劳动者人数已经占到城市工人总数的一半。但是这些组织中有的没有党组织，有的没有工会，有的即使有了组织也很不健全。如果这些经济组织中的思想政治工作处于空白状态，那就不是空白点而是很大的空白面了。

城市里有许多写字楼。一座楼里往往有几十家单位办公。有律师事务所、会计师事务所，有婚姻介绍所，有搞培训的、搞营销的、搞投资咨询的，还有搞科研开发的，形形色色、林林总总，从业人员大多是白领精英，人才汇集。但这些人和我们传统的思想政治工作渠道好像也没有多少联系。

随着老龄社会的迫近，离退休人群日益庞大。其中一部分还和原企业、原单位保持着一定的联系，但也日趋疏淡。有一部分人原单位已不复存在，只能归入社会化管理。这个人群无论在政治、经济、文化、健康及心理等方面都存在许多特殊的困难和需求，目前多数街道社区的管理和思想工作状况显然很难完全适应。

街道和社区的人员构成也发生了很大的变化。随着城市的改造，过去那种大杂院和单位宿舍逐渐消失，被单元居民楼和新建小区取而代之。居住的设施条件改善了，居民的生活水平提高了，居民的文化素质增强了，居民的要求也提高了。但在多数小区，居民的相互联系减少了，参与公共活动的积极性下降了。在这样的条件下，如何建立和谐社区，如何建设基层民主自治的社区生活，应当是新时期一个极其重大的课题。

随着对外交往的扩大，经常在国外经商打工的人接近千万。如何与他们保持经常的联系，如何保障他们的权益，并且对他们进行正确的引导，满足他们的精神需求，也是亟待研究的新课题。

网络的兴起，QQ、论坛、博客、微博为不同人群互相交流提供了新的平台，也为思想政治工作提供了新的阵地。许多有共同兴趣、爱好或者观点的网民聚集成紧密程度不等的网上社区。他们的关注点各不相同，旅游、购物、炒股、买房、摄影、种花、集邮、交友，无所不包。有些还从虚拟社区走向实体世界。这为我们提供了一条很好的联系群众渠道，问题是要加以注意，加以规划，更要解放思想，跳出老一套的框框。

解决了覆盖问题，当然不等于解决了思想政治工作的全部问题。这只是第一步，还要进一步解决思想政治工作的目标、方针、内容、方法等一系列问题，持之以恒，扎扎实实地做，才能逐渐收到实效。但这第一步必须首先做好。如果若干人群根本不在我们的视野之内，那还怎么能团结教育带领依靠全体人民来共同完成我们的伟大事业呢？

（作者：中共中央宣传部原常务副部长）

转型期基层思想政治工作的着力点

聂辰席

当前，我国正处于经济转轨社会转型的特殊时期，随着经济体制、社会结构、利益格局深刻变革和调整，各种思想文化交流、交融、交锋，人们思想观念的多变性、差异性、独立性和选择性进一步增强，处理人民内部矛盾难度增加，突发性群体性事件时有发生，思想政治工作教育引导、理顺情绪、化解矛盾的任务十分繁重，必须把加强和改进基层思想政治工作放在更加突出的位置，下大力气抓实抓好，抓出成效。

一是更加关注基层群众的利益诉求。做好经济社会转型期的思想政治工作,必须坚持以人为本,注重维护和满足广大基层群众的利益诉求和文化权益。更加注重满足人们多方面、多层次、多样性的合理需求,切实解决好群众最关心、最直接、最现实的利益问题;更加注重人文关怀和心理疏导,关注人们的生活质量、发展潜能和幸福指数,从现实处境和切身利益出发,有效缓解人们的思想矛盾、心理冲突和情感困惑,增强思想政治工作的针对性和实效性。构建多层次的思想动态监测体系,进一步做好社会舆情、网上舆情的研判工作,定期调查收集基层干部群众思想状况,及时发现群众关心的热点、敏感问题,牢牢把握引导的主动权。建立健全思想政治工作预警机制,制定工作预案,做到关口前移、预防为主,努力把矛盾解决在基层和萌芽状态。同时要加强对社会热点难点问题的引导,多做解疑释惑、理顺情绪、平衡心理、化解矛盾的工作,维护社会和谐稳定的良好局面。

二是坚持开展经常性思想政治工作。要在坚持开展系统性的思想政治教育的同时,更加注重开展经常性的思想政治工作,真正做到潜移默化、润物无声。要创新理念思路。以科学理念整合工作资源,让思想政治工作成为软实力增长的亮点;以开放理念适应信息技术发展的新形势,促进思想政治工作方式的网络化、民主化;以服务理念推进面向基层、服务群众各项工作的落实,增强思想政治工作的人情味和亲和力。要创新方式方法。由传统的照本宣科、说教灌输为主,向潜移默化、渗透感召、以情动人、以理服人转变;由传统的由上而下、单向刻板为主,向多元互动、过程展现、多管齐下转变。要创新体制机制。建立健全齐抓共管的工作机制,把专职队伍与社会力量结合起来,充分调动企事业单位、行业协会以及社会研究机构、社会中介组织和志愿者队伍参与思想政治工作的积极性和主动性。

三是不断拓展思想政治工作覆盖面。思想政治工作的服务对象在基层,依靠力量和工作主体也在基层。要把更多的资源投入到基层,解决管好、用好阵地的问题。切实抓好国有企业和国有控股企业职工的思想政治工作,把任务落实到车间班组,进一步探索把建立现代企业制度和加强企业党的建设、做好思想政治工作有机统一的运行机制。切实抓好学校思想政治工作,丰富内容,活化载体,充分发挥学校在做好青少年思想政治工作方面主渠道、主阵地、主课堂的作用。加强非公有制经济组织和新社会组织的思想政治工作,发挥工会、共青团、妇联、工商联、文联、作协、记协等社会团体和各行业组织自身优势,共同做好非公有制经济组织和新社会组织思想政治工作。进一步改进社区思想政治工作,搭建工作平台,创新教育形式,努力把社区建设成为加强思想政治工作的重要阵地。

四是建设一支坚强有力的基层政工队伍。要高度重视基层政工队伍建设,努力打造一支数量相对稳定、思想理论好、综合素质高、具有丰富党务工作和群众工作经验的复合型基层政工干部队伍。把加强基层党组织建设和加强思想政治工作紧密结合起来,使广大党员干部立足本职工作,增强做好思想政治工作的意识,不断提高联系群众、服务群众、引导群众的本领。加大教育培训力度,把基层思想政治工作干部培训纳入宣传思想文化领域干部培训总体规划,分期分批进行系统培训,着力提高思想政治素养。

(作者:中共河北省委常委、宣传部长)

改进创新思想政治教育

高东璐

北京军区某集团军用开展刻录军旅生活纪念光盘活动，作为连队思想政治教育的新载体，收到了很好的激励效果。2009 年 12 月，胡锦涛主席在视察驻澳门部队时，对这项工作给予充分肯定。总政治部把这一做法收入新修订颁发的《中国人民解放军思想政治教育大纲》，确定为开展思想政治教育的好形式好方法，在全军普及推广。我们在开展和总结军旅生活纪念光盘活动中，对如何进一步加强和改进新形势下军队思想政治教育作了深入思考，获得了新的启示。

启示之一：新形势下的思想政治教育，必须积极适应现代科学技术的发展进步，探索与时俱进的方式方法。增强思想政治教育的实效性，需要一定的物质基础作保障。过去，受条件限制，连队思想政治教育基本就是靠一张嘴、一个讲台、一块黑板进行宣讲；为退伍士兵发放纪念品往往是送一个笔记本、写几句留言寄语，再拍一张合影照片。随着科学技术特别是信息技术的迅猛发展，网络、视频、摄录像器材等高科技信息传播手段普及运用，人们获取信息的渠道更加便捷、速度明显加快，为改进创新部队思想政治教育方法手段提供了强有力的技术支撑。新形势下的思想政治教育，要紧跟科学技术的发展进步，主动摒弃那些不合时宜、过时的老做法，积极运用现代科技手段，使教育的方式方法富于创新和时代性，不断增强教育的生动性、形象性和趣味性。为青年士兵拍摄制作军旅生活纪念光盘，正是运用数字化的设备器材，借助网络视频技术，采用信息化的传播媒介，以图文、声光电等形式，把青年士兵军旅生活的光荣经历、难忘场景、精彩瞬间，真实生动地拍摄辑录下来。光盘虽小，却浓缩了青年士兵军旅生涯学习、训练、工作和生活的点点滴滴，真实记录了他们在部队成长成才的经历轨迹，使士兵既能够在服役期间随时回放观看，不断激发扎根军营建功立业的内在动力，催生立足本职有所作为的昂扬斗志，又可以在退伍时留作纪念，永久珍藏。实践证明，这也是一种有效的思想政治教育方法，而且现代、新颖、生动，增强了教育的时代感和影响力。

启示之二：新形势下的思想政治教育，必须坚持以人为本，主动适应青年士兵立志军营成长成才的价值追求。新时代的青年士兵，文化水平高，民主意识强，兴趣爱好广泛，在献身国防、履行使命的同时，也渴望在军营这所大学校大熔炉里经受锻炼、增智强能、有所作为。新形势下的思想政治教育，必须坚持以人为本，注重特点，讲究感情，最大限度调动官兵参与教育、融入教育、自我教育的热情和动力。拍摄制作军旅生活纪念光盘，突出思想性，根据青年士兵崇尚荣誉、追求信仰的特点，用镜头辑录他们学习党的创新理论取得的丰硕成果、参加军事演习和执行急难险重任务时的突出表现，强化了履职尽责的内在动力，提高了政治敏锐性和政治鉴别力；坚持群众性，让青年士兵在拍摄制作过程中唱主角、当主演，相互抓拍感兴趣的镜头，在互帮互教互信中，体会到了团结友爱和谐纯洁的内部关系，提高了把连队当家来爱、当家来管、当家来建的主人翁意识；彰显个体性，始终把拍摄重点放在青年士兵个体身上，选取他们日常学习、训练、工作和生活中的典型细节、感人情节、重要环节，量身定做制成个性鲜明的纪念光盘，调动了他们立足本职建功立业的积极性和创造性；保持经常性，随时随地进行跟踪拍摄，力求多角度、多侧面、全方位地辑录青年士兵服役期内的难忘场景、精彩片段、美好瞬间，做到部队执行任务到达哪里、士兵走到哪里，镜头就跟进伴随到哪里，形成了全员参与、全方位拍摄、全时空辑录的良好局面，使青年士兵时时受教育、事事受鼓舞、处处受鞭策；强调真实性，如实辑录青年士兵的日常行为表现、精神风貌和真情实感，力争客观全面、原汁原味地再现他们军旅生活中的每一个闪光足迹，在不断的镜头回放中找出差距、发现不足，明确努力的方向和目标；讲求艺术性，在构图的设计、内容的编排、色调的搭配、音乐的选择和解说词的撰写等方面，从美学的角度加以审视，刻录制作时加入现代影视元素，做到用画面说话、靠图像吸引人、借镜头说事、凭情节感人，活灵活现、形象直观、明快动感，真实再现了青年士兵军旅生活的风采神韵，增强了他们留存美好记忆、展示青春魅力、实现人生价值的主动性，使教育变得更加形象、直观、鲜活，充满吸引力、感染力、亲和力。

启示之三：新形势下的思想政治教育，必须紧贴时代发展，紧贴使命任务，紧贴官兵实际，增强针对性、实效性。时代的发展，任务的变化，不断赋予思想政治教育以新的时代内涵。为青年士兵拍摄制作军旅生活纪念光盘，始终坚持把深化中国特色社会主义理论体系的学习、培育当代革命军人核心价值观、圆满完成部队担负的使命任务、满足官兵成长成才需求等作为主题，着力解决“为谁当兵、怎样当兵、如何做人”的问题，抓住了现时代部队思想政治教育的根本，在内容设置上有着鲜明的时代性；为青年士兵拍摄制作军旅生活纪念光盘，聚焦的是火热的军营生活，见证的是青年士兵的成长历程，反映的是官兵身边人身边事，镜头的摄录具有清晰的针对性，对于青年士兵正确对待岗位分工、正确看待利益得失、正确面对苦累荣辱，起到了及时的引导作用；为青年士兵拍摄制作军旅生活纪念光盘，随时随地拍摄青年士兵参加重大活动、执行重大任务时的出色表现、感人场景，辑录的是军旅生活的方方面面，以直观画面、生动事实说话，达到了让士兵自我教育、自我鞭策、自我激励的目的，教育效果十分明显。

（作者：北京卫戍区政治委员）

《钢铁是怎样炼成的》照亮人生

——答《中国党政干部论坛》记者问

石仲泉

记者：为激励广大干部爱读书、读好书、善读书，以学资政，以好书光照人生，我刊新辟了《读书·人生》栏目，请您谈谈在读过的书中，哪本书给了您深刻的人生启迪？

石仲泉：开辟这个栏目很好，我积极支持。我尽管不是满腹经纶的饱学之士，但到这个岁数，还是读了不少书。不同的书有不同的知识营养，对人的成长产生不同的影响。就我们这一代在新中国成立后不久读中学上大学的人来说，对人生道路有影响的书不少，如果非要找一本有代表性的书的话，我想还是《钢铁是怎样炼成的》。尽管这是苏联的小说，现在才知道在上个世纪50年代出的梅益前辈的译本是删节本，但这个译本影响了我们那时的一代青年人。改革开放以来出版了不少新译本，但在我看来，还没有哪一本超过梅益译本的“达和雅”的水准。现在有些人讥讽这类书，我以为是太不了解新中国的历史、太缺乏历史沧桑感了。

还有人很鄙视这类书，那就属于人生观、价值观方面的隔阂了。有人说，这是“代沟”，我想不完全是。尽管时代变化了，各个时代都有属于那个时代的“热销书”，但不能不承认“物欲过度”对青年人所产生的潜移默化的影响。什么东西都要讲“度”，对“物欲”过去长期“不及”是不对的，但时下“过度”了也会出问题。应当说，我们那时的许多青年学子都非常单纯，凡要求进步的，无不崇尚理想、崇拜英雄、憧憬火热的斗争。《钢铁是怎样炼成的》主人公保尔·柯察金，就是我们心目中的英雄。半个多世纪过去了，蓦然回首，还是推崇这本书，无怨无悔。

记者：《钢铁是怎样炼成的》这本书对您有怎样的影响呢？

石仲泉：《钢铁是怎样炼成的》是奥斯特洛夫斯基写的自传体小说。书中的主人公保尔·柯察金，就是他自己。整本书就是写他的人生历程。他在前线作战负了重伤，此后一生都在与疾病和困难作斗争。他很坚强，多次告别死神，徜徉人世。在同疾病斗争时，留下了一段名言：人最宝贵的东西就是生命。生命属于我们每个人只有一次。人的一生应当这样度过：当他回首往事时，不因虚度年华而悔恨，也不因碌碌无为而羞愧。在临终的时候，他能够说：“我的整个生命和全部精力，都献给了世界上最壮丽的事业——为解放全人类而斗争。”这段名言，使我们那一代人非常激动，对我的心灵产生了强烈的震撼。此后，我一直将它作为座右铭，当做人生成长的指路明灯。具体来说，这本书和保尔·柯察金，对我人生道路的影响可概括为三句话：一是帮助我确立坚定不移的信仰；二是促使我培养坚韧不拔的毅力；三是激励我坚持不懈的奋斗。

记者：能否请您一一道来？

石仲泉：可以。首先讲讲关于确立坚定不移的信仰。我是一个农家子弟，初中到高中读书都比较用功，多次被评为优秀学生、三好学生。《钢铁是怎样炼成的》这本书，是我上高中时读的。上段名言就成了我每天背诵的格言，激励自己努力学习，将来也要把自己的一生献给世界上最壮丽的事业——为解放全人类而斗争。到了高三，学校要在毕业生中发展党员。我在毕业前夕被吸收入党，是班上唯一的党员。这就确定了我的人生道路。在填报大学志愿时，老师认为我考理工科合适，但我最后选报了北大哲学系。这也与那段格言的影响有关。因为学哲学就要读马列的书，就是研究马克思主义理论的。这不正与理想追求相吻合吗？进了大学，读书学习的重点是马克思主义哲学理论，在做研究生时选的研究方向也是马克思主义哲学发展史。当时一个很朴素的想法，就是打好理论基本功，将来好干事。在大学时，学校放映了苏联的同名电影，我看后仍然非常激动，并重读了这本书。此后，我就一直将那段话当做座右铭并一直坚守至今，从未动摇过。

记者：请您谈谈第二点。

石仲泉：关于培养坚韧不拔的毅力。保尔作为我崇拜和学习的榜样，一个重要方面就是他同困难和疾病作斗争的顽强毅力。因家庭困难，我个人的身体状况过去不是很好。在上大学时就常患十二指肠溃疡，在机关工作经常感冒发烧。1989 年那一年，我就三次高烧住院，最后一次住了一个半月才出院。从那以后我就决心锻炼身体，长期下来，身体渐渐硬朗一些。不再担任领导后，自由度大了，更是注意加强锻炼，作为健康投资。但是，人总有惰性，怕吃苦受累，特别是三伏和三九天，坚持锻炼有“活受罪”的感觉，因此有时候也想中断。但每到这时候，脑海里就浮现出保尔的形象，用他的顽强精神来鞭策自己。这样，20 多年，我一直坚持锻炼身体，基本上改变了过去瘦弱多病的状况。有了这个身体基础，有了这个毅力，培养了我不怕吃苦、不怕受累的精神。从 2003 年开始，我践行自己提出的“走走党史”的理念，首先断断续续地将长征路—包括中央红军、红二方面军、红四方面军和红 25 军的主要长征路线，基本上都作了实地考察，并出版了《长征行》一书；再就是将毛主席从韶山到北京的革命足迹，作了一番历史考察;还有一点就是考察土地革命时期全国建立的六大主要苏区。这样,对于中国革命道路的开辟和中国革命道路理论的形成和发展,有了更为深切的感受和体验,对它的意义也有了一些新的认识。我这些年大力宣传苏区精神,就是"走走党史"、对中央苏区等主要苏区作了考察之后所产生的看法。因为现在讲党领导的民主革命历程的"精神"系列,只讲井冈山精神、长征精神、延安精神、抗战精神、西柏坡精神。这些精神都很重要,也需要讲,但这些精神都只反映了某个时期的那段历史。若从探索中国特色革命道路的历程来看,这个"精神"系列不完全,它跳过了反映土地革命战争主体内容的苏区时期的苏区精神。在土地革命战争10年间,井冈山斗争时期仅1年零4个月,而以中央苏区为代表的苏区时期则将近6年,占民主革命28年近1/4,苏区斗争贯穿其间,探索中国特色革命道路的实践主要在这个时期。苏区精神乃反映这段历史的革命斗争精神,是党在领导创建、发展和保卫苏区革命实践中培育形成的伟大革命精神。井冈山精神代替不了、也包含不了苏区精神。从党史的文脉来说,苏区精神是井冈山精神的传承和发展,并且是长征精神的直接源泉。因此,不讲苏区精神,这个反映民主革命历程的"精神"之链是不完整的。从党的历史发展来看,没有苏区精神,就没有中国革命的新道路,中国革命就很难取得胜利;不宣传苏区精神,就不能完整地了解中国革命的历史,也对不起在那么长的历史时期牺牲了的以百万计的革命先烈。

记者:您讲的使我很受感动,请您再谈谈第三点。

石仲泉:关于坚持不懈的奋斗精神。保尔那段格言中讲的另一个意思,"人的一生应当这样度过:当他回首往事时,不因虚度年华而悔恨,也不因碌碌无为而羞愧"。这里的两个"不因",始终是激励我努力奋斗的精神支撑。追求理想,献身事业,不是空的,只有不碌碌无为,只有不虚度年华,才是为实现它尽其心力了。所谓"事业心",说白了,就是努力实干。只有这样,才仰不愧于天,俯不怍于人。一些同志认为,像我这样著作不少的人,一定"太有才了"。其实,我这个人没有什么天赋,非"有才"之辈。如果说在学有所专方面能有所成,就是靠一条:比较勤奋刻苦,不断地"爬格子"。在职工作时,信守不碌碌无为、不虚度年华的格言;去职退休了,也仍然坚持不碌碌无为、不虚度年华这条座右铭。多少年来有个遗憾,因为长期在机关工作,真正从事学术研究是在十一届三中全会以后,因此一直感到学术生涯开始太晚,学术成就十分有限。这些年退而不休,也是想在夕阳黄昏之际与时间赛跑,争取学术生命能尽量再延长10年、20年。拟写的计划不少,抱定两个"不因",生命不息,写作不止。

记者:您给我上了一堂《读书·人生》之课,深受教益,十分感谢。

石仲泉:不必褒奖,让我们共勉吧!

(作者:中共中央党史研究室原副主任)

没有信仰,就没有名副其实的生命

李慎明

开篇前我先用一定篇幅谈谈2010年7月5日《中国青年报》刊登的75岁高龄的贺龙元帅的女儿贺捷生老人的《今天谈信仰为何变得沉甸甸》的文章。

文中说:50 年前,我在北大读书。那时我们也谈理想,也谈信仰,当时我们的中心话题是:报效国家,尽快完成学业投身建设社会主义的强大中国。我们的青春同朝气蓬勃的新中国一样,时时都充满向上的活力。而 50 年后的今天再谈信仰,为什么突然觉得沉甸甸的?

在有些人看来,在今天这样一个价值多元的年代,我们谈理想谈信仰,似乎很不合时宜。而在我们这代人看来,信仰不仅是理念和精神,更是人生的指南和人生的最高追求。不谈信仰,我们的先辈抛头颅洒热血的牺牲精神就无法理解。在中国革命史上,毛主席一家为革命牺牲过 6 位亲人,是社会上都知道的,徐海东大将的家族有 70 多人牺牲就少有人知了,我也想起我家的历史,从我父亲投身革命直到新中国成立,贺龙宗亲有名有姓的烈士就有 2050 人,其中一个 15 岁的叔叔被放在笼屉里活活蒸死。父亲贺龙在世时,认为满门忠烈,都是为国家献身,那是战争和革命事业需要,不必要常提我们自己,所以很少有人知道。

3 年前,我女儿为缅怀先辈业绩,自费出版了一本贺氏宗亲英烈名录,社会上才知道这件事。我重提这些历史,决不是要重温家族的光荣,而是要说明信仰的力量和理想精神的旗帜。

贺捷生同志在文章最后满怀激情地说:"中国人的精神信仰是不能'死机'的,它应当被激活。我们的精神文明建设应该有更宏伟更高远的目标,我们应该循着这个目标奋发努力。"看了这篇文章,我的心情既十分沉重又充满喜悦。沉重的是,社会上不少人理想沉沦;喜悦的是,社会上更多的人重新呼唤信仰。

在社会主义初级阶段,我们每个人都有自己合理合法的私利。我们并不反对每个人把自己和家庭生活搞得殷实一点。但是,人,是要有一点精神的。仅在自己的私利和安乐窝里打转转,这决不是一个高尚的人,而是一个没出息的人。美国著名诗人惠特曼说:没有信仰,就没有名副其实的品行和生命;没有信仰,就没有名副其实的国土。这就是说,我们每个人,至少应该有爱国主义精神!共产党员还应该有共产主义远大理想和中国特色社会主义的坚定信念!有了正确的理想信念,为了国家与民族的根本利益发热发光,就会像陨石一样,在穿透大气层时不惜消陨自己。

一个人能否具有正确的信仰,其结果相差甚远。对各级领导干部,特别是中青年干部来说,失去了正确信仰,极有可能害人害己。近些年,不少犯错误的领导干部特别是高级干部,在受到党纪国法处理时,几乎都痛哭流涕,反省说,自己放松了学习,丧失了对马克思主义和共产主义的信仰。应该说,这是发自肺腑之言,不是言不由衷的"官话套话"。正确的理想信念,应当是我们的灵魂。燃烧绚丽青春,放飞理想信念,就是一个高尚的人。

(作者:中国社会科学院副院长)

加强和改进新形势下基层思想政治工作

杨文明

基础不牢,地动山摇。党的基层组织是我们党的全部工作和战斗力的基础,是落实党的路线方针政策和各项工作任务的战斗堡垒。因此,做好思想政治工作,重点在基层,难点在基层,薄弱环节也在基层。长期以来,我们往往偏重于强调做好宏观的思想政治工作,却忽视了基层思想政治工作的特殊性和复杂性，忽视了基层思想政治工作对象的差异性和多样性，忽视了基层思想政治工作方式方法的针对性和创新性，导致以宏观的面上的思想理论教育取代具体的思想政治工作，把解决思想问题与解决实际问题混为一谈。这种“以空对空”、“上下一般粗”的工作理念和工作方法，极大地削弱了基层思想政治工作的实效性，严重地影响了思想政治工作根本价值的实现。历史与现实一再告诉我们，继承和发扬党的思想政治工作优势，进一步提升基层思想政治工作的实效性，对于加强党同人民群众的血肉联系、巩固党的执政地位、实现党的历史使命都具有深远的历史意义和重大的现实意义。

一、加强和改进新形势下基层思想政治工作的重要性和紧迫性

从基层思想政治工作的地位和作用来看。截至2009年底，全国共有党员7800万名，活跃在370多万个基层党组织之中。这些基层党组织是党执政的组织基础。特别是在新形势下，基层党组织承担着推进发展、服务群众、凝聚人心、促进和谐的神圣职责，基层党组织的思想建设如何、基层思想政治工作开展的效果如何，直接关系着基层党组织的创造力、凝聚力和战斗力，关系着改革开放和社会主义现代化建设事业的成败。正是从这个意义上，党的十七大提出党的思想建设是党的根本建设。党的十七届四中全会更进一步强调，坚持把思想建设放在首位，提高全党的马克思主义水平，是党执政60多年来的一条基本经验。所以，我们一定要站在加强党的执政能力建设的战略高度，站在推动经济社会科学发展的全局，深刻认识做好基层思想政治工作的极端重要性。要切实转变基层思想政治工作无所作为的思想，摒弃思想政治工作是“虚任务、软指标”，“别人瞧不起、自己腰干软”的错误认识，树立思想政治工作使命崇高、责任重大、大有可为的思想。要紧密联系基层实际，坚持改革创新，把思想建设融入到党的组织建设、作风建设、制度建设和反腐倡廉建设之中，把党的思想优势转化为科学发展优势，把思想活力转化为科学发展活力，为促进党和国家事业的科学发展提供强大的精神动力。

从当前基层思想政治工作面临的形势和任务来看。当前，国际国内形势正发生着深刻而复杂的历史性变化。在国际上，全球范围内的思想文化交流交融交锋日趋频繁，西方敌对势力在意识形态领域渗透不断加剧，一些资本主义腐朽、颓废、黄色、反动的思想观念和生活方式乘机而入，并不断滋长蔓延；在国内，随着改革开放和社会主义市场经济的快速发展，社会转型和社会利益的调整，以及以互联网为标志的新兴媒体的迅猛发展，人们思想活动的独立性、选择性、多样性和差异性不断增强。在国际国内、主观客观、内因外因等多种因素的共同作用下，正确与错误的、积极与消极的、先进与落后的彼此交织、相互碰撞，极大地冲击着传统的思想道德观念和价值体系，导致一部分人信仰缺失、道德失范、精神颓废，甚至有些党员领导干部丧失了党性原则，陷入违法犯罪的深渊。这其中的原因固然很多，但不能不说与思想政治工作的缺位和滞后有着密切的关系。因此，能不能在多元中立主导，在多样中谋共识，在多变中掌方向，是当前思想政治工作面临的重大而紧迫的任务。

从当前基层思想政治工作的现状与问题来看。思想政治工作是党的生命线，但我们在思想认识和工作方法上还与当前形势和任务的要求有很大差距。一方面，有些同志认为，思想政治工作是上面的事，基层组织关键在于执行和落实，做不做思想政治工作都不重要。殊不知，认识不到位，执行的效果就不可能到位。还有的同志认为，坚持以经济建设为中心，就是要把发展作为执政兴国的第一要务，只要把经济搞上去了，思想政治工作的问题就可以迎刃而解。为此，往往只关注经济发展的硬指标，不重视、不愿意做基层思想政治工作，结果导致小问题

演化成大问题、小矛盾激化为大矛盾，严重影响党的形象和社会稳定。近年来，某些地方领导对群众的合理诉求漠然视之、置若罔闻而酿成的一些社会群体性事件，就充分证明了这一点。另一方面，正是基于这种片面认识，一些党员干部不深入研究思想政治工作规律，不关心社会上的思想热点和思想实际，也不懂得心理活动的隐蔽性和锁闭性等特点，不善于通过推心置腹的个别谈话来解决人的思想问题，而总是满足于千篇一律的上传下达，结果导致思想政治工作与业务工作相脱节，甚至在某些部位出现缺位和“盲区”。虽然下了很大功夫，但往往劳而无功，事与愿违，甚至使一些群众产生反感和抵触情绪。长此以往，这种眉毛胡子一把抓、不看对象、以空对空的工作方法必然会阻碍党的事业的发展，削弱党同群众的血肉联系，因此，必须加以改革创新。

二、提高基层思想政治工作实效性需要处理好几个关系

辩证唯物主义认为，事物是普遍联系的，一个事物只有在和其他事物的相互联系中才能准确把握自身的坐标定位。因此，提高思想政治工作的针对性和实效性，就要跳出就思想工作抓思想工作的认识误区，摒弃为追求实效而追求实效的功利性的工作方法，努力找准做好思想政治工作的切入点和着力点。为此，需要处理好三个关系。

第一，要处理好虚与实的关系，坚持虚功实做，避免上下一般粗。思想政治工作，就其本质而言，就是要统一思想认识。而思想认识作为客观存在于人的思维意识中的能动反应，天然就具有抽象的特性，就具有通过理论务虚达到思想武装的内在要求。所以，坚持理论学习、进行理论研讨是必要的，也是必须的。但这并不意味着思想政治工作就仅仅局限于“以文件贯彻文件、以会议落实会议”的理论教育，否则就背离了思想政治工作的目的和方向。特别是基层思想政治工作，必须坚持虚功实做，既要务虚，更要务实。要强化目标管理责任制，党政一把手要切实履行第一责任人的职责，要亲自做思想政治工作，遇到重大问题时要积极组织力量，进行集体攻关。要明确工作责任，把思想政治工作分解成看得见、摸得着的硬指标、硬任务，层层分解，落实到人，切实改变只提表面要求、缺乏量化指标的状况，做到有部署、有检查、有落实、有考核、有奖惩，变静态管理为动态管理，真正把“两张皮”转化为“两结合”，把“空对空”变成“实打实”。这样，基层思想政治工作就会迸发出勃勃的生机和永恒的活力。

第二，要处理好普遍性与特殊性的关系，坚持具体问题具体分析，避免一刀切。矛盾分析的方法是马克思主义认识事物、解决矛盾的根本方法。在思想政治工作中，我们要从普遍性与特殊性的辩证关系出发，既要从特殊性中概括出普遍性，又要在普遍性的指导下分析矛盾的特殊性，做到一般号召与个别指导相结合，宏观教育与微观教育相结合，善于抓好典型、解剖麻雀。一方面，必须坚持社会主义的政治方向，旗帜鲜明、毫不动摇地用发展着的马克思主义理论、特别是中国特色社会主义理论体系武装干部头脑、教育人民群众、凝聚人心民意、汇聚智慧力量。另一方面，要把这种科学理论灌输到每个人的头脑中，转化为个体的自觉行动，就必须关注个体的特殊性，坚持因人而异、因事而变。要针对不同情况，分析具体原因，确定工作方法，切忌以面盖点、大而化之，真正做到“一把钥匙开一把锁”。如果微观的具体的思想问题解决了，那么宏观的思想政治工作就有了坚实的基础支撑和无穷的力量源泉。否则，基层思想政治工作就会沦为脱离实际、毫无实效的花架子。

第三，要处理好原则性与灵活性的关系，坚持按制度和程序办事，避免纵容迁就。解决思想问题首先要满足个人的合理需要，这是做好思想政治工作的重要逻辑起点和现实起点，所以必须在谋求个人需要和社会需要相统一的过程中，处理好原则性与灵活性的关系。在现实

生活中，一些基层党组织和党务工作者，片面地理解和执行党性原则，不注意工作的方式方法，不会和风细雨地开展思想政治工作，不会推心置腹地个别谈话。对一些棘手的问题，要么简单生硬、一棍子打死；要么避重就轻、敷衍塞责。更有甚者，因为担心引火烧身影响自己的乌纱帽，不敢触及群众思想深处的想法和矛盾，而在重大原则问题上闪烁其辞、“和稀泥”，对某些不合理的个人需求纵容迁就，严重影响了党和政府的公信力。所以，提高基层思想政治工作的针对性和实效性，既不能丧失原则性，又要保持一定的灵活性。要怀着深厚感情和饱满热情，倾听群众提出的意见，对确属工作中存在的问题，应诚恳接受，认真改正；对群众的实际困难确实一时无法解决的，也应讲清道理，说明理由，取得谅解和支持。精诚所至，金石为开。只要我们坚持原则，注重方法，持之以恒，动之以情，就没有打不开的群众思想之门。

三、提高基层思想政治工作实效性的措施和途径

第一，要深入群众，调查研究，这是基层思想政治工作取得实效的重要前提。党的根基在人民、血脉在人民、力量在人民。邓小平曾经指出，“为什么过去很苦难的局面我们都能渡过？根本的问题是我们的干部、党员同人民群众一块苦。”因此，调查研究要坚持走群众路线，深入到火热的基层生活中，切实摸清群众的所思所想、所需所求，不能仅仅停留在听汇报、看文件，甚至在办公室里闭门造车，那样就不可能了解真实情况。调查研究要细致入微，切忌粗枝大叶，要关注“群众小事”、关注思想变化细节，做到明察秋毫、见微知著，这样思想政治工作才能有的放矢、对症下药。调查研究要尽量采取简单易行的方法，各基层党组织可以根据自身实际情况，以党支部或党小组为单位定期到职工家中走访，对职工住房条件、经济来源、家庭矛盾、孩子上学、老人就医等实际困难要记好台账，做到心中有数。只有下真功夫，抓住细节，摸清情况，才能提高基层思想政治工作的针对性，取得预期的实效。

第二，要坚持创新，丰富载体，这是基层思想政治工作取得实效的时代要求。做好基层思想政治工作要坚持继承创新，继续运用结对子、个别谈话、定期家访等被实践证明是行之有效的方式方法。比如，个别谈话就是能够紧扣群众的心理特点、易于为群众所接受的一种工作方法。但同时，要适应时代发展的变化，在继承的基础上进行创新。当前，一些地方在实践中总结出的“零距离、一对一、两促进”的做法，不仅简单易行，而且效果很好，值得借鉴和推广。如果把“一对一”的具体的思想政治工作做到位了，就好比身上的血液渗透到了肌体的每一处神经末梢，那么整个党的肌体的活力也就增强了。要进一步丰富思想政治工作的活动载体，努力增强工作的吸引力、感召力，通过生动活泼、群众喜闻乐见的形式，把抽象的概念转变为生动的现实，把正确的导向体现在丰富的活动之中。可以通过举办读书学习会、时事政策辅导讲座、党的传统教育等形式，在潜移默化中提高党员干部的理论素养和政策水平；也可以通过举办书法绘画展览、棋类球类比赛、歌咏才艺展示等系列活动，引导群众培养积极健康的生活情趣，自觉抵制低级庸俗的生活方式，不断提升群众的思想境界和道德情操。

第三，要以人为本，解决问题，这是基层思想政治工作取得实效的根本出发点和落脚点。胡锦涛指出：“思想政治工作说到底是做人的工作，必须坚持以人为本。”要提高基层思想政治工作的实效性，就要把促进人的全面发展与推动工作放到同等重要的位置。要在政治上关心干部，对符合晋职晋级条件的及时给予提拔，并为优秀干部脱颖而出创造条件。要在工作上关心干部，把对工作的严格要求与对干部的严格管理结合起来，在干部遇到工作困难和思想挫折时，积极给予鼓励。要在生活上关心干部，主动了解干部的身体、生活以及家庭困难等，并开展经常性和有重点的慰问和帮扶活动，争取

把工作做到群众心坎上。要坚持多管齐下，政工、人事、工青妇组织要定期汇总情况、分析原因、研究对策、化解矛盾，努力增强思想政治工作的超前性和科学性。要把群众利益放在首位，坚持为群众诚心诚意办实事、尽心竭力解难事、坚持不懈做好事，在解决实际问题中贯穿思想教育、化解思想问题、推动工作发展。

第四，要加强指导，推出典型，这是基层思想政治工作取得实效的重要方法。各级党组织要加强对基层思想政治工作的指导，坚持点面结合，以点促面，及时总结推广基层和群众在实践中创造的有益做法和新鲜经验，不断从人民群众的丰富实践和发展要求中获得改革创新的动力源泉，对可能出现的偏差和已经出现的一些不健康苗头，要及时引导和纠正，进而形成规律性的认识，作出理论的概括，指导面上的工作。要注重分层和分类指导，针对不同地区、不同行业、不同领域群众的思想实际，提出不同要求和标准，既要着眼多数，又要鼓励先进，引导人们在遵守道德底线的基础上，不断追求更高的道德目标。可以采取典型带动的方式，广泛宣传先进人物和先进事迹，引导群众不断提升思想境界。典型人物和事迹要真实生动，切忌人为拔高、不切实际地完美和神化。否则，典型的意义就会失去而陷入形式主义的泥潭。

第五，要加强培训，提高素质，这是基层思想政治工作取得实效的关键因素。做好思想政治工作，归根到底靠队伍、靠人才。各级党组织要高度重视政工队伍建设，认真贯彻落实《中国共产党和国家机关基层组织工作条例》，从人员编制和经费上保障基层思想政治工作的有效开展。要根据单位工作需要，按照政治强、业务精、纪律严、作风正的要求，努力打造一支数量相对稳定、思想理论好、综合素质高、具有丰富党务工作和群众工作经验的复合型政工干部队伍。对基层党员数量少、人员编制有限的部门，可以设立兼职党务干部，确保基层思想政治工作责任到人、落到实处。要着眼于提高队伍素质，把政工干部培训纳入宣传思想文化领域干部培训总体规划，分期分批进行系统培训。要紧紧围绕党和国家中心工作，密切关注社会舆论热点和思想动态，定期举办形势政策分析会、舆情热点研讨会，积极开展心理学、管理学、社会学和新闻传播学等专题培训，努力提高政工队伍的政治素质、理论素养和工作能力，增强工作的主动性、前瞻性和针对性，确保基层思想政治工作取得事半功倍的成效。

第六，要加强考核，长抓不懈，这是基层思想政治工作取得实效的重要保证。人的思想认识的长期性和反复性，决定了思想政治工作不可能一蹴而就，也不可能一劳永逸。做好基层思想政治工作，必须建立长效机制，努力做到“四个结合”。一是定性考核与定量考核相结合。定性考核主要考核一个单位或部门思想政治工作的目标任务是否明确、责任制是否落实、效果是否明显等。定量考核主要将政治业务学习频次、专题研究次数、教育活动的人数、经费保障等情况作为思想政治工作绩效考评的因素进行打分，确保考评的科学性。二是定期考核与日常考核相结合。定期考核即半年初评、年终总评。日常考核是对考核对象的思想政治工作情况进行随时了解和动态的监控。三是民主测评与组织检查相结合。通过采取民主测评的方法，把自我评估、群众评估、社会评估结合起来，以保证考核结果的客观公正。四是强化思想政治工作考核结果的使用，把思想政治工作考核的结果与领导干部“一岗双责”联系起来，与政绩考核和使用联系起来，真正实现化虚为实，使思想政治工作成为干部政绩考核的硬指标。

实践永不停步，创新永无止境。党的基层组织地位的特殊性和重要性，决定着基层思想政治工作的长期性、时代性和创新性。我们要在继承和发扬党的思想政治工作优良传统的基础上，坚持与时俱进，吐故纳新，逐步建立和完善分层与分类相结合、普遍与特殊相结合、思想与业务相结合、立体推进、上下联动的思想政治工作新机制，努力从根本上解决思想政治工作

"两张皮"的老大难问题，切实提高基层思想政治工作的针对性和实效性，为推动党和国家事业科学发展、促进社会文明和谐提供有力的思想保证和精神力量。

（作者：国家行政学院纪委书记、机关党委书记，中国思想政治工作研究会副会长）

警惕政治优势弱化

甄小英

中国共产党最大的政治优势是与人民群众保持密切的联系，得到最广大人民群众的拥护。抗战时期，美国军事观察组来华考察后得出一个结论：国民党占有着大片的土地，而共产党则占有大片的人心。正是凭着"得民心"的政治优势，我们为了人民、依靠人民而夺取了民主革命的胜利，取得了社会主义革命、建设和改革开放的伟大成就。

但是，这种政治优势不是与生俱来的，也不会一劳永逸。过去拥有不等于现在拥有，现在拥有不等于永远拥有。它会随着长期执政后，一些党员干部的懈怠、官僚主义、形式主义以及工作中的失误、错误，特别是消极腐败现象的产生而磨损或流失。如果不能防止政治优势的弱化、退化，甚至异化，长期下去无非是两种结果：或者是党变质、社会主义国家变质，或者是执政党下台，被人民抛弃。这是被中外历史一再证明的铁律。

党的十七届四中全会决议指出，"党的领导水平和执政水平、党的建设状况、党员队伍素质总体上同党肩负的历史使命是适应的"。这一基本判断符合实际，是巩固发展党的政治优势的基础。看不到这一基本面，就不能正确判断新形势下的党群关系的主线、主流，甚至对巩固发展党的政治优势丧失信心。

但是，也要清醒地看到，密切党群关系、保持和发展党的政治优势面对的挑战是严峻的。这种挑战从国内来讲，主要来自两大方面：一方面，党的建设面对空前复杂的局面，执政党的党员干部面临太多的诱惑和陷阱，而目前政治体制、经济体制和社会管理体制以及法制还不够完善，使权力寻租、公权谋私、贪污受贿、买官卖官、与民争利等消极腐败现象，有一定滋生蔓延的土壤条件。腐败现象的高发多发，特别是一些高官的疯狂敛财、腐化堕落，激起群众的强烈不满，这是疏离党群关系、消解党的政治优势的极强的腐蚀剂。如果我们不能有效解决腐败问题，任其泛滥，党确有自我毁灭的危险。另一方面是来自党肩负的执政使命的挑战。共产党肩负着艰巨的执政使命，"任务的艰巨性、复杂性、繁重性世所罕见"。现代化建设虽然取得举世瞩目的成绩，但在经济快速发展中也积累了不少问题和矛盾。党能否妥善解决这些关系群众切身利益发展中的问题，直接影响人民群众对执政党的信任和信心，影响我国现代化继续向前发展的民意支持。而党与人民群众的密切联系，人民群众的拥护和支持，是我们克服各种阻力、抵御各种风险的最大保障和动力。因此，防止党的政治优势的流失，与时俱进地增添、发展党的政治优势，也是维护社会稳定、维护执政安全的问题。

如何应对挑战？要靠系统地、整体性地推进改革。处在矛盾的凸显期，各种矛盾错综复杂、盘根错节地交织在一起，任何单项改革都难以化解这些矛盾。因此，必须在继续深化经济体制改革、行政体制改革、社会管理体制改革的同时，积极稳妥地推进政治体制改革。没有政治体制改革的深化，其他改革难以深化，改革的成果也难以保持。

继续积极稳妥地推进政治体制改革，主要是推进党内民主、党际民主和人民民主，通过三者的良性互动，调动党内外及各民主党派的积极性，整合优化执政资源，使党和国家充满生机活力。这样，也才能顺乎党心、民心，密切党群关系，更好地发挥党的政治优势。

如何积极稳妥地推进政治体制改革？我们不可照搬西方的多党制、议会制、三权分立，也不可倒回改革开放前的计划经济体制，这些都不能解决中国面临的问题。只有走中国特色政治发展道路，才是现实可行的道路。

当前，我们走的是先在基层试点创新，再总结经验，加以完善和推广的路子。进一步深化政治体制改革，需要认真总结基层民主试点创新的经验，一是要使之提高完善，特别是形成系统化、整体化的制度体制机制；二是要在总结经验的基础上，由中央和地方党委，把好的经验向更大的范围推广；三是基层改革经验要向更高层次发展；四是要格外爱护和保护积极探索、推动改革的领导干部。各级党组织高举积极稳妥地推进政治体制改革的旗帜，掌握民主改革的领导权，使党内外群众不断看到政治体制改革的实效，才能坚持中国特色政治发展道路，更好地发挥党的政治优势和社会主义国家的政治优势。

（作者：中央社会主义学院教授）

信仰的力量

金一南

人类从在地上拾起第一根木棒、在山中点燃第一堆篝火起，就开始了寻找力量的过程。美国未来学家阿尔文·托夫勒20世纪90年代写了一本叫《力量转移》的书，认为从远古至今力量表现为三种基本形式：暴力、财富和知识，“其中知识最为重要，由于暴力和财富在惊人的程度上依靠知识，今天正在出现空前深刻的力量转移，从而使力量的性质发生了深层次的变化”。

托夫勒忘记了还有一种力量，一种甚至贯穿所有现代力量的力量：信仰。

同样是德国人，你说是马克思有力量还是希特勒有力量？马克思困窘时连自己的衣食住行都成问题，希特勒的力量却几乎横扫了整个欧洲。但后来希特勒的力量像冰雪融化一样消失得无影无踪，马克思主义却改变了多个国家和民族的命运，直到今天仍对世界产生重大影响。

谁更有力，不言自明。

所以有谚语说：“那统辖思想的，比统辖城池的更有力量。”

统辖思想的力量，来自信仰。

回顾中共党史，无不让人感叹：一个1921年成立、最初只有50多名党员的小党，28年后竟然能够夺取全国政权；一支1927年八一南昌起义建军、最后只剩不到800人的队伍，22年后竟然能够横扫千军如卷席，百万雄师过大江，表现得如此虎虎有生气，具有如此咄咄逼人的力量！

革命战争年代中国共产党拥有如此摧枯拉朽的巨大力量，除了主义正确、人民拥护外，很大程度上还因为有一大批不为钱、不为官，不怕苦、不怕死，只为胸中的主义和心中的信仰的共产党人。他们直面艰苦，直面牺牲，由这些人组成的党和军队力量无穷。他们之中很多人没有活到胜利那一天,没有赶上评功评奖、授勋授衔,没有机会返回家乡光宗耀祖,甚至没有时间去憧憬和谋划自己的理想和未来,就穿着褴褛的军装,带着满身战火硝烟,消失在历史帷幕后面。他们是顶天立地的英雄,是一批为理想与信仰献身的真人。

什么叫真人?简单说就是:讲真话,办真事,信真理。如果说真理是一支燃烧的火炬,那么率先举起这支火炬的,是真人的手臂。即使手臂被灼伤,也从不放弃。一部波澜壮阔的中国近现代史,如果没有从孙中山到毛泽东再到邓小平这样一批又一批真人,怀揣信仰前仆后继、追寻真理救国救民,很可能我们至今还在黑暗中摸索和徘徊。正是他们点燃了一代又一代中国人心中之火,才使我们始终未曾消亡,未曾被黑暗吞没。

给人以星火者,必心怀火炬。中国共产党人正在完成前无古人的伟业。2020 年全面建成小康社会,2050 年实现伟大民族复兴,我们需要登上由各项经济发展指标组成的物质财富高地,也同样需要登上由理想与信仰组成的精神财富高地,同样需要像当年那样为了胸中的主义和信仰,义无反顾为民奋斗、舍生忘死追求真理的共产党人。

胜人者力,自胜者强。最关键的力量,来自内心的信仰。

(作者:国防大学战略研究所所长)

建设社会主义核心价值体系的几点思考

丛 斌

建设社会主义核心价值体系是一项长期的历史任务,是一个崭新的理论课题和实践课题,应当从理论与实践的结合上加强对这一课题的研究,不断深化对社会主义核心价值体系的认识。

从方法论意义上讲,搞好社会主义核心价值体系建设必须正确认识和把握三个关系

第一,正确认识和把握建设社会主义核心价值体系与坚持社会主义基本制度的关系。社会主义核心价值体系建设与社会主义制度建设相互联系、相互促进,统一于发展中国特色社会主义的伟大实践中。社会主义核心价值体系是社会主义制度的内在精神和生命之魂,是社会主义制度在价值层面的本质规定;社会主义制度是社会主义核心价值体系的外在表现形式,是社会主义核心价值体系在制度层面的具体体现。

第二,正确认识和把握建设社会主义核心价值体系与制定执行政策和法律法规的关系。建设社会主义核心价值体系,靠教育,也要靠政策和法律法规。党的政策和国家的法律法规,是联结社会主义核心价值体系和经济社会发展实践的关键性环节。我们在制定政策和法律法规时,要体现建设社会主义核心价值体系的要求;执行政策和法律法规时,要使人民群众通过享有党的政策和国家的法律法规带来的好处,进一步提高建设社会主义核心价值体系的积极性和创造性。

第三,正确认识和把握社会主义核心价值体系与多样化社会思想的关系。二者之间的关系概括起来说,就是主导和被主导的关系。既不能因为强调建设社会主义核心价值体系而简

单地排斥社会思想多样化，也不能因为存在社会思想多样化的倾向而怀疑和否定社会主义核心价值体系的主导作用，关键是要进一步提高用社会主义核心价值体系引领多样化社会思想的水平，形成社会思想领域既百花齐放又主旋律鲜明的生动局面。

从方法和途径上讲，搞好社会主义核心价值体系建设必须坚持三点

第一，坚持把社会主义核心价值体系融入国民教育全过程。要从各类教育和不同学校的实际出发，按照社会主义核心价值体系的基本内容和要求，编写相关教材，开展相关教育活动和社会实践，使家长、教师、学生和教育活动的组织管理人员加深理解，提高认识，用社会主义核心价值体系规范自己的言行，形成良好的教育环境和社会环境。要把践行社会主义核心价值体系的成效，作为评估国民教育的主要内容之一。

第二，坚持把社会主义核心价值体系融入精神文明建设全过程。社会主义核心价值体系是精神文明内涵中思想道德部分最主要的内容。因此，社会主义核心价值体系建设与社会主义精神文明建设两者紧密联系，互相包含，互相促进，互为目的。社会主义精神文明建设所涉及的工作，所开展的活动，比如，文明城市、文明村镇、文明行业、文明单位等群众性精神文明创建评比活动，“知荣辱、树新风、促和谐”主题教育活动，“讲文明、树新风”活动，“百城万店无假货”活动，以及爱国主义教育基地建设、公民道德建设和评选表彰道德模范，等等，都要以社会主义核心价值体系作指导，体现社会主义核心价值体系的基本内容和要求。同时，通过精神文明建设所开展的各项工作和活动，扎实推进社会主义核心价值体系建设，提高社会成员的思想道德素质，形成良好的社会风尚，打牢共同奋斗的思想基础。

第三，促进方式方法和手段的创新。注重拓展大众化、现代化的传播渠道，使思想教育与价值传播更具艺术性和策略性，通过抓项目办实事增强宣传教育的针对性实效性。着力创新传统媒体的报道思路，注重采用导读、视频直播、博客、图表、对话等新鲜手法活跃版面和画面，同时积极抢占新兴媒体阵地，打造新型传播平台。通过有效的实践平台和实实在在的建设成果，使社会主义核心价值体系化无形为有形、变抽象为具体，更加入脑入心。

从探索新形势下社会主义核心价值体系建设的内在规律角度看，应把握“五大关系”

第一，把握科学性与操作性的关系，既深化研究又强化实践。建设社会主义核心价值体系，首先要加强对其内涵和外延的研究，加强对方法途径的研究，加强对社会思想意识变化的研究，加强对经济社会发展中重大理论和实际问题的研究，不断深化认识、丰富内涵、完善体系，增强其科学性与解释力。同时，还要增强社会主义核心价值体系建设的可操作性，切实做好通俗化大众化的工作，把复杂的理论转化为生活的道理，把抽象的概念转化为鲜活的群众语言，让人民群众更好地理解和接受。

第二，把握系统性与针对性的关系，既整体推进又突出重点。坚持突出重点，在内容上突出构建共同的社会理想和共同的道德标准；在对象上突出党员干部和青少年。坚持系统推进，善于从执政党、国家、地方和基层群众等多个层面，通过科学的机制和有效的途径，使党的执政理念、国家的发展政策、地方的具体措施和基层群众的追求保持内在一致、有机统一；善于把先进性要求同广泛性要求结合起来，针对党员干部、工人、农民、学生、企业家、个体经营者、知识分子、进城务工人员、离退休人员、社会“明星”等不同层次的人们提出不同的要求，既鼓励先进，又照顾多数。

第三，把握局部性与全局性的关系，既恪尽职守又促进配套。对意识形态职能部门来说，建设社会主义核心价值体系任务更直接、要求

更具体，必须坚持守土有责、恪尽职守，切实抓好自身的各项工作。同时，又不能局限自身职能，要充分调动社会各方面力量、整合各方面资源，从全局的角度来谋划和推进，切实抓好配套建设。坚持以社会主义核心价值体系为核心，着力健全完善制度体系、政策体系、法律体系，使之看得见、摸得着，长期起作用。对严重违背社会主义核心价值体系要求的行为，要有相应的政策、制度和法律予以处罚。要把社会主义核心价值体系的要求纳入党政干部政绩考核体系建设之中，通过监督和考核确保社会主义核心价值体系在推进党务和政务、实施管理和服务中得到贯彻落实。

第四，把握传统性与时代性的关系，既善于继承又注重创新。坚持更多地发挥市场机制的作用，发挥现代科技的作用，发挥各类社会组织的作用，采取双向以至多向互动的形式，通过抓结合、抓示范，通过渗透教育、养成教育来加以推进。要着力打造宣传教育的品牌，提高宣传教育的效率效益。积极借鉴国外进行价值观教育的有益经验，善于通过经济渠道、文化渠道、宗教渠道进行潜移默化的价值传播，通过大众化的文化产品让人们在娱乐和享受中培养价值认同。善于整合和开发资源，充分利用宗教和民间信仰中的积极因素，使其为提高人民群众的思想道德素质服务。

第五，把握阶段性与持续性的关系，既立足当前又着眼长远。建设社会主义核心价值体系是一个从认识到实践、再从实践到认识的反复过程，必须将长远的价值追求与阶段性的具体要求结合起来。一方面，要立足当前，直面现实生活中的各种思想矛盾和困惑，提出与社会主义初级阶段相适应、相协调的价值要求，努力形成有利于多元思想观念对话交流、有利于先进思想文化引领整合的机制，通过建设社会主义核心价值体系解开人们的思想困惑、化解人们的思想矛盾。同时，又要着眼长远，坚持从中国特色社会主义建设的根本目标和根本任务出发，清楚地提示价值理想追求，进行长远的规划和持续的努力，促进社会主义核心价值体系建设经常化、长效化。坚持重在建设、循序渐进、逐步积累，从基层基础抓起，把价值认同体现到日常生活、社会交往之中，通过坚持不懈的努力，促进形成全社会的广泛共识，使社会主义核心价值体系成为凝聚全民的牢固精神纽带，成为国家富强、民族振兴、社会进步的强大精神力量。

（作者：河北省政协副主席）

提升主流意识形态影响力研究

中共中央党校第 54 期地厅级干部班“新形势下党的工作”课题组

意识形态是执政党的旗帜，是维护国家政权的重要手段，是民族团结奋斗的精神纽带。执政党的意识形态具有组织动员、利益整合、政治认同、文化引领、社会协调、对敌斗争诸功能。我们党一贯高度重视意识形态建设，但是当前我国处于社会主义初级阶段这一特定历史时期，处于经济转轨、社会转型这一特殊发展阶段，处于经济全球化和对外开放不断扩大这一特殊国际背景，意识形态领域空前活跃、空前复杂：一元化指导思想与多种思想意识并存，思想道德进步与社会道德失范并存，传统思想观念与现代思想观念相互交融，本土文化与外来文化相互激荡，社会现实问题与思想认识问题相互影响。这对马克思主义、社会主义主流意识形态发挥有效影响力带来复杂环境和严峻挑战。

一、主流意识形态建设面临的复杂环境与挑战

(一)党的历史使命的变化带来主流意识形态功能的变化

随着我们党由带领人民革命的党向代表人民执政的党的历史方位的变化,随着我们党由争取民族独立、人民解放、建立社会主义制度向以经济建设为中心、全面建设小康社会、实现社会主义现代化的历史使命的变化,党的意识形态在其功能定位上,实现了由强调政治到突出经济,由强调批判到重视建设,由强调斗争到倡导和谐,由强调整齐划一到尊重差异、包容多样等的转变,由此也导致主流意识形态在功能上面临三大挑战。第一,教育功能的弱化。新旧思想观念并存,先进思想观念与落后思想观念并存,容易引发思想观念的矛盾和冲突,使受教育者面临选择上的两难。第二,整合功能的弱化。实现社会主义市场经济,推进社会主义民主法制建设,使人们思想意识的自主性、选择性、独立性、多变性进一步增强。第三,组织功能的弱化。改革开放以来,社会组织形式发生了历史性变化,传播结构和传播方式发生了历史性变化,人们由过去的“单位人”变为现在的“社会人”,人们对思想舆论由过去的“被动适应”变为现在的“积极参与”,过去那种“一呼百应”、“一杆到底”的现象不复存在。

(二)信息传播技术的发展对主流意识形态的主导地位的挑战

信息传播技术的发展,尤其是互联网的普及,颠覆了传统条件下信息传播的关系格局,集中表现在以下几个方面:

1. 单一传播主体变为多元传播主体。传播主体不再仅仅是党和政府主办的媒体,不再仅仅是传统媒体,现在,人人面前都有麦克风,人人都是信息发布者,人人都是传播主体。

2. 单向传播方式变为双向互动方式。过去的传播方式是“我说你听”、“我打你通”的单向传播,现在,信息发布者和信息接受者的角色定位和角色关系发生了巨大变化,人们往往既是信息接受者又是信息发布者。作为信息发布者,人们有着信息发布的自由;作为信息接受者,其自主选择的独立性进一步增强。

3. “传播有边界”变为“传播无国界”。互联网的普及,使信息传播超越了国界,带来多元思想文化的复杂影响。

这种关系格局的变化,使主流意识形态的主导地位面临以下五大现实挑战。第一,传统媒体影响弱化。尤其是党报党刊订阅量收缩,阅读率下降,大众影响力减弱。第二,新兴媒体强势化。据有关统计资料,截至目前,我国网民已近4亿,办有各类网站368万个,而由主流媒体举办的网站参与度不够高、点击率不够高。第三,社会表达多元化。市场化运作的都市类媒体、非政府类网站成为重要的社会舆论集散地、社会热点舆论场、社会问题放大器。第四,舆论监督情绪化。矛头所指往往是各级党委、政府、公职人员,跟风炒作、率性发挥现象严重。第五,媒介事件常态化。近几年来,集中出现了一系列由于媒体介入而引起民众高度关注和广泛社会影响的事件,很多达到了百万级点击率。

(三)社会组织和社会阶层结构的变化使主流意识形态的统整能力受到影响

社会组织的快速发展,社会阶层的快速分化,不仅改变了我国社会的组织结构、治理结构,也使主流意识形态的统整功能受到现实影响。从宣传教育的角度看,主要表现在以下几个方面:

1. 改变了宣传教育与原有社会结构的同构性。在传统条件下,主流意识形态可以通过稳定的社会结构,层层级级加以传递,发挥影响,并形成了一种“固定制式”。但在目前,由于社会组织的多元化和社会结构的复杂化,社会成员在不同所有制、不同行业、不同地域之间流动频繁,使得宣传教育传统的“纵向到底、横向到边”的“全面覆盖”受到严重影响。

2. 改变了宣传教育与现实利益取向的一致性。市场经济在加速社会生产力发展、促进社会财富增长、提高人民生活水平的同时，也派生出许多负面效应，使宣传教育的导向与人们的实际利益取向相矛盾、相背离。

3. 强化了思想意识对人们影响的多元性。民营科研企业的创业人员和技术人员、受聘于外资企业的管理技术人员、个体户、私营企业主、中介组织的从业人员、自由职业人员等社会阶层的出现，一方面他们与工人、农民、知识分子、干部、解放军指战员一样，都是中国特色社会主义事业建设者，另一方面，他们在人生观、价值观、道德观、政体观、消费观、社会心理心态等方面，呈现出复杂多元的特征，多种思想意识在不同社会阶层、社会成员之间相互作用、相互影响。

（四）经济社会发展中出现的问题削弱了主流意识形态的认同感

在经济社会发展的过程中，由于发展不平衡、改革不到位等原因，出现了种种消极现象和问题，削弱了对主流意识形态的认同感。

1. 利益分配和社会不公现象影响着人们对社会主义本质的认同。基尼系数越出国际警戒线，一部分人生活于最低生活线下，一部分人一掷千金、挥金如土，“畸形消费”成为暴富阶层的身份象征，普通工人、农民认为未能享受改革发展的成果，嫉富、仇富正在演变为一种社会心理，司法、教育、分配等不公现象引发心态失衡，社会竞争压力诱发心理焦虑。

2. 党内不正之风和腐败行为影响着人们对党的性质和宗旨的认同。腐败行为、与民争利、行业不正之风屡禁不止，损害了党和政府的形象，损害了党与人民群众的血肉联系，侵蚀着人民群众对党和政府的信任，侵蚀着党的执政基础。

3. 市场经济的负面现象影响着人们对理想信念的认同。人生观、价值观出现严重裂变和分化，信教阶层、人员大幅增加，看手相、看风水、烧香拜佛风靡一时，不仅在普通群众、而且在不少党员干部中非常盛行。

（五）“大众意识形态”的发展影响主流意识形态作用的发挥

1. 多元思想文化催生“大众意识形态”。在社会思想文化日益多样化的条件下，大众思想意识在一个特定的层面形成“大众意识形态”。“大众意识形态”具有多元性、草根性、日常性、自主性、差异性、易变性、逆反性、难控性、开放性等特征。

2.“大众意识形态”与主流意识形态形成“两套话语”。由于社会生活中存在的负面现象及其与主流意识形态宣传基调、宣传内容、宣传技巧上的反差，“大众意识形态”与主流意识形态逐步拉开距离，导致社会上常常出现“主流意识形态失语”以及“两套话语并存”现象。一些领导干部知识层次越来越高，离人民群众的距离越来越远、感情越来越远，“常说的老话多，正确的废话多，漂亮的空话多，严谨的套话多，违心的假话多”，党政领导干部话语体系“隔膜化”，与老百姓的话语越来越难以对接，从而使主流意识形态话语失去了对社会大众的吸引力、感染力。

3.“大众意识形态”影响日益增强。“大众意识形态”形成特定的价值观念、评判标准和话语体系，对社会大众和社会生活的影响日益增强，“大众意识形态”中的负面因素对主流意识形态也产生一定消极影响。

（六）境外意识形态渗透对主流意识形态产生强大冲击

意识形态渗透是西方敌对势力对我实施“西化”、“分化”图谋的重要组成部分。以美国为首的西方国家在国际社会争夺意识形态主导话语权，千方百计地对社会主义意识形态进行渗透和攻击。

1. 在散布“意识形态终结”和“普世价值”的同时，把所有问题政治化、意识形态化。近年来，围绕所谓“西藏问题”、“新疆问题”、“人权问题”以及举办奥运、贸易逆差、人民币汇率、能源环境、“有毒食品”、“危险玩具”、军费增长等，进行大量不实和歪曲性报道。

2. 掌握和利用各种传媒，形成全方位、立体式的舆论包围圈。广播、卫星电视等传统媒体继续成为进行意识形态渗透和攻击的手段。近年来，随着网络技术的普及，互联网对人们尤其是知识分子和青年学生的影响越来越大，成为西方敌对势力与我进行思想文化争夺的新阵地。

3. 在国际经贸、文化交往、文化产品输出过程中，输出其政治制度和"自由、民主、人权"等核心价值观。西方影视剧、图书杂志、网络游戏等文化产品大量输入，既具有一定的文化属性，又蕴含着特定的国家意识、民族意识、政治意识，对广大青少年产生潜移默化的影响。同时，利用各种基金会、非政府组织，采取各种不同方式，使之成为输出西方生活方式和价值观念的重要渠道。

二、提升主流意识形态影响力的对策建议

（一）切实提高对主流意识形态建设重大战略意义的认识

1. 增强忧患意识，高度重视主流意识形态建设，进一步强化"经济建设搞不好要出大的问题、意识形态搞不好同样要出大的问题"的理念，始终保持清醒头脑，始终坚持"两手抓、两手硬"，始终致力于不断提高意识形态自身建设水平，始终致力于不断提升主流意识形态的影响力。

2. 增强主导意识，牢固确立执政党的"主流意识形态意识"，不断巩固主流意识形态的主导地位，切实发挥主流意识形态的主导作用，自觉用主流意识形态引领社会思潮、统一思想认识，防止和克服主流意识形态"淡化"、"弱化"、"边缘化"。

3. 增强责任意识，进一步明确意识形态建设不仅是宣传、文化等部门的职责，更是各级党委和政府的责任，是全社会的责任，要把对意识形态工作是否重视、是否支持、是否落实，列人各级党委和政府工作的考核体系，形成党委、政府高度重视，全社会齐抓共管的良好氛围，形成意识形态工作的合力。

（二）进一步明确新形势下主流意识形态建设的原则、定位和要求

根据世情国情党情的变化，面对当今世界大发展大变革大调整的实际和全球思想文化交流交融交锋的特点，着眼我国"两个没有变"的基本判断，以及经济社会发展进程中呈现的一系列新的阶段性特征和一系列新情况新问题，对新形势下党的主流意识形态建设进行整体性、战略性、前瞻性和创新性的思考。

1. 进一步明确新形势下主流意识形态建设的基本原则：坚持马克思主义的指导地位，体现中国特色社会主义理论体系的根本要求，贯彻中国共产党人的执政理念，代表人民群众根本利益并得到人民群众普遍认同，借鉴传统意识形态与外来意识形态建设的有益成果。

2. 进一步明确新形势下主流意识形态建设的基本定位：科学性、先进性、广泛性、整合性、示范性、建设性、战斗性、开放性。

3. 进一步明确新形势下主流意识形态建设的基本要求：既立足现实，又尊重历史；既着眼当前，又面向未来；既鼓励先进，又照顾多数；既统一思想，又尊重差异；既包容多样，又扬优汰劣；既坚持原则，又把握好度；既常抓不懈，又不断创新；既解决思想问题，又解决实际问题；既立足国内，又放眼世界。要在社会主义核心价值体系建设的基础上，集中全党全社会的智慧，进一步提炼和概括社会主义核心价值观，做到科学鲜明、广泛接受、普遍践行，使之成为全党全国人民团结奋斗的共同价值追求。

（三）高度重视发挥主流意识形态的教育引导功能

提升主流意识形态影响力，最基本的是要切实发挥主流意识形态的教育引导功能。要联系实际，切实解决"敢不敢"、"能不能"、"善不善于"做好教育引导工作的问题。

1. 高扬马克思主义、社会主义主旋律。警

惕教育引导工作“去意识形态化”倾向，大张旗鼓地宣传马克思主义中国化的最新成果，大张旗鼓地宣传党的理论、路线、方针、政策，大张旗鼓地宣传改革开放取得的伟大成就，大张旗鼓地宣传各条战线涌现出来的先进典型。同时，理性面对、科学回答经济社会发展过程中出现的突出问题，理性面对、科学回答广大人民群众关心的重点、难点、热点问题，理性面对、科学回答与人民群众切身利益直接相关的实际问题，做到理直气壮、旗帜鲜明、一以贯之、科学引导。

2. 大力推进当代中国马克思主义大众化。把“顶天”和“立地”结合起来，凸显当代中国马克思主义的实践特色、民族特色、时代特色，加大当代中国马克思主义通俗化、普及化、群众化工作力度，引导人们树立中国特色社会主义共同理想，树立正确的世界观、人生观、价值观，树立爱国主义、集体主义、社会主义思想，加强社会公德、职业道德、家庭美德、个人品德建设，反对拜金主义、享乐主义、极端个人主义，消除封建主义思想影响，抵御资本主义腐朽思想文化侵蚀，有针对性地解决不同社会群体的思想问题。

3. 扩大主流意识形态宣传教育的覆盖面。针对社会组织形式和社会结构的变化，创新思路，创新载体，创新手段，在继续做好农村基层、城市社区、机关、企业以及大中小学、科研院所、文化团体等的宣传教育工作的同时，着力研究和探索新经济组织、新社会组织中党的工作和宣传思想工作的落实机制，让主流意识形态的声音传达到社会基层，传达到普通百姓，传达到方方面面。

（四）充分发挥各类媒体尤其是网络媒体对社会生活的积极影响

当今社会，各类媒体尤其是新兴媒体对社会生活和社会大众正在产生广泛而深刻的影响。是否、能否、善否用好媒体，将直接决定主流意识形态有效影响力的发挥。必须增强政治意识、大局意识和危机意识、阵地意识、主导意识，积极运用、主动引导并充分发挥各类媒体尤其是网络媒体的作用。

1. 增强“善待媒体、善用媒体、善管媒体”意识。把善待、善用、善管媒体作为各级领导干部必修课和基本素质要求，切实提高各级领导干部自觉运用和正确引导网络媒体的本领，趋利避害、扬长避短，使之成为宣传党的主张、弘扬社会正气、通达社情民意、引导社会热点、疏导公众情绪、加强舆论监督的新平台、新空间。

2. 密切关注社会热点、有效引导社会热点。不回避问题，发挥舆论监督的积极作用，切实改进工作、完善管理、优化服务；不人为炒作，防止把热点问题炒热，有效引导社会舆论，纾解公众情绪，维护社会稳定。

3. 加快互联网法治建设步伐。按照理性、法治的要求，建立健全相关的法律规范和制度，倡导网络文明，加强网络自律，促进网络文化健康发展。

4. 加强主流网络媒体自身建设。增强“传播力决定影响力、话语权决定主动权、透明度决定公信度”的理念，坚持直面现实、主流引导与生动活泼、喜闻乐见相结合，增强主流网络媒体的吸引力、感染力。

（五）更好地落实“贴近生活、贴近实际、贴近群众”的要求

提升主流意识形态影响力，要切实解决主流意识形态进一步“落地”的问题。

1. 牢固树立群众观点，防止主流意识形态“空洞化”。把党的主张与人民群众的意愿更好地结合起来，把党的政策与人民群众的利益更好地结合起来，把党的目标与人民群众的追求更好地结合起来，正确把握最广大人民群众的根本利益、现阶段群众的共同利益和不同群体的特殊利益的关系，统筹兼顾各方面群众的利益关切，准确反映人民群众的利益诉求。

2. 直面社会现实问题，防止主流意识形态“理想化”。以解决群众反映强烈的突出问题为重点，坚决纠正损害群众利益的不正之风；以查处发生在领导机关和领导干部中滥用权力、谋取私利的违法违纪案件为重点，严厉惩处腐败分子;高度重视并切实解决在住房、就业、利益分配、医疗保险、安全生产、社会治安以及土地征收征用、城市建设拆迁、环境保护、企业重组改制和破产、涉法涉诉等方面群众关注度高、与切身利益联系紧的实际问题。

3. 切实改进会风文风,防止主流意识形态"隔膜化"。拉近与人民群众的距离,少开会、开短会,少发文、多落实,说真话、说新话、说老百姓想听的话,坚决克服会越开越长、文越发越多、千人一腔、千篇一律的现象,摒弃大话套话、空洞说教、形式主义。

(六)充分发挥文化的凝聚功能和导向功能

文化是民族之魂,是一个民族的身份证,是凝聚民族的血脉和纽带,是意识形态的重要载体。文化的本性和特征,决定了其"随风潜入夜、润物细无声"的特殊功效。中华民族几千年生生不已、自强不息,文化发挥了不可或缺、不可替代的基础性作用。提升主流意识形态影响力,要充分发挥文化对社会大众的凝聚力和导向力。

1. 创作更多精神文化精品。深化文化体制改革,完善扶持公益性文化事业,积极发展经营性文化产业,始终把社会效益放在首位,经济效益与社会效益相统一,总结近年来主旋律影视剧创作等方面的成功经验,创作更多的反映人民主体地位和现实生活,群众喜闻乐见、雅俗共赏的优秀精神文化产品。

2. 弘扬中华优秀传统文化。致力于传统文化的现代化和大众化,去粗取精、去伪存真、古为今用,使之与现代社会相适应、与现代文明相协调,凝聚共识、凝聚情感、凝聚意志,做好传统文化普及工作,加强中华优秀文化传统教育,弘扬中华民族优秀品德。

3. 积极推进大众文化建设。坚持正确导向,弘扬社会正气,建设和谐文化,培育文明风尚,普及科学知识,深入开展全民健身和群众性精神文明创建活动,突出思想教育内涵,广泛吸收群众参与,形成"我为人人、人人为我"的良好社会氛围。

(七)增强主流意识形态对外影响力

1. 从国家发展战略的高度谋划中国文化在世界文化中的定位。逐步扭转对外文化交流和传播严重"入超"和"赤字"现象,解决中国文化以及文化产品对外影响力有限的问题,解决与中国国际地位以及经济社会发展水平不相称的问题。

2. 切实加强对外文化交流。针对国际舆论竞争和中西文化交流中"西强我弱"的态势,通过推出有影响的重点文化项目、建设和发展海外文化中心、建设和推广重点文化品牌、积极开展多边国际文化交流等途径,介绍我国悠久历史、灿烂文化和核心价值观,展示我国社会制度的优越性,宣传我国经济社会发展的巨大成就,传播中国和平发展的和谐文化,提升和扩大国际影响力。

3. 提高文化传播有效性。注重人类文化的多样性,求同存异、取长补短,寻求与各国文化的对接点和交汇点,深入研究国外受众的接受心理和思维习惯,运用看得懂、听得进、易交流、能接受的语言和方式,增强亲和力和感染力。

4. 加快构建传播快捷、覆盖广泛的文化传播体系。加强传播手段和传播能力建设,做大做强主流媒体,形成与国际地位相称的媒体与舆论力量。同时,进一步开拓对外文化交流新渠道。

5. 注重国家文化安全。针对西方强势文化以先进的传播手段干扰发展中国家的文化生存和发展环境,尤其是某些国际势力试图从政治文化上改变我国的政治和意识形态选择的图谋,保持高度警惕,并进行针锋相对的斗争。

(八)加强主流意识形态自身建设

1. 增强党在意识形态领域的执政意识和执政能力。牢固确立"掌握思想领导是掌握一切领导的第一位"的观念,充分认识党驾驭意识形态的能力越强,整合人们思想认识、动员社会力量的能力就越强,促进改革发展、维护社会稳定的能力就越强,充分认识加强党对意识形态的领导，是永葆党的先进性、巩固党的执政地位必须解决好的一个重大战略课题，不断提高驾驭意识形态复杂局面的能力，不断增强党在意识形态领域的执政能力。

2. 注重对新形势下意识形态建设特点和规律的研究。按照提高党的建设科学化水平的要求，深入研究意识形态建设所处的环境和背景，深入研究意识形态建设面临的机遇和挑战，深入研究意识形态建设面对的新情况、新问题，深入研究意识形态建设的新思路、新举措，不断提高对新形势下意识形态建设新规律的认识，不断提高掌握规律、运用规律的能力和水平。

3. 借鉴国外主流意识形态建设的做法。尤其要注意研究国外在主流意识形态建设过程中，在法治保障、教育引导、文化（传媒）掌控、国家意识等方面的成功做法。

4. 建设一支高素质的意识形态工作队伍。按照党管意识形态、党管人才和党的先进性建设的要求，建设一支具有坚定政治立场、宽广战略思维、广博文化知识、崇高职业精神和过硬工作本领的意识形态工作队伍。加强意识形态部门领导班子建设，牢牢把握新闻出版、广播电视、文化艺术和哲学社会科学等方面工作的领导权。加强意识形态队伍思想政治建设，不断增强队伍的政治意识、大局意识、责任意识和阵地意识，确保意识形态部门的干部党员思想政治坚定，关键时刻经得起考验。积极实施理论、新闻、文艺、出版“四个一批”人才培养工程，造就宣传文化领域各方面的领军人物和学科带头人，为意识形态建设提供强有力的人才保证。

（课题组组长：管向群；成员：孟文慧、邹爱莲、陶庆军、燕钦国、许宇勇、冀忠实、张增良、郑国建；执笔人：管向群；指导教师：刘炳香）

信息化条件下的意识形态安全策略

周国平

随着计算机互联网技术的不断提高和迅速发展，世界各国都在争相发展“第四媒体”，力图在世界舆论格局中抢占有利地位。网络信息化潮流一方面为维护我国主流意识形态的安全提供了新的手段、方式和空间，同时也带来了新的挑战。要立足网络信息化潮流的新实际，认识新情况，研究新规律，探索新途径，在实践中不断优化和完善我国的意识形态安全机制。

一、更新观念，确立三个网络意识

要确立网络无疆界意识。网络的特点之一就是打破了时空界限，打破了国家的疆界，在网络中已无国界可言。茫茫网络，无边无际，防不胜防，网络无疆界意识必须尽快建立起来。要确立网络信息安全意识。目前我国全社会网络信息安全意识还比较淡薄，对信息安全也缺乏常识性的了解，这种状况对网络条件下的意识形态工作极为不利。有人认为，我国信息化程度还不高，信息安全事件只是发生在发达国家，不必大惊小怪；还有人认为，国外的加密软件水平很高，所以可以大胆使用国外公司产品，网络信息安全意识亟待增强。要确立网络危机意识。在网络时代，一个国家、一个民族的兴衰，更多地将取决于对信息这种战略资源的生产、获取和使用的综合国力，一个国家对一个国家、一个民族对一个民族的竞争的胜利，将更多地表现为智力竞争的胜利。发达国家凭借网络技术和网络信息的垄断优势完全可能使发展中国家沦为新的“网络殖民地”。因此，确立并保持发展中国家可能沦为发达国家“网络殖民地”的危机意识至关重要，它有助于我们从国家安全的战略高度，清醒地认识网络发展所带来的诸多冲击，居安思危，未雨绸缪，一方面大兴学习网络、掌握网络、运用网络、创新网络之风，另一方面积极寻找应对策略。

二、构建全国统一开放的意识形态安全宣传网络

为了抢占网络宣传的制高点，掌握网上信息传播和意识形态斗争的主动权，构建一个全国性的统一开放的意识形态安全宣传网络十分必要。这样的网络应该具备以下要素：政府牵头。各级党委、政府，特别是有关政治宣传和安全工作的职能部门，在建网投资、技术管理等方而负有不可推卸的领导和协调责任，切不可把这些事情简单地推给教育部门甚至一些民间组织，因为他们的统筹力毕竟有限。系统配合。从中央、省、市到县，意识形态工作网站要逐级衔接，地方网站主要介绍当地政治事件，传递当地政治信息，分析当地意识形态动向，各网站要相互依存、相互支持、协调一致。主题鲜明。围绕意识形态安全主题，首先要旗帜鲜明地宣传马列主义、毛泽东思想，宣传中国特色社会主义理论体系，宣传党的路线、方针和政策，宣传形势和任务，唱响主旋律，打好主动仗。其次要突出网络道德教育。增强网民自身的抗干扰力、“免疫力”，强化网上“自律、自管、自教、自我服务”的操守理念。再次要设置网上举报功能，把形形色色的政治性网站、论坛和社区，置于广大人民群众的监督之下。除此以外，针对西方文化和价值观的渗透，还要大力弘扬民族文化、延续民族传统。要积极利用网络工具，在国际互联网上充分展示中华民族的文化遗产，让更多的网民了解到我国的悠久历史和灿烂文化，既拓展中华文化的世界影响，又增强我国网民的文化归属感和凝聚力。页面新颖。网页设计有创意，形式生动活泼、喜闻乐见，无论是色彩还是功能设置都富于想象力、吸引力，把思想性、知识性和趣味性融于一网。语种多样。意识形态网络要面向社会、面向大众，不仅要对内开放，还要对外开放。

三、加强对信息网络的监控和管理

建立国家网络监管体系。这个体系由网络监测系统、网络防卫系统和网络人才系统三个部分组成。网络监测系统是国家网络监管体系的“眼睛”，它通过对网络信息的动态跟踪与分析，发现安全隐患，并及时反馈给决策系统和防卫系统。网络的防卫系统是国家网络监管体系的具体执行机构，它负责具体的保障行动。网络的人才系统是为国家网络监管系统招聘、培养、输送人才的机构。加强对信息源的管理和控制。加强对信息源的管理，控制信息的生产，是防止西方意识形态渗透最直接最有效的方法，为此需要提高我国的网络技术水平，积极研究抵御西方“网络霸权”的技术手段和方法。加强对网络服务供应商的管理。互联网服务供应商们连接着有形和虚拟的世界，网络中出现的很多问题都可以在互联网服务供应商这个层面得到解决，政府通过加强对互联网服务商的管理，可以在一定程度上监督和控制西方价值观等不良信息的传播。以上监管措施的贯彻，迫切需要法律的支持，要积极推进信息网络技术和信息网络产业的立法，要在现有计算机信息和网络管理决定、条例和实施办法的基础上，根据我国国情和日新月异的网络发展情况，早日制定出比较完善的网络监管法律法规体系。

四、大力发展自主的网络安全高科技

大力发展自主的网络安全高科技，其根本意义就在于为网络意识形态工作提供技术支撑，即要使中国网络系统所需要的硬件和软件产品能够有自己独立研制、拥有知识产权的主导产品，从而根除网络信息安全受制于人的被动局面，把命运掌握在自己的手里。发展网络安全高科技

包括两个方面。一是IT行业基础元器件和基础设备。比如芯片技术、高速计算机，这些都是发达国家不向中国转让或禁运的，我们只能自己搞。二是网络本身的安全防卫技术。因为涉及到国家安全，我们必须自己搞。大力发展上述网络安全高科技，可采取三种方法：充分发挥社会主义可以动员全社会力量的优势，甚至可以像当年研制“两弹一星”那样，汇聚全国科技精英，进行技术攻关；尽可能地利用全世界的资源，创造各种条件，把其他国家的科学家特别是华裔科学家和中国留学生吸引到中国的大公司、大学和研究机构；走市场化的道路，网络安全高科技的研究开发蕴藏着巨大的商机，走市场化道路，有利于达到最大的研究开发效益，有利于加快我国自主网络安全高科技的发展。

五、培养一支既懂意识形态工作艺术又具备网络素质的新型政工队伍

所谓网络素质，一是必要的对网络信息的获取、加工和处理的能力，二是应用网络、创造网络的能力。网络时代的意识形态工作实际上是人的智慧、知识和网络素质的交流和较量，一支缺乏网络知识和能力的干部队伍，是无法驾驭网络时代的意识形态工作的。因此，我们要充分认识提高干部队伍网络素质的重要性和紧迫性，努力造就一支具有较高政治素质和网络素质的新型政工队伍。意识形态工作者首先要加快自己的角色转变，尽快掌握网络技术，用网络技术武装自己，因为只有这样，才能走进网络及其使用者世界，才能发现并帮助他们解决思想问题。其次要加强对网络意识形态工作规律的研究。网络意识形态工作是一门全新的科学，要通过网络这个载体扩大意识形态工作的覆盖面，增强渗透性，进一步发挥意识形态工作的魅力，使意识形态工作更具有实效性和说服力。

（作者：中共江苏省苏州市委党校教授）

论人文关怀与社会主义核心价值体系学习教育

寇东亮

社会主义核心价值体系是社会主义意识形态的本质体现。2009年9月，中共十七届四中全会通过的《中共中央关于加强和改进新形势下党的建设若干重大问题的决定》提出，要在全党“开展社会主义核心价值体系学习教育”。加强人文关怀，是有效开展社会主义核心价值体系学习教育的重要环节之一。

一、当代中国人文关怀的价值指向

近年来，胡锦涛反复强调，在经济社会发展中，要注重人文指标，加强人文关怀。2003年7月，胡锦涛在全国防治非典工作会议上的讲话中指出：“在促进发展的进程中，我们不仅要关注经济指标，而且要关注人文指标。”2006年10月，中共十六届六中全会通过的《中共中央关于构建社会主义和谐社会若干重大问题的决定》指出：“注重促进人的心理和谐，加强人文关怀和心理疏导，引导人们正确对待自己、他人和社会，正确对待困难、挫折和荣誉。”2007年10月，胡锦涛在中共十七大报告中进一步强调：“注重人文关怀和心理疏导，用正确的方式处理人际关系。”注重人文指标，加强人文关怀，是科学发展观以人为本核心理念的基本要求和具体体现。

马克思说："人的根本就是人本身。……人是人的最高本质。"但是，在社会历史发展的实际进程中，人往往容易忽视、漠视甚至无视"人本身"，出现各种各样"不把人当人"的现象。古代社会"以天(皇权)为本"，西方中世纪"以神为本"，近现代社会"以钱为本"。天、权、神、钱这些"非人"的东西成为社会发展的主体、中心和目的，而"人本身"则不断被边缘化甚至被消解，成为纯粹的工具和手段。正是针对各种各样的"非人"现象，在人类历史演进中才形成了持续不断的人文主义思潮和人文关怀运动。所谓人文关怀，一般地说，就是人对"人本身"的认同、珍视和呵护，是人对"人本身"的一种自我关怀。它表现为，对人的生命和人的存在的关爱，对人的人格尊严和社会地位的关切，对人的合理需求和生活质量的关心，对人的价值追求和自我完善的关照，对人的发展前途和终极命运的关注。通过这种关爱、关切、关心、关照和关注，确立人的主体地位，维护人的各种权益，实现人的自我价值，促进人的全面发展。

当代中国所说的人文关怀，已不仅仅限于传统的人文道德教化层面，而是更为强调对人的主体地位的肯定和尊重，对符合人的合理需求、生存状态、生活条件的关注和保障。尤其是把"人文关怀"与思想政治教育工作联系起来，延伸到正确处理人际关系。这些都使"人文关怀"的内涵得到深化，外延得到扩展，具有更为鲜明的时代指向。这种人文关怀是"以人为本"理念的具体体现，本质上是一种价值关怀，呈现的是人对于自身价值实践活动的理性反思与批判。从根本上说，人文关怀就是要批判和克服各种"物本"现象，强调在经济社会发展进程中，把"人本身"作为出发点和归宿点，始终关注和呵护人本身及其精神、情感、心理等的价值和意义，使经济社会发展过程，成为不断满足人的需要、维护人的尊严、实现人的价值、促进人的全面发展的过程，在全社会形成胡锦涛所说的"尊重人、理解人、关心人、爱护人"的风尚。尊重人、理解人、关心人、爱护人，是当代中国人文关怀的基本要求和集中表现。

二、社会主义核心价值体系的人文意蕴

一般地说，价值的核心是精神，精神的核心是人文，人文的核心是关怀。价值体系与人文关怀密不可分。任何一种合理的价值追求最终都显现为特定的人文关怀，任何一种人文关怀都凝结着特定的价值追求。社会主义核心价值体系内含丰富的人文精神和人文关怀。

马克思主义是社会主义核心价值体系的灵魂。人文关怀是马克思主义的固有维度和基本内容。其一，现实的个人，是马克思主义的出发点。所谓现实的个人，就是从事各种社会实践活动的人。正是基于对人的现实性的关注和理解，促使马克思和恩格斯以科学的态度研究人的现实存在和发展，研究人的现实社会关系，创立了"关于现实的人及其历史发展的科学"即唯物史观，确立了致力于实现以劳动人民为主体的最广大人民的根本利益的鲜明政治立场。其二，人的解放，是马克思主义的关切点。所谓人的解放，就是"推翻那些使人成为被侮辱、被奴役、被遗弃和被蔑视的东西的一切关系"，"把人的世界和人的关系还给人自己"，使人"成为自己的社会结合的主人，……成为自然界的主人，成为自身的主人"。马克思和恩格斯把共产主义运动视为人的解放的现实途径，把无产阶级视为承担这一历史使命的主体力量。马克思主义是无产阶级根本利益的科学表达，它使无产阶级真正意识到自己的历史地位和作用，从而使无产阶级由自在阶级发展为自为阶级，自觉组织起来为本阶级和人类的解放而奋斗。马克思主义充满了对无产阶级和全人类的终极性人文关怀。其三，人的自由全面发展，是马克思主义的聚焦点。通过对资本主义社会人的异化现象进行分析和批判，马克思和恩格斯把"人的自由全面发展"确立为替代资本主义社会的未来理想社会的根本特征。马克

思指出，未来新社会是"以每个人的全面而自由的发展为基本原则的社会形式"。恩格斯指出，社会主义社会"将使自己的成员能够全面发挥他们的得到全面发展的才能"。其四，自由人联合体，是马克思主义的终极点。马克思和恩格斯认为，社会主义社会和共产主义社会是一种"真正的共同体"，"它是各个人的这样一种联合（自然是以当时发达的生产力为前提的），这种联合把个人的自由发展和运动的条件置于他们的控制之下"，而"各个人在自己的联合中并通过这种联合获得自由"。这种"自由人联合体"是以"作为目的本身的人类能力的发挥"为特征的。

中国特色社会主义共同理想是社会主义核心价值体系的主题。中国特色社会主义旨在把我国建设成为一个富强民主文明和谐的社会主义现代化国家，不断推进人的全面发展。中国特色社会主义共同理想内含丰富的人文关怀。其一，以人为本，是中国特色社会主义的核心理念。从"三个有利于"中"有利于提高人民的生活水平"到"三个代表"中"始终代表中国最广大人民的根本利益"，从把"人民拥护不拥护、赞成不赞成、高兴不高兴、答应不答应"作为一切工作的根本标准，到把"权为民所用、情为民所系、利为民所谋"作为党执政的根本准则，从"代表人民群众的根本利益"到"着力解决人民群众最关心、最直接、最现实的利益"，从"提高人民生活水平"到"促进人的全面发展"。从中可见，"以人为本"是贯穿于中国特色社会主义理论体系和发展实践的主线。"以人为本"在核心价值层面上所体现的中国特色社会主义共同理想，就是胡锦涛所说的："发展为了人民，发展依靠人民，发展成果由人民共享，关注人的价值、权益和自由，关注人的生活质量、发展潜能和幸福指数，最终是为了实现人的全面发展。"其二，人民普遍幸福，是中国特色社会主义的根本价值取向。实现共同富裕，是社会主义的本质特征和价值追求。实现共同富裕，也就是实现人人幸福。2008 年，胡锦涛在纪念党的十一届三中全会召开30 周年大会上的讲话中指出，党在社会主义初级阶段的基本路线是"人民群众的幸福线"。追求幸福、共创幸福、共享幸福，是中国特色社会主义的根本价值取向。其三，社会和谐，是中国特色社会主义的本质属性。和谐标志的是人与自我的一体关系、人与人的伙伴关系、人与社会的依存关系、人与自然的友好关系，这种和谐是人文关怀的具体表现，也是人的幸福的源泉和根基。经济建设、政治建设、文化建设、社会建设、生态文明建设"五位一体"的中国特色社会主义和谐发展之路，使人的物质经济需要、政治参与需要、文化精神需要、日常交往需要等都得到全面反映和保障，这是一种面向人的一切合理需要的深切人文关怀。只有在这种人文关怀中，人才能切身感受到真正的幸福。其四，促进人的全面发展，是中国特色社会主义的终极目标。从邓小平提出培育"四有"新人，到江泽民把"促进人的全面发展"作为中国特色社会主义的基本任务，再到胡锦涛提出"以人为本"、"促进经济社会和人的全面发展"，无不表明，促进人的全面发展，是中国特色社会主义的终极目标。

以爱国主义为核心的民族精神和以改革创新为核心的时代精神是社会主义核心价值体系的精髓。以爱国主义为核心的团结统一、爱好和平、勤劳勇敢、自强不息的民族精神，凸显了民族国家认同情怀、社会责任意识和自尊自强进取态度等中国传统人文精神和人文关怀思想；以改革创新为核心的时代精神凸显了自主性、创造性、进取性、先进性等人文素质对于当代经济社会发展和人的发展的意义。以爱国主义为核心的民族精神和以改革创新为核心的时代精神，根本上都旨在促进人的全面发展，充满了对"人本身"的人文关怀。

社会主义荣辱观是社会主义核心价值体系的基础。作为一种价值观，社会主义荣辱观凸现了人的道德精神和道德信仰，是人完善自我的一种道德精神构架。社会主义荣辱观明确了什么是真善美、什么是假恶丑，应当坚持和提倡什么、反对和抵制什么，为人们判断行为得失、做出道德选择、确定价值取向，提供了基本的价值准则和行为规范。社会主义荣辱观既是“为己之学”，又是“为人之学”，是“独善其身”与“兼善天下”、关爱自我与关怀他人的统一。提倡社会主义荣辱观，就是要让人拥有明确的是非判断、鲜明的对错意识、合理的善恶抉择、正确的荣辱观念、丰富的人道情怀和深厚的人文精神，成为一个有高尚道德追求、优良道德品质和崇高道德境界的人。

三、社会主义核心价值体系学习教育的人文目标

一切正确的价值观教育本质上都是一种精神教化，都是一种面向人的全面发展的人文教育，都会有非常明确的人文指向。社会主义核心价值体系是迄今为止人类最先进的价值体系，社会主义核心价值体系学习教育有着最为鲜明、最为先进的人文指向和人文目标。

精神成人，是社会主义核心价值体系学习教育的基础性人文目标。社会主义核心价值体系学习教育，本质上是一种精神教化，其根本目的之一，在于涵养人的人文精神，实现“精神成人”。精神成人的基本要义是懂得“做人”道理，即懂得什么是人、做什么样的人、如何做人。对不同的人来说，“做人”意味着不同的东西。但可以肯定的是，“做人”意味着“做好人”。所谓“好人”，就是具有正确价值观，并据此去“做事”的人。正确的价值观，显现的是一种优秀的人性状态，它确证人自身作为人的存在，以及这种存在的卓越、优秀和完善。社会主义核心价值体系学习教育的目的最终应体现为，“创造着具有人的本质的这种全部丰富性的人，创造着具有丰富的、全面而深刻的感觉的人”，使“人以一种全面的方式，就是说，作为一个总体的人，占有自己的全面本质”。社会主义核心价值体系根本上也是一种人生价值体系，它提供了“做人”的思想根据、理想指向、精神支撑、道德基础等，正确回答了人生目的、人生态度、人生价值和人生道路等问题。

坚定理想信念，是社会主义核心价值体系学习教育的核心性人文目标。理想信念是人的存在的根基。理想是人从现实出发在头脑中建构起来的未来图景，是对未来的预见和构想；信念是人在生活实践中实际地体验了怎样想和怎样做才有益和有效的基础上形成的一些思考和行动的模式。理想信念与人的本质、人的生存和人的发展密切相关，它本质上是人对自己本质力量和生存发展方向的把握。人的一切理想信念，根本上都是人对自己本质力量的“崇拜”；人的一切正确的理想信念，根本上都是对各种善的和美好的东西的“崇拜”。马克思主义、中国特色社会主义共同理想、民族精神与时代精神、社会主义荣辱观，凝聚着以人为本、人的解放、人的全面发展、人人富裕、精神成人等理想信念，这种理想信念是一种面向人的未来的殷切人文关怀。开展社会主义核心价值体系学习教育，核心目标就在于使人确立并坚定这种理想信念。也是在这个意义上，《中共中央关于加强和改进新形势下党的建设若干重大问题的决定》指出：“把理想信念教育作为全党学习践行社会主义核心价值体系的重中之重，教育引导党员着力增强贯彻党的基本理论、基本路线、基本纲领、基本经验的自觉性和坚定性，增强走中国特色社会主义道路、为党和人民事业不懈奋斗的自觉性和坚定性，做共产主义远大理想和中国特色社会主义共同理想的坚定信仰者。”

建设精神家园，是社会主义核心价值体系学习教育的根本性人文目标。精神家园指一个人的精神支柱、情感寄托和心灵归宿，精神家园反映的是人在价值层面上的主体自我意识和整体性的精神归属。有了精神家园的支撑，人才会有心理安全感和精神归宿感，人的生活方可呈现丰富意义。在其现实性上，人是社会存在物，个体的精神家园是以民族共有精神家园为前提和基础的。民族共有精神家园以共同价值体系和价值观为标志，是民族成员安身立命的

所在、生存发展的支撑和身份归属的标志。作为一种精神文化，民族共有精神家园是民族共同体在生存发展过程中土生土长并不断吸纳各种文化而造就的一种独特文化体系，是人们共同认可和接受的精神价值体系，是人们共同享有的精神生活空间。文化多样性和价值多元化是现代社会的基本特征，我们只有以相对一致或公认的社会核心价值体系来引导这种文化多样性和价值多元化，维护全社会价值标准与价值理想的相对共通性和一致性，才能建构民族共有精神家园。社会主义核心价值体系既突出国家意志和意识形态，又凸显全社会共同价值取向；既继承吸收中华民族的优秀文化传统，又反映当今时代文明的先进成果。体现了先进性与广泛性、理想性与现实性、民族性与时代性的统一，是中华民族共有精神家园的内核。

四、社会主义核心价值体系学习教育中加强人文关怀的具体要求

加强人文关怀，既是社会主义核心价值体系学习教育的内在要求，也是提高社会主义核心价值体系学习教育实效性的重要环节。只有在社会主义核心价值体系学习教育中秉持深厚的人文关怀，才能增强社会主义核心价值体系学习教育的吸引力、亲和力和感染力，使人们能够“真学真懂真信真用”。这种人文关怀主要表现为以下六个方面。

其一，坚持以人为本。以人为本是社会主义核心价值体系的内核和本质，社会主义核心价值体系是以人为本的具体体现和现实要求。社会主义核心价值体系学习教育的主体是人，对象是人，其出发点和归宿点也是人，本质上是一种“做人”教育。只有坚持以人为本，把人作为主体和目的，才能真正提高社会主义核心价值体系学习教育的针对性和吸引力。2004 年 5 月，胡锦涛在全国加强和改进未成年人思想道德建设工作会议上的讲话中强调，在未成年人思想道德建设中，“要适应未成年人的接受能力，因势利导，循循善诱，生动形象，润物无声，做到入耳、入脑、入心。……对未成年人要多尊重、多理解、多关心、多帮助，不能仅仅把他们当作教育和管理的对象”。

其二，加强民生建设。邓小平指出：“群众从事实上感觉到党和社会主义好，这样，理想纪律教育，共产主义思想教育和爱国主义教育，才会有效。”胡锦涛强调，在经济社会发展过程中，既要实现好、维护好、发展好最广大人民的根本利益，又要关心和解决人民群众最关心、最直接、最现实的利益。人民群众最关心、最直接、最现实的利益问题构成民生的重点。目前，我国已经进入全面建设小康社会的新阶段，但现在的小康还是低水平的、不全面的、不平衡的。就业、社会保障、收入分配、教育、医疗、住房、社会治安、环境保护等关系广大人民群众切身利益的问题仍比较突出。着力解决各种民生问题，建构公正合理社会秩序，化解各种利益冲突，最大限度地满足人们的各种合理需求，这是最基本的人文关怀。加强民生建设，能够使人们“从事实上感到党和社会主义好”，这是有效开展社会主义核心价值体系学习教育的社会基础。

其三，实现体面劳动。2010 年 4 月，胡锦涛在全国劳动模范和先进工作者表彰大会上的讲话中指出：“要切实发展和谐劳动关系，建立健全劳动关系协调机制，完善劳动保护机制，让广大劳动群众实现体面劳动。”在社会学意义上，“体面”是人在社会或者组织中通过展示自己的思想和行为，获得自我愉悦或者受到社会称赞的一种满足心态或荣誉感。所谓体面劳动，就是通过促进就业、加强社会保障、维护劳动者基本权益，以及开展政府、企业组织和工会的协商对话，保证广大劳动者在自由、公正、安全和有尊严的条件下工作。体面劳动的核心是尊重劳动和劳动者的尊严。现实地说，体面劳动包括劳动者的权利得到保护、有足够的收入、充分的社会保障和足够的工作岗位等。劳动观点是社会主义核心价值体系的核心内容之一，尊重劳动、保护劳动，是社会主义核心价值体系

的基本要求。体面劳动将大大改善劳动者的劳动条件、劳动收入、劳动保障和生活质量，提高劳动者的社会地位和主人翁意识。这有助于作为社会主体力量的广大劳动者在干事创业中切身体验、真正领会和积极认同社会主义核心价值体系。

其四，提升公民意识。胡锦涛在中共十七大报告中指出："加强公民意识教育，树立社会主义民主法治、自由平等、公平正义理念。"公民意识就是人对自己作为国家政治、经济、文化、法律等活动主体的一种理性自觉。公民意识集中表现为公民对自身作为主体的地位、价值、权利等有了自觉认同和执著追求，这种自觉认同与执著追求，是人们维护自己尊严的表现。公民意识的存在表明，人意识到自己不是只有义务没有权利的客体意义的"臣民"，也不是类意义的"国民"或"百姓"，而是具有特定权利与义务的主体意义的"公民"。借用黑格尔的话，公民意识的内核就是，"成为一个人，并尊敬他人为人"。"成为一个人"是公民主体意识的体现，"尊敬他人为人"是公民平等意识的体现，"成为一个人"与"尊敬他人为人"统一是公民权责意识的体现。可见，公民意识具有更为现代的人文关怀精神。只有当一个人具有公民意识，他意识到自己的主体地位和人格尊严，并且也尊敬他人的主体地位和人格尊严，他才能真正成为- 个有尊严的人。只有这样的人，才有可能更加自觉地理解和认同社会主义核心价值体系。

其五，保障尊严生活。2010 年 3 月，温家宝在《政府工作报告》中指出："我们所做的一切，都是为了让人民生活得更加幸福、更有尊严。"尊严与人的生命是同一的。人的生命，只有活出尊严，才能活出自己的内在品质。活得有尊严，就是活得更加自信和幸福。有尊严的生活，意味着人的生命、人格、情感、健康等受到尊重，意味着人是生活的主人而不是生活的看客或过客。保障尊严生活，就是要通过不断发展经济生活而夯实民生，通过不断改善政治生活而维护民权，通过不断丰富文化生活而提高民智，通过不断优化日常生活而增加民乐。只有民生、民权、民智、民乐高度统一的有尊严的生活，才有可能造就"真学真懂真信真用"社会主义核心价值体系的社会主体。

其六，注重心理疏导。心理疏导既是人文关怀的具体体现，也是实现人文关怀的有效途径。人的思想与其心理状态密切关联，健全的心理，是一个人思想积极向上的前提和基础。"疏导"不同于耳提面命的教导，也不同于高高在上的指导。心理疏导遵循人的心理活动规律，通过基于尊重的平等对话和有效沟通，改变人的认知、情绪、态度和意志，消除人的不良心理状态，解除人的思想障碍，使人形成一种尊重差异、包容多样，仁爱坦诚、相互尊重，自尊自爱、理性和平，乐观自信、积极向上的社会心态。心理疏导能够使社会主义核心价值体系学习教育更加适应人的心理发展规律，更加贴近人的内心感受，从而具有吸引力和亲和力，真正化解人们内心的思想困惑。

（作者单位：郑州大学公共管理学院）

对社会主义核心价值体系建设的方法论思考

赵晓红　李抒望

任何社会都有自己的核心价值体系，它是一个政党、一个国家、一个民族得以存在和发展的灵魂所在。建设社会主义核心价值体系是我们党在思想文化建设上的一个重大创新,也是当代中国经济社会又好又快发展的现实需要,更是我国社会长治久安的战略要求。党的十七大报告指出:“切实把社会主义核心价值体系融入国民教育和精神文明建设全过程,转化为人民的自觉追求。”党的十七届四中全会进一步提出“开展社会主义核心价值体系学习教育”的要求,强调学习践行社会主义核心价值体系是建设马克思主义学习型政党的重要任务。

随着改革开放的深入,我国经济体制、社会结构、利益格局越来越多样化,人们在思想认识、理想信念、道德观念、价值取向等方面表现出来的多样性、差异性日益增强,各种社会思潮相互激荡和碰撞的局面越来越明显。同时,我国作为世界上最大的社会主义国家,将长期面临激烈的国际文化竞争,特别是面临西方资本主义国家传播其意识形态、进行文化扩张和思想渗透的压力。在此情势下,为增强社会主义意识形态的吸引力和凝聚力,我们必须用社会主义核心价值体系引领各种社会思潮,凝聚共识、弘扬正气,促进社会和谐稳定,巩固全党全国各族人民团结奋斗的共同思想基础。建设社会主义核心价值体系,是一项复杂的系统工程和长期的战略任务,必须以辩证唯物论和历史唯物论作为方法论,坚持核心与多样的统一、人文与科学的统一、整体与具体的统一、传统与时代的统一、民族与世界的统一、稳定与发展的统一,并在各种价值取向之间保持适当的张力。只有这样来认识和把握,才能不断推动社会主义核心价值体系的形成和完善,并形成长效机制。

一、坚持核心与多样的统一

在意识形态问题上,如果总是以二元的价值观念判断事物,并且囿于情感左右理性,将难以适应新的时代,甚至是寸步难行。今天,提出社会主义核心价值体系这一范畴,既然是讲“核心”,就隐含了“非核心”的前提。在经济体制深刻变革、社会结构深刻变动、利益格局深刻调整、思想观念深刻变化的新形势下,社会价值取向日趋多元。从某种意义上说,这是一种正常状态。就其作用来讲,价值观的多样化,一方面有利于解放思想,促进人们在社会实践活动中突破陈规,大胆创新,不断增强全社会的创造活力;另一方面也为丰富社会主义价值体系,提供了深厚的思想文化资源。现在比任何时候,都更加需要尊重差异、包容多样,在尊重差异中扩大社会认同,在包容多样中增进思想共识,团结不同阶层、不同认识水平的人们共同前进。所以,绝对不能以“核心”否定或取代“多样”。然而,必须看到,社会价值观的多样化存在一定的盲目性、逆反性和无序性,要化解社会矛盾,维护社会稳定,扎实推进社会主义和谐社会建设,又必须用社会主义核心价值体系引领、统摄、整合多样化的价值观,通过倡导积极的,支持有益的,改造落后的,抵制腐朽的,来实现社会主义核心价值体系主导下的社会思想文化的和谐。一个社会,越是呈现出价值多样化,就越应该重视核心价值体系的引导和引领作用,这正是辩证法的精妙之处。在当前矛盾凸显和风险多发的时期,情况错综复杂,各种非社会主义的价值观对社会主义核心价值体系的主导地位形成严峻挑战。如果社会主义核心价值体系起不到应有的主导和统领作用,整个社会就会陷入无序甚至混乱状态。对此,我们必须提高警惕,坚持用社会主义核心价值体系引领社会思潮,努力形成以社会主义核心价值体系为内核的和谐思想文化氛围,使社会主义核心价值体系既能保证先进文化的前进方向和国家的文化安全,又能赢得全社会广泛而深刻的认同,形成社会思想领域既百花齐放、又主旋律鲜明的生动局面,从而增强社会成员的归属感和向心力。

二、坚持人文与科学的统一

所谓科学精神,就是尊重科学、尊重知识、尊重客观规律,以科学的立场、方法想问题办事情的思想和态度；所谓人文精神，主要是指以实现人的自由和全面发展及人类的彻底解放为最终目标，坚持和体现关心人、尊重人、爱护人、发展人和完善人的思想，以及尊重和维护人权、尊重和保护社会成员个人的合法利益，把国家、集体和个人利益有机统一起来的价值导向。科学精神和人文精神是推动工业化、现代化进程的两大精神支柱。建设中国特色社会主义，落实科学发展观，构建社会主义和谐社会，无疑要在全社会大力弘扬科学精神，实施科教兴国战略，推动科技进步，大力发展社会生产力；与此同时，要清醒地认识到，科学技术并不能解决人类在发展过程中所遇到的所有问题，尤其是精神领域的问题。因此，要在努力弘扬科学精神的同时，大力倡导与人类文明进步方向、趋势和社会主义现代化进程相一致，与发展社会主义市场经济的要求相适应的社会主义人文精神。可以说，社会主义核心价值体系的各个层面都体现了科学精神和人文精神的统一，适应了社会主义现代化建设这一根本要求。

三、坚持整体与具体的统一

作为社会主义核心价值体系的构成要素，马克思主义指导思想、中国特色社会主义共同理想、以爱国主义为核心的民族精神和以改革创新为核心的时代精神、社会主义荣辱观，这四个方面相互联系，相互贯通，共同构成了辩证统一的有机整体。更为重要的是，社会主义核心价值体系作为一个有机统一的整体，不是单一的价值观，而是对不同层次的价值观念进行整合的结果。这种整合，既能标识社会主义核心价值体系的基本特征，又能凸显社会主义核心价值体系较之封建主义、资本主义的差异所在。同时，构成社会主义核心价值体系的四个方面，又是层次分明的，各自有具体的内涵规定。马克思主义指导思想居于最高层面，是指对作为认识世界、改造世界强大思想武器的马克思主义的价值认同，从根本上说是指对人类社会发展规律的价值认同，是社会主义核心价值体系的灵魂；中国特色社会主义共同理想，是指对国家、民族追求的未来美好发展前景的价值认同，体现了我国工人、农民、知识分子和其他劳动者、建设者、爱国者的共同利益和愿望，是保证全体人民团结奋斗、克服困难的强大精神动力，是社会主义核心价值体系的主题；以爱国主义为核心的民族精神和以改革创新为核心的时代精神，是指对实现共同理想的动力之源的价值认同，这是中华民族生生不息、薪火相传的精神支撑，是当代中国人民不断创造崭新业绩的力量源泉，是社会主义核心价值体系的精髓；社会主义荣辱观，指的是对公民思想行为选择标准的价值认同，是对社会主义合格公民应该遵守的基本思想道德规范、法律法规和应该养成的健康文明的生活方式的高度概括，是社会主义核心价值体系的基础。由此可见，社会主义核心价值体系的这四个方面，最大限度地体现了社会的多元诉求，在各种价值取向之间保持了适当的张力，因而更加贴近百姓，也更容易为全社会所接受和认同。整体和具体的统一，使社会主义核心价值体系既能发挥价值引领作用和精神感召作用，又能转化为全社会认同和践行的行为规范。换句话说，包括四个方面的社会主义核心价值体系，既是国家整体、民族整体的价值诉求，也是不同阶层、不同群体的价值诉求，是每一个个体、每一个公民的价值诉求。

四、坚持传统与时代的统一

社会主义核心价值体系的建构，就其实质而言，是一种文化建构。从文化建设和发展的规律来看，社会主义核心价值体系的建构同样离不开对民族优秀文化传统的继承。长期以来，我们在文化建设上，对中华民族几千年的传统，采取“古为今用”、“去糟取精”的做法，取得了重要成就，但也还存在不少问题，最主要的就是我们所倡导的理想信念等价值体系没有很好地与中国传统的优良价值观念相衔接，因此这种价值体系与普通百姓的生活还有一定距离。今天，我们要完成构建社会主义核心价值体系的历史任务,必须克服这些不足。比如,中国传统价值体系特别重视个人的生存和发展逻辑,它把个人、社会乃至人类的发展较好地结合起来,主张人的理想目标是修身、齐家、治国、平天下。而修身又以孝悌为本,尔后才谈得上做一个好学生、好朋友、好人乃至好官员、好君主等等。我们的社会主义核心价值体系,必须很好地与这些传统文化中的优秀成分衔接起来,才能植根于中国深厚的社会土壤,才能获得人们的广泛认同而富有生命力。同时,社会主义核心价值体系是在思想大活跃、观念大碰撞、文化大交融的时代背景下提出来的,必须立足时代发展要求,反映时代发展特点,才能真正发挥其主流导向、价值引领作用。传统与时代的统一,使社会主义核心价值体系既承接了传统的精华,又富有时代生机与活力。

五、坚持民族与世界的统一

当今时代,全球化从经济领域扩展到政治、文化和社会领域,一方面促进了各国经济、政治和文化的交流,另一方面也使各国面对着不同文化的碰撞。中国社会由封闭到开放,由农业文明走向工业文明,必须构建新的核心价值体系。但同时应当认识到,在经济全球化和对外开放的条件下构建核心价值体系,必须既要坚持本民族价值观的独特性,又要以某种为各民族公认和接受的价值观为基础和前提。要在人类文化中发掘中华文化的特殊性,在中华文化中提炼人类文化的一般性,在核心价值体系的建设上把民族性与全球性协调统一起来。对于民族文化,要随着时代的发展而不断增添新内容,培育新时代的民族精神,建立既顺应全球化的大趋势,又合乎自身国情的价值观念;对于外来文化,要尊重不同民族国家的价值观,倡导以对话、交流与合作等手段消解和调适价值冲突,促进人类多元价值体系的共同进步,注意防范民族虚无主义和国粹主义两种风险和错误。

六、坚持稳定与发展的统一

社会主义核心价值体系,是社会主义价值体系中最基本的东西,具有稳定性的一面,其基本方面是不能随意放弃的,也是难以改变的。但是,随着社会的发展、时代的变迁,社会主义核心价值体系的内涵也会发生变化。社会主义发展的长期性和发展阶段的差异性,决定了社会主义核心价值体系将是历史的、具体的、发展的,一些适应新的时代发展要求、新的社会发展阶段的价值内涵,将会不断融入社会主义核心价值体系之中,成为社会主义核心价值体系的有机组成部分。同时,人的认识能力是有限的,随着对社会主义建设规律和人类社会发展规律认识的加深,对社会主义核心价值体系的认识也将不断深化,由此将使社会主义核心价值体系的内容得到扩展和完善。总之,实践无止境,思想无止境,社会主义核心价值体系的探索和创新也永无止境。在这个历史进程中,社会主义核心价值体系至少还有待于从两个方面吸收新的营养:一是从亿万人民群众的新实践新创造中吸收营养,二是从借鉴当今世界一切先进文化成果中吸收营养。稳定与发展的统一,既有利于社会主义核心价值体系主导地位的确立与价值坐标的树立,也有利于社会主义核心价值体系与时俱进,成为开放的、创新的、发展的体系。正如社会主义核心价值体系诞生在实践中一样,它的发展和生命力也离不开实践,它还有许多内容,还要在研究新情况、解决新问题的过程中,在实践的检验中继续丰富完善和发展。这正是当代中国共产党人的历史责任。

(作者:中共山东省临沂市委党校科研处处长、副教授;副校长、教授)

信息化条件下思想政治工作应对突发公共事件的思考

张可让　孙新刚

我们已经进入信息化时代，截至2009年6月30日，我国网民规模、宽带网民数、国家顶级域名注册量（1296万）三项指标仍然稳居世界第一，互联网普及率稳步提升；我国拥有互联网站已超过70万家，博客数量已超过4000万，平均每天有30多万篇博客文章，中国网站数量已达200多万个，稳居世界第一。信息化建设正在我国迅速展开，并渗透到社会、经济、政治、文化、国防等各个领域中，在保障国家安全、促进经济发展、维护社会稳定、提升党和政府的执政能力等方面发挥了重要作用，而且这种趋势更加明显，很多领域或行业如果离开了信息化、数字化、网络化和智能化，将导致重大的损失甚至是致命的打击。在这种全社会对信息化的依赖逐渐增强的情况下，认真研究建立信息化条件下思想政治工作应对突发公共事件预案特点及处理原则，借助先进的信息传输手段，充分做好思想政治工作，显得十分迫切和极其重要。

信息化条件下突发公共事件的特点

突发公共事件是指在一定范围内突然发生的具有强烈冲击力和影响力，需要政府采取紧急应对措施加以处理的重大事件。它包括自然界的严重自然灾害，或重大安全事故，也包括来自社会的，如局部或全局大规模动乱、武装冲突、战争等。信息化条件下突发公共事件有以下几个待点：

1. 突发性。任何突发公共事件的发生一般都很突然，不可预测，发展瞬息万变，有的还具有很强的隐蔽性。事件一旦发生，必将打乱我们所有的工作安排，进而要求我们立即全力处理好突发公共事件。因而，突发公共事件中思想政治工作也就具备了急迫性的特点，需要迅速反应，在尽可能短的时间内制定详细预案，并付诸实践。

2. 多元性。常见的突发公共事件往往是由企业改组改制、国企解体破产、下岗失业、社会保障体系不完善、市政建设征地、旧区改造、历史遗留问题所引发的，另外还有各种劳资纠纷、经济利益纠纷、国内外敏感问题等，诉求涉及诸多方面，具有一定的多元性、广泛性。

同时，参与的主体也没有固定性，如“三农”问题以农民为主，市政建设以动迁户为主，历史遗留问题以涉及的当事人及子女为主，自然灾害则涉及全社会各个阶层。因此，思想政治工作必须用多层面的立体思维，认真研究群体性突发事件的源头，研究群体性事件中主体的诉求，把握新情况，解决新问题。

3. 渐进性。也称相对突发性。任何突发事件都有酝酿、发展、蔓延、爆发的过程。任何突发性事件都是相对地突发，不可能没有前兆，没有准备过程。事件规模越大，涉众越多，其准备的过程就越大。因而，一定要高度关注不同群体性矛盾发展变化的状况，及时发现苗头性、倾向性问题，掌握“风吹草动”，做到“月晕知风，础润知雨”，提高未雨绸缪的能力，及时将各类突发事件解决在萌芽状态。

4. 多变性。突发公共事件受诸多因素影响，在形式上、性质上、规模上随着时间的推移，都在不断发生着变化。个别性矛盾、个体性矛盾由于化解不及时就可能变成群体性矛盾；群体性矛盾由于处理不及时、不妥当，就可能转化、激化，成为突发性事件。比如开始时的示威游行可能演变成冲击党政机关，开始时的几十人的规模可能演变成上百人的大规模或超大规模。随着这些情况的变化，处置突发公共事件思想政治工作的方式、节奏和力度都要因情而变、随势而动，不断地跟进指导，针对不同领域、不同层次不断化解矛盾，采取不同的方法予以妥善解决。

5. 复杂性。突发公共事件往往是人民内部矛盾和敌我矛盾相互交错，民族问题和宗教问题相互交织，公开斗争和隐蔽斗争相互并存，成因非常复杂，稍有不慎就可能授人以柄、扩大势态，甚至造成不可挽回的政治影响。同时，事件一旦发生，人的思想和情绪都将随着突发事件本身的发展变化而变化，人的思想和情绪不稳定、易反复。同时，突发公共事件中的思想政治工作者本身也承受着突发公共事件带来的危害和影响，也给开展突发事件中的思想政治工作带来极大的不便和困难。因此，既要进行科学分类管理，又要加强相互协调和沟通，采取科学、系统、综合的措施应对。

信息化条件下突发公共事件对思想政治工作的要求

进入信息化时代后，随着现代通信技术的广泛运用和迅速普及，传播手段越来越快捷方便。人类的交流方式、途径更加多样，人们获取信息的途径越来越多元和便捷。重大突发事件信息的传播带有越来越强的扩散性。刚刚发生的事件，很快就会在互联网上公开报道。本来只有几十人参与的事件，通过电话、网络、手机短信等各种媒介可迅速传至几千人或上万人。突发事件可以在很短的时间内牵动社会各界公众的“神经”，成为社会舆论关注的焦点和热点。如果政府信息公开不够及时，媒体无法获得权威信息加以发布，社会公众得不到正确的信息去引导，那么谣言和小道消息就会通过大量的民间传播网络迅速向各地传播，引起民众心理恐慌，使突发事件进一步放大，影响社会的稳定。因此，信息化条件下思想政治工作应对突发公共事件要有针对性和注重实效性，切实做到及时准确、开放有序。

1. 及时性。突发公共事件的一个重要特征就是短时间内在某空间领域导致深远的影响。突发公共事件的这种破坏性极大、时间性极强的特点，决定了思想政治工作时间紧、任务重，必须在非常有限的时间内作出快速反应，打破常规，争分夺秒，以变应变、以快制快、简化程序，采取见缝插针、短平快实等灵活多样的方法，在话语方式上要求简短有力、贴近群众、多用群众语言。提高思想政治工作快速反应能力，是现代思想政治工作不断走向成熟的重要标志。

2. 针对性。贴近实际、贴近生活、贴近群众，是宣传思想工作增强针对性、实效性和吸引力、感染力的根本实现途径，一切从实际出发，找准有效解决问题的方法和途径，为思想政治工作奠定更加坚实的群众基础。在处理突发公共事件过程中，针对出现的各种各样的问题和矛盾，要从实际出发，适应形势的变化和实践的要求，扎根现实生活，赢得群众信任，有针对性地开展工作。

3. 开放性。突发公共事件涉及的领域多，应对突发公共事件也需要很多的专业知识，这就要求思想政治工作在内容上走向开放，提高其知识、科技含量，把思想政治工作与相关科学知识结合起来，适应现代社会知识化、信息化、开放化的要求，充分运用信息化技术工具和手段，不断拓展思想政治工作内容和渠道。在应急状态下，要突破时空限制，利用信息化手段开展互动式教育。特别是注重与大众传媒开放互动，满足公众对信息的渴求，尤其是正面引导因恶意信息产生的“集合行为”和“群体感染”。

信息化条件下思想政治工作应对突发公共事件的原则

应急预案是突发公共事件应对的原则性方案，它提供了突发公共事件处置的基本原则，建立信息化条件下思想政治工作应对突发公共事件应急预案应坚持以下几条原则：

1. 坚持快速高效的原则。重大突发事件发生后，短时间内容易形成舆论真空，造成思想政治工作空档。思想政治工作必须及时跟上去，确保全方位、全时空发挥作用。群众思想政治工作的展开要安抚民心、顺应民意，尽量降低损失和影响。要以快制快，迅速建立上下贯通、左右协调的快速反应机制，做到传达贯彻上级指示精神快，了解掌握和预测单位思想动态快，教育部署展开快，处理解决问题快，宣传奖励和惩处快，牢牢掌握思想政治工作的主动权。去年，乌鲁木齐"7·5"事件后，新疆各级党委、政府和相关职能部门在事件发生初始阶段，以抓新闻的敏感性和速度抓群众思想政治工作的开展，利用各种信息渠道，以最快的方式掌握最广泛的情况，在第一时间获取信息，并迅速向群众讲清突发公共事件的真相，做好解释工作，帮助群众认清事件的性质和危害。同时，以强烈的政治责任感打破按部就班的老套路，针对突发公共事件发生后的各种情况快速反应，及时调整工作部署，全力以赴从快处理，尽全力将突发公共事件带来的危害降到最低。

2. 坚持以人为本的原则。思想政治工作是关乎人的工作，必须始终坚持以人为本的基本理念。做好突发公共事件中群众思想政治工作更要强调以人为本，要切实尊重和维护人的生命价值，注重人文关怀和心理疏导，把维护人的生命价值放在第一位。坚持以人为本的原则，应努力把握好几个方面：一是要学会积极引导，而不是试图左右人们的思想；二是要加强交流互动，而不是单向灌输；三是要解放人的思想，而不是束缚人的思想。具体讲，就是要针对群众在突发公共事件中出现的恐惧、恐慌等心理亚健康问题，运用科学方法，进行心理干预，有效调节人们的情感和心理。在努力确保人的生命价值不受损害，保护好群众安危的前提下，关注群众的心理变化。要做到尊重人的主体地位，把人看作权益的主体、实践的主体，尊重人们的知情权、参与权、表达权、监督权，把外在教育引导与人们的内在需求有机结合起来，聚集人心，激活人气，全力处理好突发公共事件。

3. 坚持解决问题的原则。从实际情况来看，突发公共事件中群众出现的各种思想问题，多数都是因为实际问题得不到及时妥善的解决引起的，并且任何突发公共事件都有可能给群众带来生命伤亡、财产损失等严重的后果，也极有可能出现群众对相关职能部门的问责和发生群众之间的纠纷等等问题。思想政治工作者要深入基层，贴近群众，及时了解掌握干部群众的思想动态、了解干部群众的生产生活和困难、积极反映干部群众的呼声、把握干部群众的思想脉搏，多做得人心、暖人心、稳人心的事情。要把解决思想问题同解决实际问题结合起来，把为群众办实事作为思想政治工作的重要内容，想方设法解决群众的衣食住行等方面的实际困难，尽心竭力地帮助他们解难事、排忧愁，诚心诚意地帮助他们办好事、实事。只有这样，思想政治工作才能深入人心、可亲可信，也才能发挥应有的作用。

4. 坚持大家来做的原则。思想政治工作并不仅仅是思想政治工作者的事，必须综合多方力量，做好工作。一要充分发挥党政各级各部门的作用。突发公共事件一旦发生，辖区内甚至广大范围内的任何部门、任何单位都与之有着密不可分的联系，都肩负着责无旁贷的职责。各级党政机关、农村基层组织、街道社区、企事业单位、学校等基层组织首先要做好本单位、本部门干部职工的思想政治工作。二要重视发挥各级领导干部、党员、模范人物等先进群体的带头示范作用。三要重视发挥媒体的作用。新闻媒体要坚持团结稳定鼓劲的方针，坚决贯彻及时、公开、透明、全面、准确的原则，确保全社会迅速全面真实地了解突发事件的真实情况，从而对党和政府的突发事件处置工作给予理解、支持。四要重视发挥普通群众的作用。在处理突发事件过程中，思想政治工作必须相信群众、依靠群众，必须坚信大多数群众是拥护党的路线、方针、政策的，是关心社会稳定的，是通情达理的。我们在向群众讲明事实真相、阐明政策、宣传法制的同时，也要广泛吸引群众参与，让群众通过切身经历和感受，讲事实、摆道理，争取广大人民群众的理解和支持，妥善做好突发事件的处置。

（作者：新疆维吾尔自治区党委宣传部副部长；新疆维吾尔自治区党委宣传部思政办科员）

为经济发展方式转变提供强大精神动力

杨冬生

推进经济发展方式的转变，是宜宾在科学发展中掌握主动、赢得优势的重要任务，也是保障经济社会又好又快发展的内在要求。充分发挥思想政治工作统一思想、凝聚力量、化解矛盾、理顺情绪、激励人们团结奋斗的作用，着力在打牢共同理想基础、营造和谐舆论环境、提供强大精神动力、培育文明道德新风、创造良好文化条件上下功夫，为经济社会继续保持又好又快发展提供强大精神动力。

思想政治工作围绕推动科学发展加快经济发展方式转变

推动科学发展是思想政治工作的重要目标。宜宾市委始终坚持把思想政治工作作为推动科学发展的强大动力，统一思想办大事，集中力量抓发展。

一是切实推进学习型党组织建设，提高党员干部的思想政治觉悟和执政能力。着力打造便捷多样的学习平台，发挥各级党校主阵地作用，建立和完善党员干部学习教育基地；利用党员活动室、乡镇文化站、社区活动中心、农家书屋等学习阵地，组织流动课堂学习，为基层党员干部学习提供便利；依托各类媒体，通过创办理论性、政策性、知识性强的各类栏目和辅导讲座，开设网上专栏、论坛等方式，为党员干部特别是基层党员学习开辟更多的渠道。同时，围绕重大活动开展和市委、市政府重要工作部署，组织开展形势任务教育；围绕重大节庆日、纪念日，组织开展党的历史、新中国历史以及党的优良传统、优良作风和民族精神、时代精神的主题教育；通过“走出去”、“请进来”促使新思路、新方式不断产生。

二是扎实开展创先争优活动，充分发挥基层党组织和党员的先锋模范作用。一方面，强化广泛发动阶段的集中学习，进一步深化对科学发展规律和宜宾市情的认识，拓展发展思路和举措，在全市上下形成了心往一处想、劲往一处使的干事氛围。另一方面，紧紧围绕“五个更加”，引导基层党组织和广大党员在推动经济发展方式转变、构建宜宾现代产业体系中发挥先锋模范作用，在统筹城乡发展、推进城乡面貌大变样中建功立业，在全面建设小康社会、实现富民强市进程中当好先锋，确保在加快转变发展方式、实现科学发展上取得明显效果。

三是有效开展文明创建、政风建设等主题实践活动，规范执政行为，统一干群思想。狠抓政风建设，完善决策机制，规范权力运行，实行党务、政务公开，提高行政效率，切实开展“挂、包、帮”等活动，健全便民服务网络体系，增强社会公信力。同时，通过创建文明城市、文明村镇、文明行业、文明单位和开展“基层广场文化活动”、“美环境、优秩序、树新风”等活动，既有效吸引群众主动参与精神文明建设，又使人们在活动中广泛受到社会主义核心价值体系的教育。

思想政治工作围绕促进社会和谐加快经济发展方式转变

促进社会和谐是思想政治工作的基本着力点。宜宾市充分发挥思想政治工作的舆论引导、典型引领作用，不断提升文化软实力，有力地调动全市干部群众干事的积极性和主动性，全力打造“共享富裕，共建和谐”的发展氛围。

一是唱响发展主旋律，打好思想宣传主动仗。充分利用报纸、广播电视等媒体的主力军作用，发挥网络、手机等各类新兴媒体优势，开设专栏，宣传宜宾市“十一五”期间经济社会发展取得的辉煌成就，解读各地各部门齐心协力加快经济发展方式转变上的真功夫、新成效，鼓舞人心，催人奋进。

二是着力典型引领，营造良好氛围。对在推进结构调整、增强自主创新能力建设等方面涌现出来的先进典型，精心策划、广泛宣传，把他们的感人事迹、先进思想和高尚精神变成全社会的精神财富，以先进典型的人格魅力感染和带动广大干部群众，努力形成奋发有为、积极向上的良好社会风尚。如筠连县春风村曾是一个经济发展十分落后的小山村，在村党支部特别是支部书记带领下，短短3年多时间，成为远近闻名的经济富裕、社会和谐、群众安居乐业的社会主义新农村。目前，全市上下正抓紧实施“千村春风工程”建设，掀起了“学春风、比春风、赶春风”的热潮，有力推进了全市新农村建设。

三是提升文化软实力，促进文化大繁荣。全面实施广播电视村村通、农村电影放映、农家书屋等文化基础设施和文化惠民工程建设，加快酒都剧场迁建和市广电中心建设，逐步建立覆盖城乡的公共文化服务网络体系，广泛深入开展群众性文化活动，不断满足群众日益增长的文化需求。加快文化产业发展，把打造文化品牌与企业壮大、城市发展、旅游开发等紧密结合起来，以酒文化、茶文化、竹文化、僰苗文化、长江文化等特色优势文化资源为依托，科学提升文化品牌，变文化资源优势为文化产业发展优势。

思想政治工作围绕服务人民群众加快经济发展方式转变

服务人民群众是思想政治工作的根本落脚点。面对发展中的疑难问题，宜宾市始终坚持以“人民满意”为核心价值取向，把解决思想问题同解决实际问题相结合，切实做到执政为民、发展为民。

一是充分发挥思想政治工作解疑释惑的作用，切实维护重大工程建设中人民群众的合法权益。如在城区三江口搬迁工作中，为强化引导社会舆论的能力，真正实现公正、透明搬迁，宜宾市坚持解放思想，转变观念，变被动为主动，变跟进为引领，变补台为搭台，多渠道、多层面、全方位地服务搬迁。在项目启动阶段，以景观效果图片、文字说明、视频资料等方式立体直观地展示三江口项目建设蓝图，深化群众对项目重要性和必要性的认识；设置悬挂宣传标语、灯箱广告，利用单立柱广告牌、电子显示屏等手段宣传项目工程，提升项目工程的影响力和市民对工程建设的认知度；充分利用报纸、电视、网络、手机等媒体和橱窗、专栏、板报等阵地，广泛宣传搬迁安置工作的政策、办法，搬迁安置补偿标准及进程等，提高群众对政策的知晓度。思想政治工作从幕后走到前台，从无形变为有形，确保了三江口搬迁任务顺利推进。

二是充分发挥思想政治工作理顺情绪的作用，为重大工程建设顺利推进提供有力的精神保障。成立市移民工作领导组驻县指挥部，从市级部门、区县抽调干部100余人，长驻屏山县，定期与不定期深入移民社区、移民院坝，组织移民群众或移民代表召开“移民恳谈会”，开展“移民代表大会”，开展“移民党员活动”，采取“面对面解疑、心与心沟通”的访谈形式，针对移民群众提出的问题，由参会干部现场解疑释惑。目前，农村移民外迁对接全面完成，库区5个集镇迁建规划通过审查，启动了县城安置房建设15万平方米，省道307重点专项工程将于近期开工，库区人心稳定，社会和谐。

三是充分发挥思想政治工作化解矛盾的作用，有效服务改革发展稳定大局。在实际工作中，坚持把“和气”、“礼让”、“沟通”、“疏导”作为化解社会矛盾的基本理念，加强心理疏导，注重人文关怀，解开群众的思想疙瘩。建立完善矛盾纠纷的预防、调处、培训和奖惩机制，加强人民调解、行政调解、司法调解之间的衔接，统筹兼顾，整合力量，构筑“大调解”工作格局。同时，坚持贴近实际、贴近生活、贴近群众，深入开展“大接访”、“大下访”活动，切实为群众解决实际问题，将矛盾消除在萌芽状态，确保全市经济社会健康稳定发展。

（作者：中共宜宾市委书记）

创新典型宣传　入耳入脑入心

贾永清

当前，在创建学习型党组织和创先争优活动中，如何以“三贴近”原则创新典型宣传，真正收到入耳、入脑、入心的效果，是一个需要深入思考的问题。我们在前一阶段的实践中，紧紧抓住优秀组工干部王彦生这个典型，进行了大胆的革新和探索。

没有主持人，没有报告桌，舞台正中是一个可以播放视频的大屏幕。4 位报告人缓缓走上舞台，真情的讲述与感人的画面、舒缓的音乐交融在一起……这别开生面的 75 分钟，以全新的“情景报告会”形式，展现了优秀组工干部王彦生同志平凡光辉的一生，深深地打动了台下的每一个人。中共中央政治局委员、中央书记处书记、中央组织部部长李源潮同志指出，“这样的报告形式，是宣传先进典型的重大创新”。

一、以创新的思维增强典型人物的亲和力

开展重大典型宣传，必须准确把握典型人物区别于他人的“特质”，只有深入挖掘其工作生活中感人的先进事迹和成长历程中丰富的内心世界，才能增强典型的亲和力和吸引力。

把握典型人物的精神气质。典型人物越是具有独特的精神气质，越能给人留下难以磨灭的印象，从而产生巨大的引领作用。王彦生出生在大山、成长在大山，对大山有着深厚的情结，他的博客名字就叫“山生”，他的身上体现着大山一样的品格，他的事迹于平凡中见博大，于细微处见精神，于朴实中见深情。所以，我们把他比喻为大山的儿子，形象地展现他山一般坚定的理想信念，对党无限忠诚；展现他山一般宽厚的公仆情怀，对人民群众满怀深情；展现他山一般坚毅的组织原则，公道正派、甘为人梯；展现他山一般坚韧的探索精神，工作上、思想上锐意创新；展现他山一般朴实的生活作风，知足淡欲、两袖清风。

把握典型人物的时代特征。典型是时代的产物。只有从时代特点和社会需求出发，把典型人物放在推进科学发展、构建和谐社会的背景下进行准确定位，才能反映时代风貌，展现时代精神，唱响时代强音。王彦生同志是在全国深入学习实践科学发展观活动中涌现出来的基层领导干部的优秀代表，是新时期党员干部“改革创新、真才实学、求真务实、公正廉洁”的典范。他勤学善思、锐意创新，具有鲜明的时代气息。毕生保持与书本为伴的习惯，使他能以宽广的眼界和开阔的思维谋划和开展工作。熟悉电脑和网络的王彦生，还经常通过 QQ 和博

客与专家学者及普通网友交流心得、吸收新知，他是一个典型的学习型干部。他在实践中总结出来的许多精辟入里的独特心得和工作中的创造创新，生动体现着他思想上的鲜活灵动、工作上的与时俱进、作风上的求真务实。

把握典型人物的人格魅力。人格魅力是一个人在能力气质、性格等方面所具有的吸引力。王彦生同志作为一名在基层工作的组织部长，虽然没有轰轰烈烈的壮举，没有惊天动地的伟业，也没有豪言壮语，他的事迹之所以感动河北、感动中国，就在于他身上集中体现了中华民族的传统美德，体现了新时期共产党员的优秀品格，体现了社会主义核心价值观。王彦生自幼丧母，吃百家饭、穿百家衣长大成人。他知感恩、懂回报，把朴素的感情升华为对社会的大爱，几十年如一日，以一颗感恩的心回报组织、回报社会、回报人民。他为人处事折射出的是普通人的真诚、朴实、谦和、善良的情怀，以及内心自然涌动着的自我奉献精神。在组织报告会时，我们除了集中展现他对党的事业无限忠诚的政治品质外，还重点突出他心怀大爱、奉献社会、处事平和、待人真诚、感恩包容的人格魅力，让人真切地感到王彦生在单位是一名好领导、好干部，在家是一个好儿子、好丈夫、好父亲，在社会上是一个好人、好公民。

二、以创新的形式增强典型人物的感染力

一场成功的报告会既要有鲜明的主题、丰富的内容，也应有合理的布局、严谨的结构，达到内容与形式的完美统一。

报告方式实现了由“单人报告”向“情景报告”的转变。我们把报告会改为家人、同事、部属、基层干部4个报告人同时上场，并融入多种舞台元素烘托渲染气氛。朴实的语言流露出真挚的情感，LED大屏幕即时切换叙事画面，舒缓的背景音乐充满张力，各种元素综合呈现，相得益彰，给人以身临其境的情感冲击，现场受众从听觉、视觉和心灵上受到了深深的震撼。整场报告会以一种极为自然流畅的状态同听众进行心灵的碰撞，从而演绎成为一台形式新颖、内容精彩、元素齐全的“情景剧”。

叙事方式实现了由“宣讲”到“倾诉”的转变。王彦生先进事迹报告会，4位报告人没有局限于自己的身份、单纯从“我”的视角去看王彦生，而是互相穿插、分段讲述，以散点式的叙述方式，不断变化角色、角度，灵活切换叙述视角，变“讲”为“诉”，向大家真情倾诉了王彦生从孩提时代到参加工作、走上领导岗位直至最后去世的一幕幕动人事迹，以立体式、全景式的手法生动再现了王彦生同志49岁的感人生命历程。

三、以创新的手段增强典型人物的影响力

要想使典型人物的先进事迹生命力更强、影响力更大，除了精心挖掘其事迹材料外，还需要采用多种现代化的手段进行辅助和支撑。

积极拓宽报告会的传播方式。现代传媒技术的发展为典型宣传提供了一个很好的载体，我们充分利用现代传播网络速度快、覆盖广、受众多、效果好的优势，开展重大典型宣传，放大宣传效应。王彦生事迹报告团在中组部机关举行报告会时，采用视频直播的形式，将报告会实况同步传送到省、市、县三级组织部门2900多个分会场，全国近10万名组工干部同时收听、收看了王彦生同志的先进事迹，感受到了王彦生同志的崇高精神和人格魅力。正是凭借这一快捷直达的传播方式，迅速在全国党员干部中掀起了学习王彦生先进事迹的热潮。

利用多媒体技术再现人物原貌。现代传媒技术的发展为再现典型人物原貌提供了可能。在这场报告会中，我们把王彦生同志生前生活、工作的影像资料和工作日志、博客日记，以及对王彦生同志的亲属、同事、基层群众的采访实录等资料，利用多媒体技术进行声像处理，并与报告内容同步播映，而且加入若干段同期声，让所有听众感到除台上4位报告人外，还有第五位

报告人——屏幕上的王彦生同志，这样，现实中的报告人与屏幕上的王彦生相互照应、彼此呼应，紧紧抓住了不同年龄层次尤其是青年听众的心灵，瞬间拉近了人们和典型的心理距离，使报告会变得更加生动感人。

（作者：中共邯郸市委常委、宣传部长）

以核心价值引领时代精神

竹立家

由于每个时代所面对和处理的社会问题不同，因此每个时代所表现的时代精神也有所不同。时代精神既是社会发展的某一个阶段对社会问题的深刻认识与把握，又是统领这一阶段解决社会问题的总体纲领和具体方法。

改革开放30年来，我们时代精神的总体特征始终是“坚持改革与发展不动摇”，改革与发展是时代精神的主旋律，反映了最广大人民群众的心声。只有以改革发展的精神为指导，用改革的精神、发展的理念面对社会矛盾和社会问题，始终把人民的利益摆在首位，我们的国家才会兴旺发达，我们的社会才会和谐稳定，我们党的执政地位才会牢不可破。

在改革与发展的时代精神指引下，30年来，我国的国家形象、社会面貌、人民的精神和生活状态发生了翻天覆地的变化。改革开放初期，我国国内生产总值尚不足5000亿元，到2009年已达到34万多亿元人民币，大约4.9万亿美元；人均GDP由460元人民币，到2009年突破3600美元；财政收入从1100多亿元，到2009年达到6.8万多亿元人民币；对外贸易总额由380多亿美元，到2009年突破2.5万亿美元；城镇人口比率从19.4%，到2008年超过46%；国民预期寿命从68岁左右提高到75岁左右；绝对贫困人口从2.5亿下降到1500万左右。“中国只用了一代人的时间，取得了其他国家用了几个世纪才能取得的成就”（世界银行，1999）。目前，我国经济总量居世界第三位，对外贸易居世界第一位，我国的国际地位大幅度提高，人民的生活水平得到巨大改善。这些事实充分说明，只要我们坚持改革与发展的时代精神不动摇，我们的国家就发展、就进步，人民群众就能得到实惠。

可以说，改革开放30年我们成功地建立了社会主义市场经济体制，完成了经济结构的转型。从2009年以后的未来30年，我们的改革目标是建立有效的社会组织，完善社会主义社会管理体制，形成成熟的公共生活领域，最终完成社会结构的转型。因此，未来30年仍然是中国社会发展的重要转型期，我们仍然面临着改革与发展的艰巨而复杂的任务，改革与发展仍然是我们最鲜活的时代精神。

党的十七大以来，我们党在认真总结“以经济建设为中心”的改革与发展经验教训的基础上，根据中国发展的实际情况，中国社会存在的矛盾和问题，提出了“以人为本”、“科学发展观”、“提高执政能力”、“构建和谐社会”等一系列具有全局性、长远性和重要性的战略发展理念，这些理念深刻反映了社会主义核心价值的本质特征和时代精神的基本内涵，正在变成人民群众的基本价值追求，使改革有了新动力，发展有了新内涵，为改革与发展的时代精神注入新活力，并引领时代精神沿着社会主义核心价值的方向发展。

和谐:体现社会主义制度的优越性

和谐社会的核心是利益的公平分配,是调解社会各阶层在实现自己利益过程中的利益冲突。要实现利益的公平分配,必须建立和完善实现社会公正的法律制度,保障社会各个利益群体在利益博弈过程中获得合法的利益,最终保证社会和谐的实现。

和谐作为社会主义的核心价值,其实现的基础是制度体系的和谐。是政治制度、经济制度和文化制度等“制度组合”处于一个相互联系和相互制约的制度体系之中。社会和谐是良好的制度运行的结果,是通过制度的改革和创新实现的,因此,要落实社会主义核心价值,构建和谐社会,关键不是理论敷陈,而是要在解决民生问题、实现社会公平等方面进行艰巨的制度创新工作。

另外,要落实“和谐”这一核心价值,构建社会主义和谐社会,必须处理好政府与社会的和谐关系。首先,只有政府自身制度建设比较完善,才能建立一个廉洁、廉价和有效的政府,促使政府成为一个责任政府和为人民服务的政府,取得社会和公众的广泛信任,社会“和谐”价值才能实现;其次,只有提高政府执行力,才能保证党和政府的好政策得到有效执行。“执行力政府”是21世纪初世界各国政府改革的一个重要方向,再好的政策法规,得不到有效的执行,就是废纸一张。因此,践行“和谐”价值和实现和谐社会,政府自身制度建设是关键。

公正:体现社会主义制度的本质

当前我国社会的许多群体性事件大多是因为不公平而引起的。在新的发展时期,社会公众的利益诉求从以往的隐形层面,逐步浮现到显性的层面上来,又由于平等意识的增强,社会公众越来越懂得选择多种不同的方式表达自己的利益诉求。而政府作为协调社会各个利益群体关系的中心,必须遵循社会公正的规则正确回应社会公众的各种利益诉求。

温家宝提出:“让正义成为社会主义国家制度的首要价值。”这就是说,社会公平不仅是一个宏大的价值结构,而且是一个具体的、可操作的制度安排,体现在社会运行的细微末节之中。一个社会、一个国家、一个民族,要实现稳定与繁荣、秩序与和谐,社会公平至关重要,只有社会中的绝大多数人都能实实在在享受到经济发展和社会进步所带来的好处,只有政府能公平行使公共权力,才能使社会长久地处于一个良性的运行状态。

公平问题的本质是“公共权力”如何运用的问题。对于国家或政府来说,要实现社会公正,前提是在政策制定过程中的公共精神,也就是摆脱利己主义而为大多数公众利益着想的精神,政府的主要功能之一,就是要用公共精神教育人、更多地发挥人的主动性,使公共精神在维护社会公正中处于主导地位。而要做到这一点,政府行政机构、司法机构和公务员必须首先具有“公共精神”。

民生:体现社会发展的终极目标

国家也好、政府也好,致力于社会经济发展的最终目标是要让人民过上好日子,就是要解决民生问题。我们需要一个政府,就是让政府解决公共问题,解决社会中“单靠个人努力无法办成的事”,政府应有效地提供义务教育、公共医疗、基础设施、社会秩序和安全、社会福利和保障、环境保障等公共物品,给老百姓一个更好的“生存”环境。社会主义社会的发展,无论是从价值追求的角度、还是从制度安排的角度来看,民生问题都是根本问题。如果民生问题得不到完善解决,必然会影响社会的稳定,进而影响经济的持续发展。

在改革与发展的时代精神感召下,要切实践行社会主义的核心价值,让人民群众满意和得到实惠,解决民生问题最重要的制度工具有三个:一是公共政策制定体制,政策的基本价值和政策导向必须是符合人民的根本利益,防止政策制定被特殊团体或部门利益所左右;二是政府责任体制，必须是以为全社会提供公共服务为目标，政府机构与公务员绝对不能形成一个特殊的利益群体，占有、侵吞、挥霍、浪费稀有的公共资源，政府不能变成一个自我服务的机构；三是公共财政与预算体制，必须从根本上优先保证公共物品的供给，为从根本上解决民生问题提供公共财政支持。

总之，引领时代精神、体现核心价值，其最基本的中介是“制度安排”和“制度化”，通过制度把核心价值变成引领时代精神的现实，变成社会主义和谐社会的现实。使中华民族重新站在人类文明发展的新高度，使中国特色社会主义成为人类文明发展的基本模式选择。

（作者：国家行政学院教授）

微传播带来的机遇与挑战

何国平

微博即微型博客。从传播生态和社会生态所产生的广泛而深刻的影响而言，微博远非字面“顾名思义”所能求解并获解的。因为它所形塑的网络与社会景观，被论者惊呼为“微革命”，而成就这“革命”的本质即来自基于分享的传播的力量。这种传播力量我们不妨命名为“微传播”。微传播带来的不仅是表达的新形态、新境遇，更是传播的新力量与新格局。当前，从理论界到政界，从微博使用者到网络运营商普遍对微传播的特点、传播规律、所带来的机遇与挑战及其应对之策显示兴趣。

微传播的特点与传播规律

以美国的 Twitter 和中国的饭否、新浪微博、腾讯滔滔为代表的开放式社交服务平台所汇聚的微博体现微传播个性的首要特点即“微”。微构成微传播的核心特征即发布者去中心化和内容碎片化。“微”是微传播的核心特征，即传播的内容是“微内容”：一句话、一张图片等；传播体验是“微动作”：简单的鼠标点击就能完成选择、评价、投票等功能；传播渠道是“微介质”：手机等；传播对象是“微受众”：网络社群。

在理解了微传播的基本特点基础上，进一步总结微传播表现的传播规律：

一是传受一体、碎片化的信息生产、消费与共享机制。进入 Web2.0 时代以后，“你传我看”的 Web1.0 式单向传播、传播者主宰制跃迁到传者——受众身份二合一的传播格局。这在微传播中表现得更加充分，各类微博使用者生产碎片化的信息产品。同时，他们通过转发、收藏、关注等简单操作，可以在同一页面平台实现对其他微博使用者的产品进行快捷、便利的信息消费。由于微博使用者进行的不是一次性实物消费，而是信息与观点的输入与吸纳，并对他人的信息有所回应和修订，因而形成一种意见的自由市场的信息共享。

二是便利性决定传播有效性，产生信息裂变式扩散。微传播满足受众移动化的诉求，即移动需求成为诉求的主流。这种移动需求不仅是接受，更是传播，移动中的受众自主加入传播。移动接受与移动传播成为两种殊途同归的重要驱动力，促成微传播的裂变式信息扩散格局产生惊人的传播效能。以目前新浪微博上“人气关注总榜”上排名第一的姚晨为例，截止 2010 年 3 月 20 日，她拥有 1255811 粉丝。按照新浪网高层匡算，如果姚晨转发了一条微博，有上百万人会收到这条微博。这上百万个用户又通过自己的链接和关注将这条微博转发，这就是意味着有上千万的人可以看到姚晨的一条微博。

三是"众语喧哗"的表达欲望与海量冗余信息共生。在相对缺乏表达机会和表达平台的中国，微传播的低门槛准入、低成本使用以及便利使用等条件吸引了海量网民到此实现表达欲望，形成时代的"众说纷纭"的传播景观。由于"众语喧哗"，自然是去中心的，也因此生产大量诸如"吃了没"、"郁闷"、"杯具"等微传播冗余信息和专属性网络用语。

微传播的机遇与挑战

基于技术创新而又暗合时代需求的微传播，从交往方式到行为习惯、从社会民生到公共管理，具体而微地改变现实世界的信息呈现与使用者的思维。此处将这种改变分为机遇和挑战两类。

微传播带来的机遇首先在于为各类微博用户提供了表达平台与表达机会。与专属于商业和政治利益集团控制的大众传媒的巨传播相反，微传播在技术准入、政治准入和成本准入等条件上向众多芸芸众生、看似卑微的大众开放。尽管他们所生产的只是微小的信息传播容量（单次140个字符的极限），且由这些微信息所汇聚的信息流中掺杂大量没有传播意义的冗余信息，但是微传播所搭建的表达平台和提供的表达机会却最大程度上满足了用户想象性的表达欲望。这为保障中国公民"四权"（知情权、参与权、表达权、监督权）提供了畅通的民意表达平台与有语境的表达机会。

其次，形塑新的注意力平台，为传统媒体提供新闻源，发现新的营销机会。中国微传播用户的加速度增长、用户高频使用以及所具备的内外聚集功能，使其迅速成长为网络空间中的新注意力空间。在多元信息环境中，人们对信息的态度由饥渴转向疲劳，因此激发和维系注意力成为当今社会最重要的稀缺资源之一。微传播所凝聚并呈高速增长的注意力稀缺资源，链接了处江湖之远的芸芸众生的神经末梢，是记录和快速分享的新闻信息富矿。在海湾战争中树立声名的CNN却在微传播崛起的2009年表现出新闻报道的颓势。同时，微传播所搭建的平台还直接成为扩散营销的阵地，其基本功能是添加指向官方网站的链接：《新周刊》携其在新浪微博上"@新周刊"账号连续数周实现转帖居排行榜首位，并制作"微革命"封面专题。

再次，微传播促进了社会个体的分化与重组，有利于形成新的NGO力量和网络交往社群。一个发育良好的公民社会，是一个高度自治自律、自组织良性发展的橄榄球型的社会结构。作为公共领域重要组成部分的媒体在其中扮演重要角色，以微传播为代表的网络沟通平台的崛起可能加速社会良性演化进程的力量。由于广参与度和系统设立的"我的标签"（tag）功能，能够快速实现微博使用者分化与重新组合的"群分"意愿。这种分化和重组形成的网络交往社群，具有类NGO能量。在2009年，我们可以清晰地还原微传播扮演的NGO角色：从群体抗争到公民调查，从舆论监督到黑色讽刺，从广州番禺反对垃圾焚烧的"无组织的组织力量"到各种明信片和彩色丝带纪念运动，彰显中国微传播的行动力和影响力。

正如一枚硬币的两面，微传播也给当前的社会现实带来一些挑战，主要有：

一是微传播的快速、便捷的聚集功能容易导致群体极化倾向，及由此形成的民粹主义情绪。美国学者凯斯·桑斯坦认为，在网络和新的传播技术的领域里，志同道合的团体会彼此进行沟通讨论，到最后他们的想法和原先一样，只是形式上显得更极端了。网络群体极化是一种集体非理性。用户在微传播场域中发布信息和发表言论总是借用"大众"的名义，以获取最大的人气和最多的支持，因此微传播群体中所分享的共同经验和所达成的一致意见，往往具有强烈的民粹主义倾向。这种民粹主义情绪很多时候对现行政治制度和意识形态合法性具有离心、质疑，甚至挑衅作用。

二是微传播成为文化渗透的新领域与新通道，危及国家安全。微传播的自媒体特征和跨媒体链接功能加大了政府的监管和监控难度。2009年6—7月伊朗因选举而发生抗议，并造成冲突。之后，伊朗当局对外国记者和互联网设施管制，但是反对派和以美国为首的外国反伊势力利用Twitter大量传播关于内贾德选举作弊和伊朗骚乱消息，BBC、CNN、NPR等国际主流媒体援引为新闻源实现全球扩散。在伊朗选举危机中，微传播在国家危机中表现出政治传播功能与效用，特别是在具有先发技术优势的发达国家的介入后，与国际政治力量媾和对发展中国家可能产生消极影响。

三是微传播有限表达对连绵阅读的破坏。微传播催生了大众的书写与表达的欲望，但这种碎片化的书写与一般的文本格格不入，内容多元化、琐碎，没有标题，短短几十字一览无余。直播化的微传播，是阅读上的灾难，因为有限的表达容量对将“流动的盛宴”的叙述与记录构成现实的挑战。当微传播的碎片化文本以“侵略”的姿态占据人们的生活时，受众会陷入到玩味无意义信息的语境中，甚至被“娱乐至死”。微传播在某种程度上满足了用户窥视欲，掀起的大众的集体狂欢抑或个人的孤独狂欢。

四是把关人缺失导致微传播发布的内容尽管信息丰富，但虚假信息泛滥。由于微传播的内容生产是基于UGC（Users Generated Content）——“用户生产内容”，很多信息求证和确认困难，因此与微传播界面上的海量信息形影相随的是虚假信息泛滥。今年1月12日晚18时53分，作为微传播舆论领袖的梁树新（天涯社区商务运营总监）在自己的微博上发布了一个消息：四川大学华西医院护士郭丽娟罕见铊中毒，其妹妹已因此病于1月8日不幸去世。由于铊中毒的发生非常罕见，只有一种叫‘普鲁士兰’的特效药物才能让患者排出铊，请大家帮助，介绍更好的治疗方案，救救这个姑娘！当晚，这条微博被转发了460多次，一场网络爱心接力就此展开。著名演员欧阳奋强和广东省卫生厅副厅长廖新波等博友也加入了救援接力。最后发现这是虚惊一场。在此事件中，虽然微传播的信息链接和扩散能力得到印证，但是不实信息消解了微传播公信力。

微传播时代思想政治工作的应对之道

CNNIC最新发布的调查显示，中国网民已经达到3.84亿，网络社会的快速崛起已经成为中国社会的结构性现实。处于网络微传播阶段的思想政治工作对此必须具备充分的应对思路和应对措施。方向性思路包括：

以网络升级思路更新思想政治工作观念。思想政治工作的本质和核心是为主流意识形态合法性提供说明和论证，目的是为社会主义核心价值观制造认同。主流意识形态和核心价值观是对现实生产关系的调节和反应，因应生产力变化的生产关系总是处于调试状态，这就是政治话语中的“与时俱进”。因此，作为以人为工作对象的思想政治工作也必须升级思路、调整并更新观念，直面网络应用新阶段——微传播时代思想政治工作产生的新形势，利用机遇应对挑战。这是思想政治工作应对微传播的总纲与方法论。

改进工作方法与形式，以微传播的“发现与分享”理念提升思想政治信息的有效性、针对性。2009年7月29日，微传播的鼻祖Twitter把首页的推广口号换成祈使句：“分享和发现世界各处正在发生的事。”在当前的信息爆炸社会个体每天接触到海量信息，但是他们接触到的有用信息却相对匮乏。“发现与分享”的微传播理念提示思想政治工作不断发现身边有吸引力的新鲜信息，并通过互动分享而产生价值认同。

重视微传播内容的减压阀、安全阀作用。微传播便捷、即兴的信息扩散与观点表达形成丰富的信息，但是这种信息往往泥沙俱下，成为各种利益群体、不同诉求的复调表达。不少微传播内容以“社会剧场”手段使用煽情主义倾向的表达策略，如泄愤叙事、以悲情叙事、蒙冤叙事、苦难叙事、情感渲染和道德谴责等。这些内容是某种极端情绪在微传播这一拟态环境中近似真实的呈现与流露，作为思想政治工作重要内容，当然有必要对这部分网络舆论密切关注，但是处置方式不能简单地仅依靠“堵、删、封”。而是应该认识到这些表达的良性建构意义，化负面影响为正面作用。当前，由于社情民意的表达机制不健全、体制内的表达渠道不通畅，不少用户以微传播空间作为表达不良情绪的泄导口，这些网络舆论通过引导可以成为走向良性言论生态的减压阀和安全阀。

（作者：广东外语外贸大学新闻与传播学院副院长、副教授）

微公益在社会思想道德建设中的价值

周中之

当代中国社会的公益事业，不仅能推动社会主义和谐社会的建设，而且在思想道德建设中有着重要的价值。2007 年 4 月，中国红十字会“李连杰壹基金计划”提出：1 人 +1 元 + 每 1 个月 =1 个大家庭的概念，即每人每月最少捐一元，集合每个人的力量让小捐款变成大善款，随时帮助大家庭中需要帮助的人。几年来，这一基于志愿精神的“微公益”的理念得到了社会广泛的响应。广州人“安猪”号召人们在旅行中献出“1 公斤的爱心”，为贫困学校提供更多的物质和精神食粮。在当代中国，像“安猪”那样有仁爱之心的中国人，自觉自愿、默默无闻地献身于“微公益”，济贫恤弱、关爱困难人群，成为 21 世纪中国思想道德建设的亮丽风景线。微公益在当代中国思想道德建设中的重要价值，必须加以认真的研究。

微公益适应了社会主义市场经济思想道德建设发展的要求，具有很强的可操作性

社会主义市场经济的建立和发展，无论在内容上还是在形式上都对思想道德建设提出了新的要求。随着人们效率意识的增强，社会生活节奏的加快，用于个人支配的时间和精力是非常有限的。思想道德建设必须适应这一特点，更多地强调“从大处着眼，小处着手”的原则，才能具有良好的操作性。微公益所做的好事，都是身边的小事，并不占用个人很多的资源，在市场经济条件下是切实可行的。例如，旅行中多背“1 公斤”的书，顺道捐给希望小学，是不难做到的。大学生课余为农民工子女补课，并不一定占用很多的时间和精力。但这些好事，在思想道德建设方面的价值却不容低估。

同时，在当代中国，市场经济的发展带来了人们经济状况的差异。在公益事业方面，需要那些经济实力雄厚的“成功人士”的积极参与。也就是说，社会需要更多的比尔·盖茨那样的富翁慷慨解囊，为社会公益事业做贡献，但这些人士毕竟在人群中的比例不高。大多数人经济实力有限，通过符合自身经济状况的形式表达仁爱之心，是现实的选择。在思想道德建设方面，不仅要强调“应该”做什么，而且要强调“能够”做什么，将“应该”和“能够”统一起来。微公益昭示人们，人的经济能力有大小，只要有仁爱之心即使捐出 1 元钱，也是值得称道的。微公益的良好的操作性可以使其具有广泛的群众基础。

微公益体现了思想道德建设的辩证法。“微”似乎是不足道的，但在微公益背后，由于其有着很强的可操作性，蕴藏着旺盛的生命力。“合抱之木，生于毫末。九层之台，起于累土。千里之行，始于足下。”微公益犹如“合抱之木”的“毫末”，“九层之台”的“累土”，“千里之行”的“足下”，是思想道德建设的基础性工作。微公益可以转化社会坚实的思想道德基础。中国有13亿人口，每个人做一点微不足道的公益事情，对整个社会的思想道德建设的影响不可估量。

道德是应然和实然的统一，是理想性与现实性的统一。理想是人生的指路明灯，理想是攀登道德境界的推进器。人应该追求高尚的理想，然而，高尚理想的实现需要从现实生活中起步，仅仅停留在头脑中的理想是空中楼阁。黑格尔说：“主体就等于它的一连串的行为。”“单纯志向的桂冠就等于从不发绿的枯叶。”追求理想的人们要诉诸于行动，从小事做起，才能更好地将理想转变为现实。改革开放30多年以来，“假大空”的形式主义被人们所唾弃，而求真务实的思想观念逐渐深入人心。提倡做实事，是社会的风尚。微公益将理想的追求与实际的行动统一起来，是社会思想道德建设进入实践层面需要大力推崇的一种形式。

微公益满足了个体追求自我完善的精神需求，提高了思想道德教育的可接受性

思想道德教育的接受是建立在自愿基础上的。亚里士多德认为，“善是愿望的对象”，“德性由于我们自己，出于我们的自愿”。愿望是意志活动主体性的表现，它表明意志活动是意志自己发动和引起的。如果一个人的行为完全是外在强制的结果，并非出于自愿，那么其不具有真正意义上的道德价值。思想道德建设就是要推动更多的人自觉自愿地求善行善，在社会生活中完善自我。

微公益为什么会成为许多青年人崇尚的一项活动呢？这不能不分析改革开放后社会的巨大变化。在改革开放初期，面对中国贫穷落后的面貌，解放和发展生产力成为社会生活中最迫切需要解决的问题。通过拨乱反正，物质利益原则得到了正名。人们不再耻谈功利，而社会的生产力也得到了跨越式的发展。而在进入21世纪后，中国的分配问题日渐突出，贫富差距的拉大影响着社会的和谐稳定，成为举国上下关注的热点问题。社会的分配方式主要有三类：一是市场分配，二是政府分配，三是道德分配。发挥慈善等公益事业在社会道德分配方式中的调节作用，成为和谐社会建设中不可回避的问题。许多青年看到了这一点，认识到自己所肩负的历史责任，并自觉自愿地投身于社会公益事业。

人的需求是多方面的、多层次的，有物质生活的需求，也有精神生活的需求。伴随着改革开放后物质生活条件的改善，许多人对精神的追求上升了。微公益在力所能及的范围内满足了个体追求自我完善的精神需求，唤醒了个体内心的良知。孟子认为，人性中的仁爱来源于同情心（“恻隐之心”）。休谟认为，“同情是人性中的一个很强有力的原则”。当困难人群在生活中渴望社会帮助的时候，每个有良知的人们慷慨解囊或热情相助，即使数量微薄或者仅是举手之劳，但人性的温暖往往使受助者为之感动。同时，施助者从微公益中获得了满足。这种深深植根于人性、闪耀着人性光辉的满足，在物质生活中是难以获得的。在摆脱了贫困，获得了较为稳定的生活条件时，会有更多的人愿意投入到微公益的活动中。例如，在都市生活中，许多家庭非常乐意将自己衣橱里的冬装捐献给困难地区的人们，以致有关部门应接不暇。一方面经济收入的提高，使更多的家庭有了不少多余的冬装，另一方面将这些闲置不穿的冬装捐出去，使困难地区缺衣受冻的人们解决了过冬的问题，而自己家庭也解决了添新衣而衣橱有限的窘况。因此，社会生活中的微公益往往是在并不增加个人很大负担甚至对个人有利的情况下帮助了别人，获得了精神的满足。这符合现代人对生活思考的理念，因而具有更

强的可接受性。

微公益具有深厚的群众基础，是建设良好社会道德风尚的有效途径

社会主义市场经济的建立和发展，改变了中国的面貌。市场经济推动了商业的繁荣、经济的发展，同时以功利为取向的价值观念也对社会生活产生了深刻的影响。诚然，对功利的追求调动了个体的积极性，但同时也产生了不少负效应。一些人见利忘义，崇尚拜金主义，践踏诚信原则，行贿受贿，贪污腐败，败坏了社会风气。要改变这种现象，一方面必须做出制度的安排，另一方面必须加强思想道德建设，重义务、重责任，建立以奉献为荣的社会道德风尚。

微公益体现的是在志愿基础上的奉献精神，它呼唤的是人的道德良知。微公益具有如前所述的可操作性强和可接受强的特点，因而具有深厚的群众基础，是建设良好的社会道德风尚的有效途径。而要做到这一点，就必须广泛动员群众，充分发挥大众传媒在引领社会风尚中的巨大作用。大众传媒有着强有力的经济后盾、一流的人才资源，在现代生活中的影响不可小觑。特别是网络作为方兴未艾的新兴媒体，其便捷性、即时性、交互性的特点受到了青少年的青睐，对青少年世界观、人生观、价值观产生了潜移默化的影响。大众传媒要增强社会责任，大力支持社会的微公益活动，扩展微公益活动在社会生活中的影响，让道德之光照耀中国的社会生活，让多做“一点点”成为更多社会成员的心愿。

建立良好的社会道德风尚，必须从荣辱观入手。以什么为荣，以什么为耻，是社会道德风尚的集中反映。一些大款大腕，奢侈消费，一掷千金，招摇过市，认为“有面子”。一些商家坑蒙拐骗，发不义之财，却心安理得，不以为耻，却以为荣。必须扭转这种不良的社会道德风尚。孟子说：“仁则荣，不仁则辱。”社会要建立以“做公益，多行善”为荣的荣辱观，引领良好的社会风尚的建设。每个人做“一点点”公益事业，以此为荣，乐此不疲，持之以恒，社会风尚必然会有大的改变。微公益事业的发展及其对社会风尚的影响也有其历史的契机。在奥运会、世博会、亚运会等国家重大活动中，当一名志愿者，做“一点点”公益事业，更容易激发当事人的荣誉感。而且在这些重大活动中，成千上万的人们加入了志愿者的行列，形成了规模效应，对社会风尚影响之大，往往是社会风尚变革的历史标杆。

在当代中国的社会公益事业中，已经涌现了不少先进模范人物，其中不乏隐姓埋名的或默默无闻的。社会应宣传他们的事迹、扩大他们在社会生活中的影响，会产生良好的社会反响，从而改造社会风尚。思想道德建设期待更多优秀的志愿者的涌现，同时也期待社会各方合作，使优秀志愿者在改造社会风尚中产生更广泛的影响。

微公益继承和发扬了中华传统美德和思想政治工作的优良传统，有深厚的文化底蕴和广阔的发展前景

中国的文化是伦理型的文化，强调个体的道德修养。儒家提出“修身、齐家、治国、平天下”的人生发展过程和目标，其中“修身”是人生发展的起点，也是人生成功的必要条件，即“内圣”才能“外王”。同时，儒家的“修身”是一个推己及人的过程，首先要从身边的小事做起，“勿以善小而不为”。微公益正是继承和发展了传统儒家的这一道德修养的思路，鼓励人们从“一点点”事情做起，改造社会风尚。因为有着深厚的传统文化的底蕴，微公益更容易被当代中国人民所接受是应有之义。

在社会主义建设时期的思想政治工作的理论与实践中，如何将平凡的工作与伟大的事业联系起来是一个重要的内容。在这一过程中，雷锋是一个载入史册的先进典型。他在日记中写道：“人的生命是有限的，可是，为人民服务是无限的，我要把有限的生命，投入到无限的为人民服务之中去……”，“高楼大厦都是一砖一

石砌起来的，我们何不做这一砖一石呢！我所以天天都要做这些零碎事，就是为此。”雷锋一心想着他人，从小事做起，数年如一日，全心全意地为人民服务。雷锋是伟大的，但他所做的事是平凡的。平凡中孕育着伟大，小事中闪耀着高尚的道德光芒。各条战线的先进模范人物，都具有雷锋那样的精神，他们是我们时代的骄傲。

在社会主义市场经济条件下，要提高思想道德建设的实效性，必须继承中华民族的优良传统和党的思想政治工作的优良传统，但同时又要与时俱进。思想道德建设必须适应这一变化，顺应历史的潮流，筹划和实施改革的方案。微公益就是这一改革方案的探索。在贯彻落实以人为本的科学发展观中，植根于人类道德良知的微公益对于实现社会公正和谐的方向是完全一致的。从思想道德建设角度分析，微公益的思路有深厚的历史积淀的支持，在现实生活中具有很强的操作性和可接受性，必然大大提高思想道德建设的实效性，发展的前景是美好的。在思想道德建设中，要不断总结微公益活动的经验，吸引更多的人们投入到这一行列中。在建设社会主义和谐社会中，造就关爱他人的一代新风，培育有社会良心和社会责任感的一代新人。

（作者：中国伦理学会副会长，教授、博士生导师）

以“滴灌模式”培育核心价值体系

田海舰

河北大学秉承育人为本、德育为先教育理念，动员组织多种教育力量，优化整合多重教育资源，积极对大学生进行社会主义核心价值体系教育，探索实践以持久渗透和点滴指导为内涵的“滴灌”模式培育社会主义核心价值体系，成效明显。

开展持久渗透。采取“六大渗透”方式。一是课堂教学渗透。发挥“两课”主渠道、主阵地作用，组织编写《社会主义核心价值体系大学生读本》，使核心价值体系进教材、进课堂、进头脑；发挥教师主导作用，狠抓师德建设，支持教师开展社会主义核心价值体系研究；优化教学方式，组建网络课堂，开展多媒体教学，大力宣传社会主义核心价值体系。二是党团组织渗透。每个班都成立党支部或团支部，定期开展党校、团校培训，开展特色党、团支部活动，弘扬社会主义核心价值体系；加强党团干部队伍建设，提高党团干部的教育影响力和战斗力。三是社团活动渗透。倡导社团文化，引领社会主义核心价值体系占领学生业余文化生活空间。现有学生社团110个，其中思想教育类和文化传播类占半数，注册会员1.2万人。四是校园文化渗透。建成教育部“国家大学生文化素质教育基地”和“河北省非物质文化遗产传播基地”，对大学生进行爱国主义教育；在河北省发起成立“延安精神研究会”，开展延安精神进校园活动；举办社会主义核心价值体系知识竞赛、歌咏比赛、书法比赛，聘请知名专家学者举办“高峰论坛”、研讨会、学术讲座，活跃校园文化氛围。五是生活园区渗透。在生活园区建立党团小组，开展园区“科技文化艺术节”等活动，实现社会主义核心价值体系与学生日常生活的“无缝对接”。六是网络传播渗透。建设“航标网”、“红色战线”、“弘毅网”、“新闻网”等思想政治教育网站，引导校园舆论，传播先进文化，弘扬主旋律。

开展点滴指导。采取“五大指导”形式，对学生进行社会主义核心价值体系教育点滴指导。一是社会实践指导。马列部利用暑假指导学生开展社会实践活动，校团委、学生工作部组建青年志愿者、帮扶支教、普法宣传、科技文化下乡等社会实践小分队。学校有全国注册志愿者4649人，另有涵盖各学院的志愿者3万余人，多次荣获全国、省“西部计划”优秀项目办公室、省优秀志愿服务集体等称号。二是科技创新指导。支持鼓励教师指导学生开展科技创新，大张旗鼓表彰突出的师生。以全国大学生数学建模竞赛、电子设计大赛、“挑战杯”课外学术科技作品竞赛为龙头的学生科技创新取得丰硕成果，荣获“中国青少年科技创新奖”等国家级奖励92项、省级奖励187项，总成绩稳居河北高校首位。三是心理健康指导。成立“大学生心理健康教育指导中心”，定期开展个性化的思想心理指导活动。每年举办“心理素质拓展周”和“心理健康月”活动，被评为河北省大学生心理健康教育工作先进单位和全国大学生心理健康教育先进单位。四是青年发展指导。成立“青年发展研究中心”，立项课题62项，承担全国教育科学“十一五”规划课题等40余项，全校300多名专兼职辅导员积极参与。成立“社会主义核心价值体系研究中心”。五是就业创业指导。投资300多万元建设就业信息中心、学生事务与发展中心、软件创业中心、学生创业园，为学生职业发展提供个性化服务。

实施“滴灌”培育模式使学生对社会主义核心价值体系认同度普遍提高。

（作者：河北大学马列部教授）

社会主义中国精神家园的理念内涵

葛晨虹

一个国家、社会、民族乃至一个人，必须有他的精神家园。一个民族，一个国家，不可能没有自己的精神支柱，不可能没有自己的精神家园。我们走出了一条中国特色社会主义道路，这条道路正在被世界越来越多的人称作“中国模式”。而中国模式中深深蕴含的中国文化精神和社会主义核心价值理论，构成了中国社会主义精神家园的理念内涵。概略列数，社会主义中国的精神家园在理念内涵上应有如下关键词：中国传统文化、民族精神、马克思主义、集体主义、共同富裕与和谐社会。

一、“中国传统文化”构成社会主义中国精神家园的底蕴

中国特色社会主义理念体系及其精神家园是建立在中国传统文化土壤之上的。中华民族有几千年悠久的历史，有举世瞩目的灿烂文化和民族精神，它代代传递着中华民族的道德观念、思想理念以及价值选择，至今仍具有强大的生命力。“我们不应当割断历史；从孔夫子到孙中山，我们应当给以总结，承继这一份珍贵的遗产。”（毛泽东语）历史也是割不断的，一个民族的文化传统不仅肇始于过去，而且融合于现在并预示着未来的趋势和存在。一种文化精神、思想观念，之所以一代代传承下来，成为代表这个民族特质的民族精神和文化传统，凝结在国家理念体系中，生长在社会精神家园中，必定有它的历史选择理由。中华民族的优秀文化，凝聚了中华民族世世代代的精神和智慧，已形成为一种强大的文化传统，成为过去、现在乃至未

来的“中国特色”的客观存在，成为今天中国人赖以生息和奋进的精神动力或精神家园所在。

五千年的中国传统文化，许多已积淀为社会主义中国的时代精神和“中国特色”，是中国现时代社会主义建设的文化基础。在新时代我们需要设定社会主义发展道路和理念，但中国特色的社会主义理念绝不能是脱离传统文化的空洞构想。发展传统文化，要面向现时代进行传承和创新改造，但我们所构建的社会主义理念文化，也必须接受中国传统文化的“选择”。这意味着中国社会主义理念体系或精神家园的建造，必须根植于中国传统文化土壤之上，和中国传统文化“相衔接”。只有生于长于中华传统文化中的社会主义理念文化才具有真正的生命力。中国强调整体和谐的价值取向和思维方式，中国人对祖国特有的爱国情结、对同胞的血肉之情、自强不息的奋斗精神，以及以人为本、注重精神价值的文化取向，早已成为构成中国特色社会主义发展道路和模式的核心成分。不意识到传统文化具有的对社会主义文化的历史必然性，看不见中华民族精神及文化传统在“社会主义精神家园”中的底蕴意义，就不可能真正建构起新时代社会主义中国的“精神家园”。因此，“中国传统文化”应该是蕴含在社会主义中国“精神家园”中的最基本的一个关键词。

二、“马克思主义理论”构筑社会主义中国精神家园的基石

1999年，西方社会一些媒体先后进行了“千年思想家”、“最伟大哲学家”的公众评选，几轮评选中马克思均排名第一，排在第二位的是爱因斯坦。马克思由此被称作“千年最伟大、最有影响的思想家”。著名西方学者熊彼得评价说：“在我看来，伟大和生命力是联结在一起的。按这个意思来说，伟大这个词无疑适用于马克思的道理。”

马克思为何会被评列第一？何以让世人这样叹为伟大？在于他所建构和提供的马克思主义理论。马克思主义理论博大深邃，概言之，即认识世界，认识社会，认识人自身，最终实现人的自由和解放。马克思看到，人类自产生起，由于不能科学理性地认识把握自然世界，一直受着来自自然界神秘力量的压迫，由于社会制度不公正不平等不合理，人们饱受社会力量的压迫。马克思创建的理论一方面科学解释了自然世界的本质和规律，另一方面揭示了社会发展规律和社会不公正制度的根源。对马克思的这种理论贡献，恩格斯在《在马克思墓前的讲话》中概括为“两个伟大发现”：一即揭示了人类社会发展的一般规律，创立了唯物主义历史观；二即发现了剩余价值学说，揭露了资本剥削的秘密与资本主义生产方式运动的特殊规律。这“两个伟大发现”奠定了马克思主义理论体系的基石。

马克思主义的理论给人们指出了解决社会压迫问题的路径和方式，即必须从政治上、经济上消灭剥削制度，消灭阶级。马克思主义理论为世界带来社会巨变。有人说没有马克思主义的理论，世界上六分之五的人将依然生活在阶级压迫不平等状态中。正因为马克思的理论主张代表着广大劳动人民的利益，所以它一经产生，就被全世界被压迫阶级和民族广泛接受并作为理论武器，“马克思的世界观远在德国和欧洲境界以外，在世界的一切文明语言中都找到了拥护者”。

中国近代走西方资本主义道路尝试失败后，中国人接受了“十月革命”送来的马克思主义，看到了民族解放的新希望。李大钊曾讲，十月革命所开启的“是世界革命的新纪元，是人类觉醒的新纪元”，“吾人对于俄罗斯今日之事变，惟有翘首以迎其世界新文明之曙光，倾耳以迎其建于自由、人道上之新俄罗斯之消息，而求所以适应此世界的新潮流。”

中国共产党把马克思主义与中国国情相结合，带领中国人民取得了民族革命和社会主义革命的成功。我们在马克思主义理论指导下进行了改革开放，取得了举世瞩目的社

会主义发展成就。历史和事实证明，有什么样的理论引导，才会有什么样的发展思路和模式。只有坚持马克思主义理论指导，才能走中国特色的社会主义道路，实行社会主义制度，坚持共同富裕的社会主义价值路线。可见，马克思主义也是中国特色社会主义发展概念中的另一个关键词，是构建社会主义中国精神家园的理论基石。

三、"共同理想"是社会主义中国精神家园的凝聚力所在

中国特色社会主义是一种发展模式，也是全党全国各族人民的共同理想。"共同理想"正式提出是在十二届六中全会上。全会提出建设有中国特色的社会主义，要把中国建设成富强、民主、文明、和谐的社会主义现代化国家的共同理想。这个共同理想也成为我国"九五"、"十五"、"十一五"、"十二五"发展规划的重要内容。

实现中国特色的社会主义共同理想，实现中华民族伟大复兴，使自己的国家富强、民主、文明、和谐，这是一种历史选择，也是中华民族自觉选择的发展道路，是一种社会和政治理想，是中国人民共同的价值追求，也是整合全国人民同心同德进行社会主义现代化建设的重要凝聚力。

社会主义共同理想要旨之一，就是进一步实现国富民强。目前我国还处在社会主义初级发展阶段，国家的经济水平还不够发达，科学技术有前沿也有相对落后的方面，人民的生活水平还参差不齐，在全球化和日益激烈的国际竞争中，我们国家需要有一个更强大的综合国力。因此，加快进行社会主义现代化建设，改变我国发展不平衡和相对落后的状况，更好更快地实现富强国家、人民生活水平提高、社会文明和谐发展，就成为全国各族人民的共同愿望。

共同富裕是中国特色社会主义共同理想的另一内容要义。一个和谐、公正的社会，应当最大可能地满足其所有个体成员的正当利益，最大可能地使社会共同利益得到最大限度的发展，并最大可能地合理调控社会贫富差距，以进一步提高所有个体成员的利益所得和生活水平。这是和谐社会的要求，也是社会主义本质的集中表现。中国社会主义市场经济区别于资本主义市场经济的重要标志，就是公有制为主体的经济制度，是共同富裕的价值理想和发展道路。邓小平多次强调，社会主义的本质就是解放生产力，发展生产力，消灭剥削，消除两极分化，最终达到共同富裕。党在提出社会主义市场经济发展道路时就把共同富裕当成社会主义的根本目的、基本原则和本质要求，当作判断改革开放政策成败的最终标准。

坚持共同富裕的基本原则，就要着力处理好经济社会发展中存在的不平衡问题，在战略上要统筹农村和城市以及各地方和区域的协调发展。我们国家在发展战略上可以说经历了一个从强调平衡发展，到强调非均衡发展，到重视协调发展的过程；在政策制度层面上要处理好公平与效率的辩证关系。中国特色社会主义公正观主张，一个国家或社会整体，有责任去关心帮助社会中处在较低境遇中的那部分人或那部分地区，消除地域间或人之间的贫富两极分化，共享社会富强、民主、文明进步成果。十六届六中全会把"发展成果由人民共享"列入构建社会主义和谐社会六条原则的第一条，充分说明对于共同富裕问题的重视程度。由此，国富民强、共同富裕的社会主义共同理想，由于是社会主义理念体系中必然包含的本质命题，当然也就成为显现社会主义中国精神家园价值坐标的目的性指标。

四、"集体主义"构建了社会主义中国精神家园的价值坐标

集体主义是中国特色社会主义的思想理论和价值原则。它既有来自东方血缘文化的整体主义传统取向，又有来自社会主义的强调社会共同体本质的理论品质；它体现在东方特有的文化精神中，体现在中国人的观念里，也体现在

社会主义的体制原则和组织原则中。

中国文化精神历来崇尚集体力量,“团结就是力量”,“一方有难,八方支援”,“集中力量办大事”,这是集体主义文化典型的行动方式和思维取向。只有深谙东方群体价值取向和集体主义文化系统的中国人,才能生发并理解这样的口号和命题,才能使这些口号、命题转化成中国人特有的文化心态和集体行动。集体主义不仅是一种对个人、对社会、对国家的责任精神,是一种集体意识和社会价值心态,更是社会主义价值原则与和谐社会组织机体必然要求的反映。

集体主义原则也体现在中国社会主义制度具有的强大组织力和整合力,这一点在社会主义市场经济发展取得的巨大成就中,在举国之力办奥运的辉煌成就和过程中,在大灾大难的应对中,都得到充分彰显和证明。当一次次抗灾救灾成为国家大事的重中之重,社会主义集中力量办大事的体制优势和价值原则优势就被充分发挥出来。在灾情严峻、救援艰难的情况下,从中央到地方,政令之畅通,速度之快捷,步调之协调,运作之科学,令我们欣慰,令世人惊叹!充分显示出社会主义“中国模式”特有的理念优势、体制优势和组织能量。

集体主义发散的整体价值理念的“中国特色”思维方式,还体现在我们越来越明确的科学发展观与和谐社会发展规划中。社会主义现代化建设中,物质文明、精神文明、政治文明、生态文明,要多维文明一起发展;城乡、地域、区域,政治、经济、文化、社会,都要统筹兼顾,协调发展;社会经济效率要追求,公平正义更是社会主义集体主义的要义,在效率——公平的动态均衡中把握好二者关系的分寸,是中国的智慧擅长,也是社会主义理念的要求。

总之,一个国家要和谐、兴盛,一个民族要立于世界民族发展之林,不仅要有强大的经济、物质和技术硬实力,也要有强大的思想、文化、精神方面的软实力。精神家园作为社会的核心软实力,是中国特色社会主义发展的理论策源和精神动力的另一种表达。民族精神及其传统文化,马克思主义理论基石,社会主义共同理想目标,集体主义原则精神,作为社会主义价值体系构成中的关键词和命题,它们是社会主义中国软实力中最核心的部分,已成为中国人民开创未来的强大精神力量,也已成为社会主义中国精神家园的核心理念所在!

(作者:中国人民大学教授、教育部伦理学基地常务副主任)

时代精神:社会主义精神家园的活力源泉

宋新滨　李元卿

对于社会主义精神家园这棵大树而言,以爱国主义为核心的民族精神是她立足的土壤和根基,以改革创新为核心的时代精神是她成长的阳光和雨露。团结和谐的民族精神和与时俱进的时代精神相得益彰,使得社会主义精神家园具有传承性与时代性、凝聚力与创造力的统一,成为全国人民建设中国特色社会主义事业的强大精神动力。

改革创新是新时期时代精神的核心

所谓时代精神是指建立在该时代亿万劳动人民实践基础上的最能彰显该时代风貌特征的精神品质。“江山代有才人出,各领风骚数百年”。不同的时代有不同的时代精神。民主与科学是"五四"时代的标志;井冈山精神、长征精神、延安精神等构成中国共产党领导的革命战争年代的时代精神;以雷锋精神、大庆精神、铁人精神等为代表的艰苦创业、无私奉献精神,则是新中国成立后第一个30年的时代精神;新时期的时代精神在继承上述优良传统的基础上,突出表现为以解放思想为动力的改革创新精神。

30多年来,在解放思想精神指引下,以小岗村的"大包干"为先声,改革的春雷率先在农村响起。华西村等"百强村"、"亿元村"如雨后春笋般崛起。虽然发展思路、模式各不相同,但都贯穿着改革创新精神;

创新型石油工人代旭升,实现了由农民工到知识型工人跨越的巨晓林,荣获国家科技进步二等奖、让中外专家叹服的钣金工人王洪军,自学成才创造了名扬四海的"振超效率"、"振超精神"的许振超等新时代工人最耀眼的品质是改革创新精神;

从当年备受争议的"傻子瓜子",走街串巷的温州个体户,到现在撑起中国经济一片天的民营企业,走向世界各个角落的温州商人,改革创新精神不仅改变了神州大地的面貌,更赋予中华民族以蓬勃生机和活力;

青岛港、海尔、海信、格兰仕以及电动汽车的领跑者比亚迪、"促进中国人数字化生活"的网易、推动太阳能产业化的"皇明太阳能"等,这些中国企业的骄傲无不是改革创新精神的结晶;

"杂交水稻之父"袁隆平,让发明了印刷术的民族赶上激光照排时代的王选,实现中国人飞天梦想的王永志等,创新精神已化作民族复兴的翅膀……

正是在这个历史过程中形成、积淀了这个时代的精神特征——改革和创新。这既是30多年来全国各族人民创造的宝贵精神财富,更为构建社会主义精神家园提供了活力和源泉。辩证唯物主义认为,物质可以变精神,精神也可以变物质。在改革创新精神的指引下,改革开放以来,人民群众创造了巨大的社会财富,为社会主义精神家园这棵大树的枝繁叶茂、欣欣向荣提供了物质基础,更提供了绵绵不绝的生机和活力。

时代精神为社会主义精神家园注入新的生机活力

社会主义精神家园的广厦经过几代人的努力耕耘已初具规模——马克思主义的世界观和方法论是它的基石;共产主义的远大理想、信念和建设中国特色社会主义共同理想是它的梁柱;高尚的道德情操和社会风尚是它的四壁;优秀的文艺作品是它陶冶群众情操的"后花园";英模先进人物则是将群众带入精神家园的"向导"和标兵。由于有了社会主义精神家园,所以中国这艘巨轮面对风吹浪打、惊涛骇浪,都能乘风破浪、勇往直前。

社会主义精神家园已经成为抵制传统文化糟粕和西方资产阶级腐朽思想的"防火墙",人民群众理想信念的"万里长城";成为社会良好道德风尚的沃土;成为人民群众愉悦精神、陶冶情操、激励信念的"精神驿站"。

社会主义精神家园的构建不是一劳永逸的,需要随着社会实践的发展与时俱进。社会主义精神家园犹如推动事业前进的机车,需要澎湃不止的动力;犹如滋润心田的甘泉,需要不断注入新鲜的活水;犹如参天大树,需要在实践的土壤中不断吸取养分。

以改革创新为核心的时代精神为社会主义精神家园注入了生机和活力,主要表现在五个方面。

——注入了新的理论力量。革命和建设的实践需要新的革命理论的指导,才能不迷失前进的方向,才能有强大的凝聚力。作为马克思列宁主义、毛泽东思想在新时代发展的最新成果,建设中国特色社会主义理论、"三个代表"重要思想、科学发展观,都贯穿着解放思想这根红线,闪耀着改革创新的光芒。这些最新的理论成果使社会主义精神家园的根基更加牢固,更加深入地扎根在群众心坎里。"发展是硬道理"成为群众的共同心声和标志性的时代语言。

——**提供了新的思路和理念**。党的十六届六中全会以改革精神和创新思维及时应对意识形态领域的挑战,提出建设社会主义核心价值体系的任务。这样就依据时代的发展找到了构建社会主义精神家园新的着力点,为社会主义精神家园描绘了适应时代要求和群众愿望的新蓝图、新思路,赋予这个"家"更坚固、更温馨、更有吸引力的前景。

改革创新的时代精神还将开放的理念带进社会主义精神家园的建设中来。这种开放是多层次、全方位的,既包括内容的不断充实更新、方式方法的改进,更包括观念的与时俱进,冲破了条框和"本本"的束缚。正是有了开放的理念,才有了《建国大业》这样汇集了内地、港台众多华人影星的主旋律电影,才有了恢宏大气、鼓舞人心的北京奥运会、上海世博会的召开。

——**提出新的目标和方向**。时代在发展,社会在进步,人类的生存发展环境也在不断变化,社会主义精神家园的建设也要不断完善。和谐、以人为本观念的普及,和谐社会的提出,为社会主义精神家园发挥自身功能明确了目标,指明了方向。新时期社会主义精神家园的构建要紧紧围绕和谐社会建设,凝聚人心、鼓舞士气、激发干劲。和谐家庭、和谐社区等群众性创建活动已经成为社会主义精神家园建设的具体行动。

——**充实了社会主义精神家园的内容**。建设有中国特色社会主义的共同理想和信念、"八荣八耻"道德规范的提出、"98 抗洪精神"、以及在汶川特大地震和玉树地震救灾和重建中表现出来的顽强意志、无私奉献、大力协同精神,举办北京奥运会和上海世博会所高扬的团结协作、争创世界一流的精神都已经成为新时期社会主义精神家园的最新元素,大大拓展了它的"面积"和"容积"。

榜样的力量是无穷的。一个时代的英模人物就是这个时代为自己的群众竖起的导向标,引导着人们前进的方向。许振超、吴大观、张瑞敏等等,犹如灿烂的群星使得这个时代格外辉煌。在他们身上闪烁的正是改革创新精神的光芒。

——**注入无穷的活力**。"文化大院"、农村远程教育网、"红色网站"、"红色短信"、"网上党支部"、"网上为烈士献花"等等,在巩固传统阵地的同时,互联网成为社会主义精神家园的新平台和新载体,成为宣传和弘扬社会主义精神文明的阵地;

"十星户"、"好媳妇、好婆婆"、"道德模范"、"感动中国年度人物"、"建国 60 周年双百英模和杰出人物"、"身边的共产党员" 等评选,让广大群众参与,内容丰富多彩,创新了社会主义精神家园的建设方式,更具有群众性、亲和力和感召力;

"庄户剧团"、民营剧团等新型文化团体异军崛起,"唱红歌",讲红色故事,写红色记忆,以及"红色旅游"等活动的开展,丰富了群众的精神文化生活,为社会主义精神家园的建设注入新鲜力量。文化事业单位改革的顺利开展,充分调动了文化工作者的积极性,激发了创造活力,创新了社会主义精神家园建设的体制机制。

新时期社会主义精神家园建设也面临着严峻挑战。社会主义市场经济是前无古人的伟大创举,对社会主义精神家园的建设提出了崭新的课题。市场经济的大潮在极大地调动人们工作的积极性、创造性的同时,也对原有的价值观、道德风气等造成巨大冲击。急功近利的浮躁风气、以自我为中心的极端个人主义使得不少人信仰模糊、信念动摇、道德滑坡,原有的价值观念和道德观念不断受到冲击,官员的贪污腐败,以及社会上的犯罪案件在某些地方呈上升趋势,我们的道德与法制教育面临新的挑战。随着对外开放的不断深入,西方文化中的腐朽成分也会乘虚而入,对人们尤其是未成年人的思想产生腐蚀,而有些新的适应时代要求的价值观、道德准则还没有转化为群众的自觉行动。一方面,由于家庭和社会教育的乏力,不少"富二代”、“官二代”过分追求物质和感官享受，精神空虚；另一方面，社会弱势群体则处于物质和精神生活的双重贫乏中，生存与发展存在着不稳定状态。如何应对社会结构的变化，发挥社会主义精神家园整合社会、凝聚力量的作用是宣传思想文化工作面临的挑战。

发挥群众的主体作用，推动社会主义精神家园建设

社会主义精神家园的真正主人和建造者是人民群众。这是构建社会主义精神家园的出发点和落脚点。群众的实践精神和首创精神是时代精神、社会主义精神家园的“本”和“源”。追本溯源，应对社会主义精神家园面临的新挑战，关键是要激发和调动群众的创造、创新热情，尊重群众的首创精神，调动群众的积极性，发挥群众建设社会主义精神家园的主体作用。

人民群众的实践不仅为社会主义精神家园创造了物质基础，更不断充实着社会主义精神家园的内容，创造了生动活泼的新载体、新方法、新形式，探索了新体制、新机制，为社会主义精神家园的建设增砖添瓦。只有不断满足群众在精神文化生活上的需要、愿望，尊重群众的意愿，善于总结提高群众创造的经验，社会主义精神家园这棵大树才能根深叶茂，立足于生动活泼的社会实践土壤，获得永不枯竭的源泉。

青岛的“微尘”现象就给予我们深刻的启迪。最初有热心公益事业的好心人以“微尘”的名义向红十字会多次捐赠较大数额的款项。这一现象经报道后引起市民的关注，尤其是借助网络传播，影响越来越大。“寻找微尘”的行动在市民中自发兴起，逐渐演变为学习“微尘”精神、热心公益事业的群众性活动。“微尘”不仅成为青岛公益事业的一个符号，而且成为新时期群众自发追求高尚道德风尚的一个标志，成为创建和谐社会的一道亮丽风景。这充分说明在社会主义市场经济大潮中，群众不仅有对物质利益的诉求，也有对高尚道德情操的向往。青岛市有关部门对群众这一自发行为积极宣传、巧妙引导，把先进分子的道德追求转化为广大市民的自觉行动，启发了我们如何在新的时代背景下建设社会主义精神家园。

伟大的时代需要伟大的精神，更需要大批精神家园的建设者、守望者。建设社会主义精神家园既是一项长期任务，更具有现实性和紧迫性。只要坚持在党的领导下，虚心向群众学习，尊重群众的首创精神，不断将时代精神融入社会主义精神家园，不断从群众的实践中汲取力量，就一定能够将社会主义精神家园的大厦设计和修建得更加壮丽美好。社会主义精神家园必将成为中华民族乘风破浪前进的航标和风帆。

（作者：山东滨州滨城区委党校干部；中国石油大学（华东）教授）

转型时期的社会群体心理特征

陶文昭

社会转型的体现

关于中国社会转型，观点众说纷纭。笔者认为，中国社会转型最根本的就是现代化。新中国成立，建立了社会主义制度，这是制度层面的历史转型。在此之后的整个社会主义初级阶段，中国的战略目标是实现现代化，主要是发展层面的社会转型。虽然在现代化进程中，中国

也要进行体制改革，但这是进一步完善，而不是改变基本制度，所以当今讨论中国转型，指的是社会发展层面，而不是制度层面。

改革开放以来，中国现代化建设提速。在20世纪最后20年中，中国实现了翻两番的既定目标，基本上建成了小康社会。进入21世纪，中国提出在前20年建设全面小康社会的目标，并继续努力在21世纪中叶实现现代化。今天，21世纪过去了10年，建设全面小康社会是时间过半、任务过半。总的来说，中国还没有完全实现现代化，离彻底的现代化转型还有距离。但中国已经在现代化中取得了重大进展，社会已经发生了重大的变化。当今谈论社会转型，具体所指就是改革开放以来中国社会的巨大变化。

现代化在不同时期、不同国度表现不一。当今中国的现代化比较突出地表现为“五化”，即工业化、信息化、城镇化、市场化、国际化。工业化是从农业社会向工业社会的转变。中国过去是典型的农业社会，现今发展到工业化的中期阶段，更进一步就进入工业化的成熟期。中国的主要工业品产量，都位居世界前列，甚至被形容为国际工厂。信息化是20世纪后半叶从发达国家兴起的。对它们而言，是从工业社会向信息社会或后工业社会迈进。对中国来说，就是在工业化还未完成的情况下，以信息化带动工业化，走新型工业化道路，实现跨越式发展。目前中国网民达到4亿，手机用户和网络用户都是全球第一，信息化已经达到一定水平。城镇化是人口从农村转移到城镇。改革开放初期，中国约80%人口居住在农村，只有20%人口居住在城镇。而今城镇的户籍人口已经超过40%，加上许多外出务工经商者户籍与工作的分离，城镇实际居住的人口已经超过全部人口的50%，城镇人口比例每年还在上升。市场化是从计划经济转向市场经济。中国过去实行高度集中的计划经济，改革中逐步引入市场因素，并在20世纪90年代初明确社会主义市场经济目标。经过几十年的改革，中国已初步建立了社会主义市场经济框架。国际化也称全球化。改革开放前中国是相对封闭的国家。通过不断对外开放，中国已深深融入到经济全球化之中，成为全球位居前列的贸易进出口国、外资引入国。全球化不仅体现在经济方面，中国的文化以及其他各个方面也深受世界影响，也在不断地回应国际潮流。

总之，最近几十年中国的工业化、信息化、城镇化、市场化、国际化此起彼伏、相互关联，汇成了波澜壮阔的现代化潮流。中国的“五化”交织在一起，使得社会转型剧烈而复杂。从时间上看，中国的社会转型是双重叠加。近代以来世界历史上两次大的社会转型，分别是从农业社会转向工业社会，从工业社会转向信息社会。西方发达国家先后在19世纪和20世纪经历这样的转型。中国则将这两次社会大转型压缩在一起，既处在工业化发展的关键阶段，又处在信息化的起始阶段。两次大潮相互交织，形成了种种复杂的效应。从地域上看，中国的社会转型是多元复合。中国是一个发展很不平衡的大国，城乡之间的巨大差别构成了“二元社会”，地理上东中西部之间的巨大差别构成了“三个世界”。中国的社会转型不是同质的，各地在转型的性质、程度、速度等方面存在着千差万别，呈现出极为复杂的特征。从环境上看，中国社会转型是内外互动。中国的现代化始终与改革开放相伴随。中国的现代化进程，内有改革，外有开放。中国的改革是全方位改革，包括政治、经济、社会等各个方面。中国的开放也是全方位开放，包括多领域、多层次。改革与开放的复杂互动，共同推动社会的转型。

心理转变的特性

群体心理总是反映着社会现实，随着社会的变化而变化。有什么样的社会现实，就有什么样的心理状态。中国剧烈而复杂的社会转型，必然引起群体心理剧烈而复杂的变化。总体而言，当今中国的群体心理有以下特性：

一是变动性。如同前文所析，中国的社会转型实质上是现代化,突出表现为工业化、信息化、城镇化、市场化和国际化。这里用了一系列"化","化"字很值得推敲。所谓"化"就是从旧的向新的转变过程之中。既然"化"了,就是在转变;既然还在"化",就是转变还没有彻底完成。反映到群体心理上,也是这种情况,就是心理上的新旧交替。从农业社会的心理,向工业社会、信息化社会的心理转变;从农民心理向市民心理转变;从计划经济心理向市场经济心理转变;从封闭心理向开放心理转变。群体心理转变的过程,就是除旧布新的过程。旧的心理在淡化、被抛弃,但心理变化并不总是与现实同步的,更多的时候是落后于社会现实,有强大的传统惯性。因此,当今旧的心理还没有摆脱,更不可能完全抛弃。同理,新的心理在形成,但还没有完全成熟。中国现代化是一个长期的过程,还在路上;心理转变也是一个长期的过程,还在途中。总的而言,传统与现代、乡村与城市、中国与西方等各种心理因素将长期交织在一起。

现代化的过程,实际上是一个社会日趋复杂化的过程。改革开放几十年中,中国社会群体日益复杂化,利益构成日益复杂化,群体心理也日益复杂化。就社会阶层而言,改革开放前中国的主要群体是工农商学兵。随着改革开放的进程,中国的社会群体区分更加细化。从阶层上说,过去的各种阶层都经历了新的变化,今天的工人、农民和知识分子,都与改革开放前有明显的不同。不仅数量上很是不同,比如许多农民转化为产业工人。而且相对地位也在变动,普通工人的收入状况和社会地位不容乐观。尤其是在改革开放和发展市场经济过程中,产生了包括民营科技企业的创业人员和技术人员、受聘于外资企业的管理技术人员、个体户、私营企业主、中介组织的从业人员和自由职业人员等新的社会阶层。这些新阶层拥有令人瞩目的资源、收入和地位。很显然,不同的群体,心理不一样。即使是同一群体成员,个体心理也是有差别的。日益复杂的社会必然产生日益复杂的心理。必须承认当今社会心理的多样性和复杂性。设想整个社会只有一种心理,或只有简单几种心理;试图以一种群体的心理代替所有群体的心理,都是行不通的。

二是两面性。群体心理的转变,既有积极的一面,也有消极的一面。首先需要指出的是,中国的改革开放和现代化是进步的事业。党的十七大指出,改革开放以来"中国人民的面貌"发生了历史性变化,这个面貌自然包括人民的心理状况。的确,富强、民主、文明、和谐的意识是中国人民意识取向的主流。我们在现代化进程中,逐步淘汰了落后的小农心理、安逸心理、封闭心理,增强了竞争意识、进取意识、开放意识等等。这些顺应了时代的发展,既是现代化的产物,又反过来促进现代化的推进。对于这些积极的变化,必须充分肯定,有效利用。但是,群体心理的消极一面也不可忽视。当今中国正处于战略机遇期,也处于矛盾多发期。历史的经验表明,社会转型期群体心理问题比较多,如果不能正确认识和妥善处理,将危及社会的安定和谐。

重点关注的心理

在中国当今多元而复杂的群体心理中,一些比较普遍地存在、而又值得关注的群体心理,是诸如压力感、失落感、孤独感、急躁感等等。

压力感首先来自日益加剧的社会竞争。从计划经济转向市场经济,由僵化体制的束缚中解放出来,个体积极性的发挥空间增大了,但与此同时所承担的成败责任也增大了。在商的有盈利的竞争,在学的有职称的竞争,从政的有晋升的竞争。而且这种竞争的年龄在不断地提前,从小就面临着就学的压力,长大又面临就业的压力。没完没了的学习,没完没了的工作,长期处于高度竞争状态之下,人们的身心承受巨大的压力。压力感也来自生活的重负。社会的发展,眼界的拓宽,生活标准不断提高,生活期望值就更高。为了过上体面的日子,更不用说是期望的日子,人们不得不为住房、医疗、教育、养老等不停地奋斗。对于社会中下层来说，解决这些问题谈何容易。有人甚至形容当今为“奴”的时代，许多人重负之下沦为“房奴”、“车奴”等等。应该说，一定的压力并不是坏事，有压力才有动力。农业社会的那种悠闲安逸，计划经济时期的那种外在依靠，并非是理想的心境，造成的只是懒散和贫穷。适度的压力感是现代化社会所必然的，也是必须的。但是过度的压力，就会损伤身心的健康。

失落感来自失意或失败。改革开放取得了巨大的成就，社会绝大部分人生活得到较大幅度的改善，国家有成就感，个人也有成功感，这是毫无疑义的。问题是，社会中总是存在着失意者。失意有绝对的失意，也有相对的失意。绝对失意指竞争中的失败，诸如失去工作，不能求学，甚至维持基本生活都成问题。在日益繁荣的社会中，他们是边缘化的弱势群体。失意更多的表现为相对失意。在纵向比较中，一部分群体在社会转型中失去了曾经拥有的社会地位。在横向比较中，一些群体虽然获得了一定的社会利益，但是远远比不上所参照的对象。自己收入提高了，但别人的收入更高；自己的房子变大了，但别人的房子更大。这就是社会学上的“相对剥夺感”，即指个体或群体将自身状况与参照群体进行比较，认为自己比参照物得到的少，从而产生的不公平感。事实上，相对剥夺感是任何社会中都普遍存在的社会现象，在社会转型时期则更为突出。中国的社会转型中存在着较大的贫富差距，相对失落的情绪在中下层群体中是比较普遍的。

孤独感来自迁徙和流动。过去的乡村，祖居之地，乡里乡亲，熟人社会，而今外出务工或迁徙到城镇，离开了故地，又没有完全融入新的社会，处于“无根”的状态，心理难免漂泊。过去的计划经济中，单位固定而关系较深。市场经济中人员流动加速，中小公司更是“流水的营盘流水的兵”，一些人经常更换工作。在市场经济的大都市里，社会关系比较冷淡和缺少人情味。都市里的人很多，但熟悉的人很少，甚至邻里也不一定相识。如今虽能接触更多的人，又有便捷的联系手段，但人们之间的信任大幅度下降。社会流动大、环境变化快，人们不得不面对陌生的人事和环境，难以形成应有的归属感，有时就感到孤独和无助。

急躁感与前文所言的压力感、失落感和孤独感等是相互关联的。现代社会期望值的提高，使人们急切地希望改变现状以出人头地，实现自己的目标。急躁的心态表现为，经商的恨不得一夜致富，做学问的恨不得一夜成名，为官的恨不得连升三级，为了走捷径快出头，甚至不择手段。需要指出的是，当今社会生活中不确定因素不断增多，不仅是刑事、民事犯罪增加，而且日常生活的吃喝住行都潜伏着威胁，诸如吃喝担心食品问题，病老担心医疗保障问题，出行担心交通问题，心理负担无时不在。一些内心失落和孤独的人们，生存在缺乏安全感的环境中，难免焦虑而急躁。

现代化转型中出现的心理问题，尤其是一些负面心理问题，需要引起社会的关注。在负面心理的重负之下，自杀和他杀现象增多。近期频发的一些事件敲响了警钟。福建南平郑民生校园暴力事件，从心理角度就是中年男人遭遇失落而孤独，在压力之下由心情暴躁而引发的。疏解群体心理问题，既要针对性进行心理咨询和心理调适，解决个体的问题；又要加强价值观教育，价值观是更高层次的东西，没有高尚的价值观，就没有健康的心理；还要加强制度建设，缩小社会贫富差距，治理社会环境，营造良好的社会氛围。

（作者：中国人民大学马克思主义学院教授、博士生导师）

社会转型期的心理失衡与和谐社会心理构建

司春燕

社会心理是和谐还是失衡直接影响到社会稳定,关系到和谐社会的进程。目前,由于社会转型带来的个体心理健康状况恶化和社会整体心理失衡问题,已经成为社会和谐发展的一大阻碍,亟须引起关注。党的十七大强调注重人文关怀和心理疏导,表明了国家对促进和谐社会心理发育的重视。研究社会转型期的心理失衡问题,分析其成因并提出积极健康的社会心理构建机制,对于推动经济社会协调健康发展,构建社会主义和谐社会,具有重要意义。

一、社会转型期心理失衡的主要表现

社会是人的集合。和谐社会的关键因素是人。和谐社会首先表现为人与人之间的关系和谐,其次是指人作为个体身心关系的和谐。人的个性和谐是实现人际和谐的基础和前提。因为,个体只有拥有了健全的人格和心理,才能合理适度地处理与他人之间的社会关系。

按照马克思辩证唯物主义和历史唯物主义的基本原理,矛盾无处不在,无时不有。社会基本矛盾运动是社会发展的基本规律,它推动着人类社会由简单到复杂、从低级向高级不断前进。历史和实践告诉我们,社会心理也总是处在平衡和失衡的矛盾状态中。平衡是社会心理的常态,而不平衡则是社会心理的非常态。适度的个体心理失衡会激发社会成员的积极性和创造性,增加社会有机体的活力。但大范围、大规模的社会心理失衡则会破坏社会稳定,隐含着毁灭性的因素。“众所周知,只有‘心理和谐’的个体才可能做出符合社会规范与要求的行为。才可能与社会的发展同步,促进社会的发展;反之,则会出现大量的越轨行为,导致社会发展迟滞”。

1.安全感下降。安全是人的第一需要。影响社会成员安全感的因素可分为外部的和内部的两种。外部因素主要是外敌入侵。外敌入侵,意味着侵略者以武力或其他强制手段侵犯被入侵地人民的生命、财产安全。我国自鸦片战争以来,多次遭受帝国主义势力的侵犯,人民的生命、财产安全遭到严重损害。落后就要挨打的记忆使中华民族永远不会选择一个昏庸无能的政府。随着新中国的建立,人民对不受外敌入侵的安全已经有了充分的信心。但是,影响安全感的内部因素仍大量存在,最主要的是各种内乱、动乱以及侵权类违法犯罪。其中,社会治安安全感是当前影响公众安全感的一个重要方面。2009 年 11 月 12 日零点研究咨询集团于上海发布的《2009 年零点中国公共服务公众评价指数报告》中关于社会治安安全感的调查结果显示:近 5 年来城乡居民对社会安全感的评价起伏不定,农村居民安全感的波动较为明显,2009 年的安全感综合指数较 2008 年有所下降。

2.平等感受挫。平等感的挫伤是导致社会心理失衡的又一个重要因素。改革开放以来,由于产业、地区发展的不均衡,出现了贫富两极分化现象。逐步扩大的两极分化影响了社会稳定,给构建和谐社会带来巨大挑战。2000 年我国基尼系数超过了 0.4 的国际警戒线,2009 年我国的基尼系数已经接近 0.5,正在逼近社会容忍度的“红线”。失衡的利益格局带来社会群体的心理冲突,导致社会心理严重失衡,产生程度不等的被剥夺感。被剥夺感成了一种普遍的社会心理,并且每年不断推陈出新的各式豪宅庭院、令人眼花缭乱的各种高档消费、日新月异的各种财富排行榜,无形中又放大了社会比较,给社会成员带来强烈的心理刺激,扩大了成员间的心理落差,增加了挫败感。如果不能很好地缓解社会成员的被剥夺感,极易引发对抗社会的行为,比如仇富行为、群体事件、暴力事件,等等。据2005年发表的《社会蓝皮书》披露,1993年至2003年间,中国群体性事件数量已由1万起增加到6万起,参与人数也由73万人增加到307万人,而与经济利益相关的其他失范行为如抢劫、偷盗、诈骗等也呈逐年上升态势。

3. 正义感缺失。目前我国制度设计层面最突出的就是公平正义问题。以我国最基本的政治制度——人民代表大会制度为例,改革开放30多年以来,我国人大代表的身份构成结构不合理,干部和知识分子的比例一直呈上升趋势,分别由1978年的13.38%、14.96%上升为2003年十届人大的32.44%和21.14%,而在十届人大代表按职业划分的结构中,农民和工人只分别占2.22%和3.22%。人大代表呈精英化趋势,而作为占人口绝对多数的工人和农民群体却缺乏自己的利益代表,这必然使国家制定的各项具体制度措施倾向于维护精英阶层的利益。这种制度安排必然使绝大多数社会成员缺乏相对公平公正的资源获取机制,即国民在获取经济、权利、知识、健康、资源时缺乏平等的机会。普通社会成员缺乏资源获取的有效途径,无力改变自身的身份、社会地位,致使精英阶层和普通社会成员之间的落差进一步拉大。这种欠缺正义的制度安排导致社会成员中出现了普遍的正义感缺失,而不正义感加剧。大量无直接利益冲突的群体性事件的发生都反映了这种社会心理失衡,根源就在于公民的正义感出现了偏差。

二、转型期社会心理失衡的主要原因

社会转型是指我国从20世纪70年代末开始的社会变革,是由传统社会向现代社会的过渡,也是由农业社会向工业社会、由封闭性社会向开放性社会的转变过程。特别是经济的全球化、一体化使中国社会转型驶入了快车道,呈加速发展态势。在这个过程中,我国社会整体结构、社会资源结构、社会区域结构、社会组织结构及社会身份结构等都在发生着重大转变。发展经济成为主流思想,发财致富的观念深入人心,人们的积极性被空前地调动起来,但其负面影响也随之而来,人们对物质的占有欲望不断提升。利益,特别是物质利益,是产生社会矛盾的最根本原因,也是导致社会心理失衡的直接因素。忽视利益差别和利益分析,就会偏离解决问题的方向。审视当前中国社会心理失衡的主要原因,主要有以下三个方面。

首先,社会转型带来的利益差别和利益分化。改革作为一场深刻的革命,必然在各个方面、各个领域、各个层次上触及人们的利益。随着阶层、群体和组织的不断分化重组,不同社会群体和阶层的利益意识不断被唤醒和强化,社会利益群体日益呈现多元化,各种利益矛盾更加凸显。从传统文化看,我国历来有"均贫富"、"等贵贱"、"有福同享、有难同当"的民族心理,这种积淀已久的平均主义心理与失控的利益差别出现了背离。人们面对突然出现的贫富差距,缺乏必要的思想准备和时间过渡,必然会造成强烈的心理反差和失衡。尤其是在各种社会资源有限的前提下,多元化的利益群体之间的心理交锋更加难以避免。利益失衡导致心理失衡,是当前社会矛盾激化的一个重要诱发因素。

其次,利益分配制度的正义缺失。分配正义是和谐社会的基本要求,因而应作为社会基本制度安排的主题。也就是说,社会基本制度安排应当尽可能平等地分配资源(财富)。虽然在现实社会中绝对的平等是不现实的,但是,只有当每一个人、尤其是那些最少受惠者能够得到最大化利益补偿时,现实的社会不平等才具有正义性。而这一点需要通过制度安排来实现，在此过程中底层民众希望政府积极作为。但是，改革开放30多年，中国的经济高速发展，GDP总量增长了10倍，平均发展速度达到9.4%，成为世界上发展速度最快的国家之一。与此同时，中国的社会发展却相对滞后，社会运行机制不够健全，社会发展相对滞后，公共资源分布不均。中国在社会转型的同时，也面临着制度的转轨。在社会转型与制度转轨的过渡期，成熟的利益分配与协调机制缺失，缺乏一套能获得社会成员普遍认可的制度缩小贫富差距，照顾弱势群体，实现社会公正。

再次，实践中利益分配不公导致的恶性循环。在改革开放过程中，由于一些政策不完善、措施不到位，造成社会伦理道德的混乱与失范，在过度的利益导向下，消极腐败现象猖獗，权钱交易禁而不止，一些非正当的分配方式和手段沉渣泛滥，都进入了分配领域。一些人靠钻政策和体制漏洞而暴富，一些部门和单位靠垄断而获取超额利润。人们一方面对腐败现象恨之入骨，深恶痛绝；另一方面，社会上形成的贿赂心理，渐渐凝固成一种心理定势，外化为更多人的行为习惯，形成恶性循环，这对社会心理是一种严重的伤害。

三、重构和谐的社会心理，促进社会和谐

在社会转型的关键期和矛盾的凸显期，必须采取有力措施调节失衡的社会心理，促进健康、平衡、积极的社会心理的形成。只有形成了和谐的社会心理，才可能提高社会的凝聚力、创造力，实现整个社会的和谐。笔者认为，我们需要从制度建设入手，构建长效社会心理调节机制。

1. 建立完善的利益表达机制。利益表达机制的功能，不仅在于保证民众参与改革，而且在于为具有不同利益诉求的社会群体提供充分反映自己利益要求的常规性途径，并具有法律力量保障利益诉求的实现。只有让各种不同意见和对立性情绪有机会尽情地发泄出来，才能避免它们不断累积而造成不可收拾的社会后果。让人民的意见和要求充分表达出来，特别是弱势群体的利益需求充分表达出来，是疏导社会心理的当务之急。发挥民众政治参与的积极性，在诸如征地、国企改革、医疗改革、教育改革以及住房改革这样涉及到众多人利益的重大改革举措上，注意征询民众意见，是治本之举。

2. 建立公平的利益分配机制。要使社会成员都享有平等的资源获取路径，必须从制度设计层面提供支持。在制度制定的过程中必须提高民众的参与性，做到公开、公平、公正。下决心清理由于制度不完善带来的各种“潜规则”。只有当我们的制度是公平、正义的，人民的权利能得到及时维护时，社会成员才会产生主人翁意识，而不是在强大的制度面前感觉自己无能为力。

3. 建立合理的利益共享机制。要解决社会成员之间的被剥夺感、社会排斥感，必须改变严重失衡的利益格局。这就要求建立合理的利益共享机制，在承认合理差别的基础上确保社会成员都能共享改革发展的成果。可以从通过进一步改革收入分配制度和税收制度、建立完善的社会保障体系等手段入手，切实保障社会成员的切身利益，缩小社会成员之间的差距，减少社会心理的落差和被剥夺感。

4. 建立应急的社会心理危机干预系统。社会的快速转型使得突发性灾难事件越发频繁，快速、及时、有效的综合社会心理干预对于维护社会稳定与和谐必不可少。因此，建立应急的社会心理危机干预系统显得更加迫切。政府应当鼓励高校发展危机干预学科、培养更多的专业性危机干预人员。当然，危机干预不仅仅应用于突发事件，也可用于日常个人心理危机和自杀预防等领域。社会心理危机干预工作应当以为社会提供服务为宗旨，实现由被动型向主动型转变。

社会心理是社会意识以及人们行为取向的“晴雨表”。在我国社会转型进程日趋加速和深化的过程中，只有重视和关注社会心理问题，

及时理顺社会情绪，积极构建健康和谐的社会心理疏导机制，才能真正构建社会主义和谐社会。

（作者单位：中共山东省委党校政法部）

运用手机媒体创新思想政治工作方式

郑　峰

信息技术的快速发展，改变着信息传播方式和舆论形成机制，也改变了人们的行为与生活方式，同时深刻影响着思想政治工作方式的变革。随着宽带通信技术尤其是3G技术的成熟与完善，手机增添了上网、读报、视频、收听广播和收看电视等业务，呈现出一种新的媒体传播形式。目前，我国有7.96亿手机用户，手机上网用户数量也呈现高速增长态势。据中国互联网络信息中心发布的统计报告显示，截至2010年6月底，中国手机网民用户达2.77亿，在整体网民中的占比攀升至65.9%。手机媒体成为继报刊、广播、电视和互联网之后的“第五媒体”。

创新思想文化传播方式

手机媒体作为一种新的传播载体，具有移动性、实时性、交互性和便携性等特点，逐步走向大众化、个性化和多媒体化。手机媒体促进了人们的情感交流，丰富了人们的社会生活，也带来人们思想观念和价值取向的日益多元化，影响着人们的精神世界特别是青少年的成长。

1. 实现传播的大众化。手机媒体作为手机这一通讯工具的延伸，最大的优势是携带使用方便，真正成为能随时随地使用的媒体。手机作为媒体打破了地域、时间和电脑终端设备的限制，可以随时随地接收文字、图片、声音等各类信息，实现用户与信息的同步。手机媒体让人们能够利用一切零碎时间极为方便地获取信息和知识，享受阅读的乐趣。这样一个具有广泛覆盖群的大众化媒体平台，信息的传播和更新速度更快，几乎可做到与新闻事件同步，传播内容更加丰富多彩，是其他媒体很难具有的。

2. 双向互动的个性化。手机媒体作为目前最大众化的一种信息传输平台，使信息接收方和传播方处于平等的地位，双方可以在一个平等的平台上进行交流和对话，为多元化的思想提供了个性化的平台。手机媒体最大的突破就是参与性与互动性大大增强。尤其是博客、播客及微博的出现和不断发展，个体既可以成为信息的接收者，也可以成为信息和新闻的传播者和制造者，个人可以参与到传播中的各个环节，甚至能成为信息完善的参与者。原来是单向传播，现在实现双向或者多向互动。

3. 融合集成的多媒体化。伴随着科技进步和观念创新，通过手机媒体人们可以借助文字、图片、图像、声音的任何一种或者几种的组合来开展新闻传播活动，可以采用手机报、手机广播、手机电视、手机网站、手机播客等不同的形态实现新闻传播的意图，满足新闻传播的需要。手机媒体集成了报刊、广播、电视、互联网的功能，它是数字化多媒体终端，既接收音频、视频，又接收图文、数据，具有强大的媒介融合能力。手机媒体不再是单一的媒体形式，而是从传播走向交流，从灌输走向互动，从单媒体走向多媒体，从单向媒体走向交互媒体，是一种多媒体的融创衫式。

提升思想政治工作引领水平

手机媒体为开展思想政治工作创设了前所

未有的新平台，成为思想文化信息的集散地和社会舆论的放大器。要不断探索与创新手机媒体引领思想政治工作的方式和途径，让手机媒体成为传播社会主义先进文化的前沿阵地、提供公共文化服务的有效平台、促进人们精神生活健康发展的广阔空间。

1. 在平等互动中增强引领的导向性。运用手机媒体信息平台在引导舆论方面，比传统媒体更具人性化、更有亲和力。在一些重大事件中，手机媒体作为民意表达和广泛传播的重要手段，成为地方政府了解民情、汇集民智、解疑释惑、疏导民怨的公共信息传播重要平台。真正实现了人和媒体在时空中的无缝连接。要切实增强手机媒体在思想政治工作中的引领作用，充分利用手机媒体的互动性特点，通过互动凝聚力量、鼓舞斗志、引领风尚，掌握思想政治工作的主动权。通过互动增强引领工作的实效性，做到既讲究科学性、理论性、导向性，又注重趣味性、生动性、针对性；既讲究教育人、感化人，又注重提升人、愉悦人。

2. 在融入渗透中增强引领的针对性。手机媒体的组织动员功能，对提高思想政治工作的针对性、引领舆论提出新要求。必须充分发挥高科技集成优势，善于运用现代高新技术手段，提高信息加工处理的快速反应能力和信息传输的覆盖面，在融入渗透中更加注重引导效果。要充分把握受众特别是年轻受众的需求，树立现代传播理念，增强互动、共享、分享等功能，做好主动引领工作。利用手机媒体舆论传播效果，建立手机舆情汇集分析机制，通过收集舆情，集中民意、引导舆论。

3. 在整合协调中增强引领的多向性。提高手机媒体思想政治工作科学化水平，应充分利用手机媒体多元性特点，深入研究不同对象的认知水平、道德状况、价值追求和思想觉悟，有的放矢地引导和整合手机媒体多元文化。对那些符合民族精神和时代精神、有利于社会发展进步的手机文化应当肯定和提倡；对那些虽然不先进但对国家和社会不会造成危害的应当允许其存在并不断加以改造提升；对那些腐朽没落的则应分析其形成的土壤和机理，坚决予以铲除。

营造和谐健康的手机文化氛围

手机媒体作为新兴的大众传播工具，其带来的消极因素也不容忽视。诸如传播信息的良莠不齐与传播内容的不真实、不健康；“把关人”功能的弱化所带来的信息权威性和可靠性的质疑；“手机病毒”、“手机流言”也是削弱手机信息有效性的重要因素。对此，要对手机媒体实施有效监管。

1. 加强手机媒体的行业规范与监管。手机媒体在传播过程中面临着大量色情与不良信息、垃圾与欺诈信息等困扰，缺少相应的监测机制。个别运营商出于自身利益考虑，变相纵容和包庇不良信息传播。因此，要制定行业规范，加强监管，规范手机媒体行为。尽快建立适合我国国情的手机媒体安全监管机制，最大限度地堵住有害信息。手机媒体、运营商、监管部门、手机用户等相关各方，应从内容、技术、法律法规和道德层面实现对传播内容的监控，为手机媒体的健康发展创造条件，为构建社会主义和谐社会而服务。

2. 提高手机媒体社会责任感。手机媒体的社会责任问题日益成为人们关注的焦点。要建立健全手机媒体管理的行政干预体系，加强手机媒体经营管理中社会责任与经济效益双赢的意识，提高手机媒体传播人员的素质。加强手机媒体社会道德以及职业道德的自律，接受受众监督，实现反映舆论、引导舆论、传递信息、服务群众等社会责任。手机媒体自身则要勇担社会责任，净化手机屏幕，维护公序良俗。必须尽到它对社会安定、国家安全和受众身心健康应尽的法律、道德责任和社会义务，不能允许手机媒体不尽法律、道德责任和社会义务的行为。

3. 倡导健康文明的手机文化。针对手机媒体形成的一些“世俗文化”、“泡沫文化”，乃至“泛娱乐化”的低俗文化潮流现象，要用“红段子”等引领手机文化潮流，推广手机阅读业务。

引导广大手机用户特别是青少年提高法律意识和道德修养，自觉抵制不良信息。手机媒体要向用户群弘扬健康、积极、向上的主流文化，引领健康、向上的社会风气和文化风尚。电信运营商应以创新的观念加强信息管理，加强技术投入和创新，提升打击手机不良信息，传播文明风尚的管控能力。让优秀文化搭上手机快车的同时，让不良信息无处藏身、无路传播，为积极健康文化搭建快速传播的平台和通道，营造文明、健康、有序的社会文化氛围。

（作者：中共福建宁德市委宣传部部务会成员、副调研员）

加强政工队伍素质建设的调查与思考

李　华　王进忠

目前政工干部队伍存在的几个不足

目前政工干部队伍在一定程度上存在着“四个不足”。

（一）缺乏正常的生长渠道，先天不足。政工干部知识结构中，一方面要有思想政治教育的专业训练，另一方面要有人文社会科学知识素养等较宽的知识面。目前，政工干部的配备属于“伯乐相马”，通常是组织上认为在其他工作岗位上表现突出的行政管理人员具备政工干部的潜质，从而充实到政工队伍，没有专业的政工干部来源渠道。在这种选拔机制下，有学历的专职政工干部普遍没有受过思想政治工作专业教育，很多是“半路出家”，由于缺乏良好的专业背景和较强的政策理论水平，在工作思路上缺乏理论支撑，导致开展思想政治工作一定程度上缺乏系统性和规范性。此外，在政工岗位工作的年轻干部，受到生活经历、社会阅历等因素限制，在开展思想政治工作方面也存在着诸多不足，比如在结合本部门实际开展工作时，更多是转发上级文件，充当“二传手”，难以完成高质量的材料，写出的东西缺乏新意。

（二）教育培训滞后，后劲不足。近年来，政工内容随着社会的发展不断更新，政工干部普遍感到标准高、压力大，工学矛盾突出，一人兼管多项工作的情况普遍，繁杂的事务性工作居多，缺乏整块时间开展系统学习、进行培训和提升。再加上政工干部的专业本来就“五花八门”，专业理论基础水平参差不齐，客观上也需要进行系统培训和开展同行之间的工作交流，以拓展工作思路、借鉴工作方法，提高政工效率。目前，教育培训滞后且力度不足，培训周期较长，培训内容缺乏全面性和系统性，培训渠道和培训形式比较单一，培训效果不明显。这种长期的知识更新和再教育不足，制约了思想政治工作的科学化水平，也在一定程度上影响了政工人员素质的提高和政工队伍建设的加强。

（三）任职时间短且流动快，经验不足。新时期思想政治工作要求有效缓解人们的思想矛盾、心理冲突和情感困惑，增强思想政治工作的针对性和实效性。这就要求政工干部不仅要工作能力强，还要有坚定的信念和丰富的经验，而经验的积累和职业观念的培养，要求思想政治工作人员从事这一工作具有稳定性。从工作性质和内容来讲，如果政工干部流动过快，造成连续性差，政工干部工作经验得不到有效积累，无法固化形成机制或是制度，导致整体队伍的素质不高、工作能力不强，创新意识和好的工作方法在执行过程中也无法得到有效发挥。

（四）缺乏热情和职业责任感，用心不足。

思想政治工作政策性、科学性强，面对的是复杂的工作对象和环境、状况，需要处理的是各个方面大量的实际问题，这就要求政工干部必须具有较强的适应能力和较高的精神境界。如果自身思想不先进、奉献意识薄弱，就无法满怀热情地完成好工作。当前社会转型时期，人们的思想观念、生活方式、价值取向等多元化发展，“80后”已经逐渐成为政工干部队伍的生力军，由于成长环境的特殊性和一些社会因素的消极影响，部分年轻政工干部奉献精神较差。有的工作缺乏计划性，往往是领导交代一项完成一项，自身对工作缺乏超前意识，对如何提高效率，如何适应新形势、新要求，创造性地开展工作缺乏深入思考；有的业务水平不均衡，业务素质不全面，工作标准不高，工作作风虚浮，为基层服务的思想不牢固，工作中存在态度冷漠、作风蛮横、推卸责任的现象；还有的自律意识不强，性格急躁，办事不扎实。

加强政工干部队伍建设的措施

（一）加大教育力度，提高政治素质。改革开放以来，思想政治工作的对象纷繁复杂，人们的思维方式和价值取向呈现多元化，这给思想政治工作带来很大难度。政工干部必须具有坚实的政治理论功底、坚定正确的政治立场，提高政治理论水平和政策水平，才能增强政治辨别力、免疫力和敏锐性。

一是强化党的基本理论知识的学习。敏锐的政治嗅觉是一个人政治眼光、政治头脑、政治觉悟、政治能力的综合反映，只有用科学发展观的立场、观点和方法把握政治活动方向及社会动态，并由此作出判断，才能在各种情况下争取主动权，创造性地开展工作，并取得好的成效。提高理论素养的关键，是掌握马克思主义的立场、观点、方法，即通过对马克思主义基本原理的学习、思考、感悟，使之内化为一种自身的素养，变成自觉而不是强加的、自然而不是勉强的思维方式和思想方法，从而正确地看待事物、分析问题和决策工作，对当代世界、当代中国以及个人的思想和工作实际进行深刻的理性思考。

二是树立大局意识，坚持理论联系实际。思想政治工作要求政工干部应当具有很高的政治理论与政策水平、系统专业的技能训练、很强的社会交往与组织管理能力。要有针对性有时效性地学习好党中央国务院的重要文件，了解本系统本行业近期要求学习掌握的工作重点。比如近期通过的“十二五”规划建议中对“十二五”发展时期的形势分析、指导思想和工作部署，结合行业要求思考本职岗位工作的开展。再比如中央政法委提出的“三项重点工作”，如何通过政工工作促进业务部门实现围绕大局服务中心，切实履行好职能。还有今年以来，按照党中央部署，以领导班子和领导干部为重点，在全体党员干部中集中开展的继续实践科学发展观的“创先争优”活动，政工干部要率先垂范，先行一步，实现从自身推动活动向制度化、规范化、科学化方向深入发展的目的。

（二）抓好在职培训，立足岗位成才。在知识经济时代下，要从制度上体现终身教育的思想，把对政工干部的培训和继续教育作为长期连贯的战略，把业务培训与实践锻炼结合起来，有效提升政治工作水平。

一是要增强培训的针对性和实效性。从基础抓起，科学地制定培训计划，确定培训内容，拓宽培训形式，使政工干部适应不断发展变化的形势需要，掌握基本的工作方法。引入注重提升能力和培训效果的能力本位的培训模式，以灵活多样的培训形式为载体，采取专题性课程讲授、多向性案例分析、仿真情景模拟、社会考察（包括撰写调研报告和总结交流）以及系统化课题研究等形式为载体，变参训人员被动接受为主动参与，在培训内容上分为专题讲座（包括案例分析和情景模拟）、系统化课题研究、总结交流、实地考察四个部分，为参训人员留有充分的交流研讨时间，为政工人才的素质提高搭建一个实用的交流平台。

二是要注重在实践中锻炼提高。政工干部要围绕中心任务谋划工作，依托中心任务推动工作，突出中心任务落实工作，践行党的群众路线，密切联系群众，不断提高自身的素质和能力。把岗位锻炼作为提高素质的基本途径，有针对性地定任务、压担子，把急难险重任务交给政工干部，让他们在实践中经受磨练，引导他们提高业务素质。提供多渠道政工干部成才的条件和环境，把政工干部放到关键岗位、条件艰苦和困难多的地方去，落实“传”、“帮”、“带”措施，通过强带弱、老带新、领导带部下和参观学习等多种形式，开阔视野加强锻炼。

三是创造条件培养自学能力。经常邀请政工方面的专家教授讲授理论知识、作形势报告，可以要求政工干部结合报告内容自行授课，开展政工干部研究和交流，互相学习，共同提高。通过政治工作座谈会，务虚会或分析成果等多种形式，锻炼和培养政工干部独立思考和分析解决问题的能力，把个人的经验体会和学习成果变成集体的财富。

（三）提高自身修养，培养良好作风。思想政治工作面对的是复杂的人，需要处理的是各方面大量的实际问题，并且始终处在群众的视野中，这就要求政工干部必须具有较高的精神境界，处处严格要求自己，加强品格修养，提高自身素质，塑造自身形象。

一是培养爱岗敬业和无私奉献的作风。思想政治工作也是群众工作，是党联系群众的重要纽带，要热爱党的思想政治工作，具有不为名利、埋头苦干和无私奉献精神，树立正确的世界观、人生观、价值观。当前的社会背景复杂，利益多元、各种诱惑增多，党员干部能不能坚持信念，经得起考验，是一个无法回避的问题。只有具备敬业奉献精神，从内心希望能给党和人民群众多做些事情，才会“想干事”，对待工作时才能时刻保证旺盛的精力、兢兢业业，认真履行自己岗位的职责，才会开动脑筋、创造性地开展工作，真正做到“会干事、干成事”。工作的同时也能时刻注意自查自纠，不留死角，做到“不出事”，在这样的状态下工作，把工作真正做实、做好。

二是培养严谨细致和勇于创新的作风。能否做到严谨细致，有思想方法、工作方法的问题，更有事业心和责任感的问题。只有牢记党的全心全意为人民服务的宗旨，着眼于理论的运用，着眼于新的实践、新的发展，在坚持党的基本方针和原则的前提下不断解放思想、与时俱进，认真筹划周密部署，运用科学发展观理论统领实践，并在实践中不断进行科学总结，进行深入细致的调查研究，跳出旧有的思维模式，打破固有的条条框框，创新工作机制，开拓新的工作领域，探索新的工作思路，采用新的工作方法，实现理论、实践的不断创新，才能把广大干部群众的智慧和力量更有效地凝聚起来、发挥出来。

三是培养清正廉洁和公道正派的作风。政工干部要坚持把工作践行作为党风廉政建设的实践熔炉和现实检验，把讲政治、讲正气、讲党性、重品行、作表率付诸岗位实践，化作具体行动，从自身做起，从岗位做起，坚持真理，不弄虚作假，不欺上瞒下，待人诚恳，言之有信，恪尽职守，大力营造风清气正的廉政氛围。加强职业道德修养，把公道正派作为为人处事的根本、做好工作的准则、树立威信的基础；正确地对待自己、别人和组织，谦虚谨慎，不骄不躁；在工作中敢于坚持原则，敢于承担责任，光明磊落又不鲁莽行事，坚持原则又不迂腐固执，善于协调又不圆滑世故。

（四）完善政策制度，稳定政工队伍。队伍稳定是做好所有工作的前提和基础。针对当前社会转型、体制转轨背景下，政工队伍变化大、流动快、新人多的新情况，要加强政工队伍的动态和长效管理，保持队伍的相对稳定。

一是加强对政工干部队伍体系化建设。合理制定政工专业人才需求计划，帮助政工专业的大学生搞好职业生涯设计，招用高等院校优秀毕业生在基层锻炼，到政工岗位工作，激励他们岗位成才。在提拔使用政工干部时，要求上岗前熟悉掌握有关政治工作的基本常识和基本业务，一定条件下可以要求干部取得相应的政工工作资格，提高政工干部的入职门槛。加强政工干部在岗位上的实践锻炼，推荐和选送基层业务骨干到上级专业岗位轮岗见习，培养实战技能，搞好定向跟踪，分层建立政工后备人才档案，有针对性地培养政工骨干队伍。

二是建立思想政治工作队伍合理流动制度。在安排干部轮岗、考虑干部使用时，要注重保留政工骨干，专职政工岗位不得空岗缺员，人员调整要及时补充，充分发挥政工干部的积极性和应有作用。逐渐把专业相对对口，有志于思想政治工作的优秀人才引进到思想政治工作队伍中来，同时允许其他对业务工作感兴趣的人员流向其他行业或岗位，使思想政治工作队伍既保持相对稳定又能进行流动。

三是探索完善政工队伍动态管理机制。包括考评机制、激励机制、交流机制和保障机制等。逐步实现职称评定与职称管理相统一，探索组织化、专家化、社会化三结合的政工职称评定新思路，实现考评机制向效能考核与动态聘用相结合的管理模式转变，使政工队伍建设和管理更加科学化、规范化、制度化。

（作者：北京市丰台区司法局局长；政工科长）

新形势下党的群众工作面临的突出问题及其对策

赵刚印

党的十七届五中全会向全党发出了加强和改进新形势下群众工作的号召，要求不断增强群众工作的本领，树立群众观点，站稳群众立场，树立正确的工作方式方法，以党的优良作风、群众工作水平的提高来保障事业发展。在新的历史条件下，如何解决当前群众工作面临的一系列新问题，在继承党的群众工作优良传统的基础上，不断开拓创新，创造性地推进党的群众工作，是今天值得我们深入思考的理论与实践课题。

一、当前党的群众工作面临的新形势

改革开放以来，我国的政治、经济、文化与社会各项事业飞速发展，而这其中"人"的发展变化最快。这表现在传统的工人、农民群体本身的变化和社会变革中新社会阶层的大量出现，表现在群众物质生活和精神面貌的日新月异，表现在群众所处政治与社会环境的巨大变化。这些深刻变化在给党的群众工作带来机遇的同时，也带来了极大的挑战。

1. 部分党员干部在群众工作中的"失语"。 就开展群众工作的主体——广大党员特别是党员干部来看，目前存在的突出问题是一些党员干部在群众面前处于一种"失语"和无作为状态。为什么有些党员干部在群众面前会陷于"失语"和无作为状态？一是缺乏群众观点。马克思主义唯物史观认为，人民群众是历史的创造者，是物质财富和精神财富的创造者和社会变革的决定力量。我们有些党员干部对这些观点"将信将疑"，因为在现实生活中，他们缺乏对"人民群众是历史创造者"的直观感受。在实际工作中，对他们工作的考核评价、岗位的变动、职级的升迁主要并不取决于群众的评价。二是缺乏动力机制。很多人觉得做不做群众工作、做的好坏和多少对自己影响不大，而"领导工作"做不好则影响很大，是所有工作中的"重中之重"。要解决这个问题，不仅仅是一个简单的倡导到群众当中去、提高干部思想认识的问题，而要从体制上入手，解决"到群众中去"

的动力问题。三是缺乏群众感情。感情决定态度，感情决定行动，充满感情才会全身心投入。人与人之间长期的、近距离接触才能产生感情，也即所谓的“日久生情”。一些党员干部思想上出现群众感情淡漠的原因之一，在于同群众空间距离越拉越大。新的历史条件下成长起来的干部，从他们的成长过程来看，和群众接触不多，感情不深。再加上一些人为的因素，使很多干部完全处在一个封闭的系统当中，和普通群众的空间距离在拉大。有了空间距离，也出现了“认识距离”，党员干部和群众之间有可能对同一个问题、同样一件事情，认识上有差异，甚至完全相反。也正因为感情的缺乏，使得一些党员干部在从事群众工作的时间和精力上投入不够。

2. 群众工作方法的“失效”。开展群众工作需要丰富的、行之有效的资源，在“群众工作”的主体与客体都已经发生根本变化的今天，究竟依靠哪些资源更为行之有效？一些党员干部在思想上陷入了种种误区，使得群众工作方法效果不明显，甚至出现了许多负面效应。有些党员干部认为，现在是法治社会，我国公务员制度正在逐渐向西方式的文官体系过渡，公务员处理事务主要是依照法律法规和程序处置，很少直接去做“人”的工作。因此今天开展群众工作主要是靠法律和制度规范，通过制度“安排”群众。也有的认为，现在搞市场经济，思想工作比较难做，经济手段就要突现出来，要倚重物质手段开展群众工作，甚至有的提出“一切矛盾都可以用人民币解决”的观点。还有的认为，群众工作主要靠行政权力，开展群众工作就如“快刀斩乱麻”。事实表明，这种权力强制下的“服从”是不可持久的，不仅不能根本解决问题，甚至会导致事态的进一步恶化。

3. 部分基层党组织在群众工作中的“失位”。基层党组织的定位问题我们一直在探讨，人们认识还不一致，但是对“党组织做什么”的看法差距不大，即基层党组织承担着六大功能：联系群众、服务大众、表达诉求、化解矛盾、关怀社会、协调利益。党的各级组织承担着联系群众、服务大众、表达诉求、化解矛盾、关怀社会、协调利益等功能。关怀社会、关爱群众，雪中送炭、嘘寒问暖，这是各级基层党组织的分内之责。但目前在很多地方，占据着党组织工作相当大份额的，并不是关爱群众这些“小事”。很多党的部门和行政机关一样，上上下下都在忙着“改革开放”、“发展”的大事，主要精力放在招商引资上面，一些涉及到群众切身利益的问题被抛在了脑后。基层党组织“关怀人心”，尤其是为社会弱势群体提供人文关怀，使党组织成为他们温馨的“精神家园”的政治功能部分的丧失了，在党组织应该出面的地方常常看不到党组织的身影，出现了党组织在群众工作中的“不作为”。

面对部分党员干部群众工作中的“观念错位”和“本领恐慌”，认认真真地研究新形势下党的群众工作的特点和规律，是摆在各级党组织尤其是基层党组织和广大党员干部面前一项重要而紧迫的政治任务。

二、党的群众工作理念更新与内容重塑

如何按照十七届五中全会的要求，提高新形势下做好群众工作的能力和水平，是基层党组织和广大党员干部面临的一个重大现实课题，也是当前提高党的建设科学化水平的重要内容，如何以科学的理论、科学的制度和科学的方法推动党的群众工作，是一个需要我们深入探讨的理论与实践课题。

1. 解决群众工作的动力问题：树立群众观点，坚持群众路线。做好群众工作，摆正同人民群众的关系始终是第一位的问题，中国共产党取得成功的法宝就在于坚持群众观点，坚持走群众路线。党员干部群众观点的强弱，实质上是对群众的感情问题，是世界观和宗旨意识问题。只有树立群众观点，才能真正关注不同群众的利益诉求，真正设身处地为困难群众着想、为工人农民着想、为年轻人着想，而不是以个人

的体验代替群众的感知。要解决党员干部思想上的“群众观点”和“从群众中来、到群众中去”的问题，在加强思想教育增强党性修养的基础上，还要从体制上入手，解决“到群众中去”的动力问题，变“要我去”为“我要去”。一是要在干部选拔环节探讨如何切实体现“群众公认”；二是在干部评价环节如何增加群众的声音，让群众的评价成为一种富于权威性的评价；三是在干部监督环节如何创造性地体现群众监督，使来自群众的监督成为一种有效的监督。

2. 解决好群众的切身利益问题：从抓准群众的“三最”问题、关心群众生活开始。关心群众生活是中国共产党成功开展群众工作的重要方法。在用科学真理召唤群众的同时，要特别注重帮助群众解决实际问题，用群众看得见的切身利益激发他们的积极性。满足于只停留在一般号召和政治动员上，而不去满足人民群众当前的切身利益，不善于把群众的当前利益与他们的长远利益紧密联系起来、结合起来，群众就不可能被真正发动起来。今天，做好群众工作，也要从关注群众最关心的各种民生问题着手。

3. 解决好尊重群众政治权利的问题：善于以民主协商的方式开展群众工作，让群众过上“有尊严的生活”。通过民主的方式开展群众工作是党的优良传统，毛泽东在《论持久战》当中讲道：“我们现在官兵关系、军民关系搞不好，很多人觉得是方法不对。”毛泽东还说，“主要还不是方法问题，而是没有做到尊重士兵、尊重人民。”现在群众工作中出现的诸多问题，很多时候主要也不是方法问题，而是像毛泽东说的，没有做到真正尊重群众。今天，群众自身的规则意识、权利意识越来越强，如果再按照传统的行政化的群众工作思路，一味地靠行政权力和命令，就难以赢得群众的认同。尊重群众的政治权利，要求基层党组织和党员必须认真研究群众的心理特点和思维方式，探索群众乐于接受的利益表达方式，尊重群众的信仰和价值观，善于运用说服教育、示范引导和提供服务等方法，努力取得群众的信任，从而提高党组织和党员表达群众利益的针对性和广泛性。

4. 解决做好群众工作的道德支撑问题：以增强非权力性权威为重点，以共产党人的人格力量影响群众。党的群众工作说到底是做人的工作，这里面就存在着一个如何运用“人格魅力”去“管理”的问题。市场经济和社会转型所带来的权力关系和利益关系的巨大变化，要求基层党组织必须转变工作思路和工作方法，具备在不掌握行政权力的条件下开展联系、团结、引导群众工作的能力。党的群众工作的各项任务是由党员和基层党组织具体执行实施的，群众是从党员的所作所为认识党的，没有共产党员的率先垂范，就不可能正确引导人民群众跟着共产党走，就不能保持党同人民群众的血肉联系。党的基层组织与广大党员所拥有的非权力性权威集中体现在以下几个方面：一是共产党人坚定的政治信仰；二是共产党人高度的献身精神；三是共产党人高尚的道德操守；四是共产党人出色的职业素质；五是对群众利益的切身关注。

三、党的群众工作方法继承与创新

群众工作既是一项崇高的政治使命，也是一门复杂的沟通艺术，必须要掌握一定的方法和技巧。一方面，要继承党的历史上开展群众工作的优良传统，另一方面要立足于改革创新，探索与新形势党的群众工作相契合的新方法。

一是学会用群众化的语言与群众沟通的技巧。党的语言系统至少应当有官方语言、政治语言、基层群众工作语言三个部分，对于做基层群众工作来说，要更多地善于运用群众工作语言，而现在有些干部恰恰缺少这种能力。在人们生活方式多样化、价值取向多元化的今天，如果还是习惯于用传统的“标准话”指导一切，用传统的官场规则应对一切，与群众沟通往往难以取得好的效果。所以，必须充分了解工作对象的特点，对各种群体的价值取向、语言体系、行为方式、处事习惯作深入全面的调查，用他们各自熟悉的语言、习惯的方式沟通，才会真正达到沟通的目的。群众工作语言的一个基本要求，是要说真话、实话，少说官话、空话、套话，更不能说假话。

二是掌握科学的调查研究方法。注重调查研究，善于深入了解群众需求，是党的群众工作取得成功的前提。今天，要缩短上与下、干部与群众之间的距离，调查研究仍是各级党员、干部行之有效的方法。若我们的调查研究仅仅满足于一些报表和统计，满足于计算机的运算，是远远不够的。

三是注重培养和造就一大批优秀的群众工作者和群众领袖。党注重在群众中培育骨干的工作方法，在现时期具有极大的现实意义。群众中不乏精英人才，特别是那些在群众自治组织和社会群体中有一定威信的骨干，一方面要帮助他们提高思想政治素质，另一方面要帮助他们进一步提高威信。通过他们可以团结引导更多的群众，起到党和政府所不能起到的作用。在群众团体中工作的党员也要通过努力，赢得群众的信任和尊重，成为群众领袖和骨干。

四是善于运用人文关怀与“情绪管理”的方法。在群众工作中，如果只会机械、简单地运用“物质满足”或“物质诱导”的方式，是不可取的也是不可持续的，因为经济增长的速度总会慢于人们物质欲望的增长，一旦群众欲望受挫，就会产生大量的情绪问题，所以在任何时候都不能忘记做人民群众的人文关怀和“情绪疏导”工作，去关心群众内心的感受，引导人们正确对待自己、他人和社会，正确对待困难、挫折和荣誉。

（作者：中共上海市委党校党建部副主任、教授）

新时期群众工作的新特点新要求

王永凤

密切联系群众，善于开展群众工作，是中国共产党的优良传统和政治优势。能否与时俱进做好群众工作，始终保持和发展同人民群众的血肉联系，直接关系到党和国家的前途命运。党的十七届五中全会提出，“继续抓住和用好我国发展的战略机遇期，实现‘十二五’时期我国经济社会发展目标任务，必须紧紧依靠广大人民群众，必须加强和改进新形势下群众工作”，深刻阐述了群众观点、群众立场、群众工作方法等重大问题，丰富和发展了党的群众路线，对做好群众工作提出了新的更高要求，这是实现“十二五”奋斗目标的根本保证。深入研究探讨新时期群众工作的新特点、新要求，对落实十七届五中全会部署要求，在实践中做好群众工作具有重要意义。

新时期群众工作的新特点

随着社会主义市场经济体制的逐步建立，我国的社会结构和利益格局发生了新的分化组合，社会阶层出现新的变动，社会主体的思想观念、行为方式、价值取向、利益诉求等都呈现新的变化，由此党的群众工作面临许多新特点、新挑战。

1. 工作对象的多元化和利益诉求的多样化。随着改革开放的深入发展，各类新社会阶层和新社会群体不断涌现，下岗职工、失地农民、城乡贫困人口等弱势群体问题不断显现，群众工作的对象、类型日益呈现多元化的特点。

工作对象的多元化直接带来群众利益诉求的多样化和复杂化。当前，群众关心的热点、难点问题，既有土地征用、房屋拆迁、环境保护、企业改制、社会保障等问题，也有干部作风、分配不公、民族宗教等问题，涵盖了社会的政治、经济、文化等诸多领域和诸多层面。由于社会阶级阶层的分化，人民群众中出现了诉求相同或相近的利益群体。他们反映的问题往往是历史与现实相互交织、经济诉求与政治诉求相互交织、合理意见与不合法方式相互交织、多数人的合理要求与极少数人的无理取闹相互交织、群众的自发行为与敌对势力的人为操纵相互交织，这些特点导致处理问题的复杂程度和难度明显加大。与此同时，人民群众流动性的加快也给党的群众工作提出了严峻挑战。对中国共产党来说，传统的建党模式和党组织联系群众的方式及渠道已经不能充分发挥团结、凝聚最广大群众的作用，需要根据形势的变化，不断调整群众工作的方式方法，不断加大各方面群众工作的力度。

2. 工作重点呈现民生化、民主化。新时期，我国经济快速增长，综合国力大幅提升，人民生活明显改善。但分配不公、贫富差距、就业紧张、社会保障体系尚不完备等问题日渐凸显，已成为制约我国经济社会长期平稳发展的重大因素，这就决定了关注民生比以往任何时期都更为重要和紧迫。因此，从人民群众最关心、最直接、最现实的利益问题入手，着力解决民生问题成为当前群众工作的着力点。与此同时，随着社会主义政治民主化的推进，广大群众的自主意识、平等意识、参与意识和法制观念等不断增强，他们对公共事务越来越关注，对党的执政方式和执政成效越来越重视。他们要求改变那种认为党与群众之间是命令与服从关系的错误认识，确立党的群众工作中党与群众是平等主体的先进理念，以民主平等的方式开展群众工作，使自己的行动建立在自愿自觉的基础之上。同时，他们对实现自身群体利益的欲望和要求越来越高，而且这种要求开始从普通化的物质利益向精神利益、民主权利转变，越来越注重公平、正义、地位和尊严。他们开始主动地关心和参与政策制定，积极利用各种渠道介入国家政治生活。所有这些，固然是社会进步的重要体现，是真正实现人民当家作主的重要保证，但同时也必然要求党对群众工作的传统理念和方式方法进行有效变革。

3. 工作环境呈现多维性、复杂化特点。市场经济、群众组织、社会团体、媒体舆论等构成了群众工作的多维、复杂环境。过去由政府直接分配资源实现群众利益均衡化的方式逐步弱化，市场机制在资源配置和满足群众需求方面的作用日益突出；各种各样非行政性的社团组织、中介组织和民间组织迅速发展，大量的劳动者在新经济组织和社会组织中工作和生活，党和政府不再是群众唯一可依赖和寻求帮助的对象；变革时期各种意识形态和社会思潮相互激荡，无时无刻不对群众的思想观念造成冲击和影响，而科技的迅猛发展则为它的传播，包括落后、腐朽甚至反动的思想文化的传播提供了前所未有的便利条件；互联网等新媒体的兴起，使社会舆论环境发生了重大而深刻的变化，它们在塑造公众价值观念、强化公众意识、反映和引导社会舆论等方面的作用越来越大，其传播效果直接影响到基层政府管理的能力和绩效，尤其在公共危机事件等群众工作中有着举足轻重的作用。可以肯定地说，一个“民可使由之，不可使知之”的时代一去不复返了。在此背景下，如何实现对人民群众的有效领导，如何加强对社会的管理，如何与日渐商业化的媒体进行协调，以实现对信息资源控制和干预的良性循环，在群众工作中显得越来越重要。

4. 工作主体呈现退滞化、不适应的特点。新时期群众工作的一系列新变化，客观上对党的群众工作主体即各级党组织和党员干部，提出新的更高要求。但是，在如何做好新时期群众工作方面，许多党员干部表现出理念滞后、方法陈旧、能力不适等诸多问题。有些党组织和党员干部群众观念淡薄，对群众工作重要性认识不够；有的素质不高，很难担任起新形势下宣传教育、组织发动、帮助服务群众的重任；有的未树立起正确的权力观，不是把自己看做是人民的公仆，而是把自己当做群众的救星，不愿意与群众进行平等对话，不重视群众的意见和要求，更不愿做深入细致的思想政治工作；有的工作方式、方法陈旧落后，仍然习惯于过去“我说你听”的传统说教，群众思想政治工作缺乏灵活性、针对性、有效性和互动性；有的习惯于用简单粗暴的态度和命令，强制、压制的方式要求群众、解决矛盾，致使党群矛盾、干群矛盾升级恶化甚至因处置不当引发群体性突发事件；更为深层和普遍的问题是，由于缺乏制度的有效约束，许多地方的群众工作带有很强的临时性和随意性，甚至出现群众“小闹小解决、大闹大解决、不闹不解决”的现象，群众工作的长效机制的不健全不完善已严重影响了工作的实际效果。

新时期群众工作的新要求

面对新时期群众工作的新情况新特点，我们必须牢固树立马克思主义的群众观，并根据形势发展和任务需要，不断跳出惯性思维和陈旧模式，解放思想、实事求是、与时俱进，以改革创新的精神推动群众工作向前发展。

1. 创新群众工作理念，牢固树立群众意识。思想是行动的先导。做好新时期的群众工作，首先要做到理念创新，实现群众工作理念的科学化。第一，从领导群众到服务群众。党与群众之间客观上存在着领导和被领导的关系，但这种领导是带领和引导，而不是强迫命令。党的领导作用能否充分发挥，从根本上取决于党能否以有效的全方位服务来赢得群众的信赖和支持。因此，党员干部必须摆正与群众的关系，把服务群众作为工作的出发点和归宿。第二，从行政命令到民主法治。新形势下开展群众工作，必须充分发扬民主，坚决反对“代民作主”、越俎代庖等行为。党员干部必须牢固树立民主法治理念，增强民主法治意识，提高民主执政和依法执政的能力。第三，从因循守旧到改革创新。党员干部要有世界眼光和开放思维，大胆吸收借鉴西方某些政党开展民众工作、处理党群关系的先进理念，重视总结我党群众工作的新鲜经验，探索适合市场经济和全球化背景下的群众工作新路子。第四，在发展中解决问题的理念。坚定不移地把发展作为执政兴国的第一要务，以发展成果满足人民群众的需求，为化解矛盾、解决问题提供坚实的物质基础。

2. 站稳群众立场，始终为人民谋利益。群众立场是决定我们党的性质的根本政治问题，也是无产阶级政党区别于非无产阶级政党的根本标志。中国共产党之所以能够得到人民群众的衷心拥护与支持，就是因为始终站在最广大人民的立场上，而不是站在某一部分人的立场上；始终代表最广大人民的根本利益，而不是代表某一部分人的具体利益。在各种诱惑纷繁复杂的新形势下，党员干部能否站稳群众立场的根本标尺，就在于能否以实际行动实现好、维护好、发展好最广大人民的根本利益。为此，要特别注意引导群众摆正个人利益和集体利益、局部利益和整体利益、当前利益和长远利益的关系；要特别重视解决群众反映最强烈的突出问题，坚决纠正损害群众利益的行为，办好顺民意、解民忧、惠民生的实事。要深刻认识到，在市场经济的条件下，群众更注重实实在在的、看得见的利益，过去那种脱离实际的空洞的思想工作已经苍白无力，必须把思想政治工作与解决实际问题密切结合。帮助群众解决实际困难，在为群众排忧解难的过程中解开群众的思想疙瘩，这是我们党做群众工作最实际、最有效的基本经验。

3. 创新工作方式方法，提高工作实效。党要成功开展群众工作，不仅需要坚定的群众立场、先进的工作理念，还要有恰当、正确的方式方法。创新党的群众工作方式方法是加强和改进群众工作、增强群众工作实效性和针对性的迫切要求。为此，必须改变行政命令或行政管理的粗糙的强制性方法，综合运用说服教育、示范引导和提供服务等多种方法，以民主、法制的手段为主解决群众问题；坚持传统与创新相结合，把依然行之有效的传统方式与应运而生的新方法结合起来，推动群众工作从过多依靠单位集中到主要面向社会分散，从单一、平面到多样、立体展开，从重点推进到全面覆盖的根本转变；充分运用高科技手段开辟新渠道，如通过互联网留言板、热线电话、市民论坛等，及时了解群众意见和要求；进一步加强对电视、广播、报纸、杂志等大众传媒，特别是对互联网等新兴媒体的管理和利用，以充分发挥它们在宣传、教育群众中的积极作用。总之，只有综合运用多姿多彩、生动活泼、更具实效的多样化形式，才能不断开创新形势下群众工作的新局面。

4. 创新工作机制，强化工作保障。机制创新是做好新形势下群众工作的关键所在，也是做好群众工作的重要保证。第一，健全群众工作决策机制。围绕民主决策和科学决策这一核心，将群众的意愿贯穿于决策的全过程，以决策的制度化、民主化来保证决策的科学化。第二，健全群众利益表达机制。主要是建立健全各项民主制度，丰富民主形式，疏通社情民意的反映渠道，创新群众利益表达载体，保证群众意志和愿望能够通畅表达，保证党的群众工作能够有的放矢。第三，健全矛盾排查机制。针对新形势下的人民内部矛盾呈现出的多发性、复杂性和局部尖锐性的特征，采取多种形式，经常性地进行矛盾排查和摸底工作。对于倾向性的苗头问题，要做到早知情、早反映、早处理；对排查出来的矛盾要就地化解，降低化解的成本；对可能演变为群体性事件的矛盾，要采取行之有效的机制措施，做到冷处理、早处理、处理好。第四，健全群众工作评价机制。要通过健全评价制度，明确评价标准、扩大评价主体、严格评价程序、引入科学评价方法等，保证群众评价工作的客观性。要加强督查，强化责任追究，把做好群众工作作为党员干部的重大政治责任，作为绩效考核的重要内容，作为提拔使用干部的重要依据，从而保证群众工作各项任务的顺利完成。

（作者：北京师范大学马克思主义学院法学博士、讲师）

建立一个高信任度社会

竹立家

社会信任是指一个社会中，成员对彼此之间的责任、诚实、合作行为的基本期待。社会信任的基础建立在社会成员所共同拥有的政治理念、文化价值、道德规范、传统习惯之上，是社会稳定团结的“黏合剂”。

一、社会信任是稳定繁荣的基础

一个“高信任度社会”本质上是一个和谐社会。换句话说，和谐社会最根本的特征是社会信任度的增加，是人与人、人与政府之间“信用关系”的建立。这就是说，对一个社会的执政党来说，稳固的执政基础来源于民心的向背或公民的信任。历史经验表明，社会信任是文明社会发展的最重要的综合动力机制之一。一个社会信任健全的社会，不但可以增加公民的社会安全感、社会责任感、社会公平感，减少社会交往的复杂性和提高政府的公信力，而且社会信任也构成了一个社会经济繁荣与稳定的心理基础，能极大地降低社会的运行成本，增强社会的公共道德基础和社会的凝聚力。

一个“低信任度社会”本质上是一个道德和法律底线“失守”的社会。人与人之间充满了不信任感，彼此之间的道德行为预期存在着严重的“不确定性”。在这种情况下，文明社会的“公共生活领域”就很难建立，公民的基本权利和义务既没有法律的保护，也没有道德的保护，处于混乱或失序状态。人们对他人道德或政府政策的不信任及失望情绪就会转变为普遍的自我封闭、自私自利、相互欺骗、不负责任、冷漠麻木乃至极端的社会破坏行为，社会就处于“恶性运行”状态。如果是这样，整个社会的公民就会出现“价值迷茫”，失去对“崇高价值”的信仰，就会处于普遍的冷漠和“不安全感”状态，和谐社会就无法实现。

我们知道，一个现代社会的发展，除了需要经济资本、技术资本、人力资本外，还需要“社会资本”。所谓社会资本，就是指社会成员之间相互信任的普及程度。高信任度社会就是一个社会资本丰裕的社会，也是一个“世风”高尚的社会。无论是在理论上，还是在实践上，社会信任都是靠社会体制机制来维系，而不是靠个人美德来维系。因为对一个社会来说，体制和机制最终规范和引导着人们的行为导向，政府的行为、政府的公共政策最终传导着社会所倡导的“公共精神”，也向公民传导着责任、诚实、合作等公共道德理念。

二、文化价值与社会信任

与其他文明圈的宗教文化传统崇敬“人格化的神”不同，中国传统文化由于世俗化的儒家伦理的长期熏陶，基本特征之一是崇敬“人格化的政府”，普通民众对政府有着较强的信任感和亲和力。历史上凡是较为兴盛的朝代，都是政府有为、吏治清明的时代。反之，王朝的衰落则是由于政府和吏治腐败所引起。因此，“治大国者先治吏”、“治吏不治民”、“民以吏为师”等才是我们的先祖代代相传的“治国箴言”。只要政府本着公共精神制定公共政策，只要我们的政府行为是符合“制度理性”的，只要我们的官员是清正廉洁的，社会信任、社会和谐才能实现。

改革开放30年来，我国的经济社会发展取得长足进步。但也不可否认，由于社会“拜金主义”的泛滥，影响了一些政府部门出现“部门自利”的行为，一些官员出现“特权腐败”的现象，极大地破坏了党和政府的形象，在社会上造成很坏的影响，使社会公众失去了学习和模仿的榜样，公众心目中最重要的“价值和信仰”形成的“参照物”失去了光环，这是公共道德和“社会信任度”下降的根本原因之一。

我们知道，在新的历史发展时期，对于社会公众来说，一个亲民的政府、一个清正廉洁不搞特权的公务员队伍、一个可信任的司法系统、一个负责任的公安系统、一个能保证基本生活品质的社会保障系统等，是确立以道德和法律为基础的个人信任感的最根本渠道，也是建立社会信任和构建和谐社会的最根本保证。只有刚性的公共权力在行使过程中能够体现公平、公正；社会奉行的主流价值和“社会正义”能够在实践中得到切实维护；作为社会楷模和“标杆”人物的各级公共机构的管理者能洁身自好，在中国这样一个传统伦理文化厚重的、具有“亲和政府”倾向的民族心理结构的国度里，社会信任才能建立。

有规矩可循，有法可依，执法必严，法律面前人人平等，刚性的制度逻辑会最终把国家和社会这只“大船”导向平静安全的港湾。如果权力和金钱可以冲破制度的束缚，肆意践踏道德和法律的底线，破坏了民众心中最神圣的价值，并使金钱和权力追求变成全社会的最高价值追求，那么，依附于金钱与权力的个别人或少数人，就可能通过权力和金钱无限放大自己的欲望而蔑视道德及法律条文，把人性中恶的一面表现得淋漓尽致、上行下效，这种“恶”最终会传导到社会的每个角落，导致社会的普遍不信任产生。因为在文明社会每个人的意识中都有一个明确的制度预期，即违反道德或法律会受到不同层面的制裁。道德和法律会保障每个人的权益不受侵害，政府公权力是维护人民利益的，这是人民对宪法和政府的信任，是一种由于制度而产生的社会信任。而社会信任支撑了整个社会的良性运行。

古语说“人无信不立”。社会运行也是如此。如果社会信任丧失，那么，人与人之间、家庭成员之间、民众与政府之间、官员之间、政府上下级之间等社会关系的各个方面都会产生信任危机。社会信任缺失的背后是广泛存在的社会不公，是公共权力失范的结果。各级各类公共部门，特别是与民众日常生活密切相关的公共服务和执法机构权力不受节制和制约，必然会加深社会不信任的传播。

三、政府行为是传导社会信任的关键

转型期的中国目前存在着社会贫富差距继续拉大、三农问题突出、腐败现象增多、就业难度增加、社会信任度降低五个重大问题。其中，社会信任度降低是前四个问题发展的必然逻辑结果。随着社会信任度的降低，政府威信受到严重冲击，维护社会秩序的道德和法律基础遭到破坏，结果使社会不信任的程度加深，个体的焦虑和不安全感增加，社会全体成员生活质量下降。因此，维护社会信任，必须从政府自身改革和制约公共权力开始。

首先，政府公权力的正确行使是社会信任的基础。政府不是一个抽象的概念，政府是由机构和工作人员组成的，以公共精神为指导，从公共利益出发为社会公众服务是政府及其工作人员的职责。如果政府及政府工作人员的言行不当或者贪污腐败，在我们这样一个传统礼仪之邦，都会对政府社会信用产生重大影响。作为道德和法律标杆式人物的政府官员，频繁地在行政运作中违法违规，进行权力寻租、暗箱操作、贪赃枉法、贪污腐化，不讲道德和信用，以手中之权力为自己或者小团体谋求利益，使得部分民众一开始焦虑迷茫、继而反感，继而习惯并出现“审丑疲劳”，继而精神麻木价值观模糊，继而社会心理失衡并开始学习模仿，最终使社会风气变坏。因此，不能因为某些官员的言行是“个别行为”或“个人行为”就敷衍了事，如果“个别事件”频发，就有必要进行“系统反思”，就要有忧患意识。因为在信息快速传播时代，任何个别事件都会对政府形象和政府公信力造成重大伤害，并影响整个社会的信任度。比如，公职人员频发“涉腐”、“涉富”、“涉黑”三类事件，最牛团长夫妇、周久耕天价烟、邓玉娇刺死官员案、贵州习水县嫖宿案等，都对公权力造成伤害，对政府公信力造成严重污染，在社会上造成极大的恶劣影响，破坏了整个社会信任和和谐社会目标的实现。

其次，民众对部分官员的不信任极易升级成为对整个政府的不信任。如湖北石首事件、通钢事件、逯军事件、南康市群体事件、钓鱼执法事件等，都是个别“德能兼差”的官员所为，但其后果是直接破坏了政府形象。更为不可思议的是一些地方政府机构或部门，打着组织改革的旗号干一些谋取个人利益、地方利益或部门利益的、令公众不满和自毁政府形象的事情，把党的基本执政理念和基本价值忘得一干二净。如政府重金自奖、城市打狗令、县委书记升级等。政府活动过程中的不公正，甚至违规违法，“政策自利”等不是从公共利益出发的行为，极易在民众中产生不信任感，破坏其在民众中的号召力和亲和力。这对政府公信力来说，将是重大打击，并进而影响到整个社会信任。

第三，政府公信力的下降，致使一些社会民众对政策、法律法规、道德规则淡漠或拒不执行。在所有社会信任关系中，这是最令人恐慌的后果。如果社会公众对道德和法律失去了最起码的信任，对政府公信力产生了怀疑，民众的社会安全感、社会责任感将逐步丧失，相反的社会不信任性和不稳定性将会增大。在这样的情况下，以群体性事件为代表的社会自卫将不可避免。在没有社会信任的前提下，法律和道德将失去原有的作用。部分民众的行为可能会出现偏颇、异常甚至是走极端。如板砖拍汽车事件、频跳珠海桥事件等行为，这可能让社会和谐成为“空中楼阁”，让社会信任丧失。

除了现实的危害，对于中国社会的未来而言，社会的不安全感和信任丧失，将使我们的下一代生活在非常糟糕的环境中，无论从生活质量、生活安全、精神价值角度，还是社会交往和道德底线方面，都将使这个社会越来越不适宜文明人类的生存，一旦事实上的“官本位”和“钱本位”得到强化，甚至二者强势联姻共同塑造社会的主体价值，造成赢者通吃的局面，社会正义将得不到伸张，社会上所有人的生活状况都将变得更糟。

对近些年来大大小小的公共事件和社会热点的分析，使我们清醒地意识到确立“忧患意识”的重要性，把建立“高信任度社会”，增强国家、社会和民族的凝聚力放到一切工作的首位，只有这样，我们才能实现人民的“幸福”和“尊严”这一社会主义社会的最终目标。

的确，我们在改革与发展中取得了重大成绩，但也应该看到我们发展的不足，特别是在维护社会持续发展的“软实力”方面的不足。就社会信任而言，我们不但必须正确引导公民的价值观、行为规范和道德准则；而且也必须通过制度构建政府公信力，从政府政务公开、民主选用“一把手”、限制公权私化、行政行为合法等方面加快体制改革的步伐。我们要从政府信用建设做起，严格规范政府工作人员的行为，通过法律法规等制度让官员真正起到标杆作用、模范带头作用，真正负起责任来。只有这样，人与人、公民与政府、个人与社会之间才能相互信任、相互和谐。从而在心理上使社会成员之间产生信任感、安全感和归属感，使社会良性运行，从根本上保证社会秩序和社会稳定，保证人民群众安居乐业和我们党长期执政地位。

（作者：国家行政学院公共管理部教授）

中华传统美德对社会信任建设的价值

赵爱玲

社会信任是人类文明的基石和社会互动的桥梁。德国著名社会学家齐美尔在其《货币哲学》一书中曾指出：“离开了人们之间的一般信任，社会自身将变成一盘散沙。”近年来，社会上出现了大量的社会诚信缺失、信用缺失和信用危机现象。积极推进社会信任建设成为构建和谐社会的一项紧迫需求。笔者认为，在当前，推进社会信任建设，必须坚持以弘扬中华民族传统美德为抓手，以加强“诚信”建设为突破口，通过大力培育和提高社会信任意识、构建刚性和柔性相结合的社会信任机制、培育和完善现代社会的信任文化体系等手段，着力实现社会信任建设从历史场域到现实场域，从真实空间到虚拟空间的广覆盖、深认同和高效性转变，全面提升社会信任建设在维护社会和谐稳定中的重要作用。

一、弘扬中华民族传统美德在社会信任建设中的地位和作用

中华民族传统美德是经数千年积淀、提升和传承下来的美德，代表着中华民族的整体道德风貌和精神特征，体现着中华民族生存和发展的凝聚力，是中华民族宝贵的精神财富。对当前社会信任建设具有基础性、规范性和引领性作用。

（一）弘扬中华民族传统美德，对于推进建立和谐人际关系和构建社会主义和谐社会具有

重要的导向作用。和谐社会包括人际关系方面的融洽和协调、良好的社会互动机制、较高的社会安全感和社会信任度等。社会信任度的持续提升是和谐社会最根本的特征之一。因此，提高社会信任度成为有效化解社会冲突、应对社会风险、提高整个社会活动效益、推进和谐社会建设的重要举措。在全社会弘扬中华民族守信用、讲信誉、重信义的传统美德，必将对推进建立和谐人际关系，构建社会主义和谐社会具有重要的导向和规范作用。

(二)弘扬中华民族传统美德，对于建立健全社会主义市场经济具有强大的精神引领和支撑作用。社会主义市场经济是竞争经济、法制经济，更是信用经济、信誉经济、道德经济。弘扬中华民族传统美德，不仅可以为市场经济的有效运行创造重要精神条件，有效促进社会物质财富的积累和增长，更有助于培育和培养发展和完善市场经济体制所必需的文明、健康、积极向上的重信守诺的社会风尚。在经济全球化背景下，弘扬中华民族传统美德，引导个人、企业诚信生产、诚信经营，不仅会给个人、企业带来良好的经济和社会效益，也能为国家和社会带来巨大的无形资产，为社会主义市场经济的健康有效运行注入强大的精神动力。

(三)弘扬中华民族传统美德，有助于净化社会风气，营造文明的社会风尚。受市场经济负面因素的影响，当前社会，人与人之间见利忘义，“人无信不立”、“家无信不睦”、“业无信不兴”、“国无信不稳”、“言行一致”、“表里如一”等诚信、信用理念在某种程度上受到削弱，经济活动和日常交往中出现了“轻诺”、“失信”、“欺诈”、“宰熟”等现象，颂扬诚信、尊崇诚信的传统美德受到玷污，国家意识、集体意识和合作互助精神、奉献精神弱化，社会风气遭到一定程度的破坏，这极不利于当前社会信任建设。弘扬中华民族传统美德，用传统美德去占领社会成员的思想阵地，无疑有助于启迪他们内心的向善性，塑造高尚品质，净化社会风气，从而在全社会形成一种“守信用、讲信誉、重信义”的良好氛围。

二、加强社会信任建设必须首先在破除信伦理危机上下功夫

信伦理危机是转型时期社会道德状况的一个缩影。从发生学的角度看，信伦理危机表现在社会经济、政治、文化各个领域和层面。如经济生活中的假冒伪劣、违背合约、合同欺诈、坑蒙拐骗现象；政治生活中的贪赃枉法、弄虚作假、虚假数字现象；文化生活中的剽窃他人研究成果，买卖虚假文凭现象等，这些现象若不能得到及时有效的遏制，必将制约社会主义市场经济的健康发展，破坏正常的经济和社会秩序，给和谐社会建设带来不可估量的后果。为此，必须进一步强化以下理念：

(一)人无信不立。“信”是一个人立身处世的基点。古人云，“敬事而信”、“民无信不立”、“人而无信，不知其可也”。“信”主要有两个内涵：一是诚信、守信，即说话、办事对别人讲信用，说到做到，不失信，不欺骗；二是重信誉，即取得别人对自己的信任。假使个人长期以虚伪和无信与别人交往，总有一天会失去做人的尊严。相反，若个人长期以信待人，言行一致，严守承诺，必会得到善报。

(二)业无信不兴。古人说，“言忠信，行笃敬，虽蛮貊之邦行矣。”《孔子家语·鲁相》曾有“贾羊豚者不加饰”，《孟子·滕文公上》也有“虽使五尺之童适市，莫之或欺”等“童叟无欺”的记载。童叟无欺，强调的是诚实无欺的行为规范，与传统美德所张扬的“信”德是一致的。这就告诫从事商业活动的广大行业人员应不制假售假，不违反职业道德，始终把“童叟无欺”、“市不二价”、“货真价实”作为经营之道。只有这样，现代企业才能不断开拓市场，提高效益。

(三)国无信不稳。古人说，“信，国之宝也”、“道千乘之国，敬事而信”、“君臣不信，则百姓诽谤，社稷不宁；处官不信，则少不畏长，贵贱相轻；赏罚不信，则民易犯法，不可使令”、“足食、足兵、足信”。可见，信用、信任不仅仅

是个人的为人处事之道，是企业的职业道德和永恒追求，更是执政兴国的根本法宝。当今社会，一些政府官员阳奉阴违，欺上瞒下，浮夸虚谈，“官出数字”、“数字出官”、“豆腐渣工程”、“面子工程”等现象时有发生，这在一定程度上使中华民族“信义之邦”的美誉遭到亵渎，同时使中华民族守信重诺传统美德的继承和发扬大打折扣。从这个意义上说，破除信伦理危机，就要坚持在广大领导干部和从政人员中，大力开展传统政德、廉德和党的优良传统、作风教育，大兴求真务实之风。

(四)世无信不宁。“诚信者，天下之结也”。“诚信”是一个国家的国际形象，也是一个国家对国际社会所做的国格承诺。在国际社会这一大家庭里，国与国之间的交往必须以“诚信”为前提和基础，始终遵守“诚信”这一基本交往规则。不守“诚信”，就意味着没有诚意、信义，没有约束力，就会导致欺骗说谎，甚至为所欲为，不负责任。与这样的国家结交毫无安全可言，必将交之有害，交之有祸。第二次世界大战期间，德国撕毁与其周边国家签订的所谓互不侵犯友好条约，公然侵略他国就是一个血的教训。

综上所述，推进当前社会信任建设，必须首先在破除信伦理危机上下功夫，坚持以“诚信”建设为基础，不仅把重信守诺作为一种美德、一种思想观念，更要作为一种约束力、一项行为准则。

三、坚持以诚信建设为突破口，推进当前社会信任建设

当前社会的信任建设，应始终坚持以诚信建设为突破口，大力倡导诚实守信的社会风尚，尤其着重在推进“三结合”上下功夫。

(一)坚持把社会信用体系与信任体系建设相结合，提高社会信任建设意识。守信用、讲信誉、重信义是中华民族的传统美德，是个人、企业、国家的核心价值与行为准则。稳定可靠的社会信任体系不仅是市场经济有效运行的重要支撑，也是构建和谐社会的重要基础。为此，当前社会的信任建设，应首先坚持把社会信用体系与信任体系建设相结合，努力提高公民的社会信任建设意识。建立健全社会信用体系不仅有助于有效遏制造假售假、降低交易成本，减少资源浪费，提高经济效率，也有利于实现诚信友爱、公平正义，保持社会安定有序。相反，如果一个社会缺失普遍的信任，甚至出现信任危机，不但会加大改革发展的成本，而且会导致整个社会“核心价值”链的断裂，使政府导向失灵甚至引起普遍的社会不满，延缓和谐社会的建设进程。坚持把社会信用体系与信任体系建设相结合，首先要着重抓好社会信用体系这个庞大而复杂的基础工程，找准切入点，统筹规划，科学设计，尤其要注重发挥政府在社会信用体系建设中的示范和引领作用。既要注重加强中央政府自身的诚信建设，提高公信力，又要明确界定各级地方政府、部门在社会信用体系建设中的工作范围和职责，为社会信用和信任体系建设指明方向，营造良好的政务和社会环境。

(二)坚持德性引领与法制规避相结合，构建刚性和柔性结合的社会信任机制。信任与人们的社会生活密切相关。著名社会学家吉登斯认为，信任缩短了因时间和空间造成的距离，排除了人的生存焦虑。这表明，只有在社会成员间存在稳定互信关系的情况下，人们才可能共同致力于构建一种和谐稳定的社会秩序。但是，社会成员间稳定的信任关系并不会自动建立，只有在公民深刻认识到它在维护社会和谐稳定中的必要性与迫切性时，社会信任才能够日渐成为现代公民的一项美德和自觉行为准则。为此，一方面，要充分发挥道德因素在社会信任建设中的导向和引领作用。只有不断倡导重德守信的道德传统，强化现代社会对个人信用、信任素质的培养和训练，在人们行为中确立起守信、合作、理解的心理和契约机制，人与人之间讲求诚信、相互信任才会真正成为现代社会的主导价值追求。另一方面，要充分探究和发挥法制在社会信任建设中的规避和惩戒作

用。法制作为管理社会的一种方式和手段，只有得到不断健全和落实，才能保证社会良性运行。从这个意义上说，坚持德性引领与法制规避相结合，构建刚性和柔性结合的社会信任机制的实质就是通过无形的道德引领和有形的法律规避，使社会成员自觉克服背信弃义的短期行为，主动服从和遵循社会主流价值导向，提高社会整体的信任水平，加速和谐社会建设进程。

（三）坚持人格信任与契约信任建设相结合，培育和完善现代社会的信任文化体系。有什么样的社会结构就会有什么样的社会文化和意识形态与之相匹配。传统社会信任文化建立在熟人关系基础上，表现为以情感为基础的人格信任系统；现代社会的信任文化是建立在陌生人关系基础上，表现为以平等合作为前提的非情感性的契约信任或规则信任系统。作为一个契约或规则系统，现代社会信任文化是关于信任和可信性的契约或规则文化。即当关系的双方认同一致时，信任文化使人们产生强烈的合作、互助意识，交易成本显著降低，合作机会显著提高。相反，则会阻止合作并破坏参与。当不信任文化滋长时，社会将可能陷入怀疑、忧虑和恐惧之中。为此，培育和完善现代社会的信任文化体系，首先要注重借鉴和吸收中国传统文化中的信任资源，强化现代社会政治经济要素对文化的决定与影响作用。和谐社会是一个政治经济文化协调发展的社会，建设高信任度的文化，不应就文化论文化，要突出政治经济的决定与影响作用，例如，商务诚信、商业信任只能在经济活动中产生；政务诚信、政治信任乃至制度信任、政府与公民的和谐互信关系只能通过政治活动建立。其次要注重发挥各级教育、新闻媒介机构在社会信任建设中的引领和桥梁作用，加大对信任文化的培育和宣传力度，切实引导公民将现代社会的信任理念内化为社会成员行为选择的心理机制并在实践中进行检验。

（作者：北京信息科技大学党委宣传部副部长、副教授）

用产品信任夯实社会信任的基础

任建东　黄娅蓉

社会信任是一个相互关联的完整系统，需要从各个方面协作努力进行综合整治方可见效。在这一综合整治中，产品信任问题无疑是整个社会信任的基石。

产品信任是社会信任的基石

产品与商品不同，商品是用来交换的产品，但在发达的商品经济中，一般产品都具有商品的属性，因而产品信任亦称商品信任，是社会公众对企业劳动产品的一种满意与否的态度。产品信任之所以构成社会信任的基石，是由产品的特性决定的。

第一，产品信任是现代社会得以运行的基础。在商品经济社会中，商品（亦即产品）是最常见的物品，充斥于社会生活的各个角落，人们无时无刻不在生产、交换和消费着商品，由此构筑起商品社会运作的基础。这也正是马克思在研究资本论时从商品入手的缘由。社会主义市场经济是发达的商品经济，同样是以商品为最基本的要素展开的，作为商品必然包含着质量性能，质量性能的合格是交换的基本条件，它决定着这一经济模式能否正常运作。也就是说，只有有了产品信任，普遍的商品交换才得以有序进行，建立在这一经济模式之上的其他一切社会生活才得以运行。没有普遍的产品信任，意味着斩断了现代社会存在的根基，只能退回到自给自足或物物交换的初级生活状态，从而造成社会及经济社会的巨大后退。

第二，产品信任是社会信任的最直接表达。商品的普遍性使得商品成为社会生活中人们最直接接受和感知社会的物品，是人们对社会好恶的一种最直接的表达。产品信任不仅关乎每一个人的生存、生活与利益问题，而且也成为公众对社会信任的最直观反映。在现代商品经济生活中，商品不只是个别企业的产品，也是社会各方共同的产品，涉及行业、监管、营销及政府等等多个机构。因而，产品信任不只表达着公众对产品的态度，事实上也成为对整个社会信任状态的最直接表达。这一直接感受影响和强化着公众的信任理念，使社会信任有了最基本的起点。

第三，产品信任维系着社会信任。产品信任本质上表达着社会整体信任层面的秩序，反映着社会信任建设的程度。产品信任意味着降低交易成本、扩大社会分工，直接刺激社会经济的繁荣与稳定。相反，产品的信任度下降，将在交换、消费等各个环节引发不信任行为，直接动摇社会信任的大厦，给社会生活各个方面将带来不稳定因素。唯有产品信任才能形成人际信任、增进政府信任，推进人与人和人与企业、与社会、与政府的和谐。在现代社会，产品信任成为整个社会信任的"晴雨表"。

产品信任的三重困境

产品源于企业，产品信任从源头上讲是企业诚信问题，因而，关注产品信任事实上就是抓好企业诚信。目前，企业诚信存在不少问题，这一问题突出表现为三重矛盾。

第一，重视诚信经营价值和容忍不诚信经营行为并存。经过30年的发展，我国已告别短缺经济、经济发展进入买方市场，大多数企业也已基本完成原始积累步入正常化发展时期，诚信与产品质量日益成为企业谋求长期发展的目标。企业诚信建设也成为企业本身的自觉追求。大多数企业在理性上树立了质量取胜、诚信经营的理念，也认识到诚信对企业未来发展的巨大影响，但源于身边大量的不诚信现象，有相当的企业经营者对违反诚信的经营行为又采取了高度容忍的态度，致使企业信用缺失现象比较普遍。这一矛盾是理性与现实在客观环境中的真实写照，是许多企业普遍存在的一种社会现象。

第二，组织诚信与个体诚信的矛盾冲突并存。诚信经营问题从根本上看是组织诚信，是一种组织的追求，而组织追求是通过个体的努力去实现，因而产品信任需要企业和每一个员工用诚信来实现。就此目前突出存在两方面问题：一方面，大中企业较注重自己的品牌与质量，但在近年企业急剧扩张中，大中企业对下属企业的监管并不到位，下属企业为了小集体的利益不惜损害整个企业品牌与形象，在经营活动中坑蒙拐骗，尔虞我诈，甚至违背诚信经营准则，出现了种种损害消费者利益及国家利益的行为，严重地损害了企业的形象。如夸大其词的误导性广告，假冒伪劣的商品，任意宰杀消费者的行为等等。在这种情况下，对于违反诚信经营准则的事实，从生产到销售的各个企业也是知晓的，但为了眼前利益、自身利益宁愿选择不讲诚信来追求最大利润，诸如名人代言的许多保健品。另一方面，个体诚信在组织不诚信的高压下不得不被侵蚀。在一些行业，同行企业的共同不诚信行为在久而久之的利益链中形成行业的"潜规则"，他们见怪不怪，共同欺骗局外企业与群众，如果没有重大事件的发生则几乎揭不开事实的真相；而单个企业要挟、欺骗员工实施欺诈行动也不少见。与此同时，一些地方为了地方利益，只要企业能为本地区本行业的经济发展做出贡献，它们的不诚信行为就会受到庇护，而反过来，企业的不诚信行为也会因为有关部门的庇护而变得更加肆无忌惮，近年来一系列的矿难正说明了这一点。地方保护主义的存在使得一些地方对企业的不诚信行为听之任之，无形中为不诚信行为提供了保护伞。不少规模化、产业化的制假售假不是偷偷摸摸，而是在光天化日之下大张旗鼓地展开。制假售假能够大规模发展，与地方保护主义是绝对分不开的。

第三，诚信状况的改善与群众的普遍要求还有较大差距。经过不断建设，我国企业诚信经营意识不断提高，企业诚信经营已经突破了道德规范的范畴，转变成为新的管理职责，诚信成为企业发展战略的重要内容。企业开始制定诚信建设目标，建立诚信管理体系，信用服务市场也不断发展，信用服务业已经成为一个新兴的行业。许多省市和行业都出台了诚信体系建设方案，取得了一定成效。企业诚信建设虽然有了明显的进展，但与群众对企业诚信的要求还有较大差距。随着商品市场率的提高、社会分工日趋明晰，百姓衣食住行都与企业休戚相关。群众越来越依赖市场，也越来越关注市场。在生活水平的不断提高中，人们更加注重消费的质量，他们对企业从产品到服务的各个环节有了更高的要求。许多企业习以为常的东西在今天的消费者看来是不健康的，质检部门的标准也随着有利于群众健康的要求而不断提高，这使得一些企业在无知中伤害了公众利益。由此看来，企业诚信建设同时也是一个全民文化知识普及的重要问题。

这一矛盾的存在，使得近年企业诚信问题集中表现为企业重大失信事件呈现多发趋势且呈行业群发状态，说明目前企业诚信建设缺乏统一引导，企业诚信管理服务相对滞后，信用市场环境建设有待加强。这是今后一段时间我们必须着力解决的问题。

完善企业诚信机制，打造产品信任体系

产品信任不能单靠企业来完成，构筑产品信任是一个系统工程，需要社会各界付出努力，共同打造出一个产品信任机制。对此至少应从以下几个方面做出努力：

第一，要完善企业诚信的法律体系建设。我国自 20 世纪 80 年代以来制定的《民法通则》、《公司法》、《合同法》、《担保法》、《票据法》、《商业银行法》、《企业破产法》、《贷款通则》、《个人存款账户实名制规定》、《关于建立中小企业信用担保体系试点的指导意见》等法规和行政管理规定，这些法规规定对社会信用建设有极大的规范作用，但因其出台的目的与管理内容以及约束的问题并非专门针对信用，不足以对各种失信行为形成强有力的法律约束和规范。因此，从我国国情出发，借鉴国外先进经验，构建以《企业诚信法》为龙头、由多部法律、行政法规、部门规章和地方性法规等组成的结构协调、功能合理、层次分明、动态开放的企业诚信法律体系显得十分必要。企业诚信法律体系建设，是整顿和规范企业信用秩序的治本之策，也是依法规范企业信用活动、保护和鼓励守信行为、制裁失信行为、建立企业信用体系的根本措施。完善的企业诚信法律体系就有可能使企业在交易活动的初始阶段，为交易者选择交易伙伴提供帮助，并可以通过法律的各种条款，监督和约束整个交易过程，保障交易活动的正常进行，从而促进市场经济的发展，为社会提供信任的产品。

第二，加快建立和完善社会诚信体系。社会信用体系作为一个大系统，包括信用法律法规体系、现代信用服务体系、信用数据技术支撑体系、信用市场监管体系、企业信用管理体系、诚信教育体系和失信惩戒机制等主要内容。它是一个系统工程，需要在发展中不断培育和完善。就目前而言，应尽快建立和完善失信惩罚机制。失信惩罚机制就是要加大惩罚力度和监管力度，使企业的失信成本高于守信成本，包括经济成本、道德成本、法律成本，形成诚信与利益的互动关系。这就要求一方面要加大对失信的打击力度，对企业失信行为处罚打击力度不大，会给经营失信者以侥幸和可乘之机，使得一些企业敢于失信违法犯罪，甚至有的企业投机钻营以失信为荣。另一方面有关行政机关要切实加大监管力度，对制假售假、偷税漏税、经济欺诈、恶意逃废债务的行为，给予严厉的打击，

不断规范市场秩序。对尚未达到刑事犯罪程度的失信行为社会上缺乏严格的惩罚，执法机关要补上这一漏洞，通过教育、上黑名单、加重经济制裁等方式，严格诚信监督。政府执法要严，让所有失信的企业，都置于国家法律的监控之中，依法追究责任。

第三，大力培育诚信中介机构与诚信管理人员。经过10多年的发展，信用服务业在我国已经成为一个新兴的行业，通过诚信中介机构的市场运作，传播诚信信息，评估诚信等级等活动影响企业的诚信经营。诚信中介组织的发展对企业诚信状况起到监督作用，效果十分突出，在今后一段时期仍然要大力发展。目前应大量培育建立专门的诚信评价机构，用科学的评价方法、明确的评价内容、规范的等级标准来准确反映企业诚信状况，同时还应该建立企业诚信信息查询服务体系，逐步实现部门间和全社会的诚信信息共享。并在此基础上，加快诚信数据的开放与诚信数据库的建设，建立统一、规范、透明的信息披露制度，加强舆论监督。诚信评估机构要通过各种方式，及时公布企业的诚信记录，使人们能很方便地查询到失信者的失信记录，真正做到制度上完善、法律上约束、舆论上监督。同时要加大诚信管理人员的培养，目前企业诚信管理的人员和资源相对匮乏，企业缺少专业的诚信管理人员，诚信管理的组织结构、职责、程序和资源得不到落实，诚信管理体系尚未形成。这是今后要重点加强的基本任务。

第四，加强企业诚信的环境建设。一方面，要加强企业内部诚信文化建设。使每一个企业家、每一个员工都懂得诚信是企业的生命，不诚信或可得利于一时但终究逃不脱市场的严厉责罚的铁律，形成诚信经营与生产的文化与传统。另一方面，企业监管部门要建立起公开、公平、公正的诚信评价体系和信息平台，制定市场准入、诚信激励、失信约束和处罚机制等符合市场规律的诚信法则。对那些不守诚信的企业，要采取列入黑名单、媒体曝光、市场准入限制、银行信贷制裁等方法进行惩治；而对信用状况好的企业，可增加授信额度、提供信用贷款、开通绿色通道等，并定期予以表彰，通过新闻媒体广为宣传，使企业深刻认识诚信的价值，充分享受诚信带来的荣光和利益。同时，政府也要做诚信的模范。政府在企业诚信体系中处于特殊地位，既是诚信规则的制定者、维护者，也是裁判者，在当代中国是整个社会诚信体系建设的前提和关键，对公众起着巨大的示范和表率作用，政府的诚信将会促进社会诚信的有效改善。

企业诚信是产品信任的保障，产品信任是社会信任的基石，完善企业诚信机制、打造产品信任体系是构建社会信任的最基础工作，也是建设社会信任最直接、最实在的途径。

（作者：北京邮电大学马克思主义研究中心教授、哲学博士；北京邮电大学马克思主义研究中心研究生）

当前社会信任危机现状、影响及对策

孟晓旭　王　宛

信任，通常是指社会信任，它是一种态度和主观愿望。近年来，社会信任成为大家普遍关注的问题之一。作为一种社会资本，它和物质资本、人力资本共同决定了一个国家的经济增长和社会进步。社会信任不仅可以提高经济效率，还可以提高政府的绩效和治理水平。美籍日裔学者福山曾在《信任——社会道德与繁荣的创造》中论述了中国是一个低信任度国家。本文试从以下几个方面对我国的社会信任危机现象进行分析。

当前社会信任危机现状分析

社会信任危机是一种社会心理现象，是社会成员在个体交往、团体活动及社会公共生活方面因缺乏共同的信任基础而产生怀疑与不放心的体验。目前，我国社会信任危机主要表现在民众对公共权力的失信和人与人之间的不信任两方面。

（一）民众对公共权力的失信。依照法律规定，公共权力的职责是执行社会控制、处理公共事务、管理和维护社会生活秩序以及协调社会各阶层利益。但是，当前在我国一些地方和一些领域，公共权力在一定程度上成了孕育腐败、堕落、阴谋、恶俗的母体，比如个人、部门或阶层利用公共权力大肆掠取私利，或者进行权权交易、权钱交易，公共权力的合法性、公正性和有效性遭到了怀疑。主要表现在三方面。

一是虽然公共权力的产生经过了民主程序，但若缺乏强有力监督来约束权力的实施运作过程，必然会产生腐败现象，进而导致人们对政府的合法性产生怀疑，失去信任，采取不合作和对抗的态度。

二是公共权力是民众赋予政府管理公共事务的权力，实际上是民众与他们所信任的政府之间的一种委托关系，它建立在法律和契约的基础之上。换句话说，公共权力的行使必须依照具有公正性的法律。然而，现实生活中发生职务人员犯罪的事情很多，因此人们对其公正性产生了怀疑，失去了信任。

三是公共权力的责任是要维护社会生活秩序，处理公共事务，但是因为公共权力的执行不力而导致人们对其有效性产生怀疑。比如说犯罪案件一直高居不下、近年来频频发生食品安全事件，再比如近几年来全国各地曝出多起“被羁押人命案”等。据最高检察院公布，2009年看守所在押者非正常死亡15人，涉及12个省份。出现非正常死亡事件的原因，既有公安机关监管不力的责任，也有检察机关监督不力的责任。因此，接连发生的非正常死亡事件，严重损害了公安机关和检察机关的有效性和形象。

（二）人与人之间的不信任。随着社会的发展，市场经济社会工具理性的高度发达和消费主义的日益刺激不断冲击着人们，外在的物质影响侵蚀了人的精神和情感世界，人们的人格和尊严被物欲和贪婪所吞没，人们的生命观、价值观、信任观被物质所腐化，导致了所谓的人际交往间的不信任，主要表现为人情冷漠、互相猜忌、见死不救、隔岸观火、言而无信、将亲戚朋友作为获取利益的对象和互相对立等。

当前社会信任危机的影响

社会信任危机日趋严重，正在对我国的经济发展、政治稳定和社会安全造成严重的威胁。在经济方面，比如食品行业，2008年“三鹿奶粉”事件发生之后，国家质检总局在全国开展了婴幼儿奶粉三聚氰胺含量专项检查。结果显示，蒙牛、伊利、光明、圣元等22家国产婴幼儿奶粉都含有三聚氰胺。人们由于不信任国产奶粉，纷纷转向购买进口奶粉，使得我国整个奶粉行业陷入了萧条，在一定程度上影响了我国的经济发展。

在政治方面，损害政府的行政效能，威胁党和政府的政治领导。公共权力的失信直接损害了政府的行政效能。政府掌握的公共权力应该被用于谋取公共福利，但当前，一些政府部门和官员却利用手中的公共权力谋取部门利益和私人利益，造成了大量社会资源的低效和无效配置，严重影响行政效能。社会公共权力的失信已经在某种程度上威胁到党和政府的威信，威胁到人民群众对党和政府的信任、忠诚和拥护。这对中国的政治稳定来说，是一个不可忽视的重大隐患。

在社会安全方面，容易造成社会排斥和歧

视，不利于社会的团结、整合和控制。人与人之间的冷漠助长了犯罪分子的嚣张气焰，亲戚朋友之间的欺骗导致了亲情的淡化，夫妻之间的猜忌造成了高离婚率。在不信任的社会氛围中，社会互动和合作存在很多障碍，政府公共权力的实行若得不到公众的配合便会很难达到预期的效果。此外，还会侵蚀和破坏个体对他人、对社会的认同和责任感，造成社会疏离，甚至制造和推动社会越轨，不利于社会整合。而对社会整合的失败则会增加社会运行过程中的不确定因素，增加社会风险，对社会安全构成威胁。

应对社会信任危机的对策

一是提高全民对社会信任危机的意识。虽然当前国内上下对社会信任危机有很大的关注程度，但无论是在理论认识上，还是在对现实状况的把握上，都还是不够全面和深刻。大多数人普遍把社会信任危机仅仅看作是诚信问题，是道德问题。这种看法虽然不完全是错误的，但至少是肤浅的。社会信任危机是一个复杂的问题，它与文化、政治和经济等因素都密切相关。因此，我们必须跳出传统的思维模式，全面深入地了解社会信任危机的现状并分析其本质。

二是严格规范政府行为。政府是社会规则的主要制定者和监督管理者，是建设和保障诚信环境的重要力量。因此，政府的行为在很大程度上为公众起到示范和指引作用。政府自身若不能履行承诺，不讲信用的话，那企业、个人等就会纷纷效仿，就会出现连锁反应似的信任缺失现象，最终导致整个国家陷入社会信任危机的恶性循环中。因此，党和政府要规范自身行为，依法行政，履行对社会的承诺。此外，还要树立公正廉洁的形象，实现决策过程和政策方针的透明化，敢于向公众说实话。

三是建立健全信用监督制度。政府有关部门也陆陆续续地出台了一些政策或者措施，但这些措施都往往流于形式，并没有实用性或者得不到良好的效果。这就要求我们必须把握细节，从小处着手，并结合体制、法律和技术等各个方面，共同努力建立一套完善的信用监督制度来约束政府自身的行为。在人们有了健全的法制可以依靠的同时，还可以建立一整套的信任记录、披露制度法制。

四是加强制度执行的强度和力度。政府出台的政策得不到有效实施的原因，除了政策本身的问题外，还主要在于外在制度执行的强度与力度不够。而造成执行不力的主要原因是"人情渗透"。几乎在社会生活的各个领域中都有"人情"的渗透，这严重削弱了人们的法制观念和意识，从而影响了政策制度的执行力度与强度。因此，政府必须充分认识到"人情渗透"的消极影响，在执行制度的时候尽量将"人情渗透"降到最低的程度。

五是加强信任教育，培养诚信意识。只有当全民都将诚信化作内心的一种潜在的意识，当信任成为人们的一种自觉行为的时候，良好的社会信任氛围才能真正建立起来。大力进行社会信任的宣传，充分利用社会舆论的广泛性和向导性来对全民进行诚信教育，深入开展以诚信为主题的全民实践活动，真正将诚信作为社会主义核心价值体系建设的一项基础而长远的工程来落实。

（作者单位：国际关系学院国际政治系）

思想政治工作覆盖面的现状分析及对策思考

徐正初

讨论思想政治工作覆盖面问题，既是对现实条件下思想政治工作适应性的一次评估，也是对思想政治工作社会化和现代化程度的一次剖析，需要开拓新视野，引入新思维。

在肯定成就的基础上，要清醒认识思想政治工作存在的不适应性

改革开放带来了中国经济社会的快速发展，这其中思想政治工作起到了积极的作用。但面对社会加速转型和多样化发展的新格局，思想政治工作在总体上还存在着不适应性，对思想政治工作的覆盖面产生着影响。

1. 面对社会价值重构，思想政治工作难以入脑入心。任何一个社会都要有自己的核心价值，这是一个民族赖以立于世界民族之林的"魂"。改革开放以来，中国经济社会发展的成就是有目共睹的，但社会精神层面的建设却相对滞后，当今社会所发生的一些怪象、乱象，无不与之有关联。经济发展了却价值迷茫了，生活提高了却道德失范了，住房改善了却人心疏远了……越来越多的人掉进了"金钱"的漩涡，什么亲情、友情、邻里之情，在利益面前"黯然失色"。为了实现个人利益最大化，甚至到了不择手段的地步，出现了诸如"顶替门"、"造假门"、'报复门"。与此相反，民间信仰相当热闹，地下宗教、祖宗崇拜、鬼神敬畏、风水吉利……让一些装神弄鬼之人成了社会贤人，不仅大出风头，而且大敛钱财。宣传思想工作不仅要占领阵地，更要占领人心，做不到这一点，主流意识形态就无法有效引领多样的社会思想文化，实现全民价值共识。

2. 面对社会组织发展，思想政治工作理念创新滞后。社会与个体、组织与个人究竟是怎样的关系？长期以来，我们信奉的是"团队至上"的理念，追求国家利益第一，这使得我们可以集中力量办大事，体现工作优势。但过于刚性的诠释，使之成为一种印记深于干部的潜意识中，久而久之就会出现轻视群众与个体合法利益的现象。尤其在现代市场经济条件下，面对错综复杂的社会群体关系，粗线条的概括已经远远不够，为了团队利益简单牺牲个人利益的做法也不适应了，需要用法律的形式来具体细化和规范各种利益关系。否则，一个正确的理念很可能被小团体利益所利用，被心存邪念之人所歪曲。近几年来在城市拆迁中发生的"强拆事件"，都是一个个具体写照。如果这种侵权行为屡禁不止，群众利益无法从根本上得到保证，影响的不仅是干群关系，更是人们对社会及其制度的认同，并将严重冲击社会稳定和经济发展的局势。如何进一步科学诠释和正确处理国家、集体和个人的关系，是当前的一个重点课题。

3. 面对群众的精神需求，思想政治工作的教育功能还比较弱。在日常生活中，思想政治工作的表现途径和形态应该是多种多样的，是群众喜闻乐见的，发挥文化的教化功能是思想政治工作教育功能的有效载体和重要形式。人们可能会反感和反对说教，却会认同和接受文化熏陶。纵观现实生活，社会文化事业繁荣和产业发展成就斐然，但离人民群众日益增长的精神文化生活需求还相去甚远，种种现象很难令人乐观。一方面，低俗化、庸俗化现象在银屏和舞台上还严重存在；另一方面，文化作品脱离百姓生活的情况还相当普遍。教育的功利性倾向十分突出，缺乏对文化内涵的追求。文化的

娱乐功能被放大和增强了，但能够打动人心的东西贫乏，缺少的还是精神内涵。运用文化的形式和手段推进思想政治工作，在文化的层面上形成持续积累，是新形势下加强思想政治工作的重要手段。这条路打不开、走不好，扩大思想政治工作覆盖面就失去一条重要途经。

4. 面对社会结构的变化，思想政治工作还不能适应转型需要。随着我国用工制度的不断放开，单位之间、行业之间、城市之间的人员流动不断加速，个人在社会中的角色由“单位人”向“社会人”转变。传统单位思想政治工作体系根本无法应对这种现实变化，不要说思想政治工作，连党组织的设立和党员管理都遇到了问题。不少学生党员离开学校进入非体制内单位，党组织关系就成为“口袋户口”；大量农村党员出外打工，就与组织失去联系，在新的地方不少人还羞于亮明自己的党员身份。在社区层面，随着“空巢家庭”和“人户分离”等现象的普遍化，社区思想政治工作的对象发生了变化，面对频繁调换的房客，社区思想政治工作连对象都难以锁定，谈何覆盖面和针对性。

5. 干部的群众工作意识薄弱，思想政治工作的渗透力不强。在新的形势下，要扩大思想政治工作的覆盖面，不仅需要维护和扩大组织的覆盖，更重要的是要全力推进队伍的覆盖，让各级各类干部都来做思想政治工作。分析干部队伍状况，这方面的情况非常不容乐观，在总体上缺乏带队伍的意识，重业务轻群众工作的情况还较为严重，只懂得用权不知道发挥人格魅力的还大有人在，群众满意度不高，团队凝聚力不强，“一手硬一手软”的现象相当普遍。干部教育培训中，缺乏思想政治工作、群众工作和做人的工作的内容，强调战略思考的多、创新思维方式的多，传授人际关系的多，但却看不到思想政治工作课程的身影，干部队伍建设存在着“短板”效应。在多样化的条件下，如何让各级各类干部都来重视思想政治工作，提高开展思想政治工作的自觉性，是扩大思想政治工作覆盖面的最直接、最简洁、最有效的环节，这方面的工作需要引起高度关注。

6. 专业工作队伍素养不高，思想政治工作的创新性不够。提高思想政治工作的覆盖面需要专业队伍素养的保证。反观现实，思想政治工作队伍优势在逐年丧失。单位层面，随着经营体制的改革和转换，相当多的单位已经没有宣传思想工作部门，原来的队伍只剩一个宣传主管，成为办事人员。基层党支部书记基本兼职化，工作效果要看具体承担者的意识和能力，思想政治工作成为“额外任务”。社区层面，基层队伍承担着大量行政性工作，所谓“上面千条线，下面一根针”，忙于应付事务性工作，面向居民的思想政治工作既有限又无力。更为严重的是，思想政治工作队伍的说理能力和解疑释惑能力下降，方式上的花哨难以掩盖内容上的贫乏，规模上的宏大无法带来说服力的提升。群众希望了解和诠释的问题，我们说不清道不明，只能一味回避；群众层面不十分关心的或离开他们生活相去甚远的问题，我们喋喋不休地说个不停。试想，这样的思想政治工作能有吸引力吗？

7. 跟不上时代发展的步伐，思想政治工作的科技化程度不高。相比于其他领域，思想政治工作应用现代科学技术的程度和水平还十分低下，推进工作现代化的意识不强，效果不显著，学科建设处在落后的地位。从应用层面看，人类文明的成果和相关学科的最新成就的引入不够，部门思想政治工作存在着“自我封闭”、“自我循环”的现象，创新性不强。从技术手段分析，计算机和互联网的运用，还处在帮助写作和信息传递阶段，工作软件开发和应用程度还十分落后；思想政治工作网站还在初建期，总体缺乏影响力，对青年群体更无吸引力。从某种意义上说，思想政治工作的技术水准还处在“刀耕火种”的阶段，提升科技化水平的任务十分艰巨。

解决问题的根本出路，在于加快思想政治工作的社会化和现代化

提高新形势下的思想政治工作覆盖面，要在工作社会化和现代化上形成系统的思路。通

过组织覆盖和队伍覆盖，追求工作面的扩大；通过价值覆盖和理念覆盖，更多地指向人心；通过产品开发和管理渗透，营造共发效应；通过现代媒体和网络技术，覆盖真实世界和虚拟世界。

1. 把弘扬核心价值作为重中之重。强化国家主导意识，用社会主义核心价值体系引领人民，是提高思想政治工作覆盖面的重中之重。因此，要做足“核心价值”这篇大文章，让社会主义核心价值体系成为全社会的共同认识。这是当前我国意识形态和思想政治工作的重要环节，也是思想政治工作实现全覆盖的本质要求。《文明的冲突》一书作者亨·廷顿认为，在一个世界各国人民都以文化来界定自己的时代，一个没有文化核心而仅仅以政治信条来界定自己的社会是无立足之地的。我们一方面要重视社会主义核心价值内涵的丰富和发展，一方面要加强生动诠释和宣传弘扬，把价值引领与人民大众的利益诉求和心灵需求相融合，把主导语言体系与百姓的生活话语系统相对接，真正让国家主流意识形态覆盖民众之心。

2. 坚定不移地倡导以人为本的理念。思想政治工作是做人的工作，一定要定位于人，服务于人民的根本利益，为构建社会主义和谐社会夯实基础。坚持以人为本，就是强调“情为民所系、权为民所用、利为民所谋”，运用包括法律手段在内的各种形式，严格保护人民群众的正当利益，满足群众的合理诉求，充分调动他们投身社会主义事业的积极性。倡导以人为本的理念，是对传统思想政治工作主题定位的突破，需要整个思想政治工作队伍进一步解放思想、转变观念，制定与以人为本相适应的工作原则和对策思路，满足人的需求，懂得运用人心、人情、人文、人性的力量，来更好地打动人、感染人、激励人。在这个意义上，思想政治工作不仅具有覆盖性，而且具有直指人心的穿透性。

3. 把打造文化软实力放到突出的位置。要繁荣文化事业、发展文化产业，为群众提供更多的优秀文化产品，满足人民群众日益增长的精神文化生活需求。同时，伴随中国城镇化的进程，大力推进城乡公共文化服务设施建设，通过建立融文化、服务、管理等多种功能为一体的社区中心，引入专业公司的管理和内容配送，让群众学习有阵地、娱乐有舞台、活动有辅导，在身心享受中增强对社区的认同感和归属感。要通过结合提高综合效应，思想政治工作与公共媒体结合，扩大正面影响，提升人们的思想境界；与精神文明创建活动结合，深化社会道德建设，倡导文明生活方式；与学习活动结合，增强个体的知识和能力，跟上时代发展的步伐；与群众性文化活动结合，进一步集合队伍，凝聚力量。

4. 积极构建思想政治工作的全员化格局。在现实中，不论组织规模大小、岗位职务高低，所有的管理者都有一个共同的特性，这就是“带兵的人”，“带好队伍，完成任务”是各级各类管理者的共同责任。在这个意义上，思想政治工作是管理工作的题中之义，也是每一位管理干部的应尽职责。因此，提高各级各类党政组织和干部做思想政治工作的意识与能力，是提高思想政治工作覆盖面的重要条件。就干部的素养而言，提高做思想政治工作的意识和能力比提高突发事件应对能力来得更重要。应对能力处在“工作链”的尾端，是矛盾已经激化、爆发冲突阶段上的能力需求，处在前端及贯穿始终的是一个做群众工作的意识和能力问题。加强干部队伍做思想政治工作的能力，是推进现代化建设事业的内在要求。

5. 在创新中实现思想政治工作的现代化。要大力推进思想政治工作的思路创新、内容创新、方法创新、组织创新和机制创新，使之进一步适应社会主义现代化建设事业进程，进一步符合新时代中国人的精神文化生活需求，进一步发挥出思想保证、精神动力和智力支持的作用。思想政治工作的现代化是其内涵真理性和科学性的升华，帮助人们树立适应世界潮流的、具有中国特色社会主义特点的、符合市场经济规律的观念群，以真理的力量提高社会引领力。思想政治工作的现代化内涵着社会化功能的拓展，把触角伸向各个社会领域，动员各类社会组织共同来做思想政治工作。思想政治工作的现代化也是其方式方法上不断提高科技含量的过程,通过对现代科学技术方式和手段的引入,对现代管理理念和方法的应用,实现思想政治工作运作上的现代化。

（作者:上海宣传党校副校长、教授）

思想政治工作要解决好吸引人的问题

韦诗业　沈壮海

吸引人、引导人与思想政治工作本质之间的这种内在关联,以及当下思想政治工作吸引力面临的客观实际,决定了吸引人的问题不仅是思想政治工作基础理论研究中应当关注的重要课题,也是思想政治工作加强和改进的实践中应当关注的重要课题。

只有吸引人,才能引导人

思想政治工作本质是做人的工作。教育人、引导人、鼓舞人,以及尊重人、理解人、关心人和帮助人、发展人等等,都是思想政治工作本质规定的内在要求。在这些本质要求中,引导人体现着思想政治工作的根本目的指向。而思想政治工作能否真正实现引导人的本质要求,则又取决于思想政治工作是否能够吸引人。

思想政治工作的工作对象是人,进而言之,是人的思想世界。而对于人的思想世界的任何作用的发挥,或者说对于人的思想世界的引导,一个根本的原则即是吸引而非强制以及其他。正因如此,恩格斯曾经断言:“我们不知道有任何一种力量能够强制处在健康清醒状态的每一个人接受某种思想。”邓小平强调“对于思想问题,无论如何不能用压服的办法”,并称之为“必须坚持的原则”,道理也正在这里。在思想政治工作过程中,思想政治工作者只有紧紧吸引住群众的“心”,才能贴近群众,并不断向之传送信息,实现循循善诱、逐步引导。群众只有被吸引住,才能打开心扉接受信息,并由自发到自觉,心悦诚服地转变思想观念,提升精神境界,并做出相应的行为选择。而缺乏吸引力的思想政治工作,要么流于枯燥无味,要么走向强制压服,这两种情况都既无益于思想政治工作过程的顺利展开,无助指向思想政治工作目标的实现,也有悖于思想政治工作的本质要求。一言以蔽之,吸引人,是思想政治工作得以展开的基本前提。

当代中国正处在改革开放的关键时期,人们的思想观念日益多元多样多变,各种社会矛盾和思想问题也日益凸现。思想政治工作如何适应新形势新变化,不断提升自身吸引力,更好地发挥吸引人、感染人、教育人、引导人的作用,已成为一个备受关注的重要问题。全国总工会宣教部课题组在北京、辽宁、黑龙江等10个省市的万名职工中进行的调研显示,职工认为当前企业职工思想政治工作存在的主要问题是“形式主义”、“脱离实际”、“形式单调”的分别占31.9%、14.4%、10.7%,三项合计为57%,职工对企业职工思想政治工作的认可度总体下降。这一调查结果无疑再次提醒我们,思想政治工作的吸引力亟待加强。从理论和实践的结合上深入研究思想政治工作吸引人的问题,已经成为摆在思想政治工作理论和实践工作者面前的重要课题。

只有了解人,才能吸引人

“射箭要看靶子,弹琴要看听众,写文章做

演说倒可以不看读者不看听众吗？……做宣传工作的人，对于自己的宣传对象没有调查，没有研究，没有分析，乱讲一顿，是万万不行的”。了解人是吸引人的前提。思想政治工作要想吸引人，就必须很好地了解人。

思想政治工作只有建立在对人即工作对象真正了解的基础上，才能把握作为工作对象的人的思想脉动、精神需求、疑问迷惑，才能有针对性地确定工作的内容、重点与切入路径，也才能确定富有吸引力的工作形式。形式主义的宣传教育，尽管也费了力气，但收不到效果，达不到目的。经验说明，要做好宣传思想工作，在明确宗旨和把握正确方向的前提下，还需要了解人们的思想和心理，同时要讲究方式方法。此外，只有建立在对人即工作对象真正了解基础之上的思想政治工作，也才能真正建立工作进程中人与人之间的相互尊重、彼此信任以及心灵与心灵的真诚交流。人在本质上是社会的人，有着强烈的被关心、受关注和彼此沟通交流的内在情感需求。了解人本身就意味着对人的一种关心、关注和沟通交流。思想政治工作只有在了解人的过程中，倾听群众呼声，洞察群众需求，传达党和政府的关切，才能很好建立起工作者与群众双方的交往互信，为思想政治工作的吸引人奠定良好的情感基础。

在当代中国，伴随着改革开放和现代化进程的推进，多样化已经越来越鲜明地成为当下社会现实的基本特征。广大群众也呈现出越来越强烈、鲜明的“多质”存在的特点。利益与阶层的分化、思想观念与精神文化需求的多样等等，都成为群众以“多质”的形态存在与发展的重要表现。思想政治工作只有深入了解“多质”大众的“多质”需求，才能具有吸引力，也才能做到有效地全员覆盖。了解人，需要思想政治工作者有眼睛向下看的兴趣和决心，有甘当小学生、耐心听取不同意见的胸怀和精神，有真正联系群众、与群众交朋友的自觉和诚意，有清晰明朗的调查目的和计划。了解人，同时需要思想政治工作者善于寻找调查的典型，学会用马克思主义的科学方法，具体问题具体分析，去粗取精、去伪存真，把握工作对象的本质特征和多样需求。

富有吸引力，才能吸引人

解决好思想政治工作吸引人问题，还要在了解人的基础上，切实解决好思想政治工作面貌之新、内容之真、情感之诚、形式之美、作用之实等方面的问题，努力提升思想政治工作自身的吸引力。

面貌之新。在当今开放环境下，各种信息大量涌现，新鲜事物层出不穷，思想政治工作如果内容陈旧、形式老套，即使宣传的是真理、服务的是群众，也会陷入教条化，难以形成吸引力。思想政治工作只有积极创新内容形式、方法手段、体制机制，始终保持工作内容的生动鲜活、工作方法手段的多型多样，在整体面貌上时常令人耳目一新，给人以时代感、冲击力和震撼力，才能有效地吸引群众注意力。

内容之真。思想政治工作内容之真，在于其准确反映客观实际，符合事物发展规律。历史证明，只有真的东西才能够抓住事物的根本，从而富有征服人和吸引人的无穷魅力。在思想政治工作实践中，要始终注重坚持、运用源于实践并经受实践检验，能够科学回答干部群众关注的重大理论和实际问题的内容，杜绝任何形式的“假大空”和形式主义的东西。

感情之诚。思想政治工作是一个情感互动的过程，动之以情、晓之以理是其吸引人、打动人的奥妙。感情之诚体现在怀着对群众的深厚感情做思想政治工作。经验表明，思想政治工作者只有真心热爱群众，将自己的思想感情和群众的思想感情打成一片时，才能很好地接触群众、了解群众和帮助群众，使自己的工作得到群众的欢迎和支持。没有这样的感情交融，什么事情都做不好。感情之诚还体现在相信群情，坦诚以待。对于群众关心的实际问题，一定要经常据实讲解，告诉大家客观的情况以及党和政府所做的努力，并且对群众所反映的不合理现象及时纠正。如果故意欺骗隐瞒，或者长期“报喜不报忧”，将引起群众的不满和疏远。

形式之美。形式之美，在于思想政治工作方法、手段、渠道等具有的悦耳悦目、悦心悦意和悦志悦神的属性。它体现在思想政治工作者的语言美、行为美。思想政治工作者应善于运用通俗易懂、引人入胜、令人回味的精彩语言，使人在接受教育之时，也得到美的享受；能以自身的优良作风、优雅形象，引导大众心悦诚服地“不令而行”。它还体现为思想政治工作的艺术性，即力求以群众喜闻乐见的形式增强思想政治工作的效果。思想政治工作要坚持思想性、知识性、娱乐性、趣味性的统一，通过文学、戏剧、电影、舞蹈、歌曲等寓教于乐的艺术化手段进行渗透教育，通过新闻传媒、网络通信等生动活泼的现代方式传播，同时要注意有的放矢、抓住时机、把握分寸，充分掌握综合运用各种方法的艺术。

作用之实。富有吸引力的思想政治工作，一定要始终坚持为人民服务的宗旨，关心群众的疾苦，反映群众的心声，排解群众的忧愁，解决群众的困难，维护群众的利益，服务群众的发展。在实际工作中，思想政治工作的着眼点一定要放在紧贴群众利益、为群众所欢迎的事情上，才会有利于密切党和政府同人民群众的关系，才能吸引广大人民群众的支持、参与和欢迎。

吸引人，不能靠媚俗从众

有人担心，强调吸引人会不会出现忽视引导人而媚俗从众的问题？应当说，这种担心是有道理的。从理论上看，群众的兴趣和需求既有合理的，也有不合理的，有些群众往往只注意当前的、局部的、个人的利益，忽视长远的、全局的、集体的利益，只注意感官的刺激和享受，忽视崇高思想的追求，如果只讲吸引不讲引导就会出现媚俗从众的问题。在现实当中，也确实存在着媚俗从众的现象。如，一些理论宣传工作者为了吸引眼球，盲目照搬照抄一些时髦而肤浅空洞的词句，忽视深层次的心理需要和人文关怀；一些媒体为了提高收视率，热衷于传播暴力色情、陈腐迷信、八卦奇闻等低俗庸俗文化；一些艺术作品为了吸引观众，谋求利润最大化，把纯粹娱乐作为创作唯一目的，放弃作品的深刻思想内涵等等。此类现象违背了思想政治工作引导人发展人的本质要求，应当予以有效遏制。

应当清醒地认识到，吸引人是以引导人为指向的，媚俗从众达不到引导人的目的。当前，要防止思想政治工作陷入媚俗从众的误区，需要注意以下两个方面。其一，注意划清通俗化和庸俗化之间的界限。列宁在1901年的《评〈自由杂志〉》中对二者所作的区分，就对我们很有指导意义。他指出：“庸俗化和哗众取宠绝非通俗化。通俗作家应该引导读者去深入地思考、深入地研究，他们从最简单的、众所周知的材料出发，用简单的推论和恰当的例子来说明从这些材料得出的主要结论，启发肯动脑筋的读者不断地去思考更深一层的问题。”而在庸俗作家的眼里，“读者是不动脑筋和不会动脑筋的，他不是引导读者去了解严肃的科学的初步原理，而是通过一些畸形简化的充满玩笑和俏皮话的形式，把某一学说的全部结论‘现成地’奉献给读者，读者连咀嚼也用不着，只是囫囵吞下去就行了。”其二，坚持把吸引人与引导人紧密结合起来。思想政治工作应严格贯彻胡锦涛在中共中央政治局第二十二次集体学习时的讲话精神，既要真正从群众需要出发，继承和发扬中华文化优良传统，吸收借鉴世界有益文化成果，创造并运用深受群众喜爱的工作形式和方法，也要自觉践行社会主义核心价值体系，坚持社会主义先进文化前进方向，坚决抵制庸俗、低俗、媚俗之风。唯有在吸引人与引导人的辩证统一中，思想政治工作才能真正发挥以科学的理论武装人、以正确的舆论引导人、以高尚的精神塑造人、以优秀的作品鼓舞人的重要作用。

（作者：武汉大学政治与公共管理学院博士生；教授、博士生导师）

基层思想政治工作基本状况调查及创新之路

浙江省思想政治工作研究会课题组

思想政治工作是党的工作的重要组成部分，加强基层思想政治工作成为我们党团结群众、实现党的政治主张、提升党的执政能力水平的内在要求。特别是面对当前我国改革发展进入关键时期，经济体制改革深刻变革、社会结构深刻变动、利益格局深刻调整、思想观念深刻变化的现状，切实加强基层思想政治工作更是今后一个时期思想政治工作的重要着力点。为了切实掌握基层思想政治工作的状况，有针对性地加强和改进基层思想政治工作，浙江省思想政治工作研究会成立了课题组，以下发调查问卷、召开座谈会等形式对高校、农村、企业和社区的思想政治工作状况进行了调研，并形成以下报告。其间，共下发调查问卷 2400 份，回收率为 93.45%；召开座谈会 22 个，其中农村调研面覆盖浙江省 11 个地级市。

思想政治工作在改革开放中彰显政治优势

这次对基层思想政治工作基本状况调查，充分反映出人们对思想政治工作在推动改革开放、促进经济发展以及对个人工作、生活所起的作用是高度肯定的，认为思想政治工作比较好地帮助人们明确了政治方向、坚定了理想信念、了解了形势政策、树立了对工作和生活的信心。对于调查中得出的这些结论，通过座谈分析，大家普遍认为，主要是得益于以下四个方面的不懈努力。

一是以科学理论作武装。多年来，各级党组织、思想政治工作部门在不断强化经济建设中心意识的同时，始终坚持以邓小平理论、“三个代表”重要思想和科学发展观统领干部群众的思想，指导工作实践。针对不同对象、不同层次，运用不同方法开展学习教育，在引导干部群众掌握理论的科学体系和精神实质的基础上，进一步坚定信念，推动社会主义核心价值体系建设。调查显示，干部群众对社会主义核心价值体系的知晓、认同和践行总体程度较高。表现为：在被调查者中，78% 的人对我国能够成功建设中国特色社会主义抱有信心；86% 的人认为中国改革开放虽然问题不少，但道路走对了；85.3% 的人认同中国特色社会主义理论体系；80.9% 的人坚信“推进改革开放就必须坚持中国共产党领导”。

二是以创新发展为目标。各级党组织和广大思想政治工作者，在继承发扬优良传统，推进工作实践的同时，探索规律、拓展方法，积极改进和创新思想政治工作。如从企业调查情况看，凡被调查企业，都非常充分地体现出思想政治工作努力顺应建立现代企业制度的要求，从内容、形式到方式、方法上力求做到规范化、制度化。电化教育、网上教育，有效地实现了及时、形象的思想政治引导，扩大了思想政治工作的时空效应，也顺应了快节奏的社会生活要求。在问卷调查中，有 72.22% 的人是通过电视和互联网接触思想政治工作。企业在深化培训教育、专题报告、主题宣传等灌输形式和采用家访、谈心等日常思想政治工作方式的同时，也拓展了许多为干部群众喜闻乐见的形式，如知识竞赛、热点讨论、考察学习、艺术欣赏、文艺演出等等。特别是上世纪 80 年代导入的企业文化，更是为思想政治工作提供了一个更具时代性的平台。思想政治工作借助文化的力量，越发彰显出鲜活性和渗透力，为党的政治优势在新的历史条件下赋予了新的内涵。

三是以人文关怀为宗旨。贯彻以人为本的执政理念，思想政治工作在践行解决思想问题与解决实际问题相结合方面成效更加凸显，人情味更浓了。如在服务新农村建设中，把加强新农村文化建设，提升农民素质作为重要工程，从建立稳定的农村文化投入保障机制入手，加大农村文化惠民工程的建设力度。通过实施广播电视村村通、组织农村电影放映、开办农家书屋等新举措，形成了比较完备的农村公共文化服务体系，极大地丰富了农民的文化生活，提高了农民的生活品质。农民观念发生了转变、眼界日趋开阔、觉悟不断提高、精神更加充实。调查中，有90%的农民知道文化、科技、卫生“三下乡”；95%的农民希望政府进一步解放思想，在完善农村公共文化服务体系方面有更充分的体现。同样，社区作为当今社会最基础的细胞，更多地是通过服务来做到潜移默化、润物无声，在服务中宣传，在服务中教育。如成立社区服务中心，为居民提供托老养老、卫生计生、低保救助、劳动保障、优待抚恤等全方位服务。通过这些途径，帮助居民解决实际困难，增强社区居民对社区的认同感和归属感。有83%的被访者认为，社区的思想政治工作对自己的工作和生活起到了很重要或比较重要的作用。

四是以一套好的机制为保障。调查表明，各级党组织普遍比较健全，这为加强和改进基层思想政治工作提供了有效保障。如在社区中，基本上成立了由街道党政主要领导挂帅，有关职能部门、驻区单位参与的社区思想政治工作领导小组。同时建立起一些工作制度。如建立思想政治工作联席会议制度、社区思想政治工作目标管理责任制、工作协调督导机制等等。而高校思想政治工作体制机制则一般是由五个系统构成的一个有机大系统。其一是党委领导下的校长负责制，这是我国高校的一个基本体制；其二是形成了以思想政治理论课教育为主渠道，以学生党团建设、社团活动、社会实践相结合的多渠道、多层次教育格局；其三是现代导师制度等新时期思想政治教育的载体建设；其四是建立并逐步完善了贫困家庭学生资助、毕业生就业、心理健康教育和咨询等解决学生困难、维护学生权益、帮助学生成长、方便学生办事的教育、管理、服务体系；其五是以创建“平安校园”为契机，初步建立起以校园防控、预警、突发事件处置体系为核心的学校安全稳定工作机制。在这样一个机制作用下，高校基本形成了一支有较高素质专兼结合的基本适应学校发展要求的思想政治工作队伍，成为做好高校思想政治工作的主体力量。

思想政治工作任重道远

通过这次调查，我们看到在全社会的共同努力下，思想政治工作与时俱进，创新发展，为推动社会和谐稳定、为社会主义核心价值体系建设发挥了重要作用。但调查也使我们同样感到了责任与压力，思想政治工作任重道远。

1. 价值多元，信仰出现缺失。当前，以无所敬畏为主的信仰缺失，以诚信、责任、感恩缺乏为主的道德缺失和以对人文知识、人文精神缺失为主的人文弱化是游离于主流意识形态最典型的三大表现。这种表现，在我们这次调查中也不同程度地反映出来。调查显示，对社会主义核心价值体系基本内容了解较少的达23.61%，一点不知道的占11.55%。在信仰上仍有23.82%的人认为马克思主义理论解释不了现实。有35.9%的人表示自己没有信仰。信仰的缺失，使得信教拜佛现象出现滋长势头。如在问卷调查中，高校和农村共有296人，占总数的13.20%的人认为现在信教和封建迷信的人多了。

2. 社会转型，思想变异性增大。社会转型以及由此带来的一系列深刻变化，激荡着我们的社会，在极大地丰富和活跃了人们思想的同时，也使一些深层次矛盾凸显出来，给思想政治工作带来新的考验。调查显示，不同行业和职业，思想诉求有共性部分又各不相同。共性方面主要体现为：一是认为由于改革开放带来的新变化有些甚至是革命性的，思想碰撞激烈，因此，认为现在“有思想困惑的人多了”的观点比较多。国企有22.4%，高校有65.4%的人持此观点。二是领导干部的作风问题和反腐败问题成为人们最不满意的问题，并直接影响了思想政治工作的效果。调研数据反映，对此问题大学生的不满意率分别为92%和78%，社区被访者不满意率分别为94%和88%。三是随着市场经济的不断深入，人们作为个体参与经济活动更为广泛。因此，比较关注国家甚至是世界的宏观经济环境。同时，对物价、房价、股价的反映也普遍比较敏感。

个性方面主要体现为：一是部分学生对一些基本理论问题存在模糊认识，价值观取向更趋实际。由于自身的资历、学识水平和社会因素的制约和影响，部分大学生对理论内涵的深层次认识比较肤浅，对一些基本问题的认识不够清楚，有的甚至比较偏激。如对“金钱是人生幸福的决定因素”的观点，有21.6%的学生表示同意，21.7%的学生表示难以判断。有11.7%和20.5%的学生对“人生的价值在于奉献”表示不同意和难以判断。二是国有企业员工更多地担忧是工作变动、下岗分流、分配机制调整等。据问卷调查，在目前最关心的一些问题上，表示最关心收入分配的有300人，占60%。同时，企业职工对问题的认识也越来越现实，对物质利益、眼前利益看得比较重，对政治越来越淡漠，民本位、权本位、钱本位和欲本位价值观在职工中有一定程度的滋长。三是农民见识增长的同时也受到功利思想影响。问卷反映，90%的中老年农民曾离家打工或经商；80%的青年农民上过网，对国际国内形势较之其父辈们有了更多更广的了解，在增长见识的同时功利思想也在滋生。从座谈会上村干部的反映看，目前，农民当中功利思想主要表现为：公道正派，见义勇为又自私自利，金钱至上；相信科学治病有时又烧香拜佛；信奉勤劳致富有时又会由于小农意识的作祟而斤斤计较或耍小聪明；憎恨偷盗，害怕混混又不检举揭发，明哲保身，反而报怨社会治安不好，政府治理无能。

3. 重管理轻教育倾向比较明显。随着社会主义市场经济的确立和完善，管理的重要性越来越被人们所认识，人们的法制观念、规则意识逐步增强。因此，管理者在过去习惯于用行政方式管理的基础上，进一步强化了运用法律手段、制度手段解决问题的意识。这是社会的一大进步。但同时我们也应该看到，社会的科学、和谐发展，既需要制度性安排，也离不开非制度性安排。而现实当中，往往存在重管理轻教育的倾向。如从一些企业调查了解的情况看，企业现有的规章制度，大多是要求员工该怎样做、不该怎样做的模式，强调制度等刚性的硬管理，而较为忽视宣传教育、思想工作等人性化的软管理。有些企业“重利轻义”，曾经维系国有企业生存和发展的精神支柱被束之高阁，凝聚员工的企业精神文化被逐渐遗忘。据国企问卷调查，反映思想政治工作有所削弱的有98人，占访问人数的19.6%。由于“软管理”的缺失，管理效能的最大化发挥大大打了折扣。而在农村，一些地方和干部更是在加强思想教育工作上，存在较大的畏难情绪。究其原因，一是在认识上存在偏差，认为只要发展了，一切问题也就迎刃而解；二是农村基础本身薄弱，加上农村党员和青壮年大多外出打工，因此，在开展教育上存在比较大的难度。

4. 文化交融现代化，思想政治工作主导性功能逐步削弱。随着世界范围内思想文化交流的广泛深入，一方面，中西文化互相交融，让我们有更多的机会共享人类文明成果；但另一方面，也必须看到，由于一些人对西方文化的鉴别力不强，对其渗透性认识不足，不同程度地存在着照单全收的现象，因而影响了人们对我国传统文化的继承和弘扬。外来文化反映的价值观念、生活方式、文化样式，正潜移默化地改变着年轻人的思维方式和行为准则，对我国传统理念产生巨大冲击。同时，随着以互联网、手机为代表的新兴媒体的发展，打破了主流媒体一统天下的格局，这对我们把握意识形态主控权产生了很大困难。

思想政治工作需要在改进中不断创新

本次调研使我们对现阶段基层思想政治工作状况有了一个比较全面的了解和把握。调研也使我们对新形势下的思想政治工作创新有了更强的使命感和责任感。

1. 注重调研,不断提高思想政治工作效果。思想政治工作是党在宣传教育领域的基础性工作。这次问卷调查中,88%的被访者认为,思想政治工作对促进经济社会发展起了很重要或比较重要的作用。问卷调查中有80%以上的被访者认为,和前些年相比,人们的思想道德水平、人与人之间关系、社会风气都有很大或较大的改善。同时也有相当多被访者认为,搞封建迷信、信奉极端个人主义、违法乱纪的人也多了。还有不少被访者认为,有思想困惑、有不满情绪、相信金钱万能、信奉享乐主义的人也比以前增多。这表明经历复杂而深刻的变化,聚集了转型期社会的各种现象、矛盾和问题。为此,要围绕党和国家中心工作,利用好现有资源和载体,切实抓好形势任务教育和各项主题教育。共同建立和完善多渠道、多层次的市民教育网络系统。通过"四信"教育引导树立科学的人生观价值观;通过"三德"教育促进提高道德素质;通过唯物论和无神论教育,崇尚科学、抵制愚昧;通过法制教育更好地遵纪守法,正确运用法律手段维护自己合法权益;通过宣传生动感人的典型事例,激励和引导人们学先进、赶先进、做先进。

2. 善于借力,不断扩大思想政治工作影响。调查表明,电视、报纸、互联网已成为人们接受思想政治工作的主要渠道,特别是互联网,作为一种新的媒介,不少基层单位在探索网上思想政治工作方面已经跨出了步子。同时,调查也显示差距仍然存在。如在社区有60%的被访者表示所在社区没有或不清楚有思想政治工作方面的网上宣传教育。相比较,企业和高校这方面工作优势更强一些。所调查的企业和高校都建有思想政治工作的网页,也有一定量的点击率,但是调查反映,在网页的生动性、鲜活性和时效性上还是存在差距。因此,思想政治工作要更加善于运用这些新型媒介,充分重视网上引导的重要性和影响力。同时,要关注网上舆论热点,分析网上舆论对社会心理的影响。有必要进一步倡导并创造条件开办和完善网上思想政治工作阵地,不断提高基层运用新媒体创新思想政治工作内容、形式的本领。

3. 着力建设,不断强化思想政治工作队伍。调研表明,除企业和高校思想政治工作队伍建设比较完善外,社区和农村的政工队伍建设比较薄弱。加强社区专职政工队伍建设,既要从经验丰富的老同志中选聘社区政工人员,还应按照规定的程序,选拔一批年纪轻、学历高、作风正、有激情、热心于社区工作的新生力量,充实到街道、社区中来。要建立社区政工人员常态的培训和激励机制,落实健全思想政治工作责任制,健全奖惩制度、监督制度、反馈制度。要继续完善企事业单位与社区共建工作,充分发挥企事业单位思想政治工作的优势,以推动社区的思想政治工作。而在农村,由于当下农村党员和有文化、年纪轻的农民绝大多数都离乡外出打工,因此,农村思想政治工作者队伍年龄老化问题非常突出,而且文化程度也比较低。对此采取选派机关干部到农村担任农村工作指导员的做法不失为加强农村思想政治工作的一个好方法,应该不断进行完善并加以推广。基层政工人员应该具备哪些基本素质?调查反映,首选是作风正、办事公道、讲民主,其次是关心群众、团结群众,第三是坚决执行党和国家的方针政策。还有坚持以人为本、善于调解矛盾纠纷、理论联系实际的能力较强、服务意识较强。这些意见,应作为今后选聘政工人员以及考核政工干部的依据和标准。

基层宣传思想工作存在问题及建议

孟　敏

当前基层宣传思想工作需要改进的方面

一是需加强工作力度。各县区党委对基层宣传工作重视程度不一，部分县区没有把宣传工作充分纳入党委中心环节，导致宣传工作成为陪衬，“唱高调、敲边鼓、靠边站”现象突出，难以有效开展工作。基层普遍反映，宣传工作就像一阵风，“主题战役喊得响，过了半年没动静”，没有什么责任和义务，缺少硬性约束，“干和不干区别不大”。在宣传系统之间、相关单位之间缺少配合，往往“你说你的，我干我的”，步调不一致，资源不能共享，力量难以有效统一。各县区宣传部的办公经费相当紧张，有的一年还不足5万元。

二是需加大改革创新。当前基层宣传工作讲大道理的多，体现时代气息的少；宣传文件、讲话精神的多，体现群众需求、生活实际的少；手段单一，缺少变化。群众反映，“开个大会造声势、刷条标语表形势、弄场歌舞图省事、发个牌匾树模式、庆功表彰算果实”。扁平单调，不适应新形势。主要的活动载体数十年不变，比如开大会、发传单、广播电视“老三样”——官员、会议和庆典，缺少丰富多彩、寓教于乐、喜闻乐见的新活动载体。部分党员干部对宣传思想工作的时代特征、群众实际需求认识不足，不敢大胆坚持“三贴近”原则进行改革创新，认为宣传思想工作不能太活跃，更不能“出奇冒泡”，否则“吃不了兜着走”。

三是需改变消极应付、表现浮躁现象。当前理论学习逐渐出现“松、散、懒、缓”的现象，应付学习、挪占学习时间等现象时有发生；普遍存在“宣传思想工作说起来重要，做起来次要，忙起来不要”现象，过于注重经济效益，忽略社会效益；当前关于宣传工作的“务虚观”、“忽悠观”、“无用论”等论调日益突出，“生命线”、“工作法宝”等正确看法逐渐销声匿迹；过于注重结果，许多地方不务求实效，只注重得奖状、受表扬；基层反映个别宣传工作者思想觉悟低、责任意识差，当一天和尚撞一天钟，影响了整体形象。

四是需加强阵地建设。基层宣传工作的传统阵地在不断丧失，主要体现在社区、村屯的宣传教育功能淡化弱化上，普遍没有基本经费、人员做保障。至今，我市近三分之一的社区、村屯没有相应的文化场所和设备，普遍存在“三本破书两张桌，一张报纸摆半年”的现象。特别是新兴阵地力量弱小，比如网络宣传阵地，各地只停留在政府网站等基础性建设上，还没有民间组织、网民组织的影响力大。许多基层干部反映，由于缺少必要的宣传文化活动，农村的二人转等低俗表演流行，赌博、迷信风气日嚣，宗教活动日益突出，“有的地方信教的比党员还要多”。群众反映，近年来部分党员干部吃喝贪占、办事不公正不公开、工作简单粗暴等现象突出，人们说：“一个坏党员形象比十个先进典型的影响还要大。”这些负面作用严重影响了宣传工作的信誉度。

五是需加强人才队伍建设。当前我市各县区宣传部的在编人员平均6人，加上借调的也仅仅平均8人，且年龄老化严重，能手少之又少，尤其缺写文字材料、组织能力突出的年轻人；基层宣传委员变动快，通常是刚刚培养出一个成型的宣传委员，时间不长就被调到其他岗位；专业队伍少且难以为继，由于年龄、资金、待遇等原因，许多队伍面临解散、后继乏人局面；基层普遍反映宣传部门很清贫，加上近年来宣传干部提拔慢、待遇低等问题突出，也严重降低宣传工作的吸引力。

当前基层宣传思想工作面临的挑战

从宣传工作面临的形势来看，新媒体、新力量、新观念、新群体、新盲区等都日益对当前的宣传思想工作带来严峻挑战。其中，以互联网为代表的新兴媒体的传播力、影响力不断给宣传工作带来冲击；基层广大农村地区宗教团体的迅猛发展对宣传工作带来的挑战不可小视；一些标榜个人利益至上、追求所谓“普世价值观”和拜金主义的泛滥对主流意识形态的挑战无时不在；以广大日益发展的民营、外资企业和自发形成的经贸行业协会等为代表的新经济实体和组织对宣传思想工作的漠视和抵制不断升级，等等。

从广大干部群众对宣传工作的需求上看，目前存在四大矛盾和五大需求。四大矛盾是：工作方式与新形势不匹配，主要表现在传统意味太浓，不适应、难以满足广大群众日益增长的思想文化需求；工作方法与新问题不匹配，主要体现在宣传工作解决不了群众实际困难，人们不买账、不认账，一味说教等方法收效甚微；工作能力与新趋势不匹配，主要体现在解决理论困惑、团结发动群众、改善民风等方面软而无力；工作思路与新任务不匹配，缺乏前瞻性、主动性和目的性，往往就事论事，未立足长远发展。五大需求有：理论宣传方面，人们希望语言更生动、事例更鲜活、道理更易懂，少讲大道理，少说空话套话废话；舆论引导方面，人们希望新闻报道更加关注寻常百姓、主题宣传更好体现“三贴近”、舆论监督更敢“硬碰硬”；思想教育方面，人们希望宣传工作者带着感情深入最基层，真正了解群众心理，“多说暖人心的话，多办感动人的事儿”；精神文明方面，人们希望物资投入制度化、文明活动经常化，文明评选要有群众评价机制；文化方面，人们希望增加科技知识、致富信息、娱乐活动等方面的服务，在学习中提高素质、在生产创业中增加收入、在娱乐活动中陶冶高雅情操。

加强基层宣传思想工作的思考和建议

一要解放思想，转变四种观念，着力构建大宣传工作格局。首先，要破除宣传工作“敲边鼓”、“帮忙不越位”等传统观念和论调，树立新时期宣传工作是党的政治建设、文化建设、社会建设中的重要组成部分，是构建和谐社会的重要保障等符合社会发展规律的新理念。需要强调的是，随着基层经济实力的不断提升、广大人民群众对思想文化多元化需求的不断增强，宣传工作大有可为，而且主动引领、统筹协调、不断强化的趋势更加明显，宣传工作者必须增强责任感和时代意识。建议通过到沿海先进省市的学习、培训来加强。其次，要破除“条块分割”、“各管一摊”的传统观念和论调，树立新时期宣传思想工作是抓全面、全面抓、统筹发展的“大宣传”观念。形成由党委统一领导、宣传部门统筹协调、党政部门落实任务、社会组织积极配合的新格局。要充分发挥宣传思想工作涉及领域广、辐射范围大、统筹协调性强等工作优势，整合社会力量，推动社会事业大发展。建议先从宣传系统内部抓起，“拧成一股绳，同使一股劲”。再次，要破除“软功夫”、“可有可无”等传统观念和论调，确立新时期宣传思想工作是推动文化事业大发展、满足人民思想文化需求的主导力量等观念，尤其是在文化体制改革、公共文化服务、精神文明建设等方面，宣传思想工作一样创造生产力，一样成为推动经济建设、服务人民群众的先锋力量。建议通过文化低保工程向广大社区、农村提供文化服务，提高基层相关文化生产力。最后，要破除“走形式”、“一个声音”等传统观念和论调，树立新时期宣传思想工作要更加深入化、多元化、务实化发展等新观念。

二要强化管理，突出统筹，着力构建大宣传工作体系。首先要围绕大宣传工作格局确立领导责任制度，建立党委统一领导、常委负责、层级落实、统一推进的领导机制，细化、量化工作内容，规范工作流程，完善工作标准，做到层层有人抓、级级有人管，上下一致，齐抓共管。其次要围绕大宣传工作格局建立长效机制，包括舆情反馈机制、绩效考评机制、教育培训机制、工作保障机制和整改推进机制等，使宣传工作制度化、精细化、时效化，实现可持续发展。第三，围绕大宣传工作格局确立投入机制，主要是指资金、技术、物质等方面的投入应当加强和规范。比如在文化、社会教育、文体活动方面的投入应由宣传部门统筹策划，专款专用，避免低效浪费现象的发生。第四，围绕大宣传工作格局确立市场化、社会化相结合的管理机制，积极运用市场运作方式和管理理念，不断增强宣传工作总体实力，充分调动社会组织和人员的参与热情。可以把宣传工作纳入项目化、工程化轨道，采取市场运作、社会参与的有效手段开展工作。第五，围绕大宣传工作格局确立产权管理机制。主要体现在宣传文化部门统筹管理的社会服务机构及相关资产要明确产权，避免造成资产流失和权责不明带来的管理混乱现象，建议以社会资产的形式由宣传系统集中管理。

三要培养人才，提升能力，着力打造大宣传工作队伍。培养和选拔宣传工作人才除了写作、语言表达能力好等基本能力外，更应培养和选拔具有组织协调、活动策划、专业设计、群众工作、调查研究、现代管理、改革创新等方面能力的人才和“多面手”，使各行各业精英加入到宣传工作行列。培养和选拔宣传工作人才必须加强交流。首先要加强横向交流，与党委、政府部门沟通协商，建立跨部门、跨领域、跨行业的横向人才交流机制，设立半年、一年、多年三个档期，突出青年宣传干部的交流与锻炼。其次是加强纵向交流，在宣传系统上下形成交流锻炼机制，采取上派锻炼、借调使用、组建社团（服务型群众组织）、异岗使用（把工作关系落在系统内的事业单位）等形式缓解人员不足问题。三是加强社会交流，把群众社团组织、退休干部、退休教师队伍中的优秀成员吸收到宣传队伍，设立公益岗位，发挥他们的工作热情和能力。四是加强易地交流，与沿海发达地区的宣传干部进行互换式挂职锻炼。培养和选拔宣传工作人才必须建立三大保障：资金保障，如人头费、培训经费、活动费、补助费、安置费等；编制保障，建议组建事业编制性质的服务机构（如“三农”文化服务中心）作为吸收、安置人才的营地；制度保障，建立人才交流制度，增加人才流动性。此外，还要提高宣传工作者的待遇和地位，做到有为就有位。

四要改革创新，服务人民，提升宣传工作影响力。第一，在巩固和扩大宣传阵地上下功夫。重点把最前沿、与群众接触最密切，目前又普遍缺乏经济支撑的社区、村屯的阵地建设纳入到大宣传工作格局中。建议由市委宣传部统筹经费、物质投入，做到一站式（市统筹并直接下拨）摆放到位。要不断开拓和占领新阵地，重点在新媒体领域、非公经济体、困难群体方面下功夫，建议纳入法制化、互动化、互惠化管理轨道，使其责任意识、主流意识、主体意识不断增强。阵地管理要有新突破，采取行政、市场化手段相结合办法，通过行政立项目——市场运作——公司、社会服务组织具体管理的方式进行，打破行政管理人浮于事的局面。第二，在积极拓展“三贴近”上下功夫。实行分众化服务：针对广大农民，利用农闲季节进行宣传教育和文化服务；针对广大工人，利用节日活动与所在企业、工会、民政等部门联合举办活动；针对退休老人、个体经营业户群体，发挥社区、老年活动中心的服务功能；针对学龄前儿童，组织幼儿园、社区、卫生部门开展宣传教育活动；针对农民工群体，调动用人单位、工商管理部门、文化部门的积极性，提供适合农民工群体的文化服务产品和活动；针对困难群众、弱势群体，采取解决实际生活困难、提供文化低保、建立帮扶机制等办法加大服务力度。第三，在疏导社会心理上下功夫。要高度重视社会不满心理的疏导工作，包括因权力寻租等导致的严重贫富分化现象，因城镇化、国企改革等催生的失地农民、失业工人极端维权现象，因片面追求经济效益而造成严重环境污染等方面所导致的不满心理，需要引起高度重视。对不满群体的思想教育工作要不断加强。对包括失地农民、下岗工人、困难群众、弱势群体在内的广大群众，宣传工作必须与解决实际问题结合起来，一味说教只能起反作用。要积极干预不良社会心理传播途径，尤其重视仇视社会、政府等极端心理借助新兴媒体进行大肆渲染的问题，加强对不良短信、网络谣言、网民组织、意见领袖的监督和教育引导。

（作者单位：中共辽宁省抚顺市委宣传部）

关于县级思想政治工作情况的调研

河北省思想政治工作研究会课题组

县级思想政治工作存在问题的深层原因

（一）县级宣传思想文化工作功能定位和机构设置缺乏科学规范。一是功能定位不明确。大多数县级宣传思想文化工作部门尤其是宣传部门，工作职责不明确，任务不确定，日常工作主要是应付上级交办任务和搞好对外新闻宣传，接待媒体记者，“点火”和“灭火”的工作量非常大，其他相关业务工作开展较少。乡镇宣传委员日常宣传工作占其全部工作的比例不到1/3，最好的也不超过2/3，普遍身兼数职。二是机构设置紊乱。目前，县级宣传部下设科室不尽相同，有的内设办公室、外宣局、文明办、理论党教科、宣传科等；有的内设办公室、宣传理论科、新闻报道科、文明办、外宣局、“三下乡”办公室等。即使工作职责相同，各地机构名称也不尽相同。从县级宣传系统各单位看，大部分县文化局很少单独设立，名称不一，有的与体育局合并为文体局，有的与教育局合并为文教局，有的与教育局、体育局合并为文教体局，下设的文化科（股）多数为2—3人；县广播电视局多数虽单设，但局台合一，基本上是自收自支事业单位，靠电视广告吃饭；县级文联机构设置也不均衡，有的县有，有的县没有；成立文联的，一般挂靠在县委宣传部或县文教局。

（二）县级宣传思想文化工作所需的人、财、物和政策支撑力量不足。一是人员配备不足，年龄老化，流动性差。上边千条线，下边一根针。从编制看，县级宣传部门承担的工作任务虽然日趋繁重，但编制都在10人左右，少数经济发达的县（市、区）也不超过15—20人。多数地方需要长年借调外来人员才能正常开展工作。而同级组织部门人员编制往往在30人左右，纪检监察部门编制更多。从队伍素质看，大多数县（市、区）宣传队伍整体文化层次较低、专业人才匮乏，“青黄不接”现象普遍存在。如某县广电局中专以上学历的人仅占22%，很多人员虽经培训仍无法适应工作需要。综合素养较低，对新闻素材的选取、角度把握和深度挖掘欠缺，造成宣传说服力、指导性较差。从人员流动性看，机关人员进口和出口难，干部老化，很多宣传干部在一个岗位上工作了十几二十年也没有交流或提拔的机会。同时，组织部门设有“组织员”，纪检监察部门设有“纪检监察员”，而宣传部门却没有“宣传员”，强烈的反差在一定程度上影响了宣传干部队伍的思想稳定。

二是经费紧张成为制约宣传思想文化工作有效开展的主要瓶颈。这是本次调研中反映最为突出的问题。调查发现，大多数县乡宣传思想文化工作部门的业务经费没有列入同级财政预算，而是采取"一事一议"的方式申请，宣传思想文化工作部门的很大精力放在了争取活动资金上。日常业务活动虽然经费奇缺，但各县每年在接待媒体记者上的费用却非常多，有些是主动支出的，有些是不得不支出的。由于缺乏经费，下乡演出难、电影放映难，许多村常年没有开展过宣传文化活动，群众文化生活"城市热、农村冷"、"城市多、农村少"的局面尚未改变。"吃财政饭"导致县级宣传思想文化部门自我发展的能力不强，工作创新不够，影响了县级宣传思想文化工作的针对性、实效性和吸引力、感染力。

三是基础设施建设严重滞后，设备陈旧，难于满足需要。调查发现，基层文化设施建设历史欠账尤为突出，大部分县（市、区）现有的文化馆、图书馆等设施简陋，利用效率不高，少数基层文化站场地被挪用、挤占、出租甚至被拆除，一些乡镇文化站连最起码的办公设备都没有。多数乡镇综合文化站配套资金很难落实，使文化站和新农村书屋建设难以启动，即使建成的也由于经费投入不足，造成内部"空壳"现象严重。

四是政策支持力度不够。按照中宣部有关政策规定，宣传部会同组织部共同管理同级宣传系统各单位领导班子和领导干部，各单位内设机构的领导职务和非领导职务也要报同级党委宣传部审批或备案。但目前地市级宣传部门多数不能完全落实这一政策，到县级这一层次就更无从说起。此外，县级宣传思想文化工作部门存在"在职的已离岗，在岗的已超编"的现象，导致各类人才难以引进。有的机构设置级别偏低，如一些县的文明办、外宣局由科级降为股级。从河北情况看，还有一个问题需要引起重视，即政工师职称评审2009年以前包括各类事业单位，2009年之后仅限于企业政工人员，直接导致学校、医院、科研院所等事业单位政工人员工作积极性不高，队伍不稳，基层思想政治工作受到削弱。

（三）县级宣传思想文化工作尚未形成合力。由于受自身职能和工作特点所限，县级宣传思想文化工作部门对政府职能部门的协调作用较弱。从实际工作看，宣传部门缺少行之有效的考核约束机制，工作起来困难重重，往往是依靠个人感情和关系来组织和推动工作开展。更值得注意的是，农村基层文化工作队伍力量薄弱，文化人才不断流失；现有人员专业化水平低且缺少专业培训和指导，难以胜任工作需要；乡镇文化站干部兼职过多，没有精力考虑和组织文化活动。实践证明，要使县级宣传思想文化工作整体推进，必须获得同级主要领导切实重视、上级主管部门正确指导、同级党政部门和社会团体的大力支持、乡镇党委政府的密切配合和社会各阶层群众广泛参与，才能形成全社会支持参与宣传思想文化工作的强大合力。

（四）宣传思想文化工作科学化水平有待提高。主要表现为思想观念不够解放，思路不够宽泛，视野不够开阔，工作方法和手段创新不够，"老办法不能用、新办法不会用，硬办法不敢用、软办法不顶用"，宣传工作的针对性和实效性不强。目前，"见物不见人"、"一好遮百丑"的现象在县域比较普遍，把经济增长，特别是GDP增长作为关注和宣传的核心，对社会问题关注程度不够，甚至回避人们关心的社会热点难点问题，既难以解疑释惑，更不能满足群众的迫切需求；在方式方法上，还不会运用创新的方法开展工作，宣传内容和形式距离群众的要求有较大差距，使得宣传思想文化工作不能更好地赢得群众、赢得民心，造成宣传教育缺乏吸引力和感召力。

实现县级宣传思想文化工作科学化发展的对策建议

进行县级宣传思想文化工作调研，就是要

解决县级宣传思想文化工作存在的突出问题，就要树立新理念、理清新思路、构建新格局、健全新机制、练就新本领，实现县级宣传思想文化工作科学化，为县域社会和谐、科学发展提供思想保证、智力支持和精神动力。为此，在发现问题、分析原因的基础上，我们提出如下对策建议：

第一，切实把县级宣传思想文化工作摆上县级党委的重要议事日程，切实消除目前宣传思想文化工作"一手软"的现象。建议中宣部研究制定《县（市、区）级党委宣传思想文化工作领导责任制》，用制度化的手段明确县（区）级党委在宣传思想文化工作中的责任，确定县（区）委书记是本辖区宣传思想工作第一责任人，把宣传思想文化工作作为县级领导班子的重要考核内容，与组织、纪检等党务工作同布置、同要求、同考核、同评比，形成县（区）委书记带头抓、常委宣传部长具体抓、宣传部负责综合协调指导、宣传思想文化部门各司其职、各负其责的工作局面。同时，建立县（区）委常委会定期就宣传思想工作进行研究审议的工作机制。

第二，按照建立大宣传格局的目标，彻底改变目前县级宣传思想文化工作在职能定位、机构设置、工作机制等方面存在的不规范问题。建议中宣部研究出台《县级宣传思想文化工作条例（或指导意见）》，对县级宣传思想文化系统的职能定位、机构设置包括内设机构、各部门之间的工作机制等问题做出统一规范，对长期制约县级宣传思想文化工作的问题提出权威性、原则性和规范性的规定，各省（市、自治区）党委宣传部可以根据条例规定以及本地实际，制定贯彻落实条例的实施意见，为县级宣传思想文化工作提供有关依据。在此基础上，改进宣传思想文化工作的领导方式、组织方式、工作方式、管理方式，形成鼓励创新创造的制度保障和政策体系，探索建立符合科学发展观要求、与社会主义市场经济相适应、充满生机活力的县级宣传思想文化工作体制机制，建立起坚持科学管理、依法管理、有效管理，建立健全党委统一领导、党委宣传部门指导协调、党政群和社会各方面各负其责、齐抓共管的宣传工作新格局。

第三，加强对县级宣传思想文化工作的指导力度，形成上下联动、运转高效的县级宣传思想文化工作机制。上级宣传部门要采取有力举措，帮助县级宣传部和各工作部门解决困难，提高工作水平。一是要切实加强县级宣传思想文化工作经验交流，使各地的创新经验能够更好地在全国范围内得以推广。建议由中宣部牵头设立全国基层宣传思想工作创新论坛，通过这一方式，搭建全国县级宣传思想文化工作经验交流平台。二是要加强宣传思想文化工作领域自身的典型推广，通过典型引路推动县级宣传思想文化工作整体上水平。三是加强对县级宣传思想文化工作的研究，为县级宣传思想文化工作提供智力支持。县级宣传思想文化工作具有自身特殊的规律，需要哲学社会科学界切实加以研究。建议今后国家和省、市社科规划课题适当增加县级宣传思想工作的研究选题。

第四，逐步增加县级宣传思想文化工作的资金投入，积极探索多元化资金投入机制。资金投入是县级宣传思想文化工作的一个突出制约因素，这个瓶颈必须予以突破。根据调研中发现的问题，建议：一是要出台政策、创造条件，把县级宣传思想文化工作经费纳入同级财政预算，制定标准或者比例，使必要的经费投入有基本保障。二是逐步解决资金多头拨付、重复建设、资源浪费等问题，统一在宣传部门设立宣传文化专项基金。同时，条块拨付的宣传文化事业经费要由宣传部牵头，进行经费使用的专项检查和督导，以提高资金使用效率。三是积极创造条件吸纳社会资金，尤其是要学会运用市场经济手段筹措资金，使之为县级宣传文化事业提供帮助。

第五，多措并举建设一支专兼职结合的高素质、高水平的县级宣传思想文化队伍。一是要高度重视宣传思想文化战线领导班子建设，按照德才兼备、注重实绩、群众公认的原则，配备好县级宣传思想文化工作部门领导班子，确保各部门各单位的领导权牢牢掌握在忠于党、忠于人民的人手里。要明确规定，宣传系统各单位领导班子调整和领导干部配备，要征求同级党委宣传部门的意见，"一把手"调整要征得常委宣传部长的同意，县(市、区)常委宣传部长的任免要征得上级党委宣传部门的同意，从而逐步树立起宣传部门的权威。二是要出台硬措施，彻底解决县乡两级宣传思想文化部门人员少、待遇差的问题。建议出台规定，按照县域人口、面积和经济发展水平合理确定县级宣传部门人员编制；在宣传部门恢复设立"宣传员"，县级宣传部的"宣传员"明确为科级领导职务，并根据编制情况设一定数量；同时采取措施积极推进宣传部门人员的交流，彻底解决"出口"和"进口"难的问题。建议中宣部开展一次县级宣传思想文化系统编制落实情况大检查活动，重点检查编制人员落实和工作情况。三是要开展一次县级宣传思想文化队伍调查摸底工作。通过招募、推荐、选聘、登记等形式，把基层热心于宣传思想工作、有一定理论功底和文化特长的群众和群众组织纳入工作视野，发挥好他们的作用。充分调动政工师、通讯员、农村学校政治课教师和企业政工科长、农村党支部宣传委员的积极性，通过短期班、讲座等形式加强对他们的培训指导，做到制度、职责、组织、报酬"四个落实"，形成对县级宣传思想文化工作队伍的有益补充。

(执笔：王彦坤、梁跃民、吴景双、杨春娟)

我国乡级宣传思想文化工作基本状况及对策

辛向阳　陈建波

乡级宣传思想文化工作在我国整个宣传思想文化工作中的地位十分重要，它直接关系到基层党员干部贯彻执行党的思想理论和路线方针政策的成效，关系到广大农民群众切身利益的实现，关系到党和国家的方针政策能否发挥最大化的实际效果。为此，我们对乡级宣传思想文化工作的基本情况做了调研。

一、我国乡级宣传思想文化工作的基本情况

(一)中央高度重视乡级宣传思想文化工作，各地以"深入学习实践科学发展观活动"为载体深入贯彻中央的要求。党的十七届三中全会通过的《中共中央关于推进农村改革发展若干重大问题的决定》提出：要扎实开展社会主义核心价值体系建设，坚持用中国特色社会主义理论体系武装农村党员、教育农民群众，引导农民牢固树立爱国主义、集体主义、社会主义思想。在"深入学习实践科学发展观活动"中，各地不断提高对乡镇和农村的思想文化工作的重视程度，努力把深入学习实践科学发展观活动和搞好乡村宣传思想文化工作结合起来。

(二)开展文化共享工程建设。全国文化信息资源共享工程自2002年4月启动以来，成效显著。2009年，中共中央一号文件《中共中央国务院关于2009年促进农业稳定发展农民持续增收的若干意见》要求推进文化共享工程等文化惠民工程。文化共享工程以新中国成立60周年为主题，在全国组织开展了"祖国万岁，文化共享"主题活动和"国事盛典，文化印证"巡展，掀起了爱国主义宣传教育的高潮。文化共享工程进村入户工作在各地先后开展起来并

取得良好效果。

（三）推进文化体制改革，加强基层文化工作管理。2004年党的十六届四中全会通过的《中共中央关于加强党的执政能力建设的决定》提出了“深化文化体制改革，解放和发展文化生产力”这一重要命题，并逐步在实践中进行试点。2002年，文化部、国家计委、财政部发布了《关于进一步加强基层文化建设的指导意见》，建设部、文化部发布了《关于进一步做好基层公共文化设施规划和建设工作的通知》。2008年，中共中央宣传部、财政部、文化部、国家文物局发布了《关于全国博物馆、纪念馆免费开放的通知》提出，全国各级文化文物部门归口管理的公共博物馆、纪念馆，全国爱国主义教育示范基地全部免费开放。此举意义重大。

（四）不断加大基层文化建设的投入。2007年，文化部与国家发改委共同制定了《全国“十一五”乡镇综合文化站建设规划》。按照规划，“十一五”期间，中央计划安排投资39.48亿元，地方配套资金24.8亿元，新建和扩建农村乡镇综合文化站2.67万个，到2010年实现乡乡有乡镇综合文化站的建设目标。2007年，中央安排1亿元乡镇综合文化站建设试点资金，全国有534个项目列入试点建设项目。2008年，中央共安排10亿元用于全国6500多个乡镇综合文化站建设。截至2009年5月，中央财政共投入11亿元，支持全国7000多个乡镇综合文化站设施建设，占规划任务的1/4。无论从宣传文化设施的覆盖率上看，还是从数量上看，我国基层文化建设成就巨大。

（五）乡级宣传思想文化工作方式方法有所创新。近年来，广大乡镇党员干部群众，结合本地实际，在宣传思想工作的方式方法上有所创新。宁波市于2007年提出实施“文化燎原”工程，旨在通过创建文化强镇（街道）、集镇综合文化中心、村落文化宫、自然村文化活动点和文化示范户，建立健全“镇、村、点、户”四级公共文化阵地网络。2009年杭州市组织开展“乡风文明千里行”文化大篷车巡演等各类下乡演出，深入实施图书信息服务“一证通”等工程，探索建立50个“新杭州人文化家园”，让城乡群众共沐文化春风。

二、我国乡级宣传思想文化工作面临的挑战和存在的问题

（一）乡级宣传思想文化工作面临新的挑战。随着社会主义市场经济体制的不断完善，农民群众的社会活动方式和生活方式发生了新的变化，基层群众思想日益活跃，观念不断更新，精神文化需求日益增长。但同时我们也看到，一些封建迷信、腐朽的东西不断涌出，争夺基层思想文化阵地，对乡级的思想文化建设造成一定的冲击。

随着电视、互联网的普及，各种信息传递的速度加快，群众获取信息的方式增多，社会信息量不断加大。文化产品看起来是越来越丰富，但人民群众得到的健康的精神文化享受却在有些地方相对减少。党和政府的声音在某些地方也有所削弱。另外，少数乡级干部、党员文化素质低，工作方法简单粗暴，影响了党和政府的形象，给基层宣传思想工作带来了很大的障碍。

特别值得注意的是，基督教在乡镇的大肆传播给我们的宣传思想文化工作的冲击很大。乡村教会信徒数量多。尽管目前没有一个确切的统计数字，但绝对数字非常大是可能的。由于一些地方对宗教政策认识不到位，或者管理部门认为登记了就要管理、就要负责，造成一些地方宗教活动场所登记难，也有当地群众对宗教与邪教区分不清，一些农村教会教牧力量薄弱，异端邪说猖撅。特别是在农村聚会点的教牧人员缺乏且素质偏低，受过正规神学教育的教牧骨干人员十分有限，绝大多数堂点由义工负责教会工作。

（二）乡级宣传思想文化工作存在的问题。一是一部分乡级党委政府对宣传思想文化工作不重视。他们认为“宣传工作是宣传部门的

事”，导致“综合治理抓得凶，计划生育不放松，盯着城市和交通，宣传工作落了空”。没有把上级的宣传思想文化工作精神落到实处，出现了“热在上面、温在中间、冷在下面”的局面。

二是宣传渠道不畅，方法单一。宣传教育活动基本上只停留在乡级机关党员干部的层面，除开展的各种活动外没有真正做到进乡村人农户。乡镇难以组织群众集中开会学习，群众也不习惯开会学习这种传统方式，而乡镇干部又找不到更好的渠道。理论宣传的办法少，特别是“三贴近”（贴近群众，贴近基层，贴近生活）的方法不多。有的说现在是“上下一般粗，老少一个法”。有的说现在是“老办法不管用，新办法不会用，软办法不顶用，硬办法不敢用”。有的说，现在的宣传思想工作有“三多”，即官样文章多，一般号召多，大话套话多。还有的说，现在的宣传思想文化工作有“六重六轻”，即重主旋律，轻多样化；重思想性，轻艺术性；重党性，轻人民性；重民族性，轻世界性；重社会效益，轻经济效益；重管理，轻搞活。目前，农村壮年外出，以老人、妇女、儿童为主，时政要闻节目几乎没有人看。有的一个行政村只订几份报刊，而且都放在村办公室或村干部家里，普通群众根本看不到。

三是对宣传思想文化工作投人不足，利用率也不高。文化经费投人严重不足，公益性文化设施亟待建设。不少地方反映，宣传文化经费呈下降趋势。不少乡镇完全没有宣传经费，基层宣传工作举步维艰。由于受地域环境、经济发展状况等多种因素的制约，不少乡镇的演出难，文化站买书难，农民群众看书难，电影放映难，欣赏文艺演出更是难上加难。特别是在贫困地方几乎没有文娱活动，老百姓说：“一杯茶，一包烟，一副扑克搞一天”，“早上听鸡叫，白天听牛叫，晚上听狗叫。”部分乡级文化设施的利用率不高。一些已建成的乡级文化场所存在部分被挪用、挤占的现象；个别乡级文化场所在完成考核验收之后就被闲置；甚至有极个别的被用来从事赌博等危害社会公共利益的活动。

四是宣传文化队伍不稳。乡级文化队伍人员数量少，从业人员专业结构不合理，大都没经过相应的培训，有的人员学历也不高。不少乡镇没有宣传委员，有的叫“组宣委员”（组织委员兼宣传委员），有的叫“宣统委员”（宣传委员兼统战委员），甚至对组织干部看高一等，说“把宣传委员提拔为组织委员，就是一种重用”。有的宣传干部说：“搞经理的硬溜溜，搞技术的光溜溜，搞政工的灰溜溜。”还有的宣传干部说是“三求”干部，即求上多发点稿子，求下多定点报纸，求财政多给点票子。不少宣传干部情绪不稳，不够安心。

五是宣传思想文化工作的制度建设滞后。科学严密的制度是保障宣传思想文化工作的坚实基础。但是，我们的很多乡镇并没有建立适合形势发展的宣传思想文化工作制度，有很多乡镇单位基本是靠领导重视、靠上级督促来保证宣传文化工作的落实，没有规划，没有计划，随意性很大。

三、加强我国乡级宣传思想文化工作的对策和建议

（一）制定思想文化宣传工作规划。乡级宣传思想文化工作，必须要有相应的规划，包括年度规划和五年规划。乡镇政府在充分调研的基础上，每年要专门对本乡的宣传思想文化工作作出规划。一旦规划实施，就要安排专门人员进行监督。乡级政府要设立专人负责宣传思想文化工作，要保证乡级人大有关宣传文化工作规划的落实。要充分发挥乡级基层党组织在宣传思想文化工作中的作用，保证每年有一部分党费投入到宣传文化工作中。上级有关部门也要协助乡级党委政府做好宣传工作规划，并督促其落实。

（二）整合宣传资源。做好乡级宣传思想文化工作，要整合资源。要建立中央、省、市、县、乡（镇）、村宣传文化工作的交流协作联动机制。上级有关部门对乡级宣传思想文化工作

进行经常性的指导，及时发现典型，研究问题，总结经验。要深入调查研究，做好试点总结、宣传推广。在乡级，要把党委、政府、人大、政协等部门的工作和宣传思想文化工作结合起来。要让基层党员干部懂得，做好自身工作其实就是对党的路线方针政策和思想理论的最好宣传。

（三）加强队伍建设。乡镇应配齐宣传委员。对宣传干部，在政治上要关心，在工作上要支持，在学习上要培训，在生活上要体贴，让他们安心工作，施展才华。上级有关部门要经常组织相关培训，并积极邀请专家学者通过各种形式帮助乡级宣传工作人员提供业务素质。同时建立健全宣传干部工作的考核机制。

（四）改进宣传方式。要通过全国文化信息资源共享工程，切实改进乡级宣传思想文化工作的手段。一是要有针对性地把科技、文化、教育、生活一类的小册子免费发到农民手中，乡镇部门要就小册子的内容开展知识竞赛活动，提高大家的阅读兴趣。二是利用广播电视和互联网等手段，通过戏曲、小品、相声等喜闻乐见的形式搞好宣传工作。三是因地制宜，根据地方特点开展文化宣传。如山西的出版文化大院，一个文化大院在很大程度上能满足农民自演、自赏、自娱、自乐、自我发展的精神追求，而一个农村个体放映队或一个民办剧团，足迹更可遍及周边各县市甚至外省区，为物资交流会、庙会、庆典以及婚丧嫁娶等活动添彩助兴。

（五）创新工作机制。宣传思想文化工作要建立奖惩机制，省市县宣传部门对搞得好的乡镇要进行奖励，对后进的乡镇要有相应的惩罚措施。要建立竞争机制，负责宣传工作的人员要竞争上岗，宣传工作方案要进行评估选择。要加强制度建设，形成宣传思想文化工作制度化、规范化。乡级要对所辖的文化站点进行经常性的监督检查，不断提高文化场所利用率。要做好基层文化典型的宣传推广工作。

（六）加大财政投入。一定的财政投入是确保乡镇思想文化宣传工作发展的基础性条件。中央财政应当每年拿出一定的经费用于该项工作的开展。省市县三级宣传文化事业费每年要在财政的总盘子中安排1％—2％，乡镇财政每年对宣传文化事业也应单列预算，以确保其正常运转，促进发展。

（作者：中国社科院马克思主义研究院研究员、博士生导师；中国社科院马克思主义研究院助理研究员）

德能兼备　师从百工
培养高素质的能工巧匠

黄克敬

六年多来，天津国土资源和房屋职业学院党委深入贯彻落实《中共中央国务院关于进一步加强和改进大学生思想政治教育的意见》，针对高职学生思想变化的新情况、新特点，紧紧围绕培养什么样的人？怎样教育培养人？这一根本性问题，认真学习实践科学发展观，高度重视学生综合素质教育，注重提升办学内涵与人才培养质量，始终坚持德育为先和“立德树人”的教育思想，把“德能兼备，师从百工，培养高素质的能工巧匠”作为建设技能型人才队伍的根本任务，不断推动学生思想政治教育工作的开展，逐步使职业教育成为适应和谐社会建设的着力点，促进了学生的全面发展和进步。

一、适应时代要求，把握大学生思想变化规律

21世纪的高等职业教育，不仅要使学生有知识、有技能，而且要使学生学会干事创业、奉献社会和成才成功。随着时代的发展，加强大学生思想政治教育显得越来越重要。尤其是大学生作为特殊的社会群体，其思想特点、行为方式和奉献精神越来越受到社会关注。他们的思想道德素质、科学技能素质、心理健康素质和无私奉献精神如何，直接关系到中国特色社会主义事业的兴衰成败，关系到中华民族伟大复兴目标的实现。这就需要：

1. 高度重视社会环境变化产生的影响。在改革开放条件下，现代市场经济的气息充斥着大学校园，许多不良社会现象通过各种渠道对大学生的思想、行为产生着潜移默化的影响。通过调查分析，大学生思想政治状况总体是好的，积极、健康、向上已成为当代大学生的思想道德主流。但学校处于社会环境交汇的前沿，社会形势发生的变化使得当代大学生面临着特殊的成长环境。多数独生子女相对优裕的生活条件，就业竞争、人际关系、情感牵绊等各种压力，以及文化思潮和价值观念的冲击，这些复杂因素确实造成了部分大学生的理想信念、思想意识、道德观念和心理素质等方面的诸多问题，特别是部分大学生不同程度地存在着理想信念模糊、价值取向扭曲、心理素质欠佳等现象，甚至出现心理疾病和行为失常。在这种情况下，思想政治教育不仅面临严峻形势，也经受着时代的挑战和考验。因此，加强和改进大学生思想政治教育，建设富有特色的校园政治思想文化品牌，任务十分紧迫和繁重。

2. 正确把握大学生思想和行为变化的动因。在社会利益关系进行重大调整的新时期，大学生产生思想变化的原因主要有社会利益关系调整的影响、腐朽思想文化的侵蚀和个人实际问题的困扰等因素。随着市场经济的发展，物质利益关系调整对大学生思想行为的影响愈来愈直接，使得大学生对前途和就业的考虑越来越多，特别是一些大学生出现了社会责任意识淡薄、艰苦奋斗观念薄弱、承受能力下降、组织纪律观念不强、缺乏团队精神等问题。因此，必须针对大学生思想和行为发生的变化，采取相应措施，加大思想政治工作的力度，从而做到处变不惊，应付自如。尤其是院校各级党组织和思想政治工作者，更应充分利用高职院校思想政治教育的阵地和资源，努力把思想政治教育工作的触角向大学生延伸，把大学生关注的热点问题引导到位，帮助其解疑释惑、疏导情绪、平衡心理，不断拓展思想政治教育的覆盖率和渗透力，从而使每个学生都充分感受到校园学习生活的意义和价值，进一步促进大学生全面、健康的发展。

二、突出职教特色，培育大学生良好职业道德

新时期高素质的技能型人才，既要有过硬的技术本领，更要有忠诚为民的奉献精神和良好的职业道德。只有培养更多的"理想＋道德＋技能"型人才，才能更好地服务于社会经济建设。奉献社会精神和职业道德建设是高职学生形象建设的基础，也是加强思想道德教育的重点。近年来，学院党委牢固树立富有时代特征的教育观和人才观，坚持"育人为本、关爱学生、共创和谐"的办学思想，深化素质教育，注重内涵建设，积极探索德育工作模式，努力建设一支能够占领市场、担当重任、经得起市场和社会考验的高素质技能型人才队伍。

1. 坚持以先进文化教育引导学生。高职教育的办学目标。一是既要培养胜任生产、管理和服务一线的高素质技能型专门人才，更要引导学生树立理想、奉献、创业的人生价值观。为此，学院党委注重将先进文化教育作为加强和改进学生思想政治教育工作的重要内容，引导学生认真学习马列主义、毛泽东思想、邓小平理论、"三个代表"重要思想和科学发展观，培养学生树立正确的世界观、人生观和价值观。针

对个别学生道德滑坡的现象，经常组织学生学习党和国家的方针政策、法律法规、以及职业纪律和规范，在学生中大力倡导社会主义基本道德规范，使“爱国守法、明礼诚信、团结友善、勤俭自强、敬业奉献”这二十字基本道德规范，变成每个大学生为人处事的基本准则。结合个别案例，教育学生遵纪守法，从自身做起，从小事抓起，从一言一行严起，以实际行动践行《公民道德建设实施纲要》，锤炼中国特色社会主义现代化建设事业所需的道德品质和修养，争做“四有”新人。

2. 坚持以优秀传统文化感悟学生。近年来，结合高职学生特点，学院党委为实现高职教育最终目标，培养出能够爱国奉献、理想坚定和服务社会的合格毕业生，积极创新思想政治教育教学，注重调动学生“自我教育、自我管理、自我监督”的主动性、积极性，促进学生良好道德品质的养成和素质能力的提高。针对个别学生受腐朽思想侵蚀，导致理想、价值观念扭曲，传统美德丧失，荣辱不分，美丑不辨，甚至荣辱颠倒，以耻为荣等现象，连续3年在大学生中开展学习和实践以“八荣八耻”为主要内容的社会主义荣辱观，利用身边的反面典型和丑恶现象开展警示教育，使广大学生懂得哪些行为违法，哪些行为可耻，进一步增强自律意识，提升职业道德修养。同时，还积极引导学生开展“文明修身”和“奉献社会”活动，大力弘扬爱国主义、集体主义、社会主义思想，自觉抵制各种有损大学生文明形象的行为。通过融先进典型和优秀传统文化于德育之中，使学生懂得了学会做事首先要学会做人，只有胸怀宽广，志存高远，将自己融入社会，把国家利益和社会价值的实现作为自身追求的精神境界和价值取向，才能为国家、为人民、为社会作出更大的贡献。

三、加强品质修养，校正大学生人生追求目标

面对高职院校教书育人的新任务，学院党委重视学生良好品质养成的全过程，以“培养高素质技能型人才，服务滨海新区建设和发展”为主题，坚持把原来空泛的说教转变为学生的切身体验，从学生的品质修养及每个学生行为上、作风上所表现出来的思想、认识、品性等的本质，包括思想素质、人生价值观、精神状态、情操意志等抓起，坚持以思想政治理论和实际相结合的培养形式，寓多种思想教育于活动之中，开创了学院思想政治教育工作的新局面。

1. 积极开展丰富多彩的教育活动。在市场经济条件下，学院党委重视把理想信念教育作为高职学生思想道德建设的灵魂，广泛进行党的目标、宗旨以及近代史、现代史和国情教育。近几年来，从确立远大志向做起，引导学生树立和培养正确的理想信念，正确认识党的历史和社会发展规律，正确认识国家前途和命运，把个人成长进步同祖国的繁荣昌盛紧密联系起来，为建设国家、振兴中华作出贡献。围绕新时期学生在品质修养方面存在的问题，学院坚持抓好艰苦奋斗教育，倡导无私奉献的精神，引导学生以自强和自信的精神状态，正确对待就业和创业中的优势和不足。特别是重视引导学生树立勤劳勇敢、自强不息的伟大民族精神，反对享乐主义、拜金主义、极端个人主义。对待前进中面临的困难，树立迎难而上、百折不挠的信心和勇气，发挥优势，克服困难，在艰苦创业中作出成绩。

2. 积极探索创新思想政治教育活动模式。近年来，学院党委在加强和改进思想政治教育工作中，充分发挥主动性、创新性，积极探索和研究适应时代发展和学生特点的新形式和新途径。在深入抓好科学理论学习和以人生观为主题的“三个教育”中，紧紧围绕人生观这个主题深入进行了校正人生追求目标的教育，使思想政治教育的内容更加贴近学生的思想实际，把德育融入教育教学的全过程，引导大学生认真思索在学风、前途、事业上应该追求什么？在抓好新时期诚实守信教育活动中，针对当前大学生在人际交往、助学贷款、就业招聘中的诚实守信程度和操守方面存在的问题，学院坚持以引

导大学生树立正确的世界观、人生观、价值观为重点，以培养大学生高尚的思想道德情操为目的，为诚信教育活动注入了时代的新内容；在“做人、处事、成才”教育活动中，学院坚持把慎独自律、扶正祛邪与落实行为规范相结合，与养成教育和签订职业诚信公约相融合，进一步培养大学生崇德求实、关注情感、互助互爱、优美善良的品质，逐步调整和规范自己的追求和向往，确立起重理想、重学习、重事业和积极向上的精神状态。

纵观高等教育的发展历史，使我们清醒地看到，重视提升学生的全面素质和生活品质，已经成为当代大学教育的潮流。从几年来的探索和实践看，在新形势下加强和改进高职院校思想政治教育工作，必须着眼于大学生的思想实际，坚持走综合治理的路子，不断充实新的内容，增加新的手段，充分发挥思想政治工作的优势，创新大学生综合素质教育体制机制，着力创造积极向上的思想教育环境、求知成才的学习环境、健康纯洁的人际关系环境、丰富多彩的校园文化环境，为社会经济和滨海新区发展培养更多“德能兼备、干事创业、无私奉献”的高素质技能型人才。

（作者单位：天津国土资源和房屋职业学院）

第五部分

文化建设与文化体制改革

中国特色社会主义文化建设的实践探索和理论思考

刘云山

当今时代是大发展大变革的时代，世界格局加速演变，国际关系深刻调整，文化在经济社会发展全局中的地位作用日益凸显，文化的影响比以往任何时候都更加广泛而深刻。现在，各国都把文化建设放在更加突出的位置，纷纷制定实施文化发展战略，着力推动物质文明和精神文明共同进步。这次中越两党理论研讨会以“对外开放和市场经济条件下的文化建设”为主题，深入研讨交流、相互学习借鉴，对更好地推动文化建设与经济、政治、社会建设协同发展，具有十分重要的意义。

改革开放以来，中国党和政府高度重视文化建设。中共十六大明确提出，全面建设小康社会，必须大力发展社会主义文化，建设社会主义精神文明。中共十七大进一步提出推动文化大发展大繁荣、兴起社会主义文化建设新高潮的战略任务，就深化文化体制改革、加快文化事业文化产业发展作出一系列重大部署。各级党委、政府认真贯彻中央要求，把文化建设作为现代化建设总体布局的重要组成部分加以推进，围绕中国特色社会主义文化发展道路进行了深入探索，开创了文化建设的新局面。在这一过程中，我们取得一些理论和实践成果，主要集中在这样几个方面：

一、文化是一个政党一个国家的精神旗帜，推进社会主义文化建设必须以马克思主义为指导，始终坚持先进文化前进方向。文化体现着一个民族最深层的精神积淀，反映着一个政党的理想追求。坚持什么样的方向，建设什么样的文化，不仅决定着文化自身的发展前途，更关系到党和国家事业的兴衰成败。作为有着崇高追求的马克思主义政党，要走在时代前列，就必须始终坚持先进文化前进方向，高扬自己的文化理想，把握文化发展主动权，充分发挥文化引领社会、教育人民、推动发展的重要作用。

马克思主义是人类思想文化史上最伟大的成果，是社会主义文化的灵魂，是确保文化沿着正确方向健康发展的根本。综观中国革命、建设和改革的奋斗历程，正是有了马克思主义，中华文化注入了先进的思想内涵，中国人民获得了科学的思想武器，焕发出创造新的历史、推动社会进步的精神力量。我们党坚持把马克思主义基本原理同中国具体实际相结合，不断推进马克思主义中国化，形成了毛泽东思想和包括邓小平理论、“三个代表”重要思想以及科学发展观等重大战略思想在内的中国特色社会主义理论体系这两大理论成果，为中国文化的发展进步提供了根本指针。在新形势下，我们将继续推进马克思主义中国化、时代化、大众化，坚持用发展着的马克思主义指导文化建设，不断巩固马克思主义在思想文化领域的指导地位，巩固全党全国人民团结奋斗的共同思想基础。

面对世界范围各种思想文化的交流交融交锋，面对国内社会思想意识的多元多样多变，发展壮大先进思想文化，关键是要把握正确的方针原则，始终保持思想理论的清醒坚定。我们坚持不懈地开展理论武装工作，深入学习贯彻邓小平理论和“三个代表”重要思想，深入学习实践科学发展观，推动马克思主义中国化最新成果不断深入人心，增强了人们坚持中国特色社会主义旗帜、道路、理论体系的自觉性。任何一个时期的文化，总有一种占据主导地位、起着支配作用。我们坚持把弘扬主旋律与提倡多样化统一起来，大力弘扬一切有利于国家统一、民族团结、社会进步的思想和精神,一切有利于改革开放和社会主义现代化建设的思想和精神,一切用诚实劳动争取美好生活的思想和精神,形成生动活泼、蓬勃向上的主流思想舆论。在社会主义市场经济条件下,文化发展越来越离不开市场,如何处理社会效益和经济效益的关系,始终是文化建设的一个重大问题。我们坚持把社会效益放在首位,促进社会效益与经济效益相统一,强调如果两者发生矛盾,经济效益要服从社会效益,决不能为追求经济效益而放弃社会责任、损害社会效益。

二、文化凝结着全民族共同的价值追求,推进社会主义文化建设必须构筑社会主义核心价值体系,形成全体人民奋发向上、团结和睦的精神纽带。核心价值体系是文化的内核,规定着文化的性质。有什么样的价值体系,就有什么样的文化立场、文化选择。中国有56个民族、13亿人口,要把人们的思想意志凝聚好,就必须铸就能够发挥引领作用的核心价值体系。正是基于这样的认识,我们党鲜明提出了建设社会主义核心价值体系的战略任务,强调用马克思主义中国化最新成果武装全党教育人民,用中国特色社会主义共同理想凝聚力量,用以爱国主义为核心的民族精神和以改革创新为核心的时代精神鼓舞斗志,用社会主义荣辱观引领风尚,努力形成全民族奋发向上的精神力量和团结和睦的精神纽带。

推进社会主义核心价值体系建设,关键是解决认知认同的问题,使之转化为社会群体意识。我们广泛开展理想信念教育、国情教育和形势政策教育,开展爱国主义、集体主义、社会主义思想教育,开展公民道德教育,引导干部群众树立正确的世界观、人生观、价值观,不断增强对中国共产党领导、社会主义制度、改革开放事业的信念和信心。我们注意发挥大众传媒的作用,坚持正确舆论导向,唱响时代主旋律,在全社会形成弘扬社会主义核心价值体系的浓厚氛围。我们注意运用各类文化形式生动具体地表现社会主义核心价值体系的深刻内涵,用高质量高品位的文艺作品形象地告诉人们什么是真善美、什么是假恶丑,潜移默化地影响人们的思想观念、价值判断、道德情操。我们注意结合干部群众思想实际,加强对重大理论问题的阐释解读,加强对思想认识问题的正面引导,用社会主义核心价值体系引领多样化的社会思潮,在尊重差异中扩大社会认同,在包容多样中增进思想共识。

任何一种价值观念的确立,都需要同人们日常生活联系起来,让人们在实践中感知它、领悟它。在推进社会主义核心价值体系建设中,我们立足于实践养成,推动健全各行各业的规章制度,充分发挥政策法规的激励约束作用。我们注重建立和规范升国旗仪式、成人仪式、入党入团入队仪式,充分利用重大纪念日、民族传统节日,组织开展多种形式的主题实践活动,让人们在参与中增强认同感。我们坚持把社会主义核心价值体系的要求融入精神文明创建之中,深入开展文明城市、文明村镇、文明行业等群众性创建活动,开展志愿服务活动,广泛搭建载体平台,引导人们自觉践行社会主义核心价值体系。

三、文化在市场经济条件下表现为事业、产业两大形态,推进社会主义文化建设必须一手抓公益性文化事业、一手抓经营性文化产业,实现文化全面协调发展。中共十六大以来,我们顺应发展社会主义市场经济对文化建设的新要求,把文化区分为公益性文化事业和经营性文化产业,强调两手抓、两加强。实践中,我们对文化产品的意识形态属性和商品属性有了进一步认识,对人民群众基本文化需求和多样化文化需求有了进一步界定。在此基础上,明确了政府与市场在文化建设中的职能,形成了用不同思路推进文化事业、文化产业发展的办法。

在发展文化事业上,我们坚持公益性、基本性、均等性、便利性,以政府为主导,以公共财政为支撑,以公益性文化事业单位为骨干,以基层特别是农村为重点,构建覆盖广泛的公共文化服务体系,着力满足人民群众基本文化需求。

我们优先安排涉及群众切身利益的文化建设项目，大力推进重点文化惠民工程，推动公共博物馆、纪念馆及爱国主义教育基地向社会免费开放。我们积极探索适合基层特点、适应群众需要的新的文化服务方式，推广政府购买、集中配送、联网服务等新做法，把健康向上的文化产品和服务送到城乡基层。通过坚持不懈的努力，覆盖城乡的公共文化服务网络已初步形成，一些边远地区群众看书难、看电影难、收听收看广播电视难的问题得到有效解决。

在发展文化产业上，我们坚持以市场为主导，通过完善产业政策、调整产业结构、繁荣文化市场，着力满足人民群众多样化多层次多方面的文化需求。我们出台文化产业振兴规划，实施重大文化产业项目带动战略，推进国产动漫振兴、数字电影基地等重大工程建设，发挥骨干企业对产业的带动作用。注重培育各类文化产品和要素市场，努力构建统一开放竞争有序的现代文化市场体系，为文化产业发展提供良好市场环境。充分发挥非公有制企业在资本运作、生产管理、市场营销等方面的优势，鼓励和引导非公有资本进入政策许可的文化产业领域。2004年以来，我国文化产业年均增长速度在15%以上，成为我国经济社会发展中的一个亮点。

四、文化发展根本目的是为了人民、依靠力量在于人民，推进社会主义文化建设必须坚持以人为本、面向群众，最大限度地满足人民群众的精神文化需求。社会主义文化是人民大众的文化，人民群众共建共享是一个重要特征。发展社会主义文化，应当始终坚持以人为本，把满足人民群众精神文化需求作为文化发展的根本目的，把人民群众作为文化建设的重要依靠力量，做到文化发展为了人民、发展依靠人民、发展成果由人民共享。

随着我国改革开放和现代化建设深入推进，随着物质生活不断改善，人民群众对丰富精神文化生活的期待越来越强烈。作为一个立党为公、执政为民的政党，不仅有责任实现和发展好人民的经济权益、政治权益，也有责任保障好人民的文化权益、提高全社会的文化生活质量。多年来，我们通过政策引导、资金扶持等多种途径，组织创作群众喜爱、思想性艺术性观赏性相统一的精品力作，着力降低文化消费门槛，提供更多群众买得起、用得上的文化产品，努力让文化的阳光普照人民大众。人民群众是文化产品的享有者，文化产品最终应由人民群众来评判。我们坚持把人民群众认可不认可、满意不满意作为评判文化产品质量的重要标准，引导文化创作生产更好地贴近实际、贴近生活、贴近群众。

人民大众是推动历史进步的主体，不仅创造了巨大的物质财富，也创造了丰富的精神文化。在推进文化建设中，我们坚持依靠群众，充分尊重群众的主体地位，大力支持人民群众的文化创造，总结推广源于群众、生动鲜活的文化样式和文化载体。我们积极创造条件，大力发展企业文化、社区文化、校园文化、军营文化，调动群众参与文化建设的积极性主动性创造性。我们充分发挥文化专门人才的作用，实施文化人才培养工程，着力培养理论、新闻、文艺、出版人才及文化领域经营管理人才，加大对年轻人才、高层次人才和复合型人才的培养力度。我们重视做好知识分子工作，广交朋友、改善服务，努力把知识分子团结在党的周围，为社会主义文化建设贡献聪明才智。

五、文化发展的动力来自改革，推进社会主义文化建设必须坚持不懈地深化文化体制改革，不断解放和发展文化生产力。改革不仅是推动经济发展的必由之路，而且是推进文化建设的必然选择。随着改革开放和社会主义市场经济的深入发展，我国文化赖以生存和发展的经济基础、体制环境、社会条件发生深刻变化。在这样的背景下推动文化繁荣发展，必须把文化体制改革作为解放和发展文化生产力的根本途径，努力构建充满活力、富有效率、更加开放、有利于文化科学发展的体制机制。

近年来，我国文化体制改革由点到面、由浅

入深，步伐不断加快、力度不断加大。在微观运行机制上，一方面，围绕重塑文化市场主体，加快推进国有经营性文化单位转企改制，加快建立现代企业制度、完善法人治理结构，培育国有骨干文化企业和战略投资者，努力提高文化企业的实力和竞争力。另一方面，围绕提高服务水平和能力，深化公益性文化事业单位劳动人事、收入分配等制度改革，不断增强活力，最大限度地发挥社会效益。在宏观管理体制上，主要是理顺文化行政管理部门与所属企事业单位的关系，加快转变政府职能，推进政企、政事分开，使文化行政管理部门实现由办文化为主向管文化为主转变、由管微观向管宏观转变，更好地履行政策调节、市场监管、社会管理、公共服务的职能。总的看，我国文化领域的改革进展顺利、态势健康、成效显著。

文化体制改革涉及经济基础、上层建筑，是一个复杂的系统工程。我们坚持以解放思想、更新观念为先导，着力树立与科学发展观相适应的新的文化发展理念，引导文化工作者积极参与改革、支持改革。我们坚持把政策作为推进改革的强大杠杆，在财政税收、金融支持、社会保障、人员安置等方面出台一系列配套政策，形成有利于改革的政策环境。我们坚持“区别对待、分类指导、循序渐进、逐步推开”的原则，根据文化领域不同行业、不同单位的性质和特点，充分考虑不同地区经济文化发展的不平衡性，有计划有组织、分阶段分步骤、积极稳妥地加以推进。

六、文化是最需要创新的领域，推进社会主义文化建设必须创新文化的内容形式、方法手段，切实增强文化发展的生机活力。文化要有生命力，就必须不断创新。当今世界，许多国家都把创新作为文化发展的制胜之道，创造、创意成为文化领域最鲜明的时代标识。对中国来说，无论是适应建设创新型国家的战略需要，还是满足人民群众精神文化需求；无论是保持中国文化的自身特色，还是参与全球化背景下的文化交流，都需要大力推进文化创新。

推进文化创新，需要继承弘扬本国优秀传统文化，使之不断发扬光大。任何一个国家和民族文化的传承、变革与发展，都是在既有文化传统基础上进行的。应当以礼敬自豪的态度对待本国文化，充分认识本国优秀传统文化的历史意义和现实价值，坚持古为今用、推陈出新，不断给传统文化赋予时代内涵，让传统文化焕发新的光彩。推进文化创新，需要以开放包容的态度对待外来文化，广泛吸纳融汇世界文明优秀成果。世界文化多元多样、各有所长，每个国家都有引为自豪的文化，都是人类共同的精神财富。应当以开放的心态、开阔的视野，坚持博采众长，兼纳百家之精华，积极参与文化对话与交流，使文化发展顺应世界进步潮流。推进文化创新，需要重视现代科技手段，用先进技术建设和传播先进文化。应当密切关注现代科技发展趋势，注重用先进技术增强文化产品的吸引力、感染力，不断创新文化的传播方式、表现形式。要充分认识互联网迅猛发展带来的深刻影响，建设好、利用好、管理好互联网，大力发展积极健康的网络文化，努力把互联网建设成为传播先进文化、丰富精神文化生活的新平台。

创新是不断探索、不断超越的过程，良好的社会环境至关重要。这些年，我们坚持尊重劳动、尊重知识、尊重人才、尊重创造，鼓励文化工作者焕发创造激情、增强创新能力，努力使一切创新想法得到尊重、一切创新才能得到发挥、一切创新成果得到肯定。我们注重建立文化创新的法制保障、激励机制，加强知识产权保护、打击侵权盗版行为，设立文化产业基金、鼓励文化创意创造，推动建立国家荣誉制度、表彰有杰出贡献的文化工作者。我们注意探索建立市场经济条件下的文化创新体系，推动文化企业在文化与市场、科技和产业的结合中不断创新，使企业成为文化创新项目实施的主体，成为文化创新成果转化的主体。

七、文化是不同国家和民族心灵沟通的桥梁，推进社会主义文化建设必须开展多层次、全方位的文化交流，不断增进各国人民的理解和

友谊。文化交流是心与心的沟通、思想与情感的交融，在国与国交往中具有不可替代的作用。当今世界，经济全球化步伐日益加快，各国之间相互联系日益密切。在这样的背景下，中国同世界的关系发生历史性变化，中国的前途命运同世界的前途命运紧密联系在一起。我们坚持把对外文化交流摆上重要位置，不断增进同各国人民的理解和友谊，推动建设持久和平、共同繁荣的和谐世界。

开展对外文化交流，需要把政府交流与民间交流结合起来。我们立足于加深各国人民对中国的了解，开展多种形式的文化交流活动，多角度展示中华文化，展示当代中国的文明进步。我们适应国际社会研究中国文化兴趣增长的新形势，注意办好海外中国文化中心、孔子学院，推出中国艺术节、中国非物质文化遗产节，开展中国传统节日活动，让更多外国民众感受中华文化。我们积极拓展对外文化交流渠道，加强青少年之间的文化交流，使对外文化交流不断向广度深度扩展。2009 年底，我国已同 160 多个国家和地区建立文化交流关系，同 140 多个国家签订政府间文化合作协定和近 800 个年度文化交流计划。

现在，国际文化贸易日趋活跃，在国家间文化交流中的作用日益突出。开展对外文化交流，需要积极探索商业化的运作方式，注重依托文化企业发展对外文化贸易。在这方面，我们还处于探索起步阶段，同一些发达国家相比还有很大差距。我们将着眼于培育对外文化贸易主体，支持文化企业打造民族文化品牌，开发体现中国特色又适应国外受众需求的文化产品，不断探索我国文化产品和服务进入国际文化市场的新途径。

（此文是中共中央政治局委员、中央书记处书记、中央宣传部部长刘云山 2010 年 10 月的一次讲话）

努力探索中国特色社会主义文化发展道路

蔡　武

在中共中央政治局第二十二次集体学习时，胡锦涛总书记发表了重要讲话。认真学习领会胡锦涛同志重要讲话精神并贯彻落实到文化工作的各个方面，是当前文化系统的头等大事，必须在以下几个方面下功夫。

一是充分认识新时期文化的重要地位与作用，努力把握文化发展的客观规律，进一步提高全党全社会的文化自觉。党的十六大以来，党中央深刻认识文化在中国特色社会主义事业建设中的重要地位和作用，努力探索新时期文化发展的客观规律，提出了一系列战略思想。党的十六大报告指出：当今世界，文化与经济和政治相互交融，在综合国力竞争中的地位和作用越来越突出。文化的力量，深深熔铸在民族的生命力、创造力和凝聚力之中。党的十七大进一步从中国特色社会主义事业“四位一体”总体布局的战略高度，提出了兴起社会主义文化建设新高潮、推动社会主义文化大发展大繁荣的战略任务。今年以来，党中央更加系统、全面地提出了加快文化改革与发展的重大战略思想，并作出一系列重大部署。这一系列新概括、新论述、新部署，系统回答了新时期文化发展与民族和国家命运之间的关系、文化建设在中国特色社会主义事业全局中的地位和作用、中国特色社会主义文化发展的方向和目的、文化建设的发展路径和动力、文化建设要遵循的方针和原则、文化发展的领导力量和依靠力量等重大问题，进一步丰富和发展了马克思主义文化观。这是党中央对在社会主义初级阶段、发展社会主义市场经济和对外开放条件下进行文化建设、实现中华民族伟大复兴的客观规律的清醒把握。十六大以来文化体制改革和文化发展实践所取得的显著成效充分证明，中央的战略思想和重要部署完全符合国情、符合文化发展的实际。

二是清醒认识当前文化建设面临的环境，抓住机遇，应对挑战，不断增强文化工作的责任感和使命感。国家富强，民族振兴，人民生活幸福安康，需要强大的经济力量，也需要强大的文化力量。改革开放以来，特别是十六大以来，我国现代化建设取得了巨大成就，为加快文化建设提供了难得的机遇。首先，随着我国经济的快速发展，人们的文化需求也快速增长，文化消费日益活跃，并向高品质、多样化和个性化发展，这为文化提供了坚实的物质基础和广阔的发展空间。其次，我国经济结构和发展方式的转变，为充分发挥文化产业得天独厚的优势提供了契机。当今世界，文化产业日益成为经济发展新的增长点，日益成为国民经济的支柱产业。优结构、扩消费、增就业、促跨越、可持续是文化产业的独特优势。国际金融危机以来文化产业呈现的蓬勃发展态势，充分证明了文化产业在经济结构调整和发展方式转变中具有不可替代的特殊作用。第三，高新技术的发展，带动了传统文化行业升级换代，也为内容产业发展、新兴文化业态的产生提供了有力支撑，加快和改变了文化生产、传播的速度和方式。第四，文化体制改革不断深化，进一步解放和发展了文化生产力，极大地调动和激发了全社会参与文化创造的积极性主动性，增强了创新活力，我国文化的整体实力显著提高。与此同时，必须清醒看到，我国文化建设也面临着许多严峻挑战。世界范围内各种思想文化交流交融交锋更加明显，发达国家在经济、科技上占优势的压力将长期存在，围绕资源、市场、技术、人才的竞争将更加激烈，贸易保护主义有新的表现。国际思想文化领域竞争和相互影响日益加剧，维护国家文化安全任务十分紧迫，中华文化在世界上的传播力和影响力还很有限。从国内来看，人们思想活动的独立性、选择性、多样性、差异性明显增强。我们要有强烈的责任意识和历史使命感，增强文化工作的预见性、主动性和针对性。

三是坚持解放思想，与时俱进，牢固树立符合科学发展观的新的文化发展理念。党的十六大以来，我们党在科学发展观的指导下，逐步形成了新的文化发展理念，初步找到了一条具有鲜明的科学性、民族性、时代性、开放性的中国特色社会主义文化发展道路。实践证明，中国特色社会主义文化发展道路是一条符合我国基本国情的文化发展之路。中国特色社会主义是这条文化发展道路的制度基础，社会主义市场经济体制是这条文化发展道路的经济基础，社会主义初级阶段的基本国情是这条文化发展道路的现实依据，悠久的文明和多民族文化开放、包容、融合的传统是这条文化发展道路的深厚土壤。中国特色社会主义文化发展道路是一条体现当今时代特征的文化发展之路。当今时代是以和平与发展为主题的时代，也是综合国力激烈竞争、科技发展日新月异的时代。积极实施文化“走出去”战略，多层次、多渠道、全方位地向世界展示中华文化的独特魅力，展示中国和平、发展、民主、文明、改革、开放的良好形象，掌握国际文化竞争和国际意识形态领域斗争主动权，是顺应世界发展潮流的必然要求。充分重视科技的力量，把高新科技作为推动文化创新、提高文化传播能力的新引擎，抢占文化发展的制高点，是新时代的召唤。中国特色社会主义文化发展道路是一条反映我国阶段性特征的文化发展之路。复杂的国际国内环境对发展社会主义先进文化提出了更高要求。满足人民日益增长的文化需求，推动社会主义文化大发展大繁荣，让文化发展成果惠及全体人民，是人民群众的热切期盼。要充分发挥文化引领社会、教育人民、促进发展的作用。中国特色社会主义文化发展道路是一条全面建设小康社会和实现中华民族伟大复兴的文化发展之路。在中国共产党领导下，坚持走中国特色社会主义发展道路，实现中华民族的伟大复兴，是中华儿女的共同夙愿。打牢全党全国各族人民团结奋斗的共同思想基础，引导人民为实现全面建设小康社会宏伟目标而奋斗，是文化工作的神圣使命。坚持以人为本，促进人的全面发展，是文化建设的中心任务。

四是坚持改革创新，进一步明确深化改革和促进发展的思路与举措。当前，在深化改革和促进发展过程中，要坚持一手抓公益性文化事业，一手抓经营性文化产业；一手努力构建覆盖城乡、惠及全民的公共文化服务体系，一手壮大文化产业、繁荣文化市场；一手抓繁荣，一手抓管理，发展健康、活跃、繁荣、有序的社会主义文化市场。要加快“十二五”文化发展战略和各项任务的研究制定，着力在加快文化体制机制改革创新、加快构建公共文化服务体系、加快发展文化产业和加强对文化产品创作生产的引导这四项重点任务上狠抓落实，制定具体的改革发展举措，增强工作的针对性和实效性。第一，按照创新体制、转换机制、面向市场、增强活力的要求，进一步深化文化体制机制改革。要加强对经营性文化单位转企改制工作的规范，推动已转制的文化企业建立现代企业制度。要进一步深化公益性文化事业单位内部改革，激发内在活力，努力提高服务水平。要把深化改革与加快资源整合有机结合起来，推动文化产业结构战略性调整。要进一步转变政府职能，健全文化法律法规和政策体系，推进文化市场综合执法改革，进一步形成推动文化科学发展的体制机制。第二，以保障和实现公民基本文化权益为出发点和落脚点，加快构建覆盖城乡的公共文化服务体系。要按照体现公益性、基本性、均等性、便利性的要求，以政府为主导、以公共财政为支撑、以全民为服务对象、以基层特别是农村为重点，努力构建覆盖全社会的公共文化服务体系，逐步缩小城乡之间、区域之间的文化差距，实现公共文化服务的均等化。要全面加强公共文化设施建设，积极推进重点文化惠民工程建设，进一步推动博物馆等公共设施的免费开放。努力探索适合基层特点、适应群众需要的新的文化服务方式，提高对农村和低收入群体的公共文化产品和服务的供给。第三，着力满足人民群众多样化、多层次、多方面的精神文化需求，努力推动文化产业实现跨越式发展。要全面贯彻落实《文化产业振兴规划》，加大政策支持力度，降低市场准入门槛，推动文化产业结构调整和资源整合，提高文化产业整体实力和竞争力。要着力培育导向正确、主业突出、实力雄厚，跨地区、跨行业、跨所有制的文化企业，充分发挥行业龙头作用。要建设一批文化产业创新、示范和孵化基地，实施具有典型示范效应和产业拉动作用的重大文化产业项目。要进一步拓宽融资渠道，促进金融资本、社会资本与文化资源的对接，着力完善以公有制为主体、多种所有制经济共同发展的文化产业格局。第四，充分发挥文化在引领社会、教育人民、促进发展中的重要功能，加强对文化产品创作生产的引导，加强对民族原创作品的扶持，增强国家艺术创新能力，着力打造一批代表国家形象、具有民族特色、深受群众喜爱的思想性、艺术性、观赏性相统一的文化艺术精品。要遵循艺术规律和市场规律，充分调动文艺工作者的积极性、主动性、创造性。要加强社会主义核心价值体系建设，始终把社会效益放在首位，坚决抵制庸俗、低俗、媚俗之风，努力实现社会效益和经济效益的有机统一。要实施优秀艺术人才扶持计划，培养一批德艺双馨、有杰出成就的艺术家和领军人物。

五是坚持扩大对外开放，统筹国内国际两个大局，不断增强中华文化的国际影响力和竞争力。我们要努力发挥文化交流对内服务中心工作、对外服从国家整体外交战略的重要作用。要统筹协调国内国外两种资源、两个市场，坚持对外文化交流和文化贸易两条腿走路的方针，充分发挥我国的体制优势，整合中央和地方、政府和民间、社会和企业等各方资源，推动文化"走出去"全国"一盘棋"大格局的形成。要构建具有强大传播能力、覆盖广泛、多语种、受众广、信息量大的文化传播体系，加快海外中国文化中心等阵地建设。要注重发挥文化的独特作用，以品牌塑造为导向，开展各种形式的对外文化交流与合作，将世界人民了解中国的热情和愿望与中华文化"走出去"紧密结合，突出传播中华文化理念和独特的传统民族文化，加强情感和思想的沟通，塑造新时期"文化中国"新形象。要重视发挥文化贸易的作用，着力打造一批具有国际竞争力的外向型文化企业、具有重要影响力的国际文化交易平台和具有核心竞争力的知名文化品牌，增强我国文化的整体实力。要以海纳百川的胸怀充分吸纳外来文化的精华，努力构建以民族文化为主体，吸收外来有益文化的对外文化开放格局。

（作者：文化部党组书记、部长）

深化文化体制改革 加快文化产业发展

吉炳轩

党的十七届五中全会通过的《中共中央关于制定国民经济和社会发展第十二个五年规划的建议》提出，要深化文化体制改革，增强文化发展活力，繁荣发展文化事业和文化产业，满足人民群众不断增长的精神文化需求，推动文化产业成为国民经济支柱性产业，充分发挥文化引导社会、教育人民、推动发展的功能。我们一定要深刻领会中央精神，切实增强做好文化体制改革工作的紧迫感、责任感和使命感，不断加快文化产业发展。

一、大力发展文化产业是经济社会协调发展的根本要求

从全面落实科学发展观、构建社会主义和谐社会的高度，深刻认识大力发展文化产业的重要性。文化建设同经济建设、政治建设、社会建设，共同构成中国特色社会主义事业四位一体的总体布局，它们之间既相互依存、互为条件，又相互影响、相互促进。没有文化的发展，不是科学的发展。只有大力发展文化产业，进一步解放和发展文化生产力，才能实现文化与经济、政治、社会协调发展，为构建社会主义和谐社会提供精神支撑和文化条件。

从繁荣发展社会主义文化、不断满足人民群众精神文化需求的高度，深刻认识大力发展文化产业的重要性。发展社会主义先进文化，满足人民群众精神文化需求，是文化建设的神圣使命，也是大力发展文化产业的重要目标。人们精神文化需求迅速增长，为繁荣社会主义文化提供了新的发展空间和强大内在动力。目前，我们提供的文化产品和文化服务的数量、质量，还不能满足人民群众多层次、多方面、多样化的需要。只有大力发展文化产业，才能生产和提供更多更好的文化产品与服务，不断满足人民群众日益增长的精神文化需要。

从提高我国综合实力、维护国家战略安全的高度，深刻认识大力发展文化产业的重要性。文化是民族的灵魂和血脉，是维系国家统一和民族团结的精神纽带。文化安全是国家安全的重要组成部分。在对外开放过程中，我国同西方在文化市场、文化阵地上的竞争越来越直接、越来越激烈。只有大力发展文化产业，形成具有核心竞争力的民族文化，才能增强我国文化的整体实力，推动中华文化走向世界，在激烈的

国际竞争中立于不败之地。

从增强党的执政能力、提高执政水平的高度，深刻认识大力发展文化产业的重要性。精神文化资源是党执政的重要资源，提高建设社会主义先进文化的能力是党的执政能力建设的一项重要任务。当前，我国意识形态领域发生深刻变化，一方面，马克思主义不断创新发展；另一方面，非马克思主义思想意识也有所滋长。只有大力发展文化产业，才能扩大社会主义意识形态的影响，巩固党执政的思想基础和政治基础，保证党和国家的事业沿着正确方向前进。

从调整经济结构、转变发展方式、发展新的产业支撑的高度，深刻认识大力发展文化产业的重要性。随着经济社会的深入发展，文化的地位越来越重要，作用越来越显现，文化产业在经济发展中的比重也越来越大，已成为推动经济增长的支柱产业。我们有丰厚的文化资源，广阔的文化市场，众多的文化人才，完全有条件把文化产业发展起来，成为一个新的经济增长点，成为调整经济结构、转变经济发展方式新的支柱产业，使我们的经济社会发展更全面、更科学、更有特色和成效。

二、文化体制改革创新是解放和发展文化生产力的根本途径

胡锦涛总书记指出，文化体制的改革创新，是解放和发展文化生产力的根本途径。推进文化体制改革必须结合黑龙江省实际，在具体工作中要注意抓好四个关键环节。

坚持市场导向，重塑文化市场主体。要贯彻“创新体制、转换机制、面向市场、壮大实力”的方针，有计划、有步骤地推动经营性国有文化事业单位转制为企业，推动国有文化企业进行公司制或股份制改造，使之成为文化市场的主导力量和文化产业的战略投资者。除个别特殊的事业单位外，一般出版单位和文化艺术、生活、科普类期刊社，以及新华书店、电影制片厂、影剧院、电视剧制作单位和文化经营中介机构，党政部门、人民团体、行业组织所属事业编制的影视制作和销售单位，都要逐步转制为企业。要积极对具备条件的国有文化企业进行股份制改造，按照现代企业制度的要求，完善国有文化企业法人治理结构，加快产权制度改革，实行投资主体多元化。要积极推进文化领域结构调整，以资产为纽带，合理配置文化资源，实行联合、重组，重点培育发展一批实力雄厚、具有较强竞争力和影响力的大型文化企业和企业集团。要积极鼓励民营企业进入文化产业领域，积极引导和鼓励民营企业通过产权交易、共同投资、联合开发等途径，共同做大做强文化产业，形成以公有制为主体、多种所有制共同发展的文化产业格局。

完善市场体系，发挥市场机制作用。要充分发挥市场在国家宏观调控下对文化资源配置的基础性作用，打破条块分割、地区封锁、城乡分离的市场格局，构建统一、开放、竞争、有序的现代文化市场体系。要以大中城市为重点，着力培育书报刊、电子音像制品、演出娱乐、影视剧等文化产品市场，资本、产权、信息、科技、人才等要素市场，以及以网络为载体的新兴文化市场。要完善现代流通体制，大力发展连锁经营、物流配送、电子商务和电影院线等现代流通组织形式，促进文化产品和生产要素合理流动。要加强文化市场监管，推动建立依法经营、违法必究、公平交易、诚实守信的市场秩序。要促进完善市场中介机构和行业组织，重点发展经纪、代理、评估、咨询等文化中介机构，规范经营行为，提供专业化社会化服务。要积极促进参与国际文化市场竞争，通过政府推动与市场运作相结合的方式，着力打造出具有国际竞争力的文化企业，使之成为实施文化“走出去”战略的主体。

创新管理体制，提高宏观管理能力。创新党领导意识形态工作的方式方法，创新文化行政管理的体制机制，是加强党对文化工作的领导，依法执政、依法行政的必然要求，也是文化体制改革的重要内容。要健全党委领导、政府管理、行业自律、企事业单位依法运营的文化管

理体制，形成职责明确、反应灵敏、运转有序、统一高效的宏观调控体系，通过制度安排、机制设计和能力建设，把增强党的宏观领导能力体现和落实到文化工作的各个层面和重要环节。要健全党委领导与法人治理结构相结合的文化企事业单位管理体制，从制度创新、股权设计等方面，实现党对文化单位的控制力，把党委对文化单位经营方向、资产配置、重大决策、重要干部配备等的领导落到实处。要健全文化法律法规和政策体系，制定完善扶持公益性文化事业、发展文化产业、激励文化创新等方面的政策，为深化改革促进发展提供政策支持。

转变政府职能，理顺政事政企关系。适应发展社会主义市场经济的要求，实现政府职能由办文化向管文化转变，是文化体制改革的重要任务。要按照政企分开、政资分开、政事分开、政府与市场中介组织分开的要求，理顺文化行政管理部门与所属文化企事业单位的关系，从根本上做到职能分开、机构分设、财务分离。推进依法行政，改进管理方式，创新管理手段，实现主要以行政手段管理为主向综合运用法律、经济、行政等手段管理转变，完善行政许可，加快行政审批制度改革，清理、减少和规范文化行政审批事项。推进政务公开，规范程序，减少环节，增强透明度，提高公信力。强化政策调节、市场监管、社会管理和公共服务职能。

三、解放思想，以新的文化发展观推动文化产业跨越式发展

黑龙江省文化产业的发展取得了很大成绩，但同飞速发展的文化产业大形势比，我们的产业发展是滞后的。要采取过硬有力的措施，推动文化产业实现突破性的进展，跨越式的发展。

解放思想，转变观念。发展文化产业，关键是解放思想。要树立新的文化发展观，把思想从传统的文化观念中解脱出来。我们必须贯彻落实"十二五"规划《建议》提出的要求，坚持一手抓公益性文化事业、一手抓经营性文化产业，始终把社会效益放在首位，实现经济效益与社会效益的有机统一。既要运用好文化的育人功能，发挥好它的意识形态属性；又要利用好文化的开发价值，充分发挥好它的商品价值属性，通过市场，把文化的作用更为充分地挖掘出来，使文化创造出更高的社会价值和经济利益。

挖掘优势，用好资源。豪迈大气的白山黑水，源远流长的北方民族，东西文化的融合交汇，英勇壮丽的革命史诗，艰苦卓绝的垦荒开拓，无私可贵的真诚奉献，等等，都是文化之瑰宝，都是可资开发利用的优势资源。我们要把这些财富挖掘好、展示好、利用好，通过经营开发，使其产生更大的效益。

开阔思路，拓宽领域。发展文化产业，必须开阔视野，开辟新的门路。目前，我们对这个领域的认知还有限，开发也是初步的。从已经取得的成果来看，有传媒产业、出版产业、影视剧产业、文艺娱乐产业、数据产业、信息产业、动漫制作产业、服务外包产业、互联网信息产业、设计创意产业、各类文化服务产业，等等。我们要从大文化去找题目、做文章，开辟出一块新的天地来。

统筹规划，制定政策。要把文化产业发展纳入国民经济与社会发展的整体战略之中，使之在经济结构的战略性调整中扮演重要角色，成为促进经济增长和推动社会全面发展的重要力量。深入推进文化体制改革，让先进生产力的发展要求体现在先进文化的前进方向之中，为文化产业快速发展提供动力机制。要确定一批重要文化产业发展项目作为重大工程，集中人才、财力、物力来抓，推进文化产业尽快形成规模，产生更大效益。要研究制定相关法规和政策，为文化产业的快速发展提供法律保障和政策支持。

整合资源，培养人才。要切实加强对文化产业的领导，充分发挥市场在宏观调控下对文化资源配置的作用，彻底打破条块分割和市场封锁，加快推动文化产业结构、文化产品结构和

所有制结构的调整，运用现代高新技术，加快文化产业升级，提高文化企业的集约化经营水平和产业集中度。要以资产和业务为纽带，运用市场机制，推动兼并、联合、重组，实行跨媒体经营和跨地区发展，努力打造文化品牌，培育和发展一批拥有自主知识产权和文化创新能力、实力雄厚的大型文化产业集团。要有计划地培养一批有文化、懂科技、会管理的复合性文化产业人才，为文化产业的发展提供人才保障。

（作者：中共黑龙江省委书记）

加大对外文化交流　推动中华文化走向世界

胡振民

胡锦涛总书记在中共中央政治局第二十二次集体学习时的重要讲话中强调，要精心打造中华民族文化品牌，提高我国文化产业国际竞争力，推动中华文化走向世界。这是当前和今后一个时期重点要抓好的工作。

推动中华文化走向世界，必须坚持统筹国内国际两个大局。在大力弘扬中华民族优秀传统文化，充分展示当代中国人民精神风貌的同时，积极借鉴吸收各国优秀文明成果，让世界更全面更深入地了解中国。文化交流具有经济、政治交往所不具备的特点和柔性作用，日益成为各民族和谐相处的重要基石。开展对外文化交流，可以用艺术的形态容纳更多的经济、政治、社会信息，以文化力量塑造国家形象，让世界各国人民真正感受到中国的历史文明和当今社会的发展进步，感受到我国改革开放的历史巨变。中国是一个具有悠久历史的文明古国，在走向世界的历史进程中，璀璨夺目的中华民族优秀传统文化具有极大的魅力，对其他国家和人民有着强大的吸引力，要继续深入挖掘、大力弘扬。同时，改革开放以来，我们坚持走中国特色社会主义道路，经济发展、政治稳定、文化繁荣、民族团结、社会和谐，人民群众生活水平显著提高，综合国力大幅跃升，国家发生了翻天覆地的变化。中国正处在历史发展的最好时期，中国人民正昂扬向上、意气风发地朝着全面建设小康社会、实现中华民族伟大复兴的宏伟目标阔步迈进。中国的发展成就、发展道路、发展模式、发展经验引起国际社会的广泛关注。对于中国这样一个正在发生着历史巨变的国家，世界各国既迫切希望了解，也存在一些误解，甚至有人故意曲解。这就需要我们努力在增进了解、消除误解、澄清曲解方面做好工作。我们要大力推介中华民族优秀传统文化，充分展示当代中国改革开放、现代化建设的显著成绩，全面展示以爱国主义为核心的伟大民族精神和以改革创新为核心的伟大时代精神，把丰富的民族文化资源转化为文化产业优势，提高我国文化产品的市场竞争力，努力形成以民族文化为主体、积极吸收外来有益文化的文化发展格局，更好地把一个客观、真实、多姿多彩的中国介绍给世界，进一步树立我国文明、公正、民主、进步、友好的国际形象。

推动中华文化走向世界，必须坚持在充分调动各方面各领域积极性的同时，统筹协调，形成合力，大力推出代表中华优秀文化的精品力作。开展对外文化交流，一方面要充分调动各领域各方面文化工作者的积极性、主动性，组织主题明确、特色鲜明的文化交流活动，另一方面要由国家统筹规划、精心组织、集中推出既能代表中华优秀文化又能尊重文化差异、走向世界的精品力作，努力发挥规模效应，最大程度地扩大中华优秀文化的影响。中国五千年的悠久历史造就了不同领域不同方面的民族艺术，创造了博大精深的中华文明。对不同领域、不同门类、不同层次的民族文化艺术，应在取其精华、去其糟粕的基础上不断创新，进一步挖掘和丰富其时代内涵，在更高的起点上焕发出蓬勃生机与旺盛活力。毋庸讳言，中华文化走向世界面临着文化差异的巨大挑战，这种文化差异既有中外意识形态的差异，又有传统与现代的差异。要尊重文化差异，加强文化交融，着力打造具有自主知识产权和核心竞争力的知名文化品牌，提高我国文化产品和服务的附加值，更多地介绍和传播中华文化蕴涵的和平、和谐价值理念，进一步提升中华文化的亲和力和感染力。

推动中华文化走向世界，必须坚持"两条腿"走路，不断创新渠道途径和方式方法。开展对外文化交流，是一个综合性的系统工程，既需要通过官方渠道，由政府部门主导进行推动，也需要通过民间渠道，由人民团体、社会组织和民间力量来共同实施。我们要在继续充分发挥政府部门主导作用的同时，充分发挥人民团体、社会组织和民间力量的作用，形成更大范围、更广空间、更多层次的交流与合作。据不完全统计，目前，我国已同145个国家签订政府间文化合作协定和近800个年度文化交流执行计划，与1000多个文化组织保持密切的合作关系，在海外建立7个中国文化中心，9个正在建设之中，在88个国家和地区建立了300所左右孔子学院。积极探索市场化、商业化、产业化的运作方式，着力打造一批具有国际竞争力的文化企业，打造具有重要影响力的国际文化交易平台，推动我国文化产品和服务出口，扩大市场份额。举办中国文化年、文化周、文化行等大型文化宣传活动，积极展示中华民族优秀传统文化和改革开放取得的辉煌成就，大力宣传我们的核心价值观、国际关系理念和发展模式，不断扩大中华文化在世界上的影响力。但是，无论从现实需要还是从长远发展来看，中华文化走向世界是全方位的，仅有政府间的交流还不能完全适应我国国际地位不断提高的新形势的需要，不能完全适应国际社会越来越关注、越来越希望了解中国现实的需要。坚持以政府为主导，民间为主体，政府推动与民间实施相结合的方式，有利于避开意识形态壁垒，增强中华文化走出去的亲和力、吸引力和竞争力，在更大范围、更多层次、更广空间上加强我国与世界各国的交流与合作。

推动中华文化走向世界，必须坚持在面向国外普通民众的同时，抓住主流社会高端人群这个关键，使中华文化传播得更广更远。开展对外文化交流，根本目的在于让世界更好地了解中国，进一步提升国家软实力，创造有利于我国和平发展的国际环境。在开展对外文化交流中，国外广大民众是开展文化交流赖以支撑的社会基础，也是广泛争取民心、不断壮大对华友好队伍的力量源泉。华人华侨与我们同根同源同脉，在对外文化交流中起着桥梁纽带作用。同时，我们也要清醒地认识到，国际上对中国的看法、印象和评价，话语主导权往往掌握在各个国家的主流社会。而各国主流社会中的高端人群与我们在核心价值体系、国家发展模式、文化传统方面的认识存在较大差异，对我国历史和现实还缺乏全面深入客观的了解。在开展对外文化交流中，要以华人华侨为依托，着眼国外广大民众，紧紧抓住主流社会中那些对我比较友好、社会联系广泛，地位高、影响大的高端人群这个关键，努力使中华文化进入国际主流社会，争取更多的理解和支持，为中国的和平发展创造良好的国际人文环境。与此同时，要加强国际传播能力建设，加快建设语种多、受众广、信息量大、影响力强、覆盖全球的国际一流媒体，使我们的图像、声音、文字、信息、影视节目更广泛地传播到世界各地，不断扩大中华文化的国际影响力。

推动中华文化走向世界，必须坚持在巩固双边交流与合作的同时，注重利用国际多边舞台，不断拓展全方位、多层次、宽领域的对外文化交流新格局。随着文化因素在国际关系中的作用日趋凸显，利用文化来提高本国国际地位和影响力，日益成为世界各国发展的战略选择。随着现代交通、通讯和信息传播手段的快速发展，世界范围内文化交流活动的深度广度大大拓展，越来越多地从双边向多边发展，包括各类艺术节庆、文化展示展览、奥运会、世博会等在内的国际性文体活动已成为各国开展文化交流的重要平台。利用多边国际舞台开展对外文化交流，覆盖面更大，效率更高，影响更深。积极参与多边外交活动，广泛开展民间外交，扩大文化交流，在联合国和其他国际及区域性组织中发挥作用，进一步推动国家关系的发展，这也是人民团体、社会组织、民间力量义不容辞的责任。开展对外文化交流，只有把双边文化交流和多边文化交流有机结合起来，重视并加强文化艺术领域的多边合作，努力争取主办权和话语权，积极参加和举办国际性大型文化活动，才能有效地构筑全方位、多层次、宽领域的对外文化交流新格局。同时，要采取多种方式，鼓励文化企业通过投资、合资、参股等有效途径，在境外兴办文化实体，使我国文化产品更直接地参与国际文化市场竞争。

推动中华文化走向世界，是党和国家长期的战略任务，也是我们义不容辞的历史责任。中国文联作为党领导下的文艺界人民团体，是党和政府联系文艺界的桥梁纽带，是社会主义先进文化建设的一支重要力量。从总体上说，文联系统有着文艺门类齐全、文艺资源丰富、文艺人才荟萃的优势，在开展对外民间文化交流方面具有独特作用。近年来，中国文联认真贯彻党和国家对外工作方针和中央领导同志指示精神，自觉服务"大外交、大外宣"格局，积极履行对外工作职能，坚持"请进来"与"走出去"相结合，拓宽思路，广开渠道，在开展对外民间文化交流方面做了大量卓有成效的工作。据不完全统计，2002 年至 2009 年，中国文联共组织出访团、组 692 个；接待来访团、组 467 个，在国外举办展览演出 224 场，累计开展对外民间文化交流项目 1000 余项。2004 年以来，中国文联为配合党和国家领导人的高层访问，先后在加拿大、希腊、澳大利亚、埃及、瑞士、智利等国举办"中国艺术周"、"艺术之旅"等主题文艺活动；着力打造一批具有中国特色、中国风格、中国气派，符合国内外受众审美需求和欣赏习惯的知名品牌，如中国国际民间艺术节、中国北京国际美术双年展、中韩日戏剧节、中国美术世界行、中国书法环球行等；积极加入国际文化艺术组织，与世界各国文艺组织和文艺家的交流力度逐步加大。这些活动都有力地配合了党和国家总体外交战略，为进一步增强中外文艺工作者和中外人民之间的友谊，为推动中华文化走向世界、提高我国文化的国际影响力尽职尽责、积极服务。

找准我国文化发展的历史方位，加大对外文化交流力度，推动中华文化走向世界，增强中华文化的国际竞争力和影响力，是全面提升我国综合国力的迫切需要，是时代的呼唤。我们一定要在以胡锦涛同志为总书记的党中央坚强领导下，以邓小平理论和"三个代表"重要思想为指导，深入贯彻落实科学发展观，抓住机遇，开拓创新，更加自觉、更加主动地推动社会主义文化大发展大繁荣，更加自觉、更加主动地推动中华文化走出国门、走向世界，为全面建设小康社会、夺取中国特色社会主义事业新胜利作出新的贡献。

（作者：中国文联党组书记、副主席）

努力推出更多的文学精品力作

李　冰

党的十七届五中全会对“十二五”期间的文化建设提出了新的要求，强调要推动文化大发展大繁荣，充分发挥文化引导社会、教育人民、推动发展的功能，建设中华民族共有精神家园，增强民族凝聚力和创造力。

文学是文化事业的重要组成部分，党对文学事业的重视关心及制定的方针政策，是繁荣发展社会主义文学事业的根本保证。今天，文学界贯彻党的十七届五中全会精神，就是要联系文学创作实际，增强改革创新意识，认真研究催生文学精品的体制机制，推出更多精品力作，满足人民群众日益增长的文化需求。

优秀文学作品传承社会文明，记载社会变迁，推动社会进步。古今中外，有不少传世的文学经典成为那个时代、那个社会的标记。目前我们正处于一个伟大的时代。伟大的时代需要伟大的作品，也必定孕育着伟大的作品。推出更多文学精品是时代的需要，人民的需要。我们高兴地看到，近年来我国文学事业呈现出繁荣发展的景象，文学创作非常活跃。长篇小说的成就对衡量一个时代的文学成就具有代表性。数字显示：新中国成立后的前 17 年，我国共出版长篇小说 370 多部；而 2004 年至 2007 年每年出版 800 多部；2008 年出版 1200 多部；2009 年则出版 3000 多部，其中还不包括数量更为庞大的网络长篇小说。这充分证明了广大作家高涨的创作热情和不倦的辛勤劳动。在数量成倍增长的文学作品中不乏精品，很多优秀文学作品得到文学界和读者的广泛赞许，社会效益和经济效益双丰收。但是，我们也必须实事求是地看到，在众多文学作品中，广受欢迎的精品还比较少，力透纸背的经典之作更是缺乏，与我们所处的伟大时代不相称，与人民群众的需求不相称。我们应该努力加强对文学创作生产的引导，真正从群众需要出发，继承和发扬中华文化优良传统，吸收借鉴世界有益文化成果，推出更多深受群众喜爱的思想性、知识性、艺术性、观赏性相统一的精品力作。

文学事业的繁荣发展，文学精品的涌现，离不开良好的社会环境和正确的文学追求。我们要在党和政府的领导下，创造一个有利于文学发展的生态环境，认真贯彻党的文艺方针政策，坚持文艺为人民服务、为社会主义服务的方向，坚持百花齐放、百家争鸣的方针，坚持正确的价值导向，形成尊重作家、尊重文学规律的舆论氛围。随着改革开放的深入，文化形态多样，人们的价值观也呈现出多元、多样、多变的特征。要引导作家自觉践行社会主义核心价值体系，在多元、多样、多变中立主导。牢记“人类灵魂工程师”的社会责任，用文学精品引领人们的精神世界，让人们从作品中受到鼓舞，培养健康高尚的审美胸怀、审美能力、审美趣味。通过优秀文学作品凝聚人心、激励斗志、陶冶情操，发挥文学引导社会、教育人民、推动发展的功能。

生活是文学创作的惟一源泉，也是推出文学精品的必由之路。我们积极倡导作家深入生活，准确认识社会的发展进步，把握时代跳动的脉搏，增进与人民群众的血肉联系，增加对生活的感悟和积累。近年来，中国作协积极倡导作家紧跟时代步伐，贴近实际、贴近生活、贴近群众，组织作家“走进红色岁月”、“走进军营”、“走进企业”、“走进灾区”，创作出一大批优秀作品，其中不少作品在社会上引起强烈反响。中国作家赴玉树地震灾区采访团受到了中共中央、国务院、中央军委的表彰。实践证明，扎根于人民群众的现实生活，表现社会主义现代化建设的伟大实践，表现中国人民的美好感情，是当代作家的使命和责任。当今中国发生着深刻、巨大的变革。这种变革中有主流也有支流，有成就也有缺欠，人们的思想观念复杂多样，必须透过现象认清本质。写出伟大作品的作家，应该是那个时代深刻的思想家，对他所表述的社会生活有深刻、独到的见解。一些文学作品得不到社会的认可，其中一个重要原因，就是受浮躁心态的驱使，静不下心来到生活中汲取营养，而是满足于肤浅的“个人体验”，缺少扎扎实实的生活积淀，缺少深刻的理性观照。这种状况不改变，要想创作出无愧于时代、无愧于历史、无愧于人民的文学精品是困难的。我们必须大力倡导像赵树理、柳青等老一辈作家那样，真正地、长期地扎到生活中去，从人民群众的社会实践中挖掘素材，从人民群众的创造中汲取灵感，从人民群众的审美需要中提炼主题，通过有血有肉的艺术形象和丰富的想象力，真实地反映社会生活，反映人们在各种社会关系中的本质，表现时代前进的要求和历史发展的趋势。

文学人才是文学生产力，也是发展我国文学事业、创作文学精品的第一资源。文学创作是个人创造性劳动。杰出文学人才的多寡，直接关系到文学发展的高度。培养造就与我国文学事业发展需要相适应的，数量充足、门类齐全、结构合理的高素质文学人才，是涌现文学精品的基础条件。我们必须造就更多的能代表我们这个时代、民族、国家的文学大家。中国作协将继续下大功夫培养文学人才，把培养中坚力量和扶持基础人才结合起来，造就一支既有领军人物又有广泛基础的文学人才队伍。中国作协积极参与国家文学人才培养工程，在全国宣传文化系统“四个一批”人才培养和文化名家工程中，加大对文学领域各类人才的选拔推荐力度，使一批批文学人才脱颖而出。我们将继续组织好中青年作家培训工作，扩大培训数量，创新培训模式，提高培训质量。“中青年作家高级研讨班”对许多具有创作成绩和创作潜力的作家具有越来越强的吸引力，在总结经验的基础上，我们整合全国文学培训资源，发挥规模效益，及时吸纳网络作家、网络文学编辑参与到培训计划中来，增强培训的广泛性、针对性和有效性。在培养文学人才的过程中，我们热情关注我国少数民族文学的发展进步，为少数民族地区作家提供更好的学习、培训机会，在创作、翻译和民族文学的整理、研究方面培养出更多的优秀人才。培养人才和推出精品必须紧密结合起来，我们愿意为文学人才的成长，为作家创作精品铺路搭桥。

文学评论与文学创作是“车之双轮”、“鸟之两翼”，是发现、推荐、宣传文学精品的重要途径。我们要重视马克思主义文艺理论的学习研究，坚持用马克思主义文艺观指导文学创作，也要倡导正确的文学批评导向，采取有效措施，改进文学批评，增强文学批评的权威性和公信力。通过文学评论深入论述、分析文学作品的思想内涵，加大向社会和读者推介优秀作品的力度，使更多的人喜爱文学，阅读优秀文学作品。文学理论必须旗帜鲜明地坚持正确的文艺观，反对庸俗、低俗、媚俗之风，勇于表达应合时代发展要求，符合文学规律，能够正确引导读者审美趣味的见解。对文学思潮和现象，我们应该展开广泛深入、心平气和、以理服人的讨论。同时，大力改进文风，倡导学理扎实、见解独特，读者看得懂、喜欢读的评论文章。还要广泛开展理论争鸣和作品讨论，力避人情批评、空洞批评，反对无原则的捧杀、棒杀，真正发挥文学评论的作用。我们还要广泛团结专业团体、高等院校、科研院所的专业理论评论人才，形成一支有水平、有权威的文学评论队伍。另一个重要方面是进一步完善文学评奖机制，增强文学评奖的透明度。要进一步扩大群众参与，把专家评价和群众评价结合好，引导专家评价正确地反映民意。归根结底，人民群众是文学产品的最终评判者，只有把群众喜欢不喜欢、满意不满意、接受不接受、认可不认可作为评价作品的最终标准，才能扩大优秀作品的社会认可和社会影响。

文学报刊社网站是展示和传播文学精品的园地，要加强文学园地建设。现代高新技术发展日新月异，科技对文学的作用从来没有像今天这样显著。我们要改变传统生产传播方式下形成的思维定式，运用数字、网络等先进科技，丰富文学表现形式，培育新的文化业态，形成新的文学创造力和竞争力，就必须重视研究当前人们阅读和审美的新需求、新方式，研究新媒体、新业态，既重视创作文学母本，又重视文学向影视和电子游戏、动漫的转换。我们正有意识选择一批优秀的文学母本进行转换，实现全媒体出版，全方位覆盖，努力形成文学、数字、影像、网络为一体的文学传播格局。同时，我们积极探索文学作品中介组织和作家经纪人制度，在实践中逐步研究文学作品走向市场、实现消费的多种途径，探索文学作品策划、签约、转让、拍卖、直销等多种形式，努力使文学报刊社网站形成独具特色、富有品位、充满活力、影响广泛的文学方阵。

中国文学精品是人类共有的财富，努力把中国文学精品推向世界是我们的重要任务。目前，我们正探索建立中外文学交流合作的体制机制，大力推动中国当代文学作品和当代作家"走出去"，提升中国当代文学在世界文学中的地位，扩大中国当代文学在国际上的影响。除继续办好中外文学论坛外，我们在积累经验的基础上，创造条件，争取举办多国别或世界性文学论坛。同时，加强与媒体的联系与合作，加大翻译和推介中国当代优秀文学作品和优秀作家的力度。继续实施"中国百部当代文学精品译介工程"，有计划地参加"中国文化年"和国际书展、图书博览会，参与"中国图书对外推广计划"，向国外规模较大的出版机构和汉学家推介中国当代优秀文学作品。通过中国文学作品对外译介，我们将培养一批优秀的文学翻译家，建立起文学对外交流的人才库，造就一支善于跨文化交流的人才队伍。

（作者：中国作家协会党组书记、副主席）

文化自觉　文化自信　文化自强

——对繁荣发展中国特色社会主义文化的思考

云　杉

今年以来，中央就文化建设作出一系列新的重要指示。最近在中央政治局第22次集体学习时，胡锦涛总书记发表重要讲话，全面系统地阐述了文化改革发展的地位作用、指导思想和主要任务，反映了我们党对文化建设的认识达到了新高度，对文化发展规律的把握达到了新高度，为更好地探索中国特色社会主义文化发展道路，指明了方向、提供了遵循。

文化历来是人们十分重视和积极探寻的一个领域。随着中国特色社会主义实践深入推进，全党全社会对文化的关注度越来越高，对文化的认识也在不断深化。分析总结这些年来文化建设的理论和实践成果，推进文化建设，我一直在思考三个问题，即文化自觉、文化自信、文化自强。这三个问题，涉及以什么样的视角认识文化，以什么样的态度对待文化，以什么样的思路发展文化。我以为，解决好这三个问题，对确立文化发展目标、谋划文化发展战略、提出文化发展举措，推动中国特色社会主义文化长远发展，具有十分重要的意义。

一、文化自觉:觉醒、使命与担当

文化自觉,主要指一个民族、一个政党在文化上的觉悟和觉醒,包括对文化在历史进步中地位作用的深刻认识,对文化发展规律的正确把握,对发展文化历史责任的主动担当。文化自觉是一种内在的精神力量,是对文明进步的强烈向往和不懈追求,是推动文化繁荣发展的思想基础和先决条件。历史和现实表明,一个民族的觉醒,首先是文化上的觉醒;一个政党的力量,很大程度上取决于文化自觉的程度。可以说,是否具有高度的文化自觉,不仅关系到文化自身的振兴和繁荣,而且决定着一个民族、一个政党的前途命运。

我们党是一个具有高度文化自觉的政党。回顾近90年的奋斗历程,我们党总是以思想文化上的觉醒和觉悟,来把握前进方向、凝聚奋斗力量、推动事业发展。无论是革命战争年代还是建设改革时期,每逢重要历史关头,都紧密结合时代条件,从实现党的中心任务出发,高举起发展先进文化的旗帜,阐明自己的文化纲领和奋斗目标,提出切实有效的文化政策,在实现文化的历史进步中,有力地推动了党的事业顺利发展。党的十六大以来,我们党顺应综合国力竞争的新形势和人民群众的新期待,把文化建设作为现代化建设总体布局的重要组成部分,摆上更加突出的位置,强调发展社会主义先进文化是提高党的执政能力的重要方面,建设和谐文化是构建社会主义和谐社会的重要任务。党的十七大鲜明提出,中华民族伟大复兴必然伴随着中华文化繁荣兴盛,要更加自觉、更加主动地推动文化大发展大繁荣,并就提高国家文化软实力、兴起文化建设新高潮作出一系列重大战略部署,进一步加快文化改革发展的步伐,为中国特色社会主义事业的发展提供了强有力的思想保证、舆论支持、精神动力和文化条件。纵观党的发展历程,文化自觉是我们党的鲜明特征和显著优势,正是有了高度的文化自觉,我们党才始终走在时代前列,保持着旺盛的生机活力,团结带领各族人民走上伟大的民族复兴之路。

当今世界正处在大发展大变革大调整时期,当代中国正在新的历史起点上向新的目标迈进。文化在综合国力竞争中的地位日益凸显,对经济社会发展的作用不断扩大,其影响比以往任何时候都更加广泛而深刻。新的形势、新的任务,迫切需要我们进一步增强文化自觉,具体来说就是做到三个高度自觉,即地位认识上高度自觉、规律把握上高度自觉、责任担当上高度自觉。

1. 地位认识上高度自觉。文化最大的特质,就是具有极强的渗透性、持久性,像空气一样无时不在、无处不在,能够以无形的意识、无形的观念,深刻影响着有形的存在、有形的现实,深刻作用于经济社会发展和人们生产生活。改革开放以来,对于文化地位和作用的定位,经历了一个不断深化、逐步清晰的过程,越来越认识到文化是民族凝聚力和创造力的重要源泉,是综合国力竞争的重要因素,是经济社会发展的重要支撑。应当立足时代和实践新发展,以新的视角认识文化的重要地位和作用。

第一,文化既是推动社会发展的重要手段,又是社会文明进步的重要目标。一个文明进步的社会必然是物质财富和精神文化共同进步的社会,一个现代化的强国必定是经济、政治、文化、社会协同发展的国家。随着经济建设的推进、物质文明的发展,人们越来越感到,GDP的增长、物质财富的增加,并不是社会发展的唯一目标、终极目标。联合国教科文组织提出:“发展最终应以文化概念来定义,文化的繁荣是发展的最高目标。”有的国家甚至提出,要把文化作为发展战略的轴心,经济、社会、技术和教育战略都应当维系于这个轴心而展开。过去,我们对文化作用的认识,也往往局限于把文化作为一种手段、作为一种支撑来强调。现在看来,文化作为历史文明的积淀,作为社会发展方向的引领,解决的是人类“从哪里来、到哪里去”的问题。对人类发展来说,文化可能是更深层次、更高境界的追求。十六大之后，我们党确定了经济、政治、文化、社会建设四位一体的现代化建设总体布局，更加明确地把文化作为经济社会发展的重要内容和重要目标，这标志着我们党在文化认识上的新飞跃，反映了我们党在文化建设上的战略眼光。

第二，文化既是凝聚人心的精神纽带，又直接关系民生幸福。我们以往比较多地强调文化的教育教化功能，对文化与民生的关系认识不深。文化是维系一个社会团结和睦的精神力量，无疑应当重视发挥文化教育人、引导人的作用。同时也要看到，文化之于人类，应当是一种精神上的内在需求、普遍需求，也是终生相伴的需求。恩格斯说过："文化上的每一进步，都是迈向自由的一步。"人们需要通过文化来启蒙心智、认识社会、获得思想上的教益，也需要通过文化愉悦身心、陶冶性情、获得精神上的满足和依归。如果没有精神文化上的充实和丰盈，就不能说有真正幸福的生活和美好的人生。我国人民的生活从温饱进入小康之后，精神文化需要更加突出、更加强烈，解决人们"文化饥渴"的问题也越来越迫切。在这样的情况下，我们讲改善民生，文化应该是一个很重要的组成部分；我们讲公平公正，文化应该是一个不可或缺的重要体现；我们讲幸福指数，文化应该是一个很重要的衡量尺度；我们讲生活质量，文化应该是一个显著的标志。当前，我们正处在经济转轨、社会转型的加速期，一些人的思想困惑、精神焦虑有所增多，人文关怀、心理疏导、精神抚慰的任务更加繁重。必须在坚持"以文化人"、"以文育人"的同时，更好地用文化温润心灵、舒缓压力、涵养人生，更好地丰富人们精神世界，满足人们多样化多方面的文化需求，切实保障人民群众的基本文化权益。

第三，文化既直接贡献于经济增长，又对提升经济发展质量发挥着重要作用。现代世界经济发展表明，发达程度越高，文化产业支柱性作用就越明显，对经济增长的贡献就越大。从我国情况看，近些年文化消费需求日益旺盛，文化产业得到迅猛发展，平均增速达 15% 以上，比同期国内生产总值增速高出 6 个百分点，成为经济社会发展的一个突出亮点。可以说，文化产业已成为国民经济的重要组成部分，而且创造出巨大的社会财富。随着科技进步和知识经济的迅猛发展，文化已渗透到经济发展的全过程，历史、传统、民俗等文化资源日益成为经济发展的基础资源，创意、设计、构思等文化创新日益成为价值创造的重要支点，品牌、形象、信誉等文化形态的无形资产日益成为市场竞争的关键所在。只有当文化表现出比物质和货币资本更强大力量的时候，当经济具有更多文化含量的时候，经济发展才能进入更高层次、更高水平，才能具有可持续发展的后劲。应对国际金融危机冲击的生动实践，使我们又一次看到了文化在推动经济发展方式转变中的特殊作用。文化产业具有资源消耗低、环境污染小、科技含量高的特点，是典型的"低碳经济"、"绿色经济"、"朝阳产业"。大力发展文化产业，有利于优化经济结构和产业结构，有利于拉动居民消费结构升级，有利于扩大就业和创业，有利于经济欠发达地区实现跨越式发展。过去我们常讲，经济发展一靠改革，二靠科技，现在看来还要加一条，就是也要靠文化。经济文化化已成为不可阻挡的新趋势，文化与经济相融合产生的竞争力成为一个国家最根本、最持久、最难替代的竞争优势。

2. 规律把握上高度自觉。文化有其自身的特性，有其自身的发展规律。我们讲文化自觉，不仅要有满腔的热情，而且要有理性的认识，有对文化发展规律的科学把握。否则，就会导致行动上的随意性、盲目性。应当看到，文化是一个非常复杂的现象，对文化发展规律可从不同层次、不同角度作出多种多样的概括，见仁见智也属正常。从当前实际情况看，增强文化自觉、推进文化建设，尤其需要我们在文化发展的阶段性、文化构成的多样性、文化建设的长期性这三个方面，不断深化认识、加深理解、科学把握。

第一，任何一个时期的文化都是历史的产

物，推进文化建设必须立足于现实的经济社会条件。经济基础决定上层建筑。文化是一定社会政治经济的反映，经济基础和政治制度影响着文化的发展方向和发展状况。马克思曾经指出，人类自己创造自己的历史，但不是随心所欲地创造，而是在直接碰到的、既定的条件下创造。迄今为止，人类经历了原始社会、奴隶社会、封建社会、资本主义社会、社会主义社会等社会形态，也孕育了与之相适应的文化形态。这些文化形态既有历史的延续，又有着阶段性差异。这表明，任何文化的发展总是在一定的时空背景下展开的，不可能超越历史阶段，更不是空中楼阁。我国正处于并将长期处于社会主义初级阶段，人民日益增长的物质文化需要同落后的社会生产之间的矛盾仍然是社会的主要矛盾，经济上的不发达、制度上的不完善、发展上的不平衡，必然对文化发展产生制约和影响。推进文化建设，必须坚持从实际出发，找准历史的方位和坐标，充分认识我国发展的阶段性特征，认识现阶段我国文化构成和状况的复杂性，制定切实可行的文化发展战略，既不降低标准又不提不切实际的目标，既不落后于时代又不超越阶段。

第二，任何一个时期的文化都是多元一体、多样共生的，推进文化建设必须强化主导、壮大主流。文化总是以丰富多样的内容形式来展现的，但其中总有一种占据主导地位、起着支配作用。特别是在阶级社会，占据主导的总是统治阶级的思想文化。在我国封建社会，尽管儒、释、道等多种思想文化长期并存，但长期居于正统地位的是儒家文化。近代以来的西方国家，虽然各种各样的文化表达和文化思潮不断涌现，但以个人主义为核心的资产阶级思想文化始终占据主导。当今世界，许多国家对建设自己的主流文化更加重视、更加自觉。美国就始终把反映垄断资产阶级利益的思想文化作为根本内容，以此来打造“美国梦”、强化“美国精神”。新加坡为团结国民共同致力于本国发展，以国会法案的形式，确定了以国家至上、社会为先，家庭为根、社会为本等为主要内容的共同价值观，在全社会加以推行。可见，培育和壮大主流文化，是古今中外的通行做法。推进我国文化建设，必须坚持弘扬主旋律与提倡多样化相统一，不断巩固和壮大社会主义主流文化，努力在多元中立主导、在多样中谋共识。

第三，任何一个时期的文化都是一个不断积累积淀的过程，推进文化建设必须坚持以立为本、重在建设。文化涉及人们的情感记忆、思维习惯、精神感悟，涉及人们的历史认知、观念认同、理想追求。这些都需要时间的淘洗、实践的锤炼、长期的孕育。文化建设是在精神领域搞建设，与盖大楼、修高速公路不一样，不是三年五年能见效的，如果没有长期的积累，就不可能有大的飞跃。历史上有影响的文化经典名篇、文化大家大师，都是在人类文化长期积淀和接力推进中问世和诞生的，不是一朝一夕能出现的。有人说，如果政治制度变革需要 6 个月，经济体制变革需要 6 年，那么文化的改变至少需要 60 年，甚至更长的时间。这是一种形象的说法，但文化的变迁确实是一个漫长的过程。推进文化建设，既要有紧迫感，也要看到长期性，有足够的耐心和坚持，做到重在建设、注重积累，持之以恒、久久为功，决不能心浮气躁、急功近利，更不能用暴风骤雨、搞运动的方式来进行。

3. 责任担当上高度自觉。责任源于自觉，行动体现自觉。有没有强烈的文化担当，反映着一个政党的理想追求和精神面貌，是一个政党是否成熟、是否有生命力的重要标志。我们党作为一个有着崇高追求、肩负历史使命的政党，作为一个迅速崛起的东方大国的执政党，要长期执好政掌好权，带领人民实现中华民族的伟大复兴，就必须高扬自己的文化理想，高举自己的文化旗帜，树立自己的文化形象，切实承担起推动文化繁荣发展的历史责任。

第一，更加自觉地承担起用先进文化引领社会进步的责任。高举先进文化旗帜、用先进文化引领社会进步，是党的先进性的重要体现。

随着我国经济体制、社会结构、利益关系的深刻变化，人们的思想活动日趋活跃，新的观念、新的意识不断生成，这为社会发展进步注入了活力。同时，一元与多样、传统与现代、先进与落后、本土与外来相互交织、相互影响，社会思想意识更加多元多样多变，社会思潮也更加纷繁复杂。在这样的情况下，能不能把握先进文化前进方向、促进主流文化发展壮大，是对我们党领导水平和执政能力的一大考验。必须更加自觉地立于文化的潮头、担当文化的先锋，用先进文化引领社会思潮，构筑精神文化高地，促进和推动社会发展进步。

第二，更加自觉地承担起传承民族优秀文化的责任。中华民族的优秀文化哺育了我们党，我们党也一直是民族优秀文化的传承者弘扬者。现在，我国对外开放在更大范围展开，外来文化大量涌入，这既给我们吸收借鉴世界文明成果带来机遇，也给我们的民族文化带来挑战。有人说，在全球化时代，民族文化可能遭受的伤害，不仅来自外部的冲击，也来自内部的自我贬低、自我放弃。还有人讲，一个民族不管有多么博大精深的文化，关键在你手里还剩下多少，你对自己的文化知道多少。我们党作为中华民族的中坚，作为以实现国家富强、民族振兴为己任的执政党，必须以对民族、对历史、对后人高度负责的精神，把传承民族优秀文化作为义不容辞的责任，更好地用民族优秀文化滋养民族生命力、激发民族创造力、铸造民族凝聚力，建设好中华民族的共有精神家园。

第三，更加自觉地承担起满足人民精神文化需求、保障人民基本文化权益的责任。全心全意为人民服务是我们党的根本宗旨，满足人民群众物质、文化的多方面需求，是我们党履行执政使命、执政职责的必然要求。我们进行文化建设，最重要的着眼点应当是人，是人的精神的丰富、需求的满足，是为了更好地促进人的发展。我们应当清醒认识到，现在人民群众对实现自身文化权益的要求越来越高，对丰富精神文化生活的期待越来越热切。我们党要做到立党为公、执政为民，不仅有责任实现和发展好人民的经济权益、政治权益，也有责任保障好人民的文化权益、提高全社会的文化生活质量，让文化的阳光普照人民大众，让人民群众在文化沐浴中生活得更加幸福。

第四，更加自觉地承担起提高国家文化软实力、维护国家文化安全的责任。任何一个大国的崛起，不仅伴随经济的强盛，而且伴随文化的昌盛。作为一个执政党，我们不仅要致力于经济发展、国家富强，而且要致力于社会的文明进步，形成强大的文化软实力。现在，有人提出“文化边界”、“文化版图”、“文化主权”等问题，实际上是把文化作为国家的重要战略性资源来研究，这很值得我们深思。当前，中国作为一个在国际舞台日益发挥重要作用的发展中国家，文化软实力在同世界互动中的作用更直接、更现实。特别要看到，中国还面临着敌对势力西化分化的威胁。在这样的背景下，加快提升国家文化软实力，已经成为事关党和国家发展全局的重大而紧迫的课题。应当认清形势，保持清醒，居安思危，树立强烈的忧患意识，加快形成自己的文化优势，在激烈的国际竞争中维护我国的文化安全，拓展我们的战略利益。

二、文化自信：传承、开放与超越

文化自信，是一个国家、一个民族、一个政党对自身文化价值的充分肯定，对自身文化生命力的坚定信念。只有对自己文化有坚定的信心，才能获得坚持坚守的从容，鼓起奋发进取的勇气，焕发创新创造的活力。中华民族素有文化自信的气度，正是有了对民族文化的自信心和自豪感，才在漫长的历史长河中保持自己、吸纳外来，形成了独具特色、辉煌灿烂的中华文明。同时也要看到，在对待自身文化的态度上，伴随着民族兴衰、国运沉浮，不时出现“自卑自弃”和“自大自傲”两种倾向，或多或少、或大或小地对文化发展产生这样那样的影响。现在，世界日益成为一个“地球村”，不同文化的交流、交融、交锋比以往任何时候都更加频繁。在这样的背景下，更加需要我们以理性、科学的态度进行文化的反思、比较、展望，正确看待自己的文化，正确对待别人的文化，充分认识中国文化的独特优势和发展前景，进一步坚定我们的文化信念和文化追求。做到文化自信，关键是不忘本来、吸收外来、着眼将来。

1. 不忘本来。任何一个国家的文化，都有其既有的传统、固有的根本。抛弃传统、丢掉根本，就等于割断了自己的精神命脉，就会丧失文化的特质。对于当今中国来说，深厚的民族传统文化、科学的马克思主义指导思想、丰富的革命文化，就是我们文化安身立命的根基，是我们在世界文化激荡中站稳脚跟的“定海神针”，必须始终不渝地坚持、千方百计地弘扬，使其惠及当代、恩泽后人。

第一，中华优秀传统文化是我们文化发展的母体，应当礼敬自豪地对待。源远流长、博大精深的中华文化，积淀着中华民族最深层的精神追求，包含着中华民族最根本的精神基因，代表着中华民族独特的精神标识，不仅为中华民族生生不息、发展壮大提供了丰厚滋养，也为人类文明进步作出了独特贡献；不仅铸就了历史的辉煌，而且在今天仍然闪耀着时代的光芒。罗素曾经说过，“中国至高无上的伦理品质中的一些东西，现代世界极为需要”，“若能够被全世界采纳，地球上肯定比现在有更多的欢乐祥和”。现在，国内出现“国学热”，国际上出现“中华文化热”、“孔子热”，很多人都在探讨中华传统文化中讲仁爱、重民本、守诚信、崇正义、尚和合、求大同等思想的时代价值，这也生动地表明了我们传统文化的重要现实意义。那种数典忘祖、蔑视传统、一味丑化民族文化的做法，是十分有害的。当然，弘扬优秀传统文化决不是回到过去、守旧复古，而是要立足新的实践、顺应时代潮流，不断进行新的文化创造。传统文化中也确实存在一些糟粕，需要摒弃。对待传统文化，还是要按照取其精华、去其糟粕，古为今用、推陈出新的要求，进行科学梳理、精心萃取，深入挖掘和提炼有益的思想价值，使之不断发扬光大，成为涵养民族精神的不竭源泉。

第二，马克思主义指导思想是我们文化发展的根本，应当始终不渝地坚持。马克思主义是人类思想史上最伟大的成果，它以科学的世界观和方法论，揭示了人类社会发展的基本规律，也为先进文化建设指明了正确方向。我们党从一诞生就举起了马克思主义这面旗帜，并在同中国实际相结合的过程中不断推进马克思主义中国化，形成了毛泽东思想和包括邓小平理论、“三个代表”重要思想、科学发展观等重大战略思想在内的中国特色社会主义理论体系这两大理论成果，成为指引中国文化前进的根本指针。正是有了马克思主义，中华文化注入了先进的思想内涵，中国人民获得了科学的、锐利的思想武器，在思想上精神上得到极大的解放。正如毛泽东所说，“自从中国人学会了马克思列宁主义以后，中国人在精神上就由被动转入主动”。我们现在讲“老祖宗”不能丢，这是历史的结论，也是现实的必然。在新的形势下，我们只有坚持以马克思主义为指导，用发展着的马克思主义引领文化建设，才能在纷繁复杂的社会意识和社会文化生态中，辨析主流和支流、区分先进与落后、划清积极与消极，有效引领各种社会思潮、抵御腐朽文化影响，不断巩固全党全国人民团结奋斗的共同思想基础。

第三，党领导人民创造的革命文化是我们文化发展的优势，应当倍加珍惜。我们党领导各族人民在进行革命、建设和改革的历史实践中，创造了鲜明独特、奋发向上的革命文化。从井冈山精神、长征精神、延安精神、西柏坡精神，到雷锋精神、大庆精神、两弹一星精神，再到载人航天精神、北京奥运精神、抗震救灾精神，这些富有时代特征、民族特色的宝贵财富，不断实现着中华文化的再生再造，为我们在新的历史条件下推进文化建设奠定了坚实基础。现在，有的人以所谓重新评价为名，搞历史虚无主义，认为革命文化是“过去时”，今天讲革命文化没什么意义，随心所欲地戏说历史、消解红色经典，对英雄人物、历史人物进行颠覆性评价。这是对历史的歪曲，也是对文化的亵渎。应当看到，在中国人民艰辛革命历程中形成的革命文化，是中华民族优秀文化传统的凝聚升华，是中国共产党和中国人民伟大创造精神的生动体现。不论现在还是将来，革命文化都是激励我们不懈奋斗的强大精神力量。建设和发展社会主义先进文化，一定要用好用足党领导人民创造的丰富革命文化资源，使之深深融入人们的精神世界，不断汇聚新的精神力量。

2. 吸收外来。任何一种文化都不可能与世隔绝，都需要从其他文化中汲取养分。以什么样的态度对待外来文化，考验着一个国家的文化自信。越是自信，就越能够以积极的态度对待外来文化，越能够在同外来文化的互动交流中得到丰富发展。广泛吸纳、融汇一切外来优秀文化成果，是推动中华文化繁荣兴盛的必然要求。

第一，要有开放包容的胸怀。世界文化多元多样、各有所长。每一个国家的文化都以各自方式为世界文明作出贡献，都是人类共同的精神财富。只有兼纳百家之精华，融合各种文化之所长，才能更好地促进本国文化的发展；如果自我封闭、排斥外来，就会失去发展的活力，甚至走向消亡。中华文化之所以生生不息、经久不衰，就在于它具有海纳百川、有容乃大的胸襟，具有博采众长、兼收并蓄的传统。从中华文化自身来看，本身就是一种由多民族、多地区共同缔造，融多元于一体的文化，不仅包括汉族的文化，还包括其他几十个民族的文化。从中华文化与其他文化的关系来看，虽然我们也有过封闭时期，有过闭关锁国、抱残守缺的教训，但在漫长的历史上，开放包容始终是中华文化发展的主流。比如，汉、唐时期，印度的佛教、西域的文化传入中国，在社会上广泛传播，丝绸之路、玄奘取经等成为中外文化交流的象征。宋、明时期，阿拉伯文化、波斯文化大量传入中国，马可·波罗、利玛窦等大量外国人来中国游学、传教、经商，更是促进了中外文化的融合。历史证明，开放包容不会削弱中华文化的优秀内核，反而在吸收借鉴中不断丰富壮大。在今天经济全球化和我国对外开放不断扩大的情况下，更应该以开阔的视野、博大的胸怀对待外来文化，积极参与世界文化的对话与交流，大胆吸收借鉴一切有利于我国文化建设的有益经验和优秀成果。

第二，要有辩证取舍的态度。开放包容不是盲目崇外，学习借鉴也不是照抄照搬。每一个国家的文化，都有其赖以生存的土壤，都有其发挥作用的条件。离开了一定的历史条件、社会环境，文化的价值和作用也必然发生变化。同时，外来文化也是形形色色、五花八门，良莠不齐、优劣并存。这就要求我们在对待外来文化上，一定要有分析、有比较、有鉴别，做到辩证取舍、择善而从。如果不加鉴别、好坏不分，甚至把糟粕和垃圾当宝贝加以引进，就会贻害无穷。现在，西方文化以其经济、科技实力为基础，在世界居于强势地位。西方的思想文化固然有其合理的因素，对人类发展进步有着积极作用，但也存在消极腐朽内容。那种对西方文化"全面拒斥"或"照单全收"的态度，都是不可取的。特别需要指出的是，一些势力打着文化开放的名义，对我国进行思想文化渗透，其目的就是试图把中国纳入资本主义体系。对此，我们要保持应有的警惕。

第三，要有转化再造的能力。吸收借鉴外来文化，不应当是单纯的"物理嫁接"，而是有机的"化学反应"，目的是为了转化再造、丰富发展我们自己的文化。如果生吞活剥、囫囵吞枣，必然导致消化不良。毛泽东讲过：对待外来文化，应当以中国的实际需要为基础，如同我们对待食物一样，必须经过自己的口腔咀嚼和肠胃运动。中华文化一个很大的特点，就是对外来文化有着强大的整合能力，许多外来文化传入后，都实现了同中华文化的有机融合。吸收外来文化，贵在以我为主、为我所用，重在实现中国化、本土化。要把优秀的外来文化同我国的传统文化结合起来，融入中国文化的元素，打上中华文化的烙印；要同中国的现实需要结合起来，解决中国的实际问题，服务人们的生产生活实践;要同中国人民的接受习惯结合起来,创造适合中国人民思维方式、审美情趣的表现形式,为中国人民喜闻乐见。只有通过转化再造,形成中国气派、中国风格,才能在中国的土地上生根发芽、开花结果。

3. 着眼将来。我们的文化自信,不仅来自于历史的辉煌,更来自于当今中国的蓬勃生机,来自于未来发展的光明前景。放眼世界、审视自己、展望未来,世界的变化、中国的进步、人民的伟大创造为我们文化的繁荣兴盛提供了历史性机遇和广阔舞台,当代中国文化正展示出令人振奋、再现辉煌的良好势头。

第一,从世界发展大势中把握我国文化发展前景。世界文化多样化发展趋势日益明显,一个多元的世界文化格局初现端倪。特别是国际金融危机的发生,既深刻影响和改变着世界,也深刻影响和改变着中国与世界的关系。伴随着我国综合国力和国际地位的提升,世界更加关注中国,也更加关注中国的文化,这为扩大中国文化的影响提供了重要契机。现在一些外国学者提出"世界文化东移论",认为"21世纪将是亚洲世纪",认为"未来在很多方面西方要向中华文明取经"。这些观点不一定准确,甚至有"捧杀"成分。然而,中国影响在扩大、中国文化吸引力在增强,却是不争的事实。尽管受各种因素影响,中国要真正成为世界上的文化强国,还有很长的路要走,但中华文化兴盛的势头不可阻挡。只要我们把文化建设放在世界发展大背景下来审视和推进,牢牢把握世界发展大势,不断展示新优势、创造新天地,就一定能够使中国文化产生更为广泛的影响,为世界文化发展作出自己的贡献。

第二,从中国特色社会主义伟大实践中把握我国文化发展前景。经过30多年的改革开放,我们成功走出了一条中国特色社会主义道路。这是一条使中国经济快速健康发展、人民生活不断改善提高、社会充满生机活力的道路,也是一条不断孕育新的思想文化的道路。在30多年的历史进程中,我们实现的每一次大的突破,经历的每一次大的考验,取得的每一个重大成果,都孕育着新的思想、新的观念、新的意识。我们说,改革开放以来,中国人民的面貌、社会主义中国的面貌、中国共产党的面貌发生了历史性变化,其中极为重要的就是精神风貌的变化。为什么中国经济能够长期保持平稳较快发展?为什么一个幅员辽阔、人口众多的大国有如此强大的凝聚力、向心力?为什么中国能够举国一致办大事、同心同德克难事?贯穿其中的,是我们的制度优势,是中国特色社会主义实践中铸造的思想文化的力量。国家兴旺,文化兴盛。现在中国特色社会主义伟大实践正在波澜壮阔地推进,我们的发展理念、发展方向、发展道路,为文化的繁荣发展提供了有力保障,也是进行文化建设的重要资源和宝贵财富。只要我们立足中国特色社会主义实践,在人民群众的伟大创造中进行文化的创造,在历史的进步中实现文化的进步,就一定能够创造出无愧于历史、无愧于时代的灿烂文化。

第三,从文化建设自身的良好局面中把握我国文化发展前景。伴随着经济发展和社会进步,我国文化正迎来一个繁荣发展的黄金期。以胡锦涛同志为总书记的党中央把文化建设摆上更加突出的位置,提出了一系列符合时代要求的新的文化发展理念,作出了一系列关系文化建设全局的重大部署,从体制创新、政策扶持、经费投入、基本建设等方面,给予强有力的领导和全方位的推动。各个地方在文化建设上更加自觉、更加主动,纷纷提出文化强省、文化强市战略目标,社会各方面对文化发展的关注度、参与度空前提高,一股强劲的"文化热"正在形成,加快文化发展的氛围越来越浓厚。现在,我国人均GDP已达3700美元,文化消费进入快速增长期。有关单位按国际经验进行测算,我国每年文化消费应该是4万亿元左右,但实际消费只有1万亿元上下。这样的消费潜力一旦释放出来,将为文化发展提供巨大市场。随着我国文化体制改革深入推进,文化生产力进一步解放,文化事业、文化产业迅猛发展,新的文化业态不断涌现，国有文化企业与非公有文化企业共同发展，文化市场之繁荣，文化产品数量之多、品种之丰富前所未有。这一切都为文化发展创造了极为有利的条件，打开了极为广阔的空间。只要我们把握好经济社会发展对文化建设的新要求，把握好人民群众对文化生活的新期待，汇聚各个方面文化创造的积极性，就一定能实现文化发展的新跨越。

第四，从网络化、信息化的潮流趋势中把握我国文化发展前景。当今时代已进入网络化、信息化时代，互联网的裂变式发展和广泛应用，不仅带来社会生产方式、生活方式的深刻变革，而且极大地改变了文化的生产、传播和消费方式。过去我们谈网络，往往只是把它作为虚拟空间，现在互联网已成为现实社会极其重要的组成部分，大众化、媒体化、现实化趋势越来越明显。目前我国网民已达4.2亿，通过网络了解信息、浏览新闻、学习知识、休闲娱乐，已经成为人们丰富文化生活、满足精神文化需求的重要途径。不仅如此，越来越多的人通过网络参与文化建设，借助博客、播客、维客等进行文化创造，广大网民既是网络文化的享受者，又是网络文化的创造者。网络技术在满足人们文化需求、激发人们创造热情的同时，也孕育了具有信息时代特征的文化形态，催生了网络音乐、网络游戏、网络视频、网络文学等新的文化样式，极大地提高了文化产品创作生产的效率，极大地丰富了文化产品和服务的领域、内容。有人预言，今后文化的消费享受、创作生产和交流传播大都要通过网络这个平台来实现。谁在网络文化的发展上抢得先机，谁就能占领文化的制高点。只要我们顺应网络化信息化时代潮流，抓住难得机遇，把互联网作为传播先进文化、提供公共文化服务、丰富精神文化生活的新阵地新平台，努力建设中国特色网络文化，就一定能够为我国文化发展注入新动力、开辟新领域。

三、文化自强：方向、目标与路径

文化自觉、文化自信，最终目的还是要实现文化自强。“自”，就是立足自己的实际，依靠自己的力量，突出自己的特色，走自己的文化发展道路，建设面向现代化、面向世界、面向未来，民族的科学的大众的社会主义先进文化；“强”，就是要使我们的文化具有强大的吸引力影响力、强大的活力创造力、强大的实力竞争力，把我国建设成一个中国特色社会主义的文化强国。在国际社会中，像中国这样一个发展中大国，要掌握自己的前途命运，就必须有自己的文化设计，有自己的文化力量。现在，我国的经济实力、综合国力有了显著提高，更应当深入思考“经济发展以后要干什么”的问题，把文化改革发展纳入经济社会发展总体规划，纳入科学发展考核评价体系，牢牢把握文化发展主动权，真正做到与经济建设、政治建设、社会建设协同推进，尽快形成自己的文化优势，建设文化强国。如何实现文化自强？就是要高举中国特色社会主义伟大旗帜，坚持以邓小平理论和“三个代表”重要思想为指导，深入贯彻落实科学发展观，围绕“什么是中国特色社会主义文化强国”、“怎样建设中国特色社会主义文化强国”这一重大课题，着眼实现文化的又好又快发展，研究解决好自强之魂、自强之路、自强之本、自强之源、自强之翼等问题。

1. 自强之魂——塑造社会主义文化的灵魂。文化的灵魂是什么，就是凝结在文化之中、决定着文化质的规定和方向的最深层的要素，就是核心价值观。有什么样的价值观，就有什么样的文化立场、文化取向、文化选择。讲软实力、文化力，从根本上取决于核心价值观的生命力、凝聚力。历史和现实反复表明，如果没有这个最核心的东西，一种文化就立不起来、强不起来，一个民族就没有赖以维系的精神纽带，一个国家就没有统一的意志和共同的行动。我国有56个民族、13亿人口，在国际形势风云变幻的情况下，要把广大人民的思想意志凝聚好，使中华民族更好地屹立于世界民族之林，就必须铸就能够有效发挥统摄、引领和整合作用的核心价值观。正是基于全局和战略的考量，我们党明确提出建设社会主义核心价值体系是凝魂聚气、强基固本的基础工程。推进文化建设，必须把塑造社会主义核心价值观作为一项根本任务抓紧抓好，坚持不懈地用马克思主义中国化最新成果武装全党、教育人民，用中国特色社会主义共同理想凝聚力量，用以爱国主义为核心的民族精神和以改革创新为核心的时代精神鼓舞斗志，用社会主义荣辱观引领风尚。

塑造社会主义核心价值观，重要的是体现时代感、突出大众化、富有独创性。时代感，就是把握时代主题、反映时代精神、引领时代潮流。价值观是时代的产物，只有反映时代的要求，才能引领社会进步。我们现在倡导的“以人为本”、“科学发展”、“公平正义”、“和谐和睦”等理念，所以在国内外引起强烈反响和广泛共鸣，就是因为具有强烈的时代感召力。历史上，资本主义的价值观曾经发挥了进步作用，就是因为它适应了人们摆脱封建专制束缚的历史要求。时代在前进，社会在进步，在价值观念上，也必须坚持与时俱进。大众化，就是关注大众诉求，融入大众生活，具有强大的道义力量和广泛的社会认同。我国传统的“仁、义、礼、智、信”，为什么今天仍有很大影响，就是因为它们反映了人们处世、行世、立世的一些基本准则。价值观只有走进心灵、走进大众，才能有广泛的亲和力、感召力。独创性，就是要有特点、有特色，能够为人类文明发展有所贡献。不同价值观的碰撞，是大浪淘沙的过程，是不断筛选的过程。只有那些原创性强、普遍意义大的价值观念，才能经得起历史的检验、实践的淬炼。越是民族的，越是世界的。要善于总结自己的实践，提炼中国人民在长期奋斗中形成的精神内核。同时，面向世界，关注人类文明进步的趋势，阐明自己的核心理念和价值主张，敢于在超越他人中引领潮流。当然，塑造核心价值观还有表述形式的问题，要尽可能鲜明、简洁、凝练，让人们易懂、易记、易表达。

塑造社会主义核心价值观，必须把社会主义核心价值体系的要求渗透于文化建设的各个方面，融入到精神文明建设全过程。任何一种价值观念的形成，都需要营造良好的社会文化环境，让人们在生产生活的实践中更好地感知、领悟，更好地遵守、践行。西方价值观的影响，与无孔不入的渗透是密不可分的，他们的影视作品、主流媒体等无不体现着他们的价值取向、价值标准。相比之下，我们有的传播媒介、文化作品却没有他们做得那么自觉、那么巧妙，有的甚至宣扬“讲责任太累”、“讲崇高太虚”，贬损、亵渎、消解我们的主流价值观念，误导和扭曲人们的是非标准、美丑标准。一定要坚守自己的正确价值追求，增强责任意识，加强对文化产品创作生产的引导，坚决抵制庸俗、低俗、媚俗之风，确保一切文化阵地、一切文化产品、一切文化活动，都要体现社会主义核心价值体系的内容和要求，使之无所不在、无时不有，在人们心中深深扎根，充分发挥文化引导社会、教育人民、推动发展的重要功能。

2. 自强之路——坚持走科学发展的道路。路就是路径，这里主要是解决如何在已有基础上实现文化又好又快发展的问题。科学发展观是马克思主义关于发展的世界观、方法论的集中体现，不仅反映了我们党对当今世界发展趋势和中国特色社会主义事业发展方位的科学把握，也反映了我们党对当今文化发展趋势和我国文化建设规律的科学把握，为实现文化大发展大繁荣开辟了道路、指明了方向。

走科学发展之路，就要充分体现科学发展观的基本要求。科学发展观内涵十分丰富，贯彻落实科学发展观关键要紧密结合文化建设的实际，把科学发展的理念贯穿到工作的各个方面、各个环节。要始终坚持以发展为主题，把发展作为第一要务，用发展的办法解决前进中的问题，既积极为经济建设中心服务，又努力实现文化自身的繁荣发展；始终坚持以人为本，以满足人民群众精神文化需求为出发点和落脚点，做到文化发展为了人民、发展依靠人民、发展成果由人民共享，努力促进人的全面发展；始终坚持全面协调可持续，着力解决影响文化科学发展的突出问题，协调好文化建设的各个领域、各个方面，努力促进文化持续快速健康发展；始终坚持统筹兼顾，立足全局、着眼长远，正确认识和妥善处理涉及文化改革发展中的各种重大关系，不断提高文化建设的科学化水平。

走科学发展之路，就要构建科学合理的文化发展格局。十六大以来，我们党在对文化建设认识上的一个重大突破，就是把文化区分为文化事业和文化产业，推动形成了两手抓、两加强的文化发展格局。可以说，提出事业产业两手抓，顺应了发展社会主义市场经济对文化建设的新要求，把握了文化建设的内在规律，是我们在文化建设方面的一个里程碑式的飞跃。正是有了这个飞跃，在这些年的实践中，我们对文化产品的意识形态属性和商品属性有了进一步认识，对人民群众的基本文化需求和多样化需求有了进一步界定，对经济效益和社会效益的关系有了进一步把握。在此基础上，科学定位了政府和市场在文化建设中的职责和功能，明确提出了文化体制改革的方向、方针，找到了解放和发展文化生产力的有效途径，形成了用不同的思路来推进事业、产业发展的办法，开创了文化建设的新局面。实践证明，推进文化建设，必须继续坚持一手抓文化事业、一手抓文化产业，加快构建公共文化服务体系，加快发展文化产业，两轮驱动、两翼齐飞，最大限度地满足人民群众日益增长的精神文化需求。

走科学发展之路，就要转变发展方式、提高文化发展的质量和效益。加快经济发展方式转变，是关系改革开放和现代化建设全局的战略部署，是总结历史和现实正反两方面经验作出的战略抉择，是抢占发展制高点、争创发展新优势刻不容缓的重大任务。转变发展方式，不仅是经济领域的问题，文化领域同样也需要通过转变发展方式获得新的发展动力和增长空间。从当前情况看，我们在文化发展方式上存在许多亟待解决的问题。比如，在文化布局上，城乡之间、区域之间、门类之间发展还很不平衡，各类文化设施、文化服务在大中城市相对集中，在东部地区比较发达，而在农村、基层相当薄弱、相当缺乏，特别是在一些民族地区、边疆地区、贫困地区，人们的基本文化温饱还难以保障。在文化结构上，所有制结构、产业结构、产品结构、技术结构、进出口结构都还不尽合理，产品技术含量低、非公资本比重低，适合大众消费的优质文化产品还不够多。在产业集中度上，散、小、滥的问题依然存在，规模实力、抗风险能力还比较弱。我们所有出版社的年销售额加起来还不及一家贝塔斯曼，我国海外商演的年收入总和还比不上国外一个著名的马戏团。在资源配置上，既有"投资饥渴"的问题，也存在盲目投资的问题，一些地方文化项目雷同、同质化严重，造成了资源浪费。应当把转变文化发展方式作为一件大事来抓，树立长远眼光、系统思维，加强宏观调控、完善政策措施，将发挥政府职能作用和调动社会力量参与结合起来，推动文化资源向农村、基层倾斜，向革命老区、民族地区、边疆地区、贫困地区倾斜，大力实施重大文化产业项目带动战略，着力培育和发展新兴文化业态，不断优化布局、优化结构、优化配置，不断增强文化发展的后劲、提高文化发展的效益。

3. 自强之本——把握文化发展的根本依靠力量。文化发展，要紧紧依靠人民群众，同时要充分调动广大文化工作者的积极性。人民大众的广泛参与、文化工作者的热情创造，是文化兴盛的可靠保证。

人民大众是推动历史进步的主体，不仅是物质财富的创造者，也是精神文化的创造者。追溯文化的起源，无论是作为观念形态的价值理念、道德情操，还是作为艺术形式的音乐舞蹈、书法绘画、诗词歌赋，都源自人民大众的生产生活。人民大众不仅创造着文化，也不断传承发展着文化。几千年来中华文化所以能够一脉相承，靠的就是一代代中华儿女薪火相传、接力推进。在谈到文化的源和流时，毛泽东曾指出："人民生活中本来存在着文学艺术原料的矿藏，这是自然形态的东西，是粗糙的东西，但也是最生动、最丰富、最基本的东西；在这点上说，它们使一切文学艺术相形见绌，它们是一切文学艺术的取之不尽、用之不竭的唯一的源泉。”我们建设的是社会主义文化，是人民大众的文化，人民群众共建共享是一个根本特征。人民群众需要文化，文化更需要人民群众。那种认为文化是少数人把玩、少数人享用的观点，同社会主义文化观是完全背离的。在文化建设上，一定要解决好“为了谁、依靠谁”的问题，牢固树立群众观点，摒弃“小众”意识，充分尊重人民群众的主体地位和首创精神，紧紧依靠人民群众，依靠全社会的共同努力。要开辟渠道、搭建平台、创造条件，大力支持人民群众的文化创造，及时总结提炼和积极推广源于群众、生动鲜活的文化样式、文化载体，把蕴藏于人民群众之中的智慧和力量进一步挖掘出来、释放出来。

强调人民群众的主体地位，并不否认专门人才的作用和贡献。无论是文化元素的升华提炼，文化潮流的引领带动，还是文化艺术的再创造再发展，都离不开专门的文化人才。人才强文化才能强，一个人才辈出的时代，必然是一个文化兴盛的时代。我国春秋战国出现思想文化高峰、形成百家争鸣的局面，与老子、孔子、墨子、韩非子等诸子百家的卓越建树密不可分；我国唐宋时期诗词、散文发展之所以形成鼎盛局面，与李白、杜甫、白居易及唐宋八大家等的杰出贡献密不可分。欧洲文艺复兴铸就的艺术辉煌，离不开但丁、达·芬奇、米开朗基罗等的艺术创造；18世纪下半叶欧洲古典音乐的兴盛，离不开海顿、莫扎特、贝多芬“维也纳三杰”的音乐成就。这表明，一个时代的思想文化大厦，必然要有一批大师和大家来支撑；一个民族的灿烂文化，必然要有一批泰斗和巨匠来代表；一个国家文化的繁荣兴盛，必然要有一批领军人物来领衔。要实现文化强国的宏伟蓝图，必须努力造就一批有影响的文化名家、文化大师和各领域领军人物，培养一支宏大的、适应时代要求、富有开拓精神、善于创新创造的文化人才队伍。这些年，在文化人才队伍建设方面，采取了一系列重要举措，取得了明显成效。但总的看，文化人才队伍状况与建设文化强国的时代要求还不相适应，与提升国家文化软实力的重要任务还不相适应。应当把文化人才工作摆在更加突出的位置，用战略思维、改革精神谋划和推动文化人才队伍建设，特别要加大对年轻人才、高层次人才、复合型人才的培养力度，造就一批世界级的文化代言人。要坚持尊重劳动、尊重知识、尊重人才、尊重创造，鼓励超越、宽容失败，营造有利于优秀人才健康成长、脱颖而出的良好环境，形成人尽其才、才尽其用，各类文化人才竞相涌现、创造活力充分发挥的生动局面。知识分子是文化领域最活跃、最有创造力的群体，肩负着精神文化生产、创造和传播的重要使命，搞好文化建设必须高度重视知识分子工作。要按照“尊重、包容、服务、引导”的要求，进一步完善党的知识分子政策，充分调动知识分子的积极性创造性，引导他们自觉自愿地为社会主义文化建设贡献聪明才智，最大限度地把知识分子团结在党的周围。

4. 自强之源——激活文化发展的动力源泉。文化的繁荣兴盛，需要源源不断的动力。动力是什么？一是改革，二是创新。改革是解放和发展文化生产力的必由之路，创新是文化繁荣发展的制胜之道。

体制机制管根本、管长远。只有不断深化改革，破除阻碍文化发展的体制性障碍，文化才能焕发出勃勃生机。这些年，文化体制改革由点到面、由浅入深，步伐不断加快、力度不断加大，在一些重点领域和关键环节取得了重要突破，效果逐步显现。实践证明，中央关于深化文化体制改革的决策部署是完全正确的。文化体制改革是全方位的改革，既包括宏观管理体制的改革，也包括微观运行机制的改革。在宏观管理体制上，主要是理顺文化行政管理部门与所属企事业单位的关系，加快转变政府职能，推进政企、政资、政事、政府与市场中介组织分开，使文化行政管理部门实现由办文化为主向管文化为主转变、由管微观向管宏观转变、由直接面向直属单位转为面向全社会，更好地履行政策调节、市场监管、社会管理、公共服务的职能。在微观运行机制上，一方面，围绕重塑文化市场主体，加快推进国有经营性文化单位转企改制，加快建立完善的现代企业制度、法人治理结构，打造一批文化领域国有骨干文化企业和战略投资者，大幅度提高我国文化企业的规模实力和国际竞争力。另一方面，围绕提高服务水平和能力，深化公益性文化事业单位劳动人事、收入分配等制度改革，不断增强活力，最大限度地发挥社会效益。现在，文化体制改革已进入攻坚克难的关键阶段，越是向广度深度推进，越会触及深层次矛盾和问题，越需要打攻坚战。要坚持以改革促发展、促繁荣，坚定不移地按照中央确定的方向目标，加大力度、突出重点、全面推进，着力构建充满活力、富有效率、更加开放、有利于文化科学发展的体制机制。

创新是文化的本质特征。一部人类文化发展史，实际上就是一部文化创新史。当今文化发展，创意制胜、内容为王。有人说，美国算不上文化资源大国，却是一个文化强国，强就强在创新上。好莱坞的大片、麦当劳的薯片、英特尔的芯片，被称为影响世界的“三片”，实际上都包含着独一无二的文化创意。只有不断提高文化创新能力，才能在发展水平上胜人一筹。重视文化建设是我们党的优秀传统，在这方面有许多宝贵经验值得继承和发扬。但必须看到，时代在发展、社会在变化，有些方法过去有效，现在未必有效；有些过去不合时宜，现在却势在必行；有些过去是不可逾越的，现在则需要突破。在当代中国，无论是适应建设创新型国家的战略需要，还是更好地满足人民群众多样化多层次多方面的精神文化需求；无论是在激烈的国际文化竞争中赢得主动，还是为人类文明进步作出新的贡献，都需要大力推进文化创新。应当把创新作为一种信念、一种追求，对我国丰富的文化资源和各国优秀文化成果进行创造性的开掘和利用，提高创意含量和竞争优势。要大力营造鼓励创新的社会环境，使一切创新举措得到支持、一切创新才能得到发挥、一切创新成果得到肯定，使创新成为文化领域的主旋律、最强音。

5. 自强之翼——插上文化腾飞的强劲翅膀。在当今时代，科技和市场在文化繁荣发展中的作用越来越明显。科技、市场如同鸟之双翼，借助它们的力量，文化就能飞得更高、飞得更远。

科技与文化历来如影随形，科学技术的每一次重大进步，都会给文化的传播方式、表现形式、发展样式带来革命性变化。古代中国，造纸术和印刷术的发明，使人类思想文化的传播摆脱了时空的局限，成为文化发展史上的重要里程碑。近代以来，无线电技术、摄影摄像技术、广播电视技术的发明，使人类文化进入了一个视听传播的新时代。近年来，数字技术、网络技术迅猛发展，为思想文化传播提供了新的载体，催生了新的文化业态。科技的发展，也以独特的方式增强着文化的表现力、吸引力和感染力。比如，在舞台表现上，借助现代声光电技术和影视特技，可以呈现出气势磅礴、美轮美奂、精彩纷呈的舞美效果。数码电影技术极大地丰富了电影的表现力，环幕 4D 电影、球幕电影、交互电影等，给人们带来前所未有的审美体验。实现文化自强，必须增强科技意识。要适应当代科技发展的新趋势，加快高新技术在文化领域的运用，推动文化与科技的融合，加快构建覆盖广泛、技术先进的文化传播体系，不断为文化注入新的内容、构建新的平台、创造新的形式，努力用先进技术建设和传播先进文化。当然，技术是手段、是途径，是为内容服务的，所有技术性的东西都依附于内容的思想深度、高度和广度。必须把形式与内容、技术与艺术有机融合起来，使之相辅相成、相得益彰，防止技术淹没思想、形式大于内容。

在社会主义市场经济条件下，市场对资源配置起着基础性作用。运用好市场机制，有利于提高资源的使用效率。现在，文化产品的生产和传播越来越离不开市场，市场越来越成为扩大文化消费、满足文化需求的重要途径。从国内外的文化发展情况看，凡是市场发育较好、市场体系现代化程度较高的地方，文化发展的活力和竞争力也比较强。目前我国文化领域的市场体系建设水平整体上还不够高，文化产品和服务的市场供求机制、价格机制、竞争机制不够健全，文化产品和资本、产权、人才、信息、技术等要素的自由流动还存在许多障碍，市场机制的作用远远没有得到充分发挥。实现文化的繁荣发展，必须积极适应社会主义市场经济发展要求，打破条块分割、地区封锁、城乡分离的市场格局，加快培育大众化文化消费市场，构建统一开放竞争有序的现代文化市场体系。在文化产品、文化要素的供给和配置上，一定要充分发挥市场的积极作用。即使是那些公共文化产品和服务，包括一些公共文化设施的建设，政府也可以采取招标竞价购买的形式从市场获取，把文化生产和消费从文化系统的"内循环"扩大到市场的"大循环"。不但要完善国内市场，还要关注国际市场，努力掌握国际文化贸易规则和营销策略，统筹国内国际两个市场两种资源，统筹对外文化交流与对外文化贸易，统筹扩大出口规模与调整出口结构，着力发展外向型文化企业，着力培育中华民族文化品牌，着力加强出口平台和营销渠道建设，进一步加快文化走出去步伐。同时要看到，市场并非万能，也有其固有的弱点，也有"失灵"的时候。发展文化不能完全依靠市场，更不能被市场牵着鼻子走、为市场所左右。必须始终把社会效益放在首位，促进社会效益和经济效益有机统一，努力做到两个效益双丰收。如果两者发生矛盾，必须以社会效益为最高准则，坚持经济效益服从社会效益，决不能为追求经济利益而放弃社会责任、损害社会效益。要切实履行政府职能，一手抓繁荣、一手抓管理，加强改进宏观调控，加强对市场的日常监管，加强对市场秩序的规范，保证中国特色社会主义文化持续发展、快速发展、健康发展。

（此文载《红旗文稿》2010 年第 15—17 期）

推进文化创新　繁荣发展文化事业和文化产业

雒树刚

发展是社会主义文化建设的鲜明主题，改革创新是加快文化发展的强大动力。《建议》强调指出，必须推进文化创新，深化文化体制改革，繁荣发展文化事业和文化产业，推动文化大发展大繁荣。

一、大力推进文化创新

文化是最需要创新的领域，创新是文化的本质特征。现在，世界范围内各种思想文化交流交融交锋更加明显，我国文化赖以生存的经济基础、体制环境、社会条件发生深刻变化。必须进一步强化文化自觉，树立文化自信，大力推进文化创新，更好地体现时代性、把握规律性、富于创造性，始终保持我国文化发展的蓬勃生机与旺盛活力。《建议》明确提出，适应群众文化需求新变化新要求，弘扬主旋律，提倡多样化，使精神文化产品和社会文化生活更加丰富多彩。

（一）围绕打造精品力作，进一步推进文化内容创新

文化精品是一个国家、一个时代文化发展水平的集中反映，是文化发展方向的重要引领。近年来，我国文艺创作生产取得长足进步，文化产品的数量、种类、样式日益丰富。但总体来

讲，传世精品力作还不多，部分文化产品的质量还不高，与文化大发展大繁荣的任务要求和人民群众的需求期盼还不完全适应。必须进一步推进文化内容创新，创作生产更多思想深刻、艺术精湛、群众喜闻乐见的文化精品，最大限度地发挥文化引导社会、教育人民、推动发展的重要功能。要立足于中国特色社会主义的伟大实践，着力反映人民主体地位和现实生活，始终做到深入群众、贴近群众，弘扬时代主旋律。植根中华民族优秀的传统文化，认真挖掘、提炼和传承、弘扬传统文化的有益价值。吸收借鉴各国优秀文明成果，以我为主、为我所用，博采众长、兼容并蓄。加强文化产品创作生产组织引导，着力培养优秀文化人才，推进文化精品工程，改进文艺评奖、评论，引导广大文化工作者自觉抵制低俗、提升文化品位。

（二）围绕繁荣发展哲学社会科学，进一步推进学科体系、学术观点、科研方法创新

哲学社会科学发展的水平，体现了一个民族的思维能力、精神状态和文明素质，反映了一个国家的综合文化实力和国际竞争力。必须进一步推进学科体系、学术观点、科研方法创新，更好地发挥哲学社会科学在认识世界、传承文明、咨政育人、服务社会等方面的重要作用。要坚持基础研究和应用对策研究相结合，建立完善哲学社会科学创新体系。深入实施马克思主义理论研究和建设工程，建设充分反映马克思主义中国化最新成果的学科体系和教材体系，有针对性地回答干部群众普遍关心的重大理论和现实问题。积极探索用社会主义核心价值体系引领社会思潮的有效途径，进一步凝聚全国各族人民团结奋进的强大精神力量。

（三）围绕提高文化的表现力和传播力，进一步推进生产和传播方式创新

文化的影响不仅取决于文化内容是否具有吸引力，而且取决于文化的表现形式和传播效率。特别是在高新技术迅猛发展的当今时代，科技为文化创新注入了新的强大动力，开辟了新的广阔空间。必须适应网络化、信息化的发展潮流，进一步丰富文化表现形式，形成新的文化创造力和竞争力。要增强科技意识，不断提高自主创新能力，进一步推动文化与科技融合。积极运用现代技巧，在内容和形式的完美结合上下功夫，推进各种文化要素和科技要素的综合集成，催生新的文化业态、文化样式和文化品种。推进书报刊出版、广播影视制作技术升级，提高文化领域的装备水平和科技含量。拓展渠道，丰富手段，加快构建传输快捷、覆盖广泛的文化传播体系。

二、不断深化文化体制改革

文化体制改革是解放和发展文化生产力的根本途径。党的十六大以来，各地区各部门认真贯彻中央决策部署，积极推进文化体制改革，在实践中探索，在创新中发展，开创了中国特色社会主义文化建设新局面，走出了文化发展新路子。要看到，当前我国文化建设既面临许多有利条件也面临严峻挑战。文化建设与人民群众日益增长的精神文化需求还不完全适应，与快速发展的现代传播手段还不完全适应，与不断扩大的对外开放还不完全适应，与推动我国经济社会又好又快发展的新形势还不完全适应。必须以高度的责任感和紧迫感，顺应时代发展要求，进一步构建和完善有利于文化科学发展的体制机制，一手抓公益性文化事业、一手抓经营性文化产业，加快转变文化发展方式，努力用新的思路办法破解发展难题，用新的体制机制保障文化繁荣。

（一）加快推进经营性文化单位转企改制

推进国有经营性文化单位转企改制、培育合格市场主体，是文化体制改革的重要任务，也是衡量改革是否取得实质性进展的重要标志。必须紧紧抓住体制创新这个关键，充分考虑文化领域不同行业、不同单位的性质和特点，打造一大批具有较强实力和市场影响力的国有文化企业和企业集团。出版、发行、电影业要在率先完成全行业转企改制的基础上，着力建立健全现代企业制度。演艺业要积极推进歌舞、杂技、曲艺、地方戏曲等市场发育相对成熟的国有文艺院团率先转企改制，推动尚不具备转制条件的文艺院团实行事业单位企业化管理，增强自我发展的内生动力。在坚持党管媒体、坚持正确导向的前提下，积极稳妥地推进党报党刊发行体制改革、电台电视台制播分离改革、非时政类报刊改革和重点新闻网站转企改制，做大做强主流媒体。适应"三网融合"的新趋势，加快推进各级广电网络传输机构转企改制和资源整合，构建新的广电运营主体。

（二）切实推进公益性文化事业单位改革

公益性文化单位改革是事业单位改革的重要组成部分，也是文化体制改革的重要内容。必须着眼于突出公益属性、强化服务职能、增强发展活力，进一步深化文化事业单位改革，推动形成责任明确、行为规范、富有效率、服务优良的运行机制。要与国家事业单位改革相衔接，积极推进人事、收入分配和社会保障制度改革。赋予文化事业单位应有的自主管理权限，建立和完善现代法人治理结构。探索符合基层特点、适应群众需要的新的公共文化服务方式，鼓励有条件的文化单位开展流动服务、联网服务。继续推动公共博物馆、纪念馆、美术馆、文化馆、群众艺术馆等向社会免费开放。

（三）积极推进文化管理体制改革

宏观管理体制与微观运行机制相辅相成。在推进文化单位改革的同时，必须紧紧围绕转变政府职能、提高管理效能，加快构建科学有效的文化宏观管理体制。要积极推进政企分开、政事分开、政资分开、政府与市场中介组织分开和管办分离，进一步理顺文化行政管理部门与所属企事业单位的关系。在全面完成副省级以下城市文化市场综合执法改革的基础上，进一步健全领导体制和工作机制，提高市场监管效率和依法行政水平。适应经营性文化单位转企改制深入推进的形势，探索建立权利义务责任相统一、管人管事管资产相结合的新型国有文化资产管理体制。坚持一手抓繁荣、一手抓管理，引导广大文化工作者和文化企事业单位自觉承担文化使命、履行社会责任，确保始终把社会效益放在首位，实现经济效益和社会效益有机统一。

三、促进文化事业全面繁荣

发展公益性文化事业是社会主义文化建设的重要目的和重要内容。近年来，文化事业发展取得明显成效，但一些地方仍存在着投入力度不大、投入方式不完善、资源使用效率不高、公共服务不到位等突出问题。必须按照"增加投入、转换机制、增强活力、改善服务"的方针，坚持政府主导，鼓励社会参与，优化资源配置，创新运行方式，为广大人民群众提供基本的公共文化服务，更好地传播先进文化、提供精神食粮、普及文化知识、体现人文关怀，切实实现和保障人民群众基本文化权益。

（一）加快推动公共文化服务体系建设

提供优良的公共文化服务，是现代政府的一项基本职责，也是衡量社会文明程度的重要指标。必须按照体现公益性、基本性、均等性、便利性的要求，以政府为主导、以公共财政为支撑、以农村基层和中西部为重点，基本建成覆盖城乡、比较完备的公共文化服务体系，提高公共文化服务的质量和水平。要加大农村文化基础设施建设投入，完善公共文化服务网络，努力使城乡居民平等享受公共文化服务。继续推进广播电视村村通、文化信息资源共享、乡镇和社区综合文化站、农村电影放映和农家书屋等重点文化惠民工程建设。制定支持和保障公共文化服务体系的投入办法，形成稳定的投入保障机制。鼓励企业和个人参与文化事业，促进公共文化服务多元化、社会化。大力加强地方县级和城乡基层宣传文化队伍建设。加大公共文化产品供给力度，多提供适合群众实际需要的文化产品，多开展群众乐于参与便于参与的文化活动。

（二）进一步推进新闻事业发展

新闻媒体是党和人民的喉舌，新闻事业关系党和国家工作大局，关系国家长治久安。必须始终坚持正确舆论导向，加强各类新闻媒体建设，努力提高舆论引导能力，为改革发展稳定大局营造良好环境。要坚持团结稳定鼓劲、正面宣传为主，唱响主旋律，打好主动仗，更加自觉主动地为人民服务、为社会主义服务、为党和国家工作大局服务。扶持党报、党刊、通讯社、电台、电视台、新闻网站和时政类报刊等重要新闻媒体，充分发挥其舆论主阵地、主力军作用，提高权威性和公信力，扩大覆盖面和影响力。充分认识互联网在大众传播方面的巨大潜能和不可估量的影响，重视互联网等新兴媒体建设、运用、管理，积极抢占网络文化阵地。拓展海外采编和发行网络，推进内容创新和资源整合，推动主流媒体境外落地，着力提升我们的国际传播能力。

（三）加强文化遗产保护和利用

保护祖国文化遗产、科学开发利用文物和历史遗迹，对于继承和发扬民族优秀文化传统、增强民族自信心和凝聚力具有重要而深远的意义。必须高度重视物质和非物质文化遗产保护，深入挖掘和保护传承各民族优秀文化，保持民族性，体现时代性。要继续实施重点文物保护工程，加强国家级非物质文化遗产名录项目及代表性传承人保护。加快推进文化遗产挖掘和保护工作的科技化、标准化、信息化建设，注意运用现代科技手段保护和开发利用民族文化丰富资源。有序推进文化典籍整理，组织丰富多样、健康有益的民间民俗文化活动，加强中华优秀文化传统教育。

四、推动文化产业又好又快发展

发展文化产业是满足人们不同层次文化消费需求的有效途径，也是推动经济结构调整、加快转变经济发展方式的重要抓手。现在，我国文化产业发展正处于起步阶段，规模较小、集中度低。《建议》明确提出，在政府引导下发挥市场机制积极作用，培育骨干文化企业和战略投资者，鼓励和引导非公有制经济进入，发展新型文化业态，增强多元化供给能力，满足多样化社会需求，繁荣社会主义文化市场，推动文化产业成为国民经济支柱性产业。

（一）推动文化产业结构战略性调整

文化产业布局结构是关系文化产业发展质量和效益的根本问题，对加快文化发展方式转变具有决定性意义。必须认真落实文化产业振兴规划，按照结构好、布局好、效益好、可持续的要求，加快产业结构战略性调整，推动文化产业向规模化、集约化、专业化转变。要加强科学规划、合理布局，突出地区特色和资源优势，统筹推进文化产业带、产业基地和产业园区建设。着力培育国有骨干文化企业和战略投资者，发挥其对产业的整合功能和示范带动作用，以资本为纽带进行跨地区、跨行业兼并重组。精心实施重大文化产业项目带动战略，大力发展数字内容、网络文化、移动多媒体等新兴文化产业，推动文化与旅游、电信、体育、高新技术等产业融合，依靠文化创意增加附加值。拓宽投融资渠道，积极探索完善相关政策和管理办法，鼓励和引导非公有资本进入政策许可的文化产业领域，为文化产业发展注入新鲜血液。

（二）繁荣文化市场

文化市场是扩大文化消费、满足文化需求的重要平台。实践证明，凡是市场发育较好、市场体系建设程度较高的地方，文化发展的活力和竞争力也比较强。必须以扩大内需为重点，进一步打破条块分割、地区封锁、城乡分离的传统市场格局，构建统一开放竞争有序的现代文化市场体系，为加快文化发展提供良好的市场环境。要不断适应城乡居民消费结构的新变化和审美的新需求，创新文化产品和服务，以大中城市为重点加强文化产品市场建设，开拓农村文化市场，鼓励和引导文化消费，培育新的消费热点。积极推进资本市场建设，促进金融资本、社会资本与文化资源的对接，培育产权、人才、信息、技术、版权等要素市场。建立健全现代流通体制，大力发展连锁经营、演艺院线、电影院线、电子商务，开拓新的消费空间。

(三)积极推动文化"走出去"

推动中华文化"走出去",是提升国家文化软实力的战略举措,也是转变文化发展方式的必然要求。必须统筹国际国内两个市场、两种资源,创新文化"走出去"模式,加快发展对外文化交流与对外文化贸易,增强中华文化国际竞争力和影响力。要构建多层次多样化的文化"走出去"格局,把政府交流与民间交流结合起来,把组织国内力量与借助国外力量结合起来,不断拓展文化交流的广度深度。积极探索市场化、商业化、产业化的运作方式,培育对外文化贸易主体,形成一批具有较强实力和国际竞争力的外向型骨干文化企业和企业集团。鼓励文化企业适应国外受众审美习惯,创作生产既体现中华文化特色又符合国外市场需求的文化产品,打造一批有世界影响的知名文化品牌。加强海外营销网络建设,加强与国外知名文化机构的合资合作,鼓励有条件的企业在海外设立分支机构和发行网络,继续办好用好深圳文博会等面向国际的重点文化会展,构建对外文化贸易的综合平台,探索我国文化产品进入西方发达国家文化市场的新路。

(作者:中共中央宣传部常务副部长)

文化发展:转变发展方式的重要支撑

江泽林

国务院颁布的《关于推进海南国际旅游岛建设发展的若干意见》等一系列政策文件,为三亚的大发展带来了历史性机遇。三亚作为热带滨海城市,旅游资源富集、类型独特,是国内外关注度高的热门旅游目的地之一,旅游业已成为三亚的支柱性产业。我们在实践中深刻认识到,三亚旅游业发展方式的转型升级,是带动三亚经济社会发展方式全面转型升级的重要支撑;而旅游业转型升级的灵魂,是实现从"旅游文化"向"文化旅游"的转变。认真贯彻落实胡锦涛总书记关于深化文化体制改革的指示精神和党的十七届五中全会关于文化发展的新要求,促进文化三亚的大发展,是三亚抓住建设海南国际旅游岛的大机遇,促进又好又快发展的必由之路。

挖掘资源优势,打造文化品牌

长期以来,三亚给人们的印象只是独特的热带滨海自然资源和良好生态环境。事实上,三亚的人文资源同样富足。三亚历史悠久,传统文化源远流长,长期在这里生产生活的各族人民创造出丰富多彩、极富特色的本土文化。当代三亚人按照建设社会主义先进文化和社会主义核心价值体系的要求,不但继承和发扬了三亚的优秀传统文化,而且在创新中不断丰富文化元素,提炼打造出了自己的文化品牌,即"天涯文化"、"城市名片"和"城市精神"。

天涯文化。早在1万1千年前,三亚落笔洞已有人类活动的足迹,形成了我国旧石器时代文化分布最南端的一处遗址。秦始皇时期设置南方三郡,崖州就属于其中之一的象郡。汉代在现在的三亚市崖城镇设立珠崖郡治,隋代设临振郡,唐代改设为振州。唐代宰相韩瑗、名僧鉴真和纺织家黄道婆等都曾来崖州开堂讲学,传播中原文化,对当地经济文化的交流和发展作出了重要贡献。三亚有汉、黎、苗、回等20多个民族,其中少数民族人口超过40%。黎、苗、回等民族至今仍保留着许多质朴敦厚的民风民俗。黎族的织锦、婚俗、歌舞等，苗族的蜡染、山歌、神话传说等，回族的宗教信仰、婚丧习俗等，形成了丰富多彩的民俗文化。

城市名片。三亚2006年开始征集“城市名片”，2007年1月1日，从征集来的150多万条中、英文名片中，最终揭晓产生了“美丽三亚·浪漫天涯”的中文和英文（“Forever Tropical Paradise—Sanya”）名片。“美丽三亚”高度概括了三亚独特的自然资源与景观，充分体现了三亚之美的特点及要素；“浪漫天涯”则高度浓缩了三亚天涯文化特质，让人产生无限遐想。三亚城市名片的评选，大大提升了三亚的知名度和城市品位，成为城市整体向海内外“促销”的重要载体，给海内外人士认识三亚、了解三亚、向往三亚提供了更为广阔的空间。

城市精神。三亚人致力于把城市精神作为重要软实力来加以塑造。2008年9月7日，通过群众投票与专家评审，三亚人郑重概括出自己的城市精神：“极力争取”。“极力争取”既刻画出三亚人抢抓机遇、排除万难，把机遇变为现实的拼搏精神，也彰显出三亚人自信果敢、积极健康的价值取向，还展示出三亚人只争朝夕、追求卓越的精神品质，是三亚人“美丽”、“浪漫”的精神实质和动力所在。从凤凰国际机场建成到凤凰岛国际邮轮码头的建设，从亚龙湾国际旅游度假区的形成到海棠湾的开发建设，从世界小姐总决赛到奥运圣火境内首传，“极力争取”的精神在三亚发展的进程中得到充分的诠释。

培育文化旅游产业，打造文化三亚

世界上国际旅游名城的发展经验表明，正处于城市建设和发展初、中级阶段的三亚已进入旅游业转型升级的关键时期，文化的健康发展在这一阶段扮演着十分重要的角色。过去，三亚旅游业的发展主要依靠得天独厚的自然环境资源；现在，三亚旅游业发展的重点在文化，突破口也在文化。

加强政策引导。三亚城市发展的总体思路是：坚持国际性热带滨海旅游城市定位和发展目标，提升城市品质，实施高端战略，统筹城乡发展，努力把三亚建设成为旅游度假胜地、创新创意高地和天涯文化源地。这一定位，进一步明确了旅游业和文化产业在经济社会发展中的重要地位。我们将尽快完成《三亚市旅游产业发展规划》、《三亚市文化产业发展规划》等一系列城市规划的修订工作，与中央和海南省建设国际旅游岛的相关政策有效衔接，研究制定项目审批、土地出让、金融服务等各个方面的具体优惠政策，重点引进具有产业带动效应、品牌带动效应的企业和项目，做大做强文化旅游。

建设一批产业项目。以文化产业的发展项目作支撑，进一步加强文化产业与旅游、商贸等产业的嫁接，着力发展演艺娱乐、健康体育、影视制作等产业，积极引入海洋公园等旅游项目，大力推进天涯不夜城、落笔洞文化旅游、南中国影视城等重点项目建设。

打造文化精品。培育一批精品赛事活动、精品旅游项目，继续举办并创新重大文化旅游活动，不断完善和规范文化赛事活动的举办和管理机制。采取“6+X”的模式开展文化旅游活动，即集中精力办好国际兰花博览会、“五四”奥运圣火境内首传纪念活动、全国学生定向越野赛、天涯海角国际婚庆节、中国国际广告艺术节、世界小姐总决赛等6项文化旅游活动，同时不断培育新的文化品牌。加大文化旅游产品开发力度，深入挖掘现有项目的文化内涵，提升天涯海角、南山、大小洞天、热带天堂森林公园、鹿回头、槟榔村5A级乡村旅游区等重点景区景点的品质。创新文化旅游、乡村旅游、现代都市农业游、山区旅游、民俗旅游等旅游新业态，打造新品牌，增强整个旅游产业链的文化内涵。

注重资源的开发与保护。正确处理保护和开发的关系，坚决不上污染环境、破坏资源的项目，坚决不搞低水平的无序开发。积极推进崖城历史文化名镇古城修缮工作，继承和弘扬黎族打柴舞、崖州民歌等非物质文化遗产。根据自然环境和城市综合承载能力，合理控制开发强度，确保生态环境和文化旅游资源可持续发展。

加强城市管理。把城市管理作为旅游城市建设的重要环节，加强市民文明素质教育，加大城市环境综合整治力度，坚决打击“两抢一盗”、欺客宰客等违法行为，深入开展城乡卫生环境整治，营造整洁、安全、舒适的旅游大环境。

大力推进文化体制改革创新。深化文化体制改革，着力构建充满活力、富有效率、更加开放的文化发展体制。三亚市艺术团作为完全企业化的文艺团体，在3年时间里，适应市场需求，不断开拓进取，培育了一支高素质的演出队伍，基本具备了市场条件下的生存能力，为三亚的文化旅游和文化事业的健康繁荣发展作出了贡献。

（作者：中共海南省委常委、三亚市委书记）

真转真改是深化文化体制改革的要害

张　江

党的十七届五中全会通过的《中共中央关于制定国民经济和社会发展第十二个五年规划的建议》明确提出，要深化文化体制改革，创新文化生产和传播方式，解放和发展文化生产力，增强文化发展活力。辽宁文化体制改革的实践证明，深化文化体制改革，关键是要以高度的责任感认真落实，紧紧抓住真转真改这个要害，全面深入推进文化体制改革，把文化建设提高到一个新水平。

一、统一思想，提高认识，切实增强真转真改责任

文化体制改革，是解放和发展文化生产力的根本途径，是涉及经济、政治、文化、社会方方面面的深刻变革。党的十六大以来，中央对文化体制改革提出一系列新部署、新要求，一项重大突破就是彻底分开和分类指导文化事业和文化产业发展，推动形成两手抓、两加强的文化发展格局，这是我国文化建设的一个里程碑式的飞跃。实现这个飞跃，必须进一步转变政府职能，实现由“管脚下”向“管天下”、由管微观向管宏观转变；必须坚持把深化改革与加快资源整合有机结合，实现文化产业结构战略性调整；必须健全文化法律法规和政策体系，推进文化市场综合执法改革逐步到位；必须深化公益性文化事业单位内部改革，规范经营性文化单位经济行为，努力提高服务水平。真转真改，就是把企业化、市场化作为经营性文化单位改革的基本方向，把政府职能真正由办文化转到管文化和提供公共服务上来，实行政事分开、政企分开、政资分开，把不留壳、不借壳、不造新壳，不可逆、可核查作为基本原则，总体设计、统筹规划、整体实施、全面推进，努力取得实实在在的成果。这是近年来辽宁认真领会和把握中央精神，在实践中得出的重要结论，是我们紧紧抓住建设辽宁中部城市群文化体制综合改革试验区这个契机整体推进改革的基本原则，是中央关于文化体制改革决策部署在辽宁的具体展开，是辽宁推进文化体制改革的基本经验。

二、攻坚克难，整合创新，全面落实文化发展目标

近年来，辽宁文化发展态势良好，文化体制改革步伐不断加快。同时，文化领域受传统体制影响较深，文化发展意识不强，文化产业规模不大等问题亟待破解。我们全面贯彻落实科学

发展观，切实转变思维方式和工作方式，真转真改、攻坚克难，实现改革由完成规定动作向深入创新推进，由局部改革向整体协同推进。实施重大产业项目带动战略，全面整合资源。把群众文化作为全部文化工作的根基，大力发展群众文化，开创了文化体制改革和文化产业发展新局面。

规范推进经营性文化单位转企改制。严格按照中央要求，坚持不留壳、不借壳、不造新壳，不可逆、可核查、真转真改原则，规范推进转企改制。目前，已完成经营性文化事业单位转企改制313家，其中21家经营性出版社和65家新华书店全部完成转企改制；67家电影制作发行放映单位10月底前全部完成；53家改革难度较大的文艺院团也已完成20家，2010年年底前全部完成中央规定范围内包括市县文艺院团的各项改革。

实施跨区域跨行业整体改革。设立辽宁中部城市群文化体制综合改革试验区，积极支持营口发挥试点城市示范带动作用，统筹推进、整体实施，打破地区、行业、单位界限，推动各地区分散改革向跨区域整体改革深入，各部门自身改革向跨领域协同改革深入，各单位独立改革向跨行业综合改革深入，打造跨区域跨行业文化体制综合改革示范区。目前沈阳、营口、铁岭3市全部完成经营性文化事业单位转企改制，其余5市2010年年底前全部完成。

实施省市两级报业资源整合，探索报业集团跨区域深度资源整合的有效模式。推动指导《辽宁日报》创新改版，进报亭、进家庭，大幅度提高省级党报市场影响力。搭建省级与中部城市群各市新闻资源共享平台，有效解决地方报纸新闻类资源不足问题。设立省级晚报地方版，减少晚报间同质竞争。改革省级党报发行体制，与邮政部门共同组建发行公司。目前，《辽宁日报》每日市场零售达两万份，《辽沈晚报》各市地方版发行量均有大幅提高。

完成广电媒体“三台合一”。辽宁人民广播电台、辽宁电视台、辽宁教育电视台三台合并，成立辽宁广播电视台。在实现机构建制、呼号和频率频道、服务管理、产业经营、规划投入“五统一”基础上，着力实现“化学反应”，组建广播电视新闻资源制播共享平台，完成“一次集合采编新闻、广播电视两个窗口播出”，提高新闻资源利用效率；组建文艺资源制播共享平台，开展广播与电视文艺节目双向介入，贯通融合广播与电视文艺内容，实现资源共享、优势互补。经过半年多的运转，大大提升了主流视听媒体舆论引导能力，辽宁广播电视台管理成本降低20%。广告收入增长29%。实施全省网吧连锁经营，建立新型政府管理网吧有效模式。在全省8094家网吧中，整治关闭近700家，其余网吧99%由8家企业实行连锁经营，在全国率先实现省域网吧连锁经营。通过集中监控和统一管理，形成未成年人受益、家长放心满意、网吧业主得益、政府监管高效的“多赢”发展新格局。

探索建立报刊退出机制，实施新闻记者依法有序退出。初步建立党委统一领导、政府依法管理、报刊自主经营，集内容、形式和队伍监管为一体的报刊退出机制。在试点退出12种报刊的基础上，又按要求退出5种报刊。同时，建立新闻记者岗位从业资格人员退出机制，2009年对8名违规记者实施调离采编岗位、注销记者证等行政处罚。

健全文化宏观管理体制，提高文化行政管理效能。目前，全省14个市全部完成电台电视台“两台合一”，统一归口党委部门管理；全部完成文化、广电、新闻出版机构合并，成立文化广电新闻出版局；全部成立文化市场综合执法机构。加快发展文化产业，出台《辽宁省文化产业振兴规划纲要》。实施重大产业项目带动战略，培育做强辽宁七大国有文化企业、六大民营文化企业、八大文化产业基地，打造融温泉、冰雪、海洋等为一体的特色旅游品牌。目前，辽宁以北方联合出版传媒集团等为主的国有文化企业发展势头强劲，以本山传媒为代表的民营文化企业不断壮大，以沈阳棋盘山文化产业示范区为代表的一批文化产业基地已初具规模，以沈阳、大连两家国家级动漫产业基地为发展龙头的新兴文化产业发展迅速，文化产业整体呈现出健康快速发展的良好态势。

推进重大文化惠民工程建设。运用“广电”模式推进文化信息资源共享工程，实现了广大农村群众足不出户收听收看文化信息资源共享节目。建成点播服务点6万多个，推广点播用户209万，提前3年完成覆盖全省所有行政村和自然村任务。提前两年实现20户以上的通电自然村“广播电视村村通”目标；完成“农村电影放映”工程目标；全省11762个行政村中，建成农家书屋6269个，其余村2010年年底全部建成；建成综合文化站338个，占全省乡镇总数的36%。

大力发展群众文化。省委、省政府制定下发《关于进一步加强群众文化建设的若干意见》，召开全省领导干部大会，部署群众文化工作。省委提出要以服务群众为出发点和落脚点，创新群众文化工作方式，把握新时期群众文化需求，建立长效工作机制，加强基层文化干部管理，充实群众文化力量，加快基层人才队伍建设，打造群众文化活动品牌，创建百个县区特色群众文化基地，扶持百个基层文化示范广场，培育百个群众自办文化典型，评选百部群众原创优秀文艺作品，实施辅导培训“百千万”工程，组织百支文艺队伍下基层，推选百名“群文之星”，以牵动性、示范性项目为抓手，由点带面扎实推进群众文化建设。

三、总揽全局，乘势而上，坚定迈出文化强省步伐

前不久，省委、省政府下发《辽宁省文化产业振兴规划纲要》，提出建设文化强省的战略目标，这是辽宁全面振兴的标志性跨越。我们要以对党、对人民和对历史高度负责的精神，进一步深化文化体制改革，把定下的任务一项一项地落实好。

坚定目标。建设文化强省，就是要通过5年努力，到“十二五”期末，基本建成覆盖城乡的公共文化服务体系，文化产业成为国民经济支柱产业，群众文化发展壮大，优秀文化产品创作生产繁荣，人民群众基本文化权益得到保障，日益增长的精神文化需求得到满足，辽宁跨入文化强省行列，走在全国文化建设的前列。我们要把文化产业发展作为辽宁实施三大区域发展战略后的第四大战略，全面实施《辽宁省文化产业振兴规划纲要》，到“十二五”期末，努力实现文化产业占全省地区生产总值份额不低于5%，年均增幅不低于20%的“两个不低于”目标，使文化产业成为支柱产业之一，综合竞争力居全国前列。到2013年承办第十二届全运会时，初步展示文化强省形象。

抓住龙头。以辽宁中部城市群文化体制综合改革为龙头，全力推进文化体制改革，重点推进广电网络资源整合及“三网融合”，推进院团、非时政类报刊和新闻网站改革。以省直和沈阳市文化资源为主体，以推广营口改革经验带动各市改革，以推广辽宁日报、辽宁广播电视台改革经验带动文化各条战线改革，以国有经营性文化单位转企改制带动新型文化主体发育，以加快组建统一综合执法机构带动文化市场管理。依托沈阳、大连等市构建辽宁中部、沿海沿江、辽西北三大文化产业发展区域，建设一批文化强市、强县（市、区），推出一批重大文化品牌。

突出重点。抓住文化大项目、大产业、大市场建设。加快迁建辽宁广播电视大厦、引进国家重点企业打造大型文化企业等重大项目的进度。全力发展出版印刷、报刊发行、广播影视、演艺娱乐、动漫游戏、文化旅游、工艺美术、文化会展、新媒体九大优势产业，打造具有较强实力和竞争力的文化企业和文化产业集群，把辽宁中部城市群建成本省最大的文化产业发展集聚区。全方位拓展、充分搞活辽宁文化市场，大幅度提高辽宁文化贸易总量。

着力惠民。加快完善公共文化服务体系，建设省级博物馆、图书馆、科技馆、档案馆、群众

艺术馆等重大项目，统一规划公共文化设施布局，形成覆盖城乡、综合配套的公共文化服务网络。提高文化信息共享、广播电视户户通、农村电影放映等文化惠民工程建设水平。丰富群众主题文化活动，发展群众喜闻乐见的乡土文化，引导生产创作群众欢迎的精品力作，不断提高人民文化消费水平。

（作者：中共辽宁省委常委、宣传部长）

浙江发展文化产业的实践

茅临生

年初，胡锦涛总书记在省部级主要领导干部深入贯彻落实科学发展观、加快经济发展方式转变专题研讨班上提出，在加快经济发展方式转变中，要加快发展文化产业。这一重要论断深刻阐明了发展文化产业对于加快经济发展方式转变的重要意义。2009年，作为受国际金融危机影响最早、冲击最大的省份之一，浙江在中央的正确领导下，标本兼治，保稳促调，有效遏制了经济增长明显下滑态势，实现了漂亮的“V”型反转。尤其引人注目的是，浙江的文化产业从金融危机的逆境中“破茧而出”，逆势上扬，成为浙江加快经济发展方式转变的新引擎。据初步统计，文化产业总产值比上年增长15.4%，增幅比同期国内生产总值高出5.4个百分点，文化产业增加值占GDP总量的3.2%左右，出版发行、广播影视、动漫游戏等核心文化产业效益稳中有升，显示出旺盛的生命力。

浙江省委、省政府高度重视文化产业的发展，是因为我们充分认识到，文化产业在经济转型升级中起着不可或缺的独特作用：它能够助推转型升级，促进经济发展由传统产业向现代产业转化，由低端价值向高端价值提升，由挤占市场需求向创造市场需求转化，由资源消耗型向知识密集型转化，由依托现有优势向创造新的优势转化。创造浙江发展的新优势，必须大力推进文化产业的发展。为此，我们着重抓好以下几个方面的工作。

高度重视文化产业，加大政策扶持力度。省委、省政府高度重视国际金融危机中的文化产业发展。按照“做大做强做优”的目标要求，省委常委会对文化产业的发展进行了专题研究，制定下发了《关于支持文化体制改革和文化企业发展的意见》，在财政、税收、劳动保障、企业用地、投融资等方面出台了一揽子扶持政策；制定了《浙江省文化创意产业发展规划》和《浙江省文化产业项目投资指南（2009）》，提出了优先发展的32个门类138项重点领域。为深入贯彻落实国务院《文化产业振兴规划》，省委宣传部又牵头对全省文化产业的各个门类进行深入调查，研究制定了《浙江省文化产业振兴规划》。同时，省委、省政府把拉动文化消费作为扩大内需的重要内容，以举办首届浙江文化艺术节、义乌文博会、推动电影院线建设、数字电视联合发展、图书发行连锁经营、实施文化惠民工程等举措，不断完善文化产业的发展环境。所有这些，都为文化产业的快速发展提供了强有力的政策支持和良好氛围。

深化文化体制改革，培育合格市场主体。作为中央确定的文化体制改革综合试点省份，浙江省一直坚持“以改革促发展，以创新推提升”的理念，紧紧抓住转企改制这个中心环节，着力解决制约文化发展的深层次矛盾和问题。2009年5月，省委、省政府召开了全省文化体制改革工作会议，印发了《浙江省经营性文化单位转企改制任务分解表》,进一步明确了文化体制改革的“时间表”和“路线图”。首先,加快出版发行、电影、文艺院团等经营性单位转企改制步伐,使其迸发出强大的市场竞争力。浙江出版联合集团全年实现销售总额97.2亿元,同比增长7%。其次,不断创新国有文化集团运行机制,深化劳动人事、收入分配和社会保障等改革。浙江日报报业集团大力推进跨领域、跨行业、跨地区发展。浙江广电集团提出了“新一轮发展战略”,全力打造“中国蓝”品牌。以新闻出版、广播电视、文化演艺为主体的10家国有文化集团,已经成为浙江文化领域的主导力量和文化市场的战略投资者。

调整文化产业结构,推动业态转型升级。重点发展动漫产业,大力创新动漫业营运模式和营销模式,逐步形成了动漫产品研发、制作、销售和衍生产品开发的产业链,全年共生产动画片43部32758分钟、8部原创动漫作品,5个创作团队(个人)入选文化部“原创动漫扶持计划”,居全国第二位,在杭州举办的第五届中国国际动漫节成交额高达65.3亿元;突出抓好广播影视业发展,以精品创作生产为龙头,全年完成电影21部、电视剧37部1273集,实现了“浙产”电影、电视剧在全国获政府奖项数量和奖级的重大突破,全省广播影视经营达到121.92亿元,提前一年超额实现全省“十一五”广播影视发展规划提出的目标,城市影院实现票房收入4.2亿元,比上年增长55.4%;创新发展数字内容产业,大力发展有线数字电视增值业务,以华数数字电视公司为互动节目平台,全省统筹发展的数字电视运行格局基本形成,浙江日报《淘宝天下》杂志、浙江移动多媒体广播电视有限公司、浙江出版集团数字传媒有限公司等一批新兴传媒企业相继建立。

整合文化产业资源,壮大文化竞争实力。积极探索具有鲜明浙江特色的文化产业发展道路,促进形成多种经济成分共同参与的发展新格局。一是大力推进民营文化产业发展。浙江已有民营文化企业4万余家,投资总规模达到1300亿元以上。目前,全省影视节目制作机构共540家,民营企业占90%以上;印刷企业15000多家,民营企业占99%以上。2009年,以横店、宋城为代表的骨干民营文化企业获得更大发展。宋城的歌舞《宋城千古情》全年演出1331场,创收1.87亿元。二是大力扶持重点文化产业基地建设。借鉴浙江区域经济发展模式,以文化产业示范基地建设为抓手,扶持横店影视产业实验区、杭州高新区国家动画产业基地、杭州数字娱乐产业园等70多家重点产业基地的聚集发展。横店影视城2009年接待中外剧组106个,吸引旅游人次674万,实现旅游收入35亿元,实现影视业和旅游业双丰收。杭州市经过几年的发展,形成了十大文化创意产业园,聚集了100多家文化企业共同发展,2009年文化产业增加值在GDP中的份额达12.8%。三是大力创新投融资平台建设。充分发挥浙江社会资本雄厚的优势,2009年5月正式启动由浙江日报报业集团牵头组建的文化产业投资基金——东方星空文化基金,首期注册资本2.5亿元,为文化产业开辟了新的投融资渠道,这也是我国首个由传媒集团牵头组建的文化产业投资基金。

现在,文化产业的发展越来越成为浙江新的经济增长点和推进产业结构优化升级的重要抓手。我们坚信,浙江文化产业的快速发展,一定能够为浙江经济新优势的打造注入更加强大的活力,为经济发展方式的转变提供更加坚实的支撑。

(作者:中共浙江省委常委、宣传部长)

提升社会主义思想文化软实力

——划清社会主义思想文化同封建主义、资本主义腐朽思想文化的界限

范印华

党的十七届四中全会明确提出，加强党的意识形态工作和思想政治工作，划清社会主义思想文化同封建主义、资本主义腐朽思想文化的界限。这对于在新的历史条件下提升国家文化软实力，推动社会主义文化大发展大繁荣，推进中国特色社会主义伟大事业和党的建设新的伟大工程，具有重大的理论价值和实践价值。

划清社会主义思想文化同封建主义、资本主义腐朽思想文化的界限，是打好意识形态主动仗的重要课题。我国经历了漫长的封建社会，封建思想文化残余根深蒂固。过去我们对封建主义思想文化还缺乏全面、彻底的科学清理和理性批判，划清界限、吸其精华、弃其糟粕的任务还远没有完成。由于长期的闭关锁国，人们对西方文化知之不多、知之不深，改革开放后大量接触引进西方文化而又缺乏科学鉴别力，以致鱼龙混杂、泥沙俱进。特别要看到，敌对势力把文化作为西化、分化中国的“无形核弹”，实行“文化渗透”、“文化颠覆”、“文化演变”的文化侵略战略，与中国打着一场“没有硝烟”的思想仗、文化战。他们不但把文化渗透向深层拓展、向基层延伸，还利用互联网等现代传媒，散布大量有害信息，大肆鼓吹“中国威胁论”、“中国责任论”、“中国不确定论”，极力丑化中国、妖魔化中国，大肆炒作西方自由、民主、人权的所谓普世价值。加强党的意识形态工作，打好意识形态领域斗争的主动仗，当务之急就是划清社会主义思想文化同封建主义、资本主义腐朽思想文化的界限。

划清社会主义思想文化同封建主义、资本主义腐朽思想文化的界限，是增强思想政治工作科学性、实效性的紧迫任务。随着我国经济体制深刻变革、社会结构深刻变动、利益格局深刻调整、思想观念深刻变化，人们的思想认识、道德选择、价值取向等方面的独立性、多样性、差异性日益增强，这固然有利于人们从单一的思维定势中解放出来，但也为封建主义、资本主义腐朽思想文化提供了滋生繁衍的土壤和条件，以致出现了一些非理性的社会思潮。比如，历史虚无主义的思潮，否定党的领导，否定社会主义制度，否定改革开放，否定中国特色社会主义理论等等。这种否定一切的虚无心态，往往导致无理想、无追求、无所谓的人生态度。又如，极端自我化思潮，一些人把极端自我作为人生的出发点和归宿点，否定他人利益、集体利益、社会利益。如此等等，不一而足。这些东西，既是社会思想文化多元、多样、多变趋势的反映，也是封建主义、资本主义腐朽思想文化侵蚀影响的结果，是二者交互作用的衍生品。这种极其复杂的客观现实，增加了做好党的思想政治工作的难度。增强思想政治工作的科学性、创造性、实效性，就不能不直面这个现实，不能不划清社会主义思想文化同封建主义、资本主义腐朽思想文化的界限。

划清社会主义思想文化同封建主义、资本主义腐朽思想文化的界限，是为现代化建设提供政治保证、精神力量和文化支持的必然要求。思想文化的力量，可以深刻影响一个国家发展的进程，改变一个民族的命运。历史一再证明，国家的影响力，取决于经济、科技和军事实力，但也取决于文化力。特别是在新的历史条件下，经济与文化、政治与文化、科技与文化、军事与文化、外交与文化越来越融为一体，思想文化因素越来越重要。可以说，没有先进思想文化

的发展，没有全民族文明素质的提高，没有文化品格体现于经济、产业和产品之中，没有先进思想文化作用于现代化建设的全部实践，就不可能实现社会主义现代化。波澜壮阔的改革开放，有力地推进着社会主义思想文化的发展进程，形成了中国特色社会主义理论体系和以社会主义核心价值体系为核心的社会主义先进思想文化，但封建主义“沉渣文化”、资本主义“洋垃圾文化”也有所抬头。这里既有对现代化建设的强大助推力，也有对现代化建设的阻滞力。要为现代化建设提供强大的政治保证、精神动力和文化支持，就必须划清社会主义思想文化同封建主义、资本主义腐朽思想文化的界限，最大限度地强化助推力，最大限度地弱化阻滞力。

划清封建主义、资本主义腐朽思想文化同社会主义思想文化界限的根本目的，在于大力提升社会主义思想文化软实力，并在社会主义思想文化主导意识形态的实践中划清同封建主义、资本主义腐朽思想文化的界限，以形成相得益彰的良性循环。

在建构社会主义核心价值体系中大力提升社会主义思想文化的软实力。社会主义核心价值体系对人的思想道德、价值取向、精神追求和行为方式起着主导作用，也对社会主义思想文化建设的方向、目标、内涵和方式起着主导作用。特别要看到，我们同各种敌对势力在思想文化领域的斗争，本质上是社会主义价值体系和封建主义、资本主义价值体系的较量。必须把建设社会主义核心价值体系作为重要的战略工程、基础工程、灵魂工程，以其科学理论指导力、崇高理想凝聚力、高尚道德教化力、强大舆论导向力、精湛艺术熏陶力，构建社会主义主流意识形态，提升社会主义思想文化软实力。因此，建设社会主义思想文化要高扬当代中国马克思主义的旗帜，坚持不懈地用中国特色社会主义理论体系武装全党、教育人民，积极推进马克思主义中国化、时代化、大众化，特别是要把贯彻落实科学发展观作为理想信念来追求，作为科学指南来遵循，作为能力素质来培养，作为行为准则来实践。社会主义思想文化建设必须围绕中心、服务大局，始终不渝地为改革、发展、稳定服务，为构建社会主义和谐社会服务，为全面建设小康社会服务，并在服务中不断得以发展。社会主义思想文化建设要坚持“八荣八耻”，牢固树立社会主义荣辱观，在迷离混沌的社会现象中识得出真伪、分得出美丑、辨得出是非。要积极探索新形势下社会主义思想文化建设的特点规律，创新体制机制，创新内容形式，创新方法手段，创新领导方式和管理方式，推动社会主义思想文化的大发展、大繁荣。

在抵御封建主义、资本主义腐朽思想文化侵蚀影响的斗争中大力提升社会主义思想文化软实力。社会主义思想文化是在同封建主义、资本主义腐朽思想文化的斗争中不断前进发展的。放弃了斗争，不但封建主义、资本主义腐朽思想文化会腐而不朽、垂而不死，而且还可能占领社会思想文化阵地，动摇社会主义思想文化在意识形态领域的主导地位。与封建主义、资本主义腐朽思想文化进行斗争，要以科学的、理性的态度，通过以正祛邪的分析比较鉴别的方式方法，引导全党和人民群众，既要认清其内涵、形态、本质和核心，又要认清其根源、演变和危害；既要认清其阶级基础、社会基础和心理基础，又要认清其顽强性；既要认清与其斗争的重要性、紧迫性，又要认清这一斗争的复杂性、艰巨性、长期性；既要认清其呈现的许多新形态、新特征、新走向，又要认清人们受其侵蚀影响出现的新情况、新问题；既要探索新形势下对其抨击的有效方法，又要探索用先进思想文化引领社会思潮的有效途径，等等。特别要看到，封建主义、资本主义腐朽思想文化会利用多种方式来隐身，会借一些新的非理性社会思潮来还魂。当前，尤其需要提高对封建主义、资本主义腐朽思想文化的鉴别力、洞察力，不管其打着什么旗号，以什么表现形态出现，施展什么“隐身术”，我们都要能见微知著、洞若观火；无论其怎样鱼龙混杂、鱼目混珠，无论其怎样模糊与社会主义思想文化的界限，我们都要能够是非分明、旗帜鲜明，不被其表象甚至假象蒙蔽，提高对封建主义、资本主义腐朽思想文化的抵御能力，高扬社会主义思想文化大旗。

在对传统文化、西方思想文化的扬弃中大力提升社会主义思想文化软实力。社会思想文化具有继承性、开放性、创新性的特征。社会主义思想文化不是从天上掉下来的，而是继承全人类思想文化精华而又不断创新的结晶。在各种思想文化相互交流交融交锋日趋明显的今天，大力提升社会主义思想文化软实力，尤其需要在继承中发展、在创新中继承。像中国传统思想文化中蕴含的以爱国主义为核心，追求团结统一、自强不息、和谐相处、爱好和平的思想和精神，像国外尊重知识、严谨认真、崇尚和平、追求进步的理想和精神，都有我们可资借鉴的合理元素。在扬弃中提升社会主义思想文化软实力，必须重点吸收其具有核心价值而又能够体现时代发展精神的东西，既不是“泼脏水连孩子一起泼出去”，也不是照单全收的“拿来主义”；必须坚持社会主义思想文化的主导地位，继承和吸收的东西只能有利于社会主义思想文化的丰富、完善和发展；必须在继承中创新，使继承吸收的过程变为创新发展的过程，使社会主义思想文化更加体现时代发展、使命任务和中国实际；必须在吸收中尊重差异、包容多样，不能过于苛求、追求思想文化的单一性，而是要唱响主旋律、尊重多样性。总之，就是要力求在多元多样中立主导，在交流交融中谋共识，在变化变动中求创新。中华民族在思想文化上具有浓厚的底蕴和强大的创造力，具有开放的兼容力和创新的吸纳力。古人云：泰山不让土壤，故能成其大；河海不择细流，故能就其深。今天的中华民族，创造经济奇迹的时代已经到来，创造社会主义思想文化辉煌的时代同样已经到来！

（作者：海军副政治委员）

努力打造无愧于时代的民族文化精品

张　平

来中央党校学习，收获很大。通过学习和交流，在如何打造中国的文化软实力上，又有一些新的感悟和启发。

我们十分庆幸自己在中国的这个历史上最为深刻最为灿烂的时期，能亲身体验和经手其经济、政治和文化的运转。作为一个写作者，尤其让我深感庆幸的是，这个巨变的时代，它对文化需求的强劲和巨大完全超出了我们想象。我们的文化和我们的文学，也包括我们的创作正在经受着国内国外这双重需求的牵扯、挤压和期待。这考验着我们的智慧和良知，也让我们所肩负的历史职责和使命更加沉重。

这些天来，我一直在思考一个问题：我们文化创作的核心价值观究竟是什么？我们所依据的文艺标准又究竟是什么？回头看看自己的过去，我同很多现在仍然活跃在创作一线的中年作家们经历基本一致，知识结构也大致相同，经历过三年自然灾害和十年文革，在特殊的年代我们下过乡，插过队，当过农民，做过工人。文革结束后我们走进大学，如饥似渴地接受和弥补所欠缺的基础知识和专业知识，在拨乱反正和一拨一拨的思想解放中，对很多东西我们还没有来得及消化和思考，就走上了创作道路。从底层生活中摸爬滚打出来的我们，心灵深处浸透了人民群众的血泪和欢乐，饱含着和人民群众共同的生活感受和对改革开放的热切期盼，我们的作品自然而然地受到了社会各阶层普遍而热烈的欢迎，产生了意想不到而又持久的反响和共鸣。改革开放三十年来，我们的经济奇迹举世瞩目，社会变化日新月异，时代的变迁天翻地覆。而与此同时，我们的文学却似乎逐渐地被“边缘化”，文学期刊的数量大批减少，发行量大幅萎缩，甚至不断有人预言，当代文学早已面目全非，小说正在不可逆转地走向死亡。文学现状让我们百思不解深感忧虑：当今社会，文化需求前所未有的强劲，文化产品超乎寻常的蓬勃发展，似乎只有文学创作、文学活动和文学的需求在日益减弱，在不断衰落。

然而在现实中，则是另外一番景象，四大名著依旧是各色人等的必读经典，这些作品被一次次地解读，被一次次地翻拍，每一次的解读和翻拍都会再次引发强烈反响和收看热潮。包括健在的许多作家和艺术家的作品，也有很多已历经几十年而不衰，特别是有些作家十年二十年前的那些作品，依然让人们怦然心动，温馨如初……

稍加分析，就能看出这些作品的相同点：关怀民众，关注民生，温暖人心，爱憎分明，给社会以正义，给人生以信心，给生活以希望，彰显着鲜明的民族气派、民族风格和民族精神。

其实我们只要在下面走走，就会明白被边缘化了的是人民群众早已厌倦了的那些百无聊赖的文字游戏和极度无视读者观众的所谓现代艺术，还有那些自轻自贱自虐自残的文艺作品。即使是在国外，越来越多的读者，也渐渐不再相信那些偏见。他们也在思考，曾经被殖民主义者认为愚昧、猥琐、丑陋、自私、肮脏、迷信、麻木不仁、见利忘义、冷漠吝啬、胆小怕事、因循守旧的中国人，怎么会创造出举世瞩目的经济奇迹和世界文明史上的历史巨变。

而这一切，能说同我们的文学和文化产品没有关联？一个县委书记曾经对我说过，“你们当代的一些只会让外国人喝彩的作家都写了些什么？就只会这么糟蹋自己的国家和国人吗？说实话，假如我是一个不了解不熟悉中国的外国人，要是常看这些作家写的这类作品，肯定就把你们中国和中国人看扁了……”听了他的话，我良久无语。他的话不无偏激，但你又不能不承认他说得并不是没有道理。

反观国外，日本国崇尚的大和民族精神，即使是在国家战败投降之时，也仍然是支撑整个国家的主流文化。在与我们相同的社会发展时期，看看他们的《阿信》、《野麦岭》、《幸福的黄手帕》，看看他们的《海峡》、《日本沉没》、《白色大巨塔》，就会清楚在文艺作品中他们是如何把民族精神推销给全世界。只要你看过了这些作品，你就不能不对这样的国家和民族肃然起敬。还有，在美国的文学作品和影视大片中，美国精神已经成为美国文化产品的基本元素，随着美国文化产品的全球化战略，美国精神已经成为美国文化全球推广的核心价值体系。我们清楚，一个国家的民族精神很大程度是靠文化来发扬光大、靠文艺作品的影响力来代代传承。没有任何一个国家的文艺家，会在作品中把自己的民族文化和民族精神自虐和践踏到一无是处的程度。

以一些人所认定的西方文艺观，认为现实主义文学就只能是对现实的批判，那么，批判必须是以牺牲民族精神和民族气节为代价的吗？如果只有描写腐烂、描写肮脏、描写丑恶、描写黑暗的文学作品才算是现实主义，那么，在这种标准下，腐恶和丑陋的世界如何体现社会正义？而拒绝崇高又如何体现现实对光明的期待和向往？这种僵硬的、偏颇的、狭隘的文学价值观，其实忽略了一个最基本的社会事实，那就是对当今社会发展和当代受众需求的无视与冷漠。连国外的评论界和媒体舆论也不得不重新审视和关注这样的观念：当今中国如果不是制度上的优势，如果缺少人民的支持，如果没有优秀的文化传承，如果不具有一种惊天地泣鬼神的民族精神，又如何能在如此短的时间内取得如此巨大的历史进步和经济发展？

没有民族文化的文化是可怕的，没有民族精神的民族是可悲的。

文化是一个国家、民族精神和智慧的长期积淀和凝聚，是民族生存的前提和条件，它蕴涵着国家走向未来的一切可持续发展的基因，是民族振兴发展的全部价值与合理性之所在。一个国家的民族精神，它所表现的肯定是一个国家和民族积极健康，引人向上，催人奋进，充满活力，表达正义，代表了世道人心，表现了民族气节，具有普遍意义的普世价值和人文精神。

缺少民族精神，没有文化内涵的文艺作品注定是要遭到文化的离弃；脱离血脉文化的舶来文化的优越感和时尚感，也注定会遭到大多数人的疏远和冷漠。

不久前，我在网上看到了被国外某些机构誉为当代著名中国学者和文学评论家的一篇署名文章，大意是由于自己的价值认同无法实现，所以让他唯一感到可惜的竟然是“英法联军的雄风不再”……整篇文章里面充满了对养育了自己的祖国和人民的极度憎恶和愤恨。他竟然说自己之所以写出了这么多恶毒咒骂的文章，就是因为一点，他的领导对他不厚道、不宽容。言外之意也就是没有及时重用他、关注他。

一个中国人，不管你是作家还是什么样的人，如果你不爱这块土地，也不爱这个国家，甚至憎恨这块土地上这个国家中生你养你的父老乡亲，那么，你想要的目的是一个怎样的目的？你的意图又是怎样的一个意图？爱国，难道会阻碍你的目的意图和价值认同吗？如果你不以这块土地为荣，不以这块土地上有着数千年历史的国家为荣，不以这个有着数千年文化的民族为荣，对这块土地和这块土地上所产生的文化，连一丝爱意都没有，那么，你想要的又是一种什么样的目的和意图，你的价值认同又会是怎样的一种价值认同？

对有些人和有些观点，我们常常无言以对。不过有一点我还是想说，无论你是怎样的世界观和人生观，无论你是怎样的文学观和写作目的，也无论你抱有什么样的信仰和价值认同，作为一个当代作家，面对着自己的国家和民族，就必然应有一个最基本的道德底线和是非标准，那就是你要时时刻刻记住自己是一个中国人，你的文字不能也不应该玷污“中国”这两个字。如果是因为要达到某种意图某种目的或者想取得某种效果某种影响，而不惜在自己的作品里牺牲掉自己国家的民族精神和民族气节，甚至荣辱无界，是非不分，以至以耻为荣、黑白颠倒，那就不论你是怎样一个作家，不论你写出了怎样的作品，也不管你的动机如何，都将是卑劣的，也是可耻的。

面对着中国的崛起，面对着当今中国文化蓬勃发展，面对着人民群众对文化的强劲需求，我们要理直气壮地打造具有民族精神的时代精品，让我们的文学昂首挺胸地站起来，走出去，这既是时代的需要，也是人民的期待。

（作者：山西省人民政府副省长）

世界经济格局变化的文化应对

冯韶慧

一、大力发展文化产业应成为后危机时代的长期战略选择

2008 年下半年以来，源起于美国次贷危机的国际金融危机席卷世界，给世界经济格局带来巨大动荡和一系列新的变化。这次金融危机对我国经济社会发展的影响，从表面上看是严重冲击了我国的经济增长速度，延续

多年的高速增长被终止，而从实质上讲则是对我国注重数量而忽视结构、质量的落后经济发展方式的严重冲击。具体来说，表现在以下几个方面。

一是世界经济增速大幅减缓，各国普遍加强宏观调控和战略调整，在规避经济风险的同时努力寻求新的经济增长点，转变经济发展方式成为我国当前刻不容缓的艰巨任务和今后一个长时期的工作目标。二是世界消费总需求迅速下降，特别是发达国家的借贷式消费遭受强烈遏制，在外需萎缩的同时积极扩大内需成为我国经济发展的战略方针。三是单纯依赖资源、能源的粗放消耗和低廉劳动力成本、低水平技术推广等传统优势发展经济成为死路一条，加大自主创新力度，攻克核心技术，技术创新、管理创新等逐步成为经济发展的核心要素和引领力量，由此带来的经济结构的优化调整成为必然，新能源、新材料、绿色经济、低碳技术等成为今后一个时期各国争相抢夺的经济发展制高点。四是世界进出口贸易严重收缩，贸易保护主义抬头，一些发达国家为振兴经济提出了扩大出口的发展战略，世界贸易格局出现深刻变化，我国长期以来形成的以技术含量低、初级产品为主的对外贸易格局受到严峻挑战。五是金融危机之“危”成就了文化产业之“机”，文化产业完全符合低碳、绿色的要求，是调整优化经济结构的重要内容和转变发展方式的重要方向，许多国家出台了发展文化产业的规划。我国顺应了这种时代要求，采取了一系列措施振兴文化产业，我国文化产业出现了逆势上扬的良好发展势头，但中外文化贸易严重逆差的局面仍难以改变，从国内来讲，人们多层次、多样化的文化需求仍有较大缺口。

文化作为应对世界经济格局变化的重要方面，肩负着重要的任务。文化产业不仅在应对国际金融危机中有着出色的表现，也应成为我国融入和应对复杂多变的国际经济格局以及进入后金融危机时代的一项长期的战略选择。

二、发展文化产业是应对世界经济格局变化的重要力量

世界经济格局变化昭示着发展文化产业的历史趋势。从历史规律来看，发展文化产业是现代经济演进的必然要求。从现实情况来看，发展文化产业对于应对金融危机、调整经济结构等重大战略问题发挥着重要作用。

（一）发展文化产业是应对国际金融危机的有效措施。历史经验表明，经济萧条时期，往往正是文化产业得以发展繁荣的机遇期。美国文化产业就是在经济危机中成长起来的，20世纪30年代的经济大萧条催生了以百老汇、好莱坞为代表的演艺业、电影业发展。韩国应对1997年亚洲金融危机的挑战，及时提出了“文化立国”方针，以电影业为龙头的文化创意产业迅速崛起，最终从好莱坞手中夺回了韩国电影在本土市场的主导权。伴随2008年下半年以来的金融危机，我国积极采取措施推动文化产业驶入快车道，在宏观经济复苏的大背景下，文化产业在多数领域实现了超常增长，成为国民经济发展中最引人瞩目的领域。2009年中国城乡居民家庭文化娱乐用品及服务支出总额约6076亿元，政府公共财政文化消费支出1095.74亿元，文化产品和服务出口约700亿元人民币左右。国际金融危机凸显了文化产业的特殊优势，文化产业已经登上了国家战略性新兴产业的位置。

（二）发展文化产业是顺应世界经济演进规律的必然要求。目前，发达国家的经济发展已进入知识经济主导和第三产业发达的阶段，经济增长75%靠技术进步，第三产业占GDP比重达70%以上，知识、智力、信息、技术、创意等成为经济发展的决定性因素。而我国目前总体上仍处在以高投入、高能耗、高消耗、高污染、多占地为特征的“四高一多”式的粗放型增长的发展阶段。我国经济增长主要依靠大量消耗资源，单位资源的产出水平仅相当于美国的1/10、日本的1/20。这种以牺牲资源环境为代价换

取高增长速度的低级发展方式不仅难以为继，也不可能在激烈的国际经济竞争中长期立足。这是这次金融危机带给我们的直接而深刻的教训。文化产业作为知识经济、第三产业特别是现代服务业的重要内容，既是我国经济由低端向高端发展的必然要求，也是转变我国传统经济发展方式的重要突破口。

（三）发展文化产业是改变和优化我国对外贸易格局的重要任务。国际贸易是国际经济交流与合作的重要载体。我国是进出口贸易大国，但出口产品的质量、结构、效益不佳，以廉价劳动力为优势的产品占据了货物贸易的主流，大量的中国制造、贴牌生产而非中国创造的产品遍及世界市场，在赢得巨大贸易顺差的同时也造成巨额利益流失，同时导致国际贸易摩擦和反倾销事件不断发生。目前我国有近200种产品的产量位居世界第一，但具有国际竞争力的品牌很少。在出口产品中，拥有自主知识产权的品牌不到10%。我国出口的产品大量是贴牌产品，处于国际产业分工价值链的低端，出口越多，对资源、能源的消耗越大。与此同时，由于文化产品缺乏竞争力，我国文化进出口贸易长期存在巨大逆差，进出口比例约为10：1，致使美日韩等国家的影视、动漫、图书等文化产品裹挟着形形色色的价值观念充斥我国文化市场。这种状况与具有5000年文明史的中华文明的地位很不相称，与我国作为经济大国日益提升的国际地位很不相称，严重制约了我国的文化软实力的发展，甚至威胁到我国的文化安全和社会主义核心价值体系建设。大力发展文化产业和文化贸易，通过市场化、国际化竞争的手段推动中华文化走向世界，对于优化我国对外贸易结构、拉动国内经济增长、提高我国文化软实力、扩大中华文化的国际影响力具有重大现实意义和深远历史意义。

三、经济社会发展环境孕育着文化产业发展的良机

文化产业是典型的低碳经济、绿色经济，具有资源消耗低、环境污染小的特点，是受资源、能源、环境瓶颈制约较小的新兴产业。在加快经济发展方式转变过程中，文化产业具有优结构、扩消费、增就业、促跨越、可持续的独特优势和突出特点。因此，发展文化产业是转变经济发展方式的重要途径和突破口，它不仅能够开辟经济发展的新途径、新空间，还从精神动力、思想保证、文化条件等方面为经济社会发展提供不竭的活力源泉。在转变经济发展方式的助推下，我国文化产业发展面临历史性机遇，形成了更加有利于文化产业发展的环境和条件。

（一）有力的政策保证。党的十七大提出"转变经济发展方式"，实现了由经济增长理念向经济发展理念的转变和提升。应对国际金融危机，增强了我国转变经济发展方式的危机感、紧迫感。这些新的重大变化进一步突显了文化建设在经济社会发展全局中的重要地位作用。胡锦涛总书记在省部级主要领导干部深入贯彻落实科学发展观加快经济发展方式转变专题研讨班开班式上的重要讲话中，把加快发展文化产业作为加快转变经济发展方式的八项要求之一。温家宝总理在2010年的政府工作报告中，首次把文化建设作为一个独立的部分进行阐述和部署，突出强调了文化产业发展的重要意义。中央主要领导的重要讲话，为在后金融危机时期大力发展文化产业指明了方向、奠定了思想理论基础。国务院及时出台了文化产业振兴规划和推进文化体制改革、加快文化产业发展的一系列改革措施，这其中最重要的有文化体制改革的政策、发展文化产业的金融政策、推进文化产品"走出去"的政策、鼓励文化与科技及其他方面融合发展的政策等。

（二）强劲的经济拉动。这些年来，我国经济保持高速增长，即使在金融危机导致世界经济负增长的背景下，也并未改变我国经济较快发展的基本态势，我国从整体上已经进入工业化、城镇化快速发展的阶段。2009年，我国人均GDP超过3600美元，世界排名居99位，首次进入前100名，全国城镇化水平达到

46.59%，城乡居民恩格尔系数分别降低到37%和43%左右，总体上已经进入小康居民消费阶段。据专家预测，2010年我国人均GDP将突破4000美元大关。工业化、城镇化的快速发展为我国加大对文化建设的投入、改变居民消费结构、扩大居民文化消费创造了有利条件。同时，正在强力推进的经济结构调整要求把发展文化产业作为重要内容，从文化产业发展规划的制定、金融支持政策的出台、发展环境的优化和制度安排的完善等方面施以推手、予以强化。

（三）巨大的市场潜力。我国拥有全球最大的消费市场，居民消费结构正在由物质型向精神型、由生存型向发展型、由满足型向享受型转变，人民群众文化消费能力、文化消费欲望显著增强。在外需萎缩、我国实施扩大内需的发展战略的背景下，国内文化市场势必会得到不断的扩展。根据国际经验，当人均GDP超过3000美元的时候，文化消费会快速增长；接近或超过5000美元时，文化消费则会出现“井喷”。我国人均GDP正处在3000—4000美元之间，按照国际经验估算，我国文化消费支出总量应该在4万亿元以上，而当前实际上只有不到8000亿元，这意味着我国居民文化消费潜力远未得到释放。随着我国经济发展由主要依靠投资、出口拉动向依靠消费、投资、出口协调拉动转变，随着我国社会保障、收入分配制度改革不断惠及民生，巨大的消费潜力必将转变为广泛的消费行为，给我国文化产业以有力推动。

（四）充足的科技手段。文化与科技的融合是时代发展的大趋势，文化加上科技的翅膀，就会产生新的文化业态，进一步扩大文化的影响，提升文化的经济价值，而科技也有了新的展示平台。当前，以信息化、数字化、网络化为代表的高新技术的迅猛发展和广泛应用，极大拓展了文化发展空间，特别是集新技术、新媒体、新意识形态阵地于一身的互联网给文化建设带来革命性变革，催生了一系列深受大众欢迎的文化新形态，对经济社会发展产生深刻影响，展现出不可遏制的强劲势头。随着现代科技在文化管理和服务中的广泛应用，随着网络文化、新媒体、电子票务等新兴的文化业态的迅速发展，随着文化与高新技术的深度融合，文化产业发展的表现力、创造力、传播力、竞争力将会获得极大提升。谁善于运用高新科技激活、提升文化生产力，谁就掌握了推动文化产业跨越式发展的利器。

（五）雄厚的资源基础。中华文化享誉世界，历史悠久，特色鲜明，内涵丰厚，许多优秀的传统文化与现代文明相承接，具有为世界人民广泛接受的普世价值。目前，我国共登录了不可移动文物达90万处，非物质文化遗产资源总量达87万项。全国有38处世界文化遗产，居世界第三位；22个项目列入“人类非物质文化遗产代表作名录”，居世界第一位。中华文化中极其丰富的思想观念、价值伦理、经典古籍、历史流变、传说故事、民族节日、名胜古迹、民俗风物等构成了文化产业发展取之不尽、用之不竭的资源宝库。但是，丰厚的文化资源作为一种比较优势并不能自动地转化为文化产业优势，如果仅仅满足于这种优势之中，反而还会成为发展文化产业的阻碍，而文化资源作为产业发展资源，是不具有独占性的，这就是美国利用花木兰、熊猫等我国独有的文化元素制作文化产品而大赚其钱的原因。把文化资源优势转化为产业优势、经济优势、发展优势，必须通过市场化、产业化、科技化、国际化的机制和手段加以发掘利用，只有这样才能打造具有民族特色的中国文化产业品牌。

四、加快推进文化产业发展的路径选择

近年来，我国文化产业发展迅速，但也存在总体投入不足、品牌创新乏力、产业集聚不够、市场要素不全、贸易结构不平衡、经营人才短缺等亟待解决的突出问题。我们要紧紧抓住全球范围经济调整、我国加快经济发展方式转变的

大好机遇，充分利用一切有利环境和条件，结合存在的突出问题，采取多种措施推动文化产业加快发展，提高我国运用文化手段应对世界经济格局变化的能力。

（一）发展文化产业要以强化政府扶持为保障。要着眼于发挥文化产业的功能作用，树立抓文化产业就是抓经济发展的观念，抓文化产业就是抓转变经济发展方式的观念，抓文化产业就是抓战略性新兴产业的观念，抓文化产业就是抓节能减排发展低碳经济的观念，把发展文化产业作为战略性、先导性产业提上重要议事日程，既作为当前的紧迫任务，又作为长期的战略抉择，纳入中心工作。各级政府要设立扶持文化产业发展专项资金，制定符合本地实际的文化产业发展规划，完善扶持文化产业发展的政策措施。要统筹协调发改、财政、工商、建设、税务、商务、银行、媒体等各职能部门，从项目立项、工商登计、土地征用、设施建设、资金引导、规费减免、融资担保、税收优惠、补贴奖励、宣传推介等方面加大对文化产业的扶持力度。

（二）发展文化产业要以挖掘资源优势为基础。要大力推动我国的文化资源优势向文化产业优势转变，加强对文化资源的深度挖掘、创意策划、市场营销，坚持政府推动和市场驱动两轮联动，以创意、策划为引领，以文化企业为主体，以高新技术为载体，将静态的文化资源转化为演艺、节庆、图书、动漫、影视、园区等具体的文化产品、文化项目。要加强对分散文化资源的整合利用，采用集群式、园区式、捆绑式运作机制，谋划一批投资规模大、辐射带动性强、科技含量高、市场前景好、能够优化生产布局的大项目，打造文化产业的优势品牌。要注重文化资源与旅游、餐饮、服饰、玩具、家庭装饰等产品的结合，把中华文化元素熔铸到更多的产业门类和民众生活中，打造和延伸产业链条，让文化资源活起来、动起来，提升各类产品的文化内涵和经济附加值。

（三）发展文化产业要以引进高新科技为关键。要积极利用数字、网络和声光电技术改造提升传统文化产业，促进产业结构战略性调整，使其从劳动密集型向技术密集型、由低附加值向高附加值、由粗放经营向集约经营、由手工作坊向现代生产线转变。要以推进电信网、有线电视网、互联网“三网融合”为契机，鼓励支持新闻出版、广播影视、演艺娱乐、节庆会展等文化行业对数字技术的应用，积极推动3G产品开发、数字报纸、网络出版、手机电视、动漫游戏等新兴文化业态发展，进一步延长产业链，提升价值链。要拓展推广现代流通方式，借鉴电影院线制度，运用计算机网络技术构建区域一体的演出院线制度和联网票务系统，提高营销服务能力。

（四）发展文化产业要以增强产业集聚为重点。要大力推动文化企业集团建设，整合归并小、散、弱、差文化企业，培育文化产业发展的中坚力量，打造一大批骨干文化企业。要突出重点，推动大型国有文化企业进行跨地区、跨领域、跨所有制兼并重组，壮大文化企业规模，提高集约化经营水平，打造文化产业“航母”。择优扶持一批民营文化企业和集团，支持民营资本参与国有文化单位的资产重组，打造民营文化企业样板，形成民营文化企业蓬勃发展的良好局面。按照“分工协作、优势互补、错位发展”的思路，促进相关文化企业在一定空间范围高度集中，建设具有特色优势的文化产业园区。

（五）发展文化产业要以扩大文化消费为支撑。要健全各级各类文化产品交易市场，推广连锁经营、物流配送、电子商务等现代流通组织和流通方式，建立以市区为中心、区县相配套、贯通城乡的文化产品流通网络，使群众便于消费。要完善文化要素市场，发展产权、人才、信息、技术、广告、展览、咨询、版权等文化产品服务市场，发展文化经纪代理、评估鉴定、技术交易、推介咨询、担保拍卖等各类文化中介服务机构，促进文化产业领域的生产性消费。当前最重要的是要大力推进资本市场、金融机构对文化产业的支持，加强文化知识产权的保护和文化经营人才的培养。要在繁荣城市文化市场的同时，运用市场准入、价格调节、财税优惠等政策，积极开发农村文化市场。要大力实施中华文化“走出去”战略，积极开拓海外文化市场，扩大文化产品及服务出口，增强外需对文化产业的拉动力。要大力加强公共文化服务体系建设，使之成为培育民众文化消费、扩大文化市场的基础。

(六)发展文化产业要以深化体制改革为动力。要围绕重塑文化市场主体，加快经营性文化事业单位转企改制步伐，完善法人治理结构，建立现代企业制度，使其成为产权明晰、权责一致、面向市场、自主经营的文化产品的生产者、经营者，增强国有文化产业的影响力、控制力。要加快一般性文艺院团转企改制步伐，通过组建演艺集团、演艺公司等形式，整合演艺资源，建立市场化的生产经营机制，提高集约化发展水平，使其成为我国演艺业发展的主力军。要加快文化市场综合执法改革步伐，组建综合的文化行政管理部门和统一的文化市场执法队伍，促进形成统一规范的文化市场体系，为文化产业发展营造良好市场环境。要进一步转变文化行政管理职能，尽快实现由微观管理向宏观管理转变，由“管脚下”向“管天下”转变，把管理工作的重点放到政策调节、市场监管、社会管理和公共服务上来，为文化产业发展营造良好的政务环境。

(作者：河北省文化厅厅长、党组书记)

文化：国家发展和民族振兴的强大力量

韩振峰

党的十七届五中全会明确指出：文化是一个民族的精神和灵魂，是国家发展和民族振兴的强大力量。在当今世界，文化软实力越来越成为民族凝聚力和创造力的重要源泉，越来越成为综合国力和国际竞争力的重要因素。任何一个国家要想在激烈的国际竞争中赢得主动，就必须在高度重视和提升国家经济实力、科技实力和国防力量的同时，大力提高国家文化软实力，推动文化事业大发展大繁荣。

首先，文化是一个民族的精神和灵魂，是国家发展和民族振兴的强大力量。一个民族的文化，凝聚着这个民族对世界和生命的历史认知和现实感受，积淀着这个民族最深层的精神追求和行为准则。数千年来，中华民族之所以能饱经沧桑而不倒、历经磨难而不亡，一个重要原因就是它有着深厚的文化传统和悠久的民族精神。古往今来，每一个伟大民族都有自己博大精深的文化，一个民族的觉醒首先是文化的觉醒，一个国家的强盛更是离不开文化的支撑。

其次，提升国家文化软实力是增强国家核心竞争力的重要途径。一个国家的综合国力，不仅包括经济实力、技术实力、国防实力，同时还包括民族凝聚力、道德感召力、舆论引导力等等，这种精神力量也是综合国力的重要组成部分。随着世界多极化、经济全球化的深入发展和科学技术的日新月异，文化与经济、政治相互交融的程度不断加深，与科学技术的结合更加紧密，经济的文化含量日益提高，文化的经济功能也越来越强，文化已经成为国家核心竞争力的重要因素。谁占据了文化发展的制高点，谁拥有了强大的文化软实力，谁就能够在激烈的国际竞争中赢得主动。我国作为发展中的社会主义国家，要想在新的国际竞争中立于不败之地，就必须尽快提高国家文化软实力，形成与我国经济社会发展和国际地位相适应的文化优势。

再次,推动文化大繁荣大发展是全面建设小康社会的根本要求。在当今社会,文化已成为衡量社会文明程度和人民生活质量的显著标志。文化的进步反映着社会的文明进步,文化的发展推动着人的全面发展。我们所要实现的现代化是经济、政治、文化、社会全面发展的现代化,我们所要全面建设的小康社会既需要殷实富足的物质生活,也需要丰富健康的文化生活和精神生活。如今,人们的精神文化需求日趋旺盛,全社会求知求乐求美的愿望更加强烈。与之相比,我国文化发展的总体水平还不高,同人民群众日益增长的精神文化需求还相差很远,同全面建设小康社会的要求也还不相适应。这就迫切要求我们进一步加大文化建设的力度,切实推动我国文化事业大发展大繁荣。

推动文化大发展大繁荣、提升国家文化软实力是一个系统工程,需要我们认真研究,精心谋划。当前,重点要从以下几个方面做出努力:

一是发展文化生产力。文化生产力是社会生产力的重要组成部分。当年马克思在《资本论》手稿中曾经把人类生产劳动的社会分工划分为人的体力劳动和脑力劳动的分工,这种分工造就了物质生产领域和精神生产领域的分离,于是社会生产分化为物质生产和精神生产。在物质生产中创造物质产品的能力,形成了物质生产力;在精神生产中创造精神产品的能力,形成了精神生产力,也就是文化生产力。文化生产力是生产文化产品和提供文化服务的能力。在现代社会化的大生产中,文化生产力以各种方式充分体现在生产过程中,成为直接的生产力。在大力发展物质生产力的同时,必须解放和发展文化生产力。文化体制改革是解决制约我国文化生产力发展的体制性障碍、满足人民群众精神文化需求的根本途径。我们必须坚持社会主义先进文化建设的方向,突破那些不适应时代发展需要的旧的文化观念的束缚,尽快建立健全适应中国特色社会主义现代化建设需要的新的文化体制,切实推动我国文化事业大繁荣大发展。

二是增强文化凝聚力。历史经验表明,任何一个国家要把全社会的意志和力量凝聚起来,就必须有一套与经济基础、政治制度相适应的核心价值体系。我国是一个拥有 13 亿人口、56 个民族的大国,靠什么统一人们的思想、凝聚人们的力量呢?必须靠统一的指导思想、共同的理想信念、强大的精神支柱和基本的道德规范,也就是社会主义核心价值体系。如果没有这样的核心价值体系作统领,就会失去团结一致、共同奋斗的思想道德基础,就会导致人心涣散、社会混乱。为此,我们必须把建设社会主义核心价值体系作为提高推动文化大发展大繁荣、提升我国文化软实力的核心任务,坚持不懈地用马克思主义中国化最新成果武装全党、教育人民,用中国特色社会主义共同理想凝聚力量,用以爱国主义为核心的民族精神和以改革创新为核心的时代精神鼓舞斗志,用社会主义荣辱观引领社会风尚。

三是增进文化传承力。深入挖掘和弘扬传统文化有益价值。任何一个国家和民族文化的发展,都是在既有文化传统基础上进行的文化传承、变革与创新。如果离开传统、割断血脉,就会迷失方向、丧失根本。在全球化趋势深入发展的今天,必须充分认识我国传统文化的历史意义和现实价值,努力在继承优秀传统文化的基础上铸造中华文化的新辉煌。要按照古为今用的原则,对丰厚的传统文化进行科学梳理、深入挖掘,取其精华、去其糟粕,使民族优秀传统文化得以传承,并不断发扬光大。

四是拓展文化吸纳力。每个国家和民族的文化都有自己的优势和长处,不同文化之间的相互学习和借鉴是文化发展的必要条件。中华文化胸襟博大、海纳百川,因兼收并蓄而丰富多彩,因博采众长而永葆活力。在日益开放的当今时代,文化的繁荣发展离不开同世界各种文明的对话。为此,我们要积极适应世界文化交流、交融、交锋更加频繁的新趋势,着眼于中华文化的长远发展,以更加自信的心态、更加开阔的视野,吸纳百家优长、兼集八方精义,使中华文化不仅植根于民族优秀传统文化的沃土,而且符合世界发展进步的潮流。当然,学习借鉴并不是盲目模仿、照抄照搬。必须从提高我国文化软实力的实际需要出发,对外来文化进行具体分析,以我为主、为我所用、择善而从,既大胆吸收借鉴一切有利于我国文化建设的有益经验和优秀成果,又始终坚持自己的理念、信念和原则,有效抵制腐朽思想文化的侵蚀。

五是激发文化创造力。创新是文化的本质特征,是推动文化繁荣发展、提高国家文化软实力的不竭动力。要充分发挥人民群众在文化建设中的主体作用,充分调动广大文化工作者的积极性,进一步激发人民群众的文化创造潜能,使文化大发展大繁荣拥有广泛而坚实的群众基础。要积极营造宽松和谐的文化发展环境,动员党政各部门、社会各方面共同参与文化建设,让一切文化创造的活力竞相迸发,让一切文化创造的源泉充分涌流,让一切有志于文化创造的建设者的积极性得到充分发挥。

六是提高文化竞争力。在现代社会,文化已经成为国家核心竞争力的一项重要因素,在综合国力竞争中发挥着不可替代的作用。随着世界多极化、经济全球化的深入发展和科学技术的日新月异,文化与经济、政治相互交融的程度不断加深,与科学技术的结合更加紧密,经济的文化含量日益提高,文化的经济功能也越来越强,文化已经成为国家核心竞争力的重要因素。谁占据了文化发展的制高点,谁拥有了强大的文化软实力,谁就能够在激烈的国际竞争中赢得主动。我国作为发展中的社会主义国家,要想在新的国际竞争中立于不败之地,就必须尽快提高文化竞争力,形成与我国经济社会发展和国际地位相适应的文化优势。

(作者:北京交通大学人文社会科学学院院长、马克思主义理论部主任,教授、博士生导师)

关注“打工文化”的力量

——以“工友之家”为例

刘　忱

一、研究本课题的社会背景和问题

在我国城市化进程中,进城务工人员已形成2.26亿的庞大群体。然而多年来,这些人仅仅被当做纯粹的劳动力或部分经济活动参与者被城市接纳,并未真正融入城市社会。要使这些打工者真正融入城市,除了必要的制度安排和政策支持之外,打工者精神层次的觉醒和成熟是根本的环节。只有当他们具有了公民意识、权利意识这些现代内涵和价值理念的时候,才能成为城市化进程中一支积极的建设力量,才能争取自己的各项权益,也才能真正融入城市。这个过程是双向互动的:一方面,全社会要创造空间和环境,帮助打工者提高素质;另一方面,打工者也要积极进行自我教育,自我提高。而现实生活中,这两者都有需要大力填补的空间。

自改革开放初期,由打工者创作的“打工文学”就与中国农村的外出务工浪潮相伴相生。在本世纪初,“打工文学”已扩展为形式多样的打工文化活动。2009 年 11 月起,我们走访了四处打工文化比较活跃的地方:其一是位于北京市朝阳区金盏乡皮村的民间公益性组织“工友之家”,观摩了由“工友之家”主办的“第二届新工人文化艺术节”；其二是位于苏州市吴中区木渎镇的“工友图书室”；其三是位于北京市朝阳区东三旗的“木兰社区服务中心”；其四是杭州的“草根之家”。我们通过分析这些文化现象意识到：一个由底层的进城务工人员创造的、为打工者服务的“打工文化”已经具有了雏形。可以把它们看做是进城务工人员为融入城市所做的准备，是对城市化的文化适应，是以文化方式塑造和认识自我、维护自身权益的文化自觉。这个自发的文化现象，虽然生长空间有限，却已在社会上引起了反响，是一支值得关注的文化力量。

二、“打工文化”的形式及组织构成

各地“打工文化”出现的时间和活动方式大体相似。鉴于篇幅，本报告以“工友之家”为主要对象，考察“打工文化”的组织形式和活动方式。

1. 人员构成。“打工文化”的创造者、参与者大都来自打工者的底层，有过底层挣扎的经历。他们通过文艺形式表达对打工生活的感受，其文艺创作没有与生活分离，许多人至今仍然在打工。“工友之家”总干事孙恒毕业于师范学院音乐系，1998 年怀揣音乐梦想来到北京，曾在地下通道唱过歌，打过零工，艰苦的打工生活丰富了他的人生阅历，也使他意识到自己应以普通打工者为知音；苏州“工友图书室”的创办人全桂荣曾是一名织布工；“草根之家”的创办人徐文财曾是缝纫工，其他志愿者也多是打工出身。

2. 活动方式。“打工文化”群体主要依托民间公益性组织，这些组织以打工者为服务对象，工作人员多为打工青年志愿者，领军人物一般都具有过人的组织能力和奉献精神。2002 年 5 月 1 日，孙恒与王德志、许多等朋友一起组建了“打工青年艺术团”，后更名为“新工人艺术团”。后来又注册了“农友之家”（随后更名为“工友之家”）。一开始艺术团只是自娱自乐，后来逐步提出了独特的文艺主张：“以歌声呐喊，用艺术维权”，演出都是公益性的，没有商业收入。江西青年徐文财在杭州打工多年，深感外出务工人的孤独无助，2006 年用自己的所有积蓄 3 万元注册了“草根之家”网站，后来与工友一起，注册了“草根之家”的组织，多次倡导发起公益性大型文化活动。

3. 组织间的交流。同类的民间公益性组织，目前尚未有确定的统计数字，仅“工友之家”联系的就有 20 多家，与港台劳工组织的文艺团体也有交流。联络方式是网络、实地走访或不定期开展文化交流，举办文化艺术节、戏剧、歌曲演唱会等，传播共同、相似的文化信息。可以说，打工者文化群体已经不是分散流离的个体，而是逐渐在精神上集聚、靠近，互相扶持、互相交流、同声相和、同气相求的群体。从最初时的自娱自乐，到形成自觉意识和组织形式，工友们不再单个发声，而是聚合在一起，以合唱的形式，构建积极的文化主体，彰显自身的价值观。

4. 政府和全社会的支持。政府和社会虽未参与或主导这些组织，但给予了大力关怀。其他阶层成员对此类活动也很有兴趣。许多参与他们活动的其他人士称，早就希望为打工者做点事，但苦于没有途径和方式。这种公益性活动给他们提供了机会。

如北京“工友之家”所在地朝阳区文化馆帮助“工友之家”添置了新工人剧场、工友影院。还让他们在自己管辖的剧场举行公益性演出。皮村村委会也把“工友之家”与村里的文化活动中心合并在一起。本地人与外来打工者一起唱歌、跳舞、打乒乓球，和睦相处，不分彼此。“工友之家”还接受了来自高校、社科院等机构的学者、大学生社团的协助。他们创办的“同心实验学校”成为众多高校的校外活动基地。杭州的“草根之家”还被当地工会纳入管理系统。

由此，我们可以看出，“打工文化”不是一时一地的孤立现象，而是渐成气候的一种全国性趋势。

三、“打工文化”的主要内容

“工友之家”主要有新工人艺术团、打工文化艺术博物馆、同心实验小学、同心互惠商店及开展与社会各界的交流合作五个活动项目。新工人艺术团是实力最强的项目。主要从事歌曲创作和演唱活动，目前已经出版了4张唱片：《天下打工是一家》、《为劳动者歌唱》、《我们的世界、我们的梦想》和《放进你的手掌》。在这些原创歌曲中，他们倡导劳动光荣与尊重，鼓励工友们自尊自强，抨击社会上歧视、排斥进城务工人员的不公正现象，呼吁社会赋予每个个体以尊严，要求实现自己的权益，在艺术中表达自尊自信。

除了演唱歌曲外，艺术团还编排了两出以打工生活为题材的话剧：《我们的世界，我们的梦想》和《城市的村庄》，在皮村的新工人剧场、朝阳区9个剧场和一些高校演出过。拍摄了纪录片《皮村》、《打工者居住状况》及故事短片《顺利进城》、《命题人生》，展示了打工者在城市中的生活，也表现了他们为维护自身合法权益、争取自身的生存空间和话语权艰苦奋斗的历程。另外，“工友之家”还拥有“大声唱网站”(http// dashengchang. org. cn)、内部通讯《皮村》、不定期内刊《新工人》以及专门为打工者子女编辑的内刊《流动的心声》等传播载体。

“工友之家”另一个具有广泛影响的项目是打工文化艺术博物馆。工友们意识到，没有我们的文化，就没有我们的历史，没有我们的历史，就没有我们的将来。他们把一个废弃的院子改造成博物馆。馆内按历史顺序陈列着进城务工人员使用过的各种物品，包括介绍信、暂住证、家信、请假条、检讨书、收废品的板车、木匠工具、泥瓦匠工具、小时工用的抹布等。这些在主流博物馆难以露面的展品，记录了打工者的酸甜苦辣，也记录着一个原本沉默群体的思想觉醒。

新工人艺术团因为出版第一张唱片，得到了7.5万元版税，开始实现另一个梦想——创建打工者子女学校。2005年7月，他们就用这笔钱在一所已经废弃的校址上自己动手建校。现在这所学校招收了400多名打工者子女，在校生从3岁到11岁(小学6年级)。学校是多功能的，白天孩子们用来上课，晚上则由社区开办培训班。节假日里，因为打工的父母无休假，学校也为孩子敞开大门。

除此之外，“工友之家”还开办了6家同心互惠商店，将社会各界捐赠的书籍、衣物及生活用品进行集中处理后，以低廉的价格义卖给工友。这样，既让收入不高的工友得到了实惠，也减少了浪费。

文化活动不仅是“工友之家”的主要业务，也是与社会各界人士交往的平台，每次演出后都与现场观众互动交流。自2009年1月以来，“工友之家”已经举办了两届新工人艺术节，艺术节期间20多个打工文艺团体和上千名学者、学生及各界人士云集皮村，热闹非凡。同时，新工人艺术团也经常到各地巡回演出，或参与各种文艺、文化活动。王德志拍摄的纪录片《皮村》还受到宋庄“第6届中国纪录片交流周”评委专家的大力称赞。

四、“打工文化”的价值及启示

当前，我国文化生产在满足底层人群的文化需求方面，存在供需不相适应的地方，甚至是空白点。“打工文化”正在填补着这一方面的空白，同时彰显着明确的价值立场，即：以底层打工者的立场，创造文化、记录自身的历史，呼吁全社会关注打工者，维护打工者的权益。进而通过文化创造实现自我肯定、自我成长，以文化重造改变打工者形象。它至少在四个方面给了我们启示。

1. 对打工者价值观定位的启示。“打工文化”使这个漂泊群体的历史地位和文化内涵彰显出意义。当打工者群体的历史文化被了解和尊重的时候，它的价值观才有社会意义，全社会的尊重和关怀才有依托和可能。“打工文化”使打工者自觉认识到群体命运，认识了自己的价值。比如他们坚持“新工人”的称谓，反对使用“农民工”一词，认为这个词是“边缘我们、强调等级的产物”。对这个称谓的执着，体现了打工者对社会身份的要求。他们正在建设的价值观，就依托在这一定位之上。

2. 对当前文化发展的启示。中国共产党向来就有尊重文化人民性的历史传统，胡锦涛总书记在今年五一节前夕召开的全国劳动模范和先进工作者表彰大会上的讲话中庄重指出：“劳动是人类文明进步的源泉，劳动创造世界。”可见，“打工文化”所倡导的尊重劳动、劳动光荣的价值观，与党中央倡导的社会主义核心价值理念是契合的，也是对这一价值观的补充创新，发扬延续了我党倡导的文化人民性传统，对社会上负面价值如拜金主义形成反驳。倡导这样的价值观，能够将数量庞大的打工者凝聚起来、团结起来，承担起对自身和社会的责任。

不仅如此，“打工文化”还为当前文化形态注入了新的因子，重构了当代文化的版图。它再次证明，人民群众当中蕴涵着不可遏止的文化创造能量，有能力运用文化表达自己的权益；同时，他们的成果也是当代文化发展的新样本。有一位当代学者在解读了新工人艺术团的歌曲和歌词后说：“现时代的文化多元性，没有整合的一体化，只有适合不同群体的不同文化。真正的大众文化不是以快乐最大化对商品利润的最大化，而是对‘谁是真正的大众’这个问题的回应。”这恰是过去不曾出现过的文化新生长点。

3. 对执政党领导文化建设的启示。“打工文化”发展壮大的过程，恰恰让我们看到了文化建设应该顺应普通民众精神文化需要的必要性。它修正了公共文化服务靠政府单方面提供的片面认识，对如何动员吸引社会各界力量参与公共文化建设，满足群众的文化需求进行了有益探索。为执政党应以人为本，保障人民的文化权益，尊重包容多元文化创造，顺势而为，推进文化建设的理念提供了实践依据。

4. 对认识民间文化组织社会功能的启示。民间公益性组织的出现，让打工者有了情感与精神的归属。民间公益性组织的形式是一种新的文化发展模式。在我国社会建设过程中，代表不同利益群体的社会组织的兴盛壮大是趋势。它是不同利益群体表达诉求的通道、沟通社会各界的桥梁和凝聚个体力量的黏合剂，这是现代社会成熟的标志。组织越多越完善，社会就更理性、平衡和富有活力，就可能减少冲突、化解矛盾，促进和谐。

但是，目前我国的管理体制对此类组织的管理体制还不完备，一些社会组织因没有挂靠单位只得以工商形式登记，这与公益性原则不符；而且由于目前同类组织尚处草创，一时鱼龙混杂，也导致了一些人认识上的误区，如想当然地把所有民间组织视若洪水猛兽，这些思路使民间社会组织的发育成长面临种种难题和阻碍。因此，探索研究社会组织建设实践，是当前社会建设的繁重任务。

诚然，打工者也同样需要学习。单凭几首歌曲、几部诗集或几出戏剧并不足以支撑一个阶层的文化精神，需要提升、提炼和深化。“打工文化”不仅倾诉自己的不平和愤怒，还需要适应城市，成为推动社会进步的理性力量，这需要学习；一种价值观的形成，除了积极倡导，还需要担当。需要更多优秀的打工者站出来，成为这种价值观的切身实践者，这也同样需要长时间的培育。其中的问题和困难，需要打工者和全社会共同面对。

（作者：中共中央党校文史教研部副教授）

关注民工文化　提高执政能力

关爱和

文化表达是人的自然需要，是人生存中自然而然的精神形式，有生活就有表达，有情绪就要发泄。作为文化特殊形式的艺术创作，无需经过专业的教育与训练，“饥者歌其食，劳者歌其事”，是自然而然的生活行为。在人类早期阶段，歌与诗是底层民众抒情言志、上达天听的主要手段。

文化形式与生活形式相适应。在现阶段的中国，由于生产力发展的不均衡，文化类型与层次也各有不同，民工文化是当下中国文化现实的特殊表现。民工文化，顾名思义，就是由进城务工的农民们创造的文化类型。作为一个特殊的社会群体，农民工虽然身体上走出了乡村，精神和心理却走不进城市，精神上的漂泊状态让他们很容易产生自卑感和耻辱感。更主要的是，农民工从相对落后的地区来到城市，面对新鲜、刺激而有诱惑力的都市生活与都市文化，他们感受到城市文化的冲击。这一切都容易使他们对城里人乃至对社会产生嫉妒、不满情绪。由于这种原因，我们应当关注民工文化，它事关社会的和谐与稳定。

民工文化是中国社会城市化进程中一个阶段性的产物，是中国农民从农村走向城市，从农耕文明走向工业、后工业文明的必然结果，是中国现阶段一种特殊的精神生态。民工文化属城市文化中的底层民间文化，在文化层次中，属非主流文化或亚文化类型。对底层文化（用现在流行的话说叫“草根文化”）是漠视、堵塞还是积极引导？不同的态度会有截然相反的政治结果，漠视、堵塞显然是不行的。对于春秋战国时期流传的《诗》三百首，孔子提出“兴观群怨”说，他看到了作为特殊文化形式的诗歌感染影响他人、认识社会现实、促进信任团结、针砭讽刺时政的社会作用。西汉《毛诗序》提出，民间文化可以反映一个时代的社会状况是“治世”还是“乱世”。东汉班固看到了文化在“移风易俗”方面所发挥的作用，指出草根文化如不加以规范引导，就会“乱政伤民”。唐代白居易指出，民间文化作为“泄导人情”、“补察时政”的手段，有助于社会治理与安定。宋代朱熹提出引导归化底层文化，才能实现“用之邦国，以化天下”的政治目标。

上述思想成为中国封建政治统治的基本思想资源，封建统治者都重视通过相应的文化渠道了解民情、化解民怨，考察风俗好坏、审知政治得失。民间文化成为权力者与民众精神沟通的工具，“上以风化下，下以风刺上”，统治者以此整合社会精神，“同民心而出治道”，从而达到稳定统治的目的。

当代民工文化自然与古代社会的草根文化有质的不同，因为后者是被压迫者的精神叹息，是其心灵苦闷的象征，而当代民工文化是在城市生活的农民工在工作和生活实践中创造的物质与精神文明成果。农民工作为国家公民，在政治上与城市居民完全平等，所存在的只是经济生活水平上的差异。尽管如此，这里面仍然存在着许多隐含的社会问题。农民工由于地域、生活习惯、人际环境等的差异，对城市文化环境本来在好奇的同时，就有陌生、抵触心理，更由于体制等方面的原因，农民工在城市中处于弱势状态，在生活中容易遭受人们的歧视。作为都市里的乡下人，他们处于城市生活的边缘。注重他们的生存状况的改善和不良情绪的疏导，是当前文化建设的重要内容。

仓廪实而知礼节，衣食足而知荣辱。要消除潜隐的不安定因素，必须从物质上优化农民工的生存和发展环境，改善其工作、生活、娱乐条件，为其生存提供切实的服务，还要注意他们的发展，让他们接受现代水平的教育，进行文化层次和水平上的升级换代，重铸其心灵、精神状态和思维模式，提高其整体的素质水平，引导农民工主体人格和境界的自我提升、自我完善，防止、降低、减少少数农民工道德滑坡、伦理失范、越轨乃至极端行为的发生。通过各种渠道提高农民工的工作技能，增强他们在劳务市场上的竞争力。给农民工参与所在城市社会活动的机会，培养他们的主人翁意识和归宿感，从而提高他们与城市居民之间的认同感和信任感，消除彼此之间的隔阂。

此外，还要关注城市农民工的文化生活。文化是人整体的生活方式，一个阶级或阶层人们的文化水平与经济、政治、受教育状况相适应，处于生活底层的人们由于受教育水平的限制，其所生存于其间的文化形式往往具有较多低级、粗俗的成分。如果没有正确的世界观和审美观引导，底层文化常常走向本能和官能刺激一流，色情、暴力、毒品就是草根文化中最易滋生的精神毒瘤。

农民工虽是城市文明创造主体的重要组成部分，但是，由于身份户籍等的限制，他们没有享受到平等的待遇，还因此成为都市生态和生存圈中的弱势群体，在精神文化方面明显处于劣势和边缘。民工文化作为城市中被边缘化被忽略的社会群体的精神叙事，是农民工生存境遇的物质和精神表征，他们的欢乐与痛苦、苦难与艰辛、困惑与焦虑、心理无助与精神漂泊尽在其中。

作为一种民间文化，民工文化属于自发形态的原生态文化，这种先天性质决定了民工文化的可塑性。如果在理解、包容的态度下进行吸纳、引导、提升、整合，它就会成为先进文化的一部分。我们要建设先进文化，坚持先进文化的基本方向，就必须注意和重视民工文化的存在。通过民工文化去了解农民工这一社会群体的生活状况和心态，对农民工社会生活中存在的问题积极加以解决，对民工文化所反映的情感情绪加以引导，共同创造美好和谐社会。

（作者：河南大学党委书记、博士生导师）

把文化体制改革引向深入　大力兴起文化建设新高潮

《求是》杂志评论员

国家走向繁荣富强，既需要强大的经济力量，又需要强大的文化力量。不久前，胡锦涛总书记在中央政治局第二十二次集体学习时发表了重要讲话，深刻阐述了文化改革发展的地位作用、指导思想和主要任务，这是指导当前和今后一个时期文化建设和文化体制改革的纲领性文献。中央又召开了全国文化体制改革工作会议，对全面推进文化体制改革、实现文化建设又好又快发展作出部署。深入学习贯彻胡锦涛总书记的重要讲话精神，认真学习贯彻全国文化体制改革工作会议精神，对于我们深入推进文化体制改革，推动社会主义文化大发展大繁荣，具有重大而深远的意义。

当今世界正处在大发展大变革大调整时期，当代中国正在新的历史起点上向新的目标迈进。在新的历史条件下，文化在建设中国特色社会主义事业中的地位日益凸显，对经济社会发展的作用显得越来越突出。文化是民族凝聚力和创造力的重要源泉。一个民族的文化，积淀着这个民族最深层的精神追求和行为准则，既是凝聚人心的精神纽带，又直接关系民生幸福；既是推动社会发展的重要手段，又是社会文明的重要目标。一个民族的觉醒，首先是文化的觉醒。文化深深熔铸在民族的血脉之中，始终是民族生存发展和国家繁荣振兴取之不尽、用之不竭的力量源泉。文化是综合国力竞争的重要因素。随着世界多极化、经济全球化的深入发展和科学技术的日新月异，文化与经济、政治相互交融的程度不断加深，已经成为国家核心竞争力的重要因素。谁占据了文化发展的制高点，谁拥有了强大的文化软实力，谁就能够在激烈的国际竞争中赢得主动。我国作为发展中的社会主义国家，要在新的国际竞争中立于不败之地，维护国家发展利益和文化安全，必须尽快形成与我国经济社会发展和国际地位相适应的文化优势。文化是经济社会发展的重要支撑。文化产业具有资源消耗低、环境污染小、科技含量高的特点，是典型的“低碳经济”、“朝阳产业”，日益成为经济发展新的增长点，日益成为国民经济的支柱产业。文化既直接奉献于经济增长，又对提升经济发展质量发挥着重要作用。只有当文化表现出比物质和货币资本更强大力量的时候，经济发展才能进入更高层次、更高水平。推动文化建设与经济建设、政治建设、社会建设协调发展，已成为实现科学发展的必然要求，是适应新形势、完成新任务的迫切需要。

我们党历来高度重视文化建设，总是以思想文化上的自觉、自信、自强，来把握前进方向、凝聚奋斗力量、推动事业发展。特别是党的十六大以来，我们党顺应综合国力竞争的新形势和人民群众的新期待，把文化建设作为现代化建设总体布局的重要组成部分，积极推进文化体制改革，明确提出兴起社会主义文化建设新高潮、推动社会主义文化大发展大繁荣的战略任务，开创了中国特色社会主义文化建设新局面。同时也要看到，目前我国人均 GDP 已达 3700 美元，文化消费进入快速增长期。按国际经验测算，我国每年文化消费应为 4 万亿元左右，但实际消费只有 1 万亿元上下，市场消费潜力巨大。与之相比，我国文化发展的总体水平还不高，我国文化产业仍处于弱势产业的地位。改革是解放和发展文化生产力的根本途径。我们一定要顺应时代发展要求，坚持以科学发展观为指导，以发展为主线，以体制机制创新为重点，以满足人民群众精神文化需求为出发点和落脚点，深入推进文化体制改革，着力构建充满活力、富有效率、更加开放、有利于文化科学发展的体制机制，为兴起社会主义文化建设新高潮提供良好的体制机制保障。

贯彻落实全国文化体制改革工作会议精神，深入推进文化体制改革，要着力抓好五个方面工作：一是积极推进出版发行、电影、演艺、广电网络等领域国有经营性文化单位转企改制。按照“创新体制、转换机制、面向市场、增强活力”的要求，建立现代企业制度，提高产业集中度，培育有实力、有竞争力、有影响力的国有或国有控股的文化企业和企业集团。二是继续深化公益性文化单位改革。按照“责任明确、行为规范、富有效率、服务优良”的要求，以“公益性、基本性、均等性、便利性”为基点构建覆盖全社会的比较完备的公共文化服务体系，更好地满足人民群众的精神文化需求，实现和维护人民群众基本文化权益；继续深化公益性文化单位人事、收入分配和社会保障制度改革，探索建立法人治理结构，进一步激发发展活力。三是稳步推进新闻媒体的相关改革。要做大做强主流媒体，不断提高舆论引导能力、事业发展能力和传播能力。四是继续推进文化宏观管理体制改革。紧紧围绕转变政府职能、提高管理效能，积极推进政企、政事分开和管办分离，推动文化行政管理部门履行好政策调节、市场监管、社会管理和公共服务职能。五是把转变文化发展方式作为改革的重要任务，调整布局结构、优化资源配置、促进产业升级，不断提高文化发展效益，增强文化发展后劲。要把促进繁荣发展作为改革的重要目标，加强引导、有效激励，推出更多深受群众喜爱、思想性艺术性观赏性相统一的精品力作，最大限度发挥文化引导社会、教育人民、推动发展的功能。

深化文化体制改革，既是一项涉及全局的深刻变革，又是一项复杂的系统工程。各级党委和政府都要高度重视，切实把文化体制改革和文化建设摆在全局工作的重要位置，努力提高文化改革发展的科学化水平。要与国民经济和社会发展第十二个五年规划相协调，与相关领域规划相衔接，抓紧调研编制"十二五"时期文化体制改革和发展规划纲要，统筹推进文化改革与发展。要建立健全"党委统一领导、政府组织实施、宣传部门协调指导、行政主管部门具体落实、有关部门密切配合"的领导体制和工作机制，坚持一手抓繁荣、一手抓管理，形成推进文化改革发展的强大合力，确保各项任务落到实处、取得成效。

人类社会的每一次变革，人类文明的每一次进步，无不镌刻着文化发展的烙印。联合国教科文组织在《文化政策促进发展行动计划》中提出："发展最终应以文化概念来定义，文化的繁荣是发展的最高目标。"因此，深入推进文化体制改革，促进文化事业全面繁荣和文化产业快速发展，关系全面建设小康社会奋斗目标的实现，关系中国特色社会主义事业总体布局，关系中华民族伟大复兴。我们一定要以高度的责任感和使命感，把思想和认识统一到中央精神上来，把工作统一到中央的决策部署上来，深化文化体制改革，加快发展文化事业和文化产业，不断增强我国文化软实力和国际竞争力，使中国特色社会主义文化发展道路越走越宽广。

（此文载《求是》2010 年第 17 期）

深化文化体制改革的几点体会和思考

王晓玲

近年来，广州市坚持以科学发展观统领文化建设，努力推进文化体制改革。截至 2009 年下半年，基本完成了涉及 70 个单位、14800 多人的全市文化事业单位改革各项工作任务，在经营性文化事业单位和文艺院团转企改制、新闻媒体宣传与经营"两分开"和制播分离改革、推进文化企业资产重组和股份制改造、加快公共文化服务体系建设和推动文化产业跨越式发展等方面取得了实质性突破，城市文化软实力和文化竞争力不断增强。

一、解放思想、更新观念是前提

思想是行动的先导，思想解放的程度决定着改革推进的力度。广州市委、市政府抓住开展解放思想学习讨论活动和深入实践科学发展观活动的契机，把深化文化体制改革作为全市解放思想、树立科学发展观的突破口，出台了《关于继续解放思想，深化文化体制改革，推动文化事业和文化产业加快发展的决定》、《广州市全面推进文化事业单位改革的意见》和《广州市全面推进文化事业单位改革的若干配套政策》等重要文件，促进思想解放，凝聚改革共识。

各单位不断在探索中冲破陈旧观念的束缚，以新的文化发展理念指导改革实践。市文艺院团长期以来全部实行事业单位体制，在国家长期统包统管下形成的"等靠要"思想是院团体制改革的最大阻力。有的院团经营人不敷出，却“谈企色变”，抵触情绪很大。对此，我们明确表示，文艺院团的改革绝不是“甩包袱”，而是为了增强其艺术创造活力和市场生存能力，为了群众获得实惠和事业发展，决不牺牲被改革者的利益，改革方案必须经职工代表大会讨论一致通过后才会启动，稳定了大家的情绪。

为了统一思想，我们采取了“走出看发展，回头忆过去”的办法，先后组织了7批次院团领导、艺术家到北京上海等地体制改革成功的艺术院团考察，现场感受改革的好处与前景，然后再回过头来结合院团现状反思原有体制的弊端，进一步认清院团体制改革的必要性。各文艺院团上上下下逐步达成了“只有改革，才有出路”，“早改早受益”的共识，为深化改革打下了坚实的思想基础。

二、创新体制是根本

文化体制改革是一场深刻的体制革命，没有体制性的突破，文化就不可能实现大繁荣大发展。

经营性文化事业单位全部转企改制。衡量文化体制改革成效的重要标志，就是产生和壮大一批合格的市场主体，完成经营性文化事业单位向现代企业的转变，实现体制创新。我们对广州出版社等26家经营性文化事业单位全部核销事业编制、注销事业法人，转制为企业，实施公司制改造，建立现代企业制度，重塑了合格市场主体。

市属文艺院团全部转企改制。我们核销了8家文艺院团事业编制、注销事业法人，同时成立“广州市文化艺术管理中心”，保留“老人”原事业编制身份，进入管理中心，人员只出不进。将各自原属事业单位的院团优质资产剥离组建公司，成为独立企业法人。研究制定院团企业5年过渡期政策，在5年内为原事业单位的“老人”买好社会养老、失业、医疗、工商、生育等各种保险，到5年后实行双向选择，留在企业的人员，采取财政出一点、宣传部“两金”出一点、各企业出一点的办法买断工龄，全部一次性买断身份后移交社会化管理，同时要求院团企业对愿意聘用的重签合同，不聘用的有一技之长者安排到区（县级市）群艺馆工作，培养基层文化骨干。随着改制后我市文艺院团艺术创造活力和市场生存能力的增强，造血功能的日益完善和强大，院团企业获得了社会效益和经济效益的双丰收。

新闻媒体实行宣传与经营业务“两分开”和制播分离改革。新闻媒体体制创新是我市改革的重点和难点，促进新闻媒体面向市场是我们的立足点和出发点。广州日报报业集团、广州市电视台、广州电台分别组建广州传媒控股有限公司、广州电视发展有限公司、广州广播控股有限公司，统一管理经营性资产。广州日报报业集团借助传统媒体优势，努力抢占新媒体市场份额，促进集团业务多元化发展。广州电台组建节目制作有限公司，推进非新闻类频率、节目的制播分离改革。改制后的广州日报报业集团2008年底净资产57.53亿元，同比增加3.55亿元，增幅6.17%。主报广州日报2008年广告营业额22.06亿元，连续15年位居全国平面媒体之首，日均发行量185万份。

三、加大政策扶持是强大杠杆

在转企改制过程中，存在诸如单位性质和人员身份转换等重要问题需要解决。这就要求我们进一步完善相关配套措施，增强政策的实效性和可操作性，为改革营造一个以人为本的良好政策环境，确保改革积极稳妥推进。

在推进经营性文化事业单位转企改制的过程中，人员安置的资金从哪里来是个难题。我们采取的办法是：转制为国有企业而且有能力解决的就由企业自己解决，允许困难企业用部分国有资产变现解决；注销破产单位和企业自身完全解决确有困难的，经市文化体制改革领导小组批准在市文化企事业单位上缴的国有资产经营有偿使用收入中解决，从而较好地破解了这一改革难题。

为使转企改制后的文艺院团企业轻装上

阵，顺利走向市场，我们“扶上马，送一程”，实行文艺院团与剧场、媒体和旅游“三捆绑”政策。与剧场“捆绑”：行政划拨给每个院团一个剧院（场），给每个院团建好剧目合成排练场，完善配套设施；与媒体“捆绑”：制定《广州市属媒体与文艺院团定向合作办法》，加强对文艺院团的宣传，共同经营开发演艺产品和市场；与旅游“捆绑”：实行政府主导、文旅联姻、企业经营、市场运作，结合第九届中国艺术节2010年5月在广州举办，广州将升级改造一批演出场馆，“九艺节”后为每个院团留下一个剧场，争取在旅游组织的配合和共同经营下形成有广州特色的旅游剧场。同时，出台《市属文艺院团经费综合定额包干管理办法》，实施院团经费综合定额包干；改革文艺院团演出项目投入机制，采取政府优先采购转制院团文艺产品、建立促进文化艺术发展繁荣基金等方式，加大对文艺院团的投入。

一系列以人为本的政策扶持，使得整个转企改制改革过程充满了人性关怀与和谐气息，也保证了改革的平稳推进，文艺院团发生了从抵触改革到主动要求改革的转变。

四、加快发展做大做强是目的

日趋激烈的市场竞争环境，要求我们抓住重塑文化市场主体这个关键环节，围绕做大做强目标，引入市场机制，通过多元融资、资产重组、产权交易等方式，对国有文化资产进行重新整合，组建一批经济实力强、经营模式新、科技含量高的国有或国有控股文化企业和文化集团，着力培育骨干文化企业和文化领域战略投资者。而只有适应文化产业发展资源集聚、细化分工的内在需求，注重将文化体制改革与资源整合相结合，才能培育起一批实力雄厚、具有较强竞争力和影响力的领军企业，提高对行业与区域的带动力和辐射力。为此，我们采取了以下措施。

组建大型文化产业集团。按照“强强联合、盘活存量、提高增量”的思路，我们组建广州新华出版发行集团，整合市区出版发行资源，通过转企改制与整合重组出版发行资源相结合，优化出版发行业态与吸收社会资本进行资本运作相结合，做强做大出版发行产业。集团短期内融资近3亿元人民币，成功吸收社会资本共同设立广州报刊亭股份有限公司，立足于珠三角建立出版物物流配送中心，将在全市范围内统一建设6000个新型报刊亭，使之成为舆论宣传的重要阵地、公共文化服务的重要渠道、便民利民的重要窗口。组建广州珠江数码集团有限公司，整合全市有线电视网络资源，通过收购、控股等方式，对全市有线电视资源进行整合，打造多元化新媒体产业格局。集团不断优化股本结构，成功进行股份制改造，招商中国投资出资2.5亿元入股，为上市打下坚实基础。下一步，我们计划对全市文艺院团企业进行整合，组建广州演艺集团，通过演艺资源重组，提高全市演艺业整体发展质量和水平，通过集团化运营，为文化走出去，为文化企业跨媒体、跨行业、跨地区、跨所有制发展创造条件。

打造文化产业发展平台。为适应文化产业集聚化、高端化的趋势，我们对全市文化产业园区进行合理布局，促进重点文化产业基地建设，促进文化创意产业高端集聚，着力培育天河科技软件园、广州设计港、广州（越秀）创意产业园、长隆集团、信义国际会馆、合润创意产业园、文化星城等一批创意产业基地，形成产业集聚效应；依托“国家网络游戏动漫产业发展基地”5个园区，大力发展动漫游戏产业。一批园区项目正在规划建设中。2008年，全市文化产业实现增加值959.13亿元，占全市GDP的7.24%。改革使广州在金融危机的大背景下，文化产业不仅不受全球金融危机拖累，反而逆势而上，出现了蓬勃发展的生动局面。

（作者：中共广州市委常委、宣传部部长）

我国文化产业发展与投融资支持

——陕西文化产业现状调查引发的思考

汪 洋

当今时代，任何一个产业的发展都离不开金融业的支持，文化产业当然也不例外。资金的匮乏必定形成制约文化产业发展的“瓶颈”。在我国文化产业大发展的形势下，国家应当选择怎样的投融资政策加大政府对方兴未艾的文化产业的投入？金融业应当怎样既有效地防范风险，又积极地创新服务于文化产业的投融资品种，加大金融对如饥似渴的文化产业的支持？文化企业又应当怎样创造自己的核心价值，形成富有竞争力的产业链，并与金融业形成良性互动、共同发展的共赢局面？陕西，我国的文化资源大省，近年来正在大力地发展文化产业并取得初步的成绩。

陕西文化产业发展现状、走势和探索

陕西是我国文化资源最富集的省份之一，拥有秦始皇兵马俑、汉阳陵、大雁塔、碑林等为代表的“历史文化品牌”，延安革命圣地、西安事变旧址为代表的“革命文化品牌”，秦腔、农民画、泥塑、皮影等为代表的“民俗文化品牌”，法门寺、楼观台为代表的“宗教文化品牌”，黄陵祭典为代表的“祭祀文化品牌”，西部影视、陕西作家群、长安画派为代表的“现代文化品牌”，以及华山、壶口瀑布等为代表的“自然风光文化品牌”。同时，陕西高等院校和各类研究机构众多，高新技术产业发展水平位居全国前列，各方面人才充足，为文化产业的发展提供了强有力的支撑。

更重要的是，陕西省委、省政府高度重视文化产业的发展，近年来出台了《陕西省文化产业发展纲要》、《关于金融支持陕西文化产业做大做强的指导意见》等文件，提出建设“八大文化产业园区”的目标，着力推动陕西文化产业实现跨越式发展。目前，以西安为中心，陕西省初步建成陕北红色经典和黄土风情文化、关中历史文化和现代文化、陕南汉水文化和绿色文化“三大特色板块”，形成以文化旅游、广播影视、新闻出版和艺术院团为重点，以陕西旅游等六大集团为支撑的陕西文化产业格局。

尽管陕西具有得天独厚的文化资源优势，且随着近年来的不断努力，文化产业发展有了一定的基础，但从总量上来说，陕西文化产业的总产值仅为北京的 1/15，山东的 1/6，广东的 1/4，而从人均和对经济增长的贡献度上看则更低。可以说，陕西的文化资源优势并没有转化为真正的产业优势，陕西文化产业发展尚处于初级阶段，距离文化产业强省还有很大的差距。

目前，为加快文化产业发展，陕西省正在依照以下思路不断推进文化体制机制改革。一是以西安文化产业的大发展为突破，形成多点联动发展新格局。二是发挥资源优势明显的特点，合理调整布局，加快发展重点文化产业，提高资源产出效率。三是充分发挥曲江国家级文化产业示范园区和 5 个国家级文化产业示范基地以及 35 个省级文化产业示范基地的示范作用。四是大力培植和发展非公有制文化企业。五是充分利用丰富独特的历史文化资源优势，积极参与实施文化“走出去”工程。六是深化文化体制改革。

其中，值得一提的有两个案例，即“曲江模式”和陕文投公司的探索。

曲江，西安市城南的一个区，是陕西省和西安市以文化产业为主体推动经济发展的一个成功典型。曲江新区建设以来，围绕文化资源以

大资本运作、大项目带动、大集团运营、大产业集聚等方式，在文化项目和文化企业领域投资105.7亿元，形成了包括旅游、会展、影视、演艺、出版传媒、文化商贸等六大产业门类，初步形成了以六大文化企业集团为依托的跨区域文化产业集群。其中。曲江文化产业（投资）集团开发建设了大雁塔北广场、大唐芙蓉园、曲江池遗址公园、大唐不夜城、法门寺文化景区等一批重大文化产业项目，大大提升了陕西文化的影响力，大大推动了陕西文化体制机制改革，大大加快了陕西文化产业的市场化进程，被称为“曲江模式”。

陕文投公司，全称陕西文化产业投资控股有限公司，是2009年6月成立的全国投资类文化企业大型航母，将成为陕西文化产业发展的重大引擎。这家公司注册资本22亿元，打算3年使资产规模突破100亿元、年产值突破30亿元，整合、组建10家以上专业化集团公司，形成经营集群化、产业规模化的西部文化产业“巨无霸”，未来3年将以西安为核心，辐射陕北、关中、陕南，依托陕西特色文化资源，对一系列投资风险低、成长性好、复合式发展的重大项目进行投资运营。

文化产业发展中的投融资“瓶颈”

政府投入、金融支持、社会融资、外资引进、内源资金是文化产业“五大资金源”，从陕西乃至全国的情况看，目前在这几个方面都存在很大的问题。

政府投入有限。近年来，我国中央及地方政府虽然加大了文化产业发展的投入力度，但与文化产业发展的资金需求相比，政府投入仍明显不足。比如，目前地方政府对文化产业的投入主要采用专项资金的形式，这类资金规模不大，而且使用方向也有限制，无法满足日趋巨大且多元化的文化产业发展的需求。近年来，我国文化产业保持了15%以上的年增长，增速超过了GDP和第三产业的水平，但文化产业的总量还很小，2007年仅占GDP的2.6%，2008年估计占GDP的2.99%。而陕西作为欠发达地区，经济总量偏小，地方财政收入有限，政府对文化产业投入更不足，文化产业发展水平还要低，2008年仅占全省GDP的2.92%。

金融支持力度不够。据了解，2008年末陕西省金融机构在文化、体育和娱乐业项下的信贷余额为19.82亿元，仅占全部贷款余额的0.33%；从直接融资情况看，目前陕西只有一家文化类企业上市公司，文化企业通过发债等方式进行融资基本处于空白状态。

社会化融资渠道不畅。西方发达国家都十分重视调动社会资本对文化产业投资的积极性，如美国各大公司、基金会和个人对特定文化活动的捐助资金是政府来源的2—3倍。我国东部发达省份民间投资文化产业的热情也很高，如民营经济发达的福建泉州市，民营企业文化产值已占该市文化产值的80%以上。而目前陕西文化产业盈利模式仍相对单一，市场化融资体系尚未形成，文化投资仍以政府投资为主，民间力量参与很少，与发展文化产业和扩大外汇市场所需要的资本扩张要求很不适应。

外资引进受到政策和地域制约。由于文化产业的特殊性，目前国家对一些领域的行业准入还有一定限制。受政策影响加之地处内陆，陕西文化产业利用外资存在更多的条件制约和实际困难。

内源资金积累严重不足。企业自身的资金积累也是产业持续发展的主要资金来源，我国产业发展的一个弊端就是企业自身资金积累不足，文化产业尤其如此。在市场经济国家，内源资金一般在50%左右，欧美发达国家企业内源资金更高达70%以上。陕西文化产业结构里中小企业比重大、技术含量低、产业意识不强，大型国有企业由于体制老化、改革迟缓，长期背负人员多、亏损大的包袱，内源资金普遍不足，企业发展的持续动力不够。

金融机构支持文化产业面临以下难题。

金融支持文化产业的体制机制环境尚不具备。一方面，我国文化产业尚处于发展的初期阶段，文化体制改革尚未完全到位，中小文化企业居多，市场还处于培育期，尚未形成相对成熟的运营模式和持续盈利能力，市场风险较高；另一方面，服务文化产业发展的融资担保、项目评估、产权界定、权益转让等中介服务亟待完善，相关法律法规需要进一步明确和健全。特别是金融机构的行业要求是风险可控，但为文化企业或者项目贷款，面对的是全新的业务领域，缺乏可依据的经验和必需的风险评估体系，金融机构难免畏首畏尾。

社会诚信体系建设滞后和文化企业缺乏抵押影响金融支持文化产业的力度。由于我国尚未建立起全社会统一的企业与个人征信系统，金融法规和金融监管也相对滞后，银行、投资者与民营企业之间信息严重不对称，导致金融市场上形成了违约收益大于违约成本的心理预期，造成一些企业缺乏诚信的内动力和守信的经营行为。文化企业规模较小，通常没有大量的不动产和机器设备，很多是个人甚至是一个创意，即使有知识产权和品牌价值也难以估价，在缺乏应有的抵押品的情况下，金融机构在目前的社会信用环境下很难放手进行贷款支持。

文化产业规模小、不稳定、风险大、效益低的现状制约信贷投入的积极性。文化产业的企业不像工商企业那样有持续的生产能力和现金流，文化产品生产很多时候是项目性、一次性的，不能产生稳定和持续的经营效益和现金回报，加上文化产品生产过程完全亏损的特点，给依据财务报表判断资金回报情况进行决策的银行借贷带来很大问题。同时，与工商企业相比，文化企业的效益比较低，特别是动漫、数字媒体等新兴产业，在当前金融机构"垒大户"成风的形势下，资金需求很难得到满足。

金融机构在支持文化产业发展中存在诸多不适应的问题。首先是贷款审批手续多、程序复杂、周期长，很难满足文化企业对融资的时效性要求。其次是金融机构对新兴的文化产业不了解，对文化企业的业务开展不全面，信贷人员对文化企业业务不熟悉，影响了文化产业的信贷效率和效益。再次是金融机构针对文化产业的服务创新不够，仅仅提供一般的担保、有形资产抵押等传统信贷业务，缺乏专门针对文化产业、文化企业和文化项目的信贷管理办法和金融产品，如针对版权、著作权等无形资产的金融产品。

对建立健全文化产业投融资体系的建议

加强政府的投入和引导。当前，发达国家的文化产业都是其国民经济的支柱产业。文化产业在发达国家的繁荣发展，首先是因为政府高度重视，给予大量的资金投入和政策引导。我国繁荣发展文化产业必须加强政府的投入和引导，包括出台税收优惠等优惠政策，扶持文化企业发展；设立文化产业发展专项基金，支持重大文化产业项目；通过贴息、补助、奖励等多种形式，鼓励引导社会资本兴办文化事业、发展文化产业；建立文化产业融资担保、财政贴息和风险补偿机制，为信贷资金介入提供保障。

加快金融创新的步伐。文化产业是我国的"朝阳产业"，又具有"逆经济周期"的发展特点，无论着眼未来还是立足当前，金融业都必须抓住机遇，乘势而上，大力拓展文化产业的融资业务，取得文化产业和自身发展的"双赢"。金融支持文化产业发展，当前重点在于加快金融创新的步伐。监管层面上，通过货币信贷政策和金融监管政策，鼓励金融机构积极创新，加大对文化产业的支持力度；金融机构层面上，充分认识支持文化产业发展既是国家战略的需要，也是实现金融业务新的增长的契机。金融机构抓住机会树立创新意识，根据文化产业发展的实际和文化产业、产品的特性，制定相应的信贷管理策略和授信审批机制，适当简化文化产业贷款授信审批手续。同时，创新信贷产品和服务方式，开发针对文化项目和企业的特色产品，探索知识产权、企业无形资产等质押方式，解决文化创意企业抵押难问题。还要扩展服务范围，对文化企业提供涵盖结算与现金管理、投资银行业务、理财、供应链融资、并购贷款、国际业务等综合性金融服务，不断提高金融服务水平，满足企业资金需求，促进企业资金流转。

拓展多元化融资渠道。金融支持文化产业发展，不仅要发挥间接融资的作用，还要发挥直接融资的作用；不仅要发挥正规金融体系的主导作用，还要发挥好民间资金的补充作用。在政策允许范围内鼓励利用企业债券、股票等融资工具和私募股权基金、保险、信托、融资租赁等融资方式发展文化产业。同时，积极吸引民间资金和外资投资文化产业，拓展利用民间资本和国际资本的方式和空间，积极发展民营和中外合资文化企业。还要继续争取世界银行、亚洲开发银行、联合国教科文组织等相关国际机构的大力支持，为文化产业发展提供多样化的融资渠道。

构建融资配套服务体系。金融支持文化产业的"瓶颈"之一是相互信息不对称，缺乏资信和信用等方面的配套服务体系。为此，应当大力建设文化产业投资信息服务平台，吸引有实力的企业和民间资本投资文化产业，具体可以通过定期或不定期组织文化产业项目推介会、信息发布会等，为实力雄厚的企业和社会资金进入文化产业领域提供必要服务。还要加快信用担保、产权交易、无形资产评价等中介服务体系建设，制定和完善规范专利权、版权等无形资产评估、质押、登记、流转和托管的管理办法，为文化企业利用无形资本融资创造条件。

培育合格融资主体。文化产业的发展最终取决于作为主体的文化企业本身，金融支持文化产业的效果最终也要看融资主体的状况。因此，必须进一步深化文化体制改革，着力培育一批实力雄厚、具有较强竞争力和影响力的大型骨干文化企业，在演艺、影视、出版发行、动漫游戏、网络文化、数字节目制作等领域发挥龙头作用，引领和带动文化产业整体发展。同时，促进文化企业改制，建立健全现代企业制度和财务制度，规范企业管理。加大文化市场的开放性和文化产业的竞争性，放宽文化产业的准入条件，鼓励和支持民营资本参与进来。鼓励延伸文化产业链，加强文化产业与其他产业的互动融合，大力发展文化衍生产品。还要扶持建立一批示范性文化产业园区和产业基地，形成产业集群，发挥规模效应。

（作者：金融时报社党委书记、社长）

报业体制改革中行业报何去何从

温继武

改革开放30多年来的实践证明，行业报在推动各产业部门改革创新、科学发展和促进经济社会又好又快发展方面，起到了其他媒体难以起到的政策指导、舆论引导和文化主导作用。行业报之所以能够以今天的模式生存发展，正是因为在认识上和实践上，基本解决了在立足行业的同时，怎样面向社会、进入什么样的市场、为谁提供服务这个重大问题。"立足行业、面向社会、双向服务"，已经成为行业报社转变思想观念、办报理念、经营概念的基本成果和办报规律。

行业报具有得天独厚的办报资源和独特的办报理念，在体制改革中要坚持"区别对待、分类指导"的方针，以突出行业特点为基础，以促进行业文化生产力发展为目的，认真谋划好发展策略和价值目标。

行业报纸与其他各类报纸差别最大或是区

别最显著的还是行业媒体赖以生存发展的资源结构的不同，也由此导致其办报理念和经营模式的不同。行业政策的有力支持、目标读者的相对集中、行业信息的专业属性、经销市场的特殊结构、产业链条的紧密联系、征订发行的自成体系，等等，构成了行业报特有的、独家的资源结构。有了这样独特的、不可替代的行业资源，就为行业报纸生存发展提供了先天的优势和良好的条件，也为行业报纸走入市场、深入开展存量资源的开发利用和增量资源的增值服务提供了广阔的发展空间。

受众需求的多元性、媒体资源的有限性、市场形态的可塑性以及三者之间关系的特殊性，决定了报纸经营活动的形式和内容，促进了媒体市场经济的繁荣与发展。报业市场是一个不同于一般物质市场的特殊市场，报纸作为一种提供信息服务的产品，既有反映报社与读者之间报纸买卖关系的有形市场，也有反映报社与广告商之间报纸影响力或报纸传播效能买卖关系的无形市场，还有反映报社与认知者之间报纸衍生产品经济关系的增值市场，更有报社与相关管理者和利益相关者监管协同关系的虚拟市场。因此，报业市场虽然具有物质市场一般经济关系的要素，但并不是完整意义上的经济市场，也不能简单地用市场价值规律来度量；也因此，报社作为报业市场主体之一，也并非一定要以企业法人身份从事报业的经营出版活动。这种特性就使得行业报社能够在行业政策的指导下和市场机制的引导下，解放思想，不断创新，为稳定既有市场、拓展关联市场、开发社会市场，构建行业媒体自己独特的市场网络，打下坚实的社会基础和实践基础。

行业报必须立足行业、服务社会，与时代发展相适应；必须突出行业主题、发挥行业优势，努力与社会进步接轨；必须以行业为基点，着力于新闻报道和政策解读的专、深、精、细，为构建社会化的公共舆论引导体系作出努力；必须紧盯行业市场、经营社会市场，建立稳定和谐、有利于自我生存发展的良好环境和市场关系。坚持服务行业大局，充分发挥行业优势，紧密围绕行业需要，注重整体资源开发，从根本上体现行业报特点和行业报办报的基本规律；以根本利益确定发展目标，以共同发展整合分散资源，以奋斗精神凝聚队伍力量，以精品意识激励人才斗志，以战略合作拓展经营市场，以双向服务扩大社会效益，应该是行业报社深入改革创新、科学发展的基本思路。

在这个基本思路下，行业报社体制改革和科学发展的总体思路可以描述为：以中国特色社会主义理论体系为指导，深入贯彻落实科学发展观，紧密围绕行业建设和发展中心工作，紧紧抓住解放和发展报社文化生产力、争取政策支持力、扩大社会影响力、提高核心竞争力、推进行业扩张力这条主线，以深化实施“专业精品、市场培育、人才成长、内部和谐”四项工程和推进“行业优势、客户服务、资源整合、核心品牌”四个战略为实践载体，实现媒体资源快速整合，载体水平快速提高，经营能力快速提升，努力使报社成为一个以全媒体为信息发布平台的专业性、社会化、数字型传媒集团，实现行业报社科学发展、和谐发展、全面发展、长期发展目标，为推进本行业又好又快发展、促进经济社会和谐稳定发展提供坚实可靠的舆论支持。

要实现的中期目标是：在主管部委的整体部署和政策推动下，以行业主流媒体为骨干，整合全行业新闻出版文化资源，组建与中国文化体制改革方向相符合、与行业现代化建设相适应的专业性、社会化、数字型文化传媒集团，努力成为一个国际一流、行业领先，具有相当社会影响力和核心竞争力的文化产业战略投资发展商。

实现行业报社改革发展目标的保障，是在国家相关政策的扶持和行业主管部门的制度推动下，重点解决好报社的管理体制、组织结构、功能划分和发展策略等问题。

在管理体制上，无论是实行事业编制还是转企改制，都应该根据行业特点、以行业需要为原则，作为行业的直属机构独立存在，而不是成为脱离行业部委的“社会企业法人”。行业媒体之所以是行业媒体，就是因为它的产品来源、服务对象和生存土壤是行业，它的办报特点、办报风格、办报内容是行业，它的精神动力、文化认同和心理情结是行业，不能不加区别地、简单划一地采取“一刀切”的办法来解决管理体制上的问题。

在组织结构上，要真正集中全行业的文化力量，充分整合文化资源，组建全行业的专业性、社会化、数字型文化传媒集团。

在功能划分上，要大力推进行业优势战略，使报社成为行业社区文化的倡导者、引领者和建构者。随着和谐社会建设的深入开展和时代的进步，蕴涵在行业中的一系列文化理念和文化特征也相应发生了重大变化。行业报社的神圣使命和历史责任，是要站在时代进步的高起点上，以深度重塑行业社区文化为先导，全力打造行业社区核心价值观，使报社成为行业社区文化的倡导者、引领者和建构者，创新文化生产方式，推动行业文化内容形式、体制机制、传播手段创新，解放和发展行业文化生产力，培育新的文化业态，加快构建行业综合文化传播体系，实现行业媒体文化引导力、文化产业生产力和以行业社区文化为纽带的区域产业经济链的形成与发展。从文化改革发展的目标上看，行业文化传媒集团不仅要做行业媒体的兴办者，也应该主动承担起行业流动社区文化核心价值观的承载者和传播者的重任，将经济文化、政治文化、社会文化的普遍意义同行业文化的特色含义有机地结合起来，形成行业社区的区域文化，以文化产业繁荣为己任，寻找新的价值增长点。

在发展策略上，要着力解决行业报社发展的“土壤”问题。不断强化价值创造的创新意识、品牌意识、服务意识、竞争意识、战略意识和社会责任意识，进一步调整好舆论引导需要、媒体发展需要和读者客户需要之间的关系，进一步调整好媒体资源与经营市场的深度融合，以建设行业产业链媒体资源平台为核心，推动行业全媒体文化建构力的形成，满足读者客户的价值需求。需要把握好的要点：

一是在办报办台办刊办网总体思路上，要始终把“坚持党性原则，把握正确导向，注重新闻规律，体现行业特征，讲求有效传播，注重主题突出、内容深刻、形式活泼”作为办报办台办刊办网的基本方针，把“坚持政治家办报，坚持正确的舆论导向，为行业科学建设与发展提供全面、准确、深刻、及时的舆论支持”作为报社办报办台办刊办网的基本原则，坚持到底不放松。具体工作中，要坚决贯彻“在政治上把关，在工作上指导，在舆论上引导，在信息上反馈”的主动意识，在整体策划、重点报道、新闻精品和资源整合等方面下工夫，不断提高新闻报道质量和舆论引导水平，确保舆论导向的正确。

二是在报社内部制度和政策上，实行“采编与经营联动、专刊与专版整合、版面与内容呼应、责任与利益挂钩”的策略。在职能上统一调度，在岗位上严格区分，在流程上全面优化，在内部管理上实行严格的采编、经营两分离，在人员使用上建立内部联合协作关系，在机制上实行采编项目制并与经营成果挂钩，逐步过渡到分行业、分类别实行一对一客户服务，真正实现报社整体上的风险利益互动，职工风险利益共担。

三是在市场和市场伙伴的选择上，采取“稳定既有市场，拓展行业市场，开发关联市场，辐射广域市场”的策略，重点依靠行业的特殊资源和政策支持，选准熟悉而又有一定基础的市场领域做深、做细、做强，努力做到全面渗透、渠道畅通、积极主动、优质服务，对重点大客户建立长期、稳定的客户关系系统，实施一对一定制化服务。在市场伙伴的选择上，注意把握好其品牌、资本、诚信、专业特征，注重战略合作优先、长期合作优先、共建市场优先、效率效益优先的原则，防止单边效应和市场资源的破坏。

四是在观念上和办法上，突出“市场与行政配合、政策与策划并举、活动与专题同步、联合与代理互动”。最重要的是建立与主管部门信息交流、精品报道、接受指导、优质服务的畅通渠道，与知名品牌企业建立起长期共存、互惠互利的战略合作关系，与行业内外企业建立良性互动的时效沟通机制，实现媒体影响和企业品牌在媒体传播中的双突破。

五是在保持自身安全和相对独立的基础上，大力推进品牌联盟战略。充分树立起"传媒催化品牌，品牌强化媒体，品牌媒体联盟，市场得以稳固"的传媒理念，加快实施报社媒体与主管部门联合，与其他品牌媒体联合，与行业资源体联合，与有实力、有能力、守信用、重发展的广告公司联合，与重要读者群互动联合等，确保广告的到达率，增强报纸广告的效果反馈。

六是做到精准定向发行、发行务必到位。建立准确、及时、安全、通畅的发行渠道和发行体系，建立科学、合理、便捷、快速的发行队伍和发行手段，确立媒体发行物流配送理念，调整、完善发行战略和方式方法，改进和完善发行流程，畅通发行渠道，走出一条真正的行业结构化精准发行模式，用全新的理念、科学的方法和有效的手段，按照媒体的市场定位、重点广告商的意愿和发行目标，对行业和相应区域范围的受众实现精准覆盖。

如此，行业报社体制改革可以预期在解决好报社的管理体制、组织结构、功能划分和发展策略等问题上，快速融入文化体制改革的大潮之中，形成一种符合中国新闻媒体管理体制改革和文化发展要求的新型模式，为促进我国文化事业全面繁荣、推进文化产业快速发展作出应有的贡献。

（作者：人民铁道报社党委书记、社长）

文化体制改革下剧场管理模式研究

——上海市剧场运营和管理情况调研

张　哲

一、上海市剧场行业运营和管理现状

（一）基本情况

截至2009年8月底，上海市共有剧场（含影剧院）104家，其中市区33家，郊区71家。

从剧场经营单位性质看，据初步统计，全市剧场属事业单位的占90%，企业占10%。在所有属于事业单位的剧场中，享受政府全额拨款的约占23%，多为位于郊区县的公益性文化设施（主要是社区文化活动中心、文化馆、文化站）中的剧场或是郊区县的影剧院。这些剧场的产权均属乡镇一级人民政府，由乡镇文化中心作为群文活动场地进行管理，其管理人员的事业编制属乡镇文化中心。差额拨款的事业单位约占35%，自收自支单位约占42%。在市宣传系统下属的10个剧场中，除上海大剧院为差额拨款单位外，其余均为自收自支单位。

（二）剧场演出和运营情况

2006—2008年间，全市以演出为主营业务、平均年度演出在180场（含）（一般认为，一个剧场一年的演出场次达到180场（含）以上的，较好地发挥了剧场的演出功能）以上的剧场共有20个，其中做到收支盈余的有18家（剧场的运营成本中均不计折旧费，不包括剧场维修改造和大型设备更新费用），占全市剧场总数的17.3%。在这些既较好地发挥演艺功能、又能做到收支相抵或有盈余的剧场中，市区剧场有13家，占市区剧场的40%；郊区5家，占郊区剧场的7%。能做到收支相抵或有盈余的

剧场共 54 家,除上述演出功能发挥较好的 18 家,剩余的 36 家剧场的演出场次从几场到一百余场不等。这表明:一是目前剧场演艺功能发挥的好坏与盈利与否并无必然的关系;二是剧场盈利与否是许多因素综合作用的结果。

(三)剧场收支情况

在较好地发挥演艺功能的剧场中,剧场的收入来源主要有 4 种:各种形式的政府补贴、演出收入(包括票房和场租)、赞助收入、剧场相关演出配套设施所产生的收入,其中以演出收入(主营业务收入)所占比例最高。除去维修改造和大型设备更新费用外,剧场的运营支出主要有 4 项:演出成本、人员开支、运营费用(主要是水电煤)、销售税金,其中演出成本和运营费用所占比例最高。由于目前上海的各家剧场的用电性质均为"工商业及其他用电",在水电煤的开支中,原本就是用电大户的剧场电费开支所占比例最高,部分剧院的水电支出甚至占总支出的 30%。

在销售税金中,大部分剧场按 3% 的税率缴纳文化体育业的营业税,少部分从事场地租赁业务的剧场按 5% 的税率缴纳服务业的营业税。调查还显示,全市有 8% 左右的剧场缴纳房产税,房产税按房产原值一次减除 20% 后的余值计征,税率为 1.2%(20% 的减除比例由《上海市房产税实施细则》规定)。

二、上海市剧场代表性运营模式

在 18 家既较好地发挥演出功能,又能做到收支有盈余的剧场中,总体而言有四种较为典型的运营模式:

(一)"差额拨款"模式

上海大剧院是目前较为典型的"事业单位、差额拨款、企业管理"的剧场运营模式。大剧院实行院长负责制,下设演艺中心(单独注册的企业法人单位,与大剧院为两块牌子、一套班子)、运营中心、行政中心。从业人员 178 人,其中事业编制 39 人(核准事业人员编制数为 145 人),企业编制 95 人,其他 44 人。建成 10 年来,大剧院共获得财政资金、上级补助共计 14893.63 万元,占总收入的 14.8%。但是自 2006 年以来,这一比例呈明显下降趋势,近 3 年来,大剧院共获得财政资金、上级补助 3873.05 万元,占总收入的 10%。

上海大剧院作为上海乃至中国演艺业的标志性建筑之一,有其巨大的影响力和不可替代的作用。"国际性、艺术性、原创性"是其剧院品牌定位;节目特色为:名家、名团、名著;剧院宗旨为:一流的艺术作品、一流的艺术体验、一流的艺术教育。10 年来,上海大剧院的 3 个剧场年均共演出 600 余场,总收入为 101389.17 万元,其中主营业务收入达到 64099.36 万元,占总收入的 63.2%;总支出为 75960.84 万元,其中演出成本为 37867.49 万元,占 49.9%,以水电煤为主的运营费用为 23222.82 万元,占 30.6%。

目前,大剧院的年均运营成本 9214.8 万元,年均收入 10774.6 万元,10 年共取得账面收支结余 25428.33 万元,年均结余 2462 万元。但这一结果是建立在非企业化全面成本核算的基础上的,大剧院的固定资产折旧因事业核算而未体现,如按企业核算固定资产折旧达到 45700.2 万元,按 2002 年底竣工决算移交起计算,6 年年均折旧费高达 7616.7 万元。

(二)"自收自支"模式

美琪大戏院是目前较为典型的"事业单位、自收自支、企业管理"的剧场运营模式,也是目前较多剧场所采用的运营方式。

目前,美琪大戏院的实际从业人员为 42 人,其中事业编制 19 人(核准事业人员编制数为 70 人),企业编制 21 人,其他 2 人。2006—2008 年期间,美琪大戏院的年均总收入为 637 万元,年均总支出为 585 万元,年均盈利 52 万元,年均利润率 8.9%。其中主营收入(包括主办演出和租场演出)达到 413 万元,占总收入的 65%,其他收入(主要是剧场相关配套设施的收入)为年均 211 万元,占 33%。在其主营收入中,美琪的收入来源主要是租场演出,其年均租场演出收入为391万元，占其主营收入的94.7%。3年间，美琪共获得各类政府补贴39万元，约占其总收入的2%。

在支出方面，人员费用和运营费用分别占美琪大戏院支出费用的54%和40%，演出成本仅占2%，远低于上海大剧院和东方艺术中心等自办演出较多的剧院。在运营费用中，美琪3年的年均运营费用达到232万，其中年均水电煤费用支出78.7万元，占运营费用的1/3。

在此类事业单位自收自支的剧场中，部分剧场仍然能够获得各种形式的政府补贴，但占总收入的比例远低于差额拨款单位，且需根据具体情况临时申请。据了解，在美琪、兰心、上海音乐厅、逸夫舞台等建成时间较长的剧院，其人员费用中有相当一部分用于离退休职工，其人员支出较同类剧院更高。目前，上海事业单位自收自支的剧场都不计提剧场的折旧费，也无法依靠自身运营承担大修和大型设备更新的费用，几乎都是临时向上级部门申请专项拨款。

（三）“所有权和经营权分离”模式

东方艺术中心是上海率先尝试实施国有剧院所有权和经营权分离的剧场。2005年7月正式投入运营至今，东艺年均演出430余场，平均上座率85%左右，形成了“高低并存、中外并举、‘公’（益）‘商’（业）并行”的特色，树立了“听交响、到东方”、“长三角名家名剧月”、“东方市民音乐会”等一系列不同层次的演出品牌，并成为国内首家通过ISO9001质量管理体系和ISO14001环境管理体系认证的剧院。

东方艺术中心尽管由管理公司负责运作，该公司为企业性质，但东方艺术中心作为剧场本身也是事业单位，核准事业单位人数10人，目前由文新报业集团作为产权方派人进驻。

2006—2008年，东艺的年均演出收入达5040.58万元，年均支出4674.66万元，年均盈余365.92万元，利润率7.8%。在其总收入中，其自办演出的收入比例较高，年均自办演出收入达到2434.17万元，占总收入的48.29%；年均租场演出收入1480.02万元，占总收入的29.36%。在支出方面，东艺大剧院的类似之处在于其演出成本在总支出中占了最高的比例，达到年均1765.93万元，占总支出的37.78%。

完全的企业化运作使得东方艺术中心这样一个地理位置不够理想、运营成本又十分高昂的剧场焕发出巨大的活力。尤其是其建立的委托管理及考核评估相关制度，确保了所有权与管理权分离后剧场的持续健康运营。在实施合同管理的基础上，业主方对运营方每半年进行一次考评。在考评内容上，从经营管理、资产和设备管理、人才引进和培养等3方面细化了25项指标，不仅对国际顶尖剧（乐）团演出剧目数量、国际国内顶尖艺术家演出场次、作为国内主办艺术盛会举办场所、世界作品中国首演与中国作品世界首演标志性演出、自办节目演出场次、服务水准超过同类剧场并成为行业标杆等做了具体规定，而且还对观众满意度、公益性演出活动场次、为社区和学校进行艺术培训及艺术知识传播的场次等提出了明确的要求。在考评程序上，明确业主方派驻代表参加管理公司的重要会议，及时了解日常经营管理情况；组织专家开展考评工作，征求合作单位、演出院团、同行专家和竞争对手的意见；通过第三方进行观众满意度调查等。

在这一运营模式中，包括经营团队在内的各类资源完全按市场化方式配置，政府部门作为业主方的管理方式也随之发生了很大的变化，不直接干预东艺的日常运营，而是通过管理合同、考评制度等发挥间接影响，使管理公司真正成为独立的市场主体，剧场面向市场的能力得以提高。但是，浦东新区区政府作为业主方之一，不定期按照演出项目给予剧场财政上的支持，例如引进柏林爱乐乐团首次访沪演出时，新区政府出资300万元支持这一引进成本高达1200万元的国际顶尖乐团来沪。据统计，2006—2008年期间，东艺共获得政府补贴1740.1万元，占其收入比例的11.51%，与上海大剧院持平。

东艺由于建成时间不长，尚未真正面对剧

场大修的问题，其负责人透露，东艺的大修费用将是其本身运营盈利所不可能承担的。

（四）"场团合一"模式

目前，上海真正意义上实行"场团合一"的只有上海话剧艺术中心一家，即剧场和剧团为同一法人。

上海话剧艺术中心自2002年建设话剧大厦以来，剧团制作剧目和剧场演出场次一直保持着较快的增长，艺术剧院、戏剧沙龙、D6空间3个剧场的演出场次稳步上升，2006—2008年年均演出场次达到612场，票价基本维持在100元-150元左右，"看话剧到安福路"已是上海文化的知名品牌之一，剧场的年均纯利润为56.7万元。

这种剧场和剧团结合的方式，一方面降低了剧团的场租成本，使得剧场有了较为固定的客户和使用率；另一方面，能够将某一领域的演出相对集中，在品牌效应的塑造方面更能体现其优势。目前上海没有任何一个剧团可以包揽一个剧场全年所有的档期，因此话剧艺术中心在满足自身剧团的需求后，引进了许多外省市制作、演出的话剧，其中以北京的小话剧演出居多。上海话剧艺术中心的不足在于其作为本市主流剧院和剧团，在主流话剧的制作和演出方面力度不够。

目前，上海话剧艺术中心的年均盈利率在7%左右，靠其本身承担大修等费用也无从谈起。

综上所述，无论是以上何种运营模式，剧院目前的盈利都无法承担大修及重要设备更新费用。因此，完全的企业化道路（尤其是全面的企业化成本核算）从目前情况看来并不可行。

三、国外剧场主要运营管理模式

目前国际剧场行业运营管理模式取决于剧场定位，国外剧场一般存在两种定位：一种是纯粹以市场为中心，依托某些艺术样式而以娱乐为主要发展方向的剧场，如美国百老汇地区的"百老汇剧场"、英国伦敦西区的诸多剧场；另一类既承担一定的公益职能，又特别注重以"一流的艺术产品和艺术服务面向市场"，这些剧场充分利用市场因素，运用市场机制扩大演出（尤其是高雅艺术）的影响力，但是不以营利为主要目的，而是始终如一地将高水准艺术追求作为终极目标，将高质量、高品位的节目奉献给社会。

后者以国家级剧院为代表，如法国巴黎歌剧院、悉尼歌剧院、美国大都会歌剧院等，均是一个国家的最高文化艺术殿堂乃至国家的象征。此类剧场，国外政府均将其定为公益性文化设施，划归国家文化主管部门管理。如法国巴黎歌剧院受文化部直接领导，其决策机构由政府官员（其中包括文化部行政司司长、音乐舞蹈司司长、戏剧司司长和财政部预算司司长）、职工代表和文化部部长推介的文化界人士组成。巴黎歌剧院的院长由文化部部长提名，总统正式任命，担任剧院的行政领导工作。日本新国立剧场直属文化厅，由文化厅下属的日本艺术文化振兴会管理，每年文化厅将预算划拨给振兴会，振兴会会长、理事长、监事由文部科学大臣任命。

对这些国家级剧院，各国政府除给予政策、管理、税收等方面的具体指导和优惠外，还投入大量资金，以保证其正常运转。以法国巴黎歌剧院为例，1998年运作经费为8.35亿法郎，其中国家投资5.35亿法郎，占总预算的66%。国家投资的前提是严格的财会管理制度。巴黎歌剧院的总会计师由文化部部长和财政部部长共同任命，剧院设置的财务管理委员会由文化部音乐舞蹈司司长、总务司司长，财政部预算司司长，国家财政监察员以及剧院理事会主席、院长、总会计师组成。悉尼歌剧院实行政府拨款、独立经营、自负盈亏的模式，政府拨款占全部费用的50%—60%，如遇设备更新改造等情况，还可另外申请专项经费。

即使有大量政府投入，国外国家剧院的经营运作几乎是相同的，即采用市场化管理模式。除政府拨款外，剧院维持收支平衡主要依靠社会赞助及票房、广告、剧场出租、停车场、参观门票、剧场餐厅、礼品店销售等收入。但具体操作方法则根据各国国情有所不同。

纯粹以市场为中心的剧院以百老汇剧院区的39家"百老汇剧院"为代表，这些剧院是由美国戏剧业行业组织"美国剧院和制作人联盟"资格认定的座位数在600座以上的剧院，均为"营利性"，无法享受减免税的待遇，也无法申请联邦或地方的各种财政补贴，其目的是真正把戏剧当成产业来办。拥有这39家剧院的3大集团都是美国演艺界的大企业，本身兼有剧场管理、戏剧创作、制作、组织演出等业务的能力。但按美国实际运行模式，剧场管理与戏剧创作、制作、演出分开进行，同一集团可以连成一条线，也可以分别与不同集团之间合作重组各项具体的剧目业务，遵循资源最优配置的原则。

四、对上海市剧场运营和管理模式的建议

总体而言，剧场作为公共文化设施，其运营和管理应当遵循"产权人负责"的原则，按上海剧场的具体情况，各级政府应当切实担负起剧场运营管理的主要职责。

目前，上海几乎所有的剧场都实行"事业单位，企业管理"，这样"一刀切"的模式已明显不适应发展的需求，对剧场进行分类管理已成为当务之急，其前提是对剧场进行清晰的定位。剧场的定位包括以下三个层次：一是剧场作为传播文化的重要载体，政府应当从宏观上予以全面支持。二是在社会主义市场经济的前提条件下，所有剧场都应存在"公益"和"商业"功能，但对同一个剧场而言，这两大功能必须有所侧重。三是文化权利为公民的基本权利之一，部分剧场应当切实承担"公益性公共文化设施"的责任。

（一）明确上海大剧院等市级重点剧场

1. 建议将市宣传系统下属的除上海马戏城外的9家剧场确定为上海市重点剧场，定位于"公益性公共文化设施"，更多地承担和发挥公益性设施的功能，以演出优秀的高雅艺术和民族传统艺术为主，平抑场租和票价。

2. 建议由政府相关部门共同组成本市实际重点剧场管理机构，对除东方艺术中心外的8个市级重点剧场进行管理。这8家剧场的管理和运营的总体原则是：由政府部门直接掌管，由财政投入作为其生存保证，市场化管理作为其基本运作模式。制定严格的考核指标，从演出场次、质量、服务水平、成本控制、设备维护和保养等多方面对剧场进行考核。在执行严格的考核制度前提下，政府对剧场的扶持方法可根据具体情况进行操作，按上海的实际情况，可行的扶持办法大致有以下几种：一是制定税收优惠政策，考虑统一减免房产税等税收；二是规定其用电性质，降低剧场在用电方面的高昂成本；三是通过每年提取剧场折旧费加上政府补贴，对剧场大修及主要设备添换进行资金支持；四是对固定演出场次的门票收入实行补贴，如高雅艺术、京昆艺术、本地重点院团演出等。其中第三点尤为重要，综合国内演出业的现状及国外此类剧场的管理方法，国家级（重点）剧场的大修及主要设备更新，乃至剧场的整体运营都必须依靠政府财政投入来实现。

在政府财政的大力支持下，这些"重点"剧场必须做到以下几点：一是场租和票价均必须低于市场价格；二是充分和合理的市场化运营管理；三是剧院得到政府投入的多寡应根据考核结果有所浮动；四是实现收入渠道多元化，但均应与演出业配套相关。

3. 市级重点剧场管理模式转变与院团改革统筹安排。在目前大力推进院团转企改革的大背景下，可将为转企院团配备剧场与剧场管理模式的转变结合起来，进行统筹安排。在6个目前确定转企的剧团中，上海杂技团、上海话剧艺术中心、上海评弹团和上海木偶剧团均已拥有自己的剧场，上海歌舞团可考虑为其配备上演综合类演出较多的艺海剧院或美琪大戏院，上海滑稽剧团可考虑为其配备兰心大戏院、宛

平剧院等经常上演曲艺类、杂魔类演出的剧场。

(二)明确产权人负责制,吸引社会资本进入剧场行业

各区县可参照市级重点剧场的做法,明确区县级重点剧场,由区级财政加以扶持。此外,对于定位于"商业性"的剧场,其市场化和产业化的道路十分明确,在西方国家,这样的剧场主要以上演流行音乐、流行歌舞、音乐剧、流行话剧、杂技、魔术、马戏等艺术门类为主,部分演出与旅游产业紧密结合。

由于目前上海现有的剧场均由国家出资建造,在政府财政较难提供全面支持的情况下,可以考虑对定性为"商业性"的剧场进行资产重组,对所有财产进行评估、清算、拍卖,吸引和鼓励社会资本进入本市的剧场行业,在这一过程中要特别关注剧团和剧场相互融合共同进入市场,剧团可以入股剧场,剧场也可以入股剧团。原资产属于国有的,可以实行经营权租赁经营。

通过新一轮的市场竞争,上海的剧场行业将又有一批设施陈旧落后、经营不善、不发挥应有功能的剧场被淘汰出市场,而部分原先缺乏活力的剧场则能够通过资产重组等努力,走上市场化运营的良性轨道。届时,上海将改变剧场量多质平的局面,形成布局合理、定位明确、演出多样、服务专业、票价合理的行业新局面。

(作者:上海市文化广播影视管理局巡视员)

世界有关国家文化产业发展策略

刘国强

美国:宽松环境下的积极扶持

美国推动文化发展从表面上看实行的是"无为而治"的政策,但政府宽松的文化产业发展政策、有效的知识产权保护政策和文化扶持政策,为美国文化的发展创造了良好环境。一是重视文化立法。美国是第一个进行文化立法的国家,早在1790年,美国就颁布了第一部《版权法》。进入20世纪以后,又相继颁布了《联邦税法》、《国家艺术及人文事业基金法》、《反盗版和假冒修正案》、《反电子盗版法》和《跨世纪数字版权法》等。完善的法律体系,为推动本国文化产业的发展提供了有力保障。二是宽松的文化产业政策和优惠的税收政策。一方面,美国通过税收优惠政策及价格机制,将非投入文化部门的外来资金引入文化产业部门;另一方面,美国经营性文化产业依托于商业化的运作模式和市场优胜劣汰机制,逐步形成了一批"文化巨无霸"企业。三是注重培养和聚拢人才。美国有30所大学开办了文化管理学、艺术管理学等专业,培养从本科到博士的文化管理人才。美国还利用其雄厚的资金和文化产业的发展潜力,积极吸引世界各国的优秀文化艺术人才。四是给予文化扶持。美国国家艺术人文基金会每年将基金总额的35%以上用于向各州及联邦各地区艺术委员会拨款,并将其余款项直接用于向各个艺术人文领域内的个人及团体有关项目提供直接资助和对优秀艺术成就的奖励。

美国文化产业的发展壮大也得益于它的开放性和创新性。美国的文化精英们擅长将外部文化进行大胆的改造,以迎合人们的兴趣和需求,例如,动画电影《花木兰》和《功夫熊猫》,好莱坞大片《哈里·波特》及其衍生品在全球热卖,无不凸显美国文化产业的巨大兼容与创新能力。在技术上,好莱坞大片对高科技成果的运用吸引了世界的眼球。而将网络传输、数字化、通讯卫星等现代技术应用于文化产业,更是架起了美国文化通向世界的桥梁,极大地推动了文化的传播。目前,美国已成为世界第一文化产业大国,其文化产业年产值占国内GDP的1/4,出口额已超过航空航天工业而居第一位,成为仅次于军工行业的第二大支柱产业。

英国:以创意为灵魂

英国把发展文化产业作为提升英国综合国力的关键一步,其最具有象征性的举措之一,就是把“国家遗产部”改名为“文化、新闻和体育部”,从整体上协调英国文化产业的发展。1992年,英国文化委员会形成“国家文化艺术发展战略”讨论稿,1993年以《创造性的未来》为题正式公布。这是英国有史以来首次以官方文件方式颁布的国家文化政策。在这份文化发展战略的纲领性文件中,明确提出了文化产业的创意性问题。1997年布莱尔上台后,积极推动成立“创意产业特别工作小组”,并担任主席一职。这个工作小组于1998年和2001年两次发布研究报告,分析英国创意产业的现状,并对英国文化艺术产业的未来发展作出规划。英国政府也十分重视对文化的扶持。以英国艺术委员会为例,它成立于1946年,实行非政府运作,但代表政府辅佐艺术发展。它的经费就来源于英国文化、传媒和体育部这一英国最大的艺术拨款机构,该机构2003—2006年的经费预算超过10亿英镑。其中8.35亿英镑用于1000多个长期资助机构。英国还通过发行国家彩票等形式,为创意产业发展筹集了大量经费,使一批重大创意产业项目有了强大的资金支持。

1995年,英国文化创意产业净收入约250亿英镑,其产值约占国内生产总值的4%,超过任何一项传统制造业的产值。1997—2001年,英国文化创意产业的增长率平均为5%,而整体经济的增长率仅为2.8%;英国文化创意产业的出口额每年增长15%,而同期英国所有产业的出口增长率平均只有4%。

日本:以“文化立国”促进增长方式的转变

日本近现代以来在国家发展战略上大致经历三个阶段:明治维新到二战结束时的“军事立国”战略;二战到20世纪七八十年代的“经济立国”战略;从20世纪后期开始转向“文化立国”的国家发展战略。在二战后满目疮痍的废墟上,日本创造了世界瞩目的经济奇迹,但随着经济的增长,环境与资源对经济发展的约束越来越严重,人们的生活质量并没有随经济增长而真正改善,日本开始考虑新的增长方式。1995年7月,日本推出《新文化立国:关于振兴文化的几个重要策略》的报告,1996年7月,正式提出《21世纪文化立国方案》,进而确立了在未来21世纪的“文化立国”方略。2001年,日本国会通过了《振兴文化艺术基本法》;2004年颁布了《文化产品创造、保护及活用促进基本法》,要求各级政府和部门有义务扶持,在财税、融资方面给予优惠待遇。政府对于文化艺术领域的财政预算大幅度增长,同时,社会团体对于文化创意行业的赞助规模也越来越大。

目前,日本文化产业的许多领域在全球范围居于领先地位,尤其是动漫、游戏这些新兴文化产业行业,给日本带来了巨大的收益。据日本贸易振兴机构(JETRO)统计,日本漫画、动画片和游戏软件在国际市场的规模是34万亿日元,占世界市场的30%。全球电子游戏的市场份额中,90%以上的硬件、50%以上的软件均被日本厂商所掌握。2003年,销往美国的日本动画片及相关产品的总收入为43.59亿美元,是日本出口到美国的钢铁总收入的4倍。遍布日本和全球的日本动漫迷们在电影和视盘上的消费超过了50亿美元,此外,与日本动漫相关的商品消费达180亿美元。

韩国:努力挖掘传统特色文化

韩国在1997年亚洲金融危机中遭受了重

大冲击，迫使韩国政府重新思考新的经济增长方式和经济增长点。1998 年，韩国提出了“文化立国”的方针，将文化产业定为 21 世纪发展国家经济的战略性支柱产业予以大力推进。一是加强立法。先后颁布《文化产业振兴基本法》，修改《影像振兴基本法》、《著作权法》、《电影振兴法》等。二是制定发展规划，明确了文化产业发展战略和中长期发展计划。三是成立文化主管部门和相应机构。1998 年，韩国文化观光部设立“文化产业局”；2000 年，设立“韩国工艺文化振兴院”和“文化产业支援中心”；2001 年，将“文化产业支援中心”扩建为“文化产业振兴院”，全面负责文化产业的具体扶持工作。四是培养专业人才。韩国实行教育“高投资”政策，教育投资一般占政府整个预算的 1/5 以上。

韩国竭尽所能地把韩国文化推向世界。首先，韩国通过重大的国际活动如奥运会、世博会、世界杯等，挖掘和宣传本土特色文化，将自己的文化推销出去，树立起“文化韩国”的形象。其次韩国将传统文化背景融入现代生活中，借助具有韩国特色的“韩流”传播韩国文化。以游戏、影视、时装、舞蹈、食文化等为主打的“韩流”席卷整个中国和日本后，韩国又以此作为平台，通过树立品牌和建立机构，扩大“韩流”在全球的影响力。

在政府的引导、扶持下，韩国文化产业得到了飞速发展。韩国文化产业振兴院 2000 年至 2001 年两年期间，成功运作“投资组合”17 项，共融资 2073 亿韩元。2001 年，韩国电影振兴公社通过“电影专门投资组合”融资 3000 亿韩元，保障了电影事业的发展。韩国政府规划了 10 多个文化产业园区，10 个传统文化产业园区和 1—2 个综合文化产业园区。2007 年，韩文化产业产值约为 650 亿美元，同比增长 7.4%，连续 5 年年均增长达到 9% 以上，是同期经济增长率的近 2 倍，文化产业占 GDP 的比重近 7%；韩文化产品出口达 100 亿美元，占世界文化市场 5% 的份额，成为世界前 5 强。

自上世纪 90 年代以后，文化产业已经成为未来世界经济新的重要增长点。1998 年联合国主持召开各国政府间会议，拟订出《文化政策促进发展行动计划》，明确提出：世界经济发展可以最终以文化概念来定义，文化的繁荣是发展的最高目标。我们应积极学习借鉴其他国家文化产业发展的经验，促进我国文化产业的繁荣发展。

（作者：中国文联理论研究室副主任）

我国文化建设的战略取向和重点任务

陈少峰

近年来，经过文化体制改革、文化事业单位转企改制的实践和建立公共文化体系的各种努力，我国文化事业初步呈现欣欣向荣的景象，全民的文化创造力正在逐步提升，文化产业也日益成为国民经济的重要力量。当前，随着我国各项社会事业的全面发展，深化文化体制机制改革创新，大力发展和建设文化系统工程的迫切性日益突显。在国际上，国家之间的竞争已进入综合实力包括文化软实力的层面，不断提升我国文化国际竞争力和影响力的要求迫在眉睫。如何在既有的基础上，进一步加大文化建设力度，推动中华文化走出去，是一个值得深入研究和思考的重大课题。

文化建设面临的挑战

2003年启动的文化体制改革已取得突出成就，我国文化建设各个领域发展状态良好，但是我国文化体制改革的任务尚未完成，我国文化的国际竞争力也有待强化，文化建设还面临诸多挑战。

第一，文化体制改革亟待向深度和广度拓展，文艺院团的改革需要加速。文化事业机构整体上缺乏战略目标设计、绩效考核和效率意识，机构官僚化现象比较突出，场馆浪费现象比较严重。部分传媒的垄断制约了文学艺术创作、影视节目制作、演出、艺术授权（艺术授权是一种新型的创意产业模式，即通过把艺术品复制或再创造，让本来只属于一小部分人欣赏的作品大众化）等文化内容产业的收入和竞争水平，使得文化内容的提供商难以制作出精品。

第二，在对外文化贸易方面，由于缺乏文化内容产业的龙头企业和精品力作，在国际市场上还缺乏真正的竞争力。

第三，传统的经济活动和企业经营缺乏深厚的文化支撑。我国已进入需要通过文化驱动社会全面发展的时代。在政治、经济、社会生活等各个方面，文化的作用更加突出。但在实践中还存在许多盲点和误区，如一些不法商家严重忽视产品质量和商业伦理，出现了像"三聚氰胺"毒奶粉等严重损害国家形象和企业形象的恶性事件。

第四，文化人力资源的开发严重不足，缺乏高端人才。文化资源中的第一资源是人力资源，而我国高端人才的开发和培养依然处于起步阶段。缺乏文化产业高端人才，也就缺乏制作精品力作的能力。

第五，发展文化产业的方法落后，许多方面依然停留在制造业形态，没有形成以知识产权为核心的产业竞争力结构。

发展理念与战略思路

我国文化建设的理念和思路是，重视文化的战略性全局性地位，发挥文化在推动社会全面发展中的作用，弘扬优秀的传统文化，以改革创新推动文化大发展，持续深化文化机制体制的改革和创新，打造更具普惠性和内容更丰富的公共文化服务体系，做大做强文化产业，提升我国文化的国际竞争力。

其一，以改革促发展，实现文化大发展大繁荣。通过深化文化体制改革，加快经营性文化单位转企改制，提高公益性文化事业单位的效率，实现文化事业与文化产业双轨并进、资源互动和良性发展，建设中国特色社会主义文化体系，稳步实现文化大发展大繁荣。

其二，以科学发展观统领文化发展和文化产业发展。以科学发展观来规划文化事业和文化产业，避免盲目性和随意性。要重视文化产业的发展规律，重视知识产权保护和创新。在发展文化产业的实践中，要杜绝复古、跟风炒作、跑马圈地及忽视软件和内容建设的硬件思维等。

其三，建立强有力的文化发展领导机制。转变政府管理文化的方式，增加引导和扶持的力度，减少行政干预。在转变发展方式的同时，促进文化事业的普惠化，促进文化产业在引领经济发展中发挥更大作用。

其四，加大公共文化服务体系建设，健全公益性文化事业的管理体制。各级政府要出台相应政策，加大对公共文化服务体系的投入，制定政策鼓励民间投资和资助文化事业。

其五，大力发展文化产业，以文化产业提升我国文化的国际竞争力。出台包括金融支持文化产业发展在内的各项政策，鼓励民营文化企业参与转企改制后的企业投资和市场竞争，培育一批龙头文化企业，扶持优秀，奖励创新，持续增加文化产品的出口，推动中国文化走出去。

文化建设的重点任务

今后一段时期，我国文化建设的重点任务主要包括以下几个方面。

首先，深化文化体制机制改革创新。除全面完成文化单位转企改制目标外，还要建立完善的文化市场竞争体系。经营性媒体应当进一步向民间资本开放。一方面，对传媒业进行事业和产业的区分，如中央电视台应当划分为纯公益性的国家电视台和商业性的电视台两大部分。另一方面，应当允许民间资本参与经营性传媒平台的投资和建设，进一步开放传媒市场。

其次，在应用型文化方面进行系统化建设，提升我国的文化软实力。文化建设可视为文化应用领域的发展，包括五个主要部分即积累型文化、提升型文化、支撑型文化、满足型文化和竞争型文化。

积累型文化，就是在传统文化积淀的基础上进行改革，在传承已有文化精华的同时，针对未来文化发展进行必要的积累，如支撑高端产品的文化内涵和设计能力的积累、优秀价值观的弘扬等，此外还要重视当代文化的积累和发展。

提升型文化，就是发挥精英文化和主流价值的引领作用，扶持学术研究和普及高雅艺术等，持续提升公民的文化素质，尤其是提高公民对人权、法治、诚信等社会核心价值的体认和实践。

支撑型文化，是制度文化和支撑发展的文化，如法治文化和商业文化，这方面需要进一步重视和推动。转变经济增长方式和调整产业结构要重视文化的支撑作用，特别是要在企业文化、品牌、从业人员的职业道德、企业的社会责任及高端产业（如绿色经济）的文化提升等方面进行新的探索。

满足型文化，是指满足公众文化基本权利和基本的娱乐需求等，近几年我国在这方面取得了较大进展。但也要注意，文化产业的发展是地域性的发展，需要各地采取积极有效的引导措施，避免盲目性。要改变发展文化产业的方法，不能用制造业的方法来做文化产业。

竞争型文化，是指一个机构、一个城市或一个国家营造文化环境、提升文化产品竞争力，进而形成文化软实力竞争方面的优势地位，以文化吸引力来提高自身的竞争力。

再次，提升文化引导与管理水平。应当重视文化生态体系建设，要认识到文化发展是个系统工程，不能将文化发展仅仅局限于对主流价值的提倡。针对当前文化发展的实际情况，可采取一些相应的措施。第一，关注如何让青少年在娱乐中接受文化提升。传统的教育方式应当改变，不能简单说教，而应当培养青少年的文化素质和想象力。第二，在重视传统文化的同时，更应当重视中国当代文化的提升和传播，避免出现传统文化很丰富、当代文化不足取的结果。第三，重视文化内容的丰富性和选择的多样性。第四，加强法治建设，建立法治化的管理体系，解决知识产权保护问题。逐步减少行政命令对文化建设的干预，发挥法治化管理的作用。第五，建立文化产业领域的内容产品分级管理机制，加大未成年人文化健康管理力度，避免公共文化领域低价化倾向。

最后，应把人才体系建设作为推动文化发展的新工程。把文化人才和文化管理人才的培养与文化事业、文化产业发展结合起来考虑，可以确立如下目标：第一，党政一把手要推动文化、社会与经济的协调发展。第二，将文化产业管理作为一级学科（指高等院校里的学科分类），以提高其重要性。第三，主管经济和文化的各级官员应当接受系统的培训。第四，着力培养文化产业的高端人才，开放文化产业 MBA 和 EMBA（工商管理硕士和高层管理人员工商管理硕士）。第五，文化事业从业人员应当进行系统的文化、文化事业管理和文化产业的培训。第六，政府应当从扶持文化产业的专项资金中，拿出一大部分来培训教师、企业家和各类从业人员。

（此文载《时事资料手册》2010 年第 5 期）

第六部分

学习十七届五中全会精神
推动"十二五"规划落实

创新社会服务和管理
推动首都社会主义和谐社会建设

刘　淇

党的十七届五中全会审议通过的《中共中央关于制定国民经济和社会发展第十二个五年规划的建议》(以下简称《建议》),是在新的发展阶段指导我们推进改革发展、全面建设小康社会的纲领性文件。《建议》对“十二五”期间加强社会建设的努力方向和工作重点作出了全面部署。我们要结合北京实际,认真学习、深刻领会、切实贯彻落实全会精神,有力地推动科学发展,促进社会和谐,开创中国特色社会主义事业新局面。

一、认真学习贯彻《建议》中关于加强社会建设的重要精神,进一步增强推进社会服务管理创新的责任感和紧迫感

《建议》提出加强社会建设、建立健全基本公共服务体系,必须加强和创新社会管理。我们一定要认真贯彻落实全会精神,全面推进首都的社会建设与管理工作。

近年来,北京市委市政府认真贯彻中央关于加强社会建设与管理的指示精神,结合北京市的工作实际,先后召开了五次城市管理工作会议、和谐社区建设座谈会和社会建设大会,制定了《构建社会主义和谐社会首善之区的意见》、《北京市加强社会建设实施纲要》等一批重要文件,积极探索推进社会建设和管理。一是提出了构建社会主义和谐社会首善之区的奋斗目标。二是确立了以改善民生为重点的社会建设基本思路,提出了大民政的工作理念和无零就业家庭、无城镇危房户、无重大重复上访户、无社会救助盲点、无拖欠工资问题的“五无”工作目标。围绕解决民生问题,加强公共服务体系建设。三是健全了领导体制。抓住奥运机遇,深化市、区两级社会管理体制改革,经中央批准,成立了社会建设工作领导小组及其办公室,组建了市委社会工委和市社会建设工作办公室,并在各区县逐步设立了相应机构,形成了市委市政府统筹社会建设与管理的领导体制。四是完善社会建设的工作制度,在社会公共服务、社区建设、社会组织建设、选聘大学毕业生到社区和农村任职、福利养老金制度、社保卡、社会工作者队伍建设、志愿服务工作及社会领域党建工作等方面制订了一系列政策性文件,实施了以“九养”政策为代表的一系列惠民政策,初步形成了推进社会建设的政策体系框架。五是健全了社会建设的运行机制。在街道、乡镇建立了社会工作党委,形成了市、区县、街道乡镇、社区四级社会建设工作网络。在工会、妇联、共青团等群众组织的基础上,建立了枢纽型社会组织管理服务网络,形成了市委领导、组织部门牵头抓总、社会工委具体协调的社会领域党建工作机制。六是加强了社会建设的基层基础工作。北京市目前共有社区2600多个,社会组织近3万个,全市1249座商务楼宇中有6万多家法人单位、83万多从业人员,社会服务管理工作难度很大。针对这样的情况,我们探索了以“一分、三定、两目标”为主要内容的社区规范化建设模式,以“枢纽型”社会组织为龙头的社会组织管理模式,以专业化、职业化为目标的社会工作队伍建设模式,志愿服务常态化管理工作模式以及“五站合一”的商务楼宇党建等工作模式。七是积极探索建立社会力量动员新机制,在构建社会矛盾化解体系、社

会面防控、重点人群管理等方面形成了具有首都特色的工作经验。

总的看，北京市的社会建设与管理工作在探索创新中不断完善，并且发挥了作用，特别是在成功举办北京奥运会、残奥会和新中国成立60周年庆祝活动、推动和谐社会建设等方面发挥了不可替代的重要作用。但我们也清醒地认识到，首都社会建设的各项工作总体上还处于刚刚起步阶段，加强社会建设与管理的任务还十分艰巨。我们必须从战略和全局的高度，深刻认识加强社会建设管理的极端重要性，进一步增强抓好社会建设、创新社会管理工作的责任感和紧迫感。

一是要充分认识加强社会建设与管理的重要性。当前，我国正处于工业化、城镇化、信息化、市场化、国际化的关键时期。随着经济体制深刻变革、社会结构深刻变动、利益格局深刻调整、思想观念深刻变化，社会的开放性、流动性大大增强，新经济、社会组织快速发展，流动人口及境外来华人员日益增多，对社会建设与管理提出了新的挑战。人民群众的利益诉求呈现多层次、多方面、多样性的趋势，对完善公共服务体系、实现基本公共服务均等化提出了更高要求。只有顺应经济社会发展的新要求和人民群众的新期待，切实加大社会建设和管理创新的力度，才能从源头上维护社会的和谐稳定，不断巩固党领导和执政的思想基础、工作基础、群众基础和社会基础。

二是要充分认识加强社会建设与管理的紧迫性。一方面，我国国情国力和国际地位的变化对首都工作的要求越来越高。建设中国特色世界城市，以更高标准做好首都的各项工作，提高首都建设管理的水平是摆在我们面前的重要任务。另一方面，经济快速发展所带来的社会问题也日益突出。比如，流动人口增长过快，有的地方出现户籍人口和流动人口比例严重倒挂的现象；部分地区人户分离情况严重，等等。应当说，我们在社会建设与管理中还有很多薄弱环节，特别是社会服务管理主体单一、责任不清、层次不明等问题还比较突出；社区发育不够完善，社会组织还未能担当起应有的社会责任；一些制约社会建设发展的体制性障碍和机制性束缚还没有得到根本解决；一些成功的工作经验和做法在落实中还有不平衡的现象，等等。我们必须切实增强紧迫感，切实把加强社会建设、创新社会管理作为重要而紧迫的战略任务，下大力气统筹推进，努力取得社会建设的新突破。

三是要切实增强加强社会建设与管理的能力。加强社会建设与管理涉及改革、发展、稳定的方方面面，关系群众切身利益，是各级党委政府领导水平、执政能力的重要体现。在新的形势下，面对大量复杂的社会问题，实现科学发展，只有加强社会建设与管理，切实保障和改善民生，才能从源头上防范和减少影响和谐稳定的因素；只有创新社会管理、完善公共服务，才能不断夯实维护稳定的群众基础，凝聚强大的社会动力；只有把社会建设与管理这项工作抓好了，我们才能把广大群众组织起来，真正实现发展这个第一要务，承担起稳定这个第一责任。

二、按照建首善、创一流的工作标准，加快推进社会服务管理创新

贯彻落实《建议》中关于加快社会建设与管理的要求，关键在于创新。重点是要推进社会保障体系创新、各类社会群体服务管理创新、社区服务管理创新、社会组织服务管理创新、互联网等新媒体管理创新、社会领域党建工作创新。通过推进社会服务管理创新，切实加强社会建设与管理。

第一，加快建设城乡一体的社会保障体系。社会保障作为一项基本制度，是社会的安全网，是经济的调节器，也是现代化的重要标志。北京市在这方面做了不少的努力，也取得了一些成效，正在实现从家庭保障、单位保障向社会保障的历史性跨越。在此基础上，我们要按照党的十七大和十七届五中全会的要求，加快建立以社会保险、社会救助、社会福利为基础，以基

本养老、基本医疗、最低生活保障制度为重点，以慈善事业、商业保险为补充的社会保障体系。中央提出到2020年，要实现覆盖城乡居民的社会保障体系基本建立。北京作为首都，各方面条件比较好，应当在这方面迈出更大的步伐。"十二五"期间，应当紧紧围绕着健全覆盖城乡居民的社会保障体系这个任务，抓住重点、加强整合、提高水平，使绝大多数基层群众能够更好地享受到城乡统筹的社会保障。当前，要着力解决好城乡社会保障制度的整合与衔接，特别是在社会救助、社会福利、优抚安置等方面积极推进城乡一体化，建立起普惠的社会福利和社会保障制度。

第二，着力创新社会服务管理的体制机制。当前，北京市的社会服务管理面临着许多新情况、新问题，不少地方还存在一些薄弱环节和空白点，特别是随着流动人口急剧增加，人户分离、党员与党组织关系分离的现象越来越普遍，管理与服务不相适应的问题还比较突出，管理服务的体制机制、方式方法还亟待改革创新。一是要进一步完善网格化服务管理模式，不断总结推广基层创造的先进经验，有针对性地做好流动人口服务管理、社区服务管理、"两新"组织服务管理、民族宗教工作服务管理、外籍来京人员服务管理以及刑释解教人员帮教服务管理等，不断满足各类社会群体的服务需求，努力扩大社会服务管理的覆盖面。要在郊区全面推广村庄社区化管理的经验，实现城乡统筹的社区化管理模式。二是要紧紧围绕保障和改善民生，加强社会服务和管理，进一步加大工作力度，不断完善政策体系，形成互相衔接、有机结合的政策体系。三是要着力扩大社会领域党组织和党的工作覆盖面，积极创新社会领域党建工作方式，力争今明两年实现社区党建、社会组织党建、新经济组织党建、商务楼宇党建工作的全覆盖，努力以社会领域党建工作全覆盖带动社会服务管理全覆盖，以社会领域党建工作创新推动社会服务管理创新。

第三，要把化解社会矛盾作为当前推动社会建设与管理的重要任务。当前，我们正处于社会矛盾的凸显期，必须积极应对、妥善处理好社会矛盾。一是注重从源头上减少矛盾。要坚持科学发展，加快经济发展方式的转变，为正确处理社会矛盾打牢物质基础。要强化政府社会管理和公共服务职能，推进决策科学化、民主化，坚持把最广大人民根本利益作为制定政策、部署工作的出发点和落脚点，坚持重大决策社会稳定风险评估制度，使各项决策符合客观实际和人民群众根本利益。二是注重维护群众权益。健全党和政府主导的维护群众权益机制，正确反映和兼顾不同方面群众的利益，切实维护社会公平正义。三是注重做好群众工作。要按照十七届五中全会的要求，高度重视群众工作，认真研究和把握新形势下群众工作的特点和规律，落实好群众工作的各项制度，深入做好组织群众、宣传群众、教育群众、服务群众工作，特别是坚持好领导干部接待群众制度，健全信访工作责任制，及时了解群众心声和实际需求，热情帮助群众解决问题。四是积极构建社会矛盾纠纷多元调解工作体系。建立健全人民调解、行政调解、司法调解和社会力量调解相互衔接的工作模式，形成"大调解"格局。总结推广牛街民族和谐创建、原崇文区"信访代理制"、西城区"调解进所"、北京民营高新技术企业家协会调解商事纠纷和知识产权纠纷等先进经验，健全社会舆情汇集和分析机制、矛盾排查和信息预警机制。认真做好基层基础工作，把矛盾化解在基层、解决在萌芽状态。

第四，要进一步创新社会服务管理的方式方法。在认真总结发展"群防群治"、北京奥运会社会动员经验的基础上，注重运用信息化手段加强和改进社会服务管理，积极应对互联网、手机等新兴媒体对社会稳定和社会管理带来的巨大挑战。一方面，高度重视网络阵地建设，加强引导和规范，健全管理法规，完善监控体系，把虚拟社会与现实社会统筹管理起来，使新媒体成为弘扬正气、传播文明、维护稳定、促进和谐的有效途径与载体；另一方面，充分利用和发挥新技术的优越性，推进社会信息化和电子政务建设，构建覆盖全市的社会管理信息网络，在流动人口管理、社会保障、社会动员创新等方面，进一步强化信息化手段的运用，特别是要运用物联网、云计算等先进技术扩大网格化管理的范围，推动网格化管理由事件、物件管理向宽领域、动态管理升级，努力实现社会管理信息资源的共享，提高社会管理和公共服务整体效能。

三、进一步加强对社会建设与管理工作的领导

加强社会建设与管理是新形势下各级党委、政府的一项重要任务。我们要认真学习贯彻《建议》以及中央关于加强社会建设与管理的一系列重要精神，切实加强社会建设与管理工作。

一要加强组织领导，严格落实责任。要把社会建设与管理工作纳入“十二五”规划之中，统筹谋划、全面推进。切实加强组织领导，进一步完善党委领导、政府负责、社会协同、公众参与的社会建设管理新格局。各级党政一把手要亲自抓、负总责。要把任务分解，责任落实到具体人，确保各项工作有人抓、有人管，不留空白。同时，把社会服务与管理工作纳入各级领导班子和领导干部考核体系，与绩效评定、选拔使用挂钩。

二要加强统筹协调，增强工作合力。社会建设与管理涉及的单位、部门很多，加强这项工作要进一步整合资源，建立起任务明确、责任到位、协调有效、运转顺畅的工作机制，集成政策、集中资金、集聚资源、集合力量，共同推进社会建设与管理。党委、政府的各个职能部门都要按照责任分工，加强工作统筹、加强组织协调、加强督促检查。同时要加大对推进社会管理工作的考核力度，确保社会建设各项工作落到实处、取得实效。

三要结合开展创先争优活动多为群众办好事实事。要在社会建设和社会管理中牢固树立“以人为本”的理念，把改善民生，让广大群众更多分享改革发展成果作为社会建设的重要落脚点，不断扩大和完善公共服务。通过继续落实“五无”目标、特别是要在老年、儿童、残疾人等群体的福利制度方面实现城乡一体化，着力推动基本公共服务、社会公益服务和便民利民服务纵深发展和全覆盖，让广大人民群众从社会建设中得到实惠。

四要加强对社会建设与管理的学习与研究。加强社会建设与管理是一项新的任务。要认真学习马克思主义关于社会建设与管理的理论，认真学习中央关于社会建设与管理的重要指示精神，学习《建议》中关于加强社会建设与管理的工作要求，认真学习社会建设与管理的有关知识，不断深化对新形势下社会建设与管理基本特点和规律的认识，不断深化对社会建设与管理的目标任务的认识，不断提高构建社会主义和谐社会的能力。要加强对社会建设与管理的调查研究，特别是要加强对社会结构发展变化的调查研究，社会利益关系发展变化的调查研究，社会建设与管理体制机制及政策的调查研究，等等。通过加强调查研究，不断提高推动社会建设与管理工作的理论水平、政策水平以及科学化、民主化水平。

加强社会建设与管理是一项复杂艰巨的重要任务。我们一定要认真贯彻落实党的十七届五中全会的要求，以科学发展观为指导，着力解决社会建设与管理中的突出问题，不断加强和创新社会管理，全力推动社会主义和谐社会建设。

（作者：中共中央政治局委员、中共北京市委书记）

认真学习贯彻五中全会精神 扎实深入开展创先争优活动

李源潮

以深入学习实践科学发展观为主题的创先争优活动开展以来，中央高度重视、全党广泛响应，省（区、市）委有力领导、部门切实指导，宣传形成舆论氛围，基层普遍创新，活动受到欢迎。总的看，整个活动围绕中心、贴近实际、讲求实效、进展顺利，效果是好的。特别是推进了保持党的先进性活动基层化、具体化，强调创先争优中干部党员要走在前头，把正在干的事情做得更好。当然，对照中央提出的要求，创先争优活动还存在一些不足。一是基层比较活跃，但有的地方中间层次抓得不力；二是有的地方创先争优与发展经济、服务群众结合不紧；三是宣传先进还要再下功夫，突出特点、增强影响力；四是怎样把经常性工作阶段化还缺乏经验，需要在实践中不断摸索。

胡锦涛同志在十七届五中全会报告中，把学习实践科学发展观活动与创先争优活动列为今年中央集中力量抓的几件大事之一。全会通过的中央关于制定“十二五”规划建议提出，要切实加强党的基层组织建设，深入开展创先争优活动，带领广大群众推动经济社会又好又快发展。这就明确了“十二五”时期创先争优活动在党和国家工作全局中的重要地位和作用。我们要认真学习贯彻五中全会精神，扎实深入推进创先争优活动。

第一，组织广大党员干部认真学习领会五中全会精神，把思想和行动统一到中央要求和部署上来。十七届五中全会是在我国全面建设小康社会的关键时期召开的一次重要会议，确定了“十二五”时期经济社会发展的目标任务。深入学习实践科学发展观，为“十二五”时期科学发展提供政治动力和组织保证，是今后5年全党创先争优活动的方向和主题。认真学习贯彻五中全会精神，是保证创先争优活动健康深入开展的关键。要指导各级党组织抓好党员干部的学习，用五中全会精神统一思想和行动。一是深刻认识“十二五”时期仍是我国发展的重要战略机遇期，振奋精神、抢抓机遇，努力开创科学发展新局面。二是深刻认识“十二五”时期发展的主线是深入贯彻落实科学发展观，加快转变经济发展方式。三是深刻认识实现“十二五”时期发展目标，必须坚持改革开放，推动科学发展、和谐发展、创新发展。四是深刻认识落实“十二五”时期各项重要任务和举措，党员干部必须充分发挥先锋模范作用，带动广大群众团结一心、共同奋斗、创先争优。

第二，紧紧围绕推动科学发展这个主题开展创先争优，为实现“十二五”奋斗目标提供强大动力。科学发展是“十二五”规划的主题，也是创先争优活动的主题。我们要组织引导基层党组织和党员，把这一要求贯彻于创先争优活动的始终和各个方面。一要紧紧围绕本地本单位科学发展的中心任务创先争优，为加快转变经济发展方式、提升经济增长质量和效益多做贡献。二要紧紧围绕保障和改善民生创先争优，多办顺民意、解民忧、惠民生的实事好事。三要紧紧围绕解决干部群众反映强烈的突出问题创先争优，为“十二五”时期经济社会又好又快发展创造和谐稳定的环境。

第三，切实加强党的基层组织建设，为落实“十二五”时期科学发展任务提供组织保证。国际形势越是复杂多变，我国社会越是深刻变革，改革发展稳定任务越是艰巨繁重，越要做好抓基层打基础的工作。我们要继续以创先争优活动为抓手，以改革创新精神加强基层组织建设，增强党组织的创造力、凝聚力、战斗力。一要加强基层组织体系，重点抓好农村软弱涣散党组织整顿、非公有制经济组织和社会组织党组织组建和工作覆盖。二要抓好基层党组织带头人队伍建设，选好配强基层党组织书记。三要创新基层党组织活动方式，明确责任，增强功能，发挥作用。四要完善党委统一领导、组织部门牵头协调、行业系统具体指导、有关方面齐抓共管的基层党建工作格局，建立健全抓基层打基础的长效机制。

第四，以党组织和党员创先争优带动全社会创先争优，激发广大干部群众投身“十二五”建设的积极性创造性。要实现“十二五”时期我国经济社会发展目标任务，必须紧紧依靠广大人民群众，充分调动广大人民群众的积极性、主动性、创造性。要总结推广各地创造的好经验好做法，通过党组织和党员创先争优带动更多的群众创先争优。一要推动干部深入基层，扎实做好联系群众、宣传群众、组织群众、服务群众、团结群众工作。二要做好党组织和党员公开承诺、践诺、评诺工作，按“十二五”目标任务充实内容、加强评议。要广泛开展党员示范岗、责任区、志愿服务等活动，影响和带动群众创先争优。三要深化党群共建创先争优，充分发挥工会、共青团、妇联等组织联系群众的优势和作用。四要继续大力宣传创先争优先进典型，在全社会营造学习先进、争当先进、赶超先进的良好风气。

第五，以真抓实干的精神深入推进创先争优活动。胡锦涛同志在全会结束时强调，各级领导干部一定要大力发扬真抓实干精神，切实改进工作作风，高度负责、集中精力、一抓到底。习近平同志最近指出，中央和国家机关开展创先争优活动，重在加强领导。各部门党组（党委）要把创先争优活动作为当前一项重要任务，加强工作指导，创新工作方法，深入调查研究，狠抓工作落实。一是继续加强分类指导。各部门要结合本系统本行业学习贯彻五中全会精神，对深入开展创先争优活动作出具体部署。二是结合贯彻落实五中全会精神，及早谋划明年的创先争优活动。形势任务在不断发展变化，创先争优也要有新的内容和重点，每年有具体的主题和载体，把经常性工作阶段化，有计划、有节奏地推进。三是在创先争优中加强树立和宣传先进典型工作。各地各部门都要有先进典型，各行各业也要选树先进典型。通过分类树典型，建立本行业本地区创先争优英雄谱。四是安排好年底创先争优评议评比工作，鼓励先进、鞭策后进，激励广大党员奋发进取，以优秀业绩迎接建党90周年。

（此文是中共中央政治局委员、中央书记处书记、中央组织部部长李源潮2010年10月22日在中央创先争优活动领导小组第四次会议上的讲话）

围绕科学发展推进组织工作改革创新
为“十二五”开好局提供组织保证

李源潮

这次全国组织部长会议，主要任务是深入贯彻党的十七大和十七届四中、五中全会精神，总结2010年工作，部署2011年任务。在刚刚结束的中央经济工作会议上，胡锦涛同志对做好2011年经济社会发展工作，实现“十二五”时期开好局、起好步作出了全面部署。习近平同志上午的重要讲话，充分肯定了一年来组织工作取得的成绩，对做好2011年组织工作提出了明确要求。我们要贯彻落实胡锦涛同志指示精神和习近平同志讲话要求，认真做好2011年组织工作，为科学发展提供坚强保证。

一、2010年组织工作进一步改革创新，“三服务、两满意”水平有新的提高

2010年是我国巩固和扩大应对国际金融危机冲击成果、全面完成“十一五”规划目标任务的一年。全国组织系统以贯彻党的十七届四中全会决定和实施“五个规划”为抓手，重点抓好“三件大事”，推进改革创新，狠抓工作落实，各项工作取得了新成绩。2010年全国组织工作满意度民意调查，对组织工作、干部选拔任用工作的满意度，分别比去年提高1.34分、1.63分。

第一，善始善终抓好深入学习实践科学发展观活动，组织开展创先争优活动，为党的中心工作提供动力和保证。认真抓好第三批学习实践活动收尾工作，抓好整个学习实践活动整改落实和总结工作。组织基层党组织和党员广泛开展创先争优活动，为完成各单位中心任务注入强大动力。把抗击青海玉树强烈地震、甘肃舟曲特大山洪泥石流和一些地区洪涝、干旱等严重自然灾害，服务上海世博会、广州亚运会等重大任务，作为创先争优第一线，充分发挥基层党组织和党员、干部的先进模范作用。把服务群众作为创先争优的重要内容，各级党组织和党员为群众办实事好事1000多万件。加强分类指导，推进党群共建，选树先进典型，在全社会形成学习先进、争当先进、赶超先进的良好风气。今年组织工作满意度民意调查，对本单位开展创先争优活动的满意度为82.93分，列10项组织工作测评第2位。

第二，认真落实干部人事制度改革规划纲要，干部人事制度改革取得重要进展。中央组织部分别召开省区市、中央和国家机关贯彻落实《2010—2020年深化干部人事制度改革规划纲要》座谈会，交流改革创新实践经验。各省区市抓住干部群众反映强烈的突出问题，积极稳妥推进干部人事制度改革，落实促进科学发展的干部考核评价机制、竞争性选拔干部、规范干部选拔任用提名、从基层一线选拔干部、加大干部交流力度、差额选拔干部等方面改革取得明显进展，全国各地公开选拔、竞争上岗厅处级领导干部2万多名。中央和国家机关加大干部人事制度改革力度。公开选拔、竞争上岗局处级干部2100多名，首次在全国范围公选高级外交官，首次对中央和国家机关中管干部进行年度考核。国有企事业单位人事制度改革统筹推进，加大公开招聘中央企业高管人员力度，首次面向海外招聘中管金融机构高管人员。今年组织工作满意度民意调查，对干部人事制度改革效果评价比去年提高5.41分。

第三，认真落实人才发展规划纲要，人才工作迈上新台阶。中央召开全国人才工作会议，出台《国家中长期人才发展规划纲要（2010—2020年）》，确立了建设人才强国的奋斗目标和人才优先发展战略布局。26个省区市和中央有关部门召开人才工作会议，27个省区市出台人才发展规划。中央组织部分5片召开城市人才工作座谈会，推进“人才强市”工作。“千人计划”深入实施，前5批入选国家“千人计划”的海外高层次人才1143人。各地区各部门积极推进人才政策和体制机制改革创新，人才工作呈现争先恐后的良好态势。今年组织工作满意度民意调查，对人才工作成效评价比去年提高7.91分。

第四，抓好关键岗位干部重点管理，加强领导班子和干部队伍建设。认真落实加强县委书记队伍建设20条规定，制定出台加强乡镇党委书记队伍建设意见。加强领导班子思想政治建设，普遍与干部开展谈心谈话。集中组织120多名中央机关和地方司局级中青年干部双向交流任职，省、市两级党政机关共从基层一线选拔

干部3.9万名，中央机关今年招录的公务员具有基层工作经历的达74%。出台防止县乡领导干部任职年龄层层递减意见。组织选派3600多名干部援藏援疆援青。实施《2010—2020年干部教育培训改革纲要》，推进干部教育培训改革创新，党性教育明显加强，干部自主选学受到欢迎。中央组织部统筹调训干部1.6万人次。今年组织工作满意度民意调查，对干部教育培训效果评价比去年提高7.82分。

第五，继续以最坚决的态度整治用人上不正之风，进一步匡正选人用人风气。制定实施干部选拔任用四项监督制度。加大监督检查力度，中央组织部会同有关部门对6个省区市干部选拔任用工作进行巡视检查，对44家中管企业选人用人工作进行集中检查。普遍开展“一报告两评议”，各地区各部门评议新提拔干部5.8万人。开展买官卖官问题集中整治，重点查处典型案件，特别是严肃查处“王亚丽造假骗官案”，在党内和社会上产生良好反响。今年组织工作满意度民意调查，对防止和纠正用人不正之风的满意度比去年提高1.46分。

第六，扎实推进各领域基层党组织建设，进一步激发基层党组织和党员队伍的生机活力。村党支部书记队伍建设“一定三有”政策得到较好落实，“四议两公开”工作法普遍推广。全年新选聘5.5万名高校毕业生到村任职，一批大学生“村官”开始成长起来。城市社区党建工作“三有一化”进一步落实。国有企业“四强四优”活动深入开展。新修订的机关、高校基层党组织工作条例印发实施。非公有制企业和社会组织党建工作得到加强，新建党组织4.2万个。认真落实党员教育培训规划，共轮训党员2632万人次。农村党员干部现代远程教育站点建设基本普及，开通“12371”全国基层党建工作手机信息系统。广泛开展党员承诺、党员志愿服务等活动，激发了广大党员创先争优的积极性。今年组织工作满意度民意调查，对本地区本部门基层党组织发挥作用的评价比去年提高3.78分，对所接触共产党员发挥作用的评价比去年提高3.62分。

第七，组织部门带头创先争优，自身建设得到新的加强。各级组织部门把创先争优活动和深化讲党性、重品行、作表率活动有机结合起来，形成了比学习、比工作、比奉献的良好氛围。切实加强党性教育，各级组织部长带头讲党课、下基层，深入开展学习王彦生、尹中强、杜洪英等先进典型活动。中央组织部对376名中央机关、中央企业和中管金融机构组织人事部门负责人，428名市地州盟党委组织部长进行专题培训，对356名新任县委组织部长进行任职培训。严格执行“十严禁”纪律，树立组工干部良好形象。今年组织工作满意度民意调查，对组工干部形象的满意度比去年提高1.13分。

一年来，老干部工作扎实有效，党建研究取得一批务实管用成果，领导干部考试测评工作不断改进，党建读物出版质量有所提升。组工宣传和舆情应对明显加强，信息化建设取得进步，普遍建立了组织部门新闻发言人制度。

回顾党的十七大以来组织工作的实践，我们更加深刻地体会到，做好新形势下组织工作，必须紧紧围绕党的中心任务，自觉服务科学发展大局；必须坚持解放思想、改革创新，不断破解组织工作难题；必须加强战略规划、长远布局，增强组织工作的科学性、系统性、前瞻性；必须实施分类指导，狠抓基层落实；必须注重宣传引导，主动回应党内外关切；必须自身带头作表率，以示范带动改革。我们要认真总结这些在实践中取得的组织工作规律性经验，用以指导今后的组织工作。

在肯定成绩的同时，我们更要清醒地看到组织工作存在的问题和不足。主要是：促进科学发展的干部考核评价体系亟需完善和落实；领导班子和干部队伍的能力建设、作风建设与科学发展需要、人民群众期待还有较大差距；干部培训还存在内容与需求脱节现象；干部人事制度改革规划纲要还需加紧落实，扩大干部工作民主中出现的拉票、“老好人”现象尚未得到有效解决，破解干部能上不能下等难题还缺少有效办法；用人上不正之风在一些地方仍然比较突出；束缚人才发展的体制机制障碍还较突出；不少基层党组织和党员不能有效发挥作用。我们要按照中央要求，坚持改革创新，着力破解难题，不断提高组织工作"三服务"水平，努力让全党满意、让人民满意。

二、扎实做好2011年组织工作，为"十二五"时期开好局、起好步提供坚强保证

2011年是中国共产党成立90周年，是实施"十二五"规划的第一年，是省市县乡四级党委集中换届之年。胡锦涛同志在党的十七届五中全会上强调，要继续推进党的建设新的伟大工程，为经济社会又好又快发展提供坚强保证。习近平同志指出，明年组织工作要把搞好省市县乡党委换届作为重中之重，把狠抓落实作为根本要求，围绕中心、服务大局，突出重点、整体推进。各级组织部门要按照胡锦涛同志和习近平同志要求，在新的一年里，紧紧围绕服务科学发展，突出做好省市县乡党委集中换届这一中心工作，重点推进创先争优活动、深化干部人事制度改革、加强各级干部学习培训、落实人才发展规划四件大事和加强基层组织建设等各项工作，改革创新、狠抓落实，为"十二五"时期开好局、起好步提供坚强组织保证。

第一，集中精力做好省市县乡党委换届工作，全面加强各级领导班子建设。搞好省市县乡党委换届是2011年组织工作的中心任务。胡锦涛同志指出，四级党委换届工作时间集中、任务繁重，一定要高度重视、切实抓好。关键要把好用人关，把人民群众拥护、信任、品德好、能力强的领导干部选拔到重要领导岗位上来。要创新和完善干部选拔任用机制，健全领导班子和领导干部考核评价制度，形成有利于科学发展的用人导向。按照中央换届工作通知，中央组织部已对市县乡党委换届工作作出具体部署，2011年上半年将对省级党委换届工作进行专门部署。同时，还要对地方人大、政府、政协换届工作进行部署。党委换届工作要围绕形成一个好报告、选出一个好班子下功夫，认真落实发扬民主、推进改革、严肃纪律三项关键举措。换届工作要把握好四点。一是坚持正确用人导向。按照德才兼备、以德为先标准，注重科学发展和重视基层导向，坚持五湖四海、任人唯贤，大力选拔政治上靠得住、工作上有本事、作风上过得硬、人民群众信得过的干部，不让那些埋头苦干、坚持原则的老实人受到冷落，不让那些拉关系、走门路的钻营者谋到好处。要加强换届中的思想政治工作，教育干部自觉服从组织安排，正确对待个人进退留转，对原班子中退出、调整和落选的同志要及时谈心谈话。党委书记要担负起做班子成员思想工作的政治责任。二是选优配强领导班子尤其是班子的主要领导干部。要坚持好中择优、优中选强，选拔政治坚定、领导科学发展能力强、能够驾驭全局、善于抓班子带队伍、民主作风好、清正廉洁的干部担任党委书记；要选配党性观念强、工作能力强、合作意识强的干部担任政府主要负责人。要注意党政主要领导在经历、专长、性格等方面合理搭配，保证党政主要领导团结合作、取长补短。要注意充实懂新兴产业、现代服务业、城市规划建设、社会管理和善于做群众工作的干部进领导班子。坚持合理使用各年龄段干部，把握好领导班子主体年龄结构要求，加大培养选拔优秀年轻干部力度，形成老中青不同年龄的干部梯次配备，防止任职年龄层层递减。要统筹选配上下级党委领导班子，通盘考虑党委换届与同级人大、政府、政协领导班子配备。要加大干部特别是一把手交流力度，交流干部要提前安排，以保持领导班子换届后相对稳定，尤其要防止党政主要领导频繁更迭。要注意选拔女干部、少数民族干部和党外干部。换届后要把领导班子建设重点及时转到思想政治建设上来。三是积极扩大换届工作中的民主。要完善党代表产生办法，适当提高基层一线代表比例和代表选举的差额比例。要强化党内议事决策民主，充分发挥党代会和党委全委会的民主决策

作用，认真做好征求代表意见、受理和答复代表提案工作。要提高民主推荐、民主测评的科学性真实性，结合年度考核、平时考核和关键时候表现，综合分析民主推荐结果，既尊重民意又不简单以票取人，防止“老好人”占先的倾向。要完善选举程序和投票方式，改进候选人介绍办法，创造有利于选举人表达真实意愿的条件。四是继续与用人上不正之风进行坚决战斗。实现党的十七大提出的提高选人用人公信度目标，保证换届风清气正是关键。要坚持教育在先、警示在先、预防在先，加强干部选拔任用政策法规和组织人事纪律的学习教育，运用违纪用人典型案例进行警示教育。要认真贯彻中央纪委和中央组织部严肃换届纪律的通知，把“5个严禁、17个不准”等规定公之于众，让广大干部、党员、群众都知晓、齐监督。要严格执行干部选拔任用四项监督制度，推行全程纪实制度，把严格监督贯穿干部选拔任用工作全过程。要严肃查处拉票贿选、跑官要官、买官卖官、突击提拔干部等问题，查实一件、处理一件、通报一件。

第二，扎实推进创先争优活动，为科学发展提供动力和保证。胡锦涛同志强调，开展创先争优活动是巩固和拓展学习实践科学发展观活动成果的重要举措，是加强党的基层组织建设的一项经常性工作，也是新形势下加强党的先进性建设的有效载体和有力抓手。各级党委必须把这项活动抓紧抓好，抓出成效。组织部门是抓创先争优活动的主要责任部门，要调动和激发基层党组织和党员创先争优的内在动力，努力争科学发展之先、创社会和谐之优。一要围绕中心、立足本职创先争优。紧紧围绕加快转变经济发展方式创先争优，为“十二五”顺利开局多作贡献；紧紧围绕保障和改善民生创先争优，多办顺民意、解民忧、惠民生的实事好事；紧紧围绕解决群众反映强烈的突出问题创先争优，化解矛盾、破解难题，做好群众工作，促进社会和谐稳定。二要加强分类指导。充分发挥行业主管部门的系统指导作用，使创先争优更加贴近业务工作实际。继续以县市区为重点，抓好农村、社区、非公有制企业和社会组织创先争优活动。突出抓好窗口单位和服务行业创先争优，让广大群众能切实感受到创先争优带来的变化。抓好领导机关和领导干部的创先争优，充分发挥领导干部的表率和示范带动作用。三要抓住时机推进创先争优活动。重点抓住全国“两会”前后、“七一”纪念建党90周年等节点，有计划有节奏地开展创先争优。四要深化党群共建。以党组织创先进带动所在单位创先进，党员争优秀带动身边群众争优秀，充分发挥工青妇组织作用，使全社会创先争优风气更加浓厚。

第三，认真落实干部人事制度改革规划纲要，积极稳妥推进改革。2011年是换届年，领导班子和领导干部调整比较集中。要抓住有利时机，区别不同情况，进一步落实干部人事制度改革规划纲要。要认真执行《党政领导干部选拔任用工作条例》等制度规定，把近年来创新、经过实践检验的改革举措运用到换届工作中去。要借鉴近年试行民主提名、公开提名、责任提名的成功经验，完善换届人选提名办法。全面运用促进科学发展的干部考核评价机制“一个意见、三个办法”，完善干部德的评价标准和办法。完善差额推荐、差额考察、差额酝酿程序，改进差额选举办法，更好地实现提拔人选的比较择优。加大干部交流力度，重点推进党政正职、关键岗位干部、优秀年轻干部的交流。中央和国家机关各部门、没进行换届或完成换届的地方，要按照干部人事制度改革规划纲要部署，围绕11个重点突破项目，从实际出发，坚定不移、积极稳妥地推进改革。对竞争性选拔、从基层一线选拔干部等比较成熟的改革举措，要积极推进，不断完善；对干部选拔任用提名、差额选拔、干部工作信息公开等目标明确、方法上还不够成熟的改革举措，要努力探索，及时总结规范；对调整不适宜担任现职干部、拟提拔干部廉政报告制度等方向正确、但缺乏实践经验的改革举措，要深入调研、先行试点。要统筹推进国有企事业单位人事制度改革，制定出台中管金融企业领导人员管理规定和综合考核办法、事业单位领导人员管理规定。要加强对改革的宏观指导，及时掌握改革动态，加强舆论监测引导，保证改革有序可控。

第四，深入落实干部教育培训改革纲要，提高领导班子和领导干部推动科学发展、促进社会和谐能力。胡锦涛同志强调，要紧紧围绕“十二五”经济社会发展的主题主线，加强各级干部学习培训，提高领导干部素质。我们要按照中央要求，继续推进干部教育培训改革，进一步提高教育培训的统筹性针对性实效性，促进学习型党组织建设。一要加强理论武装和党性教育。坚持不懈地抓好中国特色社会主义理论体系教育，继续开展领导干部党性教育专题培训。加强做好新形势下群众工作的培训，切实提高干部做好群众工作的本领。二要抓好党的十七届五中全会精神和“十二五”规划的培训，围绕主题主线办好领导干部专题培训班。三要优化干部知识结构，加强现代科技、新兴产业、现代服务业、城市规划、社会管理和舆情应对等方面新知识的培训。要完善组织调训制度，推进自主选学，加强分级分类培训，培养艰苦奋斗、刻苦钻研、学以致用的良好学风。要加强和改进基层干部教育培训工作，推进优质培训资源向基层延伸。

第五，落实从严管理干部要求，对关键岗位干部加强重点管理。防止干部管理失之于宽、失之于软的现象，是中央近年特别强调的一个问题。对关键岗位干部实行重点管理，是落实从严管理干部要求的重要举措。明年将出台对市委书记、市长实行重点管理的意见。要严格党政正职选任标准，完善选任程序，加强任职培训，健全考核评价，强化监督管理。要注意总结关键岗位干部重点管理的有效做法，完善职责明确、分级负责、上下联动的干部重点管理工作机制。对执法执纪审批、管人管钱管物等关键岗位干部，要健全监督管理制度，加大交流轮岗和巡视力度。对换届后新走上关键岗位的同志，要及时进行任职培训，上级党委主要负责同志要与他们谈话。要加大治懒治庸力度，把从严管理干部各项措施落到实处。

第六，全面落实人才发展规划纲要，加快推进建设人才强国。一是以制定和实施“十二五”规划为契机，推动人才发展规划纲要各项任务落实。特别要把人才发展“四优先”要求，纳入到本地经济社会发展“十二五”规划中。二是适应加快转变经济发展方式的需要，大力培养各行业创新创业人才。要积极推进人才政策创新，改革人才发展体制机制。三是精心实施重大人才工程，统筹推进各类人才队伍建设。深入实施“千人计划”，大力引进和用好海外高层次人才。四是改进和完善党管人才工作机制，强化统筹协调能力，提高党管人才水平。

第七，加强党的基层组织建设，健全抓基层打基础长效机制。要以创先争优活动为抓手，统筹推进各领域基层党建工作改革创新，充分发挥基层党组织推动发展、服务群众、凝聚人心、促进和谐的作用。要以抓好带头人队伍建设、整顿软弱涣散基层党组织为重点，加强农村基层党组织建设，在落实“三有”基础上着重加强“定责”的工作，推广“四议两公开”等经验、完善党组织领导的村级民主自治机制。要加强对村“两委”换届工作的领导和指导，确保选出“双带”能力强、群众满意的好班子。继续以“三有一化”为抓手，推进城市街道社区党建工作，省会城市和较大城市要着力加强区域化党建工作。要高度重视县城社区、村改社区、农村社区的基层党建工作。要完善大学生“村官”锻炼成长、发挥作用、有序流动机制，鼓励更多优秀大学生到农村和城市社区任职。要进一步加强农村和社区基层组织活动场所建设，充分发挥党组织联系和服务群众阵地的作用。非公有制企业和社会组织党建工作要在建立组织、发挥作用两个方面下功夫。要进一步加强国有企业、金融机构、机关和高校等事业单位党建工作，加大对革命老区、民族地区、边疆地区、贫困地区基层党建工作的指导和支持力度。要加强机关、企事业单位党组织与农村党组织联建共建,促进形成城乡统筹的基层党建工作新格局。要加强党员动态管理,建立健全党内激励关怀帮扶机制。要落实党员教育培训规划,用好党员干部现代远程教育网络和基层党建工作手机信息系统,推进党员教育培训基地和党员服务中心建设。积极探索网络党建的有效方法。要在提高党员质量的前提下,加大在工人、农民、高知识群体、大学生等重点群体中发展党员工作力度。明年中央组织部将召开全国党员发展和管理工作座谈会。要扎实推进党内基层民主建设,落实基层党组织实行党务公开意见,尊重党员主体地位,保障党员民主权利。

第八,以纪念建党90周年为契机,发扬优良传统,密切党与群众的血肉联系。中央对纪念建党90周年已经作出统一部署。组织部门要做好四件事:一是搞好纪念活动,增强全体党员的光荣感、责任感,坚定理想信念。二是组织党员干部学习党的理论、党的知识、党的历史,发扬党的优良传统。要加强对党的建设和组织工作历史经验的总结和理论研究,中央组织部明年将举办纪念建党90周年党建高层论坛。三是组织各级党组织开展走访老党员、老干部活动,增强党组织的凝聚力。四是做好“七一”评选表彰先进基层党组织、优秀共产党员、优秀党务工作者工作,树立新时期先进榜样。密切联系群众是我们党的优良传统和政治优势。胡锦涛同志在党的十七届五中全会上,对做好新形势下群众工作提出了新的要求。在纪念建党90周年活动中,各级组织部门要加强对党员干部特别是领导干部群众观点和群众路线教育,弘扬密切联系群众的优良传统和作风。要推动各级领导干部改进领导作风和工作作风,组织机关干部下基层,了解群众所思所盼所忧,认真解决群众反映强烈的突出问题。要深入研究新形势下群众工作的特点和要求,改进群众工作方法,增进干部和群众之间的感情与信任。

老干部是巩固党执政基础的重要政治力量。要全面做好老干部工作,加强离退休干部党支部建设和思想政治建设,落实离退休干部政治和生活待遇,改进离退休干部服务管理工作,在推动科学发展、促进社会和谐中充分发挥离退休干部的积极作用。

要进一步加强党建研究、领导干部考试测评、党建读物出版等工作,加强组工宣传和组织工作信息化建设。

三、讲党性、重品行、作表率,以创先争优精神建设模范部门、打造过硬队伍

加强自身建设是做好组织工作的可靠保证。要把讲党性、重品行、作表率活动融入组织系统创先争优活动,弘扬先进组工文化,提高组织部门自身建设水平。

第一,加强党性建设,进一步树立公道正派良好形象。今年全国组织工作满意度民意调查,大家认为影响组工干部形象的突出问题有了新的变化,原来认为组工干部思想保守的看法已有转变,而意见集中的,第一是“不敢坚持原则”,第二是“不能做到公道正派”。组工干部的党性建设要有针对性。各级组织部门要把坚持党的原则、坚持公道正派摆在突出位置,深入开展到组织部来为什么、留什么、比什么的思想讨论。要结合纪念建党90周年,开展党的光辉历史和组织工作优良传统教育,弘扬政治坚定、公道正派、廉洁勤奋、求实创新的组工传统。要深入开展向王彦生等优秀组工干部学习活动,大力表彰组织系统先进集体、优秀个人。

第二,加强能力建设,进一步开阔眼界、开阔思路、开阔胸襟。做好组织工作首先要胸襟宽阔,胸襟宽阔才能公道正派、甘为人梯;同时还要眼界宽、思路宽,眼界宽、思路宽才能知大局、懂本行、干实事。要大力推进学习型组工机关建设,加强对组工干部的教育培训,培养学习型组工干部。要大力弘扬改革创新精神,进一步解放思想,带头推进改革、破解难题。要健全组织部门基层联系点制度,推行组工干部面向基层一线双向交流任职,引导组工干部向基层

学习、向群众学习、向实践学习。

第三，加强作风建设，进一步弘扬高度负责、真抓实干、一抓到底的作风。胡锦涛同志在党的十七届五中全会上要求全党干部要有高度负责、真抓实干、一抓到底的工作作风。组工干部要以高度负责精神为科学发展选干部、配班子，建队伍、聚人才，抓基层、打基础。要继续深化“万名组织部长下基层”活动，推动组工干部走出机关、走进基层。要提高调查研究的质量和实效，多搞蹲点调研、解剖麻雀，提出务实管用的办法。要改进会风文风，腾出更多时间和精力抓落实。

第四，加强廉政建设，进一步从严治部、从严律己、从严带队伍。这些年我们出台并严格执行组工干部“十严禁”纪律，收到了较好效果。但也要看到，“树欲静而风不止”，仍有少数组工干部经不起权、钱、色的诱惑和考验。组织部门要警钟长鸣，坚持“三从严”不放松。只有平时管得严、管得紧，才能不出事、少出事。要不折不扣执行“十严禁”纪律，筑牢抵制不正之风的“防火墙”。组织部长要以身作则、当好表率，对存在问题要敢抓敢管。要关心爱护组工干部，帮助解决实际困难。

2011年组织工作任务艰巨、责任重大。我们要在以胡锦涛同志为总书记的党中央领导下，坚持以邓小平理论和“三个代表”重要思想为指导，深入贯彻落实科学发展观，振奋精神、改革创新，狠抓落实、创先争优，以新的成绩迎接建党90周年！

（此文是李源潮同志2010年12月17日在全国组织部长会议上的讲话）

制定“十二五”规划的指导思想

令计划

制定科学的发展规划，必须用正确的指导思想来统领。党的十七届五中全会通过的《建议》中，明确提出了制定“十二五”规划的指导思想。准确领会、全面贯彻这一指导思想，对于制定和落实好“十二五”规划、推动“十二五”时期经济社会又好又快发展，必将起到关键性作用。

一、中央提出制定“十二五”规划指导思想的主要考虑

《建议》立足当前世情国情民情，从全面建设小康社会、加快推进社会主义现代化的战略高度，提出了制定“十二五”规划的指导思想。这就是：必须高举中国特色社会主义伟大旗帜，以邓小平理论和“三个代表”重要思想为指导，深入贯彻落实科学发展观，适应国内外形势新变化，顺应各族人民过上更好生活新期待，以科学发展为主题，以加快转变经济发展方式为主线，深化改革开放，保障和改善民生，巩固和扩大应对国际金融危机冲击成果，促进经济长期平稳较快发展和社会和谐稳定，为全面建成小康社会打下具有决定性意义的基础。

中央提出这一指导思想，主要基于以下几方面考虑：

（一）准确把握国际金融危机后的世界发展大势

经过三十多年改革开放，我国同世界的联系日益紧密，这场国际金融危机更把我国推到了国际社会的前台，谋划我国发展越来越需要世界眼光和战略思维。当今世界正处在大发展大变革大调整时期，和平、发展、合作仍是时代

潮流，世界多极化、经济全球化深入发展，综合国力竞争更趋激烈，世界经济政治格局出现新变化。特别是国际金融危机使世界经济发展呈现一些新特点，主要表现在：世界经济增长速度减缓，复苏进程将缓慢而曲折；世界经济增长模式正在调整，一些发达国家加大再工业化和扩大出口力度；全球需求结构出现明显变化，各种形式的保护主义抬头；科技创新孕育新突破，各国争相布局战略性新兴产业；围绕全球气候变化问题交锋激烈，将对各国发展和全球共同利益产生深远影响；世界经济治理体系正在重塑，但改革攸关各方利益，博弈会持续下去。国际环境出现的这些新情况，使我国发展的外部条件发生了很大变化。中央正是在对世界发展大势的新趋向作出敏锐反应和科学把握的基础上，提出了制定“十二五”规划的指导思想。

（二）紧紧抓住当前我国经济社会发展中的突出矛盾和问题

这些年，我国发展取得了巨大成就，但存在的矛盾和问题也不容忽视，这中间既有长期积累的老矛盾老问题，也有不少新情况新问题，特别是遇到一些新的“两难”问题，呈现出各种矛盾问题交织叠加的情形。最突出的是：经济发展内生动力不足，消费投资出口比例失调，结构调整进展不够快，创新驱动作用不明显，体制机制创新有待深化；低成本优势正在减弱，资源环境约束不断强化，劳动力成本趋于上升；社会公平问题日益突出，收入分配差距拉大，群众对就业难、上学难、看病难、住房难意见较大；社会矛盾明显增多，因土地征收征用、房屋拆迁、劳资纠纷、环境污染、司法不公、食品药品安全等引发的矛盾冲突时有发生。所有这些，都使得我国继续保持平稳较快发展难度加大。国际经验表明，一个国家由中等收入迈向高收入阶段面临的困难极为复杂，应对不当很容易跌入“中等收入陷阱”，造成经济社会发展徘徊不前。我国人均国内生产总值2009年达到3700美元，进入由中等偏上收入向高收入阶段迈进的时期，能否跨越“中等收入陷阱”对我们是一个重大考验。中央正是在深入研究我国发展新的阶段性特征、着力破解发展中突出矛盾和问题特别是各种“两难”问题的基础上，提出了制定“十二五”规划的指导思想。

（三）深刻认识我国发展仍处于可以大有作为的重要战略机遇期

党的十六大提出，21世纪头20年对我国来说是一个必须紧紧抓住并且可以大有作为的重要战略机遇期。新世纪第一个10年我们抓住机遇推动了发展，现在第二个10年即将到来，我国发展的内外环境正在发生复杂深刻变化，特别是随着我国综合国力的上升和国际地位的提高，国际压力和摩擦也同步加大，面临的可以预见和难以预见的挑战风险大大增加。在这种情况下，我国发展的重要战略机遇期是否还存在，是一个必须作出清醒而准确判断的重大问题。应当看到，虽然国际上影响和平与发展的不稳定不确定因素增多，我国面临的安全环境趋于复杂、安全压力有所增大，但国际力量对比继续朝着有利于世界和平与发展的方向演化，我国对世界经济增长的贡献和在国际事务中的影响力不断提升，各国对我国的借重、合作意愿增强，为我国和平发展营造了总体有利的国际环境；世界经济格局调整加速，生产要素在全球范围内重组和流动加快，新一轮科技和产业革命方兴未艾，为我国发挥后发优势实现跨越发展创造了难得机会；我国有着改革开放三十多年的雄厚积累，有着潜力巨大的内需空间、丰富的劳动力资源、较高的国民储蓄率，为未来发展打下了牢固的物质基础；我国已经走出一条中国特色社会主义道路，社会主义市场经济体制不断完善，集中力量办大事的制度优势更为突出，政府宏观调控和应对复杂局面能力明显提高，民族自信心和凝聚力不断增强，社会政治大局稳定，为实现新的更大发展提供了有力保障。总的看，我国发展的基本面和长期向好趋势没有变，面临的机遇大于挑战的重大结论没有变，仍然处于可以大有作为的重要战略机遇期。我们必须珍惜机遇、抓住机遇、用好机遇，同时认清挑战、应对挑战、战胜挑战，科学运用我国日益增长的综合国力和国际影响力，贯彻坚持韬光养晦、积极有所作为的战略方针，继续聚精会神搞建设、一心一意谋发展，坚定不移朝着既定奋斗目标前进。中央正是在对我国发展的重要战略机遇期进行深刻分析、对未来发展作出前瞻思考的基础上，提出了制定“十二五”规划的指导思想。

（四）科学总结近年来各地区各部门推动经济社会发展的创造性实践

总结广大干部群众在实践中的新探索新创造，并用以指导新的实践，是我们党的一条宝贵经验。近年来，各地区各部门按照中央要求，结合自身实际创造性开展工作，在推动科学发展、促进社会和谐方面积累了许多好做法好经验。比如，有的地方超前谋划推进自主创新、促进结构升级的新战略，有的地方努力走出统筹城乡发展、破除城乡二元结构的新路子，有的地方积极探索建设资源节约型、环境友好型社会的新途径，有的地方推出一系列保障改善民生、促进社会公平的新举措，有的地方实行加强社会管理创新、化解社会矛盾纠纷的新办法，等等。特别是在应对国际金融危机冲击的过程中，各地区各部门沉着冷静、综合施策，不但取得了保增长保民生保稳定的显著成果，而且积累了在复杂经济环境中推动经济社会又好又快发展的重要经验；在抗击各类重大自然灾害的过程中，各地区各部门密切配合、团结拼搏，不仅取得了抗灾救灾的重大胜利和恢复重建的重大进展，而且获得了应对突发事件、抗击自然灾害的宝贵启示。所有这些可贵探索和鲜活实践，为制定“十二五”规划提供了丰富的思想营养。中央正是在尊重各地首创精神、汇聚各方实践创造的基础上，提出了制定“十二五”规划的指导思想。

（五）充分体现党的十七大以来中央一系列重大战略思想和工作部署

党的十七大提出了一系列重大理论观点、重大战略思想、重大工作部署，为我们继续推动党和国家事业发展指明了前进方向。在贯彻落实党的十七大精神的过程中，中央根据新的形势不断完善施政方略，在实施扩大内需战略、加快转变经济发展方式、推进农村改革发展、增强自主创新能力、完善区域发展总体战略、建设生态文明、加快推进文化体制改革、制定教育及人才中长期发展规划、强化社会建设和社会管理、加强和改进新形势下党的建设等方面，形成了一系列新的思路和部署。特别是在全党开展了深入学习实践科学发展观活动，取得丰硕的认识成果、实践成果、制度成果，从今年4月开始又部署在基层党组织和党员中开展创先争优活动，巩固和拓展学习实践活动成果。中央正是在全面贯彻落实党的十七大精神、汇总和深化十七大以来一系列新思路新部署的基础上，提出了制定“十二五”规划的指导思想。

二、制定“十二五”规划的指导思想

《建议》提出的制定“十二五”规划的指导思想，主要包含以下几方面内容：

（一）强调了高举旗帜——高举中国特色社会主义伟大旗帜，以邓小平理论和“三个代表”重要思想为指导，深入贯彻落实科学发展观

中国特色社会主义理论体系是我们党最可宝贵的政治和精神财富，是全国各族人民团结奋斗的共同思想基础。制定“十二五”规划，必须始终坚持中国特色社会主义理论体系，坚定不移走中国特色社会主义道路。只有这样，才能高瞻远瞩、统揽全局，确保“十二五”规划的正确方向，确保“十二五”时期经济社会发展的正确方向；才能统一思想、凝聚力量，最大限度地把各方面的积极性调动起来，形成完成“十二五”规划目标任务的强大合力。

（二）明确了基本着眼点——适应国内外形势新变化，顺应各族人民过上更好生活新期待

这两个基本着眼点体现了制定“十二五”规划必须依循的两个维度：一是形势发展的维度，就是要针对国内外形势新变化新特点，与时俱进谋划新思路新举措，切实增强规划的前瞻性、战略性、针对性、指导性，从而制定出体现时代要求、立足现实状况、符合客观规律的好规划。二是群众需求的维度，就是要坚持问政于民、问需于民、问计于民，努力把人民群众的呼声、期待和要求体现到规划中，从而制定出顺民意、解民忧、增民利、得民心的好规划。

（三）提出了"十二五"时期发展的主题——以科学发展为主题

这是《建议》最鲜明的特点。把科学发展确定为"十二五"时期发展的主题，主要是因为：首先，发展仍然是党执政兴国的第一要务。尽管我国经济总量已居世界前列，但人均国内生产总值仍居世界100位左右，我国仍处于并将长期处于社会主义初级阶段的基本国情没有变，人民日益增长的物质文化需要同落后的社会生产之间的矛盾这一社会主要矛盾没有变。我国在现代化道路上遇到的矛盾和问题，无论规模还是难度，在当今世界绝无仅有，在人类历史上也是罕见的，解决这些矛盾和问题最终还要靠发展。其次，发展必须是科学发展。我国原有的粗放型发展模式已难以为继，要破解发展难题，必须走科学发展之路。为此，《建议》作出一个重要论断："在当代中国，坚持发展是硬道理的本质要求，就是坚持科学发展"。未来5年，我们必须紧紧围绕科学发展这个主题，更加注重以人为本，更加注重全面协调可持续发展，更加注重统筹兼顾，更加注重保障和改善民生，促进社会公平正义。

（四）确定了"十二五"时期发展的主线——以加快转变经济发展方式为主线

这是《建议》的一个突出亮点。把加快转变经济发展方式确定为"十二五"时期发展的主线，主要是因为：其一，这是应对国际金融危机冲击的迫切需要。面对国际金融危机冲击使我国经济发展方式弊端更加凸显的情况，只有把保增长与转方式结合起来，使经济增长建立在消费投资出口协调拉动的基础上，建立在结构优化、创新驱动的基础上，才能巩固和扩大应对国际金融危机冲击成果，增强我国经济抵御国际市场风险能力。其二，这是解决我国发展中深层次矛盾问题的根本途径。面对我国发展中不平衡、不协调、不可持续问题突出的现状，只有加快转变经济发展方式，才能真正突破资源环境制约，切实改变经济结构失衡状况，全面提高经济发展质量效益，不断增强可持续发展能力。其三，这是赢得未来竞争主动权的战略之举。面对各国抢抓新一轮科技和产业革命机遇、抢占未来竞争制高点的形势，只有加快转变经济发展方式，积极培育新的长期竞争优势，不断提升我国在全球经济分工中的地位，才能为经济发展增添充沛后劲、开辟广阔空间。总之，加快转变经济发展方式是推动科学发展的必然选择，事关改革开放和社会主义现代化建设全局。"十二五"时期，必须把转变经济发展方式放在主线的位置，把保持经济平稳较快发展与加快转变经济发展方式有机统一起来，在发展中促转变，在转变中谋发展，努力实现经济社会又好又快发展。

（五）突出了动力和目的——深化改革开放，保障和改善民生

改革开放是决定当代中国命运的关键抉择，是发展中国特色社会主义、实现中华民族伟大复兴的必由之路。我国能取得现在这样的发展成就，靠的是改革开放；"十二五"时期要实现更大发展，仍然要靠改革开放。没有改革开放，不会有中国的今天；离开改革开放，将失去中国的明天。在实现宏伟事业的征程上，无论遇到什么干扰和困难、风险和挑战，都必须始终坚持改革开放的基本国策不动摇，坚持用深化改革开放的办法解决发展中的问题不动摇。制定"十二五"规划、推动"十二五"发展，必须统筹推进经济、政治、文化、社会等领域体制创新，全面提升开放型经济质量和水平，进一步解放和发展生产力，为经济社会发展提供强大动力、注入蓬勃活力。我们推进发展的根本目的是造福人民，保障和改善民生就是践行执政宗旨的具体体现。制定"十二五"规划、推动"十二五"

发展,必须坚持发展为了人民、发展依靠人民、发展成果由人民共享,尊重人民主体地位,保障人民各项权益,下大气力做好保障和改善民生工作,努力让人民群众得到更多实惠,充分调动人民群众的积极性、主动性、创造性。

(六)确立了目标方向——为全面建成小康社会打下具有决定性意义的基础

"十二五"时期是全面建设小康社会承上启下的关键5年。目前,我国总体上已实现小康,但还是低水平的、不全面的、发展不平衡的小康。现在距离2020年还有10年时间,"十二五"时期的发展成果如何,决定着全面建设小康社会目标能否如期顺利实现。全面建设小康社会,不仅有经济建设方面的指标,而且有政治、文化、社会和生态建设等方面的要求;不仅追求物的增加,而且追求人的全面发展;不仅要使一些地区、一部分人达到全面小康,而且要覆盖全部城市乡村、惠及十几亿人口。以此衡量,全面建成小康社会还需作出艰苦努力。"十二五"时期,必须按照全面建设小康社会的总体部署,着力抓好薄弱环节、解决难点问题、突破滞后领域,为最终全面建成小康社会打下具有决定性意义的基础。

三、加快转变经济发展方式的基本要求

加快转变经济发展方式是我国经济社会领域的一场深刻变革,必须以坚定的决心、清晰的思路、有力的措施加以推进。《建议》明确提出了"五个坚持"的基本要求,阐明了加快转变经济发展方式的努力方向和工作重点。

(一)坚持把经济结构战略性调整作为加快转变经济发展方式的主攻方向

经济结构不合理是我国经济发展方式存在诸多问题的主要症结,调整经济结构是加快转变经济发展方式的主要途径。从需求结构看,我国经济发展长期依赖外需、投资拉动,导致内需与外需、投资与消费严重失衡;从产业结构看,我国一产不够稳、二产不够强、三产不够大,三次产业发展不协调,特别是服务业比重过低;从城乡结构看,我国城乡二元结构仍未打破,城镇化率远低于同等收入国家水平;从区域结构看,区域经济增长差距有所缩小,但经济总量差距仍在扩大。"十二五"时期,我们要在更为庞大的经济规模基础上、在更为严峻的资源环境约束中、在更为复杂的国内外市场条件下实现又好又快发展,必须突破经济结构调整这个关口,通过结构优化升级化解各种矛盾问题,使转变经济发展方式建立在坚实基础之上。正是出于这样的考虑,《建议》把经济结构战略性调整定位为转变经济发展方式的"主攻方向",放在了"五个坚持"的首位,并从构建扩大内需长效机制、发展现代产业体系、积极稳妥推进城镇化、促进区域良性互动协调发展等方面提出了明确要求。

(二)坚持把科技进步和创新作为加快转变经济发展方式的重要支撑

加快转变经济发展方式,自主创新是根本,培养人才是关键。无论是改造提升传统产业,还是培育发展战略性新兴产业;无论是推动经济结构调整,还是突破资源环境瓶颈,都离不开科技创新的引领和支撑。从世界范围看,科技发展深刻改变着经济发展方式,科技实力决定了一国在国际分工中的地位和竞争力。我们要在日趋激烈的国际竞争中把握先机,就必须着力增强自主创新能力,使更多"中国创造"、"中国名牌"涌现出来,实现产业由规模优势向技术优势转变,推动我国经济向更高水平跃升。目前,我国不少核心关键技术受制于人,重要产业对外技术依赖度比较高,创新型人才比较匮乏,科技进步对经济增长的贡献率还不高。站在新的发展起点上,加快推进科技进步和创新比以往任何时候都更为迫切。因此,《建议》明确提出把科技进步和创新作为加快转变经济发展方式的重要支撑,强调深入实施科教兴国战略和人才强国战略,充分发挥科技第一生产力和人才第一资源作用,推动发展转入主要依靠科技进步、劳动者素质提高、管理创新的轨道。

(三)坚持把保障和改善民生作为加快转

变经济发展方式的根本出发点和落脚点

做好保障和改善民生工作，加快构建覆盖城乡居民的终身教育体系、就业服务体系、社会保障体系、医疗保障体系、住房保障体系，努力使全体人民学有所教、劳有所得、病有所医、老有所养、住有所居，不仅可以使广大人民群众共享改革发展成果、促进社会和谐稳定，而且可以释放我国内需的巨大潜力、有力拉动经济增长，其本身也是转变经济发展方式题中应有之义。只有把保障和改善民生作为根本出发点和落脚点，转变经济发展方式才能获得持续动力，才能得到人民群众的支持。当前我国民生领域存在的问题还比较多，保障和改善民生任务相当艰巨，必须采取针对性更强、操作性更强、力度更大的政策措施，推动民生工作取得新的重大进展。《建议》明确提出，要通过完善保障和改善民生的制度安排，坚定不移走共同富裕道路，使发展成果惠及全体人民。《建议》针对就业形势十分严峻的情况，突出强调把促进就业放在经济社会发展优先位置；针对社会事业发展滞后、社会保障体系不健全的情况，突出强调加快发展各项社会事业，推进基本公共服务均等化；针对收入差距不断扩大的情况，突出强调加大收入分配调节力度。

（四）坚持把建设资源节约型、环境友好型社会作为加快转变经济发展方式的重要着力点

能源资源消耗多、环境损害成本大，是传统经济发展方式的主要弊端。我国经济总量在世界上的份额与我国资源消耗总量在世界上的份额不相适应，单位国内生产总值能耗明显高于发达国家水平和世界平均水平；我国水、大气、土壤等污染严重，生态总体恶化趋势尚未根本扭转，一些地方生态环境承载能力已近极限；我国是个自然灾害多发的国家，违背自然规律的过度开发更加剧了灾害的发生。从国际上看，全球气候变化问题日益受到高度关注，我国面临的压力越来越大。《建议》提出把建设资源节约型、环境友好型社会作为重要着力点，抓住了加快转变经济发展方式的要害。“十一五”期间我们把节能减排作为硬约束，对转变经济发展方式起到了重要作用，“十二五”时期还要进一步加大这方面工作力度。《建议》突出强调了“走可持续发展之路”，这是一个关系全局、关系长远的重大战略性问题。同西方发达国家早期现代化的历史条件不同，我国的现代化不能再走过量消耗资源、牺牲生态环境的老路，必须走出一条经济社会发展与人口资源环境相协调、人与自然相和谐的可持续发展之路，走上生产发展、生活富裕、生态良好的文明发展道路。这既是中华民族生存发展的需要，也将是对世界文明的重大贡献。

（五）坚持把改革开放作为加快转变经济发展方式的强大动力

经济发展方式转变滞后是多方面因素造成的，但根本上在于体制机制不合理。没有体制上的重大突破，就难以实现经济发展方式的根本转变。当前，我国社会主义市场经济体制已初步建立，但还不够完善，特别是价格、财税、金融、投资、收入分配、行政管理体制等方面改革还不到位，严重制约了经济发展方式的转变。“十二五”时期，必须抓住制约科学发展的体制症结攻坚克难，为转变经济发展方式提供体制保障。随着我国国际地位的变化和国际分工体系的调整，我国对外开放进入了新阶段。“十二五”时期，必须准确把握我国在全球经济分工中的新定位，实行更加积极主动的开放战略，更好地把“引进来”与“走出去”结合起来，创新外贸发展方式、利用外资方式、对外投资和合作方式，拓展新的开放领域和空间，打造参与国际经济合作与竞争新优势。为此，《建议》明确提出把改革开放作为加快转变经济发展方式的强大动力，强调加快构建有利于科学发展的体制机制，实施互利共赢的开放战略，与国际社会共同应对全球性挑战、共同分享发展机遇。

四、制定“十二五”规划指导思想的主要特点

《建议》提出的制定“十二五”规划指导思

想，具有一些鲜明特点：

（一）统筹国内和国际

《建议》在提出指导思想时十分重视统筹国内国际两个大局，注重国内形势与国际形势统筹分析，在二者的相互联系与转化中把握宏观大势；国内资源与国际资源统筹配置，在两种资源的优势互补中获取更好的发展条件；国内市场与国际市场统筹拓展，在用好两个市场中开辟更加稳固和广阔的发展空间；国内政策与国际规则统筹把握，在融入国际体系的过程中提高参与世界经济治理能力；国内期待与国际关切统筹考虑，在办好自己事情的同时主动承担相应国际义务，努力为我国发展营造良好的内外环境。

（二）兼顾当前和长远

《建议》在提出指导思想时，不仅着眼于当前经济社会发展的现实需要，而且着眼于国家长远发展的战略需求。反映在总体要求上，就是既强调巩固和扩大应对国际金融危机冲击成果，又强调促进经济长期平稳较快发展和社会和谐稳定；反映在目标设定上，就是既重视完成好五年规划的阶段性目标，又重视与中长期发展目标相衔接；反映在对策谋划上，就是既提出解决当前紧迫问题的短期政策措施，又提出为长远发展打基础的中长期制度设计，充分体现了立足当前和着眼长远的高度统一。

（三）明确全面和重点

"十二五"时期经济社会发展需要解决的问题很多，必须在按照中国特色社会主义事业总体布局抓好全局工作的同时，着力在重要关键环节上取得突破。《建议》在提出指导思想时，注意正确认识和妥善处理中国特色社会主义事业中的重大关系，在全面中抓重点、在一般中抓要点，特别是确定的主题主线、提出的"五个坚持"，都是事关全局、举足轻重、刻不容缓的重大紧迫问题。抓住了这些关键点，就抓住了贯彻落实科学发展观的核心；在这些重要方面取得了突破，就可以带动全局工作实现突破。

（四）照应需要和可能

实现经济社会又好又快发展，既要凭主观努力，也要讲客观条件。《建议》在提出指导思想时，尊重客观规律，坚持实事求是，立足基本国情，区别轻重缓急，既注重满足人民群众日益增长的物质文化需要，认真考虑和对待各方面的发展热情和需求，又清醒认识发展的制约条件，充分考虑现实基础和发展水平，体现了保持前瞻与留有余地、鼓舞人心与切合实际、尽力而为与量力而行相结合的思想。

五、认真贯彻落实好制定"十二五"规划的指导思想

谋划一个好思路不容易，把这个好思路落到实处更紧要。要采取有力有效措施，加大对中央提出的这一指导思想的贯彻落实力度，切实把全党全社会的发展积极性引导到科学发展上来，把工作重心集中到加快转变经济发展方式上来。

（一）要真正体现在制定"十二五"规划的过程中

《建议》是我们党对制定"十二五"规划提出的战略考虑和总体思路，是今后5年我国经济社会发展的重要指导性文件。全会审议通过后，国家有关部门将据以编制"十二五"规划纲要。要把中央提出的指导思想不折不扣地体现到纲要编制中，突出科学发展这个主题，贯穿加快转变经济发展方式这条主线，真正做到目标瞄准主题主线确定、任务围绕主题主线展开、政策针对主题主线设计、措施紧扣主题主线安排，凸显推动科学发展和加快转变经济发展方式的鲜明导向，真正制定出一个转方式、调结构、促改革、惠民生、保稳定的好纲要。各地区各部门在制定"十二五"时期地区规划和专项规划时，要牢固树立大局观念，在中央提出的指导思想统领下谋划思路、部署工作；要从本地区本部门实际出发，找准落实中央精神的切入点和着力点；要坚持实事求是，不追求速度，不盲目攀比，不层层加码，真正制定出体现中央要求、富有地方和部门特色的好规划。

（二）要真正贯穿于“十二五”时期经济社会发展的实践中

《建议》提出的指导思想，不仅是制定“十二五”规划的总纲，而且是推动“十二五”时期经济社会发展的指针；不仅要体现在“十二五”规划制定过程中，而且要落实到“十二五”时期经济社会发展实践中。要把这一指导思想贯穿于经济社会发展全过程，牢牢把握推动科学发展、加快转变经济发展方式这个大方向不动摇，即使遇到一些困难、碰到一些问题，也要“咬定青山不放松”，始终坚持好字当头、好中求快、又好又快，确保经济社会发展沿着正确轨道前进。要把这一指导思想贯穿于经济社会发展各个领域，体现到经济、政治、文化、社会和生态文明建设等各个方面，落实到改革发展稳定各项工作中，切实做到相互配套、相互协调、相互促进，形成推动科学发展的强大合力和生动局面。

（三）要真正落实到各地区各部门的实际工作中

要把推动科学发展、加快转变经济发展方式的要求落实到实际工作中，需要采取综合措施加以保证。要用观念转变来保证，引导各级干部特别是领导干部坚决破除与科学发展观不相适应的陈旧观念和思维定势，切实改变重速度轻效益、重眼前轻长远、重虚功轻实绩的思想观念；要用政策配套来保证，制定实实在在的政策措施，强化对推动科学发展、加快转变经济发展方式的引导和支持，使新思路真正落地生根、开花结果；要用体制创新来保证，全面加强制度、法规和环境等建设，形成有利于贯彻落实科学发展观的利益导向、体制机制和制度安排；要用组织措施来保证，建立健全科学合理的干部政绩考核评价体系和选人用人制度，激励各级干部为推动科学发展、促进社会和谐而努力工作、扎实奋斗。

（作者：中共中央书记处书记、中央办公厅主任）

加快财税体制改革 促进又好又快发展

谢旭人

党的十七届五中全会审议通过的《中共中央关于制定国民经济和社会发展第十二个五年规划的建议》，从全局和战略的高度，对“十二五”时期加快财税体制改革提出了明确要求。各级财政部门要认真学习领会，切实按照《建议》要求，以科学发展观为统领，进一步深化财税体制改革，积极构建有利于转变经济发展方式的财税体制、运行机制和管理制度，为促进经济平稳较快发展与社会和谐稳定服务。

一、“十一五”时期财税体制改革取得重要进展

“十一五”时期，我国财税体制改革不断深化，取得重要进展。

不断完善财政体制，推动区域协调发展。各级政府的收入划分和支出责任总体保持相对稳定。中央对地方财政转移支付制度不断完善。一般性转移支付规模不断扩大，归并和清理专项转移支付力度进一步加大。调整民族地区转移支付政策，开展重点生态功能区转移支付试点，资源枯竭城市转移支付规模逐步扩大。中央对地方转移支付相应形成地方财政收入，并由地方安排用于保障和改善民生等方面财政支出，有力地促进了基本公共服务均等化和区域协调发展。省以下财政体制改革不断深化。探索建立县级基本财力保障机制。积极推进省

直管县和乡财县管财政管理方式改革。

健全预算管理制度，财政管理水平明显提高。政府预算体系框架初步建立，进一步完善了公共财政预算，全面编制了中央和地方政府性基金预算，推进了国有资本经营预算制度试点，启动了社会保险基金预算试编工作。政府收支分类科目体系不断健全。预算管理制度改革深入开展。预算编制管理水平逐步提高。预算执行管理继续强化。预算公开工作加快推进。

推进税收制度改革，政府与企业、个人之间的分配关系进一步规范。全面取消农业税，切实减轻了农民负担。统一内外资企业所得税制度，公平了税收负担。全面实施消费型增值税，完善了增值税制度，促进企业扩大投资和技术改造。顺利推进成品油税费改革，理顺税费关系，建立了依法筹集公路发展资金的长效机制。调整和完善个人所得税、消费税等税收制度。

总体上看，"十一五"时期财税体制改革成效明显，保障了财政职能作用的发挥，较好地服务了改革发展稳定大局。同时也要看到，与建立有利于转变经济发展方式的财税体制目标相比，现行财税体制还存在一些问题，突出表现在：政府间事权和支出责任划分不够清晰，省以下财政体制尚需完善；预算完整性和透明度有待提高，财政管理需进一步加强；税制结构不尽合理，地方税体系建设相对滞后等，迫切需要通过加快财税体制改革加以解决。

二、"十二五"时期加快财税体制改革的总体思路

《建议》提出，要加快改革攻坚步伐，完善社会主义市场经济体制，并对加快财税体制改革提出了具体要求。根据《建议》精神，结合面临的新形势、新任务，认真总结以往财税改革的经验，"十二五"时期加快财税体制改革的指导思想是：全面贯彻党的十七大和十七届五中全会精神，以邓小平理论和"三个代表"重要思想为指导，深入贯彻科学发展观，认真落实党中央、国务院对深化财税体制改革的要求，以科学发展为主题，以加快经济发展方式转变为主线，以保障和改善民生为立足点，积极构建有利于转变经济发展方式、促进科学发展的财税体制、运行机制和管理制度。

加快财税体制改革，应遵循以下基本原则：一是明确方向，服务大局。把科学发展观切实贯穿于深化财税体制改革的全过程，进一步健全公共财政体系，加快经济结构调整和发展方式转变，促进区域协调和城乡统筹发展，为推动科学发展与社会和谐提供体制保障，努力为全面建设小康社会服务。二是整体设计，协调联动。妥善处理政府与纳税人、中央与地方、政府与社会、财政与金融、财政部门与其他部门的关系，统一规划，全面设计，综合配套，协调推进，加强各项财税改革之间以及财税改革与其他改革之间的协调配合，形成改革合力。三是积极稳妥，循序渐进。既抓住机遇，突出重点，加大改革力度；又妥善处理改革、发展、稳定的关系，调动各方面的积极性，精心谋划，远近结合，分步实施，成熟一项推出一项，确保改革平稳有序进行。

加快财税体制改革的主要目标是：完善财政体制。在合理界定事权基础上，按照财力与事权相匹配的要求，进一步理顺各级政府间财政分配关系。健全统一规范透明的财政转移支付制度，提高转移支付资金使用效益。建立县级基本财力保障机制，加强县级政府提供基本公共服务财力保障。提高预算完整性和透明度。建立并不断完善科学完整、结构优化、有机衔接、公开透明的政府预算体系，全面反映政府收支总量、结构和管理活动。健全预算编制和执行管理制度，强化预算管理，增强预算编制的科学性和准确性。健全税收制度。完善以流转税和所得税为主体税种，财产税、环境资源税及其他特定目的的税相协调，多税种、多环节、多层次调节的复合税制体系，充分发挥税收筹集国家财政收入的主渠道作用和调控经济、调节收入分配的职能作用。

三、“十二五”时期加快财税体制改革的主要任务

（一）健全财力与事权相匹配的财政体制，促进基本公共服务均等化

从我国社会主义初级阶段基本国情出发，在保持分税制财政体制框架基本稳定的前提下，进一步健全中央和地方财力与事权相匹配的财政体制。

合理界定中央与地方的事权和支出责任。在加快政府职能转变、明确政府和市场作用边界的基础上，按照法律规定、受益范围、成本效率、基层优先等原则，合理界定中央与地方的事权和支出责任，并逐步通过法律形式予以明确，力争首先在义务教育、公共卫生、公共安全、社会保障等基本公共服务领域划清中央与地方的支出责任。同时，结合推进税制改革，按照税种属性和经济效率等基本原则，研究进一步理顺政府间收入划分，调动中央和地方的积极性。

完善中央对地方财政转移支付制度。科学设置、合理搭配一般性转移支付和专项转移支付，发挥好各自的作用。增加一般性转移支付规模和比例。加大对中西部地区转移支付力度，优先弥补禁止和限制开发区域的收支缺口，推进主体功能区建设。积极扶持革命老区、民族地区、边疆地区、贫困地区加快发展。分类规范专项转移支付项目，并从监管制度、技术操作等方面着手，进一步提高转移支付资金使用效益。

推进省以下财政体制改革。规范省以下财政收入和政府支出责任划分，将部分适合更高一级政府承担的事权和支出责任上移。强化省级政府在义务教育、医疗卫生、社会保障等基本公共服务领域的支出责任，提高民生支出保障程度。在注意处理好与现行行政管理体制和其他经济管理权限关系的基础上，积极推进省直管县财政管理方式改革。强化乡镇财政管理，因地制宜深化乡财县管改革。

加快完善县级基本财力保障机制。把加强县级政府提供基本公共服务财力保障放在更加突出的位置，以满足县级基本财力保障需要，实现保工资、保运转、保民生为目标，在中央和省级财政加大支持力度的基础上，通过建立和完善奖补机制，力争在“十二五”前三年基本建立起县级基本财力保障机制，“十二五”后期逐步提高保障水平。

（二）完善预算编制和执行管理制度，提高预算完整性和透明度

完善政府预算体系。健全公共财政预算，提高公共财政收入质量，增加公共服务领域投入，着力保障和改善民生。强化政府性基金预算管理，提高基金预算的规范性和透明度。完善国有资本经营预算收支政策，扩大中央国有资本经营预算试行范围，加快推动地方国有资本经营预算工作。规范社会保险基金预算，扩大社会保险基金预算编报范围。取消预算外资金，将所有政府性收入纳入预算管理。

健全预算管理制度。深化政府收支分类改革，完善支出标准体系，加强项目库建设，夯实预算编制的基础。继续规范预算编制程序，细化预算内容。建立完善预算编制与预算执行、结余结转资金管理和行政事业单位资产管理有机结合的制度。进一步增强地方预算编制的完整性。加强预算执行管理。依法加强税收征管，强化非税收入管理，建立规范的收入管理体系。完善各单位部门预算执行管理制度，健全预算支出责任制度，提高预算支出执行的均衡性和效率。深化部门预算、国库集中收付、政府采购等制度改革。建立健全预算绩效管理制度。

建立健全完整规范的预算公开机制。在完善预算编制的基础上，进一步扩大公开范围，细化公开内容。结合修订预算法，明确预算公开的原则和主体，完善预算信息披露制度，强化预算公开责任制度，加快预算公开的法制化、规范化进程。

（三）推进税制改革，完善有利于科学发展的税收制度

按照简税制、宽税基、低税率、严征管的原则，进一步优化税制结构，公平税收负担，规范收入分配秩序。

强化税收促进经济发展方式转变的作用。在实施和完善消费型增值税的基础上，结合增值税立法，稳步扩大增值税征收范围，相应调减营业税等税收，从制度上解决货物与劳务税收政策不统一问题，逐步消除重复征税，促进服务业发展。合理调整消费税范围和税率结构，充分发挥消费税促进节能减排和引导理性消费的作用。完善企业所得税制度，鼓励科技创新。全面改革资源税，促进资源节约和环境保护。开征环境保护税，促进环境友好型社会建设。

充分发挥税收调节收入分配的作用。实施个人所得税改革，逐步建立健全综合和分类相结合的个人所得税制度，加大对高收入者的调节力度。完善消费税制度，进一步发挥其调节收入分配的作用。按照强化税收、规范收费的原则，继续推进费改税，研究推进房地产税改革，完善财产税制度。按照适当提高社会保障统筹级次的要求，健全社会保障筹资机制。

逐步健全地方税体系。在统一税政的前提下，赋予省级政府适当税政管理权限，培育地方支柱税源。中央集中管理中央税、共享税的立法权、税种开征停征权、税目税率调整权、减免税权等，以维护国家的整体利益。对于一般地方税税种，在中央统一立法的基础上，赋予省级人民政府税目税率调整权、减免税权，并允许省级人民政府制定实施细则或具体实施办法。

（作者：财政部部长）

毫不动摇地加快转变农业发展方式

韩长赋

转变农业发展方式是贯彻落实科学发展观的根本要求，是实现农业现代化的必然选择。只有加快推进农业发展方式转变，才能不断破解农业发展面临的矛盾和难题，提升农业产业的质量、效益和竞争力，为国民经济平稳较快发展提供强力支撑。

一、充分认识加快转变农业发展方式的必要性和紧迫性

我国正处在现代化建设的重要时期，工业化、城镇化、市场化进程加快推进，城乡之间、农业与非农产业之间联系日趋紧密，国内外经济形势变化对农业发展的影响越来越大，对农业基础性支撑作用的要求越来越高。在此背景下，进一步强化农业基础地位，加快推进农业发展方式转变，尤为重要和迫切。

转变农业发展方式是巩固农业基础地位、推进农业现代化的必由之路。农业是国民经济的基础，是安天下、稳民心的战略产业。随着经济发展，农业在国民经济中的比重会逐渐降低，这是经济发展的一般规律，但农业在国民经济中的基础地位没有变，农业依然是衣食之源、发展之本。经济越发展，城镇化、工业化水平越高，越要转变农业发展方式，强化农业的基础地位，这是保障工业化、城市化顺利进行的必然要求。2008 年我国人均国内生产总值超过 3000 美元，这是经济发展阶段的重要分水岭，标志着我国已进入现代化建设的加速推进时期。从国际经验看，现代化加速推进期既是农业现代化建设的重要机遇期，也是农业发展的风险期；把握得好，农业现代化加快发展；把握不好，农业发展则会出现徘徊甚至倒退。美国、西欧各国

在进入这个阶段后，都注重农业发展方式转变。而拉美国家在这个阶段由于轻视农业农村发展，整个国家由此陷入经济徘徊、社会动荡的发展“陷阱”。因此，在我国工业化、城镇化加速推进期，只有加快农业发展方式转变，才能有效地保障国家粮食安全和经济安全，从而扩大发展回旋余地，实现经济社会又好又快发展。

转变农业发展方式是扩大国内需求、缩小城乡差距的重要举措。扩大国内需求特别是消费需求，是实现我国未来经济发展目标的战略举措。扩大消费需求，潜力在于扩大农村消费需求，关键在于使农民有消费能力，核心在于增加农民收入。目前，我国农村消费严重滞后，占总人口近2/3的农民仅消费了全国1/3的消费品。农村消费水平低，根本原因是农民收入水平不高。近年，尽管农民收入增长较快，但城乡居民收入差距继续扩大，2004—2009年城乡居民收入相对差距由3.21∶1扩大到3.33∶1。农民收入增长相对迟缓主要源于农业内外两方面。从农业内部看，目前我国农业劳动生产率不足第二产业的1/7，不到第三产业的1/3，传统农业经营方式很难大幅度提高劳动生产率，制约了农民的农业收入。从农业外部看，外出农村劳动力的文化素质和就业技能还难以满足就业岗位的需要，制约了农村劳动力外出就业的规模扩大和充分就业。因此，无论是提高农业劳动生产率，增加农民的农业收入，还是促进农村劳动力稳定转移就业，拓展农民的非农收入来源，都迫切需要加快农业发展方式转变。

转变农业发展方式是应对国际市场挑战、增强农业竞争力的必然要求。随着对外开放的不断扩大，我国农业面临着激烈的国际竞争。一方面，小麦、玉米、大豆等大宗农产品的价格普遍高于国际价格，国外低价农产品的进口压力始终存在；另一方面，园艺、畜禽、水产等优势农产品出口难度加大，竞争优势面临挑战。我国农产品贸易已连续6年呈逆差走势。当前，发达国家正在大力推动农业尖端科技研发应用，跨国公司正在加快产业布局和资本渗透，在种业等关键领域抢占发展制高点，给我国农业产业安全带来新的风险。特别是这次国际金融危机爆发以来，发达国家不仅没有放松农业，反而把转变农业发展方式、提升农业发展水平作为克服危机的重要战略，在新能源、低碳经济等领域培育新的经济增长点，这将对未来国际农业发展格局产生深刻影响。因此，只有加快转变我国农业发展方式，充分利用“两种资源、两个市场”改善要素结构，提高资源配置效率，大力提高农业科技自主创新能力，推动产业结构优化升级，才能增强我国农业的核心竞争力，在激烈的国际竞争中赢得主动。

转变农业发展方式是突破资源环境约束、实现可持续发展的根本出路。农业是高度依赖资源条件、直接影响自然环境的产业，农业的资源利用方式对实现可持续发展具有重要影响。新中国成立以来特别是改革开放30多年来，我国农业发展取得了举世瞩目的成就，但也要看到，我国农业发展方式粗放，资源消耗过大等问题也日益突出。我国农业用水量占全社会用水量的70%以上，有效利用率只有40%多，而先进国家达到70%多，以色列达到80%—90%。我国化肥、农药利用率仅在30%—40%之间，单位面积化肥使用量是美国的两倍多。从第一次全国污染源普查结果看，每年来自农业面源污染的化学需氧量(COD)1324多万吨。农业生态环境局部改善、整体恶化的势头没有明显改变。农业发展方式如果不转变，资源环境约束不突破，农业发展就没有前途，国民经济发展也将受到影响。因此，只有加快转变农业发展方式，提高资源和投入品使用效率，发挥农业的多功能性，才能突破资源环境约束，实现可持续发展。

二、进一步明确转变农业发展方式的思路和重点

现阶段，我国农业农村发展出现了多年难得的好形势，加快转变农业发展方式面临难得的机遇。粮食连续6年增产，粮食综合生产能

力基本稳定在5亿吨水平上，为加快转变农业发展方式奠定了物质基础；初步建立的强农惠农政策框架，农业支持保护水平的逐渐提高，为加快转变农业发展方式提供了政策保障；农业科技进步取得的新进展，科技对农业增长贡献率的稳步提高，为加快转变农业发展方式提供了动力支撑；不断完善的农村基本经营制度，农业组织化程度的稳步提升，为加快转变农业发展方式提供了制度保障；农民收入连续6年的快速增长，农村经济全面发展，为加快转变农业发展方式提供了经济基础。但也要清醒地看到，我国农业基础仍不牢固，农业发展方式仍然粗放，农业劳动者总体素质不高，转变农业发展方式的任务十分艰巨。

当前和今后一个时期，加快转变农业发展方式的总体思路是：深入贯彻落实科学发展观，坚持统筹城乡发展方略和工业支持农业、城市支持农村方针，坚持走中国特色农业现代化道路，以确保国家粮食安全和农产品有效供给、增加农民收入、实现可持续发展为主要目标，以夯实农业基础、提高农业综合生产能力为主攻方向，以保障农产品质量安全为关键环节，以加快科技进步和改革创新为根本动力，切实把农业发展转到依靠科技进步、提高劳动者素质和管理创新的轨道上来，努力提高土地产出率、资源利用率和劳动生产率，巩固农产品保障能力，提升农业国际竞争力，增强农业可持续发展能力，力争在提高农业综合生产能力上取得新进展，在转变农业发展方式上争取新突破，在发展现代农业上取得新成效。

转变农业发展方式涉及方方面面，要重点在五个方面实现根本性转变。

一是促进农产品供给由注重数量增长向总量平衡、结构优化和质量安全并重转变。近年来，受城乡居民生活水平提高等因素影响，我国农产品需求呈刚性增长态势。据测算，到2020年粮食自给率要稳定在95%以上，全国每年大体增加粮食需求400万吨、肉类80万吨、植物油50万吨。而在国际农产品市场变化加剧的情况下，我国利用国际市场调剂余缺的不确定性在增加，保障国家粮食安全和主要农产品总量平衡、结构优化、质量安全的压力不断增大。因此，必须加快转变农业发展方式，不断提高农业综合生产能力，保障主要农产品有效供给，确保国家粮食安全。同时，要坚持推进产业结构、产品结构、区域结构调整，不断提升农产品质量安全与竞争能力。

二是促进农业发展由主要依靠资源消耗向资源节约型、环境友好型转变。缓解我国农业面临的资源环境约束，从根本上改善农业生态环境，必须转变粗放的农业发展方式，走内涵式发展道路。要采取综合措施，切实加大农业资源和生态环境保护力度，深入推进农业生态文明建设，坚决执行最严格的耕地保护制度和集约节约用地制度，推广农业节本增效技术，发展循环农业，提高资源利用效率，减少面源污染，促进资源永续利用和农业永续发展。

三是促进农业生产条件由主要“靠天吃饭”向提高物质技术装备水平转变。物质技术装备水平既是现代农业的重要标志，也是提高农业综合生产能力的关键环节，更是加快转变农业发展方式的重要条件。要坚定不移地用现代物质条件装备农业，用现代科学技术改造农业，大力发展设施农业，加快推进农业机械化，强化农业防灾减灾体系建设，提高农业科技进步贡献率，增强农业抵御自然风险的能力，形成稳定有保障的农业综合生产能力。

四是促进农业劳动者由传统农民向新型农民转变。我国农村劳动力资源丰富，但总体上科技文化素质偏低，相对缺乏适应发展现代农业需要的新型农民。要把提高农民科技文化水平放在突出位置，大力发展农村职业教育，积极开展农民培训，切实加强农村实用人才开发，培养一大批有文化、懂技术、善经营、会管理的新型农民，为转变农业发展方式提供智力支撑。

五是促进农业经营方式由一家一户分散经营向提高组织化程度转变。我国农户经营规模小、组织化程度低，特殊的国情又决定了不能简单地通过土地的集中来解决小生产与大市场的矛盾，这就需要不断提高农业的组织化程度。要在坚持农村基本经营制度基础上，加快推进农业经营体制机制创新。要大力发展各类产业化经营组织特别是农民专业合作社，进一步健全农业社会化服务体系，促进农户分散经营向适度规模经营转变，形成多元化、多层次、多形式的经营方式，切实提高农业组织化程度，把农户引领到农业商品化、专业化、社会化的发展轨道上来。

三、采取有效措施加快推进农业发展方式转变

加快构建农业现代产业体系。当前，我国农业面临的主要任务是适应日益增长和升级的农产品需求，继续做大做强农业产业，构建农业现代产业体系。要加大粮食战略工程实施力度，稳定粮食播种面积，推进国家粮食核心产区和后备产区建设，健全粮食安全保障体系。积极推进农业结构调整，实施优势农产品区域布局规划，提升高效经济作物和园艺产业、现代畜牧水产业的比重，加快形成优势突出和特色鲜明的农产品产业带。大规模开展园艺产品生产和畜牧水产养殖标准化创建活动，加快发展无公害农产品、绿色食品和有机农产品，实行规模化种养、标准化生产、品牌化销售和产业化经营，进一步提升农产品质量安全水平。

大力加强农业基础设施建设。把建设高标准粮田、改造中低产田和完善农田水利设施，作为农业基础设施建设的重中之重，抓住中央大幅度增加基础建设投入的有利时机，全面实施新增千亿斤粮食生产能力建设工程、新一轮“菜篮子”建设工程等项目，科学谋划和实施一批提高保障支撑水平、增强发展后劲的农业重大工程项目，推进农业基础设施建设跨上新台阶。探索建立国家奖补与农民投资投劳相结合的农业基础设施建设新机制。积极推动中国特色农业机械化发展，进一步提高农机装备水平和服务能力。

积极推进农业科技创新和应用。大力促进农业技术集成化、劳动过程机械化、生产经营信息化。强化农业基础研究和科技储备，积极抢占农业科技竞争制高点，在转基因生物新品种培育等关键领域和核心技术上取得突破。以节地、节水、节肥、节药、节种、节能，资源综合循环利用为重点，开发农业节约型技术。坚持规模化、标准化的种子产业发展方向，依托大企业和大基地做大做强种子产业。大规模开展粮食高产创建活动，集成推广良种良法，通过提高单产水平来克服耕地资源限制。加快推进基层农技推广体系改革与建设，积极提供新品种供应、新技术推广、统一耕种收获、病虫害专业化统防统治、农资统购统供等服务，提升公共服务能力。

加快推进农业经营体制机制创新。不断深化农村改革，加快创新农业体制机制，是加快推进农业发展方式转变的重要抓手。在稳定土地承包关系的基础上，加快建立健全土地流转市场，引导土地承包经营权规范有序流转，发展多种形式的适度规模经营。创新农业经营制度，大力提升农业产业化经营水平，完善利益联结机制；加快发展农民专业合作社，加强合作社规范化建设；深化农村集体产权制度改革，增强集体服务功能。

不断完善农业支持保护体系。大力实施工业反哺农业、城市带动农村战略，坚持多予少取放活的方针，逐步建立与国家经济实力相称、有利于强化农业基础的支持保护制度。持续加大国民收入分配格局调整力度，推动资金、人才、技术等资源要素向农村配置。继续扩大农业补贴规模，提高补贴标准，完善补贴办法，逐步形成目标清晰、收益直接、类型多样、操作简便的农业补贴政策框架。完善主要农产品最低收购价制度，健全重要农产品临时收储政策，提高农产品价格保护水平。加大农产品出口支持力度，推动完善农产品进出口调控机制。创新农村金融制度，通过机构、组织、产品和服务创新，满足农村金融服务需求。

进一步强化对农业的管理和调控。转变

农业发展方式，要充分发挥政府“有形之手”的功能，不断加强和改善政府对农业的管理和调控，确保中央关于转变农业发展方式的重大部署落到实处。要加强利益协调，建立健全利益补偿机制，保护和调动农民务农种粮和地方政府重农抓粮的积极性，这是加快农业发展方式转变的重要推动力量。积极转变农业部门职能，重点强化技术推广、检验检测、行政执法等关键环节。借鉴“米袋子”省长负责制和“菜篮子”市长负责制的做法，以主产区为重点逐步建立新的绩效考核评价体系，强化地方政府夯实农业基础、加快转变农业发展方式的责任。

（作者：农业部部长）

以转型发展为主线 再造一个新山西

袁纯清

党中央明确提出加快经济发展方式转变的战略任务。山西作为欠发达的中部资源型省份，深入贯彻落实中央决策部署，加快经济发展方式转变的关键是以转型发展为主线，推动经济社会跨越发展。

一、顺应时代潮流，坚定转型发展的方向

从世情看，人类社会的每一次跨越进步，都伴随着经济社会的大转型。谁能及时转型、成功转型，谁就能掌握发展的主动权。目前，世界经济出现企稳回升迹象，但引发国际金融危机的深层次矛盾还没有得到彻底化解，复苏基础尚不稳固，发展速度明显放缓。世界主要国家纷纷把新能源、新材料、生物医药、节能环保、低碳技术、绿色经济等作为新一轮产业发展的重点，全力抢占世界经济发展新的制高点。总体看，世界经济增长格局孕育重大变革，发展模式面临重大转型。

从国情看，我国人均 GDP 已超过 3000 美元，加快转型，避免落入“拉美陷阱”成为经济社会发展面临的紧迫课题。当前，我国经济结构不合理、自主创新能力不强、城乡区域发展不平衡、资源环境约束强化、社会建设滞后等问题日益突出。我国经济总量占世界的 7% 左右，但每年煤炭消耗量接近世界的四成，石油对外依存度超过 50%。发达国家着力推动形成碳交易、碳关税等国际规则，对我国形成巨大挑战和压力。国际金融危机的影响，表面上是对我国经济增长速度的冲击，实质上是对经济发展方式的冲击。正如胡锦涛同志明确指出的，综合判断国际国内经济形势，转变经济发展方式已刻不容缓。如果我们不能加快经济发展方式转变，我国今后发展代价会越来越大、空间会越来越小、道路会越走越艰难。转型发展已成为我国经济社会发展的基本特征，必将在“十二五”规划中成为制定政策和布局项目的战略重点。

从省情看，新中国成立以来，山西累计产煤 110 亿吨，净调出 80 亿吨，在享受煤炭红利的同时，也付出了沉重代价。“因煤而兴、因煤而困”的格局不能不引起我们的深思。山西经济增长过度依赖煤炭产能扩张，资源转化主要停留在煤电等初级过程，产业结构明显不合理。1998 年化学工业占全省 GDP 的比重仅为 9.78%，2009 年更下降到 5.8%；装备制造业发展滞后，2009 年产值仅占工业增加值的 5.1%；服务业占三次产业比重为 39.2%，低于全国平

均水平3.4个百分点。煤炭产能不可能无限扩张，价格不可能一直上涨，随着国家加大对新能源产业的支持力度，对高耗能行业严格控制，能源需求增长将逐步进入相对平稳期，传统能源份额降低是必然趋势，盈利空间必将逐步减少。同时，在现有增长模式下，经济增速越高，结构重型化、不协调、不安全的问题越突出，发展的成本、代价和难度也越大。2009年山西GDP占全国的2.2%，能源消耗却占4.3%，万元GDP二氧化硫、COD、烟尘、粉尘排放分别是全国平均值的2.61倍、1.23倍、3.47倍和3.72倍。总体看，山西现有发展模式难以持续，转型发展亟待全面推进。

山西的转型发展，就是要推动发展由主要依靠资源开采、初步加工向资源深度开发、深度加工转变，由外延扩张向内涵提升转变，由传统产业独大向多元发展转变，由粗放、高耗、低效、单一线性发展向集约、低碳、高效、多元循环发展转变。要以建设国家新型能源和工业基地为基础，努力建设全国重要的现代制造业基地、中西部现代物流中心和生产性服务业大省，早日建成中部地区经济强省和文化强省，在中部崛起和全国竞相发展格局中再造一个新山西。

二、全面协调推进，加快转型发展的步伐

工业新型化、农业现代化、市域城镇化、城乡生态化，是转型发展的根本举措。

——关于工业新型化。工业新型化是信息化与工业化融合、从粗放能耗型增长到集约节能型发展的工业化，是清洁发展、绿色发展、安全发展的工业化。山西的优势在煤，潜力和希望也在煤，山西的工业新型化仍然要围绕煤来展开和推进，做到以煤为基、以煤兴产、以煤兴业、多元发展。首先要提升煤炭产业的整体水平，推动煤炭安全生产状况根本好转，实现煤炭本身的高效绿色安全发展。在此基础上，加快提升焦炭、冶金、电力等传统产业，加快壮大现代煤化工、装备制造、文化旅游、物流会展、特色食品等优势产业，加快发展节能环保、生物医药、信息网络、新能源等新兴产业，实现由煤炭大省向以煤为基的现代产业大省的跨越。为此，要重点抓好七条路径：一是推进传统产业循环化，实现高碳产业低碳发展；二是加快煤炭装备制造业高端化，推动采掘文明向制造文明转变；三是结合煤炭运销发展现代物流业，大幅提升经济运行效率；四是围绕煤焦冶电等高耗能产业的清洁生产发展节能环保产业，将环境压力转化为发展动力；五是利用能源资源优势做大新能源新材料产业，把一个优势变成两个乃至多个优势；六是立足煤炭及关联产业发展高新技术产业，力争在高科技领域占有一席之地；七是加快文化旅游产业发展步伐，培育新的经济支撑点。

要做好以上工作，必须创新思想观念、思维方式和工作手段。要打好“资源为王、成本优势”这张牌，充分利用资源的稀缺性，更多掌握市场交换的话语权、竞争的主动权、开发的优先权；要坚持资源跟着高端产业走，让资源在与高端产业的融合中实现最大值；要从“材料加工”转向“加工材料”，从开采冶炼及初加工向集研发、生产、加工成套、服务于一体转变；要突出创新引领、标准为上，实现资源驱动向创新驱动提升；要坚持板块化发展、园区化承载、集群化推进，形成上下游紧密衔接的产业链和集群发展的突破态势；要树立“资源有限、创造无限”理念，既要“有中生无”，用资源换资本、换技术、换市场、换项目，又能“无中生有”，靠胆气、才智开创新的产业天地。

——关于农业现代化。对山西而言，农业现代化就是利用特有的农产品资源优势，切实加快农业产业化，着力推进县域工业化，做大做强县域经济，扎实推进新农村建设，走出具有山西特点的现代农业发展之路。

坚持农业产业化这个主题。全力推进运城、晋中、大同三大现代农业示范区建设，提高特色优势农产品聚集度，扶优扶强重点农业产业化龙头企业，使农业产业化走上规模、质量、

品牌、效益的良性循环。

突出县域工业化这个核心。根据不同县情，因地制宜形成主导产业。有煤炭资源的县，以煤炭资源整合为契机，发展煤炭配套工业和服务业；有旅游资源的县，大力发展休闲农业、乡村旅游、森林旅游和农村服务业；农业基础好的县，努力发展特色高效农业；工业基础好的县，注重以县级工业集聚区为承载，实现产业集聚发展。

夯实农业社会化服务体系这个基础。在提高质量、拓宽领域、完善机制上下功夫，大力发展农村专业合作社。引导和鼓励条件适宜的专业合作社，在产权清晰、自愿互利的基础上进行跨区域协作与重组，提升应对市场能力。允许农民以转包、出租等形式流转承包经营权，发展多种形式的适度规模经营。

抓住农民增收这个关键。加强农民技能培训，提高创业就业能力，扩大用工用人岗位，增加农民劳务性收入。落实各项惠农政策，促进土地收益更多用于新农村建设。按照“以片规划、集中投入、分步实施、整体推进”的思路，推动扶贫开发由整村推进向片区开发转变。

——关于市域城镇化。山西已进入城镇化发展的加快期、关键期。“十二五”时期力争有300万农村人口进入城镇，城镇化率达到55%左右。要准确把握城镇化演进规律，以发展规划、土地利用规划、产业布局规划“三规合一”引领城镇化建设，以工业园区、高新技术园区、科技创新园区支撑城镇化建设，以城中村改造、棚户区改造、旧城改造推动城镇化建设，走出具有山西特点的城镇化发展路子。

形成以“一核一圈三群”为主体的城镇空间布局。考虑自然环境、资源优势、产业基础、人文历史等条件，按照一个规划统筹、一个标准建设的要求，以太原都市圈为核心、以区域性中心城市为节点、以大县城为重点构建城镇群。

强化规划的引领力和建设的创新性。按照城镇群发展、大中城市提质、历史文化名城保护开发、矿城转型、小城镇建设等不同层面的情况，科学制定城镇规划，做到对内有宜居性，对外有吸引力。

加强基础设施建设。保持基础设施建设的投资强度，加快建设以高速公路、高铁、空港为主的立体交通网络，加快重点水利工程建设，增强城镇的通达性、功能性、安全性。

创新加快城镇化进程的体制机制。加速推进户籍制度改革，以多种途径放宽中小城市和城镇户籍限制。完善城乡就业和社会保障制度，实现城乡劳动力市场一体化、农民工与城镇产业工人劳动待遇平等化和社会保障全覆盖，农民工子女城市就学与城镇居民子女同等待遇，让更多的人进得来、住得下、发展好。

加快发展以改善民生为重点的社会事业。不断增加公共财政投入，健全教育投入保障机制，促进教育公平，深化医药卫生体制改革，完善城镇居民基本医疗保险和新型农村合作医疗制度，加强保障性住房建设，推进基本公共服务均等化，加大对低收入群众的帮扶救助力度，让人民群众生活得更有质量、更有保障、更有尊严。

——关于城乡生态化。工业化、城镇化的加速推进，对生态化提出了新的要求，加上山西资源型产业结构和脆弱的生态环境，生态建设更为重要和紧迫。必须处理好经济发展和生态建设的关系，努力建设绿化山西、气化山西、净化山西、健康山西。

建设绿化山西。牢固树立栽树就是栽历史、栽人文、栽政绩的理念，进一步加快植树造林的步伐；坚持“生态建设产业化、产业发展生态化”，把生态兴省和富民强省结合起来，让产业发展过程成为生态文明建设过程；稳步推进集体林权制度改革，充分调动农民群众植树造林的积极性。

建设气化山西。充分利用山西丰富的煤层气、焦炉煤气、煤制天然气和过境天然气等清洁能源，满足人民群众生产生活，大幅降低温室气体排放。

建设净化山西。强化节能工作，加强节水、

节地、节材，特别是提高水资源利用率；做好减排工作，抓好火电脱硫工程，大力削减大气污染物排放量；严格治理工作，持之以恒抓好京津风沙源治理工程，继续推进“蓝天碧水”工程和汾河流域等重点地区环境综合整治；加强创建工作，深入推进环境保护模范城市、环境优美乡镇、生态文明村创建活动。

建设健康山西。广泛宣传健康生活理念，大力发展医药卫生事业，推进基层文化事业和健身健康产业，帮助群众提高生活质量和健康水平。

三、坚持解放思想，为转型发展提供坚强保证

解放思想具有先导性，思想的大门打不开，发展的大门也打不开。在山西转型发展的关键时期，必须再次吹响解放思想的冲锋号，冲破一切影响和制约发展的思想心结和体制障碍，在转型跨越的大道上快步前进。

从煤炭依赖中解放出来。煤是大自然给予山西人民最大的恩惠，但是由于长期挖煤、烧煤、卖煤、炼焦，不知不觉中形成了“推动经济增长依赖煤、提升区域地位依赖煤、干什么都不如挖煤”的思维定势。这种依赖的直接后果就是所谓“资源诅咒”：资源开发对其他产业产生挤出效应、可持续发展能力衰退、社会问题突出、观念封闭保守，最后资源富集地区反倒成为经济滞后地区。在煤上解放思想是山西最大的解放思想。要从新技术的视角看煤炭，既要认识到煤是燃料，更要认识到煤是原料和资本，重新认识煤、科学定位煤、深度利用煤。要从多元优势的视角看煤炭，山西煤炭不仅具有成本优势、品种优势、运距优势，更有转化优势、延伸优势，学会一生二、二生三，真正实现以煤为基、多元发展。要从立体的视角看煤炭，推进煤炭采掘、煤炭转化、煤炭装备制造、煤转化技术和安全生产设备研发、煤炭相关产品交易、煤炭资本运作和金融服务等产业相互融合、一体化多元发展。

从政府依赖中解放出来。各级政府作为施政主体，要摒弃对上级政府的等靠要思想，充分发挥主动性、创造性，谋发展、作决策、成大事。要进一步强化企业主体地位，按照产业政策、投融资政策、土地政策指示的方向，在市场中寻找发展机遇，在开拓中创造良好业绩。

从内陆经济思维定势中解放出来。内陆经济思维定势就是出于对改革开放“梯度推进理论”的片面理解，自觉不自觉地跟在沿海发达地区后面亦步亦趋。事实上，随着交通网络和信息化的发展，世界变平、变小了，所有地区发展新兴产业几乎都站在同一起跑线上，内陆地区同样可以弯道超车，三晋大地完全可以走到全国前列。

从计划经济模式中解放出来。山西国有企业一股独大、市场运作能力弱的问题还比较严重，要加快健全现代企业制度，完善法人治理结构，丰富市场运作方式，增强闯市场的本领。

从守成求稳心态中解放出来。必须时刻保持逆水行舟、不进则退的忧患意识，强化直接入轨、后来居上、三步并作两步走的紧迫感，以“人一之我十之、人十之我百之”的精神，敢于背水一战、跨越发展。

山西转型发展正当其时，山西跨越发展前景灿烂。3400 万三晋儿女将更加紧密地团结在以胡锦涛同志为总书记的党中央周围，坚持以邓小平理论和“三个代表”重要思想为指导，深入贯彻落实科学发展观，抢抓机遇促转型，上下同心谋跨越，在全面建设小康社会征程上创造无愧于时代的新业绩。

（作者：中共山西省委书记）

陕西加快经济发展方式转变的着力点

赵乐际

陕西加快经济发展方式转变，要着重在以下几个方面下功夫。

推进产业结构优化升级。坚持巩固一产、做强二产、提升三产，加快实施产业调整与振兴规划，重点发展装备制造、高新技术、能源化工等特色产业，提升改造纺织、医药、食品等传统产业，积极培育新能源、新材料、节能环保、生物医药等新兴产业，在生产性和生活性服务业发展上迈出新步伐，在做大做强旅游业和文化产业上取得新突破。

增强自主创新能力。进一步发挥科教优势，深化科技体制改革，促进科技资源优化配置、开放共享、高效利用，努力在自主创新上有新作为。加快实施科技创新工程，建设西安统筹科技资源改革示范基地，加快建立以企业为主体、市场为导向、产学研相结合的技术创新体系，加快科技成果向现实生产力转化。

夯实“三农”发展基础。统筹城乡发展，落实好强农惠农政策，充分发挥杨凌农业示范区的辐射带动作用，提高农业综合生产能力。加快水路电气等基础设施建设，加快推进农业产业化，做强果业和蔬菜产业，多渠道增加农民收入。要把推进城镇化作为转变发展方式的重要任务，承接产业转移，完善公共服务体系，有序集聚人口，加快建设以西安特大城市为中心、中小城市和重点镇相结合的城市群。

搞好节能减排和环境保护。保护秦岭生态系统，加强植树造林、荒山绿化和防沙治沙，巩固退耕还林成果。大力发展绿色经济、循环经济、积极推广节能技术和低碳技术。加快渭河流域资源开发和地面塌陷、植被损毁区域综合治理，促进山水林、天地人相和谐。

深化改革开放。认真贯彻中央转方式、调结构的政策措施、改革举措，深化国有企业改革，鼓励、支持和引导非公有制经济发展，加快国有经营性文化事业单位转企改制，加快土地管理制度和集体林权制度改革。健全有利于加快方式转变的财税、金融、土地等体制，增强市场主体的动力和活力。继续转变政府职能，发挥市场的基础性作用，改善投资、创业、发展的体制环境，努力打造内陆型经济开发开放的战略高地。

保障和改善民生。按照更加注重发展社会事业、更加注重改善民生的要求，加快民生工程建设，扩大公共服务，完善社会管理。优先发展各级各类教育，健全完善社保体系，大力推进全民创业、家庭创业、自主创业，引导群众创立家业、创办企业、创新事业，在社会和谐稳定中转变发展方式。

强化转变发展方式的制度和工作保障。把巩固学习实践活动成果的重点，放在促进转变发展方式的工作实践和创新体制机制上来，使加快发展方式转变成为全省上下的自觉行动。完善促进科学发展目标责任考核制度，加大对结构优化、自主创新、资源节约、环境保护、扩大就业、民生改善等内容的考核评价，增强各级干部转方式的主动性。深入开展村级“升级晋档、科学发展”和城市“文明社区、和谐家园”活动，把转变发展方式的要求落实到基层。引导党员干部进一步弘扬延安精神，扎扎实实地推动发展方式转变取得实质性进展。

（作者：中共陕西省委书记）

为推进科学发展加快经济发展方式转变提供组织保证

黄燕明

深入贯彻落实科学发展观，加快经济发展方式转变，是党中央作出的重大战略部署，也是当前和今后一个时期全党的中心任务。中共吉林省委认真贯彻落实中央的决策部署，提出围绕科学发展、加快振兴、富民强省这一目标，以解放思想、改革创新、转变方式、科学发展为主题，全力打好加快经济发展方式转变这场硬仗。组织工作服务吉林振兴发展大局，必须坚持正确的用人导向，着力选准干部、配强班子、建好队伍，为推进科学发展、加快经济发展方式转变提供有力保证。

一、坚持正确的用人标准，紧紧围绕推动科学发展、加快经济发展方式转变选贤任能

选人用人直接关系科学发展和加快经济发展方式转变的大局。事实表明，用什么样的人、不用什么样的人，体现用人导向，关乎党风民意，决定事业成败。组织工作要为科学发展和吉林振兴提供有效服务和坚强保证，必须坚持德才兼备、以德为先，树立凭德才用干部、以实绩论英雄、看公论定取舍的正确用人导向。要进一步解放思想，坚决破除论资排辈、平衡照顾、求全责备等传统观念的束缚，提高识人水平，广开进贤之路，不拘一格地选拔优秀人才。

要认真贯彻党的干部工作路线方针政策，确立与推动科学发展、加快经济发展方式转变相适应的用人标准，坚持做到"八用八不用"：选拔重用政治坚定、对党忠诚、坚决贯彻中央和省委决策部署的人，坚决不用那些信念动摇、党性不强、关键时刻经受不住考验的人；选拔重用坚持科学发展有韧劲、谋划科学发展有思路、推动科学发展有激情、实现科学发展有贡献的干部，坚决不用那些不坚持科学发展、转变经济发展方式不力、政绩平平的人；选拔重用思想解放、勇于创新、克难求进的人，坚决不用那些思想僵化、观念滞后、不思进取的人；选拔重用视野开阔、懂得前沿经济、善于把握机遇和应对挑战的人，坚决不用那些目光短浅、坐失良机、面对挑战束手无策的人；选拔重用求真务实、埋头苦干、默默奉献的人，坚决不用那些弄虚作假、投机取巧、做表面文章的人；选拔重用作风硬朗、敢抓敢管、勇于担当、能打开局面的人，坚决不用那些畏首畏尾、回避矛盾、庸碌无为的人；选拔重用一心为民、干事创业、群众公认的人，坚决不用那些只想升迁、跑官要官、口碑不好的人；选拔重用为人正派、办事公道、清正廉洁的人，坚决不用那些不讲原则、媚上压下、以权谋私的人。总之，就是要褒奖那些实绩突出的干部，支持那些一身正气的干部，鼓励那些老实干事的干部，鞭策那些相形见绌的干部，教育那些跟风行事的干部，约束那些投机钻营的干部，让肯干事的受尊敬、能干事的有舞台、干成事的有位置，引导和鼓励广大干部把心思和精力凝聚到推动科学发展上来，把智慧和力量投入到加快经济发展方式转变上来。

二、进一步扩大干部工作民主，确保贯彻落实科学发展观、加快经济发展方式转变态度坚决而又有能力的干部脱颖而出

扩大民主是深化干部人事制度改革的基本方向。要有效解决当前干部工作中存在的问题，必须通过改革的措施和办法，坚定不移地推

进民主。

改进和完善民主测评、民主推荐办法。要跳出人数越多、范围越大越民主的误区，根据知情性、代表性、关联性的原则，科学划定参与范围、确定参与人员，使推荐、测评结果能够真实体现干部群众的意愿。探索实行分类加权计票，对不同职务层次人员的推荐票、测评票赋予相应的权重。按照责权统一的原则，适当加大领导班子成员推荐票的权重。试行领导班子成员署名推荐，提高民主推荐、民主测评的真实性、科学性。探索建立干部工作信息公开和反馈制度，将领导职位空缺情况、用人原则和条件、选拔程序和方法、干部基本情况和工作实绩等通过正规渠道告知参与人员，保证他们在充分知情的前提下行使民主权力。同时，将得票情况、组织上的综合分析结果等，以适当方式反馈给干部本人和参与人员，消除干部群众的疑虑。建立健全地方党委全委会参与干部选拔任用的工作机制，充分发挥全委会推荐、表决重要干部的作用。

落实“不简单以票取人”要求。要正确认识民主推荐在干部选拔中的作用，既要把群众公认作为选拔任用干部的重要依据，推荐票不高的一般不能任用；又不能把民主推荐等同于选举，把推荐票作为唯一依据，单凭票数决定干部任用。建立推荐结果综合分析制度，科学分析运用民主推荐结果，既要看得票情况，又要对得票情况作具体分析，重点是把得票情况与以往推荐、测评情况，平时了解情况，年度考核情况，以及民意调查情况等结合起来，综合比较，相互印证，对干部作出全面准确的评价，防止简单以票取人。健全完善干部任用比选机制，推荐前设定差额推荐比例，把在群众民主推荐中得票进入差额比例或“第一方阵”的人选纳入比选范围，择优确定考察人选。明确适用“不简单以票取人”的具体情形，在得票相对集中且差距不大、群众投票与领导班子投票结果明显不一致、得票结果与组织掌握的情况差距较大、拟提名干部从事的工作不被多数人了解或推荐单位风气不好等情况下，要启动不简单以票取人工作机制。对那些平时坚持原则、真抓实干、敢于负责、不怕得罪人而得票相对较少的干部，只要工作有实绩，就要大胆提拔使用，决不让老实人吃苦又吃亏，决不让实干者流汗又流泪，决不让“官油子”得势又得利。

搭建干部公开、平等、有序竞争的平台。公开选拔、竞争上岗等竞争性选拔干部方式，是当前干部群众认为最有成效的干部人事制度改革措施。要创新完善竞争性选拔干部机制，探索推行公推直选、公推公选、公推比选、公推竞职等多种公开竞争方式，大力推行“联合公选”、“大评委制”、全程监督等制度，推动竞争性选拔干部工作常态化、制度化、规范化。坚持干什么考什么，突出岗位特点，注重能力实绩，提高考试测评的科学性，不搞简单地以考试和演讲取人，让干得好的考得好，能力强的选得上，作风实的出得来。加大竞争性选拔干部力度，逐步将竞争性选拔范围从部门副职扩大到部门正职，从一般性岗位扩大到重要岗位，进一步扩大竞争性选拔干部的比例，做到拓宽渠道选人，公平公正用人。健全完善差额选拔干部的程序和办法，全面实行差额提名、差额推荐、差额考察、差额酝酿制度，探索试行差额票决制度，实行干部选拔任用全程差额、择优比选，让竞争优胜的干部硬气，让竞争失利的干部服气，进一步提高选人用人的公信度和群众满意度。

严厉查处扩大干部工作民主中的违纪违法行为。要健全违纪违法行为举报受理机制，完善拉票等行为的认定和处理办法，对经查核认定确有违纪违法行为的要严肃处理，不得列入推荐对象，已列为考察对象的要取消资格，已提拔的也要坚决拿下来，让拉票者得不偿失，让违纪违法者自食其果。同时，对参与、帮助他人拉票的，也要给予严肃批评教育和相应处理。通过进一步深化改革、完善民主，引导广大干部集中精力抓落实，挺直腰杆干事业，尽心竭力解民忧，形成有利于推动科学发展、加快经济发展方式转变的良好氛围。

三、健全完善干部考核评价体系，使干部考核成为推动科学发展、加快经济发展方式转变的推动力

健全完善干部考核评价体系，是组织工作服务科学发展的重要职责。要认真贯彻落实中央下发的“一个意见、三个办法”，抓紧研究制定配套实施办法，着力提高考核评价工作的科学性、准确性。

完善干部考核评价标准。根据不同区域、不同层次、不同类型领导班子和领导干部的特点，建立各有侧重、各具特色的考核内容和考核指标体系，更好地体现科学发展的要求。健全完善干部德的评价标准，把理想信念是否坚定，是否坚持执政为民，是否求真务实，是否坚持民主集中制，是否清正廉洁等列为评价要点，注重从履行岗位职责、完成急难险重任务、关键时刻表现、对待个人名利等方面考察干部的德才表现。突出抓好干部业绩考核，完善干部业绩考核标准，既要看发展速度和规模，也要看经济结构是否优化、自主创新水平是否提高、就业规模是否扩大、收入分配是否合理、人民生活是否改善、社会是否和谐稳定、生态环境是否得到保护、可持续发展能力是否增强。

改进干部考核评价方式方法。坚持把干部的年度考核和换届考核、届中考核结合起来，强化经常性考核，完善定期考核，实行延伸考察，综合运用巡视、经济责任审计等工作成果，使定期考核、平时考核与任前考察相互补充印证，全面了解干部的真实情况。科学运用民意调查、岗位目标考核、重大项目跟踪考核、实绩分析等有效办法，畅通民意表达渠道，强化群众参与和监督，切实把干部的业绩“考真”、“考实”、“考准”。要把干部的业绩放到全局工作中去衡量，全面分析取得实绩的主观因素和客观因素，合理区分个人与集体、前任与后任的作用；既要注重考察干部的现实政绩，更要重点考察有利于长远发展的基础性投入，准确评价“显绩”与“潜绩”；既要看干部的经历，也要看干部在所经历岗位上的实际表现，不能简单地把经历等同于素质和能力。

强化考核结果运用。把干部考核结果与干部的升降奖惩挂起钩来，依据考核结果，大胆启用一批年富力强、政绩突出的干部，调整一批状态不佳、政绩平庸的干部，使加快经济发展方式转变成为各级干部的自觉行动。

四、重点管理关键岗位的干部，充分激发调动各级干部推动科学发展、加快经济发展方式转变的积极性和创造性

探索建立关键岗位人选提名办法。扩大关键岗位人选提名推荐工作中的民主，将关键岗位人选提名纳入地方党委全委会任免重要干部的范围，充分发挥全体全委会成员在提名环节上的作用。关键岗位人选提名、调整前，要认真听取各方面意见，进行广泛酝酿，确保提名人选得到组织和群众的双重认可。选拔关键岗位的干部，必须坚持标准更高、要求更严，在更大范围内统筹优秀干部资源，放开选人视野，拓宽进贤渠道，确保人选质量，决不能搞平衡照顾、依次串动、将就使用。

着力选好配强市（州）、县（市、区）党政正职。把市（州）、县（市、区）党政正职的选拔放在同级干部选拔任用的突出位置，严格把握人选的资格条件，突出思想政治素质、科学发展本领、驾驭全局能力，务求优中选优。改进选配方式和程序，发扬党内民主，引入竞争机制，确保把最优秀、最合适的干部放到最关键的岗位。敢于打破常规，唯才是举，唯贤是用，研究制定特殊政策，对特别优秀的，可破格提拔。

对关键岗位干部严格管理。突出抓好关键岗位干部的培养提高。强化党性锻炼和实践锻炼，着力增强谋划发展、统筹发展、优化发展、推动发展的本领，以及做好群众工作、维护社会稳定、促进社会和谐的能力。明确关键岗位的职责要求，制定符合关键岗位特

点的考评体系，增强考评的针对性和科学性，强化对关键岗位干部的激励约束机制。完善并严格执行领导干部问责制，严明领导责任，对失职渎职、造成重大损失或恶劣影响的要追究责任。

（作者：中共吉林省委常委、组织部长）

商务工作要自觉服务加快经济发展方式转变

陈德铭

党中央从现实机遇和历史使命的角度，向全党提出了加快经济发展方式转变的重大任务，充分体现了我们党践行科学发展观，走中国特色社会主义经济发展道路的决心和信心。目前全党正在形成“加快转变”的共识，应该因势利导，及时制定相应的财税、金融和投资政策。如发展服务业政策、促进自主创业政策、限制高耗能禁止高污染的政策等等。企业是微观经济的主体，在市场配置资源起基础性作用的条件下，光有政治意愿，没有市场信号，“加快转变”往往容易落空。考虑到制定相应宏观政策的难度，可以先行试点，完善后逐步推开。要健全现行的干部考核评价指标体系。加快转变的关键在于人，而人的思想意识是由社会存在决定的。如果能从各地各部门不同的情况出发，制定相应的经济结构调整、节能减排治污以及发展社会事业和改善民生工程的指标，基层党政领导同志就会变压力为动力，更加自觉地推动经济发展方式的转变。条件成熟的地区还可以把“加快转变”的干部评价指标体系交给各民主党派、媒体以及群众来考评，使得这项历史任务真正成为亿万人民的自觉行动。加快经济发展方式转变，要从各地实际情况出发，因地制宜。由于各地各部门自然禀赋、经济水平、人力资源的差异，“加快转变”起步阶段的重点工作既有共性又有个性，所以在规划引导上要特别注重发挥省级管理作用，用合理的补偿机制来实施主体功能区布局。

商务工作联系着国际、国内两个市场，驻外有200多个经商机构和代表，国内与上万个生产资料、生活用品、农产品和部分服务业的企业有直接联网，目前正在完善境外投资、对外援助和劳务输出的专网工作。2009年为了应对金融危机，及时向党中央、国务院提供信息服务，商务部开发了一个十大板块的综合经济决策系统，今年将利用这个系统为各省加快经济发展方式转变提供无偿的咨询和服务。商务工作要在深层次上服务经济发展方式的转变，当前还要做好以下工作。

一、继续深入研究后国际金融危机时期各国的经贸状况和增长方式

美国和欧盟是我主要顺差国，也是观察研究的重点对象。金融危机一年多来，奥巴马政府不断提出造成危机的根本原因是经济结构失衡、是亚洲出口、美国消费的模式，强调要产业回归，要成为最大的出口国，5年内出口量翻一番，同时中国等新兴国家必须进一步开放市场。这些话乍一听似乎有些道理，细细分析是站不住脚的。我们分析了美国自上世纪30年代以来历次经济危机的波动轨迹，每次危机大体经过3至8年的后危机震荡，其储蓄率可以恢复到正常值，国内消费也回复到危机前水平。而在这3至8年里，美国总是凭借其“超级地位”，强行推动出口来刺激国内经济，转嫁危机。这次危机，由于新兴国家的崛起和中国加

入了世贸组织，情况有些不同了。按照高于美国内法的世贸规则，贸易应该是自由和便利的，消费在一定意义上决定着生产。如果没有美国进口商大批的订单，亚洲企业是不会盲目生产的。而美国想扩大出口，最大的潜在市场也在亚洲、在中国。这不仅使我们看到中美贸易摩擦今后几年将激增，也看到随着我国内需求的扩大，美在经贸上对我的依重将增大，我可迫使美国放弃部分对华出口限制，加快我产业的技术改造和升级。

二、继续扩大开放，推进对外经济发展方式转变

一要稳定提升货物贸易，培育扩大服务贸易，调整进出口结构，使贸易顺差控制在小幅范围。在货物贸易项下，要提高品牌出口的比例，推动内贸企业走出去，同时加大进口政策和产业政策互动，扩大我急需产品的进口；在服务贸易项下，目前我仍处于逆差，要大力培育服务外包，尤其是离岸业务，以扩大高校毕业生就业。目前商务部正在研究一般服务贸易和技术进出口贸易的交易平台，以促进“转变”加快。二要提升利用外资的水平，加快实施“走出去”战略，调整资本项下的投资结构，以期几年后大致取得平衡。引进外资要着重做好外资背后的产品技术、管理水平以及市场份额的评审工作，在现代农业、服务业，节能环保和研发合作等领域要进一步改善投资环境、完善投资政策，争取更大发展。“走出去”初步规划了周边 14 个国家的互联互通构想，制定了新三年援非 8 项举措，扩大了优贷、优买和信保的规模，今后几年伴随着境外工程承包业务的扩大，机电设备的出口仍会有一个增长的态势。

三、继续大力促进消费，推进内需结构调整

经济结构可以按内外需来分，从统筹两个市场的角度出发，也可以按投资和消费或者积累与消费来分。从这样的观点出发，出口是一种海外消费，对外投资是一种海外积累。同样内需也分为投资和消费，我们的任务是要在宏观层面确定投资与消费的比例，包括境内外的投资与消费，这样更便于指导经济。长期以来我们比较熟悉用投资拉动经济，相对疏于对消费拉动经济的研究。鉴于当前全球严重的产能过剩和消费需求不足，研究消费、促进消费应该成为“加快转变”的重要课题，成为扩大内需中需要解决的核心问题。

扩大人们具有货币支付能力的消费，从根本上讲，有待于分配制度、社保体系的完善，这将是一个历史过程。但是，在既有购买力下，有钱不敢花、有钱不便花的状况也比比皆是，这就是商务工作要解决的问题。一要健全和完善城乡流通网络，缓解买难卖难，降低物流费用，让利于生产者和消费者；二要服务进社区、进家庭，满足人们对服务日益增长的需求；三要培育和规范新的商业业态，如网上购物，物联网推广使用等。此外，以外需促内需，带动国内消费也是一个现实的策略。我国有 13 亿人口，正处在高速工业化、城镇化阶段，有着巨大的国内消费市场和潜在市场。但是，我国的人均 GDP 仅列全球百位左右，靠自身经济循环的发展速度是有限的。纵观全球，除我之外还有 53 亿人口，其中四成人口的人均 GDP 远高于我们。受国际金融危机影响，虽然世界贸易的进一步开放和经济全球化的步伐会受挫，但其大趋势不会改变，我们要充分利用我劳动力红利期的优势，在国际经济环流中多分一杯，增加劳动者的收入，从而促进国内消费。关于经济对外依存度的问题，我们将进一步研究作为新兴大国的中国，在不同发展阶段怎样的对外依存度与我更为有利，质的内涵又应该怎样提升。目前我国的对外依存度高于美、日 20 个百分点左右，也低于发展中国家平均水平 20 多个点。这是一种拿外贸交易总额与实际为增加值的 GDP 相比的数字，分子分母经济内涵不相对应。我国的进出口总额约占世界的 9%，次于美国，而我国的人口占世界的近 20%，所

以估计今后几年我对外依存度还会上升。此外，我进出口贸易额中有近一半的加工贸易，两头在外，只赚取少量的人工费用，这样的结构也是国际上无先例和不可比的。而问题的实质是如何按中央的要求，在稳定外需的前提下调整进出口结构，实现小顺差，也可在发展机遇期减缓国际压力。

（作者：商务部部长）

健全覆盖城乡居民的社会保障体系

尹蔚民

社会保障与人民的幸福安康息息相关，事关改革发展稳定大局。党的十七届五中全会提出，“十二五”时期要着力保障和改善民生，健全覆盖城乡居民的社会保障体系。这是一项十分重要而艰巨的任务，我们要认真贯彻落实。

一、正确把握社会保障体系建设的基本方针和目标

“十一五”期间，我国社会保障体系的框架基本确立，城乡养老、医疗保障制度建设取得突破性进展，各项社会保险覆盖人数迅速增长，资金规模进一步扩大，保障水平逐步提高，管理服务网络不断完善，不仅为维护改革发展稳定大局发挥了重要作用，也为“十二五”时期社会保障事业的进一步发展奠定了坚实基础。

“十二五”时期是全面建设小康社会的关键时期。党的十七届五中全会提出，“十二五”期间健全覆盖城乡居民的社会保障体系，必须坚持“广覆盖、保基本、多层次、可持续”的方针。“广覆盖”，就是要尽快健全社会保障制度并迅速普及城乡，把人人享有基本社会保障作为社保制度建设的优先目标；“保基本”，就是要从我国社会主义初级阶段的基本特征出发，充分考虑各方面承受能力，确定与经济社会发展相适应的基本保障水平；“多层次”，就是要以政府主导的社会保险、社会救助、社会福利为基础，以城乡基本养老、基本医疗、最低生活保障制度为重点，以慈善事业、商业保险为补充，构建多层次体系，满足人民群众多样化的保障需求；“可持续”，就是在着力解决现实突出问题和历史遗留问题的同时，着眼长远，统筹协调，探索建立长效机制，保持社会保障事业长期、稳定、可持续发展。

按照这一基本方针，“十二五”期间我国社会保障体系建设，应重点在增强公平性、适应流动性、保证可持续性方面加以完善，再经过5年的努力，使我国社会保障制度基本完备，突出的历史遗留问题总体上得到解决；覆盖范围进一步扩大，广大人民群众能够更好地分享经济社会发展成果；保障水平稳步提高，并逐步缩小相关群体之间的保障水平差距；多层次的体系比较健全，资金基础更加雄厚，可持续发展能力增强；管理服务更加高效便捷，为全面建设小康社会提供更有力的支撑。

二、加快完善社会保障制度

按照党的十七届五中全会的要求，“十二五”期间要在加快完善社会保障制度上下功夫，重点推进四项制度建设。

一是实现新型农村社会养老保险制度全覆盖。这是统筹城乡社会保障制度的重大举措。党的十七届三中全会决定提出：“按照个人缴费、集体补助、政府补贴相结合的要求，建立新型农村社会养老保险制度。”2009年9月，国务

院印发了关于开展新型农村社会养老保险试点的指导意见，正式启动新农保试点，首批试点覆盖面达11.8%。2010年试点范围扩大至23%左右。新农保制度实行普惠与激励相结合，年满60周岁的农村老年居民都可以领取由政府支付的基础养老金，农民个人缴纳的养老保险费全部计入个人账户，政府还给予补贴。新农保制度的建立，是中央继免除农业税、实行农村直补和新型农村合作医疗之后又一重大惠农政策，是我国建立覆盖城乡居民的社会保障体系的又一重大突破。“十二五”时期，要进一步扩大新农保试点面，到期末实现在全国全面实施；要完善新农保政策，搞好与相关制度的衔接和政策配套；要加强基金的监管，确保基金安全完整；还要结合新农保制度推进的情况，适时制定实施城镇非就业居民养老保障制度，并逐步实现城乡居民养老保障制度的统一。

二是推动机关事业单位养老保险制度改革。这是统一基本养老保险制度的必然要求。党的十七大要求“促进企业、机关、事业单位基本养老保险制度改革”。2008年，国务院制定《事业单位工作人员养老保险制度改革试点方案》，决定在5个省市先期试点，与事业单位分类改革试点配套推进。“十二五”期间，要在继续完善企业职工养老保险制度的同时，推动机关事业单位养老保险制度改革，重点是实行统账结合的基本制度，适应人员流动的需要；基本养老金待遇与缴费长短和多少更紧密地联系，增强激励机制；实行适合机关事业单位特点的补充养老保险办法，实现多层次的保障；要确保国家规定的原有待遇水平不降低，实现新老制度的合理衔接和平稳过渡。

三是实现基础养老金全国统筹。这是养老保险制度的重大突破，符合社会保险的大数法则，有利于在大范围分散风险，提高资金使用效率；又可以厘清中央与地方政府的责任，实现养老保险制度的统一、规范；还有利于实现养老保险关系在全国范围内顺畅转移接续，从体制上消除影响劳动力跨地区合理流动的障碍。到2009年底，全国已全面实现了基本养老保险基金的省级统筹，为实现基础养老金全国统筹奠定了坚实的基础。实行基础养老金全国统筹，涉及中央和地方、各地方之间利益关系的重大调整，既要统一规范，又要适合各地特点，给地方留有调节余地，充分发挥中央和地方两个积极性。还需要建立健全一整套机制和政策，并在实施中不断完善。

四是进一步做实养老保险个人账户，积极稳妥推进养老基金投资运营。这是应对人口老龄化、实现养老保险可持续发展的重大战略决策。到2009年，已有13个省份开展“做实”试点，累计做实1600亿元。目前，全国企业职工养老保险结余积累资金1.3万多亿元，个人账户的大部分还只是权益记录，没有做实；同时，随着制度的健全和普及，新农保和机关事业单位养老保险制度中的个人账户基金也将迅速积累，做实和投资运营的需求愈益突出。“十二五”期间，我国60岁以上老年人口比重将从期初的不到13%提高到期末的15%左右；到20年代末将进入人口老龄化高峰期，届时养老保险基金和财政资金都将面对更大压力。我们必须抓住经济平稳较快发展的有利时机，在确保当期养老金发放的前提下，进一步扩大做实个人账户规模，积极稳妥推进基金投资运营，实现保值增值，为应对老龄化高峰的挑战奠定更加坚实的物质基础。

三、逐步扩大社会保障覆盖范围

覆盖面大小是反映社会保障制度可及性和有效性的首要指标。到2010年9月底，我国城镇职工养老保险、城镇医疗保险、失业保险、工伤保险、生育保险分别达到25025万人、42072万人、13147万人、15871万人、11973万人，均超额完成“十一五”规划确定的指标任务。刚刚开始试点的新农保也覆盖了6000多万人，到年底将超过1亿人。“十二五”时期扩大社会保障覆盖范围的重点：一是对城镇就业群体，重点做好农民工、非公有制经济组织从业人员、灵活就业人员的参保工作;二是继续解决体制转轨的历史遗留问题,全面落实关闭破产企业退休人员纳入城镇职工基本医疗保险的政策,将未参保集体企业职工和原“家属工”、“五七工”等纳入基本养老保险制度,将企业“老工伤人员”全部纳入工伤保险统筹管理;三是对目前实行自愿参保原则的新农保、新农合以及城镇居民基本医疗保险制度,通过强化政策激励,引导符合条件的群众积极参保、长期参保,并对残疾人等困难群体参保给予更多支持;四是完善被征地农民的社会保障政策,实行先保后征,切实保障他们的合法权益。

四、逐步提高社会保障标准

党的十六大以来,随着经济持续快速发展,我国社会保障的水平不断提高。“十二五”时期,还要进一步提高社会保障待遇水平,使人民群众切实分享经济社会发展成果。但是,我国人口多、底子薄、差别大,提高社会保障水平必须始终坚持“保基本”的方针,积极而为,量力而行,加大公共财政对社会保障的投入,区别轻重缓急循序渐进,逐步缩小地区之间、城乡之间和各类群体之间的待遇差距。一是继续提高企业退休人员基本养老金待遇,并研究建立与经济发展、工资增长、物价水平相联系的正常调整机制;二是通过实行门诊统筹,把多发病、常见病的诊疗费用纳入基本医疗保险支付范围,扩大受益面,稳步提高职工医保、居民医保和新农合的报销水平和最高支付限额;三是大幅度提高工亡待遇及相关工伤保险待遇标准;四是扩大失业保险基金支付范围,发挥预防失业、促进就业的作用,并建立预防、补偿、康复三位一体的工伤保险体系,使参保者不是消极地等待风险补偿,而是从积极的社会保险政策中获益。

五、构建多层次社会保障体系

现阶段,我国多层次的社会保障体系主要分三个层次。第一是“托底层”。主要是通过最低生活保障、医疗救助、农村“五保”等制度对城乡的贫困家庭和居民给予社会救助,通过社会福利制度对鳏寡孤独等特定群体给予照顾。所需资金全部由政府支出。第二是“主干层”。主要是通过实施权利与义务相联系的社会保险制度,为参保人员提供养老、医疗、失业、工伤、生育等基本保障。政府强制或引导社会保险制度实施,并承担必要的财政责任。第三是“补充层”。国家鼓励和引导用人单位根据条件,建立企业年金、职业年金和补充医疗保险制度,发展商业保险,以满足不同社会成员的保障需求。

“十二五”时期,构建多层次社会保障体系要从以下三个方面着力推进:一是积极发展和规范养老保险的企业年金和职业年金,通过更有力的税收优惠政策鼓励用人单位为劳动者建立补充保险;二是发展商业人寿和健康保险,引导和规范各类社会机构和市场主体兴办补充性社会保障事业,满足人民群众更高的或特定的保障需求;三是进一步完善城乡社会救助制度,逐步扩大最低生活保障制度和医疗救助制度保障范围,逐步提高城乡低保、农村五保、医疗救助等待遇水平,切实保障城乡贫困人口、在校贫困大学生等群体的基本生活。

六、不断提高社会保障管理服务水平

目前我国的社会保障管理服务体系已在全国普遍建立,随着社会保障制度覆盖人群的扩大和社保基金规模的增长,对服务高效、便捷和管理严密、精细的要求也越来越高。“十二五”时期,要进一步提高社会保障管理服务水平:一是以基层为重点加强社会保障基层服务平台建设,按照以人为本的要求,规范和优化社会保障管理服务流程,推进标准化建设;二是加强社会保障信息网络建设,加快建设项目齐全、全国联网的社会保障信息管理系统,及时、准确记录保障对象的缴费和权益,确保待遇支付;三是大力推进标准统一、功能兼容的社会保障卡的应用,争取早日实现“人手一卡”和“一卡通”，方便参保者随时随地查询自己的权益记录，对全体参保群众做到“记录一生，服务一生，保障一生”。

（作者：人力资源和社会保障部部长）

坚持以改善民生为重点推进社会建设

卫留成

保障和改善民生既是加强社会建设的重要内容，又是推进社会公平正义、促进社会和谐的重要基础。近年来，海南省委认真贯彻落实党的十七大和十七届五中全会精神，坚持把保障和改善民生作为作决策、谋发展的出发点和落脚点，本着能好尽量好、能快尽量快的原则，把群众迫切需要解决的问题解决好，努力做好小经济办大社会、小财政办大民生的文章。

调整财政支出结构，把有限的财力集中起来用于民生。海南省是一个经济小省、财政穷省，我们坚持公共财政的理念，尽可能集中有限财力解决重点民生问题。为此，2008 年省委全会通过了《关于大力改善民生推进基本公共服务均等化的意见》，明确提出省和市县每年新增财力的55%以上必须用于改善民生，集中解决一些重点民生问题。省政府制定了重点民生项目建设五年规划，集中推进教育、就业、公共卫生及基本医疗体系建设、社会保障、住房保障、农民增收以及生态文明等七大民生工程建设。这几年，我们连年大幅度增加对社会事业和民生的投入，省本级民生支出占到新增财力的70.4%，办成了一批关系群众切身利益的大事实事，使人民群众同步享受到经济社会发展的成果，体现了党的执政为民的宗旨，增强了党的向心力和凝聚力。

“强岛富民”是海南国际旅游岛建设的根本目的。海南国际旅游岛建设上升为国家战略后，我们坚持把改善民生放在国际旅游岛建设的重要位置来考虑，努力让海南的老百姓从国际旅游岛建设中得到实实在在的好处，明确提出不仅要建成国际一流的旅游目的地，还要建成海南人民的幸福家园。在规划旅游线路、旅游景点时，优先考虑为当地老百姓创造更多的就业和创收机会，通过旅游业的发展带动当地居民致富。2010 年年初，由于受国际旅游岛建设政策影响，海南房价整体上升。在这种情况下，省委冷静分析形势，一方面采取措施遏制房价过快增长，另一方面切实加大保障性住房建设力度，作出了全面解决城乡居民住房问题的规划，计划用三年时间改造、建设 30 万套各类保障性住房，实现每一户中低收入家庭和财政供养人员家庭有一套合适的住房。省委、省政府把这项惠民工程作为民生一号工程保证资金，优先供地，不但消除了岛内广大群众的顾虑，还调动了全省人民支持国际旅游岛建设的积极性。在对商业性开发土地、房地产开发项目实施“两个暂停”的情况下，对保障性住房的用地需求采用计划单列方式足额保证用地，市县土地收益部分每年都要安排一半以上资金用于保障性住房建设。只有切实、不断地改善民生，国际旅游岛建设才能得到广大人民群众的支持和参与，国际旅游岛建设的战略目标才能最终得以实现。最近海南省统计局就海南民众对建设国际旅游岛的信心度以及发展愿景等相关情况进行抽样调查，结果表明民众对海南国际旅游岛建设的支持率为95.74%，对海南国际旅游岛建设的信心度为94.5%。

特别关注特困群众，让惠民政策顾及每一

个角落。这几年，中央和省里相继实施了一系列惠民政策，让大多数群众都享受到了政策带来的好处。但对于一部分特困群众来说，汽车补贴、农机具补贴、家电补贴、能繁母猪补贴等政策很难惠及他们，他们虽然基本生活有了保障，但要持续提高生活质量还有很大难度。为此，我们在建立完善这部分人最低生活保障政策体系的基础上，着力解决他们的长远生计问题，努力让他们从根本上脱贫。首先是抓好教育。这是改变贫困落后面貌的根本途径。我们从实现教育公平入手，加大教育扶贫力度，把那些住在偏远山区的贫困群众的下一代培养成有知识、有文化的劳动者。同时大力发展职业教育，对贫困家庭的孩子实行免费教育、培训，让他们都有一技之长，提高他们适应社会的能力。二是加大转移就业力度，有计划、有重点地对特困家庭开展就业帮扶。主要通过发展旅游产业、第三产业来带动就业，积极引导旅游开发企业、建筑企业尽最大努力吸收农村劳动力。三是发展热带特色现代农业，促进特困农民增收。引进大公司和科技带头人带动农民利用热带气候的优势发展南繁育种、花卉、南药、种桑养蚕、瓜果菜等一些高附加值、高产值的高效农业，并创新农业组织模式，整合农业发展基金、扶贫资金，帮助农民入股农业合作社等新型合作组织，帮助特困农民拓宽增收渠道。2010 年上半年，我省贫困市县的农民增收幅度达到 17.8%。

以民生促和谐，以和谐保稳定，打造平安海南。胡锦涛总书记指出：“社会平安是极重要的民生问题”。这几年我们把解决民生问题作为维护社会稳定的治本之策，取得了较为理想的效果。海南农垦拥有全省 1/4 的土地、1/8 的人口，由于体制和历史等多方面的原因，前些年经济社会发展缓慢，部分职工群众生活困难，农场和地方之间的矛盾纠纷不断，多次发生大规模群体性事件，省里每年在农垦维稳方面都投入很大精力，而效果并不理想，直接影响到全省改革发展稳定的大局。2008 年国务院决定把农垦全面交由海南统一管理后，我们将中央支持农垦改革的 40 亿元专项补贴加上省里自筹的资金用于解决农垦重点民生问题，仅用两年多时间就彻底消除了困扰多年的拖欠职工养老金、医疗保险和教师工资水平低等问题，全面解决了农垦职工在教育、医疗、住房等各方面的问题，垦区职工收入水平、生活水平有了大幅提升，初步理顺了场区与地方的关系，消除了社会矛盾的根源。在不断加大改善民生的同时，我们加强全省的社会治安综合治理，对群众反映强烈的“两抢一盗”、毒品犯罪等突出问题实行专项整治，人民群众的安全感不断增强。由于近年来我们在民生问题上措施有力，多年来保持了在重大节日、重要敏感期无重大治安案件、无重大政治事件、无集体进京上访的“三个零记录”。实践证明，只有把民生问题解决好了，社会稳定才有坚实的根基，我们党的各级组织才有号召力和凝聚力。

这几年海南之所以能够在财力较为困难的情况下较好地解决一些重点民生问题，主要得益于三方面因素。一是中央支持的力度大，无论是解决农垦民生问题历史欠账，还是推进教育、医疗、养老、住房等事业的发展，中央政策的指引和财力的支持是最重要的。二是省委、省政府和市、县党委、政府坚决贯彻中央要求，切实强化执政为民的意识，真正把民生问题放在重要位置，把主要财力、精力都用到保障和改善民生上。三是虽然我们的财力不强，但人口相对也少，只要下定决心，舍得投入，就能集中有限财力办成一些民生方面的大事。主要民生问题的不断解决，人民群众生活水平的不断提高，已经成为推动海南经济社会和谐发展、加快国际旅游岛建设的强大动力。

（作者：中共海南省委书记、省人大常委会主任）

加快经济发展方式转变　推动辽宁全面振兴

王　珉

近年来，我省经济社会发展取得了很大成绩，地区生产总值连续六年保持12%以上的增长速度，地方财政一般预算收入连续五年保持20%以上的增长速度，经济社会发展跃上了新台阶。但经济增长方式粗放、投资消费关系不协调、社会事业发展相对滞后等问题仍十分突出，长期积累的制约老工业基地发展的体制性机制性结构性矛盾仍然没有根本解决，城乡之间、区域之间、不同群体收入差距扩大的问题仍然比较突出。必须从推动辽宁老工业基地全面振兴的实际出发，加快转变经济发展方式，努力实现科学发展、创新发展、和谐发展。

一、加快推进产业结构优化升级，大力推进国家新型产业基地建设

坚持以增量带动结构优化，以产业升级促进总量扩张，加快构筑新型产业体系。进一步做强传统支柱产业，依托沈阳、大连装备制造业聚集区，提高成套、配套能力，推动装备制造业向高端化、品牌化、集群化发展，尽快使我省发展成为国家重要的现代装备制造业基地；依托鞍钢、本钢等精品钢和抚顺等石化产业基地，拉长产业链条，发展精深加工，提高推动原材料工业向集约化、高级化、系列化迈进。瞄准国内外产业发展前沿，以产品和技术为突破口，加快发展新能源、新材料、新医药、信息、海洋、节能环保、航空航天等战略性新兴产业，培育新的增长点，抢占未来制高点。加快发展服务业，优先发展面向生产的现代服务业，促进制造业与服务业融合联动，鼓励工业企业实施非核心业务服务外包，以城区服务业聚集区、重大服务业项目和服务业领军企业为载体，提高服务业规模、层次和水平。加强生态建设和环境保护，实施节能减排重点工程，淘汰落后产能，大力发展循环经济、绿色经济、低碳经济。

二、加快推进自主创新，为转变经济发展方式提供有力支撑

继续把推动自主创新作为调整经济结构、转变发展方式的根本途径，以建设“国家技术创新工程试点省”为中心任务，以培育科技特色产业基地为重要载体，推动新兴科技和新兴产业深度融合，引领促进产业结构优化升级。进一步加大科技投入，加快建立以企业为主体、市场为导向、产学研相结合的技术创新体系，引导支持创新要素向企业集聚，切实提高自主创新、综合创新和集成创新能力。着力突破一批制约经济发展的关键和核心技术，重点支持对支柱产业发展有重大牵动作用的关键技术攻关，在高档数控机床、重型燃气轮机、大型船用曲轴、混合动力汽车等重大装备和产品上实现突破，加快形成一批具有自主知识产权的技术和产品，由“辽宁制造”向“辽宁创造”迈进。

三、以统筹城乡发展为依托，加快城镇化和农业现代化进程

坚持以工业化为主导，以农业现代化为基础，以城镇化为支撑，进一步优化农村经济结构，大力提升县域经济在全省经济中的比重。集中力量抓好县域工业园区建设，壮大主导产业，努力使每个县和郊区至少形成一个销售收入超百亿元的工业产业集群。加快构建现代农业产业体系，加快一县一业建设，坚持用现代经营方式发展农业，用现代科技手段提升农业，全

面完成设施农业、畜牧业、渔业和林业经济三年倍增目标任务，加快培育更多的“全国第一县”。加强农村基础设施建设，深化农村各项改革，努力提高农业农村可持续发展能力。以中小城市发展为重点，不断完善城市布局，提升城市功能，拓展城市空间。大力推进小城镇建设，提高产业发展水平，增强连接城乡、提高吸纳就业人口等综合承载能力。

四、以深化改革开放为动力，为转变经济发展方式提供体制和机制保障

紧紧抓住辽宁沿海经济带开发开放上升为国家战略、沈阳经济区被列为国家新型工业化综合配套改革试验区的重大历史机遇，充分利用广阔沿海地带，依托东北纵深腹地，大力发展临港产业和沿海经济，带动全省乃至东北区域经济的发展。加快沈阳经济区一体化、同城化进程，加快推进沈抚、沈本、沈铁等五条产业带建设。抓好突破辽西北战略的实施，大力推进资源开发和深加工项目，鼓励支持辽西北地区加强基础设施和生态环境建设，形成沿海、近海地区和腹地优势互补、互为支撑、良性互动的新格局。继续深化重点领域和关键环节改革。加快国有经济布局调整，加大企业兼并重组力度，构建具有国际竞争力的大型企业集团。鼓励民间投资进入垄断行业、公用事业、基础设施、社会事业和金融服务领域，推动民营经济提升速度，做大总量，提高质量。加快财政体制改革，壮大市县财源，增强基层保障能力。加快行政管理体制改革，建设服务型政府，为科学发展创造良好环境。

五、以改善民生为根本目的，确保改革发展成果由广大人民群众共享

坚持富民优先，把尽快提高城乡居民收入摆在民生工作首位，不断完善收入分配政策，提高劳动报酬在初次分配中的比重，创造条件让更多群众拥有财产性收入。多渠道促进农民增收，实现农民人均纯收入达到沿海省份平均水平。继续抓好农村扶贫开发和城乡特殊困难群体救助工作，让全省人民享受改革发展成果。更加重视就业和社会保障工作，坚持把创业和就业作为发展之基、强省之本、富省之源，通过加快转变经济发展方式，挖掘创业潜能，拓展就业空间，突出抓好高校毕业生、返乡农民工、就业困难人员就业问题，加大对就业困难群体援助力度，推动构建和谐劳资关系。坚持广覆盖、保基本、多层次、可持续方针，进一步完善统筹城乡的社会保障体系，不断扩大各类保险制度覆盖面，努力提高保障标准。加快城乡保障性住房建设，积极推动零散棚户区改造，启动村屯整体改造试点。大力发展教育、文化、卫生、体育等社会事业，以举办第十二届全运会为契机，加强体育基础设施建设，大力提升城市功能，提高社会文明程度。推进社会管理创新，加强平安建设，维护社会稳定。

六、切实加强和改进新形势下党的建设，为转变经济发展方式提供坚强保证

加快转变经济发展方式，必须全面加强党的建设，不断提高各级党组织推动科学发展的能力。认真总结深入学习实践科学发展观活动的经验，深入开展创先争优活动，进一步完善有利于贯彻落实科学发展观、加快转变经济发展方式的政策导向、舆论导向、用人导向和体制机制。大力实施人才强省战略，抓紧制定我省人才发展规划，以举办中国海外学子创业周等活动为载体，深入推进海外高端人才引进和高层次人才培养选拔工作。坚持抓基层、打基础不放松，全面加强基层党组织建设，不断夯实推动科学发展、加快经济发展方式转变的组织基础。

（作者：中共辽宁省委书记、省人大常委会主任）

“十二五”:加快工业发展方式转变的关键期

李毅中

党的十七届五中全会通过的《中共中央关于制定国民经济和社会发展第十二个五年规划的建议》指出,“十二五”是加快转变经济发展方式的攻坚时期。工业和信息化系统必须深入贯彻落实全会精神,加快转变工业发展方式步伐,推动工业转型升级,促进工业由大变强。

一、“十一五”工业和信息化再上新台阶

“十一五”时期,在中央的领导下,我们坚定不移地走中国特色新型工业化道路,积极应对国际金融危机,工业和信息化发展取得新成绩。

工业总体实力跃上新台阶。2009 年,我国工业增加值达 13.46 万亿元,按可比价计算是 2005 年的 1.5 倍,占国民经济总量的比重达 40.1%。200 多种工业品产量居世界第一,工业制成品出口规模居世界第一,制造业规模居世界第二。今年 1—9 月份,全国规模以上工业增加值增幅达 16.3%。

工业结构调整取得新进展。近年来,我国通过加大技改投入、严格产业准入、淘汰落后产能、推进兼并重组等举措,产业结构优化升级效果显著。预计“十一五”时期,淘汰炼铁、炼钢、焦炭、水泥和造纸落后产能分别为 11172 万吨、6683 万吨、10538 万吨、34000 万吨和 1030 万吨,约占全部落后产能的 50%。

自主创新能力取得新突破。目前,我国载人航天、绕月工程、高速轨道交通、高性能计算机以及电力、石化成套设备等领域已取得一批重大创新成果,高档数控机床等国家科技重大专项加快推进,工业企业的创新能力和抗风险能力不断增强。

节能减排迈出新步伐。前四年,我国规模以上单位工业增加值能耗分别下降 1.98%、5.46%、8.43% 和 6.62%,累计下降 20.76%。有关测算表明,今年前三季度,全国规模以上单位工业增加值能耗下降 4%,工业对全社会节能贡献率达 80% 以上。单位工业增加值水耗、二氧化硫排放量、工业固体废物综合利用率提前实现“十一五”目标。

中小企业发展迎来新机遇。近年来,我国出台了一系列促进中小企业发展的政策,为中小企业发展创造了良好环境。全国 1023 万户中小企业完成了全国税收的 50%,提供了近 80% 的城镇就业岗位,在繁荣经济、增加就业、推动创新、改善民生等方面发挥了重要作用。

通信业和信息化建设取得新成就。电信网络规模、电话用户数和互联网用户数稳居世界第一,电话用户数达 11.35 亿户,网民规模达 4.2 亿,宽带用户数达 1.21 亿户,分别是 2005 年的 1.53 倍、4.06 倍和 3.14 倍。信息化与工业化融合稳步推进,信息技术在装备制造、节能减排等领域的应用不断深化,电子商务、动漫游戏、软件服务等新兴产业蓬勃兴起。

应对国际金融危机取得阶段性成果。在应对危机冲击中,我们坚决贯彻中央决策,制定实施了十大产业调整和振兴规划,有效落实了家电、汽车、摩托车、农机下乡以及汽车家电以旧换新等扩大内需政策,为国民经济平稳较快发展做出了积极贡献。2009 年 10 月份,工业增速逐步回升至 16%,实现了 V 型反转,并呈现平稳向好的态势。2010 年,工业经济稳定增长的态势明显,预计全年增长 13.5%。

二、"十二五"是加快转变工业发展方式的关键时期

当前,我国工业面临的形势依然复杂,发展机遇与严峻挑战并存,现实矛盾与长期问题交织,需要我们冷静观察、科学分析、准确判断、积极应对。

总体来看,现阶段影响我国工业发展的潜在因素主要表现在:一是资源环境约束趋紧。由于长期高投入、高能耗、高污染的粗放发展,我国工业的资源环境消耗强度大,发展的可持续性面临严峻挑战。2009 年,我国粗钢、水泥、煤炭产量分别占世界的 45.4%、50%、45.6%,原油、铁矿石、铝土矿、铜矿等进口依存度超过50%,工业能耗和二氧化硫排放量分别占全社会的 71.3% 和 84.3%。二是生产要素成本压力加大。近年来,劳动力、原材料、土地、燃料动力等价格持续上涨,对企业生产经营造成较大影响。今年 1—9 月份,我国原油、铁矿石、未锻造铜进口平均价格同比分别上涨 38.8%、56.3% 和 51.6%。三是自主创新亟待突破。我国制造业在国际产业分工中长期处于价值链低端,缺乏具有自主知识产权的核心技术和全球化品牌,特别是一些核心技术、关键零部件和设备受制于人,产业安全面临风险。目前,我国工业增加值率仅为 26.5%,大大低于发达国家35%—40% 的平均水平。四是产能过剩仍很突出。钢铁、水泥等传统行业仍存在盲目扩张现象,风电装备、多晶硅等新兴产业也存在重复建设倾向,产能利用率普遍不高。五是国际竞争更趋激烈。国际金融危机后,发达国家提出"再工业化"、"智慧地球"、"低碳经济"等新战略和新思路,抢占世界经济和科技发展的制高点。贸易保护主义明显抬头,货币贬值、技术壁垒等手段不断翻新,对我国工业发展形成新的压力。这些情况表明,我国工业发展已进入只有转变发展方式才能促进持续发展的关键时期,转变工业发展方式刻不容缓。

同时,我们也要清醒看到,我国工业已经进入转方式、调结构、促升级的关键战略机遇期。经过 30 多年快速发展,我国工业综合实力稳步提升,抗风险能力不断增强,为工业发展奠定了坚实物质基础;通过实施扩内需战略,我国城镇化进程加快,城乡居民消费结构不断升级,消费能力持续增强,为工业发展提供了广阔空间;信息化与工业化深度融合,市场化与国际化深入发展,为工业发展提供了强劲动力;发展循环经济、低碳技术,培育战略性新兴产业和生产性服务业,为工业发展创造了新的增长点;全球经济格局深刻调整,为我国工业主动参与新一轮国际产业分工提供了契机。

三、在转变工业发展方式的关键环节上下功夫

转变工业发展方式是一场深刻变革。"十二五"时期,我们要以科学发展为主题,以加快转变发展方式为主线,以改革开放为动力,以提高发展质量和效益为着力点,以实现工业转型升级为主要目标,巩固和扩大应对国际金融危机冲击的成果,大力推进信息化与工业化深度融合,加快建立结构优化、技术先进、清洁安全、附加值高、吸纳就业能力强的现代产业体系,通过产业结构调整促进工业转型升级,在中国特色新型工业化道路上迈出新的步伐。

坚持把实现工业转型升级作为总体战略目标。推动工业转型升级是落实科学发展观的根本要求。目前,工业转型升级规划纲要已列为国家重点规划。要以规划编制为契机,积极推动工业转型升级,着力提高工业增加值率、工业整体素质和国际竞争力,把工业发展建立在创新驱动、环境友好、惠及民生、内生增长的基础上,促进工业由大变强。当前,特别是要处理好转方式与促增长的关系,努力使工业转型升级服务于保持经济平稳较快发展这个大局,防止经济增长出现大的起落。

坚持把工业结构调整作为主攻方向。推进结构调整,是解决工业深层次矛盾和问题的根本举措,对加快转变工业发展方式具有决定性

意义。要着力发展先进装备制造业，调整优化原材料工业，改造提升消费品工业，全面增强制造业竞争力；推动制造业和服务业融合发展，促进劳动力密集与资金密集、技术密集型产业协调发展，努力实现重工业与轻工业平衡发展；调整产品结构，生产适销对路产品，增加产品和服务的附加值，更好地满足消费升级的需求；加快淘汰落后产能，稳步推进兼并重组，提高规模经济行业的产业集中度，形成大中小企业协调发展的良好格局。

坚持把培育战略性新兴产业作为发展重点。培育发展战略性新兴产业是构建国际竞争新优势、掌握发展主动权、增强工业发展后劲的迫切需要。要明确发展重点和主要任务，集中力量在新一代信息技术、节能环保、新能源、生物、高端装备制造、新材料、新能源汽车等领域取得重大突破，形成新的增长点；发挥国家科技重大专项的核心引领作用，优先抓好重大技术的攻关研发，以技术创新支撑产业发展；发挥市场的基础作用、企业的主体作用和政府的引导作用，抓好发展规划、行业准入、技术标准的制定实施；注重发展现代物流、软件服务、电子商务、信息服务、工业服务等生产性服务业。

坚持把加快自主创新作为重要支撑。增强自主创新能力，培育自主品牌，是“十二五”期间我国工业塑造竞争新优势的重要途径。要加大技术创新力度，整合科技资源，依托国家重大科技专项，突破核心和关键技术，扎实推进科技成果转化；继续推进技术改造，利用新技术、新工艺、新设备、新材料改造提升传统产业，引导企业把技术改造同产品升级结合起来，推动工业整体素质跃上新台阶；加强产品质量和品牌建设，大力开发附加值高的新产品，不断提升服务水平，积极引导和促进消费。

坚持把建设资源节约型、环境友好型、本质安全型工业体系作为重要抓手。这是落实科学发展观的重要举措。要倡导绿色发展，不断推进开发设计生态化、资源利用高效化、生产过程集约化、污染排放最小化；实施清洁发展，把节能减排作为转变发展方式的着力点，加快推行清洁生产，狠抓重点行业、重点企业节能降耗和减排治污；推进节约发展，发展再制造产业，促进循环经济发展，提高资源综合利用水平；坚持安全发展，健全技术标准，加快安全生产设备更新改造，强化安全生产管理，提高本质安全生产水平。

坚持把推进信息化和工业化深度融合作为重要途径。当今时代，信息技术与工业化呈现加速融合趋势。要积极推进经济信息化，努力使信息技术应用渗透到工业研发设计、加工制造、原料采购、库存管理、市场营销等各环节，全面改造提升传统产业，支持战略性新兴产业发展；大力推进社会信息化，推动财税、金融、医疗、教育、社会保障等领域重要信息系统建设，提高政府加强社会管理和公共服务的水平；加快信息产业发展，推动三网融合，推进第四代通信技术的研发和产业化，发展提升软件产业，推进物联网的研发应用。

坚持把深化改革和扩大开放作为强大动力。深化改革开放，创新体制机制，是工业和信息化发展的不竭动力。要配合国家财税价改革，积极稳妥地推进电信体制改革以及盐业改革；鼓励、支持和引导非公有制经济发展，落实民营资本参与电信建设和有序进入国防科技工业领域的措施；坚定推进大部门制改革，切实转变政府职能，创新管理方式，完善工业和信息化管理体系；充分利用“两个市场、两种资源”，优化工业制成品进出口结构，提高利用外资水平，支持国内企业“走出去”开展跨国经营。

（作者：工业和信息化部部长）

“十二五”期间我国经济社会发展的国际环境

卢中原

《中共中央关于制定国民经济和社会发展第十二个五年规划的建议》全面分析了我国发展的国际环境。未来5年，我国将面临后金融危机时期世界经济的许多新变化和新机遇，风险挑战也将十分复杂，“十二五”前期国际金融危机的影响还会比较明显。总体上看，机遇大于挑战，国际环境有利于我国和平发展，我们仍处于可以大有作为的重要战略机遇期。

一、和平、发展、合作仍是时代潮流

（一）经济全球化不可逆转。尽管国际金融危机对经济全球化产生巨大挑战，但并没有改变全球化的基础或根本趋势。信息通讯和交通运输技术的革命性发展仍是全球化的强劲动力。除技术变革之外，还有产业转移和贸易自由化等重要的因素在推动全球化。

全球产业转移将再趋活跃。据联合国贸发会议分析，在经济危机中，企业投资和经营的国际化进程仍在持续。随着世界经济和金融状况改善，全球投资今年上半年已重新进入上升区间，预计今后两年会继续小幅回升。在全球投资复苏过程中，跨国并购的上升势头最为明显。后危机时期新技术、新市场将形成新的海外投资热点。

贸易、投资自由化和区域经济一体化潮流不可阻挡。世界各国经济开放度和相互依存度越来越高，越来越多的经济体希望以合作、务实的态度，积极推进双边、多边或区域内的贸易和投资自由化。据世贸组织预计，到2010年底，全球范围的自由贸易协定将达到400个。这将促进生产要素在更多区域内的自由流动，从而为经济全球化注入新的活力。

（二）世界经济政治格局出现新变化，多极化趋势更加明显。发展中国家在世界经济中的份额将会继续上升。2000—2009年，新兴经济体和其他发展中国家占全球国内生产总值的比重从24%上升到33%，对世界经济增长的贡献率达到46%。2009年发展中国家和转型经济体吸引外国直接投资占全球1/2，输出外国直接投资占全球1/4。发展中国家大多处于工业化和城市化快速发展时期，经济增长、对外贸易和投资都将保持强劲势头，对全球经济发展的拉动作用会加大。而发达国家在世界经济中的比重进一步下降，世界力量对比将继续发生变化。

全球治理结构将深刻调整，与多极化趋势相互促进。发展中国家在世界银行和国际货币基金组织等国际组织中将争取到更多的投票权和话语权。多国集团发生重组，发展中国家广泛参与的多国集团在国际事务中的影响会越来越大。各国发展理念和道路的多样性更加受到重视，构建公平、公正、有序、包容的国际经济新秩序成为趋势。

（三）科技创新和产业发展孕育新突破。以绿色、智能和可持续为特征，以信息技术和新能源革命为主导的科技创新及产业发展，将成为未来世界经济发展的新引擎。信息技术潜力巨大，仍会引领技术创新方向。现代互联网和移动通信技术突飞猛进，云计算、物联网、智能电网、智慧地球等信息技术创新和应用方兴未艾。生物技术和材料技术经过长时间积累，有可能涌现新的突破。新能源、节能减排等低碳技术和行业成为跨境投资新热点。

发达国家科技实力雄厚，企业创新能力和

全球配置资源的能力强，占领国际产业分工高端，市场机制比较完善，技术成果与商业化、产业化衔接密切，技术创新和产业发展仍会继续领先。发展中国家和新兴经济体市场规模大，低成本优势明显，先进适用技术的应用和推广潜力不可低估，在某些产业领域和技术环节可能取得跨越式发展。

二、国际金融危机影响深远，外部经济环境复杂多变

（一）世界经济复苏曲折坎坷，可能进入中低速增长期。主要发达国家复苏放慢迹象增多，拖累世界经济复苏前景。尽管今年以来世界经济复苏好于预期，但是美国、日本、欧盟等失业率居高不下，消费信心恢复迟缓，房地产市场和私营经济尚未全面启动，库存调整放慢。欧洲主权债务危机引发金融市场急剧动荡，欧洲各国经济复苏明显受阻。

世界经济增长内生动力不足。发达国家遭金融危机重创，加上人口老龄化负担沉重，未来经济增长并不乐观。新兴经济体和发展中国家复苏较快，但是通胀压力较大，经济结构矛盾突出，抵御外部冲击能力较弱，经济复苏可能发生波折，进而减弱世界经济增长动力。

（二）全球供给结构和需求结构出现明显变化。为应对并跨越金融危机，主要发达国家纷纷提出扩大出口和振兴本国制造业的政策，力图引领技术创新和新兴产业发展，促进制造业升级。美国明确提出 5 年内出口翻番、争当世界出口第一的目标，并制定了以新能源、新材料等新兴产业为主导的制造业振兴政策。印度、巴西等新兴经济体和其他发展中国家也在加快发展具有自身比较优势的产业和技术。全球生产和供给格局正在发生重大调整。

全球需求结构发生明显变化，发达国家私营部门的需求恢复慢于政府刺激的投资需求，消费过度和投资不足的矛盾正在调整，发展中国家仍在努力稳住外需，同时积极扩大内需。全球供给结构调整也将引起需求结构变化，市场重心可能转移。发达国家振兴制造业和扩大出口，可能挤压发展中国家的传统出口市场，后者面临的外需环境将会趋紧。而区域经济一体化将扩大区域内需求潜力，发展中国家和亚洲的区域合作可能降低对欧美市场的依赖。

（三）气候变化、能源资源安全等全球性问题更加突出。世界经济复苏过程中和后金融危机时期的绿色发展、可持续发展，备受各国普遍关注。在现有技术和经济增长方式的基础上，世界能源资源消耗巨大，环境代价高昂，未来需求扩张仍很强劲。发展中国家处于工业化和城市化快速发展时期，受到发展阶段和技术水平制约，对传统能源资源的依赖程度更大，面临的环境代价、能源价格上涨和西方舆论的压力也越来越大。

为了应对气候变化、金融危机和传统能源价格上升，发达国家和跨国公司纷纷作出先导性战略安排，大幅度增加科技投入，力求在新能源技术、节能减排技术与低碳经济相关的领域占得先机。发展中国家积极参与应对气候变化的国际行动，同时继续争取自身发展权益和空间。围绕气候变化和能源资源安全等全球性问题，各国共同应对的共识程度在提高，但在责任义务界定、发展权益维护、转型路径选择、技术资金援助等方面，还会存在长期争议。

（四）世界经济面临诸多不确定、不稳定因素。一是国际金融危机还未结束，新的金融风险还在累积。美国金融衍生品花样繁多，可能引发信用危机的风险漏洞不少，其金融改革效果尚待观察。美国次贷危机导致的金融机构损失还未完全核销和暴露。许多国家的金融资产存在较大风险敞口，主权债务危机有可能向这些国家蔓延。

二是国际货币体系内在缺陷明显。美元作为世界主要储备货币的格局和各国货币政策的独立性存在矛盾，一国主权货币政策影响甚至决定其他主权货币命运，美元贬值将直接损害各国美元资产的安全，国际货币体系的这种内在缺陷仍可能引发世界经济动荡。

三是南北发展差距仍然很大，多极化趋势存在不少变数。发达国家在经济、科技、军事和政治等方面占有领先优势，仍将力图主导国际经济政治体系的运行和规则制定。重组中的多国集团比较松散，目标、利益多元化，发展中国家在国际事务中还很难起到决定性作用。

四是国际市场震荡频繁，会迅速波及大多数经济体的内部市场。今年以来，主要货币汇率大幅波动，全球主要股市剧烈动荡，原油、铜、铁矿石等能源原材料价格高位震荡，未来还会出现类似情况。

三、坚持以更广阔的视野统筹国内国际两个大局

（一）客观分析我们面临的机遇和挑战。“十二五”期间我国发展的外部环境，孕育着前所未有的巨大机遇。我国对世界经济增长的贡献加大，外部对中国市场的依存度上升，有利于我国挖掘巨大内需潜力，充分发挥市场规模大、劳动力充裕等生产要素组合方面的比较优势。新技术革命和产业转移有利于我国发展战略性新兴产业，实现某些领域和环节的跨越式发展，促进产业结构优化升级。全球化和区域合作深入发展有利于我国发展开放型经济，扩大我国在全球和区域内配置资源的回旋余地，并与合作各方形成共赢格局。我国成功应对国际金融危机冲击，带动世界经济复苏，国际地位和影响力上升，有利于我国参与制定国际经贸规则，并运用相关规则、机制来维护国家利益和发展权益。

我们也面临诸多风险挑战：世界经济增长放慢，外部需求总量趋紧和需求结构变化，我国经济增长更多依靠内需的客观压力加大。发达国家扩大出口和振兴制造业，可能挤压我国传统优势产业的发展空间，拉大我国与国际先进水平的技术差距，固化我国制造业在国际产业分工中的低端地位。发达国家主导的国际经贸规则对我国的压力日益增大，所谓的中国“责任论”、“傲慢论”和“威胁论”也会花样不断翻新。

（二）大力发展开放型经济，以开放促改革、促创新、促转型。加快经济发展方式转变是“十二五”规划建议的鲜明主线，统筹国际国内两个大局应当围绕这条主线展开。我们要紧紧抓住世界经济变局中不可多得的历史机遇，积极防范风险，深化改革，扩大开放，为加快转变经济发展方式提供强大动力。继续实施互利共赢的开放战略，稳定和拓展外需，优化对外贸易结构，提高利用外资水平，加快实施“走出去”战略。发展同周边国家和地区的区域经济一体化，维护自由贸易，推动国际分工深化。把握好在全球经济分工中的新变化和新定位，促进科技创新、产业结构调整和加工贸易升级，积极创造参与国际合作和竞争的新优势。面对世界经济深刻调整和增长模式转型，要以更大力度推动关键领域的改革创新，构建高效有序、更加开放、有利于发展方式转变的社会主义市场经济体制和机制。

（三）主动适应国际环境变化，营造良好外部环境。面对深刻的世界经济变局和复杂的国际政治博弈，我们应当继续冷静观察，沉着应对，有效化解各类矛盾。发展是解决中国所有问题的关键，我们必须在和平、发展、合作的世界大趋势中谋划科学发展，推动经济发展方式转变，不断提高综合国力，为全面建成小康社会打下更加坚实的基础。积极参与国际事务，推动构建公正合理的国际经济新秩序，在气候变化、能源安全、可持续发展和人道主义救援等全球性问题上加强同各国沟通与合作，逐步增强我国的话语权。不断增强防范各种风险、维护国家经济安全的能力。中国仍将积极营造和争取和平发展的国际环境，努力发展自己，并与各国携手共同应对全球性难题，为世界经济稳定复苏和走向繁荣作出应有贡献。

（作者：国务院发展研究中心副主任）

充分挖掘我国内需的巨大潜力

谢伏瞻

党的十七届五中全会审议通过的《中共中央关于制定国民经济和社会发展第十二个五年规划的建议》提出，坚持扩大内需特别是消费需求的战略，必须充分挖掘我国内需的巨大潜力，着力破解制约扩大内需的体制机制障碍，加快形成消费、投资、出口协调拉动经济增长新局面。这是我们党准确分析国内国际形势，适应新的发展要求，把握我国经济发展规律作出的重要战略部署。

一、扩大内需是我国经济发展的基本立足点和长期战略方针

20 世纪 90 年代后期，在应对亚洲金融危机的过程中，中央提出了扩大国内需求的方针，并逐步明确为我国经济发展的基本立足点和长期战略方针。10 多年来的实践特别是这次应对国际金融危机冲击的实践充分证明，扩大内需战略是完全正确的。“十二五”时期是全面建设小康社会的关键时期，是深化改革开放、加快转变发展方式的攻坚时期，更好地实施扩大内需战略具有十分重要的现实意义。

扩大内需特别是消费需求，是充分利用有利条件促进我国经济发展的必然选择。国内需求一直是拉动我国经济增长的主要动力。1978 年至 2009 年，我国内需占总需求的比重始终在 90% 以上，这 32 年中有 25 年内需对经济增长的贡献率超过 80%。今后我国仍然有条件主要依靠扩大国内需求拉动经济发展。作为一个拥有 13 亿人口的最大发展中国家，人口基数大，人均消费水平比较低，城乡、区域发展不平衡，是我国的基本国情。这就决定了扩大内需具有广阔的市场空间和巨大的潜力。同时，我国多层次的需求结构和巨大的需求规模，有利于产业发展和结构升级，从而有利于消费需求与投资需求相互促进、良性互动，使内需潜力源源不断地释放出来。今后相当长一个时期，我国工业化、城镇化快速发展，必将为经济发展开辟更加广阔的内需空间。我国的基本国情和经济发展的客观规律，都决定了扩大内需是我国经济发展的必然选择。

扩大内需特别是消费需求，是实现我国经济均衡发展的根本途径。2005 年至 2009 年，我国净出口占国内生产总值的比重分别为 5.5%、7.5%、8.8%、7.7% 和 3.9%，投资率从 41.6% 上升到 47.5%，消费率则从 52.9% 下降到 48.6%。内需与外需、投资与消费关系严重失衡，失衡的症结，主要是消费需求不足。这必然带来两个严重后果：一是经济增长过多依靠资本形成，在产能过剩问题日趋严重的同时，重复建设、盲目建设得不到有效控制，容易导致经济波动；二是强化了经济的外部依赖性，使我国在国际分工中长期处于低端位置，加剧了国内能源资源和环境约束。这种发展模式难以为继。我们必须尽快走上均衡发展之路，立足扩大内需促进经济增长。扩大内需的关键，是扩大消费需求。消费需求作为最终需求，不仅占总需求的份额最大，而且稳定性最强，也是投资需求的重要支撑。只有把经济发展真正建立在消费需求的基础之上，我国经济发展才有持续稳定的增长动力，才能实现又好又快发展。

扩大内需特别是消费需求，是增强抵御国际经济风险能力的迫切需要。随着经济全球化深入发展，国家之间的经济联系越来越紧密。这在给我国带来新机遇的同时，也增加了新的

挑战和风险。今后一个时期，世界经济可能处在一个缓慢复苏、低速增长、结构转型的时期，外需的不稳定性加大，国际竞争日益激烈。这客观上对我国转变发展方式、调整内需外需和投资消费关系形成倒逼机制。同时，各种形式的保护主义增多，对我国经济发展的影响也不可忽视。在积极参与经济全球化的进程中，我们只有立足扩大内需，努力开拓国内市场，才能有效克服外部环境变化的不利影响，防范和化解外部冲击带来的各种风险，增强我国经济的安全性和稳定性。

扩大内需特别是消费需求，是促进经济社会协调发展的内在要求。经济社会发展的根本目的是满足人民群众日益增长的物质文化需求。扩大内需特别是消费需求，要求我们调整收入分配格局，提高居民收入水平，缩小收入分配差距，完善社会保障制度和发展社会事业，增强居民消费能力和改善居民消费预期。这与保障改善民生、让人民群众共享改革发展成果的根本要求，具有高度的内在一致性。实施扩大内需战略，有利于把发展经济与保障改善民生有机结合起来，在促进经济平稳较快发展的同时，促进人的全面发展，是推动经济社会协调发展的强大动力。

二、“十二五”时期扩大内需的主要着力点

《建议》对建立扩大消费需求的长效机制和调整优化投资结构提出了明确要求，这是“十二五”时期破解制约扩大内需的体制机制障碍、充分挖掘我国内需巨大潜力的主要着力点。

积极稳妥推进城镇化，着力拓展内需增长新空间。虽然近年来我国城镇化快速推进，“十一五”前4年我国城镇化率年均提高0.9个百分点，年均新增城镇人口接近1500万，但截至2009年底城镇化率只有46.6%，不仅远低于发达国家，也低于世界平均水平。我国的城镇化发展还有很大潜力。城镇化率的稳步提高，一方面可以带动城镇固定资产投资，另一方面可以带动消费需求，为内需增长提供新的空间，提高消费对经济增长的拉动力。现阶段，积极稳妥推进城镇化，必须坚持走中国特色城镇化道路。一要完善城市布局和形态。按照统筹规划、合理布局、功能完善、以大带小的原则，遵循城市发展的客观规律，以大城市为依托，以中小城市为重点，逐步形成辐射作用大的城市群，促进大中小城市和小城镇协调发展。加强城市群内部各城市功能互补和产业分工，推进大中小城市交通、通信、供电、供排水等基础设施一体化建设和网络化，扩大投资需求。二要消除农村人口向城镇转移的制度障碍。在进入城市的环节，关键是解决户籍及其相关联的权益问题。大城市要加强和改进人口管理，中小城市和小城镇要根据实际放宽落户条件，把符合落户条件的农村人口逐步转为城镇居民。对一时不能解决户籍的农民工，要注重从制度上保护他们的合法权益，逐步在子女上学、平等就业、保障性住房、社会保障等方面解决农村转移人口的实际问题。在离开农村的环节，关键是完善土地政策，解决宅基地与承包地在依法、自愿前提下的有序合理流转，促进农村人口有序向城市转移和流动。三要推进城乡经济一体化发展。坚持实行工业反哺农业、城市支持农村和多予少取放活方针，加快改善农村生产生活条件。完善城乡平等的要素交换关系，促进土地增值收益主要用于农业农村。进一步发挥城市对农村的辐射带动作用，促进城镇化和新农村建设良性互动，不断增强城乡居民投资消费能力。

合理调整国民收入分配格局，增强居民消费能力。在我国国民收入分配格局中，劳动报酬增长缓慢，居民收入所占份额下降，城乡之间、地区之间和行业之间居民收入差距扩大，已经成为影响扩大内需，尤其是制约居民消费增长的主要障碍。完善收入分配制度，合理调整国民收入分配格局，着力提高城乡中低收入居民收入，增强居民消费能力，既是建立扩大消费

的长效机制和挖掘消费潜力的决定性因素，也是促进社会公平正义的重要体现。"十二五"时期要进一步深化收入分配制度改革，努力提高居民收入在国民收入分配中的比重，提高劳动报酬在初次分配中的比重。一要健全扩大就业、增加劳动收入的环境和制度条件，促进机会公平。坚持实施更加积极的就业政策，多渠道开发就业岗位，鼓励自主创业，促进充分就业。建立统一规范灵活的人力资源市场，打破城乡、地区市场分割，为劳动者提供优质高效的就业服务，让劳动者在平等竞争中获得合理报酬。逐步提高最低工资标准，健全职工工资正常增长机制和支付保障制度。创造条件增加居民财产性收入。二要按照更加注重公平的原则，加强税收对收入分配的调节作用。积极推进个人所得税改革，尽快建立综合与分类相结合的个人所得税制，加大对过高收入调节力度。研究推进房地产税等改革，加强对财产性收入的调节。推进发展慈善事业，发挥第三次分配体系对收入的调节作用。三要进一步规范收入分配秩序。保护合法收入，取缔非法收入，逐步形成公开透明、公正合理的收入分配秩序。完善职工工资统计制度，建立全国薪酬调查和信息发布制度。建立和完善高收入人群的收入申报制度。通过完善收入分配制度，逐步扭转收入分配差距扩大的趋势，提高低收入者的消费能力，增强中高收入者的消费意愿，进一步促进消费。

完善基本公共服务体系，形成良好的居民消费预期。近年来，我国基本公共服务体系不断完善，支持改善民生力度不断加大。2009年，教育、医疗、社会保障和保障性住房四项公共服务支出占政府总支出的比重达29.8%，比2004年提高约8个百分点。但总体上看，与世界主要经济体相比，目前我国政府公共服务支出比重仍然较低，分布不均衡问题也较突出。这使得居民过多地把收入用来支付快速增长的教育、医疗、社保、住房等支出，既直接挤压了居民其他消费的增长，也使居民不得不增加储蓄，降低了即期消费。"十二五"时期要按照《建议》要求，进一步增加政府支出用于改善民生和社会事业的比重，扩大社会保障覆盖面，逐步完善符合国情、比较完整、覆盖城乡、可持续的基本公共服务体系。要重点抓好几项工作：一要加大教育投入。合理配置公共教育资源，深化教育体制改革，努力促进教育公平。二要加快医疗卫生事业改革发展。要按照保基本、强基层、建机制的要求，深化医药卫生体制改革，把基本医疗卫生制度作为公共产品向全民提供。三要健全覆盖城乡的社会保障体系。加快推进覆盖城乡居民的社会保障体系建设，在扩大覆盖范围、提高保障水平、提高统筹层次和实现制度统一等方面迈出更大的实质性步伐。四要加大保障性住房建设力度。"十二五"期间，要加快建立和不断完善财税、投融资、土地供应等政策体系，强化各级政府职能，加大保障性安居工程建设力度，加快棚户区改造，发展公共租赁住房，增加中低收入者住房供给。同时，要加强市场监管，规范房地产市场秩序，抑制投资投机需求，促进房地产市场健康发展。

改善居民消费环境，积极促进消费结构升级。2009年，我国人均国内生产总值超过3700美元，按照国际经验，未来我国居民消费有望出现加速转型，这为扩大内需尤其是居民消费需求提供了良好契机。在"十二五"时期，要着力为居民消费结构升级创造良好的政策环境和社会氛围，进一步释放城乡居民消费潜力。一要加强市场流通体系建设。加快城乡消费基础设施建设，积极发展电子商务，建立健全现代消费品营销体系，不断提高居民消费的便利性。二要改善消费环境。进一步规范市场秩序，保护消费者合法权益，让广大消费者放心消费、安全消费。三要合理引导消费行为。树立新型消费理念，发展节能环保型消费，倡导与我国国情相适应的文明、节约、绿色、低碳消费模式。四要加快发展服务业。我国服务业发展市场空间广阔。但由于长期滞后，服务业拉动产业发展、扩大就业、带动消费的优势没有完全发挥出来。要大力发展服务业，拓展服务业新领域，发展新业态,积极培育消费热点,提高服务业在国民经济中的比重。

调整优化投资结构,鼓励扩大民间投资。"十二五"时期,我们既要使投资保持适度增长,又要不断优化投资结构,提高投资质量和效益,有效拉动经济增长。一要充分用好政府投资。特别是"十二五"前期,要确保国家扩大内需的重点在建和续建项目顺利完成并发挥效益。明确界定政府投资范围,加强和规范地方政府融资平台管理,防范投资风险。规范国有企业投资行为,注重提高经济效益和社会效益。二要坚持有保有压,加强和改进投资管理。严格执行投资项目准入标准,有效遏制盲目扩张和重复建设。发挥产业政策作用,引导投资进一步向民生和社会事业、农业农村、科技创新、生态环保、资源节约等领域倾斜,更多投向中西部地区。三要促进投资消费良性互动。把扩大投资和增加就业、改善民生有机结合起来,创造最终需求。四要鼓励扩大民间投资。切实放宽民间投资准入,凡是国家法律法规和政策没有明文禁止的领域,都要允许民间资本进入。对民间资本难以进入的领域,要通过改革行业管理体制尽快消除准入障碍,创造公平竞争、平等准入的市场环境。

三、正确处理内需与外需的关系

必须清醒地认识到,现阶段外需对我国经济社会发展仍然十分重要,不可或缺。

首先,扩大内需是一个渐进过程,在相当长时期必须继续发挥外需对经济增长的重要拉动作用。扩大消费必须建立在居民收入增加、国民收入分配格局调整和完善社会保障体系的基础上,不可能一蹴而就。我国投资增速已经很高,继续加快投资增长既有困难,也有相当风险。在这种情况下,如果外需对经济增长的拉动突然下降或下降过快,就可能引起经济大的波动。

其次,稳定外需有利于更好地扩大内需。我国在劳动密集型产业等领域具有较强的竞争力,稳定外需对增加就业仍然具有重要作用,这有利于增加居民收入和改善民生,进而对扩大内需产生促进作用。

第三,稳定外需有利于充分利用现有产能,提高经济效益。改革开放30多年来,我国形成了较大的适应外部需求的生产能力。由于我国具有劳动力成本优势,不断完善的基础设施、较强的产业配套能力,加上劳动力素质不断提高,我们完全可以利用这一综合优势通过国际市场加快自身发展,带动国内技术进步,增强产业和产品竞争力,在新一轮全球产业竞争中抢占制高点,缩小与发达经济体的差距。

总之,"十二五"期间,我们必须正确处理内需与外需的关系,既要坚持立足国内、以我为主,把政策着力点放在全面扩大国内需求上,充分发挥我国经济回旋余地大、内需潜力大的优势;又要坚持统筹国际,趋利避害,认真实施稳定外需的政策,稳定和扩大国际市场份额,推动形成消费、投资、出口协调拉动经济增长的格局。

(作者:国务院研究室主任)

加快社会主义新农村建设

陈锡文

《中共中央关于制定国民经济和社会发展第十二个五年规划的建议》指出,在工业化、城镇化深入发展中同步推进农业现代化,是"十二五"时期的一项重大任务,必须坚持把解决好农业、农村、农民问题作为全党工作的重中之重，统筹城乡发展，坚持工业反哺农业、城市支持农村和多予少取放活方针，加大强农惠农力度，夯实农业农村发展基础，提高农业现代化水平和农民生活水平，建设农民幸福生活的美好家园。这就明确了加快社会主义新农村建设的基本方向和战略任务。

一

农业的首要任务是满足经济社会发展和人民生活水平提高而日益增长的农产品需求。“十一五”时期，我国农业战胜了频发的严重自然灾害，保持了稳定发展的良好态势。粮食产量从2005年的9680亿斤增加到了2009年的10616亿斤，增长了9.66%，年均增速达2.33%。其他主要农产品，如油棉糖、肉禽蛋奶和水产品以及瓜果蔬菜等产量也都有明显增加。农产品供给的持续稳定增长，不仅满足了人民群众不断提高生活质量的要求，而且为我国应对国际金融危机冲击提供了重要物质支撑。但是，我国农业基础仍然薄弱，在人增、地减和居民消费水平不断提高的背景下，农产品供求压力在不断增大。受农业资源条件和生产水平的制约，我国有些农产品出现了供求缺口逐步扩大的迹象，进口数量不断增加。如大豆和植物油，2009年进口量分别达4255万吨和816万吨，致使我国大豆和植物油的自给率分别下降到了30%和40%左右。某些重要农产品自给水平大幅度下降，必然导致国家对农产品市场调控难度加大，甚至导致国家粮食安全和经济安全风险加大。因此，我们必须居安思危，始终坚持强化农业的基础地位。

发展现代农业是新农村建设的首要任务。我们党明确指出，建设社会主义新农村的总体要求是：生产发展、生活宽裕、乡风文明、村容整洁、管理民主。保持农业生产的稳定发展，不仅是建设新农村的基础，更是全面建设小康社会和实现现代化的必然要求。在农业自然资源难以再有明显增加的背景下，只有坚持走中国特色农业现代化道路，加快传统农业向现代农业的转变进程，才能不断提高我国农业综合生产能力、抗风险能力、市场竞争能力。

一是必须把保障国家粮食安全作为首要目标。从当前的实际情况看，我国粮食安全的基础并不稳固。尽管粮食总产量自2004年以来已连续6年增长，2009年又创造了新的历史最高水平，但还存在品种结构和地区结构不平衡的矛盾，人均粮食占有量还低于20世纪90年代中后期的水平。因此，确保我国粮食安全，就必须不断提高我国自身的粮食生产能力。为此，《建议》明确提出要实施全国新增千亿斤粮食生产能力规划，以确保到2020年我国粮食生产能力稳定在11000亿斤以上。培育新的粮食产能，离不开增加投入和提高粮食生产的比较效益。对此，《建议》明确了必须加大粮食主产区投入和利益补偿的要求。应当指出，这里讲的粮食主产区，不仅是就全国而言的粮食主产省区，而且也包括各省区市范围内的粮食主产市县。只有全国上下都高度重视粮食生产，我们这个十几亿人口的国家才能切实保障粮食安全。

二是必须严格保护耕地和建设高产农田。我国人均耕地不足1.5亩，仅相当于世界平均水平的40%左右。因此，我国必须始终坚持实行世界上最严格的耕地保护制度，确保到2020年耕地的保有量不低于18亿亩。在坚守耕地数量的同时，还必须努力提高耕地质量。《建议》明确要求，加快农村土地整理复垦，大规模建设旱涝保收高标准农田。针对当前的薄弱环节，《建议》明确指出，农村基础设施建设要以水利为重点，大幅增加投入，完善建设和管护机制，推进小型病险水库除险加固，加快大中型灌区配套改造，搞好抗旱水源工程建设，完善农村小微型水利设施，全面加强农田水利建设。

三是必须大力推进农业科技创新。我国投入农业的自然资源已难再有明显增加，今后农业的发展必须主要依靠科学技术进步和劳动者素质的提高。因此，《建议》提出，要推进农业科技创新，健全公益性农业技术推广体系，发展现代种业，加快农业机械化。

四是必须加快完善现代农业产业体系。现代农业不仅追求农产品产量的增长，而且要实现农产品品种丰富和质量提高，要增强农业抗风险和可持续发展能力，为此就必须加快建设现代农业产业体系。《建议》提出，要发展高产、优质、高效、生态、安全农业，促进园艺产品、畜产品、水产品规模种养，加快发展设施农业和农产品加工业、流通业，促进农业生产经营专业化、标准化、规模化、集约化；推进现代农业示范区建设，发展节水农业；推广清洁环保生产方式，治理农业面源污染。

二

社会主义新农村的一个重要标志是农民生活宽裕，这就要求建设新农村的过程必然是一个促进农民收入持续较快增长的过程。2009年，我国农民人均纯收入达到了5153元，与2005年的3255元相比，名义增长了58.3%，剔除价格因素后实际增长了45.7%。“十一五”头4年农民人均纯收入年均实际增幅达8.3%，是我国历史上农民增收最快的时期之一。但由于历史和现实各种因素的影响，我国城乡居民的收入差距却从2005年的3.22:1扩大到了2009年的3.33:1。因此，促进农民收入较快增长、逐步缩小城乡居民收入差距，始终是新农村建设中最为艰巨的任务之一。

《建议》提出了拓宽农民增收渠道的重大任务，明确要求提高农民职业技能和创收能力，多渠道增加农民收入。在目前农民的收入结构中，来自家庭的经营性收入仍然占据最主要的地位，平均约占其年纯收入的50%。因此，增加农民生产经营收入，仍然是《建议》提出的促进农民增收的一大主攻目标。实现这一目标的关键是鼓励农民优化种养结构、提高效益。只有努力培养有文化、懂技术、会经营的新型农民，引导他们按照市场需求不断优化农产品生产结构，在品种品质和质量安全上狠下功夫，才能不断提高农业的经济效益、增加农民的经营性收入。农业是面临着市场和自然双重风险的特殊产业，要增强农业的抗风险能力，除了农民自身的努力外，还离不开政府对农业的支持和保护。《建议》明确提出要健全农业补贴等支持保护制度，这既是稳定农产品供给的客观需要，也是通过财政转移支付促进农民收入持续稳定增长的重要措施。

在工业化、城镇化快速推进背景下，工资性收入在农民收入中的比重正稳步提高，目前已占40%左右。《建议》要求，发展农村非农产业，壮大县域经济，促进农民转移就业，增加工资性收入。一方面，要按照大中小城市和小城镇协调发展的要求，合理调整经济布局，增加县域内小城市、小城镇的非农就业机会，促进农民就近转移就业；另一方面，要引导农村富余劳动力向城市有序流动，拓展农村劳动力的转移就业空间和增收渠道。《建议》提出，要注重在制度上解决好农民工权益保护问题，并要把符合落户条件的农业转移人口逐步转为城镇居民作为推进城镇化的重要任务。随着农村人口的逐步减少，继续留在农村的劳动力才能逐步扩大农业经营规模、提高经营效益、增加农业收入。

三

城乡差距不仅表现在城乡居民的收入上，更反映在城乡基础设施和公共服务水平上。因此，加强农村基础设施建设、提升农村公共服务水平，不仅是逐步缩小城乡差距的必然要求，而且是推进新农村建设的关键举措。

《建议》要求，按照推进城乡经济社会发展一体化的要求，搞好社会主义新农村建设规划，加快改善农村生产生活条件。新农村建设必须规划先行，着力形成以工促农、以城带乡的长效机制，推动城镇资金、技术、人才等要素进入农村。《建议》提出，要继续推进农村电网改造，加强农村饮水安全工程、公路、沼气建设，继续改造农村危房。这不仅能明显改善农民的生产生活条件，为新农村建设提供基础设施方面的保障，而且能直接拉动农村的投资需求，带动农民的消费需求快速增长，为扩大内需作出贡献。

农村公共服务水平低，是目前制约我国农村发展的一大薄弱环节，也是逐步实现基本公共服务均等化目标所必须攻克的一大难点。进入新世纪以来，国家投入巨资，加快了农村基本公共服务体系的制度建设，在农村文化、教育、医疗卫生和社会保障等方面已经初步建立了由公共财政作保障的基本制度框架。“十二五”时期及以后的任务，主要是进一步完善制度建设、提高保障水平，逐步实现城乡基本公共服务均等化。

文化方面，经过多年不懈的努力，农村电影放映工程、农家书屋工程等建设已有明显成效，目前广播和电视对农村人口的覆盖率已分别达到96.31%和97.23%。《建议》提出，以农村基层和中西部地区为重点，继续实施文化惠民工程，基本建成公共文化服务体系。

教育方面，国家大力加强了农村义务教育的经费保障制度建设，在农村率先实现了“两免一补”制度（免除学杂费、免除课本费、对家庭经济困难的农村寄宿生给予生活补贴），并开始对中等职业教育中的涉农专业和农村家庭经济困难学生实行免费教育。《建议》要求提高农村义务教育质量和均衡发展水平、推进农村中等职业教育免费进程，并要求合理配置公共教育资源，重点向农村、边远贫困、民族地区倾斜，加快缩小教育差距。

医疗卫生方面，国家大力推进新型农村合作医疗制度，目前已有8.33亿人参加了这一体系，基本实现了对农村人口的全覆盖。《建议》要求，加强农村三级医疗卫生服务网络建设，并要求新增医疗卫生资源重点向农村和城市社区倾斜。

社会保障方面，国家已建立了覆盖整个农村的最低生活保障制度，目前已有近5000万贫困农民纳入了这一保障体系；从2009年开始，国家又开展了新型农村社会养老保险制度的试点工作。《建议》要求，完善农村社会保障体系，逐步提高保障标准，实现农村低保制度与扶贫开发政策有效衔接，实现新型农村社会养老保险制度全覆盖。

四

深化改革、完善体制机制是促进农村发展，加快新农村建设的强大动力。《建议》明确了“十二五”时期深化农村改革、完善体制机制的主要任务。

一是必须坚持和完善农村基本经营制度。党的十七届三中全会通过的《决定》指出，以家庭承包经营为基础、统分结合的双层经营体制，是适应社会主义市场经济体制、符合农业生产特点的农村基本经营制度，是党的农村政策的基石，必须毫不动摇地坚持。农村基本经营制度的核心是农村土地承包关系，《建议》要求，现有农村土地承包关系保持稳定并长久不变。为此，要加快做好农村集体土地所有权和农户土地承包经营权的确权、登记、颁证工作，赋予农民更加充分而有保障的土地承包经营权。《建议》还提出，在依法自愿有偿和加强服务基础上完善土地承包经营权流转市场，发展多种形式的适度规模经营，支持农民专业合作社和农业产业化龙头企业发展，加快健全农业社会化服务体系，提高农业经营组织化程度。在坚持家庭承包经营的基础上，要大力推进农业经营体制机制创新、加快农业经营方式转变，这是坚持和完善农村基本经营制度相辅相成的两个方面。一方面，要鼓励和引导家庭经营向采用先进科技和生产手段的方向转变，增加技术、资本等生产要素投入，着力提高集约化水平；另一方面，要促使统一经营向发展农户联合与合作，形成多元化、多层次、多形式经营服务体系的方向转变，着力提高农业经营组织化程度和社会化服务水平。

二是加快农村要素市场建设。《建议》要求，完善城乡平等的要素交换关系，促进土地增值收益和农村存款主要用于农业农村。这就对农村土地制度和农村金融体制的改革提出了新的要求。《建议》提出，一方面要按照节约用地、保障农民权益的要求推进征地制度改革，以逐步理顺国家对农地征收为建设用地后增值收益的分配关系，使农民在更大程度上共享工业化、城镇化的成果。另一方面，要积极稳妥推进农村土地整治，完善农村集体经营性建设用地流转和宅基地管理机制，以努力实现对工业化、城镇化进程中征收耕地的占补平衡和严格宅基地管理并依法保障农户宅基地用益物权；同时，探索建立对依法取得的农村集体经营性建设用地通过统一有形的土地市场、以公开规范的方式转让土地使用权的制度，实现集体闲置资产的增值。在农村金融方面，《建议》要求，深化农村信用社改革，鼓励有条件的地区以县为单位建立社区银行，发展农村小型金融组织和小额信贷，健全农业保险制度，改善农村金融服务。

三是积极推进农村其他方面的各项改革。《建议》提出，深化农村综合改革，推进集体林权和国有林区林权制度改革，完善草原承包经营制度。为巩固农村税费改革成果，中央及时提出了推进以乡镇机构改革、农村义务教育改革和县乡财政管理体制改革为重点的农村综合改革。经数年努力，这几方面的改革都已取得明显的阶段性成果，但也有不少难点尚待攻克。同时，随着农村改革发展的深入，又有不少新问题被提了出来，如农村义务教育等乡村债务清理化解、建立村级运转经费保障机制、完善村级公益事业财政资金奖补制度等。显然，农村综合改革还远没有大功告成。在深入开展试点工作的基础上，中央明确提出了全面开展集体林权制度改革的要求。我国有25亿亩农村集体林地，集体林权制度改革的意义不亚于改革初期的耕地承包到户。实行集体林地确权到户后，农民“把山当田耕，把树当菜种”，集体林业的面貌发生迅速变化，林农的收入明显增加。目前，全国已完成确权到户的集体林地面积19.5亿亩。要进一步加大改革力度，如期实现中央提出的到2011年年底基本完成集体林权制度主体改革的任务。同时，启动国有林场改革，支持国有林场基础设施建设，加快开展国有林区管理体制和国有森林资源统一管理改革试点。在草原经营制度方面，必须完善草原承包经营制度，并配以其他有力措施，在保护并逐步恢复草原生态系统的同时，促进牧业发展、牧区繁荣、牧民富裕。

（作者：中央农村工作领导小组副组长、办公室主任）

一项重大的民心工程

戴相龙

全国社会保障基金设立整整10年了。十载春秋，全国社会保障基金从应运而生到发展壮大，对于完善我国社会保障体系，维护资本市场健康运行，促进经济社会快速发展，发挥了重大作用。

应运而生：一项具有重要战略意义的英明决策

党中央、国务院历来高度重视我国社会保障体系建设。20世纪90年代中后期，城镇相继建立了养老、医疗、失业、工伤、生育保险制度和最低生活保障制度。在确定建立统一的企业职工基本养老保险制度的基础上，2005年国务院发布《国务院关于完善企业职工基本养老保险制度的决定》，进一步明确职工按工资8%缴费建立养老保险个人账户，企业（雇主）按工资20%缴费建立社会统筹账户。这些举措，有力地保障了人民群众的基本生活，推动了改革发展，维护了社会稳定。

由于此前实行的是企业保险制度，养老保险没有资金积累，为了确保当期养老金发放，不得不动用应当留作积累的个人账户基金。有些地方即使将个人账户基金全部用于当期支付，年度养老金收支也还是存在缺口，需要中央支持。随着国有企业改革重组后下岗工人增多，城镇居民基本生活保障需求不断增加，也造成部分地方失业保险和最低收入保障资金支出的巨大压力。为了解决上述问题，2000 年 8 月 1 日，党中央、国务院决定设立“全国社会保障基金”。同时，建立“全国社会保障基金理事会”，负责管理运营该项基金。这是改革和完善社会保障体系的一项重大举措，是中国政府以人为本、执政为民、保障民生，维护人民长远利益的一项重大民心工程。

全国社会保障基金设立以来，得到了党中央、国务院的高度重视。中央领导同志对这项工作作出了一系列重要指示和批示。2001 年 12 月 17 日，时任国务院总理朱镕基同志和时任国务院副总理吴邦国同志亲自参加了全国社会保障基金理事会第一届理事大会第一次会议，并分别发表重要讲话，阐明了设立该项基金的意义、基金来源和投资管理原则。2007 年 1 月 28 日，温家宝总理批示：“管好老百姓的保命钱，要始终坚持把安全作为第一目标，戒慎恐惧地工作。我相信，社保基金会一定能够建设成为制度最完备、管理最规范、队伍最专业、作风最清廉、百姓最放心的资产管理机构。”2009 年 5 月 22 日，胡锦涛总书记在中共中央政治局集体学习时明确指出：要根据经济发展水平和各方面承受能力加大公共财政对社会保障体系建设的投资，不断充实和壮大全国社会保障基金。

党中央、国务院采取多种措施，不断壮大全国社保基金。基金设立的当年底，中央财政在并不宽裕的情况下拨款 200 亿元。2001 年 6 月，国家制定了《减持国有股筹集社会保障基金暂行办法》，明确将部分国有资产的变现收入作为全国社会保障基金的基本来源。党的十六届三中全会将“采取多种方式包括依法划转部分国有资产充实社会保障基金”写入《中共中央关于完善社会主义市场经济体制若干问题的决定》中。2009 年 6 月，经国务院批准，财政部、国资委、证监会、社保基金会联合发布《境内证券市场转持部分国有股充实全国社会保障基金实施办法》，为全国社会保障基金开辟了稳定的资金筹集渠道。

顺势发展：全国社会保障基金投资运营取得辉煌成就

10 年来，在党中央、国务院的正确领导及有关部门的大力支持下，社保基金会坚持审慎的投资方针，扎实工作，稳健发展，实现了基金保值增值，开拓了投资管理工作新局面。

一是基金管理规模逐步扩大。党中央、国务院明确指出要采取多种方式依法筹集社会保障基金。经过 10 年的努力，目前资金来源主要包括：中央财政预算拨款、中央财政拨入彩票公益金、国有股减持或转持划入资金或股权资产、经国务院批准的以其他方式筹集的资金和投资收益等。截至 2009 年底，社保基金会管理的资产规模已发展到 7766 亿元。此外，还受托管理天津等 9 个试点省市企业职工基本养老保险个人账户基金 439.59 亿元。

二是基金投资范围不断拓宽，资产配置合理。随着资本市场的发展，在国务院有关部门指导下，社保基金会积极拓宽投资范围，增加投资品种。到目前，投资范围已从建立初期主要投资银行存款和国债，逐步扩展到股票投资、债券投资和私募股权投资 3 大类、19 个品种，基本涵盖了养老金通常可投产品。投资领域从单纯的境内投资发展到境内、境外两个领域的投资。到 2009 年底，社保基金会管理的总资产中，固定收益产品占 40.67%，境内外股票占 32.45%，实业股权投资占 20.54%，现金及其他占 6.34%。

三是形成了安全有效的投资决策体系和投资管理方式。社保基金会按照党中央、国务院的要求，不断探索，建立并完善了安全有效的投资管理体系。确立了长期投资、价值投资、责任投资的投资理念；完善了以资产配置为核心的管理框架；实行了直接投资与委托投资相结合的投资方式；形成了理事大会决定发展战略和重大事项，投资决策和风险管理两个专业委员会分别负责相关投资决策的体系和机制。

四是获得了稳定较好的投资收益。社保基金会根据自身控制风险的能力，贴近市场，认真研究，审慎决策，精心运作，较好地完成了基金保值增值任务。到2009年底，全国社会保障基金成立以来的权益累计投资收益2448亿元，年均投资收益率9.8%，比同期年均通货膨胀率高出7.7个百分点。

五是法律环境不断改善。10年来，全国社会保障基金投资管理的法律环境逐步改善。目前正在审议的《社会保险法(草案)》，对全国社会保障基金的性质、来源和支付、管理监督等作出了规定；国务院已将《全国社会保障基金条例》列入今年的立法计划，该《条例》颁布后将解决社保基金会定位等一系列重大问题；为适应市场经济发展的需要，《全国社会保障基金投资管理暂行办法》已着手修订。随着这些法律法规的制定实施，全国社会保障基金投资和管理工作将逐步纳入法制化轨道，工作环境更具稳定性和预见性。

成功经验：走出一条具有中国特色社会保障基金发展道路

10年来，社保基金会不仅开辟了资金筹集渠道，扩大了基金规模，获得了良好的投资业绩，还培养了一批资产管理专业人才，积累了全国社会保障基金投资和管理的宝贵经验。

一是坚持改革创新，勇于探索。在我国建立与社会主义市场经济体制相适应的社会保障体系，是一项开创性的事业，设立全国社会保障基金更是一件新事物，没有现成经验可以借鉴。社保基金会始终坚持深化改革，敢于尝试、敢于创新，在实践中闯出一条发展壮大的新路子。

二是坚持规范化运作，公开透明。全国社会保障基金设立之初，社保基金会按照国务院提出的全国社会保障基金要市场化运作、公开透明的要求，明确内部监管机制，及时披露基金投资的相关信息，主动接受财政部、人力资源和社会保障部等有关部门及社会各界的监督。三届理事会的理事都是经济工作经验丰富的老同志和知名人士，社保基金会主要领导都曾长期担任全国财金部门主要领导工作，工作人员都是严格遴选的专业人员。这些条件确保了全国社会保障基金管理的规范、公开、透明。

三是坚持安全至上，稳健经营。全国社会保障基金是未来老百姓的"保命钱"。社保基金会始终坚持长期投资、价值投资、责任投资理念和审慎投资方针，严格执行投资管理规定和程序，始终把安全放在第一位，确保基金保值增值。

四是坚持实事求是，与时俱进。全国社会保障基金设立至今，坚持从国情出发，坚持高起点、高标准和高水平发展，广泛借鉴国际养老金投资机构的先进经验，采用科学的技术手段和运营理念，建立了与国际养老金机构同步的、先进的投资运行机制和监督管理体制，获得了在同业中领先的投资效益，在国内外赢得了声誉。

社保基金会取得的显著成绩，是党中央、国务院正确领导的结果，是有关部门和地方大力支持的结果，也是各位理事和社保基金会全体工作人员辛勤工作的结果。实践证明，党中央、国务院设立全国社会保障基金的决策是完全正确的。

长远目标：努力建设一流的社会保障资产管理机构

社会保障体系包括社会保险、社会救助和社会福利等。社会保险包括养老、医疗、失业、生育、工伤5种保险。在社会保障体系中，最为复杂和至关重要的是养老保险。2009 年，我国 60 岁以上老年人口达到 1.67 亿，占全部人口的 12.5%。到 2015 年，这个比例将达到 15%。到本世纪 30 年代，我国将进入老龄化高峰期，养老金收支缺口会更大。为此，要进一步扩大全国社会保障基金的规模，以满足人口老龄化高峰时期部分社会养老保险的需要，以及重大自然灾害等特殊情况下经国务院批准的其他社会保障需要。

面对新的机遇和挑战，我们要进一步提高全国社会保障基金投资管理水平，努力把全国社会保障基金理事会建成一流的社会保障资产管理机构。

要增强投资运营好全国社会保障基金的历史责任感。全国社会保障基金事关民生改善、社会稳定和国家长治久安，管好人民每一文“养命钱”是国家赋予我们的崇高使命和历史责任。我们要坚持以高度的使命感和责任感，牢记重托，审慎投资，加强队伍建设，确保完成各项任务。

要坚持多渠道筹集全国社会保障基金，不断壮大基金规模。按照“可操作、可持续、有增长”的原则，使基金来源规范化和制度化。要进一步巩固现有筹资渠道，扩大拨款力度，同时，要积极开辟其他资金来源渠道。逐步扩大中央预算拨款，严格执行境内国有股转持办法。逐步扩大受托管理地方基本养老保险个人账户基金的范围和规模。力争“十二五”计划末，全国社会保障基金资产规模超过 1.5 万亿元。

要坚持审慎投资方针，确保全国社会保障基金长期稳定收益。全国社会保障基金要正确处理扩大基金规模和优化资产结构、提高基金收益和防范投资风险的关系，建立安全有效的投资决策和风险管理体系。要针对全国社会保障基金的长期资金性质，根据市场变化，合理配置资产，在可接受的风险范围内追求长期稳定收益，不仅做到长远投资回报要明显高于同期通货膨胀率，而且要争取在同行中处于领先水平。

要坚持改革投资管理体制，完善投资运行机制。按照专业化、国际化的发展方向，建立投资运营机制和监督管理体制。从中国实际出发，确定社保基金会机构性质，充分发挥社保基金会理事大会的作用，实现投资决策和执行职能的科学分工，增强投资管理能力。兼顾同业和事业单位特点，改革现有财务和人事管理制度，完善人才激励约束机制。

（作者：全国社会保障基金理事会理事长）

为加快转变经济发展方式勇挑重担、建功立业

——学习胡锦涛同志在两院院士大会上的重要讲话

周　济

不久前，胡锦涛总书记在中国科学院第十五次院士大会、中国工程院第十次院士大会上发表了重要讲话。这个讲话对动员两院院士和全国广大科技工作者为加快转变经济发展方式勇挑重担、建功立业，具有重大的现实意义和深远的历史意义。

一、加快转变经济发展方式刻不容缓

当前，我们正在进入全面建设小康社会、加快推进社会主义现代化建设的关键时期。随着工业化、信息化、城镇化、市场化和国际化的

不断推进，各种深层次矛盾和问题日益凸显，各种瓶颈制约更加突出，传统的资源依赖型、投资驱动型增长方式已不可持续，中国的发展面临着更加严峻的挑战、更加复杂的形势、更加艰巨的任务，加快转变经济发展方式刻不容缓。我们必须全面贯彻落实科学发展观，坚定不移地走中国特色新型工业化道路，促进经济发展由主要依靠增加物质资源消耗向主要依靠科技进步、劳动者素质提高、管理创新转变。

胡锦涛总书记在讲话中深刻阐述了加快转变经济发展方式的重要性和紧迫性。他强调科学技术作为第一生产力，作为经济社会发展中最活跃、最具革命性的因素，在加快转变经济发展方式中应该发挥特殊而重要的作用。实践证明，人类文明的每一次重大进步都与科学技术的革命性突破密切相关。当今世界，科技作为人类文明进步的基石和原动力的作用比以往任何时候都突出。当前，加快转变经济发展方式对科技创新提出了迫切的实际需求，科技体系的内在演进也正在孕育着重大突破，并将通过科技革命引发和推动新一轮产业革命。

进入新世纪以来，特别是在国际金融危机的冲击下，世界各国都在调整发展战略，加大科技创新的投入，加快转变经济发展方式，大力发展战略性新兴产业，以赢得国际竞争的主动权。这对于处在社会主义初级阶段、具有最大人口基数、面临大规模工业化和现代化的发展中的中国来说，尤其重要，尤其紧迫。我们只有依靠科技创新，加快转变经济发展方式，才能支撑和引领经济社会又好又快发展。

二、工程科技界在加快转变经济发展方式中肩负重大历史使命

胡锦涛总书记指出，建设创新型国家，加快转变经济发展方式，赢得发展先机和主动权，最根本的是要靠科技的力量，最关键的是要大幅提高自主创新能力。科学技术是第一生产力，工程科技是第一生产力的一个最重要因素。工程科技架起了科学发现与产业发展之间的桥梁，是产业革命、经济发展和社会进步的强大杠杆。近现代的每一次产业革命都与技术革命紧密相关，蒸汽机的应用推动了第一次产业革命；电力技术的突破引发了第二次产业革命；计算机和信息技术的大发展带来了第三次产业革命。只有突破性的工程科技创新，才能改变传统路径，打造核心优势，实现新的跨越，为发展提供不竭动力。我们要加大工程科技创新力度，调整优化产业结构，加快转变经济发展方式，推动经济社会科学发展。

加强工程科技创新，推动产业结构调整优化。大力培育和发展战略性新兴产业是实现产业结构优化的突破口，是加快经济发展方式转变的重要抓手，是抢占未来经济科技制高点的关键。我们要以重大发展需求为导向，以重大工程为依托，大力发展信息、生物、新能源和节能环保、新材料等战略性新兴产业，培育新的经济增长点，发挥科技对经济社会全局和长远发展的引领带动作用。依靠工程科技创新，加快推进产业结构调整和优化升级，促进经济增长由主要依靠第二产业带动向依靠第一、第二、第三产业协同带动转变，全面提升产业技术水平和国际竞争力。必须坚持自主创新、重点跨越、支撑发展、引领未来的方针，大力推进信息化与工业化的融合，建立科技含量和附加值高、具有可持续发展能力的现代产业体系，推动产业从规模优势向技术优势转变，从根本上提高产业整体科技素质和综合竞争实力。

加强工程科技创新，推动经济社会可持续发展。资源、能源与环境问题是制约我国工业化和城镇化高速发展的瓶颈。我们要大力发展能源资源开发利用技术，特别是高碳能源低碳化利用技术、新能源开发利用技术和生态环境保护技术，从根本上改变过去依靠高投入、高消耗支撑经济增长的发展方式，走上科技含量高、经济效益好、资源消耗低、环境污染少、人力资源优势得到充分发挥的新型工业化道路，推动资源节约型和环境友好型社会建设。

加强工程科技创新，改善民生、提高人民生

活品质。我们要坚持以人为本，大力发展与民生相关的科学技术，特别是现代绿色农业技术、健康技术和安全技术，大力发展高产、优质、高效、安全的现代生态农业，加强人口健康、公共安全等领域的技术研发与集成示范，不断提升产品质量和科技含量，让更多的科技成果惠及千家万户，满足群众多样化、高品质的生活要求，实现科技惠民，促进社会和谐发展。

三、努力建设国家工程科技思想库，为加快转变经济发展方式多做贡献

中国工程院成立16年来，作为国家工程科技界最高荣誉性、咨询性学术机构，主动发挥国家工程科技思想库的作用，紧密团结和依靠广大科技工作者，围绕国家经济社会发展中迫切需要解决的战略性、全局性和前瞻性问题，深入开展一系列咨询研究、学术交流和人才培养等工作，不断提高工程科技创新能力，为党和国家的重大战略决策提供了科学思想和科技支撑，为实施科教兴国、人才强国和可持续发展战略做出了积极贡献，受到党中央、国务院的充分肯定，赢得社会各界的广泛赞誉。胡锦涛总书记在讲话中高度评价院士们所做的贡献，同时也提出了新的要求。

面对加快转变经济发展方式的重大任务，中国工程院将更好地发挥院士们的集体智慧，发挥跨学科、跨部门、高水平的群体优势，进一步加强工程科技思想库建设。尤其要选择事关国家、产业和地方发展全局的重大问题开展战略性咨询，组织研究讨论经济社会发展规划和工程科技创新的重大关键问题，为宏观决策提供科学依据，为党和政府的决策提供真知灼见。我们要主动面向国家现代化建设主战场，推动产业技术创新，推动行业、区域，特别是企业的技术进步，积极开展学术活动，拓展国际合作，发挥学术引领作用；悉心培养工程科技人才，特别是拔尖创新人才，为加快转变经济发展方式、建设创新型国家、推动经济社会科学发展做出新的更大的贡献。

（作者：中国工程院院长）

立足上海实际加快经济发展方式转变

韩　正

加快经济发展方式转变，是实现可持续发展的客观需要。近年来，我们立足上海实际，把经济转型放在突出位置，以调结构、促转型推动经济发展。

按照加快形成服务经济为主的产业结构的目标，全面推动上海国际金融中心、贸易中心和航运中心建设取得新突破。国际金融中心建设重点是完善金融市场体系，鼓励、支持金融服务、产品、业务创新，加快发展金融业和相关专业服务业。2009年上海证券市场股票交易额居全球第三。总部在上海的外资法人银行占全国总数的三分之二。国际航运中心建设重点是加快发展航运集疏运体系和现代航运服务体系，大力发展航运服务业。国际贸易中心建设重点是发挥口岸优势，促进内外贸联动，大力发展商贸流通业。同时，大力发展总部经济，去年新增79家跨国公司地区总部、投资性公司和研发中心，累计达到755家。2009年三产增加值占GDP比重59.4%。

着眼于提高自主创新能力，对接国家重点产业调整振兴规划，根据自身优势特色，全力推进九大领域高新技术产业化，促进制造业优化

升级。2009年出台《加快推进高新技术产业化实施意见》，聚焦新能源、民用航空制造业、先进重大装备、海洋工程装备、新材料、生物医药等九大重点领域，千方百计安排100亿高新技术产业化扶持专项资金，实施200多个重点项目，鼓励企业在核心技术、关键技术、基础技术等方面突破。同时加快淘汰落后产能。

抓住筹办世博会机遇，加快完善枢纽型、功能性、网络化基础设施体系。积极打造具有国际影响力的城市品牌，努力吸引国际创新资源和高端要素汇聚，提升城市辐射和服务能级水平。不断完善基础设施体系和布局，重点推进“三港、三网、三体系”建设。推进“三港”，即海港、空港、信息港建设，增强联系世界、连接全国的集聚辐射能力。加快编织“三网”，即轨道交通网、高速公路网、内河航道网，改善城市交通环境、疏解特大城市交通拥堵问题。加快构建“三体系”，即能源保障体系、生态保护体系、城市安全应急体系，确保城市运营安全，提高安全保障能力。

以南汇划入浦东的调整改革为契机，进一步发挥浦东综合配套改革先行先试的作用，推动发展方式转变。坚持深化浦东综合配套改革试点，以制度创新推动结构调整。加快政府职能转变和管理创新，努力把上海建设成为行政效率高、行政透明度高、行政收费少的地区。加快推进国有企业开放性、市场化重组，鼓励和支持本市国有企业与中央企业、外地企业、民营企业、外资企业之间的兼并重组。加快推动金融、航运服务业创新先行先试，跨境贸易人民币结算、启运港退税等一批创新试点顺利推进，银行间市场清算所、综合保税区管委会等一批机构挂牌成立。

用好用活上海稀缺的空间地域，以生产力布局结构优化调整，促进产业结构优化升级，不断提升资源配置效率和土地产出率。推进虹桥商务区的功能定位和规划，促进新兴商务商贸集聚区发展，引导服务业转型升级。近期加快推进郊区六大新城建设和发展，按每个新城80万人口的规模，推动重大产业项目布局和教育、卫生、文化资源、基础设施建设向人口密集的郊区新城倾斜，带动郊区产业结构升级和功能提升。

（作者：中共上海市委副书记、上海市市长）

加快发展现代服务业　全力推动经济转型升级

罗志军

服务业发展水平是衡量一个国家和地区现代化程度的重要标志，是反映一个国家和地区综合实力的重要内容。在应对国际金融危机冲击过程中，中央明确提出把服务业作为扩大内需、培育新的经济增长点的重要领域，要求把加快发展服务业作为转变发展方式、调整经济结构的战略举措。最近，国家制定的长江三角洲地区区域发展规划进一步提出，到2020年长江三角洲地区要形成以服务业为主的产业结构。新时期，加快服务业特别是现代服务业发展，既是一项比以往任何时候都更为紧迫的任务，也面临着比以往任何时候都更为难得的机遇。

首先，推动经济转型升级的新要求，为现代服务业发展提供了更加强劲的动力。当前，我国正处于全面建设小康社会和加快经济转型升级的关键阶段。在新的发展阶段，我们面临的主要任务就是调整优化产业结构，加快构建现代产业体系。从实践来看，现代产业体系以现代农业为基础，以新兴产业为先导，以先进制造业为支撑，以服务经济为主体。加快构建现代产业体系，既可以为服务业提供多元化的市场需求，也可以为服务业创造多领域的发展空间。因此，顺应经济转型升级的新要求，必须充分发挥现代服务业对各类产业的引领和带动作用，推动经济增长由主要依靠制造业带动向依靠现代服务业和先进制造业双轮驱动转变，从而促进服务业向各类产业融合渗透，促使现代服务业迸发出前所未有的发展活力。

其次，加快城市化进程的新任务，为现代服务业发展提供了更加有力的支撑。推进城市化的过程就是服务业发展的过程。一方面，服务业的繁荣有利于增强城市的服务功能、集聚水平和辐射能力；另一方面，城市化的水平和进程也决定了服务业发展的结构与规模。当前和今后相当长一段时间，我国城市化处于快速发展阶段，将极大地增加对服务业的消费需求。无论是金融保险等生产服务业，商贸餐饮等生活服务业，还是其他新业态的现代服务业，都将在城市化加速进程中赢得更多的发展机会，释放出巨大的发展潜能。

第三，人民群众改善民生的新需求，为现代服务业发展提供了更加广阔的空间。随着收入水平的不断提高和社会保障体系的不断完善，城乡居民的消费水平正在从温饱型向发展型转变，从关注量的扩张向关注质的提高转变，从物质消费为主向服务消费为主转变。当前，科技教育、文化卫生等公共服务业需求旺盛，旅游休闲、健身娱乐等生活服务业日新月异，家政服务、养老服务等家庭服务业蓬勃兴起，电子商务、网络银行等新兴服务业层出不穷。消费需求的转变与升级，必将带动相关服务行业的快速发展，不断促其拓宽领域、增强功能、优化结构，从而推动经济实现又好又快发展。

江苏省今年人均 GDP 预计超过 7000 美元。在加快发展的新阶段，江苏省要认真贯彻落实中央精神，结合自身发展实际，把发展现代服务业作为产业结构调整的重要突破口，推动全省经济转型升级。我们提出：到 2012 年，全省服务业总体实现“速度明显加快、比重明显提高、结构明显优化、竞争力明显提升”；力争到“十二五”末，实现服务业增加值在 2009 年的基础上翻一番。在具体措施上，我们要以实施服务业提速计划为抓手，加快促进生产服务业集聚化、生活服务业便利化、基础服务业网络化、公共服务业均等化，着力推动服务业比重提高、结构优化、竞争力提升，逐步推动经济由制造业为主向服务业为主转变，树立“江苏服务”的崭新形象。

以延伸产业链为突破口，促进现代服务业和先进制造业互动发展。充分发挥生产服务业“黏合剂”和“推进器”的作用，促进服务业加快向制造业渗透。一是推动产业链升级。大力引进和发展产业链中最具价值的生产服务环节，推动产业向研发、设计、物流、营销、品牌推广、系统集成等上下游延伸，形成制造业与服务业相互支撑、相互促进的发展格局。二是推动制造业内部服务专业化发展。充分发挥江苏制造业发达的优势，积极引导制造业企业主辅分离，将研发、设计、物流、营销等服务环节剥离出来，大力发展第三方专业化服务企业。三是推动产业与金融的融合发展。以发行股票、设立基金等手段强化资本运作，以风险投资、股权投资等方式强化财富效应，以发展信托投资、金融租赁等金融产品和专营机构强化金融支持，加快金融业从传统信贷功能向资金融通、资源整合和价值增值等多重功能转变，实现产业与金融发展的良性互动。

以建设产业集群为重点，推动服务业集约发展。准确把握产业集群发展规律，加强规划引导，加大推进力度，努力形成一批国内外有较强竞争力、同行业有较大影响力的现代服务业集群。一是优化空间布局。加快建设沿沪宁线、沿江、沿海、沿东陇海线服务业集聚带，加强现代服务业集聚区建设。大力促进中心城市特别是大城市现代服务业发展，合理布局商务、商贸、金融等功能区，尽快形成以服务经济为主导的产业结构。二是突出产业特色。坚持因地制宜，引导苏南、苏中和苏北发挥各自优势，集中力量培育若干有特色、有规模、有影响的现代服务业主导产业。三是提升发展层次。积极抢占现代产业链、价值链、创新链的核心环节，大力发展高端服务业集群。加快发展总部经济，注重争取国际跨国公司和国内大企业大集团到江苏发展。四是强化服务配套。积极完善集聚区综合配套功能，加快形成配套产业体系和政策体系，增强对服务企业的集聚能力和对产业的支撑能力。

以提高企业竞争力为核心，构筑服务业发展优势。服务业的竞争越来越表现为市场主体在品牌影响、规模实力、商业模式等方面的竞争。提高服务企业竞争力，要着力在三个环节上下功夫：一是打造知名品牌。建立健全政府、企业和行业协会联动的品牌建设工作机制，开发一批具有自主知识产权的服务产品，实施一批品牌示范作用明显的产业项目，培育一批国内著名、国际知名的服务业品牌。二是创新商业模式。积极运用和扩展服务信息化、产业链一体化、品牌连锁经营、资产证券化等先进商业模式，积极引导企业借助网络、信息等先进技术，大力发展网络经营和电子商务，实现各类资源要素的有效利用。三是做强做大企业。在现有基础上，要把培育国际化大企业大集团作为重要战略，加快培育一批在同行业位居前列的重量级服务业企业集团。

以基础设施和功能建设为抓手，提升服务业发展带动能力。充分发挥基础设施的功能性作用，为加快发展现代服务业提供有力支撑。重点完善基础设施支撑体系，大力推进三网通信设施共建共享，着力强化“三个功能”：一是物流枢纽功能。整合利用好港口、物流等交通运输资源，着力强化功能建设，加快培育和引进以江苏为基地的航空、航运龙头企业。二是信息服务功能。加强数字技术、网络技术对城市建设和城市管理的改造提升，实现网络互融、系统互联和应用互享。三是公共服务平台功能。积极探索服务业公共平台的建设方式和发展模式，大力推进投融资、科技信息、商务服务、人才培训等公共服务平台建设，满足服务业企业发展需求。

以深化改革为动力，增强服务业发展后劲。进一步加快改革创新步伐，着力打破束缚服务业发展的体制机制性障碍。一是实行公开、公平、公正的市场准入制度。破除市场分割和行业垄断，鼓励和引导民间资本进入金融、商贸流通、社会事业等服务领域，提高非公有制经济在服务业中的比重。二是完善服务业投融资机制。加快推进金融业改革发展，扩大服务企业上市规模和债券发行规模，大力发展风险投资和股权投资。三是加大社会化服务领域改革力度。认真履行政府公共服务职责，重点将教育、医疗、文化、科技等领域营利性服务与公共服务分离开来，大力发展公共服务产业。加快机关企事业单位的后勤服务、配套服务改革，引入竞争机制，增强发展活力，扩大有效供给。四是积极推进服务业综合改革试点。鼓励试点城市、试点区域大胆实践，尽快突破制约服务业发展的制度性障碍。

以扩大开放为引擎，提高服务业国际化水平。加快服务业对内对外开放步伐，在更大范围内整合资源、集聚要素，提高服务业整体发展水平和国际竞争力。一是积极推进服务业招商引资和招才引智。大力引导国际资本和先进技术投向金融服务、信息服务和专业服务等重点领域，注重引进国际先进理念、管理技术和知名品牌，扩大服务业利用外资的领域和规模，优化服务业外资结构。二是大力发展服务贸易和服务外包。加大对服务贸易的支持力度，鼓励服务企业参与境外金融、分销、零售等服务产业。加快南京、苏州、无锡等服务外包示范城市和苏南服务外包产业带建设，使江苏成为承接国际服务外包的重要基地。三是鼓励支持服务业企业开展国际投资和跨国并购。加快建立“走出去”服务平台，大力支持销售、建筑、运输等具有国际化经验的企业开展对外直接投资，鼓励有条件的企业跨国并购研发中心、营销网络和知名企业，提升全球范围内的资本运作和资源配置能力。

以完善协调推进机制为保障，形成服务业发展合力。切实改变发展服务业是软任务的传统观念，把服务业真正放在优先发展的战略位置，推动服务业发展实现新的突破。一是加强组织领导。充分发挥各级政府领导服务业发展的职能作用，充分调动相关部门的工作积极性，合力推动服务业加快发展。二是加强规划引领。按照构建以服务经济为主的产业体系要求，高起点、高水平编制“十二五”服务业发展规划，以更具前瞻性、导向性、战略性的发展规划引领服务业发展。三是加强政府服务。加快建立公开、平等、规范的行业监管制度，整治各项不合理隐性收费，查处各种违法违规行为，进一步完善社会信用体系。四是加强智力支撑。重点是把培养和引进服务业人才纳入全省教育和人才队伍建设总体规划，加快服务业专门人才和实用型高技能人才培养，下决心引进一批在国内外有影响的服务业人才。五是加强目标考核。优化绩效考核办法，将服务业增速、投资增速、占 GDP 比重、从业人员比重等重要指标列入各级政府考核体系，确保各项工作真正落到实处，努力开创现代服务业跨越发展的新局面。

（作者：江苏省人民政府省长）

在转变发展方式中拓宽西部开发新路

王正伟

加快经济发展方式转变，是中央的重大战略部署，是新一轮西部大开发的重要着力点，也是推动宁夏科学发展、和谐发展的关键环节。

一、着眼长远，深刻认识转变经济发展方式的紧迫性

从增强西部经济抗风险能力的现实需要看，转变经济发展方式刻不容缓。西部大开发战略实施 10 年来，广大西部地区进入了前所未有的大发展时期，经济总量、人民生活水平得到大幅度提升。但总的看来，基础设施建设滞后、产业发展层次低、经济内生动力弱等问题依然突出。特别是国际金融危机的冲击，使宁夏本已存在的结构不合理、发展后劲不足的问题更加突出。要在未来竞争中变被动为主动，宁夏必须全力推动经济结构转型升级，加强体制机制创新，积极引进外部要素，着力聚集资源、盘活存量、优化增量，在转变方式、调整结构、发展战略性新兴产业中抢占一席之地，才能形成新的竞争优势。

从资源环境约束加剧的客观形势看，转变经济发展方式刻不容缓。西部地区普遍生态脆弱，经济发展与环境保护的矛盾尤为突出。宁夏矿产资源尤其是能源资源相对富集，产业结构的耗能特征明显。虽然近几年不断加大节能减排、环境保护、生态治理的力度，单位生产总值综合能耗、化学需氧量和二氧化硫排放量明显下降，但资源环境问题依然突出，任务十分艰巨。必须下大气力，更加积极主动地加快经济发展方式转变，努力以较小的资源环境代价，实现更长时间、更高水平、更好质量的发展。

从增进民生福祉的根本宗旨看，转变经济发展方式刻不容缓。随着经济的发展，人民群众对生活质量的要求不断提高，对干净水、新鲜空气、优美环境的期盼越来越高，对理顺居民收入分配等方面的诉求也越来越多。我们只有加

快经济发展方式转变，切实把发展社会事业和改善民生作为贯彻落实科学发展观的重要任务，更加注重满足人民群众日益增长的物质文化需要，让各族群众生活得更加富裕、更有尊严，才能实现全面建设小康社会的庄严承诺。

二、立足区情，探索经济发展方式转变的新思路

加快转变宁夏经济发展方式，根本的是要深入贯彻落实科学发展观，运用马克思主义唯物辩证法的立场、观点、方法，统筹近与远、大与小、量与质、内与外的对立统一关系，进行战略思维，强化系统推动，坚持以大开发促进大转变，以大转变推动大发展，使经济社会发展步入良性循环、又好又快的科学发展轨道。

统筹整体与局部的关系，促进区域协调发展。宁夏发展相对滞后，必须抢抓西部大开发的新机遇，找准在全国发展中的定位、西部开发中的站位和宁夏追赶型跨越式发展的目标，着力建设现代产业发展的重要聚集区、统筹城乡改革发展的示范区和生态文明建设的先行区，真正在新一轮西部大开发中发挥承东启西的重要支点作用，为国家整体发展战略作贡献。宁夏南北发展不平衡，南部地区特别是山区，自然环境、发展基础等都比较差，要坚持山川共济，加快生态移民、劳务移民、教育移民步伐，增强山区自我发展能力，进一步缩小南北差距，统筹南北发展。宁夏城市化率低、城乡差距大，必须以加快推进城市化为突破点，进一步加大城乡统筹力度，不断完善城乡基础设施，探索打破城乡二元结构的政策措施，促进城乡协调互动发展。

统筹开发与保护的关系，促进生态友好发展。良好生态环境是可持续发展的重要条件，人与自然和谐相处是转变经济发展方式的内在要求。宁夏生态建设承担着打造祖国西部重要生态屏障的使命，面临着循环经济和绿色经济的历史转折，必须牢固树立保护好环境的理念，坚持在开发中保护、在保护中开发，以全国节水型示范省区和防沙治沙示范省区建设为抓手，加强生态文明建设，加大节能减排力度，始终坚持发展工业不占用基本农田、不增加黄河取水量、不突破环境容量，坚决杜绝污染环境、破坏生态的现象，坚决杜绝高耗资源、严重浪费的现象，坚决杜绝急功近利、“吃祖宗饭、断子孙路”的现象，做到既要金山银山、更要绿水青山，实现经济发展与生态保护的协调统一。

统筹经济与民生的关系，促进和谐发展。民生连着民心，民心凝聚民力。改善民生是发展的目的，发展是改善民生的基础。以大转变促进大发展是深入推进西部大开发的重要内容，在大开发中推动民生大改善也是转变发展方式的内在要求。要坚持民生指数与经济增长挂钩、民生水平与发展同步，在高度重视经济发展，提高地方经济实力的同时，大力发展与人民群众生产生活息息相关的社会事业，着力解决好人民群众最关心、最直接、最现实的利益问题，通过持之以恒地实施民生计划，让人民群众在经济发展中普遍得到更多实惠，不断提高居民幸福指数，进一步激发人民群众投身发展、建设宁夏的热情。

三、真抓实干，在大胆实践中加快经济发展方式转变

加快经济发展方式转变，既是一场攻坚战，也是一场持久战。要紧紧围绕提高发展质量这条主线，脚踏实地，勇于实践，真正在“加快”上务真功、在“转变”上动真格、在“发展”上求实效，切实提高发展的层次和水平，从根本上保证经济社会的全面协调可持续发展。

要提升投资和消费质量，在扩大内需中促转变。在新一轮开发中，既要注重扩大需求总量，又要注重改善需求结构；既要坚持投资拉动和项目带动、努力提高投资质量和效益，又要高度重视扩大消费、努力增强消费对经济增长的拉动作用。进一步优化投资结构，明确投资方向，突出投资重点，切实推进事关长远发展的重大基础设施、产业项目和民生工程建设，以更优

的投资结构打造更好的经济结构。着眼于增强消费对经济的拉动作用，逐步提高居民收入在国民收入分配中的比重和劳动报酬在初次分配中的比重，持续增加城乡居民特别是低收入群体收入。

要提升优势产业发展质量，在培育内生动力中促转变。建设富有竞争力的产业体系是经济结构调整优化的关键所在，是加快转变经济发展方式的战略性核心问题。要着眼于提升产业质量，把加快构建以现代农业为基础、新型工业为主导、现代服务业为新增长点的产业体系作为转变经济发展方式的关键举措，抓紧、抓实、抓出成效。大力发展现代服务业，突出重点行业和重点领域，积极发展面向生产的服务业，特别是抓好综合物流、信息服务、现代金融等产业，强化金融支撑，提高配套能力；加快发展面向民生的服务业，特别是抓好特色旅游、中介咨询、家政服务等产业，提升幸福指数；着力发展面向农村的服务业，特别是科技、信息、流通服务等，不断繁荣农村经济，提高农民生活质量，加快构架充满活力、特色鲜明、布局合理、优势互补的现代服务业体系。

要提升城市化质量，在城乡统筹、山川共济中促转变。西部地区的发展差距突出表现为城市化步伐滞后，带动力不强。就宁夏而言，要坚持整个区域的一体化协调发展，建设宁夏沿黄河城市带、奋力打造黄河金岸，带动产业聚集、人口集中、城乡统筹、山川协调。以黄河金岸为主轴，加快推进城乡统筹发展，实施城乡规划编制、基础设施、产业发展、区域市场、生态建设和市政服务一体化，促进公共资源在城乡之间均衡配置、生产要素在区域之间均衡配置，逐步形成银川区域中心城市、四个地区性中心城市和县城、小城镇相互依托、协调发展的城乡布局结构。加大山川共济、南北统筹力度，实施教育移民、劳务移民、生态移民，使贫困群众走出大山、融入城市；继续建好固原市及山区各县城，切实增强自我发展能力，使当地资源环境得以休养生息、人民群众脱贫致富。

要提升对外开放质量，在发展外向型经济中促转变。西部地区加快转变经济发展方式，必须全面提高对外开放的质量水平，积极参与国际竞争与合作，更好地利用全球生产要素和市场。宁夏具有回汉各族人民亲如一家的民族团结优势和西部偏东、承东启西的区位优势，要在巩固与欧、美、日、韩等国家和地区经贸合作的同时，重点扩大面向穆斯林国家和地区的开放，把宁夏建成西部内陆对外开放的战略高地，打造成中国与阿拉伯国家经济贸易交流合作的高效平台。积极推动自主品牌、高附加值产品出口，着力扩大清真食品穆斯林用品外销。加快调整利用外资结构，鼓励和引导外商投资现代农业、装备制造、高新技术产业等，提高外资利用水平。高水平筹办首届中阿经贸论坛，继续办好宁洽会、园博会、世界防沙治沙大会等国际性节会，争取穆斯林国家在银川设立领事馆。

要提升人民生活质量，在加快社会事业发展中促转变。新一轮西部大开发，必须坚持把提高群众生活质量、改善社会民生作为持久动力来抓。始终把民生计划作为第一品牌打造，建立和完善长效机制。加快推进教育改革，坚持公共教育资源向薄弱地区倾斜。深入推进文化体制改革，加强文化基础设施建设，鼓励社会力量发展文化产业。积极稳妥地推进医药卫生体制改革，进一步完善公共卫生和医疗服务体系，加快建立覆盖城乡居民的基本医疗卫生制度。继续实施积极的创业就业政策，健全完善就业服务体系，积极开展各类培训指导，再掀全民创业新高潮。加快制度整合，逐步实现基本社会保障制度的统一和城乡衔接。加强基本公益性社会服务设施建设，广泛提供养老、体育健身、文化娱乐、心理疏导等社会服务，切实提高民生幸福指数。

要提升调控和管理质量，在改革创新中促转变。一方面，要突出体制机制创新。着力推进行政管理体制、财税和金融体制等重点领域和关键环节的改革，加快制定和完善转变经济发展方式的总体规划、目标任务和具体政策措施，进一步完善工作导向、政策措施和考核体系。另一方面，要突出科技创新。紧紧抓住新一轮科技革命带来的战略机遇，积极组织出台鼓励自主创新的政策措施，围绕能源、化工、新材料、装备制造、高新技术、环保等重点产业，加强与兄弟省区、国家部委、国际科研教学机构的合作与交流，建设国家与地方联合工程实验室和技术中心，加快推进创新型人才队伍建设，大力攻坚关键共性技术，着力提高科技成果转化率，靠科技支撑加快经济发展方式转变。

（作者：宁夏回族自治区党委副书记、自治区主席）

构建畅通高效安全绿色交通运输体系

李盛霖

党的十七届五中全会审议通过的《国民经济和社会发展第十二个五年规划的建议》，描绘了我国今后5年加快推进实现全面建设小康社会的宏伟蓝图，彰显了把握重要战略机遇期推进改革发展的重大现实意义和长远意义。交通运输工作要结合实际贯彻落实五中全会精神，科学规划，奋力推进，狠抓落实，为“十二五”规划的顺利实施提供更有力的交通运输保障。

一、“十一五”我国交通运输发展取得显著成就

“十一五”期间，交通运输行业深入贯彻科学发展观，坚决落实中央决策部署，积极应对国际金融危机影响，目标任务全面超额完成，为保持经济社会平稳较快发展作出了积极贡献。

基础设施建设迈上新台阶，为拉动经济增长作出了重要贡献。全国共新增公路60.5万公里，沿海港口新增通过能力30亿吨，新增深水泊位660个，内河航道改善里程5700公里。到“十一五”末，全国公路网总里程达到395万公里，其中高速公路达到7.3万公里，农村公路达到345万公里，沿海港口通过能力达到56.1亿吨，内河航道通航里程达到12.3万公里，全国定期航班机场达到176个。交通运输基础设施建设网络更趋完善，结构更加优化，保障更加有力，为促进经济发展特别是应对国际金融危机、扩大内需作出了重要贡献。

高速公路运输通道基本贯通，国家公路网络体系基本形成。新增高速公路3.2万公里，“五纵七横”12条国道主干线提前建成，“7918”国家高速公路网建成70%以上。东部地区基本形成高速公路网，长三角、珠三角和京津冀地区基本形成完善的城际高速公路；中部地区基本建成干线公路网络；西部开发8条通道全部贯通。由此，以高速公路网络为骨架、以国省干线公路为连接、以农村公路为覆盖的国家公路网络体系基本形成。

农村公路基本实现“村村通”，圆满完成了中央提出的“十一五”农村公路建设目标任务。农村公路投资规模年均增长30%，5年新增农村公路53.5万公里，东中部地区94%的建制村通沥青（水泥）路，西部地区98%的建制村通公路，“通达工程”、“通畅工程”主要任务基本完成。农村地区出行条件发生前所未有的变化，有力地促进了社会主义新农村建设。

西部地区交通运输实现了跨越式发展，为实施西部大开发战略提供了有力支撑。西部地区重点公路项目和水运项目资金补助标准分别是东中部地区的1.3—1.8倍和1.2—1.5倍。

2009年底，西部地区公路通车里程达150.5万公里，高速公路达1.86万公里，农村公路达129万公里，初步形成了横连东西、纵贯南北、通江达海、联结周边的交通运输格局，成为西部大开发成效明显、基础先导作用显著、人民群众满意的重点领域之一。

运输服务再上新水平，进一步改善了人民群众安全便捷出行条件。今年公路客货运量完成302亿人和243亿吨，普通国道平均行车时速提高到57公里/小时。城市公共客运能力快速增长，乡镇、建制村通班车率分别达97%、87%；沿海港口货物吞吐量完成64亿吨，港口集装箱吞吐量达1.35亿标准箱。20个港口进入亿吨大港行列。内河货运量完成17亿吨，长江黄金水道成为世界上运量最大、最繁忙的河流。民航客货运量完成2.66亿人和500万吨。

安全应急保障能力得到有效提升，在应对突发灾害事件中发挥了生命线作用。初步建成了海陆空立体救助应急反应体系。5年成功救助遇险人员近10万人，救助成功率达到95%以上。在抗击汶川特大地震、青海玉树地震和甘肃舟曲特大山洪泥石流等重大突发灾害事件中，全力打通交通运输生命线。圆满完成了北京奥运会、上海世博会的运输保障和安全保障任务。

科技创新和节能减排取得新进展，为加快转变交通运输发展方式夯实了基础。行业自主创新能力显著增强，建成苏通长江大桥、杭州湾跨海大桥、秦岭终南山隧道和长江口深水航道等一批世界级工程，形成了建造千米级斜拉桥等系列成套核心技术的中国标准。信息化水平明显提高，开通了1600多条不停车收费通道，联网不停车收费公路里程接近6万公里。节能减排初见成效，营运车船的运输周转量、能耗分别比“十五”末下降了5%和7%。

行业文明建设取得新成效，为交通运输科学发展提供了强大精神动力和政治保证。以改革创新精神抓党建、带队伍、促发展、保稳定，行业精神文明建设向纵深推进，涌现出“新时期产业工人的杰出代表”许振超、“新时期援藏交通工程技术人员的楷模”陈刚毅、“蓝领专家”孔祥瑞等一大批具有时代特征的先进典型，交通运输行业成为选树典型多、社会影响大的行业之一。

二、清醒认识“十二五”交通运输发展面临的形势

“十二五”期间，交通运输工作必须深入贯彻落实科学发展观，加快转方式、调结构，加快发展现代交通运输业。

一要保持经济平稳较快发展，继续增强交通运输供给能力。预计到“十二五”期末，公路客货运量分别达到400亿人、300亿吨。沿海港口货物吞吐量80亿吨，内河货运量25亿吨，机场旅客吞吐量9亿人次。邮政行业业务收入在2010年的基础上翻一番。必须坚持把发展作为交通运输工作的第一要务，加快形成综合运输网络，满足经济增长、国土开发、应急救援等对交通基础设施建设提出的更强的功能性要求。

二要适应经济结构战略性调整和人民群众生产生活需求升级，全面提升运输服务水平。预计到“十二五”末，民用汽车保有量将达到1.5亿辆。交通运输是重要的民生工程，应继续作为“十二五”经济社会发展的优先领域和投资、政策倾斜的重点方向。同时，要加快调整交通运输结构，进一步拓展服务领域，优化运输组织，提高运输效率，提升交通运输的综合实力和服务水平。

三要紧跟新一轮世界科技革命突破，大力提高交通运输科技和信息化水平。必须把握新一轮世界科技革命跨越式发展机遇，密切关注新兴技术、节能减排、应对全球气候变化等领域科技发展的新方向，加快新技术、新材料、新工艺的引进消化吸收、有效集成应用到交通运输行业的步伐，进一步增强自主创新能力，更好发挥科技进步和信息化对交通运输发展的支撑和引领作用。

四要围绕深入实施国家可持续发展战略，加快交通运输发展转型。“十二五”时期，发展交通运输低碳经济，促进发展模式向高能效、低能耗、低排放模式转型，大力发展以低碳为主要特征的交通运输体系，进一步推进结构性、技术性和管理性节能减排，加快形成节约能源资源和保护环境的交通结构、建设方式、消费模式，促进交通运输发展与资源环境的和谐统一。

五要继续营造安全发展环境，不断提升交通运输安全应急保障能力。针对各种传统的和非传统的、自然的和社会的风险，要从基础设施、运输服务、监管救助、体制机制建设等方面全面提升安全和应急保障能力，坚持预防与应对有机结合，提升交通运输系统的安全性和可靠性，为经济社会安全发展提供良好的交通运输服务和保障。

三、落实“十二五”交通运输发展目标和主要措施

深入学习领会和贯彻落实党的十七届五中全会精神，坚持科学发展观，不断提高交通运输“三个服务”的能力和水平；坚持以转变发展方式为主线，加快发展现代交通运输业；坚持以结构调整为主攻方向，积极推进“五个努力”（发展综合运输、现代物流、科技创新与信息化、“两型”行业、安全监管和应急保障）。总体目标是：到2015年，基础设施网络更趋完善，结构更加合理；运输装备技术水平显著提高，运输服务的效率和质量显著提升；创新能力不断增强，科技进步和信息化水平不断提升；以低碳为特征的交通运输体系建设取得明显成效，资源节约型、环境友好型行业建设取得明显进展；交通安全水平稳步提高，应急反应能力进一步加强；交通运输的保障能力和服务水平显著提高，初步形成便捷、高效、绿色、安全的交通运输体系，基本适应国民经济和社会发展的需要。

为实现这一总体目标，我们要在5个环节上狠下功夫。一是积极推进综合运输体系建设，提高交通运输服务保障能力。二是努力提升运输服务质量和效率，促进现代物流发展。三是切实推进节能减排，发展绿色交通。四是着力完善安全监管体系，提升应急保障能力。五是大力提高科技自主创新能力，强化交通运输信息化建设。

上述任务是一项系统工程，需要我们科学规划，采取综合有效措施积极推进。

第一，以规划为龙头，强化发展的前瞻性和科学性。加强与水利水电、国土、环保等部门的协调。完善公路网规划体系，尽快形成以国家高速公路为主骨架、以普通国道网为补充的国家公路系统，推动各地加快形成干线公路网系统。调整《国家水上交通安全监管和救助系统建设规划》和《全国民用机场布局规划》。做好交通运输基础设施建设重点项目前期工作。

第二，完善投融资政策，加强资金保障。继续坚持“国家投资、地方筹资、社会融资、利用外资”的良好机制。继续实施区域差异化投资政策，强化对重点领域的支持。制定促进现代物流、综合运输枢纽、城市公交、科技进步和信息化建设、绿色交通、民用航空等相关领域投资政策。

第三，深化体制机制改革，健全法规体系。完善促进综合运输发展的协调机制，探索建立高速公路统一网络运行和层级管理模式，调整完善国省道管理体制和农村公路养护管理体制。理顺通航枢纽等管理体制。改革国家空管体制，深化航权时刻审批制度改革。深化邮政体制改革。研究制订和逐步形成门类齐全、内外协调的综合运输法规体系。

第四，加强人才队伍建设，提供智力支撑。加强干部队伍培训，特别是加强地市县级和西部地区交通管理干部培训。加强专业创新人才队伍建设，形成30个交通重点学科点、10个交通创新人才培养基地、培育20—30个高水平创新团队。加强技能型人才培养，为交通运输行业输送60万高素质技能型人才；加强民航领域专业技术人才和邮政行业公益性高技能人才培养；加强执法业务骨干队伍与执法管理队伍

建设。

第五，加强精神文明建设，提升行业发展软实力。深化行业文明建设的“学树建创”活动，加强行业安全文化、廉政文化、质量文化、诚信文化、项目文化、精细文化、和谐文化建设。加强行风建设，实施“阳光行政”和“阳光工程”。加强宣传引导，为交通运输发展营造良好的环境。

（作者：交通运输部部长）

继续抓住和用好我国发展的重要战略机遇期

郑必坚

贯穿“十二五”规划建议全篇的总命题，统筹新形势下国内国际两个大局的总战略

（一）党的十七届五中全会通过的《建议》，在其导语部分开宗明义、引人注目地提出，“十二五”时期是“全面建设小康社会的关键时期”，是“深化改革开放、加快转变经济发展方式的攻坚时期”。紧接着，就提出了一个贯穿“十二五”规划建议全篇的总命题，这就是“继续抓住和用好我国发展的重要战略机遇期”。

（二）我们说这是贯穿《建议》全篇的总命题，是有充分根据的。

请看，《建议》在开头部分强调，深刻认识并准确把握国内外形势新变化新特点，科学制定“十二五”规划，“对于继续抓住和用好我国发展的重要战略机遇期、促进经济长期平稳较快发展，对于夺取全面建设小康社会新胜利、推进中国特色社会主义伟大事业，具有十分重要的意义”。

请看，《建议》的第一部分，在分析“十二五”时期经济社会发展的国内外环境时，又强调：“综合判断国际国内形势，我国发展仍处于可以大有作为的重要战略机遇期。”同时强调，“十二五”时期发展“既面临难得的历史机遇，也面对诸多可以预见和难以预见的风险挑战”。

再请看，《建议》全篇中，关于制定“十二五”规划的指导思想和经济社会发展主要目标，关于“十二五”时期我国以科学发展为主题、以加快转变经济发展方式为主线的一系列基本要求和重大任务，都是同这个总命题分不开的。

直到《建议》的结尾部分，又在论述党的领导是实现“十二五”时期经济社会发展目标的根本保证时，进一步强调，“各级党委要准确把握发展趋势”。

《建议》从头至尾，如此重视和反复强调“深刻认识并准确把握国内外形势新变化新特点”，如此重视和反复强调“继续抓住和用好我国发展的重要战略机遇期”，鲜明体现了这确实是贯穿《建议》全篇的总命题。

（三）继续抓住和用好我国发展的重要战略机遇期，不仅是贯穿《建议》全篇的总命题，也是统筹新形势下国内国际两个大局的总战略。

我们这样说，一个重要原因就是党的十七届五中全会是在21世纪第一个10年已经过去、第二个10年刚刚开始，这样一个历史的联结点上召开的。此时此刻，国际范围内，对于中国在21世纪第二个10年的根本走向议论纷纷。而在我们国内，对于21世纪第二个10年的国际和国内形势将如何发展、我们党和国家将如何作为，也有这样那样的估量。

此种情况的出现，决非偶然。这是在国际

金融危机的发生和应对过程中，在21世纪第二个10年开头，面对国际形势种种深刻复杂的新变动，面对我国发展活力依然强劲而又伴随一系列两难问题，而产生的对于我们怎么看自己、看世界和世界怎么看中国的种种不同思维方式和不同着眼点，以及与此相联系的种种复杂心态的突出反映。

所有这些，归根到底，当然是关乎21世纪第二个10年我们改革发展稳定、内政外交国防、治党治国治军全盘工作，关乎我国对内对外各项方针政策之一切重要方面的、头等重大的战略问题。

因此，在《建议》中用统筹国内国际两个大局的战略思维和世界眼光审视“天下大势”，着重就21世纪第二个10年国际国内形势之变与不变，就我国面临前所未有的机遇和挑战、机遇大于挑战之变与不变，总之，就我国发展的重要战略机遇期之变与不变，作出实事求是、恰如其分的判断，就是完全必要和非常及时的了。正是在这个意义上，可以把《建议》称为我们党明确和系统阐明这个总命题和总战略，谋划和确定今后5年我国经济社会发展总蓝图的最新纲领性文件。

（四）进入21世纪第二个10年开头，我们党和国家各级领导干部首先深刻认识并准确把握好这个问题，意义极其重大。正如《建议》所指出的，这对于深刻认识并准确把握国内外形势新变化新特点，科学把握发展规律，主动适应环境变化，有效化解各种矛盾，更加奋发有为地推进我国改革开放和社会主义现代化建设，具有现实和长远的重大意义。

“十二五”时期我国“重要战略机遇期”的新发展和由此而来的“新的阶段性特征”

（五）人们当还记得，2002年年底召开的党的十六大作出了一项关系我国改革开放和现代化建设全局的重大决策，这就是：在原定的现代化建设“三步走”战略部署基础上，从“第三步”即21世纪上半叶的50年中，划出其中头20年（2001年到2020年），作为“集中力量，全面建设惠及十几亿人口的更高水平的小康社会”的发展阶段，作为“实现现代化建设第三步战略目标必经的承上启下的发展阶段”。

与此同时，党的十六大报告强调指出：“综观全局，21世纪头20年，对我国来说，是一个必须紧紧抓住并且可以大有作为的重要战略机遇期。”

2007年党的十七大报告对重要战略机遇期问题作了至关重要的重申和发挥，号召“全党必须坚定不移地高举中国特色社会主义伟大旗帜，带领人民从新的历史起点出发，抓住和用好重要战略机遇期，求真务实，锐意进取，继续全面建设小康社会、加快推进社会主义现代化，完成时代赋予的崇高使命”。

党的十七届五中全会《建议》与此一脉相承，再次要求全党和全国各级干部“继续抓住和用好我国发展的重要战略机遇期”。

以上就是“重要战略机遇期”提法的由来。

（六）在本世纪的头一个10年，我们党和国家成功抓住了重要战略机遇期，经济社会发展取得了举世公认的巨大成就。这10年的发展历程和巨大成就无可争议地昭示：党的十六大报告首先提出的、十七大报告又加以重申的关于“我国发展的重要战略机遇期”的估量和部署是完全正确的，并为我国在21世纪的第二个10年（首先是其中的前5年，即“十二五”时期）可持续的更大发展打下了坚实基础。

这当然是一件大事。无论对中国、对世界来说，都是一件不可等闲视之的大事。

我体会，在《建议》中，中共中央之所以把“十一五”时期称为“我国发展史上极不平凡的5年”，根本原因就在这里。

（七）现在的问题是，面对21世纪第二个10年，首先是这10年中的前5年即“十二五”时期（2011年至2015年）的发展前景，面对国际金融危机的持续严重冲击和世情、国情的深刻复杂变化，我们党关于我国发展的重要战略机遇期的估量和部署，是否仍然正确和继续管用？

对这个关系我国总体战略和对内对外方针政策的重大问题，《建议》作出了完全肯定和令人信服的回答。

（八）首先，从国际环境看。虽然国际金融危机的严重冲击使世界经济增长格局有所变化，但经济全球化深入发展的大趋势没有改变；虽然在各国政府纷纷出台应对国际金融危机的财政政策和货币政策过程中，政府维护市场正常运行的职责有所强化，但市场在资源配置中的基础性作用没有改变；虽然全球范围内伴随着国际金融危机的冲击和影响，局部冲突时有发生，非传统安全问题日益凸显，但和平、发展、合作作为当今世界的主题没有改变。

在国际环境基本面没有发生根本变化的同时，也出现了一些利弊共生的新变化。特别是国际金融危机催生世界范围产业新发展，科技创新孕育新突破；在国际金融危机冲击下，世界经济增长速度减缓，全球需求结构出现明显变化，围绕市场、资源、人才、技术、标准的竞争更加激烈；后国际金融危机时期，气候变化以及能源资源安全、粮食安全等全球性问题更加突出，世界各国加快发展模式转型和发展方式转变的压力普遍增强；同时，危机使全球治理结构面临重大调整，各大国基本力量对比和相对地位将进一步发生变化，我国通过积极参与国际体系改革主动塑造外部环境的机会大大增强。

这样的国际大局，从总体上看，使我国发展的重要战略机遇期仍然能够得到延续甚至延长。

（九）其次，从国内环境看。一个突出的发展大势，就是随着我国进入工业化中期阶段和内需拉动阶段，消费结构迅速升级，社会结构加快转型，我国正加快由中等偏下收入国家向中等偏上收入国家迈进。在这样的发展进程中，我国劳动力素质改善，基础设施日益完善，物质、技术和体制基础更加牢固，企业竞争的内生动力和活力不断增强，政府宏观调控和应对复杂局面能力明显提高，社会大局总体保持稳定。

这样的国内大局，从总体上看，也使我国发展的重要战略机遇期仍然能够得到延续甚至延长。

当然，我国“十二五”时期也还存在诸多不利于经济社会发展的制约因素。比如，经济增长的资源环境约束强化，投资和消费关系失衡，收入分配差距较大，科技创新能力不强，产业结构不合理，农业基础仍然薄弱，城乡、区域发展不协调，社会就业总量压力和结构性矛盾并存，社会矛盾特别是人民内部利益矛盾明显增多，制约科学发展的体制机制障碍依然较多。毫无疑问，我们党和国家将严肃认真对待这些问题，而这也正是中共中央在《建议》中郑重指出并致力于妥善解决的。

（十）《建议》在全面审视、准确把握国际国内两个大局发展的根本走向基础上，得出的基本结论是：“综合判断国际国内形势，我国发展仍处于可以大有作为的重要战略机遇期，既面临难得的历史机遇，也面对诸多可以预见和难以预见的风险挑战。”

由此而来的，集中到一点，就是要“继续抓住和用好我国发展的重要战略机遇期”。

（十一）那么，在 21 世纪第二个 10 年，首先是在“十二五”时期，究竟怎样才能继续抓住和用好我国发展的重要战略机遇期呢？《建议》从瞻前顾后的战略高度，强调提出了必须清醒把握“十二五”时期“新的阶段性特征”这一战略思想和重大方针。

关于“十二五”时期“新的阶段性特征”，当然可以举出见之于国内国际形势的众多方面，而最关紧要的一条，则是《建议》深刻指出的，“十二五”时期所特有的两个方面的“紧密衔接”。

一方面，“与应对国际金融危机冲击重大部署紧密衔接”，即同将要过去的“十一五”时期相衔接。另一方面，又要同“十二五”时期的发展前景相衔接，即“与到 2020 年实现全面建设小康社会奋斗目标紧密衔接”。

（十二）前一个“紧密衔接”是指：在“十二五”前期，我们党和国家各级领导干部都应当以高度自觉立足当前,把继续巩固和扩大应对国际金融危机冲击成果作为重要任务。事情很明白,如果我们在“十二五”前期不能保持“十一五”时期宏观经济政策的连续性和稳定性,处理好保持经济平稳较快发展、调整经济结构和管理通胀预期的关系,那就难以避免经济大的起落,从而影响整个“十二五”时期经济社会发展全局。

(十三)后一个“紧密衔接”则是指:整个“十二五”时期尤其是“十二五”中后期,又要求我们党和国家各级领导干部必须以高度自觉着眼长远,把短期调控政策与中长期发展部署结合起来。事情同样很明白,如果我们不能在立足当前的基础上切实照顾到“十二五”中后期以至“十三五”时期的更大发展,有效地加强各项经济和社会政策的协调配合,那就会从另一方面贻误大局,以致影响到2020年全面建设小康社会奋斗目标的胜利实现。

(十四)正是围绕以上这两个方面的“紧密衔接”,“十二五”规划《建议》从12个重大方面作出了周密系统的部署。这样,就使《建议》的“战略性、前瞻性、指导性”得到了更加鲜明的体现。

“任凭风浪起,稳坐钓鱼船”

(十五)让我们再回到关于如何估量和把握国内大局和国际大局,如何估量和把握我国发展的重要战略机遇期的基本立场、观点和方法上来。

在《建议》中,有这样一段至关重要的话:“制定‘十二五’规划,必须高举中国特色社会主义伟大旗帜,以邓小平理论和‘三个代表’重要思想为指导,深入贯彻落实科学发展观,适应国内外形势新变化,顺应各族人民过上更好生活新期待,以科学发展为主题,以加快转变经济发展方式为主线,深化改革开放,保障和改善民生,巩固和扩大应对国际金融危机冲击成果,促进经济长期平稳较快发展和社会和谐稳定,为全面建成小康社会打下具有决定性意义的基础。”

我体会,正是这样一段话,集中而凝练地表达了中国共产党在进入21世纪第二个10年(首先是前5年)的重要历史时刻,所必须秉持的基本方针及基本立场、观点和方法。

(十六)再联系到历史的经验和未来5到10年的形势发展,我们由此又可以进一步感悟和领会《建议》中所体现的,关于如何估量和把握我国发展重要战略机遇期的三个重要思想方法问题:

(十七)其一,在形势发展的“变”与“不变”的关系问题上。可以说,21世纪第二个10年(首先是前5年)是我国发展的重要战略机遇期,从我国仍处于并将长期处于社会主义初级阶段这个基本国情没有变的意义上说,乃是前10年战略机遇期的直接延续;而从我国将要在这一时期建成惠及十几亿人口的更高水平的小康社会,以及我国的国际地位将会提升到前所未有高度这双重巨大变化的意义上,又可以说是新的更加重要的战略机遇期。

这就叫做“基本面不变,而又有新的重大发展”。

(十八)其二,在机遇与挑战的相互转化问题上。可以说,从来就不存在“一帆风顺”、“吃现成饭”的所谓发展机遇。相反,经验表明,所谓机遇从来都是由成功应对一系列危机,实现对危机的转化而来。我国发展的重要战略机遇期当然更是这样。

让我们回溯一下21世纪第一个10年及其前后迂回曲折的历史进程吧。1997年,我国成功应对亚洲金融危机,确立了地区负责任大国形象,成为东亚经济发展的引擎。2001年,在世纪之交加入世贸组织的艰难突破,使我国从此全面进入世界市场体系,极大增强了我国开放型经济的国际竞争力和抵御风险的能力。同时成功应对美国遭遇的恐怖袭击事件,则又推动中美构建起新的共同战略利益基础。2008年,台海局势转危为安,把两岸关系引入和平发展新阶段。由2008年到今天,有效应对国际金融危机巨大冲击，我国又与其他发展中大国一道，逐步进入国际体系和世界经济的核心部位。

这就叫做“危机蕴涵机遇，化危机为机遇”。

（十九）其三，在国内国际两个大局的统筹把握问题上。可以说，在新形势下，国内大局同国际大局、内政同外交紧密联系、双向互动的特点将进一步显现。因此，我们必须正确应对世界多极化、经济全球化和科技进步的发展趋势，做到审时度势、因势利导、内外兼顾、趋利避害，善于从国际形势和国际条件的发展变化中统筹把握发展方向，用好发展机遇，创造发展条件，掌握发展全局，不断扩大和深化同各方利益的汇合点，逐步形成全方位、多层次的“利益与利害共同体”。

与此同时，我们又应充分估计到，在21世纪第二个10年，在国内国际两个大局中，国内大局的分量在愈益加重，对国际大局的影响在不断加深。其根本原因，就是中国在发展，中国在大发展，中国还将继续大发展。可以说，这一条本身就是构成和影响国际大局的一个越来越突出、越来越重要的因素，也是我们将继续获得发展的重要战略机遇期的根本基础。

有一个现象发人深省、使人开窍：现在不只是香港、澳门、台湾的众多民众在说，只要祖国好，大陆好，港澳台经济贸易发展前景就会好，而且相当多的国际和地区经济体也在说，只要中国经济持续稳定快速发展，中国国内市场规模不断增大，他们同中国的贸易、投资和其自身发展势头就会越来越好。这个事实生动表明，中国的国内大局是如何深刻影响了并将继续深刻影响国际大局的。

由此可见，在经济全球化不断扩大和深化的条件下，发展不但是维护我们国内大局的基础，也是深刻影响国际大局的基础。所以，中共中央在《建议》中再次强调，“发展仍是解决我国所有问题的关键”，强调“以科学发展为主题，以加快转变经济发展方式为主线”。《建议》还要求全党“充分利用各种有利条件，加快解决突出矛盾和问题，集中力量办好自己的事情”，也就是继续抓住机遇、加快发展我们自己。

毫无疑问，我们必须更加自觉地把这一条作为党和国家在本世纪第二个10年的重要立足点。我们坚持冷静观察、沉着应对也好，推动建设持久和平、共同繁荣的和谐世界也好，都要善于认识和把握这一条、用足和用好这一条。

这就叫做“任凭风浪起，稳坐钓鱼船”。

（二十）总而言之，在中国共产党的坚强领导和中国特色社会主义理论体系指引下，只要我们全党同志、全国各族人民真正做到“科学判断和准确把握发展趋势，充分利用各种有利条件，加快解决突出矛盾和问题”，就一定能够继续抓住和用好我国发展的重要战略机遇期，使“十二五”时期在推动科学发展、转变经济发展方式方面取得实质性进展，从而在21世纪第二个10年取得比前10年更加伟大的胜利。

（作者：中共中央党校原常务副校长）

以加快转变经济发展方式为主线是推动科学发展的必由之路

朱之鑫

《建议》深刻分析了我国基本国情和发展阶段性新特征，明确提出“以加快转变经济发展方式为主线，是推动科学发展的必由之路”。加快转变经济发展方式是深入贯彻落实科学发展观的重要目标和战略举措，是我国经济社会领域的一场深刻变革，事关改革开放和现代化建设全局。

以加快转变经济发展方式为主线，是适应国际经济环境新变化的迫切要求。这场国际金融危机暴露了全球经济增长模式的不可持续性，以发达国家过度消费拉动全球经济增长的需求动力结构正在发生变化，而新兴市场国家的需求增长在短期内还难以完全承担起经济发展的主导力量。后国际金融危机时期世界经济形势的复杂变化，必然会对我国发展产生重大影响。全球经济可能在较长时间里处于低速增长，我国发展的外部空间将受到制约；全球科技和产业变革、国家间贸易关系的调整，将使我国未来发展面临的国际产业、技术竞争更加激烈；应对气候变化的博弈和能源资源的获取，粮食供求形势和金融体制的变化调整，也将影响我国经济安全。各国在积极应对国际金融危机冲击的同时，都在抓紧进行经济结构调整，为未来更高水平的发展做准备。美国等发达国家重新重视实体经济，纷纷推出绿色新政、再工业化等战略，力图在新能源、新材料、生物医药等新兴产业领域扩大优势、抢占制高点。在这一新的背景下，如果我们不能尽快适应世情变化，改变传统发展模式，就很难更好地抵御各种风险冲击，就很难改变在国际产业链中处于低端位置的状况，就很难保障能源资源安全。只有以加快转变经济发展方式为主线，把经济增长更多地建立在扩大内需、结构优化、科技创新的基础上，才能应对新的挑战，在未来的国际经济竞争格局中赢得主动，扩大我国经济社会发展空间。

以加快转变经济发展方式为主线，是促进经济长期平稳较快发展的根本途径。发展是第一要务。本世纪头20年是我国发展的重要战略机遇期，机遇和挑战都前所未有。在过去的10年中，我国经济社会发展取得了巨大成就，人均国内生产总值从2000年的900多美元增加到2009年的3700美元以上。从“十二五”时期国内外各方面的情况看，保持经济平稳较快发展仍然具备较多的有利条件，但同时也存在诸多挑战。一方面，城市与农村、沿海与内地的差距扩大以及经济与社会、三次产业发展不协调等一些长期积累的矛盾和问题尚未得到根本解决，成为影响经济健康发展的重要制约因素；另一方面，伴随着工业化、信息化、城镇化、市场化、国际化的深入发展，人们的思想观念和消费行为、社会利益格局和大众诉求也在发生深刻变化，这些都对现有的增长模式提出了重大挑战。从国际上看，能够达到中等收入的国家不少，但能跨入高收入国家行列的却不多，根源就在于不平衡、不协调的粗放型增长方式不可持续，在于发展的模式没有根据世情、国情和发展阶段的变化而转变，最终落入所谓的“中等收入陷阱”。我们要在这一重要时期实现长期平稳较快发展，就必须未雨绸缪，切实以加快转变经济发展方式为主线，抓住机遇、趋利避害、化解矛盾，这样才能实现全面建设小康社会的战略目标。

以加快转变经济发展方式为主线，是提高经济增长质量和效益的关键所在。当前和今后一个时期，调整优化产业结构，改变核心技术受制于人的被动局面，大力提升管理水平，是提高经济增长质量和效益的关键。目前，我国在这些方面存在的问题还比较多：产业结构不合理，突出的是一产不稳、二产不强、三产不足；缺乏核心技术，主要是因为投入不足、机制不健全和人才不足；管理方式粗放，主要是决策机制不灵、内控机制不严、组织管理不精细。2009年，我国全社会研究开发投入占国内生产总值的比例为1.7%，明显低于全球平均水平，2008年单位研究开发经费产出的发明专利仅为韩国的1/5。创新效率不高使得我国对外技术依赖程度较高。再比如，我国服务业比重比世界平均水平低10多个百分点，特别是现代服务业的规模和质量远不能满足需求，这不仅加大了资源环境压力，也不利于缓解就业矛盾。要根本解决我国产业发展中的结构、技术和管理等方面问题，必须以加快转变经济发展方式为主线，深化各项改革，完善市场体制，促进企业自主创新，调整优化产业结构，增强经济的竞争力。

以加快转变经济发展方式为主线，是破解资源环境瓶颈制约的重大举措。改革开放以来，我国经济发展的成就举世瞩目，但能源资源消费也大量增加。2009 年，单位国内生产总值能耗是美国的 2.9 倍、日本的 4.9 倍、欧盟的 4.3 倍、世界平均水平的 2.3 倍；消费的铁矿石、粗钢、氧化铝和水泥分别达到 8.7 亿吨、5.67亿吨、2600 万吨和 16 亿吨，约占世界消费总量的 54%、43%、34% 和 52%。为了满足国内经济发展需要，能源资源进口越来越多，2009 年石油、铁矿石等资源的进口依存度都超过了 50%。我国自然资源禀赋总体较差、人均拥有资源量偏低，对国际市场的依存度正在逐步提高，能源资源供应风险明显增加。如果说一些短缺资源可以通过进口解决，而生态环境是无法直接进口的。当前，很多地区环境污染严重、生态系统退化，环境承载能力下降。近年来，一系列水污染事件，一些地区的重金属污染事件，再三给我们敲响了警钟，环境问题也越来越受到社会各方面高度关注。如果继续沿着高投入、高消耗、高排放的粗放增长路子走下去，资源能源和生态环境约束将进一步加剧，子孙后代的可持续发展将受到严重影响。因此，只有以加快转变经济发展方式为主线，大力建设资源节约型、环境友好型社会，才能增强经济社会的可持续发展能力。

以加快转变经济发展方式为主线，是更好地改善民生和促进社会和谐的内在需要。经济发展是社会和谐的重要基础，社会和谐是经济发展的有效保障。“十一五”期间，我国在经济实力明显增强的同时，社会事业较快发展，民生得到较好保障，2009 年城乡居民收入分别比“十五”末实际增长了 47% 和 38%，人民生活水平明显提高。但是，也要看到，在有的地方，经济发展了，青山绿水没有了，群众生活质量的改善与经济增长不相匹配；居民收入总体水平不断提高，但占国民收入的比例偏低，不同群体之间的收入差距有所扩大；在教育、医疗、保障性住房等关系群众切身利益领域，投入不足，上学难、看病难、住房难等问题仍较突出，这些都不同程度影响和谐社会建设。破解这些难题，出路在于加快转变经济发展方式，统筹经济和社会发展，始终把解决好人民最关心最直接最现实的利益问题放在工作首位，努力使广大人民共享改革发展成果。

按照《建议》要求，“十二五”时期要把加快转变经济发展方式作为主线，贯穿于经济社会发展的全过程和各领域，着力提高发展的全面性、协调性、可持续性，坚持在发展中促转变、在转变中谋发展，实现经济社会又好又快发展。《建议》明确了五个方面的基本要求。

第一，坚持把经济结构战略性调整作为加快转变经济发展方式的主攻方向。调整经济结构对加快转变经济发展方式具有决定性意义。“十二五”时期，要从解决对经济发展全局影响较大的结构性问题入手，既着眼于化解过去积累的矛盾和问题，又为经济不断迈上新台阶、保持长期平稳较快发展创造条件。坚持扩大国内需求特别是消费需求的方针，构建扩大内需长效机制，调整和完善国民收入分配格局，提高居民消费能力，完善消费政策，培育消费热点，优化消费环境，增强消费特别是居民消费对经济增长的拉动作用；进一步优化投资结构，积极寻求投资与消费的结合点，以投资带消费，以消费促投资，努力实现投资与消费之间的良性循环，促进经济增长由主要依靠投资、出口拉动向依靠消费、投资、出口协调拉动转变。着力推动产业结构优化升级。加强农业基础地位，提升制造业核心竞争力，培育发展战略性新兴产业，加快发展服务业，着力改变一产不稳、二产不强、三产不足的状况，促进经济增长由主要依靠第二产业带动向依靠第一、第二、第三产业协同带动转变。更好地统筹城乡发展，加快推进社会主义新农村建设，坚持走中国特色农业现代化道路，提高农业综合生产能力、抵御风险能力和市场竞争力；积极稳妥推进城镇化，坚持走中国特色城镇化道路，加快消除城乡协调发展的体制性障碍，促进公共资源向农村倾斜、生产要素在城乡之间自由流动，全面提升城镇化质量和水平，促进区域良性互动、协调发展。

第二，坚持把科技进步和创新作为加快转变经济发展方式的重要支撑。加快转变经济发展方式，最根本的是要靠科技的力量，最关键的是要大幅提高自主创新能力。"十二五"时期，要紧紧抓住新一轮世界科技革命带来的战略机遇，更加注重自主创新，谋求经济长远发展主动权、形成长期竞争优势，推动发展向主要依靠科技进步、劳动者素质提高、管理创新转变。要深入实施科教兴国战略和人才强国战略，充分发挥科技第一生产力和人才第一资源作用。大力增强自主创新能力，全面实施国家中长期科学和技术发展规划纲要，抓紧落实国家重大科技专项，加快推进知识创新和技术创新工程，加强基础研究和战略高技术研究，着力解决制约经济社会发展的重大科技问题；坚持科技为经济社会发展服务的方向，促进科技与经济更紧密结合，加快科技成果向现实生产力转化；进一步深化科技体制改革，推进国家创新体系建设，加强知识产权的创造、运用、保护、管理。壮大创新人才队伍，深入实施国家中长期人才发展规划纲要，构建有利于科学发展的人才体制机制，加快建立人才竞争的比较优势，统筹推进人才队伍建设，营造人才脱颖而出的良好环境，造就数以亿计的高素质劳动者、数以千万计的专门人才和一大批拔尖创新人才。

第三，坚持把保障和改善民生作为加快转变经济发展方式的根本出发点和落脚点。要进一步处理好经济发展与社会进步的关系，在经济发展的基础上，大力推进以改善民生为重点的社会建设，促进人的全面发展与社会和谐进步。实施就业优先战略，把促进就业放在经济社会发展的优先位置，健全劳动者自主择业、市场调节就业和政府促进就业相结合的机制，努力实现充分就业；优化就业结构，大力发展服务业、劳动和知识密集型产业，支持中小企业和非公有制经济发展，创造更多的就业岗位；加强公共就业服务，完善就业援助制度和职业技能培训制度。坚持广覆盖、保基本、多层次、可持续方针，以基本养老、基本医疗、最低生活保障制度为重点，健全覆盖城乡居民的社会保障体系。加快发展教育卫生文化等各项社会事业，推进基本公共服务均等化。把教育作为民族振兴、社会进步的基石，大力提高教育现代化水平。深化医药卫生体制改革，完善基本医疗卫生制度。构建覆盖全社会的公共文化服务体系，提高全民族文化素质。坚定不移走共同富裕道路，加大收入分配调节力度，完善保障和改善民生的制度安排，使发展成果惠及全体人民。

第四，坚持把建设资源节约型、环境友好型社会作为加快转变经济发展方式的重要着力点。深入贯彻节约资源和保护环境基本国策，坚持实施可持续发展战略，加快形成可持续发展的体制机制，推动整个社会走上生产发展、生活富裕、生态良好的文明发展道路。加强能源资源节约和管理，强化节能减排，严格落实节能减排目标责任制，建立科学的节能减排指标体系、考核体系和监测体系，强化指标约束。积极推进节能减排重点工程建设，依法淘汰落后生产能力，全面推行清洁生产和节能技术。完善土地、水、重要矿产资源有偿使用制度，发展绿色经济和循环经济，推动形成节约能源资源的生产方式和消费模式。加强水污染、大气污染、固体废物污染防治，积极推进重点流域、重点区域、重点城市环境治理，改善人居环境。继续推进天然林保护、退耕还林、退牧还草、水土流失治理、湿地保护、荒漠化石漠化治理等生态工程建设，强化对水源、土地、森林、草原、海洋、生物等自然资源，以及自然保护区、重要生态功能区、海岸带等的生态保护，改善生态环境。积极应对全球气候变化，继续实施应对气候变化国家方案，切实做好到2020年控制温室气体排放行动目标的落实工作，发展新能源和可再生能源，推广低碳技术，增加森林碳汇，促进经济社会发展与人口资源环境相协调，走可持续发展之路。

第五，坚持把改革开放作为加快转变经济发展方式的强大动力。加快经济发展方式转变，既是一场攻坚战，也是一场持久战，必须通过坚定不移深化改革、扩大开放来推动。要坚持社会主义市场经济的改革方向，坚定推进经济、政治、文化、社会等领域改革，加快构建有利于科学发展的体制机制。深化行政体制改革，进一步推进政府职能转变，加快建设服务政府、责任政府、法治政府和廉洁政府；坚持和完善公有制为主体、多种所有制经济共同发展的基本经济制度，以优化国有经济布局结构和打破垄断为重点，进一步放开市场，引入竞争，营造各种所有制经济依法平等使用生产要素、公平参与市场竞争、同等受到法律保护的体制环境；稳步推进资源性产品价格和环保收费改革，逐步建立反映市场供求状况、资源稀缺程度和环境损害成本的价格形成机制；加快财税体制改革，健全有利于促进转变经济发展方式的财税制度；深化金融体制改革，构建高效运行、审慎监管和风险可控的金融体系。坚持对外开放的基本国策，实施互利共赢的开放战略，顺应经济全球化和世界经济格局调整的新变化，适应国内发展方式转变的新要求，着眼于提升综合国力和国际竞争力，统筹国内发展和对外开放，形成参与国际经济合作和竞争新优势。协同推进沿海、内地、沿边开放，优化区域开放格局；加快转变外贸发展方式，推动外贸发展从出口创汇为主向进出口均衡发展转变，从规模扩张向质量效益提高转变；坚持"引进来"和"走出去"相结合，积极发展服务贸易，提升引资引智水平，加快实施"走出去"战略，提高统筹利用两个市场、两种资源的能力；积极参与全球经济治理，与国际社会共同应对全球性挑战、共同分享发展机遇。

（作者：国家发展和改革委员会副主任）

"十二五"时期经济社会发展主要目标

张　平

《建议》提出了"十二五"时期我国经济社会发展主要目标，对于科学制定"十二五"规划，继续抓住和用好我国发展的重要战略机遇期、促进经济长期平稳较快发展和经济发展方式转变，夺取全面建设小康社会新胜利，具有十分重要的意义。

一、"十一五"规划确定的主要目标和任务胜利完成

"十一五"时期是我国发展史上极不平凡的5年。党中央、国务院统筹全局、审时度势、准确判断、科学决策，正确实施宏观调控，全国上下齐心协力、共同奋斗，成功应对国内外环境的复杂变化和一系列重大风险挑战，胜利完成了"十一五"规划确定的主要目标和任务，国民经济保持平稳较快发展，经济结构继续优化，体制机制更加完善，人民生活明显改善，我国综合国力和整体竞争力迈上了一个新的台阶。

（一）国民经济保持平稳较快发展

在遭遇百年罕见国际金融危机冲击情况下，国民经济保持平稳较快发展，预计国内生产总值年均增长10.9%，2010年将超过38万亿元，人均国内生产总值超过4000美元。就业规模持续扩大，5年累计城镇新增就业4700万

人，转移农业劳动力4500多万人，城镇登记失业率控制在5%以内。价格水平总体上保持基本稳定。

（二）经济结构调整取得新进展

农业基础进一步巩固，工业生产能力和技术、品种、质量全面提升，自主创新能力提高，高技术产业快速发展，战略性新兴产业起步良好，基础设施进一步加强，服务业稳步发展。城乡一体化进程加快，新农村建设扎实推进，农村水电气路等基础设施和教育医疗等公共服务条件明显改善，城镇化水平提高到47.5%。区域发展总体战略深入实施，中西部地区和东北地区发展加快，区域发展协调性增强，各具特色的区域发展格局初步形成。

（三）可持续发展能力增强

“十一五”规划确定的人口资源环境各项指标均如期完成，预计2010年年底，全国总人口控制在13.4亿人左右，耕地保有量控制在1.215亿公顷，工业固体废弃物综合利用率达到68%，农业灌溉用水有效利用系数提高到0.5，森林覆盖率达到20.36%。尤为可贵的是，在实际经济增速较大幅度超出当初预期情况下，经过各方面艰苦努力，单位国内生产总值能源消耗降低20%左右的目标可以基本实现，二氧化硫和化学需氧量排放总量减少10%的目标超额完成。

（四）城乡居民生活明显改善

居民收入快速增长，城镇居民人均可支配收入年均增长9.3%，农村居民人均纯收入年均增长7.9%，贫困人口大幅减少。各级各类教育迅速发展，国民平均受教育年限达到9年。社会保险制度建设步伐加快，城镇基本养老保险覆盖人数达到2.45亿人，新型农村合作医疗实现全覆盖。公共卫生和基本医疗体系逐步健全。防灾减灾能力不断增强，社会治安和安全生产状况好转。

（五）社会主义市场经济体制更加完善

各项改革有序推进，行政管理体制改革继续深化，农村综合改革、集体林权制度改革和农业支持保护制度建设取得重大进展，医药卫生体制改革迈出实质性步伐，国有企业、财税、金融、文化和出版体制等改革实现新突破。开放型经济水平继续提升，货物出口总额跃居世界第一，利用外资水平不断提高，“走出去”工作势头良好，我国经济在全球经济中的地位和影响力显著增强。

同时，必须清醒地看到，我国发展中不平衡、不协调、不可持续问题依然突出，主要是，经济增长的资源环境约束强化，投资和消费关系失衡，收入分配差距较大，科技创新能力不强，产业结构不合理，农业基础仍然薄弱，城乡区域发展不协调，就业总量压力和结构性矛盾并存，社会矛盾明显增多，制约科学发展的体制机制障碍依然较多。“十二五”时期，要加快解决这些突出矛盾和问题，为全面建成小康社会打下具有决定性意义的基础。

二、“十二五”时期经济社会发展目标的主要考虑

综合考虑未来发展趋势和条件，《建议》按照以科学发展为主题、以加快转变经济发展方式为主线的要求，从经济发展、结构调整、人民生活、社会建设、改革开放5个方面提出了“十二五”时期经济社会发展主要目标，为经济社会发展指明了前进方向，明确了发展重点，提出了基本要求。

（一）经济发展目标

“十二五”时期，我国发展仍处于重要战略机遇期，要抓住机遇，促进经济平稳较快发展，同时把握好经济增长、就业、物价、国际收支间的关系和发展态势，克服各种不稳定、不健康因素，营造良好的宏观经济环境。

经济平稳较快发展。发展仍是解决我国所有问题的关键。满足人们日益增长的物质文化需求，缓解就业压力和处理好各种社会矛盾，必须保持经济平稳较快发展。我国仍具备实现经济较快发展的诸多有利条件，关键要实现持续稳定的增长，确保不出现大起大落。

价格总水平基本稳定。这是保持良好宏观经济环境的必然要求。“十二五”时期保持价格基本稳定，既具备许多有利条件，又面临来自国内国外的诸多压力和挑战，要求我们必须坚持方向、灵活把握、审慎应对。

就业持续增加。就业是民生之本，是提高人民生活水平的根本途径，也是促进社会和谐稳定的重要保障。今后5年我国就业形势依然严峻。要坚持把促进就业放在经济社会发展的优先位置，作为宏观调控和政府绩效考核的优先目标，千方百计扩大就业，努力实现充分就业。

国际收支趋向基本平衡。这是转变经济发展方式必须把握好的重大问题。经济增长过度依赖国际市场，将加大经济的不稳定性，不利于实现良性循环。要统筹国内国际两个大局，在促进出口稳定增长的同时积极扩大进口，在积极利用外资的同时加快“走出去”，努力促进国际收支基本平衡。

经济增长质量和效益明显提高。这是转变经济发展方式的重要目的。我国经济总量规模较大，但附加值和技术含量不高，付出的资源环境代价过大。要努力提高经济增长的质量和效益，使经济发展建立在优化结构、提高效益、降低消耗、保护环境的基础上。

（二）结构调整目标

经济结构战略性调整是转变经济发展方式的主攻方向，也是保持经济平稳较快发展的战略任务。要对需求结构、产业结构、城乡结构、要素投入结构等进行全方位的调整并取得重大进展。

居民消费率上升。这是需求结构优化的重要标志，也是提高人民生活水平的必然要求。我国居民消费率目前在36%左右，低于世界主要国家的水平。“十二五”时期，要继续坚持扩大内需战略，把增加居民消费作为扩大内需的重点，扭转居民消费率下降趋势并稳步提高。

服务业比重提高。这是产业结构优化升级的重要方向，也是产业结构合理化的主要标志。服务业比重过低是产业结构不合理的重要表现，影响并制约着扩大就业、降低能源资源消耗和扩大消费等。要把推动服务业大发展作为产业结构优化升级的战略重点，落实加快服务业发展的政策措施，努力提高服务业比重。

城乡区域发展的协调性增强。城镇化是现代化的重要标志，是我国发展的战略空间，也是解决“三农”问题的根本途径。今后5年是城乡结构转换的重要时期，城镇化率将突破50%的关口。要加快社会主义新农村建设，积极稳妥推进城镇化，增强城乡发展的协调性。促进区域协调发展，是全面建设小康社会和现代化建设的长期战略任务，也是扩大内需、拓展经济发展空间的重要途径。要实施区域发展总体战略和主体功能区战略，增强区域发展的协调性。

经济增长的科技含量提高。这是落实转变经济发展方式的要求提出的新目标，也是对科技创新提出的新要求。我国经济粗放型增长和外延扩张的问题依然比较突出，核心技术、知识产权和自主品牌缺乏，科技与经济脱节问题没有完全解决。要把科技进步和创新作为加快转变经济发展方式的重要支撑，推动发展向更多依靠科技创新驱动转变，培育国际竞争新优势。

单位国内生产总值能源消耗和二氧化碳排放大幅下降，主要污染物排放总量显著减少，生态环境质量明显改善。这是建设资源节约型社会、环境友好型社会的必然要求，也是转变经济发展方式的重大举措。“十一五”规划把节能减排作为约束性指标并分解到各地区，取得了积极效果，有力地推动了科学发展。《建议》承继“十一五”规划的这一做法，而且提出了二氧化碳排放强度下降的新目标，必将有力地促进资源节约和生态文明建设。

（三）人民生活目标

随着经济增长不断增加居民收入，让人民群众共享改革发展的成果，既是发展经济的根本目的，也是扩大内需、推动经济持续发展的根本动力。改革开放以来，城乡居民收入普遍大幅增加，但存在收入增长低于经济增长、收入分配差距较大等问题，成为影响经济自主增长和社会和谐稳定的重要因素。

努力实现居民收入增长和经济发展同步、劳动报酬增长和劳动生产率提高同步。提出“两个同步”的目标，就是要改变国民收入中政府、企业所得份额不断提高，劳动报酬和居民收入所占比重相对下降的局面。要通过扩大就业增加劳动收入、逐步提高最低工资标准、建立职工工资正常增长机制和支付保障机制等措施，提高居民收入在国民收入分配中的比重，提高劳动报酬在初次分配中的比重。

低收入者收入明显增加，中等收入群体持续扩大，贫困人口显著减少，人民生活质量和水平不断提高。这主要是针对城乡居民收入差距过大提出的。确定这样的目标，就是要使低收入者更多地进入中等收入群体，大幅度减少低收入者和贫困人口比重，逐步形成中等收入者占多数、低收入者和高收入者占少数的分配格局，扭转收入分配差距扩大趋势。

（四）社会建设目标

加强社会建设，是促进人的全面发展和社会和谐稳定的重要途径，也会有效地促进经济发展。针对社会建设相对滞后的问题，《建议》全面系统地提出了社会建设各方面的目标。

覆盖城乡居民的基本公共服务体系逐步完善。这是《建议》提出的新目标、新任务，使政府的职责更加明确。基本公共服务主要包括义务教育、公共卫生和基本医疗、就业服务、社会保障、公共文化体育、公共安全等。要加大投入，改革供给体制，逐步完善符合国情、比较完整、覆盖城乡、可持续的基本公共服务体系，提高均等化水平。

全民受教育程度稳步提升，全民族思想道德素质、科学文化素质和健康素质不断提高。国民素质是国家竞争力和文明程度的综合体现，也是经济社会持续发展的重要推动力。《建议》针对这方面存在的问题，鲜明地提出了新要求，对促进人的全面发展和社会和谐、增强民族凝聚力和创造力、实现中华民族伟大复兴具有重要战略意义。

社会主义民主法制更加健全，人民权益得到切实保障。发展社会主义民主政治是我们党始终不渝的奋斗目标。针对我国社会主义民主政治建设存在的问题，《建议》提出了社会主义民主法制更加健全、人民权益得到切实保障的重要目标。

文化事业和文化产业加快发展。文化是民族凝聚力和创造力的重要源泉，也是综合国力的重要体现。《建议》按照中国特色社会主义事业总体布局，专门提出了文化建设的目标，使我国现代化建设的目标体系更加完整，对满足人民群众精神文化需求、提高国家文化软实力具有重要意义。

社会管理制度趋于完善，社会更加和谐稳定。在社会结构、社会组织形式、社会利益格局发生深刻变化的背景下，加强和创新社会管理，形成与社会主义市场经济体制相适应的社会管理体制和格局，是我们党面临的一个新课题。《建议》根据社会管理面临的新形势新任务，提出加强社会管理能力建设，创新社会管理机制，切实维护社会和谐稳定。

（五）改革开放目标

改革开放是经济社会发展的强大动力。《建议》根据科学发展这个主题和加快转变经济发展方式这条主线，适应改革进入攻坚阶段的新形势新任务，提出了今后5年深化改革开放的目标。

财税金融、要素价格、垄断行业等重要领域和关键环节改革取得明显进展，政府职能加快转变，政府公信力和行政效率进一步提高。我国社会主义市场经济体制初步建立，但改革不到位、体制不健全仍然是经济社会发展中许多深层次矛盾和问题难以得到有效解决的根源。《建议》针对制约科学发展和转变经济发展方式的关键性体制机制障碍，重点突出了政府职能、财税金融、要素价格、垄断行业等领域的改革目标，明确了“十二五”时期深化改革的重点和基本方向。

对外开放广度和深度不断拓展，互利共赢

开放格局进一步形成。我国对外开放格局初步形成，国内经济与世界经济的联系更加紧密。同时，世界经济政治格局出现新变化，各种全球性问题更加突出，我国发展面临的国际环境十分复杂。《建议》提出对外开放目标，就是要求我们必须坚持以更广阔的视野，冷静观察、沉着应对，统筹国内国际两个大局，把握好在全球经济分工中的新定位，积极创造参与国际经济合作和竞争新优势。

三、“十二五”时期经济社会发展目标的主要特点

《建议》按照科学发展要求提出的目标，既考虑了现实基础，又考虑了长远需要；既体现了积极进取的精神，又体现了求真务实的作风。

一是高屋建瓴。紧紧围绕科学发展的主题和加快转变经济发展方式的主线，牢牢把握我国发展的全局性、关键性问题，充分考虑后危机时期国际政治经济格局的新特点和发展变化趋势，立足全球谋思路，放眼世界求发展，立意高、视野广，具有很强的战略性、前瞻性、指导性。

二是与时俱进。充分反映了世情国情的新变化，既紧密衔接应对金融危机冲击重大部署，又紧密衔接实现全面建设小康社会奋斗目标，既与“十一五”规划的目标一脉相承，又因应时势提出了一些新目标新要求。

三是注重规律。深刻反映了经济社会发展的趋势，抓住了经济社会发展阶段性特征的本质要求，既符合经济社会发展规律，又切合我国基本国情，体现了增强发展的全面性、协调性、可持续性的客观要求。

四是求真务实。着力解决我国经济社会发展中存在的突出矛盾和主要问题，多做人民群众看得见、摸得着的实事，具有较强针对性和现实性。

五是重点突出。五个方面的目标完整系统，但又不面面俱到，既注重了全面协调发展的要求，又根据当前形势和总体发展的阶段性要求有所侧重，聚焦了亮点、突出了重点，特别是突出了5年的阶段性目标。

总之，《建议》提出的目标思想深邃、催人奋进、实事求是，经过全党全国人民的共同努力奋斗是完全可以实现的。实现“十二五”时期经济社会发展的目标，将使我国转变经济发展方式取得实质性进展，综合国力、国际竞争力、抗风险能力显著提高，全面建成小康社会的基础更加牢固。

（作者：国家发展和改革委员会主任）

提高生态文明水平

周生贤

《中共中央关于制定国民经济和社会发展第十二个五年规划的建议》（以下简称《建议》）从加快转变经济发展方式、开创科学发展新局面的战略高度，明确提出要破解日趋强化的资源环境约束，必须把加快建设资源节约型、环境友好型社会作为重要着力点，积极应对气候变化，加大环境保护力度，提高生态文明水平，走可持续发展之路。这对于实现经济发展、社会进步、生态文明共赢具有重要指导意义。

一、推进生态文明建设是重大而紧迫的战略任务

建设生态文明是我们党深入贯彻落实科学发展观，立足经济快速增长中资源环境代价过

大的严峻现实而提出的重大战略思想和战略任务，是中国特色社会主义伟大事业总体布局的重要组成部分。胡锦涛同志明确指出：“建设生态文明，实质上就是要建设以资源环境承载力为基础、以自然规律为准则、以可持续发展为目标的资源节约型、环境友好型社会。”《建议》把生态文明建设摆上十分突出的战略位置。我国已经具备了推进生态文明建设的时机和条件。

（一）推进生态文明建设是破解日趋强化的资源环境约束的有效途径

《建议》指出，我国发展中不平衡、不协调、不可持续问题依然突出，经济增长的资源环境约束强化。随着工业化、城镇化的快速推进，经济总量不断扩大，人口继续增加，资源相对不足、环境承载力弱成为我国在新的发展阶段的基本国情。近年来，我国环境治理和生态保护取得积极成效，但总体恶化的趋势没有得到根本扭转。水、大气、土壤等污染仍然严重，固体废物、汽车尾气、持久性有机物、重金属等污染持续增加，生态系统更加脆弱，水土流失加重，天然森林减少，草原退化。能源消费总量持续增加，能源利用效率不高。发达国家两百多年工业化进程中分阶段出现的环境问题，在我国现阶段集中凸显。加强能源资源节约，发展循环经济，加强环境治理和生态建设，才能有效破解经济增长的资源环境瓶颈制约。

（二）推进生态文明建设是加快转变经济发展方式的客观需要

《建议》以加快转变经济发展方式为主线，浓墨重彩加以集中论述。环境与发展密不可分。环境问题究其本质，是经济结构、生产方式和发展道路问题，离开经济发展谈环境保护必然是“缘木求鱼”，离开环境保护谈经济发展势必是“竭泽而渔”。环境保护对加快经济发展方式转变具有保障、促进和优化作用，环境承载力越来越成为经济发展规模和发展空间的主要制约因素。将环境保护的“倒逼机制”传导到结构调整和经济转型上来，能更好地推动整个社会走上生产发展、生活富裕、生态良好的文明发展道路。

（三）推进生态文明建设是保障和改善民生的内在要求

《建议》提出，要以保障和改善民生为根本目的。环境保护直接关系人民生活质量，关系群众身体健康，关系社会和谐稳定。广大人民群众随着生活水平的提高，对干净的水、新鲜的空气、洁净的食品、优美的环境等方面的要求越来越高。不容忽视的是，环境污染和生态破坏已成为影响人体健康、损害群众利益的重要因素。我们必须秉持环保为民的理念，着力解决损害群众健康的突出环境问题，切实维护广大人民群众的环境权益。

（四）推进生态文明建设是后国际金融危机时期抢占未来竞争制高点的战略选择

《建议》要求，“巩固和扩大应对国际金融危机冲击成果，促进经济长期平稳较快发展和社会和谐稳定”。国际金融危机影响深远，世界经济正处于新一轮结构调整、创新发展的时期，气候变化、能源资源安全、生物多样性保护等全球性资源环境问题将是国际社会长期面对的重大挑战，绿色发展、循环经济日益成为世界发展的重要趋势。以环境保护优化经济结构和发展方式，抢占世界经济发展新的制高点，才能在新一轮国际竞争中赢得主动。

二、从根本上破解资源环境难题，积极探索代价小、效益好、排放低、可持续的中国环境保护新路子

环境保护是生态文明建设的主阵地和根本措施，是推进可持续发展的着力点和攻坚方向。《建议》对贯彻节约资源和保护环境的基本国策，建设资源节约型、环境友好型社会，提高生态文明水平等重大战略思想和方针政策作了深刻论述，对加强环境保护和生态建设提出诸多新要求；全面确定了“十二五”经济社会发展的主要目标，其中一项就是，单位国内生产总值能源消耗和二氧化碳排放大幅下降，主要污染物

排放总量显著减少，生态环境质量明显改善；系统部署了应对气候变化、发展循环经济、加大环境保护力度、加强生态保护等重点工作。践行重大战略思想，完成艰巨目标任务，抓好各项重点工作，必须以改革创新精神，开阔新视野，谋划新思路，制定新举措，积极探索代价小、效益好、排放低、可持续的中国环境保护新路子。

2010年9月，在深圳经济特区建立30周年庆祝大会上，胡锦涛总书记明确要求，要适应国内外形势新变化，按照国家发展新要求，顺应人民新期待，“继续加快转变经济发展方式，努力为推动科学发展探索新路”。温家宝总理强调指出，做好新形势下的环保工作，关键是要加快实现“三个转变”。要坚持在开发中保护、在保护中开发，实现经济社会发展与人口、资源、环境相协调，不能走“先污染后治理”的老路。西方发达国家曾走过的先污染后治理、牺牲环境换取经济增长、注重末端治理的老路在中国走不通，也走不起。改革开放三十多年来，我国一些地方就环保论环保，就污染谈污染，甚至重蹈先污染后治理的覆辙，付出过大的环境代价。贯彻落实《建议》，立足我国的基本国情、经济社会发展实际和资源环境状况，走出一条代价小、效益好、排放低、可持续的环境保护新路子，是形势使然、出路所在。

“代价小”就是坚持环境保护与经济发展相协调，以尽可能小的资源环境代价支撑更大规模的经济活动。“效益好”就是坚持环境保护与经济社会建设相统筹，寻求最佳的环境效益、经济效益和社会效益。“排放低”就是坚持污染预防与环境治理相结合，把经济社会活动对环境损害降低到最小程度。“可持续”就是坚持环境保护与长远发展相融合，通过建设资源节约型、环境友好型社会，推动经济社会可持续发展。《建议》从多方面提出具体要求，如“促进经济社会发展与人口资源环境相协调”，“落实节约优先战略”，“加快构建资源节约、环境友好的生产方式和消费模式”。这进一步明确了环境保护的方针原则、基本路径和保障机制。

将上述新要求全面体现到国民经济体系的各个领域和社会组织体系的各个方面，以环境容量优化区域布局，以环境改善倒逼发展方式转变，以生态建设再造环境优势，是有效减轻环境治理压力、扭转生态恶化趋势的治本之策。

三、加快建设资源节约型、环境友好型社会，努力提高生态文明水平

面对日趋强化的资源环境约束，必须增强危机意识，树立绿色、低碳发展理念，以节能减排为重点，健全激励和约束机制，加快构建资源节约、环境友好的生产方式和消费模式，增强可持续发展能力。

（一）积极应对全球气候变化

气候变化是环境问题，也是发展问题。我国政府提出，到2020年单位国内生产总值二氧化碳排放量比2005年下降40%—45%。《建议》规定，“把大幅降低能源消耗强度和二氧化碳排放强度作为约束性指标，有效控制温室气体排放”。应对气候变化，主要应从减缓、适应和增强能力建设等方面入手。在减缓气候变化方面，要坚定不移地推行有利于节约能源资源、保护环境的产业结构、生产方式、消费模式；大力节约能源，提高能源利用效率；调整能源消费结构；增加非化石能源比重；继续推进植树造林，提高森林覆盖率，增加蓄积量，提高固碳能力。在增强适应气候变化能力方面，加强对各类极端天气和气候事件的预警监测与应对；建立完善温室气体排放和节能减排统计监测制度；加强气候变化科学研究，加快低碳技术研发和应用，逐步建立碳排放交易市场。在应对气候变化国际合作方面，坚持共同但有区别的责任原则，承担与我国发展水平相适应的减排责任和义务。

（二）深化节能减排

节能减排是资源节约和环境保护的硬抓手，既要打攻坚战，又要打持久战。“十一五”前4年我国单位国内生产总值能耗累计下降

15.61%，化学需氧量、二氧化硫排放总量分别下降9.66%和13.14%。《建议》对“十二五”时期节能减排工作作出明确部署。

加大节能工作力度。强化节能目标责任考核，完善节能法规和标准，健全节能市场化机制和对企业的激励与约束。合理控制能源消费总量，抑制高耗能产业过快增长，提高能源利用效率。严格控制高耗能、高排放行业低水平重复建设，加快淘汰落后产能，促进产业结构优化升级。突出抓好工业、建筑、交通运输等重点领域节能。加快实施重点节能工程，推广先进节能技术和产品。加强重点用能单位节能管理，提高能源管理水平。加快推行合同能源管理，促进节能服务产业发展。深入开展全民节能行动，形成节约光荣的社会风尚。

继续深化减排工作。落实减排目标责任制，强化污染物减排和治理，增加主要污染物总量控制种类，将主要污染物由两项扩大到四项，即化学需氧量、氨氮、二氧化硫、氮氧化物。把结构减排放在更加突出的位置，继续强化工程减排和管理减排，加快城镇污水和垃圾处理设施建设，全面启动县县建设污水处理厂工程，提高污水处理率和负荷率；加大“三河三湖”、松花江、黄河小浪底库区、三峡库区、南水北调水源及沿线等重点流域水污染防治力度。有效控制城市大气污染，继续加强燃煤电厂脱硫，切实加强电厂脱硝，严格控制机动车尾气排放，将区域大气环境作为整体进行部署，着力构建“统一规划、统一监测、统一监管、统一评估、统一协调”的区域空气联防联控工作新机制。

（三）大力发展循环经济

《建议》就推动循环经济发展提出一系列要求，包括以提高资源产出效率为目标，加强规划指导、财税金融等政策支持，完善法律法规，实行生产者责任延伸制度，推进生产、流通、消费各环节循环经济发展；加快资源循环利用产业发展，加强矿产资源综合利用，鼓励产业废物循环利用，完善再生资源回收体系和垃圾分类回收制度，推进资源再生利用产业化；开发应用源头减量、循环利用、再制造、零排放和产业链接技术，推广循环经济典型模式。这些规定具体明确，需要多策并举，全力抓好。

（四）着重解决损害群众健康的突出环境问题

《建议》强调指出，“以解决饮用水不安全和空气、土壤污染等损害群众健康的突出环境问题为重点，加强综合治理，明显改善环境质量”。解决损害群众健康的环境问题，必须围绕这些重点来进行。继续强化饮用水源保护区管理措施，扎实抓好饮用水环境安全保障工作。全面排查重金属等污染物排放企业及其周边区域环境隐患，有效解决重点防控区域、行业和企业的突出问题。集中开展沿江沿河沿湖化工企业综合整治，全力遏制化工行业环境事件高发势头。强化核与辐射安全监管能力建设。有效控制城市噪声污染。加大农村“以奖促治”支持力度，治理农业面源污染，实施农村清洁工程，全面启动“连片整治”工作，建设清洁水源、清洁田园和清洁家园。

（五）切实保护和修复生态

良好的生态环境能使全民族乃至全人类一代又一代持续发展。坚持保护优先和自然恢复为主，从源头上扭转生态环境恶化趋势。实施重大生态修复工程，巩固天然林保护、退耕还林还草、退牧还草等成果，保护好草原和湿地。继续推进荒漠化、石漠化综合治理。加强自然保护区、重点生态功能区、海岸带的保护和管理，治理水土流失、增强涵养水源、保持水土、防风固沙能力，构筑国家生态安全屏障。保护生物多样性，把生物资源有效保护与合理利用结合起来。

（六）建立健全有利于环境保护的体制机制

《建议》对建立健全环境保护的保障措施提出许多要求。需要抓紧制定与我国基本国情相适应的环境保护宏观战略体系、全防全控的防范体系、健全高效的环境治理体系、完善的环境法规政策标准体系、完备的环境管理体系、全民参与的社会行动体系。进一步深化环评制度，严格环境准入，严格执法监督，健全重大环境事件和污染事故责任追究制度，持续开展环保专项行动。注重运用市场手段，加快建立生态补偿机制，积极推进资源性产品价格改革和环保收费改革，全面改革资源税，开征环境保护税，健全绿色税收、绿色证券、绿色采购、绿色贸易等环境保护科技和经济政策。建立健全污染者付费制度，建立多元环保投融资机制，大力发展环保产业。

生态文明建设正在新的历史起点上向前推进。只要我们认真落实《建议》，就一定能够结出环保事业的累累硕果，让广大人民群众早日拥有青山绿水碧海蓝天！

（作者：环境保护部部长）

转变政府职能
为加快经济发展方式转变提供制度保障

魏礼群

加快经济发展方式转变是我国经济和社会领域的一场深刻变革，关系改革开放和社会主义现代化建设全局，具有现实的紧迫性和长期的战略意义。从根本上实现经济发展方式转变，不仅要靠思想教育和舆论引导，更要靠深化改革和制度创新来推动。而加快政府自身改革，进一步转变政府职能，则是加快经济发展方式转变的强大动力和制度保障。

一、政府在推动经济发展方式转变中负有重大责任

我国在制定"九五"规划时就明确提出转变经济增长方式问题，党的十七大又进一步提出了加快转变经济发展方式的战略任务。多年来，我国经济发展方式转变不断有所进展，但从总体上看，问题仍比较突出。集中表现为：一是发展结构不合理，主要是产业层次低，城乡、地区发展不协调，社会事业发展滞后，投资消费关系失衡；二是经营方式粗放，投入多、消耗高、效益低，付出的资源和环境代价过大。我国经济发展方式存在的问题，既同我国经济发展的阶段性有关，也同我国经济发展内外部环境的变化有关，更同政府职能转变滞后有关。政府的职能和行为决定着政府管理的基本方向和主要形式，政府作为公共权力行使者、政策措施制定者、经济活动管理者、国有资产所有者、改革创新组织者所具有的特殊地位，决定了政府对经济发展方式具有广泛的、重要的影响和作用。要加快经济发展方式转变，就必须加快政府职能转变。

从国际发展经验来看，经济发展方式既受特定发展阶段以及资源禀赋条件等客观因素决定，也受发展观与发展战略导向、管理体制和政策安排等因素影响。经济发展方式转变既可以是自发的渐进的历史过程，也可以是政府自觉推动的战略性转变过程。对于不同的国家来说，需要根据自己的国情采取合适的推动经济发展方式转变的形式。西方发达国家经济发展方式转变大多属于市场推动的过程，但政府也实施了一定的干预，通过制定发展战略和政策，完善各种法律和制度，规范市场进入标准和市场主体行为，保证市场竞争的有序进行；政府大力投资于科技、教育、卫生和其他公共领域以改善劳动者的素质，加速人力资本的积累；通过税收、财政转移支付等经济手段调节社会分配。对西方发达国家政府在推动经济发展方式转变

过程中的作用和经验，我们还需要深入研究和分析，借鉴其有益之处。

中国特色社会主义市场经济模式，体现了社会主义国家决策高效、组织有力、能够集中力量办大事的优势，我们要发挥这个比较优势来推动经济发展方式的转变。随着经济发展规模的扩大和市场化程度的提高，影响经济发展的因素在逐渐变化，经济发展方式转变的部分任务将逐步由市场自行解决。当前，我国市场经济仍处在发育和完善的阶段。在这样的情况下，转变经济发展方式，包括调整产业结构，协调内需与外需关系、投资与消费关系、城乡关系、区域关系，协调经济发展与社会发展、节约能源资源和保护生态环境，还需要发挥政府宏观调控和管理的重要作用。从我国现阶段的实际情况来看，需要自觉发挥社会主义市场经济模式比较优势的功效，来加快推动经济发展方式的转变。

形成有利于科学发展的体制机制，完善有利于加快经济发展方式转变的制度安排，需要把政府职能转变放在更加突出的位置。国际金融危机以后，我国经济发展一度陷入严重困难，实际上是经济发展方式受到了冲击。当前，经济发展中许多粗放经营、结构失衡等深层的矛盾和问题都同政府职能转变不到位密切相关，迫切需要加快突破一些影响和制约经济发展方式转变的关键环节和制度。经济社会生活中潜在的风险也要求强化政府社会管理和公共服务职能。因此，只有进一步转变和正确履行政府职能，才能有力地推动经济发展方式转变。

二、加快转变政府职能，着力形成有利于经济发展方式转变的制度和环境

从根本上来说，加快政府职能转变，就是要合理界定和健全政府职责体系，正确行使政府职能。具体来说，就是进一步加强和改进宏观调控与市场监管，从制度上更好地发挥市场在资源配置中的基础性作用；就是更加注重社会管理和公共服务，促进社会公平正义和维护良好社会秩序。当前，应着力抓好以下几个方面：

第一，加强和改善宏观调控，从制度上保障市场在资源配置中发挥基础性作用。要遵循社会主义市场经济规律，完善宏观调控体系和制度，着力提高宏观调控和管理水平，为加快发展方式转变提供有力的制度保障和营造良好的环境。在当前应对国际金融危机冲击、加快经济结构战略性调整的情况下，尤其要加强宏观调控和政策引导，包括发挥国家规划、计划、产业政策和信息服务的导向作用，完善市场准入制度和标准规范，纠正片面追求增长速度而忽视结构、质量和效益的现象，淘汰落后产能和防止产能过剩，促进自主创新和技术进步，鼓励发展战略性新兴产业，促进城乡、地区协调发展。要增强宏观调控的前瞻性、科学性、针对性，健全宏观调控制度。宏观管理还要体现出中央的决策权威，确保中央政令畅通和宏观调控决策有效。同时，要坚持社会主义市场经济的改革方向，更大程度地发挥市场在资源配置中的基础性作用，以利于提高资源使用效率和效益。创造一个有效率的市场环境更具有基础意义，要完善市场体制和竞争机制。企业是市场的主体，是优化结构、节约资源、提高效益的基础，必须使企业充分行使生产经营自主权。目前的问题是：政府及有关部门仍然管了不少不该管也管不好的事，行政审核事项还过多，有些地方政府仍然代替企业招商引资，决定建设项目，直接干预企业的生产经营活动，不计生产成本，不讲经济效益。因此，必须切实推进政企分开、政资分开、政事分开，让企业真正做到自主经营、自负盈亏，促进和保护公平竞争，发挥好市场机制对经济发展方式转变有力的推动作用。这是进一步转变政府职能的关键所在。

第二，加快财政税收和价格体制改革，着力形成有利于经济发展方式转变的财税制度和价格机制。财政、税收、价格手段是促进科学发展、转变经济发展方式最直接最有效的经济手段。要实行有利于发展方式转变、科技进步和资源能源节约的财税制度，加快建立健全资源

有偿使用制度和生态环境补偿机制，深化资源性产品价格改革和环保收费改革，加快建立能够充分反映市场供求关系、资源稀缺程度、环境损害成本的资源要素价格形成机制。建立公共财政体制，重点是要优化财政支出结构，创新公共服务供给机制，使财政资金更多地支持经济结构调整和创新，支持社会建设和改善民生，更多地向节能减排、劳动就业、社会保障、教育、医疗卫生等公共服务领域倾斜，并建立长效机制和制度保障。

第三，健全优化经济结构的政策体系，鼓励依靠自主创新促进发展。坚持扩大国内需求特别是消费需求的方针政策，促进经济增长靠消费、投资、出口协调拉动，靠第一、第二、第三产业协调带动，靠科技进步和智力开发支撑推动。特别是要推进生产要素组合方式和生产结构调整，逐步实现从低成本扩张模式转向高技术含量、高附加值扩张模式，从高消耗、高污染增长模式转向低碳化、绿色化清洁生产、可持续增长模式。调整产业政策，大力推动工业结构调整和技术升级，加快改造传统产业，淘汰污染严重的产业，发展现代农业和第三产业，尤其是要加快发展现代服务业，选准和推动战略性新兴产业发展，实现产业结构优化升级和战略调整。建立统筹城乡发展的制度体系，有序推进城镇化和新农村建设。统筹城乡发展，为城镇化与社会主义新农村建设互相促进、协调发展创造条件。这不仅是保持经济平稳较快发展的内在要求，更是我国经济发展的长期战略选择。有序推进城镇化和新农村建设是扩大内需的持久动力，也是转变经济发展方式的重要载体。为此，要建立和完善统筹城乡的土地利用和建设规划制度、产业布局和产业协调制度、基础设施建设管理和公共服务制度、人力资源开发和劳动就业制度、社会保障和社会管理制度、资源开发和环境保护制度等，为实现城乡发展一体化创造条件。

第四，深化收入分配制度改革，强化政府的再分配职能。当前，收入差距持续扩大已引起社会的强烈关注。因此，强化政府的再分配职能，加大收入分配制度改革的力度，是当前加快转变经济发展方式的重要环节。既需要通过发展经济做大社会财富这个“蛋糕”，又要通过合理的收入分配制度把“蛋糕”分好，让全体人民合理分享改革发展的成果，这是政府的重要职责，是促进社会公平正义和维护国家长治久安的重要举措。总的方向和原则是，国民收入初次分配和再分配都要处理好效率与公平的关系，再分配应更加注重公平。要加强政府对收入分配的调节职能，提高居民收入在国民收入分配中的比重，提高劳动报酬在初次分配中的比重，改变企业“利润侵蚀工资现象”，建立企业职工工资正常增长机制和支付保障机制，维护劳动者权益。深化垄断行业的收入分配制度改革，完善对垄断行业工资总额和工资水平的双重调控政策。要扩大社会保障的覆盖面，提高社会保障的统筹层次，重点解决低收入阶层的失业、医疗、养老等问题。创造条件让更多的群众拥有财产性收入，倡导健康的财富理念，积极推动社会慈善事业发展。要通过扩大转移支付、强化税收调节、整顿分配秩序，努力扭转收入分配差距扩大的趋势。

第五，完善政绩考核评价机制，建立促进经济发展方式转变的激励约束制度。推动科学发展，加快经济发展方式转变，树立正确的政绩观和科学的政绩评价导向具有关键意义。政绩考核评价既要看经济增长的速度，更要注重经济增长的质量和效益，注重资源节约和生态环境保护，还要注重社会进步和公共服务水平提高。要坚决改变片面追求经济增长速度和经济总量扩张的考核评价制度，切实把节约能源资源和保护环境、推动社会全面进步，促进社会公正、公平和改善民生，加强就业、社会保障、教育、卫生和公共服务建设，作为重要标准纳入考核评价指标体系中，并实行政府绩效评价和行政问责制。这样，才能引导各级政府把更多的精力和资源投入经济结构调整、促进经济发展方式转变，形成有利于一、二、三产业协调发展、城乡和区域协调发展的机制，形成有利于改善民生、加强社会建设和公共服务的机制。

三、政府在推动经济发展方式转变中需要处理好的几个关系

政府要有效行使职能，做到“既不越位，也不缺位”，在加快转变经济发展方式中有更大作为，必须处理好以下四个关系。

要处理好政府与市场的关系。促进经济发展方式转变，既要重视发挥政府这只看得见的手的作用，又要发挥市场这只看不见的手的作用。两手都要用，都要硬，都要发挥应有的作用。关键是在实际工作中要把两者结合好，还需要结合具体发展阶段和发展领域有所侧重。当前，产业结构调整的一个突出问题，就是如何淘汰落后过剩产能和促进产品升级换代。为此，政府既要重视运用经济手段引导资源配置，又要辅之以必要的法律手段和行政手段，消除各种制约和影响资源优化配置和提高资源利用效率的体制机制，健全统一、公平、公开竞争和优胜劣汰的机制，从而为推动经济发展方式转变提供政府科学管理和市场公平竞争的制度保障。

要处理好政府投资与民间投资的关系。近年来，为应对国际金融危机冲击造成的外需严重下滑，政府增加投资以扩大国内需求，这是完全必要的，实践效果也是好的。在经济企稳向好之后，政府投资力度可以作适当调整，要更多地考虑促进民间投资，以激发经济增长的内生动力和活力。最近，国务院制定了鼓励和促进民间投资健康发展的政策措施，各地各部门应认真贯彻落实。要进一步明确界定政府投资范围，进一步解决民间投资准入难的问题。要拓宽民间投资的领域和范围，深化传统垄断行业和领域改革开放，鼓励和引导民营企业通过参股、控股、资产收购等多种方式参与国有企业改制重组，支持有条件的民营企业通过联合重组等方式壮大实力。建立健全民间投资服务体系，为民间投资创造良好的政策环境和社会环境。

要处理好中央政府与地方政府的关系。正确发挥中央政府与地方政府两个积极性，需要合理和清晰划分中央与地方的职能和事务，健全财力和事权相匹配的体制。各级政府要按照加快职能转变的要求，结合实际，突出管理和服务重点。中央政府要加强经济社会事务的宏观调控、引导和管理，进一步减少和下放具体管理事项，把更多的精力转到制定战略规划、政策法规和标准体系上，维护国家法制统一、政令统一和市场统一。地方政府要确保中央方针政策和国家法律法规的有效实施，加强对本地区经济社会事务的统筹协调，强化执行和执法监管职责，维护市场秩序和社会安定，促进经济社会事业协调发展。要加快省直管县体制改革，探索地方政府层级改革的路径。进一步改革和完善财政转移支付制度，把保持中央财政调控能力与扩大地方财力结合起来。加快投资体制改革，适当简化和下放投资项目审批权，中央政府集中力量解决涉及国家全局和长远发展的重大问题，强化投资活动监管。要完善引导全社会投资活动的体制与机制，推进政府投资项目管理方式的创新。

要处理好经济发展与改善民生的关系。保障和改善民生既是发展的根本目的，也是发展的强大动力；既是拉动消费最有效的手段，也是实施扩大内需战略和推动经济发展方式转变的重大举措。要更加注重改善民生、加强社会建设，坚持把公共资源配置更多地向民生领域倾斜，扩大公共服务，加快社会事业发展，让经济发展成果惠及全体人民，切实增强经济社会发展的协调性。当前，特别要围绕促进就业考虑经济和社会发展，确定政府投资和引导社会投资方向。同时，要下更大决心集中财力建立与我国现阶段国情相适应的社会保障体系和制度。

（作者：国家行政学院党委书记、常务副院长）

深刻领会十七届五中全会的基本精神
加快转变经济发展方式

张蔚萍

党的十七届五中全会审议通过的《中共中央关于制定国民经济和社会发展第十二个五年规划的建议》，明确提出了“十二五”时期我国经济社会发展的指导思想、发展目标、主要任务、战略布局和重大措施，对推动今后5年我国经济社会发展作出了全面部署。会议强调，当前和今后一个时期，是全面建设小康社会的关键时期，是深化改革开放 、加快转变经济发展方式的攻坚时期。这次会议明确告诉全党：“十二五”规划的主要精神就是在科学发展观指导下，加快转变经济发展方式，其目的是为全面建设小康社会打下具有决定性意义的基础。所以，要学习贯彻会议的基本精神，就必须搞清楚：为什么把“加快转变经济发展方式”作为中心议题加以讨论？怎样深刻理解党中央关于加快转变经济发展方式的战略构想和布局？采取哪些有效措施来加快实现经济发展方式转变？这三个重大问题搞清楚了，才能深刻领会和准确把握十七届五中全会的主要精神。

一、把加快转变经济发展方式作为制定“十二五”规划中心议题的必要性和紧迫性

转变经济发展方式是贯彻落实科学发展观的重大举措，是实现全面建设小康社会目标的决定性基础。我们党在制定“十一五”规划时就提出了转变经济增长方式问题，党的十七大第一次提出了“转变经济发展方式”问题，并在前边强调了“加快”二字，意指 “加快转变经济发展方式”的紧迫性。然而不少党员干部对此认识不足，对“加快转变”的主攻方向、支撑点、着力点也搞不清，因而所采取的措施也不够得力。鉴于这种情况，这次中央全会专门讨论这个问题，以便为制定“十二五”规划提供理论指导和科学建议。

党中央提出“加快转变经济发展方式”，是依据国际国内经济形势的新变化而作出的科学结论。十七届五中全会认为，我国经济社会发展仍处于可以大有作为的重要战略机遇期，虽然机遇和挑战同时并存，但总的形势是机遇大于挑战，这一点必须牢牢把握。关于转变经济发展方式的必要性和紧迫性，胡锦涛同志在讲话中有明确论述。他指出，综合判断国际国内经济形势，转变经济发展方式已刻不容缓。为什么说刻不容缓？要从国际国内两个方面来理解。

从各国发展经验和国际形势来看，世界上所有先进国家的大发展，都伴随着经济社会大转型。谁能及时转型、成功转型，谁就能掌握国家发展进步的主动权。当前，世界上正处于后金融危机时期，世界经济出现企稳回升迹象，但深层次矛盾尚未得到彻底化解，复苏基础尚不稳固，发展速度明显减缓。因此，各国都在探索经济发展的新路子。在探索新路中，发达国家和一些发展中国家，纷纷把新能源、新材料、新技术、生物医药、节能环保、低碳技术、绿色经济等作为新一轮经济发展的重点，全力抢占世界经济发展的制高点。总体上看，在世界经济社会发展潮流中，一方面低碳经济发展正在催生新兴产业成长和结构性变革，必然促使经济发展格局大转变；另一方面，发达国家居民收入和消费行为出现了新变化，正在改变全球生产和

消费的格局。这一切都说明，世界经济发展已处在大转型时期，我们必须顺应时代潮流，加快经济发展方式转变。

从国内经济形势看，我国GDP已超过德国和日本，跃居世界第二位。尤其是我们在贯彻“十一五”规划中取得了巨大成就，不仅为转变发展方式奠定了物质技术基础，而且积累了丰富的实践经验。这些都为加快转变经济发展方式提供了有利条件。然而我们还应清醒地看到，目前我国发展中不平衡、不协调、不可持续问题依然突出，经济结构不合理，自主创新能力不强，城乡区域发展不平衡，资源环境约束从紧和社会建设滞后等问题，严重阻碍着我国经济社会的科学发展。解决这些问题的主要路径就是转变经济发展方式。十七届五中全会之所以强调“加快转变经济发展方式”，不仅是时代的要求，更是由于我国经济社会凸现了六大问题，迫切要求我们尽快解决，否则我国经济就难以又好又快地发展。

（一）能源资源约束强化

我国经济增长主要依靠能源资源消耗，而能源资源消耗对外依赖性相当大。比如石油消费进口在50%以上、铁矿石在60%以上，其他方面也很大。如果减少进口，就要大力开发国内物质资源，这样人均能源资源的存量就会越来越少，转过来又会刺激加大进口。最近10年来，我国消耗的钢材、有色金属、水泥、矿产品等资源，相当于1950年到2000年50年消耗量的总和。我国人口众多、人均资源不多，如果靠大量消耗资源来推动经济发展，此路绝对不通！必须寻找新的出路。

（二）生态环境压力增大

我国空气污染、水污染和食品污染相当严重。据统计，仅石化二氧化碳排放量每年就达60亿吨，居世界第一位，今后10年还会增加，将增加到近百亿吨。这对生态环境是多么大的危害呀！另一方面，城镇化过程中修建住房、修建厂房、修建高尔夫球场和其他设施，必然占地毁林，这就会造成生态环境日益恶化，进而促使自然灾害越来越严重。从全国看，原来生态环境优美的云、贵、川等省、地、县，这几年灾情频频发生，值得我们深思。就拿最近舟曲发生的泥石流灾害来说，这与长期伐木毁林有很大关系。据林业局统计，从1952年2月8日舟曲成立林业局到1990年，累计采伐森林189.75万亩，加上民用木材和乱砍滥伐、盗卖盗用，使水土流失越来越严重。如果再加上矿山开采、水电开发等建设活动的影响，生态环境超限度地遭到破坏。问题是到现在还有很多领导干部尚未认识到破坏生态环境的严重危害，保护生态环境工作很难落实。

（三）内外需求和消费不均衡

在对外需求方面，世界各国对外依存度平均在40%左右，而我国却达到60%以上。尽管我们不断扩大内需，但效果不尽如人意，并且继续呈现城乡消费不均衡、居民消费比重低、农民消费比重更低的现象。据统计，2003年以来，城镇居民消费率达到70%，而农村只有30%。在社会消费总额中，政府和企业消费增长较快，约增长15%左右，而居民消费增长不足9%。另外，在区域消费方面也存在很大差距，东部消费高，西部消费低。这些都说明实现协调发展是一个很艰巨的任务。

（四）经济增长方式粗放

这主要表现在三个方面：一是产业层次较低。比如制造业增加值率仅是美国的4.38%、日本的4.37%、德国的5.56%；其中机械工业比发达国家低10多个百分点。二是单位GDP能耗大，是世界平均水平的2.65倍，其中吨钢能耗高出世界水平的15%，火电煤耗高出20%，水泥能耗高出24%。三是粗放产品产能过剩。比如，粗钢每年过剩1.7亿吨，水泥每年过剩6亿吨。尽管产能过剩，而有的地方还在不断建设粗放式的新厂和生产线。

（五）创新转化成果的能力不足

目前，我国仅发明专利就超过百万件，但专利技术转化率只有1%。由于缺乏自主知识产权和核心技术，我国的生产企业要将每部计算机售价的30%、数控机床售价的20%—40%、手机售价的20%支付给国外的专利持有者。改革开放以来，我们推动经济增长过分依赖投资增长，最近10年固定资产投资平均每年增长26%，若再继续这样搞下去，就会影响经济社会又好又快发展。

(六)结构调整进展缓慢，社会建设滞后

近年来，不少地方企业的产业结构调整缓慢，很多企业仍把房地产作为获利的重点产业，希望抬高房价增加收入，而不愿淘汰技术落后、污染严重、能耗过大的产业。同时，低水平的重复建设屡禁不止，技术落后、质量不高、效益不好的企业和大而全、小而全的生产方式普遍存在，而高新技术产业的比重仍然很低，这表明结构调整进展缓慢。在社会建设方面，虽然党和政府高度重视，有了较大改进，但公共教育、社会保障、卫生健康等社会事业和民生方面的"短腿"问题仍未解决好，政府职能的转变也相对滞后。这些都说明转变经济发展方式问题不仅很重要，而且很紧迫。

二、党中央关于加快转变经济发展方式的战略构想和布局

党的十七届五中全会明确提出了制定"十二五"规划的指导思想，这就是：必须高举中国特色社会主义伟大旗帜，以邓小平理论和"三个代表"重要思想为指导，深入贯彻落实科学发展观，适应国内外形势新变化，顺应各族人民过上好日子的新期待，以科学发展为主题，以加快转变经济发展方式为主线，深化改革开放，保障和改善民生，巩固和扩大应对国际金融危机冲击成果，促进经济长期平稳较快发展和社会和谐稳定，为全面建设小康社会打下具有决定性意义的基础。

在上述指导思想中，核心是以科学发展观为指导，加快转变经济发展方式。围绕这个核心思想，党中央为制定"十二五"规划、加快转变经济发展方式提出了新的战略构想和布局，概括起来有以下五个要点，简称"五个坚持"。一是要坚持把经济结构战略性调整作为加快转变经济发展方式的主攻方向；二是要坚持把科技进步和创新作为加快转变经济发展方式的重要支柱；三是要坚持把保障和改善民生作为加快转变经济发展方式的根本出发点和落脚点；四是要坚持把建设资源节约型、环境友好型社会作为加快转变经济发展方式的重要着力点；五是要坚持把改革开放作为加快转变经济发展方式的强大动力。这"五个坚持"是党中央制定"十二五"规划和转变经济发展方式的战略构想，是形成"十二五"规划建议的重要依据，必须深刻领会，并在实践中努力贯彻落实。

(一)关于坚持经济结构战略性调整问题

十七届五中全会明确把经济结构战略性调整作为转变经济发展方式的主攻方向，这对于贯彻落实"十二五"规划具有战略意义。这里讲的经济结构战略性调整，主要是指产业结构、供需结构、消费结构三大结构的战略性调整，相应的还涉及城乡结构和区域结构的战略性调整。产业结构调整是经济结构调整的基础。所谓产业结构调整，主要是第一产业、第二产业和第三产业之间的结构比例趋于合理化。从目前的情况看，我国经济增长主要依靠第二产业即工业带动，第一产业和第三产业对经济发展的拉动力不够强，调整的目的是要三者协同拉动经济增长，着力点在于加大对农业和服务业的投资和政策引导。从企业内部来说，也有一个产业结构调整问题，主要是强化有战略发展前途的优势产业，淘汰不符合科学发展的污染产业、高耗产业和落后产业。供需结构调整是经济结构调整的重要环节 。从历史上看，调整供需平衡是毛泽东、周恩来在领导经济发展中一直很重视的问题。实践证明，需求小于供给就会造成产品积压、失业，进而引发通货紧缩；若需求大于供给就会造成物价上涨，引发通货膨胀。我们党作规划的一个重要目的就是要解决需求基本平衡问题。从总体上讲，我国的供需之间基本是合理的。然而在对外开放的条件下，处理好外需与内需的矛盾是个新课题。改

革开放以来,我们长期重视外需拉动经济发展,但对内需拉动问题举措不力。当前,采取措施扩大内需,仍是调整经济结构中的一项艰巨任务。据统计,直到2007年,我国进出口还占GDP的65.2%,比世界平均水平高出15个百分点。扩大内需的关键是提高消费率,以便形成消费、投资、出口协调拉动经济增长的新局面。然而,要提高消费率,根本问题在于让广大人民群众富裕起来,并要着力解决贫富差距拉大的问题。只有富民,才能强国。"富民强国",这是"十二五"规划的一个重要新思想,也是经济结构调整的最终目的。

(二)关于坚持科技进步和创新问题

这是加快转变经济发展方式的重要支撑和关键性环节。坚持科技进步,是指第一、第二、第三产业都要科技进步,其关键是抓好第二产业的科技进步,进而带动第一、第三产业的科技进步。在推动第二产业科技进步方面,国务院特别对培育发展战略性新兴产业专门作出了决定。这里所说的"战略性新兴产业",主要是指节能环保、新一代信息技术、生物工程、高端装备制造以及新能源、新材料、新能源汽车七大产业。这些产业具有重大性、全局性、长远性,是新世纪新阶段用新能源、新材料、新技术武装的产业。在这七大新兴产业中,其中前四项被国务院列为支柱产业,后三项被列为先导产业。国务院采取了优惠政策并利用多层次资本市场来鼓励和助推这些战略性新兴产业的发展。

坚持科技进步贵在创新。十七届五中全会强调,要深入实施科教兴国战略和人才强国战略,加快建设创新型国家,这是创新的根本任务;要增强科技创新能力,完善科技创新体制机制,这是创新的重要保证;要加快教育改革发展,为科技进步培育大批人才和人力资源,建设人才强国,这是创新的基础性工程。创新有三个层次:一是借鉴型创新,也就是在借鉴他人先进经验和先进技术的基础上不断丰富新内容;二是集成型创新,主要依靠团队的力量和集体的智慧分工协作进行创新;三是发明型创新,主要依靠个人或群体的独创取得自主知识产权和核心技术,这是高层次创新。创新的前提是敢创,即要有勇气和胆量创;创新的关键是善创,即善于在"新"字上做文章、下功夫。为此,就要努力做到"五新":一是要适应时代的新变化,善于与时俱进;二是要研究现实的新情况,善于从实际出发;三是要形成决策的新思路,善于在新思路中寻找出路;四是要探索实施的新办法,善于解决各种矛盾;五是要努力开创工作的新局面,为国家不断做出贡献。

(三)关于坚持保障和改善民生问题

这是党和政府加快转变经济发展方式的出发点和落脚点,也是制定和实施"十二五"规划的根本目的。民生问题,包括就业、住房、医疗、教育、社保、收入分配、公共服务七大问题。党中央在十七大就提出"加快推进以改善民生为重点的社会建设",其目的就是要引起党员干部高度重视和着力解决民生问题。首先要保障民生,这是最起码的要求;进而要改善民生,这是较高的要求。只有把保障民生和改善民生结合起来,才能真正让人民过上更加幸福美好的生活。为此,"十二五"规划建议提出,要着力保障和改善民生,逐步完善符合国情、比较完整、覆盖城乡、可持续的基本公共服务体系,提高政府保障能力,推进基本公共服务均等化。为此,就要抓好以下六项重要工作。第一,要促进就业,构建和谐劳动关系,注重发挥新兴产业和民营企业在解决就业中的作用。第二,要合理调整收入分配关系,努力提高居民收入在国民收入分配中的比重,提高劳动报酬在初次分配中的比重,使干部和职工的工资有一个合理较快的提高。第三,要健全覆盖城乡居民的社会保障体系,这不仅对稳定民心、社会安定有积极作用,而且对投资、消费、储蓄等经济行为有导向作用。第四,加快医疗卫生事业改革发展,切实解决"看病难"、"看病贵"的问题,努力实现城乡居民共享基本医疗卫生服务。第五,全面做好人口工作,促进人口长期均衡发展。第六,加强和创新社会管理,正确处理人民内部矛盾，防止矛盾激化，维护社会和谐稳定。可以看出，五中全会高度重视和解决民生问题，其立足点是要让人民尽快富裕起来，走共同富裕道路，做到发展为了人民、发展依靠人民、发展成果由人民共享。

（四）关于坚持建设资源节约型和环境友好型社会问题

建设资源节约型和环境友好型社会，是全面建设小康社会的重要内容，也是应对全球气候变化的根本举措。勤俭节约是中华民族的优良传统，环境友好是现代文明的重要标志。节约资源应从每个人做起，从节约一杯水、一度电、一张纸、一种食物、一件用品做起，形成亿万人民节约资源的社会习惯和强大力量，这样才能谈得上建设资源节约型社会。党中央关于制定“十二五”规划建议提出，要加快建设资源节约型、环境友好型社会，提高生态文明水平。要使我国成为生态文明之国，关键是提高国民的生态文明觉悟和知识水平，特别是提高领导者和管理者的思想觉悟和知识水平。有了觉悟和知识，就会自觉指导行动，自觉指导实践。《建议》还提出建设生态文明的具体任务。第一，要积极应对全球气候变化，树立绿色、低碳发展理念，加快构建资源节约、环境友好的生产方式和消费模式。第二，要大力发展循环经济，加强资源节约和管理。全面实行资源利用总量控制、供需双向调节、差别化管理，落实节约优先战略。第三，加大环境保护力度，加强生态保护和防灾减灾体系建设，增强可持续发展能力。我国的环境污染越来越严重，加强生态环境保护力度，是减灾防灾的根本措施和长远之计。全社会必须增强危机意识，以高度的紧迫感和责任感，坚定不移地落实好节约资源和保护环境的基本国策。

（五）关于坚持改革开放的大政方针问题

十七届五中全会强调，改革开放是加快转变经济发展方式的强大动力。在“十二五”规划建议中，特别强调要“加快改革攻坚步伐，以更大的决心和勇气全面推进各领域的改革”。为什么强调要以更大的决心和勇气呢？因为我国改革特别是经济改革正处于大转型的攻坚阶段，没有更大的决心和勇气，是进行不下去的。为什么强调要“全面推进各领域改革”呢？因为我们不但要经济增长，而且要民生增长、文化增长，努力实现全方位发展。根据“十二五”期间面临的新形势，党中央对深化体制改革和扩大开放进行了全面部署。在经济领域，提出“大力推进经济体制改革”，其中包括“加快财税体制改革”、“深化金融体制改革”、“深化资源性产品价格和要素市场改革”等。在政治领域，提出“积极稳妥推进政治体制改革”，强调要推进行政体制改革，加快建设法治政府和服务型政府，加强社会主义民主政治建设。在社会文化领域，提出“加快推进文化体制、社会体制改革”，目的是保证民生战略规划的落实，促进文化的大发展和大繁荣。《建议》还强调，要继续实施互利共赢的开放战略，进一步提高对外开放水平，优化对外贸易结构，冷静而妥善地处理好各种对外关系。总之，“十二五”期间全党要以更大的勇气和决心全方位推进改革开放的伟大事业。

上述这“五个坚持”，是转变经济发展方式的努力方向和工作重点，是相互联系和相互促进的，一定要全面深刻理解，认真贯彻落实，切实做到在发展中促转变、在转变中谋发展。

三、认真学习贯彻十七届五中全会精神，把加快转变经济发展方式落到实处

（一）认真学习领会中央文件的基本精神，树立“加快转变”的一系列新观念

学习领会中央文件的基本精神，不仅要学习领会“十二五”规划建议的指导思想和主要任务，还要学习领会中央关于加快转变经济发展方式的战略构想和对策措施，特别是要学习领会中央文件中关于“加快转变”的一系列新观念。比如，要树立“以人为本，全面、协调、持久发展”的新观念；经济社会又好又快发展的

新观念；国民经济“包容性增长”的新观念；以民生为重点的“民富国强”的新观念；依靠“消费、投资、出口协调拉动”经济增长的新观念；依靠“第一、第二、第三产业协同带动”经济增长的新观念；主要依靠“科技进步、劳动者素质提高、管理创新”促进经济增长的新观念；大力发展“战略性新兴产业”的新观念，等等。为此，树立新观念的过程，是一个不断解放思想和转变旧观念，使自己的思想更加符合不断与时俱进的客观实际的过程。

（二）全面贯彻“十二五”规划建议提出的重大政策和措施，努力把“加快转变”落到实处

学习贯彻“十二五”规划建议，一定要有政策观念，注意讲究策略，因为政策和策略是党的生命，万万不可粗心大意。全体党员特别是党员领导干部必须要切实增强五种意识：一是党性意识，二是宗旨意识，三是执政意识，四是大局意识，五是责任意识。实践证明，有了政策观念和这五种意识，就能自觉指导行动，努力把全会精神落到实处。

（三）加强党的领导和提高人才队伍素质，努力把党的政治优势转化为科学发展优势

加强党的领导，是实现“十二五”规划目标和任务的根本保证，也是落实各项政策和重大措施的根本保证。加强党的领导最根本的就是念好毛泽东倡导的9字经：出主意、用干部、造舆论。为此，就要解决好经济转型中如何坚持立党为公、执政为民的宗旨问题；如何加强党的先进性建设和提高领导能力、决策能力问题；如何提高党政人才、经营管理人才和专业技术人才三支队伍的基本素质问题，等等。实践证明，提高基本素质问题，是一个带有根本性的问题，必须下决心解决好。这里所说的提高基本素质，包括提高思想政治素质、道德作风素质、科学文化素质和业务才能素质四个方面。最近几年，中央又增加了提高身心健康素质，形成了五大素质。基本素质提高了，再加上有好的体制和机制，我们就能极大地调动人才的积极性、创造性和主动性，从而为落实“十二五”规划提供强大的精神动力、智力支持和政治保证。

加强和改善党的领导，最重要的是要努力把党的政治优势转化为科学发展优势。科学发展的优势有三个要点。一是坚持以人为本，一切为了人民，一切依靠人民，在促进人的全面发展中形成强大合力，进而推动经济社会科学发展。二是坚持全面、协调、可持续发展，在统筹兼顾指导下实现城乡一体化、区域一体化和三大产业协同发展。三是坚持经济社会又好又快发展的思路，好字当头，在好中求快；注重公平，在公平中求效率，坚定不移地走富民强国之路。要善于把党的思想理论优势、组织制度优势、领导能力优势和道德作风优势转化为科学发展的优势，积极进行思维方式的变革，努力树立现代化的思维方式，通过“优势转化”，促进“加快转变经济发展方式”的落实，确保这次全会提出的“十二五”时期经济社会发展的目标任务如期实现，开创我国经济社会发展新局面。

第七部分

建设学习型政党与学习中共党史

在建设学习型党组织中不断推动首都科学发展

刘　淇

党的十七届四中全会提出了建设马克思主义学习型政党的重大战略任务，并把建设学习型党组织作为建设马克思主义学习型政党的工作着力点。这是新形势下加强和改进党的建设的重大举措。北京市认真学习贯彻十七届四中全会精神和中央办公厅转发的《关于推进学习型党组织建设的意见》，切实把加强和改进学习摆在更加突出的位置，积极推进学习型党组织建设，努力在建设马克思主义学习型政党方面走在前列，不断推动首都科学发展。

一、深刻认识建设学习型党组织的重大意义

重视学习、善于学习，是我们党的优良传统，也是党的一个重要政治优势和宝贵的历史经验。新世纪新阶段，世情、国情、党情发生了重大变化，党中央把建设马克思主义学习型政党的重大任务提到全党面前，意义十分重大。

建设学习型党组织，是顺应时代发展潮流、应对经济全球化挑战的迫切要求。当今世界正处在大发展大变革大调整时期，政治多极化、经济全球化深入发展，知识创造、更新的速度大大加快，对各级党组织和党员干部学习知识、提高素质提出了更高的要求。从首都实际看，以北京奥运会、残奥会和新中国成立60周年庆祝活动的圆满成功为标志，首都发展进入了新的阶段。进一步加快首都的国际化进程，加快建设中国特色的世界城市的重任，历史性地摆在了我们面前。在应对经济全球化挑战和建设世界城市的进程中，我们不了解、不熟悉的东西还很多。只有加强学习、加快建设学习型党组织，我们才能以马克思主义的宽广视野观察世界、认识世界，努力从国际国内发展的相互联系中找准方向、把握机遇；才能更好地了解、掌握国际交往的基本知识和惯例，提高与世界各国沟通的能力、增强运用国际市场和资源的本领；才能更好地借鉴和吸收一切反映经济发展和现代化建设规律的先进理念、知识和经验，更好地肩负起建设世界城市的光荣使命。

建设学习型党组织，是坚持科学发展、把中国特色社会主义事业不断推向前进的有力保证。改革开放30多年来，我国取得了举世瞩目的发展成就，但也面临很多新情况、新矛盾、新问题。从首都实际看，随着首都人均国内生产总值超过1万美元，第三产业所占的比重达到75.5%，首都发展进入后工业化时期，发展中既面临许多宝贵的机遇，同时也面临前所未有的矛盾和挑战。例如，人口、土地、水资源约束日益趋紧，自主创新能力需要进一步提高，维护社会稳定的任务日益繁重，等等。应对新情况、破解新难题，必然要求各级党组织更好地掌握和运用党的理论创新成果，自觉地用中国特色社会主义理论武装头脑、指导实践，牢固树立科学发展的理念，不断深化对中国特色社会主义建设规律的认识，努力在新的起点上推进中国特色社会主义事业。只有加强学习、加快建设学习型党组织，才能推动广大党员干部更好地理解、把握科学发展观的科学内涵和精神实质，提高党员干部的战略思维、辩证思维和创新思维能力；才能更好地把握发展机遇，创新发展理念、破解发展难题、提高发展质量；才能更好地应对转变经济发展方式等重大挑战，不断提高在复杂形势下领导经济社会发展的能力。

建设学习型党组织，是提高党的执政能力、

保持和发展党的先进性的内在要求。面对新的国际国内形势和执政环境，党要始终代表中国先进生产力的发展要求，代表中国先进文化的前进方向，代表中国最广大人民的根本利益，就必须比以往任何时候都更加重视学习。近年来，随着干部在职培训教育的发展和大批高校毕业生进入各级机关，全市党员干部的理论素养和知识储备不断提高。但是，与新形势、新任务的要求相比，与人民群众的更高期待相比，一些党员干部的能力素质仍然存在着不少不相适应、不相符合的地方。承担事业重托不仅要有良好的愿望，而且要有过硬的本领。只有加强学习，加快建设学习型党组织，才能更好地掌握和运用马克思主义中国化的最新成果，不断汲取新思想、新知识、新经验，在学习中更好地认清执政使命，提高执政能力，保持和发展党的先进性。

二、全面推进首都学习型党组织建设

建设学习型党组织，必须大力弘扬马克思主义学风，坚持理论联系实际，树立知行合一、学用相长的学习观，把学习、研究和实践有机统一于推动科学发展的工作中。

要认真学习、提高本领。坚持以邓小平理论和"三个代表"重要思想为指导，深入贯彻落实科学发展观，努力学习掌握中国特色社会主义理论体系，全面把握贯穿其中的马克思主义立场观点方法，不断提高理论素养和思想政治素质，不断拓宽全球化、国际化的宏大视野和战略眼光。密切联系首都发展实际，立足本职工作，学习履行职责所需的一切知识，学习中华优秀传统文化，学习最新的科学技术进展成果，学习历史和党史。树立终身学习的理念、全面学习的理念，坚持向书本学习、向实践学习、向群众学习，努力运用思想和知识的力量开拓局面、创新事业。通过认真学习，牢固树立正确的世界观、人生观、价值观和权力观、地位观、利益观，不断增强宗旨意识、执政意识、大局意识、责任意识和创新意识，不断提高科学判断形势的能力、驾驭市场经济的能力、应对复杂局面的能力、依法执政的能力和总揽全局的能力。

要研究问题、探索规律。学而不思则罔，思而不学则殆。在学习的过程中，要培养边学习边思考的能力，勤于思考，善于思考，通过思考深化对理论的理解，通过思考发现和解决实际工作中的矛盾和问题，进而不断总结经验、吸取教训、探索规律。比如，要深入研究首都城市的性质功能，不断深化对首都工作职责、工作要求、工作标准的认识；要深入分析首都发展中呈现的一系列新的阶段性特征和新的要求，不断深化对建设"人文北京、科技北京、绿色北京"规律的认识；要深入研究其他世界城市发展的路径和规律，不断深化对首都建设中国特色的世界城市的目标与任务的认识，等等。通过研究和思考，进一步深化对首都工作特点和规律的认识，进一步提高首都工作的质量和水平。

要创新工作、破解难题。学习的目的全在于应用。要紧密联系实际，把勤奋学习与埋头苦干有机结合起来，坚持用科学理论之"矢"射首都发展之"的"，大力推动思想观念、体制机制和工作方式方法的改革创新，全力破解推动首都科学发展中的一些重大问题，如优化升级经济结构、转变经济发展方式、提高自主创新能力、加快节能减排、提高城市国际化水平等；全力破解人民群众最关心、最直接、最现实的利益问题，如就业、就医、就学、社会保障、交通、环境等；全力破解党的建设中的突出问题，如抓好创先争优活动、扩大基层党组织的覆盖面、提高拒腐防变能力等。要通过学以致用、破解难题，真正把学习的成果转化为领导科学发展的实际本领、谋划科学发展的工作思路、促进科学发展的政策举措和推进科学发展的良好作风。

三、切实加强对学习型党组织建设的组织领导

建设马克思主义学习型党组织，离不开各

级党组织和全体党员干部的高度重视、积极参与和不懈努力，必须加强领导、精心组织、明确责任、狠抓落实。

要坚持领导带头，全面系统推进全市学习型党组织建设。充分发挥领导干部的示范作用，以党委中心组学习为龙头，以处级以上领导干部为重点，带动全市的学习型党组织建设。领导干部要以身作则，帮学、带学、促学，通过讲党课、做辅导、写文章等形式，结合自己学习的所思所得宣讲理论、分析形势、讲解政策，帮助党员解疑释惑。发挥基层党组织的主阵地作用，在社区、村镇、企业、机关、学校等不同类型的基层党组织开展多种形式的创建活动，提高学习的覆盖面和实际成效。鼓励和支持基层党组织从实际出发，因地制宜地开展丰富多彩的主题教育和主题实践活动，把学习型党组织建设与谋划本单位的长远发展结合起来，不断增强战斗堡垒作用。发挥党员的主体作用，着力增强党员的学习意识，养成良好的学习习惯，以组织学习带动个人学习，以个人学习促进组织学习，使勤学习、爱学习成为每个党员的自觉行为和生活方式。

要整合各方资源，努力构建立体化的学习服务体系。健全学习型党组织建设的领导协调机制，形成党委统一领导、宣传部门牵头协调、有关部门分工负责、各级党组织积极参与的工作机制，形成整体合力。在充分发挥党校、行政学院主阵地作用的同时，积极利用首都高等学校、社科机构、培训机构密集的优势，为党员干部的学习提供更多的有利条件。依托首都丰富的人才资源，培养一批面向党员、面向基层的理论家、宣讲家，编写和制作一批通俗理论读物、电视栏目。利用首都数字传媒、网络传播等方面的技术优势，发展各类数字化远程教育，建设网上专栏、网上论坛等信息化学习平台。注重总结基层学习型党组织建设的新经验，善于发现、及时表彰来自基层的先进典型，加大主流媒体的宣传报道力度，为全市的学习型党组织建设营造良好的思想舆论氛围。

要注重实效，着力形成学习型党组织建设的长效机制。坚持理论联系实际，丰富学习抓手，明确学习的具体目标，推动学习与实践的紧密结合。加大调研和研讨的力度，做到重大决策前必学习、解决突出问题时必学习、谋划长远发展时必学习，使学习成为推动工作的重要环节。运用理论务虚会等学习方式，将工作与学习紧密结合起来。立足首都经济社会发展实践，研究策划丰富生动、鲜明有效的主题实践活动，把学习型党组织建设真正融入各项实际工作中。推进学习的制度化、规范化，用制度管学习、促学习，建立健全学习调查研究制度、基层党员轮训制度、党员个人自学制度、学习成果转化制度、学习考核制度等，逐步建立、完善符合北京实际的学习型党组织建设评价指标体系。

建设马克思主义学习型政党是一项长期艰巨的战略任务，建设学习型党组织是建设马克思主义学习型政党的基础工程。我们必须始终着眼复杂多变的国际国内形势，着眼执政条件和环境的新变化，着眼党的事业不断发展的新要求，坚持不懈地抓好学习型党组织建设，努力使党员干部的思想、素质、能力与马克思主义中国化同步，与知识创新同步，与经济社会发展的要求同步，推动社会主义现代化建设事业不断向前发展。

（作者：中共中央政治局委员、中共北京市委书记）

一本常学常新的好书

——我1948年开始读《共产党宣言》

张全景

1948年6月我在山东省教育研究会学习时，第一次看到了《共产党宣言》，当即怀着满腔喜悦和对共产党无限崇敬的心情，一遍又一遍地认真阅读。《宣言》中深刻阐述的基本理论，以及对各种错误的社会主义思潮的批判，鞭辟入里，使我心明眼亮，朴实、鲜明、生动的文风更增加了我学习的兴趣和热情。

第一，《共产党宣言》是一部最为伟大的纲领。《宣言》是马克思、恩格斯1848年为世界上第一个国际性的无产阶级政党——共产主义者同盟所起草的纲领，至今已160多年了。《宣言》是马克思主义从创立到成熟的标志，是马克思主义诞生的里程碑，是集中体现马克思主义哲学、政治经济学、科学社会主义和党的学说的伟大著作。160多年来，国际共产主义运动波澜壮阔，取得了辉煌的胜利。虽然在发展过程中某些国家失败了，但这并不是马克思主义理论的过错，而是某些国家领导人违背《宣言》基本理论自酿的苦酒。列宁说，"这是一本每个觉悟工人必读的书籍"，《宣言》所提出的基本理论永远值得我们学习，我们要联系实际，常学不懈，常学常新。

第二，坚定共产主义理想和中国特色社会主义信念。《宣言》深刻阐述了社会主义必然胜利，资本主义必然灭亡的趋势。这是由社会化大生产与生产资料私人占有这一基本矛盾运动规律所决定的。解决这一矛盾，只有推翻资本主义制度，消灭生产资料的私人占有制，建立与社会化大生产相适应的公有制经济基础。我们要深刻把握社会发展的基本规律，从理性的高度认识社会主义战胜资本主义的历史必然性，从而把理想信念建筑在高度自觉的基础上。我们要始终坚持马克思主义的立场、观点和方法。要从《宣言》中学习分析研究问题的方法，坚持辩证唯物主义和历史唯物主义观点，运用阶级分析的方法，把握事物的本质和规律。

第三，按照《宣言》的精神加强党的建设。共产主义者同盟从一诞生就把领导无产阶级和人民大众推翻反动统治，实现共产主义作为自己的光荣任务。《宣言》对实现这一目标的任务、策略作了深刻分析和阐述，针对不同国家的不同情况又提出了阶段性目标。中国共产党就是按照《宣言》的基本原则建立起来的。近90年来，中国共产党高举共产主义的旗帜，带领人民实现不同阶段的历史任务，为向共产主义前进创造条件。我们现在正处于建设中国特色社会主义的新时期，要用共产主义精神教育工人阶级，教育党员干部，在当代为建设中国特色社会主义努力奋斗，最终目标是实现共产主义。

第四，学习马克思、恩格斯的革命精神和斗争风格。马克思、恩格斯在《宣言》中旗帜鲜明地批驳了各种敌对势力对共产党的诬蔑，对形形色色的假社会主义进行了驳斥，立场坚定，观点鲜明，有理有据，文笔犀利，很值得我们学习。马克思主义就是在同各种错误思想的斗争中发展起来的。当年被马克思、恩格斯批判过的错误思潮已被历史抛弃。但现在仍有人鼓吹民主社会主义、新自由主义、历史虚无主义、普世价值论，否定毛泽东思想，歪曲、篡改《宣言》，我们应当理直气壮地予以批驳。在同错误思想和观点的斗争中，《宣言》仍然是最有力的武器。我们要始终不渝地学习《宣言》，运用《宣言》，为实现共产主义奋斗终身！

（作者：中共中央组织部原部长）

树立良好学风是建设马克思主义学习型政党的重要保证

李景田

党的十七届四中全会《决定》明确提出，要把建设马克思主义学习型政党作为重大而紧迫的战略任务抓紧抓好。加强学风建设，树立良好学风是落实这一战略任务的重要保证。

一、学风建设是关系党和国家事业兴衰成败的重大问题

中国共产党历来重视学风建设，这是我们党从血的教训中总结出的一条极为宝贵的经验。

大革命时期，毛泽东同志积极研究中国国情和革命斗争状况，写下了《中国社会各阶级的分析》、《湖南农民运动考察报告》等文章，从理论上解决了无产阶级领导权和中国革命最主要的同盟军问题。但是，由于当时我们党还处在幼年时期，对于马克思列宁主义理论、中国社会状况以及中国革命的特点和规律，缺乏深刻认识，还不善于将马克思列宁主义基本原理同中国革命的实践结合起来。同时共产国际及其在中国的代表在指导中国革命的过程中，虽然起了积极的作用，但由于难以在短时间内真正全面了解中国的情况，不可避免地作出了许多错误指示。正是这些影响，使党的中央机关在大革命后期犯了以陈独秀为代表的右倾机会主义错误，放弃了无产阶级对于农民群众、城市小资产阶级和民族资产阶级的领导权，特别是武装力量的领导权。这是导致大革命失败的主观方面的主要原因。

大革命失败以后，以毛泽东同志为主要代表的中国共产党人，从当时中国的实际出发，确定了土地革命和武装起义的总方针，开创了井冈山革命根据地。中国革命不仅坚持了下来，还一度走向复兴。但是，由于党内一些领导同志和共产国际对马克思列宁主义的教条主义的理解，对中国情况和革命实际缺乏正确认识，党内部分同志“左”倾急性病逐渐滋长，“左”倾冒险主义甚至在党中央占据了统治地位。1934年1月，党的六届五中全会不顾敌强我弱的实际情况和第五次反“围剿”斗争的不利形势，把“左”倾冒险主义错误推向顶点，导致红军在第五次反“围剿”作战中失败。

这两次革命斗争失败的原因，客观上是由于反革命力量过于强大，主观上则主要是领导中国革命的共产党人对怎么坚持和运用马克思主义，没有很好破题。沉痛的教训使中国共产党人明白了两个道理：一是中国革命必须由熟悉中国情况的人来领导；二是中国革命绝不能照搬别国模式。也就是说，不联系实际，生吞活剥马克思主义书本上的个别词句，搞教条主义，或者照搬别国的经验和共产国际的决议，都不可能成功。这样，在决定中国革命前途和命运的紧急关头召开了遵义会议，确立了毛泽东同志在红军和党中央的领导地位，才使中国革命转危为安。长征胜利后，我们党为了进一步统一思想，从1942年开始在全党进行整风，从思想根源上纠正了党的历史上历次“左”倾和右倾错误，使全党从主观主义和教条主义的精神枷锁中解放出来，提高了全党特别是党的高级干部运用马克思主义解决中国革命实际问题的能力和水平。此后，在我们党的历史上，每当重大转折时期和重要时刻，党都高度重视、反复强调加强学习和学风建设，督促党员、干部坚持和弘扬理论联系实际的学风。

理论联系实际的学风问题说到底是思想路

线问题。思想路线端正，党和党的事业就兴旺发达；思想路线出现偏差，党及其所领导的革命、建设事业就要遭受挫折。新中国建立后，我们党坚持马克思主义的思想路线，在迅速医治战争创伤的基础上，开始进行从新民主主义革命到社会主义革命和建设的转变和探索。1956年，随着对生产资料私有制的社会主义改造基本完成，党面临着怎样建设社会主义这一全新课题。毛泽东同志在借鉴苏联社会主义建设经验教训的基础上，开始思考在中国怎样建设和发展社会主义的问题，形成了许多科学认识和宝贵思想成果，使党领导全国各族人民在探索社会主义建设的道路上取得了很大成就。其间，也经历了曲折，发生了严重失误特别是“文化大革命”那样全局性的错误，使社会主义事业遭遇重大挫折。一个重要原因是毛泽东同志脱离了当时中国的实际，对形势作出了错误估计，使这些正确思想有不少没有得到贯彻落实。

党的十一届三中全会以后，以邓小平同志为核心的党的第二代中央领导集体，大力弘扬马克思主义学风，重新确立了解放思想、实事求是的思想路线，准确把握我国仍处于并将长期处于社会主义初级阶段这一基本国情，形成了“一个中心、两个基本点”的基本路线，团结带领全党全国各族人民开辟了中国特色社会主义道路，使中国的改革和发展呈现出前所未有的大好局面。党的十三届四中全会以后，以江泽民同志为核心的党的第三代中央领导集体，高举邓小平理论伟大旗帜，继续推进中国特色社会主义伟大事业，进一步回答了什么是社会主义、怎样建设社会主义，建设什么样的党、怎样建设党的问题，形成了“三个代表”重要思想。党的十六大以来，以胡锦涛同志为总书记的党中央，坚持以邓小平理论和“三个代表”重要思想为指导，在推进中国特色社会主义的历史进程中，深化了对什么是马克思主义、怎样对待马克思主义，什么是社会主义、怎样建设社会主义，建设什么样的党、怎样建设党，实现什么样的发展、怎样发展等问题的认识，形成了科学发展观等一系列重大战略思想，进一步丰富和发展了中国特色社会主义理论体系。在当代中国，坚持中国特色社会主义理论体系，就是真正坚持马克思主义。

二、学风问题关系马克思主义学习型政党建设的成效

建设马克思主义学习型政党，需要学习和掌握的东西很多。要着眼提高理论素养，深入学习马克思主义理论特别是马克思主义中国化最新成果；要着眼做好本职工作，学习党的路线方针政策和国家法律法规，学习党的历史，广泛学习现代化建设所需要的经济、政治、文化、科技、社会和国际等各方面知识，学习与岗位职责相关的新知识、新技能；要着眼完善知识结构，广泛学习哲学、历史和优秀传统文化，学习现代市场经济、现代国际关系、现代管理等方面知识。最重要的是学习马克思主义理论特别是中国特色社会主义理论体系。这是建设马克思主义学习型政党的长期战略任务，是我们党推进事业发展的重要经验。

各方面的学习都有个学风问题，建设马克思主义学习型政党尤其强调学风，主要是针对理论学习特别是针对党员领导干部怎么对待马克思主义而言的。当前，在学风上仍然存在两种错误倾向。

一是不重视理论、不注重学习马克思主义理论的错误倾向。从干部队伍的实际情况看，轻视、忽视理论和理论学习的倾向有多种表现。有的认为马克思主义过时了，不管用了，不愿学；有的以工作忙、没时间为由，逃避学；有的热衷于迎来送往，陷于“文山会海”，无暇学；有的学习理论不刻苦、不钻研，浅尝辄止，满足于一知半解，不深学，等等。干部队伍中不少人不重视理论、不注重学习马克思主义理论，不是一个小问题。一方面，领导干部的理论水平，在很大程度上影响甚至决定其思想水平和政治前途。正如邓小平同志指出的，“不注意学习，忙于事务，思想就容易庸俗化。如果说要变质，那末思

想的庸俗化就是一个危险的起点”。干部队伍中存在的思想空虚、精神萎靡，政治意识淡薄，政治鉴别力和政治敏锐性不强，以及理想信念动摇，世界观、人生观、价值观发生扭曲，背离党的宗旨，甚至以权谋私，违法乱纪，走上犯罪道路等现象，就是由于放松理论学习、思想庸俗化而导致的。另一方面，领导干部的理论水平，还在很大程度上影响甚至决定其实际工作能力和工作绩效。干部队伍中存在的习惯于凭过去的经验和照搬别人的经验办事，或者就事论事，被现象牵着鼻子走，“一叶障目，不见泰山”，以致在实际工作中出现偏差，造成失误等现象，就是由于理论素养、理论思维薄弱而导致的。

二是不重视实际，遇到问题仍然习惯从马克思主义经典那里找现成答案，照搬本本、条条的错误倾向。马克思主义是由许多基本原理和具体结论构成的体系。马克思主义基本原理，即马克思主义的立场、观点、方法是贯穿于马克思主义全部内容中的最基本的东西，具有永恒价值和普遍意义，必须长期坚持。至于马克思、恩格斯针对特定情况、特定条件所作的具体结论，有的是对的，有的不一定对；有的当时对，现在不一定对；有的在欧洲对，在亚洲不一定对；有的在发达国家对，在落后国家不一定对。这是真理的相对性。它要求我们不能一遇到新问题，就到马列著作中去找现成答案。有的有答案，有的没答案；有答案的照搬过来，也不一定管用。我们不能苛求100多年前的人，要为100多年以后或几百年以后复杂、丰富的实践活动提供一劳永逸的“灵丹妙药”，而要靠我们自己在马克思主义基本原理指导下，立足中国实际，研究新情况，解决新问题。

这两种错误倾向的症结，根本上还是毛泽东同志当年批评过的主观主义学风。对于一个党来说，如果对理论不重视、理论上不成熟，对实际也不重视、不能从实际出发，这个党就危险了。因此，建设马克思主义学习型政党，我们必须极力防止和荡涤这两种错误倾向，既要注重理论，又要注重实际；既要坚持理论，又要发展理论；既要当马克思主义经典作家的学生，又要当群众的学生；既不做“盲目的实干家”，也不做“空头的理论家”。只有这样，才能使马克思主义学习型政党建设见实效、上水平。

三、必须坚持和弘扬理论联系实际的学风

以优良学风保证和推进马克思主义学习型政党建设，必须坚持和弘扬理论联系实际的学风。具体说，要注意几个问题。

（一）深入学习理论，努力掌握马克思主义立场、观点、方法。理论联系实际，前提是要有扎实的理论功底和深厚的理论素养。对于当代中国共产党人而言，学习理论包括学习马克思列宁主义、毛泽东思想，学习中国特色社会主义理论体系。最重要的是深入学习中国特色社会主义理论体系，既要真学真懂真信真用这一理论体系的基本内容，更要真学真懂真信真用贯穿其中的马克思主义立场、观点、方法。任何马克思主义经典文献，都是特定历史特定条件的产物，都打上了特定的时空烙印。因此，马克思和恩格斯在《共产党宣言》发表25年后，强调宣言中所阐述的“一般原理”整个说来还是“完全正确的”。同时，又敏锐地认识到，这个纲领有些地方已经过时了，有的阐述是不完全的，学习研究时应该着重注意。马克思、恩格斯对待自己的理论的态度，是我们今天学习马克思主义时应有的态度。

（二）注意运用理论研究和解决实际问题，在不断解决新问题中推进理论创新。学习马克思主义，不是为了好看，也不是为了在别人面前炫耀。学习的目的全在于应用。否则，只能算是“空头理论家”，党不需要，人民不需要。因此，学习马克思主义，必须以我国改革开放和现代化建设的实际问题、以我们正在做的事情为中心，着眼于马克思主义理论的运用，着眼于实际问题的理论思考，着眼于新的实践和新的发展。这里的实际，包含两个方面的内容：一是空间上的实际，即世界的实际，国家的实际，本地

区、本单位、本部门的实际，把理论与不同地方的实际相结合，不断研究新情况，解决新问题，毛泽东同志称之为“因地制宜”；二是时间上的实际，社会是在不断前进的，实践是在不断发展的，过去被实践证明是正确的东西，照搬过来指导今天的实践就可能不正确，把理论与不断发展变化着的实际相结合，在推进中国特色社会主义伟大事业发展的实践中，不断作出符合时代需要、国情需要和现实需要的理论创造，江泽民同志、胡锦涛同志称之为“与时俱进”。既“因地制宜”，又“与时俱进”，这是我们的事业长盛不衰，我们的理论永远生机勃勃的制胜法宝。

（三）善于把理论学习与加强主观世界改造结合起来，改造自己的思想意识、思想方法和认识能力。主观世界的改造，既要解决能不能的问题，也要解决敢不敢、想不想的问题。改造主观世界与认识客观世界、参加现实实践和加强自我修养是有机结合的。只有虚心向书本、群众和实践学习，才能解决能不能的问题。这是不少领导干部需要继续努力的。同时，也要看到，在现实生活中，一些领导干部，理论功底比较深，嘴上功夫也很过硬，写起文章来洋洋洒洒，讲起话来口若悬河，并不缺乏改造主观世界的能力，而是缺乏勇气，缺乏自觉性。有的怕担风险，不敢冲破理论框框，不敢积极运用马克思主义立场、观点、方法解决实际问题。有的宗旨意识淡漠、意志薄弱，经不起诱惑、守不住防线。只有加强党性修养，对党忠诚、对人民忠心，才能解决敢不敢和想不想的问题。我们每一位领导干部都要通过加强理论学习，牢固树立马克思主义世界观、方法论和正确的权力观、地位观、利益观，增强改造主观世界的意识和能力。

（四）把解决学风问题与解决文风问题结合起来，切实改进文风。学风与文风紧密相连，文风是学风的表现形式，改进学风必须改进文风。我们要提倡短、实、新的优良文风，反对长、空、假的不良文风。学习研究马克思主义，联系实际运用马克思主义，必须使马克思主义在表现形式上为人们所喜闻乐见。在党的历史上，无论是毛泽东同志还是邓小平同志的文章，讲问题绝不是从理论到理论，而是从实际情况出发，遇到问题，就实实在在去解决，不讲空话、套话；都是朴实的语言，甚至是大白话，没有人看不懂；都是以简明扼要的论述阐明深刻的战略思想和理论观点，不讲长话。《邓小平文选》中的不少重要篇目，篇幅都不长，论述提纲挈领，十分扼要，内涵却又相当丰富、深刻。这样的理论著作，人民群众乐于接受，便于理解，易于掌握。文风之优劣，取决于很多因素，就其根本而言，取决于我们是否真正坚持党的解放思想、实事求是、与时俱进的思想路线，是否真正具有对人民、对国家高度负责的精神。在今天，对各级领导机关和领导干部来说，文风与学风、政风、党风是联系在一起的。坚持和弘扬理论联系实际的马克思主义学风，必须解决好文风问题，注重讲短话、讲明白话、讲管用的话。在克服不良文风问题上，各级领导机关和领导干部要起带头作用，要像邓小平同志说的那样，领导干部要学会拿起笔杆子，如果时间和条件允许，要尽可能自己动手。同时，要把改进文风同改进干部工作作风结合起来，同改进党的作风统一起来，特别是要大力改进会风。

（作者：中共中央党校常务副校长）

不断提高中心组学习水平　着力推进学习型党组织建设

赵乐际

建设马克思主义学习型政党，关键是各级党组织成为学习型党组织、各级领导班子成为学习型领导班子。近年来，陕西把学习型党组织建设作为学习文明成果、借鉴成功经验、汲取群众智慧、反思总结提高的过程，以各级领导班子为重点，突出各级党委（党组）中心组学习，丰富内容、完善制度，创新方法、推广典型，提升了学习水平，较好地发挥了理论武装对经济社会发展的促进作用。

一、结合实际，突出主题，全面优化中心组学习内容

围绕正在做的事情学习，才能学以致用、用以促学、学用相长。全省各级党委（党组）中心组及时跟进党的重大理论创新，紧密结合推动科学发展、促进社会和谐进程，确定重点、拓展领域，不断增强学习的针对性和有效性。

一是精心设计学习主题，主动服务省委决策。坚持基本理论学习同贯彻中央精神相结合，同解决陕西现实问题相结合，同加快经济发展方式转变、完善市场经济体制、保障和改善民生等工作相结合，顺应形势任务变化，把握全省干部队伍实际，适时提出全局性、战略性、前瞻性的学习主题。一方面，领导点题，省委中心组成员先后就用好金融和资本市场、加快经济结构调整、促进非公有制经济发展、如何面对媒体、推进军民融合等问题提出要求，邀请中国社会科学院、中国证监会、省决策咨询委员会、长安大学等单位的专家开展讲座，满足了实际工作的需求。另一方面，年初列出题目，比如去年围绕深入推进西部大开发、加快关中—天水经济区建设、加强秦岭生态保护和渭河治理、加快陕北能源化工基地建设以及弘扬延安精神等主题，今年围绕实施低碳经济战略、科学认识形势、发展生产性服务业等主题，组织科技、历史、文化、能源等方面学者进行集中辅导，有效服务省委、省政府的决策。

二是紧密联系实际，不断推动全省经济社会平稳较快发展。在省委中心组的带动下，全省各级党委（党组）中心组把学习中国特色社会主义理论体系特别是科学发展观作为首要政治任务，立足本地本单位本部门职责特点，坚持不懈加强理论学习，研究突破瓶颈制约之计，寻求破解发展难题之策，在武装头脑、指导实践、推动工作上取得新的成效。西安市委每月邀请国内知名专家学者讲解经济建设、政治建设、文化建设、社会建设和党的建设等方面的最新研究成果，使中心组成员对西安市发展定位、突出问题、解决路径的认识更加清晰，打造西安国际化大都市的行动更加自觉。宝鸡市委中心组突出第一要义和以人为本，组织力量对影响全市发展的关键问题和群众普遍关注的突出问题深入调研，理清创建“西部最佳人居环境和最佳投资环境”、实现“率先实现工业化、率先建成大城市、率先实现全面小康”的发展思路。开展广泛深入的学习活动，不断提高各级干部干事创业的能力，有力促进了全省经济持续快速增长，2009 年陕西生产总值增长 13.6%、人均达到 3182 美元，进入新的重要发展阶段。今年前三季度，生产总值增长 14.9%。

二、创新方法，丰富形式，不断增强中心组学习吸引力

我省各级中心组在坚持个人自学与集中学

习的基础上，综合运用专题学习研讨、脱产培训、知识竞赛、参观考察等方法，积极探索互动式、研究式、共享式等学习途径，进一步增强学习的吸引力和感染力。

一是着力打造高水平讲堂讲坛。积极整合全省资源，突出特色品牌建设，先后推出以厅局级领导干部学习为主的"三秦大讲堂"，以广大干部群众参与为主的"长安讲坛"，开设"前沿论坛、发展讲坛"等栏目，举办活动200余场，直接听众超过4万人。精心组织由120名学者组成的专家团队，涵盖政治、经济、哲学、法律、文学等领域，为各级党委中心组提供菜单式选学服务。目前，全省各市县大都举办或开设了具有本地特点的领导干部学习讲坛，其中宝鸡市"西凤大讲堂"、汉中市"天汉大讲堂"、西安市未央区"未央大讲堂"等影响较大、质量较高。

二是精心组织理论宣讲工作。围绕党的十七大及十七届三中、四中、五中全会精神，围绕科学发展观、社会主义核心价值体系、学习型党组织等专题分别制定宣讲方案，公布宣讲专家名单及联系方式，在全省组织集中宣讲，各市县、各部门也根据自身需求邀请专家学者开展宣讲。三年来，围绕党和政府关注、人民群众关心、对地区经济和社会发展有重大影响的热点、难点、焦点问题，开展各类宣讲活动18100多场次，直接听众达到260万人。党的十七届三中全会召开后，我们围绕党的农村政策的创新理论，组织万名机关干部进万村的"双万"宣讲活动，取得良好的社会效应。

三是及时推荐优秀理论读物。把学习的出发点放在自我教育、自我完善、自我提高上，通过下发文件和媒体公布等形式，及时向各级党委（党组）中心组成员推荐《中国特色社会主义理论体系读本》、《社会主义核心价值体系读本》、《科学发展观学习读本》以及每年的《理论热点面对面》等优秀理论读物。特别是《七个"怎么看"——理论热点面对面·2010》出版后，我们要求全省各级党委（党组）中心组积极订购，做到中心组成员人手一册。广大干部群众普遍认为这些学习辅导材料紧贴干部群众思想实际，深刻剖析当前经济社会发展中的突出问题，不回避矛盾、不掩盖困难，学习后受教育、有提高。

四是切实加强对重大理论问题的宣传引导。去年，我们针对"六个为什么"重大理论问题，积极加强引导，在省内各主要媒体分别开设专题专栏，组织省内专家学者撰写、刊发理论文章；同时，选调从事理论工作的领导干部及专家学者成立"六个为什么"宣讲团，从7月下旬起分赴各市、各高校，向县处级以上领导干部和青年学生进行宣讲100多场次，直接听众超过3万人。今年，我们以"划清'四个重大界限'，自觉筑牢思想防线"为主题，组织全省社科界专家学者撰写理论文章，在《陕西日报》和西部网集中刊发，进一步加大正面解读宣传力度。

三、健全机制，加强考评，落实中心组学习任务

学习既要靠自觉，更要靠制度保障。我们把健全中心组学习制度作为基础性工作来抓，总结近年来的实践经验，及时制定中央《关于进一步加强和改进党委（党组）中心组学习的意见》实施办法，不断完善学习制度。

一是强化组织领导。明确中心组由领导班子成员组成，党委（党组）书记任组长，分管宣传思想工作的领导同志任副组长，学习秘书由党委办公厅（室）、宣传部、讲师团、机关党委负责同志担任。各级党委中心组落实中央和省委部署，结合实际制定年度学习计划并进行学习安排，健全了个人自学、集体学习、学习交流、专题研讨、学习通报和学习考核等制度。

二是严格学习管理。由各级党委（党组）主要负责同志审定学习计划，确定学习内容，明确学习要求和重点。中心组提前确定2—3位成员，及早进行准备，每次专家辅导后重点发言。各地主要新闻单位负责人参加本级中心组的学习，并及时在媒体刊发学习的有关消息。

建立市县两级中心组联络机制，指导基层学习，总结新鲜经验。

三是加强督查考核。坚持每年从制度建立、计划、内容、笔记、记录等方面对中心组学习进行督查考核，由上一级党委宣传部、组织部、机关工委、讲师团负责督查考核下一级党委中心组和本级各部门党委（党组）中心组的学习情况，并把考核结果列入年度目标责任考核体系，推动党员干部理论学习经常化、制度化。

四是坚持不断创新。全省各地积极探索加强和改进中心组学习的新措施和新办法。咸阳市建立理论学习考试制度，对各级中心组成员及副县级以上领导干部实行统一考试、统一监考和考场巡查。省地税局坚持以考促学，建立中心组“述学、评学、考学”制度，每个党组中心组成员汇报学习收获和实践运用情况，接受干部职工的评议。西安市未央区把平时检查与年终考核结合起来，加强巡查巡听，不打招呼、不发通知、随机抽查，对基层街道办和各部门党委（党组）中心组学习情况进行量化考评。

四、加强交流，推广经验，有效促进中心组学习高质量开展

交流讨论是加深理解的有效途径，借鉴经验是提高水平的重要形式。我们通过培训、座谈、征文、专题研讨等形式开展经验交流活动。每年对市县两级党委中心组学习秘书进行集中培训，并就优化学习内容、丰富学习方式、创新学习制度等问题进行专题研讨。党的十七届四中全会召开后，省委及时下发对党组（党委）中心组学习实践科学发展观情况进行督促检查的《工作安排》，组成6个检查组，采取重点抽查和汇报会等形式，督促检查82家单位党委（党组）中心组学习情况。在此基础上，组织编印25个市县、部门推进学习型党组织建设和党委中心组学习经验材料选辑并下发全省，召开省直机关党委（党组）中心组学习实践科学发展观座谈会，强化深度交流、加强思想碰撞，形成解决问题的新思路。

典型引路、以身边事教育身边人，是增强学习效果的经验之举。我们要求各市和省委各工委每年推出2—3个党委（党组）中心组学习先进典型，运用《陕西日报》等媒体和《陕西宣传工作》、《中心组学习动态》以及《建设学习型党组织工作简报》进行宣传推广。今年以来，我们确定32个党委（党组）中心组学习示范点，推出省高级人民法院党组、省政府办公厅党组等7个先进典型。各市、省委各工委也及时推广中心组学习的好做法、好经验。通过典型示范推动，全省各级中心组的学习得到进一步规范，质量明显提高，有效带动全省学习型党组织建设深入开展。

建设马克思主义学习型政党是继承优良传统、顺应形势任务变化的紧迫要求，更是我们加强自身建设、保持生机活力的永恒课题。我们将以高度的政治自觉推进学习型党组织建设，深化理论武装，探索客观规律，营造浓厚氛围，增强学习实效，倡导勤学善思的用人导向，进一步提升各级中心组学习水平，用党员领导干部的示范带动全省的学习，促进干部不断提高能力素质，努力为推动科学发展、富裕三秦百姓、建设西部强省提供有力支持。

（作者：中共陕西省委书记）

提高党员干部学习力　推动福建跨越发展

孙春兰

党的十七届四中全会提出，要把建设马克思主义学习型政党作为重大而紧迫的战略任务抓紧抓好。胡锦涛总书记今年春节来闽考察时，殷切希望我们大力推进学习型党组织建设，不断提高思想理论素质。学习力是学习的动力、毅力、能力和效能的综合体现。贯彻落实好党中央和胡锦涛总书记的决策部署，必须在学习型党组织建设中大力提高党员干部的学习力，以更强的学习力促进运用科学发展观干事、创业水平的提高。

一、提高党员干部学习力是实现福建跨越发展的迫切要求

中央从全局和战略的高度提出，支持福建加快建设海峡西岸经济区，在两岸人民交流合作中发挥先行先试作用。当前，福建发展和海峡西岸经济区建设正处在关键时期。为了更好地适应新形势新任务，充分体现全省人民的热切期盼，必须全力推动福建跨越发展。大力加强学习型党组织建设，提高党员干部的学习力，对实现福建跨越发展显得尤为重要和紧迫。

提高学习力是顺应发展大势、赢得竞争主动的迫切需要。当今世界正处在大发展、大变革、大调整时期，竞争激烈，形势逼人。福建发展要融入世界潮流，必须着力提高跨越发展能力，增创发展优势，增强发展后劲、活力。学习力是竞争力的前提和基础。各级党员干部只有以“等不起”、“慢不得”、“坐不住”的紧迫感、责任感，重视学习，加强学习，加强对全局性、前瞻性、战略性、规律性问题的研究，不断优化知识结构、提高综合素质、增强创新能力，才能积极顺应经济发展大趋势，抢占发展制高点，赢得竞争主动权。

提高学习力是推动科学发展、促进社会和谐的迫切需要。按照胡锦涛总书记的要求，福建加快经济发展方式转变、促进社会和谐稳定、提高可持续发展水平的任务更加繁重，必须有更高的本领、更强的执行力、更有效的举措。各级党员干部只有增强学习上的紧迫感，把学习作为第一需要，勤于学习，善于学习，紧紧围绕推动福建跨越发展，增强改革创新意识，努力提高谋划发展的本领和群众工作、公共服务、社会管理、维护稳定的本领，才能贯彻落实好胡锦涛总书记重要讲话精神，进一步解放思想，切实加快经济发展方式转变，切实做好保障和改善民生工作，有效促进社会和谐稳定，实现福建发展新跨越。

提高学习力是提高党员干部素质、保持和发展党的先进性的迫切需要。加强党的执政能力建设和先进性建设，是实现福建跨越发展的根本政治保证。各级党员干部只有努力加强思想政治建设和能力培养，把学习运用马克思主义中国化的最新成果转化为思想方法、工作方法，不断提高科学执政、民主执政、依法执政的能力水平，激发保持先进性的内在动力，学习先进、争当先进、赶超先进，才能不断增强生机活力，发挥先锋模范作用，保持和发展党的先进性，为跨越发展提供坚强保证。

二、在学习型党组织建设中着力提高党员干部学习力

现代社会，党员干部素质的高低，不仅取决于掌握了多少知识，更取决于学习力的强弱。必须在建设学习型党组织中努力提高党员干部

学习力，进而形成更强的创造力、竞争力。

更新学习理念是提高学习力的重要前提。在学习型党组织建设中，要引导广大党员干部树立新的学习理念。树立学习是政治责任的理念，把学习作为一种政治责任、一种精神追求、一种生活态度，以强烈的求知欲和进取精神主动学习。树立终身学习的理念，把学习当作终身追求，融入政治生命，自觉做到学以立德、学以增智、学以创业。树立全员学习的理念，充分发挥广大党员的主体作用，把各级党组织建设成为学习型党组织，把各级领导班子建设成为学习型领导班子。树立工作学习一体化的理念，把学习贯穿于工作的各个环节和全部过程，坚持在学中干、干中学，努力做到学习和工作“两不误、两手抓、两相益、两促进”。

突出学习重点是提高学习力的基本要求。在学习型党组织建设中，必须重点学习马克思列宁主义、毛泽东思想、邓小平理论、“三个代表”重要思想和科学发展观，系统掌握中国特色社会主义理论体系，学习党的路线方针政策和国家法律法规，学习党的历史，着重掌握马克思主义立场、观点和方法，不断提高解决实际问题的能力。同时广泛学习现代化建设所需要的经济、政治、文化、科技、社会和党建等多方面知识，切实提高战略思维、创新思维、辩证思维能力。根据本职工作的需要，加强对履行岗位职责所必需的专门知识和技能的学习，做到“博”与“专”相结合，求知与修身共进步，使知识结构更加合理，学习能力全面提高。

创新方式方法是提高学习力的有效途径。要坚持和完善已有的党委中心组学习、海西大讲堂、百场社科专题报告会等有效做法，积极探索创新团队学习、互动式学习、反思式学习、研究式学习、体验式学习等多种学习形式，使学习充满活力。要搭建新平台，在充分发挥党校、行政学院、干部学院和党委讲师团等主阵地作用的同时，进一步运用好党员活动室、社区活动中心、爱国主义教育基地、乡镇文化站等多种载体，组织流动课堂，为基层党员干部学习提供便利。要开辟新途径，充分发挥互联网覆盖面广、传播快捷的特点和优势，开设网上学校、论坛等，使网络成为学习的新途径。要拓展新空间，根据党员干部的不同需要，努力提供“菜单式”服务，让党员干部在学习内容、方式、时间上有更多的选择。

转变学风是提高学习力的关键。在学习型党组织建设中，必须大力弘扬理论联系实际的良好学风，注重引导广大党员干部做好“三个紧密结合”：同推动本地区本部门本单位的工作紧密结合，在总结推广省委专题调研、工作“拉练”检查和“走出去”考察学习的有益经验和做法的基础上，进一步推动党员干部特别是领导干部深入第一线，不断了解省情、开阔视野，比学赶超、转变作风，解决问题、促进发展；同推动本地区本部门本单位党的建设紧密结合，认真查找和解决影响发挥党委（党组）的领导核心作用、基层党组织的战斗堡垒作用、党员的先锋模范作用的主要问题，查找和解决影响党群、干群关系的突出问题，以优良党风促政风带民风；同提高党员干部思想政治素质紧密结合，引导广大党员干部不断加强党性锻炼和党性修养，大力弘扬古田会议精神，牢固树立正确的世界观、人生观、价值观和权力观、地位观、利益观，始终保持共产党人的政治本色。

建立健全制度是提高学习力的根本保障。要认真贯彻落实中央《关于推进学习型党组织建设的意见》，进一步建立和完善学习制度。建立健全集体学习制度，进一步加强和改进党委（党组）中心组学习，领导班子定期务虚，保证县（处）级以上党组织集体学习每月一次。建立健全党员个人自学制度，对党员干部特别是领导干部自学提出明确要求，作出具体规定，抓好检查落实。建立健全领导干部调查研究制度，省级领导干部每年至少安排1个月时间、市县级党政领导干部每年安排2个月以上时间深入基层开展调研。建立健全党员教育培训制度，认真落实全省党员教育培训工作规划。建立健全述学、考学、评学、督学和奖惩制度，把学习型党组织建设纳入党建评先、文明单位评比和干部考核重要内容,形成长效学习机制。

三、把党员干部学习力转化为推动福建跨越发展的强大动力

学习的目的在于应用。必须坚持立足实际、学以致用,努力把学习力转化为推动福建跨越发展的思路、决策、能力、本领,使提高学习力的过程成为增强本领、推动工作的过程。

转化为解放思想、先行先试的实际行动。通过学习,促进解放思想、更新观念,营造敢闯敢试、奋发进取、激情创业的环境氛围。通过学习,把握发展大势、抢抓机遇。尤其要抓住当前国家鼓励东部地区率先发展、支持福建省加快建设海峡西岸经济区这两个重大历史机遇乘势而上,努力把对台、生态、港口等优势转化为促进科学发展的新成效。通过学习,推动改革创新、先行先试,以先行抢占先机,以先试闯出新路,一切有利于加快发展的都可以大胆试、大胆闯。要抓住两岸经济合作框架协议签署的有利时机,先行试点,努力巩固和扩大两岸交流合作前沿平台的地位和作用。

转化为加快转变、科学发展的政策思路。通过学习,密切关注国际国内形势的发展变化,破解发展难题,转变发展方式。以发展促转变,坚持在扩大内需中突出投资引领作用,进一步壮大总量、提升质量,在更高起点上加快产业转型升级,构建极具竞争力的现代产业体系。落实统筹城乡发展的方针政策,推进城乡发展一体化,推进主体功能区建设,推动区域协调发展,加快生态省建设。以创新促转变,加快海峡西岸创新型省份建设,大力推进原始创新、集成创新和引进消化吸收再创新,着力构筑特色鲜明的区域创新体系,形成一批拥有自主知识产权和知名品牌的优势产业,打造海峡西岸高新技术产业带,着力提升产业竞争力。以改革开放促转变,努力消除不利于转变发展方式的体制机制障碍,优化投资创业环境,实施更加积极的大开放战略,不断拓展开放的广度和深度,增强发展动力和活力。

转化为民生优先、为民惠民的有效举措。通过学习,强化宗旨意识,把保障和改善民生摆在经济社会发展的优先位置抓紧抓实。坚持民生优先,全面加强社会建设,优先解决群众最关心最直接最现实的利益问题。积极推动社会管理创新,全力维护社会稳定。继续扩大就业、促进创业,着力提高城乡居民收入,加快完善社会保障体系,大力促进城乡基本公共服务均等化,扎实推进医改、校舍安全、文化、养老"四大民生工程",抓好灾后重建和防灾减灾工作,集中财力,加大投入,继续办好为民惠民实事,进一步提高人民生活质量和水平,让人民群众共享发展成果。

转化为提高党建科学化水平、创先争优的生动实践。通过学习,准确把握和自觉运用马克思主义执政党建设规律,不断提高党的建设科学化水平。坚持用马克思主义中国化理论成果指导党的建设,不断推进党建理论创新。自觉遵循执政党建设规律,推进党的建设科学化、制度化、规范化。继承和发展党的建设成功经验,积极探索运用现代科学方法,在全省推广"168"(一套责任机制,六步工作办法,八个方面作用)基层党建工作机制,深入开展创先争优活动,加强干部队伍建设,改进工作作风,加大治庸治懒力度,形成人人负责、人人干事的良好氛围,切实把政治优势和组织优势转化为推动福建跨越发展的强大力量。

(作者:中共福建省委书记)

兴读书之风 做学习表率

苏 荣

党的十七届四中全会提出了建设马克思主义学习型政党的重大战略任务，强调要把各级党组织建设成学习型党组织。前不久，中共中央办公厅印发了《关于推进学习型党组织建设的意见》，对推进学习型党组织建设作出了全面系统的部署。各级领导干部要进一步增强学习的紧迫感，大兴读书之风，努力使自己成为学习型党组织建设的积极倡导者、精心组织者、大力推动者，努力使自己成为学习型领导干部。只有这样，才能在建设中国特色社会主义的伟大实践中书写更有价值、更为精彩的人生。

一、读书是坚定信念、加强修养的重要途径

近两年来，党和国家领导人分别就读书问题多次发出号召。领导干部承担着执政兴国、执政为民的重要职责，肩负着为官一任、造福一方的重要使命，是治国理政的中坚力量。面对社会深刻变革、各种社会思潮不断涌现的新形势，领导干部只有通过读书学习，始终坚定理想信念、锤炼道德操守、提升思想境界，才能使自己在政治上成熟起来，自如应对各种风险和复杂局面的挑战与考验。

书籍是知识的载体，读书是学习最基本、最主要的形式。读书，能够帮助我们走出自我的狭小，畅游历史的长河，触摸时代的脉搏，观照广阔的生活。李大钊、邓中夏等中国革命的先驱，正是在阅读《共产党宣言》等大量马克思主义著作后，才最终坚定共产主义理想信念，并为之抛头颅、洒热血。今天，我们也只有认真研读马克思主义经典著作，通晓马列主义、毛泽东思想的真谛，才能真正理解中国特色社会主义理论体系的深刻内涵，自觉做到真学、真懂、真信、真用。我们对邓小平理论、“三个代表”重要思想和科学发展观既要从总体上把握，又要从各个方面进行钻研，不断提高理论水平、政策水平和认识水平，增强贯彻党的路线方针政策的自觉性和坚定性，在重大政治理论问题上明辨是非，树立坚定不移走中国特色社会主义道路的信念和决心。

对一名领导干部来说，道德品质的升华、政治素养的提升，离不开读书学习。北宋诗人黄庭坚说：“人不读书，则尘俗生其间。”读书学习在很大程度上决定一个人的修养和品位。它能使我们开阔眼界、怡情养性、精神充实、智慧丰富，使我们加深对人生的理解和思考，远离低级趣味，增强拒腐防变的能力。歌德曾经说过，“读一本好书，就是和许多高尚的人谈话”。认真阅读周敦颐的《爱莲说》，能够产生激浊扬清、清雅脱俗的精神力量；阅读方志敏的《清贫》，能够感受一位共产党人的高风亮节，为了追求真理和信仰，可以献出宝贵的生命！有益的阅读能使我们不倦地追求人格的提升，追求廉洁心态，甘于清贫，为民谋利。实践证明，一个人的兴趣空间是有一定排他性的，不用高雅兴趣去占领，就会被低级趣味所占据。在现实生活中，对读书有浓厚兴趣的干部一般来说都是积极健康向上的，志趣高雅，不屑于灯红酒绿；而那些纵情声色、腐化堕落的腐败分子则多半对读书学习没有兴趣。放松读书学习，特别是理论学习，淡化或忽视对主观世界的改造，已经成为腐败分子的共性。在改革开放和市场经济条件下，领导干部面临的诱惑很多，只有通过加强读书学习，牢固树立马克思主义世界观、人

生观、价值观和正确的权力观、地位观、利益观，才能不断加强党性修养和作风建设，经受住权力、金钱、美色的考验。

阅读是生命的一种光合作用，生命的质量需要用阅读来锻铸。人的精神可以因阅读而蓬勃葱茏、气象万千。人的一生是短暂的，却要面临那么多的挑战，这力量从哪里来？就是读书。回首几十年来的工作实践，无论在基层，还是担任领导职务，是读书这一爱好拓展了我人生的宽度，使精神变得更充实，工作和生活变得更快乐。我深切体会到：做一个读书的人，就是做一个幸福的人。作为一名领导干部，一定要充分认识读书对加强自身修养和作风建设的重要性，少一些浮躁喧嚣、多一些笔墨书香，少一些吃喝玩乐、多一些知识文化。要把读书看作是最健康、最高尚的消费，把书籍作为自己的良师益友，坚持以书为伴，通过读书学习来完善领导方法，改进领导作风，提高领导艺术。

二、读书是丰富知识、提高能力的必然要求

面对新形势新任务，领导干部必须提高领导科学发展的实际工作能力。一定程度上说，领导干部的好思路、好办法、好决策，都离不开知识积累。只有加强读书学习，把读书学习当作一种政治要求、一种工作责任、一种精神追求、一种生活态度，才能认清科学发展大势、把握科学发展规律、统领科学发展全局、创造科学发展业绩。

当今世界科学技术日新月异，知识总量呈几何级数增长。特别是近50年来，知识更新的周期大大缩短。农耕时代，一个人读几年书，就可以用一辈子；工业经济时代，读十几年的书，才能够用一辈子；知识经济时代，需要一辈子学习，否则知识就会老化，思想就会僵化，能力就会退化。有学者指出："21世纪的文盲不是没有文化的人，而是不会学习的人。"新形势下，领导干部原有的知识和本领面临严峻挑战，势必出现"知识恐慌"、"本领恐慌"。这就要求领导干部必须在加强理论学习的同时，加强对经济、科技、法律、哲学、历史、文学等各方面知识的学习，做到博采众长、厚积薄发，增加知识储备，拓展知识结构，提高综合素质和工作能力。要通过读书学习，显朝气、养才气、生灵气、筑底气，增强战略思维能力，不断提高工作的原则性、系统性、预见性和创造性。要在读书学习中寻找解决各种矛盾和问题的应对之策，探究深化科学发展的有效之举，开创各项工作的新局面。

领导干部的视野是否开阔，对于自己分管的工作是否熟悉，直接影响到工作的效率与效果，甚至影响到一个地方或一个部门的发展。而读书学习对提高领导干部的执政能力所起到的作用是无法替代的。学而优则进，学而优则胜。要想跟上时代潮流，掌握工作的主动权，领导干部就必须增强读书学习的紧迫感和责任感，常思能力不足，常找学习差距，扎扎实实地学习履行职责所必需的各种知识。领导干部只有在读书学习上比别人多下功夫，才能用知识的力量推动自己更快进步，才能有工作中的胜任、自信和从容。

三、领导干部要有好读之心，更要有善读之举

领导干部既要有好读之心，更要有善读之举，要讲求读书方法和技巧，提高读书效率和质量。真读还是假读，巧读还是死读，效果大不一样。只有静下心来，用心读书，潜心钻研，才会有所收获；反之，蜻蜓点水，浅尝辄止，甚至敷衍了事，就不可能有收获和提高。

要做到工作学习化、学习工作化和学习生活化、生活学习化。读万卷书，行万里路。领导干部在对待读书学习上一定要有明确的目标、坚强的决心和顽强的意志。要自觉地把读书学习与工作、生活有机结合起来，使学习成为一种自觉的工作和生活方式。统计数据显示，绝大多数领导干部有较强烈的读书需求，但工作太忙、应酬过多成为影响读书的最主

要因素。客观上讲，领导干部忙，应酬多是实情。但是，“没有时间”不应成为借口。鲁迅先生说：“时间就像海绵里的水，只要愿挤总还是有的。”在这方面，老一辈无产阶级革命家是我们学习的楷模。毛泽东同志无论在戎马倥偬的战争年代，还是在日理万机的建设岁月，甚至在弥留之际，都手不释卷，让人高山仰止。邓小平同志在艰苦的战争年代曾用功苦读《马恩列斯思想方法论》一书，十分珍惜读书学习时间。美国总统尼克松有句名言：“所有我认识的伟大领导者几乎都是伟大的读书者。”当读书真正成为一种生活方式、成为生命中的重要事情时，就可以找到读书的时间，就会产生持久、内在的动力。要树立快乐学习的理念，把读书学习当作一种享受，保持经久不衰的学习热情。

要有选择、有重点、有针对性地读书。阅读穿越时空，为人类开辟了一个遥望世界的无限星空。但书籍浩如烟海，而人的精力是有限的，我们不可能把所有的书读完。书籍又好比饮食，不同的饮食结构往往造成不同的营养结构，不同的书籍也会造成人不同的精神结构。我们不仅需要全面加强读书学习，更重要的是要有针对性地读书学习。如果看到什么就读，拿起什么就翻，显然收不到良好的效果。要立足本职岗位，从实际出发，坚持干什么学什么、缺什么补什么，有针对性地学习掌握做好领导工作、履行岗位职责所必备的各种知识，多读与本职工作相关的书，努力使自己真正成为工作能力较强、又富有人格魅力的领导。要在宝贵的读书时间里有所选择、有所侧重。要像温家宝总理指出的那样，“读那些有闪光思想和高贵语言的书，读那些经过时代淘汰而巍然独存下来的书”。多读那些能够激活感性、启发知性、锤炼理性的好书，多读原著、多读划时代的理论著作、多读经典。对于中国古代和西方的一些书籍，还要注意取其精髓，去其糟粕。

要善于在读书学习中积累知识、思考问题。读书学习是一个知识、经验、智慧积累的过程。古人说：博观而约取，厚积而薄发。领导干部只有在平时的学习中不断积累，充实提高，才能在工作和生活中信手拈来，运用自如，触类旁通。学起于思，思源于疑。学习和思考是一个有机统一的整体。孔子说：“学而不思则罔，思而不学则殆。”边阅读边思考是一种学习能力，也是理论联系实际的最佳结合点。这就要求我们坚持学与思的统一，坚持学以致用，学会用敏锐的眼光洞察新形势、用开放的理念谋划新思路、用务实的态度探索新方法。

总之，各级领导干部只有带头读书学习，先学一步、多学一点、学深一些，才能顺应时代发展的需要，实现知识的不断更新，才能激发广大党员干部和人民群众读书学习的积极性和主动性，不断促进创建学习型党组织活动的广泛开展，为建设马克思主义学习型政党夯实基础。

（作者：中共江西省委书记）

坚持以理论创新推进马克思主义学习型政党建设

王伟光

坚持马克思主义理论指导、理论武装、理论创新是我们党的一大政治优势和宝贵经验。党的十七届四中全会强调要紧密结合我国国情和时代特征大力推进理论创新，把用发展着的马克思主义指导新的实践作为建设马克思主义学习型政党的首要任务，为进一步加强和改进新形势下党的思想理论建设指明了方向。

一、必须不断推进马克思主义理论创新

马克思主义强大的生命力在于永无止境的理论创新。建设马克思主义学习型政党，必须大力推进马克思主义理论创新，用不断创新的理论武装全党，指导不断发展的实践。

马克思主义的实践性，决定了它永远具有蓬勃的生命力。实践的观点是马克思主义的首要观点，是马克思主义科学性的根本所在。实践是理论的源泉，是推动理论创新的根本动力。从马克思主义诞生，到列宁把马克思主义同俄国革命实践相结合，找到俄国革命的正确道路，创立列宁主义，再到毛泽东同志把马克思列宁主义同中国革命实践相结合，找到中国革命的正确道路，创立了毛泽东思想，是实践的发展不断推动着马克思主义理论的发展。改革开放以来，以邓小平同志为核心的党的第二代中央领导集体把马克思列宁主义、毛泽东思想同当代中国社会主义现代化建设和改革实践相结合，找到了实现中国特色社会主义现代化的正确道路，创立了邓小平理论；以江泽民同志为核心的党的第三代中央领导集体不断推进党的建设新的伟大工程，创立了“三个代表”重要思想；以胡锦涛同志为总书记的党中央努力探索新形势下新的发展思路，提出了科学发展观等重大战略思想，同样是实践的发展不断推动着马克思主义理论的发展。

马克思主义的发展性，决定了它会不断地向更高的认识水平发展。实践永无止境，理论发展也永无止境。1959 年底到 1960 年初，毛泽东同志在读苏联《政治经济学教科书》时说：“马克思这些老祖宗的书，必须读，他们的基本原理必须遵守，这是第一。但是，任何国家的共产党，任何国家的思想界，都要创造新的理论，写出新的著作，产生自己的理论家。”他还说：“我们在第二次国内革命战争末期和抗战初期写了《实践论》、《矛盾论》，这些都是适应于当时的需要而不能不写的。现在，我们已经进入社会主义时代，出现了一系列的新问题，如果单有《实践论》、《矛盾论》，不适应新的需要，写出新的著作，形成新的理论，也是不行的。”历史和现实表明，把马克思主义同它所赖以发展的现实生活割裂开来，对立起来，是毫无出路的。马克思主义只有始终随着实践的发展而永无止境地创新，才能永葆蓬勃生机。

马克思主义的生命力在于创造性。马克思、恩格斯的全部理论活动，都充分体现了创新这一马克思主义的理论品质。马克思、恩格斯曾基于当时实践，作出了社会主义革命应在数国同时取得胜利的重要结论。列宁科学分析了他所处的帝国主义阶段和无产阶级革命的时代特征，指出资本主义发展到帝国主义阶段，经济和政治发展更加不平衡，“社会主义可能首先在少数甚至在单独一个资本主义国家内获得胜利”。列宁对在俄国这样经济文化相对落后的国家如何进行社会主义革命，作出了创造性的回答，把马克思主义推向了一个新的发展阶段。而在半殖民地半封建的旧中国，怎样进行新民主主义革命、建立新中国，这是以毛泽东同志为主要代表的中国共产党人必须解决的历史课题。从中国的历史状况和社会现实出发，毛泽东同志带领中国共产党人开辟了一条农村包围城市、武装夺取政权的正确道路，进一步丰富和发展了马克思列宁主义。新中国成立以后，毛泽东同志对新的历史条件下如何巩固和建设社会主义，进行了一系列探索，既有成功的经验，也有深刻的教训。改革开放以来，面对怎样建设社会主义、走什么道路才能成功等重大问题，我们党用中国特色社会主义理论体系作出创造性的回答，使党的理论创新成果发挥出巨大的指导作用。

二、必须大力推进马克思主义中国化、时代化、大众化

推进马克思主义理论创新，必须着力在实现马克思主义中国化、时代化、大众化上下功

夫，使理论与不断发展的具体实践和时代特征相结合，与广大人民群众不断发展的实践经验和历史创造相结合。

马克思主义中国化，要求把马克思主义基本原理同中国实际相结合，坚持运用马克思主义的立场、观点、方法研究和解决中国革命、建设、改革中的实际问题，使之成为具有中国特色、中国风格、中国气派的马克思主义。马克思主义中国化，实质上就是哲学的“一般性”与“特殊性”的辩证关系问题。我们既要肯定“一般性”，坚持马克思主义基本原理，又要肯定“特殊性”，坚持马克思主义中国化。从哲学的世界观和方法论高度上、思想路线的高度上解决好“一般性”和“特殊性”的辩证关系问题，是坚持马克思主义中国化的根本认识前提。80多年来，中国共产党人创造性地把马克思主义基本原理与中国的“具体环境”和“特殊条件”相结合，不断推进适应中国实际需要的马克思主义中国化事业向前发展。

马克思主义时代化，要求马克思主义既要同本国实际相结合，还要同本国发展所处的时代特征相结合。中国离不开世界，中国的发展离不开世界的大趋势、大环境。推进马克思主义中国化，一定要使马克思主义的普遍性适应中国发展的国际环境和时代背景。党的十七届四中全会《决定》明确提出推进马克思主义时代化这一重大命题，进一步强调马克思主义时代化与中国化的有机统一。这对于准确把握马克思主义中国化的丰富内涵和精神实质，不断推进马克思主义中国化，具有重要意义。我们一定要准确把握时代主题，努力适应时代潮流，合理吸收世界先进文明，积极回应时代挑战，始终走在时代前列。

马克思主义大众化，要求马克思主义必须紧密联系人民大众，为广大群众所理解、所接受，成为认识和改造自然、社会的思想武器。理论只有为人民大众所掌握、所运用，才能在实践中变成巨大的物质力量。因此，必须做好马克思主义的通俗化和普及化工作，坚持贴近实际、贴近生活、贴近群众，把马克思主义理论用具有中国特色、中国风格、中国气派的话语体系和思维习惯加以表达，用人民大众喜闻乐见的形式说清楚、讲透彻。

推进马克思主义中国化、时代化、大众化不仅是理论问题，而且是对待马克思主义的根本态度问题。我们必须以解放思想、实事求是、与时俱进的科学态度对待马克思主义，以创新精神学习和发展中国化的马克思主义；必须坚持理论联系实际，积极运用马克思主义的立场、观点、方法研究和解决中国的实际问题，用发展着的马克思主义指导新的实践。

三、必须用中国特色社会主义理论体系武装全党

中国特色社会主义理论体系是马克思主义中国化最新成果，是党最可宝贵的政治和精神财富，是全国各族人民团结奋斗的共同思想基础。我们必须把用中国特色社会主义理论体系武装全党作为长期战略任务，不断提高全党马克思主义理论水平。

中国特色社会主义理论体系回答了什么是马克思主义、怎样对待马克思主义的问题。中国特色社会主义理论体系，坚持和发展了马克思列宁主义、毛泽东思想，凝结了几代中国共产党人带领人民不懈探索实践的智慧和心血，进一步深化了对什么是马克思主义、怎样对待马克思主义的认识，开辟了马克思主义在中国发展的新境界。

中国特色社会主义理论体系回答了什么是社会主义、怎样建设社会主义的问题。对社会主义的认识，从马克思主义产生到现在，历经长期的实践和探索。邓小平同志在全面总结国内外社会主义建设经验教训的基础上，精辟地指出，解放生产力，发展生产力，消灭剥削，消除两极分化，最终达到共同富裕，是社会主义的本质。建设社会主义，必须坚持从中国的生产力发展实际状况出发，不照抄照搬别国的经验和模式，走出一条适应自己特点的社会主义发展

道路。这就是，把马克思主义的普遍真理同我国的具体实际结合起来，走自己的道路，建设有中国特色社会主义。邓小平理论、“三个代表”重要思想、科学发展观等重大战略思想的先后提出，不断把我们党对社会主义的认识提高到新的水平。

中国特色社会主义理论体系回答了建设什么样的党、怎样建设党的问题。马克思、恩格斯在论述无产阶级革命和无产阶级专政的同时，提出了建立工人阶级政党的必要性，创建了马克思主义建党理论。列宁在领导俄国革命、建设俄国工人阶级政党的实践中，提出了列宁主义建党理论。在半殖民地半封建的旧中国，毛泽东同志回答了“在落后的中国，在农民、小资产阶级占多数的国家里，建设一个什么样的无产阶级政党、怎样建设党”的问题，形成了毛泽东建党思想。新时期以来，邓小平同志提出“执政党应该是一个什么样的党”这个重大问题，形成了新时期的党建思想。以江泽民同志为核心的党的第三代中央领导集体创造性地回答了建设什么样的党、怎样建设党的问题，提出了“三个代表”重要思想，丰富和发展了马克思列宁主义、毛泽东思想、邓小平理论的党建思想。以胡锦涛同志为总书记的党中央按照“三个代表”重要思想的要求，扎扎实实抓执政党的建设，特别是突出抓了党的执政能力建设和先进性建设，有效提高了党的建设的科学化水平，进一步丰富和完善了新时期执政党建设理论。

中国特色社会主义理论体系回答了实现什么样的发展、怎样发展的问题。毛泽东同志强调，统筹兼顾，各得其所，这是我们历来的方针。邓小平同志指出，发展生产力是社会主义的根本任务，要把经济建设作为中心任务。江泽民同志进一步把发展作为党执政兴国的第一要务，强调要全面理解发展问题，把握好改革、发展、稳定的关系，处理好建设与效益、数量与质量的关系；创新发展思路，实现经济增长方式由粗放型向集约型转变。以胡锦涛同志为总书记的党中央，适应新的发展要求，在总结国际国内发展经验的基础上，继承和发展了党的三代中央领导集体关于发展的重要思想，提出了科学发展观等重大战略思想，形成了“科学发展、和谐发展、和平发展”的发展新理念，把我们党关于发展的思想推向了一个新的高度。

（作者：中国社会科学院常务副院长）

高标准落实建设学习型党组织要求
着力提高学习运用科学发展观水平

常万全

建设学习型党组织，是党的十七届四中全会提出的重大战略任务，是建设马克思主义学习型政党的基础工程，是推动学习实践科学发展观向深度和广度发展的重要举措。深入贯彻落实党中央、中央军委和胡锦涛主席的决策部署，扎实推进学习型党组织建设，必须突出科学理论武装这个首要任务，切实在“学”与“用”上下功夫，努力做到学用结合、学以致用、学用相长，不断提高学习和运用科学发展观水平。

一、必学必用，进一步深化思想认识

国际国内形势的复杂性，要求我们必须用科学发展观研判形势、把握大局。当今世界正处在大发展大变革大调整时期，世界多极化、经济全球化、社会信息化深入发展，各种力量博弈更加复杂，各种思想文化交流交融交锋更加明显。特别是西方敌对势力加紧对我实施西化、分化，意识形态领域斗争日趋尖锐复杂。我国正处在改革的攻坚期、发展的关键期、矛盾的凸显期，经济体制深刻变革、社会结构深刻变动、利益格局深刻调整、思想观念深刻变化，推进改革开放和社会主义现代化建设任务的艰巨性和繁重性世所罕见，改革发展稳定中面临矛盾和问题的规模和复杂性世所罕见，前进中面对的困难和风险世所罕见。国际国内形势的关联性、复杂性、多变性，迫切要求我们深入学习和自觉运用科学发展观，始终以清醒的政治头脑应对复杂局面，以宽广的世界眼光把握时代大势，以强烈的忧患意识直面严峻挑战，以敏锐的战略思维抢抓发展机遇，确保在复杂形势面前抢占先机，赢得主动。

加强能力建设和先进性建设的长期性，要求我们必须用科学发展观永葆先进、增强本领。新的历史条件下，我们党面临的执政考验、改革开放考验、市场经济考验和外部环境考验是长期的、复杂的、严峻的，加强党的执政能力建设和先进性建设显得尤为突出、尤为紧迫，必须作为根本任务和永恒课题始终紧抓不放。科学发展观开辟了马克思主义发展新境界，赋予党的先进性建设新的时代内涵和历史任务，进一步丰富了党的执政理念，对加强党的执政能力建设提出了新要求。这就要求我们坚持用中国特色社会主义理论体系特别是科学发展观武装头脑，不断深化对共产党执政规律、中国特色社会主义建设规律、人类社会发展规律的认识和把握，进一步保持和发展党在理论上实践上的先进性，进一步提高推动科学发展、促进社会和谐的能力，努力为党的执政能力建设和先进性建设注入强大动力。

军事斗争准备和部队建设的艰巨性，要求我们必须用科学发展观破解难题、推动发展。当前，我军建设进入新的发展阶段，中国特色军事变革进程加快，军事斗争准备拓展深化，非战争军事行动任务不断加重，对提高履行新世纪新阶段历史使命能力提出了更高要求。正确处理维护国家安全利益与维护国家发展利益，加紧军事斗争准备与推进军队现代化建设，提高核心军事能力与提高完成多样化军事任务能力，加快高新技术武器装备发展与加强装备体系综合集成建设等关系，都需要我们在国防和军队建设中深入贯彻落实科学发展观，准确把握军队建设的阶段性特点，科学筹划、科学组织、科学实施各项建设，坚持用科学的发展思路、科学的发展模式、科学的发展方法，有效解决深层次矛盾和问题，推动我军建设在新的起点上又好又快发展。

二、真学真用，进一步端正科学态度

要把用科学理论武装头脑作为政治任务来落实。政治上的坚定源于理论上的清醒。学习科学发展观，是一个持之以恒、不断深化的过程，必须在全面学、系统学、深入学上狠下功夫，努力在学深弄懂、融会贯通、领悟真谛上达到新境界。要把科学发展观放在中国特色社会主义理论体系中系统学习，放在我们党推进理论创新与实践创新的历史进程中加深理解，全面地而不是片面地、完整地而不是零碎地、深入地而不是肤浅地领悟掌握其科学内涵和精神实质，不断提高思想政治水平。

要把用科学世界观方法论指导实践作为政治素质来提升。学习科学发展观，既要吃透要义、把握精髓，更要学用一致、知行统一。要内化于心、升华思想境界，模范践行当代革命军人核心价值观，自觉讲党性重品行作表率，切实做一个爱党爱国、遵纪守法的好公民，做一个忠诚使命、爱军精武的好军人，做一个顾全大局、与党同心的好党员，做一个关心群众、服务人民的好干部。要外化于行、指导工作实践，运用蕴含其中的马克思主义立场观点方法更新思想观念、观察分析问题、把握特点规律、理清发展思路，切实使党的理论创新成果转化为推动科学发展的思想力量、实际能力和自觉行动。

要把不断解决问题作为政治责任来履行。深入贯彻落实科学发展观，重在发现问题、解决问题。部队建设是在不断解决问题中发展的，旧的矛盾问题解决了，又会出现新的矛盾问题，这是不以人的意志为转移的。必须进一步增强政治责任感，坚持用科学理论破解现实矛盾，正视问题、敢于较真，透过现象、抓住要害，追根溯源、标本兼治，尤其要紧盯问题背后的问题，在深挖、深思、深解问题中，不断推动部队各项建设科学发展。

三、会学会用，进一步掌握思想方法

注重提高学习能力。学习能力体现在诸多方面，但会学至关重要。既要向书本学习，又要向实践学习，向群众学习。学习重在勤奋，勤奋才能持之以恒。学习重在用心，细观察、多领悟、常反思，用心处处皆学问。学习重在思考，思考才能悟透、求解。学习重在开放，一切有利有益的，都要大胆吸收、为我所用。学习重在交流，善于沟通、相互启发，主动借鉴、取长补短。

注重提升思维层次。要下大力培育战略思维能力，善于站在战略和全局的高度观察和处理问题、从政治上认识和判断形势、透过纷繁复杂的表面现象把握事物的本质和发展的内在规律，不断开阔视野、开阔胸襟、开阔思路；要下大力培育创新思维能力，解放思想、转变观念、求真务实，善于因时制宜、知难而进、开拓创新，不断研究新情况、解决新问题、创造新经验、开创新局面；要下大力培育辩证思维能力，善于用联系和发展的眼光看问题，在抓住关键、找准重点中把握规律，在分析矛盾、解决矛盾中推进发展。

注重总结实践经验。科学理论源于实践、指导实践。要坚持边学习、边研究、边总结、边提高，特别是要深入总结我们党执政的历史经验、国防和军队建设的成功经验、推进武器装备建设科学发展的新鲜经验，认真借鉴汲取军内外一切有益经验，获取推动事业发展、做好各项工作的深刻启示和精神动力，丰富和拓展加强各项建设的思路办法，并以此作为宝贵财富，进一步指导新的实践。

四、普学普用，进一步营造浓厚氛围

组织抓学是关键。各级党组织要把学习摆在突出位置，强化组织领导，明确职责分工，加强跟进指导，始终保持持续推进的良好态势；要丰富学习载体，积极开展“争创学习型党委、争当学习型领导干部”活动，大力开展“创建先进基层党组织、争当优秀共产党员”的创先争优活动，激励官兵深入学习科学发展观、模范实践科学发展观；要培养和树立引领学习的典型，大力宣扬实践中涌现出的先进模范，用典型说话，用典型引路；要拓展促进学习的途径，倡导互动式学习、研究式学习、共享式学习，运用信息网络技术打造学习新平台，不断增强学习的吸引力感染力。

领导带学是重点。各级领导干部要按照走在前面的要求，坚持先学一步，紧跟党的理论创新步伐，及时学习党的最新理论成果；坚持学深一些，既要全面系统、完整准确，更要把握要义、抓住核心，切实掌握蕴含其中的科学世界观方法论；坚持做好一些，带头改造主观世界，带头调研现实问题，带头思谋发展举措，努力在坚定政治信仰、指导工作实践上作好表率，真正当好学用科学发展观的精心组织者、积极促进者、自觉实践者。

人人尚学是基础。学习实践科学发展观，基础在基层、伟力在群众。要注重激发内在动力，引导官兵树立与时代潮流相适应的学习理念，切实把学习作为一种政治责任、一种精神追求、一种生活方式，不断增强主动学习、勤奋学习的自觉性；要广泛动员群众人人参与，运用好深入学习实践活动的成功做法，关注群众诉求，回应群众关切，解答群众困惑，引导广大官兵始终保持热爱学习、投身学习的政治热情；要充分尊重官兵主体地位，真诚服务官兵、促进全面发展，凝聚官兵力量、集中官兵智慧，形成群策群力推动科学发展的良好环境。

五、常学常用，进一步完善制度机制

进一步健全和落实研讨交流机制。定期专题学习党的创新理论，学习党中央、中央军委的决策指示，紧紧围绕国防科技发展和武器装备建设进行战略性、前瞻性研讨，在事关方向性、根本性、全局性的重大问题上统一思想、形成共识。

进一步健全和落实课题立项机制。像重大科技课题立项那样立项调研重大现实问题，通过定计划、定分工、定标准、定时限等办法进行课题攻关，努力在解决制约武器装备科学发展的瓶颈问题、难点问题、关键问题上拿出新思路新举措，做到以课题研究牵引理论学习、以学习成果破解发展难题。

进一步健全和落实成果转化机制。紧紧围绕提高履行新使命装备保障能力这条主线，把学习融入中心任务，融入工作实践，不断深化和拓展军事斗争装备准备，加快高新技术武器装备发展步伐，持续提高基于信息系统的体系作战能力，推进武器装备建设又好又快发展。

进一步健全和落实廉政建设机制。切实把纯正党性作风作为学以致用的重要着力点，严格执行工程建设、装备订购等五个廉政规定，认真落实预防经济案件十项制度，坚决贯彻加强对权力运行监督制约措施等，在总装上下倡导形成正风正气。

进一步健全和落实用人导向机制。坚持把理论素养、学习能力作为考核领导班子和选拔任用干部的重要依据，通过个人述学、群众评学、组织考学，确保学习成效进入领导班子和干部考核评价体系，成为使用干部的硬指标。

（作者：中央军委委员、总装备部部长）

扎实有效地搞好学习型党组织建设

陈祥如

建设学习型党组织是一项政治性、实践性很强的战略任务，必须扎实推进，长期坚持，不断提高建设水平。中央国家机关党的建设要走在全国基层党组织前面，就要在建设学习型党组织方面走在前面。中央国家机关扎实有效地搞好学习型党组织建设，尤其需要在以下几个方面努力。

一、提高认识、把握内涵、明确要求

在新的形势下，机关党组织发挥战斗堡垒作用，共产党员发挥先锋模范作用，领导干部发挥示范带头作用，就必须加强学习，全面提升思想政治素质和工作能力。中央国家机关位居高层，承担着执政兴国的重要使命，党组织和党员干部的素质能力关系到国家、民族的兴衰和社会主义现代化事业的成败。读书学习，关键靠自觉。只有不断提高对建设学习型党组织重大意义的认识，才能以高度的政治自觉积极营造崇尚学习、勤奋学习、善于学习、不断学习的浓厚氛围。

充分认识学习型党组织建设的特点、内涵和要求，才能把学习作为党组织建设的基本特征，作为党组织活动的重要内容，作为提高党组织战斗力的重要途径。在一些机关中少数同志把建设学习型党组织理解为一次集中的学习实践活动，这是不对的。建设学习型党组织，首要任务是紧紧围绕党和国家大局及部门中心工作，大力推进马克思主义中国化、时代化、大众化，长期战略任务是坚持用中国特色社会主义理论体系武装党员干部，核心理念是全员学习、终身学习和学习工作化、工作学习化，基本要求是推进改革创新，重要原则是坚持理论联系实际、学以致用、用以促学，目标是按照科学理论武装、具有世界眼光、善于把握规律、富有创新精神的要求，把各级党组织建设成为学习型党组织，把各级领导班子建设成为学习型领导班子。只有把学习型党组织作为组织管理、建设的重要形式，才能使学习从党员个人行为转变为党组织行为，从阶段性学习转变为长期学习。

党的十七届四中全会对建设学习型党组织提出了明确要求，中共中央办公厅印发的《关于推进学习型党组织建设的意见》对建设学习型党组织的指导思想、主要原则、学习内容、方式途径、组织领导等都规定得很具体，需要各级党组织认真贯彻落实。中央国家机关应在五个方面下功夫：在学习态度上要更加注重自觉性，在学习内容上要更加注重实际需求，在学习形式上要更加注重丰富有效，在学习目的上要更加注重学以致用，在学习管理上要更加注重制度建设。做到"五个结合"，即建设学习型党组织同服务改革发展稳定大局结合，同推动政府职能转变、提高政府工作效率、改进政府工作作风结合，同建设为民、务实、清廉机关结合，同加强和改进机关党的建设结合，同提高个人素质与工作能力结合。

二、完善内容、丰富形式、体现特色

从中央国家机关调研情况看，阅读社科类图书和参加经济知识培训是党员干部最喜欢的，而提高创新能力、协调沟通能力和应对突发事件能力，则是党员干部认为最需要的。因此，坚持向书本学习、向实践学习、向群众学习，加强基础性学习、应用性学习、前瞻性学习，努力掌握和运用一切新思想、新知识、新经验，对中央国家机关的党员干部来说尤为重要。在学习型党组织建设中，我们组织党员干部深入学习马列主义、毛泽东思想，学习中国特色社会主义理论体系，关键是掌握基本原理，领会精髓和本质，学会运用马克思主义的立场、观点、方法来分析解决改革开放和现代化建设中的实际问题。大力开展社会主义核心价值体系学习教育，教育引导党员干部着力增强贯彻党的基本理论、基本路线、基本纲领、基本经验的自觉性和坚定性，目的是增强走中国特色社会主义道路、为党和人民事业不懈奋斗的自觉性和坚定性，做共产主义远大理想和中国特色社会主义共同理想的坚定信仰者。深入学习实践科学发展观，根本要求是创新发展理念、理清发展思路、破解发展难题、转变发展方式。同时，按照干什么学什么、缺什么补什么的原则，加强党的路线方针政策和法律法规知识学习，不断充实经济、文化、历史、科技、管理等方面的知识，并把这些学习与加深领会和灵活运用马克思主义理论紧密结合起来，有的放矢，就能满足广大党员干部的需求和较高层次的学习需求。

坚持运用已有的有效形式和方法，同时要适应新形势新要求，积极探索党组织学习的新方法新手段，搭建多种学习载体，丰富和创新学习形式，尤其要充分利用网络技术开展读书学习活动。中央国家机关干部普遍高学历、年纪轻，根据不同群体的特点和需求，我们分别设计学习方式和载体，开展不同形式的学习教育活动，多采用互动式、交流式、研讨式、反思式、共享式、开放式学习。同时结合党和国家重大政策出台、重大活动开展和重大节庆日纪念日等开展学习教育，不断丰富完善工作抓手。组织开展机关与基层主题联学，促进机关干部向基层和向群众学习，密切与人民群众的血肉联系，增进与人民群众的深厚感情。把学习型党组织建设与创先争优活动结合起来，与讲党性、重品行、作表率活动结合起来，与创建文明机关、争做人民满意公务员活动结合起来，推动学习型党组织建设活动生动活泼、蓬蓬勃勃地开展。

中央国家机关建设学习型党组织要体现机关特色。中央国家机关是代表人民执掌政权的领导机构，是坚持改革开放、推动科学发展、促进社会和谐的指挥部、参谋部，担负着从宏观上领导和管理国家经济、政治、文化和社会事务的职能。与各个社会部门相比,机关共产党员集中、执政骨干集中、权力责任集中,掌握着公共资源的决策权、审批权、支配权、检查权等重要权力。中央国家机关党员干部都直接或间接参与党和国家重要方针政策的制定和实施。因此,加强学习型党组织建设,必须特别注意紧紧围绕党和政府中心工作来开展,紧紧围绕部门业务工作来开展,紧紧围绕方针政策的制定与实施来开展,紧紧围绕推动科学发展、促进社会和谐来开展。机关党支部主要建在局、处一级,而各个局、处在治国理政中发挥着重要作用。建设学习型党支部既是提高机关治国理政本领、牢固树立为民宗旨的重要举措,也是夯实党的执政基础、提高支部凝聚力、战斗力的必然要求。通过建设学习型党支部,落实建设学习型党组织的任务,才能切实提高机关公务员的素质能力。

三、加强策划、整合资源、建立机制

建设学习型党组织,搞好统筹策划很重要。要站在全局的高度,统筹考虑建设学习型党组织活动如何围绕中心、建设队伍,对基层党组织和广大党员干部提出什么要求,党委、支部要统一组织什么活动、建立什么载体,方法步骤、阶段性目标任务是什么,等等。对于拟统一组织的活动,应考虑力度如何,能否起到示范带动作用,广大党员是否拥护,领导支持不支持。举办讲座、报告会,应精心选题、选人、选时,精心组织。要善于争取有关方面的支持和帮助,努力变“独唱”为“合唱”和“交响乐”。

建设学习型党组织是各级党委的职责,必须高度重视,加强领导,统筹规划。党委宣传、组织部门应从各自职责出发,积极组织、协调,加强分类指导和督促检查,狠抓落实,形成建设工作合力。充分发挥机关的党校、行政学院和培训机构教育培训主阵地的作用,积极推进教学改革,研究培训规律,提高培训成效。部门报刊、门户网站、机关局域网等应坚持围绕中心、服务大局,及时宣传学习型党组织建设的好经验好做法,宣传先进典型。注意发挥工会、共青团、妇联等群团组织的力量,把创建学习型党组织活动变成各个组织的自发要求、自觉行动,既纳入到创建工作的整体格局之中,又给予足够的工作空间。

从中央国家机关各部门各单位的经验看,建设学习型组织,一要建立学习管理机制。将学习型党组织建设纳入单位年度目标绩效管理,建立和完善学习计划安排、考勤登记、检查考评、成果转化等制度。对学习时间、读书数目、参加培训、调查研究等提出具体要求。二要建立学习激励机制。对学习效果进行目标量化考核,将党员学习情况与评先、评优挂钩,形成激励和约束机制。三要建立学习督查机制。抓好述学、评学、考学、督学重点工作的落实。四要建立学习投入机制。落实工作经费,为建设学习型党组织提供必要的设施设备和经费保障,积极为党员干部学习教育创造良好条件。

建设学习型党组织不是要机关的党员干部躲进小楼、回到书斋,脱离实际地死读书、读死书,而是理论联系实际地读书学习,努力搞好学习成果转化,切实在解决突出问题、推动科学发展上下功夫。要树立一个理念,即工作学习化、学习工作化。作为机关工作人员,主要任务是工作,不可能拿出很多时间到党校、学院去专门集中学习,更多的是在工作中学习,在学习中工作。要养成一个习惯,即坚持学与思相结合,学与做相结合。要坚持一个原则,即形式为目的服务,要求真务实,不要华而不实,坚持马克思主义学风,紧密联系党和国家事业的发展要求来学习,紧密联系认识和解决改革和发展中出现的新情况新问题来学习,紧密联系自身世界观和人生观的改造来学习,紧密联系更好地为最广大人民谋利益来学习。

(作者:中共中央国家机关工委委员、宣传部长)

坚持把深化理论武装作为建设学习型党组织的首要任务

张　阳

党的十七届四中全会作出建设马克思主义学习型政党的决策部署，明确要求把深化中国特色社会主义理论体系武装作为学习型党组织建设的首要任务，这充分体现了我们党坚持和发展马克思主义的坚定立场和鲜明态度，为我们大力推进部队学习型党组织建设指明了方向。

一、不断增强抓好中国特色社会主义理论体系武装的自觉性坚定性

马克思主义是我们的立党立国之本。在当代中国，坚持中国特色社会主义理论体系就是坚持马克思主义。大力推进部队学习型党组织建设，必须首先抓好中国特色社会主义理论体系武装，着力夯实高举旗帜、听党指挥、履行使命的思想政治基础。

深化中国特色社会主义理论体系武装是保持部队坚定正确政治方向的必然要求。当前，面对复杂的社会环境和深刻的社会变革，广大官兵必须坚定理想信念，始终以理论上的清醒保证政治上的坚定。只有不断深化中国特色社会主义理论体系武装，教育引导官兵把坚定的理想信念建立在自觉理解认同科学理论的基础上，才能打牢党对军队绝对领导的思想根基，确保部队坚定正确的政治方向。

深化中国特色社会主义理论体系武装是坚持用发展着的马克思主义指导部队建设实践的内在要求。只有始终牢固确立科学发展观的重要指导方针地位，把深入学习实践科学发展观作为一项长期的战略任务来抓，切实教育引导官兵自觉把科学发展观作为政治信仰来坚定，作为搞建设谋发展的根本遵循来坚持，作为检验部队建设成效的根本尺度来把握，才能更好地推动部队建设又好又快发展。

深化中国特色社会主义理论体系武装是促进广大官兵全面发展进步的客观要求。要把大力推进学习型党组织建设的过程，作为群众性理论学习普及的过程，作为培养官兵、提高官兵、实现官兵全面发展的过程，着力教育引导官兵真学真信真懂真用党的创新理论，进一步发挥好人民军队用科学理论武装部队、教育官兵的优良传统和政治优势，把广大官兵培养成为全面发展的新一代革命军人。

二、在全面学习、深刻理解、系统掌握党的创新理论上狠下功夫

全面系统学习中国特色社会主义理论体系。充分发挥各级党组织在理论武装工作中的组织功能作用，组织官兵深入学习邓小平理论、“三个代表”重要思想以及科学发展观等重大战略思想，全面系统、完整准确地掌握中国特色社会主义理论体系的重大意义、时代背景、实践基础、科学内涵和历史地位；不断拓宽理论学习途径方法，扎实抓好党委中心组学习和办班轮训，把理论武装工作纳入部队政治教育、党团活动，广泛开展原原本本学原著活动，认真学习感悟党的历史经验和驻地改革开放宝贵经验，着力引导大家从理论与实践、历史与逻辑的统一上加深理解；充分发挥理论培训基地、部队政治教育主阵地作用和网络媒体、理论夜校、理论班务会以及板报墙报等思想文化阵地作用，增强理论武装工作的吸引力感染力；抓好群众性理论学习普及，开展领导干部下部队宣讲和“战士理论学习之星”评选表彰活动，始终保持群

众性理论学习热潮。

深入学习实践科学发展观。教育引导广大党员干部深刻领会科学发展观的科学内涵、精神实质和根本要求，认真总结深入学习实践科学发展观活动的成功经验，深刻理解和全面把握科学发展观对部队建设发展提出的新要求，建立和完善学习实践科学发展观长效机制，形成有利于学习贯彻科学发展观的政策导向、舆论导向、用人导向和体制机制，推动各级党组织成为贯彻落实科学发展观的坚强堡垒、广大党员干部成为贯彻落实科学发展观的骨干力量。把开展社会主义核心价值体系和当代革命军人核心价值观学习教育作为理论武装的重要内容，大力宣扬“李向群连”的典型经验，使学习贯彻科学发展观“成为连队经常性工作、成为官兵自觉性行动”。

认真学习贯彻胡主席国防和军队建设重要论述。胡主席关于国防和军队建设的一系列重要论述，是中国特色社会主义理论体系在军事领域的具体运用，是科学发展观的“军事篇”，必须深入学习，用以武装头脑、指导实践、推动工作。要结合学习毛泽东军事思想、邓小平新时期军队建设思想、江泽民国防和军队建设思想，学习贯彻党中央、中央军委的重大决策部署，学习《国防和军队建设贯彻落实科学发展观重要论述选编》，把胡主席国防和军队建设重要论述贯彻落实到部队建设和军事斗争准备各项工作之中。紧密联系军区部队实际抓好课题研究，组织团以上党委中心组开展“以党的军事理论为指导，研究解决部队重大现实问题”专题调研活动，形成一批认识成果、实践成果和制度成果，有力促进部队全面建设。

三、弘扬理论联系实际的马克思主义学风

深化理论武装，必须坚持学以致用、用以促学、学用相长的原则，切实做到学习理论与指导实践相结合，提高理论素养与提高实际工作能力相结合，改造主观世界与改造客观世界相结合。

掌握和运用中国特色社会主义理论体系蕴含的立场观点方法。自觉坚持中国特色社会主义理论体系中贯穿的马克思主义立场，始终站在党和人民的立场上思考问题，与党和人民同呼吸、共命运，永葆人民军队的性质宗旨；自觉坚持中国特色社会主义理论体系中贯穿的马克思主义观点，善于运用辩证唯物主义和历史唯物主义的思想武器观察分析问题，扎实推进部队建设全面发展、促进官兵全面进步；自觉坚持中国特色社会主义理论体系中贯穿的马克思主义方法，深入部队、深入实际、深入官兵，求真务实研究解决问题。

不断提高履职尽责的能力素质。着力提高政治上把关定向的能力，不断增强政治敏锐性和政治鉴别力；着力提高领导部队科学发展的能力，真正使科学理念转化为领导方法和工作思路；着力提高带领部队完成多样化军事任务的能力，努力成为军事素养好、组织指挥能力强、专业技术精的新型军事人才；着力提高做好安全稳定工作的能力，深入探索新形势下治军带兵的特点规律，学习掌握现代管理知识，坚持依法带兵、科学带兵，切实提高按条令条例管控部队的能力水平。

自觉改造主观世界。坚持学以立德、学以增智，锤炼和提升政治品质、战略品质、事业品质和人格品质；加强党性修养，增强党性观念，严守党的政治纪律，带头完成各项任务；自觉培育民主意识、民主作风和民主素养，打牢贯彻民主集中制的思想和能力基础，坚决贯彻民主集中制，加强和维护班子团结，齐心协力建设“团结和谐、风清气正、坚强有力、奋发有为”的领导集体；不断改进领导作风和工作作风，切实以良好的形象引领和感召部队同心同德为党的事业扎实奋斗。

（作者：广州军区政治委员）

努力提高三大思维和两大能力

石仲泉

党的十七届四中全会的一个重要决策，就是强调建设马克思主义学习型政党，提高领导干部的理论素养和解决实际问题的能力，要求中央委员和省部级领导干部认真研读马克思主义特别是中国特色社会主义理论体系基本著作，切实提高战略思维、创新思维、辩证思维能力，带头探索回答重大理论和实践问题。概括而言，就是高层领导干部要提高三大思维和两大能力，即提高三大思维能力和解决实际问题的能力。这是关系党的执政能力和领导水平的关键性一招。

中国共产党执政中国，就要不断地对中国的多方面国情特别是改革开放的新矛盾新问题作出科学分析，准确把握世界发展大势，把马克思主义同当代中国实际和时代特征进一步结合好，制定出正确的路线方针和政策。这就需要提高各级领导干部特别是高层领导干部的理论素养和解决实际问题的能力。提高理论素养，首先是认真读书，懂得马克思主义特别是中国化的马克思主义理论的基本内容、根本要义和精髓实质。但是，强调读书学习，不是要把领导干部们变成书呆子，而是要以此为基础来不断提高执政能力和领导水平。做到这一点，最重要的就是提高三大思维和两大能力。

当然，三大思维和两大能力的提高，不是光靠读书学习在短时间能立竿见影的，需要长时间实践的磨炼和经验的积累。对于提高三大思维能力来说，最重要的是提高辩证思维能力，即马克思主义哲学的思维能力。这是三大思维能力中最核心、最根本的。有了马克思主义的辩证思维能力，就会有战略思维、创新思维能力。战略思维、创新思维能力，从某种意义上讲是马克思主义辩证思维能力的具体运用。没有高超的哲学思维能力，就不可能有高超的战略思维、创新思维能力。邓小平说得明明白白："我读的书并不多，就是一条，相信毛主席讲的实事求是。过去我们打仗靠这个，现在搞建设、搞改革也靠这个。我们讲了一辈子马克思主义，其实马克思主义并不玄奥。马克思主义是很朴实的东西，很朴实的道理。""实事求是"是什么？就是辩证思维能力，就是马克思主义哲学思维能力。陈云也一再告诫领导干部，学习哲学，终身受益。

这些年，我们一些领导干部读书很多，知识面也很广，但有一点欠缺：对哲学没有兴趣，没有学哲学的习惯。毛泽东在半个世纪前就说过：在马克思主义理论中，基础的东西是马克思主义哲学。这个东西没有学通，我们就没有共同的语言，没有共同的方法，扯了许多皮，还扯不清楚。正因为这样，我们在现实生活中看到：主观主义、形而上学、繁琐哲学、形式主义多了，一刀切、一窝蜂、简单化、绝对化的弊端多了。出现这几多，当然有许多原因，但从思想方法言，不实事求是，缺乏辩证思维，无疑是重要原因。在这里，还是要搬毛主席。他说：我劝同志们要学哲学，"有了辩证唯物论的思想，就省得许多事，也少犯许多错误"。他强调，要加强辩证唯物论的宣传，"使成百万的不懂哲学的党内外干部懂得一点马克思主义的哲学"。我以为，对于提高三大思维和两大能力而言，毛泽东讲的这些还是适用的。

（作者：中共中央党史研究室原副主任）

紧紧围绕转变经济发展方式推进学习型领导班子建设

中共广东省委理论学习中心组

党的十七大以来，广东省委认真贯彻落实中央关于建设马克思主义学习型政党的战略部署，以强烈的使命意识推进学习型领导班子建设，以创新务实学习推动领导干部知识结构转型升级，着力破解应对国际金融危机、促进科学发展中的突出矛盾和问题，为加快转变经济发展方式、开创广东科学发展新局面注入了新的动力。

一、坚持把加强学习作为转变经济发展方式的战略任务来抓

要打赢转变经济发展方式的硬仗，实现科学发展的战略目标，必须把加强学习和打造适应科学发展要求的干部队伍作为战略任务来落实。为此，省委明确提出，要转变经济发展方式，推动产业结构转型升级，首先必须加强领导干部的学习，促进领导干部知识结构转型升级，激发领导干部抓学习促转变的自觉性和主动性。

在新的历史起点上实现科学发展必须抓学习促转变。广东在全国改革开放大局中具有举足轻重的地位，党中央、国务院高度重视广东的改革发展。去年12月，胡锦涛总书记来粤视察时，明确要求我省坚定不移调结构、脚踏实地促转变，努力当好推动科学发展、促进社会和谐的排头兵。广东要不负中央的重托和期望，各级领导干部就必须强化学习是政治责任的意识，努力学习，善于学习，夯实科学理论和现代科技知识功底，增强领导加快转变的本领，这样才能始终走在时代的前列，承担起历史赋予的重任。

迎接新的挑战和考验必须抓学习促转变。当前，发达国家正积极探索和培育新的经济增长点，把发展战略基点放在依靠科技创新、促进经济结构优化升级和产业整体竞争能力提升上，有的还力图把“碳排放”问题作为制约新兴工业化国家和地区发展的手段。这迫使我们必须尽快转变高度依赖国际市场、高消耗低产出的发展模式。从国内来看，不少省市特别是长三角和环渤海地区，在转变经济发展方式上比广东起点高、行动快、力度大、效果好。面对新的挑战和考验，我们必须以“等不起”的紧迫感、“慢不得”的危机感和“坐不住”的责任感，在加快转变经济发展方式上狠下功夫，既要解决好“要不要转”的问题，也要解决好“会不会转”的问题。只有熟悉和掌握国际经济、金融、贸易等领域的基本知识和规则，了解建立现代产业体系的相关知识和世界产业发展最新动态，把握现代科技发展及自主创新的方向和规律，才能打造引领产业和科技发展潮流的专家型领导干部，从容应对新挑战新考验。

探索符合广东实际的转变路子必须抓学习促转变。广东经济社会发展有自身的特点，转变经济发展方式必须从实际出发。总的来看，广东转变经济发展方式的优势突出：思想解放，敢想敢干，改革的底蕴深厚；市场主体的适应性较强，市场推动经济发展方式转变的机制较充分；物质基础较雄厚，政府把握经济发展方式转变的能力较强；毗邻港澳，靠近国际市场，对国际经济和产业结构调整反应较灵敏，等等。同时，不足也很明显：开放起步较早，传统产业和传统生产方式比重较大；传统发展模式的惯性较大、转变较难；财政收入总量较大，一些干部群众对加快转变缺乏足够的紧迫感；人才和科技资源相对短缺，加快转变的技术支撑条件相

对薄弱，等等。如何因势利导、扬长避短，依托现有优势，集聚外部优势，增创新的优势，闯出一条具有广东特色的加快转变的路子，需要我们加强探索研究，共谋转变对策。抓学习、促转变、谋发展，已经成为省委中心组成员和各级领导班子的自觉行动。

二、坚持以创新学习为转变经济发展方式提供有力的智力支撑

以领导干部知识结构转型升级促进经济发展方式转变，既要坚持以往党委中心组学习的有效制度和手段，又要积极适应建设学习型领导班子的新要求，创新学习思路和学习方法，提升学习能力和学习效果。我们主要从四个方面下功夫。

开展积累式学习，补齐知识上的“短板”。精心办好“广东学习论坛”，紧紧围绕“转变经济发展方式、推动科学发展”这一主题，邀请中央部委领导和国内知名专家授课，既系统学习掌握中国特色社会主义理论体系特别是科学发展观等重大战略思想，深刻分析国际金融危机对广东冲击的实质和危害，增强加快转变经济发展方式的紧迫感和责任感；又深入学习与转变经济发展方式相关的现代产业、低碳经济、环境气候、电子商务等相关知识。按照“缺什么补什么、干什么学什么”的原则，广泛开展读书活动，举办学习交流会，夯实谋划转变、科学转变的知识功底。

开展研讨式学习，增强科学决策能力。加快转变经济发展方式，需要科学决策和正确指导。为此，从去年10月开始，新增每两个月一次的省委常委集中学习讨论会，在专家授课的基础上，展开互动交流，探讨解决问题的思路和办法。近两年来，省委中心组成员以破解转变经济发展方式中的难题为主线，按照“定课题、定人员、定时限”的要求，分别就“深化粤港澳合作”、“建设广东现代产业体系”、“节能降耗和资源环境保护”、“统筹区域协调发展”、“加快自主创新”、“提升广东文化软实力”等重点课题，深入开展调查研究，形成了一批理论联系实际、富有真知灼见的调研报告。及时召开调研成果交流会，坚持边研讨、边决策、边落实，迅速将调研成果转化为转变发展方式、推动科学发展的政策和举措。

开展开放式学习，汲取国际国内有益经验。在新的历史条件下，广东要赢得新的发展优势，就必须学习借鉴国际国内的有益经验。一是“请进来”。省委中心组邀请国内外知名教授、专家等，就“新加坡产业升级的经验及对广东的启示”、“抵御金融危机冲击，促进共享式经济增长”等做专题报告，帮助大家开阔视野，理清发展思路。二是“走出去”。省委书记、省长带领中心组成员和市厅主要负责人深入华东各省市实地考察，认真学习上海、江苏、浙江等在转变经济发展方式中的好经验好做法。三是“集民智”。积极运用网络媒体问计于民，指导新闻网站组织策划“我为广东科学发展建言献策”征文活动，网民就转变经济发展方式、推动科学发展等重大问题发表了大量建设性的意见和建议。

开展共享式学习，激发集体智慧和创造活力。举办加快转变经济发展方式专题学习会，与会人员扩大到省直正厅职领导干部和21个地市级主要领导，共同听专家报告和各地各部门工作汇报，共同研讨解决面临的热点难点问题，形成了加快经济发展方式转变、破解经济社会发展瓶颈问题的40条措施；提出了发展现代产业体系，用增量稀释存量，提升产业竞争力的举措；创新文化民生理念，制定了建设文化强省的中长期规划；规划建设“广佛肇”、“深莞惠”、“珠中江”三个经济圈，推进珠三角一体化；出台提升珠三角带动东西北战略，促进“一核多极”发展；实施扶贫开发“规划到户、责任到人”政策，推动“先富帮后富”，等等。

三、坚持用务实学习促进转变经济发展方式取得质的突破

转变经济发展方式是广东当前和今后相当

长一段时期经济工作的核心，建设学习型领导班子必须围绕转变开展学习、用学习促进转变，在务实学习中开创科学发展的新局面。

解放思想形成转变共识。紧密结合应对国际金融危机的生动实践，坚持在继续解放思想中形成转变共识：国际金融危机是传统发展模式之危、科学发展模式之机；传统发展模式已难以为继，建立科学的发展方式时不我待；广东单靠“外向带动”已不适应形势要求，必须向内外需协调拉动转变；转变经济发展方式，不能只关注产业结构调整、技术水平提高、生态环境保护等问题，还要把以人为本放在更加重要的位置，更加注重人文关怀、关注人的全面发展，等等。要更加积极主动地推动结构调整、自主创新和产业转移，更加注重提高发展的质量、效益和可持续性。

加强研究探索转变规律。注重研究探索广东加快转变经济发展方式的长处和短板，找准工作着力点和突破口，理清工作思路：发挥基于外向型的产品优势，克服外需市场受限的劣势，努力扩大产品内销，推动经济发展由外向带动为主向内外需协调拉动转变；发挥传统产业基础好的优势，克服附加值低的劣势，努力推动传统产业转型升级，由价值链低端向高端延伸转变；发挥软硬环境以及区位较好的优势，克服传统产业比重较大的劣势，大力发展先进制造业、现代服务业和高新技术产业；发挥市场经济体制相对完善、财力相对雄厚的优势，克服人才和科技资源相对短缺的劣势，推动经济发展由要素驱动向创新驱动转变；发挥区域间竞争活力强的优势，克服区域间互动合作相对不足的劣势，推动跨行政区域资源配置，实现经济发展由单极拉动向城乡区域协调拉动转变。

改革创新完善转变体制。深化重点领域与关键环节改革，以行政管理体制改革为突破口推动大部制改革，扎实推进富县强镇事权改革，深化价格、财政、税收、金融、环保、土地、技术标准、知识产权、风险投资等方面的制度改革，构建起一整套有利于加快转变经济发展方式的政策体系。加快建立有利于转变发展方式的干部考核评价机制，进一步完善《广东省市厅级党政领导班子和领导干部落实科学发展观评价指标体系及考核评价办法（试行）》，推动各级干部自觉投身加快转变经济发展方式的实践，努力形成“让善于科学发展的人上、不会科学发展的人让、阻碍科学发展的人下”的用人导向。

改进作风务求转变实效。实施省委常委分片包干和重大项目省级领导分工负责制，建立“以目标倒逼进度，时间倒逼程序，社会倒逼部门，下级倒逼上级，督查倒逼落实”的抓落实机制。省委常委会逐个听取21个地市级工作汇报，促进各地抓落实。分别召开珠三角和粤东西北工作现场会，省市互动实地解决制约转变经济发展方式、推进科学发展的重大问题。完善暗访制度，加大治懒治庸、督察督办和行政问责力度。继续治理“文山会海”，切实克服形式主义。今年前三季度，我省经济继续向好，全省生产总值达31542亿元，比上年同期增长11.6%，高于全国同期平均水平，经济平稳较快增长，产业结构调整升级取得明显成效，区域发展协调性明显增强，人民生活明显改善。

建设马克思主义学习型政党是坚持马克思主义指导地位的重要保证

徐光春

建设马克思主义学习型政党，是我们党根据世界形势的新变化、国内经济社会发展的新要求、现代化建设的新实践和马克思主义面临的新挑战，站在时代全局和国内大局的高度，深刻总结历史经验，科学分析当前形势，着眼于提高党的执政能力、保持和发展党的先进性提出的一项重大战略任务。建设马克思主义学习型政党，是坚持马克思主义指导地位的根本要求，也为坚持马克思主义指导地位提供了重要保证。

第一，建设马克思主义学习型政党，把推进马克思主义中国化、时代化、大众化作为首要任务，明确了坚持马克思主义指导地位的创新要求。马克思主义不是“一经发现就只要熟读死记的教条”，而是一个面向实践、面向群众、与时俱进的科学理论体系。发展创新是马克思主义生命力的源泉。没有马克思主义的发展创新，就没有马克思主义的生机和活力，就无法保证马克思主义指导地位。以毛泽东同志为主要代表的中国共产党人，创立毛泽东思想，开创了马克思主义新领域；以邓小平同志为主要代表的中国共产党人，创立邓小平理论，开辟了马克思主义的新境界；以江泽民同志为主要代表的中国共产党人，创立“三个代表”重要思想，把马克思主义成功推向21世纪；以胡锦涛同志为总书记的党中央，创立科学发展观，继续把马克思主义推向前进。建设马克思主义学习型政党，围绕推进马克思主义中国化、时代化、大众化，在学习马克思主义理论的同时，坚持不懈地向实际学习，继承中国文化，研究中国问题，指导中国实践，升华中国经验，能够使马克思主义与中国同行；持之以恒地向时代学习，把握时代脉搏，回答时代课题，反映时代精神，能够使马克思主义与时代同步；谦虚谨慎地向人民学习，总结人民创造，关注人民需求，解答人民困惑，能够使马克思主义与人民同在。我们应以正在做的事情为中心，改进学风文风，真学真懂真信真用，大力推进马克思主义中国化、时代化、大众化，增强马克思主义的生机和活力，巩固马克思主义的指导地位。

第二，建设马克思主义学习型政党，把用中国特色社会主义理论体系武装全党、指导实践作为长期战略任务，勾画了坚持马克思主义指导地位的实践路径。马克思主义的指导地位是在指导我国革命、建设和改革的伟大实践中历史地形成并不断得到巩固的。实践是巩固马克思主义指导地位的根本途径。中国特色社会主义理论体系是马克思主义与中国实际和时代特征相结合的产物，科学解答了什么是马克思主义、怎样对待马克思主义，什么是社会主义、怎样建设社会主义，建设什么样的党、怎样建设党，实现什么样的发展、怎样发展等重大理论和实际问题，全面阐述了中国特色社会主义道路。建设马克思主义学习型政党，坚持不懈地用中国特色社会主义理论体系武装全党，能够使我们更好地把马克思主义基本原理与中国实际相结合，破解生产力发展、生产关系完善、共同富裕等方面的难题，深化对什么是社会主义问题的认识，增强马克思主义对怎样建设社会主义问题的指导作用；能够使我们更好地把马克思主义党的建设理论与我们党的建设实际结合起来，破解一些党组织贯彻民主集中制不力、对中央决策部署执行不认真、对党员民主权利保障落实不到位等难题，始终保持党的先进性，深化建设什么样的党的问题的认识，增强马克思主义对怎样建设党的问题的指导作用；能够使我们更好地把马克思主义的发展思想与中国实际结合起来，破解发展不平衡、短期行为、城乡差距、环境保护、能源短缺、就业难、看病难、教育不公平、房价过高等难题，促进以人为本、全面协调可持续发展，深化对实现什么样发展问题的认识，增强马克思主义对怎样发展问题的指导作用。应大力弘扬理论联系实际的学风，认真研读马克思主义经典著作，正确总结新中国成立以来尤其是改革开放以来的经验教训，深刻领会中国特色社会主义理论体系的科学内涵和精神实质，在开辟中国特色社会主义道路的过程中把马克思主义发展起来、坚持下去，并在学习理论、总结经验的基础上牢固确立马克思主义的指导地位。

第三，建设马克思主义学习型政党，把开展社会主义核心价值体系学习教育作为重要任务，奠定了坚持马克思主义指导地位的思想基础。理想信念是坚持马克思主义指导地位的前提和保证。没有对马克思主义的坚定信仰，就谈不上对马克思主义指导地位的自觉坚持。社会主义核心价值体系是社会主义意识形态的本质体现，是我们党在经济全球化和社会多样化形势下团结带领人民开拓前进的精神旗帜。我们党作为执政党和先锋队，在社会主义核心价值体系建设中处于主导地位，发挥着决定性作用。建设马克思主义学习型政党，开展马克思主义指导思想学习教育，能够使我们把握马克思主义基本原理，分清马克思主义同反马克思主义、社会主义公有制为主体多种所有制经济共同发展的基本经济制度同私有化和单一公有制、中国特色社会主义民主同西方资本主义民主、社会主义思想文化同封建主义资本主义腐朽思想文化的界限，增强坚持马克思主义的自觉性和坚定性；开展中国特色社会主义共同理想学习教育，能够使我们深刻认识中国特色社会主义共同理想与共产主义最高理想的关系，在为中国特色社会主义奋斗的过程中，不迷失共产主义的远大理想；开展以爱国主义为核心的民族精神和以改革创新为核心的时代精神的学习教育，能够使我们增强在马克思主义指导下实现中华民族伟大复兴的历史责任感和时代紧迫感；开展社会主义荣辱观学习教育，能够使我们辨是非、明荣辱、分善恶、别美丑，形成正气盎然、奋发向上的社会风尚，共同推动马克思主义和社会主义事业的发展。应把社会主义核心价值体系教育贯穿到党员、干部教育管理的全过程，采取党员干部率先垂范，历史与现实、理论与实践相结合等方法，以理想信念为重点，运用先进典型、感人事例、身边故事，开展生动活泼的社会主义核心价值体系学习教育活动，努力使社会主义核心价值体系成为党员的心灵共鸣、思想共识、情感共振、价值追求和精神信仰，奠定坚持马克思主义指导地位的坚实思想基础。

第四，建设马克思主义学习型政党，把建设学习型党组织作为基础工程，提供了坚持马克思主义指导地位的组织保证。我们党是靠组织严密、纪律严明而不断发展壮大的，党的组织是马克思主义的学习者、传播者，是党的路线方针政策的制定者、实践者，是坚持马克思主义指导地位的主体。党一成立就把马克思主义作为指导思想和理论基础，写入了自己的党章。在党的努力下，马克思主义从少数人的觉醒上升为无产阶级意识，从一种思想流派上升为国家的意识形态，并最终载入我国宪法。建设马克思主义学习型政党，向书本学习，学习党章、党的理论和现代科学文化知识，有助于把各级党组织建成为学习型党组织、各级领导班子建成为学习型领导班子，坚定理想信念，提高思想道德素质和科学文化素质，增强组织纪律观念，保持党的先进性，提高党组织的凝聚力、创造力和战斗力；向实践学习，深入实际，调查研究，有助于完善党的制度，建立新的党组织，扩大党的覆盖面；向群众学习，牢固树立群众观念，了解群众的所思、所想、所盼，有助于履行全心全意为人民服务的宗旨，密切党群关系，增强党的阶级基础、扩大党的群众基础。应把学习作为党组织的政治责任，以学习为组织活动的重要内容，以学习为提高组织战斗力的重要途径，推进学习的制度化、规范化，增强坚持马克思主义指导地位的组织基础。

第五，建设马克思主义学习型政党，把科学理论武装、具有世界眼光、善于把握规律、富有创新精神作为总体要求，确保了坚持马克思主义指导地位的具体落实。马克思主义是人类文明的精华，是中国共产党始终坚持的根本指导思想。面对新形势、新任务、新要求，党中央提出了建设马克思主义学习型政党的时代命题，这就使坚持马克思主义指导地位的实践主体更加明确、实践方向更加清晰，特别是把科学理论武装、具有世界眼光、善于把握规律、富有创新精神作为建设马克思主义学习型政党的总体要求，体现了建设马克思主义学习型政党的本质特征、特殊要求、重要内容和必要条件，也顺应了坚持马克思主义指导地位的客观需要，丰富了坚持马克思主义指导地位的实践内涵，确保了坚持马克思主义指导地位的具体落实。我们要按照建设马克思主义学习型政党的总体要求，积极用科学理论指导实践，用世界视角审视实践，遵循规律驾驭实践，创新发展推动实践，不断提升解放思想、与时俱进、开拓创新的现代意识，不断增强贯彻落实中央重大决策部署的自觉性，不断提高推动科学发展、促进社会和谐的执政能力。

建设马克思主义学习型政党是一项复杂的长期的系统工程。要围绕党和国家工作大局，按照建设马克思主义学习型政党的总体要求，以提高全党思想政治水平为目标，扎扎实实地加以推进。要提升认识，站在时代发展的高度，来认识建设马克思主义学习型政党的价值；站在开创中国特色社会主义事业新局面的高度，来认识建设马克思主义学习型政党的作用；站在提高党的执政能力、巩固党的执政地位的高度，来认识建设马克思主义学习型政党的意义。要联系实际，联系党员干部的思想实际，改造主观世界，提高认识世界、改造世界的能力；联系党的建设实际，增强党的创造力、凝聚力、战斗力；联系中国特色社会主义建设实际，提高推动科学发展的能力。要丰富内容，认真学习党的基本理论、基本路线、基本纲领、基本经验，学习社会主义核心价值体系，学习现代科学文化知识，不断用新思想、新观点、新知识、新精神充实学习内容。要重视方法，拓宽学习渠道，创新学习手段，改善学习行为，开展学习活动，既爱读书、读好书、善读书，又深入基层，向实践和人民群众学习，不断提高全党同志学习、实践和发展马克思主义的能力和水平，让马克思主义指导地位在坚持中发展，在发展中巩固，在巩固中提高，更加坚强有力，更加扎实有效。

（作者：中共中央马克思主义理论研究和建设工程咨询委员会主任）

人人都应该学习

陈先达

人是唯一不能单纯依靠本能生存的动物，人需要学习。某些动物脱离母胎后，也会习得一些生存技能，但这种“学习”本身就是动物本能的一部分。人不同，人的学习使人超越本能，获得一种由集体创造的社会力量，成为用人类创造的知识武装起来的人，成为真正社会意义上的人，而不是本能的人。

任何一个文明社会都知道学习的重要。自古以来，不同的社会都设立有教育机构，不管它的名称如何教育方式如何，但宗旨都一样，就是对自己社会成员进行教育。我们孔夫子的头衔很多，但其中最重要的一个头衔是伟大教育家。他是中国历史上第一个办私学、提倡有教无类，设帐授徒，培养出许多著名学生的教书先生。有人曾赞扬孔子是天纵之圣，孔子很明确地说："我非生而知之者，好古，敏以求之者也。"孔子一生都提倡学习，"学而时习之，不亦说乎！"他说自己"学而不厌，诲人不倦"。到了晚年，他还说如果天假以年，还要好好学习《易经》，这样就可以少犯错误。

学习的方式和途径多种多样。从小学、中学、大学，这是学习，是正规的学习。工作以后，同样要学习，而且更应该学，这是在职的学习，是自学。自学比正规学习更重要，也更难，因为人一生坐在教室里的时间总是有限的，而自学必须陪伴我们一生。自学更需要自觉，需要恒心、毅力和决心。"书山有路勤为径，学海无涯苦作舟"。学习离不开"苦"与"勤"，自学更是这样，更需要坚持。社会在迅速进步、科学技术日新月异，处在知识爆炸、信息爆炸的时代，任何人停滞不前，满足原有的一点知识肯定要落后。学习是终身的事，终身学习、学习终身，应该成为我们的座右铭。

对于很多人来说，学习专业技能一般都比较注意，因为它被看成是"硬件"、"本领"、"水平"乃至是"资本"，但却容易忽视的是学习马克思主义特别是当代中国马克思主义理论。如果没有坚定的政治信仰，甚至为各种各样错误思潮所俘虏，一心当"能人"，鄙视"贤人"，这种学习是片面的甚至是危险的。因为一个人有才无德，能量越大，本领越大，对我们事业的危险性就越大。历史和现实都证明了这一点。所以，负有一定领导责任的人应该多学习马克思列宁主义的经典著作，学习毛泽东思想和中国特色社会主义理论体系的主要著作。这是管思想、管方向的，关乎我们的事业，关乎党和国家的命运。

要重视学习，还要善于学习。学习方法要明确，最重要的是能理论联系实际。学习态度要端正，要实事求是。"知之为知之，不知为不知，是知也"。学习目的要正确，不是装门面，不是镀金。孔子曾经批评他自己时代学习态度不正的现象，说"古之学者为己，今之学者为人"。为己，就是从学习中提高自己；而为人，则是做给别人看的。看来，学习态度是个古已有之的问题。

人是社会动物，学习是一种社会性的行为，是获取社会力量的唯一途径。善于学习，于个人而言，可以最大限度地实现自己的价值；于政党而言，可以永葆先进性；于国家而言，可以保持快速、长期的发展。我想这是我们党强调要建设马克思主义学习型政党的根本原因。

（作者：中国人民大学教授、博士生导师）

关于建设学习型党组织的若干重大问题

张蔚萍

党的十七届四中全会把建设学习型政党列为新形势下加强党的建设六大任务之首，并且强调，建设学习型党组织是建设学习型政党的基础性工作。不久前，中央发出了《关于推进学习型党组织建设的意见》，进一步明确了建设学习型党组织的重要意义、总体要求、主要原则、工作内容、途径方法。根据中央文件的精神，结合现实需要，谈点学习体会。

一、建设学习型政党、学习型党组织的重要意义和背景

建设学习型党组织的重要意义，中央文件里已经讲的很清楚。主要是强调，它不仅对提高全党的思想政治素质和理论水平有重要意义，而且对提高党员干部的思维能力、工作能力和领导能力有重要意义，特别是对发挥党的政治优势、推动科学发展有重大的战略意义。为了加深对重大意义的理解，需着重认识党中央提出这个命题的重要背景。

（一）这是为了继承和弘扬我们党的政治优势和优良传统

重视学习、善于学习，这是共产党的政治优势和优良传统。创立共产党的伟大领袖马克思、恩格斯是酷爱学习的光辉典范，正是在学习和实践中才确立了坚定的无产阶级立场，辩证唯物主义、历史唯物主义的基本观点和科学方法。列宁也是一个酷爱学习的革命领袖，他在布尔什维克党内倡导“学习、学习、再学习”，并创立了布尔什维克党校，在极其艰难困苦的条件下组织党员干部学习，培养了大批革命骨干，夺取了十月革命的胜利。毛泽东和他的战友们，继承和发展了马列的优良传统，创造了以学习为特征的延安整风运动。延安时期，毛泽东不仅为党员领导骨干规定了学习的重点内容（十二本书），而且规定了学习的基本原则，即理论联系实际的原则，并且创立了中央党校、团校、抗大、鲁艺等各种学习阵地，亲自到中央党校讲课，《矛盾论》和《实践论》就是他讲课稿的主要部分。正是因为以毛泽东为核心的党中央高度重视学习，才使全党带领人民群众同心同德夺取了全国胜利。建国以后，毛泽东、刘少奇和周恩来等同志，更加感到学习的重要性和紧迫性。毛泽东曾对周恩来讲，三天不学习，赶不上刘少奇。周恩来也是全党学习的模范，他不仅掌握着政治、经济、管理、外交、军事、统战、教育等方面的丰富知识，而且还精通几门外国语。尽管如此，他还是坚持不懈地学习。他亲自把列宁的名言“学习、学习、再学习”贴在床头上，并且对应地写下了“活到老、学到老、改造到老”的誓言。他的这种酷爱学习精神，对后来几代中央领导都有深刻影响。改革开放以后，面对改革、发展、稳定的艰巨任务，党中央创造了领导核心组学习制度，对省地县都有影响。特别是以胡锦涛为总书记的党中央，时刻以老一辈中央领导同志为榜样，牢记“学习、学习、再学习”的至理名言，作出了建设学习型政党和建设学习型党组织的重要决定，并把它列为新世纪新阶段加强改进党的建设的首要任务，其目的是为了通过发挥党的学习优势，将其转化为党的政治优势，进而把党的政治优势转化为科学发展优势。这就是党中央提出建设学习型政党和学习型党组织的重大意义和真正意图。

（二）这是时代发展变化向我们党提出的新要求

提出建设学习型政党和学习型党组织，也是当代世情、国情、党情的新变化向我们党提出的新要求。

所谓世情的新变化，就是指世界正处在大发展、大变革、大调整的关键时期。大发展突出表现在科技在大发展、知识在大更新、信息在大传播，只有学习学习再学习，才能跟上历史潮流，走在文明创新的前列。大变革突出表现在，经济全球化趋势和政治多极化趋势势不可挡，只有学习科学理论并用以武装头脑，才能站得高，看得远，走在时代的前列。大调整突出表现在，不仅中、美、英、法、德、日、印等大国的关系在调整，而且超级大国、西方发达国家和发展中国家三个世界的关系也在调整，特别是发展中国家在国际政治、经济等组织的地位和作用不断上升。我们只有用科学知识武装头脑，才能在国际关系大调整中应对复杂的国际局势，才能在激烈的竞争中保持优势地位。世情的新变化还表现在，在和平发展的条件下，西方敌对势

力正在打无硝烟战争，并采取了新的斗争方式，主要是企图通过所谓颜色革命和推行民主社会主义，改变中国特色社会主义的性质；加之国际社会主义运动处于低潮，党内的悲观失望思潮、消极颓废思潮和政治背叛思潮日趋严重。在这种情况下，只有坚持不懈地学习中国特色社会主义理论体系和社会主义核心价值体系，才能增强社会主义必胜的坚定信念，战胜颜色革命和民主社会主义的严峻挑战。以上这些情况，就是党中央提出建设学习型政党和学习型党组织的重要国际背景。

所谓国情的新变化，就是深化改革过程中我们党面临着一系列新考验。比如，面临着如何应对各种突发事件的考验，如何应对国际金融危机后遗症的考验，如何应对贫富差距扩大的考验，如何解决医疗、教育、就业、社保、住房、环保等民生问题的考验，等等。从长期性和严峻性上讲，主要还是面临如何应对市场经济“两重性”的考验。最近二十年来，我国最大的一个变化就是搞了市场经济，这是发生巨大变化的经济根源。然而，在第一线搞市场经济的很多党员干部，并不全面了解市场经济，不懂得市场经济有两重性。所谓市场经济两重性，就是指它既有积极性又有消极性。积极性很多人已经熟悉，比如能合理配置社会资源、能推动物质生产力发展、能提供大量信息、能促使观念更新等等。但是，很多人对其消极性却不大重视，甚至根本不了解。所谓市场经济的消极性，就是指它具有盲目性、滞后性和自发性。特别是这种自发性，危害极大。革命导师列宁早就说过，一旦这种自发性形成习惯势力，就会变成一种可怕的势力。之所以可怕，就在于它能够把市场经济重视金钱、重视享乐、重视个人利益这些正确的东西推向极端，使其不知不觉地演变成拜金主义、享乐主义和利己主义。这三种主义是资产阶级人生价值观的核心，如果不重视学习和思想教育，这种人生价值观就会在党员干部灵魂深处滋长泛滥，轻者会产生腐败作风和违纪行为，重者就会违法乱纪和腐败堕落。最近二十多年来，我们党查处的二百多万违法违纪干部和腐败分子，哪一个不是被拜金主义、享乐主义和利己主义腐蚀而垮掉的？尤其要看到，我国的市场经济还不完善，漏洞很多、空隙很多、问题很多，这就为那些居心不良和受腐蚀的人，提供了钻空子的机会，导致腐败不断发生。过去出现的腐败案件和犯罪团伙一批接着一批，已涉及到几百万党员干部，很多人在领导岗位上倒下去，但至今许多在职人员并没有从中吸取教训，高层和企业界仍不断出现大案要案，比如，去年广东省查处的原省纪委书记王华元、省政协主席陈绍基、深圳市长徐宗衡；北京市查处的副市长刘志华；公安部查处的部长助理郑少东；全国人大查处的财经委副主任朱志刚；最高法院查处的副院长黄松有；天津市查处的市委常委开发区主任皮黔生；国有企业查处的中石油董事长陈国海和首都机场董事长李培英等，这些都说明市场经济体制不完善阶段容易出现腐败问题。中纪委把这个阶段称为腐败的易发期和多发期。在这种情况下，必须大力加强和改进党的建设，而加强改进党的建设的头等重要问题就是学习、学习、再学习，使学习成为党员干部的自觉行动和制度。提出建设学习型党组织，就是为了这个目的。

所谓党情的新变化，主要是指党组织和党员干部队伍发生了巨大变化。一方面，党的队伍和党组织不断发展壮大。比如，基层党组织已由建国初的几十万个发展到现在的370多万个，就连非公有制企业也有39万个；又比如，党员队伍已由建国初的400多万人发展到现在的7600多万人，其中党员干部有1200多万人，科级干部有几百万人，处局级干部有50多万人。全世界200多个马克思主义政党约9000多万人，80%在中国。中国共产党是否坚强，不仅关系到中国特色社会主义事业的前途命运，而且关系到国际社会主义事业的兴衰成败。另一方面，我们党在发展壮大过程中也面临不少问题，包括如何提高执政能力和保持先进性的问题，如何保持和发扬党的优良传统和政治优势问题，如何有效治理和预防腐败滋长蔓延问题，如何提高基层党组织的战斗力和凝聚力问题，如何适应党员干部思想观念的新变化和防止“四信”动摇（指信仰、信念、信任、信心动摇）问题，等等。中央对存在的问题概括了六个方面，突出强调党员素质、领导班子和腐败滋长问题。解决这些问题的措施很多，其中最重要的是以改革创新精神全面推进党的建设，而建设学习型政党和学习型党组织，就是党的建设创新的头等大事和重要成果。因此，建设学习型党组织，就是推动党的建设创新的实际行动。我们应从党建创新的高度来认识建设学习型党组织的重大意义。

二、正确理解建设学习型政党、学习型党组织的科学内涵和目标要求

建设学习型政党和学习型党组织，首先必须对它的科学内涵、目标要求有正确而深刻的理解，这样就能抓住主要精神，领会其精神实质，从而使建设学习型党组织沿着正确的方向和轨道前进，否则就会偏离大方向，使党中央的意图得不到真正的贯彻。

（一）正确理解建设学习型政党和学习型党组织的科学内涵

党中央在十七届四中全会上明确提出了建设学习型政党和学习型党组织的科学命题，其科学内涵概括起来主要表现在以下三个方面：

第一，从作用定位上看，把学习摆在新时代党的建设的首要地位。我们党历来把思想建设放在党的建设首位。那么，学习在党的思想建设中处于什么地位？党中央总结了历史经验，认为学习是党的思想建设的关键环节，是贯穿于政治建设、组织建设、制度建设和作风建设的一根红线。正是基于这种认识，党中央在十七届四中全会《决定》中，才把建设学习型政党和学习型党组织列为新形势下加强党的建设六大任务之首。其核心思想是强调，建设学习型政党和学习型党组织是新时代中国共产党的基本特征，是创新党建的一项战略任务，是保持党的先进性和提高执政能力的关键环节。

第二，从内容要求上看，提出“学习型”的科学概念就把重视学习的视野进一步拓宽，把学习的任务进一步引申，把学习的活力进一步提升。其核心思想是强调，必须把学习马克思主义思想体系和中国化的最新成果作为第一位的任务；必须把学习基本理论与学习科学文化结合起来；必须把学习科学知识与解决实际问题结合起来；既要掌握马克思主义的最新成果，又要掌握当代新科学知识的新思想和新经验，使学习更具有新的活力。

第三，从制度保障上看，把学习进一步普遍化、经常化、制度化。所谓普遍化，就是要求不仅领导干部必须加入学习行列，而且全体党员都要加入学习行列，使学习成为全党的共同行动；所谓经常化，就是要求各级党组织始终坚持学习，防止一阵风式的学习，使学习成为经常性的自觉行动；所谓制度化，就是指学习必须有完备的规章制度、科学的运行机制，使学习长期坚持下去。由此可见，提出建设学习型党组织比过去抓学习的定位更高了，内容更丰富了，制度更严格了。一句话，更富于时代精神和理论色彩了。

（二）正确理解建设学习型政党和学习型党组织的目标要求

要把握建设学习型党组织的正确方向，还必须明确建设学习型党组织的目标要求。目标要求明确了，学习任务就明确了；学习任务明确了，就会自觉在落实上狠下功夫。党中央明确指出：科学理论武装、具有世界眼光、善于把握规律、富有创新精神，是建设学习型党组织的主要目标和总体要求。

这里所说的“科学理论武装”，主要是指用马列主义、毛泽东思想和中国特色社会主义理论体系来武装，其实质是要解决党员干部的立场、观点、方法问题，提高他们的思想政治素养和工作能力。中央领导同志强调，学习首先要解决党员干部的立场问题。所谓解决立场问题，就是要坚定不移地站在党的立场上、人民大

众的立场上。立场问题是一个带有根本性的问题，是站在哪一边和坐在哪一边的问题，是为谁谋利办事的问题。这里讲的“观点”，主要是指世界观、人生观、价值观。共产党倡导的是树立马克思主义世界观、人生观、价值观，强调要用社会主义核心价值体系武装头脑。一个人的具体观点，平常表现为替谁说话、为谁辩解的问题，这是由一个人的根本立场和世界观、人生观、价值观决定的。解决了立场观点，还必须解决方法问题。这里所说的“方法”，主要是指辩证唯物主义和历史唯物主义的科学方法，也包括掌握现代科学技术的新方法，如信息论、系统论、控制论以及运筹法等。方法是多种多样的，只要能为党和人民办好事，什么科学方法都可以运用。总之，科学理论武装是学习型党组织的本质特征，是共产党同其他政党区别的显著标志之一。

这里所说的“具有世界眼光”，主要是指共产党人要具有宽广胸怀和战略眼光，实质是要求党员干部必须站得高看得远，善于战略思维。对于党员领导干部来说，就是要站在国际大局和国内大局相互联系的高度来审视中国的发展问题，科学判断世界多极化和经济全球化不断发展变化的外部环境，积极应对当今世界发展变化带来的机遇和挑战，以便及时抓住机遇，沉着应对挑战，谋求科学发展。

这里所说的“善于把握规律”，主要是指要自觉按照客观规律办事。因为只有自觉按照客观规律办事，实践才能成功；若不自觉按照客观规律办事，实践就会失败。中央要求我们善于把握规律，就是要求我们自觉认识客观规律，自觉按照客观规律办事。有人说，客观规律是客观事物内部固有的本质联系，既看不见又摸不着，怎样才能把握它呢？关于这个问题，毛泽东同志早就告诉我们：任何客观事物的内部本质都要通过外部现象表现出来，有时会曲折的表现出来。这就要借助于望远镜和显微镜。这个望远镜和显微镜就是马克思主义科学理论。怎样借助它呢？唯一的办法就是善于学习、善于实践、善于调研。因为学习、实践、调研能提高我们的观察力、分析力和鉴别力，能使我们在复杂的现象中，去粗取精，去伪存真，由此及彼，由表及里，发现规律，掌握规律。这就是毛泽东同志在《实践论》和《矛盾论》里讲的重要思想。学习这些思想，对于我们善于把握规律有重要指导意义。

这里所说的“富于创新精神”，主要是指共产党人应具有创新意识、创造激情以及不断与时俱进和开创新局面的活力。创新的前提是敢创，如果没有勇气和信心，那是无法创新的；创新的关键是在“新”字上做文章和下功夫，如果做不到“新”，创来创去还是在老圈子里打转转，那是达不到创新目标的。为此，就要努力做到“五新”：一要适应时代的新变化，走在新时代的最前列；二要研究现实的新情况，摸清本单位的新变化；三要学习当代各种新知识，形成决策的新思路；四要探索实现决策的新途径，找到解决问题的新办法；五要开创工作新局面，为党为国家作出新贡献。实践证明，只有既敢创又善创，努力做到“五新”，那才是真正的“富有创新精神”。

三、结合中央要求和现实需要积极探索建设学习型党组织的对策措施

党中央提出建设学习型政党和学习型党组织，其最终目的就是要通过全党学习把党的政治优势转化为科学发展优势。这就是党中央提出建设学习型党组织的精神实质和目的。只有领会和把握了这一精神实质，提高了觉悟和能力，推动了经济社会科学发展，我们才算真正懂得了建设学习型党组织的战略意义。

那么，怎样结合中央要求和现实需要搞好学习型党组织建设呢？

抓学习型党组织建设的对策措施，中央在《关于推进学习型党组织建设的意见》中已经讲的很清楚，各地也创造了不少经验。概括起来就是：一要创造学习舆论，形成重视学习的浓厚氛围；二要端正学习态度，在“认真”二字上

多下功夫；三要增强责任意识，在以身作则上多下功夫；四要弘扬优良学风，在联系实际上多下功夫；五要建立长效机制，在持久学习上多下功夫。这些经验都很重要，比较有普遍性，同志们在实践中也是这样做的。今年春季，在井冈山干部学院学习的领导干部就此问题曾专门进行讨论，除了肯定上边讲的五条对策措施之外，着重强调要处理好改进学习的四种关系，值得借鉴参考。

（一）要处理好学习内容与学习形式的关系

中央文件中规定的学习内容都很重要，关键是要结合自身需要把握好重点。问题是如何把这些重点内容与有效形式紧密结合起来。抓住重点能使学习不断深入，采取有效形式能使学习具有吸引力。这几年来，人们对学习搞形式主义很反感，认为影响学习效果的重要原因就是形式主义。形式主义是主观主义的一种表现，是建设学习型党组织的大敌。过去我们搞了很多学习制度，但效果并不理想，重要原因就是形式主义。学习，当然要有形式，但不能搞形式主义。形式主义的表现主要有三种：一是做表面文章，这是应付型的形式主义；二是作秀搞花架子，是做给领导看的，把学习当作自己“提升”的“敲门砖”，这是功利型的形式主义；三是说一套做一套，这是最令人反感的，是恶俗型的形式主义。建设学习型党组织，必须克服形形色色的形式主义。

要克服形式主义，但不能否认学习形式的重要性。学习的内容需要通过丰富多彩的学习形式体现出来，同时，随着时代的发展，学习形式的创新越来越重要，比如要善于利用互联网学习平台，要巧妙使用网络话语方式，要尽力广开渠道进行谈心，要积极采用互动式学习、案例式学习、研究式学习、网络式学习、宣讲式学习和高端化学习，等等。总之，要根据实际工作中存在的问题有针对性地学习，这样才能避免形式主义。为此，就要把本单位存在的问题解析透彻，并在学习中形成对策和建议，使学习内容与形式有效地统一起来，这样就能增强学习的吸引力。

（二）要处理好原则要求与实现途径的关系

建设学习型党组织必须坚持马克思主义为指导的根本原则，必须坚持求真务实、学用结合、学以致用的重大原则，必须坚持把党的奋斗目标与基层党组织的目标相结合的工作原则，并与亿万群众的期待紧密联系起来，带领广大群众共同创造幸福生活和美好未来。

建设学习型党组织既要坚持原则要求，又必须创造有效实现途径。这里有两点必须强调：第一，必须创新学习方法。既要运用以往组织学习的有效做法，又要根据新形势的需要创造新的学习方法，包括加强和改进党委（党组）中心组学习，加强和改进专题调研，构建有效的学习教育平台，形成与基层组织和党员认知特征相适应的常态式学习方式。第二，必须提高学习实效。创新学习方法是为了提高学习实效，如果没有实效，再好的方法也没有价值。有两种情况不易见实效：一是学习的内容不加选择，没有重点和针对性；二是学和行相脱节，只学不行，或者学的是一套，做的是另一套。改变这种状态的有效办法，就是坚持以实践为中心，以学用结合为导向，知行统一。要带着问题学，首先找出组织中存在的主要问题，然后去研究，不断增强学习的针对性和实效性，并要通过建立监督考核机制来加以保障。

（三）要处理好集体学习与个人学习的关系

重视集体学习与个人学习相结合，是我们党的优良传统。延安时期，毛泽东一手抓集体学习，一手抓个人学习，使学习富有成效。在新世纪新阶段，党中央在建立集体学习制度的同时，又强调要制定个人学习规划，以便把集体学习成果落在实处。然而不少行政部门和企业，因为经济或事务工作甚忙，往往忽视了集体学习，个人学习也只是一般号召。有的虽然建立了中心组学习制度，但没有很好坚持下去。解决这个问题的关键在于党政一把手的认识要提高，自觉性要增强，这是处理好集体学习与个体学习关系的关键问题。中央一位领导同志讲，党政一把手爱学习，就必然带动领导班子集体爱学习；领导班子集体爱学习，就必然带动每个党员爱学习，为群众作出表率。我们的党员干部，一定要成为学习的模范，成为建设学习型党组织的带头人。

（四）要处理好抓当前学习与建立长效机制的关系

抓学习不是一阵风，是长远持久的事情。当然，首先必须把当前的学习抓好，使全员重视和行动起来，形成重学习的好风气、好习惯。要认识到，学习是一种工作责任，是一种精神境界；学习贵在坚持、贵在自觉、贵在制度保证。为此，就要建立长效机制。首先，要把建设学习型党组织列入党委重要议事日程，定期召开会议研究部署，定期进行检查考评，及时进行表彰批评。其次，要建立和健全必要的学习制度，包括建立健全党组织集体学习制度和中心组学习制度；建立健全领导干部培训制度和基层党员轮训制度；建立健全定期聘请专家教授讲座制度和党员干部研讨制度；建立健全必要的调研机制、考评机制、激励机制、监督机制和成果转化机制，并把考评情况、评优表彰情况同干部选拔任用结合起来。总之，建设学习型党组织要有具体措施，只要措施得力有效，就能形成全员学习、持久学习的好局面。

延安时期的全党大学习

陈　述

延安时期是全党发奋学习的重要时期之一。延安时期的大学习全面提高了党的马克思主义理论水平，增强了全党用科学理论解决政治、军事战略、经济、文化、党的建设等重大问题的能力。回顾这次全党大学习，可以为我们建设学习型政党提供有益借鉴。

延安时期全党学习活动的开展

为完成反对帝国主义、封建主义的伟大任务，毛泽东发动全党大学习。1935 年，日本帝国主义进一步侵略中国，中华民族处于生死存亡的危难时刻。经过长征到达陕北的中国共产党，肩负着民族的希望。要完成抗日战争的伟业，实现革命的转变，以毛泽东为代表的中国共产党人充分认识到党的理论准备不足和学习的重要。1935 年 10 月，中共中央和中央红军刚到陕北，尽管战斗非常频繁、生存环境十分险恶，毛泽东仍然刻苦读书学习。他深知光自己读书学习还不够，所以积极督促其他高级干部学习，并把他本人反复阅读的列宁著作借给彭德怀等人阅读，随即开始发动全党大学习。1936 年 9 月，毛泽东与周恩来、博古等同意李富春的建议，组织流动图书馆。为解决书籍不足的难题，毛泽东亲自给身处国统区做统一战线工作的叶剑英等人写信，让他们购买书籍，并特嘱买一部《孙子兵法》。毛泽东还通过讨论、座谈和书信等方式，与党内同志共享学习成果。

成立干部学校，把各级领导骨干集中到专门的干部学校学习。1935 年 11 月，中共中央刚到陕北就恢复了以董必武为校长的中共中央党校，1936 年 6 月创办了中国人民抗日红军大学（后改为中国人民抗日军事政治大学），1937 年 9 月成立以成仿吾为校长的陕北公学，1938 年 4 月建立了以周扬为院长的鲁迅艺术学院，5

月创立了以张闻天为院长的马列学院等。这些干部学校克服重重困难办学,迅速成为全党大学习、培养各方面人才的主要场所。据统计,9年间仅“抗大”就培养了10万军政骨干人才。

开展全党范围的学习竞赛。1938年毛泽东郑重提出号召:“来一个全党的学习竞赛,看谁真正地学到了一点东西,看谁学的更多一点,更好一点。”当时各机关、学校、系统、单位都结合实际进行学习,并组成专门的学习组进行深入学习。比如,毛泽东组织了研究著名军事学家克劳塞维茨的名著《战争论》的小组,每周讨论一次,晚上七八点钟开始,讨论到深夜十一二点钟。张闻天在中宣部组织学习了《资本论》,历时一年多将《资本论》第1卷25章全部学完。陈云在中组部组织了卓有成效的学习。董必武、林伯渠等人带着木头板凳,天一亮就起来在中组部窑洞前的一块平地上读书,读一个钟头才去吃饭。中组部和中宣部成为公认的学习模范单位。

中共中央连续发出关于学习的文件,确定“学习节”,加强对全党学习的指导和督促。在延安时期以中共中央指示、决定、通知的名义,从1940年到1942年连续公布了8个有关学习的文件。中央宣传部、中央军委也多次发出关于学习的文件。这些文件对大学习起到了指导、规范和督促的作用。为了推进和鼓励全党全军的学习,1940年3月中央作出设立“学习节”的决定,以5月5日马克思生日为学习节,总结每年的经验并表彰奖励先进典型。

成立中央总学习委员会及分区委员会,形成指导干部学习的领导体系。1941年6月,中央成立总学习委员会,以毛泽东为主,领导全延安学习。中央总学习委员会每周或两周召集一次延安高级干部的学习会,专门讨论学习问题。总学委下辖五个分区学习委员会:中央直属机关学习委员会,军委直属系统学习委员会,陕甘宁边区系统学习委员会,中央文委系统学习委员会,中央党校学习委员会。各分区委员会再成立学习分会、中心学习组等。这样就形成了由中央直接领导的学习指导体系,造成一级抓一级的学习局面,保证了学习效果。

注重思想方法,及时引导学习的方向,形成区别于其他政党的优良学风和文风。针对党内主观主义、教条主义的学风和文风,1941年5月毛泽东在延安作《改造我们的学习》的报告,提出“要有目的地去研究马克思列宁主义的理论,要使马克思列宁主义的理论和中国革命的实际运动结合起来”,给全党的学习指出了明确的方向。随后中央决定编辑马克思恩格斯列宁斯大林关于反对主观主义、形式主义言论集,组成以毛泽东为组长的思想方法学习小组。这些举措保证了党在延安时期形成区别于其他政党的优良学风和文风,即把马克思主义的普遍真理和中国革命的具体实践相结合又从而发展马克思主义的学风,新鲜活泼的、为中国老百姓所喜闻乐见的中国作风和中国气派的文风。

延安时期全党大学习的特点和启示

把学习与确定党的政治、组织、思想、军事路线相结合,形成科学的学习方法,营造浓厚的学习氛围。党当时的主要任务是进行反对帝国主义和封建主义的革命,特别是反对日本帝国主义的侵略。紧紧围绕这个中心任务,党在这次大学习中,把理论学习与科学总结党的历史经验相结合,系统地解决了党的政治路线问题。把理论学习与党的建设伟大工程相结合,保证了党的团结统一,推进了党的事业的大发展。建设学习型政党应该借鉴延安时期的学习经验,把全党学习与坚持党的基本理论、基本路线、基本纲领、基本经验相结合,以完成党的历史使命。

从战略高度重视学习,有明确的目的和任务。当时中央把全党大学习看成是战略任务,目的是为了提高全党的理论水平和工作能力,夺取抗日战争的胜利,完成反帝反封建的新民主主义革命。1937年10月,党只有4万党员和4万左右军队,处于日本帝国主义及其反共势力层层包围的环境中，党和军队的生存都成问题。但作为杰出战略家的毛泽东着眼未来，明确地提出要使我们的干部不但能治党，而且能治国。使我们党有一百个至二百个系统地而不是零碎地、实际地而不是空洞地学会了马克思列宁主义的同志。实践证明，在延安时期大学习中成熟起来的这几百个担负主要领导责任的政治家，不仅在反对日本帝国主义的战争中起到中流砥柱的作用，而且在随后的解放战争、社会主义革命和建设、甚至在改革开放和现代化建设中也起到了举足轻重的作用。建设学习型政党，党的干部教育和全党学习一定要从战略高度着眼，从党长期执政和实现中华民族伟大复兴这个历史使命来着眼。

坚强的组织领导和合理的制度保障。为加强学习的组织领导，中央设立了干部教育部，各机关也相应地建立了干部教育机构。1942 年 6 月中央成立总学习委员会，由毛泽东任主任，形成全党指导学习的领导系统，一级抓一级。在建设学习型政党的实践中，要设立指导学习的领导体系，科学规划学习内容、创新学习制度，细化学习要求，建立合理的学习评价体系等。

形成区别于其他政党的优良学风和文风。延安时期的全党大学习把理论学习与反对主观主义、宗派主义、党八股结合起来，树立起中国共产党区别于其他政党的优良学风和文风，保证了党能自觉地抵制教条主义和主观主义。建设学习型政党，应该继承发扬在延安时期形成的优良传统，以实际问题、以党正在做的事情为中心，着眼于新的实践和新的发展，不断创新理论去指导新的伟大实践。

（作者：中共中央党校教授）

树立执政学习理念　建设学习型政党

程　扬

学习型政党建设是一项巨大的系统工程，明确执政学习的基本理念是建设学习型政党的基础条件。所谓执政学习是指，为了巩固执政党的执政地位，继承发扬执政党的优良传统，创新执政理念，实现科学执政而更好地完成执政使命的学习。执政学习是执政党取得执政地位的根本手段之一，树立好执政学习理念是执政党巩固政权的基石。执政党取得执政地位之后，当务之急、首要之事就是推动建设学习型组织的建设。只有树立了执政学习的理念，党组织建设才有希望，才有效率，才能抓住要害，否则，就难以打开国家建设发展的良好局面。

树立执政学习理念是一项长期任务

1. 树立执政学习理念是建设马克思主义学习型政党的本质要求，是中国特色社会主义事业不断走向成功的保证。我国改革开放 30 多年来，社会主义现代化建设蒸蒸日上，一个很重要的原因就是，中国共产党从来没有放松对党的先进理论和各种世界前沿知识的学习。我们党抓执政学习，一是可以科学制定国家长远的发展规划和保持政策的稳定性，同时不断提高领导干部谋划科学发展、统筹科学发展和优化科学发展以及构建社会和谐的能力。二是对出现的挑战和机遇能够做出及时有效的反应和科学的判断乃至有效处置，特别是在面对突发灾难和金融危机之时。三是在社会转型这一特殊时期内可以有效遏制腐败的泛滥。四是在人才培养和选拔任用机制方面会更加科学、更加完善，也更加彰显中国特色社会主义理论体系的作用。

2. 树立执政学习理念是马克思主义学习型政党优秀品质和政治勇气的需要，也是落实科学发展观、实现科学执政的重要路径。在建设中国特色社会主义事业的不同历史阶段，中国共产党具体的执政任务是与时俱进的。立足执政现实，在实践中不断学习和探索，建设一个学习型政党，是我们这个时代对于执政党提出的必然要求，是执政的中国共产党居安思危、加强自身建设的必然选择。一方面要针对不断提高的执政要求，创新善于学习的新模式。落实科学发展观就是要靠不断地善于学习、善于思考、善于行动、善于科学地对哲学社会科学和自然科学知识的学习来实现。另一方面，要针对不断积累的执政经验，创新执政智慧模式。只有围绕不断发展的执政要求树立科学的执政学习观念，才能从根本上提高学习的效率和效果。

3. 树立执政学习理念是我党保持先进性的一项长期重要任务，也是马克思主义政党执政规律的总结。党要在不同的历史阶段和历史方位上始终保持先进性，就必须坚持与时俱进。为此，中国共产党的执政学习要紧紧把握好现代经济发展过程中的创新、学习、知识和超越四项核心内涵，抢先占领世界经济发展的制高点，这样才能使中国特色的社会主义建设事业处于领先和不败之地。

科学的执政学习方法、措施和要求

1. 把握好优势，全面系统地了解其他国家执政党学习的基本情况。了解各国执政党的学习特点，了解他们获得和巩固执政地位的学习过程和经验，这是我党完善自身执政学习的条件之一。总的来看，发达国家执政党的执政学习具有如下三个特点：第一，理论联系实际，强调执政学习对现实国家发展的意义和结果；第二，强调对基础理论的研究、开发运用；第三，升华执政理论的学习，学习过程和理论创新紧跟时代和国家发展的需要。中国共产党在坚持以马克思主义为指导的同时，也应该认真地、批判地借鉴世界上执政党建设的经验教训。坚持和创新马克思主义理论，解放思想、实事求是、与时俱进，不断创新执政理念，实现国家的长治久安。

2. 把握好目标，加强执政党之间的学习交流。任何执政党的先进性、代表性和执政地位都不是轻松获取、一劳永逸的。只有充分吸取各国执政党执政学习的有益经验，才有可能在国际执政党的竞争领域中把握主动权，长期处于优势地位。因此，尽管各国社会制度不同，执政方式不一，但我们党作为一个执政的大党，要真正与世界接轨，就有必要与发达国家的执政党展开谨慎和积极的交流。大胆汲取和借鉴人类社会创造的一切文明成果，汲取和借鉴当今世界各国包括资本主义发达国家的一切反映现代社会化生产规律的先进经营方式、管理方法、应对公共安全危机的手段等。不断学习和探索怎样更好地发挥自己的先进性，更好地建设和谐社会以赢得民众的支持。目前，我们党已经与法国、日本等国家建立起了正式的执政党交流制度。改革开放的成功事实证明，只有不断强化执政意识，拥有海纳百川的气魄，深刻汲取世界上一些执政党兴衰成败的经验教训，我们党才能引领社会主义现代化建设事业，实现有效执政和长期执政。

3. 把握好标准，要强化执政党内部的交流。教学相长是中华文明的优良传统。来自于群众，运用于群众，是我们党群众路线的基本内涵之一。执政学习需要各级党组织形成统一的认识。为此，有必要在我们党内部开展广泛的学习交流。一方面，基层党组织要坚决与党中央保持高度一致，学习贯彻党中央的执政理念，特别是社会主义核心价值观和中国特色社会主义理论体系。必须明确的是，基层党组织的执政能力取决于对党中央先进执政理念的学习和理解程度。另一方面，党中央和领导也要及时地从基层党组织执政的原创性、原发性、首发性的创新实践中吸取营养。只有形成上下交流、上下一体、共同交流的学习氛围，学习型党组织建设才能得到持续的科学发展。

4. 把握好突破口，要对党员干部特别是领导干部进行执政学习的有效教育培训和引导。把先进的学习观念变成学习型党组织建设的具体举措，要注重在四个方面实现新突破。第一，在理念上实现新突破，将执政学习看做学习型政党建设的核心任务；第二，在思想上实现新突破，将执政学习理念视为学习型政党建设过程中的重要思考要素，逐步让思考者转变为思想者；第三，在措施上实现新突破，找到执政学习的科学方法和有效途径；第四，在模式上实现新突破，找到执政学习的制度基础。执政学习理念的贯彻需要从理念上加以科学的引导，从实践上加以严格的推动和监督。在学习型党组织的建设过程中，各级党组织要形成紧密的团队，形成相互监督的严肃氛围。通过执政学习的先进典型，找到自身的差距；通过对先进执政思想的研究，找到学习的标杆；通过自我审查，找到执政学习的突破口。

5. 把握好平台，抓好党员干部执政学习队伍，重点是人才队伍和领导干部队伍。把各级党组织建设成为学习型党组织是建设马克思主义学习型政党的基础工程。抓队伍学习，首先应该是教育队伍，教育干部队伍离不开学习培训。学习培训的主要作用是，启动思维，由时间向空间转变；启动智慧，由心理向哲理转变；启动超越，由近景向远景转变。江泽民同志强调“讲学习，讲政治，讲正气”，讲的就是这个道理。我们培养选拔干部，要挑选执政能力强的干部到重要领导岗位。通过执政学习观念的更新来提高其执政能力。只有执政学习理念先进的干部，才有可能成为有发展前途的干部。学习是我们党与时俱进、永葆生机的优势所在。谁不重视学习、不善于学习，谁就不是一个合格的领导干部。加强队伍建设，要把执政学习的理念作为人才队伍建设的一个重要标准提出来。通过抓执政学习的理念来加强党的人才队伍建设。

从党员干部个人来看，执政学习是优化自身素质、避免走向邪路的有效办法。高尚的情怀是要通过学习才能拥有的。对于党组织而言，执政学习是科学发展的有效保障。对国家来说，执政学习是保证社会主义现代化建设不断走向辉煌的一项战略。

（作者：中共广东省委党校副校长、广东行政学院副院长）

建设高校学习型党组织要注重“三性”

王　山

高校学习型党组织，就是能够正确把握和有效运用马克思主义基本原理，并通过持久、深入、有针对性的学习，不断深化对社会主义高等教育发展规律的认识，始终走在时代前列，走在党的自身建设前列，具备了先进思想理论水平和领导能力，能够引领高校不断发展、创新、超越，并以此推动社会主义现代化建设的基层党组织。随着高等院校在人才培养、科学研究和社会服务等方面的作用越来越突出，高校党组织要承担起高等院校政治领导核心的职能，必须切实加强学习型党组织建设。

区分层次，提高学习型党组织建设的针对性

一是抓住党员领导干部这个龙头。充分发挥党员领导干部的示范带头作用。在学习型党

组织建设中，应紧扣高校实际，按照社会主义政治家、教育家的目标方向，围绕提高四种能力、解决五个问题来设计五类学习内容。四种能力，即把握方向、谋划发展的能力，改革创新、攻坚克难的能力，服务基层、服务师生的能力，促进高校和谐、维护高校稳定的能力。通过学习五类内容，着力解决五个问题，即学习党的创新理论，进一步明确高校目标定位和办学思路，着力解决如何实现高校科学发展的问题；学习现代管理知识，吸收借鉴国内外大学建设的成功经验，研究把握高等教育发展规律，着力解决如何提高办学治校能力的问题；学习现代教育理论，研究把握人才培养规律，着力解决如何培养具有创新精神和实践能力的高级专门人才的问题；学习和研究国家发展战略和政策措施，着力解决如何为经济社会发展服务的问题；学习古今中外优秀传统文化，吸收前人修身养性、为人师表等方面的智慧和营养，着力解决如何提高人文修养和精神境界的问题。

二是抓住教师党员这个主体。应围绕教师党员高专业知识、高政治素质的“双高”目标，科学设计学习与活动。在学习内容设计上，应注意“选修科目”与“必修科目”的有机结合，在活动安排上，将开展理论研究与理论学习相结合。同时针对教师党员职业松散性和自身具有的自主性较强的特点，以党支部和基层学术组织为平台，在合作完成教学科研等任务中培养团队意识和合作精神，在提高自身业务能力的同时，增强高校基层党组织的凝聚力。

三是抓住学生党员这个基础。充分发挥学生党支部的作用，严格组织生活制度，让大学生党员在正规的组织生活学习中尽快成长。应紧紧依靠思想政治理论课这个主渠道，推进中国特色社会主义理论体系和社会主义核心价值体系进教材、进课堂、进头脑，让党的先进理论抢占大学生党员思想和意识形态的高地。应紧紧依靠学生党支部、群团学组织，积极开展各种实践活动，让大学生党员在实践活动中感受身为共产党人的自豪感、荣誉感和责任感。还应把学习型党组织建设与推进“青马工程”建设结合起来，让一批用马克思主义中国化的最新成果武装的青年马克思主义者尽快在高校成长起来，打牢我党的组织基础。

创新形式，提高学习型党组织建设的实效性

一是创新学习理念。确立终身学习的理念。引导高校党员确立这样一种认识：学习不是任务，而是生命之所需；学习就是工作，工作就是学习。确立团队学习的理念。要引导党员，尤其是教师党员，培养团队意识和合作精神，不断克服单兵作战的习惯，通过采取各种有效的方式组织团队学习。确立自主学习的理念。只有每名党员真正把生命的意义注入学习理念中，把自主学习的理念深植于心中，使学习成为一种自觉的行为、自然的习惯，才能使原来的“学习的组织”变成学习型组织。确立自我超越的理念。高校党组织，尤其是高校党委，要站在世界的高度，用发展的眼光，跳出大学看大学，跳出中国看大学，明确发展定位，选准赶超目标，找准存在差距，通过一步步实现自我超越，最终达到超越竞争对手的共同愿景。

二是创新学习方法和载体。充分挖掘和整合校内资源，积极搭建学习平台，创新学习载体，为学习型党组织建设提供有力支撑。充分利用既有学习平台。发挥党委理论学习中心组、校院两级班子务虚会、基层党组织“三会一课”等组织生活载体，在组织生活中学；利用党校、人文社科类学院、继续教育学院、设在高校的各层次人才培训基地等培训主渠道，整合培训资源，举办各层次人才培训班，在培训辅导中学；发挥工会、学生会、大学生社团等组织密切联系基层党员的优势，开展各种学习活动，在活动中学习；发挥学校实习、实践基地作用，积极开展社会实践、专业实习等活动，在实践中学习。整合高校学习资源，充分发挥高校学习场所和教育设施的功能，为学习型党组织建设所

用。拓展校外学习平台，加强与兄弟院校、科研机构、地方政府部门、企事业单位的沟通与合作，取长补短，对标挖潜，互帮互建学习型党组织。创新学习载体，建立数字化学习平台，通过网络党校、网上论坛、视频对话等，形成互动型、开放式的网上学习格局。

三是建立健全学习的保障机制。建设学习型党组织是一项系统工程，科学的制度和长效的机制是其顺利开展的保障。建立党员集中学习日制度，采取研讨式、合作式、反思式等学习方式集中组织党员学习，培养团队学习意识；建立学习绩效评估机制，借助管理科学中的评估方法对党员理论学习的实践成果进行综合性评估，把评估结果作为考核领导班子、选拔任用干部和党员“先优”评选的重要依据；建立学习的互动交流机制，高校间、校内党组织间双向互动，交流学习型党组织建设的经验，共同推进学习型党组织建设；建立学习的经费投入机制，在争取专项经费投入的基础上，应积极探索保障资金多渠道筹措机制，为推进学习型党组织建设提供良好条件。

立足实际，提高学习型党组织建设的实践性

一是学习型党组织建设应推进高校党的建设。学习型党组织建设应与理论武装工作结合起来，突出提高思想政治素养这个基本要求，把深化理论武装作为学习型党组织建设的第一任务。应与党的先进性建设和执政能力建设结合起来。学习型党组织建设作为党的执政能力建设和党的先进性建设的有效途径，应始终把握“党员受教育，永葆先进性”这条主线，愿景设计上应体现执政能力建设和先进性建设目标。在具体的学习中，还应把先进性教育作为学习型党组织建设的内容。建设中应以查找和解决党建领域存在的突出问题为突破口，在推动问题解决的过程中提高党建水平，促进学习型党组织建设。

二是学习型党组织建设应推进高校改革与发展。建设学习型党组织，重在学习、贵在实践。结合工作去学习，带着问题去研究，以谋求解决工作中存在的问题，以问题的有效解决为衡量学习效果的标准。这恰恰与学习型组织“学习工作化、工作学习化”的学习理念相契合。高校学习型党组织建设必须始终坚持知与行的有机统一，把学习同研究解决制约高校发展的突出问题结合起来；同研究解决师生员工最关心、最直接、最现实的利益问题结合起来；同研究解决提升高校服务经济社会发展的问题结合起来。在学习中推动实践，在实践中深化学习，以建设学习型党组织推进高校各项事业科学发展，以各项事业的科学发展，促进学习型党组织建设。

三是学习型党组织建设应做到学研结合。高校作为理论战线的前沿阵地，社会新思想、新理论、新观念的发源地和集散中心，在学习型党组织建设中，应充分发挥引领作用，深入进行研究，努力推出一批理论成果，为全党的学习型党组织建设提供精神动力和理论支持。应深入研究学习型党组织建设理论，以学习型党组织建设的扎实实践为依托，进一步理解和诠释其理论内涵和实践意义，积极探索学习型党组织建设的长效机制。

（作者：辽宁大学党委书记）

发挥领导班子在推进学习型党组织建设中的示范作用

中共黑龙江省委理论学习中心组

建设学习型党组织，关键是建设学习型领导班子。省委在建设学习型党组织活动中，坚持抓主要矛盾，抓关键环节，以建设学习型领导班子为重点，明确提出了“提高素质、解放思想、凝聚力量、推动发展”的主题，突出发挥领导班子的带头示范作用，推动学习型党组织建设活动不断向纵深发展。

打牢基础、突出中心，不断增强领导科学发展的素质与能力

建设学习型党组织，首要的是提高领导班子和党员干部的政治素质。我们坚定不移地贯彻中央的一系列方针和部署，着力在用科学理论武装头脑，提高思想政治修养上下功夫，通过深入学习具有鲜明实践特色、民族特色、时代特色的当代中国马克思主义，进一步提高理论水平，坚定理想信念，坚定走中国特色社会主义道路的决心。为此，我们创新省委理论中心组学习方式，选调省内知名专家学者集体备课、专题讲解。坚持课题组集中备课、专家学者专题讲解和中心组成员集中研讨相结合，集中学习了“深入贯彻落实科学发展观、实现黑龙江经济社会又好又快发展”，“学习贯彻党的十七届四中全会精神、切实推进黑龙江党的建设”，“积极转变经济发展方式、着力提高黑龙江省经济增长质量和效益”，“充分发挥生态资源优势、做大做强黑龙江旅游业”等专题。在学习中，运用马克思主义的立场、观点、方法分析省情，研究对策，深化了对经济发展快与慢、进与退、好与坏等战略问题的认识，作出了转变经济发展方式、把资源优势变成发展优势，建设“八大经济区”、实施“十大工程”等一系列重大战略决策，并在三江平原农业综合开发试验区、大小兴安岭生态功能保护、哈大齐工业走廊区建设、高新科技产业集中开发区建设、东部煤电化基地建设、北国风光特色旅游开发区建设等重大发展问题上形成了共识，明确了方向。同时，我们加强党性锻炼，广泛开展社会主义核心价值体系学习教育活动，在“六个为什么”、“划清四个重大界限”、“七个怎么看”等重大问题上始终保持立场坚定、头脑清醒。

建设学习型党组织，必须引导领导班子和党员干部进一步强化科学知识的学习。在中心组学习中，安排现代化建设所需要的经济、政治、文化、科技、社会和国际等方面的知识内容，安排反映世界发展趋势的现代市场经济、现代国际关系、现代社会管理和现代信息技术等方面知识内容，开阔领导干部视野，扩大领导干部的知识面。我们整合教育资源，每月举办一次“龙江发展讲坛”，围绕经济发展方式转变、金融外经外贸知识、对外开放、能力素质提升、党性党风党纪教育等内容，聘请国内外高级专家学者、中央国家机关高层次领导干部，省委、省政府领导同志到“讲坛”作报告，打造了提高领导科学发展能力的新平台。“讲坛”在省委党校设主会场，全省13地市设视频分会场，“讲坛”对象是省直各单位、在哈省属高校的省管干部、厅级后备干部，各市(地)省管干部、地厅级后备干部，县(市、区)委书记、县(市、区)长，驻各地省属高校及省直单位的省管干部、厅级后备干部，每期都有5000余人听取报告，收到了良好的学习效果。

建设学习型党组织，必须引导领导班子和党员干部进一步树立良好的学风。为了推动学

风的转变，我们把领导班子自学和向实践学习结合起来，一方面，严格坚持领导干部自学制度，及时向省委中心组成员提供学习资料，特别是中央推荐的最新书目，切实做到先学一步、多学一些、学深一些；另一方面，努力向实践学、向基层学、向群众学，把了解和掌握基层干部群众的心声，解决基层干部群众的困难问题作为学习的重要内容，深入开展调查研究活动，制定了《关于加强和改进调查研究工作的意见》，促进调查研究工作的学习化、制度化、规范化。

解放思想、转变观念，不断破解阻碍科学发展的难题

在推进学习型党组织建设中，我们针对黑龙江发展观念落后、思想不解放等问题，把解放思想、转变观念作为一项重要学习内容贯穿始终。

打造创新型领导班子，形成解放思想的“龙头”。以中心组学习为抓手，促进领导班子和领导干部思想观念大转变。省委中心组通过专题学习、实事求是地算账对比。一方面，挖掘了自身的发展潜力，梳理出了土地资源、矿产资源、森林资源、水力资源、生态资源、物产资源、外贸资源、科技资源、人才资源和精神资源等有利于发展的“十大优势”，对经济社会又好又快发展要走怎样的道路、要发挥哪些优势、要达到什么目标有了更为清晰的认识。另一方面，通过与发达省份横向对比，也清醒看到了自身的差距，主要原因是思想解放不够，发展意识不强，创新力度不大。实现黑龙江省经济社会又好又快发展，必须进一步解放思想，转变观念，特别要在领导层率先解放思想，树立与科学发展相适应的新观念。我们用这些新的思想认识引导各级党委（党组）中心组学习，指导地市结合实际深入解放思想，打造了解放思想的“龙头系列”。

组织解放思想大讨论，认真查找问题。我们梳理出6大方面112个制约黑龙江发展的重大问题，在全省组织解放思想大讨论，掀起了解放思想的热潮。抽调专家学者组成解放思想宣讲团，在全省巡回宣讲；树立一大批各个层面的解放思想的典型，依托新闻媒体和报告会广泛宣传。通过科学理论“引”、领导干部“带”、查摆问题“促”、讨论交流“推”、巡回宣讲“帮”等措施，破旧立新，实现了从老守田园、小富即安的传统文化束缚中解放出来，树立不甘人后、勇担风险、勇于创业的新理念；从计划经济体制的影响中解放出来，树立用市场经济的办法破解难题的新理念；从自我发展的半封闭状态中解放出来，树立利用国际国内两个市场、两种资源加快发展的新理念；从单纯追求GDP增长的片面性中解放出来，树立以人为本、全面协调可持续发展的新理念。

加快推进经济发展方式转变。在树立新理念的基础上，我们向旧问题“挥刀”，向新障碍“亮剑”，着力破解产业结构不优、创新能力不强、经济增长粗放等制约科学发展的难题，着力克服“怕、难、懒、散、慢、僵、浮”等作风问题。为了加快推进经济发展方式转变，我们制定了《关于建立健全保障和促进科学发展长效机制的意见》，形成了以树立科学发展理念、增强科学发展能力、规范科学发展决策、落实科学发展措施、优化科学发展环境、共享科学发展成果、考评科学发展绩效、引导科学发展舆论等为主要内容的制度体系，加大执行制度的监督力度，为推动科学发展提供了坚强的保障。针对基础设施不足、投资规模偏小、产业结构不优、区域经济发展缓慢等影响和制约科学发展的突出问题，我们加大攻坚克难力度，加快发展新兴产业，着力优化产业结构；推进基础设施建设，抓好以建设现代交通网络等为重点的大项目建设，在创造经济发展条件上不断突破；又比如，针对民生问题，省委制定了《关于进一步加强民生工作的决定》，2009年投入800多亿元在全省深入实施了教育公平、公共医疗卫生、就业和再就业、社会保障、保障性住房建设、“三供两治一绿”、农村扶贫开发、农村新型能源建设、平安龙江等十大民生工程。全省五项社保

基金结余总量达600多亿元，将47.5万名“五七工”、“家属工”纳入养老保险统筹范围，在全国率先解决了特殊历史时期特定用工群体的“老有所养”问题。

创新机制、凝神聚力，不断激发领导班子学习动力与活力

建设学习型党组织，一个重要任务就是发挥党组织的领导核心和模范带头作用，统一思想、振奋精神，把力量聚集到实现黑龙江科学发展的宏伟目标上来。

一是加强学习激励保障机制建设。我们以制度建设为突破口，把制度建设与习惯培养结合起来，制定下发了《关于进一步加强和改进党委（党组）中心组学习的实施意见》，建立完善了考核评价机制、述学评学考学机制和激励保障机制，强化领导班子的学习，一级抓一级，一级带一级，形成学习习惯。以建设学习型领导班子为抓手，加强班子的思想政治、组织和作风建设，以实事求是的勇气、蓬勃向上的活力、真抓实干的精神树立班子威信，凝聚全省干部群众的力量。一些地市在领导班子中实行了“一帮”（帮助所包单位制定建设规划、完善学习制度、确定推进措施）、“两抓”（每个中心组成员必须抓一个学建活动示范点，抓一个学建活动好典型）、“三包”（对基层学建活动包专题辅导、包工作指导、包解决难题）、“四定期”（定期检查基层学建工作运行情况、定期召开专题研究会、定期解决学建工作存在的突出问题、定期总结示范点的经验）制度，保证了领导班子和党员干部带头示范作用的发挥。

二是加强基层党组织建设。通过发挥党组织的战斗堡垒作用、党员的先锋模范作用，统一思想、凝聚力量。找准党建工作和学习型党组织建设工作的结合点，跳出就创建抓创建的思维定势，引领基层党组织把工作渗透到经济、社会发展的各领域，增强了创建的影响力和生命力。强化组织保障，实现了哪里有党员，哪里就有党的组织抓学习；强化阵地建设，实现了学习阵地对城乡的覆盖与共享；强化机制创新，实现了领导协调机制、考评激励机制和经费保障机制相结合，打造了一批重学习、守信念、讲奉献，能够团结带领广大党员群众发展致富的高素质的基层党组织。结合“先锋工程”和“创先争优”活动，组织开展了以“一个班子一面旗帜、一个支部一个堡垒、一名党员一个先锋”为主要内容的“三个一”主题实践活动，使党组织真正成为科学发展观的学习者、组织者、推动者和实践者。

三是利用特有的精神资源推进学习实践活动。组织开展了以弘扬“大庆精神”、“铁人精神”、“北大荒精神”等为主题的学习教育活动，同时，紧密结合“八大经济区”、“十大工程”等发展战略，把党员、干部的精神与思想，凝聚到实现全省经济社会发展的目标上来，凝聚到建设和振兴黑龙江的新实践上来，凝聚到尽早实现城乡经济社会发展一体化的宏伟蓝图上来。通过开展深入的学习教育活动，既弘扬了伟大的黑龙江时代精神，又明确了自身的努力方向，为推动黑龙江又好又快发展提供了强大的精神动力。

学习：推动老工业基地全面振兴的强大动力

中共辽宁省委中心组

在建设马克思主义学习型政党活动中，辽宁省委坚持发挥表率作用，积极探索和实践学

习活动的新举措，不断创新思路、丰富内容、改进学风，着力提高省委一班人的战略思维能力和决策水平，在实现全省经济社会又好又快发展中取得了实实在在的成效。

一

坚持从实际出发，以搞好省委中心组学习为抓手，不断深化对新形势下加强省委一班人学习能力建设的认识。

深刻理解新形势下加强学习的重大意义。后国际金融危机时期，世界经济中不稳定、不确定因素增多，经济复苏进程艰难曲折，特别是辽宁周边地区国际安全环境复杂；国内，加快发展方式转变已成为经济社会可持续发展的战略性选择，辽宁老工业基地全面振兴面临着新形势、新任务、新要求和新挑战。在这种条件下，通过加强学习，进一步提高省委一班人对不断变化的国际形势的认识和判断能力，进一步增强对面临的各类复杂问题的洞察分析能力和对事物发展变化的科学预见能力，进一步提升战略思维能力和决策水平，更加满怀信心地带领全省广大干部群众在实现辽宁老工业基地全面振兴的事业中阔步前进，显得十分重要。

准确把握对学习内容的根本要求。学习型党组织建设，首先，必须把学习马克思主义理论特别是学习马克思主义中国化的最新成果放在中心地位，努力掌握并不断提高运用马克思主义的基本立场、观点、方法解决实际问题的能力。其次，必须紧紧围绕改革发展稳定中的实际问题，以我们正在做的事情为中心，科学确定学习内容，使我们的学习能够紧扣时代脉搏，解答时代课题，推动经济社会发展。第三，必须坚持学用结合、学以致用，在向书本学习的同时，向实践学习，不断提高战略思维、创新思维、辩证思维能力，增强工作的预见性和创造性，以学习成果推动实际工作。

适应现实生活的新特点不断调整创新学习的方式方法。当今世界，各种思想文化激烈交流、交融、交锋。这一趋势和特点决定了我们的学习不能局限于获取现有知识、寻找眼前答案，还要着力于开阔视野、把握规律、提高能力，促进领导班子思想理论素质的全面提升；不能局限于传统的读书活动模式，还要注重借助现代科学技术大力拓展和丰富学习手段，不断创新学习形式，增强学习效果；不能满足于学习、领会和掌握正确的思想理论，还要注意了解掌握各种思潮和动态，包括片面、错误的思想倾向以及敌对势力的言论动向等，进一步提高对错误思潮的鉴别能力，在日趋复杂的形势面前做到心中有数、立场坚定、旗帜鲜明。

立足辽宁全面振兴实践大力弘扬优良学风。面对新形势、新任务，省委大力弘扬勤奋好学、学以致用的优良学风，以此示范和带动全省学习型党组织建设。一是肯花大气力、肯下硬功夫，抓住难点，刻苦钻研、务求甚解，作勤于学习的表率；二是科学计划、合理安排，集中精力、集中时间，突出重点，作善于学习的表率；三是联系实际、着眼实践，求真务实、就事论理，主攻热点，作学以致用的表率；四是严格要求、身体力行，把握节点，作知行合一的表率。用优良的学风带党风、促政风，推动辽宁经济社会各项事业不断发展。

二

紧密结合老工业基地全面振兴这一最大实际，从“四个结合”入手，突出重点、建立制度，不断增强学习的针对性和实效性，发挥中心组在全省学习型党组织建设中的示范引领作用。

坚持研究宏观战略问题与研究眼前现实问题相结合。既认真研究、科学谋划全局，关注和研究长期性、根本性的重大问题，又紧密联系实际，研究和解决当下面临的重点、难点和热点问题，是省委中心组学习的重要着力点。每年年初，省委中心组都按照这一原则制订年度学习计划。大家深入学习理论体系，学习交流对中央精神的认识和体会，同时又联系实际研究探讨辽宁贯彻落实的举措，消化理解学习内容，明确工作思路和方向，把思考理论与社会实践、宏观与微观、长远目标与眼前问题结合起来。通过这样的学习活动,使省委一班人在不断增强战略思维和总揽全局能力的同时,又进一步明确了解决辽宁当前经济社会发展重大现实问题的思路和方向,不断增强解决实际问题的能力。

坚持理论学习与专题调研相结合。我省目前实施的"辽宁沿海经济带"、"沈阳经济区"和"突破辽西北"三大区域发展战略,就是把贯彻中央的战略部署与辽宁的实际紧密结合,到各地深入调研的基础上做出的决策。辽宁沿海经济带开发开放已经上升为国家战略,将成为东北地区对外开放的重要平台、东北亚重要的国际航运中心、具有国际竞争力的临港产业带、生态环境优美和人民生活富足的宜居区,形成我国沿海地区新的经济增长极。沈阳经济区已经成为国家新型工业化综合配套改革试验区,将率先形成极富创造活力和优势的体制机制,建成世界一流水平的先进装备制造业基地和高加工度原材料工业基地,建成我国重要的技术研发、转化、创新基地,成为东北地区现代商贸、物流、金融中心。突破辽西北战略的目标是,辽西北地区主导产业形成规模,经济实力明显增强,人民生活水平显著提高,生态环境进一步改善,城乡面貌大为改观,阜新市经济转型试点工作取得突破性进展。三大战略的实施已成为辽宁加快经济发展方式转变,实现老工业基地全面振兴的关键之举。

坚持创新方法与完善制度相结合。我们注意把创新学习方法作为提高学习质量的有效途径。同时,又注意把经过学习实践检验的有效做法,以制度的形式固定下来,不断探索加强和改进省委中心组学习的长效机制。我们逐步探索、建立了中心发言人制度。省委中心组每次专题学习,都根据常委的分工确定一位中心发言人。每位中心发言人都要认真学习基本理论,准确领会中央精神,通过深入调研把握省情,组织研讨拿出思路对策。在专题学习会上,中心组成员围绕主题集体研讨,在思想碰撞中消化学习内容,交流工作思路,使学习成为"学理论、理思路、促发展"的过程。我们注意把"学"与"习"链接起来,既认真读书自学,又注重学习成果转化,省委中心组组长王珉同志积极撰写文章,带了好头。学习方法的不断创新,制度的日益完善,确保了省委中心组学习的质量和效果。

坚持学习研究与指导全省工作相结合。省委中心组的每次专题学习都从学习研究和指导工作相结合的角度,畅谈学习体会,交流观点、达成共识,形成指导全省工作的具体意见,使学习成果转化为新的工作思路,转化为具体的决策部署。每次专题学习后的新闻通稿和学习通报,都集中、客观地反映中心组成员学习理论与推动实际工作的重要观点,反映省委对全省经济社会发展的新思路、新认识,对全省各条战线的工作具有很强的指导作用。

三

紧密联系实际进行学习,不仅提高了理论水平、改进了学风,同时,也推进全省学习型党组织建设的深入,提高了党员干部队伍思想素质与工作能力,增强了各级党组织创造力、凝聚力和战斗力,为辽宁科学发展全面振兴提供了强大动力。

切实提高促进科学发展推动全面振兴的能力。通过深入学习,我们在推动经济社会科学发展方面取得了新认识,在运用马克思主义基本原理分析和解决实际问题的能力方面有了新提高,对我省加快经济发展方式转变的工作目标和任务要求进一步明确。当前和今后一个时期,全省上下要紧紧把握中央进一步实施老工业基地振兴战略和辽宁沿海经济带开发开放上升为国家战略、沈阳经济区被列为国家新型工业化综合配套改革试验区等重大历史机遇,实现社会经济又好又快的发展,以增量带动结构优化,以创新促进产业升级,在扩大开放中扩大内需,在深化改革中调整结构,在发展经济中改善民生,加快经济发展方式转变,努力实现科学发展、创新发展、和谐发展新突破。在产业发展战略上，强调在不断提升传统产业发展水平的同时，努力做大做强战略性新兴产业，加快发展现代服务业，构建现代产业体系，抢占未来制高点。争取主要经济指标不低于我国东部地区平均水平、不低于实施老工业基地振兴战略以来辽宁的平均水平。这些目标要求和战略举措，是我们在深入学习领会中央战略部署、准确判断辽宁所处历史方位和发展阶段的基础上提出的，符合中央要求和辽宁实际，深受全省广大干部群众的拥护。

切实以改进文风带动党风、工作作风的转变。通过加强马克思主义学风建设，特别是从切实改进文风入手，认真解决党的建设中存在的一些突出问题，带动了党风政风以及干部工作作风的进一步转变。省委一班人提倡开短会、讲短话、发短文，并以身作则，带头落实，作全省各级领导班子和领导干部的表率。省委坚持把改进文风同改进干部工作作风结合起来，提出并带头做到大兴勤政为民之风，大兴求真务实之风，大兴艰苦奋斗之风。中心组成员坚持深入实践，加强调研，认真听取群众意见，不断总结人民群众创造的新做法新经验，在推动实践问题的解决中深化规律性认识，提高分析、解决问题的能力。全省各级领导班子和领导干部以狠抓落实为切入点，坚持工作重心下移，切实为基层排忧解难，真心为群众办事谋利。

推动辽宁全面振兴取得新成效。我们坚持理论联系实际的马克思主义学风，积极运用学习成果指导和推动全省各项事业的发展。2009年，我省成功抵御世界金融危机的冲击，保持了经济平稳较快增长，全省地区生产总值增长13.1%，城市居民年人均可支配收入增长10%，农民年人均纯收入增长8%，城乡低保平均标准增长超过21%。同时，辽宁在转变经济发展方式上也迈出新步伐，环境保护、节能减排走在全国前列，二氧化硫排放量下降7%，万元工业增加值能耗下降6%。今年上半年，全省地区生产总值实现8205.5亿元，同比增长14.6%，增幅高于全国3.5个百分点。全省地方财政一般预算收入1010亿元，同比增长32%。全省政治建设、文化建设、社会建设以及生态文明建设都取得了新进展，继续保持了经济发展、民生改善、社会稳定、政通人和的良好态势。辽宁经济运行在发展快车道上的生动实践，也是对全省学习型党组织建设成效的最好检验。

让思想解放从观念走向实践

中共吉林省委理论学习中心组

党委（党组）理论中心组学习是建设学习型政党的一项重要制度，也是提高领导干部科学发展能力的一项重要举措。经过多年的实践与探索，吉林省委理论学习中心组已经成为解放思想的助推器，成为科学决策的中继站，成为经济又好又快发展的新引擎，在推动吉林各项事业的进步与发展中发挥了重要作用。

学习助推思想解放

一个地区发展的快慢、好坏，很大程度上取决于思想解放的程度和改革开放的力度，而思想观念的形成和思想解放的基础是学习。“在深入学习中统一认识，在解放思想中明确思路”，一直是吉林省委中心组学习的重要目标。吉林作为老工业基地，是实行计划经济最早、退出计划经济最晚、受计划经济影响最重的省份之一，思想观念与发达地区相比有很大的差距，解放思想的任务很重。改革开放以来，吉林省一直把解放思想作为适应新形势、应对新挑战、认识新事物、完成新任务的根本举措。吉林省的几轮解放思想活动都是省委中心组作总动员，各级党委（党组）中心组迅速行动，带动全省广大干部群众积极响应和参与，最终掀起全省范围的思想解放浪潮。一次以“继续解放思想、推动吉林振兴”为主题的省委中心组扩大学习会，各市（州）都设立了分会场，全省进行了现场直播，10 万余党员干部直接或间接参加。今年，省委中心组围绕深入贯彻落实科学发展观、加快经济发展方式转变，提出要“解放思想、改革创新、转变方式、科学发展”，在新的起点上对解放思想赋予了新内涵，也拉开了全省解放思想主题教育实践活动的序幕。

观念制约思路，思路关系出路。中心组学习带来的是发展的时代眼光和全局襟怀，带来的是科学明晰的发展思路和坚定的发展实践。通过中心组学习，吉林人对自己所处历史方位作出清晰准确的判断：吉林正处在夯实基础、积蓄能量、调整结构、加快发展方式转变的关键节点；处在统筹城乡发展，推动工业化、城镇化、农业现代化相互支撑、相互融合、互动发展的关键节点；处在破除体制机制深层次矛盾，激发创新发展活力，加快形成经济内生增长机制的关键节点。在这样一个不进则退、慢进也是退的关键时期，必须加大改革开放和实施人才战略的力度，以增量带动结构优化，以创新促进产业升级，以发展保障民生改善，走出一条符合吉林实际的科学发展之路。

确定发展目标，是思想解放的过程，而实现这个目标，更是思想解放的过程。2010 年，吉林省确定了深入贯彻落实科学发展观、加快经济发展方式转变九项重点工作：着力优化经济结构、着力优化产业结构、着力推进城镇化进程、着力提高自主创新能力、着力推进现代农业建设、着力发展文化产业、着力深化改革开放、着力发展社会事业和改善民生、着力从干部和人才上提供有力保证。这九项重点工作，成为全省各级党委（党组）中心组学习的主要内容，也成为全省转变发展方式的主战场。从省直到市（州）、县（市、区），从机关、企业到科研院所，全省党员干部积极行动起来，转变观念、转变职能、转变作风，铆足赶超劲头，增强发展意识、破解发展难题、提升发展质量，把解放思想的成果实实在在地由观念层面向实践层面转化，体现到每一项具体工作中，转化为贯彻落实科学发展观、加快经济发展方式转变的实际行动，迅速形成了推动科学发展的强大合力。

学习激发经济活力

一切进步都始于开拓创新，一切创新都源于内生动力，而学习是开拓创新的不竭之源。宏观调控、区域经济发展、转变经济发展方式、国企改制、社会主义新农村建设、促进就业、扩大投资、扩大开放、自主创新、行政管理体制改革、依法行政、文化产业发展、构建和谐社会、加强党的执政能力建设，等等，每一个省委中心组学习专题，都关系着吉林发展振兴，都体现了对科学发展理念的新理解，对省情的新认识，对发展思路的新开拓，为吉林经济社会又好又快发展注入了生机与活力，带来了不折不扣的执行力。

活力来自放权、再放权、真正放权。始于 2005 年的“简政放权”开始走向纵深，破除部门狭隘的利益观，强化为纳税人服务、为企业服务、为社会公众服务的理念。各地、各部门结合群众评议反映的突出问题，自查自纠不合时宜的“条条框框”，为企业多设路标，少设路障，多想可行的办法，少说不行的理由。各部门通过“晒权”等办法，把现有行政许可项目和非行政许可审批项目向社会公布，广泛征求基层群众、企业以及社会各界的意见和建议，同时加强对放权情况的监督检查，真正做到真放权、放实权。如今，长春市 41 个具有行政审批职能的政府部门已基本实现了部门审批集中办公，审批时限压缩了1/3。

活力来自"等不起、慢不得、坐不住"的比学赶超激情。从西部草原到东部山麓,从科研院所到生产一线,吉林大地上的每一寸土地都感受着、实践着改革创新带来的激情与活力。今年7月20日,一份2010年上半年全省各市(州)主要指标增长情况一览表,登在《吉林日报》一版显著位置:既有地区生产总值、地方财政收入、全口径财政收入占GDP比重,又有城镇固定资产投资、社会消费品零售总额、工业增加值能耗降低率。公开晒"成绩单"、晾"排行榜",增强了又好又快发展的紧迫感、危机感和责任感,激发了奋发向上的昂扬斗志,在全省上下营造出比学赶超的浓厚氛围。

活力来自经济社会发展中最具能动性的"人"。能否完成加快经济发展方式转变的各项任务,关键在党,关键在人。"要围绕科学发展选准干部、配强班子、聚集人才、建设队伍,从干部和人才上为深入贯彻落实科学发展观、加快经济发展方式转变提供有力保障",这是发自2010年3月省委中心组学习会上的声音。仅仅5个月后,吉林就在全省集中开展了一次省市县三级联动公开选拔领导干部的工作。1262个厅处科级领导职位,基本涵盖了各个领域、各个层次,省管职位面向全国选拔,市州管职位不低于1/3面向全省选拔,县(市、区)管职位不低于1/3面向所在市州选拔,来自省内外的18257人报名参加公选考试,形成了各类优秀人才公开竞争、不断涌现、脱颖而出的生动局面。

活力来自经济社会又好又快发展的实效。2010年上半年,全省地区生产总值、工业增加值、财政收入、投资、消费等主要经济指标增幅均超过全国平均水平,经济呈现"高位运行、发展协调、质量提升"的良好态势。城乡居民收入稳步提高,就业形势持续好转,节能减排取得阶段性成效,吉林人迎来了经济持续增长、民生不断改善、社会更加和谐的大好时期。

学习推动发展方式转变

在吉林省的发展历程中,2010年是发展方式转变之年。在中心组学习会上,吉林省领导班子再一次达成共识:扩大总量、优化结构、提高效益,保持全省经济持续较快发展势头要求吉林"转";统筹推进城镇化、工业化和农业现代化,实现三者深度融合、互动发展要求吉林"转";抢占未来发展制高点,赢得后国际金融危机时期竞争的主动权,提升区域竞争力要求吉林"转";加快发展社会事业、着力保障改善民生,让人民生活得更加幸福、更有尊严更要求吉林"转"。通过学习,吉林以更加开放的思维和战略眼光,以更大的发展气魄、更有力的工作措施,走在推动科学发展、促进社会和谐的道路上。

体现和遵循科学发展规律的投资拉动、项目带动、创新驱动战略深入实施。一批支撑吉林未来发展的大项目拔地而起。北车长春轨道客车集团时速380公里动车组制造平台建设项目启动,中石油吉林石化公司千万吨炼油改造工程、千万吨炼油项目开工,长春大成公司年加工225万吨玉米、生产225万吨化工醇和100万吨差别化聚酯项目上马,一汽一大众Audic7产品及厂房建设项目开建。全省今年谋划开工10亿元以上重大项目100个,投资亿元以上重大项目700个,投资3000万元以上在建项目2090个,新开工项目3210个,大中小项目遍地开花,为增强发展后劲奠定了良好基础。

具有吉林特色的工业化、城镇化和农业现代化全面推进。坚持以工业化带动城镇化,以农业现代化保障城镇化,以城镇化促进工业化和农业现代化发展。长吉图开发开放先导区力拔头筹,成为迄今为止惟一一个国家批准实施的沿边开发开放区域。随之而来,全省又打出一套四个层面的组合拳:大中小城市和小城镇协调互动,长吉一体化率先启动,东中西部区域联动,城镇乡村共进互动,全省城镇化发展的路数一目了然,呼之欲出。由36个单位组成的吉林省汽车与石化产业配套协作战略联盟正式成立，两大传统支柱产业将在深度融合中实现质的跃升。增产百亿斤商品粮能力工程、4个现代农业示范园区，以及以实施百亿斤肉类工程为重点的15个牧业产业园区和1000个牧业小区，则展现出一幅生动的现代农业画卷，以工促农、以城带乡、城乡互动的局面前景广阔。

改善民生发展社会事业，人民群众幸福指数不断提高。科学发展不仅是让天更蓝、水更清，更重要的是让群众腰包更鼓、日子更富。通过大规模实施"六路安居"和暖房子工程，全省564万困难群众的住房条件得到了明显改善，住房保障实现了从城市到农村、林区和工矿区的全覆盖，人民群众特别是困难群众实现了住有所居、住得温暖。文化民生得到极大改善，一大批省、市、县三级文化基础设施建设拔地而起，3300个农村文化大院红红火火，一批重大文化产业项目、文化产业园区和文化旅游基地列入全省发展战略。长影、"吉林歌舞现象"、"吉林电视剧现象"、"吉版图书现象"、"吉林期刊现象"等吉林文化品牌正在加快发展成文化大产业。

多年来，吉林省委中心组始终坚持用马克思列宁主义、毛泽东思想和中国特色社会主义理论体系武装头脑，坚持客观世界的改造与主观世界的改造相统一，努力使理论学习的过程成为领导班子加强自身建设的过程。实践表明，中心组学习能够不断提高领导干部执政能力，真正让领导干部把思想统一到加快发展上，把精力集中到为民造福上，把本领用在克难攻坚上，把功夫下到狠抓落实上，以高度的政治责任感和使命感不断开创各项事业新局面。

以学习型党组织建设推进学习型城市建设

黄坤明

杭州市认真贯彻落实中央《关于推进学习型党组织建设的意见》，结合实际，健全组织，制定规划，形成机制，坚持以学习型党组织建设为引领，以建设学习型机关、学习型企业、学习型乡镇、学习型社区(村)、学习型家庭为重点，全面推进学习型城市建设。

一、不断增强建设学习型党组织的政治责任

牢记宗旨，提高学习的自觉性。市委提出，面对国内外新形势，杭州要在21世纪的第二个十年继续领跑全省、领先全国，实现平稳较快发展，必须按照科学发展观的要求，审时度势，树立新的学习观念，做到以学习增长为人民服务的本领，以学习提高领导科学发展的能力，以学习促进经济社会的发展。市委理论学习中心组认真制定并落实学习计划，建立长效学习机制，使学习成为工作的重要组成部分，成为中心组每个成员的自觉行动，牢固树立终身学习、全员学习、全过程学习、团队学习和学习工作化、工作学习化的理念。

认清责任，增强学习的紧迫性。市委理论学习中心组成员认识到，不学习难以胜任本职工作，难以执政为民，难以担当领导科学发展、和谐发展的重任，必须增强学习的紧迫感，抓紧学习。市委出台了《关于推进学习型党组织建设的实施意见》，提出建设"人人学习、终身学习"的学习型创新型城市，增强经济社会发展的活力和动力。围绕"贯彻落实十七届四中、五中全会精神和建设学习型党组织、学习型城

市”开展专题调研，开展建设学习型城市思路和对策研究，为进一步转变思想观念，理清工作思路，明确工作重点，强化领导责任打下基础。

立足发展，注重学习的实用性。市委坚持以学习谋划发展，以学习推动发展，深入贯彻落实科学发展观，正确处理改革发展稳定的关系，不断开拓发展思路、丰富发展内涵，推动杭州物质文明、政治文明、精神文明与生态文明协调发展。各级党组织成为推动全社会学习的中坚力量，职能部门发挥主导作用，动员全社会的力量，建设学习型机关、学习型企业、学习型乡镇、学习型社区（村）、学习型家庭，使学习成为全社会的自觉行为。充分利用“公务员大讲堂”、“干部学习新干线”、“市民大学堂”、“吴山论坛”等干部群众喜爱的学习活动场所和平台，扩大学习的覆盖面，提高人民群众对学习的关注度和参与度，大大增强了学习的群众性。通过广泛宣传教育和舆论引导，在全市范围内兴起了重视学习、崇尚学习的热潮。

二、充分发挥各级领导干部的示范作用

领导带头学习。杭州市、区县（市）两级党委理论学习中心组争做学习型党组织、学习型城市建设的积极倡导者、精心组织者和大力推动者，组织阅读中宣部、中组部推荐书目，并增加经济、社会、科技、文化等内容学习的分量；依托“理论学习中心组报告会”平台，市委书记任理论学习中心组组长，由著名专家学者进行专题辅导，开拓视野，提升能力素质。在认真抓好个人自学的基础上，积极运用专题报告、主题发言、下访考察、课题调研等多种形式学习，实现统一思想与理清思路、学习理论与研究问题的有机结合，进一步增强了学习效果。

认真组织宣讲。各级领导发挥自身的行为导向和风气引领作用，重视运用学习成果，带头向基层党员群众进行宣讲，积极做带学、促学的表率。市领导、市直各部门和各区县（市）领导利用下访、调研和检查工作的时机，在城市社区、农村乡镇为基层干部群众作主题宣讲报告，促进全社会学习风气的形成。各城区利用各自的理论学习讲坛，由“一把手”进行形势政策宣讲，宣讲对象扩大到所属区的全体党员干部。在各级党组织的示范带动下，全市各机关、企业、社区、乡镇、家庭等各个层面都积极投身建设学习型党组织和学习型城市活动。

规范学习制度。根据中央《关于推进学习型党组织建设的意见》要求，市委统一领导，建立健全了学习制度、培训制度、调查研究制度、报告宣讲制度、典型表彰制度、考核评价制度、学习档案制度、检查督查制度、计划总结制度和决策论证制度共10项制度。市委宣传部、组织部等有关单位形成了齐抓共管的工作格局，用制度管学习、促学习。在制度的规范下，学习成为每个党员干部的自觉行动，学习目标与学习效果的实现得到保障。

三、紧密结合杭州经济社会发展的生动实践

破解“七难”问题，致力改善民生。市委理论学习中心组围绕“关注民生、重视民生，保障民生、改善民生”的目标，把群众关注的热点、难点问题纳入破解“七难”问题范畴，紧紧围绕关注帮扶困难群众、促进充分就业、深化医药卫生体制改革、加强保障性住房建设、缓解交通“两难”、维护社会稳定等工作开展理论学习，要求党员干部既要关注城市居民，又要关注农村居民；既要关注本地居民，又要关注外来创业务工人员；既要关注全体市民生活品质的整体提高，又要关注困难群众、低收入阶层生活品质的明显改善。以“走进基层、破解七难”活动推进学习型党组织建设，要求领导干部经常深入基层、走近群众，健全领导干部蹲点调研、下访约访和民主恳谈制度，推动领导干部转变作风；加强对党员领导干部的监督管理，加大对违法违规和执行不力行为的问责力度；深入开展“三服务一满意”实践活动，完善民主评议政风行风制度，抓好“96666”投诉受理，推进“人民

满意基层站所(办事窗口)”等创建工作,有效转化了学习成果,提高了解决实际问题和驾驭复杂局面的能力。

增强创新能力,推进城市建设。市委理论学习中心组坚持学以致用、学用相长,把学习成效转化为谋划工作的思路,按照科学理论武装、具有世界眼光、善于把握规律、富有创新精神的要求,在全市党员中倡导自我超越、改善心智、共同愿景、团体学习和系统思考;配合区县举办“一把手论坛”,各街道、部门一把手轮流走上讲台,谈发展、谈体会,使党员干部在学习中产生共鸣,形成共识;在领导班子和干部队伍中开展“我在岗位上干了什么?离开岗位后留下了什么?”主题大讨论,掀起全市创先争优活动热潮。市委宣传部坚持创先争优活动与学习型党组织建设相结合,发挥新闻媒体的宣传引导作用,组织开展机关党员结对帮扶、服务文化创意企业、文化下乡和“杭州文化大发展大繁荣大家谈”等活动。

提升创新能力,服务城市发展。市委理论学习中心组倡导党员干部把学习与经济社会发展大局相结合、与部门的工作实际相结合,相互学习与自我修养锻炼相结合,读书、修身、立德相结合,推进理念、知识、工作方式有效更新。各机关各部门围绕推动项目建设、促进转型升级、服务基层群众、维护社会稳定、深化“三力(学习力、创新力、执行力)提升”,把党组织创先进、党员争优秀融入服务城市发展的生动实践之中。

(作者:中共浙江省委常委、杭州市委书记)

关于建设学习型党组织的若干思考

王国君

党的十七届四中全会对建设马克思主义学习型政党提出了明确目标和战略部署,中共中央办公厅《关于推进学习型党组织建设的意见》下发后,全国掀起了建设学习型党组织的新热潮。下面,结合大庆油田建设学习型党组织的实际,就如何建设学习型党组织的问题,谈几点认识。

认清重要意义是建设学习型党组织的先导

思想是行动的先导。要抓好创建学习型党组织各项任务的落实,首先必须在思想上有明确的认识,认清其重大意义。中共中央办公厅《关于推进学习型党组织建设的意见》指出,建设学习型党组织,是党始终走在时代前列、引领中国发展进步的重要基础,是党领导人民夺取全面建设小康社会新胜利、开创中国特色社会主义事业新局面的必然要求。大庆油田党委结合实际,进行认真研究,深入思考,对建设学习型党组织的紧迫性形成了更加清醒、更加深刻的认识。油田发展的形势任务对建设学习型党组织提出了新要求。随着全面建设小康社会进程的加快,大庆油田作为我国最大的石油生产基地,保证国家石油战略安全、支持中国石油天然气集团公司整体发展、促进区域经济社会繁荣稳定的任务繁重而艰巨。同时,经过50年的高效开发,油田也面临着资源接替、稳产效益、扭亏解困、经济质量和发展空间等诸多问题。在新的历史时期,解决这一系列矛盾和问题,实现“原油持续稳产、整体协调发展、构建和谐矿区”的三大战略任务,就要求我们必须继承发扬大庆精神,继续艰苦创业,实现新的发展,做出更大贡献。

实践证明，只有思想认识上的到位，才能做到建设学习型党组织工作思路清晰、任务明确、措施得力、扎实推进。

树立先进理念是建设学习型党组织的灵魂

理念是执行的内驱力。建设学习型党组织，必须打破旧的传统观念，确立先进的学习理念，依靠灵魂的驱动，形成党员人人关心、积极参与的良好氛围。

大庆油田党委提出树立学习理念的要求，即充分认识到，不断学习是涵养共产党员气质的重要条件。保持党的先进性，发挥党组织的政治优势，有赖于油田广大党员尤其是党员领导干部各种素质、能力的全面提高和精神状态、精神气质的全面提升。通过提高认识，每个共产党员都把学习作为一种觉悟、一种精神、一种责任、一种境界。并且在实践过程中，通过层层动员部署，不断加大宣传力度，开展各种活动，引导广大党员干部树立四种理念：一是“学习为本”的理念。我国加入WTO后，产业结构的提升、经济贸易规则与国际接轨促进政府职能的转变，对党员干部的素质提出了新的更高要求，即始终保持先进性，在各自岗位上发挥先锋模范作用。二是“终身学习”的理念。作为中国工人阶级的先锋战士，广大党员特别是党员领导干部更要在培养具有终身学习能力的工作队伍中作表率，以胜任本职工作，带领党员建设学习型党组织。三是“学用结合”的理念。把学习引入工作，使学习工作化、工作学习化。四是“提高学习力”的理念。广大党员应率先提升自己的“学习力”，从而不断增强创造力，永葆共产党人的先进本色。

实践证明，只有树立先进的学习理念，塑造创建学习型党组织的灵魂，才能形成人人重视学习、时时自觉学习、处处加强学习的良好风气。

丰富学习内容是建设学习型党组织的基础

内容是学习的核心，科学地选择学习内容，是保证创建学习型党组织活动取得成效的基础。

大庆油田党委为确保创建学习型党组织活动有的放矢，坚持以业务学习为基础，按照保证先进性、照顾全面性、构建系统性、提高针对性和突出实效性的原则，不断丰富学习内容。一是加强中国特色社会主义理论体系的学习。切实增强运用马克思主义立场、观点、方法指导工作的自觉性和主动性。二是加强社会主义核心价值体系的学习。教育引导党员干部树立远大的理想，带头弘扬以爱国主义为核心的民族精神和以改革创新为核心的时代精神，弘扬大庆精神、铁人精神和会战优良传统，培养高尚的道德情操，保持奋发向上的精神状态。三是加强对经济、科技、法律、哲学、历史、文学等知识的学习。四是加强专业技术知识的学习。组织党员开展专业知识学习，不断提高业务素质，引导广大党员扛红旗、站排头、当先锋。

实践证明，只有不断地丰富学习内容，才能达到建设学习型党组织有的放矢、基础扎实。

创新载体方法是建设学习型党组织的关键

载体是有效的途径。建设学习型党组织，必须不断地创新活动载体和方式方法，形成自身特色，才能吸引广大党员广泛参与，增强工作的实效性、感召力和吸引力。

大庆油田党委为了确保创建学习型党组织活动特色鲜明，不断地创新学习载体和学习方法。一是创新学习载体。在坚持中心组理论学习、党员学习日、“三会一课”等传统学习组织方式的同时，采取辅导报告、专家讲座、参观考察、调查研究、交流探讨、成果测试、知识竞赛、技能比武等途径，开展广大党员喜闻乐见、寓教于乐的学习实践活动。二是活化学习方式。积极探索富有时代特点的新方式、新方法，依托党小组或党员骨干，探索建立党员理论学习小组、技术攻关小组、技能训练小组等组织形式，组织党员搞好分散学习和灵活学习。三是拓宽学习渠道。积极利用各类新兴媒体，在单位网站上开设读书网页、网站课堂，扩大学习的覆盖面。开设学习型党组织论坛，开通党员学习手机短信平台，开办党课精品课，切实提高了学习教育活动的吸引力。如，油田开办的网络TV，网络画刊、网络培训学院，为广大干部员工提供了更加便捷的学习平台。

实践证明，只有结合实际，不断地创新学习载体，活化学习方式，才能促使建设学习型党组织独具特色、吸引党员、落实到位。

完善长效机制是建设学习型党组织的保证

机制是见效的保证。建设学习型党组织，是一个系统工程，也是一个艰巨课题，不可能一蹴而就，需要长期不懈的努力，必须依靠制度来落实。

大庆油田党委为了确保建设学习型党组织活动扎实推进，长期见效，不断地完善学习机制。一是建立健全党员干部学习制度。进一步健全党委中心组学习制度、党支部学习制度、党课制度、党员学习制度，推动党员干部理论学习的经常化、制度化、规范化，形成党员干部人人学习的良好氛围。二是建立健全党员定期培训制度。认真制定了2010年至2013年党员教育培训规划、党员短期培训和定期轮训制度，按照每名党员每3年至少轮训一次的要求，合理制定党员培训计划，分批、分类对党员进行培训，不断提高党员思想理论素质和工作能力。三是建立健全考核激励机制。采取书面测试考学、民主测评促学、查阅笔记督学等办法，对党员尤其是领导干部的学习情况进行考核评估，并将学习情况纳入年终目标考核和“四好”班子考评。

实践证明，只有健全完善长效机制，才能保证创建学习型党组织落实到位、长期见效。

（作者：大庆石油发展集团党委书记）

以建设学习型党组织
推动讲师团工作蓬勃发展

崔耀中

党的十七届四中全会提出，要“把建设马克思主义学习型政党作为重大而紧迫的战略任务抓紧抓好”，并明确把建设学习型党组织作为建设马克思主义学习型政党的工作着力点。中央办公厅印发的《关于推进学习型党组织建设的意见》，又对建设学习型党组织进行了全面部署。这些都是新形势下加强和改进党的建设的重大举措，是我们党对时代挑战的及时回应、对历史时机的准确把握、对党的建设规律的深入探索，也是党的建设的重大创新，使以学兴党、以学资政成为我们党治党治国一个最鲜明的时代特色。

北京市委讲师团是组织在职干部学习马克思主义理论和进行形势政策教育的重要职能机构。近年来，我们认真学习贯彻党的十七大和十七届四中全会精神，切实抓好学习型党组织建设，不断提升党员干部的学习能力和实践能力，增强党组织的创造力凝聚力战斗力，为推动市委讲师团事业发展提供了可靠保证。通过建设学习型党组织，我们更加感到新形势下学习和工作紧密联系、相辅相成。为此,我们狠抓制度机制建设。团里每个季度都给大家推荐必读的好书,每个月都组织大家围绕落实党和国家的中心工作开展研讨,每个星期都组织各种形式的学习活动,每半年都深入进行基本国情教育,并且形成了一系列考评标准和规章制度。今天,全团同志已经把学习作为一种政治责任,把学习作为生存和发展的第一需要,自觉挤时间学习,着力提高自身素质,努力做到工作学习化、学习工作化。

我们通过建设学习型党组织,在推进理论宣讲方面实现了三大转变:从传统宣讲方式向现代化、多手段宣讲方式转变;从传播单一内容向提供综合精神产品转变;从单一受众向多层次受众转变。我们积极利用互联网扩大覆盖面和影响力,开播了我国独家理论宣讲报告视频网站——“宣讲家”,每天平均有10多万人同时在线收看报告。50多个省、地、市和部门主动发文把“宣讲家”作为理论学习的网上课堂。依托网站编印优秀报告选编《大讲堂》,成为北京市委理论学习中心组和中央国家机关一些司局级以上领导干部理论学习的重要辅导资料。讲师团组织的报告会已从过去一年几十场激增到现在的每年1500多场次,形成了理论宣讲和理论需求“两头热”。讲师团先后打造了辅导报告精品超市、市民理论学校、优秀报告评选、辅导报告专家库、宣讲家网站、理论宣讲示范基地、编印《大讲堂》、部委和基层主题联学、百姓宣讲等九大品牌。一些创新举措作为成功经验写入了“人文北京行动计划”,连续两届获得北京市宣传思想工作创新奖。这一切都得益于讲师团在建设学习型党组织中形成的“学习、创新、再学习、再创新”的“链式”循环,在学习中不断寻找创新发展的“金钥匙”,使学习成果不断转化为实践成果,有力地推进了事业的创新发展。

(作者:中共北京市委讲师团团长)

准确把握党的历史的主流和本质

——写在《中国共产党历史》第二卷出版之际

欧阳淞

经党中央批准,《中国共产党历史》第二卷(1949—1978)(以下简称《党史》二卷)正式出版了。这是党的历史研究的一项重大成果,是党史工作发展史上的一件大事。

这部党史基本著作,以大量历史资料为依据,吸收近30年来党史学界重要研究成果,全面记载了1949年10月中华人民共和国成立至1978年12月党的十一届三中全会召开这段历史。这29年党的历史,是90年党的历史的重要组成部分。正确对待这段历史,准确把握党的历史发展的主题和主线、主流和本质,其重要意义不可小视。

近代以来,中国人民面临着争取民族独立、人民解放和实现国家繁荣富强、人民共同富裕这两大历史任务。90年来,党团结带领全国各族人民为实现这两大历史任务而不懈奋斗,这就是党的历史发展的主题和主线。《党史》二卷始终坚持这一主题和主线,强调这29年历史是在马克思列宁主义、毛泽东思想指导下,党领导人民进行社会主义革命和社会主义建设并取得伟大成就的历史,是党探索适合中国国情的建设社会主义道路、继续推进马克思主义中国化并取得重要思想成果的历史,是党加强自身建设、经受各种考验而不断发展壮大的历史。这就准确揭示了29年党的历史发展的主流和本质。

一、《党史》二卷的基本脉络和逻辑结构

《党史》二卷全面记载的这 29 年历史，是党领导人民进行新民主主义革命 28 年历史的继续和发展，是开创社会主义新纪元并全面展开社会主义建设的历史。它深刻揭示了中国共产党在中国领导地位和核心作用形成的历史必然性和重要性，深刻揭示了中国人民走上社会主义道路的历史必然性和重要性，深刻揭示了当代中国实行改革开放和建设中国特色社会主义的历史必然性和重要性。

遵循党中央《关于建国以来党的若干历史问题的决议》的基本精神，依据历史发展的内在逻辑，《党史》二卷把新中国成立后的 29 年党的历史划分为 4 个时期，即：基本完成社会主义改造的七年；开始全面建设社会主义的十年；“文化大革命”的十年；在徘徊中前进的两年。按照这样的划分，全书分为 4 编。

第一编“中华人民共和国的成立和向社会主义过渡的实现（1949 年 10 月—1956 年 9 月）”。本编主要围绕党领导人民实现从半殖民地半封建社会到民族独立、人民当家作主的新社会的转变后，从新民主主义到社会主义这个转变的进程来展开。用事实说明中国走上社会主义道路是历史的选择、人民的选择，符合中国社会发展的要求。

第二编“社会主义建设的全面展开和对中国建设社会主义道路的艰辛探索（1956 年 9 月—1966 年 5 月）”。本编强调，面对全新的社会主义事业，必然有一个在实践中不断深化认识的探索过程。所述内容围绕“全面建设”、“艰辛探索”、“曲折发展”三个基本特征，浓墨重彩地再现党领导人民建设社会主义的壮阔场面，真实记载党探索建设社会主义道路的艰难曲折，说明尽管在探索中发生了失误和曲折，但成就仍然是这个期间党的工作的主导方面。

第三编“‘文化大革命’的内乱和林彪、江青两个反革命集团的覆灭（1966 年 5 月—1976 年 10 月）”。本编反映的是新中国成立后党的历史的一个特殊时期。用事实说明，“文化大革命”不是任何意义上的革命或社会进步，而是一场由领导者错误发动，被反革命集团利用，给党、国家和各族人民带来严重灾难的内乱；着重说明，在“文化大革命”期间，由于全党和广大工人、农民、解放军指战员、知识分子、知识青年和干部的共同斗争，使“文化大革命”的破坏受到了一定程度的限制。党、人民政权、人民军队和整个社会的性质都没有改变。历史再一次表明，我们的人民是伟大的人民，我们的党和社会主义制度具有伟大而顽强的生命力。

第四编“在徘徊中前进和实现伟大的历史转折（1976 年 10 月—1978 年 12 月）”。本编记载的这段历史既保留了前一个历史阶段的某些特点，又孕育了后一个历史阶段的一些新要素。按照这样的基本认识，用历史事实说明徘徊中前进局面的出现，以及继续前进的趋势。这样把握，为《党史》二卷记述的这 29 年历史展现出一个充满希望和光明的前景。

全书结束语的标题是“党领导社会主义革命和建设的伟大成就及基本经验”。“伟大成就”反映的是党领导人民在这 29 年中的不懈奋斗是怎样深刻地改变了国家、社会和人民的面貌，“基本经验”反映的是为何改变了国家、社会和人民的面貌以及期间发生严重曲折的缘由。告诉人们正是因为我们党全面正确地总结了这段历史的伟大成就和基本经验，才成功地开创出中国特色社会主义新道路。

二、《党史》二卷对新中国成立后 29 年党的历史的基本把握

《党史》二卷把 29 年党的历史放在党领导人民为实现中华民族伟大复兴而不懈奋斗的历史进程中把握，充分展现这 29 年是中国共产党人在探索中前进、社会主义事业在曲折中发展的 29 年，是深刻影响新中国历史发展的 29 年。纵观这 29 年的历史，党领导社会主义革命和社会主义建设取得的成就是具有决定意义的，这

些成就从根本上改变了中国人民和中华民族的前途命运，为当代中国发展进步奠定了坚实基础，在世界上产生了广泛而深刻的影响。这是《党史》二卷认识和把握这29年党的历史的最基本的结论。

（一）坚持实事求是记载这29年党的历史，充分肯定党领导社会主义革命和社会主义建设取得的伟大成就

党的历史发展的主题和主线、主流和本质，不仅贯穿和体现在《党史》二卷对大量史实的叙述中，而且集中体现在结束语关于党领导社会主义革命和社会主义建设9个方面伟大成就、10个方面基本经验的概括中。“伟大成就”是对29年历史主流和本质的集中概括，“基本经验”则是对主流和本质的认识升华。

《党史》二卷对29年党的历史取得的成就的表述，主要围绕6个方面展开。

第一，建立人民民主专政的国家政权，实现和巩固了全国各族人民的大团结。新中国的成立，实现和巩固了全国范围（除台湾等岛屿外）的国家统一，从根本上改变了旧中国四分五裂的局面。人民民主专政国家政权的建立，使人民真正成为国家、社会和自己命运的主人。人民代表大会制度、共产党领导的多党合作和政治协商制度、民族区域自治制度的建立，确立了社会主义的基本政治制度。彻底结束了旧中国一盘散沙的局面，实现了全国各民族、各阶层的大团结。加强和扩大了中国共产党领导的广泛统一战线。

第二，建立社会主义基本制度，开始探索适合中国国情的建设社会主义道路。新中国成立后，党领导人民创造性地实现由新民主主义到社会主义的转变，确立社会主义基本制度，实现了中国历史上最深刻最伟大的社会变革。此后，党领导人民转入全面的大规模的社会主义建设，并在这个波澜壮阔的历史进程中对适合中国国情的建设社会主义道路进行了艰辛探索。尽管经历曲折，但仍取得重要的实践成果和认识成果，为后来开辟中国特色社会主义道路奠定了重要基础。

第三，开展大规模经济建设，建立了独立的比较完整的工业体系和国民经济体系。新中国成立后，经过大规模经济建设，改变了旧中国积贫积弱的面貌。建立起门类比较齐全、布局趋向合理的工业生产体系，工业在国民经济中的主导地位日益明显。农业生产条件有了改善，生产水平有了较大提高。人民生活得到明显改善。“两弹一星”等科研成果集中展现了我国科学技术取得的重大成就。所有这些，为后来的社会主义现代化建设奠定了重要的物质技术基础，培养了一大批经济建设等方面的人才，积累了进行社会主义建设的重要经验。

第四，大力推进社会主义思想文化建设，人民群众思想道德素质和科学文化素质显著提高。新中国成立后，马克思主义在党和国家生活中的指导地位得到确立，人民群众的思想政治觉悟有了很大提高。在社会主义新思想、新文化的引导下，旧社会遗留下来的污泥浊水得到荡涤，良好的社会风气和健康文明的新道德逐步形成。随着教育的普及和科学、文化、新闻出版、广播影视等事业的发展，人民群众科学文化素质得到提高。群众性的爱国卫生运动和体育活动，大大改善了人民群众的健康卫生状况。

第五，维护国家独立、主权和领土完整，积极促进世界和平与进步事业。新中国结束了旧中国屡遭外敌入侵、国防力量与广阔领土极不相称的状况。人民解放军在新的历史条件下得到壮大和提高，为维护国家独立、主权和领土完整发挥了重要作用。新中国始终不渝地奉行独立自主的外交政策，倡导和坚持和平共处五项原则，建立和发展同广大发展中国家的友好关系，支持和援助被压迫民族被压迫人民的解放事业，坚决反对帝国主义、霸权主义、殖民主义和种族主义，赢得国际社会特别是广大发展中国家和人民的尊重和赞誉，大大提高了中国的国际地位。

第六，党的领导地位不断巩固，党的组织日益发展壮大。新中国成立前夕，党明确提出

"两个务必"。新中国成立后，面对执政的考验，党大力加强思想、组织、作风建设，反复强调反对主观主义、官僚主义和宗派主义，密切党同人民群众的联系。党的八大提出加强执政党建设的一系列新要求、新举措，对坚持党的领导和加强党的建设起了重要作用。党的组织得到很大发展，广大共产党员在各条战线上发挥着先锋模范作用。党成为领导社会主义事业的核心力量。

(二)坚持实事求是记载这29年党的历史，正确看待党在前进道路上出现的失误和曲折

在这29年党的历史中，党经历过失误和曲折，这也是不容忽视的一个方面。正确看待失误和曲折，要坚持辩证唯物主义和历史唯物主义的观点，把这29年党的历史放在当时的国际国内条件下去分析，放在90年党的历史中去把握，防止孤立地、静止地、片面地看问题。这对于正确看待党走过的这段弯路，准确把握党的历史的主流和本质，具有十分重要的意义。

进入开始全面建设社会主义时期后，党的探索有了良好开端，但后来发生了把阶级斗争扩大化、在经济建设速度问题上急躁冒进、在所有制问题上盲目追求"一大二公"等失误，甚至发生了"文化大革命"这样全局性、长时间的严重错误，并为此付出了沉重代价。《党史》二卷实事求是地记载了党经历的这些失误和曲折，客观分析了出现失误和曲折的原因，认真总结了其中的深刻教训。通过阅读《党史》二卷，可以得出如下基本认识。

第一，错误与成就相比，成就是主要的。党在这29年的探索尽管经历失误和曲折，但从总体上说，社会主义建设的成就是巨大的。1952年至1978年，工农业总产值平均年增长率为8.2%。国内生产总值，按照不变价格计算，1952年为679亿元，1976年增加到2943.7亿元。全国居民人均消费水平，农民从1952年的62元增加到1976年的125元，城市居民同期从148元增加到340元。这些指标在今天看来并不算高，但可以说明，在29年中，我国的经济实力得到了显著增强，人民生活得到了明显改善。即使是在"文化大革命"期间，国民经济虽然遭到巨大损失但仍然取得进展，党没有被摧毁而且还能维持统一，社会主义制度的根基仍然保存着，社会主义经济建设还在进行，国家仍然保持统一并且在国际上发挥重要影响。当然，这一切决不是"左"倾错误特别是"文化大革命"的成果。毫无疑问，如果不发生"左"倾错误，党和国家事业会取得大得多的成就。

第二，发生失误和曲折与当时的国际环境和国内条件密切相关。在这29年中，党是在异常复杂的国际国内条件下，开始探索适合中国国情的建设社会主义道路的。我国与西方发达国家在经济、科技、军事上存在很大差距；长期受到美国等西方国家的封锁和遏制，受到"和平演变"的威胁；中苏关系恶化直至破裂后，苏联也对中国施加了巨大压力。经过社会主义改造，我国已经是一个社会主义国家，但又是一个"一穷二白"的国家，经济文化落后、人口众多、幅员辽阔、发展极不平衡。党在全国执政的时间不长，对于迅速到来的新生的社会主义社会和全国规模的社会主义建设事业，缺乏充分的思想准备和经验。这种国际环境和国内条件，不可避免地增加了党对形势作出准确判断的难度，增加了党确定党和国家中心任务和各项方针政策的难度，也增加了党解决建设社会主义实践中出现的新情况新问题新矛盾的难度。

要探索一条正确的建设社会主义道路，就必须把马克思主义基本原理同中国具体实际相结合。党力图实现好这种结合，以走出一条正确的道路，并为此作出积极努力。但是，在中国，建设社会主义是全新的实践，由于国际局势的复杂多变，由于国内建设任务的艰巨繁重，由于缺乏经验而又要推进事业发展，使党的探索进程在1957年下半年以后发生了曲折。党在正确应对复杂国际局势的同时，也在一定时期内对国际形势的判断出现偏差，把战争威胁和对中国不利的一面估计得过于严重；在对经济文化落后的状况有基本认识的同时，也对所处历史方位缺乏准确的判断，对建设社会主义的长期性、复杂性和艰巨性认识不足，导致脱离实际、违背规律、超越阶段的问题不时出现；在注意总结建设社会主义新鲜经验的同时，也习惯于在工作中沿用过去进行大规模疾风暴雨式群众性斗争的方法和经验；在坚持科学社会主义基本原理的同时，也发生过误解和教条化的问题；在注意扩大党和国家民主生活的同时，也有党和国家领导体制不健全不完善，民主没有制度化、法律化的问题。

回顾总结这29年党的历史，党领导人民取得了伟大成就，也经历了失误和曲折。总结其中的经验教训，归根到底，是对什么是社会主义、怎样建设社会主义这个根本问题还没有完全搞清楚。

第三，党主要是依靠自己的力量纠正失误的。在这29年中，在探索出现失误甚至严重错误时，党的性质和宗旨没有改变，党依然是人民根本利益的忠实代表。由党的性质和宗旨所决定，党能够依靠广大党员干部和人民群众，发现错误、纠正错误，通过总结教训，使错误成为正确的先导。这29年中党纠正错误的历史证明，我们党是一个对人民、对民族负责任的党，是一个勇于坚持真理、修正错误的党，是一个能够在失误和曲折中奋起、不断开辟正确发展道路的党。党历经磨难依然具有带领人民共渡难关的巨大凝聚力，依然能够在人民群众支持下把事业推向前进，从根本上说，就是党不断克服自己错误的政治勇气和宽广胸怀，进一步坚定了人民群众对党和社会主义事业的信心。

第四，党是注重从经验教训的总结中开辟未来的。中国共产党是伟大、光荣、正确的党，并不是因为它从来不犯错误，而是因为它敢于正视和纠正自己的错误，深入剖析产生错误的社会根源、历史根源和思想根源，正确总结教训，有决心有能力防止重犯过去的错误。党认为，忽视错误、掩盖错误是不允许的，这本身就是错误，而且将招致更多更大的错误。

党在长期奋斗中也认识到，“坚持真理，修正错误”，这是党必须采取的辩证唯物主义的根本立场。过去采取这个立场，曾使我们的事业转危为安、转败为胜。今后继续采取这个立场，必将引导我们取得更大的胜利。正是基于这样的认识，1981年党的十一届六中全会作出的《关于建国以来党的若干历史问题的决议》，对新中国成立32年包括这29年的历史作出全面总结，实事求是地指出29年中“左”倾错误特别是“文化大革命”错误的性质，科学分析发生错误的原因，深刻总结其中的经验教训，充分体现了我们党对待错误的诚恳的、郑重的、负责任的态度。

党的十一届三中全会之所以能够实现党的历史上具有深远意义的伟大转折，中国特色社会主义道路之所以能够成功开辟，改革开放和社会主义现代化建设之所以能够取得举世瞩目的伟大成就，重要原因之一，就是党全面、深刻地总结和汲取了这29年历史中的经验教训。中国共产党和中国人民正是从这段历史中得出结论：不改革不行，不制定新的政治的、经济的、社会的政策不行，从而义无反顾地走上改革开放之路，开创了中国特色社会主义伟大事业。从历史发展的长远观点看，党的错误和挫折终究只是一时的现象，而党和人民由此得到的锻炼，党经过长期斗争形成的骨干队伍的更加成熟，我国社会主义制度优越性的更加显著，要求祖国兴盛起来的党心、军心、民心的更加奋发，则是党和国家事业发展长远起作用的决定性因素。

三、《党史》二卷记载的29年党的历史的基本启示

新中国成立后29年党的奋斗历程已载入史册。今天，历史已经跨过21世纪的前10年。放眼神州大地，我们伟大的祖国已经发生了翻天覆地的巨大变化。学习《党史》二卷，回顾这段历史，依然能给人们以深刻的启迪和宝贵的教益，从中获得不断开拓前进的智慧和力量。

（一）必须坚持立足基本国情，坚持以经济建设为中心，坚定不移走科学发展道路

在这29年中，党领导人民进行社会主义革命和社会主义建设，取得了伟大成就。但在建立社会主义基本制度后，党未能坚定地把工作重心转移到经济建设上来，在一定时期内发生超越阶段、违背规律和“以阶级斗争为纲”等失误，延缓了经济社会发展的步伐。这些经验与教训启示我们，必须从我国仍处于并将长期处于社会主义初级阶段的基本国情出发，准确把握社会主要矛盾，坚持党的“一个中心，两个基本点”的基本路线，牢牢扭住经济建设这个中心，有步骤分阶段地实现现代化的目标，不断解放和发展生产力，更加坚定地走科学发展道路。

（二）必须坚持改革开放，为发展中国特色社会主义提供强大动力

在这29年中，党坚持独立自主、自力更生，主要依靠自己的力量建设社会主义；提出“以苏为鉴”、探索适合中国国情的建设社会主义道路，并有了一个良好的开端。但后来高度集中的计划经济体制和封闭半封闭的状态严重制约了经济社会的发展。这些经验与教训启示我们，必须高举中国特色社会主义伟大旗帜，坚持通过改革不断推动社会主义制度的自我完善和发展，着力构建充满活力、富有效率、更加开放、有利于科学发展的体制机制。

（三）必须扩大人民民主，实行依法治国，发展社会主义民主政治

在这29年中，党领导人民努力建设人民当家作主的社会主义新型国家政权，也曾就贯彻民主集中制原则、积极推进民主法制建设作出过努力。但在探索发生失误和曲折期间，民主法制建设受到干扰，在“文化大革命”期间更是遭到空前破坏。这些经验与教训启示我们，必须坚持党的领导、人民当家作主、依法治国有机统一，必须巩固人民民主专政，加强社会主义民主政治建设，使民主制度化、法律化，积极稳妥推进政治体制改革，坚定不移走中国特色社会主义政治发展道路。

（四）必须调动一切积极因素，团结和依靠最广大人民群众，努力构建社会主义和谐社会

在这29年中，党提出了调动一切积极因素建设社会主义、正确处理人民内部矛盾等促进社会稳定的可贵思想及政策。但随着阶级斗争扩大化错误的发展，国内政治关系趋于紧张，“文化大革命”更是造成剧烈的社会动荡。这些经验与教训启示我们，必须正确认识和处理社会主义条件下一定范围内存在的阶级斗争，正确认识和处理我国社会内部大量存在的不属于阶级斗争范围的各种社会矛盾，改善和发展社会主义的民族关系，加强民族团结，正确处理改革发展稳定的关系，维护社会稳定，促进社会和谐。

（五）必须大力弘扬民族精神和时代精神，发展社会主义先进文化，不断增强中华民族的凝聚力和创造力

在这29年中，党坚持马克思主义的指导地位，用爱国主义、集体主义和社会主义教育人民，努力建设民族的科学的大众的社会主义文化，培育和形成了大庆精神、雷锋精神、焦裕禄精神、“两弹一星”精神等许多富有时代特色的精神。但是期间几度泛滥的“左”倾错误对社会主义文化的摧残是严重的，也造成了人们的思想混乱。这些经验与教训启示我们，必须坚持以马克思主义为指导，继承我国各民族优秀文化，吸收世界先进文明成果，弘扬以爱国主义为核心的民族精神和以改革创新为核心的时代精神，大力发展社会主义先进文化，建设社会主义核心价值体系。

（六）必须坚持和改善党的领导，加强党的自身建设，确保党始终成为中国特色社会主义事业的坚强领导核心

在这29年中，党为大力加强在全国执政条件下的自身建设作出过努力，也取得了一定进展。但“左”倾错误的发展使党的建设受到冲击。这些经验与教训启示我们，必须始终不渝坚持和改善党的领导，坚持党的实事求是的思想路线，坚持民主集中制，坚持围绕党的中心任务、以改革创新精神加强和改进党的建设，不断提高领导水平和执政能力，保持和发展党的先进性。

新中国成立后的这29年中党领导人民不懈奋斗的历史，已深深地镌刻在中华民族发展进步的丰碑上。站在新的历史起点上重温这段历史，我们永远铭记以毛泽东同志为核心的党的第一代中央领导集体为中国社会主义事业作出的巨大贡献，倍加珍惜那一代共产党人留给我们的宝贵历史财富。党的十一届三中全会以来，以邓小平同志、江泽民同志为核心的党的第二代、第三代中央领导集体和以胡锦涛同志为总书记的党中央，在深刻总结长期历史经验特别是这29年历史经验的基础上，在改革开放和社会主义现代化建设的伟大实践中，不断深化对基本国情的认识，不断深化对共产党执政规律、社会主义建设规律和人类社会发展规律的认识，开创了中国特色社会主义道路，创立和发展了中国特色社会主义理论体系。历史必将续写辉煌。只要我们在党的正确领导下，长期坚持、不断发展历经艰辛开创的中国特色社会主义道路和中国特色社会主义理论体系，伟大祖国的明天一定会更加富强民主文明和谐，中华民族一定能够在实现伟大复兴的征程上，不断谱写人民美好生活新篇章。

党史工作的根本任务是以史鉴今、资政育人，用党的伟大成就激励人，用党的优良传统教育人，用党的成功经验启迪人，用党的历史教训警示人。在《党史》二卷编写过程中，我们力求使本书能够达到或接近这样的要求，但由于编写者的水平所限，书中难免存在一些不当和不周的地方，欢迎广大读者提出宝贵意见。

（作者：中共中央党史研究室主任）

一部重要的党史著作

——读《中国共产党历史》第二卷

逄先知

从1949年中华人民共和国成立到1978年党的十一届三中全会召开，共29年。这是一段波澜壮阔而又曲折复杂的历史，在中国共产党历史上占有特殊的地位。它离我们很近，同今天有着直接的关联，深入学习和研究这段历史，意义重大。

学习这段历史，可以了解：中国共产党领导中国人民，是怎样从一个四分五裂、极端落后的旧中国，建设成为除台湾等岛屿以外的空前统一的社会主义新中国；为了巩固新生的人民政权，荡涤旧社会留下的污泥浊水，采取了哪些重大步骤；在建设社会主义过程中，取得了哪些辉煌成就和成功经验，又遭受了哪些严重挫折和失败的教训；成功的原因是什么，犯错误、遭受失败的原因又是什么；在复杂多变和严峻的国际环境中，怎样审时度势，从容应对，而始终立于主动地位；为了维护祖国的主权、领土完整和民族尊严，进行了怎样坚定而有理有力的斗争；在严重困难面前，以怎样的姿态和精神面貌去战胜和克服困难；我们党是怎样依靠自己而不是依靠任何其他政治力量纠正自己的错误；党的领袖们是怎样殚精竭虑、苦苦思索，通过调查研究去寻找建设社会主义规律；他们在领导社会主义革命和建设中表现出来的智慧、勇气和采取的科学的工作方法是何等地令人钦佩，等等。了解了这29年的历史，就会认识到，中国共产党为什么选择了中国特色社会主义道路，以及中国特色社会主义理论体系是怎样产生的。中国特色社会主义道路的选择，不是对29年的否定，它恰恰是在29年所奠定的制度的和物质的基础上发展起来的，继承其正确的，改正其错误的，与时俱进地增添了许多全新的东西。

中央党史研究室编写的《中国共产党历史》第二卷，是这29年党史的真实纪录，对上述一系列问题作了令人信服的回答和阐述。它的出版，不仅是党史工作中的一件大事，而且是党的整个思想理论宣传工作中的一件大事。

这部党史优点很多，至少可以举出以下几点。

第一，坚持党性和科学性的统一。党史是一门政治性很强的学科，同时又要求具有高度的科学性，二者必须统一。对于党史，站在不同的立场，就必然有不同的甚至是截然相反的看法。因此，我们写党史首先要有一个基本的立足点，这就是站在党和人民的立场，即党性原则。所谓科学性，就是实事求是，符合实际。《党史》第二卷全面地实事求是地反映了29年的历史真实，紧紧把握这段历史的主题和主线，对新中国成立以来的历次政治运动，重大历史事件，经济、政治、文化等建设，党的路线、方针、政策和思想理论等等，作了比较准确的记述、精辟的分析和公正的评价。对于党领导全国人民艰苦奋斗所取得的成就和成功的经验加以充分肯定。对于党所犯的错误及其后果，如实反映，既不回避，又不渲染，以严肃的态度和语言来表述，写得恰如其分。对于党犯的错误，不是简单化地笼统地加以批评了事，而是作全面的分析。比如，对“大跃进”，《党史》二卷是这样写的：“毛泽东发动‘大跃进’运动的初衷，是希望以最快的建设速度尽快改变贫穷落后面貌，使中国真正发展、强大起来，以自立于世界民族之林。这种愿望，与广大干部群众的普遍愿望是一致的。问题在于实际工作中背离了党一贯倡导的实事求是的思想路线，没有经过深入细致的调查研究和科学论证，便从主观愿望出发，夸大主观意志和主观努力的作用，提出了一些超越历史发展阶段的目标和方针、政策，造成了实际工作中违反自然规律和经济规律的情况。这种头脑发热的现象，不仅毛泽东有，其他中央领导人有，而且在当时的党员和干部中较为普遍地存在，是当时那个发展阶段由急于改变中国‘一穷二白’落后面貌的心情而萌发出的一种历史现象。”书中对“大跃进”造成的严重破坏和巨大损失作了详细叙述，同时也讲到另一面的情况：“广大干部群众以空前的热情和干劲，战天斗地，昼夜苦干，所付出的辛勤劳动也取得了一部分实际成果。还有那些修建得合乎需要的农田水利工程，那些新增加的后来形成了生产能力的工业设施，不仅在当时发挥了作用，而且在以后相当长的时期内继续发挥着效益。科学技术也有了可喜的发展，尤其是在某些尖端科技领域填补了一些空白。在全国许多从来没有工业的地方办起工业，虽然很大一部分当时没有能够巩固，但终究为这些地区后来的工业发展奠定了最初的基础。”

这部党史在讲党的缺点和错误的时候，完全是为了总结经验，从错误中汲取教训，以增长才干，使我们更好地前进，而不是为了别的。中国共产党的两个历史决议在这方面做出了榜样。我们党就是在正确总结经验教训中逐渐成熟起来的。

这部党史有一个突出特点，就是对于重大的历史事实，放在当时的历史条件下进行分析和判断，而不是离开历史条件的变化，用今天的政策去衡量和评价，坚持了历史唯物主义的观点。比如对统购统销政策的评价就是这样，书中说：“历史地看，实行粮食等主要农产品的统购统销，是我国工业化初创阶段必须采取的一项重大政策。在当时的历史条件下，这项政策不仅稳定了市场，在不高的水准上解决了全国人民经济生活中最重要的吃、穿问题，而且基本满足了初期工业建设对大宗粮食的需要。”“实施这一政策20多年的实践说明，它对供给和支持经济建设，保证人民基本生活安定，维持物价和社会秩序稳定，每逢灾年调集粮食赈灾度荒等，都起到了重要作用”。“当然也应看到，统购统销制度在客观上割断了农民历来同市场的联系，限制了商品生产的发展，这在当时的历史条件下是难以避免的。”对于党史上的重要历史人物的功过是非，这部党史也写得比较公道，不因为犯过错误而抹煞其贡献，也不因为有过功劳而掩饰其错误。

第二，做到材料和观点的统一，即所谓史论结合。这部党史不是简单地叙述历史，而是夹叙夹议，在叙述历史过程中都有所分析和评论。事情的来龙去脉交代得很清楚，分析意见说得比较中肯、深入而恰当。当你读了一段事实的叙述之后，感到需要评论的时候，一段精彩的评论果然就出现了，使读者产生一种满足感，提高到理性的认识。书中引用了许多材料和数字，都是为了说明问题的。不是材料的堆砌，也不是平铺直叙，材料和观点融合得比较自然。对于重大历史问题，不仅说明事实是什么，并进而说明事实是怎样发生的和为什么发生的。比如，对生产资料私有制的社会主义改造，现在有一些不同的看法。我认为这部党史对这个问题的论述是有说服力的。它分析了当时的实际情况，用事实说明社会主义改造是社会经济客观发展的趋势，适应了生产力发展的要求，而不是人为制造的。拿对资本主义工商业的改造来说，当时情况是，就总体而言，国有企业优胜于公私合营企业，公私合营企业又优胜于私营企业。正如书中所说的：“我国的社会主义经济制度，是随着不断解放和发展生产力而建立起来的。”“在我国社会主义改造中，虽然也出现过一部分群众生产积极性不高的情况，但从总的方面看，所有制关系的变革不但没有破坏生产力，而且明显地促进了生产力的发展。在农业合作化过程中，粮食产量逐年都有所增长，农田水利建设和农业技术改造逐年都有所发展。原有私营企业在接受改造过程中，生产增长和效益提高也比较显著。”同时，书中又指出了“三大改造”的不足之处以及遗留下来的一些问题。

第三，达到历史和逻辑的统一。这是历史书，主要写历史发展过程，但不能写成编年体。这段历史涉及政治、经济、文化、军事、国防、统战、外交、党建等等，头绪纷繁，非常复杂，而又互相联系。因此，全书的编、章、节的划分和编排需要有精心而周密的设计。我认为这部党史在这方面做得比较好。整体结构是合理的，条理分明，思路清晰，逻辑性比较强，前后连贯而不重复，可以一口气读下来。关于结构，有两点谈一下我个人的看法。一是关于前七年要不要分为两编的问题，即所谓“前三后四”。我赞成现在这个本子的划法，把前七年作为一编。前七年中也有阶段性，即前三年的经济恢复时期和后四年的大规模经济建设开始和系统地进行社会主义改造的时期。其实，三年经济恢复时期中社会主义因素也在不断地增长，正如书中所说：“实践表明，在新中国成立的头三年，在某些方面（不是在一切方面）已经开始了社会主义改造的初步工作。”“前三后四”这两个阶段，同前七年、社会主义基本制度建立后的十年、“文化大革命”十年，不是一个层次的历史阶段，不宜分成两段同它们并列，而应以前七年作为一个历史阶段，即从中华人民共和国成立到社会主义改造基本完成。这是一个向社会主义过渡的时期，也就是新民主主义时期或叫新民主主义社会，毛泽东、周恩来都多次说过，过渡时期就是新民主主义社会。二是关于第四编“在徘徊中前进和实现伟大的历史转折”放在第二卷好还是将来放到第三卷好的问题。这两个方案都各有其道理。中央党史研究室经过反复研究并征求有关专家意见后，决定放在第二卷。我觉得这可能是一个比较理想的选择。如果第二卷以第三编“‘文化大革命’的内乱和林彪、江青两个反革命集团的覆灭”作为本卷的结束，读完全书会使人感到压抑、茫然，中国将向何处去呢？得不到答案。以第四编作为本卷的结束，则完全是另外一种景况：经过拨乱反正实现了伟大的历史转折，有了前进的正确方向，人们看到了重新振兴的希望，令人鼓舞。

第四，文风比较好。文字平实、精炼而顺畅，遣词造句比较考究。用概括而准确的语言讲述历史，翔实而不烦琐，用尽可能小的篇幅表达了最大容量的内容，又有典型事例和代表人物的形象描述。特别是一些点睛之笔、提神之笔，读后令人感奋。书中对中国20世纪60年代前半期的历史风采就有这样一段精彩的描述："帝国主义越是封锁，国民经济越是困难，人民却越是团结在党的周围。这是因为，人民群众坚信，党所代表的是中国人民的根本利益。在党的领导下，全国人民万众一心，发展工农业生产，改变贫穷落后面貌，建设伟大的社会主义国家。这是一个艰苦奋斗的年代，一个乐于奉献的年代，一个理想闪光的年代和一个意气风发的年代。这种时代性的社会风尚和思想氛围，给中国社会主义建设的历史烙下了深刻的印记。""文似看山不喜平"，这部党史读起来很吸引人，不觉得枯燥。

《中国共产党历史》第二卷是经中共中央批准的权威党史基本著作。它以《关于建国以来党的若干历史问题的决议》的基本精神和基本论断为指导，吸收了多年来党史研究的积极成果，以翔实的材料，大大丰富和充实了《历史决议》的内容。这部党史的出版，对于我们正确认识和了解这段历史具有十分重要的意义。正确认识过去，有助于正确把握未来。经历过这段历史的人们，读了它，可以有新的认识，受到新的启迪，温故而知新。不了解这段历史的人们，读了它，可以学到很多东西，从前人的艰辛探索中汲取智慧和力量，汲取经验和教训。

多年来，境内外出版和发表了大量关于这段历史的专著和文章。大部分是好的或者基本上是好的，符合或者基本符合历史的真实，对于人们有教育意义。值得注意的是，有不少专著和文章，否定和丑化党的历史，否定和丑化党的领袖人物，刻意渲染和夸大党的缺点和错误，把党的历史说得一团漆黑。他们使用造谣诽谤、无中生有、断章取义、以偏概全、颠倒是非等种种手段，欺骗那些善良的不了解情况的人们，在群众中间散布对中国共产党的不信任感，以达到他们别有用心的目的。《中国共产党历史》第二卷的出版，将真实的历史呈现在读者面前，起到澄清事实、正本清源、以正视听的作用。这是广大党史工作者和理论工作者所热切企盼的。

近些年来，人们在议论这样一个问题：在国际风云急剧变化、世界社会主义处于低潮的形势下，许多国家的共产党失去了执政地位，一些社会主义国家甚至解体了，而中国共产党尽管经历了许多艰难曲折，却是永葆青春活力，越来越壮大，坚强有力地领导着一个13亿人口的大国向着自己的目标阔步前进，这是为什么？我想，只要了解和研究一下中国共产党90年的历史，特别是读一读《中国共产党历史》第二卷，是会得到答案的。

我们党历来重视党史学习，这是一个很好的传统。毛泽东、邓小平、江泽民、胡锦涛同志都有这方面的重要论述。党的十七届四中全会又提出建设学习型政党的任务。中央领导同志在全国党史工作会议的讲话中说："倍加珍惜党的历史，深入研究党的历史，认真学习党的历史，全面宣传党的历史，充分发挥党的历史以史鉴今、资政育人的作用，是党和国家工作大局中一项十分重要的工作。"《中国共产党历史》第二卷是一部高水平的学术著作，又是一部重要的政治教材。对于全党干部特别是各级领导干部来说，学习这部著作是非常有益的和必要的。

（作者：中共中央文献研究室原主任）

全国党史工作会议和《中国共产党历史》第二卷的出版

金冲及

2010年7月份，中共中央召开了全国党史工作会议。由中共中央而不是由有关部门来召开这样的会议，足见中央进一步把党史工作提上了重要议事日程。中央党史研究室编写的《中国共产党历史》第二卷在此后出版，自然格外受到人们关注。

《党史》二卷写的是党在1949年10月至1978年12月的历史，也就是中华人民共和国最初29年的历史，共和国正是从这里起步。这是一段极其重要而又比较复杂的历史，写好它十分不易。

全国党史工作会议对党史研究和宣传提出了一个重要的方法论问题："坚持实事求是研究和宣传党的历史，就要把握党的历史发展的主题和主线、主流和本质。"也就是说：一定要着眼全局，抓住要领，分清主次，全面分析，这才称得上真正的"实事求是"。学术研究和创新也决不能离开这个前提。

新中国最初29年历史的主题和主线是什么？用一句话概括，就是中国人民在共产党领导下着手建设一个新社会和新国家。党在这个时期所做的一切，都是为了实现这个目标。历史从来是复杂的，在充满矛盾中行进。抓住了这个主题和主线，人们对原来看起来头绪纷繁的事情就能有一个完整的了解，做到一目了然，对这个过程中取得的成绩和发生的曲折也能作出中肯而恰当的分析；要是看不清或者离开了这个主题和主线，就会失去中心，只看到一个个孤立事件的堆积，或者仿佛列举了一些事实，实际上却得出以偏概全的完全错误的结论来。

随着时光的流逝，经历过这段历史全过程的人已经越来越少，更多的人今天只能靠阅读书籍和报刊中的记载来了解这段历史。令人担忧的是：现在有一些书刊似乎只津津乐道这段历史中的消极方面，仿佛那些年只充满一片黑暗，而对当年举国上下热气腾腾地建设新社会和新国家那些激动人心的往事却抱着奇怪的冷漠态度，以为那都是"老一套"，不值得再多说。有的人还把一些道听途说乃至任意编造的"故事"当作信史，加以渲染。它留给人一种印象：共产党在这段时期内所做的，无非只是一个运动接着一个运动，整了一批人又整了一批人，别的就没有做什么好事。这种误导积以时日可能造成的恶果，从苏联、东欧剧变的历史悲剧中已可以看到不少惊心动魄的事例，值得深思。还有一些作者出于好心，要宣传改革开放以来的伟大成绩，常常拿改革开放以前物质条件的贫穷作为反衬，有点像"忆苦思甜"的样子。但它"忆"的是新中国早年的"苦"，看不到像老舍《龙须沟》等作品中描写的新中国的"甜"。这种对比方法抛开当时的历史条件，不作具体分析，很难说是科学的态度。有如一个原来贫困的家庭节衣缩食、艰苦奋斗，终于逐步富裕起来，子弟们能不能因为今天的富足而嘲笑父兄当年的"寒酸相"？那能说是"实事求是"吗？全国党史工作会议批评"党史领域在学风上还存在一些不容忽视的问题"，并且郑重地指出"近年来，社会上存在一些偏离党史主题和主线的问题"，可能也包括前面所说那些现象在内。

《党史》二卷给人一种清新的感觉。开卷的第一篇，就以浓重的笔墨在读者面前重新展现出新中国最初几年那幅令人振奋的历史图景，旗帜鲜明地指出当时在短短七年内实现的两个"历史性转变"："相继实现了从半殖民地半封建社会到民族独立、人民当家作主的新社会，从新民主主义到社会主义的两个历史性转变。”在我们这个土地辽阔、人口众多、发展很不平衡、旧社会留下满目疮痍的国度里，要在不长的时间内有条不紊地实现这两个“历史性转变”是何等艰难的事情。书中不是以空话而是以无可辩驳的事实，刻画出中国共产党怎样领导全国人民在艰难的环境下迅速建立起一整套全新的国家制度，在广大农村和城市进行全面的社会改革，荡涤旧社会留下的种种污泥浊水，展开中国大地上从来不曾出现过的热火朝天的大规模经济建设，有步骤地以和平手段实现社会主义改造。书中指出：“这是中国历史上最深刻的社会变革。”“为当代中国一切发展进步奠定了根本政治前提和制度基础。”

这些叙述和论断是公正的，符合实际的。经历过这场历史性巨变、为它献出过自己青春年华的大多数人，大概都忘不了当年那些充满蓬勃朝气的火红日子，为曾替它添过一砖一瓦而自豪，决不会对自己的前半生感到后悔，因为今天的一切都是从昨天走过来的。没有昨天，也就不会有今天和明天。

新的社会制度诞生了，人们兴高采烈，希望尽快地把国家发展起来。正如《党史》二卷第二编所描写的：“社会主义工业化已取得巨大进展，社会主义基本制度在中国已经建立起来，但是中国的生产力发展水平还很落后。社会主义的政治、经济和文化应该怎样建设和发展？这是党所面临的全新课题。全党上下精神振奋，急切地想做出一番新的伟大事业。”但究竟怎样来建设这个新社会，却几乎全无经验，党对什么是社会主义以及怎样建设社会主义并没有完全搞清楚，而国内外环境的紧迫性又不容许中国人等到从容地弄清这些问题并积累起足够经验后再迈出大的步子。这就留下许多教训：由于违背了事物发展的客观规律，再由于前一阶段的顺利发展而骄傲和轻率起来，在大胆地往前闯的过程中犯过严重的错误，经历了严重的曲折，特别是急于求成的“大跃进”和“文化大革命”那样的全局性错误。

《党史》二卷对这两次严重错误和曲折并没有回避。在第二编和第三编中，以大量篇幅详细地写出这两次严重错误的演进过程和造成的恶果。这些痛苦的事实是不应该被忘却的。人的正确思想从哪里来？只能从实践、包括犯错误的实践中来。正确地从错误中汲取教训，可以使人更聪明一些。本书没有把眼光停留在对一些现象的描述上，而是进一步分析当时所处的社会环境，深入剖析产生问题的社会根源、历史根源和思想根源，引导人们团结起来向前看，使读者能够从中领悟到今后如何防止重犯的办法、措施和制度。这是严肃的负责任的态度，也符合邓小平同志关于如何对待历史问题的深刻论述和全国党史工作会议的精神。

从《党史》二卷中还可以看到：这两次错误和曲折，不管当时的处境多么艰难，最后都是由中国共产党自己起来纠正，并且总结出深刻的经验教训，而不是由任何其他力量来纠正的。从这里可以清楚地看到，代表着中国最广大人民根本利益、同人民群众始终紧紧站在一起的中国共产党蕴藏着何等生命力，具有何等的坚持真理、修正错误的磊落胸怀和政治品格，能够毫无愧色地担当起中国各族人民领导者的光荣职责。同时也可以看到，中国人民在经历了许多痛苦后，依然坚决地相信这个党，愿意团结在这个党的领导下，继续万众一心地共同奋斗。因此，当读本书第四编时，看到在粉碎“四人帮”后，经过两年徘徊中前进，终于迎来党的十一届三中全会，开创出以改革开放为标志的社会主义事业发展的新时期，就觉得那是水到渠成，顺理成章，十分自然的了。

一部党史，就是用事实告诉读者：中国共产党究竟是怎么样的一个党。这个问题在今天有着格外重要的意义。目前，大多数在职党员干部和领导干部是新中国成立后出生的，许多人没有经历过新民主主义革命时期的艰苦斗争，没有直接参与新中国成立后的社会主义革命和20世纪五六十年代的大规模社会主义建设，相当一部分人甚至没有经历“文化大革命”的反面教育，对新中国成立以来我们党取得的成就以及历史曲折缺乏亲身感受和直接体验。因此，需要组织和引导他们系统地学习党的历史，接受生动具体的党性教育和革命传统教育。

在这个时候，《中国共产党历史》第二卷的出版，可以说恰当其时，是很有意义的。

（作者：中共中央文献研究室原副主任）

从党的历史中汲取前进的智慧和力量

——读《中国共产党历史》第二卷（1949—1978）

曲青山

《中国共产党历史》第二卷（1949—1978）（以下简称《党史》第二卷）记述的是从新中国成立到十一届三中全会召开29年的党史。这段党史是我们党90年历史中承上启下的一个重要时期。历史是一面明镜，可以映照现实，折射未来。党的历史是我们党和中华民族的宝贵精神财富。在纪念中国共产党成立90周年之际，面对新形势和新任务，重温这段历史，不仅非常必要，也十分重要。

一、全面了解我们党29年所走过的艰难历程

新中国成立至十一届三中全会召开的29年，是党带领全国各族人民进行社会主义革命和建设的29年。按照党史分期，这段党史被称为“党在社会主义革命和建设时期”。对这段党史，《关于建国以来党的若干历史问题的决议》划分为四个历史阶段，即“基本完成社会主义改造的七年”、“开始全面建设社会主义的十年”、“‘文化大革命’的十年”、“历史的伟大转折”。《党史》第二卷据此将全书的框架结构设立四编，与上述四个历史阶段相对应。第一编中华人民共和国的成立和向社会主义过渡的实现，记述了“基本完成社会主义改造的七年”；第二编社会主义建设的全面展开和对中国建设社会主义道路的艰辛探索，记述了“开始全面建设社会主义的十年”；第三编“文化大革命”的内乱和林彪、江青两个反革命集团的覆灭，记述了“‘文化大革命’的十年”；第四编在徘徊中前进和实现伟大的历史转折，记述了我们党走向“历史的伟大转折”的两年。

这29年间有几个重要时间界线和节点。1949年10月，举行开国大典，中华人民共和国成立，由此开始了党在社会主义革命和建设时期的历史，同时，这也是这段党史第一阶段“基本完成社会主义改造的七年”的开始；1956年9月，党的八大召开，全国社会主义改造基本完成，这是第二阶段“开始全面建设社会主义的十年”的开始；1966年5月，中央政治局扩大会议召开，下发“五·一六”通知，“文化大革命”正式发动，这是第三阶段“‘文化大革命’的十年”的开始；1976年10月，“四人帮”被粉碎，江青反革命集团覆灭，这是第四阶段走向“历史的伟大转折”的开始；1978年12月，党的十一届三中全会召开，实现了新中国成立以来党的历史上的伟大转折，这是两年徘徊历史的结束，也是党在社会主义革命和建设时期历史的结束，同时，又是党在改革开放和社会主义现代化建设新时期历史的开始。

通读《党史》第二卷，我们可以强烈地感受到，这段党史是党带领中国人民走过的一段波澜起伏、辉煌曲折的艰难历程。这29年中，我们党面对新中国成立之初经济凋弊、满目疮痍的烂摊子，面对1959年至1961年遭受严重的

自然灾害，苏联撕毁合同、撤走专家，遇到的困难世所罕见；我们遭到美国等国家对我国的经济封锁、军事威胁、政治孤立、外交压迫，受到的压力世所罕见；我们要废除在中国存在了几千年的剥削制度，基本实现国家的工业化，对农业、手工业、资本主义工商业进行社会主义改造，“以苏为鉴”，探索中国自己的社会主义建设道路，面临的任务世所罕见；我们发生和出现了“大跃进”、人民公社化运动甚至“文化大革命”这样的严重失误，遭受的挫折也世所罕见。

“未经沧海难为水，事非经过不知难”。29年的历程，艰难曲折，惊心动魄，回味无穷，富有启迪。历史是不会停止前进脚步的，历史更不会倒退和重来，今天是从昨天走过来的，只有全面地了解过去，才能深刻地认识和把握现在，更好地面向和开创未来。

二、充分认识我们党29年带领人民所取得的伟大成就

新中国成立至十一届三中全会召开的29年，是党带领全国各族人民艰苦奋斗、发愤图强，取得社会主义革命和建设伟大成就的29年。通读《党史》第二卷，我们可以看到，尽管这一时期充满艰难曲折，甚至遇到重大挫折，但总体上是在曲折中前进的，取得的成就是令人瞩目的。对这29年的伟大成就，要全面、客观、辩证地审视。

首先，从宏观视角俯瞰，29年中我们党领导人民做了三件大事：一是迅速医治战争创伤，恢复国民经济，建立各级政权，胜利完成了民主革命的任务；二是通过“一化三改”，进行社会主义改造，确立了社会主义基本制度，实现了社会制度的根本性变革；三是初步探索了中国自己的建设社会主义道路，并取得了很大成就。这三者都是改变国家和民族前途命运的大事。

其次，从中观视角考察，29年中我们党领导人民进行社会主义革命和建设，在思想理论、政治制度、经济发展、文化建设、人民生活和国防外交等方面取得了重要成果。在理论探索上，形成了一系列新思想、新观点。党的八大确定了正确的思想路线和政治路线，对国内主要矛盾作出了符合中国实际的科学判断；毛泽东的《论十大关系》、《关于正确处理人民内部矛盾的问题》、《十年总结》等著作，集中了全党智慧，是这一时期富有建树的理论成果。在政治建设上，确立了我国的根本政治制度，即人民代表大会制度，确立了我国两项基本政治制度，即共产党领导的多党合作和政治协商制度以及民族区域自治制度。在经济建设上，初步建立了独立的比较完整的工业体系和国民经济体系。到1978年，我国国民生产总值和财政收入分别比新中国成立初期有了几倍、十几倍的增长。在文化建设上，加强了文化基础设施建设，普及了科学文化知识，创作出了一大批优秀的文艺作品，提升了人们的科学文化素质和思想道德素质。在民生上，改善了人民生活。鉴于当时的国力状况，我们实行了低水平广覆盖的分配政策和社会福利制度，解决了几亿人口吃饭穿衣的大难题，甩掉了“东亚病夫”的帽子。在国防外交上，巩固了国防，提高了中国在国际上的地位。此间我们建立和发展了强大的国防力量，国防科技事业取得了突出的成就，自行研制生产了核武器，打破了帝国主义的核讹诈和核垄断，成功地保障了国家领土的完整，维护了国家主权。我们开展多边和双边外交，恢复了中华人民共和国在联合国的合法席位。

再次，从微观视角透视，在那火红的年代，全国人民意气风发，斗志昂扬，创造了许多中外历史上的第一次。譬如制造了第一架“初教5”飞机；生产了第一辆国产“解放”牌载重汽车和第一台“东方红”牌54马力拖拉机；第一次向全世界自豪地宣布我国需要的石油可以基本自给；我国自行研制的第一颗原子弹和氢弹爆炸成功，震惊了世界；我国自行研制的第一颗人造地球卫星发射成功，实现了先人遨游太空，九天揽月的梦想；还有在世界上首次人工合成牛胰岛素，首次培育成功强优势籼型杂交水稻，令世人刮目相看。许多类似的第一次，充分说明我

们取得了骄人的成就。

马克思曾经说过:“人们自己创造自己的历史,但是他们并不是随心所欲的创造,并不是在他们自己选定的条件下创造而是在直接碰到的、既定的、从过去承继下来的条件下创造。”历史不能割断,历史更要全面辩证地观察。无疑,这29年如果不发生失误,不出现曲折,我们会取得更大的成就。但是,无论怎么说,29年中我们党领导人民在社会主义革命和建设中所取得的成就为后来的改革开放,为我们今天的发展创造了根本条件,奠定了制度基础。

三、深刻学习和领悟我们党29年中所培育的时代精神

新中国成立至十一届三中全会召开29年的一个时期里,全党上下万众一心,坚定理想信念,大力继承革命传统,并在新的历史条件下培育和弘扬体现时代特色的精神,在相当长的一段时间里,使全党保持了良好精神状态,使全社会形成了良好社会风气,进而转化为推进社会主义革命和建设的强大物质力量。

通读《党史》第二卷,我们可以了解到,29年间,在党的培养教育下,涌现出了一大批可歌可泣的先进集体和英雄模范人物,培育和形成了具有特定内涵、影响巨大而深远的时代精神。诸如体现高度爱国主义、英雄主义、乐观主义、国际主义的抗美援朝精神;“热爱祖国,无私奉献,自力更生,艰苦奋斗,大力协同,勇于攀登”的“两弹一星”精神;“爱国、创业、求实、奉献”,“宁肯少活二十年,拼命也要拿下大油田”的大庆精神和铁人精神;“自力更生,艰苦创业,团结协作,无私奉献”的红旗渠精神;“憎爱分明”、“言行一致”、“公而忘私”、“甘当螺丝钉”的雷锋精神;“亲民爱民,艰苦奋斗,科学求实,迎难而上,无私奉献”的焦裕禄精神;以及其他精神等等,可以说,举不胜举,难以尽书。29年中,党和人民以独有的精神风采和风貌,给这段历史烙下深深的印记。从中我们触摸到那个时代跳动的脉搏,感受到了精神的力量,看到了这些精神所折射出的伟大光芒。

伟大的时代和事业,呼唤和造就伟大的精神。正是新中国成立后我们党领导全国各族人民进行社会主义革命和建设的伟大事业,呼唤和造就了这些伟大精神。这些精神给广大党员和人民群众以鼓舞和支持,成为他们战胜各种艰难险阻,不断取得胜利的强大动力。这些精神是中华民族伟大精神的重要组成部分,是我们党的宝贵精神财富,是我们的重要政治资源。今天我们学习党史,应该继续接受这些先进集体和英雄模范人物事迹的教育,继续经受这些精神的洗礼。虽然时代不同了,社会已经转型,但这些先进集体和英雄模范人物永远不朽,其精神跨越时空,历久弥新,仍然会给我们教育、启迪、感动和激励。

四、牢牢记取和把握我们党29年所获得的经验教训

对党的历史经验教训进行总结,是党史工作者的重要职责,也是党史的价值和学习党史的意义所在。通读《党史》第二卷,我们可以知道,该书对新中国成立至十一届三中全会召开29年的历史,进行了全面总结。对其基本经验作了简要归纳和概括,这就是,始终坚持以经济建设为中心,大力发展生产力;从基本国情出发,正确判断把握我国社会所处的历史阶段,有步骤分阶段地实现社会主义现代化的发展目标;使社会主义生产关系的变革和完善适应于生产力的状况,有利于生产的发展;在坚持自力更生的基础上,加强对外交流与合作;正确认识和处理我国社会内部大量存在的不属于阶级斗争范围的各种社会矛盾;按照民主和法制紧密结合的要求,发展社会主义民主政治;重视教育科学和文化事业,加强思想政治工作,不断提高全体社会成员的思想道德素质和科学文化素质;调动一切积极因素,依靠最广大人民群众建设社会主义;要准确把握时代特点和国际形势变化,制定和及时调整我国的外交战略,积极创造有利于我国社会主义现代化建设的外部条

件；高度重视加强和改进党的建设，加强和改善党的领导。

上述总结归纳，从正面、从我们做得比较好、比较成功的方面讲，获取的是经验；从反面、从我们做得不够好、不够成功、甚至是失误或错误的方面讲，得到的是教训。我们党这29年，经验丰富宝贵，教训深刻沉痛。对于后者，原因多重复杂，具体讲有以下几点：一是我们党执政时间短，缺乏治国理政与大规模社会主义建设的经验和思想理论准备，对其客观规律还没有正确地认识和把握。没有完全搞清楚什么是社会主义和怎样建设社会主义。二是党内的民主制度不完善，民主集中制原则逐渐遭到破坏，党内存在着权力过分集中，家长制、干部领导职务终身制、个人专断、个人崇拜等现象。国家的法制也不健全，某些封建主义的思想遗毒未能肃清。三是革命胜利后，党和党的一些领导人在一定程度上产生了骄傲自满情绪，出现了脱离群众的现象。四是外部不利环境造成的压力，使我们一段时间对国际形势作出了不准确的判断和过度的反应，等等。前事不忘，后世之师。对于29年付出沉重代价而获得的经验教训，我们要牢牢记取，永远铭记。

恩格斯曾经指出："伟大的阶级，正如伟大的民族一样，无论从哪方面学习都不如从自身所犯错误的后果中学习来的快。"对于一个成熟的马克思主义政党来说，自身的经验和教训，都是宝贵财富和前进的动力。邓小平也曾多次强调："历史上成功的经验是宝贵财富，错误的经验、失败的经验也是宝贵的财富。"他还说："没有'文化大革命'的教训，就不可能制定十一届三中全会以来的思想、政治、组织路线和一系列政策。"我们党是一个光明磊落，敢于承认自己的错误并勇于纠正错误的党；是一个认真总结经验，并善于总结经验，敢于从困境中奋起的党。正是我们党总结和汲取了29年的经验教训，特别是"文化大革命"的教训，才在十一届三中全会后开辟并形成和发展了建设中国特色社会主义的道路和理论，开创了改革开放的新时代。

古人曰："作始也简，将毕也巨。"通读《党史》第二卷，回顾我们党所走过的90年历程，审视当初之"简"和现在、未来之"巨"，则能深刻感悟此语的份量和含义。历史在前进，社会在发展。我们党29年乃至90年的历史昭示：一个站在时代前列的马克思主义政党，只有不断地从实践中获得真知，不断地从人民群众中得到支持，不断地从自己的历史中汲取智慧，才能披荆斩棘，不断开拓出前进的道路。我们要倍加珍惜党的历史，高举中国特色社会主义伟大旗帜，以邓小平理论和"三个代表"重要思想为指导，深入贯彻落实科学发展观，经过建党100年和新中国成立100年两个重要历史节点，努力实现我们既定的宏伟目标，再创中华民族的复兴，再造社会主义的辉煌。

（作者：中共中央党史研究室副主任）

用历史唯物主义观点正确书写党的历史

——贺《中国共产党历史》第二卷出版

张启华

新中国成立60多年来，中国共产党一刻也未停止过对适合中国国情的社会主义革命和建设道路的探索，即使在发生严重失误的岁月里也是如此。如今，在风雨锤炼中成熟起来的中国共产党，已带领全国人民走上中国特色社会主义的康庄大道，正在向全面建设小康社会的宏伟目标迈进。在中国共产党即将迎来90周年诞辰之际,《中国共产党历史》第二卷正式出版,系统回顾新中国成立到新时期开辟之前艰辛探索的历程,对我们今后继续求索的漫长道路,具有重要借鉴意义。

一、《党史》二卷坚持党对重大历史问题的基本判断,反对历史虚无主义,实现党性原则与科学精神的高度统一

作为哲学社会科学的一门重要学科,党史研究具有强烈的学术性、科学性,同时又有鲜明的党性、政治性,与现实有密切联系。随着党史研究的日渐繁荣,不同意见的学术分歧越来越多。这是学术深入发展所必需的。同时也不能不警惕,一些片面歪曲、全盘否定党的历史,进而否定共产党领导、质疑共产党执政的情况也确实存在。这对于社会稳定、政权巩固是不利的。所以,党史工作者要自觉从提高党的领导水平和执政能力、巩固党的执政地位的政治高度认识和做好党史工作,要遵照中央关于"党史姓党"的要求,站在党和人民立场,用历史唯物主义观点分析问题。《党史》二卷正是这样一部立场正确、很好地坚持了党对重大历史问题基本判断的著作。

二卷的时间段,从1949年10月中华人民共和国成立到1978年12月党的十一届三中全会召开。对这29年历史进行总体评价的基本依据,是《关于建国以来党的若干历史问题的决议》第六条"建国三十二年历史的基本估计",即"中国共产党在中华人民共和国成立以后的历史,总的说来,是我们党在马克思列宁主义、毛泽东思想指导下,领导全国各族人民进行社会主义革命和社会主义建设并取得巨大成就的历史。社会主义制度的建立,是我国历史上最深刻最伟大的社会变革,是我国今后一切进步和发展的基础。"二卷所反映的29年历史,就包括在这32年中,所以对29年历史的总体评价,应遵循《历史决议》的精神。

另一方面,《党史》二卷对有争议的问题也作出了理论回答,具有较强的学术特征。党史研究中愈益增多的争论,几乎涉及所有领域、涵盖所有时期。对这些争论进行梳理,作出述评,对搞清问题、推进研究是极有益的。二卷在这方面作了很大的努力。二卷的写作历时16年,历经数十轮次修改,报送百余位领导和专家学者,不断吸收反馈意见和最新研究成果,对有争议的问题尽可能地作出客观而又得到普遍认可的分析和回答。

二、《党史》二卷全面反映党的历史发展的主题和主线、主流和本质,深刻分析和总结了新中国成立后29年党的历史经验和教训

要坚持实事求是地研究和宣传党的历史,就要正确把握这段历史发展的主题和主线、主流和本质。

整个党的历史,是党团结带领全国各族人民为争取民族独立、人民解放和实现国家繁荣富强、人民共同富裕这两大历史任务而不懈奋斗的历史,这是党的历史发展的主题和主线。具体到新中国成立以来的历史,就是中国共产党领导全国各族人民,把马克思主义普遍原理与中国具体实际相结合,探索适合中国国情的社会主义道路的历史。既然是探索的历史,这段时期就必然呈现出正确与错误、成功与挫折错综交织的复杂情况,是一段矛盾不断发生、不断解决的历史。这种情况,正是我们年轻的共和国刚刚踏上社会主义建设道路时艰难探索的写照。二卷按照新中国成立后历史发展的这一内在逻辑,清晰地展现出这条主线,客观地反映了这段历史的全貌。

《党史》二卷充分展示了这一历史时期取得的伟大成就和巨大进步。正是在这个时期,我们确立了社会主义基本制度,在"一穷二白"的基础上建立了独立的比较完整的工业体系和国民经济体系,使古老的中国以崭新的姿态屹立在世界东方。所以,这个时期作为我们党90年历史中的一段,也是从根本上改变了中国人

民的前途命运，决定了中国历史的发展方向，在世界上产生了深刻而广泛的影响的历史。这是历史的主流。

与此同时，二卷也客观反映了这一时期的失误，做到了成绩讲够，错误讲透。这29年中，我们犯过许多错误，有些是非常严重的错误。归纳起来主要是三条：经济建设急于求成，所有制结构急于求纯，阶级斗争扩大化。这些错误，给我们党、国家和人民带来的损失是巨大的。但二卷并没有因此把这段历史排除在党领导人民建设社会主义、探索社会主义道路这条主线之外，而是明确指出这些错误和曲折都是在探索中发生的，并从主、客观两方面具体分析了发生失误的原因，着眼于总结教训，揭示规律，目的是避免重演。

总之，《党史》二卷以马克思主义的唯物史观为指导研究这段历史，既充分肯定取得的伟大成就，强调不能因为犯过错误而否定这段历史，不能用支流否定主流，不能以偏概全，不能搞历史虚无主义；同时又不回避失误，科学分析犯错误原因，充分发挥了以史鉴今、资政育人的作用。

三、《党史》二卷对党在这段时期犯错误、走弯路的原因作了深入分析，并强调是党自己发现和纠正错误的

《党史》二卷从主观和客观两个方面分析了这一时期犯错误的原因。从客观方面讲，主要是时代、环境等因素，造成了思想理论及实践的失误。例如，实践经验不足，国际环境的影响，以及制度方面存在的某些缺陷等。从主观方面讲，主要是思想理论的失误，对实践造成直接或间接的消极影响。例如，没有正确对待马克思主义，教条化理解马克思主义等。这些概括和分析是比较客观和科学的。

二卷特别强调这些错误是我们党自己发现、自己纠正的。比如“文化大革命”之前的十年中，党的工作在指导方针上有过严重失误，反右派斗争严重扩大化、“大跃进”运动和农村人民公社化运动、“反右倾”斗争等“左”倾错误严重泛滥。党中央和毛泽东发现这些错误后及时予以纠正，并认真总结经验教训。尽管总结出的经验教训还是初步的，对错误的纠正也不彻底，但以历史的眼光加以审视，这是我们探索前进步伐中的重要一步，其意义不可低估。从长远看，每一步前进，不管步伐大小，都是为社会主义建设事业的进一步发展作出的贡献。正是这种勇于自我批评、敢于纠正失误的精神，体现出我们党是一个郑重的、伟大的、以为人民服务为宗旨的党的特质。

总之，《党史》二卷在对待党在历史上所犯错误的问题上，坚持了以下原则：第一，不回避错误。错误是客观存在，回避不是科学的态度。第二，不脱离当时的历史条件，用正确的观点和方法来分析错误产生的历史背景、历史根源和思想理论根源。第三，充分说明是党，而不是什么别的组织和个人，认识并纠正了错误。

事实上，犯错误的历史时期，也是我们党领导人民艰难探索适合中国国情的社会主义道路的历史。正是这些错误造成的严重后果，使中国共产党人在党的十一届三中全会以后，深刻反思执政后正反两方面的经验，认识到必须解放思想，必须重新认识什么是社会主义、怎样建设社会主义这个根本问题。所以，在对待党在这一时期所犯错误问题上，二卷坚持的上述原则，是符合历史实际的。

四、《党史》二卷客观评价党的领袖人物的功过，充分体现了人民群众的历史主体地位

《党史》二卷坚持马克思主义唯物史观，坚持《关于建国以来党的若干历史问题的决议》精神，充分肯定党的领袖人物在历史上的功绩和贡献，客观分析失误原因，热情讴歌广大人民群众在创造历史、推动历史前进中发挥的重要作用。

二卷正确评价了毛泽东的历史功绩，客观

分析其对所犯错误承担的责任及成因。这一时期，以毛泽东为核心的党中央领导集体带领全党和全国人民艰苦奋斗，迅速恢复国民经济并取得辉煌成就，开创了中国社会主义事业，为社会主义建设奠定了坚实的物质基础和制度基础。毛泽东作为中央领导集体的核心，在当时的历史条件下，把马克思主义与中国具体实际相结合，为在中国建立、巩固和发展社会主义进行了最初的艰辛探索，积累了丰富的正反两方面经验，不愧为中国社会主义建设实践与理论的开创者。对于毛泽东在这一历史进程的缺点错误，二卷运用历史唯物主义的观点和方法，一方面指出他应负的个人责任，另一方面着重从历史根源、社会背景分析产生错误的原因，指出这是在探索社会主义建设道路的过程中发生的。二卷遵循邓小平在评述毛泽东晚年的错误时所提出的原则：（一）“讲错误，不应该只讲毛泽东同志，中央许多负责同志都有错误。……在这些问题上要公正，不要造成一种印象，别的人都正确，只有一个人犯错误。这不符合事实。中央犯错误，不是一个人负责，是集体负责。”（二）“在分析他的缺点和错误的时候，我们当然要承认个人的责任，但是更重要的是要分析历史的复杂的背景”。（三）“单单讲毛泽东同志本人的错误不能解决问题，最重要的是一个制度问题。毛泽东同志说了许多好话，但因为过去一些制度不好，把他推向了反面。”二卷的分析和阐述，是符合历史事实、符合历史唯物主义基本观点的。

二卷对党的第一代中央领导集体的其他成员，包括刘少奇、周恩来、朱德、陈云及邓小平等领导人也作了相应评价，特别是对于这些领导人在某一个阶段发挥的重要作用分别予以突出和再现。如陈云在新中国成立初期领导财政经济工作的卓越成绩，刘少奇、周恩来、陈云、邓小平在20世纪60年代初国民经济调整中的积极探索和作用，刘少奇对党的建设的探索和贡献，周恩来在1972年整顿中批极左思潮的不懈努力，朱德对人民军队革命化、正规化、现代化建设的贡献，邓小平领导的1975年整顿等等，二卷都在不同篇章作了充分的反映。

二卷通篇贯穿群众观点，充分反映了党紧密依靠人民群众的伟大实践，展示了人民群众创造历史的主体地位。在这29年里，广大人民群众发扬主人翁精神，以极大的热情投身于社会主义建设的伟大事业，创造了一个又一个人间奇迹，中国社会发生了翻天覆地的变化。二卷对突出的先进集体、英雄模范的感人事迹，对党在不同历史时期不同环境下形成的革命精神和奉献精神，都予以浓墨重彩的展现；对“文化大革命”中人民群众同“左”倾错误和林彪、江青两个反革命集团的斗争，也作了客观反映，充分体现出人民群众的伟大实践和创造，是推动我国社会主义事业和马克思主义中国化不断前进的不竭动力。

总之，二卷客观评价党的领袖人物的功过，又不着眼于厘清个人功过，而是坚持马克思主义关于人民群众是创造历史的主人的唯物史观，正确对待领袖与群众的关系，热情歌颂了人民群众在推动历史前进中的伟大历史作用。

五、《党史》二卷把握历史的连续性和整体性，将29年历史与改革开放新时期历史紧密联系起来

新中国成立后的历史，以党的十一届三中全会为界，分为前后两个阶段：社会主义革命和建设时期，改革开放和社会主义现代化建设新时期。胡锦涛同志在党的十七大报告中指出：“我们要永远铭记，改革开放伟大事业，是在以毛泽东同志为核心的党的第一代中央领导集体创立毛泽东思想，带领全党全国各族人民建立新中国、取得社会主义革命和建设伟大成就以及艰辛探索社会主义建设规律取得宝贵经验的基础上进行的。新民主主义革命的胜利，社会主义基本制度的建立，为当代中国一切发展进步奠定了根本政治前提和制度基础。”这为正确认识这29年与后30多年的关系指明了方向。《二卷》依据这一精神，把握历史的连续性

和整体性，把新中国成立以来60多年的历史作为一个不可分割的整体。

在这29年里，新中国确立了社会主义基本制度，对适合中国国情的社会主义建设道路进行了初步探索，建立起独立的比较完整的工业体系和国民经济体系，使古老的中国以崭新的姿态屹立在世界东方。党的十一届三中全会以后，我们党深刻反思这29年的经验教训，全党和全国人民继往开来，与时俱进、勇于创新，创造性地解决了什么是社会主义、怎样建设社会主义，建设什么样的党、怎样建设党等社会主义建设中的重大理论问题和实际问题，在改革开放实践中成功开辟了中国特色社会主义道路，走上了充满希望、充满活力的社会主义现代化伟大征程。可以说，我们之所以能在后来找到正确道路，是以这29年的正反经验为基础的——有哪些正面经验可以继承，又有哪些反面经验可供鉴戒，才有了改革开放以来的新发展。

所以，当我们回顾历史的时候，丝毫没有理由觉得这段犯了错误的历史羞于见人，更不应该因为这些失误而否定我们党从新中国成立后到十一届三中全会前的全部历史，而是要认真研究马克思主义中国化的历程，研究我们党对中国特色社会主义理论与实践的探索轨迹，从中总结经验教训，总结党的执政规律、社会主义建设规律和人类社会发展的规律，为社会主义现代化建设服务，为提高党的执政能力建设服务。

正确认识和对待党的历史，关系党的执政基础，关系国家长治久安。我们永远不要忘记更不要轻率否定我们年轻的共和国刚刚起步时的艰难探索。对这段艰难而光辉的历史和创造了这段历史的前辈们，我们永远充满敬意。我们不能忘记更不能否定人民为争取美好未来付出的艰辛劳动，对领导人民走过辉煌而又曲折道路的领袖人物也不能采取一笔抹杀的不公正态度。我们应该永远站在人民的立场上，运用历史唯物主义的科学方法，正确说明党领导的社会主义革命和建设的历史，为继续探索适合中国国情的社会主义道路，为提高党的执政能力提供历史的依据，更好地为党和国家的工作大局服务。

（作者：中共中央党史研究室原副主任）

党的艰辛探索的厚重史书

——读《中国共产党历史》第二卷

石仲泉

“16年磨一书”，中共中央党史研究室编写的《中国共产党历史》第二卷终于出版了！

中国共产党90个春秋的历程，大体分为三个“30年”。《党史》二卷反映的是第二个“30年”（从新中国成立到党的十一届三中全会）的历史。这是三个“30年”中党的历史既波澜壮阔又最为复杂和曲折的时期。这里谈谈如何正确认识这段历史和《党史》二卷如何反映这段历史的一些看法。

一、中国建设社会主义道路异常艰辛的探索

1970年12月，毛泽东会见斯诺时说：“世界上的事情就是这样，要走弯路，就是S形。”这是他对党走过的历史道路的形象说法，尽管那时他并不认为新中国成立后的历史有大的曲折和失误，但历史证明：党的第二个“30年”对中国建设社会主义道路异常艰辛的探索，正是

"S形"。

在中国搞建设同干革命一样，马列主义本本里没有现成的答案，从其他国家里不可能找到现成的经验，只能在实践中探索。由于我们国家的国情十分特殊和当时的国际压力相当巨大，也由于对什么是社会主义和怎样建设社会主义的认识有很大局限，再由于党和国家的领导体制很不健全，对于肩负着实现国家富强、人民共同富裕历史使命，并始终致力于马克思主义中国化的中国共产党而言，探索中国建设社会主义道路不可能不异常艰辛。

对于这"30年"中国探索建设社会主义道路异常艰辛的历史，由于人们的不同经历和阅历，不同的文化背景和知识观念，不同的立场和价值取向，其中不少还牵涉一个感情和理性、历史认知和与时俱进、分析视角和全面把握的关系，因而会有这样那样的不同看法。但是，对于像中国这样的大国和中国共产党这样的大党，不能众说纷纭、莫衷一是，而必须对这段历史的重大基本问题形成共识、统一思想。否则，就是过去西方列强所鄙视的"一盘散沙"，不可能形成万众一心、众志成城的钢铁般的凝聚力，不可能产生建设中国特色社会主义的强大生产力和创造力，不可能实现无数革命先烈和仁人志士抛头颅、洒热血而奋斗的中华民族复兴的伟大目标。

统一全党、全国人民认识的思想基础是什么呢？就是1981年党的十一届六中全会通过的《关于建国以来党的若干历史问题的决议》，就是十一届三中全会以来党中央的一系列重要文献，就是邓小平、江泽民、胡锦涛等领导人的科学论著。特别是邓小平亲历了这段历史的全过程，在相当长时间是党和国家第一代中央领导集体的重要成员，对许多重大事件的历史过程比较了解，或是有些事件的参与者，或是有些事件的决策者，对许多历史问题的分析和说明具有权威性，可以成为正确认识这段历史的重要参照。他实际上勾勒出了党的第二个"30年"探索中国建设社会主义道路异常艰辛的"S形"。《党史》二卷，正是以长篇巨制努力展现这个"S形"，以翔实的史料和深入的分析来说明中国探索建设社会主义道路的异常艰辛性。

二、一部突出党的历史发展主题和主线、主流和本质，展现实事求是精神的党史大书

党探索中国建设社会主义道路既然是"S形"，那么对这段历史应该怎样反映呢？《党史》二卷的一个优点，就是坚持马克思主义的立场、观点、方法，在揭示探索建设社会主义道路的异常艰辛性时，突出了党的历史发展主题和主线、主流和本质，在总体上展现了实事求是精神。评价一部党史书籍写得是否成功，既不在于披露了多少"秘闻"、"内幕"，也不在于发表多少"宏论"、"高见"，最根本的在于是否实事求是，是否客观地科学地反映了历史的真实，是否是公认的信史。对实事求是如何理解，我以为要把握这样三点：（一）实事求是不单纯是事实判断，还是价值判断。对任何复杂客观事物的认识，都涉及认识主体的立场、观点、方法，与认识主体的人生经历和文化学识密切相关。（二）实事求是是一个过程，如同真理的认识是个过程一样。认识主体不仅有认识的局限，还有历史的局限。脱离一定的时间和空间，不顾客观条件的许可程度，要求绝对地"实事求是"是不实际的，它只能逐步地实现。（三）实事求是有宏观把握和微观把握之别。是否信史，能将两方面都把握好，是最佳上品。首先在宏观方面把握好，使读者感到对历史的叙述和分析是客观的，这就应当得到认可。《党史》二卷在这方面尽了力。具体表现为：

第一，《党史》二卷鲜明地肯定了第二个"30年"取得的成就是巨大的、主要的。这"30年"，总的说来，实现了从新民主主义向社会主义的过渡，建立了社会主义基本制度，在艰辛探索建设社会主义的过程中，政治、经济、文化、社会等诸多领域取得了很大成就，初步改变了国家面貌。《党史》二卷结束语在论列这"30年"

9个方面的成就和10条基本经验时，指出：党领导社会主义革命和建设取得的成就具有决定意义，它从根本上改变了中国人民的前途命运，为当代中国发展进步奠定了坚实基础。党尽管犯了错误，使经济建设、文化建设和人民生活受到影响，特别是十年内乱，使社会主义事业陷入困境，但最终依靠自己的力量，结束了“文化大革命”，通过十一届三中全会实现了具有划时代意义的转折。这些总结，是对这段历史的主题和主线、主流和本质的正确把握。

第二，《党史》二卷对若干重大历史事件作了正确的评论和分析。对党的历史发展的主题和主线、主流和本质的正确把握，还表现在对历史发展的几个重要关节点的认识上。如对社会主义改造的评价，二卷认为从其全过程的总体上讲，一是没有造成生产力的破坏，还促进了生产力的发展；二是社会各个阶级、阶层之间的关系稳定，没有出现社会动荡和混乱；三是创造了适合中国特点的由初级到高级的过渡形式，特别是对资本家实行和平赎买政策的独创性经验，实现了马克思和列宁的和平赎买设想。因此总的来说，在中国实现这样的深刻社会变革，为逐步走向国家强盛、人民共同富裕的发展奠定了基础。这个分析有助于澄清对社会主义改造的模糊认识。

第三，正视党在探索中的曲折和挫折，对付出惨烈代价的失误没有回避，对失误的原因作了科学分析。实事求是地对待党的历史，除了把握好党的历史发展主题和主线、主流和本质外，还要正确对待党在前进道路上经历的曲折和挫折。这既是研究党史的科学性要求，也是对党性、良心的拷问。因此，党性与科学性是统一的。二卷对于党在探索中付出惨烈代价的失误没有掩饰和回避，而是努力认真总结。对于三年困难时期的非正常死亡的人口数字没有讳言，这是对党、对人民负责任的表现。二卷对“文化大革命”前十年的历史作了如下分析：在这十年间，成功与挫折交替，正确与失误交织，表现了党的探索历程的复杂性。党努力纠正工作中的失误，广大党员干部和人民群众“从党勇于自己纠正失误中深切感受到党的本质和主流所在，没有动摇在党的领导下建设社会主义的坚定信念，并为之继续付出艰辛的努力。”党和人民虽然“没有能够阻止‘左’倾错误的发展并导致‘文化大革命’的发生，但这种信念和努力最终成为后来彻底纠正‘左’倾错误、开辟新的道路的内在力量。”这个分析是恰当中肯的。除此外，二卷对“文化大革命”的灾难，设专节作了全面剖析，明确指出“文化大革命”的理论和实践是完全错误的，必须予以彻底否定；同时，对这十年间社会主义建设事业取得的成绩也作了论列。“如果没有‘文化大革命’的内乱和破坏，党和国家的事业会取得更大得多的成就。”这个分析是实事求是的。

三、实现中华民族伟大复兴必须刻骨铭心的警示

恩格斯有句名言：一个民族通过从自己的错误和失败中学习，会进步得更快。毛泽东也讲过：不要把错误行为单纯看作是一种耻辱，要同时看作是一种财产。对于党领导中国人民在探索建设社会主义道路过程中付出的惨烈代价，也应当这样认识：总结经验，汲取教训，将其转化为宝贵的精神财富，使之成为建设中国特色社会主义事业最好的历史教科书。编写党史的任务就是：用党的伟大成就激励人，用党的优良传统教育人，用党的成功经验启迪人，用党的历史教训警示人。这里，用党的历史教训警示人非常重要。二卷在讲到党的历史曲折和挫折之处都总结教训，发警示之言。

（一）绝不能再以阶级斗争为纲，一定要坚持社会和谐。邓小平讲过，从1957年开始的“左”，差不多整整20年。为什么会长时间地犯“左”的错误呢？其理论根源就是认为在社会主义制度建立以后，还存在着阶级对抗，两个阶级的斗争仍是社会的主要矛盾。《关于建国以来党的若干历史问题的决议》将这个问题讲清楚了，指出阶级斗争只在一定范围长期存在，

它存在的范围、表现的形式和斗争的方法，同革命年代根本不同。打击各种敌对势力破坏活动，主要依靠国家法律力量，而不是没完没了地搞政治运动。“文化大革命”的历史证明，它只能人为地制造阶级斗争，给党、国家和整个民族带来大灾难。我们党现在提出构建社会主义和谐社会，就必须坚决摒弃以阶级斗争为纲的指导方针。以阶级斗争为纲是绝不能构建和谐社会的。

（二）绝不能再超越历史阶段，一定要坚持科学发展。付出过惨烈代价的“大跃进”运动，其指导思想就是忽视中国的基本国情，超越了中国还是个很不发达的国家这个现实。它的一个巨大危害是：经济社会发展失衡，生态环境遭到毁灭性破坏，严重违反经济规律和自然规律，从根本上说是反科学发展的。国民经济和人民生活的严重困难，就是这种反科学发展的恶果。我们党经过近半个世纪对经济社会发展经验教训的不断总结，在2003年提出科学发展观，初步形成中国特色社会主义关于发展的新理论。中国特色社会主义事业要坚持科学发展，就绝不能再干“大跃进”那样的蠢事。

（三）绝不能再搞路线斗争，一定要发展党内民主。以毛泽东为代表的中国共产党人，对党的建设虽有很多创造，但也深受苏联共产党的影响。其重要影响之一就是认为路线斗争是党的建设的一个重要动力，要不断开展路线斗争。历史证明，对党内出现的问题，无论是政见分歧还是腐败现象，必须一靠教育，二靠制度来解决。其核心是不断扩大党内民主，将违法者诉诸于法律。过去长期搞路线斗争，党内民主制度建设一直缺失。当前，加强执政党建设的一项重要任务就是大力发展党内民主，健全民主集中制，完善集体领导制度。这个问题解决好了，中国共产党就更有活力、凝聚力和执政力。

（四）绝不能再搞个人过分集权，一定要改革党和国家的领导制度，大力推进民主政治建设。邓小平反思“文化大革命”，认为党和国家的一些具体制度，特别是领导制度、干部制度存在严重弊端，权力过分集中于个人。毛泽东虽然有所认识，“但是由于没有在实际上解决领导制度问题以及其他一些原因，仍然导致了‘文化大革命’的十年浩劫。这个教训是极其深刻的。”因此，邓小平特别强调要改革党和国家的领导制度。这里，最根本的是大力推进民主政治建设，深入进行政治体制改革。不同国家有不同的民主观念和民主制度。在中国，民主最根本的就是人民当家作主。中国特色的社会主义民主，就是要把坚持党的领导、人民当家作主和依法治国有机统一起来，保障人民有更多更切实的民主权利。这就需要不断改革现行领导制度和政治体制机制方面的弊端。如邓小平所说，“我们所有的改革最终能不能成功，还是决定于政治体制的改革。”

毛泽东在上个世纪50年代说过：中国应当对于人类有较大的贡献。为了实现中华民族的伟大复兴，对人类作出更大贡献，必须牢记这段历史给我们刻骨铭心的警示。

（作者：中共中央党史研究室原副主任）

中国共产党成立之初马克思主义中译本重要著作介绍

杨　荣

1920年6月中共上海早期组织成立，第二年7月中国共产党全国领导机关建立后，高度重视舆论宣传，并在共产国际远东机构与驻华代表的指导和经费资助下，专门成立了宣传机构，有计划、有组织地出版马克思主义著述，使马克思主义在华夏大地广为传播。

马克思著述中文本是传播的载体，大致分三类：一类是马克思、恩格斯、列宁的著作；一类是马克思主义者诠释马克思主义的书籍；一类是我国第一代马克思主义者与进步人士解读马克思主义的书籍。

马克思主义书籍最初是以丛书的形式出版。第一套丛书是“社会经济丛书”。1920 年 6 月 7 日，上海《民国日报》上刊登了“社会经济丛书第一期出版预告”，报刊第一次披露了陈望道翻译的《共产党宣言》即将出版。丛书还预告恩格斯的《社会主义伦理学》（柯祖基著，李君佩译）、《资本论解说》（柯祖基著，戴季陶译）、《社会经济的基础》（A · Loria 著，李汉俊译）、《布尔色维克底俄国》（Prof. E Antonnell 著，林云陔译）、《社会主义运动史》（李汉俊编）等。继而党以“社会主义研究”社的名义发行了“社会主义研究小丛书”，出版《共产党宣言》、《阶级争斗》等书。1921 年 6 月下旬，在中共一大召开前一个月，党又组织了《新时代丛书》，编辑部就在李汉俊寓所，即中共一大会址。1922 年初李汉俊离开上海后，丛书就由沈雁冰负责，出版了《社会主义与进化论》、《马克思主义和达尔文主义》、《马克思学说概要》等，发行所是商务印书馆。

1920 年 11 月在《共产党》创刊号上，刊登了《列宁的著作一览表》，这是第一次集中将列宁的重要著作介绍到中国，共 19 种，目录如下：(1)俄罗斯的社会民主党问题(1897 年出版，今译名：俄国社会民主党人的任务)；(2)俄罗斯的资本制度发达史(1899 年在圣彼得堡出版，今译名：俄国资本主义的发展)；(3)经济的刍和论文(1899 年在圣彼得堡出版，今译名：俄国社会民主党人的任务)；(4)要做什么(1902 年在德国出版，今译名：怎么办?)；(5)告贫乏的农民(1903 年在瑞士由俄国革命的社会民主党出版，今译名：给农村贫民)；(6)进一步退两步(1904 年在瑞士出版，今译名：同名)：(7)民主革命中的社会主义民主工党两个政策(1905 年在瑞士由俄国社会民主工党总部出版，今译名：社会民主党在民主革命中的两种策略)；(8)社会民主实业史略的大纲(1917 年在彼得格拉出版，待查)；(9)解散旧国会和无产阶级的目的(1906 年在俄国出版，今译名：杜马的解散和无产阶级的任务)；(10)1905 年至 7 年俄罗斯第一次革命中的俄国社会民主的大纲(1907 年著，1917 年在彼得格拉出版，今译名：社会民主党在 1905—1907 年俄国第一次革命中的土地纲领)；(11)经验批评主义的唯物哲学(1910 年出版，今译名：唯物主义和经验批判主义)；(12)帝国主义是资本主义的末日(1915 年著，1917 年在彼得格拉出版，今译名：帝国主义是资本主义的最高阶段)；(13)俄国的政党和无产阶级的目的(1917 年在彼得格拉出版，今译名：俄国的政党和无产阶级的任务)；(14)论进行方法的文书(1917 年在彼得格拉出版，今译名：论策略书)；(15)革命的教训 (1917 年在彼得格拉出版，今译名：同名)；(16)农业中资本发达律的新论据(1917 年在彼得格拉出版，今译名：关于农业中资本主义发展规律的新材料 第一编 美国的资本主义和农业)；(17)国家与革命(1917 年在彼得格拉出版，今译名：同名)；(18)苏维埃政府的要图(1918 年在彼得格拉出版，今译名：苏维埃政权的当前任务)；(19)无产阶级的革命与靠斯基汉奸(1918 年在彼得格拉出版，今译名：无产阶级革命和叛徒考茨基)。

1921 年 7 月 1 日，李大钊在《新青年》第 9 卷第 3 号上发表的《俄罗斯革命的过去及现在》亦将以上 19 种著作再次推荐。

1921 年 9 月《新青年》第 9 卷第 5 号刊布了《人民出版社通告》，计划出版“马克思全书” 15 种：《马克思传》（王仁编）、《工钱劳动与资本》（袁湘译）、《价值价格与利润》（李定译）、《哥达纲领批评》（李立译）、《共产党宣言》（陈佛突译)、《法兰西内战》(孔剑明译)、《资本论》(李漱石译)、《剩余价值论》(刘英译)、《经济学批评》(李漱石译)、《革命与反革命》(李漱石译)、《自由贸易论》(吴智译)、《神圣家族》(钱润译)、《哲学之贫困》(黄式遵译)、《犹太人问题》(胡译)、《历史法学派之哲学的宣言》(张九思译)。计划出版“列宁全书”14种:《列宁传》(张亮译)、《国家与革命》(康明烈译)、《劳农会之建设》(李立译)、《无产阶级革命》(张空明译)、《现在的重要工作》(成则人译)、《劳工专政与宪法会议选举》(成则人译)、《讨论进行计划书》(成则人译)、《写给美国工人的一封信》(孔剑明译)、《劳农政府之成功与困难》(李墨耕译)、《共产主义左派幼稚病》(张空明译)、《苏共中央、资本主义的末局》(罗慕敢译)、《第二国际之崩坏》(孔剑明译)、《共产党星期六》(王崇译)、《列宁文集》(孔剑明译)。计划出版“康民尼斯特(即共产主义者译音)丛书”11种:《共产党计划》(布哈林著,张空明译)、《俄国共产党党纲》(张西望译)、《共产主义与无政府主义》(布哈林著,彭成译)、《世界革命计划》(胡友仁译)、《共产主义入门》(布哈林著,罗雄译)、《共产主义》(鲍尔著,张松严译)、《创造的革命》(鲍尔著,李又新译)、《到权利之路》(柯祖基著,孔剑明译)、《第三国际议案及宣言》(成则人译)、《共产主义与恐怖主义》(托洛兹基著,罗慕敢译)、《国际劳动运动中之重要时事问题》(李墨耕译)。计划出版其他9种:《马克思学说理论的体系》(布丹著,李立译)、《空想的与科学的社会主义》(恩格斯著,陈佛突译)、《伦理与唯物史观》(柯祖基著,张世福译)、《简易经济学》(阿卜列特著,张空明译)、《多数党底理论》(波斯格特著,康明烈译)、《俄国革命纪实》(托洛兹基著,周诠译)、《马克思经济学》(温特曼著,杨寿译)、《家庭之起源》(伯伯尔著,张空明译)。

1920年下半年陈独秀委托恽代英翻译的《阶级争斗》是英文本,与《社会主义史》和《共产党》开出的19种列宁的重要著作,以及人民出版社计划出版的图书,均来自英文本(以后又有俄文本、德文本),这显示我国传播的底本由日文单一文本变成多种语言文本。改变这个状况的主要推手是共产国际的代表。

在建党时期,虽然以上著作由于各种原因大部分没有面世,但它们传递了一个重要信息:我国早期传播者对马克思、恩格斯、列宁的重要著作有基本的了解。兹将产生了较大影响的著作介绍如下。

一、《共产党宣言》

1848年2月在伦敦用德文出版的《共产党宣言》(以下简称《宣言》),是无产阶级政党第一次公开发表的科学理论和政治纲领,是马克思主义诞生的主要标志,具有划时代的意义。一百多年来,它在中国的作用是巨大的。据现有的资料显示,1899年在上海出版的《万国公报》的《大同学》上,在我国第一次提到该书名。1906年1、4月,朱执信在《民报》第2、3号上发表的《德意志社会革命家小传》首先介绍了《宣言》的基本思想,节译《宣言》中的十大纲领等部分内容。第一本中译本是1907年在东京出版的,由留日学生署名“蜀魂”翻译;第二年留日学生署名“民鸣”翻译了第二个版本,可惜这两个中译本至今没有找到。1907年12月《天义报》首次摘译了《宣言》第二章关于家庭婚姻制度的论述。1908年1月《天义报》第15卷刊登了恩格斯为1888年英文版的《宣言》写的序言;第16至19卷翻译了《宣言》第一章《资产者与无产者》。

《宣言》第三种中译本就是陈望道翻译的陈译本。陈译本原是受《星期评论》委托,拟在该刊上发表的。它的底本是戴季陶提供的日译本,在校对时参照了英、俄文本。陈译本的底本基本上是依靠1906年3月发表在日本《社会主义研究》创刊号上,由幸德秋水、界利彦合译的《宣言》。1920年陈望道回到家乡浙江义乌专心从事翻译,“费了平时译书的5倍工夫”,用了3个多月的时间将其译完。1920年6月陈氏携带中译本回到上海时,《星期评论》已经停刊。6月28日,陈望道到渔阳里2号陈寓,将译稿交给陈独秀。陈独秀、李汉俊校对后,以“社会主义研究社”的名义,由又新印刷厂印刷。《宣言》是“社会主义小丛书”的第一种,1920年8月第一版,比现在的小32开本还要小一些,初印了1000多册。封面印有马克思半身坐像,水红底色,因排字工的疏忽,印成“共党产宣言”,9月出版的第二版,及时将这个排字错误加以纠正。全书竖排平装本,3号铅字,共56页。

陈译本事实上是我们能够看到的第一个中文全译本,也是马克思、恩格斯的著作在中国出版的第一个单行本。在陈译本的前一年(1919年),《每周评论》、《国民》、《南京学生联合会日刊》等节译了《宣言》。《宣言》阐明了马克思主义的基本原理和基本原则,特别是唯物史观启发了几代进步青年信仰马克思主义。1936年毛泽东在与美国记者斯诺回顾自己早年思想转变时,曾经受到三本书的影响而改变人生,其中一本就是《宣言》。《宣言》问世后即受到热烈欢迎,仅过6年,便印了17版。

二、《马格斯资本论入门》

《马格斯资本论入门》(以下简称《入门》)是中共上海早期组织的第二本传播马克思主义的著作,翻译者是李汉俊。《资本论》这部划时代的文献,是马克思花费了毕生精力的研究成果和最主要的著作,引起了我国进步知识分子的高度重视。李汉俊指出《资本论》与《共产党宣言》、《社会主义从空想到科学的发展》是每一个学习马克思主义的人必须“拿来详细细读一读不可”的三部马克思主义经典,但《资本论》“里面材料理论都太复杂,不是脑筋稍微迟钝的人所能了解”的,因此考茨基写了一本解释性的书,书名《KarlMarx' 资本论 Oekononische Lehren》。日本社会主义者高畠素之将其译成日文,以《马克思解说》的书名,于1919年5月由卖文社出版部出版,第二个月(6月),“渊泉”(陈溥贤)便将其译成中文,以《马氏资本论释义》题名在《晨报》副刊用半年的时间连载,9月以单行本出版。该释文很快被上海《民国日报》等报刊转载。同年12月戴季陶与人合译以《马克斯资本论解说》的题名,在《建设》月刊第1卷4号(1919年12月)起分5期刊出(未完),1927年10月,由商务印书馆出版。

在李汉俊看来,有他参加翻译的《马克斯资本论解说》还不够通俗,没有一定政治经济学知识的人是很难看懂,因此他又选择了国际工人协会评论联合编辑米里.伊.马尔西1877—1922)撰写的《Shop Talks on Economics》介绍给中国人民。马尔西是一位马克思主义者、社会党著名的左翼领导人,他的《Shop Talks on Economics》将马克思政治经济学的基本理论,用很通俗的语言和方法“说得这样平易而又说得这样得要领的,在西洋书籍中”是第一本。该书是1911年由美国社会主义出版机构Charles H. Kerr Co - operative 出版。李汉俊翻译的底本则来自日本远藤无水(1881—1962,日本社会主义者)翻译的《通俗马克思资本论》(1919年日本文泉堂出版)。按照英文书名,应译成《经济漫谈》,李氏考虑该书的内容,“审其作用,以为莫过于叫作《马格斯资本论入门》,所以就取了这个名称”。同时为了使中国读者更好地学习与掌握,他将书中“有点抽象之处,非略有经济学常识者不能了解”,令读者“非费点思索不能了解的地方,又略略加了点注解”。为了同样的原因,他还希望中国读者在学习这本书的同时,阅读马克思的《工资、价格和利润》,因为马克思的政治经济学的基本理论都在这里。

《入门》被列为“社会主义研究小丛书”之第二种,于1920年9月出版。人民出版社成立后,以该社的名义再次发行。全书54页,约2.7万字,共八小节——劳动者将什么东西卖给资本家、商品底价值、物价……(价格)、利润是怎样得的、便宜的物价与多的利益、贵的物价与专卖物价、工银、缩短劳动时间。在英文原著中，每一章后面都有一系列问题，以助读者深入思考，末章的问题就有“利润从何而来?”“什么是剩余价值?”最后一个问题是“社会主义的伟大目标是什么?”可惜，日译本、中译本均没有译出。

《入门》的问世立即受到中国先进知识分子的欢迎，北京、中共武汉早期组织把该书当作学习的必读材料。湖南的文化书社在7个月内，就销售200本，排在销售榜的首位。

三、《社会主义史》

《社会主义史》是作为“新青年丛书”第一种于1920年10月由新青年社出版的。作者是英国人克卡朴(Kirkup，1844—1912，今译为柯卡普)，1892年初版，1913年，英国人辟司加以删订，并增补了原书出版后20年间社会主义运动发展的轨迹。李季在自序对译书说明：“我国自‘五四’运动以来，新思潮震荡全国，真有‘一日千里’之势。近一年来新出版的报章杂志有好几百种，都竞谈世界各文明国的新学说，而社会主义尤为谈论的焦点，并且很受社会上的欢迎。……社会主义运动在欧、澳、美各洲非常发达，而派别亦复甚多；我们对于这种运动要想有统系的知识，须先从历史下手。我译克卡朴《社会主义史》的目的，就在这点上。”蔡元培除了代译德法文书报名外，还特意作序；胡适“指示疑难之处”，张申府改正专门名词的译音。全书共22万字，分上下卷，650页。上卷：一、绪论，二、初期的法国社会主义，三、1848年的法国社会主义，四、初期的英国社会主义，五、拉塞尔(今译为拉萨尔)，六、拉伯尔塔斯(今译为伯恩斯坦)，七、马克司(今译为马克思)，八、国际工人协会，九、德国社会民主党。下卷：十、俄国革命，十一、无政府主义和工团主义，十二、各国社会主义的进步，十三、近世国际工人协会，十四、英国派社会主义，十五、社会主义通论，十六、结论。附录：I、圣西门派的辩护；II、德国社会主义工党党纲；III、费边会的基础；IV、总同盟罢工表；V、澳洲工党内阁一览表；VI、英文书籍题解。“中西名词对照表”十分珍贵，翻译与语言一样有时代性，五四时期的翻译用语与当代有很多的区别，对照表是重要的参考资源，据此我们可以了解中英文名词翻译的时代演变过程，有利于今天对社会主义的翻译与理解。《新青年》特别向读者作推荐：“诸君要想知道世界各国社会主义运动的源流，不可不先读”这本书。“此书是欧战以前一部包罗最宏富的社会主义史”。该书虽然有费边社会主义倾向，但也客观的介绍了马克思和马克思主义，特别是剩余价值与历史唯物主义，以及《共产党宣言》中的阶级斗争和无产阶级革命，所以成为在我国传播社会主义系统知识的第一本书，而受到我国具有初步共产主义思想知识分子的欢迎。文化书社半年就销售100本。它与《共产党宣言》、《阶级争斗》是影响毛泽东转变成马克思主义的三本书之一。

四、《阶级争斗》

《阶级争斗》是恽代英受陈独秀委托翻译，于1921年1月由新青年社作为“新青年丛书”第八种出版的。阶级斗争的理论是唯物史观的精髓，贯穿于《共产党宣言》。马克思、恩格斯开创的无产阶级革命运动遭到欧洲各国反动政府的镇压，德国“铁血首相”俾斯麦颁布了《反社会党人法》，但阻挡不住工人运动的发展，1890年《反社会党人法》被迫取消。第二年(1891年)10月德国社会民主党在爱尔福特(Erfurt)举行大会，通过了著名的《爱尔福特纲领》，即党纲。这个党纲恩格斯参予了起草，是一份马克思主义文献，曾于1919年8月在《星期评论》第10号上刊登。纲领分成两部分，一部分阐述社会主义的基本原则，一部分说明党在新时期的任务、策略等。为此德国社会民主党领导人考茨基(1854—1938)撰写《爱尔福特纲领解说》，用唯物史观对党纲进行了阐述，是考茨基与那个时代最重要的马克思主义著作。它批判了拉萨尔主义，比《哥达纲领》前进了一大步，因而得到恩格斯、倍倍尔的支持。《阶级争斗》是《爱尔福特纲领解说》的第五章。《阶级争斗》中文版小32开本，198页，共五章——小生产制的经过、劳动阶级、资本阶级、未来的共同生活、阶级争斗。该书运用唯物史观揭示人类社会发展的基本规律，重点阐述了资本主义时代的阶级斗争；指出人类社会基本活动是经济活动，社会制度是经济结构所决定的。资本主义剥削是一种"违反自然的进步"，资产阶级与劳动阶级是对立的，其矛盾无法克服；资产阶级在获取大量利润时，也促进了不可克服的经济危机。国家政治制度是经济发展的产物，主要是用来保护统治阶级的利益。在资本主义社会，成为资本家的统治机器，保护资产阶级的利益，明白这个道理，社会民主党的任务便是唤起无产阶级劳动者进行社会革命。社会革命的方式有多种，工人阶级对资产阶级的种种改良手段，如捣毁机器、组织工团、争取改善工作环境、增加工钱等，虽说是正当和必要的，"但若以为这样的社会改良，便能延缓社会革命，终究是个大错"。最根本之法就是铲除私有制，夺得政权，建立社会主义。

该书实际出版的时间比书上标明的时间要稍晚一点，1921年1月出版的《新青年》第8卷第5号上刊登了出书消息。8月在第9卷第4号上刊登的《新青年丛书出版广告》中，作了专门介绍："《阶级争斗》是社会主义始祖马克斯所发见的重要学理，也就是俄国、法国、美国，以及其余进步国的人们'现今社会运动底基音'。凡要彻底了解近代各国社会思想，须得先彻底明白'阶级争斗'是什么。这书原本是马克斯派著名人柯祖基做的，对于'阶级争斗'说得很详尽，在外国也算是一部名著，在我们这知识荒的中国更不消多说，更算是重要的粮食了。"它与《共产党宣言》等其他马克思主义的书籍在马克思主义在中国初期传播史中具有举足轻重的地位，促进了毛泽东、周恩来、恽代英、彭德怀等许多激进民主主义者向马克思主义方向的转化。

五、《唯物史观解说》

《唯物史观解说》作者荷兰人郭泰（H. Gorter），1909年出版，李达翻译，由1921年10月中华书局作为"新文化丛书"一种出版。这部书是郭泰"为荷兰的劳动者作的解释唯物史观的要旨，说明社会主义必然发生的根源，词义浅显，解释周到"。它是当时诠释唯物史观比较好的一本书。

该书由考茨基作序，共131页，14章：第一章：本书之目的；第二章：历史的唯物论与哲学的唯物论；第三章：这学说的内容；第四章：实例之说明；第五章：科学知识学问；第六章：发明；第七章：法律；第八章：政治；第九章：习惯与道德；第十章：宗教与哲学；第十一章：艺术；第十二章：结论；第十三章：真理之力；第十四章：个人之力。

中文本《唯物史观解说》的底本来自日本社会主义者堺利彦由德文转译，大镫阁1920年出版。日译本不是全本，除了缺字很多外，还没有翻译考茨基所作的序，以及第十一章、第十二章。李达复参照德文本补译，成为全译本。他还写了《马克思唯物史观要旨》作为附录，他在《译者附言》特别声明："我有一句话要声明的，译者现在的德文程度不高，上面所说的那些补译的地方，大得了我的朋友李汉俊君的援助，我特意在这里表示我的谢意。"

六、《共产主义与知识阶级》

《共产主义与知识阶级》（以下简称《阶级》）是在中共一大前，马克思主义中国化的集大成者。《阶级》1921年6月在汉口印行出版，作者田诚，小32开本，铅印，共10页，5600余字。封面白底黑字，印有中英文对照的书名，最上面还印有英文"一切权力归工人阶级"，尽管作者的情况目前还不清楚，但并不妨碍我们对该小册子的考察。

第一，《阶级》正确判断我国的社会性质，剖析各个阶级，指出革命的对象、动力等。社会性质的正确判断对政党而言是制定政略的客观依据和出发点。早期马克思主义正是在中国社会性质判断上发生错误，以致提出直接进行社会主义革命的战略失误。令人兴奋的是，《阶级》从世界大趋势透视中国，提出中国是“国际掠夺阶级的公共半殖民地”。这是迄今为止在中国共产党建立前唯一对中国社会作出正确判断的文字。《阶级》进而对这样一个特殊的社会阶级结构进行分析，指出中国已经不是传统秩序的封建社会，“稍微明了一点中国现状的人，都知道国际资本主义的势力，已经不满了这个酣睡的中国”，它们“用伟大的经济力”和“可怕的杀人的军备做后盾”，加紧对中国的侵略，尤其经过第一次世界大战，“更是麇集中国，都在这里张牙舞爪的想夺的权利”，所谓的新银行团就是代表国际资本主义吸取无产阶级的“血髓之有力的铁甲车”。《阶级》虽然没有用帝国主义这个概念，但文中的“国际资本主义”、“国际掠夺阶级”实质指的就是帝国主义则是无需争辩的。这样就使中国人民知道造成中国的乱源，造成中国衰落的主因是帝国主义的侵略。

军阀是造成中国的另一个乱源，它们的互斗、兵匪的劫掠，造成了一般贫民惨遭杀戮，流离失所的“惨痛的生活艰难的现状”，“这种遭遇不是特殊阶级——军阀——赐给贫民的恩惠么？”

本国的资本家也是掠夺阶级，它们“附属在国际资本主义上面，卵翼在军阀官僚势力之下，作恶更是厉害呢。”

工人阶级与农民是遭到资本家、地主剥削的劳动者。工人一无所有，“不得不把气力卖给资本所有者。”乡村的贫苦农民，没有田地，不得不“用自己的血汗、牛、锄、犁等，来耕种田地，但是地主们是很有福气的，能够安乐的坐在家里，得到他的佃户供奉他半数以上的田地产物。要是遇到干旱水灾，地主并不减少租谷。佃户呢，吃了一年的累，结果还是受饿。佃户还要奉承他的主人，服从他，把钱送给他，要是不然，地主就会把他的田地夺回去。”“为什么地主能这样做呢？因为他有土地的私有权。”

对知识分子的分析是《阶级》最亮丽的地方。知识分子并不是一个阶级，而是一个阶层，《阶级》虽然对此没有明确的表述，而且用了“知识阶级”的术语，但在分析中作者实际上已经认识到了这点，指出十月革命后，世界开辟了一个新纪元，两大敌垒，“界线愈加分明，激斗越加紧张”。一方便是日益颓萎的国家资本主义，一方变成无产阶级革命运动，其中心组织就是第三国际。知识分子必须作出选择，“是做压迫阶级的附属物呢？还是做无产阶级革命运动的先锋军呢？”革命的知识分子应该造成“往田间和工厂里去”的声浪，和“工人和农民握手”。革命知识分子在无产阶级革命运动中应该发挥作用，主要就是“把我们的知识贡献到劳动者的脑袋里去，我们教育劳动者，组织劳动者的先锋队，指挥他们与军阀官僚资本家抵抗，引导他们向着共产主义的道上走，因为只有共产主义是无产阶级的解放者，只有共产主义是解放世界的明星。”

通过对各阶级的分析，《阶级》指出，中国革命的对象是国际资本主义（即帝国主义）、军阀、官僚、资本家与地主。工人、农民与革命的知识分子团结起来，消灭私有制，推翻资本的国家，建设如苏俄似的劳农专政国家。

第二，批判各种错误的思潮，确定马克思主义为革命指导的理论。在如何改造中国问题上，社会上有多种方案，其中“教育万能论”和“无政府主义”很有市场，《阶级》着重进行了批判。《阶级》指出，教育万能是错误的，主要就是个人的心理与行为是不能独立的，要依环境为转移。为什么工人农民受压迫，而没有接受教育的自由呢？根本原因是私有制。教育是有阶级性的，“各国都是一样，资本主义下的教育，没有不是受资本主义的牵制的”。劳动者要获得正当的教育事业，只有“实行共产主义运动，因为这是改造社会的唯一方法”。无产阶级获得政权后，正当的教育事业才能发达，劳动人民才能受到教育。无政府主义主张自由联合和小组织,这种小组织的生产方式的结果不是脱离资产阶级的压迫,反而会引起生产的纷乱和无序的竞争,“结果还怕要回复到资产阶级的统治,劳动者再受虐待欲压迫呢?”共产主义“主张有紧密计划的工业集中的大工场大田地的生产制,把全世界弄成一个劳动团体。”

要实行共产主义最要紧的“就是主义的信仰”,“因为主义是我们做一切事业的指南针”。现在有许多社会主义,我们的信仰的是共产主义,它“是极合科学的能解放人类的唯一主义”,“是要创造一个真正自由平等的社会”。

第三,以俄国革命为榜样,在中国实行劳农专政。《阶级》针对中国基尔特社会主义说中国的产业还没有发达,不能实行共产主义,回答道:中国与俄国一样,“彼此都是大农业国,多数的人民是农民,都是一样的产业不发达。一个是在皇帝暴力专制之下,一个是在军阀官僚暴力专制之下。现在俄国已脱化成了全新的社会革命的祖国,这又可以证明中国是可以实行共产主义的革命的。”当今的世界已经是互相联系的整体,资产阶级是国际化了,无产阶级也是国际化了,中国不在世界之外,它应该自觉学习俄国革命的经验,赶紧跟着俄国同志往前走,建设第三国际——无产阶级革命运动的中心。

社会革命不仅需要科学的主义作指南,而且需要有政党来领导。社会革命可以分成两步走,“第一步要组织无产阶级的先锋队,就是共产党。这个党就是指挥革命运动的中心机关”。第二步就是要无产阶级夺得政权,建设劳农专政的国家。

《阶级》具有很高的历史价值。首先,它体现了中共一大前后早期传播者将马克思主义与中国革命相结合的最高理论水平,高度集中了中共一大前夕第一代马克思主义者对中国革命的基本认识,第一次正确的判断了中国特殊的二个半社会性质,初步剖析了社会各阶级,制定了无产阶级革命的基本策略。其间的闪光点构成了中国共产党人对民主革命基本问题的最初探索,应该视为新民主主义革命理论基本思想的源头。其次,它发表的时间点在1921年6月,即中国共产党诞生的前一个月。这是偶然的呢?还是党有组织的文宣活动?现在没有材料能够证明,但至少在客观上是为中国共产党的诞生大造舆论。鉴于中共一大目前还没有发现任何中文资料,《阶级》就显得更加珍贵。最后,其中有的分析烙上时代的印记,表明传播者探索中的不成熟。主要在革命的道路上,还照搬俄国革命的模式,提出中国直接进行社会主义革命;在阶级分析方面,没有看到中国资产阶级的多元,没有将资产阶级分成官僚资产阶级与民族资产阶级,而视为革命的对象。等等。这些认识上的局限性成为中共继续探索中国革命规律的动力,第二年(1922年)中共在列宁东方革命理论的启发下,便制定出民主革命的最低纲领。

令人非常遗憾的是,这样一份重要理论成果迄今没有引起我国学界的重视,以致在权威版的党史著作与所有建党时期的专著里均未见到它的踪迹。

七、《俄国共产党党纲》

《俄国共产党党纲》中文本的问世在我国传播史上具有重要的意义。俄国共产党党纲是列宁1918年开始起草,于1919年3月俄国共产党八大上正式通过的。根据共产国际的文件显示,在1920年国内出版过一个单行本,迄今没有找到这个版本的书。目前看到的是1922年1月,由人民出版社出版的《俄国共产党党纲》(希曼译,以下简称《俄党纲》),作为康民尼斯特丛书第二种。党纲是政党的一面公开的旗帜,但中国共产党是在秘密状况下成立,当时没有向社会公开自己的纲领。中国革命是以俄为师,中国共产党是以马克思、列宁建党原则建立起来的无产阶级政党,所以中共通过公开出版俄共党纲,亮出自己的战斗旗帜。这恐怕是《俄党纲》第1版就印行3000册,到1927年发行了6版的主要原因。

这份党纲与《共产党》月刊翻译的美国共产党党纲、英国共产党党纲，直接推动了年幼的中国共产党第一份党纲的制定。目前我们看到1921年中国共产党的第一个纲领，有两个版本，一是俄文本，长期庋藏在第三国际的档案机构里，直到1956年才随着苏共中央将部分共产国际中共代表团部分档案一起移交中共中央；一是英文本，来自陈公博1924年硕士论文《中国的共产主义运动》附录《中国共产党的第一个纲领》。国内广大读者看到的这两个中译本，是中共中央马恩列斯著作编译局翻译，到上个世纪80年代初才公布的。

《俄党纲》中文本共40页，有总纲、普通政治范围、民族关系的范围、军事范围、裁判范围、人民教育范围、宗教的关系范围、经济范围、乡村范围、分配范围、货币和银行事业范围、财政范围、居住问题的范围、社会安全劳动保护的范围、人民健康的保护范围。《俄党纲》全面阐释了列宁在苏俄新时期对马克思主义的理论继承与创新，规定了俄国共产党的性质与执政任务，基本精神与1918年7月10日全俄第五次苏维埃代表大会通过的《俄罗斯苏维埃联邦社会主义共和国宪法》有相通的地方。因此《俄党纲》不仅对中共最初党纲的制定产生了直接的影响，而且对中国民主革命以及夺得政权后实行的人民民主专政和新中国第一部宪法都产生了深远的影响。

（作者：湖北大学政法与公共管理学院讲师）

学习党史：善采资政育人的精华

田培炎

认真学习、深入研究、全面宣传党的历史，充分发挥党的历史以史鉴今、资政育人的作用，是党和国家工作大局中一项十分重要的工作。这是刚刚闭幕的全国党史工作会议提出的一个重要任务。深刻总结和运用我们党带领人民长期奋斗积累的丰富经验，善采资政育人的精华，既是领导干部的重大政治责任，也是领导干部增长政治智慧、提高理论素质、增强党性修养不可替代的重要途径。

古人讲："读史当观大伦理、大机会、大治乱得失。"几代中国共产党人在探索规律、探求真理中取得的成功经验，弥足珍贵。深入研究我们党在开辟新民主主义革命道路、开辟中国特色社会主义道路中蕴含的大智大勇，尤其是在治国理政中形成的执政理念、执政方略、执政体制和执政方式，在应对风云变幻的国际局势、处理重大国际关系和国际事务中凝聚的外交谋略、外事方针和政策，在治党兴党中获得的规律性认识，在总结世界社会主义运动和国外执政党兴衰成败历史经验中得到的深刻启示，就能找到推动科学发展、促进社会和谐，开创事业新局面的智慧之源。当然，党在前进道路上经历的失误和曲折，同样是宝贵财富，诚如恩格斯所说："伟大的阶级，正如伟大的民族一样，无论从哪方面学习都不如从自己所犯错误的后果中学习来得快。"认真研究这些失误和曲折产生的时代背景、环境条件、主客观原因以及付出的沉重代价，可以使我们头脑更清醒，行动更稳健，少走弯路，不犯同样的错误。

历史是思想的沃壤、灵感的源泉。党的历史是党的理论的重要根据，理论背后有着丰富、生动、具体的史实作支撑。毛泽东说："我的那些文章，不经过北伐战争、土地革命和抗日战争，是不可能写出来的，因为没有经验。"不了解党的历史，就无法感知理论的光辉和魅力，无法理解其深刻性和科学性，就会觉得理论是枯燥、抽象、单调的，既谈不上主动亲近、系统掌握，把握其精髓和灵魂，更谈不上用以敏锐洞见当下，正确指导实践，科学预见未来。进一步讲，领导干部提高战略思维、创新思维、辩证思维能力，最好的办法就是学习研究党史。党的历史是一个需要用宏观视野把握的综合整体。上自鸦片战争，下至改革开放，每一段历史都同当时的世界形势、国际背景紧密相联，对这些知识掌握得越全面越深入，思想驰骋的空间就会越宽阔；如果只是一鳞半爪，略知皮毛，要获得大视野、大见识，那是难以想象的。创新是贯穿党的历史的精气神。党成功开辟中国革命之路、发展之路，形成毛泽东思想和中国特色社会主义理论体系，都是在前无古人的自主创造中实现的。与党的历史同行，不仅能够受到创新精神的洗礼，而且有利于把理论创新和实践创新的思想方法真正学到手。读史当明变，变中存在辩证法。学会运用历史发展规律的大尺度来评价重大决策的得与失、重要人物的功与过，可以让人变得更加客观、理性、成熟，从而辩证地认识事物、观察世界、处理问题。

坚定理想信念，既需要真挚的感情认同，更有赖对“主义”的真理认知。只有从党带领人民走过的风雨历程中深刻认识中国共产党领导地位和核心作用形成的历史必然性，中国人民走上社会主义道路的历史必然性，中国人民选择改革开放这一实现社会主义现代化必由之路的历史必然性，对理想信念才会虔诚而执着，至纯而深厚。同样，对于党在自身建设中所具有的克敌制胜的优良传统和作风，也只有深入了解它们形成、丰富和发展的历史脉络，才能真切体会到其超越时空的普遍价值并身体力行、发扬光大。对于革命先烈、革命领袖和英雄模范身上体现的崇高境界、高尚品德和精神风范，了解得越具体详实，就越会让人引以为标杆，不断激励自己；引以为明镜，自觉检视不足；引以为清洁器，经常打扫身上的政治灰尘和政治微生物，不断实现精神的升华。

（此文载《求是》2010年第15期）

革命理想高于天

——读《革命烈士诗抄》

张海迪

童年时，我曾是一个只能每天躺在病床上的小女孩儿，我的父亲和母亲很少给我买糖果和玩具，而给我更多的是精神关怀。他们让我自己学着读书写字，让我读家里书架上的书，也给我买过和借过很多书。我9岁已经能读很厚的书了，那时候母亲给我买来革命母亲陶承写的《我的一家》，并且让我把书全部抄写下来。母亲还让我抄写过《在烈火中永生》这本书。在自学的日子里，书是我的老师和同学，后来，我在书中找到了自己的同志和朋友。在过去的一些年，我3次当选中国作协全委会委员，并且担任过山东省作协副主席和创作室主任，我真的很感谢父亲和母亲，感谢他们让我读过的书，书给了我知识，给了我人生的理想。

小时候，我最喜欢的一本书是《革命烈士诗抄》，那是父亲送我的礼物，那一年我只有10岁。

1965年的10月，父亲背我去看电影——音乐舞蹈史诗《东方红》，看到一些革命者慷慨赴死，我被深深地感动了，他们唱着：坐牢算什么，我们是革命者，屠刀下不变色。生要站着生；死也站着死。还有一位革命志士唱道：戴镣长街行，告别众乡亲，杀了我一个，自有后来人。看完电影，父亲背我回家，在路上我问了他很多个为什么。为什么那些烈士不怕坐牢，为什么他们不怕死。父亲说，因为他们是共产党员。

第二天，父亲给我买来一本《革命烈士诗抄》，他告诉我，电影《东方红》有的歌词是根据这书里的诗改编的，翻开诗集，夏明翰大义凛然的身影犹在眼前：

砍头不要紧，
只要主义真。
杀了夏明翰，
还有后来人！

在《革命烈士诗抄》里我也找到陈然烈士的诗：

任脚下响着沉重的铁镣，
任你把皮鞭举得高高，
我不需要什么自白，
哪怕胸口对着带血的刺刀！
人不能低下高贵的头，
只有怕死鬼才乞求自由！
毒刑拷打算得了什么？
死亡也无法叫我开口！
对着死亡我放声大笑，
魔鬼的宫殿在笑声中动摇！
这就是我——一个共产党员的自白，
高唱凯歌埋葬蒋家王朝！

父亲曾对我说，革命者是无所畏惧的，一个人要有理想，要勇敢坚强，不向任何困难低头。也许这是那个时代的父亲们给很多孩子说过的话。一直到今天，那本《革命烈士诗抄》还放在我的书架上，书已经发黄变旧了，书皮也掉了，可我依然十分珍爱。几十年过去，这本书我不知道读了多少遍。

小时候我躺在病床上，父亲常常坐在我的床边给我读书。带我坐火车去治病，在路途上也要给我读书。我依偎在父亲的胸前感到很温暖，之所以感到温暖，不仅仅因为父亲的胸怀是我坚实的依靠，更重要的是父亲用浑厚的嗓音为我读一本又一本书。他给我读过《革命烈士诗抄》中的很多诗篇。听父亲读书我总是感动，总是流下眼泪。父亲给我读过陈辉烈士的诗：

也许吧，
我的歌声明天不幸停止，
我的生命被敌人撕碎，
然而，我的血肉呵，
它将化作芬芳的花朵，
开在你的路上。
那花儿呀——
红的是忠贞，
黄的是纯洁，
白的是爱情，
绿的是幸福，
紫的是顽强。

那时候，父亲给予我的鼓励太多了，他要我不怕困难，战胜疾病，刻苦学习，将来要为人民服务。我记下了父亲为我读书的声音，也记下了他对我的期望。即使在下放贫困农村艰苦的日子里，我也让自己看到美好的未来。我总是在书中寻找理想，寻找那些不屈不挠的人们，并把他们作为自己的榜样，像他们一样过有意义的生活，发奋努力，为社会尽责。

这本《革命烈士诗抄》不仅激励我们奋发向上，也让我们珍惜生命，珍惜自由，珍惜生活中美好的一切。每个人的生活都不能重复，生命更不能重复。我曾想过，那些烈士是唯物主义者，不信鬼神，他们一定懂得生命的宝贵。但是他们为什么能在党和人民需要的时候献出自己的一切呢？令人感动的是，有些人就牺牲在胜利前夕，那时他们还很年轻：

同志们，听吧！
像春雷爆炸的，
是人民解放军的炮声！
人民解放了，
人民胜利了！
我们——

没有玷污党的荣誉，
我们死而无愧。

在我生活的道路上，书本起着潜移默化的影响，书让我坚强，让我乐观。1991年，我的鼻子上的皮肤得了基底细胞癌，在上海中山医院，陈中伟医生告诉我这个消息，并让我考虑是否接受手术治疗，他说，一是保守治疗，二是手术切除，但是从癌细胞的分布情况看，手术不能用麻药，否则放射状注射麻药也许会让癌细胞转移。那一会儿，我有一点耳鸣，心也紧缩了一下，可我很快镇静下来，我轻轻地说，我同意手术——这就意味着同意不打麻药，只用安定。手术之前，我想象过那种划开皮肉的疼痛，但是手术中，我没有叫一声。因为我的心是勇敢的。几个小时之后，我被推出手术室，我的脸上缠满纱布，什么也看不见。我先生过来握住我的手，我能感到他的手很凉。我对他说，今天我知道了，要是我在白色恐怖时期被敌人抓去，我什么也不会说。我问他，你会说吗？我先生赶忙回答，我也不会说的。我开玩笑说，不，你会说，因为你的手很凉！其实，我在《革命烈士诗抄》里认识了很多英勇无畏的人。他们宁折不弯的品格已经凝结在我的血液里。那些诗的壮美理想也浇筑在我生命的基石上。比如周文雍烈士这样写道：

头可断，肢可折，
革命精神不可灭。

那个时代的共产党人具有坚如磐石的意志，他们对光明充满渴望，对未来充满信心。他们想象的共产主义也许只是一个幻影，但却是无比神圣的。今天我们的生活已经远远超出了他们当年的梦想。社会发生了巨大的变化，人们正在走向更加幸福的生活。但是，在市场经济下的社会，共产主义依然是我们的最高理想。因此在利益和理想面前，我们经历着新的考验，在权力、金钱和美色的诱惑面前，我们的意志还能像当年那些烈士一样坚定吗？我想无论什么时候，无论在哪里，对生命的追问都是有意义的。今天，一个党员干部，面对五光十色的纷繁生活，读一读《革命烈士诗抄》，依然会震撼心灵：

为人进出的门紧锁着，
为狗爬出的洞敞开着，
一个声音高叫着——
爬出来吧！给你自由！
我渴望自由，
但我深深地知道——
人的身躯怎能从狗的洞子爬出！

我想，一个人只要选择了为共产主义事业而奋斗的理想，就意味着向一切功名利禄进行斗争，就要进行灵与肉的较量。今天，对于一个共产党员来说，忠实于自己的信仰比什么都宝贵。坚定自己的共产主义信念就能抵御任何糖衣炮弹的侵袭。我不会忘记这句诗：

为了免除下一代的苦难，
我们愿，愿把这牢底坐穿……

在真正的共产党人的眼里，高官厚禄、金钱美色如同粪土，因为国家的解放、人民的幸福才是最重要的。这就是英雄的情怀，革命者的魄力！在《革命烈士诗抄》中有殷夫的诗，他的哥哥劝他投降，而殷夫却给哥哥写了诀别信：

别了，我最亲爱的哥哥，
你的来函促成了我的决心，
恨的是不能握一握最后的手，
再独立地向前途踏进。
在你的一方，哦，哥哥，
有的是，安逸、功业和名号，
是治者们荣赏的爵禄，
或是薄纸糊成的高帽。
但你的弟弟现在饥渴，
饥渴着的是永久的真理
……

那时候，多少人为革命的理想艰苦奋斗，英勇牺牲，前面的同志倒下去，后面的人们又跟上来。我想《革命烈士诗抄》不仅仅是一本值得反复去读的书，它更是一个永放光辉的理想，引领我们去生活，去奋斗。

2010年的五一，我回家看父母，要走的时候，父亲给了我一个信封说，到了地方再看吧。在路上，我忍不住打开信，84岁的父亲写道：

到党校学习吧，用新的理论知识武装自己，忠于自己的事业，为8300万残疾人兄弟姐妹做些什么，这是多么崇高的事业啊……

我很想对父亲说，我记着你的话，我会努力的。两个月我坚持下来了，我和同志们一起学习，一起读书，在这里我很快乐！我会像你期待的那样，努力做一个纯粹高洁的人，做一个努力为人民服务的人。在写这些文字的时候，我仿佛又听见你为我读《革命烈士诗抄》了……

（作者：中国残疾人联合会主席）

第八部分

重大理论与热点问题探讨

立足中国国情 坚持改革创新 探索具有自身特色的社会主义现代化道路

刘云山

马克思主义的诞生实现了人类思想史上划时代的伟大变革，社会主义由空想变成科学、由理论变成实践，深刻影响着人类历史进程。中老两国都是社会主义国家，中国共产党和老挝人民革命党都是执政党，在推进本国社会主义现代化建设过程中，都取得了重大成就，也都面临着一些相同或相似的课题。这次中老两党理论研讨会以“社会主义现代化建设中的重大理论和实践问题”为主题，加强研讨交流、相互学习借鉴，有利于深化对社会主义建设规律的认识和把握，更好地推进社会主义现代化事业。

新中国成立后，中国共产党领导人民建立起社会主义制度，对适合中国国情的现代化道路进行艰辛探索。1978 年 12 月召开的中共十一届三中全会，开启了我国改革开放历史新时期。30 多年来，我们党团结带领全国人民不断研究新情况、解决新问题、总结新经验，制定了指导社会主义现代化建设的一整套方针政策，成功开辟了中国特色社会主义道路，推动我国经济社会持续快速发展，各项事业取得了举世瞩目的伟大成就。在这一历史进程中，我们党积累了许多重要的实践经验和认识成果。

一、必须坚持马克思主义基本原理同本国实际相结合，不断推进实践基础上的理论创新，为社会主义现代化建设提供理论指导。马克思主义是我们立党立国的根本指导思想，是确保全党全国人民团结奋斗的共同思想基础，马克思主义的指导地位必须始终坚持。同时，马克思主义是随着时代前进的开放的理论体系，只有同本国实际相结合，才能更好地发挥对实践的指导作用。改革开放以来，我们坚持马克思列宁主义、毛泽东思想，坚持解放思想、实事求是、与时俱进，破除对马克思主义的错误理解和教条式理解，不断深化在实践基础上的理论创新。我们紧紧围绕什么是马克思主义、怎样对待马克思主义，什么是社会主义、怎样建设社会主义，建设什么样的党、怎样建设党，实现什么样的发展、怎样发展等重大问题，提出一系列独创性的思想理论观点，形成了包括邓小平理论、“三个代表”重要思想和科学发展观等重大战略思想在内的中国特色社会主义理论体系，赋予马克思主义勃勃生机。我们坚持理论创新每推进一步、理论武装就跟进一步，不断兴起学习党的理论创新成果的新高潮，有力推动了人们对马克思主义中国化最新成果的学习和实践。可以说，中国能有今天这样的发展局面，关键就在于中国特色社会主义理论体系为我们提供了强大的信念力量和理论指导。30 多年的实践深刻启示我们，坚持马克思主义，并在实践中不断丰富和发展马克思主义，是我们开辟中国特色社会主义发展广阔前景的基本前提和根本保证。社会主义现代化建设是一场广泛而深刻的社会变革，实践发展中提出的一系列重大理论和实际问题，迫切需要作出马克思主义的理论回答。我们将继续围绕中国特色社会主义伟大实践，认真总结人民群众创造的新鲜经验，积极借鉴人类文明发展的有益成果，深入研究关系党和国家事业发展的全局性、战略性、前瞻性问题，深入研究全面建设小康社会中的重大问题，不断作出理论的新概括，不断开辟马克思主义发展的新境界。

二、必须坚持以经济建设为中心，不断解放和发展社会生产力，为社会主义现代化建设奠定坚实物质基础。生产力是人类社会发展的最终决定力量，现代化必须建立在高度发达的生产力基础上。中共十一届三中全会果断把党和国家工作中心转移到经济建设上来。我们深入分析中国的基本国情和主要矛盾，顺应时代要求和人民愿望，提出了“一个中心、两个基本点”的基本路线，为党和国家的发展指明了根本方向。我们依据这条基本路线，制定和实施了分“三步走”、到本世纪中叶基本实现现代化的发展战略和发展目标。我们充分认识并紧紧抓住难得的历史机遇期，千方百计发展自己，尽管也不断遇到各种困难和挑战，但我们始终坚持聚精会神搞建设，一心一意谋发展。经济的持续快速发展，使中国综合国力不断增强，人民生活实现了由温饱不足到总体小康的历史性跨越。同时我们也看到，虽然我国经济社会发展取得巨大成就，但仍处于社会主义初级阶段，仍属于发展中国家。人口多、底子薄、发展不平衡的状况还没有根本改变，经济社会发展中还面临着增长方式粗放、自主创新能力不强、经济结构不合理等突出矛盾和问题。在科学把握新的阶段性特征、深刻总结国内外实践的基础上，我们党明确提出了科学发展观，强调第一要义是发展、核心是以人为本、基本要求是全面协调可持续、根本方法是统筹兼顾。我们深入贯彻落实科学发展观，坚持把发展作为党执政兴国的第一要务，切实维护最广大人民的根本利益、促进人的全面发展，加强对城乡发展、区域发展、人与自然和谐发展等重大关系的统筹，有力推动了经济社会又好又快发展。新的实践表明，在当代中国，坚持发展是硬道理的本质要求就是坚持科学发展，解决经济社会发展中的突出问题和深层次矛盾，必须增强贯彻落实科学发展观的自觉性坚定性，把全社会的积极性引导到科学发展上来。必须抓好加快转变经济发展方式这一战略任务，优化经济结构，扩大国内需求，推进自主创新，着力提高经济发展的质量和效益，不断增强我国经济的国际竞争力和抗风险能力。

三、必须坚持改革开放，不断推进社会主义制度的自我完善和发展，为社会主义现代化建设提供强大动力。中国新时期最鲜明的特点是改革开放，中国特色社会主义之所以具有蓬勃生命力，就在于它是实行改革开放的社会主义。以中共十一届三中全会为标志，中国人民开始了一场改革开放的新的伟大革命。我们着眼解放和发展社会生产力，围绕建立社会主义市场经济体制的改革目标，首先从农村推行家庭联产承包责任制开始，逐步把改革重点推向城市，确立公有制为主体、多种所有制经济共同发展的基本经济制度，确立按劳分配为主体、多种分配方式并存的分配制度，形成了在国家宏观调控下市场对资源配置发挥基础性作用的经济管理制度。我们有步骤、有秩序地推进政治、文化、社会等方面的体制改革，取得积极进展和显著成效。我们坚持对外开放基本国策，从建立经济特区到开放沿海、沿江、沿边、内陆地区再到加入世界贸易组织，从大规模“引进来”到大踏步“走出去”，形成了全方位、多层次、宽领域的对外开放格局。中国今天的历史性巨变从根本上讲是靠改革开放，中国未来的发展也必须靠改革开放。改革开放是决定当代中国命运的关键抉择，是发展中国特色社会主义的必由之路。我们将把改革创新精神贯彻到治国理政各个环节，继续完善社会主义市场经济体制，加快重要领域和关键环节的改革步伐，构建充满活力、富有效率、更加开放、有利于科学发展的体制机制。我们将注重提高改革决策的科学性、增强改革措施的协调性，坚持统筹兼顾、综合配套，努力实现经济体制改革与其他各方面体制改革、宏观改革与微观改革、城市改革与农村改革协调推进。我们将不断拓展对外开放的广度和深度，完善内外联动、互利共赢、安全高效的开放型经济体系，认真学习借鉴人类社会创造的一切文明成果，积极参与经济全球化条件下的国际经济合作和竞争。

四、必须坚持中国特色社会主义事业总体布局，协调推进经济、政治、文化、社会建设和生态文明建设，全面实现富强民主文明和谐的社会主义现代化奋斗目标。现代化是涵盖经济社会各方面发展的综合性、系统性目标。改革开放以来，我们在坚持以经济建设为中心的同时，全面推进中国特色社会主义各项事业。我们坚持党的领导、人民当家作主、依法治国有机统一，坚持和完善人民代表大会制度这一根本政治制度，坚持和完善中国共产党领导的多党合作和政治协商制度、民族区域自治制度以及基层群众自治制度等基本政治制度，不断扩大人民民主，全面落实依法治国基本方略，推进社会主义制度自我完善和发展。我们坚持社会主义先进文化前进方向，一手抓物质文明、一手抓精神文明，大力建设社会主义核心价值体系，大力发展文化事业和文化产业，大力推进文化创新，促进社会主义文化大发展大繁荣。我们提出构建社会主义和谐社会的战略任务，大力推进以改善民生为重点的社会建设，着力解决关系群众切身利益的问题，发展社会事业，完善社会管理，促进公平正义。我们积极推动生态文明建设，促进经济发展与人口资源环境相协调，建设资源节约型、环境友好型社会。经过30多年努力，中国特色社会主义事业总体布局不断完善，经济社会各项事业协调推进，全面发展的良好态势逐步形成，为实现富强民主文明和谐的现代化目标奠定了坚实基础。改革开放的实践表明，在推进社会主义现代化建设的进程中，经济、政治、文化、社会建设和生态文明建设彼此联系又有各自发展规律，互为条件、相辅相成、密不可分。实现全面发展、全面进步的目标，要求我们继续把经济、政治、文化、社会建设和生态文明建设作为统一的目标来把握，作为统一的工作来部署。

五、必须正确处理改革发展稳定的关系，把改革力度、发展速度和社会可承受程度统一起来，为社会主义现代化建设营造良好社会条件。现代化过程必然伴随着经济体制、社会结构、利益格局、思想观念的深刻调整和变革，能不能保持社会政治稳定至关重要。30多年来，我们坚持改革是动力、发展是目的、稳定是前提，在保持社会稳定中推进改革发展，通过改革发展促进社会稳定。我们坚持发展为了人民、发展依靠人民、发展成果由人民共享，把不断改善人民生活作为处理改革发展稳定关系的重要结合点，发挥人民的主体作用，增强发展成果的普惠性，使改革获得了广泛而深厚的群众基础。我们正确把握和处理经济社会生活中出现的各种矛盾，及时妥善处理人民内部矛盾，切实兼顾各方面利益诉求，最大限度增加和谐因素、减少不和谐因素，始终保持了社会大局稳定。发展是硬道理，稳定是硬任务。当前，我国发展正处在一个关键阶段，新旧矛盾相互交织、长期性和阶段性矛盾相互交织，改革发展稳定面临新的挑战。顺利推进社会主义现代化建设，要求我们更加自觉地把改革力度、发展速度和社会可承受程度统一起来，正确认识和妥善处理各种重要利益关系，统筹好个人利益和集体利益、局部利益和整体利益、当前利益和长远利益，抓紧建立科学有效的利益协调机制、诉求表达机制、矛盾调处机制和权益保障机制，努力从制度上确保社会和谐稳定。

六、必须坚持独立自主的和平外交政策、走和平发展道路，推动建设持久和平、共同繁荣的和谐世界，为社会主义现代化建设创造有利外部环境。中国的发展离不开世界。进行社会主义现代化建设，既需要一个稳定的国内环境，也需要一个和平的国际环境。改革开放以来，我们在科学分析世界形势新变化的基础上，明确提出和牢牢把握和平与发展的时代主题，制定实施了正确的对外战略和政策。尽管国际局势风云变幻，我们始终坚持独立自主的和平外交政策，高举和平、发展、合作的旗帜，开展全方位外交，发展同世界各国的友好合作关系。我们顺应世界多极化和经济全球化趋势，推进国际关系民主化，参与国际经济合作和竞争，推动建立公正合理的国际政治经济新秩序。我们积极参与多边事务，承担应尽的国际责任，履行应尽的国际义务，展现了负责任的发展中大国形象。这既为我国改革开放争取了良好国际环境，也为世界的和平与发展做出重要贡献。当代中国同世界的关系发生了历史性变化，中国的前途命运日益紧密地同世界的前途命运联系在一起，建设社会主义现代化必须统筹好国内国际两个大局。我们将始终不渝地走和平发展道路，在和平共处五项原则的基础上同所有国家发展友好合作关系，反对各种形式的霸权主义和强权政治，反对一切形式的恐怖主义，始终做维护世界和平的坚定力量。我们将始终不渝奉行互利共赢的开放战略，扩大同各方利益的汇合点，在实现本国发展的同时兼顾各方特别是发展中国家的正当关切，推进贸易和投资自由化便利化，更好地促进共同发展、共同繁荣。

七、必须坚持和改善党的领导，不断提高党的执政能力和领导水平，使党始终成为社会主义现代化建设的坚强领导核心。坚持共产党的领导是社会主义国家一项根本政治原则，党的建设是党领导的伟大事业不断取得胜利的重要法宝。坚持中国特色社会主义道路，推进社会主义现代化，实现中华民族伟大复兴，必须毫不动摇地坚持中国共产党的领导。建设社会主义现代化，关键是加强和改善党的领导。在改革开放过程中，我们坚持把党的建设新的伟大工程同党领导的伟大事业紧密结合起来，既紧紧围绕推进中国特色社会主义事业来推进党的建设，又通过加强和改进党的建设来推进中国特色社会主义事业。我们科学判断党的历史方位，紧紧围绕提高党的领导水平和执政水平、提高拒腐防变和抵御风险能力两大历史性课题，在健全民主集中制、提升党员素养、改进党的作风、惩治预防腐败等方面，采取了一系列政策措施。我们针对党在新形势下面临的新情况新问题，坚持以改革创新精神加强党的各项建设，不断推进党的建设实践创新、理论创新、制度创新。在领导改革开放的伟大实践中，党的先进性得到坚持和发展，创造力、凝聚力、战斗力不断增强。面对世情、国情、党情的发展变化对党的建设提出的新要求，我们将继续围绕加强党的执政能力建设和先进性建设，围绕保持党同人民群众的血肉联系，认真贯彻党要管党、从严治党的方针，全面推进党的思想建设、组织建设、作风建设、制度建设和反腐倡廉建设，着力建设马克思主义学习型政党，着力加强和改进群众工作，深入探索执政党建设规律，不断提高党的建设科学化水平，使党始终成为中国特色社会主义事业的领导核心。

刚刚闭幕的中共十七届五中全会，是在全面建设小康社会的关键时期，在深化改革开放、加快转变经济发展方式的攻坚时期召开的十分重要的会议，是一次总结过去、规划未来、明确发展方向和奋斗目标的重要会议。全会系统总结了“十一五”时期经济社会发展的巨大成就和宝贵经验，科学分析了面临的战略机遇和风险挑战，明确提出了“十二五”时期经济社会发展的指导思想、总体思路、目标任务和重大举措，描绘了今后五年我国发展的宏伟蓝图。我们相信，只要认真贯彻落实全会精神，坚持以科学发展为主题，以加快转变经济发展方式为主线，全面实现全会提出的各项部署，中国社会主义现代化建设将进一步开创新的局面。

（此文是刘云山同志2010年10月22日在第一次中老两党理论研讨会上的主旨报告）

加强国史研究　推进民族复兴

陈奎元

中华人民共和国走过了61年的路程。这是在中国共产党领导下中华民族重新焕发生机，巍然屹立在世界东方的光辉历史，是社会主义新中国在残垣断壁中构建社会主义大厦的光荣纪录。

随着毛泽东同志那一声“中国人从此站立起来了”，从1949年10月1日起，中国不再是任人宰割的羔羊，不再是西方和东方新老殖民主义者眼里的东亚病夫。中国在世界面前挺起了脊梁。在鲜艳的五星红旗下，工人阶级和农民阶级第一次成为国家和自己命运的主人。中国人民解放军迅速解放了全部中国大陆和海南岛。中国人民志愿军英勇抗击美国侵略军，粉碎了美国侵占朝鲜进而扼控中国的战略图谋，迫使美国第一次在没有取得胜利的停战书上签字。短短几年中，中国人自己解决了数亿人口吃饭的问题，并且初步建立起完整的国民经济体系，中国成为有理想、讲道德、建设新文明的社会主义国家。

在一个刚刚摆脱帝国主义、封建主义双重压迫，满目疮痍、极其贫穷落后的国家建设社会主义，世界上没有先例，中国共产党只能在实践中摸索，难免发生曲折和失误。失败是成功之母。因为发生过失误，付出过代价，就断然否认新中国带来的翻天覆地的变化，是不客观的，是不符合事实的。党的十一届三中全会，实现了新中国历史上的一次重大转折。此后30多年间，中国特色社会主义逐步形成并日趋完善，成为举世瞩目的最大的发展中国家，国内生产总值和进出口贸易居于世界前列，国家面貌焕然一新。

总结历史，是为了开辟未来。新中国61年的伟大成就、成功经验、失误教训都需要认真负责地梳理。全面了解和认识中华人民共和国的开国史、建国史、改革开放史，正确地阐释过去，认清我国发展的方向和目标，对于国家和民族未来的命运至关重要。研究国史，秉持国本，彰显国格，昌大国运，是当代中国人义不容辞的责任。

一、继承先人重视国史的传统，加强中华人民共和国国史研究

修史垂训是祖先对中华民族的不朽贡献，先人著经修史，言传身教，熏陶世世代代，使中华文明历数千年而继续长青。汇集在“经、史、子、集”各类书籍中的优秀传统文化成为中华文明的载体。如果没有这些历史文化传承，中国人在世界文明史上就没有地位，就摘不掉别人强加的愚昧、野蛮的帽子，就被自封为执掌“普世文明”的“上等人”以及崇洋媚外的不肖子孙视作文明世界的下等人和另类。

“国史”关系民族大义的存废。唐代史学家刘知几说，“古之书事也，令贼臣逆子惧”。通过史书褒贬树立起民族大义的“道德法庭”，为功罪定名分，为美丑划标界，将善恶、美丑、忠奸载录史册，惩恶扬善。

历史是民族的宝贵财富，以古为镜可以知兴替，以人为镜可以明得失。中国历史上的开明皇帝和有作为的知识分子总结前代的得失，提出许多治国安民的信条。例如，国君身系天下安危，“禹、汤罪己，其兴也悖焉；桀、纣罪人，其亡也忽焉”；兴盛的朝代大都崇尚节俭，反对奢靡，“历览前贤国与家，成由勤俭破由奢”；治乱之本系于人心，亲民、养民则致盛世，残民、虐

民则亡天下；君主似舟人民似水，水能载舟亦能覆舟；生于忧患亡于安乐，“君子安而不忘危，存而不忘亡，治而不忘乱”；内忧与外患，不患有，患视而不见；“无敌国外患者，国恒亡”，“季孙之忧在萧墙之内”；治理国家的政策法治，太上以德，其次用猛，“宽以济猛，猛以济宽，政是以和”，等等。这些经验教训对于治国理政、育人修身都有借鉴意义。

中国共产党在夺取全国政权的前夕，就警惕执政后忘乎所以、蜕变亡党的危险，发誓不作李闯王，摆脱兴亡周期率，中共几代领导人为此进行了不懈努力。现在研究国史，就是要从已往的历史中总结经验、汲取智慧、取得鉴戒，同时要启发后人从前辈的探索中增长治国强国的才干，继承和光大前人的事业。

二、客观地认识中华人民共和国建国的伟业

中华人民共和国是中国人民一百多年反抗帝国主义侵略压迫，民族觉醒和奋起的必然结果，是统治中国2000多年的封建主义退出历史舞台的必然结果，是代表官僚大资产阶级的国民党反动派反共、反人民的政策彻底破产、自取败亡的必然结果。中国共产党带领中国人民团结一切爱国力量，经过28年英勇奋斗，打倒反动派，建立人民民主的新中国，是堂堂正正的事业。纵观中国历史，博览世界历史，新中国的建立毫无疑义是20世纪人类历史精彩辉煌的篇章。现在时过61年，世界和中国都发生了巨大变化，中国共产党同在台湾的国民党等党派已站在新的起点，捐弃前嫌，共谋振兴中华和祖国统一的大业，符合历史的潮流和人民的愿望。但对这段历史的认知和评价必须尊重历史的真实。

——中国人为寻求救国道路进行了艰难求索。清帝国的腐朽和帝国主义的侵略掠夺，使中国沦落为近代史上落后的国家。鸦片战争以后，帝国主义的炮声一阵一阵地响起，《南京条约》（1842年）、《天津条约》（1858年）、《瑷珲条约》（1858年）、《北京条约》（1860年）、《马关条约》（1895年）、《辛丑条约》（1901年）等一系列丧权辱国的不平等条约一桩又一桩地签订，中国的国土一块又一块地被宰割，中国人的血汗化作赔款塞满了列强的口袋。帝国主义列强一面公开割占中国领土，在中国内地划分势力范围，攫取各种殖民地特权，还向清政府勒索大量赔款。下列几款只是其中一部分：1840年鸦片战争后签订的《南京条约》攫取赔款2100万元（银元）；1860年英法联军抢劫并火烧圆明园后，各得赔款800万两白银；1895年日本通过《马关条约》勒索2亿两白银，又以归还辽东为名，索赔3000万两白银；1901年八国联军侵华战争时签订的《辛丑条约》，规定中国赔偿军费加利息合计近10亿两白银……中国在帝国主义列强无情的屠刀下，已经羸弱不堪。只因为中国人民坚持民族气节，为国家独立民族尊严不惜流血牺牲，中国才没有亡国。

鸦片战争与太平天国运动，敲响了中国封建王朝的丧钟。封建主义已经日薄西山，气息奄奄，清王朝也已穷途末路，康有为、梁启超等资产阶级改良派企图效法日本实行改良的道路根本走不通。另辟蹊径寻求救国、兴国道理和途径的中国人如魏源、洪秀全、严复、孙中山，都把目光投向了西方。孙中山领导的辛亥革命，推翻清王朝，结束了中国2000多年的封建帝制，宣布建立中华民国。由于中国资产阶级民主革命的力量薄弱，帝国主义、封建主义假手袁世凯和北洋军阀，窃取了辛亥革命的果实。孙中山不得不发动二次革命，直到临终，仍然惨淡地留下“革命尚未成功”的遗憾。

1919年爆发的五四运动是彻底反帝反封建的伟大爱国运动，这场运动成为中国旧民主主义革命走向新民主主义革命的转折点。由于世界进入帝国主义和殖民地、半殖民地解放斗争的时代，五四运动成为当时世界无产阶级革命运动的一部分。正如毛泽东同志所指出的：“五四运动是在思想上和干部上准备了一九二一年中国共产党的成立。”

——中国共产党的诞生，标志着新中国启明星的升起。孙中山逝世以后，代表大地主、大资产阶级利益的蒋介石集团攫取了国民党的领导权，随即便推翻了孙中山主张的联俄、联共、扶助农工三大政策和新三民主义，对中国共产党采取斩尽杀绝的政策。党在逆境中经受严酷考验，在斗争中不断成长壮大。以毛泽东同志为主要代表的中国共产党人，从中国的历史状况和社会现实出发，把马克思主义基本原理和中国实际相结合，实现了马克思主义中国化的第一次历史性飞跃，创立了毛泽东思想，中国革命从此走上了胜利发展的道路，完成了民族独立和人民解放的历史任务。

——中华人民共和国的成立，开辟了中国历史的新纪元。鸦片战争以后，中国人努力学习西方，向西方寻找真理。一部分接触过西方世界的知识分子和官员提出教育救国、实业救国的口号，崇尚“德先生”、“赛先生”成为知识界的强音。在中国的大城市和沿海、沿江地带有许多外国的租界地、领事馆、洋行以及外国人的游乐场，外国人和中国人都在中国搞资本主义。有些人说，中国没有经过资本主义，直接搞社会主义是超越了发展阶段，这种说法并不属实。从辛亥革命推翻清王朝，直到蒋介石统治中国的22年，中国人学习西方、实行西方的制度数十年，中国没有改变贫穷衰败的命运，没有取得真正的民族独立，没有成为民主的国家。“西方资产阶级的文明，资产阶级的民主主义，资产阶级共和国的方案，在中国人的心目中，一齐破了产。资产阶级的民主主义让位给工人阶级领导的人民民主主义，资产阶级共和国让位给人民共和国。”

中华人民共和国的成立，彻底推翻了帝国主义、封建主义、官僚资本主义及其代理人在中国的统治，这是历史的选择、人民的选择。

中国共产党从成立之日起，就以劳动人民的解放和国家富强作为根本任务。在全国革命即将胜利之时，毛泽东同志指出，夺取全国政权，只是万里长征的第一步。发展经济，实行人民民主，建设现代化的国家，是党和国家始终不渝的宗旨和奋斗目标。由于复杂的国际环境，由于我国振起于极度凋敝的基础之上，由于现代化建设的经验和人才匮乏，也由于中国传统政治文化中某些因素的影响，新中国的发展经历了曲折的探索。特别严重的是脱离实际的大跃进和导致十年内乱的文化大革命，这两次涉及全局的大运动，使国家蒙受了严重的损失和创伤。但是，这些失误和挫折不能抹杀新中国建立的历史功绩，不能由此将新中国诬蔑为专制国家。在国际、国内有一些人把建立新中国视作“原罪”，抹黑中华人民共和国国史，大肆宣扬历史虚无主义。他们兜售西方的价值观，鼓吹西方的宪政，根本目的是颠覆人民共和国，企图“改朝换代”，建立资产阶级专政的国家，使社会主义中国沦为西方大国的附庸。回顾十一届三中全会前的那29年，中国的成就与失误俱在，喜悦与悲哀并存，留下了回忆和思考的巨大空间。1981年党的十一届六中全会通过的《关于建国以来党的若干历史问题的决议》，科学地总结了建国以来党和国家的成功经验和历史教训。

三、建设中国特色社会主义，中国走向全面振兴的新里程

党的十一届三中全会以来，中国共产党和社会主义中国走向新时代。这个时代的特征是高举一面旗帜——中国特色社会主义旗帜，坚持一条道路——中国特色社会主义道路，坚持一个理论体系——中国特色社会主义理论体系。32年的改革和发展，使中国社会发生了极为深刻的变化，中国已经进入世界经济大国的行列，已经成为全球经济体系中一个不容忽视的成员，没有任何国家或者集团可以把中国当作微不足道的小伙计。

中国早已脱离了苏联式社会主义的经济和社会运行模式，也不照搬美式或欧式的资本主义制度。中国走自己的路，在中国特色社会主义理论体系的指引下，在实践中探索和不断完

善中国特色社会主义的新模式。面对由美国引发的国际金融危机和经济衰退，中国成功地抵御冲击，继续保持自己高速发展的态势并在全球事务中发挥更加积极的作用。

中国仍处于并将长期处于社会主义初级阶段，整体实力和发展水平与发达国家还有距离，中国决不妄自尊大，同时也决不妄自菲薄。中国选择自己的发展道路，坚持自己的社会制度，决不做任何大国的附庸，这是中国共产党的历史选择，也是中国人民的历史选择。20世纪90年代，当苏联解体、东欧剧变时，有些人预言中国的社会主义也不会长久，有些追捧美国至上的人拿中国的弱项与美国的强项比，并以此论证两种社会制度的优劣，认为中国必须放弃自己的社会制度，尾随美国讨生活。中国今天的现实，是对这种观点最直接、最有力、最彻底的回击。第二次世界大战结束以来，世界上有100多个国家和地区获得独立，大多数继承了殖民地时代的资本主义制度，其中的多数仍没有摆脱贫穷落后，有些还长期陷于战乱。世界发展的历史证明，1949年建立的新中国没有选错自己的方向和道路。

四、严肃对待和科学研究中华人民共和国国史

1. 研究当代中国历史，要追溯鸦片战争以来中国沦为半殖民地半封建社会的历史。这是新中国前夜的国情。由此决定中国革命的任务是推翻三座大山：帝国主义、封建主义和官僚资本主义。

2. 研究世界资本主义进入帝国主义阶段，俄国发生十月社会主义革命以后世界形势的变化。十月革命冲破了资本主义的链条，为遭受帝国主义压迫的民族和人民指明了争取独立和解放的方向和道路。

3. 研究中国百年来学习、效法西方资本主义一再失败、始终不得成功的国内外原因。国外的情况是：帝国主义以中国为鱼、肉，先是多国共同侵略分肥，后是日本一家要独灭中国，“先生老是侵略学生”；国内的情况是：民族资产阶级发育不良，无力承担领导推翻封建主义、帝国主义的使命。国内外的条件表明，试图用资本主义制度救中国“此路不通”。

4. 研究中国共产党选择新民主主义理论和路线，领导中国革命取得成功的历史必然性。旧民主主义在中国行不通，领导中国民主主义革命的责任必然地落在工人阶级及其政党——中国共产党的肩上。中国民主革命的性质是新民主主义革命，革命的主力军是农民，这个革命既不同于孙中山领导的旧民主主义革命，又有别于苏联的社会主义革命。社会主义是新民主主义的必然前途，新民主主义是社会主义的必要阶段。中国共产党第一代领导人创建的新民主主义理论是马克思主义中国化的伟大成果，是人民革命战争取得胜利和新中国建立的理论基础。

5. 研究新中国建立、确立人民当家作主、实行人民民主专政的国家政权的历史根据。抗日战争胜利以后，中国面临两种命运的选择，在蒋介石悍然杜绝了政治协商、和平建国的出路以后，国共两党的决战决定了中国的命运。中国共产党领导的人民解放战争只用了3年就打倒了执政22年的蒋介石集团，建立起以工人阶级为领导、工农联盟为基础，团结小资产阶级和民族资产阶级的人民共和国。这个选择顺应历史潮流，合乎人民愿望，受到全国人民，除反动派以外各个阶级的一致欢迎，成为共同的政治纲领。

6. 研究中国选择社会主义制度的必然性。社会主义与资本主义的本质区别在于：生产资料的所有制是社会主义公有制（或以公有制为主体的多种所有制）还是资本主义私有制；由工人阶级（或者工人和其他劳动阶级结成同盟）及其政党领导国家政权，还是由资产阶级及其政党掌握国家政权；以马克思主义与本国实际相结合的革命理论作为意识形态的灵魂还是以资产阶级自由主义作为意识形态的灵魂。这个分野是清清楚楚的。站在社会主义一边，

或者站在资本主义一边，在不同的立场上，结论必然是相反的。对于中国共产党领导的社会主义制度，敌对势力总是要千方百计加以遏制，企图迫使中国屈从于附庸地位；西方的政治家当中也有人希望中国保持自己特色，不要盲目追随超级大国设定的轨道。在国内有少数竭力鼓吹西化的人，以西方敌对势力为靠山，为了谋夺中华人民共和国的政权，肆意歪曲当代中国的历史，丑化中国几代领导人，他们的目的和手法就是敌对势力惯用的“灭人之国，必先去其史”的老套路。中华人民共和国宪法规定了中国的根本制度、根本任务和公民权利，充分体现了中国的社会主义本质和特色。宪法是国家根本法，是国家和民族利益的根本保障，任何人企图推倒中华人民共和国宪法，按照敌对势力极力推广的“普世价值”鼓动颠覆中国共产党领导的国家制度，都是决不允许的。

7. 研究实行改革开放、建设中国特色社会主义的伟大历史进程。中国特色社会主义，是马克思主义中国化结出的硕果。30 多年来，中国不间断地推行改革，国民经济快速发展，经济结构和社会阶层结构都发生了深刻变化。依照世贸规则，中国全面参与世界经济的合作与竞争，在经济全球化、世界多极化的格局中，占有越来越重要的位置。沿着中国特色社会主义道路阔步前进，中国的繁荣和兴旺，中国人民的富裕和幸福，正在逐步实现。经过几代人的努力，建国大业历 61 年而日趋兴旺，中华民族复兴的节拍正在加速。我国的国民经济连续 20 多年持续、高速增长，人民生活水平不断提高，有力证明了中国特色社会主义制度具有强大的生命力和无可比拟的优越性。但必须清醒地看到，我国仍处于并将长期处于社会主义初级阶段这一基本国情没有变，人民日益增长的物质文化需要同落后的社会生产之间的矛盾这一社会主要矛盾没有变，我国是世界上最大的发展中国家这个总体定位没有变。我国经济发展的质量和水平与发达国家相比还有不小差距，人民的生活还不够富裕。国家的稳定、社会制度的改革和经济社会的发展必须打牢基础，保持正确的方向。国际上以损害中国利益满足他国利益的蛮横言行由来已久、屡见不鲜，由此引发争议、冲突的潜在风险始终存在。我国希望建立和谐世界，希望能够与世界人民共享文明成果，让各国人民安下心来建设自己的国家。中国把这一时期称作历史机遇期。其实这一时期世界和中国都遇到不少的麻烦。我们深知，实现中华民族百年的复兴理想，还有长期艰难的里程。我们深信，尽管道路曲折，但中国特色社会主义的前途一片光明。

（作者：全国政协副主席、中国社会科学院院长）

众志成城　抗震救灾　再建美丽新家园

强　卫

2010 年 4 月 14 日 7 时 49 分，一场突如其来的强烈地震袭击了青海省玉树藏族自治州玉树县，昔日美丽的玉树草原顿时满目疮痍，众多鲜活的生命顷刻陨落凋零。

这次强烈地震，一是震级高，达到 7.1 级，为当地有历史记录以来最强烈的地震。二是损失重。据民政部门初步核实，玉树地震造成 2690 人遇难，262 人失踪，1.2 万多人受伤，其中重伤 1000 多人。受灾最重的结古镇，平房全部倒塌，楼房倒塌过半，没倒的全有裂缝，成为危房。214国道出现多处滑坡沉陷，10座桥梁发生移位。地震发生后县城供水、供电、通信基本瘫痪，设施破坏严重。三是抢险救灾难度大。玉树平均海拔4400米，高寒缺氧，夜间温度零下7—8度，重灾区地带狭小，给抢险救援、群众安置和恢复重建带来较大的困难。

地震无情，人间有爱。地震发生后，党中央、国务院果断决策，迅即对抗震救灾工作作出全面安排部署。全党全军全国人民紧急动员，各路救援大军千里驰援、抢救生命，灾区各族干部群众临危不惧、奋起自救，再次谱写了中华儿女不屈不挠、气壮山河、感天动地的英雄凯歌！地震发生后第七天，实现了从应急救灾到有序救灾的全面转变，取得了抗震救灾的阶段性重大成果。

——以最高的效率抢救生命、救治伤员。坚持把救治人的生命作为第一位的任务，不放弃、不抛弃，只要有一丝希望，就不惜一切代价抢救。截至4月22日，累计从废墟下救活1455人。迅速组织大批医护人员、救护车、药品和医疗器械，派遣医疗专家参加和指导救治伤病员。加强军地协调和陆空协调，迅速将全部重伤员转运到西宁、格尔木、成都、兰州、西安等地医院以及兰州军区等部队医院医治。同时，加强卫生防疫工作，目前灾区没有传染病暴发和食物中毒等突发公共卫生事件的发生。

——以最优的服务妥善安排群众生活。地震造成群众家园被毁、财产损失，以最快的速度和最好的服务妥善安置好群众生活，成为重中之重。在全国各地、各族各界的大力支持下，我们紧急从全国各地组织调运棉帐篷、食品、饮用水、药品等救灾物资，加强运输、接卸、发放等环节的有机衔接，建立临时帐篷社区集中安置群众，把救灾物资及时、有序发放到受灾群众手中。截至5月4日，已发放帐篷7.2万多顶，棉被18.9万多套，棉衣近12万件，方便面、饮用水近4000吨，折叠床2万个。目前，受灾群众已全部住进帐篷，做到了有饭吃、有干净水喝、有病能医治。下一步，我们将根据家庭人口数量，科学增配帐篷、火炉、行军床、粮油、砖茶等物资，确保群众在过渡安置期住得比较方便舒适，能吃上热饭、喝上热水，有比较丰富的文化生活。

——以最快的速度抢救恢复基础设施。震后第一天，紧急修复了被损毁的道路交通。当晚8点全面恢复机场通讯，次日凌晨5点开始恢复玉树县通讯。震后第二天，基本恢复了供电和供水，指挥部、安置点、医疗点等重点部位电力供应得到保障，部分地段供水系统得到恢复。震后第七天，解决了重灾区结古镇临时安居点和结古镇以外8个乡镇的供水问题。

——以最强的举措恢复正常社会秩序。积极建立政府主导、市场为辅的灾区物资供应体系，设立救灾物资集中地，及时有序地把救灾物资发放到群众手中。组织西宁市一些大型商业企业到灾区开展经营，引导全社会尽快有序恢复商业活动。震后第六天，市场恢复营业，群众急需的日用品开始销售，银行、邮政临时营业网点开张，商业秩序开始恢复，人心趋于安定。迅速落实中央对灾区救助补助的具体政策，及时安抚遇难人员家属、受伤人员。震后第四天，玉树州孤儿学校率先复课，目前，所有停课的学校已全部复课。集中建设州、县、乡党政机关活动板房集中办公区，党政机关日常办公秩序全面恢复。

——以最早的时间启动灾后恢复重建工作。玉树地区海拔高、建设施工时间短，一年有效施工期仅有5个月，恢复重建任务极其艰巨。震后次日，我们立即派人到四川学习汶川灾后恢复重建的经验。16日晚，部署启动灾后重建的前期工作。震后第七天，省委省政府召开灾后恢复重建工作会议，正式部署启动灾后重建工作。

玉树抗震救灾之所以能够在较短的时间内取得较大的成绩，一是靠党中央国务院的坚强领导、深切关怀。胡锦涛总书记提前结束出访，一回到北京，就主持中央政治局常委会议研究部署抗震救灾工作，并亲临灾区看望慰问干部群众，指导抗震救灾工作。温家宝总理在震后第二天和第十七天两次到灾区视察，对抗震救灾和灾后重建提出明确要求。吴邦国、贾庆林等各位中央政治局常委分别以打电话、到灾区视察等方式表示慰问、作出指示。受党中央、国务院的委托，回良玉副总理连续四次赶赴灾区，深入一线视察灾情、慰问群众、指导工作。二是靠人民子弟兵的冲锋在前、无私奉献。人民军队视灾情为命令，以最快的速度开赴灾区，开展搜救营救、维护秩序、护送物资和医疗救治等各项工作，在抗震救灾中发挥了中流砥柱作用，赢得了灾区干部群众的高度赞誉。三是靠全国人民的倾力相助、大力支援。中央直属机关、中央国家机关、30个兄弟省区市和港澳台地区在第一时间伸出援助之手，及时组织资金、物资、人力、设备支援灾区，一些企业、慈善人士、志愿者从四面八方汇集玉树抗震救灾。截至5月4日，全省共接受捐赠资金36.63亿元，救灾物资折价6.85亿元。四是靠全省上下快速反应、迅速行动。地震灾害发生后，省委省政府第一时间成立抗震救灾领导小组和指挥部，第一时间组织力量赶赴灾区开展救助，全省上下全力以赴投入抗震救灾，指挥体系运转高效、协调有序。五是靠玉树广大干部群众奋勇自救、共渡难关。州委州政府迅速启动应急预案，动员全州党员干部，冒着余震危险，走村入户，查看统计灾情，组织自救。在基层党组织和党员干部的组织带领下，灾区各族群众包括广大僧侣互帮互救，齐心抗灾，共同绘出了各族同胞团结一心、共克时艰的生动画卷。

“新校园，会有的！新家园，会有的！”胡锦涛总书记视察玉树地震灾区时，提出了建设社会主义新玉树的宏伟目标，极大地鼓舞了玉树灾区各族干部群众，极大地鼓舞了青海各族人民。我们将认真贯彻胡锦涛总书记和温家宝总理视察灾区的重要讲话精神，着眼于建设新校园、新家园和社会主义新玉树的奋斗目标，坚持一手抓有序救灾和恢复重建，一手抓科学发展和维护稳定，加大力度，加快进度，攻坚克难，让一个更加美丽、更加富饶、更加和谐的社会主义新玉树，早日伫立在雄伟辽阔的青藏高原。

——全力以赴夺取抗震救灾的伟大胜利。坚决贯彻科学、依法、统一、有力、有序、有效抗震救灾的要求，以大无畏的英雄气概，以更加顽强的精神、更加迅速的行动、更加科学的方法，坚决做好抗震救灾各项工作。继续全力以赴挽救生命、救治伤员，让伤病员得到及时有效的身体治疗和心理慰藉。继续加强卫生防疫工作，坚决防止传染病的发生，确保大灾之后无大疫。继续妥善安置好群众生活，建设好群众集中安置点，让受灾群众有热饭吃、有热水喝、有比较舒适的住所、有足够的御寒衣被、有病能治、孩子有学上。继续全力以赴全面恢复基础设施，确保通讯、供水、供电得到有效保证。继续全力以赴重建社会正常秩序，全面恢复学校上课、商店营业和党政机关办公。继续全力以赴加强社会管理，加强群众思想工作、宣传舆论工作、社会治安管理工作，引导好群众情绪，凝聚好群众力量，全力维护社会稳定。

——全力以赴实现灾后重建的宏伟蓝图。用3年时间，完成灾后重建的主要任务，使灾区基本生活条件、基础设施保障和公共服务水平达到或超过灾前水平。在此基础上，进一步把玉树州州府建设成布局合理、功能齐全、设施完善、特色突出、环境优美的高原生态型商贸旅游城市、三江源地区的中心城市、青海藏区城乡一体化发展的先行地区。要坚持以人为本、尊重科学、保护生态、统筹兼顾，建设更加结实舒适的城乡居民住房，建设更加先进的公共服务体系，建设更加发达的基础设施，建设更加合理的产业结构，建设更加繁荣的民族文化，建设更加和谐的生态环境，建设更加文明的社会秩序，让每一个玉树人都住进新家园，过上新生活，拥有新幸福。

——全力以赴开创科学发展的美好明天。抗震救灾中源源不断地来自全国的救援力量、救灾物资，再一次告诉我们，发展才是硬道理，国家的综合实力是我们战胜一切艰难险阻的强大物质保障。要继续牢牢抓住发展这个第一要务不动摇，牢牢抓住经济建设这个中心不动摇，更加坚决地贯彻落实科学发展观，更加自觉地加快经济发展方式转变，更加积极地推动跨越发展、绿色发展、和谐发展和统筹发展，奋力闯出一条欠发达地区实践科学发展观的成功之路，奋力夺取建设富裕文明和谐新青海的新胜利，让青海与全国一起同步迈入全面小康社会，让青海各族人民与全国人民一起共享改革发展成果。

实现建设社会主义新玉树的奋斗目标，必须以坚强的党性、优良的作风和强有力的组织作保障。要牢固树立自信开放创新的青海意识，大力发扬“五个特别”的青藏高原精神，弘扬实干精神和伟大的抗震救灾精神，为抗震救灾和灾后重建提供持久的精神动力。各级领导班子和领导干部要坚守岗位、恪尽职守、深入一线、靠前指挥，到灾情最严重的地方去，到最困难的地方去，带领广大群众全力以赴抗震救灾、重建家园。切实加强灾区基层党组织和政权组织建设，配齐配好基层干部，充分发挥党组织的战斗堡垒作用、各级干部的模范带头作用、广大党员的先锋模范作用。

玉树不倒，青海常青！地震摧毁了我们的房屋和家园，但摧不垮我们的精神和意志；灾难夺去了我们的亲人和同胞，但夺不走我们的信心和勇气。我们坚信，有以胡锦涛同志为总书记的党中央的坚强领导，有全国人民的大力支援，有全省上下的不懈努力，玉树草原的格桑花一定会盛开得更加绚丽，玉树大地的“锅庄”一定会舞动得更加奔放，美丽玉树的明天一定会更加灿烂，大美青海的明天一定会更加美好！

（作者：中共青海省委书记）

国际金融危机与社会主义、马克思主义的历史命运

王伟光

由美国次贷危机所引发的国际金融危机，进而诱使资本主义世界发生的全面危机，已经持续两年多了，尽管人们采取了种种救市措施，但它仍在顽强地发挥着负面影响，强烈地冲击着整个世界经济并改变着世界格局。以此为时间节点，以世界性危机现象为“反光镜”，往前追溯到19世纪中叶，马克思恩格斯创立科学社会主义至今一个半世纪以来，社会主义与资本主义两大力量、两种历史走势生死博弈的风风雨雨，充分印证了马克思主义经典作家关于资本主义必然灭亡、社会主义必然胜利的科学论断是颠扑不破的真理，雄辩地证明了社会主义、马克思主义的旺盛生命力，昭示了社会主义与马克思主义的历史命运。

一、一个半世纪世界历史进程，雄辩证明了社会主义的必然性和马克思主义的真理性

唯物辩证法告诉我们：任何事物的发展都不是直线上升，而是波浪式前进、螺旋式上升、曲折式发展，社会历史发展也是如此。世界历史进程就是这一历史辩证法的铁证。社会主义运动正是遵循这一历史辩证法的逻辑在曲折中前进的，虽有挫折与失败，但总体上是不断前行的，这一历史进程恰恰从实践角度验证了马克思主义千真万确的真理性。

对社会历史规律的观察，历时越久、跨度越大，也就看得越明白，其判断也就越经得起实践

检验。世界历史进入资本主义社会形态的发展阶段，即伴随着工人阶级与资产阶级、社会主义与资本主义两个阶级、两种社会制度、两大历史前途的博弈，其历史较量的线索、特点、规律与趋势，随着历史的发展、时间的推移，越发清晰，也越发显示马克思主义的科学性。

回首往昔，可以清楚看到，世界历史进程已经发生了四次重大转折，社会主义呈现由低到高、到低、再从低起步之势，标志着社会主义在斗争中、在逆境中顽强地生长。这一历史进程尽管曲折，有高潮，也有低潮；有前进，也有倒退；有成功，也有失败，但在总体上印证了马克思主义关于社会主义必然胜利的历史发展总趋势的判断是正确的，同时也说明社会主义战胜资本主义的历史进程不会是一帆风顺的，也绝不可能在短时间内实现，必须经过一个相当长的历史跨度。既要看到历史发展的总趋势，坚信社会主义必然要取代资本主义，同时又要看到，社会主义代替资本主义是一个漫长的历史进程，充满曲折，充满斗争，甚至有可能出现暂时的倒退。所以，既要反对社会主义"渺茫论"，又要反对社会主义"速胜论"。不能因为挫折和失败，对实现社会主义丧失信念和信心，也不能因为顺利和成功，就急躁冒进。

四次世界性历史转折可以分为前两次和后两次。前两次转折发生在20世纪前半叶。社会主义运动从兴起到发展，资本主义则经历了一系列经济危机和两次世界大战的折腾，步入下降期。

第一次世界性历史转折发生在20世纪初叶，其标志是1917年爆发的俄国十月社会主义革命。19世纪中叶，马克思主义经典作家创建了科学社会主义，开创了世界工人运动和社会主义运动的新篇章。进入20世纪初叶，科学社会主义理论指导的社会主义运动由轰轰烈烈的工人运动实践变成了社会主义制度实践。列宁成功领导了十月社会主义革命，建立了第一个社会主义国家，这是20世纪初最重大的世界性事件，从此开启了人类历史的新纪元，社会主义运动开始走向阶段性高潮。

第二次世界性历史转折发生在20世纪中叶，其标志是1945年"二战"之后一系列国家社会主义革命的成功，形成了一个社会主义阵营。矛盾激化引发危机，危机造成革命机遇。20世纪初叶爆发的第一次世界大战、20世纪三四十年代爆发的第二次世界大战，都是资本主义不可克服的内在矛盾激化的结果。早在自由竞争资本主义阶段，资本主义固有矛盾就不断激化，导致从1825年开始，每隔10年爆发一次经济危机，危机的累加演变成1873年的资本主义空前激烈的世界总危机，这次总危机及之后不断迭加的危机，如1900年、1903年、1907年的经济危机，最终导致第一次世界大战的爆发。战争只能恶化、加重危机，"一战"后旋即爆发了1929—1933年资本主义世界大危机，资本主义步入严重的衰退。而危机的结果又要依靠战争来解决，但战争并不能从根本上克服资本主义内在矛盾。垄断资本主义内在矛盾的进一步激化导致第二次世界大战爆发。两次大战，标志着资本主义走向衰落。危机与战争给社会主义革命带来前所未有的机遇，"二战"后，中国等一系列国家革命成功，建立了社会主义制度，形成了社会主义阵营，社会主义运动出现阶段性高潮。相反，"二战"后，资本主义社会矛盾和总危机进一步加深，美国1948年、1953年、1957年、1960年、1969年、1973年……连续爆发危机，并波及北美、日本和西欧主要国家，成为世界性危机。资本主义整体实力下降，遭受重大打击。

20世纪八九十年代至今的20余年中，接连又发生了两次重大的世界性历史转折。世界社会主义运动由高潮到低潮，然而以中国特色社会主义为重要标志的世界社会主义运动却开始走出低谷。资本主义由低迷困境进入高速发展时期，而美国金融危机却使现代资本主义步入险境，呈进一步衰退之势。

第三次世界性历史转折发生在20世纪末叶，其标志是20世纪80年代末90年代初的苏东剧变、社会主义阵营解体，世界社会主义运动

陷入低谷。“二战”之后，20世纪上半叶，社会主义走上坡，资本主义走下坡。但世界进入20世纪下半叶，社会主义各国却放慢了发展速度，特别是苏东剧变，世界社会主义运动面临举步维艰的境遇。而在此一时期，现代资本主义吸取资本主义发展进程中的经验教训，同时也吸取社会主义国家发展的经验教训，进行改良，由此进入相对和缓发展时期。

第四次世界性历史转折发生在21世纪初叶，其标志是2008年爆发的国际金融危机。这对世界发展格局和中国特色社会主义事业的发展将产生的影响仍无法估量。有句俗话：“三十年河东，三十年河西”，短短二三十年时间，中国特色社会主义的成功使世界社会主义运动呈低潮中起步之势。而美国金融危机却使西方发达资本主义国家陷入困境，美国独霸态势呈下滑趋向，资本主义整体实力走向下降。美国金融危机是资本主义制度性危机，具体的救市措施只能使危机得到暂时缓解，但最终是无法克服的。当今资本主义金融危机与中国特色社会主义成功形成鲜明对比。社会主义市场经济与资本主义市场经济的本质区别是生产资料占有方式的不同。资本主义生产资料私有制决定了危机最终是无法避免的，而社会主义市场经济虽然具有市场经济的特性，但由于它是与社会主义制度相结合的，这就为它规避和战胜世界性金融危机提供了可能。中国人民在中国共产党的正确领导下，成功地顶住了国际金融风暴的冲击，不仅实现了预定的稳定发展的目标，而且取得了显著成绩。这既要归功于党的正确领导和果断决策，更根本的是彰显了社会主义制度的政治优势，愈加证明了社会主义的生命力、中国特色社会主义的生命力、马克思主义的生命力。

二、中国特色社会主义道路的成功开创，中国改革开放对国际金融风险的有效抵御，彰显了社会主义的强大生命力

马克思主义经典作家创立了科学社会主义，开创了工人运动和社会主义运动的新格局。当时，他们把注意力和着眼点主要放在西方发达资本主义国家，根据当时的实际，曾设想社会主义革命将首先在生产力比较发达、工人阶级人数占多的资本主义国家发生，至少是几个主要发达资本主义国家同时发生才能胜利。而后的实践发展却超出了他们的具体判断，新的实践促使他们开始注意并研究东方社会，并提出了非资本主义国家走社会主义道路的可能性问题。他们认为，在特定条件下，东方国家能够不通过资本主义制度的“卡夫丁峡谷”，而实现社会形态的跨越式发展，走向社会主义。

马克思恩格斯最初关于社会主义革命在西方诸国同时胜利的结论，是建立在对社会历史一般发展规律的判断上。后来，马克思恩格斯经过科学研究，分析了社会历史发展的特殊性，提出社会主义发展的非资本主义道路问题。列宁分析了帝国主义历史阶段经济政治发展不平衡性，提出社会主义革命可以率先在资本主义统治的薄弱环节突破的科学论断，并成功地发动了俄国十月革命。俄国革命的成功从实践上证明了马克思主义经典作家关于非资本主义道路的设想是科学的。然而，继列宁之后，斯大林建立的社会主义制度的苏联模式，所走的社会主义建设的苏联道路，尽管取得了伟大成就，却忽略了苏联相对于西方诸发达资本主义国家落后的生产力，忽略了市场经济的必经性，逐渐形成了高度僵化、高度集中的经济政治体制，束缚了生产力的发展，束缚了人民积极性的发挥，束缚了社会主义制度优越性的发挥。其他社会主义国家在社会主义建设实践中，在一定阶段、在不同程度上，忽略了更为落后的本国生产力实际，犯了照抄照搬别国模式的错误。在几十年的发展中，社会主义制度的优越性逐渐被僵化的、不适当的经济政治体制所消耗，再加上其他客观原因和主观错误，还有西方资本主义国家围剿破坏，致使社会主义诸国陷入了发展困局。苏联解体、东欧剧变就是这一历史演变的结果。

社会主义革命成功之后，落后的国家到底

怎样建设社会主义，必须从实践和理论上给予回答。中国特色社会主义道路的成功开创，破解了这一重大课题，走出了一条社会主义建设的成功道路。

按照马克思主义经典作家的“非资本主义”道路的理论设想，落后国家可以不经过资本主义充分发展而跳跃式地推进社会主义革命，建立社会主义制度。但是资本主义已历经的市场经济和生产力高度发展的自然历史过程却是不可逾越的。中国共产党人总结了社会主义国家建设的经验和教训，坚持一切从实际出发，不照抄照搬别国模式，走自己的道路，将社会主义制度与市场经济相结合，建立了与中国社会主义现阶段生产力状况相适应的、与发展市场经济相协调的经济政治体制，回答了“什么是社会主义，怎样建设社会主义”的根本问题，成功开创了中国特色社会主义建设道路。在国际金融风暴的冲击下，西方资本主义经济衰退，前景黯淡，至今尚未走出困境，而中国特色社会主义在中国共产党的领导下，有效化解了金融风险，再次显示了社会主义制度的强大动员力和战斗力。

三、中国特色社会主义理论体系的创新，给马克思主义注入了新鲜的内容，显示了马克思主义的强劲创造力

中国共产党人在中国特色社会主义伟大实践中创新了马克思主义，赋予马克思主义以新的生命力。

当今世界正在发生全面而深刻的变化，当代中国也在发生广泛而深远的变革。国际上，美国次贷危机引发的全球性经济危机，已经并正在给全世界发展带来严重和持续的影响。在国内，中国特色社会主义取得了伟大成就，中国发展道路与中国发展经验，为人类文明的进步开辟了新的发展路径。一方面，当代资本主义面临重大挫折，给当代社会主义、马克思主义的发展提供了难得机遇；另一方面，当代社会主义、马克思主义又面临着前所未有的挑战。机遇与挑战并存，机遇大于挑战。当前世界正处于前所未有的巨大变动之中，资本主义和社会主义两种历史趋势、两大力量、两种意识形态的较量出现了新的变数，激烈社会变动给当代社会主义、马克思主义提供了新的发展时空，提供了新的需求动力。回顾上世纪八九十年代，社会主义处于前所未有的低谷，反社会主义、反共产党执政的思潮甚嚣尘上、鼓噪一时、不可一世，新自由主义也应运而生，西方资本主义到处推销新自由主义。20多年过去了，这场国际金融危机，一方面使资本主义受到前所未有的打击，新自由主义破产，资本主义意识形态再次受到严厉质疑；另一方面，中国特色社会主义通过改革开放取得成功并顶住了金融风险，社会主义从低谷中走出，这为当代社会主义和马克思主义的发展、为我们党加强意识形态工作提供了极为有利的条件。透过国际金融危机和世界各种力量的交锋，我们可以认清，金融资本不过是资本的当代形态，我们所处的时代仍然没有超出马克思主义的理论视野，社会主义具有强劲的生命力，当代资本主义无论采取何种形态，仍然逃脱不了马克思主义所预见的命运。

马克思主义是不是过时了，马克思主义是不是没有生命力了？不是的，马克思主义是科学，是具有旺盛生命力的。马克思主义之所以永不枯竭，永远具有蓬勃的生命力，根本在于它的实践性。实践是理论的源泉，是理论正确与否的检验标准，是推动理论不断发展的动力。马克思主义始终与不断发展的实践相结合，才永葆蓬勃的生机和活力。马克思主义同中国实际相结合，实现中国化，产生两次历史性飞跃，形成了马克思主义中国化的两大理论成果。第一次飞跃的理论成果是被实践证明了的关于中国革命的正确的理论原则和经验总结，当然也包括关于中国社会主义建设道路探索的正确的理论成果，即毛泽东思想。第二次飞跃的理论成果是中国特色社会主义理论体系。在新的历史条件下，中国特色社会主义理论体系创造性地回答了什么是马克思主义、怎样对待马克思

主义，什么是社会主义、怎样建设社会主义，建设什么样的党、怎样建设党，实现什么样的发展、怎样发展等重大理论和实践课题，深化了对"三大规律"即共产党执政规律、社会主义建设规律、人类社会发展规律的认识，既展现了当代中国马克思主义的勃勃生机，又为我们继续进行理论创新打开了广阔空间。

（作者：中国社会科学院常务副院长）

社会主义市场经济与资本主义市场经济的两个根本性区别

刘国光

从1992年党的十四大提出社会主义市场经济到现在已近20年，建立新体制已经取得有目共睹的巨大成就，也产生了不少有待探索改进的问题。这里，就正确处理计划与市场的关系和怎样巩固社会主义市场经济的制度基础（即社会主义初级阶段的基本经济制度），提出一些看法，供讨论参考。

一、关于社会主义市场经济的计划性问题

马克思主义认为，在共同的社会生产中，国民经济要实行有计划按比例的发展。"有计划按比例"并不等于传统的行政指令性的计划经济。改革开放以来，我们革除传统计划经济的弊病，适应社会主义初级阶段的国情，建立了社会主义市场经济体制，但也不能丢掉公有制为主体下有计划按比例的经济发展要求和规律。政治经济学领域的学者尤其不能忘记这一点。

1992年党的十四大提出建立社会主义市场经济体制的改革目标，是在邓小平同志"计划与市场两种手段都可以用"的南方谈话精神下制定的。当时，关于改革目标的问题，有三种提法：(1)社会主义有计划的市场经济；(2)计划与市场相结合的社会主义商品经济；(3)社会主义市场经济。在这三种提法中，我们党最终选择了"社会主义市场经济"。对于其中没有包含"有计划"三个字，时任中共中央总书记的江泽民同志有解释："有计划的商品经济也就是有计划的市场经济，社会主义经济从一开始就是有计划的，这在人们的脑子里和认识上一直是很清楚的，不能因为提法中不出现'有计划'三个字，就发生了是不是取消了计划性的问题。"党的十四大之所以在改革目标的表述上没有用"有计划"三个字，这与当时传统计划经济的影响还相当严重，而市场经济的概念尚未深入人心的情况有关；为了提高市场在人们心中的地位，推动市场经济概念为社会公众所接受，才没有加上"有计划"三个字，但加上了"社会主义"这极有分量的定语，而"社会主义从一开始就是有计划的"！这样，党的十四大改革目标的精神就很完整了。我当时参加中央文件起草工作，感到党中央这样做用心良苦，非常正确。

现在社会主义市场经济在我国已实行将近20年，计划经济离我们渐行渐远。由于历史原因，我们过去过于相信传统的计划经济；时过境迁，一些同志从迷信计划变成迷信市场，从一个极端走到另一个极端，说我们不再需要计划了。在经济工作的某些领域中，国家计划对宏观经济的指导作用有所减弱；有些地方的规划缺少约束性、问责性的指标任务；有些地方规划与中央规划脱节，片面追求GDP的高增长，规划失去了导向的意义。所有这些，都影响到宏观经

济管理的实效，造成社会经济发展中出现许多失衡问题。

在这样的情况下，重申社会主义市场经济也有“计划性”，很有必要。党的十七大重新提出“发挥国家规划、计划、产业政策在宏观调控中的导向作用”，就是针对我国经济实践中计划工作削弱和思想意识中计划观念淡化的状况而提出的。我们不仅要在实践中切实贯彻党的十七大这一重要方针，而且要在理论宣传工作中强调社会主义市场经济的计划性。

社会主义市场经济必须有健全的宏观调控体制，这当然是正确的。但是，1985 年在“巴山轮”国际宏观经济管理问题讨论会上，匈牙利经济学家科尔奈建议我国建立宏观调控下市场经济体制的时候，法国经济学家阿尔约伯特说法国就实行这种体制。所以，宏观调控下的市场经济并非社会主义国家经济体制独具的特色，而是资本主义国家也有的。那么，我们社会主义国家宏观调控下的市场经济怎样区别于资本主义国家呢？除了基本经济制度的区别外，就在于社会主义市场经济还有计划性，还有国家计划的指导。少数市场经济国家，如日本、韩国、法国，都曾设有企划厅之类的机构，编有零星的预测性计划。英美等多数市场经济国家只有财政政策、货币政策等手段，没有采取计划手段来调控经济。但我们是以公有制经济为主体的社会主义大国，有必要也有可能在宏观调控中运用计划手段，指导国民经济有计划按比例发展。这也是社会主义市场经济的优越性所在。宏观调控有几项手段，最重要的是计划、财政、货币三者，党的十四大报告特别指出“国家计划是宏观调控的重要手段”。这里没有说到财政政策、货币政策，不是说财政政策、货币政策不重要，而是财政政策、货币政策是由国家宏观计划来导向的。所以，国家计划与宏观调控不可分，是宏观调控的主心骨。宏观调控下的市场经济也可以称为国家宏观计划调控下的市场经济，这就是社会主义市场经济不同于资本主义市场经济的地方。

二、关于如何巩固社会主义市场经济的制度基础问题

社会主义市场经济与资本主义市场经济的另一个根本区别在于基本制度不同。前者以社会主义初级阶段的基本经济制度为基础，不同于资本主义私有经济制度。社会主义初级阶段的基本经济制度是公有制为主体、多种所有制经济共同发展的经济结构，坚持这一基本经济制度是维系社会主义市场经济的前提条件。

党的十七届五中全会再次重申“要坚持和完善社会主义基本经济制度”。坚持社会主义基本经济制度，就必须既不能搞私有化，也不能搞单一公有制。这是党的十七届四中全会提出要划清四个重要界限里面的一条，十分重要。当前，我们需要进一步研究，在“私有化”和“单一公有制”这两个错误倾向中，哪一个目前是主要的，以更好地抵制其消极影响。单一公有制是过去片面追求“一大二公三纯”时代的产物，现在还有个别极“左”人士在宣扬，这是需要我们与之划清界限的。但大量的言论和事实证明，当前存在的更为严重的错误思想倾向是私有化倾向，这一倾向对于社会主义市场经济的建设是极为不利的，马克思主义的政治经济学研究者不能不看到这一点。

马克思主义评价所有制的标准，并不只看所有制成分的比重。这是对的。但是，马克思主义也不主张不看比重。如果公有制经济在国民经济中的比重不断降低，以至于不再占主体，就会改变我国的社会主义性质。目前，根据国家统计局的数据，我国国有经济在国民经济中的比重还在下降，宏观上并不存在所谓的“国进民退”；微观上国有经济“有进有退”，但更多的是“国退民进”，个别案例中的所谓“国进民退”，也并非没有道理。我们党一贯强调，公有制比重的减少也是有限制有前提的，那就是不能影响公有制的主体地位。现在有不少人对公有制是否还是主体有疑虑。解除人们疑虑的办法之一，就是用统计数字来说明。马克思主义

政治经济学应当负起这个责任，解释公众的疑虑，坚定人们对社会主义初级阶段基本经济制度的信心。

我国社会主义基本经济制度不但要求公有制经济占主体地位，而且要求国有经济起主导作用。而要保证国有经济对国民经济起主导作用，国家应控制国民经济命脉，使国有经济的控制力、影响力和竞争力得到增强。在社会主义经济中，国有经济的作用不是像在资本主义制度中那样，主要从事私有企业不愿意经营的部门，补充私人企业和市场机制的不足，而是为了实现国民经济的持续稳定协调发展，巩固和完善社会主义制度。为了实现国民经济的持续稳定协调发展，国有经济应主要集中于能源、交通、通讯、金融等基础设施和支柱产业中。这些都是关系国民经济命脉的重要行业和关键领域，在这些行业和领域中国有经济应该有"绝对的控制力"、"较优强的控制力"，"国有资本要保持独资或绝对控股"或"有条件的相对控股"。这些都是中央文件所规定和强调的。国有经济对这些部门保持控制力，是为了对国民经济有计划地调控，以利于它持续稳定协调发展。

除了帮助政府实行对国民经济有计划地调控外，国有经济还有另一项任务，即它是保证社会公平正义的经济基础。对那些在政府调控经济中可能不太重要，但是对于保障公平正义非常重要的竞争性领域的国有资产，也应该视同重要和关键的领域，要力争搞好。所以，不但要保持国有经济在关系经济命脉领域的控制力，而且要保障国有经济在竞争性领域的发展，发挥它们在稳定和增加就业、保障社会福利和提供公共服务中的作用，增强国家转移支付和实行公平再分配的经济能力和实力。有竞争力的国有企业为什么不能在竞争性领域发展，难道利润收入只让私企独占？所以，中央对竞争性领域的国有经济一向坚持"有进有退"的政策，注重提高和发挥其竞争力，而绝不是要求它"完全退出"竞争性领域。当然，竞争性领域应当对私营企业完全开放，尽量让它们相互竞争，并与国企相互竞争。

私有化的主张者不仅要求国有经济完全退出竞争领域，他们还要求国有经济退出关系国民经济命脉的重要行业和关键领域。他们经常把国有经济在这些领域的优势地位冠以"垄断行业"、"垄断企业"，不分青红皂白地攻击国有企业利用政府行政权力进行垄断，把国有资本一概污蔑为官僚垄断资本。应当明确，在有关国家安全和经济命脉的战略性部门及自然垄断产业，问题的关键不在于有没有垄断，而在于谁来控制。一般说来，这些特殊部门和行业，由公有制企业经营要比由私有制企业经营能更好地体现国家的战略利益和社会公众利益。

行政性垄断的弊病是应当革除的。革除的办法与一般国企改革没有太大的差别，就是实行政企分开、政资分开，公司化改革，建立现代企业制度，收入分配制度的改革，健全法制和监管制度，等等。恢复企业利润上交国库，调整高管薪酬待遇（某些国企高管的收入高得离谱了），杜绝市场化改革以来国企利益部门化、私利化的弊端，这些都是当前国企收入分配改革中人们关注的焦点。另外，要进一步完善职工代表大会制度，使之成为真正代表劳动者权益的机构。如果职工真正有权监督国企重组，有些国有企业改制中出现的群体性事件甚至悲剧就不会发生了。

私有经济在社会主义初级阶段的基本经济制度中有其地位，应当充分阐述包括私有经济在内的非公经济对促进我国生产力发展的积极作用。但是，私营经济具有两面性，它除了有利于发展生产力的积极一面外，还具有剥削性的消极一面。针对私营经济和私营企业主客观存在的两面性，除了引导它们在适当的行业合法经营、健康发展外，还要对其不合法、不健康的经营行为进行限制，对其经营的领域进行节制。对于关系国家经济命脉和公众利益的部门，应当由公有制经济来承担，以避免私有经济只顾追逐利润而影响国家经济安全、扩大贫富差距。

（作者：中国社会科学院原副院长）

毛泽东关于党同人民群众关系问题的独创见解
——纪念毛泽东诞辰117周年

卫建林

任何政治力量、任何政权产生、存在、发展的依据，胜败兴衰的症结，都集中于和人民群众的关系。此即中国古训所谓得民心者得天下，所谓水可载舟亦可覆舟。古今中外，概莫能外。但是，只有中国共产党是由属于人民自己的先进分子组成的党，而不再是人民之外、人民之上的“精英”和“统治者”。中国共产党的特点所显示的，既不是“民心”之外的“党心”，而是“党心”成为“民心”的一部分；也不是“水”和“舟”的两个事物，而是鱼水之间的生命交融。和人民之间的血肉联系，全心全意为人民服务，成为中国共产党全部路线、方针、政策的灵魂和全部政治经验的结晶。

中国共产党在长期的奋斗中，围绕同人民群众的联系，总结出一系列理论的、政策的、工作方法的独特经验。这成为毛泽东思想的基础。为此做出最大贡献的，是毛泽东。可以把毛泽东关于人民群众历史地位、关于党同人民群众关系问题的独创性见解，概括为20个要点。

(1)“人民”这个概念，在不同的国家和各国的不同历史时期，有不同的内容，但是始终构成居民的绝大多数。

中国人民中最先进、最革命的阶级是工人阶级，工农联盟是人民力量的基础，广大的小资产阶级和民族资产阶级也属于人民。在社会主义时期，一切赞成、拥护并参加社会主义建设事业的阶级、阶层和社会集团，都属于人民的范围。

(2)人民，只有人民，才是创造世界历史的动力。

这个论断提出于抗日战争时期。

1960年5月，毛泽东在河南郑州分别会见来自非洲、拉丁美洲、亚洲一些国家的朋友。根据当时负责起草新闻稿的熊向晖的记述，毛泽东在阅读新闻稿的时候，删去了原稿“中国人民在毛泽东主席领导下取得的伟大成就”中的“在毛泽东主席领导下”和“伟大”，改为“中国人民在自己的工作中所取得的成就”。他说：“为什么一定要说毛泽东的领导呀？没有毛泽东，中国人民就取不得成就了？这是唯心史观，不是唯物史观。我把唯物史观的精髓概括成一句话，叫作‘人民，只有人民，才是创造历史的动力’。过去打仗，靠的是人民；现在建设，靠的还是人民。一切成就都来自人民自己的努力。”他又说：“领导人和人民不能分开，而是人民的一部分。‘中国人民在自己的工作中所取得的成就’，其中包括了你们，也包括了我。如果脱离人民，做官当老爷，那就不能包括。领导人和人民也不能等量齐观。今天我向拉丁美洲朋友讲了，你的稿子上也写了，‘人民是决定的因素’。应当突出‘决定的因素’，不应当突出‘非决定的因素’。就是说，应当突出人民，绝不要突出个人。”

(3)“卑贱者最聪明”，人民是真正的英雄。

中国人民中间，有成千成万的“诸葛亮”。每个乡村、每个城镇，都有那里的“诸葛亮”。在社会主义建设中，人民群众有向一切可以发挥自己力量的地方和部门进军、向生产的深度和广度进军的无限的创造力。社会的财富是工人、农民和劳动知识分子自己创造的。只要这些人掌握了自己的命运，又有一条马克思列宁主义的路线，不是回避问题，而是用积极的态度去解决问题，任何人间的困难总是可以解决的。

首先要向群众学习。学马列，拜群众为师，就灵了，就容易学好。必须明白，群众是真正的英雄，而我们自己则往往是幼稚可笑的。天才是靠群众路线、集体智慧。不了解这一点，就不能得到起码的知识。

（4）人民群众自己解放自己。

马克思列宁主义的基本原则，就是要使群众认识自己的利益，并且团结起来，为自己的利益而奋斗。中国是中国人民的，不是反动派的。中国必须独立。中国必须解放。中国人民是勇敢的，有骨气的，中国的事情必须由中国人民自己作主张，自己来处理，不允许任何帝国主义国家再有一丝一毫的干涉。党的指示和政府的法令是领导和帮助群众，而不是给群众以恩赐。恩赐的观点是不对的。菩萨是农民立起来的，到一定时期，农民会用自己的双手丢弃这些菩萨，无须旁人过早地代庖。中国人民绝大多数政治觉悟甚高，他们能够判断是非曲直，决不会盲目跟随反动派走。中国老百姓受苦难，他们是想走社会主义道路的。要依靠群众，不能再走回头路。民主是一条新路。人民监督政府，政府才不敢松懈。人人负起责任来，才不会人亡政息。

（5）组织起来，实现人民的大团结。

帝国主义敢于欺负我们，主要原因在于中国民众的无组织状态。中国各民族不团结，是旧中国统治者统治的结果，也是帝国主义挑拨离间的结果。党的基本任务，是宣传群众和组织群众。共产党员每到一地，都要深入群众，根据群众的觉悟程度，启发和帮助群众提高，在群众内心自愿的原则下，帮助群众逐步组织起来。首先要使先锋队觉悟，下定决心，不怕牺牲，排除万难，去争取胜利。还必须使全国广大人民群众觉悟。动员了全国的老百姓，就造成陷敌于灭顶之灾的汪洋大海。组织起来，将自己由利于反动派剥削压迫的散沙状态改变为团结状态，实现人民的大团结，是中国人民长期斗争的一个成果。

（6）共产党的路线就是人民的路线。

共产党人彻底地为人民利益工作，认为人民的利益高于一切，以中国最广大人民的最大利益作为自己的出发点和归宿，一切言论行动以合乎最广大人民的最大利益、为最广大人民所拥护为最高标准。

（7）党是革命事业的领导者、组织者，又是建设事业、群众生活的领导者和组织者。

党取得领导地位，我们的权力是谁给的？是工人阶级给的，是贫下中农给的，是占人口百分之九十以上的广大劳动群众给的。我们代表了无产阶级，代表了人民群众，打倒了人民的敌人，人们就拥护我们。共产党基本的一条，就是直接依靠革命人民群众。

党的领导权必须具备两个条件：第一，率领被领导者（同盟者）向着共同的敌人作坚决的斗争，并取得胜利；第二，对被领导者给以物质福利，至少不损害其利益，同时对被领导者给以政治教育。要使群众认识，党代表他们利益，和他们呼吸相通，接受党的政治号召，把革命当作他们的生命和他们无上光荣的旗帜。没有这两个条件或两个条件缺一，都不能实现领导。

要得到群众的拥护，就要真心诚意地为群众谋利益，解决群众的生活和生产问题。要组织、领导和帮助人民发展生产、改善生活、提高文化，解决油盐柴米的问题、房子的问题、衣的问题、生孩子的问题、读书上学的问题、生疮害病的问题。每个共产党员都要替人民着想。部队负责同志要替战士着想。机关负责同志要替大厨房着想，替杂务人员着想。群众生产、群众利益、群众经验、群众情绪，群众的每一要求与每一提议，一切群众需要解决的问题，都是领导干部应该时刻注意的，都应该提上议事日程。

（8）共产党员不是要做官，而是要真诚地为人民服务。

共产党人是革命的先锋队。共产党人热爱人民，真诚地为人民服务，不是要做官，而是要革命，不能有一时一刻脱离群众。在民众运动中，共产党人是民众的学生和朋友，而不是民众的上司；是诲人不倦的教师，而不是官僚主义的政客。在政府工作中,共产党人应该是十分廉洁、不用私人、多做工作、少取报酬的模范。鲁迅的两句诗——“横眉冷对千夫指,俯首甘为孺子牛”,应该成为共产党人的座右铭。“千夫”就是敌人,对于无论怎样凶恶的敌人都绝不屈服。“孺子”就是无产阶级和人民大众。一切共产党员,都应该学鲁迅的榜样,做无产阶级和人民大众的“牛”,鞠躬尽瘁,死而后已。

(9)共产党员应该在人民群众的实践中经风雨、见世面。

无论在什么问题上,共产党员一定要同群众相结合。每到一地,都要和那里的群众打成一片,都要细心倾听群众的呼声。应该经风雨、见世面,这个风雨,就是群众斗争的大风雨,这个世面,就是群众斗争的大世面。凡属真正团结一致、联系群众的领导骨干,必须从群众斗争中逐渐形成,而不是脱离群众所能够形成的。我们党有成百万有经验的干部,这些干部,大多数是好的,是土生土长,联系群众,经过长期斗争考验的。有建党时期的,有北伐战争时期的,有土地革命战争时期的,有抗日战争时期的,有解放战争时期的,有全国解放以后的,这些干部是我们国家的宝贵财富。我们有在不同革命时期经过考验的这样一批干部,就可以“任凭风浪起,稳坐钓鱼台”。

(10)党的干部是人民的勤务员。

中国共产党在一个几万万人的大民族中领导革命和建设,如果领导者是一个狭隘的小团体是不行的,党内仅有一些不识大体、没有远见、没有能力的领袖和干部也是不行的。一切干部,不论职务高低,都是人民的勤务员,所做的一切都是为人民服务。人民是主人。老百姓可以骂我们,我们却不应该骂他们。

(11)知识分子要和工农民众相结合。

对于知识分子的正确的政策,是革命胜利的重要条件之一。没有革命知识分子,革命就不会胜利。一切为人民服务的知识分子应该受到尊敬。知识分子如果不和工农民众相结合,则将一事无成。知识分子必须逐步树立无产阶级世界观,思想感情和工农兵大众的思想感情打成一片,感情由一个阶级变到另一个阶级需要经过长期的甚至是痛苦的磨炼。美国确实有科学、有技术,可惜抓在资本家手里,不抓在人民手里,其用处就是对内剥削和压迫,对外侵略和杀人。我们的专门家一方面帮助群众、指导群众,一方面向群众学习,使自己的专门知识不致成为脱离群众、脱离实际、毫无内容、毫无生气的空中楼阁。专门家只有代表群众,他们的工作才有意义。

(12)人民群众的意见和经验,是党制定政策的基础。

我们工作中决定的因素,是发现哪些政策是人民大众接受的,哪些是有意见的、反对的。只有证明为大众拥护的政策,才能成为我们党的政策。革命的政治家是千千万万群众政治家的领袖,革命政治家的任务是把群众政治家的意见集中起来、加以提炼,再使之回到群众中去,为群众所接受、所实践,而不是闭门造车、自作聪明、只此一家、别无分店的那种贵族式的所谓“政治家”。这是无产阶级政治家同腐朽的资产阶级政治家的原则区别。

(13)群众路线是党的基本的领导方法和工作方法。

凡属正确的领导,就是经过研究,将分散的无系统的群众意见化为集中的系统的意见,又到群众中去作宣传解释,把党的方针变为群众的方针,化为群众的意见,使群众坚持下去,见之于行动,并在群众行动中考验这些意见是否正确。然后再从群众中集中起来,再到群众中坚持下去。如此无限循环,一次比一次更正确、更生动、更丰富。这就是马克思主义的认识论。

(14)只有代表群众才能教育群众。

要了解情况,惟一方法是向社会作调查。没有调查,实际工作者无法了解变化着的情况,只懂得理论不懂得实际的人不能将理论与实际相联系。没有调查就没有发言权。共产党领导机关的基本任务,是了解情况和掌握政策。了解情况就是认识世界。全党进行系统的、周密的调查研究，是转变党的作风的基础一环。调查研究，第一是眼睛向下，而不是昂首望天。没有满腔热忱，没有眼睛向下的决心，没有求知的渴望，没有放下臭架子、甘当小学生的精神，一定不能做，一定做不好。要当人民的先生，先当人民的学生；只有当群众的学生，才能当群众的先生。只有代表群众，才能教育群众。

(15)按照群众的需要领导群众前进。

一切为了群众的工作，都要从群众的需要出发，而不是从良好的个人愿望出发。超过群众觉悟、违反自愿原则的命令主义是错误的，迁就群众中少数人的不正确意见，落后于群众、违反领导群众前进原则的尾巴主义也是错误的。有些群众容易注意当前的、局部的、个人的利益，而不了解长远的、全局的、集体的利益。不少青年人不容易深切了解我国人民怎样经历千辛万苦的斗争才摆脱帝国主义和国民党反动派的压迫，建立一个美好的社会主义社会要经过怎样的长期的艰苦劳动。因此，需要在群众中经常进行生动的、切实的政治教育，并且把发生的困难作真实的说明，和人民一起研究解决的办法。

(16)革命战争伟大力量的最深厚根源存在于人民群众之中。

中国共产党所领导的革命战争是吸引革命人民的旗帜，党所领导的军队是真正的人民军队。没有人民的军队便没有人民的一切。和中国人民站在一起，全心全意地为中国人民服务，是这个军队的惟一宗旨。每一个指战员以至每一个炊事员、饲养员，都是为人民服务的。军队不但是战斗队，而且主要的是工作队，会打仗、会做群众工作、会生产，无往而不胜。党的领导保证着军队和人民群众的鱼水关系。在革命战争中，群众是打不破的铜墙铁壁。正是由于人民的真心诚意的支持，从红军、八路军、新四军到人民解放军，从大刀长矛、小米加步枪到现代化装备，从消灭小股敌人武装、消灭日本侵略军和蒋介石反动武装到击败号称无敌于天下的美国军队，中国共产党领导的人民的军队，成为一支令剥削阶级和外国侵略者闻之胆寒的传奇般的军队。

(17)统一战线是中国革命和建设胜利的法宝之一。

在国内，唤起民众，就是团结工人阶级、农民阶级、城市小资产阶级和民族资产阶级，在工人阶级领导下，建立和巩固工人阶级领导的以工农联盟为基础的人民民主专政的国家。中国永远是党与非党联盟，长期合作。统一战线包括在一定条件下利用敌人营垒中的矛盾、有区别地对待各种中间势力。但是，必须坚决地揭露和清除民族叛徒，必须保证工人阶级及其先锋队共产党的领导地位。统一战线的原则有两个，第一个是团结，第二个是批评、教育和改造。关门主义是错误的，投降主义和对别人采取排斥和鄙弃态度的宗派主义也是错误的。在国外，联合世界以平等待我的民族和各国人民，共同奋斗，结成国际统一战线。这就是国内国际的两个绝大多数。

(18)关于工人阶级领导的、工农联盟为基础的人民民主专政。

工人阶级是人类历史上最伟大的阶级，思想上、政治上、力量上最强大的革命阶级。它可以而且必须把绝大多数团结在自己周围，最大限度地孤立和打击一小撮敌人。工人阶级(经过共产党)领导的以工农联盟为基础的人民民主专政，是一种政治制度，是保卫人民革命成果和建设社会主义的武器，它要求在人民内部实行民主，对反动派实行专政。它的第一个作用是压迫国内反动阶级、反动派和反抗社会主义的剥削者、破坏者，解决国内敌我之间的矛盾。第二个作用是防御国家外部敌人的颠覆活动和可能的侵略。人民民主专政保证着人民在国家生活中的主人翁地位，是经济建设和各项事业发展的先决条件。

(19)人民必须管理上层建筑。

我们的文化是群众的。基本的问题，是为群众的问题和如何为群众的问题。要站在无产阶级和人民大众的立场，歌颂一切人民群众的革命斗争，暴露一切危害人民群众的黑暗势力，把颠倒的历史再颠倒过来，使帝王将相老爷太太少爷小姐统治的舞台恢复历史的真面目。

共产党获得政权，一草一木归人民。劳动者管理国家、管理军队、管理企业、管理文化教育的权利，是社会主义制度下劳动者最大的权利，最根本的权利。如果没有这些权利，劳动者的工作权、休息权、受教育权等权利，就没有保证。

社会主义民主的问题，首先是劳动者有没有权利来克服各种敌对势力的影响的问题。像报纸、刊物、广播、电影这类东西掌握在谁的手里，由谁来发议论，都属于权利问题。人民不管理上层建筑是不行的。不能够把人民的权利问题，理解为国家只由一部分人管理，人民在这些人管理下享受劳动、教育、社会保险等权利。

(20)正确区分和处理人民内部矛盾。

社会主义社会存在敌我矛盾和人民内部矛盾两类性质完全不同的矛盾。大量存在的是人民内部矛盾。人民内部矛盾，在劳动人民之间是非对抗性的；在被剥削阶级和剥削阶级之间，除了对抗性的一面，还有非对抗性的一面。一般说来，人民内部矛盾是在人民根本利益一致基础上的矛盾，应该采取民主的方法来解决。所谓民主的方法，就是讨论的方法，批评和自我批评的方法，说服教育的方法。

从以上可以看出，毛泽东关于人民群众历史地位、关于党同人民群众关系问题，提出了一系列的独创性见解。这20个要点所显示的，不是若干互不相关的观点，而是一种世界观、认识论、方法论、理论体系的大厦。对于毛泽东和他的战友，对于忠诚的共产党人来说，在任何意义上，“人民群众”都不是一种政治标签、文件术语、竞选口号和表演姿态，而是渗入血液和神经的安身立命的根基。事实上，中国共产党在历史上的每一次胜利，都来自人民群众的支持、信赖、智慧和英雄主义。

毛泽东和黄炎培1945年讨论的历史周期律问题具有深刻的内涵，是一个除中国共产党之外没有任何党敢于面对和找到破解之路的问题。一个政治集团和它所代表的阶级，一旦通过斗争和反抗摆脱压迫和剥削，就发生社会地位向对立面转变的情形，成为新的压迫者和剥削者。于是开始新一轮的压迫和剥削，开始新一轮的反抗和斗争。随着共产党取得执政地位和社会主义制度的确立，这种在私有制基础上已经循环重演数千年的历史，丧钟敲响了。这就是毛泽东所讲的“新路”。其理论成果，就是中国共产党关于人民群众历史地位、关于党同人民群众关系问题的系统学说。

在世界历史大变革大调整的时代，中国的地位和作用为全球所关注，中国共产党的使命神圣而艰巨。历史告诉我们的真理就是：只有社会主义能够救中国，只有群众路线能够救共产党。

（作者：中共中央政策研究室原副主任）

认真学习《马克思恩格斯文集》、《列宁专题文集》系统掌握马克思主义基本理论

江　流

2010年新春伊始，中央宣传部理论局和中央组织部干部教育局向党员干部推荐了七部马克思主义的经典著作，这是落实党的十七届四中全会《决定》、推进马克思主义学习型政党建

设的重要举措。这七部书,为系统学习和掌握马克思主义这一发展着的理论——从马克思列宁主义毛泽东思想到中国特色社会主义理论体系包括邓小平理论、“三个代表”重要思想和科学发展观,提供了干部必读的经典著作读本。认真学习和研究这七部书,掌握马克思主义的理论和方法,必将进一步提高我们的思想政治水平,加强我们工作中的原则性、系统性、预见性和创造性。

我们党历来重视用马克思主义武装全党。以胡锦涛同志为总书记的党中央,适应社会主义新时期的需要,提出并实施马克思主义理论研究和建设工程,系统地进行党的思想理论建设。经过六年的努力,已初见成效,有力推动了马克思主义的学习和研究,带动和培养了一大批理论人才,推出了一大批研究成果,《马克思恩格斯文集》和《列宁专题文集》的编辑出版,就是一个重要标志。十卷本的《马克思恩格斯文集》,着眼于新世纪新阶段我们党面临的新实际,系统地选编了马克思恩格斯几乎所有的重要著作;五卷本的《列宁专题文集》,既具有极强的现实针对性,又包括了列宁主义的基本内容,这就为我们在新时期学习马克思主义理论、建设学习型政党,提供了最基本的教科书。

现在重要的问题,就是要提高学习马克思主义的自觉性,充分认识学习马克思主义的重要性和紧迫性。

我们要建设的学习型政党是马克思主义的学习型政党。马克思主义是党的旗帜、灵魂、思想武器。《中国共产党党章》“总纲”明确指出“中国共产党以马克思列宁主义、毛泽东思想、邓小平理论和‘三个代表’重要思想作为自己的行动指南”,这就是中国共产党人的鲜明旗帜。党章总纲论证了共产党人所追求的共产主义最高理想及其必然实现的规律,说明“马克思列宁主义揭示了人类社会历史发展的规律,它的基本原理是正确的,具有强大的生命力”。中国共产党人的行动指南,就是建立在马克思列宁主义基本原理的科学基础之上的。马克思主义理论研究和建设工程、马克思主义学习型政党建设,以至《马克思恩格斯文集》和《列宁专题文集》的出版,用马克思列宁主义的光芒来照耀中国特色社会主义道路,我们的旗帜更加鲜明。共产党之所以能够成为工人阶级的先锋队,就是因为它是用马克思主义武装起来的。“只有以先进理论为指南的党,才能实现先进战士的作用”。工人阶级之所以能够从自在的阶级成长为自为的阶级,其觉悟因素就是靠灌输马克思主义,因为这一理论,并不是从自发运动中而是从科学中产生的,只有认真学习,才能掌握。“没有正确的政治观点,就等于没有灵魂”,党员不仅要从组织上入党,而且应该从思想上入党。学习马克思主义是共产党员的本分,是切身的事情。马克思主义是中国共产党取得一切胜利的思想武器。在革命战争年代,我们党用马克思主义作为观察国家和社会命运的工具,作为斗争的思想武器,取得了民族的独立和人民的解放,使旧中国变成为新中国。在新的历史时期,在建设中国特色社会主义的伟大事业中,在执政考验、改革开放考验、市场经济考验、外部环境考验面前,我们仍然需要把马克思主义作为锐利的思想武器。马克思主义学说具有无限的力量,就是因为它是真理。真理是无往而不胜的。马克思主义不仅是党在夺取政权时期的思想指南,而且是执政党的思想指南。提高党的执政能力,最根本的就是提高运用马克思主义立场观点方法解决社会主义建设所面对的更为复杂繁重问题的能力。在1985年党的代表会议上,邓小平就曾经指出,在建设中国特色社会主义的新时期,要学习的新知识确实很多,这就要求我们努力针对新的实际,掌握马克思主义的基本理论,这样才能提高我们运用它的基本原则基本方法来积极探索解决新的政治经济社会文化等基本问题的本领,既把我们的事业和马克思主义理论本身推向前进,又防止在日益复杂的斗争中迷失方向。历史的经验值得注意。1939年,斯大林在苏联共产党的第十八次全国代表大会上所做的报告中说过："在国家工作和党的工作的任何一个部门中，工作人员的政治水平和马克思列宁主义觉悟程度愈高，工作本身的效率也愈高，工作也就愈有成效；反过来说，工作人员的政治水平和马克思列宁主义觉悟愈低，就愈有可能在工作中遭受挫折和失败，就愈有可能使工作人员庸俗化和堕落成鼠目寸光的事务主义者，就有可能使他们蜕化变质——这要算是一个定理。"苏共兴亡的历史，验证了这个"定理"。苏联在那个时期的兴旺发达，以至坚不可摧地经受了反法西斯战争的严峻考验，都是马克思列宁主义的胜利；后来，它的领导背弃了马克思列宁主义，蜕化变质，搞民主社会主义，最终导致了苏共亡党和苏联解体。如果再往前想一想，还有第二国际兴亡的历史经验教训。第二国际的破产，就是第二国际的一些工人阶级政党蜕化变质成为资产阶级政党、背叛马克思主义、抛弃马克思主义的恶果。正反两方面的历史经验都一再地说明了马克思主义对于工人阶级政党的极端重要性。

学习马克思列宁主义经典著作，可以更深刻地理解马克思主义中国化的理论成果和党在十一届三中全会以来的路线方针政策。发展马克思主义难，认识马克思主义的发展亦不容易。对马克思列宁主义经典著作的学习，必将深化对马克思主义新成果的认识，把马克思主义中国化最新成果——中国特色社会主义理论体系的学习，提高到一个新的水平。马克思主义中国化是马克思列宁主义的发展，是在马克思列宁主义基础上的发展。马克思主义是一个严整的科学体系，其基础和发展都是这一整体的组成部分，有着不可分离的联系。学习和掌握马克思列宁主义基本理论，对于正确地解读、深刻地理解在这一基础上发展起来的马克思主义最新成果，显然是非常必要的。为了指导我们当前的工作，必须学习和掌握马克思主义中国化的最新成果，但要深刻理解和掌握马克思主义中国化的最新成果，就需要学习和掌握其理论基础。干部学习的已有经验说明，在学习马克思主义中国化最新成果和党的路线方针政策的同时，学习马克思列宁主义经典著作，既可以更好地学习马克思主义的基本原理、掌握马克思主义是发展着的理论这一"活的行动理论"的要求，领会贯穿于全部马克思主义经典著作中的立场观点方法；又可以正确地解读、深刻地理解和准确地掌握马克思主义中国化最新成果和党的路线方针政策。

关于怎样学习，从何入手学习马克思列宁主义经典著作。在中华民族复兴的历史进程中，有两条基本经验：只有马克思主义才能救中国发展中国；只有马克思主义中国化才能实现救中国发展中国。在这个历史经验的基础上，形成了我们党的优良学风：学习和研究马克思主义应以中国实际问题为中心，坚持马克思主义普遍真理与中国具体实际相结合的思想方法和学习方法。这是我们学习马克思列宁主义经典著作时必须遵循的基本方法。至于具体方法，就有一个阅读次序的问题。十卷本的《马克思恩格斯文集》640 万字（正文 480 万字，资料 160 万字），五卷本的《列宁专题文集》150 万字（正文 120 万字，资料 30 万字），面对这么多的卷轶、篇章、字数，怎样开卷，从何读起？《马克思恩格斯文集》当然可以按照各卷的目录顺序通读；也可以参照各本著作或各篇文章的题注，根据自己的需要，选择先读哪些，后读哪些；也可以先读比较容易读的，再读比较难懂的。例如，马克思曾向他的朋友库格曼的夫人建议，读《资本论》可以不按其篇章次序，先从比较容易懂的篇章开始。对于初学者，可以先读若干基本著作，打打基础，再读其他的巨著。《马克思恩格斯文集》中有两本书，可以作为基础著作来读，一本是《共产党宣言》，一本是《社会主义从空想到科学的发展》。这两本书"篇幅不多，价值却相当于多部巨著"，是马克思恩格斯著作中传播最广的书，是许多革命前辈们成为马克思主义者的启蒙读本。在 1945 年党的七大上，毛泽东向全党推荐学习五本马克思列宁主义经典著作时，就推荐了这两本马克思恩格斯的著作(另外还有列宁的两本,斯大林的一本)。《共产党宣言》是全世界共产主义政党的纲领性文献,它深刻透彻而又鲜明生动地阐述了马克思主义的基本理论。毛泽东、邓小平都说过,他们是首先通过学习《共产党宣言》等著作而接受了马克思主义的。《社会主义从空想到科学的发展》简明而又系统地阐明了马克思主义理论体系的三个组成部分及其来源,马克思说,这本书是"科学社会主义入门"。读《马克思恩格斯文集》十卷本,可以先读这两本书,以此开卷。学习五卷本《列宁专题文集》,可以按照专题文集编辑的思路,针对现实问题,分别来研究列宁主义的基本内容,着重学习和研究列宁在新的时代条件下,"如何把马克思主义的普遍真理和苏联革命的具体实际相结合,从而发展马克思主义的"。读经典著作不可能像读通俗读物那样,一目了然。要领会其丰富而深刻的内涵,要掌握其立场观点方法,需要一遍又一遍地读,反复地读,不断带着新的问题向他们请教。"万事开头难",即使进了门继续研究,也不容易。要刻苦努力,认真钻研,"活到老,学到老,改造到老",一生努力,终身受益。

(此文载《科学社会主义》2010 年第 3 期)

正确处理新时期人民内部矛盾

邢贲思

不久前,胡锦涛同志在中共中央政治局第二十三次集体学习会上发表了重要讲话,强调面对复杂多变的国际形势,面对艰巨繁重的发展任务,要深刻认识正确处理人民内部矛盾的重要性和紧迫性。党的十七届五中全会又进一步强调要主动适应环境变化,有效化解各种矛盾。对此,党员干部特别是领导干部必须认真学习领会,切实贯彻执行,把正确处理新时期人民内部矛盾,作为推动科学发展、维护社会稳定、促进社会和谐的重大举措。

新时期人民内部矛盾的特点

半个多世纪前,在我国社会主义改造基本完成、开始社会主义建设的关键时期,毛泽东同志曾提出要正确处理人民内部矛盾。时至今日何以又提出这个问题？这是因为改革开放以来,我国经济体制、社会结构、利益格局和人们的思想观念都发生了深刻变化,加上发展不平衡、不协调、不可持续的问题,因此,人民内部矛盾经常地大量地表现出来,如不及时正确处理,就会影响中国特色社会主义事业的持续发展,也会影响社会的和谐稳定。

人民内部利益矛盾凸显,是新时期人民内部矛盾的基本特点。人民内部利益矛盾表现在许多方面,当前比较突出地表现在收入分配问题上。我国现行的是以按劳分配为主、多种形式并存的分配方式,因此,社会成员的收入分配必然会出现差别。如企业内的劳动者、管理者、工程技术人员,非公有制企业的企业主和其他人员,由于分工和在生产中的地位作用不同,也由于除按劳分配外,还存在按生产要素分配,加上市场经济中的竞争和其他因素,人们在收入分配方面不可能没有差距。这种情况在改革开放前我国所有制比较单一的历史条件下是没有的,那时分配方式基本上是平均主义大锅饭,社会不同成员的收入分配基本持平,但这种分配方式严重束缚了生产者的积极性创造性。我国目前表现在收入分配上的人民内部矛盾之所以比较突出，从一定意义上可以说是我国实行体制转轨的必然结果。解决这类矛盾，只能通过持续发展经济，继续深化改革，决不能回到改革开放以前的老路上去。

社会成员之间的收入分配存在一定差距在现阶段虽然不可避免，但这种差距不能过大，否则就会加深人民内部矛盾，影响社会和谐稳定，也不符合社会主义的公平正义原则。当前我国城乡之间、区域之间、行业之间、不同人群之间收入分配的差距，并没有因为经济发展而有所缩小，反而趋于扩大，这种情况必须引起我们的高度注意。邓小平同志晚年十分关注分配问题，从1990年4月到1993年9月，他曾多次在不同场合谈到分配问题，强调富裕起来以后要解决好财富分配问题，解决这个问题比解决发展问题还要困难。他说："少部分人获得那么多财富，大多数人没有，这样发展下去总有一天会出问题。分配不公，会导致两极分化，到一定时候问题就会出来。这个问题要解决。"

当前，群体性事件多发频发是人民内部矛盾的突出表现。随着我国经济发展，部分城市扩建以及一些大型建设项目如铁路、机场、高速公路、大型水库等的兴建，在征地、拆迁、移民安置等过程中出现的矛盾日益增多，成为新时期人民内部矛盾的突出表现，也是一些群体性事件发生的重要原因。城市扩建和大型建设项目的兴建，虽出于经济建设的需要，也符合人民群众的长远利益，但毕竟损害了部分群众的暂时利益，如果补偿不合理，安置又不到位，加上基层政府的工作人员方式简单、作风粗暴，就容易引发群众的不满情绪，甚至出现严重对立。卷入群体性事件的多数群众是为了表达自己的利益诉求，维护自己的正当权益，我们应该按照党的政策和法律法规，严格区分矛盾性质，予以正确处理。

正确处理新时期人民内部矛盾是促进社会和谐稳定的前提和基础

改革开放30多年来我们取得了辉煌成就，现在，我们正站在一个新的历史起点上。为了使中国特色社会主义事业能够持续发展，就必须牢牢把握发展这个第一要务，进一步推动经济发展；就必须继续深化改革，并把改革推向经济以外的其他领域；同时还必须保持一个和谐稳定的社会环境。和谐稳定是发展经济、深化改革的根本保证，没有这样的社会环境，什么事都干不成，又怎么能聚精会神搞建设，一心一意谋发展呢？在新时期，我们要继续坚持改革、发展、稳定三者的统一，并使之保持在一个更加协调的良好状态。

社会和谐稳定不等于没有矛盾。矛盾无时不在，无处不在，不论世界怎样变化，社会怎样发展，矛盾依然存在，改变的只是矛盾的性质和表现形式。人民内部矛盾也是这样，不但过去存在，现在存在，将来也还会存在，它将贯穿于整个社会主义历史时期，即使将来到了更高的社会发展阶段，可能也不会完全消失。因此，正确处理人民内部矛盾是我们必须长期面对的历史课题。人民内部矛盾虽是人民群众根本利益一致基础上的矛盾，其根本性质属于非对抗性，但如果我们处理不当，也会激化，以致发展到对抗的地步，成为社会不稳定因素。因此，我们对正确处理人民内部矛盾，既要有信心，又不能掉以轻心。

正确处理人民内部矛盾，要研究人民内部矛盾的特点及其发展规律，要探索新时期群众工作的方法，要把对群众的教育说服和为他们解决实际问题更好地结合起来，要在体制机制的创新上下工夫，最根本的是要端正对人民群众的立场和态度。要真正做到情为民所系，权为民所用，利为民所谋，多做顺民意、解民忧、得民心的事。只有这样，才能提高人民群众对党和政府的信任感以及对自己生活状况的满意度，从而从根本上消除人民群众同党和政府的隔阂。人民内部并无根本的利害冲突，党和政府同人民群众一直是同甘共苦、同兴伟业。30多年的改革实践充分证明：我们正在做的事无不以最广大人民的根本利益为出发点和归宿，中国特色社会主义建设不但惠及了我们这一代人,而且还将惠及我们的子孙后代。人民群众对我国社会制度、党和政府的方针政策以及自身的生活状况总体上是满意或比较满意的,这是我们能够处理好人民内部矛盾的最根本条件。群众的某些不满主要表现在一些具体问题上,只要我们提高认识,改进作风,扎实工作,创新机制,这些问题是可以解决的。

当前正确处理人民内部矛盾要着力做好的几项工作

胡锦涛同志指出:正确处理新时期人民内部矛盾,要以邓小平理论和"三个代表"重要思想为指导,深入贯彻落实科学发展观,强化责任,创新机制,统筹兼顾,落实措施,认真解决影响社会稳定的源头性、根本性、基础性问题,加快推进以改善民生为重点的社会建设,依法保障人民权益,不断提高正确处理人民内部矛盾能力和水平,扎实做好正确处理人民内部矛盾各项工作。这是我们党正确处理新时期人民内部矛盾的基本方针,必须全面贯彻。结合学习党的十七届五中全会精神,当前,正确处理人民内部矛盾,要着力做好以下几方面的工作:

第一,进一步推动经济平稳较快发展,不断提高经济实力。经济发展了,实力增强了,就为正确处理人民内部矛盾打下了牢固的物质基础,许多利益上的矛盾就比较容易解决。比如,在经济发展、实力增强的情况下,就可以增加投入,加大对收入过低群众的扶持力度;就可以进一步解决好"三农"问题,缩小城乡差别;就可以增加就业岗位,扩大就业机会;就可以加大对西部地区的开发力度,进一步消除西部地区和东南沿海地区之间的发展不平衡,以及由此产生的不同地区群众在收入分配上的不公平,等等。没有经济实力的提高,什么事都难办。只有首先把蛋糕做大,然后才谈得上合理分配。

第二,调节不同社会群体之间的利益关系,兼顾不同方面群众的利益。调节利益关系的出发点是以人为本,使社会不同利益群体都能享受到改革发展带来的成果。这种调节不是"抽肥补瘦",而是通过经济、法律、政策、行政等多种手段,逐步理顺不同社会群体在收入分配上的关系,使这种关系保持在一个相对公平、相对合理的范围内,防止因分配失衡而使利益矛盾激化。调节利益关系,必须对我国现行分配结构进行适当调整。我国目前实行的分配方式,普遍存在劳动报酬在分配比例中偏低的现象。改革开放以来,我国企业的经营管理者特别是部分"高管",收入有了大幅度增加,而普通职工收入的增幅则较为缓慢,造成了很大反差。因此必须提高劳动报酬在分配中的比重。另外,还要特别关注低收入的困难群众。低收入困难群众一部分在城镇,大多数在农村。一些农民因失去了赖以生存的土地,得不到合理补偿,流入城市后又没有得到市民待遇,因而陷入了困难境地。改善低收入困难群众特别是改善农民的生活状况,是调节利益关系的重点。

第三,认真倾听人民群众合理诉求,切实维护人民群众合法权益。在对待征地、拆迁、移民安置这一类涉及群众切身利益的问题上,一定要慎之又慎。党和政府的各级组织,特别是在第一线直接面对群众的基层组织和工作人员,一定要耐心细致地做好工作,设身处地多为群众着想,要看到他们利益诉求的合理方面。我们的干部做工作时一定要有正确的姿态,不是站在群众之上,而是站在群众之中,不是站在群众对立面,而是站在群众一边。处理群体性事件,还要有正确的政策,必要时还要立法。例如在征地问题上,要区分公共利益与商业利益,以确定征地的合理性;要先补偿后用地,解除农民因拖欠拿不到补偿款的后顾之忧;要按市场评估价给予补偿,使农民真正获得到位的补偿。

第四,在发展经济的基础上切实改善民生。改革开放以来,人民生活有了显著提高,但仍有大量工作要做,特别是城乡之间、区域之间、行业之间、不同人群之间的不平衡不协调问题,亟须认真解决。改善民生不仅要提高人民群众的物质生活水平,还要提高人民群众的精神生活水平。增加教育和医疗卫生的投入,特别是增加农村教育和医疗卫生的投入，进一步解决农村群众入学难、看病难的问题。完善社会保障体系和推动慈善公益事业发展，使需要帮助的群众能及时得到帮助，使因重大自然灾害而蒙受巨大损失的群众能得到及时救助和妥善安置等。民生工程是一项复杂的系统工程，需要政府主导、各方配合、互相协调、共同推进。只要我们始终把改善民生作为工作重点之一，并且不断有所改进，亿万群众建设中国特色社会主义的热情就会进一步高扬，人民内部的团结就会进一步巩固。

（作者：《求是》杂志原总编辑）

试析忧党意识的政治价值

毕京京

党的十七届四中全会强调："全党必须居安思危，增强忧患意识，常怀忧党之心，恪尽兴党之责，勇于变革、勇于创新，永不僵化、永不停滞，继续推进党的建设新的伟大工程。"这一重要论述，是当代中国共产党人忧党意识的集中展现，标志着我们党对忧党与兴党辩证统一关系的认识进入了新的境界，对执政党建设规律的把握达到了新的高度。

一、当代中国共产党人的忧党意识蕴涵着治党治国的政治智慧

忧党意识，是忧患意识在政党建设中的体现，是一个政党以使命感和责任感为主导，在研判各种矛盾、困难、风险和挑战的基础上，着眼于政党治理与发展，由危机警觉、前瞻思维和进取志向等融汇生成的理性精神。这是一个政党走向成熟的智慧显现，也是一个政党保持生机的强大动力。

当代中国共产党人的忧党意识，是对中华民族厚重忧患意识的科学继承。忧患在胸，居安思危，历来是中华民族安邦治国的一条重要政治经验。中华民族是一个饱经忧患的民族，在5000多年的发展过程中，形成了绵延不绝、深厚浓重的忧患意识，并将其深深融入中华民族的民族精神之中。中国古代形成的"君子安而不忘危，存而不忘亡，治而不忘乱，是以身安而国家可保也"的政治警示；"忧劳可以兴国，逸豫可以亡身"的经验总结；"先天下之忧而忧，后天下之乐而乐"的宽广胸怀，始终给予我们党深刻的思想启迪。任何政治都是在历史演进过程中的发展延续，任何智慧都是在传承借鉴基础上的创造结晶。中国共产党根植于中华民族传统文化的土壤，积极传承中国古代忧患意识，并着眼于新的时代、新的使命、新的挑战，不断创新其思想内涵。

当代中国共产党人的忧党意识，是对世界政党兴衰经验教训的自觉吸取。我们党的忧党意识，不仅来源于深邃的历史眼光，也来源于宽广的世界眼光。当今世界，一些政党在执政过程中，曾有过辉煌的历史，但最终走向衰败。苏共执政74年，曾取得了社会主义建设的辉煌成就，但由于执政后期思想趋向僵化，党内腐败蔓延等原因，1991年垮台。墨西哥革命制度党执政71年，执政初期墨西哥的经济持续增长，但执政后期由于党内腐败蔓延，执政方略失当，导致2000年下台。这些政党兴衰成败的经验教训告诫我们：一个政党，如果缺乏忧党意识，对面临的风险挑战视而不见，对党内出现的问题整治不力，党就有可能被人民所抛弃，党的执政地位就有可能会丧失，甚至党自身也可能会走

向衰颓消亡。

当代中国共产党人的忧党意识，是对自身建设丰富实践经验的理性升华。毛泽东的忧党意识是当代中国共产党人忧党意识的直接理论渊源。早在党的七届二中全会上，毛泽东就深刻指出："夺取全国胜利，这只是万里长征走完了第一步。"并号召全党以史为鉴，牢记"两个务必"。进入改革开放时期，邓小平明确提出了"忧党"的命题。1979 年，邓小平就语重心长地告诫全党，"要忧国、忧民、忧党啊！""忧党"命题的提出，表明我们党清醒地认识到，忧患不仅来自于党的事业面临的矛盾和困难，不仅来自于党所处的历史环境面临的风险与挑战，更重要的是来自于党的自身建设状况。江泽民同志明确把"忧党"作为忧患意识之首。江泽民同志指出："中央要求领导干部要有忧患意识，要忧党忧国忧民。首先要忧党。"这一重要论断表明，在忧患意识的忧党忧国忧民三大要素中，忧党最为关键。党的十六大以来，以胡锦涛同志为总书记的党中央，反复强调全党一定要居安思危，增强忧患意识，在成绩面前，在喝彩声和赞歌声中，千万骄傲不得，千万头脑发热不得。胡锦涛同志还指出："这是很重要的治党治国的政治经验和政治智慧。"党的十七届四中全会在总结建党 88 年、执政 60 年、领导改革开放 30 年经验的基础上，高屋建瓴地提出了"常怀忧党之心，恪尽兴党之责"的重大论断，揭示了兴党必先忧党、忧党才能兴党的政党建设规律。

二、当代中国共产党人的忧党意识凸显着居安思危的政治清醒

忧患意识，就其产生的历史环境而言，历来有困意之忧与承平之忧，或者说有逆境之忧与顺境之忧。改革开放 30 多年来，当代中国共产党人的忧患意识，从"文革"之后的困境之忧转向富裕安康的承平之忧，从危难丛生的逆境之忧转向快速发展的顺境之忧。当前，我们党强调的忧患意识，产生于前所未有的机遇与前所未有的挑战同生共存之中，产生于辉煌成就与矛盾凸显叠加交织之中，正如一句古语："名为治平无事，实有不测之忧。"

忧党意识，表明我们党对任重道远的执政使命始终保持着清醒的政治头脑。新中国成立 60 年来，特别是改革开放 30 年来，我国综合国力大幅跃升，人民生活明显改善，国际地位显著提高，中华民族巍然屹立于世界民族之林。我们在改革开放中创造了"中国速度"，走出了"中国道路"，积累了"中国经验"，展现了"中国模式"。我们有充分的理由感到自豪。但是，面对辉煌成就，一些同志滋生了"盛世心态"，并陶醉于其中，盲目乐观，心浮气躁，头脑发热。实践证明，从国家、政党到军队，危局中容易清醒，顺境中容易盲目，而危险恰恰容易在顺境时滋生。历史表明，中国人不怕大风大浪，不怕艰难险阻，就怕头脑发热，就怕忘乎所以。应当说，我们还正在实现中华民族伟大复兴的征途上艰难跋涉，我们党在这种情况下提出"常怀忧党之心"，无疑是一副治疗"盛世心态"的"清醒剂"。

忧党意识，表明我们党对前所未有的严峻考验始终保持着清醒的政治头脑。进入新世纪新阶段，世情、国情、党情正在发生复杂深刻的变化，党面临的执政考验、改革开放考验、市场经济考验、外部环境考验是长期的、复杂的、严峻的。在执政考验上，长期执政的最大危险是容易脱离人民群众，容易滋生不思进取的惰性。如果对这些危险麻木不仁、置若罔闻，就会为时代和人民所抛弃。在改革开放考验上，我们已经进入改革的攻坚期、矛盾的凸显期，需要我们时刻保持清醒头脑，有效化解各种风险，妥善处置各种矛盾。在市场经济考验上，新型的社会主义市场经济，马克思没有讲过，其他社会主义国家没有干过，没有现成的经验可以借鉴。在外部环境考验上，当今世界正处在大发展大变革大调整时期，中国与世界的联系从来没有像今天这样紧密，相互影响从来没有像今天这样直接。如何以宽广的世界眼光统筹国内国际两

个大局，是我们党面临的重大考验。

忧党意识，表明我们党对自身存在的突出问题始终保持着清醒的政治头脑。新中国成立以来特别是改革开放以来，我们党取得巨大成就，党的领导水平和执政水平、党的建设状况、党员队伍素质总体上同党肩负的历史使命是适应的。但是，党内也存在不少不适应新形势新任务要求、不符合党的性质和宗旨的问题。十七届四中全会《决定》从理想信念、民主集中制、领导班子和干部队伍建设、基层党组织建设、作风建设、反腐倡廉建设六个方面对党内存在的问题作了归纳，全面深刻、让人警醒。这些问题虽然不是党的队伍的主流，但严重削弱党的创造力、凝聚力、战斗力，严重损害党同人民群众的血肉联系，严重影响党的执政地位巩固和执政使命实现，必须引起全党警醒，抓紧加以解决。胡锦涛同志指出："全党同志必须牢记，一个政党过去先进不等于现在先进，现在先进不等于永远先进；党的领导核心地位不是一劳永逸的，过去拥有不等于现在拥有，现在拥有不等于永远拥有。我们说忧党，首先要严肃认真地思考这个问题，而且一定要想清楚、想明白。"这是我们党政治上清醒的鲜明体现。

三、当代中国共产党人的忧党意识熔铸着兴党图强的政治责任

忧患意识历来与主体的社会责任感紧密联系在一起，它不仅体现为一种居安思危的政治警醒和高超智慧，更表现出一种深切厚重的社会责任感和历史使命感。党的十七届四中全会提出"常怀忧党之心"，目的在于使全党"恪尽兴党之责"，始终保持和发展党的先进性，永远不辜负人民的信任和期望。

深刻理解忧党意识所承载的历史重任，努力实现中华民族的伟大复兴。使命责任引发忧患意识，忧患意识激发使命责任，增强忧患意识的目的在于担当重任。我国的社会主义现代化是在一个超大规模的发展中国家进行的，是后发性、赶超型的，面临的任务极其艰巨，必须有中国共产党的坚强领导和有力推动。必须把"忧党"与"兴党"紧密结合起来，推进党的建设新的伟大工程，确保党在世界形势深刻变化的历史进程中始终走在时代前列，在应对国内外各种风险和考验的历史进程中始终成为全国人民的主心骨，在发展中国特色社会主义的历史进程中始终成为坚强的领导核心，领导各族人民不断实现中华民族伟大复兴，努力为人类作出新的更大的贡献。

深刻理解忧党意识所承载的宗旨观念，始终保持与人民群众的血肉联系。忧党意识中最大的忧患所指，就是深切忧患我们党存在着脱离人民群众的危险。一个政党最大的危险是脱离群众。中国共产党是代表中国最广大人民根本利益的先进政党，离开了忧国忧民，忧党就失去了先进性内涵。增强忧患意识，最重要的是时刻防止脱离群众，密切党同人民群众的血肉联系。我们一定要坚持立党为公、执政为民的宗旨，切实办好顺民意、解民忧、惠民生的实事，让人民共享改革发展成果，使我们党和国家政权的生命之根永远深扎在人民群众的沃土之中。

深刻理解忧党意识所承载的危机警觉，努力提高化解各种风险的能力。当代中国共产党人的忧党意识，使我们党始终能从承平中预见危机、从机遇中看到挑战、从有利中发现不利、从成绩中看到差距。改革开放以来，我们党以强烈的忧患意识，着力提高领导水平和执政水平、提高拒腐防变和抵御风险能力，从容应对了一系列关系我国主权和安全的国际突发事件，战胜了在政治、经济领域和自然界出现的各种困难和风险。无论是面对东欧剧变、苏联解体和国内严重政治风波，还是面对西化、分化图谋和所谓的"制裁"，无论是面对历史罕见的洪涝、雨雪冰冻、地震等重大自然灾害和非典等重大疫病，还是面对亚洲金融危机和国际金融危机，我们党都处变不惊，化危为机，表现出卓越的政治智慧。随着改革开放和现代化的逐步推进，可以预料和难以预料的矛盾极其复杂，只有

把风险、困难估计得足一些，把对策、措施想得细一些，才能在风险挑战和突发事件面前沉着应对，妥善处置。

深刻理解忧党意识所承载的创新精神，加强和改革新形势下党的建设。忧患的根本意义在于解忧弭患，解忧弭患的根本出路在于以改革创新精神加强党的建设。我们党是具有光辉历程、长期执掌政权、有着7600多万党员的大党，建设好这样一个大党任务十分艰巨。一个政党成立时间越长、执政时间越长，越容易产生和积累各种矛盾，党内越容易产生自满懈怠情绪，内在风险也就越大。党的十七届四中全会深入分析党的建设面临的新形势新任务，深刻总结我们党加强自身建设的基本经验，对新形势下党的建设作出了战略部署，这是以改革创新精神加强和改进党的建设的重大举措，表明了我们党继续推进党的建设新的伟大工程的坚定决心。

（作者：国防大学马克思主义教研部主任）

划清界限：思想战线的长期任务

——论自觉划清马克思主义和反马克思主义的界限

赵 曜

党的十七届四中全会提出，自觉划清马克思主义和反马克思主义等“四个重大界限”，是党在新时期加强思想政治建设的一个重大举措。深入研究和科学回答这个问题，对于引导党员和干部提高政治敏锐性和政治鉴别力，坚持马克思主义在意识形态领域的指导地位，推进中国特色社会主义的伟大事业，具有重大意义。

巩固马克思主义在意识形态领域的指导地位

意识形态工作是党的一项重要工作。我们对意识形态领域，不仅要了解各种学派，更重要的是了解和把握社会思潮。学派是指某种学术思想和研究这种学术思想的学术团体和个人，具有明显的学术色彩，但不一定在群众中得到广泛传播。社会思潮则不同，它是某种政治观点和学术思想在一定阶级、阶层、群体中得到广泛传播的社会政治思想倾向。当前，在我国意识形态领域出现了许多不同于以往的特点。

一是社会思潮异常活跃。改革开放以后，我国处在社会大变动、大变革年代，各种社会思潮尤为突出和活跃，可以说思潮万千、思潮起伏、思潮澎湃。各种社会思潮激荡和碰撞，是社会思潮最为活跃的时期。

二是正确思潮和错误思潮同时存在。当前在我国既有正确的、进步的、积极的、向上的社会思潮，也有消极的、保守的、落后的社会思潮，此外还有腐朽的、没落的、逆历史潮流而动的反动社会思潮。它们彼此对立、互动、激荡、消长，对社会和人们的思想行为产生一定的影响。

三是国外思潮向国内思潮不断转化。社会思潮有国外舶来的，也有国内自生、土生土长的。国外思潮和国内思潮在一定条件下可以互相转化。在我国实行对外开放、打开国门以后，形态不一、纷至沓来的西方各种学术流派和社会思潮强势涌入我国的学术界和群众中，既活跃了学术空气、开阔了人们的视野，又形成严峻挑战。

四是一元主导和多元并存。一元主导指的是马克思主义在意识形态领域的指导地位；多元并存指的是各种学术思想派别和社会思潮同时并存。这种局面是和当前我国经济领域实行以公有制为主体的多种经济成分并存的基本经济制度相适应的。改革开放前，我国实行的是计划经济、纯粹公有制，与其相适应，意识形态领域比较单纯，马克思主义具有绝对优势和统治地位，其他学术思想派别和社会思潮尽管存在，但没有形成"元"，并不活跃，处于沉寂状态，对人们的影响较小。改革开放以后，我国经济领域实行的是市场经济和多种经济成分并存，与其相适应，意识形态领域出现了一元主导和多元并存的错综复杂局面。这种局面有利有弊，有利的是便于了解和把握各种学术思想派别和社会思潮并从中吸取有价值的内容；不利的是对主流意识形态形成挑战，甚至会动摇其指导地位。坚持马克思主义在意识形态领域的指导地位比坚持共产党在政治生活领域的领导地位要复杂和艰难。这种坚持要从多方面着手：一要靠制度，即宪法和党章所规定的制度保证，但制度不是万能的，它管不住人们的头脑和思想；二要靠马克思主义本身的科学性、真理性和由此产生的说服力、影响力；三要靠积极引领各种社会思潮。所谓积极引领社会思潮，就是支持正确和进步的，改造消极和落后的，抵制腐朽和有害的，尤其是抵制那些反马克思主义的社会思潮，以排除干扰，沿着正确方向前进。

坚持马克思主义在意识形态领域的指导地位的实质及其重要性，正如马克思、恩格斯在《共产党宣言》中所指出的：任何一个时代的统治思想始终不过是统治阶级的思想。马克思主义作为工人阶级的意识形态和科学世界观，在资本主义社会属于被统治阶级的思想，是工人阶级和广大劳动群众反对资本主义的思想武器；在社会主义社会属于统治阶级的思想，是工人阶级维护阶级统治的思想武器。坚持马克思主义在意识形态领域的指导地位，就是坚持以工人阶级的意识形态作为社会的统治思想。这是维护工人阶级在经济、政治领域全面统治的思想条件。如果不坚持这一条，经济领域的公有制为主体、政治领域的共产党领导也必将发生动摇。自觉划清"四个重大界限"，尤其是划清马克思主义和反马克思主义的界限，对于巩固马克思主义在意识形态领域的指导地位，坚持用马克思主义特别是马克思主义中国化的最新成果——中国特色社会主义理论体系指导中国特色社会主义伟大事业，夺取全面建设小康社会新胜利，具有重大意义。

自觉划清马克思主义和反马克思主义的界限

在意识形态领域，要严格区分和正确处理马克思主义同非马克思主义、反马克思主义的关系。对于马克思主义以外的非马克思主义，要积极引领，支持其中正确、进步的，改造其中消极、落后的。反马克思主义是指那些反对、攻击、诬蔑、诽谤、歪曲马克思主义的派别和思潮，对其必须划清界限，坚决进行抵制和斗争，筑牢思想防线。从马克思主义发展史来看，反马克思主义的派别和思潮，有的属于敌对营垒，有的来自工人运动内部；有些是右的，有些是"左"的。当前，我们要特别警惕以下几种反马克思主义思潮。

一是新自由主义。自由主义起源于西方，是以鼓吹自由主义、个人主义为核心价值的资产阶级思潮。从文艺复兴开始，经英国资产阶级革命和法国大革命，到19世纪发展到高峰。而后到20世纪上半叶，由于西方社会出现日益严重的经济危机，以及列强为争夺世界霸权挑起两次世界大战，自由主义衰落了一个阶段。第二次世界大战后，随着资本主义的调整改革和新发展，自由主义回潮。新自由主义是古典自由主义的继承和发展，它的意识形态色彩浓厚，大肆宣扬资产阶级的自由、民主、人权，宣扬资产阶级的意识形态、经济政治模式、价值观和生活方式，实际上成为西方敌对势力对社会主义国家和发展中国家实行"西化"、"分化"的思想武器。在我国，自由主义思潮的输入已有近百年的历史。但由于在我国走资本主义道路根本行不通，自由主义思潮长期处于沉寂状态。改革开放以后，随着我国实行全方位的对外开放和社会主义市场经济，自由主义思潮在我国活跃起来。新自由主义鼓吹西方的民主、自由和人权,把西方的价值观说成是人类共有的普世价值;经济上主张照搬西方的经济模式,更加强调自由化、私有化和市场化,反对以公有制为主体的基本经济制度;政治上反对共产党的领导,主张实行三权分立、多党制、议会制和总统制,妄图改变我国改革开放的社会主义方向,把我国引上资本主义道路。新自由主义在拉美一些国家带来灾难性的后果,我们必须回应新自由主义和各种"西化论"的挑战,确保马克思主义在意识形态领域的指导地位。

二是民主社会主义。民主社会主义是世界社会主义运动中一个改良主义派别和思潮,其思想渊源可追溯到19世纪中叶以后欧洲社会主义运动中的小资产阶级社会主义思潮,尔后虽然曾受马克思主义的影响,但对其影响最深的是接受了第二国际时期伯恩施坦的修正主义,二战后社会民主主义改称民主社会主义。民主社会主义的中心在欧洲,它在该地区具有较为广泛的社会影响。我国历史上没有社会民主主义传统,这是中国工人运动的一大优势。但是,在苏东剧变后,这种思潮也传播到中国。有些人竭力宣扬民主社会主义,叫嚷"只有民主社会主义才能救中国",主张把共产党改名和改造为社会民主党。我们必须回应这种挑战,自觉划清科学社会主义和民主社会主义的界限。一是在指导思想上,科学社会主义坚持马克思主义一元化指导,而民主社会主义鼓吹世界观中立论,主张多元化的指导思想,并且放弃了马克思主义。二是在如何对待资本主义问题上,科学社会主义坚持用社会主义取代资本主义,而民主社会主义取消社会制度的更替,把社会主义仅视为一种价值观,作为在资本主义条件下无止境的价值目标(自由、公正、互助)追求,即不主张超越资本主义,仍然是伯恩施坦的"运动就是一切,目的是微不足道的"。三是在如何对待革命和改良的问题上,科学社会主义既坚持革命也不否定改良和改革,而民主社会主义只主张改良,根本否定革命,鼓吹改良就是一切的改良主义。民主社会主义在西方国家比自由主义具有一定进步意义,但历史局限性很大。新中国60多年特别是改革开放30多年,中国在各方面都取得长足进步,经济总量已跃居世界前列,中国模式被世界各国政要和学界看好,成为热门话题。中国不需要民主社会主义,如果硬要中国搞民主社会主义,绝不是"民主+社会主义"的简单相加,而只能是把民主社会主义在西方国家所搞的那一套照搬到中国来,搞指导思想多元化、多党制等。这样,整个社会必将大乱,我们几十年奋斗的成果也会被葬送。这绝不是危言耸听,而是有前车之鉴。前苏共和匈牙利社会主义工人党就是由于改旗易帜,推行民主社会主义,导致亡党亡国亡社会主义。只有把马克思主义基本原理同中国具体实践和时代特征相结合的中国特色社会主义能够发展中国,这已被我国取得的举世瞩目的历史性伟大成就所证实。

三是历史虚无主义。历史虚无主义起源于苏联,从上个世纪50年代全盘否定斯大林到80年代鼓吹"公开性",全盘否定苏联社会主义的历史,诬蔑苏联搞的是"官僚专制"、"扭曲变形"的社会主义,给苏联历史抹黑。可以说,历史虚无主义是苏共失败、苏联解体的一个重要原因。而后这种风行一时的政治思潮又传播和蔓延到中国。这种思潮的主要特点是贬低传统,歪曲历史,否定革命。它竭力歪曲国际共产主义运动史,颠倒事实,混淆黑白,胡说伯恩施坦是正统的马克思主义者,而列宁、斯大林、毛泽东是最大的修正主义者;歪曲从鸦片战争以来的中国近现代史,否定一切革命,包括新旧民主主义革命,认为革命只能起破坏性作用而没有建设性意义,反对激进主义,鼓吹"告别革命";给革命领袖人物抹黑,包括孙中山、毛泽东、周恩来和邓小平,美化反动统治者、侵略者和汉奸文人,叫嚷要为他们平反。这种思潮的政治倾向十分鲜明,是一种违反历史事实和历史主义的反社会主义思潮。我们必须百倍警惕和有力应对这种思潮。如果这种思潮蔓延传播开来，将会严重败坏中国共产党、社会主义制度和领袖人物的形象，动摇人们的理想信念，对中国特色社会主义事业产生极其有害的作用。

以上三种是当前我国意识形态领域中的主要反马克思主义思潮。我们必须自觉划清和它的界限。识别社会思潮最重要的是把握两点。一是社会性。社会思潮作为一种社会意识现象，根源于它的经济基础。没有完全脱离经济基础、经济生活、经济利益的社会思潮。二是阶级性。社会思潮总是和一定的阶级、阶层、群体的利益和要求联系在一起的。超阶级的、代表全人类共同利益和要求的社会思潮是不存在的。离开社会性、阶级性，就认不清任何社会思潮的实质。

党的思想战线的一项长期战略任务

在思想战线上划清马克思主义和反马克思主义的界限并不是从今日始，这是马克思主义创始人和继承者们始终坚持做的。一部马克思主义发展史，就是自觉划清与反马克思主义的界限，坚持同反马克思主义进行斗争，并在斗争中不断发展的历史。正确的思想总是在同错误的思想做斗争的过程中发展起来的。马克思主义是在斗争中创立的，也是在斗争中发展的。

马克思、恩格斯在同反马克思主义划清界限方面为我们树立了光辉榜样。马克思、恩格斯在其一生中，为划清界限，捍卫马克思主义的纯洁性，曾写了许多文章和著作。他们于1848年合著的《共产党宣言》共分四章，其中第三章“社会主义和共产主义的文献”，是专门和特意为划清科学社会主义和反科学社会主义的界限而写的。马克思、恩格斯通过阶级分析方法，对封建社会主义、小资产阶级社会主义、资产阶级社会主义进行批判，划清了科学社会主义和反科学社会主义的界限，为马克思主义在工人运动中的广泛传播扫清了道路。马克思在1875年所写的《哥达纲领批判》，原本是马克思写给德国社会民主党爱森纳赫派领导人过目的一封党内通信，其目的是表明马克思不赞成《哥达纲领》的严正立场。马克思在批判“不折不扣的劳动所得”、“公平分配”、“平等的权利”、“自由国家”等庸俗社会主义观点的过程中，阐述了过渡时期、共产主义的发展阶段、未来社会的分配原则，从而发展了他的共产主义学说。德国社会民主党合并以后，柏林大学讲师杜林在他的著作中鼓吹“新共产主义”，向马克思主义发起挑战。为划清与杜林主义的界限，从1877年起，恩格斯用了两年时间，写了一系列文章，最后汇集成书，以《反杜林论》为名发表。恩格斯在批判杜林的错误理论时，第一次系统地论述了马克思主义三个组成部分的理论体系及其基本原理。

列宁时期，由于国内外形势严峻，党内斗争更加激烈，他为划清界限而写的论战性著作就更多了。特别值得一提的是，为划清与第二国际思想领袖考茨基右倾机会主义的界限，列宁在十月革命前后所写的被称为姊妹篇的两本名著。一本是《国家与革命》。这本书是在1917年“七月事变”后的白色恐怖日子里，列宁匿居拉兹里夫火车站的草棚期间，为指导十月革命，批判考茨基在国家问题上的机会主义观点而写的。另一本书是《无产阶级革命和叛徒考茨基》。这是列宁在1918年8月31日被刺后，在莫斯科郊区哥尔克村疗养期间，看到考茨基著书立说恶意攻击十月革命道路，为回击考茨基，捍卫十月革命道路，以巨大的革命毅力写出的。

无论是革命和建设年代，中国共产党在创造性地运用和发展马克思主义的过程中，都十分重视划清界限。1940年，在国民党发动第一次反共高潮期间，毛泽东为回击国民党反动文人大肆散布“共产主义不适合中国国情”、“共产党不需要存在”的反共叫嚣，解除群众的疑虑，在陕甘宁边区文化协会第一次代表大会上发表了《新民主主义的政治与新民主主义的文化》讲话，后改称《新民主主义论》。毛泽东在这个讲话中开头就提出中国向何处去的问题，指出中国应该建立一个怎样的国家和社会，这个国家的政治、经济、文化制度应该是怎样的，以及它的发展前途，从而形成了完整的新民主主义理论。邓小平历来关心和重视思想战线的斗争。他在1983年党的十二届二中全会上所作的《党在组织战线和思想战线上的迫切任务》的讲话中，针对一些人背离马克思主义，对于西方各种哲学的、经济学的、社会政治的和文学艺术的思潮，不分析、不鉴别、不批判，而是一窝蜂地盲目推崇的行为，提出反对精神污染。他指出："精神污染的实质是散布形形色色的资产阶级和其他剥削阶级腐朽没落的思想，散布对于社会主义、共产主义事业和对于共产党领导的不信任情绪。"他号召"马克思主义者应当站出来讲话"。在迈向新世纪的重要时刻，江泽民于1996年在《宣传思想战线的主要任务》的讲话中强调，各级领导干部一定要努力提高政治素质，在原则问题上一定要旗帜鲜明，分清马克思主义和反马克思主义等七个基本界限。党的十七届四中全会提出的划清"四个重大界限"是这一精神的延续和发展，问题更加集中。

总括上述，在思想战线上自觉划清马克思主义和反马克思主义的界限，是马克思主义者的一贯立场。划清这个界限，对于坚持和巩固马克思主义在意识形态领域的指导地位具有重大作用和意义。这是党在思想战线上的一项长期战略任务。

（作者：中共中央党校教授）

划清"四个重大界限"的有关理论与实践问题

秋　石

党的十七届四中全会通过的《中共中央关于加强和改进新形势下党的建设若干重大问题的决定》指出："加强党的意识形态工作和思想政治工作，引导党员、干部增强政治敏锐性和政治鉴别力，筑牢思想防线，自觉划清马克思主义同反马克思主义的界限，社会主义公有制为主体、多种所有制经济共同发展的基本经济制度同私有化和单一公有制的界限，中国特色社会主义民主同西方资本主义民主的界限，社会主义思想文化同封建主义、资本主义腐朽思想文化的界限，坚决抵制各种错误思想影响，始终保持立场坚定、头脑清醒。"

这里提出要划清的四个界限，都是关系中国特色社会主义道路的重大问题。

一、关于划清"四个重大界限"的理论与实践意义

改革开放以来中国的发展进步举世公认，改革发展的成果惠及国人。最突出的是：中国经济30年来以年均增长9.8%的速度持续快速发展，是同期世界经济年均增长率的3倍多，经济总量跃居世界前列，人民生活实现了从温饱不足到总体小康的历史性跨越；伴随着经济生活的深刻变革，中国社会焕发出蓬勃旺盛的活力，人民享有越来越广泛的自由和权利，勤劳智慧的中国人民迸发出巨大创造能量；在经济体制深刻变革、社会结构深刻变动、利益关系深刻调整、思想观念深刻变化的过程中，我国社会大局始终稳定，长期保持了政通人和、安定团结的政治局面。这一切，对于我们这样一个有着13亿人口的发展中大国来说，都是了不起的成就，是当之无愧的"中国奇迹"。

对改革开放的伟大历史进程和经验，我们党在不断地进行总结。党的十七大指出："改革开放以来我们取得一切成绩和进步的根本原因，归结起来就是：开辟了中国特色社会主义道

路，形成了中国特色社会主义理论体系。”包括邓小平理论、“三个代表”重要思想、科学发展观等重大战略思想在内的中国特色社会主义理论体系，是中国特色社会主义道路的理论表现，也是我们理解和说明中国发展道路的最权威的理论。

但是，对于中国这30多年走过的路，也有人作出别样的解读和评说，并且在竭力同我们党争夺话语权和影响力。有人以“反思改革”为名，得出中国的改革走入歧途、已经背离社会主义道路的结论，实际上就是否定改革，主张回过头去走封闭僵化的老路；有人把西方的自由、民主、人权说成是“普世价值”，鼓吹中国只有接受这些“普世价值”、照搬西方制度模式才有光明前途，实际上就是主张走改旗易帜的邪路。

对于中国的发展模式，国际上也议论纷纭。西方一些势力虽然不能不承认中国的经济成就，但出于其政治立场和意识形态偏见，从来没有也不可能认可中国的政治制度，反而认为中国的成功会威胁到他们的制度模式和价值观。

政治上的坚定来自理论上的清醒。在关系党和国家发展道路、未来走向的重大问题上，我们必须旗帜鲜明。近年来特别是去年，中央主要媒体推出了大量文章，深入回答“六个为什么”；这次中央提出划清“四个重大界限”，是回答“六个为什么”的继续和深化，而且使问题更集中。可以说，划清“四个重大界限”，有助于把握中国特色社会主义道路的“基本面”，有助于回答国际国内对改革开放以来“中国模式”的主要关切，有助于抵制错误思想、澄清模糊认识、坚定理想信念，因而具有重大的理论与实践意义。

二、关于划清马克思主义同反马克思主义的界限

马克思主义是我们立党立国的根本指导思想，是社会主义意识形态的旗帜和灵魂。因此，划清马克思主义同反马克思主义的界限，对于正确认识中国特色社会主义道路，就有第一位的意义。

什么是马克思主义？首先，马克思主义是科学。马克思创立的辩证唯物主义和历史唯物主义世界观和方法论，照亮了人们对自然界、人类社会和人类思维发展普遍规律的探索之路。尽管马克思逝世一百多年来世界发生了许多重大变化，但是所有这些变化都没有脱离马克思主义揭示的人类社会发展规律，都可以用马克思主义基本原理加以解释和说明。其次，马克思主义是工人阶级和劳动人民的思想武器。马克思对资本主义经济运动作了最彻底、最深刻、最缜密的研究，揭示了资本主义灭亡的历史必然性和工人阶级的历史使命。马克思主义最鲜明的政治立场，是为实现工人阶级和劳动人民的根本利益而奋斗；马克思主义关于消灭一切不公正社会制度、实现全人类解放和人的自由全面发展的学说，代表了整个进步人类的理想和信念。其三，马克思主义是开放的与时俱进的理论体系。马克思和恩格斯都强调，他们的理论是发展着的理论，而不是必须背得烂熟并机械地加以重复的教条。马克思主义并没有终结真理，而只是开辟了认识真理的道路。一切从实际出发，理论联系实际，实事求是，在实践中检验真理和发展真理，是马克思主义最重要的理论品格。

中国共产党是非常重视理论指导的政党。在把马克思主义基本原理同中国具体实际相结合的过程中，我们党创立了毛泽东思想和包括邓小平理论、“三个代表”重要思想以及科学发展观等重大战略思想在内的中国特色社会主义理论体系。这些理论成果都是中国化的马克思主义，都是我们党对马克思主义理论宝库的重大贡献。正是由于党在指导思想和基本理论上的与时俱进，我们党的实践才能够体现时代性、把握规律性、富于创造性。在当代中国，坚持中国特色社会主义理论体系，就是真正坚持马克思主义。

什么是反马克思主义？从历史和现实看，反马克思主义的东西集中在两个方面：其一，从

右的方面否认马克思主义的科学性，反对马克思主义的政治立场、思想体系和基本原理，反对马克思主义的指导地位和作用。现实中，有人宣扬马克思主义“过时论”、“无用论”；有人主张用西方的所谓“普世价值”取代马克思主义的指导地位。其实质和要害，就是主张全盘西化，主张用西方资本主义制度模式取代中国共产党的领导和社会主义国家政权。其二，从“左”的方面打着马克思主义的旗号反对马克思主义的本质，根本否定我国的改革开放，否定中国特色社会主义。实践证明，把马克思主义当成僵死的教条，拿书本教条来裁判党和人民生机勃勃的历史创造活动，不但不符合马克思主义，恰恰是马克思主义的大敌，是党和人民事业的大敌。

划清马克思主义同反马克思主义的界限，有两点特别重要：一是政治立场。马克思主义是世界观与价值观的统一。作为世界观，它是严谨的科学，是对客观世界、客观事物、客观规律的科学反映；作为价值观，它代表的是工人阶级和劳动人民亦即最广大人民的根本利益，反映的是最广大人民对共同富裕、公平正义的价值追求。是否始终站在最广大人民的立场上，是马克思主义与反马克思主义的分水岭和试金石。二是思想路线。只有活的理论才管用，僵死的理论只会害死人。解放思想、实事求是、与时俱进是马克思主义活的灵魂和思想路线，任何时候都要坚持。明明在实践中行不通的理论还要死抱着不放，那是病态和愚蠢，只会自取灭亡。

怎样对待非马克思主义？在当今思想界，除了反马克思主义的东西，还有大量非马克思主义的思潮和学说。在国内，社会思想意识多元、多样、多变的趋势日益发展，思想理论领域学派纷呈、热点频现；国际上，既有形形色色的左翼思潮，也有日趋活跃的绿色环保思潮等；宗教在世界范围都有广泛影响，其“有神论”的基本思想同马克思主义的“无神论”显然是对立的。如果我们把这些不符合甚至违背马克思主义的东西统统归于反马克思主义，那只会四面树敌、孤立自己。一部马克思主义发展史，就是随着时代、实践和科学的发展，吸收人类创造的一切文明成果，在同各种思想理论的相互激荡和斗争中，不断丰富、完善和创新的历史。对反马克思主义的东西要斗争；对非马克思主义的思想，既要斗争，也要尊重、包容、借鉴、吸收。既尊重差异、包容多样，又有力抵制各种错误和腐朽思想的影响，是坚持和发展马克思主义的题中应有之义。

任何国家和社会都有占统治地位的意识形态，意识形态领域的主导思想从来都是一元的，不能多元化。社会思想观念越是多样化，就越是需要坚持和巩固马克思主义的指导地位。如果动摇了马克思主义的指导地位，就会动摇中国特色社会主义的理论根基，动摇全党全国人民团结统一的思想基础。只有坚持马克思主义指导思想，才能有效引领和整合社会思潮，在尊重差异中扩大社会认同，在包容多样中形成思想共识，从而凝聚起建设国家的伟大力量。

三、关于划清社会主义公有制为主体、多种所有制经济共同发展的基本经济制度同私有化和单一公有制的界限

划清这个界限，是正确理解“中国奇迹”的一把钥匙。

第一，中国经济改革的实质，就是要在社会主义条件下发展市场经济，或者说是要把坚持社会主义基本制度同发展市场经济结合起来。邓小平同志讲：“社会主义的本质，是解放生产力，发展生产力，消灭剥削，消除两极分化，最终达到共同富裕。”这里，消灭剥削、消除两极分化、最终达到共同富裕，都是社会主义的价值诉求、价值目标，而解放生产力、发展生产力，则是实现价值目标必须遵循的客观规律。我们过去的错误，不在价值取向错了，而在违背了客观规律，结果事与愿违。我们党把经济体制改革的目标确定为建立社会主义市场经济体制，以利于解放和发展生产力，这解决了关系整个社会

主义现代化建设全局的一个重大问题。

商品经济的充分发展，是社会经济发展不可逾越的阶段。市场经济是商品经济条件下社会经济资源的一种配置方式、一种经济运行机制，是人类创造的重要文明成果，但却是在资本主义条件下创造的。在社会主义条件下发展市场经济，是我们党和人民的伟大创举。社会主义市场经济的蓬勃发展，给我国经济社会注入了以往一切时代都不可比拟的生机和活力。改革开放以来我国经济社会的一切发展进步，都是以社会主义市场经济的发展为基础的。把市场经济成功"嫁接"在社会主义制度上，是我们党对马克思主义和社会主义的历史性贡献。

第二，公有制为主体、多种所有制经济共同发展的基本经济制度，是社会主义市场经济的基础。改革开放之前我国"一大二公"、近乎单一公有制的所有制形式，脱离了生产力发展状况，导致生产效率低下、经济发展停滞、人民生活困难。改革开放以来，我们党认真总结经验教训，在新的实践基础上不断深化对所有制问题的认识。确立公有制为主体、多种所有制经济共同发展的基本经济制度，正是基于三个认识：第一，我国是社会主义国家，必须坚持公有制作为社会主义经济制度的基础；第二，我国处在社会主义初级阶段，需要在公有制为主体的条件下发展多种所有制经济；第三，一切符合"三个有利于"的所有制形式都可以而且应该用来为社会主义服务。

多种所有制经济共同发展，是市场经济的必然要求。市场经济是一种交换的经济，要求有产权清晰的多元化的市场主体，要求各市场主体自主决策、自主经营，要求市场主体之间形成公平的竞争关系。即便同是公有制经济，也要求建立产权清晰、权责明确、政企分开、管理科学的现代企业制度，使企业成为适应市场的法人实体和竞争主体。实践证明，实行公有制为主体、多种所有制经济共同发展的基本经济制度，逐步消除了所有制结构不合理对生产力的羁绊，形成了公有制实现形式多样化和多种经济成分共同发展的局面，促进了社会生产力的大解放、大发展。

我们党在确定改革目标时就明确强调，建立社会主义市场经济体制，就是要使市场在国家宏观调控下对资源配置起基础性作用。改革开放以来，我国经济在持续快速增长的同时，有效抑制了市场经济的周期性起落，总体上保持了平稳发展的态势，充分显示了社会主义国家宏观调控的巨大威力。没有公有制经济的主体地位和主导作用，宏观调控就不可能如此有效。宏观调控与市场机制的有机结合，既有利于抑制市场经济的自身弱点和消极方面，又可以让一切劳动、知识、技术、管理和资本的活力竞相迸发，让一切创造社会财富的源泉充分涌流。

第三，廓清在所有制问题上的种种迷雾，毫不动摇地坚持社会主义初级阶段的基本经济制度。在确立社会主义初级阶段基本经济制度的过程中，一直伴随着思想交锋。反对的声音来自"左"、右两方面。右的观点视公有制为万恶之源，把私有化说成包治百病的良药，极力主张全盘私有化；"左"的观点则认为发展非公有制经济就是搞私有化，就是发展资本主义。

公有制是社会主义经济制度的基础，没有公有制就没有社会主义。改革开放以来的实践表明，坚持公有制为主体，没有妨害经济发展，恰恰相反，它是中国经济持续快速发展的重要制度保障。土地是最基本的生产资料。这30多年来中国经济的高速成长，是以工业化、城市化为主要推动力的，而中国的城乡土地公有制为工业化、城市化的迅速推进提供了有规划、高效率、低成本的土地资源支撑，同时又避免了世界上一些实行土地私有制的国家在工业化、城市化进程中出现的城市贫民窟等现象。虽然在土地征用、房屋拆迁中发生了一些问题，但那并不是主流。事实的主要方面是：土地公有制是中国能够创造经济奇迹的最大"奥秘"之一。

苏联解体后俄罗斯以"休克疗法"搞私有化运动，结果导致经济急剧衰退，贫富两极分化，财富集中于极少数寡头。在拉美地区，实行西方兜售的新自由主义经济政策、搞私有化越坚决的国家，危机就越严重。美国华尔街的金融巨头是这次国际金融危机的始作俑者，它们的高管在正常年份大把捞钱、薪酬高得吓人，而危机爆发后却要由美国政府拿纳税人的钱为其注资救助、实行部分国有化，甚至一边拿政府救助一边还要发放高额红利，激起公愤。问题在于这些大银行、大公司掌握着美国经济的核心和命脉，大到不能倒闭。这难道不恰好证明中国由国有经济控制国民经济命脉的体制的合理性吗？

对我国改革发展过程中出现的收入差距拉大、城乡区域发展不平衡、经济社会发展不协调、资源环境压力加大等问题究竟应该怎么看？从实际出发看问题，深层原因在于：我国人口多、底子薄、发展不平衡、生产力不发达，正处于并将长期处于社会主义初级阶段，这个基本国情是我们为什么必须实行现在这样的政策而不能实行别样的政策的根本依据；我国面临经济全球化深入发展和世界经济结构调整造成的重要发展机遇，机遇稍纵即逝、时不我待，但在抢抓机遇、加快发展过程中难免会发生偏重于经济增长、经济效率而对社会发展、社会公平、资源节约、环境保护等重视不够、兼顾不够的问题；市场机制主要解决的是经济效率问题，在许多领域市场是失灵的，我国在发展过程中出现的许多问题，在一定程度上正是市场缺陷的产物，也表明我们对在社会主义条件下发展市场经济的经验不足；任何国家要发展都必须对外开放，封闭只能窒息自己的生机，但是当今世界经济体系是资本主义主导的经济体系，我们在对外开放、利用外资、发展外贸的同时难免要付出代价、要承受不合理国际经济秩序带来的压力。我们党提出科学发展观，正是为了解决改革发展进程中出现的这些问题。

总之，我们是在既定的历史条件和内外环境下建设社会主义的，这种历史条件和内外环境不由我们选择，也无法超越。我们只能从实际出发，务实地解决改革、发展、稳定的问题，任何因循守旧、拘泥于书本教条的想法和做法都只会葬送社会主义、葬送党和国家的前途。只有这样看问题，我们才能在理论与实践的结合上自觉划清公有制为主体、多种所有制经济共同发展同私有化和单一公有制的界限，毫不动摇地坚持社会主义初级阶段的基本经济制度。

四、关于划清中国特色社会主义民主同西方资本主义民主的界限

划清这个界限，是正确理解“中国奇迹”的另一把钥匙。

第一，发展是中国的首要任务，稳定是中国的核心利益。近代史上中国积贫积弱，备受列强欺凌，实现国家富强、民族复兴是全民族最强烈的愿望；中国历史上长期动荡、战乱频仍，人民深受其害，能否实现社会团结稳定和国家长治久安，是衡量政治制度是否适用的最重要标准。近代以来中国真正在社会政治稳定的条件下发展经济，只有新中国成立后特别是改革开放以来这几十年时间。离开共产党的领导，搞西式民主，中国肯定会来一次大折腾，折腾出一个政党林立、纷争四起、国无宁日、动乱不已的乱世，折腾成一个四分五裂、虚弱不堪的西方附庸国。事实证明，我国现行的政治制度保证了国家的统一、政权的稳定、人民的团结，保证中国能够沿着正确道路长期稳定发展。

第二，共产党的坚强领导是中国最大的政治优势。我们党从来就以实现和发展人民民主为己任。党执政后领导人民进行了广泛的民主实践，在根本改变劳动人民的社会地位和历史命运、实现社会平等和人民当家作主等方面取得了旧中国不可比拟的巨大进步。党在民主问题上犯过错误、走过弯路。但从本质上看，是党和党的领导人在群众中享有崇高威望，党内产生骄傲自满、个人崇拜、头脑不清醒导致的，也与中国历史上封建专制主义传统的影响，与我们党在长期战争环境中形成的领导方式，与共产国际和苏联模式影响，与应对新中国成立后国际敌对势力的包围，与经验不足等因素有关，

这与反民主的独裁、专制的性质根本不同。为国为民，是我们党不变的灵魂，这使党具有强大的自我纠错、自我更新能力，能够郑重对待自己的失误，总结经验教训，勇于改革创新。改革开放以来，我们不仅创造了经济高速成长、社会充满活力、政治安定团结的成就，而且战胜了一个又一个突如其来的重特大自然灾害和传染病疫情，从容应对了一系列关系我国主权和安全的重大突发事件，经受住了一次又一次国际政治、经济风浪的重大考验。香港、澳门回归，“神舟”、“嫦娥”飞天，北京奥运会的巨大成功，抗震救灾和应对国际金融危机冲击的出色表现，都是在党的领导下取得的；市场基础上强有力的宏观调控，集中力量办大事的举国体制，全国一盘棋的动员组织能力，“一方有难、八方支援”的互助协作机制，这些在国际比较中显示出巨大优势的“中国特色”，离开党的领导也是不可想象的。一切不抱偏见的人们都应该承认：共产党的坚强领导，是创造“中国奇迹”的政治保证，也是别的国家比不了、学不来的制度因素。

第三，中国经济持续快速发展的事实证明，我国的政治体制是基本适应经济发展要求的。西方看中国的一个流行观点是：经济上是好的，政治上是坏的；经济上在改革，政治上不改革；经济上在搞自由市场经济，政治上还是极权专制。这是一种根本站不住脚的观点。经济决定政治，政治是经济的集中体现；政治制度、政治体制必须适应经济发展的需要，如果不适应并阻碍了经济发展，它就必然要被改变。事实上，中国的改革开放就是一项政治决定，它改变了过去严重束缚经济发展的旧体制，使中国走上了一条新路。30 多年来中国经济的高速成长并不是孤军突进的，而是伴随着政治、文化、社会等方面广泛深刻的变革。中国经济的巨大成功，反过来证明了中国政治上的成功。在当今世界，我们看不到还有哪个与中国有可比性的国家比中国发展得更好、更成功；相反，我们看到了很多可以从反面或者侧面证明中国的路走对了的事实。

第四，民主法治、自由平等、公平正义是社会主义的本质要求，要在实践中不断探索、逐步实现。民主从来都是具体的、历史的、不断发展的，不同的国家、不同的历史发展阶段，其实现形式和途径各不相同，没有统一的模式。在当代中国，公有制为主体的基本经济制度、人民代表大会制度、中国共产党领导的多党合作和政治协商制度、民族区域自治制度以及基层群众自治制度，为实现社会主义民主提供了经济基础和政治保障。党和国家政治生活中的民主集中制原则、各级领导层实行的集体领导制度、党和政府工作中的群众路线和民主作风、党同人民群众的密切联系等，是国家生活中切实管用的民主机制、民主因素，是中国式民主的特点和优势。我们承认由于历史文化传统和现实条件的制约，中国在实现人民民主方面还有许多不尽如人意的地方，还有很长的路要走。我们将顺应经济社会的发展变化，适应人民政治参与积极性的不断提高，坚持党的领导、人民当家作主、依法治国有机统一，不断深化政治体制改革，不断推进中国特色社会主义民主政治的发展。我们需要借鉴人类政治文明有益成果，借鉴世界各国包括西方发达国家政治发展的有益经验，但不会照搬西方政治制度模式，不会吞下损害自己利益的苦果。

第五，西方资本主义民主没有“普世性”，照搬别国模式从来不能成功。现代西方民主制度是经过几百年的发展才达到今天这样的水平，而且已经是弊端丛生。一是金钱操控。西方民主早已成为“富人的游戏”、“钱袋的民主”和资本玩弄民意的过程，竞选活动拼的就是金钱。西方民主游戏中的权钱交易固然与当事人个人操守有关，但根本原因还在制度层面：烧钱的选举必然产生捞钱的腐败。二是形式至上。现代西方政治已使民主形式化、工具化，造成民主的异化。选举是西方民主最主要的形式，几年一次的选举搞得挺热闹，但选举一过，民主就“沉睡”了，民众对政府日常施政的影响力十分有限。西方向世界输出民主,实际上就是输出选举,甚至不惜用飞机大炮、狂轰滥炸把西式选举强加给别国,以为只要搞了选举就是民主国家了。三是僵化停滞。西方民主已成固定模式,逐渐丧失活力,任何改变和创新都十分艰难。民主的僵化常常导致决策上的僵局,反对党"为反对而反对",致使一些重大社会问题长期得不到解决;僵化和停滞还造成优秀政治人才严重短缺,不少西方国家为选不出合适的领导人而苦恼。放眼当今世界,与西方历史文化传统不同而照搬西方民主制度的国家,没有一个是真正成功的。

胡锦涛总书记指出:"衡量一个政治制度是不是民主的,关键要看最广大人民的意愿是否得到了充分反映,最广大人民当家作主的权利是否得到了充分实现,最广大人民的合法权益是否得到了充分保障。"这就是我们的民主观。中国共产党是有伟大创造力的党。党一定能够领导人民探索建立起一套不同于西方、符合中国实际、具有自己特点的民主政治制度体系,我们应该对此充满信心。

五、关于划清社会主义思想文化同封建主义、资本主义腐朽思想文化的界限

当今时代,文化越来越成为民族凝聚力和创造力的重要源泉,意识形态等软实力因素在国际竞争和斗争中的作用越来越突出。划清社会主义思想文化同封建主义、资本主义腐朽思想文化的界限,对于我们正确认识和自觉坚持中国特色社会主义道路,至关重要。

第一,社会主义核心价值体系是社会主义意识形态的本质体现,是我国思想文化领域的主旋律。在改革开放的历史进程中,一方面,马克思主义在创新中不断发展,党的理论创新成果日益深入人心,人们对中国特色社会主义道路的认同度不断提高,爱国主义和改革创新成为思想精神领域最强劲的主流;另一方面,在各种因素影响下,封建主义残余思想意识仍广泛存在,国外资本主义腐朽思想也乘机而入,各种思想文化相互交融、激荡十分突出。在思想大活跃、观念大碰撞、文化大交融的新形势下,建设社会主义核心价值体系,具有极强的现实针对性和重大的理论与实践意义。

马克思主义指导思想、中国特色社会主义共同理想、以爱国主义为核心的民族精神和以改革创新为核心的时代精神、社会主义荣辱观,构成社会主义核心价值体系的基本内容。这四个方面的基本内容,都是社会主义意识形态最本质、最重要的部分。在这个价值体系中,马克思主义指导思想是灵魂,提供的是科学的世界观和方法论,是建设社会主义的理论基础和行动指南;中国特色社会主义共同理想是主题,鼓舞和激励着全国各族人民在中国共产党领导下,走中国特色社会主义道路,为实现中华民族的伟大复兴而奋斗;民族精神和时代精神是精髓,深深熔铸在我们民族的生命力、创造力和凝聚力之中,为民族复兴提供着不竭动力;社会主义荣辱观是基础,为在社会生活中确定价值取向、作出道德判断提供基本准则,发挥着引领风尚的作用。这四个方面的基本内容,相互联系、相互贯通、有机统一,共同构成一个完整的价值体系。这个价值体系应该是相对稳定的,要长期起作用;又不是一成不变的,必定随着社会主义的发展、时代的发展和人们社会实践的发展而不断发展。这个价值体系不应该是封闭的,而应该是开放的,必须要吸收人类创造的一切先进、有益的思想文化成果,不断丰富和完善自己。更重要的是,这个价值体系需要在全社会宣传推广,为广大社会成员所感知、所认同、所接受、所掌握,真正成为社会精神生活的主旋律,成为社会发展进步的生命线。

第二,封建主义思想文化的残余影响仍然广泛存在,肃清这种残余影响仍然是一项长期艰巨的任务。邓小平同志曾经说过,旧中国留给我们的,封建专制传统比较多,民主法制传统很少,解放以后,我们也没有自觉地、系统地建立保障人民民主权利的各项制度,法制很不完

备，也很不受重视。他深刻指出，党和国家领导制度、干部制度中存在的官僚主义现象、权力过分集中的现象、家长制现象、干部领导职务终身制现象和形形色色的特权现象，多少都带有封建主义色彩。他指出，封建主义残余影响还表现在社会关系中残存的宗法观念、等级观念，上下级关系和干群关系中在身份上的某些不平等现象，公民权利义务观念薄弱，经济领域的官商作风、本位主义，文化领域的专制主义作风，对科学教育的不重视，对外关系中的闭关锁国、夜郎自大，等等。他强调，对待继续肃清思想政治方面封建主义残余影响的任务，要有实事求是的科学态度。首先，要划清社会主义同封建主义的界限，决不允许借反封建主义之名来反社会主义，也决不允许用假社会主义来搞封建主义；其次，也要划清文化遗产中民主性精华同封建性糟粕的界限；还要划清封建主义遗毒同我们工作中由于缺乏经验而产生的某些不科学的办法、不健全的制度的界限。邓小平同志的这些分析和论述，对于我们今天划清社会主义思想文化同封建主义腐朽思想文化的界限，仍然有着重要的指导意义。

改革开放以来，随着我国经济社会的发展进步，封建主义思想文化残余受到进一步的涤荡。特别是以胡锦涛同志为总书记的党中央提出科学发展观以来，从中央到地方，从政府施政到百姓生活，到处都在讲以人为本，都在讲尊重人民主体地位、保障人民各项权益、促进人的全面发展，都在讲发展为了人民、发展依靠人民、发展成果由人民共享。这种“以人为本、人民至上”的理念，是反对封建主义思想文化最重要的思想武器，也是指引中国社会未来发展进步的重要战略思想，其意义是极其重大而深远的。

第三，世界范围内围绕发展模式和价值观的斗争日益凸显，资本主义思想文化的影响正日益成为我们面对的主要挑战。资产阶级在反对封建等级制度的斗争中，提出了自由、平等、民主、人权等口号，以此为思想武器赢得了人民的支持并取得胜利，推动了社会的进步。但是，随着资本主义经济关系的发展，资本主义社会不可避免地形成了以拜金主义、享乐主义、极端个人主义为实质内容的核心价值观。在西方社会现实中，金钱、财富决定一切，决定你的自由度，决定你在民主游戏中的地位，决定你享有的人权水平；如果没有金钱至上的价值观，没有对享乐、消费的无限贪欲，没有在财富欲望驱动下的“个人奋斗”，资本主义就不可能得到发展。马克思主义经典作家对资本主义社会金钱至上的本质，曾经给予大量深刻的揭露和批判。这场发端于美国的国际金融危机，再次暴露了那些作为资本人格化的华尔街精英们追逐金钱、贪婪无度的本性。无数的事实表明：西方公开标榜的自由、民主、人权，早已不再是资本主义社会的核心价值，而只是美妙动人的广告语和贴在门上的标签。拜金主义、享乐主义、极端个人主义才是资本主义社会的精神内核，而资本主义制度下的自由、民主、人权不过是包裹在这种内核外面，并为其提供条件和保障的抽象话语、法律条文。

冷战结束以后，西方发达国家一直利用其经济科技强势地位，对发展中国家进行思想文化渗透，推销西方价值观念和制度模式，企图建立西方意识形态和社会制度一统天下的国际格局。但是，接受西方价值观念和社会制度的一些发展中国家政局动荡、经济萧条的事实，使西方社会制度和发展模式广遭诟病。特别是这场国际金融危机的爆发，进一步引发了国际上对西方制度模式的反思。但是，由于西方垄断国际舆论话语权，长期宣传西方意识形态，使国际社会形成顽固的意识形态偏见。在我国社会全方位对外开放和西方主导国际舆论的情况下，西方资本主义思想文化对国内的影响正日趋扩大。

我们同各种敌对势力在意识形态领域的斗争，本质上是社会主义价值体系同资本主义价值体系的较量。社会主义核心价值体系，是社会主义制度的内在精神之魂。只有努力构建具有广泛感召力的社会主义核心价值体系，用以引领和整合多样化的思想观念和社会思潮，才能在尊重差异、包容多样的基础上保持全社会共同的理想信念和道德规范，形成全民族奋发向上的精神力量和团结和睦的精神纽带，打牢全党全国各族人民团结奋斗的共同思想基础，使13亿人民团结起来，万众一心推进中国特色社会主义伟大事业。

（此文载《求是》2010年第16期）

学习毛泽东经济开放思想的辩证思维

鲁　勇

毛泽东的经济思想是毛泽东思想完整体系中的一个组成部分，尽管这一思想没有在实践中得到充分运用甚至在毛泽东晚年发生了转变，但其中的经济开放思想和这一思想所展现的辩证思维，却为新中国打破封锁、禁运、孤立局面，为党的十一届三中全会后我国对外开放新局面的形成提供了重要的思想方法。

毛泽东经济开放思想以及这一思想所体现出的辩证思维，主要体现在他在中国革命时期和新中国成立初期的相关经济论述之中。

第一，政策好坏归根到底看它是束缚还是解放生产力。毛泽东坚持实事求是的态度，按照对立统一规律即矛盾规律分析解决问题，客观把握生产力与生产关系的辩证关系。早在民主革命时期，他就指出，“中国一切政党的政策及其实践在中国人民中所表现的作用的好坏、大小，归根到底，看它对于中国人民的生产力的发展是否有帮助及其帮助之大小；看它是束缚生产力的，还是解放生产力的”。新中国建国初期他再次强调，社会主义革命的目的就是解放生产力，并指出“在社会主义社会中，基本的矛盾仍然是生产关系和生产力之间的矛盾，上层建筑和经济基础之间的矛盾”。

第二，中国早已不能闭关，我们不是也不能是闭关主义者。毛泽东运用唯物辩证法分析和认识国际形势、把握中国与世界的关系，强调随着社会生产力的发展，世界不再是封闭的世界，“我们不是也不能是闭关主义者，中国早已不能闭关”。世界的发展离不开中国，中国的发展也离不开世界。1949年全国解放前夕，毛泽东明确提出对香港和澳门实行“暂不收回，维持现状”、“长期打算，充分利用”的政策，对此周恩来阐释说，“香港是自由港，联系的范围很广，购置设备可以分期付款，成本低，有市场，技术人才容易训练出来……”，“保持和扩展香港这个阵地有好处”。

第三，国内市场为主，但国外市场极为重要。毛泽东强调，“国内市场为主，国外市场为辅”这个口号好是好，但有一个缺点，应该加一句：“但国外市场极为重要，不可轻视，不能放松。”在修改党的八大政治报告“商业”一节时，他特地加写了一句话，即“并且只要有可能，就发展同世界任何愿意和我们往来的国家的通商贸易关系”。

第四，自力更生与联系世界都必须是基本的立脚点。独立自主、自力更生是对外开放的基础，对外开放是为了增强独立自主、自力更生能力，吸收外国的东西要把它改变成中国的。毛泽东指出，“中国无论何时也应以自力更生为基本立脚点。但中国不是孤立也不能孤立，中国与世界紧密联系的事实，也是我们的立脚点，而且必须成为我们的立脚点”。即使面对军事上包围、政治上孤立、经济上封锁，面对朝鲜战争爆发后一些国家加紧实施对新中国的封锁禁运，他也依然没有放弃经济开放思想。

第五，一切国家好的经验都要学，不管是社会主义国家还是资本主义国家的。毛泽东鲜明地提出向外国学习的口号，指出，每个民族都有它的长处，不然它为什么能存在？为什么能发展？同时，每个民族也都有它的短处。有人认为社会主义就了不起，一点缺点也没有了，哪有这个事？应当承认，总是有优点和缺点这两点。主张“一切民族、一切国家的长处都要学，政治、经济、科学、技术、文学、艺术的一切真正好的东西都要学”，强调一切国家的好经验我们都要学，不管是社会主义国家的，还是资本主义国家的。

第六，经济开放要从本国实际出发，吸收有益的东西。毛泽东强调，“学习的时候用脑筋想一下，学那些和我国情况相适合的东西，即吸收对我们有益的经验”，要学习资本主义国家的先进的科学技术和企业管理方法中合乎科学的方面。在革命时期，他把反对帝国主义与推行经济开放区分开来，既反对帝国主义的侵略与压迫，维护民族独立，又积极开展对外经济交往。他提出，经济开放的前提是维护国家的独立与主权，经济命脉不受外国资本的垄断和控制；经济开放的原则是平等互利；经济开放的目的是促进中国的现代化经济建设和现代化生产力的发展，提高人民生活水平，使中国人民从中真正受益，使中国早日富强；经济开放的途径包括引进和利用外资，允许外国人来中国经商开矿及建立工厂，或与中国人合资合作经营工矿，等等。

需要指出的是，毛泽东晚年的经济开放态度有了明显的变化，不再主张引进、利用外资和合资合作经营，而只谈与外国人做生意，引进外国的成套设备和先进技术。出现这种变化，既有主观原因也有客观原因。一是人们对商品交换的传统认识局限束缚了经济开放思想的实施。由于建国后缺乏对商品经济和交换等问题的全面科学的考察和认识，在反修防修运动中得出了商品交换是资产阶级法权必予否定的结论，进而改变了原来的初衷。二是传统的计划经济体制阻碍了经济开放思想的实施。中国社会主义制度建立后采取的是苏联高度集中的计划经济体制模式，这种模式否定市场，否定价值规律，是一种封闭的模式，因而与经济开放是背道而驰的。三是自“反右”斗争后不断发生的政治运动耽误了经济开放思想的实施。特别是毛泽东晚年强调“以阶级斗争为纲”，党的工作重心偏离了经济建设，丧失了对外开放的时机。四是艰难的国际环境扼制了经济开放思想的实施。当时的中国受到资本主义世界军事包围和经济禁运封锁的影响，受到战后两大阵营对垒和冷战的影响，受到周边及台湾海峡紧张局势等的影响，客观上缺乏大力推进经济开放的良好国际条件。

历史地看，毛泽东晚年经济开放态度出现明显变化，主要是“左”的思想认识和特定的国际环境所致。对此，邓小平曾深刻指出：“建国以后，人家封锁我们，在某种程度上我们也还是闭关自守。”因此，今天学习运用毛泽东经济开放思想，重点在于掌握科学辩证的思想方法，学习其中展现的宽广的国际视野和辩证的开放思维，而不是照抄照搬特定时期、特殊条件下的个别论述和具体政策，尤其不能局限于毛泽东晚年的一些经济思想主张上。

（作者：中共北京市委副秘书长）

论解决三农问题的根本出路

吴振坤

中国是一个农业大国，农村人口众多，农村落后。三农问题一直是老大难问题。远的不说，新中国成立以来就长期存在这个问题，何其“老”也；三农问题又被提高到全党工作重中之重的地位，何其大也；三农问题千头万绪，问题多，矛盾多，极其复杂，长期难得解决，何其难也。根据中央有关精神，特别是在十七届三中全会《决定》精神指导下，对这个“老大难”的三农问题进行梳理，重点是“解难”，探索解决办法，寻找根本出路。根本出路找到了，就可以全力以赴地创造条件，经过一定的时间求得解决。那么，解决三农问题的根本出路究竟何在呢？

一、实现城乡经济社会一体化

1. 城乡统筹发展的基本内涵。所谓城乡统筹发展，就是在国家的国民经济客观层次统筹规划的前提下，实现全国资源优化合理配置；就是把农业与工业、农村经济与城市经济，把农业现代化、城镇化、工业化放到国民经济全局中统筹布置；就是把农村居民收入与城镇居民收入放到国民收入分配与再分配格局中统筹协调，使城乡居民共享政策开放的成果；就是把城乡社会事业发展放到全面建设小康社会的目标要求中统筹安排，等等，从而使城市与农村融为一体化，最终形成城乡统一发展的新格局。

2. 促进城乡经济社会一体化，可以从根本上消除城乡二元体制结构。十六大以来，中央采取的一系列统筹城乡发展的政策措施，特别是十七届三中全会制定的统筹城乡经济社会发展一体化战略，从全局上、根本上突破了城乡分割二元体制结构，可以解决城乡二元结构体制性矛盾。这个矛盾的解决，是解决三农问题的根本前提，也是解决三农问题的一个根本内容。没有这个根本前提就谈不上解决其他基本矛盾。

3. 统筹城乡发展，既是先导性战略又是总体性战略。解决三农问题，必须首先消除城乡二元结构体系障碍。所以，统筹城乡发展可以称为先导性战略。实行统筹城乡发展战略，可以加快农村经济发展，促进城乡基本公共服务均等化，形成城乡互助、协调发展的格局。同时，统筹城乡发展，是加快构建社会主义和谐社会的有效途径，是全面建设小康社会的有力保障。正因为统筹城乡发展如此重要，才被放在五个统筹之首，是全党工作的重中之重。因此，在解决三农问题的过程中，抓住了统筹城乡发展，就抓住了现阶段经济社会发展的最突出的矛盾，抓住了五个统筹的牛鼻子，因而可以认为是解决三农问题的总体性战略。

二、实行土地经营规模化

1. 实行土地经营规模化的现实可能性。在我国，实行土地经营规模化，不仅是必要的，而且也是可能的。主要的根据：一是在一些发达地区，二、三产业迅速发展，为农村富裕劳动力转移创造了条件；二是农民收入的多元化，土地不再是农民的唯一生存手段；三是农村土地经营权流转政策的完善，解决外出务工农民担心失去退路的后顾之忧，更乐于接受经营权流转，为实现规模经营提供契机；四是由于土地撂荒及其潜在的获利空间和机会，为工商企业、个体大户和外商提供了投资农业的机会。

实行土地经营规模化的核心问题在于农村人口能否向城镇二、三产业转移的关键是能够获得稳定的就业和居住条件。

2. 实行土地经营规模化的组织形式。目前，我国土地规模经营的组织形式有多种，每一种形式都有自己的特点。按照经营主体不同，大体有如下几种：

一是专业大户经营形式。“专业大户”是指技术好、会经营且具有一定资金实力的农户。所谓“大户”并没有一个准确的、统计数量的规定，只是相对于一般家庭经营规模更大、实现了规模化经营的一种家庭经营形式。种植大户的土地规模是通过土地经营权流转集中形成的。其最大的缺点在于行为的短期性和不稳定性，无法从长远机制上保证大户和农户获得双赢。

二是土地股份合作制经营形式。这是一种把股份制引入土地经营制度，实行资金入股和土地入股相结合，实现土地规模经营的形式。这是承包户要把承包权股份化，由原来的实物形态转化为价值形式，交股份合作组织统一支配。股份合作组织以再转包的形式，转包给农民或专业队，并按照股权平等、同股同利原则进行赢利分配。农民土地入股后，可取得固定利息。这种股份合作制，一是有利于耕地集约化、长期化、标准化经营；二是规范了土地经营各方的行为，各方均受章程和合同约束；三是土地规模经营可在更大范围内进行。这可使土地规模经营在更加稳定、更加规范的轨道上运行。

三是企业租赁经营形式。这种形式是将工商企业引入农业，通过土地经营权租赁形式，对农业实行企业化规模经营。企业化规模化经营有不少优势，可有效推进农业现代化。但这种形式可能加剧公司对土地的集中和垄断，可能造成本土小农和农业企业破产，不宜提倡工商企业大面积、长期地租赁和经营农户承包土地。

四是农民专业合作社经营形式。这种经营形式是农户自愿联合、民主管理的互助性经济组织。入社农民仍具有生产经营自主权。农民专业合作社不同于股份制经济，也不同于集体经济，它是一种独立的经济形态。其主要特征：(1)以其成员为主要服务对象，服务不以营利为目的。(2)自愿入社，自由退社。(3)成员权利平等，承认财产权。(4)民主管理。十七届三中全会《决定》对农民专业合作社实行扶持政策，《农民专业合作社法》也规定，对合作社的营销活动给予政策鼓励。

在农业组织上，我们不能走美国大农场的道路。根据我国国情，中国农业经营规模的前途是双密集化小规模的农场，因此，发展农民专业合作社是最佳的选择。

三、实现农业现代化

1. 必须走中国特色农业现代化道路。我国实现农业现代化，不能照搬他国的模式，必须立足我国的基本国情和农业发展阶段，依据农业现代化的一般规律，探寻符合中国实际的农业现代化道路。目前我国基本国情和农业发展状况，与世界农业现代化相比，具有相当明显的差距。《2009 年中国三农前景报告》显示，目前农业现代化程度最高的、位居前 10 名的是澳大利亚、荷兰、加拿大、新西兰、丹麦、爱尔兰、美国、法国、英国、德国，东亚的韩国和日本农业现代化综合水平分别为 19 位和 23 位，我国农业现代化处于世界第 60 位。我国农业现代化仍相对落后与我国基本国情有很大关系。一是我国人多地少，农业资源紧缺，基础薄弱；二是我国农业生产以小农户分散经营为主体，农户数量多，约有 2.5 亿户，经营规模小；三是农村生产力水平总体偏低，物质技术装备落后，机械化程度不高，靠天吃饭的状况还没有根本改变；四是长期存在城乡二元体制，不利于实现农业现代化。可见，我国农业现代化是一个艰苦奋斗的长过程。

2. 我国农业现代化的战略目标。十七届三中全会《决定》关于我国发展现代农业的战略目标的表述是：发展现代农业，必须按照高产、优质、高效、生态、安全的要求，加快转变农业发展方式，推进农业科技进步和创新，加强农业物质技术装备，健全农业产业体系，提高土地出产率、资源利用率、劳动生产率，增强农业抗风险能力、国际竞争能力、可持续发展能力。这就是说，发展现代农业，核心任务是尽快改变我国农业基础脆弱、生产条件落后和发展方式粗放的状况，不断提高农业综合生产能力。2007 年 1 月，中共中央和国务院发出的《关于积极发展现代农业扎实推进社会主义新农村建设的若干意见》（即中央 2007 年“一号文件”）对发展现代农业作出全面部署，明确指出，发展现代农业的基本思路是：用现代物质条件装备农业，用现代科学技术改造农业，用现代产业体系提升农业，用现代经营方式推进农业，用现代发展理念引领农业，用培养新型农民发展农业，提高农业水利化、机械化和信息化，提高农业水平、效益和竞争力。

3. 我国农业现代化的战略重点。推进我国农业现代化，必须认真抓好以下战略重点：一是积极发展农业机械化。这是提高农业劳动生产率的重要手段，是农业现代化的重要物质基础。二是积极发展农利化，加强农业基础设施建设。以农田水利为重点的农业基础设施是现代农业的重要物质条件。三是推进农业技术创新，加快农业信息化建设。农业的根本出路在于技术进步。四是推进农业结构战略性调整，构建现代农业的产业体系。农业产业化是实现农业规模经营和引导农民进入市场的有效途径，也是进行农业结构战略性调整的重要带动力量，还是实现农业现代化的重要抓手。五是建立新型农业社会化服务体系。这应是一种覆盖全程、综合配套、便捷高效的社会化服务体系。此外，还要实现农业可持续发展，进一步扩大农业对外开放。

四、实现农村人口城镇化

1. 应实行城镇化加速发展战略。我国改革开放已 30 年，新中国建立已有 60 年，国家各方面建设都取得巨大成就，经济基础相当雄厚。因此，今后 10 年、20 年我们有条件实行适当加快的城镇化发展战略。同时，我国工业化要以城镇化为基础，城镇化则要由工业化来推动。从这个意义上说，“工业化创造供给，城镇化创造需要”。城镇化将会引发的大规模基本建设投资需求、引发的服务业发展的需求以及引发的城市居民更多的消费需求，将是我国经济发展的最基本动力。

2. 2020 年乃至 2030 年城镇化发展目标。1949 年我国只有 132 个城市，城镇化水平为 10.6%。过去 60 年来，我国城镇化水平有了飞快提高，到 2009 年底，全国 31 个省、自治区、直辖市共有设市城市 655 个。从 2000 年以来的 10 年间，乡村年均转移人口为 1070 万人，到 2009 年底城镇化水平为 46.6%，城镇人口达到 62240 万人。到 2020 年这 11 年期间由于实行加速发展战略，乡村年均转移人口要多一些，假定为 1270 万人（前 10 年为 1070 万人），总共将转移人口 13970 万人。这样，2020 年同 2009 年相比，全国总人口从 133575 万人增加到 140175 万人，乡村人口从 71335 万人减少为 57365 万人，城镇人口从 62240 万人增加为 82810 万人，城镇化水平从 46.6% 提高到 59.0%，提高 12.4 个百分点，年均增速 1.12 个百分点。预计到 2020 年有将近 60% 的人口住在城镇。2021 年到 2030 年，应该说，各方面的条件要比之前 10 年好得多，城镇人口有可能从 2020 年 82810 万人增加到 2030 年 104540 万人（乡村人口还剩 4 亿 2 千多万人）。届时，城镇化水平将提高11.3个百分点，年均增速 1. 13 个百分点，城镇化率先超过 71%。再过 10 年，即到 2040 年我国城镇率将达到发达国家 85% 的水平。

3. 坚持走中国特色城镇化道路。关于这个问题，党的十五届五中全会明确指出，要“在着重发展小城镇的同时，积极发展中小城市，完善区域性中心城市功能，发展大城市的辐射带动作用，提高各类城市的规划建设和综合管理水平，走出一条符合我国国情、大中小城市和小城镇协调发展的城镇化道路”。这就是小城镇具有重要地位的中国特色城镇化道路。

中国特色城镇化道路究竟如何走？有的学者认为，已有城市的扩建不是我国城镇化的主攻方向，而应有计划地建设新的大城市。我们认为，中国城镇化基本上应依托现有城市规模的扩张来实现。当然，这也不完全否定建设新的城市。而且，要大力发展城市群，即通常讲的“城市圈”。同时要注意，城市群的发展，要从实际出发，因地制宜。特别是注重推动小城镇发展，这是中国城镇化道路的重要内容。要科学规划小城镇建设，因地制宜地推进小城镇发展，着力推进县市所在地的县城发展。同时，要加快户籍制度的改革，放宽农民转移进城的限制。但是，城镇化的关键是在于城市的经济实力，能为进城人口创造出就业条件、居住条件和相应的城市人口福利待遇。

总之，上述分析的城乡一体化、土地经营规模化、农业现代化和乡村人口城镇化的综合，就是解决三农问题的根本出路。到2040年左右，我国城镇化率将达到85%以上，这就意味着三农问题完全解决了。三农问题解决之日，就是社会主义新农村建成之时。

（作者：中共中央党校教授）

坚定不移地走中国特色社会主义政治发展道路

秋　石

中国特色社会主义政治发展道路，是中国共产党领导中国人民经过长期探索和实践而开辟出来的政治文明的光明大道，是马克思主义的基本原理与中国民主政治建设的实际有机结合的产物，是一条充分体现全国各族人民根本意愿和根本利益的政治发展道路。这条道路来之不易，要倍加珍惜、长期坚持和不断发展，任何时候都不能动摇和放弃。

一、党的领导、人民当家作主和依法治国有机统一是中国特色社会主义政治文明的本质特征

发展社会主义民主政治、建设社会主义政治文明，最根本的是要坚持党的领导、人民当家作主和依法治国的有机统一。这是我国社会主义政治文明区别于资本主义政治文明的本质特征，也是推进中国特色社会主义政治文明建设必须遵循的基本方针。

党的领导是人民当家作主和依法治国的根本保证。在中国这样一个人口众多、经济文化比较落后且发展不平衡的大国，人民利益的广泛性、多样性，实现人民利益的复杂性、艰巨性，必然要求一个能够真正反映和有效体现人民共同意志的政治核心，在民主集中制的基础上，团结、凝聚和带领人民把革命、建设和改革的事业不断推向前进。在当代中国，既能够最广泛地集中民意，又能够最普遍地发扬民主，从而能够担当起这一重任的政治力量，惟有中国共产党。党的领导使民主与集中相统一、民主与科学相统一、个人的正当利益与社会整体利益相统一；使人民的各种愿望、诉求转化为人民的整体利益和共同意志，并进一步转化为国家的法律和政策；使人民当家作主的民主实践沿着正确方向扎实有效推进并获得可靠的保障。

人民当家作主是社会主义民主政治的本质要求。近代以来的中国政治发展史证明，中国只是在社会主义制度下，才开启了真正的人民当家作主的民主进程。人民当家作主，就是人民群众在党的领导下，通过人民代表大会制度、共产党领导的多党合作和政治协商制度、民族区域自治制度以及基层群众自治制度的形式，掌握国家政权，行使民主权利，管理国家和社会

事务，管理经济和文化事业。人民当家作主保证了国家各项事业发展符合人民的利益和意愿。

依法治国是党领导人民治理国家的基本方略。依法治国就是广大人民群众在党的领导下，依照宪法和法律规定，通过各种途径行使管理国家和社会事务、管理经济文化事业的权利，保证国家各项工作和社会政治生活都依法进行，逐步实现社会主义民主的制度化、法律化。在当代中国，无论是党的领导，还是人民当家作主、行使民主权利，都必须在宪法和法律范围内进行，都必须严格依法办事，任何组织和个人都不允许有超越宪法和法律的特权。任何违反法治原则的权力意志和所谓的“民主”，都会对社会秩序和人民的权利与自由造成损害，进而危害社会主义政治文明。

在中国发展社会主义民主政治、建设社会主义政治文明，共产党领导、人民当家作主和依法治国缺一不可，三者有机地结合于人民这个行为主体。我们党将执政与为民有机地结合在一起，这就从根本上建立起了党和人民同呼吸、共命运、血肉相连的关系，从本质上体现了党执政的合法性与合理性。因此，共产党领导、人民当家作主和依法治国三者的有机统一，深刻反映了中国特色社会主义民主政治建设的内在规律和价值目标。按照这个规律办事，不懈追求这个价值目标，就一定能把中国的民主政治建设好、发展好、实现好。

二、坚持社会主义政治制度的特点和优势，从我国国情出发，发展社会主义政治文明

人民代表大会制度、共产党领导的多党合作和政治协商制度、民族区域自治制度、基层群众自治制度，是中国特色社会主义民主政治的基本制度框架，也是民主在当代中国的主要实现形式。坚持走中国特色的政治发展道路，就要坚持和发展社会主义政治制度的特点与优势。

人民代表大会制度是我国的根本政治制度，是我国人民当家作主的重要途径和最高实现形式。全国人民代表大会和地方各级人民代表大会都由民主选举产生，对人民负责，受人民监督。各级人民代表大会代表人民的利益，按照人民的意志制定法律法规，决定重大事项，选举和任免国家机构领导人员，监督国家行政机关、审判机关和检察机关的工作，从根本上保证人民在国家生活中的主人翁地位；依法实行民主选举、民主决策、民主管理、民主监督，保证人民享有广泛的民主、自由和人权，有利于广泛动员和组织人民群众投身中国特色社会主义建设、管理国家和社会事务、管理经济和文化事业，把全国各族人民的力量凝聚起来，有领导、有秩序地朝着国家的发展目标前进。

中国共产党领导的多党合作和政治协商制度，既是我国的一项基本政治制度，也是具有中国特色的社会主义政党制度。中国共产党是领导核心，依法长期执政；各民主党派是中国共产党的亲密友党，依法参加国家政权。这种政党制度，不是多党制，不是一党制，而是共产党领导的多党合作制。这种既是历史的产物、又经受住了历史检验的制度，有效避免了多党竞争、相互倾轧造成的政治动荡，也有效避免了一党专制、缺少监督导致的种种弊端。这项制度具有政治参与、利益表达、社会整合、民主监督、维护稳定等重要功能，有利于实现广泛民主与集中领导的统一，最大限度地整合集中社会资源，统筹兼顾各方利益，妥善化解人民内部矛盾，提高党和政府决策的科学化、民主化水平；有利于畅通和拓宽社会利益表达渠道，使人民群众的知情权、参与权、表达权和监督权得到更好的保障，使社会各方面的愿望和要求得到更充分的反映与实现，从而使中国特色社会主义民主更加充满生机和活力。

民族区域自治制度是富有中国特色的实现民族平等、保障少数民族权利的基本政治制度。这项制度体现了民族因素与区域因素、政治因素与经济因素、历史因素与现实因素、制度因素

与法律因素的有机结合，实现了我国社会主义多民族国家在民主基础上的高度统一。这项制度能够保障少数民族广泛参与国家和本民族内部事务的管理，维护和保障少数民族与民族自治地方的合法权益；保证各民族无论大小，都享有平等的经济、政治、文化和社会权利，从而形成了相互支持、相互帮助，共同团结奋斗、共同繁荣发展的和谐民族关系。

基层群众自治制度是直接体现人民当家作主的一项重要政治制度。农村村民自治、城市社区居民自治、企事业单位职工代表大会制度等基层群众自治制度，是广大人民群众在中国共产党领导和支持下，在城乡基层单位和组织中，依法直接行使民主选举、民主决策、民主管理和民主监督权利的民主制度。它是群众身边的民主，能够有效保障人民群众的民主权利，保障人民群众的主人翁地位，提高人民群众的民主素质和民主管理能力，是中国特色社会主义民主直接和具体的体现。

判断一国的政治制度是否具有优越性，要看它是否立足于本国国情，是否有助于发展社会生产力，是否有助于提高人民生活水平，是否能够适应经济社会发展的基本需要，归结起来，就是要看是否真正代表和维护人民大众的根本利益与各项权益。我国社会主义政治制度的优势主要表现在三个方面。

第一，有利于充分调动人民群众建设美好幸福生活的积极性、主动性和创造性。我国社会主义民主建立在公有制为主体的经济基础之上，这就决定了它不受资本的操纵，不是金钱民主，不是少数人的民主，也不是局部民主，而是最广大人民的最广泛、最全面的民主。人民依法享有的经济、政治、文化和社会生活各个方面的民主权利，不受财产、职位、民族和性别差异限制。社会主义民主使人民群众真正成为国家和社会的主人，使人民群众的积极性、主动性和创造性得到充分调动与发挥，中国特色社会主义事业也获得了无限的生机和活力。

第二，有利于实现、维护、发展中国人民的整体利益、根本利益和长远利益。执政的中国共产党没有自己的任何私利，是中国工人阶级的先锋队和中国人民、中华民族的先锋队，是全中国人民的政治总代表。因此，中国共产党能够根据中国社会发展的客观条件和要求，正确地把握全中国人民的根本利益，制定出符合科学发展规律的路线、方针、政策；能够妥善解决改革发展中的各种问题，逐步缩小和消除各种经济社会不合理现象，促进和保证公平正义，使人民群众共享经济社会发展的成果；能够通过自身调整，解决许多发达国家和发展中国家无法解决或解决好的问题，努力做到全社会利益的最大化，有效维护各阶层利益，使社会处于和谐与均衡状态，使经济社会发展具有可持续性。

第三，有利于维护国家统一、民族团结、社会稳定和促进经济社会发展进步。我国社会主义政治制度保证了国家政权和社会的长期稳定，保证和促进了经济快速发展与社会全面进步。正是在这种政治制度下，国家能够集中一切智慧、力量和资源用于建设与发展，最大限度地避免和减少不必要的内耗，国家政策具有很强的连续性，国家的经济社会发展战略和目标得到一以贯之地坚持。

三、我们需要借鉴人类政治文明有益成果，但绝不照搬西方政治制度模式

发展社会主义民主政治，建设社会主义政治文明，必须从我国国情出发，坚持走自己的路，即坚持走马克思主义同中国实际相结合的符合中国特色社会主义要求的政治发展道路。

坚持走中国特色社会主义政治发展道路，必须清醒地看到政治文明的阶级性和民族性，充分认识建设社会主义政治文明的长期性、阶段性、艰巨性和复杂性。政治文明是阶级社会的产物，具有鲜明的阶级性。一定社会的政治文明总是体现着该社会历史阶段物质文明的发展状况和进步程度，同时也体现着不同民族国家的不同生存发展环境、历史渊源和文化传统，具有鲜明的民族特点。只要阶级、国家和民族

差异存在，政治文明的阶级性和民族性特点就不会消失。我国正处于并将长期处于社会主义初级阶段，建设社会主义政治文明，无疑会遇到许多错综复杂的矛盾、问题、困难和干扰，需要在实践中正确对待和处理。所以，必须充分认识发展社会主义民主政治、建设社会主义政治文明的长期性、阶段性、艰巨性和复杂性，既倍加珍惜和充分发挥我国社会主义政治制度的特点与优势，又认真研究和科学借鉴人类政治文明的一切有益成果，但绝不照搬西方政治制度模式。

坚持走中国特色社会主义政治发展道路，必须正确认识中国特色社会主义政治制度与西方政治制度的区别，坚持和发展我们自己的特点与优势。我国的国体是工人阶级领导的、以工农联盟为基础的人民民主专政，同资产阶级专政根本对立；我国的政体是人民代表大会制度，与西方的议会制度有根本区别；我国的政党制度是中国共产党领导的多党合作和政治协商制度，也根本有别于西方的多党制。因此，发展社会主义民主政治，必须坚持和完善人民代表大会制度，不能搞西方的议会制度，也不能搞西方的三权鼎立制度；必须坚持和完善中国共产党领导的多党合作和政治协商制度，不能削弱和否定共产党的领导，搞轮流执政的多党制；必须坚持和健全民主集中制，不能把民主和集中割裂开来或对立起来。

坚持走中国特色社会主义政治发展道路，必须积极借鉴人类政治文明的有益成果，但绝不照搬照抄别国的政治发展模式。社会主义要赢得与资本主义相比较的优势，就必须借鉴和吸收人类社会创造的一切文明成果，包括资本主义的政治文明成果。借鉴人类政治文明的有益成果，必须在认真研究的基础上，分清良莠、择善而从，而不能顶礼膜拜、照搬照抄。实践证明，即便是在他国有效的制度模式，如果不顾国情，照搬照抄，也会出现严重的社会后果。

这些年来，由于一些国家和地区出现了严重的“民主乱象”，那种宣扬西方式民主政治为“普世价值”的观点，受到了普遍的质疑。然而，有人认为，南非通过西方民主的方式，结束了白人的种族主义统治，走上了民族和解之路，而且没有出现“民主乱象”，倒是实现了政治稳定和经济发展，因此鼓吹在中国移植“南非经验”。需要指出的是，南非在白人进行种族主义统治时期，实行的就是多党制和三权分立等“西式民主”，白人统治当局是以“宪政”的名义实施最臭名昭著的种族歧视和种族隔离政策的。南非黑人争取权利的斗争，首先是反对种族主义，谋求政治、经济、文化、社会等方面的平等权利。这个历史背景，在当代中国完全没有可比性。还要看到，鼓吹中国应移植“南非经验”，其实质在于宣扬西方民主政治理念，否定中国共产党和中国人民开创的中国特色社会主义政治发展道路，这不能不引起人们的高度警觉。其实，只要不是带有根深蒂固的政治偏见，就不难看到当代中国的民主政治道路所产生的积极影响。美国《华尔街日报》2009 年 10 月 29 日有一篇题为《柏林墙倒掉以后：民主影响力之辩》的文章说：“很多观察家认为，1989 年 11 月 9 日柏林墙的倒塌，象征着自由民主制和自由市场战胜了最后一大意识形态对手。两个十年和一场金融危机过后，关于这种评价是否为时过早的争论激烈起来”；“中国作为西方制度代替者的吸引力扩展到南非等地。南非在冷战后不久就实现了民主，现在却说北京给他们带来鼓舞和启示。南非劳工部长曼巴蒂西·姆德拉德拉纳 2007 年访问北京时称，‘中国的方式显然有正确的成分，南非可以从他们的经验中学到很多东西’。”说到底，在所谓的“南非经验”的是非上，问题不在于是否要学习借鉴其他国家的政治文明的有益成果，而在于是否坚持中国特色社会主义政治文明之路，抵御和反对以各种形式表现出来的新自由主义的政治观点。

世界上根本不存在惟一的、绝对的、普遍适用的政治制度和民主模式，也根本没有一种放之四海而皆准的政治发展道路。一个国家实行什么样的政治制度，走什么样的政治发展道路，归根结底是由这个国家的性质和国情决定的。各种敌对势力竭力诋毁和攻击我国的政治发展道路，否定中国特色社会主义民主政治建设的伟大成就，把西方资本主义的政治文明和政治制度视为“普世价值”，其背后是西化和分化中国的政治图谋。我们必须保持清醒的政治头脑，坚定不移地走中国特色社会主义政治发展道路。

（此文载《求是》2010 年第 12 期）

关于中国政治体制改革的几个问题

陈红太

一、我国政治体制改革停滞了吗？

政治和经济有机统一的政治观目前很少有人讲，实际上它是马克思主义中国化在政治观上的重要体现和宝贵遗产。当一个国家和民族动用所有的政治组织和力量都参与到一件关系到这个国家和人民根本利害的大事，无论这件事具体涉及什么领域和内容，经济的、军事的、天灾瘟疫，等等，这件事实际上都具有政治的性质。政治最浅白的解释，就是动用国家的强制力和一切政治组织的力量解决国家和社会公共事务和公共需求所需要解决的一切问题。因此，我们动用全国之力进行的社会主义市场经济建设，所包含的国家和社会变革绝不仅仅限于经济主体所进行的资源交换和满足供求关系等方面，这里面包含着在政治领域所进行的一系列变革，本质上体现以经济建设为中心的一系列联动关系。并且对于搞市场经济，我们也是从政治的高度，从关系到国家和民族发展大计，从关系到人民的根本利害这样的高度来看待的。

从这种大政治观的视角看，我国 30 多年来在执政党和政府领导和组织下所进行的社会主义市场经济建设，既是一场伟大的经济变革，也是一场伟大的政治变革。评价这场变革的成败，归根到底要看我们搞市场经济是成功了还是失败了。也就是邓小平在 1992 年南方谈话中提出的“是否有利于发展社会主义社会的生产力，是否有利于增强社会主义国家的综合国力，是否有利于提高人民的生活水平”。除此，没有其他更为根本性的标准。因此，评价中国政治体制改革的成败，最为根本的就是看我们的政治体制改革是否满足了以经济建设为中心的现代化建设的需要，更确切地说就是与搞社会主义市场经济是否相适应。适应了社会主义市场经济建设的需要，把经济建设搞上去了，政治体制改革就是成功的；不适合社会主义市场经济建设的需要，甚至阻碍和干扰社会主义市场经济建设的需要，就是失败的。这是评价政治体制改革成败最为根本性的标准。当然，还有一个阶级性的判断标准，就是我们搞市场经济，是最终使少数人富裕还是使大多数人共同富裕？是最终巩固和坚持了人民当家作主、共产党的领导和马克思主义信仰，还是最终放弃了社会主义的政治制度和意识形态？不过这后一个阶级性标准最终要靠整个社会主义初级阶段的历史来检验。我国目前虽然还存在着如腐败蔓延和社会资源分配不公、贫富分化以及发展不平衡等严重问题，但这些问题正处于解决和调整的过程中，保持经济的可持续发展仍是第一位的任务。

二、怎样看待政治体制改革的关键问题？

邓小平关于《党和国家领导制度的改革》讲话的核心主题是党和国家的领导制度，也就是党的执政制度的改革。要点是主张“党政分开”、“下放权力”，解决把一切权力横向集中到党委、纵向集中到中央的“权力过分集中”的问题，以充分发挥政权组织职能和地方基层的积极性。邓小平当时提出这个问题，是有历史经验意义的。确切地说，是邓小平总结新中国成立以后30年党在执政制度方面的历史经验，也包括总结党在新中国成立前局部执政的经验所得出的基本结论。这个结论对于解决共产党执政存在的普遍性或一般性问题具有恒久的指导意义。1992年，党的十四大提出了建立社会主义市场经济体制，中国现代化建设的实践就对政治体制改革提出了新需要。也就是说，建立社会主义市场经济体制的现实需要使政治体制改革的主题发生了变化。建立市场经济，中国急需解决法制规范的缺位问题，即程序正义问题，不然一种新经济秩序的建立靠什么作保障。所以，从1992年以后，有几大政治体制改革问题被突出地提了出来：一是适应市场经济体制的法制建设问题；二是政府职能的转变问题，从计划到市场，政府的职能和机构都需要重新定位和调整；三是权利保障问题，市场经济必然建立在对投资者和市场经济参与者的私权保障的基础上，没有法制保障的经济社会自由就不可能建立市场经济体制；四是保持宏观政治稳定的问题，即保持基本政治制度的框架不变，政治体制改革在这个基本框架内调整和完善。从1992年开始，我国正式确立了发展、稳定、改革这样一种国家现代化大政策框架。

因此，1992年党的十四大正式提出建立社会主义市场经济体制，是我国现代化建设目标调整的重大事件。这一目标的提出，对我国的政治体制改革产生了根本性的影响。建立和完善与社会主义市场经济体制相适应的政治体制问题被现实地提了出来，就是“发展社会主义民主政治”。与市场经济体制相适应的政治体制怎么改，如何调整，这本身是一个实践问题而不是一个经验问题。政治体制改革必须依据市场经济建设提出的现实需要作适时跟进的调整和变化。实际上，经过30多年改革开放的探索实践，我国的政治体制改革已经是“柳暗花明又一村”了。一种新的经济体制秩序的建立，要求中央必须有强大的资源配置能力相适应，因此，从1994年开始，我国开始实行“分税制”，以保证中央财力以及对地方调控的主导地位。在此基础上我国大力推进全国的市场化进程，国有企业产权制度改革、公共事业经营方式和事业单位的各种制度创新尝试、民营企业和股份合作制的蓬勃兴起和壮大、经营性国有土地使用权出让引入市场竞争机制、农村土地的经营权流转和农业税的废除、实行并不断加大对贫困地区和专项事业的财政转移支付、最低社会保障制度和民生公共需求保障体系的探索尝试，等等。尽管这里面有许多不尽如人意的地方甚至严重的失误，但我国在全面推进市场化的同时，工业化、城市化和信息化的进程得到大跨越的发展，中国在经济建设方面取得的巨大成就是世界公认的，而在珠三角和长三角的一些地方，更是创造了诸多的工业化、城市化的发展奇迹。正是由于我国“市场化、工业化、城市化和信息化”这四化的快速推进，与之相伴随的新的社会管理问题、公共服务问题，以及在社会管理和公共服务方面必然引发的对执政党和政府的选任权、知情权、表达权、监督权以及决策的参与、结社和村社自治的需求等狭义的政治领域的问题，都被大量和显性地提了出来。这就赋予了政治体制改革以新的含义和内容。实际上，当党的十四大提出建立社会主义市场经济体制后，政治体制改革的重点，由过去的单纯的权力配置问题转化为权力有效的问题，由执政权本身的改革变成了执政权如何有效地满足经济社会发展的需要和保障权利的需要，也就是有效执政问题。而实现“有效执政”

恰恰需要权力的相对集中,以避免权力内部的掣肘和无谓的消耗。因此,如何处理好“有效执政”和“权力过分集中”的关系,找到解决这两个问题的结合点,还需要在实践中继续探索和寻求答案。

不过,有一点是非常清楚的,无论是解决权力过分集中的问题,还是有效执政的问题,我国政治体制改革的对象都是围绕如何优化党的领导这一核心主题展开,优化党的领导就是解决党的执政制度的科学性问题。这也客观地反映了党的领导制度和执政制度在中国政治制度体系中的核心和主导地位。

三、目前我国政治体制改革重点要解决哪些问题?

目前,我国只要比较好地解决下述三个问题,中国的政治体制就不仅不会偏离经济和社会发展的需要,与经济体制改革不相适应,而且还会持续创造经济发展的奇迹,中国的现代化进程还会加快。在这个过程中,中国定然会创造政治发展的奇迹,形成与市场经济相适应的更加优越的政治文明。这三个问题是:满足民权的需要,解决社会资源分配不公的问题;实现有效执政,满足可持续发展和民权需要的问题;坚决依法治官,遏制并解决腐败的蔓延和社会化问题。

民权的需要既包括民生权的需要又包括民主权的需要。所谓民生权,就是保障老百姓民生所需的一般性的公共需求的权利。这些权利大致包括:住房权、上学权、治病权、最低生活保障权、就业和收入保障权、财产保障权、贫困救济权、养老权、环保权、治安权等。有了这些权利的保障,老百姓的生存就有了基本的依托。所谓民主权,就是人民群众实现当家作主的一般性权利。这些权利包括:对公共事务和公共需求的知情权、表达权、参与权、监督权和结社权,对村社、社团和专业化合作组织的自治权以及相应的选任权、决策权、管理权、监督权等,对执政党和国家公职人员的选任权、监督权、问责权和罢免权等。人民当家作主是我国政治体制的根本性质和民主政治建设的总目标。人民当家作主在社会主义市场经济条件下,最根本的体现就是切切实实地落实和保障最广大人民的各项民生权和民主权。其中民生权的保障尤为基础。实现和保障群众的民生权是最迫切需要解决的问题。在大力满足民生需要的同时,要逐步满足老百姓对民主权的关切。村务公开、政务公开,建立各种对话机制和民意表达制度,保障民生最现实的需要是我们党和政府最应该关切和必须切实做好的事。满足了群众这些最关心、最迫切需要解决的问题,就会在很大程度上缓解和平衡社会资源因市场机制导致的分配不公的问题,人民群众就会拥护党和政府。

是党政分开还是党政合一,是分权还是集权,这些问题并不能从根本上决定国家政体的阶级性质,但可以决定国家权力配置的效率。发展中国家的一般经验证明,无论实行什么类型的执政制度,无论是分权还是集权,实现政府的有效性对于这个国家的现代化进程影响极大。一个有效政府能够做到为社会建立基本的法制基础,保持非扭曲的政策环境和宏观经济稳定,投资于基本的公共服务和基础设施,保护承受力差的弱势阶层和生态环境,最为根本的就是为社会提供必要的制度供给和公共服务供给,实现有效的社会管理。对于中国来说,政府的有效性决定于党的执政的有效性。党的执政的有效性核心要满足三个需要:经济的可持续发展,社会民生的公共需求,人民当家作主的民主权保障。保持经济的可持续发展和民权需要的满足,是党能否实现有效执政的最根本体现。这也就是党中央提出的转变经济发展方式和科学发展的核心要义。经济发展本身不是目的,目的是让人民群众共享改革发展的成果,让人民群众过上更加美好和更有尊严的生活。

要实现有效执政必须搞好党的执政建设。党的执政建设不同于一般所说的党的思想、组织、作风和制度建设,它包含两大政治关系:党与国家政权的关系和党与社会组织之间的关系。党的执政建设不仅要把国家政权组织的功能行为纳入执政党建设的视野,因为无论政府和人大以及司法机关的行为都体现了执政党的意志和执政能力,而且要把人民团体、社会组织以及社会自治等社会组织的功能行为纳入执政党建设的视野,因为中国共产党不同于世界上其他政党的独特性质和执政性质决定了它不仅要领导国家政权、履行好法定的国家政权职能,还要能够实现对社会的领导,发挥应有的核心作用。从改革开放以来地方和基层提供的一般经验来看,实现党的有效执政关键要解决好"依法治官"的问题。在目前中国的政治体制下,制度的效用问题取决于执政者自身的党性和对人民的负责精神。经验证明,同样在一种制度和政策框架下,为什么有的地方发展卓越,有的地方变化不大,甚至发生倒退,一个重要原因是当地的领导者或执政者的素质和做官品格。那些全心全意为党和人民的事业负责的领导者,那些想方设法为老百姓谋福利的领导者,那些集中人民群众的智慧以民主和法治实现执政方式转型的领导者,其领导的那个地方的现代化事业一定蒸蒸日上。反之,那个地方党的事业和老百姓就会遭殃。依法治国首先要依法治党,依法治党首先要依法治官,依法治官必须借助民主法治,以民主监督制度和科学监管制度解决治官的问题。

（作者:中国社会科学院政治学研究所研究员）

转变政府管理方式　推进政府管理创新

许耀桐　曹　胜

党的十七大明确提出了加快转变经济发展方式的战略任务。这一选择构成了我国经济发展方式上一次重大的影响深远的历史性转变,其核心目的就是要彻底扭转只重视 GDP 数量增长的经济方式,而着眼于提高内涵质量的经济发展方式,亦称低碳经济发展方式。转变我国经济发展方式,与转变政府管理方式息息相关,一方面,它要求政府管理方式适时作出创新变革,另一方面,它也需要转变政府管理方式给予支持。

一、转变经济发展方式需要转变政府管理方式

为什么有的国家富,有的国家穷?有的地方发展快,有的地方发展慢?萨缪尔森认为,这不是一个简单的、已经得到解答的问题。诺思认为,国家的存在是经济增长的关键,然而国家又是经济衰退的根源。这就是有名的关于国家(政府)作用的"诺思悖论"。"诺思悖论"表明,一个有效的政府是经济发展最为必要的条件和根本的保障,除了这个政府是没有致力于服务民众的不作为,或者是政府干预与市场化改革方向相违背的乱作为。

中国改革开放的实践证明,以政府为主导的渐进式改革是中国的显著特点和优点。凡是富的地方、发展快的地方,政府一直扮演着经济发展的领导者和推动者的角色。无论是从国家层面还是从地方层面考察,各级政府在经济社会发展中都起着至关重要的作用。各级政府之所以能在经济社会发展中起着至关重要的作用,究其实质在于,中国的市场经济乃是政府主导型的市场经济模式:第一,政府主导着工业化的高效积累。例如,工业化最重要因素之一的土地积累,据有关统计数据,改革开放以来各级

地方政府的土地出让收益已经超过财政预算的35%以上，成为推动工业化发展的厚实资本。第二，政府进行着资源、能源等重要产业的配置。一个国家的资源、能源产业是工业化发展的基础经济部门，其发展和供求状况既对下游产业的微观运行发生重要作用，又对整个国民经济的宏观运行和国家经济安全产生重要影响。第三，政府掌握着强大的经济组织力量。改革开放30年来各级政府运用强大的经济组织力量，为市场发展提供了规模宏大、配套完备的公共产品，为中国经济的持久发展奠定了坚实的基础。因此，中国的经济现代化建设，可以说是一种以政府为主导的举国体制的模式。现在要大力推动经济社会发展和实现经济发展方式转变，需要更加重视和加强各级政府有效的、积极的作用。

基于我国政府在经济现代化建设中所扮演和承担的角色，这就要求政府必须深化行政管理体制改革，转变政府职能和政府管理方式，以适应经济社会发展和经济发展方式转变的需要。政府是社会系统中的重要构成要素，其存在运作于经济、文化、社会等要素构成的社会环境之中，具有维护社会秩序化运作和协调性发展的功能。从系统理论的视阈来看，政府要获得自身存在发展的理由就必须保持与社会环境诸要素的沟通交流，对社会环境的变革给予回应，从而保证社会系统的动态平衡。而社会环境诸要素中与生产实践密切相关的经济社会要素是最具有生命力和能动性的，经济社会的发展和经济发展方式的转变，作为社会系统重要组成部分的政府必须对这一重大变革作出及时有效的回应。只有积极推进政府管理方式转变，才能适应时代发展的需要。

二、转变政府管理方式需要实行政府管理变革

基于回应社会经济发展和转变经济发展方式的需要，政府管理创新的内容概而言之包括两个基本方面：第一，政府管理的边界如何确定，也就是政府应当承担哪些职能的问题；第二，政府管理应当如何展开，也就是政府如何履行其所承担的职能的问题。为此，政府管理必须实行三个方面的变革。

1. 政府管理范围变革：从全能到有限

政府作为社会系统中的子系统，是具有特定功能的组织形式，其具有自身的活动边界，对社会经济发挥作用的范围也是有限的。一旦政府越出了适当的边界，取代社会系统中其他组织，按照其特定的权力逻辑对社会经济进行作用，必然会导致社会形态的畸形发展，最终影响到社会系统的秩序化运行。

新中国成立后的第一个三十年，政治领域的主要特征就是国家统制社会，政府管理一切。在这种被称为“全能国家”的社会政治形态中，政府权力是没有边界的，不受任何限制的，广泛而深入地渗透到社会生活的全部领域和各个层面，政府承担了政治、经济、社会、思想、文化等各种职能，企业、事业单位、社会团体及民间组织都成为准政府组织和政府组织的衍生物。在这种范围无限的统制型政府管理下，形成了双重困境：其一，政府要承担几乎所有社会组织的功能，这必然造成政府机构臃肿，财政负担沉重，行政效能低下，社会回应迟钝等问题；其二，由于政府统制整个社会领域，企业、社会组织、个人都不得不依附于政府，从而丧失了自主性、独立性和创新的动力。归根到底，统制式的政府管理严重窒息了经济社会的发展，使整个社会陷入停滞乃至倒退的境地。

在改革开放以来的新中国第二个三十年里，中国政府最大的变革就是管理范围的重新划定，从无所不包的统制式管理中走出来，重构了政府职能的范围和边界。通过不断地推进以建立和完善社会主义市场经济体制为基本目标的，以政企分开、政事分开为主要内容的经济体制和行政体制改革，政府与市场和社会的关系发生了革命性的变化。当前，我国政府所履行的职能主要包括经济调节、市场监管、社会管理和公共服务四个方面，具有较为清晰的权力边

界和职能担当。在社会主义市场经济条件下，市场在社会资源配置方面发挥着基础性作用，企业作为市场活动的主体，具有充分的积极性和自主性。政府管理活动主要是通过灵活的财政政策与货币政策，引导生产力合理布局，优化产业结构，为企业提供良好的创业氛围与宏观经济环境；并通过健全市场法规，维护经济秩序，让各市场主体在公平的环境下进行有效竞争。同时，各类社会组织的广泛出现和迅猛发展成为中国社会变革的标志性现象，这些组织广泛分布在社会、经济和文化等各个领域，发挥着越来越重要的作用。我国改革开放以来社会经济的快速发展是与政府、企业与社会三者之间的协调运作密不可分的。这一社会政治实践与当前在世界范围内兴起的治理与善治理论的内在本质是高度契合的，就是要构建一种政府与社会对公共生活的合作管理的关系模式，不是单纯依靠政府的权威，而更重要的是构建政府与社会各类组织的合作网络，通过合作、协商、伙伴关系、确立认同和共同的目标等方式实施对政治事务的管理。

在新的社会经济发展方式变革的大背景下，我们要积极推进政府管理创新，首要的就是对政府管理的范围作出清楚的认定。政府管理要顺应时代发展的要求而不断推进，一方面要明确政府自身的职能边界，通过探索各种有效途径积极履行必须由政府承担的社会职能；另一方面要积极推动社会经济的整体性变革，充分发挥企业、社会的能动性，将社会经济领域中政府不该管、管不好的事务转向由市场和社会加以解决，从而实现公共治理由“善政”向“善治”的转变。

2. 政府管理机制变革：从微观到宏观

政府对经济社会系统的变革给予回应，最终需要通过管理机制和管理方式落到实处。政府管理机制的变革是政府管理创新中的题中应有之义。由于政府管理机制关乎到管理实践的具体展开，因此，经济社会的发展，特别是经济发展方式的转变，所受到政府管理机制的影响更为直接。

在我国传统计划经济体制下，政府统制着社会活动的所有领域各个层面，扮演着多重社会角色，既是整个社会经济活动的经营者和管理者，同时又是公共服务领域的直接经营者和惟一提供者。改革开放以来，政府管理实现了范围重构和重心调整，这就要求在管理机制上必须相应地作出变革。随着社会主义市场经济体制的建立，政府逐渐从微观经济活动中退出来，不直接参与企业经营，政府管理的重心转变为对宏观经济的调控和对市场运行的监管上。在社会管理和公共服务方面，同样需要政府管理适应社会经济发展的变革，实现从“划桨”到“掌舵”的转变。“划桨”和“掌舵”是对政府管理机制的形象化表述。“划桨”是指政府直接生产和提供公共物品和公共服务的做法；“掌舵”是指政府不作为公共物品的直接生产者出现，而是负责确定公共物品的数量和质量，分配给其他生产者生产，政府作为购买者间接提供公共物品，作为管理者和监督者监督公共物品的生产、分配和消费。实现政府管理由“划桨”向“掌舵”的转变就是要将公共物品和公共服务的生产和提供分开，政府主要负责制定公共服务领域的政策和服务标准、规定公共物品数量和质量，并将这些服务项目的提供和公共物品的生产通过招标、合同承包、政府采购等形式转给私营部门或非营利组织等生产或供给，以充分满足社会对公共物品和公共服务的需求。

在当代西方兴起的新公共管理运动，就主张用企业家精神重塑政府，建立以市场为基础的公共行政，进行企业化的政府革命，着眼于政府管理实现“3E 标准”（即 Economy 经济、Efficiency效率、Effect 效果）。这一运动虽然在政府管理的终极目标上由于过分强调行政效率的重要性而忽视对公民利益的关照而受到了新公共服务理论的批评，但其在政府管理机制上作出的探索却具有重要的实践价值。从“划桨”到“掌舵”就是要通过转变政府管理机制，创新公共服务的方式。政府将精力集中于制度创新、制度实施和制度监督、营造有利的整体环境上,不再垄断公共服务的生产,而是通过公开竞标、责任承包、合同出租或与人合作的形式交给私人机构、独立公共组织和执行机构去经营,通过将竞争机制引入公共服务领域,开放公共服务的市场,在一定范围内允许社会组织和企业提供公共服务。政府购买劳务、购买服务,企业和社会组织应标承办劳务和服务,进行合同管理,按合同兑现报酬。这种角色分开、功能分离的改革取向实现了政府在管理机制上的创新。

在当代世界经济格局中,任何国家的政府都承担着协调社会经济发展的职能,“一切经济制度都是各种规则和条例的集合,根本不存在不受调控的经济”。通过何种有效的管理机制实现对社会经济发展的有效调控,是各国政府管理创新的着力点之一。新公共管理运动所主张的政府应当从“划桨”向“掌舵”的角色转化,积极探索政府管理机制新变革,对于应对社会经济发展的新要求有着重要的借鉴意义。我国政府管理在创新政府管理的要素与结构、完善政府管理运行过程,创建政府管理开放系统等改革政府管理机制方面进行了创新性探索。新公共管理运动所提倡的公共服务外包给企业或社会组织,由政府对其提供的质量加以监管也在一些城市的市政管理中开始进行试点。但总体而言,我国在政府管理机制创新方面与国际水平还有较大的差距,有些领域计划经济体制遗留的痕迹还很严重,政府“划桨”的现象还很普遍。要完成政府管理机制从“划桨”到“掌舵”的转变,需要我们结合中国实际进行具体的制度设计和方式选择。

3. 政府管理重心变革:从管制到服务

在政府管理的范围之内,管理的重心所在是随着经济社会的变革而不断变化的。如何适应经济社会发展的新形势,确立政府管理的重心所在,并适时地完成重心的转移构成了政府管理创新的基本方面。因此,政府管理要适应经济社会发展的需要,既要求政府在管理范围上作出调整,完成从“全能政府”向“有限政府”的转变,也需要政府管理在管理重心上作出相应的变革,实现从“管制型政府”向“服务型政府”的转变。

在“全能国家”的社会政治形态中,政府的权力没有明确的边界,对整个社会形成了统制型的管理,与此相对应在政府管理的重心上一般都是以管制为主要内容的。管制型政府管理所内涵的基本理念为政府是高居于社会生活之上的权力实体,政府对社会生活各方面具有明确的控制权力,在处理社会事务中主要着眼于控制性管理,即采用自上而下的权力控制为主要运作方式对社会生活各领域予以强制性掌控。改革开放之前的社会政治实践就不仅仅表现在政府权力无所不在,也表现为政府权力对社会生活的无所不管,各种社会资源存在于社会的管制之下。管制型政府管理在行政理念、制度安排和行为方式上都有明确的对社会资源的控制特点。最能体现管制型政府管理特点的是在制度安排中的行政审批制度。在经济、社会、政治和文化生活中,从企业单位、社会组织到公民个人的活动都被纳入到政府的审批制度中。

《中华人民共和国行政许可法》、《中华人民共和国政府信息公开条例》等一系列法律法规的颁布,构成了我国政府管理重心由管制向服务转变的标志性事件。在党的十六届六中全会上明确提出了建设服务型政府的要求,建设服务型政府是适应当前社会经济发展在政府管理领域作出的积极回应,具有深远的影响作用。建设服务型政府就是要强化社会管理和公共服务的职能,在服务中实施管理,在管理中体现服务。基于当前转变经济发展方式的需要,服务型政府建设的一项重要任务就是要通过创设各种制度,采取各种途径,切实履行公共服务职能,将提供服务作为政府管理改革的重点内容。要通过加强公用设施建设,积极发展医疗卫生事业,健全社会保障体系,努力形成完善的公共服务体系;要努力提高公共产品的总量与质量,使公平服务与经济增长协调发展;要建立完善包括科技教育、医疗卫生、社会保障等诸多方面的公共服务制度。以服务为导向的政府管理活动应当成为政府管理创新的基本方向。这里必须明确指出的是建设服务型政府并非要取消管制，而是要改变以前过分泛滥的管制现象，是受法律严格约束，有固定的范围、程序和明确的责任机制，是为服务而管制，而非为管制而管制。实现管理与服务的有机结合，寓管理于服务之中，在服务中实施管理，在管理中体现服务，建设人民满意的政府。

建设服务型政府，实现政府管理重心由管制到服务的变革，是适应当前社会经济发展方式变革的需要，也是构建社会主义和谐社会的需要。以服务为导向进行政府再造是当今世界范围内实现政府管理创新的主流路径，我们建设服务型政府的实践努力与国际公共行政理论中兴起的“新公共服务”理念在本质内涵上具有内在的一致性。新公共服务理念主张以公民利益的实现为政府行政活动展开的最高宗旨和目的，政府要对公民需求予以积极而有效的回应。在政府管理中要把维护公共利益、尊重公民权利放在首位，提出了“公益至上”、“公民至上”等命题。该理论与中国建设服务型政府的行政理念遥相呼应，在政府管理要以民众利益为依归这一点上有着相通之处。服务精神是21世纪公共行政的灵魂，政府的本质在于服务而非管制。我们正在着力推进的由管制型政府向服务型政府转变的政府管理创新实践引领着世界政府再造潮流的历史进程。

三、后金融危机时代需要进一步推进政府管理创新

适应当代社会经济发展方式转变，积极推进政府管理创新既是推动国内经济全面、协调、可持续发展的需要，同时也是提升我国经济在国际市场的竞争力和应对国际经济形势风云变幻的需要。在国际金融危机中我国经济所经受的冲击，进一步凸现了转变经济发展方式问题的重要性，用鲜活的事实证明了转变经济发展方式所具有的国际竞争意义。胡锦涛总书记明确指出：“国际金融危机对我国经济的冲击表面上是对经济增长速度的冲击，实质上是对经济发展方式的冲击。”

我国经济经受住了席卷全球的金融危机的严峻考验，逆势上扬获得了又好又快发展。这是与我们在国际金融危机之前就认识到了转变经济发展方式的重要性，并在一些领域采取了及时有效的调整措施，充分发挥政府管理在促进经济发展中的作用是密不可分的。从我国实际情况出发，借鉴国际范围内政府管理的新理念和新制度，推进政府管理创新以积极应对社会经济发展方式转变，这是我们在应对金融危机中获得的宝贵经验。但同时我们必须认识到，总体而言，我们在转变经济发展方式方面所取得的成效还是初步的，在一些重点领域和关键环节上仍然相当滞后。要适应全球需求结构重大变化、增强我国经济抵御国际市场风险能力，我们就必须积极主动地加快转变经济发展方式，为保持经济平稳较快发展而增添推动力。转变发展方式是社会经济发展的时代要求，关乎到中国转变发展方式、调整产业结构、提高资源能源使用效率、保护生态环境的需要，同时也是在国际金融危机的情况下增强国内产品的国际竞争力、扩大出口、缓解在全球排放等问题上面临的国际压力的需要。随着国际金融危机转入后金融危机时代，能否在继续转变经济发展方式的同时，转变政府管理方式，进一步推进政府管理创新，成为至关重要的环节。这就对我们推进政府管理创新，提出了新的更高的要求。

在后金融危机的时代背景下，我们必须积极面对新形势新任务，充分发挥政府、市场和社会各方面的积极性和主动性，适应社会经济领域转变发展方式的要求，推进政府管理在各个领域的创新探索。要从根本上转变政府管理观念，坚持“以人为本”的管理理念，将人民群众的利益放在第一位，全面提高人民群众的物质生活、文化生活和公共服务水平。要基于经济社会发展的需要，重构政府职能体系：“越位”

的要"退位","错位"的要"正位","缺位"的要"补位","欠位"的要"到位";在全面履行政府经济调节、市场监管、社会管理和公共服务职责的基础上,区别情况,各有侧重,突出不同层级政府履行职责的重点,形成全面衔接、分工合理、有序高效的职能体系。要在政府管理方式方面将依法行政、政务公开、政府信息化、决策民主化与科学化、公共权力规范与监督、建立科学的政府绩效评估体系、降低行政成本提高行政效能等诸多方面的问题都纳入到政府创新的视野中,并在具体的制度安排、机制构建和政策选择等方面进行积极的探索。政府管理创新是涉及到管理理念、管理制度、管理机制、管理方式等诸多层面问题的综合性课题,需要我们作出全方位、多层面、系统化的探索,以推动我国经济社会又好又快发展,为构建社会主义和谐社会服务。

(作者:国家行政学院科研部主任、教授、北京大学政府管理学院博士生导师;北京大学政府管理学院博士生)

苏联特权阶层——苏联剧变的关键内因

戴隆斌

苏联解体至今已有将近20年,但是对苏联解体的原因至今仍然众说纷纭,莫衷一是。在我们看来,苏联解体的原因是多方面的,是多种因素综合作用的结果。但原因也有主次之分。导致苏联解体的主要原因还是出自苏联执政党自身,而其中苏联长期存在的特权阶层对苏联剧变起了很重要的作用。

"职务名册"与苏联特权阶层的形成

苏联特权阶层是按照一定的职务名册直接任命、相应地掌握着国家执政资源并且按职级合法享受不同特权的一部分人。这个特权阶层,俄语中是用 Номенклатура 这个词来代表的。从字面上来说,这个词来源于拉丁语,拉丁语"nomen"意思是人名名单或者品名清单。借用到俄语中,这个词指的就是职务名册,或职务一览表。具体地讲,是指其人选由上级任命的职位名称表。后来这一制度涵盖了对苏联领导干部的考察、登记造册、任免以及职级待遇等方方面面。

作为公职人员任命原则的"职务名册"制度,实际上在十月革命之后就开始实行,只是最初还没有规定这一原则的指令性文件。1923年6月12日,俄共(布)中央组织局通过了《关于任命制》的决议。同年10月,中央委员会又作出了关于登记分配工作基本任务的决议。1925年11月16日,中央组织局又通过了《关于选拔、任命工作人员的程序》条例,并通过了一份重新修订的"职务名册"。"职务名册"各种各样,当时最重要的有3号:第1号"职务名册"是由中央委员会负责任命、管理的干部名单;第2号"职务名册"是中央组织分配部负责任命、管理的干部名单;各部委负责任命、管理的干部名单称为第3号"职务名册"。其他则是地方各级机关的"职务名册"。

"职务名册"制度在20世纪30年代末最终定型。此后,尽管"职务名册"制度作了一些修订,但是基本原则没有实质性的变化。随着戈尔巴乔夫改革的深入,"职务名册"制度也开始被触动。1989年10月,苏共中央的一个委员会通过了一项终止执行有关干部任用的《职务名册登记监督》的决议,"职务名册"制度代之以选举制。从此“职务名册”制度作为一种干部任用制度在苏联实际上已经不起什么作用了。1991年“8·19”事件后，戈尔巴乔夫于8月23日宣布苏联共产党停止活动，“职务名册”制度被彻底取消。

通过“职务名册”制度获得任命的这一部分干部，他们担任一定的职务，享有一定的物质利益和一定的特权，有着其特定的生活方式，垄断了权力、意识形态和经济管理，代表了苏联的官僚集团，也就是整个党和国家权力阶层。苏联由此产生一批封闭的特权阶层。

苏联特权阶层的基本特点

可以说，苏联官僚特权阶层的产生与发展是与苏联政治生活中出现的权力逐渐集中相一致的，它的形成与确立又是与斯大林模式的形成和确立同步的。实际上，苏联的“职务名册”制度就是斯大林模式的一部分。因此，苏联特权阶层的基本特点不仅与“职务名册”制度相联系，而且和斯大林模式有共性的内容。

1. 权力结构呈现金字塔形，其权力具有专断性。上至中央委员会书记处、政治局、组织局，下到各县、区、镇，苏联的官僚特权阶层的组成人数是逐渐增多的。按照“职务名册”规则，各级官员是任命的，其命运掌握在最高领导层手中。在斯大林时期，处在最上面的当然是“掌握了无限权力”的斯大林，大部分官员的任用是由斯大林亲信控制的组织分配部决定的。斯大林本人控制着第1号和第2号名单，甚至经常操纵第3号名单。与此同时，中央书记处一方面给各省书记处推荐候选人，另一方面还给中央组织局（可以作出党和国家最高职位任命决议）推荐候选人。这样，以斯大林为首的书记处就掌握了全国各级主要领导人的任命权。与此同时，无论是党内还是苏维埃，都缺乏对这个阶层的监督制约机制，致使这个阶层制定政策时独断，实行政策时武断。

2. 权利的特殊性。根据“职务名册”任命的各级干部享有与众不同的各种特权：高级住宅别墅、汽车、休假券及休假旅费、“医疗费”补助、在特供商店购买紧缺品，等等。另外，从30年代初起，还实行了领导干部高薪制，除正式工资外还要发一个装很多钱的大信封的所谓“钱袋”制度。从几百卢布（当时的货币）到几千卢布不等，数量多少取决于职位的高低。

赫鲁晓夫向特权体系发起了第一次主动攻击。在他的命令下，取消了官僚的很多特权，但他的改革遭到了特权阶层的激烈反对。勃列日涅夫上台后立即恢复了被赫鲁晓夫废除的全部干部特权，并且享受特权的干部范围还有所扩大，特权种类日益增多。在这一时期，苏联的这个特权统治阶级迅速成长起来。正是在这个时期，党政干部与人民群众收入的差距达到30—44倍。

3. 官位某种程度的凝固性和继承制。官位的凝固性表现在领导干部实际上的终身制。斯大林时期，干部不仅层层由上级任命，而且实际上是终身任职。赫鲁晓夫对干部制度进行了改革，采取了不断更新的制度，并把干部更新制度写入苏共纲领和章程。但是，这种干部更新制度严重触动了一部分人的既得利益，所以遭到了很多人特别是高层的强烈反对。勃列日涅夫上台后，苏共中央开始批判赫鲁晓夫的唯意志论和主观主义，并顺从官僚们的要求，全面否定了干部职务的任期制和轮换制，废除了苏共中央委员会和党委会每次改选必须更换1/4成员的做法。

官位的继承性表现在两个方面：一是“职务名册”制度官员本身形成了一个封闭的特定阶层，他们官官相护，互相推荐任用，代代相传；二是官位的直接继承，如斯大林的儿子瓦西里25岁就当了将军，这样的例子很多。

4. 干部队伍的保守性。苏联在选拔任用干部时的标准是政治素质、业务素质和忠诚，但在实际操作中，业务素质是不重要的，重要的是“政治素质”。另一个重要标准是对领袖是否效忠。如，联共（布）十七大后，对斯大林崇拜与否成了一条政治准则，吸收党员、职务升降、

“派别活动”的划分、“人民公敌”的定案等等，一概以此为界。尽管有许多人对社会主义、对苏维埃国家十分忠诚，但只是在领袖崇拜上稍有疏漏，就立即被降职、免职，甚至置于人民公敌的位置，并从肉体上加以消灭，一大批久经考验的老布尔什维克因此死于非命。而那些把斯大林称为“伟大的领袖和天才导师”、“一切进步的和先进事物的象征”、“一切时代最伟大的人物”等等的人却飞黄腾达。在决定干部任用时采取暗箱操作方式，根本不考虑或者很少考虑到该人的实际工作能力。这实际上使得苏共形成了一种狭隘的宗派主义干部政策。这种政策不可能产生选拔优秀人才的机制，相反，却把许多有文化的、才华横溢的人才排斥在干部队伍的大门之外。通过这种方法选拔出来的干部，不仅只是一味地忠实执行上级的指示，缺乏主动精神和创新精神，还会把一些有改革意识和创新意识的干部视为“另类”，使他们无法在负责的岗位上继续工作下去。苏联仅有的几次改革无果而终，改革失败后的体制越发陷入僵化，领导干部为守住既得利益，求稳怕变，故步自封，与快速发展的外部世界隔绝，丧失了改革发展的有利时机，整个社会处于全面病态的状况中。

苏联特权阶层对苏联剧变的影响

苏联特权阶层的存在和发展对苏联剧变产生了深刻的影响，主要表现在以下三方面：

第一，苏联特权阶层助长了个人崇拜和个人集权。“职务名册”制度的核心就是任命制。由于在干部任用时完全采取行政手段进行暗箱操作，任用的标准主要又是对领袖的忠诚与否，因此，这种制度造就了苏联政坛上的阿谀逢迎之风。这种风气极大地助长了个人崇拜的盛行，最终导致党和国家社会生活中出现了极不正常的个人高度集权现象。正是政治上的高度集权，使苏联的决策出现了一系列严重失误，包括出现严重的大俄罗斯沙文主义。

第二，特权阶层拥有的特权恶化了党群关系，加大了与普通群众之间的隔阂。如前所述，苏联的特权阶层按照官职级别的高低，享有苏联普通百姓无法享受到的各种“福利”特权。苏联的这种“特权等级制模式”大大加深了群众与领导之间的隔阂。他们表面上标榜“社会平等”、“党员干部是公仆”，实际上却在无所顾忌地滥用人民赋予的权力，享受各种特殊待遇，甚至于腐化堕落。这是广大人民群众无法谅解的。当各种腐败现象被大量揭露后，人民所接受的社会主义的理想精神和道德标准迅速趋于崩溃，从而对苏共产生了严重的信任危机，并对其执政的合法性提出了巨大怀疑。

第三，苏联剧变是特权阶层主动选择的结果。尽管苏联解体、苏共垮台的原因是多种因素综合作用的结果，但其关键原因还是出在共产党内。这种结果也是苏联特权阶层主动选择的。苏联的特权阶层垄断着国家的一切执政资源，包括政治经济资源、舆论宣传工具，掌握着苏联党政军以及企业和社会团体等干部的任命权，他们趁着戈尔巴乔夫改革之风大肆侵吞国有资产，化公为私，据为己有。尤其到了20世纪80年代后期，这个阶层的私有财产急剧膨胀。为了使自己拥有的财产合法化，他们实际上成了公有制的最有力的摧毁者和私有化的最实际的推动者。苏联解体、苏共垮台，在很大程度上可以说是苏联特权阶层的“自我政变”，是为了使他们长期以来通过非法手段占有的社会财富和各种权益合法化。苏联剧变后的进程也确实表明了这一点。苏联时期的那些“在册权贵”在苏联解体以后摇身一变，成了新体制下的新官僚或者富翁。

（作者：中共中央编译局研究员）

新观点　新理念　新成果

——马克思主义理论与科学社会主义学科建设巡礼

严书翰

回眸2010年我国哲学社会科学的学科建设，首先跃入我们视野的是马克思主义理论（简称“马理”）与科学社会主义（简称“科社”）这两个学科建设。因为这两个学科近几年赶上了难得的发展机遇期。2004年4月，以胡锦涛同志为总书记的党中央领导并实施马克思主义理论研究和建设工程（简称“工程”）。同年，党中央下发了《关于进一步繁荣发展哲学社会科学的意见》（中央2004年3号文件）。无论“实施工程”，还是2004年中央3号文件，都强调要加强“马理”与“科社”学科建设。在这样的背景下，5年来这两个学科建设获得了明显的进展。

本文仅从新观点、新理念、新成果的层面巡视2010年这两个学科的发展。需要指出的是，这些新观点、新理念、新成果并不是2010年才冒出来的，其中有些新观点、新理念、新成果是多年来尤其是近5年来在研讨、酝酿、磨合中实现创新的。这是理论发展的规律。正如恩格斯指出的，“同任何新的学说一样，它必须首先从已有的思想材料出发”。

马克思主义整体论。长期以来，我国理论界通常是把马克思主义划分为哲学、政治经济学、科学社会主义这三个基本部分加以研究。应该说这是一种正确的研究方法，但不是唯一的。现在应鲜明提出马克思主义整体性研究这个问题，即马克思主义整体论。这首先是因为马克思主义哲学思维是整体性的，这决定了马克思主义研究对象的不可分割性。马克思主义研究的对象，是整个客观世界和社会形态的更替以及工人阶级变革旧世界和建设新世界的规律。其次马克思主义是实践的科学。实践所具有的整体性质规定了马克思主义是实践唯物主义和共产主义思想体系的有机整体。再次是整个马克思主义的主题就是工人阶级和全人类的解放，所以，从整体意义上可以把马克思主义称之为“人的解放学”。因此，2005年底，国务院学位委员会决定将马克思主义理论设立为一级学科，这是有学理依据的。

从马克思主义整体论出发，今后马克思主义研究要坚持3个原则：一是要坚持理论与实践的具体的历史的统一；二是要坚持把文本研究和现实研究统一起来；三是要坚持马克思主义三个基本组成部分的有机统一。具体体现在对马克思主义理论的6个二级学科（马克思主义基本原理、马克思主义发展史、马克思主义中国化、思想政治教育、国外马克思主义和中国近现代史基本问题）的研究，也要体现整体性。例如，马克思主义基本原理应当包括毛泽东思想和中国特色社会主义理论体系的基本原理；马克思主义发展史应当包括马克思主义中国化的历史。这是马克思主义理论研究中的新观点。

马克思主义中国化规律论。这是近几年讨论得非常热烈并且取得丰硕成果的研究课题。马克思主义中国化规律论包括马克思主义与中国实际相结合的提出、形成和发展，马克思主义中国化的基本经验以及“两次结合”之间的关系和“第二次结合”的规律等等。

关于马克思主义中国化的基本经验，有大同小异的概括。以下概括具有代表性。马克思主义中国化的历史经验突出地表现为“10个相结合”：一是继承与创新相结合；二是反对教条主义与反对经验主义相结合；三是“理论”与

“问题”相结合；四是“破旧”与“立新”相结合；五是“民族向度”与“世界向度”相结合；六是“自上而下”与“自下而上”相结合；七是批判与借鉴相结合；八是“科学理性”与“人文精神”相结合；九是总结历史与前瞻未来相结合；十是“原始创新”与“再创新”相结合。

对马克思主义与中国实际“第二次结合”规律的概括一般是从纵与横两方面展开。从纵上看，“第二次结合”经历了邓小平理论、“三个代表”重要思想和科学发展观等重大战略思想这三个发展阶段，是这三大理论成果的有机统一。从横的看，“第二次结合”是围绕着这六个重大问题（简称“六个如何认识”）形成和发展起来的，即如何认识当今时代、如何认识社会主义、如何认识资本主义、如何认识改革开放、如何认识社会主义市场经济、如何认识执政党建设。

总之，新中国成立60多年来马克思主义中国化的基本规律和根本经验就是实事求是，即运用马克思主义立场、观点和方法研究不断发展变化的世情、国情、党情，努力探求共产党执政规律、社会主义建设规律、人类社会发展规律。

马克思主义以人为本论。关于人的理论在马克思主义理论中究竟处于什么地位，这是近几年“马理”学科研究的热门课题。比较一致的认识是，人的理论在马克思主义理论中处于极其重要地位。以至于恩格斯用人的自由全面发展来表达未来共产主义社会的本质规定。

马克思恩格斯研究人的理论有这么一个特点：越来越明确，越来越现实。马克思恩格斯早期研究人的理论运用了当时德国学术界流行的“异化”这个词。后来他们把对人的研究置于唯物史观基础之上。通过揭示人的本质进而指出了人的解放的最高目的是实现人的自由全面发展。这还可以从他们对以人为本的辩证分析中清楚地体现出来。“以人为本”作为西方哲学史上的一个命题，最早是由历史唯心主义者提出来的。马克思恩格斯对其采取了扬弃的态度，并给予“以人为本”以历史唯物主义的解析。这样就有了马克思主义的以人为本论。

马克思主义人的自由全面发展思想的内涵包括人的平等发展、和谐发展与自由发展。人的平等发展，是指每个人都应得到平等的发展。人的全面发展，是指人的需要、活动、能力、社会交往关系和个性等都能得到充分发展，其中人的能力的全面发展是核心。人的和谐发展，是指人的社会关系的和谐发展，它包括个人和人类、个人和集体、个人和他人、个人自身内部等这几个方面的和谐发展，这是“人在社会关系上”的全面发展。而人的自由发展包括人类从各种束缚中解放出来，成为自然界、社会和自己的主人。以人为本是马克思主义新理念。中国共产党人把马克思主义以人为本论作为治国理政的根本理念和建设中国特色社会主义的重要指导思想，既表明了马克思主义是我们立党立国的指导思想，又是重大的理论创新成果。

科学社会主义逻辑起点研究。逻辑起点是一门科学的起始范畴，它反映的是研究对象最一般的本质和关系，是关于研究对象的适度抽象。以逻辑起点为基础，可以推演出整个学科的体系。只有把握了科学社会主义逻辑起点，才能推论出科学社会主义学科的基本范畴、基本原理和理论体系等，才能深刻把握科学社会主义的内在逻辑关系。长期以来，忽视科学社会主义逻辑起点的研究，这是科学社会主义学科发展滞后的原因之一。

近几年理论界开始重视科学社会主义逻辑起点的研究并取得一定成果。虽然认识不尽相同，但这正是加强对这个问题研究的契机。在研究中有一种观点认为“社会化生产”是科学社会主义的逻辑起点。另一种观点认为“社会化生产与生产资料资本家私人占有的矛盾”是科学社会主义的逻辑起点。还有一种观点认为“人的彻底解放”是科学社会主义的逻辑起点。

“工程”组织编写的重点基础理论教材《科学社会主义概论》（简称《科社概论》）是把第一种和第二种观点结合起来论述科学社会主义的

逻辑起点。《科社概论》详尽论述了社会化生产的形成、特点、发展阶段及其革命意义。社会化生产帮助资本主义生产方式战胜了封建社会。而问题的解决与矛盾的出现往往是并行不悖的。资本主义生产方式确立后,社会化生产与生产资料资本家私人占有的矛盾即资本主义基本矛盾便由此而来。科学社会主义"就其内容来说,首先是对现代社会中普遍存在的有财产者和无财产者之间、资本家和雇佣工人之间的阶级对立以及生产中普遍存在的无政府状态这两个方面进行考察的结果"。(《马克思恩格斯文集》第3卷,人民出版社2009年版,第523页)把社会化生产及其形成的资本主义基本矛盾作为科学社会主义的逻辑起点,这是科学社会主义学科建设的新成果。

科学社会主义基本范畴研究。任何一门被称为严格意义上的学科,都应有它的基本范畴。列宁认为,"范畴是区分过程中的梯级,即认识世界过程中的梯级,是帮助我们认识和掌握自然现象之网的网上的纽结。"(《列宁全集》第2版,第55卷,第79页)。在理论上,范畴起着把理论体系中的概念、原理、规律联结起来的作用。

理论体系中的范畴是对客观事物的本质和关系的概括,凝结了人们在实践基础上取得认识的成果。任何一门学科,各个逻辑层次上表达其内涵的范畴都在这个学科中占有重要的地位。马克思主义创始人对科学理论体系尤其是自己创立的理论体系的范畴有过一系列重要论述。这些论述是我们研究和概括科学社会主义基本范畴的指南。

经过近几年的研讨和磨合,许多学者认为,可以把以下8对关系作为科学社会主义基本范畴:社会化生产与生产资料资本家私人占有、工人阶级与资产阶级、生产资料公有制与生产资料私有制、社会革命与社会改良、民主与专政、经济发展与社会平等、商品经济与有计划组织社会生产、人的自由全面发展与全人类解放。确立科学社会主义基本范畴是科学社会主义研究中的新观点。

科学社会主义核心研究。《共产党宣言》提出的"资产阶级的灭亡和无产阶级的胜利同样是不可避免的"(简称"两个必然")是对社会主义代替资本主义历史必然性的高度概括。这是科学社会主义基本原理。近几年理论界研究这个基本原理有重大进展,即认为要把对"两个必然"的坚持和理解,与马克思在1859年《〈政治经济学批判〉序言》中阐述的重要原理有机结合起来。这就是"无论哪一种社会形态,在它所能容纳的全部生产力发挥出来以前,是决不会灭亡的;而新的更高的生产关系,在它的物质存在条件在旧社会的胎胞里成熟以前,是决不会出现的"(简称"两个决不会")。理论界还把"两个必然"和"两个决不会",作为科学社会主义的核心。

"两个必然"和"两个决不会"体现了特殊规律和一般规律的统一。"两个必然"揭示的是社会主义代替资本主义的历史发展趋势,属于人类社会发展过程中的特殊规律;"两个决不会"揭示的是新的社会形态代替旧的社会形态的必然性、长期性和曲折性,属于人类社会发展过程中的一般规律。它们共同论证了社会主义代替资本主义的历史必然性。

"两个必然"和"两个决不会"体现了客观必然性与主观能动性的统一,也就是新社会代替旧社会不仅需要客观条件,还需要主观条件。"两个必然"和"两个决不会"既讲了社会发展的历史必然性,又讲了历史主体即人民群众的主观能动性。而这两者对于人类社会发展尤其是新社会代替旧社会是缺一不可的。

"两个必然"和"两个决不会"体现了逻辑与历史的统一。马克思恩格斯认为,逻辑与历史,范畴与现实是不能颠倒的。"历史从哪里开始,思想进程也应当从哪里开始"(恩格斯语)。自从马克思恩格提出"两个必然"和"两个决不会"的基本原理以来,人类社会历史的发展尤其是资本主义历史的发展不断佐证了这个基本原理。在我们深入分析2008年由美国次贷危机引发的国际金融危机中，对它又有更深刻的领会。

把“两个必然”和“两个决不会”结合起来，共同论证社会主义代替资本主义的历史必然性，并且作为科学社会主义的核心，是近几年科学社会主义学科建设重要的新成果。

马克思恩格斯预测未来社会的科学方法论研究。科学社会主义与空想社会主义的区别不在于有无对未来社会作出预测。根本区别在于这种预测是建立在什么样的理论基础之上和运用什么样的方法。马克思恩格斯预测未来社会是建立在唯物史观基础上并运用科学方法论。以往我们比较重视对马克思恩格斯预测未来社会的基本特征和发展阶段等方面的研究。其实马克思恩格斯预测未来社会的科学方法论是马克思主义立场观点和方法的集中体现。因此，研究马克思恩格斯的这个科学方法论也具有重要的当代价值。

马克思恩格斯研究未来社会的科学方法论具有以下鲜明特点：一是依据社会历史发展的客观规律研究预见未来社会的走向；二是在批判资本主义旧世界中阐发未来新世界的一般特征；三是反对把关于未来社会的预见当作一成不变的教条；四是在不断总结社会实践发展的基础上修正自己对未来社会的认识。

加强对马克思恩格斯预测未来社会的科学方法论的研究，对于我们今天坚持科学社会主义基本原则，坚定社会主义信念，与时俱进地发展科学社会主义具有重要的现实意义。

科学社会主义在经济文化比较落后国家的实现和发展研究。科学社会主义从理论变为现实首先是在经济文化比较落后的国家实现的。这个课题是重点研究列宁和毛泽东对科学社会主义的运用和发展。这也是“十一五”时期讨论得比较热烈并且取得了新成果的课题。

这方面的新成果主要有：一是科学社会主义首先在经济文化比较落后国家实现，是历史发展的必然，决不是社会主义发生曲折的“原罪”。实际上列宁和毛泽东已经从理论和实践上有力回答了这个问题。

列宁认为，在帝国主义时代由于政治经济发展不平衡规律起作用，使世界资本主义体系的链条上出现了薄弱环节。这个薄弱环节不一定是经济文化发达的国家，也不一定是经济文化最落后的国家。只要主客观条件具备，社会主义可以在一国和数国首先取得胜利。列宁领导布尔什维克党和俄国人民取得了十月革命的胜利，使社会主义从理论变为现实，开辟了人类历史新纪元，掀开了社会主义历史新篇章。毛泽东领导中国共产党和中国人民取得了新民主主义革命胜利，使一个古老的东方大国走上了社会主义道路，从而极大地改变了世界政治力量的对比，对于国际局势发展具有深远的影响。新民主主义革命胜利，有力证明了只有社会主义才能救中国。

二是列宁建设社会主义新思路是留给经济文化比较落后国家的宝贵思想财富。毛泽东对社会主义建设道路艰辛探索的成果是中国特色社会主义的政治前提、制度基础和理论渊源。列宁建设社会主义新思路主要是指列宁提出的新经济政策。新经济政策的实质是列宁从俄国经济文化比较落后的实际出发，找到的建设社会主义经济基础途径的“唯一办法”（列宁语）。毛泽东对社会主义建设道路艰辛探索的成果体现在实践和理论两个方面。实践上是在中国建立起了独立的、比较完整的工业体系和国民经济体系，社会主义工业化取得重大进展。理论上提出了一系列思想成果，为党的十一届三中全会以后逐步形成的中国特色社会主义理论体系提供了重要的思想资料、理论准备和前提条件。

苏联模式和苏东剧变经验教训研究。近几年我国理论界对苏联模式和苏东剧变经验教训进行了热烈讨论。有各种各样的观点，其中大多数的观点都有一定的合理性。“工程”组织编写的《科社概论》吸收借鉴了各种研究观点，对苏联模式的概念作了科学的界定，对苏联模式进行了辩证分析，并对苏东剧变经验教训作了全面的总结。

《科社概论》指出，苏联模式与苏联社会主义制度是两个不同的范畴，两者既有联系又有区别。苏联社会主义制度，是科学社会主义在苏联的具体体现。苏联模式，是苏联建设社会主义的实践形式和具体体制。其显著特点，就是用高度集中的经济政治体制来推进社会主义建设和发展。应该讲，在当时出现这种模式，具有一定的历史必然性和合理性，在特定的历史条件下起到了巩固社会主义制度的作用，也促进了苏联国民经济和整个社会生活的高速发展。但这种模式的缺陷和弊端也是十分明显的，例如，经济上统得过死，管得过严，使经济缺乏动力和活力，效益低下；政治上过分集权，缺乏民主，失去监督，容易导致个人独断专行，官僚主义盛行等。

《科社概论》把苏东剧变经验教训总结为7个方面：总结历史经验而不能否定历史；坚持改革而不能迷失方向；破除僵化思想而不能动摇马克思主义指导地位；发展民主政治而不能否定党的领导；尊重不同民族权利，反对大民族主义而不能助长民族分裂主义；实行开放加强同外部的联系而不能放松对“西化”、“分化”的警惕；坚持党的领导而不能忽视党的自身建设。

中国特色社会主义研究。这是近几年马克思主义理论和科学社会主义学科重点研究的课题，而且这方面的研究取得了重大成果。这个课题研究主要围绕两方面进行。一是中国特色社会主义道路研究。党的十七大第一次在党的文献中对这条道路作了全面概括和规范表述。十七大后，理论界对这条道路的4个主要点进行了深入的研究：一个前提，即坚持中国共产党的领导；一个核心，即党的基本路线；一个战略布局，即四位一体的总体布局；一个发展目标即四位一体的奋斗目标。对这4个主要点的研究形成了不少的成果。

与此同时还深入研究了中国特色社会主义总道路与具体道路的关系。中国特色社会主义具体道路至少包括这8条：中国特色自主创新道路、中国特色新型工业化道路、中国特色农业现代化道路、中国特色城镇化道路、中国特色社会主义政治发展道路、中国特色反腐倡廉道路、中国特色军民融合式发展道路、中国特色社会主义工会发展道路。理论界普遍认为要像当年毛泽东研究中国战争问题那样研究这个问题。在民主革命时期，毛泽东提出首先要研究战争的规律，而后研究革命战争的规律，然后再研究中国革命战争的规律。今天研究社会主义发展道路也要研究这3个层面的规律性问题：社会主义道路，中国特色社会主义总道路和中国特色社会主义具体道路。此外，理论界还概括了中国特色社会主义道路的4个特征：时代性、传承性、整体性、实践性。

二是中国特色社会主义理论体系研究。十七大后这方面的研究主要集中在对中国特色社会主义理论体系的逻辑建构和基本内容这两个方面。“工程”组织编写的《科社概论》从3个层面上论述了这个理论体系的逻辑建构。其一是精髓，即解放思想、实事求是、与时俱进、求真务实，这是贯穿中国特色社会主义理论体系全部内容的活的灵魂和精髓。其二是主题，即建设和发展中国特色社会主义。其三是基本问题，即什么是马克思主义、怎样对待马克思主义，什么是社会主义、怎样建设社会主义，建设什么样的党、怎样建设党，实现什么样的发展、怎样发展。

关于中国特色社会主义理论体系基本内容，《科社概论》在中宣部理论局主编的《中国特色社会主义理论体系学习读本》的基础上将其概括为十四个方面，即十四个“关于”。而且每个方面的概括都有邓小平理论、“三个代表”重要思想和科学发展观等重大战略思想中的相关内容，这无疑是一种创新。这十四个方面是：关于时代主题，关于中国特色社会主义根本任务，关于中国特色社会主义发展阶段，关于中国特色社会主义发展动力，关于中国特色社会主义经济建设，关于中国特色社会主义政治建设，关于中国特色社会主义文化建设，关于中国特色社会主义社会建设，关于中国特色社会主义民族和宗教的方针政策，关于中国特色社会主义国防和军队建设，关于“一国两制”与争取祖国和平统一，关于中国特色社会主义外交与国际战略，关于中国特色社会主义依靠力量，关于中国特色社会主义事业领导核心。

中国特色社会主义是扎根于当代中国的科学社会主义，是马克思主义中国化的最新成果。因此，对中国特色社会主义的研究是近几年马克思主义理论与科学社会主义学科建设的最引人注目的新成果。部分属于整体，部分也能够反映整体。以上我们从“三大理论”和“七个方面研究”这个层面展示近几年马克思主义理论与科学社会主义学科建设的重要成果，这既是介绍马克思主义理论研究和建设工程取得重要阶段性成果以及当前学科建设现状的题中应有之义，又是为了满足广大读者的要求。

（作者：中共中央党校教授，中央实施马克思主义理论研究和建设工程课题组首席专家）

2005年以来学术界国外社会主义研究综述

中央党校科社部社会主义发展史教研室

2005年以来，国内学术界对国外社会主义的相关问题进行了广泛而比较深入的研究，取得了一系列的积极成果。本文对这个时期国内学术期刊发表的相关成果进行了初步考察和归纳整理，综述如下。

一、关于世界社会主义总体态势

关于世界社会主义发展的总体态势，学者们的意见大体是一致的，普遍认为，世界社会主义虽然走出了苏东剧变后的混乱和最低谷时期，但仍处于低潮，上升过程是相对缓慢的。同时，对于21世纪的世界社会主义，学者们普遍充满信心，认为经过不断创新发展的社会主义一定能迎来更加辉煌的未来。

有学者认为，苏东集团瓦解，只是一种社会主义模式的破产，而不是作为人类社会美好追求的社会主义理想本身完全崩溃。各种各样的社会文化和政治思潮相互激荡，层出不穷的矛盾和冲突彼此交织，五光十色的政治力量不断重组，新的社会运动风起云涌。这种情况的持续发生和发展，为包括社会主义在内的各种历史进程提供了不竭的动力泉源。

有学者认为，21世纪的社会主义决不会是传统社会主义模式的复活和翻版，“模式创新、百态纷呈”应该是也必将是21世纪世界社会主义发展的基本态势和未来演化方向。

有学者认为，资攻社守，资强社弱，是21世纪头二三十年世界社会主义的总体态势。以退为进，以守为攻，是新世纪初叶最佳的战略决策。

市场社会主义是当代世界社会主义运动中的一个主流模式，国内也有学者对此进行研究。有学者指出，市场社会主义为世界社会主义运动作出重大贡献。市场社会主义在苏东剧变以后，在西方社会再度唤起人们对社会主义的美好憧憬。广义的市场社会主义预示了世界社会主义中短期发展的一般趋势，社会主义与市场经济相结合是社会主义重新振兴的有效途径。

二、关于金融危机与社会主义的关系

近两年来，金融危机与社会主义关系的研

究是社会主义研究中的第一热点。学者们不仅介绍了国外共产党和社会主义者的观点，指出“国外共产党对资本主义经济危机的分析批判，及其组织开展的实际斗争，是当前仍处于低潮之中的世界共产主义运动的新亮点”；还进行了深入研究，举办了大型的学术研讨会。

1. 主要学术观点

有学者认为，发源于美国的这次国际金融危机的性质是金融危机与生产过剩的结合，其根源是新自由主义的泛滥。金融危机使资本主义遭受到一次沉重打击，与此同时，世界人民对资本主义的局限性有了更深刻的认识。有学者认为，金融危机给资本主义以很大打击，但并未导致其崩溃；资本主义进入金融资本主义阶段，仍具有生命力。

有学者认为，经济危机在现实运行中具有双重效应，它在对社会生产力造成严重破坏、使资本主义再生产过程难以为继，并进而引发统治危机和社会革命的同时，也使资本主义有可能通过制度调整来延长统治，客观上为未来社会主义准备着条件。现实社会主义要兼顾这种双重性，在建立和完善社会主义市场经济体制、积极参与全球经济竞争的过程中，既要发挥市场经济在资源配置、推动生产力发展方面的积极作用；也要警惕市场经济规律自发作用的消极后果、防范经济危机的影响和危害。坚持改革的社会主义方向，赢得与资本主义相比较的优势。

高放认为，科学社会主义传统观点认为，资本主义世界经济危机必定引起社会主义革命。但是资本主义已经从垄断资本主义阶段发展到社会资本主义阶段，在社会资本主义阶段，资本主义的各种基本矛盾得以缓解，可能通过妥协解决，和平与发展是世界主题，所以暴力革命、不断革命、世界革命难以实行。由于资本主义国家的社会职能大为增强，社会保障体系较为完善，所以即便世界经济危机深重，也难以爆发社会主义革命。当今暴力革命、不断革命、世界革命将由和平改良、不断改良、世界改良所取代。

2. 学术研讨会

以“国际金融危机与世界社会主义”为主题的“中国国际共运史学会2009年年会暨学术研讨会”2009年10月22—25日在四川成都举行。在本次研讨会上，关于如何看待金融危机对当代资本主义的影响，与会代表普遍认为，尽管当代资本主义有了新的发展，资本主义的基本矛盾形式有了新的变化，但此次国际金融危机表明，资本主义的本质和基本矛盾并未改变。金融危机作为资本主义的制度性危机的表现，进一步证明了马克思关于资本主义周期性经济危机理论的真理性。代表们从不同角度对此进行了分析。有学者从资本主义调节机制变化的角度分析了资本主义调节方式从凯恩斯主义方式到新自由主义方式的转变，强调当代资本主义的两难困境表明资本主义的自我调整不可能“医治”资本主义的“病症”，调整不是在强化“正统”资本主义的“元素”，而是在为“新社会因素”发挥催生作用。归根结底，社会根本制度的变革才是最终解决问题的唯一出路。

“金融危机与世界社会主义发展前景”国际研讨会于2009年10月26—27日在重庆举行。与会专家共同探讨了国际金融危机的影响、根源、发展、应对措施等，充分肯定了中国特色社会主义道路的正确性。就金融危机的原因，李慎明指出，这次金融危机依然是美国普通老百姓收入相对不足、消费不足的根本制约与结果，是马克思所揭示的生产社会化与生产资料个人占有的这一根本矛盾所引起、所决定的。就金融危机的解决，程恩富指出，用一句话来概括解决全球经济危机的办法，那就是用全球社会主义逐步取代全球资本主义。

三、关于越南、古巴、朝鲜、老挝的社会主义

对越、古、朝、老四个现存的社会主义国家，研究者始终予以关注，但限于政治方面的原因，主要还是以介绍、分析为主。

1. 越南的社会主义

关于越南社会主义最受学术界关注的是越南的政治革新。有学者指出，自1986年革新开放以来，越南共产党高度重视社会主义民主理论的研究，不仅提出了富有创新意义的理论成果，而且在实践中也取得了一些可喜的成效，有力地推动了社会进步。作为政治革新目标，越共提出“建设属于人民、来自人民、为了人民的社会主义法权国家”。“属于人民、来自人民、为了人民”这三句话深刻揭示了社会主义民主的内涵和社会主义国家的实质。实践上，越南民主化举措初见成效，主要表现在：第一，废除实际存在的党的领导干部终身制；第二，提高选举的民主程度和效率；第三，提前公布党代会政治报告草案，广泛吸收党内外智慧；第四，在中央全会上实行质询制度，开创了党内民主的新形式；第五，公开承认和改正工作中的缺点；第六，积极推进基层民主建设；第七，坚决惩治腐败，加强监督机制。

2. 古巴的社会主义

关于劳尔代政后的古巴局势，有学者指出，古巴领导人劳尔·卡斯特罗政绩斐然，国内形势发生了积极变化。关于古巴改革，文章认为：古巴的经济改革是大势所趋，不会半途而废，但不会采取“中国模式”，仍将在社会主义计划经济框架内进行。

3. 朝鲜的社会主义

有学者指出：朝鲜长期坚持走自己的“主体社会主义”道路，随着形势的发展，原有的体制不能适应需要，朝鲜开始酝酿进行社会主义改革。朝鲜社会主义改革是在朝鲜内外交困的背景下产生的，这种改革是被动的、谨小慎微的，它只能是在“主体社会主义”思想的指导下进行的改革，目前来看主要是在经济层面上。这个特点，决定了朝鲜社会主义改革的前途并不是一帆风顺的，必然会遇到很多困难和挑战。

4. 老挝的社会主义

有学者指出：在30多年的执政实践中，老挝人民革命党经历了四大考验，即巩固新生的人民民主政权的考验、由革命党向执政党转变的考验、革新开放的考验、苏东剧变与反和平演变的考验。在各种考验面前，老挝人民革命党通过采取一系列措施积极应对，比较顺利地渡过了一个又一个难关。

四、关于国外共产党

国外共产党在苏东剧变中受到严重冲击，这十几年来一直整体上处于困难境地，呈现出衰落的态势，近几年来，对国外共产党的研究主要集中其现状、问题与变革方面。

20世纪末期的苏东剧变，对世界范围内共产党组织及共产主义力量的影响是前所未有的。经过近20年的调整，国外共产党组织的力量有所恢复。

面对全球化信息化的挑战和当代资本主义的新变化以及自身所面临的问题，国外共产党不同程度地探索和重新认识社会主义和资本主义，普遍调整了党的理论纲领、政策目标，以适应新形势，谋求更好的生存和发展。第一，从教条主义到强调创造性地运用和发展马克思主义。当前，马克思主义“本国化”、“时代化”已成为国外共产党革新发展的一大共同趋势。第二，从一元社会主义模式到多元社会主义模式。国外共产党提出了各式各样的新社会主义观，社会主义模式“多样化”的趋势明显。第三，从主张暴力革命到主张和平民主的斗争道路。非暴力的、和平民主的斗争方式已成为大多数国外非执政共产党共同的选择。第四，由“工人阶级政党”转向“群众性政党”。为了应对社会结构的重大变化，巩固和扩大党的社会基础，大多数国家的共产党已不再提工人阶级的先锋队，出现了“工人阶级的党”到“大众的党”、“群众党”转变的趋势。第五，从普遍实行民主集中制转变为强调民主运行机制。国外共产党根据各自的具体情况对党的民主集中制组织原则进行了革新，扩大党内民主成为大多数共产党的共同选择。第六，从传统封闭的活动方式向现代开放的方式转变。许多国外共产党认为党的传统活动方式已无法适应现代社会的需要，主张实现党的活动方式现代化。第七，由过去的注重制度性要求的政策向贴近民众的灵活务实的政策转变。各国共产党普遍认识到过于强调阶级斗争、忽视发展问题对国家、社会和自身建设的危害，因而更加关注经济社会和民生等现实问题，政策主张中的理性和务实因素上升。

五、关于民主社会主义

民主社会主义和发达国家社会民主党，始终是国外社会主义研究中不能回避的重点领域。苏东剧变后，民主社会主义的影响在世界社会主义中占据上风，特别是以布莱尔提出的"第三条道路"为代表的社会民主主义的转型以及世纪末西欧社会民主党普遍上台执政，更是产生了广泛的影响。而2007年初国内理论界发生的关于民主社会主义性质的争论，更是把对民主社会主义及社会民主党的研究引向深入。

1. 民主社会主义的现状与转型

民主社会主义在世界各地的发展很不平衡。西、北欧地区是民主社会主义的诞生地，民主社会主义思潮和政党在这一地区各国中普遍影响力大，国际知名度高。在其他地区，民主社会主义则大多是拿来的"主义"。在有的国家，民主社会主义政党影响力非常小，在短时间内很难成长为国内的主要政党。

民主社会主义在第二次世界大战前基本上属制度社会主义，此后开始转向价值社会主义。其主要表现是：在社会发展目标上实现了从制度改良到伦理价值追求；在国家观上实现了从超阶级国家论到超民族国家论的发展；奉行民主社会主义的政党也从工人阶级政党转向选票政党。

20世纪90年代兴起的"第三条道路"思潮，是西方社会民主党直面危机，积极推进理论创新和政策调整的结果，是民主社会主义的一次重大转型。但民主社会主义的这一次转型本质上是其改良主义传统的继承和发展，是对社会主义的日益背离和渐行渐远。但它紧随时代的变化，及时更新和发展其理论的态势值得我们借鉴。

2. 有关民主社会主义的争论

2007年伊始，一场关于民主社会主义性质的争论在理论界展开了，这场争论是由谢韬的文章《民主社会主义模式与中国前途》引起的。

谢韬认为民主社会主义才是马克思主义的正统，指出："民主社会主义剔除了马克思主义中的空想成分，使马克思主义由空想变成了现实。作为活着的马克思主义，在工人运动中生根的马克思主义，是给工人阶级和劳动人民带来高工资、高福利的民主社会主义，而不是可望而不可及的乌托邦。当代马克思主义的旗帜上写的是民主社会主义。坚持马克思主义就是坚持民主社会主义。"谢韬还认为中国自改革开放以来走的我们称之为中国特色的社会主义道路实际上是民主社会主义的道路，"只有民主社会主义才能救中国！"

文章发表之后引起了极大轰动，引发了热烈的议论。绝大多数研究者对谢韬关于"民主社会主义才是马克思主义的正统"，"只有民主社会主义才能救中国"的观点持否定、批判的态度，但否定、批判的激烈程度不同。周新城认为只有搞社会主义，才有社会主义的不同模式的问题。民主社会主义反对社会主义制度的本质特征，反对社会主义基本制度，反对四项基本原则，也就是说不赞成社会主义制度，民主社会主义不是社会主义的一种模式，从意识形态来说，是一股反马克思主义的资产阶级思潮；从社会制度来说，是作若干改良的资本主义制度。

曹长盛认为民主社会主义的思想理论渊源是多渠道、多方面、多层次的。但它在吸收和兼容其他学说或思潮时，往往不是取自该学说或思潮的全貌或实质内容，而是经过实用主义的取舍和现实主义的解释之后的产物。同时，民主社会主义虽然有着特定的含义，远不是一个内容稳定、结构完整的理论体系。民主社会主义决非是"马克思主义的正统"。在社会主义理论方面，唯有科学社会主义才是马克思主义的正统。民主社会主义同科学社会主义以及科学社会主义在中国的新形态——中国特色社会主义理论，在思想理论上是有根本区别的，不容混淆。肖枫认为对待民主社会主义应该把握住三点。首先，对社会民主主义（或民主社会主义）不能脱离具体的历史条件作抽象的价值评估。不能笼统地说社会民主主义所提倡和实践的东西，是好、是坏，是对、是错，一定要看是在什么样的历史条件、什么情况下，其客观社会效果如何；其次，民主社会主义作为一种“社会模式”，参考借鉴很必要，顶礼膜拜要不得；再次，民主社会主义作为一种“政治民主”模式，借鉴参考很必要，照抄照搬更有害。

王学东认为科学社会主义和民主社会主义虽然作为思想体系是相互对立的，但是它们在实践中并非一定要相互敌视、势不两立。这两种思想体系的载体——共产党和社会民主党完全可以和平共处、求同存异，在一定条件下甚至可以取长补短、相互借鉴。

关于民主社会主义的另外一个研究重点是社会民主党，有关研究文献非常多，主要涉及各个主要的社会民主党的历史发展、经验教训、纲领政策、组织运行机制、党群关系、时代挑战等等。限于篇幅，在此不多评述。

六、关于生态社会主义

从20世纪70年代兴起的西方新社会运动，早已成为西方社会主义的重要组成部分，其主张和活动，对西方社会已经产生了深远的影响，但在我国一贯关注较少，研究不足。十七大提出生态文明之后，情况发生显著变化，生态社会主义成为社会主义研究的一个重要领域，2005年至今发表的文献近200篇。至于女权社会主义等其他新社会运动的研究依旧非常薄弱。

国内学者对生态社会主义的研究集中在以下几个方面：一是生态社会主义的产生背景和发展阶段；二是生态社会主义的主要理论主张；三是其理论的局限性和实质；四是生态社会主义对中国特色社会主义的启示。

徐崇温认为：生态社会主义在人类新发展观的形成和发展中作出了贡献。例如他们提出的要把经济学与生态学结合起来，给予经济的发展以一个社会的、生态学的方向的主张，生态合理性要求以尽可能好的方式，尽可能少的、有高使用价值和耐用性的物品去满足人们的物质需要的主张等等。另外，生态社会主义通过对资本主义酿成生态危机的揭露和批判，以及从酝酿社会主义变革的高度去思考和设计种种替代方案，为人类超越资本主义工业文明的弊端，形成建设社会主义生态文明这种新颖文明的道路作出了贡献。但是，生态社会主义的某些社会主义主张是片面的，对苏东剧变、对资本主义社会阶级结构的变化和处在低潮时期的工人阶级的阶级斗争形势的理解是错误的。

有学者对生态社会主义和科学社会主义进行了比较研究，指出：生态社会主义和科学社会主义既有相同之处，又存在本质区别。生态社会主义与科学社会主义相似之处包括：第一，生态社会主义对资本主义生产方式矛盾运动的分析和生态危机产生根源的分析与科学社会主义一致，而且生态社会主义还发展了马克思主义，把资本主义基本矛盾提升到“资本主义生产与整个生态系统之间的基本矛盾”，认为生态恶化是资本主义固有的逻辑，解决问题的唯一出路就在于粉碎这种逻辑本身；第二，生态社会主义运用了科学社会主义的系统观和辩证观，将经济、社会、自然看作是一个整体，认为只有从全球的角度认识资本主义经济对自然和社会所产生的破坏和影响，才能找到解决危机的办法；第三，生态社会主义继承了科学社会主义的唯物史观，认为人类社会的历史是物质生产的历史，物质资料的生产及其生产方式决定着人与人之间、人与自然之间的关系。在资本主义制度下，人与人之间是剥削与被剥削的关系，人与自然之间是掠夺与被掠夺关系。改变人与自然之间关系的重要途径是改变资本主义生产方式和经济关系。生态社会主义与科学社会主义在社会变革的手段选择上、政治力量和阶级力量的选择上、对未来社会的构想上则有本质不同。

七、关于拉丁美洲的社会主义

近几年来，无论是从文章的数量还是从深度和质量来看，对发展中国家社会主义的研究都显得十分薄弱。唯一的例外是由于拉丁美洲左派的重新崛起，使拉美左派成为发展中国家社会主义研究中的一个亮点。

拉美“向左转”堪称国际风云中一个值得关注的现象，也是世界社会主义运动研究中一个应予以高度关注的问题，我国的研究者对这一现象也给予了应有的关注，分析了拉美左派重新崛起的原因、影响及发展前景等。有文章认为拉美左派可以分为激进左派和温和左派，其共同点是强调消灭贫困，缩小贫富差距，不同点在于对美国的态度、政府对经济干预的程度以及意识形态的左派色彩等。拉美左派上台是拉美民众对新自由主义经济政策失望、社会两极分化贫富加剧的必然结果，是民意的反映。拉美左派未来的执政特点是务实，将更加关注民众利益。左派执政对拉美政治格局以及这些国家对美国的外交关系都会带来新的变化，美国对拉美的政策也将随之调整。在新的国际国内形势下取得政权的拉美左派，目前正处于相对有利的主客观条件之下，左派执政局面将持续下去。

还有文章认为拉美左派领导人之间的内政外交主张有着很大的差异性，很难为拉美左派各出一个明确的定义。拉美左派东山再起的原因也远不那么简单，不仅涉及拉美经济，而且与拉美社会的历史和政治密切相关。但无论如何，拉美左派崛起对拉美地区乃至美洲局势产生了重要影响。首先，拉美政治格局因左派崛起而发生了重大的变化；其次，拉美“向左转”使美拉关系发生了显著的变化；第三，左派的崛起有利于拉美国家探索新的发展道路；第四，左派领导人的上台使拉美地区国与国之间的关系出现了变化。未来拉美左派遇到的挑战主要来自内部，业已掌权的左派如能采取符合本国实际和当前全球化趋势的措施，发展经济，推动社会发展，正确处理与其他政治力量的关系，其发展前景将是美好的。

八、简评

总的来说，近5年来学术界国外社会主义研究取得了明显进展，但也存在明显不足。

就进展而言，首先，关于国外社会主义研究的学术性有显著增强，除了个别领域，表态性、口号性的文章大幅减少，实事求是的研究论文大幅增加；其次，研究的广度明显提高，超越了传统14个社会主义国家的地域范畴，也超越了传统社会主义范畴；第三，研究的及时性有明显提高，这次对金融危机的跟踪研究就凸现了这一点；第四，研究的深度有明显提高，无论是对民主社会主义还是生态社会主义都进入了较深层次，既考虑了西方国家的国情社情，也从学习和借鉴意义上发掘了其正面价值。

就不足而言，首先，国外社会主义的研究边界还不清晰，国外社会主义到底是只限于传统社会主义范畴，还是应该明确包括民主社会主义、生态社会主义等广义社会主义范畴，在学理上还处于混沌状态；其次，还缺乏世界社会主义的宏观视野，绝大多数研究都局限于流派和党派的研究，没有很好继承马克思恩格斯的全球社会主义或者世界社会主义的研究范式；第三，没有将中国特色社会主义研究跟世界社会主义研究有机结合，既有的比较研究都比较表面化、事务化。

2005年以来学术界关于“中国模式”问题研究综述

中央党校科社部社会制度比较教研室

“中国模式”概念的兴起源于“北京共识”的提出。2004年5月7日，美国《时代》周刊高级编辑乔舒亚·库伯·雷默在伦敦《金融时报》上首次提出了“北京共识”。该文对中国20多年的经济改革成就作了全面、理性的思考与分析，指出中国通过艰苦努力、主动创新和大胆实践，摸索出了一个适合本国国情的发展模式。他把这种发展模式称为“北京共识”。自此，拉开了世界对“中国模式”高度关注的序幕，在2004、2005年掀起了一股对“中国模式”研究的热潮。本文仅就目前可见材料，对近5年来有关“中国模式”问题的研究作一综述。

一、“中国模式”是否存在

关于是否存在“中国模式”，或用其他什么概念表达这个提法，学术界本身还存在分歧。

一种观点认为不存在“中国模式”或慎用“中国模式”这个提法。持这个观点的学者，认为“中国模式”还没有形成，提“中国模式”为时过早。认为提“中国特色”、“中国案例”、“中国经验”较为妥当。有的学者不赞成“中国模式”的提法，主张“中国特色”，认为我国的体制还没有完全定型，还要继续探索。讲模式有定型之嫌，这既不符合事实，也很危险，会引起盲目乐观，也会转移改革的方向，将来有可能把这个“模式”视为改革的对象。因此要慎提“中国模式”。有的学者认为提“中国模式”为时尚早，目前提“中国经验”、“中国道路”更加科学合理。有的学者认为，“中国模式”还未完全形成，也并非放之四海而皆准，不可盲目推广。基于中国以往发展的高代价性及其“中国模式”的历史动态性而言，我们还是不要忙着人云亦云地谈论“中国模式”，而是应该将关注的重点转移到我国目前及今后的科学发展上来。还有学者倾向于以“中国案例”替代“中国模式”，并认为这个案例处于现在进行时，还在发展中，并强调中国无意输出“中国模式”。

另一种观点认为中国确实存在着一条自己的发展道路和发展模式，同时也承认现在的模式还在发展变化，还不太成熟。认同“中国模式”存在的观点认为，中国经过了30年的改革，已经形成了一个中国特色社会主义的理论体系和道路，或说“中国模式”。但是指出现在所指的“中国模式”是有时间区段的，主要限定在改革开放至今的30年间中国社会的发展模式。新加坡国立大学东亚研究所所长郑永年教授，是中国时局的长期观察者。他认为，中国毫无疑问拥有自己的模式。在他看来，“一座房子不管盖得好与坏，都有自己的模式，模式不一定意味着完美，模式是可以不断更新与演化的”。人民网——《人民论坛》网上调查显示：74.55%的受调查者认可“中国模式”，其中60.25%的受调查者认为“中国模式”还是在探索中的一种发展模式。

二、“中国模式”的内涵

就认为“中国模式”的提法成立的观点而言，“中国模式”的内涵究竟是什么，学者们对这一问题看法不一，远远没有形成共识，主要有以下几种观点。

“中国模式”是一种国家意识形态。有学者认为，“中国模式”就是一种把马克思主义同儒家思想相结合的国家意识形态；一种允许中国共产党是惟一领导力量的政体；把精英领导引人中国共产党的组织机构；在保持政治体制的同时，改革经济体制；以经济建设为中心的发展战略；把社会主义所有制（包括公有制、集体所有制和私人所有制）同自由市场相结合；把保持社会稳定作为经济发展的先决条件；把捍卫国家主权和安全同参与经济全球化结合起来；把让人民发挥更大作用同加强党的领导结合起来；提升社会主义核心价值观来抵御资本主义核心价值观。

“中国模式”是符合中国国情发展的模式。按照这种理解，“中国模式”既不同于改革开放前传统社会主义模式即苏联模式，也不同于西方发达国家的社会发展模式，是在经济全球化背景下，扎扎实实地推进有中国特色的新型工业化、信息化、城镇化、市场化、国际化进程。其特点表现为：在所有制方面，中国不实行全面私有化，而实行以公有经济为主导的混合所有制，公有经济仍然控制着国家的经济命脉，而且土地和森林、矿山等资源也不实行私有化；在资源配置上，中国虽然采用了市场经济，但政府调节和干预的程度比西方国家要强大得多；在政治上，中国不搞多党制和议会政治，不搞“三权分立”，实行中国共产党领导下的人民民主与依法治国；在意识形态上，中国坚持马克思主义的主导地位，但在思想理论界鼓励“百花齐放、百家争鸣”。

“中国模式”是涵盖经济、政治和社会不同领域的模式。这种观点认为，“中国模式”是经济模式、政治模式和社会模式三位一体的综合，且这三个模式都具有自身的特点。“中国模式”是包括经济建设、政治建设、文化建设、社会建设以及生态文明建设等在内的综合发展模式。还有学者认为所谓的“中国模式”主要包括四个方面的内容，即经济改革的模式，新型工业化道路，对外开放和融入全球化的模式和中国特色社会主义道路。

“中国模式”是“中国道路”或“中国经验”，特指在维持社会稳定的前提下主动创新、大胆实践，从而实现经济的持续增长、社会的协调发展、国家的和平崛起的一整套思路、经验和理论。真正意义上的“中国模式”，是指改革开放30年来中国的经济、政治、社会等方面所走的具有本国特色的发展道路，是从全球化的角度或世界视野来看待中国社会发展道路，也称为“中国道路”、“中国经验”。这条道路，就是在中国共产党领导下，立足基本国情，以经济建设为中心，坚持四项基本原则，坚持改革开放，解放和发展社会生产力，巩固和完善社会主义制度，建设社会主义市场经济、社会主义民主政治、社会主义先进文化、社会主义和谐社会，建设富强民主文明和谐的社会主义现代化国家。

“中国模式”是立足于中国国情的灵活创新模式。实质上就是中国作为一个发展中国家在全球化背景下实现社会现代化的一种战略选择，它是中国在改革开放过程中逐渐发展起来的一整套应对全球化挑战的发展战略和治理模式。这种发展模式可以概括为：艰苦努力、主动创新和大胆实践；坚决捍卫国家主权和利益，循序渐进、积聚能量。在这种模式中，创新和试验是灵魂，强调因时而异、灵活变化，不强求划一。还有学者从八个方面概括了这一特征：有一个具有现代化导向的强势、有效的政府；坚持实事求是，一切从实际出发，先试验，然后逐步推广；集中精力关注民生；正确处理改革、发展、稳定的关系；实行渐进改革，拒绝休克疗法；确立比较正确的优先顺序，注重轻重缓急、逐步积累；既保持社会主义市场经济配置资源的高效率，又保证社会总体公正；有一个非常开放的态度。

“中国模式”是落后民族运用社会主义市场经济赶超先进民族，进而创造出优越于资本主义社会形态的模式。首先，“中国模式”以人民的意志为基准；其次，“中国模式”以民众的需要和每个人全面自由的发展，而不是利润（手段）为生产目的和经济增长的目标；再次，“中国模式”意味着彻底摆脱发展主义的陷阱，拒绝向老牌资本主义的工业化、城市化道路及消费主义看齐；最后，“中国模式”的现阶段表达是小康社会。总之，“中国模式”应该是将市场经济与社会主义理想相结合的一场有世界历史意义的创新实践。这种模式是“在强有力的中央集体领导下进行的，以经济建设为中心，经济、社会、环境协调发展的，以人民共同富裕为目标的，既积极借鉴中外一切优秀的文明成果又立足于中国的具体国情，坚持独立自主的、渐进式的、和平的改革与发展道路”。

“中国模式”是对中国在改革开放过程中，经过实践探索和制度创新形成的、有关中国现代化建设和发展策略成功经验的概括。换言之，“中国模式”着重于总结中国本身的经验，意在解释中国是如何取得改革开放的成功的。其一，在处理改革、发展和稳定三者的关系方面，中国找到了平衡点，即在坚持稳定的前提下，大力推动改革开放和经济发展；其二，中国现代化进程的指导方针非常务实，即集中精力满足人民最迫切的需求，首先就是消除贫困，并在这个领域取得了显著的成绩；其三，不断地试验、总结和汲取自己和别人的经验教训，不断进行大胆而又谨慎的制度创新；其四，推行渐进改革，拒绝“休克疗法”；其五，确立了先易后难的优先顺序，先农村改革，后城市改革，先沿海后内地，先经济改革为主，后政治改革。

“中国模式”是指从中国改革开放30年来的经验总结出来的一种社会发展模式。这一模式有以下几个特点：首先，“中国模式”的地域定位是“中国”，也就是说，“中国模式”是在中国形成和发展起来的，着力解决的是“中国问题”；第二，“中国模式”的参照系是国外其他发展模式；第三，“中国模式”形成和发展起点应该在1978年党的十一届三中全会以后；第四，“中国模式”从内容上看，是指全方位的发展模式，而不是指某一个领域的。

综上所述，学者们对“中国模式”的内涵进行的总结，各有侧重，如有的强调中国发展的理念，有的强调发展的经验或强调发展的道路等，但还存在一定的缺憾，如对“模式”本身缺乏界定，缺乏对“中国模式”历史与现实、现实与未来相结合的逻辑分析，缺乏对“中国模式”的价值分析等等。

三、“中国模式”的特征

承认“中国模式”客观存在的学者，由于观察的角度不同，关注点各异，而在关于“‘中国模式’的特征”问题上有不同的表达。从学术界的研究成果中，可以提炼出如下要素：

政治上的集权。美国霍普金斯大学日裔政治学者弗朗西斯·福山在接受日本政论杂志《中央公论》专访时指出：中国发展模式的价值内核源于延续几千年的政治传统，可概括为“负责任的权威体制”。表现为：一是强大的中央集权国家；二是高度集中的行政管理体制；三是政治对人民负责，体现“民本主义”。这种体制也代表集中高效。近30年来，中国经济令人惊异的快速发展体现了“中国模式”的有效性，一般认为有望再保持30年的增长。“中国模式”特点体现在，我国政府强势和集中高效。政府是“主导型政府”或“强势政府”。主导型政府便于资源集中、行动高效，是成就“中国模式”的核心要素。

社会主义的方向。在关于“中国模式”的社会性质问题上也有一些争议。西方学者在谈及“中国模式”时，大多回避“中国模式”的社会主义性质。美国右翼智库企业研究所2007年底出版的《美国人》双月刊发表署名文章描述这一模式的一个较为简捷的方式是：经济自由加上政治压制。上述观点可以说是西方对“中国模式”的典型描述。他们不否认中国经济的长足发展，但同时强调“政治压制”，甚至干脆说中国“专制”、“独裁”。国内有学者认为“中国模式”就是中国特色社会主义模式，中国道路就是中国特色社会主义道路。坚持科学社会主义理论与实践是中国道路和模式的基本原则和发展方向。“中国模式”凸显出社会主义的政治特点。在政治方面，中国实行共产党领导的多党合作和政治协商的政党政治，实行人民代表大会制度、民族区域自治制度和基层群众自治制度，坚持党的领导、人民当家作主、依法治国的有机统一，不断推进和发展社会主义民主政治。这是与其他制度根本不同的。在经济方面，中国实行社会主义市场经济，坚持以公有制经济为主体、多种所有制经济共同发展的基本经济制度。简而言之，中国特色社会主义就是有别于资本主义道路的"中国模式"。

政府主导型的市场经济。很多学者从政府与市场关系角度谈及"中国模式"的特征，认为中国是发展中国家，经济发展需要政府的参与和推动；中国又是处在经济结构转型中，需要政府在市场化改革中积极培育市场经济发展中所必须的各种微观经济主体，规范市场秩序。公有制经济的主体地位和国有经济对经济命脉的有效控制是国家调节和干预经济的物质手段和途径。有的学者认为，"中国模式"的制度具有内生性特征，政府主导着制度和规则。中国的政府在经济转型过程中，具有优势和主导地位，特别掌控市场规则的制定权。政府不仅调节和干预经济、制定发展规划、执行经济政策、制定经济规则，而且通过修订宪法和法律、颁布各项政策和规则，以促进制度转型与创新。也有学者认为，与欧美模式尽量少的政府干预相比，"中国模式"有着较强的政府干预和较高的国有经济比重。所以要正确认识"中国模式"的政府作用和国有经济的地位，对于中国经济和社会发展有着现实的指导意义，特别指出国有经济的存在有着超经济的意义。还有学者强调"中国模式"是整合两种制度：充分挖掘社会主义基本制度和现代市场经济体制相结合的巨大制度潜力。

保持稳定的渐进改革道路。改革是"中国模式"形成的始动力。中国的改革与原苏东地区的"休克疗法"不同，是一种渐进式的改革，先经济领域后政治领域，先农村后城市，先沿海后内地，从而保持了政治上的稳定。谈到"中国模式"的特点时，所有学者都提到了改革，认为"中国模式"具有不断修正的发展的特性。中国发展模式的一个根本特点，是在改革的进程中推动发展，在不断探索中完善的。瑞士日内瓦大学亚洲研究中心高级研究员张维为认为，中国采用了比较渐进的方式推动改革：不是砸碎现有的不完善的制度，而是尽可能地利用不完善的体制来运作，并在这个过程中，逐步改革这个体制本身，使之转化，为现代化服务。还有学者认为"中国模式"是一种经验的总结和后发的理论归纳，即中国的经济发展是在不断的"试验——修正——再试验——再修正……"中搞起来的，也就是所谓"摸着石头过河"。广义的"中国模式"本身是没有局限的，在未来也应该处在不断的修正中。王耀辉还指出：稳定是"主导型政府"的根本保障，"稳定压倒一切"是中国政府一贯坚持强调的。因为不断"实验和修正"而没有在经济体制尤其政治体制上进行剧烈变革。所有变化和改革都在循序渐进中进行，避免了东欧剧变的不成功经验，维持了国内长久的便于搞经济建设的稳定局势。"中国模式"既有相对稳定的一般性的特点，同时又是一个处在不断改革与发展过程中的动态概念，在不同的阶段、不同的部门和不同的地区有着不同的表现形式。俄罗斯科学院世界经济和国际关系研究所主任研究员亚历山大·萨利茨基在接受《参考消息》记者采访时指出："中国模式"的特点恰恰在于没有规定形式，设计师没有规定一种绝对的固定的国家发展形式。

对外开放。正如不是僵化的一样，"中国模式"也不是封闭的。"中国模式"是在全球化的背景下，积极参与全球化的浪潮，实行对外开放政策，发展对外贸易。并在对外开放的过程中，不断吸取其他国家的先进经验，不断地完善自己。有观点认为，"中国模式"有一种开放的态度，有选择地学习别人的一切长处，但以我为主，绝不盲从。"中国模式"是非常开放的，充分利用了自己的比较优势，积极地参与全球化和国际产业的分工，最大限度地利用了全球化趋势。所以，"中国模式"的成功，中国经济的发展，除了稳定的国内环境以及政府主导对经济的强力推进之外，还赶上了至关重要的历史契机——幸运地在对外开放之时恰好迎来了世界经济的全球化浪潮。

以增进公民福祉为核心。有学者认为，“中国模式”是以增进全世界人口最多的国家之公民福祉为核心。中国的发展以13亿人的价值和13亿人的潜力发挥为中心，旨在满足13亿人的基本需要，并促进每位成员的全面发展。这实在是举世无双的事情，研究中国经济发展模式，首先应强调这一点。政府从社会公平的视角重新定义了发展中存在的社会问题。虽然经济增长仍然被视为重要的政策目标，但社会发展和环境保护也被赋予同等优先权。“人”取代“物质”成为政策选择的基础。在政策取向上面，人民的福祉，尤其是社会弱势群体的生活，引起了政策制定者的高度重视。

充分发挥劳动力资源丰富的优势。有学者在分析“中国模式”的特点时提到“人口红利”，指出对比其他发展中国家，中国的优势首先在于劳动力成本低廉，这是“中国模式”取得成功的“人口红利”。最近30年来，全球首屈一指的廉价的中国劳动力大军，为中国经济的增长贡献率达到26.8%。中国每年供给的劳动力总量约为1000万人，劳动人口比例高，保证了经济增长中的劳动力需求和社会保障支出的低负担。传统东方文化吃苦耐劳、刻苦、节俭的特性在中国人身上尤为明显。大量的农村人口在城市化的过程中涌入城市尤其是沿海地区，在早期几乎得不到任何保障的情况下勤勤恳恳为“中国模式”进行着原始积累。还有学者提到“发挥三大优势”——努力发挥劳动力资源丰富、市场广阔和作为后发国家三大优势。目前中国16岁以上，60岁以下且已就业的劳动者约有7.6亿多人，认为劳动力队伍庞大且成本较低，这是很大的优势。

出口导向型。由于缺乏发达的国内消费市场，中国经济增长对于出口的依赖比较大，依靠外需来弥补内需的不足。1998年亚洲金融危机之后，我国为了阻止经济增长速度过快下滑的趋势，出台了许多启动经济的举措，尤其是非常重视出口的作用。由于后来过度强调和发挥了出口的作用，使我国经济增长模式逐渐转变成为出口导向型经济增长模式。在缺乏发达的国内消费市场的前提下，中国依赖国外市场、尤其是欧美市场解决了产能过剩的问题。出口导向型的经济将大量的“中国制造”遍布世界每个角落，中国成为“世界工厂”。出口导向型经济的贸易顺差还为中国赚来了世界第一的外汇储备。当然，需要指出的是我国政府已经开始重视培育国内市场，扩大国内需求特别是消费需求，促进经济增长由主要依靠投资、出口拉动向依靠消费、投资、出口协调拉动转变，以改变我国经济对国外市场的过高依赖。

同时很多学者也认为，任何模式都不是完美无缺的，何况还正在发展调整的“中国模式”。目前认为“中国模式”的缺陷主要是：第一，国内市场不发达，内需不足，对于国际市场的依赖过高，导致经济增长后劲不足。第二，环境和能源问题突出。多年以来，“中国模式”低技术水平、粗放型的发展模式已经使得环境承受能力达到了极限，单位GDP能源消耗巨大的粗放式经营难以为继。第三，政府在一些竞争性领域干预过多。政府面临如何转型、政治体制如何推进的问题。有学者对于一些领域中的“国退民进”表示忧虑。第四，贫富差距过大问题突出，潜在的社会危机也比较大。

四、“中国模式”的国际比较

关于“中国模式”的国际比较研究主要表现在国情基础、形成途径、思想理论渊源等几个领域，既有共识，也有分歧。

关于“中国模式”形成的国情基础，学者们的共识是：中国的发展背景与世界上其他国家相比有着自身的独特性，中国的发展经验是独一无二的。中国的发展取决于以下几个方面：中国人口规模巨大，经济规模、政治体制规模以及消费规模上都是其他国家所不能比拟的，而且发展极其不平衡，东西部地区差异、城市与农村差异等一直是中国发展中遇到的大问题。中国社会的发展可以在“改革是一场革命”的意义上称之为“社会革命”。这样的国情基础与美英等发达国家是无法相比的。学者们认为，在国情基础方面，中国与印度有相似之处，都是人口众多、国土辽阔、多种民族与多种文化。因此，在对模式的比较研究中，学者们更多地是将“中国模式”与印度模式进行比较，这方面的文章也比较多。在对中印两国发展模式的比较中，学者们一致认为，尽管中印两国都是发展中大国，但中印两国的现代化之路是不同的，不仅是相互之间不同，更与西方不同，因此也很难用西方的模式或理论去比较，去解释。对于中印来说，重要的也许并不是谁超过了谁，而是将如何走出自己的新路来。对“中国模式”是符合自己民情，符合自己国情的模式的结论，外国学者亦多持此看法。比如，俄罗斯科学院远东研究所高级研究员雅科夫·别尔格尔认为，中国在最近30多年取得的成果表明，它选择的经济发展模式是正确的。欧盟智库欧洲政策中心前主席、比利时布鲁塞尔当代中国研究所研究员斯坦利·克罗西克认为，中国的经济模式到目前为止很适合中国，使中国每年都能保持很高的经济增长率。

关于“中国模式”形成的途径，学者们的共识是：“中国模式”的形成是渐进的。日内瓦大学亚洲研究中心高级研究员张维为的说法具有一定的代表性，他说，“中国模式”的形成途径是“重大的经济改革和较小规模的政治改革”的有机结合，是“以一种循序渐进、摸索和积累的方式，从易到难进行改革，并吸取中外一切优秀的思想和经验”的过程。国外学者中也有人认为，在形成途径方面，“中国模式”与东亚模式具有相似性，比如美国霍普金斯大学的乔尔·安德斯就认为，中国走的是一条独特的东亚道路，其特点是强大的国家、活跃的家庭劳动经济和主要由小企业组成的私有经济和小规模资本主义经济。印度中国问题专家认为，“中国模式”是在经济上，制定适合本国国情的对外开放政策，趋利避害，与全球化潮流齐头并进；政治上，稳步推进适合国情的民主改革；军事上，在实现国防现代化的同时，将大量原本投入到军事领域的宝贵资源转为民用，极大地减轻了国家的负担；外交上，与邻为善、稳固周边。但上述说法并未否定中国自主而又循序渐进的发展道路。因此，从“中国模式”形成的途径上看，这是一条致力于世界和平和世界和谐的道路，这条道路是科学发展、和平发展和和谐发展的统一，基本理念是和平、开放、合作、和谐、共赢，而这与西方模式完全不同，自从15世纪以来，世界资本主义大国的发展道路都不是和平发展的道路，而是一条海外殖民，对外掠夺、扩张乃至发动侵略战争的道路。

关于“中国模式”形成的思想理论渊源，学者们的共识是：不同模式的形成都有其特定的思想理论渊源。对于“中国模式”，从渊源上看，中国博大精深的文化为“中国模式”的形成提供了独特的文化氛围，张维为将其概括为7个方面：实事求是、和谐中道、民生为大、整体思维、政府是必要的善、励精图治的良政、政绩合法性。在指导思想上，中国共产党人十分注重用中国传统文化体系内被国人所熟知的提法阐释马克思主义，与西方的话语体系完全不同，最精辟的概括就是中国特色社会主义理论体系，它包括邓小平理论、“三个代表”重要思想以及科学发展观等重大战略思想。学术界的普遍看法是，“中国模式”形成的思想理论渊源与任何一种模式都不相同，也因此决定了中国走的完全是自主发展道路，它既不照搬苏联模式，也不照搬西方模式，而是坚持解放思想，实事求是，与时俱进，走自己的路，建设中国特色社会主义。中国选择自主发展道路，使得中国既没有陷入拉美地区的“依附性陷阱”，也没有陷入东亚等国依赖美国的“傍大款误区”，更没有采取俄罗斯西方化转轨的“休克疗法”，这使得中国不仅在政治与经济上而且在文化与民族精神上保持了自身的主体性。自主发展之道是当代“中国模式”的主导战略选择，是新中国成立以来最为根本的中国发展经验。

关于“中国模式”的发展趋势，主流的看法是：“中国模式”的发展方向是在中国实现社会主义现代化，这是与其他模式最本质的区别，对此最精辟的概括就是一面旗帜、一条道路、一个体系。除此，也有不同的声音存在，比如，有的学者认为，“中国模式”是美国新自由主义的中国版。也有的学者谨慎地指出，新自由主义对我国经济社会并非完全没有影响，当前我国存在的诸多矛盾，如贫富分化、消费不振以及教育医疗方面的问题等等，恐怕都与新自由主义的影响不无联系。可喜的是，我们注意到，在许多领域我们已经开始重新反思相关的政策，在逐步排除新自由主义的影响。在这次危机中以及之后，我们应该更为全面地在各领域清理这种思潮对我国的各种影响。只有这样，我们才能真正落实科学发展观，把我国社会主义建设推向一个新的高度。也有的学者否认中国经济发展道路的特殊性，并以巴西为例，指出当前经济发展存在“拉美化”倾向。1968 年到 1974 年，巴西采取国家导向的经济模式，强力推进工业化进程，连续多年实现两位数经济增长，但也同时招致巨大的收入分配差距，并自上世纪 70 年代中期至 21 世纪初陷入经济和社会动荡。对此，有学者指出，不能把中国和巴西的经济发展道路进行简单比较，因为巴西当年的外部环境比较封闭，经济远没有现在的中国开放，巴西必须依靠大量外债支撑经济的发展，而中国当前的财政和外汇储备远非昔日的巴西能比。吴国平同时指出，巴西经历并非不值得中国借鉴。他说，巴西当年发展的最大教训就是国家对市场的过度干预导致国进民退，对经济造成了破坏，使市场无法为资源要素提供真实的信号。他说，中国应该以此为鉴，将政府的干预压缩在对国民经济发展具有战略意义的领域，而将其他领域向社会开放，特别是要打破国有企业对一些行业的垄断，促进市场的充分竞争。比较一致的认识是，“中国模式”是不同于改革开放前传统的社会主义模式即苏联模式。但是，“中国模式”与西方社会发展模式的区别也是极其明显的。在所有制方面：中国不实行全面私有化，而实行以公有经济为主导的混合所有制，公有经济仍然控制着国家的经济命脉，而且土地和森林、矿山等资源也不实行私有化。在资源配置上：虽然我们采用了市场经济，但政府调节和干预的程度比西方国家要强大得多。在政治上的区别就更明显：中国不搞多党制和议会政治，不搞立法、行政、司法的“三权分立”。在意识形态上：中国仍然坚持马克思主义在政治意识形态领域中的主导地位，但已经允许不同思想流派的存在。这些都是与西方发展模式的基本区别。但这并不是说在社会发展战略方面，中国与其他国家没有任何共同之处。“中国模式”的成功之处，恰恰就在于它是立足于中国的具体国情，充分学习和借鉴人类文明优秀成分的结果。

五、“中国模式”的历史地位

如果“中国模式”就是“中国特色社会主义道路”的话，党的十七大则对此有全面的阐述和高度的评价，本文不再重复。

在学术界，有的学者从“中国道路”、“中国模式”和“中国经验”三个层面论述了“中国模式”的历史地位。认为，“中国道路”是近代 120 年来，中国沦为半殖民地半封建社会后，经历旧民主主义革命、新民主主义革命到社会主义革命、建设和改革，探索在一个十几亿人口的发展中大国，如何实现民族解放、摆脱贫困，加快实现现代化，巩固和发展社会主义的道路；“中国模式”是中国人民历经“中国道路”的艰辛探索，对当今中国特色社会主义伟大实践的初步的科学总结所进行的一种理论概括，今后对它的认识仍将会在“中国道路”的不断探索中积蓄深化，并赋予它新的内涵；“中国经验”是现阶段坚持“中国道路”、完善“中国模式”的宝贵认识，它给我们两点根本启示：必须坚定不移地沿着“中国道路”走下去，才能实现中华民族的伟大复兴；必须坚定不移地改革和完善“中国模式”，才能使其充满生机活力。

关于马克思主义中国化、时代化、大众化研究综述

文　华

党的十七届四中全会根据世情、国情、党情的新变化和马克思主义发展的新要求，提出了推进马克思主义中国化、时代化、大众化的重大战略任务。思想理论界围绕这一重大课题进行了深入探讨，现将近期的主要观点综述如下。

一、关于马克思主义中国化、时代化、大众化的内涵

1. 关于马克思主义中国化的内涵

多数研究者认为，马克思主义中国化就是将马克思主义基本原理同中国具体实际相结合，形成具有中国特色、中国风格、中国气派的新理论。把握中国国情是马克思主义中国化的基础，必须坚持用马克思主义的立场、观点、方法研究解决中国革命、建设和改革的实际问题，深入总结中国人民的独创性经验，不断为推动党和国家事业发展提供强有力的理论指导。

有研究者认为，马克思主义中国化包含两方面。一是内容和形式的统一。即应从内容和形式的统一上来理解马克思主义中国化，而不能把内容和形式分开。二是道路和形态的统一。即马克思主义中国化既是马克思主义在中国发展的必由之路，又是对中国经验的马克思主义的总结，是马克思主义在中国的实现形态。

有研究者提出，马克思主义中国化即马克思主义民族化，就是把马克思主义同中国实践和中国文化相结合，运用中国人民喜闻乐见的民族语言阐述中国革命和建设的理论。这一过程，是马克思主义基本原理同中国实践和中国文化相结合的过程。

还有研究者指出，马克思主义中国化具有群众性和创新性。其群众性体现为三点：一是马克思主义来源于群众实践；二是人民群众的实践是检验马克思主义真理性的唯一标准；三是马克思主义只有掌握群众，才能转化为改造世界的物质力量。其创新性体现为两点：一是在新的时代和新的实践中发展了马克思主义；二是批判地改造了中国的传统思想，使中国传统思想发生了革命性变革。

2. 关于马克思主义时代化的内涵

多数研究者认为，马克思主义时代化就是紧密结合时代特征，不断吸收新的时代内容，使马克思主义紧跟时代发展步伐。时代化既包括内容的时代化、形式的时代化，也包括话语体系的时代化。必须准确把握时代主题，积极回应时代挑战，创造马克思主义理论的新范畴、新论断，用富有时代气息的鲜活语言，用适合当今社会的表达方式，更好地阐明马克思主义对当今世界经济、政治、文化等重大问题的主张。

有研究者认为，马克思主义时代化的内涵主要有三个方面：一是在推动世界格局变化、时代变迁的过程中，不断从世界历史的最新发展中汲取新的营养，始终引领时代发展方向；二是随着自然科学和社会科学的发展，不断修正错误的东西、剔除过时的东西，与时俱进地形成新结论、补充新内容；三是在指导社会实践的过程中，接受实践检验，并把群众创造的新鲜经验上升为科学理论，不断丰富和发展马克思主义。

有研究者认为，马克思主义时代化是一个动态发展过程，突出了坚持与发展的统一，强调了发展程度的彻底性。马克思主义时代化的逻辑起点，是基于对当代中国和当代世界的基本认识、分析和判断，基于中国共产党和中国特色社会主义的历史使命、任务和责任。这里的

“化”强调了理论解释和解决问题的透彻程度。

3. 关于马克思主义大众化的内涵

多数研究者认为，马克思主义大众化就是把马克思主义的基本原理、基本观点通俗化、具象化，使之更好地为人民大众所理解、所接受。马克思主义本质上是人民大众的理论，必须在走进群众、服务群众中推进马克思主义大众化。大众化是理论创新的重要途径和最终归宿，也是创新理论发挥作用的重要环节。大众化不仅是表达方式问题，也是根本立场、根本方法和对人民群众的态度和感情问题。

有研究者认为，马克思主义大众化是一个使马克思主义由被少数人掌握到被广大群众理解掌握的过程，是一个大众自觉接受、自主选择的过程。人民群众只有在错综复杂的各种理论思潮中选择和接受马克思主义，马克思主义才能转化为群众改造世界和自身的力量。

有研究者认为，“大众”从质的方面看，就是要以人民自创的文化（包括当代中国主流文化）来化育人民的文化大众化；从量的方面看，即普及与推广中国特色社会主义理论体系要辐射范围宽广，超越政治、经济、宗教、教育等因素造成的障碍，跨越年龄、性别、职业、阶层、地域等界限。正确理解这种质与量的规定性，才能有针对性地研究马克思主义的大众语言和形式，从而切实地使马克思主义深入“大众”。

二、关于马克思主义中国化、时代化、大众化的关系

总的来看，研究者一致认为，马克思主义中国化、时代化、大众化，各有内涵，各有定位，又互相关联，是一个相互联系的统一整体。

有研究者认为，马克思主义时代化是总体，中国化是本体，大众化是主体。“中国化”必须符合“时代化”的主题要求，必须依靠“大众化”实现；“时代化”必须通过“中国化”来落实，必须取得“大众化”的认同才能实现；“大众化”必须认清“中国化”的奋斗目标，认清“时代化”的主题要求，才能充分发挥其决定性的作用。

有研究者认为，马克思主义中国化是核心，是统领马克思主义时代化和大众化的总原则、总要求；马克思主义时代化是关键，是展现马克思主义中国化和大众化的科学性与先进性的重要标识；马克思主义大众化是基础，是拓展马克思主义中国化和时代化深度与广度的重要途径。有研究者认为，马克思主义中国化是前提，反映马克思主义在中国的具体化、民族化；马克思主义时代化是灵魂，反映马克思主义随着中国和世界的发展变化与时俱进的历程；马克思主义大众化是目的，反映马克思主义在中国武装群众、改造世界、改变人民命运的程度。

有研究者认为，马克思主义中国化是总题目，马克思主义时代化、大众化是马克思主义中国化的应有之义，是推进马克思主义中国化过程中需要着力研究和解决的重要问题。

有研究者认为，马克思主义中国化、时代化、大众化虽然是一个整体，但马克思主义中国化是主题，三者不是平分秋色、不分主次。有两种观点有割裂这一整体的嫌疑，需要注意。其一，认为马克思主义中国化是“核心”，时代化是“关键”，大众化是“基础”。其二，认为马克思主义中国化是解决内容问题，时代化是解决现实问题，大众化是解决表现形式问题。

三、关于如何推进马克思主义中国化、时代化、大众化

综合研究者的观点，主要有以下八个方面：

1. 必须深刻认识和全面掌握马克思主义。掌握马克思主义要做到真学、真懂、真信、真用，努力掌握其精神实质，运用其立场、观点、方法观察和分析问题。掌握马克思主义，重要的是要用中国特色社会主义理论体系武装全党、教育人民，善于把其基本原理运用于改革开放和社会主义现代化建设的新实践，并在理论与实践的结合中不断丰富和发展马克思主义。

2. 必须不断推进马克思主义理论创新和实践创新。创新是马克思主义中国化的活的灵魂，马克思主义中国化的过程就是一个不断创

新的过程。进行理论创新,必须坚持马克思主义的立场、观点和方法,坚持马克思主义的基本原理;坚持解放思想、实事求是、与时俱进,坚持勇于追求真理和探索真理的革命精神。还要坚持实践创新,既善于通过提出和贯彻正确的理论路线带领群众前进,又善于从群众的实践创造和发展要求中获得前进动力。

3. 必须准确把握当今世界发展大势。马克思主义作为一种先进的、开放的思想体系,要求我们必须密切关注世界文明的发展趋势,重视从世界与中国的双重维度去观察、思考和解决问题,必须站在现代科技发展的最前沿,敏锐把握科学技术重大突破给经济社会乃至人们思维方式带来的深刻影响,善于运用最新的科学思想和科技素材拓宽马克思主义的视野、丰富马克思主义的内涵。

4. 必须准确把握社会主义初级阶段基本国情。认识中国国情,最重要的是认识对中国革命、建设、改革有重大影响的一切有利的和不利的现实因素,认识社会主要矛盾及其表现的阶段性特征,准确把握改革发展实际,继续深化对社会主义初级阶段这个中国基本国情的认识,深化对社会主义建设规律和执政党建设规律的认识,在马克思主义指导下与时俱进地研究、提出、贯彻正确的理论和路线方针政策。当前,特别要深入研究国际金融危机对我国经济社会发展以及对世界经济、政治格局带来的深刻影响,全面把握和创造性地贯彻落实党中央的一系列重大决策部署。

5. 必须及时总结党领导人民群众创造的新鲜经验。善于对人民群众最鲜活的实践经验作出理论概括,善于用创新的理论指导创新的实践。注重人民大众的实践诉求,切实解决群众反映强烈和事关全局的重点难点热点问题,把当代中国马克思主义转化成不断满足人民群众根本利益的实践进程。

6. 必须坚持吸收当今世界优秀文明成果。推进马克思主义时代化的新发展,要求我们深入研究和平、发展、合作时代主潮流下和全球化大趋势中马克思主义中国化的新发展和新走向,从世界、中国以及党的自身有机统一的高度去审视、思考和解决马克思主义发展所面对的新情况、新问题,科学合理地借鉴人类的一切优秀文明成果来丰富和发展中国特色社会主义理论体系。

7. 必须继承中国优秀传统文化。马克思主义中国化的前提,在于有效实现马克思主义与中华传统文化的融合;马克思主义时代化的基础,是以中国传统文化为根基的;马克思主义大众化的关键,也在于用马克思主义改造传统文化并赋予传统文化新的时代内涵,实现马克思主义与传统文化的有机结合。

8. 必须不断改进学风文风。坚持马克思主义理论联系实际的学风,坚持走群众路线,把马克思主义基本原理和最新成果大众化,使马克思主义贴近实际、贴近生活、贴近群众,使中国特色社会主义理论体系真正进教材、进课堂、进头脑。同时,在途径、方法、手段和措施上创新,专家学者要提供马克思主义大众化的学理支撑,领导干部要牢牢把握"大众"的方向,凝聚各方力量构建立足日常生活、体现马克思主义大众化的传播方式。

四、几个必须克服的不良倾向

思想理论界指出,目前在马克思主义中国化、时代化、大众化研究中存在几个必须克服的不良倾向,概括如下:

1. 照本宣科。有研究者指出,马克思主义中国化、时代化、大众化的内容十分丰富,但一些研究文章停留在照抄文件和领导人的讲话上,不仅没有理论深度,而且语言贫乏,没有吸引力。

2. 语言晦涩。有研究者指出,马克思主义中国化、时代化、大众化是一个理论创新的过程,是一个使理论贴近实际、贴近生活、贴近群众的过程,是一个提高理论趣味性、生动性的过程,是一个把理论形象化、简明化的过程。但现在一些文章不仅理论深度不够,而且语言晦涩难懂,人民群众很难接受。

3. 脱离实际。有研究者指出,现在一些专家学者不仅存在对实际情况了解不深的问题,而且存在对群众的生活需求了解不深的问题。他们不懂得人民是理论发展创新的根本力量。因此,推进马克思主义中国化、时代化、大众化,要力戒经院化、小众化、精英化。

（此文载《红旗文稿》2010 年第 23 期）

“金砖四国”的由来及其国际经济合作

张幼文

2001 年 11 月,高盛集团首席经济学家吉姆·奥尼尔发表《全球需要更好的经济之砖》(《The World Needs Better Economic BRICs》),首次将巴西、俄罗斯、印度和中国的英语国名首字母连起来构造了 BRICs 一词,并认为上述四国将对全球经济发展产生重要影响。“BRICs”与英语“brick(砖)”一词接近,“金砖四国”概念由此形成并迅速走向国际社会。

经济迅猛发展,国际地位显著提升

上世纪 80 年代起,经济全球化与产业结构调整的浪潮极大地改变了世界经济发展格局,一批新兴经济体开始崛起。“金砖四国”更因其较大的经济规模和突出的发展成就,相继引起世界的瞩目。1999—2008 年 10 年中,四国(以 BRIC 为序)经济年均增长率分别达到 3.33%、6.99%、7.22% 和 9.75%,大大高于同期世界平均的 3.07% 和美国的 2.58%。四国占全球国土总面积的 26%,人口的 42%,资源丰富,产业布局空间较大。四国的发展模式不尽相同,但其共同特点是抓住了经济全球化与产业调整的历史机遇,发挥本国的比较优势。

四国的发展以不同的方式为世界经济作出了贡献。巴西和俄罗斯为世界提供原材料与能源,印度和中国为世界提供廉价的软件服务和制造业产品。中、印两国在全球最具投资吸引力的国家排名上仅列美国之后。规模因素在四国的发展中构成了显著的经济优势,国内市场潜力巨大,对外购买力与投资吸收能力迅速上升,使四国的发展成为世界经济的重要拉动力和积极的稳定因素。

经济增长不仅迅速提升四国在世界经济中的地位,而且在一定程度上影响世界经济与政治格局。四国 GDP 总量占世界的比重从 1999 年的 7.46% 上升到 2008 年的 14.47%。就四国对世界经济增长的贡献度而言,2007 年达 49%;2009 年在世界经济负增长的情况下,新兴经济体整体为 125%,而“金砖四国”则达 90%,其中中国超过 60%。

“金砖四国”的崛起具有深刻的国际影响。四国以各自不同的发展结构使世界产业布局和贸易流向发生了重要变化,改变了世界的经济版图。巨大的外汇储备和不断上升的经济实力,将在一定程度上导致世界金融结构发生变化。四国的经济成就为广大发展中国家摆脱贫困实现发展增强了信心,提供了多方面的有益经验。

共同的发展要求推进了国际合作

“金砖四国”属于新兴经济体,有着与发达国家不同的发展要求,在许多情况下更接近于发展中国家的发展需要。面对发展的新挑战,“金砖四国”在优化本国产业结构,改善外部发展环境和提升自身国际地位等方面有着共同的目标与要求。

四国充分认识到在国际事务中加强合作的必要性。2008 年 5 月和 2009 年 6 月,四国外交部长和国家首脑先后在俄罗斯叶卡捷琳堡会晤,分别发表了外长《联合公报》和首脑《联合声明》。在一系列重大国际经济问题上四国表明了相同的态度。

在世界经济体制问题上,四国认为只有在一个公正的全球经济体系内,充分考虑各国利益,才能实现世界经济长期可持续发展,解决当今时代紧迫的全球性问题。

在最不发达国家发展问题上,四国支持在全球伙伴关系基础上加强对话,推动实现国际社会商定的发展目标,特别是联合国千年发展目标;支持国际社会在抗击贫困和饥饿方面的努力,强调南南合作是传统发展援助的补充。国际社会需要加强向受国际金融危机严重影响的最贫困国家提供流动性支持的力度,发达国家应兑现援助承诺,进一步向发展中国家增加援助、减免债务、开放市场和转让技术。四国愿意在关键的社会领域加强合作,增加国际人道主义援助,降低灾害风险。

在能源、环境等可持续发展问题上,四国积极合作,提出要加强多边努力,实现能源生产国、过境国和消费国之间的利益平衡;支持有关能源项目,包括加大能源的可及性,提高能效,发展和应用符合可持续发展要求,包括生物能源在内的新能源与可再生能源等。支持在《联合国气候变化框架公约》和《京都议定书》框架下加强国际合作,共同应对气候变化,落实《巴厘行动计划》。

在金融领域,四国的合作日益提升。四国呼吁所有国家和相关国际组织积极落实二十国集团领导人伦敦金融峰会共识,承诺推动国际金融机构改革,使其体现世界经济形势的变化;要求国际货币基金组织(IMF)7% 的份额和世界银行 6% 的份额现在就转移到新兴经济体。四国运用其较为充裕的外汇资源已开始为 IMF 提供贷款和购买债券,充实其资金,帮助支持新兴市场的可利用信贷。四国的本国货币在国际上尚缺乏影响力,同时巨大的外汇储备要求保值增值,因此对国际货币体系的改革和汇率的稳定有着强烈需求。

目前,“金砖四国”加强合作,对世界经济的影响正在增强。四国的合作正以循序渐进、积极务实、开放透明的方式不断推进。在许多方面四国“用一个声音说话”,其主张不仅符合新兴经济体的共同利益,而且符合广大发展中国家的共同利益。四国代表了世界经济的新生力量,其合作的增强更清楚地表明,世界的多极化趋势是一个客观的进程。在危机后世界经济格局的形成和国际货币体系的改革中四国将具有更多发言权。因此,四国合作的增强对于推动建设一个持久和平、共同繁荣的和谐世界是十分积极而有益的。

不同的发展特点与比较优势增强了合作基础

“金砖四国”经济各具优势,发展模式呈现不同的特点,使相互合作具有较大的互补性和发展空间。四国的合作大大增强了共同利益,既抓住了经济全球化的历史机遇,又体现了和平与发展的时代要求。

巴西 GDP 已经进入世界前 10 位。发达的农牧业使其成为世界蔗糖、咖啡、柑桔、玉米、鸡肉、牛肉、烟草和大豆等产品的主要生产出口国。工业各部门发展比较全面,其中石化、矿业、钢铁、汽车等较发达,民用支线飞机制造和生物燃料产业还在世界上处于领先地位;服务业占 GDP 近 60% 。铁矿砂等 29 种矿物储量丰富,被称为世界的原料生产国。

俄罗斯在苏联时期建立了强大的航天产业和军事工业。丰富的石油天然气和煤炭资源是俄罗斯的主要优势,这些资源的开采和出口为联邦提供了 30% 的预算收入和 45% 的外汇收入。

在“用电子革命把印度带入 21 世纪”的口号下,从上世纪 80 年代起,印度计算机和软件产业获得了大发展,一大批世界知名 IT 企业迅速成长,美国最大的1000家公司有1/4使用印度开发的软件,印度因此获得"世界办公室"称号。而且,印度国内金融市场发挥了资源配置的积极作用。以信息技术为基础的服务业占印度经济总量的一半以上。服务业的整体发展不但创造了大量就业岗位,而且减少了对资源的需求。

坚持改革开放的中国抓住了经济全球化的历史机遇,外资大量涌入,出口迅猛发展,经济高速增长。丰富的劳动力资源和不断优化的投资环境形成了中国发展的重要优势。在国际产业转移的历史机遇中,一大批出口加工型劳动密集型产业发展起来,"中国制造"成为当今世界的重要现象。自主创新、转变经济发展方式,已成为中国新阶段的发展目标。

四国经济发展虽然成绩显著,但各自又都有不足。40多年来巴西经济经历了多次波动,受国际金融危机的冲击,增长率严重下滑。俄罗斯建立在高能源价格基础上的增长是不稳定的,经济结构调整已是实现长期稳定增长的主要任务,需要发展能源以外的其他工业部门和服务领域。印度的主要问题是基础设施薄弱,财政赤字过高,吸收外资能力低,能源和原材料对外依赖度高,文盲率较高。中国依靠制造业产品出口的发展模式遇到贸易保护主义障碍,资源能源的约束日益明显,自主创新、经济发展方式的转型任务艰巨。当前世界经济原有格局还未根本变化,四国远未能引领世界经济走向,相反在技术上相对落后,在外资、外贸等方面相当程度上依赖于发达国家,承受外部冲击的能力仍然不足,国内市场的开发有待推进。这些问题要求四国增强合作,实现优势互补,从而扩展发展空间与整体实力。

加强"金砖四国"合作是中国国际经济合作战略的重要组成部分

中国高度重视"金砖四国"这一合作平台,积极推进同巴西、俄罗斯和印度的双边合作关系,取得了显著的进展。

中国和巴西于2009年5月发表《关于进一步加强中巴战略伙伴关系的联合公报》,双方签署涵盖政治、司法、农牧产品贸易、科技、金融、能源、港口等多个领域的合作文件。国家主席胡锦涛在与来访的卢拉总统会谈时提出,两国要深化平等互信的政治关系,扩大互利双赢的务实合作,促进内涵丰富的人文交流,密切协调配合的多边合作。

至2009年10月13日,中俄总理已经举行14次定期会晤。两国合作涉及石油、天然气、核电、文化、高速铁路、航空航天、科技、通讯与信息技术、林业、交通基础设施、海关、商业银行、知识产权保护等广泛领域,还将加强在宏观经济、财税与金融、重大国际经济问题上的政策沟通与协作,研究和制定拉动贸易额增长的新举措,规范双边贸易秩序,全力落实两国《中国东北地区与俄罗斯远东及东西伯利亚地区合作规划纲要(2009—2018)》。广泛的合作已成为中俄战略协作伙伴关系的重要组成部分。

中国和印度于2006年11月发表《联合宣言》,并签订《促进和保护投资的协定》以及农业、教育等合作协议,2008年1月又签订《关于二十一世纪的共同展望》,两国10多个相关部门签订了合作谅解备忘录。中印贸易发展迅速,中国已是印度最大贸易伙伴,印度是中国在南亚最大贸易伙伴。中方帮助印度改善基础设施条件,两国相互投资也已开始发展。

中国与"金砖四国"其他三国的双边合作具有深远的战略意义。一方面,这些合作增强了四国的政治经济联系,有利于在重大国际问题上的立场更趋一致,共同维护新兴市场经济与发展中国家的整体利益;另一方面,这些合作扩大了中国的资源与能源供应,有利于弥补中国经济的某些弱点,增强经济的稳定性。加强"金砖四国"的合作已是中国整体外交与国际经济合作战略中的一个重要组成部分。

(作者:上海社会科学院世界经济研究所所长)

苏联是怎样被搞垮的?

——俄罗斯科学院资深院士谈对苏联"改革"及赫鲁晓夫等人的政治评价

张树华　罗文东　辛向阳

出生于1929年、现今已81岁高龄的根纳吉·奥希波夫是俄罗斯科学院院士、社会政治研究所所长、社会科学研究院院长,被誉为当今俄罗斯社会学的"泰斗"。在近60年的学术生涯中,奥希波夫与俄罗斯政界关系密切,在学术界享有很高的声望。前不久,中国社会科学院学术代表团访俄,与奥希波夫等俄方学者座谈。下面结合座谈内容和奥希波夫的其他著作,分析介绍其关于苏联解体和苏共败亡的观点。

一、苏联不是自动解体,而是被瓦解、被肢解了

在回答苏联解体原因时,奥希波夫首先强调,苏联不是解体了,而是被瓦解、被肢解了。苏联解体违背人民的意志,也违背了全民公决。在全民公决中,除格鲁吉亚等少数几个加盟共和国外,所有其他的加盟共和国都赞成保留苏联,反对解散苏联。苏联解体是历史的悲剧,是巨大的地缘灾难。中国取得的成就更凸现了这一点。

导致苏联解体的客观原因是不存在的。苏联有雄厚的科技基础,在空间科学、核能和导弹技术等领域取得了巨大成就。苏联早在20世纪三四十年代就已经掌握了很强的信息和自动化技术。斯大林时期提出消灭殖民主义,消灭驻外国的军事基地,提出了不干涉其他国家内政。斯大林取得了第二次世界大战的胜利。如果不是苏联在二战后的努力(1949年苏联成功爆炸了第一颗原子弹),核战即第三次世界大战就爆发了。

造成苏联瓦解的力量首先来自外部。西方国家把冷战强加给我们,对社会主义制度和国家进行妖魔化的宣传。西方国家每年用于对社会主义国家宣传的资金达到600亿美元。70年代后期,基辛格讲:"干什么还要进行宣传?直接在苏共党内建立第五纵队,培养代理人。"为了使第五纵队发挥作用,就要推行公开性。在公开性的背景下,开始歪曲苏联社会与历史真相,这样的例子有很多。比如"大屠杀"、"大恐怖",实际上是不存在的。我们有一个历史学家讲,没有肃反,苏联就打不赢二战。有人讲20世纪30年代的肃反枪杀了5000万人,这是没有根据的。事实上,1937年肃反后苏联人口明显增长了,而不是下降了。这种歪曲、篡改历史的行为影响了人们的思想意识,造成很多人认为社会主义是法西斯式的极权主义制度。这些歪曲历史的事件都与第五纵队有关,他们有意识地歪曲历史。例如,把斯大林描绘成杀人犯,把苏联制度描绘成极权主义制度,苏联人民是幼稚可笑的,像垃圾一样。他们还胡说苏联靠压迫其他加盟共和国而生存。实际上,大部分加盟共和国包括乌克兰都是靠苏联的补贴而生存的。西方的代理人、第五纵队不仅进行宣传,而且组织和扩大队伍。

二、苏共衰弱始于赫鲁晓夫时期

二战结束后,冷战旋即开场。冷战的目的在于消灭苏联。为实现这一目标,西方主要从两大领域着手——在经济领域,西方利用军备竞赛拖垮了苏联;在思想领域,西方通过腐蚀党政高官取得了最终的胜利。比较而言,后者比前者的威力更大。斯大林逝世后,从马林科夫、赫鲁晓夫、勃列日涅夫直到戈尔巴

乔夫，苏联领导层一直陷入争权夺利的内耗中。苏共精英的退化最终导致经济衰退和国家灭亡的结局。

从1956年开始，温和的“去斯大林化”转变为极端的与过去历史决裂的运动。苏共20大期间，赫鲁晓夫在闭幕会议上作了揭露斯大林个人崇拜的报告。这一事件直接挑战苏联社会主义制度的正当性与合法性，沉重地打击了苏联作为一个国家存在的基础，开启了国家灭亡的进程。

可以断定，这一系列打着国家和共产主义旗号行为的始作俑者就是赫鲁晓夫。个人崇拜固然为文明社会所不容，但当有一个领袖能代表民族利益时，国家更为强大。身居高位后，赫鲁晓夫追求的不是苏联社会和国家的利益，而仅仅是一己私利。“如何才能打压斯大林，以雪多年充当克里姆林宫小丑的耻辱?”这样的念头始终困扰着他。“要超越伟大的前任并取而代之，必先使其威信扫地。”赫鲁晓夫无疑通晓这一权术。历史已经证明，赫鲁晓夫在苏共20大上作的《论个人崇拜及其后果》的报告充满了臆想、歪曲和不实之辞。斯大林虽然犯了严重的、近乎犯罪的错误，不算是一位理想的政治家和国家领袖，但在那个时代，正是他勇敢地维护了俄罗斯及苏联其他民族的利益。而在他之后的苏联以及俄罗斯的领导人常常被罪恶的念头所驱使，主观上犯罪，实际行动也是与国家和人民的利益背道而驰。

社会主义制度和苏联的崩溃并非始于戈尔巴乔夫的改革。赫鲁晓夫时期所谓的“解冻”、“伟大的十年”才是剧变的先声。在赫鲁晓夫执政的过程中，有过分的野心，有超天才的自信，有对斯大林的刻骨仇恨。赫鲁晓夫对国家造成的物质上的损失堪比二战中的损失，这还不包括在政治上、道德和精神上的损失。我们在一本专著中列举了赫鲁晓夫对苏联200个致命的打击。赫鲁晓夫的政策措施沉重地打击了苏联的国家权威，导致社会主义事业的声誉江河日下，无法挽回。

三、勃列日涅夫时期党的领导人腐化变质严重

苏共党的变质，是从赫鲁晓夫到勃列日涅夫时期开始的，70年代后表现最为严重。干部任用凭个人关系、亲属和小集团，党内关系建立在个人关系基础上。官员干部只是追求个人生活享受。有人提出，在赫鲁晓夫时期，在导弹、卫星和核能方面也取得了成就。我的回答是，所有这些成就都是斯大林时期打下的基础。例如关于原子能，早在1943年就开始核能研究了。如果不是有了这些研究，杜鲁门对于苏联城市进行核攻击就实现了。

勃列日涅夫曾试图阻止事态的恶性发展，但是他的个性软弱，好妥协、中庸，无力抗衡从赫鲁晓夫那里继承下来的党政班子进行的或明或暗的抵制活动，最终他未能胜任这项关系到国家存亡的光荣任务。勃列日涅夫的另一弱点在于，他不能正确处理军事手段和政治的关系，甚至有时候动武在先，政治反而被挟持了。像华沙条约组织出兵捷克斯洛伐克（1968）、苏军在阿富汗开战等都极大影响了苏联国家形象，使苏联和它的盟友在国际舞台上陷于孤立。

勃列日涅夫时期被苏联官方宣传为“发达社会主义”，事实上苏联社会不仅在其他国家逐渐失去吸引力，连它自己的国民都越来越不满意。生产停滞、人民生活水平下降、贫富差距拉大、影子经济盛行、贪污腐败和官僚主义成风、体制僵化、停滞不前、国际冲突迫近，等等——这就是勃列日涅夫统治时期的图景。这一切导致各种反社会主义事件频发，民众对苏共统治的负面情绪日益高涨，整个社会都失去了对国家未来发展的信心。70年代后期，人民逐渐明白，苏联根本算不上是“发达的社会主义”。所以安德罗波夫才呼吁“要认清我们所处的社会”。这位领导人发出的呼声显示，苏共已经对社会和国家的发展束手无策，并且丧失了在意识形态领域的领先地位。在这个时候，“唯有深谋远虑的，建立在民族共识的基础

上并兼顾国内国际利益的大政方针才能把国家从覆灭中拉出来”。可悲的是,历史跨入90年代时,一场灾难已不可避免。

四、戈尔巴乔夫和叶利钦的背叛最终葬送了苏共

导致苏共败亡和苏联被瓦解的第三个因素,奥希波夫认为就是背叛。背叛这样一个大的国家,使之解体,其罪魁就是戈尔巴乔夫和叶利钦。他说,他与戈尔巴乔夫本人相识已久,其夫人赖莎就是他们研究所一个研究室的研究生。戈尔巴乔夫对苏联有一种反常的仇恨,这导致他后来的行为。戈尔巴乔夫出生和成长的地方在二战时期被德军占领。戈尔巴乔夫性格上特别自尊,领导国家又特别无能。他认为自己的总统制应该像英国女王的权力,什么都有,又什么不用干,不承担责任。再有就是“金钱”的作用。博尔金(戈尔巴乔夫时期最后一任苏共中央办公厅主任)透露,戈尔巴乔夫拿了韩国总统卢泰愚的钱,还有美国和其他西方国家的钱。

还有,戈尔巴乔夫在20世纪80年代与美国总统里根签署裁军协议,里根承诺给戈尔巴乔夫诺贝尔和平奖。另外,在东西德合并问题上,美国人曾许诺,如果苏联答应从东德撤出军队的话,西德给苏联4000亿美元的补偿。但是苏军后来撤出后,西德只给了苏联80亿美元资金。而撤出的西部军团回国后没有地方驻扎,只能驻扎在俄罗斯的旷野中。另外,当时连法国领导人和英国首相撒切尔都十分担心欧洲出现统一强大的德国,苏联军方和外交部门提出统一后的德国不应加入北约,可是戈尔巴乔夫竟然满口答应,容许德国自由选择,这几乎使得美国总统布什都感到兴奋和惊奇。

戈尔巴乔夫执政期间,社会上已经出现了多个反苏的力量,如苏共“民主纲领派”。奥希波夫和他的同事们马上出版一部书,集中收集了瓦解苏共的种种案例,其中一本是“民主纲领派”会议的速记稿。其中披露,当时苏共“民主纲领派”代表人物波波夫就讲:“我们的行动不要考虑人民,我们就是要故意造成全面商品紧缺和局势紧张状态。”这是原话。

从戈尔巴乔夫上台后,奥希波夫和他的同事们每年都进行年度社会政治调查,到现在一共出了18部年度报告。他们认定,戈尔巴乔夫是反人民的,其改革不是导致民主与市场,而是导致野蛮资本主义、寡头主义。

叶利钦很偶然地获得了权力,他对此没有多少准备。面对如此大的国家和众多的问题,全是靠一两个人拍脑袋决策。奥希波夫和他的研究所一份事关几个斯拉夫国家联合的报告,想面陈叶利钦。当找到叶利钦的贴身警卫科尔扎科夫时,他张口便说,保证叶利钦马上签字。今天带来今天签,今天没带,哪天送来书面报告当即签。这种不严肃的决策方式,令我感到震惊。叶利钦选盖达尔推行经济改革的“休克疗法”也是凭感觉、拍脑袋的结果。

1991年11月的一个深夜,叶利钦找到盖达尔。盖达尔吹嘘说,两年内经济等所有情况都会变好。叶利钦问,你能向我保证吗?盖达尔讲,以我父亲的名义保证(盖达尔是红色子弟,祖父是红军英雄、作家,父亲是海军将军,曾以武官身份出使古巴、南斯拉夫等国)。于是开始了激进的经济改革,实际上是野蛮的资本主义。其实,对此奥希波夫和他的研究所早就警告过了,但被扣上“灾难论者”的帽子,认为在妨碍现行政策的实施。

所以说,苏联被瓦解不是瞬间的事,而是国际敌对势力及其国内代理人长时间里苦心经营的结果。

(作者单位:中国社会科学院世界社会主义研究中心)

论毛泽东对中国特色社会主义理论的奠基作用

王浩军

随着新中国的建立，共产党成为执政党，社会主义理想也就具备了实现条件。毛泽东真正开始了对中国社会主义建设道路的探索与实践，他试图将马列主义与中国自己的社会主义事业紧密结合，开创出一条适合中国国情的社会主义建设道路。正是探索中所积累的极为丰富的历史经验和教训，为中国特色社会主义理论体系的孕育和形成提供了必要的条件。

一、毛泽东对中国社会主义建设道路的探索过程

毛泽东作为伟大的马克思主义者，终生以实现社会主义理想为己任，从未懈怠。然而，怎样才能实现这一理想？虽有马列经典著作和苏联模式，毛泽东从中也汲取了许多有益成分，但毕竟这是“舶来品”，具有某种“不适症”，必须把它们同中国实际结合。于是，毛泽东提出了走中国社会主义革命和建设道路的主张，并对此进行了艰辛的探索。

（一）建国初期我国社会主义建设实践及毛泽东对中国社会主义建设道路的探索

建国后的前3年，中共在领导人民完成繁重的社会改革任务和抗美援朝的同时，迅速恢复了遭受重创的国民经济。1952年，根据毛泽东的建议，中央决定自1953年开始实行国家工业化和社会主义改造同时并举的过渡时期总路线。1956年，随着社会主义改造的基本完成，我国实现了从新民主主义向社会主义的转变，开始进入全面建设社会主义的新的历史时期。然而，基于当时的国情，怎样建设社会主义，成为毛泽东面临的一个全新课题。

在“一五”计划时，由于国内外因素影响，我国社会主义建设大都采取了苏联模式。然而苏联模式并非完美，在它成功的背后也暴露出某些隐患或危机。1953年斯大林逝世后，特别是1956年2月苏共二十大后，毛泽东从实践中逐渐察觉到苏联模式的弊端，陆续发现一些经验并不完全适合中国国情，从而开始重新审视苏联模式。此外，我国在几年有计划的经济建设中，也积累了一些经验。正是在这样的历史条件下，毛泽东提出了探索中国式的社会主义建设道路的任务。

1956年4月，毛泽东发表了《论十大关系》的重要讲话，正式提出了探索中国社会主义建设道路的任务。在这篇讲话中，毛泽东指出了苏联模式的弊端，应引以为鉴。我们应当把马克思主义与中国实际相结合，走自己的道路，学习别国长处，借鉴别国经验，把我国建设成为伟大的社会主义国家。《论十大关系》的基本思想，成为中共八大的指导方针。1956年9月召开的中共八大正确分析了三大改造完成后国内形势和主要矛盾的变化，提出了党在今后的根本任务，制定了党在经济、政治、组织等方面的方针和政策，取得了探索中国社会主义建设道路的重要成果。随后，第一代中央领导集体又从经济建设、经济体制改革、民主政治建设、思想文化建设等方面，进一步探索中国社会主义建设道路的问题。其中，1957年2月毛泽东《关于正确处理人民内部矛盾的问题》的重要讲话，提出了关于社会主义社会矛盾的学说，取得了探索中国自己的社会主义建设道路的新成果。

尽管这些探索经历了严重曲折，存在着历史局限，却为十一届三中全会以后中国特色社

会主义道路的开辟和邓小平理论的形成,作了重要的思想理论铺垫。

(二)50年代后期至1966年5月毛泽东对我国社会主义建设道路的继续探索

探索的道路并不平坦,历程依然曲折,往往出现清醒与迷惘、正确与错误、成功与挫折相互渗透和交织的现象。这种现象不仅出现在党的集体探索过程中,也存在于毛泽东本人的认识发展过程中。

50年代后期,毛泽东对中国社会主义建设道路的继续探索出现了跌宕。1957年的"反右"斗争中断了1955年底开始的正确探索。毛泽东把主要精力转到阶级斗争方面,使他的探索偏离了正常轨道,并且对以前的许多正确的方针政策和重大决策采取了否定的态度,造成了不良后果。

1958年5月,八大二次会议根据毛泽东的倡议,通过了"鼓足干劲、力争上游、多快好省地建设社会主义"的总路线。会后,举国上下笼罩在"大跃进"的狂热氛围中。毛泽东还提出了建立人民公社的设想,认为只有变革现有的、与飞速发展的生产力不相适应的生产关系,才能继续推动经济的高速发展。毛泽东认为1958年的"大跃进"和人民公社化是在探索适合中国情况的社会主义经济建设道路,并认为已经找到了这条道路。但由于这些探索既违背经济规律,又不符合中国当时生产力发展现状,许多"成就"最终成为虚幻,生产关系方面的许多变革也成为"空想",不但没能促进生产力的发展,反而对生产力的发展起到阻碍甚至破坏作用。

1958年的错误教训了人们,毛泽东也不例外。他在纠正已经觉察到的错误的同时,开始重视对马克思主义基本经济理论的学习和研究。他建议各级干部"要联系中国社会主义经济革命和经济建设"去读书,"使自己获得一个清醒的头脑,以利指导我们伟大的经济工作"。这次读书是一次重要的理论反思,对于他后来的继续探索有重要影响。

1960年底,面对"大跃进"、人民公社化运动造成的严峻经济形势,中央召开工作会议,并于1961年1月举行的八届九中全会上,决定对国民经济采取"调整、巩固、充实、提高"的方针,使社会主义建设道路的探索出现了新的转机。这两次会议的重要贡献就是强调要恢复实事求是的优良传统,强调认真开展调查研究工作。在这两次会议上,毛泽东都作了重要讲话,在回顾了前3年的教训之后,指出:"现在看来,搞社会主义建设不要那么十分急。十分急了办不成事,越急就越办不成,不如缓一点,波浪式地向前发展。"在1962年1月的"七千人大会"上,毛泽东进一步指出:"对于建设社会主义的规律的认识,必须有一个过程。必须从实践出发,从没有经验到有经验,从有较少的经验,到有较多的经验,从建设社会主义这个未被认识的必然王国,到逐步地克服盲目性、认识客观规律、从而获得自由,在认识上出现一个飞跃,到达自由王国。"在这篇讲话中,毛泽东明确提出,必须把马列主义的普遍真理同中国社会主义建设的具体实际相结合。这是痛定思痛后所得到的最基本的经验。

但是,毛泽东并未摆脱以阶级斗争为纲的错误,他的某些认识仍然出现反复。1962年9月召开的八届十中全会和毛泽东在北戴河会议上的讲话,标志着政治思想上"左"倾错误的严重发展。毛泽东对于国内阶级斗争形势的错误判断和对于社会主义阶级斗争理论的错误认识,使他在这次会后把主要注意力又转到抓阶级斗争上了。此后,他主要思考的是社会主义发展的政治方向问题。好在当时他还强调"贯彻八届十中全会精神,不要干扰正在进行的经济调整工作",如1963年国民经济开始全面好转之后,他同意陈云等人的意见,决定调整期从1963年起再延长3年,继续贯彻执行"调整、巩固、充实、提高"的方针,作为从"二五"计划到"三五"计划的过渡。

60年代初期的调整工作虽然取得了很大成绩,但是,"左"倾错误作为经济工作的指导思想并未得到根除，在政治和思想文化方面还有所发展。所以，一旦经济形势稍有好转，“左”倾思潮又开始抬头。1966年5月，毛泽东发动了“文化大革命”，这是他在关于社会主义社会阶级斗争理论和实践上的错误发展得越来越严重的必然结果。至此，他实际上中断了对中国社会主义现代化建设道路的正常探索。

二、毛泽东关于社会主义建设道路探索所取得的成果

（一）关于把中国建设成为强大的社会主义国家的目标

早在民主革命时期，毛泽东就明确指出：“坚决地领导民主革命，是争取社会主义胜利的条件。”“我们是革命转变论者，主张民主革命转变到社会主义方向去。”1956年4月，毛泽东在《论十大关系》中进一步指出，要调动一切直接的和间接的力量，为把我国建设成为一个强大的社会主义国家而奋斗。此后，他又多次重申了这个战略目标。1957年2月，他在《关于正确处理人民内部矛盾的问题》中提出，要团结全国各族人民，向自然界开战，将我国建设成为一个现代化工业、现代化农业和现代化科学文化的社会主义国家。1960年初，毛泽东在阅读苏联《政治经济学教科书》时，又加上了国防现代化，从而形成了“四个现代化”的战略目标。

毛泽东还充分估计了实现这一目标的长期性和艰巨性，并提出了相应的战略步骤。他在1962年指出：“中国的人口多、底子薄，经济落后，要使生产力很大地发展起来，要赶上和超过世界上最先进的资本主义国家，没有一百多年的时间，我看是不行的。”基于这样的认识，他规划了实现社会主义战略目标的步骤。根据毛泽东的意见，1962年召开的中央工作会议，制定了国民经济的长远规划，提出了实现四化要分“两步走”的设想：第一步，建立一个独立的、比较完整的工业体系和国民经济体系，使我国工业大体上接近世界先进水平；第二步，使我国工业走在世界前列，全面实现“四化”。

建设强大社会主义国家的战略目标描绘了中国的美好蓝图，大大激发了全国人民建设社会主义的热情，对新时期“三步走”战略目标的制定与实施具有深远指导意义。

（二）关于要摆脱苏联模式，走中国式工业化道路的设想以及我国社会主义建设的指导方针

把中国由农业国变成工业国，使中华民族屹立于世界民族之林，是毛泽东投身革命之后的理想追求。在实现工业化的道路问题上，毛泽东从中国实际出发，经过摸索，总结了我国经济建设的经验，又吸取了苏联片面强调重工业，忽视农业和轻工业给国民经济造成损失的教训，在60年代初明确提出了“农业是基础，工业是主导”的发展国民经济的总体战略思想。1962年中央把这一思想概括为“以农业为基础，工业为主导”发展国民经济的总方针和以农、轻、重为序安排国民经济的原则，在正确处理农、轻、重关系的基础上实现由农业国向工业国的过渡，指明了一条适合中国国情的工业化道路。这对我国社会主义工业化和整个国民经济的发展，具有积极的指导作用。

毛泽东在《论十大关系》的讲话中，还提出了调动一切积极因素，为社会主义服务的方针。他说，过去为了民主革命的胜利，我们就实行了调动一切积极因素的方针。现在为了建设社会主义国家，同样也实行这个方针。为此，毛泽东主张把党内外、国内外的一切直接的、间接的积极因素，全部调动起来，为社会主义事业服务。毛泽东提出的调动一切积极因素，建设社会主义的方针，反映了社会生产力发展的基本要求，激发了全国各族人民建设社会主义的积极性，成为我国社会主义建设的基本方针和根本指导思想。

（三）关于经济体制和管理体制改革的若干思考

在中国式经济体制的探索中，我们党完全

赞同陈云提出的“三主体、三补充”的所有制结构，这种经济体制结构有利于调动各个方面的积极性以促进生产力的发展，至今仍具有借鉴意义。

在管理体制上，毛泽东主张，在巩固中央统一领导的前提下，扩大一点地方的权力，给地方更多的独立性，让地方办更多的事情。关于企业管理体制改革，毛泽东认为企业管理体制对于搞活企业起着重大的作用，提出了“两参一改三结合”的改革方向。它为形成中国式的企业管理模式指明了方向。在管理体制方面，还提出了利用资本主义管理形式和方法的正确主张。这些探索成果，对于今天的经济体制改革，仍然具有重要的启示作用。

（四）关于坚持价值规律，发展商品经济的原则

在党的八大上，周恩来向大会所作的、经大会批准的关于“二五”计划的报告，采纳了陈云的主张，承认了商品生产和商品交换的存在。从1958年11月到1959年7月，毛泽东多次强调发展商品生产的必要性。承认商品生产和商品交换，自然就要承认价值规律的作用。毛泽东在1959年3月指出，价值规律“是一个伟大的学校，只有利用它，才有可能教会我们的几千万干部和几万万人民，才有可能建设我们的社会主义和共产主义。否则一切都不可能”。肯定商品生产，承认价值规律，这是中国社会主义道路探索的又一重大成果。

（五）关于民主政治建设的思考

人民民主专政是我国的基本政治制度，其实质是无产阶级专政。在人民民主专政中，作为专政主体的不仅有无产阶级，而且还有农民阶级、城市小资产阶级和民族资产阶级。其中无产阶级是领导阶级，无产阶级和农民阶级的联盟，则是专政的基础。专政主体的这种阶级关系，就是以毛泽东为代表的中国共产党人所创造的，带有中国特色的政治体制。人民代表大会是我国的政权组织形式，是议行合一的政治制度。这种新型的政治体制是适合我国国情的，它在今天得到了进一步的完善。在处理共产党与各民主党派的关系问题上，毛泽东提出了把“长期共存，互相监督”作为中国共产党同各民主党派在社会主义时期相互关系的指导方针。在我国民族政策问题上，提出了民族区域自治制度。这些探索，经过历史的检验，证明是正确的。

（六）关于发展科学文化的方针

毛泽东提出了“百花齐放，百家争鸣”的方针，并将其作为党在科学文化工作中的一条基本方针。党继承和发展了新民主主义革命时期文艺为工农兵服务的正确方向，发展民族的、科学的、大众的文化。同时强调，发展有中国民族特色的社会主义文化，必须吸收和借鉴中国古代文化和西方文化中一切有价值的东西，古为今用、洋为中用。今天，这些方针政策仍然是我们必须坚持的指导方针。

三、毛泽东关于中国社会主义建设道路探索的意义

首先，从理论上讲，是党解放思想、实事求是思想路线的又一次最生动的体现。民主革命时期，党提出并坚持的“农村包围城市，武装夺取政权”的道路，是坚持从中国革命的实际出发，解放思想、实事求是思想路线的结果。实践证明是正确的，我们搞社会主义建设，也必须从实际出发，寻找适合中国特色的建设道路。如果“照抄照搬别国经验、别国模式，从来不能得到成功”。邓小平建设中国特色社会主义理论正是吸取了这种有益经验，也是坚持解放思想、实事求是思想路线的产物。

其次，从实践上讲，毛泽东在关于中国特色社会主义建设道路的探索中，有许多创新的思想观点，也有不少偏离我国实际的论断和教训。无论是正确的观点还是错误的教训，都是我们党的宝贵精神财富。“建设有中国特色的社会主义，这就是我们总结长期历史经验得出的基本结论”。没有毛泽东的探索及其正反两方面的经验教训，也就失去了形成邓小平建设中国

特色社会主义理论的理论渊源和立论基础。

总之,历史是不能被割裂的,毛泽东与中国特色社会主义理论体系之间存在着不可分割的内在必然联系。毛泽东在艰辛探索中形成的宝贵经验和思想成果,为中国特色社会主义理论体系提供了宝贵的思想源泉和坚实的理论基础。中国特色社会主义理论体系则是在毛泽东艰辛探索并取得伟大思想成果基础上的创造性继承和发展。

(作者:河北大学马列教研部副教授)

第九部分

践行科学发展观与构建和谐社会

加快发展方式转变　增创科学发展优势

汪　洋

面对国际金融危机的严重冲击与影响，广东坚决贯彻落实中央精神，把应对挑战与加快经济发展方式转变有机结合起来，有针对性地采取了一系列政策措施，既保持了经济平稳较快发展，又提升了经济发展质量，增强了可持续发展能力。

实施"双轮驱动"，促进产业结构优化升级。国际金融危机对实体经济的冲击是多方面的，但首先是对不合理产业结构和过剩产能的冲击。可以说，经济结构调整的力度决定了未来一个时期社会发展的后劲与竞争力。对此，广东省委、省政府明确提出，要借助市场的力量，加大结构调整力度，既抓先进制造业，又抓现代服务业，促进形成"双轮驱动"的发展格局。一是建设现代产业体系。出台了《关于加快建设现代产业体系的决定》等文件，发展以生产性服务业为重心的现代服务业、以装备制造业为主体的先进制造业等六大产业，重点建设珠三角现代产业核心区等八大载体。编制和实施了装备、汽车、石化等12个重点产业调整和振兴规划。二是积极培育战略性新兴产业。制定战略性新兴产业发展指导目录，培育100个带动性强、关联度高的重大项目。三是改造提升传统产业和淘汰落后产能。引导传统产业采用国内外先进技术、装备加快改造现有设备和生产工艺，提高产品技术含量，实现内涵式升级。

实施"双提升"，打造创新型广东。经验表明，每一次经济危机都会带来新一轮产业结构的调整与科技创新，从而使今后一个时期科技与人才的竞争将异常激烈。我们提出，要利用国际金融危机带来的建设成本、人才成本较低的时机，以自主创新能力和产业竞争力"双提升"为途径，加快建设创新型广东。我们组织实施重大科技专项，制定实施产业技术路线图计划，加快建设"十大创新工程"。为有效解决广东科技、人才资源相对不足的问题，与中科院、教育部、科技部以及200所高校、64所中科院属研究机构协同作战，全面推进省部和省院产学研合作。实施百强创新型企业培育工程、百名技术帅才培养工程、高层次创新型科技人才引进工程等，2009年投入4亿多元引进12个创新科研团队，引进了包括诺贝尔奖得主、诺贝尔奖评委在内的15位科技创新领军人才。

实施扩大内需战略，促进经济内生增长。长时间以来，广东经济主要依赖外向带动，这次国际金融危机的冲击促使我们下决心把扩大内需作为长期战略取向，切实促进内外需协调发展。在稳定外需的基础上，我们开展"广货全国行"活动，鼓励企业建立内销长效机制，加大向中西部地区投资力度。推进人口城镇化，把促进农民工有序入户作为推进城镇化的突破口，制定推进农民工"积分制"入户的具体意见。以举办广州亚运会和迎接深圳世界大学生运动会为契机，加强城乡基础设施建设，并抓好"三旧"（旧城镇、旧厂房、旧村庄）改造，计划3年内在珠三角地区率先建设6条总长1690公里的区域绿道。

提升珠三角、带动东西北，促进区域协调发展。这次国际金融危机的冲击，既使发达的珠三角地区增强了加快调整的动力，也使欠发达的粤东西北地区面临实现跨越式发展的机遇。我们提出要打破以往按行政区划配置资源的思维定势，加大区域间和区域内部互动发展力度。

一是以区域一体化为抓手提升珠三角发展水平。建立"广佛肇"、"深莞惠"、"珠中江"3个经济圈合作发展机制，制定珠三角基础设施、产业布局、环境保护、城市规划、公共服务等5个一体化规划。加快珠三角城际轨道交通建设，继续深化粤港澳现代服务业合作，加快港珠澳大桥等重大基础设施项目建设。二是以产业和劳动力"双转移"推动粤东西北跨越式发展。安排重点产业转移园区专项资金75亿元，扶持欠发达地区产业转移园区建设，促进珠三角劳动密集型产业向粤东西北等欠发达地区转移；每年安排劳动力培训转移就业专项资金10亿元以上，促进欠发达地区劳动力向当地二三产业和珠三角等发达地区转移。

改善和保障民生，促进基本公共服务均等化。无论是应对国际金融危机，还是加快经济发展方式转变，最终都必须落实到人民生活的改善和提高上。我们制定并实施了《基本公共服务均等化规划纲要（2009—2020年）》，从公共教育、公共卫生、公共文化体育、公共交通、生活保障、住房保障、就业保障和医疗保障八大方面，明确推进基本公共服务均等化的目标与实施路径。创新实施扶贫开发"规划到户、责任到人"的工作机制，提出用3年时间，确保被帮扶的3409个贫困村基本改变落后面貌，确保被帮扶的年人均收入1500元以下的70万个贫困户基本实现稳定脱贫。

在党中央的正确领导和全省人民的共同努力下，广东经济增长整体呈现复苏向好的局面，转变经济发展方式取得新成效，在科学发展进程中迈出了新步伐。一是经济增长企稳回升。2009年完成地区生产总值39082亿元，比上年增长9.5%，高出全国平均增速0.8个百分点。二是自主创新能力提高。去年全省发明专利申请量32247件，授权量11355件，同比分别增长14.8%、49.3%，数量均居全国第一。广东区域创新能力综合指标居全国第二。三是结构调整成效初显。2009年，全省人均GDP达40748元，增幅与GDP增幅差距缩小至1.1个百分点，是改革开放以来差距最小的一年。装备制造业增加值和高新技术产业产值均居全国首位。服务业成为经济增长第一拉动力，全省金融机构总资产达9.33万亿元，首次赶上香港。二氧化硫和化学需氧量排放总量分别下降5.8%和5.4%，新增亿元生产总值消耗建设用地同比下降11%。四是发展协调性增强。2009年，粤东、粤西和北部山区生产总值增幅分别比全省平均水平高2.6、0.9和1.5个百分点。东西北地区城镇新增就业上升4.8%，珠三角城镇新增就业下降21.4%，全省转移就业人数达128.5万人，增长20.7%。

总的看来，广东在应对国际金融危机、加快经济发展方式转变的探索实践上取得了成效，但我们必须保持清醒的头脑，对转变经济发展方式取得的成绩不能高估，对转变经济发展方式遇到的困难不能低估。去年底，胡锦涛总书记视察广东，要求我们坚定不移调结构，脚踏实地促转变，当好推动科学发展、促进社会和谐的排头兵，这为我们加快经济发展方式转变指明了方向，注入了强大动力。面向未来，我们要进一步增强机遇意识和忧患意识，切实解决"不愿转"、"不会转"、"不能转"的问题，创新思路举措，突出工作重点，加快经济发展方式转变，增创科学发展新优势。

要正确把握优势劣势，探索具有广东特色的转变路子。我们提出，转变经济发展方式，不能"病急乱投医"，要科学分析我省的优势和劣势，最大限度地"扬长避短"，走出一条符合广东实际、具有自身特色的转变路子。一是发挥基于外向的产品优势，克服外需市场受限的劣势，努力扩大产品内销，加快推动经济发展由外向带动为主向内外需协调拉动转变。千方百计为企业开拓内销市场服务，构建销售平台，加大与中西部等地区贸易与投资合作力度，实现内外需协调拉动的发展格局。二是发挥传统产业基础好的优势，克服附加值低的劣势，加快推动传统产业转型升级，由价值链低端向高端延伸转变。推进生产制造过程的智能化、集成化、网络化，推广使用数控技术等先进制造技术，提高流通和管理的信息化水平。实施名牌培育工程，推动加工贸易企业创建自主品牌，完善产业链条，推进交易平台、物流平台、检测检验等公共服务平台建设。三是发挥软硬环境以及区位比较好的优势，克服传统产业比重较大的劣势，加大招商引资、招人引技的力度，加快发展先进制造业、现代服务业和高技术产业，用增量稀释存量。四是发挥市场经济体制相对完善、财力相对雄厚的优势，克服人才和科技资源相对短缺的劣势，把自主创新作为转变经济发展方式的核心推动力，加快推动经济发展由要素驱动向创新驱动转变。充分利用市场机制在全国乃至全世界范围配置人才和科技资源，实现“广东制造”向“广东创造”转变。五是发挥区域间竞争活力强的优势，克服区域间互动合作相对不足的劣势，推动跨行政区域资源配置，加快实现经济发展由单极拉动向城乡区域协调拉动转变。要坚持跨行政区划配置资源，进一步推动“双转移”，深入实施提升珠三角带动东西北战略，大力推进扶贫开发“规划到户、责任到人”，实现全省区域城乡协调发展。

要坚持改革创新，调动方方面面参与转变的积极性。加快经济发展方式转变是一项重大的系统工程，事关人民群众的切身利益，需要动员全社会，努力营造推动经济发展方式转变的良好氛围和环境。首先，尊重群众首创，充分发挥基层的积极性。要围绕促进经济发展方式转变，制定“问政于民、问计于民、问需于民”意见。其次，突出市场主体作用，充分调动企业的积极性。加快构建服务型政府，激发市场主体作为推动经济发展方式转变生力军的活力。完善市场准入标准，加大节能减排节地、知识产权保护等执法力度，通过制度约束机制，引导企业转型或转移发展。再次，强化考核导向，充分调动广大干部的积极性。进一步完善干部考核评价办法，改进考核方式，强化干部问责，推动各级干部自觉投身加快经济发展方式转变的实践。最后，要坚持先行先试，率先形成有利于经济发展方式转变的体制机制。在全面梳理现有政策规定的基础上，推动行政体制、要素价格、投融资体制、环保、土地等重点领域与关键环节改革取得突破性进展，构建起一整套有利于加快经济发展方式转变的政策体系。

要加快知识转型，加强干部人才队伍建设。从某种意义上说，能否打赢加快经济发展方式转变这场硬仗，取决于我们干部人才队伍是否具备适应新形势要求的知识结构。要打造一支规模宏大、符合科学发展观要求、适应加快经济发展方式转变需要的干部人才队伍。通过大规模培训干部，使领导干部不仅有加快经济发展方式转变的良好愿望，而且具备领导经济发展方式转变的高超本领，做一个有勇有谋、有思路会操作的新型领导干部。要提高干部执行力，大力倡导不折不扣抓落实的精神，以强大的执行力来促转变、促发展，在抓落实上见分晓、比高低。

（作者：中共中央政治局委员、中共广东省委书记）

深入推进三项重点工作　努力营造良好发展环境

张高丽

深入推进社会矛盾化解、社会管理创新、公正廉洁执法三项重点工作，是党中央准确把握我国发展的阶段性特征、全面分析影响社会和谐稳定的突出问题作出的重大战略部署，对于巩固党的执政地位、维护国家长治久安、保障人民安居乐业、促进经济社会发展具有十分重要的作用。我们把中央精神与天津实际紧密结合起来，找准切入点，选好突破口，以更大的决心、更实的举措、更多的投入，努力把这项关系全局的工作抓紧抓好抓出实效。

一、时刻居安思危，增强推进三项重点工作的紧迫感和责任感

当前，我国既处在经济社会发展的重要战略机遇期，又处在社会矛盾的凸显期，各种矛盾易发多发、相互交织，维护社会和谐稳定面临许多新情况新问题，任务十分繁重艰巨。

推进三项重点工作，是实现天津又好又快发展的重要保障。稳定是发展的前提，发展是解决一切问题的关键。市第九次党代会以来，我们以邓小平理论和“三个代表”重要思想为指导，深入贯彻落实科学发展观，按照胡锦涛总书记对天津工作提出的“一个排头兵”、“两个走在全国前列”、“四个着力”和“五个下功夫、见成效”重要要求，紧紧抓住加快推进滨海新区开发开放这一重大历史机遇，确定了奋斗目标和工作思路，作出了着力构筑高端产业、自主创新、生态宜居三个高地，全力打好滨海新区开发开放、结构调整优化升级、体制机制改革创新、文化大发展大繁荣、保持社会和谐稳定五个攻坚战的决策部署，以解放思想为先导，以改革开放为动力，以转变经济发展方式为主线，营造团结和谐稳定、风正气顺心齐、想干会干干好的良好氛围，统筹滨海新区、中心城区、各区县联动协调发展，推动各项工作站在高起点、抢占制高点、达到高水平，经济社会实现又好又快发展。天津发展变化的一个重要原因，就是坚持一手抓发展这个硬道理、一手抓稳定这个硬任务，深入推进三项重点工作，着力解决影响社会稳定的源头性、根本性、基础性问题，在发展中维护稳定，在稳定中实现发展，形成了相互促进的良好局面。

推进三项重点工作，是构建社会主义和谐社会的必然要求。构建社会主义和谐社会的过程，是化解社会矛盾的过程，是理顺利益关系的过程，是维护社会公平正义的过程。我国当前的社会矛盾，主要是因利益诉求引起的人民内部矛盾，必须用和谐的思维、和谐的方法予以有效化解。我们扎实推进平安天津建设，建立健全社会稳定预警和风险评估机制、矛盾预防和排查化解机制，率先建立案件评查机制，深入开展“信访积案化解年”活动，妥善解决了一批历史遗留问题和信访突出问题，取得良好成效。当前，社会矛盾的关联性、敏感性、对抗性不断增强，要求我们必须适应新形势、迎接新挑战，把三项重点工作作为重要抓手，正确处理新形势下人民内部矛盾，最大限度地激发社会创造活力，最大限度地增加和谐因素，最大限度地减少不和谐因素，不断提高社会和谐水平。

推进三项重点工作，是顺应人民群众新期待的重大举措。社会和谐稳定的基础在群众。我们的各项工作都要自觉坚持以人为本，把维护群众利益作为出发点和落脚点，让群众及时受益、多方面受益、长久受益，不断增加群众的幸福感和安全感，提高群众的认可度和满意度。近年来，我们连续实施了 4 个 20 项民心工程，下力量解决住房、就业、收入、社会保障、教育、卫生、交通、社会治安等一批群众最关心、反映最强烈的问题，综合整治市容环境，广泛开展“同在一方热土、共建美好家园”活动，民计民生不断改善，民心民气得到凝聚提升，激发了群众热爱天津、建设天津的巨大热情。三项重点工作顺民心、合民意，赢得了广大群众的拥护和支持，必将有力地维护改革发展稳定的大局。

二、明确目标任务，推动三项重点工作不断向纵深发展

三项重点工作涵盖经济、政治、文化、社会等各个领域，涉及改革、发展、稳定各个方面。在深入推进三项重点工作中，我们坚持以科学发展观为统领，把社会建设摆到更加重要位置，下大力气整改不符合、不适应科学发展观要求

的实际问题，创造良好的司法环境、服务环境、治安环境和社会环境。坚持以服务科学发展、服务社会和谐稳定、服务人民群众新期待为主线，把维护稳定作为保障发展的前提，把人民群众满意作为检验三项重点工作成效的根本标准，在落实三项重点工作中提高服务能力，在服务人民群众新期待中扎实推进三项重点工作。坚持以改革创新为动力，总结发扬天津的好做法，学习借鉴国内外的先进经验，结合天津实际消化吸收再创新，针对重点热点难点问题，解放思想，大胆探索，创新思路、体制、机制、方法和手段，建立完善促进社会和谐稳定的长效机制。强化政治保障、制度保障、组织保障、支持保障，坚持党对三项重点工作的领导，把三项重点工作纳入经济社会发展规划，着力抓好政法维稳队伍建设，在机构设置、人员编制、物质待遇、经费保障上给予倾斜，保证三项重点工作顺利推进，显著提升平安天津建设水平、维护社会公平正义水平、服务人民群众新期待水平、政法基层基础工作水平和政法维稳工作服务天津又好又快发展水平。我们着重在以下几个方面下功夫、见实效。

在源头化解社会矛盾上下功夫。着力落实社会稳定风险评估机制，对重大问题、热点难点问题分级落实防范化解和处置措施，从源头上化解社会风险。着力构建多方联动“大调解”工作机制，把人民调解、行政调解、司法调解有机结合起来，形成依靠基层党政组织、行业管理组织、群众自治组织共同化解矛盾的工作格局。着力完善涉法涉诉案件终结制度，有效解决无理缠访、重复上访，把涉法涉诉非正常上访控制在低位状态。着力健全应急突发事件处置指挥机制，做到联指联勤联防联处，提高处置突发事件、保障公共安全和抗风险能力。

在排查化解不稳定因素上下功夫。坚持定期排查、集中排查、滚动排查和日常排查相结合，深入排查化解重点领域、重点工作和群众反映突出的问题，深入排查影响加快经济发展方式转变、企业生产经营、重大项目建设的不稳定因素，做到“四清四早”：对不稳定苗头清、不安全隐患清、群众情绪清、重点人清，早发现、早预警、早介入、早解决。坚持“五级接访五级下访”制度，主要领导同志亲历亲为，狠抓落实，深入开展接访、走访、下访活动，按照“一个问题、一名领导、一套班子、一个方案、一抓到底”的要求，及时把矛盾和问题解决在基层，解决在萌芽状态。

在强化社会治安管理上下功夫。深入实施“社区防范工程”，加强社会面管控，推进社会治安防控体系建设。深入开展打黑除恶、打击“黄赌毒”等专项斗争，加强互联网等信息网络的建设管理，依法严厉打击网络违法犯罪。深入开展重点地区综合治理，以城中村、城乡结合部为重点，消除治安隐患。深入开展平安社区、平安乡镇、平安校园等基层平安创建活动，健全完善长效机制，筑牢社会和谐稳定的根基。

在提高社会人员服务管理水平上下功夫。加强对流动人口的服务管理，按照公平对待、服务至上、合理引导、完善管理的原则，健全“以证管人、以房管人、以业管人”的服务管理新模式。加强对刑释解教人员、流浪乞讨青少年等特殊人群的帮教管理，建立适应宽严相济刑事政策要求的社区矫正工作体系。加强对境外来华人员的服务管理，构建入境、居住、就业、就学、出境全过程动态管控体系。

在坚持公正廉洁执法上下功夫。加强执法教育培训，建立健全执法教育培训工作体系，不断提高执法能力。加强执法信息化建设，建立执法信息网上录入、执法流程网上管理、执法活动网上监督、执法质量网上考核的执法办案新机制，不断提高执法质量。加强执法规范化建设，细化执法标准，严密执法程序，做到既严格、公正、廉洁执法，又理性、平和、文明、规范执法。加强执法监督管理，全面落实执法业绩档案制度，建立科学、简明、有效的执法考评指标体系。全面落实廉政隐患“零点”方案，深入开展无违纪科所队（庭）创建活动，切实做到从严要求、从严教育、从严管理、从严监督。

在加强基层基础工作上下功夫。整合资源，优化配置，加强基层法庭、派出所、司法所标准化建设。建立街道、乡镇综治信访服务中心，健全议事例会、协调会办、情况通报、应急处置、检查考核等工作制度。建立社区（村）综治信访服务站，充分发挥社区各类组织的作用，做到社会矛盾联调、治安问题联治、邪教活动联防、社会管理联抓、便民实事联办，形成整体合力。

三、完善工作机制，为深入推进三项重点工作提供有效保障

深入推进三项重点工作是一项复杂的系统工程，必须充分调动各方面的积极性、主动性、创造性，统筹协调，分工负责，形成齐抓共管的强大合力。

加强组织领导。成立天津市推进三项重点工作领导小组，各区县、政法各部门分别成立了组织领导机构，形成了统一高效的组织领导体系。制定《关于深入推进社会矛盾化解、社会管理创新、公正廉洁执法，全力打好保持社会和谐稳定攻坚战的实施意见》和《关于深入推进我市社会管理创新的指导意见》，明确指导思想和目标原则，确定重点任务和责任分工，提出工作要求和保障措施。各相关部门制定了工作方案，明确牵头单位、责任单位、工作内容、工作标准和完成时限，形成了一级抓一级、层层抓落实的工作格局。

加强考核监督。全市各地区、各部门、各单位把三项重点工作纳入决策目标、执行责任、考核监督三个体系，逐一进行量化细化，制定考核办法，严格考核标准，并将考核结果作为评价领导班子和领导干部工作实绩的重要依据。市委政法委牵头成立巡查组，加大监督力度，通报有关情况，确保三项重点工作扎实推进。

加强典型引导。及时总结好做法、好经验，树立和推广一批先进典型，开展互学互看活动，通过经验交流会、现场推动会等多种形式，引导各方面深化思想认识，创新工作模式，营造良好氛围，努力把三项重点工作提高到一个新水平。

（作者：中共中央政治局委员、中共天津市委书记）

创新社会服务和管理
推动首都社会主义和谐社会建设

刘　淇

党的十七届五中全会审议通过的《中共中央关于制定国民经济和社会发展第十二个五年规划的建议》（以下简称《建议》），是在新的发展阶段指导我们推进改革发展、全面建设小康社会的纲领性文件。《建议》对“十二五”期间加强社会建设的努力方向和工作重点作出了全面部署。我们要结合北京实际，认真学习、深刻领会、切实贯彻落实全会精神，有力地推动科学发展，促进社会和谐，开创中国特色社会主义事业新局面。

一、认真学习贯彻《建议》中关于加强社会建设的重要精神，进一步增强推进社会服务管理创新的责任感和紧迫感

《建议》提出加强社会建设、建立健全基本公共服务体系，必须加强和创新社会管理。我们一定要认真贯彻落实全会精神，全面推进首都的社会建设与管理工作。

近年来，北京市委市政府认真贯彻中央关于加强社会建设与管理的指示精神，结合北京市的工作实际，先后召开了五次城市管理工作会议、和谐社区建设座谈会和社会建设大会，制定了《构建社会主义和谐社会首善之区的意见》、《北京市加强社会建设实施纲要》等一批重要文件，积极探索推进社会建设和管理。一是提出了构建社会主义和谐社会首善之区的奋斗目标。二是确立了以改善民生为重点的社会建设基本思路，提出了大民政的工作理念和无零就业家庭、无城镇危房户、无重大重复上访户、无社会救助盲点、无拖欠工资问题的“五无”工作目标。围绕解决民生问题，加强公共服务体系建设。三是健全了领导体制。抓住奥运机遇，深化市、区两级社会管理体制改革，经中央批准，成立了社会建设工作领导小组及其办公室，组建了市委社会工委和市社会建设工作办公室，并在各区县逐步设立了相应机构，形成了市委市政府统筹社会建设与管理的领导体制。四是完善社会建设的工作制度，在社会公共服务、社区建设、社会组织建设、选聘大学毕业生到社区和农村任职、福利养老金制度、社保卡、社会工作者队伍建设、志愿服务工作及社会领域党建工作等方面制订了一系列政策性文件，实施了以“九养”政策为代表的一系列惠民政策，初步形成了推进社会建设的政策体系框架。五是健全了社会建设的运行机制。在街道、乡镇建立了社会工作党委，形成了市、区县、街道乡镇、社区四级社会建设工作网络。在工会、妇联、共青团等群众组织的基础上，建立了枢纽型社会组织管理服务网络，形成了市委领导、组织部门牵头抓总、社会工委具体协调的社会领域党建工作机制。六是加强了社会建设的基层基础工作。北京市目前共有社区2600多个，社会组织近3万个，全市1249座商务楼宇中有6万多家法人单位、83万多从业人员，社会服务管理工作难度很大。针对这样的情况，我们探索了以“一分、三定、两目标”为主要内容的社区规范化建设模式，以“枢纽型”社会组织为龙头的社会组织管理模式，以专业化、职业化为目标的社会工作队伍建设模式，志愿服务常态化管理工作模式以及“五站合一”的商务楼宇党建等工作模式。七是积极探索建立社会力量动员新机制，在构建社会矛盾化解体系、社会面防控、重点人群管理等方面形成了具有首都特色的工作经验。

总的看，北京市的社会建设与管理工作在探索创新中不断完善，并且发挥了作用，特别是在成功举办北京奥运会、残奥会和新中国成立60周年庆祝活动、推动和谐社会建设等方面发挥了不可替代的重要作用。但我们也清醒地认识到，首都社会建设的各项工作总体上还处于刚刚起步阶段，加强社会建设与管理的任务还十分艰巨。我们必须从战略和全局的高度，深刻认识加强社会建设管理的极端重要性，进一步增强抓好社会建设、创新社会管理工作的责任感和紧迫感。

一是要充分认识加强社会建设与管理的重要性。当前，我国正处于工业化、城镇化、信息化、市场化、国际化的关键时期。随着经济体制深刻变革、社会结构深刻变动、利益格局深刻调整、思想观念深刻变化，社会的开放性、流动性大大增强，新经济、社会组织快速发展，流动人口及境外来华人员日益增多，对社会建设与管理提出了新的挑战。人民群众的利益诉求呈现多层次、多方面、多样性的趋势，对完善公共服务体系、实现基本公共服务均等化提出了更高要求。只有顺应经济社会发展的新要求和人民群众的新期待，切实加大社会建设和管理创新的力度，才能从源头上维护社会的和谐稳定，不断巩固党领导和执政的思想基础、工作基础、群众基础和社会基础。

二是要充分认识加强社会建设与管理的紧迫性。一方面，我国国情国力和国际地位的变化对首都工作的要求越来越高。建设中国特色世界城市，以更高标准做好首都的各项工作，提高首都建设管理的水平是摆在我们面前的重要任务。另一方面，经济快速发展所带来的社会问题也日益突出。比如，流动人口增长过快，有的地方出现户籍人口和流动人口比例严重倒挂的现象；部分地区人户分离情况严重，等等。应当说，我们在社会建设与管理中还有很多薄弱环节，特别是社会服务管理主体单一、责任不清、层次不明等问题还比较突出；社区发育不够完善，社会组织还未能担当起应有的社会责任；一些制约社会建设发展的体制性障碍和机制性束缚还没有得到根本解决；一些成功的工作经验和做法在落实中还有不平衡的现象，等等。我们必须切实增强紧迫感，切实把加强社会建设、创新社会管理作为重要而紧迫的战略任务，下大力气统筹推进，努力取得社会建设的新突破。

三是要切实增强加强社会建设与管理的能力。加强社会建设与管理涉及改革、发展、稳定的方方面面，关系群众切身利益，是各级党委政府领导水平、执政能力的重要体现。在新的形势下，面对大量复杂的社会问题，实现科学发展，只有加强社会建设与管理，切实保障和改善民生，才能从源头上防范和减少影响和谐稳定的因素；只有创新社会管理、完善公共服务，才能不断夯实维护稳定的群众基础，凝聚强大的社会动力；只有把社会建设与管理这项工作抓好了，我们才能把广大群众组织起来，真正实现发展这个第一要务，承担起稳定这个第一责任。

二、按照建首善、创一流的工作标准，加快推进社会服务管理创新

贯彻落实《建议》中关于加快社会建设与管理的要求，关键在于创新。重点是要推进社会保障体系创新、各类社会群体服务管理创新、社区服务管理创新、社会组织服务管理创新、互联网等新媒体管理创新、社会领域党建工作创新。通过推进社会服务管理创新，切实加强社会建设与管理。

第一，加快建设城乡一体的社会保障体系。社会保障作为一项基本制度，是社会的安全网，是经济的调节器，也是现代化的重要标志。北京市在这方面做了不少的努力，也取得了一些成效，正在实现从家庭保障、单位保障向社会保障的历史性跨越。在此基础上，我们要按照党的十七大和十七届五中全会的要求，加快建立以社会保险、社会救助、社会福利为基础，以基本养老、基本医疗、最低生活保障制度为重点，以慈善事业、商业保险为补充的社会保障体系。中央提出到2020年，要实现覆盖城乡居民的社会保障体系基本建立。北京作为首都，各方面条件比较好，应当在这方面迈出更大的步伐。“十二五”期间，应当紧紧围绕着健全覆盖城乡居民的社会保障体系这个任务，抓住重点、加强整合、提高水平，使绝大多数基层群众能够更好地享受到城乡统筹的社会保障。当前，要着力解决好城乡社会保障制度的整合与衔接，特别是在社会救助、社会福利、优抚安置等方面积极推进城乡一体化，建立起普惠的社会福利和社会保障制度。

第二，着力创新社会服务管理的体制机制。当前，北京市的社会服务管理面临着许多新情况、新问题，不少地方还存在一些薄弱环节和空白点，特别是随着流动人口急剧增加，人户分离、党员与党组织关系分离的现象越来越普遍，管理与服务不相适应的问题还比较突出，管理服务的体制机制、方式方法还亟待改革创新。一是要进一步完善网格化服务管理模式，不断总结推广基层创造的先进经验，有针对性地做好流动人口服务管理、社区服务管理、“两新”组织服务管理、民族宗教工作服务管理、外籍来京人员服务管理以及刑释解教人员帮教服务管理等，不断满足各类社会群体的服务需求，努力扩大社会服务管理的覆盖面。要在郊区全面推广村庄社区

化管理的经验，实现城乡统筹的社区化管理模式。二是要紧紧围绕保障和改善民生，加强社会服务和管理，进一步加大工作力度，不断完善政策体系，形成互相衔接、有机结合的政策体系。三是要着力扩大社会领域党组织和党的工作覆盖面，积极创新社会领域党建工作方式，力争今明两年实现社区党建、社会组织党建、新经济组织党建、商务楼宇党建工作的全覆盖，努力以社会领域党建工作全覆盖带动社会服务管理全覆盖，以社会领域党建工作创新推动社会服务管理创新。

第三，要把化解社会矛盾作为当前推动社会建设与管理的重要任务。当前，我们正处于社会矛盾的凸显期，必须积极应对、妥善处理好社会矛盾。一是注重从源头上减少矛盾。要坚持科学发展，加快经济发展方式的转变，为正确处理好社会矛盾打牢物质基础。要强化政府社会管理和公共服务职能，推进决策科学化、民主化，坚持把最广大人民根本利益作为制定政策、部署工作的出发点和落脚点，坚持重大决策社会稳定风险评估制度，使各项决策符合客观实际和人民群众根本利益。二是注重维护群众权益。健全党和政府主导的维护群众权益机制，正确反映和兼顾不同方面群众的利益，切实维护社会公平正义。三是注重做好群众工作。要按照十七届五中全会的要求，高度重视群众工作，认真研究和把握新形势下群众工作的特点和规律，落实好群众工作的各项制度，深入做好组织群众、宣传群众、教育群众、服务群众工作，特别是坚持好领导干部接待群众制度，健全信访工作责任制，及时了解群众心声和实际需求，热情帮助群众解决问题。四是积极构建社会矛盾纠纷多元调解工作体系。建立健全人民调解、行政调解、司法调解和社会力量调解相互衔接的工作模式，形成“大调解”格局。总结推广牛街民族和谐创建、原崇文区“信访代理制”、西城区“调解进所”、北京民营高新技术企业家协会调解商事纠纷和知识产权纠纷等先进经验，健全社会舆情汇集和分析机制、矛盾排查和信息预警机制。认真做好基层基础工作，把矛盾化解在基层、解决在萌芽状态。

第四，要进一步创新社会服务管理的方式方法。在认真总结发展“群防群治”、北京奥运会社会动员经验的基础上，注重运用信息化手段加强和改进社会服务管理，积极应对互联网、手机等新兴媒体对社会稳定和社会管理带来的巨大挑战。一方面，高度重视网络阵地建设，加强引导和规范，健全管理法规，完善监控体系，把虚拟社会与现实社会统筹管理起来，使新媒体成为弘扬正气、传播文明、维护稳定、促进和谐的有效途径与载体；另一方面，充分利用和发挥新技术的优越性，推进社会信息化和电子政务建设，构建覆盖全市的社会管理信息网络，在流动人口管理、社会保障、社会动员创新等方面，进一步强化信息化手段的运用，特别是要运用物联网、云计算等先进技术扩大网格化管理的范围，推动网格化管理由事件、物件管理向宽领域、动态管理升级，努力实现社会管理信息资源的共享，提高社会管理和公共服务整体效能。

三、进一步加强对社会建设与管理工作的领导

加强社会建设与管理是新形势下各级党委、政府的一项重要任务。我们要认真学习贯彻《建议》以及中央关于加强社会建设与管理的一系列重要精神，切实加强社会建设与管理工作。

一要加强组织领导，严格落实责任。要把社会建设与管理工作纳入“十二五”规划之中，统筹谋划、全面推进。切实加强组织领导，进一步完善党委领导、政府负责、社会协同、公众参与的社会建设管理新格局。各级党政一把手要亲自抓、负总责。要把任务分解，责任落实到具体人，确保各项工作有人抓、有人管，不留空白。同时，把社会服务与

管理工作纳入各级领导班子和领导干部考核体系，与绩效评定、选拔使用挂钩。

二要加强统筹协调，增强工作合力。社会建设与管理涉及的单位、部门很多，加强这项工作要进一步整合资源，建立起任务明确、责任到位、协调有效、运转顺畅的工作机制，集成政策、集中资金、集聚资源、集合力量，共同推进社会建设与管理。党委、政府的各个职能部门都要按照责任分工，加强工作统筹、加强组织协调、加强督促检查。同时要加大对推进社会管理工作的考核力度，确保社会建设各项工作落到实处、取得实效。

三要结合开展创先争优活动多为群众办好事实事。要在社会建设和社会管理中牢固树立"以人为本"的理念，把改善民生，让广大群众更多分享改革发展成果作为社会建设的重要落脚点，不断扩大和完善公共服务。通过继续落实"五无"目标、特别是要在老年、儿童、残疾人等群体的福利制度方面实现城乡一体化，着力推动基本公共服务、社会公益服务和便民利民服务纵深发展和全覆盖，让广大人民群众从社会建设中得到实惠。

四要加强对社会建设与管理的学习与研究。加强社会建设与管理是一项新的任务。要认真学习马克思主义关于社会建设与管理的理论，认真学习中央关于社会建设与管理的重要指示精神，学习《建议》中关于加强社会建设与管理的工作要求，认真学习社会建设与管理的有关知识，不断深化对新形势下社会建设与管理基本特点和规律的认识，不断深化对社会建设与管理的目标任务的认识，不断提高构建社会主义和谐社会的能力。要加强对社会建设与管理的调查研究，特别是要加强对社会结构发展变化的调查研究，社会利益关系发展变化的调查研究，社会建设与管理体制机制及政策的调查研究，等等。通过加强调查研究，不断提高推动社会建设与管理工作的理论水平、政策水平以及科学化、民主化水平。

加强社会建设与管理是一项复杂艰巨的重要任务。我们一定要认真贯彻落实党的十七届五中全会的要求，以科学发展观为指导，着力解决社会建设与管理中的突出问题，不断加强和创新社会管理，全力推动社会主义和谐社会建设。

（作者：中共中央政治局委员、中共北京市委书记）

推进三项重点工作　促进社会和谐稳定

赵洪祝

深入推进社会矛盾化解、社会管理创新、公正廉洁执法三项重点工作，着力解决影响社会和谐稳定的源头性、根本性、基础性问题，是党中央从巩固党的执政地位、维护国家长治久安、保障人民安居乐业、促进经济社会健康发展的战略高度作出的重大决策。浙江省认真贯彻中央的精神，以深入推进三项重点工作为主线，以坚持和发展"枫桥经验"为抓手，以开展"基层基础建设年"活动为载体，全面推进"平安浙江"、"法治浙江"建设，全力做好上海世博会安保工作，有力地促进了社会和谐稳定。

一、把推进三项重点工作摆到经济社会发展大局中来谋划

浙江省委坚持把推进三项重点工作作为贯彻落实科学发展观、构建社会主义和谐社会的

有效举措，纳入经济社会发展的总体布局来统筹推进。省、市、县三级建立完善了党委定期分析社会稳定形势制度，省委常委会每半年召开一次专题会议，听取推进三项重点工作情况的汇报，认真研究特点规律，明确方向重点，协调解决遇到的困难和问题。各级党组织结合深化学习型党组织建设和创先争优活动，切实提高认识、解决问题，推动各项工作的落实。

坚持从抓统筹入手，在积极应对国际金融危机冲击中统筹化解各种不稳定因素。国际金融危机的冲击给社会领域带来了新的不稳定因素，部分企业生产经营压力较大，可能导致劳资、债务等纠纷增多，引发新的社会矛盾。省委深刻领会和认真贯彻中央关于加快经济发展方式转变、积极应对国际金融危机冲击的一系列决策部署，明确提出并实施"标本兼治、保稳促调"的思路，切实把保发展、促转型、抓稳定有机统一起来，专门开展了"服务企业、服务基层"专项行动，努力化解基层和企业中存在的突出矛盾，以经济持续回升向好，促进社会和谐稳定。

坚持从保民生入手，着力从源头上推进三项重点工作。近几年，省委、省政府坚持每年为人民群众办10个方面的实事，着力健全为民办实事长效机制，全省财政支出增量的七成以上用于改善民生，全面实施基本公共服务均等化、低收入群众增收、公民权益依法保障行动计划，完善低收入群众物价补贴制度，建立覆盖城乡居民的社会养老保险制度，基本实现全省医疗保险全覆盖。今年上半年城镇新增就业人员46.4万人，帮助21.5万名城镇失业人员实现再就业。加大城乡保障性住房建设力度，2009年全省启动农村住房改造建设31.8万户。

坚持从抓责任入手，推进三项重点工作的落实。把推进三项重点工作，作为基层党组织开展创先争优活动的重要内容，明确各类组织的职责任务，以改善管理明责任，以加强服务创先进，以群众满意争优秀，以保障发展作贡献，做到在和谐社会建设中党员带头、社会共建、群众共享。同时结合谋划"十二五"规划，对三项重点工作特别是需要着力解决的体制性、机制性、保障性问题进行科学规划，努力把深入推进三项重点工作的思路变成规划和项目，严格考核奖惩，确保责任落实、取得实效。目前我省正在开展社会管理创新综合试点工作，准备通过一年的努力，使这些试点市、县率先形成与社会主义市场经济体制相适应的社会管理体系，为整体上创新社会管理发挥示范作用。

二、把"平安浙江"建设作为推进三项重点工作的重要平台

2004年5月浙江省委作出建设"平安浙江"决策部署以来，全省上下认真贯彻胡锦涛总书记"贵在坚持，贵在落实"的重要批示精神，建立了比较完善的领导体系、工作体系和考核体系。在推进三项重点工作中，我们充分运用"平安浙江"建设这个平台，促进各项工作目标和措施的落实。

充分发挥平安建设的组织领导优势。坚持"发展是第一要务，稳定是第一责任"的理念，把推进三项重点工作作为"平安浙江"建设的重要内容，"一把手"亲自抓，建立"分层次、分系统、分责任"的目标责任体系，形成一级抓一级、一级对一级负责的工作格局。围绕社会矛盾化解工作，完善和落实领导干部下访、约访、包案制度，深入开展县委书记大接访活动，及时解决群众反映的合理诉求，就地化解矛盾纠纷和不稳定因素。2009年，全省参与接访的领导干部达1万多人次，解决群众反映的事项5500余件。

充分发挥平安考核的导向作用。修订完善平安建设考核考评办法，将推进三项重点工作纳入平安考核体系，加大分值权重。注重考核成果运用，把考核结果作为评价党政领导班子实绩和干部选拔任用的重要依据。建立健全抽查、督查、暗访等制度，推动工作落实。今年3月份，组织了7个由省领导带队的督查组，对各地推进三项重点工作情况进行专项督查，取得

了很好的效果。

充分发挥平安建设职能部门的积极性。各职能部门按照“谁主管、谁负责”的原则，一方面认真抓好三项重点工作具体项目和措施的组织实施与统筹推动，另一方面通过深入开展平安村居（社区）、平安校园、平安渔区等系列平安创建活动，把推进三项重点工作的目标和要求落实到最基层单位，真正见实效。

三、把“法治浙江”建设作为推进三项重点工作的重要途径

坚持把推进三项重点工作贯穿于“法治浙江”建设的全过程，努力做到用法治的思路考虑问题，用法治的规范执法司法，用法治的途径化解矛盾，用法治的风尚引领风气。

着力推进科学民主依法决策。建立和落实社会稳定风险评估机制，不论是作决策、上项目，还是出台改革措施，都进行社会稳定风险评估，充分听取群众意见，切实从源头上预防和减少社会矛盾的发生。目前，市县两级已全部实施社会稳定风险评估实施办法，共评估重大事项1017件，经评估暂缓或停止实施的事项102件（占10%），最大限度地防止了因决策不当引发新的社会矛盾。

着力推进公正廉洁执法。围绕群众反映强烈的执法不严不公不廉问题，深入开展社会主义法治理念教育、职业道德教育、纪律作风教育和廉洁从政教育；深入推进执法规范化建设，深化警务、审务、检务、狱务公开制度，探索建立案例指导制度，推广建立干警执法档案，进一步规范执法行为、促进执法公正；建立执法巡视制度，完善执法监督员制度，加强案件督查和案件评查工作，认真做好涉法涉诉信访工作，及时发现和纠正执法中存在的突出问题。

着力推进普法宣传教育。结合“五五”普法，采取“法律下乡”、“律师进社区”等多种形式和载体，深入开展宪法法律的宣传教育活动，大力弘扬法治精神，提高社会法治化管理水平，引导广大群众学法、懂法、守法、用法，依法理性地表达个人诉求，运用法律武器维护自身合法权益。

四、把坚持和发展“枫桥经验”作为推进三项重点工作的有效抓手

“枫桥经验”是政法综治战线的一面旗帜，也是我们的一笔宝贵精神财富。坚持和发展“枫桥经验”，就是发挥政治优势，相信依靠群众，加强基层基础，就地解决问题，减少消极因素，实现和谐平安。这既是推进三项重点工作的题中之义，也是抓好三项重点工作的有效手段。

完善社会矛盾排查化解机制。进一步完善人民调解、行政调解、司法调解三位一体的“大调解”工作体系，建立健全诉调、检调衔接机制，加强法院人民调解窗口建设，推进企业、大型集贸市场、外来人口聚居地等区域性调解仲裁组织建设，深化医患纠纷、交通事故、劳动争议等专业性调解组织建设。目前，全省已建行业性专业人民调解组织359个，上半年全省成功调解矛盾纠纷17.6万余件，调解成功率达96%以上。

大力加强基层基础建设。基层基础是做好三项重点工作的根基，也是保证。我省把今年确定为“基层基础建设年”，着力完善组织领导、部门协作、矛盾化解、管理服务、治安防控、群防群治、规范执法和考核评价八大工作体系，重点加强乡镇（街道）综治委（办）、人民法庭、公安派出所、司法所、检察室和国家安全人民防线建设，深化社区和农村警务建设，确保基层工作有人抓、有人管。加强乡镇（街道）综治工作中心规范化建设，深化“综治进民企”工作，推进社区、村居、企业综治工作站（室）建设，有效整合基层各种资源和力量，形成综合治理的大平台、大网络，做到“小事不出村、大事不出镇、矛盾不上交”。

积极创新社会管理服务模式。充分运用“枫桥经验”的基本精神，按照“党委领导、政府负责、社会协同、公众参与”的要求，总结推广

了"网格化管理、组团式服务"等一批社会管理的模式和载体，推动综治维稳工作网络向基层末端延伸。加强流动人口服务管理，出台流动人口居住登记条例，推行居住证制度，探索"以证管人、以房管人、以业管人"新模式，成立流动人口服务管理专门机构，着力解决流动人口就业、居住、就医、子女就学等问题，使他们融入当地社会，共享改革发展成果。加强虚拟社会管理，推进互联网警务模式创新，构建以巡查处置、侦察打击、管理控制、舆情引导为重点的"虚拟社会"动态管控机制，提高对虚拟社会的管理水平。

五、在上海世博会期间把安保工作作为推进三项重点工作的着力点

浙江作为上海的毗邻省份，在上海世博会期间协助上海做好世博会安保工作，是深入推进三项重点工作的着力点，更是对推进三项重点工作成效的有力检验。

严厉打击各类刑事犯罪活动。坚持对刑事犯罪"零容忍"，扎实推进打黑除恶专项斗争，深入开展打击整治"两抢"犯罪等行动，严厉打击严重暴力犯罪，切实增强人民群众安全感。深入开展反恐怖基础大排查，落实相应管控措施，最大限度消除涉恐隐患。

扎实开展社会治安重点地区排查整治。对重点地区、重点部位、重点行业、重点场所、重点领域以及案件多发高发的地方，进行全面排查和集中整治。同时，加强治安巡逻防控，有效防止了违法犯罪活动。加强交通、火灾事故隐患排查整治，加强涉博旅游景区、星级宾馆等场所管理，最大限度减少了安全隐患。

加大群防群治工作力度。坚持专群结合、依靠群众，积极有序发展治安巡防队、治安信息员、治安楼栋长、平安志愿者等群防群治队伍，充分调动社会各方面维护和谐稳定的积极性、创造性，共同做好世博安保工作。大力推行社会治安动态视频监控系统建设，基本完成了市县乡三级视频联网和信息共享平台建设，提高了社会治安技防水平和社会管理服务效能。

（作者：中共浙江省委书记）

人的全面发展与科学发展观

林炎志

党的十六大把促进人的全面发展作为全面建设小康社会的重要目标。实现人的全面发展，就要坚持以人为本，坚持以科学发展观为指导，从人民群.众的根本利益出发谋发展、促发展，不断满足人民群众日益增长的物质文化需要，切实保障人民群众的经济、政治和文化权益，让发展的成果惠及全体人民。

一、经济的飞速发展与"中国之谜"

一切经济、社会活动都需要人来完成，一切经济、社会活动最终的目的又都是为了人类自身。人的"全面发展"与国家的"科学发展"之间有深刻本质的关系，二者互为因果。只有个人的发展是全面的，国家和人民的发展才是科学的。只有国家和人民的发展是科学的，个人的发展才是全面的。经济社会发展了，人的全面发展才有了良好的外部环境和物质基础。同样，只有实现了人的全面发展，经济和社会的发展也才有了必要的前提条件。

"全面"与"科学"的概念也是互相约束、互

相定义的，各为对方的题中应有之义。在这里全面和科学首先是指社会科学。从自然科学讲，个人的发展很难达到真正的“全面”，而社会科学层次应该是全面的。从宏观角度讲，国家与人民发展只有在社会科学层次更“科学”，才能在自然科学层次更科学。比如，1949 年以前，中国不乏优秀爱国的自然科学家殚精竭虑献身“科学救国”、“教育救国”、“实业救国”，但收效甚微。只有 1949 年以后，在社会制度上，向科学迈了一大步，他们的聪明才智才得以发挥。制度救国是科学救国、教育救国、实业救国的基础与前提。同样，1979 年以后，我们的社会经济体制更科学了，其他层次的发展才更科学了。

科学是客观规律，是被人认识到的客观规律。有了“科学”，尤其有了社会科学，发展的“全面”性、“可持续性”、“人民的物质文化需要”、“人民的根本利益”、“文化”先进与否等等，才有了客观标准。只有科学才能和谐，才能谈得上“驾驭”。有了客观标准，才能有系统性、确定性。

中国 1949 年以来，尤其是 1979 年以来的长期持续快速发展，被一部分学者称之为“中国之谜”。因为用迄今为止的西方经济学理论、社会学理论不能圆满全面地解释这一经济发展现象。又比如，人均国内生产总值 1000 美元附近有社会动荡的门槛即“拉美现象”，而中国没有。还比如基础设施不太好，但吸引外资世界第一。中国经济发展的特殊性（“中国之谜”），使我们隐约看到了西方经济学对市场研究过程中的两个局限性：一是线性分析的局限，二是实证分析的局限（打哪儿指哪儿）。“中国之谜”的出现反映了中国经济发展的制度特殊性和历史前沿性，这应该是“特色之路”的魅力。但是对中国经济发展也有一些局部的、零散的、近乎实际的解释，虽然是“仁者见仁，智者见智”，但也确实给了我们一个继续思考的方向和空间。“中国特色”的“特色”是：

1. 长期的高积累率。在建国后的几十年里，中国政府奉行的是一条高积累、高就业、低消费的政策。中国共产党长期以身作则，干部工资较低，带头艰苦奋斗，勤俭节约，形成了低消费，高储蓄率的民情、国情。这为我们今天的经济腾飞奠定了坚实的物质基础。这是中国经济发展之谜的线性解释。

2. 共产党长期强有力的、基本正确的领导。正确的施政纲领，为人民服务的执政理念，强有力的中央领导集体，能够正确执行党的政策、与中央保持一致的干部队伍，社会主义制度的优越性，这些都使得市场经济的宏观组织成本率很低，社会经济运行的宏观效率不断提高。

3. 劳动力价低质高。中国的劳动力资源丰富，还很有竞争力和吸引力。具体说，与非洲劳动力的价低质低相比，我们有优势。与欧美劳动力的价高质高比，我们还有优势。这种“人口红利”也是创造“中国之谜”的一个不可忽视的原因。

中国劳动力物美价廉局面的形成与中国传统文化和马克思主义指导有关。在这里可以根据“中国之谜”认识人的发展怎样才能是“全面”的、“科学”的。

二、人的“全面”、“科学”发展

就人的本质而言，我们经历了一个由“精神的人”到“自然的人”，再到“社会的人”的不断升华的认识过程。黑格尔认为，人是一种绝对精神的存在，认为人的本质就是人的“自我意识”；费尔巴哈则抛弃了黑格尔的唯心体系，用自然的“人”来代替黑格尔的“绝对精神”，他认为人是“以自然为基础的现实的人”，这种建立在唯物主义基础上“自然的人”的判断比黑格尔唯心主义的“精神的人”的判断，大大前进了一步。马克思对费尔巴哈的学说进行了扬弃，他通过对人的劳动的分析，加深了对人的社会性和社会本质的理解，将费尔巴哈的以自然为基础的抽象的人过渡到以社会为基础的现实的人。

人有自发的动物性作为人的基础。这种自

发性就是人的天性，可驾驭不可根除。人有自觉的社会性，作为人的发展主导，可培养不能天生。康德认为，“人有双重属性，一方面人属于自然界，人有自己的感性欲望，另一方面，人是道德世界的理性存在”。如果只有二者对立，感性欲望战胜理性道德，那人类将永远停留在靠本能支配行动的动物状态。因此，我们要实现人的全面发展，必须正视人的本能性、动物性、自然性，在体力和智力、灵魂和躯体、理性和非理性、自然性和社会性的协调发展中实现人的全面发展。

马克思曾经说过：“只有到了外部世界对个人才能的实际发展所起的推动作用为个人本身所驾驭的时候，才能谈到人的全面发展。”马克思这里所说的“驾驭”，既是对外部世界的认识，也是对人自身全面发展的前提条件的认识。

实现人的全面发展，要克服人的懒惰的天性。永远追求先进，永远竞争高目标。要学会勤劳俭朴，学会艰苦奋斗。艰苦奋斗是一种积极进取的人生态度。对于人类整体或个体而言，勤劳的品质、艰苦奋斗的品质不是与生俱来的。相反，贪图享受、喜欢安逸却有着人的“原罪”特征。人要驾驭这种天性而不是被这种天性所驾驭，就应该不断锤炼能吃苦、不怕苦的品格。提倡“宁可少活二十年，也要拿下大油田”的“铁人精神”，必须反对奢侈浪费。“中国之谜”的产生、“两弹一星”的成功都需要艰苦奋斗。苦难的来源有三，一是来源于大自然，狂风、暴雨、地震、海啸、饥荒等等，这属于人与自然的不对等状态。二是来源于社会，来源于不合理的社会制度，如阶级剥削、阶级压迫、种族歧视、性别歧视等，这属于人与人的不平等状态。三是来源于人的内心世界，来源于人的嫉妒、仇视等不健康心理，这是人的心理不平衡状态。

实现人的全面发展，要约束人的放任自由的天性，学会自律、自省，学会用自觉性驾驭自发性。《甲申三百年祭》是说执政者的政权建设的，牢记“两个务必”是说党性修养的，遵章守纪、克己守法是说给普通人的。放任自由也会产生一种发展。但它是随波逐流、随随便便的畸型发展。放任自由肯定会与社会规律自然规律碰撞而受到宏观约束，它的成本要比自律的成本来得高。放任自由加客观定律的模式，绝不如有调适能力的、清醒而科学的自觉自律发展模式。就个体而言，饮食上放任的结果，就是痛风、尿糖等各种富贵病，因此节食就是美德；情欲上的放纵，就是人的野性回归；物欲的放纵，将使人陷入难以自拔的贪婪。

实现人的全面发展，要摆脱迷信（盲从）的束缚，提倡科学精神，提倡探索客观规律，提倡独立思考，服从科学。迷信也是一个懒惰，即思维上的懒惰和盲从。因此，迷信的人是最易被俘虏的人。马克思曾说过“要怀疑一切”，其用意在于提倡一种独立思考的精神。只有当科学战胜了迷信、自主代替了盲从的时候，人的发展才有可能是全面的、科学的。

实现人的全面发展，必须实现无私驾驭有私，集体驾驭个体，劳动驾驭资本。人们都说司机右边副驾驶的位置是第一死亡位置。当车祸不可避免时，司机的自利和自保是人下意识的举动。这说明自利是人的本性和天性，而利他则是后天培养的结果，是人的典型的社会性特性。据说斑羚的种群就有自我牺牲、拯救同类的壮举。

毛泽东在《纪念白求恩》中倡导，要做一个高尚的人，一个纯粹的人，一个脱离低级趣味的人，一个有益于人民的人。

这样的人，一定是一个全面发展的人，一个科学发展的人。

（作者：中共吉林省委原副书记）

深入推进三项重点工作
为国际旅游岛建设提供和谐稳定的社会环境

肖若海

2009年年底，党中央、国务院作出推进海南国际旅游岛建设发展的重大战略决策，提出用10年时间，把海南初步建成世界一流的海岛休闲度假旅游胜地。建设国际旅游岛，国内外来琼游客数量势必猛增，为广大游客提供安全稳定、文明和谐的社会环境，任务十分紧迫和艰巨。当前，海南省各级政法机关正按照中央的部署和要求，深入推进社会矛盾化解、社会管理创新、公正廉洁执法三项重点工作，为国际旅游岛建设提供和谐稳定的社会环境。

增强机遇意识、忧患意识和大局意识、使命意识，做国际旅游岛的建设者和捍卫者。建设国际旅游岛是当前和今后一个时期海南全省的中心工作。海南各级政法部门和广大政法干警既是国际旅游岛的建设者，也是捍卫者，肩负着为国际旅游岛建设提供安全稳定、文明和谐的社会环境的重任。随着国际旅游岛建设的启动和发展，重点项目建设和重大改革措施将不断推进和实施，由此引发的各种矛盾纠纷将不断凸显，新、老问题交织；随着海南对外开放的扩大，境外敌对势力的渗透破坏活动可能加剧，现实和潜在的不安全因素不可低估，反恐任务日趋繁重；治安形势可能愈加严峻，刑事案件、治安案件继续在高位运行，针对重点建设项目、反季节瓜菜生产销售人员、来琼休闲度假人员实施的抢劫、盗窃、车匪路霸、合同诈骗以及干扰企业生产等案件可能增多。这些新情况新问题，对流动人口服务管理、出入境管理、交通管理、社会组织管理服务等社会管理工作，对文明执法、公正执法，都提出了新的更高的要求。做好三项重点工作，着眼于解决影响社会和谐稳定的源头性、根本性、基础性问题，着眼于前端管理和源头预防，着眼于基层基础工作和长效机制建设，对于海南政法部门在国际旅游岛建设发展过程中抢抓机遇、应对挑战，为海南政法工作长远发展提供制度机制保证，具有重要意义。海南政法各部门要进一步增强机遇意识、忧患意识和大局意识、使命意识，围绕国际旅游岛建设，深入推进三项重点工作。

深入推进社会矛盾化解，为国际旅游岛建设提供和谐稳定的社会环境。要更加注重源头治理，推行社会稳定风险评估，加强对全省重大建设项目的专项调研，完善重大维稳动态快速通报信息平台，健全公共危机应对处置机制。更加注重清理积案，解决好涉及民生的历史遗留问题。更加注重机制建设，完善稳定风险评估机制、维稳工作干预机制和社情民意调查机制，完善矛盾纠纷排查调处工作机制和组织网络、跟踪督办工作机制、群体性事件处置机制以及维护稳定责任追究机制，健全"大调解"工作体系。更加注重基层基础建设，夯实维护社会和谐稳定的第一道防线。更加注重责任落实，严格执行《海南省社会治安综合治理领导责任查究暂行规定》，完善政法维稳工作的考核评价体系。

深入推进社会管理创新，完善与国际旅游岛建设相适应的社会管理体系。要把加强社会管理纳入国际旅游岛建设的整体规划，明确目标，细化措施，加快构建党委领导、政府负责、社会协同、公众参与的社会管理新格局。更新社会管理观念，改进管理方式，完善管理手段，实施城乡社区警务战略，运用现代信息技术，构建社会管理服务新平台，不断提高社会管理的效率和水平。加强流动人口服务管理，在基层建立流动人口服务管理工作中心（站），建立统一登记、统一管理、电脑联网、信息共享的出租屋管理机制，着力解决流动人口就业、居住、就医、子女就学等问题。加强特殊人群帮教管理，落实刑释解教人员衔接、安置和帮教措施，实施青少年违法犯罪社区预防计划，推进12355海南省青少年服务台、青少年信息管理系统和流浪儿童救助保护中心建设。依法规范对境外来琼人员的管理服务工作，建立权责明确、协调统一的管理服务联动机制。加强网络虚拟社会建设管理和社会组织管理服务。健全党和政府主导下的维护群众权益机制，完善联合接访机制、解决信访问题的保障机制、涉法涉诉信访工作体制机制，探索用群众工作统揽信访工作机制，加强法制宣传教育，依照法律和政策及时妥善处理群众反映的问题。

深入推进公正廉洁执法，为国际旅游岛建设提供良好的法治环境。要根据国际旅游岛建设发展需要，改进执法方式，规范执法行为，着力解决影响公正廉洁执法的突出问题，使执法能力、执法水平有质的提高，以优良的执法公信力让广大群众和中外游客满意。扎实推进执法规范化建设，深化司法体制和工作机制改革，细化执法标准，严密执法程序，规范执法环节，落实执法责任，提高执法管理水平。扎实推进执法信息化建设，大力推进“阳光执法”，建立执法信息网上录入、执法流程网上管理、执法活动网上监督、执法质量网上考核的执法办案新机制，强化执法监督力度。扎实推进服务经济社会发展工作，保障国际旅游岛重大投资项目建设顺利推进。要以党建带队建、以班子带队伍，全面加强政法机关思想政治建设、领导班子建设、基层党组织建设、作风效能建设以及党风廉政建设，强化教育培训和岗位练兵，开展各种形式的主题实践活动，提高执法能力。

深入推进治安环境综合整治，为国际旅游岛建设提供良好的治安环境。要深入开展海南国际旅游岛建设环境综合整治年活动，打一场全省动员、全民参与的声势浩大的治安环境整治攻坚战，加大对犯罪分子的打击力和威慑力，解决突出治安问题，提高社会治安防控能力，营造文明和谐优质的社会治安环境，增强我省广大群众和中外游客的安全感。深入开展“打黑除恶”专项斗争，遏制黑恶势力的滋生蔓延。推进侦破处置积压命案专项行动，严厉打击各种严重暴力犯罪。深入开展打击多发性侵财犯罪专项斗争，加大抓现行破现案的力度，提高街面见警率。深入开展禁毒专项斗争，坚决摧毁毒品犯罪团伙和犯罪网络。深入开展治安重点地区、突出治安问题专项整治行动，努力把治安混乱地区变成经济发展、安全和谐的地区。深入开展旅游市场秩序专项整治行动、道路交通秩序专项整治行动、旅游景区周边酗酒斗殴专项整治行动，维护旅游景区周边秩序和治安稳定。深入开展平安海南建设活动，构建海岛型立体化治安防控体系，建立确保海南长治久安的长效机制，让海南人民和中外游客在安定祥和的氛围中生活、工作和旅游。

（作者：中共海南省委常委、政法委书记）

在深化改革开放中努力探索科学发展新路

——深入学习胡锦涛总书记在深圳经济特区建立30周年庆祝大会上的重要讲话

中共广东省委理论学习中心组

胡锦涛总书记在深圳经济特区建立30周年庆祝大会上发表的重要讲话，全面回顾了兴办经济特区走过的光辉历程，充分肯定了深圳等经济特区的巨大成就，深刻阐述了坚定不移推进改革开放、推动科学发展的紧迫性和工作要求，是以科学发展观指导新时期特区建设和全国改革开放，推动实现经济社会又好又快发展的行动纲领，具有深远的理论和现实意义。

一、充分认识兴办经济特区是中国共产党人的一个伟大创举，进一步坚定继续改革开放、推动科学发展的信心和决心

兴办经济特区是党和国家为推进我国改革开放和社会主义现代化作出的一项重大决策，是我们党和我国人民在探索中国特色社会主义道路上的一个伟大创举，也是我国改革开放的一面旗帜。30年来，深圳经济特区从一个人口不足3万的边陲小镇发展成为人口超过1400万的现代化大城市，国内生产总值年均增长25.8%，创造了世界工业化、现代化、城市化发展史上的奇迹，成为我国改革开放取得辉煌成就的生动缩影。深圳等经济特区不仅迅速改变了自身面貌，而且对全国的改革和发展作出了重要贡献。胡锦涛总书记在讲话中科学概括了经济特区为改革开放和现代化建设所发挥的“五个方面”的重要作用，既是对经济特区30年伟大贡献和基本经验的充分肯定，也为经济特区今后继续发挥作用提出了要求、指明了方向。

经济特区30年的发展，向世人展示了什么是改革开放、如何搞改革开放，什么是中国特色社会主义、如何发展中国特色社会主义。经济特区30年的实践证明，只有改革开放才能发展中国、发展社会主义、发展马克思主义，中国特色社会主义道路是实现中华民族伟大复兴的必由之路、成功之路。当前，面对优惠政策普惠化、资本流动市场化、先行先试分散化的挑战，经济特区还要不要“特”下去，如何“特”下去?这是经济特区改革发展面临的根本问题。胡锦涛总书记的重要讲话代表党中央向国内外庄严宣示：经济特区不仅应该办下去，而且应该办得更好，中央将一如既往支持经济特区大胆探索，先行先试，发挥作用。这表明中央坚持改革开放的决心，显示了对经济特区的更大希望。我们一定要牢记胡锦涛总书记的嘱托，更高地举起中国特色社会主义伟大旗帜，勇于担负起当好推动科学发展、促进社会和谐排头兵的历史重任，以排头兵之为，立排头兵之位，以深化改革开放、推动科学发展的实际行动和新的业绩，向党中央和全国人民交出新的优异答卷。

二、充分认识科学发展观的重大指导作用，增强探索科学发展新路的自觉性和主动性

胡锦涛总书记的重要讲话通篇贯穿科学发展观的要求，具有很强的理论性、战略性和指导性，为我们继续深化改革开放、推动科学发展提供了基本遵循和强大动力。

切实明确科学发展观的指导地位和作用。科学发展观是马克思主义中国化的最新成果，体现了新的发展阶段和新的时代条件对党和国

家工作的新要求。30年来，经济特区发展取得的巨大成就，既是邓小平理论和“三个代表”重要思想的实践成果，也是科学发展观的实践结晶。科学发展观是全党全国推进改革开放和社会主义现代化建设伟大事业的根本指导方针，是经济特区加快转变经济发展方式、探索科学发展新路、全面开创工作新局面的强大思想武器。我们要牢固确立科学发展观在改革发展中的指导地位，进一步增强贯彻落实科学发展观的自觉性和坚定性，更加自觉地走科学发展道路，更好地完成新世纪新阶段肩负的历史使命。

深刻理解科学发展观的理论内涵和工作要求。科学发展观的提出有一个不断深化和完善的过程。2003年，胡锦涛总书记在广东考察时首次提出“加快发展、率先发展、协调发展”的科学发展理念；2007年6月25日，胡锦涛总书记在中央党校省部级干部进修班的重要讲话中，论述了科学发展观的第一要义是发展，核心是以人为本，基本要求是全面协调可持续，根本方法是统筹兼顾，丰富了科学发展观的思想内涵；党的十七大报告深刻阐述了科学发展观的科学内涵，并从坚持党的基本路线、积极构建和谐社会、继续深化改革开放、切实加强和改进党的建设四个方面，提出了推动科学发展的工作要求。这次深圳的重要讲话，胡锦涛总书记在深刻总结十七大以来全党开展学习实践科学发展观活动经验的基础上，就如何全面深入贯彻落实科学发展观又提出了“五个继续、五个努力”的明确要求，强调加快转变经济发展方式是探索科学发展新路的核心任务，深化改革开放是科学发展的动力源泉，加强社会主义精神文明建设是科学发展的文化支撑，促进社会和谐是科学发展的重要目的，推进党的建设是科学发展的政治保证。这些论述进一步深化了科学发展观的理论内涵和贯彻落实科学发展观的工作要求，是我们探索科学发展新路的“指南针”和“路线图”。我们一定要深刻领会和全面贯彻这些要求，努力把科学发展观贯彻落实到经济社会发展的各个方面。

准确把握贯彻落实科学发展观必须继续解放思想。解放思想是推进改革开放伟大事业、发展中国特色社会主义的一大法宝。胡锦涛总书记的重要讲话要求我们继续解放思想，坚持改革开放，努力担负起探索科学发展新路的重大历史使命。在当前改革攻坚和发展转型的关键时期，探索科学发展新路，全面开创经济特区和广东科学发展新局面，涉及从经济基础到上层建筑的深刻变革，是一场新的革命，要求我们必须继续保持和发扬全省解放思想学习讨论活动那种奋发有为、开拓进取的精神状态，以强烈的忧患意识、责任意识和创新意识，不惧风险，排除干扰，闯禁区、涉盲区、攻难区，勇于变革、勇于创新，永不僵化、永不停滞，敢于打破一切违反科学发展的思想观念，彻底纠正一切形式主义的做法，切实转变一切墨守成规的行为，以创新的思路举措和工作方法，为探索科学发展新路注入强大动力。在探索科学发展新路的过程中，要坚持科学的态度，更加自觉地认识规律、尊重规律、按规律办事；要努力增长科学发展的知识和智慧，增强对发展方式是否科学的辨别和判断能力；要增强各项工作的协调性和改革的协调性，科学谋划，统筹兼顾，协调推进；要更加尊重人民群众的首创精神，最充分地调动蕴藏在人民群众之中的无穷智慧和创造力，为探索科学发展新路提供源源不断的力量源泉。

三、充分认识新时期的历史使命，努力在推动科学发展、促进社会和谐上取得新突破

探索科学发展新路是一场新的革命。广东要认真贯彻落实胡锦涛总书记重要讲话精神，勇于担当历史重任，全面开创特区建设和全省科学发展新局面。

要在加快转变经济发展方式上取得新突破。探索科学发展新路，关键是加快转变经济发展方式，推动经济增长由数量规模型向质量效率型转变。要按照又好又快的发展要求，切

实处理好经济增长速度与效益的关系，推动经济发展方式的转变，实现产业结构优化升级；处理好市场手段与政府调控的关系，从制度上更好地发挥市场在资源配置中的基础性作用，形成有利于科学发展的宏观调控体系。要加快结构调整重大项目、重要平台和重点区域建设。要大力推进自主创新，加快推动经济发展由要素驱动向创新驱动转变，努力建设创新型经济特区、创新型广东。要研究落实加快战略性新兴产业发展的财政激励政策，加大招才引智和人才培养力度。要继续贯彻落实"提升珠三角，带动东西北"战略，促进城乡区域协调发展。要以转变经济发展方式为主线，研究制定好全省"十二五"规划，确保"十二五"期间各项工作继续沿着科学发展的轨道前进。

要在建立有利于科学发展的体制机制上取得新突破。体制改革是经济社会发展的重要保证。要在继续推进经济体制改革的同时，全面推进政治体制、文化体制和社会体制的改革，充分展示中国特色社会主义的制度魅力。继续创新行政管理体制，加大力度推进大部制改革，深化行政审批制度改革，优化政府管理体系，率先建成服务政府、责任政府、法治政府、廉洁政府和效能政府。加快推进财政、投资、工商管理、价格管理等关键领域改革，为促进经济发展方式转变提供政策支撑。积极扩大社会主义民主，发展党内民主，依法保障人民的选举权、知情权、参与权、监督权。加强法制建设，切实提高各级党委、政府依法执政能力，建设法治社会。积极探索建立企业和职工利益共享机制，构建和谐劳动关系。全面提升开放型经济水平，积极落实粤港澳合作框架协议，加强国际区域合作。

要在加快文化强省建设上取得新突破。文化建设是加快转变经济发展方式、推动科学发展的重要支撑。要全面实施《广东省建设文化强省规划纲要》，率先探索中国特色社会主义文化发展道路。扎实推进社会主义核心价值体系建设，深入开展全国、全省文明城市创建活动，努力营造健康向上的社会文化环境。全面完成文化体制改革各项重点任务，打造一批骨干文化企业和企业集团，基本形成富有活力的文化生产、管理和服务机制。加快构建覆盖城乡的公共文化服务体系，大力推进文化民生工程建设，保护与发展岭南文化，不断满足人民群众多样化的精神文化需要。发展壮大文化产业，健全文化市场体系，加快培育发展创新型文化企业和文化创意产业，全面提升广东文化软实力。

要在促进社会和谐上取得新突破。促进社会和谐是科学发展的重要目的。要全面实施《广东省基本公共服务均等化规划纲要》，加快构建覆盖全体居民的终身教育体系、就业服务体系、社会保障体系、医疗保障体系、住房保障体系，努力满足人民群众在教育、劳动就业、社会保障、医疗卫生、住房等方面的基本需求，促进共享改革发展成果。积极推进社会管理创新，形成科学有效的利益协调机制、诉求表达机制、矛盾调处机制、权益保障机制。认真落实《关于加强人文关怀改善用工环境的指导意见》，做好外来务工人员服务和管理工作。扎实做好信访维稳工作，完善社会治安防控体系，加强社会治安综合治理。进一步落实扶贫"规划到户，责任到人"措施，做好支援新疆、西藏、四川、甘肃、三峡水库等对口帮扶工作。

要在加强党的建设上取得新突破。加强和改进党的建设，是当好推动科学发展、促进社会和谐排头兵的坚强保证。要加强领导班子建设和干部队伍建设，深化干部人事制度改革。围绕转变经济发展方式，深入开展创先争优活动。切实抓好大规模培训干部工作，使广大干部推动科学发展的能力不断增强。加强党风廉政建设，尤其在加大对党政"一把手"的监管上走出新路，坚决惩治和有效预防腐败，教育引导广大党员干部牢固树立宗旨意识和群众观点，始终做到为民、务实、清廉。

坚持用科学发展观引领党的建设科学发展

中共宁夏自治区委党校理论学习中心组

所谓党的建设科学发展，就是党的建设要以科学发展观为指导，依据不断变化的世情、国情和党情，自觉遵从党建规律，运用科学理论指导科学实践，运用科学方法推动科学工作，不断促使党的建设改革创新发展，不断强化党员的主体地位、主体意识，不断谋划党的建设整体协调推进，不断实现党的整体素质、能力与党所肩负的目标、使命和要求相适应。树立科学思想、弘扬科学精神、创新科学理论、构建科学目标、掌握科学方法、强化科学管理、完善科学制度、形成科学体制机制，是党的建设科学发展的重要内容和任务。

一、坚持发展是第一要义，不断推进党的建设创新发展

发展是一个民族、一个国家、一个社会和一个政党的永恒主题，发展是一个民族、一个国家、一个社会和一个政党进步的基础和动力，也是解决自身一切矛盾和问题的根本所在。发展对于执政的中国共产党，是其永葆自身先进性、实现长期执政的第一要务。党 80 多年来由小到大、由弱到强，不断取得一个又一个的胜利，关键就是靠创新发展。党 80 多年来的历史，就是其自身创新发展的历史。时代总在进步，社会总在发展，形势总在变化，这就要求引领社会发展的执政党始终顺应历史的潮流，以改革创新的精神，与时俱进，推进自身建设，以适应未来的发展趋势和当前的形势、任务。对于中国共产党来讲，在一个发展中的大国里执掌政权、领导社会主义建设，就好比航海家驾驶航船在大海上搏击惊涛骇浪，自己不随机应变而企图以不变应万变，不积极进取，结果可想而知。世界各国政党执政的历史经验教训告诉我们，任何一个政党，无论资格多老、力量多强、执政时间多长，如果因循守旧、固步自封、保守僵化、不思进取，其创造力必然会衰竭，生命力必然要停止。我们党作为领导中国特色社会主义伟大事业的马克思主义政党，要始终保持蓬勃生机和旺盛活力，始终成为坚强领导核心，始终站在时代前列，团结带领人民不断开创事业发展新局面，党的建设必须与时俱进，党的工作必须改革创新。

因此，推进党的建设科学发展，就要从实际出发，坚持发展不动摇、扭住发展不放松，以改革创新为动力，准确把握党的建设发展规律，不断丰富发展内涵、创新发展观念、开拓发展思路、破解发展难题。党的建设在不同时期有不同的发展目标、发展要求和发展路径，与时俱进、创新发展是党永葆先进性的根本。在世情国情党情发生深刻变化的背景下，在党面临着长期复杂严峻的考验面前，只有居安思危，增强忧患意识，常怀忧党之心、恪尽兴党之责，勇于变革、勇于创新，永不僵化、永不停滞，不断推进党的建设创新发展，才能确保我们党在世界形势深刻变化的历史进程中始终走在时代前列，在应对国内外各种风险和考验的历史进程中始终成为全国人民的主心骨，在发展中国特色社会主义的历史进程中始终成为坚强的领导核心。

二、坚持以人为本，努力使党员真正成为党内的主体

科学发展观是尊重人民主体地位的科学发展理论。坚持以人为本，奠定了人的主体地位，

维护了人的主体权益,弘扬了人的主体价值,推动了人的全面发展。坚持以人为本体现在党的建设科学发展上,就是要坚持以党员为本,尊重党员主体地位,保障党员民主权利,积极发展党内民主。

坚持以党员为主体,就是一切依靠党员,千方百计调动党员的积极性,提升党员的素质,发挥党员的主人翁精神。各级党组织不仅要把党员当作奉献的主体、尽义务的主体、履行责任的主体,还应把党员当作履行党员权利的主体。要以落实党员知情权、参与权、选举权、监督权为重点,进一步健全民主制度,丰富民主形式,提高党员对党内事务的参与度,充分发挥党员在党内生活中的主体作用。积极推进党务公开,健全党内情况通报制度,及时畅通党内信息上下互通渠道。建立党委新闻发言人制度,办好党报党刊和党建网站。拓宽党员意见表达渠道,建立健全党内事务听证咨询、党员定期评议基层党组织领导班子成员等制度。鼓励和保护党员讲真话、讲心里话,营造党内民主讨论、民主监督的环境和氛围。努力实现从管理向服务的转变,满腔热忱地为党员、干部和人才服务,让他们有地方说话、有渠道诉求、有空间发展,充分调动他们的积极性、主动性和创造性。要进一步扩大党内基层民主,发挥党的基层组织在保障党员民主权利方面的作用。加强民主集中制教育,提高党员民主素质,引导党员正确行使权利、认真履行义务。要从思想、工作、生活上关心党员,做好党员服务工作,健全党内激励、关怀、帮扶机制,健全党内表彰制度,加强对老党员、生活困难党员的关怀帮扶。认真落实基层党员教育培训规划,建立基层党员轮训制度,拓宽党员受教育渠道。鼓励党员带头参与志愿服务,推广党员承诺制等做法,不断探索建立党员在居住地发挥作用的机制。严格党内组织生活,坚持民主评议党员,表彰优秀党员,及时处置不合格党员。坚持贴近基层抓党建、贴近实际抓党建。建立健全教育、管理、服务党员的长效机制,把对党员的教育、管理和服务融为一体,在教育管理中体现服务,在服务中实施教育管理,激发党员增强光荣感和责任感、保持先进性的内在动力,使每个党员都能充分发挥先锋模范作用。

三、坚持全面、协调、可持续,推进党的建设又好又快发展

坚持全面、协调、可持续发展,就是要求党的建设各要素相互协调、相互作用、相互促进,立足当前、着眼长远,提出科学、合理、有预见性的工作思路。坚持党员、组织、干部、班子、人才统筹考虑、同步推进;坚持思想建设、组织建设、作风建设、制度建设和反腐倡廉建设一起抓,确保党的建设持续健康稳步地发展。

着力推进党的建设全面发展。要全面贯彻党的十七大关于党的建设的总体部署,把党的执政能力建设和先进性建设作为主线,坚持党要管党、从严治党,贯彻为民、务实、清廉的要求,以使党始终成为立党为公、执政为民,求真务实、改革创新,艰苦奋斗、清正廉洁,富有活力、团结和谐的马克思主义执政党为目标,在整体谋划推进党的建设的过程中,进一步确立党的建设的战略地位,落实党的建设的总体部署,把握党的建设的工作重点,明确党的建设的关键环节,推进党的建设的实施方略。

着力推进党的建设协调发展。把党的执政能力建设与党的先进性建设统一协调起来;把坚持党的最高纲领与最低纲领统一协调起来;把充分发扬党内民主与加强党的集中统一协调起来;把开展党内思想斗争与加强党的团结统一协调起来;把不断提高党驾驭社会主义市场经济的能力、发展社会主义民主政治的能力、建设社会主义先进文化的能力、构建社会主义和谐社会的能力、应对国际局势与处理国际事务的能力统一协调起来;把党的整体建设与党的基层组织建设以及党员个人素质的提高统一协调起来;把党的经常性建设与阶段性建设统一协调起来;把从严治党与惩治腐败统一协调起来;把坚持依法治党与坚持以德治党统一协调

起来。正确处理本位与全局、局部与整体、形式与内容、手段与目的、数量与质量、办点与抓面、共性与个性、成本与效益、当前与长远等关系。

着力推进党的建设可持续发展。党的先进性、党的执政地位和党与人民群众的密切联系，决定着党及党的建设的可持续性。党的建设可持续发展，实质上就是保持和发展党自身的先进性，巩固党的执政地位，始终保持党与人民群众的血肉联系。我们党是一个先进的党，这并不意味着党就没有丧失先进性的可能；我们党是一个执政党，这并不意味着党的执政地位就能一劳永逸；我们党是立党为公、执政为民的党，这并不意味着党不存在着脱离群众的危险。实践证明，党的先进性、党的执政地位和党与人民群众的密切联系都不是一劳永逸、一成不变的。过去先进不等于现在先进，现在先进不等于永远先进；过去拥有不等于现在拥有，现在拥有不等于永远拥有；过去密切不等于现在密切，现在密切不等于永远密切。党的先进性建设、执政能力建设和阶级基础及群众基础建设，是马克思主义政党自身建设的根本任务，是党的建设科学发展的长期任务和永恒主题。

四、坚持统筹兼顾，自觉遵循党的建设客观规律

科学发展观的根本方法是统筹兼顾。把统筹兼顾的根本方法运用到党的建设科学发展之中，就是把党的建设作为一个整体，作为一个过程，认真分析和正确处理其中的复杂关系，按照系统集成的方法来谋划和运筹党的建设。

党的建设是一个系统工程，包含多种要素和多方面内容。党的建设统筹兼顾，要求党的建设的各要素间要相互协调、相互作用、相互促进，形成良性互动。要正确运用统筹兼顾的科学思维方法，努力提高辩证思维能力，总揽全局、统筹规划，立足当前、着眼长远，全面推进、重点突破，兼顾各方、综合平衡，不断增强统筹兼顾的本领，更好地推进党的建设系统工程和党的建设科学发展。要处理好党的思想、组织、作风、制度和反腐倡廉建设的关系，使之相互促进。要统筹整合党的政治资源，进一步强化党执掌政权的功能、代表人民利益的功能、思想教育和政治动员的功能、维护社会政治稳定的功能等。要统筹整合党的组织资源，发挥党组织对社会各类组织的领导和带动作用。还要统筹整合人才、教育、信息、场所等社会资源，提高为党的建设服务的整体效能。要统筹城乡基层党建工作，促进以城带乡、资源共享、优势互补、协调发展，构建城乡统筹的基层党建新格局。要以改革创新为动力，以解决影响和制约党的建设科学发展的突出问题为重点，努力在以科学理论指导党的建设、以科学制度保障党的建设、以科学方法推进党的建设上取得新的成效，不断推动党的建设科学发展，不断增强党组织的凝聚力、创造力、战斗力，使党的各方面工作和党的建设更加符合科学发展观的要求，为中国特色社会主义事业的发展提供可靠的政治和组织保障。

（执笔：宋建钢、王大力、王琼）

中央学习实践科学发展观活动领导小组办公室负责人答记者问

《求是》杂志记者

4月6日，中共中央召开全党深入学习实践科学发展观活动总结大会，胡锦涛总书记在

会上发表重要讲话，对在全党开展的深入学习实践科学发展观活动进行了全面总结，对巩固和扩大学习实践活动成果、进一步推动学习实践科学发展观向深度和广度发展作出了明确部署。在这次会上，记者就全党深入学习实践科学发展观活动有关重要问题，采访了中央深入学习实践科学发展观活动领导小组办公室负责人。

记者：全党深入学习实践科学发展观活动已基本结束，请您介绍一下这次学习实践活动开展的背景和总体情况。

答：按照党的十七大部署，全党深入学习实践科学发展观活动，自2008年3月开始试点、同年9月正式启动，自上而下分三批进行，到今年2月底基本结束，共有370多万个党组织、7500多万名党员参加。每批历时半年左右，分为学习调研、分析检查、整改落实三个阶段展开。每批学习实践活动基本结束时，都进行满意度测评，且分别安排半年左右时间做好整改落实后续工作。

这次学习实践活动，是在新中国成立60年特别是改革开放30年来我国取得举世瞩目伟大成就、正在新的历史起点上向前迈进的背景下开展的，是在世情、国情、党情发生深刻变化，我国正处在改革发展关键阶段、我们面临的机遇和挑战都前所未有的背景下开展的，特别是在全党全国积极应对国际金融危机冲击、加快经济发展方式转变、保持经济平稳较快发展的背景下开展的。在开展学习实践活动期间，我国成功举办北京奥运会、残奥会，隆重庆祝新中国成立60周年和党的十一届三中全会召开30周年，全力抗击四川汶川特大地震灾害和全面开展灾后恢复重建，有力应对国际金融危机冲击、保持经济平稳较快发展，积极筹办上海世博会，依法坚决平息和妥善处理拉萨“3·14”事件和乌鲁木齐“7·5”事件，可以说大事多、喜事多、难事多。这次学习实践活动，紧扣党和国家的中心工作，着力服务改革发展稳定大局，紧紧围绕党员干部受教育、科学发展上水平、人民群众得实惠的总要求，牢牢把握坚持解放思想、突出实践特色、贯彻群众路线、正面教育为主的原则，以县级以上领导班子、党员领导干部和基层单位党员负责人为重点，主题突出、特色鲜明、工作扎实、成效明显，基本实现了提高思想认识、解决突出问题、创新体制机制、促进科学发展和加强基层组织的目标，为党和国家办成大事、办好喜事、办妥难事提供了强大动力和重要保证。总的来讲，这次学习实践活动，是深入贯彻落实党的十七大精神、用中国特色社会主义理论体系武装全党、推进马克思主义中国化时代化大众化的一次富有成效的实践；是深入贯彻落实科学发展观、积极应对国际金融危机冲击、推动经济社会又好又快发展的一次富有成效的实践；也是加强和改进新形势下党的建设、提高党的执政能力、保持党的先进性的一次富有成效的实践，对于推进中国特色社会主义伟大事业和党的建设新的伟大工程具有重大而深远的意义。

党中央对学习实践活动高度重视。胡锦涛总书记先后9次主持召开中央政治局常委会议、中央政治局会议，听取学习实践活动情况汇报，研究部署有关工作。胡锦涛、吴邦国、温家宝、贾庆林、李长春、习近平、李克强、贺国强、周永康等中央政治局常委同志带头参加学习实践活动。中央党建工作领导小组先后8次听取学习实践活动情况汇报，进行专题研究，提出指导意见。党中央的坚强领导和中央领导同志的率先垂范，为学习实践活动指明了正确方向，提供了根本保证。以习近平同志为组长、李源潮同志等为副组长的中央学习实践活动领导小组切实履行职责，加强对每个批次、每个阶段学习实践活动的统筹谋划和组织指导。各级党组织紧密结合自身实际，精心组织实施，确保了学习实践活动的顺利进行。

记者：这次学习实践活动作为一次规模空前的党内集中教育活动，在加强理论武装方面有哪些明显特点？

答：这次学习实践活动，坚持把理论武装作

为首要任务，把用科学发展观武装党员、干部头脑摆在首要位置。一是按照中央确定的内容组织学习。组织广大党员、干部认真学习党的十七大和十七届三中、四中全会精神，学习《毛泽东邓小平江泽民论科学发展》、《科学发展观重要论述摘编》两本书，学习中央一系列重要会议精神和胡锦涛总书记等中央领导同志一系列重要讲话、指示精神。县级以上党员领导干部还认真研读《深入学习实践科学发展观活动领导干部学习文件选编》。二是紧密联系实际深化学习。普遍联系本地区本部门本单位发展实际和党员干部思想、工作实际，通过开展调研走访和案例分析，认真总结经验，深入查找问题，特别是把理论学习与应对国际金融危机冲击、保持经济平稳较快发展、维护社会和谐稳定紧密结合起来，进一步加深对科学发展观的理解。三是通过开展解放思想讨论推动学习。普遍围绕科学发展主题，把解决贯彻落实科学发展观的认识问题、思路问题和能力问题作为重要任务，通过组织开展要不要、能不能、怎么样科学发展的大讨论，引导广大党员、干部进一步开阔眼界、开阔思路、开阔胸襟，把思想认识从不适应不符合科学发展要求的观念中解放出来。

记者：这次学习实践活动把突出实践作为最大特色，这主要体现在哪些方面？

答：这次学习实践活动，坚持理论指导实践、学习推动实践，组织引导党员、干部把科学发展观转化为实实在在的行动，使开展学习实践活动的过程成为促进科学发展、推动实际工作、服务人民群众的过程。一是紧扣党和国家的中心工作，促进中央重大决策部署的贯彻落实。把贯彻落实党的十七大和十七届三中、四中全会精神，全力抗震救灾、加快灾后恢复重建、应对国际金融危机冲击、保持经济平稳较快发展、促进社会和谐稳定和加强基层组织作为学习实践活动最大的实践、最重要的实际、最需要取得的实效。二是紧密结合本地区本部门本单位实际，开展丰富多彩的主题实践活动。普遍围绕科学发展主题，精心确定既符合中央精神、又各具特色的实践载体，搭建发挥党员作用、凝聚发展力量、推动科学发展的平台。三是紧贴群众的愿望和期待，着力解决突出问题。从学习实践活动一开始，就着力解决影响和制约科学发展的突出问题、党性党风党纪方面群众反映强烈的突出问题、群众生产生活中遇到的实际困难和问题，让党员群众切实感受到学习实践活动带来的新变化新气象。

记者：这次学习实践活动有许多创新之举，这里请您谈谈，在改进活动组织指导方式方面有哪些好的做法？

答：这次学习实践活动把分类指导作为重要方法，坚持从各批次、各行业和各类党员群体的实际出发，不断改进组织指导方式，加大分类指导力度，增强指导工作的针对性、实效性。一是注重对不同批次加强分类指导。第一批重点是进一步明确指导思想，着力解决体制机制问题；第二批重点是理清发展思路，着力解决影响和制约科学发展的突出问题；第三批重点是加强基层组织，着力为群众办实事。二是注重对不同行业加强分类指导。在第二批学习实践活动中，分别成立中央企业、部属高校学习实践活动领导小组。在第三批学习实践活动中，分别组建非公有制经济组织、社会组织、中等职业学校和中小学、基层医疗卫生单位学习实践活动指导小组，以及会计师事务所、律师事务所学习实践活动指导小组，分行业制定具体指导意见。三是注重对不同党员群体加强分类指导。根据党员的年龄结构、文化程度、从业状况等不同情况，既作出共性规定，又提出个性要求，务求切实管用。

同时，这次学习实践活动，始终坚持正确导向，紧扣工作进展、贴近党员群众，尊重新闻规律、把握报道节奏，开展了全方位、多角度、深层次和持续不断的宣传工作。一是大力宣传中央精神，通过消息、通讯、图片、言论等多种方式，把中央精神及时宣传到基层。二是注重发挥先进典型的示范带动作用。特别是推出了四川省南江县委原常委、纪委书记王瑛，中国航空工业集团航空专家吴大观，河北省邯郸市丛台区委原常委、组织部长王彦生，安徽省凤阳县小岗村党委原第一书记沈浩，浙江省抗击台风三英雄陈柱平、钟伟良、毛文国，解放军档案馆原馆员刘义权等一批走在时代前列、真实感人、可信可学的先进人物。三是充分运用互联网、农村党员干部现代远程教育网、手机网等新兴媒体积极创新宣传方式和手段。舆论宣传不仅为学习实践活动营造了良好氛围，也成为学习实践活动的重要推动力量，这也是这次学习实践活动在组织指导上的一个鲜明特点。

记者：这次学习实践活动取得了丰富的认识成果、实践成果、制度成果，具体而言取得的成效主要有哪些？

答：一是广大党员、干部受到了深刻的马克思主义教育。进一步加深了对科学发展观科学内涵、精神实质和根本要求的理解，贯彻落实科学发展观的自觉性和坚定性得到了增强，加强党性修养和作风建设的自觉性明显提高。对事关本地区本部门本单位科学发展重大问题的认识进一步深化，“科学发展、跨越发展”、“不加快发展不行，不科学发展更不行”、“既要金山银山，更要绿水青山”等理念更加深入人心。通过学习培训和实践锻炼，领导和推动科学发展的能力进一步提高。二是科学发展水平得到了有效提升。各地区各部门各单位按照科学发展观的要求审视过去、分析现在、规划未来，进一步明确了当前和今后一个时期科学发展的总体思路、目标要求和具体措施，修订完善了发展规划。普遍解决了一批发展方式落后、经济社会发展不协调、地区间发展不平衡和破坏生态环境、对社会和谐稳定重视不够等影响和制约科学发展的突出问题。在经济社会发展综合评价、科技创新、产业发展、城市规划、资源配置、环保约束、财税分配、民生保障、舆论引导、干部实绩考核、惩治预防腐败等方面，制定出台了一系列保障和促进科学发展的政策法规和规章制度。三是人民群众得到了更多实惠。认真贯彻党中央国务院关于保障改善民生的一系列决策部署，在制度、政策和投入等方面采取了许多有力举措，促进了发展成果由人民共享。普遍加强统筹协调，加大工作力度，使群众关心的上学难、就医难、饮水难、行路难等一批涉及群众切身利益的实际问题得到了不同程度的解决。普遍加大扶贫开发、移民帮扶、灾民救济力度，着力帮助残疾人、企业困难职工、低保户等特困群体解决实际困难。广大党员、干部在为群众办实事好事过程中，进一步查找和解决了党性党风党纪方面群众反映强烈的突出问题，转变了作风，密切了与人民群众的联系。

按照中央的部署和要求，人民解放军和武警部队紧密结合当前形势和部队实际，围绕党员干部受教育、科学发展上水平、履行使命见成效的总要求，组织党员认真学习科学发展观，着力查找解决影响和制约军队建设和军事斗争准备科学发展的突出问题，把全力维护改革发展稳定大局、有效履行军队使命作为学习实践活动最大的实践和最重要的实际，取得了明显成效，进一步打牢了全军官兵高举旗帜、听党指挥、履行使命的思想政治基础，更加牢固地确立了科学发展观在国防和军队建设中的重要指导方针地位，全面加强了部队各级党组织建设，提高了部队以打赢信息化条件下局部战争能力为核心的完成多样化军事任务的能力，有力促进了军队建设又好又快发展。

记者：整个学习实践活动进行到第三批时，中央提出把“加强基层组织”作为一个重要目标。请您介绍一下这方面做了哪些工作，取得了哪些成效？

答：各级党组织认真贯彻落实中央的决策部署，把开展第三批学习实践活动作为强化基层的一个重要契机来抓。一是进一步扩大了党的组织和工作覆盖。普遍加强了各领域各行业基层党组织建设，通过单独建、联合建以及选派党建工作指导员等多种方式，加大在非公有制经济组织和社会组织中建立党组织力度。二是进一步探索了党组织和党员发挥作用的有效途径和方法。各级党政机关部署开展“走前头、作表率"活动，组织党员立足本职岗位，切实发挥先锋模范作用。国有企业积极探索中国特色现代企业制度条件下党组织发挥政治核心作用的具体措施和办法。三是进一步探索改进了基层党建领导体制和工作机制。初步形成了"党委统一领导、组织部门牵头协调、行业主管部门具体指导、有关方面齐抓共管"的非公有制经济组织和社会组织党建工作格局；认真落实"一定三有"政策，努力实现村党组织书记定职责目标和工作有合理待遇、干好有发展前途、退岗有一定保障；全面推广"四议两公开"工作法，进一步完善了党组织领导的村级民主自治机制；积极推进城市基层党组织"三有一化"建设，努力做到有人管事、有钱办事、有地方议事，构建区域化党建格局。

记者：这次学习实践活动创造和积累了哪些主要经验？

答：我们党在新的历史条件下带领人民进行社会主义现代化建设，面临的执政考验、改革开放考验、市场经济考验、外部环境考验是长期的、复杂的、严峻的。如何以改革创新精神加强和改进新形势下党的建设，不断提高党的执政能力和领导水平，使党始终成为带领人民建设和发展中国特色社会主义的领导核心，是党的建设始终面对和必须解决的根本问题。这次学习实践活动，充分运用党的建设基本经验特别是党内开展集中教育活动的成功做法，在探索新形势下用马克思主义中国化最新成果武装头脑、指导实践、推动工作方面积累了宝贵经验。一是必须坚持学习与实践的有机统一，做到真学真懂真信真用；二是必须坚持抓党建与抓发展统筹推进，把党建工作成效体现到推动科学发展、促进社会和谐的实践上来；三是必须坚持以领导班子和领导干部为重点，不断提高其领导和推动科学发展的能力和水平；四是必须坚持实现好、维护好、发展好最广大人民群众的根本利益，努力做到让人民满意；五是必须坚持体制机制创新，推动有效做法制度化、管用经验长效化。这些经验启示我们，深入贯彻落实科学发展观，基础在于用马克思主义中国化最新成果武装广大党员、干部头脑，目的在于推动经济社会又好又快发展，关键在于提高各级领导班子和领导干部领导科学发展能力，根本在于发挥人民主体作用，动力在于创新体制机制。

记者：这次学习实践活动在取得成效的同时，是否也存在着一些差距和不足？怎样巩固和扩大学习实践活动成果？

答：实践证明，党的十七大作出在全党开展深入学习实践科学发展观活动的战略决策是完全正确的，广大党员、干部和人民群众对学习实践活动是衷心拥护的，社会各界对学习实践活动的成效是充分认可的。同时，我们也认识到，这次学习实践活动是在有限时间内实现了有限目标，工作中还存在一些差距和不足。比如，学习实践活动在地区、部门、单位之间开展得不够平衡，一些党员、干部对科学发展观的理解和把握不够深刻，一些党员领导干部领导和推动科学发展的能力素质有待进一步提高，一些影响和制约科学发展的深层次问题有待解决，促进科学发展的体制机制需要进一步健全完善。进一步解决好这些问题，把学习实践活动成果运用于经常性工作，还有大量工作要做。

全党深入学习实践科学发展观活动已基本结束，但学习研究和贯彻落实科学发展观是长期战略任务。我们要认真学习贯彻落实胡锦涛总书记在总结大会上的重要讲话精神，在新的起点上继续推动学习实践科学发展观向深度和广度发展。要全面贯彻党的十七大和十七届四中全会精神，以邓小平理论和"三个代表"重要思想为指导，深入贯彻落实科学发展观，坚持把党的执政能力建设和先进性建设作为主线，以改革创新为动力，以解决影响和制约科学发展的突出问题为重点，把开展学习实践科学发展观活动的成功经验和有效做法运用到经常性工作中去，努力在以科学理论指导党的建设、以科学制度保障党的建设、以科学方法推进党的建设上取得新的成效，不断提高党的思想建设、组织建设、作风建设、制度建设和反腐倡廉建设的科学化水平，为推动科学发展提供坚强保证。当前，尤其要把加快转变经济发展方式作为深入贯彻落实科学发展观的重要目标和战略举措，进一步解决思想认识、体制机制和工作落实等方面存在的突出问题，不断提高经济发展质量和效益，努力实现经济社会又好又快发展。要继续抓好学习实践活动整改落实后续工作，切实以整改落实的实际成效取信于民。要按照党的十七大部署，组织开展好以学习实践科学发展观为主题的创先争优活动。

（此文载《求是》2010 年第 8 期）

构建和谐劳动关系　促进企业和谐发展

张鸣起

当今世界正处在大发展大变革大调整时期。国际和国内经济社会形势的变化，给发展和谐劳动关系带来了难得的历史机遇，也提出了巨大的挑战。从国际环境看，随着经济全球化的深入发展，跨国资本要素的自由流动在增加经济发展脆弱性同时，也使得由跨国资本主导的劳动关系日益复杂化、多样化，“资强劳弱”的劳动关系发展态势进一步加剧，增加了协调劳动关系工作的难度。从国内环境看，我国正处在体制改革、结构调整与社会转型时期，这一时期往往又是利益关系调整导致劳动关系矛盾与社会问题的频发高发期。资料显示，仅 2009 年全国各类劳动争议调解组织共受理劳动争议 36 万多件，各级劳动仲裁机构受理劳动争议案件 68 万多件，各级法院审结劳动争议案件也超过 30 万件，特别是集体劳动争议急剧增加，并且表现出形式激烈、突发性强、传播蔓延迅速的特点，严重影响劳动关系的和谐稳定。

一、构建和谐劳动关系的重要性和紧迫性

发展和谐劳动关系，已经成为加快推进以改善民生为重点的社会主义现代化建设的重要任务，社会各界对劳动关系的问题越来越关注，各级党委政府对劳动关系问题也越来越重视。探索建立符合社会主义市场经济体制要求、和谐稳定的新型劳动关系调整机制是我国经济社会发展的重大课题，也是我国构建和谐社会的重大问题。

构建和谐劳动关系是构建和谐社会的重要内容和标志。构建和谐社会最主要的就是使各种社会关系稳定与协调，而劳动关系是重要的基本的社会关系，直接涉及广大群众的切身利益，建设和谐社会必须高度关注构建和谐稳定的劳动关系。没有和谐稳定的劳动关系，就不可能有和谐稳定的生产秩序和社会秩序。我国社会主义国家性质和劳动关系双方的地位和作用，决定了在构建社会主义和谐社会中，只有把发展和谐劳动关系摆在更加突出的位置，作为一项重要的基础性工作来抓，才能有效调整好劳动关系双方的利益，最大限度地消除劳动关系双方的矛盾，促进形成劳动关系双方各尽所能、各得其所而又和谐相处的局面。

构建和谐劳动关系是市场经济发展的内在要求。实践证明，劳动关系不和谐的企业是没有生命力的，劳动关系不和谐的社会是不稳定的，在此基础上也不可能建立完善的市场经济体制。发展社会主义市场经济，健全企业法人治理结构，必须建立和谐的劳动关系。只有加快建立与社会主义市场经济体制相适应的协调

劳动关系的制度和机制，充分调动企业和职工的积极性，确保经营者和劳动者平等合作、互利共赢，才能使现代企业保持健康持续发展的良好势头。

构建和谐劳动关系是实现劳动者共建共享的基本前提。前不久由新华网发起的“你最关心的话题”调查，“收入分配”力压房价、反腐等社会热点问题高居榜首，这说明加快推进收入分配改革已经成为社会的普遍共识。要把社会财富这个“蛋糕”做大，还应通过合理的收入分配制度把“蛋糕”分好。事实上，推动收入分配体制改革不断深化、促进城乡居民收入不断增加的过程也是发展和谐劳动关系的过程。通过发展和谐劳动关系，建立企业职工工资集体协商机制、正常增长机制和支付保障机制，平衡劳动关系双方的利益关系，实现社会财富在职工和企业之间公平合理地分配，促进劳动关系双方共建共享和谐社会。

构建和谐劳动关系是推动经济发展方式转变的有效途径。胡锦涛总书记强调转变经济发展方式已刻不容缓。加快经济发展方式转变，关键要靠自主创新，而自主创新又要靠创新型科技人才队伍的建设。提高职工收入，改善职工生活，让职工在和谐劳动关系中增强职业稳定感、事业归属感、创业使命感，就能充分调动起广大职工的积极性和创造性，从而为我国加快经济发展方式转变，谋求经济长远发展主动权，形成长期竞争优势，提供强有力的科技支撑和人才保障。

二、“共同约定行动”在应对国际金融危机中发挥了独特作用，为构建和谐劳动关系积累了宝贵经验

受国际金融危机冲击，我国经济发展经受了严峻挑战。各级工会围绕党中央国务院“保发展、保民生、保稳定”的重大决策，创造性地开展了以“保岗位、保工资、稳员增效”为主要内容的“共同约定行动”，既动员职工立足本职，为企业发展献计出力，又促使企业积极履行社会责任，尽量不裁员、不减薪，少裁员、少减薪，裁员减薪要通过工会与职工代表协商确定，与企业同舟共济，共谋发展，形成了共同应对国际金融危机的强大合力。据统计，截至2009年底，开展“共同约定行动”的企业有631015家，覆盖职工8427.9万人，占建会企业职工的45.6%，在全国基本形成了不裁员、少裁员，不减薪、少减薪，协商确定薪酬的良好氛围，取得了多方共赢的积极成效。

在社会主义市场经济条件下，劳动关系是一种双方具有共同利益基础、具体利益对立总体利益统一、能够实现互利共赢的合作关系。发展和谐劳动关系应以追求企业发展与职工权益同步协调发展为目标价值，企业效益好时，劳动关系双方共享发展成果，企业生产经营遇到困难时，劳动者与企业经营者共担风险、共克时艰。“共同约定行动”就是劳动关系双方以平衡利益关系为纽带，通过相互支持与合作，从而形成共渡难关，共同发展强大合力的生动体现。“共同约定行动”应对国际金融危机的实践也说明，只要劳动关系双方相互信任、相互尊重、相互支持，真诚兼顾彼此利益，企业就能真正成为经营者和劳动者的命运共同体，和谐稳定的劳动关系就能成为企业战胜一切困难的力量之源。

劳动关系双方协商合作，既是实现双方利益的客观要求，也是构建和谐劳动关系、促进社会和谐的前提条件。建立在互信基础上的沟通合作，是解决劳动关系矛盾应遵循的基本原则。职工依靠企业而生存，企业依靠职工而发展，试图通过牺牲劳动者利益的方式来实现企业的利益往往不能如愿以偿，甚至会适得其反，造成“两败俱伤”。

三、构建和谐劳动关系，应当成为劳企双方的努力追求和全社会的共同责任

在激烈的市场竞争中，劳动关系双方有着各自追求自身利益最大化的冲动，不可避免地会产生相互间的利益矛盾。但更应该看到，劳

动关系双方是不可分离的利益共同体，只有相互尊重对方的合法权益，才能真正全面实现各自的利益。因此，新型和谐的劳动关系必然是互利共赢的劳动关系，建立互利共赢的劳动关系是劳动关系主体双方的一致责任。在构建和谐劳动关系中，处于强势的企业承担起应该担当的法定职责和社会责任，包括切实保障职工享有国家规定的平等就业和选择职业的权利，取得劳动报酬的权利，休息休假的权利，获得劳动安全卫生保护的权利，接受职业技能培训的权利，享受社会保险和福利的权利，为劳动者体面劳动创造更好的生产和生活条件；劳动者则应主动完成劳动任务，提高职业技能，执行劳动安全卫生规程，遵守劳动纪律和职业道德，充分调动自身的积极性和创造性，为企业发展贡献智慧和力量。劳动关系的和谐稳定直接关系到社会的和谐稳定，全方位发展和谐劳动关系是一个系统性、综合性工程，全社会都应共同关注劳动关系，形成共同推动发展和谐劳动关系的良好氛围和整体合力。

构建和谐劳动关系，应在促进企业发展、维护职工权益基础上实现体面劳动，推动社会和谐。作为一个崭新的概念，体面劳动的提出给发展和谐劳动关系注入了更丰富的内涵和更高的要求，也是我们当前发展全方位和谐劳动关系应当致力于实现的重要目标。让广大劳动者实现体面劳动，是以人为本的要求，是时代精神的体现。

构建和谐劳动关系，应遵循以人为本、平等合作、共建共享、诚信友爱、运行规范等原则性要求。以人为本，是在社会主义市场经济条件下发展和谐劳动关系的首要原则；平等合作，是由劳动关系的社会形式决定的，劳动关系的社会形式是实现劳动力要素与包括资本要素在内的其他生产要素的动态结合，各要素在生产过程中的不可或缺、不可替代性，决定了其间平等合作的关系；共建共享，是由劳动关系的内容决定的，共建是基础，共享是目的，只有做到理念共识、机制共建、发展共谋、成果共享，才可能建立真正意义上的和谐劳动关系；诚信友爱，是由劳动关系的内在机制决定的，诚信是一个人的安身立命之本，更是一个企业的经营和发展之道；运行规范，是由劳动关系的调整机制决定的，劳动关系双方追求利益的差异性等因素，需要从法律法规层面对劳动关系进行规范，确保劳动关系的确立、运行、处理等实现法制化、规范化、秩序化。

构建和谐劳动关系，应构建有中国特色多层次劳动关系协调机制。一是发挥政府的宏观调控作用。政府对劳动关系的调控具有宏观的基础性作用，劳动关系和谐与否，在很大程度上取决于政府对劳动关系的调控是否得当，对劳动者权益和资本的权利是否做到了切实保护和恰当维护。二是突出工会的维权、协调作用。工会是职工利益的代表者和维护者，工会组织的性质决定了既要全面履行维护、建设、参与、教育等各项社会职能，更要突出维护职能。三是完善三方协商机制。当前应着眼于通过扩大工作领域、拓展工作内容、规范运行机制来发展和谐劳动关系。四是加大宣传力度，营造发展和谐劳动关系的浓厚氛围。

四、加强和改进自身建设，充分发挥在构建和谐劳动关系中的重要作用

世界各国劳动关系发展的实践证明，发展和谐劳动关系，工会扮演着不可或缺的角色，发挥着举足轻重的作用。随着经济全球化的发展和我国社会主义市场经济的逐步完善，工会参与协调劳动关系的责任更重大、任务更艰巨，这就要求工会组织不断改进和加强自身建设，为实现劳动者的体面劳动主动作为，为促进发展和谐劳动关系履职尽责。当前和今后一个时期应做好以下几个方面的工作：一是加强工会组织建设，创新工会组织体制、运行机制、活动方式，最大限度地把包括农民工、劳务派遣工在内的广大职工组织到工会中来，扩大工会组织覆盖面。二是把工作重点放在基层、放到企业，将工会建设牢牢扎根于职工群众之中。三是健全

工会民主集中制，保持与会员的密切联系，提高会员对工会事务的参与度。四是突出抓好工会干部队伍建设，提高工会干部应对突发事件、处理复杂问题的能力，建设一支政治坚定、业务扎实、作风过硬、廉洁自律的工会干部队伍。五是加强工会组织中党的建设，以党建带工建，增强工会组织的吸引力、凝聚力、战斗力，在推动劳动关系和谐发展中发挥工会组织更大的作用。

工会应在围绕中心、服务大局中构建和谐劳动关系。当前，加快转变经济发展方式已经成为举国上下的共识，这为工会发展和谐劳动关系提供了难得的机遇，工会继续以实施职工素质工程为载体，充分发挥工会“大学校”作用，找准提升职工队伍素质和推动企业发展的结合点，在加快推进经济发展方式转变中发挥独特作用。

工会应在源头参与、建章立制中构建和谐劳动关系。和谐的劳动关系离不开完善的法律法规的规范和调整作用，工会应积极参与和推动劳动关系领域立法进程，充分发挥工会在职工群众中的凝聚力和影响力，将广大劳动者的愿望和要求转化为有效的法律和社会政策，以此推动劳动关系的和谐发展。

工会应在完善机制、强化维权中构建和谐劳动关系。一方面，在保岗位、保工资、协商确定薪酬、改善劳动条件、增加职工福利、加强职业培训和提高职工素质等方面，逐步建立起常态机制；另一方面，建立职工工资正常增长机制和工资集体协商机制，努力提高职工特别是一线职工的工资收入，保障低收入职工群众共享改革发展成果。

工会应在三方协商、社会对话中构建和谐劳动关系。加强三方协商和社会对话是发展和谐劳动关系、实现体面劳动的重要途径。工会应继续在参与三方协商机制、加强社会对话中发挥作用，通过有效的沟通和对话，共同解决涉及劳动关系的重大和现实问题，在维护劳动者合法权益的同时进一步推动企业发展，实现劳动关系的和谐稳定。

（作者：中华全国总工会副主席、书记处书记）

着力提高党委班子领导科学发展能力

朱新民

各级党委班子是部队建设的领导核心，也是贯彻落实科学发展观的关键所在。提高党委领导科学发展能力，应着眼有效履行新世纪新阶段我军历史使命，应对多种安全威胁、完成多样化军事任务，在更新思想观念的基础上，着力强化能力素质、探索有效途径、完善长效机制，建设坚强有力、奋发有为的党委班子。

一、切实把握领导科学发展能力的目标重点

学习实践科学发展观的新形势新任务，对领导班子能力建设提出新的更高要求。领导班子素质能力高强，更好地贯彻落实科学发展观就有可靠保证。应对新挑战、履行新使命、谋求新发展，需要切实提高以下四种能力。

（一）提高贯彻落实命令指示的执行力。从思想上政治上组织上掌握部队，确保部队建设的正确方向，是对党委领导科学发展的最高政治要求。要着力提高政治理论水平，坚持向政治理论要高度，向历史知识要深度，向百科知识要广度，向前沿知识要新度，用党中央、中央军委和胡主席决策指示统一思想行动，逐步丰

富领导工作所需的知识储备。着力增强政治敏感性，时刻保持清醒头脑，正确分析判断形势，遇事多想政治上的要求，谋事多想政治上的后果，办事多想政治上的影响，重大问题立场坚定、考虑周全、处理果断，关键时刻决心硬、标准高、作风狠，把得住大局、抓得住要害、完得成任务。坚持依法科学民主决策，认真贯彻民主集中制原则，带头学政策、懂法规、守规矩，坚决杜绝临时动议的仓促决策、脱离实际的盲目决策、没有民主的独断决策、不讲科学的经验决策、违反程序的随意决策、急功近利的短视决策，提高决策科学化、民主化、制度化水平。着力做好"结合"工作，善把上级指示精神和本单位具体实际结合起来，准确把握部队建设阶段性特征，研究找准"瓶颈"问题，细化完善落实措施。同时，还要加强过程控制，坚持跟踪问效，注重末端落实，坚决贯彻执行上级命令指示。

（二）提高有效履行使命任务的核心力。军队职能使命的新拓展和任务目标的新定位，要求各级党委既要着眼打赢需要，提高组织指挥信息化战争这一核心军事能力，又要着眼平时建设，提高完成维和反恐、抢险救灾等多样化任务能力。当前，首要的就是以临战的姿态、实战的标准和务实的精神，加紧推进军事斗争各项准备，提高履行使命、打赢战争的能力。同时，针对多样化军事任务政治性强、危险性大、透明度高、专业性强、突发情况多、节奏转换快、指挥协同难等特点，围绕组织指挥和完成任务两个重点，提高快速反应能力，确保在第一时间正确分析判断形势、启动应急指挥机制、部署兵力快速机动到位投入战斗；提高果断决策能力，想党中央之所想、急党中央之所急，敢于担当、敢于负责；提高指挥多军兵种协同作战、综合保障的能力，保证行动组织领导坚强、有力有序有效；提高宣传群众、团结群众、争取群众、保护群众的能力，熟悉掌握相关政策法规，稳慎处理民族宗教等敏感问题，防止授人以柄、造成被动；提高从容面对新闻媒体的能力，确保信息发布适时准确、真实可信、不留漏洞，掌握舆论引导的"话语权"；提高综合协调能力，加强地方党委政府和军队内部的沟通协调，统筹好各方面的关系，不分单位大小，不搞职务对等，整合力量资源达成工作目的，实现完成任务与部队建设"双赢"。

（三）提高依法从严管理部队的掌控力。依法从严治军是建军治军基本方略。能不能管好部队带好兵，确保部队的高度稳定，是衡量党委和领导干部能力水平的重要标志。要牢固树立法规制度是实施领导的基本依据、依法办事是开展工作的基本方式、知法循规是领导干部的基本素质、抓好法规落实是领导机关的基本职责的观念，加强对条令条例和各种法规制度的学习，熟知部队建设的法规制度，掌握依靠法规制度实施工作指导的基本程序和要求。坚持以法规制度为依据，以纪律建设为核心，以提高官兵素质为根本，以提高战斗力为标准，严格按纲要建、按大纲训、按条令管、按制度办，实施层次领导、按级负责，形成党委依法决策、机关依法指导、部队依法运转的良好局面。紧贴形势任务，深刻认识信息化条件下和社会主义市场经济环境中部队建设面临的新情况新挑战，深入研究新形势下治军带兵的特点规律，充分借鉴国内外、军内外先进管理经验，加强依法管理、系统管理、精确管理和风险管理，努力提高依法治军和科学管理效益，推动部队建设持续健康安全发展。

（四）提高创造性抓工作落实的创新力。当前部队建设面临许多复杂情况和棘手问题，必须勇于创新、打破常规，迎难而上、主动作为。要深化认识倡导创新，抓住重点推进创新，完善机制激励创新，敢于冲破陈旧观念的藩篱、逾越思维定势的羁绊，时刻保持敏锐的洞察力和预见力，既善于见微知著，识新事物于萌芽之初，又防患于未然，察大趋势于青萍之末，在纷繁复杂的矛盾中抓住根本，在不断变化的形势中把握方向。改进领导方式，创新工作方法，深入一线，盯住末端，在抓落实上做文章求实效。要敢于直面困难、正视矛盾，主动到条件艰苦、环境复杂、矛盾集中的单位建功立业。注重继承、谋求创新，牢固树立“照着干”的意识，按照大政方针、条令条例和上级决策指示抓工作搞建设谋发展；牢固树立“接着干”的意识，继承、发扬、坚持好前任留下的好传统、好作风、好制度；牢固树立“创着干”的意识，既要学会“拿来”，又要继承创新；既不“跑音走调”，又要富有特色，使各项工作更加体现时代性、把握规律性、富于创造性。

二、探索创新提高领导科学发展能力的方法途径

加强党委班子能力建设是一项复杂的系统工程。要积极探索有效的方法途径，努力使提高领导科学发展能力收到实效、多出成果。

（一）坚持躬行学习。知识靠学习获得，能力靠实践催生。按照建设学习型班子、学习型领导的要求，态度上增强自觉性，把学习作为“终身任务”和“第一需要”，作为生活的不懈追求和履职的第一责任，牢固树立终身学习观念，进入思想真学、进入境界真钻、进入工作真用，防止和克服学习上的形式主义、本本主义。内容上突出针对性，围绕高举旗帜、听从指挥的要求，围绕完成多样化军事任务和加强自身建设的需要，下功夫学理论、学科技、学管理，做到掌握基本的、跟踪前沿的、精通专业的、了解相关的。方法上注重科学性，制定长远规划，明确近期目标，既勤学博学更新知识结构，又精学专学提升任职能力；既注重课题研究牵引学习，又注重破解难题深化学习；既注重个人自学以增强系统性，又注重拓展渠道开阔视野。效果上增强实效性，坚持知行并重、学用互进，在学习中提高工作质量，在完成任务中检验学习效果，促进工作学习化、学习工作化。

（二）坚持实践锻炼。提高学习实践科学发展观能力，岗位是最基本的平台，实践是最有效的途径。要自觉把岗位作为履职尽责的平台、施展才华的舞台、报效祖国的阵地和检验能力的考场，把心思凝聚到本职岗位上，把精力集中到履行职能上，把工作落实到创新发展上，在完成重大任务、破解发展难题中加强能力建设。拓宽岗位交流任职的途径和范围，进一步走开班子成员交叉任职、多岗锻炼、双向代职的路子，让各级班子成员在棘手问题多的岗位上去“磨一磨”，在条件艰苦的岗位上去“炼一炼”，在竞争激烈的岗位上去“闯一闯”，积累经验、增长才干，丰富经历、提高能力。无论班子怎样调整变化，都要传好能力建设的“接力棒”，使班子整体素质始终与形势发展变化相合拍、与履行使命任务相适应、与岗位职责要求相一致。

（三）坚持优良作风。党的优良传统和作风，是凝聚军心、激励士气的强大精神力量，也是党委班子能力建设和彰显的重要保证。要坚持从群众中来、到群众中去的群众路线，做到思想上尊重群众、行动上深入群众、工作上依靠群众、感情上贴近群众。要坚持正确的权力观，时刻铭记政治上的高压线、法纪法规的警戒线和道德上的耻辱线，秉公办事、干净做事。要坚持正确的政绩观，坚决反对形式主义、官僚主义，坚决克服心态“浮动”、思想“浮浅”、工作“浮漂”、政绩“浮夸”，以抓铁留痕的实劲、愚公移山的韧劲、一抓到底的狠劲，下大力解决好官兵最关心的热点问题、反映最强烈的焦点问题、感到最困惑的敏感问题，把得人心、暖人心、稳人心的工作做深做细做实。

三、建立完善保障领导科学发展能力提高的长效机制

观念不新，机制难新；机制不新，人才难出。科学发展需要科学的制度机制作保证。提高党委班子领导科学发展能力，更需建立健全相关制度机制。

（一）科学有效的考评机制。按照科学的人才观和正确的政绩观评价人才，从内容的全面性、合理性，标准的客观性、准确性，方法的科学性、操作性，结果的公正性、可信性入手，建立以战斗力为标准，以能力实绩为核心，以不同类型、不同岗位、不同职级干部为对象的考核评估

机制。坚持个人述职与群众评议相结合、知识测试与技能考核相结合、定量分析与定性评估相结合等形式，实行多层次量化考评、多渠道掌握情况、多方面进行检验，确保考出实绩、考出公正、考出动力，严防考察失真失实、“带病上岗”和“带病提拔”。要把党委班子建设与部队建设结合起来抓、捆在一起考，构建与科学发展相适应的单位建设发展综合评价办法，把能力建设成效最终体现在不断夯实部队基础、提升战斗力水平和官兵普遍满意上。

（二）公正合理的训用机制。按照“班子会指挥、干部能打仗”的要求选干部配班子，探索建立党委班子及其成员任职资格制、任期目标责任制、特殊岗位竞争上岗试用制，把政治标准与能力本位统一起来，形成能者上、平者让、庸者下的正确导向。要切实防止迁就照顾、论资排辈、求全责备、任人唯亲、学历至上等现象，坚决打破血缘关系的“亲属圈”、成长地域的“族群圈”、经历单位的“山头圈”、共事历史的“故旧圈”、社会交往的“朋友圈”、长期相处的“感情圈”，以识才的慧眼、用才的气魄、爱才的感情、聚才的艺术，把那些知识型、专家型、创新型的优秀年轻干部放在作战部队、用到重要岗位。坚持训用一致，加大军政、指技和兵种交叉培训力度，防止和克服“公差式”、“应付式”培训等问题，形成管理教育与继续教育衔接、院校教育与部队培养互补、军内培养与军外培训结合、在职培训与实践锻炼交叉的新格局。

（三）完善配套的激励机制。要加大对能力建设的投入，全方位为领导干部加强学习、提高能力创造条件。坚持一级抓一级、一级带一级、一级对一级负责，把党委班子及其成员任期内能力提高程度、人才培养优劣作为衡量政绩的重要标准；把学习优劣、能力高低作为评价党委班子和干部任用、奖惩的重要依据，以政绩评强弱、凭素质定上下；大力宣扬爱岗敬业、履职有为的先进典型，打破干多干少、干好干坏、干与不干一个样，注重人文关怀，真诚排忧解难，营造鼓励人才干事业、支持人才干成事业、帮助人才干好事业的良好氛围。

（四）严格经常的监督机制。要严格执行法规制度，促进从单凭经验、按惯例办事向按法规制度办事转变，从习惯突击式、运动式抓工作向依法有序抓工作转变。建立拒腐防变教育机制、权力运行监控机制、从严执纪惩戒机制、纯正风气纠风机制，扩大群众对党内事务的知情权、参与权和监督权，落实各级的选人用人权、经费审批权、工程建设权、物资采购权，把党内监督和党外监督、纪委监督与职能部门监督、事前监督、事中监督和事后监督有机结合起来，积极预防和严肃查处违纪违法问题，把各级党委班子的精力向能力建设引导和聚焦。

（作者：成都军区政治部副主任、少将）

以科学发展观引领信息时代领导作用力的提升

徐建平

胡锦涛同志指出：“我们学习马克思主义理论，学习科学发展观，必须注重实践，注重应用，与贯彻落实党的十七大作出的一系列重大部署紧密结合起来，与促进改革稳定紧密结合起来，与做好各项工作紧密结合起来。”科学发展观，不仅是指导科学发展的世界观和方法论，也是对马克思主义领导学在新形势下创造性的运用和发展，无论是对领导科学理论建设，还是对信息时代提升领导作用力，都具有重大的指导意义。

一、用以人为本的理念指导领导作用力的发挥

当今世界，以信息技术为主导的科技革命所引发的信息化浪潮席卷全球，不仅深刻改变着人们的生产方式和生活方式，也深刻改变着人们的思想观念、思维方式。信息化，正由于其具有高度的创新性、广泛的渗透性、神奇的倍增性、普遍的带动性，推动人类社会经历了一场最为深刻的社会大变革，也因此催生新的领导实践环境，深刻改变着领导者素质构成以及被领导者响应视角。为此，领导者必将变“权力本位”为“知识本位”，尊重知识，尊重人才，尊重创造，把拥有知识和提升素质作为提升领导作用力的根本追求。

领导作用力，指在领导活动中，领导者影响被领导者所产生的作用合力。领导者在领导活动中处于矛盾统一体的主要方面。领导者能否正确判断和能动利用领导环境，并通过领导目标引导，使领导者对被领导者施加的影响获得响应，是领导活动得以实现的关键。领导作用力的内在要素主要表现为领导者的洞察力、思维力、创造力、自制力等，外在特征主要表现为领导者的决策力、执行力、影响力、公信力等。领导作用力是一个开放的、动态的合力系统，不同的时代赋予其不同的内涵，存在着领导者及其组织系统不断提升、优化和完善的过程。

科学发展观的本质和核心指明了发挥领导作用力的基本理念：“以人为本”、“执政为民”，这是马克思主义领导观的本质体现。马克思主义政党历来重视领导的服务功能，重视广大人民群众的根本利益。科学发展观所强调的以人为本，与我党全心全意为人民服务的根本宗旨和立党为公、执政为民的本质要求是完全一致的，与我们党提出的始终代表中国最广大人民的根本利益是完全一致的。对于党的各级领导者来说，坚持立党为公、执政为民，实现好、维护好、发展好最广大人民的根本利益，依靠发挥全体人民的积极性来发展先进生产力和先进文化，始终是第一位的职责。

信息时代，社会文明呈现出文化多元、价值多元的发展态势和趋势，传统文化与现代文化、主流文化与非主流文化、大众文化与精英文化的碰撞与冲突是其具体体现。不同的利益群体、不同的行为方式、不同的思想观念等诸多“不同”的出现是社会进步的标志，它极大地释放出了人民群众的主体意识、权利意识和文明意识。信息技术的突飞猛进和网络技术的急剧扩展增强了社会生活的透明度，对社会文化和价值的多元化趋势更是起到了推波助澜的作用。面对思想文化和价值观念的多元化，领导者如何掌握思想政治工作的指导权、主动权、话语权，成为信息时代提升领导作用力的关键。只有在坚持保障人民权益与促进人的全面发展一致性的基础上关注和解决人民群众最关心、最直接、最现实的利益问题，关注人的价值、权益和自由，关注人的生活质量、发展潜能和幸福指数，实现以人为本的理念，才能具有最广泛最深厚的领导活动基础，进而才能使领导作用力得以真正地发挥。

二、用系统综合的思想促进领导作用力的改善

科学发展观的根本方法是统筹兼顾，落实到领导实践活动中，表现为领导者运用系统理论，对领导活动进行充分的系统分析，综合各方因素，掌握和运用统筹兼顾的方法，在工作中提高战略上的主动性和策略上的有效性。用系统综合的思想，促进领导作用力的改善，就是要善于总揽全局，协调各方，突出重点，整体推进，从而确保领导目标的实现。

系统综合的思想要求领导者具备战略思维，增强洞察力。洞察力要求领导者立足现实、着眼未来，及时预测可能发生的意外，并创造性地寻找超常规应变的策略和谋划。战略思维是一种智慧，一种品格，也是一种权力明智。战略

思维指向未来，关注大势，所以增强洞察力必然要注重战略思维，善于在“谋势”上下功夫。领导具有洞察力，才能科学预测未来，才能在事物初露端倪时，敏锐地把握它的本质和走向。正是在此基础上，领导才有可能深谋远虑、未雨绸缪，科学确定组织发展的目标和计划。领导者不仅要正视事物变化的现实，还要善于预测事物发展的趋势，善于把握可能与现实、眼前与长远、局部与全局的辩证统一关系，用全面的、历史的、发展的眼光来思考问题，以便更好地顺应时代潮流的发展变化。

系统综合的思想要求领导者具备创新思维，增强创造力。信息时代是一个创新的时代，呼唤拥有创造力的领导者。领导者的创造力就是发现新问题、产生新思路、提出新观点和找出新办法的能力，它是集分析判断能力、决策能力、组织指挥能力、应变能力等诸多单项能力为一体的综合能力。创新是对传统的扬弃。如果把传统视为绝对完善和神圣不可违背的东西，不敢越雷池半步，就永远不会有创新。有创新精神和创造能力的领导者，既应尊重理论，尊重经验，尊重专家，但又不依赖于此。要运用科学的探索与批判精神，在自身活动的亲身感悟中寻找创新机会，从体制机制转化的过程中、从人们的社会观念和处事方法的不断转变中、从新事物新知识的认知中寻找创新机会。系统综合的思想要求领导者提高综合素质，增强决策力。决策力的提升有赖于领导者综合素质的提高。领导者的综合素质包括无形和有形两个方面。具体来说，领导者的综合素质应该至少包括：具有坚定的共产主义信仰，对党忠诚，坚决贯彻执行党的决议、方针、路线，始终与党中央保持一致，与人民群众心贴心；具有敏锐的眼光和深邃的思维，主动把握大势，辨认走势，审时度势，敢为人先，善于标新，创前者没有创过的业绩；具有扎实的政治理论功底，娴熟的专业管理知识和宽博的科学文化知识，善于综合应用，融会贯通；具有见微知著、一叶知秋的洞察能力，统揽全局、抓大放小的驾驭能力，知人善任、举贤荐能的用人能力，善于沟通、融洽和谐的协调能力，处变不惊、稳重果断的应变能力。

三、用信息素养的培育推进领导作用力的增强

“信息素养”最早由美国信息产业协会主席保罗·泽可斯基在1974年首次提出。其基本含义是：在信息社会中，人们所具备的信息处理所需的实际技能和对信息进行筛选、鉴别和使用的能力，具体包括信息意识、信息觉悟和信息心理素质、信息检索能力、信息加工利用能力以及信息传播能力。信息素质已成为领导者综合素质的延续和拓展。

信息时代的领导作用力与领导者的信息素养有着密切的联系。离开及时、准确的信息指导和分析，领导者的一切决策都将是主观、盲目，甚至是失败的。信息时代对领导者的素质要求在以下几方面较之传统的领导者大为提升：一是领导者的信息意识。领导者必须拥有争夺和占有信息高地的头脑。决策的制定要以信息为基础和前提，决策的实施也要靠信息进行控制、协调，还要利用信息反馈来进行调整和修正。二是领导者的知识素养。信息社会起决定作用更多的是信息与知识。信息社会是智力密集的社会，价值的增长是通过知识来实现的。三是领导者的综合能力。领导者除了具备较强的学习能力、筹划和判断能力、灵活应变能力、改革创新能力、组织指挥协调能力和人际交往能力外，还要具备广泛、快速获取信息的能力，以及对信息去粗取精、去伪存真的处理能力。

信息素养的提升要求领导者在先学、深学、恒学等几个方面狠下功夫。领导者对日新月异的新知识，要有“知识恐慌、本领恐慌”的危机感、紧迫感，先学、抢学、挤时间学，不仅应及时了解和掌握高新科技知识、现代应用知识，而且还要深化原有的理论体系，以哲学提升高度、以历史挖掘深度、以文学丰富情怀。领导者还要勤于思考，善于积累，增强学习效果。勤于思考，可以使静止的知识变得鲜活起来，使零散的

知识逐步变为系统、全面的理论。善于积累，才能厚积薄发。只有坚持终身学习，不断充实自我、挑战自我、超越自我，才能在不断的学习中汲取营养、提高能力，使智力因素和非智力因素都得到全面而和谐的提升和发展。

四、用科学与艺术的结合拓展领导作用力的空间

领导科学是领导艺术系统化、理论化的逻辑体系，领导艺术是领导科学赖以形成和发展的重要基石。领导科学着眼于领导活动的整体，研究领导活动各要素相互联系、相互作用和运动规律，构成相对稳定的理论体系。领导艺术则着眼于领导活动中的个体，研究领导者的学识、经验、能力、胆略、作风、气质、品格、方法等多种因素的综合体现，是领导者智慧的升华。重视和讲求领导艺术性是丰富领导作用力的有效途径。

其一，决断和善断的有机结合。"领导就是决策"。现代领导者不仅要敢于决断，更要善于决断。善于决断是科学决策的基础。首先，谋划要深。谋是断的基础。只有谋划深，考虑周详，断才能善，恰如其分，恰到好处。所以，善断的领导艺术首要一点就是深谋。不仅要深入实际，重视传统的调查研究，而且要善于借助信息媒介，获取和检索信息。其次，决断要巧。能否决断巧妙，取决于领导者对全局的方方面面，特别对热点、难点、敏感点和聚焦点问题的综合思考和深刻分析，准确把握反映客观事物最关键、最本质的东西。善断要突破常规，即不拘泥常识、常法、常情，善于利用逆向思维、随机因素等反常来判断。第三，善断必须有胆识。该断不断，必受其乱。领导者要自加压力，敢于想前人没有想过的问题，做前人没有做过的事情，敢于决断，善于决断。

其二，有度与适度的有机结合。领导者在实践活动中要善于根据质变和量变的辩证关系，把握最佳适度的领导艺术。所谓"度"是指一定事物保持自己质的稳定性的数量界限，是发展过程中质和量的统一。要掌握好适度的领导艺术，首先，要做到胸中有数，即对事物的存在规模、发展程度、运动速度等可用数量表示的东西，要有基本的数量分析，掌握决定事物质的数量界限。只有这样才能真正掌握工作的主动权，才能制定和实施正确的决策，也才能防止事物向反的方向发展。其次，要注意把握好最佳适度，即在事物发展过程中的一般度中，最有利于保持事物的稳定性，最有利于发挥事物的作用，并同质相统一的一定量的界限。这是领导者获得最佳工作效果的重要条件。

其三，和谐与变革的有机结合。信息时代瞬息万变，要求领导者具有应变力和变革力。变革需要适度的无序和失衡，和谐需要均衡和稳定。因此，领导者务必艺术地处理这一对矛盾，既不能为和谐而一团和气，也不能使变革失去控制，要坚持"和而不同"，以"不同"促和谐。求"和"不求"同"，应从三方面着手。一要维护大局、求同存异。二要宽容待人。唯宽可以容人，唯厚可以载物。一个具有宽容之心的人，往往能够正确对待工作中的矛盾和前进中的困难，变冲突为祥和，化干戈为玉帛。三要开展批评和自我批评。讲团结、促和谐，不能无原则地"和稀泥"，不能无原则地退让和妥协，更不能以损害党和人民的利益为代价。作为领导者，更应站在党的事业和人民利益的高度，坚持讲真理不讲面子，找差距不护短、查根源不遮丑，通过积极健康的思想斗争增进组织团结和谐。

其四，权力与魅力的有机结合。领导作用力是一种统领人心的综合能力。这种能力既包括权力影响力也包括非权力影响力。权力影响力是上级和组织赋予的，它会随着职务的变动而变化，对人的影响是强迫的、被动的、短暂的。而非权力影响力对人的影响是发自内心的、自愿的、长远的。这就是以学识、品德、人格、作风为基础的领导个人魅力，它在潜移默化中使被领导者产生心灵的震撼，激励起响应的热情，引导着追随的行为，形成巨大的精神感召力。这种精神感召不仅会超越职位，而且会超越时空。目前，我们还处于信息时代的发展期，领导作用

力的变化趋势仅仅是初露端倪。随着人类社会的不断向前演进和信息技术的不断发展，领导者要想更好地实现领导活动，谋求领导作用力的放大功效，就必须加倍注意自身德、识、才、学，以及情感智商等综合素质的修养提高，凭借个人的非权力影响力，来感召部属、凝聚群众，实现预定的目标。

（作者：解放军理工大学理学院政治委员）

坚持科学开发　推动绿色发展

李　裴

作为欠发达的西部省份，如何在开发开放中实现科学发展，这是摆在贵州干部群众面前的一项重大而紧迫的战略任务。省委从实际出发，把"坚持科学开发、推动绿色发展"确立为重要的指导原则，积极探索一条实现跨越式发展的新路。

一、坚持科学开发和绿色发展意义重大

坚持科学开发、绿色发展，就是要寓生态环境建设于资源开发，融资源开发于生态环境建设，加强能源资源节约和生态环境保护，大力发展绿色经济，切实使经济社会发展上水平、有后劲、可持续。

"科学开发、绿色发展"体现了探索实践科学发展道路的重要成果。科学开发就是要探索符合科学发展观要求的资源开发模式；绿色发展就是要走符合生态文明要求，使人民在良好生态环境中生产生活的可持续发展道路。早在1988年，时任中共贵州省委书记的胡锦涛同志就倡导建立了开发扶贫、生态建设毕节试验区，酝酿了科学发展与绿色发展的重要思想。党的十七大提出生态文明建设战略任务后，省委及时作出部署，明确提出建立黔东南生态文明试验区，深化毕节试验区改革试验与发展，着力抓好贵阳生态文明城市建设。

"科学开发、绿色发展"是当今世界经济发展的一个趋势。上世纪70年代以来，构建人与自然和谐发展的生态文明成为全球共识。80年代绿色经济理念一经提出，便得到国际社会的广泛关注，并被一些发达国家纳入可持续发展战略的总体安排。此后，欧洲特别是西欧和北欧国家在发展绿色经济上实现长足发展。这次国际金融危机爆发后，美国、欧盟、日本、韩国等实施"绿色新政"，以发展绿色经济创造就业机会。2008年10月联合国环境署发出倡议书，使发展绿色经济在全球启动。从短期看发展绿色经济是为了培育新的经济增长极，从长远看则是为了实现产业转型和抢占未来发展的制高点。

"科学开发、绿色发展"是立足省情实际的现实选择。贵州"欠发达、欠开发"的省情，蕴含着有待开发的特色优势资源和保存良好的自然环境与原生态文化，具有依托"青山绿水"发展绿色富民产业，进而推进跨越发展的比较优势。青山绿水虽然是我省最突出的竞争优势之一，但这个优势又十分脆弱、极易受到破坏而很难修复。目前我省人均生产总值突破了1000美元，渐入工业化、城镇化加速发展期。坚持科学开发与绿色发展，就是要着力解决资源开发与环境保护、增长速度与发展效益、"惠商"与"惠民"等现实矛盾，不断增强可持续发展能力。

二、在科学开发中推进绿色发展

其核心问题是要处理好生态环境保护与经

济发展的关系。在实践中要着力坚持以下原则：

切实转变经济发展方式。着眼贵州实际，着力变革传统发展模式，坚定不移地走绿色工业化和循环经济的路子，努力把资源与生态优势转化为产业优势和经济发展优势。尤其要抢抓国家加强生态文明建设的重大机遇，以建设资源节约型、环境友好型社会为目标，以产业升级为主攻方向，以节能减排为突破口，以发展循环经济为支撑点，实现资源节约与资源永续利用，走特色路、靠绿色富。

切实加强生态环境保护和治理。把握贵州生态特点，在推进工业化和城镇化过程中必须始终注重生态环境保护，着重加强水污染与大气污染防治。坚持治水与固土并重，生物措施、工程措施和技术措施并举，抓好石漠化综合治理。深入开展城市环境综合整治，加强城镇区域噪声污染防治和饮食业油烟污染监控管理，建设布局合理、生态良好、景观优美、适应现代化城市发展需要的城市绿化系统。

大力发展循环经济。以推进资源节约、集约利用和清洁生产为重点，抓住资源开采与消耗、再生资源生产和消费等关键环节，大力推进煤炭、电力、冶金和化工等产业循环经济重点项目的建设。用循环经济理念引导区域产业转型升级，延长产业链，加强对煤矸石、粉煤灰、磷石膏等大宗工业废弃物资源的深度开发和综合利用。

大力发展生态农业。在特色、绿色、高效上做文章，充分利用我省海拔落差大、气候类型多、雨热条件好、生物资源丰富的特点，发展特而专、新而奇、精而美的农产品，推进特色优势农产品进行合理的区域布局，加快提高农业产业化经营水平和农产品商品率。加大农村环境综合整治力度，切实改善农村环境质量。

大力发展现代旅游业。紧紧围绕把贵州打造成国际知名旅游、休闲、度假胜地的目标，坚持旅游开发与生态环境建设、历史文化遗产保护同步推进，把生态文明融入旅游业之中。着重发展生态文明游、民族文化游和避暑度假游等旅游精品，按照国际标准开发一批高水平的旅游区，努力使我省旅游由观光型旅游为主向休闲度假型旅游为主转变。

三、以有力措施保障科学开发与绿色发展

坚持科学开发、推动绿色发展，需要综合运用经济、政策法规和必要的行政措施予以保障。

牢固树立科学开发与绿色发展观念。近年来，在省委的大力倡导下，“保住青山绿水也是政绩”的理念正在深入人心，但思想基础还不牢固，有的地方急功近利，因“欠开发”而滥开发甚至破坏性、掠夺性和毁灭性开发的现象还时有发生。尤其是一些地方的领导干部还存在重“显绩”轻“潜绩”，单纯追求增长速度甚至以牺牲资源环境为代价换取经济一时增长的倾向。为此，必须进一步牢固树立科学的开发观和正确的政绩观，走生产发展、生活富裕、生态良好的具有贵州特色的发展道路。

建立健全符合绿色发展要求的政策法规体系。加快构建政策法规支撑体系，形成节约能源资源和保护生态环境、推进绿色发展的法规约束和政策环境。加快完善生态补偿政策，坚持“谁开发谁保护、谁破坏谁恢复、谁受益谁补偿”的原则，建立下游地区对上游地区、开发地区对保护地区、受益地区对受损地区、开发受益企业对政府生态治理和受损群众的生态补偿制度。抓紧制定《循环经济促进法》实施条例，将生态建设和环境保护纳入规范化、制度化、法制化轨道。

健全和完善科学开发、绿色发展的体制机制。按照“护我环境，惜我资源，利我地方，惠我群众”的精神，着重建立健全资源有偿使用制度、生态环境补偿机制、科技支撑机制、“绿色 GDP”考核评价体系。要以体制机制创新保证资源开发能够统筹兼顾国家、地方、企业和群众的利益，能够统筹兼顾资源开发与生态环境保护，切实做到开发一方资源，既做强一方产业

和带活一方经济，又美化一方环境和富裕一方百姓，努力实现经济社会的可持续发展。

（作者：中共贵州省委副秘书长、省委政策研究室主任）

党建工作是国有企业实现科学发展的有力保证

李庆奎

国有企业是我国国民经济的重要支柱，是中国共产党执政的重要基础。加强和改进党建工作是国有企业实现科学发展的有力保证。

一、切实把国有企业党组织的政治优势转化为发展优势

把党的思想理论优势转化为实现国有企业科学发展的引导力。要按照中央关于创建学习型党组织的要求，坚持把思想理论建设放在党建工作的首位，切实把学习作为党组织建设的重要特征、活动的重要内容和提高战斗力的重要途径。坚持不懈地用中国特色社会主义理论体系武装党员干部头脑，深入开展社会主义核心价值体系学习教育，提高党员干部运用科学理论改造主观世界和客观世界能力，把党的科学理论转化为国有企业的物质成果。坚持把党的理想信念融入企业目标和使命，把科学发展观等党的创新理论和方针政策融入企业发展理念和发展战略，把民族精神、时代精神和社会主义荣辱观融入企业文化和价值追求，使之成为全体员工的行动指南和道德准则。

把党的组织工作优势转化为实现国有企业科学发展的推动力。一是积极探索国有企业党组织政治核心作用的实现形式。认真贯彻落实中央精神，自觉遵循国有企业党的建设规律，在实践中探索研究符合实际的体制机制、发挥核心作用的途径和方法。二是积极探索建立中国特色现代国有企业制度。把党组织的机构设置、职责分工、工作任务纳入企业的管理体制、管理制度、工作规范，构建党组织与公司治理结构运转协调的新型领导体制和机制。三是积极探索国有企业党委有效参与重大问题决策的体制机制。按照民主集中制原则，通过一定的决策程序使党组织的主张和意图在企业重大问题决策中得到尊重和体现。四是积极探索党组织在选人用人中发挥主导作用的有效途径和办法。主动适应建立现代企业制度要求，把坚持党管干部、党管人才原则与董事会依法选择经营管理者以及经营管理者依法行使用人权相结合，把组织考察推荐与市场化选聘经营管理者相结合，使企业经营管理人员选拔任用制度化、规范化、程序化，切实增强企业的领导力和人才竞争力。

把党员队伍优势转化为实现国有企业科学发展的执行力。紧紧抓住党员队伍建设这个根本，把促进生产经营的成效作为重要检验标准，通过党员责任区、党员先锋岗、党员攻关项目等有效载体，为党员发挥作用搭建平台。大力加强对党员的思想教育和业务培训，大力抓好理想信念和宗旨教育，努力把党员培养成生产经营的能手、创新创业的模范、提高效益的标兵，做到重要岗位有党员、主要骨干是党员、关键时刻见党员。要发扬党内民主，健全完善党的代表大会制度和党内选举制度，严格落实民主集中制，着力推进党务公开，拓展信息公开和党员意志表达的渠道，提高党员对党内事务的参与度。要大力开展争创“四强”党组织、争做“四优”共产党员活动，激发党员发挥先锋模范作用的积极性和主动性，使之真正成为先进生产力的促进者、先进文化的倡导者和群众利益的

维护者。

把党的纪律作风优势转化为实现国有企业科学发展的控制力。要树立“大纪检”工作理念，探索建立监督联席会议制度，发挥组织人事、纪检监察、监事会、审计和法律等部门的整体合力。坚持从严教育、从严要求、从严管理、从严监督，紧紧围绕企业生产运营的全过程、人财物等全要素、重要领域和关键环节等开展监督，加强对企业领导人员行使权力的约束。严肃依纪依法办案，深入开展廉洁文化建设，充分发挥它们在拒腐防变中的作用。要大兴密切联系群众之风、求真务实之风、艰苦奋斗之风、批评和自我批评之风，努力营造风清气正、干事创业的良好环境。

把党的群众工作优势转化为实现国有企业科学发展的凝聚力。牢固树立和坚持全心全意依靠工人阶级办企业的宗旨，充分发挥群众工作的特点和优势，创造性地开展工作，凝心聚力，激发活力。通过建立健全领导干部联系点、党员联系和服务群众、结对帮扶困难群众等制度，倾听员工呼声，了解员工情绪，反映员工的意愿和要求，特别是在当前发展机遇与各种深层次矛盾并存的时期，要切实解决员工生产生活中最迫切的实际困难和问题。

二、努力提高国有企业党建工作的科学化水平

创新和完善国有企业党建工作的思路、制度、方法。随着经济社会发展步伐的加快和党建工作的延伸，党员人数逐年增加，流动党员持续增多，党员民主意识不断增强，参与活动的热情日益高涨，这就需要创新党建工作思路，实现从管理为主向管理与服务相结合转变、从建设事务型队伍向学习型队伍转变。近年来，国有企业党组织在积极探索党组织参与重大问题决策、建立企业科学发展长效机制、发挥基层党组织政治核心作用等方面积累了丰富的经验，也需要认真总结，升华为制度。目前，企业战略转型、产业延伸、管理创新出现新特点，党员职工队伍思想观念和利益诉求发生了新变化，迫切需要改进党建工作的方式方法，努力实现思维方式、工作载体、管理工具和考评体系的信息化和现代化。

不断增强国有企业党建工作时代性、针对性、有效性。坚持与时俱进，顺应时代潮流，以更加坚定的勇气、更加开放的思维和更加科学的方法，全面推进国有企业党建改革创新。按照“围绕中心、进入管理、发挥作用”的思路，准确分析判断企业所面临的经济形势，深刻把握国有企业自身发展规律，致力于解决企业调整经济结构、推进管理创新、提升经济效益、保持和谐稳定等方面存在的突出问题，着力推进企业党建工作，加强企业党建工作成效的考核，使企业党组织真正成为落实党的路线方针政策和各项工作任务的战斗堡垒。

努力实现国有企业党建工作有力、有为、有位。党员领导干部要牢固树立“抓好党建是本职、不抓党建是失职、抓不好党建是不称职”的观念，按照“一岗双责”的要求，认真落实党建工作责任制。各级党组织要紧紧围绕企业中心任务开展工作，努力建设高素质经营管理者队伍、人才队伍、党员队伍、职工队伍，把增强国有经济活力、控制力、影响力贯穿于国有企业党组织活动始终，保证党组织参与决策、带头执行、有效监督，发挥政治核心作用。广大党务工作者要增强政治意识和责任意识，不断提高理论修养、加强实践锻炼，守信念、重品行、有本领、讲奉献，切实当好科学理论的传播者和落实上级决策的组织者、推动者、实践者，努力在完成企业中心任务的过程中发挥作用。同时，要加大对党务政工干部的选拔、培养和使用力度，在机构、人员、经费等方面提供可靠保障，使他们有平等合理的待遇、有干事创业的舞台、有成长发展的空间。

（作者：中国华电集团公司党组书记、副总经理）

打造区域人才高地　培育科学发展动力

赵爱明

攀枝花市依靠自然资源立市、人才资源兴市。在建市初期,国家成建制选派大批人才来到攀枝花,攀枝花因此从不毛之地变成现代钢城,实现了第一次发展大跨越。当前,攀枝花发展已进入二次创业关键时期,市委、市政府鲜明提出"打造中国钒钛之都,建设特色经济强市"的战略目标,并确定了相应的战略重点。实现这一宏伟战略,关键在人才,核心在创新,要以打造区域人才高地,助推特色经济强市建设。

一、坚持人才战略优先布局

紧紧围绕全市经济社会发展战略,培养、集聚和开发各类优秀人才,着力培育推动全市科学发展的新动力。

紧扣创新资源开发模式需要培养集聚人才。攀枝花拥有富甲天下的钒钛磁铁矿资源,经过40多年的开发建设,钒钛、钢铁产业已成为攀西地区最具特色和优势的产业,但产业结构单一、产业层次不高,必须创新资源开发模式,提高资源综合利用水平,关键是突破钒钛磁铁矿资源综合利用核心技术。目前,攀枝花科技人才密集程度超过80人/万人,已高于部分经济发达地区,但高层次人才和行业领军人才十分匮乏,在产业科技领域有重大影响和在国际国内有知名度的专家、学者非常少。只有通过打造区域人才高地,培养、引进一批科技领军人才、创新人才,建成科技创新人才密集地,以突破钒钛磁铁矿综合利用开发瓶颈技术为重点,才能打造一流的钒钛资源综合利用产业集群,推动钢铁经济向钒钛经济转变。

紧扣推进产业转型升级需要培养集聚人才。攀枝花调整经济结构、推进产业转型升级的任务很重,既要推进一、二、三产业协调发展,使主导产业从钢铁"一枝独秀"向多元发展,又要推进支柱产业从低端向高端发展,而人才是其中的关键性因素。在我市重点打造的"6+2"产业中,能够拓展钒钛、钢铁、能源、化工、矿业、机械制造等支柱产业链条、提升产品附加值的人才不足,能带动太阳能、生物等新兴产业发展的人才更是稀少,人才资源发展性短缺和结构性短缺矛盾较为突出。只有不断壮大产业人才队伍规模,形成高、中、低层次的人才合理搭配、人才链与产业链高度适宜的人才匹配,才能奠定产业转型升级的科技基础。

紧扣推进城市转型发展需要培养集聚人才。推进攀枝花城市转型发展,将资源型城市打造成为区域性中心城市,需要有专业门类齐全的人才队伍作支撑。由于受经济结构单一的影响,攀枝花人才队伍的专业门类也相对单一,主要集中在工业领域和教育、卫生等社会公共服务领域,旅游、商务、物流等第三产业人才资源不足。因此,只有不断创新人才政策,营造良好的人才发展综合环境,形成区域领先的人才竞争力,利用人才资源市场配置的力量,扩展人才队伍专业门类,提升人才专业素质,才能满足区域性中心城市建设对各类人才的需求。

二、坚持人才资源优先培养

加强人才资源开发。党委政府要发挥主导作用,牢固树立人才资源是第一资源的意识,强化人才战略优先。要进一步加大投入力度,力争市、县(区)人才开发财政性投入增幅高于同级财政经常性收入的增幅，并通过制定税收、奖励政策引导用人单位逐年提高人才资源开发投入，形成多元化的人才投入机制，保障各类人才培养、引进项目资金需要，提高基础性人才的输送能力和高层次人才的培养、引进力度，打造人才密集地特别是科技创新人才密集地。

加大基础性人才培养力度。进一步加强基础教育、职业教育和农村劳动力转移培训，提高“6＋2”产业和现代服务业、特色农业等领域的基础性人才培养输送能力和人才引进力度，壮大人才队伍规模。提高人才个体资助惠及面，使更多的人才得到更多的学习资助，以激励本土基础性人才迅速成长。

加大英才培养力度。充分利用四川“天府英才”工程、攀枝花“院士后备人才培养工程”等财政性人才开发资源，通过选派、资助优秀人才到国内外高校、科研院所、重点实验室、工程技术中心进修深造等措施，培养造就一支素质优良、结构合理、自主创新能力强的科技创新人才队伍。制定政府科技投入引导型计划，引导企业、科研院所和高等院校与市外科研院所、高等院校开展多种形式的交流与合作；实施高层次人才培养引进工程，建立院士、专家流动工作站，拓宽引才引智渠道，拓展与国内外知名研究机构、大学、国际组织和咨询机构的战略合作关系，以加快科技创新和人才培养、引进进程。力争到2020年，在工业科技领域拥有院士、国家级专家、省级专家、市级专家，并带动一批科技创新团队；在特色农业科技领域拥有一批领军人才和农业科技创新团队。

加强人才培养基地建设。以政府投入为引导，整合部门、学校、科研院所、企业等人才培训资源，建设一批科技创新人才、工程技术人才和技能人才培训基地。支持、鼓励各类科研院所发挥自身科研优势和人才优势，以重大科技专项为平台，建成科技骨干人才培养基地。积极与全国各类高等院校合作，共建攀枝花急需紧缺人才培养基地；支持、鼓励攀枝花各类企业与高等院校合作建设人才实习基地。

三、坚持人才结构优先调整

实现人才结构优化目标，要按照“政府引导、以用人单位为主体、市场化运作”原则，确立政府、用人单位、中介机构和人才个体的相互联系又有区别的责任，政府以产业发展政策引导人才资源开发方向，并为人才资源开发提供良好的政策环境；用人单位作为人才资源开发主体，从增强市场核心竞争力出发，确定人才培养、引进的重点层次和专业门类并组织实施；社会中介机构根据政府确立的产业发展导向，提供人才中介服务；人才个体应主动根据择业需要成为终身学习者。

着力优化工业人才队伍结构。工业人才是我市最具区域优势的人才资源，全市144户规模以上工业企业中，经营管理人才、专业技术人才和高技能人才占企业从业人员的16.7%。优化工业人才队伍结构，要围绕促进产业链由低端向高端延伸、实现支柱产业多元化、提升产业层次和产品附加值来进行。在保持钢铁、矿业、能源等支柱产业人才资源优势的同时，大力培养、引进钒钛、化工、机械制造等支柱产业快速发展所急需的中高级经营管理人才、专业技术人才和高技能型人才，大力培养、引进生物资源、太阳能等新兴产业发展所急需的专业技术人才和技能人才，以进一步扩大人才专业覆盖面，促进人才层次、专业结构与“6＋2”产业发展需要高度匹配。

不断壮大旅游及现代服务业人才队伍规模。围绕打造阳光生态旅游度假区，推进“高级旅游人才培养计划”，大力培养、引进高级导游、旅游策划、旅游规划、市场营销、旅游商品设计开发、饭店管理等旅游专业人才。围绕打造川滇交界商贸中心，实施现代服务业人才培养工程，大力培养、引进信息技术、物流、商贸、流通、金融等领域的专业技术人才和经营管理人才。

着力打造公共管理服务人才队伍。抓住交通枢纽、城市综合服务体系、文化软实力等打造区域中心城市的重点建设领域，充分发挥市场配置人才资源的基础性作用，培养、引进一批高层次的文教卫、道路桥梁、城市规划建设管理、应急管理等重点专业人才，力争到2020年，拥有2000名以上高层次人才，1000名以上具有职业资格的社会工作人才。

四、坚持人才环境优先营造

优化人才发展综合环境，形成有利于人才脱颖而出、有利于人才业绩创造及其自身价值实现的良好氛围，是党委、政府的应有责任。

着力建立健全人才市场化配置机制，进一步优化人才市场环境。积极引导人才合理有序地流动，促进人才供给和需求相适应，是实现人才资源高效配置的根本途径。要大力发展人才产业，扶持社会组织、单位和个人创办猎头公司、职业介绍所等中介服务机构。引导各类人才交流机构以优势资源为纽带，加强与攀枝花同类资源城市的人才交流与合作，加强与高校、科研院所的联系协作关系，推进各类人才信息库、人才信息网络建设，实现人才市场的信息化、网络化，提高人才服务水平。进一步完善保障人才市场体制运行的法律、法规和政策，建立人才流动争议仲裁机构，打破人才的部门、地区、所有制壁垒，疏通人才流动渠道。

着力打造高效率的创新创业创优平台，进一步优化人才事业环境。实行钒钛科技项目招标制、首席专家制、协同合作制，推行“项目＋人才”聚才模式，将重大科技项目建成人才创新平台。推进攀枝花钒钛研究院、攀枝花学院、攀枝花市农林科学院以及各类工程技术中心及重点实验室建设，形成不同层次、不同研究方向、不同功能定位的科研院所，为人才提供更多更广的事业平台。立足国家新材料成果转化及产业化基地、省级优质特色农业示范区和博士后科研工作站、流动站等重要载体，组建产学研技术创新联盟，创新人才培养、使用和引进平台。进一步发挥工业园区的人才聚集效应，将人才引进与项目引进结合起来，形成人才聚集与招商引资相融互补的良好局面。

着力创新人才政策，进一步优化人才政策环境。围绕攀枝花经济社会发展战略，重点推出一些有吸引力的人才政策。一是建立健全市场化的薪酬待遇确定机制。鼓励用人单位探索技术、专利、管理等要素参与分配的各种实现形式，引导、鼓励人才凭贡献获得高收入。对大学本科以上学历人才划定月最低收入保障线。二是建立引才补贴制度。对柔性引进到市财政补助类事业单位工作的高层次人才，工作期间除单位报酬外可享受特殊岗位政府补贴待遇。对符合引才重点的高层次人才，视其学科领域研究项目所需经费的实际情况，提供实验室筹建及科研、项目、教学启动经费。对带项目、带技术领办科技型企业的人才或团队，可视其项目给予创新创业资金资助。三是健全人才配置政策。设置人才“特岗”，在学科建设及科研、生产的关键岗位设置“首席专家”、“特聘研究员”、“首席技师”等特设职位，所聘人员可享受相当于经营者或高级管理人员收入水平的特岗薪酬和津贴。设立“企业引才专项事业编制”，企业引进所需的高层次人才和急需紧缺人才可使用专项事业编制。四是实施攀枝花特色的激励措施。加大“攀枝花市科学技术杰出贡献奖”、“攀枝花市科学技术进步奖”奖励力度，重奖具有自主知识产权、技术领先、经济效益显著的发明创造，进一步调动科技人员内在动力。每两年评选一次包括创新人才奖、有突出贡献企业家奖、十佳技术能手、优秀农村人才奖等荣誉和称号在内的“攀枝花人才奖”，进一步激发各类人才创新创业创优活力。

着力改善人才生活条件，进一步优化人才人文环境。在创建中国优秀旅游城市和国家卫生城市的基础上，进一步加强国家环境保护模范城市创建工作，加强城市生态环境建设，打造环境清洁优美、生态良性循环的现代化宜居城市，增强城市居住环境的竞争力。加快“攀枝花人才公寓”建设，对柔性引进的各类高层次人才、突出贡献人才和拔尖人才，提供政府补贴的社会化人才公寓，并根据不同情况，分别以奖励房、成本价售房和微利房形式解决各类人才住房问题，切实改善人才居住生活条件，赋予人才更强的自豪感。发挥攀枝花移民城市文化优势，充分展现包容、亲和、开放、创新的人文环境魅力，鼓励人才通过创新创业创优获得社会承认和尊重的荣誉感、成就感，进一步营造干事创业的良好社会环境。

（作者：中共四川省攀枝花市委书记）

不断提升科学发展水平

许　宁

近年来，张家口市在全市范围深入开展“提升能力、提升标准、提升效率”活动，以此作为学习实践科学发展观的载体，着力打造塞外经济发展强市和现代文化名城，科学发展的水平得到进一步提升。

调高现代产业标准，提升竞争力。我们着眼于提升综合经济实力，规划发展了“4＋3”现代产业，即做大做强旅游服务业、新型能源业、食品加工业和装备制造业，着力培育现代物流业、电子信息业和矿产品精深加工业，每年实施的重点项目达200多个，其中生产性项目超过60%。一是突出绿色生态。建成密苑生态旅游度假产业示范区等一批重大旅游项目，打造生态特色旅游品牌；大力发展现代农业和农产品精深加工，农业产业化经营率达到60.5%。二是突显科技创新。培育华美光电子等高新技术企业，引进建设投资200亿元的全国首个风光储输示范工程，引进投资8000万美元的席勒国内首家民用直升机制造等高科技项目。三是注重节约集约。全市风电装机容量达到247.4万千瓦，形成了以煤矿机械、工程机械、专用汽车、风电设备为骨干的装备制造产业体系，扶持宣工等一批知名企业；主城区周边建设了140平方公里的五大产业集聚区和四大物流园区，吸引了投资244亿元的41个项目入园，与县城周边新建的特色园区共同构成产业园区集群。

调高城市基础设施标准和资源开发水平，提升城市承载力和软实力。我们以建设“京冀晋蒙交界区域中心城市”为目标，大力实施城市建设工程，完成城建投资928亿元。聘请国内外知名设计单位编制完成了《张家口城市空间战略布局》等规划，确定了组团式建设、一体化发展、同城化管理的科学布局。我们不断完善水电路气邮讯和污水处理等城市配套设施，完成6所大型医院的扩建改造，培育出省级重点中等职业学校12所，每年为首都机场、联想集团等输送技术人才2万多人。注重统筹城乡发展，投资近600亿元，对20多个县城和中心镇进行改造，打造出环境优美、各具特色的城镇群，改善了农村生产生活环境。全市积极开发传统文化，做强文化品牌，对始祖、军事、商旅等文化进行保护性开发，建成了泥河湾古人类起源地遗址、中华三祖、大境门堡子里、蔚县民俗等五大文化产业园区，多个项目被列入国家级和省级非物质文化遗产保护名录，文化品牌影响力不断扩大。充分发挥文化作为媒介的积极作用，连续举办冀台经贸洽谈会、崇礼国际滑雪节、怀来葡萄节、张北草原节等重大节庆招商活动，合同引资达500多亿元，实现经济效益和社会效益双丰收。

创新体制机制，锻造干部队伍，提升保障力和执行力。市委市政府要求各级干部对照全省、全国先进典型，开展对标定位，同时选取100个业绩突出的先进集体和优秀个人，树为"百业标兵"，比学赶超成为全市党员干部的共同追求和一致行动；设立党员岗位标识牌，所有基层党组织和党员公开承诺1—2件年内为群众办成的好事实事。先后出台一系列发展现代产业、扶持民营经济发展、扩大对外开放等方面的政策举措，激活市场主体，优化发展环境。建立领导干部联系重点企业、重大项目"绿色通道"和全程代理等制度，实施"服务窗口亮起来"工程；深化行政审批制度改革，形成了风清气正的良好发展环境。近年来，全市GDP增速平均达12.4%，财政收入年均增长17.3%，每年吸引外来投资近200亿元。

（作者：中共河北省张家口市委书记）

科学发展观的重大战略思想研究

李康平

科学发展观作为党的重大战略思想，充分体现了它的理论地位和重大思想价值，能动反映了其战略体系的科学性与指导性，是当代中国经济社会发展的重要指导方针。

一、科学发展观的理论地位和思想价值

（一）科学发展观是马克思主义关于发展的世界观和方法论，体现了一脉相承性和与时俱进性

发展是马克思主义的基本范畴和中国共产党人的基本思想之一。马克思、恩格斯从他们的哲学观、科学社会主义观、经济观、自然观、社会观等不同领域和不同层面，深刻阐述了人类社会的发展问题和人的全面发展思想，形成了关于发展问题的系统理论和丰富思想，并融入马克思主义完整科学世界观和方法论的范畴之中。这一关于发展的世界观和方法论，推动无产阶级革命斗争的发展和胜利，也推动着世界社会主义运动的发展；从根本上推动人类社会朝着更加繁荣、文明、进步的方向发展。中国共产党人继承了马克思主义这一发展理论，并在中国革命与建设实践中丰富发展和创新。以毛泽东同志为代表的中国共产党人，率先在中国探索了中国特色社会主义的发展道路，提出中国社会主义的现代化强国目标和战略构想。但由于种种复杂的原因，在中国社会主义发展的历史进程中，在发展的问题上，经历过曲折，产生过失误。以邓小平同志为代表的中国共产党人，把马克思主义同中国国情和时代特征相结合，对马克思主义发展观既传承又进行创新，设计了在社会主义初级阶段，发展社会主义市场经济、民主政治和建设社会主义精神文明的战略，开辟了建设中国特色社会主义的伟大道路，提出了发展是硬道理、解决中国所有问题的关键在发展等一系列的重要思想，使中国共产党人的发展观产生了一次重大飞跃，使中国特色社会主义事业取得了举世瞩目的成就。以江泽民同志为代表的中国共产党人继承毛泽东、邓小平同志关于发展的思想，在中国特色社会主义建设新实践中给予了丰富和发展，创立了"三个代表"重要思想，提出了发展是党执政兴国的第一要务，坚持用发展的办法来解决前进中的问题，把改革发展稳定科学统一到中国特色社会主义发展的实践中，并坚持和创新性地提出了一系列发展战略，使我们党的发展观得

到进一步的丰富和发展。科学发展观的要义、本质内涵、基本要求和根本方法集中体现了马克思主义关于发展的世界观和方法论，又能动反映了中国共产党三代领导集体的发展思想在发展的指导方针、发展道路、发展目标、发展阶段、发展动力、发展主体、发展布局、发展制度、发展机遇、发展战略保证和外交策略方面的一脉相承和与时俱进。

（二）科学发展观是中国特色社会主义理论体系的重要组成部分，体现了整体性与统领性

科学发展观在当代贯穿着发展中国特色社会主义的鲜明主题，是改革开放新的历史时期，我们党创立的中国特色社会主义理论体系的重要组成部分。科学发展观着眼于世界正处在深刻变化、当代中国正处在深刻变革、机遇和挑战前所未有、机遇大于挑战的发展大势，坚持马克思主义唯物史观，科学地回答了在这一发展大势下，发展中国特色社会主义的一系列基本问题，特别是科学地回答了为什么要发展、为谁发展、怎样发展的一系列基本问题。这就与什么是社会主义、怎样建设社会主义，建设一个什么样的党、怎样建设党的思想理论体系同宗同根，并融入到其理论体系的思想宝库中。科学发展观坚持解放思想、改革开放，又创新提出了推动科学发展、促进社会和谐的新理念，并从战略方针、战略方位、战略机遇、战略布局、战略核心、战略重点、战略主流意识、战略保证、外交战略等方面，承融到中国特色社会主义的基本理论、基本路线、基本纲领、基本经验和基本实践中，是中国共产党在发展中国特色社会主义新实践中取得的最新成果。这一最新成果体现了发展为了人民、发展依靠人民、发展成果由人民共享的思想价值；体现了建设创新型国家、建设社会主义新农村、构建社会主义和谐社会的实践价值。它与发展是硬道理、发展是党执政兴国第一要务的本质同宗同根，又与时俱进。这一最新成果的要义、核心和基本要求等，体现了党所制定的路线、方针、政策在当代中国经济社会发展新实践中的科学性、正确性和统领性，反映了科学发展观与中国特色社会主义理论体系的实践的统一性、发展性、整体性。

（三）科学发展观深化了对“三大规律”的认识，体现了科学性与能动性

科学发展观既遵循人类社会发展的一般规律，又遵循中国特色社会主义发展的特殊规律。科学发展观基于对和平与发展时代新特征的认识，对人类社会形态由工业社会转向信息社会特征的把握，对经济全球化趋势的驾驭，提出“以人为本”科学发展的核心理念，这是对马克思主义唯物史观人民群众是创造历史主体和决定性力量的能动反映和正确体现。科学发展观的基本要求和根本方法，反映了人类社会结构协调和谐发展性和主动适应性，体现着人类社会结构基本矛盾运动的正确发展方向，体现着人类社会发展的先进形态。推动科学发展、促进社会和谐，正是从根本方针上，以先进的生产力和先进文化为导向，推动着当代中国社会主义的生产力与生产关系、经济基础与上层建筑之间的矛盾协调和谐地运动，并科学统筹着当代中国经济社会生态全面、协调、和谐、可持续发展。这一思想理论突显了人类社会发展规律在当代中国发展的科学认识和能动反映。

科学发展观既把握了世界社会主义建设发展的一般规律，又探索当代中国社会主义建设的特殊规律。科学发展观着力推动科学发展，促进社会和谐，就是为了不断创造发展先进生产力、先进文化、先进政治文明、和谐的社会形态，不断满足人民群众日益增长的物质生活、文化生活、政治生活和社会生活的需要。正是从这一实践价值和根本目的来认识，科学发展观不仅能动地反映了社会主义建设的规律，更深化了对这一规律的科学认识。

科学发展观从党执政的历史使命、社会基础、根本要求、领导水平和执政本领等方面，深化了对中国共产党执政规律的认识。科学发展观的第一要义是发展。发展是任何一个执政党面临的历史性课题，同时又是执政党执政的永恒主题。坚持用发展的办法来解决前进中的问题,是中国共产党执政的一条基本经验,也是我们党执政兴国的第一要务。这说明发展是解决所有问题的关键所在,是解决广大人民群众当前利益与长远利益有机统一的首要问题,是解决我们党执政的最低纲领与最高纲领有机统一的要义,这就深化了中国共产党执政治国要义的认识。"以人为本"是党的根本宗旨和执政本质特征的体现,这一本质特征要求我们党执政为民,始终代表最广大人民的根本利益;要求我们党执政充分相信人民、依靠人民、为了人民。科学发展观正是在"以人为本"的核心目标、核心内容、核心价值方面,能动地反映了中国共产党执政的本质特征和先进性要求,这就深化了党对执政的历史使命的认识。

二、科学发展观的重大战略思想体系

党的十七大报告指出:科学发展观"是发展中国特色社会主义必须坚持和贯彻的重大战略思想"。新时期最鲜明的特征就是改革开放,最突出的标志就是与时俱进;党的十六以来,最重大的战略思想就是科学发展观。科学发展观作为重大战略思想,体现在战略方针、战略布局、战略核心、战略重点、战略主流意识、国际战略和战略保证等方面的一系列重大战略思想。

(一)科学发展观的战略方针

党的十七大主题明确指出:"深入贯彻落实科学发展观,继续解放思想,坚持改革开放,推动科学发展,促进社会和谐。"这是贯彻落实科学发展观的重大战略方针。在新的发展阶段,我们怎样顺应国内、国际形势深刻的变革和变化,抓住重要的战略机遇期,努力推进中国特色社会主义的新发展,需要我们党在发展战略方针上加以科学的继承,又不断创新。继续解放思想,坚持改革开放,这是科学的继承,反映了党的思想路线的本质要求,体现了在发展的新阶段解放生产力、深化发展社会主义市场经济的必然要求,是当代中国发展的法宝与动力。坚持科学发展,推进社会和谐,这是发展思想的创新,是实现经济社会又好又快发展的内在需要,体现了解决社会主义初级阶段主要矛盾,推动当代中国发展新的实践要求。战略方针的科学继承与创新,对发展中国特色社会主义具有十分重要的现实意义和指导意义。

(二)科学发展观的战略布局

在党的十二大的开幕词中,邓小平同志首次提出走自己的路,建设有中国特色社会主义的科学命题,从此开启了中国特色社会主义改革开放的伟大征程。党的十二大,对建设有中国特色社会主义作出"建设两个高度文明",实现"四个现代化"的战略布局。党的十三大、十四大、十五大提升和完善了这一战略布局。在党的基本路线指引下,提出了建立、发展社会主义市场经济,坚持"两个文明"建设一起抓,建设"富强、民主、文明的社会主义现代化国家"的战略布局。党的十六大对建设中国特色社会主义的战略布局进行了创新和进一步的完善,首次提出了"三个文明"即物质文明、政治文明、精神文明协调建设和发展的战略布局。党的十七大根据发展中国特色社会主义所处的历史方位,科学认识和把握重大的战略机遇期,把握当代中国国情,把握改革开放和经济社会发展的阶段性特征,创造性提出社会建设这一科学新理念,将发展中国特色社会主义的战略布局,从经济、政治、文化建设"三位一体"发展为经济、政治、文化、社会建设"四位一体",并提升为"五个文明"即物质文明、政治文明、精神文明、社会文明和生态文明的协调建设和发展;将中国特色社会主义发展的目标充实为建设"富强、民主、文明、和谐"的现代化国家。这就体现了贯彻落实科学发展观的全新战略布局。

(三)科学发展观的战略核心

2006 年 1 月,胡锦涛总书记在全国科学技术大会上第一次系统地阐述和部署提高自主创新能力、建设创新型国家的战略。十七大报告又强调,"这是国家发展战略的核心,是提高综合国力的关键”，并进行了新的全面部署。这是中国共产党在新世纪新的发展阶段对当代中国特色社会主义发展作出的重大国家战略。当今世界科学技术日新月异，世界科技革命迅猛发展以及综合国力竞争日渐激烈，这些都充分突显了提高自主创新能力、建设创新型国家战略的重要性和核心地位。要坚持走中国特色自主创新道路，把增强自主创新能力贯穿到现代化建设的各个方面；加快建设国家创新体系，加速建立以企业为主体、市场为导向、产学研相结合的技术创新体系；深化科技管理改革，积极充分利用国际科技资源；注重培养和造就各方面的创新人才和第一线的创新人才，努力造就世界一流的科学家和领军人才，让全社会创新创造智慧竞相迸发、让一切创新创造的源泉充分涌流。这是推进这一国家战略实施的重要新实践。

（四）科学发展观的战略重点

党的十六届五中全会首次提出了建设社会主义新农村的战略任务。2006 年初中共中央、国务院又联合颁发了《关于推进社会主义新农村建设的若干意见》。随后，胡锦涛同志在省部级主要领导干部建设社会主义新农村专题研讨班的重要讲话中，系统地论述加强社会主义新农村建设的意义、指导思想、建设目标和重要任务。党的十七大进一步系统地从全面建设小康社会的大局和发展中国特色社会主义的战略布局中，突显了社会主义新农村建设的战略重点。党的十七大报告指出：“推进社会主义新农村建设。解决好农业、农村、农民问题，事关全面建设小康社会大局，必须始终作为全党工作的重中之重。”因此在新的发展阶段，建设社会主义新农村是贯彻落实科学发展观的战略重点。要更加注重加强农业的基础地位，走中国特色农业现代化道路。坚持把发展现代农业、繁荣农村经济作为首要任务，加大支农惠农政策力度，以促进农民增收为核心；深化农村综合改革，坚持农村基本经营制度；探索集体经济有效实现形式。特别注重培育有文化、懂技术、会经营的新型农民，发挥亿万农民建设新农村的主体作用，扎实推进这一战略重点的有效实施。

（五）科学发展观的战略主流意识

党的十六届六中全会，提出建设社会主义核心价值体系的战略任务。确立社会主义核心价值体系是贯彻落实科学发展观的本质特征，是弘扬中国特色社会主义意识形态的主流意识的需要。社会主义核心价值体系的本质内涵，充分体现了中国特色社会主义先进文化特质，充分体现了引领人的全面发展和社会全面进步的精神旗帜，充分体现了中国共产党思想价值上的精神旗帜，充分体现了当代中国社会主义制度的内在精髓和生命之魂。这一核心价值体系作为主流意识，反映了马克思主义中国化最新成果的根本要求和价值所在，反映了中华民族的优秀精神与时代精神的主导精神，反映了中国特色社会主义思想道德的引领作用，反映了社会主义人生观、价值观、道德观的主导地位与鲜明的民族特色、时代特色和实践特色。要把社会主义核心价值融入到国民教育和精神文明建设全过程，引领当代社会思潮，成为人民自觉的追求；建设和谐文化，培育文明风尚，建设中华民族共有的精神家园；推进文化创新，增强社会主义核心价值体系教育的活力和生命力；培育造就一大批马克思主义理论家特别是中青年理论家，推动当代中国马克思主义大众化，这是弘扬这一战略主流意识的关键所在。

（六）科学发展观的国际战略

从当今世界正处在大变革大调整的格局来认识，胡锦涛总书记科学地把握着国内和国际两个大局，在谋求和谐发展的战略视野下，多次提出走和平发展道路，建设和谐世界的战略思想，这是贯彻落实科学发展观的重大国际战略。党的十七大报告指出：“中国将始终不渝走和平发展道路。这是中国政府和人民根据时代发展潮流和自身根本利益作出的战略抉择。”和平与发展仍然是时代主题，求和平、谋发展、促合作已经成为世界各国共谋发展的时代潮流。当今世界国际形势总体稳定，但局部冲突和局部地区的不稳定，局部的失衡仍然存在；机遇与挑战并存，共同分享机遇，共同应对挑战已成为大多数国家国际战略方面的共识。在这样一种世界格局中，我们党提出走和平发展合作道路的重大国际战略，这是顺应世界潮流的。我们要坚持走中国特色和平发展的道路，反对各种形式的霸权主义和强权政治、反对一切形式的恐怖主义；我们要始终不渝奉行互利共赢的开放战略，在坚持"和平共处五项原则"基础上同所有国家发展友好合作，我们始终不渝共谋世界的发展和共同维护世界的安全和稳定，为实现世界的繁荣发展、人类的美好理想而不懈努力，作出贡献。这是实施这一国际战略的世界意义所在。

（七）科学发展观的战略保证

党的三代领导集体都高度重视党的先进性建设，注重提高党的执政能力。邓小平同志曾指出，加强党的建设，是我们党领导人民取得革命和建设胜利的根本保证。他特别强调加强党的自身建设，不断提高领导水平和执政水平。江泽民同志指出，"办好中国的事情，关键在我们党"。党的十七大报告再次强调以改革创新精神全面推进党的建设新的伟大工程，并明确指出："必须把党的执政能力建设和先进性建设作为主线，坚持党要管党、从严治党。"这说明，加强党的执政能力和先进性建设，是贯彻落实科学发展观最根本的政治和组织保证。在国内国际两个大局深刻变革、变化的形势下，我们党面临着许多前所未有的新课题和考验，尤其是世情、国情、党情的发展变化，决定了以改革创新精神加强党的执政能力建设和先进性建设的极端重要性和十分紧迫性。因此，就要求我们在贯彻落实科学发展观，加强党的建设新实践中，善于用改革的精神破解党先进性建设的难题，善于用创新思路寻求提高党的执政能力的有效途径，通过党的思想建设、组织建设、作风建设、制度建设、执政能力建设、反腐倡廉建设等方面的改革创新，使我们党永远保持先进性和与时俱进的品质，始终走在时代前列，完成党的执政使命和实现党的奋斗目标，为科学发展提供可靠的政治和组织保障。

中国特色社会主义的伟大实践，推进着中国特色社会主义理论的与时俱进；这一理论的与时俱进，又推进着中国特色社会主义实践的创新发展，二者统一于中国改革开放伟大历史进程中。在这新的历史进程中，与时俱进最突出的标志就是：贯彻落实科学发展观的重大战略思想。

（作者：南昌航空大学特聘教授、博士生导师）

科学发展观与跳出"历史周期率"

刘启春　杨　路

翻开中国的历史，似乎有一种历史周期率的"兴衰链"在支配着历史进程。中国共产党执政以来，特别是成功地开辟了中国特色社会主义道路后，中国社会主义各项事业取得了巨大成就。然而，当下诸多社会问题的出现却又引发了人们对于中国特色社会主义究竟能走多远、中国共产党执政能否跳出历史周期率的担忧。在推进马克思主义中国化的历史进程中，科学发展观丰富和发展了马克思主义发展观，进一步深化了对人类社会发展规律、社会主义建设规律、共产党执政规律的认识，是我国经济社会发展的重要指导方针，是发展中国特色社会主义必须坚持和贯彻的重大战略思想，为中国共产党跳出历史周期率提供了新的进路。

一、历史周期率：科学发展观的历史视野

1945 年，黄炎培与毛泽东在延安谈话中提出了中国封建王朝更替的“历史周期率”。美国学者费正清也曾这样描绘：“中国人传统上把他们的过去解释成一连串王朝的循环，每一个王朝重复着一个令人厌倦而多次出现的故事：一位英雄开创一个权势极盛的时期，然后长期衰落，最后总崩溃。”至于历史周期率何以发生，目前大致有“失去民心说”、“缺乏监督说”、“人治说”、“腐败说”以及“马上体制说”等不同观点，而以“民心说”为广，即认为历史发展过程中反复出现的统治集团违背社会发展规律，失去民心，丧失政治合法性，导致政权覆没的规律性现象。这些探讨都从某一个侧面揭示了封建王朝兴衰存亡、成败治乱的缘由，说明了历史周期率的发生是多因素合力的结果。

历史周期率是否是一种历史规律？有学者认为历史周期率是执政周期率，而不是历史发展的本质，只是现象，因此它不是一种历史规律。其实，对历史周期率的解释，不能仅仅局限于对某个执政组织或执政个人的评价上，或“政怠宦成”，或“人亡政息”，或“求荣取辱”。更深层次的历史周期率应该是指中国历史社会发展问题，是对中国封建社会何以迟迟不能完成转型的深层追问。因为，历史周期率的发生，不仅是执政者的下台，更重要的是政治系统的崩溃所诱发的社会动荡及其经济社会发展停滞乃至倒退，致使经济社会发展重新回到原点。中国封建社会就是在这样一个建设——破坏——建设——破坏的圈子里打转转。从这个视角来考察，我们会发现，历史周期率就是一种规律，是经济基础与政治上层建筑矛盾运动规律的折射，是经济发展与政治体制之间的矛盾和冲突、政治体制落后于经济发展所造成的。

历史周期率发生的机理可以这样来描述：一个王朝的灭亡实际上是其政治体制功能丧失的结果。在一个王朝的末年，往往会出现皇帝昏聩无能、大臣专权、外戚专断、宦官专政、后宫干政等政治肌体腐朽症状，导致政治体制正常功能丧失，如合法性基础削弱，整合社会效能降低，政治系统难以吸纳社会精英，国家政策输入与输出阻断，腐败盛行等。政治体制功能的扭曲，带来的是一种强烈的末世社会特征，社会碎片化、极度专制化、普遍虚伪化与十足奴性化。于是，在王朝转换后，新的执政者鉴于前朝灭亡的教训，总是要对政治体制进行某种程度的改造和变革，革除前朝弊政，实行较为清明的政治，采取轻徭薄赋、与民休养生息政策，以此来推动社会生产的恢复和发展。随着社会生产的恢复和发展，王朝会发展到一个高潮，出现“治世”或“盛世”的局面。然而，就是在“盛世”阶段，历史周期率开始启动。因为开国时期确立起来的政治体制并没有随着经济的恢复和发展而作出相应的调整和改革，出现了固化、腐化状况，堕落为保护既得利益集团的顽固屏障，已经不能起到有效调节社会矛盾、化解社会风险的作用，反而催生出王室、官僚、大地主大规模侵占自耕农土地、形成土地高度集中、导致大量自耕农破产的经济体制。社会各阶级各阶层逐渐走向分化、对立进而对抗、非暴力不能新生的境况。因此，从表面上看，历史周期率出现在王朝末年，而实际上，危机却是在“盛世”埋下的。也就是说，经济的发展拉大了与政治体制滞后的距离，政治体制中“人亡政息”、“政怠宦成”、“求荣取辱”的局面开始形成。封建统治者并没有改革政治体制的自觉性，而且，既得利益集团总会维护既有的政治体制，促使政治体制加速崩溃。所以，封建治世是经济的“治世”，却是政治的“衰世”，根本原因就是没有随着社会生产力的恢复和发展而调整和改革政治体制。生产力的发展在这种政治体制的束缚下停滞和受到破坏而倒退。这种历史周期率充分说明，王朝的灭亡不仅是经济的破产，更是政治的崩溃；政权的稳固不仅建立在经济充分发展的基础之上，创立一个与经济发展相适应的政治体制才是根本。中国封建社会的历史周期率就是

这种经济与政治互相摧毁的表征。

中国封建社会历史周期率是对唯物史观的最好诠释。政治力量和经济力量是拉动经济社会前进的两套马车，若两者能并驾齐驱，那当然最好，但在不平衡规律的支配下，这种理想的状态通常是难以实现的。但是，这也决不意味着两者间的差距就可以毫无限制地拉大。因此，跳出历史周期率的根本出路，就在于努力使生产力与生产关系、经济基础与上层建筑的矛盾处于一个可控的程度。现代社会是一个风险社会，其发展已经不单是经济问题，而是建立在充实物质文明基础之上的政治文明、精神文明、社会文明以及生态文明建设协调发展的社会全面进步。尤其是政治体制与社会管理体制要随着经济体制改革与社会生产力发展不断跟进。唯有做到全面协调，才能实现可持续发展。

二、科学发展：按社会规律发展

着眼于经济社会的全面协调发展，避免或克服“GDP 主义”发展模式的弊端，一直是科学发展观的基本立场、观点和方法。科学发展观的提出，是在总结我国社会主义建设实践经验的基础上，继续推进中国特色社会主义伟大事业的迫切需要。进入新世纪新阶段，我国发展呈现一系列新的阶段性特征，总的说来就是战略机遇期与矛盾凸显期的叠合。这正是我们要警惕历史周期率的关键时期。一方面，改革开放后，党以发展为执政兴国的第一要务，以经济建设为中心，解放生产力，发展生产力，增强了综合国力，提高了人民生活水平，呈现出“盛世”、“治世”的伟大繁荣。另一方面，我们必须保持清醒的头脑，居安思危，警惕各种“幸福指数”下的陷阱。当前我国发展面临的突出矛盾和问题主要是：城乡、区域、经济社会发展不平衡；社会收入不公、差距拉大；发展方式粗放，环境、资源与人口的压力加大；涉及群众切身利益的劳动就业、社会保障、收入分配、教育卫生、司法和社会治安等问题较多；政治腐败滋生蔓延；一些地方群体性事件有上升趋势等。这些问题的出现，原因纷繁复杂，性质各不相同，深究下去，它们都指向了一个共同的症结：深层的原因是现行政治体制改革存在不容忽视的问题。政治是经济的集中反映。社会诸多问题的出现，集中地反映了改革开放过程中政治与经济之间非均衡发展，即在市场经济快速发展的同时，政治体制的改革相对滞后，政治对经济的负相关作用开始显现。

改革开放之初，邓小平就把政治体制改革作为整个改革的重要组成部分，提出了“不搞政治体制改革，经济体制改革难于贯彻”的思想。在推进市场经济体制改革的过程中，我们也一直试图从许多方面着手解决政治体制中存在的问题。然而，由于政治体制改革的复杂性和艰巨性，政治体制改革时有延宕，实质性进展不大，许多目标设想完成得并不十分理想，政治体制改革陷入了缓缓而行与不能缓行的两难境地。久而久之，因为政治体制改革滞后所带来的历史周期率问题开始露出苗头，需要我们特别小心谨慎。以历史的经验看，政治体制改革滞后给我们带来的忧虑主要集中在以下问题上：

一是公共权力缺少监督和制约会不会形成“寻租政府”？寻租在公共领域的表现就是以公共权力谋取私利的腐败行为。寻租的主体既可以是政府官员个体或群体，以权谋私、权钱交易，也可以是某些集团组织，包括各级党政机关及各垄断部门。他们作为一个公共权力的集合体，具有为政府人员集团利益的集体意识和集体行为，在管理社会的过程中，合法或非法损害民众利益的行为。问题的严重性在于，长此以往，为自身利益所主导，公共权力很容易就为各利益集团所用，政府变成一个明确的或变相的“寻租政府”，与民争利，造成社会形势紧张。我国正处于体制转轨的重要时刻，新旧体制对接所存在的缝隙给寻租留下了大量的空间，其制度根源就在于行政干预过多过细，权力没有受到强有力的制衡与约束。

二是社会各阶层协商平台不健全，社会各

阶层之间的利益分化和矛盾会不会演化为社会剧烈冲突？我国目前由于利益主体多元化、弱势群体的形成以及腐败和非法致富的影响，社会冲突有加剧趋势，主要表现：一是以强凌弱的利益格局逐步形成，弱势群体的利益缺少制度性保护；二是诉求手段非规范化，无论是弱势群体还是强势群体，都缺少制度化利益表达渠道和争取利益方式，付出的成本都很大；三是群体之间协商平台不健全，社会各阶层无法沟通，尤其是弱势群体上升渠道受阻，相互之间在情感和思想意识等方面的距离拉大，社会默契程度逐步淡薄。尽管这些冲突大多是属于人民内部矛盾性质的非对抗性冲突，是根本利益一致基础上的矛盾，但若不及时正确应对，这些冲突就有可能进一步上升为政治冲突、文化冲突、意识形态冲突等，造成社会大断裂。同时也要注意，现代社会的冲突并不一定表现为剧烈的暴力斗争，东欧地区某些国家街头政治式的“颜色革命”就悄然完成了国家制度的变更。冲突并不可怕。冲突既有破坏性，但也可以在社会生活中发挥均衡功能、推动社会发展和变革，只要是在保持社会稳定的前提之下而存在的。目前我国的社会冲突虽然仍在可控范围之内，但群体之间利益之争未能得到有效的制度化调节，利益矛盾显性化，给社会稳定埋下隐患。

三是政治制度如何赢得民众持久认同？政治统治是以一定的合法性为基础的。合法性应该包括两个层面：其一是指制度、权力与社会基本信仰、价值的内在一致性程度；其二是指权力的委托者对现实制度和权力的认同、支持和忠诚程度。历史周期率发生作用的根本原因是统治集团失去民心，丧失政治合法性所致，其实质就是认同危机，包括了价值认同危机、制度认同危机、利益认同危机以及公平认同危机。目前中国政治制度面临着两个相互作用的问题挑战：一方面是如何增强稳定社会秩序、化解社会矛盾的能力，另一方面是如何对待西方“普世价值”的冲击。近些年来，在思想解放的旗帜下，中国的政治观念实现了历史性的重大更新。如党的十七大提出了民主法治、自由平等、公平正义三大政治理念以及保障公民的知情权、表达权、参与权和监督权。提出这些政治理念和公民权利也是为了从根本上缓解社会矛盾，化解社会问题，理应成为社会主义国家制度的首要价值和政治制度创新的前进方向。它们能否变为现实需要整个政治体制和运行机制的改革与创新。

总之，政治体制创新已经成为迫切而紧要的重大问题，成为规避历史周期率的关键。一个国家的核心竞争力可以表现为许多方面，而政治制度和政治体制的优势才是牢固的持久的优势。“一个国家的竞争优势，经济因素固然重要，但关键还是在于制度的优势，政治体制的优势，才能保证政治可持续发展。”政治体制改革不单是政治发展的事情，而是关乎经济、文化、社会、生态各项文明发展的“总阀门”。正如邓小平所言：“我们所有的改革最终能不能成功，还是决定于政治体制的改革。”

三、政治体制改革：推动科学发展的当务之急

1945 年毛泽东回答黄炎培“如何跳出历史周期率”的询问时，颇有信心地说“已经找到了新路”，“这条新路，就是民主。只有让人民来监督政府，政府才不敢松懈。只有人人起来负责，才不会人亡政息。”毛泽东所说的“民主”与“人民监督政府”，实际上是指政治上层建筑的重建问题。也就是说，毛泽东表达了创建民主政体跳出历史周期率的思想。这一思想在新时期得到了继承和发扬。2004 年 9 月 15 日，胡锦涛在首都各界纪念全国人民代表大会成立 50 周年的大会上讲话指出：“早在上个世纪 40 年代，我们党总结中国历史发展的规律，就把人民民主作为跳出历史周期率的根本途径，强调只有让人民起来监督政府，政府才不敢松懈；只有人人起来负责，才不会人亡政息。”民主政体何以成为跳出历史周期率的不二法门？

以民主政体跳出历史周期率，其主要原因

在于民主及其法治具有缓和社会矛盾和化解利益冲突,并由此实现社会利益关系趋于和谐均衡的功效。现代社会建立在市场经济基础之上,社会资源配置得到优化,效益得到提高,为社会资源的公平、合理和有效分配提供了基本前提。这是跳出历史周期率的坚实物质基础。但是,市场经济的自发性和盲目性损害了社会领域的公平正义,违背了经济发展"以人为本"的根本目的。这就需要通过政府的公共政策去校正市场经济的缺憾,通过民主政治发展途径解决经济发展中面临的问题。首先,民主政治建立畅通的利益表达机制,为不同利益群体之间进行博弈搭建了舞台,使不同的群体之间就利益分配进行沟通、协商并达成妥协制度化;其次,民主政治把政府规范为超越一切个人和群体利益之上的公共利益、公共意志的仲裁者,根据社会矛盾发展的新情况及时调整发展战略和社会政策,从而形成国家对社会冲突的预警能力和反应能力;其三,民主政治承认公民一律平等,承认大家都有决定国家制度和管理国家的平等权利,以众人之智治理众人之事,依赖国家制度及其所形成的机制来调整国家重大发展战略和社会政策,而不是把希望寄托在一两个领导人身上。

建国后,我国建立起了人民民主专政的国体以及与之相适应的人民代表大会制度、共产党领导的多党合作和政治协商制度以及民族区域自治制度等,初步构建了我国民主政体的基本框架,为跳出历史周期率奠定了政治基础和制度基础。面向未来,需要在科学发展观指导下,继续深化政治体制改革,坚持和完善我国基本政治制度,推进社会主义民主政治制度化、规范化、程序化,巩固和发展民主团结、生动活泼、安定和谐的政治局面。

其一,以保障公民权利为基准推进民主和法治完善。科学发展观的核心是以人为本。把以人为本的理念贯彻落实到政治体制改革中,就是要以保障公民权利为基准推进民主成长。马克思主义认为,民主的发展过程本质上就是人的解放过程,使个人摆脱外在的束缚关系,成为自由而全面发展的人,最终实现人的政治解放、经济解放、文化解放和社会解放。从现代民主的成长逻辑看,民主必须首先满足个体获得自主权利的要求,从追求个体的自由与独立开始。只有平等地尊重和保障每个公民享有的权利,拥有权利的社会个体的独立和自主才具有稳固的社会基础和制度保障。

其二,培育公民社会以为人民民主之基础。现代公民社会理论认为公民社会与政治国家不是"零和博弈"而是"正和关系",公民社会与国家的相互渗透、相互参与,合作、互补。不容置疑的是,民主的成长需要培育一个强大的公民社会作支撑,尤其是在当前中国社会仍然处于"总体性结构"之际。民主的核心价值是制约权力,保障权利。公民社会对民主的支撑主要在于以权利制约权力。公民社会组织将分散的个人资源和能量聚集在一起,使民间的零散呼声凝结为团体诉求,有效地实现对权力的监督,从而对国家权力机构及政府官员构成强大的社会压力,使国家权力必须对法律和公众的意愿负责。可见,现代民主的成长,不仅体现为国家层面的民主制度的确立,更重要的是体现为正确地确定个人、社会与国家之间的相互关系的性质,体现为公民社会的发育和成熟。

其三,以党的依法执政保障人民民主。人民当家作主、党的领导、依法治国是中国特色社会主义政治发展的本质特征。当代中国民主发展的基本路径是扩大党内民主带动人民民主。以党内民主带动人民民主,实现党的主张、国家意志和人民利益相统一,两者的连接点均在于党的执政方式创新。党的十六大曾指出,改革和完善党的领导方式和执政方式,"这对于推进社会主义民主政治建设,具有全局性作用"。执政党掌握着国家公共权力,依法执政对执政党的法律约束,实质上就是对公共权力的约束。执政党以宪法和法律为准绳,善于把党的主张经过法定程序上升为国家意志,从而保证公共权力始终做到情为民所系,权为民所用,利为民所谋。

中国共产党是新中国的缔造者和中国特色社会主义道路的创立者。作为当代中国的领导党和执政党，也是历史周期率的具体承担者。历史周期率能否在当代中国重演，关键还是在于党的建设和执政。科学发展观是中国共产党科学执政的伟大纲领。贯彻落实科学发展观，全面推进经济建设、政治建设、文化建设、社会建设、生态文明建设以及党的建设协调发展，充分依靠广大人民群众的支持和拥护，就一定能够跳出和打破历代统治王朝人亡政息的历史周期率。

（第一作者：中共广西自治区委党校马克思主义研究基地教授）

孔子、老子的“信”对建设和谐社会的启示

谢永鑫

胡锦涛总书记在十七大报告中指出：“中华文化是中华民族生生不息、团结奋进的不竭动力。要全面认识祖国传统文化，取其精华，去其糟粕，使之与当代社会相适应、与现代文明相协调，保持民族性，体现时代性。”老子和孔子是春秋时期最伟大的思想家，他们开创的道家学派和儒家学派对中华民族的共同文化及共同心理素质的影响极为深远。老子与孔子都强调“信”，这是他们留给我们的智慧资源之一。在《说文》中，“信”从人言，与诚互释；《白虎通·情性》也指出：“信者，诚也。专一不移也。”古代汉语的“信”用现代汉语表达，包含着诚实、信用、相信、信任的意思。其中，诚信是个体自觉选择的一种生活方式，既不自欺也不欺人，身心和谐，言行一致；信任是一种态度，相信某人的行为或周围的秩序符合自己的愿望。诚信与信任是构成人类社会关系最基本的因素。“没有信任这样东西，人类社会根本就不会存在……信任是社会生活一个必不可少的先决条件”。孔子和老子的“信”其侧重点不同，但在内涵和功能上又是互补的。

一、“信”：言与行的结合

儒家学问的中心问题是“为仁”，也就是如何成德，如何使一个人作为人能够成为人的问题。孔子认为在道德与政治领域，言之不难，惟行为难，所以他以行不及言为可耻，高度重视语言与行为之间的一致性。他说：“古者言之不出，耻躬之不逮也”（《论语·八佾》下引《论语》，只注篇名）；君子要“先行其言而后从之”（《为政》）。“信”是言和行之间的连接点，孔子对“信”极其重视，把“信”当作门下弟子的一门必修课，“子以四教：文、行、忠、信”（《述而》）。在《论语》中，“信”字共出现38次，是使用频率较高的实词之一，而且在大多数语境中，都是作为伦理道德范畴来运用的。孔子论“信”主要有三个方面的内容。

首先，孔子认为，“信”是士、君子等有德之人所必须具备的品质之一。这主要是从主体的角度讲，认为主体的行为要诚实讲信用，才能值得信任。孔子多次强调要“主忠信”（《学而》），“言忠信，行笃敬”（《卫灵公》）。对此程子阐释道：“人道惟在忠信，不诚则无物，且出入无时，莫知其乡者，人心也。若无忠信，岂复有物乎？”这就是说，有志者要以忠诚信实为主。而“信”应该从对自己诚实开始谈起，这是根本。孔子告诫学生道：“弟子入则孝，出则悌，谨而信，泛爱众，而亲仁，行有余力则以学

文”（《学而》）。意思是说，年轻人一定要有言语谨慎、诚实可信的品德。孔子大声疾呼：“人而无信，不知其可也。大车无輗，小车无軏，其何以行之哉”（《为政》），把“信”当作立身行事的基本条件。其弟子子夏说：“与朋友交，言而有信”（《学而》）；另一个高徒曾子也以“与朋友交而不信乎”作为每天自我反省的内容之一。由此可见，信是个体人格修养的重要内容。

其次，孔子认为，“信”是人际交往的原则之一，具有一种崇高的价值。这主要是从主体间关系的角度说的，是指朋友之间要相信、要信任。孔子指出交友的原则是：“友直、友谅、友多闻，益矣”（《季氏》）。《说文》：“谅，信也。”友谅，即以诚信者为友。孔子的志向是：“老者安之，朋友信之，少者怀之”（《公冶长》）。对老者、少者这些弱势群体，要加以关怀和照顾；而朋友之间，也就是平等主体之间的交往，则要使人与人之间能够相互信任。可见，信任是孔子描绘的理想社会蓝图中最基本的要素。孔子自述知人的方法是：“始吾于人也，听其言而信其行；今吾于人也，听其言而观其行”（《公冶长》）。就是说信任别人的前提条件是对方要言行一致，要守信。孔子对于不守诚信之道者是非常鄙视的，他说：“狂而不直，侗而不愿，悾悾而不信，吾不知之矣”（《泰伯》）。

再次，在政治领域，孔子充分论证了执政者诚实守信的重要性。子曰：“道千乘之国，敬事而信，节用而爱人。使民以时”（《学而》）。“信”是治国的五要素之一。“子贡问政。子曰：‘足食，足兵，民信之矣。’子贡曰：‘必不得已而去，于斯三者何先？……曰：‘去食。自古皆有死，民无信不立”（《颜渊》）。孔子认为治国的三个关键因素是粮食、军队以及人民对政府的信心和信任。他又进一步把诚信视为政府应高于且优先于经济发展和武力强大的首要目标，足见诚信和信任对于统治者和社会的重要。为什么诚信对于政治有如此重要的作用呢？因为孔子主张统治者与民众是风行草偃的德化关系，“子欲善，而民善矣。君子之德风，小人之德草，草上之风，必偃”（《颜渊》）。他指出，“上好信，则民莫敢不用情”（《子路》）。民众的诚信是以执政者的诚信为前提的。管理者如果讲求信用，那么，民众就没有不把真实情况讲出来的。当子张问仁于孔子时，孔子说：“能行五者于天下，为仁矣，……恭宽信敏惠，……信则人任焉”（《阳货》）。可见，信是“仁”的必然要求和外部表征之一。子夏曰：“君子信而后劳其民，未信则以为厉己也。信而后谏，未信则以为谤己也。”这是说一个人无论是和上级交往还是管理下级，相互之间的信任都是和谐相处的前提。总之，孔子认为，治国的根本是百姓信任政府，政府是否取信于民是政府存在的合法性的根据。这一层意义的“信”，是儒家为政思想的一个重要内容，涉及到公权力的合法性问题。这正如当代美国哲学家、社会学家福山指出的：“社会资本可以简单地定义为一个群体之成员共有的一套非正式的、允许他们之间进行合作的价值观或准则。”“一旦社会资本被耗尽，则需要花费几百年的时间才能将其补充起来，如果还能补充的话。”

复次，孔子认为，信虽然重要，却必须从属于更高的价值规范——义。当子贡向孔子提出“何如斯可谓之士矣“的问题时，孔子把士分为三个层次，其中最低的层次是“言必信，行必果，硁硁然小人哉，抑亦可以为次矣”（《子路》）。这就是说，信还有一个通达权变的问题，要区分小信与大信。从这一角度出发，孔子提出“君子贞而不谅”（《卫灵公》）。贞，正也；谅，信也。贞而不谅，是说要讲正义，却不必讲小信。子曰：“君子义以为质，礼以行之，孙以出之，信以成之。君子哉！”（《卫灵公》）这是说君子之行事，在正义的基础上才能讲诚信。这和现代社会人际诚信不能违背法律和道德是同样的道理。孔子强调信与义的关系，而这正是传统人际信任如何向现代人际信任转化的关键之一，因为现代人际信任是建立在法律、道德的普遍原则之上，不只是传统熟人社会里一种基于习俗基础上的人际信任。

最后,孔子认为,学习也是实现“信”的前提之一。他说:“好信不好学,其蔽也贼”(《阳货》)。爱诚信,却不爱学习,容易被人利用,反而害了自己。他评价自己说:“十室之邑,必有忠信如丘者焉,不如丘之好学也”(《公冶长》)。这就是说,“信”也不能仅凭质朴的道德情感行事,以哥儿们义气行事,必须要以一定的知识和理性能力作基础。

二、“信”:天道与人道的结合

老子的创造性贡献在于以“道”为核心范畴创建了一套宇宙论体系,不过其思想的落脚点还是政治社会问题和人生问题。“信”字在通行本《老子》一书中出现15次。老子把“信”作为统一天道和人道的连接点,认为“信”是“道”的主要属性之一,分析建立人际信任的前提条件以及“信”与“言”的关系。

老子的“信”是贯通天人的中介。他说:“道之为物,惟恍惟惚。窈兮冥兮,其中有精;其精甚真,其中有信”(《老子》二十一章,下引《老子》,只注章序)。老子指出形上的道是恍惚无形的,但在深远暖昧之中,其中确是“有物”“有精”,这都说明了道的真实存在性。而“真”和“信”则是此一形上道体的根本属性。他把“信”与“道”结合起来,认为“道”之中就有“信”。这就既使“信”获得了哲学本体论的支持,又为“道”由宇宙论向人生论的落实找到了媒介。老子又说:“上善若水,水善利万物而不争,处众人之所恶,故几与道。居善地,心善渊,与善仁,言善信,正善治,事善能,动善时。夫惟不争,故无尤”(八章)。老子认为人的一切思想、活动都应该效法自然。他将水、道、上善之人三者的特性类比,认为水滋润万物而自身安静不争,这是信的表现,人应该效法水,说话善于遵守信用。这也说明老子的诚信思想来源于他的哲学思想。

老子的核心理念是自然无为,“自然”是自然而然,自己如此,无为是不妄为。诚信是无为的基础,无为又是达到诚信的条件。所以,与孔子肯定礼义对信的规范不同,老子反而批评人为的礼制使人与人之间的诚信与信任变得淡薄了。他说:“故失道而后德,失德而后仁,失仁而后义,失义而后礼。夫礼者,忠信之薄而乱之首”(三十八章)。郭店楚简《老子》甲组第1—2简也提出:“绝智弃辩,民利百倍;绝巧弃利,盗贼无有;绝伪弃诈,民复孝慈。”这都是说,人们愈是被知、巧、辩、利、伪、诈这些小知识、小聪明、小利益所左右,繁文饰礼,胡作妄为,越是会引起人们忠信品质的薄弱和社会的种种混乱。为了消除礼义给人们带来的负面影响,老子力图使人们忘掉是非,提出:“信者,吾信之;不信者,吾亦信之,德信”(四十九章)。守信的人,我信任他;不守信的人,我也信任他;这样可使人人守信。老子主张以诚信去对待一切人(无论守信者还是不守信者),其合理内核是,力求使诚信成为每个个体在“尊道而贵德”的自由生存中所不求而自得的结果。在这种社会环境宽松和乐,百姓生活自然自适的理想状态中,统治者不必要求使诚信成为一种普遍的人际交往规范,人与人之间自然会充满信任。

老子主要讨论了统治者与人民之间的信任关系。他认为,如果社会成员之间缺乏诚信,那首先是因为统治者做出了令人民不相信的事情。老子两次说:“信不足焉,有不信焉。”其中第十七章指出:“太上,不知有之。其次,亲而誉之。其次,畏之。其次,侮之。信不足焉,有不信焉。”最好的统治者,人民并不知道他的存在;其次的统治者,人民亲近他并且称赞他;再次的统治者,人民畏惧他;更次的统治者,人民轻蔑他。统治者的诚信不足,人民才不相信他。因此,统治者应该“悠兮其贵言”(十七章),慎重发号施令,要言而有信。老子又说:“善闭无关楗而不可开,善结无绳约而不可解”(二十七章)。统治者若与民有信,即使国家、百姓贮财的门、箱没有上锁,没有绳索捆绑,亦不会有人去打开。“是以圣人执左契,而不责于人。有德司契,无德司彻”(七十九章)。老子主张,统治者要施惠于民而不求回报,以德化民,而不要像掌管税收者那样苛责于民。

老子还注意到信任、诚信与语言的关系。他认为,“信言不美,美言不信”(八十一章),诚信的语言不华美,华美的语言不诚信;轻易许诺的人一定会失信。告诫人们要把诚信作为人生的基本行为准则。这可以从两个方面讲,一般意义上的漂亮语言往往是不可信的,正如今日商业社会的某些广告词一样。而那些是实话的批评性语言,往往是不中听的。第二是从老子哲学中“言”的主要意思——政令角度看,统治者说得动听的政令一般是不可信的。而那些质朴可信的政令又不那么中听、优美。他说:“夫轻诺必寡信。多易必多难”(六十三章)。轻易许诺的人一定会失信,告诫人们要慎言才能成信。

三、对建设和谐社会的启示

改革开放30年来,我国社会在政治、经济、文化和人们的价值观等各个领域都处于一个巨大的转型期中,道德滑坡、诚信和信任的缺失越来越成为制约我国社会健康发展的突出要素。近年来,无论是要求学生签订高考诚信承诺书,还是三鹿奶粉事件、山西疫苗事件、地沟油问题,以及频繁发生的各种群体性事件,都说明我国在社会、经济和政治等各个领域的人际信任问题都还比较突出。如果不能从源头上、根本上逐渐加以解决,将会降低人民对社会、政府的信任度,甚至会酝酿出严重的信任危机。

构建社会主义和谐社会是我国经济社会发展的必然要求,诚信友爱也是和谐社会的基本特征之一。在当今世界,人际信任已成为一个关涉政治、经济、法律、道德、社会风气等各个层面的大问题。福山将人际信任问题引入到经济学领域,认为信任的主要实质是源于人性基础之上的社会资本。在信息化时代,大规模的经济组织之间必须有人与人之间的信任。然而,“信任不会存在于集成电路之中,也不存在于光纤电缆中。……信任可以在一个行为规范、诚实而合作的群体中产生,它依赖于人们共同遵守的规则和群体成员的素质”。不过,“社会资本不可能仅靠个人的遵守来获得,它是建立在普遍的社会德行而非个人的美德的基础之上。这种具有社会性的社会资本比其它形式的人力资本更难以获得”。因此,一个社会或一个组织,要想获得“社会资本”,就必须有意识地建立人际间的信任,使人们习惯于群体的道德规范,并具有诚信、可靠等美德。在我国全面建设社会主义和谐社会的伟大实践中,充分重视当前中国社会现代化过程中的人际信任问题,可以为社会发展提供更好的润滑剂,减少社会磨擦与社会内耗,增强社会的凝聚力,从而在一个人口众多,人均资源相对匮乏的社会里,通过增加社会资本来弥补其它资源的相对不足。这既是一个道德问题,也是一个经济问题,同时也是一个政治问题。

2005年,胡锦涛总书记在《省部级主要领导干部提高构建社会主义和谐社会能力专题研讨班上的讲话》中指出:“我们所要建设的社会主义和谐社会,应该是民主法治、公平正义、诚信友爱、充满活力、安定有序、人与自然和谐相处的社会。”这说明构建和谐社会,不仅是政治和法律的事情,而且是道德伦理的事情。胡锦涛总书记提出的社会主义荣辱观中也指出:“以诚实守信为荣,以见利忘义为耻。”把诚实守信提到了社会道德价值观的突出位置。近年来,党和政府倡导“爱国守法、明礼诚信、团结友善、勤俭自强、敬业奉献”的公民基本道德规范,也把诚信作为公民道德的基本内容。这些都说明,诚信友爱是社会主义和谐社会的重要特征,也是构建社会主义和谐社会的基本要求。诚信友爱,就是全社会互帮互助、诚实守信,全体人民平等友爱、融洽相处。这是社会主义和谐社会的道德基础。诚信是人类社会一切道德的基础和根本,是做人做事和经济社会生活的一个基本道德规范,是调节人际关系、规范经济和社会生活秩序的一种重要的行为规范。诚信要求社会成员自觉遵守社会规则、规章制度和公共秩序,并按这些规范行事。

现代社会的人际信任是建立在现代化大生产的物质基础之上的，统一的市场与规范化的社会管理要求建立一个低度的、具有普遍适用性的伦理模式。要实现这一点，根本上是要依靠我们党坚持立党为公、执政为民的指导思想，党和政府不断提升自身的执政能力，加强法律建设和各项制度建设，在全社会大力弘扬社会主义核心价值观，加强公民道德建设。不过，对孔子、老子相关思想成果的创造性转化对于我们建立现代社会的人际信任关系也是一个不可或缺的主要资源。

中国先秦儒道的诚信思想，都始终强调以诚信为基础的个人身心之间、人与人、人与社会和人与自然的和谐发展。诚信与和谐是内在统一的，没有诚信的和谐是虚假的、表面的、暂时的和谐，以诚信为基础的和谐才是真实、持久的和谐。孔子和老子的"信"的思想既有共性，又有差别。他们都认识到信任是交换与交流的媒介，都论述了"信"的三层意思：一是说话要诚实，不说假话；二是要讲信用，重承诺；三是只有自己言而有信才能得到别人的信任。两人都重点讨论了执政者守信的极端重要性以及建立执政者与人民之间信任关系的药效途径。两者的不同点在于，孔子的信任思想运用"以'名'（共相）为本"的哲学方法论原则，论述了作为社会交往原则的"信"的价值。在他看来，诚实守信是关系着一个人人品高下与事业成败、一个政府与社会的兴衰存亡的根本问题。并把作为社会交往原则的信归属于"义"这一更高的范畴。老子则体现"以'自'（个体）为本"的路线，把信作为天道与人道的结合点，为信提供了"道"这一本体论的支持。可以说，以孔子为代表的儒家主要强调作为客观原则和行为规范的"信"的意义；以老子为代表的道家则从遵循"道"，即维护个体自由的立场出发，在批判现存社会秩序的同时提倡"不言之信"，以达到重构具有平等性的人际信任之目标。孔子和老子讲的"信"都并非只是君子的私德，同时也具有公共事务的伦理与品性。两者如鸟之双翼、车之两轮，具有原则和内容方面的互补性。

具体来说，老子、孔子的"信"对我们有三个方面的启示：一是要在社会中引导、提倡低度的人人都要遵守的以诚信为根本的伦理准则。二是要让每一个公民都自觉到自己是一个具有独立人格的个体，这有助于创造一个"我无为而民自化，我好静而民自正，我无事而民自富，我无欲而民自朴"的和谐社会。三是要高度重视各级领导干部在建立诚信社会中的示范和导向作用。正如毛泽东指出的，"政治路线确定之后，干部就是决定因素"。所有的政府行为都在影响着人民，社会信任度的大幅提高有赖于党和政府的率先垂范。总之，在给予现代阐释的基础上把儒道两家的信任思想结合起来，进行创造性转化，这对于我们在建设和谐社会的伟大事业中，建立有中国特色的、现代性的诚信观念和人际信任关系，是具有重要的启发和借鉴作用的。

（作者：许昌学院法政学院讲师、哲学博士）

深入贯彻落实科学发展观应把握的六个关键点

刘友忠

科学发展观是我国经济社会发展的重要指导方针，是发展中国特色社会主义必须坚持和贯彻的重大战略思想。深入贯彻落实科学发展观要按照解放思想、实事求是的要求，着力转变不适应不符合科学发展观的思想观念，着力解决影响和制约科学发展的突出问题，把科学发展观贯彻落实到经济社会发展的各个方面。当前，我国已进入发展的关键时期、改革的攻坚时期和社会矛盾凸显时期，既面临着前所未有的机遇，也面临着严峻的挑战。因此，深入贯彻落实科学发展观要深刻把握我国发展面临的新课题新矛盾，把握好关键点。只有如此，才能真正使科学发展观落到实处。

一、把握制高点：坚持党的基本路线，用马克思主义中国化最新成果武装广大党员干部

改革开放以来，我们党在总结历史经验和新的实践的基础上，逐步形成了党的基本理论、基本路线、基本纲领和基本经验，形成了一整套方针政策，这些都是我们做好工作的法宝。党的基本路线是党和国家的生命线，是实现科学发展的政治保证。以经济建设为中心是兴国之要，是我们党、我们国家兴旺发达和长治久安的根本要求；四项基本原则是立国之本，是我们党、我们国家生存发展的政治基石；改革开放是强国之路，是我们党、我们国家发展进步的活力源泉。深入贯彻落实科学发展观，必须始终坚持"一个中心、两个基本点"的基本路线，坚持把以经济建设为中心同四项基本原则、改革开放这两个基本点统一于发展中国特色社会主义的伟大实践，任何时候都决不能动摇。

科学发展观是马克思主义关于发展的世界观和方法论的集中体现，是对马列主义、毛泽东思想、邓小平理论和"三个代表"重要思想的继承与发展。因此，深入贯彻落实科学发展观，就必须全面地、准确地理解和掌握马克思主义的精神实质，将其融会贯通。一切教条主义、本本主义、经验主义，都是与马克思主义相背离的，都是不符合客观实际的。深入贯彻落实科学发展观必须坚持将马克思主义与我国建设和发展的实际相结合，一切从实际出发，实事求是，以最新理论成果武装全党特别是武装党的各级领导干部，以最新理论成果指导工作实践。为此，在新的历史时期，我们必须要以毛泽东思想和中国特色社会主义理论体系武装全党。党员特别是党的各级领导干部要提高理论洞察力，提升理论素养，努力掌握马克思主义中国化最新成果，这样才能用科学的马克思主义发展观指导实践。

二、把握出发点：坚持以人为本

科学发展观把以人为本作为核心，认为坚持以人为本，就是坚持以最广大人民的根本利益为本，就是坚持发展为了人民、发展依靠人民、发展成果由人民共享。在科学发展观的理论体系中，以人为本的"人"，是指最广大人民群众，在当代中国，就是以工人、农民、知识分子等劳动者为主体，包括其他社会主义建设者等社会各阶层在内的广大人民群众；以人为本的"本"，就是根本，就是出发点和落脚点，就是最广大人民的根本利益。

以人为本，就是要从人民群众的根本利益出发谋发展、促发展，不断满足人民群众日益增长的物质文化需要，切实保障人民群众的经济、政治和文化权益，让发展的成果惠及全体人民。坚持以人为本，就是要尊重人、理解人、关心人，就是要把不断满足人的全面需求、促进人的全面发展，作为发展的根本出发点。以人为本体现了中国共产党立党为公、执政为民的本质要求。人类生活的世界是由自然、人、社会三个部分构成的，以人为本的发展观，从根本上说就是要寻求人与自然、人与社会、人与人之间关系的总体性和谐发展。《人民论坛》杂志社 2008 年开展了"当前领导干部应当树立的十大新观念"大型社会调查活动，面向全社会征集筛选列出 40 个备选观念，遴选了四类群体即网友、党政干部、专家学者、一般群众。调查结果显示，在所调查的群组中，"科学发展、构建和谐"，"以人为本、以民为先"居于前列，分别占党政干部的 57.25% 和 43.31%，专家学者的 52.5% 和 79.1%，群众的 60.49% 和 67.72%，

网友的55.9%和59.5%。这说明社会对科学发展观获得了高度共识,特别是"以人为本、以民为先"更成为人们心目中实现科学发展的最核心的观念。马克思主义的科学发展观之所以是科学的,就在于它把以人民为本作为自己的出发点。

第一,坚持以人为本,才能更好地处理人民内部矛盾。随着我国改革开放的深入推进,经济社会的快速发展,人民内部矛盾也不断出现新情况、新变化、新特点,各种经济利益矛盾也凸显出来。在社会利益关系日趋错综复杂的今天,必须以事关人民群众根本利益的全局利益、长远利益、整体利益为重。同时,应更加重视和努力兼顾合法合理的局部利益、眼前利益和个体利益,妥善解决改革中因利益调整引发的各种社会矛盾,正确处理眼前利益与长远利益、局部利益与整体利益、具体利益与根本利益的关系,让发展的成果惠及全体人民。只有坚持以人为本,从尊重、理解、爱护和关心人的角度出发想问题、办事情、做工作,相信群众、依靠群众、为了群众,才能摸清人民内部矛盾的症结,找到化解的办法。

第二,坚持以人为本,才能更好地激发人们的创造活力。从根本上说,社会的创造活力来自社会生产力的发展。社会主义的优越性在于自身发展过程中能够不断地解放和发展生产力,增强社会主义国家的综合国力,使人民的生活日益改善,最终实现共同富裕。这个过程本身就是一个生生不息、永不停顿的过程,一个不断发展、充满创造活力的过程。而先进生产力是由具有先进素质的人创造出来的。工人阶级和广大劳动人民是发展先进生产力和先进文化的主体,同时又是先进生产力和先进文化发展的最终受益者。只有坚持以人为本,把人民群众的利益追求作为发展的立足点与出发点,让各阶层的人在改革开放和现代化建设中都得到实实在在的好处,使一切有利于经济社会进步的创造愿望得到尊重、创造活动得到支持、创造才能得到发挥、创造成果得到肯定,才能最广泛最充分地发挥一切积极因素,动员和组织广大人民群众投身于建设中国特色社会主义伟大事业,激发各行各业人们的创造活力,形成全国各族人民各尽所能、各得其所、和谐共处的局面。

第三,坚持以人为本,才能真正实现好、维护好、发展好最广大人民的根本利益。必须着眼于"最广大人民"和"根本利益"这个前提,在战略谋划中一定要始终坚持人民的全局性利益、整体性利益、长远性利益至上的原则,决不能局限于为少数人的、局部的和眼前的利益进行谋划。要把握好实现好、维护好、发展好人民利益的要求。实现好人民的利益,就是要求在实践中注意战略规划、政策措施可行性的同时,还要充分利用已有条件尽可能地解决和满足好人民现实的根本利益需求;维护好人民的利益,强调的是政策的稳定性和制度的保障性,就是要通过各种政策、制度和措施尽可能地巩固好党与人民共同创造的已有的利益成果;发展好人民的利益,强调的是发展性和持久性,就是要根据时代的发展和社会的进步,立足高远,通过科学预测为不断满足人民群众日益增长的物质文化利益需要规划好发展蓝图,并创造条件促进科学发展,与时俱进地提高人民的生活质量和水平。在战略实施阶段,要把实现好、维护好、发展好最广大人民的根本利益这个出发点转变为落脚点。

三、把握立足点:把发展作为执政兴国的第一要务

科学发展观的第一要义是发展。贯彻落实好第一要义,就必须着眼于把发展作为执政兴国的第一要务。第一要义,是从科学发展观的内涵及理论建构层面强调的,指的是在科学发展观这个理论体系中发展是最重要、最关键的内容和观点。第一要务,是从实际工作任务方面强调的,指的是在党所面临的各种繁重任务中,发展处于首要的中心的地位。深入贯彻落实科学发展观,只有抓好发展这个第一要务,才能落实好第一要义。

首先，要准确理解“发展”的科学内涵，以科学的发展理念谋划发展。科学发展观所讲的“发展”，从最基本含义上讲，是指一个国家或社会由落后的不发达状态向先进的发达状态过渡与转化。从结构来看，是指经济、政治、文化、社会的全面发展，物质文明、政治文明、精神文明、生态文明的协调发展；从价值取向来看，是以经济建设为中心、以强国富民为取向、以全面建设小康社会进而实现社会主义现代化为目标的发展；从效果来看，是经济效益、社会效益和生态效益相统一的可持续发展。其中发展的基础是经济发展，发展的终极目标是实现人的全面发展。要克服贯彻落实中的片面性，必须从理论上真正明确发展的科学内涵，以科学的发展理念谋划发展，这样才能推进科学的发展。

其次，要遵循客观规律，促进国民经济又好又快发展。十七大报告明确指出，要“更好实施科教兴国战略、人才强国战略、可持续发展战略，着力把握发展规律、创新发展理念、转变发展方式、破解发展难题，提高发展质量和效益，实现又好又快发展”。报告在这里既为我们指明了发展的目标要求，又指明了实现科学发展的根本路径，实际上是对加快经济建设、促进国民经济又好又快发展的规律性的总结。在新的历史起点上要把握深入贯彻落实科学发展观的着眼点，领导科学发展，关键就是要按照十七大报告提出的要求，遵循客观规律谋划发展、促进发展，在发展中实现快与好、速度与质量、效率与效益的统一。

再次，要坚持与时俱进，创新发展思路。创新发展思路，是一个以观念创新为前提，以思维创新为条件，以体制机制创新为保障，以开创新局面为目标的艰苦的创造过程。它要求我们：一要树立勇于探索、敢为人先的大无畏革命精神。创新发展思路，是对一些现有理论和实践的科学超越，是对某种利益格局的勇敢突破，因而难免遇到传统观念和习惯势力的抵制和反对。如果患得患失、畏首畏尾，不敢去试、去闯，担心失去名利、权位，思想就不可能解放；如果没有敢为人先、敢于突破传统、敢于探索的大无畏革命精神，一切照老办法干，照老路子走，就不会有新思想、新理论、新办法。二要坚持创新思维。创新思维是创新发展新思路的关键。在思维方式上，要坚持思维的多样性和超常性，在勇于破旧立新过程中不断拓展思维空间。在思维方法上，要坚持战略思维，着眼于全局、着眼于未来、着眼于长远。善于站在时代的高度、战略的高度审时度势，把握事物发展的趋势，主动推行变革。大胆创新是我们实事求是地认识世界和改造世界所必不可少的前提条件。大胆创新与实事求是是紧密联系的，体现着主观与客观、认识与实践的辩证统一。回溯中国特色社会主义发展的历程，我们不难发现，每一项改革事业的成功，都是我们坚持实事求是的思想路线，坚持从实际出发，从中国的国情出发才取得的。而这种坚持又与敢于创新有着密不可分的联系。没有思想的解放，没有敢于创新的精神，是很难做到实事求是的。

四、把握着眼点：贯彻统筹兼顾的根本方法

科学发展观把全面协调可持续、统筹兼顾作为基本要求和根本方法，确保了人民群众眼前利益与长远利益、局部利益与整体利益有机统一。

统筹兼顾是我们党在长期社会主义建设实践中形成的重要历史经验，是我们处理各方面矛盾和问题必须坚持的重大战略方针，也是我们党一贯坚持的科学有效的工作方法。党的十六大以来，以胡锦涛为总书记的党中央适应新形势新任务，进一步发展了统筹兼顾的战略思想。强调在现代化建设进程中，要统筹城乡发展、统筹区域发展、统筹经济社会发展、统筹人与自然和谐发展、统筹国内发展和对外开放，使各个方面的发展相适应相协调。党的十七大把统筹兼顾作为科学发展观的根本方法，进一步提出统筹中央和地方关系，统筹个人利益和集体利益、局部利益和整体利益、当前利益和长远

利益，统筹国内国际两个大局，形成了科学发展观关于统筹兼顾的丰富内容。

我们要切实把握统筹兼顾这一基本方法，并使之转化为各级领导干部的思维方式和工作方式，必须打好马克思主义世界观和方法论基础。胡锦涛指出："深刻领会和准确把握科学发展观的科学体系，要求我们必须认真学习马克思主义哲学。"要更加自觉地运用统筹兼顾的根本方法，同样需要学习马克思主义哲学。这就要坚持解放思想、实事求是、与时俱进，善于用全面的、联系的、发展的观点认识和解决经济社会发展中的问题。要牢固树立人民群众是历史创造者的观点，充分发挥人民群众的积极性、主动性、创造性，始终把人民群众的根本利益放在首位。要联系实际，有的放矢，通过提高马克思主义哲学素养，增强从统一中把握对立、从对立中把握统一和从各个方面分析事物、处理矛盾的能力。

正确认识和妥善处理现代化建设中的重大关系，是坚持统筹兼顾的必然要求。我们要坚持统筹全局、兼顾各方，把现代化建设各领域各环节统筹好、协调好，把社会各阶层各群体的利益关系统筹好、协调好，认真考虑和对待各方面的发展需要，正确反映和兼顾各阶层各群体的利益要求，充分调动全社会全民族的发展积极性、主动性、创造性，在大力推进经济建设的同时促进政治建设、文化建设、社会建设共同发展。

五、把握着力点：转变经济发展方式

转变经济发展方式是贯彻落实科学发展观过程中具有决定意义的关键性因素。改革开放以来，我国经济发展突飞猛进，经济的快速增长举世瞩目，但是经济增长的方式主要是依靠增加投入、扩大投资规模来实现的，导致生产要素利用效率低、资源环境代价大，经济整体素质不高，竞争力不强。主要表现在：经济增长仍然以投资和出口拉动为主，消费的拉动作用还没有充分发挥；第二产业在经济增长中仍占绝对优势，第三产业的增长值占国内生产总值（GDP）的比重及对经济增长的贡献率还不高；经济增长仍是以大量消耗能源资源来实现的，而且大量消耗的能源资源主要是不可再生矿物资源。这些都成为制约我国经济进一步增长的约束条件，而只有加快转变经济发展方式，才能破解我们经济发展中的矛盾和难题，实现科学发展。

思想是行动的先导，转变经济发展方式总是与观念的转变和思想的解放直接或间接地联系在一起的。我们要深入贯彻落实科学发展观，就必须认真分析阻碍转变经济发展方式的旧观念，把我们的思想从不适应、不符合科学发展观要求的旧观念中解放出来，以思想的解放带动经济发展方式的转变，从而实现经济又好又快发展。2010 年 2 月 3 日，胡锦涛在省部级主要领导干部专题研讨班开班式上强调"要紧紧抓住历史机遇承担起历史使命，毫不动摇地加快经济发展方式转变"。今年"两会"期间，胡锦涛在看望政协委员和参加多个代表团审议时，再次对加快经济发展方式转变作出"动员"。在现阶段，针对我们的深层次矛盾和问题，转变经济发展方式，必须在以下几个方面进一步解放思想：一是从片面追求发展速度越快越好的观念中解放出来。不能把"发展就是硬道理"片面理解为速度就是硬道理。虽然从我国国情出发，一些欠发达地区经济发展必须有一定的速度作为基础和前提，但是在经济增长方式仍然比较粗放的前提下，过快的发展必然是以牺牲环境为代价，必然导致吃子孙饭、断子孙路，这样的经济增长是与科学发展观的要求背道而驰的。二是从传统的追求数量和规模的思维范式中解放出来。要在追求经济增长的同时，更加注重经济结构的优化和经济质量与效益的提高，更加注重环境和生态，更加注重发展成果惠及全体人民，更加注重为子孙后代留下发展空间，真正把为发展而发展的物质化的发展观转变到以人为本的科学发展观上来。三是从既有的经济发展路径依赖中解放出来。长期以来，我们的经济增长主要依靠高投入、高耗能、高产值的路径，转变经济发展方式必须从这种路径依赖中突围出来，依靠科技进步，走自主创新之路，提高自主创新能力，使经济发展有后劲、可持续。

六、把握切入点：从群众最不满意的问题切入去破解难题

处理好改革发展稳定的关系是深入贯彻落实科学发展观、构建社会主义和谐社会的现实需要。构建一个既充满活力又保持稳定、既不断发展又能平衡各种利益关系的社会，是实现科学发展的根本前提和目标。要把协调利益关系作为维护稳定的切入点，把不断改善人民生活作为正确处理改革发展稳定关系的结合点，以改革求和谐、以发展促和谐、以稳定保和谐。认真研究新情况、新问题，开动脑筋，积极探索新形势下的新思路、新办法，把改革的力度、发展的速度和社会可承受的程度统一起来，切实从整体上把握改革发展稳定之间的内在关系，做到相互协调，相互促进，实现在政治和社会稳定中推进改革和发展，在改革和发展中实现政治和社会的长期稳定，这也是科学发展观的根本要求。

深入贯彻落实科学发展观、领导科学发展，要从群众最不满意的地方切入。这是因为群众最不满意的地方，大都是群众关注的热点、社会生活的难点，也可能是实际工作中的薄弱点或空白点。如果不及时妥善处理和解决，就会严重影响科学发展观的深入贯彻执行。民生、民意、民愿是检验发展状况的晴雨表，是考验领导干部领导发展水平的试金石。从群众最不满意的地方入手破解发展难题，不仅能在破解社会发展的难题时调动和激发群众投身改革开放和社会主义现代化建设的积极性，促进社会主义现代化建设事业的快速发展，同时还有利于促进其他各方面难题的破解。因为群众的积极性、创造性以及群众智慧的充分发挥本身就是破解各种发展难题的法宝。

在现阶段，群众普遍不满意的地方、矛盾集中和突出的问题，至少表现在以下几个方面：食品和住房价格增长过快，低收入群体的生活受到一定影响；就业总量过剩和结构性短缺继续同时存在；收入差距扩大趋势尚未扭转；劳动关系不和谐问题仍然突出；医疗卫生问题尚未根本改观，医患矛盾呈现增加之势；教育公平存在许多突出问题；涉及民生的环境污染问题增多，等等。能否解决好这些难题，是衡量我们落实科学发展观的测量仪。

（作者单位：安徽省安庆师范学院）

第十部分

党的建设、社会管理与领导科学研究

党的优良传统是我党我军的宝贵财富

张全景

总后的领导同志要我讲讲党的优良传统，这是个非常重要的问题。在新的历史条件下，继承、弘扬党的优良传统，对于提高党的执政水平，巩固党的执政地位，更好地经受市场经济的考验，又好又快地建设中国特色社会主义，具有重要意义。

今天见到大家，感到非常亲切。回顾我参加工作的过程，可以说就是从后勤工作开始的。1946年，我在区里搞征公粮，收柴草，动员群众参军支前（抬担架、推小车、赶大车），这不都是后勤工作嘛！

军队的后勤工作，是克敌制胜的物质保证。古今论兵用兵者，无不注重后勤。“兵马未动，粮草先行”，就是指战前的后勤准备。我军后勤工作是随着人民军队的诞生而同步发展壮大起来的。井冈山斗争时期，毛主席写过一首词：《西江月·井冈山》，其中一句“黄洋界上炮声隆，报道敌军宵遁。”这一炮是谁打的呢？就是后来有我军“后勤之父”美誉的杨至成上将打的。杨至成是贵州侗族人，黄埔军校毕业后，在贺龙的部队工作，参加了南昌起义，后随朱德、陈毅上了井冈山。黄洋界保卫战时，他负责军队后勤和前后方联络工作。当他看到敌人炮火炸毁了我军工事，形势非常危险时，突然想到湘南起义缴获过一门迫击炮，急忙拉上来，只有三发炮弹，头两发都是哑弹，第三发打中了敌军指挥部。敌人以为红军主力回来了，慌忙撤退。红四军转战闽赣时，他也是做后勤工作。红军在上杭打了一个大胜仗，缴获6万大洋，送给在上海的党中央2万元，每个战士发了2元津贴，拿出500元到大柏地还账。同时确定统一红军服装，由杨至成操办，共做了4000套。当时，适逢列宁去世5周年，就把红领章加了黑边。红军换装后，毛泽东对朱德说：军长啊，你看至成把战士打扮得多么漂亮，个个威武雄壮。杨至成还参加了长征。他在长期的军事生涯中，很长时间从事后勤工作，功勋卓著，曾任总后勤部副部长，1955年被授予上将军衔。1957年，毛主席专门请他吃饭，他不好意思。毛主席却风趣地说：你管我吃了几十年饭，我只请你吃一顿饭嘛！我之所以讲这么一个片断，主要是觉得这是整个后勤系统的光荣。我军后勤保障工作在国内革命战争的各个历史时期，在抗美援朝、抗美援越的战争中，为保障战争胜利，发挥了巨大作用，涌现出一大批可歌可泣的英雄人物，令人钦佩，值得学习。像吴运铎，在试制枪弹中多次受伤，失去了左眼、左手，右腿致残，仍奋斗不懈，被誉为中国的保尔·柯察金。李国安任给水团长13年，跋涉24800公里，打井580余眼，被誉为“草原水神”。

中国共产党走过了近90年的历程。这是波澜壮阔、天翻地覆的历程，是在崎岖道路上披荆斩棘、开拓创新的历程，是从失败走向胜利的历程。我们党在长期革命斗争和建设实践中，积累了丰富经验，形成了自己独特的优良作风。例如，理论联系实际、密切联系群众、批评自我批评的作风，坚定正确的政治方向，为无产阶级事业拼搏不止的作风，自力更生、艰苦奋斗、英勇顽强、不怕牺牲、不怕疲劳的作风，机动灵活、团结紧张、严肃活泼的作风，等等。这些优良作风，是由我们党和人民军队的性质所决定的，是在实现党的历史使命中，在艰难困苦甚至是付出血的代价中换来的。我们要珍惜党的优良作风，弘扬党的优良作风，充分认识作风问题是关系党的生死存亡的问题，把党的优良作风世世代代传承下去，并且紧密结合新形势新任务，不断发扬光大。

一、坚定共产主义理想和中国特色社会主义信念

理相信念问题，是一个根本性问题。它关系到我们举什么旗帜、走什么道路，关系到党和国家的前途命运，关系到全民族的兴衰。坚定的共产主义理想和中国特色社会主义信念是无产阶级世界观的核心，是共产党人党性的集中体现，是我们正确认识世界、改造世界的行动指南。中国人民解放军是党的军队、人民的军队、社会主义国家的军队，肩负着实现党的历史使命的光荣任务，有无坚定的理想信念，关系到国家安危。要保持人民军队的根本性质，胜利实现党的历史使命，必须用共产主义和中国特色社会主义理想信念，教育广大指战员。现在，有的同志忘记或者淡化了理想信念，说什么“理想理想，有利就想”、“前途前途，见钱就图”，走向贪污腐化；有的甚至公开辱骂、丑化共产党，这样的党员是徒有其名的背叛者。理想信念的动摇是最危险的动摇，理想信念的丧失就是政治生命的完结。

坚定理想信念，首先要正确认识资本主义必然灭亡、社会主义必然胜利是人类社会发展的客观规律。马克思、恩格斯早就指出：“资产阶级的灭亡和无产阶级的胜利是同样不可避免的。”这一基本判断不是他们的主观臆断和猜测，而是以唯物史观分析人类社会历史发展规律得出的科学结论，是不以人的意志为转移的。我们在这一点上不能动摇，不管遇到什么困难，在什么情况下，都要坚定不移，都要充满信心。资本主义必然灭亡，社会主义必然胜利，是社会化大生产与生产资料私人占有的矛盾不可调和的结果。社会化大生产的基本要求是从社会的整体角度配置资源、分配产品，然而，在资本主义生产体系下，生产资料和绝大部分社会财富被少数资本家所占有。这一矛盾是资本主义制度体系的根本矛盾，与资本主义制度相伴始终。生产越发展，矛盾越突出。马克思、恩格斯正是在深刻分析资本主义社会这一内在矛盾的基础上，得出资本主义必然灭亡、社会主义必然胜利的科学结论的。解决这一矛盾，只有推翻资本主义制度，消灭生产资料的资产阶级私人占有制，建立起与社会化大生产相适应的公有制经济基础及其社会主义基本社会制度，才能从根本上扫除生产力发展的障碍，逐步实现社会财富的充分“涌流”和人的全面自由发展。战后，资本主义国家虽然接受了过去的教训，对工人阶级采取了一些福利政策，以缓和社会矛盾，但没有也不可能从根本上解决问题。资本主义社会矛盾的彻底解决，只能是“剥夺剥夺者”。工人阶级在争取解放的斗争中，不管经历多少挫折、困难，多长时间，最终胜利是必然的，我们要坚定信念。美国先后发生的次贷危机、金融危机、经济危机，严重影响世界经济。资本主义制度自二战以来遇到了最为严重的危机。这正是我们进行理想信念教育的良好时机。要通过对金融危机的分析，认识资本主义的实质。

坚定理想信念，要牢记苏东剧变的惨痛教训，深入持久地抓好理想信念教育。建设中国特色社会主义，最终实现共产主义，必须紧密联系实际，加强思想教育和意识形态领域的工作。苏共失败的一个重要原因，就是在思想理论和意识形态领域背离了马克思列宁主义，使全党失去了正确的理论指导，造成党内外思想的混乱和社会政治动荡。从赫鲁晓夫到戈尔巴乔夫，否定苏共历史，否定斯大林，推行“全民党”、“全民国家”和“民主的人道的社会主义”，从思想上解除了苏共和苏联人民的武装，为反苏、反共、反社会主义的舆论开了绿灯。特别是戈尔巴乔夫时期，报刊、电视、广播、网络等媒体以及小说、戏剧、电影等，全部加入反共、反苏大合唱，美化资本主义，把列宁、斯大林领导下的社会主义说得一无是处，造成严重的思想混乱，成为苏共失败、苏联解体的重要原因。为探讨苏东剧变原因，我曾到俄罗斯、德国考察，留下

深刻印象。现在,我们国内也有一些人攻击、污蔑毛主席,否定党的历史,否定社会主义革命和建设事业,对这股歪风一定要旗帜鲜明地据理批驳。毛主席的丰功伟绩、毛泽东思想深深植根于群众之中,有深厚的群众基础。毛泽东思想是历史唯物主义的,符合人民群众的根本利益,符合社会历史发展规律。当然,也需要后人继承、发展和创新。毛泽东思想可以从三个方面来理解:一是新民主主义革命理论,主要是武装斗争、农村包围城市、夺取政权;二是社会主义革命和建设理论,主要是实行生产资料公有制,全面进行社会主义现代化建设;三是巩固发展社会主义制度,防止"和平演变"的理论。毛主席在人民群众心中的地位越来越高,许多纪念活动有声有色。我今年到韶山,当地同志告诉我,前年到韶山旅游的人达300万,去年500万,今年可达700万。如何对待毛主席和毛泽东思想,如何评价前30年,是识别真假马克思主义的试金石,对我们是一个严峻考验。当然,我们是唯物主义者,并不讳疾忌医,我们正视犯过的错误和失误,关键是用什么样的立场、观点来认识和评价。回顾历史是为了汲取历史的经验教训,把握规律,把后来的事情办得更好。决不能以回顾历史为名,歪曲党的历史,玷污党的领袖,否认党的领导。要坚持实事求是、一分为二,全面正确地评价历史。要切实抓紧意识形态领域的工作,确保思想政治阵地牢牢掌握在党和人民的手里。

坚定理想信念,必须投身社会实践。在实践中学习,在群众中锻炼,经风雨、见世面,才能不断进步,不断提高。特别是年轻干部、青年官兵,更需要加强思想锻炼。要把实现远大目标同完成现实任务密切结合起来,在大目标统帅下,完成好现实工作。我们的全部工作都是朝着共产主义大目标的,如果忘记了这个大目标,就不成其为共产党员了;然而放松今日的努力,也就不是真正的共产党员了。只有把本职工作做好,脚踏实地、真心真意建设中国特色社会主义,才能胜利到达历史的彼岸。在学习实践中,要全面正确地理解邓小平关于党的基本路线一百年不动摇、"三个有利于"、社会主义制度的巩固和发展需要几代人、十几代人、几十代人的努力等重要论述,以指导我们的思想和行动。

坚定理想信念,必须保持高尚的精神境界和道德情操。高尚的情操是坚定理想信念的道德基础。理想信念的动摇常常是从"小节"开始的。"小洞不补,大洞受苦",一失足成千古恨。要从严要求自己,培养高尚的道德情操,对于共产党员来说,就是要增强党性,弘扬共产党人的正气。要"谨小慎微",在遵守社会公德、职业道德、家庭美德等方面做出表率,"勿以善小而不为,勿以恶小而为之。"要严格约束自己,做到慎独,在自觉上下功夫。"天网恢恢,疏而不漏","要想人不知,除非己莫为。"要遏制私欲,抵制形形色色的诱惑,"世路莫如人欲险,几人到此误平生。"私欲是个无底洞,必须予以遏制,任其膨胀,将会后患无穷。明代朱载育有一首《十不足》散曲,很值得我们借鉴。道德修养关键是一以贯之,长期坚守,像许许多多的模范人物那样,自我砥砺,毫不放松要求,不断有所进步。

二、弘扬理论联系实际的优良学风

坚持学习、善于学习是我党我军的优良传统和政治优势。我们党从成立的那一天起,就非常重视学习。特别是在延安时期,鉴于党在历史上"左"、右倾机会主义错误造成的血的教训,以毛泽东同志为首的党中央利用当时相对稳定的外部环境,号召全党认真学习马克思列宁主义,全党掀起了学习高潮。整风运动中,党中央专门成立了"总学委",由毛泽东负总责;各系统、各部门也建立了学习组织,主要负责同志亲自领导。中央高级干部划为10个学习组,毛主席亲自担任第一组组长。各单位和同志之间还开展学习竞赛。抗日战争后期,面对革命形势的新发展,党中央又一次号召全党加强理论学习。1945年,在党的七大上,毛主席要求广大干部认真学习《共产党宣言》、《社会主义从空想到科学的发展》等5本马列著作，为夺取中国革命的完全胜利奠定思想理论基础。在党的七届二中全会上，毛主席重提学习马列著作，并亲自审定了一套“干部必读”书目（“干部必读”4个字是他亲自加上的），共12种。

毛主席不仅重视全党的学习，而且更是坚持学习、认真学习的典范。他经常说要“活到老，学到老”。在延安的一次演讲中，他讲过这样一句话：“年老的也要学习，我如果再过十年死了，那末就学九年零三百五十九天。”事实的确如此。在他病危去世前的7个小时，只要稍一清醒，他就看书、看文件，计11种，2小时50分钟。长征途中，他丢弃了许多东西，但几部马列著作一直带在身边。延安时期，他和党的其他领导人一样，花大功夫学习。1947年转战陕北时，虽然战事频仍，但他依然携带了一些马列著作。建国以后，国事繁忙，也挤出时间坚持学习，对一些重要著作反复阅读。

要把学习研究中国特色社会主义理论体系作为重点。只有认真学习中国特色社会主义理论体系，才能坚持正确的政治方向，深入贯彻落实科学发展观，进一步繁荣发展中国特色社会主义。党的十七届四中全会《决定》提出了建设马克思主义学习型政党的任务，要求我们在思想理论和意识形态领域划清“四个界限”，首先是划清真假马克思主义的界限，这非常重要。党的十七届五中全会通过了“十二五”规划纲要，胡锦涛同志发表了重要讲话，我们要认真学习，全面贯彻落实。要把学习研究最新成果同学习研究“老祖宗”结合起来。毛泽东、邓小平、江泽民、胡锦涛等都曾强调“老祖宗”不能丢，我们要深刻领会。

马克思主义基本理论著作很多，内容非常丰富，怎样学习？我想特别强调几本最经典、最重要的著作。首先是《共产党宣言》和7篇序言，特别是1872年的序言，总共60多页，这是马克思主义成熟的标志性著作，是中国共产党建党的思想理论基础。许多老一辈革命家就是在读了《共产党宣言》之后，才从民主主义者转变为共产主义者的。王震同志说，《共产党宣言》他读了80至100遍。其次是恩格斯的《〈法兰西阶级斗争〉导言》和就这篇文章写给费舍和考茨基的信，总算起来也只有30多页。近年来，有人鼓吹“只有民主社会主义才能救中国”，并且诬蔑说恩格斯晚年放弃了无产阶级革命学说，是民主社会主义者，是和平长入社会主义的首倡者，中国革命斗争武装夺取政权是错的。并说恩格斯这篇文章列宁没有读过，中国领导人当年也没有读过。这纯属胡编乱造。恩格斯晚年根本没有放弃无产阶级革命学说，只要看看这篇原著，很容易弄清楚。他们说列宁没有读过，“根据”是这篇文章1930年才用俄文出版。但列宁早期在欧洲许多国家生活过，懂多种语言，究竟读没读过，不能单凭俄文版时间断定。说中国领导人没有读过，“理由”是该文1956年才用中文出版。这本身就是错的。这篇文章1942年就在延安出版了，建国前，东北、山东、武汉、上海等地大量印行，建国之初，人民出版社又大量印行，总印数达10万册之多。列宁的著作，可以先学《帝国主义论》、《国家与革命》，主要是为了认清时代，认清帝国主义基本特征。毛泽东的著作，可以首先学习《论十大关系》、《关于正确处理人民内部矛盾的问题》、《实践论》、《矛盾论》等，逐步做到全部阅读。许多老同志、青年人对毛泽东著作情有独钟，赵健民同志把《实践论》、《矛盾论》读了25遍。邓小平、江泽民、胡锦涛同志的著述，直接指导我们当前的实践，更需要认真学习，深刻理解，积极贯彻落实。

要把学习理论和研究解决实际问题相结合。学习理论一定要联系实际，加强对现实问题的分析研究，这样，理论才有感召力，才能入脑、入心。要联系中国革命和建设的实际，特别是两个30年的实际，认真总结经验教训。有人把前30年说得一无是处，这是错误的。前30年虽然有失误、有挫折，但那是在探索过程中发生的，并且得到了认真纠正。这一时期，新中国的工业、农业、国防、科技、文化等各方面都取得了重大成就,并为后30年的发展奠定了基础。改革开放以来,我国取得了世人瞩目的伟大成绩,要充分肯定。同时,也要看到存在的问题,例如,分配不公、社会道德水平下降、黄赌毒屡禁不止、生态环境破坏等等,有的问题的严重程度超过了建国以来的历史水平。但是,不能因为存在某些问题就否定改革开放。改革开放犹如走山路,"一山放过一山拦"。还要联系当今世情,认清全球化发展形势,认清社会主义运动形势,认清资本主义的形势特别是金融危机以来的形势,把握基本趋势,提高思想认识。对帝国主义的本质要有足够了解,他们"分化"、"西化"我们的图谋永远不会改变。胡锦涛同志在十七届五中全会上再次提出增强忧患意识,很值得我们深思。还要联系个人的思想实际,改造主观世界,做到学用一致。

提高学习质量的一个有效方法是发扬民主,敞开思想、畅所欲言,联系实际、充分讨论,不打棍子、不戴帽子、不抓辫子。

学习上要有紧迫感,立说立行。不管做什么事,只有抓得很紧,才能做好。抓而不紧,等于不抓。美国哲学家爱默生有一首诗:昨日不能唤回来,明日还是不实在,你能确有把握的,只有今日的现在。有的人怕苦怕累,以种种借口拖延学习,今天推到明天,今年推到明年,日复一日,年复一年,依然如故。在上世纪40年代,延安曾有一首打油诗,讽刺那些学习上的懒汉:"春日不是读书天,夏日南风正好眠。秋有蚊虫冬又冷,一心收拾待明年。"其实明年还不是这样吗?不立刻行动,永远学不起来。要发扬"钉子"精神,拿出钻劲和挤劲。学习贵在有恒,必须长期坚持,长流水、不断线。有一幅对联:"贵有恒,何必三更起五更眠;最无益,只怕一日曝十日寒",说得很有道理。

三、牢记全心全意为人民服务的宗旨

全心全意为人民服务是我党我军的根本宗旨。中国共产党从成立的那一天起,就把为最广大人民群众谋利益作为自己的奋斗目标。1944年,毛主席在张思德追悼会上发表了《为人民服务》的讲话,1945年,又在七大政治报告《论联合政府》中,深刻、完整地阐述了全心全意为人民服务的宗旨。他指出:"全心全意地为人民服务,一刻也不脱离群众;一切从人民的利益出发,而不是从个人或小集团的利益出发;向人民负责和向党的领导机关负责的一致性;这些就是我们的出发点。"从此,全心全意为人民服务就成为党的宗旨最简要、最精辟的表述。邓小平、江泽民、胡锦涛对实践为人民服务的宗旨,提出了富有针对性的措施,我们要始终不渝地贯彻执行。

唯物史观是树立为人民服务思想的前提。树立为人民服务的思想,必须加强唯物史观教育。只有懂得历史是群众创造的,才能更加自觉地坚持群众观点和群众路线,更加自觉地坚持党的宗旨。"人民,只有人民,才是创造世界历史的动力。"胡锦涛同志提出以人为本,就是建筑在唯物史观这一理论基础上的,与为人民服务的宗旨是一致的。

从党的历史实践中加深对党的宗旨的认识。我们党近90年的历程告诉我们:凡是成功和胜利,无一不是依靠群众取得的;凡遭受失败挫折,无一不是脱离群众的恶果。离开人民群众,我们寸步难行。什么力量最强?民众联合力量最强。在土地革命中,我们党领导了轰轰烈烈的农民运动,显示了在党的领导下人民群众联合起来的巨大力量。第二次国内革命战争时期,苏区群众把党和红军当亲人,用生命保卫革命成果。兴国县有一首山歌:苏区干部好作风,自带干粮去办公,日着草鞋分田地,夜打灯笼访贫农。这是一幅多么美好、和谐的干群关系画卷。当然,现在不能再那样要求基层干部。延安时期是我们党历史上党群关系最密切,党的群众路线执行得最好的时期之一。我们坚持正确的政治方向,全心全意为人民服务,赢得全国人民的拥护。毛泽东、刘少奇、周恩来、朱德、任弼时等中央领导同志和普通群众密切往来,过年过节互相走动，真正与老百姓打成一片。1947年，胡宗南侵犯延安，当时有些同志认为毛主席和党中央应该离开陕北，转移到河东去。毛主席说，哪里群众拥护，那里就最安全，决定"中央率数百人在陕北不动，这里人民、地势均好，甚为安全"。胡宗南当时有20万大军，我们只有2万多部队，最终却粉碎了敌人的进攻。解放战争时期，蒋介石先后有800万军队，有先进的装备，但由于人心丧尽，结果在我党领导的人民战争面前土崩瓦解。陈毅元帅说，解放战争的胜利，是人民群众用小车推出来的。进入社会主义革命和建设时期，我们也是依靠群众而不断地取得胜利的。我们要在广大党员干部、指战员中经常进行群众观点、群众路线和为人民服务宗旨的教育，任何时候都不要忘记我们是来自老百姓。

我非常留恋我党我军密切联系群众的好传统、好作风，对当年八路军、解放军密切联系群众的事迹记忆犹新，我自己就是在学习解放军的过程中成长起来的。去年，我到山东滨州（老渤海区）考察，专门请当地同志查出1947年渤海日报刊登的一篇通讯《王元寿访瞎牛》，故事发生在山西平泉县，讲的是王元寿如何联系群众，善于做思想工作的事。忆及当年干群关系的密切，非常感动。

树立正确的世界观、人生观、价值观，反对个人主义。坚持全心全意为人民服务，就应该不计较个人地位、名利，正确处理国家、集体和个人利益的关系。从总体上说，我们的党员干部保持着淡泊名利、不计得失的优良作风。但也要看到，有些人从个人利益出发，整天想着自己的"前途"、待遇、职务、薪水，想着为小团体谋利益。有的同志搞自我设计，现在干什么，几年后干什么，再过几年干什么，满脑子都是自己的名利、地位。我过去曾在一些会议上讲过：要多想为群众、为党做点什么，不应当计较自己的名利，许多烈士连名字都没有留下，有的人干工作几十年只是一般工作人员，怎么比？什么叫高，什么叫低，都是相对的。我对一些县委书记、县长说，如果从上向下看，你是基层，是低的；如果从下向上看，你又是十几万人、几十万人，甚至上百万人中最高的，这么大的舞台，还有什么不满足的？西安附近埋着60多个皇帝，我们能说上姓名的有几个？四川的都江堰2000多年了，都知道是李冰父子建的。战争年代的许多革命先烈和建设时期的许多模范人物，胸怀共产主义远大目标，一切为了人民的利益，把个人利益乃至生命置之度外，正所谓"砍头不要紧，只要主义真，杀了夏明翰，还有后来人"，用生命和热血铸就了我党我军全心全意为人民、甘于奉献的光荣传统。老一辈革命家向来淡泊个人名利。1954年初，中央任命张鼎丞同志为中组部代理部长。不久，他向中央提出：我刚从华东来，对各地干部不熟悉，请中央派个部长来，我做具体工作。后来中央决定由邓小平任中组部部长，他任第一副部长。不计名利、谦虚谨慎是张鼎丞同志一贯坚持的优良作风。1945年，党中央为了适应抗日战争胜利后的新局面，决定在苏皖地区建立华中军区，并电令张鼎丞担任军区司令员。接到中央电报后，他经过反复考虑，建议中央任命粟裕当司令员，自己当副司令员。中央同意了张鼎丞的建议。但粟裕也十分谦虚，他又电请中央恢复原来的任命，最后中央还是决定张鼎丞任司令员。这种高风亮节多么值得我们学习。现在有人正好相反，跑、要、买、卖，甚至杀人谋官，令人发指！

正确处理对领导机关负责和对群众负责的关系，把两者统一起来。贯彻上级指示要从实际出发，首先要想到群众利益，不能只看领导的眼色行事。要善于考察群众情绪，了解他们在想什么、盼什么，需要我们做什么。要千方百计满足群众的要求，眼前办不到的或者不合理的，要向群众解释清楚，绝大多数群众都是通情达理的。不能怕群众，更不能把群众当"刁民"。要正确处理人民内部矛盾，学会群众路线的工作方法，有事同群众商量，不能搞强迫命令、瞎指挥。《聊斋志异》中有一篇《梦狼》，深刻讽刺了只向上司负责，欺压群众的官僚，发人深省。

四、坚持实事求是的思想路线

坚持一切从实际出发，实事求是，是我党我军的优良作风。民主革命时期，毛主席写出一系列重要著作，指导人们把理论和实际结合起来，实事求是，正确开展革命斗争。改革开放以来，邓小平、江泽民、胡锦涛同志多次告诫全党，要坚持实事求是，解放思想，与时俱进。历史经验表明，不论是革命还是建设，只有实事求是，才能制定正确的路线方针政策，从胜利走向胜利。我们历史上的许多失误或严重错误，主要是违背了实事求是的原则造成的。近年来，有些地方发生重大生产安全事故、食品安全事故、群体性事件，原因之一就是没有实事求是。实事求是，说起来容易，做起来很难。但不管多么难，也必须坚持，其关键是要克服私心杂念，不怕个人利益受损失。

坚持实事求是，核心是要树立正确的思想方法、工作方法。建设中国特色社会主义道路是漫长的，情况复杂，会遇到种种矛盾和困难，只有坚持实事求是，说老实话、办老实事、做老实人，树立正确的思想方法、工作方法，才能把事情做好，把科学发展观落到实处。很多时候，工作失误的一个重要原因，就是思想方法、工作方法上的错误造成的。

坚持与时俱进，反对因循守旧。坚持与时俱进，反对因循守旧，是中华民族的优良传统，也是中国共产党人的优良传统。按照马克思主义的哲学观点，任何事物每时每刻都是发展变化的，永远不会静止、不会停顿。正确的思想是对实践的真实反映，必须随着实践的发展而发展，随着时事的变化而变化。中国特色社会主义事业是一项全新的事业，在前进道路上必然会遇到种种新情况新问题，需要我们不断发扬解放思想、与时俱进的思想作风，自觉把思想认识从那些不合时宜的观念、做法和体制的束缚中解放出来，从对马克思主义的错误的和教条式的理解中解放出来，从主观主义和形而上学的桎梏中解放出来，努力使主观和客观相一致，理论和实际相一致，做出更好的成绩。

坚持求真务实，反对弄虚作假。这是党的事业兴旺发达的重要保证。求真务实，是我们事业成功的保证；反之，必然会造成严重损失，这方面我们有过深刻教训。改革开放以来，我们党坚持一切从实际出发，用马克思主义的立场、观点、方法观察、分析和解决实际问题，各个方面都取得了巨大成就。但是，依然有人不讲党性，不是求真务实，而是弄虚作假。例如，有的搞经济建设不按客观规律办事，盲目追求产值；有的为了个人升迁，搞虚假“政绩”；有的故意掩盖工作失误，隐瞒实情，不向上级反映真实情况；有的对当地经济社会发展状况心中无数，想问题、作决策严重脱离实际，等等。这些思想、做法都是非常错误的，必须坚决杜绝。坚持求真务实，首先要全面了解事物的各个方面和来龙去脉，对事物的本来面目不了解，怎么求真呢？要提倡讲真话，反对讲假话。有的人弄虚作假，是上面压出来的，正所谓“压任务层层加码，马到成功；报成绩层层加水，水到渠成”；有的是因为私心杂念，想通过作假为自己捞好处。对弄虚作假的人要严肃查处，决不能让他们浑水摸鱼，更不能让他们从中得利。对讲实话、办实事的人，要大力宣传表扬，弘扬正气，反对邪气。要坚持群众路线，弄虚作假的人不管装扮得多么巧妙，总躲不过群众的眼睛。只要我们坚持群众路线，相信群众，依靠群众，就一定能够识别真假。

坚持全面性，反对片面性。全面地、历史地看问题，才能看到和抓住事物的本质，掌握事物的发展规律，如果是零星的、片面的、一知半解的，就掌握不了真实的全貌，就会犯简单化、片面性的错误。坐井观天，瞎子摸象，只能看到、摸到天和象的一部分，不可能是全部。艾思奇《大众哲学》中讲了一块招牌的故事，告诉我们看问题要全面看，前后左右、正面反面都要看。上世纪 50 年代“大跃进”中犯过的错误，其中一个重要原因，就是头脑发热、片面性。有些干部缺少历史经验，要加强教育。特别是对党史上的一些重大问题，要引导他们全面分析，用辩证的、历史的观点去看待，不要被某些人的一面之辞所迷惑。这方面的工作十分重要。如果我们不进行正确引导，有的同志对一些问题就可能看不准，甚至会被错误的思想所左右。我们做领导工作的同志，身上的担子很重。打铁先要自身硬，首先要把自己武装起来。

具体情况具体分析，反对简单化、绝对化。马克思主义的活的灵魂，在于具体情况具体分析。坚持具体情况具体分析，做工作时就不能搞“一刀切”，不能用一个模子去套。吴仁宝这个人大家可能都知道，江苏华西村的党委书记，名声很大。他们那里没有搞联产承包，有一次我问他为什么不搞，他说：中央规定是宜分则分，宜统则统，我们这里是宜统的。我还问他股份制怎么搞？他说，我这里要什么“制”有什么“制”，我反对的是“一家两制”。这就是具体情况具体分析，区别一般与个别。“一刀切”、“简单化”，不作具体分析，则是形而上学，没有不坏事的。

五、严格实行民主集中制

坚持民主集中制要一以贯之。民主集中制是我们党和国家的基本组织制度，是列宁建党原则的一个重要方面。民主集中制，把民主和集中有机结合起来，是中国共产党人的创造。在高度民主的基础上实行高度的集中，在集中指导下发扬民主，这是辩证的统一。毛泽东同志在《关于正确处理人民内部矛盾的问题》中明确指出：“在人民内部，不可以没有自由，也不可以没有纪律；不可以没有民主，也不可以没有集中。这种民主和集中的统一，自由和纪律的统一，就是我们的民主集中制。”他在七千人大会上又指出：“没有高度的民主，不可能有高度的集中，没有高度的集中就不可能建立社会主义经济”，并强调努力造成一种“又有集中又有民主，又有纪律又有自由，又有统一意志，又有个人心情舒畅、生动活泼那样一种政治局面”。邓小平、江泽民、胡锦涛关于民主集中制也有许多精辟论述，我们要认真学习，总结经验教训，把民主集中制实行得更好。西方敌对势力和国内一些“精英”，攻击我们没有民主，完全是别有用心的。实际上，从我们党一诞生，无论是在军事斗争中，还是在政治斗争和根据地建设中，都是充分发扬民主的，都是把民主和集中有效结合。党的群众路线，“从群众中来，到群众中去”，“集中起来，坚持下去”；延安时期实行“三三制”政权组织原则；建国后把人民代表大会制度作为根本政治制度，把政治协商作为基本政治制度，就是最好的民主集中。党的十一届三中全会以来，我们党非常重视民主法制建设，积极推进政治体制改革，取得了很大成绩。几十年的实践证明，坚持民主集中制是符合中国实情的。没有民主集中制，我们就不可能取得一个又一个的胜利。

坚持民主集中制必须做到“四个服从”。即通常所说的，个人服从组织，少数服从多数，下级服从上级，全党服从中央。在“四个服从”中，对组织、对上级的指示决定的贯彻执行，又不能是盲目的，要从实际出发，联系当地的实际情况，认真负责地而不是敷衍地服从和执行。还有一个方面就是，在紧急复杂的情况下，领导有临机处置之权。这既是一种能力，又是一种责任。打仗是这样，地方工作也是这样。如果不根据变化着的实际情况采取切实的措施，盲目执行，也不会取得好的效果。唐山大地震前夕，青龙县委书记冉广岐在没有省、地指示的情况下，毅然决定全县动员防震抗震，大震中没有死一个人，创造了防震抗震的奇迹。

坚持民主集中制必须实行全党统一的纪律。没有纪律就不能保证组织的坚强，行动的一致。早在井冈山斗争时期，我们党就提出了“三大纪律、六项注意”，以后丰富发展为“三大纪律、八项注意”。这一规定不仅军队实行，而且对地方干部有同样的约束力。“加强纪律性，革命无不胜。”所谓全党统一的纪律，就是不论职务高低、功劳大小、资历深浅，不论是什么人，同样性质的错误同样处理，统一的要求谁也不能违反，党内没有特殊党员。纪律是铁的纪律，不能是“橡皮筋”纪律，“豆腐”纪律，不能有特殊党员和一般党员之分。在执行纪律中要防止两种倾向，既不能“残酷斗争，无情打击”，又不能偏宽偏软。惩处也不是唯一的，要把教育、保护、监督同处罚结合起来，相得益彰。我们要坚决反对和纠正党内不正之风，坚决同贪污腐败作斗争，保持党的先进性、纯洁性。

坚持民主集中制必须弘扬批评自我批评的优良作风。党内如果没有积极的思想斗争，党的生命也就完结了。实践证明，党员要朝气蓬勃，党组织要坚强有力，批评自我批评是须臾不可缺少的。批评自我批评就像一个人要天天洗脸、扫地一样，洗掉灰尘、容光焕发，扫除垃圾、整洁卫生。现在，有的人把“三大作风”篡改了，说什么“理论联系实惠，密切联系领导，表扬自我表扬”，这是非常错误的。丢掉党的优良传统，我们还能有凝聚力、战斗力吗？这方面军队要比地方好一些。军队是一所大学校，思想教育从不间断，内容比较鲜活，效果比较好，作用比较大。

六、发扬艰苦奋斗的优良传统

艰苦奋斗的作风是中国共产党人不怕困难、不怕牺牲、百折不挠、顽强向上的崇高精神的表现。战争年代，我们党的物质条件非常落后。在党的领导下，广大军民自己动手，不仅克服了严重的物质困难，而且展现了共产党人积极进取、奋发图强的顽强意志，用实际行动深刻诠释了艰苦奋斗的优良作风。现在的年轻干部，成长于改革开放的新时代，大都有优越的学习和生活条件，相对缺少艰苦生活和艰苦环境的锻炼，尤其需要进行艰苦奋斗精神的教育。胡锦涛同志要求我们牢记“两个务必”，这是完全正确、完全必要的。艰苦奋斗是传家宝，什么时候也不能丢。

艰苦奋斗是一种创业精神。艰苦奋斗是和物质财富、精神财富的创造分不开的。人们提起艰苦奋斗，总会联想到战争年代我们努力克服物质困难的光荣历史。今天，我们弘扬艰苦奋斗精神，也要发扬这种创业精神，特别是一些老、少、边、穷地区，自然条件差，基础设施落后，更需要这种精神。

艰苦奋斗是一种勤俭节约的品质。党中央历来强调，在发展生产的同时，务必厉行节约、反对浪费。民主革命时期，我们靠节衣缩食，节约一分钱、一粒米、一颗子弹，去争取胜利。我们党的领导人向来倡导勤俭节约，并且率先垂范。毛主席一生粗茶淡饭，睡硬板床，穿粗布衣，生活极为简朴，一件睡衣竟然补了73次，穿了20年。转战陕北时，李银桥看到他洗脸洗脚用同一条毛巾，就又领了一条。毛主席说，现在用脚多，用面子少，一条就行了。李银桥又说，不管用脚用脸，要讲卫生啊。毛主席说，如果全军每人多用一条毛巾，这些钱买子弹，可以打两个沙家店战役，坚持让他退回。周总理始终坚持勤俭节约、艰苦奋斗，要求“一切招待必须是国货，必须节约朴素，切忌铺张华丽，有失革命精神和艰苦奋斗的作风。”朱总司令一生克勤克俭，清正廉洁。厨师邓林回忆说：一般人认为朱老总是中央领导，吃饭是特灶，标准一定很高。可实际上，老总、康大姐和我三个人加起来的伙食费平均每月不过五十元，就是按当时的标准，也勉强称得上是中层干部的水平。延安时期，著名的华侨领袖陈嘉庚回国慰问抗日将士，蒋介石在重庆花八百大洋请他吃山珍海味；而到了延安，毛泽东则请他吃战士们自己种的蔬菜和房东大娘专为贵宾送来的一只母鸡。对比之下，陈嘉庚含着眼泪感慨地说，共产党一定会取得胜利。当年，美国作家斯诺到延安采访，从毛泽东住窑洞、周恩来睡土炕等平凡小事上，洞察出共产党人作风的伟大力量，并动情地把它称之为“东方魅力”、“兴国之光”。他们正是通过党的艰苦奋斗作风，看到了共产党人的崇高精神和巨大力量。

现在，随着我国经济社会的快速发展，有些人认为艰苦奋斗精神过时了，丢掉了勤俭节约的好作风，奢侈享乐之风滋长蔓延。比如，有的人慷国家之慨，贪图享乐，挥霍浪费，花钱像流水，"一顿饭，一头牛，屁股底下一座楼。"其实，又何止"一头牛"、"一座楼"呢，影响很坏。我们现在的条件比过去好了十倍、百倍，吃穿好一点是应该的，但要和勤俭节约结合起来。社会资源是有限的，既要增产又要节约，既要开发又要保护。艰苦奋斗精神永远不能淡忘，永远要发扬光大。

艰苦奋斗是一种奋发向上的意志。在生活上保持艰苦朴素，这是艰苦奋斗精神的重要内容。但艰苦奋斗的内涵还不止如此，它不仅表现为生活上的朴素，而且表现为一种努力向上、锐意进取的精神。越是艰苦，越是奋进，不达目的决不罢休。长征途中，爬雪山、过草地、吃草根、啃树皮，粉碎了敌人的围追堵截，胜利到达陕北，就是这样一种精神；上甘岭战斗，山头削平几尺，我们的阵地岿然不动，就是这样一种精神；建国后，我们不屈不挠，依靠自己的力量建设新中国，打破了国际敌对势力的封锁，靠的也是这种精神。今天提倡艰苦奋斗，就是为了在全国人民中间提倡这种精神，努力向上，为党和人民的事业顽强拼搏。

艰苦奋斗是一种同甘共苦的情怀。井冈山时期，红军生活极度困难，毛泽东、朱德、陈毅、彭德怀等老一辈革命家，同普通战士一起吃野菜，每人每天伙食费 5 分大洋。"红米饭，南瓜汤，秋茄子，味好香，餐餐吃得精打光。""干稻草来软又黄，金丝被儿盖身上，不怕北风和大雪，暖暖和和入梦乡。"延安时期，毛主席作为党的最高领袖，工作的付出和压力超乎常人，但他没有因此搞特殊，住的是和别人一样的窑洞，吃的是和别人一样的小米，穿的是和别人一样的粗布衣服。延安的同志们多次提出要给他增加伙食费，都被他谢绝了。他说，伙食标准是供给部的统一规定，大家都一样嘛！我怎么能搞特殊呢？经济困难时期，他主动减薪，降低生活标准，不吃鱼、肉、水果。延安时期，陈云同志任中央组织部部长，他以身作则，带领全部同志艰苦奋斗，工作上兢兢业业，生活上不搞特殊。在大生产运动中，他同大家一起纺线，部机关组织纺线比赛，陈云同志纺得好，总是得第一。只有领导带头艰苦奋斗，艰苦奋斗才能成为党的一种本质特征。

党的优良传统博大精深，内容非常丰富，我上面说的仅仅是我个人的一些思考。伟大的事业需要伟大的精神。我们要密切联系改革开放和现代化建设的实际，大力弘扬党的优良传统，在以胡锦涛同志为总书记的党中央领导下，认真学习贯彻十七届四中、五中全会精神，开拓进取，扎实工作，不断把人民军队建设提高到一个新的水平，不断开创中国特色社会主义事业新局面。

（此文是中央组织部原部长张全景 2010 年 10 月在总后第二期军师职领导干部理论培训班上的讲话稿，刊登时略有删节）

中青年干部要讲党性重品行作表率

沈跃跃

胡锦涛同志在党的十七大报告中强调，全党同志特别是领导干部都要讲党性、重品行、作表率。中青年干部是党的事业的中坚、干部队伍的骨干，应当带头落实总书记的要求，自觉讲党性、重品行、作表率。这既是党的事业发展的需要，也是中青年干部自身健康成长的需要。

一、中青年干部讲党性重品行作表率的重要性

中青年干部队伍的特点，决定了必须加强党性锻炼。中青年干部大多是改革开放以后成长起来的，相对来说，文化程度较高、思维比较活跃、开拓创新精神较强，但客观上也比较缺乏严格的党内生活锻炼和重大政治风浪考验，在理想信念、党性修养、作风养成等方面需要进一步锤炼和提高。邓小平曾经指出，中青年干部接班，最重要的是接老同志坚持革命斗争方向的英勇精神的班，干部不是只要年轻，有业务知识，就能解决问题，还要有好的作风。这段话深刻地说明了中青年干部加强党性修养的重要性，广大中青年干部应始终铭记。

时代环境深刻变化带来的严峻考验，要求中青年干部进一步筑牢党性根基。当前，我们正处在深刻的变革时代。新的时代环境，给各级领导干部带来了许多现实挑战和考验。比如，在党长期执政的条件下，如何牢记"两个务必"，始终做到谦虚谨慎、艰苦奋斗，坚决反对形式主义、官僚主义，防止脱离群众；在改革开放和发展社会主义市场经济的条件下，如何坚决抵制拜金主义、享乐主义、极端个人主义和奢靡之风的侵蚀；在国际形势日趋复杂多变的条件下，如何增强政治鉴别力、政治敏锐性，坚定走中国特色社会主义道路的信念，等等。经受住各种挑战和考验，归根到底要靠坚强的党性作保证。只有党性根基筑牢了，才不会在政治风浪面前动摇信念、在原则是非面前放弃立场、在思想迷雾面前失去方向、在利益诱惑面前丢掉本色。

干部队伍存在的突出问题，要求中青年干部进一步加强党性修养。目前干部队伍的状况总体是好的，但不可否认，确有少数领导干部在党性党风党纪方面存在一些突出问题。有的理想信念不坚定，宗旨意识不牢固；有的事业心和责任感不强，对工作不负责任；有的政绩观不正确，急功近利，好大喜功，搞劳民伤财的"形象工程"和哗众取宠的"政绩工程"；有的官欲太盛，干点事就想得到"回报"，刚刚提拔就琢磨"再上一个新台阶"；有的纪律观念淡薄，自恃地位特殊，放松纪律约束。这些问题，表面上看是作风问题，但说到底是党性问题。这些问题的存在，无论是对党和人民的事业，还是对领导干部自身的成长，都是有百害而无一利。中青年干部是干部队伍中的重要群体，党寄予厚望，人民群众充满期待，应当更加珍惜党和人民赋予的事业舞台，自觉加强党性修养，全面提高思想政治素质，在改革开放和现代化建设事业中既建功立业又健康成长，不辜负党和人民的信任和期望。

二、中青年干部讲党性重品行作表率的具体要求

要有坚定的理想信念。理想信念是共产党人的灵魂和方向，是共产党人最重要的党性。共产党人有了崇高的理想信念，就有了立身之本，站得就更高了，眼界、心胸就更宽阔了，就能自觉地为党和人民的事业而奋斗。焦裕禄、孔繁森、郑培民、沈浩等优秀干部，之所以能鞠躬尽瘁、死而后已，就是因为他们有崇高理想和坚定信念的激励。中青年干部肩负着把党的事业代代相传的重大责任，要自觉坚定理想信念，真正成为中国特色社会主义共同理想的坚定信仰者和忠实执行者。坚定理想信念，最基本的一条，是对党忠诚、对党负责。要自觉把个人发展与党的前途命运紧密联系起来，在党言党、在党为党、在党忧党，把对理想信念的追求体现到始终与党中央保持高度一致上，体现到自觉维护党的形象上，体现到脚踏实地为党和人民事业不懈奋斗上。

要有牢固的宗旨观念。胡锦涛同志指出，能不能坚持全心全意为人民服务的根本宗旨，是衡量一名党员干部党性强不强的根本标尺。作为中青年干部，一定要牢固树立宗旨观念和公仆意识，切实做到权为民所用、情为民所系、利为民所谋。首先，要增进与人民群众的感情。深刻认识到自己之所以能够走上领导岗位，并

不是个人的本事有多大，而是党给了机会、人民群众给了舞台，只有知恩图报，尽心尽力为人民做好工作，才不会愧对人民的养育、信任和支持。其次，要真心实意为群众谋利益。坚持把群众呼声作为第一信号，把群众需要作为第一选择，把群众满意作为第一标准，问政于民、问需于民、问计于民，多办顺民意、解民忧、惠民生的实事。再次，要树立正确的政绩观。秉持什么样的政绩观，是衡量领导干部能否正确对待群众、正确对待组织、正确对待自己的试金石，是领导干部党性修养的重要体现。中青年干部都很想干点实事，但首先应该搞清楚、弄明白，什么才是真正对党和人民有益的实事。在这个问题上，关键是要树立正确的政绩观，坚持求真务实、埋头苦干，不搞主观臆断、违背客观规律的"拍脑袋"决策，不追求脱离实际的盲目攀比，不搞劳民伤财的"形象工程"，努力做出经得起实践、人民、历史检验的实绩。

要有勇于负责的精神。勇于负责是我们党对干部的基本要求，更是党的事业不断前进的重要保证。现在，不少中青年干部都担任了比较重要的领导职务。在这种情况下，是坚持开拓进取、奋发有为还是缩手缩脚、瞻前顾后，是敢抓敢管、敢于负责还是左右逢源、当好好先生，这也是对中青年干部党性的一个现实考验。古人说，为官避事平生耻。作为中青年干部，切不可患得患失，一定要始终保持共产党人的蓬勃朝气、昂扬锐气、浩然正气，去私心、敢担当、求作为，以无私无畏、义无反顾的精神为党和人民干事创业，绝不能用少干事、甚至不干事来回避矛盾、赢得选票。要知道，越是回避矛盾、怕得罪人，就越会伤害绝大多数群众的利益，就越得不到群众的信任和支持。

要有高尚的精神追求。毛泽东说过，一个人能力有大小，但只要有这点精神，就是一个高尚的人，一个纯粹的人，一个有道德的人，一个脱离了低级趣味的人，一个有益于人民的人。高尚的精神追求是人生的无价之宝。作为中青年干部，一定要胸怀远大理想，追求高尚情操，尤其是在当前各种利益诱惑比较多、社会风气有些浮躁的情况下，更要坚持共产党人的核心价值观，经受住权、利、名、情的考验。一是要立志做大事、不要立志做大官。人的一生中，能有机会在重要岗位上为人民服务，这是十分难得的。每一个领导干部早晚都要离开领导岗位，群众能记得的不是我们曾经当过什么长，而是我们在岗位上做过哪些对人民有益的事。把做官作为从政的唯一目的，不仅得不到别人的真心敬重，还有可能使自己误入歧途。二是要追求公利、约束私利。我们共产党人不简单地否定利益，但领导干部如果用公权谋取私利，那就犯了大忌，必然遭到人民群众的唾骂。在各种利益面前，我们要多想想那些牺牲的英烈们，多学学那些无私奉献的先进模范，多比比那些生活困难的群众，多考虑自己还能为党和人民贡献些什么，努力实践共产党人高尚的人生价值。三是要追求百姓口碑、不图个人虚名。重视名声是中国人的传统。一个干部注重自己的名声不是坏事。但共产党的干部是以天下为公为己任的，应当追求的是实名而不是虚名，是百姓口碑而不是个人风头，是长远名声而不是眼前吹捧。"政声人去后，民意闲谈时"，说的就是这个道理。四是要讲人民之情、不循个人私情。共产党人是讲感情的，不仅讲人民之情、同志之情、战友之情，而且也讲亲人之情、朋友之情、家庭之情。但讲感情是有底线的，违反法律规定和道德规范去讲感情，势必背离党性原则。在面临各种感情选择时，我们首先应当站在人民的立场去考虑问题、处理关系，恪守党性原则，不被亲情、人情、私情所累。

要保持清廉的政治本色。廉洁奉公是党员干部永葆先进性的本质要求，也是我们党赢得民心的重要法宝。改革开放以来，我们党的主体保持了清正廉洁的传统，绝大多数领导干部做到了一心为民、廉洁自律。但也应当看到，当前反腐倡廉形势依然十分严峻。胡锦涛同志反复告诫我们："在和平时期，如果说有什么东西能够对党造成致命伤害的话，腐败就是很突出的一个。"中青年干部手中都握有一定的权力，正是看中了这一点，社会上一些居心不良的人往往会挖空心思套近乎，把你当作"资源"来经营，当作"潜力股"来投资。对此，我们一定要保持清醒头脑，时刻警惕那些怀着个人目的的人拉拢腐蚀，严把社交关、朋友关、兴趣关、小节关，自重、自省、自警、自励，始终守住清正廉洁的底线。

三、中青年干部要把讲党性重品行作表率作为终身必修课

要坚持勤奋学习。江泽民同志多次讲过，讲政治、讲正气，首先要讲学习。一个人的党性修养和道德水准，与他担任的职务高低没有必然关系，更不会随着他的职务升迁而自然提升。作为领导干部，更要注重加强学习。要深刻认识学习对于增强党性的基础性作用，不仅把学习作为提高自身能力水平的重要途径，也作为提高政治素养和精神境界的重要途径，认真研读中国特色社会主义理论体系，真正掌握马克思主义立场、观点和方法，始终保持政治上的清醒和坚定。要坚持发扬理论联系实际的优良学风，做到学用结合、知行统一。要向先进学习，向群众学习，向周围的同志学习，见贤思齐，取别人之长，补自己之短，努力在学习的过程中改造主观世界、提高觉悟、净化心灵。

要加强实践锻炼。实践是最好的老师，基层是最好的课堂。干部只有经过实践的历练，才能更深刻地了解中国国情，才能更有效地提高处理复杂矛盾和实际问题的能力，才能更好地磨练意志、砥砺品质、增强党性。每一名中青年干部都要有增强实践锻炼的自觉意识，主动到基层去，到群众中去，到困难大、矛盾多、条件艰苦的地方去，到改革发展稳定工作的第一线去经风雨、见世面。要通过与基层群众的实际接触，增强对人民群众的敬畏感；要多想如何做好工作、少想个人的职务升迁，在名利上有满足感；要多干实事、少说空话，增强工作的责任感；要立足岗位、创先争优，在干事创业中获得成就感，努力在改革开放和现代化建设的伟大实践中不断磨练意志品质、提高党性修养。

要自觉接受监督。提高党性修养，既要靠自律，也要靠他律。作为中青年干部，要乐于和学会在监督的环境下工作和生活，以真诚的态度正确对待和主动接受来自各方面的监督。要正确对待组织监督，把组织的监督看作是对自己最大的关爱，严格遵守民主集中制原则和各项制度规定，带头参加党的组织生活和各项活动，自觉接受组织的纪律约束。要正确对待群众监督，把群众监督看成是对自己最好的激励，不怕群众挑毛病、提意见，更不能对群众监督"横眉冷对"，甚至给人家"穿小鞋"、打击报复。要正确对待舆论监督，把舆论监督看成是对自己最好的鞭策，善于将舆论压力变成改进工作的动力。在接受外部监督的同时，还要强化自我约束，注意检点自己的言行，切实做到说的做的一个样、台上台下一个样、八小时内与八小时外一个样、有人监督与无人监督一个样，始终保持中青年干部的良好形象。

（作者：中共中央组织部常务副部长）

开展创先争优活动 推进湖南科学发展

周 强

在基层党组织和广大党员中深入开展创先争优活动，是党中央从党和国家事业发展全局

的高度作出的重大决策部署，是加强党的基层组织建设的一项经常性工作，是新形势下加强党的先进性建设的有效载体和有力抓手。要抓实抓好创先争优活动，加快推进湖南科学发展。

一、开展创先争优活动旨在推动各项工作上水平、上台阶

创先争优说到底是为了促进工作上水平。衡量活动是否取得实效，重要的一条要看是否有力有效地推动了全省各项工作。因此，要把创先争优精神转化为自觉追求，融入到具体工作，落实到具体行动，为科学发展、富民强省提供强大精神动力和组织保障。

要在推动科学发展上取得新进展。作为学习实践科学发展观活动的延续和深入，创先争优活动必须继续坚持并紧紧围绕学习实践科学发展观这个主题来开展，着力推动把科学发展的规划、思路、举措落到实处。要把创先争优作为科学发展、富民强省的经常性动力，凝聚各方面智慧和力量，推动全省经济社会又好又快发展。

要在促进社会和谐上取得新进步。基层党组织和广大党员处在工作生产第一线，直接同群众打交道，是维护社会和谐稳定的基础和骨干力量。要把创先争优作为促进和谐、创建平安的经常性保证，引导基层党组织和广大党员争做促进社会和谐稳定的骨干和模范，切实提高运用法律政策的能力和处置突发事件的能力，不断增强做群众工作的本领。正确处理各类矛盾，不断探索完善矛盾纠纷排查调处机制，大力推进社会管理创新，加快社会生活、经济生活、行政管理的法治化步伐，在建设"和谐湖南"、"法治湖南"中创先争优。

要在服务群众上取得新成效。创先争优活动搞得好不好，关键要看广大群众是否得到了实惠，是不是叫好。要把创先争优作为改善民生、服务群众的经常性机制，把活动的重点放在为群众干好事、干实事、干群众欢迎的事上，认真倾听群众呼声，及时回应群众关切和期盼，主动关心群众疾苦，着力解决上学、就医、住房、行路、饮水等群众最关心最直接最现实的利益问题，推动党和政府惠民利民政策在基层落实，让群众切实感受到创先争优活动带来的新气象新变化，见到实实在在的成效。

要在加强基层组织上取得新突破。加强基层组织是创先争优活动的重要任务，也是扎实搞好创先争优活动的重要保证。要把创先争优作为加强基层党建、夯实基层基础的经常性要求，进一步健全党的基层组织体系，大力推进基层党建工作创新，着力增强基层党员干部队伍活力，进一步构建城乡统筹的基层党建新格局。认真落实村干部"一定三有"（定职责立规范，收入有保障、干好有希望、退后有所养）、街道社区"四有一化"（有人管事、有钱办事、有处议事、有章理事，构建区域化党建新格局），全面推广"四议两公开"工作法，切实加强村和社区组织活动场所建设，深化拓展"万企联村、共同发展"活动，构建城乡基层党组织互帮互助机制，注重以基层党组织建设带动其他各类基层组织建设，力求在提高基层党建科学化水平上取得新进展。

二、开展创先争优活动重在立足本职比奉献、创佳绩

要立足本职彰显先进。我们的共产党员，大多在各自平凡的岗位上承担着一定的生产、工作任务。这些平凡的工作和任务，都是同实现党在现阶段的奋斗目标和党的整个事业紧密联系在一起的，都是伟大事业蓬勃发展的重要支点。开展创先争优活动，就是要引导和激励基层党组织和广大党员，始终保持高度的党性自觉，在经常性工作中孕育伟大，在平凡岗位上诠释崇高，在干事创业中彰显先进。党组织创先争优就是要带领党员、群众在本单位工作中创造一流成果，争当先进单位。党员创先争优就是要在自己的本职岗位上创造优秀业绩，争当先进工作者。创先争优活动一定要结合日常工作，联系具体岗位，围绕地方和部门的中心工

作，把党员和群众的心思和精力引导到立足本职岗位，做好本职工作上来，争创一流业绩。

要关键时刻冲在前头。共产党员是用特殊材料做成的，特殊就特殊在关键时刻站得出来，生死关头豁得出去。开展创先争优活动，就要引导广大党员做到哪里最艰苦、哪里有危险、哪里群众最需要，就出现在哪里、奋战在哪里，始终成为人民群众的主心骨。今年入汛以来，湖南遭受了12轮强降雨袭击，部分地方灾情严重。全省各基层党组织和广大共产党员把抗洪救灾作为当前深入开展创先争优活动最紧迫的任务、最重要的实践，在抗洪救灾和灾后重建工作中创先争优，涌现出在抗洪抢险中壮烈牺牲的王建平、吴志勇、易传炳等一大批优秀基层党员干部。实践证明，在关键时刻、困难情况下，更能体现共产党员对党的忠诚，对人民的感情，对事业的责任，更能彰显共产党员的先进性。

要带动全社会创先争优。开展创先争优，不能就活动搞活动，关起门来搞活动，只在"体内循环"。要把党内的创先争优和单位的创先争优融为一体，使党组织和党员的争创目标与本单位的发展目标统一起来，以党组织创先进带动本单位创先进，以党员争优秀带动身边群众争优秀，努力形成比学习、比工作、比奉献和学先进、赶先进、当先进的浓厚氛围，使创先争优成为全社会的价值取向和共同追求。

三、开展创先争优活动关键在加强领导、落实责任

要发挥一把手的带头作用。把创先争优活动抓实、抓具体、抓出成效，关键是要一把手亲自抓，落实一把手责任。各级党组织一把手要认真履行第一责任人的职责，行政一把手要切实履行"一岗双责"的双重职责，牢固树立责任意识，把创先争优活动牢牢抓在手上，切实抓出成效。坚持领导办点示范，带头转变作风，深入基层，解剖麻雀，解决问题，总结经验，掌握规律，指导和推动面上的工作。活动开展以来，省委常委一班人带头，选择了一批有代表性的县(市、区)和有典型性的基层单位作为联系点。目前，全省已建立创先争优活动联系点31000多个。

要抓住县(市、区)这一关键层级。"郡县治，天下安"。在党和国家工作全局中，县(市、区)一级处于承上启下的枢纽地位，处于改革发展稳定一线。深入开展创先争优活动，县(市、区)一级十分关键，责任重大，必须牢固树立抓基层打基础的思想，切实把县(市、区)一级抓紧抓好，坚持制定活动实施方案时以县市区为重，确定活动联系点时以县(市、区)为主，总结推广活动做法和经验时以县(市、区)为先。县(市、区)党委要切实落实责任，形成书记带头抓、一级抓一级、层层抓落实的责任格局。

要激发支部和党员的内在动力。激发基层党支部和党员积极性是创先争优的内在要求，也是创先争优活动能否落到实处的关键因素。要坚持力量下移、工作下沉，注重发挥基层党支部书记的作用。要加强对活动的分类指导和具体指导，充分发挥部门优势，把抓业务与抓党建紧密结合起来，切实加强对相关系统(行业)创先争优活动的领导和指导。继续在全省基层选派科学发展指导员，指导非公有制经济组织、新社会组织和农村、社区开展创先争优活动。

(作者：中共湖南省委书记)

努力加强和创新社会管理

马　凯

党的十六大以来，我们党在社会管理理论和实践方面不断探索，取得了重大成绩。把社会建设纳入中国特色社会主义建设总体布局，把社会管理放在社会建设突出重要的位置上，是我们党对人类社会发展规律、社会主义建设规律、共产党执政规律认识的新升华，是深入分析我国基本国情和发展阶段性特征所得出的重要结论，是人民群众在发展进入新阶段后对党和政府的新期待，是确保社会正常运转、应对社会矛盾凸显期挑战、完成日益繁重的社会管理任务的迫切需要。我们要充分认识加强和创新社会管理的重要性、紧迫性，以中国特色社会主义理论体系为指导，按照科学发展观的要求，积极构建和谐社会，不断完善中国特色社会管理体制。

一、明确加强和创新社会管理的原则和思路

社会管理，是指以维系社会秩序为核心，通过政府主导、多方参与，规范社会行为、协调社会关系、促进社会认同、秉持社会公正、解决社会问题、化解社会矛盾、维护社会治安、应对社会风险，为人类社会生存和发展创造既有秩序又有活力的基础运行条件和社会环境、促进社会和谐的活动。正确把握社会管理的基本原则，明确改革社会管理体制的基本取向，是加强和创新社会管理的基本前提。

一要坚持以人为本、服务优先。始终把实现好、维护好、发展好最广大人民的根本利益作为出发点和落脚点，寓管理于服务之中，实现依法管理、科学管理、人性化管理，使人民群众在社会生活中切实感受到权益得到保障、秩序安全有序、心情更加舒畅。

二要坚持多方参与、共同治理。充分发挥政府在社会管理中的主导作用，同时充分发挥多元主体在社会管理中的协同、自治、自律、互律作用，使各种社会力量形成推动社会和谐发展、保障社会安定有序的合力。

三要坚持统筹兼顾、动态协调。正确反映和协调各个方面、各个层次、各个阶段的利益诉求和社会矛盾，既要“左顾右盼”，又要“瞻前顾后”，使社会管理能够体现维护公平正义的“刚性”、协调各方利益的“柔性”、应对新情况新问题的“弹性”，促进社会动态平衡，保障国家长治久安。

四要坚持既有秩序、又有活力。把维系社会秩序和激发社会活力有机结合起来，既要保证社会的安定有序、规范运行、调控有力，又要有利于激发全社会的创造活力，降低社会运行成本，提高社会运行效率，从而最广泛、最充分地调动一切积极因素，促进社会进步和人的全面发展。

五要坚持立足国情、改革创新。从我国实际出发，充分发挥社会主义制度的优越性和政治优势，充分发挥优秀传统文化的作用。同时，树立世界眼光，积极借鉴国外先进经验和做法，勇于变革、勇于创新，把改革贯穿在整个社会管理过程之中，为推进和谐社会建设提供不竭动力。

根据上述原则，加强和创新社会管理，完善中国特色社会管理体制，要实现以下几个方面的转变。

在思想观念上，要从重经济建设、轻社会管理向更加重视社会管理和经济社会协调发展转变。努力解决经济建设“一手硬”、社会管理

"一手软"的问题，切实把加强社会建设、创新社会管理作为重要而紧迫的战略任务，下大气力统筹推进，不断提高政府社会管理的能力和水平，努力取得加强和创新社会管理的新突破，促进经济社会协调发展。

在管理主体上，要从重政府作用、轻多方参与向政府主导型的社会共同治理转变。改变政府在社会管理中包揽一切的做法，解决好越位、错位和缺位问题。既要发挥政府主导作用，又要鼓励和支持社会各方更加积极、有效地参与社会管理，发挥多元主体的作用，尽快从传统管理转向时代发展要求的"治理"。

在管理方式上，要从重管制控制、轻协商协调向更加重视协商协调转变。要改变主要靠行政手段通过管、控、压、罚实施社会管理的方式，更加善于运用群众路线的方式、民主的方式、服务的方式，尽可能通过平等的对话、沟通、协商、协调等办法来解决社会问题，化解社会矛盾。

在管理环节上，要从重事后处置、轻源头治理向更加重视源头治理转变。努力摆脱总是事后应对的被动局面，更多地把工作重心从治标转向治本、从事后救急转向源头治理，更加重视民生和制度建设，使社会管理关口前移，尽可能使社会矛盾和社会冲突少产生、少转化、少激化。

在管理手段上，要从重行政手段、轻法律道德等手段向多种手段综合运用转变。努力改变社会管理手段单一的问题，在运用行政手段进行社会管理的同时，更多地运用法律规范、经济调节、道德约束、心理疏导、舆论引导等手段，充分发挥党的政治优势，规范社会行为，调节利益关系，减少社会问题，化解社会矛盾。

上述转变概括起来说，就是要实现从以政府为单一主体、以单位管理为主要载体、以行政办法为主要手段、以管控为主要目的的传统模式，向政府行政管理与社会自我调节、居民自治管理良性互动，社区管理与单位管理有机结合，多种手段综合运用，管理与服务融合，有序与活力统一的多元治理、共建共享的新模式转变，构建起与发展社会主义市场经济、民主政治、先进文化以及构建和谐社会要求相适应的中国特色社会管理体制。

二、改革和创新社会管理制度体系

构建新型社会管理制度体系，是加强和创新社会管理的关键。当前和今后一个时期，加快构建健全的新型社会管理制度体系的主要任务是，着力从源头治理、动态协调和应急处置三个层面，构建相互联系、相互支持的一整套规范、机制和制度体系，尽可能减少社会问题，及时化解社会矛盾，果断处置社会冲突与社会对抗，最大限度地激发社会创造活力，最大限度地增加和谐因素和减少不和谐因素，最大限度地化消极因素为积极因素。

（一）加强源头治理体系建设

源头治理是治本之举。加强源头治理，从根本上讲，就是要在党的领导下，坚持发展是第一要务，坚持在发展中解决问题，全面推进经济建设、政治建设、文化建设、社会建设以及生态建设，特别是要着力解决好民生、民主、民心问题，促进社会进步和人的全面发展；从社会管理本身讲，就是要构建源头治理体系，使关口前移，尽可能防止、减少、弱化严重社会问题和社会冲突的产生。这不仅是社会管理部门的职责，也是各部门、全社会的共同责任。

要健全社会规范体系。社会规范体系是通过制定法律和道德规范等确定共同行为准则来指导和约束人们行为、维护社会秩序的基本手段。社会规范体系不健全，或不遵守共同行为准则，是产生社会矛盾、引发社会冲突、危害正常的社会生活的重要根源。要在各个领域加快建立和完善行为规范体系，通过自律、互律、他律，把人们的行为尽可能地纳入共同行为准则的轨道，形成既要维护社会公共权益、又要尊重个人合法权益，既有统一意志、又有个人心情舒畅的社会环境。要加快公民个人基本信息制度、个人信用管理制度等社会基础制度建设，对违反社会共同行为准则的，要有相应的惩戒制度。

要着力保障和改善民生。完善群众基本利益保障机制，解决好民生问题，是社会管理源头治理的根本。各级政府要切实履行好保障和改善民生的职能，把促进基本公共服务均等化作为社会管理源头治理的重要基础。最大限度地使有劳动能力的人能够实现就业。坚持优先发展教育，更加重视教育公平，满足群众多样化的教育需求。坚持公共医疗卫生的公益性质，努力健全覆盖全国城乡的基本医疗卫生制度，逐步实现人人享有基本医疗卫生服务。把保障性住房作为重要的民生问题，加大保障性住房建设和农村危房改造力度，有效解决城乡低收入家庭和各类棚户区家庭的住房困难。加快完善社会保险制度，进一步完善城镇居民养老、医疗、失业、工伤、生育保险制度，健全农村社会保险的各项制度，扩大社会保险覆盖面，提高社会保障水平。建立健全社会救助体系，充分发挥慈善事业在社会管理中的作用。

要维护社会公平正义。在一些领域和方面存在的不公平不公正问题，是引发一些社会不和谐甚至严重社会问题的重要原因，也会直接挫伤一部分群众的积极性。维护公平正义是维系社会秩序和活力的基本条件，是社会主义和谐社会的内在要求。发展社会主义民主政治，从各个层次、各个领域扩大公民有序政治参与。建立健全权利平等、机会平等、规则平等的法律制度，尊重公民的合法权利。建设公平高效权威的司法制度，秉公执法，廉洁执法。探索建立社会保护体系，完善保障就业权、健康权、教育权、居住权等公民基本权利的社会政策，确立平等保护与特殊保护相结合的制度，对权益易受侵害的群体和个人给予一定的倾斜保护。确立底线公平，实行最低保障、最低限度保护，并在发展的基础上逐步实现实质平等。

要完善政府决策机制。决策不当是引发一些社会问题的重要因素。政府科学决策是体现人民当家作主、增进公民政治参与、强化社会管理源头治理的重要环节。各级政府要不断完善重大事项调查研究和集体决策制度，重大政策专家咨询制度、公示制度、公开征求意见制度，进一步健全民主决策程序。对事关群众切身利益的重大决策，要建立社会风险评估机制。重大政策制定、重大项目审批、重大工程立项、重大举措出台前，都要采取公示、听证等方式广泛听取意见，充分考虑可能出现的社会风险、环境影响、矛盾纠纷及各类不稳定因素，对大多数群众不理解不支持的事项缓出台或不出台，确保决策的合法性、合理性、可行性、安全性。

要深化体制机制改革。创新社会管理体制机制，是加强源头治理、促进社会管理既有秩序又有活力的重要保障。为此，要继续深化重点领域改革。积极稳妥地推进户籍管理制度改革，落实放宽中小城市、小城镇特别是县城和中心镇落户条件的政策，逐步建立城乡统一的户口登记管理制度，加强和改进流动人口的服务管理，积极探索流动人口管理新办法。围绕推进基本公共服务均等化和主体功能区建设，完善公共财政体系，实现各级政府事权和财权相统一，加大各级财政对基本公共服务的投入，重点对农村和中西部地区进行倾斜，使城乡居民都能够享受到均等的基本公共服务。深化收入分配制度改革，初次分配和再分配都要处理好效率与公平的关系，再分配更加注重公平，逐步提高居民收入在国民收入分配中的比重，提高劳动报酬在初次分配中的比重，着力提高低收入者的收入，逐步提高扶贫标准和最低工资标准，建立企业职工工资正常增长机制和支付保障机制，进一步完善对高收入人群税收调节制度，扭转收入差距扩大趋势。

要强化思想道德建设。社会秩序是人们价值认同的结果，加强思想道德建设是建设和谐有序社会的基础性工程。要切实把社会主义核心价值体系融入国民教育和精神文明建设全过程，使之转化为全国人民的自觉追求。建设和谐文化，加强社会公德、职业道德、家庭美德、个人品德建设，引导人们自觉履行法定义务、社会责任、家庭责任，努力形成讲秩序、强责任、守诚信、重包容的文明风尚。深入开展群众性精神文明创建活动,完善社会志愿服务体系,形成男女平等、尊老爱幼、互爱互助、见义勇为的社会风尚。

要加强社会心理服务工作。当前社会竞争压力加大,个人心理健康成为社会管理中亟待引起重视的新问题。要教育引导公民特别是青少年,树立正确的世界观、人生观、价值观,加强自身修养,提高自我和谐能力。在全社会开展个人心理健康知识的宣传,普及相关知识。建立健全个人心理医疗服务体系,大力开展个人心理调节疏导工作,建立心理危机干预预警机制。对因生活和工作等受到挫折而缺乏信仰、法治观念淡薄、对生活失去希望的人要给予更多关注,见微知著,针对不同情况开展疏导、帮助、教育,使其重振生活信心,避免走向极端。

要建立健全虚拟社会综合管理机制。虚拟社会对现实社会的影响日益直接与重大,加强虚拟社会管理是当前一项重要而紧迫的任务。要把虚拟社会和现实社会作为一个整体来把握,按照"积极引导、依法管理、整体管控、确保安全"的原则,健全网络管理法律法规,建立网上动态管理机制,加强对网络的实时动态管控,严厉打击网络违法犯罪行为。促进建立网络媒体自律公约,推动网站自我约束、自我管理。健全网上舆情引导处置机制,及时跟踪舆情动态、研判舆情走势、评估舆情影响,积极主动地引导网上舆论。

(二)强化动态协调机制建设

社会管理不是也不可能消灭所有社会矛盾。抓好源头治理可以尽可能地减少社会问题,但不可能解决所有问题,仍然会有大量社会问题和社会矛盾存在,旧的矛盾和问题解决了,又会出现新的矛盾和问题。为此,必须构建动态调节和化解机制,以使社会矛盾和问题不断得到及时化解和向好的方面转化,尽最大可能做到不积累、不激化、不蔓延、不升级、不向坏的方面转化,使社会处于动态平衡、动态优化、井然有序、健康运行的状态。

要建立和完善诉求表达机制。建立方式多样、规范有序、畅通高效的诉求表达渠道,是及时解决社会问题和社会矛盾、提高社会动态平衡能力的重要条件。要完善政务公开制度、民主决策制度,提高公众参与程度。加强和改进信访制度,用群众工作统揽信访工作,把来访群众当家人,把群众来信当家书,把群众反映的问题当家事,让群众话有处说、冤有处诉、问题有处反映。教育和引导诉求方依法有序理性表达诉求。

要建立和完善矛盾纠纷滚动排查和预警机制。这是有效预防社会问题、社会矛盾积累和激化、促进社会运行动态优化的重要措施。各级政府要针对所在地区社会管理中的热点、重点和难点问题,进行经常性的分析排查,建立矛盾纠纷滚动排查机制。加强对重点地区、重点工程、特殊群体、敏感时期的监控和排查,建立矛盾纠纷情报信息预警机制。对排查出来的问题,要按照"见微知著、抢得先机、争取主动、防止激化"的要求,及时予以解决。

要建立和完善社会矛盾调解机制。社会矛盾调解是当前有序解决社会问题的主要方式。要构建和完善人民调解、行政调解、司法调解相互衔接的大调解工作机制。夯实人民调解基础,建立健全区(县)、街道(乡镇)、社区(村)与楼门院(小组)四级纵向调解网络。建立健全由各级政府负总责、政府法制部门牵头、各职能部门为主体的行政调解工作新机制,认真办理行政复议、行政调解案件。完善司法调解格局,把调解优先的原则贯穿到执法办案工作中去。充分挖掘民间资源,充分利用乡规民约,充分动员各种社会力量参与化解调处矛盾纠纷。通过上述"大调解",形成社会管理合力,及时有效地把矛盾化解在基层,实现案结、事了、人和。要善于运用教育、对话、协商、谈判等方式解决不同利益主体之间的利益冲突,建立有效的利益协调机制。

要建立和完善社会治安防控体系。社会治安防控体系是维护社会秩序、保障社会健康运行的重要支撑。在防控主体上，要充分发挥公安机关警务力量的主导作用，同时要发挥保安和志愿者的作用；在防控范围上，要建立健全街区防控网、社区防控网、单位内部防控网、视频防控网、虚拟社会防控网组成的治安防控体系，做到社会全覆盖；在防控对象上，要特别加强对重点人群的管理与服务；在防控组织建设上，要加强群防群治组织、110系统以及区域警务协作建设；在防控手段上，要充分利用现代科技手段，实现人防、物防与技防的有效结合。

（三）推进应急管理体制建设

当前我国正处于工业化、城镇化快速发展时期，即便抓好源头治理和动态协调，仍然会发生一些突发事件，加上自然灾害引发的突发事件，应急管理任务十分艰巨，需要构建应急管理体制。

要完善应急管理领导体制。按照“统一领导、综合协调、分类管理、分级负责、属地管理为主”的要求，建立健全各级各类应急管理机构，明确职责权限，理顺工作关系，完善工作制度，保证经费投入，配强领导班子。

要加强应急管理机制建设。健全完善突发事件监测预警机制、信息报告和信息共享机制、风险评估和事故调查机制、应急处置救援机制、社会动员和参与机制，以及信息发布和舆论引导机制、国际合作机制、恢复重建机制。

要加强应急管理法律和预案体系建设。进一步完善有关法律法规，抓紧制定各项配套制度和工作细则。进一步完善应急预案体系，提高预案的针对性和有效性；加强预案演练，确保预案规定内容落到实处，提高预案管理水平。

要加强全民风险防范和应急处置能力建设。依法落实风险和突发事件隐患排查监控责任，实现对各类风险隐患治理的制度化、规范化、常态化。加强应急知识和相关法规的全民宣传教育，将公共安全纳入国民教育体系。利用各种新闻媒体介绍普及应急知识，提高各级干部对突发事件的应对处置能力，提高全社会防灾救灾和应对危机的能力。

三、改进和完善社会管理工作格局和方式

完善社会管理格局，改进社会管理方式，既是加强和创新社会管理的重要内容，又是落实社会管理任务的基本保障。要按照“党委领导、政府负责、社会协同、公众参与”的要求，进一步完善社会管理的工作格局，调动一切有利于社会和谐的积极因素，形成共建和谐社会的生动局面。

党委领导，就是要发挥党委在社会管理格局中总揽全局、协同各方的领导核心作用。要把领导社会管理工作放在党委工作突出重要的位置上，像经常分析经济形势那样，经常分析社会形势，正确把握社会管理的大政方针。支持政府依法行政和依法管理，引导各种社会组织、群众组织、自治组织和人民群众积极有序参与社会管理，充分发挥基层党组织和共产党员在社会管理中的作用。要合理配置党政部门社会管理的职责权限，切实解决多头管理、分散管理、难以形成有效合力的问题。

政府负责，就是要强化政府的社会管理职能，做到职能到位、工作到位、责任到位。要转变政府职能，更加重视社会管理，通过制定法律法规、完善社会政策、健全社会管理体系、培育和管好社会组织、畅通公民参与渠道等，切实发挥好政府在社会管理中的主导作用。建立和完善社会管理的考核机制，研究制定科学的社会管理考核指标体系，把考核结果作为干部奖惩和使用的重要依据。

社会协同，就是要发挥各类社会组织的作用，整合社会管理资源，积极推动建立政府调控机制同社会协同机制互联、政府行政功能同社会自治功能互补、政府管理力量与社会调解力量互动的社会协同管理网络。一要加强以城乡社区为重点的基层基础建设。基层是社会协同管理的基础。要通过加强基层基础建设，在基层构建一个横向到边、纵向到底的社会管理体系，切实把社会问题和社会矛盾解决在基层。

着力完善基层群众性自治组织，加强农村村民委员会和城市居民委员会建设，强化城乡社区区域性社会管理职能，发挥好农村社区内各类经济组织、专业合作、协作组织，城镇社区内业主委员会、物业管理机构、驻在社区的各类机构在社会管理中的积极作用。搭建社区社会管理服务的平台，加强对互助性、公益性、娱乐性社区组织的指导和服务，有效发挥它们在满足群众需求、活跃社区文化生活、疏导群众情绪等方面的积极作用。整合基层社会管理资源，坚持把政法、信访、司法、民政以及与群众关系密切的职能部门整合起来，联合办公，联防联治，综合治理。各地区各部门要把更多的人力、财力、物力投向基层，增强基层组织社会管理的能力。二要发挥社会组织的作用。坚持鼓励发展和监管引导并重的方针，完善培育扶持的政策措施，推动包括社会团体、行业组织、中介机构、志愿者团体等在内的各种社会组织发展壮大，提高它们在社会管理中的协同能力。适当降低准入门槛，让公民有更多的机会利用这种载体实现自我管理和参与社会管理。各类社会组织都要深化自身改革，完善内部治理结构，规范行为，增强活力。完善法制监督、政府监督、社会监督、自我监督相结合的制度体系，促进社会组织健康发展。支持工会、共青团、妇联等人民团体依照法律和各自章程开展工作，参与社会管理和公共服务，维护群众合法权益。三要强化各类企事业单位社会管理的责任。鼓励和支持各类所有制企业承担社会责任，合理处理企业内部的劳资关系，加强人文关怀，改善用工环境，保持职工队伍稳定。积极发挥好各种所有制企业单位在社区建设、环境保护、安全生产、劳资关系、慈善事业等方面的作用。事业单位在下一步改革中要维护集体利益和职工个人权益，保持社会稳定。

公民参与，就是要充分发挥人民国家人民管理的作用，引导公民依法理性有序参与社会管理。要培养公民意识，履行公民义务。积极开展志愿服务活动，健全社会志愿服务长效机制。探索公民参与社会管理的机制和途径，为公民参与创造条件，努力形成社会管理人人参与、人人共享的良好局面。

与新的社会管理理念、社会管理制度体系和社会管理工作格局相适应，必须改进社会管理方式，在用好传统手段的同时，还要善于学会运用新方式，综合运用多种手段。

健全法治体系。实施社会管理离不开强有力的法制保障。要切实加快社会管理领域的立法工作，依靠法律来规范个人、组织的行为，协调社会关系，监督和保护公共权力，保护公民合法权益，防止公共权力对公民权利的侵犯。

完善政策体系。政策在社会管理中发挥着重要作用。要不断完善有关经济政策、社会政策，弥补社会政策领域的空白，更好地调节和保护各方面的利益。

借助道德力量。道德在规范社会行为、维护社会秩序中发挥着持久性的基础作用。要善于运用道德的软力量，把法治与德治结合起来，发挥道德力量的示范和引导作用。要重视解决社会转型期道德失范问题，充分借鉴吸收人类优秀道德传统，大力弘扬时代新风，努力塑造新型伦理道德。

发挥政治优势。一切为了群众，一切依靠群众，是我们党的光荣传统，也是最大的政治优势。要把继承和创新群众工作作为加强社会管理的重要法宝，通过群众工作来服务群众，实现群众利益，维护群众权益，化解社会矛盾。

依靠科技支撑。信息化建设是提升社会管理效能的必由之路。要加强社会管理信息网络建设，建立规范高效的动态采集机制，及时准确掌握“人、屋、车、场、网、会”等基础信息，加强动态分析，综合研判，实现全面覆盖，联通共享。

善于舆论引导。舆论引导是社会管理的重要方式。要坚持正确舆论导向，提高舆论引导能力。要把新媒体作为社会管理的重要内容，利用这个平台宣传党的路线、方针和政策，了解社情民意，理顺社会情绪。

（作者：国务委员、国务院秘书长）

加强社会管理创新　促进社会和谐稳定

中共中央党校第 55 期地厅级干部进修班课题组

2010 年 10 月 11 日至 18 日，中央党校第 55 期地厅班"社会稳定"研究专题考察组，到广东省开展"新形势下加强社会管理创新促进社会和谐稳定"专题调研。专题考察组先后到广州、深圳、佛山、东莞、肇庆等市召开座谈会，考察区、镇综治信访维稳中心建设和基层公安机关信息化建设、基层社区管理、服务体制建设，了解广东社会管理创新部分领域的主要做法和成效。结合实地考察情况，专题考察组分析当前社会管理面临的形势和问题，总结广东省的经验，提出进一步加强社会管理、促进社会和谐稳定的对策意见。

一、维护社会和谐稳定亟需社会管理创新

随着改革开放的深入和社会主义市场经济的发展，我国经济社会生活发生复杂而深刻的变动，社会建设与经济发展不协调的问题比较突出，社会管理存在许多薄弱环节，许多不稳定因素不断产生并且很多不能及时化解，刑事犯罪高发，社会矛盾大量增多。全国刑事案件总数从 1978 年的约 80 万起增加至 2009 年的 530 万起，增长 5 倍多。据《2010 年中国社会蓝皮书》资料，从 1993 年起到 2009 年，全国群体性事件从约 1 万起增加至 9 万多起，参与人数从 73 万增加到 300 多万。因此，从改革社会管理入手来维护社会稳定形势相当迫切。

（一）面对利益格局的深刻调整，迫切需要加强社会管理创新，统筹协调各种利益关系，从根本上减少社会冲突

当前社会利益关系更趋复杂，统筹协调各方面利益关系难度加大，特别是城乡之间、地区之间、行业之间的收入差距不断扩大，分配秩序比较混乱，造成了社会的不公平。目前我国基尼系数已由改革开放前的 0.16 上升至 2008 年的 0.47，超过了 0.4 的国际警戒线。人们对改革发展的社会预期存在受挫感，在一定程度上影响社会稳定。如何加强和改进社会管理，统筹协调好各种利益关系，妥善处理好各种利益矛盾，不仅直接关系到社会稳定和谐，而且直接关系到国家的长治久安。

（二）面对社会结构的深刻变动，迫切需要加强社会管理创新，提升流动人口服务管理水平，保持社会安定有序

当前，我国的社会阶层结构发生了深刻变化，新的社会阶层不断出现，越来越多的"单位人"变成了"社会人"，部分"社会人"游离在传统的社会管理体系之外，成为管理的盲点。特别是人口的自由流动，既是经济充满活力和持续发展的保障，也给国家和地方在解决国民医疗、教育、住房、社会保障和社会治安等方面带来了大量的新问题。广东省流动人员近 3000 万，居全国之首。近年来广东刑事案件抓获的犯罪嫌疑人中流动人员占 70%，而被侵害人中流动人员也占了 70%，珠三角有些市甚至高达 90%。如经济高速发展的广东省东莞市，户籍人口有 170 万，流动人口多达 800 万，流动人口是户籍人口的 4.7 倍，曾因外来人口就业、社保、子女教育、医疗的滞后引发不少不稳定因素和社会治安问题，解决这类问题他们花了很多的领导精力、社会财力，在开展了一系列社会管理探索后，才取得了一定的成效，维护了稳定大局。而这类问题，全国其他地方迟早必然要碰到。此外，广东省口岸众多，每年入出境的境外

人员超过1300万人次，也居全国首位。2009年在粤临住外国人257万人次、常住5.8万人。这也给社会稳定带来压力。

(三)面对社会组织的大量涌现，迫切需要加强社会管理创新，培育发展与监督管理并重，引导社会组织积极有序参与社会建设

在新形势下，社会组织形态也发生了新的变化。在传统体制外出现了大量的城乡自治组织、行业组织、社会中介组织、公共慈善和基金服务组织等新经济和新社会组织。截至2009年底，经广东省各级民政部门登记的社会组织总量已经达到26521个，其中社会团体12300个，民办非企业单位14055个，基金会166个，从业人员35万人。由于社会组织登记门槛过高，目前约有90%的社会组织没有登记或无法登记，导致大量实际存在的社会组织游离于管理部门视线之外。他们以各种形式开展活动，给政府职能部门社会管理和维护社会稳定带来了新问题。同时，境外大量非政府组织的活动延伸至境内，目前在广东有活动的有1016个，其中背景复杂的50多个。这些非政府组织既可成为社会和谐的积极力量，也可成为影响社会稳定的消极因素。一些有政治背景的境外非政府组织本身就是不稳定因素，他们往往利用各种形式和机会对我进行渗透，插手社会热点问题，煽动制造群体性事件，对我国家安全和社会稳定形成现实威胁。

(四)面对虚拟社会的迅猛发展，迫切需要加强社会管理创新，最大限度发挥网络积极作用，最大限度遏制网络消极影响

广东是国家互联网三大出口中心节点之一，全省网站近60万个，网民近5000万人，均居全国首位。随着网络“虚拟社会”对现实社会的影响不断扩大，一些社会矛盾通过网络不断扩大，给社会稳定带来较大的挑战。如去年广州的“垃圾焚烧事件”就是例证。同时互联网产业及服务外向化程度不断提高，大量“电子毒品”乘虚而人，利用互联网、手机短信的违法犯罪一直呈爆发态势，给社会稳定带来很大冲击。

(五)面对西方宗教文化的冲击渗透，迫切需要加强社会管理创新，进一步规范宗教活动，引导宗教事业健康发展

在我国打开国门的同时，民间传统宗教观念也受到西方宗教文化深刻冲击。一些基层群众、青年学生对宗教往往由好奇继而产生浓厚兴趣，加之在改革过程中，人民群众思想观念的多元变化，部分群众道德观念异化，精神失落、认知迷茫、心理失衡，使境外宗教精神慰藉和心灵安抚乘虚而入，也给非法宗教活动提供了滋生的土壤。近年来，广东每年查处和取缔各类较大型的非法宗教活动80多起，其中基督教非法活动占60%，且75%以上发生在珠三角地区，渗透源主要来自美国、韩国、英国、德国和港澳台地区。目前在粤活动的境外非政府组织有100个属于宗教性组织，占总数的11.6%。

面对新形势新变化，我们社会管理的思路观念、体制机制、手段方法、法律法规等方面仍存在诸多不适应。一是社会管理的思路和理念滞后于形势的发展。改革开放30多年来经济社会的快速发展，使得社会系统的开放性增强、动态性加剧，社会问题越来越复杂，而我们的管理思路和管理体制仍处在粗放型的初级阶段，局限于单一的管理加控制的传统观念和做法，该服务的服务不到位，该管理的老办法又解决不了许多新问题，出现了许多管理盲区，服务缺欠，在一定程度上影响了社会稳定。二是社会管理的体制和机制滞后于形势的发展。社会管理是一项宏大的社会系统工程，涉及社会各方面和各层次，尤其是政府各相关职能部门必须齐抓共管，综合治理。但目前政府部门之间职责不清，配合不紧，资源分散，有时甚至从部门利益出发，互相推诿，过多地把责任推给政法机关。政法机关的职责范围被扩大了，承担了不少不应由他们承担的社会管理职能和责任。三是社会管理的手段和措施滞后于形势的发展。相对于不断变化扩张的管理内容和管理对象，政府社会管理手段不多，管理渠道不宽，创新意识不强，应对能力缺乏。目前仍然依赖过去那种集中清查、专项整治等粗放式的传统管理措施，效果已经越来越不明显，管理效能亟待提升。此外，基础数据不完善，情况不明，底数不清，特别是运用信息化支持社会管理工作的水平相当薄弱，对社会管理的有效性大打折扣。四是社会管理的法律和法规滞后于形势的发展。现行法律、法规未能涵盖并有效解决社会管理遇到的新问题、新情况。比如20世纪50年代施行的《中华人民共和国户口登记条例》，以严格的户籍制度限制公民社会活动区域的静态治安管理体制和模式，已完全不适应当前的社会管理的需要。

二、加强社会管理创新促进社会稳定的对策研究

（一）加强社会管理创新促进社会稳定的原则

一是以人为本。以人为本是科学发展观的本质和核心，也是社会管理必须坚持的根本原则。要始终把维护最广大人民的根本利益作为社会管理的出发点和落脚点，使不同阶层、不同群体共享经济社会发展成果，维护社会公平，实现社会公正。

二是活力为要。摒弃管理多、防范多、限制多的传统管理理念，避免干预过多，一管就死。在社会管理内容、方式、手段等方面，更加注重履行公共服务功能，引导社会组织、公众参与社会管理，调动一切积极因素，充分激发社会创造活力。

三是有序为重。在社会管理过程中，既要充分发扬民主，保障民意表达渠道顺畅，保持政府与公众的良性互动，让公众更多地参与社会管理；也要履行必要的管理职能，维护正常的管理秩序，防止一放就乱，使社会处于无序状态。

四是法治为基。一切社会管理行为都要以法律为基础，使社会管理工作有法可依、有章可循。社会管理部门既要依法作为，全面履行行政管理机关的法定职责，严格、公正、文明执法，又要防止乱作为、不作为，损害群众的合法权益。

（二）加强社会管理创新促进社会稳定的思路

加强社会管理创新促进社会稳定，必须转变观念，深化改革，着力破除原有的体制机制束缚，解决源头性、根本性、基础性问题。

推进政府职能转变，是社会管理创新促进社会稳定的前提。各级政府都要认识到：经济要持续发展必须建立与之相适应的社会管理体制。首先要实现政府职能转变，建设权责一致的有效服务型、管理型政府。充分发挥政府在社会管理中的主导作用，同时充分发挥多元主体在社会管理中的协同、自治、自律、互律作用，使各种社会力量形成推动社会和谐发展、保障社会安定有序的合力。

加快信息化建设，是社会管理创新促进社会稳定的强力支撑。当前社会管理要素增多，复杂性增大，要提高社会管理水平和效率，必定要靠把信息化作为社会管理创新的强力支撑。

改革基层社会管理体制，是社会管理创新促进社会稳定的基础。由于大量的社会事务集中在基层、大量的社会问题汇集在基层，创新社会管理维护社会稳定的落脚点也必须在基层。要全面推进城乡社区建设，健全城乡基层群众自治组织，推动社会管理重心下移。要整合基层社会管理资源，增强基层化解矛盾、维护稳定的合力，努力做到小事不出村，大事不出镇，矛盾不上交。

及时有效化解社会矛盾，是社会管理创新促进社会稳定的重点。利益关系是一切社会关系的基础。抓住了利益关系，就抓住了社会稳定的根本。要统筹协调各方面利益关系，妥善处理社会矛盾，着力建立公平性的利益协调机制、多渠道的诉求表达机制、预警性的矛盾调处机制、全方位的权益保障机制。

（三）社会管理创新促进社会稳定的重点

一是创新国民收入分配的系统管理制度。明确国民收入分配的主管部门，确保收入分配

更加注重社会公平，使全体人民享受到改革开放和社会主义现代化建设的成果。首先，要以法律保障劳动者所得在GDP所占比例达50%以上。平衡资本利益与劳动利益的关系，大幅提高劳动者尤其是农民、农民工及城市工薪者的劳动报酬及福利待遇，并适当降低资本所有者的回报，同时控制财政收入的增长步伐，彻底打破行业垄断，实现初次分配的公平。其次，完善国民收入第二次分配的管理制度。以刚性的管理手段，健全完善社会保障体系，维护低收入群体的合法权益。再次，以体现爱心为原则，完善国民收入的第三次分配。加大宣传力度，制定为企业和个人捐赠减免税的政策，努力营造社会财富第三次分配的社会环境和法律环境。通过落实对慈善机构的监督评估，提高民间慈善机构的公信度，形成公众自愿捐赠的社会风气。

二是创新社会矛盾化解的管理制度。建立健全社会稳定风险评估制度，从源头上防止产生不稳定因素。凡重大政策制定、重大项目审批、重大工程立项、重大举措出台前，各级党委政府都要采取公示、听证等方式广泛听取意见，充分考虑可能出现的社会风险、环境影响、矛盾纠纷及各类不稳定因素，对大多数群众不理解不支持的事项缓出台或不出台，确保决策的合法性、合理性、可行性、安全性。建立各个群体、各个行业的利益协调制度以减少社会矛盾。如劳动者的工资正常增长协商制度、城乡之间的土地征用、环境资源有偿使用的协商决定制度、行业利益与国家利益之间的协调制度，建立利益冲突、矛盾化解制度等等。建立整合基层社会管理资源，组织综治、维稳、信访、司法行政部门等力量，形成人民调解、行政调解、司法调解相互衔接的大调解工作机制，把矛盾纠纷化解在基层、化解在萌芽状态。建立方式多样、规范有序、畅通高效的诉求表达机制，教育和引导诉求方依法有序理性表达诉求。建设公平高效权威的司法制度，秉公执法，廉洁执法，维护社会公平正义。

三是创新社会保障和公共服务管理制度。把社会保障、教育、住房、医疗等公共服务作为国家事权，建立覆盖全国的服务管理网络和财政支撑体系。加大国家财政在社会保障和公共服务中的责任，健全公共财政体制，调整财政收支结构，优化公共资源配置，以发展社会事业和解决民生问题为重点，把更多财政资金投向公共服务领域，加大财政在教育、卫生、文化、就业服务、社会保障、生态环境、公共基础设施、社会治安等方面的投入。注重向公共服务薄弱的农村、基层、欠发达地区倾斜，逐步实现基本公共服务均等化，努力做到住有所居、学有所教、病有所医、老有所养，形成惠及全民的基本公共服务体系。

四是创新人口有序流动的管理制度。如果人口不能自由流动，生产要素不能按照市场要求优化配置，那么经济发展就失去了活力。但如果人口无序流动，就会造成大量社会问题，引发社会不稳定，因此，实现人口的有序流动十分重要。为保证人口流动的合理性、自由度和管理的有效性，可把身份证号码作为人口管理的唯一基础性信息。每个人从出生到死亡，有唯一的一个身份证号码伴随终生。每个人享受所有公共服务、参与所有社会活动、实行所有民事法律行为，包括衣食住行以及入学、就业、医疗、住房、发放工资、购买通讯工具、申请银行信用卡、购买保险、缴纳税款等都必须使用这一号码，否则寸步难行。因此一个人在任何公共服务、社会管理、国家行政活动留下的记录，都能通过信息系统汇聚起来形成人口的基本信息，让政府能够对所有国民及时提供有效服务和有效管理。

五是创新社会组织管理制度。充分发挥社会组织作为政府联系群众的桥梁作用，通过社会组织表达不同阶层、不同行业的利益诉求，强化社会组织对不同阶层、不同行业的自律作用。坚持培育发展与管理监督并重的方针，完善培育扶持的政策措施，支持各类社会组织承担社会事务，参与社会管理和公共服务，为经济社会发展服务。创新管理机制，健全管理手段，加强法制建设，严格落实违规处罚措施，引导各类社会组织加强自身建设，规范从业行为，承担社会责任。对借口维权插手人民内部矛盾、危害国家安全的境外非政府组织，要依法打击。

六是创新虚拟社会管理制度。整合各有关部门的管理资源，明确管理职责和管辖权。及时跟踪舆情动态、研判舆情走势、评估舆情影响，积极主动地引导网上舆论。充分发挥行业自律功能，健全网站内部管理制度，建立有害信息快速删除制度，规范信息、制作、发布流程，强化监管和惩处机制。加强对网站从业人员的职业道德和网上公德教育，推动文明办网、文明上网。健全完善网络管理法律制度，明确规定禁止行为和有害信息的处罚措施，实行网络实名制，进一步保障国民的权利和明确国民的责任。对通过网络诽谤、恶意攻击、散布谣言等行为，情节严重触犯法律的，依法追究法律责任。加强网络伦理教育。培育健康网络文化，引导全体社会成员特别是青少年树立正确网络伦理观。构建网上治安综合防控体系，加大对网络犯罪的打击力度，提高网上发现、侦察、控制、处置能力。

七是创新公共安全管理制度。维护治安安全，增强人民群众的安全感。完善全国性和区域性警务协作机制，加强信息化建设，提高警务运作效率。重拳打击严重影响群众安全感的“两抢一盗”多发性犯罪和命案、绑架、涉黑等严重暴力犯罪，保持社会治安稳定。维护生产安全，预防和减少安全生产事故。落实安全生产责任制，完善安全生产管理的体制机制。加强安全生产法制建设，抓好重点行业安全生产专项整治，加大安全生产的治本力度，加大政府和企业对安全生产的投入，建立重特大安全事故监测预警系统。维护质量安全，保障食品药品用品的质量。健全食品药品用品的法律法规体系，统一食品药品用品的质量标准，加强日常监管，加大对违法行为的查处力度。

八是创新宗教活动管理制度。健全完善宗教管理法律法规，保障宗教信仰自由，保障独立自主自办原则的贯彻。重点防范境外宗教势力渗透。对境外宗教团体和个人的捐赠慈善活动以及投资、助学、交流、考察等活动加强监管。加强对宗教场所、宗教内容的规范。增强对神职人员的资质管理。发挥神职人员科学译经、规范传经的重要作用。建立统战、宗教、政法、外贸、文化、教育、民政、外事、海关等部门密切配合的工作机制，形成打击非法宗教活动的合力。

需要指出的是，推进社会管理创新，对维护社会稳定必定能起到十分积极的作用。但是社会稳定还涉及政治稳定、经济秩序稳定等方面，必须在创新社会管理的同时，统筹推进政治体制、经济体制和司法体制的改革。

四、有关建议

一是中央出台关于社会管理创新的决定。建议从国家层面出台关于社会管理创新的决定，对社会管理创新的指导思想、思路和主要内容等进行框架构建，对社会管理创新的行动给予政治、财政等方面的支撑。二是加快推进社会管理创新综合试点。建议选择确定几个不同类型、社会管理基础比较好的城市和农村作为综合试点单位，加强指导，培植典型，以利整体推动社会管理创新工作。三是将社会管理的重点项目纳入“十二五”规划。建议在深入研究论证的基础上，明确将一些社会管理项目纳入国家和地方“十二五”规划。四是加快推进社会管理创新的法律法规建设。建议把社会管理创新成果上升为法律制度，做到有法可依，依法管理和服务社会。

（课题组组长：孙克非；课题组成员：张永华、刘力群、李剑方、李宁、刘时山；执笔人：陈文敏；指导教师：王勇）

创新社会管理　维护社会稳定

吴鹏飞

我国正处于社会转型期，社会矛盾错综复杂，社会管理滞后于经济发展，迫切需要我们加强社会管理，维护社会稳定。2009 年以来，山东省公安机关适应经济社会发展的阶段性特征和构建和谐社会的需要，按照理念人性化、机制社会化、手段信息化的要求，不断转变社会管理观念，创新社会管理体制、机制和方法，提高社会管理能力，促进了社会有序、稳定、和谐发展。

坚持以人为本，创新人口管理。我们牢固树立“以人为本”、“管理就是服务”的理念，努力实现由控制型管理向服务型管理转变。山东省在全国率先结束“二元制”户籍管理体制，放宽城市、城镇落户条件，引导农村人口合理有序向城市、城镇移转。在人口管理方面，建立了“常住人口常规管、流动人口跟踪管、特殊人群重点管”的分层分级管理模式。对常住人口，依托居住地进行管理。对流动人口，按照“公平对待、服务至上、合理引导、完善管理”的原则，制定《山东省流动人口服务和管理工作要点》，成立流动人口管理站，探索“以证管人、以房管人、以业管人”模式，强化“服务网”、“防火墙”、“责任链”三项措施，完善报告登记、协管员聘用、跟踪帮教、网上管控、分层管理五项机制，帮助流动人口解决就业、居住、子女就学等问题，提升服务管理水平。对特殊人群，充分发挥社区警务室和基层组织、社会组织的作用，加强对有关人员的监管和教育转化工作。

完善体制机制，创新场所管理。场所行业管理是社会管理的落脚点和着力点。我们结合第十一届全国运动会、国庆 60 周年和世博安保工作，开展社会治安重点地区和突出问题排查整治。加强重点地区、重点部位、重点场所（包括中小学校和幼儿园）、重点村庄和重点行业管理，集中整治了一批治安混乱地区，解决了一批治安突出问题，人民群众安全感和满意度不断提升。出台《山东省治安防控体系建设规范》，全面推行街面防控网、社区防控网、单位内部防控网、视频监控网、卡点堵截网、区域协作网“六网”建设，构建起点线面结合、人防物防技防结合、打防管控结合、网上网下结合的社会治安防控网络。完善“两河两圈”（环京护城河、环沪护城河，环鲁防控圈、环济安保圈）和省、市、县、乡四道防线，把防控触角进一步向社区、单位内部、城中村、城乡结合部、行政区划交界处延伸，实现打防管控一体化。

区分两类组织，创新组织管理。对有益于社会和损害社会的两类社会组织，采取截然不同的政策。协调相关部门，重点培育表达诉求、协调关系、化解矛盾的维权类社会组织和提供慈善、解困公共服务的公益类社会组织，规范律师、公证、会计、资产评估等经济类中介机构管理，充分发挥它们提供服务、反映诉求、规范行为的作用。加强同民政、国安、宗教、教育、卫生等部门的协作，探索建立社会组织信息资源库，对未纳入备案管理的社会团体实行动态跟踪，分类管理。对借口维权插手人民内部矛盾、危害国家安全的境外敌对组织，强化侦察，依法打击；对试图从事恐怖活动的暴力恐怖组织，坚决铲除；对危害社会的邪教组织，加大控制、查堵、处置力度；对制造思想混乱、误导群众行为的非法组党结社，坚决取缔。

强化公共安全，创新公共服务管理。公共安全服务管理是社会管理的重要内容。我们重点抓了三项工作。一是加强安全监管。开展交通管理、消防管理和危爆物品安全管理活动，交通火灾事故四项指标全面下降。二是化解矛盾纠纷。先后出台《关于进一步加强和改进公安信访工作的意见》等十多个规章制度，成立信访事项复查复核委员会、处置非正常上访工作协调指导小组，设立办事机构，落实信访工作责任。开展社会矛盾“大排查”、“信访积案化解年”等活动，完善“大调解”工作体系。三是强化风险管理。结合全运、世博安保，建立“扁平化指挥、场馆化运行”、“纵向灵敏高效、横向顺畅有序”的实战指挥体系。完善多警联动、重大事件风险评估等制度，实时发布风险预警，实现预知预警。投入近亿元购置先进装备，建立反恐处突队伍，完善反恐预警和应急机制。

关注虚拟社会，创新网络管理。虚拟社会管理与现实社会管理同等重要。我们树立网上网下两个战场的理念，以监控巡查、侦察破案、防范控制为重点，着力提高网上发现、侦察、控制、处置能力，构建虚拟社会防控网。落实互联网信息巡查处置“双负责制”，将触角延伸到网络群体、网上社区等管理薄弱空间；建立舆情控制工作组，严密掌控网上舆情动态，提高网上舆论引导能力；设立网上“报警岗亭”和“虚拟警察”，建立“为网站上门牌”等制度，实现虚拟社会现实化管理。推进信息化工程建设，提高信息共享和控制发现能力。加强涉网违法犯罪案件侦办。

在创新社会管理工作过程中，我们积累了一些经验，得到了许多有益启示，主要是：

第一，高度重视。社会建设和社会管理与人民幸福安康息息相关，加强社会管理是构建和谐社会的内在要求。公安机关要站在巩固党的执政地位、维护国家长治久安、保障人民安居乐业、促进经济社会发展的高度来认识社会管理工作，努力适应新形势新要求，深入研究新情况新问题，更新社会管理观念，整合社会管理资源，创新社会管理体制机制，探索社会管理规律，切实承担起维护社会稳定和公共安全的重大政治和社会责任。

第二，齐抓共管。社会管理是一项庞大的社会系统工程，必须建立健全党委领导、政府负责、社会协同、公众参与的社会管理格局。政府各个部门，特别是包括公安机关在内的政法、综治、维稳、信访等部门，既要明确各自的管理责权，又要完善合作协调机制，进一步完善社会管理和公共服务的职能，改善公共服务质量，提高依法管理社会的能力和水平，形成对全社会进行有效覆盖和全面管理的体系，形成建设平安山东、和谐山东的强大合力。

第三，刚柔相济。对公安机关来说，“刚性管理”，是指用行政审批、行政许可、行政处罚等方式进行社会管理。“柔性管理”，是指充分尊重人民群众的意志和合法权益，在不违反法律和政策的前提下，尽量采取指导、劝告、建议等方式和行政指导、行政合同、行政奖励、行政资助等手段进行社会管理，努力做到以理服人、以情动人、以行感人。“柔性管理”还包括思想道德教育。在社会管理工作中，我们十分注重发挥山东民风淳朴的优势，配合有关部门，加强社会主义荣辱观教育，教育和引导广大群众遵纪守法，为社会管理创造良好的社会条件。实践证明，“刚性管理”与“柔性管理”缺一不可，相得益彰。

（作者：山东省省长助理、公安厅厅长）

切实增强党性教育的针对性和有效性

王宪魁

党的十七届四中全会要求，把加强党性修养作为优良作风养成的重要基础和动力，教育引导全体党员增强党员意识、党性观念，继承发扬党的优良传统和作风。胡锦涛同志在十七届中纪委三次会议上指出："必须坚持不懈地加强领导干部党性修养，使各级领导干部始终保持共产党人的政治本色，发扬党的光荣传统和优良作风。"习近平同志在全国干部教育培训工作会议上强调，干部教育培训工作"必须把提高能力和增强党性统一起来，把党性教育放在更加突出的地位"。

李源潮同志今年以来先后三次就干部学院党性教育工作作出重要指示。2 月 1 日，李源潮同志根据全国干部教育培训的总体要求，对学院工作作出重要批示，要求学院"深入研究党性教育的针对性、有效性，把党性教育办成井冈山、延安干部学院的第一品牌"。3 月 20 日，在三所干部学院理事会第六次联席会议上，李源潮同志进一步要求学院"形成有特色的品牌、有特色的课程、有特长的师资和特有的校风"，"在党性教育中独特起来"。5 月 15 日，李源潮同志再次强调指出，"学院的功能定位有两条已经非常清楚，就是党性教育基地、党史教育基地"。

李源潮同志的三次重要指示，明确了干部学院在干部党性教育中的独特地位和作用，为办什么样的干部学院、怎么样办好干部学院进一步指明了方向。我们要更深刻地理解党性教育的意义，增强党性教育的针对性和有效性，推动党性教育迈上一个新台阶。

针对性和有效性是相互联系的，针对性是前提和手段，有效性是目的和结果。要达到有效性，必须先研究针对性。党性教育的针对性和有效性，就是根据党的事业的需要、干部健康成长的需要，运用干部学院的独特优势进行培训，对参训干部的思想产生深远影响，增进干部的"德"，促进干部树立正确的世界观、人生观、价值观。

一、增强党性教育的针对性和有效性，需要把握"党要什么"的根本方向

党性教育必须深入贯彻落实科学发展观，围绕党的建设新的伟大工程和党领导的伟大事业来展开，根据党对干部的要求来进行。这是我们开展党性教育必须把握的根本方向。

一是我们党要永葆马克思主义政党的先进性。党的先进性建设是党的根本性建设。党的先进性最终要靠党员和党员干部的先进性来体现。在新的历史条件下，党员和干部保持和发展先进性，要按照胡锦涛总书记提出的"六点要求"，做到坚持理想信念，坚定不移地为建设中国特色社会主义而奋斗；坚持勤奋学习，扎扎实实地提高实践"三个代表"重要思想的本领；坚持党的宗旨，始终不渝地做到立党为公、执政为民；坚持勤奋工作，兢兢业业地创造一流的工作业绩；坚持遵守纪律，身体力行地维护党的团结统一；坚持"两个务必"，永葆共产党人的政治本色。这也是新时期党对干部的党性要求。

二是我们党要担负起领导中国人民实现中华民族伟大复兴的历史使命。实现中华民族伟大复兴，始终是每个党员和干部的强大精神动力。我们党自成立以来，始终以实现中华民族的伟大复兴为己任。党领导新民主主义革命，实现了国家独立和民族解放。新中国成立后，

党领导建设和改革取得了举世瞩目的成就。现在我们正在继续推进改革开放,建设中国特色社会主义,肩负的任务艰巨而繁重,面临的考验复杂而多样,这要求党的干部强化责任意识,牢记肩上的重任和使命,切实用党的科学理论指导实践,求真务实,真抓实干,开拓创新。

三是我们党要坚持全心全意为人民服务的根本宗旨。党的一切奋斗和工作都是为了造福人民。当年闹革命,是为了人民翻身得解放;现在搞改革开放和现代化建设,是为了人民群众的富裕和幸福。我们党一贯要求干部牢记宗旨,为人民服务。在执政的条件下,就要求党的干部权为民所用、情为民所系、利为民所谋,正确行使人民赋予的权力,把解决人民群众最关心最直接最现实的利益问题放在首位,做人民的公仆。

四是我们党要永远继承和发扬党的光荣传统。我们党在长期艰苦卓绝的斗争中,形成了井冈山精神、长征精神、延安精神等光荣传统和优良作风,这是我们党的传家宝,是我们的本色。党始终告诫我们干部,不要忘记党的历史,不要忘记党的传统,要结合时代的发展,结合党的历史方位和历史任务的变化,结合改革开放和发展社会主义市场经济的新实践,让党的光荣传统大力发扬起来,使之在新的时代条件下放射出新的光芒。

总之,党所肩负的历史重任对党员特别是党员干部提出了战略性要求。我们必须认清党对干部的要求,使党性教育符合党的重大战略方针和战略任务。只有这样,才能提高党性教育的针对性和有效性。

二、增强党性教育的针对性和有效性,需要着眼"干部要什么"的任务要求

增强党性教育的针对性和有效性,必须研究分析干部自身的需要。当前,我们的干部面临着执政的考验、改革开放的考验、市场经济的考验等各种考验。在这些考验面前,干部自身需要树立正确的世界观、人生观、价值观,需要加强党性修养。

一是需要坚定的理想信念。坚定的理想信念是党性的灵魂。理想信念看起来很大、很宏观,有些干部甚至认为与自己对不上路,其实在关键时刻就会表现出来。革命战争年代,面对生与死的考验,需要坚定的理想信念;和平建设和改革开放时期,面对权力、金钱的考验,同样需要坚定的理想信念。现在有的干部在矛盾面前畏缩不前,在困难面前悲观失望,在诱惑面前不能洁身自好,说到底还是理想信念不坚定,不信主义、不信党,只信金钱,只信权!这样的干部不可能健康成长。

二是需要牢固的宗旨观念。能不能坚持全心全意为人民服务的根本宗旨,是检验领导干部党性是否坚强的首要标准。现在条件好了,情况变了,职务升了,权力大了,干部脱离群众的危险也增加了。一些干部官本位思想严重,一些干部淡忘、漠视群众的利益,一些干部高高在上、与群众的距离越来越远。这样下去,群众在这些干部心目中的分量就会越来越轻,这些干部在群众心目中的分量也会越来越轻,最终会被人民群众所唾弃。

三是需要求真务实的作风。增强理论指导实践的能力,坚持求真务实,是党的思想作风和工作作风的具体体现,也是领导干部加强党性修养的重要方面。现在的领导干部大多受过良好教育,普遍学历较高,掌握了不少专业知识,但求真务实的作风不一定都有,用理论指导实践的能力不一定都强。有的干部照抄照搬,理论脱离实际;有的干部华而不实,热衷于形式主义的东西;有的干部甚至弄虚作假,欺上瞒下。这样,既贻误党的事业,也贻误自身健康成长。

四是需要高尚的道德情操。高尚的道德情操是党性修养的重要方面。我们党历来把高尚的道德追求作为干部"德"的重要内容,要求干部以德修身,遵守廉政纪律,培养高尚的道德情操和健康的生活情趣。当前有些干部不注重道德修养,沉湎于不健康的情趣,奢靡享乐,甚至腐败堕落,最后损害的是党的形象,断送的是自

己的人生。

总之，干部自身健康成长对党性锻炼提出了需求，我们要认清干部自身的需要，使党性教育符合历史环境的变化，符合干部的思想实际。只有这样，才能增强党性教育的针对性、有效性。

三、增强党性教育的针对性和有效性，需要发挥“我们有什么”的独特优势

认真分析井冈山干部学院独具的党性教育资源，是增强针对性和有效性的重要前提。井冈山是中国革命的摇篮，艰苦卓绝的井冈山斗争为我们留下了光荣传统，特别是以“坚定信念、艰苦奋斗，实事求是、敢闯新路，依靠群众、勇于胜利”为主要内容的井冈山精神，集中体现了我们党的性质和宗旨，体现了马克思主义的世界观、方法论。在这个精神宝库里，有当前干部党性教育所需要的丰富资源。

一是有“革命理想高于天”的坚定信念。参加井冈山革命斗争的革命先辈、革命先烈，有许多是抛弃殷实富裕生活的热血青年和知识分子，有千万觉悟起来的工农民众，他们在“苦到了极点”的条件下，在生与死的考验面前，毅然选择了为革命坚持战斗，不惜抛头颅、洒热血。小井红军医院130多名烈士，最小的年仅14岁，但没有一个为活着而向敌人说出红军部队的去向，在敌人的机枪扫射下全部壮烈牺牲；白色恐怖之中、强敌围困之下，尚处于襁褓和摇篮中的弱小革命力量，坚信“星星之火，可以燎原”。这些都表现出共产党人的坚定信仰和对理想的忠贞不渝。他们启示我们，不管时代和环境如何变化，崇高的理想信念始终是共产党人保持先进性的精神动力。

二是有切实关心群众疾苦的群众观念。井冈山斗争时期，我们党从人民群众的利益出发，提出了“红军宗旨，民权革命”、“革命成功，尽在民众”的口号，颁布了第一部土地法——《井冈山土地法》，从根本上解决了农民最关心最现实的问题——土地问题。在井冈山，党的各级干部始终与人民群众同甘共苦，形成了水乳交融的党群干群关系，逐步形成了党的宗旨观念和优良传统。毛泽东大井访贫，朱德与老百姓“有盐同咸、无盐同淡”，陈毅带病帮助大井农民割禾等，体现了领导干部对群众的深厚感情；毛泽东、朱德与红军战士一起挑粮上山，彭德怀坚持和战士们一起睡地铺、盖稻草等，体现了官兵一致。这给我们留下了密切联系群众的好作风。

三是有敢闯新路的创新精神。以毛泽东为代表的中国共产党人，把马克思主义普遍原理与中国革命实际相结合，解放思想，敢闯新路，引兵井冈，建立工农政权，探索出了一条农村包围城市、武装夺取政权的中国革命成功之路——井冈山道路，书写了马克思主义中国化的伟大开篇。毛泽东还写下了《井冈山的斗争》、《中国的红色政权为什么能够存在》、《星星之火，可以燎原》等光辉著作，对井冈山道路进行了理论上的阐述。老一辈革命家伟大而艰辛的探索，表现了共产党人非凡的实践勇气和理论勇气。这种用马克思主义的基本立场、观点、方法分析和解决中国实际问题的态度和方法，对我们今天建设中国特色社会主义仍然具有很强的指导意义。

四是有“一切行动听指挥”的严明纪律。毛泽东率领红军进入井冈山，就宣布了“一切行动听指挥”、“打土豪筹款子要归公”、“不拿老百姓一个红薯”的“三项纪律”。正是这个“三项纪律”，后来逐步发展成为大家熟悉的“三大纪律八项注意”，为我们党、我们军队今天的政治纪律、经济纪律、群众纪律、廉政纪律的形成奠定了基础。现在的党员特别是党员领导干部，继承和发扬井冈山斗争时期“一切行动听指挥”的优良传统，就是要在思想上、政治上、行动上与党中央保持高度一致。

五是有顾全大局的开阔胸襟。毛泽东在井冈山斗争时期和中央苏区时期，由于受错误路线的影响，先后遭受了四次打击，但是他能够在遇到挫折时，仍然怀着坚定的信念，兢兢业业地

为党为人民默默工作，得到了广大党员、红军指战员和工农群众的一致拥护，最终确立了在党内的领导地位。许多老一辈革命家在革命斗争中由于种种原因，也都遭受过挫折和委屈，但都抱有锲而不舍的坚定信念和坚强党性，具有顾全大局的开阔胸襟。他们的崇高风范仍然值得我们今天的干部学习和传承，如何正确对待组织、正确对待同志、正确对待自己，我们可以从他们身上学到很多很多。

井冈山干部学院创办以来，根据中央确立的办学要求和功能定位，发扬传统、发挥优势、发展特色，将井冈山精神蕴含的丰富教学资源转化为教学优势。在深入研究井冈山精神的丰富内涵和革命旧居、旧址、纪念场馆的基础上，开发了北山烈士陵园、小井红军医院、小井烈士墓、朱毛挑粮小道、黄洋界、八角楼等61个现场教学点。这61个现场教学点，是井冈山斗争时期革命先辈坚强党性的历史凝聚，也是今天我们学员锤炼党性的“流动课堂”，是一个个生动鲜活的党性党风党纪的教育案例。其中一批现场教学点如“重走朱毛挑粮小道”、“井冈山革命烈士陵园现场教学”、“小井烈士墓现场教学”等已建设成精品课程，去年以来举办的厅局级领导干部“加强党性锻炼、坚定理想信念、保持优良作风”专题培训班也基本打造成了品牌班次。这些，为学院进一步增强党性教育的针对性和有效性，奠定了基础、积累了经验。

总之，我们要认清学院独特的资源优势，并充分发挥其党性教育的独特作用。只有这样，才能办出党性教育的特色，提高党性教育的实效。

四、增强党性教育的针对性和有效性，需要创新“我们怎么干”的培训方法

如何根据干部的需要和干部教育培训的特点，运用学院独特的资源优势和教学优势，进一步搞好教学培训，这是我们要解决好的问题。我们要在总结已有教学经验的基础上，不断探索和创新具有针对性和有效性的教学方式方法。

一是情与理、史与理相结合。要按照李源潮同志“对干部进行生动的、富有感染力的、寓理于情、寓理于史的革命传统教育和理想信念教育”的要求，把握党的早期奋斗史的主题和主线、主流和本质，揭示党在早期奋斗中积累的宝贵经验、形成的光荣传统。既要讲出革命先辈的伟大情怀，又要讲出他们内心深处和思想深处的坚定信仰、共产党人的宗旨意识。既要讲出井冈山斗争波澜壮阔、跌宕起伏的奋斗过程，又要把井冈山精神的精髓讲出来。教师在现场教学或专题教学中，无论是概述、片断或者一个小故事，都要怀着炽热的情感，在尊重史实的基础上，把自己在研究这段历史当中所得到的历史情感熏陶，以或铿锵有力、或无限深情的表达方式传递给学员，使学员受到强烈的震撼和深深的感染，在思想上和情感上留下难以磨灭的印记。

二是历史与现实相结合。要结合党的历史使命和历史责任，结合当前干部党性锻炼的要求，让历史告诉现在，使现代继承传统。如讲老一辈革命家开创井冈山道路、形成伟大的毛泽东思想，要与讲邓小平理论、“三个代表”重要思想、科学发展观等在内的中国特色社会主义理论体系结合起来；讲井冈山斗争时期共产党人艰苦奋斗，要与新时期为什么仍然要坚持艰苦奋斗、如何艰苦奋斗结合起来；讲依靠群众取得黄洋界保卫战的伟大胜利，要与当今如何依靠群众推进改革、促进发展、保持稳定结合起来。同时，邀请新时期涌现出的党员领导干部先进典型，如张云泉、李国安、吴天祥等来学院，给学员讲述在新的历史时期如何发扬优良传统，保持坚强党性、发挥模范带头作用，达到见贤思齐的效果。

三是感性教育与理性升华相结合。要坚持以现场教学为主，在革命旧居、旧址、纪念场馆这些实地实景，进行生动、直观、形象的教学，通过讲解或情景模拟，给学员以强烈的冲击和心灵的荡涤；注重通过现场教学中的点评，提升教

学主题。要在学员深入学习革命先辈、革命先烈崇高精神和优秀品格，思想受到触动的基础上，组织学员认真进行党性分析和研讨，对照自己在党性方面的差距和不足，找出原因，使学员在灵魂深处思考，当领导干部为什么、在位干什么、身后留什么，自省、自警、自励，将光荣传统转化为加强党性锻炼的内在精神力量，既课堂上感动，又课下共鸣；既一阵子感动，又一辈子受益，从而达到短班长效，一次井冈行、终生井冈情的效果。

四是学员自我锤炼与学院从严管理相结合。党性教育作为思想和行为的养成教育，既要靠自律，也要靠他律。要通过各种教学手段，包括现场教学、社会实践、专题教学、案例教学、音像教学、激情教学等，激发学员增强党性锻炼、保持和发展共产党人先进性的内在动力。同时，要把学员管理作为学院党性教育的直接平台和重要环节，抓紧抓好。在学员学籍、学习、考勤、生活、娱乐等各个环节严格要求，一丝不苟，真正把党性教育贯穿到学员在院学习培训的全过程，使学员深刻地打上井冈山时期共产党人党性党风党纪的烙印。

总之，干部教育培训工作没有针对性和有效性，就失去了存在的意义，增强党性教育的针对性和有效性是干部教育培训工作的永恒主题。随着世情、国情、党情以及干部队伍的发展变化，党性教育的内容和方式需要不断创新，不断系统化、规范化、科学化，不断提高教学水平和培训效果。只有这样，才能把李源潮同志的重要指示精神落到实处，把学院的办学要求和功能定位落到实处。

（作者：中共黑龙江省委副书记、代省长。此文根据作者任江西省委副书记、中国井冈山干部学院第一副院长时，于2010年7月30日在中国井冈山干部学院举办的“增强党性教育的针对性和有效性座谈会”上的讲话稿整理而成）

学习贯彻十七届四中全会精神
加强哲学社会科学领域党的建设

高全立

党的十七届四中全会全面分析了当前我国改革开放和社会主义现代化建设面临的形势和任务，就新形势下进一步以改革创新精神推进党的建设新的伟大工程做出了全面部署。哲学社会科学研究单位是高知识群体和高知识创新活动密集的地方，是党的意识形态工作部门和重要的理论宣传阵地。加强哲学社会科学领域党的建设，对于巩固马克思主义在意识形态领域的指导地位，牢牢掌握我国哲学社会科学的话语主导权，积极推进学科体系、学术观点、科研方法创新，繁荣发展哲学社会科学，具有十分重要的意义。我们要认真贯彻中央精神，进一步加强和改进党对哲学社会科学的领导，按照十七届四中全会关于党的建设的新部署、新要求，结合正在全党深入开展的创先争优活动，全面加强党的思想、组织、作风、制度和反腐倡廉建设，不断提高党的建设科学化水平，为推进哲学社会科学创新体系建设，提供强有力的政治和组织保证。

抓好学习型党组织建设

建设马克思主义学习型政党，是十七届四中全会从全面推进中国特色社会主义事业和党的建设新的伟大工程的全局出发，提出的一项重大而紧迫的战略任务。高度重视学习，是我们党的宝贵经验。胡锦涛总书记在十七届四中全会上深刻指出，“不断学习、善于学习，努力掌握和运用一切科学的新思想、新知识、新经验，是党始终走在时代前列引领中国发展进步的决定性因素，直接关系巩固党的执政地位、实现党的执政使命”。建设学习型党组织，是贯彻十七届四中全会的具体步骤，是建设马克思主义学习型政党的必然要求。要按照中央建设学习型政党的要求，认真研究和探索新的学习方式，丰富学习内容，营造浓郁的学习氛围。

一是要深刻认识建设学习型党组织的重要意义。我们一直强调学习的重要性，并且也能成为绝大部分同志的共识，但是否真正认识到并做得很好，仍值得考虑。有同志认为，工作是硬任务，看得到摸得着，不干不行；学习是软任务，看不到摸不着，学不学问题不大。还有的同志认为，科研工作本身就是一种学习，再强调学习意义不大，实际上是以科研代替学习。不可否认，科研的过程，是一个不断学习的过程，但我们所强调的学习绝不仅仅是业务方面的学习，还要引导大家注意党的方针政策、学科基础理论、马克思主义中国化最新成果的学习。从事哲学社会科学研究的学者，都有自己的研究领域和专业所长，搞业务是行家里手，但由于个人支配时间和单独活动多，参与单位集体活动少，集中学习有限。政治意识强的同志，马克思主义基本理论学习自觉性就高，否则就可能不注意、不重视、不自觉甚至不理解，就可能对中央的大政方针理解不深不透，对重大现实问题把握得不好。长此下去，就有可能导致学术视野不宽，认识问题不清，把握问题不准，应对能力不强等问题。所以，要引导大家通过学习，努力拓宽知识面，积极培育世界眼光和全局观念，以适应新形势和新任务的需要，跟上理论创新的步伐。

二是要明确建设学习型党组织的任务。十七届四中全会和中央《关于推进学习型党组织建设的意见》，对建设学习型党组织的任务提出了明确要求，就是要高举中国特色社会主义伟大旗帜，坚持以邓小平理论和“三个代表”重要思想为指导，深入贯彻落实科学发展观，全面贯彻党的十七大和十七届三中、四中全会精神，紧紧围绕党和国家工作大局，按照科学理论武装、具有世界眼光、善于把握规律、富于创新精神的要求，以提高全党思想政治水平为基本目标，深入学习马克思主义基本理论，学习中国特色社会主义理论体系，学习社会主义核心价值体系，学习党的路线方针政策和国家法律法规，学习党的历史，学习现代化建设所需要的各方面知识，努力用马克思主义中国化最新成果武装头脑、指导工作。建设学习型党组织，必须始终紧紧围绕这一总要求下功夫、见成效，同时学习还要联系自己的思想和工作实际，为做好工作打基础、做准备。

三是要加强对建设学习型党组织的管理和引导。学习，有集体学习和个人学习之分。对于个人学习，党组织的任务主要是加强教育和引导，提高认识，形成自觉。对于集中学习，主要是各级党组织的任务，党组织要围绕工作大局和任务需要，适时组织不同类型的学习活动，把党的方针政策贯彻下去，把党员干部的思想统一到中央的精神上来，不断提高大家的政治意识、大局意识、责任意识，不断提高党员干部的思想理论素质。作为领导干部，不仅要有良好的思想政治素质、科学的宏观决策水平、准确把握问题、化解矛盾和驾驭全局的能力，同时还必须有较高的理论素质，否则很难胜任工作。因此，要把学习能力和理论素质作为选拔任用领导干部的重要依据和条件。

建设学习型党组织，是建设学习型政党的具体化。要按照建设马克思主义学习型政党的要求，认真研究和探索科学的学习方式，丰富学习内容，扎扎实实推进学习型党组织建设。一是党委中心组要带头学习。党委书记要切实负起责任，自己先学一步、学深一步，真正起到带头和表率作用。基层党支部要开展学习型党组织创建活动，调动党员学习积极性，形成党支部浓郁的学习氛围。二是建立学习制度。衡量一个党组织是不是学习型党组织,很重要的一条是看有没有符合实际、行之有效的学习制度。要切实加强学习制度建设,制定学习计划,建立健全学习档案,定期进行学习通报和学习引导,加强对学习的规范和管理。三是坚持学用结合、理论联系实际。要把学习与运用相结合、与创新相结合,与做人、做事、做学问相结合。

抓好基层党组织建设

加强基层组织建设,是科研单位党建工作的基础工程和活力源泉。在科研单位基层党支部中,研究室支部占有绝对的比重,要把加强以科研人员为主体的研究室党支部建设,作为贯彻落实四中全会《决定》的工作重点之一,作为一项抓基层、打基础的重要工作任务,采取切实有效的措施,抓出成效。由于每一个支部的环境不同,党员队伍构成不同,开展工作的方式方法也不同,支部发挥的作用更不尽相同,需要根据中央精神,联系工作实际,深入思考如何进一步抓好支部建设工作。

一是明确党支部工作在研究室建设中的定位和作用。在科研单位,研究室的重要性不言而喻。研究室办得好与坏,直接关系到科研强所、人才强所、管理强所任务的完成。但要办好研究室,基层支部建设不可或缺。加强研究室建设的一项重要内容就是要抓好研究室的党支部建设。研究室的支部建设不是科研工作的额外负担,不是脱离科研工作另搞一套,而是研究室建设的一个重要方面。研究室支部工作做好了,可以为研究室建设起到重要的思想和组织保证作用。研究室党支部建设如何融入科研中心工作,除了思想重视之外,关键在于找准自身定位,科学合理地谋划工作安排,知道在哪些工作中当主角,在哪些工作中当配角。只有这样,才能够使二者良性互动、相得益彰,才能真正发挥基层组织的战斗堡垒作用,不断推动研究室建设和发展。

二是探索研究室党支部有效开展工作的方式方法。明确了研究室党支部的定位和作用,还要结合实际,积极探索支部工作有效的方式方法。关于支部工作的方式方法,我们党历史上形成了许多弥足珍贵的优良传统,积累了不少宝贵经验,如“三会一课”制度、支部组织生活会制度、民主评议党员制度、创先争优制度等,这些都是新形势下加强和改进党支部工作的宝贵财富,应该在新的实践中继续坚持,并赋予它新的内容。今天,我们讲“推动基层党支部工作创新”,决不是要改掉这些党的组织制度,相反,只有这些制度加强了、落实了,基层党支部工作才能真正有新的开拓、新的突破和新的进步,否则党的基层组织很可能会丧失自己的政治优势,甚至不如一般的群众团体。当然,哲学社会科学有自己的发展规律,科研院所党员队伍发展有各自的院情所情,支部工作要在继承党的优良传统的基础上,不断探索适合科研单位特点的方式方法,充分利用学术论坛、学术沙龙、社会调研、网络博客等喜闻乐见、易于参与的活动载体,将党的路线、方针、政策贯穿到科研工作的各个环节,促使党员特别是青年党员在活动中产生政治认同和情感共鸣,从而增强基层党组织的感召力和凝聚力,提高基层党组织的工作水平。

支部工作无论采取何种形式,重要的是要处理好“虚”与“实”的关系。支部工作为什么难做?就是因为有的同志认为支部工作没有什么事情可做,无非就是念念文件、读读报纸、听听报告、看看录像、收收党费,是些比较琐碎、比较虚的事情。我们应理直气壮地说,这些工作都是应该做的,但并非根本。党的基层组织的根本任务是把党的方针政策贯彻下去,把党员干部的思想引导好,把党员的先锋模范作用发挥好,把组织的战斗堡垒作用体现好。“虚”是一种形式,“实”才是目的,关键是能否做得好。党的工作最主要的任务就是对干部职工进行思想教育和政治引导,从这个意义上看,支部工作有点“虚”。但关键是通过一些具体的、有形的、扎实的工作形式,把解决党员群众的思想认识问题与解决实际问题结合起来。思想认识提高了，工作“火”力增强了，支部建设的价值和意义也就体现出来了。

三是选好配强党支部书记。加强研究室党支部建设，首先要根据党员队伍的实际情况，本着有利于教育管理党员、有利于支部开展活动、有利于完成研究室所担负工作任务的原则，健全基层组织设置，完善基层组织体系。原则上应以研究室为单位单独组建党支部，但这也是有前提的：除了研究室要有规定的党员人数外，还必须要有能够胜任支部书记的人选。因此，选配好支部书记是研究室支部建设的关键。要认真抓好支部书记的发现、培养工作，把那些政治素质高、思想素质好、具有较高政策水平和领导能力、热爱党的工作、富有奉献精神的党员学术骨干，推荐到支部书记的岗位上。原则上研究室党支部书记应由研究室负责人担任，便于开展工作，也有利于锻炼干部。在加强支部书记岗位培训，增强其角色认知感和荣誉感的同时，也要把担任研究室党支部书记作为选拔任用党员领导干部的重要条件。

抓好党员队伍建设

加强哲学社会科学领域党的建设，党员队伍建设至关重要，必须建设一支政治坚定、业务精湛、纪律严明、作风优良的党员队伍。抓好党员队伍建设，要从教育和管理两个方面着手。

一是加强对党员的教育。加强党员队伍建设，必须坚持思想领先的原则。党员教育涉及方方面面，最根本的是党性教育。抓好党员的党性教育既是我们党自身建设的特点和优势，也是提高党员素质的根本途径。我们必须认真贯彻落实党的十七大和十七届四中全会对全党特别是党员领导干部提出的“讲党性、重品行、作表率”的要求。党性，说到底就是用无产阶级的世界观去改造非无产阶级的世界观，用党和人民利益至上的原则去克服个人主义思想。在党员中开展党性教育，就是要教育党员养成个人服从组织、局部服从全局、下级服从上级、全党服从中央的组织纪律观。党性不是遥不可及的，更不是高不可攀的。党员的党性如何，直接贯穿其思想和行动的全过程，最集中地反映在实际工作和生活中，最突出地体现在对待利益得失上。作为党员领导干部，加强党性修养，就是要摆正个人利益和群众利益的关系，个人利益与国家利益、民族利益的关系；作为普通党员，加强党性修养，就是要端正个人与组织、集体的位置关系，个人的事业与党的事业的关系。总之，要把个人的权力、利益看得淡一些，把维护党和人民的利益作为自己全部工作的出发点，包括在工作、荣誉、待遇等面前，应多一点公心，少一点私心，多一点奉献，少一点索取。只有淡泊名利，才能做到处事公平、公正，才能让群众信服，才能在群众中有威信。当然，加强党性修养，不是反对个人应有的利益，对党员个人正当的合法权益必须予以保护。

二是强化对党员的组织管理。哲学社会科学的繁荣发展需要宽松的学术环境，这也是科研单位留住人才、吸引人才的优势所在。但是，宽松不等于放松。加强党员队伍管理，必须既坚持原则又把握好分寸，做到宽严相济。要注意加强“严”的一面，对不良现象和不正之风绝不能姑息迁就，更不能讲情面，丧失原则。对那些长期交党费不积极、组织活动参加少，与党组织若即若离的，在思想教育的基础上还要用纪律加以规范和约束。对那些在工作中不能充分发挥模范带头作用的，要给予提醒和批评。对那些有损党的肌体，破坏党的纪律，造成不良影响的，要按有关规定进行处理。同时按照中央要求，还要进一步加强对流动党员的管理。一句话，就是要通过有效的教育和管理，充分发挥党员在科研和各项事业中的先锋模范作用。

三是做好在中青年科研骨干中发展党员的工作。发展党员，尤其是在中青年科研骨干中发展党员，是科研单位党的工作的重要内容。全国政协副主席、中国社会科学院党组书记、院长陈奎元同志曾指出，科研人员加入共产党或是其他民主党派，都可以为国家效力，为社会主义现代化建设服务，但是如果我们党不能把精英人才吸引到队伍中来，中国共产党就不可能保持自己的先进性，党的执政能力就没有办法保证。积极团结吸引科研人员特别是有潜力、有后劲的青年学者到党的队伍里来，是队伍建设的长远任务。近年来，党的组织发展工作取得了一定成绩，每年都有一些科研水平较高、思想品质较好的同志加入到党组织，充实到党的队伍中来，但也不能对党员发展的现状盲目乐观，在党员发展上，有些单位抓的不紧、发展数量不多，有些中青年科研骨干对加入党的组织积极性不高。当然，加不加入党组织是个人自愿，党员发展工作也不能只看数量不讲质量，从根本上说，质量更重要、更关键。但是，没有一定的数量，质量也无从谈起。科研单位基层党组织要增强这方面的忧患意识，增强责任感和工作力度。

抓好党务干部队伍建设

党务干部是做好党的工作的骨干力量，党务干部队伍的素质决定着党的工作质量。一定条件下，党的形象往往通过党务干部的形象来体现。因此，只有不断加强党务干部队伍建设，才能有效地推进和深化党的各项工作，增强党组织的凝聚力、感召力和战斗力。在科研单位，党务干部大多是兼职的，有的同志肩负着繁重的科研任务，有的同志甚至承担着多项管理工作，“上面千条线、下面一根针”。这种情况在行政职能部门也存在，是一个共性问题，需要认真研究，开创工作的新思路。总的情况看，在人手紧、头绪多、任务重的情况下，广大党务干部克服困难，勤奋工作，默默奉献，较好地完成了各项任务，为推进党的工作作出了贡献，体现出了党务干部应有的思想素质、政治素质和能力素质。各级党组织要从关系党的事业长远发展的战略高度，深刻认识加强党务干部队伍建设的重要性和紧迫性。

一是把党务工作岗位作为培养选拔领导干部的重要平台。要有意识地把那些有培养前途的干部放在党务工作岗位上锻炼，提高他们的思想政治素质。选拔领导干部时，要把是否和能否承担好党务工作，作为一个重要条件。

二是加强对党务干部的培养。要通过各种形式，如举办培训班、经验交流等，不断提高他们的光荣感、责任感，提高他们的思想政治素质和推动工作的能力，为他们创造发展进步的条件。

三是关心党务干部，支持他们大胆开展工作。既要关心他们的工作和生活，为他们排忧解难，又要注意宣传他们的工作精神和工作业绩。同时还要教育鼓励他们珍惜在党的工作岗位上干事业、作贡献的机会，真正做到爱岗敬业，正确对待名利得失，以满腔热忱和甘于奉献的精神做好党务工作。

（作者：中国社会科学院党组成员、副院长兼直属机关党委书记）

机关党的工作必须遵循的基本规章

——认真学习贯彻《中国共产党党和国家机关基层组织工作条例》

孙　淦

胡锦涛总书记指出，机关党建工作必须适应新形势、新任务的要求，走在党的基层组织建设的前头。党中央新修订颁布的《中国共产党党和国家机关基层组织工作条例》（以下简称《条例》），为加强和改进机关党的建设，推动机关党的工作科学化提供了重要保障。

一、从党的事业发展全局高度，充分认识《条例》修订颁布的重大意义

修订颁布《条例》，是深入贯彻落实党的十七届四中全会和全国机关党建工作会议精神的重要举措，是推进机关党的建设的重大部署。

《条例》的修订颁布，适应了机关党建新形势新任务的迫切需要。党和国家各级机关是党代表人民执掌政权的领导机构。机关党建是党的建设新的伟大工程的重要组成部分，具有特殊重要的地位。与其他社会组织相比，机关党员集中、领导干部集中、执政骨干集中，党员干部的政治素质、业务能力和工作作风，直接关系到党的执政能力、领导水平和社会形象。特别是机关党员干部队伍状况深刻变化，新一代年轻党员干部逐步成为机关干部的主体，迫切需要进一步加强理论学习和理想信念教育，加强党性锻炼和艰苦环境历练，提升整体素质和能力。《条例》的修订颁布，适应了形势任务的发展变化，对提高党领导经济社会发展的能力和水平，保证党的路线方针政策和中央决策部署的贯彻执行，具有重要意义。

《条例》的修订颁布，为加强和改进机关党建工作注入了新的动力。近年来，各级机关党组织坚持围绕中心、服务大局、拓展领域、强化功能，在抓好组织体系、骨干队伍、活动载体、工作制度等方面取得了很大成绩。但必须看到，与中央的要求和担负的职责任务相比，仍存在一些不适应、不符合的地方。比如，有的党建工作理念和思路、方式方法改革创新不够；有的党建工作与业务工作结合不紧，针对性、实效性不强；有的主动作为不够，协助监督作用发挥不充分，等等。《条例》体现了党的理论创新、实践创新、制度创新的新成果，贯彻了中央对机关党的工作的新要求，吸收了各级党和国家机关党的建设的新经验，有针对性地作出了一系列新规定。《条例》的修订颁布，对促进各级领导更加重视机关党的工作，调动机关党组织和党员的积极性、创造性，增强机关党务干部的责任感，具有重要意义。

《条例》的修订颁布，为全面推进机关党的建设提供了制度保障。《条例》是党中央修订颁布的专门规范机关党的工作的文件，进一步明确了机关党的工作的指导思想、职责任务和工作方法，对党员的教育、管理、服务和发展及机关基层党内民主与监督、思想政治工作等作出全面规定。《条例》的修订颁布，为机关党组织进一步建立健全与之相配套的实体性和程序性制度，探索完善符合科学发展的机关党建目标管理、考核评价机制，推进机关党的工作科学化、民主化、规范化，全面做好机关党建各项工作，提供了根本依据和制度保障。

二、以《条例》精神为指导，提升机关党建科学化水平

贯彻落实好《条例》，要在认真学习、全面领会的基础上，着力把握好以下5个方面。

高举旗帜、把握方向，用马克思主义中国化最新成果指导机关党的工作。《条例》明确提出，机关党组织要高举中国特色社会主义伟大旗帜，以马克思列宁主义、毛泽东思想、邓小平理论和“三个代表”重要思想为指导，深入贯彻落实科学发展观。这一规定，充分体现了中央对机关党建工作的要求，是机关党的工作必须遵循的重要指导思想。要把讲政治作为机关党的工作第一位的要求，牢牢把握政治方向、坚定政治立场、严守政治纪律。把理论武装作为首要任务，做到党的理论创新每推进一步、理论武装就跟进一步，不断提高党员干部思想政治素质和理论政策水平，增强贯彻党的基本理论、基本路线、基本纲领、基本经验的自觉性和坚定性，确保机关和党员干部在思想上、政治上、行动上同党中央保持一致。

围绕中心、服务大局，为推动科学发展、促进社会和谐提供有力保证。《条例》强调，要认真贯彻党的路线方针政策，紧密围绕本部门的中心工作，充分发挥党的思想政治工作优势、组织优势和密切联系群众的优势，把服务中心、建

设队伍贯穿始终。搞好机关党的建设，必须时刻关注大局、认真研究大局、准确把握大局，找准发挥作用的着力点和切入点，切实为党和国家工作大局服务、为单位部门中心任务服务、为落实党的建设重大部署服务。当前，要深入学习贯彻党的十七届五中全会精神，抓好思想政治工作和形势政策宣传教育，统一思想、凝聚共识，坚定信念、增强信心，着力提升能力素质、增强工作本领，通过充分发挥党组织战斗堡垒作用和党员先锋模范作用，推动落实科学发展和加快转变经济发展方式决策部署。

建设队伍、改进作风，培养造就高素质机关党员干部队伍。《条例》把建设队伍、改进作风放在突出位置，对加强党员的学习培训、管理服务和作风廉政提出了具体要求。要以能力和作风建设为重点，大力加强机关党员干部队伍建设。要认真贯彻落实中央部署要求，通过大力推进学习型党组织建设，促进机关党员干部优化知识结构、提高综合素质、增强创新能力，紧紧抓住党员领导干部这个重点，使领导班子成为学习型领导班子。要落实好党员经常性教育培训工作，建立长效机制，推进学习型党组织建设由“抓活动”向“促常态”转变。要把大兴密切联系群众之风作为机关作风建设的重中之重，充分发挥党组织和党员在服务群众中的带头作用，创新联系群众方式，做到机关工作重心下移、领导干部深入基层，机关党员干部带着深厚感情做群众工作。要深入开展“讲党性、重品行、作表率”活动，牢固树立正确世界观、权力观、事业观，努力建设为民、务实、清廉机关。积极创造条件，鼓励支持机关党员干部到基层一线、艰苦地区、复杂环境和急难险重任务中砥砺品质、锤炼作风、增长才干。

抓好基层、夯实基础，不断推进机关基层党建工作创新。《条例》对机关党组织的设置、基本职责和主要任务等作了明确规定。做好抓基层、打基础工作，必须善于总结和运用机关党建工作的成功经验和做法，积极运用互联网等新技术新手段推进党建信息化，学习运用现代管理学、组织学、心理学等现代科学方法，创新机关党组织和党员发挥作用的途径和形式。要把创先争优作为贯彻《条例》的重要内容，按照走在前、作表率要求，坚持围绕中心、立足本职，注重解决问题、取得实效，发挥先进典型的示范带动作用，不断向广度和深度拓展。要在创先争优活动中推动党的十七届四中、五中全会精神的落实，促进机关党的各项工作创新发展，实现与中心工作有机融合、同频共振。中央直属机关开展的基层组织建设“创新亮点示范工程”是创先争优活动的重要抓手和推动力，要做到紧密衔接、协调推进。

加强领导、落实责任，形成机关党的工作合力。《条例》对机关党建工作的领导体制作出了具体规定。要按照要求，全面落实机关党建工作责任制，健全党委统一领导，机关工委、部门党组（党委）、机关党组织层层负责的领导体制和工作格局。工委要加强对机关党的工作的领导，切实发挥在规划指导、管理监督、协调服务等方面的职能作用。各单位要高度重视机关党的工作，严格执行部门党组（党委）书记负总责、分管领导具体抓、机关党组织抓落实，一级抓一级、层层抓落实的机关党建工作责任制，解决好机关党组织的工作机构设置、人员编制、经费等实际问题。《条例》还对加强党务干部队伍建设作出具体规定。要把机关党务工作作为培养锻炼干部的重要岗位，加强党务干部与其他岗位干部交流，注重优化队伍结构，按照守信念、讲奉献、有本领、重品行的要求选好配强机关党组织书记。要加强党务干部的培养教育，不断提高政治素质和业务能力，关心他们的成长进步，充分调动其工作积极性。

三、抓好《条例》的贯彻落实，统筹推进机关党的各项工作

制定一份好的文件不容易，把文件落到实处更不容易。要将贯彻落实《条例》作为机关党的工作当前和今后一个时期的重要任务，确保落实到位。

加强学习培训，广泛深入做好宣传。要大力宣传《条例》修订颁布的重大意义，宣传机关党建的重要地位和作用，为学习贯彻营造良好氛围。《条例》是机关党组织和党员必须掌握的基本知识。要做到中心组带头，党员领导干部为重点，深入学习《条例》，牢固树立抓好党建是本职、不抓党建是失职、抓不好党建是不称职的责任意识。要组织全体党员学习《条例》，对党务干部进行专门培训，切实提高认识、统一思想，增强贯彻落实的自觉性和坚定性。

加强组织领导，切实抓好贯彻落实。各级机关党组织首先是中央和国家机关党组织要认真学习贯彻《条例》，加强对机关党的工作的领导和指导。工委和各单位要高度重视、加强领导，结合实际制定具体实施办法和意见。要把贯彻落实《条例》列入机关重要议事日程，作出安排部署，做到组织领导有力、思路措施清晰、责任落实到人、成效要求明确，形成上下联动、各负其责抓落实的整体合力。

加强督促检查，努力形成长效机制。《条例》规定，机关工委要对所属机关基层党组织贯彻执行本条例的情况进行督促检查，每年向同级党的委员会报告。各级党委（党组）和机关工委要把督促检查作为一项重要工作抓紧抓好，采取有效形式，加大工作力度，认真抓几年，切实提高执行力。要全面了解和掌握贯彻落实情况，总结经验，表彰先进，及时发现和解决工作中存在的问题。各级机关党组织要对照《条例》认真搞好自查，分析梳理存在的差距和不足，研究提出改进的办法，推动不断取得新成效，建立贯彻落实《条例》的长效机制。

坚持开拓进取，统筹做好机关党的工作。党的十七届四中全会后，中央下发了《中国共产党党员领导干部廉洁从政若干准则》、《关于领导干部报告个人有关事项的规定》、《2010—2020年深化干部人事制度改革规划纲要》、《党政领导干部选拔任用工作责任追究办法（试行）》等四项制度、《2010—2020年干部教育培训改革纲要》、《关于党的基层组织实行党务公开的意见》、《关于实行党风廉政建设责任制的规定》等一系列文件，贯彻落实这些文件规定，是机关党建工作的重要任务。要通过贯彻《条例》，不断提高机关党建科学化水平，推进机关党建的重点、难点问题破解，保障这些制度规定的落实。这也是贯彻落实《条例》的根本要求和重要成果体现。

（作者：中共中央直属机关工委常务副书记）

积极推进党委新闻发言人制度建设

王　晨

党的十七届四中全会提出要“建立党委新闻发言人制度”，这是在新形势下深入推进党务公开、提高党的执政能力的重大举措。对于加强和改进新形势下党的自身建设，发展党内民主，为党的建设和国家发展营造良好舆论环境，具有重大的现实意义和深远的历史意义。

一、充分认识建立党委新闻发言人制度的重要意义

建立党委新闻发言人制度，有利于提高党的执政能力和领导水平，保持和发展党的先进性。当前，世情、国情、党情的深刻变化对加强党的建设、提高党的执政能力提出了新要求。

从国际上看，国际社会对我关注度越来越高，中国共产党的建设发展处于一种全开放的环境，党的方针政策、一举一动都受到国际社会的广泛关注；从国内看，我国正处在进一步发展的重要战略机遇期，各种社会矛盾日益凸显，面临着十分复杂的形势。推进党的建设科学化、制度化、规范化十分重要、十分迫切。建立党委新闻发言人制度，进一步推进党务公开，实现党的工作公开透明，是我们党不断解放思想、实事求是、与时俱进、开拓创新的具体表现，是我们党努力建设现代化政党的重要举措，体现了党执政理念的发展。建立党委新闻发言人制度，推动党的工作公开透明，有利于我们党积极主动地适应国际形势的新变化，及时妥善地应对社会发展的新要求，有利于改进党的工作，增强党的生机活力，实现党的科学执政、民主执政、依法执政，提高党的执政能力，有利于保持和发展党的先进性，确保党在领导全国人民建设中国特色社会主义事业伟大进程中始终走在时代前列。

建立党委新闻发言人制度，有利于保障党员的民主权利，发展党内民主。胡锦涛同志在党的十七大报告中明确指出："党内民主是增强党的创新活力、巩固党的团结统一的重要保证。"这就要求切实推进党内民主，落实和保障广大党员的各项民主权利。建立党委新闻发言人制度有助于切实落实和保障党员对党内事务的知情权、参与权、表达权、监督权。通过开展党务信息发布工作，及时介绍党的有关工作进展情况，有利于畅通党内信息上下互通渠道，增强党组织工作的透明度，使党员更好地了解党的各项方针政策和决策过程；有利于提高党员对党内事务的参与度，增强党员参与党内生活的积极性、主动性和创造性，广泛凝聚广大党员的意愿和主张，充分发挥党员在党内生活中的主体作用；有利于在党内形成公开、透明的环境，引导、鼓励和保护党员敢讲话，讲真话，讲心里话，营造党内民主讨论、民主监督的良好氛围，加强党组织的向心力凝聚力，增强党组织的战斗力号召力，保障党的坚强有力和团结统一。

建立党委新闻发言人制度，有利于保持党同人民群众的血肉联系，不断巩固扩大党的群众基础。党委新闻发言人制度，可以在党务部门与群众之间搭建新的沟通桥梁，实现良好互动。一方面，党委新闻发言人通过及时发布党务信息，回答群众关注的问题，用通俗易懂的方式向基层党员和广大群众介绍党的方针政策和决策部署，解疑释惑，能够使党的政策和工作为广大群众了解、理解和支持。另一方面，党委新闻发言人及时发布党务信息并将收集到的社情民意向党委反映，做到问政于民、问需于民、问计于民，充分考虑群众利益和承受能力，能够切实增强党和人民群众的血肉联系。党的十七届四中全会召开后，一些地方党委大胆探索，设立党委新闻发言人，开展新闻发布工作，受到社会广泛关注和好评，也让广大人民群众和党员干部对党务新闻发布工作给予很大期望。可见，把这一制度建设好，作用发挥好，对于实现人民群众对党内事务的广泛参与和切实监督，架起党组织和人民群众之间的"连心桥"，扩大党的群众基础，巩固党的执政之基能起到十分重要的作用。

建立党委新闻发言人制度，有利于在舆论传播中把握话语权、赢得主导权，为党的建设和国家发展营造良好舆论环境。党委新闻发言人制度的建立，是在国际国内新形势和新的舆论传播格局中把握话语权、赢得主导权的客观需要，有利于树立和展示党和国家民主、进步、文明、开放的良好形象。建立党委新闻发言人制度，要求党中央各部门和各地党委及时、准确、主动、全面地向党内外介绍各项党务工作，及时就涉及党务工作的重大事件和重要热点问题表明立场、观点，及时澄清涉及党的工作的各种误解，批驳谣言，消除不实或歪曲报道的影响，为维护社会稳定、促进社会和谐发挥重要作用。在应对热点敏感问题和突发事件时，通过及时、准确地发布权威信息，牢牢掌握舆论引导主动权，迅速占领舆论制高点，保障突发事件的及时应对和妥善处置。近年来，党中央有关部门新闻发言人制度建设对营造良好舆论环境发挥了重要作用。中央纪委多年来通过多种形式反映反腐倡廉的工作进展，展示我们党从严治党、惩治腐败的决心。中组部及时充分地对外发布干部人事制度改革和组织工作等各方面进展，公开有力地表明了党抓好干部选拔任用工作、提高选人用人公信度的信心和决心。中宣部也在今年推出了新闻发言人，成为社会各界了解中央宣传思想工作状况的重要窗口。这些工作都得到了广大党员干部和人民群众的欢迎和拥护。今年“七一”前夕，中央外宣办举行党中央有关部门新闻发言人中外记者见面会，11 个党中央有关部门和单位的 11 位新闻发言人集体亮相，对进一步推进党务公开，发展党内民主，树立我党开明开放良好形象产生了积极影响。

二、扎实有效地做好推进党委新闻发言人制度建设各项工作

一是稳步推进党委新闻发言人制度建设。党委新闻发言人制度建设既要加大工作力度，积极推动，又要扎扎实实，务求实效。一方面，党中央有关部门和各地党委、新疆生产建设兵团党委要充分认识建立党委新闻发言人制度的重要意义，统一思想、提高认识，加强领导、精心组织，扎实推进党委新闻发言人制度建设。特别是各地各部门主要领导同志要切实负起责任，按照有关工作要求，认真抓好这项工作。党中央各有关部门，各省（区、市）党委及主要工作部门，新疆生产建设兵团党委及主要工作部门要抓紧建立和完善新闻发言人制度。已经建立新闻发言人制度的党委和部门要认真总结经验，进一步完善发布形式，丰富发布内容，规范发布程序。尚未建立新闻发言人制度的党委和部门今年要抓紧建立新闻发言人制度，开展新闻发布工作。另一方面，党委新闻发言人制度建设要注重实效，防止“一哄而起”。市（地、州）党委要在上级党委指导下，根据实际情况逐步建立新闻发言人制度。各地各部门还要根据党委新闻发言人制度建设进展情况，开展调研，加强检查督促，及时总结交流经验体会，推动党委新闻发言人制度建设积极稳妥、扎实有效地开展。

二是加强指导，统筹协调，形成合力。在建立党委新闻发言人制度工作中，要处理好党务信息发布和政务信息发布的关系。党务公开、党务新闻发布与政务公开、政务信息发布既密切相关，又相互区别。党务部门和政府部门都有各自的工作内容，在新闻发布工作中，党务部门和政府部门要明确分工，理顺关系，相互配合，形成合力。党委新闻发言人负责发布党务和与党的工作密切相关的信息，政府新闻发言人负责发布政务和与政府工作密切相关的信息。经济发展社会管理事务和突发事件的有关新闻信息一般应由政府新闻发言人及时主动发布，党委应做好协调指导工作，避免党政不分、以党代政的现象。按照中央统一部署，中央对外宣传办公室作为中央推进党委新闻发言人制度建设的职能部门，也要加强对中央有关部门和各地党委、新疆生产建设兵团党委新闻发言人制度建设的指导、协调。地方党委和政府要加强在新闻发布工作方面的沟通协调，既要防止出现发布工作缺位、错失新闻发布和舆论引导时机的现象，又要避免出现重复发布、多头发布和交叉发布特别是发布信息不一致、口径不一致等问题，维护党和政府新闻发布的权威性和公信力。党中央各有关部门要加强对本系统党委新闻发言人制度建设的指导协调，统筹做好新闻发布工作，形成舆论引导合力。

三是建设一支高素质的党委新闻发言人队伍，开展多种形式的新闻发布。党中央各部门和地方党委应特别注重加强队伍建设，要认真挑选政治素质强、政策水平高、具备一定新闻宣传工作经验的同志担任党委新闻发言人，条件成熟的也可设立专职新闻发言人，定时开展例行新闻发布。要关心、支持党委新闻发言人开展工作，使新闻发言人有一个便于逐步提高水平的宽松环境。要为党委新闻发言人开展工作

提供必要的条件，安排新闻发言人参加与新闻发布内容有关的会议，阅读有关文件，及时了解掌握相关情况，保证发布信息的准确性、权威性。要积极开展党委新闻发言人培训工作，不断提高党委新闻发言人和各级领导干部的新闻素养和新闻舆论意识，积极探索和掌握新闻传播规律，善待、善用、善管新闻媒体，提高同媒体记者打交道的能力和水平。同时，党委新闻发言人制度建设应该充分吸收、借鉴政府新闻发布的成功经验，丰富发布形式，通过召开新闻发布会、背景吹风会，组织集体采访和互联网访谈，接受媒体专访，答复记者问询，发布新闻稿等多种形式，及时准确发布权威党务信息。要对外公布新闻发言人或新闻发布机构联络电话，开设门户网站或开办专题网页、开通电子信箱，拓展党的声音的传播渠道。除特殊安排外，新闻发布会和其他新闻发布活动应面向所有具有采访资格的境内外新闻媒体记者。

新闻发布工作实践证明，许多情况下，传播力决定影响力，话语权决定主导权，时效性决定有效性，透明度决定公信度。各地各部门要根据中央的中心工作和引导舆论的需要，充分运用好党委新闻发言人制度，全面权威、准确真实、公开透明地发布党务信息。各级党委新闻发言人要把党务部门想说的、媒体关注的、党员和广大人民群众关心的涉及党的工作的内容结合起来，加大党务信息公开力度，及时发布权威党务信息，充分展示我良好形象，为改革开放和现代化建设事业发展营造更加良好的舆论环境。

（作者：中共中央宣传部副部长，中央外宣办、国务院新闻办主任）

深入开展创先争优活动　推进新玉树新家园建设

齐　玉

“4·14”玉树大地震发生后，党中央、国务院高度重视，作出一系列重大决策部署。中央领导同志强调，要使创先争优活动与推动玉树抗震救灾和灾后重建紧密结合起来，把抗震救灾和灾后重建纳入创先争优活动的重要内容，以抗震救灾和灾后重建的成效检验创先争优活动成效。全省各级党组织和广大党员、干部认真学习、坚决贯彻中央领导同志指示精神，把抗震救灾和灾后重建作为开展创先争优活动的实践平台和生动课堂，推动抗震救灾和灾后重建工作有力有序有效进行，取得了阶段性成效。

一、结合抗震救灾和灾后重建工作实际确定创先争优活动主题

中央关于在党的基层组织和党员中深入开展创先争优活动的部署和中央领导同志关于加强灾区重建工作的一系列重要指示，为我们全面推进创先争优活动指明了方向。全省各级党组织和广大共产党员认真贯彻中央精神，紧紧围绕推动全省“跨越发展、绿色发展、和谐发展、统筹发展”战略部署和推动抗震救灾及灾后重建这一工作大局，扎实开展创先争优活动。

各地坚持贴近玉树抗震救灾工作实际、突出实践特色、扎实有序推进的原则，紧密结合实际，反复酝酿制定实施方案。玉树州确定了“打造坚强堡垒、锤炼先锋队伍、服务人民群众、创建社会主义新玉树”的活动主题，提出把调动党员干部积极性和发动群众开展灾后重建作为突出实践特色的具体措施，在受灾群众安置点组建帐篷社区党组织，在重建家园的具体

实践中落实创先争优活动各项要求。西宁市紧紧围绕服务玉树灾后重建工作，围绕"永葆忠诚本色、争当发展先锋"这一实践主题，加强分类指导，扎实推进创先争优活动。全省各级党委认真落实省委提出的"目标看得见、工作能落实、党员好参与"的要求，按照创先争优的基本要求，结合恢复社会秩序、重建家园工作任务，突出体现"科学发展取得新进展，重建家园取得新成效，促进和谐取得新进步，加强基层组织取得新突破"的基本目标。

二、把抗震救灾和灾后重建作为创先争优活动的实践平台与生动课堂

省委要求，要把加强基层组织建设作为确保抗震救灾工作及时有力推进的重要基础，组织动员各级党组织和广大党员干部全力投入抗震救灾和灾后重建工作。省委书记强卫、省长骆惠宁在深入一线安排部署救灾和重建工作时，多次明确要求各级党组织把加强基层组织建设作为首要任务，充分发挥党组织的战斗堡垒作用、党员领导干部的骨干带头作用、共产党员的先锋模范作用，努力使各级领导干部成为灾后重建的主心骨，基层党组织成为灾后重建的战斗队，广大共产党员成为灾后重建的带头人。

全省各级党组织和广大党员以抗震救灾和灾后重建的具体行动体现创先争优活动的要求，快速、有效开展抗震救灾和灾后重建工作。玉树州县乡三级党员领导干部快速反应，按照各自任务分工，指挥带领党员干部和群众开展抢险自救。玉树州未受灾各县的基层党组织和党员，纷纷组建起党员救援队、突击队，紧急赶赴重灾区玉树县投入抗震救灾中。在各级党员领导干部的带动下，灾区党员干部承受着家园被毁、亲人同事遇难受伤的痛苦，全部坚守在各自工作岗位上。各地各单位按照省委的统一部署，组成工作组急赴灾区投身抗震救灾和灾后重建，积极行动、密切配合，迅速形成抗震救灾和灾后重建的强大合力。在恢复重建中，省直各单位党组织以支持灾后重建为己任，结合各自职能，紧紧围绕玉树灾后重建和科学发展，想灾区之所想、急灾区之所急，在资金、项目、人才等各方面支持灾区、倾斜灾区。省委组织部派出4批240名富有基层工作经验的党员干部，为19个受灾片区充实一线工作力量；挑选105名懂汉藏"双语"的干部，到玉树帮助开展工作和挂职锻炼；为灾区购买和赶制党旗、国旗等各类旗帜和"共产党员"胸牌，让飘扬的党旗国旗红旗、让鲜艳的"共产党员"胸牌告诉灾区群众：党组织就在他们身边，党员和群众在一起共同抗击灾害、恢复重建！

三、以创先争优活动为动力，建设社会主义新玉树新家园

全省各级党组织和广大党员以灾后重建为主战场，全力以赴抓安置，围绕安置抓恢复，抓好恢复促重建，努力在玉树灾后重建中建功立业。

紧紧围绕灾后重建中心任务推进和落实创先争优活动。各级党组织把推动灾后重建作为创先争优活动的主要内容，要求党员干部认真履职，及早研究解决灾后重建工作中存在的实际问题，推动恢复重建工作任务落实；建立领导干部联系点制度，帮助解决突出问题和困难；发挥各级党员领导干部在灾后重建工作中的示范带动作用；通过党员领导干部专题民主生活会和专题组织生活会，制定抓落实的具体措施，在灾后重建中扎实开展创先争优活动。

以灾后重建为契机，进一步夯实基层基础。针对灾区实际，加强"帐篷社区"党组织建设，建立"帐篷社区"党组织办公场所和党员服务中心。按照"运转有序、服务高效"原则，健全社区党组织领导班子，选配政治引领能力强、联系服务群众能力强、维护社会稳定能力强的干部担任社区党组织书记。结合灾后重建工作，提出先进基层党组织和优秀共产党员的创建条件和具体标准，全面推行"三议一表决"制度和

党员设岗定责、党员联系户、公开承诺制等制度，强化党员服务群众、无私奉献的意识，全方位地做好恢复重建各项工作。

把做好群众工作的能力、落实重建政策的能力，作为评价创先争优活动成效的重要指标。引导党员、干部自觉做好对群众的教育引导和政策解释，组织动员受灾地区干部群众发扬自力更生、艰苦奋斗精神，自己动手重建家园。广大党员干部密切联系群众，充分了解群众的意见建议和呼声，了解和反映群众的合理诉求，以自己的模范言行，影响和带动灾区广大群众增强信心，把万众一心、不屈不挠、友爱互助、自强不息的抗震救灾精神变为灾后重建的实际行动，组织和发动群众全力投入美丽新家园建设。

大张旗鼓地表彰宣传先进党组织和优秀党员的典型事迹。选树一批对党忠诚、信念坚定，牢记宗旨、心系群众，不畏艰险、勇往直前，顾全大局、团结协作的先进典型，引导基层党组织和广大党员以先进典型为榜样，对照创先争优的具体标准和要求，自觉查找不适应、不符合促进灾后重建和科学发展的突出问题，制定整改落实的具体措施，帮助基层党组织和广大党员更加自觉地坚定理想信念，提高自身素质，积极投身于灾后重建和推动科学发展、服务人民群众、促进和谐稳定的各项工作中，团结带领各族群众推动灾后重建不断取得新胜利。

（作者：中共青海省委常委、组织部长）

以“五型”创评活动提升机关建设水平

曹维新

2009年以来，河南省委办公厅在深入学习贯彻党的十七届四中全会精神、推进学习型党组织建设中，开展了以学习型、思考型、实干型、创新型、自律型为内容的创“五型”处室单位、评“五型”干部职工活动。学习型就是要做到学习意愿主动、学习精神刻苦、学习制度健全、学习氛围浓厚、学习成果丰硕；思考型就是要做到探求真知的精神牢牢树立、自觉思考的习惯真正养成、研究问题的深度不断增加、升华提炼的本领逐步提高；实干型就是要做到思想唯实、作风务实、工作求实、成绩重实；创新型就是要做到工作理念新、工作思路新、工作方法新、工作机制新；自律型就是要做到律心、律言、律行。全党开展创先争优活动以来，我们以“五型”创评作为创先争优的载体和抓手，有力促进了机关建设，提升了服务发展、服务决策、服务落实的质量和水平。

一、突出重点，抓住关键，持之以恒地推进“五型”创评活动

统一思想认识，打牢活动基础。把统一思想贯穿于活动始终。活动开展前，多次召开座谈会，充分酝酿、广泛讨论、达成共识。而后，积极开展建言献策活动，广泛征求意见建议，确立符合实际和群众意愿的创评目标和活动要求。活动推进中，组织动员广大干部职工结合工作查找存在的问题，联系实际研究具体解决措施。

制定科学标准，提供活动依据。坚持从实际出发，从工作需要出发，不用一把尺子，不搞“一刀切”，实行“一处（室）一标准”。有的采用百分制对各项工作细化量化，有的针对不同岗位特点制定详细工作要求，有的既有宏观目标又有考核细则，努力做到因处制宜、因需而定、各具特色、切实可行。

健全制度机制，保障活动开展。一是健全督促检查机制。领导班子成员督查分管处室单位，处室负责人督查各单位干部职工，定期或不定期进行抽查检查，了解活动开展情况，找准存在问题，制定改进措施。二是健全协调推进机制。将创评活动与专题教育活动以及业务工作紧密结合，使其成为巩固深入学习实践科学发展观活动成果的具体举措，整体联动、协调推进。三是健全竞争激励机制。把“五型”创评活动与评选“优秀党员”、“优秀公务员”等创先争优活动和干部提拔任用紧密结合，激发和调动干部职工参与创评、争创先进的热情。

及时总结交流，推动活动深入开展。召开不同形式、不同层次的座谈会、点评会，各处室同志轮流发言，交流活动开展的体会感受，推广成功经验、借鉴有效办法。开展“比学赶帮超”活动，鼓励崇尚先进、学习先进、争当先进，同时积极发现和培育创评典型，进行表扬、宣传和推广，充分发挥典型引路的示范作用。

二、“五型”创评活动有力加强了机关全面建设，推动了机关工作

进一步提高了素质能力。“五型”创评活动有力地提升了广大干部职工学以致用的能力、思考谋划的能力和创新服务的能力。2009年全厅在国家级、省级刊物发表理论文章、工作体会、学习心得160余篇。周密谋划、细致安排各项工作，全年承办省委大中型会议46次、重大活动12次，特别是圆满完成了中央领导多次来豫视察的服务工作。

进一步锤炼了良好作风。“五型”创评活动进一步增强了广大干部职工的责任意识、创新意识、奉献意识、“窗口”意识，出现了“三多三少”的现象：读书看报、思考问题的多了，得过且过、不思进取的少了；遇事抢着干、奋力争一流的多了，推诿扯皮、敷衍了事的少了；想新点子、出新思路的多了，因循守旧，仅凭老经验、老规矩办事的少了，爱岗敬业、苦干实干的良好作风得到弘扬。文稿起草人员、行政后勤人员恪尽职守，任劳任怨，加班加点，放弃节假日，完成工作任务。通信保障人员守时守岗，365天始终保持24小时畅通，省委一号台被全国妇联等授予“巾帼文明岗”光荣称号。机要交通人员，不分昼夜，坚守岗位，全年收发、运送各类文件无一差错，2009年荣获全国机要交通业务质量竞赛“优胜单位”。

进一步完善了制度机制。创评活动有力推动了机关程序化、规范化、制度化建设。建立健全考核评价机制，明确工作目标，细化工作指标。建立健全学习研讨机制，设立学习交流园地，开辟学习专题论坛，出台岗位练兵措施。建立健全工作运行机制，修订制定了政务、事务等方面的规章制度40余项，使工作运转更加有序、统筹协调更加有力。建立健全监督管理机制，在财务、行政、接待等方面加强管理监督，形成规范有序的监督管理网络。

进一步发挥了职能作用。文稿工作水平明显提高，起草、修改、整理的文稿中，一些重要的思想观点、工作措施、意见建议进入了省委决策，有的得到了中央领导同志的批示。围绕经济社会发展中的热点难点问题积极主动开展调查研究，努力提高为省委决策服务的水平，完成50多篇高质量的调研成果。督促检查各项惠民政策措施的落实，成效明显；主动办理网民留言7000多条，为省委领导同志了解基层干部群众的期盼诉求开辟了新路子。综合协调有条不紊，做到准确无误、衔接有序、流转顺畅、安全保密。后勤保障及时有力，为省委机关正常运转提供了优质高效的服务，机关精神文明建设名列省直单位第一名。

三、开展“五型”创评活动的启示

创新方式方法是加强机关建设的活力源泉。“五型”创评活动之所以能够有效地调动机关上下的积极性和创造性，有力地推动机关工作，形成创先争优的生动局面，关键在于抓住了干部职工这一主体：决策大家作，标准大家定，成效大家评，使广大干部职工的主人

翁意识大大增强，立足岗位职责，在创先上下功夫，在争优上做文章，主人翁作用得到了充分发挥。

建立科学考评体系是加强机关建设的有效保障。在开展“五型”创评活动中，我们坚持分类指导，不搞千篇一律；坚持细化、量化、具体化，不搞抽象标准；坚持跳起来摘桃子，不搞低俗形式，使创评标准具有较强的针对性、可比性和可操作性，做到评价客观公正，达到了激励先进、鞭策后进的重要目的。由于建立了科学的考评体系，广大职工干工作有方向，评干部有标准，抓落实有机制，机关建设水平得到真正提升。

提高干部队伍素质是加强机关建设的核心内容。“五型”创评活动之所以能够有效带动和促进机关工作，从根本上讲，是干部队伍整体素质和服务能力全面提高的结果。“五型”创评活动提升了干部队伍的思想、政治和业务水平，产生了新的创造力和强大战斗力。

构建和谐文化是加强机关建设的基础工程。和谐文化是机关建设的软实力，具有很强的感召力和凝聚力。“五型”创评活动的过程，是一个统一意志、达成共识、形成合力的过程，是一个不断强化文化认知、认同的过程。“文化效应”的充分发挥，使干部职工形成意识上的“自觉”，感情上的“凝聚”，效率上的“提速”，工作上的“忘我”。

（作者：中共河南省委常委、秘书长）

论提高党的建设科学化水平

姚　桓

一个肩负远大历史使命、创造性的马克思主义政党，总是在自身建设方面不断探索，实现自我超越的。十七届四中全会通过的《中共中央关于加强和改进新形势下党的建设若干重大问题的决定》提出的“提高党的建设科学化水平”就是这样一个新理念，它提升了对党的建设规律的认识，蕴涵着新的理论和实践探索空间。

一、提高党的建设科学化水平，是实践催生的新命题

所谓党的建设科学化，实质就是党的自身建设要符合客观规律，防止主观主义包括各种教条主义、经验主义和随意性，使党的建设提高实效性，达到合理的预期。共产党是按照科学理论建立和发展起来的，党的建设科学化是自身建设的基本要求。早在土地革命时期，毛泽东就在《古田会议决议》中指出，要实现党内生活政治化、科学化。反映了对这个问题的自觉。中国共产党建设的发展过程，就是探索规律、不断实现自身建设科学化的过程。为什么十七届四中全会着重提出这个问题呢？显然，这是实践的需要。现实中存在这样一个“悖论”：并非所有的党建工作都取得令人满意的效果，有些要求没有落实；有些努力事倍功半；有些努力流于形式、走了过场。究其原因，一种解释是投入不够，似乎加强党的建设的唯一出路就是重视再重视、投入再投入。问题是，在党建一些领域，投入与效果之比失衡。试想战争年代，当党把全部资源集中去战胜强大的敌人时，在自身建设上能够有多少投入呢？那时在思想建设和宣传教育上远没有今天那样多的形式、更缺乏今天如此先进的“硬件”，但毛泽东一本《为

人民服务》、刘少奇一本《论共产党员的修养》却培育了一代又一代共产党人。对比现在，党建工作的效果和成本问题令人深思。以笔者之见，从微观层面看，眼下一些地方党建工作效果不尽如人意，原因有二：一是客观形势和党的自身状况都发生了深刻变化，出现了许多新特点新问题；二是我们对这些新特点新问题及其背后反映的规律性的东西研究不够，满足于“以不变应万变”，用老办法解决新问题。这实际是党建需要进一步科学化的问题。因此，提高党的建设科学化水平，是现实的要求。

二、提高党的建设科学化水平，要以世界眼光认识政党执政活动的普遍规律，处理好党政、党群、党内关系

当今世界的绝大多数国家实行政党政治，即政党在治国理政方面发挥主导作用，然而执政结局却不相同：有的“其兴也勃其亡也忽”；有的“百年老店”宣告关张；有的重整旗鼓东山再起。显然，在纷繁复杂的政党执政更替后面，隐藏着规律性的东西。各国政治文明是有相通性、相似性的。各国政党在治国理政方面有共性的要求；由于社会制度、政党属性和文化传统不同，如何体现这些要求又有很大差异。所以要从普遍性与特殊性的统一来把握中国执政党建设的规律。具体说，任何政党执政后都需要处理好三大关系：党政关系，即党如何领导国家政权、掌控而不是代替国家权力；党群关系，即党如何赢得公众支持、巩固执政基础；党内关系，即防止执政后尤其是长期执政带来的生命力创造力衰退，防止权力腐蚀，保持党的活力。对这三个关系的认识和处理不同，在很大程度上影响着执政活动的成败得失。中国党同样面对这三个问题，因而可以从外国党处理三大关系的理念和做法中受到启发，但必须从国家制度、政党制度、党的性质的规定性和中国人民的根本利益出发，借鉴外国做法，创造性地建立处理三大关系的科学机制，而决不能照搬。比如，西方政党为赢得公众支持，注意了解、反映和顺应民意，但激烈的竞争性选举迫使政策制定都围绕下次大选，经济社会发展突出眼前利益，从而有可能损害国家长远利益。“为了下次选举还是为了下一代?”是人们对政党选举政策的尖锐质疑。为在选举中获胜，往往提出漂亮的、吸引人的口号，而上台后，不切实际的口号就被束之高阁。换汤不换药、口惠而实不至的老毛病，始终与西方政党和政治家相伴随。中国共产党为防止脱离群众，也要建立科学的民意反映机制，可以借鉴外国民意调查的一些具体做法，以及时了解群众思想情绪和意见要求。但党作为唯一的长期执政党，制定政策的出发点不是选举，而是人民的根本利益。对民意的反映既要求及时准确，又要善于分析和引导；体现在政策上就是严肃性、科学性和可行性的统一，人民长远利益和眼前利益的统一；并通过努力实现对人民的承诺，以此取信于民。又如，西方国家为保持执政党活力的主要方法是分权制衡，在政党外部实行多党竞争、轮流执政，用在野党对执政党施加压力和进行监督；在政党内部允许派系存在、互相制约。这些做法起到一定作用，同时也造成政策缺乏连贯性、党派纷争不断、党派利益高于国家利益、效率低下等弊端。中国实行共产党领导的多党合作和政治协商制度，共产党长期执政，民主党派有效参政，党外没有反对党，党内没有反对派。可以借鉴西方国家分权制衡的一些具体做法，对权力适当分解，但必须有一定的“度”，即以保证党的集中统一领导和有效贯彻决策为前提，形成决策权、执行权、监督权既相互制约又相互协调的权力结构和运行机制。社会主义中国保持执政党生机活力的根本方法，是发展人民民主和党内民主：在党外依靠民主党派和人民群众的监督，在党内以民主激发广大党员的积极性和创造精神。这些做法如以科学制度体现出来，就既能避免西方多党制的弊端，又能够防止在一党长期执政条件下党的活力衰退。

三、提高党的建设科学化水平，要着重总结六十多年来中国执政党建设的正反两方面经验，确立“六个坚持”，从总体上把握执政党建设的规律

规律作为事物之间的本质必然联系，在一定条件下重复出现，影响事物发展趋势，因此，总结经验成为认识规律的重要途径。由于事物发展的复杂性和认识的局限性，总结经验必然要经历一个由浅入深、由局部到整体的过程。1956年的八大，以新中国成立后的经验为依据，提出执政党因地位变化面临新考验，提出发展党内民主、实行集体领导、坚持群众路线等思想和措施。这是对执政党建设规律的初步而成功的探索。但短短的七年时间里，党只有社会主义改造的成功经验，没有经历社会主义时期曲折的教训，而只有成功经验缺乏挫折教训的经验是不完全的经验；当时，执政党建设的许多问题没有充分暴露。历史条件决定了八大总结经验有很大的局限性，因此对执政党建设规律缺乏总体把握和深刻认识，更未能作系统论述，形成的一些正确认识也没有以健全的制度去落实。八大后执政党建设出现了曲折甚至遭受挫折。现在的情况与八大召开时有根本性的不同。中国共产党执政经历了一个甲子，既有八大后十年党的建设的曲折发展，也有“文革”十年党建的严重挫折，更有改革开放三十年党建的不断开拓创新。作为饱经沧桑的成熟执政党，正反两方面的经验极其丰富。十一届三中全会以来，党以实事求是的思想路线为指导，以发扬民主为途径，集中全党智慧，不断深入地思考执政党建设问题。十七届四中全会在几次大会总结的基础上，进一步概括了“六个坚持”：坚持把思想理论建设放在首位；坚持把推进党的建设伟大工程同推进党领导的伟大事业结合起来；坚持以执政能力建设和先进性建设为主线；坚持立党为公、执政为民；坚持改革创新；坚持党要管党、从严治党。“六个坚持”是以主观认知的形式表达的，实际上内含着历史对中国执政党建设的必然要求：中国共产党必须以先进理论为指导，从完成执政使命出发加强自身建设；党建的主要任务是提高执政能力和保持先进性，要落实到执政宗旨——为人民服务上；完成党建的艰巨任务要对自身建设不断改革创新，并严格要求党组织和党员。“六个坚持”着眼于在历史必然性基础上发挥主观能动性，使党保持战斗力和创造活力。可以说，“六个坚持”进一步从理论上回答了建设什么样的党、怎样建设党的重大课题，是对执政党建设规律的总体把握，把对执政党建设规律提到一个新高度，为提高党的建设科学化水平提供了依据。

四、提高党的建设科学化水平，要分析各个历史阶段的特点，把对规律的认识具体化，科学指导党的建设

目前从宏观上看，党的建设的基本原则、思路和部署都是正确的，是符合客观实际的。从微观看，许多领域的党建特点和具体规律还在探索过程中，需要研究搞清楚，采取恰当措施。如，在党的领导制度中，如何既保证党的集中统一领导又防止权力过分集中，使决策权、执行权、监督权适当分离、合理制约，分到什么程度，统到什么程度，需要在制度安排上体现科学化、精细化。又如，在干部工作中如何把党管干部原则与群众公认原则统一起来；如何把严格要求与关心爱护干部统一起来；如何准确对干部进行知识、能力测评，真正了解干部的德才；如何找到干部的最佳使用期，防止青年干部心态老化；如何使干部提职起到“提拔少数、激励多数”的作用而非相反，这需要深入研究人才成长规律，建立健全干部正常晋升和退出机制，确定有关政策。又如，在党的组织建设中，党员质量、数量、结构与战斗力的关系也很复杂。在执政条件下，党员队伍增长是客观趋势，可是党的战斗力不会自然同数量成正比，起决定作用的是党员质量。如何积极发展党员、防止队伍老化，又控制党员队伍规模，使党既保持先进性又

具有群众性？党员的知识结构对发挥作用至关重要，而知识文化层次高的人群集中在机关和文化事业单位，片面追求知识会导致生产一线出现党员真空。这需要在知识水平要求与党员队伍分布之间找到平衡点。又如反腐倡廉建设。如何认识“腐败黑数”（即已经揭露的腐败分子数量与实际存在的腐败分子之间的差额），实事求是地估计反腐败斗争成果，如何结合将出台的改革措施进行前瞻性、预防性反腐对策研究，消除腐败先出现后治理的“时间差”，如何防范“权力期权”、“隐性受贿”等新的腐败形式，这都要在制度和政策上不断完善。又如，思想理论建设是党的建设的首要任务，这个原理今天看也还是正确的。但在战争年代，多数人是怀着基本的革命愿望入党的，朴素的理想尽管模糊，但革命的价值取向很明确，这是革命思想容易生根发芽的土壤，经过理论灌输，思想境界很快升华。而今天，在长期执政特别是发展市场经济条件下，不能否认很多人的入党动机带有功利色彩，尤其是竞争压力增大，党组织不可能像计划经济时期那样把党员的一切“包下来”，利益比以往任何时候都具有牵动人们敏感神经的功能。许多党员在改革特定时期有因利益受损产生的消极情绪，有因腐败现象屡禁不止产生的困惑，所以党组织教育党员的难度增加了。加上党员接受的信息庞杂，党员思想普遍呈现复杂多变的特点，像过去那样“一本书影响一生”、“一个榜样决定人生道路”的情况不多了。现在，加强思想教育的前提是研究开放社会人们思想活动变化的规律，研究影响党员思想的复杂因素，研究变革时期人们心理的调适疏导，研究党员要树立的正确利益观的内容，研究如何帮助党员认识改革中的不合理现象，把消极体验化为积极认识，研究如何采取实际措施建立党内激励关爱机制。如果这些具体问题不研究解决，只是抽象空洞地讲理想宗旨，甚至回避问题，“人们知道的反复讲、需要讲明白的不去讲、疑难问题不会讲、尖锐问题不敢讲”，人们会觉得讲的是“三无理论”——理论没错、听着没劲、生活中没用，思想教育的效果就可想而知了。再如，互联网的出现给党群关系带来新问题。网络信息传播具有自主性、扁平化、大容量、即时性、不可阻抗性的特点。网上民意表达具有情绪化特征，且有放大效应，可以迅速形成网上舆论，众口铄金；网络信息在短期内真假难辨，网民的点击权使他们对接受网络信息有很大的选择性。现实的一个突出问题是，青年构成我国网民的主体，许多青年已经发展到以网上阅读为主，网络成为他们获取信息的主要来源。他们又是思想政治工作特别需要关注的群体，是党群沟通工作的重要对象。相对说，老一代的党务工作者、思想政治工作者使用网络能力较弱，两部分人——教育者与被教育者的信息素质不对应，而后者明显高于前者。所以说，互联网对党群关系建设提出了新挑战。如果不善于利用网络进行党群沟通，而只是满足于主流意识形态在传统媒体的传播，满足于党报党刊发表了多少理论宣传和思想教育的长篇文章，而实际上，这些正确的思想理论并没有传播到相当一部分青年那里，他们根本不知晓，这就谈不到效果了。所以，形成网上正面舆论的强势并不是轻而易举的事情，对虚假信息也不是简单封堵屏蔽就能奏效的。要在网上正面宣传党的政策，回应网民问讯，澄清虚假信息，使“谣言止于公开”；要办好党建网站，实现党的组织工作信息化，善于利用网络与群众沟通；要认真研究网络信息传播的特点和规律，研究网民尤其是青年网民网上阅读习惯；党务工作者、思想政治工作者要加倍努力提高自己的信息素质。

五、提高党的建设科学化水平，要把握科学理论、科学制度、科学方法三个要素

提高党的建设科学化水平，是篇大文章，写好这篇文章要掌握三个环节：理论、制度、方法。

科学理论指导是基础。以科学理论为指导是推进党的建设科学化的前提和基础。科学理

论、科学制度和科学方法三者不是完全并列的，而是有层次之分的，其中科学理论是起统帅作用的。科学制度之所以称为“科学”，就在于它是建立在科学理论基础之上，是符合实际需要的。至于科学方法，也只能来自科学理论。理论正确，方法才会科学；理论出现偏颇，方法必然失当。为此，既要坚持、发展党建理论，又要完整准确地理解科学理论。现在，实践中产生的一些偏差和误区，很多是源自对理论的教条化、片面化理解与运用。为此，要努力提高辩证思维能力，坚持用辩证的观点认识把握党的建设中一些重大的尤其是容易出现偏差的理论问题。结合实际来说，在思想理论建设方面，既要突出其首要位置，又要强调制度建设的根本性作用；既要反对封建观念，又要反对资本主义腐朽思想的侵蚀。在党群关系方面，要确立党离不开人民，人民也离不开党的观念，结合社会阶层多元化的新特点，既要巩固党的阶级基础，又要重视扩大党的群众基础，使党具有更加广泛的代表性。在反腐倡廉建设方面，既要坚定党有能力消除各种腐败现象的信心，又要增强忧患意识，认识到反腐败的长期性、复杂性、艰巨性。要全面看待干部队伍“主流”与“少数”的关系，坚持定性与定量分析相结合，绝不能丧失科学判断能力，陷入“越反越腐”的认识误区，等等。

科学制度是保障。科学制度是推进党的建设科学化水平的根本保障。改革开放之初，邓小平就强调指出，我们过去发生的各种错误，固然与某些领导人的思想作风有关，但是组织制度、工作制度方面的问题更重要。这些方面的制度好可以使坏人无法任意横行，制度不好可以使好人无法充分做好事，甚至会走向反面。他还认为，领导制度、组织制度问题更带有根本性、全局性、稳定性和长期性。改革开放三十多年来，我们更加重视制度建设，在党的领导制度、党内民主、干部选拔任用、加强党内监督、反腐倡廉等方面都制定了大量的法规、条例和规则，党内生活、党的建设各项工作的制度化、规范化建设取得很大进展，初步构建了相对完备的制度体系。但是也要看到，部分制度在实践中未能得到有效贯彻执行，有的制度甚至流于形式，在一些领域和部门，仍然不同程度存在着依赖于“领导人的看法和注意力”、依赖于约定俗成的惯例或者心照不宣的“潜规则”等不良现象，制度的刚性约束力不强，未能充分发挥其规范、惩戒功能。究其原因，制度的科学化水平不高是一个重要因素。故此，提高制度建设的科学化水平，要求向重体系构建转变，使实体性制度建设与程序性制度建设并重，规范性制度建设与惩戒性制度建设并重，减少制度执行的自由裁量空间，提高制度执行力。

科学方法是关键。坚持科学方法是推进党的建设科学化水平的关键。科学方法是落实科学理论、执行科学制度的“船和桥”。现实启示我们，党的领导活动和党内生活中出现的很多问题，往往不是方向性、理论性、制度性和政策性的，而是一些党员干部仍然习惯于用老办法解决新问题而导致的，存在着方法简单化倾向。因此，要把握新形势下党的建设规律和特点，积极应对社会组织结构和活动方式的深刻变化，继承和发扬过去的好方法，探索运用新方法；把网络信息新技术手段运用于党的建设各个方面，推进工作方法现代化；探索运用心理学、管理学、组织学等科学方法，不断增强党建工作方法的科学性。

总之，在创新的科学理论指导下总结党建工作经验，在认识规律的基础上形成工作思路，并建立健全科学的工作制度；再把制度具体化为科学的工作方法，组织实施。这样，党的建设科学化水平会提到新高度，党的建设会进入新境界。

（作者：中共北京市委党校党史党建部主任、教授）

新形势下怎样当好县委书记

《党建研究》编辑部

3月2日，李源潮同志在中央党校举办的县委书记任职培训班发表重要讲话，强调县委书记作为党在当地执政团队的带头人、当地各级组织的领导人、党的形象的具体代表人，肩负着重大责任。要履行好抓发展、抓民生、抓稳定、抓班子、抓队伍的职责；要加强学习研究，提高素质能力，要努力掌握科学有效的工作方法；要带头讲党性、重品行、作表率。日前，本刊与该班部分学员就新形势下怎样当好县委书记进行了座谈。现摘登一些学员的体会和观点，供参考。

当好县委书记的几点思考

高虹（中共黑龙江省富裕县委书记）　一是党性要坚定。要强化学习研究，坚定共产主义理想信念。切实提高党性修养，发挥好执政团队带头人作用，始终与党中央保持一致，带领班子推动县域经济社会又好又快发展。

二是决策要科学。定思路、出主意、作决策，要建立在调查研究、民主集中、实践反馈的基础上，做到尊重客观规律，遵循程序规则，遵守法律法规。坚持民主集中制，不搞一言堂，心胸宽广，凝聚集体智慧，提高科学决策、民主决策、依法决策的水平。

三是处事要公道。定目标、搞分工、用干部、抓落实，都要出于公心，坚持原则，要以发展大局为重，合理确定班子分工，妥善处理与政府、人大、政协关系，演好同台戏，唱好将相和。要树立正确用人导向，做到知人善任，认真负责抓好队伍。

四是民生要改善。要从人民群众最关心、最直接、最现实的利益问题入手，以群众是否满意为标准，察民情、知民意、解民忧，切实解决好涉及群众切身利益的就业、就医、教育、住房、收入、社保、安全等问题，让发展成果惠及人民。

五是工作要务实。县委书记身处发展与维稳的第一线，是第一责任人。既要善于落实、提高效率，又要正确研判形势，平衡利益纷争，果断化解矛盾，切实提高应对复杂局面、处置突发事件的能力。

六是为政要清廉。坚持廉洁自律，率先垂范抓廉政，落实管党责任，自觉接受监督。常修为官之德、常思贪欲之害，常怀律己之心，以自己的表率作用，统班子、带队伍，努力营造风清、气正、和谐、融洽的党群干群关系。

增强五种意识提高五种能力

江玉兰（中共江西省南城县委书记）　增强统揽全局意识，提高推动发展能力。要深入贯彻落实科学发展观，积极将中央及省、市委的工作要求转化为谋划发展的正确思路，探索建立符合本县实际的经济社会发展战略。要集中精力谋大事、议大事、抓大事，切实推动县域经济社会科学发展。

增强民生意识，提高维护稳定能力。要学会与群众打成一片，善于让群众表达思想，准确把握新形势下人民内部矛盾的新特点、新趋势，提高统筹协调各种利益群体关系的能力。遇到公共性突发事件，要沉着冷静，审时度势，果断决策，确保处置得当，维护稳定。

增强知人善任意识，提高用人能力。坚持干部队伍“四化”方针和德才兼备、以德为先的用人标准，选人不拘一格，用人用其所长，做到“三看”、“一突出”，即看党性，看政绩，看民意；

突出发展这个主题,真正以发展论英雄,用发展凝聚人心、鼓舞士气。

增强团结共事意识,提高沟通协调能力。坚持民主集中制,团结班子成员。善于协调县级四套班子关系,形成"县委统揽全局,人大有效监督,政府依法行政,政协积极参与"的良好工作局面。提高管党治党能力,使党员的先锋模范作用、基层党组织的战斗堡垒作用、各级党委的领导核心作用得以充分发挥。

增强廉洁自律意识,提高拒腐防变能力。要时时处处严格要求,时时事事率先垂范,在主动接受监督的基础上,自觉加强党性修养,增强自律意识,做人民满意的公仆。

慎用权力 接受监督

刘运定(中共湖南省衡东县委书记) 要珍惜岗位。县委书记这个岗位是一个可以大展宏图、为人民建功立业的岗位,也是一个能体现人生价值、为党为国为民奉献聪明才智的岗位。虽然压力大,困难多,但是能做事,能磨砺人,很充实。要珍惜这个岗位,为党和人民干事创业。

要慎用权力。首先解决好权力是谁赋予的问题,牢固树立正确的权力观。其次要解决好权力为谁行使的问题,牢固树立正确的政绩观。权力是人民给的,必须时时处处摆正同人民群众的关系,以满腔热情和高度负责的精神对待人民群众,相信和依靠人民群众,在自己的岗位上为国家和人民尽职尽责。

要接受监督。自觉地把党组织和群众的监督当作一种警戒、一面镜子,经常检查自己的缺点和不足,切实把思想、学习、工作、作风和生活等方面都主动置于党和人民的监督之下。不为金钱所累、不为朋友所困、不为亲属所拖、不为美色所诱,做勤政廉洁的书记。

要服务人民。当上县委书记,是党组织关心、教育、培养的结果,也是人民群众对自己的信任。要真诚地感谢党感谢人民,扎根基层,为党和人民做更多的工作。

努力提高领导科学发展的能力

江跃进(中共浙江省武义县委书记) 抓战略谋划,奠定县域经济社会科学发展基础。发展的路子找对了,就能为县域经济社会科学发展、造福一方百姓打下基础。县委书记必须把主要精力放在抓战略谋划上,把中央的方针政策同县域实际相结合,制定出符合科学发展观要求的发展战略和思路。

抓发展保证,提高县域党的建设科学化水平。书记作为县域党建工作的第一责任人,要有强烈的政治意识和执政意识,自觉按照党建总体布局,不断加强党的执政能力建设和先进性建设,为推动科学发展提供坚强的政治和组织保证。

抓发展动力,激发创新创业持久活力。县委书记要善于以解放思想为先导、以改革创新为动力,引导和团结全县上下形成新共识,激发新干劲,创造新业绩。

抓民生保障,切实维护人民群众的根本利益。要把维护好人民群众的根本利益作为一切工作的出发点和落脚点,让人民群众充分享受改革开放的成果。把解决民生问题摆在突出位置,加快推进公共服务均等化。

抓自身建设,树立求真务实的工作作风。要坚持讲党性、重品行、作表率,带头求真务实,增强工作实效。在实际工作中,要完善科学合理的职责分工机制,增强四套班子领导成员的责任意识,努力把县委常委会建设成为善于应对复杂局面,具有较强执政能力的坚强领导集体。带头贯彻民主集中制,带头改进作风,带头廉洁自律。

一手抓发展 一手抓队伍

杨国强(中共山东省莱阳市委书记) 谋全局、出思路、抓关键,推动经济社会又好又快发展。以科学发展观为统领,把上级指示精神与本地具体实际有机结合,理清思路,开拓创新。集中精力办好关系全局、影响深远的大事要事，特别要把结构调整、重点项目建设和骨干企业培育、软硬环境塑造、城镇化及新农村建设、夯实基层基础等牢牢抓在手上，通过抓重点、抓关键带动面上工作的开展。

坚持为民、务实、清廉，密切党群干群关系。要把实现好、维护好、发展好人民群众的根本利益作为工作的根本出发点和落脚点。把满足人民群众的愿望和要求作为办事情、作决策的坐标。必须树立正确的政绩观，不空谈、不折腾，埋头苦干、少说多做，把精力放在抓落实上，把时间花在解决问题上、尽心尽力干事创业、造福一方。严于律己、廉洁奉公，干干净净做事，清清白白做人。

以科学考核为抓手，用制度选人用人。要以贡献论英雄，凭实绩用干部，健全考核体系和民主评议机制，注重在急难险重等重点工作中培养、考察和识别干部，让想干事的人有机会、能干事的人有舞台、干成事的人有地位。不搞“一刀切”，在班子配备和干部任用上不唯年龄，不唯学历，不唯资历，不让老实人吃亏，不让正派人埋没，提高选人用人公信度。

践行科学发展　推进富民强县

孙毅（中共陕西省宝鸡市委常委、岐山县委书记）　把引领发展作为第一要务，壮大县域经济。县委书记要把推动科学发展放在第一位，以发展惠民生、保稳定、促和谐。要立足县情理思路，抓住重点求突破，务实创新促发展，坚持真抓实干，谋求在更高层次上推动县域经济社会加快发展、率先发展、跨越发展。

把改善民生作为第一追求，切实富民惠民。增加城乡居民收入是最大的民生，全面落实强农惠农、富民惠民政策，发展现代农业，支持创业就业，使城乡居民收入不断增加。继续推行新型农村社会养老保险，健全完善城乡社保、医疗服务等体系，加大民生事业投入，积极构建均等化、普惠型城乡公共服务和社会保障体系，提高群众生活的幸福指数。

把维护稳定作为第一责任，促进县域和谐。通畅群众诉求渠道，带头下访、接访和包访，想群众所需，听民声民意，解群众所忧，做好预防疏导和协调化解，防止问题积累和矛盾激化。严格执行维稳信访工作责任制，确保县域发展大局和谐稳定。

把带好队伍作为第一保证，提高执政水平。充分发挥县委总揽全局、协调各方的领导核心作用，发挥县级几套班子的整体效能。坚持人品为先，注重能力和潜力，选好、管好干部，带出一支坚强有力、干事创业的干部队伍。

加强县委书记队伍建设的调查

谢玉安

为深入贯彻中央《关于加强县委书记队伍建设的若干规定》，探索新形势下选准、配强、用好、严管县委书记队伍的新途径，最近，我们进行了专题调研。先后召开座谈会，走访座谈县处级以上领导干部63人次、乡镇和县直单位主要领导116人次，在此基础上，深入分析了县委书记队伍建设中存在的问题，并结合实际提出了对策建议。

一、当前县委书记队伍建设存在的突出问题

从调查了解到的情况看，当前县委书记队

伍精神状态、思想作风和工作状况总体上是好的。但也存在一些需要引起高度重视的问题。主要是选拔任用不够规范。在使用上有时有随机性，位置空缺时即时研究，长期培养、观察、锻炼等环节的工作做得不够。选拔方式单一。对县委书记的选拔任用目前仍基本延续委任制，通过公开选拔或竞争上岗方式选任县委书记的不多，“赛场选马”的机制还没有形成。管理监督有待加强。突出表现在制度落实力度不够，对县委书记的监督，党内法规政策都有明确的规定和要求，但在执行过程中往往缺乏刚性制约。任期制执行力度不够。有不少县委书记因种种原因任期未满即调离岗位。激励机制有待完善。关爱激励不够，县委书记工作责任重、压力大，在现实生活中对他们的负面炒作多、责任追究多，理解、关爱不够。培训教育不够。一些地方存在着重使用、轻培训的问题，没有把培训这项战略任务提到应有的高度。能力本领有待提高。从调查的情况看，不少县委书记在现代管理、市场经济管理、依法行政等方面知识经验欠缺，善于决策、精于经济、长于管理、勇于开拓等方面的能力还有待提高。

二、加强县委书记队伍建设的对策建议

（一）拓宽选拔渠道，解决选拔方式单一问题。县委书记直接面对基层，必须具备处理基层问题和矛盾的能力。应有多岗履历，在不同层级、不同领域多个岗位经受锻炼，熟悉各方工作，善于把握大局，驾驭全局。应有副职阅历，在县级党政班子副职岗位上工作过，了解和把握方方面面的利益诉求，积累丰厚的实践经验。

对县委书记的选拔任用，要拓宽渠道，做到五个打破。一是打破区域限制，坚持五湖四海，不划圈子，不搞亲疏，唯贤是举，唯需是用。二是打破行业限制，放宽视野，注重在高等院校、科研院所、大中型企业等人才密集的地方，选拔有科学决策水平、有现代管理本领、有基层工作经验的人才，充实到县委书记队伍。三是打破层级限制，只要是政治强、业务精、作风实、敢创新的优秀人才，就要敢于打破级别层次的限制，大胆使用。四是打破年龄限制，让优秀年轻干部早锻炼、早成长、早成才；同时对一些富有实际工作经验、有改革创新热情的同志，即使年龄偏大，也要从实际出发，继续留任以发挥他们的作用。五是打破性别限制，要改变对女干部的认识误区，在坚持标准条件的前提下，大胆起用政治强、素质高、经验丰富的女干部，改变女县委书记偏少的状况。

（二）注重培养教育，解决能力提升问题。教育引导县委书记树立正确的世界观、人生观、价值观和权力观、利益观、政绩观，切实做到对党忠诚、对民尽责、为社会奉献；切实把握科学发展观的重大意义、科学内涵、精神实质和根本要求；紧密结合本职岗位要求，深刻理解和掌握党纪法规知识内涵，增强法纪观念。通过教育，着力提高他们推动科学发展的能力，真正把科学发展观转化为推动科学发展的坚强意志、谋划科学发展的正确思路、领导科学发展的实际能力、促进科学发展的政策措施，努力把县域经济的总体实力、综合竞争能力和人民生活水平尽快搞上去。着力提高他们开拓创新的能力，进一步解放思想，锐意进取，把上级精神与本地实际有机结合起来，创造性地开展工作，深化改革开放，努力创造新的业绩。着力提高他们构建和谐社会的能力，研究和掌握社会管理的内在规律，加强基础和基层工作，完善体制机制，真正做到稳定一方、守土有责。着力提高他们做好群众工作的能力，坚持群众路线，树立群众观点，坚持以人为本，切实尊重民意，紧紧依靠群众来推动发展，把改善民生摆在各项工作的首位。着力提高他们统筹协调的能力，坚持民主集中制，把发挥县委领导核心作用与支持人大、政府、政协等各方面积极主动和独立负责开展工作协调起来，严格依法办事，进一步增强县委的创造力、凝聚力和战斗力。着力提高他们解决自身问题的能力，依靠调查研究摸实情，深入分析找问题，从完善相关政策、配套制度和构建长效机制

上切实整改提高,努力做到正视问题、化解矛盾、规避风险,不断提高作决策、抓落实水平。

(三)加强管理监督,解决行为规范问题。 规范日常言行。省辖市党委主要负责人与辖区内县委书记要定期谈心谈话,充分了解和掌握其思想状况。规范公务活动。公务活动统一安排,个人不得擅自作主,除重要活动外,一般不参加剪彩、奠基、颁奖等纪念性、礼仪性、应酬性的活动;严格执行领导干部请(销)假制度。县委书记外出开会、学习、考察以及办理个人事务等,均需按照规定和程序进行请(销)假。规范工作和廉政制度。坚持工作报告制度,建立和完善县委书记重要工作、重要情况、重大问题向上级党委报告制度;坚持述职述廉制度;坚持个人重大事项报告制度,县委书记要及时如实地向组织报告购车、购房、婚姻变化、出国出境、子女就学就业、配偶或子女经商办企业等重大事项。规范用权行为。坚持和完善民主集中制,使县委书记的权力在法定的程序、法定的范围内运行。

管好县委书记队伍,严格监督是关键。要突出监督重点。突出监督"重点事项",即重要的干部任免、重要的建设项目安排、大额资金的使用等;突出监督"重点时间",不仅着眼于县委书记在工作岗位上的表现,还要把县委书记婚丧喜庆、职务升迁调动、逢年过节以及"八小时之外"的生活圈、社交圈、亲属圈等作为一个重要环节,予以监督。要创新监督方式。从封闭式监督向开放式监督转变,由组织监督向执纪监督、司法监督、审计监督、舆论监督、群众监督不断拓展,形成立体式、全方位的监督网络,做到县委书记的工作开展到哪里、权力行使到哪里、活动延伸到哪里,监督工作就实施到哪里。要完善监督机制。建立横向联动机制,组织纪检(监察)部门、宣传部门以及人大、政协、司法、审计等部门加强协调,形成监督合力。完善县委书记监督管理工作联席会议制度。实行各类监督职能部门部分领导成员交叉任职制度,如组织部干部监督室主任、检察院、审计局副职可兼任纪委常委等,畅通监督渠道。

(四)创新激励机制,解决岗位留人问题。 坚持德才兼备、以德为先,重品行、重能力、重实绩、重公论,切实把县委书记选拔好、使用好。坚持软硬目标并重、实事求是、注重实效原则进行考核,并严格考核结果运用,发挥考核评价的基础和导向作用,在干部选拔使用上要始终坚持以实绩论奖惩、定升降,把考核结果作为评先评优、职务晋升、岗位交流及确定年度目标奖励的重要依据,做到对优秀者重用,对有潜力者培养,对落后者鞭策,以保持这支队伍的稳定。

(作者:中共河南省商丘市委常委、组织部长)

强化党员干部的政治忠诚教育

曾仁忠

党的十七届四中全会指出,评价干部德的标准,"重点看是否忠于党、忠于国家、忠于人民"。全国培养选拔年轻干部工作座谈会也强调"特别要加强政治忠诚教育"。政治忠诚作为党员干部最基本的品质要求,既是党性教育的根基,又是党员教育的灵魂,必须大力加强党员干部的政治忠诚教育。

一、强化政治忠诚教育是当前党员干部思想教育的迫切要求

应对风云变幻的国际新环境,要求强化党员干部政治忠诚教育。 由于苏东剧变,社会主

义力量遭受严重削弱，世界社会主义运动处于低潮，社会主义制度的生命力和优越性受到严重遮蔽，而美国等西方国家依然在世界政治、经济、文化中占有强势地位。列宁曾经说过，资本主义和平发展的岁月，是使革命意志不坚定者远离斗争、忘却革命，庸俗思想泛滥的岁月。在西方国家“西化”、“分化”的攻势下，一些党员干部的政治立场和忠诚意识动摇了、削弱了。少数党员干部出现对马克思主义的怀疑，对建设中国特色社会主义的前途失去信心，有的甚至成为西方价值观的思想俘虏。因此，很有必要进一步增强广大党员干部的政治忠诚意识，使广大党员干部在西方敌对势力的“西化”、“分化”图谋面前不迷路，在霸权主义和强权政治横行时期不低头，在社会主义遭遇挫折和困难时期不泄气，始终坚定共产主义、中国特色社会主义的理想信念。

破解新时期党的建设存在的新问题，要求强化党员干部政治忠诚教育。党的十七届四中全会《决定》饱含忧患意识，深刻指出党内存在有不少不适应新形势新任务要求、不符合党的性质和宗旨的问题。这些问题的出现，原因很多，但重要的一条应归结为有些干部道德的沦丧、政治忠诚的缺失。缺失了忠诚就抹杀了先进性，缺失了忠诚就丢掉了信仰，缺失了忠诚就忘记了宗旨，缺失了忠诚就会失去一切。现实中有些领导干部，因为忠诚缺失，道德失范，做出了对党对国家对人民不忠不义的事。有的人对党不忠诚，身在党内，心在党外，把家属安排在国外，只身当“裸官”，给自己留后路。有的人对国家不忠诚，有令不行，有禁不止，各取所需，为我所用。有的人对人民不忠实，搞虚伪政绩，做形象工程，对民生疾苦不闻不问，甚至涉黑涉恶，欺压百姓。这些问题已严重削弱党的创造力、凝聚力、战斗力，严重损害党同人民群众的血肉联系，严重影响党的执政地位的巩固和执政使命的实现。因此，很有必要加强党员干部的政治忠诚教育，使广大党员干部特别是党的领导干部能够在任何情况和条件下坚守党性原则，牢记公仆本色，自觉践行党的宗旨。

适应新时期党员干部队伍发展的新变化，要求强化党员干部政治忠诚教育。当前，一大批年轻干部走上不同岗位、不同层次的执政舞台。他们的共同的优点在于学历层次比较高，知识面比较广，思想比较活跃，接受新生事物较快，敢闯敢试的劲头较足，改革创新的意愿较强。但由于没有经历过艰苦卓绝的革命和建设年代，缺乏艰苦环境和重大考验的历练，缺乏严格的党内生活锻炼，他们中有些人的政治忠诚意识不够牢固，表现在党性修养不够强、理想信念不坚定、宗旨观念不牢固，有特权思想，价值观念容易发生错位，等等。因此，很有必要加强党员干部的政治忠诚教育，加强党性锤炼，引导他们正确对待权力、地位和利益，正确对待组织、群众和自己，克服浮躁情绪，脚踏实地干事，在推动科学发展、促进社会和谐中建功立业、成长进步。

二、加强政治忠诚教育，要强化忠于党、忠于国家、忠于人民的意识

我们所要求的政治忠诚，既不完全等同于我国传统意义上的忠诚，也与世界上其他政党的忠诚有区别，既不是某些人所理解的单纯的个人知恩、报恩，更不是盲目的迷信和崇拜，而是有着更加丰富的内涵和更高的境界，是对党忠诚、对国家忠诚、对人民忠诚的统一。

对党忠诚，就是要切实解决好“信什么”的问题，坚定对社会主义和共产主义的信仰。始终对党忠诚，是共产党员应有的政治品格和政治觉悟，也是判断党员干部政治上是否合格的重要标志。在任何时候、任何情况下，党员干部都要坚定理想信念，忠于党的事业，听党的话，永远跟党走，在思想上和行动上与党组织保持高度一致，自觉拥护党的路线、方针、政策，服从组织安排，努力完成组织交办的工作任务，在为党的目标奋斗终身中实现自己的人生观。

**对国家忠诚，就是要切实解决好“服从谁”的问题，坚持个人和集体的一切利益服从国家

利益。党的性质决定共产党人没有自己的特殊利益，国家的利益就是我们的最高利益，在国家利益受到损害时，敢于挺身而出，旗帜鲜明地开展斗争。同时，要像爱护自己眼睛一样维护国家统一、主权和尊严，始终把个人追求同祖国富强结合起来，把各民族繁荣发展同中华民族伟大复兴相统一，在热爱祖国奉献祖国中实现自己的价值观。

对人民忠诚，就是要切实解决好“为了谁”的问题，实现全心全意为人民服务的政治承诺。要时时刻刻把自己当作人民的公仆，想民之所想，急民之所急，解民之所忧，紧紧围绕人民群众最现实、最关心、最直接的利益来抓落实。坚持掌权为公、用权为民，不弄虚作假、欺上瞒下，不急功近利、劳民伤财，努力追求经得起实践、历史检验的政绩，在服务民生，关注民生，改善民生中实现自己的事业观。

三、加强政治忠诚教育要长期坚持、常抓不懈

坚持日常教育和集中教育相结合。树立正确的世界观是一个长期的、潜移默化的、从量变到质变的过程。强化政治忠诚教育，必须坚持日常教育和集中教育相结合。各级党校、干校要把忠诚教育列入必修课，入党、提职之前应有专题忠诚教育环节。要让忠诚教育无处不见处处见，无时不有时时有。要认真开展以政治忠诚为主题的教育活动，让党员领导干部时常保持敬畏历史传统、敬畏法度法纪、敬畏人民群众之心，让党员领导干部坚守良知与道义、公平与公正、大义与大节、民主与和谐，始终忠于党、忠于国家、忠于人民，确保党的先进性和纯洁性，确保党领导地位的巩固，确保党执政使命的实现。

坚持政治教育和道德教化相结合。政治忠诚教育，不能泛泛而教，要增强教育的针对性，把政治忠诚教育与加强道德修养结合起来，引导党员干部珍重人格、珍爱声誉、珍惜形象，增强道德责任感。要常修为政之德，看轻名利、看重名声，看轻自己、看重别人，看轻个体、看重群众；在思想境界上高人一档，在能力提升上胜人一筹，在作风养成上先人一步，在自我要求上严人一分，努力成为思想纯洁、品行端正的示范者，爱岗敬业、敢于负责的力行者，明礼诚信、遵纪守法的先行者，生活正派、情趣健康的引领者。

坚持学习教育与实践锻炼相结合。加强政治忠诚教育，要善于把理论教育与实践锻炼结合起来。党员的忠诚不仅要体现在对党、对人民的思想感情上，更要体现在干事创业的行动上，体现在为民造福的成效上。因此，在加强政治忠诚教育的同时，要注重让党员干部特别是年轻干部在实践中接受锻炼、经受考验，在实践锻炼中增强党性、改进作风、磨练意志、陶冶情操、提升境界、增长才干，在实际工作中检验忠诚教育的成效。

（作者：中共湖南省衡阳市委常委、组织部长）

领导干部要牢固树立和坚持正确的工作观

洪向华

胡锦涛总书记在十七届中央纪委第三次会议上强调指出，各级领导干部尤其是中青年干部要牢固树立和坚持正确的事业观、工作观、政绩观。在应对国际金融危机冲击、保持经济社会平稳较快发展的关键时刻，积极倡导正确的工作观，不仅是加强党性修养的需要，更是共

克时艰，积极推进中国特色社会主义伟大事业的必然要求。

一、树立和坚持正确的工作观，首要的问题是解决工作为什么人的问题

江泽民同志多次指出，每一个领导干部都应好好想一想，参加革命为什么？现在当干部应该做什么？将来身后应该留点什么？对于领导干部来说，工作为什么人的问题是一个根本问题。它是衡量一个领导干部有无党性、党性强不强的重要尺度，也是检验一个领导干部合格与否的试金石。领导干部只有解决好为什么人工作的问题，才能自觉地坚持党的宗旨，一心为民、一切为民，克己奉公、勤政廉洁，心甘情愿地做人民的公仆和勤务员；才能具备无私奉献和自我牺牲的精神，毫不利己、专门利人，鞠躬尽瘁、死而后已，经得起各种严峻的考验。

领导干部解决工作为什么人的问题，首先，要明确党的工作是为广大人民群众谋利益的。毛泽东同志在《为人民服务》一文中指出，我们共产党人是为着解放人民的，是彻底地为人民的利益而工作的。所以，要为人民的利益坚持好的，为人民的利益改正错的。1985年，邓小平同志在《全国教育工作会议的讲话》中指出，什么是领导，领导就是服务。这一论断揭示了领导本质，指出了领导工作的宗旨，确立了所有领导工作必须把为人民服务作为出发点和归宿。江泽民同志也多次强调："共产党人的高尚情操，是由党的宗旨决定的。作为一名共产党员理应有更高的思想境界，在个人利益与国家、人民利益发生矛盾时，应该自觉地牺牲自己的利益，他们工作的出发点不是为了金钱，而是为人民服务。"三代中央领导的论断为领导干部树立正确工作观、解决工作为什么人的问题指明了方向。同时，从理论上讲，全心全意为人民工作，为广大人民群众谋利益也是由党的性质决定的。中国共产党是中国工人阶级的先锋队，同时也是中国人民和中华民族的先锋队，她始终代表中国最广大人民的根本利益，没有自己的特殊利益。中国最广大人民群众的根本利益，就是党的最高利益，也是领导干部的最高利益。党和人民利益的一致性，决定了党的领导干部必须把全心全意为人民服务作为自己工作的根本出发点。

其次，要正确处理个人利益与党和国家的利益，个人利益与集体的利益，个人利益与他人利益的关系。党和国家的利益既是最高的利益，也是广大人民群众最根本的利益，领导干部无论何时何地都必须服从党和国家的利益，决不能做损害党和国家利益的事。当个人的利益与集体的利益发生矛盾时，要坚持个人利益服从集体的利益。当个人的利益与他人的利益发生冲突时，要善于让利于人，毫不利己，专门利人，不能牺牲他人的利益满足自己一己之私利。但是如果他人的行为有损于国家和集体的利益或者有损于别的群众的合法权益时，必须做坚决的斗争，以维护国家和集体的利益不受任何侵犯。

强调工作的目的是全心全意为人民谋利益，与尊重领导干部个人的正当利益与实现自我价值并不矛盾。领导干部要生存和生活，要通过工作获取一定的薪酬，从而满足自己的物质、文化、精神等方面的需要。但是领导干部工作的真正价值并不在于满足这些简单的需要，而是体现在为人民谋利益的具体工作实践中，因为只有人民才是我们工作价值的最高裁决者。我们工作做得好不好，根本的衡量尺度，就是人民拥护不拥护，人民赞成不赞成，人民高兴不高兴，人民答应不答应。党和国家的一切工作和方针政策，都要以是否符合最广大人民群众的根本利益为最高衡量标准。

二、树立和坚持正确的工作观，必须弘扬求真务实的工作作风

正确的决策，好的工作思路，必须有良好的工作作风来保证其贯彻落实。在工作作风方面，群众反映最大的是两个问题，一是形式主义，二是官僚主义。形式主义的要害是只贪图

虚名，不务实效，劳民伤财。官僚主义的要害是脱离群众，做官当老爷。官僚主义引发形式主义，形式主义助长官僚主义，已经成为影响党的事业发展的一大祸害。

树立和坚持正确的工作观，要克服形式主义和官僚主义，大力弘扬求真务实的工作作风。胡锦涛总书记指出，求真务实，是辩证唯物主义和历史唯物主义一以贯之的科学精神，是我们党的思想路线的核心内容，也是党的优良传统和共产党人应该具备的政治品格。越是形势好，越是群众加快发展的积极性高，越是要坚持求真务实，越是要保持清醒的头脑，越是要坚持好的工作作风。

弘扬求真务实的工作作风，要正确认识社会主义初级阶段的国情，因地制宜地制定发展思路，部署各项工作。党的十七大全面分析了当前我国发展的阶段性特征，同时强调，我国仍处于并将长期处于社会主义初级阶段的基本国情没有变，人民日益增长的物质文化需要同落后的社会生产之间的矛盾这一社会主要矛盾没有变。这种分析和判断就是我们最大的国情和最大的实际。我们求“真”就是求这个最大的“真”。强调认清社会主义初级阶段基本国情，不是要妄自菲薄、自甘落后，也不是要脱离实际、急于求成，而是要坚持把它作为推进改革、谋划发展的根本依据。所以，我们要始终保持清醒的头脑，把完善社会主义市场经济体制，深化政治体制改革，推进社会主义民主政治制度化、规范化、程序化，为党和国家长治久安提供政治和法律保障，作为长期而艰巨的任务，抓紧抓好，扎扎实实地做好各方面的工作。

弘扬求真务实的工作作风，要爱惜财力、体恤民力、量力而行。处于社会主义初级阶段，我们的财力是有限的，还面临着要解决城乡、区域发展不平衡，进一步改善民生、促进社会和谐等等诸多经济社会发展中的问题，所以要把有限的资源和财力用到刀刃上。既要尽力而为，又要量力而行；既要防止不思进取的“守摊”思想，又要防止无视民情、不顾民力的乱铺摊子。要把改革的力度、发展的速度和社会可承受的程度统一起来，把不断改善人民的生活作为处理改革发展稳定关系的重要结合点。不搞不切实际的高指标，不搞虚报浮夸的假政绩，不搞华而不实的达标升级，不搞沽名钓誉的“形象工程”。

弘扬求真务实的工作作风，要把中央制定的路线方针政策付诸实践、见诸行动、取得成效。要引导广大党员干部特别是各级领导干部，紧密联系全面建设小康社会的实践，坚持讲实话、出实招、办实事、务实效，把工作的着力点真正放到研究解决改革发展稳定中的重大问题上，放到研究解决群众生产生活中的紧迫问题上，放到研究解决党的建设中的突出问题上，坚持以求真务实精神去抓落实，并在抓落实的实践中不断提高坚持求真务实的自觉性和坚定性。

三、树立和坚持正确的工作观，必须学会用统筹兼顾的方法开展工作

工作方法是领导干部为了推进工作所采取的工作方式、对策、举措和手段，是领导干部的思想观点、思维方式、工作思路和工作作风在领导工作中的具体体现。树立和坚持正确的工作观必须学会用正确的方法开展工作，因为工作方法是工作任务顺利完成的重要保证。早在1934年1月，毛泽东同志在《关心群众生活，注意工作方法》一文中就指出：“我们不但要提出任务，而且要解决完成任务的方法问题。我们的任务是过河，但是没有桥或没有船就不能过。不解决桥或船的问题，过河就是一句空话。不解决方法问题，任务也只是瞎说一顿。”这段论述充分说明了工作方法的重要性。

我们党历来十分重视工作方法问题。在革命发展的各个历史时期，每当我们党提出新的工作任务的时候，都要强调注意工作方法。我们党在长期的革命、改革和建设的实践中形成了许多行之有效的工作方法。比如：调查研究的工作方法，一切从实际出发、实事求是的工作

方法，群众路线的工作方法，一般号召与个别指导相结合的方法，抓两头带中间的方法，典型示范的方法，坚持两手抓的方法，等等。在改革开放和建设社会主义现代化过程中，面对新的形势和任务，过去行之有效的方法和手段要坚持，但也要结合新的实际加以丰富和发展，不断探索新的工作方法。当前，我们面临着在新的发展阶段继续全面建设小康社会、发展中国特色社会主义、深入贯彻落实科学发展观的任务，完成这样的历史任务必须掌握和运用统筹兼顾的根本工作方法。胡锦涛同志指出："我们要推动科学发展、促进社会和谐，必须更加自觉地运用统筹兼顾的根本方法，正确反映和兼顾不同方面的利益。"自觉运用统筹兼顾的根本方法，一是统筹城乡发展、统筹区域发展、统筹经济社会发展、统筹人与自然和谐发展、统筹国内发展和对外开放，使各个方面的发展相适应相协调。二是统筹中央和地方关系，善于发挥中央和地方两个积极性，既坚持全国一盘棋，保证中央政令畅通、令行禁止，又支持地方因地制宜，创造性地开展工作。三是统筹个人利益和集体利益、局部利益和整体利益、当前利益和长远利益，正确处理最广大人民的根本利益、现阶段群众的共同利益和不同群体的特殊利益的关系，善于兼顾和统筹不同方面的利益要求。只有统揽全局、统筹规划，兼顾各方、综合平衡，才能把各方面的积极性充分发挥出来，更好地推动各项工作的开展。

四、树立和坚持正确的工作观，必须加强工作的原则性、系统性、预见性和创造性

邓小平曾经指出："使全党的各级干部，首先是领导干部，在繁忙的工作中，仍然有一定的时间学习，熟悉马克思主义的基本理论，从而加强我们工作中的原则性、系统性、预见性和创造性。只有这样，我们党才能坚持社会主义道路，建设和发展有中国特色的社会主义，一直达到我们的最后目的，实现共产主义。"原则性、系统性、预见性和创造性，是对领导工作提出的基本要求和评价标准，树立和坚持正确的工作观，必须加强工作的原则性、系统性、预见性和创造性，这对于完成新时期的历史任务有重大意义。

加强工作的原则性，就要毫不动摇地坚持四项基本原则。坚持社会主义道路，坚持人民民主专政，坚持中国共产党的领导，坚持马克思列宁主义毛泽东思想这四项基本原则，是我们党长期以来积累的经验所作出的科学概括，是中国人民的历史选择，是中国人民团结进步的牢固基础，是不可动摇的立国之本，是我们党、我们国家生存发展的政治基石。在全面建设小康社会、加快推进社会主义现代化建设的新形势下，只有坚持四项基本原则才能保证党和国家事业发展的方向，才能保证改革开放和社会主义现代化建设有一个团结稳定的环境，才能保证全国人民有统一的意志和行动。

加强工作的系统性，要求领导干部一定要胸怀全局，把握重点，使各方面的工作协调有序地向前发展，决不可心中无数、顾此失彼、杂乱无章地进行。要用联系的观点看待发展问题，用辩证的思维来谋划全局，规划未来。在经济全球化时代，各国之间的联系日益加强，各国经济社会的发展相互依赖、相互开放、相互促进，所以加强工作的系统性还要有开放的观念，自觉融入世界经济社会发展的洪流中。

加强工作的预见性，要求领导干部进一步解放思想，要有超前意识，要研究新情况、解决新问题。科学的预见是制定决策的重要条件和依据，因为决策是领导者对未来实践目标、方向、原则、途径作出的决定，是立足现实、面向未来、决定未来的活动，如果不了解事物的未来信息，不了解事物发展的动态，就不可能作出科学决策。同时，科学的预见能够根据各种可能出现的情况提出不同的方案，供领导干部加以选择，可以为领导干部遇到失误时提供有力的应变措施。

加强工作的创造性，要求领导干部随着实践的发展冲破条条框框的束缚，探求解决问题

的新思路。一要了解和掌握实际情况，找准自身的优势和劣势，审时度势，作出正确的决策。二要随时了解外界的发展变化，并且积极而准确地应对这种变化。三要不受传统思维和固有模式束缚，勇于打破陈规旧俗框框，着力克服制约科学发展、加快发展的思想障碍和体制机制障碍，着力破解影响科学发展、加快发展的难题，不断推进工作的科学发展。

（作者：中共中央党校中国特色社会主义理论体系研究室主任、博士后）

领导干部领导科学发展须具备的核心能力

李小三

胡锦涛同志在全党深入学习实践科学发展观活动动员大会暨省部级主要领导干部专题研讨班上讲话指出："我们要着力提高各级党组织、领导班子和领导干部贯彻落实科学发展观的本领，努力把各级党组织建设成为贯彻落实科学发展观的坚强堡垒、把干部队伍建设成为贯彻落实科学发展观的骨干力量，为推动科学发展提供坚强组织保证。"贯彻落实科学发展观，实现科学发展，领导干部是关键。各级领导干部一定要自觉成为科学发展观的忠实执行者，切实提高领导科学发展的能力。

一、正视部分领导干部领导科学发展存在的问题

科学发展观是马克思主义中国化的最新发展成果，体现了中国共产党对经济社会发展一般规律认识的深化，创造性地回答了新世纪新阶段中国为什么发展、怎样发展的问题。科学发展观是发展中国特色社会主义的思想武器和行动指南，已在全党达成共识。但不可否认，有的领导干部在认识和行为上仍然存在某些偏差。

（一）思想不够解放，缺乏开拓创新的意识。作为马克思主义中国化的最新理论成果，科学发展观本身就是一个思想解放和不断创新的成果。贯彻落实科学发展观，各级领导干部必须解放思想，具有很强的预测、分析、综合、判断问题的超前思维和创新思维，以科学发展的眼光主动把握事物发展规律。可以这样说，没有创新就没有领导工作的与时俱进，就不可能有科学发展战略的制定和实施。但现实中，部分领导干部解放思想的程度与科学发展的要求还存在差距，缺乏敢闯、敢干、敢冒的创新意识和精神，还没有把握事业是靠闯出来的、小闯小作为、大闯大作为、不闯就难有作为的道理；开拓创新的热情不高、信心不足，乐于做"安稳官"、"太平官"，不求有功但求无过，小进则满，甚至不思进取，缺乏危机意识。

（二）领导方式不新，不能适应时代和实践的需要。领导方式不仅是工作方法问题，其实也是思想方法和世界观问题，是对人民群众的立场和态度问题。根据不同时期的任务，及时转变自己的领导方式和领导方法，不断探索新的领导方式和领导方法，是我们党一贯的做法，是时代的呼唤，也是贯彻落实科学发展观的客观要求。这就要求我们的各级领导干部一定要自觉适应时代和实践需要，改变过去对国家事务包揽过多、直接管理的领导方式方法，坚持科学、民主、依法行使领导职责。而事实上是，我们还有相当一部分干部，仍然习惯于用计划经济时代的领导方式来管理市场经济，管理社会事务；习惯于用行政命令去指挥企业的经营；习

惯于“拍脑袋”决策、“拍胸脯”指挥；习惯于用简单、粗暴的办法来处理群众问题，其结果是不仅极大地损害了党和政府的公信力，也对经济社会发展带来巨大损失和伤害。

（三）统筹能力不强，未能实现好经济社会的协调发展。科学发展观实质是实现经济社会又好又快发展，基本要求是全面协调可持续，根本方法是统筹兼顾。统筹兼顾是我们党在长期执政过程中的一条重要历史经验。胡锦涛同志指出：在我国改革发展的关键阶段，“我们要推动科学发展、促进社会和谐，必须更加自觉地运用统筹协调的根本方法，正确反映和兼顾不同方面的利益”。近年来，一些官员作风浮躁，急功近利，热衷于政绩工程、形象工程，只重轰动效应，不重实际效果；有的地方尤其是欠发达地区的领导干部，盲目崇拜 GDP，一味追求大投资、高速度、高指标，误认为经济速度发展快、GDP 增长大，就能实现科学发展，结果往往是事倍功半、劳民伤财。

（四）环保意识不强，没有牢固树立可持续发展的理念。科学发展观中的可持续发展，不仅仅是指经济的可持续发展、当代人的可持续发展，而是要坚持走生产发展、生活富裕、生态良好的文明发展道路，实现当代人和后代人、人与自然的共同的永续发展。很长一段时期以来，一些地方领导干部为了快出政绩，不顾当地实际情况，违背发展规律，不切实际地招商引资，错误地认为先污染后治理、先破坏后恢复是经济发展的必然规律，以牺牲环境为代价发展经济，结果往往是资金投入了、资源消耗了、环境污染了、时间浪费了，却没有发展好。无数教训告诉我们，不尊重自然发展规律，不惜牺牲资源和环境为代价去“硬发展”，不仅无法实现可持续发展，反而会经常遭致自然环境对人类的惩罚；实践反复证明，只有有效利用资源和保护环境，发展循环经济，才是贯彻落实科学发展观、全面建设小康社会的必然选择。

（五）关注民生不力，未能实现让发展的成果惠及人民。坚持发展为了人民、发展依靠人民、发展成果由人民共享，是深入贯彻落实科学发展观的本质要求。在新的时代条件下，赢得人民群众的支持和拥护，要始终把实现好、维护好、发展好最广大人民的根本利益作为党和国家一切工作的出发点和落脚点，要着力保障和改善民生，切实加强以改善民生为重点的社会建设，认真解决人民最关心、最直接、最现实的利益问题，让全体人民共享发展成果。近年来，民生问题一直是中央高度关注的问题，切实加强以改善民生为重点的社会建设成为中央工作的重中之重。但有的地方领导干部总认为只有经济发展了，蛋糕做大了，才能解决好人民最关心、最直接、最现实的利益问题，因此，在工作中虽然也强调关注民生问题，却往往忽视民生问题的解决，一味将重点放在如何发展经济上。更有甚者，有的地方经济发展了，领导干部不是去解决人民最关心、最直接、最现实的利益问题，让人民都能分享发展成果，而是建设豪华楼堂馆所，城市建设不是适度超前，而是盲目铺摊子，大搞形象工程。

二、领导干部领导科学发展须具备的核心能力

学习实践科学发展观，对于各级领导干部来说，最终落脚点在于切实把科学发展观的要求转化为谋划发展的正确思路、促进发展的政策措施、领导发展的实际能力。

（一）以以人为本为核心，构建领导干部领导科学发展的着力点

科学发展观的核心是以人为本。以人为本，就是要把人民的利益作为一切工作的出发点和落脚点，不断满足人的多方面需要和实现人的全面发展。

首先，实现科学发展需要确立为人民服务的理念。领导科学发展的主要问题是解决为“谁”而发展。胡锦涛同志指出：“相信谁、依靠谁、为了谁，是否始终站在最广大人民的立场上，是区分唯物史观和唯心史观的分水岭，也是判断马克思主义执政党的试金石。”中国共产

党来自人民群众，植根于人民群众，服务于人民群众，是广大人民群众根本利益的忠实代表。党同人民群众之间领导与被领导的关系，完全不同于旧中国君同民之间统治与被统治的关系。科学领导发展要求我们的领导干部，自觉地做人民的公仆，坚决克服旧社会遗留下来的“官本位”思想，反对工作中的官僚主义、形式主义、命令主义。在任何时候任何情况下，都要相信人民群众、依靠人民群众、为了人民群众，始终保持同人民群众的血肉联系。

其次，实现科学发展需要凸显关注民生这一重点，要切实维护广大人民群众的各种权益。在想问题、订计划、作决策以及推进各项工作中，要始终坚持把最广大人民的根本利益作为出发点和落脚点，以是否符合最广大人民的根本利益作为衡量我们工作成败得失的最高标准。要解决人民群众生产生活中的突出问题和困难，想群众之所想，急群众之所急，满腔热情地为群众服务。领导干部是否能把人民群众的困难真正放到议事日程上来谋划，是对领导者能力的考验和检验。只有站在人们群众立场上来考虑问题，加强社会管理和公共服务职能，及时解决好人民群众反映最强烈的问题和诉求，才能体现正确的工作立场和方法。从而确保在生产发展的基础上，不断提高人民群众的生活水平和生活质量，保证人民群众共享改革发展的成果。

再次，实现科学发展需要实现促进人的全面发展的根本目标。马克思主义历来把每个人自由而全面的发展当作自己的理想目标。贯彻落实科学发展观，坚持以人为本，就要在经济发展的基础上不断满足人们的多方面需求，提高人的素质，促进人的全面发展。领导干部应切实认识到科学发展内涵的重要性，把握领导科学发展的关键，要领导人民逐步实现共同富裕，为人的全面发展创造坚实的物质基础；要加快政治建设，提高人们的思想政治素质，为人的全面发展提供可靠的政治保证；要加快文化建设，为人的全面发展提供丰富、有益的精神食粮，使人的精神世界更加充实、文化生活更加丰富多彩；要加快社会建设，促进人和人、人和社会、人和自然的协调与和谐，为人的全面发展创造良好的生态生活环境。

（二）以全面协调可持续为要求，着力提高领导干部的决断和创新能力

领导决断力是指领导者快速判断、选择、执行及修正决策方案的一种综合能力。决断能力是判断领导科学发展能力的关键。全面协调可持续作为科学发展观的基本要求，为领导科学发展决断提供了目标。

首先，提高领导科学发展决断能力要求领导干部树立正确的政绩观。政绩观是公职人员对如何履行职责去追求何种政绩的根本认识和态度，对公职人员如何从政、如何施政具有十分重要的导向作用。胡锦涛同志在第十七届中央纪委第三次全会上提出，领导干部要树立和坚持正确的事业观、工作观、政绩观。这是党中央根据新形势、新情况、新任务，针对领导干部队伍现状，向各级领导干部提出的新要求。树立正确的政绩观，就是要求各级领导干部忠实实践党的宗旨，真正做到权为民所用、情为民所系、利为民所谋，对党和人民高度负责，不以牺牲环境、破坏资源去换取个人的政绩，不以眼前发展去损害子孙后代的生存条件，不用局部发展去损害全局利益，切实做到所作的决策造福百姓，惠及后代；做事业、干工作、求政绩，善于结合本地区、本部门实际，一切从实际出发，不唯上，不唯书，只唯实，坚持真理，勇于探索；以创新的精神和科学的态度去认识、把握和遵循事物发展的客观规律，以积极、能动、进取的姿态去研究新情况，解决新问题，大胆探索，求真务实，不搞形式主义，真正实现科学发展、和谐发展；学会用马克思主义的宽广视野观察世界，不断增强对重大现实问题的战略性、前瞻性和系统性思考，提高政策、措施的针对性、实效性，努力创造出经得起实践、群众和历史检验的政绩。

其次，经济建设过程中的科学决断要以全

面协调可持续为标准来判断。片面的、单一的、只顾眼前不顾长远的发展，不仅难以促进经济社会全面进步，而且会给经济社会发展带来隐患甚至灾难。科学发展观在深刻总结国内外发展的经验教训、积极吸收世界各国文明发展理念的基础上，明确地把全面协调可持续作为中国经济社会发展必须遵循的准则。在经济社会发展的各个要素、各个层面之间，在人与社会、人与人、人与自然之间，必须坚持全面发展、协调发展和可持续发展，而不能顾此失彼，更不能抓住一点不及其余。这就为领导干部在决断时提供了明确的标准，在上项目、做规划时不符合“全面协调可持续发展”的就应坚决予以否定。

创新能力是可持续发展的引擎和推动力。没有创新就不可能实现全面协调可持续发展，也不可能解决发展过程中出现的一系列新问题。在新时期领导干部的整体素质中，创新能力也是最重要的核心因素。单纯的“有知识”、“会管理”、“能力强”，已经不能适应现代经济和社会发展的需要，已经不是有效领导的关键。不会创新，就不能实现有效的领导。首先，提高领导创新能力，要求领导干部具备强烈的创新意识和创新思维。创新意识和创新思维是一种敢为人先、不断进取、求新求异的心理状态和思想意识，它们是创新活动的前提。有了创新精神和创新意识，才能主动研究新情况，解决新问题，开拓创新，才能及时把握和抓住机遇，审时度势推动创新。实现可持续发展就是要跳出原有的发展模式，寻找新的发展方式。理论和实践都已证明，着力推进自主创新、发展创新型经济，是中国转变经济发展方式的抓手。其次，提高领导创新能力要求领导者具备丰富的理论素养和较强的学习能力。理论素养与创新能力密切相关。因此，领导干部只有站在时代前列，善于学习和不断学习，才能跟上时代步伐，不断进行观念创新和实践创新，否则，就会被不断变化的时代所淘汰。再次，提高领导创新能力需要领导干部具备高瞻远瞩的战略思维。全面协调可持续的发展观是一种战略性的发展视角，需要领导干部具备战略思维。领导干部的主要职责是对全局的运转和发展进行战略谋划，提出发展的大思路，制定相应的政策、策略和措施，因而，领导干部的创新主要是战略性创新，尤其需要训练驾驭全局、高瞻远瞩的战略思维能力。

（三）以统筹兼顾为方法，着力提高领导干部的统筹兼顾能力

统筹兼顾是科学发展观的根本方法，也是提高领导干部领导科学发展能力的重要方法。

提高领导干部的统筹兼顾能力，首先，要正确认识和判断当前发展和长远发展的关系，把当前利益和长远利益结合起来。从当前实际出发，要抓紧解决经济社会发展中亟待解决的突出矛盾和问题；从长远发展着想，要坚决防止急功近利的短期行为，从根本上解决问题。要从人民群众的根本利益出发，着眼于满足人民群众的需要和促进人的全面发展，着眼于实现现阶段的发展目标和促进可持续发展，切实为人民群众创造良好的生产生活条件，保证有利于中华民族的长远发展。其次，要正确认识和判断全局利益和局部利益的关系。“不谋万世者，不足谋一时；不谋全局者，不足谋一域。”领导干部要牢固树立全局观念和大局意识，充分认识和把握社会主义市场经济运行规律，善于从全局的高度对发展局势作出实事求是的分析和判断；要善于准确把握经济运行中的主要矛盾和突出问题，着力于人民群众最关心、最直接、最现实的利益问题，适时提出有效贯彻和应对解决的方针政策，有效地推动全局的发展。再次，要正确认识和判断发展的平衡和不平衡的关系。实践表明，经济社会发展尤其是大国的经济社会发展，既不是毫无波折的平衡增长过程，也不是一边倒的绝对非均衡增长过程。中国地域广阔，不同的地域发展起点和资源条件不同，人们在能力和知识等方面也存在差异，不平衡发展是必然的。一个模式和齐步走的发展是不可能的。领导干部要善于调动各方面发展的积极性，抓住机遇，促进发展，努力实现发展的均衡性。

三、积极探索提高领导干部领导科学发展能力的具体途径

毫无疑问，提高领导干部领导科学发展的能力，是贯彻落实科学发展观的关键所在，是提高党的执政能力的重要基础，是夺取全面建设小康社会新胜利的根本保证。面对新形势新任务，各级领导干部只有站在历史和时代的高度，努力提高领导科学发展能力和水平，才能不辜负党和人民赋予的重大历史使命。

（一）按照科学发展的要求，提升领导干部的自身素质

1.要牢固树立科学发展理念。伟大的实践，呼唤并产生伟大的理论。推动科学发展，不仅有正确的发展模式、发展途径等问题，还有世界观、方法论问题。科学发展观从世界观和方法论的高度，为我们正确认识和处理当前经济社会发展中的突出矛盾和问题、协调好各种利益关系提供了必须遵循的基本原则、重要思路和实现途径。当前，我国改革发展正处于关键阶段，经济社会发展呈现一系列阶段性特征，面临的机遇和挑战都前所未有。但只要各级领导干部坚持以科学发展观统领经济社会发展全局，自觉运用科学发展观所蕴含的世界观和方法论，牢固树立科学发展理念，把握发展规律，转变发展方式，不断破解发展难题，就能推动经济社会又好又快发展。

2.要切实改进领导方式和工作方法。领导是人民的公仆，领导就是服务。领导干部提高领导科学发展能力，为人民服好务，首先，要强化服务意识。各级领导干部无论身处何时何地、无论身居何职何位，与人民群众同呼吸共命运的立场不能变，全心全意为人民服务的宗旨不能忘。其次，要树立群众观念。坚持倾听群众呼声，关心群众疾苦，体察群众情绪，自觉地问政于民，问计于民，问需于民，广开言路，集思广益，把人民群众的呼声、愿望和要求作为领导决策的第一信号。再次，要自觉养成民主作风。做到谋划发展思路向人民群众问计，查找发展中的问题听人民群众意见，制定发展措施向人民群众请教，落实发展任务靠人民群众努力，衡量发展成效由人民群众评判，防止和克服一个人或少数人说了算的现象，为正确的民主决策提供强大的社会基础和群众基础，从而促使保证民主决策机制的形成。

3.要不断探索发展思路。思路决定出路。一个地方、一个部门发展是否科学、持续，往往与领导干部的思路是否正确、决策是否科学密切相联。当前，我国经济社会的发展态势可谓机遇与挑战并存，契机与危机同在。在新的历史条件下，各级领导干部只有不断强化发展意识，探索适合本地区、本部门的发展思路，才能更好地把握发展机遇，迎接各种挑战，用长远的历史眼光和深邃的战略眼光去正确地认识形势，适时捕捉发展机遇、规避发展风险、制定发展规划，为落实科学发展观提供坚强有力的组织和政治保证。

4.要着力提高推动科学发展的执行力。领导干部成为领导科学发展的忠实践行者，重在落实，关键在于执行。领导干部践行科学发展观，不断提高推动科学发展的执行能力和水平，必须坚持调查研究的工作作风，经常深入群众，深入实际，深入基层，认真倾听群众的呼声、要求和意见，体察民情，了解民意，掌握民需，集中民智，凝聚民力，力戒形式主义和官僚主义，提高决策的针对性、科学性和可操作性；要重视决策论证，不搞“闭门造车”和“拍脑袋”决策，把顺应发展潮流与遵循发展规律结合起来，把科学发展观的要求、中央的精神与本地的实际结合起来，既考虑决策的有效性、政策性，又考虑决策的长远性、全面性，使每一个决策都建立在严谨、科学、可靠的基础上，经得起历史、实践和群众的检验；要提高做群众工作的本领，真情关心群众疾苦，把握群众诉求，及时疏导群众情绪，帮助群众增强克服困难的信心，充分调动广大群众的积极性、创造性。

5.要加强学习培训提高素质。增强综合素质是提高领导干部领导科学发展能力的重要基

础。要培养终生学习的习惯和能力，在不断加强学习、更新知识、积累经验中提高素质和领导能力，紧跟时代步伐，适应新形势、新任务要求，努力成为具有世界眼光、把握发展规律、能够开拓创新、善于驾驭全局的现代型领导者；要按照科学发展观的要求，以践行科学发展观为统领，以培养提高坚定的思想政治素质、良好的道德修养、扎实的工作作风、过硬的专业理论与技能、廉洁的从政之道为基本内容，促进干部素质和能力的提高；要贯彻科学发展观的精神，创新干部教育培训机制，综合运用委托培训、合作培训、自主培训等多种途径，大力整合干部培训资源，提高干部培训实效；要坚持能力源于实践，实践才出真知，鼓励干部从基层中来到基层中去，通过跨地区、跨行业、跨部门任职实践丰富经验，增长才干，磨砺意志，提高领导科学发展的能力。

（二）按照科学发展的要求，创新相关机制

1. 要建立科学的政绩考评机制。科学的政绩考评机制是引导领导干部牢固树立科学发展观、提高领导科学发展能力的重要途径。建立科学的政绩考评机制，就是要形成以业绩为重点，由品德、知识、能力等要素构成的体现科学发展观的干部考核评价指标体系，激发各级领导干部干事创业的积极性、主动性和创造性，不断提高领导科学发展能力。其一，在考评内容上紧扣科学发展，侧重于从主观努力、科学发展、服务群众的实绩等方面设置考核内容，增强针对性。其二，在考评方法上推动科学发展，坚持组织认可和群众认可相结合的原则，扩大考评开放度，提高群众对干部考核工作认可度和支持度，解决部分领导干部只对上负责、不对下负责的问题，增强民主性。其三，在考评环节上立足科学发展，通过各阶段、各环节考评结果的相互联系、相互验证，有效提高考核评价工作质量，增强可操作性。其四，在考评结果运用上体现科学发展，以定性评价为主，注重定量分析，既对领导干部质的方面进行鉴别和确定，又运用科学合理、便于操作的计算方法进行量化分析，系统、全面、客观、准确地对领导干部工作实绩和德才素质作出综合评价，增强准确性。胡锦涛同志指出："树立正确的政绩观，说到底就是要忠实实践党的宗旨，真正做到权为民所用、情为民所系、利为民所谋。"建立评价领导干部工作绩效的科学机制，根本标准是要坚持是否服务于人民、造福于人民，是否遵循客观规律和科学规律，是否推动经济社会协调发展，是否对子孙后代负责、对长远发展负责。

2. 建立良好的用人机制。科学发展观是一种全新的发展理念、发展战略，贯彻落实科学发展观，需要以科学的选人用人机制作保障，建立健全领导干部选拔任用的长效机制。一是要突出科学发展导向。坚持"德才兼备"的原则，把握"政治上靠得住、工作上有本事、作风上过得硬、人民群众信得过"的正确用人导向，注重选拔自觉贯彻落实科学发展观、坚持又好又快发展、工作实绩突出的干部，激励领导干部不断提高领导科学发展的能力。二是要突出基层锻炼导向。注重选拔在教育、生产、科研基层一线的优秀干部，选拔长期在条件艰苦、工作困难地方努力工作的优秀干部，注重大胆提拔、破格使用有丰富工作经验、有丰厚学识素养的专家型领导干部，把理论素养、学习能力作为选拔任用领导干部的重要依据。三是要突出群众公认导向。坚持和完善公开选拔、竞争上岗等制度，注重能力、实绩和群众公认，注重选拔想干事、能干事、干成事，能为人民造福、得到群众拥护的干部。

（作者：中国井冈山干部学院常务副院长）

全球化视野下的领导学学科建设

李锡炎

经济全球化的影响，已渗透到我国市场、金融、文化、社会等方面，已经成为不可小视的特殊力量。我们生活在一个史无前例的全球化时代，处在一个难得的战略机遇期中。经济全球化趋势及其带来的日益激烈的竞争，给领导者和从事领导学研究的理论工作者带来了严峻的挑战，也带来了宝贵的机遇，要求各级领导者提高执政能力和领导水平，应对时代变化和社会变革的挑战；要求领导学研究和回答全球化时代的领导是什么、怎样领导、如何重新塑造领导者自己来适应时代变化。因此，加强领导学学科建设，是全球化时代领导实践的新要求。

一、全球化时代给领导学学科建设的环境和方位带来了新变化

加强领导学学科建设，首先应弄清领导学学科建设的时代方位和领导环境，把领导学学科建设置入全球化时代的坐标体系中，明确角色定位，适应社会环境，把握学科建设的发展走势和功能作用。

当今世界正处在大发展大变革大调整时期。世界多极化、经济全球化、社会信息化、政治民主化深入发展，世界经济格局发生新变化，国际力量对比出现新态势，全球思想文化交流交融交锋呈现新特点。

在经济全球化的大背景下，我国正在从农业社会向工业社会转变，从人治社会向法治社会转变，从臣民社会向公民社会转变，从一元社会向多元社会转变。我国工业化、信息化、城镇化、市场化、国际化深入发展。

全球化和我国社会的“四个转变”、“五个化”，使领导环境和领导学学科建设在方位和特性上出现了以下八个新变化：领导环境走向开放化，要求领导者和领导学要有世界眼光，走向更加开放的世界舞台，全面看，两手抓；领导环境走向市场化，要求领导者和领导学更加重视市场配置资源的基础性作用，提高驾驭市场经济的领导能力；领导环境走向社会化，要求领导者和领导学面向社会，关注民生，注重发展；领导环境走向民主化，要求领导者和领导学着力推进决策民主化、科学化；领导环境走向法治化，要求领导者和领导学把“科学、民主、依法”融为一体，贯彻始终；领导环境走向多元化，要求领导者和领导学尊重个性，构建和谐；领导环境走向网络化，要求领导者和领导学阳光运作，实时领导；领导环境走向智能化，要求领导者和领导学做到内外脑并用，快速高效取胜。全球化时代的特点，就是多变、多元、多样，不确定的因素多。顺势而变通，遇时而勃发，这是应对变化的基本理念。面对上述领导环境的历史性变化，领导者的对策，只能是应时而作，以变应变，把握领导发展的新趋势，革新领导理念，创新领导方式，更新领导方法。

从领导程式来看，当今领导正发生两大转变：一是领导决策由集中在各类组织的领导精英手中逐步转向被领导者和广大人民群众。二是领导目标由重视数量、重视短期收益和重视任务目标逐步转向重视品质、重视长期收益、重视价值目标和人的全面发展。由于时代的变化和领导实践的发展，领导学学科建设也必须顺应环境和方位的变化而发展创新。

二、领导实践对领导学学科建设方向和目标提出了新要求

领导学学科建设必须坚持为现代化建设的

领导实践服务,为领导学的教学实践服务。领导学学科建设应以现在做的事情为中心,树立问题意识,围绕领导实践和教学实践所遇到的重大问题来思考和研究,注重提高针对性和实效性,更好地为现代化建设的领导实践服务。

全球化时代领导者面临的新情况新问题层出不穷,要求领导学研究的重点热点难点问题不断涌现。根据问卷调查和筛选,带有普遍意义的重点问题至少有十个方面:如何把握“民心向背”、“天下分合”大势,以超人的领导能力和领导艺术,从容应对时代发展和领导环境的历史性变化?什么样的世界观、价值观、人生观才能指导领导目标的实现和领导能力的提高?怎样审时度势,选准领导时空参照系,准确定位、定向、定规?怎样才能代表民心、凝聚力量,把被领导者带领到从未达到的新领域?在改革开放和社会主义市场经济条件下,领导者应做什么,不应做什么,应正确地做哪些事情,才能积聚领导能量?怎样适应新形势革新思维方式,以智慧开发领导智慧,提高领导能力?怎样有效地利用和开发领导资源,进一步拓宽领导效能空间?怎样抵御领导风险,化险为夷,化危机为机遇,不断提高领导水平和抵御风险的能力?如何才能使自己和他人发挥最大的积极性、主动性和创造性并以什么样的领导魅力吸引人、信服于人?怎样才能把全球化、现代化、本土化有机地结合起来,坚持与时俱进,不断超越自我,永立不败之地?归结到一点,就是要研究和回答怎样才能代表人心,服务群众,引领未来。

从21世纪领导者素质的角度,要求领导学研究和回答什么是领导,领导的本质属性和基本特性是什么。综观中外领导学的观点认为,21世纪的领导特性的基本类型应该是:战略型领导、学习型领导、质量型领导、模范型领导、魅力型领导、创造型领导、创业型领导、良师型领导、能力型领导、公仆型领导。

从21世纪领导方式和领导艺术的角度,要求领导学研究和回答领导思维方式和领导范式如何转变和发展。归纳中外领导学的观点认为,新世纪领导有十大新趋势:人本化、柔性化、艺术化、简约化、国际化、自主化、平民化、学习化、虚拟化、创新化。

从21世纪领导开放性角色定位的角度,要求领导学研究和回答领导开放性角色如何选择和进入。在改革开放和社会主义市场经济条件下,在一定意义上说,研究开放性领导角色,比研究规定性角色更有意义。开放性角色虽然不是组织规定的内容,但它是衡量领导者是否称职,是否有发展空间的重要标志。在当今的领导活动中,有七种开放性领导角色值得研究和把握:设计者角色、联络者角色、谈判者角色、传播者角色、访民问计者角色、学习研究者角色、勇于担当者角色。在群众最需要的时候,领导者就能出现在群众之中,为群众解决最关心最直接最现实的问题。正如同一位基层文艺工作者所描绘的那样:天冷时是一盆火;天热时是一把扇;天黑时是一盏灯;下雨时是一把伞;口渴时是一杯水;肚饿时是一碗饭。

综上所述,领导学学科建设,应紧紧追随领导实践的重点和难点来研究,始终坚持为实践服务,为推进领导科学化和实现科学领导服务。

三、科学发展观对领导学学科建设的中心和重点指出了新思路

科学发展观是指导发展的世界观和方法论,它要求各级领导班子和领导干部提升推动科学发展、促进社会和谐的素质和能力。深入贯彻落实科学发展观,强烈呼唤领导学学科建设的中心和重点应该转移到领导素质能力建设上来,必须围绕领导素质能力这个中心和重点来展开和加强。要求领导学研究和回答提高领导素质能力的途径和方法,回答领导应该做什么,不应该做什么,怎样才能积聚领导能量,释放出最大最优的领导能力。

(一)优化领导职能结构是提高领导素质能力的基础和关键,也是领导学学科建设的重要切入点

领导职能结构,是领导职能构成要素在一

定时间一定条件下的排列组合方式。排列组合方式不同,储备领导能量的效果也不同。领导职能构成要素越优化,排列组合越合理,越能提高领导能量的储藏量。优化领导职能结构是积聚领导能量的基础和关键。常言道:结构不顺,包生百病;结构一变,万事大变。

美国领导学家詹姆士·A·凡拉斯克认为:在全球化日益明显,其影响越来越广泛深刻之时,如果不调整领导职能结构,不改变旧的领导范式,领导者就会走向死胡同。“领头牛与牛群”的领导结构模式必须改变,应以“雁群”式职能结构所取代。所谓“雁群”式结构模式,就是一种主动适应环境,自动生成领导能力的模式。在一个组织中,人人都用心想事,个个都用心干事,相互依赖、相互依靠、相互合作、齐心合力干成大事,自己所领导的下属和组织就像雁群一样,具有团队精神。

优化领导职能结构是一种取舍艺术。老子认为治国理政的最高境界是:无为而无不为。老子曰:“道常无为而无不为。侯王若能守之,万物将自化。化而欲作,吾将镇之以无名之朴,夫亦将无欲。无欲以静,天下将自定。”老子认为“为”的最高原则是“无为”。“无为”并非是我们什么事情都不做,而是在该不为的时候不为,在该为的时候要为,该舍的时候一定要舍,要善于放弃,该得的时候一定要得,要善于竞争,它强调的是一种恰到好处,是尊重事物自然而然的发展趋势。这是一种取舍的最高境界和精湛艺术。全球化影响所带来的变化,是一种排列组合方式的大变化,是一次新的“洗牌”,是一次有舍有得,优化结构的良好机遇。

(二)把握积聚领导能量的职能结构要件是加强素质能力建设的重点,也是领导学学科建设的着力点

领导素质能力建设具有综合性、整体性特点,把握积聚领导能量的职能结构要件,使领导职能结构合理,实现领导效能最大化,是领导学致力于素质能力建设的着力点。

在全球化背景下,在改革开放条件下,领导学界有一个共识,就是由规划、决策、用人、授权、沟通、协调、督导等七大要件构成合理、高效的领导职能结构,对于贯彻落实科学发展观具有重要意义。这七大要件是:规划发展——首要职能。确定发展目标,制定发展方针,创新发展模式,作出正确的发展部署,提出切实可行的发展措施。理智决策——核心职能。全球化时代的决策环境,常常出现复杂、多变、突发的不确定变数,领导决策科学化的最集中的要求,就是要富有理智。在实践中往往时间和条件不允许完全理性决策,而是一种非完全理性决策。领导者在决策时要善于辨别是非、利害关系,控制自己的感情和行为,用理性原则和领导智慧进行决策,要注意预防决策的理智缺失,即预防道德失范、信息失真、心理失衡,情绪失控。知能善任——关键职能。坚持以道德和能力驾驭权力、运用权力;坚持把激励人的创新能力作为领导用人职能的根本任务;坚持为有能力的人提供施展能力的岗位和空间。双赢授权——基础职能。只有把被领导变成自我领导,才是真正的领导;坚持权随责授,权按能授的原则,实行双赢协议的科学授权。心智沟通——基础职能。心智相通,一通百通,搭建心桥,实现互动共赢。柔性协调——整合职能。坚持硬权利与软权利相结合的柔性协调、运用统筹协调、配套协调、兼顾协调、综合协调、求同协调、辩证协调的方法,加强统筹。弹性督导——保障职能。坚持隐性追踪跟进,既信任,但又不放任;要学会放风筝,既要放得高,又要收得回。

上述七大职能,是一个相互联系、相互促进、相互配合的有机整体,是一个最佳组合,缺一不可。必须整体运作,共存共荣,才能产生领导能力的聚合裂变效应。

领导科学虽然源远流长,中国古代的领导智慧在世界上也颇有影响,但是中国领导学作为一门新兴学科才兴起于上个世纪八十年代。领导学在学科建设上也还刚刚起步,迫切需要逐步建立健全中国特色领导学学科体系,构建中国领导学的理论体系。井冈山精神和井冈山道路是马克思主义中国化的新起点。中国井冈山干部学院率先召开领导学学科建设与案例教学的专题研讨会,积极推进全球化视野下的领导学学科建设,对领导学的发展创新必将起到重要作用,必然成为中国领导学发展的新起点。

(作者:中共四川省委党校原常务副校长、教授)

领导学的学科性质与社会功能

匡 胜

毫无疑义,当代中国的领导学已经取得了迅猛发展。领导学在中国的繁荣发展充分说明领导学这门新兴学科的价值和生命力。不过也应该看到,领导学的发展仍然存在很大的空间和众多需要探索的领域。如果仅仅停留于"迅猛"而不着力去"深入",满足于"普及"而不踏实地去"提高",陶醉于"已有"而不下功夫去"创新",那么这门为领导者所喜爱的新兴学科就会失去生命力,就无法在社会科学领域内真正地独树一帜。当前,领导学的发展既面临着严峻的挑战,也面临着难得的机遇。推进领导学的发展必须要以更宽广的视野来研究领导规律,要更客观地审视领导学的社会功能,要进一步明确当前推进领导学发展的重点。

一、要以更宽广的视野来研究领导规律

领导活动是一种自有人类群体活动以来就普遍存在的社会现象。一般而言,领导学是研究领导活动一般规律及其应用的科学。领导活动由三个必不可少的要素构成,即领导者、被领导者和他们共同作用的群体目标。没有被领导者就没有领导者,没有领导者和被领导者共同作用的目标,就没有领导活动。由领导者、被领导者和他们共同作用的群体目标三个要素相互作用、相互制约而构成的系统,就是领导活动系统。作为一个系统,领导活动存在着它固有的内在规律,而领导学就是探索其内在规律及其应用的学问。

大多数领导学的研究者都认为,领导活动的主体是被领导者,领导活动的主导是领导者。但在研究领导规律时,学界往往对领导活动的主导者即领导者一方投以更多的关注。尽管他们认为领导规律是指领导活动中诸要素、诸环节之间的内在、本质、必然的联系,是领导活动本身所固有的本质的、必然的、稳定的联系,但又认为领导规律是领导者展开领导活动的规律,是领导者对领导要素的把握和运用的规律;领导规律揭示了领导者解决主观和客观之间矛盾的规律,体现科学的领导方法。可以说,目前领导学学界相当一部分学者有意或无意都把"领导"规律视同为"领导者"的规律。可是,考察领导活动通常是需要参照具体环境来进行的。离开了具体的被领导者(领导主体)及其社会背景,某时某处的领导很有可能是无法成功展开的。领导活动首先是一项有着人类主体参与在内的社会现象。由于有这一主体因素的存在,领导活动的规律并不像自然科学中所体现得那么明显。但只要深入地进行分析就不难发现,作为领导活动主导的领导者的活动决不是随心所欲的。由于领导者的特殊地位和职责,他们在具体的领导活动中或多或少都具有一定的、甚至较大的活动余地。但是在纷繁的表面现象底下,仍然存在着不以人的主观意志

为转移的客观规律。自觉主动地按照领导活动的规律来办事，领导活动就会进行得更加顺利；违背领导规律，仅凭个人意志和主观愿望来实施领导，则经常会南辕北辙，事倍功半，甚至遭受失败的挫折。这些事实都表明，领导活动的规律是客观存在和无法抗拒的。归根结底，上层建筑由经济基础决定，人民群众是历史的创造者。领导者的领导行为，只有在顺应历史潮流的前提下，才可能在领导实践中作出自己的创造性贡献。因此，在研究领导活动时，必须真正将被领导者置于主体地位。只有这样，才可能从根本上摆正领导活动的主体与主导的相对位置。

真正把领导活动作为一门科学来进行研究，是与人类社会群体活动规模的不断扩大密切相关的。只有当社会实践发展到一定阶段，只有当人们的认识水平积累到一定程度之后，关于领导活动的研究才能真正发展成为一门科学。除此以外，科学理论的产生也是领导学成为一门科学的重要前提。马克思主义伴随着资本主义兴起和大生产方式确立的历史背景而产生，同时也为领导工作的科学化指明了根本的发展方向。马克思主义所揭示的一系列哲学原则，如存在决定意识、物质决定精神、客观存在不以人们的主观意志为转移等等规律，这些都为领导者从事领导活动提供了根本的原则。新的历史时期，领导者面临着新的形势、新的任务、新的挑战，因此，领导工作如何适应形势发展的要求，如何进一步提高领导学对于领导实践的理论指导水平，必然要成为领导学研究者高度关注的重要课题。

随着社会生产力的不断发展和科学技术的日益进步，当代领导者所面临的对象是规模巨大、因素众多、联系广泛、变化迅速的各种社会问题。特别是新媒体的发展和公民社会的崛起使领导主体在形态上发生了显著的变化，尤其需要引起研究者的高度关注。在此背景下，由人民内部矛盾引发的群体性事件，已经成为严重影响社会稳定的最为突出的问题；而新媒体在传播信息、影响舆论、设置议程、监督政府等方面发挥正面影响的同时也带来了不少负面的挑战。能否积极预防、妥善处置好群体性事件，能否积极引导和利用好新媒体在新时期的发展，这些都成为对中国共产党执政能力、执政水平的重大考验。

面对这样的局面，单靠个人的智慧、才能和经验实施领导，势必会遇到种种难以预料的困难。因此，以更为宽广的视野，运用马克思主义和科学的方法来研究并揭示科学领导的规律，就成为时代的需要。

二、要更全面地审视领导学的社会功能

领导学的社会功能指的是领导学这门学科对于人类和具体的社会运行所起的作用。如果一门学科的出现和产生总是与时代的需求有关，领导学的产生与发展则同它指导领导活动、满足领导需要的社会功能密切相关。马克思曾经说过，“理论在一个国家的实现程度，总是决定于理论满足这个国家的需要程度。”在中国革命战争史上，1943 年就是一个很好的范例。这年 4 月周恩来同志发表了《怎样做一个好的领导者》，6 月毛泽东同志发表了《关于领导方法的若干问题》，7 月刘少奇同志发表了《清算党内孟什维克主义思想》，10 月朱德同志发表了《论军队的管理问题》。在短短的半年之内，中国共产党的主要领导人纷纷发表论述领导规律的论文，这与当时迫切需要从思想上彻底肃清“左”倾教条主义及其影响密切相关。为了进一步统一全党和革命队伍的思想，并把当时整风运动的成果深化到领导工作中去，必须要把实践中的经验教训总结上升到理论。因此，中国共产党的领导人纷纷挥笔大书特书，就是十分顺乎自然的事情了。

理论创新的原动力在客观需要，一切正确的思想和理论，本质上都是实践经验的升华、发展规律的揭示。中国共产党十一届三中全会以后，大规模研究领导学的热潮在中国掀起，以及

领导学在中国的大发展，都与中国特殊的历史形势有关。一方面，正是在深刻思考给人民带来灾难性后果的十年内乱为什么会发生、如何加以防止等等问题之后，中国共产党十一届三中全会指出，要“认真解决党政企不分、以党代政、以政代企的现象，实行分级分工分人负责，加强管理机构和管理人员的权限和责任，减少会议公文，提高工作效率，认真实行考核、奖惩、升降等制度”。这些都对领导体制、领导职责和领导者的素质作出了明确的要求。另一方面，在中国这样一个发展中大国建设社会主义，是一项前无古人的全新事业，既没有现成的模式可套，也没有成功的经验可循，应运而生的中国特色社会主义理论体系正是满足了这个需要。同样，中国特色的领导学，30 多年来之所以不断丰富发展，从根本上说源于时代和实践发展达到了新的“需要程度”。不难发现，领导学在新时期得到快速的发展，根本原因就在于它反映了中国改革开放和社会主义现代化建设的需要，同时满足了提高中国干部队伍素质和培养领导人才的要求。

在历经多年的改革开放之后，中国社会各个方面都已经并将继续发生深刻的变化，中共十六届六中全会审议通过的《中共中央关于构建社会主义和谐社会若干重大问题的决定》指出，“我国已进入改革发展的关键时期，经济体制深刻变革，社会结构深刻变动，利益格局深刻调整，思想观念深刻变化”。这主要表现在：一是社会主义市场经济体制虽然已基本建立，但还不够完善，生产力发展仍然面临诸多体制性、机制性障碍；改革进入攻坚阶段，体制创新的任务十分艰巨，深化改革必然触及深层次矛盾和问题。二是中国经济结构发生重大变化，公有制为主体、多种所有制经济成分共同发展的局面基本形成；城乡结构发生显著变化，城镇化水平大大提高；在新经济组织和新社会组织中出现了民营科技企业的创业人员和技术人员、受聘于外资企业的管理技术人员、个体户、私营企业主、中介组织的从业人员、自由职业者等新的社会阶层；社会组织形态发生了新的变化，就业方式日趋灵活，越来越多的“单位人”变成了“社会人”。三是改革发展的社会背景和社会基础发生重大变化，利益关系更趋复杂。随着改革的不断深化，人们对改革发展的社会预期普遍提高，对分享改革发展成果的要求明显增强，统筹协调各方面利益关系的难度加大。四是利益主体日益多元化，不同的社会阶层与利益群体必然会产生不同的价值观念、不同的利益诉求、不同的利益表达和利益维护方式。

这“四个深刻变化”几乎每时每刻都在对领导者和领导学提出新的问题和挑战。目前，领导实践中表现出来的领导者领导观念、方法、能力及领导模式的不适应或不完全适应仅仅是表面现象，问题的实质是领导学的发展已经大大落后于领导实践，现有的社会功能已不能满足急速发展的领导实践的需要。更为严峻的是新时期领导学面临的这些问题，大多不是昔日那种单靠领导学者的智慧和能力所能处理的，它涉及到自然科学和社会科学的诸多领域，必须采取多学科、跨部门的综合性研究，才可能找到可行性对策。人们把这种涉及到自然科学和社会科学诸多领域的多学科、跨部门的研究称之为“软科学研究”，也有的将其称之为“交叉科学”。它作为一种综合的知识体系和思维工具，能够帮助领导者从宏观上观察分析复杂多变的经济现象、社会现象，帮助领导者对所分析的问题作出准确的鉴别和判断，帮助领导者在更广泛的范围内进行科学的决策，因此可以在更大的范围内推动整个社会向前发展。

三、要进一步明确当前推进领导学发展的重点

中共十七届四中全会提出，“建设善于推动科学发展和促进社会和谐的高素质干部队伍”，“提高领导班子和领导干部推动科学发展、促进社会和谐能力”。领导学研究必须按

照十七届四中全会指引的方向，紧紧抓住领导班子和领导干部提高领导科学发展能力这个重点，对提高领导科学发展能力应该具备的思想理念、思想方式、领导方法、领导艺术等问题进行系统而深入的研究，对怎么样提高领导科学发展的能力、如何评价和考核领导科学发展的能力进行富有针对性和实效性的研究，对基层党组织和基层领导干部怎样发挥服务群众、凝聚人心、促进和谐作用的问题开展深入细致的研究，从而使领导学这门学科随着领导实践的发展而不断发展。

根据中国共产党领导发展中国特色社会主义的伟大实践，当前，推进领导学学科建设应该进一步突出领导哲学、领导主体、领导力和领导教育四个重点。

在领导哲学的研究中要重点研究科学的领导观、领导辩证法、领导认识论、领导方法论。在领导主体的研究中要改变目前主要研究领导者这一领导活动的主导力量的倾向，逐步向既研究领导者又研究被领导者这一领导活动的主体力量转变，拓宽领导主体的内涵。在领导力的研究中，既要深入研究领导体制、领导环境和一定物质基础等多种因素综合作用所产生的组织性作用力，又要深化研究制度领导力、领导效能、领导力变革以及领导力的开发与提升等。在领导教育的研究中，既要继续研究党政领导干部、企业管理者、军队干部、高级专业技术人才等的培养教育，又要深化研究领导教育思想、领导教育发展的历史、领导教育培训模式及创新、领导教育管理、领导教育比较等。

马克思主义告诉我们，科学的理论一旦为干部群众所掌握，就会成为其手中强大的思想武器，就会在社会中产生巨大的物质力量。勿庸置疑，领导学是一门高度综合的科学，它所要解决的问题是现代化进程中的综合问题。同时，领导学也是一门实践性很强的学问，要研究领导学自然离不开具体的领导实践。领导学的研究既要做到来源于实践，更要在服务于实践中求得体现。从一定意义上讲，领导学的独特优势就在于它直接为领导实践服务，就在于领导者能够直接加以应用。当前，在全党深入贯彻落实科学发展观、推动科学发展、促进社会和谐的过程中，涌现出许多值得领导学认真研究的新情况新问题。这从另一个角度来看，也意味着领导学学科发展创新的大好机遇。领导学的研究工作者们一定要抓住机遇，把研究的重点和着力点放在为推动科学发展、促进社会和谐的服务上，特别要放在提高领导科学发展的能力和素质上，服务于建设一支能推动科学发展、促进社会和谐的高素质干部队伍。只有努力在为推动科学发展的服务中发挥领导学的特殊优势，才能真正实现领导科学与领导实践的完美结合，从而使领导学跨上一个新的更高的发展平台。

（作者：中国井冈山干部学院教学科研部主任、教授）

论领导科学学科的本质性要求

张世和

领导科学在我国建立已经有近30年的历史，风风雨雨，历经多少坎坷，终于独立于科学之林。发展至今，我们也有必要进行反思，反思的目的是为了使这门学科更好地向前发展。而反思中，我们首先应从学科的角度进行研究，因为这是带有根本性的，在此，特对领导科学的本质性要求进行探讨。

一、围绕一个核心概念：领导

既然这门学科叫做领导科学，因此，领导——应该成为这门学科的核心概念。在此提出这一问题，似有多余之嫌，但是从学科研究进一步深化的角度来看，是有必要的。

什么是领导？翻开词典，是这样解释的："率领并引导朝一定方向前进"，而领导者就是"担任领导的人"。除此之外，对于领导，还有许多说法，比如，领导就是决策、领导就是带领，等等，不一而足。这些定义，从实际来看，无可挑剔，但是从学科的角度来看，存在一些问题。它们都没有同管理加以区分。因为管理也要率领，管理也要引导，管理也要决策。尽管在实践中，领导和管理是难以分开的，但是从学科的角度来说，是应该加以区分的。

由于我们没有对领导和管理加以严格区分，所以现在领导科学书架上的一些书，可以说，只能叫领导管理学或者叫管理领导学。不严格区分就会给这门学科的发展造成障碍、偏差或者不能深入。

什么人是具有领导行为的人呢？对于此，工作中的任何人都可以作出判断，即担任某种领导职务的人，这是广义的认识。但从学科的角度来看，就值得研究，否则，我们就不必区分领导科学和管理科学了。

与领导最相近的概念是管理，所以，只要与管理加以区分，领导这个概念就有了独立的含义。对于什么是领导，我们可以从这样的逻辑来进行分析：按照词典的解释来看，领导是率领并引导人们朝一定方向前进，那么，是用什么来进行率领并引导人们朝一定方向前进呢？很明确，管理是用指挥和监督，而指挥和监督是在接受某种思想后的行为或职能，而思想的确定者是谁呢？这就是领导者。分析至此，笔者权且给领导这一概念下这样的定义，以期抛砖引玉：领导就是在一个相对独立的系统中，以组织为载体，具有掌握实现某种系统思想权力的组织或个人。

这一概念不会混同于其他概念。这一概念同管理区分开来了。一是在行为上有了区分，管理有两种基本职能，指挥和监督，而这是在接受某种思想后的行为或职能，而思想的确定者就是领导者；二是在作用上有了区分，领导者和管理者率领团体前进的力量是不一样的，领导靠思想，管理靠对实际行动的指挥；三是在结果上有了区分，领导用思想作用于全部，管理作用于局部。

这样说，并不是排斥、更不是否定现有的领导科学，而是说，应该在现有的学科体系上进行完善。对于领导科学的基础研究部分，应该研究领导者的重要行为，比如，如何去把握必然性，如何去综观全局，如何去加强预见性，如何发挥创造性以及领导的知识结构等；对于领导科学的应用研究部分，应当将领导行为与从领导的角度出发产生的管理行为结合起来进行研究。这也是从实际出发进行的研究，因为从实际来看，一个领导者同时也是一个管理者，领导行为和管理行为常常集于一身。

二、始终贯穿两个基本点

领导科学研究要始终贯彻两个基本点：一是领导成本；二是领导效率、效能与效益。

降低领导成本，这是领导科学研究的目的之一。笔者在1997年提出了领导成本的概念，建立并论述了领导决策成本公式、领导用人成本公式、领导协调成本公式、领导组织成本公式和领导激励成本公式。

领导成本是客观存在的，领导成本问题贯穿在领导活动之中。在领导者中，我们可以将其区分为成功的、平庸的和无效的领导者。成功者在广阔的舞台上正确领导，高明决策，运筹帷幄，体现出炉火纯青的领导艺术。就其决策而言，他们能够及时地、敏锐地发现问题，同时能够预测问题的发展程度以及对系统所造成的影响，由此作出正确的决策。其中优秀分子的决策常常成为政策的依据。优秀领导者决策的效果往往事半功倍，使得决策成本降低；而平庸者则就问题而解决问题，他们不能从系统和长远目标进行考虑，因此，问题虽然得到解决，但是，其效果并不显著；至于无效的领导者，则是事倍功半乃至一事无成，导致成本浪费。就此而言，我们应当对成本问题进行研究，要研究领导成本的构成以及如何降低领导成本。

所谓领导成本，即为了取得领导绩效，由领导者、被领导者和领导环境所付出的总和。领导成本这一定义包含如下含义：

其一，领导成本由无形成本和有形成本构成。所谓无形成本，即在领导活动中为实现领导目标，领导者所付出的时间和精力。这种付出是必须的，因为在领导活动中为实现领导目标，需要对事和人进行运筹，这决定了时间的耗费；运筹是一种脑力活动，这决定了领导者精力的耗费。所谓有形成本，即在领导活动中为实现领导目标所付出的物力和财力。

其二，领导绩效是由领导活动的目标和领导活动的效率决定的。在目标正确的前提下，效率越高，领导绩效越好，其成本越合理，因为效率与时间相关；如果目标不正确，不管效率高或低，都是谈不上所谓领导绩效的，因为这时领导者所付出的无形成本和有形成本是一种浪费。

其三，领导活动的总付出并不是一次性的付出，而是前后有机联系的一种付出。比如在决策中所要解决的问题已经包含了问题本身所造成的损失，而这种损失已经使领导者在前一阶段作了付出；又比如用人，如果对该用者不用，实际上浪费了对此人培养的成本，从而导致用人成本的增大。

可见，当领导活动总付出一定的时候，领导绩效越好，领导成本就越低；领导绩效越差，领导成本就越高。当领导绩效一定的时候，领导活动总付出越大，领导成本就越高；领导活动总付出越小，领导成本就越低。

提高领导效率，增强领导效能，获得更好的效益，这是领导科学研究的又一目的，此不多述。

对于以上两个落脚点，必须贯穿在整个领导科学的研究之中。因为，就领导成本而言，领导决策成本、领导用人成本、领导协调成本、领导组织成本和领导激励成本之间是相互关联的。表现之一：成本所产生的绩效相互影响，例如，协调与激励的绩效影响组织的绩效，也同时影响决策的过程和结果；组织和用人的绩效也直接影响决策；决策的成败反过来影响士气，也由此会使整个系统或者更加协同从而使投入的成本产生更好的绩效，或者使系统陷于紊乱。表现之二：有形成本与无形成本相互影响。就领导决策成本而言，它是领导成本之中有形成本的最大构成部分。因此，领导决策在领导活动中十分重要。领导决策的正确与否，直接关系到领导成本的大小及其成本投入的结果。几个成本公式相比较，在用人成本、组织成本、协调成本和激励成本之中，无形成本占的比重较大，有形成本较小。由于几大成本相互关联，所以，必须体现在整个领导科学的研究之中。

三、力求做到五个结合

一是理论与实际相结合，使领导科学具备更长久的生命力。没有理论指导的领导活动是盲目的，离开实践的领导科学的理论是苍白无力的。领导科学是一门来自实践的学科，也是在辩证唯物主义和历史唯物主义指导下研究领导活动的一门学科，因此，理论必须与实际相结合。领导科学之所以发展到今天，之所以受到领导者的欢迎，很重要的原因，就是这门学科理论与实际结合的程度高。理论与实践结合越紧密，领导科学的生命力就越活跃，否则，领导科学的生命力就会萎缩。基于这一点，从研究者的角度来说，要从丰富多彩的实际领导活动中概括出新的理论；从应用者的角度来说，要善于运用领导科学的理论去分析实际问题。只有两者紧密结合，领导科学才会具备更长久的生命力，领导科学的应用性才会充分表现出来。这里需要注意的是，应用性不等于操作性，领导科学不能降低到操作性的层面。

二是课堂讲授与案例教学相结合，进一步开垦领导科学赖以存在的土壤，吸收养料。这是因为：其一，现代培训，仅仅依靠课堂讲授是远远不够的，还必须发挥两个积极性，一是培训者的积极性，二是培训对象的积极性；其二，领导科学的发展要不断吸收新的养料，而养料的重要来源是案例；其三，领导活动中问题的解决没有固定的模式，通过案例教学可以触类旁通，活跃思想，实现对问题的解决。要做好案例教学。首先要重视调研、实践，因为案例必须从实践中形成，只有这样案例本身才无懈可击。因此，我们需要从中国国情的领导活动实践中去获取大量“原生态”的素材，紧密结合工作实际，才不致空发议论，纸上谈兵；其次要培养一批善于组织案例教学的教师。

三是中央精神与当前领导活动相结合，使领导科学更富有时代感。领导科学固然有自己的理论，这对于指导领导活动具有不可或缺的意义，但同时，还应该将中央精神与当前领导活动相结合。因为，中央的有关精神是对当前工作的重要指示，也是领导活动必须遵循的原则。既然如此，在领导科学的研究或者讲授中，就必须将中央精神与当前领导活动相结合，这是领导科学这门学科的特殊性决定的。

四是领导的自然属性与社会属性相结合，使领导科学更接近对领导活动规律的揭示。无论在何种条件或环境中的领导活动，都必须遵循领导活动的一般规律，这是领导的自然属性决定的。但是，领导还有其社会属性，对于不同社会形态中的领导或不同国度中的领导者的要求是不一样的。因此，领导科学既要研究领导和领导活动的自然属性，又要研究领导和领导活动的社会属性。只偏重领导和领导活动的自然属性，不能把握共产党执政规律和社会主义建设的规律，只偏重其社会属性，不能把握人类社会发展规律对领导活动提出的要求。

五是国学中的领导思想与现代领导活动相结合，使领导科学更具厚重感。在领导科学没有建立之前，有关领导科学的很多论述已经散见于古代、近代和现代一些杰出领袖人物的著述之中，领导科学中的领导思想已见诸不同时代领导者丰富多彩的领导活动之中。但是，我们的领导科学还不能对它们完全包容，古代、近代和现代一些杰出领导人的领导思想还有待我们进一步总结、概括和吸收，以此活跃领导者的思维，丰富领导方法与领导艺术。但我们不是为研究而研究，而是将其与现代领导活动相结合，从而不断丰富领导科学。

总之，领导科学是适应领导活动建立起来的一门新兴学科，这门学科的发展前景是极其广阔的，维护并推动这门学科的发展，对于从事领导科学研究的理论工作者和广大领导者来说，责无旁贷。

（作者：中共重庆市委党校教授）

第十一部分

积极开展创先争优活动

紧紧围绕科学发展中心任务
扎实有效开展创先争优活动

李源潮

在党的基层组织和党员中深入开展创先争优活动，是党的十七大和十七届四中全会提出的一项重要任务。6月21日，胡锦涛总书记在中央政治局第21次集体学习时强调："当前，各级党组织要切实抓好深入开展创建先进基层党组织、争做优秀共产党员活动，在基层党组织和广大党员中营造学先进、赶先进、作贡献、当表率的良好风气。"我们要认真贯彻落实中央精神，紧紧围绕科学发展中心任务，扎实有效开展创先争优活动。

先进和优秀是中国共产党的特征和追求

创先争优活动的基本要求，概括地说就是"争先进、创优秀"，或者说"争当先进、创造优秀"，这是中国共产党的本质特征和不懈追求。中国共产党是中国先进生产力发展要求的代表、中国先进文化前进方向的代表、中国最广大人民根本利益的代表，是聚集社会优秀分子、创造优秀发展业绩的先锋队组织。只有全党同志努力争当先进、争创优秀，才能真正做到"三个代表"，带领人民实现现代化和民族复兴的目标。争当先进、争创优秀也应是每个共产党员的日常特征和追求。在平时，看一个人符合不符合党员标准，就要看他在工作、学习和生活中是不是先进、是不是优秀。群众对党员满意不满意，也是看他在单位先进不先进，工作优秀不优秀。我们党作为中国优秀分子组成的先锋队组织，作为整个民族、国家的中坚力量，就应该在党组织和党员中倡导创先争优的风气，而且以党的先进和优秀带动整个社会争先进、创优秀。

创先争优还应该成为我们全社会的追求。一个国家、一个民族，如果全体社会成员个个争先进、人人做优秀，这个国家和民族将是不可战胜的。历史上是这样，现实更是这样。世界上有些国家被打败了又重新站起来，就是因为这个国家的人有一种争先创优的精神。我们中国人有不屈不挠的自强传统，在遭受侵略的时候顽强战斗、不怕牺牲，在和平时期则要争当先进、争创优秀。如果每个党组织、每个干部、每个党员都带头创先争优，社会的每个成员、每个分子都积极响应，大家都抱着一种创先争优的态度对待工作、对待学习、对待科研，整个社会就充满着生生不息的持续进步动力。

创先争优要紧紧围绕中心工作开展

基层党组织的创先争优活动是学习实践活动的延展和深化，是保持和发挥共产党员先进性的长效机制。加强基层党的建设，发挥党组织和党员的先进模范作用，具体到一个单位，就要体现在保证中心任务的完成上。离开中心工作搞活动，就会脱离实际、脱离群众，党员、干部不会赞成，群众也不会响应，就没有生命力。

推动科学发展、促进社会和谐、服务人民群众、加强基层组织，是创先争优活动的总目标和总内容，评选先进基层党组织和优秀共产党员是形式。一个单位的中心工作在不同时期有不同的具体内容和重点。各级党委要引导基层党组织和党员紧紧围绕本单位中心工作确定创先争优的主题，为完成各项任务提供动力和保证。一要把创先争优作为推动科学发展的经常性动力，组织引导基层党组织和党员、干部在破解发展难题、完成重点任务上创先进、争优秀。比如，农村要围绕发展现代农业、促进农民增收创先争优，企业要围绕提高生产经营管理水平、提升核心竞争力创先争优，高校要围绕教学科研、出人才出成果创先争优。上海开展“世博先锋行动”，青海把玉树抗震救灾作为创先争优最紧迫的任务，南方10省区动员广大党员、干部在抗洪抢险中冲锋在前，等等，都是围绕中心工作开展创先争优的生动体现。二要把创先争优作为促进和谐、创建平安的经常性保证，组织引导基层党组织和党员增强维稳意识，主动排查隐患，调解纠纷，化解民怨，开展群防群治，把矛盾解决在基层、解决在萌芽状态，在保平安、促和谐中创先争优。三要把创先争优作为服务群众的经常性机制，主动回应群众的关切和期待，多办实事、好事、群众欢迎的事，让群众尤其是困难群众得到实实在在的好处。四要把创先争优作为加强基层党建的经常性要求，抓好组织体系、骨干队伍、工作制度、场所阵地建设，着力扩大覆盖面，强化组织功能，增强生机活力。比如，在农村要落实党支部书记队伍建设“一定三有”、推广“四议两公开”工作法，在街道社区要加强“三有一化”建设，进一步提高党组织推动发展、服务群众、凝聚人心、促进和谐的能力。

创先争优重在行动

创先争优是在基层党组织和党员中开展的经常性实践活动。基层认干不认说。基层党组织和党员在干事创业中体现出来的先进性，才能真正得到群众认可。开展创先争优活动，不能停留在文件上、会议上、墙壁上，而要落在行动中、干事中。支部要行动起来，党员要行动起来，支部和党员不行动，光是上面热闹，活动就没有意义。

首先，每个地方、每个单位都要有贴近实际的具体争创主题和行动载体，让基层党组织和党员都能参与进来，创有目标、争有方向。要把劲头聚焦在“干”字上，把功夫下在行动上，调动党员、干部想干事、会干事、干好事的积极性。要有简洁明了、便于评比的争创标准，结合各类基层党组织的职能和党员、干部的岗位实际，把先进基层党组织“五个好”、优秀共产党员“五带头”的基本要求具体化，让大家好记、好评、好操作。

其次，要立足本职创先争优。创先争优不是离开单位的工作另搞一套，而是要求每个支部、每个党员把承担的任务、从事的工作做得更好。要把创先争优和日常工作融为一体。创建先进党组织，就要把所在单位变成一个先进单位；争做优秀共产党员，就要在本职岗位上创造优秀业绩。同时，鼓励党员积极参与志愿服务、家园行动，为他人、为社会多做好事实事。

第三，要把创先争优活动与以往开展的基层党组织和党员争创先进活动衔接起来。创先争优非从今日始。以往开展的农村“三级联创”活动、街道社区创“五好”活动、国有企业“四好四优四强”创建活动，以及党员承诺、党员先锋岗、党员责任区等，都属于创先争优的范畴。开展创先争优活动不是抛开以往的争创活动，而是通过整合、提升、深化和创新，把成功的做法更好地坚持下去。

第四，要建立公开承诺、上评下议的动力机制。一方面通过公开承诺，把党组织和党员要干的实事向群众公开，让党员把身份亮出来、把承诺的事情做起来，激发创先争优的内在动力；一方面通过领导点评、群众评议，让先进的有光荣感，后进的有危机感，一般的有紧迫感，鞭策基层党组织和党员努力创先争优。

要以党组织和党员创先争优带动整个单位创先争优

党组织是一个单位的领导核心或政治核心，党员是一个单位的工作骨干。党组织和党员创先争优不能脱离开单位和职工创先争优，不能把创先争优搞成党内自我循环。党组织先进，所在单位不先进；党员优秀，职工群众不优秀，这种先进和优秀的价值就会大打折扣。所以，党内的创先争优应该和单位的创先争优融为一体，根据本单位的中心任务设计争创主题和具体内容，使党组织和党员的争创目标与本单位的发展目标统一起来。这样的创先争优活动，才能更好地得到广大干部群众的欢迎和支持，意义会更大、效果更持久、更有生命力。比如，国有重点骨干企业党组织创先争优，要以打造国际国内一流的企业为目标，充分发挥党员、干部的示范表率作用，带动全体职工创造一流业绩。机关党组织的创先争优，要以服务科学发展大局、服务机关中心工作、服务基层干部群众为重点，带头讲党性、重品行、作表率，带动整个机关强化素质、改进作风、提升效能。社区党组织的创先争优活动不仅要与辖区内其他党组织的创先争优活动联动起来，还要充分发挥社区自治组织、群团组织和各类经济组织、社会组织的作用，带动整个社区创先争优。要坚持党建带工建、带团建、带妇建，工会组织所有职工创先争优，共青团动员年轻人创先争优，妇联组织广大妇女创先争优，形成齐争共创的良好局面。

加强对创先争优活动的分类指导和组织领导

创先争优活动主要在基层开展，领导机关是不是没事了呢？不是的。因为创先争优是推进中心工作的动力和保证，领导机关不抓创先争优活动，你布置的任务就不能很好地在基层得到落实。目前，县里的基层党组织和党员占全国的58%和63%。抓好创先争优活动，县一级是关键。各级党委特别是县(市、区)委要切实加强对创先争优活动的领导，坚持书记抓、抓书记，对基层党组织开展创先争优活动给予必要的物质、政策等方面支持。党委书记要带头建立联系点，深入基层调研指导，推动创先争优活动扎实有效地开展，确保取得科学发展增动力、人民群众得实惠、基层党建上水平的实际效果。

要加强对创先争优活动的分类指导，区别不同领域和行业基层党组织的职责任务、不同群体党员的岗位特点，有针对性地提出创先争优的主题、目标和要求，精心设计活动载体。在学习实践活动中，中央和国家机关有关部门把抓业务与抓党建结合起来，分行业分系统加强具体指导，取得了很好的效果。创先争优活动覆盖各条战线、各个领域、各个层次的基层党组织和党员，更要注意搞好分类指导。要把党委领导与系统指导紧密结合起来，充分发挥行业主管部门的作用。有关行业和系统主管部门要围绕党的中心任务和业务工作，加强对各自领域创先争优活动的具体指导。

要加大对创先争优活动的宣传力度。各地各部门要注意树立和宣传创先争优活动中涌现出来的先进典型，特别是平凡岗位上、群众身边的优秀干部、优秀党员、优秀基层党组织，用身边事教育身边人。要以“科学发展、创先争优”为主题，把弘扬先进与推动本地本单位中心工作结合起来，充分运用报刊、广播、电视、互联网、远程教育网络等媒体和板报、橱窗等多种方式，宣传先进、宣传优秀，在党员、干部中形成正确导向，在全社会营造争创先进、争当模范的良好氛围。

（作者：中共中央政治局委员、中央书记处书记、中央组织部长）

勇当创先争优排头兵

陈国令

南京军区某部指导员李晓钰，是一名努力践行党的宗旨，自觉运用党的创新理论带兵育人的优秀基层“党代表”。他两次荣立二等功，荣获全军优秀基层干部、全军“四会”政治教员标兵、军区优秀党务工作者、军区爱兵精武标兵等称号。今年7月，在全军党的建设座谈会上，胡锦涛主席亲切接见李晓钰，勉励他“要继续努力学习，勤奋工作，做一名优秀的连队党支部书记”。南京军区认真贯彻落实胡主席重要指示，广泛开展向李晓钰学习活动，把向李晓钰学习与创先争优活动结合起来，引导和激励基层党组织、广大党员充分发挥战斗堡垒作用和先锋模范作用，推动部队基层全面建设。

真学真信党的创新理论，铸牢扎根军营、建功立业的思想根基。理想信念是共产党员的强大精神支柱，是强烈的事业心责任感的基础，是战胜困难、抵御诱惑、成就事业的不竭动力。李晓钰之所以能够矢志军营、建功基层，就在于他努力学习和掌握党的创新理论，在科学理论的哺育下，确立了崇高的理想和坚定的信念，并将这种理想信念转化为忠诚于党和人民、恪尽职守、敬业奉献、矢志报国的动力源泉。

党的创新理论武装是开展创先争优活动的首要任务，是坚定理想信念、端正价值追求、铸牢精神支柱的根本途径。军区党委号召广大官兵向李晓钰学习，勇当创先争优排头兵，按照创先争优的标准要求，把坚定理想信念作为人生的根本性课题来解决，自觉真学、真懂、真信、真用党的创新理论，打牢高举旗帜、听党指挥、履行使命的思想根基。自觉把党的创新理论内化为坚定的政治信仰，通过科学理论武装，深刻把握党的理想、主张和奋斗目标，把握时代要求和社会发展方向，始终保持坚定正确的政治方向。自觉把党的创新理论内化为科学的世界观方法论，用马克思主义的立场、观点和方法观察分析问题、看待社会、认识人生，树立正确的进步观、得失观、苦乐观，正确对待岗位、正确对待组织、正确对待自己，把个人的价值追求统一到为党的事业和广大人民利益而奋斗的宏伟目标上来。自觉把党的创新理论内化为履职尽责的精神支撑，把个人理想与部队发展、个人荣辱与部队荣誉紧紧联结在一起，认认真真学习，老老实实做人，踏踏实实做事，不怕艰难困苦，甘于牺牲奉献，以模范行动推动部队建设科学发展、有效履行使命任务。

刻苦磨炼为党工作的素质本领，努力成为本职岗位的行家里手。只有具备过硬的能力素质，才能把爱党报国之情化作有力行动，当先锋打头阵挑重担，发挥模范带头作用。李晓钰立足岗位勤学苦练，刻苦钻研政工业务，练就过硬军事技能，成为一名文武双全的基层“党代表”，带领连队年年摘取基层建设先进连队、先进基层党组织、军事训练一级单位等荣誉。

使基层党组织成为贯彻落实科学发展观的坚强战斗堡垒，使党员干部成为贯彻落实科学发展观的骨干力量，是开展创先争优活动的重要目标和根本着力点。军区党委号召广大官兵向李晓钰学习，勇当创先争优排头兵，紧紧围绕工作职责和岗位需要勤学苦练、深钻细研，掌握过硬高超的本领技能，在履职尽责中创先进，在本职岗位上争优秀，在不断学习中优化知识结构，以开展创先争优活动推进学习型党组织建设，坚持紧贴使命任务学、紧贴岗位职责学、紧贴自身实际学，把向书本学习、向实践学习、向官兵学习结合起来，不断提高理论素养和工作水平。在岗位实践中摔打培养，积极投身军事训练热潮，踊跃参与岗位练兵和比武竞赛活动，争创放心岗、示范岗、荣誉岗，激励和带动官兵岗位成才、岗位建功、岗位奉献。在急难险重任务中磨砺锤炼，完成重大军事演训、处突维稳、抢险救灾等重大任务，在经受各种严峻考验中锻炼党性，锤炼作风，增强素质，不断提高有效履行使命任务的能力。

着眼时代发展和官兵特点探索实践，以改革创新精神推进部队建设和发展。敢于创新、善于创新是开拓新局面、创造新业绩必需的精神品格。李晓钰紧跟时代步伐，勇于开拓创新，不断为推进部队建设和发展攻坚克难、拓展思路，使连队的教育训练有声有色、富有成效，展示了一个青年带兵人有知识、有能力、有朝气的良好形象，体现了有闯劲、善创新、讲科学的时代品质，这是推进部队建设和军事斗争准备科学发展的宝贵资源和精神力量。

研究新情况、解决新问题，是开展创先争优活动、加强基层党组织建设的重要课题。军区党委号召广大官兵向李晓钰学习，勇当创先争优排头兵，进一步解放思想、更新观念，以创新思维和开拓勇气，立足本职进取创新，紧贴实际积极探索，努力提高科学发展的创造力，不断为基层建设注入生机和活力。切实强化创新意识，认真研究把握基层建设面临的新形势新任务，破除因循守旧、墨守成规的思维模式，纠正靠老框框、老套套办事的习惯做法，善于从新视角思考新情况、探寻新办法、解决新问题，努力使基层建设体现时代性、把握规律性、富于创造性。不断提高创新能力，弘扬勇于思考的钻研精神、敢为人先的开拓精神、锲而不舍的探索精神，坚持以学习为途径、以实践为课堂、以岗位为平台，积极开展创新活动，增强破解难题的实际工作能力，在解决问题中求创新，在积极创新中求发展、求提高。大力营造浓厚创新氛围，贯彻以人为本要求，充分尊重广大官兵的主人翁地位和首创精神，积极提供有利条件和实践平台，广泛开展小发明、小创造、小革新活动，努力形成让一切创造活力竞相迸发，让一切创新才华充分施展，让一切创新成果得到尊重的生动局面。

讲党性、重品行、做表率，树立共产党员的先进性形象。高尚的道德品质能产生巨大的感召力、影响力和凝聚力。品行高尚是李晓钰带兵育人、示范引领的魅力所在。他始终坚持严于律己，说得响、做得硬，体现了一名共产党员应有的人品、党性。正如他说的，“形象好才能当党代表，自身正才有资格证”。

加强思想道德修养，带头遵纪守法，带头弘扬正气，是创先争优的基本要求和重要标准。军区党委号召广大官兵向李晓钰学习，勇当创先争优排头兵，把思想道德修养作为党性锻炼、当兵做人的基本要求，发扬社会主义新风尚，以自身模范行动营造风清气正的良好环境。自觉讲党性、重原则，把党性修养作为永恒的必修课题，用党的标准要求自己，用党的纪律约束自己，用党的理想激励自己，经受严格的党性锻炼，坚决同不良风气、违纪违法行为作斗争。自觉讲道德、重品行，积极践行社会主义荣辱观和当代革命军人核心价值观，培养健康向上的情趣爱好，保持高尚品格和道德情操。自觉讲自律、重养成，注重加强自我改造、自我锤炼、自我提高，经得住诱惑、耐得住寂寞、管得住小节，做到言行一致、表里如一、堂堂正正、光明磊落，以自身的高标准、严要求在官兵中树立良好形象、发挥表率作用。

（作者：南京军区政治委员）

在各级妇联和广大妇女中深入开展创先争优活动

宋秀岩

深入开展创建先进基层党组织、争当优秀共产党员活动，是党中央为巩固和拓展深入学习实践科学发展观活动成果作出的重要决策，是新形势下加强党的先进性建设的有效载体和有力抓手。中央高度重视党群共建、创先争优工作，突出强调要以基层党组织和党员创先争优带动工青妇等群团组织创先争优，进而带动工青妇组织各自联系的广大群众围绕中心、立足本职、争做优秀，形成齐争共创的局面。各级妇联组织要牢牢把握在创先争优活动中党群共建的切入点和着力点，紧紧依靠“党建带妇建”，在妇联组织和广大妇女群众中深入开展创先争优活动。

一、深化认识、明确主线，切实将“党建带妇建”贯穿于创先争优活动始终。各级妇联组织要从巩固党的执政地位、夯实党的群众基础，进一步把广大妇女群众团结凝聚在党的周围，共同为党的事业不懈奋斗的高度，从把妇联组织建设成为党开展妇女工作的坚强阵地和深受广大妇女信赖和热爱的温暖之家，不断增强妇联组织吸引力、凝聚力、影响力的高度，充分认识在创先争优活动中坚持“党建带妇建”的重要意义，把深入开展创先争优活动与更好地服务党和国家工作大局，引导妇女发挥“半边天”作用紧密结合起来，与认真履行代表和维护妇女权益、促进男女平等的基本职能，大力推动解决妇女最关心、最直接、最现实的利益问题紧密结合起来，与以改革创新精神加强和改进妇联组织自身建设紧密结合起来，努力实现“推动科学发展、促进社会和谐、服务妇女群众、加强基层组织”的目标要求。要紧跟基层党组织和党员创先争优活动的步伐，在时间、内容、方法、步骤上紧密衔接，通过基层党组织和党员创先争优活动的有力带动，把妇联组织带出新的活力，把妇联工作带出新的成效，把妇女群众带出更大的干劲。

二、把握方向、彰显特色，坚持用鲜明的主题引领创先争优活动。搞好创先争优活动，关键是要确定符合中央要求、贴近基层实际、富有妇联特色的争创主题，赋予“先”和“优”具体实在、可行可做的内容，使妇联组织、妇联干部和妇女群众创有目标、争有方向。在妇联系统深入开展创先争优，就是要以建设“坚强阵地”和“温暖之家”为主题，以建设学习型、创新型、服务型妇联组织为着力点，以领导班子好、干部队伍好、工作机制好、工作业绩好、妇女反映好“五个好”为标准，充分激发妇联组织和干部的上进心、荣誉感以及干事创业的热情；要以“巾帼创新功、岗位争优秀”为主题，以弘扬自尊、自信、自立、自强“四自”时代精神为重点，以带头坚定理想信念、带头刻苦学习、带头岗位建功、带头传承文明、带头遵纪守法“五带头”为标准，在社会主义经济、政治、文化、社会以及生态文明建设中进一步彰显妇女的智慧和力量。各级妇联机关要率先搞好创先争优活动，充分发挥妇联组织的示范带动作用和妇联党员骨干的模范带头作用，号召和带领广大妇女学先进、赶先进、争先进，比学习、比工作、比奉献。

三、围绕中心、服务大局，动员组织广大妇女立足本职创先争优。各级妇联组织要紧紧围绕党的中心工作，积极为妇女投身全面建设小康社会搭建平台、提供服务，引导妇女把创先争优体现在本职岗位上、融入到日常工作中、落实在具体行动上。要大力促进妇女岗位成才，组织开展形式多样的教育培训、实践锻炼、劳动竞赛等活动，引导妇女树立远大理想、提高道德素质、掌握岗位技能、增强业务本领，成为适应现代化建设需要的高素质劳动者和专门人才。要大力促进妇女岗位建功，深化“双学双比”、“巾帼建功”、“巾帼文明岗”创建等活动，引导妇女增强主人翁责任感，在促进经济发展方式转变和经济结构调整、加快社会主义新农村建设、加强生态保护和环境治理等方面主动作为，在传承文明、弘扬新风、融洽关系、增进和谐中发挥优势，在改革开放和现代化建设各个领域展示风采，不断提高妇女在经济社会发展中的参与率和贡献率。

四、联系实际、突出重点，努力为妇女群众办实事、解难事、谋实惠。开展创先争优活动，重在解决问题，重在取得实效。各级妇联组织要深入调查了解不同群体、不同层面妇女的所思所想所求所盼，积极回应妇女群众的利益关切和发展期待，紧紧抓住事关妇女利益的问题，从源头推动，从基层抓起，从身边做起，协调各方资源，强化服务举措，把创先争优活动的成效充分体现在努力使广大妇女得实惠、普受惠、长受惠上。要针对妇女在创业就业、参政议政、身心健康、成才发展等方面的实际问题，进一步大力推进妇女小额担保贷款财政贴息、农村妇女“两癌”免费检查试点、“贫困母亲两癌救助”项目、农村妇女进村“两委”、女性高层次人才成长政策研究等重点工作，抓好政策落实的督促推动，抓好对妇女的跟踪服务，抓好后续措施的及时跟进，使这些重点工作的成效惠及更多的妇女群众。要针对妇女权益保障法和妇女、儿童发展纲要实施过程中存在的突出问题，积极协调各方，研究对策措施，形成工作合力，为妇女儿童平等依法行使民主权利、平等参与经济社会发展、平等享有改革发展成果创造更好条件、创造优化的环境、促进妇女儿童事业与经济社会协调发展。

五、重心下移、强基固本，大力推进妇联基层组织建设。各级妇联组织要紧紧抓住党群共建、创先争优的难得机遇，在各地党委的重视支持下，进一步促进完善“党建带妇建”的工作机制，推动把“党建带妇建”工作纳入党组织创先争优活动的总体部署，依靠“党建带妇建”，切实解决基层妇联组织在干部配备、经费保障、资源配置、阵地建设等方面存在的实际问题。要扩大妇联组织覆盖，以“强基固本”工程、“示范”创建活动为载体，在完善妇联基层组织网络的基础上，探索在农村产业链、专业合作社、流动妇女集中地等领域建立妇女组织，切实发挥妇联团体会员以及妇联常委、执委和妇女代表的作用，加强对其他妇女社团的引导，努力把不同层面、不同职业、不同信仰、不同兴趣爱好的妇女吸引到妇联组织中来。

六、加强领导、典型引路，努力开创上下联动、齐争共创的工作局面。各级妇联组织要按照中央的统一要求和各地党委的具体部署，紧密结合实际，抓紧研究制定党群共建、创先争优的具体意见，把握主线、围绕主题、丰富内容、拓展载体，认真总结和大力推广基层开展创先争优活动的好做法、好经验，确保妇联系统的创先争优活动有计划、有步骤地推进，切实用创先争优活动的深入开展推动妇联工作的创新发展，用妇联工作的新成果检验创先争优活动的成效。要注重用妇女群众喜闻乐见的形式，用妇联组织和妇联干部自身的模范行动，去影响、感染和带动妇女，广泛发动妇女踊跃投身到创先争优活动中来，最大限度地调动她们创先争优的积极性、主动性和创造性。要宣传先进、弘扬正气，注重从基层、从平凡的岗位上挖掘先进妇女典型，善于用身边事教育带动身边人，充分依靠社会主流媒体的力量，充分发挥妇联舆论宣传阵地的优势，加大对妇女先进典型、先进事迹、先进精神的宣传力度，形成强大的舆论声势，用典型的力量激励和引领妇女，形成妇联组织争先进、妇联干部作表率、广大妇女齐参与、同心协力作贡献的生动局面。

（作者：全国妇联党组书记、副主席、书记处第一书记）

带头创先争优　打造过硬队伍

蔡　奇

在基层党组织和党员中深入开展创先争优活动，是党的十七大作出的一项重要部署。组织部门要带头创先争优，深入推进“讲党性、重品行、作表率”活动，建设模范部门、打造过硬队伍，以自身建设的成效保证组织工作满意度的提升。

一、带头加强学习锻炼，努力建设党性最强部门

讲党性是组织部门的优良传统，是组工干部最突出的政治品质。在组织系统要形成“组织部门必须是党性最强的部门，组工干部必须是党性最强的干部”的共识。总的看，我省组工干部队伍整体素质是好的，但也有少数同志在不同程度上忽视党性修养，降低自身要求，过多关注个人得失。还有个别同志热衷于自我设计，凳子没坐热，就想着提拔。这是很要不得的。要着眼于增强党性，在全省组织系统深入开展理想信念教育、组织部门优良传统教育和勤政廉政教育，各级组织部长要带头讲党课。每一名组工干部都要认真思考“进组织部为了什么、到组织部干了什么、在组织部和人家比什么”这三个问题，自觉做到“三讲三比”，即讲党性、讲信念、讲传统，比工作、比学习、比贡献，牢固树立正确的事业观、工作观、政绩观、名利观。在组织部门立下规矩：希望待遇最高、住房最大、提拔最快的干部，不能到组织部门来；谁要攀比就调离组织部门。在全省组织系统认真开展“创建学习型机关、争做学习型组工干部”活动，着力建设眼界宽、思路宽、胸襟宽的高素质组工干部队伍。基层是组工干部永远的课堂。强化组工干部实践锻炼，有计划地安排组工干部特别是年轻干部到基层一线、艰苦环境和信访岗位经受锻炼、开阔眼界、增长才干。

二、带头增强大局观念，更好地服务科学发展

服务大局，是组织部门第一位的责任，也是开展创先争优活动的重要着力点。加快经济发展方式转变，是摆在当前我省各级党委、政府面前的首要任务。我们开展创先争优，最重要的就是在服务加快经济发展方式转变上创先进、争一流。要深刻认识加快经济发展方式转变的重要战略意义，不断提高组织工作服务科学发展的自觉性主动性，真正把服务加快经济发展方式转变作为组织工作的主战场，作为组工干部创先争优的大舞台，努力为我省科学发展提供组织保证和人才支撑。深入把握加快经济发展方式转变对组织工作提出的新任务、新要求，紧密结合组织部门职能，切实找准结合点和切入点，认真研究具体服务举措，不断提高组织部门服务大局的能力水平。不断开阔眼界、开阔思路，做到主动作为、有效服务，切实防止“插不上手、使不上劲”的现象。前段时间，省委组织部研究提出了组织工作服务加快经济发展方式转变的6个方面、14条措施。各级组织部门要逐项抓好落实，努力为加快经济发展方式转变选干部、聚人才、打基础，使组织部门成为科学发展的“服务部”、“保障部”。

三、带头转变工作作风，狠抓各项工作任务落实

开展创先争优，创和争是途径、是手段，最终目的是推动工作落实。完成全国、全省组织

部长会议确定的各项工作任务，关键是转变作风，狠抓落实。要大力倡导求真务实、真抓实干，雷厉风行、一抓到底的风气，坚决防止以会议落实会议、以文件落实文件，坚决防止抓而不紧、虎头蛇尾，坚决防止“沙滩流水不到头”的现象，坚决防止有令不行、有禁不止。组工干部要把抓落实作为基本功，迈开步子，走出机关，走近群众，自觉实践。继续推进“组工干部下基层”活动，努力使下基层的过程成为抓落实的过程。健全落实蹲点调研制度，组织部门领导干部要率先垂范，带头深入农村、社区、企业听意见、找问题、寻对策。健全落实谈心谈话制度，提高谈话质量，增强谈话效果。省委组织部将以整治用人上不正之风、提高选人用人公信度为重点内容，与市县（市、区）委书记进行一次专题谈心谈话。健全落实结对帮扶制度，建立完善组织工作监测点，积极帮助基层群众解决实际困难。健全落实下访约访制度，及时化解涉及组织工作的信访案件。强化抓落实的责任，建立健全目标责任制。各级组织部长要把更多精力放在抓落实上，对每一项重点任务都要有布置、有检查、有评估，做到善于抓住工作重点和主要矛盾，善于抓任务分解和责任落实，善于抓工作指导和督促检查，善于抓典型引导和示范推动。

四、带头深化改革，着力推动组织工作创新发展

组织部门带头创先争优，最重要的就是坚定不移地推进组织工作改革创新。当前，要围绕提高选人用人公信度、培养引进高层次人才、构建城乡统筹基层党建新格局、重点岗位干部教育管理等重点难点问题，加大攻坚力度，力争有所突破、有所进展。组织部长要切实增强责任意识，带头解放思想，敢于直面困难、敢于啃硬骨头、敢于触及深层次矛盾。组织部门带头深化改革，一个重要方面是不断深化自身干部人事制度改革。要带头坚持德才兼备、以德为先的用人标准，严格把好选人进人关，重视从基层一线选拔组工干部，以后进入组织部门的干部都要有基层工作经历。带头坚持民主、公开、竞争、择优，认真落实公开选调、民主推荐、竞争上岗、交流轮岗等制度，积极稳妥地向外输送干部，促进组工干部合理流动，增强组工干部队伍的活力。带头树立正确的用人导向，建立组工干部考核评价机制，以实绩看德才、凭德才用干部，坚决抵制拉票贿选等不正之风，决不让老实人吃亏，不让投机钻营者得利。带头发展基层党内民主，积极推进组织部门党务公开，全面推行组织部机关党组织换届公推直选，推进组织部门民主决策，提高组织工作科学化水平。

五、带头从严要求，切实提高组织工作群众满意度

“其身正，不令而行；其身不正，虽令不从”。作为党管干部的职能部门，组织部门只有自己坐得端、行得正、管得严，别人才会真正信服你。落实带头创先争优要求，必须在从严要求、从严教育、从严管理、从严监督组工干部上动真格，努力把组织部门建设成为广大党员群众最信赖的部门。坚持教育在先、注重预防，健全落实组工干部个人重大事项报告、谈心谈话、述廉述职、民主评议、年度考核等一系列行之有效的制度，筑牢组工干部廉洁自律的思想防线。严格组工干部行为规范。前不久，中央颁发了《党员领导干部廉洁从政若干准则》。各级组织部门要带头学习贯彻，严格执行“十严禁”、“十必须”要求，探索建立组工干部廉政风险评估管理体系，确保组工干部在标准上高于其他干部、要求上严于其他干部、行动上先于其他干部。在创先争优活动中，注意总结、宣传一批王彦生式的组工干部典型，引导和激励广大组工干部向先进看齐，自觉做到讲党性、重品行、作表率。组工干部要有“一日三省吾身”的意识，经常对照纪律要求，对照先进典型，自重、自省、自警、自励，不断完善自我、升华自我。对那些律己不严、行为失范的组工干部，要严肃教

育、严肃处理。组织部门要自觉把各方面工作置于严格监督之下，模范落实组织生活制度，健全落实组织工作监督员制度，认真落实组织工作舆情监测制度，广泛接受社会各方面的监督，不断提升组织工作群众满意度。

（作者：中共浙江省委常委、组织部长）

深刻认识创先争优活动的重大意义

楼阳生

在党的基层组织和广大党员中开展创先争优活动，是党的十七大作出的重大部署，是深入学习实践科学发展观活动的延展和深化，对于进一步加强党的执政能力建设和先进性建设、夯实党的执政基础，为推进中国特色社会主义伟大事业、全面实现小康社会建设目标提供坚强保证，都具有重大的现实意义。

一、开展创先争优活动是提高党的执政能力、巩固党的执政基础、实现党的执政使命的内在要求

执政意识和执政责任是马克思主义执政党带有根本性的问题。在党的基层组织和党员中深入开展创先争优活动，抓住了增强执政意识、强化执政责任这一根本问题，具有很强的现实针对性。

要通过开展创先争优活动，推动广大基层组织和党员深化对党的认识。通过组织对中国特色社会主义理论体系，特别是科学发展观的深入学习实践，使广大基层组织和党员深刻认识我们党所处的历史方位、肩负的神圣使命、承担的重大政治责任，真正弄清楚我们党为什么执政、为谁执政、依靠谁执政、怎样执政等一系列重大问题，切实增强对党的事业的忠诚度、对履行职责的使命感、对创先争优的责任感。开展创先争优活动，要落实到推动基层党组织和党员认真履行政治责任，切实提高执政本领。通过学习践行党纲党章，自觉践行社会主义核心价值体系，进一步深化对世情、国情、党情的认识，坚定理想信念，增强走建设中国特色社会主义道路的信心；进一步增进对党的感情，把党始终放在心中最高位置，在党忧党，在党为党；进一步增强先进意识，始终保持先锋队的本色，做到完成工作任务干在前面，开拓创新闯在前面，团结协作做在前面，名利地位让在前面，营造学先进、比先进、赶先进的浓厚氛围；进一步增强组织纪律观念，认真贯彻民主集中制原则，为增强党组织创造力、凝聚力、战斗力，团结带领人民群众干事创业、谱写美好生活新篇章作出应有贡献。

二、开展创先争优活动是推进民主政治建设、以党内民主和谐促进人民民主和社会和谐的有效载体

尊重党员主体地位，是发挥党员主观能动性的基本途径，是调动党员参与党内事务主动性的源头活水。创先争优活动有机地将党内民主的要求，保障党员的民主权利，发挥党员的主体作用贯穿其中，使党组织和党员的主动性、积极性、创造性得以充分发挥。要运用创先争优活动这个载体，积极营造保障党员民主权利的环境，倡导和鼓励党员讲真话、讲实话、讲心里话。健全党内情况通报、情况反映、重大决策征求意见、党务信息发布等制度，积极推行党务公开，疏通和拓宽党内上情下达、下情上达的渠道。同时要拓宽党员发

挥主体作用的渠道和实现途径，为党员联系群众、施展才能、发挥作用搭建平台，让广大基层党组织和党员在发扬党内民主中受到教育，得到锻炼，提高民主素质。

创先争优活动既是全体基层党员的创造性实践活动，也是党联系和吸引人民群众广泛参与的实践活动。在创先争优活动中要注重倾听民声，集中民意，把人民群众的愿望与要求变成党内创先争优活动的内容，又要把创先争优活动的方案和内容拿到群众中听取意见，集思广益，吸引群众参与，欢迎群众监督。把发扬党内民主与发展人民民主有机地结合起来，既尊重党员主体地位、发挥党员积极作用，又尊重群众的参与热情、发挥人民群众的积极作用；既营造党内充满生机和活力、团结统一的和谐氛围，又营造党和人民群众团结奋斗、和谐共进的政治局面。

三、开展创先争优活动是保持党员队伍蓬勃生机、创造活力的重要途径

立足岗位奉献是创先争优活动的一项根本要求。开展创先争优活动，关键要使广大党员在本职岗位上发挥作用。比如在农村，通过无职党员设岗定责、依岗承诺、“一强双带”等形式，发挥党员在推进社会主义新农村建设中的作用；在街道社区，把开展党员示范楼院、党员志愿服务活动融入到创先争优活动之中，引导党员为建设文明和谐社区作贡献；在非公有制经济组织和新社会组织中，围绕促进生产经营和各项业务工作，开展党员承诺、立足岗位奉献等活动发挥党员作用，带头宣传和贯彻党和国家的方针政策、法律法规，引导和监督非公有制经济组织遵守国家法律法规，团结凝聚职工群众，维护各方合法权益，促进健康发展；在机关、科教文卫等事业单位，通过设立党员先锋岗、党员示范窗口以及开展争当德艺双馨党员艺术家、优秀共产党员、师德标兵等活动，切实改进工作作风，提升工作质量和服务水平。

四、开展创先争优活动能让广大人民群众更好地共享改革发展成果、密切党同人民群众的联系

创先争优活动的着眼点和落脚点，就是要以实现科学发展任务为中心，在为科学发展增动力、人民群众得实惠、基层党建上水平方面取得新的实效。通过紧密结合本地区本部门本单位中心工作谋划和推动创先争优活动，尤其是抓好学习实践活动整改落实的后续工作，深化完善贯彻落实科学发展观的长效机制，充分运用在学习实践活动中积累的宝贵经验，制定科学的发展思路、规划、措施，以及初步形成的促进科学发展的体制机制，使之在创先争优活动中长期坚持、逐步落实。还要通过建立科学发展模式，从宏观层面、理论层面进行系统总结，以更好地指导实践。把加快经济发展方式转变作为创先争优活动的重要任务，组织动员基层党组织和广大党员带头贯彻落实中央的大政方针。紧紧围绕推动科学发展，引导基层党组织认真落实科学发展规划，引导党员模范带动群众完成各项任务，努力把党的政治优势转化为科学发展优势，把党的组织资源转化为科学发展资源，把党的建设成果转化为科学发展成果。此外，要通过深入实际、深入基层，了解群众所忧所思所盼所求，帮助群众解决生产生活中遇到的实际困难。

五、开展创先争优活动有利于构建基层党建工作新格局、提高党的建设科学化水平

加强和改进基层党组织建设是开展创先争优活动的重要目标之一。在基层组织建设工作理念上，要紧紧围绕推动科学发展、构建社会和谐和群众得到实惠来研究、部署和推动基层组织和党员队伍建设；在工作格局上，要进一步落实各级党委抓基层党组织建设的责任制；在工作载体上，要针对农村、企业、街道社区、机关、高校等各类基层党组织的特点，从实际出发精

心设计行业特色鲜明、实践特点突出的载体，使创先争优活动内容丰富、形式灵活、富有活力；在工作机制上，不断丰富、完善城乡基层党建统筹机制、党内互帮互助机制、绩效考核评价机制、激励约束机制，把创先争优活动中取得的新经验及时总结固化为制度成果；在工作效果上，要用是否推动了发展、群众是否得到了实惠、社会是否和谐稳定的实际效果来衡量，使创先争优活动让党满意、让人民群众满意。

（作者：中共海南省委常委、组织部长）

推动科学发展　促进全面振兴
确保创先争优活动取得成效

唐　军

4月6日上午，中央召开全党深入学习实践科学发展观活动总结大会，胡锦涛总书记作了重要讲话，对在党的基层组织和党员中广泛开展创先争优活动提出明确要求。当天下午，中组部、中宣部专门召开了深入开展创先争优活动动员部署会议，李源潮同志作了动员讲话，对开展创先争优活动进行具体部署。中央办公厅转发了《中央组织部、中央宣传部关于在党的基层组织和党员中深入开展创先争优活动的意见》，明确了开展创先争优活动的指导思想、目标要求、主要内容、工作重点。省委对开展创先争优活动高度重视，结合我省实际，下发了全省开展创先争优活动的实施意见，并成立了省创先争优活动领导小组。根据中央精神和省委要求，我就在全省开展创先争优活动讲几点意见。

一、充分认识在全省基层党组织和党员中开展创先争优活动的重要意义

党的十七大部署以改革创新精神加强和改进党的建设，明确提出要开展两项活动，一是在全党开展深入学习实践科学发展观活动，二是在党的基层组织和党员中深入开展创先争优活动。学习实践活动是集中性主题教育活动，创先争优活动是推动基层党组织和党员立足本职发挥作用的经常性工作。这两项活动紧密衔接、相互促进。在学习实践活动结束后，深入开展创先争优活动，非常及时，也非常必要。

第一，开展创先争优活动是巩固和拓展学习实践活动成果、推动学习实践科学发展观向广度和深度发展的需要。在学习实践活动中，全省各级党组织认真落实中央和省委的部署，扎实推进各个批次、各个阶段的工作，取得了丰硕成果。第三批学习实践活动虽然基本结束，但整改落实任务还没有完成。第一、二批学习实践活动需要长期整改落实的任务，特别是延伸到基层的工作，还要进一步抓好。如果没有扎实有力的措施来推动，向群众作出的承诺就难以全面兑现，学习实践活动的整改落实任务就难以全面完成。深入开展创先争优活动，有利于推进各项整改任务的落实，兑现向群众作出的各种承诺，健全完善保障科学发展的政策制度，进一步解决好推动科学发展面临的新问题，不断提高全省学习实践科学发展观的水平。

第二，开展创先争优活动是推动辽宁科学发展、创新发展、和谐发展，实现全面振兴新突破的需要。基层党组织和广大党员是推动科学发展、创新发展、和谐发展的重要力量。当前，我省正处在老工业基地全面振兴的关键时期。

辽宁沿海经济带开发开放上升为国家战略，沈阳经济区被列为国家新型工业化综合改革试验区，这为加快全面振兴提供了难得的历史机遇，也对各级党组织和广大党员提出了新的更高的要求。深入开展创先争优活动，有利于进一步调动和激发基层党组织和广大党员投身全面振兴的积极性和主动性，切实把中央和省委关于老工业基地全面振兴的新部署新举措贯彻落实到基层，坚持好中求快、快中求好，加快经济发展方式转变，努力实现科学发展、创新发展、和谐发展。

第三，开展创先争优活动是更好地联系和服务群众，始终保持党同人民群众血肉联系的需要。保持党同人民群众的血肉联系是党的作风建设的核心。我们党的最大优势是密切联系群众，最大的危险是脱离群众。更好地联系和服务群众是充分发挥最大优势、有效防止最大危险的安全屏障。基层党组织和党员处在群众之中，直接担负着组织群众、教育群众、服务群众的重要任务。深入开展创先争优活动，有利于进一步增强基层党组织和广大党员的宗旨意识、群众观念，改进工作作风，更好地联系和服务群众，想群众之所想、解群众之所急，切实办好顺民心、解民忧、惠民生的实事。

第四，开展创先争优活动是全面推进基层党建工作创新、夯实党的执政基础的需要。在学习实践活动中，全省以全面评估基层党组织、扩大党的组织和工作覆盖面、改善基层党组织工作条件为重点，大力加强基层党组织建设，取得明显成效，得到中央领导同志的肯定。在看到成绩的同时，我们也要清醒地认识到，抓基层打基础是一项长期的系统工程，随着形势的不断变化，还面临着许多新情况新问题。深入开展创先争优活动，有利于形成学习先进、崇尚先进、争当先进的良好氛围，激励基层党组织和广大党员进一步解放思想、开拓创新，努力破解基层党建工作难题，全面提升基层党建工作的整体水平。

二、准确把握中央和省委关于开展创先争优活动的主题、目标要求和主要内容

根据中央对开展创先争优活动的总体部署，结合我省实际，省委进一步明确了全省开展创先争优活动的主题、目标要求和主要内容，我们一定要认真学习，深刻领会，紧密结合本地本部门本单位实际，在深入调查研究、广泛征求意见的基础上，把中央和省委的各项部署要求进一步具体化，深化活动主题，细化目标要求，丰富活动内容，创新活动载体，使创先争优活动贴近中心工作，贴近基层实际，贴近人民群众，真正取得实效。

一要准确把握活动的主题。中央确定这次创先争优活动的主题是深入学习实践科学发展观，结合辽宁实际，省委提出我省开展活动的主题是推动科学发展、促进全面振兴。这一主题体现了党内活动必须坚持围绕中心、服务大局这个重要原则。准确把握这一主题，是确保创先争优活动取得实效的关键，各地各部门各单位要切实突出这个活动主题，找准自身在推动科学发展、促进全面振兴中所处的位置、所承担的任务，把开展创先争优活动作为做好本地本部门本单位中心工作的强大动力，把做好中心工作的成效作为衡量和检验创先争优活动成效的根本标准。要结合自身实际，确定具体的争创主题，努力在全省形成主题突出、形式多样、成效明显的生动局面。

二要准确把握活动的目标要求。根据中央的总体部署，我省开展创先争优活动的目标要求是推动科学发展、促进社会和谐、服务人民群众、加强基层组织。推动科学发展，就是要求基层党组织认真落实中央振兴东北等老工业基地重大战略以及本地本部门本单位科学发展规划、思路和举措，党员以模范行动带动群众努力完成各项工作任务。促进社会和谐，就是要求基层党组织和党员有针对性地做好群众工作，及时排查调处矛盾纠纷，维护社会稳定，建设和

谐辽宁。服务人民群众,就是要求基层党组织和党员充分尊重和依靠群众,帮助群众解决生产生活中遇到的实际困难,让群众得到更多的实惠。加强基层组织,就是要积极推进学习型党组织建设,全面实施基层党建“322”创新工程,使基层党组织和党员更好地发挥作用。通过基层党组织建设带动其他各类基层组织建设。这“四句话”目标要求,是一个有机整体,其中推动科学发展、促进社会和谐,是创先争优活动的着力点;服务人民群众,是创先争优活动的落脚点;加强基层组织,既是创先争优活动的重要目标,也是搞好活动的基础和保证。全省各级党组织要围绕实现这“四句话”的目标要求来深入开展创先争优活动。

三要准确把握活动的主要内容。中央确定的创先争优活动的主要内容是“创建先进基层党组织、争当优秀共产党员”,在此基础上,省委确定增加“争当优秀党务工作者”的内容,总的来说就是“一个创建,两个争当”。创建先进基层党组织,就是要努力做到“五个好”,即领导班子好、党员队伍好、工作机制好、工作业绩好、群众反映好;争当优秀共产党员,就是要努力做到“五带头”,即带头学习提高、带头争创佳绩、带头服务群众、带头遵纪守法、带头弘扬正气;争当优秀党务工作者,就是要努力做到“五个强”,即党性观念强、能力素质强、创新意识强、工作作风强、自律意识强。各地各部门各单位要结合实际,把争创的标准进一步具体化,明确符合自身职能特点和党员岗位实际的先进基层党组织、优秀共产党员和优秀党务工作者的具体条件,做到简洁可行、好记好评。要注意把建设学习型党组织的要求贯穿在创先争优活动全过程中,组织广大党员深入学习领会科学发展观,学习新知识新技能,不断提高思想政治素质和工作本领。

三、切实把创先争优活动抓实抓好

开展创先争优活动涉及全省16.2万个基层党组织,320多万党员,分布领域广,党员数量多,不同单位之间、不同群体党员之间差异较大。我们必须认真落实中央和省委要求,采取扎实有效的措施,把创先争优活动抓实抓好抓出成效,确保各地各部门各单位的创先争优活动主题鲜明、内容丰富、形式多样、措施具体,使党员积极参加、工作能够落实、目标得以实现。

一要搞好思想发动。全省各级党组织都要层层召开动员会,充分搞好思想发动。基层党组织要通过组织专题学习、召开组织生活会、上党课等形式进一步引导广大党员把思想认识统一到中央和省委的部署要求上来,深刻认识开展创先争优活动的重大意义,明确开展创先争优活动的指导思想、目标要求、主要内容和活动安排,充分调动基层党组织和广大党员的积极性主动性创造性,为开展好创先争优活动奠定良好的思想基础。

二要抓实活动载体。活动载体是开展创先争优活动的重要抓手。我们在认真总结近年来我省各领域基层党组织开展系列主题实践活动的基础上,明确了各领域基层党组织在开展创先争优活动中的基本载体,保证了创先争优活动与近些年我省各个领域基层党组织开展的主题实践活动相互衔接,保持了活动载体的连续性。各领域党组织要根据这些基本载体,按照有利于党组织开展活动、有利于党员参加、有利于活动取得实效的原则,精心研究确定开展活动的具体载体,努力使活动载体与自身的职责任务相符合,与群众的愿望要求相契合,与加强基层党建的要求相一致。

三要推进基层党建创新。要始终把抓基层打基础摆在更加突出的位置,以县(市、区)委为重点,进一步落实地方党委、部门党组(党委)抓基层党建工作责任制,县(市、区)委书记要充分履行抓基层党建第一责任人的职责。要坚持完善基层党组织设置形式,推广在农民专业合作社、专业协会、产业链、外出务工经商人员相对集中点建立党组织的做法,着力扩大党在非公有制经济组织和新社会组织中的覆盖面,确保到今年底,全省非公有制经济组织和新社会组织中党的组织覆盖率翻一番，在全省形成分布广泛、完善严密、坚强有力的基层党组织网络体系。要加强城乡基层党建资源整合，推广城乡结对帮扶、村企互助共建、科技教育支农、机关干部驻村指导等做法，推动城乡基层党组织互相促进，构建城乡统筹的基层党建新格局。要坚持抓班子带队伍，形成一支能够团结带领广大党员、群众推动科学发展和共同致富的高素质基层党组织带头人队伍，激发广大党员坚定信念、牢记宗旨、爱岗敬业、勇于进取。

四要服务人民群众。在学习实践活动中，我们始终坚持多为群众办最急的事、最难的事、最需要解决的事，受到广大群众的高度赞誉。开展创先争优活动，要继续坚持这一做法，把为群众多办好事实事作为重要任务，把是否积极主动地为群众解决困难、解决了多少困难、群众是否满意作为衡量基层党组织是否先进、共产党员和党务工作者是否优秀的重要标准。要采取结对帮扶、自愿服务、为民服务代理、党群共同致富等形式，引导基层党组织和广大党员自觉地联系和服务群众，帮助群众解决生产生活中的实际困难，把创先争优活动真正打造成为群众满意工程。

五要落实推进措施。各级党组织要紧密结合自身实际，突出工作重点，扎实推进创先争优活动。要全面推行公开承诺，基层党组织认真制定开展活动方案，党员提出参加活动的具体打算，并采取适当方式向群众公布，作出承诺，接受群众监督。要认真做好领导点评，上级党组织负责人适时对基层党组织和党员开展创先争优活动情况进行点评，实事求是肯定取得的成绩，指出存在的问题和努力的方向。要适时组织党员、群众对基层党组织和党员开展创先争优活动进行评议。要适时进行评选表彰，在上级党组织对基层党组织、基层党组织对党员开展创先争优活动情况进行考核的基础上，评选表彰创先争优活动中涌现出的先进基层党组织、优秀共产党员和优秀党务工作者。评选表彰要注重工作实绩和社会公认度，广泛听取党员和群众意见。

六要吸收群众参与。基层党组织和党员直接面对群众、直接服务群众，开展创先争优活动要请群众广泛参与。活动方案要听取群众意见，向群众作出公开承诺；活动情况要向群众通报，请群众评议；评选先进要请群众参与推荐，向群众公示，接受群众监督。各级党组织都要从实际出发，研究设计吸引群众参与创先争优活动的具体途径和方法，切实让群众参与到活动中，在全社会形成创先争优的浓厚氛围。

四、加强对创先争优活动的组织领导

按照中央和省委的部署，创先争优活动将是一项长期的、经常性的工作，任务重、要求高。各级党组织要认真落实中央和省委的要求，把创先争优活动摆上重要日程，认真谋划、精心组织、周密安排、统筹推进。

一要健全领导体系。省里成立了创先争优活动领导小组及办公室，具体负责对创先争优活动的领导和指导。各市、县（市、区）也要成立相应的领导和工作机构，形成党委统一领导、组织部门和宣传部门共同负责、相关部门参与指导的工作机制。省直各党委、党组要加强对机关以及本系统基层党组织和党员开展创先争优活动的领导和指导。县（市、区）是把创先争优活动抓实、抓具体最关键的一个层级，县（市、区）委及其组织、宣传部门要切实担负起领导和指导责任，采取召开座谈会、经常性督查、随机抽查等方式，了解活动进展，通报活动情况，总结交流经验，研究解决问题。基层党组织具体负责活动的组织实施，要认真制定活动实施方案，抓好工作落实。在创先争优活动中，省、市、县（市、区）委和基层党组织要坚持以上带下、以下促上，形成四级联动的工作格局。党员领导干部要结合工作分工，在所分管领域和部门的基层党组织中建立创先争优活动联系点，抓点带面，指导工作。

二要加强分类指导。借鉴学习实践活动经验，省里由省委统战部、省直机关工委、省教育厅、省民政厅、省农委、省卫生厅、省国资委牵头，成立了七个全省创先争优活动分系统指导小组，在省委和省创先争优活动领导小组的领导下，加强对相关领域和行业创先争优活动的具体指导。各分系统指导小组的主要职责是，制定本系统开展创先争优活动具体实施方案，推动活动开展；了解掌握本系统基层单位活动进展情况，总结推广先进典型和经验做法；加强调查研究，及时向全省创先争优活动领导小组提出意见建议。各市、县（市、区）要参照省里的做法，成立创先争优活动分系统指导小组，加强具体指导，做到抓业务与抓党建结合起来，相互推动、相互促进。同时，条条为主管理和条块共管单位的主管部门也要加强对各领域各行业创先争优活动的指导。

三要派出指导员。各市、县（市、区）创先争优活动领导小组，要从机关选派素质高、责任心强、有基层党务工作经验的党员干部担任基层党委创先争优活动指导员，确保全省每个基层党委都有指导员。乡镇、街道党组织在搞好自身创先争优活动的同时，也要向社区、村、非公有制经济组织和社会组织选派党员干部，担任创先争优活动指导员。驻村干部、大学生“村官”以及非公有制经济组织和社会组织党建工作联络员可兼任所联系单位创先争优活动的指导员。创先争优活动指导员的主要职责是：及时传达中央、省委和上级党组织的部署要求，帮助制定活动方案，设计活动载体，研究解决基层党组织在开展活动中遇到的实际问题，及时向各级创先争优活动领导小组及办公室反映基层单位开展活动情况，并提出意见建议。

四要加强舆论宣传。要充分发挥报刊、广播、电视、互联网以及现代远程教育网络、党员电化教育、党建信息网和手机短信平台的作用，采取组织巡回宣讲团、观看红色电影，举办事迹报告会、文艺演出、征文比赛、成果展示等基层党员群众喜闻乐见的方式，大力宣传先进典型的事迹，宣传开展活动的经验和成果。要继续开展向潘作良、吴大观、沈浩等先进典型学习活动，选树党员身边可亲可近、可学可比的典型，以他们为榜样，争当优秀共产党员和优秀党务工作者。

五要提供必要保障。要通过财政投入、党费补贴、共建共享、社会资助等形式，多渠道、多途径解决基层党组织活动经费、活动场所问题，建立稳定规范的基层党组织工作保障机制。对开展创先争优活动有困难的农村、社区、非公有制经济组织和社会组织党组织，要组织机关、国有企业、事业单位党组织与他们结成帮扶对子，帮助他们开展活动。

开展创先争优活动，中央和省委高度重视，党员群众充满期待。我们一定要认真贯彻落实中央和省委的部署要求，突出一个主题，围绕“四句话”的目标要求，按照“三个五”的争创标准，以七个基本载体为抓手，发挥七个分系统指导小组和万名指导员的作用，精心组织，扎实推进，不断增强党组织的创造力凝聚力战斗力，为深入贯彻落实科学发展观，加快推动辽宁老工业基地全面振兴提供强大动力和组织保证。

（作者：中共辽宁省委常委、组织部长）

切实增强创先争优活动的实效性

徐松南

今年3月，胡锦涛总书记在宁夏视察时指出：“宁夏在全区基层党组织和广大党员中广泛开展创先争优活动，有效激发了基层党组织的生机活力，调动了广大党员的积极性。希望你们认真总结经验，不断完善措施，提高活动实效。”我们要认真学习贯彻胡锦涛总书记重要指示精神，坚持从宁夏实际出发，切实增强创先争优活动的实效性。

一、紧紧围绕发展这个第一要务，切实把创先争优活动的着力点落实在推动科学发展、服务科学发展上

深入开展创先争优活动，必须把推动科学发展、服务科学发展作为基层党组织和党员的神圣使命。宁夏各级党组织和广大党员牢牢把握国家实施西部大开发战略等重大机遇，团结带领各族干部群众，紧紧扭住发展不放松，着力推进工业化、城镇化、信息化和社会主义新农村建设，各项事业顺利推进。在农村基层党组织和党员中深入开展“创业行动”、设立农村党员“双带”发展资金，为农村基层干部带领党员群众致富创造条件。在推动“五优一新”产业发展（能源、煤化工、新材料、装备制造、特色农产品加工产业和高新技术产业）、黄河金岸建设、三大示范区建设（北部引黄灌溉示范区、中部干旱带旱作节水农业示范区、南部山区小流域综合治理示范区）等重点项目建设中，广大党员始终冲在最前沿、干在第一线，以实际行动促进和加快经济发展方式转变，充分展现了新时期共产党员的风采。

对于宁夏这样一个经济欠发达的西部地区，解决好发展中的问题，尽快改变落后面貌，实现科学发展、跨越式发展，是各族群众的迫切愿望。各级党组织和广大党员必须牢固树立发展是第一要务的观念，把创先争优活动的着力点落实在推动科学发展、服务科学发展上，带头解放思想，正确面对压力与挑战，加快推进经济发展方式转变，加快重点领域和关键环节改革步伐，着力构建充满活力、富有效率、更加开放、有利于科学发展的体制机制。

二、紧紧围绕以人为本这个核心，切实把创先争优活动的着力点落实在服务人民群众、凝聚民心民力上

基层党组织和党员是团结群众、动员群众、组织群众的桥梁和纽带。到群众中去，主动问政于民、问需于民、问计于民，是我们触摸群众脉搏、密切党群干群关系的务实之举，也是深入开展创先争优活动的必然要求。宁夏各级党组织和广大党员始终坚持把为各族人民谋利益作为神圣职责，加快建设幸福宁夏、文明宁夏、法治宁夏、平安宁夏，努力让各族群众共享改革发展成果。积极构建县、乡、村、组一体化的农村和城市基层便民服务体系，形成了“一窗受理、内部运作、上下联动、全程服务”的四级便民服务网络。积极推进基层党内民主建设，在农村广泛开展“民主议政日”活动，推进民主议事；在乡镇党员干部中广泛开展以组织管理、自我管理，下级评议、同级互评、上级考评和根据评议结果推优排队为主要内容的“两管三评一推优”活动，通过建立竞争机制使基层党组织和党员干部形成比、赶、超的创先争优氛围。

实践证明，坚持发展为了人民、发展依靠人民、发展成果由人民共享，是民族地区推动科学发展的重要保证。各级党组织和广大党员必须始终坚持人民的利益高于一切，把创先争优活动的着力点落实在服务人民群众、凝聚民心民力上，创新服务方式、拓宽服务领域、强化服务功能，积极推广“党员承诺制”、“党员与困难群众结对帮扶”、“党员志愿者”等做法经验，为群众诚心诚意办实事、尽心竭力解难事、坚持不懈做好事，不断增强党的凝聚力、创造力、战斗力。

三、紧紧围绕维护稳定这个重大责任，切实把创先争优活动的着力点落实在加强民族团结、促进社会和谐上

社会稳定是经济社会又好又快发展的重要保障。基层党组织和党员是协调各种利益关系，维护社会稳定，构建社会主义和谐社会的重

要力量。尤其是民族地区的基层党组织和党员，更要自觉把加强民族团结、促进社会稳定和谐作为创先争优活动的一项重要任务。宁夏始终坚持“稳定压倒一切”的方针，坚决贯彻党的民族宗教政策，坚持“共同团结奋斗、共同繁荣发展”，巩固和发展平等、团结、互助、和谐的社会主义新型民族关系。各级党组织和广大党员带头落实民族区域自治制度，开展“民族团结进步月”活动，努力发展壮大民族品牌产业，全面贯彻党的宗教工作基本方针，确保宗教活动在法律法规和政策允许的范围内正常有序地进行，促进了民族地区各项事业持续健康快速发展。

面对复杂多变的国际国内形势，各级党组织和广大党员必须把创先争优活动的着力点落实在加强民族团结、促进社会和谐上，坚持从欠发达地区、民族地区的实际出发，更加注重维护社会稳定，更加注重民族团结和宗教工作，更加注重社会公平，大力发展民族团结进步事业，依法加强对宗教事务的管理，妥善解决人民内部矛盾，积极预防和妥善处置群体性事件，为实现科学发展、跨越式发展创造稳定和谐的良好环境。

四、紧紧围绕巩固党的执政地位这个历史使命，切实把创先争优活动的着力点落实在加强基层组织、夯实执政基础上

开展创先争优活动的一个重要目标，就是要加强基层组织，夯实党执政的组织基础。宁夏各级党组织高度重视抓基层打基础的工作，坚持把加强基层党组织建设和党员队伍建设作为创先争优活动的一项重要任务抓紧抓实。加大整顿软弱涣散基层党组织力度，认真落实“两提三保”制度（提高政治待遇和经济待遇，养老保险、重大疾病保险、人身意外伤害保险），大力加强农村基层党组织领导班子建设。广泛推行在农村、城市社区、企业、学校分类设置“功能党小组”的做法，努力搭建党组织和党员发挥作用的平台。在机关、学校和国有企业积极开展公推直选试点工作，在社区党组织换届中全面推行公推直选。切实加强非公有制经济组织和新社会组织党建工作，成立社会组织党工委，建立党组织组建情况月通报制度，有力地促进了非公有制经济组织和新社会组织党建工作。加强党员管理，实施“党内互助工程”，激发了基层党组织和党员队伍的活力。

保持和发展党的先进性，增强党的执政能力，巩固党的执政地位，要求我们必须把创先争优活动的着力点落实在加强基层组织、夯实执政基础上，坚持围绕中心、服务大局、拓宽领域、强化功能，不断适应经济结构、产业布局、组织形式、行业分工、党员流向的新变化，努力构建城乡统筹的基层党建新格局，积极创新党组织设置方式和活动方式，深化基层党建工作三级联创活动，不断巩固党的基层组织，扩大党的基层组织和党的工作的覆盖面。

（作者：宁夏回族自治区党委常委、组织部长）

学沈浩　创先进　争优秀

段敦厚

安徽省委高度重视抓好创先争优活动，紧密联系实际，注重典型引路，教育引导基层党组织和广大党员干部学沈浩、创先进、争优秀，有力推动了活动的开展。

一、运用典型引路，把学习沈浩先进事迹与创先争优活动结合起来

从创先争优活动一开始，安徽省委就明确要求，把学习沈浩事迹、弘扬沈浩精神作为安徽的鲜明特色，切实贯彻到创先争优活动中，引导党员干部以沈浩为榜样，加强党性锻炼，把为人民服务的宗旨意识、党性原则、群众观念和优良作风转化为密切联系群众的实际行动，在改革发展稳定各项工作中充分发挥先锋模范作用和骨干带头作用。

沈浩以忠诚和大爱，以创新和奋斗，以青春和生命，展现了当代农村优秀基层干部的崇高精神。他的先进事迹，充分体现了共产党人的政治本色，生动诠释了优秀共产党员带头学习提高、带头争创佳绩、带头服务群众、带头遵纪守法、带头弘扬正气的基本要求，具有鲜明的时代特色。全国广泛开展向沈浩学习活动以来，安徽省组织沈浩先进事迹报告团在省内外巡回报告，编排话剧《魂系小岗》在全省各地巡回演出。省管党费专款征订《人民村官沈浩》，免费发放基层党组织。各地编排的沈浩事迹戏剧，已巡回演出近百场。沈浩先进事迹陈列馆揭牌，接待各地观众。电影《第一书记》在全国各地巡回放映。沈浩的先进事迹和崇高精神如一座丰碑，激发了基层党组织和党员干部创先争优的内在动力。

二、突出实践特色，把“五学五比五落实”贯穿创先争优活动始终

我们深入开展“五学五比五落实”实践活动，引导基层党组织和广大党员干部对照沈浩找差距，学习先进见行动，立足岗位做贡献，把沈浩精神内化于心、外化于行，确保创先争优活动取得实效。

学沈浩，比发展，把创先争优落实到跨越崛起上。要思发展、谋发展、抓发展，咬定发展不动摇，加快发展不懈怠，科学发展不折腾，为经济社会又好又快发展贡献智慧和力量。着眼全省经济社会发展大局，突出围绕加快转变经济发展方式这个重要目标，围绕建设皖江城市带承接产业转移示范区、国家技术创新工程试点省等重大决策部署，组织动员广大党员干部认真落实科学发展规划，扎实做好各项工作。

学沈浩，比创新，把创先争优落实到破解难题上。要勇于开拓创新，继续发扬敢为人先的大包干精神，敢走新路，敢破难题，敢当重任，坚持在最困难的地方通过改革创新寻找出路，最关键的环节通过改革创新取得突破，为经济社会发展提供不竭动力。通过解放思想，破除一切不利于科学发展、和谐发展的思维定势和行为方式，以更大的气魄加快发展，以创新的举措推动发展，不断把安徽跨越崛起的大业推向前进。

学沈浩，比实干，把创先争优落实到促进工作上。要保持强烈的事业心和责任感，爱岗敬业，尽职尽责，认真做好本职工作，以改革发展稳定的实际成效，赢得广大群众的拥护和支持。教育党员干部不当“太平官”、“安乐官”，以事业为寄托，以工作为乐趣，切实把心思用在干事业上，把精力放到抓落实中，心无旁骛抓发展，雷厉风行干工作，身先士卒做表率，多干迫切需要的事、群众受益的事、有利于长远发展的事。

学沈浩，比奉献，把创先争优落实到服务群众上。要下真功、举实措，着力解决群众关注的突出问题，把群众最希望办、当前能办好的事情作为创先争优活动的重点。深入分析社情民意，切实解决群众反映强烈的突出问题。坚持向群众公开承诺办实事制度，按照群众意愿确定要办的实事，并一件一件抓好落实。

学沈浩，比作风，把创先争优落实到提升服务效能上。要加强效能建设，把开展创先争优活动与提升基层党组织服务效能结合起来，把改进作风、提升效能贯穿于基层党组织创先争优的始终，使基层党组织成为充满生机活力、富有效能的战斗堡垒，成为推动党和人民事业不断发展的强大力量。

三、抓住活动契机，提高党的基层组织建设科学化水平

我们把创先争优活动作为加强基层党组织建设的重大契机，统筹推进基层党建各方面工作，努力提高党的基层组织建设科学化水平。

着眼扩大基层党组织覆盖面，创新党组织设置方式。近年来，我省采取在农村专业合作社、专业协会、产业链和外出务工经商人员相对集中点建立党组织等做法，有效提高了基层党组织的覆盖面。要继续推广这些成功做法，深入开展“双争双覆盖”活动，巩固规模以上企业组建党组织工作成果，加大规模以下企业组建党组织工作力度，采取单独组建、行业统建、区域联建、楼宇共建等多种形式设置党组织，不断扩大党在社会新兴领域的组织覆盖。

着眼建设高素质基层党组织带头人队伍，完善基层干部选任和管理机制。采取选拔、选派、选调、选聘等方式，扩大选人视野，拓宽干部来源。选拔，就是从农村致富能手、回乡大中专学生、外出务工人员、转业退伍军人中选拔优秀党员担任村党组织书记。选派，就是从省、市、县党政机关和企事业单位选派优秀年轻干部到贫困和后进村担任党组织书记。选调，就是选调优秀高校毕业生到基层培养锻炼工作。选聘，就是选聘高校毕业生担任村官。继续实施农村党员干部“素质提升工程”，加强对乡村干部的任职培训和年度培训。

着眼增强党员队伍生机活力，健全教育、管理、服务党员长效机制。全面推广发展党员工作推荐制、公示制、票决制和责任追究制，确保党员质量。坚持把集中教育和经常性教育结合起来，继续在全省农村党员干部中开展主题教育活动，认真组织实施新党员培训、党员创业就业技能培训等重点工程。健全党内激励关怀、帮扶机制，健全街道社区党员服务中心、党员服务咨询电话、全国基层党组织手机短信平台，强化党组织为党员提供服务功能，引导和鼓励党员参加居住地党组织活动，参与各类志愿服务，立足居住地发挥作用。

着眼拓展党组织和党员发挥作用空间，大力加强“六大载体”建设。经过多年的探索和实践，安徽省初步形成了为民服务全程代理、双培双带、设岗定责、双向带动、双向承诺、“四议两公开”为主要内容的“六大载体”，充分发挥了党组织的战斗堡垒作用、基层干部的骨干带头作用和党员的先锋模范作用。要在创先争优中继续加强“六大载体”运行机制建设，不断提高“六大载体”运行质量。

着眼构建城乡统筹的基层党建新格局，拓展优势互补、资源共享的实现途径。目前，我省各级机关、群众团体、企事业单位共与1.1万个村党组织结成对子，占全省行政村的70%。要积极探索城乡基层党组织结对帮扶的有效形式，开展形式多样的共建活动。要把创先争优作为结对共建的重要内容，推进结对共建，提高共建水平。

（作者：中共安徽省委常委、组织部长）

抓好创先争优活动　推进基层组织建设

李文慧

在全党深入开展创建先进基层党组织、争当优秀共产党员活动，既是深入学习实践科学发展观活动的深化和拓展，也是加强党的基层组织建设的一项经常性工作；既是新形势下加

强党的先进性建设的有效载体和有力抓手，也是加强基层基础建设的又一战略性举措。地方党组织要用足、用活、用好这个活动载体，切实加强党的基层组织工作，使新时期基层党组织的战斗堡垒作用和共产党员的先锋模范作用得到进一步发挥。

注重群众参与，提升基层组织的凝聚力。在创先争优活动中，要积极引导广大人民群众参与，把活动开展的过程变成汇民智、凝民心、聚民力的过程，提升基层组织的凝聚力。一是坚持问计于民。“知屋漏者在宇下，知政失者在草野”。在确定发展思路、制定工作方案、进行工作规划等重大事项时，要通过召开座谈会、听证会、专题调研等形式广泛集中民意民智，听取各方意见，使之真正符合群众利益，体现人民意愿。二是坚持聚力于民。要充分利用电视、报纸、互联网、远程教育站点等媒介，采取下乡宣讲、现场观摩会、典型带动、咨询热线等方式，将党的有关政策法规、致富知识技能以及办事程序等内容向群众进行宣传，通过正确的舆论引导群众，凝聚民力，使群众自觉自愿的参与到各项活动中来。三是坚持服务于民。把群众答应不答应、满意不满意作为检验各项工作的重要标准。通过公开承诺、开门评议等形式自觉将工作的安排、要求、时限、责任部门、责任人向群众公开，工作进度让群众监督，工作质量让群众评议，工作结果向群众负责，让人民来评判。四是坚持造福于民。结合各自工作实际，围绕加快经济发展、增加群众收入、改善人民生活出主意、想办法，作决策、抓落实，通过实实在在的行动保障民生、改善民生，让人民群众得到看得见、摸得着的实惠，共享改革发展成果。

注重结合实际，提升基层组织的创造力。在创先争优活动中，要按照“五个好”的总要求，立足实际，因地制宜，创新体制机制，丰富活动形式，增强基层党组织的生机活力，激发党员保持先进性的内在动力。乡镇、街道和村、社区党组织要着重在谋发展、促和谐上下功夫。在经济发展方面，要充分发挥“领头雁”作用，围绕帮助群众致富、改善产业结构、推动城乡建设发挥党员的示范带动功能，千方百计加快城乡经济发展。在促进社会和谐方面，要扎实推广“四议两公开”工作法和其他先进的群众工作模式，畅通群众的利益诉求机制，及时解决群众最关心、最直接的热点难点问题，把矛盾化解在萌芽状态，理顺情绪，共建和谐。机关事业单位党组织要在转作风、树形象上下功夫。要根据工作实际，围绕方便群众、服务人民的主题，深入开展机关作风建设和讲党性、重品行、做表率活动，转变政府职能、转变工作作风、提升服务效能、提高综合素质。要通过设立党员示范窗口、党员示范岗等形式，树立共产党员良好的公仆形象。国有企业党组织要在抓经营、促管理上下功夫。结合深化“四好”领导班子创建和开展争创“四强”党组织、争做“四优”共产党员等活动，通过党员责任区、党员品牌工程、党员攻关项目等形式，立足岗位比奉献，发挥党员在提升生产效益、改善生产工艺、开拓市场、加强管理等方面的先锋模范作用，推动企业做大做强，促进企业健康发展。科教文卫单位党组织要在办事业、强技能上下功夫。要紧紧围绕办人民满意的科教文卫事业，通过争当科研能手、师德标兵、德艺双馨艺术家、人民满意的白衣天使等形式开展创先争优，充分发挥党员的先锋示范作用，推动科教文卫事业发展。非公有制经济组织和新社会组织中的党组织要在发挥作用、扩大影响上下功夫。围绕贯彻落实党的方针政策、团结凝聚职工群众、维护各方合法权益、促进生产经营设计载体，积极开展捐资助学、修桥铺路、扶贫济困、拥军优属等活动，扩大影响力，努力在产业化扶贫、劳动力转移等方面发挥作用。

注重求实效，提升基层组织的影响力。创先争优重在务实干事，重在求实效。要以实现科学发展任务为中心，推动基层党组织和党员、干部努力在以下三个方面求实效。一要在科学发展上求实效。要全面贯彻落实科学发展观，结合实际进一步理清本地、本部门、本单位科学发展的思路，围绕经济结构调整、产业结构调整、加快自主创新、生态文明建设等制定推动科学发展的政策措施，解决影响和制约科学发展的突出问题，建立健全保障和促进科学发展的体制机制。二要在服务人民上求实效。一方面大事要抓紧，为群众办好谋长远、打基础的大事，着力解决好就学、就业、就医、住房和社会保障等人民群众普遍关注的民生问题，注重实现基本公共服务均等化，在实现学有所教、劳有所得、病有所医、老有所养、住有所居的道路上迈出更加坚实的步伐。另一方面小事不放松，通过开展承诺办实事、党员志愿者服务、党员先锋岗等活动，集中力量解决一批群众反映强烈的热点、难点问题，真正使创先争优活动成为基层党组织和共产党员为人民群众办大事、做小事、解难事的民心工程、德政工程。三要在改革创新上求实效。广大基层党组织要把开展创先争优活动与推动本地跨越式发展的实践结合起来，与解决基层党组织面临的新情况新问题结合起来，与健全学习实践科学发展观长效机制结合起来，主动适应不断发展变化的社会、经济和群众工作形势，从自身工作实际和党员队伍状况出发突出实践特色，围绕中心工作和突出问题开拓工作思路、创新工作方法、设计活动主题、构建有效载体，把广大党员吸引凝聚到创先争优活动中来，引领到服务人民群众的事业中来。

注重经常性，提升基层组织的战斗力。开展创先争优活动要紧紧抓住“经常性”这个根本，这是提升基层组织战斗力的重要保证。一是总结经验，谋划长效机制。要认真把握当前的宏观形势和党的路线方针政策与重大举措，深刻领会新形势对党的建设提出的新要求，总结经验，探寻规律，大胆探索，用规范性的制度将我们在实践中的好做法、好经验固定下来、坚持下去，落实到具体工作中。二是统筹兼顾，健全长效机制。既要着眼于党的先进性建设的长期任务，统筹党组织和党员队伍建设的各个方面，制定目标计划，又要立足于当前，综合考虑工作急需、条件具备等因素，切实增强制度规范的前瞻性、预见性。既要着力解决当前影响党员和党组织保持先进性的突出问题，又要充分考虑今后工作中可能出现的新情况，使制度机制能够长期发挥作用。同时，要依据党章、国家法律法规整合现行党内规章制度，使之相互衔接、系统配套，形成有机整体。三是整体推进，完善长效机制。开展创建学习型党组织活动，建立健全各级中心组学习、干部培训、党员轮训、自学等学习制度；提高决策科学性，建立健全群众参与、专家论证和领导决策相结合的决策机制；树立正确用人导向，建立健全体现科学发展观要求的考核干部政绩的根本标准和干部考核评价的方式方法；提高选人用人公信度，结合四项监督制度，建立健全反腐倡廉有效监督机制。

（作者：中共河南省三门峡市委书记）

以创先争优促进经济发展方式转变

孙永春

创先争优是保持党的先进性的重要举措，是推进经济发展方式转变、实现科学发展的强大动力。在创先争优活动中，烟台市把各级党组织和广大党员激发出来的热情引导到促进经济发展方式转变上，推动实施蓝色经济区、高端产业聚集区、高效生态经济区建设“三大战略”。

创新发展理念，把转方式调结构的主攻方向聚焦到“三大战略”上。加快经济发展方式转变、实现科学发展，必须始终坚持解放思想，不断创新发展理念。烟台市在创先争优活动中，紧紧围绕提升发展观念、转变发展方式，在全市范围广泛开展“积极转方式、精心调结构”大讨论活动。一是认真梳理经济发展现状，对照科学发展要求找不足。从思想观念、思路措施、结构方式、体制环境等方面，梳理出发展观念不够新、发展层次不够高、运行质量不够优、机制保障不够强等不符合科学发展要求、制约经济发展方式转变8个方面的突出问题，明确转方式调结构的主攻方向，实现一般制造向高端制造转变，高耗经济向低碳经济转变，传统产业向特色产业转变，点块分散发展向区域集群发展转变。二是瞄准先进找差距，开阔眼界和胸怀。组织各级各部门赴省内外先进地区“取经问道”，学习借鉴加快转型升级、发展高端产业、提升经济运行质量的做法经验，增强“破满破难”、“破浅破偏”，抢抓机遇、率先发展的责任感和紧迫感。大力培育弘扬“创新、拼搏、协作、包容”的新烟台精神，坚定信心、攻坚克难，加压奋进、再创辉煌。三是立足现实找优势，确立科学发展新思路。贯彻落实胡锦涛总书记视察山东时提出的“要着力打造山东半岛蓝色经济区”的指示精神，立足烟台实际，深入分析、科学定位，对全市经济发展作出战略调整，确立实施“三大战略”，把烟台打造成山东半岛蓝色经济区、胶东半岛高端产业聚集区和黄河三角洲高效生态经济区的领军城市。

创新发展方式，依托“三大战略”加快发展现代产业体系。烟台市在创先争优活动中，围绕实施“三大战略”，致力发展现代产业体系，把区域发展与高端产业培植结合起来，把扩大总量与提升运行质量结合起来，积极推进信息化与工业化融合，聚集优质要素资源，抢占战略性新兴产业制高点，促进优势产业快速发展。围绕建设蓝色经济区，以海洋资源要素为依托，按照“以海带陆、以陆促海、内外联动”的总体发展思路，着力深度开发海洋、高效利用海岸、科学开发海岛、统筹发展海陆；突出抓好总投资1300亿元的蓝色经济项目和海洋经济示范园区建设，推进以烟台西港区为龙头的港口建设，整合十大港区资源优势，形成发展合力；重点培育壮大海洋生物、海洋装备制造、海洋新能源与矿产三大优势产业，优化提升现代海洋渔业、海洋交通运输物流、海洋文化旅游和临港加工制造四大支柱产业，突破发展海洋环保及新材料、现代海洋服务业、海水综合利用三大新兴高端产业，构建特色突出、竞争力强的蓝色产业体系。围绕建设高端产业聚集区，加快打造以高校和科研院所为主体的科技交流与合作平台、以企业为主体的技术创新平台、以科技中介机构为主体的服务创新平台、以制造业为主体的产业信息化平台；坚持以高新技术改造提升汽车、电子等八大传统产业，壮大千亿元产业集群、百亿元龙头企业和十亿元骨干企业“三个方阵”；着力发展新能源产业、新材料产业和生物医药产业。围绕建设高效生态经济区，争创“全国绿色生态模范城市”，着力推进三年大造林工程，加强自然保护区、森林公园、湿地滩涂等生态涵养区保护，加大环境污染综合治理，严格控制污染排放总量，健全工业污染防控体系；积极实施“碧海行动计划”，建立海洋灾害应急机制，培植生态特色旅游品牌，建设具有滨海特色的休闲旅游度假区；培植绿色生态优势产业带和优质农产品产业基地，建设高效生态农业示范区。

创新发展机制，为加快实施“三大战略”提供有力保障。烟台市在创先争优活动中，坚持按照科学发展观要求建立有效的发展机制，促进经济发展方式转变和经济运行质量提升。一是建立科学发展的导向机制。引导各级干部正确处理速度与效益、总量与质量、“加法”与“减法”的关系，坚持速度、结构、质量、效益、后劲有机统一；对重大发展项目实行专家论证、机构评估、社会公示，凡不符合科学发展要求的项目坚决不引进、不审批、不上马。制定实施延伸十大产业链条、突破生产性服务业、推动对外贸易转型升级、发展低碳绿色经济等9个政策措施，明确转方式调结构的目标、重点和政策指向。宣传表彰在转方式调结构工作中作出突出贡献的先进集体和个人，形成有利于科学发展的良好氛围。二是建立科学发展的创新驱动机制。以建设"国家创新型示范城市"为总抓手，以科技创新为核心，突出政府主导和企业主体地位，坚持产学研结合，拓宽原始创新、集成创新、引进消化吸收再创新的路子，推动经济发展向主要依靠科技进步和管理创新转变。大力实施人才强市战略，重点抓好"科技领军人才开发"等工程，深入推进高端人才"双百计划"，打造人才集聚高地。三是建立科学发展的考核评价机制。建立健全综合考核评价体系，运用电子考核管理系统实时考核、实时计分、及时评价，"一把尺子量到底"、"同一平台比高低"；对经济发展的增长性、效益性指标和控制约束性等生态环保、节能减排指标，实行重抓重考；将考核结果与干部的选拔使用结合起来，形成"以贡献论英雄、凭实绩用干部"的鲜明导向，把党员干部的智慧和力量凝聚到加快经济发展方式转变、促进科学发展的具体实践中。

（作者：中共山东省烟台市委书记）

扎实推进"五个基本"建设
在创先争优中加快发展步伐

肖旭明

恩施土家族苗族自治州是湖北省惟一纳入西部大开发范围的地区。在开展创先争优活动中，恩施州委把推进"五个基本"建设作为基础工程，把服务人民群众、增进民族团结作为重要目的，把"实施'三州'（产业兴州、开放活州、生态立州）战略，推进绿色繁荣，建设全国先进自治州"确定为活动主题，不断提升组织优势，激发组织活力，推进科学发展。

把推进"五个基本"建设作为基础工程，在创先争优中提升基层组织优势

紧紧围绕基层党建工作创先争优，扎实推进"五个基本"建设，不断提高县市党委创新发展能力、乡镇党委贯彻执行能力和村级党组织"双强双带"能力，增强党组织对党员群众的号召力、凝聚力和向心力。一是健全基本组织。按照"应建尽建"和"应派尽派"的要求，创新基层组织设置方式，在产业链、商户楼宇、专业市场等建立党组织，整顿软弱涣散党组织，理顺党组织隶属关系，向非公有制经济组织和新社会组织选派党建指导（联络）员，基本实现党的组织、党的工作、党的影响全覆盖，扩大了创先争优的组织面。二是建强基本队伍。着力实施"领头雁"工程，加大村、社区党组织书记的选派、储备力度，调整、选派大批机关党员干部到村任第一书记，增强了创先争优的领导力。三是开展基本活动。把创先争优与开展"三级联创"、"两提高、两满意"、"讲党性、重品性、作表率"、"城乡互联、结对共建"、"在职党员进社区，服务贡献双岗位"、党代表"进万家、结万户、解万难"等活动有机结合起来，建立和完善"党员群众服务中心"，广泛开展"一站式"便民服务活动，突出了创先争优的宗旨。四是完善基本制度。大力推行

村、社区党员干部坐班和值班制度、代办服务制度、“五议五公开”制度、联系帮扶困难群众制度、有困难找党员制度等，提供了创先争优的制度保证。同时，紧紧围绕保障和改善民生创先争优，把服务人民群众、增进民族团结作为重中之重，深入开展民族团结教育，推进“机关党员进农村、在职党员进社区、党代表进选区”活动，广大党员、党代表深入基层、深入一线，着力解决少数民族群众上学难、就医难、饮水难、住房难、行路难、就业难等突出问题，加深了各族群众对党和政府的感情，巩固和发展了平等、团结、互助、和谐的社会主义民族关系，全州29个民族共同团结奋斗、共同繁荣发展，州政府荣获“全国民族团结进步模范集体”称号。五是落实基本保障。推广“土地经营型”、“资产经营型”、“资源开发型”、“合作服务型”、“产业发展奖励型”等集体经济发展模式，解决村集体经济“空壳”问题；投入专项资金，新建或改扩建村、社区活动阵地，夯实了创先争优的物质基础。全州基层组织建设工作水平在创先争优中明显提高，战斗堡垒作用在创先争优中进一步发挥，党的组织优势在创先争优中不断提升。

把推进科学发展作为最大实践，在创先争优中加快经济发展步伐

紧紧围绕服务党和国家工作大局创先争优，抢抓国家实施新一轮西部大开发、湖北省建设鄂西生态文化旅游圈和支持恩施建设全国先进自治州等历史机遇，积极引导各级党组织和广大党员把智慧和力量凝聚到加快经济发展方式转变上来。坚持“产业兴州”，走特色差异化发展道路，突出特色农业、资源型工业、生态文化旅游业“三业并举”的产业发展重点。坚持“开放活州”，鼓励党员干部走出去、引进来，以招商引资为重点，积极承接产业转移，采取节会招商、以商招商、网络招商等方式，扩大招商引资实效，提高开放型经济水平。坚持“生态立州”，深入实施退耕还林、天然林保护等生态建设工程，着力推进节能减排工作，全州森林覆盖率达到67%。截至今年8月底，全州规模工业企业总产值同比增长40.1%，固定资产投资同比增长35.4%，地方财政总收入同比增长31%。全州形成了经济发展、政治稳定、民族团结、社会进步的良好局面。

（作者：中共湖北省恩施土家族苗族自治州州委书记）

扎实推进创先争优活动

金湘军

近些年来，我们认真贯彻落实中央的部署要求，以提高党的基层组织建设科学化水平为目标，推动创先争优活动围绕中心工作开展，朝着服务科学发展推进，激励各行各业的共产党员争做推动科学发展的先锋。

一、激发广大党员争当科学发展先锋的内在动力。我们根据不同领域、不同行业、不同岗位党员的实际，积极搭建各种载体和平台，引导基层党组织和党员尽职尽责创先进，立足岗位争优秀。在农村，大力实施“党员创产业、会员创实业、农民创富业”工程，积极开展“党员示范户”、“党员中心户”活动，全市65%以上的农村党员通过当地党组织搭建的创业平台，成为了创业先锋。在企业，广泛开展“党员责任区”、“党员示范岗”、“党员突击队”、“我为党旗添光彩”等活动，组织党员在本职岗位和急难险重任务中作表率、挑重担，为身边职工作出了榜样。在社区，不断深化“共驻共建”、“先锋联万家”、党员义工服务等活动，积极创建“平安社区”、“和谐社区”，引导社区党员在服务城市发展、促进社区和谐中发挥示范带动作用。在机关，积极推进学习创新型机关、服务型机关建设，引导党员提高素质、转变作风、争创一流。开展了以“推进科学管理、推行优质服务”为主要内容的主题实践活动，面向群众、企业，推进管理服务创新。今年，我们深化拓展“结对共建、先锋同行”活动，部署实施“结对百千万、先锋促统筹”活动，全市共有2832个机关党组织分别与2531个农村（街道、企业）党组织，32615名机关党员分别与32603名农村党员或群众互结对子、共创先锋。

二、引导广大党员在服务发展服务群众中树立良好形象。我们坚持从解决群众最急、最盼的热点难点问题入手，切实转变干部作风，在服务发展、服务群众中树立党员的良好形象。2009年，面对国际金融危机的冲击，我们把“党组织服务年”贯穿于“服务企业年”、“项目建设年”全过程，组建各类党员志愿服务队、党员专业服务队，面向基层、企业、困难群众开展了就业培训、企业解困和项目推进服务，着力解决企业在融资、招工、用地、生产经营等方面遇到的难题。建立重点项目（企业）“直通车”服务机制，为项目（企业）开辟行政审批“绿色通道”。2010年，深入开展“绩效攻坚年”活动，坚持开门整风，继续推进首问负责制、限时办结制和责任追究制，严格机关绩效考评，强化了党员干部的责任意识、服务意识，促使广大党员干部转变作风，激发他们爱岗敬业、勤奋工作的热情，营造干事创业的良好氛围。

三、建立开展创先争优活动的长效机制。我们推行了市、县、乡、村四级党组织书记党建工作述职制度，形成基层党建书记抓、抓书记，一级抓一级，层层抓落实的工作责任制。实施县委书记“基层党建创新项目”，以立项的方式，确定了15个项目，市、县两级党委书记签订责任状，把“软任务”变成“硬任务”，促使县委书记像抓经济项目一样抓好基层党建工作，培育一批富有特色的党建典型，打造一批高质量的党建品牌。细化基层党建工作任务，实行项目化管理，百分制考评，推进创先争优活动的制度化、规范化。坚持示范引领，模范带动，在每年“七一”期间，大张旗鼓地宣传创先争优活动中各行各业、各条战线的先进典型，使全市共产党员学有榜样、赶有目标，在全市上下形成你追我赶、奋勇争先的浓厚氛围。

（作者：中共广西玉林市委书记、市人大常委会主任）

突出特色　推动发展

杨克忠

创先争优活动启动以来，酒泉市肃州区按照中央和省、市委要求，突出特色、完善机制、创新载体、丰富内容，推动创先争优活动深入开展。

一、建立健全机制，落实工作责任。建立抓点示范机制。全区39名县级党员领导干部每人包抓1个乡镇、社区、企业，联系1个基层党组织和3至5名党代表，38个党（工）委、总支负责人每人联系1个基层党支部和1至2名党员。建立督查指导机制。成立由区纪委、区委组织部组成的工作督查组,建立“一周一报告、半月一督查、一月一通报”的工作制度,对照已经编制的活动工作流程图、推进表、目标任务和方法步骤,采取会议集中推进、定期检查或随机抽查促进、重点提示改进等方式,对活动开展情况进行督查指导。建立考核激励机制。把创先争优活动纳入各乡镇、社区及部门年度目标管理考核内容,与中心工作同安排、同部署、同考核。建立宣传引导机制。在肃州电视台、党建网等媒体开设专栏,采取开通手机短信、编发简报、张贴标语、评论访谈等多种形式,广泛宣传活动开展的重大意义、主要内容、目标要求、方法步骤及涌现出的先进典型,引导各级党组织和广大党员干部积极参与创先争优活动。

二、创新活动载体,突出实践特色。在农村实施“先锋富民行动”。在党员中开展争创以“户均建成一亩万元田或万元养殖场,户均输出一个年收入过万元的劳动力”为内容的“1+1”致富示范户活动。在社区实施“民心工程”。引导干部党员访民情、解民忧、促和谐,居民党员开展“带头参加社区公益活动、带头帮扶困难家庭、带头协调邻里关系、带头维护社区治安、带头创建文明楼院”活动。在职党员开展“义务服务日”活动,在企业实施“扩量增效”行动。立足加快推进新能源装备制造产业基地建设,在全区党组织中开展争创“引资上规模、建设快速度”项目活动和“产值翻番、利税翻番”活动,促进全区工业经济健康快速发展。在机关进行“三比两创”活动。组织开展“比学习、争做业务先锋,比服务、争做服务先锋,比业绩、争做履行职责先锋和创建群众满意单位、创建机关服务品牌”活动,评出“群众满意单位”40个,培育党员先锋岗200个。

三、激发党员热情,发挥主体作用。根据行业特点,在不同类型的党员中开展活动,激发党员参与活动的热情。开展党员分层承诺星级化管理活动,制定《开展分层承诺星级管理活动的意见》,采取民主提诺、组织审诺、公开定诺、督查践诺、定期评诺的“五步承诺法”,引导党员根据行业特点和自身实际,依岗承诺。开展“百点示范”活动。在农村、街道社区、企业、党政机关和事业单位,确定100个活动示范点,带动创先争优整体水平的提升。开展党员创业活动。制定《党员创业担保基金管理办法》,建立土地划拨、项目推荐、技术带动机制,设立党员创业担保基金。开展“双百结对共建”活动。确定123个机关单位党组织和123个行政村结对共建,开展以完善经济发展思路、创新活动载体、培育党建典型、解决热点难点问题、开展互动体验等活动,促进形成组织共建、资源共享、党员互促、发展互动的城乡党建一体化格局。

(作者:中共甘肃省酒泉市委常委、肃州区委书记)

让创先争优活动得民心促发展

崔保华

在创先争优活动中,遂宁市按照中央和四川省委的部署,紧密结合基层实际,把广泛开展党员“双示范、双带动”示范行动作为创先争优活动的重要载体,在基层党组织和广大党员中营造学先进、赶先进、作贡献、当表率的良好风气,让创先争优活动得民心、促发展。

一、紧贴实际开展创先争优活动

广泛开展“共产党员示范城”创建，带动城市科学发展。以创建“共产党员示范城”为载体开展创先争优活动，确定“党员成为市民的楷模，党组织成为城市工作的主心骨，党的先进性成为城市的灵魂”创建主题，提出“旗帜因党员示范更鲜红，城市因党员示范更美丽，市民因党员示范得实惠，党员因带头示范更自豪，最终建成人民满意城市”创建目标。实施从创建党员示范岗到创建党员示范单位、党员示范行业，直至创建党员示范城的“四步创建法”，目前全市共命名共产党员示范岗23998个、示范单位373个、示范行业48个、示范店铺200个、示范街巷41条。创建“共产党员示范城”，有力促进了城市面貌改善、城市品牌提升。目前遂宁已荣获中国优秀旅游城市、国家卫生城市、国家园林城市、全国绿化模范城市、国家级生态示范区、中国人居环境范例奖等10张国家级城市名片。

广泛开展“共产党员示范乡镇”创建，带动农民增收致富。开展争创共产党员示范户、示范院落、示范基地、示范项目、示范村活动，积极创建“共产党员示范乡镇”。把创先争优活动与新农村建设结合起来，突出农村环境治理、现代农业发展、基础设施建设、民生改善、社会治安“五大重点”，通过乡、村党组织带头人的核心示范，乡镇机关、直属单位特别是涉农窗口、公益性服务部门以及农业产业化基地、龙头企业的中心示范，模范党员的带动示范，引导党组织和党员真心服务群众、示范引领群众。目前，全市共命名共产党员示范户11776个、示范院落4245个、示范基地647个，争创共产党员示范村627个。

大力实施“引才强基千人计划”，选优配强基层党组织带头人。多渠道多形式选拔优秀人才担任基层党组织带头人，实施“引才强基千人计划”，吸引外出务工优秀人才回村担任村支书、村主任，并在全国率先探索面向外出务工人员公选副科级干部。实施“三荐两评一选”，公推直选城市街道社区党组织班子，全市经公选的220名社区党组织书记和475名党组织成员，被评为党员示范先进的分别占100%和98.9%。

二、突出实效抓好创先争优活动

绿色经济发展起步。组织引导基层党组织和广大党员进一步凝聚科学发展共识，大力发展生态、循环、低碳、高效的绿色经济，加快转变经济发展方式。突出标准化、规模化发展绿色农业，建成现代农业标准化基地58万亩，无公害绿色食品种植面积212万亩，占全市耕地的92.9%。着眼低能耗、高技术发展绿色工业，电子信息和绿色能源两大高新技术产业从无到有，初步形成了完整的产业链。注重生产性、民生性发展绿色服务业，被评为首批“全国现代物流示范城市”。高起点规划建设一批旅游度假区，2009年旅游收入居全省第3位。

社会保持和谐稳定。组织引导基层党组织和广大党员积极参与和谐社会建设，深入基层了解群众诉求，积极做好群众工作。坚持源头创和谐、机制保稳定，全面落实社会稳定风险评估等八项工作机制，着力构建党群干群、医患、警民、师生、劳动等“五大和谐关系”。在全省率先实施以乡镇党委为核心、村“两委”为支撑、警务室和调解室为骨干、治安巡逻队为基础的“1221”工程，加强农村平安建设，被评为全国社会治安综合治理优秀城市。

人民群众得到实惠。组织引导基层党组织和广大党员强化宗旨意识、群众观念，着力解决群众最关心最直接最现实的利益问题。开展10万党员创先争优公开承诺，建立完善市县乡村四级联动政务服务网络，落实群众申请事项全程代办制、重大决策票决制、为民办事双向承诺制、定期财务审计制等便民服务制度。积极探索“小财政”办“大民生”新路子，今年上半年全市10大民生工程建设完成投资16.57亿元。组织开展结对帮扶、党员志愿服务活动，为群众办实事做好事解难事。

基层组织不断加强。组织引导基层党组织充分发挥战斗堡垒作用、基层党员干部充分发挥骨干带头作用、广大党员充分发挥先锋模范作用，切实加强和改进党的建设。深化基层党建“三级联创”活动，大力实施以基础工作、基本建设、基层活力为内容的“三基工程”。完善基层组织建设工作机制和考核体系，整顿软弱涣散的基层党组织。广泛开展非公有制企业党组织创建工作，全市非公有制企业党组织应建已建率达100%。

三、立足长远谋划创先争优活动

把推动科学发展作为创先争优的根本目的。创先争优活动是巩固和拓展学习实践科学发展观活动成果的重要举措，围绕科学发展发挥党组织的战斗堡垒作用和党员的先进模范作用是创先争优的必然要求。要紧扣发展实际、适应发展要求、顺应群众期盼，使创先争优的过程成为破解发展难题、推动科学发展的过程。

把群众参与作为创先争优的坚实基础。要充分发扬民主，通过开门开放的党内活动影响和带动群众广泛参与。活动目标要向群众公开承诺，活动情况要向群众通报，活动成效要请群众评议，使创先争优真正具有广泛深厚的群众基础。

把群众满意作为创先争优的价值取向。群众满意是一切工作的出发点和落脚点。创先争优一定要务实，特别是公开承诺要有针对性，承诺事项必须是党员通过努力能够办得到的、群众能够得实惠的。要坚持为民服务宗旨，最大程度地便民、利民、惠民，让群众亲身感受到创先争优带来的实惠，感受到开展这一活动带来的变化。

把制度建设作为创先争优的重要保障。创先争优不是短期行为，而是深入学习实践科学发展观、持之以恒地加强党的建设的长期抓手、重要工程。我们要坚持党员示范这条主线，抓住“共产党员示范城”和“共产党员示范乡镇”这两大载体，实施回引千名人才强村、培养千名优秀共产党员、千名党员干部结对帮扶困难群体“三千”计划，健全完善党员创先争优积分制度、创先争优情况纳入党建目标考核制度、公开承诺社会评价和年度考核制度，保证基层党组织和党员长期发挥作用，激发创先争优的内在动力，使创先争优真正成为基层党组织和广大党员的自觉行动，在全社会形成争当先进、崇尚先进的良好风气。

（作者：中共四川省遂宁市委书记）

以“世博先锋行动”为主题开展创先争优活动

中共上海市委组织部

按照中央关于在党的基层组织和党员中深入开展创先争优活动的要求，中共上海市委组织部动员组织全市各级党组织和广大党员，以“世博先锋行动”为争创主题，以岗位行动、家园行动、志愿行动为活动载体，深化党建联建，向迎博办博重点难点上积聚力量，广泛深入地开展创先争优活动，为世博会“成功、精彩、难忘”提供坚强的组织保证。

一、突出争创实践主题，广泛开展党员“世博先锋行动”

根据中央关于先进基层党组织“五个好”

和优秀共产党员"五带头"的基本要求，市委制定了创先争优活动的实施意见，明确提出了以"世博先锋行动"为主题的创先争优活动的具体要求。先进基层党组织要带头做到：牢固树立党的观念，增强政治意识、纪律意识、大局意识。在单位，组织健全，措施有力，作用突出；在社区，主动自觉，责任到位，活动有效；面对急难险重任务，召之即来，来之能战，战之能胜，为上海世博会成功举办提供坚强保证，向党和人民交出满意答卷。优秀共产党员要带头做到：在岗位，带头爱岗敬业，忠于职守，以服务和效率展示形象；在社会，模范践行"七不"，清洁家园，讲文明重礼仪当好示范；在园区，自觉遵守秩序，配合安保，为有序和安全尽心出力；迎博办博，志愿服务，拉得出，顶得上，干得好，为成功、精彩、难忘的世博会贡献智慧和力量。

全市广泛开展了以岗位行动、家园行动、志愿行动为活动载体的一系列创先争优活动。基层党组织将创先争优的普遍要求具体化为不同岗位特点的具体条件，并精心设计特色鲜明、务实管用的载体。在民航、公交、铁路、出租、金融、电信、商业等行业先行推进党员岗位行动，发动党员立足岗位、细化岗位责任和标准，努力提高服务质量，提升窗口单位的先进形象。在志愿行动方面，重点开展党员志愿者保畅通、保市容、保平安活动，发动沿街店铺的党员志愿者搞好"门前三包"，创建环境整洁示范街道，维护好自行车停放点的秩序；数十万党员平安志愿者在世博期间尤其是重要节点、重大活动中，协助有关部门做好维稳工作。在家园行动方面，突出平安家园建设和文明家园建设两个重点，以党建联建为抓手，发动全市党员以服务群众为重点在建设文明和谐家园中发挥先锋模范作用。

二、加强争创分类指导，深化世博党建联建

为引导各基层党组织、党员履职尽责创先进，立足岗位争优秀，我们开展了园区运行期党建联建活动，并纳入了今年党组织和党员创先争优活动的重要内容。

园区内重点抓好党的组织覆盖和工作覆盖。根据中组部《关于上海世博会各办展单位建立临时党组织并充分发挥作用的通知》要求，市委组织部、世博局党委召开世博园区运行期党建联建动员会，明确了园区运行期党建联建的组织架构、工作机制等。世博园区现已建立党组织296个，有党员4503名，覆盖已进入园区的463个服务团队。31个省区市馆、6家央企馆和1家部委馆全部成立党组织，3家民营企业馆也建立了党组织，并纳入园区相应临时党委管理。一些外国馆中方员工中的党员也主动向有关临时党委报到，纳入有效管理。本市22家党建联建成员单位已进驻园区服务团235个，建立党组织并纳入园区临时党委管理的占86.4%。

园区周边重点抓好6个街道党组织与园区党组织联动。园区周边6个社区（街道）党工委在园区建设期，就以党建联建为载体，参与世博筹办，在保平安、保稳定、保证工程建设顺利推进等方面发挥了重要作用；在世博运行期，与园区相关场馆、片区临时党委联建，在世博园区周边安保、市容环境、交通秩序等方面提供保障，并建立了便捷的信息沟通机制和工作协同机制，共同制定预案，及时处置园区运行中遇到的各种突发情况和问题。

面上重点抓好园区党组织与所有相关党组织的大联动。各区县、市委工作党委与世博园区按照"定向对接、包干支援"的原则，形成了"运营期场馆、片区人力资源增援机制"。各进驻园区服务团队、参展单位的上级党组织和相关区县党委也参与了世博党建联建联席会议，统筹协调推进世博园区党建联建工作。一些区县党委还建立了园外临时党委，加强对派驻园区服务单位的支持和协调，为进驻园区的党员、干部和职工解决后顾之忧。为了更好地发挥区域化党建格局在迎博办博中的作用，我们要求本市机关、企事业单位、高校、科研院所、群众团

体、社会组织等单位党组织，主动与所在社区（街道）和乡镇党组织建立联系，接受街道、乡镇党组织的统一安排。目前90%以上的驻区单位与所在社区和乡镇党组织建立了联系，并从三方面积极做好后续工作：一是切合驻区单位自身实际，做好本单位的安全保卫、职工思想政治和文明教育工作，以及门前“三包”等。二是积极到社区认领需要驻区单位党组织参与的公益项目。三是坚决完成社会防控面等特殊任务。各驻区单位党组织不讲条件，本着有人出人、有物出物、有钱出钱、全力以赴的原则，不折不扣地完成交办的任务。

三、聚焦世博运行重点难点工作，在创先争优活动中建功奉献

园区内开展“世博先锋一线行动”主题实践活动。为把世博会运行的各项工作要求转化为园区内广大党员的自觉行动，将党的政治优势、组织优势转化为服务优势、管理优势，带动面上20万办博人员做出更好业绩。我们突出“围绕运行抓党建，抓好党建促运行”这一工作主线，在园区开展“世博先锋一线行动”主题实践活动。重点围绕“任务在一线落实、情况在一线了解、问题在一线解决、工作在一线创新、力量在一线凝聚”等，通过创建党员责任区、加强党员入园教育、对办博人员进行思想动态分析、细化世博各个岗位党员创先争优具体标准等措施，激励园区党组织和广大共产党员立足岗位，争创“世博先锋队”、“五好服务团队党组织”，争当“平安和谐的先锋”、“优质服务的模范”。

园区外协助安保部门全力以赴做好轨道交通车站查疑防控工作。在发动党员志愿者保畅通、保市容、保平安的基础上，为进一步提高轨道交通安全防范和应急处置能力，安排以党员为骨干的机关、企事业单位干部职工作为轨道交通车站出入口值守的安保人员，协助民警（武警）加强轨道车站出入口的查疑防控工作。每天参与这项工作的党员、干部达到2896名。

党组织和党员的创先争优活动带动了团建、工建、妇建，带动了各基层组织的立功竞赛。在各部门联合组织的一系列评比表彰活动中，广泛吸引群众参与，激励职工群众增强责任感、使命感，服务世博、奉献世博，在全社会形成学习先进、崇尚先进、创先争优的浓厚氛围。

激发创先争优活力　建设和谐壮乡首府

中共南宁市委员会

开展创先争优活动，是中央巩固和拓展学习实践活动成果、加强基层党组织建设和党员队伍建设的重大举措。南宁市认真按照中央的部署要求，围绕加快建设面向东盟的区域性国际城市和广西“首善之区”的战略目标，以“打造推进科学发展战斗堡垒、建设推进科学发展时代先锋”为主线，以“绿城党旗红、先锋促发展”活动为总载体，科学谋划、精心组织，统筹安排、扎实推进，积极推动创先争优活动深入开展。

一、围绕推动科学发展，着力在服务大局中创先争优

围绕中心工作、推动科学发展，是开展创先争优活动的根本目的。在创先争优活动中，南宁市紧紧围绕调结构、促转变、增实力、重民生、建和谐、强党建等中心工作，组织全市基层党组织和党员立足本职工作，在改革发展和现代化建设的实践中争创佳绩、争立新功。积极组织

引导全市各级党组织和党员干部在今年开展的“项目建设年”、“服务企业年”、“发展环境建设年”、“党组织建设年”四个主题活动和工业经济振兴、五象新区开发、产业园区建设、交通基础设施完善、打造“中国水城”五场攻坚战中创先进、争优秀；组织引导农村基层党组织和党员干部围绕“致富带富先锋行、共建绿城新农村”主题，在发展现代农业、带领农民致富、推进新农村建设中创先进、争优秀；组织引导街道社区基层党组织和党员干部围绕“党员奉献、能帮就帮”主题，在为民办实事、办好事中创先进、争优秀；组织引导国有企业党组织和党员干部围绕“提高企业核心竞争力、提高对经济社会发展贡献度”主题，在推动企业改革、促进企业发展、增强企业竞争力中创先进、争优秀；组织引导机关党组织和党员干部围绕“转变作风树形象、服务大局作表率”主题，在转变作风、提高效能、建设服务型机关中创先进、争优秀；组织引导非公有制经济组织和社会组织党员围绕“为企业增效、为党旗增辉”、“亮出身份诚信服务、凝聚人心促进和谐”主题，在团结凝聚职工群众、促进企业健康发展、维护社会公平正义中创先进、争优秀。

二、围绕扩大党组织覆盖面，着力在夯实组织基础上创先争优

加强基层组织建设，不断扩大党组织覆盖面，是开展创先争优活动的重要任务。在创先争优活动中，南宁市坚持把扩大党的组织和工作覆盖面作为创先争优活动的重要任务来抓。一是全面实施“堡垒工程”，着力扩大党在农村的组织覆盖面。将支部建在农民专业合作社、专业协会、产业链和生产基地上，把亦农亦商的农村党员组织起来；将支部建在屯上、延伸到村小组，把分散在各村屯的零星党员组织起来；建立流动党员网上党支部，把农村流动党员组织起来，逐步形成以党组织为核心，龙头企业、示范基地、经济合作组织、行业协会为依托，广大农户党员为基础的农村党建工作机制。二是探索建立“联合党委”平台，着力扩大党在城市基层的组织覆盖面。按照地域相近、资源互补、便于联系的原则，将党委（总支）建在社区、党支部建在小区、党小组建在楼幢，积极构建社区联合党委、社区党员服务中心（站）等，将部分辖区单位党组织和党员组织关系转入社区党组织管理，形成以街道党组织为核心、社区党组织为基础、驻（街道）社区党组织和社区内全体党员共同参与的区域化党建工作新格局。三是以“消除空白点”为目标，着力扩大党在非公有制经济组织和社会组织的组织覆盖面。按照属地管理、归口管理、行业管理原则，通过单独组建、挂靠组建、联合组建、编组共建等形式，以专业市场、专业街、商务写字楼等为基本单位分区划片组建，在条件成熟的非公有制经济组织和社会组织建立党组织。

三、围绕开展结对共建，着力在构建城乡基层党建新格局中创先争优

开展基层党组织互建、党员互帮、资源互享、发展互促，是推动创先争优活动的有力举措。在创先争优活动中，南宁市结合自身实际，积极开展“结对共建、先锋同行”活动。一是抓好党员领导干部与普通党员结对同行、同建、同创，建立了各级党员领导干部联系点制度，每位党员领导干部都深入联系点开展结对共建活动，指导基层组织建设，实实在在为基层群众解决实际困难。二是抓好机关党组织与基层党组织结对同行、同建、同创，实行市、县区、乡镇三级机关联动，与基层党组织结成共建对子。三是抓好城市党组织与农村党组织结对同行、同建、同创，坚持以城带乡、城乡互动、资源共享、优势互补、共创先进，形成城乡基层党建一体化的新格局。

四、围绕惠民利民宗旨，着力在服务群众中创先争优

关注民生、服务群众，积极回应和解决群众关心的问题，是开展创先争优活动的基本要求。在创先争优活动中，南宁市围绕改善民生、惠民

利民，积极组建党员服务队深入基层、深入群众，帮助解决各种困难和问题，使创先争优活动成为体现群众意愿、反映群众诉求、实现群众利益的过程。建立和完善联系帮扶返乡农民工党员和群众的工作机制，积极搭建返乡农民工党员和群众培训、就业、创业服务平台。组建党员巡回医疗服务队，着力解决基层群众看病就医难问题。开展关爱留守儿童、老人活动，组织党员干部深入农村解决留守儿童成长、留守老人生活困难等实际问题。实施"民情联线"、"农事村办"、"爱心超市"等惠民便民新举措，为群众提供细致周到的服务。在今年初的抗旱救灾中，全市成立100多支"党员送水服务队"为群众义务送水，切实解决群众饮水用水困难；在抗洪救灾中，组建各类"党员突击队"、"党员服务队"，冲锋在抗洪救灾一线，确保群众生命财产安全，真正把创先争优落实到保民生、保民安、促和谐的实践中。

五、围绕提高制度化水平，着力在构建长效机制上创先争优

抓好制度建设，形成有利于活动深入持久开展的局面，是开展创先争优活动的必然要求。在创先争优活动中，南宁市从抓好带有根本性、全局性、稳定性和长期性的制度入手，着力提高党组织自身活动的制度化水平，构建推动创先争优活动的长效机制。一是实行党的建设"一把手"工程，健全城乡统筹基层党建工作联席会制度、工作推进会制度、情况通报制度，形成了领导有力、责任到人，上下联动、城乡互动的良好工作格局。二是创新基层党建信息化服务机制。今年投入997.8万元，创建了集党员服务、在线教育、信息发布、网上办公、互动交流、网络调查六大功能为一体的党建信息平台。三是完善基层组织经费保障和基层干部适当待遇激励机制。积极落实"财政投入为主、党费留存补助为辅、社会筹集为补"的党建工作经费保障机制，大幅度提高村（社区）干部补贴标准和村（社区）办公经费。四是建立基层干部考核任用机制，注重选拔基层优秀干部。今年公开选拔了16名优秀村党组织书记，11名优秀社区党组织书记分别到乡镇和街道领导班子任职，招录14名优秀村官进入公务员队伍，拓宽了村、社区干部的晋升渠道。

紧贴实际　确保实效

中共河北省委组织部

根据中央的统一部署，中共河北省委结合自身实际，在全省部署开展了以深入学习实践科学发展观为主题，以"推动科学发展、促进社会和谐、服务人民群众、加强基层组织"为目标，以创建"五个好"先进基层党组织、争做"五个模范"优秀共产党员为主要内容的创先争优活动。要求各级党委、基层党组织和广大党员注重实践、深入基层、把握主题、紧贴实际，确保活动取得扎实成效。

一、紧贴学习实践科学发展观活动整改落实实际，进一步巩固扩大活动成果。学习实践活动成果来之不易，巩固和扩大活动成果更需作出长期艰苦努力。开展创先争优活动，要着眼于推动学习实践科学发展观向深度和广度发展，密切结合学习实践活动整改落实的后续工作，着力把活动中形成的科学发展规划、思路和举措落实到基层，认真兑现向群众作出的承诺，进一步解决影响和制约科学发展的突出问题，建立健全促进科学发展的体制机制。

二、紧贴全省工作大局实际，推动科学发展、富民强省目标的实现。党的十七大以来，我们致力于实现河北的科学发展、和谐发展，大力加强党的建设，取得了一些成绩，但进一步推动全省经济社会又好又快发展的任务还十分艰巨。开展创先争优活动，就要牢牢把握围绕中心、服务大局这一方针，坚决打好转变经济发展方式、调整经济结构这场硬仗，在构建河北现代产业体系、推动“三年大变样”、统筹城乡发展的工作中当先锋、作表率，使基层党组织履行职责创先进、广大党员立足本职争优秀，形成推动各项工作落实的强大合力。

三、紧贴党的基层组织建设实际，充分发挥基层党组织的战斗堡垒作用和党员的先锋模范作用。我们在看到成绩的同时，也清醒地看到，一些基层党组织活力不够，有的甚至软弱涣散；一些党员学先进、赶先进、争当先进的动力不足，作用发挥不明显。在个别地方，还存在着许多问题，群众意见很大。开展创先争优活动，就要着眼于党的基层组织建设实际，通过大力实施“固本强基工程”和党员“双育工程”，进一步解决基层党组织和党员队伍中存在的突出问题，进一步增强基层党组织的创造力、凝聚力和战斗力，把党的基层组织建设成推动发展、服务群众、凝聚人心、促进和谐的战斗堡垒，把党员队伍建设成为牢记宗旨、心系群众的先进群体，不断提高党的执政能力，巩固党的执政基础。

四、紧贴广大党员干部思想工作实际，进一步转变干部作风、更好地服务人民群众。继续深化开展公开承诺和领导干部蹲点调研、组织党员干部“下基层解难题送温暖”等活动，促进各级党组织和广大党员更好地联系和服务群众，认真倾听群众呼声，及时反映群众意愿，帮助群众解决生产生活中遇到的实际困难，以创先争优的实际行动促进干部作风的转变，以干部作风的转变检验创先争优的成效。

五、紧贴基层生产生活实际，精心设计活动载体，务求取得实际成效。在具体活动中要注重进行分类指导，区别不同领域和行业基层党组织的职责任务、不同群体党员的岗位特点，明确争创目标，精心设计载体，有力有序推进，确保经常有动作、阶段有中心、整体掀高潮。比如，农村党组织把深化三级联创活动作为载体，党员把设岗定责、依岗承诺作为载体；街道社区党组织把实现“三有一化”作为载体，党员把开展党员示范楼院、党员志愿服务作为载体，等等。创新活动载体，要做到结合工作、突破难点有创新，形式灵活、内外结合有创新，营造氛围、树立形象有创新，对标上岗、整体联动有创新。

以“四在前”活动推进非公企业创先争优

姜　杰

非公有制企业是推动经济社会发展的一支重要力量，也是加强党的建设的一个重要领域。青岛经济技术开发区是国家级经济技术开发区，非公有制企业 24881 家，占企业总数的 98.7%。我们根据开发区的实际状况，在企业党组织和党员中深入开展“四在前”活动，争做服务企业科学发展的排头兵、建设文明和谐企业的先锋号。

跟党贴心走在前，树立非公有制企业党组织和党员的先进形象。我们针对非公有制企业中有些党员存在的“‘雇佣’意识强，开拓创新意识弱”等情况，强化党员党性意识教育，通过开展“重温入党誓词”、“党员佩戴党徽”、“人生是什么、入党为什么”大讨论等活动，教育引导党员正确处理党员角色与雇员角色的关系、企业小环境与社会大环境的关系、职业选择与政治信仰的关系。通过学习教育活动，使党员时刻提醒自己并努力做到：无论所从事的职业在何种经济社会领域，党员的政治信仰始终坚定不移；无论薪酬待遇如何调整，党员的理想信念始终毫不动摇；无论所处的工作岗位如何变动，党员的先锋模范作用无处不在。对党员进行政治纪律、组织纪律、保密纪律、外事纪律教育，开展“六个意识”（宗旨意识、种子意识、国格意识、强者意识、法律意识、合作意识）教育，强化党员意识，要求党员始终保持良好的政治品质和职业道德。

促进发展干在前，发挥非公有制企业党组织和党员的先锋作用。我们坚持以“三个融入”为重点，积极探索党组织参与企业重大问题决策、有效发挥作用的途径。一是从领导体制上融入。对业主是党员、行政人员中党员比例较高的企业，实行党政机构“两块牌子，一套人马”的一体化管理体制。对业主不是党员的企业，引导和鼓励党组织书记由企业党员行政负责人兼任，或党组织书记通过法定程序进入董事会和行政机构。二是从参与内容上融入。根据非公有制企业特点，确定党组织成员参与企业决策的主要内容是企业生产经营、深化企业改革、涉及职工切身利益三个方面、十个具体事项。三是从参与程序上融入。通过兼任行政领导职务的党员干部发挥作用，体现党组织意图；通过定期召开党组织、董事会、监事会和经营班子负责人联席会议，讨论决定企业的重大问题；通过党组织对工会的领导，让工会组织依法参与企业决策；通过党组织动员全体员工参与决策，用集体的智慧引导和影响董事会的决策。我们还以特色活动为载体，发挥党员“生产当骨干，岗位做先锋”的模范作用。广大党员树立“企业发展我受益，我为企业做贡献”的理念，围绕企业自主创新、节能减排、提高效率，积极主动为企业发展献计献策。组织开展党员示范岗、党员品牌创建等活动，做到党员自己无违章、党员手中无次品、党员奉献无后进、党员办事无私心、党员创新无止境。

凝心聚力做在前，促进非公有制企业和谐发展。我们以创建全国和谐劳动关系工业园区为契机，打造“凝心聚力”的党建品牌，突出实践特色，形成在共同愿景下和谐相处、群策群力的局面。发挥“思想教育先行，凝聚职工群众”这一党的思想政治工作优势，探索形成“一体八法”（即党工团一体化，组织同步建立，场所同步设置，活动同步开展；采取说服教育、感化教育、典型教育、激励教育、环境熏陶、心理咨询、后进转化、寓教于乐“八法”）思想政治工作模式，实现对党员和职工群众教育的互动，用党的思想政治工作和健康向上的企业文化团结凝聚党员和职工群众。践行“企业依法经营，职工依法维权”这一法律主旨，广泛开展“学法用法”、创建“劳动关系和谐单位”和“双爱双评”等活动，按照“合法、合理、合情、合适、合拍、合作”的原则，引导业主、党员、职工严格按政策和法律办事，维护劳资双方的合法权益，确保外商和业主依法经营。强调“企业承担责任，树立良好形象”这一社会要求，组织开展“慈善一日捐”、“义务植树造林”、“救助失学儿童和贫困大学生”等活动，积极引导企业增强社会责任意识，承担更多社会责任，赢得更多社会尊重。

提高素质学在前，推动学习型党组织和学习型党员建设。我们针对非公有制企业党建工作存在的学习阵地难保障、学习活动难组织、活动经费难筹集等难题，按照“既有集中又有分散、既有固定又有流动、既要共建又要共享”原则，建成民营企业流动党校和外商投资企业流动党校；依托生产经营规模较大、党员数量较多的企业或采取企业联合共建的方式，设立30多个流动教学点，组织党员开展经常性学习教育；采取“财政拨一点、党费拿一点、企业支一点、党员自愿捐一点”的办法，多方筹集资金，保障和解决企业党组织的教育活动经费;采取流动与固定相结合、专职与兼职相结合、内聘与外请相结合的方式,组建由领导干部、支部书记、专家学者和一线党员组成的四支教员队伍,做到专业教育专家讲,重大教育领导讲,经常性教育书记讲,一事一议大家讲,形成教育合力,增强教育效果,使教育更加贴近基层、贴近企业、贴近党员。

(作者:中共山东省青岛市委常委、青岛经济技术开发区工委书记)

在创先争优中践行科学发展观

张建军

威海经济技术开发区是1992年10月21日经国务院批准设立的。建区后很长一段时间,我们走的是一条"以工业为主,以利用外资为主,以出口创汇为主"的发展路子。随着经济的快速发展和发展理念的不断提升,我们认识到,以往的发展定位和方向,在一定程度上制约了我区全面协调发展,必须根本改变。在创先争优活动中,我们结合我区改革发展的实际,更加自觉、更加深入地践行科学发展观,充分发挥比较优势,积极构建以现代工业为支柱,现代服务业为支撑,以二、三产业带动现代农业的三次产业体系,找到了一条具有我区特色的产业发展之路,全区工作呈现统筹兼顾、协调共进、又好又快发展的局面。同时,我们坚持以人为本,着力改善民生,让人民群众切实感受到科学发展带来的好处,享受到建设和谐新区的成果,努力实现"科学发展、富民强区"的庄严承诺。

着力创造就业机会。推动形成市场主导就业、政府促进就业、个人自主择业相结合的长效机制,有序引导居民向社区服务、城市管理、民营经济等岗位转移就业。鼓励以创业带动就业,建立自主创业补贴发放制度、失地农民创业帮扶制度,支持居民自主创业,动态消除零就业家庭,实现有劳动能力的居民人人有活干、人人有钱赚。

大力增加教育投入。所有中小学都告别了平房,搬进了楼房,配建了食堂,用上了新桌椅和现代化教学设备。开通学生班车41辆,财政补贴每名农村学生每天1元乘车费。给教师免费体检。整合优质教育资源,使区内学校全部达到市级以上规范化水平。

建立健全基本医疗保障体系。新建、改造社区卫生服务站(中心)和农村中心卫生室35处,村居卫生服务人口覆盖率达100%,构筑起"15分钟就医圈"。新型居民合作医疗筹资标准由每人每年90元提高到150元,其中,财政补助120元。新型农村合作医疗保险实现全覆盖,城镇居民医疗保险覆盖率达90%。

积极推进养老保险和社会救助。按照"个人缴费为主、集体补助为辅"和"以福利换保障"的原则,集中城中村改造收益和集体收益,优先解决居民养老保险。允许失地农民保险向城镇居民基本养老保险过渡。社会救助标准大幅提高,农村低保标准由600元提高到1400元,城市低保范围扩大到31个社区、1个村,保障标准由3600元提到4140元。农村五保集中供养标准由500元提高到4500元,集中供养率在72%以上。

努力满足群众日益增长的精神文化需求。把发展公益性文化事业作为保障群众基本文化权益的主要途径。电影下乡全面启动,村居文化大院、健身广场、农家书屋一应俱全，实现全覆盖。所有98个村居的文化大院里都设立统一制作的宣传栏，宣传新农村建设、发展规划、计划生育、民主法制等方面的政策，每个月更新一次宣传内容，满足群众渴望了解政策知识、政府决策的迫切愿望。

（作者：中共山东省威海经济技术开发区工委书记、管委会主任）

以创先争优活动推动新农村建设

中共福建省三明市委组织部

三明市委把创先争优活动作为巩固和拓展学习实践科学发展观活动成果的重要举措，作为加强新形势下农村基层党组织建设的有效载体，按照福建省委要求，以实施"一六八"（一个管理目标、六步工作法、八个方面作用）机制为抓手，把开展创先争优活动与发展生产、服务群众紧紧结合起来，有力推动了创先争优活动的开展和社会主义新农村建设。

制定一个管理目标，搭建创先争优平台。按照先进基层党组织的"五个好"要求，村党组织根据新农村建设和党建工作的实际情况，制定年度目标任务和具体措施，实行目标管理，把实现先进基层党组织"五个好"的要求通过完成具体的目标任务来落实，推动组织争先进、工作创一流。按照优秀共产党员的"五带头"要求，村党组织围绕年度目标任务，根据党员个人的能力、特长和意愿，为党员个人设岗定责，把实现优秀共产党员"五带头"的要求通过设岗定责来落实，做到每个党员都有责任、有任务，亮出身份，兑现承诺，在新农村建设中发挥先锋模范作用。目前，全市1735个行政村全部实行了目标管理，除少数年龄偏大、身体欠佳的党员外，所有农村党员都参与了设岗定责。以职责任务引领农村基层党组织和党员在新农村建设中充分发挥作用，有力提升了农村基层党建工作的整体水平，保证了农村各项工作取得明显成效。

推行六步工作法，明确创先争优方式。把推行"四议两公开"做法和落实公开承诺、领导点评、群众评议、评选表彰等创先争优方式结合起来，采取六个步骤深入开展创先争优。第一步，征求意见。在制定管理目标和设岗定责前，广泛征求群众意见，为实行目标管理、设岗定责提供依据。第二步，议事决策。采取党支部会提议、"两委"会商议、党员大会审议、村民代表大会决议的做法，对目标管理年度任务进行民主决策。第三步，任务分解。采取签订责任书等方式，将目标管理年度任务分解到村党组织、村委会、村群团组织、农民专业合作组织等各类组织，同时围绕年度任务对党员实行设岗定责。第四步，公开承诺。通过公开栏、宣传栏、入户讲解等方式，村级各类组织将所承担的年度任务向村民公开承诺，党员将岗位职责向村民公开承诺。第五步，组织实施。在村党组织领导下，村级各类组织带领村民群众抓好年度任务落实，党员认真落实岗位职责。同时，由乡镇领导适时对年度任务落实和党员履行职责情况进行点评，加强工作指导。第六步，考评奖惩。建立工作考评奖惩制度，采取季度小评、半年初评、年终总评的方法，由乡镇党委牵头，组织党员、村民代表对村级各类组织的年度任务落实情况作出评议；由村党组织牵头，结合民主评议党员，对党员履行职责情况作出评议。党组织和党员是不是先进、是不是优秀，一切以工作成效来检验，以群众认可来评价。考评结果作为兑现村干部业绩考核奖励、评先评优的重要依据。目前，全市100%的村都实行了六步工作法，有效激发了农村基层党组织和党员创先争优的主动性。

发挥八个方面作用，形成创先争优合力。落实中央关于以基层党组织和党员的创先争优活动带动群众组织开展创建先进集体、争当先进个人活动的要求，有效整合农村组织资源，根据村级各类组织各支队伍的性质、地位、职责以及新农村建设的目标任务，明确其应当发挥的八个方面作用，即村党组织发挥领导核心作用，履行好决策、引领、指导、协调的职责；村委会发挥组织实施作用，履行好管理、督促、落实的职责；党员队伍发挥先锋模范作用，履行好带头、带动的职责；群团组织发挥生力军作用，履行好教育、引导、发动的职责；农村实用人才队伍发挥服务带动作用，履行好示范、推广、服务的职责；农民专业合作组织发挥协作互助作用，履行好联结、服务、帮扶的职责；老人协会发挥参与帮助作用，履行好参谋、宣传、监督的职责；农民群众发挥主体作用，履行好知情、决策、参与、监督的职责。村级各类组织各支队伍各自发挥好作用，履行好职责，形成创先争优合力，推进新农村建设。

“一六八”基层党建工作机制目前已在福建全省推广实施。三明市以“一六八”机制为抓手开展创先争优活动，有力推进了农村科学发展，使三明市新农村建设走在全省前列；有效促进了农村和谐稳定，三明市连续两次被评为全国社会治安综合治理优秀城市；让群众得到了更多的实惠，创先争优活动中村党组织和党员累计为群众办实事好事1万多件；加强了农村基层组织建设，80%以上的村党组织较好地发挥了核心带动作用。今年6月中旬以来，面对历史罕见的洪涝灾害，三明市农村基层党组织充分发挥战斗堡垒作用，认真落实“一六八”机制，带领村级各类组织各支队伍团结一心，众志成城，顽强拼搏，把抗洪救灾和灾后重建作为开展创先争优活动的生动实践，取得了抗洪救灾和灾后重建的重大胜利。全市共有5.6万多名农村党员奋战在抗洪救灾和灾后重建第一线，夏三友、戴胜龙等4名党员为保护群众生命财产安全英勇殉职，他们以自己的模范行动和宝贵生命，生动诠释了共产党员的先进性。

在创先争优活动中锤炼过硬作风

刘中会

创先争优活动要真正解决问题、取得实效，党员干部的过硬作风是可靠保证。淄博市是焦裕禄同志的故乡。在创先争优活动中，淄博市大力宣传和弘扬“迎难而上、科学求实、亲民爱民、无私奉献”的焦裕禄精神，着力锤炼党员干部的过硬作风。

像焦裕禄那样，在创先争优活动中满怀激情当先锋。在困难和灾害面前，焦裕禄始终充满激情、乐观向上，奋力开拓、勇于进取，以坚强的意志，带领人民战胜风沙、内涝、盐碱“三大灾害”。在创先争优中，淄博市开展“学习焦裕禄精神、做焦裕禄式党员干部”教育活动和解放思想大讨论，引导基层党组织和广大党员充分认识到，创先争优要有机遇、条件和基础，但关键是靠党员干部的工作激情，必须克服急躁焦躁浮躁、消极观望麻痹懈怠情绪，正视现实、迎难而上，充满激情、奋勇争先。以争做“淄博先锋”为实践载体，在农村、街道社区、党政机关、事业单位、高等学校、国有企业、非公有制经济组织、新社会组织等不同领域、不同行业和部门，确定各具特色的争创主题。各区县、部门、单位都确立了创先争优活动学习标杆，并通过开展“建设单位文化、塑造单位精神”活动，带头在新闻媒体上对社会作出公开承诺，着力形成学先进、定标杆，作承诺、当先锋的浓厚氛围。市里制定了《创先争优活动考评办法》，建立了“上评下、左右评、下评上”相结合的考评方式，设立了作风监督投诉电话和电子邮箱，加大不定期抽查、跟踪督查、专项督查、明察暗访力度，激发了基层党组织和广大党员创先争优、争当先锋的热情。

像焦裕禄那样，在创先争优活动中科学实干促发展。焦裕禄从到兰考的那天起，就坚持从自身做起，从实干出发，为兰考的长远发展打下了坚实基础。在创先争优中，淄博市要求广大党员要像焦裕禄那样，立足本职岗位创造优秀业绩，而不能搞花架子，单纯为“创争”去搞活动。把“科学发展、富民强市”作为创先争优活动的主题，确立了“一个坚持、三个突出”（坚持走内涵发展的路子，突出加强结构调整、突出统筹城乡一体化发展、突出改善民生维护稳定）的科学发展思路。基层党组织和广大党员紧紧围绕科学发展的中心任务，着力推进经济结构调整和经济发展方式转变，狠抓节能降耗和环境保护，科学务实，扎实工作，有力推动了经济社会又好又快发展。以把“工作变项目”的方法，把基层党组织重点创新工作、群众关注的难点事项细化为一个个具体项目，实施项目责任制，推行“一线工作法”，把责任落实到项目一线，把问题解决在项目一线，把成果体现在项目一线。

像焦裕禄那样，在创先争优活动中倾心为民办实事。焦裕禄精神的核心是全心全意为人民服务。焦裕禄总是在群众最困难、最需要帮助的时候，出现在群众面前，为群众排忧解难。在创先争优中，淄博市开展“三比三看”活动，引导广大党员“比工作环境，看农民群众的劳动条件；比工作待遇，看特困家庭的生活状况；比岗位付出，看基层的工作贡献”，自觉增强为基层服务、为群众服务的责任感。坚持领导干部公开接访、“下访”制度，推行市、区县、乡镇、村四级干部“民情访问日”制度，市、区县领导干部到乡镇、村，乡镇干部、村干部直接到户，听真话，摸实情。开展“单位联村、党员联户”的“双联”活动，组织市、区县直部门联系经济薄弱村，机关党员及农村有特长的党员与群众结对，实行联户党员“一人一书（承诺书）、一本（记录本）、一卡（联系卡）”，全面接受群众监督。

像焦裕禄那样，在创先争优活动中无私忘我勇于奉献。焦裕禄以“宁愿拼上一条老命，也要改变兰考面貌”的忘我奉献精神，展现了一名共产党人的高尚情操。在创先争优中，淄博市开展“学习焦裕禄，奉献在淄博”活动，建成市、区县、乡镇（街道）、村（社区）四级党员服务中心（站）2156个，吸收不同行业、不同领域的党员志愿者1.8万名，组建党员志愿者服务队1151支，广泛开展党员志愿服务、党员奉献日活动。实行党员奉献积分制管理，将全市党员划分为机关党员、村（居）党员（在职党员、无职党员、老党员）和非公有制经济组织、新社会组织党员，建立“党员奉献积分档案”，对党员基本信息、志愿服务、奉献社会等情况进行详细记录，实行积分管理，激励广大党员发挥自身特长，争当奉献标兵。

（作者：中共山东省淄博市委常委、组织部长）

正确处理创先争优活动中的若干关系

杨立平

浙江省嘉兴市坚持把创先争优作为激发基层党组织和党员活力、促进科学发展走在前列的强大动力，以“红船先锋”为鲜明载体，通过正确处理创先争优活动中的若干关系，为推动经济社会发展提供坚强政治保证。

注重教育引导，处理好学习实践与创先争优的关系。坚持把创先争优活动作为学习实践活动的继续、延展和深化，作为巩固和拓展学习实践活动成果的重要举措，努力抓好学习实践活动未整改完成的任务落实，推动建立健全科学发展的长效机制，更好地服务经济发展方式转变。坚持把创先争优作为促进科学发展的主线、动力和抓手，在全市上下形成开展创先争优就是推动科学发展的共识，切实增强广大基层党组织和党员创先进、争优秀的责任感和使命感。

注重统筹兼顾，处理好开展活动与推动工作的关系。坚持统筹兼顾，紧紧围绕经济发展方式转变，在开展活动中推进各项工作。基层党组织要把创先争优与本地本单位中心工作、年度各项目标任务和正在做的工作结合起来，使创先争优成为推动工作的“发动机”。党员要把创先争优与本职岗位、日常工作结合起来，使创先争优成为党员岗位成才的“催化剂”，努力实现开展活动和推动工作的两促进。

注重实践特色，处理好服务举措与群众满意的关系。突出服务型党组织建设特色，健全以区域化党建网络、96345党员志愿服务网络、远程教育覆盖网络和各类党群服务中心、“一员双岗”党员服务点、党员专业服务工作室为主体的“三网三点”党建服务品牌，以服务促发展、聚人心。在全市基层党组织和党员中广泛开展先锋承诺，通过发展和服务“双诺”、身份和承诺“双亮”、党组织和群众“双评”，做到覆盖全员化、内容具体化、承诺公开化、履诺绩效化，积极引导基层党组织尽职创先进、党员立足岗位争优秀。目前，全市已有10.6万多名党员亮明身份，16.3万多名党员亮出承诺，共有13.5万名党员以先锋便民服务、景区志愿服务、社区关爱服务、世博安保巡逻等形式参与“一员双岗奉献周”活动。

注重贴近实际，处理好分类指导与整体推进的关系。坚持立足基层实际，强化整体推进，突出分类指导，将争创的共性目标和个性要求统一起来，真正使创先争优活动为党员所欢迎、为基层所需要、为群众所拥护。注重分领域确定争创主题，在农村开展争做“新农村建设先锋”行动，在城市开展争做“文明和谐先锋”行动，在国有企业开展争做“转型升级先锋”活动，在非公企业开展争做“活动和谐先锋”行动，在新社会组织开展争做“诚信服务先锋”行动，在机关创建开展争做“廉洁高效先锋”行动，等等。深化“活力和谐”企业创建，在非公企业中联动开展以“提高组建率、提升作用力”为主要内容的主题活动。

注重开门互动，处理好党内活动与群众参与的关系。坚持以创先争优活动带动全社会创先争优，以党内创先争优带动群团组织创先争优，以党组织和党员创先争优影响群众，使创先争优成为全社会的价值取向。在庆祝建党89周年之际，发挥嘉兴红色资源优势，举办了首届红船节活动，以“一船红中国、万众跟党走”为主题，以“党的生日——党员的节日”为主线，联动开展了“红船先锋表彰”、“红船杯·红歌赛”、“红船组织生活”、“红船行·看嘉兴”等活动，充分发挥党组织激励、教育、关爱、服务、凝聚的综合功能。

注重关爱激励，处理好指导推动与自觉主动的关系。一方面通过多种途径加强工作指导，加大工作力度。另一方面，通过完善党内关爱激励机制，建立各级党员关爱专项资金，深化基层党组织结对共建，加强党员教育管理等举措，激发基层党组织和党员的内生动力，把基层党组织和党员的干事创业热情，凝聚到推动发展、促进和谐的实践上来。开展“结对共建、组团帮扶”工作，大力实施千名干部培养锻炼计划，搭建市县机关、镇（街道）、党员个体三级联系平台，实现全市各级党政机关、市县两级直属企事业单位都有结对共建对象，全市所有村、社区都有结对共建的党组织，所有困难党员群众都有党组织和党员干部结对帮扶“三个全覆盖”。

注重示范引领，处理好典型培育与全面提升的关系。把创先争优活动作为加强基层组织建设的有利契机，通过评选具有示范带动作用的先进基层党组织和优秀共产党员典型，形成基层组织建设千帆竞发、百舸争流的创先争优良好态势。积极推进基层党组织公推直选，在秀洲区王江泾镇公推直选了镇党委书记，在嘉善县干窑镇开展镇党委、纪委公推直选试点。

注重节点把握，处理好阶段性与经常性的关系。坚持以阶段性主题活动为抓手，明确各个节点的重点工作，使阶段性和经常性有机结合，保持活动科学有序的发展态势。我们精心统筹规划，将常态化的先锋承诺活动具体细分为寻诺、承诺、履诺、评诺、表彰等五个步骤，做到各个节点有重点活动，节点之间有阶段性任务，活动铺排重点突出、有序衔接、整体推进，确保基层党组织和广大党员创先争优热潮不减、势头不弱，使创先争优成为夯实基层基础的经常性工作。

（作者：中共浙江省嘉兴市委常委、组织部长）

在创先争优活动中学习郭明义先进事迹和崇高品德

廖　言

郭明义同志，作为一名有着30年党龄、长期在平凡岗位上工作的共产党员，从无偿献血相当于自身10倍的总血量，到资助180多名特困学生；从化解数起社会矛盾纠纷，到为300多户困难家庭带来希望；从徒步6万多公里管理矿山采场公路，到义务献工累计1.5万多小时……在长年累月中做出了不平凡的事，生动地展示了当代共产党人的风采，不愧为助人为乐的道德模范，新时期学习实践雷锋精神的优秀代表。

最近，胡锦涛同志要求，大力宣传和弘扬郭明义同志的先进事迹和崇高品德，为构建社会主义和谐社会提供强大精神力量。回顾郭明义同志的成长经历，充分认识学习郭明义同志先进事迹和崇高品德的重要性，对于全党同志在创先争优中学习先进、争当先进、赶超先进具有重要意义。

一

我们党一贯高度重视自身先进和优秀本色的养成。郭明义同志是一名长期的实践者。

郭明义同志的先进事迹和崇高品德，彰显着党的宗旨意识。加强党性修养和党的宗旨意识教育，始终是我们党保持先进性的重要法宝。

郭明义同志始终牢记党章要求，全心全意为人民服务，不惜牺牲个人的一切；坚持党和人民的利益高于一切，个人利益服从党和人民的利益，吃苦在前，享受在后，克己奉公，多作贡献；凡是看到对社会、对企业、对他人有意义的事情，总会想到自己是一名党员，想到如果不做就会给党员丢脸；总是更加忠实地履行党员的职责和义务，更好地发挥党员先锋模范作用。党的宗旨意识，是郭明义保持本色的动力源泉。

郭明义同志的先进事迹和崇高品德，显示着党倡导的榜样力量。弘扬先进典型的先进事迹和崇高精神，发挥党员队伍中先进人物的模范带头作用，是党鼓励先进、鞭策后进，引领社会进步的重要手段。学雷锋活动，让郭明义同志坚定了追求崇高的信仰。工业战线的老英雄孟泰、“走在时间前面的人”王崇伦、“工人革新家”李晏家等一代代模范人物影响着他的成长。“在社会上，在我们的身边，有那么多优秀的党员干部、优秀的党员，他们的事迹和精神在时刻感染着我，激励着我，使我不敢有丝毫的放松、丝毫的懈怠”。正因如此，郭明义同志传承与光大了英雄模范的优秀品格与崇高精神，成为他们中的一员。党的先进人物的高尚情操和言行，是郭明义同志保持本色的行动准则。

郭明义同志的先进事迹和崇高品德，回应着党的事业召唤。党的伟大事业和火热的改革发展实践，吸引和感召无数不同时代的人们把个人追求融入共同理想之中，忘我地拼搏奋斗。郭明义同志正是在党的事业感召下，无论在什么岗位上，都兢兢业业，干一行、爱一行、钻一行，把工作当事业，把职责当使命，立足本职，不怕困难，抢挑重担，任劳任怨，全力付出，追求卓越，建功立业。“无论工作岗位怎样变化，我都认为那是组织的需要，作为一名党员必须无条件服从；无论工作中困难多大，我认为都要没有借口地执行到位，作为一名战士就要听从命令；无论需要付出多少心血和汗水”。党的事业需要，是郭明义保持本色的激情所在。

郭明义同志的先进事迹和崇高品德，体现着党的理论支撑。我们党始终强调，理论上的成熟是政治上成熟的重要基础，不掌握党的基本理论，就不可能保持清醒的头脑和正确的政治方向，不断用科学理论武装全党、教育人民。郭明义同志深知，一名真正合格的党员，仅有热情和干劲远远不够，必须不断刻苦学习，增长才干，提升综合素养和思想觉悟，才能更好地践行党的宗旨和坚定共产主义信念。30 多年来，他始终坚持学习党的基本理论，不断提高自己的思想认识水平，深入浅出地宣传、讲解党的主张。在报刊杂志上发表了百余篇学习体会文章。

郭明义同志的先进事迹和崇高品德，凝结着党和人民的关怀。始终关心关爱每一名党员的成长，是我们党不断发展壮大的重要前提。郭明义就是在党的军队的大熔炉中成长为学雷锋标兵和光荣的共产党员的。复员时，部队老首长讲的“决不能丢了本色、丢党和部队脸”的话语始终萦绕在他的耳畔。30 多年来，郭明义同志取得的每一项成绩，奉献的每一份爱心，都得到了党组织、善良的人们和全社会的充分肯定、热情鼓励和鼎力支持，给予他更多的荣誉和温暖，让他感到践行宗旨、奉献社会无上光荣。

二

顺应时代发展要求、破解实践课题，是先进人物追求先进、守望崇高的重要条件。郭明义同志自觉顺应了中国特色社会主义实践发展要求，是时代精神的深刻反映。

郭明义同志的先进事迹和崇高品德，反映了当代共产党人处于社会主义初级阶段，对发展第一要务的准确把握和积极回应。我国正处于并将长期处于社会主义初级阶段，人民日益增长的物质文化需要同落后的社会生产的矛盾依然是社会的主要矛盾。发展是第一要务，是解决中国一切问题的基础，任何时候都必须大力解放和发展生产力，紧紧抓住发展不放松，这是我们必须长期面对的基本国情，也是建设中国特色社会主义的中心任务。郭明义同志就是自觉坚持党的基本路线，深刻领会发展要义，努力为企业发展兢兢业业、追求极致，引领身边群众克服困难，乐观向上，致力于党和国家事业的更大发展。

郭明义同志的先进事迹和崇高品德，反映了当代共产党人在社会主义市场经济条件下，对树立和弘扬社会主义核心价值体系时代课题的准确把握和积极回应。社会主义市场经济发展进程中，我国社会思想意识多样多元多变特征更加凸显，人们思想活动的独立性、选择性、多变性、差异性不断增强，必须大力弘扬社会主义核心价值体系，切实加强主流意识形态，整合思想冲突、凝聚共同理想，这是当代共产党人应尽的责任。郭明义同志始终自觉肩负这一职责，坚定理想信念，弘扬时代精神，热心社会公益，坚守社会道德，推动社会主义核心价值体系不断深入人心。

郭明义同志的先进事迹和崇高品德，反映了当代共产党人在改革开放和全面建设小康社会新时期，对构建社会主义和谐社会战略任务的准确把握和积极回应。改革开放以来，我国经济体制深刻变革、社会结构深刻变动、利益格局深刻调整、思想观念深刻变化，社会经济成分、就业方式、组织形式、利益关系和分配方式日益多样化，各种深层次矛盾日渐显现，广大人民全面建设小康社会的新期待愈益强烈，构建社会主义和谐社会任务十分繁重。郭明义同志始终客观认识社会发展形势，正确对待社会矛盾冲突，尽最大努力化解职工与企业、人民群众和党委政府之间的矛盾问题，以人格力量感召人们共建共享和谐，为促进社会和谐作出了表率。

郭明义同志的先进事迹和崇高品德，反映了当代共产党人处于新的历史方位，对发挥先锋模范作用、保持党同人民血肉联系基本要求的准确把握和积极回应。我们党作为一个长期执政的大党，必须充分发挥执政党的职能，运用法律、行政、社会、道德的手段和力量，促进社会的稳定和经济的发展，必须时刻防止脱离群众，努力实现群众长远利益与眼前利益、整体利益与局部利益的有机结合，真正做到权为民所用、情为民所系、利为民所谋。只有永远保持共产党员的先进性，才能巩固我们党的执政地位。共产党员要在工作中冲锋在前，在生活中始终把党和人民群众的利益放在首位，从我做起，心系群众，模范践行党的立党为公、执政为民的执政理念。

三

创先争优是加强党的基层组织建设的重要经常性工作，是当代中国共产党人带领人民团结奋斗的伟大实践。郭明义同志的先进事迹和崇高品德，为创先争优树立了一面旗帜。共产党员向郭明义同志学习，就要把行动体现在创先争优之中，弘扬雷锋精神，实现学习先进与创先争优的有机统一。

在创先争优中学习郭明义同志先进事迹和崇高品德，一定要围绕坚持科学发展这个重大主题。推动科学发展，要求基层党组织和广大党员认真履行职责，切实贯彻落实党的路线方针政策以及本单位科学发展规划、思路、举措，以模范行动影响和带领广大群众努力完成各项工作任务。我们要学习郭明义同志爱岗敬业、恪尽职守的主人翁精神，把平凡的岗位作为完善自我的广阔舞台，刻苦钻研、学以致用，把自己培养成为本职工作的行家里手，抢挑重担、创造业绩，做推动科学发展的排头兵。

在创先争优中学习郭明义同志先进事迹和崇高品德，一定要突出促进社会和谐这个主要任务。促进社会和谐，要求基层党组织和党员及时了解群众思想动态，有针对性地做好引导工作；积极践行社会主义核心价值体系，推动形成良好社会风气；主动排查矛盾纠纷，及时做好化解工作；在重大突发事件面前，立场坚定、旗帜鲜明，坚决捍卫国家和人民利益。我们要学习郭明义同志关注社会、促进和谐的高度社会责任感，哪里有矛盾，就出现在哪里，谁遇到困难，就挺身而出，一身正气，敢于负责，切实维护国家和人民的利益，做促进社会和谐的模范。

在创先争优中学习郭明义同志先进事迹和崇高品德，一定要致力服务人民群众这个根本目的。服务人民群众，要求基层党组织和党员充分尊重群众，紧紧依靠群众，认真倾听群众呼声，及时反映群众意愿，主动关心群众疾苦，帮助群众解决生产生活中遇到的实际困难，多为群众办实事办好事。我们要学习郭明义同志助人为乐、无私奉献的高尚情操，坚持以人为本，以博大的爱心服务人民群众，诚心诚意办实事，尽心竭力解难事，坚持不懈做好事，做人民群众的贴心人。

在创先争优中学习郭明义同志先进事迹和崇高品德，一定要强化加强基层组织这个关键环节。加强基层组织，要求积极推进学习型党组织建设，增强党员队伍的生机活力，造就高素质的基层党组织带头人队伍，充分发挥基层党组织的战斗堡垒作用。我们要学习郭明义同志对党忠诚、为党争光的责任意识，坚定跟党走的人生选择，时刻以党员标准严格要求自己，认真学习实践党的理论，忠实履行党员的职责和义务，积极发挥党员的模范带头作用，切实维护党的形象，不断增强党组织的号召力和影响力，做爱党爱国的先锋模范。

（此文载《党建研究》2010 年第 11 期）

在创先争优中进一步加强农村基层党组织建设

郭新民

在党的基层组织和党员中深入开展创先争优活动，是党中央对加强新形势下党的基层组织建设和党员队伍建设作出的重大战略部署。农村基层党组织是党在农村全部工作和战斗力的基础。只有把农村基层党组织建设得坚强有力，党在农村的各项政策才能很好地贯彻落实，建设社会主义新农村的各项任务才能实现。

一、要在完善农村基层党组织职能上下功夫求突破

发挥好农村基层党组织的组织管理职能。紧紧围绕新形势新任务对党领导农村工作提出的新要求新挑战，创建先进基层党组织，不断增强基层党组织的创造力、凝聚力、战斗力，重点发挥好基层党组织三方面的作用。一是政治上的领导核心作用。按照“总揽全局、协调各方”的原则，健全以党组织为核心、以村民代表大会为决策机构、以村民委员会为执行机构、以广大群众为主体的农村基层民主政治体系，创新农村社会管理机制，改进领导方式和工作方法，真正发挥好农村基层党组织的作用和功能。二是思想上的教育引导作用。通过政策宣传、技术指导、教育培训等方式，引导、教育农民群众，增强他们的政策法纪观念和科技文化意识，提高他们的素质，调动他们干事创业的积极性。三是经济上的引领作用。带领广大群众建设社会主义新农村，理清发展思路、制定发展目标、完善发展措施，走共同富裕道路。

发挥好农村基层党组织的服务协调职能。要强化服务意识，坚持以科学发展观为指导，强化理想信念教育，增强党的宗旨意识，确立“关怀农民、服务农民”的理念，把实现好、维护好、发展好群众利益作为一切工作的出发点和落脚点。要转变干部作风，坚持党的群众路线，善于与群众沟通，倾听群众意见，“常思亲民之举，

善谋富民之策，多办为民之事”，不断提高服务水平。要针对不同类型、不同层面、不同领域的服务对象，突出重点，分类指导，对已被实践证明行之有效的制度要固定下来，探索建立“党员干部受教育、科学发展上水平、人民群众得实惠”的长效机制。

二、要在加强带头人队伍建设上下功夫求突破

建立完善选任程序和机制，选好配强农村党支部书记。按照党的十七届四中全会提出的“守信念、讲奉献、有本领、重品行”的要求，把那些德才兼备、党员群众信得过的人选拔到村党支部书记岗位上来。打破地域、年龄、身份、资历、职业的界限，扩大选人视野，拓宽选任渠道，创新选拔机制，注重从农村致富带头人、退伍军人、回乡青年、外出务工人员以及大学生“村官”中选拔村党支部书记，提高选任工作的公信度。积极探索选派机关党员干部到村任职、村党支部书记跨村任职等选任途径。

建立健全教育培训机制，不断提高农村党支部书记综合素质。大力弘扬理论联系实际的学风，把学习理论同研究解决农民群众最关心最直接最现实的利益问题结合起来，着力提高支部书记的理论素养和解决实际问题的能力。通过日常教育、集中培训、有计划轮训、专题辅导等，加强对政策法规、农村工作规范、办事程序和群众工作基本方法、实用技能等的学习，丰富知识、开阔眼界、更新观念。

建立健全保障机制，切实解决农村党支部书记的后顾之忧。要关心、爱护农村干部，把村党支部书记和其他村干部的工资纳入各级财政预算，通过财政和个人分担的办法为农村干部办理养老保险、医疗保险，解决他们的后顾之忧，调动他们干事创业的积极性。在干部提拔使用上向基层一线倾斜，优先提拔实绩突出的优秀村党支部书记。

三、要在加强党员队伍建设上下功夫求突破

全面提升农村党员的整体素质。抓好农村党员的政治教育，组织他们学习党的路线方针政策，用中国特色社会主义理论体系武装头脑，加强党性观念教育，认真贯彻落实党在农村的各项方针政策，使他们自觉争当优秀共产党员。结合农村党员实际，深入开展学习实践科学发展观活动，将党员承诺制与党性分析、民主评议等结合起来，制定切实可行的目标，用目标考党员、管党员、促党员。抓好技能教育，提高农村党员的工作能力和致富本领。

打造农村党员发挥先锋模范作用的平台。注重培养党员的先锋模范意识，以实际行动在人民群众中树立良好形象。积极推行党员联户制、党员服务承诺制、重大事项公示制，开展党员设岗定责活动，使每个党员有岗有为，有为有位。发挥党员在宣传政策法律、传播实用技术、调解邻里矛盾、维护社会稳定等方面的作用，开展丰富多彩的党建主题活动，调动和激励农村党员的积极性创造性，使他们真正成为新农村建设的组织者和推动者。

充分利用互联网创新党员教育管理工作。利用互联网扩大对党员的教育，使他们能够不受时间、空间、地域的限制，全方位地接受理论辅导、时事政治、财经法律、科技知识等方面信息或参加现代远程教育学习；利用互联网加强对党员的管理，通过开设“党建信息网”、设立网上信箱等形式，使基层党组织和党员群众特别是外出务工等流动党员随时随地都可以开展组织生活、进行学习交流；利用互联网开展党务工作，推进党务公开，落实党员的知情权、参与权、选举权和监督权，提高党建工作透明度。加强党建网络建设，使党建网络进入农村社区，遍布农民家庭，做到导向准、信息快、覆盖广，贴近基层、贴近实际、贴近党员。

四、要在统筹城乡基层党建工作上下功夫求突破

探索城乡一体的基层党组织设置新模式。坚持服务发展、行业相近（地域相邻）、强弱联合（优势互补）原则，逐步打破地域、行业、城乡界限，实现城乡基层党组织设置的纵横结合；不断完善在产业链、专业协会、社区楼宇建立基层党组织等模式，探索村村联建、村企联建、村居联建党组织等模式，推动城乡基层党组织互相促进。

探索城乡联动的基层党组织活动新形式。推动农村基层党的组织生活由“封闭式”向“开放式”转变，不仅面向党员开展，而且面向一般群众开放；提倡基层党的组织生活活动主题由党员自定，不断探索新的活动载体，充分利用手机、网络等新技术手段，搭建基层党的组织活动平台。

建立健全城乡一体党员动态管理机制。加强和改进农村流动党员的管理和服务工作，建立农村流动党员服务站点和农村流动党员信息库，为农村流动党员提供就业、培训、权益保障等方面的服务，探索跨区域、跨行业开展党组织活动的有效途径。建立健全党内激励、关怀、帮扶机制，增强党员的荣誉感和向心力。

（作者：中共山西省临汾市委副书记）

创先争优：助推社区思想政治工作全覆盖

——北京西长安街街道扩大社区思想政治工作覆盖面调研报告

中国政研会课题组

西长安街街道工委在创先争优活动中，把扩大为民服务范围作为扎实推进活动开展的出发点和落脚点，在加强社区思想政治工作基础上，做好非公经济组织和新社会组织成员、下岗失业人员和离退休人员、社会流动性人员等群体的思想政治工作，努力消除思想政治工作“空白点”和“盲区”，建立完善覆盖全社会的思想政治工作网络，实现了思想政治工作的“横向到边，纵向到底”。

一、以创先争优活动为契机，扩大基层党组织的覆盖面和影响力

在深入开展创先争优暨党员作风建设年活动中，西长安街街道围绕首都建设世界城市和构建和谐社会的目标要求，结合街道建设工作开展创先争优活动，扎实推进基层党组织建设，努力提高党员素质，建立健全工作机制体制，不断提高基层思想政治工作的针对性和实效性。街道基层党组织的覆盖面和影响力不断扩大，党员先锋模范作用日益凸显，创先争优活动和思想政治工作双双取得明显成效。西黄城根南街社区“一名党员一面旗，党员奉献在社区”的口号在社区党员队伍中唱响。党员月末卫生日活动成为社区中一道亮丽的风景线，越来越多的党员加入到整治社区环境的活动中来，用模范作用带动周边群众。义达里社区坚持五项联席会议制度，即社区党委与创建平安社区领导小组定期召开联席会、社区党委和党支部每季度召开联席会、社区党委和社区各协调委员会每月召开联席会、党员和积极分子定期召开交流联席会和社区年终总结、评比、成果展示联席会，充分发挥社区党组织领导核心作用。六部口社区党委对社区156名党员全部走访摸底，建立“社区党员花名册”、“社区流动党员花名册”、“社区困难党员花名册”。各社区均坚持党员“三会一课”制度。通过开展党员当好

"五大员"、"关爱"年老体弱党员、流动党员"安家工程"等活动，鼓励党员加入到社区志愿者服务中来，义务劳动、清理小广告、提供便民服务等各项活动，随处可见党员骨干的身影。

二、加强工作网络建设，实现思想政治工作社区全覆盖

西长安街街道注重从基础入手，采取多种方式，重点加强工作网络建设，真正将思想政治工作覆盖到社区的各个方面和各个环节。街道充分整合基层维稳力量，成立综治维稳中心，建立健全综合治理、维护稳定、平安建设工作网络，大力推进社会矛盾化解工作，实现街道工委、办事处各职能部门和基层单位的工作衔接，形成党政领导、条块结合、上下联动的工作体系。维稳中心下设3个街道应急处置小组和13个社区应急处置小组，社区小组负责在日常工作中及时发现辖区内动态和群众中的热点、难点问题及可能危害社会稳定的事件苗头，对突发性事件在第一时间发现和控制，做好辖区居民的安抚和劝慰工作，预防化解深层次人民内部矛盾，提升维护社会稳定的能力和水平。义达里社区确立了看牢"一个重点"、编织"两张网"和做到"三多"的"1+2+3"工作模式。看牢"一个重点"：对辖区内的各类特殊人群进行摸排和风险评估，制定个性化的管理方案，组织社区党员志愿者、社区工作者和楼门院长等协助相关部门及家属，开展好对重点人员的看护、帮教工作。编织"两张网"：一是编织社区信息掌控网。把居民院落制图造册，将每个院的人数、户数、人户分离状况、积极分子、流动人口、出租房屋、重点人员等基本信息全面登记，做到以图控院、以房管人、一院一图、一户一档。把社区内的124个门院分成基础院、强化院和不放心院三类分类管理。二是编织社区家园守护网。加强志愿者团队建设，发挥党员带动社区群众开展宣传教育、安全防范、治安管理等活动，全面提高对人、地、物、事和组织的动态掌控能力和信息采集能力。做到"三多"：多宣传、多入户、多为居民解决困难。通过开展形式多样、内容丰富的宣传活动，使居民潜移默化地受到爱国、爱党、爱社区的教育，凝聚起亲情、友情、邻里情。社区党委通过走访入户、设立居民意见箱，召开座谈会等，倾听群众呼声，了解群众需求，切实为群众送便利、办实事、解难题，让居民充分感受到社区的温馨和谐。

三、创新工作模式、开展分类指导，实现思想政治工作社会人群全覆盖

适应社会变迁和时代进步，西长安街街道积极创新工作模式，扩大思想政治工作对象覆盖面，并针对不同区域、不同群体精确细分，准确把握不同社会人群的思想脉搏，基本实现思想政治工作对象社会人群的全覆盖。一是重点做好商业区域从业群体的思想政治工作。成立西单商业区党建指导委员会，通过协调、指导、联谊等方式，加强西单商业区党、工、团组织建设及流动党员教育、管理和服务工作，为打造最佳商业区和生活娱乐区提供组织保障。在民航大厦、时代广场等5个商厦建立党的工作站，为加强党的基层组织建设和基层思想政治工作打下基础。二是针对老年人群体，从服务入手开展思想政治工作。认真做好为老服务，积极落实养老保障制度，按月发放福利性养老金，扎实推进"一老一小"大病统筹工作，发放服务补贴券等。西黄城根南街社区出台优惠政策，方便老年人出行和生活；六部口社区组织学生慰问孤寡老人、空巢老人；义达里社区联合二炮二连战士陪同老年人体检等。三是重视做好青少年群体的思想政治工作。和平门社区将文明礼仪教育实践活动与青少年校外德育教育相结合，年节时组织学生写春联送到社区孤寡、空巢老人家中张贴好。四是完善社会服务保障工作。为残疾人安装无障碍设备，帮助残疾人落实工作，定期开展社区市民学校等教育活动，对低保人员实行动态管理，对低保困难户、低保边缘户实施临时救助等。协助相关职能部门妥善解决居民就业需求，搭建就业平台、提供就业机会。

五是做好外来人口的思想政治工作。针对外来人口，建立《以房管人跟踪服务登记表》，抓好流动人口计生服务工作，帮助他们解决生活工作中遇到的困难，开展法制宣传活动，积极推进社区平安和谐。六是做好拆迁户群体的思想政治工作。在西长安街道路拓宽和特殊用地拆迁工作中，深入细致开展居民、单位的教育引导，有效排查化解纠纷矛盾，把“保民生、保稳定”贯穿于拆迁工作始终，保证按时、高效、优质完成拆迁任务。

四、开展军民共建活动，强化思想政治工作互动效应

西长安街街道结合社区建设工作，积极探索军民共建向深层次、制度化、经常化方向发展，互相交流党建经验，丰富党组织生活。义达里社区把共建工作作为社区建设的重要内容，健全完善共建组织机构、工作制度、活动内容，形成以军民共建为龙头，辖区各行业、社区居民全民参与，发挥各自特长，齐抓共管，不断创新发展的共建长效机制。第一，健全“五有四纳入”制度，即共建工作有组织、有计划、有活动安排、有日常检查、有年终总结；纳入部队建设长期发展规划、纳入社区党委会工作日程、纳入推进军地双方工作目标、纳入连队和社区居委会政绩考核内容。第二，长期做到“五个坚持”，一是坚持部队派战士到义达里社区居委会协助工作，成为“穿军装的居委会主任”。二是坚持共建工作不断线。1986 年，二炮司令部直工部陆续从居委会辖区迁出，部队领导还经常来共建点指导工作，派出官兵协助居委会进行环境整治，经常开展便民服务活动。居委会主任、党支部书记担任二连的“名誉指导员”，定期走访慰问。三是坚持共建、共益、共同发展的原则，做到共建工作与经常性的思想政治教育相结合，在共建工作中将部队建设与社区发展相结合，重大节假日、共建高潮日与经常性共建活动相结合，共建工作与社区工作突破、创新相结合。四是坚持开展四个活动，每年组织军营一日活动、连队坚持每年开展群众性国防教育活动、坚持军地双方相互走访慰问活动、坚持开展各种丰富多彩、寓教于乐、便民利民的共建活动。聘请部队领导担任共建点文明市民学校分校名誉校长，对群众开展多种形式的爱国主义、国防建设、民主法制、思想道德等方面的教育，举办政策咨询、知识讲座，组织社区居民、连队战士观看电影、教育录像片等。这些活动，针对性强，适合军民口味，深受军民欢迎。

五、加强制度创新，为思想政治工作扩大覆盖面提供制度保障

西长安街街道从制度层面下功夫，不断完善“居民议事厅”制度，丰富议事规则和内容，规范议事程序，拓宽民主渠道，征集民意，沟通民情，确保居民群众依法直接行使更多、更切实的民主权利，促进邻里和谐。同时，依托街道维稳中心，建立和实行矛盾联调、治安联防、工作联勤、问题联治、平安联创的工作机制，并建立分析评估上报制度。每月对本地区维稳、治安工作进行一次形势分析，全面评估情况，发现问题并查找原因，提出针对性改进意见，及时向有关部门、单位发布社会稳定及治安预警预报；建立维稳治安形势收集报送责任制和责任追究制，建立信息动态收集网络。选派政治意识强、业务水平高、工作作风好的同志专门从事情况收集报送工作，各社区和相关成员单位建立信息员制度，指定专人负责情况信息的收集并上报中心。中心分析评估情况和平时掌握的重大情况，及时向街道工委、办事处和上级综治信访维稳部门报告。对延误、隐瞒情况报送的进行责任追究。建立矛盾纠纷和突出问题排查制度。综治维稳中心每月召开一次办公会议，分析排查矛盾纠纷和治安重点地区及治安突出问题。对排查出来的矛盾纠纷分门别类，部署相关单位、明确责任人做好调处化解工作。对重大矛盾纠纷或涉及两个以上职能部门的矛盾纠纷，组织相关职能部门联合行动，运用人民调解、行政调解、司法调解有机衔接

的工作机制共同解决；坚持“重在解决问题”的原则，对排查发现的矛盾纠纷和突出治安问题，采取针对性强、切实有效的措施，做到排查一件、解决一件，确保把各种矛盾解决在辖区内部和萌芽状态。

（课题组由中国政研会调研一部人员组成）

牢记嘱托创先争优　加快建设美好安塞

程引弟

陕西省安塞县是胡锦涛总书记学习实践科学发展观活动的联系点，总书记亲临视察指导，先后7次作出重要批示。开展创先争优活动以来，安塞县委以总书记的亲切关怀和殷切期望为动力，激励基层党组织和党员干部在建设美好安塞实践中创先进、争优秀，注重“五突出、五延伸”，努力打造科学发展先进县。

突出调整产业结构，在推动科学发展上延伸。把工业园区建设作为调整产业结构、转变发展方式、破解发展瓶颈的“龙头工程”，全力推进。把发展棚栽、林果、草畜三大特色产业作为创先争优活动的具体实践，积极破解融资难题，切实增加科技投入，提升农业产业化水平。把文化产业作为安塞新的经济增长点，发展腰鼓、剪纸、农民画、民歌等国家级非物质文化遗产和民间艺术，打造黄土风情文化产业。

突出统筹城乡发展，在促进社会和谐上延伸。制定《安塞县统筹城乡发展规划（2010—2020年）》，加快统筹城乡发展步伐。建立警地（企）联系卡制度，探索建立一个村设一个调解室、聘一名农民党员调解员、派一名联系法官“三个一”基层矛盾调解机制。开展“评树百名典型，建设科学发展先进县”活动，营造创先争优、健康向上、文明和谐的社会氛围。

突出保障改善民生，在服务人民群众上延伸。解决行路难问题，实现80.1%的村通柏油路，通往村民小组的道路全部达到四级砂砾石标准。解决饮水难问题，投资3.4亿元，启动“四大水利”项目建设，解决城乡6.6万人的饮水安全问题。解决上学难问题，建成高标准的县幼儿园和县高级中学，解决入园难和上高中难的问题。解决住房难问题，建设经济适用房和廉租房，解决居民群众和城镇低保户住房问题。解决融资难问题，建立农银、建银两个村镇银行，健全完善棚栽、林果、草畜三大农业主导产业扶持政策，激发群众发展特色产业的积极性。

突出巩固党建成果，在加强基层组织上延伸。开展村级党组织“升级晋档、科学发展”活动，将考核评价的“软指标”变成新农村建设5个方面15项考核要素的“硬指标”。推行党员中心户制度，建立“村党组织＋党员中心户＋党员＋群众”的工作网络。党员争当党的政策宣传员、党建工作组织员、产业开发指导员、民事纠纷调解员、新农村建设示范员。实行县委评党委、党委评支部、支部评党员，群众评议党员、党员评议支部、支部评议党委、下属单位评议主管部门的“双向评议”制度。

突出拓宽发展视野，在对外开放合作上延伸。加强干部交流学习，与张家港和寿光两市开展领导班子成员定期互访，干部异地培训、挂职锻炼。发挥本地资源优势，争取发达地区资金人才支持，共同推动产业互动发展。与广东增城市联建职业技术学校，互派管理人员和教师，定向安置就业，为加强技能培训、搞好劳务输出搭建新平台。

（作者：中共陕西省安塞县委书记）

探索建立服务群众新机制　推动创先争优活动深入开展

王西冀

广西田东县是中共中央政治局常委、全国人大常委会委员长吴邦国同志学习实践科学发展观活动的联系点。创先争优活动开展以来，我们牢记吴邦国委员长的亲切嘱托，弘扬百色起义的伟大精神，把创先争优作为巩固延伸学习实践活动成果的重要举措和新的动力，不断拓展为民办实事的空间领域，以探索建立服务群众新机制为着力点，贴近基层实际，搞好分类指导，开展分层创建，有力推动了创先争优活动的深入开展。

建立“一办三中心”新模式，拓展“农事村办”服务领域。在学习实践活动中，田东建立了“农事村办”制度，让农民不出村就能享受到生产、文化、卫生、政务等六项服务，强化了农村基层组织惠民便民利民功能。我们把坚持和完善这一制度作为创先争优活动的重要内容，探索建立“一办三中心”服务群众新模式，打破乡镇站所各自为政的运行体制，在乡镇组建党政综合办公室、产业服务中心、社会服务中心和政策法律服务中心，将乡镇机关、站所干部资源重新整合，统一调配，充实到“农事村办”服务站，使其由原来的6项服务扩展为9项服务。目前，在基层一线服务的党员干部达400多人，占全县乡镇干部的85%。干部和农民“一块田地干活，一条凳上聊天，一口锅里吃饭”，把党和政府正在着手解决的问题与老百姓要求解决的问题衔接起来，深受广大群众欢迎。2010年以来，“农事村办”受理群众申请事项32450件，办好事实事13500件，解决各种矛盾纠纷、困难问题10300多件。

推行“民情110”服务新方式，建立高效快捷便民新机制。我们把回应群众的关切期待作为切入点，努力为群众提供高效便捷贴心的服务，使创先争优活动成为群众满意工程。在涉及民生问题较多的部门建立了包括“水情110、民生110、项目110、信访110、公安110、农技110”的“民情110”服务总平台，直接面向群众开展零距离服务、快速度服务、全方位服务、跟踪式服务和组织化服务。在“110”部门和岗位上的每一个党员干部都“把党员身份亮出来，把承诺事情做起来”，在服务群众过程中创先争优。通过优质高效的服务，使群众的第一呼声得到迅速回应，群众的第一要求得到迅速受理。全县各级党组织建立了近千个党员服务队、200多个党员应急小分队，设立了300多个党员先锋岗，为群众解决各种求助事项5万多件。

创新“结对共建”活动新形式，增强基层组织服务群众活力。为了激发基层县、乡（镇）、村不同层次和领域的党组织与党员创先争优活动的内生动力并形成强大合力，实现同争共创、帮扶联创，我们创新基层党组织“结对共建”活动形式，将原有的单位包村和领导挂点扩展为村居结对、村企结对、村校结对、县县结对、跨区域结对等11种共建模式，全县210个基层党组织全部结对子，按照“组织联建、党员联管、队伍联抓、发展共谋、和谐共促、资源共享”要求开展“党日活动”，“公开承诺”等多种形式的互帮互助活动，实现了基层组织建设多层次覆盖、多形式推动和多效应共生。同时，我们把干部作风转变作为创先争优的突破口，开展以“戒骄、戒懒、戒空、戒虚、戒假、戒奢”为主要内容的作风集中整顿活动，切实增强党员干部服务群众的自觉性，形成“解决问题最重要，为民办事最光荣”的良好风气。

（作者：中共广西百色市委常委、田东县委书记）

争创科学重建示范　争当跨越发展先锋

颜　超

四川省江油市是中共中央政治局常委、国务院总理温家宝同志学习实践科学发展观活动的联系点。创先争优活动开展以来,我们遵照温家宝同志的指示精神,准确把握创先争优的本质特征和基本要求,从实际出发,以“争创科学重建示范、争当跨越发展先锋”为主题,深入推进创先争优活动,为重建发展提供了强大动力。

针对基层特点,创新活动载体,在搞好分类指导中实现统筹推进。紧密联系灾区科学重建科学发展实际,根据各行业、各领域基层党组织和不同群体党员的具体特点,深入推进创先争优活动。一是分类创设载体。采取“1+5”模式,紧紧围绕活动主题,在农村开展“争当领头雁、建设新家园”活动;在社区开展“建和谐堡垒、做服务先锋”活动;在机关事业单位开展“树优良形象、当满意标兵”活动;在“两新”组织开展“服务发展当先锋,奉献社会树形象”活动;在群团组织开展“党群共建、创先争优”活动。二是进行分类指导。把发展基础好、凝聚能力强的村建成实践基地,把先进村与后进村结成帮扶对子,在广大基层党组织和党员中开展“支部带领、党员带头、典型带动,比发展、比致富、比贡献”的“三带三比”活动,着力整顿提高后进村党组织和党员。三是分类组织推进。把乡镇按不同发展类型划分为5个片区,市级部门按职能划分为8个系统,确保创先争优平衡发展,统筹推进。

把握活动要求,运用科学方法,在狠抓关键细节中激发争创活力。狠抓责任落实、公开承诺、领导点评、典型示范等工作,努力形成齐争共创的生动局面。坚持抓书记、书记抓。各级党组织层层签订责任书,党组织书记切实履行一把手职责,亲自研究活动主题、审定工作方案、部署动员大会并对各级党组织书记进行专题培训。坚持抓承诺、办实事。统一制作《公开承诺书》,对公开承诺的内容、组织、形式提出具体要求,并组建督导组对履行承诺情况进行督查。坚持抓点评、明方向。建立“上下联动、三级负责”点评责任制和整改落实机制,对创先争优活动主题、载体、标准以及组织领导等方面进行深入点评。坚持抓示范、树标杆。深入开展“党员示范城”创建活动,开展“红旗支部”、“功勋支书”评选活动和“选树百业标兵、树立争创标杆”活动,以及窗口单位党员示范活动。

围绕工作重心,坚持服务大局,在突出实践特色中增强活动实效。围绕重建发展开展活动,切实解决突出问题,使创先争优成为每个基层党组织和党员的自觉行动。围绕“抓发展、促跨越”创先争优,引导基层党组织和党员在重建和发展一线创先争优;围绕“保平安、促和谐”创先争优,建立覆盖城乡的“大调解”协调机构,深入开展“接访日”和“大下访”活动,建立党代表接访走访群众制度,努力化解各类社会矛盾;围绕“问民情、解民忧”创先争优,深入开展“领导挂点、部门包村、干部帮户”活动,为群众解决实际困难;深入实施民生工程,努力增加城镇就业和再就业人数,社会保障基本实现全覆盖;围绕“重基层、打基础”创先争优,推行“四议两公开一监督”工作法,推进“特殊党费”援建村级组织活动场所和远程站点建设,加强社区党组织建设,提高社区党建工作水平。

（作者:中共四川省江油市委书记）

大力实施“四大工程”使创先争优活动成为群众满意工程

刘 利

吉林省乾安县是中共中央政治局常委、全国政协主席贾庆林同志学习实践科学发展观活动的联系点。在贾庆林同志的亲切关怀和指导下，我们在创先争优活动中，深入开展“推动科学发展，打造吉林省西部明星县”主题实践活动，着力实施“四大工程”，推动创先争优活动扎实有效开展，取得了实实在在的效果。

实施富县裕民工程。坚持把科学发展、富县裕民作为创先争优的最大实践，充分激发和调动广大党员干部的积极性和创造力。组织实施高效农业建设、大项目建设、基础设施建设、新农村和小城镇建设、生态环境建设、招商引资等重点工作；推动促进中电网新风能发电、哈达山水利枢纽、大布苏泥林旅游基础设施、五右高速公路、松乾铁路等一批重点项目建设。尤其是面对2010年特大旱灾，各级党组织和广大党员把抗旱救灾作为创先争优活动的生动实践，组织开展共产党员“先锋行动在一线”活动，建立党员帮扶对子2376个，共捐款216万元，捐柴油260吨，打抗旱井80眼，为夺取抗旱救灾胜利作出了积极贡献。

实施和谐稳定工程。坚持把维护稳定、促进和谐作为创先争优活动的重要目标，进一步完善社会治安综合治理机制，全面开展“书记大接访”、领导干部“带案下访”、建设“平安乡村”、“平安校园”、“平安社区”等活动；构建县、乡、村社会治安管理群防群治体系，实施“城镇治安巡逻卡点”、“校园治安网络”、“居民小区全程监控”、“农村治安联防队”建设工程，打造“四位一体”的安全防控措施，提高了公共安全水平和应对处置突发事件能力，使创先争优活动成为维护社会稳定、构建平安乾安的有力保障。

实施服务民生工程。坚持把改善民生、服务群众作为创先争优活动的价值取向，从群众最关心、最直接、最现实的利益问题抓起，进一步完善农民服务站、为民服务中心，推行服务承诺、党员先锋岗、党员挂牌服务、结对帮扶等措施，加快解决教育、卫生、住房、就业、道路、饮水等方面的突出问题，使创先争优的过程成为为民解难、为民谋利、为民造福的过程。同时，重点兴办农村泥草房改造、人畜饮水工程、城市居民暖房子工程、垃圾处理、绿化美化、道路拓宽改造、燃气入户、广场建设、建材市场建设、“五馆”（图书馆、文化馆、科技馆、博物馆、展览馆）建设等10件为民实事，群众的满意度不断提升。

实施固本强基工程。坚持把创先争优活动作为加强党的基层组织建设的有效载体，围绕“增强服务功能，发挥战斗堡垒作用和先锋模范作用”，着力健全党的基层组织体系，加强基层党组织带头人队伍建设，推进基层党组织活动场所建设，整顿软弱涣散组织，不断扩大组织工作覆盖面；认真落实“一定三有”、“三有一化”，推广“四议两公开一监督”工作法，建立“三诺一考”、“为民服务三资代理”、“党员示范成效群众评议”等机制，更好地发挥基层党组织的战斗堡垒作用、基层干部的骨干带头作用和党员的先锋模范作用，不断提升基层党建工作的科学化水平。

（作者：中共吉林省乾安县委书记）

谨防创先争优活动中的“四种现象”

郭三潮

针对当前正在大力开展的创先争优活动，李源潮同志指出，创先争优重在干事，要以实现科学发展任务为中心，推动基层党组织和党员、干部干事创业，确保取得科学发展增动力、人民群众得实惠、基层党建上水平的实效。为此，基层党组织开展创先争优活动必须要从实际出发，解决实际问题，力戒形式主义，谨防出现“四种现象”。

一、谨防氛围不浓的“内循环”现象

创先争优活动如果氛围不浓厚，群众对活动不了解，参与热情不高，容易使活动变成党员干部的“内循环”。因此要在充分做好动员部署工作的基础上，充分利用、积极探索多种宣传途径营造浓厚氛围，形成党内党外互相呼应，社会各界学习先进、崇尚先进、争当先进的良好风气。

一要充分利用传统宣传方式。实践证明，横幅、标语、电视、报纸等传统方式是活动宣传的有力武器。可以在交通沿线和城区主要出入口等显要位置设置主题标语牌，悬挂横幅；集中群众智慧，征集“具有地方特色、叫起来响亮、听起来悦耳、记起来容易”的主题口号；印制活动宣传单，发放到基层组织和党员群众手中；组成宣讲团授课讲解，举行座谈交流会，举办主题图片展等形式大力宣传开展创先争优的意义和成效等等，从各个层面、各个领域、各个角度对创先争优活动进行广泛宣传，让创先争优活动入脑入心。

二要积极探索新型宣传途径。活动的圆满完成不能仅限于传统方式，还要构思一些让基层党员群众喜闻乐道的宣传方式，将活动全方位地渗透到党员群众的生活中。如围绕活动主题编创文艺作品，以歌舞、戏剧、曲艺等生动活泼、形象感人的艺术形式，寓教于乐；在网络平台上增设专栏，及时发布活动的进展、文件精神及先进典型；举办有奖知识问答，激发群众参与的热情；开展主题演讲比赛，挖掘先进事迹，调动党员干部的积极性；开通手机短信平台，定期播报中央、省、市创先争优活动的动态等等，形成全方位的宣传攻势，让党员群众自动自发参与到创先争优活动中来。

二、谨防载体不新的“炒旧饭”现象

一些基层组织没有深刻领会和准确把握开展主题活动的意义和要求，可能存在照抄照搬甚至年年“炒旧饭”的情况。为此，创先争优活动要结合实际对活动载体更新换代，让创先争优的主题、党员身份和党建阵地都“亮出来”。

一是以服务群众为根本，让创先争优主题“亮出来”。基层各职能部门可以将活动载体与自身职能结合起来，在城市发展、文明管理、化解矛盾、民生改善等方面创设载体，努力创先争优。各乡镇（街道）、村级（社区）党组织可以把搞好农村（社区）基层党建工作、选好村（社区）组织带头人、加强农村实用人才队伍建设、搞好村民自治、带领群众致富等方面作为活动的载体，既突出活动主题，又为群众办了实事好事，促进基层群众搞好发展、维护稳定。

二是以做好表率为关键，让党员身份“亮出来”。要找准并抓住让党员“当标杆、做示范”这一开展创先争优活动的关键点，多想点子、多设载体。如统一制作党员身份胸卡，让农村和社区党员挂牌上岗，亮明身份为群众服务，接受群众监督；让基层职能部门的党员干部挂牌工作，时刻接受服务对象的监督与评价，也为其他干部当好标杆，以此充分发挥他们的示范带动作用；在机关开展增强党性的读书荐书活动、履行职责的兑现诺言活动、为民解忧解困的帮扶活动、推动发展的建言献策等等，让机关党员身份更加亮化，自觉树立标杆和表率作用。

三是以规范形象为重点，让党建阵地"亮出来"。按照"统一标准、综合功能、简洁朴素、注重实用"的要求，规范建设农村基层组织创先争优活动的室内展板，将"科学发展观、四民主工作法、党员联系帮扶群众"等内容纳入其中，使村级活动室更加明亮整洁。在农村党组织和党员中开展争创"党员示范户、党员示范标兵、党员示范基地、党员大学生村官示范基地"；在国有企业、机关单位和党员干部中开展创建"党员示范岗、党员示范窗口、党员示范班组"等活动，做到统一挂争创标识牌，让各式党建阵地全面"亮出来"。

三、谨防典型失真的"高大全"现象

创先争优活动中要宣传先进典型，特别要注重选准和宣传平凡岗位、群众身边的优秀干部、优秀党员和优秀基层党组织，谨防形象"高大全"。因此，不但要深入挖掘和培育先进典型，还要跟踪指导先进典型，确保先进典型的真实丰满、可信可学。

一是要"货真价实"选准先进典型。要广泛宣传，全面发动各基层党组织切实深入挖掘先进典型，积极推荐他们的突出事迹，确保先进典型来源广泛、基础扎实。要根据推选结果和行业领域，挑选出一批先进典型公布于报纸、电视、网站进行评选，根据得票高低确定先进典型的人选，确保先进典型的群众认可度高。然后再根据行业与领域，对先进典型进行分层分类培育，充分发挥先进典型的示范作用，激发广大党员"比、学、赶、超"的劲头。

二是要"多管齐下"培养先进典型。要依靠岗位练兵挖掘先进典型的工作潜能，立足工作实践锻造优秀人才，通过搭建竞争平台、交给攻坚任务、提供相关便利条件，着力培养专业能手。要依靠完成任务锤炼先进典型的综合素质，让先进典型在完成任务中纯洁思想，完善形象，掌握创新发展的本领，提升先进典型的含金量。要依靠复杂环境磨砺先进典型的意志品质，注重在基层工作一线发现、培养、推出先进典型，通过艰苦复杂的一线工作环境磨砺先进典型。

三是要"破除迷信"指导先进典型。要建立创先争优活动联络员制度，要求联络员定期上报该单位创先争优活动的最新情况，包括先进典型的发展情况。对已评定为先进基层党组织和优秀共产党员的，要改变"先进典型永远先进"、"先进典型不容置疑"的旧观念，按照与时俱进、实事求是的观念和以人为本、关心爱护的态度，采取明查暗访、民意调查等方式，不定期跟踪了解实际表现和社会评议，促使其发挥更大的示范作用。对思想松懈、工作下滑、造成不良社会影响的，应取消其资格，确保先进典型经得住考验，让党员群众真诚信服、真心跟学。

四、谨防落实不力的"走过场"现象

一些基层党组织和党员对创先争优活动理解为口号、标语、材料等空洞的内容，与中心工作结合不紧密，存在应付上级和"走过场"的现象。为此，创先争优活动要做实方案，层层落实责任，主动接受群众监督，确保活动落到实处，干出实效。

一要做实方案，杜绝虚假包装。创先争优重在干事，党组织和党员必须把多为群众办实事放在突出位置，在干事创业、服务群众中体现先进性，不能把活动的重点放在包装上，不能只在材料档案和宣传造势上做文章。要制订主题鲜明又具体量化的实施方案，使得每一项活动都明确具体的时间、活动内容、操作方式和目标要求，并与当前开展的各项业务工作有机结合起来统一组织实施。

二要层层落实责任，确保环环相扣。开展创先争优活动各级党组织书记是第一责任人，要带头建立示范点，深入基层调研指导，带头推动。组织部门、宣传部门是组织创先争优活动的职能部门，要全面担负起具体组织领导责任，统筹协调各有关部门共同推进创先争优活动。党员领导干部要带头参与和指导基层工作，真正形成领导带头、上下联动、全员参与的生动局面。

三要严格督促措施，接受群众监督。要围绕实效抓落实，建立健全一整套制度，以制度带动和监督活动的执行；要做好督促检查工作，做到发现问题、整改提高；要实施监督评价机制，充分发挥群众的监督评价作用，及时向群众公布活动进展情况，主动接受群众监督，倾听群众的意见呼声，为创先争优活动经常性、卓有成效地开展提供保证，真正实现组织和群众“两满意”。

（作者：中共广东省惠州市惠阳区委常委、组织部长）

第十二部分

组织人才工作与干部人事制度改革

努力建设先进组工文化　推动组织工作科学发展

李源潮

文化是一个民族的精神命脉，也是一个政党的精神旗帜。中国共产党在领导中国革命、建设和改革的长期实践中，一贯重视思想文化建设，始终代表中国先进文化的前进方向。这是我们党近90年来不断发展壮大的重要原因。

组工文化是党的先进文化的重要组成部分。一代又一代组工干部在实践中不断创造、积淀和升华，形成了以政治坚定、公道正派、廉洁勤奋、求实创新为核心的优秀组工文化。实践证明，加强组工文化建设，有利于坚定组工干部的理想信念，清醒认识肩负的责任和使命；有利于促进组工干部坚守组织原则，养成严谨自律的行为习惯；有利于引导组工干部提高素质、改进作风，树立可信、可亲、可敬、可靠的良好形象；有利于推进学习型、创新型、和谐型机关建设，形成团结坚强的战斗集体。

组工文化是与时俱进的文化。加强组工文化建设既要弘扬优良传统，又要体现时代精神。胡锦涛同志强调，要以改革创新精神推进组织工作，为科学发展选干部、配班子，建队伍、聚人才，抓基层、打基础，把组织部门建设成为高举中国特色社会主义伟大旗帜、深入贯彻落实科学发展观的模范部门，把组工干部队伍建设成为讲党性、重品行、作表率的过硬队伍。胡锦涛同志还强调，组织工作要让全党满意，让人民满意。这就指明了新形势下加强组工文化建设的根本方向。组织路线是为政治路线服务的，只有知大局、懂本行、干实事，组织工作才会有作为、有地位。近年来，各级组织部门坚决贯彻中央和胡锦涛同志指示精神，坚持为党和国家工作大局服务，为党员、干部和各类人才服务，为人民群众服务，在应对国际金融危机冲击，抗震救灾、抗洪抢险和服务奥运会、世博会、亚运会等重大任务中，主动为党分忧、为国尽责、为民奉献，得到了党内外广泛好评。加强组工文化建设，必须引导广大组工干部进一步增强政治意识、大局意识、责任意识，更好地践行“三服务、两满意”，为推动科学发展、促进社会和谐提供坚强组织保证。

第一，坚定对党忠诚、为民奉献的政治追求。一个政党的生命力在于思想和组织。思想是党的行动指南，组织是党的存在基础；思想决定党的奋斗目标，组织决定党的行动能力。对于共产党来说，思想的力量源于信仰，组织的力量源于忠诚。组织工作负责共产党自身的组织建设，对党忠诚是党的事业对组织工作第一位的要求。中国共产党要成为领导中国人民实现社会主义现代化的核心力量，必须有一批在任何复杂情况下都忠诚于党的骨干，组工干部就要做对党最忠诚的干部。在和平建设时期，对党忠诚主要体现在两个方面，一是对党高度负责，主动为党分忧；二是坚守党的宗旨，坚守党的原则。对党不负责任的人不能当组工干部，不坚持原则的人也不能当组工干部。为人民服务是中国共产党的根本宗旨，实现这个宗旨，必然要求党员、干部具有为民奉献的精神。一个政党的前途取决于人民的态度和选择。如果一个党的成员只愿意为自己谋利，而不愿意为民奉献，人民是不会拥护这个党的。所以，组织工作必须把为民奉献作为政治标准，以此来教育党员、要求干部、开展活动、体现价值。组工干部必须带头讲党性、重品行、作表率，始终做到对党忠诚、为民奉献。

第二，恪守实事求是、公道正派的职业品

格。组织部门担负着选贤任能的重大责任，实事求是、公道正派是组工文化的鲜明特征。毛泽东指出，在干部政策问题上要坚持正派的公道的作风，反对不正派的不公道的作风。邓小平强调，管干部的干部，要很公道，很正派，不信邪，不怕得罪人。在党的组织工作史上，许多组工干部在干部问题上坚持说真话、说实话，即便身处逆境也不改本色，为后人树立了实事求是、公道正派的榜样。在改革开放、发展市场经济和长期执政的条件下，识人用人面临的环境更为复杂、考验更为严峻。去年全国组织工作满意度民意调查，影响组工干部形象第一位的突出问题，是“不能做到公道正派”。加强组工文化建设，必须牢牢把住实事求是、公道正派这条组织工作的“生命线”，始终做到对己清正、对人公正、对内严格、对外平等。

第三，弘扬与时俱进、改革创新的进取精神。改革创新是党的十七大对组织工作提出的根本要求。组织工作的发展史，就是一部与时俱进、改革创新的历史。改革开放以来，我们党坚持不懈地推进干部人事制度改革，创新组织制度和党员教育管理，加强党管人才工作，逐步形成了与发展社会主义市场经济和社会主义民主政治相适应的组织工作格局，组织工作科学化水平不断提高。但是，面对中国改革开放一日千里的快速发展，面对中国社会日新月异的深刻变化，面对科学技术突飞猛进的更新进步，组织工作旧观念、旧方法、旧形式的不适应日益显现。改革创新是组织工作发展进步的根本动力，是组工文化的内在品格。改革有风险，但不改革就会停滞、就会不适应、就会有危机、就会走向衰败。改革不可能是所有人都皆大欢喜的事，改革肯定要遇到矛盾和困难，即使是成功的改革，也会产生新矛盾新问题，改革正是在解决这些矛盾中前进的。组织工作的改革要积极稳妥、有序可控地进行，像拧螺丝钉一样，认准方向，一环扣一环地往深层推进。组工干部要不断解放思想，开阔眼界、开阔思路、开阔胸襟，始终保持蓬勃向上、奋发进取的精神状态。

第四，形成争当先进、创造优秀的良好风气。先进和优秀是中国共产党人的特征和追求。组织部门是管党员、管干部、管人才的重要职能部门，组工干部应当做党性最强、作风最正、工作最出色的干部。组织部门不先进，就履行不好职责；组工干部不优秀，就作不好表率。长期以来，组织部门形成了中央有号召、组织部门先带头，组织工作有部署、组工干部作表率的优良传统。近些年涌现的祁爱群、王彦生、尹中强、杜洪英等组工干部楷模，生动诠释了争当先进、创造优秀的组工文化。现在，创先争优活动正在各级党组织和党员中深入开展，组织部门要带头创先争优，学习先进、争当先进、赶超先进。

第五，保持严格自律、清正廉洁的政治本色。廉洁自律、拒腐防变是中国共产党人保持先进性的永恒课题。江泽民指出，吏治腐败是危害最烈的腐败。组织部门掌握着干部任用权，在廉洁自律上要有更高的标准、更严的要求。近年来，少数组工干部特别是组织部长出问题，给组工干部形象抹了黑。韩桂芝卖官毁了一批干部，耽误一方发展，影响十分恶劣。加强组工文化建设，必须坚持从严治部、从严律己、从严带队伍，严格执行“十严禁”纪律，教育引导组工干部自重、自省、自警、自励，坚决抵制权、钱、色的诱惑，坚决同选人用人上不正之风进行战斗，始终保持清正廉洁的政治本色。

组工文化植根于组织工作实践。加强组工文化建设，要坚持以邓小平理论和“三个代表”重要思想为指导，深入贯彻落实科学发展观，把握组织工作为党和国家大局服务的正确方向。要加强对组织工作史的研究、学习和宣传，弘扬组织工作的优良传统。要总结组织工作改革创新的新鲜经验，树立组工干部先进典型，丰富组工文化的时代内涵。要以充分的文化自信和开放的胸襟，学习借鉴国外政党加强组织建设的有用经验。组工干部是组工文化的实践者、传承者、创造者。加强组工文化建设，要发挥组工干部的主体作用，共同建设组工干部的精神家园。

希望各级组织部门和广大组工干部，坚持理论联系实际，努力建设中国特色的马克思主义政党先进组工文化，为组织工作改革创新、科学发展提供不竭的精神动力。

（此文是李源潮同志2010年11月13日在全国组工文化论坛上的讲话）

全力落实干部人事制度改革《规划纲要》

李源潮

《2010—2020年深化干部人事制度改革规划纲要》（以下简称《规划纲要》）的出台，标志着干部人事制度改革进入了一个新的阶段。改革环境有了新变化，改革也会遇到新问题，我们要集中力量推进改革，统筹兼顾把握改革，小心谨慎操作改革。集中力量推进改革，就是要认识到现在干部人事制度改革已经进入到整体推进、攻坚克难的阶段，如果不集中力量，就很难推进。统筹兼顾把握改革，就是要把握党情、民意、干部之心，领会中央要求，了解干部期望、人民群众和社会的态度。千万不能把政治性非常强的事当作事务性工作来做。小心谨慎操作改革，任何一项制度性变动在我们这样大的国家推广都不是小事，干部人事制度改革也一样，所以要非常谨慎小心。任何改革都有利益导向，执行者也有他的利益偏好，所以要科学设计、谨慎操作，事先把利益导向想好，并根据执行中出现的新情况，该平衡的平衡，该矫正的矫正，该约束的约束。

第一，认真搞好《规划纲要》任务分解，建立抓落实的工作机制。

第二，着力抓好重点项目，力争有所突破。要牢牢把握“民主、公开、竞争、择优”这八个字，在规范民主、扩大公开、完善竞争、强化择优上取得突破性进展。规范民主，就是规范干部选拔任用中的民主程序，包括规范干部选拔任用提名制度等。扩大公开，就是推进干部工作信息公开，建立健全相关制度。完善竞争，就是完善公开选拔、竞争上岗制度，包括制定调整不适宜担任现职干部办法。强化择优，主要是推行差额选拔干部制度。重点要抓好以下几件事。一是规范提名。要改进和规范干部选拔任用提名工作，做到民主提名、公开提名、责任提名。二是差额择优。推行差额推荐、差额考察、差额酝酿，探索差额票决。差额选拔是选择民主，就是组织上提出差额候选人，让干部群众选择决定，这是党管干部与民主机制相结合的一种形式。三是激发干部交流的内生动力。推进干部交流，关键要有一套机制，比如报名机制、提名机制、保障机制等。干部交流不仅要有组织的动力，还要有干部自身的动力，要把主动和被动、内在和外在的积极性结合起来。要为干部提供自愿交流的机会，让干部表达交流意愿，优先交流有积极性的干部。四是扩大干部工作信息公开。现在干部工作的小道消息多、传得快，有真有假，与其让下面乱传，不如主动公开。五是探索解决扩大民主后的负面效应问题。现在有的干部怕丢票，不敢严格管理，变成了老好人，有些地方和单位还出现了请客吃饭、拉帮结派等问题。干部工作民主中的负面影响，已经成为妨碍干部人事制度改革的一大障碍。民主不能倒退，选人用人要靠制度，不能光靠伯乐，还是要重民主制度机制。但对扩大民主带来的问题也不能视而不见，改革中出现的新问题，要用新的改革办法来解决。比如，在推荐、考核时，要探索把敢抓敢管与好人主义、坚持原则和不坚持原则区分开来的办法，敢于严管的加分，当老好人的减分，做到不简单以票取人。现在，改革已经到了好干的事情几乎已经都做过了的阶段，剩下的多是难啃的骨头。解决一个小问题，得出一个大道理。问题解决了，事业就前进一大步。

第三，积极稳妥、有序可控地把握改革，提高全党满意度。实施《规划纲要》就像开车一样，车开动了就要把好方向、看到风险，既要踩好油门、又要踩好刹车，掌握改革的主导权。

（此文摘自李源潮同志近期听取中组部内工作汇报时的讲话，题目为编者所加）

推动人才事业全面发展

沈跃跃

党的十七届五中全会通过的《中共中央关于制定国民经济和社会发展第十二个五年规划的建议》（以下简称《建议》）进一步对建设人才强国作出部署，充分体现了我们党对人才工作的高度重视。国以才立，政以才治，业以才兴。建设人才强国，既是“十二五”时期我国经济社会发展的重要内容，又是实现“十二五”发展目标的重要保证。我们一定要深入学习领会《建议》精神，把人才工作放在更加突出的位置来抓，推动人才事业全面发展。

一、正确把握人才发展指导方针

《建议》强调，建设人才强国，要坚持“服务发展、人才优先、以用为本、创新机制、高端引领、整体开发”的指导方针。这24字方针，是在全面总结我国人才开发成功经验、积极借鉴国外人才培养有益做法的基础上提炼升华形成的，是人才强国战略思想的重大发展，需要我们在推动人才事业全面发展的实践中正确把握、切实遵循、自觉运用。

坚持服务发展、人才优先。当今世界，以经济和科技实力为基础的综合国力竞争异常激烈。综合国力竞争说到底是人才竞争。要想在综合国力竞争中抢占制高点、赢得主动权，必须大力实施人才强国战略，确立我国人才竞争比较优势，增强国家核心竞争力。从国内发展来看，我国进入了全面建设小康社会、加快现代化建设的关键阶段，原来的发展方式难以为继，加快转变经济发展方式、切实推动科学发展刻不容缓。人才是第一资源，是最需培育、最有潜力、最可依靠的优势。推动科学发展，必须大力开发人才资源，充分发挥人才的基础性、战略性作用，实现经济增长由主要依靠增加物质资源消耗向主要依靠科技进步、劳动者素质提高、管理创新转变。综合判断世界发展形势，立足我国发展的阶段性特征，全国人才工作会议和国家人才发展规划明确提出，要把服务科学发展作为人才工作的根本出发点和落脚点，确立人才发展在经济社会发展中优先发展的战略布局。这是党中央、国务院从国家当前和长远发展全局出发作出的重大战略决策，标志着我国进入了经济社会发展人才要优先发展的新时期。胡锦涛同志指出，加快形成人才优先发展战略布局，要坚持人才资源优先开发、人才结构优先调整、人才投资优先保证、人才制度优先创新。我们要按照这“四个优先”的要求，把人才优先发展的要求具体化、政策化、项目化，把人才优先发展体现到科学发展的全过程和方方面面。

坚持以用为本、创新机制。人才的价值是在使用中体现出来的。所谓"盖天下未尝无贤,以不用亡;不必多贤,以见用兴",说明作为个体的人才越用越聪明,作为整体的人才越用越多。从我国人才发展的现实情况来看,虽然我国已经是人力资源大国,但人才结构还不尽合理,人才培养与经济社会发展需求还存在脱节现象,加上一些地方轻视人才使用,所以我们仍然面临着人才不够用、不适用、不能充分使用等突出问题。解决这些问题,最关键的就是要树立以用为本的理念,把用好人才、发挥人才作用作为人才工作的根本任务,在使用中发现人才、培养人才、成就人才。用好人才,创新人才工作体制机制是保障。围绕用好人才、提高人才效能,国家人才发展规划提出要创新人才培养开发、评价发现、选拔任用、流动配置、激励保障等五大机制,为我们明确了当前和今后一个时期人才工作体制机制创新的方向和任务。我们要加大改革创新力度,坚决破除束缚人才发展的思想观念和制度障碍,进一步解放思想、解放人才、解放科技生产力,努力构建与社会主义市场经济体制相适应、有利于科学发展的人才发展体制机制,为人才发展提供有力的制度保证。

坚持高端引领、整体开发。高端人才是推动经济社会发展的关键资源和紧缺资源,对于一个国家的发展常常起到难以估量的作用。20世纪50年代钱学森回国时,美国方面曾这样评价:"一个钱学森,抵得上5个海军陆战师。"事实表明,这个评价一点也不为过。钱学森对中国火箭、导弹和航天事业的发展作出了巨大的贡献,使我国在很短的时间内缩小了与世界先进水平的差距。建设人才强国,就是要突出像钱学森这样的高端人才的引领带动作用,着力在各个领域培养造就一批高水平的领军人才。同时,我们也要明白一个道理,水涨才能船高。在注重高端引领的同时,要坚持整体开发的思路,统筹城乡、区域、产业、行业和不同所有制人才资源开发,推动各类人才队伍协调发展,建设规模宏大、布局合理、结构优化、素质优良的人才队伍。

二、统筹抓好各类人才队伍建设

推动人才事业全面发展,建好各类人才队伍是中心任务。《建议》提出,要加强现代化建设需要的各类人才队伍建设。我们要按照这个要求,科学规划、突出重点、统筹推进,以高层次和高技能人才为重点,抓好党政人才、企业经营管理人才、专业技术人才、农村实用人才、社会工作人才等各类人才队伍建设,为"十二五"时期经济社会发展提供坚强人才保证和广泛智力支持。

突出培养造就创新型科技人才。据有关部门统计,目前我国科技人力资源总量约为4200万人,居世界前列,但高层次创新型科技人才仅1万人左右;在158个国际一级科学组织及其1566个主要二级组织中,参与领导层的我国科学家仅占总数的2.26%。这表明,创新型人才尤其是高层次创新型科技人才匮乏是人才队伍建设的突出问题,严重制约着我国经济和科技的国际竞争力,影响着国家长远发展。针对这个问题,国家人才发展规划明确提出,要围绕提高自主创新能力、建设创新型国家,以高层次创新型科技人才为重点,努力造就一批世界水平的科学家、科技领军人才、工程师和高水平创新团队,力争到2020年高层次创新型科技人才总量达到4万人左右。我们要按照这个目标,制定具体的实施计划,创新人才培养模式,加大创新型科技人才培养力度。特别是要依托国家重大科研项目和重大工程、重点学科以及重点科研基地、国际学术交流合作项目等,在实践中培养造就一支高素质的创新型科技人才队伍。

大力开发重点领域急需紧缺专门人才。"十二五"时期,是我国经济结构和社会结构调整变化的关键时期。加快转变经济发展方式、构建社会主义和谐社会,都对人才工作提出了新的更高要求。但是,在一些经济社会发展的重点领域,人才队伍现状还远不能满足实际需求。比如,新能源、节能环保、新材料、新医药、信息产业等战略性新兴产业是“十二五”产业发展的重点，但目前这些领域人才的缺口有些达到几倍、几十倍甚至上百倍之多。所以，必须下大力气抓好重点领域专门人才的培养开发。尤其要围绕推进产业结构优化升级、发展现代产业体系、扩大公共服务、完善社会管理等“十二五”时期经济社会发展重点任务，采取开展人才需求预测，分系统、分行业制定实施人才培养开发计划，大规模开展专门人才知识更新培训等有效措施，努力推动重点领域急需紧缺人才的培养开发工作取得突破性进展。

积极引进和用好海外高层次人才。做好新形势下的人才工作，立足点要放在国内人才培养和使用上，同时必须适应形势发展，扩大人才工作对外开放，积极引进海外人才和海外智力。2008 年以来，按照党中央、国务院的要求，有关部门通过组织实施“千人计划”等措施，加大海外高层次人才引进力度，取得了明显成效。目前，已分 4 批引进了 825 名海外高层次人才，设立了 67 家海外高层次人才创新创业基地。“千人计划”也带动了地方、部门引才工作的开展，形成了全方位、多层次的引进海外人才体系。实践证明，积极引进海外高层次人才，是统筹开发利用国内国际人才资源、提高我国人才国际竞争力的有效途径。下一步，要进一步完善相关特殊措施，拓宽人才引进范围，有计划地引进一批能够突破关键技术、发展新兴产业、带动新兴学科、培养创新人才的高层次人才。对引进的海外高层次人才，要充分尊重、积极支持、放手使用，把他们放到关键岗位，让他们参与专业决策、领衔重大项目，使他们引得进、留得住、用得好，迸发创新智慧，涌现创业活力。

三、营造人才发展的良好环境

俗话说，人往高处走。人才作为特殊资源，具有很强的环境选择性。《建议》强调，要营造尊重人才的社会环境、平等公开和竞争择优的制度环境，促进优秀人才脱颖而出。这一要求抓住了人才事业发展的关键，我们要在实践中认真贯彻落实。

营造尊重人才的社会环境。人才竞争的背后，实际上是人才环境的竞争。良好的社会环境吸引人才、激励人才、造就人才，不好的社会环境压抑人才、埋没人才，甚至摧残人才。发展人才事业，必须把加强人才环境建设作为重要任务来抓。要坚持用事业聚才育才，针对各类人才成长特点，提供干事创业、发挥作用的平台，使各类人才创业有机会、干事有舞台、发展有空间。要充分尊重人才的特殊禀赋和个性，鼓励各类人才独立思考、大胆创新，同时又容许失误和失败，使一切创新想法得到尊重、一切创新举措得到支持、一切创新才能得到发挥、一切创新成果得到肯定。要格外关心各类人才的学习和生活，千方百计帮助他们解决好住房、医疗、养老、子女教育和就业等方面的实际问题，使他们能够安心工作。要大力表彰和广泛宣传优秀人才的先进事迹，大力营造人人都作贡献、人人都能成才的舆论氛围，在全社会形成见贤思齐、奋发努力的良好风尚。

营造平等公开、竞争择优的制度环境。人才成长的过程是一个相互竞赛、比学赶超、拼搏前进的竞争过程，选人用人公平是激励人才成长的基本条件。近年来，各地各部门坚持民主、公开、竞争、择优方针，积极推进党政机关、企事业单位干部人事制度改革，促进了人才的公平竞争、合理流动和优化配置。但是，也应当看到，一些束缚和限制人才发展的思想观念和制度障碍依然存在，影响着人才积极性、主动性、创造性的发挥。因此，要继续深化选人用人制度改革，努力形成有利于人才脱颖而出、充分施展才能的选人用人机制。在国有企业领导人员选拔任用制度改革上，要按照组织选拔、市场配置和依法管理相结合的要求，完善国有资产出资人代表派出制和选举制，加大市场化选聘力度。在事业单位人事制度改革上，要健全事业单位领导人员委任、聘任、选任等任用方式，全面推行事业单位公开招聘、竞聘上岗和合同管理制度。

四、加强党对人才工作的领导

《建议》强调要坚持党管人才原则，这是做好人才工作、建设人才强国的根本保证。我们要按照这一要求，完善党管人才工作格局，改进人才管理方式，落实国家重大人才政策，抓好重大人才工程，为人才发展创造良好条件、提供有效保障。

完善党管人才工作格局，改进人才管理方式。党管人才同党管干部相比，对象更广泛、层次更多样，要清醒认识人才工作发展的新变化对党管人才提出的新要求，切实改进党管人才的方式方法。一是完善人才工作推进机制。进一步健全党委统一领导，组织部门牵头抓总，有关部门各司其职、密切配合，社会力量广泛参与的工作格局，建立科学的决策机制、协调机制、督促落实机制，形成统分结合、上下联动、协调高效、整体推进人才工作的合力。二是完善人才管理运行机制。建立健全政府宏观管理、市场有效配置、单位自主用人、人才自主择业的人才管理体制，推动政府人才管理职能向创造良好发展环境、提供优质公共服务转变，充分发挥各类主体的作用。三是建立健全人才投入保障机制。人才投入是赢得未来的战略性投入，是效益最大的投入。要进一步加大人才发展的财政投入，明显提高人力资本投资比重。同时要鼓励引导社会、用人单位、个人投资人才资源开发，形成多元化投入格局。

落实人才培养使用重大政策，抓好重大人才工程。实施重大人才政策和重大人才工程，是国内外人才资源开发的重要经验。针对我国人才发展中亟待解决的问题，国家人才发展规划提出了财税金融、产学研合作、创业扶持、公共服务、知识产权保护等10项重大政策以及青年英才开发、高技能人才振兴、现代农业人才支撑等12项重大人才工程。这些重大政策和重大工程，是突破人才工作重点难点、加强人才队伍建设的有力抓手和有效载体。我们要认真抓好落实，结合实际制定详细的实施计划，做到目标明确、责任明确、措施明确、进度明确，并切实加强考核评估和督促检查，确保一项一项抓到位、抓出成效。通过重大政策和重大工程的实施，整体提高人才工作水平，进一步开创我国人才事业发展新局面。

（作者：中共中央组织部常务副部长）

以高层次、高技能人才为重点统筹推进各类人才队伍建设

尹蔚民

今年5月，党中央、国务院召开全国人才工作会议，科学总结人才工作经验，深刻分析人才工作面临的新形势新任务，就落实《国家中长期人才发展规划纲要（2010—2020年）》、做好当前和今后一个时期人才工作作出全面部署。这次会议的召开和《人才规划纲要》的实施，对于全面提高我国人才发展水平、加快建设人才强国，具有重大而深远的意义。

一、人才问题是关系党和国家事业发展的关键问题

我们党和国家历来高度重视人才工作，在革命、建设、改革各个历史时期，制定和实施了一系列重大方针政策，为党和人民事业发展培

养和集聚了宏大的人才队伍。进入新世纪新阶段，中央作出实施人才强国战略的重大决策。继2003年召开第一次全国人才工作会议，作出《关于进一步加强人才工作的决定》之后，今年又召开第二次人才工作会议，颁布我国第一个中长期人才发展规划纲要。这标志着我国进入了加快建设人才强国的新阶段。

人才是推动科学发展的第一要素。人才强国战略是我国经济社会发展的基本战略。"国以才立，政以才治，业以才兴。"人才数量和质量是衡量一个国家综合国力的重要指标。人才竞争力是国家发展的核心竞争力。人才资源作为最重要的战略资源，在世界综合国力竞争中越来越具有决定性的意义。正如胡锦涛总书记指出的："世界范围的综合国力竞争，归根到底是人才特别是创新型人才的竞争。"

经过30多年的改革开放和经济建设，我国经济总量已排在世界第3位，国家实力日益增强，但我们的人才竞争力还不够强。由此导致的自主创新能力不强，是制约我国经济社会进一步发展的主要因素。面对日趋激烈的国际人才竞争，我们必须采取有效措施，抓住机遇、应对挑战，用战略眼光看待人才工作，立足新起点做好人才工作。

二、我国人才队伍建设取得很大成绩

2003年第一次全国人才工作会议召开以来，各级人力资源社会保障部门围绕中心，服务大局，解放思想，开拓创新，各项人才工作取得了显著成效。

（一）人才公共政策体系逐步完善，人才成长环境不断优化。一是初步建立了以院士制度、国家有突出贡献中青年专家制度、政府特殊津贴制度为主体的国家级专家选拔体系，实施了高技能人才培训工程、新技师培养带动计划，构建了高技能人才培养选拔体系，以高层次、高技能人才为重点的人才培养选拔机制逐步健全。二是实施海外高层次人才引进计划（"千人计划"）、留学人员回国创业启动支持计划、海外赤子为国服务行动计划，加大留学人员创业园建设力度，完善留学人员回国服务体系，形成了留学人员以多种形式为国服务的良好局面。三是深化事业单位人事制度改革，人才使用机制逐步转换。四是稳步推进职称制度改革，完善职业资格制度，人才评价机制更加科学。五是人才激励机制更加完善。

（二）构建人才服务体系，政府人才服务职能不断增强。一是人力资源市场建设取得长足进步，由公共人力资源服务机构、民营人力资源服务机构、中外合资人力资源服务机构共同组成的多层次、多元化的市场服务体系已基本形成。二是推广引进人才工作居住证制度，完善流动人员在非户籍地工作的服务保障政策等，人才流动机制进一步健全。三是人才服务业蓬勃发展。四是区域性人才合作成效显著。

（三）健全人才开发体系，各类人才队伍建设水平不断提高。一是实施专业技术人才知识更新工程，大规模培训农业、制造业、管理、信息和能源技术等重点领域的专业技术人才。二是紧密结合经济形势和就业形势的要求，以促进就业和稳定就业为目标，大力实施面向城镇失业人员、困难企业职工、企业新招用农民工、城乡未能升学的初高中毕业生、退役士兵等群体的特别职业培训计划。三是实施高校毕业生"三支一扶"计划，引导专业知识扎实、富有奉献精神的大学生到农村基层服务。以培养新农村建设急需的生产型、经营型、技能带动型人才为重点，大力加强农村实用人才队伍建设。

三、以高层次、高技能人才为重点统筹推进各类人才队伍建设

近年来我国人才队伍和人才公共服务体系建设虽然取得了长足发展，但高层次、高技能人才队伍建设与我国经济社会发展需要还不能完全适应，人才工作体制机制障碍还有待进一步破除。各级人力资源和社会保障部门要在党管人才的工作格局下，自觉贯彻落实人才工作会

议精神，实施《人才规划纲要》，其中首要的就是以高层次、高技能人才为重点，统筹推进各类人才队伍建设。

（一）以提高专业水平和创新能力为核心，打造宏大的高素质专业技术人才队伍。高层次创新型专业技术人才是我国人才队伍的核心。努力造就一大批高层次创新型专业技术人才，对于加强整个人才队伍建设具有重要的引领和带动作用，是当前和今后一个时期我国人才工作的重大战略任务。要制定实施好《国家中长期专业技术人才队伍发展规划》。进一步实施并完善新世纪百千万人才工程，完善政府特殊津贴制度，改革完善博士后制度。突出创新型科技人才培养，加大各重点领域紧缺人才和现代服务业人才培养。大力实施海外高层次人才引进计划、留学人员回国创业启动支持计划和海外赤子为国服务行动计划，努力掀起留学人员回国工作、创业和为国服务的热潮。大规模开展重点领域专门人才知识更新。加强基层专业技术人才队伍建设，改善基层专业技术人才工作、生活条件，拓展职业发展空间。注重发挥离退休专业技术人才的作用。

（二）以提升职业素质和职业技能为核心，建设门类齐全、技艺精湛的高技能人才队伍。高技能人才是我国人才队伍的重要组成部分，在加快产业优化升级、提高企业竞争力、推动技术创新和科技成果转化等方面，具有不可替代的重要作用。要制定实施《国家中长期高技能人才队伍建设发展规划》。完善以企业为主体、职业院校为基础，学校教育与企业培养紧密联系、政府推动与社会支持相结合的高技能人才培养培训体系。制定高技能人才与工程技术人才职业发展贯通办法。建立高技能人才绝技绝活代际传承机制。完善国家高技能人才评选表彰制度。广泛开展各种形式的职业技能竞赛和岗位练兵活动。

（三）把深化改革作为推动人才发展的根本动力，加快推进人才体制机制创新。科学培养人才，广泛聚集人才，用好用活人才，都需要体制机制作保障。改革是创新体制机制的关键。要根据与社会主义市场经济体制相适应的要求，健全人才工作机制。健全科学的职业分类体系，加快职称制度和职业资格制度改革，完善重在业内和社会认可的专业技术人才评价机制，探索技能人才多元评价机制。建立在重大科研、工程项目实施和急难险重工作中发现、识别人才的机制。健全举才荐才的社会化机制。完善重点领域科研骨干人才分配激励办法。建立国家荣誉表彰制度，表彰在经济社会发展中作出杰出贡献的人才。

（四）把充分发挥各类人才的作用作为人才工作的根本任务，不断提高人才工作管理水平。人才工作以用为本。要按照中央领导同志讲话的要求和政府行政管理体制改革的总体部署，完善人才管理政策和运行机制，建立健全政府宏观管理、市场有效配置、单位自主用人、人才自主择业的人才管理体制。进一步加强人才法制建设，坚持依法规范、促进和保障人才发展。克服人才管理中存在的“行政化”、“官本位”倾向，会同有关部门，研究建立与现代科研院所制度、现代大学制度和公共医疗卫生制度相适应的人才管理制度。进一步消除人才流动中的城乡、区域、部门、行业、身份和所有制限制。制定双向挂职、短期工作、项目合作等灵活多样的人才柔性流动政策，引导党政机关、科研院所和高等学校专业技术人才向企业、社会组织和基层一线有序流动。实施更加开放的人才政策，推进专业技术人才职业资格国际、地区间互认，发展国际人才市场，制定维护国家重要人才安全的政策措施，积极支持和推荐优秀人才到国际组织任职。

（五）以实施重大人才工程为龙头，全面打造我国人才竞争优势。实施重大人才工程是做好人才工作、打造人才竞争优势的重要抓手。要大力实施专业技术人才知识更新工程。围绕我国经济结构调整、高新技术产业发展和自主创新能力的提高，在装备制造业、信息、生物技术等12个经济社会发展重点领域，开展大规模的知识更新继续教育，每年培训100万名高层次、急需紧缺和骨干专业技术人才。依托高等学校、科研院所和大型企业现有施教机构，建设一批国家级继续教育基地。抓紧研究制定专业技术人才知识更新工程实施方案。要大力实施国家高技能人才振兴计划。适应走新型工业化道路、加快产业结构优化升级的需要，从完善培养、评价、使用、激励等环节的政策入手，以高技能人才培养示范基地建设项目、公共实训基地建设项目、技能大师工作室建设项目为重点，率先在一些重点领域取得突破，培养造就一大批具有精湛技艺的高技能人才。同时，配合有关部门实施好海外高层次人才计划、创新人才推进计划、高素质人才培养工程、现代农业支撑计划、边远贫困地区边疆民族地区和革命老区人才支持计划以及高校毕业生基层培养计划。

（六）以不断强化人才公共服务为抓手，加快推动政府人才工作职能转变。强化人才公共服务是转变政府职能的必然要求，也是做好政府人才工作的重要内容。要完善政府人才公共服务体系，建立全国一体化的服务网络，健全人事代理、社会保险代理、企业用工登记、劳动人事争议调解仲裁、人事档案管理、就业服务等公共服务平台，建立社会化的人才档案公共管理服务系统。不断创新政府人才公共服务方式，健全政府购买公共服务制度；加强对人才公共服务产品的标准化管理，大力开发公共服务产品，满足人才多样化需要。推进政府所属人才服务机构管理体制改革，实现政事分开、管办分离，大力发展专业性、行业性人才市场，健全人才市场服务体系，积极培育专业化的人才服务机构，充分发挥市场机制在人力资源配置中的基础性作用。加强产业、行业人才发展统筹规划和分类指导，围绕重点领域发展，开展人才需求预测，定期发布急需紧缺人才目录。会同有关部门，实施人才创业扶持政策，加强人才创业技能培训和创业服务指导，提高创业成功率。

（作者：人力资源和社会保障部部长）

扎实推进党外代表人士队伍建设

杜青林

党外代表人士是党和国家人才队伍的重要组成部分。着眼党和国家事业长远发展，结合《国家中长期人才发展规划纲要（2010—2020年）》的实施，着力建设一支数量充足、结构合理、素质优良的党外代表人士队伍，是深入学习贯彻全国人才工作会议精神、加快建设人才强国的必然要求，也是新形势下搞好与党外人士合作共事、发展中国特色社会主义民主政治的时代命题。

一、加强党外代表人士队伍建设是事关党和国家工作全局的战略任务

党外代表人士队伍建设关系到党和国家事业发展大局。在不同历史时期，我们党始终从决定力量对比、影响事业成败的战略高度，把团结与培养党外代表人士作为党和国家工作全局的一个重要方面，作为党治国理政的一个重要政治优势。实践证明，党和国家事业越发展，越需要从战略和全局的高度做好党外代表人士工作。

党外代表人士队伍建设关系到为全面建设小康社会提供力量支持。重视发挥党外代表人士作用，实现最广泛的团结，为完成党的历史任务凝聚强大力量，是我们党的一大优良传统，也是一条重要的实践经验。我国正处于全面建设

小康社会的关键阶段，深化改革开放，推进科学发展，促进社会和谐，需要更加充分广泛地调动各方面的积极性，更加主动有效地协调化解各方面的矛盾。党外代表人士不仅是改革开放和社会主义现代化建设的重要力量，也是我们党加强同社会各方面成员联系的重要桥梁和纽带，在团结和引领所联系的群众致力于共同奋斗的事业中具有特殊重要的作用。要通过做好党外代表人士工作，更好地团结和凝聚统一战线各方面成员，为全面建设小康社会贡献智慧和力量。

党外代表人士队伍建设关系到人才强国战略的贯彻实施。党外代表人士广泛分布在各个领域、各个行业，包括民主党派代表人士、少数民族代表人士、宗教界代表人士、非公有制经济代表人士、无党派代表人士、港澳台海外代表人士等“六支队伍”，汇聚了大量的专家学者和经营管理人员、专业技术人员等。全国人才工作会议和《国家中长期人才发展规划纲要(2010—2020年)》明确提出，要加强少数民族干部、非中共党员干部培养选拔和教育培训工作，抓好非公有制经济组织、新社会组织人才培养和使用，大力吸引海外高层次人才回国创新创业等。这些都对加强党外代表人士队伍建设提出了明确要求。要从创新体制机制、营造成长环境等方面着手，鼓励党外人士干事业，支持党外人士干好事业，努力形成党外人才不断涌现的生动局面。

党外代表人士队伍建设关系到我国社会主义政治制度和政党制度优势作用的发挥。各党派、各民族、各阶层、各团体和社会各界的代表人士共同参与管理国家事务和社会事务，管理经济和文化事业，是我国政治制度和政党制度的重要特点和独特优势，是党和国家的一项长期战略方针。党外代表人士是我国社会主义政治制度的坚定拥护者，是中国共产党领导的多党合作和政治协商的重要参与者，在扩大公民有序政治参与、推进社会主义政治制度自我完善中，发挥着不可替代的独特作用。要从坚持中国特色社会主义政治发展道路的高度，切实重视和加强党外代表人士队伍建设，确保我国社会主义政治制度和政党制度长期坚持、不断完善。

党外代表人士队伍建设关系到新形势下统一战线的可持续发展。巩固和壮大最广泛的统一战线，是我们党不断取得胜利的一条基本经验，也是新形势下党治国理政必须正确处理的一个基本问题。党外代表人士作为统一战线中具有较大社会影响和代表性的重要成员，是统一战线优良传统薪火相传的重要承担者。80多年来，我们党在各个历史时期都团结培养了一批与党亲密合作的党外代表人士，这是统一战线事业始终沿着正确方向健康发展的一个重要原因。目前，党外代表人士队伍总体状况很好，作用得到有效发挥。但是也要看到，在新的历史条件下，党外代表人士队伍也面临一些新情况新问题。主要是数量总体不足，后备队伍不能满足可持续发展需要，有的领域存在青黄不接的现象；素质有待提高，有的领域高层次人才匮乏；发展不平衡，相对集中于教科文卫等领域，知识结构、专业结构和梯次结构需要完善。要切实加大工作力度，着力培养一批有一定威信和影响，在关键时刻站得出来、说得上话、能发挥作用的代表性人士，确保统一战线事业日益巩固壮大、持续发展。

二、遵循人才成长规律是加强党外代表人士队伍建设的重要前提

党外代表人士成长，既遵循人才成长的一般规律，又具有自身的突出特点。加强党外代表人士队伍建设，需要深入研究和把握党外代表人士成长规律，找准着力点和突破口，使工作更加有的放矢、富有成效。

深刻认识党外代表人士的根本属性。党外代表人士与一般党外人士的区别，在于他们代表性鲜明，能够起到示范、团结和引领作用。党外代表人士的代表性是政治性、专业性、群众性的有机统一，即政治上坚定、专业上突出、群众

中有威信。集中表现在：能够自觉坚持中国共产党的领导，坚定不移地走中国特色社会主义道路；在本领域本专业造诣深，成就突出，贡献较大；在所联系的群众中有较高的认同度和影响力，在关键时候能够起作用。其中，政治性是根本，专业性是前提，群众性是基础。明确党外代表人士代表性的内涵和外延，有利于把握党外代表人士的标准，制定科学的综合评价体系，切实做到选拔时注重代表性，培养时提升代表性，使用时发挥代表性，确保党外代表人士实至名归、堪当其任。

准确把握党外代表人士的时代特点。党外代表人士成长与社会环境密切相连，不同历史时期的党外代表人士具有不同的时代特征。当前，新一代党外代表人士已经成为党外代表人士队伍的主体，他们大多出生在新中国、成长在改革开放中、磨练在市场经济大潮中，带有鲜明的时代印记。作为改革开放的参与者、实践者和受益者，他们既有较高的政治认同，拥护党的理论路线方针政策，认同社会主义制度，又有较强的民主参与意识；经历从计划经济到市场经济的转变，既有较强的创新意识、进取精神、务实态度，又注重主观能动作用的实现；经历从相对封闭到全面开放的转变，既思想开放、眼界开阔、观念较新，又具有多样的价值取向；经历社会结构单一到多元的转型，既有一定的社会影响，又是各自领域的“小众代表”。要科学分析和准确把握新一代党外代表人士成长的时代背景、社会环境和实践基础，充分认识其基本特点，有针对性地引导他们全面发展、健康成长。

深入研究党外代表人士的成长路径。在个人努力的同时加强组织培养，是新一代党外代表人士成长的现实需要。要密切关注各领域崭露头角的党外人士，及时把他们纳入视野、跟踪培养、给予安排，为他们施展才能、健康成长搭建平台、提供舞台。在专业素养基础上展现综合能力，是新一代党外代表人士成长的必由之路。要把专业能力作为考察和选拔党外代表人士的基础，在安排使用中注意发挥专业特长，同时帮助他们适应新的岗位要求，改善知识结构、提高综合能力、实现角色转变，在更大范围、更广阔领域发挥代表性作用。在扩大个人影响基础上发挥集群效应，是加强党外代表人士队伍建设的必然要求。要着眼发挥导向示范作用，既要培养与党亲密合作、具有较大影响、经得起风浪考验的社会活动家，又要在不同领域、不同群体、不同方面、不同层次形成具有引领作用的团队，发挥整体带动效应。

三、加强党外代表人士队伍建设必须坚持和把握的基本原则

加强党外代表人士队伍建设是一项政治性很强的工作，要始终坚持党管干部、党管人才，落实统一战线的方针政策，确保正确的政治方向。

坚持党管人才与发扬民主相统一。党外代表人士队伍建设，必须坚持党的干部路线，贯彻党的人才工作方针政策，严格选拔任用的标准和程序，使党外干部和人才成为共同推进中国特色社会主义事业的重要力量。要坚持总体规划和重要政策由党委研究制定，同时听取吸纳各有关方面的意见建议；要坚持重大人事安排由党委研究决定，同时加强与党外代表人士所属党派团体、所在工作单位、所联系群众的沟通，通过民主推荐、民主评议和民主协商，增强选人用人公信度；要坚持重要决策部署由党委统一安排，同时充分调动各有关方面的积极性，形成共同推进、规范有序的工作局面。

坚持培养为重与以用为本相促进。党外代表人士队伍建设重点是培养，根本在使用，必须坚持育用结合，使他们学其所需、展其所能。要把教育培养作为基础环节，贯穿于党外代表人士队伍建设的全过程，积极铺台阶、搭舞台、压担子，为安排使用做好充足的政治素质和能力准备。要把作用发挥作为教育培养的导向，着眼党和国家事业发展需要、岗位职能需要，坚持“干什么学什么、缺什么补什么”的原则，有针对性地加强政治培训和岗位锻炼。要坚持在使

用中培养，通过多渠道、多层次、多岗位的社会实践历练，帮助党外代表人士不断增强政治把握能力、参政议政能力、组织协调能力和合作共事能力。

坚持严格要求与热情关心相兼顾。这是长期以来培养选拔党外代表人士的宝贵经验。要坚持德才兼备、以德为先，把政治立场和政治表现作为第一标准，综合考察业务水平、实践能力和群众公认度，严格把关、确保质量。要注重思想政治教育引导，针对社会热点问题加强思想沟通，确保他们在大是大非问题上保持清醒头脑和政治敏锐性。要热情关心党外代表人士成长，坚持尊重人、理解人、关心人、成就人，对发展潜力较大、实践历练有待增强的，要提供台阶，锻炼能力；对工作生活中遇到的困难和问题，要积极帮助排忧解难，为他们发挥作用、全面发展创造良好环境。

坚持统筹推进与突出重点相结合。党外代表人士队伍建设分布领域广、具体差异大、涉及方面多、时间跨度长，是一项复杂的系统工程，必须坚持以统筹思维谋划各个环节，以重点突破带动整体推进。要立足当前、着眼长远，统筹考虑党外代表人士的数量和比例，形成总量适应、分类选备的合理梯次结构，同时着力打造一批懂专业、善管理、会领导的高层次复合型人才；统筹推进“六支队伍”建设，特别是支持协助各民主党派、工商联和统战团体加强对各级组织负责人的培养，加强后备人才发现和储备，实现人尽其才、人才辈出。

四、加强党外代表人士队伍建设重点在于做好发现、培养、使用和管理工作

加强党外代表人士队伍建设，必须开阔选拔视野，创新培养模式，拓宽安排渠道，健全管理机制，在把握工作规律上悟道，在领会具体要求上用心，在突破制约因素上着力，确保各环节都扎实有效、各个层面相互促进。

把握发现这个前提。发现是选人用人的第一道关口。要开阔选人视野，加强与相关部门、党派组织、有关团体的人才信息交流，探索突破区域、部门、行业、所有制等选人方式，增强新社会阶层代表人士推荐工作的组织性、程序性，实现人才选拔的宽领域、广覆盖。要突出选人重点，立足领域分布、专业结构、年龄梯次等实际，把高校、科研院所、中介组织作为发现党外代表人士的重点范围，特别是加大中青年党外代表人士的比重，保证后备队伍数量充足、结构合理。要坚持科学评价，完善各领域党外代表人士评价体系，综合运用单位推荐、民主评议、群众测评等方式，以评价的科学性保证人选的高质量。

打牢培养这个基础。培养是增强党外代表人士代表性的主要手段，必须突出针对性、增强实效性。要提升理论素养，支持党外代表人士深入学习中国特色社会主义理论体系，树立和践行社会主义核心价值体系，弘扬老一辈党外代表人士与中国共产党团结合作的优良传统，不断增强对中国特色社会主义道路的政治认同和思想共识。要强化实践锻炼，坚持和完善考察调研、岗位交流等有效方式，特别是积极探索建立党外代表人士实践锻炼基地等新形式，为各领域党外代表人士和后备队伍的成长提供平台。要突出抓好骨干，坚持重点人选优先培训，特别是注重从早抓起，对一些领域崭露头角的青年才俊，及时建立联系，尽早进行培养。

抓住使用这个关键。党外代表人士的发现、培养，目的在于使用，成效检验也在于使用。要树立以用为本的人才观，切实为各领域、各层次党外代表人士干事创业、实现价值创造条件。要有用人所长的胆识，解放思想、拓宽视野，不拘一格、惟才是举，最大程度地发挥党外代表人士的聪明才智，做到扬其所长、优势互补。要有放手使用的魄力，确保党外干部有职有权、有责有为，鼓励支持他们大胆工作，各显其能、各尽其才。要坚持以用量才的尺度，把实践效果作为第一评价标准，激励和推动党外代表人士投身经济社会发展的生动实践，立足本职建功立业，关注国事建言献策，使人才优势充分体现、

创造活力竞相迸发。

强化管理这个保障。加强对党外代表人士的管理，是确保党外代表人士健康成长的关键所在。要突出管理重点，全面了解党外代表人士的德、能、勤、绩、廉状况，着重考察政治表现、思想状况、履职情况和廉洁自律情况，及时发现问题，加强教育引导。要丰富管理形式，坚持正面教育、事前监督为主，健全考察、评价、监督和激励机制，探索运用个人述职、民主评议、定期考核等多种方式，形成多层次、全方位的管理体系。要明确管理责任，推动各有关部门和党外代表人士所属党派团体、所在工作单位等建立考察、考核制度，各有侧重、相互配合，共同担负起管理职责。

（作者：全国政协副主席、中共中央统战部部长）

努力为党的事业培养一批又一批坚定的青年马克思主义者

王兆国

今年是中国共产党成立90周年。回顾90年的风雨历程，我们党领导全国各族人民，经过艰苦卓绝的努力和奋斗，取得了中国革命、建设和改革事业举世瞩目的伟大成就。特别是近年来，我们有力应对国际金融危机的巨大冲击、奋力抗击一系列重大自然灾害，保持了经济平稳较快发展，维护了社会和谐稳定，社会主义经济建设、政治建设、文化建设、社会建设以及生态文明建设和党的建设实现了全面发展。站在新的历史起点上，到建党100周年时，经过全党全国各族人民的共同努力，我们将建成惠及十几亿人口的更高水平的小康社会。

同时也要看到，我们面临的国内外环境仍然错综复杂，前进的道路仍然充满风险和挑战。特别是随着我国进入经济转型的加速期和社会矛盾的凸显期，各类社会热点问题叠加出现，世界范围内各种思想文化相互激荡。我国青年的思想观念和行为方式也发生了深刻变化，思维方式更加活跃、价值取向更加多元、利益诉求更加多样，在接触新事物、新观念过程中更容易受到不同思想文化的渗透和影响。面对当前国际国内的复杂形势，加强对青年一代的思想引导，大力培养青年马克思主义者，就显得尤为重要。

培养青年马克思主义者是一项长期性、系统性工程。为什么培养青年马克思主义者、培养什么样的青年马克思主义者、怎样成为青年马克思主义者，是实施这一工程必须回答的首要问题，也是事关这一工程不断深入发展的根本问题。

一、深刻认识培养青年马克思主义者的重要性、必要性和紧迫性

只有赢得青年才能赢得未来，只有培养青年才能开创未来。邓小平同志曾深刻指出，青年一代的成长，正是我们事业必定要兴旺发达的希望所在。江泽民同志强调，青年兴则国家兴，青年强则国家强，青年有希望，未来的发展就有希望。党的十六大以来，胡锦涛总书记明确提出，要从赢得青年、赢得未来的高度，抓好大学生的理论学习，在广大青年中培养一大批坚定的马克思主义者。因此，着眼于党的事业后继有人、兴旺发达，深入实施青年马克思主义者培养工程，具有重大的现实意义和深远的历史意义。

第一，培养青年马克思主义者，关系到党的领导和执政地位长期巩固。党的领导和执政地位是历史的选择、人民的选择。党的领导和执政地位不是一劳永逸的，需要一代又一代青年马克思主义者始终走在时代的前列，继承和发扬党的先进性，传承和实现党的纲领和主张，成为党的事业可靠接班人。同时，党的领导和执政地位的长期巩固，离不开坚实的青年群众基础，既需要一批又一批青年马克思主义者的成长和发展，又需要他们发挥示范带动作用，把更多的青年群众团结凝聚在党的周围。

第二，培养青年马克思主义者，关系到中国特色社会主义道路越走越宽广。中国特色社会主义道路，是我们党带领全国人民经过长期艰辛的探索，找到的一条实现国家富强和人民幸福的惟一正确道路。在我们这样一个人口众多的发展中大国，任何时候都要坚持中国的事情按照中国的情况来办、依靠中国人民自己的力量来办，迫切需要有一大批掌握科学理论、深刻了解国情、勇于在实践中探索创新、对群众有深厚感情的青年马克思主义者。中国特色社会主义是前无古人的事业，前进道路上还会遇到许多困难和挑战，坚持中国特色社会主义的经济、政治、文化、社会发展道路，都需要青年马克思主义者去探索、去丰富、去完善，自觉肩负起实现中华民族伟大复兴的历史使命，使这条道路越走越宽广。

第三，培养青年马克思主义者，关系到马克思主义科学理论永葆生机与活力。马克思主义是我们认识世界、改造世界的强大思想武器，是我们做好一切工作的行动指南，也是一个开放的不断发展的科学体系。我们党在马克思主义的指引下开创了波澜壮阔的革命、建设和改革事业，并在这一进程中形成了毛泽东思想、邓小平理论、“三个代表”重要思想以及科学发展观等一系列马克思主义中国化的重大成果。在当代中国，坚持中国特色社会主义理论体系，就是真正坚持马克思主义，就需要一大批青年马克思主义者真学、真懂、真信、真用。实践永无穷期，马克思主义理论创新也永无止境。要不断实现马克思主义中国化的创新发展，同样需要一大批青年马克思主义者解放思想、实事求是、与时俱进，大力推进党的理论创新，使马克思主义在当代中国始终焕发出强大的生命力、创造力、感召力。

二、准确把握当代青年马克思主义者的基本要求

在不同时代，青年马克思主义者的基本要求是一致的，但也有不同的时代内涵。与革命战争年代和社会主义建设时期不同，新时期的青年马克思主义者是在改革开放的环境中成长起来的，虽然未能经受生与死的考验，但仍然面临是与非、苦与乐、得与失、“中与西”等各方面更为复杂的挑战，仍然需要经受住政治的考验、事业的考验、名利的考验、生活的考验。在新的历史条件下，我们要培养的青年马克思主义者的基本要求是：高度的理论自觉、鲜明的实践品格、深厚的群众根基、奋进的创新精神。

第一，高度的理论自觉。理论自觉既是对客观规律的认识和把握，也是对客观规律的运用和实践。坚定的马克思主义者的高度理论自觉，集中体现在对共产党执政规律、社会主义建设规律、人类社会发展规律的准确把握和科学运用上。没有高度的理论自觉，就不会有坚定的理想信念。中国特色社会主义伟大事业不可能一帆风顺，当代中国的有志青年投身其中，如果仅靠朴素的情感、甚至纯粹的利益追求，在政治风浪、困难挫折和各种诱惑的考验面前，理想信念就会发生动摇。只有在高度理论自觉的基础上认识真理、服从真理、坚持真理，才能认清时代发展方向，坚定社会主义必胜的信心，为共产主义事业奋斗终身。高度的理论自觉，并不意味着一定要成为马克思主义理论的职业研究者，关键是要用马克思主义科学理论武装头脑，并内化为固有的理论品格，主动运用马克思主义的立场、观点和方法来认识和解决问题，把中国特色社会主义事业不断推向前进。

第二，鲜明的实践品格。马克思主义从诞生之日起，就体现出鲜明的实践品格。真正的马克思主义者，首先是立足客观实际的实践者。邓小平同志曾深刻指出，世界上的事情都是干出来的，不干，半点马克思主义也没有。中国共产党立党兴党的政治优势，就在于始终坚持把马克思主义基本原理与中国具体实践相结合。当代中国的有志青年要成长为坚定的马克思主义者，不仅要有深厚的理论素养，更要具有鲜明的实践品格，在实践中历练、靠实践去检验。要能够深刻把握改革开放伟大实践的丰富性、复杂性、艰巨性，具有战略思维能力、创新思维能力、辩证思维能力，善于思考和应对事关改革发展稳定的重大问题；能够充分认识社会主义初级阶段的基本国情和中国发展的阶段性特征，坚持从实际出发、坚持艰苦奋斗；能够立足本地区、本部门、本岗位的实际工作，坚持从点滴积累做起，通过踏踏实实的奋斗不断开辟事业发展的新天地。

第三，深厚的群众根基。群众观点是马克思主义的基本观点。始终坚持一切为了群众，一切依靠群众，从群众中来，到群众中去，是我们党的力量源泉和胜利之本。因此，判定一个青年是不是具有马克思主义的素养，不在资历的深浅、职位的高低，而主要是看对群众的态度、与群众的关系。要深刻认识人民群众是创造历史的真正英雄，扎根于人民群众这片丰厚沃土，善于从人民群众中汲取智慧和力量，善于把基层和人民群众创造的新鲜经验升华为理论成果；真正懂得并践行劳动最光荣、劳动者最伟大的真理，通过勤奋劳动体现人生价值，通过诚实劳动创造美好生活；始终保持与人民群众的深厚感情，自觉与人民群众融为一体，把人民群众的安危冷暖挂在心上，努力为最大多数人民谋利益；弘扬脚踏实地的作风，努力具备过硬的群众工作本领，善于团结群众、引导群众、带领群众跟党走。

第四，奋进的创新精神。世界在变化，时代在发展。对急剧变化的当今世界及其发展趋势作出科学的分析判断，使党的理论不断丰富和创新，更加符合实际并有力地指导新的实践，是时代赋予马克思主义者的重要使命。青年时期是最富有朝气、最富有创造力、最少保守思想的人生阶段，青年马克思主义者理应在党的理论创新发展中作出无愧于时代的贡献。要牢牢把握解放思想、实事求是、与时俱进的思想精髓，勇于打破思想上的条条框框，破除前进道路上陈腐观念的障碍；具备开放包容的宽广胸襟、放眼世界的开阔视野，瞄准世界科学技术进步、社会人文发展的前沿，用人类最新文明成果完善发展党的科学理论；坚持用时代发展要求审视自己、以改革开放精神提高和完善自己，不断研究新情况，总结新经验，作出新概括，为开创马克思主义中国化、时代化、大众化的新境界发挥生力军作用。

三、按照青年马克思主义者的要求奋发努力

实施青年马克思主义者培养工程，重在长期不懈的培养，关键在成长过程中明确方向。要成为一名坚定的马克思主义者，就必须为之终身奋斗，青年人尤其要付出长期艰苦的努力。党和人民希望越来越多的有志青年加入到这个行列，矢志不渝地遵循青年马克思主义者的基本要求，努力成长为党和国家事业的合格建设者和可靠接班人。总结各个时期青年健康成长的内在规律，针对当代青年的显著特点，要成为青年马克思主义者，需要从以下三个方面下功夫。

第一，要在坚持不懈的学习中提升理论素养。高度的理论自觉不是与生俱来的。通过不断学习和深入思考提升自己的理论素养，是实现高度理论自觉的必要条件。要认真研读马克思主义经典著作，理解和掌握马克思主义基本原理，并以此作为认识事物、指导实践的世界观和方法论。要深入学习中国特色社会主义理论体系，模范践行社会主义核心价值体系，自觉用马克思主义中国化最新成果武装头脑。要主动

汲取人类创造的一切优秀文明成果，广泛学习现代经济、政治、法律、科技、文化、社会等方面知识，在学习中加快知识更新、完善知识结构，不断拓宽视野、丰富思想，使自身的理论素养更深厚、更坚实。

第二，要在各种复杂环境中加强党性锻炼。 党性锻炼是青年马克思主义者成长过程中的必修课，是青年马克思主义者的立身之本和永恒主题。要在日常的工作、生活、学习中锻炼党性，以开阔的胸襟、淡泊的心态正确对待荣辱得失，始终保持对党的忠诚和对事业的热爱；以艰苦奋斗的精神和勤俭朴素的作风抵制奢靡的诱惑，始终保持高尚品德、健康情趣和文明的生活方式。要注重在艰苦环境的磨练中锻炼党性，主动到党和国家事业发展最需要、人民群众最需要的地方去，在广阔西部、贫困地区、重点工程一线、科技创新前沿，应对挑战、解决难题，经历风雨、增长才干。特别是面对重大事件发生和各种急难险重任务时，要勇挑重担、不畏艰辛，冲锋在前、不怕牺牲，为党的事业和人民的幸福甘于奉献。

第三，要在同错误观点和思潮的斗争中坚定政治立场。 真正的马克思主义者都是在同各种非马克思主义、反马克思主义思想观点的较量与斗争中成长成熟起来的。要成为青年马克思主义者，就必须进一步增强政治敏锐性和政治鉴别力，能够明确辨别马克思主义与其他社会思潮的根本差异，从政治上分清主流与支流，从思想上澄清真理与谬误，在大是大非面前始终保持清醒和坚定。要敢于坚持真理，对于非马克思主义、反马克思主义的思潮和观点，必须旗帜鲜明、立场坚定，明辨是非、坚定信念。要善于运用科学理论，通过易于接受的方式教育和引导群众，帮助他们牢固树立主流价值观念，进一步巩固全党全国人民团结奋斗的共同思想基础。

（此文摘自王兆国同志 2010 年 12 月 9 日在共青团中央、全国学联纪念“一二·九”运动 75 周年座谈会上的讲话）

有力推动海外高层次人才引进工作

中共北京市委

近年来，北京市紧密结合全市经济社会发展实际，组织实施“海外人才聚集工程”，抓住“知寻引用”（“知”就是掌握人才需求，“寻”就是发现识别人才，“引”就是引进人才，“用”就是用好人才）四个关键环节，大力引进海外高层次人才，取得了明显实效。

一、掌握经济社会发展对人才的需求，增强人才引进工作的针对性

我们注重围绕中心、服务大局，从全市发展所急需的科技、智力和创新要素出发，有针对性地引进海外高层次人才。

一是主动把握大局，确立引才重点。根据市委、市政府加快推进经济发展方式转变的要求，把引才工作纳入到经济社会发展大局中筹划和推动。关注全市战略性新兴产业的发展情况，在汽车、新能源与环保、生物医药、装备制造等 6 大产业调整振兴规划中提出了人才引进和培养的措施，依托投产的一批重点产业项目引进海外高层次人才。围绕实施“科技北京”行动计划，分析市级重大科技专项的布局、结构和特点，依托新型科研机构、重点实验室等引进海外高层次人才。抓住中关村建设国家自主创新示范区的有利契机，把握中关村高新技术企业

的发展需求，依托产业集群团队式地引进海外高层次人才，优化高端人才结构。二是深入一线调研，摸清引才需求。对全市教育、科技、卫生、国有企业、金融机构、产业功能区等开展了9次调研，进一步摸清一线对海外高层次人才的需求，确定海外人才引进的重点单位，调动用人单位的积极性、主动性，督促引才工作的落实。市科委、市教委、市卫生局等单位充分发挥职能作用，提出岗位需求，提供配套政策，形成了引才工作的合力。三是制定专项计划，加强引才指导。及时汇总全市引进海外高层次人才的岗位需求，制定印发“海外人才聚集工程”的年度专项工作计划。根据2010年度的专项计划，全市共提出529个海外人才需求岗位，其中，海外高层次人才需求岗位215个。

二、提高寻才识才水平，增强人才引进工作的科学性

我们既注重广开举贤荐能之路，不断发现海外优秀高层次人才，也注重通过建立科学的评价机制，对海外优秀高层次人才进行合理认定，力争使引进人才符合地区发展的实际需要。

一是开展以才荐才。广泛联系在京院士、科学家与工程师、有突出贡献的专家、已入选的高层次人才等人员，推荐一批具有师承关系、朋友关系、学术合作关系的海外人才，开阔识才选才视野。在此基础上，加快建设“海外高层次人才信息数据库”。二是拓展海外联系。与31个华侨华人社团组织建立了海外联系，并通过联络驻外使领馆和各类同学会、校友会等组织，宣传引才政策，物色合适人选，掌握一批海外人才资源。利用中关村科技园区在华盛顿、硅谷、伦敦、东京、多伦多的5个驻外联络处，面向留学人员提供政策咨询与服务，直接发现和联系海外人才。组建了3个批次的“海外学人出访团”，到纽约、硅谷、华盛顿地区，开展政策宣讲，广交海外朋友，摸清海外高层次人才的地理分布和发展特点。三是合理认定人才。建立“海外人才聚集工程”高层次人才评价机制，组织开展了3批全市海外高层次人才申报和认定工作。根据工作类、创业类海外人才的特点，区分专业领域，分别建立了由院士牵头、权威专家参与的评审制度，确保能够对人才的能力、贡献、业绩、潜力等作出较为科学的评价。

三、健全引才工作体系，增强人才引进工作的规范性与灵活性

我们坚持党管人才原则，注重发挥组织部门牵头抓总作用，调动各方面积极性，进一步提高引才工作水平。

一是健全政策体系。2009年6月，市委、市政府正式印发了《关于实施北京海外人才聚集工程的意见》、《北京市鼓励海外高层次人才来京创业和工作暂行办法》、《北京市促进留学人员来京创业和工作暂行办法》等3个政策文件，为海外高层次人才引进工作提供政策保障。对担任重大科研项目负责人的工作类海外高层次人才，提供稳定的科研经费保障，允许他们在规定职责范围内，自行决定科研经费的使用。对创业类海外高层次人才，在企业注册、工商、税务、商检等方面提供便利服务。二是完善运行机制。市委组织部牵头成立了由26家单位组成的海外学人工作联席会，充分发挥各职能部门的优势，畅通引才渠道，分解落实引才任务。2008年底成立了北京海外学人中心，着力打造一个国际化、专业化的海外人才服务平台。为每名海外高层次人才配备了1名服务专员，规范了服务流程，为引进人才提供个性化、人性化的服务。三是丰富引才手段。本着“引才先引心”的原则，通过开展国庆观礼、到中关村科技园区集体参观考察、赴海外宣讲政策等方式，表达首都的引才诚意，激发海外人才的爱国热情。对已经归国的海外高层次人才，一方面，主动听取他们的意见建议，及时解决他们的实际困难，让他们体会到党和政府的真情关怀、真心爱护；另一方面，通过举办全市海外高层次人才专题进修班，向归国人才介绍市情、社情，坚定他们根植于祖国的信念，调动他们服务首都发

展的积极性。

四、最大限度地发挥人才作用，增强人才引进工作的实效性

我们注重在创业扶持、成果转化、事业平台建设等方面采取有效措施，激励引进的人才干事创业、实现价值。

一是加大创业政策扶持。对承担国家和市级重大科技专项的海外高层次人才，北京市给予重大项目支持经费、发明专利补贴、减免研发用房房租等优惠政策，支持人才攻关尖端技术。二是助推科技成果产业化。在中关村国家自主创新示范区建设了29个留学人员创业园，累计孵化海外人才创办企业3800多家。推动中关村与北大、清华等17所高校、科研院所建立了产学研用合作关系，使企业成为自主创新的主体，加快科研成果转化。在全市培育和发展了一批重点领域的产业技术联盟，聚集了数字电视、下一代互联网等新兴产业集群。三是搭建创新创业发展平台。中关村科技园区建立了创业投资、境内外上市等9条投融资渠道，支持创业企业融资上市，帮助创业企业做大做强；实施了“十百千工程”，加快培育一批收入规模在十亿、百亿、千亿元的创新型企业；组织实施“高端领军人才聚集工程”，对海外高层次人才给予重点扶持。

探索司局级领导干部选拔任用新机制

国土资源部党组

国土资源部党组自2008年底以来共选拔任用和调整交流100名司局级干部，在探索完善国家机关司局级领导干部选拔任用机制上取得了一定成效。

一、按照知情度、关联度和广泛性、代表性原则确定干部任用初始提名主体和程序，提名环节的民主程度有序扩大

（一）正司局级领导职位选任的初始提名以“四推荐一差额”的程序确保扩大民主。司局长主要从现职优秀副司局长中产生。与副司局长履行职责密切相关、了解熟悉其各方面情况的主要是所在单位的干部、全体司局级领导干部特别是各司局的一把手，由这几部分人行使初始提名权，既能体现广泛性要求，又具有较强的代表性。2009年2月，对空缺的9个正司局级领导职位探索实行“四推荐一差额”的初始提名程序。58名符合条件的干部进行了自我推荐，空缺职位所在单位402名干部参加了会议投票推荐，全体146名司局级干部参加会议投票推荐，44名现职司局级一把手进行了个别谈话推荐。经过以上“四推荐”，按照1:2的差额比例，18名德才素质好、工作能力强、在重大活动、重要工作以及日常表现突出的副司局级领导干部经部党组集体研究，成为差额考察对象。

（二）督察局局级领导职位选配初始提名以“三推荐一差额”的程序确保扩大民主。根据督察局的司局级领导岗位的职责重在懂政策、业务熟、讲原则、敢碰硬的要求，以及选拔主体是优秀正处级干部的实际，2009年3月，对9个督察局38个局级空缺职位，采取“三推荐一差额”初始提名程序。符合条件的150名正处级以上干部进行了自我推荐，151名司局级干部参加了会议投票推荐，空缺职位所在督察局和自荐干部所在单位的1017名干部参加了会

议投票推荐。经过以上“三推荐”，按照1:1.2的差额比例，46名在同一职位任职时间较长、工作能力和原则性强、业绩较为突出的正处级以上干部走进组织视野，经部党组集体研究，成为差额考察对象。

（三）机关和直属单位副司局级领导职位选任的初始提名以“三推荐一陈述两差额”的程序确保扩大民主。2009年11月，对空缺的9个副司局级领导职位，试行“三推荐一陈述两差额”初始提名程序。符合条件的117名处长进行了自我推荐，138名司局级干部参加了会议投票推荐，260名空缺职位所在单位干部参加了会议投票推荐。经过以上“三推荐”，按照每个职位1:4的差额比例，36名政策研究和执行能力强、工作业绩突出、群众基础好的处长进入个人陈述环节。根据陈述评议组和随机抽取的20名干部代表的现场评分结果，按照1:2的差额比例，18名陈述表现突出的处长脱颖而出，经部党组集体研究，成为差额考察对象。

二、坚持干部选拔任用全过程信息公开，选人用人“显规则”深入人心

（一）方案公开，落实知情权、参与权。每次选拔任用方案经部党组集体研究确定后，都以公告的形式，向部机关、派驻地方的国家土地督察局、部属事业单位全体干部公开。公开的主要内容包括空缺职位及职位要求、任职资格条件、选拔任用方式、工作程序、时间进度、纪律和监督等。操作时间一般在公开方案10天左右以后开始，以保证每名干部都能全面了解和掌握实情，保证符合资格条件的干部有充足的时间考虑是否自我推荐。

（二）过程公开，落实选择权、监督权。坚持方案公开范围与选拔任用过程信息公开范围一致，严格按照公告的实施方案执行。操作过程中公开的信息以“三公告”的方式进行：一是公告自我推荐通过资格审查的干部名单及资格审查工作中重点把握的资格、条件和工作过程；二是公告进入陈述环节的人选名单及确定人选的原则和程序；三是公告差额考察对象人选名单及人选确定的基本依据。同时公布监督电话及公示信箱，由驻部纪检组和直属机关纪委对选拔任用实施全过程监督。

（三）结果公开，强化正确用人导向。考察对象经民主推荐、组织考察以及拟任人选经部党组研究确定后，仍然按照方案公开的范围进行公示，公开人选的基本信息、公布任职公示的有关要求。通过结果公开，保证了广大干部群众在选拔任用的最后也是最关键的环节充分行使监督权，使积极参与但未能任用的干部对比任职人选看到了自己的差距和不足，有利于广大干部在深入了解任职人选的德才表现和综合素质中确立自己努力的方向。

三、扩大民主与完善竞争相结合，选人用人公信度不断提高

（一）不简单以票取人，切实提高民主质量。我部通过改进推荐方式，根据不同职位确定的“四推荐一差额”、“三推荐一差额”和“三推荐一陈述两差额”，基本保证了优秀干部“浮出水面”，避免了“少数人选人，在少数人中选人”的现象。在此基础上，对脱颖而出的这部分干部通过“两条线分析法”进行比较分析。一条线是得票高低排序线，另一条线是平时德才表现和职位匹配程度排序线，重点分析两条线出现差距悬殊的情况。通过这样的比较分析，在100名司局级干部选任和调整中，共有6名民主推荐得票不是第一的优秀干部走上了正、副司局级领导岗位。

（二）不单纯以考取人，切实改进竞争方式。根据笔试、面试综合成绩排名确定考察对象是竞争上岗的通行做法，实践效果总体很好，但确实有“高分低能”现象的发生。在总结经验基础上我部试行的“一陈述”竞争方式，陈述题目紧紧围绕岗位职责来设计，突出了副司局级领导干部的岗位特点，做到了干什么陈述什么，保证了干得好的干部陈述成绩好，能力强的干部陈述质量高，综合素质最优秀的干部脱颖

而出，实现了好中选优，优中选强。

（三）不拘泥于民主或竞争，切实提高选任质量。如何既发挥扩大民主在增强干部工作透明度、确保选人用人权在阳光下运行的作用，又有效地运用竞争上岗具有的打破论资排辈、平衡照顾的优势，是实践探索的重点和难点。我部在9个副司局级领导职位选拔任用中，按照上述思路探索实行了“三推荐一陈述两差额”选拔方式。从效果看，“三推荐”与“四推荐”一样，既保证了选拔任用程序阳光操作、激励干部踊跃自荐，又确保了有序扩大民主、充分尊重民意。在“三推荐”基础上产生的参加陈述人选，在同一起点上公平竞争，谁陈述得好就确定谁为差额考察对象。

（四）不仅仅为了选拔而选拔，切实扩大选人用人视野。在推荐过程中，我部明确要求空缺职位所在单位干部会议推荐必须每个职位推荐2名人选，其中至少1名人选需从本单位以外的干部中推荐。经过这样的筛选，50余名虽未能提拔任职，但思想政治素质比较好、工作能力比较强、工作业绩比较突出、广大干部群众比较认可的干部走进了组织视野。对这批干部，部党组不一锤定音，不是选拔不上就放置一旁，而是紧密结合他们的具体情况和特点，遵循干部成长规律，按照事业发展的需要和后备干部队伍建设的要求，切实加强培养锻炼。其中的5名同志经党组集体研究被派到地方党委、政府挂职锻炼，为今后的发展创造了有利条件。

创新选用环节　选好用好干部

梅克保

干部选用是个大事情，事关党的执政能力、事关国家的长治久安和人民群众的幸福安康。干部选用，必须贯彻落实“德才兼备、以德为先”的选人用人原则，坚持从各地情况出发，在用人标准、评判主体、操作程序、责任追究四个方面，大力创新干部选用机制。

一、凭干事选用干部

确立用人标准，是选准人用好人的前提条件。邓小平同志说过，世界上的事情都是干出来的，不干，半点马克思主义都没有。因此，选拔使用干部，最终应看他是否愿干事，如何干事，干了哪些事，效果如何。针对当前社会上仍然存在的“干得好不如说得好，说得好不如陪得好，陪得好不如送得好”等不良现象，必须深化干部人事制度改革，坚持以干事为前提、凭干事用干部。一看“为什么干事”。是一心为公、务实为民、无私奉献，还是私心当头、追逐名利，借干事之名营一己之私。二看“怎么干事”。是脚踏实地真抓实干，还是不负责任地敷衍应付；是因时因地制宜快干巧干，还是不顾实际蛮干乱干；是善于团结同志一起干，还是不顾大局率性而干。三看“干事效果如何”。是片面追求短期效益、局部利益，搞一些劳民伤财、贻祸子孙的政绩工程、面子工程，还是着眼全面协调可持续发展，注重为未来打基础、使科学发展上水平、让人民群众得实惠。总之，要始终按照科学发展观要求，建立健全干部干事评价体系，牢固树立凭干事用干部的导向，让想干事、会干事、干好事、不出事的干部受到重用，让光说不练、溜须拍马、勤跑敢送的人没有市场，让成事不足、败事有余、干事不廉洁、手脚不干净的人受到惩戒，引导各级干部立足岗位认真谋事、扎实干事、干净行事、全力成事。近年来，湖南省委提出了“三个不吃亏”的用人导向，即“不能让综合素质高的人吃亏，不能让干事的人吃亏，不能让老实人吃亏”，其关键和核心是不能让干事的人吃亏。在此导向下，湖南打破干部选拔使用的传统模式，构建干部多渠道选拔、交流的框架，建立健全面向基层的干部选拔机制，不断增强了干部队伍活力。

二、靠民主赢得民心

用人标准确立之后，就必须解决“评判主体”即“由谁来评判”的问题。群众的眼睛是雪亮的。干部干得好与坏，群众心里有杆秤，最有发言权。因此，推进干部选用制度创新，必须把扩大民主作为基本方向和工作重点，把人民群众的有序有效参与贯穿于干部选拔任用的全过程。在民主推荐、民主测评环节，应拓宽推荐渠道，坚持走群众路线，扩大知情人的参与面，有效防止“知情的不参与，参与的不知情”；应建立健全干部选用初始提名机制，坚持个人推荐、组织推荐、民主推荐相结合，把大范围民主推荐作为选拔任用干部人选的第一来源，善于借助群众的慧眼识人选人，将更多的优秀干部纳入组织视野，真正变“由少数人在少数人中选人”为“由多数人在多数人中选人”。在考核考察环节，应综合运用考察预告、民意调查、书面征求意见、个别谈话、暗访等手段，深入细致、全面真实地了解干部；应实行民意否决制，对过不了民意关，得不到群众公认的不得重用。在任用环节，应坚持民主集中制，充分发挥党委集体决策作用。特别是应逐步扩大全委会或常委会票决制的适用范围，确保干部选用工作最大限度地发扬民主、顺应民意、赢得民心。近年来，湖南在干部选用中，不断扩大民主，选人用人的透明度和公信度大大增强。2008 年 11 月，在选拔优秀县(市)委书记到省直机关任职工作中，我们通过委托统计部门开展民意调查，认真听取省党代表、人大代表、政协委员的意见，将拟任人选提交省委全委会票决等方式，充分发扬民主，选用结果得到了各方面较高的认同。

三、以公开促进公正

从某种意义上说，公开是把人选准用好、防止用人失察失误的根本。因此，选好用好干部，必须以进一步提高公开透明度为方向，对干部选拔任用各个环节进行梳理，主动将干部选拔的标准、要求和程序交给党员群众，把干部任用信息全程亮给群众，从制度上保证选人用人权在阳光下运行，以公开促公正。一是创新干部选用公示制度。在考察对象公示方面，除在考察对象所在单位公示外，可探索向社会进行公示的办法，广泛收集各个方面的情况反映，切实提高被考察对象情况的客观真实性；在任前公示方面，充分运用现代传媒手段，进一步丰富干部任前公示的内容。二是探索推行空缺职位预告制度。当领导职位出现空缺和酝酿调整时，在提名推荐前的一定时间内，可探索以一定方式向各方面、各层次进行预告，以便更充分地听取意见，为干部选用提名推荐打下较好群众基础。在 2009 年选拔乡镇党委书记到省直机关任职工作中，我们对拟选用干部岗位在各类媒体予以公告，对笔试、面试、考察等各个环节入围的对象以及拟任职干部名单进行网上公示，取得了较好效果。

四、用问责追究失责

要刹住用人上的不正之风，防止选人用人因失责而失误，建立健全用人问责机制是重要保障。中央及中组部最近出台的干部选拔任用工作四项监督制度，进一步强化了对选人用人权的监督。落实好这四项制度，关键是要建立健全用人问责纠错机制，切实解决干部选用出现失察失误却无人负责、无法追究的问题。一是健全干部监督档案，加强干部选用全过程纪实工作，对干部提名、推荐、考察、酝酿、决定等各个环节进行责任细化，特别是规范干部初始提名工作，明确组织或个人推荐提名责任，克服干部提名中的随意性。加强对“一把手”用人权的监督制约，探索化解用人权过分集中的难题。二是实行用人失察问责制，对选人用人重大失察失误、严重用人不正之风等问题，坚持从严从重查处，加大党内责任追究力度，让用人失察问责成为一种常态。三是加强对用人失察问责情况的监督，坚决纠正有的地方和单位对选人用人上的突出问题查处不力、失之于宽、失之于软的偏向。通过建立健全问责机制，有效整治用人上的不正之风，切实做到在用人上权责对等，用权受监督、违规必追究、追究必从严，维护干部选用工作的严肃性，营造风清气正的用人环境。

（作者：中共湖南省委副书记）

破除“官本位”要靠深化干部人事制度改革

陈存根

“官本位”是封建思想、剥削制度的产物，与党的性质和宗旨背道而驰。现阶段它在部分干部中突出表现为，以官为荣，把当官作为人生最大追求；奉官唯上，只对上负责，热衷于奉迎领导，漠不关心群众；升官发财，将人民赋予的权力当成谋取私利的工具。“官本位”的本质是特权，要害是私利，治理在制度。当前，要认真贯彻落实《干部人事制度改革规划纲要》，抓住干部人事工作中的深层次矛盾和问题，改革完善干部选拔任用、考核评价、管理监督、激励保障制度，推进干部人事工作依法管理、科学管理，从根本上防止“官本位”现象。

一、加强干部党性作风教育，引导干部始终坚持立党为公、执政为民

防治“官本位”，首先要从加强和改进干部党性作风教育抓起。要更加强化先进性。抓住高举旗帜、坚定信念、践行宗旨这个根本，加强思想理论武装，坚决防止干部教育培训重业务轻思想、重方法轻方向的倾向，促使干部对中国特色社会主义理论体系真学真懂真信真用，永葆先进本色。要更加突出针对性。围绕解决干部党性作风和“官本位”方面存在的突出问题，着力增强干部的群众观点、群众路线、群众感情，引导干部真正把对上负责与对下负责有机统一起来，始终立志干大事、不要立志做大官。要更加注重实效性。与时俱进地创新教育理念、内容、载体和方法，大力培育和宣传焦裕禄、牛玉儒、沈浩式的人民公仆，以先进典型引领示范；加强实践锻炼，让干部在亲身体验百姓甘苦中陶冶情操、修炼品行。从去年起，重庆组织市和区县机关党员干部每年一周、新招录公务员和新提任领导干部试用期内一个月时间，进基层、进村子、进农户，与农民群众同吃、同住、同劳动，在与群众摸爬滚打中锤炼党性、历练作风。

二、创新干部选拔任用机制，逐步实现靠制度选人

治理“官本位”，必须抓住选人用人这个突破口。要扩大老百姓的话语权。改变纯粹“官推官”、“官选官”的模式，按照知情度、关联度和广泛性、代表性的原则，把民主推荐、民主测评参与人员由现在的以下级和同级为主，拓展到以服务对象和工作对象为主，并适度增大民意调查的样本量，提高民意调查的比重，使选出来的干部群众公认、真做公仆。要加大竞争性选拔干部工作力度。把竞争贯穿于干部选任的各个方面、各个环节，促使竞争择优制度化、常态化。改进公开选拔、竞争上岗、公推公选等竞

争性选拔方式，强化德才、能力和实绩导向，防止选“秀才”不选人才，避免那些“老好人”、“官油子”走捷径。要建立系统规范统一的选人制度。针对目前选人办法偏多、操作程序不一、评价标准各异，致使干部机会不等、人选良莠不齐等问题，要充分吸纳各项成功有效的改革措施，整合形成科学系统、规范统一的干部选拔制度，放大改革的正面效应，克服改革的负面影响。重庆正积极探索“三考”选人办法，即在建立科学的公务员培养链和量足质优的后备干部队伍基础上，通过考试考才、考核考绩、考察考德，以公开竞争方式差额遴选领导干部，引导干部晋级得学习、提拔先爱岗、当官必为民。大家反映，这种选拔方式有机整合了近年来干部人事制度改革的成果，并吸收了传统识人选人的有益经验，有利于把优秀干部选拔出来，推动了靠制度选人，是遏制“官本位”、防治用人不正之风的有力举措。

三、健全干部考核评价机制，促使干部以民为本、尽职履责

考核是指挥棒，直接引导干部的价值观和事业观。要健全体现科学发展观要求的考核评价机制，完善考核指标，改进考核方法，增强考核的科学性，通过考核让干部真正明确从政为什么、当官干什么。近年来，重庆针对过去业绩考核难量化、品德考核难做实、官评官难过硬、民评官难准确等问题，积极探索建立实绩考核、民主测评、民意调查“三位一体”的考评机制。坚持工作实绩靠算账。以权威的统计数据说话，一笔一笔算账评绩，防止一些干部当官不干事。坚持干部形象看测评。让熟悉干部工作和生活的“两代表一委员”、单位职工、服务对象参加，通过正向测评与反向调查相结合的方法考准考实干部的“官德”。特别是在反向调查中，选择当前社会反响最强烈的走门子、拉关系、跑官要官、追名逐利等“官本位”突出表现作为重要指标，深入测评调查，既改变过去德的考核分不出差别、看不出问题的情况，又推动“官本位”问题的解决。坚持执政效果问民意。将干部的岗位职责、工作目标和工作任务，转化为群众最关心、可感知、易判断的指标，委托专业机构开展调查，用群众满意度来评价干部，引导干部关注民生、服务人民。坚持考核结果重运用。要根据考核结果，及时对实绩突出、群众公认的优秀干部进行表彰重用，对群众不满意、工作不称职、能力不胜任的干部进行调整。近年来，市委先后对40名干部诫勉谈话，对20名干部予以调整或免去现职。

四、完善干部管理监督机制，推动干部能上能下、能官能民

缺乏监管、治官不严，“官本位”必然泛滥。要推行职位管理制度。根据领导岗位的性质和任务，健全岗位职责规范，严明能力素质要求，使干部工作有清晰目标、组织评价有明确标准、群众监督有充分依据。要加大治庸治懒治散治软力度。对不讲原则、不敢管理、不在状态、失职失责的领导干部严加惩治。要健全干部监督制度。规范权力运行和监督机制，让权力在阳光下运行，防止公权私化、异化，确保干部干净干事。改变简单地以行政级别论轻重的管理监督办法，加强对关键岗位干部的重点管理监督。建立一把手抓班子带队伍责任制，对疏于教育管理监督致使干部在党性党风党纪方面出现严重问题和“官本位”现象突出的，追究主要领导的责任。要完善干部退出机制。严格执行领导干部职务任期制度，完善辞职、罢免、撤换制度，制定调整不适宜担任现职干部具体办法，规范干部“下”和“出”的标准、情形和程序，使不适宜的干部及时下得了、出得去。

五、加快推进干部分类管理改革，从源头上防止千军万马挤“独木桥”

分类管理既是现代人事行政工作的基石，也是破解“官本位”的有效之策。要着眼于建设一支政治素质好、领导能力强的政务类公务员队伍和一支专业素质好、执行能力强的事务

类公务员队伍，进一步加快公务员分类管理改革，健全综合管理类、专业技术类和行政执法类公务员管理办法，并建立按年功和业绩晋升职级和工资的办法，让当官不再成为公务员的唯一追求。要打破传统的“大一统”管理体制，取消企事业单位实际存在的行政级别和行政化管理模式，完善专业技术人才人事管理制度，拓展职业发展空间，推动教师进课堂、医生去临床、演员上舞台、科技人员到厂矿车间和田间地头，让各类人才各得其所、才尽其用。要认真落实尊重劳动、尊重知识、尊重人才、尊重创造的方针，建立多元的社会价值评价体系和人才激励制度，促进人才资源在各行各业合理流动、科学配置、均衡分布，形成“行行出状元”的社会环境。

（作者：中共重庆市委常委、组织部长）

进一步创新选人用人机制

黄建国

选人用人上的改革创新，是干部选任工作从思想观念、体制机制到工作方式方法上的重大变革。创新选人用人机制，当前应做好以下工作。

一、提高干部选拔任用的民主质量

创新干部选拔任用机制要扩大民主，扩大民主要以提高民主质量为着力点，进一步拓宽渠道，规范形式，强化措施，以民主的广度来提高选人的公开度，以民主的深度来提高用人的准确度。一是规范干部选拔任用初始提名。初始提名是“第一道关口”，在很大程度上决定选任干部的时机、路径和最终结果。规范干部任用初始提名，是有效防止“在少数人中选人”和“由少数人选人”的重要举措。坚持权利与责任相统一，组织提名、群众提名、领导提名和干部个人自荐提名相结合，规范干部选拔提名主体、提名形式、提名程序和提名责任。合理划分初始提名主体的权限，对组织提名、群众提名、领导提名和干部个人自荐提名的范围进行明确。实行首提责任制，由“首提责任人”对初始提名行为承担相应责任。实行民意否决制，无论采用什么方式提名，都必须经过民主推荐，并由领导集体研究后，确定考察对象，得不到多数群众认可的、未经集体研究的，不列为考察对象。同时，还要规范干部选拔任用启动程序，区分换届提拔、日常调整提拔、交流提拔及平职调整等不同情况，明确动议方式。二是扩大民主推荐和民主测评的群众参与范围。“为政之道，要在得人”。但是得谁的人，是得主要领导个人满意的人，还是得干部群众和班子集体普遍满意的人，这是当前扩大民主必须解决的问题。积极探索干部群众有序参与的途径，有计划有步骤地让更多的干部群众参与到干部选拔任用工作中来，注重在普通干部群众中更广泛地听取民意，促使干部更好地将对上负责与对下负责相结合，把群众信任和拥护的干部选拔上来。民主推荐地方党政领导干部时应扩大到人大常委、政协常委、部分党代表和人大代表，民主测评可扩大到所在单位全体干部职工、系统内下属领导成员和部分服务对象，民意调查可扩大到所在地方的普通群众，进行抽样调查。三是完善任用干部票决制。进一步推进干部任用票决制，有助于干部选任工作更加符合民意，有助于防止选人用人的失察失误和腐败现象。全面实行党委常委会讨论决定干部票决制，在充分酝酿讨论的前提下，实行无记名投票，有条件的地方可以实行电子票决。推行差额票决制，实现干部选拔任用的好中选优、优中选适。四是进一步完善党内选举，适当扩大差额选举的比例和范围。

二、完善党政机关从基层和生产一线遴选干部的机制

实践长才干，一线出干部。基层是党执政的基石，是干部成长的摇篮。创新选人用人机制，必须把目光更多地投向基层，形成来自基层的党政干部选拔培养链。要拓宽党政干部的来源渠道。我省在选拔乡镇党委书记到省直机关任职基础上，常委会已经明确，要将这一做法常态化、规范化，定期定向公选一批乡镇党政正职到省直机关任处长、副处长；大部分市州从乡镇党政正职中选拔干部到市直机关任职。要注意从县（市、区）选拔干部到省、市党政机关任职。我省已经明确，每两年提拔一批优秀县委书记到省直机关任职，3 年内，党政机关处以上干部有基层工作经历的应达到 2/3 以上。

三、进一步探索竞争性选拔干部的方式

选人用人引入竞争择优机制，有利于拓宽选人视野，有利于优秀人才脱颖而出，有利于激发干部队伍的生机活力。一是加大公开选拔力度。我省提出，公选省管干部，5 年内，正职要达到新提拔干部的 20%，副职要达到 35%；省一级可考虑每 2 年公选一次，市、县每年公选一次。测评考试要突出岗位特性，注重考知测能；控制成本，由省一级组织部门对厅、处级干部公选实行统一发布公告、统一规范程序、统一组织命题、统一组织考试、统一发布结果。二是规范竞争上岗。要根据不同机关和岗位特性，探索符合工作需要和干部选拔要求的竞争方式，不能单靠考试取人、不能单凭演讲取人、不能单以票数取人，要根据知情度、关联度和责任度，合理确定不同投票人所投票的权重。三是完善差额选拔方式。差额选拔有利于比较、鉴别，实现好中选优，也有利于发扬民主。应实行差额推荐、差额考察、差额酝酿、差额表决，着重对差额办法和差额比例进行规范。

四、创新干部考核评价办法

一是分类制定考核评价办法。分类制定地方党委和政府、部门、高校、国企领导班子和领导干部综合考核评价办法，建立起门类齐全、各具特色、简便实用的领导班子和领导干部考核评价体系。加快建立岗位责任规范的步伐，在职位分析的基础上建立不同层次、不同类型的岗位职责规范及其能力要素标准，作为干部选拔任用和考核的基本依据。可本着由低到高、先易后难的原则，先从县级党政领导班子成员岗位职责规范和能力素质标准的考评做起，逐级往上推进。二是创新考核方式方法。建立一个全方位、立体式的干部考核评价主体，尤其要注重听取下级和服务对象的意见，着力推动干部考核评价由“官评官”向“民评官”和“官评官”相结合的转变。完善民意调查，科学界定调查范围，让更多知情者参与评议；探索电话采访、调查问卷、网上评议等方式，畅通民意表达渠道；重视民意调查结果，注重结果的反馈与运用。整合考评资源，以届中考察、年度考核为基础，以换届考察、任前考察为重点，相互补充、相互校正，增强考核评价的科学性和系统性。三是强化考核结果运用。把考核结果的运用、反馈与干部选拔使用、培养教育、管理监督、激励约束有机结合起来，真正做到重用优秀者、培养有潜力者、鞭策后进者。

（作者：中共湖南省委常委、组织部长）

改进对县委书记的考核工作

梁　滨

近年来,河北省按照中央要求和部署,对干部考核工作进行了积极探索,特别是2009年底,采取"三考一谈"办法对县委书记进行集中考核,有效提高了关键岗位干部管理水平。

一

"三考一谈"主要内容有四个方面。

一是考核履职情况。重点考核县委书记2006年换届或任现职以来履行岗位职责情况。按照发展是第一要务、稳定是第一责任的要求,科学设置对县委书记的考核内容。从经济发展、社会进步、人民生活、节能减排和基础建设五个方面,设置了12项定量考核指标,通过数据采集、综合分析,看3年来的发展速度和质量,突出经济与社会、发展与环境、民生与基础的统筹发展导向。从社会稳定、党的建设、廉政建设和精神文明建设等四个方面,设置了定性考核指标,并将县委选拔任用干部情况纳入考核内容,通过部门评价、奖惩情况,看该县构建和谐社会、加强党的建设、精神文明建设和党风廉政建设的实际成效。

二是考核现实表现。重点考核县委书记德、能、勤、绩、廉方面的现实表现。通过民主测评、民意调查、个别谈话和实绩分析,掌握县委书记的政治思想、领导能力、工作成效、精神面貌、自我要求等方面的情况,特别看是否具有县委书记岗位要求的素质条件。重点了解四个方面的情况,即了解贯彻中央和省委重大决策部署的执行力,看是否坚决贯彻科学发展观,是否有符合本地实际的发展战略,是否较好地完成省委部署的产业结构调整、节能减排和城镇建设"三年大变样"任务;了解统筹县域经济社会发展和处理复杂问题的能力,看经济社会发展排位状况和社会和谐稳定情况;了解抓班子带队伍的能力,看四大班子团结和谐、干部队伍精神状态和选人用人公信度等方面情况;了解事业心、责任感和廉洁自律情况。

三是考核公认程度。重点考核县委书记在群众中的公认度。按照"公开、公示、公议"的要求,通过分析民主测评、民意调查综合评价结果和上级评价、部门评价、群众评价、所在市县委书记之间互相评议,以及上级领导与县委书记个别谈话等情况,全面了解干部群众对考核对象的公认度,提高评价的准确性。

四是开展谈心谈话。在"三考"的基础上,组织上有针对性地与县委书记谈心谈话。

二

在制定"三考一谈"办法过程中,我们在考核程序、环节、指标设置以及组织领导等方面都进行了改革创新,使这一办法呈现出鲜明的特点。

一是突出了科学发展导向。掌握县委书记领导和推进科学发展的能力和水平,是这次集中考核的首要任务。在考核指标设定方面,着重强化了民生、环保和基础建设指标,淡化GDP指标。增加了单位工业增加值能耗降低率和主要污染物排放削减率;强调了养老、教育、医疗等民生保障指标和重点建设项目投资等基础建设指标考核,有效改变了以即期和短期效应考核替代长期效应考核的弊端,引导广大干部树立了全面、协调、可持续发展的理念。

二是突出了德才素质要求。干部考核工作的导向性，直接影响着干部的政绩观。“三考一谈”全面考核了县委书记德、能、勤、绩、廉的现实表现，客观衡量和反映县委书记的德才素质和能级水平，从而较好地把干部的德才和实绩有机地统一起来。考核县委书记的现实表现，是通过实践效果来衡量的。如通过科学发展实绩看执行力；通过社会发展和稳定情况看统筹和处理复杂问题的能力；通过班子和干部队伍状况看凝聚力；通过民主测评、民意调查看公信力等，真正让那些德才兼备、群众公认的优秀干部涌现出来。

三是突出了干部群众评价。在定量考核分析上，协调省市两级发改委、财政、统计、环保、社保、安监等部门提供相关数据并分析排队；在定性考核评价上，协调省市两级纪检、组织、宣传、信访等部门提供实际情况和评价意见，广泛吸收涉及县委书记重要职责的有关部门参与考核评价，扩大了民主。同时，在民主测评的基础上，深入进行民意调查，通过开展个别谈话、设置征求意见箱和热线电话等方式，拓宽了群众评议渠道，并赋予群众否决权，规定了民主测评、群众评价优秀率最低标准和民意调查群众满意率最低标准，实现了民意的“硬约束”。

四是突出了组织关心关爱。面对新形势新任务，县委书记的工作领域广阔，工作对象复杂，工作要求严格，在工作压力面前，有的人不同程度地存在着心理健康问题。通过谈心谈话，特别是重点了解那些长期在条件艰苦、工作困难以及面临进退留转、经受挫折的干部的心理状况，倾听本人的意愿表达，并有针对性地进行疏导，拓宽了他们化解和释放不良情绪的渠道。同时，就考核中发现的问题与他们进行谈心谈话，指出优长与不足，明确努力方向，使他们切实感受到组织的关心关爱。

三

《2010—2020年深化干部人事制度改革规划纲要》对干部考核工作作出了新部署。落实《规划纲要》要求，从整体上提升干部考核工作水平，提高干部考核工作质量，还有许多需要认真思考和研究的问题。

一要处理好整体推进与重点突破的关系。对关键岗位干部的考核，是干部考核工作的重点部分。如何既突出专项考核这一重点，又推动整个考核工作实现新的突破和进展，如何使单项的考核制度与干部考核工作“一个意见、三个办法”既衔接配套，又相互之间有机统一，需要进行深入研究与探索。从目前来看，应该抓紧研究制定对省直单位、国有企事业单位以及高等院校等单位干部的考核办法，尽快形成健全完善的考核体系。

二要处理好于事简便与于法周延的关系。考核办法过于繁琐，是没有生命力的。考核办法过于简单，就容易流于形式，考核结果的真实性和准确性都会大打折扣。因此，具体的考核过程，可以尽量简化，但负责考核工作的有关部门事前要做大量工作，尽可能多地了解掌握方方面面的情况，在此基础上，化“繁”为“简”，作出科学的制度安排，真正实现于事简便、于法周延。

三要处理好集中考核与经常性考核的关系。研究表明，只重视集中考核，往往存在“近因效应”、“晕轮效应”等负面效果，导致考核结果失真。加大平时考核力度，有助于全面、历史、客观地评价干部。应该在建立科学的经常性考核制度上下更大的功夫，注意了解掌握干部平时的德才表现，尤其是在应对重大事件、完成重大任务时考察和识别干部。

四要处理好“考德”与“考才”的关系。在考核工作中存在着“考才”容易“考德”难的问题。“德”属于思想意识范畴，既不易科学量化，在考核过程中也难以用具体和清晰的标准进行把握，因而容易出现失真、失准问题。切实把领导干部的“德”考实、考准，是当前急需解决的一个重要问题。

五要处理好考与用的关系。对于考核结果的运用，普遍存在着把“运用”等同于“提拔”的误区。对于考核结果的运用，应该是多层次的，要体现到干部的培养教育、关心服务、管理监督、纪律约束等各个环节，最大限度地发挥考核工作的作用。

（作者：中共河北省委常委、组织部长）

提高干部工作民主科学性和真实性的思考

蔡　奇

提高干部工作民主的科学性和真实性，就是在扩大干部工作民主过程中，贯彻党的干部工作方针，遵循民主发展规律，使选人用人的导向、标准、制度、程序和方法等，有利于干部群众真实意愿的充分表达，实现党管干部与群众公认的统一。为此，要着眼于推进社会主义民主政治建设、积极发展党内民主的大背景，主动顺应人民群众的新期待，不断改革完善干部工作的制度机制。

一、建立健全干部群众民主素养的持续提升机制

坚持把提高干部群众的民主素养，作为提高干部工作民主的科学性、真实性的基础性工程来抓。一是强化领导干部的民主观念。一个地方、部门的干部工作民主，很大程度上受到领导干部特别是主要领导干部的影响。要发挥领导干部的示范引领作用，通过集中培训、上岗培训等形式，加强对各级领导干部的民主集中制教育，引导他们自觉坚持走群众路线，带头弘扬民主作风，切实承担起职责，以自身良好的民主素养和实际行动推动干部工作民主的发展。二是提高干部群众的民主意识。强化党员干部的党性教育，提高各级党员干部的民主法制意识。充分运用新闻媒体，在干部群众中广泛宣传党的群众路线、干部工作方针政策，引导他们珍惜自己的民主权利，充分认识干部工作与个人、集体利益的关联性，增强权利意识、责任意识，认真负责地推荐干部人选，客观真实地表达自己的意愿。三是养成组工干部的民主作风。组工干部是干部工作的具体操作者。要教育引导广大组工干部牢固树立法治观念、程序观念和群众观念，以民主的思维、民主的方式开展干部工作，负责地推荐干部、客观地评价干部、公正地使用干部，树立公道正派的形象。通过构建民主素养提升机制，形成各级领导干部高度重视、干部群众有序参与、组织部门积极推动、社会各个方面良性互动的民主氛围。

二、建立健全委任制、选任制和聘任制等干部分类选拔的民主机制

《2010—2020年深化干部人事制度改革规划纲要》提出，要研究探索如何深化干部分类管理改革，在党政机关、企业、事业单位人员分类管理的基础上，对选任制和委任制党政领导干部实行不同的管理模式。从实践看，不同的选拔方式在适用职位的特点、资格条件、选拔程序上有着不同的要求，群众参与和民意表达的渠道也不尽一致。要针对目前各类选拔方式存在界限比较模糊、趋同的情况，进一步厘清不同选拔方式对民主的不同要求。选任制选拔方式，要充分尊重和落实选举人的民主权利，改进候选人的提名方式，提高党组织向社会介绍党政领导干部的能力，适当扩大差额的比例，防止选前定调子、选举走过场的现象。尊重选举结果，不以组织提名的人选全额高票当选作为选举成功的标志。委任制选拔方式，要把党管干部与群众公认、扩大民主与尊重部门负责人的

用人权结合起来，注意防止过分倚重民主推荐得票，简单地以票取人，使委任制也成了变相的选任制。聘任制选拔方式，要结合岗位的专业性要求，注重人选的专业资格和业内评价。公开选拔和竞争上岗是委任制选拔方式的组成部分，要进一步扩大群众参与，提高人才遴选科学性，重点是完善考试和遴选机制，着力解决当前存在的“由于笔试、面试科学性不足导致高分低能”的现象，让干得好的考得好，能力强的选得出，作风实的上得来。

三、建立健全民意表达、分析、运用和反馈机制

干部群众的广泛参与和意愿的充分表达，是提高干部工作民主科学性、真实性的内在要求。一是拓宽民意表达渠道。通过适当扩大民主推荐、民主测评参与人员范围，实施“生活圈、社交圈”考察、延伸考察，实行干部实绩公示，建立干部工作网上推荐、监督平台等方式，在干部提名、推荐、评议、考察、决策等各个环节搭建群众有序参与的平台，增强民意征集的主动性、广泛性，最大限度地听取干部群众的意见和建议。二是加强民意结果的分析运用。将干部的民主推荐得票、民主测评、考察等情况与其一贯表现、年度考核以及干部群众和工作对象的评价意见结合起来，进行综合分析。也可按照知情度、关联度、责任度的不同，设定相应的权重，以综合量化的形式，更加客观、准确地反映群众意愿。探索设定各项民主参与结果的刚性指标，达不到相应标准的，采取相应的处置方式。比如，民主推荐票低于1/2的，原则上不作为考察对象；民意调查、民主测评不称职票超过1/3的，不予以提拔使用，还要视情况启动调整程序，使民意在干部选任的各个环节得到体现。三是建立民意反馈机制。把民意运用结果，以适当的方式在一定范围内公开，使民主参与者对其意愿表达在选任过程和最终结果中有所体现。特别是对群众反映的问题要及时进行核实，根据调查核实情况及时提出处理意见，并向反映人反馈，提高选人用人的群众信任度。

四、建立健全差额遴选、竞争择优的选人用人公平机制

选拔过程是否具有竞争性，干部群众对人选是否有选择性，是衡量干部工作民主科学性和真实性的重要尺度之一。针对当前干部选拔工作中竞争性不足的状况，应注重把竞争择优理念贯穿于干部选拔任用工作各个环节，形成公开公正、竞争有序、广纳贤才的良好局面。一方面，增强日常干部选拔任用工作的竞争性。建立完善干部差额选任机制，探索试行差额提名、差额推荐、差额考察、差额酝酿办法，完善地方党委全委会决定任用干部票决制度，在党政工作部门、群团组织和国有企业、事业单位中推行党委（党组）决定任用干部票决制，探索开展差额票决，多渠道、多角度、多层次地对人选进行比较甄别，努力做到好中选优。逐步提高采用差额选拔方式产生干部的比例，明确领导班子换届和集中调整、公开选拔和竞争上岗，须实行差额选拔方式；个别提拔任用领导干部，要逐步提高采用差额选拔方式产生人选的比例；选拔后备干部，须采用差额选拔方式。另一方面，加大公开选拔等竞争性选拔干部力度。完善公开选拔、竞争上岗制度，积极推行公开选调、跨部门竞岗交流等多种形式的竞争性选拔方式，推进竞争性选拔干部工作经常化、科学化。重点对那些事关地方经济社会发展急需的领导干部岗位，部分专业比较特殊、后备人选相对缺乏的岗位，定期组织开展公开选拔。推行机关中层干部跨系统、跨部门竞争上岗，打破部门、系统壁垒，实行在更大范围内的竞争择优。

五、建立健全责任明晰、惩治有力的干部工作监督制约机制

强有力的监督制约，是确保各项干部工作民主制度落到实处，提高科学性和真实性的重要保证。坚持干部监督工作从事后监督转向事前、事中、事后全程监督，加强过程控制，促进程

序规范。一是明确工作责任。科学界定干部选拔任用提名、推荐、考察、任用等环节的责任主体,明确上级党委及其组织部门、所在党组织、干部群众等干部工作参与者的责任内容,形成责任明晰、相互制约的责任机制。完善干部工作"一报告两评议"制度,在市、县党委和部门党组织中全面实行主要负责人选人用人行为离任检查和评议制度。二是加强协调配合。完善党内监督,健全组织、纪检、信访、政法等部门干部工作监督协作机制,探索建立执纪执法部门对拟任干部的联合会审制度。加强社会监督,设立干部工作监测点,聘请干部工作监督(联络)员,主动征询对干部工作的意见建议。重视舆论监督,引导新闻媒体宣传干部工作、监督干部工作,健全干部工作网络舆情定期收集分析制度。三是严格干部工作问责。认真执行《关于实行党政领导干部问责的暂行规定》和《党政领导干部选拔任用工作责任追究办法(试行)》,加强对违规违纪用人的问责。坚持和完善严重违规用人问题立项督查制度,加大对拉票、贿选等行为的查处力度。在干部选拔任用工作民主评议、民意调查中,本地区本部门群众满意度明显偏低、选人用人方面问题突出、干部群众反映强烈的,党委(党组)和组织人事部门要写出专题分析和整改报告,经认定有领导责任的,追究有责任的党委(党组)和组织人事部门主要领导干部的责任,切实维护干部工作政策法规的严肃性、权威性。

六、建立健全公开、互动的干部工作信息沟通机制

公开透明是提高干部工作民主的科学性和真实性的前提。坚持以公开促民主,大力推进信息公开,构建开放的干部工作格局。一是拓展公开的内容。除涉及保密的以外,全面公开干部工作信息。公开干部工作政策法规和制度文件、干部选拔任用工作程序,公开干部选拔任用提名、民主推荐、民主测评、考察、选任结果等。二是规范公开的形式。建立各级党委组织部新闻发言人制度,定期召开新闻发布会,发布干部工作重要信息。加强党建网站建设,建立互联网、内部专网等干部工作信息网上发布平台。规范领导干部任用的报道内容、形式和审核程序。三是完善公开的机制。建立干部提名情况和推荐、测评结果在领导班子内部公开制度,推进干部选拔任用信息向全委会成员公开,实行干部工作信息向"两代表一委员"和组织工作监督员通报制度。推进干部工作信息向社会公开,建立空缺职位预告制度,对市、县(市、区)党政领导班子成员中提任或转任重要岗位的考察对象,探索在所在地新闻媒体进行考察预告。改进领导干部任前公示,增加拟任人选照片、简历等信息。健全干部工作重要政策文件出台前公开征求意见制度,提高政策制度的科学性、实效性。

(作者:中共浙江省委常委、组织部长)

加强干部队伍能力建设　为经济社会发展提供保障

张少农

能力建设是干部队伍建设的重要内容。近年来,贵州各级党组织结合"欠发达、欠开发"省情,紧紧围绕胡锦涛同志提出的实现经济社会发展历史性跨越的要求,一手抓大规模培训,一手抓实践锻炼,大力加强干部队伍的能力建设,取得了明显成效。各级干部在应对百年不

遇的特大雪凝灾害和特大干旱灾害工作中，在加快全省经济又好又快的发展中，经受住了考验。但也要清醒地看到，对照中央和省委对干部能力建设提出的新要求，我们还存在一些不适应的问题。结合贵州实际，我认为领导干部应着重提高四个方面的能力。

一、切实提高学习的能力

党的十七届四中全会提出建设马克思主义学习型政党的战略任务，强调要在全党大力营造崇尚学习的浓厚氛围，使各级党组织成为学习型党组织、各级领导班子成为学习型领导班子。对于广大干部，特别是领导干部来说，要把学习作为一种常态和追求。对学习重视不够，有一个重要的原因，就是干部心理比较浮躁，静不下心来学习，自觉性和主动性还不够强。有的干部感觉不到知识恐慌和本领恐慌，满足于现有的知识储备，学习的紧迫性也不够；还有的干部学习不够刻苦，"三天打鱼，两天晒网"，没有养成好的学习习惯。因此，各级干部只有时刻对自己在学识、眼界、能力等方面的不适应保持警醒，才会在学习中有一种"挤"的精神和"钻"的劲头，把学习作为一种精神追求、工作常态、生活习惯，形成学习的内生动力。要针对"短板"和需要开展学习。在干部素质提升过程中，要按照"以人为本、按需培训"的理念，把组织需求、岗位需求、个人需求结合起来，增强学习培训的针对性。比如，中央提出要转变经济发展方式，贵州正在重点推进黔中水利枢纽等重大工程建设，我们要有针对性地加强对领导干部在重大工程管理、重大项目投融资等方面的培训，填充能力"缺口"，使我们的干部成为内行领导。要掌握好科学的学习方法。要带着问题学习、围绕工作钻研，把学习与思考结合起来，把学习的着眼点聚集到研究和解决重点难点问题上。结合贵州实际，我们要重点学习研究如何处理好发展经济与保住青山绿水的关系和加快重大项目、重点领域的发展与统筹扶贫开发、改善民生等问题。通过深入思考和研究一些带有普遍性的问题，使学习的过程成为理论联系实际、不断提高工作原则性、系统性、预见性和创造性的过程。

二、切实提高执行的能力

在领导干部的能力建设中，提高执行力是一项重要内容。要抓责任落实。工作能否落实，关键在于责任是否落实。有的干部不想担责任，认为多一事不如少一事，遇到困难能躲则躲，能推则推；有的怕承担风险。这些，都是事业心责任感不强的表现。各级领导干部一定要增强责任意识，敢于负责，善于负责，以对党的事业和人民群众高度负责的精神，扎扎实实做好各项工作。要树立优良作风。作风的优劣决定了执行效果。现在，确有少数干部作风漂浮，急功近利，有的还阳奉阴违，表面上说好，实际上不办，等等。这些问题，使许多好政策大打折扣。因此，必须大兴密切联系群众之风、大兴求真务实之风、大兴艰苦奋斗之风。要强化问责力度。干部作为不作为，关键是看对干部的问责力度。对干部的管理失之于宽、失之于软，出问题不批评、不处理，甚至大事化小、小事化了，工作的落实就成了空中楼阁。要注重加强制度建设，通过制度规范来推动执行。要重用提拔那些执行态度坚决，执行力强，能够破解难题，得到群众认可和组织肯定的干部；及时调整那些不负责任、不干事情、不思进取、无所作为的"懒官"、"庸官"；严格问责那些因失职渎职，造成重大损失或者恶劣影响的干部，促进干部执行力的提升，形成良好的用人导向。

三、切实提高引导舆论的能力

如何积极应对媒体，是网络时代对领导干部能力素质提出的新要求。各级领导干部要积极研究和掌握媒体规律。现在一些领导干部，对新闻宣传的规律研究不够，导致方法不新，针对性不强，效果不明显；有的干部在面对媒体时，显得被动、慌乱和不知所措，影响党的形象。必须加强对新闻宣传的研究，尤其要加强网络、手机等新媒体的研究和应用，采取群众接受的方式，把需要宣传的内容传播给受众，不断提高运用媒体加强和改进工作的能力。要积极应对和研判舆情。当前，借助网络手段，信息在反映社会动态变化的同时，也集纳了社会各种不同层面的立场和观点、情绪和诉求。一些本不严重的事情，由于处置不当，失去舆论引导主动权，产生了很大的负面效应。因此，要积极应对各种社会舆情，建立及时、准确、全面的舆情报告机制和监测研判机制，主动回应网民和社会关切，引导舆论朝着客观、理性、全面的方向发展。要加强与媒体的沟通。要通过定期召开新闻发布会、通气会、吹风会，把我们想宣传的、人民群众想知道的，及时充分地传播出去。

四、切实提高拒腐防变的能力

当前，复杂的形势和任务，对领导干部的拒腐防变能力提出了新的挑战。要保持政治清醒。有的干部政治意识淡薄，不善于或者不会从政治上来观察分析和处理问题，最终因一些小事情引发成大事件。因此，要保持政治上的清醒与坚定，不断提高干部的政治敏锐性和政治鉴别力。要保持一身正气。要把讲正气、有原则作为领导干部的基本要求，内化于心，外化于行；要教育引导干部坦诚对人、公正办事，不搞阳奉阴违、不拿原则作交易；对于歪风邪气、错误言行，要敢于坚决抵制；要大兴批评与自我批评之风，勇于正视和解决自身存在的问题。要保持清正廉洁。每一个党员干部都要增强自律意识，无论什么情况下都要把握住自己，自觉做到不义之财不取、不法之物不拿。要保持良好的生活作风和健康的生活情趣，谨防“小圈子”、远离“小兄弟”。要正确对待名利地位，在名利上有满足感。在这一点上，老一辈无产阶级革命家为我们树立了榜样，他们经历过艰苦、建立过功勋，但在个人名利上的那种淡定自若、去留无意、宠辱不惊的精神，值得我们学习。共产党人从不否认正当合理的个人利益，但过多考虑个人，总是不知足，就会成为名利的“囚徒”，甚至滑到邪路上去。领导干部一定要把名利看得淡一些，让心灵超脱一些，以豁达的精神和超然的态度对待名利，用高尚的品德和境界约束自己的名利之心。要追求心灵的平衡和谐。一个干部的成长历程，不可能总是一帆风顺。这个过程中，一方面需要组织的培养，另一方面也需要个人的努力，但有时你也下大力气做了一些工作，但提拔总是没有别人快，有时即使提拔了，也不是“中意”的岗位。这时，是怨天尤人、抱怨组织，还是自觉反思，查找不足，正确对待，这就是对干部的考验。只有以平和的心态对待升迁，不为名利所惑，才能防止因心理失衡而走上堕落腐化的道路。

（作者：中共贵州省委常委、组织部长）

完善干部选拔任用监督机制

李玉姝

健全完善干部选拔任用监督机制，是落实党的十七大、十七届四中全会精神，提高选人用人公信度的必然要求，也是强化对干部选拔任用工作全过程监督，匡正选人用人风气的重要保障。山东省认真贯彻落实中组部的部署要求，注意从体制机制入手规范干部选拔任用工作，取得了较好成效。

一、完善事前预防机制，突出监督的防范功能

加强对干部选拔任用工作的监督，最重要的是坚持预防为主，前移监督关口，最大限度地做到少出事、不出事。这是干部监督工作的本质所在，也是关心爱护干部的具体体现。

一是坚持教育在先，筑牢思想防线。教育是最好的预防、最管用的监督。一些干部之所以在选人用人上出问题，最主要的还是政治上不过硬，党性观念不强，没有严格执行党的干部路线。近年来，我们在干部方针政策的学习掌握上，努力做到“三个纳入”，即纳入同领导干部谈心谈话的必谈内容，使每位同志都清楚干部工作的极端重要性；纳入各级党委（党组）理论中心组的学习内容，使每个班子都自觉遵守干部工作的政策规定；纳入党校、行政学院、干部学院主体班次的教学内容，使广大干部都了解干部工作的新要求、新举措。四项监督制度出台后，我们立即部署开展了为期半年的集中学习宣传活动，努力做到使各级领导干部熟知，组工干部精通，党员干部知晓，为贯彻执行打好基础。

二是坚持把关在前，及时堵塞漏洞。干部选拔任用工作出问题，往往集中在一些关键部位和薄弱环节，带有一定的规律性。如果针对这些易发、多发部位，及时进行严格把关，就会把许多问题解决在初始阶段，把不正之风纠正在未形成之前，把错误决定挡在决策大门之外。近几年，我们坚持通气在前、审核在前、把关在前，探索出台了一系列行之有效的制度规定，较好地避免了一些多发问题的出现。比如，制定完善省管干部任职前征求省纪委、省检察院意见的办法，把征求意见的过程提前到考察对象确定后或考察工作进行中，使个别群众反映强烈、确实存在问题的干部被及时撤了下来，避免了“带病考察”和“带病提拔”。再如，全面实行干部任前档案审核制度，特别是针对过去出现问题较多的“三龄一历”进行严格审核，去年有2名拟任用干部因有关材料不全、不实，或不符合任职条件等原因，被暂缓任用或取消任用资格。四项监督制度出台后，我们进一步强调，各级对需要报告的事项，必须如实报告；对需要审核的事项，必须严格把关；对不按规定报告的，必须坚决予以纠正，真正从源头上堵住产生不正之风的漏洞。

三是坚持提醒在早，切实防微杜渐。主动出击，抓早抓小，对倾向性、苗头性问题早发现、早提醒、早纠正，可以防止把小毛病拖成大问题，增强监督工作的实效。要抓住重点时期进行提醒，特别是领导干部刚刚上任、即将离任的时候，及时派人进行谈话，提醒他们严格执行党的干部政策，不在干部工作上“烧三把火”，送人情。要抓住重点对象进行提醒，特别是针对近些年在选人用人上出现问题较多的县一级，我们及时开展了“百名县委书记谈心活动”，与140个县市区委书记普遍进行了谈心，尤其是就严格执行《干部任用条例》等政策法规、整治用人不正之风等提出明确要求。今年，我们又把范围扩大到市委书记、省直部门和国有企事业单位主要负责人，以“整治用人上不正之风、提高选人用人公信度”为主题进行专题谈心，使他们切实增强责任感，自觉履行职责，主动接受监督。要抓住重点单位进行提醒，特别是针对选人用人群众举报件比较多、民意调查满意度比较低的单位进行重点管理，要求他们高度重视，认真分析，加大整改，力争尽快有一个明显的变化。

二、完善问题发现机制，突出监督的纠错功能

经过这些年坚持不懈的整治，用人上不正之风得到了遏制，但各种违规违纪行为并没有绝迹，而是具有了更强的隐蔽性、复杂性和多样性。只有坚持全方位、立体式、多层次的监督检查，才能真正形成反应灵敏、渠道畅通、覆盖全面、配合密切的问题发现机制。

一是开展监督检查找问题。我们要求各地

各单位每年都要对干部选任工作进行一次自查，并根据自查情况有选择地进行集中检查。在检查中，把各级党委（党组）主要负责人作为重点对象，着重了解有没有个人直接指定考察对象，或者授意、暗示有关部门和人员按照自己意图推荐人选；有没有在党委（党组）讨论决定干部时搞个人说了算，或者抢先表态、堵塞他人言路；有没有要求提拔本人的配偶、子女及其他亲属，或者指令提拔秘书等身边工作人员等。每次检查后，及时对发现的问题进行梳理分析，对带有普遍性的问题，不仅要分析原因，而且从制度层面进行规范，避免再次出现类似问题；对于个别单位、个别同志出现的问题，安排专人进行谈话、提醒，严肃指出问题，责令认真整改。

二是组织民主评议和民意调查找问题。干部选任工作做得怎么样，干部群众心里都有一杆秤。让干部群众评价选人用人工作，对于客观准确地判断一个地方、一个单位的选人用人风气，具有重要的参考价值。从去年开始，我们在全省17个地级市普遍推行了干部选任工作“一报告两评议”制度和组织工作满意度民意调查。这两项制度体现了扩大民主的基本方向，强化了对权力的有效监督，反映了对各地工作的客观评价，是依靠干部群众发现问题、解决问题的有效途径。我们将按照有关规定，进一步完善制度办法，切实把这项工作做好。

三是拓宽举报渠道挖问题。拓宽举报渠道，是干部监督工作走群众路线的具体体现，也是切实发挥群众监督作用、完善干部监督机制的有效措施。近年来，我们把畅通举报渠道作为一项基础工作，认真抓好信访、电话、互联网“三位一体”的举报网络建设。2009年10月，省委组织部率先开通了“12380”举报网站；今年上半年，各地级市全部开通“12380”举报网络，各县（市、区）将全部设立公开举报电话，在全省尽快形成电话、网络、信访“三位一体”，省、市、县三级覆盖的举报网络。省委组织部还专门设立了举报中心，配备了专职人员，进一步规范了举报受理特别是网上举报受理运作程序，确保群众举报件件有着落。仅去年一年，省委组织部就受理选人用人问题举报799件，查核747件，使一些违反规定的案件得到了及时处理。

为更好地接受干部群众的监督，还要不断加大信息公开力度，以公开促公平，以公平促公正。今年4月份，我们首次召开全省组织部门宣传工作会议，在省、市、县三级设立178名组织部门新闻发言人，围绕“想让群众知道的”和“群众想要知道的”这两个重点，使组织工作的信息公开经常化、制度化、常态化，把干部选拔任用工作置于群众的监督之下，真正落实好群众的知情权、参与权、选择权和监督权。

三、完善权力运行制约机制，突出监督的约束功能

对干部选拔任用的监督，关键是对选人用人权的监督。只有明确责任主体，严格区分责任，落实惩处措施，真正使权力行使到哪里，监督就跟进到哪里，制度就规范到哪里，才能切实做到隐性权力显性化，显性权力规范化。

一方面，着力抓好四项监督制度的贯彻实施。中央最近出台的四项监督制度，针对干部选拔任用工作中容易出现的问题，形成了事前报告、事后评议、离任检查、违规失职追究的监督链条，为规范选人用人权提供了制度依据。关键要在学习领会的基础上不折不扣地抓好贯彻实施，做到凡是追究的情形，都要责任到人、追究到位；凡是需要报告的事项，都要认真审核，严格入口监督；凡是民主评议的结果，都要充分运用，奖优惩劣；凡是离任的市县委书记，都要及时检查，不搞下不为例。真正用党性原则、刚性制度和铁的纪律，确保选人用人权的正确行使。

另一方面，继续深化干部人事制度改革。围绕中央《规划纲要》确定的11个重点突破项目，省里确定了12个重点突破项目，特别是在规范干部选拔任用提名、加大竞争性选拔干部力度、“科学规范和有效监督县（市）委书记用

人行为"等方面不断强化措施，力求取得新的进展。比如，在规范干部选拔任用提名方面，我们将研究出台省委全委会推荐省委管理的重要干部意向性人选试行办法，进一步扩大提名环节的民主；在加大竞争性选拔干部方面，坚持扩大数量、改进方法、提高质量的同时，在差额选任干部上进行积极探索。去年，我们采取了"两公开四差额"方式（公开空缺职位及职位要求，公开选任方法及选任程序，实行差额推荐、差额考察、差额酝酿、差额表决）选任了部分县乡党政正职；今年，我们又探索采用"民主提名、差额遴选、全程监督"方法在省直部门选拔了8名副厅级干部，实现了从多数人中选人，由多数人选人，扩大了干部工作的民主。在"科学规范和有效监督县（市）委书记用人行为"方面，目前我们已将试点扩大到6个地级市和76个县（市、区），试点单位形成各项制度规范713项，在规范和监督选人用人权上取得了一定的成效。下一步，我们将进一步加大力度，以项目化来推进干部人事制度改革，通过改革来完善对权力的监督约束，真正做到有法可依、有纪可守、有章可循。

四、完善案件查处机制，突出监督的惩戒功能

急病先治标，顽症下猛药。整治用人上不正之风，必须用好查处和问责这个有威慑力的武器。李源潮同志强调："要抓住典型案件处理，推动中央文件的切实执行。"近年来，我省坚持有案必查、查必深入、查必有果，敢于动真碰硬，用铁的纪律保证选人用人风清气正。

一是突出查核重点。一方面，突出关键问题。着眼于解决用人上的违规违纪行为，对拉票贿选、买官卖官、带病提拔和带病上岗、突击提拔调整干部以及群众反映强烈的其他违规用人典型案件等5类问题，坚持有举必查、查实必处、纠必到位、失职追责。另一方面，突出关键人。对反映党委及组织部门主要负责人的举报，采取直查或者立项督查等方式认真调查核实，以最坚决的态度同用人不正之风作斗争。

二是坚持从严查处。通过实行举报情况通报制、查核工作责任制和转办件查处情况复核制，特别是对举报较多的单位进行重点管理，加强督促指导，进一步提高了案件查处的质量。调查中坚持做到：对单位在干部选任过程中被举报违反程序、不符合资格条件等问题的，未查清前停止干部选任工作；对考察对象在考察过程中被举报有关问题的，未查清前不提交会议研究；对公示对象在任前公示过程中被举报有关问题的，未查清前暂缓任命。

三是强化专项整治。根据中组部的安排部署，结合后备干部集中调整，我们开展了拉票行为专项治理。通过加强专题教育，明确纪律要求，制定工作预案，促进了后备干部集中调整工作顺利进行。从92个市厅级单位后备干部考察测评结果看，治理拉票工作满意度较高。

四是加大通报力度。我们注重运用好查处结果，将查处的案件作为最生动的教材及时予以通报，做到纠正一个问题，规范一项工作；处理一名人员，教育一批干部。从今年起，省委组织部将会同省纪委通过召开新闻发布会等形式，适时通报查处的违规用人典型案例；同时，按照谁查处谁通报的要求，督促各地各部门查实一起，通报一起，发挥好警示教育作用。

（作者：中共山东省委常委、组织部长）

科学组工　文化为魂

楼阳生

文化研究,古已有之,于今为盛。中国典籍中最早出现"文"与"化"二字连用,见于《周易》:"文明以止,人文也。观乎天文,以察时变;观乎人文,以化成天下。"在这里,文化意指"人文教化、文以化成",其精髓在"化",其指向为"化人",其实质为"人化"。近代以来,中外学者曾给文化下过200多个定义。集百家之说,我们认为文化应有广义和狭义之分。广义的文化是指一个群体的活动、风俗、信仰,以及所创造财富的总和;狭义的文化是指一种精神现象、价值观念和行为习惯的综合体现,其作用范围可以是一个行业、一个系统、一个部门或一个单位。

我们所研究的组工文化,正是狭义文化之说中的一种系统文化和部门文化。党的组织部门从成立之日起,就按照马克思主义政党的路线方针,坚持不懈地加强自身建设,形成了鲜明的核心价值理念、职业道德规范,以及历史传统、行为方式、工作作风等,构成了组工文化的基本内容。不同时期的组工文化培育了一代又一代组工干部,成为推动组织工作的动力之源。

一

组工文化是开放的、发展的、不断完善的文化体系。当前,我们正处于全面建设小康社会的关键时期和深化改革开放、加快转变经济发展方式的攻坚时期,这也是一个可以大有作为的重要战略机遇期,创新和加强组工文化建设,客观上已成为新的时代需要。

加强组工文化建设是新时期加强党的执政能力建设的必然要求。当今世界竞争,是经济、科技、人才的竞争,更是执政党的执政能力、执政水平、执政效能的竞争,在很大程度上也是执政文化的竞争。因此,我们有必要搭建起"组工文化建设——执政文化建设——执政能力建设——党的建设"之间的桥梁,以组工文化建设丰富执政文化建设,以执政文化建设推动执政能力建设,以执政能力建设促进党的建设。

加强组工文化建设是新时期贯彻落实科学发展观的重要举措。组织部门贯彻落实科学发展观,就是要在组织工作的指导思想里融入科学发展理念,在干部培养上强化科学发展能力,在各项工作中践行科学发展宗旨,也就是在价值观念、行为方式、工作作风等方面,全面体现科学发展观精神,构建符合科学发展观要求的组工文化,通过加强组工文化建设,提高组织工作服务科学发展的水平。

加强组工文化建设是新时期加强组织部门自身建设的有效途径。以马克思主义为指导,荟萃党建理论精髓,深蕴组织部门核心价值理念的组工文化,是组织部门自身建设的一种目标、境界和取向。以文化来贯穿、来凝结、来引领,能使组织部门的自身建设更为有机、更具魅力、更加坚固;广大组工干部践行科学发展观、树立共产主义理想信念更加自觉、更为坚定、更可持久;各项组织工作更能相容协调、契合周延、整体推进。

二

站在新时代的起点上,我们所建设的组工文化,既要传承优秀文化精髓,又要注入新的时代精神。我认为,新时期组工文化的内涵可概括为"五句话":讲忠诚,重公道,谋察荐,崇清廉,尚奉献,并可延伸为五种文化。

——组工文化是忠诚文化。忠诚是组工文化之魂。组织部门文化的首要特征就是对党忠诚、政治坚定。党的干部，首先应该姓“党”。忠诚于党、忠诚于人民、忠诚于事业，是组工干部必须具备的党性觉悟和政治品格。组工干部就是要做党性最强、品行最好、素质最高的干部，始终坚持在党言党、在党为党、在党忧党，把个人的追求融入到党的伟大事业之中。

——组工文化是公道文化。公道正派是组织部门最根本的政治品格，是组工干部最重要的职业操守。邓小平曾反复告诫：“管干部的干部，要很公道，很正派。”我们必须把公道正派作为组工文化的核心价值理念，作为组织工作的生命线，作为组工干部的安身立命之本。

——组工文化是察荐文化。知人识人是组工干部的职责所在，选贤任能是组工文化的使命所系。战国时期大思想家墨子曾说过：“用一贤人，则贤人毕至；用一小人，则小人齐趋。”唐代大诗人王维也曾说：“用不才之士，才臣不来；赏无功之人，功臣不劝。”组织部门和组工干部对选准用好干部负有重要责任，要以对党的事业极端负责的精神，努力掌握识别干部的本领，提高知人善任的能力，创新考察评价的办法，以识才之能、荐才之德、爱才之举、用才之道选准用好干部。

——组工文化是清廉文化。“吏不廉平，则治道必衰。”由于工作性质使然，组工干部有可能时常遭遇“糖弹”的袭击和权、钱、色的考验，这就要求组工干部一定要注重锤炼党性、纯洁品行、强化自律意识，切实将其内化为拒腐防变的力量。

——组工文化是奉献文化。组工干部力行公道正派，实践知人善任，就必须具备无私奉献、甘为人梯的特质。默默无闻、勤勤恳恳、埋头苦干、不图虚名、不图回报、不事张扬，真正像李源潮同志所要求的那样，有功劳的时候不伸手，有苦劳的时候不计较，有疲劳的时候不抱怨。

三

组工文化，重在建设。近年来，我省沿着“突出公道之心、培养务实之风、保持创新之勇、营造清正之境、塑造表率之形、把握化育之规”的路径，努力打造具有鲜明党性特征、浓郁时代气息、强烈部门特色的组工文化，不断推动组织工作的科学发展。

突出一个核心——公道正派。2009年，我们通过实施“组工文化建设行动计划”，深入开展核心价值理念建设活动，在全省组织系统大力倡导“五个服务”工作原则，即坚持组织路线为政治路线服务、坚持扩大民主为党管干部服务、坚持公道正派为干部健康成长服务、坚持夯实基础为社会和谐服务、坚持强化人才支撑为又好又快发展服务，并对组工干部提出出于公心、注重公论、坚持公道、维护公正、提高公信的“五公”要求，从而达到了“六讲”效果，即坚持信念讲党性、扎实工作讲创新、选任干部讲《条例》、廉洁自律讲正气、诚信待人讲修养、甘当人梯讲奉献。

培养一种作风——务实高效。我们反复倡导“一具体就深入”的工作理念，要求组工干部必须摸实情、出实招、办实事、求实效。通过实施“强核心工程”和“联百村、进百企、促发展行动计划”，实现了夯实基层、打牢基础的新进步；通过推进“高层次创新创业人才计划”和“中西部市县人才智力扶持行动计划”，为海南国际旅游岛建设更好地提供人才支撑。

保持一种取向——求是创新。我们大胆冲破传统观念的束缚，敢于挑战老大难问题，在破解干部“能上不能下”难题和治懒治庸等方面，动真格，打“组合拳”，大力推行干部选拔任用全程差额制度，在部分市县、省直机关探索实施中层领导干部“任期制＋竞争上岗”，在事业单位试行领导班子聘任制和任期目标责任制，同时加大调整不适宜担任现职干部的力度，探索建立健全相应的制度。

营造一个环境——风清气正。我省加大标本兼治力度，先后制定实施了“防止用人不正之风行动计划”、“2010—2012年干部人事制度改革行动计划”，提出了加强组织人事工作纪律的“七严禁”准则，同时通过开通“海南党建网”，提高了组织工作信息的公开化程度。这些措施的接连出台，匡正了选人用人风气，形成了有利于推进改革的舆论导向和社会氛围。

塑造一种形象——可信可敬。在深化拓展“讲党性、重品行、作表率”活动中，我们对全省组工干部提出了“事业为先、团结为重、能力为要”的要求，通过大力实施“组工干部能力素质提升行动计划”，重点从提高服务大局能力、知人识人能力等十个方面提升组工干部的能力素质；还通过组织开展“组织部长下基层”、组工干部“联村进企”等系列活动，让组工干部在基层一线增强党性、改进作风、砥砺意志、增长才干；同时要求组工干部在做领导班子和领导干部的考核调整工作时，要围绕“配强调优，关心培养，教育警示”的要求，把工作做实、做细、做好，逐步树立起“靠得住、信得过、敬得起、亲得近”的淳朴形象。

把握一个规律——化己化人。组工干部既是组工文化的承载者，又是组工文化的传导者。在“化己”方面，要正确立身，做到以德立身，以才立身，以业立身。要勤于修身，坚持在学习中修身，在实践中修身，在考验中修身。要自觉省身，常思“为党谋而不忠乎？与民交而不信乎？从政事而不廉乎？”只有经常反省自己、检点自己，才能防微杜渐，才能守住职业道德的底线。在“化人”方面，组工干部要通过价值和观念体系的传导与共享，影响他人，激励他人，带动他人。通过组织部门先进的思想引导人，科学的理念感召人，崇高的精神塑造人，高尚的行为激励人，良好的环境影响人，严格的制度约束人，形成春风化雨效应，使组工文化被所有党员干部乃至整个社会所接受。

科学组工，文化为魂。一个有文化自觉意识的组工干部，才能以政治担当为取向，追求人生价值的实现；一个有文化自觉意识的组织部门，才能以先进文化为导向，担当时代赋予的重任。在新的历史时期，只要我们以加强组工文化建设为依托，蓄锐气求突破，燃激情创新优，组织工作就一定能为推动科学发展、促进社会和谐提供坚强组织保证。

（作者：中共海南省委常委、组织部长）

培育和弘扬组工文化　树立组工干部新形象

徐泽洲

对于建设组工文化，中央高度重视。李源潮同志强调，要把科学发展观的要求贯彻落实到组织工作的各个方面，努力形成科学的组织工作理论体系、价值目标、工作布局、体制机制、方式方法和组工文化，更好地为党和国家大局服务。近年来，黑龙江坚持把组工文化作为组织部门队伍建设的重要内容，从实际出发，积极探索和实践。

一、坚持把服务大局、服务发展作为培育和弘扬组工文化的核心内容来抓

组织工作的中心任务是紧紧围绕各级党委工作大局、经济社会发展大局选好干部、配好班子、建好队伍、用好人才、抓好基层、打好基础。培育和弘扬组工文化必须紧紧把握这一中心来开展，才有生命，才能持久。基于这一认识，中

共黑龙江省委组织部抓住省委提出的“八大经济区”和“十大工程”建设目标，把心思集中到省委确定的发展战略上，把工作落实到发展进程中，把工作成绩体现到发展业绩上。我们研究出台了全省组织部门为“八大经济区”和“十大工程”提供服务的“保障工程”，对组织工作融入发展大局、保障发展大局提出了明确要求和具体措施；开办了龙江发展讲坛，定期开展经济、社会、法律、文化等讲座，促使组工干部拓展眼界，熟悉经济，了解发展；组织了组工干部看项目活动，分期分批让组工干部到工程建设现场、科技研发基地、高新产业园区参观考察，实地感受基层发展的热情和干劲；开展了大项目进展和目标责任制落实工作督查，把干部日常考察与省委省政府每年落实到市（地）、省直部门的重点项目和年度目标责任完成情况结合起来。通过实地考察重大项目进展、基层干部群众反映了解干部推进发展的信心、能力和业绩，把考察谈话延伸到经济发展第一线，把干部业绩认定体现到人民群众的口碑中。为确保“保障工程”成为组工干部的自觉行动，我们还建立和完善了责任机制、督查机制、考评机制，引导组工干部融入大局，真正把心思和精力用在干事业、抓落实、促发展上。

二、坚持把基层满意、群众满意作为培育和弘扬组工文化的基本标准来抓

群众满意不满意是组织部门工作合格不合格的试金石。近几年，中组部提出并抓了群众满意度测评，就是在塑造新时期的组工文化，就是在提升组织工作科学化水平。为此，我们紧紧围绕让基层满意、让群众满意狠抓“三个意识”强化：一是宗旨意识强化。我们在组织系统实施了“满意工程”，把群众满意、基层满意作为对组织工作的基本要求，把每年组织工作满意度测评作为评价组织工作成效的重要标准。2010 年我们就督查了测评排名靠后的 3 个市（地）和 10 个县（市、区）组织部，督促各级组工干部不断强化宗旨意识。二是服务意识强化。切实转变思想观念和工作方式，接待工作对象是服务，到基层调研也是服务，把工作程序、工作内容寓于服务之中，转变组织部门的整体作风。2010 年初省委组织部在省直机关考核测评中，由 5 年前的倒数第六名跃升为第一名。三是奉献意识强化。引导组工干部把从事组织工作看成是党对我们的特殊信任，把在组织部门工作看作一种历练，把组织工作岗位当作奉献的舞台，自觉以事业为重，始终保持一颗平常心，把时间和精力放在做好本职工作和提高自身素质上，真正做到吃得下辛苦、受得了委屈、经得起考验，在奉献中实现自身的价值。

三、坚持把先进和优秀作为培育和弘扬组工文化的价值追求来抓

争做模范部门、打造过硬队伍，是对组工特色文化的最好诠释。组织部门和组工干部要努力走在全党创先争优的前头，要使先进和优秀成为组工干部的价值追求。为此，我们坚持引导组工干部从自身做起，创先进、争优秀。一是树立注重学习的导向。明确提出，组工干部要把学习作为一种人生追求、一种工作常态、一种生活习惯，做到锲而不舍、持之以恒，通过量的积累，最终实现能力和水平质的飞跃。坚持立足岗位学习，在工作中学习，在学习中工作，做到懂政策、通业务。二是树立注重实践的导向。坚持深入实际，深入基层，深入群众，多听多看多问，了解真实情况，了解干部群众的所思、所想、所盼，了解组织工作当前遇到的突出矛盾和问题，掌握大量鲜活的、具体的、生动的第一手资料，进而提高工作的指导性、针对性和实效性。三是树立注重实绩的导向。一方面，认真履行职责，围绕党委中心工作推进创先争优活动，充分调动基层党组织和党员创先争优的积极性和主动性。另一方面，在创先争优活动中发挥好带头作用，用行动创建一流部门，打造一流队伍，创造一流业绩，提供一流服务，做经济社会发展的促进者、干部群众的贴心人、创先争优的排头兵。

四、坚持把"讲党性、重品行、作表率"作为培育和弘扬组工文化的基础要求来抓

"讲党性、重品行、作表率"既是组工文化的基础内涵,也是建设党性坚强的模范部门和过硬队伍的基本标志。在开展这项活动中,我们首先抓作风。要求组工干部发扬公道正派的作风,客观公正地识别、评价干部,敢于坚持原则,敢于抵制不正之风,敢于说真话、说实话。发扬精益求精的作风,积极开动脑筋,钻研业务,做到情况熟悉、政策熟悉、工作熟练。发扬团结共事的作风,在工作中相互多一些理解和宽容,多一些沟通和支持,多一些补台和帮助,提高工作质量和效率,进一步营造积极向上、和谐融洽的工作氛围。其次抓纪律。要求别人遵守的,自己先要遵守;要求别人做到的,自己先要做到;要求别人管好的,自己先要管好。严格遵守保密纪律,对暴露出的苗头性问题早提醒和制止;对出现的问题,一经发现,严肃追究责任。第三抓实干。在其位、尽其责、干其事,扎扎实实地完成好每一项工作任务。敢于破除传统观念和思维定势,把上级要求与本单位具体情况结合起来,创造性地抓好具体工作的落实。坚持长抓不懈,以狠抓落实、扭住不放的劲头,不见成效不撒手,不把事情办好不罢休。

(作者:中共黑龙江省委常委、组织部长)

微博:组工文化建设的新载体

马 利

胡锦涛同志在党的十七届四中全会上指出,各级干部要学习和熟悉信息网络,善于运用信息网络,提高运用信息网络进行引导和管理的能力。我们党要在变化的时代中做好准备,赢得发展的先机,争取文化建设的主动权,就必须掌握并运用好网络。微博是一个新的网络工具,对组织工作具有重要的现实意义和实践价值。如何借助微博推进组工文化建设,是一个十分重要的课题。

一、什么是微博

微博是互联网技术和现代通讯技术融合催生出的人际交流工具,用户可以通过网页、手机短信、即时通讯(IM)软件和上百种 API 应用向其追随者发送短信息,传播自己的思想观点。

2010 年 11 月 1 日,俄罗斯总统梅德韦杰夫登上南千岛群岛,连发微博,晒出自己登岛的照片,煽动了"蝴蝶的翅膀",引发了全球的震动,日本立即召回驻俄大使。这就是微博的蝴蝶效应,一句话制造一起大事件、几张图挑动了无数国家的政治神经!在国内,玉树地震、云南抗旱、舟曲泥石流等抢险救灾过程中,微博大显身手,用最简单、最直接的方式,唤起千百万普通民众的力量。

微博出现只有短短 4 年时间,却以排山倒海之势,席卷全球,它的影响力已经渗透到社会的每个角落。目前,仅新浪微博已经超过 5000 万用户,预计明年用户数量将超过 1 亿。

微博具有鲜明的特征,一是微博用户的平民化。其中学生和企业员工占据较高的比例,绝大多数用户主要关注的人是朋友、同学、同事、业内人士。二是微博用户的个性化。微博具有"随时表达自己的观点"、"与他人共同讨论热点话题"和能提供"最新资讯"信息服务等

功能，满足了人们对媒体个性化的需求，吸引了大批人加入。三是微博用户相互交流的灵活化。既可一对一、一对多，也可多对一、多对多。四是微博用户信息传播的便捷化。现场直播，以秒计算。一个手机，就能让全世界立即听到你的声音。

微博的出现标志着新的文化传播方式的诞生。它看似渺小，却有广泛的影响力；看似微弱，却具有强大的社会动员能力。微博必将带来文化传播方式的历史性变革。

二、微博对组工文化建设的作用及影响

微博作为新的文化传播工具，其政治功能和社会功能日益显现，在社会组织动员、舆论引导等方面发挥出越来越重要的作用。组工文化建设既面临严峻的挑战，同时也获得了难得的发展机遇。

微博具有巨大的政治影响力。国内外不少事例表明，微博是使地方突发事件演变为全国性公共舆论事件的重要推手。2009 年 4 月 7 日，摩尔多瓦大选后，发生了“颜色革命”，也被称为“Twitter 革命”。少数组织者通过 Twitter 等方式传播行动指令，几个小时后，1.5 万年轻人就走上街头。尽管这场“颜色革命”没有成功，但充分暴露出社交网站在煽动民众、制造混乱方面的危害性。

微博具有强大的组织动员力。由于微博的个性化特征，它借助众包（缘起于商业用词。原本花钱雇人做的外包，现在是自己参与去做。用户不仅是需求者，也是生产者，同时是消费者。众包不仅是互联网的变革，也是整个社会组织的变革）的组织，使个人智慧或欲望，能够在网上得到最大释放。在网上，有时一个人就是一粒火种，就能引发燎原之势。

加强新时期组工文化建设的一个重要方面就是要借助和利用新的技术手段，如高速发展的新媒体，以简单、经济、迅速的方式，传播组工文化的核心理念，树立组工干部的新形象，凝聚起广大民众的智慧和力量，不断推进组织工作的改革创新。而微博时代，无论是向基层看、向全球看，还是向未来看，对组工文化建设都提出了更高、更新的要求。

向基层看：当年毛泽东说，共产党人好比种子，人民好比土地。现在微博已经成为发动群众、组织群众的沃土了。那么党员这粒种子，就应该在这块沃土上生根、开花、结果，扩大党的群众基础、巩固党的执政地位。

向全球看：全球已有 22 位国家首脑开了微博。小小微博，精彩纷呈，既有委内瑞拉总统查韦斯和政敌唇枪舌剑，也有智利总统皮涅拉借矿难赢得人气。现在，连英国王室都开通了“皇家微博”。组工干部要眼界宽、思路宽、胸襟宽，树立战略思维，拥有世界眼光。

向未来看：赢得青年，就是赢得未来！现在的年轻人，一切活动几乎都集中在一块小小的屏幕上。我们党的组织工作更应该重视青年党员、团员工作，从中汲取生生不息的生机和活力。

三、运用好微博，积极推进组工文化建设

一要鼓励组工干部设立微博，架起党群沟通新渠道。7800 万党员，以及广大团员很多是网民，要鼓励广大的党员，特别是组工干部不仅要上网看，更要上网说；不仅看微博，更要动手写，从幕后走向前台，李源潮同志曾说过，“过去，雄辩是银，沉默是金；网络时代，沉默就是承认！所以，真的，要立即查。假的，要立即驳斥”。目前，已有约 60 个政府部门在新浪注册官方微博。政府进入微博，可以促进信息公开，增加与公众的互动，平时的常态交流能够为在危机时刻取得话语权，获得民众信任，成功引导主流民意创造条件。

二要疏通言路，分流人群，构建组工文化新生态。对于微博，简单封堵显然不行。很多人记得，传真机诞生时，东欧国家因为不好监控，就下了一纸禁令。然而，传真机照样普及。微博如同当年的传真机，潘多拉的盒子打开就关

不上了。应对网络和舆论事件，要靠疏导，通过积极有效的工作，引导舆论导向。特别要畅通民意表达渠道，多开几扇门窗，不要把所有的人推进微博这一间屋子。小小的微博，已经成为社会舆论的一个新的舆论场、策源地。把网民都挤进一个门户，必然会引发强烈的意见井喷。这种威胁的严重程度不可轻视。

三要培养骨干力量，加强网上舆论引导。“微博意见领袖”已经成为我们当前社会舆论生产的重要力量。团结“意见领袖”，争取“知名人士”，发挥名人效应，是推动网上、网下求同存异，化解社会隔阂和对立情绪，团结一切可以团结的力量，化解一切可以化解的阻碍，维护社会稳定的重要方法。在网上，拉一拉是朋友、推一推就会对立，堵一堵是怨气、疏一疏就是赞歌。微博里，要培养一批有感召力、有舆论影响力的意见领袖，也就是“种子用户”，关键时刻他们会发出建设性的声音、掌控事态发展的趋势，形成舆论场，起到润物细无声的作用。

微博是组工文化建设的新载体。运用好微博，既充满挑战性，又富有开拓性。实践的创新，是最勇敢的创新，也是最可靠的创新！只要我们努力学习，勇敢实践，大胆创新，就一定能够掌握微博时代文化传播革命的主动权，开创组工文化建设的新天地。

（作者：人民日报社副总编辑）

坚持以点带面落实干部人事制度改革任务

郭广银

深化干部人事制度改革是党的建设的重要内容，也是政治体制改革的重要组成部分。前不久，中央颁布的《2010—2020年深化干部人事制度改革规划纲要》（以下简称《规划纲要》），根据党的十七大和十七届四中全会关于加强党的建设的总体部署，对今后10年干部人事制度改革作出全面规划，吹响了新一轮干部人事制度改革的号角。深化干部人事制度改革是干部工作思想观念、体制机制和方式方法的全面变革，政治性、政策性强，牵涉面广，关注度高。在贯彻《规划纲要》的过程中，要坚持以点带面，以重点难点问题的突破、以关键性举措的创新、以理论与实践的探索，带动改革的整体推进，努力把《规划纲要》提出的各项任务落到实处。

一、突出重点

突出重点是抓落实的重要方法和成功经验。越是头绪多、任务重，越要突出重点、抓好重点。《规划纲要》明确提出11个重点突破项目，抓住了当前党员干部群众和社会各界十分关注、反映强烈的问题，是深化新一轮干部人事制度改革的关键所在，也是贯彻落实《规划纲要》的重要抓手。一是要找准着力点。由于各地各部门干部情况不同、改革基础不一，贯彻重点突破项目的改革任务也存在不同程度的差异。要把《规划纲要》的部署要求与实际工作紧密结合起来，准确把握和牢牢抓住贯彻落实重点突破项目的着力点，切实把原则性规定具体化为可直接操作的办法。二是要逐项分解实施任务。对重点突破项目，要一项一项地分析研究，一项一项地提出实施时间表，一项一项地督促检查项目进度。三是要抓牢关键环节不放松。在重点突破项目中有各自的侧重点和突破点，要紧紧抓住每个重点突破项目中的关键性环节大胆创新，深化改革。比如，推行差额选拔干部制度，差额推荐、差额考察、差额酝酿相对比较容易做到，但差额票决有一定难度，差额票决的程序、办法迫切需要进行探索和规范。四是要建立责任制。以责任制管责任人，以责任人带责任部门，做到有计划有部署、有督促有检查，切实把改革纲领转化为实际行动。

二、突破难点

改革实践表明，破解一个难题往往能推动落实多项工作。在深化干部人事制度改革中遇到的一些难题，大多数是一些涉及多项工作、困扰干部工作多时、短期内又难以有效解决的“瓶颈”问题。破解难点问题，既是深化改革的题中应有之义，也是推动《规划纲要》贯彻落实的重要途径。要按照贯彻落实深化干部人事制度改革《规划纲要》座谈会的部署和要求，直面矛盾、迎难而上，凝神聚力、集中攻关，努力在破解深化干部人事制度改革难题上有所作为。比如，着力解决干部能上不能下、能进不能出的难题。一方面，可考虑进一步健全和完善调整不适宜担任现职干部制度，建立领导干部岗位职责规范，对干部不适宜担任现职的情形进行细化，完善不适宜担任现职的认定程序和办法。另一方面，从干部来源上完善制度安排，建立和推行党政领导干部聘任制，建立和完善来自基层一线的党政干部培养链。

三、抓好试点

改革开放30多年来，与其他改革相类似，干部人事制度改革也是“摸着石头过河”，实行累积性渐进式改革。《规划纲要》提出的改革任务要求高、时间跨度大，具体到不同层级、不同地区、不同部门，工作条件和改革环境有所不同，更需要试点先行，充分发挥试点的探索、检验、示范和引导作用。要以《规划纲要》确定的基本框架为核心，结合各地各部门改革的特点和条件，确定试点项目，有的放矢地推进改革试点。我们准备在全省选择一批改革氛围浓、创新意识强的地方和部门，建立干部人事制度综合改革先行区。对《规划纲要》提出的改革措施进行全面试行、配套改革，同时，对改革中一些亟待解决的难点热点问题进行试点，研究解决办法，力求重点突破；对符合改革规律、体现改革方向，但目前还不够成熟、不够规范的做法进行小范围试验，取得经验后逐步推广。

四、关注热点

干部工作历来是社会关注的热点、干部群众议论的焦点。在信息化时代，信息传播渠道多、速度快。舆论正面宣传跟不上，小道消息就会不胫而走，混淆视听，甚至干扰改革。《规划纲要》提出，要加强舆论引导，营造有利于推进改革的良好社会环境和舆论氛围。要正面宣传，加强党的干部政策、干部人事制度改革的好做法好经验、新进展新成效的宣传，让广大党员干部群众和社会各界及时了解改革、支持改革、参与改革、监督改革；要因势利导，善于利用网络等现代媒体，与干部群众和网民多沟通多交流，形成改革共识，凝聚改革力量；要防止炒作，注重热点问题的舆论引导，形成有利于推进改革的舆论导向和社会氛围。

五、培育创新点

当前，干部人事制度改革已经进入攻坚克难的关键阶段。《规划纲要》要求加大攻关力度。下一步，深化干部人事制度改革将集中到深层权利关系调整和关键性制度建设层面，既伴生着一定风险，也大大增加创新难度。实践是创新的源泉。在实施长达10年的深化干部人事制度改革中长期规划过程中，要始终牢固树立创新意识，积极探索创新举措，把创新根植于干部工作实践的土壤之中，用实践推动、检验和规范创新；鼓励基层创新，把自下而上的探索与自上而下的推进结合起来，尊重基层首创精神。

六、统筹平衡点

深化干部人事制度改革是一项复杂的系统工程，必须在党的领导下有序可控地推进。《规划纲要》明列了重点突破项目和22条具体改革措施，必须统筹推进，才能全面落实。要统筹推进干部选拔任用、考核评价、管理监督、激励保障4个机制建设，均衡改革布局；统筹推进国有企事业单位人事制度改革，把握好"三支队伍"管理改革的均衡协调推进；统筹做好大力推进改革与改革风险评估，在积极大胆地鼓励支持改革的同时，把握好改革的时机、力度和节奏，把握好改革的"火候"，谨慎权衡利弊、不断兴利除弊，努力降低改革风险；统筹推进实践创新与制度建设，从改革实践中总结和完善制度，用制度巩固和促进改革。

七、研究理论点

思想是行动的先导。从基层实践看，一些地方和部门干部人事制度改革迈不开步伐，根子还在于缺乏行之有效的改革思路和办法。《规划纲要》着眼长远，对研究探索改革中长期问题单独列题部署。这要求我们把解决当前问题与研究探索中长期问题结合起来，加大对一些基础性前瞻性问题、一些长期制约干部人事工作发展的重点难点问题、一些改革理论问题等进行调查研究的力度，研究提出改革的理论依据和对策思路，充分发挥理论研究对改革实践的指导和推动作用，不断增强干部人事制度改革的战略性、前瞻性和自觉性。

（作者：中共江苏省委组织部副部长）

在干部选拔任用关键环节上改革创新

曹力卓

近年来，黑河市按照中央和省委的要求，紧紧围绕提高选人用人公信度，不断深化干部人事制度改革，着力在干部选拔任用关键环节上改革创新，进一步扩大了干部工作的民主，提高了选人用人质量，干部选拔任用工作取得了新成效。

提名环节更民主

一是阳光操作，增强提名环节工作透明度。建立干部选拔任用工作信息公开制度，及时在新闻媒体上公开领导班子职数、空缺情况、职位要求和拟选任干部的任职资格和标准等干部选任工作信息，保证参加民主推荐的人员在知情的基础上，有针对性地向组织推荐合适的人选。二是综合运用多种提名方式，扩大提名主体。注重完善提名方式，扩大提名主体，采取群众举荐、个人自荐、组织推荐、领导干部推荐和召开民主推荐大会相结合的形式进行民主推荐提名，避免单一提名方式的局限性。三是差额提名，做到好中选优。在调整县（市、区）党政正职后备队伍时，在全市领导干部大会民主推荐提名的基础上，由市委组织部部务会提出差额提名人选，提请市委常委会对差额提名人选进行票决确定最终提名人选。部分县（市）委书记和市直重要部门一把手空缺时，组织部门根据各方面推荐情况差额提出建议人选名单后，由市委全委会进行差额投票表决。四是完善制度，规范干部初始提名。修订《黑河市深化党政干部制度改革八项制度》和干部工作程序，完善初始提名环节方面的内容。制定出台了《关于推荐县（市、区）党政正职和市直重要工作部门正职领导干部人选的意见》、《年度听取处级领导班子和干部队伍建设意见制度》，把初始提名权赋予基层。每年集中听取一次干部任用方面的汇报，既解决了有的部门汇报干部工作难的问题，又有效地遏制了跑官要官不正之风。

考察环节更科学

一是科学设定考察评价标准。按照选拔干部德、能、勤、绩、廉的标准，把考评标准和内容逐层分解，细化量化，使之能够看得见、摸得着。在明确衡量干部共性方面标准的同时，依据岗位任职条件、目标任务和能力要求，设定符合不同岗位特点的评价标准。二是科学确定考察范围和考察内容。在民主推荐和民主测评工作中，注重参加对象的广泛性和代表性，按一定的比例抽取相应层级的“两代表一委员”和党外人士代表参加。在考察内容上，突出干部的德才素质，同时把干部的思想作风、学风、工作作风、领导作风、生活作风和基层锻炼经历等情况，特别是把科学执政能力和开拓创新能力作为干部考察的重要内容。三是科学运用考察方法。在运用好传统考察办法的基础上，探索实行同考察对象集体面谈、心理测试、演讲答辩等方法，实现考察方法的多样化。四是科学分析考察结果。分析考核结果时，把领导的意见、服务对象的意见、群众的意见结合起来，把干部工作圈、社交圈、生活圈考察结果结合起来，把近期表现和长期表现结合起来，把干部的日常考核和任职考察结合起来，把民主推荐结果和民主测评、民意调查等考察情况结合起来，使各方面情况相互补充、相互印证。

酝酿环节更充分

一是适度确定酝酿范围。酝酿范围过小，不利于把人选准选好；范围过大，既不利于提高工作效率，又会产生跑风漏气，给议而未用的干部带来思想负担。我们的做法是，对县（市、区）领导班子成员拟任人选，注意与市级领导和县（市、区）主要领导的酝酿协商，对县（市、区）领导班子主要领导人选还要在市委委员范围内进行酝酿，与上级组织部门沟通协商；对政府组成人员和法院、检察院领导人员拟任人选，注意做好与人大领导和分管市级领导的酝酿协商；对市直部门领导班子副职拟任人选，注意做好与分管领导和部门主要领导人员的酝酿协商。二是科学安排酝酿时间。沟通协商时间晚了，仓促酝酿容易走过场，达不到酝酿协商的效果。沟通协商早了，迟迟不能上会，也会产生一些负面影响。为此，我们在时间把握上，一般控制在半个月左右，对重要岗位人选的酝酿时间稍长一些。三是正确分析酝酿结果。认真分析产生不同意见的原因。反对意见理由充分、合理的，要予以采纳。对因个别酝酿主体从本位主义出发不愿接受交流干部，或以个人喜好提出反对意见的，要耐心细致地做他们的思想工作，充分介绍拟提名人选情况，从领导班子配备结构要求和岗位需要来共同分析，以便达成一致意见。

决策环节更严密

一是坚持集体讨论决定。干部任免必须经常委会集体讨论决定，县（市、区）党政正职人选由全委会投票表决，2009 年又将全委会投票表决范围扩大到了市直部门重要岗位主要领导。二是坚持全面介绍情况。在市委决定干部任免会议上，由组织部门逐一介绍拟任人选的自然状况、提名情况、酝酿情况、民主推荐得票情况、考察情况、存在的问题和主要不足，拟任职务情况和任免理由，以及征求纪检部门、分管市级领导意见等情况，保证与会人员对拟任人选有全面的了解，对任免理由有充分的理解。三是坚持充分讨论。实行书记末位表态制，待组织部门逐一介绍情况后，给各位常委充足的思考、讨论时间，避免书记过早发言影响其他同志正常发表意见。四是坚持无记名投票表决。充分讨论后，对意见分歧较大的或者有重大问题不清楚的暂缓表决。意见统一的，进行无记名投票表决。

监督环节更有效

一是以干部"七谈四书"制度为载体，强化对干部日常监督管理。"七谈"，即干部受到上级表彰时进行勉励谈话；工作变动时进行任职谈话；有信访举报时进行警示谈话；遇到困难挫折时进行激励谈话；民主评议、审计或干部考察后进行反馈谈话；存在问题尚未构成违纪的进行诫勉谈话；党员干部报告个人有关事项时进行提醒谈话。"四书"，即对领导干部出现苗头性问题，及时向干部下发提醒通知书；对群众反映问题需要解释说明的，下发函询通知书；对违纪情节较轻、尚未造成不良影响的，下发整改通知书，同时向干部所在单位党组织下发督促整改通知书。干部监督机构定期对干部监督信息进行梳理和汇总，及时提出谈话和书面提醒劝诫的建议，由部领导进行谈话。对干部存在的缺点，及时提醒、帮助、批评，防止干部由小过铸成大错，有效防止和遏制了干部犯错误。二是以完善制度体系为重点，强化对干部选任工作的监督。实行上级组织部门派人列席下级党委（党组）研究决定干部任免会议制度、拟提拔任职干部任前审查制度、干部选拔任用全程记实制度、县（市、区）委和市直部门研究调整干部事前报告任后备案制度等，坚持有章可循、按章行事，有效防止干部带病提拔和违规问题的发生。建立干部选拔任用工作群众满意度调查制度，调查结果作为评价县（市、区）深入整治用人不正之风、进一步提高选人用人公信度工作情况的重要依据，对群众满意度偏低的单位主要负责人进行批评教育。

（作者：中共黑龙江省黑河市委常委、组织部长）

改革和完善干部选拔任用制度的几点思考

李高山

提高选人用人公信度是改革和完善干部选拔任用制度的重要目标，而增强干部工作的科学性是提高其公信度的重要保证。

一、增强提名的科学性，力争做到规范合理

提名是干部选拔任用工作的初始环节，在很大程度上决定着选人用人的方向和最终结果。在实践中落实这一要求，需要在操作层面上进行探索。

首先，要合理界定提名主体，解决"谁提名"的问题。一般来说，目前实行的群众推荐、组织推荐、领导干部个人推荐、干部自荐都是可行的。问题的关键在于几种办法怎样有机结合互相补充，并且使权力和责任相统一，规范化运作。组织提名应该是最主要的提名方式，包括下级组织向上级组织提名推荐干部、组织部门向党委提出干部任用意见，这种组织提名应该是已经综合了民主推荐和领导干部个人提名的情况。

现在需要研究的是，组织部门向党委提出的干部任用方案应该如何形成？我们认为，应该从以下方面拓展思路：一要体现主要领导从工作全局和干部全局考虑提出的宏观意见，体现重要部位、关键部位的具体意见；二要体现组织部门基于平时了解掌握干部情况所形成的意向；三要尊重民主推荐的民意结果；四要考虑党委政府分管领导同志的意见；五要考虑干部所

在地方或单位党组织的意见。这五个方面的意见如果一致，那是最理想的情况，很好决定。如果不一致，就要具体问题具体分析，看是大节问题还是枝节问题、原则分歧还是角度不同，并据此再做工作，也有必要加强平时在干部问题上的沟通工作。

这里有两个问题应该注意：一是党委研究干部只能由组织部门提出方案；二是这个方案中一定要兼顾上述几个方面的意见，特别是分管领导和干部所在地方或单位党组织的意见。如果意见很不一致，非重大紧急情况下，应缓提或缓议。

其次，要合理确定提名对象，解决"提谁名"的问题。在这个问题上，一定要处理好尊重民意与正确集中的关系。既要尊重民意、以民意为基础，又要善于科学地集中民意。以民意为基础，就是要坚持被提名人选的推荐票要达到一定比例，否则不能列为提名对象。但民意达到一定基础，只是一个必要条件，而不是充分条件。在具备必要民意的基础上，还需要进一步考虑干部自身的德才情况、一贯的工作情况，并结合组织部门和分管领导以及单位领导对干部的了解情况，以及班子的结构要求或岗位需求，进行综合分析，多中选好，好中选优。也可以将一定的民意和考量一个干部综合素质的其他重要因素综合起来，按照一定的权重结果决定提名人选。

再次，要健全提名程序，解决"怎样提名"的问题。一要尊重民意。不论哪个渠道提出的人选，在规定范围内达不到规定民意基础的，不能确定为考察对象。二要充分酝酿。主要领导、分管领导、组织部门、提名对象所在地方或单位党组织和领导成员之间，意见一致的优先考虑，意见不一致的要做具体分析，有重大分歧的不能强行决定。在这个问题上不能怕麻烦。三要追究责任。建立和完善提名主体责任追究制度，从制度上明确提名干部这个环节的责任，在一定程度上把提名权与应承担的责任紧紧连到一起。无论是个人还是一级组织，享有推荐提名权，就必然要承担提名失误的责任，以增强提名人的自我约束力，确保提名权的谨慎行使。四要实行推荐提名回避制。不准领导干部推荐本人亲属和身边工作人员，不准其超越分管范围推荐提名与自己工作毫无关系的干部。还应实行提名保密制，防止领导干部封官许愿、示恩买好，甚至拉帮结派。五要实行差额提名制度。特别是在多名人选基本条件大体相当的情况下，应当提出两名或两名以上考察人选，便于多中选优，优中选优。

二、增强民主推荐的科学性，力争做到真实可信

党的十七届四中全会《决定》指出，要"正确分析和运用民主推荐、民主测评结果，增强科学性和真实性"。民主推荐是选拔任用干部的基础，也是选拔任用干部的必经程序。目前，这个环节存在着一些不容忽视的问题。比如拉票现象导致"人情票"和"随意票"问题，盲目投票导致"人岗不宜"问题，甚至出现老实人吃亏、投机钻营者得利的结果。长此以往，必然助长弄巧卖乖、投机钻营的不良风气。这些都严重影响民主推荐的科学性、真实性。因此，必须改进民主推荐工作。

第一，要科学确定参加民主推荐、民主测评的人员范围。要本着增强知情度、广泛性、代表性和相关度的原则，在保证基本覆盖面的前提下，尽可能让更多知情人参与，让"管他的"、"他管的"和"他服务的"人员参加推荐、测评。同时，要创造条件让群众对干部有更加深入的了解。这就要求坚持实行干部年度述职述廉制度、党务政务公开制度、干部政绩公示制度等，让群众掌握更多信息，提高群众对干部的认知度，从而提高民主推荐的准确性。

第二，在推荐方式上要把定向推荐与非定向推荐相结合。有的干部整体素质较高，对岗位的适应性较强，不论放在什么岗位都能较好发挥作用，属综合性人才。为了使这部分干部脱颖而出，可试行结合年度干部考核搞非定向

预推方式，推荐出近期可以提拔的预备人选。这属于非定向推荐。相对于不明确具体岗位的非定向推荐，定向推荐更有利于解决人岗不宜的问题。当干部职位出现空缺且因工作需要应配备时，由组织部门在一定范围内予以公告，不但公布职位空缺情况，而且公布空缺职位的任职资格条件和任职要求，引导推荐者按照职位要求推荐最佳人选，这种定向推荐能增强推荐的准确性和针对性，最大限度地把最合适的人选配置到最合适的岗位上。

第三，要全面分析科学运用民主推荐结果，建立权重分析制度。民主推荐结束后，要对不同层面、类型人员的推荐票按照合理权重分别统计，对得票结果作具体分析，重点看知情人的票、看关联度大的票、看群众口碑，既要尊重民意又不能简单以票取人。要加强综合评价，把干部的推荐得票与其一贯表现、年度考核以及周围群众和服务对象的评价意见结合起来。简单地统计推荐票的数量，以得票数量确定人选，表面上看是发扬了民主，体现了群众公认的原则，但实际上由于参加推荐人员层次、素质不同，对干部了解、把握的程度不同，以及受一些不正常因素的影响，不一定能真正体现民意，有时可能出现“民意失真”。对那些因真抓实干、坚持原则、敢于负责、敢于开展批评而丢票的干部与能力素质一般、善于投机钻营拉关系的人要注意区别对待，作出正确选择，保证民主推荐结果的真实可靠。

第四，民主推荐的规则要有相对规范性和稳定性。民主推荐既然是选拔任用干部的必经程序，就应制定出相对规范稳定的规则，使广大干部群众心中有数，有所遵循。这些规则应尽量公平、合理、透明、公正。比如，同一任职岗位应具备怎样的职级、学历、年龄、经历等，既要体现岗位特点，又要有一个相对固定的标准，尽量做到相对稳定，不能“以人划线”、“以人定规”，一次一个要求，一次一个做法，给群众造成上级已经有了内定人选，民主推荐只不过是走形式、走程序、走过场的印象，影响民主推荐效果和公信度。再比如，同一级别和序列的干部，在什么地方、范围推荐，有无“准被推荐对象”和对象多少、年龄要求、推荐次数等，也应有明确规定。对每个符合条件者要有大致的公平合理性，不能因人而异，频繁改变规则，致使有些人有多次被推荐机会，而有些人每次都被“轮空”，这样显失公平的做法，会大大降低选人用人的公信度。再比如，相同条件干部的分布情况，组织部门应做到心中有数，有的地区或单位相同级别、资历、条件的干部出现“扎堆儿”现象，而另一些地方或单位可能没有这样条件的干部，如果简单地考虑面上的平衡，平均分配推荐名额，显然是不科学的。

三、增强考察的科学性，力争做到全面客观

考察是干部选拔任用的基础性工作，是准确评价和正确使用干部的重要依据。做好考察工作是防止用人失误的重要保证。考察干部，必须标准科学、内容具体、方法正确，才能取得应有的效果。

目前，干部任前考察工作中的主要问题是有点儿仓促、有点儿表面、有点儿简单。一是考察时间比较仓促。基本上是“不换届不考察、不提拔不考察、不调整不考察”，到了换届、提拔、调整时进行任前考察，“一次考察定终身”。就连这种仅仅一次的任前考察也进行得十分仓促。往往突击进行，连夜开会，连夜谈话，连夜赶写考察报告。这种“短、平、快”的考察方式，由于过于仓促，不可能充分地听取意见，不可能客观地了解一个干部的全面情况，很难把握住考察对象全部真实的活动和表现，难免失真失实失偏。二是考察内容笼统表面。近年来，各地围绕建立科学的干部考核评价机制进行了有益探索，但是真正可以操作并且能够在干部之间作出区分的、体现不同区域不同层次不同类型以实绩为核心的科学考核指标体系尚未建立起来。考察干部是按德、能、勤、绩、学、廉六个方面来进行，但这六个方面的标准只是对干部

考察内容的宏观规定，尽管组织部门在尽量分解和细化，由于其高度概括，可操作性不强，导致考察标准“上下一般粗，左右一个样”。三是考察方法比较简单。在谈话考察中，对一些并不认可的考察对象，不少谈话人往往存在许多复杂心理和失常心态。或者是抱着“多栽花、少栽刺”的心理，敷衍应付；或者是抱着“送瘟神”的心理，违心地向组织推荐连自己都认为并不合格的干部；或者是怕遭打击报复而不敢说出真实情况。这种比较仓促、比较表面、比较简单的考察，使现行的干部考察没有起到应有的“识人”作用。考察干部必须标准科学、内容具体、方法正确，才能取得应有的效果，这些方面还需要做很大努力。

一是要按照科学发展观和正确政绩观的要求，健全完善科学的干部考察评价指标体系，解决“考察什么”的问题。考察干部要全面考察其德、能、勤、绩、学、廉，注重工作实绩，这是有关文件规定的原则性内容。只有把这些原则性内容具体化，才能更科学地掌握标准，更好地识别干部。中央制定的3个试行办法指出，考察要“全面评价德、能、勤、绩、廉等方面的现实表现、个性特点和不足之处，同时反映民主推荐、民主测评、民意调查、实绩分析等方面的量化结果”。但具体操作落实仍需付出努力，需要进一步研究并在实践检验中不断具体完善。要根据不同区域、不同层次、不同类型干部的特点，把共性内容与个性内容结合起来，把过程性情况与结果性指标结合起来，建立各有侧重、各具特色的考核内容和考核指标体系，并且每一项考察内容都要制定具体的标准，能够量化的都要科学量化，使各项指标内涵明确、外延清楚、语义清晰，把抽象的原则具体化。

二是要历史地、全面地、经常地考察干部，解决“怎样考察”的问题。科学的考察方法，是保证科学的考察内容得以具体落实的实现形式。在实践过程中要不断拓宽考察的范围，打破由少数人评议干部的小圈子，把参评人员的范围向上下左右延伸，既要听取考察对象所在单位、上级主管部门和下级有关单位的反映，同时又要注意听取少数持不同意见的人的反映，让尽量多的知情群众参与到干部考察工作中来，把评判政绩大小、优劣的标准交给群众。还要不断延伸考察视角：既要考察干部驾驭现任工作的能力，又要把任前考察与回头考察相结合，把现地考察与旧地回访相结合，对干部过去的表现、政绩及政治态度进行全面了解；既要注意从干部贯彻执行党的各项方针政策的现实表现来衡量其思想政治素质，又要注意从干部对待个人利益的态度来衡量其思想政治素质；既要看干部取得的眼前看得见的工作实绩，又要看其是否做出了经得起实践、人民和历史检验的实绩；既要看干部平时的工作能力，又要看干部在重要时期、重要工作、重大事件中的决断魄力和应对能力；既要看到干部工作中的缺陷和失误，又要把因缺乏工作经验造成的失误同因工作态度、思想作风造成的失误区别开来，从而客观、公正、全面、准确地评价干部。

特别要注重对干部的经常性考察，把届中考察、换届考察、任职考察、年度考核等与经常性考察有机结合起来，动态地考察干部，对干部“工作圈”以外的表现进行经常性、随时随地的考察。只有这样历史地、全面地、经常地考察干部，才能充分发挥考核评价的导向作用和监督作用，引导、激励和监督广大干部努力创造经得起实践、历史和人民检验的实绩，营造立党为公、执政为民、干事创业、科学发展的良好氛围。

同时，要尽量实行差额考察，对同一职位的考察人选进行客观比较，看谁的综合素质更好，看谁更适合岗位要求。只有不断改进考察的方式方法，才能使考察结论更加客观全面，才能减少以至避免干部使用中的盲目性，提高选人用人的准确度和公信度。

四、增强党委讨论决定的科学性，力争做到权威有效

党委（党组）讨论决定干部任免，在整个干部选拔任用工作中起着决定性的作用，是“党

管干部”原则的具体体现。从实际情况看，当前一些地方和单位党委（党组）讨论决定干部任免往往成为履行程序，没有讨论，只有通过。出现这种情况，究其原因：一是因为每次讨论干部都数量较多，组织部门介绍完情况后，没有民主讨论的充裕时间；二是因为一些党委成员只是了解自己分管部门的干部，对其他部门的干部了解不多，讨论前又没有充分的准备，组织部门的情况介绍又千篇一律、千人一面，因此在讨论中只能是简单地附和分管领导或主要领导的意见；三是因为一些拟任人选是主要领导或其他领导提名推荐的，即使参会人员有不同的看法，也不便发表意见，怕得罪同事；四是因为有些党委成员只关心自己熟悉、与自己分管单位有关的干部任免，对其他的干部任用漠不关心；五是因为主要领导定了调子，即使有不同意见，反对也没有用，干脆就不说。由于上述原因的存在，讨论决定干部就变成了走过场。要进一步提高讨论决定干部的科学性和权威有效性，主要应抓好以下几个环节。

第一，要做好上会讨论决定前的沟通酝酿工作。党委组织部门应做好与各方面的沟通工作，应在考察前充分酝酿交换意见。考察结束后，也不要急于上会讨论，还可以由党委书记召集有关党委成员，就拟任人选的情况做进一步的沟通酝酿，以充分考虑各种意见。根据考察和酝酿情况，由党委组织部门研究提出上会人选意见，报请党委（党组）书记同意后，正式提交会议讨论决定。在酝酿过程中，党委（党组）成员和有关领导同志都必须自觉遵守组织人事纪律，严禁泄密。

第二，要尽量实行差额上会。实行差额上会，便于会议进行综合比较，好中选优，形成民主决策优中选优的“拔尖”效应。每个空缺职位至少要将 2 名候选人提交会议讨论。这样才能体现党委最后决定干部的权力和职能，否则等额上会在一定程度上只能造成党委（党组）决定干部的职能虚化、权威削弱、效用降低。

第三，要创造条件让与会人员展开充分的讨论。《干部任用条例》规定，讨论决定干部任免的第一道程序，是由“党委（党组）分管干部工作的领导成员或者组织人事部门负责人，逐个介绍领导职务拟任人选的提名、推荐、考察和任免理由等情况”。这里强调了两个方面，一是强调介绍人选情况要逐个进行，二是强调介绍情况要全面。这就要求每次安排讨论的人数不宜过多，在介绍完每位人选情况后，要留出时间由参会人员提问，发表同意、不同意或者缓议等明确意见。介绍人选情况要突出重点，详细介绍民主推荐的范围、民主推荐的结果。全面客观介绍考察情况，尤其对拟任人选的缺点和不足要介绍清楚。

第四，强化集体决策，积极推行干部任用票决制。表决制是“少数服从多数”原则的有效实现方式，是贯彻民主集中制的必然要求，因而是集体作出决定的重要程序，是党委（党组）议事决策的重要规则和方式。《干部任用条例》规定了口头表决、举手表决或者无记名投票等表决方式，从实际效果来看，无记名投票表决制更有利于领导班子成员真实地表达意愿，其积极意义非常明显。在实行无记名票决的过程中要注重细节的考虑，如不要使参加票决的领导干部挤在一起，好像是在互相监督一样，把无记名投票表决变成了实际上的署名表决，这就失去了实际意义。

（作者：中共山西省委党校常务副校长）

着力推进中央企业干部人事制度改革

姜志刚

干部人事制度是党的建设的重要内容。贯彻《2010—2020年深化干部人事制度改革规划纲要》，深化中央企业干部人事制度改革，要按照科学发展观的要求，坚持党管干部原则，以改革和完善企业领导人员管理制度为重点，逐步完善与公司治理结构相适应的企业领导人员管理体制，进一步健全符合中国特色现代企业制度要求的中央企业干部人事制度。

一、规范董事会，建立符合法人治理结构要求的企业领导人员管理新机制

一是认真总结经验，加快在中央企业建立规范董事会的步伐。要继续密切关注已规范董事会企业的运行情况，督促企业完善制度，形成科学、规范、高效、制衡的内部运行机制，确保董事会运行有效。在此基础上，按照规范董事会的要求，不断扩大规范董事会企业的范围，特别是在企业主要负责人调整、股份制改造以及中央企业改革重组等情况下，只要符合条件的，都建立董事会。通过努力，按照现代企业制度要求，尽快在中央企业普遍建立起规范、高效的董事会。二是以推进外部董事队伍建设为着力点，促进董事会功能的有效发挥。首先要拓宽外部董事选拔渠道，不断改善人才专业结构。要进一步做好外部董事备选人选的遴选，拓宽人选范围，比如：从现职中央企业董事长、党委书记或总经理以及财务管理比较规范企业的总会计师中选择部分人员作为外部董事人选；加大从地方重要国有企业和其他所有制企业，以及境内外资企业和国外大公司中引进人选。其次，规范和完善外部董事选聘程序。随着试点企业董事会运作的逐步规范，在现有的外部董事选聘程序的基础上，按照相关法律规定要求，进一步完善程序，提高工作规范化水平。今年开始，对各方面推荐的外部董事人选，将由国资委外部董事资格评审委员会进行审定后，才能纳入外部董事人才库。再次，组建专职外部董事队伍。随着中央企业规范董事会步伐的不断加快，兼职外部董事已满足不了需要。我们要本着专业、专管、专职、专用的原则，做好专职外部董事队伍的组建工作。三是以规范董事会、经理层人员管理为平台，真正实现企业领导人员管理由单一模式的统管向分层分类转变。经理层交由董事会管理后，企业领导人员管理的重点将转向出资人代表和党组织负责人的管理。针对不同企业的情况，下放经营层管理权限的工作，必须积极稳妥地推进。总的原则是：坚持党管干部原则与董事会依法选聘经营管理者相结合；坚持先规范董事会，后下放管理权限。在董事会规范运作以后，逐步将经理层的管理权限交给董事会，并实行任前备案管理的方式；分层分类、逐步推进，总经理人选国资委仍派人参与考察，副总经理、总会计师人选视情况决定是否进行补充考察。

二、进一步深化改革，探索企业领导人员选拔任用新的方式方法

一是继续大力开展市场化选聘，加大竞争性选聘企业领导人员的力度。以加强职位分析为重点，完善公开招聘选拔条件；以提高考评工作科学性为重点，完善考试组织与考试测评方法；以发挥人才库资源优势为重点，扩大公开招聘成果；以提高能力素质为重点，加强公开招聘

上岗人员的培训、培养和后续管理。同时，在中央企业内部普遍推行领导人员和中层管理人员的竞争上岗，形成竞争、择优、汰劣的选人用人机制。二是落实企业领导人员任期制政策措施。过去，企业领导人员任职后，一般都是在达到了国家规定的退休年龄才能免职，能上不能下的问题一直未能有效的解决。通过实行任期制，在中央企业建立起全新的企业领导人员管理模式，这是企业领导人员管理改革的重大举措。目前要积极完善政策措施和具体实施办法，保证这项工作落到实处，真正实现中央企业领导人员能上能下、正常更替、良性循环。三是建立企业领导人员交流、轮岗、回避制度。要着眼于优化企业领导班子结构，对结构不合理和存在问题的班子，进行调整性交流；着眼于干部的成长锻炼，对后备干部以及在某一企业领导岗位上任职时间过长，工作上难以开拓创新的企业领导人员，推行培养性和换岗性交流；着眼于加强企业领导人员廉政建设、有利于领导人员减少社会关系的束缚，严格执行干部任职回避制度。在此基础上，加大对中央企业主要领导的交流力度，做好企业总会计师和纪委书记的交流工作。

三、规范制度，不断完善企业领导人员考核评价机制

规范考核评价体系。在前两年开展考核评价的基础上，不断完善做法，总结经验，规范程序，建立规范有效的国有企业领导人员综合考核评价体系。完善考核评价手段。完善企业领导班子综合考核评价办法实施细则，在具体操作方法上务求简便实用；针对不同的企业性质、不同行业类型以及各类企业领导人员职能分工，设计符合实际要求的考核方案，提高针对性和实效性；探索建立科学的民意采集和分析机制，规范工作程序，增强民主推荐、民主测评的针对性和科学性；研究如何结合董事会评价，把企业党委领导人员和经理层人员的考核评价同步开展；研究如何把召开座谈会、个别谈话征求意见以及测评体系中不易量化的标准更好地融合、汇总到指标体系之中，更好地多维度反映测评结果的完整性和真实性。加强对考核评价结果的运用。根据评价结果，对群众反映不好、工作不在状态的，及时进行提醒或诫勉谈话；对工作不称职、思想和工作作风存在严重问题、严重不团结的班子和个人，采取组织手段，及时进行调整。探索后备干部考核评价机制。把后备干部队伍建设纳入考核评价体系中。按照“培养提高、备用结合、动态管理、统一使用”的原则，对后备干部进行考核评价，形成规范的选拔机制。

四、扩大民主，提高中央企业选人用人公信度

一是坚持正确选人用人导向。坚持“德才兼备、以德为先”的用人标准，把是否对建设中国特色社会主义事业忠诚，是否对坚持我国社会主义基本经济制度具有坚定信念，是否对搞好国有企业充满信心作为首要的政治素质来考察，大力选拔那些善于领导企业科学发展、实绩突出、群众公认的干部。二是提高选人用人水平。新提拔人员应严格按照职位标准中规定的任职资格来要求，而对于企业现有领导人员没有达到任职资格要求的，可采取学习培训等方式加以提高，或者通过交流等方式逐步加以调整。三是扩大选人用人民主。合理确定参加民主推荐、民主测评人员范围。根据代表性、知情度和相关性原则，合理界定参加人员范围。深入分析和运用民主推荐、民主测评结果。把尊重民意和不简单以票取人辩证统一起来，在分析民主推荐、民主测评结果时，注意与董事会、董事年度评价以及领导班子和领导人员年度考核评价情况结合起来，注意与平时掌握的情况结合起来。认真贯彻中央关于提高选人用人公信度的要求，积极开展中央企业干部人事工作“一报告两评议”。

（作者：国务院国资委企业领导人员管理二局局长）

规范选任县委书记提名工作

盛克勤

县委书记处于党执政的前沿，是直面基层群众，工作上独当一面的关键岗位。选好、用好县委书记至关重要。规范选任县委书记提名工作，是选优配强县委书记的重要关口，也是深入推进干部人事制度改革、提高干部选任工作科学化水平的必然要求。

一、着力解决谁来提名的问题，提高选任县委书记提名工作的民主化水平

中央颁发的《关于加强县委书记队伍建设的若干规定》明确提出，选任县委书记要经省委常委会审议。因此，省委应当是选任县委书记的提名主体，省委组织部作为职能部门具体负责提名实施工作，省辖市委可以提出初始建议人选。需要注意的是，在具体组织实施时要进一步规范提名方式。

改进组织推荐提名。目前，各地普遍采取召开省辖市委全委会或领导干部会议的方式推荐县委书记人选，这是经实践检验行之有效的基本提名方式，必须坚持下去、不断完善。操作中要把握三点：一要经过充分沟通酝酿；二要把握好会议推荐的时机和范围，对县委书记岗位空缺前还是空缺后推荐，推荐的任职区域是否明确以及在什么范围推荐都直接影响到推荐结果，实践中要进一步明确区分，加以规范；三要把会议推荐与谈话推荐结合起来，相互印证，综合分析，提高民主推荐准确性。

规范领导干部个人提名。领导干部个人提名是正常的干部推荐行为。但领导干部个人推荐提名人选，必须贯彻干部任用全过程写实记录的要求，负责地写出推荐材料并署名，阐述推荐理由和使用建议，介绍被推荐者的德才表现，还应申明与被推荐人的关系。综合时，要注意把组织推荐和领导干部个人推荐区别开来，不能以个人推荐代替组织推荐。领导干部个人提名，可探索进一步扩大范围，鼓励省级机关部门、国有大型企业、高等院校等单位主要领导推荐本单位符合条件的优秀人才，并注意听取空缺岗位所在县原任县委书记的意见。

合理引导群众提名。有更多群众参与的民主推荐提名，是落实“用人重公论”的基础工作，更是选任县委书记的重要环节。可通过定期开展民意调查，了解人民群众的所思所盼，对群众满意度高、实绩突出的优秀人才纳入组织视野，符合条件的及时提名。重视“两代表一委员”推荐提名，邀请他们参加民主推荐工作，也可以专门召开座谈会听取他们的意见。在一些民主政治活跃、群众自主意识强的地区，注意引导群众对所在地区县委书记人选的自发提名。同时，也应尊重和鼓励党员干部个人通过书面形式向组织自荐，并力争使之成为发现县委书记适任人选的重要渠道。

二、着力解决如何提名的问题，提高选任县委书记提名工作的科学化水平

优化提名工作流程，解决如何提名的问题，是规范选任县委书记提名工作的关键。要进一步规范和创新选任县委书记提名的方式方法。

实行公开提名。比较到位的做法是，在县委书记岗位空缺后，由省委组织部适时公布选拔职位、任职资格条件、人选推荐方式等；进入提名时，应当向参与推荐的人员提供符合任职条件的人员名册以及他们的现实表现，给推荐者以充分的时间做好酝酿准备，保证参与推荐

的人员能够在知情的基础上，正确行使他们的民主权利，有效防止“参与者不知情、知情者没参与”的问题，从机制上保证县委书记的“阳光提名”。

坚持民主提名。提名结果的代表性和最优性取决于提名工作的民主化程度，关键在于“由多数人提名”和“在多数人中提名”。要扩大参与范围，让关联度高、知情度深的同志尽可能地参加推荐。可考虑在省辖市市级单位和各县（市、区）分层推荐，既让熟悉县域情况的优秀部门干部脱颖而出，也让宏观管理能力强、基层工作经验丰富的县（市、区）干部进入视野。坚持“四个不提名”，即没有经过民主推荐的不提名、民主推荐得票不靠前的不提名、酝酿中意见分歧较大的不提名、存在影响任用问题的不提名。

扩大差额提名。建立健全差额提名制度，不仅是比选竞优的干部选拔需要，更是防止“一个人说了算”和“说一个人就算”的用人弊端的机制制约。当县委书记岗位出现空缺时，对同一拟任职位，从一开始酝酿时，就应当考虑两个或两个以上的意向人选，在民主推荐的基础上，经过公正客观评价和综合分析比较后，差额提出考察对象人选。通过实行差额提名，有效解决在少数人中选人的问题，为优秀人才的脱颖而出搭建平台。

探索竞争提名。采取竞争性选人用人方式，参与提名和可供提名的人数更多、范围更大，群众公认度也高。选好用好县委书记，应从民主政治发展更长远的需要出发，深入思考建立科学的竞争性提名工作机制，积极探索省辖市领导干部会议、市委全委会两轮推荐、拟提名人选公开述职演讲的“两推一述”以及公推公选等办法，使选任县委书记提名更加公开、公平、公正。

三、着力解决谁负责任的问题，提高选任县委书记提名工作的制度化水平

明确责任主体，确保有人负责。坚持谁推荐谁负责的原则，建立和完善县委书记选任工作推荐责任追究制、推荐提名署名制和全程记实等制度，强化对推荐提名干部人选的责任意识，防止推荐提名主体不明确，涉及追究责任时无据可查、无人可究的情况发生。

加强考核评议，确保责任到位。建立县委书记选任工作公开评议制度，结合“一报告两评议”、领导班子述职述廉和群众满意度调查，对县委书记选拔任用情况和新提任县委书记的现实表现情况进行年度考核评议。

强化制度执行，确保有责必究。建立选任县委书记有关事项报告等制度，切实加强对县委书记提名环节和调整过程的监督。完善考察公示制度，对新提拔和平职转任县委书记的人选都要按程序严格考察，并通过新闻媒体向社会公示，接受社会监督。结合《干部任用条例》检查，对选任县委书记工作专项督查，发现问题坚决查处，确保制度执行到位、落到实处。

规范县委书记提名工作要注意处理好三个关系。处理好统一管理与分级负责的关系。省委重在履行宏观管理职责，在干部任职条件把握、提名人选审定等方面发挥主要作用。省辖市委要加强对县委书记日常管理，积极负责地向省委提出初始建议人选。要进一步规范工作流程，积极搞好衔接沟通，充分调动和发挥省委和省辖市委在县委书记提名工作中的积极性创造性。处理好民主推荐与选任提名的关系。选任提名是开展民主推荐的重要目标，是党管干部、组织意图的实现形式；民主推荐是选任提名产生初步人选的必经程序，是扩大民主、反映民意的必然要求。做好选任县委书记提名工作，要努力实现组织意图与民主推荐结果的有机统一。处理好跨市提名与市内提名的关系。从实践看，在一个省辖市范围内提名使用县委书记，选任出来的县委书记熟悉当地经济社会和干部队伍建设情况，进入角色快，选任县委书记应以在本市提名使用为主，跨市提名使用为辅。跨市提名规模要适度，要坚持有利于发展、有利于

领导班子和干部队伍建设的原则，综合考虑优化人才资源配置、调动派入地和派出地两方面干部积极性等因素。

（作者：中共江苏省委组织部副部长）

加强年轻干部实践锻炼的做法

中共江苏省扬州市委组织部

2009年，中共扬州市委集中选派1013名年轻干部到基层一线和重要岗位实践锻炼，树立了到基层锻炼年轻干部、从一线选拔优秀干部的正确导向，激发了整个干部队伍的生机活力。

一、坚持统筹谋划，分层分类组织实施。市委在深入调研的基础上，精心制定方案，全面宣传发动，坚持标准、坚持程序，突出重点环节，做好各项组织实施工作，集中在1个月内落实到位。市一级采取了7项措施，集中选派138名年轻干部参加实践锻炼，涉及所有市级机关部门和县（市、区），其中，9名副处级干部到县（市、区）、开发园区任党政副职，15名年轻干部到开发园区、机关部门担任助理，8名优秀乡镇党委书记到市级机关部门、开发园区担任副处级领导干部，10名年轻后备干部到乡镇任党政正职，30多名干部到开发园区、科技创新型企业、矛盾调处一线挂职，60多名干部到村工作。制订选派方案时，注重分层分类培养，既考虑县处级干部、科级干部、后备干部、初任公务员等不同职级的年轻干部，又考虑不同年龄段的干部，合理设定女干部和党外干部的选派比例，保持合理的选派结构，为干部队伍的长远建设奠定了良好基础。扬州市所辖7个县（市、区）同步实施，共选派875名年轻干部参加不同层面的实践锻炼，形成了协同一致、统筹推进的工作格局。

二、坚持竞争择优，全程差额选准干部。创新制度设计，全过程体现竞争择优原则，让有发展潜力的优秀年轻干部脱颖而出。根据不同岗位要求，科学组合推荐、笔试、面试、考察等程序，逐轮差额遴选，差别化选拔人选。到开发园区和机关部门担任助理的年轻干部、到乡镇任职的后备干部，须参加笔试、面试；到县（市、区）党政班子中任职的处级干部、到市级机关部门任职的乡镇党委书记，均参加面试；到创新型企业、矛盾调处一线和村里工作的年轻干部，由组织推荐，等等。在面试环节，结合选派岗位特点，有针对性地组织党政领导干部担任面试考官。对选派到县（市、区）领导班子中任职的，由市委书记、市委常委担任考官，面对面地识别考察干部。在考察决定环节，根据面试结果按照1∶1.2或者1∶1.5的差额比例确定考察对象，由市委组织部组织考察组进行考核，最后报市委常委会研究决定。整个选拔过程成为年轻干部展示形象，比能力、比实绩、比公认度，相互学习、良性竞争的舞台。

三、坚持面向基层，广辟途径派好干部。实践锻炼人选遴选出来以后，组织部门针对每个人的特点合理安排、科学配岗，切实做到人岗相适。一是注重发挥年轻干部的特长和优势，学经济的到开发园区，懂科技的到创新型企业，善于沟通协调的到信访等矛盾调处一线。二是注重将年轻干部选派到县乡重要岗位和急难险重任务中经受锻炼，同时也为各级党委、政府集中换届提前做好准备。三是牢固树立重视基层、加强基层的导向，市级机关部门缺少基层工作经历的年轻干部直接选派到村工作，为基层输送急需的优秀人才，更好地服务和推动新农村建设。全市共选派893人到基层工作、锻炼，同时从基层选拔120人到市、县机关工作。实践锻炼岗位确定后，市委及时举办了岗前培训班，引导年轻干部做好思想准备、知识准备和技能准备，帮助他们尽快适应新岗位的要求。

四、坚持系统培养，着力构建长效机制。在年轻干部选出来、派下去后，即着手研究制定年轻干部实践锻炼管理办法和长效机制，确保年轻干部在基层一线成长起来、脱颖而出。各级党组织高度重视，层层落实措施，明确岗位职责，交任务、压担子，有意识安排年轻干部到条件艰苦、工作困难的地方或急难险重岗位上工作，帮助他们提高实际工作能力。既严格教育、严格管理、严格监督，又在政治上信任、工作上放手、生活上关心，普遍建立各级领导干部与年轻干部定期谈心谈话制度，及时把握年轻干部的思想状况和工作情况。建立"一人一档"、定期考核、动态管理等制度，突出考核年轻干部的工作实绩、能力作风、群众评价，及时准确掌握年轻干部的履职情况，在实践中识别考察干部。构建有利于年轻干部脱颖而出的选拔机制，坚持重能力、重实绩的用人导向，对在实践锻炼中政治素质过硬、工作实绩突出、群众普遍公认、确有培养前途的优秀年轻干部及时选拔使用，努力构建来自基层一线的干部培养选拔链。

集中选派年轻干部参加实践锻炼工作的开展，带给我们许多有益的启示。一是年轻干部要用当其时、用得其所、用足其长。扬州市正处在科学发展、转型发展、跨越发展的重要阶段，市委提出"发展创新型经济、建设创新型城市"的战略目标，迫切需要大批优秀年轻干部走上前台、担当重任。集中选派年轻干部参加实践锻炼，将优质干部资源向科学发展一线集聚，为年轻干部的成长提供了广阔空间，实现了事业发展与干部培养的有机衔接。二是基层一线是年轻干部锻炼成长的最佳舞台。科学发展的生动实践在基层一线，加强年轻干部在基层一线的实践锻炼是加快其成长不可或缺的重要一环。要坚持派下去与选上来相结合，充分体现重视基层、充实基层、加强基层的鲜明导向，建立机关干部下得去、基层干部上得来的有效机制。三是放手使用是对年轻干部最好的培养。培养选拔年轻干部关键要在实践中去使用、去识别、去比选。要坚持德才兼备、以德为先的用人标准，选派有培养潜力的年轻干部到基层一线锻炼，尤其要将一批35岁左右的年轻干部选派到县乡担任领导职务，让他们在完成急难险重的任务中磨砺成长。四是评价年轻干部要看主流看潜力。年轻干部发展潜力大，可塑性较强，应当遵循年轻干部成长成才规律，科学评价年轻干部的德才表现。对年轻干部不应求全责备，重点看政治品质和道德品行，看基本素质、看发展潜力。组织部门要解放思想，打破常规，以开放的视野、宽广的胸怀大胆选派使用年轻干部，把他们放到改革发展稳定的最前沿，为他们健康成长提供机会和舞台。

大规模培训干部的探索

中共陕西省榆林市委组织部

近年来，随着国家级能源化工基地建设快速推进，榆林市经济呈现跨越发展态势。经济的快速发展对干部队伍素质的提升形成倒逼态势，为此，市委把大幅度提升干部队伍素质作为加快经济发展方式转变、实现科学发展的“新能源”来开发。我们按照市委要求，积极探索创新大规模培训干部，收到了良好的成效。

一、以读书活动为载体，努力打造书香榆林。2008 年，我们制定出台了《榆林市 2008—2012 年大规模培训干部工作实施意见》，2009 年在全市机关干部中开展了“周周读书、人人培训”活动，同时将干部读书学习活动情况纳入全市年度目标责任进行考核。据统计，目前全市有 3 万多名干部实现了人人有读书计划、有必读图书、有学习笔记、有学习档案。我们及时总结开展读书活动的经验，出台了《关于打造“书香榆林”，提升全民文化素质的实施意见》，进一步在全市深入开展全民读书学习活动。

二、以“榆林大讲堂”为抓手，注重提升教育培训层次。“榆林大讲堂”面向全市县处级以上干部开设，邀请全国知名专家、学者和经验丰富的领导干部，针对当前政治、经济、文化、社会等方面的热点、难点问题，进行专题讲授辅导。目前已经举办 40 多期，参加听课人数 1 万多人次。“榆林大讲堂”具有“快”、“实”、“精”的特点。“快”，即坚持用马克思主义中国化最新成果武装干部头脑，思想认识能够紧跟改革发展的形势和时代进步的节拍。“精”即坚持精品意识，对讲座内容和主讲人精挑细选，力图使干部在理论知识、政策水平、实践经验等方面均衡受益。“实”即紧密结合榆林实际，着眼于干部的思想和工作需求，立足于解决实际问题。

三、以网络在线为平台，力争实现教育培训全覆盖。为有效解决传统常规培训工学矛盾、培训模式单一、资源利用率不高等问题，我们探索引入“网络在线学习和管理系统”，开通了干部教育培训网络学院，面向全市所有县处级领导干部，为干部学习提供了更多的自主选择和个性化服务。我们出台了干部教育培训学分制考核管理办法，把干部教育培训综合评价等次，作为干部年度考核的重要指标和考核评优、提拔使用的重要依据。现已有 1600 多名副处级以上领导干部在线登记注册。

四、以改革创新为动力，着眼提高教育培训质量。针对教育培训中存在的针对性不强、学用脱节等问题，我们坚持分级分类和全员培训的原则。在培训对象上，规定“重要干部重点培训，优秀干部优先培训，紧缺人才加速培训，年轻干部全面培训”。在培训内容上，本着“干什么、学什么”，“缺什么、补什么”的原则，结合岗位职责要求和不同层次、不同类别干部的特点，整合各类培训资源，以满足干部不同的学习需求。在培训方法上，采取党校铺垫、基地补充、外训提高、实践锻炼“四管齐下”的方式，实现干部培训的个性化、差别化。2007 年以来，我市共举办各级各类培训班 3500 多期，培训干部 33 万多人次。

创新选拔正职领导干部方法

于跃敏

为深化干部人事制度改革，加大竞争性选拔干部力度，提高选人用人公信度，从 2009 年开始，中共杭州市委探索采用“两轮推荐、两轮票决”方式选拔正职领导干部，取得了一定成效。

“两轮推荐、两轮票决”的主要做法。领导干部会议民主推荐。市委召开领导干部会议，从基层党代表中随机抽取部分党代表参加，进行第一轮民主推荐，再从符合条件的干部中差额产生考察对象。组织部门详细提供符合条件干部的年龄、学历、任职情况、工作经历、奖惩情况等，使参加推荐人员全面、立体地了解掌握干部的真实情况。全委会民主推荐。市委组织部对考察人选进行定性和定量相结合的考察，在此基础上，市委召开全委会进行第二轮民主推荐。根据得票高低，差额产生提交常委会差额票决的人选。常委会差额票决。召开常委会，进行第一轮票决，差额产生提交全委会票决的建议人选。全委会差额票决。召开全委会，并以抽签方式随机邀请部分党代表参加，进行第二轮票决。建议人选先进行陈述演讲，使参加推荐的人员进一步增强对建议人选的感性认识。随后，全委会成员和党代表进行差额票决，并按一定权重计算每个建议人选综合得分，从高分到低分确定拟任人选。最后由常委会研究确定拟任人选的任职岗位，并按规定程序进行公示和任职。

在"两轮推荐、两轮票决"选拔工作中，市委专门研究制定了选拔工作的纪律措施，严明纪律要求。纪委和组织部门联合发布纪律通告，设立监督举报电话，受理举报和投诉，明确组织处理方式，坚决抵制拉票贿选等不正之风。并邀请监督员和"两代表一委员"全程参与监督，向社会公众、新闻媒体及时公开相关信息，接受社会监督。

实践效果。采用"两轮推荐、两轮票决"方式选拔正职领导干部，在规范干部任用提名制度、形成差额选拔干部机制、发挥全委会作用、加强党内民主建设和提高选人用人公信度等方面都起到了积极的作用。一是进一步规范了干部选拔的初始提名。从提名主体看，改变了以往重要岗位干部人选多由组织或领导提名的做法，实现了让广大领导干部和基层党员群众参与干部的初始提名。从提名范围看，突破了以往干部出现缺额时，在某一个单位或几个单位内部推荐的局限性，把选人用人的视野扩大到全体符合条件的干部。从提名程序看，整个提名过程既坚持扩大民主，又坚持集体研究决定，把扩大干部工作民主与坚持党管干部原则有机结合起来，为扩大党内民主找到新的切入点。二是进一步完善了竞争性选拔干部的方式。把竞争机制引入干部选拔工作，搭建了公平竞争平台，使一批靠得住、敢负责、肯实干、口碑好、严以律己的优秀人才通过竞争脱颖而出，大大提高了社会对组织部门的公认度。三是进一步发挥了全委会的作用。党委委员、候补委员都直接参与了干部选拔任用的提名推荐和最后票决工作，书记、副书记、常委和委员都是一票。这体现了由多数人在多数人中选人的要求，拓宽了选人用人视野，树立了正确用人导向，端正了选人用人风气。四是进一步推进了党内民主建设。通过邀请来自基层的党代表直接参与，进一步发挥了党代表作用，扩大了民主参与和民主监督，推进了党内民主建设。

（作者：中共浙江省杭州市委常委、组织部长）

深化干部人事制度改革的探索实践

张　兵

近年来，我们按照中央、省委和省委组织部的统一部署，结合舟山市实际，在干部人事制度改革方面进行了一些探索，取得了一定的成效。

一、按照主体清晰、程序规范的要求，创新

干部任用初始提名方式。对县(处)级正职人选的初始提名,采用“三次推荐、一次票决”的方式。三次推荐,即逐次开展阶梯式推荐,产生一批近期可使用的正县(处)级后备干部人选。2009 年初,我们先是运用年度考核结果,在各单位推荐的基础上产生 110 名正县(处)级后备干部预备人选;然后召开干部大会全方位推荐,经常委会审定产生 60 名正县(处)级后备干部;最后召开全委会推荐,最终产生 32 名近期可使用的正县(处)级后备干部。1 年来,已有 12 人被提拔为正县(处)级领导干部。一次票决,即全委会成员投票推荐提名。当正县(处)级领导职务需要配备时,原则上根据能岗相适要求,在近期可使用的正县(处)级后备干部人选中提出 2 至 5 名参考人选名单,供全委会推荐提名。对县(处)级副职人选的初始提名,实行“多元推荐、适岗比选”的办法。当副县(处)级领导岗位空缺时,我们先在舟山党建网“干部推荐平台”上进行空缺岗位公告,同时以书面形式通知市级领导同志,以短信方式通知全市所有县(处)级领导干部。采取领导干部署名书面推荐、单位党组织书面推荐、干部群众书面或网上实名注册后推荐、干部自荐等多元提名主体推荐提名。组织部对被推荐者进行资格审查和综合评价,根据其工作经历、近几年考核结果、工作实绩、性格特点等情况,进行综合评价并赋分,取前六名进行座谈比选。

二、创新竞争性选拔干部工作的程序,提高竞争性选拔干部工作的科学性。尝试实施面试前置,将面试置于笔试之前,重点测试报考者对所报考岗位重点难点热点问题的观点看法和破解思路,突出解决实际问题的工作能力。引入“无领导小组讨论”环节,采用情景模拟的方式对考生进行集体面试,从中观察考生的自信程度、反应能力、情绪稳定性,以及组织协调能力、口头表达能力、辩论说服能力是否达到拟任岗位的要求。邀请“两代表一委员”和群众代表组成“旁听团”现场全程监督,全程录像,考生成绩当场亮分。设计考察对象对比分析表,从考察对象基本情况、阅历、平时年度考核情况、民主测评情况、考察情况进行比较分析,全面客观地评价干部。

三、创建网上干部选拔任用工作平台,拓宽干部工作信息公开渠道。充分利用互联网覆盖面大、辐射性强、透明度高、互动性好的特点,在党建网站建立集干部工作信息公开、干部推荐提名、干部教育培训于一体的网上“干部选拔任用工作平台”。平台设有“政策法规”、“空缺岗位公告”、“干部推荐”、“公告公示”、“干部人事任免”和“我向组织说心里话”六个板块,干部群众可以通过登录“舟山党建网”及时便捷地了解相关信息。同时,实施信息分类公开,将公开的内容分为“长期公开事项”和“即时公开事项”两类。长期公开事项主要公开干部工作政策法规性文件、干部工作计划等内容;即时公开事项主要公布空缺岗位公告、干部考察预告、干部任前公示等。干部群众可以通过实名注册,推荐自己心目中的适岗人选。

四、规范市属单位干部选拔任用工作,着力强化影响满意度水平的薄弱环节。采取的措施有:加强组织人事干部业务培训。把干部选拔任用工作的政策法规作为党校和各级培训机构领导干部主体班次的重要内容,列入教学计划,及时组织培训。组织大规模检查。2006 年制定出台了《舟山市市级机关科级领导干部选拔任用工作实施办法(试行)》,从制度层面对市属单位干部选任工作进行规范。对市属单位贯彻执行情况进行抽查,对存在明显问题的单位下发整改通知书,责令限期整改。实施干部工作“一报告两评议”。根据民主评议和民主测评情况,对一些群众满意度偏低、选人用人问题突出的单位,进行重点督查,及时下发整改通知书,督促纠正、搞好整改。开展干部选任工作全程记实。对干部选拔任用的民主推荐、考察准备、考察实施、讨论决定、任前公示、干部到位等环节详细记载,存入档案,既提高了市属单位干部选任工作的规范化水平,又为实施责任追究创造了条件。强化对一把手选人用人行为的监督。探索实行党委(党组)主要负责人履行干部选任工作职责离任检查制度,对拟提拔任职、平级交流、退职离任的一把手,开展任职期间执行干部工作法规、选拔任用的干部、用人风气、离任前有无突击提拔和调整干部等情况的检查。

五、从严管理干部,积极营造激励先进、鞭策后进的干事创业氛围。加强对干部的日常了解和管理。完善谈心谈话制度,坚持组织部长和干部谈心谈话、领导干部"回娘家恳谈会"、新提任或调整干部任前谈话等制度,及时了解干部的思想动态、工作情况。建立干部信息管理系统。将市管领导干部的基本情况、近3年年度考核和干部培训情况等信息输入数据库,更加便捷地掌握了解干部日常表现情况。严格执行个人有关事项公示制。落实个人有关事项报告制度,并对领导干部个人房产、出国(境)、配偶及子女、本人婚姻变化、本人收入情况等10项内容,在单位内部进行公示。深入推进任期经济责任审计工作。坚持任中审计与离任审计相结合、突出任中审计原则,推进领导干部经济责任审计工作。科学运用考核结果,尝试畅通干部能上能下渠道。将考核结果划分为四档,对所有被考核的干部都由考核组长给予面对面反馈,肯定成绩,指出不足和努力方向;对考核处于第四档及第三档后列的干部,由组织部领导当面反馈考核结果并诫勉谈话。

六、大力培养后备干部,加强干部队伍源头和基础建设。注重后备干部队伍建设。重点实施"基层和生产一线锻炼、岗位交流、集中培训"三种培养模式,重点实行"动态化管理、责任化管理、信息化管理"三种管理办法,重点跟踪培养"近期可提拔使用、80年代出生、女性或党外"三种类型干部,并且按照缺什么补什么的原则,结合近、中、远期培养目标,实现后备干部的"选、育、用"结合。注重干部队伍源头建设。通过公开选拔、公开选调、公务员调任、职位聘任等制度,大力选拔具有基层工作经历的优秀干部充实到各级党政机关;建立健全从优秀村干部中考录乡镇公务员的长效机制,逐步加大公开招考公务员中具有基层工作经历人员的比例;坚持和完善选调生制度,认真做好到社区(村)任职的高校毕业生选聘培养、管理、使用工作,积极实施"一村(社区)两大学生"计划;大力引进金融、物流、外贸、海洋经济等舟山紧缺的高学历专业人才,把各方面优秀人才集聚到舟山科学发展的事业中来。坚持在基层一线锻炼培养年轻干部。把基层和生产一线作为干部培养锻炼的主阵地,建立健全选派制度,通过新渔(农)村建设、民情调查、综合经济部门挂职、乡镇机关和信访部门锻炼等途径,有计划地把素质好、有潜力的优秀后备干部选派到合适的岗位进行挂职锻炼,让他们在艰苦环境、重大事件处理、重大工程建设中砥砺作风、增强本领。

(作者:中共浙江省舟山市委常委、组织部长)

努力形成充满活力的选人用人机制

李烈满

党的十七届四中全会《决定》明确提出了"坚持民主、公开、竞争、择优,提高选人用人公信度,形成充满活力的选人用人机制,促进优秀人才脱颖而出"的新要求,为深化干部人事制度改革指明了方向和重点。

一、民主、公开、竞争、择优是形成充满活力的选人用人机制的关键所在

选人用人机制的活力源于民主。充满活力的选人用人机制是一种以民主为基本价值取向的机制。人民民主是社会主义的生命，党内民主是党的生命。在干部工作中坚持民主，是坚持和发展人民民主和党内民主的必然要求和重要体现，也是选人用人机制的活力源泉。在选人用人上人民群众的民主权利主要体现在对干部选拔任用上的知情权、参与权、选择权、监督权（以下简称“四权”）。这“四权”是群众的民主权利在干部选任过程中各个环节的具体体现，它们是相互联系的、缺一不可的整体，其中知情权是前提，参与权是基础，选择权是核心，监督权是保证。如果缺少任何一个环节，群众的民主权利都不可能有真正意义上的落实。因此，建立充满活力的选人用人机制，在制度设计和制度安排方而，都必须体现全面落实人民群众在干部工作中的知情权、参与权、选择权、监督权的要求。在选人用人的实际工作中，既要反对全然不顾这“四权”的做法，也要防止只顾其一、不及其余的倾向。党员、群众只有拥有真正的而不是名义上的“四权”，才能从根本上保证在社会主义国家中的主人翁地位，才能体现党员在党内的主体地位。唯有如此，在干部选拔任用中人民群众才会有热情和信心去选择自己的公仆，才能选拔出好的领导干部，人民群众和党员的参与积极性才会被激发出来。

选人用人机制的活力源于公开。充满活力的选人用人机制是一种以公开为基本要求的机制。民主与公开是不可分离的，因为民主的表现形式（如选举、民主测评、民主推荐、民主监督等）必须公开。中国共产党所追求的民主政治，是光明磊落的政治，公开透明是保证选人用人公信度不可或缺的基本条件。十七届四中全会《决定》把推进党务公开，健全党内情况通报制度，及时公布党内信息，畅通党内信息上下互通渠道作为保障党员主体地位和民主权利的重要内容加以强调，表明公开对于实现民主权利的重要性，也反映了在制度制定和制度安排中公开的理念和要求。干部工作信息公开，无疑是党务公开的重要内容。人民群众在选人用人上的民主权利的表现形式和实现途径都离不开公开。扩大干部工作的信息公开，进而确立“阳光选人制度”，提高选人用人公信度，是满足人民群众真正拥有知情权、参与权、表达权、监督权的需要，也是防止选人用人不正之风的有效办法。

选人用人机制的活力源于竞争。充满活力的选人用人机制是一种具有竞争特征的机制。在选人用人上，由于领导岗位的稀缺和个人素质的差别，这就构成了竞争的客观基础。没有竞争，没有竞争机制，没有在条件面前人人平等，不以竞争选人用人，就跳不出狭窄视野的束缚，就难以做到唯贤是举。选人用人只有进行竞争，即在制度设计和安排上体现公开的、开放的、有群众参与评判的竞争的要求，机制才有生机活力。由于是公开的竞争，就变实际上存在的不公平暗争为公开平等的明争，才能使竞争行为具有公信度；由于是开放的竞争，参与竞争的对象不讲出身门第、不分亲疏远近，才能调动广大干部和群众的积极性。

选人用人机制的活力源于择优。充满活力的选人用人机制是一种以择优为导向的机制。党的事业需要大批优秀人才来完成，党的性质决定了我们党能够把众多优秀人才集聚在党的旗帜下，为党的事业而奋斗。因此，我们党把任人唯贤作为党的干部路线的重要内容。任人唯贤充分反映了选人用人择优原则的内涵。落实我们党所强调的“优”和“贤”，就要坚持德才兼备、以德为先的用人标准，坚持正确的用人导向，即按照我们党所制定的“优”和“贤”的条件来识别和评判干部，根据“优”和“贤”的要求来任用干部，坚持《2010—2020 年深化干部人事制度改革规划纲要》所提出的“树立坚定信念、注重品行、科学发展、崇尚实干、重视基层、鼓励

创新、群众公认"的正确用人导向。

二、按照科学化要求，坚定不移地推进选人用人机制建设

选人用人机制要在科学理论的指导下，探索和确定符合选人用人规律的改革思路，力求取得改革效果最大化。选人用人机制建设又是一项系统工程，选择深化干部人事制度改革的路径要有宽广的眼界，充分考虑到选人用人制度体系的复杂性，多路径推进干部人事制度改革。干部工作民主化是时代发展趋势的要求，要在不断扩大干部工作民主化的进程中深化选人用人制度改革；党内民主与人民民主密切相关，要在党内民主与人民民主的互动过程中推进选人用人制度改革；干部人事制度是执政党得以实施执政的重要保证，要在适应党的执政方式转变的过程中深化选人用人制度改革；党的干部是市场经济的驾驭者，要在适应发展社会主义市场经济新要求的过程中不断深化选人用人制度改革；干部人事制度改革又是一个复杂而又艰巨的工程，要坚持重点突破与整体推进；干部人事制度改革是对传统干部人事制度的扬弃，要坚持继承与创新；干部人事制度改革要有利于提高选人用人的公信度，要坚持正确的用人导向。总之，要用系统的思维来把握深化干部人事制度改革的路径，使选人用人机制符合科学化的要求。

着力解决重点难点问题以带动选人用人机制建设。改革开放以来我国干部人事制度改革取得了重大进展，但仍然有一些问题。比如，干部选拔任用的民主机制不够健全，干部选拔任用中拉票贿选问题比较突出，干部竞争择优机制不够完善，干部约束激励机制不够有力，选人用人上的不正之风屡禁不止等。深化干部人事制度改革、形成充满活力的选人用人机制，必须着眼于解决深层次矛盾和问题，抓准重点难点问题进行攻关。由于改革党内选举制度被党的十七大提上日程，也由于选举产生的领导干部（如地方党委的主要领导人）所处地位的重要性，这就决定了今后干部人事制度改革与选人用人机制建设的重点是党内选举制度的改革创新；由于干部工作民主化的复杂性，也由于扩大干部工作民主、增强干部民主实现形式的真实性和科学性被党的十七大确定为扩大民主的要求，这就决定了今后干部人事制度改革与选人用人机制建设的难点，是如何提高干部工作的民主效果、提高选人用人的公信度。经验表明，抓准重点，才能事半功倍；突破难点，全盘皆活。如果说过去多年来干部人事制度改革与选人用人机制建设的重点是在公开选拔、竞争上岗等选拔方式的创新，难点主要是在推进干部工作的公开化，由此推进了干部选拔任用方式的多样化和干部工作的民主化，取得了阶段性的成果；那么，今后干部人事制度改革与选人用人机制建设的重点，则应转到如何选择重要岗位领导干部的方式，其难点则要转向如何扩大干部工作的民主效果，这对于形成充满活力的选人用人机制，乃至整个干部人事制度改革取得成功具有决定性的意义。

采取科学的方式方法以推进选人用人机制建设。以什么方式推进改革，不仅影响干部人事制度改革的成效，在一定意义上甚至决定改革的成败。改革操之过急，毕其功于一役，欲速则不达；反之，坐而论道、隔靴搔痒，则会丧失时机和信心。以改革创新精神推进干部人事制度改革与选人用人机制建设，是社会主义制度的自我完善，是一个循序渐进的过程。渐进式改革不是无视重点，而是围绕重点，循序突破；不是回避难点，而是针对难点，攻坚克难，逐步破解。干部人事制度改革要紧紧把握党内选举制度这个重点，力求有所突破；把落实人民群众在选人用人上的民主权利作为难点，花大力气破解。若能在循序渐进中解决重要领导干部的授权机制问题，切实落实人民群众的选择权，干部选拔任用工作将别开生面、富有朝气。

进一步深化干部人事制度改革以推进选人用人机制建设，要探索和运用新的、适宜的方法。比如，对于原来由领导"伯乐相马"指定竞

争性领导岗位的人选而影响选人用人效果的问题，可扩大和运用竞争性选拔（包括选举及公开选拔、竞争上岗）的办法；对于民主测评结果不公开而导致公信度较低的难题，可在一定范围内将测评结果公开。

营造良好氛围以保障选人用人机制建设。 选人用人机制是由相关制度构成的体系，构成选人用人机制的相关制度的确立以及这些制度的执行，都需要有良好的氛围。有了与充满活力的选人用人机制相适应的氛围，参与选人用人的群体（包括被选拔者、选拔者、参与群众）才能以健康的心态对待选人用人问题，才能主动接受选人用人有关规则的约束。当前，干部工作中存在的“显规则”难以贯彻、“潜规则”却起作用的问题，固然有体制机制方面的原因，而不良的氛围无疑是选人用人“潜规则”得以大行其道的催化剂。营造选人用人的良好氛围，有许多工作要做。比如，在领导干部中倡导树立正确的选人用人观，使领导干部能用好的作风选人；在全体党员、干部和群众中进行民主意识和选人用人相关政策的教育，使社会成员能具有良好的民主素养和习惯；善于运用和引导媒体，从而形成正确的舆论导向，等等。营造良好的氛围，当务之急，还要痛下决心破除“官本位”意识，因为当前存在的选人用人上的不正之风无不与“官本位”密切联系。现实中一些党员和党的领导干部，自觉不自觉地做了“官本位”意识的俘虏，于是跑官、买官、卖官的现象出来了；弄虚作假，虚报浮夸，骗取荣誉和职位的现象出来了；明哲保身，不思进取，但求无过，一切为了保官的现象出来了；以权谋私的现象出来了。因此，营造良好的氛围，对于历史上遗留下来的“官本位”意识，必须坚决破除。

李源潮同志指出：解决当前干部工作中的突出问题，实现吏治清明，关键在改革，希望在改革，根本出路在改革。同样，创新干部工作机制，实现选人用人科学化，关键也在改革，希望也在改革，根本出路也在改革。只要我们按照民主、公开、竞争、择优的改革方针来科学设计选人用人机制，以改革创新精神朝着科学化的目标来推进选人用人机制建设，就一定能形成充满活力的选人用人机制。

（作者：中共福建省委党校教授。此文是2009年度国家社科基金项目《选人用人公信度的形成机理研究》课题的阶段性成果）

抓难点促落实提高选人用人公信度

杨天宗

提高选人用人公信度，必须深刻认识深化干部人事制度改革的重要性和紧迫性，紧密联系实际，切实做到工作难点要突破、落点要实在，以干部人事制度改革的整体推进，提高选人用人公信度。

一

提高选人用人公信度难点要突破。近年来，达州市着力在加大竞争性选拔干部力度上、在完善干部选拔任用提名和推荐制度上有新突破。

坚持群众公认，进一步扩大干部选任中的民主。 一是坚持把民主推荐作为选拔任用干部首要的、不可逾越的基础环节。对考察对象的确定，坚持“五不提名”：没有经民主推荐并为多数群众公认的不提名；组织和个人的推荐没有进入民主推荐程序的不提名；拟提拔人选的推荐得票率没有达到50%以上的不提名；拟继任的领导干部在民主推荐中推荐得票率没有达到50%以上的原则上不再继续提名；没有按干部管理权限与党委组织(人事)部门沟通并经人选所在单位(地方)党组(党委)集体研究同意的不提名。二是创新提名方法。建立健全主体清晰、程序科学、责任明确的干部选任提名制度，全面推行非定向预推领导职位后备人选，党委全委会推荐重要岗位人选，“两推一述”或“两次推荐”产生拟提任考察人选，公推公选、公推直选产生乡镇(街道)、村(社区)领导班子人选等提名方式，综合运用“带责推荐+实绩遴选”等方法。三是扩大参会范围。不仅要求领导班子成员、机关干部全体参加，还将群众代表扩大到各级党代表、人大代表、政协委员、离退休老同志、服务对象、民主党派和无党派人士代表等。在乡镇扩大到村(社区)支书、村委主任。

坚持公平竞争，进一步加大竞争性选任干部力度。一是促使竞争性选拔工作常态化，逐步形成促使优秀人才脱颖而出的良好机制。坚持公开选拔与常规性选拔相结合，把竞争上岗作为机关中层干部日常选任、职务轮换的基本形式。坚持“三公开一自主”的办法招考公务员，全市机关事业单位新录用人员和市级部门新进人员，全面实行公开报名，公开考调。二是进一步加大公开选拔领导干部力度，将竞争性配置资源贯穿始终。先后两次公开推荐县处级后备干部，最近，市委再次面向全国公开选拔3个副县级职位，首次采取大评委制进行面试，收到了“人选者有底气，落选者很服气”的良好效果。

坚持好中选优，进一步加大差额选任干部的力度。把差额选任贯穿干部选任工作全过程，积极推进差额推荐、差额考察、差额酝酿、差额票决，使被任用的干部都是实绩比较突出、各方面比较认可的优秀干部。

坚持刚性操作，进一步规范党委书记用人行为。一是严肃用人纪律。出台了规范县(市、区)委书记用人权的“二十个不准”。市委多次召开县委书记座谈会，对严格干部选任、严肃选任纪律、严查选任不正之风等提出了明确要求。二是突出监督重点。强化对一把手的监督，制定出台了党委常委会讨论干部任免投票表决暂行办法、党委全委会决定下一级党政正职人选暂行办法等制度。建立完善了事前报告审查制度，破格提拔干部、任期未满3年的乡镇党政正职需要调整的，必须报经市委组织部审查同意后方可实施。积极推进干部选拔任用“一报告两评议”工作，县(市、区)委常委会每年都必须向全委会专题报告年度干部选任工作情况，并进行民主评议，同时对本级党委新提拔的党政主要领导干部进行民主测评。三是强化社会参与。最大限度地把提名权交给群众。四是增强监督实效。推行县(市、区)委书记干部选拔任用离任检查制度；制定完善了《达州市巡视回访办法》等，组建3个巡视组对7个县(市、区)进行了两轮巡视；坚持完善常委会集体领导制度，通过党代会、常委分工负责、民主生活会等制度加强对干部选任的监督。

二

提高选人用人公信度机制要健全。

着力实践创新，构建公道公正的干部选拔任用机制。一是规范初始提名权。严格推荐提名程序，健全完善领导干部推荐责任制度，建立完善署名推荐制，个人向组织推荐干部，推荐人必须负责地写出署名推荐材料。对推荐的情况不属实、被推荐人任职后出现因推荐不实造成工作重大失误的，追究推荐者的责任。二是严格选任制度。市委明确规定，凡属市委、县委管理的干部一律由市县组织部归口管理；未按规定上报干部调整意见的，市县组织部一律不予受理；未经组织部门考察的干部，一律不提请常委会讨论。对市、县管理的干部，调整时一律实行市(县)委常委会或全委会无记名票决。三是推进制度创新。市委针对个别部门(机关)

干部选任不够规范等问题，制定出台了一系列文件和体现科学发展观要求的干部选任工作流程，进一步细化、规范了干部选任工作环节，并建立巡视工作制度，促进了干部的日常管理和跟踪问效。

着力改革推进，构建科学合理的选人用人决策机制。规范酝酿沟通办法。出台《达州市干部双重管理工作的暂行规定》，对双重管理的干部，启动前首先报告上级对口部门。坚持用记实的方式撰写考察材料，对考察对象的政治立场、道德品质、工作业绩、成长经历、群众口碑、廉洁勤政和存在问题等情况，以书面的形式逐一向常委会汇报。把好讨论决定环节。坚持市委常委会无记名投票表决任免干部，制定出台并认真落实党委常委会讨论干部任免投票表决暂行办法、党委全委会决定下一级党政正职人选暂行办法等制度。

着力科学考评，健全完善干部考核评价机制。一是完善干部考察机制。在考察范围上，将与考察对象相关的人员分成班子成员、中层干部、普通干部和服务对象四个层面，进行分层次有侧重的考察；在考察要求上，坚持"细、清、准、实"（考察细致、情况清楚、评价准确、不足实在），全面了解考察对象的情况；在考察重点上，突出重大政绩、主要特点和主要不足的考察，通过权威数据核准，工作实绩核对，知情群众核实，确切把握考察对象的全面情况。特别注重专项考察，对考察对象的"微症"、群众反映的"微辞"、考察人员的"微妙"感觉逐一分析，对群众反映较强烈和线索较清楚的问题高度重视，及时核实。二是完善干部考核机制。采取定性与定量相结合的办法考核评价领导干部，将考核结果作为干部年度考核等次的主要依据和干部调整的重要依据。三是完善干部退出机制。坚持领导干部试用期制度，对新提拔的委任制干部和公选干部一律试用1年，期满考核称职者继续任职，不称职者按规定取消任职资格。积极构建组织考核、领导评价、群众评判、舆论监督相结合的不称职、不胜任现职干部的认定机制，出台了《关于调整不胜任现职领导干部的办法》。

着力督促检查，构建反应灵敏的纠偏机制。按照中央和省委的有关要求，树立"识人重大节，选人看本质，用人看主流"观念，坚持德才兼备、以德为先用人标准，确保好中选优、优中选强和知人善任、人适其事、因才施用。采取定期检查与不定期检查、上级检查与本级自查自纠相结合的方式，组织专人对贯彻落实《干部任用条例》的情况进行专项检查，及时解决遗留问题，理顺不良情绪，化解积怨矛盾。通过深入整治不正之风，形成重视基层的用人导向，使实绩突出、德才兼备、群众公认的干部迅速成长，使人品正、干实事、敢破难的干部进入领导班子，使选任过程和结果得到普遍认同，群众对整治用人上不正之风满意度得到提高。

（作者：中共四川省达州市委常委、组织部长）

规范干部选拔任用提名制度

魏国强

党的十七届四中全会《决定》提出，要"建立健全主体清晰、程序科学、责任明确的干部选拔任用提名制度"。推荐提名是干部选拔任用工作第一道关口，也是提高选人用人质量的首要环节，是深化干部人事制度改革需要重点解决的问题。最近，我们围绕这一问题，通过召开座谈会、个别访谈、问卷调查等方式进行了深入调研，分析了干部选拔任用提名制度存在的问题，并提出了一些对策建议。

一、当前干部选任提名制度存在的主要问题

从总体上看，当前干部提名与干部选拔任用工作是适应的，但对照党的十七届四中全会提出的新要求，在实际操作中仍有一些需要改进的地方。一是干部提名主体难界定。就目前来看，一时还难以做到针对不同提名岗位确定提名主体。比如，提名一个干部，是由领导干部提名，还是交给群众提名；主体范围大些好，还是小些好等，缺少具体政策规定。特别是在多数情况下，一个干部的产生是综合运用了多个方面的提名结果，各个参与提名的主体很难单独分清和科学界定。二是干部提名程序有待规范。目前规范干部选任提名工作仍处于探索阶段，对干部选任何时提名、如何提名、提名谁、谁来提等具体问题，相关政策法规没有明确规定，操作规程不像干部考察、任前公示等环节规范具体，实际操作起来弹性空间较大。对此，65% 的问卷调查对象认为，现行的干部提名制度"有待改进，个别环节有问题"。三是干部提名主体责任难确认。由于提名形式多样化和复杂性带来了提名主体不明确，使得提名责任难以界定和划分。同时，干部选任是一个连续的动态过程，干部本身也有一个发展变化的过程，对如何追究提名失察责任、要承担多大责任缺少具体规定。四是干部提名配套制度还不健全。在实际操作中，与深化干部选任提名工作相配套的制度体系还没有完全形成。如，空缺岗位预告、责任追究等制度还不够健全。此外，部分党员群众民主参与意识不强，认为干部提名推荐与己无关，或"交白卷"，或投关系票、感情票，影响了提名结果的公正性。有 49% 的问卷调查对象认为，在干部提名工作中"党员群众民主参与意识不够强"。

二、进一步规范干部选任提名制度的对策建议

规范干部选任提名工作，既需要制度创新，也需要实践创新。在问卷调查中，有 84% 的人认为推荐提名环节重要、制度需要规范。健全干部选任提名制度，应重点从四个方面加以规范。

（一）明确提名主体，对谁来提名加以规范。通常情况下，干部提名的主体可以确定为六类对象：一是党委（党组）集体推荐提名。岗位空缺时，各单位党组织可从工作需要出发，根据干部队伍现状，集体研究提出意向性人选。二是领导干部推荐提名。推荐人提出提名人选，阐述推荐理由和使用建议。三是组织人事部门建议提名。组织人事部门综合分析干部群众推荐结果、日常掌握的情况和班子配备要求等因素，通过会议形式集体讨论决定并向党委作出提名建议，再由党委集体决定正式提名人选。四是个人自荐和群众联名推荐提名。经组织人事部门统筹考虑后，再按照规定程序对推荐对象组织民主推荐，确定提名人选。五是从后备干部队伍中直接提名。在领导岗位出现空缺时，可直接从后备干部队伍中差额提名。六是公开选拔和竞争上岗提名。在规范以上六类提名主体的同时，要正确引导干部群众树立参与意识和责任意识，自觉从大局出发，行使好自己的权利。

（二）细化提名程序，对如何提名加以规范。程序科学是规范干部提名工作的核心内容。一要向提名主体公布空缺职位。当领导职位出现空缺时，由组织部门预先公布空缺岗位、选拔条件、提名要求，增强提名推荐的公开性和针对性。二要组织提名主体广泛提名推荐。各类提名主体按照规定的条件、领导班子建设需要和领导干部实际表现，参考年度考核情况，以组织或个人的名义提名推荐预备人选。三要科学分析结果，差额确定初步人选。组织人事部门综合分析提名结果，按每一职位差额提出拟

提名人选，向党委（党组）主要领导汇报后，确定提名人选。四要组织测评考察。无论是何种方式提名产生的初步人选，都必须重新到被推荐提名对象所在单位进行民主测评和考察，进一步“验证”。

（三）落实提名责任，对责任追究加以规范。责任追究是约束提名权、防止不正之风、保证提名质量的关键所在。要按照“谁提名谁负责”的权责一致原则，明确提名责任及追究办法。一要明确提名责任人。一般情况下，领导班子集体研究推荐的，班子主要负责人为提名责任人；由组织部门集体研究推荐的，其主要领导为提名责任人；领导干部个人推荐的，其本人为提名责任人。二要明确提名责任内涵。提名人选在提拔使用后，被发现提名之前有严重问题的，严肃追究提名人“荐人失察”的责任。三要明确责任追究办法。应根据责任主体的责任大小、后果轻重、损失程度、失职主客观原因等，追究提名人的责任。

（四）完善提名机制，对制度配套加以规范。干部提名推荐仅是整个干部选拔任用制度体系的重要一环，只有与其他制度整体配套，才能发挥制度的整合功能和联动效应。一要建立定期民主推荐干部制度。按“近期可任一把手”、“近期可进班子”、“可作为培养对象”等类型进行普遍推荐，分类建立后备干部人才库，为干部提名储备充足的人才资源。二要建立领导干部提名推荐署名制度。无论是会议投票提名，还是个人提名推荐，都应署名并阐述推荐理由和使用建议，同时申明与被推荐人的关系。三要建立提名推荐结果综合分析制度。组织部门要对各提名主体的提名结果进行综合分析，把握各主体之间的差异性，科学设定权重，既要避免“重领导推荐、轻群众推荐”的倾向，也要避免简单地以票取人。四要严格执行回避制度。对与自己有夫妻关系、直系亲属关系、三代以内旁系血亲、近姻亲关系的干部作为推荐提名对象时，领导干部尤其是一把手应严格回避。五要建立干部提名过程监督制度。继续坚持干部选拔任用工作事前预审制度，强化事前把关；畅通监督渠道，发挥12380举报电话和干部监督员的作用，抓好干部选拔任用工作“一报告两评议”的落实，把干部选拔任用工作置于党委全委会的监督之下。

（作者：中共江苏省连云港市委副书记、组织部长）

人岗相适、用当其时、人尽其才是干部工作科学化的要求

孙　强

今年5月，胡锦涛同志在全国人才工作会议上提出了“人岗相适、用当其时、人尽其才”的要求。这12个字体现了科学发展观对选人用人提出的根本要求。从现实情况看，在不少地方，人才不够用、不适用、没用好的问题还比较突出，急需各级组织部门抓好科学的选人用人机制建设，把干部人才资源挖掘好、利用好。

一

领导干部是我们党长期执政的宝贵政治资源。几代中央领导集体都高度重视干部队伍建设。如何开发利用好干部人才这一特殊人才资源，是事关党和国家兴衰，事关社会主义事业成败的大事。

“人岗相适、用当其时、人尽其才”是干部

工作科学化的根本要求。“人岗相适”是要求科学配置干部人才资源，把合适的人放在适合的岗位上，使干部能力水平与所承担的任务相统一，解决要用谁的问题；“用当其时”是把合适的人在适合的时机使用，解决何时用的问题；“人尽其才”是把人放在他们能发挥作用的岗位上，解决怎样用的问题。其中，人岗相适是前提，用当其时是条件，人尽其才是目标。换句话说，在人才的黄金期给其创造发挥作用的机遇和平台，充分调动其积极性、激发其潜能，才能做到人尽其才，发挥干部配置的最佳绩效。

二

落实“人岗相适、用当其时、人尽其才”的要求，不断加强和改进组织工作，不仅是新形势下组织工作科学化的重要标准，也是以科学的方式选对人、用好人的具体目标，关键是要“强化三个意识、解决三个问题”。

（一）强化人岗相适、不拘一格的选才意识，解决干部人才的科学选择问题。

俗话说，骏马能历险，犁田不如牛；坚车能载物，渡河不如舟。每个人的受教育程度不同、成长经历各异，能力有大小、性格有差异、术业有专攻。工作岗位的最佳人选并不见得是智商最高、能力最强的人，但肯定是最适合工作要求的人。对于组织部门来说，解决人岗相适的关键在于把握三点。

首先，要做到“知人”。所谓知人，就是要求对什么样的岗位需要什么样类型的人才、在这一类型中谁最合适、这样的人如何发现和甄别，做到心中有数。其前提是要充分了解干部队伍的整体状况及干部个体的工作经历、兴趣爱好、专业特长、明显不足等。但从目前干部工作的实际来看，考察了解干部素质的手段和方法还比较单一，考察干部时考虑政治素质、工作能力多，考虑优势特长、性格气质少，考虑共性指标多，考虑个性特点少，考察材料“千人一面”的现象还不同程度存在。因此，要探索建立党政领导干部和后备干部基本情况、素质分析信息库，定期分析领导班子和领导干部胜任岗位情况等，对干部队伍整体状况和干部个人情况做到心中有数。

其次，要做到“善任”。所谓善任，就是要根据干部的特点和岗位的需要，合理配备干部，把最合适的人放到最合适的岗位上。这就要求我们把握好“两个资源”。一是岗位资源。党政领导岗位是党政领导干部依法行使权力、履行职责和展示才华、服务社会的工作平台。要通过认真研究领导岗位，包括岗位的科学设置，岗位的职能、职责和目标要求等，分级分类制定职位说明书，从岗位要求的特点出发，明确干部任职的德才标准。二是干部资源。干部人才的使用要与岗位的需要结合起来，既要破除论资排辈、求全责备的观念，又要杜绝降格以求、平衡照顾的做法，坚持因事用人、以岗择人。实现“善任”，关键是要综合考虑组织的期望、群众的希望、个人的愿望三者如何有机结合，在体现民主性、竞争性、科学性的基础上，提高亲和力，让领导干部心情舒畅、精神振奋地工作，达到事半功倍的效果。

再次，要做到“动态相适”。人岗相适是一个相对、变化和发展的动态过程。人与岗是一个矛盾统一体，优秀人才不断涌现，岗位要求适时变化，一时相适并不代表始终相适。为此，要把人岗相适这一要求切实贯彻到干部管理的各个环节中，通过健全完善竞争择优机制，优化人岗初始配置；健全完善培养培训机制，促进人岗动态相适；健全完善干部能上能下机制，及时调整不适宜岗位要求的人员，真正做到奖优罚劣、调平庸，使干部队伍始终保持生机与活力。

（二）强化用当其时、抢抓机遇的惜才意识，解决干部人才的科学判断问题。

“用人之道，当自其壮年心力精强时用之”。干部作为一种资源，其开发、配置、使用在客观上必然要求讲效益。人才的成长和发展有其特定规律，干部成长大致可分为萌芽期、成长期、成熟期、成就期和淡出期五个阶段，每个阶段又有各自的特点。比如，萌芽期的干部志向高远，可塑性强，但缺乏经验；成长期的干部有一定的工作能力和经验，建功立业的愿望迫切；成熟期的干部是单位的骨干力量；成就期是一个人大展才华的阶段。如何把干部用在最有利于发挥其作用的时候，让其在萌芽期发现、成长期培养、成熟期使用、成就期重用，关键是要建立一套科学的选拔培养机制，即探索建立关注基层、注重培养，使优秀干部健康成长的导向机制；扩大民主、公平竞争，使优秀干部脱颖而出的选拔机制；科学配置、人岗相宜，使优秀干部人尽其才的使用机制。用当其时，不仅有利于干部成长，调动干部积极性，也是干部资源利用效率最大化的基本条件，这是对人的价值的最大尊重，更是关系组织部门选人用人满意度的重要因素。

（三）强化人尽其才、挖掘潜质的用才意识，解决干部人才的科学使用问题。

在实际工作中，如何能够坚持做到干部个人能力素质与岗位要求、干部个人特点与班子整体结构相匹配，使干部在合适的岗位上发挥各自的特长，这是急需我们重点研究解决的问题。我们要坚持德才兼备、以德为先，群众公认、注重实绩等原则，选拔那些政治上靠得住、工作上有本事、作风上过得硬、人民群众信得过的人，为地区经济社会发展提供坚强的组织保证和人才支持。此外，干部选任原则和标准，是一个有机整体，必须全面、准确地理解每项原则的深刻内涵，并从整体上去把握，真正做到智者用其谋，愚者用其力，勇者用其威，怯者用其慎，使人的专长得到最大限度的发挥。比如，在班子的配备上，我们既要注重班子成员年龄、知识、专业等方面的科学统筹，也要注重成员气质、性格和潜能的优势互补，形成专业上互补、性格上默契、个性上相容，力求达到最佳组合。

为政之要，唯在得人。金无足赤，人无完人。在坚持德才兼备、以德为先用人标准的前提下，切勿因求全责备而错失某些方面有突出才能的干部。这需要我们盘活干部人才资源，以科学的方式选对人、用好人，最大限度地实现“人岗相适、用当其时、人尽其才”，不断提高干部工作的科学化水平。

（作者：中共北京市房山区委常委、组织部长）

积极稳妥地推进干部制度改革

赵长茂

毛泽东同志说过：“政治路线确定之后，干部就是决定的因素。”实践证明，没有坚强的干部队伍，我们的事业就不可能顺利发展，而坚强的干部队伍要靠科学合理的制度来造就。

干部制度的要害，一个是“选用”，一个是“管理”。好的干部制度，不仅在于选好用好干部，还在于管好干部。就“选用”而言，好的制度可以广纳群贤，把德才兼备的优秀人才选拔上来，用到能充分发挥其才能的岗位上，形成正确的用人导向；就“管理”而言，好的制度能对干部进行有效监督，规范干部权力使用，约束干部行为，对干部的业绩和表现进行科学考核、客观评价，激励干部一心一意干事业。

改革开放30多年来，我们党在干部制度改革方面进行了一系列积极探索并取得重大进展，选人用人公信度明显提高，干部管理日趋规范。但是，面对新形势新任务以及不断出现的新情况新问题，干部制度改革的任务依然繁重，一些长期困扰干部工作的难题还没有得到根本解决。比如，选人用人权力过于集中、少数人特别是一把手说了算的现象依然存在，跑官要官等不正之风屡禁不止；干部能上不能下、能进不能出的问题依然突出；干部管理失之于宽、失之于软、监督不力等问题依然没有得到很好解决；同时，在扩大干部工作民主、推行竞争性选拔干部的过程中出现拉票、以分取人等新问题。所以，干部制度改革的走向如何、改革能否实现新的突破，依然是党内外普遍关注的焦点问题。

去年年底，《2010—2020 年深化干部人事制度改革规划纲要》的颁布，标志着我国干部人事制度改革已经进入了一个新的攻坚阶段。着眼于解决干部工作中的难点问题，干部制度改革需要实现多方面突破，包括规范选拔任用提名制度，健全促进科学发展的党政领导班子和领导干部考核评价机制，推行差额选拔干部制度，加大竞争性选拔干部工作力度，逐步扩大基层党组织领导班子成员公推直选范围，坚持和完善从基层一线选拔干部制度，建立健全干部职务与职级并行制度，健全调整不适宜担任现职干部制度，探索建立拟提拔干部廉政报告制度，整治用人上的不正之风，实行干部信息公开制度等。只有通过一系列的改革突破，才能真正建立民主、公开、竞争、择优的干部选拔任用机制和科学规范的干部管理制度，培养造就一支适应中国特色社会主义伟大事业和党的建设新的伟大工程要求的高素质干部队伍。

干部制度改革，作为党的建设的重要内容和政治体制改革的重要组成部分，重要而敏感。国外一些政党长期执政的经验和一些大党老党垮台的教训告诉我们，干部制度改革关系党的兴衰存亡。干部制度改革涉及权力和利益格局调整，改革的不断推进会使一部分人的既得利益或预期利益受到冲击，肯定有风险，但不改革党会有危险。所以，必须深刻认识干部制度改革的重要性和紧迫性，看到改革的敏感性和复杂性，在加强全局性、前瞻性、基础性问题研究探索的基础上积极稳妥地推进改革，注意改革措施的衔接配套，把握好改革的时机、力度和节奏，保证改革的有序进行。

（作者：中共中央党校组织部部长）

加强创新型人才队伍建设的思考

李淑华

目前，我国人才总量稳步增长，人才素质不断提高，人才结构得到改善，人才市场初步建立，人才环境逐步优化，创新型人才不断涌现。这一切，有力地推动了我国改革开放和社会主义现代化建设的进程。同时必须清醒地看到，当前我国人才发展的总体水平同世界先进国家相比仍存在较大差距，与我国经济社会发展需要还有许多不适应的地方，还存在不少不容忽视、亟待解决的问题，需要我们高度重视，认真分析，采取行之有效的措施和途径，抓紧加以解决。

一、坚持党管人才，探索创新管理体制

确立党管人才原则，是由人才工作的极端重要性所决定的，是人才工作沿着正确方向前进的根本保证。坚持党管人才，主要是管宏观、管政策、管协调、管服务，决不是要党委去包揽人才工作的一切方面。党管人才不是要管死人才而是要用活人才，不是去限制人才而是去解放人才，不是排斥人才而是凝聚人才。从根本上说，党管人才就是通过制定政策、营造环境、整合力

量、提供服务，为一切有志成才的人提供更多发展机遇和更大发展空间。党管人才要落到实处，关键是各级党组织和领导干部要注重处理好党管人才和尊重人才成长规律的关系、党管人才和市场配置人才资源的关系、党管人才和依法管理人才的关系。同时要有强烈的人才意识，牢固树立“人才资源是第一资源”的理念。知人善任、广纳群贤，切实做到有爱才之心、识才之智、容才之量、用才之艺，千方百计做好及时发现、积极培养、大胆使用、凝聚人才的工作。在人才的培养上，要有战略眼光，舍得花力气、下功夫。在人才的使用上，要充分信任，放手使用，并不断优化内外部环境，从资金、设备、场地等各个方面为他们施展才能、实现抱负提供舞台、搭建平台。还要发挥好现有人才和潜在人才的作用，充分调动和保护好各年龄段人才的积极性、主动性、创造性。建立和完善各类人才的评价体系、奖励体系和激励制度，克服唯学历、唯论文倾向，对人才不求全责备，注重靠实践和贡献评价人才。改进人才评价方式，拓宽人才评价渠道。把评价人才和发现人才结合起来，坚持在实践和群众中识别人才、发现人才。

二、营造宽松环境，激励人才脱颖而出

为创新型人才营造宽松工作环境，就要注意破除那种只防出错、不求出新，只求保险、不担风险，只循成规、不探新路的思维定式；注意克服那种唯书唯上、崇洋崇古、照搬照套的行为惯性。让一切有利于事业发展的创新愿望得到尊重、创新活动得到鼓励、创新才能得到发挥、创新成果得到肯定，营造一个宽松的创新氛围。一是营造社会舆论环境。强化观念创新，树立爱才、重才、求才、聚才意识，形成良好的人才社会舆论环境。二是营造政策法制环境。政策是人才工作的依据和方向，以强化政策创新，推进人才工作的法制化，完善和规范创新型人才的评价、使用、流动等政策措施。三是营造干事创业环境。以提高人才开发效益为重点，探索引进、培养、激励的新机制，全力建构良好的人才成长和创业环境。四是营造服务激励环境。以需求为导向，建立健全创新型人才开发的优先投入机制，完善人才管理和人才市场体系，认真落实创新型高层次人才的各项待遇，精心打造高效的人才服务环境。五是营造生活和谐相处环境。以人为本是和谐社会的基本价值取向，也是人才工作应当遵循的重要方针。因此，要创造条件，形成一种和谐氛围和宽松环境，激励创新型人才脱颖而出。

三、建立自励机制，增强创新内在动力

在构建和谐社会和创新型国家的历史进程中，特别需要培养造就千百万富有创造才能、善于从事创造性活动的人才。人的创新意识和创新能力不是与生俱来的，主要来自于后天的培养和锻炼。要成为合格的创新型人才，首先要消除诸如墨守成规、消极畏难、盲目蛮干、骄傲自满等思想障碍和阻力。与此同时，创新型人才的培养还应从自我素质提高入手。一是创新型人才要不断加强学习。学习是创造的前提和基础，只有加强学习，提高自身的素质，才有创新的愿望和追求，才有创新的智慧和本领。二是创新型人才要更新思维方式。创新思维能力是创新型人才进行创新的重要环节。如果在思维方式上做不到破旧立新，做不到准确应对各种变化，创新就会成为一句空话。三是创新型人才要坚持真理。要创新，就要解放思想、实事求是，就要有质疑精神和批判精神，做到“不唯书、不唯上，只唯实”，敢于坚持真理，与时俱进，不故步自封，不断超越自我。四是创新型人才要求真务实。要一切从实际出发，出实招、办实事、见实效，并不断鞭策激励自己，提升自己各方面素质。

四、创新工作思路，树立以人为本理念

转变工作理念、创新工作思路，树立以人为

本的理念,为创新型人才的脱颖而出创造条件。一是破除偏见,转变观念。由于历史和社会的原因,有些人对创新型人才总是看不惯、不放心、有顾虑,认为他们不稳重、不成熟。这种偏见严重制约了对创新型人才的选拔和使用。因此,应当真正从党和人民的事业出发,适应时代的需要,树立科学的用人观,用辩证的眼光去认识和评价创新型人才,在使用时注意看本质、看主流。二是解放思想,大胆使用。选拔与使用创新型人才决不能唯台阶,对那些创新能力强、政绩突出、群众公认的创新型人才,不论资历长短,敢于优先提拔使用。进一步树立以人为本的理念,在选拔与使用创新型人才上思想要解放,要敢于把优秀的创新型人才放到重要岗位上,给他们压担子,使他们在实践锻炼中健康成长。

五、注重"保质"期限,挖掘人才价值效能

众所周知,商品是有时间价值的产品,只有在其保质期内才能充分体现自身的最大价值。进而推之,人才的价值也是有时间因素制约的,只有在其"保质期"内(即最佳使用期内)才能全面展现和深度释放其实用效能与价值潜能。我们必须看到,现实生活中忽视人才"保质期"而导致人才资源浪费的状况时有发生。有的单位和部门仍然拘泥于某些复杂的用人程序,甚至人为地制造一些显性标准和隐性框框,影响了创新型优秀人才的脱颖而出,制约了部分人才聪明才智的释放和发挥。由此可见,人才"保质期"是一个不容忽视、异常重要的问题,必须把握和处理好。一要在坚持德才标准的前提下,对"保质期"内的创新型人才及时使用;二要预见形势发展,超前培养和储备人才,以便人才进入最佳价值期时,拿来就能用;三要尊重实际,根据不同类型、不同年龄层面人才"保质期"不同的情况,充分发挥各个层面、各个领域、各个行业、各个年龄段人才的优势和积极性,防止造成人才资源的浪费,以保证各类人才都能在"保质期"内发挥出最大价值和效能。

(作者:中共天津市委党校党建所研究员)

更新党的干部人事工作理念

高新民

这里所说的"干部"主要指党政干部,特别是领导干部。改革开放以来,随着中国特色社会主义事业的发展,干部人事制度改革逐步深入。改革的总趋向是坚持党管干部原则,坚持德才兼备、以德为先用人标准,坚持民主、公开、竞争、择优方针,坚持科学化、民主化、制度化方向。在实践中,近些年来涌现出一些具有民主元素的具体制度,如扩大基层民主选举范围、公推直选、民主推荐、民意测验、公开竞聘、全委会或常委会票决制、任前公示制,等等。在具体做法上,有的省开始实行署名推荐候选人,有的县党代表对县管干部后备人选享有初始提名权。在干部管理方面,党的十七届四中全会后,中央提出的建立基层干部选拔培养链、建立职务与职级并行等制度得到很多基层干部的拥护。综观全局,党的十一届三中全会前以任命制或变相任命制为主体的干部选拔任用制度得到较大改观,干部人事制度改革初显成效。

干部人事制度改革是一个动态的过程。在这一过程中,科学的优良的传统理念和做法需要坚持。但是，又恰恰因为干部人事制度改革是动态的，所以党的干部人事工作的理念需要根据形势的发展不断更新，才能与时俱进。

这里所说的更新有两个层面的含义：

一是指某些原有的概念或原则的内涵需要拓展。比如，党管干部，既是干部人事工作的指导原则，又是干部人事理论的核心内容。毫无疑问，"党管干部"原则的确内含着党组织对干部人事工作的领导和控制，也是当下中国保持循序渐进的政治发展所需要的。但在市场经济条件下，在民主和法制观念日益深入人心的时代，这种领导和控制的方式需要随之变化，以人们能够接受的方式、以群众心理能够承受的方式去进行改革。因此，党管干部的内涵需要有新内容。比如，在竞争性选举中，无论初始提名是由什么人、哪一级组织动议的，必定有人当选有人落选，这是正常现象，如果把上级组织推荐的候选人落选理解为党管干部失败、削弱了党的领导，就不可能有真正的选举。在这一问题上，党管干部应当体现为党对选举的方向和政策的把握，更具体地说是对候选人资格和条件的界定与审查、选举程序的制定（确保制度的公正与公开）、投票现场的监察（确保投票没有舞弊），等等。

二是指依据时代的变化，以中国社会的主流价值为基础，吸收人类政治文明的共同成果，形成某些新的理念。比如，我们长期把干部看作党的"工具"，这是传统管理理论的特点之一。就党内而言，干部作为个体服从于组织，是党组织连接为一个整体的条件。但是，从价值理念上讲，干部作为人也有自己的正当的合理的价值追求，也需要激励与支持。依据现代人力资源理论和学习型组织的理论，承认个人的价值实现与组织的目标可以有相通之处，把个体的正当、合理的价值追求与组织目标的实现结合起来，可以更好地激励干部队伍，从而使干部在为组织目标奋斗过程中提升自己的能力与品格，使个体潜质的开发与组织的发展成为一体化过程。这是符合当下社会主流价值的。再如，经济学中有著名的"马太效应"，用这一视角观察干部人事制度，亦可看到类似现象：在组织内部资源有限的情况下，越是列为后备干部的，越能够得到各方面的锻炼、培训等机会，从而越有可能比别人晋升得快；其他没有列为后备干部的人理论上也存在着提升的机会，但得到的机会资源比后备干部少，能力的提升相对难度更大，从而被提升的可能性相对更少些。解决这一问题，牵涉的就是内部资源配置问题。这样一来，干部队伍日常管理中的公平、公正使用政治资源，与选拔任用时的竞争、择优就紧密关联起来，人们对公平竞争的认识就向前追溯了。这样的理念对我们亦是一种警示，促使我们改革干部管理制度，使之更为科学。

当然，理念的更新还需要及时清理一些不合时宜的观念，解放思想，把基层的实践创新与现代化认识理论结合起来，形成中国特色现代干部人事工作理论。

（作者：中共中央党校党建教研部教授）

中组部负责人就《2010—2020年干部教育培训改革纲要》答记者问

人民日报记者

最近，中央批准印发了《2010—2020年干部教育培训改革纲要》（以下简称《纲要》），中央组织部负责人接受本报记者采访,就有关问题回答了提问。

问:党的十七大提出,到2020年要全面建成小康社会。这是当前和今后一个时期全党的中心任务。作为建设高素质干部队伍的先导性、基础性、战略性工程,干部教育培训工作将如何更好地服务实现全面建成小康社会的奋斗目标?

答:政治路线确定后,干部就是决定因素。作为建设高素质干部队伍的先导性、基础性、战略性工程,干部教育培训工作必须超前谋划、改革创新、及时跟进、主动作为,为全面建成小康社会、基本实现现代化提供思想政治保证、人才保证和智力支持。

问:怎样理解和把握《纲要》关于干部教育培训改革的总体要求?

答:《纲要》关于干部教育培训改革的总体要求,集中体现在改革的指导思想、基本原则和主要目标中,概括起来主要有四个方面:一是明确了改革方向。改革的根本指针是,高举中国特色社会主义伟大旗帜,深入贯彻落实科学发展观,围绕推进学习型政党建设来开展;改革的核心指向是,以建立健全中国特色干部教育培训体系为目标,以体制机制改革为重点,以提高培训质量为主线,不断提高干部教育培训科学化水平;改革的目的依次是,全面落实大规模培训战略任务,努力建设高素质干部队伍,为全面建成小康社会、基本实现现代化提供思想政治保证、人才保证和智力支持。二是明确了改革原则。提出要坚持服务大局、以人为本,坚持改革创新、竞争择优,坚持联系实际、学用结合,坚持质量第一、注重实效。三是明确了改革目标。提出到2020年,建立健全一个更加开放、更具活力、更有实效的中国特色干部教育培训体系,并从办学体制、运行机制、培训模式、师资队伍建设和宏观管理等5个方面提出了具体目标。四是明确了改革重点。提出干部教育培训改革要以体制机制改革为重点。同干部教育培训内容、方式和手段的改革创新相比,干部教育培训体制机制改革相对滞后,必须着力破除制约干部教育培训科学发展的体制机制障碍,不断开创干部教育培训事业新局面。

问:大家对干部教育培训办学体制改革十分关注,《纲要》提出的改革举措主要出于什么考虑?

答:党的十七大以来,对办学体制改革作了大量探索,但资源配置不够合理,办学体系相对封闭,基层培训机构办学条件落后、整体办学水平不高等问题仍需要花很大力气解决。为此,《纲要》提出了一系列改革举措。总的考虑是,坚持开放竞争、优化统筹,充分利用各种优质资源,形成大教育、大培训格局,为干部创造更好的学习条件。具体有以下几个方面:一是巩固主渠道地位,重点推进市、县两级党校(行政学院)办学体制改革,增强办学实力和水平。二是本着少而精、突出特色的原则,优化整合部门、行业干部教育培训机构,使其更好地承担各部门、行业的教育培训任务。三是着眼于建立开放的培训体系,把高等学校、境外著名大学和其他培训机构中的优质资源纳入干部教育培训体系,为干部教育培训提供更加丰富的资源。四是适应现代信息技术的迅速发展,提出了建设干部教育培训网络培训平台等各项改革举措。

问:内容方式改革是提高干部教育培训针对性实效性的核心,《纲要》对此有何新要求?

答:《纲要》吸收近年来各地区各部门创造的新鲜经验,借鉴国外领导人才培训成功做法,在内容方式改革方面提出了新的要求。一是首次明确制定分类培训大纲。按照科学理论武装、具有世界眼光、善于把握规律、富有创新精神的要求,研究不同类别、不同层次、不同岗位干部的能力素质模型,制定分类培训大纲,为科学规范开展培训提供基本依据。二是不断完善培训内容体系。着眼于提高干部素质和能力,建立以培训需求为导向的培训内容更新机制,不断完善理论教育、知识教育、党性教育体系。在加强马克思列宁主义、毛泽东思想教育的同时,重点进行中国特色社会主义理论体系特别是科学发展观教育,抓好推动科学发展、促进社会和谐能力所需知识的教育培训,开展忠于党和人民、尽职尽责干工作、培养高尚道德情操、增强拒腐防变能力的教育。三是创新培训方式方法。突出按干部类别开展培训,倡导异地培训、挂职培训、分段式培训,探索完善免职脱岗培训、后备干部个性化定制培训,针对特殊需求主动送教上门。

问:《纲要》在加强和改进干部教育培训的宏观管理方面提出了哪些新要求?

答:现行的统一领导、分级管理、分工负责的干部教育培训管理体制,总体上与干部教育培训事业发展是适应的,但也存在着职能交叉、管得过多过细、成本较高等问题。为解决这些问题,《纲要》重点提出以下要求:一是强化管理职能。干部教育培训主管部门要从具体事务和直接办班中解脱出来,由办培训向管培训转变,由管微观向管宏观转变,由管具体事务向管方向管政策转变,在抓好重点培训的同时,切实履行好整体规划、宏观指导、协调服务、督促检查、制度规范职能。二是改进管理方式。提出指导与服务相结合,加强干部教育培训法制建设,完善权益保障、竞争择优、考核评估和监督约束等配套制度,推进管理信息化建设,建立国家干部教育培训信息管理系统。三是完善经费管理。要求各级政府将干部教育培训经费列入年度财政预算,随着财政收入增长逐步提高。完善培训经费"跟着项目走"的管理办法,探索培训经费"跟着干部走"的使用方式,促进经费向优质培训资源流动。

问:《纲要》提出要建立组织调训为主、自主选学为辅的干部参训机制,在贯彻执行中应怎样把握?

答:组织调训和自主选学都是干部参训的组织形式。在大量调查研究的基础上,《纲要》提出要建立组织调训为主、自主选学为辅的干部参训机制。在贯彻执行中,一是要坚持和完善组织调训。组织调训是干部教育培训的主要形式。对政治理论、党性教育、党和国家重大战略部署等需要组织调训的,坚持实行组织调训。对主要领导干部、重点岗位干部以及需要点名调训的,可实行点名调训。强调要加强组织调训的统筹协调,提高调训计划的科学性。二是要规范和推行自主选学。自主选学是各地在实践中创造的成功经验,在满足干部多样化学习需求和进行新知识、新技能、新信息培训方面具有独特优势,也是充分利用各种优质培训资源为干部成长服务的有效途径。开展自主选学,要把组织要求和干部个人需求结合起来,激发干部学习内生动力,提高培训针对性和实效性。自主选学不是自由选学,在推行自主选学中要抓好"供、选、教、管"等关键环节和培训制度建设,强化纪律和刚性约束,防止流于形式。

问:近年来,广大干部群众对学风问题十分关注,《纲要》在制度层面作了哪些规定?

答:学风问题是当前社会各界关注的一个热点,也是干部教育培训工作中存在的一个突出问题。我们党高度重视学风建设,提出了很多明确要求。前年,中组部专门下发文件,从理论联系实际、严肃培训纪律、厉行勤俭节约等方面作出了规定。各地区各部门结合实际,提出了加强学风建设的一系列有效举措。《纲要》据此提出了进一步要求。一是明确主体责任。明确了培训机构、学员、教师、干部所在单位、组织人事部门等在学风建设中的责任。二是明晰评价内容。强化了对干部学习培训的过程性评价,将干部的学习态度、参与程度、互动效果、成果质量作为评价学风情况的重要内容。三是强化监督管理。首次将干部学习表现纳入纪检监察机关的监督管理范围,提出对培训期间违反有关规定和纪律的,视情节轻重,给予批评教育直至纪律处分。

(此文载《共产党员》2010年第9期下)

着力推进干部教育培训运行机制改革

中组部干部教育局课题组

干部教育培训运行机制是培训工作开展的程序安排，是干部教育培训各主体、各环节之间的关系及其作用方式，是干部教育培训相关运行制度和规则的集合体。改革运行机制，进一步理顺关系，规范流程，构建起环环相扣的“培训链”，形成“动车”式的运行系统，对于提高培训针对性实效性，提高干部教育培训科学化水平，具有十分重要的意义。

一、干部教育培训运行机制改革的历史进程

干部教育培训工作历来与党的事业紧密相联、同步发展。新民主主义革命时期，干部教育培训运行机制适应革命斗争和武装夺取政权的需要，坚持训用结合，注重实战和实用，领导干部带头授课，强调干部在职自学，抓住一切机会开展培训，显示出高度灵活、不拘一格、务实高效的特点。社会主义革命和建设时期，干部教育培训工作初步迈入经常化、制度化轨道，干部教育培训运行机制适应新中国建设对人才的大量需要，以理论学习和文化补习为主要内容，以高度集中的组织调训为主要方式，以自上而下的行政命令为主要管理手段，分期分批轮训中高级干部，显示出高度计划、形式多样开展培训的特点。改革开放新时期，我们党采取一系列重大举措，推动干部教育培训工作走上多层次、多渠道、大规模发展的轨道。干部教育培训运行机制适应改革开放和发展社会主义市场经济需要，建立干部教育培训基地体系和制度体系，坚持党政干部、企业经营管理人员、专业技术人员“三支队伍”一起抓，综合运用脱产培训、中心组学习和在职自学等多种方式，分级分类开展培训，显示出制度化、规范化的特点。

回顾干部教育培训运行机制的演变历程，可以得到一些重要的启示：干部教育培训运行机制建设，必须适应形势任务发展变化，服从服务于党在不同历史时期的中心任务；必须符合党的组织领导体系，始终坚持与干部教育培训管理体制相适应；必须遵循干部成长规律和培训规律，充分激发干部参加学习培训的内生动力；必须充分利用各种条件和手段，为干部学习提供优质培训资源；必须坚持改革创新，不断更新培训内容、完善培训流程、改进管理方式，提高培训的针对性、实效性；必须大力加强制度建设，不断提高科学化、制度化、规范化水平。

二、干部教育培训运行机制改革的现实基础

干部教育培训运行机制建设取得明显成效，为深化改革创造了有利条件。主要表现在：宏观管理呈现新格局，基本形成了在党中央领导下，由中央组织部主管，中央和国家机关有关工作部门分工负责，中央和地方分级管理，具有中国特色的干部教育培训管理格局；制度法规建设得到新加强，以《干部教育培训工作条例（试行）》为主体，公务员、企业经营管理人员、专业技术人员培训等配套制度为支撑的干部教育培训制度法规体系逐步健全；培训资源整合实现新突破，初步形成了以党校、行政学院、干部学院为主渠道主阵地，以高校基地为重要方面军，科研院所、国外培训机构及其他社会培训机构积极参与，分工明确、优势互补的干部教育培训机构体系；计划生成方式有了新探索，需求调研对计划生成的导向作用初步显现，针对重

点培训项目、主体班次的需求调研逐步展开；干部参训方式发生新转变，组织调训不断加强，干部在培训管理部门指导下可以自主选择培训机构、内容和时间；培训方式方法有了新拓展，研究式、案例式、模拟式、体验式等培训方法广泛运用，网络培训、远程教育、电化教育等现代化培训形式逐步普及。

干部教育培训运行机制存在的突出问题，为深化改革明确了着力点。集中体现在：宏观统筹不够与微观管理过细并存，既有主管部门统筹不够、整体推进不力的现象，也有抓小放大、包办过多过细的现象；优质培训资源不足与资源相对过剩并存，不同程度地存在培训机构布局不合理、特色不鲜明、开放度不高、竞争力不强的问题；质量评估标准缺失与评估粗放并存，贯穿教育培训工作全过程的质量评估指标体系和科学的评估方法没有建立起来，评估的导向和激励约束作用不够明显；干部参加培训激励不够与约束不力并存，管、训、学、用相结合的激励机制尚未形成，干部学与不学、学好学坏一个样的问题没有根本解决，内生动力未得到有效激发。

发达国家公务员培训的成功做法，为深化运行机制改革提供了有益借鉴。主要是：健全法规制度、依法管训，注重个性需求、按需施训，严格考核评估、以评促训，优化资源配置、开放培训，重视激励约束、学用结合等。

三、干部教育培训运行机制改革的基本遵循

深化干部教育培训运行机制改革，必须坚持以邓小平理论和“三个代表”重要思想为指导，深入贯彻落实科学发展观，以建立健全中国特色现代干部教育培训体系为目标，在继承党的干部教育培训优良传统的基础上，吸收借鉴国外先进经验和成功做法，坚持以改革促动力释放，以创新促活力增强，以竞争促资源盘活，以择优促质量提升，探索具有时代性、开放性、竞争性的干部教育培训运行机制框架体系。

深化干部教育培训运行机制改革要把握好以下基本原则：一是服务大局，以人为本。围绕党和国家工作大局谋划和推进改革，突出干部在学习培训中的主体地位，实现组织需求、岗位需求和干部需求有机结合，做到科学发展需要什么就培训什么，干部干什么学什么、缺什么补什么，更好地为科学发展和干部成长服务。二是遵循规律，激发活力。把握和遵循干部教育培训一般规律，坚持指导与服务相结合、激励与约束相结合，提高优质资源聚合度，增强要素间的协调性，激发各主体的能动性，实现干部教育培训需与供相匹配、教与学相统一。三是重点突破，整体联动。既要抓住影响和制约运行机制作用发挥的核心问题和关键要素予以突破，又要系统谋划各主体、各环节和各相关因素的改革创新，实现运行机制改革的整体效应。四是实践探索，制度规范。鼓励各主体积极探索、大胆创新，在实践中解决问题、检验成效、创造经验，及时总结提炼，上升为政策措施，更好地引导和保障改革规范有序进行。

深化干部教育培训运行机制改革，必须理顺各主体、各环节及其与外部因素间的关系。一是加强各大主体之间互动。从多元主体入手推进改革，增强管理部门的指导性、培训机构的自主性、学员单位的主动性和干部本人的积极性，紧扣“管”的要素，更新主管部门的管理理念；激发“教”的活力，破除培训机构安于现状的思想；加大“选”的力度，摒弃学员单位被动应付的心态；确保“学”的成效，扭转参训学员学用脱节的局面，形成“四大主体”紧密相联、协调配合、相互促动的新格局。二是加强基本环节之间互补。干部教育培训各环节既要体现相对独立、自成系统的特点，又要发挥相互联系、统筹兼顾的功能作用。运行机制改革要从多个基本环节入手建立相应的机制，运用系统的观点，把握好彼此之间的关系，形成相互配合、相互促进的良性循环。三是加强主体与环节之间互联。要密切各主体和各环节之间的相互联系。培训计划生成要建立在各主体需求调

研基础上。培训组织实施要理顺各主体之间的关系。培训效果检测要通过各主体完成。培训结果运用要通过各主体共同推动。四是加强与外部条件之间互融。运行机制改革要考虑外部条件的作用和影响，着眼于科学发展，在加强和改进新形势下党的建设条件下来进行，认真研究干部教育规律、行为科学规律、干部成长规律和学员心理规律，营造改革的良好环境。

四、干部教育培训运行机制改革的重点任务

(一)建立健全紧贴培训需求的计划生成机制。把需求调研作为培训计划生成的必经环节，形成以需求为导向的培训流程。完善需求调研体系，明确培训各主体调研职责任务，规定开展调研的基本程序和方法，合理设计调研范围、地点、对象，保证调研信息全面、准确。综合运用问卷调查、走访座谈、网络调查等方法，全面了解和把握干部培训需求。干部教育培训管理部门在充分调研的基础上，提出实施培训的指导意见，加强与培训机构、干部所在单位的协调会商，共同研究确定培训计划。实行培训计划训前微调、训中跟踪、训后反馈，动态纠偏补漏。

(二)建立健全服务科学发展和干部成长的内容更新机制。着眼科学发展需要，围绕干部个性化、差异化培训需求，研究不同类别、层次、岗位干部的能力素质模型，完善理论教育、知识教育、党性教育内容体系。在理论教育方面，重点进行中国特色社会主义理论体系特别是科学发展观教育，进行党的路线方针政策和国家法律法规、党的历史、国情和形势教育。在知识教育方面，重点抓好提高推动科学发展、促进社会和谐能力所需知识的教育培训。在党性教育方面，大力加强党性党风党纪教育和社会主义核心价值体系教育，重点开展忠于党和人民、尽职尽责工作、培养高尚道德情操、拒腐防变的教育。根据培训需求，加强课程自主开发，积极引进优质培训课程，并对课程进行评估、动态调整，及时更新。开展精品课程评选表彰活动，促进课程质量不断提升。

(三)建立健全组织调训为主、自主选学为辅的参训机制。要坚持和完善组织调训，严格执行调训计划申报制度，加强统筹协调，解决多头调训、重复培训、多年不训的问题。对主要领导干部、重点岗位干部以及需要点名调训的，应实行点名调训。要推行干部自主选学，积极创造条件，提供优质的培训机构、适宜的培训内容、优良的师资队伍，扩大干部自主权和选择权。要统筹抓好组织调训与自主选学，组织调训要尽量体现干部的自主选择权，发挥干部的主观能动性，激发培训机构的办学活力；自主选学要充分体现组织意图，强化纪律和刚性约束，防止流于形式，成为“自由选学”。对政治理论、党性教育、党和国家重大战略部署等内容，应坚持组织调训；对专业知识和业务技能性培训，更多地采取自主选学。

(四)建立健全激发内在动力的激励约束机制。严格干部学习培训考核评价，构建多维度的干部学习培训效果检测体系，全面考核干部的学习态度和表现、掌握运用理论和知识、党性修养和作风养成等情况。把理论素养、学习能力作为选拔任用领导干部的重要依据，将开展干部教育培训工作情况纳入各级领导班子年度考核内容。加强培训机构教学质量评估，研究制定培训机构教学质量评估办法和指标体系，定期开展评估工作，将评估结果作为干部培训项目竞争择优、深化培训机构教学改革的重要依据。

(五)建立健全开放竞争择优的资源整合机制。优化整合主阵地资源，以改革市、县两级党校(行政学院)办学体制为重点，通过内部挖潜、整合区域内其他培训机构等途径，增强办学实力、拓展办学功能、提升办学水平，为广大干部特别是基层干部提供更好的培训资源。要综合考虑培训任务总量、专业化程度和市场可替代性，大力推进部门、行业干部教育培训机构优化整合，进一步突出特色，提升专业化水平。要

构建更加开放的培训格局，在充分发挥主渠道主阵地作用的同时，打破相对封闭、自我循环的状况，统筹培训资源，把高等学校、具备资质的社会培训机构、境外著名大学等优质资源，纳入干部教育培训体系，不断提高培训体系的开放度。适应干部多样化的学习需求，整合网络培训资源，建立开放、兼容、共享的干部教育培训网络，扩大培训覆盖面。

纠正干部任职年龄"一刀切"的难点与对策

《党建研究内参》记者

党中央提出，要坚决纠正干部任职年龄"一刀切"的做法，形成不同年龄层次梯次配备的任职结构，调动各个年龄段干部的积极性。3月11日，本刊与中央党校县委书记任职培训班部分学员就此问题进行了座谈。9位县委书记结合各地实际，畅谈了对这一问题的看法，并提出了对策建议。现将他们的主要观点综述如下：

一、对纠正干部任职年龄"一刀切"的认识

（一）干部任职年龄"一刀切"是历史遗留问题。县委书记认为，干部任职年龄"一刀切"是特定历史时期的产物，应该客观全面地认识。改革开放之初，由于干部队伍年龄老化、青黄不接，县乡干部的主体是工农干部，难以适应社会主义现代化建设的要求，迫切需要一大批有文化、有知识的年轻干部。当时采取"一刀切"的办法是干部队伍年轻化、知识化的需要，上世纪90年代各地逐渐形成了不成文的规定，大部分县（区、市）干部任职年龄按照"258"的"杠杠""一刀切"，即科级干部52岁、副处级干部55岁、正处级干部58岁就要离职或转任非领导职务。这种做法，在当时历史条件下有合理的一面，但随着党的干部政策及各项制度的完善和干部队伍整体素质的提高，"一刀切"带来的弊端日益突出，特别是在县乡基层，影响了干部队伍的整体建设，到了必须纠正的时候。

（二）目前县乡干部任职年龄"一刀切"，仍是一个普遍存在的突出问题。有的县委书记说，当前县一级党政领导班子成员普遍年轻，同一年龄段的干部比较集中，以60年代出生的为主体，70年代出生的有一部分，县人大、政协班子成员大都在50至55岁之间。"一刀切"主要集中在科级干部，而各地切的年龄不一样，大致在50至54岁之间。比如，贵州省施秉县科级干部年龄切在50岁，浙江省武义县科级干部年龄切在52岁，吉林省梨树县和江西省修水县科级干部年龄分别切在53、54岁。大家反映，在县乡工作的基层领导干部，50多岁正是年富力强、经验丰富的黄金时期，也是家庭负担较轻、精力充沛的一个时期，一些讲党性、有能力、群众公认的优秀干部，由于年龄的原因无法继续工作，造成了人才浪费，也带来了其他问题。有的县委书记说，"一刀切"使一些干部"闲"在家里，其多年积累的工作经验和能力无法继续发挥作用，容易产生消极心理，挫伤干部的积极性。有的县委书记说，"一刀切"带来的问题是，被"切"下来的一些干部不上班、不工作、不考核，缺乏监督，作风涣散，在社会上造成不好的影响。有的县委书记说，有的干部知道自己快"到点"了，工作热情下降，开始埋怨组织，不务正业，甚至腐化堕落，在干部队伍中造成了负面影响。

大家认为，形成事实上的干部任职年龄“一刀切”，既有主观因素，也有客观因素。主观因素主要是思想认识问题，一些地方对党的干部路线方针政策理解有偏差，把干部“四化”方针中的“年轻化”看作“低龄化”。客观因素主要是基层干部多，晋升渠道狭窄，年轻干部难上来。因而在实际工作中，为了方便行事，就简单地以年龄划杠，把一些年龄“偏大”的干部切下来。

（三）纠正干部任职年龄“一刀切”各地有些做法，但要彻底解决难度还很大。大家一致认为，中央提出纠正干部任职年龄“一刀切”具有很强的现实针对性，体现了求真务实的精神，为基层干部选拔任用工作树立了正确的导向，有利于充分发挥各年龄段干部的积极性。各地都在想办法解决这一问题，但难度很大。有的县委书记说，自中央提出要求后，我们就不敢切了，已有3年时间，但带来了新的问题，原来被切下去的干部有意见，年轻干部也有意见，难平衡。有的县委书记说，我们对切下来的年龄不满55周岁的干部重新考核，身体条件好、能力强的考核通过者可以再上岗，对不能任满一届或年龄超过55周岁的干部加强管理，但带来的问题也不少。还有的县委书记说，我们不敢纠正，怕带来更大的麻烦。大家说，要彻底解决这一问题，必须与深化干部人事制度改革紧密结合起来，上下一致、逐步推进。

二、纠正干部任职年龄“一刀切”存在的难点

大家认为，纠正干部任职年龄“一刀切”主要有以下三个难点。

一是怎样解决被切下去的干部问题。大家反映，现在中央强调要纠正“一刀切”，前些年被切下去的同志心理不平衡，认为前后政策不一致，意见非常大，甚至出现了干部集体上访事件，目前还没有更好的办法解决这一问题。

二是怎样解决在职干部的工作积极性问题。有的县委书记说，现在县一级的干部比较年轻，乡镇干部的年龄偏大，乡镇正职的心理预期是在乡镇工作几年后到县直部门再工作10年左右，在县城能够解决孩子上学、父母和自己的养老问题。如果县直部门的干部都工作到60岁，位子腾不出来，乡镇正职就无法到县城工作，县直部门的优秀副职也看不到希望，无法调动各年龄段干部的积极性。有些县直部门正职年龄到55岁了，如果不提前退居二线，位子腾不出来，一些优秀干部也上不来。作为县委书记，感觉干部调整的压力很大。有的县在干部调整中也曾试行过末位淘汰制，但目前的干部考核机制不健全，只能淘汰极个别的干部，而且在实际操作过程中遇到很大阻力和困难。

三是怎样解决机构改革带来的压力问题。有的县委书记说，近几年来机构改革后，县委常委由9人增至11人，政协班子由一正五副减为一正三副，人大班子由一正六副减为一正四副。再加上党政班子成员几乎都是交流干部，本地科级干部晋升的空间越来越小，出路越来越少。县委书记们认为，他们当前又面临新一轮机构改革，政府机构由以前的50多个减至22至24个，编制减少一半，领导职数也减少很多，许多干部不好安置，等等。这些客观上都给干部任职年龄“一刀切”留下了生存土壤。

三、对策建议

对于如何纠正干部任职年龄“一刀切”问题，大家提出了一些对策建议，主要有：

一是严格执行党的干部路线方针政策和规章制度。首先，要端正思想认识，不能把干部年轻化搞成“低龄化”，从上到下不搞任职年龄层层递减。其次，要严格按照党的干部方针政策选拔干部和配备县乡党政领导班子，实现老中青梯次配备，确保干部队伍有生机和活力。有的县委书记认为，合理的领导班子年龄结构，应该是橄榄型的，中间大，两头小。现在中央要求县级班子成员40至45岁的占30%，45至50岁的占40%，40岁以下和50岁以上的各占

15%，这个结构是合理的，符合干部成长规律。第三，严格实行领导职务任期制和退休制度。有的县委书记提出，纠正干部任职年龄“一刀切”问题，根本的办法是执行领导职务任期制。实行领导职务任期制要有硬性规定，比如局长只能干10年或15年，如果在任期内不能提拔，就要转成非领导职务，到了《公务员法》规定的退休年龄就退休。

二是建立能上能下的干部工作机制。有的县委书记说，纠正干部任职年龄“一刀切”，关键是要让优秀的干部“上”得去，让平庸的干部“下”得来。要健全“民主、公开、竞争、择优”的干部选任机制，建立科学完善的干部考核评价体系，细化干部“上”与“下”的标准，使“上”的干部令人信服，“下”的干部心服。有的县委书记提出，对于能力不强的干部到了一定年龄转成非领导职务，退职不退岗。有的县委书记建议修改《公务员法》，比如，不能把免职放在惩戒处罚条款里面，应把免职作为干部正常“下”的途径来看待。

三是尽快建立职务与职级并行制度。这是大家的普遍要求。有的县委书记说，一些优秀的科级干部在科长岗位上干了20多年，一些优秀的县委书记干了近10年，就是上不去，容易使他们失去信心和干劲。建立并实行职务与职级并行制度，规定干满一定年限，可晋升上一个职级，既能比较有效解决这一问题，同时也能保持工作的连续性。

四是加强对非领导职务干部的管理。大家认为，纠正干部任职年龄“一刀切”，操作上应毫不含糊，关键不是把干部“切”下来，而是“转”的问题。对于在什么年龄转成非领导职务问题要加强调查研究，在制定新政策时应全面了解各地的实际情况，尽量做到科学合理。另外，转任非领导职务后要保证有工作干，要保持工作的连续性和严肃性，接受组织和群众的监督，并尽快研究制定非领导职务干部的管理办法。有的县委书记建议，乡镇可设2至3个非领导职务，或者人大、政协常委多设一些虚职。否则，多数干部上不去又退不下来，很难管理。

五是打通干部上下交流的渠道。干部有流动才有活力。要根据各类领导班子建设、年轻干部选拔培养的需要，制定详细的、操作性强的交流规划和具体工作方案。有的县委书记说，从基层一线选拔干部，是对基层干部的关心和重视，但选人要考虑本地工作的连续性，有计划、有步骤地进行。如果把骨干力量都选走了，不利于县乡经济社会发展。要完善干部交流制度，除掉干部交流的障碍。一方面，鼓励干部下基层，到艰苦的地方工作；另一方面，要提高基层干部津贴补贴，尽量减少不同地区的差异，扩大干部流动的空间，拓宽干部流动的渠道，使干部合理有序地流动起来，为纠正干部任职年龄“一刀切”创造有利条件。

（参加座谈会的9位同志是：河北省涿州市委书记王舟、吉林省梨树县委书记李有昌、黑龙江省富裕县委书记高虹、浙江省武义县委书记江跃进、江西省修水县委书记黄斌、四川省郫县县委书记陈海元、贵州省施秉县委书记彭世平、陕西省岐山县委书记孙毅、宁夏回族自治区灵武市委书记李建军）

第十三部分

党风廉政建设与反腐败斗争

在全国市级纪委书记培训班开班式上的讲话

何　勇

党的十七大以来，经中央批准，我们在2008年举办新任中央纪委委员学习贯彻党的十七大精神研讨班，2009年对全国2000多名县纪委书记进行培训。这次又对全国市级纪委书记进行培训，下个月还要举办市辖区纪委书记培训班。这么大规模集中培训纪委书记，是1978年中央纪委恢复重建以来的第一次，是加强新形势下纪检监察机关自身建设、提高纪检监察工作能力、深入推进党风廉政建设和反腐败斗争的现实需要。借这个机会，我讲三个方面问题。

一、党的十六大以来党风廉政建设和反腐败斗争深入推进，取得新的明显成效

党的十六大以来，以胡锦涛同志为总书记的党中央高举中国特色社会主义伟大旗帜，以邓小平理论和“三个代表”重要思想为指导，提出并深入贯彻落实科学发展观，扎实推进社会主义经济建设、政治建设、文化建设、社会建设以及生态文明建设，经济社会发展取得了举世瞩目的巨大成就。2002年到2009年，我国国内生产总值由10.2万亿元增加到33.5万亿元，财政收入由1.89万亿元增加到6.85万亿元，经济总量跃居世界第三，综合国力大幅提升；城镇居民人均可支配收入由7703元增加到17175元，农村居民人均纯收入由2476元增加到5153元，人民生活总体达到小康水平。党中央在抓好经济社会发展的同时，高度重视党的建设，党的十六届四中全会和十七届四中全会先后作出《关于加强党的执政能力建设的决定》、《关于加强和改进新形势下党的建设若干重大问题的决定》，在全党开展保持共产党员先进性教育活动和深入学习实践科学发展观活动，切实把党的政治优势和组织优势转化为推动经济社会又好又快发展的强大力量。我们成功举办北京奥运会、残奥会，精心举办上海世博会，隆重庆祝新中国成立60周年和党的十一届三中全会召开30周年，从容应对国际金融危机冲击、保持经济平稳较快发展，奋力夺取抗击非典、南方严重低温雨雪冰冻灾害、四川汶川特大地震、青海玉树强烈地震等重大公共突发事件和重大自然灾害的胜利，依法坚决平息和妥善处理拉萨“3·14”事件和乌鲁木齐“7·5”事件，有力维护了改革发展稳定大局。实践充分证明，以胡锦涛同志为总书记的党中央团结带领全党全国各族人民，始终坚持中国特色社会主义道路不动摇，坚持中国特色社会主义理论体系不动摇，在各种困难和风险的考验面前表现出了高超的领导能力和领导艺术，是一个具有先进执政理念和坚强战斗力的领导集体，是一个求真务实、与时俱进、开拓进取的领导集体，是一个全心全意为人民服务、值得全党全国各族人民完全信赖、衷心拥护和爱戴的领导集体。

我们党在推进中国特色社会主义伟大事业和党的建设新的伟大工程实践中，积极探索社会主义市场经济条件下有效开展反腐倡廉的路子。改革开放初期，针对一些党员干部被腐蚀的现象，以邓小平同志为核心的党的第二代中央领导集体，告诫全党执政党的党风问题是有关党的生死存亡的问题，提出要一手抓改革开放、一手抓惩治腐败，在整个改革开放过程中都要反对腐败。党的十三届四中全会以后，面对

消极腐败现象在一些领域滋生蔓延的情况，以江泽民同志为核心的党的第三代中央领导集体，明确提出治国必先治党、治党务必从严，作出加大反腐败斗争力度的重大决策，确立了领导干部廉洁自律、查办违纪违法案件、纠正部门和行业不正之风三项工作格局，努力遏制腐败现象的发生。随着反腐败斗争的深入开展，我们党进一步认识到，在坚决惩治腐败的同时，必须加大从源头上预防和治理腐败的力度。党的十五大提出，反腐败要坚持标本兼治，教育是基础、法制是保证、监督是关键，通过深化改革，不断铲除腐败现象滋生蔓延的土壤。其间，我们集中开展了军队、武警部队和政法机关不再从事经商活动工作，推进行政审批、财政管理、干部人事制度等改革，为提出建立健全惩治和预防腐败体系奠定了坚实的理论基础和实践基础。

党的十六大以来，以胡锦涛同志为总书记的党中央深刻总结党的三代中央领导集体关于反腐倡廉的重要思想，准确把握我国现阶段反腐倡廉形势，提出坚决惩治腐败是我们党执政能力的重要体现、有效预防腐败更是我们党执政能力的重要标志，确立标本兼治、综合治理、惩防并举、注重预防的反腐倡廉方针，作出建立健全惩治和预防腐败体系的重大战略决策。2003 年 10 月，党的十六届三中全会通过的《关于完善社会主义市场经济体制若干问题的决定》，明确提出“建立健全与社会主义市场经济体制相适应的教育、制度、监督并重的惩治和预防腐败体系”。2005 年 1 月，党中央颁布《建立健全教育、制度、监督并重的惩治和预防腐败体系实施纲要》，这是我们党对建立健全惩治和预防腐败体系的具体化。党的十七大要求以完善惩治和预防腐败体系为重点加强反腐倡廉建设，把“坚持标本兼治、综合治理、惩防并举、注重预防的方针，建立健全惩治和预防腐败体系”写入党章。2008 年 5 月，党中央印发《建立健全惩治和预防腐败体系 2008—2012 年工作规划》，进一步明确了体系建设的指导思想、基本要求、工作目标。党的十七届四中全会强调加快推进惩治和预防腐败体系建设，对新形势下党风廉政建设和反腐败斗争提出了更高要求。从中央纪委和各级党委、政府组织开展的全面自查和重点抽查情况看，惩治和预防腐败体系建设扎实推进，取得了积极进展。通过以上回顾可以看出，我们党的反腐倡廉工作大体经历了从着力治标、侧重遏制，到标本兼治、综合治理、逐步加大治本力度，再到标本兼治、综合治理、惩防并举、注重预防这样一个实践上不断发展、认识上不断深化的过程。

在党中央、国务院坚强领导下，各级党委、政府和纪检监察机关坚决执行党的路线方针政策，坚持党在长期反腐倡廉实践中形成的指导思想、基本原则、工作方针、工作格局、成功经验、领导体制和工作机制，围绕中心、服务大局，切实加强以完善惩治和预防腐败体系为重点的反腐倡廉建设。一是认真贯彻反腐倡廉方针，坚持治标和治本、惩治和预防两手抓、两手都要硬，在坚决惩治腐败的同时，更加注重治本、更加注重预防、更加注重制度建设，做到惩治于已然、防患于未然。二是全面规划、统筹协调、整体推进，扎实做好教育、制度、监督、改革、纠风、惩治各方面工作，提高党风廉政建设和反腐败工作的综合效能。三是紧紧围绕党的建设新的伟大工程，既自觉把以完善惩治和预防腐败体系为重点的反腐倡廉建设体现在党的思想建设、组织建设、作风建设、制度建设各个方面，保障和促进党的各项建设，又通过抓好党的各项建设，为反腐倡廉建设提供坚实基础。四是服从服务于党领导的伟大事业，始终把惩治和预防腐败体系建设融入我国经济建设、政治建设、文化建设、社会建设以及生态文明建设之中，既在深化“五大建设”中推进惩治和预防腐败体系建设，又通过惩治和预防腐败体系建设，服务、保障和促进“五大建设”。

惩治和预防腐败体系在反腐倡廉建设中居于全局的、战略的地位。通过抓惩治和预防腐败体系建设这个重点，有力地推动和促进了反腐倡廉建设，党风廉政建设和反腐败斗争方向更加明确、思路更加清晰、措施更加有力，取得了新的明显成效。

——各级党委、政府对反腐败斗争重要性和紧迫性的认识更加一致，全党动手抓反腐倡廉的局面进一步形成。党的十六大提出，“坚决反对和防止腐败，是全党一项重大的政治任务”。党的十七大提出，“坚决惩治和有效预防腐败，关系人心向背和党的生死存亡，是党必须始终抓好的重大政治任务”。各级党委、政府认真学习领会中央关于反腐倡廉重要论述和重大部署，对反腐败斗争重要性和紧迫性的认识更加一致，廉政意识和抓反腐倡廉责任意识进一步增强。各级纪检监察机关全面履行职责，纪检监察各项工作切实加强。党委、政府各职能部门承担的反腐倡廉任务更加明确，自觉把反腐倡廉建设贯穿于制定经济社会发展政策全过程，融入本部门本行业业务工作中。反腐败领导体制和工作机制更加完善，党风廉政建设责任制得到深入贯彻落实。

——注重加强党的作风建设和解决群众反映强烈的问题，密切了党同人民群众的血肉联系。结合开展保持共产党员先进性教育活动和深入学习实践科学发展观活动，加强理想信念和廉洁从政教育、党的作风和纪律教育；以思想教育、完善制度、集中整顿、严肃纪律为抓手，大力推进党的作风建设，解决了一些党员干部特别是领导干部在党性党风党纪方面存在的突出问题。深入学习中央关于加强党的作风建设的重要指示，认真落实中央关于党政机关厉行节约的规定，促进了党的作风建设的加强，带动了政风、民风的进一步好转。注意解决群众反映强烈的问题，扎实开展对教育医疗、环境保护、安全生产、食品药品安全、企业改制、征地拆迁、涉农利益等方面突出问题的专项治理，维护了人民群众的根本利益，促进了社会和谐。认真贯彻中央关于社会主义新农村建设的决策部署，加强农村基层党风廉政建设，巩固了党的执政基础。全面推进政务公开、厂务公开、村务公开，保障了人民的知情权、参与权、表达权、监督权。

——深化改革、创新制度，为构建惩治和预防腐败体系基本框架奠定了坚实基础。紧紧抓住重点领域和关键环节，进一步深化治本抓源头工作。加快行政管理体制改革，31个省（区、市）行政审批事项平均取消一半以上，国务院各部门行政审批事项取消和调整超过60%。深化干部人事制度改革，2003年以来，全国公开选拔党政领导干部4万多人，通过竞争上岗走上领导岗位的干部38万多人。深化财政体制改革，部门预算基本框架初步建立，中央和地方32万多个基层预算单位实施国库集中支付制度改革，68个中央部门、23万多个执收单位实施非税收入收缴管理制度改革。反腐倡廉制度建设稳步推进，出台或修订了规范领导干部从政行为、党内民主和党内监督、违纪行为惩处、反腐败领导体制和工作机制等方面法规制度，如《中国共产党党员领导干部廉洁从政若干准则》、《中国共产党党内监督条例（试行）》、《中国共产党纪律处分条例》、《中国共产党巡视工作条例（试行）》、《关于实行党政领导干部问责的暂行规定》等，为构建惩治和预防腐败体系基本框架打下了良好基础。

——严肃查处违纪违法案件，纯洁了党的组织和队伍。各级党委和政府坚决贯彻中央的决策部署，以更加积极的态度加强对查办案件工作的领导。各级纪检监察机关切实履行职责，推动查办案件工作不断向纵深发展。中央纪委监察部严肃查处了陈良宇、刘方仁、田凤山、韩桂芝、陈绍基、王怀忠、郑筱萸、陈同海等一批腐败分子，各地区各部门查处了一批在本地区本部门有影响的大案要案。严格执行党内法规和国家法律法规，制定加强和规范办案工作的制度，为依纪依法、安全文明办案提供了重要保证。通过查办案件，惩治了腐败分子，教育了党员干部，表明了我们党反对腐败的坚强决心，增强了人民群众对党和政府的信任以及对反腐败斗争的信心。

——加强监督检查和开展专项治理，促进了经济社会又好又快发展。紧贴党和政府中心任务，紧跟中央重大决策部署，积极探索开展监督检查规律，建立健全监督检查工作领导体制和工作机制，形成了一套指导性和可操作性强、涵盖监督检查全过程的制度体系。及时跟进中央扩大内需促进经济增长政策措施，组织24个中央检查组对31个省(区、市)开展4轮检查，各省(区、市)也组织开展了监督检查，切实纠正项目建设中存在的一些问题，确保中央扩大内需政策措施得到全面落实。组织开展对汶川地震、玉树地震抗震救灾和灾后恢复重建资金物资管理使用情况的监督检查，保证了资金物资的规范使用和灾后恢复重建工作的顺利推进。加强对北京奥运会筹办工作的监督检查，确保了"廉洁办奥运"目标的实现。针对工程建设领域腐败现象易发多发的情况，集中开展专项治理。深入开展治理商业贿赂专项工作，维护了社会主义市场经济秩序。

党的十六大以来反腐倡廉建设取得的成效充分证明，以胡锦涛同志为总书记的党中央对反腐败的认识是清醒的，态度是坚决的，措施是有力的，作出的重大决策和战略部署是完全正确的。只要我们坚决贯彻执行党中央的决策部署，将反腐倡廉建设贯穿于改革开放和现代化建设的全过程，坚持不懈地抓下去，就一定能把腐败现象遏制到最小程度。

二、准确把握世情、国情、党情的深刻变化，充分认识反腐败斗争的长期性、复杂性、艰巨性

党的十六大强调："各级党委既要充分认识反腐败斗争的紧迫性，又要充分认识其长期性，坚定信心，扎实工作，旗帜鲜明、毫不动摇地把反腐败斗争深入进行下去。"党的十七大再次强调："全党同志一定要充分认识反腐败斗争的长期性、复杂性、艰巨性，把反腐倡廉建设放在更加突出的位置，旗帜鲜明地反对腐败。"胡锦涛总书记在十七届中央纪委第五次全会上的重要讲话中，要求全党正确认识党风廉政建设和反腐败斗争形势，既充分看到反腐倡廉建设已经取得的显著成效，又深刻认识反腐败斗争的长期性、复杂性、艰巨性。下面，我结合自己学习胡锦涛总书记重要讲话精神，谈一谈对反腐败斗争长期性、复杂性、艰巨性的认识。

(一)深刻认识我国基本国情和发展阶段性特征，深化对反腐败斗争长期性、复杂性、艰巨性的理解。胡锦涛总书记指出："我国仍处于社会主义初级阶段，处于经济体制深刻变革、社会结构深刻变动、利益格局深刻调整、思想观念深刻变化和各种社会矛盾凸显的历史时期，各方面体制机制还不完善，有着不少缺陷和漏洞，存在着滋生腐败现象的土壤和条件。"我国仍处于并将长期处于社会主义初级阶段是我国基本国情，"四个深刻"是我国基本国情在新世纪新阶段的具体表现，也是我们分析包括反腐败斗争形势在内的一切问题的立足点。一是从经济体制深刻变革的情况看，社会主义市场经济体制初步建立，形成了公有制为主体、多种所有制经济共同发展的基本经济制度，极大地解放和发展了社会生产力。同时，由于我国建立社会主义市场经济体制的时间短、进程快，一些领域体制机制制度还不完善，特别是与市场经济体制相适应的反腐倡廉制度体系尚未建立起来，存在着漏洞和薄弱环节，腐败现象滋生的土壤在短期内难以铲除。二是从社会结构深刻变动的情况看，我国社会阶层结构、城乡结构、就业结构、社会组织结构发生深刻变化，新经济组织、新社会组织和新兴行业大量出现，增强了社会活力。同时，由于我们在引导、促进、规范新兴组织发展、管理新兴行业人员等方面缺乏经验，有的新兴组织和行业的从业人员为获得更大利益，不惜违法犯罪，，少数党员干部道德滑坡，大搞权钱交易。三是从利益格局深刻调整的情况看，利益主体多元化，利益关系多样化，有利于促进竞争、推动创新、提高效率。同时，由于各利益主体为实现各自最大利益，想方设法获取有限资源，加上竞争机制还不完善，容易

产生不正当竞争行为，诱发行贿受贿等腐败现象；由于分配调节机制不够健全，不同行业和社会成员之间收入差距拉大，少数党员干部心理失衡，甚至利用手中的权力谋取不正当利益。四是从思想观念深刻变化的情况看，人们思想活动的独立性、选择性、多变性、差异性明显增强，不同思想观念的碰撞与融合，有利于社会思想的发展和观念的进步。同时，有的党员干部的思想观念、能力素质与党的先进性要求还不完全适应，极少数党员干部放松主观世界改造，丧失了对一些错误思想观念的识别能力和抵御能力，世界观、人生观、价值观发生扭曲，跌入腐败的泥坑。

（二）深刻认识全方位对外开放的历史条件，深化对反腐败斗争长期性、复杂性、艰巨性的理解。胡锦涛总书记指出："在全方位对外开放的条件下，西方敌对势力加紧对我国实施西化、分化战略，资本主义腐朽思想文化影响乘机而入，同我国历史上遗留下来的封建残余思想影响相结合，侵蚀着党员、干部的思想，造成一些党员、干部理想信念动摇、宗旨意识淡薄，拜金主义、享乐主义、极端个人主义思想滋长。"对外开放是我国的基本国策。30 年来，我国成功实现了从高度集中的计划经济体制到充满活力的社会主义市场经济体制、从封闭半封闭到全方位开放的伟大历史转折。在对外开放日益扩大的同时，面临的国际竞争日趋激烈，可以预见和难以预见的风险增多，这不可避免地在反腐倡廉建设中有所体现。一是由于发达国家在经济科技等方面仍占优势、国际力量的消长和世界多极格局的形成需要经历一个较长的过程，有的党员干部不能正确认识社会主义制度的巨大优越性和社会主义事业的长期性、艰巨性，对中国特色社会主义缺乏信心，理想信念动摇，甚至蜕化变质，堕落为腐败分子。二是西方敌对势力利用腐败问题诋毁攻击社会主义制度，妄图动摇干部群众对社会主义制度和我们党领导的反腐败斗争的信心。三是西方资本主义的一些腐朽没落的思想文化和生活方式乘机而入，再加上封建残余思想沉渣泛起，对党员干部的政治观念、伦理道德、生活方式等产生一定的冲击。

（三）深刻认识工业化、信息化、城镇化、市场化、国际化深入发展的趋势，深化对反腐败斗争长期性、复杂性、艰巨性的理解。胡锦涛总书记指出："随着工业化、信息化、城镇化、市场化、国际化深入发展，多元利益主体在我国市场上的竞争日趋激烈，不法分子通过商业贿赂攫取非法利益，拉拢腐蚀公职人员。"改革开放以来，我国工业化、信息化、城镇化、市场化、国际化快速发展，要用几十年的时间走完发达国家二三百年走过的历程，各种社会矛盾和问题容易在短时期内集中出现，在给我国经济社会发展带来前所未有压力的同时，也使党的建设包括反腐倡廉建设面临许多新课题新考验。一是从工业化、城镇化看，2009 年，我国城镇人口占总人口比重 46.6%，预计到"十二五"时期，我国城镇化率将突破 50%。工业化、城镇化的快速发展，最直接的表现就是大批基础设施和工程项目上马，大量土地被征用、大量资金流转。在这个过程中，领导干部手中掌握着这样那样的权力，如果得不到有效的监督和约束，就很容易被滥用。二是从信息化看，当前信息化建设快速发展，到今年 3 月，全国手机用户达 7.77 亿户，网民总人数达 4.04 亿，有上百万个论坛、2.2 亿个博客用户，网民每天通过论坛、新闻评论、博客等渠道发表的言论达 300 多万条。互联网等新兴媒体的迅速发展和应用，对反腐倡廉工作的影响日益广泛。我们可以通过网络开展党风廉政宣传教育，可以通过网络举报发现违纪违法线索，可以及时了解社情民意。同时，网络窃密与反窃密斗争形势严峻，网络有害信息快速传播，有的恶意炒作有关腐败案件信息。三是从市场化看，我国市场化水平不断提高，市场在资源配置中的基础性作用日益显现。同时，由于政府职能转变还没有完全到位，资源配置机制不够合理，权力寻租的空间仍然较大，使得腐败行为易于发生。四是从国际化看，国际化使我国经济与世界经济联系日益密切，境外投资大量涌入，为我国经济发展增添了新的动力。同时，有的国外跨国公司为抢占市场份额、排挤竞争对手，进行商业贿赂和欺诈活动，不择手段拉拢腐蚀党员干部；有的腐败分子为逃避法律制裁，将赃款赃物转移到国（境）外，腐败犯罪呈现出复杂化、国际化的趋势。

（四）深刻认识党的队伍和自身状况发生的重大变化，深化对反腐败斗争长期性、复杂性、艰巨性的理解。胡锦涛总书记指出："党的干部队伍构成发生很大变化，不少中青年干部缺少严格党内生活锻炼和重大政治风浪考验，容易受腐败病毒感染。"当前，我们党所处的地位和环境、肩负的使命和任务以及自身状况都发H生了重大变化。一是从党所处的历史方位看，我们党历经革命、建设和改革，已经从领导人民为夺取全国政权而奋斗的党成为领导人民掌握全国政权并长期执政的党、已经从受到外部封锁和实行计划经济条件下领导国家建设的党成为对外开放和发展社会主义市场经济条件下领导国家建设的党。历史和现实都表明，执政党的建设和管理比没有执政的党要艰难得多，在对外开放和发展社会主义市场经济条件下建设党比在封闭半封闭和计划经济条件下建设党所面临的情况要复杂得多。二是从党员数量看，从新中国成立之初的400多万，发展到改革开放之初的3600多万，到现在已达7700多万，有基层党组织370多万个，是世界上党员数量最多的特大型政党，落实党要管党、从严治党的任务比过去任何时候都更为繁重和紧迫。三是从党员队伍构成看，过去大多数党员是搞革命出身、久经考验，现在近74%的党员是改革开放以后入党的，大多数党员文化程度高，但相对来讲经受的实践锻炼和党性锻炼不够，经受严峻环境下的风险考验和困难挑战不多。少数党员干部党性不强、作风不实、纪律观念淡薄，很容易走上违纪违法的道路。

从以上分析可以看出，我们党面临的执政考验、改革开放考验、市场经济考验、外部环境考验是长期的、复杂的、严峻的，提高党的领导水平和执政水平、提高拒腐防变和抵御风险能力是我们党迫切需要解决的两大历史性课题。在国际和国内、历史和现实、经济和社会、党内和党外各种因素综合作用下，在相当长的一个时期内，反腐败仍将是有利条件与不利因素并存、成效明显与问题突出并存、防治力度不断加大与腐败现象易发多发并存、群众对反腐败期望值不断提高与腐败现象短期内难以根治并存的复杂局面。因此，从客观上分析，反腐败必将是一个长期、复杂、艰巨的过程。而从主观方面看，胡锦涛总书记指出，反腐倡廉建设仍然存在薄弱环节，"一些地方和单位管理失之于软、失之于宽，教育不够扎实，制度不够健全，监督不够得力，预防不够有效，应该严厉惩处的没有严厉惩处，好人主义盛行，有的甚至包庇腐败和犯罪"。从纪检监察机关自身来讲，对反腐倡廉建设规律的认识和把握还不够深入，应对新情况新问题的措施和办法还不多，工作机制和工作能力还不完全适应反腐败斗争的需要。

各级纪检监察机关一定要深刻认识反腐败斗争的长期性、复杂性、艰巨性，居安思危，增强忧患意识，既要树立长期作战的思想，把反腐败贯穿于改革开放全过程，又要充分认识肩负的重要使命，切实增强责任感紧迫感，以更加坚定的信心、更加坚决的态度、更加有力的措施、更加扎实的工作，坚定不移地把党风廉政建设和反腐败斗争推向前进。

三、从党和国家工作大局出发，进一步做好当前和今后一个时期的纪检监察工作

纪检监察工作是党和国家工作的重要组成部分，政治性、政策性都很强。我们必须着眼于继续解放思想、坚持改革开放、推动科学发展、促进社会和谐，深入开展党风廉政建设和反腐败斗争，确保党的路线方针政策和重大决策部署的贯彻落实，为实现全面建设小康社会奋斗目标提供坚强保证。

（一）深入贯彻落实科学发展观、加快经济发展方式转变是全党一项紧迫而重大的战略任务，确保中央重大决策部署的贯彻落实是当前纪检监察机关的首要任务。科学发展观是我国经济社会发展的重要指导方针，是发展中国特色社会主义必须坚持和贯彻的重大战略思想。加快经济发展方式转变是深入贯彻落实科学发展观的迫切要求。在全球需求结构经历重大调整的情况下，我国经济增长高度依赖国际市场、对外贸易顺差偏大、投资率偏高、消费率偏低的格局难以持续，迫切要求加快经济发展方式转变，提高我国经济抵御国际市场风险能力。由于经济发展方式粗放和结构性矛盾突出，我国单位国内生产总值能耗明显高于发达国家水平和世界平均水平，大量资源消耗和温室气体排放成为制约我国经济发展的主要瓶颈，也使我国发展面临很大国际压力，迫切要求加快经济发展方式转变，提高可持续发展能力。在我国经济持续较快增长过程中，收入分配不合理问题凸显，城乡居民和不同社会群体收入差距存在扩大趋势，由此引发了大量社会矛盾，迫切要求加快经济发展方式转变，实现国民收入分配合理化，促进社会和谐稳定。国际金融危机对我国经济的冲击表面上是对经济增长速度的冲击，实质上是对经济发展方式的冲击，转变经济发展方式已刻不容缓。党的十七大提出了加快转变经济发展方式的战略任务，强调要促进经济增长由主要依靠投资、出口拉动向依靠消费、投资、出口协调拉动转变，由主要依靠第二产业带动向依靠第一、第二、第三产业协同带动转变，由主要依靠增加物质资源消耗向主要依靠科技进步、劳动者素质提高、管理创新转变。去年底召开的中央经济工作会议、今年中央举办的省部级主要领导干部专题研讨班以及全国“两会”，也对加快经济发展方式转变作出了具体部署。中央要求全党见事早、行动快、积极应对，在经济发展中调结构、上水平，实现经济又好又快发展。纪检监察机关要紧紧围绕中央确定的主攻方向和重点内容，积极协助党委、政府加强对转变经济发展方式决策部署贯彻落实情况的监督检查，针对党员干部思想观念、纪律作风等方面存在的突出问题明确纪律要求，针对政策落实过程中出现的倾向性问题加强督促整改，针对容易滋生腐败的部位和环节制定防治措施，着力消除影响科学发展的体制机制障碍，推动经济发展方式转变取得扎扎实实的成效。

（二）坚持以人为本、保障和改善民生是经济社会发展的首要目标，维护人民群众根本利益是我们党和纪检监察机关的根本职责。民生连着民心，民心关系全局。这些年来，我们在发展经济的同时、更加重视发展社会事业和改善民生。比如，取消农业税、结束2000多年种田交税的历史，实行真正免费的义务教育并大幅度增加教育支出，稳步推进医药卫生事业改革发展，加快完善社会保障体系，实施标准更高的扶贫开发政策等，这些都是我国经济社会发展中具有重要影响的大事。但也要看到，就业、分配、教育、社保、医疗、安全稳定仍是当前需要解决的6大基本民生问题。比如，城镇每年劳动力供大于求约1200万人，农村富余劳动力1.5亿人，就业是改善民生的头等大事。再比如，收入差距过大，看病贵、上学难、买房贵，成为近年来广大中低收入群体呼声最为强烈的问题。为此，中央把保障和改善民生放在更加突出的位置，投入了大量的财力物力。纪检监察机关要增强宗旨意识、大局意识和责任意识，认真学习、把握、紧跟中央精神，积极适应人民群众的新期待，着眼于维护最广大人民的根本利益，加强对中央关于保障和改善民生政策措施落实情况的监督检查，会同有关部门认真解决征地拆迁、食品药品安全、环境保护、安全生产、劳动争议、涉法涉诉以及就业、分配、教育、社保、医疗、住房等方面损害群众利益的突出问题，扎实推进农村基层党风廉政建设，健全党和政府主导的维护群众权益机制，确保群众得到看得见、摸得着的实惠，努力营造和谐稳定的发展环境。

（三）加强党的作风建设是提高党的执政能力、保持和发展党的先进性的必然要求，协助

党委抓好党风是纪律检查机关的重要任务。党的作风状况是衡量一个政党是否具有较高执政能力、能否始终保持先进性的重要标志。党的十六大以来，胡锦涛总书记先后三次在中央纪委全会上就加强党的作风建设发表重要讲话，提出大兴求真务实之风，大力倡导八个方面良好风气，加强党性修养、树立和弘扬良好作风。党的十七届四中全会提出，要以“四个大兴”为重点，下大气力解决党的作风方面存在的突出问题，为夺取全面建设小康社会新胜利提供重要保障。面对复杂多变的国际形势，面对国内改革发展稳定的繁重任务，加强党的作风建设对于我们党完成肩负的历史使命至关重要。各级纪律检查机关要切实承担起协助党委抓党风的重要职责，把加强党的作风建设摆在重要位置，加大对党政机关和领导干部作风方面突出问题的整顿力度，努力营造风清气正的发展环境。要大兴密切联系群众之风，引导广大党员干部拿出更多时间和精力深入基层、深入群众，为基层排忧解难，为群众办事谋利。要大兴求真务实之风，督促广大党员干部牢固树立正确的事业观、工作观、政绩观，真正把心思用到干事业上，把精力放到抓落实上。要大兴艰苦奋斗之风，引导广大党员干部牢记“两个务必”，严格执行中央关于党政机关厉行节约的规定。要大兴批评和自我批评之风，切实增强党内生活的原则性和有效性。要协助党委完善工作机制，把作风建设情况纳入党风廉政建设责任制考核范围，推动作风建设深入开展。

（四）建立健全惩治和预防腐败体系是全党的一项重大任务，纪检监察机关要全力以赴加快推进惩治和预防腐败体系建设。完善惩治和预防腐败体系任务重要而紧迫，必须在党委的统一领导下，集中全党全社会的力量共同完成。各级纪检监察机关要把加快推进惩治和预防腐败体系建设作为工作的重中之重，切实抓紧抓好。胡锦涛总书记在十七届中央纪委第五次全会上要求加快建立《实施纲要》所确定的各项制度，加快构建惩治和预防腐败体系基本框架，抓住了体系建设的关键和要害，为我们指明了努力方向。当前和今后一个时期，要紧紧围绕全党全国工作大局，全面坚持反腐倡廉方针，以深化改革和制度创新为重点，以制约和监督权力为核心，以重点领域和关键环节为突破口，着力抓好教育、制度、监督、改革、纠风、惩治各项工作，加快构建惩治和预防腐败体系基本框架，为推动经济社会又好又快发展提供坚强保证。一是要深化改革和制度创新。这是完善惩治和预防腐败体系的工作重点。如果把惩治和预防腐败体系比喻为一座高楼大厦，那么制度就是这座高楼大厦的钢筋结构，没有制度，惩治和预防腐败体系这个大厦就建不起来。要抓紧制定《工作规划》确定的各项制度，抓好教育、监督、预防、惩治四个方面制度建设。要积极推进廉政风险防控机制建设，形成以积极防范为核心、以强化管理为手段的科学防控机制。要进一步深化行政审批、财政管理、干部人事制度等各项改革，完善权、钱、人等方面管理制度，最大限度减少体制障碍和制度漏洞。要及时总结基层的创新成果和经验，把那些经过实践检验、比较成熟的做法以法规制度的形式固定下来、坚持下去。二是要强化权力的制约和监督。以加强领导干部特别是主要领导干部监督为重点，建立健全决策权、执行权、监督权既相互制约又相互协调的权力结构和运行机制，推进权力运行程序化和公开透明。认真落实党内监督条例，严格执行领导干部述职述廉、诫勉谈话、函询、质询、罢免或撤换等制度，加强巡视工作，积极推进党务公开。深入总结近几年开展监督检查的成功经验，抓紧健全对中央重大决策部署执行情况定期检查和专项督查制度、纪律保障机制。三是要加强对重点领域和关键环节的专项治理。继续抓好商业贿赂、工程建设领域突出问题和“小金库”专项治理，加快建立健全公开透明、全国统一的以道德为基础、以制度为保障、以技术为支撑的诚信体系。研究开展对土地、矿产资源管理等领域突出问题的专项治理，一项一项抓落实，积小胜为大胜，带动全局工作的开展。四是要坚持与时俱进。惩治和预防腐败体系不是封闭的而是开放的，不是停滞的而是发展的。要用新的理念、新的视角去审视、判断和分析体系建设中出现的矛盾和问题，不断研究新情况、充实新内容、解决新问题。对2012年以后的体系建设，要进行总体的、系统的考虑和安排，使惩治和预防腐败体系更好更快地建立起来。

（五）坚持党要管党、从严治党的方针，严肃查处违纪违法案件。改革开放越深入，越要坚持党要管党、从严治党，越要加强党风廉政建设，严肃查处违纪违法案件，以反腐倡廉的实际成效取信于民。严肃查处违纪违法案件是各级纪检监察机关最基本的职责、最基础的工作、最有效的监督。因此，要把查办案件工作放在更加重要的位置，抓得紧而又紧，决不能有丝毫放松。一是要在党中央和地方各级党委领导下，始终站在政治和全局的高度，牢牢把握以经济建设为中心，坚持从严治党、坚决惩治腐败、促进科学发展、维护社会稳定的原则，注重案件查办的社会影响和实际效果。二是要突出查办案件工作重点，严肃查处发生在领导机关和领导干部中滥用职权、贪污贿赂、腐化堕落、失职渎职案件，严肃查处重点领域和关键环节的违纪违法案件，严肃查处商业贿赂案件和严重侵害群众利益案件，严肃查处群体性事件和重大责任事故背后的腐败案件。三是要坚持正确的政策和策略，积极稳妥地开展查办案件工作。既要严格执行党的纪律，维护纪律的严肃性，又要准确把握政策界限，做到宽严相济、区别对待，争取最佳效果；既要依纪依法严惩腐败分子，又要坚持惩前毖后、治病救人，最大限度地教育和挽救干部。四是要坚持实事求是，严格依纪依法、安全文明办案。严格执行中央纪委《关于进一步加强党的纪律检查机关办案安全工作的意见》，严格履行审批程序，少用、慎用“两规”措施，切实保障被调查人员的合法权益。五是要坚持反腐败领导体制和工作机制。对本地区有影响的重要案件，要及时向党委和上级纪委报告，纪委书记要亲自领导、靠前指挥。要加强对下级纪检监察机关办案工作的指导，建立健全重大案件督导督办机制。要发挥好各级反腐败协调小组的作用，加强与执纪执法机关的协调配合，形成查办案件合力。

（六）进一步加强纪检监察机关自身建设、不断提高纪检监察干部队伍素质是一项根本建设和长期任务。对我们这支队伍，党中央和地方各级党委高度信任，人民群众寄予厚望。胡锦涛总书记在每年中央纪委全会上都对纪检监察干部队伍建设提出明确要求，中央纪委监察部在加强纪检监察机关自身建设方面采取了一系列措施，扎实开展深入学习实践科学发展观活动和“做党的忠诚卫士、当群众的贴心人”主题实践活动，在加强地方县级纪检监察机关建设、改进派驻机构工作、加强中央企业和金融机构纪检监察组织建设等方面取得了重要进展。最近，又印发了《关于进一步加强和改进纪检监察干部队伍建设的若干意见》。各级纪检监察机关要以贯彻落实《意见》为契机，切实加强学习型纪检监察机关建设，组织纪检监察干部深入学习中国特色社会主义理论体系，学习党的路线方针政策和国家法律法规，刻苦钻研纪检监察业务知识，努力掌握做好工作必需的各方面知识，不断提高政策理论水平和业务工作能力。要坚持德才兼备、以德为先，严把选人用人关，把政治上靠得住、工作上有本事、作风上过得硬、人民群众信得过的干部选拔到纪检监察岗位上来。要教育和引导广大纪检监察干部加强党性锻炼和党性修养，自觉做到讲党性、重品行、作表率；牢记使命，忠实履行党章赋予的职责，刚正不阿，不徇私情，敢于碰硬，坚决同各种消极腐败现象作斗争，坚决维护党的纪律的严肃性。要始终将纪委工作置于同级党委领导之下、纳入党委的统一部署，为党委出好主意、当好参谋。要牢固树立监督意识，自觉接受党组织和人民群众的监督。

目前，全国有333个市（地、州、盟），有纪检监察干部7.36万人，约占全国纪检监察干部总数的20%。市级纪检监察机关在纪检监察系统中处于承上启下的重要位置，在反腐倡廉建设中发挥着特殊而重要的作用，既要贯彻落实中央和省（区、市）党委、政府关于反腐倡廉的决策部署，又要加强对基层工作的指导和督促，工作任务相当繁重。市级纪委书记是市级纪检监察机关的主要负责人，承担着团结带领班子成员和纪检监察干部推动反腐倡廉建设的重任，一方面要学习好、领会好、贯彻好中央和省（区、市）党委、政府关于反腐倡廉的决策部署，另一方面要紧密结合本地实际，创造性地开展工作。要善于学习、加强协调，坚持原则、讲求方法，求真务实、开拓创新，以良好的精神状态完成好党和人民交给的任务。

（此文是中共中央书记处书记、中央纪委常务副书记何勇2010年6月18日的讲话）

认真学习贯彻新修订的行政监察法 进一步提高履行行政监察职责的能力

马　驭

2010年6月25日，全国人大常委会作出了关于修改行政监察法的决定。新修订的行政监察法完善了行政监察工作原则、进一步明确了监察机关职责、适当扩大了行政监察对象范围、完善了举报制度和加大了对举报人保护力度、提出了依法公开监察工作信息的要求。各级纪检监察机关要认真学习贯彻新修订的行政监察法，牢固树立依法行政的理念，不断提高依法监察的能力，通过执法、廉政、效能监察和推动政务公开、纠风等项工作，全面履行法定职责，深入推进政府系统廉政勤政和依法行政，在保证中央重大决策部署贯彻落实、构建惩治和预防腐败体系、促进经济社会平稳较快发展等方面发挥更为重要的作用。

认真学习领会新修订的行政监察法，切实抓好贯彻实施工作

总的来看，这次修改行政监察法具有以下几个亮点：

一是完善了行政监察工作的原则，强调“监督检查与制度建设相结合”，体现了党和政府对加强反腐倡廉制度建设的高度重视。

二是进一步明确了监察机关的职责，一方面规定“监察机关对监察对象执法、廉政、效能情况进行监察”，通过法律确定了执法监察、廉政监察、效能监察的提法；另一方面增加了“监察机关按照国务院的规定，组织协调、检查指导政务公开工作和纠正损害群众利益的不正之风工作”，使监察机关开展政务公开和纠风工作有了法律依据。

三是适当扩大了行政监察对象的范围，除包括国家行政机关及其公务员外，将《行政监察法实施条例》关于行政监察对象的规定上升为法律，并将“工勤人员以外的工作人员”修改为“从事公务的人员”。这样，由以身份划分行政监察对象，改为以是否从事公务活动来划分，无论是工作人员、工勤人员，还是借调人员、聘用人员，只要从事公务活动，都属于监察对象。这样确定监察对象，更加符合当前的实际。

四是完善了举报制度，将举报主体扩大为“公民、法人或者其他组织”，有利于畅通举报渠道；规范了监察机关受理和办理举报的程序，有利于督促监察机关及时负责地办理举报事项；要求对举报事项、举报受理情况以及举报人

信息予以保密，并严肃处理泄密行为，有利于保护举报人。

五是增加了提出监察建议的两种情形，即“需要给予责令公开道歉、停职检查、引咎辞职、责令辞职、免职等问责处理的”和“需要完善廉政、勤政制度的”情形，既与贯彻执行《关于实行党政领导干部问责的暂行规定》相衔接，也体现了完善制度、从源头上防治腐败的现实需要。

六是提出了监察工作信息公开的要求，把监察机关依法公开监察工作信息作为一项法定义务确定下来。

行政监察法修改的内容，体现了中央和人民群众对行政监察工作的期望，反映了形势发展对行政监察工作的新要求。各级监察机关要把学习贯彻新修订的行政监察法作为一项重要任务，采取有力措施，切实抓紧抓好。要加大宣传力度，认真组织学习和培训，进一步提高依法履职的理念和能力。要根据行政监察法修订的内容，完善有关配套制度，重点完善举报制度，进一步加强对举报人的保护。要健全纠风和政务公开工作制度和工作机制，不断提高工作水平。要积极推行监察工作信息公开，主动接受监督。

适应形势发展的需要，依法全面履行行政监察职责

党的十七大以来，我国经济社会发展经受了历史罕见的重大挑战和考验。各级纪检监察机关紧紧围绕中心、服务大局，在全面履行纪检监察两项职能的同时，充分发挥行政监察职能作用，着力推进政府系统廉政勤政、依法行政，具有以下几个特点：

一是监察工作与党和国家中心任务更贴近。如，各级监察机关会同有关部门，对中央关于扩大内需、抗震救灾政策措施执行情况进行了监督检查，保证了中央政令畅通，防范了重大违纪问题的发生。

二是监察工作涉及领域更广阔。如，开展治理工程建设领域突出问题工作，涉及政府近20个部门的业务和工程建设的所有重要环节；对全国评比达标表彰项目进行清理，关系党风政风、涉及各个领域，撤销率达到97.54%；正在开展的对庆典、论坛、研讨会清理整顿也涉及方方面面。

三是监察工作内容不断深化。如，监察部牵头对国务院各部门的审批事项进行第五轮清理，前不久报国务院批准撤销和调整了184项审批事项；政务公开和政务服务进一步深化，成为各级政府施政的一项基本原则；国有企业防治腐败工作扎实推进。

四是行政监察法律法规制度不断完善。组织完成修订《行政监察法》有关工作；制定实施了《关于实行党政领导干部问责的暂行规定》，在全国推行行政问责制；会同有关部门制定了16部政纪处分的规章和文件，使维护行政纪律更有针对性。总的看，在党中央、国务院和中央纪委以及地方各级党委、政府的领导下，行政监察工作取得了明显的成效，在保证中央重大决策部署贯彻落实、构建惩治和预防腐败体系、促进经济社会平稳较快发展等方面发挥了重要作用。

当前，我国正处在改革发展的关键时期，工业化、城镇化、信息化、市场化、国际化进程全面推进，经济体制深刻变革、社会结构深刻变动、利益格局深刻调整、思想观念深刻变化，应对复杂的国际国内形势、全面建设小康社会的任务十分艰巨繁重。新的形势对行政监察工作提出了新的更高要求。我们要以学习贯彻新修订的行政监察法为契机，全面履行行政监察职能，深入推进执法监察、廉政监察、效能监察和纠风等各项工作。

第一，进一步加强执法监察，确保中央政令畅通。中央高度重视重大决策部署和法律法规执行情况监督检查工作。胡锦涛总书记、温家宝总理近两年在重要讲话、指示和批示中，对扩大内需政策落实检查和汶川抗震救灾监督检查工作提出明确要求的有20多次，贺国强、何勇

同志也多次发表重要讲话作出具体部署。近期，国务院在部署医疗体制改革、节能减排、稳定房价等重大任务时，明确提出监察机关要加强监督检查，加大问责力度。这就要求我们必须把保证中央决策部署的贯彻落实作为首要任务，深入开展执法监察。要继续抓好对扩大内需、调整结构以及“十一五”节能减排目标落实、抑制高房价和房地产市场调控等政策措施执行情况的监督检查，抓好对规划、土地、环保、安全生产等法律法规、政策规定执行情况的检查，确保贯彻落实到位。基层监察机关要重点加强对促进农村改革发展、强农惠农等政策措施落实情况的检查，确保农民群众真正得到实惠。要把监督检查与专项治理、查办案件、行政问责有机结合起来，与推动防治腐败制度建设紧密结合起来，进一步提高监督检查的综合效果。

第二，进一步加强廉政监察，深入推进政府系统惩防体系建设。国务院高度重视政府系统惩防体系建设，政府工作报告每年都对廉政建设提出要求，国务院廉政工作会议每年都对廉政建设作出全面部署。这就要求我们必须把加强政府系统惩防体系建设摆在更加突出的位置，认真落实《工作规划》部署的任务，切实加强廉政建设。一是坚决查处各种违纪违法案件。既要重点查处领导机关和领导干部的案件，又要严肃查处基层严重侵害群众利益的案件；既要查处党政机关的案件，又要查处国有企业的案件；既要查处以权谋私、贪污贿赂案件，又要查处失职渎职、违反行政纪律的案件。二是扎实推进工程建设领域突出问题专项治理工作，这项工作集政府投资体制改革、教育、制度、监督于一体，综合性、业务性、政策性很强，在对发现的问题进行督促整改的同时，要在加强制度建设、建立健全政府投资项目监管长效机制上下功夫，力争通过两年左右时间的集中治理取得更大成效。三是深化政务公开和政务服务，督促政府部门对现有权力进行梳理和风险评估，逐一查找重点岗位和关键环节的廉政风险点，完善并对外公布行政权力运行程序。加大政府信息公开力度，提高政务服务大厅建设水平，促进公共企事业单位办事公开，方便群众办事和监督。四是加大预防腐败力度，积极探索中介组织、社会领域预防腐败工作。

第三，进一步加强纠风工作，切实解决损害群众利益的突出问题。群众利益无小事，能否维护好、发展好群众利益直接关系党的执政基础，关系社会和谐稳定。新修订的《行政监察法》，把纠风列为监察机关的职责，为深入推进纠风工作提供了明确的法律依据。这就要求我们必须把维护群众利益作为监察工作的着力点和落脚点，加大纠风工作力度，切实解决群众反映强烈的突出问题。越是基层监察机关，越要把工作重心放在解决损害群众利益的突出问题上。要会同和督促有关部门重点抓好以下工作：一是对教育、医疗、食品药品安全、环保、涉农等民生领域长期存在的突出问题，要以改革为推动力，采取更加有力、有效的措施进行治理，抓紧建立健全监管长效机制，最大限度地从根本上解决问题。二是清理涉企收费和各种摊派，减轻企业不合理负担，增强企业的活力和竞争力。三是大幅度减少各类庆典、论坛、研讨会等活动，巩固治理公款出国（境）旅游的成果。

第四，进一步加强效能监察，深入推进政府绩效管理和行政问责工作。温总理对绩效管理和行政问责工作高度重视、多次强调，国务院明确要求监察部牵头抓好这项工作。不久前，在中央国家机关编制控制十分严格的情况下，中编办专门批准监察部新增20个行政编制、成立绩效管理监察室，统一组织协调全国的绩效管理、效能监察、行政问责、行政审批制度改革工作。这就要求我们必须把推进绩效管理监察和行政问责作为抓手，促进政府机关改进作风，加强行政管理，提高行政效能。要严格落实党政领导干部问责制，尽快出台实施意见或办法，加大行政问责力度，通过问责促使行政机关及其公务员增强责任意识，正确履行职责。要深入推进行政审批制度改革，进一步减少审批事项，规范审批程序。要加强政风建设，降低行政成本，继续清理评比达标表彰活动，深入治理"小金库"，坚决制止违规修建楼堂馆所、发放津贴补贴、配备使用小汽车等行为。

切实加强自身建设

加强自身建设是做好行政监察工作的前提和基础，是各级监察机关必须坚持抓好的一项长期任务。贺国强、何勇同志高度重视纪检监察队伍建设，多次作出指示和批示。4月19日，中央纪委监察部印发了《关于进一步加强和改进纪检监察干部队伍建设的若干意见》。各级纪检监察机关要进一步加大自身建设的力度，不断提升工作能力和水平。

（一）进一步提高服务大局能力。要牢固树立大局意识，想党委、政府所想，急党委、政府所急，围绕党委、政府每个时期的中心任务和重点工作，找准服务大局的切入点和结合点，认真解决行政机关及其工作人员廉政勤政、依法行政方面妨碍改革和发展的突出问题，为促进地方经济社会发展提供纪律保证。要立足反腐倡廉建设全局，充分发挥行政监察职能作用，推动政府机关把防治腐败的要求融入行政执法、行政审批、行政监管等各项业务之中，加快建设惩治和预防腐败体系。要从维护和谐稳定大局的高度，认真做好纠风和信访工作，着力解决损害群众利益的突出问题。要以改革创新的精神，积极探索围绕中心、服务大局的新思路和新途径，努力提高监察工作的政治效果、经济效果、社会效果和法纪效果。

（二）进一步提高依法履职能力。近年来，各地普遍反映，政府要求监察机关参加的会议和活动多、专项检查多，监察机关人少事多的矛盾十分突出。面对这种状况，我们必须进一步提高依法监察意识，把握好监察机关的职能定位。对上级纪检监察机关和本级党委、政府交办的任务，要坚决贯彻执行，结合地方实际，综合运用直接办理、组织协调、督促检查等方式，确保任务完成。对本级政府其他部门要求监察机关参与的工作，要有选择地参加，做好监察机关职责范围内的事情，包括督促监察对象正确履行职责、受理群众举报、查处违纪违法案件、实行行政问责等，努力做到不缺位、不越位、不错位。监察部将控制与其他部委联合发文，确需联合发文的，要明确监察机关参与的任务与方式。

（三）进一步提高组织协调能力。当前，由监察机关牵头的一些重大反腐倡廉工作和监督检查任务，往往涉及多个政府部门，必须加强组织协调，充分调动有关部门的积极性、主动性，发挥职能优势，形成工作合力。要会同有关部门研究提出有效的工作思路和对策，进行任务分解，落实工作责任，做到各司其职，各负其责。要建立健全工作机制，使各个部门的工作、工作中的各个环节紧密衔接，有机配合。要加强督促检查，及时发现和纠正工作中出现的问题，确保工作目标顺利实现。同时，还要健全纪检监察机关内部协调机制，科学调配和使用力量，提高工作效率和质量。

（四）进一步提高办案能力。既要坚持原则，敢于碰硬，坚决查办违纪违法问题，提高突破案件能力，又要坚持依纪依法、安全文明办案，严格按照规定少用、慎用"两指"措施，保障被调查人的合法权利。既要集中精力查办大案要案，又要注重对典型案件的剖析，充分发挥办案的治本和源头防腐作用。同时，要加强办案队伍建设，强化对办案人员的业务培训和实践锻炼，加强办案纪律和保密纪律，坚决杜绝失泄密问题发生。

（五）进一步提高内部监督制约能力。监察机关办案、执法监察、纠风、绩效监察、行政问责等权力很大，执法执纪环境复杂，面临考验，必须加强自身权力的监督制约。一是要认真梳理、查找监察工作中的廉政风险点，在机关内部建立起一套管用的监控制度，切实加强对执法监察、纠风、绩效监察和执纪办案人员的监督管理，严密工作程序，防范廉政风险。二是加强廉洁自律教育，带头遵守《党员领导干部廉洁从政若干准则》。三是树立被监督的意识，随着监察信息公开的推进，工作的透明度提高了，要主动接受群众监督，接受社会和新闻舆论的监督。四是加强机关作风建设，大力推进学习型、服务型机关建设，加大治懒治庸力度，切实解决少数干部责任心不强、作风漂浮散漫、对群众简单生硬等问题。

（此文是中央纪委副书记、监察部部长马驭2010年7月16日在部分市地州监察局长座谈会上的讲话摘要）

进一步提高反腐倡廉建设科学化水平

张惠新

党的十七届四中全会提出了“提高党的建设科学化水平”这一重大命题和重大任务。落实四中全会精神，结合当前深入开展创先争优活动，中央纪委明确提出，要提高反腐倡廉建设科学化水平。各级纪检监察机关要充分认识提高反腐倡廉建设科学化水平的重要性和紧迫性，积极探索推动反腐倡廉建设科学发展的途径和方法，进一步提高科学防治腐败的能力和水平，为促进经济社会和党的建设科学发展提供有力保证。

一、提高反腐倡廉建设科学化水平意义重大

反腐倡廉建设是党的建设的重要组成部分。提高反腐倡廉建设科学化水平，对于深入开展党风廉政建设和反腐败斗争，全面推进党的建设新的伟大工程，推进中国特色社会主义事业，具有十分重要的意义。

提高反腐倡廉建设科学化水平是适应我国经济社会科学发展的现实需要。认真履行监督检查职责，推动科学发展重大决策部署的贯彻落实，是纪检监察机关承担的一项重要工作。科学有效地开展监督检查，有利于促进党员干部树立大局意识、表率意识，增强贯彻落实科学发展观的自觉性和坚定性；有利于促进党员干部严格遵守党的政治纪律，把中央关于推动经济社会科学发展的重大决策部署落到实处；有利于促进党员干部增强党性修养、树立和弘扬良好作风，以更加务实的态度带领人民群众走科学发展的道路。我们必须适应新形势新任务新要求，更加自觉地推进反腐倡廉建设科学化，努力使反腐倡廉各项工作适应时代发展要求，为经济社会科学发展创造更加良好的环境。

提高反腐倡廉建设科学化水平是推进党的建设科学发展的重要内容。反腐倡廉建设是党的建设的一项基本内容，推进反腐倡廉建设科学化，既是提高党的建设科学化水平的题中应有之义，又为党的思想、组织、作风、制度建设科学发展提供有力保障。通过建立拒腐防变教育长效机制，有利于促使党员干部坚定理想信念，更好地促进党的思想建设科学发展；通过健全促进科学发展的领导班子和领导干部考核评价机制，建立和完善党员干部选拔任用的决策机制和民主选举制度，有利于建设团结奋进的领导班子和高素质党员干部队伍，防止选人用人上的腐败，更好地促进党的组织建设科学发展；通过严格执行党风廉政建设责任制，完善相关制度，有利于党员干部保持奋发进取的精神和清正廉洁的作风，更好地促进党的作风建设科学发展；通过建立健全惩治和预防腐败体系，有利于健全以民主集中制为核心的党内各项制度，更好地促进党的制度建设科学发展。我们

必须从推进党的建设科学发展的全局高度，深刻认识提高反腐倡廉建设科学化水平的重要性和紧迫性，坚定不移地推进反腐倡廉建设科学发展，为全面推进党的建设新的伟大工程提供有力保证。

提高反腐倡廉建设科学化水平是深入推进党风廉政建设和反腐败斗争的迫切要求。改革开放以来，我们党把坚决惩治和有效预防腐败作为重大政治任务来抓，党风廉政建设和反腐败斗争方向更加明确、思路更加清晰、措施更加有力，总体呈现良好的发展态势。同时我们也必须看到，当前，腐败现象在一些部门和领域易发多发的状况仍未改变，反腐倡廉建设形势依然严峻，任务依然繁重。造成腐败现象易发多发的原因很多，其中一个重要原因就是反腐倡廉工作还存在一些薄弱环节，在理念、思路、制度、方法等方面还存在一些不适应、不符合科学发展观要求的问题，影响了党风廉政建设和反腐败斗争的深入开展。随着反腐败斗争力度的持续加大，反腐倡廉工作领域越来越广，专业化程度越来越高，对纪检监察干部队伍素质和能力的要求也越来越高。我们必须适应形势发展需要，切实改变那些不适应、不符合科学发展观要求的思想观念、体制机制、工作方法，进一步推动党风廉政建设和反腐败斗争科学发展。

二、提高反腐倡廉建设科学化水平要处理好几个关系

反腐倡廉建设科学化的根本，是深入贯彻落实科学发展观，用科学发展观所体现的马克思主义的立场、观点、方法来谋划、部署和推进反腐倡廉建设各项工作。我们党确立标本兼治、综合治理、惩防并举、注重预防的方针，扎实推进惩治和预防腐败体系建设，拓展从源头上防治腐败工作领域，走出了一条中国特色反腐倡廉道路，这是符合科学发展观要求的。当前，进一步提高反腐倡廉建设科学化水平，就要从理论和实践的结合上，深入分析和研究反腐倡廉建设中遇到的新情况新问题，深刻认识和正确把握反腐倡廉建设规律，特别是要正确把握影响反腐倡廉建设科学发展的重大关系。

正确把握反腐倡廉建设与党和国家工作大局的关系。长期以来，各级纪检监察机关坚持围绕中心、服务大局，自觉把反腐倡廉工作放到党和国家工作大局中去谋划，加强对中央关于推动经济社会发展重大决策部署执行情况的监督检查，为科学发展提供了有力保证。实践证明，反腐倡廉建设只有放在党和国家工作全局中来把握，才能实现与经济社会发展的良性互动。我们要进一步增强大局意识、中心意识和服务意识，自觉把反腐倡廉建设融入经济、政治、文化、社会建设和党的建设之中，找准切入点和突破口，更好地服从和服务大局，为经济社会科学发展营造良好环境和氛围。

正确把握惩治和预防的关系。惩治和预防是反腐倡廉建设相辅相成、相互促进的两个方面。大量事实表明，重查不重防，势必导致案件查不胜查、查而复生；重防不重查，也会造成防而不治、防不胜防。只有坚决惩治腐败才能为有效预防腐败创造条件，只有有效预防腐败才能巩固惩治成果。我们既要严肃查处违纪违法案件、惩治于已然，更要加大预防腐败工作力度、防患于未然，切实做到两手抓、两手都要硬，统筹推进惩治和预防腐败体系建设，增强反腐倡廉建设的整体性和协调性。

正确把握继承和创新的关系。推进反腐倡廉建设科学发展，既要坚持已被实践证明行之有效的思路、措施和办法；又要认真总结新的经验，用建设性的思路、举措、方法推进反腐倡廉建设创新发展。要及时发现反腐倡廉工作中出现的新情况新问题，善于把实践经验加以提炼，上升为理论，再通过理论创新来促进实践创新。要注意了解掌握改革发展稳定中出现的新情况新问题，进而创新工作思路，制定政策措施，完善工作机制，使各项工作得以稳步推进。要认真总结基层的创新成果和经验，及时加以宣传推广，不断开创反腐倡廉建设科学发展的新局面。

正确把握当前工作和长远任务的关系。推进反腐倡廉建设科学发展，一方面，要立足当前，严肃查处一批违纪违法案件，认真解决一批涉及领导干部廉洁自律的突出问题，坚决纠正一批损害群众利益的不正之风，研究制定一批反腐败和廉政建设法规制度，扎实推进一批改革措施，努力遏制消极腐败现象易发多发的势头；另一方面，要着眼长远，坚持战略上长远规划，战术上分步实施，认真研究和着力解决反腐倡廉建设面临的深层次矛盾，积极推进改革和制度创新，着力建立长效工作机制，尤其要重点抓好《建立健全惩治和预防腐败体系2008—2012年工作规划》的贯彻落实，不断把反腐倡廉建设引向深入。

三、着力提高科学防治腐败的能力和水平

提高反腐倡廉建设科学化水平，是深入推进党风廉政建设和反腐败斗争的一项重大而紧迫的任务。我们要深入贯彻落实科学发展观，准确把握和自觉运用反腐倡廉建设规律，认清形势，明确重点，积极探索制约和监督权力的有效措施，不断创新手段和方法，着力提高科学防治腐败的能力和水平。

进一步科学分析和判断反腐倡廉形势。经过深入调查分析，我们对当前反腐倡廉形势有两个新的判断：第一个判断是，当前和今后一个时期，腐败现象正处于从有所遏制向全面遏制过渡的重要阶段；第二个判断是，随着我国社会主义市场经济体制的逐步健全，社会主义民主政治的发展和法律制度体系的逐步完备，特别是惩治和预防腐败体系积极作用的日益发挥，以及其他方方面面的工作逐步见到成效，我国经济社会中诱发腐败的因素将逐步减少。我们既要看到经过长期艰苦的努力，反腐倡廉建设已经取得的显著成效，也要清醒地看到反腐倡廉建设面临的艰巨任务；既要对反腐败斗争取得胜利充满信心，又不能急于求成，一定要以求真务实的态度扎扎实实地做好当前的工作。

进一步突出惩治和预防腐败体系建设这个重点，抓住制约和监督权力这个核心。推进惩治和预防腐败体系建设，在反腐倡廉建设中具有基础性、全局性、战略性地位。强化对权力的制约和监督，是惩治和预防腐败体系建设的重中之重。要以完善惩治和预防腐败体系为重点推进反腐倡廉建设，把教育的说服力、制度的约束力、监督的制衡力、改革的推动力、纠风的矫正力和惩治的威慑力有机结合起来，增强反腐倡廉工作的整体效应。要以制约和监督权力为核心推进反腐倡廉建设，建立健全决策权、执行权、监督权既相互制约又相互协调的权力结构和运行机制，推进权力运行程序化和公开透明。要进一步拓宽党内民主渠道，落实党务公开制度，建立和完善党内情况通报、情况反映和重大决策征求意见等制度。要不断完善党内监督各项制度，重点加强对各级领导干部尤其是党政机关、国有企事业单位主要负责人的监督。要整合监督资源，拓宽监督渠道，坚持党内监督与党外监督、专门机关监督与群众监督相结合，发挥好舆论监督作用，增强监督整体合力。

进一步以科学的方法和手段推进反腐倡廉建设。要学会运用系统论、控制论以及现代评价理论与方法健全反腐倡廉制度体系自身的激励、反馈、更新和完善机制，运用心理学方法分析社会心理效应，运用定性分析与定量分析相结合的数理统计方法研判形势、把握规律。要大力推进惩治和预防腐败体系信息管理系统建设，使之成为推进惩治和预防腐败体系建设的管理平台和促进工作落实的有力抓手。充分运用信息技术创新加强党内监督的方法手段，以推进电子政务、建设阳光政府为依托，不断深化和拓展电子政务与监察系统功能，逐步把政府重大投资项目、公共资源交易、政务监督、政务信息资源共享、政府绩效评估系统等纳入监察系统。

（作者：中央纪委副书记）

进一步加强理论和实践上的探索创新 推动治理商业贿赂专项工作取得新成效

李玉赋

深入推进治理商业贿赂工作，是加快推进惩治和预防腐败体系建设、深入开展反腐败斗争的重要任务，对于维护市场经济秩序、营造公平竞争的市场环境，促进经济社会又好又快发展具有重要意义。当前，我们要坚持以邓小平理论和"三个代表"重要思想为指导，深入贯彻落实科学发展观，按照第十七届中央纪委第五次全会和国务院第三次廉政工作会议的部署和要求，继续把治理商业贿赂专项工作摆在重要位置，进一步加强治理商业贿赂理论研究工作，推动和指导治理商业贿赂工作不断取得新进展、新成效。

治理商业贿赂专项工作不断向深入推进

党中央、国务院对治理商业贿赂专项工作始终高度重视。近年来，胡锦涛总书记和温家宝总理每年都在中央纪委全会和国务院廉政工作会议上的重要讲话中对治理商业贿赂工作提出新的要求。中共中央印发的《建立健全惩治和预防腐败体系2008—2012年工作规划》强调，要深入开展治理商业贿赂工作，继续推进自查自纠和专项治理，坚决纠正不正当交易行为，规范交易活动。近年来，各地区各有关部门认真贯彻落实中央的决策和部署，加大工作力度，狠抓工作落实。特别是2008年以来，在经历四川汶川特大地震、青海玉树强烈地震、国际金融危机冲击等难以预料、历史罕见的重大挑战和考验中，各地区各有关部门坚持从党和国家工作大局出发，围绕经济社会发展的中心任务，将治理商业贿赂与扎实推进中央扩大内需促进经济增长政策落实情况的检查、开展工程建设领域突出问题专项治理工作和加强对汶川、玉树地震灾后恢复重建资金物资管理使用情况监督检查等各方面工作紧密结合起来，深入推进专项治理工作，取得了重要的阶段性成果。

不正当交易行为自查自纠成效明显。重点对公益性强、与人民群众切身利益密切相关、破坏市场经济秩序的不正当交易问题，组织工程建设、土地出让、产权交易、医药购销、政府采购、资源开发和经销等六大重点领域，以及银行信贷、证券期货、商业保险、出版发行、体育、电信、电力、质检、环保等九个方面所涉及的部门开展了自查自纠，并采取有效措施对查找出的问题进行整改。其他部门和行业也针对存在的问题，按照要求开展自查自纠和有效整改。截至目前，全国共有260多万个企业事业单位和49个行业主管（监管）部门及其系统开展了自查自纠工作，共收缴不当所得15.4亿元。通过开展自查自纠，行业管理者和经营者普遍受到了反商业贿赂教育，国家公务员正确行使权力的观念和广大经营者依法合规经营的意识有所增强，反对和抵制商业贿赂的自觉性有所提高，靠送礼行贿获得交易机会和商业利益的"潜规则"在一些地方和行业正在得到改变。

查办商业贿赂案件取得重要进展。各地区各有关部门始终将查办案件作为专项治理工作的重点来抓，严肃查处了一大批涉案金额大、危害严重、影响恶劣的商业贿赂案件，有力遏制了商业贿赂滋生蔓延的势头。各级司法机关和行政执法部门认真履行法律赋予的职责，抓住容易发生商业贿赂案件的关键环节、重点岗位及人员，以及国家机关及其工作人员利用职权和职务影响违规干预经济活动、谋取非法利益等问题，拓宽投诉举报渠道，排查案件线索，强化办案手段，依法查处违反法律法规、给予和收受财物或其他利益的商业贿赂案件，特别是国家公务员搞权钱交易、索贿受贿以及严重侵害群众利益的商业贿赂案件。2005 年 8 月至 2010 年 6 月，共查处商业贿赂案件 77973 件，涉案金额 183.9 亿元。涉及国家公务员的案件 14517 件，有 15686 人受到查处，其中厅局级干部 388 人、县处级干部 5203 人。在严肃查处受贿行为的同时，加大了对行贿行为的打击力度，查办了一系列单位和个人行贿案。在中央治理商业贿赂领导小组办公室的组织协调下，司法机关和行政执法部门还查处了一批外国公司在华商业贿赂案件。

防治商业贿赂长效机制建设稳步推进。一是完善制度。各地区各有关部门注意把防治商业贿赂的要求寓于各项改革措施和业务工作之中，加快推进行政审批制度、财政管理体制、投资管理体制和产权交易、土地出让、物资采购和建设工程招标投标等方面的改革，完善有关权力监督制约的体制机制。特别注意从自查自纠和查办案件中发现管理和制度中的薄弱环节和漏洞，有针对性地加强制度建设，完善各项管理与监督制度。截至目前，国务院各有关部门共制定修改规范性文件近 400 件，各省(区、市)也结合实际修订完善了有关地方性法规和政府规章。此外，还制定了一批有关内部管理的规范性文件，加强了日常监管。同时对现有规定进行了清理，对不适应防治商业贿赂要求的作了修订。二是加强立法。全国人大常委会通过的刑法修正案(六)、(七)，修改完善关于贿赂犯罪的有关规定，扩大了商业贿赂犯罪的主体范围，新设立了利用影响力受贿罪。制定实施《反垄断法》，对维护市场秩序、促进公平竞争作出了规定。通过了《反洗钱法》，为有效发现商业贿赂违法犯罪行为以及防止资金转移提供了重要的法律依据。最高人民法院、最高人民检察院出台了《关于办理商业贿赂刑事案件适用法律若干问题的意见》，对查办新形势下的商业贿赂案件作了相关规定。目前，有关部门正在对《反不正当竞争法》进行修订。三是推进市场诚信体系建设。中央治理商业贿赂领导小组 2008 年印发了《关于在治理商业贿赂专项工作中推进市场诚信体系建设的意见》，提出了建立市场诚信记录信息库、构建市场信用信息公开共享平台、培育信用服务市场、健全失信惩戒和守信褒扬机制、营造市场诚信道德文化环境等五个方面的任务。各地区各有关部门根据文件精神对推进本地区、本系统市场诚信体系建设作出了安排。如商务、财政、农业、海关、税务、质检、金融、旅游等部门在本系统建立或完善了经营者信用档案，检察机关建立了行贿犯罪档案查询系统，工商、建设等部门以及一些中央企业建立了"黑名单"制度等。通过深入开展市场诚信体系建设，提高了经营者的诚信意识，促进了企业诚信经营。

治理商业贿赂理论研究工作取得积极成果

2006 年 9 月，中央治理商业贿赂领导小组办公室举行了专家咨询组聘任仪式，中共中央书记处书记、中央纪委副书记、中央治理商业贿赂领导小组组长何勇作了重要讲话，深刻阐述了开展治理商业贿赂理论研究的重要性，对做好这方面工作提出了明确要求。各地区各有关部门以及专家咨询组按照课题安排和分工，深入开展理论研究，取得了丰硕成果。全国共成立课题组 8962 个、专家咨询组 1945 个，撰写各类研究文章 18000 余篇。

治理商业贿赂理论研究涉及的内容主要有以下五个方面：

一是在治理商业贿赂基础问题研究方面。对商业贿赂的产生与发展、商业贿赂基本概念的界定进行了研究，对目前我国在商业贿赂概念界定上存在的问题及其给实际工作造成的影响进行了分析，借鉴国外概念界定的合理因素，结合我国有关法律规定和学术研究成果，提出了准确界定商业贿赂概念的建议。从经济、文化、社会以及制度层面对商业贿赂现象滋生蔓延的深层次原因进行了剖析，探寻其中带有规律性的东西，提出采取扭转动机、切断利益链、严厉惩治等手段，加大从源头上防治商业贿赂的力度。对通过调节利益关系遏制商业贿赂进行了论述，主张在商业活动中应对合法手段给予有效支持，对非法手段给予严厉打击。

二是在治理商业贿赂政策问题研究方面。对正当商业行为与商业贿赂行为，商业贿赂行为中的违纪违规行为、一般违法行为和犯罪行为的界限进行了研究，提出了正确把握有关政策界限的具体意见。对工程建设、土地出让、产权交易、医药购销、政府采购、资源开发和经销等六个重点领域商业贿赂犯罪案件的特点以及查办商业贿赂案件协调配合方面存在的问题进行了分析，对发挥信访举报作用、规范案件线索移送、实现信息共享、强化查办案件措施，加强纪检监察机关同司法机关和行政执法机关的协调配合、完善案件协查机制等，提出了具体意见。对我国参与反商业贿赂国际合作方面存在的问题和有利条件进行了分析，对遵循平等互利、尊重差异、注重实效的原则，建立健全执法合作、司法协助、追逃追赃机制提出了建议。

三是在治理商业贿赂法制问题研究方面。对目前我国防治商业贿赂立法现状进行了研究，提出了完善有关立法的建议。从执法体制、社会环境层面分析了我国在法律执行上的问题，提出了加强执法、保证法律实施的意见。针对目前商业贿赂犯罪难以及时发现的问题，结合刑法理论、司法实践以及政治、经济等方面的情况，参考国外对商业贿赂犯罪的控制措施，提出了建立健全以侦查机关情报信息工作为核心的商业贿赂犯罪发现机制的建议。从比较法学的角度，对中外防治商业贿赂立法情况进行了对比分析，提出了借鉴国外立法经验、完善我国治理商业贿赂法律体系的设想。

四是在治理商业贿赂制度问题研究方面。通过分析自查自纠和办案工作中的问题，指出了制度和管理上的薄弱环节，对深化行政审批制度改革、完善行政管理体制、健全权力制约监督机制，以及不同领域的制度建设等，提出了解决问题、改进工作的思路和对策。例如，对如何加强我国金融领域防治商业贿赂制度建设，完善金融业治理商业贿赂协调机制，加强财务管理和审计监督等问题，提出了具体意见。对发挥社会中介组织、行业协会在治理商业贿赂中的作用进行了研究，提出了意见和建议。对完善企业管理与监督制度在治理商业贿赂中的地位与作用进行了研究，提出了建立健全我国企业反商业贿赂内控机制的对策建议。

五是在治理商业贿赂文化问题研究方面。对加强思想政治教育、筑牢思想道德防线对于防治商业贿赂的作用进行了研究，提出必须构建抑制商业贿赂的道德规范体系。对国（境）外治理商业贿赂的伦理建设特别是相关立法进行了对比分析，提出了加强我国行政伦理建设的思路。对企业事业单位从业人员职业道德规范现状进行了研究，就相关规范建设滞后、激励机制不健全、监管机制脆弱、评估标准缺失等问题进行了深入分析，从道德缺失角度指出了商业贿赂产生的原因，提出了相应对策。对健康的商业文化在治理商业贿赂中的地位与作用，特别是企业廉洁文化对于治理商业贿赂的意义进行了研究，主张要培育和发展与社会主义市场经济相适应、与社会主义核心价值体系相符合、与社会主义道德规范相协调、与中华民族优良传统相传承、具有鲜明中国特色的企业廉洁文化。

概括起来，治理商业贿赂理论研究工作具有以下几个特点：一是组织协调有力，任务责任明确。各地区各有关部门及各级治贿办认真落实课题研究方案和任务分解意见，切实加强组织领导，积极开展治理商业贿赂理论研究工作。二是深入调查研究，解决重点问题。各地区各有关部门坚持理论研究为推进工作服务的原则，紧密结合专项治理工作的实际，将自查自纠、查办商业贿赂案件和建立健全防治商业贿赂长效机制等问题，特别是带有全局性、倾向性的问题作为理论研究的重点，深入进行调查研究和分析论证，提出解决问题的思路和对策。三是调动各种资源，形成研究合力。各地区各有关部门注意调动各种智力资源，发挥各个方面的积极性，特别是重视专家学者与实际工作者相结合，各类人员优势互补，联合进行攻关，形成了研究合力。四是广泛宣传交流，促进成果转化。各地区各有关部门认真开展各种形式的研讨活动，截至目前，共召开理论研讨会、情况交流会 12500 多次，既加强了研究成果的交流与宣传，也促进了研究成果的转化。有些地方根据研究成果，在制定政策、完善制度等方面，特别是在运用现代科学技术上采取了新的手段，增强了防治商业贿赂的实效。五是拓宽研究视野，借鉴国(境)外经验。各地区各有关部门在深入分析我国情况的同时，积极开展国际交流与合作，研究国(境)外治理商业贿赂的有益做法和经验，结合我国实际进行分析借鉴，在此基础上形成了有一定分量的研究成果。

进一步加强和做好治理商业贿赂理论研究工作

中共中央政治局常委、中央纪委书记贺国强前不久在中央纪委监察部机关查办案件工作座谈会上指出，开展治理商业贿赂专项工作，是中央从推进改革开放和发展社会主义市场经济全局和战略高度作出的一项重要决策和部署。何勇同志多次就深入推进治理商业贿赂专项工作提出明确要求。形势的发展对治理商业贿赂理论研究工作提出了新的更高的要求，各地区各有关部门要增强责任感和主动性，进一步加强和做好治理商业贿赂理论研究工作，以此指导和推动治理商业贿赂专项工作。

要深刻认识新形势下加强治理商业贿赂理论研究工作的重要意义。理论研究是治理商业贿赂的重要任务和智力支持。首先，它是科学判断形势，从政治和战略的高度把握治理商业贿赂工作的必然要求。加强理论研究，有利于我们准确把握形势，从改革发展稳定的大局出发，谋划和推进专项治理工作，使治理工作与其他工作互相支持、互相促进；有利于拓宽视野，借鉴国(境)外有益做法，使治理商业贿赂工作更加富有成效。其次，它是正确认识和运用商业贿赂的特点与治理规律，从源头上进行有效防治的重要措施。随着市场经济不断发展和交易形式日趋多样，商业贿赂的表现形式与手段也在不断变化。加强理论研究，有利于了解和掌握商业贿赂的各种表现形式，揭示商业贿赂滋生蔓延的深层次原因，找准源头，对症施治。第三，它是深化对治理商业贿赂工作的理性认识，不断提高治理商业贿赂工作水平的有效途径。治理商业贿赂，涉及社会生活的各个领域，情况非常复杂，如何增强工作的针对性和有效性，是摆在我们面前的一个重要课题。加强理论研究，有利于坚持以科学发展观为指导，系统总结实践经验，推进专项治理工作理念、工作内容、工作方式和工作制度创新，不断提高治理商业贿赂工作的科学化、制度化和规范化水平。总之，要通过加强理论研究，形成指导实践的理论成果，提高战略思维、创新思维和辩证思维的能力，研究提出新的思路和对策，推动治理商业贿赂工作取得新成效。

要加强对重点问题的研究。反腐倡廉建设需要研究解决的问题很多，必须抓住重点，集中力量研究那些迫切需要解决的重大理论与实践问题。一是加强基础性问题研究。要深入到商业贿赂易发多发领域和行业，认真分析商业贿赂在市场经济发展过程中的表现形式、行业特点和主要手段，深刻揭示商业贿赂的阶段性特征以及滋生蔓延的深层次原因，提出有效防治商业贿赂的政策措施，推动反腐倡廉理论不断丰富和发展。二是加强对策性问题研究。例如在权力制约与监督方面，如何才能建立健全决策权、执行权、监督权既相互制约又相互协调的权力结构和运行机制，推进权力运行程序化和公开透明；在深化管理体制改革方面，如何按照发展的思路和改革的办法推动工作，把防治商业贿赂的要求融入各项改革措施和管理制度之中，进一步完善各项管理与监督制度；在加强市场监管、规范各类市场主体行为方面，如何加强社会中介组织、行业协会的管理与监督，完善各类市场主体的道德行为规范，形成诚实守信的市场环境；在推动立法、加强执法方面，如何完善防治商业贿赂法律制度体系，保证法律规定得到严格的贯彻执行等。三是加强前瞻性问题研究。既要立足当前，重视现实问题；又要着眼长远，把握发展走向。要认真研究治理商业贿赂中遇到的新情况、新问题，特别是苗头性、倾向性问题，准确掌握商业贿赂的变化和趋势。要认真研究国（境）外防治商业贿赂的理论与实践，结合我国实际情况研究借鉴。

要坚持正确的指导思想和科学的研究方法。这是坚持理论研究的正确方向、找到解决问题的应对之策、科学指导工作的基本前提。要以邓小平理论和“三个代表”重要思想为指导，深入贯彻落实科学发展观，自觉运用马克思主义基本立场、观点和方法分析解决治理商业贿赂工作中的重大理论和实践问题。一是大力推进理论创新。创新是理论研究的强大推动力。要提倡独立思考、大胆探索，不满足于既有成果，不拘泥于现成结论，敢于提出真知灼见，敢于研究和回答实践中遇到的难点、热点问题，提出新思路新对策。二是充分发挥各个方面的积极性。要加强实际工作部门与有关科研机构和院校的合作，鼓励理论工作者参与重大课题研究，动员各方力量联合进行攻关，逐步完善理论研究工作机制，形成理论研究合力。三是积极促进研究成果的运用。理论研究的根本目的在于应用，在于为推进工作服务。要有针对性地提出解决问题、改进工作的思路和建议，使研究成果体现在制度建设和制定政策之中，转化为实实在在的对策措施，为领导决策提供参考，切实发挥理论研究在指导实践、推动工作方面的积极作用。

治理商业贿赂工作任务艰巨、责任重大，各地区各有关部门要保持奋发进取的精神状态，积极创新务实，进一步加强理论研究工作，不断提高研究的质量和水平，推动治理商业贿赂工作不断向深入开展。

（此文是中央纪委副书记、中央治理商业贿赂领导小组副组长兼办公室主任李玉赋2010年7月6日在治理商业贿赂研究成果交流会上的讲话摘要）

推动信访举报案件办理工作深入开展

张惠新

办理信访举报案件是纪检监察信访举报工作的基本职责和重要任务。各级纪检监察机关及其信访举报部门和广大信访干部，要以开拓创新的精神，进一步加强信访举报案件办理工作，为促进党风廉政建设和反腐败斗争，为维护社会和谐稳定，做出新的贡献。

一、充分认识做好信访举报案件办理工作的重要意义

督办查办信访举报案件是纪检监察机关信访举报部门一项重要的经常性工作。做好信访举报案件办理工作，对于充分发挥信访举报部门

职能优势，查处违纪违法问题，维护群众合法权益，不断提高信访举报工作水平，具有十分重要的意义。各级纪检监察机关及信访举报部门要充分认识信访举报案件办理工作的重要性，切实增强做好信访举报案件办理工作的责任感。

办理信访举报案件是发挥群众监督作用的重要方式。党员群众对党政机关工作人员进行监督，对他们的违纪违法行为通过信访举报渠道向纪检监察机关检举、揭发和控告，是实施群众监督的重要方式。信访举报部门从大量信访举报件中筛选出线索具体、可查性强的违纪违法问题，交由下级纪检监察机关查报结果或者由自己直接查办，能够更快更有效地解决群众反映的问题，真正把群众监督落到实处，提高群众通过信访渠道参与监督的积极性；能够及时查处违纪违法行为，有效预防和遏制腐败现象的蔓延，推进反腐败斗争深入开展；能够更好地维护广大人民群众的合法权益，密切党和群众血肉联系，提高党和政府的威信，巩固党的执政地位。

办理信访举报案件是推动纪检监察机关案件检查工作的重要措施。信访举报部门根据职责和分工直接查办情节简单、易查易结的信访举报案件，与案件检查部门查处违纪违法案件一样，都是对党员和行政监察对象的违纪违法问题进行核实和调查的活动，都是纪检监察机关的组织行为。由上级信访举报部门交办的信访举报问题，往往被纳入下级纪检监察机关案件查办工作整体布局中，按照规定程序进行初核，有的还要转入立案调查，是纪检监察机关查办案件线索的重要来源。信访举报部门直接查办信访举报案件，有助于发挥信访举报部门自身职能优势，及时查处违纪违法行为。信访举报部门与案件检查部门职能衔接，优势互补，形成工作合力，能够更好地推动纪检监察机关案件检查工作，有效促进反腐败斗争深入开展。

办理信访举报案件是解决群众信访问题、化解社会矛盾的重要途径。当前，我国改革发展进入关键时期，各种社会矛盾日益凸显，消极腐败现象仍然比较严重。一些领域腐败案件多发频发，一些领导干部以权谋私、作风不正、贪污受贿、腐化堕落、失职渎职，一些地方和部门忽视群众诉求，甚至侵害群众利益，一些基层干部作风粗暴，办事不公，与民争利，等等。这些问题激起人民群众强烈不满，必然通过信访举报渠道反映出来，使信访举报量长期在高位运行，特别是联名信、集体访、越级访和上访过激行为增多。纪检监察机关信访举报部门通过开展信访举报案件办理工作，交办或直接查办一些群众反映强烈的重要信访问题特别是联名信和集体访等反映的有可能造成不良影响的信访问题，及时查处并定期开展排查清理，有利于防止问题积累和矛盾激化，促使群众息诉罢访，促进社会和谐稳定。

办理信访举报案件是全面提高信访举报工作水平的重要抓手。办理信访举报案件是信访举报部门一项很具特色的工作，涉及阅信接访、筛选研判、交办督办、工作跟踪、直接查办、沟通协调、审核把关、呈报结案等诸多环节。通过筛选信访举报案件，可以强化和提高筛选案件线索的能力，更好发挥案件线索的主渠道作用。通过直接查办信访举报案件，分析案情，定性处理，可以提高我们调查和解决重要信访问题的能力。通过对信访举报案件管理、汇总和分析情况，可以掌握信访举报工作形势和动态，提高信访工作信息编写的质量和水平。通过交办督办信访举报案件，加强与有关单位和下级纪检监察机关的沟通联系，可以提高我们的组织协调能力，加强对基层信访举报工作的督促指导。信访举报案件经过初核，如果属于作风、廉洁自律和轻微违纪的问题，可以通过信访监督方式，进行批评教育，要求认真整改，从而推动信访监督工作深入开展。因此，办理信访举报案件是做好信访举报工作的重要抓手，对于全面提高信访举报工作水平意义重大。

二、以保证质量为重点，不断提高信访举报案件办理水平

提高信访举报案件办理水平，关键在于提

高信访举报案件办理质量。各级纪检监察机关信访举报部门要从办理信访举报案件的每一个环节入手，把握交办重点、改进督办方法、严格结案标准、加大直接查办力度，确保信访举报案件办理质量，不断加强信访举报案件办理工作。

一要正确把握信访举报案件的内涵。我们所说的信访举报案件，是指纪检监察机关按照有关规定，经过筛选和审批，由信访举报部门向下级交办或直接查办的重要信访举报问题。具体来说，信访举报案件包括两种形式，一种是由信访举报部门转交下级纪检监察机关或有关党组织调查处理并要求报告结果的，称为交办信访举报案件；另一种是由信访举报部门直接进行初步核实、初步审查直至立案调查的，称为直接查办信访举报案件。准确理解信访举报案件的内涵，要注意把握以下两点：一是信访举报案件来源于信访举报，一般在纪检监察机关受理范围内的举报件中筛选，应当是可能需要追究党纪政纪责任的问题，通常要采取案件检查的方式办理，但不能把信访举报部门筛选提供并由本级案件检查部门查办的案件视为信访举报案件。二是办理信访举报案件的主体是纪检监察机关，信访举报部门在其中承担着重要职责、发挥着重要作用，但不能认为上级交办的信访举报案件都应由信访举报部门办理。

二要把握重点，准确筛选要求查报结果的信访举报案件。筛选要求查报结果的信访举报案件，是办理信访举报案件的第一道工序，是提高信访举报案件属实率、成案率和办理质量的基础和前提。各级纪检监察机关信访举报部门要突出重点，紧紧围绕党委政府中心工作、反腐倡廉工作部署、查办案件工作重点以及信访举报反映的突出问题，准确筛选要求查报结果的信访举报案件。当前和今后一个时期，要重点筛选以下信访举报问题向下交办：一是发生在领导机关和领导干部中的违纪违法问题；二是重点领域和关键部位的违纪违法问题；三是为黑恶势力充当“保护伞”和官商勾结、严重侵害群众利益的问题；四是群众反映强烈的不正之风和严重违反廉洁自律的问题；五是联名信、集体访、多次重复信访反映的党员干部违纪违法问题。要建立健全案件线索集体排查机制，加强对信访举报件的分析、研判和评估。要通过分析举报人的举报动机、与被举报人的关系、利益关联性、事由合理性、情节具体性，以及与其他相关举报进行综合分析等，评估举报线索的真实性和可查性，进一步提高筛选信访举报案件的准确性。必要时，还要与下级纪检监察机关进行沟通，甚至接触举报人作深入了解，做一些前期准备工作。

三要精心组织，认真办理上级交办的信访举报案件。认真办理上级交办的信访举报案件，是信访举报案件办理工作的核心。对于上级纪检监察机关交办的信访举报案件，承办的纪检监察机关要高度重视，采取有效措施，认真核实和调查处理。要把办理上级交办的信访举报案件纳入本级查办案件工作的整体布局，统一部署、统筹安排。根据交办案件的不同情况和实际需要，相应交由案件检查、党风、纠风、执法监察等部门办理，有的也可以交由信访举报部门直接查办。对涉及党政其他部门业务范围的信访举报案件，下级纪检监察机关要充分发挥组织协调作用，督促有关部门查清问题，处理到位。承办单位要定期向交办单位报告信访举报案件办理情况，及时反映办理过程中存在的困难和问题。对上级交办的重点信访举报案件，要实行领导包案，必要时承办单位主要负责同志要亲自抓。县（市、区）纪检监察机关要加大自办力度，对上级交办的信访举报案件，要实行自办，不再下转；要通过整合乡镇（街道）和县直部门纪检监察机构人力资源，集中灵活使用办案力量，形成查办信访举报案件的合力。

四要改进方法，切实提高信访举报案件督办实效。督办是办理信访举报案件的重要环节，也是提高信访举报案件办理质量的重要手段。各级纪检监察机关信访举报部门要不断改进督办方法，增强督办效果，推动信访举报案件查办及时、处理到位。一是突出督办重点。对超过期限仍未报结的，上级交办或者领导批示要求办理的，承办单位组织不力、调查不认真、或者推诿敷衍甚至顶着不办的，承办单位遇到难以解决的困难、需要上级给予指导支持的，交办单位审核后认为需要补充调查、重新研究处理意见或补报有关材料的，以及交办后群众仍然信访不断的信访举报案件，要予以重点督办。二是实行全程跟踪督办。对交办的重要信访举报案件，要及时了解工作安排和办理进度。对承办单位办理过程中存在的问题，要及时提出指导性的意见。要注意掌握信访举报案件办理的整体情况，定期进行汇总通报。对逾期未办结的，应要求承办单位作出书面说明。三是深入开展个案督办。对重要、复杂的信访举报案件，可采取请上来汇报、派员指导等方式加强督办。对有些案件，要和承办单位一起研究案情，必要时还可以介入承办单位的调查处理工作，以便更多地获取第一手情况，始终把握督办的主动权。要积极搞好协调，帮助克服困难、排除阻力，有力推动信访举报案件的办理。四是进一步提高督办的权威性和约束力。对重要信访举报案件，必要时领导要亲自督办，有的要由信访举报部门牵头，会同有关部门进行督办。对重要督办意见，要以公函形式正式通知承办单位。对在信访举报案件办理中无故拖延甚至顶着不办、压案不查，或者徇私舞弊、弄虚作假，造成严重后果的，要严肃追究责任。

五要坚持标准，严格把好信访举报案件审核关。审核是保证信访举报案件办理质量的关键环节。各级纪检监察机关信访举报部门要坚持高标准、严要求，认真审核把关，维护信访举报案件办理的严肃性。广大信访干部要认真学习和掌握《党纪处分条例》、《行政机关公务员处分条例》和《案件检查工作条例》、《监察机关调查处理政纪案件办法》等实体性和程序性条规，不断提高审核把关的能力。要按照“事实清楚、证据确凿、定性准确、处理恰当、手续完备、程序合法”的要求，对承办单位报送的结案材料进行全面审核。对反映问题重要、案情比较复杂或者承办单位认定为不属实的信访举报案件，要实行集体审核。对经审核认为存在疑点的，可调阅案卷审查相关证据，必要时还可以进行补充调查和进一步核实。

六要强化职能，重视信访举报案件直接查办工作。直接查办信访举报案件，是信访举报部门的重要职责之一。各级纪检监察机关信访举报部门要充分认识直查快办的重要意义，切实重视直接查办工作。要正确把握直接查办范围，对情节简单、线索清楚、短时间内可以查结的，情况紧急、将要发生或正在发生、急需立即查明并予以制止的，集体访、越级访、多次重复访中涉及且线索具体的，网络舆情反映或新闻媒体公开曝光的，以及打击报复举报人的问题，可以进行直接查办。筛选直接查办信访举报案件时，要加强与案件管理、案件检查等部门的沟通，避免与案件检查部门查办案件工作发生交叉重复。直接查办信访举报案件，要合理安排，快速反应，力争在尽可能短的时间内，拿到关键证据，查清基本案情。如果发现案情比预期复杂，短时间内难以查清，要及时移送案件检查部门或转交下级办理。

七要运用成果，充分发挥办理信访举报案件的综合效应。办理信访举报案件不仅是一项惩治的工作，在教育和保护党员干部、从源头上预防腐败以及促进社会和谐稳定方面也发挥着重要作用。办理信访举报案件，要克服单纯办案的思想，采取多种措施，充分发挥其综合效应。要注意通过查办信访举报案件教育和保护干部。对经查违纪情节轻微、不需要给予纪律处分的被调查人，要视情况进行诫勉谈话，明确指出错误，给予批评教育。对经过调查发现举报或反映失实的，要予以澄清，消除影响，保护干部。要充分发挥查办信访举报案件的治本功能。利用典型案例，深入剖析发生腐败的思想根源、体制机制上的漏洞以及管理监督方面的薄弱环节，有针对性地提出加强教育警示、推进建章立制和强化制约监督的措施。要积极发挥办理信访举报案件在维护社会稳定中的作用。注重从损害群众利益、影响社会稳定的信访举报问题中筛选线索，认真调查处理，妥善化解不稳定因素。及时向实名举报人回复处理结果，认真听取意见，做好息诉罢访工作。对发生在基层的疑难复杂信访问题，积极运用双向承诺、吸收群众代表参与调查、信访听证和公开处理结果等办事公开的方法办理，赢得群众的信任，更加有效地化解矛盾，促进社会和谐。

三、采取有效措施，保证信访举报案件办理工作顺利开展

信访举报案件办理工作政治性、政策性强，在业务方面要求也很高。各级纪检监察机关要积极采取有效措施，保证信访举报案件办理工作顺利开展，取得更大成效。

一要进一步加强对信访举报案件办理工作的组织领导。各级纪检监察机关要按照"主要领导负总责、分管领导直接抓、信访举报部门组织协调、各部门分工负责"的要求，健全领导体制，形成工作合力。领导班子要重视、关心和支持信访举报案件办理工作，及时解决工作中的重要问题，加大对信访举报部门支持力度，为办理信访举报案件创造良好条件。主要领导要经常批办信访举报案件，对重要信访举报案件亲自审核把关。分管信访举报工作的领导要加强指导和协调，对重要的信访举报案件，要亲自组织查办、督办；对呈报上级的结案报告，要进行审阅把关。对上级交办的信访举报案件，信访举报部门要主动协调，了解办理进度，认真搞好督办工作，有关部门要积极配合。上级纪检监察机关要把信访举报案件办理情况作为对下级进行考核评价的重要指标，加强督促检查和指导。

二要进一步完善信访举报案件办理工作法规制度。建立健全法规制度是依纪依法办理信访举报案件的基础。各级纪检监察机关要逐步完善信访举报案件办理工作制度体系，不断提高信访举报案件办理规范化水平。目前，中央纪委信访室起草的《关于进一步加强纪检监察信访举报案件办理工作的意见》，正在广泛征求意见，经进一步修改后将下发。各级纪检监察机关要认真组织信访干部进行专题学习，准确理解和掌握《意见》提出的各项要求，并贯彻落实到工作中，以推动信访举报案件办理工作深入开展。

三要进一步探索信访举报案件办理工作新思路、新方法。随着信访举报工作形势和任务的发展变化，信访举报案件办理工作面临许多新情况新问题。这就要求我们解放思想，开拓创新，更新观念，不断探索工作新思路新方法，突破工作难点，提高工作能力。要紧紧围绕如何建立健全有序高效的信访举报案件办理机制、形成办理信访举报案件的合力、提高案件筛选准确性、丰富办案方法、增强督办效果、把好审核关等，进行深入研究和探索，努力取得新的成果。要深入开展调查研究，及时总结并大力推广信访举报案件办理工作经验，不断提高信访举报案件办理水平。

四要进一步提高信访干部开展信访举报案件办理工作的能力。建设一支高素质的信访干部队伍，是做好信访举报案件办理工作的重要组织保障。各级纪检监察机关要根据信访举报案件办理工作的特点和要求，有针对性地提高信访干部办理信访举报案件的能力。要把案件检查和案件审理业务纳入信访干部业务培训范围，进一步加大培训力度。要通过业务学习、业务研讨，组织信访干部学习和交流办案经验，共同提高。要为信访干部提供实践锻炼的机会，适当抽调信访干部参与查办案件工作。要注意选择一些熟悉办案工作的干部充实到信访举报部门，进一步优化信访干部知识结构和专业结构。广大信访干部要勤于学习、刻苦钻研、努力实践，认真学习基本理论、法律法规、办案方法、办案经验，不断提高依纪依法查办信访举报案件的能力。要对信访干部严格要求、严格教育、严格管理、严格监督，强化政治纪律、办案纪律和保密纪律，加强内部管理，完善监督约束机

制。广大信访干部要严格遵守工作纪律，决不能利用处理信访举报和办理信访举报案件的权力谋取私利。要在政治上、工作上、生活上更多地关爱信访干部，关心他们的身心健康，帮助他们解决实际困难。

（此文是张惠新同志2010年8月26日在全国纪检监察信访举报案件办理工作座谈会上的讲话摘要）

廉政文化建设：拒腐防变的重要工程

李君如

近年来，中央多次强调"加强廉政文化建设"。2005年中共中央颁布的《建立健全教育、制度、监督并重的惩治和预防腐败体系实施纲要》明确提出，"大力加强廉政文化建设，积极推动廉政文化进社区、家庭、学校、企业和农村"。党的十七大进一步强调了"加强廉政文化建设"的重要任务。"廉政文化建设"的提出，表明我们党对新形势下反腐倡廉工作规律认识的深化。深入研究廉政文化建设，对于建立健全有效管用的惩治和预防腐败体系，对于深入开展创先争优活动，具有重要意义。

增强拒腐防变能力的重大工程

提高党的领导水平和执政水平、增强拒腐防变和抵御风险能力，是党加强自身建设的两大历史性课题。加强廉政文化建设，是增强党的拒腐防变能力的重大举措和重大工程。

加强廉政文化建设，是防止干部腐败蜕变的"防火墙"工程。拒腐防变，就是要防止干部的腐败和蜕变，保持和发展党的先进性。如果任由腐败现象滋生蔓延，那么，就会在党内和社会上形成一种催生腐败的不良风气和氛围，从而形成一种催生腐败的文化或者叫"腐败文化"。因此，在反腐败过程中，既要重视办案子，也要高度重视文化建设。这种文化建设的重点，就是要大力加强廉政文化建设。通过这样的文化建设，为党员干部防止腐败蜕变筑起一道"防火墙"，切断它们之间的联系。

加强廉政文化建设，是遏制腐败现象滋生蔓延的"土壤改良工程"。研究干部的腐败现象，可以发现，在同样的环境里和岗位上，个别干部腐败了，这肯定与他们自身的素质有关；而在同样的环境里和岗位上，出现"前腐后继"的现象，这里就一定有体制或机制的原因。需要进一步注意的是，在腐败现象不断滋生蔓延过程中，不仅仅有干部的素质问题，有体制或机制的问题，还有一个更为令人担忧的问题。这就是，在党内，在社会上，有一种风气正在滋生。这种风气用一句通俗的话来说，就是"没有钱办不成事"，或者是"没有钱办不成的事"。这种现象，最初出现在谋取紧俏商品上，后来发生在争取工程项目、资金贷款、土地审批等生产要素配置上，接着蔓延到组织人事和司法领域，如跑官要官、买官卖官，再后来就出现在社会生活中的上学、看病、就业等方面。一些用钱去"开路"的人，其中有的也并不赞成这种做法，但又不得不这样去做。这表明，不正之风和腐败现象屡禁不止，逐步形成为一种催生腐败的文化。这种"腐败文化"，反过来又成为腐败现象不断滋生蔓延的土壤。因此，拒腐防变不仅要加强纪律检查和惩治腐败者，更重要的是要铲除腐败滋生蔓延的土壤。正是在这种意义上，我们说加强廉政文化建设，是遏制腐败现象滋生蔓延的"土壤改良工程"。

加强廉政文化建设，是增强干部拒腐防变能力的“免疫力”工程。唯物辩证法告诉我们，事物的发展变化不能光靠外因，外因是通过内因起作用的。拒腐防变，要有外部条件，更要有内部条件。外部条件，从党的建设范围来讲，包括全社会对党的制约和监督，包括法律、舆论对党的制约和监督；从干部队伍建设的范围来讲，除了社会的制约和监督外，还包括党对各级干部的制约和监督，包括党的纪律、制度对干部的制约和监督。内部条件，从党的建设范围来讲，党规、党法和党风都是拒腐防变的内因；从干部队伍建设的范围来讲，干部的素质、品行和能力是拒腐防变的内因。发挥拒腐防变内因的作用，就是增强拒腐防变的内在“免疫力”。廉政文化建设，属于拒腐防变的内部条件建设，是内因，其目的是为了增强党和党的干部拒腐防变的内在“免疫力”。这是一项治本之策。坚持不懈地在党的建设中形成浓厚的廉政文化，在干部队伍建设中坚持以廉政文化育人，就能从根本上增强拒腐防变的能力。

因此，从新的历史起点出发的中国共产党，必须根据新世纪新阶段党的中心任务及其对干部队伍的要求，在反腐倡廉、拒腐防变中进一步加强廉政文化建设，把它作为一个党的建设中的“防火墙”工程、拒腐防变的“土壤改良工程”、从内因上遏制腐败现象滋生蔓延的“免疫力”增强工程，抓紧抓好。

建设廉洁从政的政治伦理

大力加强廉政文化建设，就要思考和研究什么是廉政文化。廉政文化，属于政治伦理范畴，是以廉洁从政为基本要求的政治伦理。中国古代的“官箴”，强调做官要“清、慎、勤”。清，就是要清正、清廉。这是古代做官的一个道德标准，凡是能够做到“清”的官就是“清官”。这一做官的道德标准，虽然是为维护封建主义制度服务的，但客观上也反映了人民群众对政治的一种期待。我们党是以全心全意为人民服务为根本宗旨的党，更应该自觉地反映人民群众的这一要求，倡导和建设廉政文化。

廉政文化作为一种政治伦理，强调的是廉洁从政。那么，什么是廉洁呢？自古以来，廉洁的基本要求，一是俭，二是清。与此对立的，就是奢靡和贪婪。近年来，一些干部一步一步走向腐败的深渊，都经历了从“奢”到“贪”的过程。加强廉政文化建设，形成廉洁从政的官德和社会氛围，其基本的就是要求干部在行使公共权力的时候，谨防以权谋私，一要戒奢，二要戒贪。

注重廉政文化建设，重视官德，是我国吏治的一个特点。古人强调“修身”是“齐家、治国、平天下”的基础，强调“以俭养德”，强调做官要“以廉为基、以仁为本”。从司马迁修《史记》开始，历朝历代修史都建《循吏传》，以褒扬清廉、勤政的好官，推崇做官的官德。

这些思想和做法，可以视作古代的廉政文化建设。

注重廉政文化建设，更是中国共产党在长期的党的建设中积累的成功经验之一。从进城前毛泽东同志告诫全党要做到“两个务必”，到建国之初开展“三反”运动，一直到这几年持续开展的反腐倡廉教育，包括各种形式的警示教育，从一定意义上说，都与廉政文化建设有关。这些教育活动，对于党的建设特别是党的干部队伍的成长和健康发展，发挥了重要作用。

形成崇尚廉洁的社会价值取向

廉洁从政这一政治伦理的内核，是崇尚廉洁的社会价值取向。廉政文化建设，实质是以崇尚廉洁的社会价值取向为内核的政治伦理建设。对于我们党来说，形成崇尚廉洁的社会价值取向，并在此基础上形成各级干部廉洁从政的政治伦理，都是为人民服务的无产阶级价值观和体现这一价值观的立党为公、执政为民的社会公仆意识的要求。

从根本上说，之所以要努力形成崇尚廉洁的社会价值取向，进而形成干部廉洁从政的政治伦理，是因为中国共产党是以全心全意为人民服务为根本宗旨的党。为人民服务，是无产阶级的价值观，是社会主义道德建设的核心。崇尚廉洁，是这一价值观的内在要求，是社会主义道德建设的重要任务。党没有掌握政权的时候要保持廉洁，掌握政权并长期执政的情况下更要坚持廉洁；物质生活比较贫困的时候要崇尚廉洁，物质生活比较富足的时候仍要以廉洁为荣；有人监督的时候要注意廉洁，没有人监督的时候也要恪守廉洁。

从直接意义上说，之所以要努力形成崇尚廉洁的社会价值取向，进而形成干部廉洁从政的政治伦理，是因为中国共产党在长期执政的条件下，更要坚持立党为公、执政为民的社会公仆意识。今天强调廉洁从政，不仅是为了要坚持为人民服务的价值观，而且是为了要经受住长期执政和改革开放的双重考验。“长期执政的考验”，就是党和党的干部在长期执政过程中要抵御权力的诱惑。这就是马克思、恩格斯指出的，无产阶级在取得政权后面临的一个最重大的问题，是要防止执政的无产阶级由“社会公仆”变为“社会主人”，即成为脱离人民群众的官僚主义者。“改革开放的考验”，主要是党和党的干部在发展社会主义市场经济和改革开放过程中要抵御利益的诱惑。这就是党在改革开放过程中一再告诫全党的，要防止和反对以权谋私，防止和反对干部由“公仆”变为为自己、为亲朋好友等谋取私利的“私仆”。

针对“权”与“利”双重诱惑的复杂情况，以胡锦涛同志为总书记的党中央强调要在干部队伍中进一步强化公仆意识，坚持“权为民所用，情为民所系，利为民所谋”。这一社会公仆意识，体现了共产党人全心全意为人民服务的价值观，其实质就是坚持立党为公、执政为民。而坚持廉洁从政的政治伦理，正是立党为公、执政为民的社会公仆意识的内在要求和具体体现。

需要强调的是，廉政文化建设作为一种文化建设，就是要在全社会形成崇尚廉洁的社会价值取向，而不仅仅是在党内和干部队伍中倡导廉洁从政的政治伦理。这是因为，正确的社会价值取向，有助于干部形成好的官德；错误的或混乱的社会价值取向，有可能使干部误入迷途甚至坠入深渊。因此，倡导廉政文化建设，就在于要努力形成崇尚廉洁的社会价值取向和社会风气。当前，只有把“没有钱办不成事”或“没有钱办不成的事”的社会风气改变为崇尚廉洁的社会风气，才能从根本上遏制腐败现象的滋生蔓延。

因此，廉政文化建设，作为以崇尚廉洁的社会价值取向为内核的政治伦理建设，包括了两个方面的要求：一是要形成干部廉洁从政的官德，二是要形成有利于干部廉洁从政的社会氛围。干部的官德与干部从政的社会氛围这两方面是相辅相成的，干部廉洁从政的官德可以引导有利于干部廉洁从政社会氛围的形成；反之，形成有利于干部廉洁从政的社会氛围，对于形成干部廉洁从政的官德也有极大的作用。大力加强廉政文化建设，坚持为人民服务的无产阶级价值观和体现这一价值观的立党为公、执政为民的社会公仆意识，形成崇尚廉洁的社会价值取向，并在此基础上形成干部廉洁从政的政治伦理，我们党就一定能增强拒腐防变能力，永葆先进性，为人民执好政、掌好权。

（作者：中共中央党校原副校长）

大力弘扬延安精神 深入推进党风廉政建设

郭永平

延安是延安精神的发祥地。以毛泽东为代表的老一辈中国共产党人在延安战斗生活了13个春秋,为中国人民的解放事业创立了不朽的功勋,形成了光照千秋的延安精神。延安精神是我们党、我们中华民族的宝贵精神财富,对中国历史发展进程产生着巨大和深远的影响。新的历史时期,深入推进党风廉政建设,大力弘扬延安精神具有十分重要的现实意义。

一、树立全心全意为人民服务的思想,努力保持党同人民群众的血肉联系

全心全意为人民服务是我们党的根本宗旨,也是延安精神的本质特征。我们党历来把为广大人民谋利益作为自己的根本宗旨,在延安时期又响亮地提出了"为人民服务"的口号并在全党付诸实践,谱写下了一曲曲可歌可泣的壮丽诗篇。中国共产党正是以对人民的无限忠诚赢得了人民的拥护和支持,夺取了革命和建设事业的不断胜利。延安精神最鲜明特点就是时刻关心群众生活,切实维护群众利益。越是困难的时候,越要关心群众、凝聚群众、依靠群众。正如胡锦涛总书记在全国"两会"上指出的那样,民生连着民心,民心凝聚民力。我们的党员干部只有同广大人民群众同呼吸,共命运,心连心,才能赢得民心、集中民智、凝聚民力,从而形成无坚不摧、无往不胜的强大力量。近年来,受世界金融危机的影响,经济发展遇到暂时困难,有的企业停产或半停产,农民工下岗返乡增多,高校毕业生就业难问题突出,使困难群众的经济生活增加了新的压力。当前,弘扬延安精神,就要按照胡锦涛总书记的要求,增强宗旨意识和群众观念,发扬密切联系群众的作风,多到群众之中听民声、察民情、知民意,真实了解群众的所困、所怨、所思、所盼,消除"官本位"意识,真心实意地和群众交朋友。要设身处地为群众着想,认真抓好涉农负担、教育收费、医疗卫生等与群众密切相关的专项治理,切实纠正乱摊派、乱罚款、乱收费的行业不正之风,下功夫破解群众反映上学难、就业难、看病难、住房难的"瓶颈",加大对物价、社保、扶贫、救灾等民生项目和资金的监管力度,积极解决物价、生态环境保护、食品药品质量、安全生产等群众反映强烈的问题,切实维护群众合法权益,让人民群众得到更多实惠。在应对和处理不稳定社会因素中,要增强政治敏感性,善于发现和抓住影响全局的主要矛盾或突发事件,坚持动之以情、晓之以理、导之以法的领导艺术,正确把握群众诉求,稳妥疏导群众情绪,及时化解社会矛盾,多办顺民意、解民忧、增民利的实事好事,维护社会的和谐与稳定。

二、强化理论联系实际、开拓创新的意识,不断探索源头防腐的治本之策

延安时期是我们党科学总结正反两方面经验,成功推进马克思主义中国化、在理论上实现第一次历史性飞跃的时期。毛泽东同志在延安窑洞里,心系全国人民的解放事业,先后撰写了《中国革命战争的战略问题》、《实践论》、《矛盾论》、《论持久战》、《新民主主义论》、《论联合政府》等彪炳青史的著名篇章,为推进党的事业发挥了重要的理论指导作用。没有马克思主义与中国革命实践相结合,没有与时俱进、开拓创新,既不会产生延安精神,也不会产生毛泽东思想。要创造性地推进党风廉政建设,解决新

形势下遇到的新情况新问题，必须强化理论联系实际、开拓创新的意识。首先要向人民群众学习。人民群众当中蕴藏着推进社会进步的强大动力和智力源泉。加强党风廉政建设，要丰富智慧，学习来自群众的鲜活经验，必须坚持问政于民、问计于民、问需于民，虚心听取从事实际工作的同志和专家学者的意见，总结推广基层一线的成功经验，纠正“闭门造车”和“拍脑袋”决策的偏向，努力提高解决问题的本领。二是积极参与反腐倡廉建设实践。实践出真知。只有在游泳中才能学会游泳。从实际需要出发，找准理论联系实际的结合点，正确掌握和运用科学发展观的金钥匙，坚持在求真务实中探索规律，从解决问题中寻找答案，实现“知”与“行”的有机统一，使源头防腐的治本之策在实践中得到不断修正和完善。三是勇于改革创新。坚持反腐倡廉建设在继承中创新、在创新中发展的思路，把改革创新融入到党风廉政建设的全过程，处理好完成上级“规定动作”与做好本级“自选动作”的关系，以监督权力腐败为重点，围绕保发展、保民生、保稳定的关键环节，进行多侧面、深层次的深入改革，实现原有经验的新超越，力推适用、管用、好用的新举措，真正使惩治和预防腐败体系建设更具时代性，体现针对性，提高实用性，焕发强大的生命力。

三、发扬批评与自我批评的优良作风，提升党内民主生活会的质量

我们党历来倡导批评与自我批评，通过党内批评加强对党员干部的有效监督，警示提醒党员干部少犯错误甚至不犯错误。60 年前，在延安整风运动中，我们党提出了一条著名的方针：“惩前毖后，治病救人。”我们党坚持这一方针，教育和挽救了许多犯错误的同志，激发了党员干部队伍的内在活力，促进了全党和全国各族人民的团结，保证了革命的胜利。当前，针对有些党员干部存在政治上不清醒、经济上不廉洁、作风上不正派的问题，迫切需要拿起批评与自我批评的思想武器，开展党内积极的思想斗争，坚持真理，修正错误，净化从政环境，吸纳新的政治营养，不断提高党员干部拒腐防变的政治免疫力。坚持原则是开展批评的灵魂。有些同志由于怕得罪人，热衷当“和事佬”，批评同志往往避重就轻说虚话，言不由衷说假话，总想大事化小，小事化了；讲成绩却是夸夸其谈，尽是溢美之词，把批评与自我批评变成了庸俗的表扬与自我表扬，这种以俊遮丑、养痈为患的不良风气，百害无一利。挚友难得听诤言。真诚开展批评是对同志严与爱的统一，必须说实话不说虚话，说真话不说假话，既栽花，更要栽刺，真正起到“忠言逆耳利于行，良药苦口利于病”的作用。作为班子内的党政“一把手”，由于职位、责任使然，不仅要有敢于批评下级或同级的气魄，还要有勇于自我批评的器量、乐于接受批评的肚量和善于从谏如流的雅量，注意引领和培养党内形成批评与自我批评的良好风气。要避免“长官意志”干扰党内批评的正常进行，防止个别同志的“小节”问题量变成积重难返的“大节”错误，各级党委要建立一套规范有序的制度；坚持每年召开一次党内民主生活会，定期开展领导干部向上级纪委全委会述廉活动，把领导干部置于组织和同志们的批评监督之下，真正把批评、教育和挽救同志的有益工作落到实处。

四、坚持从严治党的建党方针，严厉查处党内的腐败分子

延安时期，我们党始终把刹风整纪、严惩腐败作为纯洁党员干部队伍，加强党的建设的一项重要政治任务。边区政府制定的两个施政纲领不仅提出“厉行廉洁政治，严惩公务人员之贪污行为”，而且还规定“共产党员有犯法者从重治罪”。并做到言必信，行必果，树立了党要管党、从严治党的形象。现在我们国家正处在改革开放的关键时期，人民群众对我们党员干部正确运用手中权力、坚持廉洁从政的期望值很高。但是，有些党员领导干部经不住糖衣炮弹的诱惑，由人民公仆蜕变成腐败分子，以致引

发出一个又一个触目惊心的大案要案,引起广大党员干部和人民群众的强烈不满,严重弱化了党的执政能力和政权巩固。要提高党和政府的社会公信度,重塑延安时期党在人民群众心目中的形象,必须顺应民心,加大查办案件的力度,旗帜鲜明地反对腐败。一是广泛收集案源线索。依靠干部和群众,拓宽信访渠道,广泛收集案源线索,对构成案件基本要素的线索,要坚决立案调查,防止腐败分子成为漏网之鱼。二是严格依纪依法查办案件。按照"有案不查是失职、查案不力是不尽职"的标准,坚持党纪国法面前人人平等的原则,不论是谁,不论职务多高,只要违犯了党纪国法,都要依纪依法予以惩处,决不姑息养奸,充分彰显重拳出击的威慑力,彻底打碎腐败分子的任何侥幸心理。三是注意提高查办案件的综合效果。通过查办案件认真研究滋生腐败的一般规律,善于发现一定时期易发多发的领域和重点部位,坚持《一案双报告制度》,针对发案单位预防腐败存在的漏洞和薄弱环节,提出专项治理建议,督促发案单位认真进行整改,建立长效机制,强化监督管理,堵塞各种漏洞,防患于未然。

五、继承艰苦奋斗的光荣传统,努力培养勤俭办一切事情的美德

胡锦涛总书记在第十七届中央纪委第三次全会上特别强调,艰苦奋斗是中华民族的传统美德,是我们党的传家宝,是凝聚人心、战胜困难的强大力量。在延安时期那么艰难困苦的条件下,我们的党为什么有那么强的凝聚力、感召力和战斗力,老百姓为什么冒着生命危险保护我们的干部和战士,许多志士仁人和大批热血青年为什么冲破重重封锁投奔延安,一个重要原因就是从党的领袖到普通党员、干部都带头艰苦奋斗,与普通战士和人民群众同甘共苦,把追求真理的信念写在了党旗上。在当前形势下,有些领导干部片面认为"延安精神过时了",艰苦奋斗是"不懂生活的'土老帽'",以致产生了贪图安逸,奢侈浪费,讲排场、比阔气的不良风气,有的甚至沉溺于灯红酒绿,生活奢靡。这种糟践人民血汗钱的不良风气,败家祸国殃民,不仅使我们的领导干部思想蜕化变质,丧失斗志,被金钱美色所俘虏,而且涣散党心民心,人民群众意见很大。当前,我国还处于社会主义初级阶段,解决和改善民生问题压力加大,需要花钱的地方很多,发扬艰苦奋斗精神、厉行勤俭节约显得尤为重要。"历览前贤国与家,成由勤俭败由奢"。继承艰苦奋斗的光荣传统,并不是要大家过"苦行僧"的生活,而是要反对脱离国情、脱离广大人民群众生活水平的高消费和奢侈浪费,更重要的是要居安思危、发奋图强,艰苦创业、勇挑重担,量入为出、克勤克俭,永葆革命战争年代那么一种革命精神,那么一种革命干劲,与人民群众同甘共苦,推进经济社会又好又快地发展,逐步提高人民群众的物质和精神生活水平。孔子说:"其身正,不令而行;其身不正,虽令不从。"领导干部要在群众中树立威信,带领人民群众勤俭办事业,必须言行一致,牢记"衣暖勿忘民寒,食足常思民饥"的古训,做到生活上低标准,工作上高标准,自觉压缩、降低、削减办公经费,带头过紧日子,有效降低行政成本,为身边的党员干部和人民群众树立值得信赖和拥戴的一面镜子。同时,还要认真履行管理者的责任,着眼"守好自己的门,管好自己的人",建立完善刚性的监督制约机制,明确规定应当怎么做,不得怎么做,违反了怎么处罚,从体制上堵住公款消费等错误行为。要加强监督检查,实行动态管理,对奢侈浪费的人和事要及时曝光甚至严肃处理,对艰苦奋斗的先进典型要大力表彰和宣传,努力营造艰苦奋斗光荣、铺张浪费可耻的社会氛围。

(作者:中共陕西省委常委、纪委书记)

充分发挥纪检监察在服务大局中的作用

任泽民

2010年以来，浙江省各级纪检监察机关和广大纪检监察干部在中央纪委、监察部和省委、省政府的领导下，按照十七届中央纪委第五次全会和省纪委十二届五次、六次全会的部署，以学习贯彻贺国强同志在浙江考察指导工作时的重要讲话精神为动力，严格执行党风廉政建设责任制，着力推进反腐倡廉理念思路和惩治、预防工作方式方法的创新，为全省改革发展稳定大局提供了有力保障。

一、着眼全局、服务发展的意识更加强化。 把反腐倡廉工作放在经济社会发展的大局中来认识和把握，是纪检监察机关履行好职责的根本。我们讲“做党的忠诚卫士”，为中心工作服务，就是要紧紧围绕党委政府的重大决策部署，主动跟进、全程保障。2010年以来，全省各级纪检监察机关紧紧围绕积极应对国际金融危机、继续做好扩内需促增长等各项工作；紧紧围绕加快经济发展方式转变、促进经济转型升级、大力推进生态文明建设等中心工作，牢固树立全局意识，充分发挥纪律保障作用，促进各项工作的落实。为了促进我省经济平稳较快发展，制定下发了《关于加强对2010年中央扩大内需促进经济增长政策落实监督检查工作的实施意见》，对重点领域、重点地区、重点项目进行抽查，督促整改问题50个。我们及早谋划、及时下发《关于认真贯彻落实省委十二届七次全会精神，扎实推进生态文明建设的通知》，对全省各级纪检监察机关树立生态理念、强化监督检查、优化发展环境提出了明确要求。针对我省近期连续的强降雨给生产生活带来的严重影响，省纪委、监察厅于2010年7月12日专门下发了《关于在防汛抢险救灾工作中进一步发挥纪检监察职能作用的通知》，要求各级纪检监察机关为夺取防汛抢险救灾工作的胜利提供有力保障。

二、执纪为民、保障民生的措施更加有力。 密切党同人民群众的血肉联系是党风廉政建设的核心任务，是当好“群众的贴心人”的具体要求。人民群众反映强烈的问题就是纪检监察工作的重点，只有这样，才能真正取信于民。省纪委、监察厅紧紧抓住群众最关心的教育、医疗、食品安全、环境保护、安全生产，以及干部作风粗暴、办事不公、效率低下甚至以权谋私等方面反映强烈的热点问题，采取有力措施，逐项予以解决，取得了良好的社会效果。2010年初专门部署开展了以“治庸治懒、提能增效、狠抓落实”为重点的“深化作风建设年”活动和“千局万站优化发展环境”活动，上半年共帮助群众解决实际问题11861个。同时，紧紧抓住农村基层这个重点，切实加强对农村集体资金、资产和资源的管理，在全省所有行政村建立村务监督委员会的基础上，今年着眼于规范运作、强化监督、发挥作用，制定了《浙江省村务监督委员会工作规程(试行)》。2010年全国“两会”期间，中共中央政治局常委、国家副主席习近平同志对我省全面推广建立村务监督委员会的做法给予高度评价，他指出：“这是一个很好的经验，值得广泛推广！”同时，我们以“评星晋级”活动为抓手，在全省启动了第二轮创建“农村基层党风廉政建设示范村”活动，并通过各类专项治理、监督检查，努力把人民群众的利益维护好、保障好。

三、惩防并举、注重预防的思路更加清晰。 坚决惩治和有效预防腐败，是必须始终抓好的重大政治任务。2010年以来，我们认真受理群众信访举报，依纪依法坚决惩治腐败，严肃查处了杭州市滨江区原区委书记尚国胜案、温州市瓯海区原区委书记谢再兴案等一批严重违纪违法案件。同时，坚持以惩防体系建设为重点，更加注重治本，更加注重预防，更加注重制度建设，把让干部少犯、不犯错误作为工作的最高境界。我们采取学习会、专题报告会、组织宣讲团、研究制定实施细则等一系列有力措施，在全省掀起了学习、宣传、贯彻《廉政准则》的热潮，不断加强党员领导干部的理想信念教育和廉洁从政教育，筑牢拒腐防变的思想道德防线和党纪条规防线。不断拓展惩防体系构建方式，重点研究制定《浙江省党员领导干部防止利益冲突暂行办法》等52项制度，努力减少权力寻租的空间。制定出台发挥办案治本功能的专门意见，深入剖析典型案件，研究发案规律，以查促教、以查促管、以查促防。

四、解放思想、改革创新的特点更加鲜明。用改革的思路和办法解决导致腐败现象发生的深层次问题，是有效惩治和预防腐败的根本途径。全省各地紧密结合实际，尊重基层和群众的首创精神，加大改革力度，不断推进制度创新，全省上下形成了一批改革创新的好经验、好做法。我们根据工作需要，积极创新和改进巡视工作，把领导班子特别是主要领导作为巡视的重点，加大对县（市、区）的巡视工作力度，努力实现县（市、区）巡视的全覆盖，同时，注重把巡视组与市纪委的力量进行整合，壮大巡视工作队伍，改变了过去单一由巡视组开展工作的局面，形成了较好的合力。积极探索行政许可职能整合改革，使部门行政许可事项向一个科室集中、从一个窗口对外；创新电子监察系统建设模式，实施行政审批网上监察，既方便了群众办事，又促进了廉政建设。着力推进全省公共资源市场化配置工作，整合和利用好省市县三级公共资源交易平台，逐步做到“三统一”：统一招投标政策标准，统一使用评标专家库，统一招投标信息发布。实践证明，只有坚持以创新思路寻求治本办法，才能有效规范权力运行，才能不断铲除腐败现象滋生蔓延的土壤。

五、凝心聚力、创先争优的氛围更加浓厚。根据新形势、新任务的要求，进一步加强纪检监察机关自身队伍建设，不断提高纪检监察干部队伍的综合素质是一项十分重要而紧迫的任务。经过不懈的努力，我们攻坚克难、走出困境，使这支队伍理想信念更为坚定、综合素质不断提高、执纪能力得到提升。2010年以来，我们把队伍建设摆在更加重要的位置，认真贯彻落实中央纪委、监察部《关于进一步加强和改进纪检监察干部队伍建设的若干意见》，深入实施“素质提升工程”，着力营造创先争优的浓厚氛围，取得了很好的效果。把思想政治建设摆在首位，在全省纪检监察系统部署开展“深化作风建设年”活动和“之江先锋”创先争优活动，着力提高党性修养，做好党的忠诚卫士，当好群众的贴心人。把加强组织建设作为队伍建设的基础性工作来抓，着力加强县级纪检监察机关建设，经过全省上下的共同努力，人员编制、经费标准、工作装备全部达到中央纪委的要求。着力加强派驻机构建设，省纪委新增派驻机构管理室，并制定加强和改进派驻（出）机构工作、加强派驻（出）机构干部管理等制度。我们还加强巡视组织机构建设，增设了一个巡视组。

（作者：中共浙江省委常委、纪委书记）

反腐倡廉工作要勇于创新善于创新

许云昭

贺国强同志在南京召开的全国反腐倡廉建设创新经验交流会上的讲话强调要坚持以改革创新精神推进反腐倡廉建设,要求各级党委、政府和纪检监察机关特别是各级领导干部要增强创新意识。我们一定要深刻领会精神实质,以勇于探索的精神和求真务实的科学态度,扎实推进反腐倡廉工作创新。

推进反腐倡廉工作创新是时代和现实的必然要求

创新是反腐倡廉工作适应世情、国情、党情变化的客观要求。从世情看,全球化深入推进,腐败突破了国境的限制,呈现出国际化的新趋势,跨国企业行贿、赃款跨国转移和贪官外逃、"裸官"等问题越来越引起人们关注;社会更加开放,信息传播多元快捷,腐败问题极易成为舆论焦点,甚至被一些别有用心的人所利用。从国情看,市场化改革进入攻坚阶段,在打破一些生产要素和行业垄断的过程中必然会出现新的体制机制漏洞;工业化和城镇化快速发展,基础设施建设、房地产开发、资源开发等持续升温,监管广度和难度不断增大;社会事业建设和社会保障力度加大,财政投入和项目增多,加强对其中可能的腐败风险点的预判,有针对性地加大预防腐败工作力度的任务艰巨。从党情看,虽然党的队伍有了很大的发展,但大多数党员没有经过艰苦环境的考验,没有经过严格的党性锻炼,少数党员党性观念不强、信仰不够坚定。这些都要求推进反腐倡廉创新。

创新是推动反腐倡廉工作不断取得成效的不竭动力。改革开放30多年来,我们党坚持从不同时期经济社会发展和反腐败斗争的实际出发,不断推动反腐倡廉理论创新和实践创新,走出了一条中国特色反腐倡廉道路。特别是近年来,中央在领导干部行为规范中提出"防止利益冲突"、在惩防体系建设中提出"廉政风险防控"等新理念,把住房、股权引入领导干部个人事项报告,加强对配偶、子女移居国(境)外的国家工作人员的监管;密集出台《中国共产党党员领导干部廉洁从政若干准则》、《中国共产党巡视工作条例(试行)》、《国有企业领导人员廉洁从业若干规定》、《关于实行党政领导干部问责的暂行规定》以及《党政领导干部选拔任用工作责任追究办法(试行)》等用人监督制度,通过理念和制度创新把反腐倡廉建设推向了新阶段。全国各地勇于探索,在整体推进惩治和预防腐败体系建设、加强廉政风险防控机制建设、强化权力运行制约监督、深化党政正职监督等方面创造了一系列新办法、新措施,取得了明显成效。比如湖南省积极探索规范自由裁量权、加强行政权力监督的办法,出台并实施了《湖南省行政程序规定》、《湖南省规范性文件管理办法》、《湖南省规范行政裁量权办法》等规章,被行政法学界称为"湖南模式"。实践证明,创新是反腐倡廉工作抢占先机、掌握工作主动权的有效武器,是勇创一流、实现工作新进步的不竭动力。

创新是反腐倡廉工作突破重点、攻克难点的迫切需要。近年来,全省各部门深入推进反腐倡廉建设,有效遏制了一些领域和环节腐败易发高发的势头,但也有一些领域和环节的腐败问题还没有得到有效遏制和解决。比如,"一把手"腐败问题、公共资源交易领域的腐败问题、行政执法和司法领域的腐败问题、损害群众利益不正之风问题、“三公”消费(公务用车、公务考察、公费接待)问题,等等。有效解决这些重点难点问题,必须通过创新来突破。

创新是有效应对反腐败新情况新问题的根本途径。随着反腐倡廉工作力度的不断加大,腐败形式和手段也不断变化,“裸官”现象、权力期权化腐败、立法中的腐败、利用内幕消息谋取非法利益的腐败等曲线腐败、隐形腐败、高科技腐败近年日益突出。可以预见,将来腐败形式和手段还会不断翻新和变化。有效应对这方面的挑战,关键在创新。

反腐倡廉工作创新必须以科学理论为指导,求真务实

反腐倡廉工作创新必须坚持正确的方向。推进反腐倡廉工作创新,必须坚持以中国特色社会主义理论体系为指导,坚持党的基本理论、基本路线、基本纲领、基本经验;创造性落实党中央关于反腐倡廉建设的一系列重大决策和部署,确保创新工作始终沿着正确的道路推进。必须坚持围绕中心、服务大局,把维护党的政治纪律、确保政令畅通、保障党的重大决策和重要部署的落实作为反腐倡廉工作创新的重要着眼点;高度重视创新对大局的影响,既立足纪检监察工作,又不局限于纪检监察工作本身“就事论事”,确保政治效果、法纪效果和社会效果的统一。必须坚持以人为本,把实现好、维护好、发展好人民群众的根本利益作为反腐倡廉工作创新的根本出发点和落脚点,把惩治腐败同教育人、挽救人结合起来,把对党员干部严格要求和正视与满足其合理需求结合起来。必须坚持反腐倡廉方针及惩治和预防腐败体系基本框架,通过创新使惩治和预防腐败的各项办法、措施、制度更加科学,更加有效,并不断赋予惩防体系新的时代内容。

反腐倡廉工作创新必须遵循客观规律。创新要与党和国家的基本制度安排相配套,与经济社会发展的趋势相一致,与社会进步的节奏相同步,努力保持可持续性。创新要与现实环境和条件相适应,在理想与现实、需要和可能中间找到结合点,做到因时、因地、因事制宜,提高针对性和实效性。创新要与反腐倡廉机制发挥作用的内在规律和要求相一致。一方面要把握和遵循每种措施发挥作用的内在特点和规律,发挥各种措施的独特作用。另一方面,要对反腐倡廉各项工作和措施进行正确定位、科学组合、协调使用,发挥好惩防体系建设的龙头带动作用、教育的先导作用、制度的基础作用、权力监督制约的关键作用、改革的推动作用、纠风的整治作用、惩治的惩戒作用和治本功能、科技的支撑作用、自身建设的保障作用;求得最佳的整体效果。

反腐倡廉工作创新必须以解决实际问题为导向。要有的放矢抓创新,针对党和政府关注的重点问题、反腐倡廉工作中遇到的瓶颈问题、社会反映强烈的热点问题探索新的工作思路和办法,努力开展有实际需要、有实在内容、有实质成效的创新。要完善机制抓创新,建立健全创新成果先试行后推广机制、社会评价和群众评价机制,防止和杜绝在创新过程中只顾一点不及其余,把创新成果绝对化、扩大化。要持之以恒抓创新。一项创新成果成效如何,涉及的因素和变量很多。因此,抓创新不能希望一蹴而就,不能浅尝辄止,而要持之以恒,一项一项地抓,一步一步地推进,一环一环地落实,确保抓一项成一项,抓一项巩固一项。

反腐倡廉工作创新必须掌握正确的方式方法。要充分尊重群众的首创精神,努力营造崇尚创新精神、支持创新活动、奖励创新成果、宽容创新失误的政策导向、利益机制和社会氛围,及时发现基层的有益做法和新鲜经验,认真总结、提升和完善,使之系统化、条理化。要深入开展调查研究,坚持带着问题搞调研、领导带头搞调研,通过调研使问题得到梳理、原因得到反思、解决问题的办法进一步明晰;建立反腐倡廉创新专家库,与相关职能部门和专家学者开展合作,调动社会上的一切积极因素共同参与创新。要善于运用办案成果,坚持以查促教、以案

促建，充分发挥查办案件的多重功能、多重价值，延伸和转化办案成果，及时针对导致腐败的深层原因和新的腐败苗头完善相关制度。要充分利用科技手段，努力将最新的计算机和信息技术运用到反腐倡廉工作中，不断丰富反腐倡廉的工作手段和方法。

反腐倡廉工作创新必须立足当前、着眼长远，在突破重点难点上下功夫

着力创新加强“一把手”监督的思路和办法。要针对“一把手”的权力特点，研究规范权力运行的办法和措施。比如，针对“一把手”权力广泛而集中的特点，按照党的集体领导原则，探索分解“一把手”权力的办法和措施。“三重一大”事项集体决策制度、“一把手”三个不直接分管就是这方面的尝试。再如，针对“一把手”权力自由处置空间较大的特点，增加一些刚性的程序，防止权力滥用。比如规定一定数量的班子成员共同提出的议题，必须列入会议议程；规定一些重要会议召开的时间间隔等。要针对“一把手”的岗位特点，研究加强监督权威性的办法和措施。“一把手”对下是一个地方或单位的组织者和管理者，对上是政策的执行者和实施者，开展对“一把手”的监督必须把上级监督与下级监督、平级监督紧密结合起来。比如，进一步落实党风廉政建设责任制，将上级监督的职责明确和细化到人、到具体事项，将履行对下级“一把手”监督职责的情况作为上级党风廉政建设和反腐败工作考核的一项重要内容；强化对“一把手”的群众监督，充分发挥好行风评议、投诉热线等监督平台的作用，并将述廉与廉政测评有机结合起来，使群众参与监督的渠道更加畅通和有效。要针对“一把手”的影响力特点，研究提高监督实效性的办法和措施。“一把手”的权力影响范围很宽，加强对“一把手”的监督不能采取单一手段，必须综合运用各项措施。比如，充分发挥各种监督主体、监督渠道、监督手段的作用，广泛收集各方面的信息；建立信息通报与交流、线索与案件移送、重要问题联合会诊的机制和平台，加强信息分析和集成，等等。

着力创新防治公共资源交易领域腐败的思路和办法。要在公共资源交易制度框架上创新。针对我国公共资源交易法规制度的规定大多比较原则、实际工作中操作空间较大的问题，紧密结合工作实际，加紧完善相关操作细则，形成缜密的工作和监督程序。比如，为防止围标串标，可以制订招标前期准备工作审查制、投标单位法人现场承诺制、投标保证金集中管理制、招标代理机构随机抽取制等制度，尽量减少漏洞。要在监管机制和平台建设上创新。借鉴发达国家建立专业和相对独立的监管机构实施监管的成功经验，探索建立能够有效整合纪检监察、发改、财政、建设、国土、审计以及有关专业部门监督职能的综合监督机制，解决监督不到位的问题。要在监管手段上创新。充分发挥信息技术高效便捷和刚性约束强的优势，建立网上电子交易平台，采用计算机自动抽取专家、远程评标、电子竞价等技术手段，最大限度避免人为因素干扰，保证交易公平。要在行业诚信机制建设上创新。建立健全相关行业诚信机制，将诚信的要求融入到制度中，形成硬性约束，促使交易各方加强自律，解决一些单纯利用技术手段不能解决或解决不好的问题。

着力创新防治行政执法和司法领域腐败问题的思路和办法。重点解决三个问题。一是重点解决立法中的“部门利益倾向”问题。坚持部门规章由人大常委会法制工作机构、政府法制部门等相对独立的机构起草；在立法实践中广泛听取社会各方面的意见；加强对部门规章的审议审查，减少部门利益色彩。二是重点解决自由裁量权过大问题。自由裁量权过大，容易导致“合法滥权”。解决这一问题，可以实行自由裁量权基准制度，将法定的自由裁量权细化为若干裁量等级，缩小每一等级的自由裁量幅度；针对不同行政和司法人员因认知不同、判断标准不同而导致的自由裁量差异问题，定期发布典型案例加以具体指导；实行重大行政和

司法行为听证制、合议制，等等。三是重点解决违法滥权问题。针对行政和司法人员滥用权力、越位错位执法搞腐败问题，建立有效的执法司法监控机制。比如，加强对行政和司法人员执行公务活动的程序管理，严格执行回避、表明身份、公开告知、时效、说明理由等制度；建立健全执法责任制和行政问责制，对各种滥权行为终身追究相关责任人的执法过错责任和相关领导的领导责任；加强对相对人申辩、请求举行听证、申请复议、提出诉讼、请求国家赔偿权等权利的保护，等等。

着力创新防治损害群众利益不正之风的思路和办法。一要努力消除损害群众利益行为的制度诱因，将监督因素寓于相关改革和政策中。一些法规制度在制订过程中，往往考虑业务工作本身较多，考虑防止腐败的要求不足，其中隐藏的一些漏洞可能成为诱发损害群众利益不正之风的制度性源头。创新防治损害群众利益不正之风的办法和措施，要寓监督因素于各项改革和制度建设中，超前评估和规范各种腐败风险。如在政策制订过程中，应当把堵塞腐败漏洞的要求作为各类法规制订和审查的必经法定程序，由相关专业机构进行把关，防止各种可能诱发此类问题的制度性缺陷；政策实施后，要加强跟踪调查，及时解决好实践中暴露出来的问题。二要畅通群众监督与上级监督有效结合的渠道。群众是当前一些领域不正之风的直接受害者，对这类行为最清楚、最愤恨、最有发言权，但群众对这类行为并没有调查和处理等实际权力。有效加强对这一问题的监管，必须紧紧依靠人民群众这一监督主体，并充分发挥组织的作用，实现群众监督与上级专门机关监督的无缝对接、有效互动。比如，建立健全信访举报、投诉专线、电子邮箱、投诉网站等多位一体的民情反馈网络，方便群众投诉和举报；利用网络平台加强与网民沟通，及时掌握社会脉搏；建立对群众关切的快速回应机制，包括群众意见回复机制、群众投诉调查机制、群众代表直接参与重大民生问题决策机制等。在其他一些群众具有知情优势的问题上，也要善于运用民意调查、民主测评等机制来提高监督的有效性。

着力创新解决“三公”消费问题的思路和办法。要积极稳妥地探索“三公”消费货币化改革办法。“三公”消费问题十分复杂，积极稳妥地推进“三公”消费货币化改革是解决这一问题的根本方向。要本着节约财政开支、降低公务成本、提高行政经费使用效率、促进党风廉政建设的原则，在兼顾各方利益的前提下，按照先易后难、自下而上的步骤，积极探索改革办法。要从资金源头创新对“三公”消费的管理。比如，实行财政资金零基预算，将部门所有资金全部纳入监管范围，所有消费都纳入预算框架内；细化预算口径和支出项目，加强对“三公”消费的总额监管和分项管理，等等。要创新对“三公”消费的日常监管措施。如加大“三公”消费公示力度，发挥群众和社会监督的作用；针对现金消费模式容易产生管理漏洞的问题，采用刷卡消费、转账支付等办法，减少现金流转；针对监督客体过于宽泛的问题，实行定点消费、定点接待，等等，有效遏制“三公”消费中假公济私、奢侈浪费问题。

（作者：中共湖南省委常委、纪委书记）

改进作风　严明纪律
确保新一轮西部大开发战略顺利实施

刘晓滨

1999年,党中央着眼于我国现代化建设全局,着眼于中华民族伟大复兴,作出了实施西部大开发战略的重大决策,拉开了西部大开发的序幕。宁夏作为西部大开发的主战场之一,深入实施西部大开发战略部署,既要靠中央和全国大力支持,更要靠全区各级党委、政府和广大干部群众坚定信心、扎实工作,顽强拼搏、不懈奋斗,以更加坚定的信心、更加坚决的态度、更加有力的措施、更加扎实的工作,用自己的辛勤努力和汗水建设美好家园。

必须以优良的作风推动新一轮西部大开发战略部署的贯彻落实

干部的作风体现着党的宗旨,关系党的形象,决定着中央和自治区重大决策能否贯彻落实,关系到新一轮西部大开发战略部署的顺利实施。近年来,宁夏紧紧抓住国家实施西部大开发战略的历史机遇,经济社会实现了跨越式发展,但与沿海发达省份相比、与中部迅速崛起的省份相比、与西部快速发展的省份相比,差距还很大,面临的困难还很多。因此,面对取得的成绩,各级干部不能沾沾自喜、盲目乐观;面对差距和困难,更不能妄自菲薄、怨天尤人,一定要团结一心、迎难而上,以昂扬向上的精神状态,以优良的党风促政风带民风,形成凝聚党心民心的强大力量。

要在艰苦奋斗上作表率。艰苦奋斗是我们党的优良传统,是凝聚人心、战胜困难的强大力量。特别是当前我区正处在爬坡追赶的关键时期,人民群众的生活还不富裕,全区广大党员干部特别是领导干部必须继续发扬艰苦奋斗、勤俭节约的精神,切实做到静以修身、勤以为政、俭以养德,带头反对铺张浪费和大手大脚,带头抵制拜金主义、享乐主义和奢靡之风,真正把有限的资金和资源用在发展经济、改善民生上。各级纪检监察机关和广大纪检监察干部要率先垂范,认真履职,加强监督检查和开展专项治理,督促各级党政机关和领导干部认真贯彻落实中央和自治区关于党政机关厉行节约的有关规定,大力压缩行政事业办公经费,削减一切不必要的开支,降低行政成本。对铺张浪费、奢靡享乐、挥霍公款的,必须严肃处理。

要在真抓实干上作表率。邓小平同志指出,世界上的事情都是干出来的,不干,半点马克思主义都没有。当前,我们的发展面临着重大历史机遇。同时,肩负的任务也是前所未有的繁重和艰巨。只有脚踏实地、埋头苦干,才能把握机遇、乘势而上。各级领导干部要把困难估计得更充分,把应对措施考虑得更周全,把中央的方针政策与宁夏实际结合得更紧密,坚持一切从实际出发,自觉按客观规律办事;要把心思用在干事业上,在攻坚克难上狠下工夫,敢于直面困难、正视矛盾,主动到条件艰苦、环境复杂、矛盾集中的地方去,同干部群众一起研究办法、采取措施,努力打开工作局面;要把精力投到察实情、出实招、办实事上,在抓落实上狠下工夫,定下来的事情就要雷厉风行、抓紧实施,部署的工作就要加强督查、一抓到底,完成了的事情就要及时总结、完善提高,保证每项工作取得实效,努力做出经得起实践、人民和历史检验的实绩。要坚决制止搞劳民伤财的“形象工程”和沽名钓誉的“政绩工程”,对因作风漂浮、敷衍塞责而引发重大事件或造成重大损失的，对弄虚作假、虚报浮夸的，必须严肃追究责任。

要在改革创新上作表率。禁区不突破永远是禁区，难题不破解永远是难题，没有改革创新就没有进一步的发展。要增强创新意识，坚持解放思想、实事求是、与时俱进，把创新热情与科学态度有机结合起来，保持昂扬向上、奋发有为、开拓进取的精神状态，努力做改革创新的倡导者、实践者和推动者。要掌握创新方法，善于把中央精神与我区实际情况紧密结合起来，善于学习一切有益的经验与做法，不断研究新情况，解决新问题，创造性地提出本地区本部门发展的新思路新办法新举措。要尊重基层和群众的首创精神，积极鼓励、支持干部和群众的创新活动，及时总结推广基层和群众在实践中创造的有益做法和新鲜经验，从人民群众的丰富实践和发展要求中获得改革创新的不竭动力。

必须以严明的纪律营造风清气正的发展环境

严守党的纪律，是对党员领导干部的基本要求，也是保证党的路线方针政策贯彻执行的前提条件。要在深入实施西部大开发战略中抢抓机遇、加快发展，要求党员领导干部必须增强纪律观念、强化纪律意识、模范遵守党的纪律，以严明的纪律确保中央深入实施西部大开发战略部署得到不折不扣的贯彻落实，确保党委、政府重大决策措施得到不折不扣的贯彻落实。

严格党的政治纪律。各级党组织和广大党员干部要自觉做到在思想上、政治上、行动上始终同以胡锦涛同志为总书记的党中央保持高度一致，坚决贯彻落实中央深入实施西部大开发战略部署，坚决贯彻落实自治区党委、政府重大决策措施。各级纪检监察机关要加强对政治纪律执行情况的监督检查，对散布违背党的路线方针政策的意见、公开发表同中央和自治区党委决定相违背的言论、传播政治谣言、影响民族团结和社会稳定的行为，必须严肃查处；对中央和自治区党委的部署和决定阳奉阴违，有令不行、有禁不止、各行其是的行为，必须坚决纠正，确保西部大开发战略决策部署顺利实施。

严格组织人事纪律。坚持民主集中制原则，进一步完善领导班子议事规则，凡属重大决策、重要人事任免、重大项目安排及大额资金使用，必须由领导班子集体研究决定，防止个人说了算。进一步解放思想、更新观念，拓宽视野选拔干部，广辟途径培养干部，满腔热情爱护干部，严格要求管理干部。坚持任人唯贤，注重选拔政治上靠得住、工作上有本事、作风上过得硬、人民群众信得过的优秀干部，让能干事者有机会、干成事者有舞台，不让老实人吃亏，不让投机钻营者得利。要匡正选人用人风气，坚决纠正用人上的不正之风，坚决反对拉帮结派、搞小团伙，坚决整治跑官要官、买官卖官、拉票贿选等问题。

严格廉政工作纪律。随着新一轮西部大开发的深入实施，中央将在基础设施建设、文化教育事业、生态环境保护工程等方面对西部地区进一步加大投入力度。党员领导干部要自觉遵守廉洁从政各项规定，严格要求自己，严格要求配偶子女和身边工作人员，不插手工程建设项目，更不能利用职权贪污受贿、以权谋私、搞权钱交易。各级纪检监察机关要密切关注新一轮西部大开发战略实施过程中腐败问题发生的新动向，严肃查办发生在领导机关和领导干部中滥用职权、贪污受贿、腐化堕落、失职渎职案件，特别是领导干部利用职权和职务影响谋取不正当利益的案件，严肃查办工程建设、房地产开发、土地管理和矿产资源开发等重点领域和关键环节的案件，严肃查办商业贿赂案件和严重侵害群众利益案件，坚决遏制一些领域腐败现象易发多发势头。

严格群众工作纪律。关注民生、改善民生，是我们一切工作的出发点和落脚点。各级党委、政府和纪检监察机关要本着“群众反映什么问题突出，就着力解决什么问题”的原则，加强基层基础工作，妥善协调各种利益关系，维护和促进社会公平。要进一步加强和改进信访举报工作，变被动应访为主动接访，变群众上访为干部下访，及时了解民情，化解矛盾纠纷。各级干部要坚持立党为公、执政为民，牢固树立宗旨意识和群众观点，坚持思想上尊重群众、感情上贴近群众、工作上依靠群众，多干打基础、利长远、惠民生的好事实事，坚决纠正形式主义、官僚主义、享乐主义、弄虚作假等行为，切实维护和谐稳定、民族团结的大好局面，为深入实施西部大开发战略创造一个风清气正的良好环境。

（作者：宁夏回族自治区党委常委、纪委书记）

纪检监察领导干部加强学习要着力在“勤、广、深、活”上下工夫

弘　强

党的十七届四中全会强调：“全党要高度重视，切实提高学习能力和实践能力。”学习是做好一切工作的前提，是最本质的竞争力。推动反腐倡廉建设深入发展，必须更加重视学习，更加注重提高纪检监察干部队伍的能力素质，在建设学习型纪检监察机关上下工夫、求实效。纪检监察领导干部要发挥好示范和导向作用，切实把加强学习作为一项重要政治任务来对待，不仅自己要带头学，而且要督促广大纪检监察干部认真学，着力在“勤学、广学、深学、活学”上下工夫，学以立德、学以增智、学以致用。

笃志好学，在勤学上下工夫。古人讲：“勤学如春起之苗，不见其增，日有所长；辍学如磨刀之石，不见其损，日有所亏。”作为纪检监察领导干部，如果不切实加强学习、及时掌握新知，就无法跟上时代发展步伐，难以适应新形势新任务的要求。我们要把学习作为自身进步的阶梯，把知识作为与时俱进的动力，孜孜以求，永不懈怠，努力以学习的进步推动党性的增强、品德的提升和事业的发展。要养成好的学习习惯。牢固树立终身学习的理念，少一些娱乐应酬，多一些学习静气，拿出一股恒心韧劲，抓住一切可学之机，见缝插针、化整为零，集腋成裘、聚沙成塔。要建立健全学习制度。进一步完善理论中心组学习、务虚研究制度，健全和落实常态化、多样化的党员干部学习培训制度，严格执行学习情况考核制度，把“我要学”的自觉性同“要我学”的严格要求统一起来，努力形成重视学习、鼓励学习的鲜明导向。领导干部要带头学习。坚持从自身做起，率先垂范，大兴读书之风，争做学习表率，敏锐接受新思想、新理念，不断掌握新知识、新本领，及时研究新情况、新问题，学习得更勤一些，钻研得更深一些，知识运用得更好一些。

博闻强识，在广学上下工夫。山不辞土，故能成其高；海不辞水，故能成其深。纪检监察工作涵盖多学科、多领域知识，内涵不断充实，外延不断拓展，要求越来越高，难度日渐增大。要推动反腐倡廉建设深入发展，我们必须牢固树立以学广才的理念，进一步改善知识结构、拓宽认知领域，练就现代领导者的真本领。要加强政治理论学习。始终将学好政治理论放在第一位，努力学习中国特色社会主义理论体系，深刻领会科学发展观的科学内涵、精神实质和根本要求，善于运用马克思主义的立场、观点、方法来指导和推进纪检监察工作。要加强纪检监察业务学习。既要下大气力学习掌握党纪政纪条规，熟悉本职工作的内容、方法和程序，努力成为业务工作的行家里手；又要下大气力学习与纪检监察工作密切相关的经济、法律、金融、审

计、科技等方面知识，不断丰富做好工作的知识储备。要及时学习新兴知识。时刻保持“知识恐慌”的危机意识，对不断涌现的新兴知识、前沿理念及时跟踪、深入了解，特别是要尽快掌握网络时代所需要的基本技能和应对之方，努力适应信息化社会的新要求。

精研细思，在深学上下工夫。当前反腐倡廉面临的新形势和新任务，要求纪检监察领导干部不仅具备广博的知识结构，还要具备精专的业务能力。我们在学习中一定要精研细思，将身心投入到系统的阅读、思考和研究中去，既要“博学之”，更要“审问之、慎思之、明辨之、笃行之”。要勤于思考刻苦学。思考、领悟是学习的更高境界，有所思才能有所得，思之越深，所得也会越多。我们的大脑不能仅做知识的“浏览器”、“存储器”，更要做知识的“处理器”，对所学知识要领悟其要义、汲取其精髓，把表象的感觉深刻化，把感性的认识理性化，进一步开阔视野、提升素养、激发潜能。要带着问题深入学。学有所获、学有所成，关键在于坚持问题牵引学习。我们要紧密结合反腐倡廉有关理论课题、热点问题和业务难题，加强学习研究，努力获取最有价值的知识，进一步提高学习的针对性和实效性。要循序渐进扎实学。宋代学者朱熹说过：“读书之法，莫贵于循序而致精。”读书学习是一个长期的、需要付出辛劳的过程，我们不仅要有明确的目标、持久的恒心，还要讲求方式方法，先易后难、由浅入深，在不断巩固已学知识的基础上，深入学习，增厚底蕴。

融会贯通，在活学上下工夫。领导干部的学习能力，不仅表现在掌握知识的广度和深度上，还体现在对知识的灵活吸取和创造性运用上。我们在学习中要坚持学用结合、活学活用，既用所学知识指导实践，又在实践中丰富知识。要触类旁通、举一反三。读书学习既要“入得书”，反复读、仔细品、系统学；又要“出得书”，融会贯通、由此及彼，使静止的知识鲜活起来，使零散的知识变得系统，切实将书本上的知识转变为自己的知识，将学到的知识转化成实际能力。要丰富形式、拓宽渠道。不仅要向书本学，还要向实践学；不仅要关起门来学，还要走出去学；不仅要向领导和周边同志学，还要向广大人民群众学，多与专家学者交朋友，常与行家里手谈心得，获得启发，打开思路。要联系实际、学以致用。学习的目的全在于应用。我们要大力弘扬理论联系实际的学风，紧密结合反腐倡廉工作实际，把学与用、知与行统一起来，使学习的过程成为提高认识、增强素养、坚定信念的过程，成为谋划思路、指导实践、推进工作的过程，真正做到学以致用、用以促学、学用相长。

（作者：中共江苏省委常委、纪委书记）

建设廉政文化　弘扬清风正气
努力为反腐倡廉营造良好的社会氛围

张　力

廉政文化是以廉政为思想内涵、以文化为表现形式的一种文化，是廉洁理念和廉洁从政行为在文化和观念上的反映。它以先进的廉政制度为基础，以先进的廉政理论为统领，以先进的廉政思想为核心，以先进的廉政文学艺术为载体，具有深厚的历史渊源、高尚的精神内涵、鲜明的时代特征和丰富的社会实践，代表了当代中国先进文化的价值取向。近年来，内蒙古自治区纪委把廉政文化建设作为搞好反腐倡廉工作的有效载体和重要抓手，广泛开展廉政文化创建活动，让廉政文化进入千家万户，进入广大党员干部和群众的心间。为推动党风廉政建设和反腐败斗争的深入开展提供了思想保障和文化支撑；为促进科学发展观的贯彻落实，构建文明和谐的内蒙古营造了风清气正的社会氛围。

一、提高认识、健全机制，切实加强对廉政文化建设的组织领导

加强廉政文化建设，是社会主义精神文明、政治文明和社会文明建设的重要组成部分，是社会主义核心价值体系的内在要求。廉政文化建设搞好了，能够使反腐倡廉教育更具活力，使制度建设更加有效，使监督和惩治更加有力。近年来，内蒙古自治区各级党委、政府和纪检监察机关对廉政文化建设高度重视，加强领导，综合协调，不断提高廉政文化建设的组织化、社会化、规范化水平。自治区纪委、组织部、宣传部联合颁发了《加强廉政文化建设实施意见》，统一了全区廉政文化建设的指导思想、工作目标、工作任务和工作要求。自治区纪委分别在通辽市、鄂尔多斯市、阿拉善盟和兴安盟等地召开全区廉政文化经验交流会，并且每年在全区反腐倡廉宣教工作座谈会上，专门对各地区廉政文化的建设成果进行展示。自治区各级党政领导不仅经常听取廉政文化工作的情况汇报，给予具体指导，而且亲自参加各种廉政文化活动。由于领导重视，不仅使廉政文化建设摆上了应有的位置，也极大地调动了各级纪检监察机关的积极性和创造性。呼和浩特、乌兰察布、锡林郭勒等盟市充分发挥反腐倡廉建设的整体优势，建立健全工作机制，明确了廉政文化建设的牵头单位和责任部门；包头、通辽、乌海等地建立廉政文化建设保障机制，通过财政拨款、企事业单位自筹、社会各方面资助、市场化运作等多种渠道，从人力、物力、财力上为廉政文化建设提供保障；鄂尔多斯、阿拉善、兴安盟等地建立健全目标管理、考核评价和激励机制，形成了一级抓一级，层层抓落实的良好局面。

二、结合实际，拓展载体，努力整合廉政文化建设的社会资源

廉政文化承担着树立廉洁理念、提倡廉洁精神、营造廉洁环境、激浊扬清的重要任务。内蒙古自治区坚持形式多样化、内容人性化、体现亲和力、增强感染力的原则，通过党组织教育和国民教育、学校教育和社会教育、示范教育和警示教育、集中教育和自我教育，努力整合社会资源，开展丰富多彩的廉政文化创建活动，收到了潜移默化、润物无声的效果。

一是充分发挥新闻媒体在廉政文化建设中的作用。利用报刊、广播、电视等大众媒体，以开设专栏、发布新闻、刊播廉政公益广告等形式，强化反腐倡廉的舆论宣传。各地区还注重发挥移动多媒体广播电视、网络广播电视、手机广播电视等新兴媒介的优势，打造技术先进、传输快捷、覆盖广泛的廉政文化传播平台。基本做到了：电视有廉政专栏，报纸有廉政专版，手机有廉政短信，互联网有廉政网站，新年伊始赠送廉政贺卡。

二是积极开展反腐倡廉网络宣传，推进反腐倡廉网络文化建设。围绕反腐倡廉建设，有针对性地组织策划网上主题宣传，加强网络评论工作，主动做好网络信息收集研判和处置工作。各盟市通过自建的廉政网站，准确发布权威信息，及时回应社会关注的反腐倡廉热点问题，推动健康向上的网络文化建设。今年，自治区纪委在北京集中培训网络评论员160人，撰写网上评论文章800余篇。

三是充分发挥现有宣传阵地在廉政文化建设中的作用。各地充分利用影剧院、文体中心、博物馆、图书馆、文化馆、广场舞台等文化设施以及各类教育基地，积极组织优秀廉政文化作品的展演、展示和宣传活动，扩大创建活动的开放度和群众参与度。在创建活动过程中，注重挖掘、整理各类爱国主义教育基地、革命纪念馆

以及其他历史文化名胜中蕴含的廉政资源，使之成为党员干部接受反腐倡廉教育的重要阵地和广大群众增强反腐倡廉意识的重要场所。目前全区各盟市和大部分旗县都建立了不同类型的廉政教育基地。

三、兼容并蓄，保持风格，突出廉政文化建设的地域特征

加强廉政文化建设，既要符合思想宣传工作的一般规律，又要体现自身的特点。底蕴深厚的草原文化，与黄河文化、长江文化等一样是组成中华文化的源头之一，与中华民族整体文明紧密相连，是具有浓郁地域特色和民族特色的综合文化形态。我们借助自治区建设民族文化大区的东风，努力构建内蒙古自治区廉政文化开放兼容、追求卓越的特质，建设展示内蒙古风貌的廉政文化体系。比如巴彦淖尔市召开廉政文化建设研讨会，专题研究如何挖掘河套文化的深厚内涵，将廉政文化植根于河套文化之中，提升地区廉政文化建设水平；通辽市每年都要举办为期一个月的科尔沁廉政文化节，并举行“清风拂尽科尔沁”文艺调演；阿拉善盟每年在开展廉政文化推进月活动期间，都要举办“大漠驼乡扬清风”文艺汇演。

四、创新形式，突出主题，积极开展廉政文化“六进”活动

文化是一种大众意识和观点，廉政文化是一种大众对于腐败与廉洁的根本看法。廉政文化既是先进的政治文化，又是社会通俗文化，主体是党员干部和人民群众，只有大众的普遍参与才能最终达到文化建设的目的。近年来，内蒙古自治区把廉政文化建设与党的建设、文明创建、基层民主建设以及企业生产经营活动等有机结合起来，强化道德教化功能，使其有效地寓于机关、社区、企业、学校、农村、牧区等经常性工作中。

一是开展以“思廉修德，勤政为民”为主题的廉政文化进机关活动。结合创建学习型、服务型机关，将廉政文化融入机关文化建设，使机关干部在文化熏陶中增强廉洁自律意识。各级党政机关充分利用墙报、专栏、牌匾、桌牌、电脑屏保、手机彩铃开展反腐倡廉宣传，在大厅、走廊张贴以廉政格言警句为内容的书画作品，LED 电子屏幕滚动播放廉政公益广告，形成了“艺术倡廉、典型导廉、网络传廉、读书思廉、活动促廉”的良好格局。自治区在普遍开展示范教育和岗位廉政教育的基础上，十分重视对领导干部进行警示教育，充分发挥查办案件的治本功能，深刻剖析典型腐败案件，在党员干部中大力弘扬廉为美、贪为丑的清风正气。

二是开展以“同筑反腐防线，共享美好生活”为主题的廉政文化进社区活动。各地把廉政文化建设与创建文明社区结合起来，充分发挥社区文化活动场所和设施的作用，广泛开展以廉政为主题的群众性文化艺术活动，大力营造崇尚廉洁的良好社区人文环境。通过创建廉政文化广场、廉政文化公园、廉政文化一条街、廉政文化长廊，制作播放廉政文化电视专题片、设立廉政广告灯箱、廉政宣传栏，在社区图书阅览室设置廉政图书角和图书架，组织居民自编自演反腐倡廉文艺节目等形式宣传廉政文化。

三是开展以“倡导廉洁家风，创建文明家庭”为主题的廉政文化进家庭活动。各盟市纪委与当地妇联密切配合，结合创建文明家庭，积极开展家庭助廉教育。大力弘扬以廉立身、以廉治家、以廉教子的传统文化，通过印发争创“廉洁之家”倡议书，组织领导干部家属观看警示教育片，举办反腐倡廉专题讲座，积极引导干部家属当好“廉内助”，营造良好家风。一些地区还组织县处级领导干部的家属到监狱听在押犯人现身说法，推动了廉政文化进家庭活动的开展。

四是开展以“廉洁新一代，共建美好未来”为主题的廉政文化进学校活动。各地针对青少年特点，定期开展各类廉洁教育实践活动，深入推进校园廉洁文化建设。通过举办“艰苦奋斗、崇尚廉洁”专题讲座、给家长写廉政家信、

编辑“廉洁校园”手抄报，举办“让廉洁成为生活方式”主题班会、讲述古今中外廉政故事等活动，引导和培养青少年树立正确的价值观念和高尚的道德情操。

五是开展以“廉洁从业，诚实守信”为主题的廉政文化进企业活动。驻区和区属国有大中型企业把廉政文化融入到企业发展战略之中，结合治理商业贿赂和职业道德建设，大力开展依法经营、廉洁从业教育和国有资产保值增值责任意识教育，打造廉洁企业，促进生产经营。

六是开展以“树清风正气，建文明新村”为主题的廉政文化进农村牧区活动。各地紧紧围绕社会主义新农村建设这个中心，把廉政文化建设与文明乡风、民主法治建设有机结合起来，以提高农牧区基层干部廉洁意识为重点，通过送文化下乡活动和农村牧区党员干部现代远程教育、文化信息资源共享等文化惠民工程，大力开展廉政文化进农村牧区活动。近年来，各级纪检监察机关向基层发放党风廉政建设方面的书刊30余万册、廉政宣传光盘4万多套，并利用文化站（室）经常组织农牧民开展健康向上的文化娱乐活动。组织乌兰牧骑深入乡（苏木）、村（嘎查）演出，组织反腐倡廉影视片巡演、观看《廉政中国》电教片，使乡镇苏木干部和广大农牧民接受了廉政文化的熏陶。

（作者：内蒙古自治区党委常委、纪委书记）

深入开展廉政文化建设
为反腐倡廉建设提供坚强保证

王海超

党的十七大以来，浙江省纪委认真贯彻中央加强廉政文化建设的工作部署，落实中央纪委《关于加强廉政文化建设的意见》，积极探索具有浙江特色的廉政文化建设，取得了明显成效。2009年，全省党风廉政建设问卷调查显示，68%的被调查者认为通过开展廉政文化建设，有效增强了全社会的反腐倡廉氛围。

一、我省廉政文化建设的基本做法

（一）适应廉政文化是先进文化的要求，着力加强廉政文化长效机制建设

浙江省各级党政组织和纪检监察机关高度重视廉政文化建设。省委出台《关于加快建设文化大省的决定》和《关于加强廉政文化建设的意见》，对今后5至10年全省廉政文化建设作出整体规划，着力在建设长效机制、谋求长远发展上下功夫，为廉政文化建设提供制度保证。省委将廉政文化建设纳入《浙江省建立健全惩治和预防腐败体系2008—2012年实施办法》，作为构建惩防体系的重要载体和工作重点，将其作为党风廉政建设责任制的重要内容，列入地方党政领导班子、领导干部实绩考核的内容。省委专门成立廉政文化建设协调小组，由省纪委、省委宣传部分管领导牵头，组织、农办、教育、文化等22个省级相关部门为成员单位，指导协调全省廉政文化建设。各地各单位也都建立了相关机构，不断完善工作机制，强化组织协调。实践证明，加强和完善廉政文化机制制度建设，使我省廉政文化建设始终保持了良好的发展势头。

廉政文化建设需要先进理论作指导。我们积极依托各级党校、科研院所、大专院校，在全省范围内建立了一批廉政文化研究机构，广泛开展廉政文化实践和理论研讨交流活动，用不

断发展的廉政文化理论指导廉政文化建设新的实践。在指导思想上，坚持以马列主义、毛泽东思想、邓小平理论和“三个代表”重要思想为指导，以科学发展观为统领，坚持正确的政治方向；在思想内涵上，传承中华文化的思想精华，体现党的宗旨，融合从严治党、反腐倡廉的重要思想，反映社会主义核心价值体系的本质要求；在内容上，以“立党为公、执政为民”为核心，涵盖了党所倡导的“两个务必”、“八个坚持、八个反对”、社会主义荣辱观等基本要求；在形式上，采用雅俗共赏、生动活泼、群众喜闻乐见的各种形式，增强廉政文化的感染力。编辑出版了《周恩来精神风范》、《廉政文化在中国》(浙江卷)、《廉政镜鉴丛书》(共6册)、《儒家思想与从政道德》等一批廉政文化图书，受到党员干部的欢迎。

(二)突出廉政文化是和谐文化的特性，着力扩大廉政文化建设的覆盖面、影响力

廉政文化是和谐文化的重要组成部分，我们以廉政文化“六进”为抓手，调动方方面面的力量，着力拓展廉政文化建设的覆盖面，在全社会营造廉荣贪耻的良好氛围。由机关工委、教育工委、妇联、文明办、国资委和经信委、农办等分别作为廉政文化“六进”的牵头单位，分头主抓各项任务的落实。在全省开展创建廉政文化“六进”示范点活动，省纪委联合“六进”牵头单位专门发文，明确评审标准、方法、步骤，各地各单位积极响应，层层开展评审创建活动，全省共评审命名2610家“六进”示范点，其中省级示范点360家。

以“为民、务实、清廉”为主题，推进廉政文化进机关。突出党政机关和领导干部这个重点，举办“读书修德、以德律己”等读书征文活动，开展“立党为公、执政为民”、“艰苦奋斗、廉洁从政”等主题教育，并运用正反典型，开展岗位廉政风险防范教育、示范教育和警示教育。在全省开展反腐倡廉“六个一”专题教育：一次警示教育大会、一场以反腐倡廉为主要内容的专题报告和新任领导干部党风廉政集体谈话、一次法纪教育活动、一次以反腐倡廉为主要内容的读书学习活动、一次以反腐倡廉为主要内容的专题民主生活会。组织全省勤廉兼优先进事迹巡回报告团，在全省开展巡回报告。制作《警钟》、《警示录》等一批典型违纪违法案例剖析片，对党员领导干部开展警示教育。通过向领导干部赠廉政台历、发廉政短信等形式，开展经常性教育。以“敬廉崇洁”为主题，推进廉政文化进学校。由省教育工委组织编写中小学反腐倡廉教育读本，使廉洁教育进入学生课本。开设反腐倡廉教育课，纳入师生德育教育整体规划，列入学生干部和积极分子培训计划，使廉洁教育进入学生课堂。组织“敬廉崇洁”教育师资培训，培养廉洁教育师资力量。以“诚信廉洁、依法经营”为主题，推进廉政文化进企业。以规模以上企业为重点，把企业廉洁文化融入企业文化建设之中，与治理商业贿赂等专项工作结合起来，进一步促进企业的可持续发展。通过召开廉政文化进企业经验交流会，从理论与实践两个层面，对廉政文化进企业进行广泛研讨交流，促进全省企业廉政文化建设。拓宽廉政文化进企业的领域，开展廉政文化“进市场”、“进工程”活动，着力打造“廉洁市场”和“放心工程”、“廉洁工程”。以“树廉洁家风”为主题，推进廉政文化进家庭。采取召开领导干部家属座谈会、反腐倡廉培训班、参观法纪教育基地、上门走访、发送廉政信函等形式，加强对领导干部家属的廉洁教育。以“创清风家园”为主题，推进廉政文化进社区。把廉政文化进社区与创建文明社区、平安社区等紧密结合起来，将廉政文化建设融入社区文化建设、社区管理和社区服务之中。通过设立廉政文化橱窗、布置廉政楼道、开设社区廉政课堂、举办廉政文化纳凉晚会等形式，既丰富了社区居民的文化生活，又增强了社区干部群众的廉政意识。以“创清廉村风”为主题，推进廉政文化进农村。把廉政文化进农村与建设社会主义新农村结合起来，有机融入到全省“千村示范万村整治工程”中。在百年千年古镇，挖掘提炼村落文化、民俗文化中的廉政内涵，创新廉政文化进农村的有效载体。通过地方戏曲、送廉政春联、文艺大篷车等农民喜闻乐见的文艺形式，把廉政文化融入农村文化建设之中。通过以上一系列的举措，有效地推进了我省廉政文化“六进”工作。

（三）顺应廉政文化是大众文化的需求，着力提高人民群众参与反腐倡廉建设的积极性

浙江文化底蕴深厚，人文资源丰富，开展廉政文化建设的氛围十分浓厚。省纪委充分利用这种优势，积极开展群众喜闻乐见的廉政文化活动，广泛调动人民群众参与反腐倡廉建设的积极性。一是举办廉政文化赛事活动。每两年举办一届“中国（浙江）”廉政故事、廉政小小说、廉政漫画、廉政书画摄影等大赛，创立廉政文化品牌。举办了“红船杯”全国廉政楹联创作大赛、中国（浙江）“鲁迅故里杯”廉政杂文大赛、“扬正气，促和谐”廉政公益广告创作展播评选等活动，通过广泛征集参赛作品、公开评选参赛作品、网络短信投票活动等形式，既丰富了廉政文化活动，又扩大了廉政文化的社会效益。二是开展廉政文艺活动。组织文艺工作者创作反腐倡廉歌曲，开展党员群众万人高唱廉政歌、“中国廉政曲艺晚会”、“中国廉政诗歌朗诵会”等活动，增强廉政文化的吸引力、感染力。组织排演新编廉政越剧《一钱太守》，进京汇报演出，贺国强、尉健行、吴官正、何勇等中央领导同志观看演出，给予高度评价。《一钱太守》在全省巡演50多场，产生了良好的社会效益，被评为浙江省第十届精神文明建设“五个一工程”奖，全国廉政文化建设十件大事之一。三是建立廉政文化教育基地。省纪委、省委宣传部等7家单位开展创建廉政文化教育基地活动，目前，全省有廉政文化教育基地57家。各地各单位通过挖掘红色文化、革命传统文化、村落文化等，结合红色旅游，培育创建传播廉政文化的阵地。省纪委先后分两批评审命名了“宁波慈城清风园”、绍兴“周恩来风范园”等22家浙江省廉政文化教育基地。宁波慈城清风园和嘉兴南湖革命纪念馆还被评为第一批“全国廉政教育基地”。四是利用公共文化设施弘扬廉政文化。利用影剧院、博物馆等公益性文化设施及旅游景点、人文景观等，通过举办展览、举行讲座、放映影视作品、提供图书资料等形式，提高廉政文化活动的开放度和群众参与度。省纪委制作了10万套基层党风廉政建设宣传画，发送到全省乡镇（街道）、行政村和基层站所，营造浓厚的廉政文化氛围。五是利用新闻媒体主流阵地宣传廉政文化。依托党报、党刊等主流阵地，通过创办《反腐前线》电视栏目、开通“廉政在线”网站、设立党风廉政宣传专栏，采取召开新闻发布会、组织采风、专题报道等形式，广泛传播廉政文化。宁波市纪委建立的“中国廉政文化网”，推出网上“廉政课堂”、反腐倡廉影视作品等栏目，访问量在同类网站中居全国第一。

二、廉政文化建设必须处理好几个关系

廉政文化建设是一项社会系统工作，涉及方方面面，必须正确处理好以下几个关系：

一是点与面的关系。既要突出重点，显示亮点，又要以点带面，推动全局。廉政文化建设既要抓住党员干部特别是领导干部这个重点，又要面向全党全社会，树立贪耻廉荣的社会氛围。

二是量与质的关系。廉政文化建设是润物细无声的工作，既要有量的积累，体现工作数量，注重造势，营造氛围，又要确立质量意识，注重工作成效，增强廉政文化的针对性、有效性。

三是新与旧的关系。既要继承过去行之有效的好做法、好经验，又要与时俱进，开拓创新，不断研究新情况，发现新问题，总结新经验，积极探索行之有效的方法和载体。要创新有效形式，体现时代特色，充分利用现代传媒工具，提高科技含量，增强廉政文化建设的吸引力和感染力。

四是长与短的关系。加强廉政文化建设，

要有战略眼光，既立足于当前，又着眼于长远，把廉政文化建设作为一项长期的战略任务来实施，作为一项百年工程来建设，发挥廉政文化的长远效益。

五是内与外的关系。廉政文化建设是纪检监察机关的职责，同时又是全社会的一项共同任务。既要立足于内，充分发挥纪检监察机关在廉政文化建设中的组织协调作用，又要依靠社会各方面力量共同开展廉政文化建设，形成整体合力。

三、进一步加强廉政文化建设的研究和思考

廉政文化建设是新时期党风廉政建设和反腐败斗争中的一项重大任务，也是一个亟需研究的新课题，必须举全党全社会之力，以宽广的视野、辩证的思维和大胆的实践，不断探索，不断创新，不断突破。结合浙江廉政文化建设的实践，有三个问题需要进一步研究和思考：

（一）要坚持与党委政府文化建设大局相适应，不断推动廉政文化建设的科学发展。当今时代，文化越来越成为民族凝聚力和创造力的重要源泉、越来越成为综合国力竞争的重要因素。廉政文化是廉政建设与先进文化在新的历史条件下互为作用、互为影响而产生的，是社会主义先进文化的重要内容，是文化软实力的重要体现。加强廉政文化建设，是加强党员干部思想政治建设的创新实践。胡锦涛总书记指出，要把廉政文化建设纳入社会主义精神文明建设总体部署。党的十七大把廉政文化写入党的代表大会报告，对廉政文化建设提出了要求。因而，加强廉政文化建设，必须认真贯彻落实胡锦涛总书记的指示要求，纳入党委政府文化建设大局的总体规划，与精神文明建设相适应、相配合、相补充，与文化建设同部署、同考核、同落实，不断开拓创新，勇于实践，稳步推进，才能真正为全面建设小康社会营造良好的廉政文化氛围，为精神文明建设注入新的活力。

（二）要坚持与惩防体系建设相配套，不断强化廉政文化建设的源头治理功效。廉政文化建设是反腐倡廉建设的重要组成部分，是搞好党风廉政建设和反腐败斗争的基础性工作。新时期加强廉政文化建设，必须充分发挥廉政文化建设在源头治理中的功效，坚持与惩防体系建设相配套，把它作为惩防体系建设的一项重要任务，贯彻落实于惩防体系建设的始终。要把廉政文化建设与思想教育、纪律教育，与社会公德、职业道德、家庭美德教育和法制教育结合起来，通过多途径、多渠道、多手段、全方位的廉政文化活动，弘扬真善美，摒弃假恶丑，促使广大党员干部大力倡导并身体力行良好道德风尚，自觉维护党员干部的形象。

（三）要坚持以人为本的工作理念，不断增强廉政文化的说服力、吸引力和感染力。随着经济社会的快速发展，党员干部和人民群众对精神文化的需求越来越强烈、越来越丰富，文化需求的多方面、多层次、多样性日益显现。新时期加强廉政文化建设，必须始终坚持以人为本的理念，把社会效果放在第一位，把满足人们的文化需求，丰富人们的精神生活，提高人们的道德修养作为廉政文化建设的出发点和落脚点。同时要注重方式方法，以党员干部乐于接受、喜闻乐见的文化表现形式，用社会主义核心价值体系和中华民族优秀道德规范的精髓引领党员干部的思想和行为，用社会公德、职业道德、家庭美德以及中华民族关于廉政的优秀传统文化，作用于党员干部尤其是领导干部的内心世界，提高党员干部特别是领导干部的从政道德水平。要遵循文化建设具有渗透性的特点，贴近实际，贴近生活，贴近群众，寓教育于有益的文化活动之中，做到以德感人，以理服人，以情动人，增强廉政文化的说服力、吸引力、感染力和亲和力。

（作者：浙江省纪委副书记）

抓好重点领域廉政建设　促进反腐倡廉工作深入发展

黄作兴

加强重点领域廉政建设，始终是党中央、中央军委和胡主席高度关注、反复强调的一项重要任务。总装大项工程多、投入经费多、面临考验多，加强重大工程建设、装备物资采购、空余房地产管理、经费管理使用和干部选拔任用等重点领域廉政建设，具有很强的现实针对性。

一、规范权力运行，着力解决重点领域廉政建设的核心问题。正确行使权力是反腐倡廉建设特别是重点领域廉政建设的核心问题，必须加强监督制约，确保依法用权、规范用权、廉洁用权。一要强化正确用权意识。通过权力观教育使党员领导干部深刻认识到，权力是党和人民赋予的，必须用来为党和人民服务，不能用于谋私；职位是履行使命和任务的平台，职位越高标准和要求就越高；政策规定是行使职权的准则，必须按政策规定办事，不能违反；党纪法规是不可逾越的“红线”，一定要严格遵守，不能触碰。二要规范正确用权行为。健全结构合理、配置科学、程序严密、制约有效的重点领域权力运行机制，使权力运行符合职责规定和要求，最大限度减少权力寻租的机会；权力配置要科学，使权力相互制约；权力行使要始终置于法规制度约束之下；权力运行要公开，自觉接受群众监督。三要严格正确用权管理。这方面，关键是把管理人财物装的领导干部和机关管住管好。严格领导决策权，坚持重大问题党委集体研究决定，做到不插手、不干预；严格机关办事权，明职责、定权限、讲程序，做到不越位、不越级、不越权；严格自律，做到不该表的态不表、不该办的事不办、不该去的地方坚决不去，切实在对外交往中秉公用权、慎独慎初、廉洁自律。

二、狠抓制度建设，有效形成重点领域廉政建设的制约机制。反腐倡廉制度建设是从源头上防治腐败的治本之举。一方面，要下力抓好现有制度规定的落实，不断增强制度的贯彻力执行力。另一方面，要不断健全完善制度措施，按照及时适用性、官兵关切性、现实针对性、标本兼治性、系统配套性、具体操作性、简洁明了性的要求，解决制度漏洞和缺失，努力形成实在管用、具体可行的廉政制度体系，尤其要注意抓好“五防”：一是从学习贯彻上级决策指示中思防。对上级的最新精神和决策意图认真学习、准确领会，结合本单位、本部门重点领域廉政建设实际，与时俱进研究思考贯彻落实措施。二是从容易出现问题的薄弱环节上设防。针对重点领域业务工作门类广、关键环节多、专业性强等特点，着眼增强针对性、前瞻性，通过专题研讨、专家咨询和社会调查等方法，真正把问题的关键环节弄清楚，有的放矢提出监督措施。三是针对潜规则和暗箱操作筑防。潜规则和暗箱操作具有很强的隐蔽性，是权力腐败的惯用手法。要结合社会环境、文化背景、行业特点等，深入研究分析规避监督的潜规则和暗箱操作，对症下药，从源头上加以防范。四是从腐败现象暴露问题的教训中立防。透视近年来一些重点领域违纪违法案例，制度方面的问题是一个重要原因。要注重深层次剖析，找准容易发生问题的关键部位和薄弱环节，切实拿出有效对策，做到防患于未然。五是从研究遇到的新情况新问题中树防。结合军事斗争准备深化拓展、武器装备建设加速推进、部队基本建设规模逐年扩大的实际，把反腐倡廉建设可能遇到的新情况新问题研究透彻，研究制定具体措施，成熟一项出台一项，逐步完善，形成体系。

三、实施严格督查，不断提高重点领域廉政建设的实际成效。要利用多种时机、采取多种办法、运用多种形式，不断加大监督力度，及时发现和消除违纪违规问题苗头隐患。一要坚持党管党员、强化组织监管。充分发挥党组织监督功能，严格落实个人有关事项报告、述职述廉、过双重组织生活等制度，使每个党员干部都在组织的监督约束之中。对发现的问题及时提醒，该批评的严肃批评，该处理的坚决处理。二要发展党内民主、依靠官兵监督。充分尊重和保障党员的知情权、参与权、选择权、监督权，把公开党内事务和具体事务作为重要平台，不断拓展官兵参与监督的途径和渠道，促进科学决策、正确用权、公正处事。三要加强检查巡查、注重解决问题。从改变专项性和突击性检查多、日常监督少，个别事项检查多、全方位跟踪监督少等现象入手，加强事前参与预警、事中跟踪防范、事后审核问效。尤其要认真研究军队巡视工作试点经验，积极借鉴地方成功做法，紧密结合总装实际，提高检查巡查质量，有效预防和解决违纪违规问题。四要突出领导干部廉洁自律、搞好考评测评。坚持把加强重点领域廉政建设与党风廉政建设责任制考核结合起来，把领导干部廉洁自律情况与党委班子和干部考评结合起来，通过听取廉政专题汇报、个别谈话、廉政测评等方式，真实掌握情况，做好考帮建工作，促进廉洁自律。

四、加大领导力度，努力提供重点领域廉政建设的组织保证。加强重点领域廉政建设，组织领导是关键。党委要主抓主管、全力推动。充分发挥党委责任主体作用，部署任务注重整体规划、协调推进，检查工作注重突出重点、坚持经常，分析形势注重查找问题、解决问题，不断加大工作力度，确保取得成效。班子成员要认真抓好分管业务工作和职责范围内的反腐倡廉建设，实施有力领导和指导。纪委要履职尽职、主动作为。认真履行党章赋予的职责，主动向党委请示汇报，搞好工作筹划，加强组织协调，定期督促检查。对重点工作、大项活动，及时细化责任要求，形成层层有任务、人人有责任的工作格局。机关要齐抓共管、密切配合，充分发挥政策优势、主管优势、专业优势，坚持一手抓业务工作、一手抓廉政建设，靠前工作、相互支持、密切配合，切实形成推动重点领域廉政建设的整体合力。领导要模范带头、作好表率。各级干部特别是领导干部要牢记党和人民的重托，带头把廉洁从政和秉公用权作为政治品格来培养，把同各种腐败现象和不良风气作斗争作为党性原则来坚持，把自觉接受组织和群众监督作为履职要求来践行，以自身模范行动带动和促进重点领域廉政建设。

（作者：解放军总装备部副政委、纪委书记）

加强反腐倡廉教育有关问题的思考

李桂春

近年来，随着反腐倡廉建设更加注重预防、更加注重治本、更加注重制度建设，源头治腐力度的不断加大，教育的地位和作用日益凸显。如何适应这一发展变化，更加扎实有效地开展反腐倡廉教育，我们既有许多经验可以遵循，也有许多问题亟待解决。从理论与实践的结合上对反腐倡廉教育进行深入的研究思考，进一步明确目标、完善思路、强化措施，推动教育的创新发展，增强教育的针对性、有效性十分重要。

一、反腐倡廉教育的地位和作用

充分认识教育在反腐倡廉建设中的重要地位和作用，是抓好教育的前提。随着我们党对反腐倡廉建设规律认识的不断深化，对教育在党风廉政建设和反腐败工作中的定位更加准确，把教育放在了应有的重要位置。1. 教育是基础。教育在惩治和预防腐败中解决的是世界观、人生观、价值观问题，旨在培育廉政的价值观，是从内因上解决腐败问题，起着决定性作用。十五大报告中指出，反腐败教育是基础，法制是保证，监督是关键。基础即根本，事关全局。2. 教育是第一道防线。胡锦涛总书记在第十七届中央纪委第二次全会上的讲话中指出：加强反腐倡廉建设，必须把思想道德建设特别是拒腐防变教育作为第一道防线。通过守住这第一道防线，使更多的人不想腐败，体现了立足教育、着眼防范的原则，体现了对领导干部的关心、爱护、负责。3. 教育是"软实力"。十年树木，百年树人。教育效果的体现呈现着日积月累、潜移默化的特点，其产生的影响是长期的、稳定的。4. 教育是六项工作格局之一。2005年1月，中央颁布了《建立健全教育、制度、监督并重的惩治和预防腐败体系实施纲要》，2008年5月，中共中央印发了《建立健全惩治和预防腐败体系2008—2012年工作规划》，形成了教育、制度、监督、改革、纠风、惩处六项工作整体推进的新格局，教育作为其中的重要内容放在了更加重要的位置。

二、对加强反腐倡廉教育的一些思考

鉴于反腐倡廉教育在反腐倡廉建设中处于重要地位，我们在工作中应该深入调查研究，完善教育机制和教育内容，探寻更加有效的教育方式方法，使反腐倡廉教育的功能得到充分发挥。在工作实践中，我对反腐倡廉教育工作中的一些问题进行了认真思考，形成一些粗浅的认识，期待与大家共同探讨。

（一）突出教育的个性化，做到因人施教

反腐倡廉教育的对象主体是领导干部，这一群体内部在很多方面存在较大差异。一是工作生活环境差别大，有的在机关、有的在企业、有的在农村、有的在学校、社区，就是同在机关的所处的环境差别也很大。二是职位级别差别大，有的在基层、有的在领导机关、有的在重要岗位，同样是领导干部，但职位级别不同，工作领域、行使职权的范围以及面临的风险不同。三是文化认知水平差别大，领导干部在学历学识上存在较大差别，有硕士、博士等高学历、专家型的领导干部，也有工作经验丰富、学历不高的领导干部，他们的视野和对事物的认识差别较大。不同层次、不同战线、不同群体教育对象面临的诱惑和考验程度不同，教育需求不同，思想和心理不同，而且他们的思想观念随着社会发展在不断变化。如果对教育对象的个体和群体差异缺乏深入的研究，那么开展的教育就违背了"因人施教"的教育规律，会出现不问对象，无的放矢、流于形式、针对性不强的问题。

因此，要突出教育的个性化，注意因人施教。对不同行业、不同岗位、不同阶段、不同层次的领导干部的思想状况、心理特征、面临的廉政风险以及教育需求等进行深入的研究，有针对性地确定教育思路，突出教育重点，制定教育措施。根据不同教育对象的需求，有侧重地开展理论教育、纪律教育、岗位教育等活动。如，对面临廉政风险大的教育对象要突出抓好"案例"教育，让他们算清腐败危害账，把好廉政关；对新提职的领导干部和新录用的公务员及时进行廉政教育和提示，在他们人生的重要"节点"补上廉政课，等等。要通过分层分岗开展反腐倡廉教育，体现因人施教、因需施教，切实增强教育的针对性，提高教育的实效。

（二）增强教育的专业化，力求系统规范

从教育内容、方式和实施主体等方面看，我们反腐倡廉教育的专业化水平还有待增强。反腐倡廉教育的内容既有因时而变的不确定性，也有相对的稳定性。目前，反腐倡廉教育

在内容上已经形成了基本框架，由理想信念教育、廉洁从政道德教育、党的纪律教育和作风教育四个要素组成。但在如何去实施这四个方面的教育，遵循什么思路来开展教育等方面，还缺少规范的具体内容。在开展教育的形式和手段方面也存在着创新不够，正规系统的教育培训少，资源有限，教育的吸引力、感染力、说服力不强等问题。实施反腐倡廉教育的职责，绝大多数情况下也只有纪检监察机关在履行，势单力薄，缺少必要的载体和依托，无法深入地研究、系统地开展教育。这些都不利于教育的深化发展。

要注重规范教育内容。要以理想信念教育为根本，以党纪条规教育和廉洁从政道德教育为基础，完善和规范教育内容，逐步形成《廉政准则》读本等廉政教育教材。同时，要积极推动廉政知识的系统化教育培训，确保领导干部在一定时间内接受比较系统、规范的廉政教育。

要多尝试不同的教育形式。一是利用电视、网络等媒体，开设教育专题、专栏，搭建廉政宣传教育的新平台；二是依托党校、行政学院建设专业化的廉政教育基地；三是积极创造条件建设专门的廉政教育基地，不仅面向党员干部开展警示教育、示范教育，而且可以面向社会传播廉政理念，为深入开展反腐倡廉教育奠定坚实的基础。

要丰富实施教育的主体。按照党章和党风廉政建设责任制规定，党风廉政建设包括廉政教育的第一实施主体为各级党委（党组）和各级党政领导班子负责人，纪检监察机关、党委组织部门、宣传部门和各级党校、行政学院也都有责任抓好反腐倡廉教育。可以在依托党校和行政学院开展廉政教育上多做尝试，把廉政教育纳入领导干部教育规划，纳入党校、行政学院以及其他干部培训机构的教学计划，明确课时要求，保证授课时间，使领导干部在接受业务培训的同时受到系统的廉政教育。同时，加强廉政教育的师资队伍建设和教研机构建设，不断提高廉政教育的专业化水平。

（三）推进教育的制度化，确保教育效果

国外许多国家明文规定对新招录的公务员进行道德教育，对在职的公务员定期进行廉政教育培训等，实现了制度化。而我们在这方面的具体制度规定比较少，还没有把廉政教育与干部的培养、管理、使用有机地结合起来，形成教育的良性机制。所以，教育的刚性不足，经常化教育不够。

建立拒腐防变的教育机制，必须切实加强反腐倡廉教育的制度建设。要注重把廉政报告会和以廉洁从政为主题的党委（党组）理论中心组学习、领导班子民主生活会、廉政党课等制度化，形成定期开展教育的机制。研究制定把《廉政准则》等应知应会的廉政知识纳入党员领导干部教育培训内容，纳入领导干部竞聘、公开选拔考试及招录公务员考试内容，积极推行新提职领导干部任前廉政谈话和廉政知识考试制度，切实把廉政教育与干部培养、管理、使用结合起来，调动领导干部学习廉政知识、参加廉政教育的积极性。建立党政主要领导和纪检监察机关的领导同志廉政教育授课制度，解决廉政教育师资不足的问题。

加强反腐倡廉教育必须深入贯彻落实科学发展观，坚持以人为本，遵循教育规律，增强教育的针对性，提高教育的科学化水平。要按照完善惩治和预防腐败体系的要求，努力构建教育内容系统、教育形式规范、教育制度健全、教育阵地完善的反腐倡廉教育体系。

（作者：黑龙江省纪委常委、监察厅副厅长）

中央纪委负责同志就颁布实施《党员领导干部违反规定插手干预工程建设领域行为适用〈中国共产党纪律处分条例〉若干问题的解释》答记者问

《党风廉政建设》记者

2010年5月7日，中央纪委颁布了《党员领导干部违反规定插手干预工程建设领域行为适用〈中国共产党纪律处分条例〉若干问题的解释》（以下简称《解释》），《解释》自发布之日起施行。日前，中央纪委负责同志就制定出台《解释》的有关情况，回答了记者提问。

问：请您介绍一下《解释》的出台背景和起草过程。

答：工程建设是发展经济、改善民生、增强国力的全局性、基础性、战略性事业。当前工程建设领域存在着一些突出问题，比如，有的领导干部利用职权插手干预工程建设，索贿受贿；有的招标人和投标人规避招标、虚假招标，围标串标，转包和违法分包等。这些问题不仅严重干扰市场经济秩序、损害人民群众利益，而且往往引发钱权交易、商业贿赂等腐败行为，成为阻碍科学发展、影响社会和谐稳定的重要因素，人民群众反映强烈。党中央、国务院高度重视工程建设领域突出问题治理工作。2009年7月，中共中央办公厅、国务院办公厅印发了《关于开展工程建设领域突出问题专项治理工作的意见》，要求用两年左右的时间集中开展工程建设领域突出问题专项治理工作，并将严肃查处领导干部违规插手干预工程建设的行为作为治理工作的目标之一。

中央纪委、监察部非常重视对领导干部违反规定插手干预市场经济活动行为的治理。2004年，中央纪委、监察部制定发布了《关于领导干部利用职权违反规定干预和插手建设工程招标投标、经营性土地使用权出让、房地产开发与经营等市场经济活动，为个人和亲友谋取私利的处理规定》（以下简称《处理规定》），对惩治和预防领导干部违反规定插手干预市场经济活动发挥了重要作用。但随着经济社会发展，工程建设领域中的一些新情况新问题不断显现，《处理规定》的内容已经不能满足新时期新阶段工程建设领域反腐倡廉工作深入开展的需要。此外，鉴于《中国共产党纪律处分条例》没有专门针对党员领导干部违反规定插手干预工程建设领域行为处分作出具体规定，致使实践中对这些行为如何适用《党纪处分条例》有关条款产生了一些分歧，影响了相关案件的正确定性处理。因此，有必要起草制定专门规定，进一步明确党员领导干部违反规定插手干预工程建设领域行为的党纪处分依据。这样有利于加大惩处党员领导干部违反规定插手干预工程建设领域行为的力度，也有利于进一步推动工程建设领域专项治理工作深入开展。

为配合专项治理工作，根据中央纪委领导同志批示，2009年11月中央纪委开始《解释》的研究起草工作。经过深入调研，广泛征求意见，数易其稿，2010年2月形成了《解释》送审稿。3月18日，中央纪委书记办公会议审议通过了《解释》送审稿，5月7日《解释》正式印发。

问：请介绍一下《解释》的主要内容。

答:《解释》一共15条,3000余字。主要规定了适用对象、违反规定插手干预工程建设领域行为的含义,违反规定插手干预工程建设领域具体违纪行为的表现形式及其适用《中国共产党纪律处分条例》的有关条款等内容。其中具体违纪行为的设定和《党纪处分条例》的适用,是《解释》的核心内容。工程建设环节较多,党员领导干部违反规定插手干预工程建设领域行为的表现形式多种多样,《解释》不可能涵盖党员领导干部插手干预工程建设的所有方面和环节,因此,《解释》在第三条至第十一条中,根据《工程建设领域突出问题专项治理工作实施方案》和《规范工程建设项目决策行为和招标投标活动指导意见》等八个指导意见,结合典型案例,紧紧抓住关键环节,将党员领导干部插手干预工程建设领域并谋取私利的行为细化为插手干预工程建设项目决策、招标投标、土地使用权与矿业权审批出让、城乡规划管理、房地产开发与经营、工程建设实施和工程质量监督管理、安全生产、环境保护、物资采购和资金安排使用管理等九个方面,三十九种具体行为表现形式,并明确了给予党纪处分所应适用的《中国共产党纪律处分条例》的有关条款。同时,《解释》对党员领导干部插手干预工程建设,虽然未谋取私利,但给党、国家和人民利益以及公共财产造成较大损失的行为;或者未造成较大损失,但给本地区、本单位造成严重不良影响的行为,明确了党纪处分依据。

问:《解释》适用于哪些人员?

答:《解释》第一条将适用范围规定为:党和国家机关中副科级以上党员领导干部,人民团体、事业单位中相当于副科级以上党员领导干部,国有和国有控股企业(含国有和国有控股金融企业)及其分支机构领导人员中的党员。

问:什么是违反规定插手干预工程建设领域的行为?

答:为了增强《解释》的可操作性,便于贯彻执行,《解释》第二条对"违反规定插手干预工程建设领域行为"进行了界定,即"本解释所称违反规定插手干预工程建设领域行为,是指党员领导干部违反法律、法规、规章、政策性规定或者议事规则,利用职权或者职务上的影响,向相关部门、单位或者有关人员以指定、要求、授意、暗示等方式,影响工程建设正常开展或者干扰正常监管、执法活动的行为。"

问:请介绍一下《解释》与《处理规定》的关系。

答:《解释》的内容全部吸收了《处理规定》中所规定的违纪行为,因此,《解释》第十五条规定:本解释自发布之日起施行。中央纪委、监察部2004年2月3日发布的《关于领导干部利用职权违反规定干预和插手建设工程招标投标、经营性土地使用权出让、房地产开发与经营等市场经济活动,为个人和亲友谋取私利的处理规定》同时废止。

问:请谈谈对学习贯彻《解释》有什么要求。

答:首先要加强对《解释》和即将颁布的《违反规定插手干预工程建设领域行为处分规定》的学习宣传工作。各级党委(党组)要组织有关党员干部认真学习《解释》,使大家正确理解和掌握《解释》的精神实质和具体内容,了解违反《解释》的严重后果,做到未雨绸缪,预防在先。其次,各级党组织要以《解释》颁布实施为契机,按照中央要求,组织党员领导干部认真对照检查,分析本地区本部门本单位工程建设领域存在的薄弱环节,提出解决措施和处理办法。再次,要进一步加大查办工程建设领域违纪违法案件的力度。各级纪检机关要站在政治和全局的高度,充分认识严肃查处案件的重要性和紧迫性,切实采取有力措施,集中突破一批大案要案,坚决遏制工程建设领域腐败现象的滋生蔓延,以实际的办案成果来检验专项治理工作的成效。

附：

党员领导干部违反规定插手干预工程建设领域行为适用《中国共产党纪律处分条例》若干问题的解释

（2010 年 5 月 7 日）

为进一步促进党员领导干部廉洁从政，规范工程建设秩序，惩处党员领导干部违反规定插手干预工程建设领域行为，确保工程建设项目安全、廉洁、高效运行，现对党员领导干部违反规定插手干预工程建设领域行为适用《中国共产党纪律处分条例》若干问题解释如下。

一、党和国家机关中副科级以上党员领导干部，有违反规定插手干预工程建设领域行为的，依照本解释处理。

人民团体、事业单位中相当于副科级以上党员领导干部，国有和国有控股企业（含国有和国有控股金融企业）及其分支机构领导人员中的党员，有违反规定插手干预工程建设领域行为的，适用本解释。

二、本解释所称违反规定插手干预工程建设领域行为，是指党员领导干部违反法律、法规、规章、政策性规定或者议事规则，利用职权或者职务上的影响，向相关部门、单位或者有关人员以指定、授意、暗示等方式提出要求，影响工程建设正常开展或者干扰正常监管、执法活动的行为。

三、违反规定插手干预工程建设项目决策，有下列情形之一，谋取私利的，依照本解释第十二条处理：

（一）要求有关部门允许未经审批、核准或者备案的工程建设项目进行建设的；

（二）要求建设单位对未经审批、核准或者备案的工程建设项目进行建设的；

（三）要求有关部门审批或者核准违反产业政策、发展规划、市场准入标准以及未通过节能评估和审查、环境影响评价审批等不符合有关规定的工程建设项目的；

（四）要求有关部门或者单位违反技术标准和有关规定，规划、设计项目方案的；

（五）违反规定以会议或者集体讨论决定方式安排工程建设有关事项的；

（六）有其他违反规定插手干预工程建设项目决策行为的。

四、违反规定插手干预工程建设项目招标投标活动，有下列情形之一，谋取私利的，依照本解释第十二条处理：

（一）要求有关部门对依法应当招标的工程建设项目不招标，或者依法应当公开招标的工程建设项目实行邀请招标的；

（二）要求有关部门或者单位将依法必须进行招标的工程建设项目化整为零，或者假借保密工程、抢险救灾等特殊工程的名义规避招标的；

（三）为招标人指定招标代理机构并办理招标事宜的；

（四）影响工程建设项目投标人资格的确定或者评标、中标结果的；

（五）有其他违反规定插手干预工程建设项目招标投标活动行为的。

五、违反规定插手干预土地使用权、矿业权审批和出让，有下列情形之一，谋取私利的，依照本解释第十二条处理：

（一）要求有关部门对应当实行招标拍卖挂牌出让的土地使用权采用划拨、协议方式供地的；

（二）要求有关部门或者单位采用合作开发、招商引资、历史遗留问题等名义或者使用先行立项、先行选址定点确定用地者等手段规避招标拍卖挂牌出让的；

（三）影响土地使用权招标拍卖挂牌出让活动中竞买人的确定或者招标拍卖挂牌出让结果的；

（四）土地使用权出让金确定后，要求有关部门违反规定批准减免、缓缴土地使用权出让金的；

（五）要求有关部门为不符合供地政策的工程建设项目批准土地，或者为不具备发放国有土地使用证书条件的工程建设项目发放国有土地使用证书的；

（六）要求有关部门违反规定审批或者出让探矿权、采矿权的；

（七）有其他违反规定插手干预土地使用权、矿业权审批和出让行为的。

六、违反规定插手干预城乡规划管理活动，有下列情形之一，谋取私利的，依照本解释第十二条处理：

（一）要求有关部门违反规定改变城乡规划的；

（二）要求有关部门违反规定批准调整土地用途、容积率等规划设计条件的；

（三）有其他违反规定插手干预城乡规划管理活动行为的。

七、违反规定插手干预房地产开发与经营活动，有下列情形之一，谋取私利的，依照本解释第十二条处理：

（一）要求有关部门同意不具备房地产开发资质或者资质等级不相符的企业从事房地产开发与经营活动的；

（二）要求有关部门为不符合商品房预售条件的开发项目发放商品房预售许可证的；

（三）对未经验收或者验收不合格的房地产开发项目，要求有关部门允许其交付使用的；

（四）有其他违反规定插手干预房地产开发用地、立项、规划、建设和销售等行为的。

八、违反规定插手干预工程建设实施和工程质量监督管理，有下列情形之一，谋取私利的，依照本解释第十二条处理：

（一）要求建设单位或者勘察、设计、施工等单位转包、违法分包工程建设项目，或者指定生产商、供应商、服务商的；

（二）要求试验检测单位弄虚作假的；

（三）要求项目单位违反规定压缩工期、赶进度，导致发生工程质量事故或者严重工程质量问题的；

（四）在对工程建设实施和工程质量进行监督管理过程中，对有关行政监管部门或者中介机构施加影响，导致发生工程质量事故或者严重工程质量问题的；

（五）有其他违反规定插手干预工程建设实施和工程质量监督管理行为的。

九、违反规定插手干预工程建设安全生产，有下列情形之一，谋取私利的，依照本解释第十二条处理：

（一）要求有关部门为不具备安全生产条件的单位发放安全生产许可证的；

（二）对有关行政监管部门进行的工程建设安全生产监督管理活动施加影响，导致发生生产安全事故的；

（三）有其他违反规定插手干预工程建设安全生产行为的。

十、违反规定插手干预工程建设环境保护工作，有下列情形之一，谋取私利的，依照本解释第十二条处理：

（一）要求有关部门降低建设项目环境影响评价等级、拆分审批、超越审批权限审批环境影响评价文件的；

（二）对有关行政监管部门进行的环境保护监督检查活动施加影响，导致建设项目中防治污染或者防治生态破坏的设施不能与工程建

设项目主体工程同时设计、同时施工、同时投产使用的;

(三)有其他违反规定插手干预工程建设环境保护工作行为的。

十一、违反规定插手干预工程建设项目物资采购和资金安排使用管理,有下列情形之一,谋取私利的,依照本解释第十二条处理:

(一)要求有关部门违反招标投标法和政府采购法的有关规定,进行物资采购的;

(二)要求有关部门对不符合预算要求、工程进度需要的工程建设项目支付资金,或者对符合预算要求、工程进度需要的工程建设项目不及时支付资金的;

(三)有其他违反规定插手干预物资采购和资金安排使用管理行为的。

十二、党员领导干部有本解释第三条至第十一条行为之一,本人索取他人财物,或者收受、变相收受他人财物的,依照《中国共产党纪律处分条例》第八十五条的规定处理。

党员领导干部有本解释第三条至第十一条行为之一,其父母、配偶、子女及其配偶以及其他特定关系人收受对方财物的,追究该党员领导干部的责任,依照《中国共产党纪律处分条例》第七十五条的规定处理。

十三、党员领导干部有本解释第三条至第十一条行为之一,未谋取私利,但给党、国家和人民利益以及公共财产造成较大损失的,依照《中国共产党纪律处分条例》第一百二十七条第二款的规定处理。

党员领导干部有本解释第三条至第十一条行为之一,未谋取私利,也未造成较大损失,但给本地区、本单位造成严重不良影响的,依照《中国共产党纪律处分条例》第一百三十九条的规定处理。

十四、党员领导干部利用职权或者职务上的影响,妨碍有关部门对工程建设领域违纪违法行为进行查处的,依照《中国共产党纪律处分条例》第一百六十三条的规定处理。

十五、本解释自发布之日起施行。中央纪委、监察部2004年2月3日发布的《关于领导干部利用职权违反规定干预和插手建设工程招标投标、经营性土地使用权出让、房地产开发与经营等市场经济活动,为个人和亲友谋取私利的处理规定》同时废止。

(此文载《党风廉政建设》)

中央纪委监察部命名第一批50个全国廉政教育基地

《党风廉政建设》记者

中央纪委监察部近日命名第一批50个全国廉政教育基地,旨在贯彻落实党的十七大关于加强廉政文化建设的精神,进一步推动各级各类廉政教育基地建设,使其在完善廉政内容、突出廉政主题、提高教育效果等方面有较大进步,努力把教育基地建设成为广大党员干部接受廉政教育、加强党性锻炼的重要场所,广大群众培养廉洁意识、弘扬清风正气的重要阵地,青少年学习廉政知识、陶冶道德情操的重要课堂。

据悉,中央纪委监察部于2008年7月启动第一批全国廉政教育基地命名工作,历时一年多时间。各地区各部门高度重视、精心组织,一些基地在原有基础上新建、改建廉政教育展馆,进一步整合了廉政教育资源、突出了廉政主题。一些地方以申报全国廉政教育基地为契机,专门下发通知,开展省级廉政教育基地的评选推荐工作，形成了争先创优的热潮。许多地方还结合深入学习实践科学发展观活动，利用廉政教育基地举办各种参观纪念活动。31个省（区、市）、新疆生产建设兵团和中央国家机关有关部委经层层选拔，择优报送各类廉政教育基地82个。

经过专家评审委员会严格评选、实地考察、征求意见，50个主题鲜明、特色突出、社会知名度高、在全国具有较大影响的廉政教育基地入选。这些基地中有中共一大会址、井冈山革命博物馆、延安革命纪念馆等反映我们党革命斗争和建设历程的纪念场馆；有韶山毛泽东同志纪念馆、邓小平故里廉政教育基地、杨靖宇烈士陵园暨东北抗日联军纪念馆、抚顺雷锋纪念馆等反映老一辈无产阶级革命家、革命先烈和全国重大先进典型崇高风范的纪念设施，以及一些各地新建廉政教育主题场馆。很多基地同时具有多项国家级和省级荣誉称号。

中央纪委监察部在命名第一批全国廉政教育基地的通报中要求，各地区各部门要加强对第一批全国廉政教育基地的建设、管理和使用，进一步充实廉政内容，完善基础设施，提高陈列水平；要利用廉政教育基地举办形式多样的教育活动，增强教育的吸引力、感染力，充分发挥其在反腐倡廉宣传教育和廉政文化建设中的重要作用，为党风廉政建设和反腐败斗争深入开展提供文化支持和营造良好氛围。

附：

第一批全国廉政教育基地

（共50个）

北京市

中国人民抗日战争纪念馆

天津市

周恩来邓颖超纪念馆

新中国反腐败第一大案展览馆（天津市反腐倡廉教育基地）

上海市

中共一大会址纪念馆

陈云故居暨青浦革命历史纪念馆

重庆市

重庆红岩革命历史博物馆

河北省

西柏坡纪念馆

李大钊纪念馆

山西省

八路军太行纪念馆

平顺县西沟展览馆

内蒙古自治区

乌兰夫纪念馆

黑龙江省

铁人王进喜纪念馆

吉林省

杨靖宇烈士陵园暨东北抗日联军纪念馆

辽宁省

抗美援朝纪念馆

抚顺雷锋纪念馆

江苏省

南京雨花台烈士陵园“正气乾坤”廉政教育馆

安徽省

新四军军部旧址纪念馆

合肥包公园

浙江省

宁波慈城清风园

南湖革命纪念馆

山东省

孔繁森同志纪念馆

儒家崇廉尚勤思想教育基地

江西省

井冈山革命博物馆

中央纪委监察部旧址

福建省

古田会议纪念馆

陈嘉庚纪念基地

湖北省

中共五大会址纪念馆暨《中国共产党反腐倡廉历程展》

湖北省反腐倡廉传统教育基地(红安黄麻起义和鄂豫皖苏区革命烈士陵园)

湖南省

韶山毛泽东同志纪念馆

刘少奇同志纪念馆

河南省

河南省林州市红旗渠纪念馆

焦裕禄纪念园

广东省

孙中山故居纪念馆

广东省潮州市韩文公祠

广西壮族自治区

百色起义纪念馆

海南省

红色娘子军纪念园

四川省

邓小平故里廉政教育基地

朱德故里廉政教育基地

贵州省

遵义会议会址

息烽集中营革命历史纪念馆

云南省

云南省反腐倡廉警示教育基地

陕西省

延安革命纪念馆

甘肃省

会宁红军长征胜利廉政教育示范基地

宁夏回族自治区

六盘山红军长征纪念馆

青海省

中国工农红军西路军纪念馆

新疆维吾尔自治区

八路军驻新疆办事处纪念馆

新疆生产建设兵团

新疆生产建设兵团军垦博物馆

西藏自治区

山南烈士陵园

文化部

国家博物馆

国务院国资委

胜利油田党风廉政教育基地

(此文载《党风廉政建设》)

中央纪委负责同志就《中国共产党党员领导干部廉洁从政若干准则》的颁布实施答记者问

《党风廉政建设》记者

《中国共产党党员领导干部廉洁从政若干准则》(以下简称《廉政准则》)已由中共中央于2010年1月18日颁布施行。日前,中央纪委负责同志接受了记者采访,就《廉政准则》的有关情况,回答了记者提问。

问:近日,中央印发了《廉政准则》,请您介绍一下出台的背景情况。

答:《廉政准则》是在《中国共产党党员领导干部廉洁从政若干准则(试行)》(以下简称《廉政准则(试行)》)的基础上修订而成的。1997年3月,在总结党员领导干部廉洁自律要求执行情况的基础上,中央制定了《廉政准则(试行)》。近13年来,《廉政准则(试行)》对于促进党员领导干部廉洁从政,全面加强和改进党的建设发挥了重要作用。但是,随着新时期党建工作特别是反腐倡廉建设的不断深入,

《廉政准则(试行)》已经不能完全适应现实需要,亟须修订。

一是全面吸收中央和中央纪委关于党员领导干部廉洁从政新要求的需要。《廉政准则(试行)》颁布实施后,针对实践中出现的新情况、新问题,中央和中央纪委先后对党员领导干部提出了一系列新要求。《廉政准则》作为党员领导干部廉洁从政方面的基础性法规,应当将这些新要求吸纳进来。同时,将分散在不同文件中的新要求整合到《廉政准则》中,也有利于党员领导干部学习掌握和贯彻执行。

二是吸收借鉴实践经验的需要。《廉政准则(试行)》颁布实施以来,各地区各部门在加强党员领导干部廉洁自律工作方面积极探索,出台了一批制度规定。其中包含着一些具有普遍适用性的有效做法,有必要通过修订加以吸收,上升为全党遵循的廉政要求。

三是与其他党内法规更好衔接的需要。近年来,反腐倡廉法规制度建设取得重大进展,《中国共产党党内监督条例(试行)》、《中国共产党纪律处分条例》等一批重要法规相继出台。通过修订,可以使《廉政准则》与其他党内法规更好地衔接。

四是《廉政准则(试行)》的实施与监督部分比较单薄,需要加以充实和完善,增强其执行力和可操作性。

因此,中央批准的中央纪委向党的十七大的工作报告、中央印发的《建立健全惩治和预防腐败体系2008—2012年工作规划》都明确提出,修订《廉政准则(试行)》。

问:请您简要谈一谈修订《廉政准则(试行)》的过程。

答:2007年初,中央纪委着手开展修订工作。在广泛调研论证的基础上,形成了修订送审稿。2009年1月,中央纪委书记办公会议审议并原则同意。根据中央纪委书记办公会议的决定,将文稿普发各省(区、市)征求意见。同时,征求了中央组织部、中央政策研究室等8个中直单位的意见。党的十七届四中全会召开后,在认真学习、深刻领会全会精神的基础上,修改形成了修订送审稿。2009年11月,中央纪委常委会议审议并原则同意,决定呈报中央审议。修订送审稿先后经中央党建工作领导小组会议、中央政治局常委会议审议同意,最后经中央政治局会议审议通过,并于2010年1月18日印发。

问:《廉政准则》与《廉政准则(试行)》相比有哪些创新?

答:《廉政准则》基本保留了《廉政准则(试行)》的总体框架结构,但对具体内容作了较大修改。与《廉政准则(试行)》相比,《廉政准则》的创新主要体现在以下几个方面:

一是体现了全面贯彻落实科学发展观、构建社会主义和谐社会的重要战略思想。《廉政准则》除在总则中明确将贯彻落实科学发展观作为《廉政准则》的重要立法目的之一外,还在行为规范的设定以及实施与监督制度的设定上,始终注意将贯彻落实科学发展观和构建社会主义和谐社会的要求贯穿其中,并结合党员领导干部廉洁从政的特点加以突出和体现。

二是突出了防止利益冲突的精神。党的十七届四中全会要求,“建立健全防止利益冲突制度”。《廉政准则》更加突出和体现了防止利益冲突的要求:总则部分增加了“必须模范遵守党纪国法,清正廉洁,忠于职守,正确行使权力,始终保持职务行为的廉洁性”的原则性要求;第二条中增加了不准“违反规定拥有非上市公司(企业)的股份或者证券”等内容,使防止领导干部个人的经济活动可能与公共利益发生冲突的规定更加全面;第五条中增加了不准利用职务之便,为他人谋取利益,其特定关系人收受对方财物等内容,使防止领导干部的特定关系人的行为与公共利益发生冲突方面的规定更加全面;新增加的第七条规定了不准领导干部违反规定干预和插手市场经济活动,有利于防范公权力与市场经济活动发生不正常联系。总的来说,《廉政准则》较为突出地体现了防止利益冲突的精神。

三是强调了禁止党员领导干部违反规定干预和插手市场经济活动，谋取私利。《廉政准则（试行）》没有涉及党员领导干部干预和插手市场经济活动的问题。在市场经济条件下，领导干部违反规定干预、插手市场经济活动是滋生腐败的一个重要原因，为此，《廉政准则》专门增加了一条，即在第七条中针对五种比较典型的违反规定干预和插手市场经济活动的行为作了禁止性规定。这样规定，有利于防范公共权力与正常的平等主体之间的市场经济活动发生不正常联系，有利于维护社会主义市场经济秩序。

四是对党员领导干部加强作风建设提出了明确要求。胡锦涛总书记在2007年中央纪委第七次全会上提出，“加强领导干部作风建设是做好新形势下的反腐倡廉工作的必然要求”。党的十七届四中全会通过的《中共中央关于加强和改进新形势下党的建设若干重大问题的决定》进一步强调了弘扬党的优良作风的重要意义。因此，《廉政准则》第八条针对实践中党员领导干部在作风建设方面存在的突出问题，分六项从工作作风、生活作风等方面作出了规定。

五是充实完善了实施与监督制度。《廉政准则》从两方面充实完善了实施与监督制度：一是充实《廉政准则（试行）》第二章实施与监督部分。如，第十一条中规定，要认真落实党内监督的各项制度，通过贯彻实施民主生活会、报告个人有关事项等监督制度，加强对本准则执行情况的监督检查；第十二条中规定，将党员领导干部组织实施和执行本准则的情况列为党风廉政建设责任制和干部考核的重要内容。二是拟在修订《〈廉政准则（试行）〉实施办法》时，设计更为具体的实施与监督制度。

问：请您谈谈中央纪委对学习贯彻《廉政准则》有什么要求。

答：各级党委（党组）要根据建立健全惩治和预防腐败体系的部署，把贯彻实施《廉政准则》工作抓紧抓实。各级纪检机关要切实履行职责，加强对党员领导干部执行《廉政准则》情况的监督检查，使自律和他律有机结合起来。各级党员领导干部特别是主要负责同志要以身作则，认真学习和模范遵守《廉政准则》，切实履行好应当承担的责任。

贯彻落实《廉政准则》，要抓好宣传教育工作。各级党委（党组）和纪检机关要根据实际情况，通过举办培训班、研讨会等形式，组织党员领导干部和承担有关工作的同志进行集中学习，使他们尽快熟悉和掌握《廉政准则》，严格按照《廉政准则》的要求自查自律和开展工作。要抓好制度建设工作，把《廉政准则》的要求细化并融入工作的各个环节。各地区各部门各单位要对照《廉政准则》，查找存在的突出问题和薄弱环节，有针对性地建章立制，把廉洁从政各项要求落实到具体业务工作的各个方面，加强重点岗位和关键环节的制度建设，使廉洁从政工作贯穿权力运行的全过程，形成廉洁从政工作与改革发展稳定工作相互融合、相互促进的局面。要抓好监督检查和对违反《廉政准则》行为的查处工作。各级纪检机关要切实履行职责，加强对党员领导干部执行《廉政准则》情况的监督检查，使自律和他律有机结合起来。要特别注意形成监督检查的合力，在加强党内监督、行政监督、法律监督的同时，充分发挥民主党派、人民团体、人民群众和新闻舆论的监督作用，及时发现并严肃处理违反《廉政准则》的行为，确保《廉政准则》的贯彻执行。

（此文载《党风廉政建设》）

监察部负责同志就修改《中华人民共和国行政监察法》答记者问

《党风廉政建设》记者

2010年6月25日，第十一届全国人民代表大会常务委员会第十五次会议通过了《全国人民代表大会常务委员会关于修改〈中华人民共和国行政监察法〉的决定》，同日国家主席胡锦涛签署中华人民共和国主席令（第三十一号）予以公布，修改后的《行政监察法》自2010年10月1日起施行。日前，监察部负责同志接受了记者采访，就修改《行政监察法》的有关问题回答了记者的提问。

问：请谈一谈修改《行政监察法》的背景和简要过程。

答：《行政监察法》自1997年5月9日公布施行以来，对于保证政令畅通、维护行政纪律、促进廉政建设、改善行政管理、提高行政效能，发挥了重要作用。随着依法行政进程的加快和行政管理体制改革的深化，特别是近年来行政监察工作实践的发展，现行《行政监察法》已经不能完全适应行政监察工作的现实需要：一是，《公务员法》于2006年1月1日起正式施行后，"国家公务员"的范围扩大，与现行《行政监察法》关于"国家公务员"仅指行政机关公务员的界定范围不一致。二是，2004年颁布实施的《中华人民共和国行政监察法实施条例》（以下简称《行政监察法实施条例》）将法律、法规授权的具有管理公共事务职能的组织以及国家行政机关依法委托的组织及其工勤人员以外的工作人员纳入了监察对象范围，有必要将这一规定上升为法律，赋予其效力更高的法律依据。三是，为保障监察机关更好地对监察对象执法、廉政、效能情况实施监察，推进政务公开工作和纠风工作进一步深入开展，有必要将这些职责写入《行政监察法》，提高这些工作的制度化、规范化水平。四是，一些监察制度如监察机关的举报制度和监察程序制度等，需要随实践的发展予以健全和完善。五是，近年来，行政监察实践中一些行之有效的好经验、好做法，如监察机关对派驻机构实行统一管理等，需要以法律的形式固定下来，以进一步推动行政监察工作深入开展。因此，有必要修改现行《行政监察法》，对监察对象、行政监察制度以及监察机关的职责等予以充实完善。

监察部于2006年6月正式成立修改《行政监察法》工作领导小组，下设办公室负责具体工作，并且成立了修改工作咨询专家组，为修改工作提出咨询意见。2008年4月，监察部将《中华人民共和国行政监察法（修订草案送审稿）》报请国务院审议。国务院法制办经过广泛征求意见和认真审查修改，形成了《中华人民共和国行政监察法修正案（草案）》（以下简称修正案草案）。修正案草案于2010年2月2日经国务院第100次常务会议讨论通过。2010年2月24日，十一届全国人大常委会第十三次会议初次审议了《中华人民共和国行政监察法修正案（草案）》，监察部部长马馼同志受国务院委托对修正案草案作了说明。2月26日，十一届全国人大常委会第十三次会议分组审议了修正案草案。2010年3月至5月期间，全国人大常委会组织了修正案草案征求意见座谈会以及立法调研等工作，广泛听取了各方面的意见和建议。监察部与全国人大常委会法工委有关部门根据全国人大常委会委员审议意见，对修正案草案进行了数次研究修改。6月23日，十一届全国人大常委会第十五次会议分组审议了《全国人民代表大会常务委员会关于修改〈中华人民共和国行政监察法〉的决定(草案)》。6月25日,十一届全国人大常委会第十五次会议表决通过了《全国人民代表大会常务委员会关于修改〈中华人民共和国行政监察法〉的决定》。

问:请介绍一下此次修改《行政监察法》的主要内容。

答:现行《行政监察法》共7章48条,修改后的《行政监察法》共7章51条,其中主要修改8条,新增3条。此次修改扩大了监察对象范围,明确为4类单位和人员,即:国家行政机关及其公务员,国家行政机关任命的其他人员,法律、法规授权的具有公共事务管理职能的组织及其从事公务的人员,以及国家行政机关依法委托从事公共事务管理活动的组织及其从事公务的人员;完善了举报制度,增加了泄露举报信息行为的法律责任;在法律上确立了监察机关对派出机构实行统一管理的体制;明确规定监察机关对监察对象执法、廉政、效能情况进行监察;增加了监察机关按照国务院的规定组织协调、检查指导政务公开工作和纠风工作两项职责;不再列举监察机关在查办案件中可以提请协助的行政部门、机构,改为概括式表述;明确了监察机关依法公开监察工作信息的义务;增加了监察机关可以提出问责处理、完善廉政勤政制度两项监察建议的情形;完善了处分的执行程序。修改后的《行政监察法》自2010年10月1日起施行。

问:修改后的《行政监察法》对监察对象的范围是如何规定的?为什么这样规定?

答:2006年1月1日开始实施的《中华人民共和国公务员法》(以下简称《公务员法》)将"国家公务员"改称"公务员","公务员"的范围除行政机关工作人员外,还包括在中国共产党的机关、人大机关、政协机关、审判机关、检察机关和民主党派机关工作的人员。监察对象范围是否需要根据《公务员法》确定的公务员范围做相应的扩大,是各方面比较关注的一个问题。现在的考虑是,在现有监察体制不变的情况下,应当维持现有的监察对象范围,不宜将《公务员法》规定的其他六类机关及其公务员纳入。此外,为适应我国现行行政管理体制下加强对行政权力进行监察的需要,将《行政监察法实施条例》关于监察对象的规定及时上升并整合到法律中,是十分必要的。据此,此次修改,将监察对象进一步明确界定为以下四类:1.国家行政机关及其公务员;2.国家行政机关任命的其他人员;3.法律、法规授权的具有公共事务管理职能的组织及其从事公务的人员;4.国家行政机关依法委托从事公共事务管理活动的组织及其从事公务的人员。

问:修改后的《行政监察法》在保护举报人方面新增了哪些具体措施?

答:此次修改《行政监察法》,完善了举报制度,强化了监察机关的责任,规定:"监察机关应当受理举报并依法调查处理;对实名举报的,应当将处理结果等情况予以回复。监察机关应当对举报事项、受理举报情况以及与举报人相关的信息予以保密,保护举报人的合法权益,具体办法由国务院规定。"同时,为加强对举报人的保护,明确了泄露举报信息行为的法律后果,规定:"泄露举报事项、受理举报情况以及与举报人相关信息的,依法给予处分;构成犯罪的,依法追究刑事责任。"这样规定,有利于督促监察机关更加及时、负责地办理举报事项,有利于加强对举报人的保护,从而鼓励广大群众积极向监察机关提供监察对象违反行政纪律行为的线索。

多年来,我们一贯非常重视对举报人的保护,出台了很多具体规定。比如,1996年2月中央纪委监察部发布了《关于保护检举、控告人的规定》,对打击报复举报人的行为,明确规定要严肃处理并追究有关人员责任。《行政监察法实施条例》、《监察机关举报工作办法》等行政法规、规章也具体规定了受理和查处举报案件必须严格保密、保护举报人等制度。下一步，我们将根据修改后的《行政监察法》关于举报制度的规定，尽快修改有关行政法规、规章，进一步完善保护举报人方面的具体制度。

问：修改后的《行政监察法》对监察机关派出机构管理体制是如何规定的？为什么这样规定？

答：自2004年以来，根据党中央、国务院的决策部署，监察机关改革和完善了工作体制，对派出机构实行统一管理。监察机关的派出机构，对派出它的监察机关负责并报告工作，不受驻在部门领导，具有开展工作的充分权限和独立的地位。经过多年实践证明，派出机构实行统一管理以来，监察职能得到加强，查办案件力度不断加大，取得了明显成效。此次修改《行政监察法》，就是要将这些工作成果以法律的形式固定下来，将派出机构统一管理体制在法律中予以明确。同时，为加强对派出的监察人员的管理和监督，充分发挥派出机构的作用，有必要在法中增加派出的监察人员实行交流制度的规定。据此，修改后的《行政监察法》规定："监察机关派出的监察机构或者监察人员，对监察机关负责并报告工作。监察机关对派出的监察机构和监察人员实行统一管理，对派出的监察人员实行交流制度。"

问：修改后的《行政监察法》对监察机关的职责作了哪些调整？作出这样的调整主要是基于什么考虑？

答：经过多年行政监察实践，对行政主体执法、廉政、效能情况进行监察，已经成为监察机关开展工作的主要内容，也是全面履行监察职能的主要方式，应当在法中对这些予以明确。对执法情况进行监察，是指监察机关针对监察对象在遵守和执行法律、法规和人民政府的决定、命令中存在的问题而开展的监察活动。对廉政情况进行监察，是指监察机关通过查办贪污受贿、以权谋私等违法违纪案件来惩治腐败行为，加强廉政建设的监察活动。对效能情况进行监察，是指监察机关对监察对象履行法定职责及行政效率、效果、效益等情况进行的监察活动。据此，修改后的《行政监察法》规定：监察机关对监察对象执法、廉政、效能情况进行监察，履行职责。

1990年以来，国务院纠风办和地方政府纠风工作部门认真履行职责，开展了大量工作，比如，通过开展专项治理，加大教育乱收费和农村乱收费的治理力度，查处制售假药和医药购销、医疗服务中的不正之风等等，努力解决损害群众利益的问题，取得了积极成效。目前，国务院纠风办和地方政府纠风工作部门的办事机构均设在各级监察机关。按照国务院的规定组织协调、检查指导纠正损害群众利益的不正之风工作，已经成为监察机关的一项重要任务。将纠风职责在《行政监察法》中明确规定，有利于促进监察机关依法深入开展纠风工作，切实维护人民群众利益。此外，2008年5月1日起施行的《中华人民共和国政府信息公开条例》（以下简称《政府信息公开条例》）明确规定："监察机关负责对行政机关政府信息公开的实施情况进行监督检查。"为了使这一规定得到切实有效的落实，有必要在《行政监察法》中将其作为监察机关的一项职责予以强调。据此，此次修改增加了监察机关承担政务公开、纠风工作的职责，规定："监察机关按照国务院的规定，组织协调、检查指导政务公开工作和纠正损害群众利益的不正之风工作。"

问：修改后的《行政监察法》对监察机关的权限作了哪些调整？作出这样的调整主要是基于什么考虑？

答：一是，不再在《行政监察法》第二十二条中具体列举监察机关在办理违反行政纪律案件中，可以提请协助的机关，而概括性表述为"监察机关在办理违反行政纪律案件中，可以提请有关行政部门、机构予以协助。"也就是说，监察机关在查办案件中只要涉及有关行政部门、机构职责范围内的事项，需要有关行政部门、机构予以协助的，有关行政部门、机构都应当予以协助，没有例外。

二是，此次修改增加规定了监察机关可以

提出监察建议的两种情形：1."需要给予责令公开道歉、停职检查、引咎辞职、责令辞职、免职等问责处理的"情形。2009年6月，中共中央办公厅、国务院办公厅印发的《关于实行党政领导干部问责的暂行规定》(以下简称《暂行规定》)中，赋予了监察机关提出问责建议的权限。为保证监察机关更好地行使《暂行规定》赋予的权限，修改后的《行政监察法》对此作了明确规定。2."需要完善廉政、勤政制度的"情形。完善制度是从源头上防治腐败的根本举措。监察机关在履行职责过程中发现被监察单位存在廉政、勤政制度不完善的问题，依法提出监察建议，有利于被监察单位及时堵塞漏洞，防止违反行政纪律行为的再次发生。

三是，增加一条规定，作为《行政监察法》第二十七条："监察机关应当依法公开监察工作信息。"随着《政府信息公开条例》的施行，依法公开有关信息，已经成为监察机关的一项法定义务。比如，对于社会广泛关注、涉及人民群众切身利益的专项检查、重大案件查办等工作的情况，监察机关有义务通过一定的形式向社会公开，使人民群众了解监察机关的有关工作并接受监督。在实践中，监察机关也已经通过开设网站、召开新闻发布会等形式向社会公开监察工作信息。为了督促各级监察机关进一步依照法律法规做好信息公开工作，有必要在法律中对这一问题加以明确。

问：监察部对贯彻实施修改后的《行政监察法》有什么要求？

答：监察部对整个贯彻实施工作作出了全面部署。具体而言，要做好以下四个方面的工作：一是，要深入开展修改后的《行政监察法》教育、培训和宣传工作。近期，监察部印发了《关于深入学习贯彻修改后的〈中华人民共和国行政监察法〉的通知》，把修改后的《行政监察法》作为纪检监察干部尤其是监察机关领导人员教育培训的重要内容。积极举办修改后的《行政监察法》专题讲座、学习研讨会等活动，组织广大纪检监察干部尤其是监察机关领导人员进行系统学习。同时，面向整个行政机关和全社会大力开展修改后的《行政监察法》普及工作，在报刊、杂志等主要媒体以及互联网上刊发修改后的《行政监察法》解读及宣传文章，编写制作修改后的《行政监察法》辅导读物、典型案例书籍、辅导电教片。二是，进一步健全完善《行政监察法》的配套法规、规章，抓紧修改《行政监察法实施条例》和《监察机关举报工作办法》等法规、规章；抓紧起草《执法监察工作办法》、《效能监察工作办法》等规章，保证修改后的《行政监察法》各项规定落到实处。三是，深入开展修改后的《行政监察法》执行情况调研工作，积极总结提炼并推广贯彻实施修改后的《行政监察法》的好经验、好做法。四是，深入开展对修改后的《行政监察法》执行情况的监督检查工作，增强法律的权威性，提高制度执行力，对有违反《行政监察法》规定行为的有关责任人员，要严肃追究责任，有选择地对一些典型案例予以曝光。

（此文载《党风廉政建设》2010年第8期）

中央纪委、中央组织部负责同志就《关于对配偶子女均已移居国（境）外的国家工作人员加强管理的暂行规定》的颁布实施答记者问

《党风廉政建设》记者

《关于对配偶子女均已移居国（境）外的国家工作人员加强管理的暂行规定》（以下简称《暂行规定》）已由中共中央办公厅、国务院办公厅于2010年5月19日颁布施行。日前，中央纪委、中央组织部负责同志接受了记者采访，就《暂行规定》的有关情况，回答了记者提问。

问：近日，中共中央办公厅、国务院办公厅颁布了《暂行规定》，请介绍一下出台这部法规的背景情况。

答：改革开放以来，随着对外交流的日益频繁和扩大，我国一些公民获得外国国籍，或者获得国（境）外永久居留权、长期居留许可〔以下简称移居国（境）外〕的情况越来越多。一些国家工作人员的家庭也存在这种情况，他们的配偶子女均已移居国（境）外。这些国家工作人员中的绝大多数能够遵守法律和纪律，安心工作，尽职尽责。但是，也有极少数人在这种情况下出现了一些问题，如：有的人"身在国内心在外"，通过为配偶子女移居的国家谋取利益而获得私利；有的人由于配偶子女均已移居国（境）外，非法敛财时更加肆无忌惮；有的人将大量非法财产逐步转移出境，一遇合适机会便抽身外逃。这些虽然只是个别现象，但是给党和国家利益带来严重危害，广大干部群众对此反映强烈。针对上述情况，党的十七届四中全会明确提出，"加强对配偶子女均已移居国（境）外的公职人员管理"。为使这项要求落到实处，中央决定颁布《暂行规定》。

问：请简要谈一谈颁布《暂行规定》的过程。

答：2009年9月，中央纪委会同中央组织部成立起草工作小组，在认真学习、深刻领会中央精神和深入调研论证的基础上，数易其稿，形成了《暂行规定》送审稿。12月24日，中央纪委书记办公会议审议并原则同意送审稿，要求在一定范围内进一步征求意见。随后，将修改后的征求意见稿送中央组织部征求意见，中央组织部部务会议于2010年1月19日审议并原则同意。同时，送外交部等11个单位，北京等14个省（区、市）征求党委（党组）主要负责同志的意见。2月1日，中央纪委常委会议审议并原则同意。3月16日，中央党建工作领导小组审议并原则同意。3月19日，将修改后的送审稿呈送中央政治局常委征求意见。4月23日，中央政治局会议审议通过。

问：请介绍一下《暂行规定》的主要内容。

答：《暂行规定》共12条，约1000字，主要包括以下几方面内容：一是明确了适用范围，对配偶子女均已移居国（境）外的具体情形作了界定。二是为了解《暂行规定》适用人员配偶子女移居国（境）外的有关情况，规定了报告制度。三是为保守国家秘密、防止利益冲突，对《暂行规定》适用人员的任职岗位调整、办理公共事务时的回避等问题作了规定。四是对《暂行规定》适用人员办理因私出国护照和往来港澳台地区的通行证件、申请因私出国（境）或者移居国（境）外等事项及其出入境证照的管理等问题作出了原则性规定。五是明确选拔任用

《暂行规定》适用人员,应当在考察时全面了解本规定涉及的相关情况。

问:《暂行规定》适用于哪些人员?

答:党的十七届四中全会提出,“加强对配偶子女均已移居国(境)外的公职人员管理”。由于现行法律法规没有明确什么是“公职人员”,我们结合《刑法》等相关法律进行了研究,认为可以将公职人员理解为国家工作人员。因此,将适用对象表述为:配偶子女均已移居国(境)外的国家工作人员。这样规定:一是《刑法》对国家工作人员的范围作了明确界定,适用时不会发生歧义。二是现行出国(境)方面的法律已经对国家工作人员提出了一些特殊要求,如:《国籍法》第十二条规定,“国家工作人员和现役军人,不得退出中国国籍”。使用“国家工作人员”的表述,能够使《暂行规定》与相关法律保持衔接。

由于十七届四中全会的这一要求没有就适用人员的级别范围作出限制,因此,《暂行规定》应当适用于所有国家工作人员。同时,考虑到县处级副职以上领导干部掌握更多的公共资源,一旦出现问题,给国家造成的损失也更大。因此,《暂行规定》将县处级副职以上领导干部作为规范重点,并在相关条款中作了强调。

鉴于一些案件反映出事业单位、人民团体、国有企业(含国有金融企业)中的工作人员,在配偶子女均已移居国(境)外的情况下,也需要加强管理,但这些人员绝大多数不是国家工作人员,因此,规定这些单位参照本规定执行。

问:《暂行规定》颁布实施后,会不会影响海外高层次人才回国的热情?

答:《暂行规定》的适用对象是配偶子女均已移居国(境)外的国家工作人员。同时,考虑到引进的海外高层次人才的情况比较复杂,不仅有经组织批准引进的海外高层次人才,还有国家特需高级科技人才和非经组织批准自行回国的海外高层次人才,因此,《暂行规定》作了除外规定,即经组织批准引进的海外高层次人才、国家特需高级科技人才和通过其他途径回国的海外高层次人才不适用本规定。这说明,党的政策是鼓励这些海外高层次人才回国发展、报效祖国的,因此,不会影响他们回国的热情。

问:请谈谈对学习贯彻《暂行规定》有什么要求。

答:要进一步加强对国家工作人员的教育,提高国家工作人员的思想认识,同时要注意消除他们的顾虑,使之主动接受监督,严格按照《暂行规定》的要求办事。党员领导干部要以身作则,为严格执行《暂行规定》作出良好的表率。各地区各部门各单位要采取多种形式做好学习宣传工作,为贯彻实施《暂行规定》创造良好的氛围和条件。

要进一步加强制度建设;把《暂行规定》的要求融入到对国家工作人员的日常管理之中。有关部门要根据《暂行规定》的授权,将其要求予以细化,进一步明确相关规定的具体内容、操作程序等,增强法规的可操作性。

要加强监督检查,使《暂行规定》真正落到实处。各级党委、政府要把贯彻落实《暂行规定》作为当前的一项重要任务,切实加强组织领导,从贯彻落实《中国共产党党员领导干部廉洁从政若干准则》的角度部署贯彻落实《暂行规定》工作。各级纪检监察机关、组织人事部门及相关部门要切实履行职责,认真组织实施,加强对领导干部的管理和监督。

(此文载《党风廉政建设》2010年第8期)

中央纪委、中央组织部负责同志就《关于领导干部报告个人有关事项的规定》的颁布实施答记者问

《党风廉政建设》记者

2010年5月26日，中共中央办公厅、国务院办公厅印发了《关于领导干部报告个人有关事项的规定》(以下简称《规定》)。《规定》的发布施行，是贯彻落实党的十七届四中全会提出的“完善党员领导干部报告个人有关事项制度，把住房、投资、配偶子女从业等情况列入报告内容”要求的具体措施，是新形势下进一步加强对领导干部管理和监督，从制度上保证各级领导干部严格按照党的要求办事的一项重要举措，对于坚持党要管党、从严治党的方针，促进领导干部廉洁从政，深入推进反腐倡廉建设必将发挥积极作用。为深入学习贯彻党的十七届四中全会精神，推动《规定》的贯彻落实，日前，中央纪委、中央组织部负责同志接受了记者的采访，就《规定》的有关情况回答了记者的提问。

问：近日，中共中央办公厅、国务院办公厅印发了《规定》，请介绍一下出台这部法规的有关背景情况和修订的简要过程。

答：坚持党要管党、从严治党，提高管党治党水平，是我们党作为马克思主义执政党加强自身建设的基本经验之一。健全和完善领导干部报告个人有关事项制度，关系到干部队伍建设以及党和国家的形象，对于提高党的执政能力建设，进一步加强对领导干部的管理和监督，促进领导干部廉洁从政作用重大。

1997年1月，中共中央办公厅、国务院办公厅颁布实施了《关于领导干部报告个人重大事项的规定》(中办发〔1997〕3号)。2004年，根据党的十六届四中全会精神要求，中央纪委开始对《关于领导干部报告个人重大事项的规定》进行修订。2006年9月，中共中央办公厅印发了《关于党员领导干部报告个人有关事项的规定》(中办发〔2006〕30号)。实践表明，《关于党员领导干部报告个人有关事项的规定》对加强领导干部的管理和监督，促进领导干部廉洁从政发挥了积极作用。但是，随着我国政治、经济和社会的发展变化，特别是新时期党建工作和反腐倡廉建设的不断深入，《关于党员领导干部报告个人有关事项的规定》已经不能完全适应现实需要，亟待修订。主要体现在：一是报告内容范围较窄，未涉及党员领导干部经济活动方面等人民群众热切关注的有关事项，不利于党组织全面了解领导干部的有关情况；二是调查核实和责任追究部分内容比较单薄，力度不够，需要加以充实完善，等等。2009年9月，党的十七届四中全会明确提出：“完善党员领导干部报告个人有关事项制度，把住房、投资、配偶子女从业等情况列入报告内容。”之后，中央领导同志又多次作出批示，要求修订《关于党员领导干部报告个人有关事项的规定》。

为贯彻落实四中全会精神，回应社会关切，中央纪委迅速开展了修订工作。在认真学习、深刻领会中央精神的基础上，充分听取了部分中央国家机关负责同志和部分省(区、市)纪委负责同志的意见，数易其稿，形成了修订送审稿。2009年12月，中央纪委书记办公会议审

议并原则同意了修订送审稿。根据中央纪委书记办公会议的决定，将文稿送中央组织部征求意见，同时征求了十几个省（区、市）纪委书记和有关中央国家机关纪检组组长的意见，并请他们代为征求本省（区、市）党委书记、驻在部门主要负责同志意见。同月，中央组织部部务会议讨论并原则同意了这个文稿。

2010年2月，中央纪委常委会议审议并原则同意了修订送审稿，要求根据审议意见修改后呈报中央审议。修订送审稿先后经中央党的建设工作领导小组会议、中央政治局常委会议审议同意，最后经中央政治局会议审议通过，并于5月26日印发。可以说，《规定》的修订工作，坚持了科学立法、民主立法的原则，体现了与时俱进的精神，是集体智慧的结晶。

问：请介绍一下此次修订的主要目的。

答：修订《规定》，完善领导干部报告个人有关事项制度，是党中央在深入分析世情、国情、党情的深刻变化，认真总结我们党作为马克思主义执政党加强自身建设基本经验的基础上，积极适应反腐倡廉新形势新任务的要求，从加强和改进新形势下党的建设的高度，作出的一项重大部署，是切实加强对领导干部监督和管理，促进领导干部廉洁自律，扎实推进惩治和预防腐败体系建设的重大举措。

此次修订的主要目的，是贯彻落实党的十七届四中全会精神，促进领导干部廉洁自律，预防腐败。加强对领导干部监督、促使领导干部廉洁自律是党中央加强反腐倡廉建设的一贯要求。自上世纪90年代初以来，党中央把领导干部廉洁自律作为党风廉政建设和反腐败斗争的重要工作，先后出台了许多重要规定，包括要求领导干部报告个人有关事项。领导干部报告个人有关事项制度，一方面体现了党要管党、从严治党的方针，是加强领导干部的监督管理、促进领导干部廉洁从政的重要举措；另一方面体现了预防腐败的思想，是“治病于未发之前”或“治病于初起之时”的举措，体现了对领导干部关心爱护的精神。《规定》除保留了《关于党员领导干部报告个人有关事项的规定》的内容外，还紧紧抓住当前领导干部廉洁自律方面出现的新情况新问题，将房产、投资、配偶子女从业等事项列入报告内容。上述事项是近些年领导干部容易发生问题的方面，有的是隐性的、苗头性问题，有的是群众反映强烈的普遍性问题，有些则是容易发生腐败的问题。领导干部通过报告个人有关事项，可以全面了解在社会主义市场经济特别是当前深入贯彻落实科学发展观、全面建设小康社会的新形势下，党提倡什么，反对什么，领导干部应该做什么，不能做什么，从而不断强化严格自律的意识，自觉将不廉洁行为解决在萌芽状态，避免小错酿成大错，有利于广大人民群众看到我们党的优良作风和良好形象，密切党同人民群众的血肉联系，不断增强人民群众对我们党搞好党风廉政建设和反腐败斗争的信心，巩固党的执政地位，增强党的阶级基础，扩大党的群众基础，使党始终得到人民群众支持和拥护。

问：请介绍一下此次修订的主要内容。

答：《规定》共23条，3400余字。主要规定了立法目的和立法依据、适用对象、报告内容、报告的程序、综合汇总和查阅及调查核实的权限和程序以及违反规定的处理等。

与2006年颁布实施的《关于党员领导干部报告个人有关事项的规定》相比，修订的主要内容包括以下几个方面：一是，按照四中全会的要求，把房产、投资、配偶子女从业情况列入报告内容。同时，《规定》仍以报告个人有关事项为主，除住房和投资以外，不涉及其他财产事项。二是，将收入申报制度与有关事项报告制度合并，并相应修改了报告主体的范围，吸收了中共中央办公厅、国务院办公厅1995年发布的《关于党政机关县（处）级以上领导干部收入申报的规定》（以下简称《收入申报的规定》）的有关内容。主要考虑是，纳入收入申报制度可以增强报告制度的系统性和科学性，便于统一组织实施。而且，《收入申报的规定》中有些内容已不符合当前实际情况，有必要进行修改完善。

《收入申报的规定》的适用对象是县(处)级以上党政领导干部,包括非党员领导干部,为了保持二者适用对象上的一贯性,《规定》将非党员领导干部纳入了报告主体范围。三是,进一步完善了报告程序,明确了查阅和调查核实报告材料的条件、主体和审批程序,在制度设计上妥善处理了对领导干部的关心爱护和对领导干部的管理监督之间的关系,指导性、针对性和操作性都很强。

问:《规定》的适用对象主要是县处级以上领导干部,那么对乡科级干部是否有报告要求?

答:县处级以上领导干部始终是我们加强廉洁自律工作的重点。《规定》的适用对象也主要是县处级以上领导干部。这与近年来我们颁布实施的廉洁自律方面的法规(例如《中国共产党党员领导干部廉洁从政若干准则》等),在适用对象上是基本一致的,有利于在执行中互相衔接,也容易被大家接受。

乡科级干部,特别是县(市)直属机关的科级领导干部和乡镇领导干部,大多面对人财物方面的实际事务,容易产生权钱交易和不廉洁行为。同时,乡科级干部大多直接与人民群众打交道,其行为关系党的形象和党群干群关系,关系经济社会和谐发展,确有必要对乡科级干部加强监督和管理,要求其报告个人有关事项。但是考虑到,第一,我国乡科级干部的数量比较庞大,统一要求他们全部报告,工作量大,工作成本比较高;第二,我国幅员辽阔,各地情况差异很大,在报告主体上不宜搞一刀切;第三,此次修订的主要目的是切实解决影响领导干部个人有关事项报告制度执行效果和贯彻落实方面存在的突出问题,重点在报告内容和报告程序方面予以修订。因此,为了突出监督重点,《规定》没有将县(市)直属机关的科级领导干部、乡镇领导干部纳入报告主体范围。但是《规定》第二十一条明确规定"各省、自治区、直辖市党委和政府,需要扩大报告主体范围或者细化执行程序的,可以根据本规定,结合各自工作实际,制定具体实施办法,报中共中央纪律检查委员会、中共中央组织部、监察部备案"。将科级干部是否纳入报告主体范围的权力赋予了各省(区、市)党委、政府,这样有利于各地因地制宜,作出相应的规定,切实解决问题,增强实效。

问:《规定》为什么将投资界定为本人、配偶、共同生活的子女投资或者以其他方式持有有价证券、股票(包括股权激励)、期货、基金、投资型保险以及其他金融理财产品;配偶、共同生活的子女投资非上市公司、企业和注册个体工商户、个人独资企业或者合伙企业这几项?

答:十七届四中全会要求将领导干部的投资情况列入报告个人有关事项的内容。投资的种类非常多,一般分为实物投资和金融投资。实物投资是一种直接投资,属于比较传统的投资方式,包括投资经商办企业,投资贵重物品,投资房产等。金融投资是随着商品经济的发展在实物投资的基础上形成的。金融投资的目的在于金融资产的增值收益,是一种间接投资,包括购买有价证券、股票(包括股权激励)、期货、基金、投资型保险以及其他金融理财产品和购买非上市公司的股票、证券等。

投资的方式虽然多种多样,但现阶段对于领导干部来说最具有普遍性的投资方式是购买有价证券、股票等金融理财产品。这类金融理财产品的金额起点较低、投资方式简便、可选择的种类丰富,为大多数领导干部所接受。同时投资这些金融理财产品已采用实名制,使对领导干部报告这类投资情况进行监督检查,提供了制度和技术上的依据。

而其他一些投资方式,例如经商办企业,根据《中国共产党党员领导干部廉洁从政若干准则》的有关规定,领导干部禁止"个人或者借他人名义经商、办企业";"违反规定拥有非上市公司(企业)的股份或者证券";"个人在国(境)外注册公司或者投资入股"。因此,大多数领导干部不得投资非上市公司、企业和个人经商办企业(国有企业领导人员可以持有非上市公司、企业股票、证券)。但考虑到领导干部的配偶和共同生活的子女可以从事以上投资行为，且这些投资行为一般所需资金数额较大，容易产生利益冲突，群众反映突出，因此《规定》将领导干部配偶、共同生活的子女投资非上市公司、企业和注册个体工商户、个人独资企业或者合伙企业的情况列为需要报告的事项。

另外，关于房产的问题，《规定》不仅要求报告房产的投资情况，还应当注明房产来源和具体地址、建筑面积以及商品房、福利房、经济适用房、限价房或自建房等产权性质。

问：对领导干部报告个人有关事项的材料如何进行充分运用？

答：关于领导干部报告个人有关事项材料的运用，《规定》主要设计了两种运用方式。

第一种，是《规定》第十一条规定的综合汇总程序，组织（人事）部门、纪检监察机关根据工作需要，可以对报告情况进行综合汇总。同时，考虑在以往的工作实际中，通过综合汇总可能发现一些普遍性问题。对这些普遍性的问题根据《规定》“对存在的普遍性问题进行专项治理”的要求进行有针对性的处理。

第二种，是《规定》第十二条规定的查阅程序。《关于党员领导干部报告个人有关事项的规定》第十二条曾原则规定了报告材料的运用，即“纪检机关和组织（人事）部门要加强对本规定执行情况的监督检查，根据工作需要经审批可查阅本地区本部门党员领导干部报告个人有关事项的材料”。实践中各地普遍反映，此条中“工作需要”的规定不明确，不便于操作。为了有效利用报告材料，充分发挥报告制度的作用，《规定》结合组织（人事）部门、纪检监察机关的工作职责，对报告材料的使用条件和程序作了进一步完善，规定“组织（人事）部门在干部监督工作和干部选拔任用工作中，按照干部管理权限，经本机关、本单位主要负责人批准，可以查阅有关领导干部报告个人有关事项的材料。纪检监察机关（机构）在履行职责时，按照干部管理权限，经本机关主要负责人批准，可以查阅有关领导干部报告个人有关事项的材料”。另外，考虑到检察机关在查办职务犯罪案件过程中，也可能需要查阅领导干部报告个人有关事项的情况，因此《规定》新增加了“检察机关在查办职务犯罪案件时，经本机关主要负责人批准，可以查阅案件涉及的领导干部报告个人有关事项的材料”。《规定》明确：在组织（人事）部门、纪检监察机关（机构）和检察机关查阅领导干部报告个人有关事项的材料时，均要求经本单位主要负责人批准。

问：违反报告要求，应当受到何种追究？

答：《关于党员领导干部报告个人有关事项的规定》对报告人违反规定的，只设计了给予批评教育、限期改正、责令作出检查、诫勉谈话、通报批评的责任追究方式。《规定》在此基础上增加了调整工作岗位、免职等组织处理和纪律处分的责任追究方式。这样规定，理由一是实践中普遍反映，《关于党员领导干部报告个人有关事项的规定》规定的责任追究力度不够，刚性不强。为维护制度的严肃性，使领导干部报告个人有关事项的规定真正落到实处，进一步强调纪律要求，加强对领导干部的约束是非常必要的。二是与今年初中央颁布实施的《中国共产党党员领导干部廉洁从政若干准则》相衔接。该准则明确规定“党员领导干部应当向党组织如实报告个人有关事项，自觉接受监督”。同时，在其第十三条规定：“党员领导干部违反本准则的，依照有关规定给予批评教育、组织处理或者纪律处分，涉嫌违法犯罪的，依法追究其法律责任。”按照上述规定，领导干部无正当理由不按时报告个人有关事项，不如实报告，隐瞒不报或者不按照组织答复意见办理的，属于违反廉政准则的行为，特别是隐瞒不报的行为，情节更为严重，应当视为违纪行为，理应视情节轻重给予批评教育、组织处理或者纪律处分。因此《规定》增加了组织处理和纪律处分的责任追究方式。

问：《规定》颁布实施以后，关键是贯彻落实，请谈一谈对学习贯彻《规定》有什么具体要求。

答：深入学习和贯彻《规定》是当前和今后

一个时期各级党委、政府的一项重要政治任务。各级党委、政府要深刻认识学习宣传贯彻《规定》的重要意义，把学习贯彻《规定》与贯彻落实十七届四中全会精神，全面推进党的建设新的伟大工程结合起来。要把学习宣传贯彻《规定》列入重要议事日程，周密部署，精心组织，真正做到认识到位、措施到位、落实到位。要通过新闻媒体等多种形式准确、生动、有效地宣传《规定》。各级领导干部一定要深入学习，提高认识，准确把握《规定》的主要内容和精神实质，深刻领会报告个人有关事项制度的重要意义，如实报告个人有关事项，自觉接受监督。各级纪检监察机关（机构）、组织（人事）部门、检察机关，要深刻认识开展有关事项报告制度的重要性，严格执行《规定》，充分发挥《规定》赋予的有关职责权限，切实做好相关工作。各地区各部门各单位要以《规定》的发布施行为契机，进一步加强对领导干部的管理和监督，把新时期党风廉政建设和反腐败工作不断推向前进。

（此文载《党风廉政建设》2010年第8期）

中央纪委监察部负责同志就《关于进一步推进国有企业贯彻落实“三重一大”决策制度的意见》的颁布实施答记者问

《党风廉政建设》记者

2010年6月5日，中共中央办公厅、国务院办公厅印发了《关于进一步推进国有企业贯彻落实“三重一大”决策制度的意见》（以下简称《意见》）。《意见》的颁布实施，是贯彻落实党的十七大和十七届四中全会精神、推进惩治和预防腐败体系建设的重要体现，是加强党内监督、切实加强国有企业反腐倡廉建设、进一步促进国有企业领导人员廉洁从业的重要举措。日前，中央纪委监察部负责同志接受了记者采访，就《意见》的有关情况，回答了记者提问。

问：近日，中共中央办公厅、国务院办公厅颁布了《意见》，请介绍一下出台《意见》的背景情况。

答：近年来，各级党委、政府，各有关部门和国有企业按照中央的要求，结合工作实际，积极探索贯彻落实“三重一大”决策制度的有效途径和方法，对于防范决策风险，维护国有资产安全，推进国有企业反腐倡廉建设，促进国有企业改革发展的顺利进行，发挥了重要作用。同时也要看到，在贯彻落实“三重一大”决策制度方面还存在一些问题：有的企业还存在违规决策，个人或少数人说了算的现象；有的企业“三重一大”决策制度不健全，或者缺乏可操作性；有的地区、部门和企业对“三重一大”决策制度执行情况的监督检查和责任追究不到位；一些企业违反“三重一大”决策制度原则，经常发生重大违纪违法案件。同时，2009年颁布的《国有企业领导人员廉洁从业若干规定》对违反“三重一大”决策制度的情况提出原则性要求，需要相关的配套制度予以明确和细化。因此，有必要出台专门针对“三重一大”决策问题进行规范的文件，这样就形成了目前的《意见》。

问：请您简要谈一谈起草《意见》的过程。

答：2008年4月，在起草《国有企业领导人员廉洁从业若干规定》的过程中，中央纪委开始着手起草作为其配套制度的《意见》。7月，在深入调研论证的基础上，起草形成了《意见》初稿。随后，分别征求了中央组织部、国务院国资委、财政部、审计署等单位以及大多数中央企业和部分地方国有企业的意见，在此基础上，修改形成了送审稿。送审稿先后经监察部部长办公会议、中央纪委书记办公会议和中央党建工作领导小组审议，并再次送相关部委和部分央企征求了意见，最终于2010年6月5日由中共中央办公厅、国务院办公厅发布。

问：起草《意见》的基本思路是什么？

答：从全国来看，国有企业的管理体制和模式不尽一致，有的已经改制为公司制企业，建立了法人治理结构，也有相当一部分企业仍然是按照《全民所有制工业企业法》注册的全民所有制企业的模式，实行经理负责制；多数企业由专门的国有资产监管部门监管，也有部分企业仍由主管部门管理；企业所处行业和地域不同，在经营规模、管理水平等方面差别也很大。因此，有必要通过提出指导性意见，进一步推动国有企业贯彻落实"三重一大"决策制度，并督促各级纪检监察机关和履行国有资产出资人职责的机构发挥好监督作用。

为保证《意见》与相关法规协调一致，在起草过程中，充分考虑了《意见》与《国有企业领导人员廉洁从业若干规定》、《公司法》、《全民所有制工业企业法》、《工会法》以及《企业国有资产法》等法律法规的衔接问题。特别是《意见》第四部分"组织实施和监督检查"注意保持了与《国有企业领导人员廉洁从业若干规定》相关内容的衔接。

问：出台《意见》有什么现实意义？

答：国有企业是我国国民经济的支柱，是党执政的重要经济基础，是发展中国特色社会主义的重要力量。积极探索国有企业贯彻落实"三重一大"决策制度的有效途径和方法，对于防范国有企业决策风险，维护国有资产安全，推进国有企业反腐倡廉建设，促进国有企业改革发展的顺利进行，具有重要作用。《意见》的颁布，对于进一步规范国有企业"三重一大"决策制度，努力把国有企业的政治优势转化为经营管理优势和核心竞争力，进一步加快改革发展步伐，促进国民经济平稳较快发展具有重要意义。

问：请您介绍一下《意见》的主要内容。

答：《意见》明确了进一步推进国有企业贯彻落实"三重一大"决策制度的指导思想，提出"三重一大"事项坚持集体决策原则；规定了"三重一大"事项的主要范围，分别对重大决策事项、重要人事任免事项、重大项目安排事项和大额度资金运作事项进行了解释并列举了具体内容；规定了"三重一大"事项决策的基本程序，对"三重一大"事项提交会议集体决策前的调查研究、听取意见，提前告知决策事项并提供相关材料，党委（党组）、董事会、未设董事会的经理班子的集体决策，决策会议召开、发表意见及作出决定，会议记录和存档，决策作出后的执行问题，企业党组织的作用，回避制度，考核评价和后评估制度，决策失误纠错改正机制和责任追究制度等内容进行了细化；从实施《意见》的主要负责人、国有企业制定实施办法、履行国有资产出资人职责的机构进行审查并监督实施、纪检监察机构加强监督检查、将执行"三重一大"决策制度的情况作为监督检查重点内容、"三重一大"决策制度的执行情况作为各项党内监督的重要内容、"三重一大"决策制度的执行情况作为考察考核和任免以及经济责任履行情况审计评价的重要依据、违反《意见》的处理措施等方面明确了组织实施和监督检查的内容。

问：请您谈谈中央纪委对学习贯彻《意见》有什么要求。

答：国有企业要充分认识制定实施《意见》的重要意义，把学习贯彻《意见》作为深入贯彻落实科学发展观、加强反腐倡廉建设的重要任务列入议事日程，切实加强领导，认真组织实施。各有关部门要采取多种形式做好学习宣传工作，为贯彻实施《意见》创造良好的氛围和条件。要引导国有企业领导人员准确把握企业决策的各项原则，树立正确的权力观、地位观、利益观，增强依法决策的观念。有关人员要充分认识颁布实施《意见》的重要意义，认真学习《意见》，严格执行《意见》提出的各项要求，严于律己，自觉接受监督，坚决杜绝违反《意见》行为的发生。

要进一步加强制度建设，把《意见》的要求予以细化，进一步明确各项要求和规定的具体内容、处理办法、操作程序等，增强《意见》的可操作性。要根据《意见》的授权，制定实施办法，将其要求予以细化，进一步明确"三重一大"事项范围、决策程序、责任追究措施等。要将《意见》的要求融入企业的日常管理之中，在具体业务工作制度的设计中注重防范决策风险。

要进一步加强监督检查，使《意见》真正落到实处。各级纪检监察机关、组织人事部门、国资监管机构及相关部门要切实履行职责，加强对有关人员的教育、管理和监督。要特别注意形成监督检查的合力，充分发挥职工群众和社会舆论的监督作用，及时发现并严肃处理违反《意见》的行为，确保《意见》的贯彻执行。国有企业主要负责人要切实履行职责，认真按照《意见》的规定进行决策，处理相关问题，为严格执行《意见》作出良好的表率。

附：

关于进一步推进国有企业贯彻落实"三重一大"决策制度的意见

（2010年6月5日）

为全面贯彻党的十七大和十七届四中全会精神，切实加强国有企业反腐倡廉建设，进一步促进国有企业领导人员廉洁从业，规范决策行为，提高决策水平，防范决策风险，保证国有企业科学发展，按照中央关于凡属重大决策、重要人事任免、重大项目安排和大额度资金运作（简称"三重一大"）事项必须由领导班子集体作出决定的要求，现就进一步推进国有企业贯彻落实"三重一大"决策制度提出如下意见。

一、指导思想和基本原则

（一）高举中国特色社会主义伟大旗帜，以邓小平理论和"三个代表"重要思想为指导，深入贯彻落实科学发展观，根据《建立健全惩治和预防腐败体系2008—2012年工作规划》部署，落实《国有企业领导人员廉洁从业若干规定》要求，以明确决策范围、规范决策程序、强化监督检查和责任追究为重点，进一步推进国有企业"三重一大"决策制度的贯彻落实。

（二）"三重一大"事项坚持集体决策原则。国有企业应当健全议事规则，明确"三重一大"事项的决策规则和程序，完善群众参与、专家咨询和集体决策相结合的决策机制。国有企业党委（党组）、董事会、未设董事会的经理班子等决策机构要依据各自的职责、权限和议事规则，集体讨论决定"三重一大"事项，防止个人或少数人专断。要坚持务实高效，保证决策的科学性；充分发扬民主，广泛听取意见，保证决策的民主性；遵守国家法律法规、党内法规和有关政策，保证决策合法合规。

二、"三重一大"事项的主要范围

（三）重大决策事项，是指依照《中华人民共和国公司法》、《中华人民共和国全民所有制工业企业法》、《中华人民共和国企业国有资产法》、《中华人民共和国商业银行法》、《中华人民共和国证券法》、《中华人民共和国保险法》以及其他有关法律法规和党内法规规定的应当由股东大会（股东会）、董事会、未设董事会的经理班子、职工代表大会和党委（党组）决定的事项。主要包括企业贯彻执行党和国家的路线方针政策、法律法规和上级重要决定的重大措施，企业发展战略、破产、改制、兼并重组、资产调整、产权转让、对外投资、利益调配、机构调整等方面的重大决策，企业党的建设和安全稳定的重大决策，以及其他重大决策事项。

（四）重要人事任免事项，是指企业直接管理的领导人员以及其他经营管理人员的职务调整事项。主要包括企业中层以上经营管理人员和下属企业、单位领导班子成员的任免、聘用、解除聘用和后备人选的确定，向控股和参股企业委派股东代表，推荐董事会、监事会成员和经理、财务负责人，以及其他重要人事任免事项。

（五）重大项目安排事项，是指对企业资产规模、资本结构、盈利能力以及生产装备、技术状况等产生重要影响的项目的设立和安排。主要包括年度投资计划，融资、担保项目，期权、期货等金融衍生业务，重要设备和技术引进，采购大宗物资和购买服务，重大工程建设项目，以及其他重大项目安排事项。

（六）大额度资金运作事项，是指超过由企业或者履行国有资产出资人职责的机构所规定的企业领导人员有权调动、使用的资金限额的资金调动和使用。主要包括年度预算内大额度资金调动和使用，超预算的资金调动和使用，对外大额捐赠、赞助，以及其他大额度资金运作事项。

三、"三重一大"事项决策的基本程序

（七）"三重一大"事项提交会议集体决策前应当认真调查研究，经过必要的研究论证程序，充分吸收各方面意见。重大投资和工程建设项目，应当事先充分听取有关专家的意见。重要人事任免，应当事先征求国有企业和履行国有资产出资人职责机构的纪检监察机构的意见。研究决定企业改制以及经营管理方面的重大问题、涉及职工切身利益的重大事项、制定重要的规章制度，应当听取企业工会的意见，并通过职工代表大会或者其他形式听取职工群众的意见和建议。

（八）决策事项应当提前告知所有参与决策人员，并为所有参与决策人员提供相关材料。必要时，可事先听取反馈意见。

（九）党委（党组）、董事会、未设董事会的经理班子应当以会议的形式，对职责权限内的"三重一大"事项作出集体决策。不得以个别征求意见等方式作出决策。紧急情况下由个人或少数人临时决定的，应在事后及时向党委（党组）、董事会或未设董事会的经理班子报告；临时决定人应当对决策情况负责，党委（党组）、董事会或未设董事会的经理班子应当在事后按程序予以追认。经董事会授权，经理班子决策"三重一大"事项的，按照本意见执行。

（十）决策会议符合规定人数方可召开。与会人员要充分讨论并分别发表意见，主要负责人应当最后发表结论性意见。会议决定多个事项时，应逐项研究决定。若存在严重分歧，一般应当推迟作出决定。

（十一）会议决定的事项、过程、参与人及其意见、结论等内容，应当完整、详细记录并存档备查。

（十二）决策作出后，企业应当及时向履行国有资产出资人职责的机构报告有关决策情况；企业负责人应当按照分工组织实施，并明确

落实部门和责任人。参与决策的个人对集体决策有不同意见,可以保留或者向上级反映,但在没有作出新的决策前,不得擅自变更或者拒绝执行。如遇特殊情况需对决策内容作重大调整,应当重新按规定履行决策程序。

(十三)董事会、未设董事会的经理班子研究"三重一大"事项时,应事先与党委(党组)沟通,听取党委(党组)的意见。进入董事会、未设董事会的经理班子的党委(党组)成员,应当贯彻党组织的意见或决定。企业党组织要团结带领全体党员和广大职工群众,推动决策的实施,并对实施中发现的与党和国家方针政策、法律法规不符或脱离实际的情况及时提出意见,如得不到纠正,应当向上级反映。

(十四)建立"三重一大"事项决策的回避制度;建立对决策的考核评价和后评估制度,逐步健全决策失误纠错改正机制和责任追究制度。

四、组织实施和监督检查

(十五)国有企业党委(党组)书记、董事长、未设董事会的总经理(总裁)为本企业实施本意见的主要责任人。

(十六)国有企业应当依据本意见制定具体的实施办法,报履行国有资产出资人职责的机构审查批准。履行国有资产出资人职责的机构,在制定或审批国有企业章程时,应当根据本意见明确相关要求。

(十七)履行国有资产出资人职责的机构应当对国有企业制定的"三重一大"事项范围是否全面科学、决策程序是否严密、责任追究措施是否有效进行严格审查,予以批准的,应当在批准后监督其实施。

(十八)纪检监察机关应当督促指导履行国有资产出资人职责机构的纪检监察机构,切实加强对所管辖的国有企业贯彻落实"三重一大"决策制度情况的监督检查。

(十九)国有企业的纪检监察机构在依照《国有企业领导人员廉洁从业若干规定》的规定,结合年度考核进行监督检查,作出评估,并向企业党组织和上级纪检监察机构报告时,应当将国有企业领导人员执行"三重一大"决策制度的情况作为重点内容。

(二十)"三重一大"决策制度的执行情况,应当作为巡视、党风廉政建设责任制考核的重要内容和企业领导人员经济责任审计的重点事项;作为民主生活会、企业领导人员述职述廉的重要内容;作为厂务公开的重要内容,除按照国家法律法规和有关政策应当保密的事项外,在适当范围内公开。

(二十一)组织人事部门、履行国有资产出资人职责的机构和审计机关,应当将"三重一大"决策制度的执行情况,作为对企业领导人员考察、考核的重要内容和任免以及经济责任履行情况审计评价的重要依据。

(二十二)国有企业领导人员违反"三重一大"决策制度的,应当依照《国有企业领导人员廉洁从业若干规定》和相关法律法规给予相应的处理,违反规定获取的不正当经济利益,应当责令清退;给国有企业造成经济损失的,应当承担经济赔偿责任。

(二十三)本意见适用于国有和国有控股企业(含国有和国有控股金融机构)。

(此文载《党风廉政建设》2010年第8期)

网络反腐行为的法治化与社会管理创新

林 喆

网络反腐的性质及其形式的利弊分析

2008年年末网上连续曝光几位“最牛”的局长：第一位是南京市江宁区房产局局长周久耕，他在楼市低迷之时关于“开发商低成本销售将被处罚”的观点在网上引起一片哗然；第二位是广州市卫生局副局长曾其毅，他在广州市政协分组讨论中关于“我走遍全世界，看病最不难是中国，看病最不贵是中国”的发言引起网民的反感；第三位是西部乾县科技局局长王显亮，他在西北五省（区）党校研究生班陕西咸阳考区的考场上谩骂重申考场纪律的考区负责人，称：“这是啥考试，还弄得和真的一样，我掏钱买文凭，你有啥资格管我”，结果致使该考场考试时间延迟10多分钟。此举招来众多指责。

其实牛人牛语的施发，是部分官员狂妄自大的心理和生活样态的反映。他们对于底层百姓困境的无视或轻视，对于中央以人为本执政理念和体察民情要求的背离，必然为百姓所反感和受到社会各界的批评。这几位“最牛”局长的连续曝光和其中某些人员的落马，映现出网民参与政治生活的热情和智慧。它们与在网络上反腐败的其他形式相结合，被统称为“网络反腐”。

“网络反腐”是近些年来兴起的一种网上廉政建设的方式和行为，它指的是借助网络平台进行反腐败的形式，它因表达或举报渠道的不通畅而存在。随着计算机和互联网在社会中的普及，借助网络高科技的便捷、传播范围宽阔、覆盖面极大和成本较低的特点来进行反腐败，其积极意义是显而易见的，它已成为民众参与廉政建设的一种途径。

从性质上看，目前网络反腐已成为公民实现参政权（民主权）的形式之一。参政权是指公民依法参与国家生活的自由度。这里的“国家生活”主要是指政治生活，由此参政权一般被称为政治权利和政治自由，它主要包括选举权、被选举权、批评权、建议权、申诉权、控告权、检举权、取得赔偿权、民主管理企业组织权等。在论及参政权时，一般也将自由权中的某些内容（如言论、出版、集会、结社、游行、示威的自由等）列入。这些权利和自由统称为参政权，有时也被称作民主权，我国宪法第16、34、35、41条对它们做出了明确的规定。

参政权的入宪是近现代政治文明发展的结果，其理论基石有二：一是人民主权论，二是公民自治理念。在我国，公民自治理念的实践主要有三种表现形式：一是代议制，即通过人民代表大会制度的政体形式来体现广大劳动人民的根本意志，公民通过自己依法选举出的代表组成的国家机关来表达自己的意愿，达到间接管理国家的目的。由于人民代表大会是最能代表公意的地方，这使得选举权和被选举权成为公民参与国家生活所享有的政治权利中的首要权利。二是基层民主自治，即在基层社会生活中发展人民的直接民主，社区中的居民委员会、乡村中的村民委员会，以及集体经济组织中的职代会等都是基层群众自治组织的表现形式。三是公共空间的意见交换，即公民在社会公共领域通过报刊、杂志、电视、网络等媒体表达和交换意见，通过网络汇集网民的草根智慧，形成普遍的民意，形成某种压力集团，参与和影响国家生活。

“网络反腐”在我国的反腐败斗争中发挥着很大的作用。近几年一些贪官的落马与民间反腐网站的不懈努力不无关系。另一方面，网络反腐行为一旦失控便可能危及公民个人、集体的合法权益和国家安全。这是因为“网络反腐”主体素质良莠不齐。就“网络反腐”人员的组成来看，可以分为几种类型：第一类是专家学者和纪检监一线人员，新闻媒体从业人员，及民间反腐人士。他们分析腐败状况，宣传、传递、解读中央廉政建设举措和反腐败理论，是“网络反腐”最积极的力量。第二类是受到腐败伤害的百姓，他们在举报或申诉无门之时自办网站揭露腐败的人和事，这类人员很勇敢、坚韧，也是“网络反腐”的积极力量，但一旦情绪失控往往易于触犯法律。第三类是网上的“散兵游勇”，他们具有热情、爱憎分明、痛恨腐败，一旦看到对“贪官”的追逐，便会参与进来，积极追逐。这类人常常成为“网络反腐”的重要主体，只要理性在握，能够充分展现“网络反腐”的威力。第四类是网上“愤青”（网上也常常写作“粪青”），也称“四仇人员”（仇富、仇官、仇名、仇共），对于一个网络的正常运行来讲，这是最可怕、最具有杀伤力的网民群体。近年来的网络反腐，就聚集了这些不同类别的网民群体，这使得网络反腐具有“双刃剑”的作用。比如“人肉搜索”方式，且不说这一方式易于“打草惊蛇”，就其本身来讲也涉嫌“有罪推定”的做法，一旦把握不好“度”，就易侵犯公民的隐私权，并可能伤及无辜。

网络反腐主体良莠不齐的特点决定了将网络反腐行为纳入法治轨道的必要性。针对目前网络反腐状况，有必要尽快出台《网络管理法》。该法应确定的基本原则是上网实名或身份证制原则，它是公民权利与义务一致性的体现。即公民在享有自由时有履行不超越自由界限的义务。

关于社会管理创新的几点思考

中央政法委最近提出化解社会矛盾、公正廉洁执法和社会管理创新三大要求。根据中央精神，当前社会管理创新的关键环节是三个方面的问题：一是流动人口的服务管理问题。二是特殊人群的帮教管理问题。三是治安重点地区综合治理问题。以上三方面工作都要构建党委领导、政府负责、社会协同、公众参与的社会管理新格局，积极探索一条符合中国国情、具有中国特色的社会管理创新之路。

社会管理创新的理由在于：社会各领域有不协调之处，社会管理方面存在着薄弱环节。社会管理创新的目的在于深入推进与社会主义市场经济体制相适应的社会管理体系的完善，提高党的执政能力，巩固党的执政地位，保障人民的安居乐业，加快社会管理建设，促进经济社会发展，维护国家的长治久安。

社会管理创新的主渠道是扩大公众对社区、市政的参与度，公众参与可大大减轻社会管理的成本。这里，关键在于制度的设计要周密。目前，建立和谐社会是我们的目标，我们应全面建立起全社会的协商对话机制。这一机制应包括和完善以下九项制度。

1. 首长接待日制度。这里的“首长”包括各部门、各组织的一把手，从居委会、村委会、物业管理委员会主任，到县长、专员，到局长、市长、省长、部长、各级党组织的书记们，都应有定期或不定期地接见其所属部下或群众的日子，而且把它公示出来。这是吸取群众意见，让群众了解党和政府组织或自治组织在干些什么，密切联系群众，听取各方呼声，了解民意，面对面地解决疑难问题的极好机会。这项制度有的地方已经有了，有的地方没有。应要求全社会从下到上都要建立。

2. 听证制度。各级政府在做出重大决策之前，必须进行严格听证。特别是在做出关系到民生的诸如拆迁之类的行为时，应将广泛听证作为一项必须进行的首要环节。听证是民主制度的重要部分，从表面上看起来，它增加了工程项目的成本，迟缓了项目完成的日程，但是由于听证不仅听取了大多数人的意见，也搞清了少数人的意愿，这就使得项目完成者对施工后可能遇到的阻力有了心理准备和应对考虑。通过听证会，使意见者的意见得以反映，将他们的工作做通了，在完成项目过程中可以减轻很大的压力和阻力。当决议以少数服从多数通过，少数人为大多数人的利益放弃了自己的利益而遭受损失，有关方面就应该对少数人进行道德救济或是利益补偿。这是民主建设中很重要的一项原则——少数主义原则。经过听证的决议是民众自己决定的结果，能够得到民众的真心拥戴，包括少数人的拥戴。这是一项工程得以顺利进行的很好的推动力。领导干部应该学习借助社会力量来为民服务。善于运用听证制度是领导的智慧。它可以使人清楚阻力来自何方，由于事先有一些应急补救措施，可以把工作完成得更好。

3. 发言人制度。发言人的任务主要有二：一是将本单位、本部门的重要决策和工作向社会公众、媒体或利益相关人做出通报；二是在重大灾难或事件发生之时代表被关注的一方对各类猜测、传言及时进行澄清、说明真相，解答疑点。发言人制度的最大好处就是能够及时地将决策和真相传递给民众，并将未来要做的工作及时地告知老百姓，取得他们的支持。各级党组织和政府要善于与民众和媒体及时沟通，学会运用社会资源和高科技做好工作，这是一个提高执政能力的过程，政府部门应该有对媒体的定期通报制度。目前这一制度在各种群体中，特别是政府和党的组织中已开始推行，应从下到上，全面地推进和完善。

4. 协商对话制度。提倡在全社会范围内，在各个党派之间，执政党与民主党派之间，党群之间，干群之间，党的领袖与党的组织之间，党员与党员之间，党的基层组织与上级组织之间，人大与行政、司法机关之间，政府与民众之间，物业与业主之间，居民委员会与居民之间，村民委员会与村民之间，广泛地进行定期和不定期善意的对话，以使关系协调。彼此之间既不失原则，又富有理解、宽容、批评，上下交流沟通渠道畅通，可以消除各种矛盾、隔阂或误解，使有关方面得以及时掌握民意。这种对话最大的好处在于化解矛盾，随时掌握民意，使有关方面的决策能更好地、及时地得到大多数民众的支持。这是现代法治社会中的一个很重要的做法。这项工作可由政协承担。

5. 特别领域的信息公开制度。对于关系到公民民主权利（参政权）实现的领域的信息应向全社会公开。以举报权的实现为例。在政府大厅内应像宣传计划生育那样宣传举报信息，如在发放含有举报信息的宣传单上写明不同被举报者的受理机关及其邮编、前往乘车路线及所需具备的材料等信息；群众的举报是对政府部门的信任，对监督部门的信任，应给其行为提供方便和鼓励。

6. 谈话制度。这里讲的谈话主要是指上下级之间，上级组织对下级官员的谈话。主要有三种类型的谈话：一是激励谈话，当面表扬，对下级可圈可点的工作成绩及时给予表扬，以资鼓劲；二是诫勉谈话，对于工作做得不到位或有明显过失的进行批评指正，这是上级对下级的监督；三是排忧谈话，最近几年官员自杀事例增多提醒我们应该有一个环节，就是上级对下级应进行排除忧患谈话，类似心理咨询，给予官员以组织上的关心、爱护，遇到什么问题了，听取他们的倾诉，并给予及时的解决。

7. 党务政务公开制度。党务政务公开是将权力运行的环节，特别是将人员的任用、罢免，以及决策、考核这些党务政务的主要环节的运行展现在阳光下，让民众知晓和接受民众的监督。这是民主政治建设的一大进步。党务、政务信息向本地区民众的公开，不仅有助于党和政府决策的科学化，而且有助于它们的实施。这无疑将大大推进党内民主和社会民主的进程。

8. 人大代表、政协委员公开述职制度。人大代表作为民意代表应有对选民负责的态度，而不可将代表身份作为一种自我炫耀的资本。鉴于不少人大代表徒有虚名、无所事事的现实，有必要以公开述职制度推动其认真履行代表之责。人大代表和政协委员应每年至少一次分别在所选区域向选民或推荐单位汇报自己是如何履行代表职责的。对于民众不满意者,选民或推荐单位可以向有关组织提出罢免的要求。公开述职制度有助于剔除沽名钓誉者或滥竽充数者。

9. 举报人保护制度。具体包括三项制度:一是举报过程明示和结果反馈制度。纪检监部门在受理举报材料时应有严格的登记制度,举报材料的转交,转交人员都要签字,以便一旦举报内容被泄露或举报人被打击报复,就可逐级追查到责任人。登记时可对举报人编号,给举报人用专用电话以密码查询其举报材料的归属和问题处理的进度。也可在举报机关的大厅告示牌上告知举报结果。

二是举报人补偿制度。鉴于举报人受到打击报复的事例时有发生,有必要建立一个"举报人损失补偿基金"。基金来源于贪官被没收的财产部分,贪官被没收的财产除了弥补国家、集体的损失外,纪检监部门应从中拿出一部分补偿举报人物质和精神方面的损失。

三是举报人紧急避险制度。纪检监部门在受理举报材料时可给举报人一个带密的紧急避险电话号,以供举报人在受到打击报复时及时求助。该电话应与报警电话相区别,它直通纪检监部门,而不增加公安部门的压力。

四是举报人奖励制度。对于举报人在反腐败中的行为,可依其贡献的大小给予奖励。奖励方法可参照上述办法。

协商机制九项制度的建立和完善,实际上是民主和法制的建设过程,它们不仅需要党和政府有关部门的精心组织,更有赖于公民民主意识的不断提高和积极努力。机制的建立将保证和谐社会的建成。

(作者:中共中央党校政法部教授)

着力构建项目建设廉政风险防控机制

范锐平

近年来,湖北省鄂州市以中央纪委廉政风险预警防控试点和省纪委腐败风险预警防控示范市建设为契机,突出政府投资项目建设这个重点,从体制机制制度入手,构建具有鄂州特色的腐败风险防控机制,保证了权力行使安全、项目建设安全、资金使用安全、干部成长安全。

一、构建项目建设权力制约机制

项目建设集中了资源配置、资金调度、政策运用等廉政风险度较高的行政权力。有效防控项目建设廉政风险,必须抓住权力这个核心,规范用权行为,构建权力制约机制。一是分权制约。积极改革项目决策、投资、建设、监管、招投标机制,使各个环节既相互独立又相互制约。如针对重大项目决策,先后制订了投资申报制度、决策听证制度、立项审批公示制度、规范性合法性审查制度、决策失误责任追究制度等9项制度,完善了项目建设决策规程,保证了项目决策的民主性和科学性;在重大城市建设项目的实施上,将城市建设投资公司与土地储备中心成建制合并,实行一套班子、两块牌子,履行项目投资主体职责,负责项目资金的筹集、管理、使用和偿还,以及国有经营性土地的收购储备和供应,做到"一个池子蓄水,一个龙头放水";明确了建委在有关项目建设中的组织、实施和管理职责,推行项目代建制;成立招投标监督管理局和综合招投标中心，设立投资审计局，实现了管建分离、相互制约。二是减权制约。减少审批就是减小廉政风险。围绕这一目标，我们全面开展职权梳理和流程再造，营造廉洁高效的项目建设环境。其中，审减涉及项目审批许可的职能部门6家，审批和许可事项由370项减少为242项，减幅达34.6%，并制定《行政职权目录》进行规范。对各类收费项目、收费标准和政策依据进行全面清理，重新审核编制了《行政事业性收费目录》，取消了一批不合法、不合理收费事项，对一些重点项目实行“零收费”。开展审批许可流程优化试点工作，采取一门受理、抄告相关、同步审查、限时办结、统一送达的联合办理、并联审批运行方式，在减少办事环节、精简办事程序的基础上，着重规范自由裁量权，压缩腐败空间。三是晒权制约。对重大投资项目实行全程公示制，对“十件实事”等民生项目实行社会公示制，对负责项目建设的相关领导和责任人实行公开承诺制，利用网络、媒体、公示栏等形式，公开审批项目、责任人员、承诺事项、执法依据、办事程序、工作时限、收费标准，确保项目建设公开、透明、公正、廉洁。

二、构建项目建设预警监控机制

为切实防控项目建设中可能出现的廉政风险，我们制定了《项目和工程建设廉政风险预警防控暂行办法》，抓住项目建设过程中规划勘测、立项审批、执法收费、工程建设等重要环节，加强跟踪监控和及时预警，构建日常监控、专项监控和电子监察相结合的项目建设预警监控机制。一是加强日常监控，防止苗头性问题演变为腐败问题。在市、区建立了项目建设资料库，指定专人担任项目廉政监督员，负责跟踪联系土地、规划、发改、财政、建委等重点部门，整理分析项目实施各个环节的廉政风险，并根据风险演变成腐败问题的可能性大小，结合职权岗位特点和项目实施主要环节特征，将风险划分为三个等级进行分类监控，采取发廉情预报、预警通知书等形式进行及时提醒，做到防微杜渐、警钟长鸣。二是开展专项监控，确保重点项目建设不出问题。我市作为全省城乡一体化试点城市、武汉城市圈“两型社会”建设示范区和全国公立医院改革试点城市，一些重点项目较为集中。针对上述方面的项目建设，我们开展了专项监控，市委、市政府成立了专项督查组，定期对试点项目进行督查巡视，并派专人进驻重点项目，对项目实施的各个环节进行跟踪监督。出台了项目建设廉政承诺、廉政督查、廉政审计三项制度和“一把手”不直接分管干部人事、基建、财经和物质采购等“四不”制度，对每个重大项目签订廉政责任书，推行项目建设行政问责制。纪检监察、财政、审计等机关和部门对重点项目联合开展执法监察、效能监察、信访监督、专项检查、行风评议、责任审计等工作，及时发现项目建设廉政风险，并进行预警处置和督查整改。三是实施电子监察和预警，及时处置廉政风险。改造行政服务中心和电子监察平台，把所有涉及项目许可、审批、收费、执法等职能的部门全部纳入中心管理，将电子政务、电子监察和廉政风险预警防控系统通过电子平台对接，实行网络监督、信息互动、流程监控和预警纠偏，有效处置和化解了项目建设中的吃拿卡要、暗箱操作、效能低下、权钱交易等廉政风险，保证了项目建设阳光公正和廉洁高效。

三、构建项目建设流程管理机制

根据项目组织实施与建设管理流程，我们绘制了项目建设廉政风险防控流程图，健全流程管理机制，着重把好七个重要关口。一是把好项目立项关。制定了《重点项目立项会审制度》，通过深入的项目可行性研究和严格评审，防止人情项目、关系项目、局部利益性项目和“政绩工程”。二是把好概算审查关。工程概算由建委、城投公司、工程评审中心、工程管理中心组织专家进行设计论证和共同编制，防止概算过大，尽量把腐败风险和隐患消除在初始环节。三是把好预算审查关。从工程量计算，材料定价等方面防止定额高套、计算差误等人为因素造成的造价虚高问题。四是把好招投标关。严格执行《招投标管理办法》,统一交易平台、统一监管机构、统一专家评委库,实行勘探、设计、施工、监理、造价全过程招投标,推行拦标价、技术标暗标、项目业主"回避"竞标、计算机辅助评标、跨地区异地抽取评委评标等举措,邀请审计、监察等部门参与招标监督,防止围标、串标行为,确保招投标公平、公正、公开。五是把好工程变更关。改变过去由施工、监理双方认定工程变更的方式,由城投公司、建委、设计、施工、监理五方责任主体共同确认变更事项。重大工程项目指派过程管理与监督人员,对工程变更情况进行现场签证。六是把好工程进度与核算关。根据现场跟踪情况签证工程进度意见,投资单位依进度核算拨付工程款。七是把好工程决算审计关。制定了《鄂州市国家建设项目审计监督办法》,对未按规定履行建设程序、超计划、超规模、超预算等方面的问题严格进行审查。重点审查合同执行是否到位,工程量计量及造价是否真实,有无截留挪用、套取资金、偷漏税费、贪污克扣、挥霍浪费等问题,并严格按照《项目建设廉洁自律若干规定》、《审计结果运用暂行办法》,对违纪违规问题进行惩处和问责。

(作者:中共湖北省鄂州市委书记)

纪检监察机关要为深入推进西部大开发提供"六种服务"

左新军

最近,党中央、国务院做出了新一轮西部大开发的战略部署。自治区党委、政府召开了动员大会。宁夏区银川市按照中央和自治区会议精神,对全市深入推进西部大开发进行了安排部署。我们体会到,在深入推进西部大开发中,必须自觉服从服务于经济建设这个中心,认真履行监督检查职能,提供"六种服务",以保证各项决策部署的贯彻落实。

一、加强对党员干部的教育,为西部大开发提供预防性服务。思想是行动的先导,教育是廉洁自律的基础,要顺利实施西部大开发,就必须深入开展党性党风党纪教育、理想信念教育和廉洁从政教育,促进领导干部廉洁从政。以财经法规教育为重点,深入开展岗位廉政教育。引导党员干部模范遵守财经法规,增强法规意识和职责意识,自觉接受监督,确保岗位教育有实效、廉政履职有保证。以典型案例为教材,深入开展身边警示教育。坚持开展"警示教育月"活动,深入剖析典型案例,注重用身边人、身边事教育党员干部,增强教育的针对性。发挥警示教育基地作用,使干部接受直观教育,增强警示教育的震慑力。以廉洁勤政典型为榜样,深入开展示范教育。培养和树立群众信服的先进典型,开展"学先进、作表率"活动,用先进的事迹教育人,用先进的精神激励人,增强教育的有效性。要面向全社会深入开展廉政文化建设,推动廉政文化"六进"活动,形成廉荣贪耻的良好社会文化环境。通过教育,达到坚定理想信念,提高思想政治素质,恪守廉洁从政规定的目的,使党员干部会干事、能干事、干成事、干净干事、清白做人,为深入推进西部大开发提供坚实的思想保证。

二、树立和弘扬良好作风,为西部大开发提供环境性服务。良好的作风是凝聚党心民心的巨大力量,党员干部的作风好坏直接关系西部大开发战略能否顺利实施。因此,要进一步加强党员干部思想作风、学风、工作作风、领导作风和生活作风建设，切实树立密切联系群众之风、求真务实之风、艰苦奋斗之风、批评与自我批评之风，做到为民、务实、清廉。要加强对干部作风状况的监督检查，及时发现和解决党员干部在作风方面的苗头性、倾向性问题，早打招呼早提醒，早拿办法早解决。要严格要求自己，自觉排除私心杂念，守得住清贫、耐得住寂寞、稳得住心神、经得住考验，做到不义之财不取，不义之利不沾。不讲排场、不比阔气，不奢侈、不浪费。要心里装着群众，为民做好事，为群众办实事，不为亲朋办私事，不为私利干坏事。要有强烈的事业心和高度的责任感，想工作有思路、有点子，干工作有魄力、有办法，为工作尽心尽力、尽职尽责。要切实提高工作效率，以效能建设为抓手，严格执行《银川市暗访督查工作办法》，加大明察暗访力度，严肃查处办事拖拉、工作推诿、态度粗暴、利用职权"吃、拿、卡、要"等行为；切实治理不作为、慢作为的"懒"现象，不会为、不能为的"庸"现象，乱作为、胡作为的"恶"现象。要切实加大改革力度，继续推行"两减一再造"改革，减少审批事项和审批环节，优化再造政务运行流程，推行"一站式"服务，提高办事效率，为西部大开发创造良好的发展环境。

三、严查违纪违法案件，为西部大开发提供纪律性服务。排除不稳定因素，为西部大开发创造一个稳定的政治环境，是纪检监察机关的职责所在。进一步健全"小事问责、违规追责、违纪查处"的惩处体系和"发现问题、堵塞漏洞、建章立制"的预防体系，使惩防环环相扣，呈现系统化。实现案件查办从"入口"到"出口"的规范化、法制化、科学化管理。一要强化"小事"问责。严格执行《银川市党和国家机关及其工作人员不当行为问责办法》有关规定，加大对工作敷衍塞责、办事不公、效率低下等"小事"问责力度。通过"小事"问责，使干部意识到小"错"不小，小"事"不小，小"过"也怕，强化"规矩"意识，实现问责治庸、问责提效、问责治腐的目的。二要严肃责任追究。对管辖范围内发生责任事故的、对给国家造成经济损失的、对引发群体性事件的、对在社会上造成不良影响的，要坚决实施责任追究，实现用权负责。三要严查腐败案件。以查办"三不"（职级不高，但影响较大；金额不多，但性质恶劣；事情不大，但反映强烈）案件为突破口，严肃查处破坏西部大开发环境、扰乱市场秩序的案件；重点查处侵犯和损害群众利益的案件；重点查办党员干部以权谋私、贪污受贿、失职渎职的案件；严肃查处虚报冒领、私设"小金库"的案件，实现抓大不放小，严查不松劲，惩处做保证。四要通报典型案例。要加强对典型案件的剖析研究，针对暴露出来的问题，举一反三，吸取教训，堵塞漏洞，做到查处一起案件、教育一批干部、完善一套制度，实现问题找"根"，建章找"据"，源头找"面"。

四、加强反腐倡廉制度建设，为西部大开发提供制度性服务。大量事实证明，反腐败不能完全寄希望于"自律"、"自觉"、"自监"，必须依靠强有力的制度约束限制，必须建起一条反腐败"高压线"。各级纪检监察机关要对西部大开发进行科学分析，准确定位，有针对性地加强反腐倡廉制度建设。一要深入开展制度创新。结合实际，研究解决反腐倡廉建设新情况、新问题，创新建立一批"好用、实用、管用、可用"的制度。重点在干部人事制度、行政审批制度、财政管理体制等方面下工夫，切实管住"人"、"权"、"钱"等容易滋生腐败的核心区域，从源头上防治腐败。二要及时清理制度。根据形势的发展变化，及时对反腐倡廉制度规定进行梳理，已经过时的要停止执行，有明显缺陷的要修订完善，需要细化的要制订实施细则，提高建章立制的质量和水平，实现制度建设的与时俱进。三要严肃查纠违反制度的人和事。要切实加强对制度执行情况的监督检查，提高制度执行力。通过明察暗访、受理投诉等手段，严查钻空子、打"擦边球"、搞上有政策下有对策等违反制度的行为，特别是在执行重大议事规则、工程招投标、土地审批等方面，不执行、变通执行甚至规避规定的行为，发现一起，要查处一起，绝不姑息迁就。四要总结推广基层的首创精神。大力提倡、鼓励、支持基层反腐倡廉制度创新，及时总结推广基层在制度建设中的有益做法和新鲜经验，创新上升为制度。同时，积极学习借鉴兄弟市县防治腐败的制度成果，为我所用，不断增强反腐倡廉制度建设的活力和动力。

五、强化权力运行的监督制约，为西部大开发提供监督性服务。公开与透明是腐败的天敌，民主与监督是防腐的利器。在西部大开发各项活动实施过程中，各级纪检监察机关要认真履行监督检查职能，切实加强对重点领域、重点部门、重点岗位、重点环节的监督管理，规范权力运行，更好地为西部大开发服务。一要健全民主决策机制。认真贯彻《银川市市管单位领导集体决策重大问题议事规则》，完善民主集中制，坚决执行党的“三重一大”制度，推进民主决策、科学决策。二要围绕重大项目监督检查。围绕全市经济社会发展及西部大开发重大项目实施开展监督检查，做到紧盯项目、紧盯资金、紧盯责任人，市委、政府决策部署到哪里，监督检查就跟进到哪里；新增项目计划到哪里，监督检查就跟进到哪里。三要创新监督检查方法。全面实施暗访督查工作制度，对于市委、市政府的重点工作部署，采取现场查看、走访群众等多种方式进行暗访督查，及时通报暗访督查情况，确保各项工作落到实处。四要进一步加大党务、政务公开力度。重点推行基层党务公开，抓紧落实《党务公开办法》。以打造“阳光政府”为目标，扩大政务公开内容，把人民群众普遍关心、涉及人民群众切身利益的问题最大限度地公开。不断创新公开形式，通过政府网站、政务公开栏等媒体和召开新闻发布会等形式，及时、全面、真实地公开政府信息和行政行为，保证权力在阳光下运行。

六、坚决维护群众利益，为西部大开发提供保障性服务。各级纪检监察机关要紧紧围绕人民群众最关心、最直接、最现实的利益问题，督促协调有关部门要对群众之事“上心”，要让群众感到“称心”，群众才能对我们“放心”；督促协调有关部门扩大公共服务，完善社会管理，把保障和改善民生的各项政策落到实处，努力使人民群众学有所教、劳有所得、病有所医、老有所养、住有所居；督促有关部门重点解决环境保护、征地拆迁、安全生产等方面的损害群众利益的突出问题。加大治理教育乱收费工作力度，坚决纠正医药购销和医疗服务中的不正之风，切实解决上学难、看病贵等问题。严肃查处针对农民的乱摊派、乱收费行为，防止农民负担反弹。加大执法监察力度，强化对社保基金、住房公积金、扶贫救灾资金等专项资金管理和使用情况的监管，维护资金安全。以“勤廉为民”工程为抓手，深入推进农村基层党风廉政建设，确保各项支农惠农政策落实到位。狠抓民主评议政风行风工作，继续办好“行风在线”栏目，市直各部门一把手走进直播间，为广大群众现场答疑解惑，促进部门和行业自觉地为经济建设和西部大开发服务。

（作者：中共宁夏回族自治区银川市委常委、纪委书记）

践行《廉政准则》　坚守“四条底线”

胡文龙

《廉政准则》是对党员领导干部最基本的要求，是反腐倡廉各项工作的逻辑起点。贯彻《廉政准则》，贵在身体力行，重在狠抓落实。广大党员领导干部要带头学习、模范执行《廉政准则》，坚守法律底线、纪律底线和职责底线，常修为政之德，常思贪欲之害，常怀律己之心。

一、“违法的事坚决不做”，珍惜自由人生，守住法律底线

法律“底线”是“红线”、“高压线”。领导干部要守住法律底线，重要的是在思想上要敬畏、心态上要知足、用权上要谨慎。

（一）要心存敬畏

从官重恭慎，立身贵廉明。心存敬畏的本质是人类对自己有限性的清醒认识。要敬畏律令，这是一个人安身立命并有所作为的重要前提。领导干部对党纪国法的敬畏，要真正内化为自身信仰，按律而行、遵章办事，始终做到在法律和制度的框架范围内履行职责、开展工作。要敬畏组织，每个领导干部的成长都是靠组织发现和领导培养，要用一颗感恩的心去对待组织。要敬畏人民群众，权力是人民赋予的，必须坚持把人民的根本利益作为工作的出发点和归宿，以实际行动树立领导干部在人民心中的良好形象。要敬畏权力，权力意味着责任，用权失误就要受到追究，滥用权力更要受到惩处。要敬畏舆论，舆论反映民声，体现民意，领导干部要虚心接受来自舆论的监督和批评，以高度的政治意识对待舆论。要敬畏良心，坚定清廉操守，做到脑无杂念、心无尘染，永远存有一种惧怕良心谴责的意识，时时处处问心无愧。要敬畏人生，把积极进取作为根本的人生态度，实现人生价值的最大化。

（二）要知足常乐

知足常乐通常指心态上的一种轻松和放松，对生活、对名利抱知足者常乐的态度，而不是指不思进取、得过且过。随着市场经济价值观念和生活方式的多元化发展，各种诱惑不可避免地对我们每个人产生影响。党员干部如何始终保持一颗平常心，正确权衡得失显得尤其重要。要算好政治账，志存高远，不要自毁前程；要算好声誉账，保守名节，不要身败名裂；要算好经济账，知足常乐，不要得不偿失；要算好亲情账，珍惜幸福，不要众叛亲离；要算好健康账，平衡心态，不要身心憔悴。这“五笔账”领导干部要经常算，时刻绷紧拒腐防变这根弦，保持清醒头脑，不被糖衣炮弹打倒。要前后算，不能只看到眼前实惠，要前后算得清楚、看得明白。

（三）要谨慎用权

谨慎用权就是要牢记职责。要始终做到“权为民所用，情为民所系，利为民所谋”。为民办实事的干部永远最受人民群众爱戴。在河南省兰考县的焦裕禄纪念园里，每天自发到焦裕禄墓前参拜瞻仰的人络绎不绝。

谨慎用权就是要正确对待利益。领导干部合理的利益追求是正常的，但必须有理有度，不能超越底线。大量的事实表明，一些领导干部之所以违法违纪，其根源就是把利益和官职看得太重，以至于心态失衡、见富思迁，为寻求变相补偿铤而走险。在物欲面前“舍得”才能拥有，在利益面前“糊涂”才能清醒，做到不正之风不染、不义之财不取、不法之事不为，在任何

情况下都抗得住诱惑、经得住考验。明朝朱元璋曾给下面的官吏算过一笔账：老老实实当官守着俸禄过日子，就好像守着一口井，井水虽不满，但可天天汲取，用之不尽。

谨慎用权就是要接受监督。英国阿克顿勋爵说，绝对的权力绝对导致腐败。从某种意义上讲，监督的本质是关心和爱护。主动接受监督也许就是最有效的自我保护。领导干部要自觉接受监督，凡是要求党员干部做到的，领导班子成员首先做到；凡是禁止党员干部做的，领导班子成员坚决不做。一定要有如履薄冰、如临深渊之感，常打预防针，乐于受批评，做到闻过则改，警钟长鸣。

二、"违纪的事一定不做"，珍惜政治生命，守住纪律底线

遵守纪律是对领导干部最起码的要求。一个不守纪律、不按规矩办事的人，在政治和官德上都是不合格的，很容易出问题。

（一）要严格遵守党的政治纪律

胡锦涛同志指出："政治纪律是党的最重要的纪律。加强政治纪律有利于中央政令贯彻执行，有利于减少腐败问题。"党的政治纪律是实现党的各项任务最重要的保证，是我党全部纪律的基础。我们必须自觉维护和严格遵守党的政治纪律，保持我们党在思想上、政治上、组织上的统一，保持全党意志、号令、力量的统一，在原则性问题和大是大非面前保持清醒头脑。

（二）要严格遵守党的组织纪律

民主集中制是我们党的根本组织制度和领导制度，也是根本的组织纪律。在重大问题特别是人事问题上，要坚持党的干部路线和用人标准，严格按条件和程序选拔任用干部，切实解决党员领导干部违反规定选拔任用干部问题。要遵守党委议事规则，防止"一言堂"。作为党员领导干部特别是"一把手"，要自觉树立民主意识，遵守党的组织纪律，对重大问题决策、重要干部任免等都必须坚持集体讨论决定。作为共产党员，必须自觉遵守党的组织原则，正确处理个人与组织的关系，使整个班子及队伍团结协调，形成既有统一意志，又有个人心情舒畅的和谐局面。

（三）要严格遵守党的工作纪律

每个领导干部必须遵守党的经济工作和群众工作纪律。党员干部决不能以工作或职务之便谋取任何非法利益，要用信念、理智、道德克服和防止享乐主义、拜金主义、极端个人主义的腐蚀，正确对待金钱，正确对待物质利益。要严格遵守党的群众工作纪律。要深怀爱民之心、恪守为民之责、善谋富民之策、多办利民之事，不断改善党群干群关系，筑牢党坚实的群众基础。

三、"诱惑的事拒绝去做"，谨慎社会交往，守住交友底线

人的一生总会有一些朋友，真挚的友情谁都渴望。然而，同什么人交朋友、如何对待朋友交往，是新形势下领导干部必须十分慎重对待的重要问题。如果领导干部在对待交友方面不谨慎，讲义气不讲原则，讲交情不讲纪律，就很难做到一尘不染，最终容易出问题。现实生活中，一些领导干部因为交友不慎，被一些所谓的"朋友"拉下马的案例很多。

（一）交友要有选择

胡锦涛总书记指出："要慎重对待朋友交往，坚持择善而交，注意净化自己的社交圈，对那些怀有个人目的来拉拉扯扯的人要保持高度警觉。"我们一定要深刻领会，认真执行。要择善而交，不交无德之友，不交无义之友，不交无耻之友。在平时交往中，要分清谁是我们的"真朋友"，谁是我们的"假朋友"。"真朋友"是为义而来，"假朋友"是为利而来；"真朋友"经常提醒你，"假朋友"经常奉迎你；"真朋友"总想和你交流，"假朋友"总想和你交易；越是"真朋友"，越不愿意麻烦你，因为他们担心影响你的工作和形象，而"假朋友"则总是想方设法让你为他办事谋利。从古至今，圣贤皆寂寞，高处不胜寒。作为领导干部，我们一定要慎重

交友、择善交友,这既是职业的需要,也是对自己最大的保护。

（二）交友要有尺度

要以“德”为要,以“信”为基,坚持“君子之交淡如水”,不能只讲关系不讲原则、只讲义气不讲是非,更不能把朋友间的感情关系异化为庸俗的金钱利益关系。尤其对相知多年的老同学、老同事、老战友等,要格外珍惜多年难得的友谊,始终保持交往的纯洁性。领导干部不可避免地要与老板打交道,在与他们打交道过程中,一定要保持人格尊严,要记住:天底下没有免费的午餐。

四、“尽责的事认真去做”,珍惜工作岗位,守住职责底线

2009 年,中办、国办印发了《关于实行党政领导干部问责的暂行规定》,要求各级党政领导干部,切实履行党和人民赋予的职责,对不作为、乱作为、决策失误、弄虚作假等行为将实行问责追究。我们要倍加珍惜工作岗位,在其位,谋其政,尽好责。对党员干部而言,履职尽责既是政治使命所在,也是职业操守所系。我们要自觉以问责警醒自己,恪尽职守干事业、谋发展。

（一）要认真履行党风廉政建设责任制职责

党风廉政建设责任制是反腐倡廉建设中一项带有根本性、全局性、基础性的制度。各级党政主要领导干部对反腐倡廉重要工作要亲自部署、重大问题要亲自过问、重点环节要亲自协调、重要案件要亲自督办。其他党政领导班子成员要按照职责分工,切实抓好责任范围内的反腐倡廉工作,履行好“一岗双责”。

（二）要扎实推进惩治和预防腐败体系建设

建立健全惩治和预防腐败体系,是我们党深刻总结反腐倡廉实践经验、准确把握新形势作出的重大战略决策。要按照《建立健全惩治和预防腐败体系 2008—2012 年工作规划》的要求,进一步加大工作力度,强化组织协调,狠抓工作落实,着力探索预防腐败的措施和办法,努力形成一整套有效预防腐败的制度,把预防腐败的要求落实到权力结构和运行机制的各个环节,确保惩防体系建设取得实效。

（三）要切实抓好一方经济社会事业发展

俗话说“为官一任,造福一方”。作为领导干部,不仅要勤于政事,还要勤于思考,能干事,会干事,干成事。我们正处在一个百舸争流、千帆竞发的时代,如果在其位而不谋其政,不仅有负于组织的重托和群众的期望,而且最终会被时代淘汰出局。今年是实施“十一五”规划的最后一年,工作要求高、任务重、压力大,我们必须明确身上的担子和责任,要有食不甘味、卧不安席的责任感,时不我待、只争朝夕的紧迫感和逆水行舟、不进则退的危机感,按照科学发展观的要求谋划和实现经济社会又好又快发展,造福一方百姓,做党组织放心、人民群众拥戴的廉洁勤政的好干部。

（作者:中共四川省南充市委副书记、市纪委书记）

重视发挥派驻机构作用　强化驻在部门反腐倡廉建设

刘崇秋

实行派驻机构统一管理以来,秦皇岛市纪委监察局十分重视派驻机构的履行职责、发挥

作用情况，从履行职责的切入点、推进工作的思维方式、干部的角色定位等，引导派驻机构围绕驻在部门的工作大局、中心任务，积极探索和实践，切实加强监督检查、查办案件、协助驻在部门组织协调反腐倡廉等方面的重点工作。

一、围绕驻在部门的重点工作强化监督作用。实行统一管理以后，派驻机构第一位的职责就是加强对驻在部门的监督。如何集中精力强化监督，我们注意从驻在部门的职能和业务特点及一个时期的重点或中心工作出发，明确监督内容。

一是共同科目监督。即各驻在部门在反腐倡廉建设方面共有的责任任务。比如贯彻民主集中制、重大事项集体决策、落实党风廉政建设责任制、开展党风党纪教育、推进惩防体系建设、推进政务（党务）公开、开展效能监察、加强行风建设、了解领导干部个人廉洁自律情况、解决驻在部门及所属系统和行业在反腐倡廉方面群众反映的突出问题、驻在部门承担的重大工程建设项目等。特别是2009年以来，各派驻机构把所驻在部门负责实施的新增中央投资项目的监督检查作为重中之重，抓紧抓好。

二是专业科目监督。即派驻不同部门的纪检组监察室承担着不同的职能任务和业务工作，其监督内容必然不同。比如驻民政部门的派驻机构重点是围绕救灾（捐助）款物管理使用、农村及城镇居民低保户选定标准及款物发放、各类救济对象款物补贴发放、由民政系统实施的惠民政策落实等方面的工作开展监督检查；驻环保部门的派驻机构重点是围绕落实节能减排目标任务、遵守项目环评程序和标准、督促解决群众关注的突出问题等方面的工作开展监督检查；驻财政部门的派驻机构重点是围绕遵守国家财政资金管理法规、遵守政府采购法规、预算外资金的管理拨付使用、治理"小金库"、财政投资的重大项目资金及各种专项资金的管理使用等方面的工作开展监督检查；驻人力资源和社会保障部门的派驻机构重点是围绕社保、医保、再就业资金的管理使用、国家有关再就业优惠政策的贯彻落实等方面的工作开展监督检查。

三是查办案件。办案是加强监督的重要手段和有效形式，我们要求各派驻机构结合驻在部门业务特点，深入研究驻在部门及所属系统腐败问题易发的重要部位和关键环节，在深入基层调研、开展专项检查、收集网络舆情、进行信访分析时给予重点关注。强化派驻机构的办案意识，提高办案能力，通过查办案件，发挥和扩大派驻机构在监督工作中的作用和影响。针对市级派驻机构人员较少（一般2—3人）的实际，加强办案工作的指导和协调，建立了重要案件线索报告制度，建立了办案工作协作组，对办案力量不足的派驻机构在派出机关或协作组的组织协调下实行跨部门联合办案或与派出机关联合办案，有效解决派驻机构办案工作人单力薄的瓶颈制约。

二、从实际出发，多想办法，主动作为，积极协助驻在部门深入推进反腐倡廉工作。协助党的委员会加强党风建设和组织协调反腐败工作是党章赋予纪检机关的重要职责。派驻机构是派出机关的重要组成部分，探索适应统一管理新体制要求的工作模式、方式方法，要求我们既要明确派驻机构自身的职责定位，又必须坚持从实际出发，以积极的态度，主动作为，使所驻在部门的反腐倡廉工作切实得到加强。

一是要善于谋划。凡事预则立，不预则废。作为市级派驻机构的驻在部门，除派驻纪检组监察室外，一般都没有再内设专职负责反腐倡廉工作的机构，这就需要派驻机构的同志，站在驻在部门工作大局的角度，联系实际，客观负责地制订工作计划，提出意见和建议，保证驻在部门反腐倡廉工作统一谋划，整体推进。因此，在年度任务部署以后，我们要求各派驻机构要结合驻在部门实际，及时研究，列出年度任务的具体项目，制定工作计划，重点工作项目要有专项方案，并根据党风廉政建设责任制的要求和工作任务特点提出主抓或协助抓的责任主体。

二是要善于处理好几个方面的关系。随着

反腐倡廉形势的发展，纪检监察工作任务越来越繁重，涉及的领域也越来越宽泛，而派驻机构的人员相对较少，这就要求各派驻机构一定要站在“反腐倡廉是全党一项重大政治任务”的高度，以实行党风廉政建设责任制为龙头，用合作配合思想，站位全局谋划，处理好各方面的关系，形成工作合力，推动驻在部门反腐倡廉工作不断深入。第一，处理好与市纪委监察局机关及其内设工作部门的关系，熟悉委局机关的工作部署，接受委局机关的工作指导，受驻在部门委托与委局机关协调沟通一些与反腐倡廉工作有关的具体事项。第二，处理好与驻在部门领导班子及其成员的关系，组织领导班子及其成员学习有关反腐倡廉工作的方针政策，学习贯彻有关的会议精神，向领导班子提出驻在部门及所属系统党风廉政建设的意见或建议，实施信访监督，与班子成员沟通协调党风廉政建设工作，协助主要领导就领导班子及其成员落实党风廉政建设责任制工作进行检查等。第三，处理好与驻在部门工作机构特别是承担反腐倡廉工作任务的工作机构的关系，明确任务内容，指导工作开展，掌握工作进度，推进工作落实，反馈工作成果等。第四，处理好与反腐倡廉专项任务牵头、配合部门的关系，按全市惩防体系建设分工和党风廉政建设责任制分工，有些工作是由驻在部门或纪检组直接牵头其他部门配合的，有些工作是由其他部门牵头需驻在部门或纪检组配合的，这就需要各派驻机构在实践中找准定位，主动搞好与其他部门的协调沟通，推进工作落实。第五，处理好纪检组监察室内部的关系，特别是单派驻机构更要注意组室之间的工作协调。要注意总结工作经验，发现工作规律，不断完善业务工作和内部管理制度。我们要求各派驻机构普遍建立并坚持工作日志、周例会、月小结等制度。

三是要善于抓重点。做到胸中有全局，手中有典型。全局就是驻在部门反腐倡廉整体工作进度，做到工作内容不丢项，工作摆布不顾此失彼。典型就是重点，把领导及上级关注的、具有驻在部门及所属系统特色的工作抓出成果，抓成典型。具体到不同的派驻机构，要结合自身实际，准确分析理解上级的部署和要求，紧贴驻在部门工作中心，按照共同科目、专业科目分别确定重点工作项目。比如强化中央新增投资项目的监督检查、落实惩防体系分工任务等。抓重点还包括抓工作中的关键环节、关键时段，比如责任制中的任务分解、检查落实、责任追究；重大事项的决策时段、资金的审计拨付时段等。

四是要善于实干。作为市级部门的派驻机构，需要的就是把工作具体化，脚踏实地，埋头去做。同时，又要讲究工作方法，面对千头万绪的工作知道从哪入手、从哪收尾。工作过程有轨迹，工作成果看得见。

三、总结经验，探索规律，不断推进派驻机构工作的制度化、规范化。派驻机构统一管理工作是一项新生事物，加上新体制的运行时间不是很长，必然有一个总结、改进、完善的过程。在这个过程中各派驻机构以积极的态度、强烈的使命感和责任心，紧密结合工作实际、大胆探索，为这一新生事物的健康成长积累了一些经验。

在业务工作方面主要是建立完善了以下基本制度：一是处理信访举报制度，按干部管理权限明确处理程序和原则，办理时限、反馈方法。二是线索初核、立案调查制度，明确派驻机构和派出机关（委局）的分工和权限，明确一些特殊情况的处理办法，如派驻机构与驻在部门党组意见不一致如何处理等。三是反腐倡廉工作责任分工制度，按实行党风廉政建设责任制的要求，结合驻在部门实际（共同科目、专业科目）和当年度党风廉政建设重点工作任务，及时明确驻在部门领导班子成员和内设机构的工作任务，有计划、有目的地指导落实。四是信息反馈（报告）制度，工作推进情况、采取的主要措施、取得的主要成果、典型做法、工作中的问题和建议以及信访监督、案件进展等要及时向派出机关或交办领导反馈、报告。五是参加会议制度纪检组长、监察室主任参加或列席驻在部门党组会议或有关的行政会议，了解驻在部门党务和行政方面的重要工作事项，根据情况提出意见和建议。六是述职述廉制度，每半年进行工作总结，并向派出机关报告。每年底由派出机关组织各纪检组长就履行职责情况、廉洁自律等情况集中进行述职述廉并进行民主评议。七是工作考核制度，每年初，由派出机关对各派驻机构及其工作人员的年度工作完成情况进行考核，确定考核档次，提出奖惩意见。

在内部管理方面主要是建立完善了以下基本制度：一是工作日志、大事记和编辑年鉴制度，记述派驻机构重大事项的工作过程，总结经验，反映年度工作成果。二是政治、业务学习制度，规范干部的政治业务学习活动，提高干部的思想业务素质，促使干部与时俱进，解放思想，更新知识。三是组（室）务会或周例会制度，定期研究工作，分析形势，全面掌握工作部署、推进、落实情况。四是固定资产使用管理、干部职工请销假、出差报销、考勤、安全保密、印章管理等制度，完善机关内部管理，规范机关工作秩序，营造和谐办公环境。

（作者：中共河北省秦皇岛市纪委副书记、监察局长）

加大惩治和预防渎职侵权犯罪工作力度
深入推进党风廉政建设和反腐败斗争

曹建明

渎职侵权犯罪是一种严重的腐败现象。坚决惩治和有效预防渎职侵权违法犯罪，是党风廉政建设和反腐败斗争的重要任务。以胡锦涛同志为总书记的党中央对反渎职侵权工作高度重视，多次提出明确要求，作出重要部署。十一届全国人大常委会连续两年听取和审议渎职侵权检察工作专项报告。检察机关要坚决贯彻落实党中央重要指示和全国人大常委会审议意见，切实加大惩治和预防渎职侵权犯罪工作力度，为促进依法行政和公正司法、维护群众合法权益、推动经济社会又好又快发展发挥更加积极的作用。

一、进一步增强使命感和责任感，更加奋发有为地做好渎职侵权检察工作

党的十七届四中、五中全会和十七届中央纪委六次全会都突出强调，要加强反腐倡廉建设，严格权力运行制约和监督，加大查办违纪违法案件工作力度。2010 年 9 月，吴邦国、贺国强、周永康等中央领导同志参观全国检察机关惩治和预防渎职侵权犯罪展览并作了重要指示。同年 12 月，党中央专门听取并审议了中央纪委等 9 部门制定的关于加大惩治和预防渎职侵权违法犯罪工作力度的文件。中共中央办公厅、国务院办公厅转发这一文件，从密切党同人民群众血肉联系、巩固党的执政基础、维护社会公平正义、促进社会和谐稳定的高度，深刻阐述了做好新形势下反渎职侵权工作的重要意义，全面部署了加大惩治和预防渎职侵权违法犯罪工作力度的重点任务和主要措施，强调要紧紧围绕党和国家工作大局、针对人民群众反映强烈的突出问题，严肃查办渎职侵权违法犯罪案件，加强渎职侵权违法犯罪预防，积极推进体制机制创新，切实加强对反渎职侵权工作的组织领导。

2010 年 10 月，十一届全国人大常委会第

十七次会议听取和审议了最高人民检察院《关于改进渎职侵权检察工作情况的报告》，充分肯定了渎职侵权检察工作取得的积极进展，同时指出了查办渎职侵权违法犯罪案件工作中存在的问题，要求检察机关继续把加大查案办案力度作为首要任务；加强犯罪预防，结合查办案件全面分析研究渎职侵权犯罪的规律特点和演变趋势，提出防范措施和建议；加强与有关部门的协调配合，完善机制，形成合力。

各级检察机关要认真学习领会党中央重要指示和全国人大常委会审议意见，深刻认识惩治和预防渎职侵权违法犯罪的重要性紧迫性，深刻认识党和人民对反渎职侵权工作的新要求新期待，深刻认识检察机关在推进反渎职侵权工作中担负的重大责任，坚持以人为本、执法为民，自觉把渎职侵权检察工作纳入反腐倡廉建设和三项重点工作总体格局，进一步加大查办和预防渎职侵权犯罪工作力度，努力开创渎职侵权检察工作新局面。

二、进一步加大办案力度，严肃查处渎职侵权犯罪案件

当前，反腐倡廉形势依然严峻，一些领域渎职侵权犯罪问题易发多发。检察机关要坚持以执法办案为中心，增强依法办案、秉公办案的勇气，履行法律赋予的职责，实现办案数量、质量、效率、效果有机统一。

要突出查办案件的重点。围绕科学发展主题和加快转变经济发展方式主线，高度重视查办危害科学发展和政府投资安全、严重不负责任盲目决策造成重大经济损失的案件；围绕保障和改善民生，重点查办严重损害群众经济权益、政治权益、人身权利的案件，促进党和国家保障人权、改善民生政策的落实；围绕有效化解社会矛盾、推动社会管理创新，严肃查办发生在基层政权组织和重点岗位以权谋私、滥用职权的案件，群体性事件和重大责任事故背后的失职渎职案件，尤其对重特大安全事故背后的腐败行为要从严惩处；围绕促进依法行政和公正廉洁执法，严肃查办发生在领导机关、领导干部中的滥用职权、失职渎职等案件，滥用司法权、行政执法权、行政审批权给国家和人民利益造成重大损失的案件，以及为黑恶势力充当“保护伞”的渎职犯罪案件。

要切实提高办案质量。健全侦查一体化机制，整合检察机关内部资源，加强跨地区案件、重大复杂疑难案件的协作配合和统一指挥，增强排除干扰、侦破案件的能力。增强证据意识，研究制定各类案件证据参考标准，依法、全面、客观地收集、审查、判断证据，严把事实关、证据关、程序关和适用法律关，进一步提高渎职侵权犯罪案件的侦结率、起诉率和有罪判决率。认真落实立案报上一级检察院备案、逮捕职务犯罪嫌疑人报上一级检察院审查决定、撤案和不起诉报上一级检察院批准等制度，全面推行人民监督员制度。大力推行“阳光执法”，健全办案公开机制，畅通人民群众对检察机关、检察人员违纪违法行为的举报控告渠道。

要始终坚持理性、平和、文明、规范执法。正确处理打击与保护、执法办案与服务发展等关系，准确把握改革探索与违法犯罪、工作失误与失职渎职的界限。加快推进办案区规范化建设，严格规范监视居住的适用，落实讯问职务犯罪嫌疑人全程同步录音录像制度，坚决杜绝刑讯逼供等行为。贯彻宽严相济刑事政策，注意办案方式方法，维护正常工作秩序。

要高度重视执法办案效果。深入分析执法思想、执法理念、执法行为、办案能力、办案重点等方面存在的问题，研究、细化改进措施。认真落实一审判决上下两级检察院共同审查机制，对认定事实和适用法律错误、量刑畸轻、严重违反诉讼程序的，坚决依法提出抗诉。加强对渎职侵权罪犯刑罚执行情况的监督，坚决纠正违法减刑、假释、暂予监外执行等问题，促进严格执法。

三、进一步做好预防工作，努力从源头上遏制和减少渎职侵权犯罪

中央领导同志强调，要加强对干部特别是

领导干部渎职侵权违法犯罪危害性的教育、权力责任相统一的教育，做到关口前移、预防在先。检察机关要牢固树立查办案件是成绩、预防和减少犯罪也是成绩的观念，坚持标本兼治、综合治理、惩防并举、注重预防的方针，把查办案件与加强预防有机结合起来，建立健全渎职侵权犯罪惩防一体化机制。深入剖析渎职侵权犯罪发生的原因，查找体制机制制度方面存在的薄弱环节，积极提出预防建议，推动建章立制、堵塞漏洞。积极开展以案说法、警示教育等活动，促进国家机关工作人员筑牢防止渎职侵权的思想防线，自觉勤政廉政、依法行政、公正司法。探索建立渎职侵权犯罪易发多发领域调查分析、风险预警和专项治理制度，抓住影响发展稳定大局、人民群众反映强烈、党委政府关注的突出问题，集中开展专项预防。全面推行渎职侵权等职务犯罪预防年度报告制度，研判本地区职务犯罪总体形势、规律特点和演变趋势，为党委政府和有关部门决策提供参考。

四、进一步推进体制机制创新，着力破解渎职侵权检察工作难题

结合深化司法体制和工作机制改革，紧紧依靠各级纪委、政法委的组织协调和相关部门的支持配合，创新体制机制，努力从根本上解决渎职侵权犯罪案件发现难、立案难、查证难、处理难问题。一是建立重大复杂案件专案调查工作机制。加强与纪检监察机关和相关司法、行政执法机关协作配合，对于重大复杂案件，必要时组织联合调查组，建立查处重大复杂渎职侵权违法犯罪联席会议制度，发挥多方面智力、技术和政治优势突破案件。二是健全行政执法与刑事司法相衔接机制。加强与行政执法机关沟通联系，推动建立健全信息共享、联网查询、线索移送、案件协查、共同预防、监督配合等工作机制。进一步完善检察机关参加重大安全生产事故、重大食品药品安全事件、重大环境污染事件、重大危害国土资源案件和重大工程建设中发生案件的调查机制，严肃查处事故、事件、案件涉及的渎职侵权等职务犯罪。三是建立党员领导干部和国家机关工作人员非法干预查处渎职侵权违法犯罪案件工作情况沟通和处理机制。主动与纪检监察部门沟通情况，对非法干预、阻扰检察机关查办渎职侵权犯罪案件的，追究当事人党纪、政纪和法律责任。四是积极推动完善反渎职侵权法制建设。与有关部门共同研究，重点解决渎职侵权犯罪定罪量刑标准、数罪并罚、徇私舞弊和损失后果认定以及渎职侵权犯罪处罚偏轻等问题，及时作出司法解释，提出立法建议。

五、进一步加强能力建设，不断提升渎职侵权检察工作水平

各级检察机关要把加强反渎职侵权能力建设、提高查办和预防渎职侵权犯罪能力作为重大战略任务，抓紧、抓好，抓出成效。狠抓渎职侵权检察队伍思想政治建设和职业道德建设，结合中央政法委统一部署开展的“发扬传统、坚定信念、执法为民”主题教育实践活动，开展“职责与使命”专题学习教育，引导广大干警准确把握新形势新任务新要求，明确加强和改进渎职侵权检察工作的努力方向。加强素能培训、实战训练和案例研讨，继续抓好“大练兵、大比武”活动，着力提高运用法律政策、办理复杂案件、化解社会矛盾、做好群众工作的能力。完善侦查人员交流、培养等机制，大力培养和引进具有专业技能、善于攻坚克难的办案专家和能手。加强渎职侵权检察干警作风建设，严格落实“十个严禁”的要求和各项检察纪律，树立公正廉洁执法的良好形象。着力解决基层检察院和西部地区检察院反渎机构不健全、办案力量不足、装备保障落后等问题，为查办和预防渎职侵权犯罪提供必要条件。

六、紧紧依靠党的领导和人大监督，营造良好执法环境

检察机关要坚持反腐败工作领导体制和工作机制，自觉把渎职侵权检察工作置于党的领

导和人大监督之下，主动向党委、人大汇报渎职侵权检察工作思路、部署以及遇到的困难和问题。主动加强与本地纪检监察、组织部门和行政执法及其他司法机关的沟通对接，完善落实联席会议制度和执法协作机制，形成惩治和预防渎职侵权犯罪的合力。加强反渎职侵权宣传，抓好惩治和预防渎职侵权犯罪展览巡展，适时公布重大典型案件，深刻揭示渎职侵权犯罪的严重危害，及时回应舆论关注的热点问题。以“加强渎职侵权检察工作，促进依法行政与公正司法”为主题，开展举报宣传周活动，重点宣传党和国家关于反渎职侵权工作的方针政策、法律法规，进一步形成全社会支持、参与惩治和预防渎职侵权犯罪的良好氛围。

渎职侵权检察工作责任重大、任务艰巨。检察机关要始终保持高度的事业心和责任感，以对党、对国家、对人民、对法律高度负责的精神，大力加强反渎职侵权能力建设，更好地履行宪法和法律赋予的职责，推动渎职侵权检察工作取得更大成效，为推进党风廉政建设和反腐败斗争、为建设社会主义法治国家作出新贡献，不辜负党和人民的信任与重托。

（作者：最高人民检察院检察长）

第十四部分

政工学者论坛

党的思想理论建设科学化研究的理论价值

石云霞

一、加强新的历史起点上党的思想理论建设科学化研究，对于丰富和发展马克思主义政党关于思想理论建设科学化的理论，具有重要理论意义和价值

加强新的历史起点上党的思想理论建设科学化研究，首先要深入探讨和系统研究马克思主义经典作家关于党的思想理论建设科学化的思想及其历史发展。马克思主义博大精深，党的建设的理论是核心内容。以新的历史起点上党的思想理论建设科学化为切入点，深化对党的建设的理论研究，是一个新的视角，有助于提升党建理论研究水平，丰富和发展马克思主义党的建设的理论。

马克思主义经典作家虽然没有明确提出过党的思想理论建设科学化的命题，但是有丰富的党的思想理论建设科学化思想。《共产党宣言》是“共产党人向全世界公开说明自己的观点、自己的目的、自己的意图并且拿党自己的宣言来反驳关于共产主义幽灵的神话”的伟大纲领，本质上就是一篇马克思主义政党关于思想理论建设科学化的宣言。马克思恩格斯指出，共产党人“在理论方面，他们胜过其余无产阶级群众的地方在于他们了解无产阶级运动的条件、进程和一般结果”。“共产党人的理论原理，决不是以这个或那个世界改革家所发明或发现的思想、原则为根据的”。恩格斯在为马克思1859年发表的《政治经济学批判》这部划时代的著作所写的评论中说：“我们党有个很大的优点，就是有一个新的科学的观点作为理论的基础。”这个“新的科学的观点”就是以唯物史观和剩余价值学说为主线的“共产主义世界观”。恩格斯强调说：“马克思的整个世界观不是教义，而是方法。它提供的不是现成的教条，而是进一步研究的出发点和供这种研究使用的方法。”恩格斯引用马克思的话是以极大的鲜明性昭示，马克思主义是科学，必须坚决反对各种以假乱真的冒牌马克思主义。这就是恩格斯对马克思主义政党思想理论建设的鲜明党性和科学化态度。

列宁对马克思主义政党思想理论建设的科学化立场同样明确而坚定，他说：“马克思主义是马克思的观点和学说的体系。”列宁根据俄国的实际提出：马克思主义的全部精神，它的整个体系，要求人们对每一个原理都要历史地，都要同其他原理联系起来，都要同具体的历史经验联系起来加以考察。他强调：“我们决不把马克思的理论看作某种一成不变的和神圣不可侵犯的东西；恰恰相反，我们深信：它只是给一种科学奠定了基础，社会党人如果不愿落后于实际生活，就应当在各方面把这门科学向前推进。”他还说：“理论在变为实践，理论由实践赋予活力，由实践来修正，由实践来检验。”列宁正是潜心实践，以先进的理论指导革命运动，创造性地把马克思主义的基本原理应用于俄国，产生了列宁主义。

总之，马克思主义的创始人、无产阶级的革命导师们正是由于坚持了马克思主义政党思想理论建设的科学化思想，才不断地把马克思主义推向前进，使马克思主义从当初只为少数思想家掌握的科学理论，从开始只是人类思想园地中的一个学派，发展成为传遍全球、震撼世界的思想理论体系，成为亿万人民行动和奋斗的纲领，成为社会主义国家的指导思想、指引时代

前进的光辉旗帜。马克思主义以自己特有的先进性和科学性保持了前进、上升的大趋势。因此，深入探讨和系统研究马克思主义经典作家关于党的思想理论建设科学化的思想，对于丰富和发展马克思主义政党关于思想理论建设科学化的理论，具有重要的理论意义和价值。

二、加强新的历史起点上党的思想理论建设科学化研究，对于认真总结中国共产党思想理论建设科学化的历史经验，推进马克思主义中国化、时代化、大众化，丰富和发展科学发展观，具有重要的理论意义和价值

党的思想理论建设科学化问题，与中国共产党的成立、发展和壮大，与生俱来、与时俱进。科学化，既是个历史范畴，又是个现实范畴；既是个理论范畴，又是个实践范畴。中国共产党随着自己历史方位的不断转变，对党的建设包括思想理论建设的科学化问题经历了一个逐步探索、不断发展的过程。对党的思想理论建设的规律性认识，由自在到自为，由必然到自由，逐步深化，不断提高，在长期的革命、建设和改革的实践中积累了极其丰富的科学化建设的历史经验。集中到一点就是，必须始终坚持马克思主义基本原理同中国具体实际相结合。

1941 年，毛泽东在《改造我们的学习》中指出："中国共产党的二十年，就是马克思列宁主义的普遍真理和中国革命的具体实践日益结合的二十年。如果我们回想一下，我党在幼年时期，我们对于马克思列宁主义的认识和对于中国革命的认识是何等肤浅，何等贫乏，则现在我们对于这些的认识是深刻得多，丰富得多了。"毛泽东的这个论断，在本质上就是对"马克思主义中国化、时代化、大众化"、对党的思想理论建设的科学化规律性认识的论断。尚处在幼年时期的党，对"马克思主义中国化、时代化、大众化"、对党的思想理论建设的科学化的认识，虽然揭开新的历史篇章，但确实又是"何等肤浅，何等贫乏"。

就党的初创时期和大革命时期来说，应当说，陈独秀是把马克思主义引进中国的先驱者，力图用马克思主义解决中国社会问题。就是说，他认为中国需要马克思主义，这是应当充分肯定的。但是他忽视了中国的国情，没有看到在俄国十月革命之后，中国革命已经是世界无产阶级社会主义革命的一部分，中国革命已经不是旧民主主义革命，而应当是无产阶级领导的新式的资产阶级民主革命，即新民主主义革命。资产阶级已经失去领导革命的资格，要完成这个革命的任务，只能由无产阶级来领导。陈独秀不承认也没有认识到这一点，把革命的领导权拱手让给资产阶级，结果导致大革命的失败。

到第二次国内革命战争时期，王明则是反陈独秀而行之。他看到中国革命是世界无产阶级社会主义革命的一部分，无产阶级必须坚持革命的领导权，但是他同样忽视了中国国情，生吞活剥马克思主义，照抄照搬十月革命，犯了教条主义错误，与陈独秀殊途同归，其结果同样导致革命的失败。

毛泽东总结历史经验，在批判左右倾机会主义的斗争中，不但在实践上，而且在理论上明确提出了马克思主义的中国化时代化大众化的问题，强调指出："共产党员是国际主义的马克思主义者，但是马克思主义必须和我国的具体特点相结合并通过一定的民族形式才能实现。马克思列宁主义的伟大力量，就在于它是和各个国家具体的革命实践相联系的。对于中国共产党说来，就是要学会把马克思列宁主义的理论应用于中国的具体的环境。成为伟大中华民族的一部分而和这个民族血肉相联的共产党员，离开中国特点来谈马克思主义，只是抽象的空洞的马克思主义。因此，使马克思主义在中国具体化，使之在其每一表现中带着必须有的中国的特性，即是说，按照中国的特点去应用它，成为全党亟待了解并亟须解决的问题。"这个精辟的论断表明，我们党对"马克思主义中国化、时代化、大众化"的认识、对党的思想理

论建设科学化的认识“深刻得多，丰富得多了”。毛泽东思想的形成和发展成熟，中国革命取得胜利，就是证明。

实践创新推动理论创新，马克思主义在实践中不断开辟认识真理的道路，党的思想理论建设科学化水平在实践中不断提高，经验在探索中不断丰富。在当今时代，在全面建设小康社会的征程中，国情向我们提出的问题、时代向我们提出的问题、人民群众的实践向我们提出的问题，比以往任何时候都更加复杂、更加尖锐、更加突出。以胡锦涛为总书记的党中央审时度势，迎难而上，创立科学发展观，坚持以人为本，实行全面、协调、可持续发展，不仅在实践上，而且在理论上，进一步提出实行马克思主义的中国化、时代化、大众化的问题，提出党的建设科学化问题，这是一个伟大的理论创新，标志着党在思想理论建设问题上所达到的高度的理论自觉。

因此，加强新的历史起点上党的思想理论建设科学化研究，对于认真总结党的思想理论建设科学化的历史经验，以史为鉴，继续推进马克思主义中国化、时代化、大众化，丰富和发展科学发展观，坚持用发展着的马克思主义指导新的实践，具有重要理论意义和价值。

三、加强新的历史起点上党的思想理论建设科学化研究，对于深化党的思想路线的创新发展特别是十六大以来的创新发展的认识，具有重要的理论意义和价值

党的实事求是的思想路线，体现了马克思主义的理论品质，是马克思主义的理论精髓，因而也是党的思想理论建设的根本和灵魂。在新的历史起点上推进党的思想理论建设科学化，必须深化对党的思想路线的创新发展特别是十六大以来的创新发展的研究。

在中国共产党的历史上，实事求是思想路线的提出，是毛泽东对马克思主义最伟大的贡献。正是由于毛泽东提出并坚持了实事求是的思想路线，坚决反对并克服了在党内严重存在的主观主义即教条主义和经验主义，特别是批判了教条主义，才真正实现了马克思主义的基本原理与中国革命的具体实际相结合，创立了中国化的马克思主义——毛泽东思想，实现了党的思想理论建设的第一次历史性飞跃。改革开放以来，以邓小平、江泽民、胡锦涛为代表的几代中央领导集体，不断丰富和发展党的思想路线，坚持解放思想、实事求是、与时俱进，在领导改革开放和社会主义现代化建设的伟大实践中，把推进党的建设伟大工程和推进党领导的伟大事业紧密结合起来，把坚持马克思主义基本原理同推进马克思主义中国化结合起来，创立、丰富和发展了中国特色社会主义理论体系，实现党的思想理论建设的第二次历史性飞跃。

党的思想理论建设随着党的思想路线的发展而不断与时俱进的历史表明，思想路线建设是党的思想理论建设的根本，什么时候党的思想路线正确、党的思想理论建设科学化就会向前推进，党领导的事业就顺利发展；什么时候党的思想路线出现偏差、党的思想理论建设科学化就会出问题，党领导的事业就遭受挫折。必须始终坚持党的马克思主义的思想路线不动摇，这是一个被实践反复证明了的客观真理。

在马克思主义中国化的过程中，从毛泽东提出实事求是，到邓小平提出解放思想、实事求是，进而到江泽民提出马克思主义具有与时俱进的理论品质，再到胡锦涛提出中国特色社会主义理论体系、解放思想是发展中国特色社会主义的一大法宝的过程，这是一个对中国共产党的思想路线认识不断深化的过程。党的几代领导集体继往开来、承上启下，在各自特定的历史条件下对党的思想路线所实现的认识上的新飞跃，是对马克思主义的新发展，既一脉相承，又有新的建树、新的突破。

党的十六大以来，以胡锦涛同志为总书记的党中央对党的实事求是的思想路线的丰富和发展，主要有以下方面。第一，第一次明确地将

党的思想路线表述为马克思主义的理论品质，并上升到马克思主义理论体系的高度。第二，第一次将求真务实规定为党的思想路线的核心内容，并从理论与实践相结合的角度作了深刻阐述。第三，第一次将“解放思想”上升为党的一大“法宝”，进一步深化了对党的思想路线的认识。第四，反复阐明和强调必须弘扬改革创新精神，进一步丰富和发展了党的思想路线。

在新的历史起点上，面对党所处的历史方位和时代条件的变化，面对新形势新任务提出的新要求，坚持运用、丰富和发展好党的思想路线，继续解放思想、实事求是、与时俱进，就能够富有成效地开展社会主义核心价值体系学习教育，把党的思想理论科学化建设提高到新的水平，进而确保党始终是中国工人阶级的先锋队，同时也是中国人民和中华民族的先锋队，更好团结带领全国各族人民共同创造幸福美好生活，实现中华民族伟大复兴。

（作者：武汉大学政治与公共管理学院教授、博士生导师）

关于社会主义价值理念的几点探讨

公方彬

在中国快速走向世界，需要强大文化软实力作支撑，在“繁荣社会主义文化，建设中华民族精神家园”需要获得强有力的精神内核奠基的情况下，一个重大命题愈来愈有力地显现出来，这就是如何才能产生一个拥有广泛认同度的社会主义核心价值观。笔者认为，破解这一重大命题，有几个方面需要深刻认识和研究。

一、社会主义核心价值观产生的理论基础

就当前的中国社会来讲，除了客观的迫切需要，很重要的一点在于中国已经具备了产生科学的社会主义核心价值观的政治和社会基础。“人类共有文明成果”与“政治文明”的判断，革命党向执政党的转型，“科学发展观”、“以人为本”、“和谐社会”等一系列新理念的确立，都为我们研究和产生社会主义核心价值观奠定了坚实的基础。此外，同样重要的是，社会主义核心价值体系已经廓清了范围，而30多年的改革开放，更改善了我们的思维方法思维方式，即由僵化而辩证。

如果从更具操作性的角度分析，抽象社会主义核心价值观需要认真关照五个基本规范和要求。

第一，必须满足政党政治的要求。既然是社会主义核心价值观，那么制度的因素、政治的因素必然需要表达。但这里需要清楚的是，政治性一定是最好地反映出这个政党最先进的文化和政治理念，而非狭隘的理念，更非短期的政治目标和政治利益，是适应全民族不同的阶级、阶层和不同文化层次的人们的需求，而非某一个阶层和集团的利益，否则不会为广大人民群众所认同，也不可能是先进的。其实，这里的政治性内涵越是具有本质意义，越能为集团内成员塑造一个精神的灯塔，指引一个政党的前进方向。

第二，必须建立于民族优良文化传统之上。中国社会由封闭到开放，由农业文明走向工业文明，维系封建统治两千多年的核心价值观已经不能适应时代的需要，必须构建新的核心价值观，这是确信无疑的。但同时还应认识到，任何一个民族，尤其是中华民族这样一个历史悠

久的伟大民族，过去、现在和将来，核心价值观都不可能完全由外来文化重塑，只能在历史文化积淀基础上创新发展。对于历史文化必须持以科学的态度，历史虚无主义不行，民粹主义也不行，惟一可行的就是寻找民族文化中最优秀的成分，结合现代文明，予以发掘、归纳和整理，力求焕发出更加灿烂的光辉。

第三，必须拥有崇高的精神因子。核心价值观解决的不是物质世界的发展问题，也不是寻找精神和物质的平衡点，不能对大众行为产生硬约束，因而只能着眼精神世界的建构，这就决定着像富裕这样的概念，虽然是现实建设目标，但却不属于核心价值观的范畴。作为支撑一个民族的核心价值观理应具有很强的号召力和凝聚力，而号召力只能建立于崇高之上，所有媚俗的东西，都不可能具有更强大的吸引力。与此同时，在努力提高国家软实力的今天，要让世界认同和接受我们，惟以崇高精神支撑前行方可产生道德优势与道德感召力。

第四，必须关照时代的精神脉动现实需求。核心价值观的最大特点是根本性和恒久性，一定意义上它不以解决一个时期的社会矛盾为着眼点，即其并不服务于短期目标。尽管这样，涉及到核心价值观的内涵解读和延伸意义，一定要呼应时代需要，关照时代和大众的现实需求。因为脱离时代，仅存在于象牙塔中的东西不足以引发大众的关注，因而不会产生更大的社会作用。真正从深层次上关照了时代精神的东西也就具有恒久性，因为真正时代性的东西既可以构成历史，同时也联结成民族精神的链条。

第五，必须坚持将世界普遍的价值准则吸收其中。大国崛起是文明的崛起，只有立身于人类文明制高点起引领作用才敢言崛起，如果中国在崛起过程中不解决引领人类文明走向的能力，就不敢言真正崛起。在中国已经和正在成为大国，并参与世界规则制定的今天，在全世界开始谈论“北京共识”的情况下，我们确有一个塑造大国心态，讲求和倡导世界普遍的价值准则的必要。同时，一个民族的核心价值观只有具有普遍价值，才不会因其与世界其他民族文化或价值观差异过大而发生排异反应，这对于一个正处于崛起中的大国来说尤其重要。世界发展史已经证明，每一大国崛起之时，由于其打破了既定的秩序，导致既有的国际格局和世界秩序的大变，因而必然产生一定的不适，至少在心理上的抗拒和排斥，这也是每次国际格局发生变化，往往引发战争的重要原因。正因为此，我们必须考虑一个问题，自己在崛起过程中，如何才能做到把冲击降到最低限度，保证与世界的和谐共存。所以，我们要求别人改变思想观念的同时，自己的核心价值观也应有所突破，以适应中国新的角色和担当的责任。

更进一步讲，社会主义应当是优于目前世界上其他所有政治制度的一种制度形式，既然如此，那么就属于占据了人类文明的制高点，就是世界的未来。换言之，我们不承认且不能够抽象出领先于资本主义的更具魅力的核心价值，就等于放弃了精神的制高点，就意味着我们走在别人后面，还要跟随或重复别人的道路。所以，我们在研究社会主义核心价值的时候，必须站到更高的站立点上，以更宽阔更辩证的思维去认识，切忌僵化、肤浅和短期行为。对内是强调的制度特质，对世界则是强调的引领文明的特质。而后者是能够包含前者的。即能够让世界接受的，与世界现有核心价值比较仍然富有特色，更显领先意义的核心价值，当然就能够引导社会大众。也就是说，我们在不忽视个性的同时，更应突出共性，惟此才能保证中国进入的主流，发挥更大的建设作用，刻意于拉开与其他国家的距离，只能将自己引入狭窄的精神空间。这就意味着要保证产生足以引领一个民族的核心价值观，很重要的是克服弱势心态、惯性思维、僵化观念而可能导致的扭曲性判断。简言之，要按照党的十六届四中全会所提出，要以世界眼光和胸怀看问题，在建设社会主义核心价值观的过程中，具有很强的指导意义和方法论意义。

二、社会主义核心价值观的基本内容

社会主义核心价值观有三种表述方式：概念式、词组式、语句式。概念式的突出特点是包容度高，可以随着社会的发展，将新的思想内涵解读进来，且不必影响到思想体系和价值系统。词组式色彩鲜明，指向性明确，符合传统的话语系统，但包容度有所降低，特别是新思想新观念大量涌现的今天，似不是最佳表述方式。语句式内容集中，突出于一点，比如“全心全意为人民服务”，但要表现多要素，则表述过长，不易广泛传播。世界各国核心价值观的表述大多是概念式，比如西方的民主自由人权的核心价值观，等等。

依照核心价值观的科学、准确、凝练、易记的特点分析，符合全民族需求的科学的核心价值观，笔者认为，应确定为民主、平等、公正、互助。民主和平等是一种社会形态，是大众在社会活动中存在的关系，而公正和互助则是一种要求，是奠基于前二者基础上的努力方向，是一个社会对每个成员在承担公共义务时的期待和要求。

关于民主。民主是人类共有的文明成果，不独享于某个国家、民族和政党，更不是西方独有的价值，而是人类共同追求的政治目标，民主制度完善于西方，但民主的传统，尤其民主的因子并不都发端于西方，英语中的民主原本就是由古希腊文德摩克拉提亚演化而来。民主既是手段也是目的，是相对的而不是绝对的，是一种运动的过程和状态。中华民族的民主诉求在近现代史上逐渐强化，影响巨大的“五四运动”打出的旗帜便是民主和科学。中国共产党领导人民闹革命，从一开始就重视和强调民主。毛泽东总结红军的经验明确指出：“同样一个兵，昨天在白军不勇敢，今天在红军很勇敢，靠的就是民主主义。”抗日战争时期，毛泽东更是明确强调，要取得抗战胜利，必须实行民主。随着中国的发展，党对民主的认识更加深化，十七大报告就把人民民主上升到社会主义生命的高度。也就是说，不同的政治制度下的民主，有解读和设计上的差异性，但民主本身不存在问题。由此，把民主作为一种价值观，作为努力的方向，是十分必要的。

关于平等。世界各个国家和民族，不管是本质上还是口头上，都强调人与人的平等。比如西方资产阶级政治学家所强调的天赋人权，生而平等的理念，等等。相对而言，其更是社会主义本质的体现，是共产党执政的法理基础。共产党领导人民闹革命，打倒剥削阶级，为的就是寻求社会的大同，人与人的平等，包括政治的、经济的和文化心理的，不坚持这一点，共产党便失去了革命的意义。强调平等是社会主义本质特征的体现，已经获得实践的关照，有专家和机构进行过世界范围内的联合调查，结果证明，认同资本主义制度者更强调自由，认同社会主义制度者更强调平等，从西方社会早期的自由、平等、博爱，后来发展到今天的民主、自由、人权，已经反映出平等在西方社会的变化。社会主义国家在发展过程中或许出现阶段性失衡，但根本的目的是平等，失去了这一点，也就失去了方向和目标。平等既是一个国家和社会的概念，也是一个泛民族的概念，其中至少要包括个人与个人间的平等，国家与民族间的平等，文明与文明间的平等。

关于公正。公正即为公平和正义，它也是人类社会文明进步的标志，是人类自古以来就追求的普遍价值，更是社会主义的核心价值和本质要求，是社会主义和谐社会的重要特征和必要条件。强调公正而不是公平，可以借助立法中的实体正义和程序正义来分析。实践证明，没有程序正义，实体正义是难以得到根本保证的。也就是说，绝对的公平不存在，也做不到，但有了正义的介入，便不必寻求绝对的公平，人们亦可接受。人类发展史一再证明，当一个社会仅有效率，而缺乏公平正义，必然导致价值观紊乱和社会矛盾频仍，因而无以实现社会的和谐。假如一个社会仅有效率（一定时期经济的快速增长），而缺乏公平和正义，这个社会再富有，物质生活水平再高，都不会产生真正的意义，并且这种效率也不会持久。换言之，当一个社会的发展过多地倾向于强势阶层，而弱势群体不仅得不到政策制度上的救济，甚至不能得到起码的同情，这种社会形态就不能认定是理想的，一定程度上还会抑制社会发展。由此，公平正义是人类的共同追求，在中国共产党领导的社会，更应强调这一理念，惟此才能求得经济持续快速发展和社会的稳定和谐。

关于互助。互助是人类的美德，也是天性使然，并且这种天性伴随于人类发展始终。当我们评价国家、民族和社会在每一历史阶段的成败得失时，往往将这一因素考虑进去。进入当今时代，如果评价一个社会的人居环境，同样不能脱离该内容，因为只有互助才能使人感知社会的和谐与温馨。这也是互助一直被认定为人性中最美好的品质所在，是任何国家民族努力追求所在。对于社会主义中国来说，理想目标是共同富裕，尽管这种目标属于终极的，但作为一种制度的本质体现，不可能消除。要共同富裕，无疑涉及到强者对弱者的帮助，先富者对后富者的帮助。互助既是人性的体现，也是社会主义制度的体现，因而必然地要进入核心价值观的范畴。互助是人与人的关爱与帮助，这是中华民族的传统美德，也是实现社会和谐的基本条件。

当以民主、平等、公正、互助为核心的社会主义或中华民族核心价值观确立起来，并灌注于全民族的心灵深处、血液之中，一个伟大的民族必矗立于世界民族之林。

（作者：国防大学教授）

社区：当前思想政治工作的重要领域

孙其昂

社区是城市的细胞，是我国基层社会的重要空间。当前我国处于全面建设小康社会、加快推进社会主义现代化建设新的历史起点，城市基层正在发生新的深刻变革，社会管理任务更加繁重，维护社会稳定的功能更加突出，社区功能将进一步呈现出来。社区正在成为思想政治工作的重要领域，社区思想政治工作已成为基层思想政治工作的重要空间，正成为社区建设的重要力量。切实重视和加强社区思想政治工作，成为坚持、加强和改进党的思想政治工作的重要课题。

一、社区建设是社区思想政治工作的直接动因

社区建设已经成为我国社会建设的重要组成部分，和谐社区是社会主义和谐社会的基础。社区建设内在地催生着思想政治工作在社区发挥作用，生发出思想政治工作新领域。

人们的社区建设观念对社区思想政治工作提出了现实需要。社区建设的每一步都与人们的社区建设观念相联系。正确而积极的认识，有效地推动着社区建设；滞后而消极的认识，成为社区建设的阻力因素。从当代中国社会转型与城市社区建设的关系来看，迫切需要全社会形成新的社区及社区建设观念。当前我国城市社区建设存在的突出问题有：社区意识还没有在全社会真正形成，还属于少数群体的意识；社区建设还没有真正获得与经济发展相协调的战略性地位；社区建设所需要的主要资源还没有成为政府的体制性安排，也没有成为公民自觉

投入的一个方面；社会组织主动参与社区事务的积极性还没有充分发挥出来；社区建设中的主体活动人群主要是老人、病残人员、失业人员等弱势群体，尤其在职人员很少参与社区活动；党员在社区建设中的先锋模范作用不够明显等。这些“突出问题”事实上成为社区居民对社区环境满意度低的内在原因，而且成为推进社区建设的重要制约因素。在这些因素影响下，即使社区建设者做了大量工作，人们仍然不满意社区建设工作，不能合理评价社区建设的成效，不能积极配合开展社区建设，影响社区建设健康有力的推进。这些正进入思想政治工作视野，正成为社区思想政治工作的现实课题。

社区建设理论成为社区思想政治工作的重要课题。现代人类社会实践的突出特点是知识化，即在理论指导下开展的社会实践活动。党的十七大报告指出：“思想理论建设是党的根本建设，党的理论创新引领各方面创新。”社区建设同样如此。只要谈到社区建设，人们就会谈到相应的理论，用某种或某几种理论作为行动的依据。这里包括两个基本层次：一是什么样的社区建设理论适合作为中国社区建设的理论和指导思想；二是如何把适合的理论和指导思想转化为社区建设主体的知识和思想，并指导社区建设实践。现阶段中国社区建设大多引进西方社区建设理论，即西方社区发展理论，这些理论是否适合中国实际？党和政府提出的社区建设理念和方针原则如何转化或内化为社区建设主体的知识、观念和行动方针？现实迫切要求社区思想政治工作在这方面发挥积极作用。

社区建设实践需要社区思想政治工作的双重支持。社区建设包括硬件建设和软件建设两个方面。现阶段社区建设主要侧重于硬件建设，对软件建设关注不够。在重视社区硬件建设的同时，应重视软件建设，后者就是重视社区思想政治工作在内的文化建设。在社区建设中开展思想政治工作时，也存在着不足，往往仅强调思想政治工作为社区建设服务，主要着眼于动员居民参与社区建设，而对通过社区思想政治工作提升居民精神生活质量，为居民思想文化服务方面重视不够。社区建设不仅应满足社区居民的服务、管理、治安等需要，而且应在引导和教育社区居民参与社区建设中形成积极向上、健康乐观的态度，使广大居民在参与社区建设中获得幸福感受和精神享受，进而积累并提升居民现代公民素养。这是社区思想政治工作为居民服务的重要体现。现代思想政治工作认为，思想政治工作具有“两个服务”，一是为党的中心任务服务，二是为人服务，这改变了传统思想政治工作只强调“服从服务于党的中心任务”的观点。这一思想政治工作新观念，当然应当体现在社区思想政治工作中。正确理解和处理思想政治工作与社区建设、思想政治工作“两个服务”的辩证关系，需要在社区建设实践中积极探索和创造经验。

二、社区思想政治工作是基层思想政治工作的重要空间

社区思想政治工作是基层思想政治工作的重要空间，它首先源自社区的出现。随着改革开放的深化，社会管理体制进行改革，社区从单位中分离出来，成为相对独立的社会空间。有人就有思想政治工作。人们在社区空间有相对独立的任务和活动方式，也有特殊的需要，要求开展特殊的社区思想政治工作。

一是要求社区思想政治工作积极应对社会对社区的双重影响。社会对社区的影响是多方面的，既有积极影响也有消极影响。社区如何把社会的积极影响接受下来，成为社区文明的一部分，成为社区成员的共同精神财富，这是社区思想政治工作的重要任务。现代社会出现的社会问题，也影响社区。如极端个人主义、功利主义、消费主义等，在社区中也有表现；社会节奏加快，人际关系疏离化，文化空心化等也影响社区及人际关系；社会多样化、价值观多元化、生活方式个性化在社区也有体现；甚至西方发达国家的“现代社会病”如金钱崇拜、人情冷

漠、道德失范、人性扭曲、精神焦虑等，在我国社区尽管还没有形成严重问题，但许多方面已有表现，且有日益严重的趋势。如何认识和处理这些问题，迫切要求社区思想政治工作从社会与社区、经济发展与社区建设、物质富裕与人生幸福等辩证关系中作出回答。

二是要求社区思想政治工作积极开展社区思想文化建设。社区思想文化建设是社区思想政治工作的重要使命，它与和谐社区建设相联系。社区思想文化建设的核心是社会主义核心价值体系进社区、进家庭、进头脑，体现在社区建设过程及其成果中。和谐社区建设中出现的问题，表现在社区基础设施、社区服务、居民生活保障、环境安全等方面，但又与社区思想文化建设有关联。中国正在经历着空前的人口流动过程，由熟人社会向生人社会转变，使得人口结构及其社会心理层面发生着前所未有的转变。如此，随着城市化、人口流动和文化多元化的过程，社区和谐已经不是通常意义的陌生人交往和相处的和谐，而是文化方面的包容性，需要做到社会空间内不同文化背景的人群和个体的友好相处，人们以一种多元文化的心态对待自己和别人。在社区，这是指社区内不同文化背景、不同收入状况以及其他具有异质性个人、家庭和群体能够互帮互助，友好相处。有了这种文化多元性的社区，才能建成和谐社区。这告诉我们，社区文化建设并不仅仅在于群众性的文化体育活动，社区思想文化建设具有更深刻的内涵，已经成为社区思想政治工作长期而艰巨的任务。

三是要求社区思想政治工作大力培育社区建设志愿力量。志愿精神是指一种自愿的、不为报酬而参与推动人类发展、促进社会进步和完善社区工作的精神。现代化建设进程中，我国社会迫切需要志愿精神。社区建设需要人，需要人的参与。这种参与的最大特点是自愿性、义务性、高尚性，是公民的志愿参与。现阶段社区建设的突出困难是居民参与度低，而实质在于缺乏公民的志愿精神。因此，大力培育志愿精神，培养更多的志愿者，既是社会建设的迫切需要，也是社区建设的迫切需要。改革开放以来，我国的志愿服务事业有了巨大发展，公民在若干领域履行自己的社会责任，社区志愿者已逾2600万人。而现实是，我国志愿者活动主要由官方组织、自上而下、参与人数少等，既反映了志愿精神的匮乏，又不能满足社会需要。志愿者来源于各个方面，社区是培育志愿精神的良好场所，是志愿者的重要来源。现实要求社区思想政治工作在这方面有积极贡献。

三、社区思想政治工作是思想政治工作的崭新命题

社区思想政治工作是思想政治工作的崭新命题，需要结合社区建设实践考察和定位。

（一）明确提出和使用社区思想政治工作概念

社区思想政治工作概念是一个新概念，最早把这个概念写入党的文件是1999年，这是时代提出的崭新命题。然而，由于思想政治工作一词在阶级斗争为中心时期曾经受到过误用，在经济建设为中心时期是否继续沿用这一概念受到普遍质疑。社区作为社会的基层，贴近群众生活，在这种态势下，能不能、要不要使用思想政治工作概念，似乎成为一个难题。应该确认，社区思想政治工作是当前思想政治工作的重要领域，是党的思想政治工作的新实践。思想政治教育学科已经建立，社区思想政治工作获得科学的支撑。要提出社区思想政治工作概念，坚持思想政治工作的基本精神，赋予思想政治工作的时代精神和社区思想政治工作文化特性，使之成为人们和社会媒体普遍使用的文化符号，营造基层思想政治工作的良性氛围。这对于证明党善于与时俱进，继续密切党群关系，促进思想政治工作创新具有重要价值。

（二）社区思想政治工作要有合理定位

社区思想政治工作的基础和主体在社区，但又不局限于社区。社区思想政治工作是一般与特殊的综合。社区思想政治工作是由我党及

其社区建设组织开展的，对社区主体进行社区思想政治教育，培养社区建设主体素质，调动他们积极参与社区建设的社会实践活动。另一方面，社区是社会体系中的一部分，社区建设是国家建设的基础。社区思想政治工作在空间上并不局限于社区，在对象上并不局限于社区居民，内容上并不局限于社区事务，社区思想政治工作的内容包括关于社区建设的战略和宏观思维。总之，社区建设并不仅仅是社区工作者的事业，它是中国特色社会主义事业的组成部分。只有当社区在社会体系中取得应有位置，社区建设在国家建设中取得应有地位，以及相应的资源配置，社区建设及社区思想政治工作才有保证。社区思想政治工作的合理定位应在社区思想政治工作实践中求实求真，逐步形成科学答案。

（三）坚持开展和推进社区思想政治工作

早在1999年，中央下发了《关于加强和改进思想政治工作的若干意见》，要求把思想政治工作任务落实到基层，明确指出：要重视和加强社区思想政治工作，围绕提高市民素质和城市文明程度，认真研究、积极探索社区思想政治工作的途径和办法。此后，中央精神文明建设指导委员会、中办国办、中组部等多次发出文件，明确要求把加强思想政治工作放在创建文明社区的突出位置，不断增强社区思想政治工作的针对性和实效性，扩大社区思想政治工作的覆盖面，加强社区思想文化阵地建设。党的十七届四中全会《决定》要求："把服务群众、凝聚人心、优化管理、维护稳定贯穿街道社区党组织活动始终，发挥党组织在建设文明和谐社区中的领导核心作用。"地方各级党委、政府也作出重要部署，推动了社区党建和社区思想政治工作的发展。按照中央要求，这些年来，各地各部门结合实际，创造性地开展工作，全国社区思想政治工作取得可喜进展。应认真总结经验，根据新情况新任务，以坚持和推进社区思想政治工作，作为基层社会建设的重要举措，作为加强党与人民群众联系的有效途径，作为思想政治工作新的实践，探索具有时代性和特殊性的社区思想政治工作体系，开创社区思想政治工作的崭新局面。

（作者：河海大学社区研究中心主任、思想政治教育学科主任、教授、博士生导师）

新时期社区思想政治工作创新初探

万　军　张　希

随着改革开放进程的逐渐深入，我国总体上进入了全球化、城市化、工业化加速发展的新阶段，处于从以计划经济为基础的单一社会结构向以市场经济为基础的多元社会结构过渡的转型期。这一时期的突出特点是，社会的经济成分和经济利益格局多样化、社会生活多样化、社会组织形式多样化、就业岗位和就业形式多样化，这对于政府的社会管理和公共服务能力提出了许多新的挑战。

作为社会管理的最小单元和各类公共服务的提供窗口，党和政府的各项惠民服务措施必须通过社区才能传递到居民手中，社区在加强城乡基础管理、服务群众生活、提高居民文明素质、夯实党的群众基础等诸多方面发挥的作用日益凸显。作为各类社会问题和社会矛盾的交汇点，现实社会管理中的诸多盲点、难点问题，如城市管理、停车、物业、老龄化、社会心理、网络成瘾、"三无"农民等，也都在社区得到不同程度的集中体现。只有社区安,才有社会安。社区的和谐有序发展是建设社会主义和谐社会的基础。

一、把社区思想政治工作与创新党建管理服务模式相结合

火车跑得快,全凭车头带。新时期,面对社区居民和流动人口的多样化,面对各类社会思潮的多样化,社区思想政治工作要想取得实效,必须要求基层党组织要敢于创新党员管理服务模式,真正把社区党组织建成广大党员和群众信任的"主心骨"和"领路人"。

首先,要创新社区党建管理体制。社区党建是社会领域党建的重要组成部分,必须用社会化的办法,建立以社区党建联席会为纽带的横向党建工作体系,才能最大限度地调动社会资源、最广泛地调动党员群众的积极性。要按照条块结合、资源共享、优势互补、共驻共建的原则,开展区县、街道、社区党建的"三级联创",形成"纵向到底、横向到边"的社区党建工作网络。要在指导社区居委会、服务站开展工作的基础上,探索成立街道社会工作党委和社区社会领域党建联席会,吸收街道和社区内各机关、企事业单位基层党组织和各类党员共同参与,充分发挥社区居民议事委员会、业主委员会以及各类社会组织在社区治理中的积极作用。在流动党员较多的社区,探索设立新居民服务站、流动党员管理站,以服务促管理。按照"支部建在连上"的思路,采取单独建、联合建、挂靠建等设置模式,积极依托居民楼、商务楼、自由市场、工业园区、商业街、商会等载体建设基层党支部或党总支。按照"简便灵活、方便管理"的原则,逐步实现社区党建网络的全覆盖。

其次,要创新党员管理和服务模式。社区党员来源复杂、流动频繁,要求我们要以信息化手段为基础,建立党员分类管理的现代化平台。要针对退休人员中的党员、下岗失业人员中的党员、流动人口中的党员等不同群体的需求特点和职业实际,不搞"一刀切",采取不同的管理方式,简化程序,创新方法,激发活力,引导党员在不同岗位上发挥先锋模范作用。

二、把社区思想政治工作与扎实为居民办实事相结合

群众利益无小事,社区思想政治工作直接面对群众,能不能关注和解决群众关心的切身利益问题是关键。否则说得再好,群众还是会觉得你是"银样蜡枪头"——样子货。这就要求我们的社区思想政治工作必须把服务群众作为中心任务和主要工作,及时把握群众需求,不断拓展服务领域,不断创新服务形式,始终把为社区群众谋利益作为工作的出发点和落脚点,努力做到"民有所呼,我有所应;民有所需,我有所为"。只有把解决思想问题与解决实际问题结合起来,把教育与服务结合起来,才能真正把思想政治工作做到群众心坎里。在工作中,尤其要注意对社区中的相对弱势的社会群体的关注和支持,努力满足社区居民在就业、社会保障、医疗、安全、环境等方面的基本需求。

帮助社区居民解决生活困难是社区的头等大事。当前,要大力推进社区就业服务,进一步建立和完善促进就业责任体系、就业援助联动机制、再就业培训机制,加大社区公益性岗位开发力度,帮助社区有就业意向的群众尽快实现就业。同时,要大力推进社区社会保障服务,加强企业离退休人员社会化管理服务工作,加快社区养老服务设施和网络建设;大力推进社区救助服务,倡导社区慈善事业,加强对失业人员和城市居民最低生活保障对象的动态管理,努力实现应保尽保,解决社区群众生活的后顾之忧。

做好社区居民身心保健工作十分重要。要大力推进社区卫生和计划生育服务,逐步建立以社区卫生服务中心(站)为中心,集预防保健、健康教育、疾病康复、计生服务等多重功能在内的社区诊疗服务体系。在注重身体疾病的预防诊治的基础上,还要注意社区居民的心理

健康工作，要加快社区心理服务体系建设，引入专业心理咨询机构和专业社工机构，增设社区“心理减压室”，加强对青少年、失业人员、孤寡老人等群体的心理问题干预，推进空巢老人心理关怀和生活陪伴服务，有效预防个人极端行为发生，切实维护社会和谐稳定。

还要深入开展创建“平安社区”、“绿色社区”活动，消除社区安全隐患，建立人防、物防、技防相结合的社区防范机制和防控网络。同时，还要大力推进社区生活保障型商业服务和社区环境综合管理服务，努力使社区面貌更优美、群众生活更便利。

三、把社区思想政治工作与推进社区文化建设相结合

社区思想政治工作的首要任务就是大力宣传和认真贯彻党的理论、路线、方针、政策，但套用以往的读报纸、开座谈会等传统形式，往往很难引起居民的兴趣，宣传的效果也就打了折扣。新时期社区思想政治工作的重要载体和平台就是社区文化建设，要充分利用社区这个平台，大力弘扬社会主义先进文化，努力做到寓教于乐、寓教于学，在潜移默化中将党的先进理论和政策传播到群众心田中去。

首先，要结合学习型社区建设在社区大兴学习之风。学习是知识经济时代人们的生活方式，活到老、学到老，对于提高市民素质至关重要。尤其是社区中退休的老党员多，他们有大量的空闲时间，有很强的求知欲；同时，社区流动人口提升自身素质的愿望也十分强烈。我们要大力发展社区学校、老年大学，通过建立社区图书馆，采取集中上课、结对帮学、开办学习论坛、组织知识竞赛、建立网上学校等多种方式，在社区形成热爱学习、比学赶帮的良好氛围。

其次，要重视开展社区广场文化活动。社区内的广场是居民室外活动的集中场所，在这里举办各种类型的文体活动，既方便群众参与，又容易为群众所接收；既加深社区居民之间的联系与友谊，又容易提高群众生活的幸福感和满意度。

再次，要重视社区文化活动品牌的建立和完善。社区文化活动来自基层，扎根实践，有强烈的生活气息和浓厚的群众基础。要结合每个社区的特点，大力开展社区“邻里节”、“美食节”、“环保节”、“体育节”、“劳动日”等活动，进而逐渐形成活动品牌。通过抓品牌、铸精品，不仅可以倡导文明健康的生活方式，还有助于熔铸社区精神、提升社区文化品位。

四、把社区思想政治工作与加强社区民主管理相结合

人心齐，泰山移，广大群众的支持拥护是开展社区建设的前提。新时期社区建设的发展方向是从管理到治理，也就是在社区党组织的坚强领导下，充分调动社区各方面参与社区建设和发展的积极性、主动性和创造性。所以，要把做好新时期社区思想政治工作与加强社区民主管理相结合，不断提高社区党组织和居委会在全体居民中的感召力、吸引力、凝聚力。

社区是我们共同的生活家园。社区思想政治工作的最高境界，不是仅仅依靠我们的思想政治工作者苦口婆心地化解矛盾，而是引导广大群众通过自我管理、自我教育、自我服务，主动学习领会党和政府的各项方针政策，积极参与社区管理和服务工作，有困难及时反映，有问题及时诉求，有喜悦及时分享，不断提升社区和谐程度，把各类问题解决在萌芽状态，达到“润物细无声”的境界。要实现这一目标，就要充分激发广大社区居民参与社区管理的主人翁责任感，引导他们积极参与社区建设的全过程。

各地在引导社区居民积极参与社区民主管理上有许多创新。有的社区通过建立社区成员代表会议、社区事务协调会、社区议事园、社区民主恳谈会、社区工作听证会等制度，集中民智，反映民意；有的社区通过建立党务公开制度、建立社区大事“一事一议”方法等措施，充分保障社区党员和群众参与社区建设的知情权、参与权和监督权；还有的社区依靠广大群

众，建立了自己的社区网站，搭建了社区居民和党委政府、企事业单位之间及时、公开、有效的交流沟通平台，大大方便了社区居民对于社区管理的参与和监督。实践证明，只有居民对所生活的社区产生家园般的依恋感，才会真正关心社区的稳定与发展，社区各项思想政治工作才能展得开、扎得深、落得住。

五、把社区思想政治工作与拓展社区志愿服务相结合

社区是政府开展社会管理和公共服务的最基础细胞，社区党员是联系党和社区群众的桥梁和纽带。要想让社区思想政治工作落到实处，我们的社区思想政治工作者，尤其是社区党员，必须在社区群众中充分发挥先锋模范作用，让群众学有榜样、赶有目标。大力倡导社区志愿服务发展，尤其是充分发挥社区党员在社区志愿服务中的榜样作用，对于推动社区思想政治工作至关重要。

首先，要大力弘扬社区志愿精神，组织社区居民开展邻里互助。要大力扶持社区志愿组织发展，通过开展志愿者注册制度、志愿者服务时间储蓄等方式，推动社区志愿服务走上制度化、常态化、专业化的良性发展道路。要针对社区内常年需要照顾的病、残、弱、老及贫困家庭等提供长期的保障性志愿服务，把关爱送到社区困难群体身边。

其次，要积极引导党员在社区公益和志愿服务活动中发挥先锋模范作用。许多社区通过开展无职党员“设岗定责”、在职党员“办理实事”、流动党员“亮明身份”、离退休党员“奉献余热”等系列活动，在群众中公开社区党员身份，引导他们积极为社区群众排忧解难，利用自己的业务专长和业余时间为群众排忧解难。有的社区建立了社区党员帮扶基金，有的社区开展“一对一”结对帮扶行动，有的社区通过推行党员奉献日、党员服务承诺制等方式，在服务群众的实践中体现党员的先进性，增强党组织的凝聚力。

再次，要充分利用社会资源做好支援服务。不少地方通过整合社会资源，建立集医疗、教育、生活困难救助、残疾人救助等多项服务内容于一体的“爱心服务连锁”救助机制，不断丰富志愿服务内容。通过统一制作“免费爱心卡”、“零利爱心卡”和“微利爱心卡”，发放给困难居民，困难居民凭卡可随时就近到“爱心服务连锁点”享受爱心服务，大大拓展了社区志愿服务的社会资源，提升了服务效果。

有爱的地方才是家园。国内外社区建设的先进经验告诉我们，社区就是现代人的家，社区建设的最高境界应该是建设一个各类群体和谐共处、共同提高的美好家园。在这一家园中生活的人们不仅身心健康，更重要的是对自己的社区家园有强烈的认同感和归属感，有自己的文化、自己的精神。这就是我们未来社区建设的发展方向，社区思想政治工作的重要意义就在于此。在社会竞争日趋激烈、生活节奏普遍加快的现代社会，居住在水泥森林中的现代人比以往任何时候都更加渴望友爱、安全和关心，通过加强社区思想政治工作，可以尽早发现并化解各类社会矛盾，提高社区居民的综合素质，增强社区生活的幸福感，为社会主义和谐社会建设打下坚实的基础。

（作者单位：北京市委社会工委）

社区思想政治工作特点分析

彭庆红　邵艳军

作为城市基本单位的社区,是党和政府联系群众的纽带和桥梁。社区思想政治工作是由政府或社区居民自发组织的,为了实现社区建设和社会发展的目标和任务,在社区内充分利用社区各种资源而进行的一种全民的、综合的社会实践活动。我们只有正确认识社区思想政治工作的特点,才能积极应对新时期对社区思想政治工作提出的新要求和挑战,才能卓有成效地开展社区思想政治工作,使具体工作做到有的放矢、事半功倍。新时期社区思想政治工作主要有以下特点:

一、社区思想政治工作范围的属地性。社区是具有一定界限的地域。换句话说,社区是地域性社会,是一定的社会关系空间与地域空间的结合体。社区思想政治工作的属地性主要体现在:社区思想政治工作主要针对本社区内成员、社区组织提供全方位与多样化的服务;社区思想政治工作的教育者和被教育者主要是本社区内的居民、单位和组织。

新中国成立以来,我国社区的发展大概可分为两个阶段:一个是改革开放以前的阶段,一个是改革开放以后,特别是民政部 1991 年提出社区建设的概念以后的阶段。在前一个阶段,几乎没有独立于单位之外的社区,我国城市的思想政治工作主要是由单位承担。而在后一个阶段,政府和企事业单位的一些社会福利、社会管理、社会服务和社会控制等方面的职能纷纷剥离出来,还原于社会和社区,政府不再统一包揽社会事务,人们的政治生活、文化生活和社会生活的各个方面也不再仅仅依靠于单位的提供。社区基层管理正在经历着由原来传统的以条块分割为主的行政管理向以街道、居委会为依托的社区管理转变。因此,实行属地化的社区思想政治工作已成必然。

二、社区思想政治工作对象的复杂性。相对于机关、企业、学校等单位的思想政治工作,社区思想政治工作具有工作对象复杂性的特点。这一特点又主要体现在工作对象的成分复杂、层次丰富和流动性强等方面。从整体上看,主要有两个方面的原因造成了社区思想政治工作对象成分的复杂化。一方面,伴随社会主义市场经济的深入发展,经济成分和经济利益多元化,社会生活方式和社会组织形式以及就业岗位、就业方式的多样化,除原有成员外,新经济组织成员、新社会组织成员、自由职业者、外来务工人员等各类特殊群体出现并逐渐集聚于社区;另一方面,随着我国住房制度的改革,由原来统一的福利分房到现今大多数城市居民自主购买商品房,这使得不少社区成员构成中往往既有政府机关的工作人员、企事业单位工作者,也有个体工商业者、私营与合资等企业的经营者、离退休职工和下岗职工以及外来务工经商人员等,这样一来,社区成员构成极为复杂。

社区成员构成的复杂化必然导致社区成员的多层次性。根据社区居民的年龄结构、文化水平、社会地位和职业分工、思想觉悟程度等可以划分出不同层次。不同层次的居民工作方式、生活方式以及思想观念差异较大,服务于不同层次人员的社区思想政治工作也必然呈现层次性的特征。

三、社区思想政治工作关系的平等性。社区思想政治工作关系的平等性是指思想政治工作主客体关系的平等性。社区思想政治工作的主体即实施者是社区工作者,包括社区党务工作者、社区行政管理者、社区群团组织成员、社区志愿者及各方面专兼职社区工作者。社区思想政治工作的客体即社区思想政治工作的对象是全体社区居民。

在传统的机关、企业、学校等单位思想政治工作模式下，虽然也强调平等性，但是思想政治工作主体和客体之间存在着事实上的行政隶属关系或经济利益关系，这样一来很难真正平等。而在社区思想政治工作中，社区是一个生活共同体，居民与社区之间往往既没有行政隶属关系，又没有经济依附关系，社区成员在社区内部都是“社会人”，而非计划经济时代的“单位人”，难以形成强制与服从的关系，更多地会表现为教育者与被教育者之间民主、平等、信任、尊重的关系。由于这种平等性，社区组织对这些“社会人”开展思想政治工作，不能使用诸如命令、训诫、惩处的单向式手段，也难以发挥经济杠杆的作用，而是需要贯彻“以人为本”的理念，把社区思想政治工作的双方都当作平等的主体来看待，把社区建设成和谐的家园。

四、社区思想政治工作内容的综合性。社区成员的复杂性及其需求的多样性带来社区思想政治工作内容的综合性、多样性。社区思想政治工作的内容既要以提高社区居民基本素质为主旨，又要满足居民多样化需要，其内容的设置更需注重内容的针对性和综合性。根据社区自身的特点，社区思想政治工作的内容除了包括传统的政治教育、思想引导、道德规范、法制教育等内容外，还应涉及社区科学文化教育、心理健康教育、婚姻家庭关系咨询与教育、职业发展咨询与服务、现代生活方式引导和精神抚慰等新的内容。举例来说，在一些社区中，居民婚姻爱情中遇到的各式各样的问题是社区思想政治工作中最为普遍和最为常见的问题，社区思想政治工作者就是在解决这些“婆婆妈妈”事项中实施思想政治工作。随着一些单位后勤社会化改革的深入，机关、企业、学校等单位承担子女教育、养老保障等社会职能的功能消退，而社区责无旁贷地填补这些“缺位”，与此相关的思想政治工作相应产生。

五、社区思想政治工作方式的渗透性。社区思想政治工作方式的渗透性是指思想政治工作要渗透到社区各机构的业务工作、日常管理工作、社区服务以及其他各方面工作中去，结合各项具体工作的实施开展思想政治教育工作。社区思想政治工作的对象往往是各个年龄层次、各类职业、各种价值取向的居民，自然状态下他们是一个较为松散的群体。在社区里，很难有整块时间对社区居民进行系统的理论灌输，也不可能实行严格的正规化管理。因此，从工作方式来看，社区思想政治工作需要围绕社区管理、社区服务等采用渗透的方式来进行。社区思想政治工作必须渗透到社区居民生活的各个领域中，渗透到群众性的文明创建活动中，渗透到丰富多彩的文娱活动中，培养群众的参与意识，使城市社区思想政治工作贴近群众、贴近工作、贴近生活，为群众办实事。只有通过渗透的方式，在解决实际问题中解决思想问题，社区思想政治工作才能落到实处，才会有实效性。

六、社区思想政治工作模式的群众参与性。社区居民生活比较细微和繁琐，政府工作做得再细再好，也不可能考虑和照顾到市民生活的方方面面，社区思想政治工作归根到底是社区成员自己事业的一部分，群众的参与和自治是社区工作的根本。社区成员的参与将越来越成为社区工作的趋势。社区的建设和发展，靠政府的行政推动和社区成员的积极参与这两种力量共同作用，才能进入良性循环。居民的社区参与是社区发展的内在动力源泉，离开了居民的社区参与，就没有真正的或完整意义上的社区发展。只有居民直接参与特别是主动性的社区参与和治理社区，才能培育居民的社区归属感、认同感和现代社区意识，才能有效地整合与运用社区自身的各种资源。因此，社区思想政治工作模式方面要突出群众参与性。

另外，现阶段社区思想政治工作队伍尚在初步建设阶段，人手有限，一些社区思想政治工作人员素质暂时也难适应形势发展的要求，靠单一机构以及少量人员很难应对当前社区思想政治工作复杂的挑战，群众参入、群策群力，才能形成社区思想政治工作的合力，才能形成齐抓共管的工作格局与群众参与型的工作模式。

（作者：北京科技大学马克思主义学院院长、教授、博士生导师；博士研究生）

把握“街头巷尾”思想政治工作规律

戴志伟

社区思想政治工作的实践时间比较短，因为我国社区建设起步晚，最早是在上个世纪80年代后期，因此严格说此项工作要讲规律还有点早。但毕竟实践了一段时期，从总结思考、探索角度来认识还是必要的。社区思想政治工作除了思想政治教育的一般规律外，还有以下几个具体规律。

一、社区居民个体思想品德形成差异性与共性统一规律

社区是居民生活共同体，社区与社区不同，不同的社区居民存在不同的思想差异；即使在同一社区因居民类型各异，职业、年龄、文化学历、生活方式习惯、情趣性格等不同，思想观念差异也很大，以致每个人的思想品德形成是有差异的，这种差异性是客观存在，是不以人的意志为转移的，因此带有规律性质。

但同一社区的居民都生活在同一个社会、同一个时代及基本相同的大环境里，尽管个性有差异，他们的思维方式基本一致，对社会的看法相近。最主要的，都是在党的领导下，在中国特色社会主义制度下生活，社区居民思想政治工作的目标、内容、任务、方法途径也基本一致，也就是说社会对人的要求也是一致的，都是按照党的事业需要来确定思想政治教育任务和内容，按照人的思想行为活动规律来确定思想政治教育的原则和方法，根据社区特点开展思想政治工作的，运行模式和组织方式基本一致。

尽管社区居民的个性存在差异，思想观念形成有自己的特点，但相同的思想政治教育目标、任务、原则、内容和方法，使得社区居民的思想品德朝着社会所要求的共同目标趋同，在思想政治教育矛盾运动中最后走到一起，具有共同之处，统一于社会主义核心价值体系之中。所以，社区思想政治教育具有个体思想品德形成差异性与共性统一规律。

二、社区思想政治工作主体与受教育者客体及其他方面互动规律

社区思想政治工作主体包括组织又包括居民个体。虽然社区专职党务思想政治工作者是社区思想政治教育工作的重要力量，但真正所依靠的力量还是全体社区居民，社区居民才是社区思想政治工作的主体，这是由社区特点和性质决定的，也是党的政治优势的体现。

社区具有地域性特点，虽然社区居民联系交往还不多，但同一社区给这种交流和互动创造了条件，而居民群众本身有这种交流的渴望。社区环境影响社区居民改造环境，这是一种互动。社区客观条件、社区居民自治、民主参与本身是居民与居民之间的一种思想影响与教育互动。社区与单位、部门、学校之间也有较为广泛的互动性。

在社区思想政治教育过程中，教育者的教育起主导作用，受教育者的自我教育起基础作用。只有社区居民把接受教育的结果或者把理

想的自我与现实的自我有机统一起来，才能达到个人社会化和社会个人化的统一，完成人的社会化过程，这就是思想政治教育内化与外化的统一。所以社区思想政治教育是教育者（不管教育主体是交叉的还是单一的）与教育客体（社区居民）互动的结果。

社区居民与社区思想政治教育环境是互动的。良好的环境有利于社区居民良好思想品德的形成，不良环境不利于社区居民良好思想品德的形成，尤其对青少年如此。社区居民能够改造环境、改变环境，包括硬环境和软环境，社区居民的思想水准提高了，社区的环境、社区的发展、社区的和谐才会更好，这是受教育者与环境的互动。

社区与单位、学校、家庭思想政治教育也是互动的，如在职干部职工入党、或者提干要到社区公示，本身就是思想政治教育的联动互动，通过外部的监督督促干部职工遵守规章制度，端正思想品德，树立为人民服务的宗旨。此外，对青少年的思想政治教育通过社区、学校和家庭互动进行，形成"三位一体"的良性互动格局。

社区居民既是思想政治教育者，又是受教育者。日常社会生活把社区居民联系在一起，在社区内的任何活动，包括到农贸市场买菜、到商店购物、到社区卫生服务中心就医、到居家养老服务中心活动等，其言行都会影响别人的思想和行为。社区是群众性自治组织，社区居民自治、居民群众参与民主选举、民主决策社区事务的活动都会产生相互影响，使社区居民的民主法治意识不断增强，居民的政治素质不断提升。这种影响是无形的，比一般的思想政治工作效果更好，因为居民群众参与社会事务与他们的生活息息相关，所以这种参与比较积极，是一种自觉行为。

三、社区居民思想政治教育稳定性与变动性统一规律

社区地域性与居民流动性，决定社区居民思想政治教育稳定性与变动性统一规律。社区具有地域性特征，社区居民处于变动之中，客观上形成社区居民思想政治教育稳定性和变动性特点与规律。社区作为生活外壳本身是固定的，大部分社区居民在社区中生活也是基本稳定的。在这样的相对稳定状态下，人们在社区的长期生活、社会实践中，许多文化积淀下来，慢慢形成社区自身的特色，不同社区形成不同的特色，这些文化的东西反过来影响社区居民，形成社区的精神价值，使居民产生对社区的热爱和归属感。在社会大环境和社区环境的影响下，居民群众形成相对稳定的思想品德，通过社会活动、社会化过程，逐渐形成符合社会发展要求的思想品德和人格。同时，随着经济社会发展，城市化推进，新住宅小区的开发，部分居民群众为改善生活条件、生活环境，提高生活质量和品位，离开原来熟悉的老社区，进入新的高档社区，而一些年老体迈、经济条件较差的社区居民仍然住在传统老社区；有些居民为给子女创造一个好的成长环境，在教育资源丰富、教育质量高的社区购买住房，而他们却住在另一个社区，经常在两个社区之间奔波；一些外来务工人员背井离乡在某个城市社区工作、生活一阶段后，会流动到其他城市或者回到老家等等，新的外来务工人员又进住这个城市社区。人员的变动性、流动性是城市社区的特点。社区思想政治工作就是伴随着社区建设不断推进、居民群众逐步流动的进程而进行，是稳定性与变动性的有机统一，稳定是相对的，变动是绝对的。

四、社区思想政治工作与社区建设同步推进规律

社区思想政治工作伴随社区建设应运而生，与社区建设同步推进，是思想政治工作与社会工作结合的增长点。以改革开放为界，将社区思想政治教育形成和发展总体划分为两个阶段：改革开放以前的社区思想政治教育阶段（1949 年—1978 年），经历探索、初创、曲折三个时期；改革开放以来的社区思想政治教育阶

段(1978年—今),经历重塑、拓展、创新三个时期,其中2000年中央思想政治工作会议召开标志着社区思想政治教育进入创新时期。伴随我国社区建设的进程,社区思想政治工作围绕建设中国特色社会主义这一总体的目标要求,坚持以经济建设为中心,围绕提高居民素质、生活质量和社区文明程度具体目标开展教育活动,取得可喜成绩。从上世纪80年代起,我国的社区建设经过三个发展阶段,就是从社区服务到社区全面推进、再到和谐社区建设发展阶段,社区思想政治工作也是围绕社区服务、社区全面推进及和谐社区建设过程中出现的问题而展开。社区建设从传统到现代、从封闭到开放、从老小区到新社区、从老市民到新老市民融合、从城市社区到城乡社区建设等,伴随市场化、城市化、工业化、现代化一步步走过来,社区思想政治工作的目标、任务、内容、方法、机制、评价也随之逐步改进。在贯彻党的路线方针政策、促进经济社会协调发展的同时,社区居民的思想道德素质有了不同程度的提升,社区居民的生活质量也有了不同程度的提高。

(作者:宁波工程学院组织部长、副教授)

当前党建的核心问题是解决人们的信心问题

梁伟平

一、当前人们的信仰和信心问题

(一)当前人们的信仰现状

改革开放30多年,中国GDP平均每年增长9.8%,中国人的物质生活得到提高,但毋庸讳言的是,中国人的信仰现状却呈现出值得注意的深刻变化。2010年8月11日,中国社科院发布《宗教蓝皮书》公布我国现有基督徒2305万人,占全国人口总数的1.8%。但这个数字仅统计了由政府管理下的“三自”教会。其实在中国,还有难以计数的基督徒,在没有合法登记的场所聚会。这些没有登记的宗教场所被称为“家庭教会”,西方也称之为“地下教会”。实际上,加上这些“家庭教会”或“地下教会”的教徒,中国基督徒的总数超过8000万。加上传统的道、儒、佛及多神崇拜,持有神论者的人数日益庞大。在当今特色社会主义的中国社会,普通百姓的信仰大厦正发生着难以预测的变化。

而中国共产党员的数量也发展到了近8000万人,相当于一个中等国家的人口。如果深究起来,这个庞大的党员队伍是否全部是共产主义理想的坚定信仰者,是值得考验的。东欧巨变表明,加入执政党但并非以执政党政治理想为信仰的投机分子大有人在。前苏联有近2000万名苏共党员,在苏联人口中占的绝对比重很大,但在原苏联解体时规定,两个小时内党员必须选择政治上站在哪一边,结果绝大多数人脱离了共产党。1993年重新加入俄共的原苏共党员不到10%。因此,我们必须有清醒的头脑和认识:在当前我国的信仰现状是,基督徒比共产党员还多,在共产党员的队伍中,并不是所有的党员都具有坚定的共产主义信念,其中并不乏因为要跻身执政阵营的投机者。这部分人一旦掌握了部分权力,极易发生蚀变,从而损害党的执政之基。

(二)当前人们的信心趋势

本文所说的信心,是中国公民对于党及国家的信心。2007年出版的中国社科院《全球政治与安全》报告显示,中国正在成为世界上最大移民输出国，截至2007年，在世界各地的中国移民已达到3500万人，约占国际移民总人数的18.3%。据有关统计数据，自1978年以来，有106万中国学生留学海外，仅27.5万人回国。令人震惊的是，中国发展的速度越快，整体经济实力越强，移民的精英人才却越多。中国社科院的报告显示，中国在创造经济奇迹的同时，中国流失的财富精英和技术精英数量也居世界之首。就是说，大批中国的精英人才用20多年积累的财力和技术换作移民的门坎，以投资移民和技术移民的方式纷纷脱离自己的国家。移民目的地主要包括澳大利亚、加拿大、新加坡和美国。在这个移民队伍中，还有两个特殊的现象：其一，国内富人带走在中国赚取的大笔财富，转换国籍后，子女留在国外，富人回头继续把中国作为挣钱发财的主战场；其二，为数不少的腐败官员先把配偶、子女以经商、留学等名义送往国外，获得外国国籍或绿卡后，将巨额资产转移国外，最后自己也出逃。典型的案例是：2006年6月，涉案金额高达亿元的福建省工商局原局长周金伙，在被中纪委"双规"前逃往美国。周金伙之妻陈淑贞在案发前早已移居美国，并拥有绿卡；2007年6月28日，陕西省政协原副主席庞家钰被判有期徒刑12年，而庞家钰的妻儿早在2002年就已移民加拿大了！

以上现象凸显出一个严重问题：在中国目前社会矛盾尖锐化的条件下，移民者归根结底是对国家和执政党缺乏信心或者说没有信心。我们知道，国内普通群众是没有移民条件的，但他们中的相当一部分也许对于国家的信心比已是成功人士的精英阶层移民群体更差。为什么中国30多年的经济成就，已使中国成为仅次于美国的第二大经济体，而且全世界都把目光投向中国，中国模式正在影响和改变这个世界的时候，却有那么多的成功人士不愿当中国人，而选择逃离自己的祖国？除此之外，更令人忧虑的是，群体性事件和上访数量的增加，表明普通群众也越来越多地失去信心和耐心。

二、人们对国家的信心关键在于党的执政能力

（一）中国的执政体制决定了党是国家事务的总负责者

在我国，由于党缔造了国家和军队，并领导人民从事社会主义建设，因此，党代表最广大人民的根本利益处于最高的执政地位。党拥有制定方针政策、建议立法、使用干部、思想动员的绝对权力。政权机关的职能只是通过法定程序，负责组织把党的路线、方针具体化。党与权力机关的关系是：党对国家权力机关进行领导，保证国家权力机关依照法律，按照人民的利益和意志，履行宪法和法律赋予的职权。同时，党也必须在宪法和法律的范围内活动。党与军队的关系是：党对军队拥有绝对领导地位，党指挥枪。党与司法机关的关系是：党领导司法工作，党要从制度上保证审判机关和检察机关依法独立公正地行使审判权和检察权。这样，在我国的执政体制中，作为唯一执政党的中国共产党实际是国家各项事务的总负责者。因此，党的问题就是国家的问题，人民群众对党的信心就是对国家的信心。

（二）党的执政能力考验人们对国家的信心

十六届二中全会号召全党，以加强党的执政能力建设为重点，全面推进党的建设新的伟大工程。2004年9月党的十六届四中全会的一个主要议程，就是审议《中共中央关于加强党的执政能力建设的决定》。胡锦涛同志也强调，加强党的执政能力建设，"这是党的建设的重中之重"。这表明党对执政规律的认识正在达到新的高度。中国共产党能不能长期执政，关键在于其执政能力能不能够应付国际国内的巨大挑战。比如，笔者撰写的《新形势下从源头上防治腐败研究及群体性事件的研究与对策》、《新形势下司法不公背后腐败问题的研究与对策》、《新形势下依法行政意识缺位及滋生腐败的研究与对策》三篇论文中理论结合实

际，有事实、有证据、有法律依据，有理论依据，任何人都能看清楚里面所分析的案例属于腐败问题，执政党是否敢碰硬，这也关系到人们对国家的信心。国情、世情、党情，问题、矛盾……考验着党，考验着党的各级干部，如果党的执政能力不能应付挑战，人们对于国家的信心也随之丧失。

三、当前人们信心缺失的原因分析

（一）执政管理水平的因素

党坚持执政为民，就是说，在我们国家，党依照宪法和法律的规定，正确掌握和运用国家政权。因此，党的执政管理水平直接关系到国家的命运。党通过各级执政机构，科学驾驭和运用执政的制度、体制、方式，对国家和社会进行治理，执政的方式方法是否科学、规范、合理，是考验执政管理水平的标准。方式方法得当，对国家的执政管理水平相对就高，人们对国家的信心就增强；反之，执政管理水平低下。比如，在笔者撰写的《新形势下从源头上防治腐败研究及群体性事件的研究与对策》论文中，所揭露的群体性事件，执政者不能公开、透明、依法、依规、依程序解决，就会导致人们对国家的信心缺失。

（二）腐败的因素

各种调查显示，党的干部腐败变质，人民群众的信心就会受到极大挫伤。执政管理水平可以随着时代和形势的发展提高和调整，不足以对人们的信心形成致命打击，腐败现象则不同，如果腐败现象得不到及时清理，人们就无法对社会，对国家拥有信心。从历史上来观察，腐败影响执政能力，严重破坏人民对执政党的信心。在有民选制的地方，执政党势必在大选中被人民所抛弃；在没有民选制的地方，则是人民揭竿而起以实现政权更替。共产党是中国唯一的执政党，如果不能解决腐败问题，必然积累民怨，失去民心。因此，防治腐败的问题不仅仅是影响到人们对国家的信心问题，也关系到党的生死存亡。当前人们对自己国家的信心缺失，大多数是由于反腐败面临的严峻形势引起的。腐败干部与群众争利引起群体性事件、资本买通腐败干部与一味追求 GDP 的地方政府勾结损害群众利益引起群体性事件；地方政府依法行政意识缺位引发腐败；司法不公引发腐败，等等。普通群众对于党的干部腐败，尤其是党的纪律检查干部腐败和司法干部腐败在深恶痛绝的同时，也极度失望。司法是社会公平正义的最后一道防线，普通群众终其一生哪怕只遇到一桩司法腐败案例，足以动摇他作为国家公民的信心。笔者坚持不懈十几年研究党建理论与腐败问题，对社会各阶层及普通老百姓的情况非常了解，所完成的《新形势下从源头上防治腐败研究及群体性事件的研究与对策》、《新形势下司法不公背后腐败问题的研究与对策》、《新形势下依法行政意识缺位及滋生腐败的研究与对策》三篇论文，所述案例实际情况就是本人的亲身经历。所涉及的腐败问题，有“以党代政”、“党政不分”、“违法行政”问题；有栽赃问题；有非法拍卖土地及引发群体性事件问题。涉及幕后保护伞，有不作为的干部，有少数人起贪婪之心把财物侵吞，有不良律师勾结法官，枉法裁判，司法不公事实从城区法院到市中级法院到高级法院直至北京最高法院。所述问题有涉及党纪、政纪范畴，有涉嫌经济犯罪，有涉嫌刑事犯罪。形形色色，各种各样的腐败问题，实属罕见！笔者坚持十几年研究党建与反腐倡廉问题，是因为相信共产党有能力治理腐败问题。揭露腐败问题按照论文格式，理论联系实际，让上至国家领导人，下至平民老百姓看了都一目了然，清清楚楚，明明白白。为当前党建理论创新问题研究、国家反腐倡廉问题研究、中央确保政令畅通政权巩固问题研究，及为组织部门选拔什么样的干部执政提供了有事实、有证据、有法律依据的第一手材料。这些材料属于执政党需要的。如果由于人为故意，或不作为，显然政令不畅通，政令不通必然导致老百姓怀疑共产党的执政能力，怀疑执政能力必然挫伤人们对共产党治理腐败问题的信心。

(三)信心挫伤及其后果

执政管理水平是影响人们信心的因素之一,但不是决定因素。只有腐败问题才能严重挫伤人们作为国家公民的信心。一个高效、廉洁的政府必然受到人们的拥护,才能经得起风浪,顶得住任何挑战。要让人们有“看得见”的信心,执政党一定要有坚定不移的清理腐败的决心。反之,人们的信心就会受到严重挫伤,首先会引发精英阶层脱离国家公民身份的后果,直至普通民众揭竿而起,埋葬腐败政权。

四、坚决遏制腐败是解决人们信心问题的重中之重

(一)当前反腐败斗争面临的严峻形势

当前反腐败斗争面临的形势十分严峻,涌现出以下新特点:(1)腐败案件处在易发、多发、高发的态势上,诸多隐性腐败也不断暴露。(2)涉及腐败的黑金越来越大,几个亿的大案越来越多。(3)整个腐败面越来越宽,各级部门、各行各业全面开花。以前早期的腐败主要集中在党政机关,现在则向企业、社会、科教文卫体蔓延。过去主要是以个体性的腐败行为为主,现在可能比较多的是集团性的、体系性的、系统性的案件。大案要案的纪录不断被打破,而且打破的速度越来越快。

据中纪委公布,2009 年 1 月至 11 月,纪检监察机关初步核实违纪线索数增长 4.7%,立案件数增长 4.5%,处分人数增长 2.5%,移送司法机关人数增长 16.6%。各级纪检监察机关处分县处级以上干部人数增长 10.8%,处分贪污贿赂金额在 100 万元以上干部人数增长 19.2%。2010 年,有近 14.7 万党员受到党纪政纪处分,其中近 12 万人受到党纪处分,3.8 万余人受到政纪处分。但暴露出来的腐败案件越来越多、案值不断增大,让不少人对反腐败斗争产生了悲观情绪,“反腐无用论”、“反腐无效论”一时间在社会上喧嚣。以上数据表明,目前并没有从根本上有效遏制腐败。

(二)腐败导致民怨甚至人亡政息,也是摧毁人们信心的根源

温家宝总理强调过,在和平建设时期,执政党的最大危险是腐败,而孳生腐败的根本原因是权力得不到有效监督和制约。这个问题解决不好,政权的性质就会改变,就会“人亡政息”,这是我们面临的极为严峻的重大考验。温总理的话可谓一针见血。

当前人们之所以对国家信心缺失,乃至民怨纷起,主要原因就是目睹腐败现象的蔓延。腐败分子掌握着公权,完全丧失了党性原则,为了一己之私肆意贪腐,引发了一起又一起群体性事件。加上政府依法行政意识缺位导致腐败及司法腐败,构成摧毁人们对于国家的信心的总根源。因此,坚持遏制腐败是解决人们对党和国家信心的最大关键。党必须下大决心对腐败开战,党的惩治腐败的决心决定着人们的信心。只有坚定不移地打击腐败,才有可能赢得民心。

五、惩治腐败的理论突破:必须将党组织与党的成员严格区分

(一)成员和组织的问题

在党组织里,每个成员都是个体参与者,为着党组织的共同目标团结到一起。每个成员是组织的一部分,组织是成员的集合。组织通过所有成员认同的行为规范对成员进行有效约束,并达成奋斗目标。党组织的行为规范就是党章。因此,成员与组织的关系是个体与整体的关系,要严格区分清楚。成员个体不等同于党组织整体。

(二)毛泽东思想传承和科学发展的优秀遗产——民主集中制

当前党建理论有一个突破性的理论认识:党建理论工作实际上是实践传承毛泽东思想理论体系与科学发展。毛泽东思想、邓小平理论、“三个代表”重要思想、科学发展观,一脉相承,不断丰富着中国共产党的执政智慧。在惩治腐败的理论发展问题上,我们要从毛泽东思想传承和科学发展的优秀遗产——民主集中制上汲

取智慧。党的民主集中制的核心内容是：党员个人服从党的组织，少数服从多数，下级组织服从上级组织，全党各个组织和全体党员服从党的全国代表大会和中央委员会。“党员个人服从党的组织”这点非常重要，无论哪一级的领导人，毫无疑问都是“党员个人”，即便是党的领袖人物也概莫能外，这就为惩治腐败扫清了一切障碍。

（三）党的成员不能等同于党的组织

党的成员，甚至党的领导人，不管其地位多高，均不能等同于党的组织，这是毋庸置疑的。但在反腐败实践中常常碰到这样的问题：腐败分子如果是一个村支书，就号称代表一个村的党组织；是个乡党委书记，就号称代表乡党委；是个县委书记，就号称代表县党委。依次类推。这些“一把手”不仅以个人代表一级党组织，还主使同级人大、政府、政协、公检法来干扰办案。基层纪检监察部门有时也不得不考虑方方面面的因素。比如，有时基层纪检监察部门就错误地认为，处理了村支书，就等于否定了整个村的党组织的工作；处理了乡书记，就等于否定了整个乡的党组织的工作；处理了县委书记，就等于否定了整个县的党组织的工作。古有“刑不上大夫”，如今的反腐败工作中或多或少就有点“双规不上一把手”之嫌。实在要采取行动，上级党委还要处心积虑地将这个“一把手”调换另一个同级岗位，甚至高升一级副职。这就是典型地将“党员个人”视同“党的组织”的惯性思维。如此这般操作，无形中增加了反腐工作的难度和成本，至使众多的“一把手”腐败分子长期得不到处理。

因此，我们要在反腐败工作中敢于理论创新，对于“一把手”腐败分子，将其与党组织严格区分。党员个人未经党组织集体授权，不管在何种情况下均不能代表这一级党组织。党员个人违纪，即便是“一把手”，由他个人负完全责任，与这一级党组织无关，也无损于这一级党组织带领群众进行中国特色社会主义建设的业绩。依次类推，即便是党的领袖，在没得到党的高层机关集体授权的情况下，仍只能代表个人。

六、铁腕惩治腐败，激发人们建立中国特色社会主义大厦的伟大信心

（一）路线方针正确不能代表执行正确

中国共产党之所以伟大，是因为始终是中国先进的社会生产力的反映和体现，是中国人民文明积累和发展的结晶，同时又为社会生产力的发展和中国社会的前进提供思想指导、精神动力和智力支持。近代史已经确凿无疑地证明，只有共产党才能救中国。中国共产党坚持把马克思列宁主义与中国具体实际和时代特征相结合，从战争年代、建国初期到改革开放，先后传承和发展了马列主义、毛泽东思想、邓小平理论、“三个代表”重要思想、科学发展观等一系列引领中国人民前进的卓越政治智慧，为中国革命、建设和改革指明了正确的方向。但是，在党诞生近百年风雨历程中，我们也要清醒地看到，在各个不同历史时期党也出现过短暂的路线问题，还有更多的是执行问题。路线方针正确不能代表执行正确，执行不正确给党的事业带来了损害，这一点教训是深刻的。

（二）干部素质是执行能力的具体体现

毛泽东思想理论体系中对执行问题有一个经典的通俗九字经：“出主意，用干部，造舆论。”这形象地说明了路线方针确定后，还要靠干部去执行。因此，干部素质决定了路线方针的执行程度。优秀的干部无疑会将政策执行到位，但如果用一个腐败分子来执行，无疑上级政策会走样，甚至成了他个人贪腐的借口。因此，干部的党性和纯洁是党组织考虑执行力的首要问题。对腐败干部，一定要发现一个立即处理一个，不能延误。腐败干部在岗位上多呆一分钟，都会给党和人民的事业造成难以估量的损失。

（三）对自身腐败现象零容忍，才能激发人们建立中国特色社会主义大厦的伟大信心

共产主义事业是人类社会的伟大事业，无比壮丽。每个共产党员在入党宣誓时，都把共

产主义事业当成自己终生的奋斗目标。实现这个目标的过程是一个相当漫长的过程,无论如何风云变幻,无论遭受何种困难,哪怕流血牺牲,每个党员都要坚定信仰,带领群众朝着这个伟大目标奋勇前进。

当前,我国还处在社会主义的初级阶段,各种复杂的问题和局面正摆在全党面前。因此,党的干部队伍一定要纯洁高尚、党性坚强,要对自身腐败现象零容忍,要建立铁腕惩治腐败的零容忍制度,毫不留情地清理腐败,党才能在广大人民群众中产生巨大凝聚力。温家宝总理强调,要从制度上解决权力过分集中又得不到制约的问题,创造条件让人民批评和监督政府,坚决惩治贪污腐败;要建设一个公平正义的社会,特别是要保障司法公正,重视保护和帮助弱势群体,使人们在生活中有安全感,对国家的发展有信心。

因此,在党建问题上,我们必须要有一个认识:当前党建的核心问题,就是要解决人们对党执政的信心问题。这样,我们才能在新时期复杂的国际国内形势下,阻遏国内财富精英和技术精英移民潮,恢复他们对于国家的信心,更大程度地激发中国人民建立中国特色社会主义大厦的伟大信心。

（作者:全国思想政治工作科学专业委员会特约研究员）

迈步前进的海南南方民族艺术学校

王子鸿

诞生于2000年6月的海南南方民族艺术学校,伴随着海南职业教育发展的历史脚步,在椰风海韵的陪衬下已走过了十个春秋。在十多年的发展历程中,学校办学理念不断明晰,办学条件不断改善,办学规模逐年扩大,在海南艺术教育领域中一直稳居省内同类学校榜首。在琼州大地教育的发展历程中留下了清晰可辨的印记……

放眼琼州大地,南方艺术学校应运而生

2000年,经过历时半年的认真准备和筹建,海南南方民族艺术学校顺利通过海南省教育厅、海口市教育局的审核正式成立,2000年6月正式对外召生。艺校立足椰城的实际,放眼海南艺术发展的未来,是为优化城市教育资源布局,缓解海南省内艺术学生的需求状况,而在海口投资兴办的一所高起点、高水平的三年一贯制中等职业学校。在严格恪守海南省教育规制的前提下,南方民族艺校孜孜以求,艰苦奋斗,开拓创新,走特色办学之路,成为海南省目前唯一一所私立的培养舞蹈、声乐、钢琴、琼剧、美术等职业人才的综合专业性艺术学校。

高标准建设,高素质办学

在十年的发展历程中,学校日益引起社会的关注。学校现有学生800余名,教师27名,其中高级职称8名,中级职称11名。教师大部份毕业于著名的艺术院校、师范院校或具有在专业艺术团体中担当艺员的经历,有丰富的教学与表演经验。艺校始终不渝地坚持党的教育方针,确立"德艺双馨"的育人目标。坚持教学与演出实践相结合,确立"艺术专业 + 文化素质 + 现代技能"的复合型应用人才培养模式。已培养了一大批舞蹈、音乐、戏曲艺术人才,并为全国各地高等艺术院校输送了300多名优秀

学生，在社会上引起广泛关注，成为海南省中等艺术教育的名校之一。

高起点起步，人性化办学

自2000年建校以来，学校全面贯彻党的教育方针，大力实施素质教育，确立了“质量兴校”、“管理立校”、“人才强校”的三大战略思想，着力构建“以人为本、和谐发展”的管理理念，努力锻造“风正、气顺、人和、事兴”的校风，在校的学生大部分来自海南贫困地区或穷困家庭，其中历届都有约30%的黎苗族学生。他们大部份是穷困生，学费对于他们也是一项沉重的负担。艺校在办学过程中，为了培养和保护艺术人才，对家庭经济困难的学生给予特别关怀，每年学校减免10名特困生的学费，其中5名还发给一定的生活补助，让他们顺利地完成学业，受到家长和社会的普遍赞扬。

质量兴校：艺校确立了“一年打基础，两年求突破，三年大发展，五年创名校”的中长期奋斗目标。明确提出了“对外不张扬，对内不添乱，一心一意搞教学，群策群力抓质量”的发展思想。在工作中，严格遵循教育规律，努力做到务实高效，不延长时间，不增减课程，不增加课时，不乱订资料，不加重负担。注重工作实效，突出教学核心，“勤”字为本，“细”字入手，“严”字当头，“实”字见效。认认真真抓管理，扎扎实实搞教学，排除一切干扰，使质量意识深入人心。连续三年被海口市教育局评为“十佳文明学校”，多名教师获得“优秀教师”称号。学校的社会声誉不断提高，办学规模逐步扩大，专业齐全，成为海南培养艺术人才的重要阵地。

管理立校：通过严格与精细管理不断优化学校管理，在改革与创新的实践中凸显办学特色，严格规范教师行为。坚持以管理求生存，以改革促发展，不断创新工作机制，做到以人为本，以德治校，以法管校，有岗位就有职责，有工作就有考核，人人有事管，事事有人干；宏观管理抓过程、重调控，微观管理抓细节、重实效，常规管理抓值周，教学管理抓过程，安全管理抓防患，教师管理抓提高，学生管理抓养成，师生工作学习井然有序；实行校务公开，充分发挥全体教职工的主人翁作用，做到以情感人，以理服众，使学校凝聚力逐渐增强，学校规模逐步扩大，学校实力迅速提升，秉成“励学笃行、志存高远”的校训，形成“风正、气顺、人和、事兴”的校风，“潜学、博爱、务实、高效”的教风，“勤奋、求实、进取、创新”的学风。

人才强校：学校把精心打造德艺双馨的教师队伍，作为提升教学质量的根本保证。根据学校现状，安排教师对口教学。艺校教师均毕业于专业的艺术院校并长期活跃于各大表演舞台，为艺术专业教学奠定了基础。学校创设教师提升业务能力的制度和环境。开展备、上、听、说、评、实践一体化教研活动，有力地促进了教师教学能力的提高。每学期精心组织3次质量检测，进行科学分析，及时反馈教学中存在的实际问题，督促教师做好每一节课的教学工作，使每一节课的教学质量得到保证。

汗水铺就金光道，风雨不歇绘彩虹。今天的海南南方民族艺术学校，气势宏大雅致，环境干净整洁，文化艺术气息浓郁，管理品位精细，教学秩序紧张有序，正在朝着现代化的中等艺术职业教育名校迈进。

（作者单位：中国思想政治工作网海南工作站）

企业思想政治工作呼唤"行家里手"

冯建军

思想政治工作是我们企业凝聚力量、迎接挑战的思想武器，是企业发展壮大的重要保证，是企业克服困难、夺取胜利的重要法宝。北京城建集团党员占职工总数的48%，企业具有重视思想政治工作的优良传统，拥有一支勤恳工作、默默奉献的政工干部队伍，这是我们做好思想政治工作的坚实基础。

目前，集团新的五年发展规划已经制定并付诸实施。在未来五年内，为企业的长远建设和发展起重要支撑作用的思想政治工作面临着新形势下的诸多挑战。加强和改进思想政治工作，不仅要对思想政治工作者的劳动价值给予科学的评价，把思想政治工作作为义不容辞的责任，更应不断适应新形势特点，进一步提高思想政治工作者的综合素质，为满足新形势下思想政治工作的需要奠定坚实的基础。

不断变化的新形势为企业思想政治工作带来了丰富的新内容。目前，我国社会主义现代化建设已经进入一个新的发展时期，科学发展观、可持续发展、构建社会主义和谐社会、社会主义荣辱观已成为新时期企业思想政治工作的主题。同时，随着社会主义市场经济的深入发展，人们思想活动的独立性、选择性、多变性、差异性明显增强，在经济高速发展的同时，一些深层次的矛盾也凸现出来。人们的经济关系、生活方式、思维方式、生活内容都走向多样化、多元化，企业思想政治工作的环境、条件、内容、形式等与过去相比发生了巨大的变化。

一、充分认识企业思想政治工作者面对的新课题和工作的新内容

不断更新的新技术为企业思想政治工作带来了多样的新形式。今天，信息网络技术发展和信息传播方式的根本改变，给我们思想政治工作带来许多思考、挑战和无限生机。网络信息量大，传播速度快，其"虚拟社会"的性质对人们的世界观、人生观、价值观的影响越来越大。同时，社会学、心理学等学科的发展给思想政治工作带来了新的视角、新的标准和新的思路。这就使创新思想政治工作形式成为增强思想政治工作吸引力的有效途径。

全面提升思想政治工作者的综合素质是企业思想政治工作的新要求。首先，良好的政治素质是正确方向的保证。作为思想政治工作者，要全面掌握思想政治工作的新理论新知识。面对新形势下需要回答的许多新问题，不少思想政治工作者现有的理论、知识显得落后、单一和陈旧。要提高市场经济条件下思想政治工作的能力，尤其是判断能力、说服能力和思维能力，途径之一就是坚持理论学习，提高理论水平，使之成为我们解释、研判和解决市场经济条件下各种新问题、新情况的最基本的依据。途径之二就是要努力学习和掌握现代管理知识，着力提高服务大局的能力。改革开放条件下，人们的许多思想问题与经济现象密切相关，这就要求思想政治工作者既要懂政治理论，又要懂经济理论，多熟悉党和国家的经济政策，多了解现代经济和企业管理知识，多懂得一些经济法规，从而能够科学地看待经济现象，正确解决人们在经济生活中遇到的各种问题。途径之三就是要努力掌握现代科学文化知识。企业思想政治工作涉及的科学知识是多方面的，不仅需要学习政治理论知识，还要学习经济学、管理学、自然科学及网络等方面的知识。因此，思想

政治工作者必须扩大知识面，改善知识结构。这样，我们析事论理就多一些视角，多几把钥匙。同时，了解和掌握思想政治工作对象的一些专业知识，才能使思想政治工作有的放矢，找到突破口，增加亲和力，让人心悦诚服。途径之四就是要努力掌握思想政治工作专门知识，要能说、能写、能干，成为业务精深的"行家里手"。

二、良好的创新素质是思想政治工作活力的来源

思想政治工作者要与时俱进，树立创新观念，增强创新意识，培养创新精神，提高创新能力，积极探索思想政治工作的新经验，在创新中实现自我素质的提高，努力使思想政治工作体现时代性、把握规律性、富于创造性。这就要求思想政治工作者要在把握群众思想变化的特点规律中寻求新对策。对改革开放中党和国家陆续出台的新政策，要学在前、懂在前；对新的改革措施和社会上出现的新事物，要知在前；对群众中可能出现的各种思想问题和实际问题，要预测在前，从而掌握解决问题的主动权。要在集中群众智慧中寻求新办法。要通过"从群众中来，到群众中去"的群众路线，发动群众献计献策，善于捕捉群众中迸发出的智慧"火花"，及时总结推广群众创造的新方法。要在学习中寻求新途径。比如，网络为思想政治工作开辟了新的广阔空间，极大地影响了思想政治工作的对象、内容、手段、方式以及环境等各个方面，同时也对思想政治工作者的网络素质提出了新的要求。思想政治工作者要积极转变观念，切实提高意识形态阵地的攻防能力，不仅要守土有责，而且要主动出击，用正确、积极、健康的思想文化去夺取"网上政工"主动权，提高思想政治工作的效益和针对性。

三、强大的心理素质是思想政治工作的精神支撑

党的十六届六中全会通过的《中共中央关于构建社会主义和谐社会若干重大问题的决定》明确指出："注重促进人的心理和谐，加强人文关怀和心理疏导，引导人们正确对待自己、他人和社会；正确对待困难、挫折和荣誉。"这对思想政治工作者提出了新的要求。这包括锤炼开放的人生态度，正确面对人生的各种境遇，甘于吃苦、乐于奉献，豁达开朗，切实锤炼好自身的"精、气、神"，始终保持积极乐观的工作态度。还要注重自身的品德修养。要讲诚信、仁爱、宽容，言必亲切，语必感人，寓情于理，情理交融，这样才能"以美好的心灵赢得心灵，用优秀的人格塑造人格"。实践表明，思想政治工作者的良好形象具有积极的示范和导向作用，并对增强思想政治工作的说服力、凝聚力与感召力产生不可估量的作用。

总之，知识经济时代对思想政治工作者的素质提出了更多更新的要求，面对严峻考验和挑战，企业思想政治工作者要顺应时代要求，以高度负责的态度，努力提高自身的综合素质，不断开创思想政治工作的新局面。

（作者单位：北京城建集团）

谈新时期如何做好企业党建工作

白明俊

党的十七届四中全会明确提出："加强和改进新形势下党的建设，是全党的重大政治责

任。各级党组织要认真贯彻全会决定精神，坚持党要管党、从严治党，全面落实党建工作责任制，加强党建工作调查研究，全面认识和自觉运用马克思主义执政党建设规律，推动党的建设创新，确保党的建设各项部署落到实处，努力在以科学理论指导党的建设、以科学制度保障党的建设、以科学方法推进党的建设上见到成效，不断提高党的建设科学化水平。”按照十七届四中全会的要求，结合沈阳市水务集团的实际，从以下三个方面谈一谈新时期如何做好企业党建工作。

面对新时期加强企业党建工作的新要求，集团党委积极寻找党建工作服务于企业经济工作的切入点和落脚点，将党建工作较好地融入到企业的生产经营中去。做到了以科学发展观为统领，以振兴发展为动力，以能力素质提升为重点，大力加强各级领导班子建设；抓班子、带队伍，以党风促行风，全面推进了党的思想、组织、作风和企业文化建设，使企业党组织的创造力、凝聚力和战斗力明显增强，使公司逐步呈现出经济效益、社会效益同步提高，两个文明建设协调发展的良好态势。

一、以深入开展学习实践科学发展观活动为契机，大力加强思想政治建设，充分发挥党组织的思想先导作用

一是加强企业领导班子思想政治建设，为深化企业改革提供思想和组织保证。在实际工作中，集团党委以抓两级理论中心组学习为重点，深入开展学习实践科学发展观活动，较好地完成了学习调研、分析检查、整改落实阶段的各项工作，不断转变学习方式、拓宽学习范围。通过学习，不断深化马克思主义在意识形态领域的指导地位，逐步提高思想理论工作的创造力、说服力和感召力，从而提高了领导班子的政治意识、责任意识、大局意识和忧患意识。

二是加强制度建设，增强理论教育的规范性。集团党委先后出台了《集团党委中心组理论学习规范》、《领导干部理论学习考核办法》、《关于加强理论教育工作的几点意见》及《关于进一步完善党委中心组理论学习检查考核制度的意见》等各项规章制度，从而保证了理论教育的规范性。

三是精选活动载体，增强理论教育的针对性。集团党委积极探索创新学习活动的形式和载体，把为民服务放在首位，深化“党员进社区”、“吃水难，找党员”等便民服务活动，开展了“履行责任，服务百姓，践行宗旨”的系列活动。在学习实践活动中为职工办实事，如，由于历史原因，集团部分职工家属宿舍楼当年存留的房屋基础资料不健全，导致不能办理房屋产权证。集团积极想办法为职工解决了这一难题，使他们免除了后顾之忧。

四是注重成果转化，增强理论教育的实效性。在学习调研阶段，党委提出“以人为本、阳光财务、科学计划、规范管理、有力监督、先锋工程”24字精细化管理方针。围绕贯彻落实科学发展观这一主题，紧密联系党员干部的思想实际，开展“解放思想、找准差距，转变观念、共谋发展”大讨论活动和“深入实际看问题，破解难题求实效”主题实践活动。集团党委提出：下到基层单位、下到服务对象中、下到弱势群体中，切实解决历史遗留问题、社会热点问题和困难职工的实际问题的“三下一解决”的工作思路，有效地促进了理论成果的转化。

二、以组织开展“五个一流”竞赛活动为依托，认真坚持民主集中制原则，大力加强领导班子自身建设，充分发挥党组织的组织保障作用

几年来，集团党委始终坚持“党要管党、从严治党”的方针，探索和完善发挥党委政治核心作用的有效形式和工作机制，探索和完善领导班子自身建设的体制和机制。

一是加强党组织的制度建设，健全组织机构和人员配置，夯实基础管理工作。集团党群机构主要依据现行行政机构配置，以两级管理模式为主、三级管理模式为辅，基本做到

了党群组织机构健全、政工队伍稳定。集团党委进一步夯实基础管理工作，进一步规范和强化党委各项工作制度，使党委各项工作做到有章可循。

二是坚持集体领导、民主集中、个别酝酿、会议决定的原则。企业坚持和完善领导班子集体领导和个人分工负责相结合的制度，明确了领导班子成员的职责和分工。充分发挥党组织的政治核心作用，建立完善了与企业发展相适应的党委议事和决策制度，逐步增强了党委参与决策的有效性、规范性和科学性。通过认真抓好党委会议、总经理办公会、书记例会等各项工作会议，对集团的企业整体转制方案、企业合资合作意向、中层干部人事任免等企业重大活动进行集体研究、集体讨论、集体决策，有的决策按规定提交职代会讨论后执行，在企业内部形成了良好的决策机制，提高了领导者的决策水平和决策能力。

三是组织开展"五个一流"竞赛活动，逐步提高各级领导班子的整体合力。为更好地抓班子、带队伍，全面提升各级领导班子的整体竞争力，集团党委组织开展了以争创一流班子、一流队伍、一流管理、一流服务、一流效益(即"五个一流")为主要内容的竞赛活动。

将一流班子建设作为首要条件纳入到考核评比细则之中，在考核中将职工对班子的满意率作为一票否决制，细化竞赛细则，强化实绩考核标准，严格考核程序，加大了对各级领导班子的监管力度。在班子建设中，按照政治坚定、求真务实、开拓创新、勤政廉政、团结协作的要求，优化领导班子素质结构；按照"双向进入、交叉任职"的原则，对领导班子进行了调整和配备，使各级班子年龄层次结构更加合理。

认真贯彻执行民主集中制的原则，坚持党委、支委会的各项制度，坚持党员领导干部双重组织生活制度。深化干部人事制度改革，积极推行干部选拔任用制度，建立完善干部政绩考核评价体系，为真正能干事、想干事、干成事、不出事的干部提供施展才华的舞台。

切实加强干部监督管理工作，建立完善领导干部经济责任审计制度，建立领导干部社区——单位双向联系卡，加大领导干部监督考察力度；建立完善领导干部岗前谈话制度，按照为民、务实、清廉的原则，认真开展领导干部廉洁自律教育，增强领导干部拒腐防变的能力。

三、以组织开展精神文明创建活动为抓手，始终坚持"诚信为本、以德治企"的原则，大力加强企业文化建设，充分发挥党组织的凝聚促进作用

几年来，集团党委始终坚持"诚信为本、以德治企"的原则，倡导和弘扬"自觉履行责任，让党和人民放心"的企业理念，充分发挥企业文化建设在企业改革发展和企业管理中的重要作用和重要影响，积极借助多种有效活动载体，逐步建立起适应企业改革发展、符合企业发展战略、遵循企业文化发展规律、体现职工根本利益的具有行业特色的企业文化新体系，提高企业的凝聚力和向心力。

一是紧紧围绕企业改革发展实际，加强舆论宣传工作。在中央电视台的焦点访谈、对话等栏目和《中国建设报》、《中国供水节水报》等主流媒体发表《沈水之变》、《激活死水好行船》等经验，宣传企业改革成果。

二是组织开展企业文化月系列活动，充分发挥党组织的凝聚促进作用。集团党委把企业文化建设作为提高企业核心竞争力的有力手段，全面贯彻落实党的十七大关于促进社会主义文化事业大发展、大繁荣的精神，紧紧围绕企业经济工作和中心任务，不断推进具有中国水务企业特色的企业文化建设，集团的企业形象建设、服务文化理念和服务品牌建设得到了社会高度认可。

实践表明，只有深入细致地做好企业党建工作，才能为促进企业科学发展和谐发展提供根本保证。

(作者单位：辽宁省沈阳市水务集团)

关于煤矿安全培训教育的点滴思考

徐明先

安全是煤矿生产永恒的主题。大量事故的调查分析结果表明,人的不安全行为和管理欠缺是引发煤矿事故的主要原因,因此,加强安全意识、安全态度和安全技能的培训,提高煤矿安全培训的质量和实效,是有效遏制煤矿安全事故的重要途径。煤矿安全培训教育也是安全生产基础管理的一项重要内容,是培养政治素质高、业务能力强安全管理队伍的重要手段,如何使煤矿安全培训教育工作适应安全生产新形势、新情况,是安全培训中心需要研究和探索的新课题。

一、煤矿安全培训教育的现状

煤矿安全生产培训教育不仅要看是否进行了培训,培训了多少人,更重要的是要有针对性、抓难点、填空白点,扩大受训覆盖面,提高培训教育质量。当前煤矿安全生产培训教育存在以下四个方面的问题。

1. 培训教育针对性不强。煤矿安全生产培训工作是一项涉及面广的重要工作。为此要有针对性地对煤矿各个工种进行安全生产培训教育。要对不同类别和岗位层次以及实际岗位技能进行安全操作培训,使参培者真正掌握一定的专业知识。通过培训,解决只懂理论、不懂操作规程,只懂生产流程、不懂生产特性和安全性能的问题,防止违章蛮干、事故频发。

2. 管理层受训难。管理层包括煤矿主要领导和直接管理者。这些人一是工作确实很忙,没有时间来参加培训;二是放不下领导架子参加集中培训;三是部分管理者不懂煤矿专业知识,指挥生产似懂非懂。这些是管理层参加培训的难点。

3. 培训空白点多。一是民营小企业负责人;二是刚走上安全生产工作岗位的人员;三是零散分布在煤矿的特种作业人员。这些都是易被忽视的应参加安全知识培训持证上岗的群体。

4. 培训投入不足。一谈培训教育,少数煤矿就认为上级部门又在找事做,想赚钱,不愿将应培人员送培,没有树立大教育观念,只看眼前,不重视人的素质提高,舍不得花经费。

二、提高煤矿安全培训教育质量的对策

1. 提高煤矿安全培训质量,必须分析和掌握成人学习的特点。关于成人的学习特性,著名美国成人教育理论家诺尔斯、达肯·沃尔德、梅立安等都进行过深入的研究,归纳起来,包括以下几方面:第一,具有独立的、不断强化及自我指导的个性 。成人总是希望作为一个具有独立人格的人参与一切活动,希望别人把他视为有自我导向能力的人。第二,具有丰富多样以及个性化的经验。成人的学习是在已有的知识和经验基础上的再学习、再教育。丰富多样、充满个性的经验应当在学员培训的教与学的过程中加以充分利用,做到“教学相长”、“学学相长”。第三,成人的学习目的明确,指向清醒,学习以及时实用为取向,以解决问题为核心。成人学员一般带着问题去学习,其学习的重点放在解决实际问题和应用上,尤其以解决当前面临的问题为核心,追求学习的直接有用性和实效性。第四,成人反感老师“填鸭”式的说教,倾向于理论与实践相结合的学习方式。实践表明,缺乏训练和实践的培训,学员会在6小

时内忘记所学内容的四分之一，24 小时内忘记三分之一，在 6 周内忘记 90% 以上的内容。第五，成人的学习能力并不是随年龄的增长而明显下降，在某些方面还具有优势。现代成人学习理论认为，成人的学习能力在 30 岁时达到顶峰，30 岁到 50 岁之间是平稳的高峰期，50 岁以后才开始下降。

2. 熟悉现代培训理念和现代培训流程，完善各项规章制度和管理制度。现代培训理念可概括为：以素质、能力、技能、观念和行为习惯的培养为主；以问题为导向，以学员为中心；重视团队学习；注重企业文化和价值观；寓教于乐。现代培训流程包括培训需求分析、培训课程设计、培训的组织与实施和培训效果评估四个环节，在各个环节中都必须进行质量监控，并且应把培训当作一个循环过程来对待，通过质量监控、效果评估和诊断，以持续改进的思想不断促进培训工作。安全培训教育必须通过广泛深入的调研，运用各种有效途径和方法，获取煤矿企业培训需求信息，了解需要解决的难点和热点问题，提高培训的针对性。高质量的培训不仅需要高水平的教师、高质量的培训内容和先进的硬件条件，而且还需要高水平的管理，需要科学的管理规定和规范的制度，使成人短期培训项目管理制度化，使培训工作有章可循，更加规范科学。

3. 加强煤矿安全培训的理论研究，促进培训工作信息化。为了保证培训工作持续、健康地发展，不断推进培训工作，进一步提高培训质量，培训中心必须加强理论研究，学习、吸取国内外先进的培训理念和管理制度，结合行业特点和自身实际，不断创新培训教学模式。培训中心必须通过加强培训网络建设、构建信息交流平台、促进培训工作信息化，让各企业及时了解到煤矿安全形势和培训信息及国内外最新的科研成果，以加强受训学员、培训机构及教师相互之间的交流，提高培训的实效。

4. 提高煤矿安全培训质量的特殊措施。与其他主要产煤国家相比，我国煤矿开采大多为井工开采，地质条件复杂，危险因素多，事故多，相比其他行业而言为高危行业。因此，在提高培训质量上应与一般培训有所不同、有所侧重。第一，培训重点应放在安全态度和行为习惯的培养上。事故的发生主要是由人的不安全行为、物的不安全状态、不良的环境以及管理缺陷所造成的。对煤矿企业而言，经过培训可在一定程度上纠正从业人员的不安全行为，因此在开展知识和技能培训的同时，更应强调安全态度的培养。通过典型案例让学员牢记血的教训，使安全的态度和行为逐渐成为习惯。第二，开发虚拟现实模拟仿真培训系统。虚拟现实技术作为模拟仿真技术的最新、最高层次，为人们探索宏观世界和微观世界中由于种种原因不便于直接观察运动变化规律的事物，提供了极大的便利。目前，美国、英国和德国在煤矿安全培训方面已有所应用，如英国诺丁汉大学的 AIMS 研究所已经开发了许多与采矿工业安全培训相关的桌面虚拟现实系统。将虚拟现实技术应用于煤矿安全培训，能够使受训人员以安全、良好的视觉和交互的行为方式置身于危险的虚拟境地，模拟展示实际的矿井布置、动态的操作和开采环境以及瓦斯爆炸、矿井火灾等矿井的主要灾害，认识灾害机理和发生、发展及演变过程，训练遇险情况下的应对处置能力。该技术不仅可提高培训的实效，减少实际环境培训的危险性，而且可大大减少培训费用，节省培训投入。

笔者认为，安全培训作为煤矿企业经营活动的一项重要内容，应受到煤矿企业管理人员、从业人员及监管部门和培训机构等相关人员的高度重视。应通过不断学习、更新现代培训理念，分析、了解成人学习和认知规律，在进行充分调研和培训需求分析的基础上，精心策划培训内容、课程设置和教学模式，采用各种切实有效的措施，不断提高煤矿安全培训的质量。

三、煤矿安全培训教育创新的探索

煤矿企业目前正处在加速发展阶段，同时也处于生产安全事故的“易发期”。现阶段煤矿的安全生产，突出表现为总体稳定、趋于好转的发展态势与依然严峻的现状并存，机遇与挑战同在。为此，煤矿安全意识的增强，企业和公共安全基础条件的彻底改善，重特大事故的有效遏制，煤矿安全生产状况的根本好转，都需要有一个持续努力、循序渐进的过程。随着安全生产形式的发展和社会的不断进步，煤矿安全培训教育越来越受到各方面的重视，在安全生产工作中的地位和作用日渐突出。安全培训是搞好安全生产的治本之策。

1. 创新安全培训理念。安全是配合的结果，是全员的参与。100 个人作业，99 人做到了自主保安，但只要有 1 人违章蛮干，其整体的安全度就等于零。据国家统计局调查，目前有 46% 的人对突发事件的应急方法和措施了解十分有限，26% 的人根本不了解；47.6% 的人认为自己无法面对突发情况；48.6% 的人在火灾发生时不懂得如何逃生自救；甚至有 52% 的学生不认识安全消防标志。因此，推进煤矿全员培训，普及安全知识，是当前煤矿工作的重中之重。推进全员培训，首先要强化煤矿工人的培训。这部分群体，文化程度偏低，技能不足，且大多从事易发生安全事故的工作。这部分人既可能是安全事故的受害者，也可能是肇事者。要解决煤矿工人问题，保障其合法权益，首当其冲应该是生命健康权益，这就必然要求通过加强安全培训教育，提高煤矿工人安全意识和自我保护能力，减少生产安全事故对这一群体造成的伤害和危害。

2. 完善法规制度，推进依法培训。针对新情况、新问题，不断补充和完善配套法规制度。培训中心应及时修订煤矿生产经营单位各类从业人员的安全培训大纲和考核标准。同时应加大安全培训法规的贯彻力度。企业是安全生产的责任主体，应落实企业安全培训的主体责任。同时也应落实安全监管监察部门和有关行业主管部门安全培训监管主体责任。加强基础建设，完善保障体系。应加强师资队伍建设，积极选聘有实践经验的教师；建立安全培训师资库；加强培训教材建设，本着少而精、实用、管用的原则，开发使用针对性强的安全培训教材。

3. 创新改进方式方法，提高培训教育质量。培训的战略地位在上升，培训的管理中心在下移。学习内容不能固定不变，而要根据组织的实际情况作相应的调整，做到量体裁衣。在教学形式上，强调业务导向、结果导向和日常工作导向。从培养员工的学习能力、实践能力和创新能力入手，提高职工队伍的整体素质。

近年来，我们培训中心在教育培训方面做了许多改革和建设，但针对性、实效性与吸引力、感染力不强的问题仍未得到根本解决，其主要原因，就是没有真正把培训和教育区别开来。我们的培训大多是教育形式，而不是培训。教育的理念是：以教材为依据，以教师为主导，以课堂教学为特征。而培训的理念则是：以问题为导向，以学员为主体，以多样化学习为特征。第一，成人往往是带着问题来学习——意味着：关注学员，让他们把问题讲出来。第二，成人学习的差异性很大——意味着：改变单一的课程班教学形式，培训方法必须灵活多样。第三，从丰富的经验出发——意味着：亲验呈现，用真实的事例联系和比较来学习。第四，反思总结是学习提升的关键——意味着：加强课堂研讨，引导、启发但不直接提供结果，让学员自己总结。第五，喜欢轻松容易的学习——意味着：方式多样，寓教于乐，充分调动学员的视觉、听觉、感觉来加深记忆。第六，团队中学习效率更高——意味着：注重小组学习，营造轻松和谐的学习氛围。

4. 做好安全培训的需求调查。应注重安全培训前的需求调查，认真分析需要改变参训者什么样的知识（工作内容、工作标准）、技能（工作方法、解决工作中的困难和问题的能力）、态度（对工作的重视程度），在此基础上选择和组织培训内容，继而确定培训方法。应改变安培讲师的角色和定位，讲师是传授、介绍措施方式、工作方法及解决问题的策略，而不是给出具体的解决问题的方法。要彻底改变单一的课堂式的知识传授，这样有助于培养、锻炼学员的自学能力、独立工作能力以及团结合作的能力。

5. 有效转化培训效果，上好安全培训课。在安全培训体系中，有一个重要环节，就是考核与评估体系。在这个体系中包括：第一，培训的考核方式；第二，题库的设计与建立；第三，将培训效果转化。如何有效转化培训效果，可从以下几个方面着手：制订行动计划；将培训内容与实际工作结合；多阶段的培训方案；培训后的后续支持（技术指导、疑难解答等）；将培训成绩与业绩挂钩；对培训效果进行多方位的评估。心理学研究表明，改变一个人的习惯需要21天，而养成一个新的习惯则需要90天。古希腊哲学家亚里士多德讲，优秀是一种习惯，人的行为95%受习惯影响。在习惯中积累功夫，培养素质。我们的安全培训，就是要让每一个学员都能养成遵章守纪、安全第一的良好习惯。有序的安全生产，能避免和减少事故的发生，推动实现我国安全生产状况的稳定好转。

从事安全培训工作的教师，必须热爱培训事业，不断提高自己的思想素养，培养良好的教学态度，恪守职业道德，做到教书育人，为人师表。通过授课实践，充分认识煤矿职工安全技术培训是一种特殊的重要的教学工作，其教学质量与教学效果直接关系到矿工的生命安全，甚至是整个矿井的安全。只有清醒地认识到这一点，才能更加热爱本职工作，努力干好本职工作，从而提高安全培训质量。作为教师，必须努力钻研业务知识，严把备课关。在科学技术高速发展的今天，新设备、新技术已广泛应用于煤矿井下，教师备课需要研究新设备，到各矿现场收集第一手资料，使教学内容既实用又有针对性。在备课过程中，要做到既备教材，又备学员。要了解每次前来参加学习学员的文化程度、技术水平、年龄及所属矿的生产现状等情况，这样才能备好每一堂课，讲起来才能得心应手。安全技术培训是对煤矿在职人员强制进行的安全知识、安全技能短期教育培训，因学员层次不同，文化水平参差不齐，工作经历不同，学员所在矿区的自然条件、生产条件及安全装备各不相同，其接受知识能力也不尽相同。因此，要取得良好的教学效果，保证培训质量，搞好培训教学，就必须结合学员自身特点，因材施教，采用灵活多样的教学手段和教法。要坚持讲解与讨论相结合，理论教学与案例分析相结合，利用多媒体电化教学，提高培训效果。现在党和国家对煤矿安全培训工作越来越重视，同时也对培训工作提出了更新更高的要求。作为安全培训教师，必须适应新形势的要求，不断创新培训方法，努力提高培训效果，这样才能更好地为煤矿行业安全生产服务。

（作者单位：黑龙江龙煤控股集团安全培训中心）

浅析村“两委”关系不协调的原因与对策

孙　闽

近年来，随着农村改革的不断深入，农村基层组织建设中的一些深层次问题日益突出，一些村党支部和村委会之间出现了关系不协调的现象，个别村的矛盾甚至十分尖锐。这种不良现象的存在，严重影响了村级工作的正常开展，削弱了村级组织的整体合力，阻碍了农村事业的发展和社会的进步，更损害了党支部和村委会在人民群众中的形象。

村“两委”关系不协调的表现及成因

村党支部和村委会之间关系不协调，突出表现在村党支部书记和村委会主任两个人身上，其原因既有主观上的因素又有客观上的因素，既有历史遗留问题又有现实矛盾，主要表现在以下四个方面。

一是认识错位。有的村党支部书记认为，既然党支部是村级组织的领导核心，所有事务都应由党支部说了算，对村民自治不支持，从而在一定程度上挤占了村委会这个村民自治组织的“自我”空间。有的村委会主任片面地理解《村民委员会组织法》中关于“村民委员会是村民自我管理、自我教育、自我服务的基层群众性自治组织”的含义，认为村委会是村民自治组织，依法享有自治权，可以不接受党支部的领导而独立开展工作，导致“自我”膨胀，甚至对党支部有一定的抵触情绪。

二是权利失衡。权力和利益的分配不均，往往是造成村“两委”关系不协调的最直接、最常见的原因。这种矛盾又往往集中体现在两个“一把手”身上。有的村党支部书记人权、财权一把抓，独断专行。有的村委会主任利用审批发票的权力，为所欲为，不讲原则，甚至从中谋利，在一些重大问题的决策上超越党支部的领导。像这些涉及到人、财、物管理和使用等敏感问题，如果处理不当，就可能引起误解，成为引发不团结的导火线。

三是工作无序。制度不健全、办事无章可循，是导致村“两委”关系不协调的关键原因。有的村工作制度不健全，特别是在涉及人、财、物等敏感问题上，没有明确的规范操作程序和要求，致使一些村的政务管理混乱，甚至暗箱操作；在重大问题决策上，没有规范的议事程序和规则；在工作分工上，职权不明、责任不清。有的村即使有这样那样的规章制度，但根本不按制度去办，这就使一些村“两委”主要干部在决策方面容易出现随意性和不确定性，甚至以个人好恶来代替科学决策，导致整个班子在一种无规则的混乱状态下运行。

四是缺乏沟通。村“两委”班子成员特别是两个“一把手”，由于年龄、阅历、知识、气质、经验的不同，在对某些问题的分析判断和决策上会存在一定的差异。在研究问题时，有的书记和主任事前不通气或只与少数人通气，以致在会上各自随意表态，各执己见，互不相让，难以达成共识。特别是在家庭、宗族关系复杂的村，掺杂一些日常工作生活中产生的误解或冲突，在缺乏沟通交心的情况下，更容易产生矛盾，进而影响村“两委”关系。

解决村“两委”关系不协调问题的方法措施

村“两委”关系不协调问题产生的原因是错综复杂的，要想从根本上妥善解决这个问题，必须立足当前，着眼长远，以与时俱进的观念和实事求是的态度，深入探讨解决这一问题的方法措施，妥善解决好村“两委”关系不协调问题。

一是加强理论学习，提高干部素质，是解决村“两委”关系不协调问题的思想基础。首先，各乡镇党委要适时举办村“两委”干部特别是村党支部书记、村委会主任学习班，组织他们深入学习《中国共产党农村基层组织工作条例》、《村民委员会组织法》等有关法律、法规和条例，全面了解和掌握村党支部和村委会的各自职责及村级工作运作程序，打牢解决村“两委”关系不协调问题的思想基础。其次，教育村“两委”干部摆正自己的位置，相互配合。村级工作如同一出戏，党支部的角色是“编剧”和“导演”，村委会主任则是主要“演员”。第三，教育村党支部书记充分认识到，村党支部是党在农村全部工作和战斗力的基础，是村级各种组织和各项工作的领导核心，必须按照党章规定进行工作，认真履行《中国共产党农村基层组织工作条例》规定的党支部六项职责。同时，还必须不断改进领导方法，学会运用民主法制、说服教育、典型示范、提供服务和经济杠杆等手段，加强对村委会的领导；依照宪法和法律、法规，支持和保障村委会带领村民开展自治活动，但不能越俎代疱。第四，教育村委会主任认识到党管农村工作是我党的一个传统，也是一个重大原则，村民自治是在党领导下的一项基层民主政治制度，引导和帮助村委会成员牢固树立党的观念，自觉接受党组织的领导，既不能以“村民自治”为理由而排斥党支部的领导，也不能因接受党支部的领导而处处依赖党支部。

二是尊重民情民意，选准用好干部，是解决村“两委”关系不协调问题的关键所在。能否选配好有政治意识、大局意识、协调能力较强的村“两委”主要干部，是解决村“两委”关系不协调问题的关键。首先，在村党支部换届选举中实行“两推一选”，通过党员干部推荐，村民或村民代表投信任票，然后在党内进行选举，这样既尊重了大多数群众的意愿，又符合党内选举的有关规定，也能够把那些有工作能力、群众信得过的优秀党员选拔到村党支部领导岗位上来。其次，在村委会换届选举中建立以党支部为主体的村委会换届选举工作领导小组。在党支部的领导和帮助下，按照《村民委员会组织法》规定的程序和要求，严格把好任职资格条件关，引导村民正确行使民主权利，确保把那些遵守法律法规和国家政策、廉洁奉公、公道正派、热心为村民服务、有较强的工作能力、能带领村民共同致富的优秀村民选拔到村委会班子中来。再次，积极提倡村党支部书记和村委会主任“一肩挑”。一方面通过法定程序，让村党支部书记竞选村委会主任，另一方面让政治素质好、工作能力强、群众信得过的优秀共产党员，先竞选村委会主任，如能当选再推荐为村党支部书记人选，但实行“一肩挑”必须同时具备两种职务所要求的资格条件。

三是完善规章制度，严格按章办事，是解决村“两委”关系不协调问题的有效保证。建立健全村级管理制度，是维系村“两委”团结协调的有力保障。目前村级大多数制度基本上都已建立，关键是抓好落实，按照规章制度办事。对有些制度还要进一步修订和完善，使之更加符合村级工作实际，提高规章制度的可操作性。重点抓好五项制度的健全完善。其一，村“两委”联席会议制度。对于重大问题的决策，必须经村“两委”联席会议研究讨论，并在村民会议或村民代表会议表决通过后，才能付诸实施。村“两委”联席会要定期召开，至少每季度要召开一次。其二，村“两委”议事规则。村“两委”联席会议怎样讨论决定重大问题，必须有一个规范的程序。比如，在讨论研究重大问题前，村党支部应广泛征求党内外群众的意见，然后拟定需提交“两委”联席会议研究的主要议题，并先在党员大会上进行讨论修改，再将修改后的内容提交村“两委”联席会，让村“两委”干部共同讨论商议；在作出决定时，应坚持少数服从多数的原则，如果意见分歧较大，应当暂缓作出决定。其三，村委会定期向党支部报告工作制度。村委会应每年至少两次将其工作情况向党支部及党员大会汇报，接受党支部的评议和指导。其四，村务公开制度。对涉及村民利益和村民普遍关心的问题，都应按照规定的程序进行公开。其五，村级财务管理制度。乡镇要建立村级财务管理结算中心，实行村账乡管，村级只设报账员而不设会计。村级财务支出，必须在村民代表和党员会议上通过后，由村书记、主任共同签字，报乡镇审批。

四是严肃组织纪律，严格考核奖惩是解决村“两委”关系不协调问题的必要手段。对于一些个人素质较差、闹无原则纠纷的村“两委”干部，应及时地批评教育，必要时让其在村“两委”干部会议上作公开检讨，也可以采取告诫、诫勉等形式，促使其及时改正错误，以免造成更深的矛盾。对于一些屡教不改、一意孤行者，应严肃纪律，果断采取组织措施，及时处理。

（作者单位：山东省海阳市东村街道办事处）

关于企业培训学校思想政治工作的点滴思考

包 华

胡锦涛总书记强调,切实做好新形势下的思想政治工作,是坚持和巩固马克思主义在意识形态领域指导地位的需要,是全面建设小康社会,促进社会主义物质文明、政治文明和精神文明协调发展的需要,是加强党的执政能力建设、提高党的领导水平和执政水平的需要。这"三个需要",从党和国家事业发展的战略高度,深刻阐明了新形势下思想政治工作的重要地位,充分说明了思想政治工作关系全局的重大责任。近年来,企业培训学校坚持围绕中心、服务大局、把握机遇、迎接挑战,扎实深入地开展思想政治工作,为学校改革发展提供了重要的思想保证、精神动力和舆论支持,取得了明显成果,积累了宝贵经验。当前,企业培训学校深化改革、扩大开放、加快发展的新形势又对学校思想政治工作提出了新要求。因此,应该进一步加强企业培训学校思想政治工作,为学校的健康、和谐、可持续发展提供有力支持和重要保障。

一、以科学发展观为统领,从"三贴近"入手,把思想政治工作做实做深做活

科学发展观强调一切发展都必须以人为出发点,以人为目的。思想政治工作说到底是做人的工作,既要坚持教育人、引导人、鼓舞人、鞭策人,又要做到尊重人、理解人、关心人、帮助人。企业培训学校思想政治工作要坚持以人为本,就是要以教师和学员为本,突出学员的主体地位和教师的主导地位,充分考虑教师和学员的基本特点,把他们的利益作为和谐校园建设的出发点和最终归宿,不断满足教师物质的、精神的、政治的多方面的需求。因此切实做好新形势下企业培训学校思想政治工作,必须坚持贴近实际、贴近生活、贴近群众,把思想政治工作做实做深做活,更好地宣传动员教职员工、引导教育教职员工、帮助服务教职员工。在落实中要突出四点:一是抓住关键点,二是选准切入点,三是突出闪光点,四是关注舆论点。

1. 抓住关键点。就是把思想政治工作"三贴近"建立在机制和制度上,如听课制度、领导走访制度、师生座谈制度、议事制度等,来保障"三贴近"的落实。

2. 选准切入点。就是把"三贴近"的载体选择好,通过开展丰富多彩的娱乐活动吸引教职员工广泛参与,以此为契机和教职员工交朋友。要充分利用重大节日、纪念日,开展各种活动,为领导干部"贴近"教师的实际,"贴近"教师的生活创造条件。

3. 突出闪光点。就是在工作中善于抓典型,利用典型的闪光之处来教育教师。同时也要求领导干部做教师的表率,自身也要有闪光点,以此来教育教师,感染教师。

4. 关注舆论点。就是学校党委要注意牢牢把握正确的舆论导向,引导教师正确认识热点、难点问题,坚持正面教育宣传的方针。学校领导要坚持给教师讲形势政策课,作学术报告,解答教师关心的问题,增强思想政治工作的感召力、说服力,拉近与教师的感情。

二、抓好教师思想政治工作队伍建设,促进思想政治工作上新水平

教师思想政治工作队伍是企业培训学校思想政治工作的具体执行者,是学校的重要力量,其素质如何直接影响企业培训学校的教学质量

和水平。面对新形势发展的客观要求，面对新阶段所肩负的艰巨任务，企业培训学校这支队伍的素质还需要进一步提高。要按照“建队伍、强素质”的要求，建设一支政治坚定、结构合理、素质优良的教师思想政治工作队伍。

1. 建队伍。就是促进企业培训学校教师思想政治工作队伍的建设。要重视教师思想政治工作队伍建设，建立起一支数量足、素质高的教师思想政治工作队伍，并发挥他们的作用。教师的广泛参与，不仅可以有力支持学校的思想政治工作，同时还可使学校的思想政治工作成为提高教师综合素质的重要平台。

2. 强素质。就是要提高企业培训学校教师思想政治工作队伍的业务能力。集团公司和培训学校要定期举办培训班，组织学校教师开展学习培训和调研考察，不断提高教师思想政治工作队伍的政治思想修养和业务技能水平。努力建设一支综合素质高、熟悉业务、具有丰富经验的教师思想政治工作队伍。要鼓励行政人员、理论研究骨干、专业教师与宣传干部进行轮岗交流、交叉任职，特别要吸引和选拔一批有能力、有激情、想干事、愿奉献的人才充实到思想政治工作战线上。要从政治上、工作上、生活上和使用上关心爱护思想政治工作者，解决好专业教师和思想政治工作者的职务、职称、待遇和工作、生活中遇到的实际问题，为专业教师和思想政治工作者努力工作创造条件，提供保障，充分调动、保护专业教师和思想政治工作者的积极性和创造精神。

3. 加强领导干部的作风建设。制定具体措施办法，使深入实际、深入教师、深入生活经常化制度化。大兴调查研究之风，多谋开拓创新之策，倡导说实话、鼓实劲、求实效的良好风气，多办合民情、顺民意、得民心的事情。领导干部要廉洁自律，淡泊名利，甘于奉献，在广大教职员工中树立良好形象。

三、以改革创新为动力，不断提高思想政治工作的实效性

胡锦涛总书记指出，做好当前和今后一个时期的思想政治工作，在新的历史起点上开创思想政治工作新局面，要坚持高举旗帜、围绕大局、服务人民、改革创新。“改革创新”，就是要用时代要求审视思想政治工作，以改革精神推动思想政治工作，积极创新内容形式、方法手段、体制机制，增强吸引力和感染力，努力做到体现时代性、把握规律性、富于创造性。这也是增强思想政治工作实效性的决定性因素。

当前，要以改革创新精神积极探索新形势下企业培训学校思想政治工作的新途径和新办法，包括课堂教学、社会实践和网络建设等诸多环节。特别要高度重视互联网等新型平台，牢牢把握企业培训学校思想政治工作的主动权，通过建好校园主网站，构筑学员获取信息、学习知识和交流思想的主流网络平台，并且要利用网络的便捷形式，收集舆情信息，确保信息的畅通。要坚持正确的舆论导向，对于有负面影响的言论，要坚持“疏堵结合、以疏为主”的原则，积极疏通和引导，努力使网站成为弘扬主旋律、开展思想政治工作的重要载体，成为传播主流意识形态的重要渠道。

总之，只有坚持用科学发展观指导企业培训学校思想政治工作，进一步加强企业培训学校思想政治工作的改革和创新，才能不断提高企业培训学校思想政治工作的质量和水平，促进培训教育不断登上新台阶。

（作者单位：黑龙江龙煤控股集团安全培训中心）

坚持创新　助推通化医药产业又好又快发展

赵忠国

为适应新时期经济社会的发展要求，通化市坚持结合企业实际，注重加快转变经济发展方式，坚持依靠创新驱动，积极发展壮大医药产业经济增长点，充分发挥了医药产业在振兴通化老工业基地中的重要支撑作用。2010 年全市医药产业实现产值 304.8 亿元，增加值 112 亿元，利润 20.9 亿元；同比分别增长 42.4%、32.9%和 49.1%。主要核心指标连续 23 年居全省首位。预计到"十二五"末，全市医药产业将实现千亿元产值目标。

一、坚持管理创新，倾力打造医药名城

自 1995 年起，通辽市依据资源优势和产业特点，围绕中心选题目，融入中心做文章，实施建设"医药城"发展战略。历经 13 年的创新发展，2008 年我市成为全国首家被中国医药质量管理协会授予"中国医药城"称号的城市。

突出抓好产业集群化管理。产业集群可持续发展是提高区域竞争力的重要途径。我市医药产业群经历了初始、极核、形成和快速发展四个大阶段，特别是市委市政府提出建设"通化医药城"宏伟目标后，坚持不断完善基础设施、健全市场体系、优化投资环境、丰富人才资源、加大集聚效应，建立了企业、政府、中介、研究机构、金融机构和大学互动机制，把发展特色中成药、生物制药等作为主攻方向，积极扶持医药企业做优做强做大，并逐步发展成为医药产业群。目前我市共有制药企业 95 户（占全省的三分之一），产值超亿元的制药企业 24 户。修正、东宝、万通、紫鑫、益盛、振国等 8 户企业进入全国中药工业利润百强行列。2007 年、2009 年，我市医药产业群被中国社会科学联合研究中心评为"中国百佳产业集群"。

突出抓好一区多园化管理。医药产业园区是集群发展医药产业的重要载体。我市抢抓创建国家级医药高新技术产业开发区的战略机遇期，按照打造特色鲜明和国际知名的中国医药城，生态融合的长白山健康谷的战略定位，秉持"造城"理念，依据区位发展空间，采取了"一区多园"的管理模式，实行"利益共享、税金分成"的方式，规划设计了集科研开发、生产制造、融资平台、教育教学、康健医疗、综合配套等六大功能区。目前以高起点、高标准规划建设了 15 个可持续发展的新型医药产业园区。各园区从无到有、跨越发展、渐成规模。

突出抓好中药材现代化管理。我市是中国"三大天然药库"之一，也是长白山道地药材的主产地。多年来，我市充分依托资源优势，把加快发展中药材基地建设摆在重要位置，采取了现代化的管理措施。以骨干企业为龙头，大力推广普及了 GAP 种植规范。截至 2010 年，共有人参、五味子等百余种中药材 GAP 规范基地 29 亩，生产药材 3.5 万吨，产值达 22 亿元。先后有细辛、返魂草、平贝母、蒿本 4 个品种列入国家现代化中药吉林基地，其中新开河人参基地通过国家 GAP 认证。中成药生产企业现已达到 80 户，年生产能力达 4 万多吨，占全省的 60%。目前，我市已成为国家中药现代化科技产业基地、国家级长白山中药材基地。

二、坚持体制创新，全力优化产业结构

传统的国有制药企业既是我市医药产业

发展的基础，也是制约其发展的瓶颈。长期以来由于企业存在冗员众多、包袱沉重、技术老化和运转不灵活等体制性障碍，曾经一度困扰着区域经济的发展。因此，我市坚决打响了国企改革、产业整合和体制创新的攻坚战役。

深入推进医药国企改革攻坚。全面深化医药国企改革是实现企业脱困目标的唯一出路。从1995年开始，我市为了实现市属国有医药企业脱困目标，坚决打响了改革攻坚战役，并进行了接力式的改革。一方面，突出抓好了建立现代化企业制度、扭亏增盈、产品技术升级和企业领导班子建设等工作。通过改革重组，先后派生和扶持了东宝、修正、金马、万通、华厦、振国、紫鑫和茂祥等一大批具有较强竞争力的企业集团、规模企业，较早地开创了我市国有医药企业改革与发展的新局面。截至目前，我市有44户企业改制为股份制公司，41户企业改制为有限责任公司，其中11户企业发展为集团公司。同时我市还积极组织推介公司上市，现已有东宝、金马和紫鑫等7户制药企业独立上市或协同上市，募集资金近40亿元，位居全国地级上市企业首位。

深入推进医药产业整合重组。对医药企业实施整合重组是我市做大做强医药工业的一项战略决策，也是当前我市医药工业改革的重点工作。我市按照"政府协调、行业组织、市场引导、企业运作"的原则，积极推动医药企业从更高层次上进行整合重组。一方面，积极支持本地有实力的大企业通过兼并重组、组建集团扩大规模和提高市场份额；另一方面，充分利用骨干企业、知名品牌、存量资产，积极引进战略投资者，特别是百强制药企业。仅2010年我市先后有北京中证万融重组卫京药业、广州玖龙集团重组华夏药业、利君集团与东宝集团合资建设大输液生产基地等12家企业进行了战略重组。这些企业重组后，经营形势均出现良好发展态势，产值、利润实现了快速增长。今年我市还有四环制药重组、梅河多菲制药等11个重组项目，并已有美国、韩国、新加坡和香港、上海、北京等国内外客商到通化洽谈投资，兴办制药企业。

深入推进人才管理体制创新。坚持以人为本，树立员工共同价值观和主人翁意识是企业发展的基础。为加快医药企业发展，解决民企人气不旺、管理人才匮乏、企业管理低水平运行等弊端，我市先后制定了"医药高级人才引进资金奖励办法"和医药人才培养制度等一系列政策。一是创办了吉林大学通化医药学院等专业院校；二是引进留学归国、教授、博士等高层次人才；三是采取"不求所有、但求所用"的柔性引智政策，在外埠建立技术研究中心；四是鼓励机关和军转干部到制药企业创业发展；五是成立专家顾问团，为我市医药产业发展献计献策。通过这些政策措施，为我市先后培养了5000多名医药专业人才，引进了100多名各类医药高层次人才，联合成立了20余所研究中心，聘请了70多位专家学者担任顾问，把塑造良好企业形象作为一项重大的战略性措施。涌现出李一奎、修涞贵、潘首德、王振国、冷春生等一批知名企业家和优秀人才。

三、坚持技术创新，努力塑造通药品牌

我市在发展医药产业过程中，始终坚持指导企业以技术创新为核心动力，实现产品升级转型，从而成功打造了一批驰名中外、誉满全球的通化医药品牌。

积极推进创新产业基地建设。近年来，我市坚持以产业为基础、以科技为先导、以人才为动力，投入了大量的人力、物力、财力用于创新型科技产业基地建设，使基地进入了国家级行列，大力提高了我市科研开发、成果转化和产业化的基础条件，巩固了"中国医药城"的技术领先地位。国家先后授牌我市为"国家火炬计划生物医药产业基地"、"国家高技术研究发展计划成果产业化基地"、"国家

科技兴贸出口创新基地（医药）”2010年2月，又被工信部授予“首批国家新型工业化医药产业示范基地”。

积极推进创新型医药企业建设。我市大力支持企业建立研发中心，引导各类创新要素加速向企业聚集，使企业成为研究开发、技术创新和技术成果应用于一身的主体。全市医药企业每年的技术创新投入都达到销售收入的6%以上。目前，我市已经形成了具有通化地方特色的高新技术企业集群，已有38户医药企业被认定为国家级高新技术企业，其中有14户企业成为国家重点高新技术企业，位居全国地级市前列。获得国家和省级认证的医药技术中心19户。同时也打造了修正、东宝、万通、益盛和紫鑫等多个医药企业。

积极推进创新型通药品牌建设。长期以来。我市抓紧建立企业自主创新能力提升、产学研结合、高新技术成果转化等促进机制，积极鼓励制药企业大力开发拥有自主知识产权的高新技术产品。积极引导制药企业在做优做强中成药的基础上，向化学药、生物制药和医疗器械等领域突破发展。目前我市已拥有产值超亿元的医药品种13个；拥有修正、斯达舒、新开河、东宝、茂祥、通药、兴盛和万通等8个中国驰名商标；拥有甘舒霖、斯达舒、万通筋骨片等一大批中国名牌产品。修正药业集团先后推出了国家一类、二类新药多个品种，其中维U颠茄铝胶囊（商品名斯达舒）销售收入达26亿元，居我国胃药市场领军地位。东宝药业重组人胰岛素填补了国内空白，使我国成为世界上第三个可以生产人胰岛素的国家。同时基因重组葡激酶、PUS生物导弹、碟脉灵、生脉注射液等产品都有很高的市场占有率。

（作者：吉林省通化市副市长）

构建教育、管理、服务三维体系有效促进毕业生到社会基层就业

王恒胤

广东石油化工学院是2000年3月经教育部批准由原广东石油化工高等专科学校与原茂名教育学院合并组建而成，是广东省属的普通本科院校。学校现有在校生17200多人。近年来，面对国际金融危机的冲击，我校深入贯彻落实科学发展观，构建教育、管理与服务的就业工作三维体系，破解毕业生就业工作难题，有效地促进毕业生到社会基层就业。五年来，我校毕业生到基层就业率均达81%以上，毕业生总体就业率均达97%以上，继2009年被教育部评为全国毕业生就业工作先进单位后，2000年再次被评为全国毕业生就业工作典型经验高校50强。

一、实施全程、全员、全方位教育，引导学生树立到基层就业的观念

我校组织多维力量，采用多维手段，将基层就业教育贯穿学生学习全过程中，教育覆盖全体学生。新生入学后，学校便组织校关工委成员、学生工作干部、骨干教师对学生进行学校传统教育和专业教育。在传统教育中，秉承学校原属于中石化总公司的历史及其优良传统，编印《传承的力量》教材，统一教育大纲及教育课件，引导学生从入学开始便树立“石化人”的“艰苦奋斗、扎根基层、建功立业”的精神。各院系也组织专业骨干教师结合各专业要求、专

业课程与就业方向等特点对学生进行专业教育，引导学生热爱专业，勤奋学习，塑造专业技能，扎根基层，锻炼成才。对大一、大二学生，学校开设了《大学生职业生涯规划与发展》必修课（1个学分），进行职业生涯规划教育，并指导大学生职业生涯规划与发展中心学生社团举办大学生职业生涯规划大赛，以及组织大学生参加省、国家级大学生职业生涯规划大赛等活动，引导学生在低年级确立基层就业的意识，学会基于社会基层就业、创业的职业生涯规划。对大三、大四学生，开设了《大学生就业指导》必修课（1个学分），进行就业指导教育，引导学生巩固基层就业的意识，塑造基层就业、创业的能力，掌握基层就业、创业的技巧，勇于基层就业与创业。为使广大学生自觉增强基层就业意识，了解社会，切身体会到基层就业创业可为有为，学校就业指导服务中心、团委、思政部、各院（系）经常组织学生开展访问校友、社会调查、社会实践、社区服务等活动，以及邀请社会知名企业家及优秀校友回校举办“成长故事汇”、“创业事迹报告会”等活动。正是学校组织校内外可用的教育力量，对全体学生实施了全程多维的基层就业教育，使学生牢固地树立了到基层就业的观念，增强了到基层就业的信心，在毕业择业时他们普遍乐于选择到基层用人单位就业或下基层创业。

二、实施全方位的教学改革，切实提高学生基层就业的能力

为培养适应经济社会发展和用人单位需求的人才，我校出台了《茂名学院素质教育工作规划》、《茂名学院教学质量工程建设规划》、《茂名学院学科建设与科研工作规划》、《茂名学院教育教学改革实施方案》等一系列文件，实施了以“大工程观”教育理念为指导，以培养“合格＋特长”的应用型人才为基本目标的人才培养模式创新，全面启动了调整各专业人才培养方案；修订各专业课程计划；改革实践教学，将实践课程贯穿四学年，增加教学实习、实训课时与学分（工科类专业不低于45学分，其它专业不低于40学分）；整合资源建设化学与化工、现代通信、电工电子、计算机、现代机电工程、教师教育技能等实验平台；拓展实习、实训、考证、就业见习基地70多个；加强与中石化茂名分公司、中石化广州分公司、广东喜之朗集团公司等大企业产、学、研合作；设立大学生素质拓展必修学分（本科生4分、专科生3分）和建立正处级建制的大学生素质拓展中心等全方位的教学改革，并建立了教学改革的目标责任制、考核考评体系和激励机制。在学校教学改革的旗帜下，各院系纷纷结合专业特点，实施了“CDIO”、“EDC——CDIO”、“2＋1＋1”（2年基础理论与专业基础知识＋1年专业能力培养＋1年企业实习与毕业设计）、“3.5＋0.5”（3.5年在校学习，0.5年在企业顶岗实习及毕业设计）等人才培养模式的改革。全方位实施教学改革，大大提高了学生的专业技能与动手能力，增强了学生就业的核心竞争力和基层工作的能力。社会对我校毕业生就业竞争力予以充分肯定，据麦可思（MYCOS）2009年度非211工程本科院校毕业生就业能力排行榜显示，我校毕业生就业竞争力在全国非211工程本科院校中排名35名。到我校挑选毕业生的企业愈来愈多，用人单位普遍对我校毕业生的动手能力予以充分肯定，认为我校毕业生“上手快，留得住，发展佳”。有些毕业生到中石化企业工作才几年，参加全国石化系统岗位技能比赛就荣获银奖、铜奖。例如，2001届石油炼制专业毕业生郑维坚，2007年获中石化常减压操作铜奖；2004届化学工程与工艺专业毕业生李刚，2005年荣获“中石化集团公司技术能手”称号、2007年荣获“中石化集团杰出青年创新创效奖”；2005届化学工程与工艺专业毕业生陈映波，2007年获中石化常减压操作银奖。毕业生基层创业能力也不断增强，创业的人数也迅速递增，2009年毕业生下基层创业人数比2008年增加了1倍多。

三、构建全员化的就业管理与服务体系，有效地促进毕业生到社会基层就业

加强就业工作硬件建设。将就业指导中心作为正处级建制，按上级要求配备人员、设施、经费，认真落实就业工作机构、人员、经费“三到位”，将就业工作与学科建设、教学科研、管理服务等工作有机结合起来，加大设备投入，优化就业工作信息系统，加强就业工作干部培训培养，增强就业工作全程化、信息化、专业化“三化”水平。

完善就业工作软件支撑体系。出台了《茂名学院实践科学发展观促进就业工作实施意见》、《就业工作改革方案》、《就业工作奖励暂行办法》、《就业工作实施细则》等文件，着力构建“学校统筹，院系主体，各方联动，全员参与”的新型立体式、全员化的就业工作管理与服务体系。就业指导服务中心在学校层面上加大就业工作力度，实施“就业岗位拓展计划”和“帮扶服务计划”，组织专职队伍走出校门开拓毕业生基层就业市场，组织专人在网上收集用人单位的需求信息，寄发毕业生就业推介宣传网和校园招聘会邀请函，以及在就业服务网为毕业生提供基层就业的信息，以满足毕业生基层就业的需求；每年举办中石化企业招聘人才专场等大型和百余场各中小型校园就业“供需见面会”，并组织学生参加省内各地举办的就业招聘会，热心为毕业生到基层就业牵线搭桥；实施家庭困难毕业生帮扶工程，对就业困难及经济困难毕业生，学校在安排教师“一对一”进行“热心、耐心、真心、关心”的引导教育，进行思想解压，树立就业信心的同时，对家庭困难未落实就业单位的毕业生进行发放求职补贴并优先推荐就业帮扶，确保他们个个落实就业单位。为毕业生到基层就业创造了广阔的空间。学校采取与院系党政“一把手”签订年度就业工作目标责任书，下拨就业经费到院系，奖励就业工作达标院系、就业工作先进院系、推荐毕业生就业先进院系与就业工作先进个人等手段，强化院系抓就业的主体地位与功能，充分调动了院系就业工作的积极性和创造性。院系各出良招，将就业工作任务分解到领导干部、专业教师、毕业实习设计指导教师、班主任（班导师）、辅导员等个人，并出台具有本院（系）特色的奖励办法，想方设法拓展就业市场，搞好毕业生就业教育与服务，促进了毕业生到基层就业。学校明确各职能部门、院系、教辅后勤各单位的就业工作职责，并建立了督办机制，确保学校各方对就业工作联动起来。同时，奖励联系新用人单位来校招聘毕业生的教职工，使广大教职员工自觉参与毕业生就业工作，主动发挥自己的人脉关系，积极联系新用人单位来校招聘毕业生，从而也拓展了毕业生的基层就业市场。此外，学校还出台了《茂名学院应届毕业生志愿服务祖国西部和“三支一扶”奖励暂行办法》等政策，对毕业生参加志愿祖国西部、山区和“三支一扶”予以奖金、垫支学费、垫付助学贷款及授予荣誉称号等奖励。这些办法极大地激励了毕业生自觉到社会基层就业的积极性。

目前，我校已形成了教育、管理、服务三维一体和“各方联动、全员参与、全程参与”的就业工作格局，每年毕业生基层就业率、总体就业率均保持较高的态势：2007 年至 2009 年我校毕业生到基层就业人数占毕业生总人数的比例分别为 83.8%、82.3%、81.8%，毕业生总体就业率分别为 98.4%、97.6%、98.54%。毕业生基层就业的质量也不断提高，2009 年进入国有大中型企业就业的毕业生数比 2008 年增加了 25%，2010 届毕业生中已被国有大中型企业录用的比 2009 年增加了 28%。

（作者：广东石油化工学院党委副书记）

试述建国以来我国刑法法治发展历程

邢　冰

刑法立法是一个选择的过程，因此“一切立法者所面临的基本问题就是一种选择——什么样的行为是法所维护的，什么样的行为是法所禁止的”。刑法立法政策就是指引和制约刑法立法，在各种纷繁复杂的社会行为当中，选择其中的一些社会行为作为犯罪来对待，并为这些犯罪行为设置相应的刑罚。

建国以来，我国刑法的发展经历了从无到有，从粗疏到细密，从宽到严，又从严到宽的发展过程。刑法不断发展和完善的历程，同时也是从法制到法治，社会主义法律体系逐步建立和完善的过程。

词汇学意义上的“法治”，是一个具有悠久历史的词语，然而历史长河中的“法治”一词，随着时代发展和社会变迁在不同的历史时期和社会背景之下却被赋予了不同的涵义；这个过程，不但体现了自国家产生以来人类对自身福祉的不断追求，也体现着人类社会对于最优治国方式的不断选择。

法治(Rule of Law)是与“人治”相对立的概念，与“法制(Legal System)”一词仅一字之差。法治是相对于人治而言的，是一种治国方式的选择，其含义是“根据法律治理国家”；法制则指的是“法律和制度”，是相对于政治制度、经济制度、文化制度以及其他各种制度而言的。表面看来，“法制”与“法治”二者仅一字之差，但实际上二者之间存在着观念上的巨大差别：建立法律制度并不妨碍人的决定作用；而法治则要求依法治国，要求法律至上。

就我国目前的理论界研究成果来看，现代意义上的法治原则是资产阶级革命的产物，属于舶来品，但是词汇学意义上的“法治”却在西方和东方都有着久远的历史。在西方，古希腊时代的亚里士多德说：“法治应当优于一人之治”；在我国的春秋战国时期，《管子·明法》中这样说：“以法治国，则举措而已”，提出了以法治国的观点，这一时期的法家主张，法治是一种治国方略，“威不两错，政不二门。以法治国，则举措而已”。

法家所主张的“法治”与我们现代的法治原则虽然字面相同，但是却有不同的解读。自国家产生以来，任何政治社会，都与法律结下不解之缘；人们对于法律这一社会规范体系中最重要的组成部分之一，并不存在在有法和无法之间作出抉择的问题；法律的多少、法律的存在形式、法律的完备程度、法律的地位高低和价值大小，这些方面在不同的政治社会可能会表现出很大的差异，但是自从国家产生以来，绝对没有法律存在的政治社会却从未有过。

现代法治原则的根源可以溯至古希腊的亚里士多德，在其经典著作《政治学》里，他给出了关于法治的经典语义解释：“法治应包含两重意义：已成立的法律获得普遍的服从，而大家所服从的法律又应该是本身制定得良好的法律。”这也是法治的两大要素：法治之法应是良法；法应具有至上的权威性——借用美国政论家潘恩的一句话表述就是：“在专制政府中国王便是法律，同样地，在自由国家中法律便应该成为国王”。如果将亚里士多德所提倡的良法之治理解为如何求善，那么刑法立法所强调的法治则重在如何治恶。惩恶以扬善，求善与治恶是蕴含在法治原则中不可分离的两面。

就刑法立法而言，就是要将国家对于犯罪的治理措施和对策，经由立法政策的指引，上升为刑法立法。刑法是以保障宪法和其他部门法确立的国家法律制度正常运行为根本目的的国家基本法，因而是国家法律体系中唯一一部必须以宪法和其他部门法之规定为自己存在的前提和组成部分的部门法。而在我国法律体系的各个主要部门法当中，刑法典无疑是极为独特的，它或许是法条最少也最集中，同时也最为重要的一部法律，一部《刑法典》不过寥寥数百条，但却涉及社会关系的各个方面，关乎一个人的生死。在缺乏法治内核的专制时代，刑法是不能约束最高统治者的，而其享有的刑罚权自然也就不受限制。法治原则要求在刑法领域实行罪刑法定原则，要求立法机关不得制定严刑峻法，危害公民的自由与权利，防止罪刑擅断。因为刑法所规定的犯罪行为具有蔑视社会秩序的最极端形式，刑法中所规定的刑罚是最严厉的制裁，其所耗费的社会资源最大，所以“保护（社会）权利最得力的工具常常也是侵犯（个人）权利最厉害的手段，刑法就是这种东西。给制定和使用刑法设置合理的限制，其基本哲学思想在于：只有在‘两个保护’（保护社会利益和保护个人利益）取得平衡的基础上，刑法才能发挥最理想的效能”。

刑法法治原则的确立过程也是刑法立法不断进化和完善的过程。

从人治到法治，在新中国成立之后经过了一段曲折的路程。早在1945年，毛泽东在延安回答民主人士黄炎培提出的共产党在执掌全国政权后怎样才能跳出人亡政息的“历史周期率”问题时，就正确指出：“我们已经找到新路，我们能跳出这周期率。这条新路就是民主。只有让人民来监督政府，政府才不敢松懈。只有人人起来负责，才不会人亡政息。”1949年新中国成立后，明令废除了国民党的“六法全书”。建国后的最初几年，主要任务是有步骤地为实现从新民主主义到社会主义的转变创造条件，没收官僚资本的企业改造为国营企业，恢复和发展国民经济，完成新解放区的土地改革，镇压反革命活动，开展“三反”、“五反”运动，在这些运动中，也根据需要先后制定了一些应急性的单行刑事法规。如1951年颁布的《惩治反革命条例》和《妨害国家货币治罪暂行条例》，1952年颁布的《惩治贪污条例》；并且在许多非刑事法律中设置了大量的附属刑法规范。这些法规，有的制定了比较完整的刑法规范，有的规定比较简略，但在法律不完备的条件下，与专门的刑事法规相互配合共同构成了刑事审判工作的重要法律依据。

与此同时，起草系统的刑法典的准备工作也一直在进行中。从1950年到1954年，当时的中央人民政府法制委员会起草了两部刑法立法草案：一部是《中华人民共和国刑法大纲草案》，另一部是《中华人民共和国刑法指导原则草案（初稿）》。但遗憾的是，由于当时正在进行抗美援朝、土地改革、镇压反革命以及“三反”、“五反”等运动，国家的注意力并没有集中在立法工作上，所以上述两部稿子也就只停留在法制委员会内作为两份书面材料保存下来，始终没有被提上立法程序。此后直到1979年，才出台了新中国第一部刑法典。

建国之后长达30年的时间里，虽然颁行了一些单行刑法，并且在一些非刑事法律中设置了附属刑法规范，但却没有一部完整的刑法典究其根本，还是“人治”思想占了“法治”原则的上风。1954年10月，全国人大常委会办公厅法律室负责开始了刑法典的起草工作，到1956年11月，已经草拟出第13稿。1956年社会主义三大改造完成之后，国家的主要任务已经由解放生产力变为保护和发展生产力，国家必须进一步加强人民民主法制，巩固社会主义建设的秩序。在社会主义建设的新形势下，刑法典起草工作加紧进行，到了1957年6月28日，已经草拟出第22稿。1957年是新中国法制建设的一个转折点。法律虚无主义、法制无用论由此盛行起来。是年7月，中共中央明文取消了司法的独立性，规定地方司法机关向地方党委负责（而不是向选出它的人大负责）。1958年8月，毛泽东在北戴河会议上讲到法制问题说

"法律这个东西没有也不行,但我们有我们这一套。""大跃进以来,都搞生产,大鸣大放大字报,就没有时间犯法了。对付盗窃犯不靠群众不行。不能靠法律治多数人。多数人要养成习惯。军队靠军法治人治不了,实际上是一千四百人的大会(按指军委扩大会议——引者注)治了人。民法、刑法那样多的条文谁记得住?宪法是我参加制定的,我也记不得。""我们每个决议都是法,开会也是法","主要靠决议、开会。一年搞四次,不靠民法、刑法来维持秩序"。刘少奇也讲道:"到底是法治还是人治?实际靠人,法律只能作办事的参考。"结果,中央政法小组向毛泽东、刘少奇打报告称:"刑法、民法、诉讼法根据我国实际情况来看,已经没有必要制定了。"上述对法与法治的认识和评价,清楚地表明:在当时党的领导人心目中,治国靠的是群众运动,靠开会,靠决议,靠人治,靠党治,而不是靠法律,行法治。法律说到底不过是平时办事的一种参考而已,并非依据,在革命运动发生时自然就可以撇在一边了。正是在这样一种思想的指导下,不仅党权取代了政权,而且党的决议就是法。1958 年以后,刑法的立法工作被削弱,除了几个特赦令之外,没有颁布单行刑法,即使在颁布的非刑事法律中,也极少包括刑法规范。由于没有经过必要的法律程序,随后开展的两大运动给当时的社会经济造成了巨大的破坏和损失,党和国家领导人也觉察到需要有所调整,在 1962 年的七千人大会上,刘少奇指出:"现在党的代表大会代替人民代表大会,党的委员会代替人民委员会。党委代替一切,在党内也代替了党的代表大会,这是个大错误。"毛泽东也作了重要讲话,指出:"工、农、商、学、兵、政、党这七个方面的工作,都应当好好地总结经验,制定一整套的方针、政策和办法","应当制定一些条例"。特别是在 1962 年 3 月 22 日,毛泽东就法律工作明确指出,"不仅刑法需要,民法也需要,现在是无法无天。没有法律不行,刑法、民法一定要搞,不仅要制定法律,还要编案例。"1962 年 5 月开始,全国人大常委会法律室在有关部门的协同下,对刑法典草案第 22 稿进行全面修改工作,经过多次的重大修改和征求意见,其中也包括中央政法小组的几次开会审查修改,到了 1963 年 10 月 9 日,拟出第 33 稿。但是,很快"四清"运动就起来了,接着又开始了长达十年之久的文化大革命。这一阶段,国家立法机关也没有颁布单行刑法规范。

十年内乱结束之后,中国进入改革开放的新时期,法制建设揭开了一个新的历史篇章。1978 年 2 月 26 日至 3 月 5 日举行的第五届全国人民代表大会第一次会议上,全国人大常委会委员长叶剑英同志作了《关于修改宪法的报告》,指出:"我们还要依据新宪法,修改和制定各种法律、法令和各方面的工作条例、规章制度。"邓小平强调:"社会主义民主和社会主义法制是不可分的",二者相辅相成。"民主要坚持下去,法制要坚持下去,这好像两只手,任何一只手削弱都不行。"而尤为重要的是,在他看来:"没有民主就没有社会主义,就没有社会主义的现代化。"因此,所谓法制,用邓小平的话来说,就是"民主的法制"。而这正是近现代意义上"法治"的要义所在,是我们根本改变人治,使法治真正变为一种不可动摇的制度永远继续下去的关键所在。邓小平在 1978 年 10 月的一次谈话中指出,"法制问题也就是民主问题。这个问题要在报纸刊物、政治生活中展开讨论"。"非常需要搞社会主义法制,没有法,就乱搞一气。过去和现在,都是这么一种情况:领导人说了话就叫法;不赞成领导人说的话,就是违法、犯法。这种情况不能继续"。他还指出,"过去'文化大革命'前,曾经搞过刑法草案,经过多次修改,准备公布。'四清'一来,事情就放下了"。"很需要搞个机构,集中些人,着手研究这方面的问题,起草有关法律"。在《解放思想,实事求是,团结一致向前看》中,他指出:"为了保障人民民主,必须加强法制。必须使民主制度化、法律化,使这种制度和法律不因领导人的改变而改变,不因领导人的看法和注意力的改变而改变。”他认为,不能把领导人说的话当作“法”,不赞成领导人说的话就叫做“违法”,领导人的话改变了,“法”也就跟着改变。现在的问题是法律很不完备,很多法律还没有制定出来。所以,应该集中力量制定刑法、民法、诉讼法和其他各种必要的法律,做到有法可依,有法必依,执法必严,违法必究。“现在的问题是法律很不完备,很多法律还没有制定出来。……所以,应该集中力量制定刑法、民法、诉讼法和其他各种必要的法律,……现在立法的工作量很大,人力很不够,因此法律条文开始可以粗一点,逐步完善。有的法规地方可以先试搞,然后经过总结提高,制定全国通行的法律。修改补充法律,成熟一条就修改补充一条,不要等待‘成套设备’。总之,有比没有好,快搞比慢搞好”。这些政策精神,为确立法治原则,推动刑事立法和其他法律的制定,起到了极大的推动作用。

1978年,召开了中共十一届三中全会,会议援引了时任领导人邓小平的思想表述,指出:“为了保障人民民主,必须加强社会主义法制,使民主制度化、法律化,使这种制度和法律具有稳定性、连续性和极大的权威,做到有法可依、有法必依、执法必严、违法必究。”该报告还紧接着提出:“从现在起,应当把立法工作摆到全国人民代表大会及其常务委员会的重要日程上来。检察机关和司法机关要保持应有的独立性;要忠实于法律和制度,忠实于人民利益,忠实于事实真相;要保证人民在自己的法律面前人人平等,不允许任何人有超于法律之上的特权。”叶剑英时任全国人大常委会委员长,他说:“林彪、‘四人帮’从反面给了我们血的教训,使我们懂得,一个国家非有法律和制度不可。这种法律和制度要有稳定性、连续性。它们是人民制定的,代表社会主义和无产阶级专政的最高利益,一定要具有极大的权威,只有经过法律程序才能修改,而不能以任何领导人个人的意志为转移。”为加强立法工作,1979年2月23日,五届全国人大常委会第六次会议决定,成立全国人大常委会法制委员会,并由刚恢复工作的彭真同志担任主任,协助全国人大常委会加强法制工作。彭真强调:“要发展社会主义民主,必须逐步健全社会主义法制,使九亿人民办事有章可循,坏人干坏事有个约束和制裁。”

当时,各方面对刑法的争论还比较多,有人说刑法草案语言文字有问题,逻辑也有问题。胡乔木找到彭真问,刑法能不能够推迟一段时间再通过。彭真说,“文化大革命”以前刑法草案已修改了三十三稿,到现在还不成熟?今年不成熟通过不了,明年也通过不了,成熟就没有时候了,所以还是今年通过。胡乔木接受了这个意见。五届全国人大二次会议审议刑法草案,胡乔木作了审议修改刑法草案的报告,对刑法草案给予了充分的肯定。

1979年6月26日,以第33稿为基础的刑法典草案经过较大修改之后,在五届人大二次会议上于1979年7月1日获得通过,并规定自1980年1月1日起施行。至此,中国1979年刑法典宣告诞生。中华人民共和国成立30年第一次有了刑法典。这部法典只有192个条文,条文数在当代世界各国刑法典中可以说是最少的,但从全国人大常委会法律室着手起草算起,先后耗费了25年的时间。实际工作时间只用了5年多,有19年多的时间处于停滞状态。建国近30年,中国才有了第一步粗放型的刑法典。回顾建国以来刑法典从无到有的历史,可以清楚地看到当时的法制建设是何等的落后,而“人治”的影响是何等的根深蒂固。

十一届三中全会及其所宣示的邓小平的民主法制思想为1979年刑法典的诞生奠定了法治的原则基础。此后,1982年9月,党的第十二次全国代表大会通过新党章,明确规定:“党必须在宪法和法律的范围内活动。”同年12月,全国人大通过1982年宪法,庄严宣布:“一切国家机关和武装力量、各政党和各社会团体、各企业事业单位都必须遵守宪法和法律”,“都必须以宪法为根本的活动准则，并负有维护宪法尊严，保证宪法实施的职责”，“任何组织和个人都不得有超越宪法或法律的特权”。这一系列规定，明确了我国法制建设在指导思想上已经实现了拨乱反正，开始了社会主义法制建设上的重大历史转折。

如果说建国后的前30年，实现了刑事法律制度的从无到有；那么，在1979年刑法颁布实施之后的30年间，则是从法制到法治，刑事法律得到不断完善的30年。以十一届三中全会为标志，中国社会进入了转型期：经济方面，从计划经济到市场经济；政治方面，从全能政治到依法执政与依法行政；社会与文化方面，从利益机制、价值观念、思维与生活方式方面的一元社会到多元社会，从封闭社会到开放社会。一方面由于转型期矛盾逐渐突出，犯罪形势较为严峻，另一方面囿于当时历史条件和立法经验的限制，1979年刑法典在体系结构、规范内容和立法技术上，都存在一些缺陷。1981年至1997年新刑法典通过前，全国人大常委会先后通过了25部单行刑法，并在107个非刑事法律中设置了附属性法规范。

1997年，中共十五大作出“依法治国，建设中国特色社会主义法治国家”的战略决策，并同时提出“加强立法工作，提高立法质量，到2010年形成有中国特色的社会主义法律体系”，法治已经成为国家和社会治理的基本方略、根本原则。同年3月14日，第八届全国人大第五次会议表决通过了修订后的刑法典。此后又经过多次修改，迄今为止，国家立法机关已经通过了七个刑法修正案和一个单行刑法，刑法修正案（八）也正在审议中。

“立法是国家的一项基本政治活动，是实行依法治国基本方略的重要基础和依据。加强立法是依法治国题中应有之义”。“依法治国，首先要有法可依，必须有完备的法律。否则，依法治国就无从谈起”。但法治意义上的“有法可依”并不是有或者无意义上的简单的“有法可依”，而是强调有“良法”可依，依“良法”而治，也就必然在“有法”的问题上引入数量和质量的考量维度。而引入这样的考量维度，使社会生活有所规矩为目的的“有法”努力，相应地提升为建构以“完备”为特征的法律体系的要求，即立法领导人所说的“建立起符合改革开放和现代化建设需要的、比较科学完备的、有中国特色的社会主义法律体系”。1999年3月，第九届人大二次会议通过的第三个宪法修正案，把“依法治国，建设社会主义法治国家”观点载入了宪法，使这一治国方略与目标，转化为国家的基本国策。2004年3月14日，第十届人大二次会议通过了第四个宪法修正案，确立了5个人权制度，明确将“国家尊重和保障人权”写入宪法。

刑事法治是法治国家的基础和核心，刑事法律既是“善良公民的宪章”，也是“犯罪人的宪章”。

（作者：北京师范大学刑事法律科学研究院博士）

政府干预经济的宪法学思考

王恒胤

现代政府的一个基本职能就是运用政府权力及其资源对国民经济进行宏观调控和管理，由此产生了相应的经济法理论和实践。这种理论和实践的核心其实是如何使政府对经济的干预和管理合法、合理并有效地进行。

笔者认为,政府干预经济的问题首先是宪法,而不是经济法的问题。后者只是规定了政府如何干预经济,而其常常忽视政府干预经济的相对方即广大个体的经济权利,尽管政府干预经济时常常声称并在经济法律、法规中规定其目的是为了广大个体的合法权益。显然,政府干预经济时不管其目的如何,其手段运用及其过程都不应该有损广大个体的合法权益。那么,如何解决这个问题?宪法无疑是其根本。作为国家根本大法的宪法,其一方面规定了公民基本的经济权利,一方面规定了政府干预经济的权力;同时,宪法还为二者之间冲突的解决规定了基本框架。从宪法学角度思考和研究政府干预,能够更好地解决政府干预权力与个体经济权利的冲突问题,从而使得经济法学的研究更加深入。

一、政府干预经济是一个宪法性问题

政府对经济的干预主要是指政府对经济的宏观调控和管理,从经济学角度看,宏观调控是指国家为了实现经济总量的基本平衡,促进经济结构的优化,对国民经济总体经济活动进行的调节和控制。而从法学角度看,宏观调控意味着国家和政府从大的方面对现有社会经济利益的重新分配和调整。因此,宏观调控并非简单地促进社会经济发展的问题,而是一个复杂的利益调整机制。这种利益的调整和重新分配是国家利用其强力和掌握的庞大公共资源进行的,因而这就会产生一个问题,即如何有效保证国家利用其强力和掌握的庞大公共资源使经济调控获得成功,并因而不会损害公民和企业现有的基本权益。

对这个问题,我们应该首先分析宏观调控和管理的基本框架,即从宏观调控和管理的主体、内容和客体上着手,以认识和了解宏观调控及其管理中相应的社会关系,进而掌握宏观调控和管理的法律要求。

首先,从宏观调控的主体上说,宏观调控是由政府进行的。这就是说,宏观调控的主体是政府。注意,这里说的政府主要指行政机构,但并非说忽视立法机构和司法机构在宏观调控中的角色和地位。因为,对社会利益的重新分配和调整是涉及到全社会,而非简单地对某个人或某个具体问题。因而,在一定意义上,宏观调控应是一个立法、行政、司法三机构共同的协同机制。现代民主社会中,任何人包括任何行政机构都不能随意决定重新调整或分配业已形成的合法利益配置,否则其后果只能是独裁或专制。从分工角度上看,立法机构主要是制定宏观调控政策和进行相应立法,并对政府的宏观调控执行行为进行监督,并有相应纠正权;司法机构则监督立法机构的立法是否违宪,并监督政府的宏观调控行为是否侵害了公民和企业的基本权利。

其次,从宏观调控的内容上说,它是国家为了实现社会总需求与社会总供给之间的平衡,保证国民经济持续、稳定、协调增长,运用经济的、法律的、行政的手段对社会经济实行的调节与控制。可以说,宏观调控的内容极其复杂,涉及经济生活的很多方面,但其根本特点是其总体性或者说宏观性。因此,宏观调控不是一个简单的一时一地的问题,而是涉及国民生活现在和未来之福祉的重大课题。而从法学角度看,宏观调控其实是一个涉及国民根本利益调整和重新分配的重大问题,它必将对现存的个人利益框架构成极大冲击,因而可能动摇国民生活的根本。这就必然要为宏观调控提出严格的要求,要求确立科学合理的宏观调控原则、宏观调控手段和合理的宏观调控权力配置体系。

最后,从宏观调控和管理的客体上看,其客体是国民经济的宏观运行,也就是说,宏观调控针对的是动态中的国民经济,而非静态意义上的。因此,宏观调控绝不针对具体的人或事,而且,宏观调控的对象处于不断的变动之中。这就为宏观调控增加了难度,宏观调控要求对被调控对象有深刻的认识并有科学的经济理论。

即使如此，宏观调控的难度也是非常大的，因为它往往是基于现有和以往信息的认识进行的，带有预测性，其前景并不确定。因此，宏观调控和管理需要国家有关机构与广大人民的合力，这种合力须在一个稳定的基础和框架内进行，而不能由一方主导。

可以看出，宏观调控和管理是一个复杂的系统，并非说是政府部门简单地运用相应手段影响经济运行的问题。特别是，宏观调控和管理事关一个国家、公民和企业现有经济利益的维护和变动，其实质是一个宪法性问题。

二、宪法为政府的宏观调控和管理架构了基本的结构

法治是现代国家的根本。作为现代国家基本经济职能的宏观调控和管理也必须在法治的框架下进行，而且首先必须在宪法框架内确立其合法性和合理性。毫无疑问，宏观调控和管理涉及的问题事关国家根本即公民的基本权利与政府的基本权力的分配和平衡。所以，研究宏观调控和管理必须立足于宪法展开，而不能仅仅依据所谓的经济法单独另开一片天地，否则它就会失去其应有的支点和方向。

首先，宪法通过规定国家的宏观调控和管理权，从根本法的角度解决了国家宏观调控和管理的合法性，为国家的宏观调控和管理打下了坚实的法律制度基础。

宏观调控和管理是现代国家最基本的职能之一，这种职能必需由国家的根本大法即宪法加以明确和肯认，否则其就不具备相应法律基础，而失去存在的根基。宪法的一个重要功能就是明确界定国家与普通民众的权力与权利，使得国家与普通民众在宪法框架内各有其合适的位置，因而达到国家与普通民众的相互依赖与相互均衡。在这种相互依赖和相互均衡的框架内，一方面是公民等个体最基本的权利，这是国家和政府存在和开展活动的基点；一方面是国家和政府基本的权力，这是个体基本权利的政治延伸。在一定意义上说，宏观调控和管理权体现了个体基本权利的要求。通过宪法赋予国家和政府的宏观调控和管理权，对于实现普通民众的基本权利，是一种质的飞跃。它体现了现代社会公益与私益的融合。

其次，宪法通过界定国家宏观调控和管理的界限和范围，在法律上解决了国家经济干预的度的问题。

宪法一方面赋予了政府相应的宏观调控和管理权，其实是通过宪法框架约束和制衡政府的宏观调控和管理权。这是因为，宪法同时是规定和赋予公民、企业基本权利的法律，这些在宪法中处于基础地位，或者说国家相应经济调控和管理权力是基于公民、企业的经济权利展开的。权利和权力永远是现代社会斗争的焦点，二者尽管一方面是互生共存的关系，一方面则是矛盾斗争的关系。政府宏观调控和管理权尽管从理论上说是服务于公民、企业基本权利的保障和延伸的，但其天生的权力扩张性和侵害权利性使得其必须得到有效的制约和平衡。宏观调控和管理必须有一个合适的界限，这个界限就是不能因此侵害公民、企业最基本的权利。宪法正是通过公民基本权利与政府权力的平衡和相互制约来达到这一目标的。

最后，宪法通过规定公民和企业基本的经济权利和自由，在根本法中明确肯认了公民和企业在政府干预时的毫无疑问的应受尊重的法律地位，因而使得经济民主成为现实，并最终有利于政府与公民等个体良性互动关系的实现。

公民和企业等个体永远是社会经济发展的动力和活力所在，在市场经济中，他们具有一些必然的、基本的经济权利和自由，私有财产权、经济自由权，这些权利是现代社会经济发展的基石。公民和企业的基本权利和自由不仅仅是约束和制衡政府宏观调控和管理权的东西，它更是政府宏观调控和管理权不可动摇的基石。可以说，政府宏观调控和管理权的生命力就在于个体基本权利和自由是否在调控和管理过程中得到了尊重和保护。这是因为，政府的宏观调控和管理最终要内化为广大个体利益之中，

并得到公民和企业的有效配合和互动。

三、宪法对经济问题的基本规定

(一)关于个体基本经济权利的规定

各国宪法和实践关于个体基本经济权利的规定主要体现在财产权和经济活动自由权两大方面。至于个体人身方面的基本权利,也是与其经济权利紧紧联系在一起的,它们也是作为政府经济干预法律框架的宪法中的主要内容,但我们这里原则上对此存而不论,主要探讨个体的基本经济权利。

1. 财产权

财产权是个体最基本的经济权利。康德认为,"显而易见,确认财产权是划定一个保护我们免于压迫的私人领域的第一步"。布坎南也认为,私有财产使人们得到了某种保护和隔离措施,以免遭到市场的"盲目力量"的冲击,而不管这些"盲目力量"最终来源于哪里。因为私有财产为民众提供了一种可行的从潜在的剥削性经济关系中退出或者避免进入的权利,从而保护了个人的自由。可以说,财产是自由的基本要素,是自由的依托和保证,是一个国家存在和发展的根本。现代各国宪法及实践无不将保护财产权作为基本任务和目标。

1789 年的法国《人权宣言》第 17 条称财产权为"神圣不可侵犯的权利"。并规定:"除非当合法认定的公共需要所显然必需时,且在事先的正当补偿的条件下,任何人的财产均不得受到剥夺。"该规定对以后有关国家的宪法产生了重要影响,成为财产权宪法保障的开端。美国宪法是通过其正当程序条款加以保护的,即未经正当程序,任何人的财产不得被剥夺。我国现行宪法第 13 条规定:"公民的合法的私有财产不受侵犯。""国家依照法律规定保护公民的私有财产权和继承权。""国家为了公共利益的需要,可以依照法律规定对公民的私有财产实行征收或者征用并给予补偿。"

对财产权的保障,不仅提供了个体独立人格发展所不可或缺的物质前提,而且,私有财产权还是市场经济秩序的一个重要支柱。因为所谓市场,它既是依据价格机制而形成的一种资源配置形态,又是巨大的经济调节机构和社会组织机构,而所有这一切,都是以财产权作为轴心而展开的。

2. 经济活动自由权

在市场经济里,个体自由地从事经济活动是其基本的权利,也是市场经济得以存在和发展的基本前提。现代各国宪法和实践中都有相应个体经济活动自由权的规定,尽管这些规定不如对财产权的保护那样突出。

经济活动自由主要有三方面的内容:首先是自由进出市场,即公民和企业可以进入也可以退出某个市场活动,一般不需要正式的许可。有学者称之为创设自由。其次是自由竞争,即公民和企业可以进行自由、公平的竞争,对公民主要是消费的自由,对企业则是经营竞争自由。其实质是合同自由,允许当事人选择交易对手及交易内容。最后,结社自由,即个人和企业可以组建公司及其他经济联合体。

对经济活动自由的规定,德国基本法的有关规定是比较全面的,其第 2 条第 1 项规定:"人人享有个性自由发展的权利,但不得侵犯他人权利,不得违反宪法秩序或道德规范。"第 9 条第 1 项和第 3 项规定:"所有德国人均享有结社的权利。""保障所有人和所有职业为保护和改善劳动、经济条件而结社的权利。限制或妨碍此项权利的协议均属无效,为此采取的措施均属违法。"该法第 11 条规定:"所有德国人在整个联邦领土内享有迁徙自由的权利。"第 12 条规定:"所有德国人均有自由选择职业、工作岗位和培训场所的权利。从事职业可通过法律或依据法律予以规定。""除一般传统的、针对所有人员的公共服务之外,任何人不得受迫从事一定的劳动。"我国现行宪法对经济活动自由的规定主要体现为,其中第 42 条关于公民劳动权的规定;第 11 条关于个体经济和私营经济的规定;第 16 条关于国有企业经营自主权的规定等。它们可以视为一定意义上的经济活动自由的规定。

个体的经济活动自由对于个人是必需的，尽管它们又是潜在的政府干预对象。现代各国法律在保证个体的经济活动自由同时，也对它们作了一定的限制，如要求公平竞争、选择职业受工种限制等，所以，各国宪法一般要求这些权利的行使不得危害社会利益，或者受到社会利益的限制。但必须注意，这些限制也只是限制而已。布坎南在谈论经济自由与联邦的问题时说，经济自由指的是一个人可以选择退出，他有权选择从谁那里购买什么，他可以选择从事什么样的职业，他可以选择建立什么样的企业，他可以选择投资到什么行业。他强调："只要人们拥有这些自由，他们就独立于任何单一的个人和集团的权力。这些自由被认为是一个运转良好的市场经济的特征。"

个体的基本经济权利是现代市场经济发展的内在要求在宪法和宪政上的必然表现。它确认了公民、企业在现代市场经济中有力的法律地位，特别是，它将国家的基本经济职能与个体的基本经济权利的基本关系进行了根本的界定，从而使得国家与个体在市场经济活动中能够很好地进行权利与权力界限基本明确的互动。一方面，个体的基本经济权利是公民、企业得以自由从事经济活动的基本保障和基础，国家的经济活动特别是其宏观调控必须在尊重公民、企业的基本经济权利的前提下进行。这也是政府经济宏观调控和管理得以有效实施的保证所在。另一方面，个体的基本经济权利同时也意味着其得到保护和支持权利的界限，因为，公民、企业的基本权利也是"在国家和私人经济参与者之间的经济权力划分或曰经济分工意义上的私人责任的确切表现"。因而，当公民、企业滥用其经济权利而损害其他人和社会公共利益时，国家就要对其加以限制，使其得以有效校正。

（二）关于政府经济管理权的规定

各国宪法对于政府经济管理权的赋予主要是通过具有弹性的法律条款和委任立法权进行的。

美国宪法中的"必需及适当"条款，使得政府在行使宪法以明文列举方式所授予其权力时，可以因行使该项权力之必需，而衍伸出其他适当的权力。由于这个关系，"必需及适当"条款，又被称为协同或弹性条款（coefficient or elastic clause），根据这个条款所推衍出的权力，又被称为是含蓄沉默的权力（implied power）。法国宪法第20条第1款规定："政府决定并指导国家的政策。"德国基本法第65条规定："联邦总理决定一般施政方针并对此负责。"特别是，各国宪法通过立法授权，赋予政府极大的宏观调控和管理权。如日本宪法第73条关于内阁执行的事务中规定："为实施本宪法及法律的规定而制定政令。但在此种政令中，除法律特别授权者外，不得制定罚则。"通过委任立法，政府的宏观调控和管理权得以灵活有效地以法律、法规的名义实施，从而使政府的宏观调控和管理能够权威地推行下去。

我国现行宪法第15条明确规定："国家实行社会主义市场经济。""国家加强经济立法，完善宏观调控。""国家依法禁止任何组织或者个人扰乱社会经济秩序。"和大多数国家一样，关于最高行政机构国务院的权力及行使，我国宪法也没有作出明确的规定，只是予以抽象地规定，即宪法第89条关于国务院行使的职权中规定，"根据宪法和法律，制定行政措施，制定行政法规，发布决定和命令"，"编制和执行国民经济和社会发展计划和国家预算"，"领导和管理经济工作和城乡建设"。

（三）关于宪法监督的规定

宪法在确立个体的基本经济权利和政府干预权力的同时，也确立了相应的宪法监督机制。其实质是对广大公民、企业的基本经济权利和国家、政府特别是政府的宏观调控和管理权之间的平衡。

宪法监督的内容主要包括确立宪法监督的机关、对象、原则和方式。实施监督的机关各个国家由于国情不同而各异，如美国和日本由最高法院实施,法国和德国则由专门的宪法法院进行。正是宪法监督,使得宪法由条文性的东西成为实践性的感知。

我国现行宪法中也有相应宪法监督的规定,如规定全国人民代表大会及其常务委员会具有宪法监督权。虽然这些规定现在还主要停留在宪法文字的规定上,但可喜的是,实践中也在逐步探索。特别是2000年宪法性法律《中华人民共和国立法法》的颁布和实施,使得我国的宪法监督具有了明确准则(即通过立法审查)。

四、我国宪法有关规定与完善

我国1982年宪法自颁布以来,对于完善经济体制改革,保障人民基本权利,起到了巨大的作用。1988年、1993年、1999年对宪法作的几次修正,重点在于从宪法上承认和保障经济改革的成果、改变既有的所有权关系,在一定程度上界定了个人应有的权利和自由。特别是2004年的第四次修宪,世人瞩目的公民合法私有财产权及人权保护的入宪,使得我国个人与政府的关系更加清晰,成为进一步推动社会主义市场经济持续和强劲发展的基石。

但是,需要指出的是,尽管我国现行宪法在经济宏观调控架构方面的规定有很大的进步,但在我国社会主义市场经济不断深入发展和入世的情况下,其仍需要进一步完善。

首先,政府的宏观调控和管理权过大。受传统计划体制的影响,我国政府的经济行政权力非常大,虽然随着社会主义市场经济体制的逐步确立和深入而在有意无意地缩小,但现行宪法对此并没有及时的反映。如财政权,在西方发达国家往往是立宪权,即由立法机关或最高权力机关决定国家和政府的财政问题,但在我国它仍然属于行政权。财政权在宏观调控中起着决定性作用,它不仅关系到国家和政府有多大财力进行调控的问题,更直接关系到广大公民负担的问题。一位日本学者谈到,国家的财政作用,归根到底可以归结为国民的负担问题,所以对其正确执行,应是国民最关心的事情。正因如此,近代各国宪法对于财政比一般立法和行政要多少有些不同的对待,惯例是把它置于强大的国会监督之下。日本宪法第83条明确规定:“处理国家财政的权限,必须要依照国会的决议行使。”我国现行宪法对此规定的只是由国务院编制和执行国家预算,全国人民代表大会则只有对此的审查批准权。

其次,相应宪法监督机制没有建立起来。我国不实行西方的三权分立制度,但仍存在相应权力分立框架,即全国人民代表大会及其常委会行使立法权,国务院行使行政权、法院行使司法权。尽管如此,我国宪法中对宪法监督的规定非常笼统。依其规定,全国人民代表大会及其常委会行使宪法监督权,但对宪法监督的日常机制、监督对象和方式并无相应规定,从而使其规定流于形式。没有监督的权力是可怕的权力,宏观调控和管理涉及公民最基本的权利和国家经济发展走向,即国家的根本利益问题,所以,对政府的宏观调控和管理必须进行强有力的监督和制约,才能确保其功能的正常运转和目标的顺利实现。

因此,笔者认为,我国目前应主要在以下几方面加以完善:

一是将财政权确立为宪法的基本内容,将其置于我国最高权力机关的监督和制约之下;二是完善立法授权制度及其监督审查机制,加强最高权力机关对政府经济行政立法权的监督;三是确立具有操作意义的宪法监督机制,使政府行为能够受到有效且强有力的宪法监督和审查,保护公民基本的经济权利。四是确立宪法的司法化,即公民和企业能够通过法院维护其合法权益的制度。我国已成功地加入WTO,而WTO规则中一条重要的原则就是保障司法审查原则,即在相关的贸易领域,任何影响利害关系人权益的政府行为都必须接受法院的司法审查。宪法司法化其实是宪法监督机制的延伸。

手机媒体——我国民主政治建设的催化剂

王笑笑　国万忠　陈林元　郭洪生

随着手机的普及，手机媒体作为“第五媒体”，已经成为传统信息传播媒体的延伸。手机媒体的运用对社会活动号召能力和对社会安全、政局平稳的催化作用也越来越明显。由手机传播的言论更具有开放性和民主性，范围也更具广度和深度，传播速度更加快捷、方便，形式也多种多样，社情民意的表达更加自由和高效，使得手机媒体成为公民参与政治的一个新平台，手机媒体政治参与已成为中国民众政治参与的一条重要途径。如何能有效地运用短信、微博、QQ 等手机媒体的不同形式，合理有序地运用手机媒体进行政治参与，积极应对和协调社会关系，规范社会行为，化解社会矛盾，应对社会风险，促进社会公正，保持社会稳定，必须引起学界和政界的高度注意与警惕。

一、手机媒体参政对民主政治的积极影响

公民利用手机参与国家的政治生活为政治的民主化与现代化开辟了更为广阔的前景。随着信息技术的不断进步，它的作用也会日趋突出。

（一）拓宽了公民政治参与的渠道

现实中参与政治渠道的局限与不足，致使一些民声民意无法直接传达到政府部门，更不会得到及时的重视和反馈，而手机媒体，恰恰为公民直接表达利益和诉求提供了一个有利的平台。手机媒体将其自身的特点，融入到公民的政治参与中去，以其多种形式表达民意。比如，2011 年 3 月 3 日，一年一度的“两会”又如期召开，此次两会就为公民直接表达心声提供了多种渠道，如“微博”平台、短信与彩信互动平台、两会 QQ 群等，公民可通过这些渠道了解代表的动态、两会提案议案等，也可发表自己的意见，也不必担心现实中某些实名举报遭到报复伤害等事件的发生。手机媒体的发展极大地方便了公民的政治参与和沟通，从而使对民主最为古老的理解和一以贯之的基本内涵，即“民主是人民的统治”得到了更为具体、更为真实的体现。

（二）拉近了公民与政府的距离，实现了公民与政府的良性互动

普通公民极少有机会与政府直接接触，便逐渐产生对政府的疏离感，从而降低公民对政府的信任程度。手机媒体给公众搭建了一个参政议政的平台，公民可以通过手机 QQ、短信、微博等方式与政府建立直接联系，可以了解相关的政策信息，可以对政府发表意见和评论，行使其知情权、参与权、表达权和监督权等；而政府可以通过网络广泛地了解公民的意见，对问题及时地回应、反馈，实现公民与政府之间无缝连接。例如，石家庄市为方便公民参政，2006 年就开通了市长短信平台，通过这个平台，普通百姓也能够与市长进行交流。不同利益群体的利益诉求都能够通过手机这一特定的表达平台和渠道反映到有关政府部门，从而使政府与百姓的关系拉得更近，政府的决策也更加贴近民意。手机媒体为传统政治参与方式提供了有利补充，有效地弥补了现实政治参与的“贫困”状态，极大地增强了政治信息的传导和反馈系统，消除彼此之间因信息闭塞、缺乏沟通而产生的许多曲解和误解，从而形成公民与政府之间相互沟通的良性互动，手机媒体在政府的政治决策中起到的作用也越来越重要。

（三）提高了政府的工作效率与透明程度

公民通过手机参与国家的政治生活在很大程度上改变了政府的工作状态及工作进程。在现实中，普通百性如果想通过传统途径表达自己的意见，还要经过层层过滤，将信息传达到领导层，经过这样复杂的信息传播过程，政府最终得到的信息有可能会失真或曲解，但通过手机，公民便可把自己的心声直接传达给政府，甚至直接与政府领导对话，政府可以听到人民的各种诉求与意见，更大限度地收集社会各阶层的意见。手机的传播速度之快既提高了公众的反映速度，也提高了政府回应问题的速度与效率。政务公开是现代民主政治发展的客观要求，而手机恰恰为政府公开政务和人民行使民主权利提供了这样一个便捷的平台。政府可以通过收集到的公民的各种信息，集思广益，将其应用在制定政策和作出重大决策的过程中。公众也可以通过手机媒体的某些功能监督政府的运作，对政府的工作提出比较准确的评价，从而达到提高政府工作效率，增加政府工作透明度的目的。

二、手机媒体参政对民主政治的消极影响

公民通过手机媒体可以发表意见和表达利益诉求，为公民参政提供了新的平台，也为民主政治建设的发展带来了机遇，但同时也使其面临诸多挑战。

（一）手机民意表达意见不集中，主体不均衡

虽然现在通过手机参政的公民总体上呈上升趋势，但是占全国人口总数的比例仍然比较小。而且我国是一个农业大国，农民占大多数，由于受经济条件、思想意识等因素的影响，农民通过手机参政的人数较少。基层群体、弱势群体、边缘群体的民意诉求渠道和意识相对滞后，通过手机所传达的民意由于手机主体的分散性不可能代表大多数人的心声，由此得出的民意有时并不能代表全社会的主流意志。只有以主流民意为依据而制定出台的政策法规，才具有公共性与公正性，才会得到社会各阶层人民的认可，才能够顺利地执行和实施，从而让民主政治建设顺应时代的需求，符合人民的意志。

（二）虚假舆论与信息肆意传播

手机媒体是一个开放的传播平台，在传播有利信息的同时，也不可避免地出现了虚假甚至是恶意信息。不法分子可能会利用手机媒体传播不良信息，制造谣言，最终甚至有可能演变成危害公民与政府的非法事件，故意通过手机传播恶意诽谤政府或夸大社会问题的信息屡见不鲜，这些言论或信息往往就是引起人民不满情绪或是形成极端性的看法的根源。这些信息及谣言大肆传播将会给公民、政府、社会乃至整个国家带来诸多不良影响。部分公民为虚假的政治信息、极端的政治评价所左右，政治判断和评价就会发生偏差。如未能及时给予正确引导，最终会导致公民对政府的信任感下降，政府也会因此而失去威信，社会稳定也会因此而受到影响。

（三）民意表达情绪化，缺乏公正客观性

公民只有以公正、客观的态度发表意见和建议，不参杂任何情绪，才能保证民意表达的内容具有真实性。当人们不负责任地通过手机肆意宣泄情绪时，就会给现实的政治参与带来很大的舆论压力，影响正常的政治参与。在运用手机进行讨论的过程中，情感往往会代替理智。例如，在针对某一具体事件进行讨论时，直接利益攸关者声音往往更响亮，这样得出的民意缺乏客观性与公正性。由此而得出的决策也就容易产生偏差，缺乏科学性与民主性，对民主政治建设也会产生不利影响。此外，由于手机用户可以随意浏览、传发各种信息，因此，负面政治信息便不可避免地被传播出去，这就导致部分人的政治参与行为无序化。如果不理性的政治参与得不到有效制约，人们不能客观公正地参与国家的政治生活，手机政治参与就会破坏社会政治稳定。只有对这些虚假、非法和无序的政治参与行为进行有效控制，才能发挥手机政

治参与的本质作用，推进国家的政治文明建设。

三、积极推进理性、健康、有序的手机政治参与

要想让手机政治参与成为民主政治建设的助推器，必须采取有效措施，推进有序而理性的政治参与，从而在保证社会政治稳定的前提下推进我国的民主政治建设。

（一）扩大参与手机主体覆盖面，促使社会各阶层手机参政的结构更趋合理

针对我国手机民意表达意见不集中、主体不均衡的问题，我们要积极主动地采取有效措施，扩大主体参与面，使社会各阶层积极进行手机参政，并使其群体的结构性日趋合理，从而实现真正意义上的民主。因此，国家及有关部门，要加大宣传力度，对基层群体进行引导和教育，使他们转变意识，主动地参与到手机参政的活动中来。在今年的“两会”中，农民工这个特殊的群体也受到了关注，首份以农民工群体为主要阅读对象的手机报——“两会”农民工“打工E族手机报”在京创刊。这份手机报“特刊”面向百万手机用户发送，旨在第一时间向受众传递“两会”与农民工相关的新闻信息和热点话题，并通过手机互动平台集纳民情民意，提供给“两会”人大代表和政协委员参阅，这就为农民工与代表交流提供了一个良好的媒介。

（二）健全与完善立法机制，使手机媒体参政有法可依

制定适合中国手机媒体发展的法律法规，使公民网络政治行为有法可依，有规可循，从而为民主政治建设的顺利进行铺平道路。首先要保证立法内容的准确性、目的性和协调性，视不同类别法律规范调整相应类型的手机参政。其次，要保护立法效力的协调性，需要体现出手机参政秩序和参与自由两者之间相互制衡又相互促进的关系，既要严厉打击散播不良信息与制造谣言的不法分子，又要保障公民能够通过手机自由地参政议政。另外，由于信息技术日新月异，立法也要与时俱进，使法规与手机技术的发展齐头并进，避免法律的过时与失效。

（三）加强手机伦理建设，增强公民的道德意识

伦理道德是除法律和政策的强制性约束功能外一个必不可少的约束手段。手机参政让公民充分享受了言论自由和信息知情等权力，但与此同时，公民也应自觉履行相应的责任与义务，遵守社会道德规范准则，不妨碍和侵害他人的权利与自由。这就需要公民具备较高的道德素质，而素质的培养则有赖于公民意识的树立。人们的民主观念、权责意识、法治意识、合作意识、独立人格、集体观念等都是提高自身素质需要注意的环节，只有每个人都形成了理性的、高尚的现代社会公民意识，手机道德的责任感才会有所增加，人们才会自觉地按照各种制度和道德规范来约束自己的手机言论。手机伦理道德建设，可以利用既有的道德伦理资源，来引导和培养人们树立良好的道德风尚，以正确积极的思想态度进行手机政治参与。同时要加强引导公民对手机上各种信息的辨别能力，合理利用有效信息，摒弃恶意信息，增强网民的爱国主义和手机道德教育。通过加大宣传力度，倡导手机文明之风，用正面的声音占领手机媒体阵地，用正确的舆论引导广大手机用户，使公民以积极向上的态度参政议政。

（四）建立手机民意收集、回应机制，形成政府与公民的良性互动

随着政府信息公开建设的推行，公民手机参政的热情也越来越高涨，政府接收到的信息也日益丰富。这就要求政府及时地收集民意，并对民意及时作出回应。但目前，我国各级政府的手机民意回应机制尚不健全，因此政府需要完善政府手机媒体建设，强化手机参政的互动机制，使其成为收集、回应网络民意的有效渠道。此外，还要设专人或专门机构负责日常手机参政信息的收集，及时掌握公民的利益诉求与舆论动向。有了健全的机制体系作保证，公民通过手机参政的行为才能顺利进行，从而拉

近百姓与政府的距离，推进我国的民主政治建设。

（五）加强手机安全功能的研究，遏制不良信息的传播

目前，手机在监控信息发布、打击不良信息传播等方面还存在着一定的缺陷，还未出现一个有效的方法来辨别信息的真伪，这严重影响着公民手机参政的顺利进行。因此，加强手机安全功能的研发，有着重要的现实意义。这就要求手机运营商通过技术研发，设置更为安全的短信运行功能，控制垃圾短信及不良网站，从源头上杜绝不良信息的干扰。如中国移动北京公司推出“垃圾短信自主屏蔽”等服务措施，遏制垃圾短信肆意蔓延。这证明，手机运营商及有关企业已经意识到加强行业自律与手机安全功能开发的必要性。目前，手机参政正处在一个动态发展的过程中，还没有成熟和定型，因此，我们要把握好其发展的方向，这样才能引领其走向光明正确的道路。

（作者单位：河北农业大学）

第十五部分

军队政治工作专辑

认真抓好《政工条例》贯彻落实
把军队政治工作做得更加科学扎实有效

徐才厚

经党中央、中央军委批准，新修订的《中国人民解放军政治工作条例》（以下简称《政工条例》）已正式发布施行，这是我军思想政治建设的一件大事。各级要把学习贯彻新修订的《政工条例》作为当前和今后一个时期一项重要任务抓紧抓好，努力把思想政治建设抓得更加扎实有效，为更好地推动部队建设科学发展，有效履行我军历史使命提供强大动力和可靠保证。

一、充分认识学习贯彻《政工条例》的重要意义

政治工作是我军的生命线，是实现党对军队绝对领导和军队履行职能使命的根本保证。《政工条例》是我军政治工作的根本法规，是加强军队思想政治建设的基本依据。早在1930年10月，党中央就制定颁发了《中国工农红军政治工作暂行条例（草案）》。80年来，根据时代发展和形势任务变化，先后作了十多次修订完善。无论是战争年代，还是和平建设时期，《政工条例》对规范和指导军队政治工作，推动思想政治建设创新发展，确保党对军队绝对领导，圆满完成我军肩负的使命任务，都发挥了十分重要的作用。

这次重新修订《政工条例》，是党中央、中央军委和胡主席着眼我军建设面临的新形势、新任务，为进一步加强和改进军队政治工作作出的重大决策。修订后的《政工条例》，全面贯彻党的十七大精神，以邓小平理论和“三个代表”重要思想为指导，深入贯彻落实科学发展观，认真贯彻胡主席关于新形势下国防和军队建设重要论述，对军队政治工作的一系列重大问题作了进一步规范。主要有以下几个方面的新发展：

一是充分体现党的创新理论对军队政治工作的新要求。我军政治工作一系列方针原则，是建立在马克思主义科学理论基础之上，并随着马克思主义中国化进程不断丰富发展的。新修订的《政工条例》，全面贯彻和体现了党的理论创新最新成果，鲜明提出用中国特色社会主义理论体系武装官兵，把科学发展观作为国防和军队建设的重要指导方针，贯彻到政治工作的各个方面，体现到对各级党委、政治机关和政治干部的要求之中。胡主席关于新形势下国防和军队建设重要论述，特别是关于新世纪新阶段军队历史使命，思想政治建设“三个确保”时代课题，应对多种安全威胁、完成多样化军事任务等重大战略思想，在新条例中得到充分贯彻，体现了党的创新理论对军队政治工作的新要求。这对于更加牢固地确立科学发展观重要指导方针地位，进一步推动学习实践科学发展观向深度和广度发展，保持军队思想政治建设的正确方向，具有极为重要的意义。

二是积极回答和解决新形势下军队政治工作面临的新情况新问题。当前，部队建设面临的时代条件和社会环境发生了深刻变化，政治工作发挥作用的领域、对象和任务有了很大不同。我军要有效履行新世纪新阶段历史使命，要全面提高以打赢信息化条件下局部战争为核心的完成多样化军事任务的能力，要在意识形态领域斗争尖锐复杂、经济社会深刻变革和官兵成分结构发生很大变化的情况下，始终保持坚定正确的政治方向，这些都对政治工作提出

了新的更高要求。新修订的《政工条例》，着眼这些新的发展变化，充实完善了许多新内容、新要求、新举措，为我们解决政治工作遇到的矛盾问题，更加科学、扎实、有效地推进部队思想政治建设，提供了遵循和依据。

三是认真吸纳部队政治工作实践中创造的新经验。这些年来，我军政治工作在继承中发展，在改进中加强，创造了许多具有时代特色的经验做法。比如，深入抓好党的创新理论武装，扎实开展深入学习实践科学发展观活动，不断加强党组织能力建设和先进性建设，大力培育当代革命军人核心价值观，积极实施人才战略工程，重视开展舆论战、心理战、法律战教育训练，以及做好心理服务工作、搞好对外军事宣传，等等。新修订的《政工条例》，把这些新鲜经验和成功做法上升到法规层面固化下来，必将有力推动和促进政治工作的创新发展。

总之，新修订《政工条例》的发布实施，对于始终把思想政治建设摆在军队各项建设首位，更好地用党的创新理论指导军队建设，解决好“三个确保”的时代课题；对于依法指导和开展政治工作，促进政治工作法制化、规范化；对于推动政治工作与时俱进、创新发展，增强思想政治建设的科学性；对于进一步加强政治机关和政治干部队伍建设，提高做政治工作的素质能力，都具有十分重要的意义。各级要以高度的政治责任感，认真抓好《政工条例》的学习宣传和贯彻落实。

二、准确把握学习贯彻《政工条例》的基本要求

《政工条例》涉及军队政治工作的方方面面，内涵深刻，内容丰富。学习贯彻条例，必须深入领会精神实质，系统把握基本要求，全面抓好贯彻落实。

要深刻领悟和把握政治工作的指导思想和根本原则。我军是党缔造和绝对领导的人民军队，政治工作作为党在军队中的思想工作和组织工作，必须坚持用党的理论贯注部队，把确保党对军队绝对领导作为核心要求和根本出发点。新修订的《政工条例》，在有关我军的性质中规定，中国人民解放军“是用马克思列宁主义、毛泽东思想和包括邓小平理论、‘三个代表’重要思想以及科学发展观等重大战略思想在内的中国特色社会主义理论体系武装的人民军队”；在有关我军建设的指导思想中明确，中国人民解放军必须“高举中国特色社会主义伟大旗帜，坚持党的基本理论、基本路线、基本纲领和基本经验，贯彻毛泽东军事思想、邓小平新时期军队建设思想、江泽民国防和军队建设思想、胡锦涛关于新形势下国防和军队建设重要论述，把科学发展观作为国防和军队建设的重要指导方针”；在政治工作的基本任务中明确，中国人民解放军的政治工作，必须“从思想上政治上组织上确保我军始终成为党绝对领导下的人民军队，确保国防和军队建设科学发展，确保有效履行新世纪新阶段我军历史使命”。学习贯彻条例，一定要紧紧抓住这些带根本性、方向性的重大政治要求。特别是要坚持用科学理论统领和指导政治工作，强化军魂意识，毫不动摇地坚持党对军队绝对领导的根本原则和制度，不断打牢部队高举旗帜、听党指挥、履行使命的思想政治基础。

要全面把握政治工作的基本内容和任务要求。我军政治工作经过几十年的实践和发展，形成了科学完备的内容体系。新修订的《政工条例》，在保持原条例基本内容的同时，着眼回答和解决“三个确保”时代课题，充实了许多新的内容和要求，进一步增强了政治工作的时代性、系统性和针对性。各级对条例规范的政治工作21项主要内容，比如思想政治教育、党团组织建设、干部队伍建设、纪检监察和政法工作、经常性思想工作等，要完整准确把握、全面抓好落实。特别是对这次修订增加的新内容、新规定、新要求，像用党的创新理论建连育人、培育当代革命军人核心价值观、推进学习型党组织建设、搞好人文关怀和心理服务、做好非战争军事行动中政治工作、维护军人军属合法权

益等，要在贯彻落实中深入实践，切实抓出成效。要紧紧围绕有效履行使命任务筹划和开展政治工作，切实在提高部队战斗力中发挥服务保证作用。要结合部队担负的任务和形势发展变化，精心谋划部署，科学制定政治工作规划计划，既突出重点工作和大项任务，又重视抓好经常性基础性工作和其他业务工作，不断提高思想政治建设的整体水平。

要切实履行各级党组织、政治机关和政治干部的职责。各级党组织、政治机关、政治干部，是部队思想政治建设的领导者组织者，是指导和开展政治工作的主体力量。《政工条例》用三分之二以上的篇幅，对各级党组织和政治机关职能任务、各级政治干部职责素质进行了规范，要逐条逐句地学习领会和贯彻落实。当前，要结合贯彻全军党的建设座谈会精神，坚持以党的创新理论武装为根本加强学习型党组织建设，以思想作风建设为重点加强各级党委班子建设，以创先争优活动为抓手加强基层党组织建设，不断提高军队党的建设科学化水平。要按照条例要求，进一步加强政治机关和政治干部队伍建设，引导大家认清肩负的职责使命，真心热爱政治工作，潜心钻研政治工作，着力提高开展政治工作的素质能力。要重视加强旅团政治机关和基层政治干部队伍建设，搞好选拔培养和指导帮助，为他们开展政治工作创造良好条件。

要继承发扬政治工作的优良传统和作风。新修订的《政工条例》，重申了我军政治工作的“三大作风”、“三大法宝”、“三大民主”等优良传统，并增加了“弘扬求真务实精神”、“坚持以人为本”、“三个紧贴”等许多新内容。新形势下，我们要加强和改进政治工作，必须按照《政工条例》要求，很好地继承发扬这些优良传统和作风，并随着时代发展不断赋予新的内涵，切实增强思想政治建设的科学性。要大力弘扬求真务实的科学精神和作风，紧紧围绕部队中心任务和战斗力建设开展政治工作，坚持一切从实际出发，讲实话、察实情、办实事、求实效。要强化以人为本理念，把推动单位全面建设、促进官兵全面发展作为开展政治工作的重要着力点，尊重官兵主体地位和创造精神，关心官兵合理需求，努力做到教育人、引导人与培养人、塑造人高度统一。要按照“三个紧贴”要求，积极探索和把握新形势下政治工作的特点规律，不断丰富政治工作的内容、形式和方法手段，进一步拓展政治工作领域和渠道，完善相关制度和机制，重视加强政治工作信息化建设，推进政治工作创新发展。同时，还要坚持言教与身教相结合，把真理力量与人格力量有机统一起来；坚持解决思想问题、心理问题与解决实际问题相结合，把精神激励、物质激励和政策激励有机统一起来；坚持政治机关、政治干部发挥主体作用与其他部门、其他干部共同参与相结合，努力形成人人来做政治工作、齐心协力推进思想政治建设发展进步的良好局面。

三、切实加强对学习贯彻《政工条例》的组织领导

学习贯彻新修订的《政工条例》，是一项全局性的重要任务，也是一项经常性基础性的重要工作。各级党委和政治机关一定要高度重视，科学筹划，加强指导，在抓落实上狠下功夫。

摆到重要位置、作为大事来抓。各级要把学习贯彻《政工条例》纳入重要议事日程，坚持党委负总责、正副书记亲自抓，政治机关充分发挥职能作用，实施强有力的组织领导。要认真搞好动员教育，引导部队充分认清修订颁布条例的重大意义，准确把握学习贯彻的基本要求，增强贯彻落实的自觉性。要紧密联系本单位实际，采取具体有力措施，推动学习贯彻条例工作的落实。军队新闻媒体要加强舆论引导，搞好《政工条例》主要内容和基本精神的宣传，营造学习贯彻条例的浓厚氛围。

广泛开展学习培训。这是贯彻落实《政工条例》的基础环节。要抓好《政工条例》的普遍学习，切实形成学条例、知条例、用条例的局面。不仅党委机关要学，基层官兵也要学，不仅政治

干部要学，军事、后勤、装备干部都要学，使各级各类干部掌握基本内容、熟知规定要求。要把党委、支部成员和政治干部作为重点突出出来，着力提高依据条例谋划工作的能力、运用条例解决矛盾问题的能力、按照条例抓好落实的能力。要认真研究部署，分层次、有计划地组织各级政治干部进行条例培训。要把学习《政工条例》与学习《党委工作条例》、《党支部工作条例》、《军队思想政治教育大纲》等其他政治工作法规结合起来，与学习贯彻新颁布的共同条令结合起来，加深对条例的理解，增强学习贯彻效果。要把学习贯彻《政工条例》作为党组织自身建设的重要内容，作为政治机关和政治干部队伍建设的经常性工作，作为院校教学和干部培训的基本课程，促进条例学习贯彻经常化、制度化。对新进政治干部队伍、新进政治机关的干部，上岗前都要组织《政工条例》等法规的培训和考核。

坚持依据《政工条例》指导和开展政治工作。各级党委和政治机关要强化《政工条例》法规意识，增强依法指导、照章办事的观念。政治工作的筹划部署要以条例为基本遵循，检查指导要以条例为基本依据，考核评估要以条例为基本标准。要加强对《政工条例》贯彻落实情况的检查督导，及时发现解决学习贯彻中的矛盾问题，纠正违背条例的不良现象，维护条例的严肃性权威性，增强条例的执行力。党委和政治机关特别是各级领导干部要发挥好表率作用，带头按条例办事，影响和带动条例在部队的贯彻落实。《政工条例》是军队政治工作的“母法”，对于其他有关法规制度具有统领、指导和规范作用。要根据新修订的《政工条例》，抓紧修订完善有关法规制度，使之上下配套、相互衔接、协调一致。各级要以学习贯彻新修订的《政工条例》为契机，努力把部队思想政治建设抓得更加扎实有效，为更好地推动军队建设科学发展、有效履行我军历史使命，提供强大精神动力和可靠保证。

（作者：中共中央政治局委员、中央军委副主席，上将）

高标准高质量地
抓好《政工条例》贯彻落实

李继耐

重新修订发布《政工条例》，是全面贯彻落实党的十七大精神，更加牢固地确立科学发展观在国防和军队建设中的重要指导方针地位，进一步加强和改进新形势下军队政治工作的重大举措。党中央、中央军委对修订发布《政工条例》十分重视，胡锦涛主席亲自审定修订方案和条例送审稿，军委郭伯雄副主席、徐才厚副主席多次作出重要指示并亲自审改条例内容，军委常务会议对条例修订稿作了专题讨论，中央政治局常委进行了认真审议。为修订好《政工条例》，总政专门成立课题组，深入部队进行调研，广泛听取意见建议；总政主任办公会多次进行研究讨论，还征求了中央有关部门的意见。可以说，新修订的条例，是充分发扬民主、集中全军智慧的结果。

学习贯彻新修订的《政工条例》，是当前和今后一个时期全军的一项重要任务。军委对抓好《政工条例》学习贯彻作出明确指示，提出了具体要求。这充分体现了军委领导对政治工作的高度重视，体现了军委领导贯彻依法从严治军方针、狠抓条例法规落实的决心和力度。徐才厚副主席的重要讲话,深刻阐述了学习贯彻《政工条例》的重大意义,明确了学习贯彻条例应当把握的主要问题,对抓好条例学习贯彻作了全面部署。徐副主席的讲话,立意很高,思想深刻,针对性强,充分贯彻了胡主席一系列重要指示精神,体现了科学发展观的要求,是对学习贯彻《政工条例》的系统辅导和有力动员,对于我们统一认识、明确任务、理清思路,抓好《政工条例》学习贯彻、推进政治工作科学发展,具有重要的指导意义。各级一定要认真学习领会,坚决贯彻落实。下面,我就抓好会议精神传达贯彻问题,再强调几点:

一、要迅速抓好会议精神的传达学习

这次电视电话会议非常重要,是贯彻落实党中央、中央军委和胡主席决策指示,全面部署学习贯彻《政工条例》,推进军队党的建设和思想政治建设的实际举措。各级要以高度的政治责任感,认真抓好会议精神的传达贯彻。尽快把徐副主席重要讲话原原本本传达到团以上党委机关,主要精神传达到全体干部。要安排专门时间,组织党委机关和政治干部进行学习讨论,进一步统一思想、深化认识,增强抓好《政工条例》学习贯彻的责任感和自觉性。要根据会议明确的任务要求,紧密结合本单位实际,理清学习贯彻条例的工作思路,研究制定贯彻落实的具体举措。要加大舆论引导力度,军队新闻媒体要开辟专栏、专版,大力宣传《政工条例》的基本精神,宣传部队学习贯彻的经验做法,营造学条例、知条例、用条例的浓厚氛围。

二、要下大力搞好《政工条例》的学习培训

《政工条例》是军队政治工作的根本大法,内容丰富,内涵深刻。贯彻落实《政工条例》,学习培训是前提和基础。各级要扎实搞好集中学习培训,以党委、支部成员和政治干部为重点,采取集中办班、以会代训、网上授课等形式,组织大家逐章逐条学习《政工条例》,掌握基本内容,领会精神实质。团以上领导机关在抓好自身学习的同时,要注重搞好宣讲辅导,带动和促进部队的学习。总政准备在适当时机依托南京政治学院和西安政治学院举办《政工条例》培训班,各单位也要根据实际作出计划安排,力争明年6月底前,把所有政治机关干部和基层政治干部轮训一遍。

三、要严格依据《政工条例》规范各项政治工作

新修订的《政工条例》,充分贯彻了胡主席一系列重要指示,体现了部队思想政治建设实践创新、工作创新、制度创新的丰硕成果,揭示了新形势下军队政治工作的客观规律,为我们指导和开展政治工作提供了基本遵循和依据,必须不折不扣地抓好贯彻落实。各级要进一步强化条例就是法规的意识,严格依据《政工条例》筹划部署、组织实施和检查指导工作,尤其要根据条例的新内容新规定新要求,结合政治工作实际,逐条研究拿出落实措施,不断提高政治工作质量。同时,要认真检查和清理与条例不符合的制度规定和做法,促进政治工作制度化、规范化。年底前,各单位要结合学习实践活动"回头看"和年终工作总结,对《政工条例》贯彻落实情况进行一次检查分析。

四、要通过学习贯彻《政工条例》促进年度政治工作任务完成

贯彻落实《政工条例》的成效,最终要体现到完成任务、推动建设上。各级要以学习贯彻《政工条例》为契机,进一步理清思路、提升标准,科学统筹、狠抓落实,高标准高质量地完成年度政治工作各项任务。要深入抓好中国特色社会主义理论体系武装,持续培育当代革命军人核心价值观,扎实推进学习型党组织建设,大力加强思想作风建设,广泛开展创先争优活动,不断推动学习实践科学发展观向深度和广度发

展。要针对年底前部队工作头绪多、任务重的实际,更加科学、扎实、有效地做好政治工作,激发部队旺盛斗志和持续战斗力。要把贯彻《政工条例》与落实共同条令、《军队基层建设纲要》等法规有机结合起来,狠抓经常性基础性工作落实,促进部队建设全面发展和部队安全稳定。

（作者:中央军委委员、总政治部主任,上将）

建设学习型研究型领导班子 为军事科研创新发展提供坚强组织保证

刘　源

在全党深入学习实践科学发展观总结大会上,胡锦涛主席再次强调,“要坚持按照建设马克思主义学习型政党的要求,完善学习制度,丰富学习内容,创新学习方法,努力把各级党组织建设成为学习型党组织、把各级领导班子建设成为学习型领导班子”。军事科研单位要以更高标准深入贯彻这一重要指示,特别要把建设学习型研究型领导班子摆在突出位置来抓,切实为军事科研创新发展提供坚强组织保证。

一、强化建设学习型研究型领导班子的政治责任感

各级领导班子在党的组织系统中处于决策者和领导者的重要位置,肩负着完成上级赋予的各项任务和领导单位全面建设的政治责任。军事科研工作担负着推进军事理论创新、繁荣发展军事科学的职责使命。这就要求我们以更高的标准和更强的政治责任感,加强学习型研究型领导班子建设,深入学习、研究和宣传党的军事指导理论,大力推进军事理论创新。

（一）建设学习型研究型领导班子是适应时代发展特别是新军事变革的迫切需要。当今时代,是一个知识爆炸化、信息网络化、经济全球化、科技高新化、文化多元化的时代。纵览人类发展史,没有任何一个时代人们每天面对的信息如此之多,面对的变化如此之快,面对的竞争如此之激烈。在世界军事领域,则发生着迄今人类军事史上范围最宽广、发展最迅猛、影响最深刻的一场变革。当代世界军事领域的竞争,突出表现为军事理论创新能力的竞争。谁拥有卓越的军事理论创新能力,谁就能率先把握当代军事实践的特点和规律,掌握当代军事发展的战略主动权。各军事大国为抓住机遇、迎接挑战,加快军事发展速度,抢占军事竞争的制高点,纷纷着眼建设信息化军队、打赢信息化战争进行军事理论创新,提出了军事转型理论、系统集成理论、联合作战理论、网络中心战理论、信息战理论等许多崭新理论,从不同程度上揭示了信息化条件下军队建设和作战的特点与规律。正是基于对当今时代特征的准确把握,胡主席深刻指出,“如果我们的领导干部不抓紧学习、不抓好学习,不在学习和工作中不断提高自己,就难以完成肩负的历史责任,甚至难以在这个时代立足”。面对时代发展的大势和世界军事理论创新的激烈竞争格局,各级领导班子要深入贯彻胡主席的指示要求,进一步强化本领恐慌和知识危机意识,切实把学习作为一种政治责任和内在需求抓紧抓实。

(二)建设学习型研究型领导班子是深化军事科研改革创新的迫切需要。胡主席深刻指出,"要拓宽战略视野,更新发展观念,深化科研改革,努力构建具有我军特色、体现时代特征、充满发展活力的军事科学体系"。当前,国际战略形势和国家安全形势发生深刻演变,国防和军队现代化建设进行战略转型,军事斗争准备继续拓展和深化,深化军事科研改革既面临着难得的机遇,也面临着严峻的挑战。各级党委班子如何带领广大科研人员抓住机遇、应对挑战,推进军事科研组织结构创新、科研方式创新、学术思想创新和学科体系创新?最根本的出路还是学习。只有持续地学习,才能持续地创新。《礼记·大学》里有这样一句话,"苟日新,日日新,又日新"。意思是说,如果能每天除旧更新,就要天天除旧更新,不间断地更新又更新。军事科研的生命就在于不断地创新,而创新的源头又在于经常地学习。各级领导班子只有加强学习研究,经常除旧更新,才能保持思想领先、理论领先、能力领先,真正掌握领导军事科研的主动权。

(三)建设学习型研究型领导班子是提高军事科研科学管理水平的迫切需要。提高军事科研科学管理水平,是依法治军、从严治军的内在要求,也是推进军事科研科学发展的重要保证。当前,广大科研人员呈现出学历层次高、理论基础好、认知能力强、工作经历丰富的鲜明特点。做好科研人员的教育管理工作,对各级领导班子的学习能力提出了直接挑战。如果各级领导班子不注重学习、不善于学习,那么我们的思想观念和素质能力很快就会落伍于我们的工作对象,就可能出现"外行领导内行"的现象,既影响领导的威信,也影响工作效果。此外,科研保障队伍也出现了一些新情况新问题。特别是随着大学生士兵数量逐年增加,带来了带兵骨干与大学生士兵之间年龄倒挂、学历倒挂、经历倒挂、能力素质倒挂"四个倒挂"的现象。如何解决这些新课题、做好科研保障队伍的教育管理工作?也迫切需要各级领导班子在加强学习和研究中,摸索特点规律,拿出有效对策。

二、明确建设学习型研究型领导班子的目标要求

党的十七届四中全会《决定》把建设马克思主义学习型政党的总要求,概括为"科学理论武装、具有世界眼光、善于把握规律、富有创新精神"四句话。结合军事科研实际推进学习型研究型领导班子建设,应在遵循这一总体要求的基础上,着力把握以下三点:

(一)围绕高举旗帜、听党指挥,深化理论武装。建设学习型研究型领导班子,必须始终紧抓党的科学理论武装这个根本。一是保持正确的政治方向。各级党组织和领导干部要不断强化政治意识,切实增强政治敏锐性和政治鉴别力,带头抵制西方敌对势力西化、分化图谋,教育引导科研人员正确处理学术民主与政治纪律的关系,严把科研成品的政治关、质量关,确保政治质量与学术质量的统一,确保在政治上不发生任何问题,确保党对军事科研的绝对领导。二是坚持以党的创新理论指导工作。党的创新理论是科学的指导理论。我们要牢牢掌握党的创新理论的精神实质及其所蕴涵的世界观和方法论。思考工作、谋划布局、解决问题、检验成效,都要自觉以党的创新理论为指导,使之真正贯彻落实到以军事科研为中心的各项工作中。三是学习、研究、宣传好党的军事指导理论。在军事科研单位建设学习型领导班子,不仅要引领科研人员深入学习贯彻党的军事指导理论,而且要发挥军事科研优势,努力为部队理论学习提供帮助指导,积极为推进马克思主义中国化、时代化、大众化作贡献。

(二)围绕履行使命、科学发展,提升思维层次。胡主席强调,各级领导干部要"切实提高战略思维、创新思维、辩证思维"。各级领导班子应按照胡主席的指示要求,通过加强学习进一步提升思维层次。一是战略思维。这是一种全局性、前瞻性、方向性的思维。军事科研探究的大多是战略性很强的问题,对各级领导干

部和科研人员的战略思维要求很高。我们要提高战略思维水平，就必须坚持科学发展观这一发展中国特色社会主义的重大战略思想，站在世界军事变革的全局，放眼未来军事发展的趋势，切实从历史的、战略的和全局的高度，科学把握和解答军队建设和作战中的各种难题，切实增强军事科研的前瞻性和预见性。二是创新思维。这是一种打破思维定势、改变思维习惯、推陈出新、开拓进取的思维过程。军事科研以创新为生命，创新思维也是我们各级科研领导干部的必备素质。我们要提高创新思维水平，就必须坚持以中国特色社会主义理论体系为指导，深入学习贯彻胡主席关于新形势下国防和军队建设重要论述，紧盯军事斗争发展前沿，敢于冲破思维定势，不迷信权威，不依赖经验，避免用老眼光看待新事物、用老办法解决新问题，切实以改革创新的精神研究解决军事科研中的各种问题，推动军事科研创新发展。三是辩证思维。这是一种以普遍联系、变化发展和对立统一的视角认识事物的思维。在新的历史条件下，军队建设和军事斗争错综复杂、动态发展，军事科研中如果缺少辩证思维，科研成果就难免片面、落后。我们要提高辩证思维水平，就必须坚持马克思主义世界观方法论，增强工作的系统性，做到统筹兼顾、突出重点、协调有序、整体推进，提高军事科研的科学化水平。

(三)围绕求实创新、知兵谋胜，优化能力结构。各级党组织和科研领导干部要围绕军事科研求实创新、知兵谋胜的职能任务，不断优化能力结构，着力提高“四力”。一是学习力。这是学习型领导班子的根基。要努力做到：具有学习动力，能够积极学习、主动学习、乐于学习；具有学习能力，学习方法得当、学习效率较高、学习成效明显；具有学习毅力，能够克服困难、排除干扰、经常学习、持续学习。二是凝聚力。学习型领导班子是和谐、开放的团体。班子能够积极吸纳党员群众的意见建议，作出每一项决策都能体现班子成员的共同意志。成员之间相互理解，相互支持，心往一处想，劲往一处使，班子的整体效能大于班子成员个人效能的总和。三是创新力。这是学习型领导班子的生命力所在。领导班子在考虑问题时，要着眼履行新的历史使命需求，把握军事理论新的发展趋势，解放思想，实事求是，勇于突破各种陈旧思想和惯性思维的束缚，努力推进军事科研创新和各项建设创新。四是发展力。发展力是学习力、凝聚力和创新力的综合体现，它既是建设学习型领导班子的主要目的，也是检验领导班子学习状况的重要标准。各级领导班子要通过提高发展力来谋划创新发展大计，不断推动军事科研各项建设科学发展。

三、结合实际推进学习型研究型领导班子建设

推进学习型研究型领导班子建设，是一项牵涉到学习理念、学习内容、学习方式、学习方法、学习机制、学习组织领导等诸多要素的系统工程。在此，着重强调以下几个方面问题。

(一)树立“学习工作化、工作学习化”的理念，把学习作为一种基本的生活方式和工作方式。所谓学习工作化，主要强调学习是为了工作、学习渗透工作、学习促进工作、学习就是工作。所谓工作学习化，主要强调工作离不开学习、边工作边学习、工作促进学习、工作就是学习。应着力解决学习和工作“两张皮”的问题，努力把学习与工作内在统一起来，切实把学习融入生活和工作，使学习成为一种基本的生活方式和工作方式。既把学习当成工作的一部分，同时把工作看作对学习的检验，使学习和工作之间形成相互渗透、相互促进的关系，在抓好工作落实中探索学习的新途径，在开展学习中发掘工作的新思路。

(二)以深化中国特色社会主义理论体系武装为首要任务，增强学习的时代性、系统性、实效性。建设学习型研究型领导班子，必须在增强学习的时代性、系统性、实效性上下功夫。各级领导班子不仅要学习马克思列宁主义理论，而且要紧贴时代发展要求，学习好马克思主

义中国化的创新成果，特别要把深化中国特色社会主义理论体系武装作为首要的政治任务来抓。结合军队建设和军事科研实际，各级领导班子应把胡主席关于新形势下国防和军队建设重要论述作为学习重点，尤其要突出胡主席关于推进军事理论创新、繁荣和发展军事科学有关重要论述的学习。应坚持高标准、务求实效性，系统地而不是零碎地、深刻地而不是肤浅地、全面地而不是片面地学习领悟党的创新理论成果，努力掌握科学的世界观方法论，并将其转化为领导各项建设的科学理念、科学思路和科学方法。应把学习党的创新理论同学习科技、学习管理、学习历史、学习外军紧密结合起来，不断丰富知识结构，开阔世界眼光，着力增强军事科研的预见性、系统性、创造性。

（三）着眼学研结合、学研相长，进一步改进学习的方式方法。应紧密结合以军事科研为中心的各项工作实际，加大开放式学习、调研式学习、探讨式学习力度，以研究探讨问题牵引和深化学习成效，努力形成以学促研、以研促学、学研相长的学习格局。应切实把学习着眼点和立足点放在研究解决影响和制约单位建设科学发展的现实矛盾和问题上，尤其是要认真研究解决影响军事科研科学发展的深层次矛盾和问题、影响科研人员切身利益的突出矛盾和问题，影响单位团结和谐和安全稳定的突出矛盾和问题，把建设学习型研究型领导班子的过程，变为化解矛盾、解决问题和推动工作的过程，变为提高班子凝聚力创造力战斗力的过程，切实通过提高学习力来提升科研力和发展力。

（四）充分发挥领导干部和机关的带头示范作用，推动学习“整体升级”。学习型领导班子的学习，不同于一般的个人学习，而是一种更高层次的团队学习，其目的是为了实现一个单位的整体升级。这就要求各级领导班子不仅要带头抓好自身学习，而且要引领和推动所属人员的学习。面对新的形势任务，各级领导干部应进一步强化抓教育者先受教育、抓学习者先学习的责任感使命感，当好学习型领导班子的精心组织者、积极促进者和模范实践者，以实际行动推动学习型研究型领导班子建设的深入发展。

（作者：军事科学院政治委员，上将）

“三栖精兵”何祥美成长历程对深化当代革命军人核心价值观培育的启示

陈国令

某集团军特种大队上士班长何祥美，入伍11年来，牢记使命、精武强能，成为上天能伞降机降、下海能操舟潜水、陆上射击能百步穿杨的“三栖精兵”。走近何祥美，他的成长历程和部队培养何祥美式新一代官兵的生动实践，为各级认真贯彻落实胡主席重要指示，深化当代革命军人核心价值观培育，提供了深刻而有益的启示。

一、正确的理想信念是何祥美成长的立身之本，培育当代革命军人核心价值观，必须突出坚定理想信念这个核心和灵魂。何祥美之所以面对市场心不动、情系操场志不移、瞄准战场弦不松，展示了一名革命军人的“定力之美”，根本在于有坚定的理想信念作支撑。培育当代革命军人核心价值观，必须把铸牢精神支柱作为首要任务，努力造就具有远大理想和执着信念的新一代官兵。一是培养官兵绝对忠诚的政治信仰。这是军人最重要的政治品格，也是最核心的价值要求。何祥美出生在革命老区赣南，从小受红色传统熏陶；入伍后正值全党全军持续兴起学习实践党的创新理论热潮，他坚持在真信中真学，在真学中真用，先后通读10多本理论读物，写下10多万字读书笔记。深入扎实的理论武装，使何祥美对党的朴素感情升华为坚定的政治信仰，从根本上懂得了听谁指挥、为谁当兵、为谁打仗的基本道理。事实证明，党的创新理论既改变了一代中国人的命运，又指明了当代官兵实现理想的方向。培育当代革命军人核心价值观，应把党的创新理论武装作为根本之举，针对尖锐复杂的意识形态斗争，引导官兵把科学理论转化为坚定的政治信仰，转化为分析解决具体问题的能力，转化为立身做人的行为准则，转化为推进部队建设科学发展和完成多样化军事任务的实际成果。二是培养官兵矢志报国的价值追求。解析何祥美的人生轨迹，从安逸的小老板到艰苦的特种兵，从新兵"第一胖"到狙击"第一枪"，历经磨难，但他始终抱定从军报国信念，从不放弃和懈怠。正如他所说，青年官兵只有把个人志向与部队建设事业统一起来，才能真正实现人生价值。当前，社会价值取向日趋多元多样多变，官兵的思想观念、价值取向、行为方式发生了深刻的变化。培育当代革命军人核心价值观，应把端正价值追求作为重要内容，引导官兵校正人生航向，把个人理想融入到党和国家事业需要中，把个人追求定位于有效履行使命上，把个人价值体现在部队建设成效里。三是培养官兵甘于奉献的精神境界。奉献是军人职业的代名词。在改革开放和发展社会主义市场经济的今天，部队官兵面临利益得失考验增多，如何作出抉择，何祥美给了正确答案。面对女友最后通碟、地方优厚待遇、老板高薪聘请，他始终不为所动，总是把砝码加在部队需要这一头，使无数人为之感动。何祥美的成长历程表明，尽管时代在变化，但牺牲奉献精神永远不过时。培育当代革命军人核心价值观，应把强化官兵奉献意识作为永恒课题，引导官兵树立正确的名利观得失观，自觉做到顾全大局、甘于吃亏、乐于奉献。

二、强烈的使命意识是何祥美成长的动力之源，培育当代革命军人核心价值观，必须把官兵思想行为凝聚到献身使命、履行使命的具体实践中。"当兵就当能打赢的兵"，是何祥美使命意识的集中体现。他心里始终装着使命，只要是打仗需要的，就刻苦练、主动钻、力求精，成为掌握30多种特战技能的"三栖精兵"。何祥美的成长历程表明，使命激发责任，使命增添动力。培育当代革命军人核心价值观，最现实的是应强化官兵献身使命精神，提高履行使命能力。一是忧患催生使命，应不断强化官兵练兵打仗的责任感紧迫感。何祥美入伍那年，正值"台独"分子抛出所谓"两国论"，他第一次感受到忧患和责任，从此把命运与使命紧紧联系在一起，无论形势如何变化、岗位如何变动，始终做到练兵精武热情不减。他常说，"位卑未敢忘忧国，小兵心中有大任"。何祥美的志向磨砺于忧患、发展起始于忧患，他的成长历程印证了"人无忧患，睿智不成；军无忧患，战力不成"的古训。应深入抓好使命任务教育，充分认清当兵打仗、带兵打仗是每名军人的职能所在，进一步强化使命责任意识。二是环境激励使命，应切实营造真打实备的浓厚氛围。何祥美这块"好钢"，是在军事斗争准备"熔炉"里锻造出来的。他所在部队是未来作战的新锐力量，以训练要求严、打仗氛围浓著称，涌现了国际特种兵集训"榜样学员"颜启昌、全军狙击手冠军李治军等享誉国内外的特种尖兵，他从穿上军装起就时刻受部队浓厚的爱军精武氛围感染。环境打造人才，何祥美每一个进步都浸透着组织培养的心血，凝结着部队环境的熏陶。核心价值观培育应始终突出环境熏陶和实践锤炼，从难从严从实战需要出发摔打部队，大力宣扬苦练精兵的先进典型，以真抓真备氛围强化官兵真打真练思想。三是岗位连着使命，应引导官兵立足本职提高打赢本领。本职岗位是官兵履行使命的平台。何祥美虽是一名普通士兵，但他身在基层、胸怀全局，把卫国之志转化为精武之行，立足本职苦练绝杀本领，成为上天能伞降机降、下海能操舟潜水、陆上射击能百步穿杨的打赢"多面手"，在平凡岗位上做出了骄人成绩。应教育官兵立足本职践行当代革命军人核心价值观，把远大目标与脚踏实地结合起来，强化干一行、爱一行、钻一行的岗位意识，认真完成各项工作任务，用干好本职、精武强能的实际行动履行使命、书写忠诚。

三、崇高的军人荣誉是何祥美成长的价值之基，培育当代革命军人核心价值观，必须引导官兵把崇尚荣誉融入个人价值实现中。荣誉寄托着军人的希望和追求。何祥美就是一名把崇尚荣誉渗进血脉的青年士兵，强烈的荣誉感激励着他瞄准打赢、不畏艰难，不断向顶峰冲刺，他的成长历程深刻揭示了军人崇尚荣誉的内涵和要求。培育当代革命军人核心价值观，应把崇尚荣誉作为重要道德基础，引导官兵牢固确立正确的荣誉观，自觉珍惜荣誉、追求荣誉、维护荣誉。一是引导官兵把能打赢作为最高荣誉。何祥美常说，战士最大的荣耀是平时练得精、战时打得赢。在他看来，军人最高荣誉就是打得赢，最大耻辱是一旦有事打不赢，损害国家和军队荣誉。打赢使命不仅激发了动力，也使他时刻保持清醒，在鲜花掌声面前，始终把"当能打赢的兵"作为最高荣誉追求，军人生命不息，练兵精武不止。这启示我们，教育官兵崇尚荣誉，应引导他们牢记职能，把抓准备、练精兵作为取荣之道，把能打仗、打胜仗作为最高追求，努力在为打赢事业贡献力量中争得荣光。二是引导官兵在勇夺第一中赢得荣誉。何祥美深知"战场无亚军"的道理，始终保持超越对手的进取精神，为弥补手枪速射与第一名0.01秒之差，他玩命地强化训练，6天用了5卷卫生胶带包扎伤口，最后以0.01秒反超对方。在特种大队这样高手如林的部队，何祥美不仅脱颖而出，而且赢得了"枪王"等美誉。他的成长经历说明，荣誉从来都垂青那些不甘落后、争创一流的人，应教育官兵牢固树立有红旗就扛、见第一就争的意识，树立一般就是落后、平庸就是失职的标准，切实以一流的工作、一流的业绩争取荣誉。三是引导官兵在集体建功中创造荣誉。何祥美始终视集体荣誉高于一切，"猎人"集训中，为了让代表荣誉的连旗在训练场高高飘扬，他刻苦训练，高烧39℃仍坚持参加5公里越野考核；多次代表大队参加重大演练和汇报演示活动，次次出色完成任务，赢得广泛赞誉；把自己摸索的"独门绝技"毫无保留地教给战友，只求提高部队整体训练水平，从来不怕"青胜于蓝"，这是新一代官兵崇尚集体荣誉的生动写照。军队是一个特别强调集体意识和力量的群体，要教育官兵像何祥美那样，大力弘扬集体主义精神，坚持与集体同荣共辱，从集体汲取力量，为集体荣誉努力奋斗。

四、顽强的意志品质是何祥美成长的精神之魂，培育当代革命军人核心价值观，必须锻造官兵过硬的战斗精神和作风。何祥美从普通一兵成长为"三栖精兵"，他的精武之路告诉我们，军人最锐利的不是武器，而是铁一般的意志。培育当代革命军人核心价值观，必须适应履行使命要求，把锻造官兵过硬战斗精神和作风突出出来。一是锤炼坚忍不拔、坚毅顽强的过硬作风。何祥美先天条件并不优越，个子不高，体型偏胖，但他不怕吃苦，勇于挑战。练体能，他每天提前1小时起床，穿沙背心跑步；练射击，他把圆石子、弹壳放在枪管上，一趴就几小时；练潜伏，他向高温挑战，创造了潜伏3昼夜的记录。可以说，何祥美的成绩是汗水血水"泡"出来的，是超常付出"苦"出来的。未来战场的复杂性、信息化作战的残酷性，对官兵战斗精神提出更高要求，应采取多种途径磨砺意志、锤炼品格、锻造毅力，培养官兵百折不挠、攻坚克难的作风和永不服输、永不言败的精神。二是锤炼直面艰险、不怕牺牲的英雄气概。特种兵训练高危课目多，何祥美每次都抢在先、冲在前，将生死置之度外，入伍11年，2次骨裂、10多次闯过生死关，全身留下10多处伤疤，他认为“军人说怕是很丢脸的事，怕死就不要穿这身军装”。何祥美用勇气跨越了一个个生死考验，用行动诠释了“一不怕苦、二不怕死”精神。无论战争形态、时代条件如何演变，这种精神永远是打赢战争、完成任务的关键。应强化官兵为党和人民事业勇于献身的精神，关键时刻、危急关头敢于挺身而出、奋不顾身，誓死完成党和人民交给的各项任务。三是锤炼讲求科学、勇于探索的科学精神。入伍时只有初中文化的他，通过自学拿到大专文凭，成为部队有名的“电脑通”、“网络通”和兵器知识“活字典”，还编写了30多万字的《狙击手培训教材》，完成了2项装备革新，探索了10多种训练方法。在何祥美身上，跳跃着讲求科学、大胆创新的时代音符，展现了新一代士兵的知识元素。建设信息化军队、打赢信息化战争，既需要武艺超群的钢铁战士，更需要善打巧打的新型官兵。应引导官兵增强本领恐慌感，立足本职，不断学习新知识、掌握新技能、探索新领域，努力成为适应现代战争需要的高素质新型军事人才。

（作者：南京军区政治委员，上将）

确立推进部队学习型党组织建设的科学理念和正确思路

张　阳

建设学习型党组织，是新的历史条件下加强党的建设的新创造、新探索，具有丰富的内涵和鲜明的特征。我们必须深刻理解把握党中央、中央军委对建设学习型党组织提出的基本要求，牢固树立终身学习、团队学习、创新学习、学习工作一体化等先进理念，切实把抓建工作的思路搞端正，确保部队学习型党组织建设深入健康发展，取得扎实成效。

一、充分体现“学习型”的内涵，确立科学目标体系。建设学习型政党、建设学习型党组织，是我们党吸收借鉴当今世界“学习型组织”理论，对党的建设和管理的一个重大创新。“学习型组织”理论，是现代管理学最前沿理论之一，认为信息时代任何单位的创建、生存与发展，都必须以“学习型”为前提和起点，主张通过自我超越、改善心智模式、建立共同愿景、团体学习、系统思考等“五项修炼”，提高组织核心竞争力。学习型党组织有着深刻而丰富的内涵，从过去强调的“重视学习”到“学习型”，虽然只是多一个“型”字，但内涵更深了、要求更高了，更加强调把学习作为组织建设的主要特征，把学习作为组织活动的重要内容，把学习作为提高组织战斗力的重要途径。根据中央和军委总部的有关指示精神，部队建设学习型党组织，总的是要高举中国特色社会主义伟大旗帜，坚持以邓小平理论和“三个代表”重要思想为指导，深入贯彻落实科学发展观，坚持把深化理论武装作为首要任务、把加强能力建设作为核心内容、把推进党建工作作为重要课题、把履行使命任务作为基本实践，着力形成重视学习、崇尚学习、坚持学习的浓厚风气，着力提高党员的学习能力、知识素养和工作本领，着力增强党组织的创造力凝聚力战斗力，着力推动部队建设科学发展、有效履行使命任务。应努力达到五个方面的目标要求：一是学习研究氛围非常浓厚。全员学习、终身学习的理念深入人心，领导干部带头学、全体党员自觉学形成风气，学习制度健全落实，形式方法灵活多样，组织保障坚强有力,实现学习的常态化系统化实效化。二是思想政治水平明显提高。马克思主义理论素养进一步提升,理想信念更加坚定,贯彻落实科学发展观和践行当代革命军人核心价值观更加自觉,高举旗帜、听党指挥、履行使命的思想政治基础更加牢固。三是思维理念不断得到更新。进一步解放思想,牢固树立与科学发展观相适应的思想观念,党员干部尤其是领导干部战略思维、辩证思维、系统思维、创新思维水平逐步提高,善于用科学理念和方法想问题、作决策、抓落实。四是能力素质整体优化改善。学习力、创新力、执行力进一步增强,党组织领导单位建设科学发展、带领部队完成多样化军事任务的能力不断提高,广大党员知识结构更加完善,业务技能胜任本职,培养一大批高素质的指挥员、参谋人员、专业技术人员和战斗员。五是学习工作结合更加紧密。坚持学以致用、用以促学,在学习中研究问题、探索规律、推动建设,在工作中增长知识、积累经验、提高能力,做到学习工作一体化。

二、充分体现集体学习特征,探索拓展方法途径。学习型组织突出学习的整体性要求,强调学习的最佳单位是团体而不是个人,不是简单提高个体智力,而是在更高基础上形成团体智商。要强化全员学习、集体学习、交流互动学习的意识,在抓好党员个体学习的同时,更加重视抓好党组织的集体学习,达到相互启迪心智、共享学习成果、整体拓展思维的目的。因此,部队推进学习型党组织建设,应适应这一特点要求,积极探索新的有效组织形式和方法。一是加强研究式学习。开展课题研讨、务虚研讨等活动,以深入学习为基础,以现实问题为牵引,营造深入思考、探讨争鸣的氛围,坚持以研求真、以研求深,使学习研究与科学决策、解决问题、推进发展有机统一起来。二是加强开放式学习。采取走出去、请进来等形式,向实践学习,向群众学习,向地方学习,向外军学习,不断拓宽视野、开阔思路,博采众长,积极吸纳科学的新思想新知识新经验。三是加强互动式学习。采取热点问题大家谈、网上论坛等方法,创建交流思想的课堂和研究问题的平台,通过平等参与、互动交流迸发思想火花,共享思想成果,增强集体智慧。四是加强反思式学习。每项工作特别是完成重大任务后,都要进行总结反思,把计划方案与实际行动进行比照,反思工作筹划中的问题;把行动过程的各个环节进行反思,找出处置与协同上的问题;把实际效果与目标任务进行对比,反思决策是否科学、执行是否得力。通过反思,找出存在问题和差距,深刻分析原因教训,研究改进措施,变经验为智慧、变教训为财富。

三、充分体现部队建设需要,增强学习的实用性。推进部队学习型党组织建设,最终要落实到全面加强党的建设、有效履行使命任务上。因此,学习要突出"军味",紧贴部队建设需要设置和选择学习内容。我们应端正学习的指导思想,处理好博学与精学、"主业"与"副业"、增智与休闲等方面的关系,把广泛性与实用性很好地统一起来,坚持全面而有重点地学习,努力使广大党员干部具备丰富的理论功底、复合的知识结构和全面的能力素质,为推动部队建设科学发展、有效履行使命任务提供人才支撑、智力支持和组织保证。一是着眼打牢高举旗帜、听党指挥、履行使命的思想政治基础抓学习。不断深化中国特色社会主义理论体系特别是科学发展观的学习,突出学好胡主席关于新形势下国防和军队建设重要论述,大力培育和践行当代革命军人核心价值观,努力使党员干部坚定理想信念、强化精神支柱,始终保持政治坚定和思想道德纯洁,坚持高举中国特色社会主义伟大旗帜不动摇,坚持中国特色社会主义道路不动摇,坚持中国特色社会主义理论体系不动摇,坚持改革开放不动摇,坚持党对军队绝对领导不动摇。二是着眼推进现代化建设和军事斗争准备抓学习。党员干部特别是领导干部要刻苦学习国家安全战略和军事战略理论,学习以信息技术为核心的军事高科技知识,学习作战指挥、协同保障等一般原则、方法和程序,学习军事谋略学和基本作战方法，学习军兵种知识及其作战应用原则，打牢信息化条件下作战指挥的基本功。要结合近年来部队遂行非战争军事任务的经验，有针对性地抓好相关理论和知识的学习训练，不断提高组织指挥部队遂行多样化军事任务的能力。要牢固树立科学管理的理念，认真学习现代管理知识，学习现代管理科学的基本理论和方法，掌握新形势下治军带兵的特点规律，提高从严治军、科学管理的能力。三是着眼履职尽责需要抓学习。坚持干什么学什么、缺什么补什么，围绕担负任务学，紧贴岗位职责学，有针对性地学习掌握做好本职工作、履行岗位职责必备的各种知识。广泛涉猎政治、军事、经济、文化、现代科技和管理等方面的知识，不断开阔视野，扩大知识面，夯实履职尽责的知识储备。坚持边学习边思考边总结，注重研究把握形势任务的发展走向、本职领域的政策动向、改进工作的努力方向，切实增强工作的原则性、系统性、预见性和创造性。

四、充分体现党内学习要求，切实弘扬优良学风。建设学习型党组织，作为马克思主义学习型政党的基础工程，必须体现马克思主义政党鲜明的政治性、实践性品格，大力弘扬理论联系实际的学风，始终着眼于部队建设和党员干部队伍实际，坚持学用结合、学用相长，务求在武装头脑、指导实践、推动工作上不断取得新成效。一是切实端正对马克思主义的根本态度。学风问题本质上是一个如何对待马克思主义的根本态度问题。要教育引导党员干部充分认清马克思主义的科学性和真理性，认清马克思主义与时俱进的理论品质，认清党的创新理论与马克思主义一脉相承，增强对中国特色社会主义理论体系的政治认同、理论认同、情感认同，自觉做到真学、真懂、真信、真用。二是切实联系实际解决问题。问题是时代的格言，是思维的动力，没有问题就没有学习。建设学习型党组织要从找问题、列出问题清单开始，围绕问题来研究，通过研究解决问题带动学习、推动部队建设创新发展。要紧紧抓住影响和制约部队建设科学发展的主要矛盾和问题、深化拓展军事斗争准备的重难点问题、官兵期待解决的实际问题，深入进行学习研究，群策群力拿出解决办法。当前，尤其要重视抓好领导干部作风建设，解决好党员干部党性党风党纪方面存在的突出问题。要把加强学习与增强党性、升华思想、陶冶情操紧密结合起来，不断深化讲党性、重品行、作表率教育，下力纠治思想浮躁、违规违纪、用人不公、奢侈浪费、作风不实等问题，务求在端正党风、改进作风上取得新的进步。三是切实抓好主观世界改造。学习型组织理论认为，真正的学习是要促进人“心灵的根本转变”。要坚持把学习作为立身修德的重要途径，作为修炼人品官德的“实验场”，在学习中改造思想和作风，在经常性的内省中清扫“灰尘”、修正错误，切实把党的政治理想、政治路线、政治主张内化为人生追求和价值取向，进一步加强党性修养、纯洁道德情操、提升精神境界、完善人格品质、强化事业追求，真正做到言行一致、表里如一，努力成为以学立德、以学增智、以学创业的学习型党员干部。

（作者：广州军区政治委员，上将）

认真学习贯彻《政工条例》扎实推进政治工作法制化规范化

黄献中

经党中央、中央军委批准,新修订的《中国人民解放军政治工作条例》正式发布施行。这是军队政治生活中的一件大事,对于进一步加强军队政治工作、实现"三个确保"时代课题、推进思想政治建设科学化具有重要意义。我们应认真抓好条例的学习贯彻,努力把我军政治工作提高到一个新水平。

一、提高思想认识,切实把学习贯彻《政工条例》作为一件大事来抓

《政工条例》是我军一部独具特色的重要法规。在军队的各种条令条例中,《政工条例》是唯一一部由党中央批准发布的法规。它依据《党章》和《宪法》制定,经中央政治局常委审议,既发军队、也发地方党委,具有军队其他任何单项条例不可比拟和代替的权威性。《政工条例》从法规层面准确界定了党与军队、国家与军队的关系,科学规范了党对军队绝对领导的基本原则和基本制度,具体明确了军队建设带根本性、全局性、方向性的重大问题,是我军政治工作的根本大法,不仅对加强部队党的建设和思想政治建设具有重要指导作用,而且对整个国防和军队建设都具有重要指导作用。

新修订的《政工条例》具有鲜明的时代性和创新性。我军《政工条例》是一个开放的体系,总是随着实践的发展而不断发展,这是政治工作生生不息、始终充满生机活力的重要体现。修订后的《政工条例》有许多新特点,比较突出的,一是着眼新的实际,全面贯彻党对军队绝对领导的根本政治要求,把确保党的领导各项制度的落实、推进科学发展、履行使命任务作为贯穿条例始终的一条清晰主线;二是适应了时代发展变化,吸纳了借助信息媒介开展政治工作、搞好心理服务等时代元素,与时代衔接更加紧密,更加富有时代气息;三是顺应了官兵意愿期盼,把以人为本写进我军政治工作原则,使尊重官兵主体地位、促进官兵全面发展进一步从制度规范上得到确认;四是体现了改革创新精神,全党的创新实践、全军的成功做法和部队的新鲜经验在条例中得到充分反映,进一步增强了条例的时代感和实践性。总之,修订后的条例,深化了对政治工作特点规律的认识,适应了形势任务发展需要,更加符合部队建设实际,为做好新形势下政治工作提供了基本准则,对于推进政治工作创新发展、始终确保军队建设的正确方向具有十分重要的意义。

学习贯彻《政工条例》是当前一项重大政治任务。我们应站在政治和全局的高度统一思想、提高认识,党委要负总责,正副书记要亲自抓,政治机关要发挥职能作用,切实加强组织领导,把这件大事抓紧抓好抓出成效。结合自身实际,抓紧制定具体措施,对学习贯彻作出科学安排,创新学习形式,丰富学习载体,确保各项工作有力有序推进。搞好舆论宣传,及时推广好的经验,选树先进典型,充分发挥示范和导向作用。报纸媒体和政工网应开办专栏和专题网页,通过刊发言论评论、开办网络学校、交流学习经验等形式,搞好宣传、阐释和动态报道,营造学条例知条例用条例的浓厚氛围。

二、全面系统学习，准确把握《政工条例》的基本内容和基本要求

我军《政工条例》从1930年10月首次颁布以来，80年来历经10余次修订，概括总结了我们党建军治军的根本经验，是我军政治工作规律和经验的集大成。条例文字精炼，积淀十分厚重，内涵极其丰富，寓义非常深刻。学习贯彻条例，必须要在深钻细研上下功夫。

首先，应全面学习。《政工条例》涵盖了政治工作的各个层面、各个系统、各个领域，政治性、政策性、理论性很强。只有全面、完整地学习和研究，才能把握政治工作的精髓要义，更好地搞部署、作指导、抓落实。我们既要学好本职工作的内容、又要了解相互关联的内容，既要学习本级的规定、又要学习上级和下级的要求，通过边读边记、边读边议、边读边悟，切实吃透实质，融会贯通。做好政治工作是各级各部门的共同责任。因此，学习《政工条例》不只是政治机关、政治干部的事情，而且是对机关、部队和所有官兵的共性要求。不仅党委机关要学，基层官兵也要学，不仅政治干部要学，军事、后勤、装备干部都要学。该记的要熟记于胸，常用的要张口就来，该考的要组织考试。采取多种有效手段，督促各级各类人员掌握条例基本内容、熟知条例基本规定。

其次，应突出重点。这些年来，每次修订发布《政工条例》，都标志着政治工作新的理论和实践创新。这次发布的《政工条例》，新增、修改、删减的内容达1500多处，充实了许多新内容新规定新要求。比如，用中国特色社会主义理论体系武装官兵，培育当代革命军人核心价值观，改进创新政治工作，增强思想政治建设科学性；推进学习型党组织建设，党的各级代表大会代表实行任期制，预备役部队设立第一政治委员，党支部要做好推动发展、服务群众、凝聚人心、促进和谐的工作；坚持德才兼备、以德为先用人标准，完善民主、公开、竞争、择优的干部选拔和任用机制；做好非战争军事行动和处置突发事件行动政治工作；开展纪检巡视工作，维护军人军属合法权益，提升军队软实力，等等。这些内容，集中体现了我军政治工作理论创新的最新成果、党对军队的最新要求、部队建设的最新实践。条例的所有规定和要求，我们都应认真学习，深刻把握，抓好落实。同时，应把这些新思想新规定新要求突出出来，一个一个专题地深入学习，在新旧对比中感悟发展、推进创新。这些新内容分布在条例的各个章节，但主题是相同的、目的是一致的。学习贯彻中，应紧紧抓住贯彻落实科学发展观这个核心，确保党对军队绝对领导这个灵魂，有效履行职能使命这个目标，提高党的建设科学化水平这个关键，增强政治工作“一感三性”这个课题，努力深钻细研，真正学深悟透，切实提起学习贯彻的纲和魂，准确把握政治工作创新发展的时代要求。

再次，应搞好结合。学习《政工条例》，既要知道它的现在，也要知道它的源头；既要理解其字面意义，也要把握其深刻内涵；既要明白法规本体，也要懂得相衔接、相配套的规章制度。应把学习《政工条例》与学习毛泽东、邓小平和江泽民同志有关著作结合起来，与学习胡主席关于新形势下国防和军队建设重要论述结合起来，进一步提高对政治工作地位作用的认识，加深对政治工作根本性重大问题的理解。与学习党委支部建设、思想政治教育、干部工作、基层建设等方面的规章制度结合起来，全面把握政治工作的法规制度体系，进一步推进政治工作法制化、规范化。把集中培训与经常学习结合起来，把学习掌握《政工条例》作为加强政治机关和政治干部能力建设的必修课，作为新进政治干部队伍、新进政治机关、新晋升政治工作领导职务干部的资格证，建立健全经常性的学习、培训、研究和考核制度，努力把条例学习这项经常性、基础性的工作抓好。

三、依法规范落实，努力提高政治工作质量效益

《政工条例》是政治工作的基本法规，也是

做好政治工作的根本依据。学习《政工条例》，根本目的在于执行条例、贯彻条例，按条例规范和加强政治工作。应贯彻学以致用、用以促学的要求，坚持在学习中清理、在规范中落实、在实践中提高，使学习的过程成为理清思路、改进工作、促进建设的过程。

依据条例规范工作。法规就是准绳，具有强制性的规范作用。应充分认清《政工条例》的重要地位和作用，牢固确立按条例指导和开展政治工作的观念，坚决纠正凭主观意识、凭经验习惯、凭个人感觉开展工作，离开条例另搞一套的现象，增强条例的权威性和执行力。以条例为依据，对照检查各方面的工作，逐项清理本单位制定的有关制度和规定，凡是符合条例要求的，应继续坚持；凡与条例不一致的，应及时修正；凡条例有要求的，应尽快落实；条例规定比较原则的，还要制定相应的配套措施。积极构建按照条例开展政治工作的运行机制，真正确立按照条例开展政治工作的鲜明导向，使各级做到下发指示、部署工作以条例为依据，加强部队思想政治建设以条例为武器，搞好自身建设以条例为遵循，评价政治工作成效以条例为标准，促进政治工作的制度化、规范化运行。

按照条例创新实践。新条例着眼回答和解决"三个确保"的时代课题，赋予了政治工作新的时代内涵，为改进创新政治工作指明了方向。应贯彻"三个紧贴"要求，按照有利于强化党对军队绝对领导、有利于部队战斗力的巩固提高、有利于保证各项任务的圆满完成的原则，丰富政治工作的内容、形式和方法手段，增强政治工作的时代感和主动性、针对性、实效性。把解放思想作为经常性任务，不断破除陈旧观念、树立科学思维，以观念转变带动思路更新和引领工作创新。科学推进政治工作信息化建设，进一步普及网络政工，建好用好管好政工网，增强政治工作的影响力和时效性。深入探索做好非战争军事行动政治工作的特点规律，积极改进加强提高基于信息系统体系作战能力政治工作。广泛开展政治工作重大问题研究，努力把握新规律、解决新问题、创造新经验，不断为部队政治工作注入新的活力。

运用条例提高能力。《政工条例》对各级各类政治干部的任职经历、工作经验和必备素质作了新的规定；政治工作任务的拓展、内容的丰富，也对政治干部履行职责的实际能力提出了更高要求。应按照条例要求，结合本单位实际，进一步调整充实加强政治机关自身建设的措施，研究制定加强政治干部队伍思想、作风、纪律和能力建设的有效办法，确保高起点筹划、高标准推进、高质量落实。充分认清政治工作的生命线地位，充分认清肩负的重要责任，把政治工作作为崇高事业来追求，进一步增强做好政治工作的光荣感和责任感，做到真心热爱政治工作，潜心钻研政治工作，扎实做好政治工作。积极推进学习型政治机关建设，持续开展学军事强素质活动，加强学习培训、岗位练兵和实践锻炼，努力提高开展政治工作的能力素质。大力加强思想作风建设，带头培育"五种风气"，发扬光大政治工作优良传统，树立政治干部的良好形象，以真理的力量和人格的力量，增强政治工作的说服力感召力。

（作者：沈阳军区政治委员，上将）

建立完善制度执行机制
切实提高反腐倡廉制度执行力

杜恒岩

胡锦涛总书记在十七届中央纪委五次全会上强调指出，“制度的效用取决于制度执行力。建立健全反腐倡廉制度的目的，是通过执行制度深入推进反腐倡廉建设”。这一重要思想，是对我们党反腐倡廉建设理论的丰富和发展，是反腐倡廉制度建设特点规律的科学总结，对于我们深入开展党风廉政建设和反腐败工作，具有十分重要的指导意义。构建适应部队特点的惩治和预防腐败体系，扎实推进部队反腐倡廉建设，需要始终着眼提高制度执行力、增强制度实效，建立完善制度执行机制，营造有利于制度执行的良好环境氛围，充分发挥制度的源头防腐和治本功能。

一、建立完善制度执行的自主运作机制。科学严密完备管用，是制度执行的基础。一定意义上讲，制度执行力，首先取决于制度本身的可执行性、可操作性。从部队反腐倡廉建设实践看，有些制度没有很好落实，一个重要原因在于制度本身设计不够科学，要求过于笼统，规定过于原则，制度执行的自由裁量空间过大。提高制度执行力，迫切需要在抓制度具体化、系统性上下功夫，建立完善制度本身易于执行的有效机制。一是制度构建要注重科学系统。坚持把制度放在党的建设全局中去审视，放到反腐倡廉建设实践中去考量，注重单项制度的功能性，对制度规范的内容过时的及时废止、吐故纳新，有明显缺陷的及时完善、补齐短板，没有涉及到的及时填补空白、创新建立，使制度更加系统高效，更加适应形势任务要求；注重制度之间的互补性，加强顶层设计，搞好整体规划和统筹协调，既重视基本制度的建立，又重视实体性制度、程序性制度、惩戒性制度的规范和配套，既重视党内法规的健全，又注意与国家、军队法规制度的协调匹配，既重视本单位、本系统制度的制定，又重视与军委、总部法规制度的协调一致，使各项制度彼此衔接、环环相扣，强化制度体系的集合效应和整体功能。二是制度规范要注重细化严密。从实践看，制度规范严谨，程序严密，就便于执行。如果弹性空间过大，原则性要求过多，就很难落实到位。中央军委、总部针对新的形势和军队建设的实际，积极推进选人用人、党内民主、财务管理、物资装备采购、工程建设和房地产管理等方面的制度机制改革，并将颁发军队党组织实施党内监督的规定、修订军队领导干部报告个人有关事项的规定，建立和实行军队领导干部问责制，等等。这些制度规定是立足军队建设全局作出的基本规范，具有鲜明的指向性、高度的概括性和普遍的约束力。军区以下部队在执行过程中，应结合部队建设实践和自身实际，注重把原则性要求具体化，程序性要求规范化，分散性要求聚合化，使制度规范的内容程序更加具体、更加具有操作性，切实增强制度的刚性。三是制度落实要注重实践检验。反腐倡廉制度既运用于规范实践，又需要在实践中总结、提炼和升华。制度能不能行得通、管得住、用得好，关键要靠实践进行检验论证。增强制度的操作性，提高制度指导实践的效能，需要加强对部队反腐倡廉建设情况的调查研究，了解真实情况，找准制度与实践的接合点，有针对性地拿出保障制度落实的具体措施，把制度规定的内容、标准、方法、要求转化为易于执行、易于操作的办法，保证制度自主运行的可控性、持续性。

二、建立完善制度执行的学习教育机制。 反腐倡廉制度的执行主体是人，是各级党员干部。这一属性决定了制度执行力受党员干部的主观意识所影响。实践中，一些制度落实质量不高、执行不力，既与党员干部思想觉悟和世界观改造程度相连，又与党员干部制度意识不强，不熟悉、不遵守、不维护制度有着直接关系。提高制度执行力，需要始终着眼打牢党员干部遵纪守法、自觉践行的思想根基，建立完善制度的学习教育机制。一是制度学习坚持常态化。把制度学习作为反腐倡廉教育和廉政文化建设的重要内容，纳入党委中心组学习、干部理论轮训、党课教育和反腐倡廉教育之中，采取集中学习、专题辅导、考察考核、比武竞赛等形式，区分层次、突出重点，分阶段、有步骤地进行针对性、系统性和经常性学习灌输，引导党员干部领会制度的基本精神、熟悉制度的基本内容、明确制度的基本要求，切实做到心中有制度、脑中有纪律、言行有约束，养成自觉执行制度的良好习惯。近年来，各级在党员干部中组织开展党纪条规学习教育、知识竞答、检查考核活动，对掌握制度规定、强化制度观念起到了重要作用。二是制度宣传坚持大众化。制度是人们共同遵守的办事规程和行为准则，制度的制定需要广泛的群众基础，制度的执行同样需要普遍的群众认同。要进一步加大制度宣传力度，尤其对新出台的制度要采取多种形式搞好宣传，让党员干部和广大官兵既了解制度内容是什么，又了解制定制度为什么，既明确制度规范了什么，又明确制度如何执行、如何落实、怎样监督，提高反腐倡廉制度的透明度、影响力和普及率。同时，要注重制度宣传与廉政文化建设的有机融合，利用军营电视台、军营广播、宣传橱窗以及业余文化活动等多种途径，加强舆论引导，努力营造人人维护制度、人人执行制度的良好氛围。三是制度整改坚持实效化。围绕反腐倡廉建设中存在的重难点问题和制度执行中出现的突出问题，适时组织开展专项教育整顿，引导党员干部认真搞好对照检查，自觉以制度为思想的镜子、言行的尺子，经常照一照、量一量。特别是要从保持党员先进性的高度，从思想认识的深处，查找和剖析反腐倡廉制度执行不力、落实不到位的原因教训，扎实搞好整改，切实解决问题，使广大党员干部真正成为制度的忠实拥护者、坚定认同者、自觉执行者。

三、建立完善制度执行的督导检查机制。 加强督导检查，是推进制度执行的有效办法。近年来，各级纪委坚持每年对大项工程建设、征接兵、士官选取等进行专项检查治理，有力促进相关制度规定的落实，取得了明显成效。提高制度执行力，必须结合自身实际，认真学习和借鉴这一成功做法，利用多种时机、采取多种办法、运用多种形式，对部队建设的重点工作、执行重大任务、敏感问题等，要加强制度执行的监督检查，保证反腐倡廉各项制度真正落到实处。一是拓展制度执行的督查范围。进一步明确制度执行的监督主体、监督对象、监督程序、监督方法和监督责任，注重整合监督资源，拓宽监督渠道，发挥党内监督、行政监督、业务部门监督和群众监督作用，建立起贯通上下、连接左右的监督网络，形成监督的整体合力，全方位、多侧面、深层次监督制度的贯彻执行情况。尤其是各级领导机关要利用参加下级党委民主生活会、蹲点帮抓、专题调研、检查工作等时机，加强对制度执行情况的检查，不仅检查制度学习理解得怎么样，还要检查是否结合本单位实际制定具体落实措施；不仅检查各个环节落实得怎么样，还要检查效果明显不明显；不仅检查党员干部自身做得怎么样，还要检查整个单位抓得怎么样，及时发现和纠正存在的问题，确保制度执行不走过场、落实到位。二是健全制度执行的考评体系。把制度执行情况纳入领导干部述职述廉、考核评比和巡视之中，作为评价干部基本素质的一个重要方面，作为考核党风廉政建设责任制的一个重要内容，作为考评单位全面建设的一个重要指标，切实防止和纠正制度执行与不执行、执行得好与坏一个样等问题，形成经常性长效机制，增强检查督促的实效。三是严格制度执行的问责措施。提高制度执行力，必须严明纪律、严格责任，这是抓好制度执行的有力保证。要建立健全制度执行问责机制和奖惩办法，把制度执行情况列入党员领导干部问责范围，对执行好的单位和个人及时进行表彰奖励，对执行制度不力的进行通报批评。对有令不行、有禁不止、随意变通、恶意规避等严重破坏制度的行为，发现一起、查处一起，坚决维护制度的权威性严肃性。

四、建立完善制度执行的组织领导机制。反腐倡廉制度执行的政治性、政策性、综合性强，涉及领导、机关、部队各个层面和党风廉政建设各个环节，必须实施强有力的组织领导。一是坚持党委统管、主官主抓。各级党委需要进一步强化政治意识、责任意识，切实肩负起统一领导的职责，始终把制度执行作为部队反腐倡廉建设的一项紧迫任务，摆上位置，抓紧抓好。坚持制度执行与推进惩治和预防腐败体系建设相结合，与履行党风廉政建设责任制相结合，定期分析反腐倡廉制度执行形势，研究制定具体对策措施。党委正副书记要当好第一责任人，靠前抓、具体管，始终对制度执行实施强有力的领导和指导。二是坚持"一岗双责"、齐抓共管。各级纪委要充分发挥职能作用，搞好制度执行具体工作的组织协调，对制度执行各项措施特别是重要领域和关键环节制度执行的任务进行责任分解，明确责任部门和责任人员，明确完成时限和阶段性要求。加强对制度执行情况的调查研究和监督检查，及时发现和纠正问题，督促抓好落实。机关部门要按照党风廉政建设责任制要求和"谁主管、谁负责"原则，认真抓好本单位、本部门、本系统的制度执行。特别是要依据惩防体系建设任务分工，对自己牵头的制度执行，要负起责任，对配合其他部门的，要主动作为，真正形成齐抓共管的整体合力。三是坚持领导带头、率先垂范。提高执行力，离不开领导干部的率先垂范。领导干部要着力强化制度面前没有特权、制度约束没有例外的观念，把执行制度作为基本的政治素质来培养，作为首要的职责和要求来落实，任何时候、任何情况下，只要是制度有规定的就认真遵守，只要制度明令禁止的就坚决不做，特别是在一些制度规范不明确、执行难度大时，领导干部的态度要十分明朗、行动要十分迅速，始终做到开展工作以制度为依据，指导工作以制度为准绳，检验工作以制度为标准。领导干部不仅要带头学习制度、自觉执行制度、严格遵守制度，还要坚决维护制度，对违反和破坏制度的行为，敢于唱"黑脸"，勇于作"斗争"，以自身模范行动带动和促进反腐倡廉制度的有效执行。

（作者：济南军区政治委员，中将）

以求实创新精神
推动部队思想政治建设科学发展

董万才

部队思想政治建设历来是在坚持求真务实、不断改进创新中发展进步的。当前，我国正处在一个大发展大变革大调整时期，部队思想政治建设只有坚持以科学发展观为指导，把求实创新精神贯穿到各个方面、各个领域、各项工作之中，才能积极适应新形势、迎接新挑战、实现新发展，为推进部队现代化建设和有效履行使命任务提供坚强有力的服务保证。

一、围绕提高部队党的建设科学化水平，大力加强和改进新形势下部队党的建设。提高部队党的建设科学化水平，必须深入贯彻党的十七届四中、五中全会精神和军委《意见》，全面推进部队党的思想、组织、作风、制度建设和反腐倡廉建设，真正把党的政治优势和组织优势转化为推动部队科学发展的强大力量。一是在强化党的创新理论武装上下功夫，扎实推进学习型党组织建设。认识上要引导党员干部不断强化学习是"决定性因素"、"紧迫任务"、"政治责任"的观念，真正把学习变成一种组织行为、自觉行为、长期行为；内容上要突出抓好用中国特色社会主义理论体系武装头脑这项重要战略任务，教育党员干部坚定共产主义远大理想和中国特色社会主义共同理想；方法上要把学以立信、学以修德、学以践行、学以律己作为重要出发点和落脚点，积极探索以学习带动研究、推动工作的有效措施办法，促进学习和研究成果深化转化。二是在增强贯彻民主集中制质量上下功夫，不断提高各级党委班子决策力和执行力。既要解决理解认识上的偏差又要解决贯彻执行中的不足，既要解决发扬民主不够充分的问题又要解决集中不够有力的问题，既要解决正确决策的问题又要解决坚决落实的问题，进一步强化各级党组织按原则、按制度、按程序办事的观念，提高科学决策、民主决策、依法决策水平和贯彻落实决策的执行力。三是在加强思想作风建设上下功夫，有力促进党委班子和领导干部作风建设。根本的是要端正价值追求，把加强党性修养、强化党性观念体现到为党的事业和部队建设不懈奋斗上；本质的是要坚持党的思想路线，把解放思想、实事求是、与时俱进体现到端正工作指导思想、树立正确的政绩观上；基本内涵是忠诚、务实、正派、廉洁，把立党为公、以人为本的要求体现到为官从政、干事创业上；根本评判标准就在于官兵是否满意、战斗力是否得到提高、部队建设是否得到全面发展。同时，要在开展创先争优活动上下功夫，全面加强基层党组织建设，

二、围绕有效履行职能使命，进一步拓展和深化军事斗争准备中政治工作。加强战斗力建设、提高打赢能力，是部队一切工作和建设的最终衡量标准，是推动部队思想政治建设科学发展的基本实践平台。一是大力培育战斗精神，不断打牢忠诚使命献身使命不辱使命的思想基础。要把马克思主义战争观教育常态化，坚持不懈地用"进步的政治精神贯注于军队之中"，使之成为战斗精神的本质内核。把弘扬民族优秀传统文化常态化，大力宣扬中华民族精忠报国、舍生取义、威武不屈的武德文化，不断丰厚当代革命军人战斗精神的历史文化底蕴。把严格训练和任务砺练常态化，充分发挥军事训练特别是完成重大任务对军人磨炼意志、砥砺精神、培养作风的特殊作用，真正把战斗精神培育融入军事斗争准备和部队建设具体实践。二是大力加强人才队伍建设，为基于信息系统体系作战能力建设提供坚强的智力支持。按照高素质新型军事人才培养的总体目标、阶段任务和落实措施，着力加强联合作战指挥人才培养，加大作战部队人才计划管理和调整补充力度，确保主战专业和关键岗位干部素质过硬、充实稳定；着力加强新型作战力量人才建设，完善和规范特招、引进、聘用紧缺专业人才的政策制度，完善院校、厂家、部队相结合的培养机制，不断提高装备技术保障干部能力素质。三是大力做好非战争军事行动中政治工作，为完成多样化军事任务提供有力服务保证。着眼核心军事能力建设要求搞好整体筹划部署，把多样化军事任务政治工作各项准备和建设作为重要抓手，努力推进政治工作实案化、实战化、科学化，打好军事政治仗。认真研究多样化军事任务对政治工作提出的需求，围绕增强政治工作实效建立健全长效机制，着力提高快速反应、快速到位、快速展开的能力，提高决策处置和应对复杂局面的能力，提高依法办事、科学办事和按政策办事的能力。加强对非战争军事行动中政治工作的组织领导，健全组织机构，明确责任分工，提供必要条件，确保遇有情况从容应对，圆满完

成任务。

三、围绕夯实部队建设全面发展的根基，聚精会神地做好抓经常打基础的工作。推动部队思想政治建设科学发展，必须更加重视抓好经常性基础性工作。一是着眼打牢部队科学发展和有效履行使命任务的基础，深入扎实地抓好《纲要》的全面贯彻落实。围绕促进基层建设全面进步和官兵全面发展，扎实搞好普遍学习和重点培训，进一步增强贯彻落实《纲要》的意识和能力。着重抓好党支部书记培训帮带、基层干部队伍稳定提高、大学生干部岗位锻炼和基层紧缺兵种专业、卫生干部调配补缺，不断打牢基层建设的组织基础和人才基础。注意总结宣扬按照科学发展观建连育人、按照体系作战能力建设要求大抓军事训练、按照新的条令条例管兵带兵等方面的先进单位和个人，充分发挥先进典型对基层建设的示范带动作用。二是着眼解决影响制约基层建设科学发展的突出问题，进一步加强对新情况新问题的研究探索。从部队实际看，当前需要对完成重大任务中做好经常性基础性工作进行深入研究，对兵员结构变化给部队建设特别是思想政治建设带来的影响进行深入研究，对正确发挥现代信息传媒功能作用进行深入研究，对搞好官兵心理服务进行深入研究，进一步增强政治工作的时代感和主动性、针对性、实效性。三是着眼有效防范重大安全问题和推动部队安全发展，毫不放松地抓好安全预防工作。要坚持抓经常、经常抓，以不发生政治性问题、重大案件和失泄密为重点，深入开展"四反"教育，严厉打击网上窃密卖密泄密犯罪活动，大力推广平安创建成功经验，切实形成群防群治、齐抓共管的良好局面。同时，又要针对某一个时期的倾向性问题搞好集中整治，尤其要重视抓好重点人员管控、手机网络使用管理、车辆运行管理、枪支弹药管控、伤病残官兵移交、官兵及家庭涉法涉诉问题解决和重要目标安全警卫等，真正把安全预防建立在及时发现问题、解决问题之上，确保部队高度集中统一和安全稳定。

（作者：北京军区政治部主任，中将）

按照"三个紧贴"要求
改进创新部队思想政治教育

张国栋

胡主席关于紧贴时代发展、紧贴使命任务、紧贴官兵实际的重要论述，为改进创新思想政治教育明确了根本原则、指明了发展方向。提高新形势下部队思想政治教育的质量效益，必须按照"三个紧贴"要求，坚持与时俱进，探索特点规律，丰富内涵形式，努力增强思想政治教育的主动性针对性实效性。

一、坚持"三个紧贴"，必须积极适应时代发展和形势任务变化对思想政治教育提出的新任务新要求。思想政治教育只有不断适应时代发展、任务拓展、官兵特点，才能更好地体现时代性、把握规律性、富于创造性。一是必须在适应社会环境的新变化中发挥引领导向作用。信息化是当今时代的一个显著特点。面对教育环境的深刻变化，面对部队出现的新情况、新问题，思想政治教育只有把握信息化对官兵思想带来的深刻影响，才能牢牢掌握意识形态领域斗争的主动权，打好引领官兵思想的主动仗。二是必须在适应使命任务的新拓展中发挥好服务保障作用。近几年，兰州军区部队平均每年参加应急救援行动超过200次。部队在遂行这些重大军事任务中，表现出很高的政治觉悟和强烈的使命意识，思想政治教育的作用一次比一次发挥明显。实践告诉我们，思想政治教育只有紧紧围绕党和国家的工作大局，坚持从可能担负的使命任务出发，才能使广大官兵始终保持强烈的忧患意识、使命意识和职能意识，为有效履行使命任务提供强大的精神动力。三是必须在适应官兵成分的新特点中发挥好教化育人作用。思想政治教育的根本目的是塑造人、培养人、引导人。近年来，部队兵员成分日益多元，80后、90后已成为基层官兵的主体，官兵思想观念、思维方式、价值取向、行为方式呈现出多样化发展趋势。特别是西北地区自然环境艰苦，经济社会依托条件较差，广大官兵面临苦与乐、得与失、生与死的考验十分严峻，教育广大官兵安心本职、无私奉献、艰苦奋斗、献身国防的难度更大。针对这些情况，近年来我们积极探索构建思想教育、心理疏导、人文关怀“三位一体”格局，确保部队思想政治上的高度稳定和集中统一。

二、坚持“三个紧贴”，必须不断丰富和拓展思想政治教育的内容。思想政治教育要想让广大官兵主动“乐之”，必须把满足部队建设需求与满足官兵成长需求结合起来，教之所求，授之所需，施之所用，努力在求新求实求深求真上下功夫。一是在推动创新理论武装大众化上下功夫。紧跟党的创新理论步伐抓好理论武装，在继续重视抓好普遍学起来、长期能坚持、基本会运用的同时，进一步在全面准确学习理解、掌握立场观点方法上树立新标准，在解决官兵现实问题、促进全面发展上取得新成效，在推动基层建设科学发展上迈上新台阶。二是在培育当代革命军人核心价值观上下功夫。以主题教育活动为载体，在不断强化官兵政治、理性和感情认同的基础上，联系担负的使命任务，把当代革命军人核心价值观具体到不同层次人员、细化到各个岗位，使之内化为官兵的坚定政治信仰、立身做人准则和履职尽责标识，自觉躬身践行。三是在强化战斗精神、持续激发练兵动力上下功夫。坚持把战斗精神纳入经常性思想教育、日常军事训练、急难险重任务，注重搞好结合渗透，努力在打牢官兵战斗精神所需的思想基础、心理基础、行为作风和思维方式上下功夫，不断激发官兵热爱党、热爱人民、热爱军队的政治热忱，培育官兵坚忍不拔的意志品质。同时，在努力满足官兵精神文化需求上下功夫，使军营文化与思想政治教育建设相互渗透相互融合。

三、坚持“三个紧贴”，必须努力创新思想政治教育的方式方法。一要探索把解决思想问题与心理问题、实际问题结合起来的新途径。军区部队任务繁重，大多驻地艰苦，信息闭塞，官兵面临多种严峻考验，心理问题、思想问题和实际问题相对突出。思想教育必须坚持与解决实际问题结合起来，满腔热情地帮助他们解决生活、工作和成长进步中遇到的实际问题；必须特别关注官兵的心理问题，紧密结合实际，形成符合实际、特色鲜明的解决心理问题、思想问题和实际问题的路子和办法。二要探索“三式一化”自我教育的新路子。广大官兵是思想政治教育的主体，走开自主式、启发式、开放式和网络化教育的路子，是提高思想政治教育质量效益的有效途径。要善于从官兵普遍关注的问题入手搞教育，“问题大家摆、是非大家辨、道理大家讲、答案大家找”，在集思广益中提高认识水平和思想觉悟。善于用官兵身边的人和事教育人感召人，大力宣扬先进典型，用积极因素克服消极因素。三要探索传统教育方法与现代教学手段相结合的新方式。要充分发挥课堂教育主阵地作用，坚持用好谈心活动、形势报告、随机教育等行之有效的传统方法。同时，积极运用广播、电视、报刊，特别是网络、手机短信等现代传播手段开展教育；运用政工网开展部队思想调查、组织开展教育活动、培训政治干部、交流推广经验等；重视搞好手机短信的教育引导工作，组织官兵开展优秀军旅短信编写传播活动,努力使编写优秀军旅短信成为官兵喜闻乐见的教育新形式新方法。

四、坚持"三个紧贴",必须提高思想政治教育者的素质本领。教育者的能力素质,直接决定教育效果。广大政治干部必须以只争朝夕的精神努力学习、刻苦实践,以自身能力素质的提高促进教育质量的提升。一要研究新特点。要深入研究探索当代青年官兵思想观念、行为方式和价值取向出现的新特点新变化,把官兵成分的新变化搞清楚,弄清出身不同社会阶层、不同社会经历、不同文化程度、不同家庭背景官兵存在的新情况;把官兵价值取向的新追求搞清楚,弄清官兵物质利益观念和学习成才愿望普遍强化的新变化;把握官兵思想问题与实际问题、心理问题的新特征,努力使教育更加适应时代的要求、更加适应官兵的特点、更加适应部队的实际。二要学习新知识。要增强本领恐慌感,抓好用科学理论、科技知识武装头脑的工作,广泛涉猎社会科学、人文科学、自然科学和现代军事技术等方面的知识,及时更新知识结构,全面提高能力素质;特别是要针对当前官兵心理问题增多的现实,加强心理科学知识学习,努力提高开展心理服务工作的能力。三要掌握新手段。要着眼官兵接受信息的新渠道,努力学习掌握开展教育的新技术、新手段,提高运用网络技术和多媒体手段开展教育的能力;坚持形式服从内容,把探索创新教育手段的出发点和落脚点,放在调动官兵的积极性、增强思想政治教育效果上,不断增强吸引力和感染力。

(作者:兰州军区政治部主任,中将)

学习贯彻胡主席重大战略思想 努力建设高素质干部队伍

郑卫平

新世纪新阶段,胡主席站在时代发展和战略全局的高度,着眼党和军队建设事业需要,就努力建设高素质干部队伍和人才队伍,提出了一系列重大战略思想,作出了一系列重大决策部署,这是胡主席关于新形势下国防和军队建设重要论述的重要组成部分,是对党的三代领导核心关于干部队伍建设理论的继承和发展。当前,我国正处在进一步发展的重要战略机遇期,同时又处在一个深刻变革、矛盾凸显期,影响我国安全和发展的现实挑战和潜在威胁十分严峻。军队要有效履行"三个提供、一个发挥"的历史使命,应对多种安全威胁、完成多样化军事任务,最关键最紧迫的是要建设一支忠诚于党、热爱人民、堪当重任的高素质干部队伍。

一、坚持把科学发展观作为建设高素质干部队伍的根本指导方针

胡主席关于建设高素质干部队伍的一系列重要论述,是科学发展观在干部队伍建设上的具体运用和生动展开,深刻揭示了新形势下干部队伍建设的内在规律,明确了加强干部队伍建设的基本方略,为我们提供了根本指导和基本遵循。我们必须牢固确立科学发展观在干部队伍建设中的指导地位,切实把胡主席的一系列重大战略思想贯彻落实到干部队伍建设的全过程和方方面面。进一步解放思想,坚决破除与科学发展观不相适应不相符合的陈旧观念、习惯思维和过时做法,切实树立以人为本、质量效益、科学统筹、全面协调、改革创新、系统优

化、综合集成等科学理念；注重总体筹划，统筹好当前建设和长远建设的关系，统筹好各类人才队伍建设相互间的关系，统筹好干部工作各个环节的关系，确保干部队伍建设各项工作相互促进、整体攀升、平衡发展；确立科学发展的鲜明导向，建立完善准确反映党委班子和领导干部学习运用科学发展观能力和政绩的考核评价体系，把学习运用科学发展观的实效，作为考察党委班子和领导干部政绩的硬标准，注重选那些科学发展观念树得牢、落实科学发展观能力强、推动部队科学发展实绩突出的干部，真正使科学发展成为广大干部的价值追求和自觉行动。

二、坚持把提高选人用人科学性准确性和公信度作为建设高素质干部队伍的关键环节

胡主席强调，要坚持正确用人导向，按照德才兼备、注重实绩、群众公认原则选拔干部，提高选人用人公信度。胡主席的重要论述，体现了马克思主义唯物史观和我们党的群众路线对干部选拔任用工作的本质要求。我们必须切实在选准用好干部、端正用人导向、凝聚军心士气、推动事业发展上取得新的成效。

坚持德才兼备、以德为先的用人标准。这是保持马克思主义执政党先进性和纯洁性的根本要求和重要保证。我们选拔任用干部，既要看才，更要看德，一定要把德放在首要位置，注重从政治品质和道德品行等方面完善干部德的评价标准，真正树立德才兼备、以德为先的鲜明用人导向，使选拔出来的干部组织放心、群众满意。

科学准确考察识别干部。严格落实定期考核、晋升考核、随机考核和结合重大任务考核等制度，坚持走群众路线，广泛听取各方面的意见。特别要注重从履行岗位职责、完成急难险重任务、关键时刻表现、对待个人名利等方面把干部的德考准考实，凡是多数群众不赞成的干部，不能提拔使用。

着力创新完善干部选拔任用制度机制。认真贯彻民主、公开、竞争、择优的原则，抓住推荐、考察、提名、决定等重要环节，重点在扩大符合部队实际的选人用人民主渠道，规范提名程序方式，改进常委充分表达意见的表决方式，发挥全委会在重要干部任免中的作用，以及加强对干部选用监督等方面完善制度措施，为提高选人用人公信度提供制度保证。

进一步匡正选人用人风气。严格按照规定和程序选拔任用干部，广泛听取班子成员、纪委、主管部门和群众意见，加强对干部选用工作的监督，坚决反对和抵制跑官要官、买官卖官、个人运作等不良风气，努力营造靠素质立身、凭实绩进步的浓厚氛围。

三、坚持把培养选拔优秀年轻干部作为建设高素质干部队伍的战略任务

源源不断培养造就大批优秀年轻干部，是胡主席向全党全军提出的一项重大战略任务。在培养选拔优秀年轻干部问题上，我们一定要有战略眼光，有很强的使命意识、责任意识。

正确处理当前需要与长远发展的关系。对培养选拔优秀年轻干部作出长远规划，既要从每一批班子调整抓起，又要注意发现和储备一批有潜力的优秀年轻干部，进行跟踪培养、接力培养。选拔推荐后备干部对象，要实行数量指标和结构比例控制，适当增加优秀年轻干部比例。

正确处理作战部队与其他部队的关系。干部年轻化不是各个方向、每个层面搞普遍年轻化，应突出作战部队这个重点，统筹好作战部队、省军区和军区机关干部的调整使用，使作战部队团以上领导班子年轻化具有显著优势。

正确处理选青与选优的关系。干部年轻化不能简单等同于“低龄化”，必须坚持优中选优、优中选青，培养选拔的对象要让群众服气，经得起实践的检验。对看准了的优秀年轻干部，不拘一格、大胆提拔使用。同时要注意合理使用各年龄段的干部。

四、坚持把增强领导部队科学发展、有效履行使命任务能力作为建设高素质干部队伍的核心要求

胡主席强调,加强军队领导班子和干部队伍建设,要突出增强领导部队科学发展、有效履行使命任务的能力。胡主席的决策思想,充分体现了军队党的能力建设和先进性建设的根本要求,抓住了新形势下加强领导班子和干部队伍建设的核心和要害。

努力建设学习型党组织。以创建学习型党委、建设学习型效率型机关、争当学习型干部活动为抓手,推动学习常态化、系统化、实效化。特别是要在领导干部中持续开展学理论、学科技、学管理活动,着重提高领导班子和领导干部把握方向、战略运筹、科学统筹、组织指挥、改革创新、从严治军和当模范作表率的能力。

进一步拓宽人才培养渠道。充分发挥院校培训主渠道作用,坚持择优送学、训用一致;有计划地安排干部跨军兵种任职代职、机关与部队之间双向代职;进一步走开军民融合式人才培养路子,多渠道吸纳社会优秀人才。

注重提高大学生干部的任职能力。大学生干部已逐步成为部队建设的主体,其素质如何对军队建设关系重大,要采取有效措施提高他们第一任职能力,帮助他们度过进入部队两到三年适应期,促使他们健康成长。

下大力提高干部信息化素质。注重在领导班子和司令机关配备信息化素养较高的领导干部,加强对信息化建设的筹划指导;加大信息化知识学习普及力度,掀起学信息化、钻信息化、用信息化的热潮,抓紧培养一大批联合作战指挥人才、信息化建设管理人才、信息技术专业人才、新装备操作和维护人才,为提高基于信息系统的体系作战能力提供人才和智力支持。

五、坚持把抓好以高中级领导干部为重点的干部教育管理作为建设高素质干部队伍的现实课题

加强对党员干部尤其是领导干部的教育管理,是党中央、中央军委和胡主席始终高度重视、紧抓不放的重大任务。我们要始终把干部的教育管理摆到突出位置,贯彻从严治军方针,落实"四个严格"要求,确保干部队伍纯洁巩固,经受住复杂环境和各种风浪考验。

紧紧抓住理想信念这个根本。坚持不懈地抓好中国特色社会主义理论体系武装,深入开展学习实践科学发展观、培育当代革命军人核心价值观、"讲党性、重品行、作表率"和党性党风党纪教育活动,引导干部自觉加强党性锻炼,筑牢高举旗帜、听党指挥、履行使命的思想根基,确保枪杆子牢牢掌握在忠诚于党的可靠人手中。

着力增强干部事业心责任感。加强思想教育,解决好"为谁当官、为什么当干部"的问题,引导广大干部自觉把党和军队的事业作为人生最高追求。做好经常性思想工作,教育干部以感恩之心对待组织,重事业、淡名利,心无旁骛搞建设,殚精竭虑抓工作。严格奖惩措施,激励大家爱岗敬业、奋发有为,真正无愧于党,无愧于部队,无愧于官兵。

不断推动领导干部作风转变。认真落实"四个大兴"的要求,坚持标本兼治、纠建并举,不断改进领导作风和工作作风。通过严格制度、集中整顿、严肃纪律等途径,下大力纠治思想浮躁、违规违纪、奢侈浪费、作风不实和插手基层敏感事务等问题,以优良的作风形象凝聚意志、感召官兵。

切实规范领导干部权力运行。探索建立决策权、执行权、监督权既相互制约又相互协调的运行机制,大力推进权力运行制度化、规范化和程序化;严格落实领导干部廉洁从政规定,健全责任追究和纠错机制,努力使领导干部的位、权、责达到真正统一。

（作者:广州军区政治部主任,中将）

谈提高党委班子领导部队建设科学发展能力

刘晓江

党委班子作为部队建设的核心领导力量，是推动部队建设科学发展的关键所在。提高党委班子领导部队建设科学发展能力，要深入学习贯彻党的十七届四中全会作出的《决定》、中央军委制定的《意见》和胡主席关于加强党的建设的重要论述，坚持以能力建设和先进性建设为主线，以改革创新为动力，以解决影响制约部队建设科学发展和深化军事斗争准备的突出问题为重点，在保证部队建设正确方向、营造风清气正良好环境的基础上，努力以科学理论指导、科学制度保障、科学方法推进部队党的建设，为全面推进部队现代化建设提供坚强的思想、政治和组织保证。

一、在提高领导部队建设科学发展的本领上要下更大功夫

胡主席强调，深入贯彻落实科学发展观，关键在于提高各级党委领导班子和领导干部领导科学发展能力。各级党委应以建设学习型领导班子为载体，在勤于学习和勇于实践中，不断提高谋划发展、统筹发展、推动发展的本领。

更加注重科学决策。胡主席要求，各级党委要高度重视决策工作，努力提高科学决策、民主决策、依法决策的水平，保证重大决策的正确性。科学决策是目的，民主决策是途径，依法决策是保证。检验和衡量各级党委领导科学发展能力的一个重要标志，就是看其决策水平的高低。从目前情况看，有的党委在决策中调查研究不深入，广泛听取官兵意见不够，情况掌握不全面，决策的针对性、可行性不够强；有的班子成员参与集体决策的积极性不高，对自己分管之外的工作不愿多发表意见，讨论酝酿不充分，集体领导作用发挥得不够好；有的正副书记不善于发扬民主，听不进不同的意见，有时甚至先定调后听意见、先拍板后打招呼，等等。为确保决策的科学性和正确性，一定要坚持集体决策。应认真落实党委统一的集体领导下的首长分工负责制，以“十六字”原则规范决策行为，充分发挥集体的智慧，克服个人认识的局限性，最大限度地减少决策失误、规避决策风险。党委正副书记作为决策的第一责任人，应增强统班子的意识和艺术，正确处理民主与集中的关系，善于调动和发挥班子成员参与集体领导的积极性，善于听取不同意见，鼓励班子成员充分负责地发表意见，使决策建立在充分酝酿、集思广益的基础上。一定要拓宽民主渠道。对事关部队建设发展的重大决策，应深入调查研究、广泛听取意见；对涉及官兵切身利益、倍受关注的事项，应听听官兵的所想所需所盼，维护官兵合法权益，满足官兵合理要求；对工程和装备建设等技术含量高、专业性强的决策事项，应依靠专家力量、组织技术论证，特别是对于一些重大决策事项，不仅要进行可行性论证而且还要进行不可行性论证，真正使党委决策的过程，成为充分集中民智、实行群策群力的过程。

更加注重统筹兼顾。统筹兼顾是科学发展观的根本方法。海军部队类型多、建设任务重、发展领域宽，工作千头万绪，情况千差万别，各级党委应善于统筹全局、兼顾各方，把握攻坚克难的主要方向，抓住关键环节，协调各个方面，坚持以重点工作的突破带动整体建设水平的提升。一是在完成重大任务的同时不间断地加强经常性工作。当前，应注意把安全稳定作为经常性工作的一个重点突出出来，认真贯彻全军

坚持依法治军从严治军、防范重大安全问题集训和海军电视电话会议精神，牢固树立安全发展理念，加大对重大安全问题的防范力度，严防发生重大恶性案件、严重政治性问题、涉军群体性事件，确保部队建设安全发展。持续有力地加强对担负世博会、亚运会安保任务部队的工作指导，树立长期作战的思想，毫不松懈地做好各项工作，充分发挥海军部队在维护社会和谐稳定中的作用。二是在分类指导中统筹好不同类型部队建设。各级党委应牢固树立协调发展的思想，通盘考虑各种类型部队的建设发展，区分不同类型部队情况，科学配置和整合各种力量资源，既要坚持突出重点、急用先建，又要坚持着眼长远、全面推进；既要鼓励先进单位持续又好又快发展，又要帮助落后单位针对差距采取有效措施奋起直追，力争使各个部队的建设同步并进、平衡发展。三是在提高整体水平中体现特色优势。各部队应充分发挥各自优势，积极主动作为，在推进部队建设发展中抓特色、创一流，在互相借鉴、取长补短、你追我赶中实现共同进步、整体提高。

更加注重公正用人。科学发展，关键在人。胡主席指出，“建设坚强的党委班子和高素质干部队伍，对推动部队建设又好又快发展具有决定性意义”。一届党委最大的政绩之一是选拔培养一批能够带领部队科学发展的优秀干部。各级党委应始终坚持“德才兼备、注重实绩、群众公认”和“德才兼备、以德为先”的干部工作原则，认真贯彻落实军委、总部关于干部选拔任用的政策制度规定，准确考核评价干部，切实从部队建设事业需要出发选好人、用好人，树立正确的用人导向，不断增强选人用人的准确性和公信度。一是公正用人、积极实践。做到绝大多数后备干部民主推荐的结果与各级党委考核的结果基本一致，与各级党委掌握的情况基本一致，与群众公认的程度基本一致，广泛地调动广大干部履职尽责的积极性。二是搞好宣传、加强引导。各级党委特别是党委书记应切实掌握扩大干部工作民主相关制度规定的指导思想、重要意义、方法步骤，排除个人功利主义思想杂念，带头宣传、执行相关规定。同时，教育广大干部相信组织、相信群众，自觉把功夫下在提高能力素质、干出工作实绩上。三是积极探索、不断完善。通过研究问题、完善做法，比如采取一定的措施，使参加民主推荐的同志了解被推荐人的德才表现、工作实绩和群众公认的情况，进一步提高民主推荐、票决确定的科学性和准确性。

更加注重开拓创新。当前部队建设正处在快速发展时期，机遇和挑战前所未有，矛盾和问题前所未有，压力和考验前所未有。这就要求各级党委要敢于创新、善于创新，用创新破解难题、推动发展。搞好创新，需要做的工作很多，关键是应善于发现、确定新的载体和抓手。有了新的载体和抓手，就有了解决问题的切入点和突破口，就有了促进发展的杠杆和牵引。比如，在前期的护航行动中，海军各级积极探索实践，有效建立了组织指挥新机制、创造了“岸舰一体”政治工作新模式、探索了远海后勤保障新途径、实现了远海装备前出保障新突破，有力地推动了部队的创新发展。现在，远洋护航进入常态化，各部队应继续运用这个载体，做到每执行一次护航任务，对核心军事能力和非战争军事行动能力都有一次新的检验、新的提升、新的发展，推动部队的全面建设。

二、在发挥党委领导核心作用上要更加充分有效

胡主席反复强调，科学发展观在部队能不能得到有效贯彻落实，关键在党委班子、在领导干部。各级党委一定要按照“坚强有力、奋发有为”的要求，大力加强自身建设，充分发挥在推动部队建设科学发展中的领导核心作用。

向素质优化要综合能力。加强领导班子建设，首先要重视提高各级领导班子的综合素质和能力。部队建设实践证明，领导干部素质不高，就没有领导资格；班子能力不强，就难以发挥领导核心作用。各级党委班子成员应增强责

任感紧迫感，切实按照胡主席“三个素质”、“四个本领”、“五种能力”的要求，自觉把学习作为提高素质、增长本领、做好工作的根本途径。注重岗位复合。复合素质，首先要任职经历复合。应充分发挥海军兵种齐全的优势，进一步走开机关、院校和部队之间、重要岗位主官之间以及各兵种之间干部交流任职、代职的路子，通过多岗位交叉任职，拓宽视野，扩展知识面，切实提高领导能力，特别是领导多兵种建设的能力。另外，应对媒体、法律运用、对外交往等，也是领导干部优化素质的重要方面，亟待采取措施予以提高。注重军政兼备。各级党委成员应深入重大军事活动特别是军事训练一线，锻炼提高军事素质和指挥能力。政治干部应深刻认识到围绕有效履行使命任务抓党建既是一个重要经验，也是一个重要要求。只有准确把握未来信息化战争对政治工作的客观要求，刻苦学习和钻研军事知识，努力提高军事素质，才能防止和避免在军事行动中说不上话、插不上手、使不上劲。军事领导干部也应注重提高做思想政治工作的能力。班子成员只有做到军政兼备，才能充分发挥党委在部队建设中的领导核心作用。应针对联合作战指挥人才缺乏的实际，采取多岗锻炼、积极培养、放手使用等超常措施，培养一批能够独当一面的新型高素质指挥人才。注重知识更新。信息技术快速发展，对各级党委和领导干部领导部队现代化建设和指挥信息化战争的本领提出了新的要求。在积极选送干部入学培训的基础上，各级应采取办班集训、参观见学等方式，组织领导干部学习研究军事高科技知识，掌握运用信息系统指挥平台指挥打仗的本领。各级党委正副书记应带头学习钻研、更新知识，以自身素质的提高，带动整个班子素质和能力的提高。

向团结协作要凝聚力战斗力。增强班子整体合力，是党委的一个重要能力，也是充分发挥党委领导核心作用的一个基本要求。个人能力再强，也没有集体力量强，只有加强团结协作、增强整体合力，才能充分发挥党委集体领导的“倍增”效能。应在坚持原则中维护团结。原则性、战斗性不强，是组织生活中的一个薄弱环节。应大兴批评与自我批评之风，开展积极的思想斗争，努力提高民主生活会质量。党委书记对班子成员应经常提醒，发现问题敢于批评，在重大原则问题、处理敏感事务上，要坚持按党的路线方针政策办。班子成员应经常谈心交心，坦诚相见，敢于讲真话、讲实话、讲心里话，要坚决克服讲面子不讲党性、讲人情不讲原则、讲关系不讲政策的不良风气。应在推进事业中加强团结。每个班子、每个成员都要倍加珍惜部队建设发展的难得机遇，倍加珍惜一起共事创业的机会，共同担当起推进部队建设科学发展的历史责任，真正做到同心同德谋发展、团结协作干事业，使党委真正能够领导部队创造出一流业绩。应在增进感情中巩固团结。团结共事离不开感情基础。班子成员来自五湖四海，由于经历、资历、专长、性格存在不同，在有的方面存在一些不同看法甚至发生一些思想的碰撞是难免的，在这种情况下大家要胸襟开阔、大度宽容，融洽感情、真情相待，在工作中互相支持、互相补台，在生活上互相关心、互相爱护，做到搭一届班子结下一段情谊。

向全面落实要制度执行力。制度的执行是制度制定的归宿。强有力的制度执行力，是发挥党委领导核心作用的一个重要保证。然而，在实际工作中，有的单位制度意识不强，在落实制度上常常落空。对此，应加强对政策制度的学习理解。这是提高制度执行力的重要前提。各级党委应认真学习宪法、法律、党内制度和军事、政治、后勤、装备等方面的条令条例、政策法规制度，每个党委班子成员都应了解熟悉党委领导工作和部队建设的基本制度、基本要求，成为落实政策法规制度的明白人。应强化政策制度的执行能力。实践证明，再好的政策法规制度，如果执行不严甚至不执行，只能是一纸空文。应严格落实条令条例和规章制度，通过强化制度的执行力，树立和维护党委的形象和威信。对兵力行动指挥、干部选拔使用、战场工程建设、物资装备采购等方面的法规制度，党委和班子成员应带头贯彻落实，做到严格按政策、程序和权限办事。对上级制定的法规制度和文件规定，各级党委应结合本单位实际细化为具体的落实措施，同时对下级党委要加强经常性的检查督导，确保各项法规制度落实到位。应抓好政策制度的配套完善。结合推动学习实践科学发展观向深度和广度发展，针对部队建设和管理中遇到的新情况新问题，进一步做好法规制度的"废、立、改"工作，并在执行过程中不断修订完善，切实使各项建设和工作有法可依、有章可循，确保党委对部队的领导更加制度化、规范化。

三、在加强基层党组织建设上要注重抓经常打基础

胡主席指出，军队基层党组织是党在军队全部工作和战斗力的基础。把部队党组织的基础打牢固，是我军的光荣传统，也是军队建设的一个重要法宝。加强新形势下部队党的建设，一定要牢牢抓住基层党组织建设这个基础和主体。

进一步强化党员队伍的党员意识。这是基层党的建设一项经常性基础性的重要工作。现在，党员工作标准一般化、自身形象群众化的问题比较突出。有的在社会上能想到自己是军人，在营区里能想到自己是干部或士官，但很少能想到自己是党员；有的履行义务不自觉，交纳党费靠要，思想汇报靠问，过组织生活靠催；有的先锋模范作用不够好，平时看不出来，关键时刻站不出来。解决这些问题，还是要靠强化党员意识、增强党性观念。应着力抓好教育引导这个根本。胡主席指出，要坚持用党的创新理论建连育人，促进基层全面进步和官兵全面发展。现在，基层党员队伍的主体是80后、90后，这些年轻的党员对党的知识、党的历史、党的传统了解掌握不多。因此，应突出保持先进性这个主线。这是强化党员意识的必然要求。保持党员队伍先进性，特别要搞好分类指导，区分不同类型党员的实际明确不同的实践要求。应引导干部党员围绕"崇尚学习、模范履职、敬业奉献、身先士卒"来体现先进性，引导士官党员围绕"发挥思想骨干、技术骨干、管理骨干、训练骨干作用"来体现先进性，引导义务兵党员围绕"牢记党员责任、履行党员义务、树立党员形象"来体现先进性，引导老干部党员围绕"老有所为、保持本色"来体现先进性，引导非现役人员党员围绕"热爱海军、爱岗敬业"来体现先进性，使在不同岗位、承担不同职责的党员都有体现先进性的载体。同时，应严格入党标准和条件，不单纯追求党员比例，注意从思想政治上加强对入党积极分子的培养，确保发展党员的质量，从源头上保证党员队伍的先进性和纯洁性。应确立创先争优这个导向。最近，中央和总政对开展创建先进基层党组织、争当优秀共产党员活动作出了部署。这项活动是强化党员意识、激发党员队伍生机活力的重要举措。各级应按照统一要求，以"强一线堡垒、树先进形象、促科学发展"为主题，把开展创先争优活动与基层建设"双争"活动有机结合起来，防止两项活动各搞各的、互不相干；先进基层党组织应从基层建设先进单位中产生，士兵中的优秀党员应从优秀士兵中产生；切实在部队形成按照"五好"创先、瞄着"五带头"争优的良好氛围，激励广大党员在推动部队科学发展、有效履行使命、弘扬优良传统、加强基层建设的实践中建功立业、争当先锋。

进一步落实好组织生活制度。落实好组织生活制度，既是增强党员党性观念、提高基层党组织"三个能力"的重要保证，也是加强基层党组织对各项工作领导、行使党员义务和权利的必然之举。应针对新情况新问题拿出新措施新办法，既要把严格落实组织生活制度作为硬任务、硬要求，又要在具体落实上科学组织、灵活安排，做到严格程序不随意变通，严格内容不随意取舍，严格标准不随意放松，严格督促不随意放任。总体安排应坚持围绕中心。把落实组织生活制度纳入年度工作部署，纳入阶段性工作

安排,与中心工作、大项任务通盘考虑、一体筹划,防止把落实组织生活与完成其他工作割裂开来、对立起来。形式方法应坚持灵活多样。注意把落实会议制度同单位建设形势分析,同议学、议训、议管、议教等结合起来,把一些官兵要学党员也要学的政治教育同党课教育结合起来,把民主生活会、民主评议党员同半年和年终总结结合起来,等等。不能机械、简单、一项一项地去抓组织生活落实,应在结合中抓落实、保质量。落实过程应坚持务求实效。落实好组织生活,应与部队工作抓落实有机结合起来。比如,召开支部党员大会研究讨论单位建设发展问题的过程,既是落实会议制度的过程,也是理清思路、推动建设的过程。再比如,把党员汇报制度坚持好了,既能有效掌握党员的思想和工作情况,又能促进基层"两个经常"工作的落实。应把落实组织生活与抓好工作落实、完成各项任务统一起来,对落实组织生活制度情况普遍进行一次自查,尤其对部队反映的党日、党课、党员汇报制度落实不好的问题,应集中整改、务见成效。

进一步完善党支部书记培训工作。抓住了党支部书记队伍,就抓住了基层党组织建设的关键。当前基层党支部书记来源少、改行多,成分新、流动快。解决这个问题,最基本的就是抓好学习培训,保证党支部书记培训经常化、制度化、规范化。一是扩大院校培训数量规模。比如,在海军院校"4+1"其他专业适当增设政治工作和党务工作方面的学习内容,努力提高军事、技术专业学员开展政治工作和党务工作的能力素质,以便将来能担任"一肩挑"的党支部书记。在此基础上,应坚持跟踪培养,优先选拔经过政工专业培训的干部从事政治工作或担任基层党支部书记。对没有经过"4+1"政工专业培训、拟担任基层政工领导岗位的干部应及时送学培训。二是在职培训应落实好三级培训制度。应结合开展党支部书记岗位练兵活动,进一步抓好三级培训制度落实。修订基层党支部书记培训教材,结合形势任务发展变化,对党支部书记应知、应会、应做的内容进行系统规范。三是经常性培训应坚持三阶培训。建立党员入党必须经过培训、新进支委必须经过培训、新进师旅团党委班子必须经过培训的三阶培训制度,使新党员熟知党的基本理论、基本知识,新支委掌握支部工作的内容、程序、方法,新进师旅团党委班子的成员掌握民主集中制和党委工作基本制度,做到既懂得"是什么"、"为什么",又知道"做什么"、"怎么做"。同时,使这项制度逐步规范化、经常化。

加强基层党组织建设,还有一个重要方面就是应切实保障党员主体地位和民主权利。应以落实知情权、参与权、选举权、监督权为重点,进一步提高党员对党内事务的参与度,充分调动广大党员的积极性和创造性。同时,应引导广大党员正确对待和行使民主权利,做到认真履行党员义务与行使民主权利相一致,把行使民主权利的着眼点放在为搞好部队建设建言献计上,放在为提高党支部战斗堡垒作用出谋划策上,为争创基层先进单位贡献力量。

(作者:海军政治委员,中将)

推动政治工作科学发展的基本法规

——谈学习贯彻《中国人民解放军政治工作条例》

王森泰

政治工作是党在军队中的思想工作和组织工作。在军队中建立和开展革命的进步的政治工作，是我们党在军事领域的一个伟大创举，也是我军区别旧军队和其他一切剥削阶级军队的显著标志。为了不断增强政治工作的科学性规范性有效性，我们党历来重视把军队政治工作最新的方针原则和经验做法以法规的形式固定下来，用以指导军队政治工作的科学化建设，这其中的最重要的措施就是制定并不断修订完善《政工条例》。

从1930年我军颁布《中国工农红军政治工作暂行条例》至今，《政工条例》面世已经80年了。80年来，随着我军革命和建设实践的发展，《政工条例》也不断修订完善，至今已经修订了11次，颁布了12部。新修订的《政工条例》的鲜明特点是，通篇贯穿了中国特色社会主义理论体系特别是科学发展观这一主线，在继承原条例基本原则和精神的基础上，进行了大量的实践总结和理论攻关，有许多新观点、新思想、新举措，反映了牢固确立科学发展观在国防和军队建设中指导地位的重要举措、解决“三个确保”时代课题的内在要求和增强政治工作科学性的迫切需要，实现了新形势下政治工作根本法规的与时俱进。在具体内容和要求上有许多实质性的发展和进步，主要体现在以下十个方面。

一、关于军队建设的基本问题

《政工条例》在一定意义上可以称之为军队的“宪法”，它规定的是我军建设的一些带方向性和根本性的问题，具有统揽全军的意义。我军的性质宗旨、职能任务、建设目标以及党与军队的关系等，都是历代《政工条例》规范的重要内容。新修订的条例进一步明确了我军的性质和宗旨，并丰富发展了我军建设的指导思想、职能任务和建设目标，是新形势下包括政治工作在内的军队建设的总依据和总纲领。

1. 进一步明确了我军的性质和宗旨。关于我军性质和宗旨，新修订的《政工条例》基本上沿用了原条例的表述，只是在我军的理论武装方面，增加了包含科学发展观等重大战略思想在内的中国特色社会主义理论体系的内容，从而进一步确立了中国特色社会主义理论体系尤其是科学发展观在国防和军队建设中的指导地位。党的十七大报告指出：“中国特色社会主义理论体系，就是包括邓小平理论、‘三个代表’重要思想以及科学发展观等重大战略思想在内的科学理论体系。”将这一科学论断在条例中明确规范下来，拓展了我军建设指导思想的内涵和外延，进一步明确了我军以党的创新理论指导、高举党的旗帜、坚决听从党指挥的人民军队性质宗旨。

2. 进一步丰富了我军的使命任务和建设目标。新修订的《政工条例》在总则第三条“我军的任务使命和建设目标”中，进一步丰富拓展了我军的职能使命和建设目标。一是明确将胡主席赋予我军“三个提供、一个发挥”的历史使命写了进去。条例增加了“中国人民解放军在新世纪新阶段的历史使命是，为党巩固执政地位提供重要力量保证，为维护国家发展的重要战略机遇期提供坚强的安全保障，为维护国家利益提供有力战略支撑，为维护世界和平与促进共同发展发挥重要作用”。二是增加了“高举中国特色社会主义伟大旗帜”，“胡锦涛关于新形势下国防和军队建设重要论述，把科学发展观作为国防和军队建设的重要方针，着眼全面履行新世纪新阶段我军历史使命”的内容，进一步明确了新形势下军队建设的根本指导。三是增加了“发扬听党指挥、服务人民、英勇善战的优良传统”的内容，明确了我军建军以来最为本质和核心的优良传统。四是增加了“做好军事斗争准备，提高以打赢信息化条件下局部战争能力为核心的完成多样化军事任务的能力”的内容，明确了新形势下政治工作必须围绕提高核心军事能力及完成多样化军事任务能力开展工作。这些内容充分体现了胡主席关于新形势下国防和军队建设的重要论述，以及中央军委对军队建设作出的战略决策，进一步明确了我军建设和发展的方向，必将有力牵引我军建设又好又快地发展。

二、关于政治工作的指导思想和原则

指导思想，是人们正确把握思维方向与行为方向的依据。《政工条例》规定的我军政治工作指导思想，是我军政治工作的基本理论依据和实践依据。新修订的《政工条例》在政治工作指导思想的规定上，增加了"深入贯彻落实科学发展观"的内容。我军政治工作是党按照自己的政治面貌和世界观建设军队、掌握军队和运用军队，实现自身的使命，在军队中开展的思想工作和组织工作。党的方向就是军队政治工作的方向，政治工作指导思想必须紧跟党的指导思想的发展而发展。在党的十七大上，科学发展观被写入党章，并被明确为我国经济社会发展的重要指导方针。新修订的条例增加了科学发展观的内容，这就保证了党的最新指导理论成果，在军队建设特别是思想政治建设领域进入法规、进入思想，指导工作。

军队政治工作的原则，是军队政治工作必须遵循的标准和法则，是政治工作政治性和科学性的集中体现，是政治工作客观规律的反映。2003 年颁发的《政工条例》在总则第十一条"政治工作的原则"中概括出军队政治工作必须遵循的十条原则，实践证明这种概括总体上是科学的，对新形势下我军政治工作发挥了重大的指导和规范作用。这次修订条例，注重保持了政治工作原则的相对稳定性，在保留原有"十大原则"的基本框架内容基础上，着眼政治工作理论和实践的创新发展，对两条原则进行了完善。一是将原来"坚持用科学理论武装部队"改为"坚持用科学理论武装官兵、培育当代革命军人核心价值观"；二是将原来"坚持促进官兵的全面发展"改为"坚持以人为本、促进官兵的全面发展"。培育当代革命军人核心价值观和坚持以人为本，是胡主席关于军队思想政治建设理论的两个核心思想，也是胡主席适应新形势新情况提出的指导军队建设的重大战略思想，条例将两个重大战略思想固化为政治工作必须遵循的原则，具有重大而深远的意义。

三、关于政治工作的基本任务

军队政治工作的基本任务，从根本上讲，是由党、国家和军队的中心任务确定的。政治工作必须保证党、国家和军队各个历史阶段中心任务和总目标的实现，是被历史所证明的我军政治工作的一条基本规律。新修订的《政工条例》规定的军队政治工作的基本任务，是以马克思列宁主义、毛泽东思想和中国特色社会主义理论体系为根本指针，按照新世纪新阶段党和国家的奋斗目标，以及军队的历史使命而制定的。

党的十七大明确了高举中国特色社会主义伟大旗帜，为夺取全面建设小康社会新胜利而奋斗的总任务总目标，新世纪新阶段胡主席赋予我军"三个提供、一个发挥"的历史使命。军队政治工作的使命任务必须据此进行聚焦和拓展。在去年底军队的一次重要会议上，胡主席明确提出"三个确保"是我军思想政治建设必须着力解决的时代课题。这次颁布实施的《政工条例》对新形势下我军政治工作的基本任务作了修订，将"两个服务、四个保证"的表述修改为"两个服务、三个确保"，这是对我军政治工作任务的新拓展新定位，更能体现新形势下政治工作的基本任务的特点，有利于在更高层次思考、谋划和开展政治工作。

四、关于增强政治工作科学性

增强政治工作科学性是新形势下加强和改进思想政治建设的基本要求。所谓科学性，就是政治工作要体现时代性、把握规律性、富于创造性。纵观我军各个历史时期的《政工条例》，可以得出这样的结论：它们都反映了各个历史阶段军队政治工作的实践深度和认识水平，从总体上说，有一个贯穿始终的东西，这就是一切从实际出发、实事求是、具体情况具体分析的思想路线和相信群众、依靠群众，从群众中来、到群众中去的认识路线。这是每一部《政工条例》都能在当时的政治工作实践中发挥指导作用的根本原因。军队政治工作的对象是人，是从事军事实践活动的广大官兵，政治工作要有效、管用，最基本的要求就是主观指导以及方式方法，要与官兵实践要求相适应。

新修订的《政工条例》重申了“实事求是、群众路线”的根本作风和方法，而且以科学发展观为指导，充实了根本作风方法的具体内涵和要求。一是增加了“弘扬求真务实精神”，体现了求真务实与实事求是的一脉相承性和发展性；二是强调“坚持把政治工作渗透到各项建设和任务中去”，“把先进性要求与广泛性要求结合起来，把解决思想问题、心理问题与解决实际问题结合起来，把加强思想教育与完善政策制度结合起来，增强政治工作的科学性”，同时明确提出注重人文关怀和心理服务工作等。这些都是党的思想路线和群众路线在我军政治工作方式方法上的体现，充分反映了政治工作根本作风和方法的时代新内涵新要求；三是增加“坚持紧贴时代发展、紧贴使命任务、紧贴官兵实际，探索和把握新形势下政治工作的特点规律，改进和创新政治工作，增强时代感和主动性、针对性、实效性”。这些内容都是近年来胡主席关于增强政治工作科学性的重要思想，为指导和开展政治工作提供了根本遵循。

五、关于培育和践行当代革命军人核心价值观

新修订的《政工条例》对胡主席明确提出的大力培育当代革命军人核心价值观这一重要思想作了充分的体现。一是体现在政治工作的原则上。将培育当代革命军人核心价值观正式写入政治工作必须遵循的“十大原则”中，进一步明确了科学理论武装与培育当代革命军人核心价值观之间的内在联系。二是体现在思想政治教育内容中。一个人的价值观不是生来就有的，需要通过思想教育、舆论引导、文化熏陶等方面的工作来培育。其中思想政治教育是最直接、最普遍的有效形式。只有把核心价值观培育落实到思想政治教育的基本实践中，才能进入官兵思想，并内化为官兵的自觉行动。

新修订的《政工条例》在第二章第十四条第一款中，明确要求“围绕强化官兵精神支柱，培育‘忠诚于党，热爱人民，报效国家，献身使命，崇尚荣誉’的当代革命军人核心价值观”。这样规范，抓住了新形势下加强和改进军队思想政治教育的根本性问题，既体现了胡主席关于加强我军思想政治建设的战略思想，又科学整合了思想政治教育内容。三是体现在军队各级党委、政治机关和政治干部的职责要求上。条例遵照胡主席关于要把培育当代革命军人核心价值观作为军队思想政治建设的基础工程和灵魂工程来抓的思想，在对军队各级党委、政治机关和政治干部的职责要求中，明确规范了指导开展培育当代革命军人核心价值观的内容。

六、关于提高军队党的建设科学化水平

胡主席指出，党的建设是军队全部工作的基础和关键。党的十七届四中全会提出了“提高党的建设科学化水平”这个重大命题和重大任务。中央军委很快根据军队党的建设实际，下发加强和改进新形势下军队党的建设《意见》，对推进军队党的建设科学化作了战略部署。新修订的《政工条例》根据中央关于加强党的建设科学化的总体要求，结合军队党的建设实际经验，努力从对军队党的思想、组织、作风、制度和反腐倡廉建设等内容的规范入手，着力提高军队党的建设科学化水平。一是在思想建设方面。新修订的条例要求各级党的组织要认真学习马克思列宁主义、毛泽东思想、邓小平理论和“三个代表”重要思想，贯彻落实科学发展观，以中国特色社会主义理论进行思想武装，大力培育当代革命军人核心价值观，打牢广大党员的思想基础。二是在组织建设方面。在第二章“政治工作的主要内容”中增加了“以能力建设和先进性建设为主线，全面加强党的思想建设、组织建设、作风建设、制度建设和反腐倡

廉建设,提高党的建设科学化水平”,“建设学习型党组织,组织党员干部重点学习马克思主义理论,努力掌握和运用一切科学的新思想、新知识、新经验”,“做好党员的发展、教育和管理工作,严格党的生活”,“坚持和健全民主集中制,以保障党员民主权利为根本,以加强基层民主建设为基础,按照规定实行党务公开,推进党内民主建设,维护党的集中统一”等内容,为加强军队党组织建设提供了基本遵循。三是在制度建设方面。条例在第二十五条“党的各级委员会领导制度和原则”中规定,“党的各级代表大会代表实行任期制,其任期与同级党的代表大会届期相同”;在“党委领导制度”中,将“建立健全科学、民主决策程序”改为“科学决策、民主决策、依法决策”,还增加了“以相关政策和法规制度为依据,不断提高领导部队建设科学发展的能力”的内容。四是在作风建设和反腐倡廉建设方面。在各级党委自身建设内容中,新修订的条例明确要求“讲党性、重品行、作表率”。在政治工作主要内容“纪律检查和监察工作”一款中提出,“加强党风廉政建设,组织协调反腐败工作。开展巡视工作。检查监督领导履行职责和廉洁自律的情况”、“进行党性党风教育、反腐倡廉教育”,为加强党风建设和反腐倡廉建设指明了方向。

七、关于干部教育管理制度创新

党的十七大对新形势下干部队伍建设作出了全面部署,提出一系列新思想新观点新举措。新修订的《政工条例》认真贯彻党的十七大精神,充分吸收近年来军队干部教育管理政策制度调整改革取得的新成果,并在有关章节款中予以充分体现。一是提出“坚持德才兼备,以德为先用人标准”。胡主席在十七届中央纪委三次全会上的讲话指出,要“坚持德才兼备、以德为先标准选人用人,使各级领导干部以坚强党性和优良作风,团结带领广大党员、群众迎难而上、共克时艰”。条例在第二章“政治工作的主要内容”、“干部队伍建设”一款中,将过去“坚持任人唯贤、德才兼备的原则”改为“坚持德才兼备,以德为先用人标准”。二是提出完善干部选拔任用机制。选人用人是干部管理的核心问题。近年来,我军干部选拔任用制度调整改革稳步推进,取得了许多重大阶段性成果,构建了指挥军官、参谋军官考评体系,推出考试与考核相结合选拔领导干部的“双考”制度;研制和颁发了干部选拔任用程序规定,加大了年轻干部选拔任用力度;深入实施人才战略工程,联合作战指挥人才、高层次专业技术人才培养形成机制;依托培养工作和文职人员制度全面推开,融合式培养人才的机制不断完善。根据上述制度创新成果及其实践经验,条例在“干部队伍建设”一款中增加了“完善民主、公开、竞争、择优的干部选拔任用机制”的内容,对于进一步提高选人用人质量具有重要作用。三是提出加强干部经常性教育管理。党中央、中央军委十分重视干部特别是领导干部的作风建设。中央军委颁发了《关于加强军队高中级干部教育管理的若干规定》,颁发了《关于进一步加强军队高中级干部作风建设的意见》,全军深入开展“讲党性、重品行、作表率”教育活动,强化了党员干部的党性观念和作风养成。但是,当前仍然存在着一些党员领导干部作风不正的现象,需要进一步强化对干部的经常性教育管理。条例在“干部队伍建设”一款中,还增加了“建立完善干部工作的政策和法规制度,做好干部的经常性教育、培训和管理工作”的内容,对于进一步加强和规范干部队伍教育管理具有重要意义。

八、关于健全政法工作运行机制

军委2008年12号文件明确规定,将全军团级以上单位的政法工作领导小组改为政法委员会,政法委书记由本单位政治主官或者一名政治副职领导担任,委员由司、政、后(联)、装机关及有关部门领导组成。这是顺应国家民主法治建设进程和依法治军要求,进一步加强党委对保卫、军事审判、军事检察和司法行政工作组织领导的重要举措。当前我国正处在人民内部矛盾凸显、刑事犯罪高发、对敌斗争复杂的社会转型期,国防和军队建设面临的形势任务环境发生深刻变化,对军队政法工作提出了新的更高要求。新修订的《政工条例》适应新形势下政法工作的新特点,着眼健全运行机制,在政治工作的主要内容以及各级政治机关职责中,都单独设立了政法工作一款,集中表述相关内容。此外,在“纪律检查和监察工作”一款中,增加了“检查部队执行法律法规和上级决定、命令指示中的问题,受理有关检举、控告和申诉”等内容;在“保卫工作”一款中,增加了“参加平安创建活动”等内容;在“军事审判、检察和司法行政工作”一款中,增加“做好预防职务犯罪工作”、“指导开展法律战工作”等内容。条例从法规制度上回答解决了军队政法工作遇到的各种矛盾和问题,为加强和改进军队政法工作提供了法源依据,不仅丰富了政治工作的内容,而且凸显了新形势下政法工作的重要地位作用。

九、关于完善军事训练、多样化军事任务中政治工作内容

军事训练是部队经常性中心工作,是战斗力生成的根本途径。如何适应军事训练的新要求,将政治工作渗透到军事训练中,发挥服务保证作用,是军队政治工作必须研究的重要问题。随着军队使命任务的拓展,应对多种安全威胁、完成多样化军事任务成为新形势下我军的主要任务,如何做好遂行多样化军事任务中的政治工作,充分发挥服务保证作用和作战功能,也是当前我军政治工作面临的重大课题。为此,新修订的《政工条例》,一是对“军事训练中政治工作”一款的内容作了修改和充实,增加了“贯彻军事训练的方针、原则,保证军事训练的正确方向”、“适应机械化条件下军事训练向信息化条件下军事训练转变,做好使命课题训练、联合训练、战略战役首长机关训练、基础训练中政治工作”,以及“会同有关部门组织开展舆论战、心理战、法律战教育训练”等内容。这些内容充分体现了由机械化条件下军事训练向信息化条件下军事训练转变对政治工作的新要求,对推进训练中政治工作创新具有重要的指导作用。二是提出加强非战争军事行动中政治工作的规定和要求。近年来,从汶川抗震救灾、奥运安保、国庆阅兵到抗洪抢险,军队担负的非战争军事行动任务日益增多,非战争军事行动中政治工作的地位作用越来越突出。以心理服务为例,汶川地震中军队派出88名心理专家,对官兵和受灾民众进行心理疏导,收到了很好的效果。再比如,1990年以来,我军已参加大项国际维和行动18项,累计参加维和官兵11063人,8名官兵在执行维和任务中牺牲,目前还有2115名维和官兵在海外执行任务。这就需要我们对维和部队政治工作进行规范。条例注意吸纳近年来我军在执行非战争军事行动中政治工作经验,在第二章“执行任务中政治工作”一款中,增加了“适应应对多种安全威胁、完成多样化军事任务的要求,进行非战争军事行动中的政治工作,充分发挥我军战斗队、工作队、宣传队作用”等内容。在总政治部、军区级单位政治部职责中,将“领导执行任务中政治工作”从原条例“训练和执行任务中政治工作”一款中剥离出来,单设一款,契合了新形势下非战争军事行动任务增多、难度增大的新要求。三是对“战时政治工作”一款作了必要的修改和充实,在明确规定要“加强党委对作战的统一领导”的同时,强调“保证中共中央战略意图、中央军委作战方针原则和上级命令指示的贯彻执行”,并明确提出开展“四反”工作,也就是“开展反渗透、反心战、反策反、反窃密工作”,并强调“做好伤员、留守人员和参战官兵亲属的工作”、“做好伤亡人员的善后工作”。这些规定对于更好地围绕军事训练和完成多样化军事任务开展政治工作具有重要意义。

十、关于加强政治机关和政治干部能力素质建设

政治机关和政治干部的能力素质是履行好

政治工作职责的关键所在。从部队反映的情况看，广大政治干部素质状况总体是好的，但是也要看到，政治机关和政治干部的能力素质与新形势新任务的需要相比，与履行职责使命的新要求相比，与广大官兵的期盼相比，特别是与贯彻落实科学发展观的要求相比，还存在着活力不够、动力不足、能力不强等问题，一定程度上影响了政治工作作用的发挥。新修订的《政工条例》对各级政治机关提出了一些新的职责要求。主要体现在两个层面上：一是在总政治部职责中增加了三款内容，即“领导执行任务中政治工作”，“领导全军开展舆论战、心理战、法律战的工作”，“领导全军政治工作信息化建设”。另外在原有条款中也增加了一些新内容，如在“领导全军的组织工作”一款中增加了“指导开展党内民主和军队内部的政治民主、经济民主、军事民主”；在“领导全军的干部工作”一款中增加了“组织实施军队人才战略工程”；在“领导全军的宣传教育工作”一款中增加了“指导全军开展培育当代革命军人核心价值观工作”，等等。二是军区级以下单位政治机关的职责中，也比照总政治部职责改动情况，区分不同层次作了相应修改。

同时，新修订的《政工条例》对政治干部能力素质也提出了一些新要求。如在政治委员的能力素质要求上，增加了“学习马克思列宁主义、毛泽东思想、邓小平理论、‘三个代表’重要思想以及科学发展观，自觉用中国特色社会主义理论体系武装头脑”、“善于从政治上、全局上观察和处理问题，具有很强的政治敏锐性和政治鉴别力”、有“较强的领导部队建设科学发展的能力”等。针对政治教导员、政治指导员以及政治部（处）主任等也提出了相应的能力素质要求。

此外，还需要说明的是，新修订的《政工条例》，为各级指导和开展政治工作作出了明确规范，提供了科学依据。要真正发挥条例的指导作用，关键还在于把条例提出的原则要求和各项规定学习好、贯彻好、落实好。从当前情况看，学习贯彻条例需要重点把握好四点：一是要牢固确立《政工条例》是思想政治建设根本大法的地位，二是要学习掌握新修订《政工条例》的本质要求，三是要重点在围绕实现“三个确保”学习贯彻条例上下功夫，四是要在贯彻落实《政工条例》实践中推进思想政治建设创新发展，使我军政治工作在新形势下焕发青春和活力。

（作者：军事科学院副政治委员，少将）

大力加强和改进军事科研中思想政治教育

宋文彬

加强和改进思想政治教育，是推进军队思想政治建设科学化的重要内容。军事科研单位要坚持以《思想政治教育大纲》为基本依据，按照“三个确保”、“三个紧贴”时代要求，着力增强思想政治教育的科学性实效性，为繁荣发展军事科学提供可靠政治保证、强大精神动力和有力智力支持。

一、充分认清加强和改进军事科研中思想政治教育的重要意义

加强思想政治教育，把一切工作的进步建立在思想进步的基础之上，是我军建设的一条重要原则。新形势下，着眼“三个确保”、“三个紧贴”，加强和改进军事科研中思想政治教育，

更加重要，更为紧迫。

确保军事科研正确方向的客观需要。我军思想政治教育一项重要职能作用，在于确保“党对军队实施思想政治领导”。军事科研工作既有很强的学术性，也有鲜明的政治性，在党的思想政治领导上要求更高、标准更严。科研人员承担的科研课题大都涉及国防和军队建设战略性、方向性、全局性重大问题，而且对外学术交流多、应邀讲学多、接受采访多、出国出境多，一旦出了政治思想问题，就可能给国防和军队建设带来无法估量的损失和影响。因此，必须站在确保党对军事科研实施有效思想政治领导的高度，深刻认识做好军事科研中思想政治教育的重要意义，切实把加强和改进军事科研中思想政治教育作为一项重要政治责任来抓，确保“笔杆子”始终听从党中央、中央军委和胡主席的指挥。

加强科研单位全面建设的中心环节。加强和改进思想政治教育，扎实有效地做好官兵的思想引导和精神激励工作，对于服务保证以军事科研为中心各项建设的科学发展，起着至关重要作用。当前，少数政治干部对思想政治教育地位作用产生怀疑，认为教育是“软指标”、是个“务虚”的工作，不像抓科研那样用心、用力，造成一些单位思想政治教育不得力、效果不明显，很大程度上影响了军事科研中心任务完成。实践充分证明，一个单位的党组织和领导重视思想政治教育，单位风气就好、人心就齐，就容易出科研成果；反之，如果忽视思想政治教育，单位的精神面貌就会差得多，建设就会受影响。各级党组织和领导干部要增强做好思想政治教育工作的光荣感和责任感，树立真抓真有用、有力就有效的意识，切实把思想政治教育作为部队全面建设的中心环节来抓。

推进军事科学繁荣发展的重要保证。军事科研人员肩负着繁荣发展军事科学的职责使命。当前，绝大多数科研人员都把军事科研作为毕生事业来追求，表现出昂扬进取、奋发向上的精神状态，但也有少数同志在思想认识、精神状态、价值追求等方面存在一些问题。比如，有的不能正确对待“名”和“利”；有的进取心不强，只求无错，不求突破；有的作风飘浮，静不下来，沉不下去，等等。这些现象和问题，严重影响和阻碍了军事科学事业的繁荣发展，迫切需要加强和改进思想政治教育，有效引导大家把智慧和力量凝聚到干科研、钻科研、兴科研上来。

二、切实把握军事科研中思想政治教育的工作重点

扎实抓好中国特色社会主义理论体系武装。要深入组织学习马克思列宁主义、毛泽东思想、邓小平理论和“三个代表”重要思想，深入学习贯彻科学发展观，深刻领悟胡主席关于新形势下国防和军队建设重要论述，全面理解把握党的军事指导理论，不断提高战略思维、创新思维、辩证思维能力，为军事科研创新发展奠定思想理论根基。要把科学发展观放在中国特色社会主义理论体系中系统学习，放在我们党推进理论创新和实践创新的历史进程中加深理解，巩固和深化深入学习实践科学发展观活动取得的认识成果、实践成果和制度成果，着力推动学习实践科学发展观向深度和广度发展。要大力弘扬理论联系实际的马克思主义学风，坚持学习理论与指导实践相结合、运用理论与创新理论相结合、理论学习与专题调研相结合，着力研究解决制约军事科研创新发展的重点难点问题。

深入开展树立和践行正确科研价值观主题教育活动。军事科研中思想政治教育必须突出培育践行当代革命军人核心价值观这个时代主题，并把树立和践行正确科研价值观作为有力抓手来落实。要深入调查研究，搞好思想形势分析，切实把科研人员的思想观念、价值追求和行为方式等新情况新特点搞清楚；要强化问题意识，着力解决科研人员在思想观念、价值追求、精神状态、道德情操等方面存在的问题，切实把科研人员的心思和精力引导到军事科研创

新发展上来;要搞好结合转化,坚持把主题教育同理论武装、经常性思想工作有机结合起来,渗透到军事科研的各个环节和全过程,确保以军事科研为中心各项任务的圆满完成。

积极推出一批求实创新的科研先进典型。一个典型就是一面旗帜,就是一部思想政治教育的生动教材。要动员和组织广大官兵参与到科研先进典型的挖掘、宣传和推广中来,切实用身边人、身边事影响和带动军事科研发展进步。要在宣传老典型的基础上,注重培育新典型,努力形成不同类型、不同层次的典型群体,使大家近学有榜样、远学有目标。要把深入挖掘、宣传和推广科研先进典型的过程,转化为培育当代革命军人核心价值观、树立正确科研价值观的过程,转化为广大科研人员提高思想觉悟、激发工作热情、强化敬业精神、提升综合素质的过程,充分发挥科研先进典型的示范激励作用,为军事科研创新发展提供精神动力。

三、着力增强思想政治教育的科学性实效性

思想政治教育是一门科学,注重以科学理论教育人、引导人、武装人、塑造人。抓思想政治教育必须防止和克服盲目性、随意性、情绪性等问题,切实遵循客观规律,坚持依法指导,采取科学方法,着力提高科学化水平。

适应时代发展新挑战,努力增强思想政治教育的时代感。在经济全球化、政治多极化、社会信息化和世界新军事变革的时代背景下,开展军事科研中思想政治教育工作,必须紧扣时代发展脉搏,紧跟时代前进步伐。要树立开放的"大教育观"。纠正以往那种关起门来搞教育的做法,努力把教育的空间向社会延伸、向实践拓展。在抓好集中学习、课堂辅导的基础上加大"请进来、走出去"力度.适时组织官兵到革命传统教育基地和改革开放典型单位参观见学、座谈了解,让大家实地感受我党我军的光荣传统,亲身感受时代发展的新鲜气息。要全面贯彻"以人为本"要求。切实把尊重理解人、教育引导人、关爱服务人、培养塑造人,作为思想政治教育的根本出发点和落脚点。教育过程中,要充分尊重广大科研人员的主体地位,不断增强他们的主动意识,积极调动他们的内在动力,努力营造人人参与增长率、人人接受教育的格局。要着力提高思想政治教育的快速反应能力,思想政治教育必须提高快速反应能力,否则就跟不上党的理论创新步伐,就踏不准官兵思想变化的节拍。在抓好集中教育解决共性问题的同时,要加强随机教育引导,扎实做好"一人一事"的工作。要提高敏感性、增强预测性,洞察官兵的细微变化,掌握官兵的思想轨迹,努力把工作做在前头,把问题和矛盾解决在萌芽状态。

适应军事科研创新的新需求,深入探讨服务保证的新途径。国际战略形势和国家安全形势的深刻演变,国防和军队现代化建设的战略转型,军事斗争准备的拓展和深化,对军事科研创新发展提出了新的任务和要求。思想政治教育要积极适应军事科研创新的大局和需求,切实发挥"服务保证"作用。要强化"阵地"意识。政治干部要强化守土有责、守土尽责意识,坚持高格调,唱响主旋律,打好主动仗,旗帜鲜明地同各种不良倾向和错误思想作斗争,坚持用党的创新理论指导和引领军事理论创新,要加强科学统筹。强化统筹意识和系统思维,妥善处理工学矛盾,统筹兼顾理论武装、主题教育、科研工作以及其他工作的关系,使各项工作有条不紊、有序展开、共同推进。要抓好结合渗透。在内容设置、时间安排、力量组织、活动配合等方面,都要把抓教育同抓科研创新"捆绑"起来,使军事科研创新的过程,成为教育同步展开、持续发挥作用的过程。要把思想政治教育渗透到科研选题立项、集智攻关、结题上报、成果评选等各个环节,努力使思想政治教育同军事科研创新融会贯通,达到"随风潜入夜,润物细无声"的效果。

适应官兵思想行为的新变化,不断改进创新思想政治教育的方法手段。要加大调查研究

的力度。坚持深入科研和工作一线，通过现实思想分析、开展谈心活动、平时调查了解等多种途径，切实把教育对象的特点研究透，把科研人员的思想脉搏把握准，把思想问题的根源找清楚，把教育引导的应对措施制定好。要加大运用网络的力度。互联网络的迅猛发展，已成为人们学习、工作、生活离不开的工具，也成为开展思想政治工作的好帮手、好助手。政治干部要把网络作为重要的工作方式，善于利用各种网络平台，增强思想政治工作主动性时效性。要加大心理服务的力度。把心理科学的理念和方法融入到思想政治教育当中，把促进思想进步与保持心理健康紧密结合起来。认真组织参加全军心理咨询师培训活动，为心理服务工作培养骨干力量。要加大制度规范的力度。在扎实抓好《思想政治教育大纲》、《军队团以上领导干部在职理论学习规定》等教育法规贯彻落实的同时，紧密结合军事科研实际研究制定具体办法措施，不断提高思想政治教育的法制化水平。要加大言传身教的力度。政治干部要强化抓学习者先学习、抓教育者先受教育的思想意识，在各项工作中率先垂范、身先士卒，以坚定的政治信仰、高尚的道德品质、健康的生活情趣，增强官兵思想和情感上的认同，切实提高思想政治工作的感召力、亲和力和公信力。

（作者：军事科学院政治部副主任，少将）

论抓典型

康士建

一

善用典型指导工作，是我党一贯倡导的科学领导方法，是我军政治工作优良传统，是领导机关激发引导部队官兵献身国防、建功立业积极性创造性的有效举措。我军历来重视抓典型工作。建军八十多年来，总结推广过难以计数的先进经验，树立过成千上万个执行命令指示坚决、完成各项任务出色的先进单位和个人，仅全军和各大单位就宣扬奖励了五千余名英模单位和个人。无数军旅典型以其辛劳血汗和宝贵生命，为军魂、国魂、民族魂不断注入新的时代元素和精神营养，凝成爱国主义、集体主义、革命英雄主义的壮美史诗，生发辐射出的深远影响力和巨大感召力，足令后人“高山仰止、景行行止”，成为中华民族伟大革命时代的历史记忆。

进入新世纪，在军委、总政领导下，各部队以党的创新理论为指导，不断改进抓典型工作，总结推出了大量适应新形势新使命需要、体现治军制胜特点规律的成功经验，培育宣扬了大批结晶我军精魂、体现时代风貌、引领社会主流价值方向的重要典型，有力地指导和推动了军队现代化建设，全军上下出现英模示范、将士争优的可喜局面。尤其是在全军重点宣扬的“英雄硬六连”、“英雄军事五项队”、某集团军防空旅和成都军区炮兵某团等先进集体典型，胡筱龙、华益慰、方永刚、杨业功、李中华、丁晓兵、江勇西绕、向南林、何祥美、江曼舟等先进个人典型，他们的先进事迹及其崇高精神，享誉军营内外，深入军心民心，彰显了我军听党指挥、服务人民、英勇善战的优良传统和中华武德魅力，对于鼓舞广大官兵践行当代革命军人核心价值观、扎实推进部队建设科学发展和军事斗争准备，对于有效履行新的历史使命、塑造我军“软实力”和向世人展示我威武文明之师形象，发挥了无可替代的引领、促进和宣示作用。

在肯定抓典型取得重要成绩的同时，也应清醒冷静地看到，一些单位在这方面存在若干需要注意的问题。比如，在典型选育上，急于求成，平时“育苗”和宣传准备工作不够扎实有序，听闻或感觉上边打算突出抓哪项工作时就追风赶浪，带着框框到部队找线索、摸底数、编材料，甚至搞揠苗助长、靠笔下萌花催生典型；或选育的典型离部队中心工作相对边缘，聚焦使命任务尤其是军事训练不够紧密，影响了宣传学习的效果。在典型报批上，或是不按规范程序办事，绕开上级职能部门去找关系、上内参、活动批件，因缺少必要的考核把关，有的事迹不准、不实、不硬；或是相互攀比、照顾平衡，致使宣传典型数量多，质量却不够均衡，这都影响着宣传学习典型的广度深度。在典型运用上，或重树轻用，满足于或停留在上级作出学习决定、颁奖表彰、巡回报告、报刊有名、影视电台网络有影有声，而在组织部队官兵广泛深入学先进、用经验、搞好成果转化上用心用力不够，弱化了典型的示范引导作用；或重外轻内，暗于知己，墙里开花墙外香，用本单位典型事迹和经验指导推动自身建设缺乏工作力度。还有的重宣轻教，对典型放松教育管理，导致个别典型滑坡退步或出问题。

分析上述问题成因，客观地看，确与少数同志不了解全局工作，不熟悉典型培育、呈报、宣传政策规定等必备常识和上级意图有关。从主观上看，主要是有些同志抓典型的指导思想出现偏差，没有将这项工作作为推动部队建设科学发展的基础性经常性工作来谋划组织，不愿意下一番走群众路线汲取民智、深入调研摸清实情、去粗取精去伪存真、扎实总结认真宣传的功夫，而是自觉不自觉地把这项工作当作一种彩头或招牌来主打竞争，这样抓典型就容易出现草率决定、急功近利、搞短期行为，结果难免看不准、抓不实，不能很好地与部队建设各项工作有机融合，也就难以达到用典型指导工作效益的最大化，影响了抓典型用典型的效果。同时，也缘于有的同志认识水平不够高、工作方法欠科学。比如，对选抓典型的本质特点、思想亮点、事迹重点，发掘分析深不下去、提炼概括拎不起来、理性总结升不上去，尽管总结的典型事迹或经验材料堆砌敷陈了不少佳句美文，但终因失之于单薄、浮泛，缺乏撼人心魄的精神魅力和启人心智的理性感悟而难以树起来、推开去。又如，抓典型存有盲目性、随意性和猎奇心理，围绕中心任务和重点工作抓典型的意识不强、计划不周、培育不够，要么寄望于“短平快”出成果，要么抱有迎合热点心理，在取舍总结典型对象中难免避重就轻、避难就易、避实就虚，什么好搞搞什么，怎么快捷怎么来，这样抓的典型，代表性、可学性和稳定性往往难以保证。

诚然，凡此种种，与抓典型取得的成就相比毕竟是支流末节。然而，倘若对此熟视无睹，任其滋蔓，势必损害部队作风，影响领导机关威望，弱化典型公信力，挫伤部队官兵争先创优热情，最终影响部队战斗力生成和使命任务的完成。因而有必要引起各级领导机关重视，研究拿出规范可行的思路举措，积极防止类似问题出现，同时更加自觉主动、科学有效地做好抓典型工作，不断提高工作质量，培育造就众多模范践行当代革命军人核心价值观、在部队建设中勇于改革创新、出色履行使命任务的先进典型，以更好地引导激励广大官兵见贤思齐、建功立业。

二

根据新形势新任务需要和近年来部队建设实践经验，进一步做好抓典型工作，应当遵循科学发展观要求，着眼推进国防和军队现代化建设与军事斗争准备进程，突出履行使命任务，树立科学理念，健全制度机制，正规工作程序，改进方式方法，不断增强用典型指导工作的科学性、规范性和实效性。

一、认清抓典型的重要意义，提高用典型指导工作的自觉性和科学性。抓典型工作状况，不单展示着先进单位和个人的荣誉，而且透视着典型所在部队全面建设水平和风气面貌，同时也是内促官兵力争上游、外宣部队工作成就的重要契机。鉴此,这些年各部队普遍重视和关注抓典型、用典型,工作力度逐年加大。但是,如果细究何谓典型?为何抓典型?恐怕未必都能说出个子丑寅卯。所谓典型,按辞书界定:典者,标准、法则也,型者,模型、类型也;典型,即有代表性、典范性的人与事,也指富有指导性启发性的经验或做法;先进典型,指有很强的先进性、可资众人师法学习的单位和人物;抓典型作为培育总结宣传先进单位与个人的事迹、精神和经验的实践活动,旨在树榜样、示经验、带全体。树好一个典型,就意味着树起一面旗子,旨在引领、教化部队官兵知所趋附。倘以新理念新视角诠释,部队当今各种先进典型,可谓践行科学发展观和当代革命军人核心价值观的生动楷模、我军"软实力"建设的独特资源、当代人民军队建设状况对外宣示的经典形象和治军之道。这些典型,因其内涵和外化出时代进步精神、先进价值导向、爱党卫国信念和过硬军事本领,集中体现和展示出革命军人追求真善美的理想境界,反映着新形势下建军强军特点规律,启迪和引领着部队建设科学发展和官兵进步的正确路向。总结宣扬好这些先进典型的事迹、品德和经验,对于传承光大我军优良传统,明确彰显各项建设和工作应兴应革导向,巩固提高战斗力,引领匡正部队风气,启迪激励官兵校正人生坐标、争先创优建功立业,均有重大感召力影响力。精心做好抓典型工作,深刻揭示、充分展现、持久宣传军旅典型的感人事迹、美好心灵和经验做法,就能使之成为广大官兵心仪神往的爱军精武标杆和自励履行使命完成任务的重要动力源,潜移默化成各部队的凝聚力战斗力创造力,润物无声地形成各族群众对人民子弟兵的满意度信任度支持度,不断增强军队现代化建设的民意基础和社会依托。尽管如今人们热议进入信息网络交流互动时代,信息更新频繁,典型宣传有时难以达到从前传统媒体年代那种广泛持久稳定的轰动效应,但是应当相信,一方面,典型的引导作用是永恒的,特别是在军队这样特殊的武装集团,典型常常在潜移默化中带来巨大群体效应,激励广大官兵坚定理想信念,勇于牺牲奉献。另一方面,只要广大官兵理想之光未泯,奋发进取的良知良能尚存,像典型那样不懈追求完善自我、建功立业奉献使命的强烈意识和自励标准就不会弱化放弃,而这正是我们据以培育当代革命军人核心价值观的重要条件和心灵引擎。回顾近年宣传部队典型所产生的重要反响和多维效益,也一再映证了这个道理。因此,我们应当跳出局部利益的束缚,立足于推进部队建设科学发展的高度审视研究抓典型工作,进一步提升对于抓典型工作重要意义的认识,不断增强抓好典型带全盘、促进部队全面建设的责任感和自觉性,以高度负责的精神、饱满的政治热情和科学的方法作风,下大力做好抓典型工作。

二、聚焦使命服务中心,突出抓典型的针对性和实效性。使命任务是军队赖以建立、建设和发挥职能的基本依据和战略导向,中心工作是履行好使命任务的基础、前提和充分必要条件,在部队各项建设和全局工作中具有牵一发而动全身地位和决定性作用。紧密围绕有效履行我军使命任务和圆满完成中心工作培育宣扬典型,可谓抓典型的基本规律和基本原则,也是多年来全军抓典型的成功经验与管用做法。从这些年的实践看,举凡这样筹划组织抓典型的,皆可收到事半功倍的成功之效,确能有效激励军心士气,引起社会各界广泛关注强烈共鸣,而偏离使命任务和中心工作去抓典型,尽管耗时费力却大多事倍功半,效果多不理想。有鉴于此,军委、总政多次强调,抓典型要紧密围绕党和国家的工作大局、军队的使命任务和中心工作,注重选择培育、总结宣传那些时代特色鲜明、紧贴职能使命、结晶我军风范的先进单位与个人的事迹和经验,充分发挥典型的示范引领作用。贯彻落实军委、总政有关精神,回顾研析这些年抓典型情况,从宏观看,抓典型应当紧紧围绕党和国家工作大局、军队现代化建设中心任务来运筹,朝着有效履行我军"三个提供一个发挥"的历史使命、完成好承担的重大任务来组织，突出加强战斗力建设和军事斗争准备、提升以打赢信息化条件下局部战争能力为核心的完成多样化军事任务能力的实践来展开。也就是说，注重选择培育、总结宣传那些时代特色鲜明、紧贴职能使命、展现我军风范的先进单位与个人的事迹和经验。具体到各单位，尤应紧紧扭住坚持战斗力标准和军事训练这一经常性中心工作，紧密联系于肩负的职能任务来筹划部署和组织实施抓典型工作。像部队、机关、院校、科研院所、保障系统等单位，就应从各自实际情况出发，突出生成和提升战斗力、保障力、策划力、教研力、科研力的主要领域、单位官兵这些重点来抓典型，防止偏离主要领域、中心工作、重点任务而“剑走偏锋”做工作。这就要求各级党委领导和政治机关，不断增强政治意识、使命意识、全局意识，着眼全局、聚焦打赢，全程谋划、督导落实，重点培育和总结推出那些谋打赢、钻打赢、练打赢及与之相类的爱军精武先进单位和个人，切实把抓典型工作融入部队中心任务和全局工作中谋划部署、组织实施，纳入各系统、各部门、各单位全面建设和各项工作统一考虑、一并推进，善于运用典型事迹和经验引领指导各项任务完成；大力宣扬典型事迹，推广经验做法，搞好成果转化，以求一花引来万花开、墙内开花里外香的广谱效应；着力营造学习典型的浓厚氛围，通过思想教育、舆论引导、文化熏陶、典型示范、实践养成、制度保障、领导表率等方式，推动学典型活动科学化、常态化；对抓典型、用典型工作的评价，亦应着重考察典型引领履行使命任务、完成中心工作效果如何，部队学典型、赶先进转化成效如何等情况，使典型在聚焦使命、服务中心的生动实践中，充分发挥应有的引路、垂范、激励等功能。

三、求真务实重视公论，注重抓典型的可信性和可学性。抓典型的实践启示我们，一个典型的生命力、影响力的大小，是否具有可学性，固然有赖于形势任务需要、领导机关倡导、因缘际会契机等必要条件，但首先取决于典型本身的真实性几何、群众认同度高低，看其事迹、经验和精神境界在多大程度上真切感人，能否引起官兵强烈的心理共振和情感共鸣。抗日名将左权、新四军刘老庄连、抗联八女投江血拼日寇壮烈殉国，董存瑞、黄继光、麦贤得为国为民舍生忘死，胡筱龙、李中华、何祥美、硬骨头六连爱军精武苦练打赢本领，张思德、雷锋、南京路上好八连全心全意为人民服务等，这些英雄集体和个人的美德懿行，所以能够享誉神州、盛名寰宇，感天动地、彪炳青史，成为我军威武文明之师的不朽标志、中华民族的精神瑰宝，首先源于其事迹真实可信、精魂感人肺腑、总结宣扬得符合情理且有亲和力。设若“注水”其中，任意拔高或演绎附会，那就无法想象他们会成为国人常怀久忆的榜样。分析这些年有的典型难以在群众中学起来、深下去、传久远，“各领风华若干天”，昙花一现难再现，大多与其事迹和经验欠真实、不过硬不无关系。其实，人非圣贤、孰能无瑕？无论是典型的先进性，还是经验的典型性，也是相对而言、瑕瑜互见的，不会十全十美，不必文过饰非，既不能把典型搞成面面俱优的“变形金刚”，也不应求全责备搞“高大全”。总结宣扬典型只有求实不过誉，求准不拔高，求信不想当然，其事迹才真切可信，经验也才实在可学。鉴此，各级党委和政治机关应当端正抓典型指导思想，坚持求真务实和群众路线，务求所树典型、所出经验经得起群众、实践和历史的检验，切不可将其当作政绩工程、虚荣窗口去经营和装饰；严把质量关口，典型对象、经验线索的确定宜全面深入调研，摸准群众公论，精筛细选慎定；材料总结宜反复推敲、认真核实，务求真实可靠、评价精准；组织上报和呈请奖励、推广宣传宜严格程序、履行手续，按有关规定办事。尤应注意，抓典型宜处理好典型与群众的关系，部队的丰富生动实践和优良党风军风永远是典型生成生长的沃土，典型也总是植根于广大官兵中才能滋补精神养料、锤炼奋斗精神、砥砺高尚品格。如果割裂、颠倒这种源流本末关系，为突出典型矮化群众或相关单位，就难免引起非议，使典型脱离群众也就难以服众，可学性就会大打折扣。

四、加强统筹精心组织，强化抓典型的规范性和协调性。典型的发育生成和发挥作用，既取决于先进单位和个人在工作中，始终按一流标准自觉加压、创一流业绩不懈努力的强烈动机和扎实行动，也有赖于党组织在培养典型并用以指导工作时，秉持的高度自觉、政治敏感、远见卓识和科学方法，可以说是典型主体不断自觉淬炼，与党组织长期精心培育交互作用的结果。从组织培育角度看，抓典型工作具有很强的综合性、关联性和系统性，育成一个重要典型，是党组织、政治机关和广大官兵包括先进典型通力合作的结果。大而言之，军委、总政就抓典型曾作过一系列重要指示，其中有关搞好典型宣传工作的要点就有：第一，坚持正确的指导思想。认清典型宣传是发挥正确舆论导向、用先进单位或人物的事迹经验指导工作的有效方法，必须坚持以时代精神引导、高尚品德塑造、先进事迹激励官兵的路向，围绕中心、突出重点、分清层次、注重实效、控制数量、提高质量，扎实做好抓典型工作，充分发挥典型在部队建设和履行使命中的教育示范功能。第二，增强宣传的组织计划性。典型宣传通常应按先内后外、自下而上、区分层次、按程序履行报批手续组织实施。对一般和重要的典型，由部队领导机关视情向有关新闻单位通报、推荐典型线索，由后者自主采访宣传；对拟在全军全国宣扬的重大典型，一般先在所在单位或驻地宣传，再按级上报总政，经进一步考察并获审批后，由宣传部门协调中央、军队新闻单位研究部署集中宣传事宜。第三，着眼增强效果改进宣传方法。总结典型事迹或经验务须求真务实，坚持“三贴近”原则，抓准典型的本质和特点，做到可亲、可敬、可信、可学；典型宣传务求实效，充分发挥各种传媒优势，既有所分工、各擅其长，又整体布局、形成合力；注意把典型的宣传和进一步培育结合起来，搞好跟踪培养提高工作，集中宣传后应组织后续报道，以最大限度发挥典型的推动作用。第四，严格把好保密关和政治关。防止出现失泄密、虚假事迹和经验等问题。第五，抓典型重点放在旅团以下单位和个人。师以上单位和领导干部的宣传，按新闻宣传规定要从严管控。这些精神，是做好部队典型宣传工作的基本依据。具体到部队党委、政治机关抓典型工作，应当注意做到：与上级各时期抓工作搞建设的重要决策部署意图相一致，与领导所属部队建设和各项工作总体布局相统一，与组织以军事训练为中心的各项工作和遂行重大任务实践活动相融合，务求通盘考虑、全面计划，统筹兼顾、精心设计，拿出切实可行的培育、总结、宣扬典型的思路举措；注意搞好分工负责，军政主官负总责，分工领导具体抓，政治机关周密安排，明确任务区分责任，合理调度力量资源，协调有关各方形成合力，按计划分步骤扎实推进各阶段工作，防止工作的盲目性、随意性、片面性，避免重点偏移、各行其是、力量分散、打乱仗；注意把握好抓典型的数量和质量关系，从现实看，有必要强调列宁提出的“宁肯少些但要好些”的观点，适度调控总结宣传总量，着力提高质量，既要积极适应新形势新任务需求，总结推出若干富于启示、说服力强的典型经验和做法，为部队提供可资学习的样版，为官兵树立事迹过硬、精神感人的榜样，也要防止片面追求典型数量和比例、甚至降低标准和质量的现象，真正把抓典型工作纳入科学有序良性发展的轨道。对于看得准、抓得好、树得牢的重要典型，宜用足用够相关激励政策法规，在部队形成良好的舆论导向、政策导向、用人导向。

五、坚持因时因情制宜，彰显典型的时代性和时效性。任何典型都是一定社会历史条件的产物，都会烙上其所处时代的印记。正所谓“时势造英雄”，江山代有人杰出。军队典型的重要价值，也正在于其高尚精神、先进事迹和经验做法，从多方面展示着时代精神，引领着治军制胜发展路向以至社会进步方向。总结抓典型成功之道，因时制宜、与时俱进、讲求时效，可以说是一条重要经验。典型能否被官兵认同以至社会接受，与典型本身的先进程度有关，但更重要的是取决于其外化的事迹、品行和经验，包括其内在的时代基因能在多大程度上满足于形势任务的客观需求，满足于部队官兵和人民群众的精神需要等因素。这些年全军部队推出许多爱党忠诚、精武卫国、为民献身、勤政廉政等典型，所以能在军内外引起强烈反响，关键在于他们用生动感人的事迹和经验，令人信服地回答和诠释了新形势下广大官兵和人民群众所关注的疑惑问题。比如，很好地回答了怎样掌握运用党的创新理论改造主客观世界，怎样与时俱进发扬优良传统永葆我军政治本色，怎样模范履行新的使命任务、当能打赢现代战争的军人等，也由此使科学发展观、社会主义核心价值体系、当代革命军人核心价值观等新理论新观点，从理念形态形象生动地物化为真切可信、真挚可亲、真实可学的榜样。这就启示我们，必须主动顺应时代发展和实践需要，解放思想，求真务实，紧贴部队实际，积极探索新形势下治军打仗的特点规律，着力研究解决抓典型中的新情况新问题，精心总结新经验新方法，不断推出时代需要、部队企盼、官兵信服、人民敬佩的典型。这就需要各级加强学习研究，领会上级精神，把握大势大局，积极探索新形势下抓典型工作的特点规律，明确应当培育总结宣传何种典型，怎样培育典型；经常深入调研，充分发扬民主，全面掌握情况，搞好筛选论证，明确本单位有哪些新的典型应下力抓好，并精心做好培育总结宣扬工作。另外，为积极适应社会日益信息化、人们工作生活交往节奏明显加快的趋势，应注意增强抓典型的时效性，充分发挥多种媒体宣传的综合优势。近些年，伴随新兴媒体的崛起，总结报道典型的媒体日趋多元化、宣传快捷化。就部队现状看，典型宣传报道的平台和影响力，正在由报刊书籍等平面媒体向信息网络为主的多媒体等新兴媒体悄然过渡，而后者因其便捷即时传播且声像并茂容易抢占先机，且更易为各类受众所喜闻乐见。我们应注意掌握这些新情况新特点，综合用好传统媒体与多元化信息化手段，一方面深入挖掘提炼出匠心独运的典型新意和人无我有的思想深度，另一方面积极拓展发挥新媒体的强势传播功能，形成二者间有机互动相互促进的生动局面，这将更好更快地强化典型宣传效果，使典型事迹、形象和经验做法更加深入军心民心，显著提振军心士气，推进部队建设科学发展。

六、积极搞好教育管理，增强典型健康发展的后劲和潜力。加强典型后续教育、管理、培养，是保持典型先进性的必然要求，是增强典型示范长期性、连续性和可持续性的有效途径。分析表明，有的先进单位和个人树得不牢，甚至出现滑坡退步，除了典型自身居功自傲、守成怠惰、不愿创新、经不起挫折考验等主观因素外，客观上与党组织和政治机关教育管理工作失管缺位或不到位不无关系：或是感到树起典型大功告成，遂放松或弱化了后续培养提高工作；或是有意无意感到既是典型就“上了保险”，即使出点问题也不以为意，甚至护短哄着不愿指正，致使小毛病酿成大问题。应当看到，在现实中，无论典型群体抑或个体也和周围人群有着一定的共性，其思想和行为无不处在变动状态中，只是因思想基础不同而变化的方向、程度等有所不同而已。由此决定着典型培育与抓其他工作一样，也会经历实践——认识——再实践、总结——提高——再总结这种循环往复的动态过程，不能一劳永逸，不能放松教育管理。一方面，需要客观辩证地看待典型及其成长过程，他们是人不是神，同样是集优缺点于一身的矛盾统一体，有必要经常教育提醒他们始终保持清醒头脑和虚怀若谷心态，时常自觉找差距，不断完善提升自我，奋发进取永不懈怠。另一方面，应把培育帮助工作做扎实，发现典型存在的不足和问题，应及时批评帮助，引导其自觉揭短亮丑，放下包袱轻装前进，为其健康成长铺垫道路，提供助推力；同时应注意增强典型自身的“造血”功能，为其健康成长创造必要条件，不断激发调动典型内在活力和动力，引导激励其始终保持争上游、创佳绩的积极性创造性。

（作者：军事科学院政治部副主任，大校）

把经常性思想工作抓经常做到位

魏　亮

经常性思想工作是我军的传家宝，毛泽东同志称之为“拿手好戏”。这几年，武警部队抓经常打基础形成鲜明特色，经常性思想工作积累了丰富经验，主要是：坚持以培养党和人民忠诚卫士为根本目标，大力培育当代革命军人核心价值观；坚持把听党指挥作为警魂工程，不断强化思想理论武装；坚持把践行“四个特别”作为核心内容，为履行职责使命提供强大的精神动力；坚持“一手抓党委、一手抓基层，关键抓干部、重点抓风气”，以考察帮建为抓手，提高按纲指导按纲抓建能力；坚持把工作重心放在基层，持续抓好“三个经常”，打牢部队“五个基础”；坚持打好拒腐防变主动仗，扎实抓好“三互”、“四反”活动，确保部队纯洁巩固；坚持动中抓、散中建、变中管，围绕中心抓建设、抓好建设保中心；坚持简而约原则，注重科学统筹、分类指导，增强工作指导的有效性；坚持抓好“五支队伍”，大练“六项基本功”，为现代化提供人才支撑。这些反映武警部队特点规律的抓经常性思想工作的宝贵经验做法，对于确保官兵政治上坚定可靠、部队高度稳定和集中统一、有效履行职责使命发挥了重要作用。当前，要紧贴时代要求、使命任务和官兵实际，进一步搞好经常性思想工作指导，把这项工作抓经常做到位，需要坚持继承与创新相结合，注重把握解决以下几个问题。

一、提高思想认识，最根本的要用胡主席的指示要求把各级思想统一好

面对思想文化多元化的深刻影响，需要把培养造就忠诚卫士作为经常性思想工作的根本点。应该明确，培养忠诚卫士是武警部队思想政治建设的根本目标，做经常性思想工作，需要站到这个高度、围绕这个目标。应看到新形势下多元文化对官兵思想影响是深刻的，我们需要正视这个现实，研究这个现实，以有效的对策打好主动仗；看到解决官兵现实思想问题，需要从提高思想觉悟入手，既要搞好行为防范，更要理直气壮地讲好大道理；看到各级党委、政治机关肩负的政治责任，需要着眼培育忠诚卫士，把经常性思想工作做出高度来，把“两个成为”要求落到实处。

面对官兵成分结构的深刻变化，需要把帮助官兵成人成才作为经常性思想工作的着力点。现在部队80后、90后成为官兵的主体，大学生干部成为基层干部的主体，士官成为专业技术骨干的主体。这“三个主体”，既给部队建设带来生机活力，也对教育人培养人塑造人提出了新的要求。胡主席要求我们：加大对官兵成分结构深刻变化的研究，加大对官兵思想观念、价值取向、行为方式深刻变化的研究。各级需要认真贯彻胡主席这一要求，从研究“两个深刻变化”入手，解决好对青年官兵怎么看、怎么带、怎么育的问题，千万不要与时代发展别着劲，与官兵需求拧着劲。

面对多样化任务的现实考验，需要把端正官兵价值追求作为经常性思想工作的立足点。这几年，随着职能任务的拓展，许多部队一直处在超强度、高风险的任务之中，广大官兵时刻经受着苦与累、得与失、生与死的考验。这对思想政治工作，尤其是一人一事的工作，提出了很高要求。要把履行使命任务作为培育核心价值观的平台，引导官兵在报效国家、献身使命中，实现人生价值，不能一讲激发动力就只想到利益

平衡。同时，也要体现人文关怀，设身处地解决好官兵婚恋、家庭、心理、身体等方面的实际问题，增强思想工作的亲和力。实践告诉我们，无论是解决思想问题，还是解决实际问题，都必须以更好履行使命、端正价值追求为着力点，这是经常性思想工作的生命力所在。

二、理清基本思路，要旨是把经常性思想工作的方针原则方法弄清楚

贯彻疏导方针。基本含义是，对官兵反映出的思想认识问题，只能用说服教育的方法，民主讨论的方法去解决，而不能采取简单粗暴和压服的错误做法。它的核心内容是，要用党的创新理论武装官兵头脑，克服各种错误思想认识，把大家的思想引导到正确的方向和轨道。基本要求是，入情入理，情理交融，把以情感人与以理服人有机结合起来；区别情况，对症下药，一把钥匙开一把锁；表扬为主，启发自觉，充分调动积极因素；坚持原则，扶正祛邪，好人好事有人夸，歪风邪气有人抓。在这个方针中，“疏导”二字，是经常性思想工作的基本特征，不讲疏导就不懂思想工作，不会疏导就做不好思想工作，不抓疏导思想工作就难有作为，这就要求我们熟悉这个传统，强化这个意识，用好这个方针。

把握基本原则。一是以人为本，就是尊重官兵主体地位，促进官兵全面发展；二是注重经常，就是把经常性思想工作渗透到日常生活各个方面，贯穿到各项工作全过程；三是立足于帮，就是用党的创新理论引领官兵、启发自觉，从根本上提高官兵的思想觉悟；四是群策群力，就是讲究群众性，形成人人参与、大家来做的生动局面；五是行为示范，就是言教与身教相一致，讲道理的人按道理去做，用良好形象教育影响官兵。这五条原则，是继承我军的传统做法，总结吸收鲜活实践经验，广泛征求部队意见形成的。各级应全面把握五条原则的内涵要求，作为开展工作的基本遵循，作为干部骨干培训的重要内容，作为衡量工作成效的基本标准，连贯起来思考，结合起来实践。

掌握管用方法。经常性思想工作的固有特点，要求其方式方法既坚持优良传统，又与时俱进，做到紧跟时代，灵活多样，贴近人心。一是坚持基本的。随机教育启发、思想互助提高、行为规范养成、典型激励警示、新闻舆论引导、共教共育、忠诚卫士教育实践活动等七种基本方法，都是来自实践行之有效的，应很好掌握、坚持下去。二是用好现有的。这几年，武警党委相继推出的“深知兵真爱兵”、“五个过一遍”、新兵“三查一度”、心理工作“五项机制”等举措，丰富了方法载体，部队反映很实在很管用。应用活用好，在做深做细做实上多下功夫。三是探索鲜活的。针对经常性思想工作面临的新情况新问题，加强调查研究，探索对策措施，在全部队总结推广成熟做法，使经常性思想工作更加生动活泼、更加富有成效。

三、抠细工作内容，关键要把官兵现实思想问题解决好

官兵思想多元、多样、多变的特点，决定了经常性思想工作无处不在、无时不有。当形势发展变化和政策调整时，应通过随机教育引导，帮助官兵释疑解惑、坚定信念；当遂行多样化任务面临严峻考验时，应及时疏通思想、鼓舞士气，激励官兵战胜困难，完成任务；当官兵成长进步中产生思想困惑时，应及时解好思想扣子，帮助校正人生航向、促进健康成长；当个人和家庭遇到实际困难时，应及时疏通引导，帮助官兵排解压力，稳定情绪；当内部关系发生矛盾问题时，应及时谈心点拨，帮助官兵化解矛盾、增进和谐；当官兵婚恋遇到挫折时，应及时耐心开导，引导官兵理性对待、妥善处置；当道德纪律方面发生问题时，应及时批评教育，帮助官兵明辨是非、矫正行为；当官兵出现心理问题时，应及时干预调适，帮助消除障碍、保持心理健康。如何紧紧抠住这些问题，有的放矢做好工作，需要把握好三点。

抓住思想教育这个中心环节。经常性思想

工作说到底是做人的工作，主体是人，目的为人，成效在人。抓好经常性思想教育，做好一人一事的思想工作，前提是把官兵真实思想掌握住。现在一方面，有的干部骨干离兵现象严重，与兵想不到一处、干不到一起、玩不到一块，掌握不了真实思想；另一方面，不少同志传统的继承不够、现代的掌握不够、先进的借鉴不够，不会做思想工作。要扭转这种局面，抓好这个中心环节，应从对兵的感情抓起，先走近后贴近，先调研再发言，用贴近的感情做好紧贴的工作。逐级落实思想分析制度，分析好，大有益，真正把官兵的思想底数掌握住。搞好培训帮带，一招一式教，面对面地帮，切实提高干部骨干做思想工作的能力。

抓住纯正风气这个软环境。带部队就是带风气，好的风气鼓舞士气，风气不好会诱发问题。抓好风气建设，一是坚持“阳光”操作，使复杂问题不复杂，敏感问题不敏感。二是正反典型都要抓，宣扬典型、查处问题，都需要勇气和胆量。三是领导机关是重点，自身做好了，率先垂范，才有资格抓下面。这样抓，软环境搞好了，风气纯正了，经常性思想工作才有说服力。

抓住事业心责任感这个总根子。经常性思想工作能不能抓到位、踩到底，说一千道一万，靠的是干部骨干的事业心责任感。有的单位重大任务完成得不错，“三个经常”却往往掉链子、冒了泡。这里有个领导精力投向、工作责任落实的问题。部队的每个岗位，就像机器的零部件，只有人人在责任链条中各负其责，守住自己的阵地，机器才能正常运行。责任没有空挡，工作才没有死角。抓经常性思想工作，就要从事业心责任感这个总根子抓起，人人都动脑筋、拿实招，真正尽职尽责。

四、推动工作落实，切实要把经常性思想工作各种要素各种力量整合好

用好制度的力量。经常性思想工作最大的特点是随机，最容易出现的问题是随意，只有落实制度才能保证经常。经常性思想工作制度，重点就是思想汇报、思想情况分析、谈心交心、月课教育、政治考核、思想骨干培训、检查讲评这七个方面。这些制度要在基层末端落实，才能增强经常性思想工作的实效。这里有个进一步统一思想的问题。一是传统的东西不能丢。不管时代怎么发展，兵员成分结构如何变化，思想工作的内在规律没有变。二是领导精力不仅要往大项任务、大项工作上投，而且抓制度促经常这个力度不能减，抓经常打基础这个重心不能偏。三是工作指导着力点应放在抓制度、强根基上，而不应是当“保姆”、当“救火队”，工作被问题牵着走。只有这样，才能使工作的力度加大、制度的作用发挥好。

用好队伍的力量。群策群力，大家来做，这是经常性思想工作的一个鲜明特征。做好这项工作，不仅是政治机关、宣传部门的事，当前特别需要强调发挥好三支力量的作用：一是分管领导。负责“两防”工作的副职领导，既要抓安全，更要抓思想，敢于往前冲。分管必须尽责，失职就要问责。二是职能部门。各级警务、保卫部门，主抓安全工作，也是经常性思想工作的重要力量。配备这些部门的干部，必须讲条件讲资格，不能搞照顾，更不能拉郎配。三是骨干队伍。现在班有思想骨干、连有心理骨干，这是一支很大的队伍。各级应当采取有力措施，充分发挥骨干队伍的作用，让他们从“挂在墙上、压在玻璃板下”走出来。

用好信息网络的力量。借助网络做好思想工作，不少单位都很重视，抓得也很主动。基层文化建设提出发挥好网络育人、互动、娱乐、资讯、监督等五种功能，其目的就是适应官兵需求，不断拓展思想教育的新阵地、增长知识的新渠道、沟通交流的新平台。这就需要按照官兵需求，强化时代元素，从领导摆位、人才培养、经费投入等方面加大力度，建好用好管好网络，使思想工作扩大覆盖面、增强影响力、提高时效性。

用好典型的力量。做好经常性思想工作，一靠真理的力量，二靠典型的力量。青年官兵

可塑性、模仿性很强，追求上进、崇尚荣誉是他们的思想主流。榜样的力量是无穷的。做经常性思想工作，需要善于用先进典型引领官兵思想、感召官兵行动。应既要用好全军和武警部队重大典型资源，更要注重挖掘培养本单位的先进典型，用身边的典型教育人激励人，以营造一个催人奋进、争先创优的浓厚氛围。

五、抓好创新发展，重点要在推进经常性思想工作科学化上下功夫

以核心价值观为统领，着力在抬高工作起点上求突破。一要从培育目标上统。教育引导、思想疏导，都要围绕培育核心价值观这个目标，努力把官兵培养成坚定举旗人、合格接班人。二要从工作内容上统。解决官兵现实思想问题，做好一人一事的工作，都应贯穿融合核心价值观，帮助官兵提高觉悟、健康成长、全面发展。三要从检验标准上统。衡量经常性思想工作效果，不仅要看官兵现实思想问题解决得如何，更要看核心价值观践行得如何。各级应组织力量，合力攻关，力求在这个重大课题上拿出成果来。

以大学生官兵培养为重点，着力在强化育人功能上求突破。现在部队既有大学生士兵，也有大学生士官，基层干部已走向本科化。这种兵员结构性的变化，对经常性思想工作提出了新的课题。应该看到，大学生官兵有理想有抱负，他们到部队都想展示自我，实现自身价值。引导培养好了，就能成人成才。我们领导的责任，很重要的就是为他们成才创造环境、创造机会，使他们有用武之地。“人往高处走”，“高处”就是能够干事成才的良好环境。各级应强化“校长”意识，加强研究探索，拿出管用招法。

以“四位一体”警营文化为载体，着力在增强渗透力上求突破。传统、战斗、廉政、网络“四位一体”的警营文化，本身就是经常性思想工作的重要载体。应该看到，不同文化环境里生活工作的人，其精神面貌、道德情操、人生理念都不一样。应按照有关规定要求，借鉴有效经验做法，搞好警营文化总体设计，规范警营文化建设。警营文化基础设施建设，应纳入营房综合整治，防止重复建设，造成浪费；警营文化建设应体现群众性，要实用管用，不能摆样子；野战文化器材，应列入文化装备管理，不能只配不管。只要抓好这个建设，发挥好文化育人功能，经常性思想工作就能增强吸引力、富有感染力。

以“三个经常”捆在一起为抓手，着力在提高工作效能上求突破。经常性思想工作、管理工作、执勤工作，这“三个经常”，是我们武警部队的特有提法，反映了武警部队的固有规律。实践一再证明，“三个经常”，你中有我，我中有你，捆在一起抓，效果更好些。这几年抓的“三互”活动、“五个过一遍”、新兵“三查一度”、“四治九查”教育整顿等，都体现了捆在一起抓的思想，所以很管用。应继续强化这个意识，不能各强调各重要、各抓各的事。各级政工领导、政治机关，应按大纲抓教育、按纲要建连队、按条令管部队，加大“三个经常”融入结合的力度，下力把经常性思想工作做出综合效益来。

（作者：武警部队政治部主任，少将）

建设学习型党组织要坚持理论联系实际

厉江潭

理论联系实际是我们党一贯坚持的马克思主义学风。建设学习型党组织，应紧密联系部

队和党员实际，以工作牵引学习、以学习促进工作，推动部队建设科学发展。

一、联系党的历史发展学，在坚定理想信念上下功夫。信仰坚定来自理论清醒。只有坚持用创新理论武装头脑，熟知我党我军历史，才能面对多元化思潮冲击不动摇，经受复杂斗争考验不变色，始终站稳脚跟、明确方向。一是从党的理论渊源感悟思想先进性。马克思主义作为我们立党立国的根本指导思想，是被实践反复证明的科学真理。建设学习型党组织，应善于追根溯源，精心研读马克思主义原著，从一脉相承的内容体系中加深理解，从与时俱进的发展实践中深化认识，既不能丢掉“老祖宗”，又要讲好新道理，真正做到在坚持中发展、在继承中创新。二是从党的奋斗历程感悟历史必然性。中国共产党的历史也是一部中华民族复兴与崛起的历史。创建学习型党组织，应把党史军史作为重要学习内容。只有熟知我党艰难困苦、玉汝于成的奋斗史，才能切实体会党的伟大，强化作为一名党员的荣誉感自豪感，进一步增强对党的信赖之情。只有熟知我军由小到大、以弱胜强的战斗史，才能深刻认识没有共产党就没有人民军队，认清党对军队绝对领导的历史必然性、政治合法性，牢固确立“军魂”意识。三是从党的伟大成就感悟制度优越性。改革开放30多年，中国取得举世瞩目的成就，“中国奇迹”、“中国模式”、“中国道路”、“中国经验”等成为世界舆论的热门话题。这些成就离不开坚强有力的领导核心，离不开正确的发展道路，离不开和谐安定的社会环境。应坚持横向比发展、纵向比变化，充分认清中国特色社会主义制度的优越性，旗帜鲜明地反对资产阶级自由化思潮，毫不动摇地坚持党的领导，进一步坚定走中国特色社会主义道路的信心。

二、联系部队建设需要学，在解决现实问题上见成效。学贵有疑。建设学习型党组织，应紧紧抓住部队建设中的重大现实问题，带着问题学习思考，围绕工作探索研究，努力把握新形势下部队建设的特点规律，不断提高各项工作的质量层次。一是认真分析部队建设形势，着力强化机遇意识。当前，我国经济社会正处于重要战略机遇期，部队建设也面临难得发展机遇。军事斗争准备由应急转入常态，为战斗力建设稳步推进、整体跃升创造了条件；时代发展和科技进步，为改进创新思想政治工作带来了新的理念、新的手段、新的形式。能否抓住机遇、应对挑战、战胜困难、乘势而上，是党员领导干部有效履行职责的紧迫课题。应认真学习贯彻胡主席关于国防和军队建设的重要论述，加强对新形势下治军特点规律的研究，不断提升战略思维能力和科学决策水平，努力开创部队建设发展的新局面。二是深入查找安全发展隐患，着力强化忧患意识。新形势下，部队建设整体呈现安全发展的良好态势，但一些安全隐患和事故苗头仍不容忽视：海峡一线部队使命任务多样繁重等诸多问题带来较大安全压力；大龄青年婚恋难、伤病残人员滞留部队、家庭涉法案件久拖不决等问题，对官兵思想稳定产生较大影响；驻地敌社情复杂、自然灾害多、治安环境差等问题，使部队安全环境面临许多不确定因素。应深入学习贯彻全军“坚持依法从严治军、防范重大安全问题”等文件精神，科学分析部队安全形势，时刻保持清醒头脑和强烈的忧患意识，在不断破解难题、逐步化解矛盾中，切实抓好安全工作终端落实。三是密切关注战备观念转变，着力强化使命意识。近年来，随着国际和周边形势总体向有利于和平的方向发展，少数官兵战备观念跟着形势走的现象有所抬头，应急作战准备时那种备战、求战、打胜仗的意识有所淡化。领导干部应认真学习领会胡主席关于当前我军主要战略任务和主要战略方向的科学判断，坚决贯彻落实“军事斗争准备一天也不能放松”的决策指示。部队应广泛开展“三不三强”教育活动，引导官兵不懈怠、不麻痹、不松劲，强精武意识、强一线意识、强打仗意识，始终保持枕戈待旦、真打实备的战备观念。

三、联系党员成才需求学，在提高能力素质上求突破。胡主席强调指出，面对新形势新任务，如果不抓紧学习、不抓好学习，就难以完成肩负的历史责任，甚至难以在这个时代立足。党员干部必须以强烈的本领恐慌，认清自身能力素质差距，勤奋学习，深入思考，不断优化知识结构，切实提高综合素质。一是着眼提高履职能力抓学习。能否有效履行使命任务，是衡量学习型党组织建设成效的根本标准。随着海军转型建设的推进，对党员干部的能力素质提出了更高的标准、更紧迫的要求。应引导党员树立正确的成才理念，把部队需要作为成才方向，坚持干什么学什么、缺什么补什么、未来战争需要什么钻什么，率先成为高素质新型军事人才。搭建有效的成才平台，广泛开展岗位练兵、读书成才等活动，在遂行多样化军事任务、扎实做好军事斗争准备中锻造过硬本领。形成鲜明的成才导向，把抓学习、强素质的成效作为“双争”评比、创先争优的重要指标，大力宣传表彰基地“海峡尖兵”先进个人，营造崇尚学习的浓厚氛围。二是着眼加强党性修养抓学习。学习是砥砺党性的有力武器。剖析一些领导干部违法违纪问题，一个重要原因就是放松了学习，忽视了党性锻炼，最终抵不住利益诱惑和腐朽思想文化的侵蚀，教训非常深刻。党员干部应自觉把读书学习与加强党性修养、培育当代革命军人核心价值观紧密联系起来，坚持在学习中把握人生道理，锤炼道德操守，培养健康情趣，提升精神境界。正确看待个人成长进步，带头加强党性修养、淡泊名利；正确看待手中权力，带头讲纪律听招呼守规矩，从而树立正确的政绩观、权力观、地位观、交往观，为广大官兵当好榜样、作出表率。三是着眼应对社会竞争抓学习。随着经济社会深刻变革，地方就业形势严峻，竞争压力增大。军队多数党员日后都要走上社会、面对竞争，普遍希望能够紧跟时代发展求知成才，尤其对网络、手机等新兴媒体兴趣浓厚。应注意把建设学习型党组织同党员的兴趣爱好、成才需求紧密结合起来，积极推动“互联网进军营”，满足官兵上网需要。主动为官兵成才铺路搭桥，与地方有关部门协调，开设流动图书馆，举办各种培训班，为办理各类技术等级证书提供服务保障，确保官兵在部队当尖兵、到地方能成功，不断扩大学习型党组织建设成效。

（作者：海军福建保障基地政治委员，少将）

以工作指导的科学化推进部队党的建设科学化

陈大民

提高党的建设科学化水平，集中体现了我们党对执政党建设规律的深刻认识和正确把握，是我们党建党思想的进一步丰富和发展。这既为新形势下提高部队党的建设科学化水平指明了方向，也对党建工作科学指导提出了新的更高要求。提高部队党的建设科学化水平，要求我们各级党委领导在工作指导上，必须解放思想，牢固树立与推进党的建设科学化相适应的指导理念；必须把握规律，积极探索与推进党的建设科学化相符合的指导方法；必须勇于创新，建立健全与推进党的建设科学化相配套的指导机制。实现工作指导的科学化，是新形势下加强和改进党的建设的内在要求和重要保证，对推进部队党的建设科学化具有重要意义。提高各级党委机关工作指导的科学化水平，最根本的是要以科学理论来指导，以科学制度来保障，以科学方法来推进。联系当前部队实际，笔者认为，具体要在以下四个方面作出努力。

一、注重强化党要管党、建党务党的意识

这些年来，各级党委领导对部队党的建设高度重视，行动自觉，抓得有力。但从了解掌握的情况看，党要管党、建党务党意识不强的问题，在部队各级党委和领导中也不同程度地存在：有的认为党建工作是"虚活"，没有"硬指标"，自觉不自觉地忽视了这方面工作；有的感到抓部队建设重在效果、不在形式，存在以行政工作代替党的工作、以行政会议代替党的会议的现象；有的觉得军分区、人武部机关人员编制少、党委成员比例大，建不建机关党组织意义不大、抓不抓关系不大，导致机关党支部功能弱化、作用发挥不明显。因此，要提高党建工作指导的科学化水平，首要的是要强化各级党委领导党要管党、建党务党的意识，切实做到"三个充分认清"：一是充分认清党要管党、建党务党是我党我军的一贯要求。我们党历来重视党的建设，特别是在每个重大历史关头，总是紧紧抓住党的建设这个关键，团结和带领全国人民克服了一个又一个困难，取得了一个又一个胜利。我军自建立以来，始终把党的建设作为军队全部工作的基础和关键来抓，为夺取政权、建设社会主义、有效履行新世纪新阶段历史使命，提供了坚强的组织保证。由此说明，党的建设是党的各项事业蓬勃发展的根本保证，抓住了党的建设就抓住了部队建设的核心。二是充分认清党要管党、建党务党是适应新形势新任务的现实需要。当前，我军建设已进入一个新的发展阶段，面临着深化改革、扩大开放和发展社会主义市场经济社会环境的严峻考验；面临着抵御各种错误思潮、腐朽思想文化和西方敌对势力西化分化的严峻考验；面临着建设信息化军队、打赢信息化战争，提高应对多种安全威胁、完成多样化军事任务能力的严峻考验。面对这些新的挑战和考验，必须加深对抓好部队党的建设极端重要性和现实紧迫性的认识，始终把党的建设放在部队建设的关键位置紧抓不放。三是充分认清党要管党、建党务党是各级党委领导的政治责任。抓好党的建设，是党赋予各级党组织和广大党员领导干部的基本职责，也是党中央、中央军委高度关注的重要问题。对于治党兴党强党，各级党委领导责无旁贷。必须以高度的政治责任感和历史使命感，常怀忧党之心，恪尽兴党之责，时刻把党的建设放在心中最高位置，牢固树立"抓好党建是本职、不抓党建是失职、抓不好党建是不称职"的观念，切实增强政治意识、忧患意识和责任意识。

二、注重构建党委统揽、齐抓共管的格局

军委《意见》明确指出，坚持和完善党委认真抓党建、书记带头抓党建、各有关部门齐抓共管、层层抓落实的党建工作格局。这既是对我们党委领导提出的政治要求，也是各级抓好党建工作的客观需要。当前，在这方面，少数单位还存在一些差距：有的职责不清，工作相互推诿，甚至"挂空挡"；有的履职不好，在位不思政，在岗未尽责；有的协作不力，各唱各的调，各吹各的号。为此，要提高党建工作指导的科学化水平，很重要的是要构建党委统一领导、部门齐抓共管的工作格局。一是明确职责分工。各级党委应做好"统"的工作，落实定期讨论党建工作、每年向全委会报告抓党建工作情况制度，分析研究形势，解决重大问题，明确一个时期的工作重点。党委书记应切实履行抓党建第一责任人职责，搞清楚抓什么、怎么抓的问题，把重点放在抓统筹谋划、抓队伍建设、抓保障措施、抓长效机制上。政治机关应充分发挥党委办事机关职能，做好牵头协调、具体指导、检查督导的工作。通过明晰责任，细化分工，各司其职，各尽其责，形成党建工作层层有人抓、事事有人管的良好局面。二是密切协作配合。主要是做到思想上合、力量上合、工作上合。思想上合，就是要强化大局观念，始终把党建工作作为各部门的共同职责，正确处理抓业务与抓党建、唱主角与搞配合、重自身与强基层的关系，认识上

形成“一条心”。力量上合，就是要协调好部门领导、落实好机关人员、调配好基层骨干，优化整合各个方面、各个层次的力量，行动上拧成“一股绳”。工作上合，就是要求机关各个部门在谋划部署工作时，自觉把党建工作与军事训练、政治教育、人才培养、基层建设等结合起来，防止就党建抓党建、党建与其他工作脱节，落实上做到“一盘棋”。三是严格实施奖惩。依据责任分工，搞好绩效考核，考核结果要作为评价党委班子和党委正副书记的重要内容。对那些重视党的建设、工作成效突出的党委和领导，应大力表彰奖励；对那些责任意识不强、单位党建工作比较滞后的党委和领导，应严肃批评教育，该诫勉的要诫勉，该处分的要处分。今年，我们省军区在全区各级党委班子中广泛开展以“争建好班子、争当好书记，创业、创新、创优”为主题的“两争三创”活动，并且明确了各级党委领导、各个部门的创建职责和分工，目的就是要通过表彰先进来带动后进，强化重视党建、支持党建、抓好党建的氛围，探索如何构建合力抓党建的格局。

三、注重完善“五位一体”、协调统一的机制

党的建设是一项系统工程，思想建设是首要任务，组织建设是基本前提，作风建设是重要保证，制度建设是关键环节，反腐倡廉建设是内在要求，这五个方面关联紧密，是不可分割的有机整体。但从了解掌握的情况看，少数同志对“五位一体”的党建工作协调统一去抓的认识不深、理解不透，实际工作中还存在顾此失彼、抓而不全的现象。要提高党建工作指导的科学化水平，应着眼既充分发挥各项建设的独特功能，又注重增强其整体效能，建立健全有关机制，协调推进党的五项建设。一是整体筹划机制。着眼党的建设全局，通盘考虑和谋划思想建设、组织建设、作风建设、制度建设和反腐倡廉建设。在研究制定中长期规划和阶段性目标时，应紧贴部队党建工作实际，坚持五项建设的当前安排与长远发展相衔接、单项突破与全面推进相统一、巩固强项与补齐短板相结合；在部署具体工作和大项活动时，应注意把五项建设渗透贯穿其中，以大项任务完成和经常性工作落实，促进五项建设的发展和提高。二是统一督导机制。领导机关应尽督导之责，跟踪掌握党的五项建设情况，及时纠正工作偏差。应成立党委正副书记负总责、政治机关牵头抓、相关部门共同参与的党建工作督导专班，加强对基层工作落实的全过程管控和经常性指导，随时了解工作进程，及时发现和解决问题。对一般性问题，应现场指出，责令限期整改；对倾向性问题，要搞好调查分析，明确改进措施，分工督促落实；对基层自身难以解决的问题，应与他们一道共同“会诊”，帮助找准症结，会同相关部门合力解决。三是综合考评机制。针对部队党建工作的特点规律，围绕“五位一体”建设，区分组织领导、工作措施、建设成效等具体项目，科学制定考评方案，细化量化考评标准，确保考评内容涵盖党建工作各个方面，考评范围涉及党建工作各个环节。考评过程中，坚持定性与定量、上级考察与基层评价、党内考核与群众测评相结合，既要看有形也要看无形，既要看显绩又要看潜绩，既要看单项更要看全面，真正考出实情、评出干劲。

四、注重运用统筹兼顾、整体推进的方法

我们党历来重视用科学的方法推进各项建设和工作。胡主席也强调，加强和改进党的建设，要努力在以科学方法推进党的建设上见实效。但在实际工作中，一些单位却存在着指导方法不够科学的问题：有的抓工作一线平推，重点不突出，特色不鲜明；有的抓工作随意性大，想啥抓啥，见啥抓啥；有的抓工作越俎代庖，管了不该管的事，干了不该干的活。因此，提高党建工作指导的科学化水平，应坚持和运用科学的方法。一是搞好分类帮带。各个类型单位由于工作性质、担负任务和人员构成的不同，其党

建工作的内容、任务和要求也不尽相同。在工作指导上，应针对不同单位的特点，区分情况，分类帮抓。对军分区、人武部，要重点抓好党委班子建设；对预备役部队，应突出抓好营连预建党组织建设；对干休所，应着力帮助党委（支部）提高服务保障能力；对作战部队，应在抓好一线指挥部建设的同时，搞好基础相对薄弱营连党组织帮带提高。二是搞好分步实施。在党建工作指导上，应遵循客观规律，坚持循序渐进，逐步推动。具体到实践中，要一个时期确定一个主题，一个阶段突出一个重点，问题逐件解决，弱项逐项攻关，难点逐个突破，实现党建工作稳步发展、逐步提高。三是搞好分级指导。这既是一条重要的工作原则，也是一种有效的工作方法。党建工作也应实施层次领导，按级负责落实，一级尽好一级的责，一级干好一级的事。军以上党委机关，主要搞好面上指导、政策指导、协调指导，重点帮带下一级党委班子，培养宣传党建工作典型，帮助解决倾向性问题。师旅级党委机关，主要负责帮建团级党委班子，指导营连党组织建设，抓好书记队伍培训和团以下干部理论集训。团级党委机关，重点抓好自身建设和机关党支部建设，严格落实各项规章制度，加强党员教育管理。通过一级抓一级，一级带一级，进一步规范工作秩序，进而促进整个部队党的建设科学化水平的提高。

（作者：湖北省军区政治部主任，少将）

关于当代革命军人核心价值观培育工作常态化的思考

王志宏

一

培育当代革命军人核心价值观，是胡锦涛主席为加强我军思想政治建设提出的一项长期性、基础性的战略任务。抓好培育工作，既要坚持大事大抓，努力形成强劲势头，又要遵循规律，注重常态化，使其融入经常性的教育训练、日常管理和文化熏陶之中，收到润物无声的效果。

一、当代革命军人核心价值观是长期的思想文化积淀，需要在潜移默化中形成。人的价值观是长期积淀形成的一种特殊思想文化，不同的职业都有其特殊的价值体现。当代革命军人核心价值观体现的是崇高的价值选择，体现的是先进的军事文化，体现的是革命历史的传承，体现的是军队的优良作风，体现的是崭新的时代精神。这些宽泛的内容和深邃的思想文化积淀，不是靠几次教育、培训就能够注入官兵灵魂的，需要经过一个长期的潜移默化的积累过程。

二、当代革命军人核心价值观是强大的精神支柱，需要在循序渐进中巩固。核心价值观是军人明辨是非、保持主流的强大精神支柱。这一鲜明的本质属性就决定了培育工作，需要在于思想的影响而不是支配，观念的融合而不是逼迫，情感的渐进而不是强制。因此，培育工作不能单纯地依靠组织的约束、领导的要求、集中的教育，还要注重情感的交流、思想的沟通、行为的引导，使官兵在循序渐进中校正人生态度、陶冶道德情操、端正价值取向、丰富思想内涵。

三、当代革命军人核心价值观是崇高的思

想境界，需要在艰苦磨砺中升华。唯物论告诉我们，人的崇高思想境界不可能与生俱来，需要在后天的长期的艰苦磨砺中培育升华。因此，培育革命军人核心价值观，既要注重创新理论的灌输，更要注重长期艰苦环境的砺练。只有艰苦磨砺，才能培养军人的顽强意志、使命责任、战斗精神、优良作风，才能使这些具有崇高思想境界的深刻内涵根植于官兵的思想，融入于官兵的血脉，付诸于官兵的行动。

二

综上所述，培育工作需要推进常态化。应注重抓好以下五点。

一是把经常性的思想政治教育作为推进培育工作常态化的根本点。所谓常态化，首先思想政治教育要经常化。立身做人的道理要常讲。深入分析官兵人生追求、价值取向和道德观念的新变化，综合运用思想引导、心理疏导和行为指导的方法，把大道理讲实讲透，把小道理讲正讲深，使正确的价值观念在潜移默化中融入官兵头脑。四项重大教育要常抓。把历史使命、理想信念、战斗精神和社会主义荣辱观教育纳入主题教育，结合党的基本理论、人民军队性质宗旨、军人职责、法制纪律和形势政策教育，把当代革命军人核心价值观变成官兵自身的价值追求、取向和理想。经常性教育要常搞。针对青年官兵的特点和认知水平，用易于记忆、通俗生动的语言阐述核心价值观的理论内涵、实践要求和深刻道理，引发他们思想共鸣，解决在人生道路上遇到的思想扣子。

二是把营造特殊的军营环境作为推进培育工作常态化的立足点。环境是价值观形成的土壤。当代革命军人核心价值观体现出的坚定正确的理想信念、牺牲奉献的思想品质、英勇无畏的英雄情怀，需要在特殊的环境氛围中才能培育和形成。营造学习军事文化的浓厚氛围。运用好传统文化资源，建立军史馆、荣誉室，使官兵在缅怀英烈中受到教育和洗礼；组织系统学习党史、军史、部队光荣史，在追溯历史中受到熏陶和鼓舞；开展军事文学赏析、革命经典著作评论、军营文化讲座，在浓厚的文化氛围中受到感染和启迪。营造建功军营的良好风尚。开展“我向父母报佳音”、“走英雄道路、做英雄传人”、“人生价值在军营闪光”等活动，大力营造公平公正的选优用人环境，激励官兵在军营建功立业。营造健康向上的军营网络空间。网络为军营环境开辟了新领域，应因势利导，顺势而为，通过开设网上论谈，开通官兵博客，制作卡通动画，把军人核心价值观渗透到网络中，使官兵不知不觉接受，并内化为稳固的思想意识形态。

三是把多样化形式的承载作为推进培育工作常态化的创新点。常态化目的在于增强培育工作的经常性、针对性、有效性，关键是使官兵乐于接受、主动接受、真心接受，方法是融入渗透、结合贯穿、点滴养成。要注重“无声之处”。着眼浓厚政治空气，把领袖题词、宣传画像、标语口号、英模灯箱、道德规范语录牌、名言警句牌“显”出来。编写‘旧袋书”，印发记忆卡片随身携带，把体现军人核心价值观的内容渗透到官兵抬眼可以看到，走路可以碰到，随处可以听到，渗透到军营的角角落落。要富有时代气息。将军人核心价值观融入官兵求知方式的新变化，融入伟大时代精神的新要求，融入学英模、学先进的新活动，以开办军营大讲堂，举办摄影、书画、漫画展等形式，拓宽培育的空间和领域。要具有军营特色。通过升国旗、阅兵和授衔，为功臣、英模、高级将领树碑立传等做法，激励官兵崇尚荣誉，激发使命感、责任感。

四是把开展科学的竞赛考评作为推进培育工作常态化的着力点。引导官兵在训练中磨砺，评比中提升，实践中展现当代革命军人核心价值观。以活动为载体促进常态化。广泛开展读书成才、比武竞赛、文体比赛等丰富多彩、富有特色的评比竞赛活动，把党的创新理论最新成果、军事专业技能、科技信息化知识等内容融入其中，使官兵在健康有益的活动中坚定理想信念，筑牢宗旨意识，激发报国热情，强化使命责任，锻造荣誉精神。以考评为牵引带动常态化。建立评估机制，把履行使命作为考核的根本标准，特别要把理想信念、训练作风和思想道德等方面的现实表现作为评价的重要依据，推进培育工作的经常性。以训练为中心落实常态化。把军事训练成绩的优劣，作为和平时期检验军人价值的重要标准，特别是要把完成抢险救灾、演习演练等重大任务，作为落实培育工作常态化的重要过程。

五是把增强社会的认同感作为推进培育工作常态化的支撑点。充分发挥人民军队在参加支援地方经济社会建设中的突击作用，切实赢得人民群众的拥戴和社会的认同，增强官兵的自豪感；深入宣扬体现当代军人核心价值观的先进典型和事迹，激发人民群众爱军拥军热情，增强官兵的光荣感；加强教育管理，严格按照条令条例规范军人的言行举止，树立和维护当代革命军人的良好形象，增强官兵的责任感。

（作者：宁夏军区副政治委员，少将）

第十六部分

教育改革与学校思想政治教育

指导我国教育改革发展的宏伟纲领和行动指南

刘延东

在进入21世纪第二个十年之际，党中央、国务院颁布了《国家中长期教育改革和发展规划纲要》（以下简称《教育规划纲要》），这是指导未来十年我国教育改革发展的宏伟纲领和行动指南。为动员部署全党全社会贯彻落实《教育规划纲要》，不久前中央召开新世纪第一次全国教育工作会议，胡锦涛总书记、温家宝总理作了重要讲话，对全面推动教育优先发展科学发展、建设人力资源强国提出了明确要求，对我国教育改革发展面临的形势、任务进行了深刻阐述和全面部署。当前全国各地正在兴起学习贯彻全国教育工作会议精神、实施《教育规划纲要》的热潮，未来十年教育改革发展的大幕已经拉开。

一、深刻认识党中央国务院颁布和实施《教育规划纲要》的重大意义

教育是民族振兴、社会进步的基石，是提高国民素质、促进人的全面发展的根本途径，寄托着亿万家庭对美好生活的期盼。党和国家历来高度重视教育，在我国经济社会发展的关键时期都注重整体谋划教育战略，进行超前部署，指明前进方向。改革开放30多年来相继发布了《关于教育体制改革的决定》、《中国教育改革和发展纲要》、《关于深化教育改革全面推进素质教育的决定》等纲领性文件，推动教育事业不断迈上新台阶、教育改革不断取得新进展。当前，我国正处于全面建设小康社会和加快社会主义现代化建设的关键时期，处于全面实施科教兴国战略、人才强国战略和可持续发展战略的关键阶段，党中央、国务院颁布和实施《教育规划纲要》，必将推动我国教育事业在新的历史起点上加快改革和发展，更好地适应我国经济社会发展新要求与人民群众新期盼，具有重大而深远的战略意义。

第一，颁布实施《教育规划纲要》，是建设人力资源强国、加快推进社会主义现代化的迫切需要。改革开放以来，我国经济快速发展，社会不断进步，综合国力显著增强，人民生活持续改善。然而长期以来，我国的发展对低成本劳动力和资源过度依赖，自然资源相对不足矛盾日趋突出，生态环境压力加大，经济社会可持续发展面临前所未有的严峻挑战。我国将在2020年全面建成小康社会，将在本世纪中叶基本实现现代化，要保证这一战略目标顺利实现，就必须突破发展瓶颈，找到推动经济社会发展的新型引擎和持久动力。当前中央特别强调转变经济发展方式，就是要把经济发展真正转移到依靠科技进步、劳动者素质提高和管理创新的轨道上来，这是我国全面建成小康社会、进而实现现代化的关键举措。为此，实施《教育规划纲要》，全面推进教育改革发展，使我国进入人力资源强国行列，必将为经济社会又好又快发展和社会主义现代化建设提供强大人才支持和重要知识贡献。

第二，颁布实施《教育规划纲要》，是提高综合国力、增强国际竞争力的迫切需要。我国的社会主义现代化建设，是在全球科学技术飞速发展和世界范围大发展大变革大调整的背景下进行的，面临着激烈的国际竞争。这场竞争的核心是人才与科技竞争力，基础则是学习与教育竞争力。综观世界各国发展趋势，知识越来越成为提高综合国力的决定性因素，人力资源越来越成为推动经济社会发展的战略性资

源，人才培养与储备越来越成为增强核心竞争力的重要手段。为此，许多国家都把教育作为重要的国家战略，纷纷制定教育和人力资源开发战略规划，将其作为抢占国际竞争有利位置乃至制高点的重要举措。特别是当前，世界各国都在利用知识经济的发展机遇，通过优先部署教育和科技发展提高国家竞争力，应对后金融危机时代挑战。不仅如此，教育还是文化传承的重要途径，在培养全民族精神力量、增强民族凝聚力中发挥着不可替代的作用。我们要进一步增强国家竞争力和文化软实力，必须主动把握和全面谋划教育改革和发展。

第三，颁布实施《教育规划纲要》，是满足人民群众新期盼、努力办好人民满意教育的迫切需要。当前，我国仍处于并将长期处于社会主义初级阶段的基本国情没有变，人民日益增长的物质文化需要同落后的社会生产之间的矛盾这一社会主要矛盾没有变。目前我国人均国内生产总值达到3600美元。国际的经验表明，这一时期既是战略机遇期，又是矛盾凸显期，人民群众对包括教育在内的公共服务需求快速增长，改善民生、促进公平、建设和谐社会的任务更加繁重。随着社会不断发展进步，广大人民群众对通过接受教育提高自身素质、改变命运的愿望更加强烈。教育公平直接关系人民群众切身利益，教育公平实现得越好，就越能消除家庭贫困的代际传递，就越能促进社会流动，体现社会公平。我们必须把促进教育公平作为促进社会公平、建设和谐社会的大事来抓，努力办好人民满意的教育，使全体人民学有所教，保障公民依法享有接受良好教育的机会。这是党和政府义不容辞的职责，是促进社会公平正义的客观要求，是中国特色社会主义的本质体现。

第四，实施《教育规划纲要》，是深化教育改革、全面推进教育事业科学发展的迫切需要。新中国成立以来特别是改革开放以来，党带领全国人民开辟了中国特色社会主义教育发展道路，建成了世界最大规模的教育体系，保障了亿万人民群众受教育的权利，培养了数以亿计高素质的劳动者和各类专门人才，极大地提高了全民族素质，推进了科技创新、文化繁荣，为经济发展、社会进步和民生改善作出了不可替代的重大贡献。我国实现了从人口大国向人力资源大国的转变，站在新的发展起点之上。同时，我们也要清醒认识到，我国教育还不完全适应国家经济社会发展和人民群众接受良好教育的要求，教育体制亟待改革，教育质量亟待提高，教育投入亟待增加。我们必须坚定不移地把教育摆在优先发展的战略地位，切实转变教育发展方式，在人才培养、考试招生、办学方式、管理体制等方面进行大胆创新，完善中国特色社会主义现代教育体系，全面推进教育事业科学发展，显著提高教育现代化水平，使教育发展更加符合时代发展的潮流，更加符合建设中国特色社会主义对国民素质和各类人才的需要，更加符合广大人民群众对教育的殷切期望。

2006年至今，党中央、国务院先后制定了《科技规划纲要》、《人才规划纲要》和《教育规划纲要》。这三大规划纲要成为新世纪新阶段我国深入实施科教兴国、人才强国、可持续发展战略的关键举措，目标都定位在2020年努力使我国跻身于人力资源强国、人才强国和创新型国家行列。其中，实施好《教育规划纲要》，将为如期实现三大战略目标提供可靠保证，从而为加快实现社会主义现代化和中华民族伟大复兴作出更大贡献。

二、准确理解新世纪新阶段教育改革发展的总体要求

《教育规划纲要》强调，新世纪新阶段教育工作要坚持高举中国特色社会主义伟大旗帜，以邓小平理论、“三个代表”重要思想为指导，深入贯彻落实科学发展观，全面贯彻党的教育方针，全面推进教育事业科学发展，把以人为本、全面实施素质教育作为教育改革发展的战略主题。我们深入学习贯彻《教育规划纲要》和全国教育工作会议精神，重点是要深刻理解中央对教育改革发展的战略部署和总体要求，

始终坚持教育改革发展的指导思想和战略主题，准确把握教育改革发展的战略目标，自觉遵循教育改革发展的工作方针。

第一，我国教育改革发展的战略目标。《教育规划纲要》着眼于全面建成小康社会奋斗目标新要求，明确提出到2020年基本实现教育现代化、基本形成学习型社会、进入人力资源强国行列的战略目标。其中，“基本实现教育现代化”主要包括在教育观念、教育制度、教育内容、师资水平、教育设施、教育手段等方面的现代化。这是党的十七大报告关于优先发展教育、提高教育现代化水平的重要体现。“基本形成学习型社会”，是指适应经济社会发展与人的发展需要，为广大社会成员提供更加广泛、多样、灵活的学习机会和平台，努力实现全民学习、终身学习。这是党的十六大、十七大报告提出的重要目标。“进入人力资源强国行列”，就是要在我国人力资源开发数量指标在全世界占据绝对优势的同时，使人力资源开发的质量指标也居于世界较先进水平。这是全面建成小康社会、进入人才强国和创新型国家行列的重要基础。

“两基本、一进入”战略目标，进一步分解为五个方面要求。一是实现更高水平的普及教育。2020年我国九年义务教育巩固率将为95%；学前教育一、二、三年毛入园率将分别达到95%、80%和70%；高中阶段教育基本普及，毛入学率达到90%；高等教育毛入学率将提高到40%；从业人员继续教育年参与率将达到50%；20—59岁主要劳动力年龄人口和新增劳动力平均受教育年限将分别达到11.2年和13.5年。二是形成惠及全民的公平教育，逐步实现基本公共教育服务均等化，缩小教育差距，努力办好每一所学校，教好每一个学生，不让一个学生因家庭经济困难而失学。三是提供更加丰富的优质教育，全面实施素质教育，整体提升各级各类教育质量，提高教育现代化水平，满足社会各方面和人民群众对高质量、多样化教育的需求。四是构建体系完备的终身教育，学历教育和非学历教育协调发展，职业教育和普通教育相互沟通，职前教育和职后教育有效衔接，终身教育体系基本形成。五是健全充满活力的教育体制，深化改革，扩大开放，全面形成与社会主义市场经济体制和全面建设小康社会目标要求相适应的充满活力、富有效率、更加开放、有利于科学发展的教育体制机制。

《教育规划纲要》在确定战略目标和上述五项要求时，充分考虑了我国教育发展规模和存量，预测了十年后国民经济社会发展的需求和教育资源供给能力，并参照了国际上相应发展指标，对教育现代化的基本特征进行了科学概括，把终身教育体系作为形成学习型社会的基本条件，确定了我国迈入人力资源强国的基础性任务。“两基本、一进入”战略目标的实现，必将显著提升我国综合国力和国际竞争力，为本世纪中叶基本实现国家现代化奠定更为坚实的基础。

第二，我国教育改革发展的工作方针。为了保证教育改革发展战略目标任务的顺利实施，《教育规划纲要》明确提出了“优先发展、育人为本、改革创新、促进公平、提高质量”这一指导未来我国教育改革和发展的20字工作方针。

坚持把育人为本作为对教育工作的根本要求。科学发展观的核心是以人为本，育人为本是以人为本在教育工作中的具体体现。教育是培养人的事业，教育体制改革的根本目的是提高民族素质，多出人才，出好人才。坚持育人为本，就要把人才培养作为首要任务，牢固树立人才培养在教育工作中的中心地位，坚决贯彻党的教育方针，把坚持以人为本、全面推进素质教育落到实处。

育人为本，首先必须切实转变教育观念。树立全面发展的育人观念，坚持德育为先，能力为重，促进德育、智育、体育、美育有机融合，着力提高学生服务国家、服务人民的社会责任感、勇于探索的创新精神和善于解决问题的实践能力，教育学生学会知识技能，学会动手动脑，学会生存生活,学会做事做人,培养德智体美全面发展的社会主义建设者和接班人。树立人人成才和多样化人才观念,面向全体学生,为每一个学生提供适合的教育,鼓励个性发展,促进学生自觉主动、生动活泼地发展,让每个孩子的潜能都能够得到充分的发展,为国家和社会培养各级各类高素质人才。树立终身学习观念,培养学生终身、自主学习能力,使他们在一生中各个阶段都有根据自己意愿接受进一步教育的机会。

坚持把促进公平和提高质量作为推动教育事业科学发展的两大重点。新世纪新阶段我国教育所面对的最大挑战,一是更加公平的教育,二是更高质量的教育。教育公平是社会公平的重要基础,是人生公平的起点。收入不公影响人一时,教育不公影响人一生。教育涉及千家万户,关系千秋万代。把促进公平作为国家基本教育政策,是社会主义初级阶段促进社会公平的战略选择,是构建社会主义和谐社会的必然要求,是贯彻教育为人民服务宗旨、办好人民满意教育的具体体现,也有助于促进人的全面发展。教育公平的关键是机会公平,基本要求是保障公民依法享有受教育的权利,重点是促进义务教育均衡发展和扶持困难群体,根本措施是合理配置教育资源,向农村地区、边远贫困地区和民族地区倾斜,加快缩小教育差距。

教育质量是教育工作的生命线,是我国教育由大变强的关键。目前我国已成为世界上教育规模最大的国家,同发达国家的教育差距主要在质量方面。随着社会主义现代化建设的推进,服务我国由人力资源大国向人力资源强国的转变,服务经济发展方式的转变,教育质量的问题日益凸显。提高教育质量是教育事业的永恒主题,更是今天建设人力资源强国的紧迫要求。要牢固树立以提高质量为核心的教育发展观和以全面发展为核心的教育质量观,促进各级各类教育内涵发展与特色发展,不断提高拔尖创新人才培养水平。

坚持把优先发展与改革创新作为推动教育事业科学发展的两大保障。优先发展是党和国家提出并长期坚持的一项重大方针,是推动教育科学发展的前提条件。教育优先发展,是遵循经济社会发展规律和人才成长规律的必然要求,也被许多后发国家赶超发达国家、发达国家保持领先的成功实践所证实。优先发展教育,就要按照《教育规划纲要》的要求,通过建立健全体制机制,确保经济社会发展规划优先安排教育发展,财政资金优先保障教育投入,公共资源优先满足教育和人力资源开发需要,使教育适度超前发展,更好地服务于社会主义现代化建设全局。

改革创新是推动教育科学发展的强大动力。教育要发展,根本靠改革。30 多年前,教育领域率先解放思想,迎来改革开放的春天,从管理体制、办学体制、投入体制、招生就业体制改革,深入到学校内部管理体制和教育教学体制的改革,为教育事业的跨越式发展提供了有力支撑。实践证明,以改革推动发展,以改革提高质量,以改革增强活力,是 30 年教育发展的基本经验之一。当前,教育发展进入新阶段,教育改革进入深水区,面临着很多前所未有的新情况、新矛盾、新问题,迫切要求我们从实际出发,进一步解放思想,实事求是,破除阻碍教育改革发展的思想观念和体制机制障碍,通过不断改革创新,形成推动教育事业科学发展的体制机制。这是胡锦涛总书记、温家宝总理对教育的一贯要求,也是贯穿于《教育规划纲要》始终的一条主线。

三、全面把握新世纪新阶段教育改革发展的基本任务

《教育规划纲要》对新世纪新阶段教育改革发展作出了新的全面部署,明确了未来十年各级各类教育发展的重点任务,强调了深化教育体制改革的重要性和关键环节,并强化了推动教育改革发展的各项保障措施。

第一,到 2020 年各级各类教育事业发展的重点任务。实现 2020 年"两基本、一进入"的

教育战略目标,需要以各级各类教育的发展为支撑,需要具体分解为各级各类教育的发展任务。为此,《教育规划纲要》明确提出了8项发展任务。一是积极发展学前教育,重点支持农村学前教育发展。二是巩固提高九年义务教育水平,重点是形成促进义务教育均衡发展的长效机制。三是加快普及高中阶段教育,合理确定普通高中和中等职业学校招生比例,提升我国新增劳动力受教育水平。四是把职业教育放在更加突出位置,重点是建立健全政府主导、行业指导、企业参与的办学体制,增强职业教育吸引力。五是全面提高高等教育质量,使人才培养、科学研究和社会服务整体水平显著提升,优化高等教育结构,鼓励高校办出特色、办出水平,加快创建世界一流大学和高水平大学步伐。六是发展继续教育,通过建立学分转换、完善自学考试、办好开放大学等制度措施,搭建终身学习的"立交桥",努力建设学习型社会。七是重视和支持民族教育事业,全面提高少数民族和民族地区教育发展水平,大力推进双语教学。八是关心和支持特殊教育,完善特殊教育体系,健全特殊教育保障机制。

第二,深化教育体制改革的重点领域和关键环节。当前教育改革已进入全面适应经济体制、政治体制、文化体制、社会体制改革和建设的要求,以适应和推进社会体制建设为重点,更加注重制度创新的攻坚阶段。《教育规划纲要》强调以人才培养为核心,整体设计和推进教育体制改革,明确提出了6项改革任务。一是改革人才培养体制,强调更新人才培养观念,创新人才培养模式,改革教育质量评价和人才评价制度。二是改革考试招生制度,按照政府宏观管理、学校自主招生、学生多次选择的思路,逐步形成分类考试、综合评价、多元录取的考试招生制度,加强信息公开和社会监督。三是建设中国特色现代学校制度,推进政校分开、管办分离,保障学校办学自主权,建设依法办学、自主管理、民主监督、社会参与的现代学校制度。四是改革办学体制,坚持教育公益性原则,形成政府办学为主体、全社会积极参与、公办教育与民办教育共同发展格局,大力支持、依法管理民办教育。五是改革管理体制,以转变政府职能和简政放权为重点,形成政事分开、权责明确、统筹协调、规范有序的教育管理体制,提高公共教育服务水平。六是扩大教育开放,引进优质教育资源,推动我国高水平教育机构海外办学,提高我国教育国际交流合作水平。

第三,教育事业优先发展、科学发展的保障措施。推动教育事业优先发展、科学发展,必须有充分的条件保障和制度保障。《教育规划纲要》确定了与人财物、信息、法律、改革和组织领导等相关的六个方面保障措施。一是加强教师队伍建设,把教师作为第一教育资源,健全教师管理制度,改善教师地位待遇,提高教师业务水平,努力建设一支师德高尚、业务精湛、结构合理、充满活力的教师队伍,造就一批教育家。二是保障经费投入,健全以政府投入为主、多渠道筹措教育经费的体制,2012年实现国家财政性教育经费支出占国内生产总值的4%,并保持稳定增长。三是加快教育信息化进程,构建国家教育管理信息系统,加强优质教育资源开发应用,以教育信息化带动教育现代化。四是推进依法治教,完善中国特色社会主义教育法律法规,坚持依法行政、依法治校,加强教育督导和监督问责。五是着眼于教育改革发展全局和人民群众关心的突出问题,以加强薄弱环节和关键领域为重点,提出了本届政府启动实施的10个改革试点和10项发展任务。六是加强和改善对教育工作的领导,要求党委政府切实履行推动教育事业优先发展、科学发展的职责,加强和改进教育系统党的建设,切实维护教育系统和谐稳定。

《教育规划纲要》绘制了新世纪新阶段我国教育改革发展的宏伟蓝图,要把这一蓝图变为现实,关键在于实施。我们要把贯彻落实《教育规划纲要》作为当前教育工作的头等大事,正确把握和处理好优先发展与服务全局的关系、促进公平与注重效率的关系、扩大规模与提高质量的关系、政府主导与社会参与的关系、整体推进与分类指导的关系、尽力而为与量力而行的关系、立足国情与面向世界的关系、改革发展与维护稳定的关系。始终坚持从各地实际出发，认真制定实施方案，落实责任分工，抓好项目实施，组织改革试点，动员全社会形成合力，营造良好的教育改革发展氛围，创造性地把《教育规划纲要》和全国教育工作会议精神落到实处。

教育承载着中国未来发展、中华民族伟大复兴的希望。推进教育改革发展，使命崇高、责任重大。实施好《教育规划纲要》，是全党全社会和教育系统光荣而艰巨的历史任务。让我们紧密团结在以胡锦涛同志为总书记的党中央周围，以邓小平理论和"三个代表"重要思想为指导，深入贯彻落实科学发展观，继续解放思想，坚持改革创新，推动教育科学发展，为建设人力资源强国而不懈奋斗！

（此文载《求是》2010年第17期）

推动教育事业科学发展

袁贵仁

《建议》明确提出，深化教育教学改革，推动教育事业科学发展。这是以胡锦涛同志为总书记的党中央，在全面建设小康社会关键时期和深化改革开放、加快转变经济发展方式攻坚时期作出的重要决策。认真学习、深刻领会、坚决贯彻落实这一决策部署，对于推动科学发展、促进社会和谐具有极为重要的意义。

一、深刻认识全面推动教育事业科学发展的重大意义

（一）推动科学发展，必然要求教育事业科学发展

改革开放以来，我国经济始终保持快速发展，社会建设取得显著成就。同时，我国发展中不平衡、不协调、不可持续问题日显突出，特别是能源资源需求和生态环境压力不断加剧，外延型扩张模式越来越难以为继，城乡区域发展不协调，经济社会可持续发展面临严峻挑战。适应国内外形势新变化，党中央强调，要以科学发展为主题，以加快转变经济发展方式为主线，推动发展向主要依靠科技进步、劳动力素质提高、管理创新转变，加快建设创新型国家。为此，必须深入实施科教兴国战略和人才强国战略，优先发展教育，提高教育现代化水平，充分发挥教育的重大作用。

强国必先强教。21世纪是中华民族伟大复兴的世纪，中国正处于由大变强的关键时期。我国已经是经济大国，但还不是经济强国；已经是教育大国、人力资源大国，但还不是教育强国、人力资源强国。成为经济强国，必先成为人力资源强国；成为人力资源强国，必先成为教育强国。我们必须全面推动教育事业科学发展，培养和造就数以亿计高素质劳动者、数以千万计专门人才和一大批拔尖创新人才，努力实现到2020年进入人力资源强国的战略目标。

（二）促进社会和谐，必然要求教育事业科学发展

社会和谐是中国特色社会主义的本质属性，是我们党不懈奋斗的目标。当前和今后一个时期，我国发展仍处于可以大有作为的重要战略机遇期，面临难得的历史机遇，也面对诸多可以预见和难以预见的风险挑战。促进经济长

期平稳较快发展和社会和谐稳定，必须坚持把保障和改善民生作为加快转变经济发展方式的根本出发点和落脚点，使发展成果惠及全体人民。教育寄托着亿万家庭对美好生活的期盼。随着知识、技能的价值越来越充分呈现，人民群众对优质教育的渴望从来没有像今天这样强烈；随着社会主义民主法治不断完善和公民权利意识的不断增强，人民群众对教育公平的关注从来没有像今天这样突出；随着社会经济、文化发展和群众生活日益丰富，人民群众对多样化、个性化教育的需求从来没有像今天这样迫切。我们必须全面推动教育事业科学发展，坚持教育的公益性和普惠性，完善中国特色社会主义现代教育体系，保障公民依法享有受教育权利，办出人民满意的教育。

社会主义和谐社会也是广大人民群众思想道德素质、科学文化素质和健康素质普遍提高的社会。必须充分发挥教育在建设社会主义核心价值体系中不可替代的重要作用，加强走中国特色社会主义道路和实现中华民族伟大复兴的理想信念教育，提高全民族文明素质，进一步增强民族凝聚力和创造力，不断促进社会和谐。

（三）促进人的全面发展，必然要求教育事业科学发展

科学发展观的第一要义是发展，核心是以人为本。经济社会发展的基本前提是人的发展，根本目的也是人的发展。教育是培养人的事业。必须全面推动教育事业科学发展，全面贯彻党的教育方针，全面实施素质教育，坚持以人为本、面向社会需求，遵循教育规律，加强和改进德育、智育、体育和美育，着力提高学生服务国家服务人民的社会责任感、勇于探索的创新精神和善于解决问题的实践能力，促进学生健康成长和人的全面发展。

教育是国计，也是民生；教育是今天，更是明天。只有把教育摆在优先发展的地位，加快教育改革发展，推动教育事业在新的历史起点上科学发展，才能实现我国由教育大国向教育强国、由人力资源大国向人力资源强国的转变，才能更加自觉地走科学发展道路，为全面建设小康社会和构建社会主义和谐社会，为中华民族伟大复兴和人类文明进步作出新的更大的贡献。

二、准确把握全面推动教育事业科学发展的基本要求

《建议》指出，加快教育改革发展，要按照“优先发展、育人为本、改革创新、促进公平、提高质量”的要求。这个要求是教育规划纲要提出的“工作方针”，也是胡锦涛同志所特别强调的推动教育事业科学发展的“五个必须”。这五个方面的要求是一个有机的整体，集中体现了科学发展观在教育领域中的总体要求，体现了我们党对新中国成立60多年特别是改革开放30多年来社会主义教育事业发展的规律性认识，体现了党和国家对未来教育改革发展的全面部署和总体要求。

（一）坚持把育人为本作为推动教育事业科学发展的根本内容。以人为本在教育工作中最集中体现就是育人为本，深入推进素质教育。这是教育改革发展的战略主题，是贯彻党的教育方针的时代要求。

坚持育人为本，一要坚持德育为先。德是做人的根本，只有树立崇高理想和远大志向，从小打牢思想道德基础，学习才有动力，前进才有方向，成才才有保障。要加强理想信念教育和道德教育，把社会主义核心价值体系融入国民教育全过程。创新德育观念、目标、内容、方法，充分体现时代性，准确把握规律性，大力增强实效性。二要坚持能力为重。要深化课程和教学改革，以学生为主体，以教师为主导，充分发挥学生的主动性，尊重教育规律、教学规律和人才成长规律，为多样化、个性化、创新型人才成长提供良好环境和保障，着力提高学生的学习能力、实践能力、创新能力，教育学生学会知识技能，学会动手动脑，学会生存生活，学会做人做事。三要坚持全面发展。坚持文化知识学习与思想品德修养的统一、理论学习与社会实践的

统一、全面发展与个性发展的统一。加强和改进德育、智育、体育、美育，促进德育、智育、体育、美育有机融合，面向全体学生，为每个学生提供合适的教育，提高学生综合素质，促进学生德智体美全面发展，成为社会主义合格建设者和可靠接班人。

（二）坚持把促进公平和提高质量作为推动教育事业科学发展的两大战略重点。新世纪新阶段我国教育实现科学发展所面对的最大挑战，集中起来就是对更加公平教育的期盼和对更高质量教育的要求。

促进教育公平，一要把促进教育公平作为国家基本教育政策。教育公平主要责任在政府，全社会要共同促进教育公平。教育公平的关键是机会公平，基本要求是保障公民依法享有受教育的权利，重点是促进义务教育均衡发展和扶持困难群体，根本措施是合理配置教育资源。二要切实落实促进教育公平重大举措。公共教育资源要向农村地区、边远贫困地区和民族地区倾斜，加快缩小城乡、区域教育发展差距。健全国家资助制度，实现各级各类教育全覆盖，扶助家庭经济困难学生完成学业。三要尽力而为、量力而行。坚持在经济社会发展的基础上，以发展促公平、以改革促公平、以政策支持促公平，以规则保障公平，不断满足广大群众日益增长的多层次、多样化的教育需求。

提高教育质量，一要强化质量意识。当前我国已成为世界上教育规模最大的国家，同发达国家的差距主要集中在质量上。必须树立以提高质量为核心的教育发展观，坚持规模和质量的统一，更加注重教育内涵发展，这直接关系到我国教育由大变强的全局。二要明确质量标准。把促进人的全面发展、适应社会需要作为衡量教育质量的根本标准，形成科学规范、符合实际、涵盖各级各类教育的质量标准体系。三要加强质量保障。把教育资源配置和学校工作重点集中到强化教学环节、提高教育质量上来，建立以提高教育质量为导向的管理制度和工作机制，加强教育质量督导、评估和监管，建立健全教育质量保障体系。四要紧紧依靠教师。有好的教师，才有好的教育。把加强教师队伍建设作为提高教育质量的关键，进一步激发和保护广大教师投身教育改革创新、推动教育事业科学发展的主动性、积极性、创造性。

（三）坚持把优先发展和改革创新作为推动教育事业科学发展的两大根本保障。优先发展是推动教育事业科学发展的重要前提，改革创新是推动教育事业科学发展的根本动力。

优先发展教育，是党和国家提出并长期坚持的重大方针。一要充分发挥教育的重大作用。我国未来发展、中华民族伟大复兴，关键靠人才，基础在教育。二要始终把教育摆在优先发展战略地位，切实保证经济社会发展规划优先安排教育发展，财政资金优先保障教育投入，公共资源优先满足教育和人力资源开发需要。三要建立保障教育优先发展的体制机制，把优先发展教育作为贯彻落实科学发展观的基本要求，把坚持优先发展教育、发挥教育重大作用作为检验各级党政领导班子是否真正贯彻落实科学发展观的重要内容，并尽快形成科学规范的制度。

坚持改革创新，一要坚持改革方向。教育要发展，根本靠改革。在新的起点上，要始终不渝地以改革推动发展，以改革提高质量，以改革增强活力，推动教育事业科学发展。二要理清改革思路。按照系统设计，整体推进，重点突破，试点先行的要求，以人才培养为核心，加快重要领域和关键环节改革步伐，着力推进人才培养体制、办学体制、管理体制和保障机制改革，扩大教育开放，以开放促发展、促改革、促创新，处理好改革、发展、稳定的关系。三要明确改革目标。紧紧围绕促进教育公平、提高教育质量，进一步破除制约教育科学发展的体制机制障碍，全面形成与社会主义市场经济体制和全面建设小康社会目标相适应的充满活力、富有效率、更加开放、有利于科学发展的教育体制机制。

三、努力完成今后五年全面推动教育事业科学发展的重点任务

“十一五”时期，我国教育事业发展取得重要成就，城乡免费义务教育全面实现，职业教育快速发展，高等教育大众化程度进一步提高，农村教育得到加强，教育公平迈出重大步伐。在“十二五”时期即将到来之际，党中央、国务院颁布了《国家中长期教育改革和发展规划纲要(2010—2020年)》，召开了新世纪第一次全国教育工作会议。“十二五”时期将是贯彻全国教育工作会议精神、实施教育规划纲要极为关键的五年。我们要按照《建议》的要求，全面落实教育规划纲要，加快教育改革和发展，提高教育现代化水平，为加快转变经济发展方式、实现全面建设小康社会奋斗目标奠定坚实的人力资源基础。

(一)努力实现“十二五”时期教育发展目标

一要进一步提高发展水平。积极发展学前教育，巩固提高义务教育质量和水平，加快普及高中阶段教育，大力发展职业教育，全面提高高等教育质量，加快发展继续教育，支持民族教育、特殊教育发展，全面实现教育规划纲要提出的2015年阶段性目标。二要进一步提高发展质量。坚持把提高教育质量作为教育发展的核心任务，强化质量意识，明确质量标准，加强质量保障，加强学校内涵建设，着力抓好课程建设、教材建设和教师队伍建设，支持和引导各级各类学校在服务人民、服务国家实践中出名师、育英才，努力办出具有中国特色、世界水平的现代教育。三要进一步完善中国特色现代教育体系。以现代国民教育体系为基础，推动学历教育和非学历教育协调发展、职业教育和普通教育相互沟通、职前教育和职后教育有效衔接，努力形成体系完备的终身教育体系。

(二)深入推进“十二五”时期教育体制改革

一要改革人才培养体制。更新培养观念，创新培养模式，注重学思结合，注重知行统一，注重因材施教，改革教学内容、教学方法、质量评价和考试招生制度，推动形成体系开放、机制灵活、渠道互通、选择多样的人才培养体制。二要改革考试招生制度。按照政府宏观管理、学校自主招生、学生多次选择的思路，推动形成分类考试、综合评价、多元录取的考试招生制度。三要建设中国特色现代学校制度。推进政校分开、管办分离，保障学校办学自主权，建设依法办学、自主管理、民主监督、社会参与的现代学校制度。四要改革办学体制。坚持教育公益性原则，大力支持和依法管理民办教育，推动形成以政府办学为主体、全社会积极参与、公办教育和民办教育共同发展的新格局。五要改革管理体制。以转变政府职能和简政放权为重点，形成政事分开、权责明确、统筹协调、规范有序的教育管理体制，提高公共教育服务水平。六要以开放促改革。扩大教育开放，引进优质教育资源，推动我国高水平教育机构海外办学，提高我国教育国际交流合作水平。

(三)着力加强“十二五”时期教育保障措施

一要建设高素质专业化的教师队伍。加强师德师风建设，完善教师培养培训体系，提高教师师德和业务水平。提高和改善教师地位和待遇。完善教师准入、退出机制。鼓励优秀人才长期从教、终身从教，重点加强农村教师队伍建设。加大民族地区双语教师培养培训力度。二要切实增加教育投入。这是支撑国家长远发展的基础性、战略性投资。要健全以政府投入为主、多渠道筹措教育经费的体制。增加政府教育投入。要优化财政支出结构，统筹各项收入，把教育作为财政支出重点领域予以优先保障。2012年国家财政性教育经费支出占国内生产总值比例达到4%，并保持稳定增长。多渠道增加教育投入。要完善优惠政策引导社会力量兴办教育，完善捐赠教育激励机制，扩大社会资源进入教育途径。三要着眼于教育改革发展全局和人民群众关心的突出问题，着眼于促进教育公平，提高教

育质量,增强可持续发展能力,以加强薄弱环节和关键领域为重点,尽快启动实施教育规划纲要部署的十大发展项目和十项改革试点。这是“十二五”时期推动教育事业科学发展、办好人民满意教育的重要抓手和重要举措。

(作者:教育部部长)

深入贯彻落实科学发展观 扎实推进教育事业科学发展

中共教育部党组

胡锦涛总书记《在全党深入学习实践科学发展观活动总结大会上的讲话》(以下简称《讲话》)深刻论述了深入贯彻落实科学发展观的基础、目的、关键、根本、动力以及如何为推动科学发展提供坚强保证等一系列重大问题,是一篇指导党的建设新的伟大工程和中国特色社会主义伟大事业的纲领性文献。学习好《讲话》精神,把思想和行动统一到《讲话》精神上来,把《讲话》精神贯彻到教育工作的各个方面,对于巩固学习实践活动成果、落实即将颁布实施的《国家中长期教育改革和发展规划纲要》、在新起点上推进教育事业科学发展,具有重大的现实意义和深远的历史意义。

一、用马克思主义中国化最新成果武装头脑,奠定教育事业科学发展的思想基础

《讲话》指出,深入贯彻落实科学发展观,基础在于用马克思主义中国化最新成果武装广大党员、干部头脑,必须打牢推动科学发展的思想基础,坚持理论联系实际,实现学习和实践有机统一,使党的理论创新成果转化为推动科学发展的思想力量、政策措施、实际能力、自觉行动。教育肩负着培养人的重要职责,加强教育系统的理论武装意义重大,一定要做具体做扎实。要统一思想认识,紧紧围绕“办什么样的学校,怎样办好学校”和“培养什么样的人,怎样培养人”这两个根本问题,引导广大师生自觉用科学发展观指导教育改革、推动学校科学发展;要突出教育特点,把知识传授与价值引导紧密结合,围绕促进学生全面发展,引导学生在学习知识中掌握党的创新理论,在参与校园文化建设、社会实践和党团少先队活动中认知认同社会主义核心价值体系;要发挥教育优势,充分利用学校人才密集、学科门类齐全的优势,构筑理论学习研究宣传高地,促进马克思主义中国化、时代化、大众化。

打牢思想基础,就要打造理论学习平台。以建设学习型政党为契机,完善理论学习制度,建立分层分类的理论学习培训机制,开创领导领学、专家讲学、典型引学、讨论促学、考核查学的新局面。加强教育网和校园网建设,创建思想理论类网站,推出和办好理论类栏目,开设网上理论学习大讲堂,打造一批有影响的理论宣传品牌,使其成为理论大众化的重要平台。加强理论教学,抓好中小学思想品德课和高校思想政治理论课教材修订,继续推进教学方法的改进创新,扎实做好科学发展观进教材、进课堂、进头脑工作。针对青少年特点,组织理论专家把党的创新理论的基本思想、基本观点、基本要求编写成简便易学的青少年学习读本,为学生提供爱看、管用的理论通俗读物。要推进党的理论创新,深入实施马克思主义理论研究和建设工程,深入开展科学发展观理论研究。制

定完善哲学社会科学人才培养规划，建立促进科学发展的理论人才评价体系，创建马克思主义理论拔尖人才队伍。

二、面向经济社会又好又快发展，把握教育事业科学发展的方向

《讲话》指出，深入贯彻落实科学发展观，目的在于推动经济社会又好又快发展，必须始终抓住发展这个党执政兴国的第一要务，把科学发展新要求与当前发展阶段新特征结合起来，加快经济发展方式转变，着力提高经济发展质量和效益，牢牢把握发展主动权。教育直接关系到人才培养和国民素质提升，在经济社会发展中具有基础性、先导性、全局性作用。要按照全面建设小康社会、建设创新型国家的要求，把握工业化、信息化、城镇化、市场化、国际化深入发展的趋势，主动适应经济发展方式转变和经济结构调整，统筹教育的规模、结构、质量、效益和各级各类教育的协调发展，更多更好地培养经济社会发展急需的高素质劳动者和创新型、实用型、复合型人才；主动适应国家区域发展战略，加大对中西部地区教育支持力度，鼓励东部地区教育率先发展，促进区域教育改革和协调发展，为当地经济社会发展提供强大智力和人才支持；主动适应产业结构优化升级和培育战略性新兴产业需求，组织开展科技攻关，不断提高自主创新能力，突破关键核心技术，推进产学研用结合；主动适应推进社会主义文化大发展大繁荣战略，积极推进马克思主义中国化、时代化、大众化，弘扬优秀传统文化，发展和传播先进文化，参与决策咨询，发挥思想库作用。

教育服务经济社会，就要坚持把教育摆在优先发展的战略位置，面向经济社会发展和现代化建设的需要，对教育事业进行超前部署，切实保证经济社会发展规划优先安排教育发展，财政资金优先保障教育投入，公共资源优先满足教育和人力资源开发需要。就要把握好教育规模与教育质量的关系，巩固义务教育普及成果，积极发展学前教育，加快普及高中阶段教育，进一步提高高等教育大众化水平，加快发展继续教育，重视和支持民族教育，关心和支持特殊教育；把促进人的全面发展、适应社会需要作为衡量教育质量的根本标准，加强质量保障体系建设，建立以提高质量为导向的管理制度和工作机制，把教育资源配置和学校工作重点集中到强化教学环节、提高教育质量上来。

三、切实体现人民群众意愿，坚持教育事业科学发展的根本宗旨

《讲话》指出，深入贯彻落实科学发展观，根本在于发挥人民主体作用，必须把实现好、维护好、发展好最广大人民群众根本利益作为一切工作的出发点和落脚点，最大限度地把人民群众的智慧和力量凝聚到推动科学发展上来。教育发展关系到人民群众根本利益。要根据经济社会发展状况和时代需要，形成惠及全民的公平教育，保障群众享有接受良好教育的机会，不断满足人人成才的需求；不断满足多样化成才的需要，不拘一格培养人才；不断满足系统学习的需求，推进小学、中学、大学有机衔接，教育、科研、实践紧密结合，学校、家庭、社会密切配合；不断满足终身学习的需求，为人的持续发展奠定基础。

办好人民满意的教育，就要坚持教育的公益性和普惠性，建成覆盖城乡的基本公共服务体系，合理配置公共教育资源，向农村地区、贫困地区和民族地区倾斜，让全体人民共享教育改革发展成果。就要不断满足广大人民群众享受优质教育资源的需求，大力推进义务教育均衡发展，缩小区域、城乡、学校间的差距，保障每一个适龄儿童少年都能依法接受较好质量的义务教育。切实解决进城务工人员子女平等接受义务教育问题。保障残疾人受教育权利。就要扶助困难群体，进一步健全国家助学制度，逐步扩大中等职业教育免费范围，推进把普通高中家庭经济困难学生纳入国家助学体系，鼓励各地对家庭经济困难幼儿入园提供资助，不让一个学生因家庭经济困难而失学。就要坚持问政

于民、问需于民、问计于民，制定完善各项政策措施，使人民群众参与教育决策，共享教育改革发展成果。

四、创新教育体制机制，确保教育事业科学发展的不竭动力

《讲话》指出，深入贯彻落实科学发展观，动力在于创新体制机制，必须坚持求真务实、改革创新，加快构建充满活力、富有效率、更加开放、有利于科学发展的体制机制，为推动科学发展提供有力制度保障和持久推动力量。教育要发展，根本靠改革。要坚持正确的改革方向，加快解决经济社会发展对高质量多样化人才需要与教育培养能力不足的矛盾，加快解决人民群众期盼优质教育与资源相对短缺的矛盾，加快解决增强教育活力与体制机制约束的矛盾。特别要着力解决各级学校人才培养中衔接不够紧密、培养模式单一、教学方法和教学组织不适应等人才培养体制问题；着力解决"一考定终身"、选拔标准单一、考试内容和形式不利于素质教育等考试招生制度问题；着力解决学校办学自主权不落实、社会监督和学校自律机制不完善、高校行政化等学校制度问题；着力解决公办学校缺乏办学活力、民办学校发展受制约等办学体制问题；着力解决中央与地方权限不清、政府各部门之间教育管理职责交叉等管理体制问题。

创新教育体制机制，就要改革人才培养体制，更新人才培养观念，创新人才培养模式，改革教育质量评价和人才评价制度。就要改革考试招生制度，探索招生与考试相分离的办法，政府宏观管理、学校自主招生、学生多次选择，逐步形成分类考试、综合评价、多元录取的考试招生制度。就要建设现代学校制度，推进政校分开、管办分离、落实和扩大学校办学自主权，建设依法办学、自主管理、民主监督、社会参与的现代学校制度。就要改革办学体制，坚持公益性原则，形成以政府办学为主体、全社会参与、公办教育和民办教育共同发展的格局；探索公办学校的多种办学形式，大力支持和依法管理民办教育。就要改革管理体制，转变政府管理职能，健全统筹有力、权责明确的教育管理体制。就要统筹谋划、整体设计，科学确定改革的总体目标、重点领域、关键环节和具体步骤，建立健全重大改革政策出台的社会稳定风险评估机制，切实巩固和发展教育系统和全社会和谐稳定的好形势。

五、加强教育系统党的建设，提供教育事业科学发展的坚强保障

《讲话》指出，要以改革创新精神加强党的建设，为深入贯彻落实科学发展观提供坚强保证，这既是加强和改进新形势下党的建设的重要任务，又是把学习实践科学发展观引向深入的重要路径。要提高教育系统党组织的战斗力、发挥学校党员师生的先锋模范作用，需要努力加强学校领导班子和领导干部建设，按照政治家、教育家的标准，真正把那些讲政治、善于办学治校的优秀干部选拔到领导班子中来。坚持和完善高校党委领导下的校长负责制，积极探索党委领导、校长负责、教授治学、民主管理的有效途径和办法；努力加强基层学校党组织建设，加强分类指导，分别制定下发加强大中小学校党建工作的意见，抓好农村和民办学校以及幼儿园等薄弱环节党组织建设；努力加强教育系统党风廉政建设。

发挥学校党组织作用，就要提高学校领导班子和领导干部推动科学发展、促进和谐校园建设的能力。按照建设学习型党组织的要求，组织开展大规模教育行政干部、学校校长、幼儿园园长的国家级培训工作，安排干部到艰苦地区任职挂职，不断提高他们办学治校的能力。就要深入开展"创先争优"活动，围绕全面贯彻党的教育方针、培养社会主义建设者和接班人设计载体，开展"争创推进教育科学发展先进党组织"、"争做教书育人优秀共产党员"等活动，把"五好五带头"的要求具体落实到每一个支部、每一个党员身上。就要努力营造深入贯

彻落实科学发展观的风清气正环境。加快推进体现教育系统特点的惩治和预防腐败体系建设，加强对校园工程建设领域突出问题的专项治理，强化对招生录取环节的有效监督，推进科研诚信建设，加大惩治学术不端行为的力度，坚持从严治教、规范管理，加强行风建设和作风建设，树立优良的校风、教风和学风，努力为教育事业科学发展营造良好环境。

教育事业科学发展的宏伟蓝图

严隽琪

全国教育工作会议是中共中央、国务院在新世纪召开的第一次全国教育工作会议。会议确立了“优先发展教育、建设人力资源强国”的主题，会后颁布了新世纪以来的第一个教育规划纲要——《国家中长期教育改革和发展规划纲要（2010—2020年）》（以下简称《纲要》）。会议的召开和《纲要》的颁布，开启了我国从教育大国向教育强国、从人力资源大国向人力资源强国迈进的新征程，对推动我国教育事业在新的历史起点上科学发展具有重大意义，必将成为我国教育改革发展史上一个新的里程碑。

一、目标宏伟，战略正确——对《纲要》的基本评价

《纲要》提出了我国教育改革发展的奋斗目标、总体战略、发展任务，特别是提出了“优先发展、育人为本、改革创新、促进公平、提高质量”的20字工作方针和教育体制改革的一系列重大举措，有四大亮点：

（1）目标宏伟。《纲要》明确提出到2020年我国“基本实现教育现代化，基本形成学习型社会，进入人力资源强国行列”的战略目标。到2020年，我国经济社会发展的目标是实现全面小康。相比之下，我国教育发展的目标是超前于经济社会发展的。到2020年“基本实现教育现代化”，体现了中央的高瞻远瞩。当然现实的国情也决定了到那时我国教育只能实现基本的也就是较低水平的现代化。实现真正意义上的现代化，还要经过长期奋斗。

（2）战略正确。《纲要》浸透着浓厚的改革创新精神。经过十多年的规模化发展，我国教育在取得巨大成就的同时，也积累了不少深层次的矛盾和问题。要实现科学发展，根本出路在于改革创新。《纲要》明确将“改革”放在“发展”之前，将改革创新作为一条贯穿始终的主线，提出了一系列促进教育体制改革的重大政策和创新举措，体现了中央对教育发展规律的把握，同时也说明教育的科学发展必须在改革中实现。

（3）重视公平。提高教育公平的水平，是当前我国在新的历史时期面临的突出任务。《纲要》高举公平旗帜，明确提出要以促进公平作为教育改革发展的重点，作为国家基本教育政策，坚持教育的公益性和普惠性。《纲要》提出，要着力促进义务教育均衡发展，着力促进公共教育资源配置公平和制度规则公平，优先和重点保障农村地区、边远贫困地区和民族地区，加快缩小城乡、区域、校际和人群间教育差距，“形成惠及全民的公平教育”。

（4）强调质量。提高人才培养质量是教育改革和发展的核心指标。《纲要》明确提出要树立以提高质量为核心的教育发展观，建立健全教育质量的全方位保障体系，把提高质量作为教育工作的生命线，注重规模与质量的统一，

注重教育内涵发展，把提高质量作为教育改革发展的核心任务，鼓励学校办出特色、办出水平。

二、2012年实现4%的目标——《纲要》为解决教育财政投入不足而设置的刚性保障

充足的经费投入是教育现代化的重要保障。尽管我国教育发展取得了辉煌成就，但投入不足仍然是制约教育事业发展的重要因素之一。目前，非义务教育投入保障机制尚未建立；农村义务教育经费保障水平还有待进一步提高；提高教育的整体发展水平尚需大量的经费投入；公共教育资源配置不均衡的问题仍然十分突出。为了解决上述问题，《纲要》提出教育经费在2012年要达到占国内生产总值4%的目标，这为解决我国长期以来教育财政投入不足问题设置了一个刚性保障。同时，这个指标还能对提高经济发展质量起到“倒逼”作用。因为经济质量决定了财政收入占国内生产总值的比例。经济质量高，4%的目标就容易完成。当然，现在重要的是如何实现这个目标。

为此，需要进一步强化各级政府对教育的责任，保障公共财政对各级教育的充足投入。中央和省级财政应加大对贫困地区、农村地区发展义务教育的支持与转移支付力度，应以政府为主化解义务教育阶段农村学校的债务。应每年对政府教育投入进行执法检查，相关政府部门和行政首长应承担违法责任。应督促各级政府尽快形成地方财政依法保障教育经费增长的长效机制。同时，要鼓励和引导社会力量捐资办学和出资办学，逐步形成国立、地方公立、民办并举的多元办学体制，这将有利于缓解国家的教育财政压力。

三、上下结合的制定过程——我国宏观教育决策模式的重大变化

长期以来，我国社会力量和人民群众对教育政策制定过程和决策过程的参与很不够。《纲要》在近两年的制定过程中，广泛征求并吸收了社会各方面的意见。其中，既有国家领导人的支持和关注，又有各级行政机构的全面参与；既有众多专家学者科研成果的支持，又有社会各界的建言献策。《纲要》两次面向全社会公开征求意见，收到意见和建议210余万条。初稿形成后，又先后4次大范围征求意见。这种自上而下与自下而上相结合的决策机制体现了科学与民主精神，充分反映了我国宏观教育决策模式的重大进步，对于推进我国国家决策的科学化、民主化具有重要意义，值得高度肯定和继续发扬。

（作者：全国人大常委会副委员长、民进中央主席）

谱写教育改革的新篇章

刘川生

前不久召开的全国教育工作会议是新世纪以来第一次、改革开放以来第四次教育大会。党中央、国务院高度重视这次会议，胡锦涛总书记、温家宝总理发表了重要讲话。讲话对教育改革发展的重要性有深刻的论述，对教育改革发展中存在的问题有清醒的认识，对推进新一轮教育改革有坚定的信心，对未来教育的宏伟蓝图有明确的阐述。这次会议的胜利召开和

《纲要》的颁布实施，必将拉开我国新一轮教育改革的序幕，在全国兴起教育改革的新高潮，推动我国教育事业科学发展跨上一个新台阶。

中央对教育事业的高度重视，激发了我们的使命感。胡锦涛总书记强调，强国必先强教。教育是国计，也是民生。教育是今天，更是明天。这些掷地有声的话语，让每一位教育工作者都为之振奋，备受鼓舞，深切地感受到使命在肩，任重道远。

中央提出了教育改革发展目标、任务，增强了我们的责任感。《纲要》明确了“基本实现教育现代化，基本形成学习型社会，进入人力资源强国行列”的战略目标和发展任务，提出了具体的工作方针。这为未来十年的教育改革发展指明了方向，需要每一位教育工作者担当起历史和时代赋予的重任，努力践行，积极奉献。

中央对师范教育的高度重视，增强了我们的紧迫感。温家宝总理在会上强调，建设一支高素质的教师队伍，必须办好师范教育。《纲要》提出，要积极推进师范生免费教育。北京师范大学作为师范教育的排头兵，作为师范生免费教育政策的实施单位，将不断增强紧迫感，进一步落实师范生免费政策，致力于培养高素质教师和未来教育家。温家宝总理于2006年和2007年两次来我校亲切看望学生，强调师范教育可以兴邦。目前，我校共有免费师范生2100多人，明年将有490多名免费师范生毕业。广大同学纷纷表态，毕业后将到西部、到基层长期从教，终身从教。

学习贯彻落实全国教育工作会议和《纲要》精神，我们深感使命光荣，责任重大，任务艰巨。北京师范大学是中国教师教育和教育科学的排头兵。在新一轮教育改革中，我们要结合自身的办学特色和优势，在深化体制机制改革、培养创新人才、服务国家战略和区域发展等方面先行先试，发挥好先锋引领作用。

加快改革步伐，北师大要勇于担当。《纲要》强调，教育要发展，根本靠改革。按照“资源整合、体制创新、深化改革、做大做强”的原则，我校在教育学科试点学部制改革，整合3个学院、4个研究院和中心，组建了教育学部。教育学部是我校改革的试验田，在运行机制、管理结构、改革目标上都进行了有益探索。目前，我校正在总结教育学部改革的经验，在学校“十二五”规划中将继续探索学部制改革，努力把北师大建设成为教育改革创新的重要策源地、教育决策的思想库、未来教育家的摇篮。

培养创新人才，北师大要敢于探索。《纲要》把人才培养放到核心位置，强调要牢固确立人才培养在高校工作中的中心地位，着力培养高素质专门人才和拔尖创新人才。北师大把创新人才培养作为重中之重，创新教育观念、教学内容和教学方法，加大实验、实践、实训教学的力度，把通识教育和跨学科教育放到非常重要的位置，并努力营造勇于创新、善于创新、尊重创新、激励创新的校园文化氛围。

服务国家地方，北师大要积极奉献。《纲要》强调指出，高校要牢固树立主动为社会服务的意识，全方位开展服务。北师大充分发挥在学科、人才等方面的优势，以服务求支持，以合作谋发展，探索与中央部委、地方政府、民主党派以及企业、社会组织等合作的新机制，成立了中国教育政策研究院、首都高等教育研究院、国家教育考试与评价研究院、联合国国际农村教育与培训中心等，提高了社会服务能力，促进了学校发展。目前，我校正进一步整合教育资源，探索建立“首都优质教育创新园区”，为首都和全国提供更加丰富的优质教育资源，为建设人力资源强国做出应有的贡献。

（作者：北京师范大学党委书记）

办好每一所学校　教好每一个学生

顾明远

《纲要》明确提出了今后我国教育改革和发展的20字工作方针，即“优先发展、育人为本、改革创新、促进公平、提高质量”。其中促进公平和提高质量是今后教育工作的两大重点。

促进教育公平和提高教育质量本来是两个不同的问题，但由于我们现在教育质量总体还不高，优质教育资源稀缺，只有少部分儿童能够享受到优质教育，所以教育公平和教育质量就成为两个相互关联的问题。要促进教育公平就要普遍提高教育质量，使人人都享受到高质量的教育。

怎样提高教育质量？要从人才培养体制改革入手，切实推进素质教育。推进素质教育，与教育均衡发展有着密切的关系。正是由于教育发展不均衡，为了追求优质教育资源，才出现了激烈的考试竞争，加重了学生的课业负担，严重阻碍了素质教育的推进和教育质量的提高。教育公平与教育质量之间形成了一个相互影响的循环结扣。

解开这个结扣，需要双管齐下。一方面要大力改造薄弱学校，扩大优质教育资源；另一方面要加大教育教学改革力度，改变人才培养模式。要改变这样一种错误的观念，即似乎现在的名牌学校就代表了优质教育，不需要改革创新，薄弱学校只要向他们看齐就可以办出优质教育。事实上，名牌学校和薄弱学校都有改革创新的必要。《纲要》中提到的“教育观念相对落后，内容方法比较陈旧，中小学生课业负担过重，素质教育推进困难”等现象，在名牌学校和薄弱学校都存在。两类学校都需要改革。通过改革创新，名牌学校可以真正培养出全面而个性发展的创新人才，薄弱学校可以在质量上实现新的飞跃，不再走旧式名校的老路。

要提高教育质量，促进教育公平，就要办好每一所学校，教好每一个学生。这是教育本质的体现，是普及教育的要求和根本目的，也是教育公平的最好体现。

办好每一所学校，教好每一个学生，是全社会的责任。

首先政府要合理配置教育资源，使学校均衡发展。要遵循教育规律，不给学校压升学指标，不单纯用考试成绩来评价学校和教师。

学校要在校长的带领下形成一个懂教育、有理想、有水平的教育共同体，把学校办出特色，办出水平。

教师要尊重学生，相信每一个学生都能成才。当然，教好每一个学生，不是说每一个学生都得到同样的结果，而是要根据学生的不同特点设计不同的培养方案，使每一个学生得到最适合于他的教育，使每一个学生的潜能和个性得到充分发展。

家长是孩子的第一任教师，也是孩子最亲近的人，家庭教育特别重要。家长要有一些教育常识，懂得一些儿童成长的规律；尊重孩子，理解孩子，多与孩子沟通；学校减轻了学生的课业负担，家长不要增加额外的课业负担，让孩子享受丰富的生活和多样的人生体验。

社会舆论、学校周边环境对每一个学生都有影响。社会各方面都要以民族的未来为重，以育人为重，努力形成育人的良好环境。

（作者：中国教育学会会长）

坚定理想信念

张全景

理想信念问题，是一个至关重要的带根本性的问题，它关系到我们举什么旗帜、走什么道路，关系到党和国家的前途命运，关系到全民族的兴衰。坚定的共产主义理想信念是无产阶级世界观的核心，是共产党人必须具备的思想政治素质和强大精神支柱，是我们正确认识世界、改造世界的行动指南。党中央在陕北13年，中国革命之所以由弱变强，转败为胜，不断走向辉煌和胜利，一个最根本的原因，就是我们始终坚持共产主义、社会主义的前进方向，坚持为最广大的人民群众服务，高举抗日的旗帜，为了民族的胜利，英勇奋斗，不怕牺牲，从而凝聚了全国的进步力最，最终取得了辉煌胜利。大学生是共产主义和中国特色社会主义事业的建设者和接班人，广大教师担负着教书育人、传道授业解惑的重任，有无坚定的理想信念，对党和人民的事业有重大影响。新时期，在广大师生中弘扬延安精神，最根本的就是要进一步坚定共产主义理想和中国特色社会主义信念。

坚定理想信念，首先要正确认识资本主义必然灭亡、社会主义必然胜利，是人类社会发展的客观规律。关于社会主义与资本主义的命运，马克思和恩格斯早就指出："资产阶级的灭亡和无产阶级的胜利是同样不可避免的。"这一基本判断不是马克思和恩格斯的主观臆断和猜测，而是他们以唯物史观分析人类社会历史发展规律得出的科学结论，是历史的必然，是不以人的意志为转移的。我们在这一点上不能动摇，不管遇到什么困难，在什么情况下，都要坚定不移，都要充满信心。过去是这样，现在、将来都应当是这样。

资本主义必然灭亡，社会主义必然胜利，是社会化大生产与生产资料私人占有的矛盾不可调和的结果。随着工业革命的完成，生产的社会化程度越来越高，社会化大生产的基本要求就是从社会的整体角度配置资源、分配产品。然而，在资本主义生产体系下，生产资料和绝大部分社会财富被少数资本家所占有，社会化大生产的根本要求同生产资料私人占有之间的矛盾不可调和，这一矛盾是资本主义制度体系的根本矛盾，与资本主义制度相伴始终。生产越发展，生产社会化与资本主义生产资料私人占有制之间的矛盾越突出。马克思、恩格斯正是在坚持生产力与生产关系矛盾运动推动社会发展的根本规律的基础上，深刻分析资本主义社会这一内在矛盾，而得出资本主义必然灭亡、社会主义必然胜利的科学结论的。解决这一矛盾，只有推翻资本主义剥削制度，消灭生产资料的资产阶级私人占有制，建立起与社会化大生产相适应的公有制经济基础及其社会主义基本社会制度，才能从根本上扫除生产力发展的障碍，逐步实现社会财富的充分"涌流"和人的全面与自由发展。战后资本主义国家虽然接受了过去的教训，对工人阶级采取了一些福利政策，以缓和社会矛盾，但没有也不可能从根本上解决问题。美国先后发生并影响世界经济形势的次贷危机、金融危机、经济危机，就是这种矛盾的反映。这个矛盾的彻底解决，正如马克思所说的，只能是"剥夺剥夺者"。工人阶级在争取解放的斗争中，不管经历多少挫折、困难，多少时间，最终胜利是必然的，这个规律同样不可改变。资本主义国家、帝国主义国家不仅与本国被剥削人民和被压迫民族之间存在不可调和的矛盾，必然遭到反抗，而且与其他被压迫的国家和民族、与社会主义国家之间也存在种种矛盾。还有，资本主义国家之间也是矛盾重重。对这些矛盾，我们都应进行科学的分析和研究，充分认识资本主义的灭亡和社会主义的胜利都是必然的，更加坚定我们的理想信念。2008 年 9 月，美国雷曼兄弟公司坍塌，金融危机向全球蔓延。危机的第一波主要是金融系统本身，各国政府都增发巨债救市，全球主权债务急遽增加，现在共达 36 万亿美元之多。资本主义制度自二战以来遇到了最为严重的危机。这正是我们进行理想信念教育的大好时机。要通过对金融危机的分析，认识资本主义的实质。

坚定理想信念，要牢记苏共失败的惨痛教训，深入持久地抓好教育。建设中国特色社会主义，最终实现共产主义，必须紧密联系实际，加强思想教育和意识形态领域的工作。苏共失败的一个重要原因，就是在思想理论和意识形态领域出了问题，背离了马克思列宁主义，使全党失去了正确的理论指导，造成党内外思想的混乱和社会政治动荡。从赫鲁晓夫到戈尔巴乔夫，否定苏共历史，否定斯大林，推行“全民党”、“全民国家”和“民主的人道的社会主义”，从思想上解除了苏共和苏联人民的武装，为反苏、反共、反社会主义的舆论开了绿灯。特别是戈尔巴乔夫时期，各种媒体都大肆美化资本主义，把列宁、斯大林领导下的社会主义说得一无是处，选成严重思想混乱，成为苏共失败、苏联解体的一个重要原因。现在，我们国内也有一些人攻击污蔑毛泽东，否足党的历史，否定社会主义革命和建设事业，对这股歪风一定要旗帜鲜明地进行斗争。毛泽东的丰功伟绩可以说是“不废江河万古流”，深深植根于群众之中。高校是思想理论战线的主要阵地之一，尤其要做好意识形态方面的工作，加强理想信念教育，自觉实践社会主义核心价值体系，确保思想政治教育阵地牢牢掌握在党和人民的手里。

坚定理想信念，必须投身伟大的社会实践。在实践中学习，在群众中锻炼，经风雨、见世面，才能不断进步，不断提高。特别是青年，正处于世界观形成时期，更需要加强思想锻炼。要把实现远大目标同实现现实任务密切结合起来，在大目标统帅下，完成好现实的任务。我们的全部工作都是朝着共产主义的大目标的，如果忘记了这个大目标，就不成其为共产党员了；然而放松今日的努力，也就不是真正的共产党员了。千里之行，始于足下。我们只有脚踏实地、真心真意地建设中国特色社会主义，把本职工作做好，才能胜利到达历史的彼岸。

坚定理想信念，必须保持高尚的精神境界和道德情操，养成浩然正气。高尚的情操是坚定理想信念的道德基础。理想信念的动摇常常是从一些“小节”问题上开始的。“小洞不补，大洞受害”，一失足成千古恨。广大师生要从严要求自己，培养高尚的道德情操，对于共产党员来说，就是要弘扬共产党人的正气。在道德品行的修养上，要“谨小慎微”，从“小节”做起，在遵守社会公德、职业道德、家庭美德等方面做出表率，“勿以善小而不为，勿以恶小而为之”。要严格约束自己，做到慎独，在自觉上下功夫，无人监督的情况下，也不做违法乱纪的事。“天网恢恢，疏而不漏”，“要想人不知，除非己莫为”。要遏制私欲，抵制形形色色的诱惑。“世路莫如人欲险，几人到此误平生”。只有保持高尚的道德情操，才能抵御各种金钱物欲的诱惑。道德修养关键是一以贯之，长期坚守。毛泽东说，一个人做点好事并不难，难的是一辈子做好事而不做坏事。我们要引导广大师生像张思德、白求恩等延安军民那样，自觉加强共产主义、社会主义道德修养，毫不放松要求，不断有所进步。

（此文是全国党建研究会顾问、中共中央组织部原部长张全景在北京市高校思想政治教育教师延安教育实践活动启动仪式上的讲话节选）

积极推进马克思主义大众化 大力提升大学生的理论素养

程天权

党的十七大报告强调指出:“大力推进理论创新,不断赋予当代中国马克思主义鲜明的实践特色、民族特色、时代特色。开展中国特色社会主义理论体系宣传普及活动,推动当代中国马克思主义大众化。”当代大学生是祖国的未来、民族的希望。推进马克思主义大众化,坚持用马克思主义理论武装大学生,对大学生进行系统的马克思主义理论教育,帮助他们树立正确的世界观、人生观、价值观,提高运用马克思主义的立场、观点、方法分析问题和解决问题的能力,事关中国特色社会主义事业的前途命运。中国人民大学是一所以人文社会科学为主的全国重点大学,一贯重视大学生的马克思主义理论教育,坚持用马克思主义理论武装学生头脑,形成了一系列具有自身特色的有效做法和经验。

一、科学把握马克思主义大众化的内涵,从战略高度积极推进马克思主义大众化

马克思主义是我们立党立国的根本指导思想,是科学的世界观和方法论。马克思主义大众化主要指马克思主义基本原理由理论化、抽象化的话语体系逐渐转变为具体化、生活化的行动指南的过程。它意味着作为理论体系的马克思主义由被少数人理解和掌握逐渐为人民群众所理解和掌握,并最终成为人民群众认识世界、改造世界的精神武器。马克思主义经典作家十分强调用科学理论武装广大人民群众的极端重要性。马克思指出:“批判的武器当然不能代替武器的批判,物质力量只能用物质力量来摧毁;但是理论一经掌握群众,也会变成物质力量。”列宁强调:“没有革命的理论,就不会有革命的运动。”在当代中国,用马克思主义理论武装广大群众,就是要深入推动马克思主义大众化。从动态看,马克思主义大众化的过程就是人民群众对马克思主义理论体系的学习、认识、理解、认同和信仰的过程,是马克思主义的推广普及过程。从静态看,马克思主义大众化反映马克思主义理论深入人心的程度和人民群众认同接受马克思主义理论后所呈现的精神状态和行动方式。总的来看,马克思主义大众化就是马克思主义理论被人民群众所理解、认同和信仰的过程和状态,马克思主义大众化既指马克思主义基本原理的大众化,同时又指当代中国马克思主义的大众化,即中国特色社会主义理论体系的大众化。

在当代中国,推进马克思主义大众化,既要重视马克思主义基本原理的大众化,更要重视中国特色社会主义理论体系的大众化,特别是对青年大学生来说,学习和掌握中国特色社会主义理论体系是十分重要的课题。党的十七大报告指出:“改革开放以来我们取得一切成绩和进步的根本原因,归结起来就是:开辟了中国特色社会主义道路,形成了中国特色社会主义理论体系。”中国特色社会主义理论体系,是包括邓小平理论、“三个代表”重要思想以及科学发展观等重大战略思想在内的科学理论体系,是马克思主义中国化的最新成果,是全国各族人民团结奋斗的共同思想基础。实践证明,马克思主义只有与本国国情相结合、与时代发展同进步、与人民群众共命运,才能焕发出强大的生命力、创造力、感召力。建设中国特色社会主

义事业是一项长期艰巨的伟大实践工程，富强民主文明和谐的现代化国家不会从天上掉下来，需要每一个中国人付出长期艰苦的努力。当前，我国仍处于并将长期处于社会主义初级阶段的基本国情没有变，人民群众日益增长的物质文化需要同落后的社会生产之间的矛盾没有根本改变，我们在现代化建设中还会遇到许多复杂的问题和现实的困难。因此，我们必须通过推动中国特色社会主义理论体系的大众化来帮助大学生正确认识国情，使他们了解我国从半殖民地半封建的旧中国走向光明新中国的历史，深刻认识历史和人民选择了马克思主义、选择了中国共产党、选择了社会主义道路，使他们正确认识我国的发展阶段、发展水平，深入了解党中央确定的发展理念、发展思路、发展道路和发展模式，从而坚定跟党走中国特色社会主义道路的信心与自觉性；必须通过推动中国特色社会主义理论体系的大众化帮助大学生深入了解改革开放30多年波澜壮阔的伟大历程，深刻认识改革开放的伟大意义、巨大成就、成功经验和前进方向，深刻领会改革开放是决定当代中国命运的关键抉择，只有改革开放才能发展中国、发展社会主义、发展马克思主义，从而增强坚持改革开放的自觉性坚定性；必须通过推动中国特色社会主义理论体系的大众化来帮助大学生解疑释惑，使他们正确认识改革发展中出现的新情况新问题、社会关注的热点与焦点问题，避免思想出现偏激、行为出现偏差，从而以理性务实的态度正确对待各种社会矛盾；必须通过推动中国特色社会主义理论体系的大众化来引导大学生进一步认清自己的历史责任，使他们能够把爱国报国的决心转化为勤于学习、善于思考、勇于实践的精神动力，转化为报效国家、服务人民、奉献社会的实际行动。

二、加强和改进大学生思想政治理论课教学，增强马克思主义理论的感召力、吸引力和影响力

思想理论建设是党的根本建设，重视思想理论建设是我们党的优良传统、独特优势和基本经验。高校思想政治理论课是我国高等教育的重要内容，是中国特色社会主义大学的重要体现。其主要任务，是对大学生进行系统的马克思主义理论教育，帮助他们树立正确的世界观、人生观、价值观，提高运用马克思主义立场、观点、方法分析问题解决问题的能力。其根本目标，是培养千千万万中国特色社会主义事业的合格建设者和可靠接班人。思想政治理论课是高校推进当代中国马克思主义大众化的重要载体和基本途径。在新形势下，进一步加强和改进高校思想政治理论课教学，对于大力提升青年大学生的理论素养具有十分重要的意义和作用。中国人民大学是全国马克思主义理论研究与教学的重要基地，师资力量雄厚，教学基础相对较好。近年来，学校采取多种积极有效措施，努力加强和改进思想政治理论课教学，积极推动马克思主义理论教学与研究的深入开展。学校支持教师积极参与中央马克思主义理论研究与建设工程，组织骨干教师参与高校思想政治理论课教材修订和重点教材编写工作，在深入进行科学研究的基础上，大力改进“马克思主义基本原理概论”、“毛泽东思想和中国特色社会主义理论体系概论”、“中国近现代史纲要”、“思想道德修养与法律基础”等课程的课堂教学。采取行之有效的措施，加强思想政治理论课教师队伍建设，通过课题研究、培训研修、实践考察、地方挂职等方式，组织教师到改革开放前沿、贫困落后地区、工农业生产基地调查研究，到基层和实际部门挂职锻炼，增加教师的阅历，增长教师的见识，大力提升教师的马克思主义理论素养和业务水平，着力培养和造就一批热爱真理、追求真理，具有坚定理想信念、业务水平精湛、学识广博的教师队伍。经过积极努力，绝大多数教师都善于深入浅出地把马克思主义理论的抽象原理、书面语言、教材体系，转化为易于被学生理解和接受的通俗化、生动化、生活化的语言，以理论本身的吸引力和语言的表现力吸引学生，以情感人、以情动人，大

大提高了思想政治理论课的说服力、亲和力和感染力。教师们自觉改进教学方法，采用启发式、案例式、讨论式、参与式等多种教学方法和手段，充分利用多媒体、网络、电影电视资料等，加强师生之间的交流与沟通，充分发挥大学生在课堂中的主体作用，让大学生在愉快的学习中接受马克思主义理论教育，激励他们真信、真学、真用马克思主义理论。学校充分发挥自身的理论优势和人才优势，积极支持教师参加中宣部组织的《科学发展观学习纲要》、《社会主义核心价值体系学习纲要》、《理论热点面对面》、《六个为什么》等理论读物的编写工作，提升教师对中国特色社会主义理论体系的真切理解和深刻把握。

三、加强大学生社会实践教育，在实践中引导大学生认识和把握马克思主义理论

实践的观点是马克思主义认识论的首要的、基本的观点。中国特色社会主义理论体系的形成和发展，是中国特色社会主义伟大实践不断深化的必然结果。理论来自实践、指导实践，并接受实践的检验、在实践中发展。中国特色社会主义理论体系深深植根于当代中国改革开放和现代化建设的丰富实践，是在解答实践提出的问题的过程中逐步形成和发展起来的。它的科学性，就在于它是以客观现实为依据的；它的生命力，就在于它是随着时代和实践的发展而发展的。与时俱进是马克思主义理论的基本品格，也是中国特色社会主义理论体系的显著特征，丰富多彩的社会实践是中国特色社会主义理论体系保持蓬勃生机的不竭源泉。坚持理论与实践相结合，实现理论与实践之间的双向互动，是高校推进当代中国马克思主义大众化的根本途径。开展社会实践活动，突出实践的教育功能，让大学生从理论和实际的结合中真正理解和掌握马克思主义理论，并将这些理论内化为自身的价值信仰、人生准则和行动指南，转化为认识和改造世界的能力，他们才会自觉运用理论的基本观点和方法去观察社会，指导人生。近年来，中国人民大学通过加强领导、组织和经费支持等形式，积极开展大学生社会实践活动，以“青春奉献祖国，知识回报社会”为主题，组织大学生利用寒暑假到工厂、农村、部队、社区参加各种社会调查、社区文化服务活动，既增强他们对中国特色社会主义理论的理解，又培养和锻炼大学生的社会实践能力。中国人民大学公共管理学院罗杰、冷泉、刘晋、刘颉、王伟杰等五名硕士研究生提交的调研报告《2007年国家扶持生猪养殖政策执行情况分析》受到党和国家领导人的高度重视，温家宝总理先后两次作出重要批示，李克强、回良玉副总理也专门对此作出重要批示，国务院副秘书长张勇召开专题会议研究进一步扶持生猪生产的具体政策。

四、坚持校园文化的政治方向和价值导向，在健康的校园文化环境中增强大学生对马克思主义理论的认同与信仰

校园文化具有内在的教育导向和潜移默化功能，其营造的文化氛围，构成教育的环境，直接影响着学生的价值观念和精神境界，是高校对学生进行马克思主义理论教育的重要平台，对帮助学生树立马克思主义信仰，具有重要的作用。作为一种特殊的文化形式，高校校园文化通过特定的人文环境的熏陶、渗透和升华，将其长期培育和积淀的大学精神、传统、校风、教风和学风转化为校园环境中带有倾向性的观念追求、价值标准和行为规范，从而不断作用于校园文化主体，“润物细无声”地实现着育人的目标。校园文化建设和思想政治教育工作在高校中既相互独立，又相互渗透，校园文化建设不仅是大学生思想政治工作的必需与有益的补充、延伸，而且还是大学生思想政治工作的重要载体。中国人民大学高度重视校园文化建设，倡导“立学为民，治学报国”的精神，要求学生努力成为“国民表率、社会栋梁”，既坚持“明德、博学、求是、笃行”的学术品格，又具有“忠诚、

勤勉、朴实、友爱”的道德人格，实现德智体美劳全面发展、和谐发展和个性发展，努力把学生培养成为具有远大理想、对祖国和人民有深厚感情、有强烈社会责任感和历史使命感，积极进取，勇于担纲的优秀人才。中国人民大学在东大门一进校园处设立“实事求是”校训石，要求师生在思想上求真，在行动上务实，努力做到实事求是，知行合一。近年来，学校每年组织开展“五四文艺比赛”、“一二·九”合唱节、“红色院线”等活动，以先进文化教育引导大学生。特别是抓住2008年举办北京奥运会、2009年庆祝新中国成立60周年等重大活动的契机，开展丰富多彩、形式多样的主题教育活动，引导大学生更加热爱祖国、热爱社会主义、热爱党，取得良好效果。

中国人民大学校园文化建设中的一个重要方面和特色是每年都举办多场高水平的论坛。近年来，学校每年举办的各类国际国内论坛有100多场，邀请国内外知名学者、政府部长、企业家、劳动模范等到学校作报告，不仅带来学术界最新的研究成果，也带来实践前沿的最新材料，为大学生学习理论、把握社会，提供了很好的帮助。像“中国人文社会科学论坛”、“中国宏观经济论坛”、“共和国部长论坛”、“人大代表人大行”等，已经成为学校的品牌论坛。又如，马克思主义学院博士生组织发起的“博士生论坛”，每学期举办一至二期，每期确定一个学生关心的理论热点问题为主题，邀请有关学者作为嘉宾与全院博士生共同交流，既提升了博士生的研究能力，又引导博士生深化了对中国特色社会主义理论体系的认识。“博士生论坛”影响越来越大，目前已发展为中国人民大学、北京大学、清华大学“三校博士生论坛”，在全国都有一定的影响。

总之，在高校中推进马克思主义大众化既是新时期坚定大学生社会主义理想、信念的需要，又是应对国际国内环境变化对大学生影响的需要。在高校推动马克思主义大众化，实现广大青年学生对马克思主义和中国特色社会主义理论体系在思想上的共识，这是一项长期的系统工程，需要我们持之以恒地坚持以马克思主义理论武装大学生，不断提升大学生的理论素养，才能实现我们培育千千万万中国特色社会主义事业合格建设者和可靠接班人的历史重任。

（作者：中国人民大学党委书记）

当代青年政治认知教育：一项带有战略意义的课题

——对四所高校的调研

中共中央党校省部班调研组

对党的理想信念的认同问题，本质上是对社会主义核心价值体系的认同问题。当代青年对党的理想信念的认同，不仅在当下事关人心向背，而且事关中国特色社会主义的未来发展与前途命运。因而，如何有效地进行当代青年特别是高校学生的政治认知教育，是一项带有战略意义的重大课题。我们选择了暨南大学、深圳大学、西安交通大学和西北大学四所高校作为课题调研的主要对象，通过实地考察与问卷调查相结合的方式进行调研。在此基础上，我们对进一步加强和改进高校学生的思想政治教育提出以下思考。

基本现状

调查表明，当代高校学生在确立中国特色社会主义的共同理想、鲜明正确的政治倾向、自强奋斗的人生态度、积极向上的人生价值取向等方面总体上呈现出健康良好的精神风貌。

对党的领导和中国特色社会主义的认同度高

在思想政治方面,广大高校学生热爱祖国、热爱党,热爱社会主义,政治立场比较坚定。从问卷调查的数据看,4 所高校中有 59.5% 的学生认同以马克思主义作为建设中国特色社会主义的指导思想;超过 70% 的学生认同改革开放。广大学生对党和政府的决策、施政能力评价较高,对党的路线方针政策、改革开放取得的成就、现阶段党和政府的工作比较肯定和比较满意,对我国经济社会的发展态势持积极乐观的态度,对中国特色社会主义未来前景充满信心。

积极关注重大事件,对重大问题具有一定程度的理性认识

高校学生十分关心时事,他们对国际、国内的重大问题和突发性重大事件高度关注。其中,对"四川汶川地震"关注度达 100%;对拉萨"3·14"暴力犯罪事件关注度达 97.5%,对国际金融危机、奥巴马当选美国总统等,关注度均达到 96% 以上。在关注这些重大事件的同时,高校学生也对我国社会发展现阶段存在的突出问题给予强烈关注。腐败问题、区域发展不平衡问题、就业问题等连续几年被学生列为影响我国社会稳定的最主要因素。他们还高度关注深化教育改革、医疗改革,以及中西部地区农民增收、农业发展等问题。可喜的是,他们在重大问题上与党和政府的看法相当一致,对一些重大问题能够比较客观地认识,有了更多的理性思考。

具有一定的奉献热情和社会责任感

问卷调查表明,"人生的价值在于奉献"正在成为高校学生的道德追求,有超过 80% 的学生选择了"大学生应该带头倡导社会进步的准则,有开风气之先的使命感,我很愿意参加这些活动"和"人应该互相帮助,我平时经常帮助身边的同学",只有 1.5% 的同学表示"不关心别人的事"。他们积极投身于各种志愿活动,目前,参加志愿者活动正在高校学生中形成良好风尚。

具有一定的自立自强精神和主体参与意识

随着社会竞争的日趋激烈,大多数学生建立起积极进取、开放务实和竞争意识,他们认为"贫困的经历也是一种财富"、"职业没有高低贵贱之分"、"做人比做事做学问更重要"、"诚信受益",他们能够积极自信地面对自身的优点和不足,注重发挥自身的主体参与作用,认为参加各种志愿者活动既可以"奉献社会"、"开阔视野",也能够"增长才干"。但同时也有 36% 的学生认为财富是成功的标准之一。

成功经验

高校学生的思想政治总体状况较好,这是多方面因素交互作用的结果。

注重发挥高校"两课"的主渠道作用

高校思想政治理论课是高校学生思想政治教育的主渠道和主阵地,承担着对高校学生进行国家意识形态教育的重要职责,也是帮助高校学生树立正确的世界观、人生观和价值观的重要途径。我们开展调研的这几所高校非常重视"两课"教学,他们在课堂教学中努力加强马克思主义基本原理教学,力求使高校学生初步掌握马克思主义的立场观点方法,学会运用马克思主义的科学思想方法来观察社会、认识分析复杂现象,正确对待和处理各种问题。他们依托思想政治理论课平台,着重开展中国特色社会主义理论体系教育,帮助学生分析解答社会热点难点问题。

注重发挥社会实践的感悟作用

社会实践是连接社会和学校的桥梁,是融学校教育、社会教育和自我教育于一体的立体式、全方位的教育形式,是对高校学生进行国家意识形态教育的重要途径。近年来各高校越来越重视组织学生走出校门、接触社会。暨南大学由学校团委统一组织,广泛开展"三下乡"、"四进社区"等形式多样而富有成效的社会实践活动。西安交大近3年来,组织了6000多名学生参加社会实践团队,近万名学生开展社会实践,活动遍及全国50多个地市区。

实践证明,高校学生通过参加社会实践和志愿服务,进一步了解了社会、认识了国情、增长了才干、锻炼了能力,这对他们增强历史责任感和社会责任感,坚定在党的领导下走中国特色社会主义道路,实现中华民族的伟大复兴,有着巨大而深刻的感悟作用。

注重发挥模范典型的榜样感召作用

青年对党的理想信念的政治认同教育不光要靠理论,还要靠情感的激发和榜样的力量。我们调研的这几所高校都在抓好课堂理论教学的同时,配合开展具有鲜明个性特点的先进典型模范人物的榜样教育。他们每年都要邀请省市领导、著名学者、各个领域的英模代表进校做讲座,邀请社会的成功人士举办人生奋斗报告会。调查表明,学生更乐于接受领导干部、英模人物、成功人士的讲座、选修课等教育方式。暨南大学每周邀请1名国内外知名的专家学者来校讲学,迄今已经举行了98场讲座,深受学生好评。

注重发挥高校学生自我教育的主体作用

提高高校学生对党的理想信念的认同,需要高度尊重学生作为思考主体的思想权利,注重激发他们的内在认知需求,发挥他们的主体自我教育、自我提高的主观能动作用。在这方面,一些高校都在进行各具特点的探索与努力。比如,西安交大尝试进行网络思想引导,成立了网络学生评论员小组,对学生普遍关注的问题,组织骨干队伍在BBS上发布正面信息,在引发学生的讨论辩论中去伪存真,以理服人。他们还积极拓展学生参与学校民主决策与管理的渠道,学校规定学生代表可列席校长办公会,并专门设置了党委书记、校长以及各职能部处长网络信箱,给学生充分表达自己意愿的渠道。

注重发挥学生党员干部的骨干作用

高校学生作为同一年龄段的人群,相互之间容易产生思想共鸣和行动影响。根据这一特点,高校在加强学生的政治认知教育时,特别注重发挥学生党员与学生干部的骨干作用,积极开展丰富多彩的党团活动,通过强化同龄人的感染作用,形成学生中良好的思想政治氛围。学生党员是学生中的优秀分子,他们的良好表现是对学生最直接的感染。因此,各高校党委注重加强学生党员队伍建设,对入党积极分子注重早期培养,加强制度建设,严格发展程序,进行系统的党的知识教育和实践锻炼。对大学生党员加强党员先进性教育,使他们严格要求自己,提高党性修养,充分发挥在大学生思想政治教育中的骨干带头作用和先锋模范作用。暨南大学的做法很有特点。首先,他们举办学生骨干培养学校;其次,他们以学生党建工作为着力点,以党建带团建;再次,他们以网上党校为第二渠道,充分利用网络党建平台;最后,他们于2003年开始探索党组织进学生宿舍的宿舍区教育新路子。通过开展丰富多样的党建带团建工作,积极发挥学生党员先锋骨干作用,使高校学生党建工作成为吸引和凝聚高校青年靠拢党组织,积极追求政治进步的有效载体和有效途径。

几点思考

尽管从调研结果看,“两课”教育在强化高校学生对党的理想信念的认同方面取得了积极成效,对提高高校学生思想政治素质起到了很好的作用,但也存在明显的不足。随着全球化浪潮席卷世界,随着改革开放的不断深化,中国社会正在经历着快速而深刻的文明转型。在这一历史变迁过程中,一方面是中国社会利益关系的急剧分化与调整、各种思想观念的日益活跃与碰撞;另一方面是开放环境中西方政治思潮与文化意识对中国社会的冲击与渗透,致使人们的思想认识产生明显差异,特别是当代青年的价值取向与理想追求更加多元多样,这使执政党面对的思想挑战颇为严峻,提高当代青年对执政党和社会主义核心价值的认同,还需要我们做多方面的努力。

推进理论创新,增强社会主义主流意识形态的时代性

在4所高校的问卷调查中,有超过60%的学生认为"两课"的学习对其确立和巩固建设中国特色社会主义的共同理想和信念有一定的正面作用,说明"两课"教学在整体上还是有成效的。但也有13.9%的学生认为"两课"对他们的思想认识没有产生任何影响,甚至还有4.4%的学生认为有负面作用。学生反映,理论过分玄奥,部分"两课"内容与社会实际脱节,部分内容时代性不强,理论的解释力、说服力不强,思想感召力较弱,使一些课堂讲授显得枯燥无聊,这导致部分学生对上"两课"既没兴趣又较无奈,抱着应付、混时间的心态听课。由此可见,使理论进教材、进课堂容易,但要真正进头脑武装思想,至少需要我们在两个方面做出艰苦的努力:

第一,坚持解放思想、实事求是、与时俱进。一方面要敢于摈弃已经不适应时代发展要求的思想观点,另一方面要大胆吸收人类文明的积极思想成果,勇于推进理论的创新发展,特别是要进一步深化对党的理想信念的理论研究,增强理论对现实问题的解释力和说服力,提高党的理想信念的思想感召力。

第二,要重视给高校"两课"教师的教学创造必要条件。我们建议,要鼓励教师解放思想,深入研究"两课"教学中的深层次理论问题,在坚持"两课"意识形态政治原则性的基础上,提高"两课"教学中的学术含量,使教师有充分的学术空间,用好用活"两课"统编教材,增强理论的说服力。同时,要创造条件鼓励和组织教师深入社会进行调研,在对重大实践问题的调研中深化对重大理论问题的思考,把研究成果转化为教学中深刻、鲜活、生动的讲授,切实提高"两课"教学质量。并且,要建立一套科学的教学评价考核体系,使真正研究问题的好教师能够充分发挥才华,使不动脑筋、照本宣科的无法继续混下去。为此,需要进一步加强"两课"教师队伍人才建设,提高"两课"教师的学术地位,增加并合理使用"两课"教学的科研经费,给"两课"教学研究以必要的人、财、物的支持。

结合青年成长特点,注意区分"两课"教育的分层性

所谓"两课"教育的分层性,主要有三方面含义:

一是要注意执政党意识形态、国家意识形态的联系与区别,恰当进行高校学生的思想政治认知教育。理想信念是政治意识形态的核心内容,由执政党在国家政治生活中的领导地位所决定,党的意识形态要在国家意识形态中起主导作用,但国家意识形态毕竟与政党意识形态有区别。在理想信念层面上这种区别主要是:在党内所有党员不仅要坚定中国特色社会主义政治信念,而且都必须坚定共产主义最高理想;而国家意识形态则以实现中华民族伟大复兴为共同理想。因此,我们不能把对共产党员的共产主义理想信念要求简单生硬地套加给高校学生,高校"两课"理想信念教育的重心应该是以实现中华民族的伟大复兴为主题,激发学生的爱国情怀,引导学生在中国特色社会主义伟大旗帜下,凝聚他们建设国家、奉献社会的热情、智慧、力量,激励他们的社会责任感和历史使命感,使他们朝着使自己成为振兴中华的栋梁之才而努力成长。

二是在"两课"教育中坚持国家意识形态主旋律的同时尊重和包容社会意识形态的多样多元。中国社会正在由传统社会转向现代多元社会,社会利益的多元分化,客观上要求执政党尊重和承认价值的多元追求。因此,尽管国家意识形态必须在社会思想领域占统治地位,但也不可能完全消除社会思想观念的多样化。我们在坚持思想教育主旋律的同时,要正视并承认这一客观现实,要以开放、包容的心态尊重社会成员包括高校学生思想观点的多样性,在唱响主旋律的同时,坚持以平等对话来达到加强沟通和交流,在此基础上以适当方式引导学生对社会重大问题形成共识,努力扩大党的思想包容性来吸引和争取更多的高校学生,提高他们对执政党理想信念的政治认同。

三是根据青年成长不同阶段心理认知发生的客观规律，分层次进行思想政治教育。要根据不同年级学生的社会经历、身心特点、面临的学业压力和任务，安排不同思想广度和理论深度的“两课”内容，循序渐进地进行思想政治教育，使高校学生在校期间通过“两课”学习，从获得政治知识到形成较好的思想理论素养，为全面提高素质、培养合格的中国特色社会主义事业建设者打下坚实的思想政治基础。

贴近高校学生实际，加强“两课”教学的针对性

当代中国社会处在快速而深刻的历史变迁中，社会转型对高校学生的思想和行为同样产生极大的影响，因此，加强高校学生的思想政治教育要防止一般化，充分注意思想教育的针对性。比如，高校绝大多数学生是认同和接受国家主流意识形态的，但同时国外的思想观念包括宗教渗透在少数学生中也存在一定影响。我们在思想教育中既要充分尊重宪法规定的公民信仰自由的权利，又要对国外某些政治势力利用宗教进行政治渗透保持高度警惕，要善于运用“两课”教学引导高校学生正确对待宗教问题，善于把思想引导和依法管理宗教活动结合起来，善于开展丰富多彩的校园文化建设，满足学生的思想精神需求。

注重激发学生自我提高的内在潜力，突出教育中高校学生的主体性

思想政治教育过程是教育与自我教育的统一。高校学生既是教育客体也是教育主体，在教育活动过程中，要改变传统的单向、生硬的灌输，强调学生的自主参与性，注重实践的启迪与感染，注重同龄人之间的争论探讨，让学生通过亲身体验获得关于社会实践的“认知”，在此过程中努力做好引导工作，把国家主流的政治观点转化为学生内在的思想政治素养，进一步增强高校学生对党的领导、社会主义制度和中国特色社会主义事业的政治认同。

善于利用高科技，不断增进教育方式的现代性

调查表明，互联网和各种新兴媒体正在成为高校学生日常生活获取信息必不可少的途径。高校思想政治教育工作者应准确了解新媒体技术背景下的社会思想舆论特点，充分认识新媒体对学生的影响，积极探索把握利用好互联网和新兴媒体，充分利用新媒体技术为思想政治教育服务。我们要在传播形式上善于利用新媒体的优势，使思想教育方式更贴近学生的需求，使高校思想政治教育的思想性与趣味性有机结合。我们要特别重视加强红色网站的建设，用先进的主流文化占领网络阵地，把握正确的舆论导向，营造积极的网络舆论环境，力争把握新媒体背景下的话语权和主动权。在这方面还需要加强研究，增加经费投入，配备相关人员。

高校学生对党的理想信念的政治认同，不仅取决于高校的“两课”教育和高校党建工作，还在相当程度上受社会大环境的影响。提高高校学生对党的理想信念的认同度，不仅仅是高校的责任，更是全党的责任。只有大力营造良好的社会环境，才能达到高校教育和社会熏陶的有效结合，努力提高高校学生对党的理想信念的政治认同。

（课题组组长：赵阳，国务院侨务办公室副主任；课题组成员：陈建功，中国作家协会副主席；王建华，西安交通大学党委书记；张西南，第二炮兵政治部副主任；贺江波，总参谋部军训和兵种部政治委员；范继英，中华全国妇联书记处书记、党组成员；执笔人：陈建功）

坚持和完善党委领导下的校长负责制

赵永贤

建国以来，我国高校领导体制几经变迁。1989年，中央决定公办高校实行党委领导下的校长负责制。1998年颁布的《中华人民共和国高等教育法》以法律形式明确了这一领导体制。

党委领导下的校长负责制实行20多年来，保证了我国高等学校社会主义办学方向，推动了中国特色现代大学制度的构建，为高等教育的快速发展和高等学校的持续稳定，提供了根本保证。实践证明，这个制度是符合中国国情且行之有效的，必须长期坚持。

然而20多年来，这一领导体制在实行过程中也存在一些不容忽视的问题。如，有些同志对其内涵的认识还不到位，在表述中和实践中人为分割"党委领导"与"校长负责"这一有机整体，有的甚至怀疑实行这一领导体制的必要性。又如，党委和校长的职责、职权界定还不够明晰，党委会（常委会）和校长办公会等议决事项和程序还不够规范，导致少数高校领导班子不够和谐，影响了整体功能的发挥。在新的历史时期，科学认识并准确把握这一领导体制的实质和内涵，完善工作运行机制，提升高校领导班子建设的科学化水平，是一个具有战略意义的理论命题和实践课题。

一、坚持和完善党委领导下的校长负责制，重点要处理好几个关系

党委领导下的校长负责制有三层含义：第一，党委是学校的领导核心，把握学校的办学方向；第二，校长是学校的法人代表，在党委领导下，全面负责学校教学科研和其他行政管理工作；第三，党委领导下的校长负责制既要保证党委的集体领导，又要支持校长独立行使职权。在实践中，对于这一体制的完整性和科学性，可以从三个方面理解：

1. 从决策与执行的关系把握党委和行政的定位

在高校管理系统中党委处于最高层，负有对学校发展的战略性、全局性、根本性问题作出决策的责任；校长处于执行层，负有接受党委的领导、执行党委的决议、把党委的目标决策化为具体行政措施的责任。从权力分配角度看，这是高校决策权与执行权的分离。一方面，党委决策的问题应该是涉及学校发展的重大问题，而不是校长有权处理的日常行政事务。另一方面，校长是学校的法定代表人，党员校长本身就是党委班子的重要成员，是重要的决策者之一，同时又在党委领导下负责教学科研和其他行政管理工作。要鲜明提出"党委领导重在决策，校长负责重在执行"的理念，将高校党委和行政的定位明确化。这是基于中国特色高校领导体制的本质属性作出的制度性考虑。

2. 从班长与成员的关系明确书记和校长的职责

在高校领导体制中，党委书记和校长是最难处理好的一对关系，也是最容易引发矛盾的一对关系。书记是党委领导班子的"班长"；校长是行政系统的"首长"，但在党委内部，党员校长又是党委领导班子的一名成员。从管理学的理论来看，一个组织必须有一个领导核心，而且只能有一个领导核心。党委是学校的领导核心、政治核心，党委书记作为党委领导集体的"班长"，理所当然应该担当起第一责任人的职责。

高校领导体制对党委书记提出了更高的要求。原则上讲，党委书记不仅政治上要强，还应该懂教育，有良好的学术和专业素养；在班子中要当好“班长”而不是“家长”；要充分发扬民主，要实行正确的集中，要做到总揽而不包揽，支持校长依法独立行使职权。校长要自觉把行政工作置于党委领导下，认真贯彻实施党委的决定和决议。书记、校长的团结协调，是党委领导下的校长负责制有效运行的关键所在。进一步明确党委和校长的职责，特别是明晰党委书记的职责，有利于充分发挥“一班之长”的作用，有利于强化党委的领导核心地位，有利于完善党委领导下的校长负责制的运行机制。

3. 从分工与合作的关系落实个人与集体的责任

党委领导下的校长负责制，是集体领导和个人分工负责相结合的领导体制，必须处理好分工与合作的关系。“分工”主要是指党政分工以及党委和行政系统内部的分工。分工是合作的基础，但分工不是“独管”。个人分管的工作都是全局工作的一部分，需要密切合作，相互配合，这是增进团结、增强领导班子凝聚力和战斗力的保证。集体责任是个人责任的综合，但不是个人责任的简单相加。集体责任由每个集体成员来分担，依靠个人责任来落实。在高校党委领导集体中，每个班子成员都要积极参与集体决策，主动维护领导集体的形象；同时又要按照集体的决定和分工切实履行自己的职责，在个人职权范围内，独立负责地处理问题。

二、坚持和完善党委领导下的校长负责制，关键靠机制创新

坚持和完善党委领导下的校长负责制是新时期创新高校领导体制机制的重大课题。执行制度，首先靠人，首要的是以社会主义政治家、教育家的要求加强领导班子建设，尤其是提升党政主要领导同志的能力和素质，提高他们执行制度的自觉性。在此基础上，着力推进体制机制创新。

1. 决策机制。在党委领导下的校长负责制体制构架中，党委会是学校的最高决策机构；党委常委会在党委全委会闭会期间，履行全委会的职能；校长办公会是在党委领导下，讨论教学、科研和其他行政管理工作的组织机构。

2. 议事机制。贯彻执行党委领导下的校长负责制，要分别制定党委会、党委常委会和校长办公会的议事规则，保证分工科学、责任明确。要明确议事主体，规范议事程序，对议题的提出和确定、讨论的程序、表决的方式等都应有明确规定。要增加重大问题和重要事项决策的透明度，形成深入了解民情、充分反映民意、广泛集中民智的议事机制。

3. 沟通机制。贯彻执行党委领导下的校长负责制，关键在于领导班子成员的相互沟通，特别是党委书记和校长的事前沟通至关重要。要建立党委书记与校长定期沟通协商机制，班子其他成员也要加强沟通。通过沟通达成共识，形成共同的目标，促进工作有序开展。

4. 督查机制。高校主管部门应该对高校党委领导班子、高校党委应对领导班子成员执行党委领导下的校长负责制的情况进行监督和定期检查，适时纠偏。

针对高校领导体制和机制运行中的新情况新问题，中共江苏省委组织部和教育工委2010年4月联合出台了《坚持和完善党委领导下的校长负责制的若干规定》，明确提出“党委领导重在决策，校长负责重在执行”，明确界定党委书记和校长的职责，规范了党委全委会、党委常委会和校长办公会的议事范围和程序规则，提出了保障党委领导下的校长负责制有效实施的六项工作制度，在完善高校领导体制的运行机制上进行了积极探索。从实践效果来看，《若干规定》规范了高校领导班子建设，提升了高校党建工作科学化水平，得到了校内外干部群众的广泛认可。

（作者：中共江苏省委组织部副部长）

论高校思想政治工作的人文关怀和心理疏导

梁　宏

人文关怀和心理疏导是高校深入贯彻落实科学发展观的现实要求，是构建和谐校园的迫切需要，也是社会转型期高校思想政治工作提高实效性的必然要求。党的十七大报告提出要“加强和改进思想政治工作，注重人文关怀和心理疏导”以来，各高校不断探索思想政治工作实现人文关怀和心理疏导的原则、内容、途径和机制，大大提高了思想政治工作的实效性，推动了和谐校园的建设，促进了大学生的全面发展。

在社会转型期，注重人文关怀和心理疏导以进一步加强和改进思想政治工作，必然要求高校思想政治工作注重解决师生的精神家园问题，注重解决师生的民生问题，注重促进师生的全面发展，走一条通过尊重人、理解人、关心人、帮助人，以教育人、引导人、鼓舞人、激励人，最终实现人的全面发展的高校思想政治工作新路子。

一、精神关心：培育大学人文精神，构建精神家园

注重人文关怀和心理疏导，首先要求高校思想政治工作注重解决师生的精神家园问题，着力培育尊重人、理解人、关心人、爱护人、帮助人的人文精神，努力构建师生的精神家园。

人文精神是对国家、对民族乃至对整个人类社会的关怀，表现为对他人的尊严、价值、命运的肯定和关切，对理想人格的塑造并实现人的全面发展，对人类遗留下来的各种精神文化现象的高度珍视。大学是最能彰显和孕育人文精神的场所，大学的气派、大学的特色、大学的风格其实就在于其独特的人文精神。一定意义上，人文精神是维系大学命运的一种精神，大学之所以是大学，在于其内涵的人文精神。在社会转型时期，由于功利主义盛行，大学被当成了“职业培训场”，失去了其“精神城堡”的本义，正如一些学者所指出的那样，我们的高校教育没有赋予受教育者以法理意义上的公民素养、伦理意义上的道德底线、文化意义上的道德情怀和心灵意义上的爱的能力，出现了大学人文精神的缺失。没有人文精神的大学，不是真正意义上的大学，这样的大学不可能解决大学生的精神困惑和心理问题。什么是真正的大学？《大学》开宗明义道出了大学的理念：“大学之道，在明明德，在亲民，在止于至善”。“明明德”，是指通过教育发扬人性中本来的善，培养健全的人格。“在亲民”，指通过教与学的统一，达到修己立人，推己及人，化民成俗，更新民众，改良社会风气。英国教育家纽曼曾经指出，大学不培养政治家，不培养作家，也不培养工程师，大学首先要培养学生的灵魂，健全地达到博雅高度的即具有完整的人格。这样的人格意味着健康，一个健康的人做什么事情都可以，一个灵魂健全的人做什么事情都更容易胜任。也就是说，真正意义的大学，是注重精神家园营造的大学，是注重大学精神培育的大学。大学精神是人文精神和科学精神的统一。大学精神是大学在办学的历史过程中形成的办学理念和大学人的共同价值追求，是大学的核心和精髓，是大学之魂，是一所大学核心竞争力之所在。

在注重人文关怀和心理疏导的思想政治工作中，高校要注重大学精神的培育，在广大师生中宣传和实践“尊师重道，敬业乐群”的精神。“尊师”意味着“吾爱吾师”，意味着对人文精神

的追求；“重道”意味着“吾更爱真理”，意味着对真理的执着、对科学精神的追求；“敬业”意味着对敬业精神的追求；“乐群”则意味对集体主义精神、团队精神的追求。为此，要制定和实施注重人文精神、科学精神、敬业精神、集体主义精神和团结协作精神培育的人才培养方案。广大教师将尊重学生、理解学生、关心学生、爱护学生、帮助学生健康成长的精神贯穿于教书育人始终。青年学子则组建“万众爱心学校”、“金凤成长协会”和“乐群社”等，实施帮助贫困家庭留守儿童的“小黑板”计划和改善农村小学师资缺乏现状的“希望教师”公益项目，一批批志愿者投身扶贫支教，在秉承和弘扬人文精神、科学精神、敬业精神和团队精神中健康成长。与此同时，不断加强大学文化建设，营造培育大学精神的良好人文环境，努力建设崇尚科学、追求真理、注重和谐的大学文化，不断增强思想政治工作的渗透力、影响力和亲和力，着力解决大学生的精神家园问题。

二、现实关切：改善师生民生，建设和谐校园

注重人文关怀和心理疏导，走一条通过尊重人、理解人、关心人、帮助人，以教育人、引导人、鼓舞人、激励人，最终实现人的全面发展的高校思想政治工作新路子，要求高校思想政治工作注重解决师生的民生问题，通过民生问题的解决来建设身心和谐、师生和谐的和谐校园，以更好地促进师生的和谐发展和全面发展。

在社会转型时期，民生问题越来越成为一个突出的社会问题。民生问题不但影响着社会和谐，也影响着师生的身心和谐，影响着和谐校园的建设。因为人是历史的、社会的、现实的人，解决精神问题和心理问题必须以现实生活为基础。不解决师生的现实问题，精神问题和心理问题不可能得到解决，不可能实现身心和谐、师生和谐。注重人文关怀和心理疏导，意味着高校思想政治工作要回归生活，要求思想政治工作把提供生活条件与保障，满足师生多层次、多方面的现实需求与解决精神问题和心理问题相结合起来。要求思想政治工作关注人的生活质量的提升，从人的生存方式来理解思想政治工作，坚信通过思想政治工作我们可以改善和提升生活质量，获得我们所向往的美好生活。一句话，要求思想政治工作注重民生问题的解决。

在注重人文关怀和心理疏导的思想政治工作中，坚持解决思想问题与解决实际问题相结合，既讲道理又办实事，既以理服人又以情感人，注重师生民生的解决，努力建设身心和谐、师生和谐的和谐校园。

首先，以帮困助学为重点，改善大学生民生。由于收费标准、专业设置、学生来源及政府调控等原因，高师院校的贫困生比例普遍较高。作为弱势群体，大学贫困生具有经济贫困性、生活质量低层次性和承受力脆弱性等特点，在社会性资源分配上他们不但弱势与无助，在一定程度上还被歧视。为此，我们把满足贫困生的物质需要作为人文关怀和心理疏导的首要任务，通过落实国家资助体系，完善学校资助制度，积极争取社会力量，开拓就业市场，加强贫困大学生就业能力指导等途径切实做好大学生生活保障、奖（助）学金评定、就业推荐与就业服务等方面的工作，减少学习、生活和就业上的后顾之忧，最大限度地消除心理失衡、失调的外部诱因，为促进大学生身心健康构建良好的环境。

其次，从现实利益入手，改善教职工民生。在政治上关心，工作上信任，生活上体贴，使教师们感受到学校的温暖，这是落实和体现教师是大学主人翁的重要手段，也是改善大学民生、体现人文关怀的重要工作。我们强调把满足教职工基本诉求作为工作的落脚点，激发他们的认同感、归属感和荣誉感。在政治上，不断完善教职工代表大会制度、党委领导下的校长负责制等民主决策制度，规范学术委员会、教学指导委员会等管理制度，畅通民主渠道，集中民智、凝聚民力。在工作上，努力为他们创设良好条

件、搭建事业平台。同时坚持助教培养制度,加大科研扶持和奖励力度,建立青年教师成长学校,帮助广大教师尤其是青年教师迅速成长。生活上,改善住房条件和居住环境,一如既往办好幼儿园、附中等示范学校,完善教师健康服务制度,确保教职工劳有所得、病有所医、老有所养、住有所居。

第三,让阳光洒进心田,促进师生身心和谐。人文关怀和心理疏导,说到底是通过以人为本的教育活动,实现师生的身心和谐。大学应倡导并建立一种求真求善、平等民主的文化氛围,加强师风师德建设,打造"阳光课堂",形成教学相长的良好局面,教师才能获得满足感、自豪感和成就感,学生才能保持健康和谐、积极向上的心理状态。我们坚持在第一课堂中渗透思想政治教育,同时,依托关心下一代工作委员会,充分发挥"五老"(老专家、老教师、老模范、老干部、老战士)在关心和教育青年成长中的作用,促进大学生思想进步和心理成熟。不仅如此,还要成立心理健康教育中心,依托心理学科优势,培训心理咨询员,建立心理健康教育网站,多种渠道宣传心理健康知识,广泛开展心理咨询与辅导活动,对学生中存在的不良心理状态和情绪进行及时疏导,有针对性地向需要帮助的学生提供经常、及时、有效的心理指导与服务,心理问题得到及时有效的预防和控制,教师安心乐教,学生热爱学习,形成了朝气蓬勃的和谐校园氛围。

三、终极关怀:以师生全面发展为最终目标,创建幸福家园

人文关怀和心理疏导不仅要求我们关注人的具体存在方式,更要关注人存在的本质,对人的最终目标——全面发展予以真诚的、有始有终的关心,让人的主体性、能动性与创造性得以充分发挥,实现自身的全面发展,以创建幸福家园。

人的全面发展,就是"以一种全面的方式,也就是说,作为一个完整的人,占有自己的全面的本质"。在社会转型时期,由于利益主体在市场竞争中受到物质利益驱动,物质替代精神、科技替代人文等人的片面发展现象将会长期存在。高校思想政治工作要着力解决师生的片面发展问题,努力促进其现实自身的全面发展。全面发展是科学发展的重要内涵。而科学发展意味着不再把经济增长作为发展的宗旨,而是把人民幸福作为发展的宗旨。而幸福不仅仅是一种主观感受,更是一种客观能力。也就是说,人民光有幸福观和感受幸福的品质是远远不够的,更要有创造幸福的能力。幸福能力是一种追求幸福、创造幸福、享受幸福的能力。著名教育家乌申斯基说过,"教育的目的在于使学生获得幸福"。注重人文关怀和心理疏导的思想政治工作就是以师生幸福为目的的教育工作,以提升师生幸福能力为目的的教育工作。而幸福能力的获得必然是以人的全面发展为前提和保证。

在注重人文关怀和心理疏导的思想政治工作中,要以师生全面发展为最终目标,努力提升师生的幸福能力,更好地建设师生的幸福家园。首先,通过实施"人才强校"战略促进教师全面发展。我们关注教师个体的成长与发展,尊重其个性发展,创造让其能根据自身选择发挥聪明才智、施展才华的环境,使广大教师将工作视为完善人格、实现价值、谋求幸福并为之不懈奋斗的美丽事业。我们注重人才队伍建设,积极创建研究平台,建设人才高地,出台激励政策,打造人才团队,用事业造就人才、用环境凝聚人才、用机制激励人才,使广大教师潜心科研、锐意创新、乐教善教。我们注重以情感人,努力形成倍加珍惜学校和谐、教师团结、师生互爱的良好局面,让广大教师在服务学校科学发展中促进自身的全面发展。其次,在提高人才培养质量中促进大学生的全面发展。我们坚持以大学生全面发展为目标,深入进行素质教育,促进大学生思想道德素质、科学文化素质和健康素质协调发展。我们以教学质量建设工程为抓手,通过专业规划设置、知识课程更

新、能力素质培养、就业指导与服务等途径，不断深化教学内容、教学方法、质量评价体系等改革，形成了特色鲜明、综合化与个性化有机结合的专业培养模式，以及以学分制运行为核心的教学管理体系和质量监控与保障机制，学生的实践能力、创造能力和就业能力、创业能力显著提高，个性、才智和潜能不断得以实现，综合素质全面提升。

（作者：广西师范大学校长、教授、博士生导师）

把社会主义核心价值体系融入学校思想教育的全过程

张蔚萍

党的十六届六中全会《决定》第一次提出了“建设社会主义核心价值体系”的重大命题和战略任务。十七大进一步强调：要把社会主义核心价值体系融入国民教育的全过程。中小学是国民教育的重要阵地，必须把社会主义核心价值体系融入学校教育特别是思想教育的全过程。这是党中央向学校领导和政工干部提出的战略性任务，必须高度重视和认真对待。为此，就要搞清楚社会主义核心价值体系的含义和内容；深刻认识把它融入学校思想教育的重大意义；不断探索把它融入学校思想教育的重要途径和措施；积极变革学校领导和教育者的思维方式，努力实现思维方式现代化。

一、社会主义核心价值体系的含义和内容

价值产生于物质关系，价值观则是物质关系在头脑中的能动反映，并且在实践中形成一系列价值观念，简称“价值观体系”。在这个价值观体系中，居于主导地位的称“核心价值体系”。“核心价值体系”具有阶级性，当代常见于两大核心价值体系，主要是以资产阶级民主主义、利己主义、拜金主义和享乐主义为特征的资本主义核心价值体系和以马克思主义为指导的、坚持社会主义共同理想和荣辱观、坚持中华民族精神和时代精神为特征的社会主义核心价值体系。资本主义核心价值体系是资本主义意识形态之本质，社义主义核心价值体系是社会主义意识形态之本质，也是社会主义先进文化之根本。社会主义核心价值体系是其价值观念与价值行为的有机统一，既有鲜明的阶级性和能动的导向性，又有强烈的时代性和广泛的包容性。

社会主义核心价值体系的基本内容有四个方面：一是马克思主义指导思想，这是社会主义核心价值体系的灵魂，它决定着社会主义核心价值体系的性质。在当代社会思潮中，有形形色色的社会主义，判断其是否真社会主义，其决定性因素，就看它是否坚持以马克思主义为指导思想。二是中国特色社会主义共同理想，这是社会主义核心价值体系的主题。共产党人的理想包括现阶段理想和远大理想两个层次，其现阶段的理想，就是为建设中国特色社会主义而奋斗，这也是全国人民的共同理想；其远大理想，就是为建设共产主义社会而奋斗。社会主义是共产主义的第一阶段，只有团结全国人民为共同理想而奋斗，才能为实现远大理想创造基本条件。三是民族精神和时代精神，这是社会主义核心价值体系的精髓。这里说的民族精神，是以爱国主义为核心的中华民族精神；这里说的时代精神，是以改革开放为核心的与时俱进精神。在学校进行思想教育，要以树立民族

精神和时代精神为突破口，进而引导师生树立共同理想。四是社会主义荣辱观，这是社会主义核心价值体系的基础。社会主义荣辱观教育，要以“八荣八耻”为基本内容，使师生明荣知耻，努力做一名有文化有道德的高尚的人。

以上四方面内容，第一方面是讲思想信仰问题，第二方面是讲理想信念问题，第三方面是讲精神动力问题，第四方面是讲道德基础问题。这“四位一体”的内容，构成了一个比较完整的科学价值体系，我们要努力把它融入学校思想教育的全过程。

二、深刻认识把社会主义核心价值体系融入学校思想教育的重大意义

（一）这是学校思想政治教育创新的重大举措

学校思想政治教育创新，首先是思想政治教育内容上的创新。这种内容上的创新，既要有继承，又要有发展，是继承与发展的统一。社会主义核心价值体系，把以往思想政治教育中的马克思主义世界观教育、社会主义理想信念教育、爱国主义思想教育、集体主义道德教育等方面的思想政治内容进行整合，并结合新世纪的时代特点，形成了一个新的思想政治教育体系。在新形势下，各行各业的思想政治工作都要创新，创新的关键是把社会主义核心价值体系融入自己的工作之中。学校是国家培养人才的坚强阵地，其思想政治教育创新，必须走在各行各业思想政治工作创新的前列。实践证明，把社会主义核心价值体系融入学校思想政治教育的过程，既是思想政治教育创新的重要探索，也是思想政治教育创新的重大举措。新形势下学校思想政治教育创新，若没有抓好社会主义核心价值体系的融入问题，就没有抓住重点和关键，也根本谈不上创新。

（二）这是强化马克思主义在学校指导地位的迫切需要

学校是坚持和传播马克思主义的重要阵地。几十年来，学校坚持为国家培养了一批又一批优秀干部和现代化建设人才。在北京，人大附中、北大附中、清华附中、101中学和中关村小学，为大学输送了一批又一批优秀学生。中央领导讲，大学出人才，中小学是基础，关键是教育系统要始终坚持用马克思主义武装人。然而在新形势下，坚持用马克思主义武装人的问题，却遇到了严峻挑战。首先在社会科学领域，遇到了西方经济学和哲学的挑战。在某些高校，西方经济学一度成为主流经济学，而马克思主义经济学却被边缘化，甚至被挤出教学之外，丧失了指导地位。高校毕业的学生到中学任教，就把崇拜西方社会学说和轻视马克思主义的思潮带到了中教系统。中国社科院的领导同志及时给党中央反映了这种情况，并得到了中央的重视和支持，采取措施逐步加以纠正。然而有些学校至今尚未彻底纠正。其次，在政治领域，遇到了“新自由主义”的挑战。不仅境外敌对势力和某些媒体大肆宣传西方的政治制度和自由化思想，而且学校某些教师也利用课堂或闲谈中宣传这些东西。对此，胡锦涛同志早有明确批示。他指出：“一段时间以来，境外敌对势力和媒体大肆攻击我们国家领导人和政治制度，而国内某些媒体打着政治改革的旗号，宣传西方资产阶级议会民主、人权、新闻自由，散布资产阶级自由化观点。针对这种错误，绝不能手软，要加强新闻舆论管理。”再次，在思想意识形态领域，遇到了种种社会思潮的挑战。从最近几年的情况看，有两种思潮比较突出：一种是个人主义和拜金主义思潮，比如有人鼓吹要为个人主义和拜金主义正名，认为它是社会前进的根本动力。另一种是民主社会主义思潮，比如社会上有人主张用民主社会主义取代中国特色社会主义，认为“民主社会主义是真正为人民谋幸福的社会主义”。这些言论动摇了不少师生的理想信念，甚至导致有些人的“四信”（信仰、信念、信任、信心）丧失。面对理论、政治、思想等领域的严峻挑战，我们只有把社会主义核心价值体系融入学校思想政治教育的全过程，才能坚定不移地强化马克思主义的

指导地位，有力地防止西方意识形态污染人们的灵魂，使学校真正成为坚持和传播马克思主义的坚强阵地。

（三）这是实现学校培养目标和任务的关键环节

学校的培养目标和任务，就是为国家培养德、智、体、美、劳全面发展的人才。党中央一再强调，培养全面发展的人才，必须把“德”放在首要地位。这里所说的“德”，不仅仅是指社会主义荣辱观，而且还包括马克思主义的世界观和社会主义的理想信念。如果说社会主义荣辱观是“德”的基础层次内容，那么马克思主义世界观和社会主义理想信念则是其高层次内容。要培养全面发展的人才，学校党政领导不仅要树立全面发展的理念，而且要树立“德才兼备、以德为先”的思想，并且要对德、智、体、美、劳等方面进行全面规划，注意从基础层次向高层次引导，这样才能在广泛培养人才的过程中培养出一批优秀的社会主义事业接班人。从当前学校师生的思想状况看，其主流是积极、健康、向上的，但也不同程度地存在着一些问题。这里所说的不同程度地存在问题，主要是指以下五个方面的问题：一是重才轻德，政治信仰迷茫，逃避政治甚至厌倦政治，企图在追求纯知识里得到解脱。二是理想信念模糊，甚至对中国特色社会主义理想动摇，而这种动摇，容易接受民主社会主义和现代资本主义思潮。三是价值取向扭曲，受到拜金主义、个人主义和享乐主义思潮的侵袭。四是艰苦奋斗精神缺乏，团结协作观念较差。五是社会责任感缺失，心理素质欠佳，进而导致追求理想化，动机功利化；个人需求强，践行能力弱；求知意识强，思辨能力弱；竞争观念强，合作能力弱；关心拥护改革开放，但对现实认识偏颇；迫切渴望成才，但不知怎样成才。鉴于上述种种情况，只有把社会主义核心价值体系融入学校思想政治教育的全过程，才能引导师生沿着党指引的方向前进，不断提高思想觉悟和鉴别能力，不断在学习知识的过程中提高实际本领，从而为国家培养出德才兼备的建设人才。这是学校党政领导和广大政工干部义不容辞的责任，也是光荣而艰巨的任务。

三、积极探索把社会主义核心价值体系融入学校思想政治教育的途径和方法

学校思想政治教育实质上是教育部门党委加强党的领导的一项重要工作。长期以来，教育部门党委抓学校的思想政治教育，已经形成了一套基本制度，并且随着时代的发展变化不断改进创新。这里仅提几点意见和建议供参考。

（一）把社会主义核心价值体系融入“德育”主渠道

要把社会主义核心价值体系融入学校思想教育的全过程，最重要的是党政领导必须用这一核心价值体系武装自己的头脑，并且带头践行；同时还要在教学实践中抓住“德育”这个主渠道。抓“德育”主渠道的关键，是引导授课教师紧紧抓住社会主义核心价值体系的灵魂、主题、精髓和基础。只有抓住了这四个重点内容，才能使学生树立正确的世界观、人生观和价值观。从实践经验看，把社会主义核心价值体系融入“德育”的过程，其侧重点在高中和初中应该有所不同。一般来说，高中在安排和讲授马克思主义理论课时，应着重突出中国特色社会主义理论体系这一核心内容；初中在安排和讲授思想品德课时，应着重突出“八荣八耻”等内容。实践证明，坚持把社会主义核心价值体系融入“德育”主渠道，不仅对学校贯彻十七大精神有重大政治意义，而且对学校“德育”创新和提高“德育”效果，也有重大现实意义。授课教师只有深刻认识这一点，才能自觉地把社会主义核心价值体系融入到“德育”主渠道之中。

（二）结合学生思想实际开展多样化的思想教育

首先，要充分发挥第二课堂的作用，在校内营造良好的学习氛围。比如，开展一些对学生有吸引力的系列讲座，包括开设中华传统文化

系列讲座、形势政策系列讲座、人际关系和心理健康系列讲座，以及举办名人和学者报告会等。其次，要紧密结合重大纪念日和重大事件主题活动，开展生动活泼的教育。比如召开专题讨论会和热点问题辩论会，开展相关的社会调查和法规政策宣传，定期进行领导与学生对话，组织红色旅游和参观考察等。第三，要运用互联网探索学校网络思想政治教育的新方法，建立和完善校园信息网。这里关键是培养优秀的校园信息网“把关人”，包括编辑、记者以及校园网络中心管理人员等。第四，要通过美化校园环境和开展友谊竞赛、参与社会志愿者活动等形式，培养学生关心社会、服务社会的思想觉悟和高尚情操。第五，要注重促进学生的心理和谐，加强人文关怀和心理疏导。引导学生正确对待自己、他人和社会，正确对待困难、挫折和荣誉，用正确方式处理人际关系。总之，要通过各种途径和形式，使社会主义核心价值体系融入学校学生的心灵，并逐渐化为他们的实际行动。

（三）加强党委对社会主义核心价值体系教育工作的领导，建设一支坚强有力的政工队伍和师资队伍

加强党的领导是成就各项事业的关键。从一些学校的实践经验看，主要应解决以下两个关键性问题：

第一，党政领导都要高度重视把社会主义核心价值体系融入国民教育的工作，这是贯彻落实的前提条件。这里说的高度重视，首先是在思想上要高度重视，同时在行动上也要高度重视。所谓在思想上高度重视，就是指党政领导者要在思想上把它看成是党中央创新国民教育的一个战略部署。尤其要看到，在学习贯彻十七届四中全会和五中全会精神的背景下，提高思想认识，还是一个很艰巨的任务。如果思想认识不提高，高度重视就会成为一句空话。党政领导高度重视，更重要的是在行动上高度重视。这里所说的行动上高度重视，主要是指要把社会主义核心价值体系教育纳入党政领导工作的重要议程，采取有效措施从舆论宣传、组织工作、制度建设、人事安排、资金和物质保证等方面，认真加以落实。只有真正落实了，才是真正的高度重视。

第二，党政领导必须同心协力抓好政工队伍和师资队伍建设，这是贯彻落实的组织保障。政工队伍是进行社会主义核心价值体系教育的骨干力量，师资队伍是进行社会主义核心价值体系教育的基本队伍。抓好这两支队伍建设，就为学校贯彻落实提供了可靠的组织保障。然而，不少学校的这两支队伍建设还比较薄弱。首先，在政工队伍建设方面，软弱涣散问题至今尚未解决。解决这个问题应从两个方面入手：一是在软件工程建设方面，要注重抓学习、抓教育、抓培训，不断提高政工队伍的综合素质。教育人的人首先要受教育，这是我们党的优良传统。当前重点是抓学习贯彻十七届四中全会和五中全会精神，深刻认识把社会主义核心价值体系融入思想政治工作全过程的重大意义和目标要求，全面掌握社会主义核心价值体系的主要内容和精神实质，积极探索进行这方面教育的新途径和新方法。二是在硬件工程建设方面，要抓制度、抓管理、抓检查，为贯彻落实创造良好的条件。抓制度，就是要把社会主义核心价值体系教育融入教学之中，使其成为学校“德育”教学的重要组织部分。抓管理，不仅要管理好政工干部队伍，管理好基层支部和辅导员队伍，还要管理好共青团和学生干部队伍，使整个队伍真正成为师生的榜样和表率。抓检查，就是要定期监督和检查是否把社会主义核心价值体系教育融入了学校教育的全过程，并及时通报执行情况，以引起党政领导和政工干部的时时关注。

在抓好政工队伍建设的同时，还要抓好师资队伍建设。这里讲的师资队伍，不仅仅是指“德育”师资队伍，而且还包括其他课程的师资队伍。我们要为国家培养德才兼备的社会主义建设人才，首先必须使整个师资队伍具有德才兼备的品质和素质。因为他们是教育人的人，经常与学生直接接触，他们的言行和修养对学生有着潜移默化的影响。所以，坚持用社会主义核心价值体系武装全体教师的头脑，是一个不可忽视的问题。为此，就要引导和组织全体教师加强社会主义核心价值体系理论的学习，掌握其基本内容和精神实质，明确自己的责任和义务，从而自觉地把社会主义核心价值体系教育渗透在教学之中。根据一些学校的经验，有计划地分期分批地对师资加以培训，这是提高教师思想政治水平的一种有效办法。

四、积极变革学校党政领导和政工干部的思维方式，努力实现思维方式现代化

思维方式现代化，是指人们认识事物和思考问题的途径、方法、模式达到了现代社会的最先进水平，从而易于发现事物的本质和发展规律，达到较高的思维效益和工作效果。现代化的思维方式，也就是科学化的思维方式，是科学思维方式在新时代的发展和体现。这一思维方式要求学校党政领导和政工干部必须具有整体观念、信息观念、运筹观念、人才观念和效益观念。

思维方式现代化的内容随着时代的变化而不断丰富和发展。在新的世纪里，随着改革开放的深入和高科技的迅猛发展，现代化思维方式表现出了明显的时代特点，概括起来，主要有以下四个特点：一是善于战略思维，即善于从全局性、长远性、根本性来思考问题，并能把握好全局与局部、长远与暂时、根本与非根本之间的辩证关系，在解决策略问题的过程中实现战略目标。二是善于创新思维，即善于从开拓性、预见性和超前性思考问题，并能把握好机遇与挑战、继承与创新、与时俱进与稳步前进的关系，在解决新课题的实践中及时抓住机遇实现创新目标。三是善于立体思维，即善于从各个方面、各个角度、各个层次透过现象看本质来思考问题，并能把握好点性与线性、面性与立体、环节与系统、低层与高层、表层与深层之间的关系，在历史发展地、全面系统地分析问题的过程中得出科学结论。四是善于效益思维，即善于捕捉最新信息，用最低成本、最快速度取得最佳效果，并能把握好信息的收集与加工、判断与推理、过程与结果之间的关系，在科学的运筹中获得最好效果。实践证明，只有认识和掌握了现代化思维方式的这些基本特点，才能自觉地以改革创新精神推进社会主义核心价值体系融入思想教育的工作。

实现思维方式现代化不是一件容易的事情，因为这是思维领域的一场变革。那么，如何实现思维方式的重大变革呢？一是学校党政领导和政工干部要高度重视这场思维领域的重大变革，认真研究思维方式现代化问题，把思维方式现代化纳入政工干部和教师的培训计划之中，并且运用舆论工具加强这方面的宣传引导，以引起全教育系统的重视和关注。二是党政领导和政工干部要重视这方面的学习和实践，把学习、训练、实践、总结四个环节结合起来。学习，是指既要学习马克思主义哲学特别是辩证唯物主义认识论，又要学习思维科学和当代新科学知识，掌握思维方式现代化的内容和特征；训练，是指既要联系思想实际改造自己的小生产思维方式，又要结合思想实际养成善于战略思维、创新思维、立体思维和效益思维的习惯，不断提高自身的理论思维能力；实践，是指要结合工作实际，按照现代化思维形成的新思路及时作出正确决策，采取切实有效措施扎扎实实开创各项工作的新局面；总结，就是在不断总结实践经验中提高自己的认识能力，从而把感性认识上升到理性认识，增强自己的预见性和鉴别力。这四个环节对于培养现代化思维能力都很重要。只要学校各级党政领导高度重视，广大政工干部不断努力，全体党员和教师都认真关注，其现代化思维能力就一定会有一个新的提高，工作方式和领导方式也一定会不断改进，从而为推动国民教育科学发展做出新贡献。

学习贯彻全国教育工作会议精神 切实加强大学生思想政治教育

夏智伦

今年7月，党中央、国务院召开了新世纪第一次全国教育工作会议，印发了《国家中长期教育改革和发展规划纲要(2010—2020)》(以下简称《纲要》)。胡锦涛总书记、温家宝总理在会上发表了重要讲话，描绘了未来10年我国教育改革发展的宏伟蓝图，指明了教育事业科学发展的根本方向。大学生思想政治教育是教育工作的一个有机组成部分。我们必须认真学习领会会议精神，切实增强责任感和使命感，深入贯彻落实科学发展观，着力提高大学生思想政治教育工作的科学化水平。

一、全面贯彻党的教育方针，促进学生健康成长是必须遵循的我国社会主义教育事业发展规律之一

新中国成立以来，我国教育事业取得了辉煌成就，中国特色社会主义教育体系日臻完善。在这60多年中，我国通过不断深化对社会主义教育事业发展规律的认识，积累了许多宝贵经验，得出了十分重要的结论。全国教育工作会议对这些规律性认识进行了全面总结，其中基本的一条是：教育的根本目的是培养德智体美全面发展的社会主义建设者和接班人。对此胡锦涛同志指出："教育的根本目的是培养德智体美全面发展的社会主义建设者和接班人，必须全面贯彻党的教育方针，把促进学生健康成长作为学校一切工作的出发点和落脚点。"这就要求我们的所有教育工作都要以促进学生健康成长为根本目标，以学生为主体，关心每个学生，全面加强和改进德育、智育、体育和美育，尊重教育规律和学生身心发展规律，为每个学生提供适合的教育，促进每个学生生动活泼地发展，并养成优良的品行。

当今时代，随着科技进步日新月异，知识越来越成为提高综合国力和国际竞争力的决定性因素，人力资源越来越成为推动经济社会发展的战略性资源，教育在提升综合国力中的作用越来越凸显。这次全国教育工作会议使我们更加明确了教育的战略地位和重大使命，既要强调教育在支撑现代化强国中的重要作用，又不能忽略其在改善民生和促进人的全面发展方面的独特功能。要发挥教育在促进经济发展中的重大作用，通过大力发展教育事业，努力培养造就数以亿计的高素质劳动者、数以千万计的专门人才和一大批拔尖创新人才，加快转变经济发展方式，增强我国发展后劲和国际竞争力；要发挥教育在促进社会发展中的重大作用，通过大力发展教育事业，在全社会特别是青少年中弘扬社会主义核心价值体系，进一步形成共同的理想信念和道德规范，培育文明风尚，增强民族凝聚力，不断促进社会和谐；要发挥教育在促进人的发展中的重大作用，通过大力发展教育事业，全面加强和改进德育、智育、体育、美育，坚持文化知识学习和思想品德修养的统一、理论学习和社会实践的统一、全面发展和个性发展的统一，不断促进人的全面发展。而要充分发挥教育在提升综合国力中的重大作用，就必须加强大学生思想政治教育，进一步提高大学生的思想道德素质。

二、坚持以人为本、全面实施素质教育是教育改革和发展的战略主题

科学发展观是我们当前各项工作的指导方

针，其核心是以人为本。这次全国教育工作会议强调，坚持以人为本、全面实施素质教育是教育改革发展的战略主题，是贯彻党的教育方针的时代要求，其核心是解决好培养什么人、怎样培养人的重大问题，重点是面向全体学生、促进学生全面发展，着力提高学生服务国家服务人民的社会责任感、勇于探索的创新精神和善于解决问题的实践能力。

坚持以人为本在教育工作中的最集中体现就是育人为本、德育为先。“立德树人”几乎是中国历代教育家共同遵循的理念。《左传》曰，“太上有立德，其次有立功，其次有立言，虽久不废，此之谓不朽。”《大学》言，“大学之道，在明明德，在亲民，在止于至善。”近代教育家陶行知提出，教师应“千教万教，教人求真”，学生应“千学万学，学做真人”。在全国教育工作会议上，胡锦涛同志强调指出，德是做人的根本，只有树立崇高理想和远大志向，从小打牢思想道德基础，学习才有动力，前进才有方向，成才才有保障。为此，高等学校要把德育为先的理念贯穿于人才培养工作的始终，进一步加强和改进大学生思想政治教育，使培养出来的学生不仅追求职业，也追求事业；不仅关注今天，也关注未来；不仅注重物质，也注重精神；不仅关心自己，也关心他人。使他们具备高度的社会责任感，努力成长为与时代同步伐、与祖国共命运、与人民齐奋斗的合格建设者与可靠接班人。

党和政府历来高度重视素质教育，全面实施素质教育是党和政府作出的一项重大战略决策。1999 年，中共中央、国务院发布了《关于深化教育改革全面推进素质教育的决定》，并以素质教育为主题召开改革开放以来第三次全国教育工作会议，对实施素质教育进行全面部署。2006 年 8 月 29 日，胡锦涛总书记在主持中共中央政治局第 34 次集体学习时强调：“全面实施素质教育，核心是要解决好培养什么人、怎样培养人的重大问题，这应该成为教育工作的主题。”不但明确了素质教育的重大问题，而且把素质教育提到了教育工作主题的高度。党的十七大报告也强调指出：“要全面贯彻党的教育方针，坚持育人为本、德育为先，实施素质教育，提高教育现代化水平，培养德智体美全面发展的社会主义建设者和接班人，办好人民满意的教育。”这次全国教育工作会议一以贯之，把坚持以人为本、全面实施素质教育明确为教育改革发展的战略主题，对于今后我们国家教育改革和发展具有深远意义，对于进一步加强和改进大学生思想政治教育具有重大的推动作用。

三、坚持德育为先、能力为重、全面发展，是贯彻落实教育改革和发展战略主题的基本要求

贯彻落实好坚持以人为本、全面实施素质教育这一教育改革发展的战略主题，必须有具体的工作要求和举措作保障。对此，《纲要》提出，要坚持德育为先，坚持能力并重，坚持全面发展。

坚持德育为先是解决培养什么人、如何培养人这一重大问题的关键。人以德立，国以德兴。党和国家历来高度重视德育工作，并一以贯之地强调德育为先的育人思想。高等学校要切实贯彻这次全国教育工作会议精神，不断加强和改进大学生思想政治教育，把德育渗透于教育教学的各个环节，贯穿于学校教育、家庭教育和社会教育的各个方面。当前，应着重深入推进社会主义核心价值体系的学习教育，一是加强马克思主义中国化最新成果教育，引导大学生形成正确的世界观、人生观和价值观；二是加强理想信念教育和道德教育，坚定学生对中国共产党领导、社会主义制度的信念和信心；三是加强以爱国主义为核心的民族精神和以改革创新为核心的时代精神教育，把爱国与爱党、爱社会主义有机统一起来；四是加强社会主义荣辱观教育，培养学生团结互助、诚实守信、遵纪守法、艰苦奋斗的良好品质。

坚持能力为重是国家实施人才强国战略、应对未来挑战的迫切要求。因为在日益激烈的国际竞争中，仅仅依靠已经掌握的知识，就能赢

得竞争的可能性越来越小，创新能力成为真正具有核心竞争力的决定因素。只有具备知识更新能力的人，才能实现持续发展；只有具备了创新知识能力的人，才能够在未来社会立于不败之地。教育不能满足于只传授已有知识，而应当把重点放在提高学生探究未知的能力上。所以《纲要》明确要求，优化知识结构，丰富社会实践，强化能力培养，着力提高学生的学习能力、实践能力、创新能力，教育学生学会知识技能，学会动手动脑，学会生存生活，学会做人做事，促进学生主动适应社会，开创美好未来。

坚持全面发展是人才培养目标的必然要求。联合国教科文组织国际21世纪教育委员会提交的报告《学习——内在的财富》指出："教育应该促进每个人的全面发展，即身心、智力、敏感性、审判意识、个人责任感、精神价值等方面的发展。"高等学校在深化人才培养体制改革中，应全面加强和改进德育、智育、体育和美育，使广大的学生做到文化知识学习与思想品德修养的统一，全面提高综合素质。同时，还要加强大学生的心理健康教育，促进学生身心健康、意志坚强，能够适应日趋激烈的社会竞争需要。

四、提高学生的思想道德素质是提高教育质量的重要内容，品德是人才评价的重要依据

质量是高等教育的生命线，我国高等教育已进入以提高质量为特征的新阶段，今后相当长的时期内高等教育改革发展的最核心任务、最鲜明特征就是提高质量。实现这一历史性任务，首要的前提是必须明确提高哪些方面的质量。在实际工作中，一些同志存在着一定的误区，把提高质量简单地理解为单纯的提高学生的专业文化素质。对此，《纲要》作出了明确的回答，提出要树立科学的质量观，使学生的思想道德素质、科学文化素质和健康素质都有明显提高，着力培养信念执著、品德优良、知识丰富、本领过硬的高素质专门人才和拔尖创新人才。信念执著、品德优良属于思想道德素质的范畴，提高大学生思想道德素质是提高高等教育质量应有的题中之义，且占有显著比重。胡锦涛同志在讲话中也强调指出，教育成效不应只看学生是否能准确填写标准答案，更要看学生的学习能力、实践能力、创新能力，看他们是否掌握了发现问题、解决问题的关键能力，看他们是否具备了高度的社会责任感。当前，大学生群体的思想道德素质状况总体上是好的，主流积极向上，但与党和国家的事业发展要求相比，与大学生健康成长的需要相比，也还存在着一定的差距，比如，有的学生对一些基本理论问题还存在模糊认识，对世情国情党情的认识还有待进一步深化，等等。对此，我们要予以高度重视，不断创新大学生思想政治教育，丰富教育内容，探索新途径新方法，努力实现创新人才培养多样化要求与思想政治教育统一化目标的有机结合，在全面提高高等教育质量的同时，力争使大学生思想道德素质也有一个大的提高。

全国教育工作会议提出，要树立科学人才观，建立以岗位职责为基础，以品德、能力和业绩为导向的科学化、社会化人才评价发现机制。在这里，品德状况被列为对人才科学化评价的首要依据。育人为本是教育工作的根本要求，高等学校承担着人才培养、科学研究和社会服务等多项职能，但最重要的职能和最本质的属性是人才培养。衡量人才培养工作好坏的最终标准是我们培养的人才能否成人、成才与成功。人们常说，智育搞得不好，要出"次品"，体育搞得不好，要出"废品"，德育搞得不好，就要出"危险品"。古今中外的社会实践证明，一个人的成才与成功不仅取决于他的知识多寡，更取决于他的价值选择、道德素质、思维方式与社会能力。当前，我国正处在进一步发展的重要战略机遇期，经济建设、政治建设、文化建设和社会建设全面推进，迫切需要强大的人才支撑。大学生是党和国家宝贵的人才资源，在实施人才强国战略中，培养造就德才兼备的大学生是人才队伍建设的一项重要任务。高等学校必须

全面贯彻党的教育方针,不仅要提高大学生的科学文化素质,更要提高大学生的思想道德素质,这是做好人才培养工作的重要基础和前提。

全国教育工作会议指出,贯彻落实好教育规划纲要,推动教育事业科学发展,加强和改善党的领导是关键,要坚持社会主义办学方向,牢牢把握党对学校意识形态工作的主导权,加强和改进学校思想政治工作,加强校园文化建设。当前,随着我国对外开放不断扩大,中外交流的广度和深度不断拓展,既为我们学习借鉴各国优秀文明成果提供了有利条件,也给西方错误思想渗透提供了可乘之机。高校是西方敌对势力渗透的重点目标,要牢牢把握党对学校意识形态工作的主导权,就必须加强学校的思想政治工作,特别是要不断提高大学生的政治敏锐性和政治鉴别力,自觉抵制各种错误思想的侵蚀。在加强学校思想政治工作中,校园文化具有独特的育人功能。众所周知,建设一所高水平的大学,既要有必要的资金投入以强其基,更要有精神和文化的培植以育其魂。各类高校均应努力建设体现社会主义特点、时代特征和学校特色的校园文化,深入进行人文素质和科学精神教育。要重视和加强校风建设,培育良好的教风和学风,形成对教职工具有凝聚作用、对学生具有陶冶作用、对社会具有示范作用的优良校风。要开展丰富多彩的校园文化活动,建设品位高雅、环境优美、适于育人的和谐校园,使大学生时时处处受到潜移默化的影响,思想感情得到熏陶、精神生活得到充实、道德境界得到升华。

(作者:中共湖南省委教育工委专职委员)

大学生职业生涯规划与创新高校思想政治教育

屈善孝

大学生的特点和需求对高校思想政治教育提出新的要求

目前,由于我国经济体制、社会结构、利益格局、思想观念都发生了深刻变化,特别是在当前高等教育由“精英化”教育向“大众化”教育的转变过程中,大学生的特点和需求也发生了很大的变化,对高校开展思想政治教育提出了挑战。

1. 高等教育大众化使学校和学生的关系表现为一种互为需求的关系。学生不再像过去那样,使自己的个人发展目标完全服从于学校根据国家计划而确定的培养目标,而是把学校的培养目标和自我的发展目标结合起来。这样学生对学校的需求就提到一个新的高度。

2. 随着高等教育体制改革的不断深化,大学生就业问题已经是一个令学生、家长、学校、社会密切关注的焦点和难点问题,它直接关系到人民群众的切身利益。在市场经济条件下,社会和家庭培养大学生进行了大量的教育投资,以期得到合理的回报,也关系到学校的声誉和生存发展。

3. 现在的大学生主体意识增强,有较强的自主性、现实性,需求日趋多样,价值观念更加多元化,而且他们思维敏捷,想象力丰富,知识面广,逻辑判断能力较强。同时大学生对于自己作为教育消费者的角色意识也日趋增强,将自己视为与学校处于平等地位的独立个体,更加关注自身的成长、成才和未来发展。但是大学生也普遍存在职业生涯规划意识不够,职业能力不强,目标定位模糊,竞争意识淡薄,学习动力不足,独立性、意志力弱,心理状态消沉,生活失序、情绪失落、知识能力素质发展失衡等问题。

大学生职业生涯规划的涵义

所谓职业生涯规划是指个人与组织相结合,在对一个人职业生涯的主客观条件进行测定、分析、总结的基础上,对个人的兴趣、爱好、能力、特点进行综合分析与权衡,结合时代的特点,根据个人的职业倾向,确定其最佳的职业奋斗目标,并为实现这一目标而做出行之有效的安排。职业生涯规划使大学生在充分认识自己、客观分析环境的基础上,树立科学的世界观、人生观、价值观和发展观,并运用适当的方法,采取有效的措施,克服职业生涯规划中遇到的困难和阻力,避免人生陷阱,获得未来就业的成功。职业生涯规划的任务是帮助学生实现自我分析、自我认识,使大学生不断提高能力,理性规划自己未来,提高自身素质,加强自我教育,学会学习、学会生活、学会做人,规划和体验成功的大学生涯。从而奠定人生职业发展和事业发展的基础。职业生涯规划的目标是尊重学生主体地位,激发学生潜能发挥,促进学生全面发展,实现学生成就个人理想与服务社会的和谐统一。大学生职业生涯规划蕴含着丰富而生动的思想政治教育资源,体现了思想政治教育"以人为本,贴近学生、贴近生活、贴近实际"的原则,顺应了社会发展对高等教育的要求,适应了教育对象主体意识和个性化的需求,能够把共性教育与个性教育有效地融合起来。

高校思想政治教育与大学生职业生涯规划的契合点

1. 两者对象的一致性。高校思想政治教育的对象是大学生,他们由于家庭背景、成长经历、社会影响的不同,又构成了不同层次,而且由于他们在实际生活中产生的问题、困难和矛盾也是多种多样的。要求思想政治教育必须从工作对象的个性特点出发,注重人的个别差异和群体差异的分析,在方法和途径上加强针对性。而职业生涯规划的对象也是大学生,职业生涯规划的一个重要特点就是使每个工作对象了解自己、了解职业,然后在判断的基础上做出选择。职业生涯规划也必须是有针对性地进行。这就使职业生涯规划与思想政治教育具有了共同的着力点,从而在教育的操作方式上具有了共通性,使在职业生涯规划中进行思想政治教育具有了可行性。

2. 两者过程的实践性。思想政治教育活动是理论联系实际的过程,具有理论性,更重要的是具有实践性。思想政治教育运用于大学生职业生涯规划过程中,正是思想政治教育应用于实践,为实践服务的具体体现。实践性也是职业生涯规划的一个重要特点,职业素质的培养过程、思想观念的转化过程,都必须依赖于实践。这一特点使思想政治教育与大学生职业生涯规划在实践中能够结合起来,相互促进。

3. 两者内容的互通性。无论是大学生职业生涯规划,还是思想政治教育,其核心内容都是理想信念、人生观、价值观、道德观、爱国主义、集体主义、社会主义等。这些内容体现了思想政治教育的性质、方向和特点,也决定了大学生职业生涯规划的总体方向和具体选择及实现途径。思想政治教育要在教育过程中结合学生的职业生涯规划,从理论上阐释和引导学生不断完善自己的思想政治素质;职业生涯规划要从国家和社会要求的思想政治素质出发,具体规划职业发展目标和实现途径。

4. 两者作用的互补性。在职业生涯规划中加强思想政治教育,可以将大学生的生活理想与职业理想同社会的共同理想结合起来,从而转变大学生的就业观。同时思想政治教育使大学生形成良好的人生观、价值观,为大学生的职业可持续发展奠定基础。这也正是在大学生职业生涯规划中进行思想政治教育的价值体现。在职业生涯规划中进行思想政治教育,能将大学生的需要同思想政治教育的目的结合起来,有利于增强思想政治教育的可接受性和渗透性,有利于思想政治教育效果的实现。

大学生职业生涯规划在高校思想政治教育中的作用

1. 大学生职业生涯规划是创新高校思想政治教育的新载体。大学生职业生涯规划蕴含着丰富而生动的思想政治教育资源，为做好大学生思想政治教育工作提供了一个有效载体和新的平台，拓宽了大学生思想政治教育的新途径，增强了思想政治教育的吸引力、渗透力和感染力。

大学生职业生涯规划是一项动态的系统工程，需要学生、家长、教师、社会相关人员的共同参与。只有这四种教育形成合力，才能综合促进学生的全方面发展。大学生是职业生涯规划的主体，也是社会、学校、家庭的利益共同体，是社会、学校、家庭共同关注的主体。以大学生职业生涯规划为载体和平台，增进学校、社会、家庭与学生之间的交流和沟通，增进学校与学生的互动、学生与学生的互动、学生与社会的互动、学校与社会的互动、学校与家长的互动、学生与家长的互动。发挥学校、社会、家庭的协同教育功能，构建学生——学校——家庭——社会四位一体的立体化育人网络，通过沟通、交流和互动，掌握学生的思想动态，倾听心声，了解需求，增进理解和信任，提高社会、学校、家庭对大学生思想政治教育的关注度和重视度。

2. 大学生职业生涯规划使高校思想政治教育的目标更具体化。高校的根本任务是培养德智体全面发展的社会主义事业合格的建设者和接班人。因此用正确的思想去引导、教育学生，使他们坚持社会主义方向并为之奋斗应是高校思想政治教育工作的目标。传统一体化、一元化理想色彩浓厚的高等教育目标定位，在思想政治教育实践中，表现为空洞无力的理论说教，不能贴近教育对象的实际要求，远离实际，远离学生，使学生感觉到离自己太远，“可望而不可及”。没有充分考虑教育对象的多样性，教育目标的层次性。使得高校思想政治教育无法达到预期的效果。大学生职业生涯规划指导学生通过自我认识确立生涯发展目标进行的自我肯定，促进自我成长，最终达到自我实现的个人发展过程。这是一种旨在促进学生全面发展，贯穿于学生大学生涯全过程的教育活动。它以发展为主，一是帮助学生了解真实的自我、个人职业价值取向；二是培养学生具有生涯规划和决策的能力；三是协助学生发现并发掘自身的潜力，适应社会和职业环境，以达到个体生涯发展目标的实现。职业生涯规划是以大学生个人目标为出发点，以大学生个性发展为基础。理想信念在教育内容实质上可演化为职业生涯规划的理念，而职业生涯规划理念则是理想信念教育的折射，两者相辅相成，前者反映了社会对个人的外在需求，后者是个体的内在需求。把理想信念教育、爱国主义教育和思想道德教育融入大学生涯、发展过程，适应了大学生个性发展的要求，是个人发展、组织发展和社会发展的紧密结合，从而帮助学生顺利实现从生涯探索期向确立期的过渡。使高校思想政治教育目标更加具体、清晰，切实增强了高校思想政治教育的实效性。

3. 大学生职业生涯规划使高校思想政治教育的内容更系统化。大学生思想政治教育工作要遵循以人为本、德育为先的原则，把思想政治教育工作贯穿于教育教学的各个环节，形成全程育人、全员育人、全方位育人的格局。高校要站在通过思想政治教育来塑造人、培育人的高度，把思想政治教育渗透到整个教育过程之中，以学生成长成才为中心，真正的尊重学生、理解学生、关心学生、引导学生。大学生思想政治教育的内容包括政治教育、思想教育、道德教育、法制教育、心理健康教育、审美教育、人文科学教育等。在实践中，大学生职业生涯规划有其系统性，贯穿于大学生涯全过程。一年级开展专业认识、养成教育，侧重生涯剖析、自我定位；二年级开展丰富自我、完善知识结构教育，侧重生涯设计、夯实基础；三年级开展强化实践创新教育，侧重生涯诊断、拓展素质；四年级开展就业指导、职业导航教育，侧重生涯导航，择业、就业。这四个阶段尽管有其不同的阶段和要求，但它们相互贯通，有机互补，形成较为完善的职业生涯规划体系。因此，职业生涯规划的内容及实施过程就是思想政治教育内容深化和系统化的过程。职业生涯规划根据思想政治教育的总体要求，无论教育内容、教育过程都更具渐进性及相互关联性，更加注重解决学生思想问题与实际问题相结合，使大学生思想政治教育内容更加贴近实际、贴近生活、贴近学生，使大学生思想政治教育内容得以优化、突出和落实，也为高校思想政治教育长效机制的建立提供了有利的条件。

4. 大学生职业生涯规划使高校思想政治教育的方法更加多样化。职业生涯规划解决了传统思想政治教育重灌输、轻渗透，重说教、轻互动，用统一的内容、统一的方式、统一的标准和要求来对待受教育者，进行同一样式思想政治教育的不足。传统的高校思想政治教育是以教育者为主导，以灌输教育为主要方法，忽视了大学生在思想政治教育中的主体地位。大学生职业生涯规划顺应教育环境的变化，把个人的成长需要转化为教育的内在动力，充分发挥学生的主观能动性，凸现出教育的个性化和学生的主体地位。使学生在体验、参与、互动的过程中，耳濡目染、潜移默化地得到心灵净化和情操陶冶、哲理启迪、人文关怀。这种方法和形式把共性教育与个性教育有效地融合起来，提高了思想政治教育的针对性、实效性，体现了以学生为本的思想，符合科学发展观以人为本的理念和要求。

（作者：中国传媒大学高等职业技术学院副院长、党委副书记）

开展体现社会要求的学校师德建设

孙其昂

《国家中长期教育改革和发展规划纲要(2010—2020)》明确提出“加强师德建设”的要求。新时期如何开展师德建设？师德及师德建设的内涵是什么？师德建设与时代社会的关系怎样？这些问题需要进行新的思考和把握。

师德建设的价值定位

师德及师德建设是一个常说常新的话题，是学校工作的永恒课题。随着经济社会的发展变化，师德的内涵不断丰富发展，对师德建设提出新的要求。为此，首先要对师德建设的价值进行定位。

之所以要对师德价值进行定位，是由于社会变化会造成对师德价值的迷失，进而放松师德建设。在现阶段社会转型过程中，无论是社会外部还是学校内部普遍忽视师德建设，师德建设缺乏针对性和力度，这已经成为不争的事实。对师德建设价值的再认识再定位，成为师德建设的基本问题。

党和国家在不同时期，根据社会及教育情况的变化，曾就师德建设提出相应的要求；学校在贯彻执行上级师德建设要求方面取得积极成效，但同时还缺乏主动性和创造性；教师队伍参与师德建设整体上说比较好，但也出现一些有悖师德的情况。如师生关系疏离、敬业精神下滑、行政化更加严重，等等。总体上看，师德建设还存在一些问题：一是对师德建设的认识存在误区。相当一部分干部和教师对做一名合格教师的理解和认识存在片面性，认为教师只要教好书就行了，培养教师往往重业务轻思想，任用和考核重教学、科研成果，忽视思想道德教育与检查督促。二是师德建设工作未摆上位置。在重点高校，学科建设、科研工作成为最重要的工作，教学工作也能排上队，但师德建设在许多学校未纳入工作议程。三是师德建设中制度建设与思想道德教育不同步。师德建设的制度或规范较多，但思想政治工作被视为可有可无的情况比较突出，学校和教师个人的自律情况不甚理想，外部监督硬控制与内在自律软约束不相协调。在这种情况下，须重新审视师德建设的价值，把师德建设置于应有的位置。

师德建设是学校师资队伍建设的重要内容。师德状况体现为教师自身的道德状况，体现为教师自身的品质行为，是教师素质的重要组成部分，是教师成长成功的重要因素。学校师德建设目的在于提升教师队伍的整体素质。

师德建设是学校思想政治工作的重要基础。学校思想政治工作的加强改进，主要从师德及师德建设状况中体现出来。师德好，师德建设好，学校思想政治工作就好，三者具有正相关性。改革开放以来，中央有关部委、政府教育管理部门和各级各类学校，在不同时期进行调研和采取措施加强学校思想政治工作，收到了思想政治工作成效，也在师德方面得到体现。

师德建设是社会主义思想道德建设的重要力量。加强社会主义核心价值体系建设，深入开展思想道德教育，需要全社会共同努力。从社会整体来考察，师德建设的地位十分明显。学校教师是知识群体，是全社会人群中知识和思想道德层次相对较高的群体，是社会文明的示范群体。这是学校师德建设的社会责任所系。

师德建设的时代定位

道德是随社会发展而发展，随着社会变化而变化的。作为道德组成部分的师德，同样受到社会的影响和制约。在社会转型过程中，道德在发生重大变化，这种变化也反映在师德上，对师德建设形成影响，提出要求。社会对师德建设影响的路径大体是：社会变化，提出师德的时代要求，其实质是社会对人的要求，要求学校培养社会新人以满足社会的需要，这成为师德的内在要求和师德建设的必然要求。

我国处在社会主义现代化的重要时期，随着社会生产方式的转变，劳动方式也在转变，越来越多的人将从事服务业工作；社会阶层分层更加明显，由此产生新的社会关系和新的社会矛盾；工作时间缩短，自由时间增加，人际交往更加频繁，人的自由而全面发展和生活质量提高得到强化；文化生活更加丰富多样，社会价值观不断受到新一波冲击，社会建设和文化建设急需跟上。这些变化为学校师德内涵充实了新的时代内容，同时也对学校师德建设提出了新的挑战，进而对师德提出了新的要求。

今年召开的全国人才工作会议和全国教育工作会议共同提出，要把我国建设成为人力资源强国。这就要求人才素质应具有时代精神，满足新社会的需要。就学校而言，主要体现在：

——培养学生有理想。中国特色社会主义是我们的共同理想。理想是社会进步发展的动力，也是个人成长进步奋斗的力量。教育要把社会理想内化为个人的理想，成为个人成长的动力。要培养学生具有先进的理想、崇高的目标和远大的志向，坚持为社会进步发展和实现人的价值而奋斗。

——培养学生学习习惯。勤奋学习、学会学习、善于学习应当成为学习型社会的个人品质。这是学习型社会所需要，也是学习型社会在人身上的结晶。教育要使学生做到终身学习、学会学习，培养“勤学”精神。

——培养学生有公共精神。我国的公民社会正在发育中，这是社会建设的迫切需要。要教育学生具有公民意识，重视自己的权利和义务，学会过公共生活，有正义感，积极参与志愿活动，在社会参与过程中培养公共精神和公共生活能力，能够协调私人生活和公共生活。

——培养学生有技能。从生活本领到职业本领，对个体的要求比以往任何时候都高都全面。要使学生具有“安身立命”的本领，能够掌握自己养活自己、胜任职业活动和服务社会的技能。这是亿万家庭父母对子女接受教育的基本期待。

——培养学生学会交往。学生不仅走出大山和乡村，而且将走向世界，与不同民族、地域、文化的人打交道。宽容应成为一种习惯。交往已成为现代人的重要素质。这就要求培养学生具有开放的观念，能够与异文化交流，与陌生人交往。

——培养学生追求真理。追求真理的精神，是创新精神的本质。要培养学生对真理的追求精神，并体现在兴趣、爱好、消费、交往、生活方式等方面，不把自己的多余时间消耗在贫乏的生活之中，而是热爱生活，积极探索未知，过文明、健康、积极有意义的生活。

总之，在喧闹多变的现代社会中，要求教师以特有的职业智慧，敏锐地发现对人才的时代要求，及时撷取社会文明成果培育学生。并要求各级各类学校将其中的积极成分融入师德内容，既创时代文明之先锋，又行抵御流弊之示范。清廉、坚守、创新、自觉。所谓清廉，是指在物质利益和名誉地位上清正廉洁。传统社会讲究教师甘于清贫，耐住寂寞。当今社会，“君子爱财，取之有道”。所谓坚守，是指无论在何种情况下，教师都应当坚守人类社会的德性，代表社会的良知，坚持以人为本，能够保持一块人文精神的绿土。所谓创新，是指教师能洞察社会发展潮流，发现和提出社会发展和世界运动新见解，生产新知识，成为社会创新的主体。所谓自觉，指教师既然是人类社会道德的先导和榜样，除了能够自觉坚守人文精神以外，还能够自觉地履行人类社会所需的先进道德。作为一名合格教师，必须树立正确的职业理想，有强烈的职业光荣感、历史使命感和社会责任感，坚守矢志不渝、甘为人梯的精神，不畏辛苦，能耐寂寞，自觉抵御住金钱、地位、名利、低俗文化等诱惑，做到志存高远，爱岗敬业，忠于职守，乐于奉献，自觉履行教书育人的神圣职责，以培养优秀人才、发展先进文化和推动社会进步为己任，关爱学生，严谨笃学，以人格魅力和学识魅力教育感染学生，做学生健康成长的指导者和引路人。

师德建设的路径定位

师德建设是有目的有领导有组织的学校师德教育和建设活动，受到社会和学校各方面因素的影响，具有相当难度。学校师德建设，既有长期的稳定的基本要求，又有特定历史内涵的时代要求，所以既是变化的，又是稳定的，应组织多种力量互动整合推进。

一是师德建设理论研究与组织实施的互动整合。现代社会是科技社会、知识社会，也是复杂而变动的社会，任何社会实践活动要取得高成效，都需要理论的指导。这也是师德建设自觉性的体现。故此，对道德与教师道德、教师道德与教师职业道德、师德与师德建设、师德建设与社会思想道德建设、师德建设与学校其他工作等关系，需要进行科学研究，把握师德建设的规律性，进而正确制定师德建设的方针和原则、规划及实施方案，争取师德建设高质量。

二是不同教育阶段师德建设的互动整合。学生成长是一个长期接受学校教育的过程。教师向学生传授教育精神，以及学生接受并获得这种教育精神，是长期接力的过程。我们所处的时代无论在客观上还是在主观上都容易造成学校师德建设缺乏连续的思考和设计。由于社会分化导致教育过程的分化，各个不同的教育阶段及各级学校各有自己的任务，不能只专注于所在阶段的教育任务，而忽视了各个教育阶段之间的共同性和连续性，缺乏内在教育精神的连续贯注。学前教育、中小学教育和大学教育，尽管也在考虑前后的接力，但往往忙在应试方面，而精神层面的考虑较少。师德建设是个接力过程，要使学生在接受学校教育的各个阶段能够受到师德的连续熏陶，不断提升精神品性，成为具有现代社会文明特质的人，就要对不同阶段的师德建设进行互动整合。

三是学校师德建设与社会师德建设的互动

整合。尊师重教是优良传统,但由于社会现代化推进,市场经济价值观全面渗透,尊师重教传统受到严重冲击,正面临"碎片化"。对师德来说有可能失去最重要的外部支撑力量。全社会尊师重教是一种巨大的社会力量,它既是对人们的师德教育和宣传,又是对师德承载主体的教化、要求和无形的支持。所以,全社会传承和发扬尊师重教风气,是师德建设不可缺少的方面。

四是师德建设中自律与他律的互动整合。改革开放以来,党和国家针对师德建设下发文件、颁发法规、制定规范,如《中华人民共和国教师法》、《公民道德建设实施纲要》、《教育部关于进一步加强和改进师德建设的意见》、《中小学教师职业道德规范》等,推动了师德建设不断深入开展。但是,也存在着师德外部约束与内部自律脱节的现象,教师师德自律不够。因此,师德建设要坚持自我教育,促进自我约束,使每名教师都成为师德的能动主体。通过师德建设,使广大教师认识到师德的重要价值,提高师德修养的认识水平,乐于遵守师德规范,在行为上按规范的要求履行职责,自觉自律,时时处处成为"世范"。

师德建设是系统工程,须多方面统筹兼顾,综合推进。除上述措施相互配合外,还要注重加强师德建设与教师发展相结合、与帮助教师解决实际困难相结合,尤其要主动吸纳社会对各级各类学校、各个教育阶段师德建设的要求,构建面向社会、回应现实的学校师德建设新体系,使师德建设既体现学校精神个性,又体现社会时代精神,实现师德建设水平新提升。

(作者:河海大学马克思主义理论研究中心主任、思想政治教育学科主任)

当前师德状况及建设路径分析

刘铁芳 罗繁荣

马克思曾经指出:"作为确定的人,现实的人,你就有规定,就有使命,就有任务。至于你是否意识到这一点,那是无所谓的。"所以不管你承认与否,在社会关系中生活的每一个人都必然要承担一定的责任或义务。对教师而言,相对于其他的个体,承担的责任和义务却有些不一样的重量。从个体发展和国家进步的角度来看,教师既对学生的成长负有道义和实际上的责任,要通过教育活动来帮助学生增加他们的自我价值感,发展他们的个体潜能、资质和素养;又需以良好的教育促进年轻一代的成长,使他们能够适应生活的时代,成为合格的建设者,并以他们的劳动推进社会的发展和国家的强盛。这是极其艰巨、光荣而又庄严、神圣的任务,教师手上握着人类的未来、社会的希望、世界的明天。

师德:教师必须承受之重

其实,自古以来,关于师德就有很高的定位,教师在道德上承担了超过一般社会成员的责任。汉代思想家杨雄把教师看作是人们道德的楷模,他说:"师者,人之模范也。"老一辈教育家叶圣陶先生也说:"教育工作者的全部工作就是为人师表。"邓小平同志曾说:"人民教师是培养革命后代的园丁。"江泽民同志也曾反复强调,老师作为人类灵魂的工程师,不仅要教好书,还要育好人,各方面都要为人师表。近年,《中国青年报》社会调查中心和搜狐教育频道合作的一项调查显示,参与调查的2万余名公众中,有79%的人认为教师应该比其他职业的人在道德上负有更多的责任。这充分说明了教师应成为社会道德的楷模和表率，教师本身就被赋予更多的责任。前不久颁布的《国家中长期教育改革和发展规划纲要（2010—2020年）》也明确提出要“加强师德建设”，将师德表现作为教师考核、聘任（聘用）和评价的首要内容。温家宝总理在今年召开的全国教育工作会议上也不无忧虑地提出：“能否造就一支师德高尚、业务精湛、结构合理、充满活力的高素质、专业化教师队伍，是我国教育发展中一项重要而紧迫的任务。”并要求“广大教师要自觉加强师德修养，学为人师，行为世范，要以自己的人格魅力和学识魅力教育和感染学生，做学生健康成长的指导者和引路人”。

《中华人民共和国教师法》规定：“教师的职业道德，是教师在从事教育教学工作中应当遵守的道德规范。”这其实是将师德定位为一种“师德规范”。固然，师德是教师职业行为的基本规范，但更是作为道德实践主体的教师的一种品性和德性。师德表现为德性与规范两个方面。德性是教师对自我生命道德意义的蕴涵与表达，规范是教师对社会存在和社会规则的适应和认同。

教师德性和师德规范是两个紧密联系的范畴。教师德性乃是内在于教师个体的品性，具有个体性，师德规范则是特定的时代与社会对教师职业行为的整体规定，具有普遍性和整体性。作为外在的教师师德规范需要内化为作为内在生命的教师德性。教师德性的提升有助于教育实践活动品质的改善，有助于学生的道德发展。教师德性的提升是教师生命存在的确证，是教师生命成长的标志。作为外在规范的教师道德一旦内化为教师内在的德性，就会成为稳定的精神动力，成为教师精神的核心成分。

优良的道德不只是一种外在的规范力量，而是人生活的一部分，是个人走向幸福生活、提升生命存在品格的基石，是人精神生活的核心，是人之为人的一种内在品性。美国当代著名哲学家、伦理学家、社群主义的代表人物麦金太尔在《德性之后》一书中指出：“德性的拥有和践行，使我们能够获得实践的内在利益，缺乏这种德性，就无从获得这些利益。”德性是能使人们懂得好的生活是什么的人类品质。所以，教师德性是教师自我人生的道德追求，是教师开展教育性活动的基础，教师德性养成在师德建设中具有主体性意义。我们不仅要从规范层面把师德理解成一种外在的行为要求，还应从个体实践层面把师德理解成一种内化于心灵的德性、一种教师职业人生中的实践精神。教师教育实践中表现出来的道德观念、行为品质与一定社会所要求的道德规范和行为准则之间的和谐，共同构成了师德的基本内涵。

从“知识本位”到“德性本位”

当前我国广大教师的师德教风总体上是好的，他们植根事业，潜心教书，苦心育人，敬业奉献，在工作岗位上做出了突出贡献，赢得了学生的爱戴和社会的公认。但是，随着国际和国内形势的发展，世界多极化、经济全球化、西方思想文化的影响以及市场经济或多或少的影响，拜金主义、个人主义、以权谋私、主副业颠倒等现象在部分教师身上有所反映，虽然这些现象只是少数，但长此以往却会严重损害我国教师队伍的整体形象，对学生健康成长也会造成不良的影响。

一是教师主观上对自身师德建设认识不高，重“技”轻“德”。在教育改革浪潮的推动下，教师专业化有了实质性的进展，教师专业知识技能水平较以往有了较大的提高。教师专业化逐渐走向了技术层面。长期以来，教师专业发展多侧重于课程开发、知识辅导和教学技术，教师专业发展成为教学技能的训练和提高，教师职业道德并未受到应有的重视。在这种情况下，师资的培训和教师的晋升大多也忽略了教师职业道德方面的要求，再加上教师自身主动追求教学技能的提高、职称的评定，而在一定程度上忽视了师德的修养，从而造成部分教师职业道德失范甚至缺失成为一种常态。

二是受社会大环境的消极因素影响。市场经济的趋利性,导致一部分教师对师德的认识产生一定程度的偏差。重金钱、轻事业,讲实惠、淡理想的现象在一部分教师身上存在;受拜金主义、享乐主义、极端个人主义等不良风气的消极影响,以及种种历史和现实的社会原因,如社会转型期特有的不确定性,市场竞争带来的危机感及社会利益分配的不平衡、不公正等因素影响,某些教师的职业理想动摇、敬业精神下滑、上进心不足。

三是现行的师德规范、职业准则在实际操作层面缺乏分众化理念,忽略了层次性。当前师德建设的一个主要弊端就是用一个标准、一种规范去要求所有的教师,忽略了师德本身存在的层次性;而且现行的师德规范、职业准则不够清晰具体,过于笼统、模糊,可操作性差,不便于执行、监督和对师德失范的定性,致使某些时候师德建设流于空洞的规范和生硬的教条,难以落到实处,使其成为当前师德建设的"软肋"。

四是教育行政部门或学校对师德建设重视程度还不够,缺乏长效机制。这是师德滑坡的主要原因之一。一些学校片面追求应试成绩,迎合社会只认升学率的片面倾向,师德建设只喊口号,不见行动。导致教师师德建设只走过场,而没有深入落实。加之相关的制度不完善,措施不得力,监督机制不健全,使师德建设流于形式。

五是社会期待过高,将教师"神化",忽视了教师作为普通人的需求,进而在期望与现实之间形成落差,对待师德问题不满情绪大,批评更为尖锐。据中国青少年研究中心最近一项调查报告显示,89.1%的学生认为老师的道德水平应该是全社会最高的。但同时,东北某高校对全校学生的调查发现,对本校教师"教书育人"的满意率仅为27%。两者落差甚大。我们过分强调了师德对国家、对社会、对教育事业、对学生的工具性价值,忽视了其对教师自己的本体价值,进而一厢情愿地将教师定格为理想的"道德的化身",使期待值过高的师德,在现实世界中不堪一击。

从这个意义上说,加强师德建设,提升教师修养已经成为非常紧迫的任务。

教师成长包括知识技能的积累、教育智慧的养成和个体德性的提升。如果说知识的积累是教师成长的基础,教育智慧的养成是教师成长的核心,那么教师整体德性的提升就是教师成长的最终归宿。德性是"道德和智慧的辩证统一",与知识相比,德性具有统合性、完整性,"是一种具有统驭、推动、导航作用的巨大生命力量,是人创造自己美好的生活,实现自我生命价值的内在动力源泉"。真正完整的幸福,是以个体德性为基础的。教学知识和技能的培养,是为了教好书,做一个合格甚至是成功的教师;整体德性的提升,是为了做一个幸福的人。真正完整的幸福,是以个体德性为基础的。教育的问题从根本上说是人的德性解放及人生幸福达成的问题,关注教育中的教师和学生德性生命的发展及人生幸福,是教育活动的根本出发点和归宿。因此,教师整体德性的提升,乃是教师成长的最高层次。

师德建设的基本路径

师德建设有敬业、悟业、乐业三个层次或者说三种境界,从敬业开始,经由悟业达致乐业,最终促进教师职业人生的完善和幸福。师德修养贯穿教师专业发展全过程,所以说师德修养的路径其实也是教师专业化的路径和境界。

1. 敬业。敬业是师德建设的出发点,是个人师德修养的入口。敬业精神的养成关键在于教师内在的品行修养。教师是道德的引路人,是品行的示范者,其敬业精神和品质,包括强烈的敬业意识和忠诚自己本职工作的事业心,敬重本职工作的责任感和成就本职工作的使命感,追求言传身教、行为世范、铸造灵魂的崇高境界。

2. 悟业。悟业是一种对职业的特殊性、对职业的基本要求的认识与深化。通过悟业,人们加深了对职业本身的认识和理解，不断领悟到职业本身的意义。具体到教育，是指教师不断领悟为师之道，自觉提升自身的教育觉悟与教育艺术，增进自我整体教育素养与教育意识，并能随着社会的发展、时代的需要与教育的发展而不断调整自我，完善自我，丰富自我，以积极的生命姿态不断创造教师人生的价值。

3. 乐业。对教师职业的领悟，最高境界即是乐业：教师职业价值与生活价值、生命价值的融合，职业活动、人生活动、生命活动的相通，职业活动与人生幸福的合一。在这种合一中，不仅遵守一定的职业伦理规范，而且对职业伦理具有深切的认同感，能将职业操守与自己在职业生涯中的生命体验有机结合起来，将职业伦理作为自己的生命追求去恪守、护持，并以此作为自己的安身立命之本，在职业生涯中感悟道德和智慧，充分享受人生的幸福和快乐、追求道德智慧的完满与自足。

从敬业、悟业到乐业的不断循环提升往复的过程，乃是教师在领悟职业意义的过程中提升职业人生境界的过程。这种境界的提升主要体现在：从职业要求、职业责任到职业欣悦、职业幸福；从谋生到事业、到个人生命价值的实现。当师德修养达致这种理想境界后，幸福便如期而至。加强师德修养，从根本上讲，是为了促进教师职业与人生的结合，让教师的职业生涯更有价值，拥有充实而有意义的教育人生，增进教师人生的幸福。师德建设的目标不仅仅是引导教师以教育为业，更重要的是为教师个人在教育实践中的自觉创造、主动开拓提供内在的精神力量，引导教师获得自我实现的欢乐。如果师德建设仅仅是简单地给教师职业增加条文规范，无疑只是为教师职业增设外在的道德樊篱，那么，这不仅不能增进教师的职业幸福感，反而只会加重教师对职业的倦怠感。

（作者：湖南师范大学教育科学学院教授、博士生导师；校团委干部、讲师）

论新时期中小学师德建设

杨春茂

教育的价值是什么？教育的终极价值是促进人的全面发展，使人幸福。教育的目的是什么？教育的目的不是评判学生好坏，不是筛选出“好学生”与“坏学生”，教育的目的是提供一个资源，使学生以健康方式自主发展自己的身体素质、心理素质、社会功能、知识水平和创造能力。2010年7月30日，中共中央、国务院颁发了《国家中长期教育改革和发展规划纲要》（以下简称《纲要》）。这是教育战线乃至整个国家的一件大事，也可以说是充分体现教育价值、指导师德建设的纲领性文件。面对教育改革发展的新形势，加强师德建设，重点应当放在以下三方面。

加强师德理论教育

整个人类社会的道德建设，包括道德理论、道德意识、道德规范、道德行为等等，可以说是一种金字塔模式，即道德、职业道德、某种具体职业的道德（例如师德）；从人的个体而论，几乎每个人都具有三种道德，即家庭道德、社会公德、职业道德。

教师职业道德是教师处理和调节教育活动中人与人之间关系的特殊道德要求。由于教师职业道德与教育活动的特点紧密相联，故师德具有以下两个特点：

1. 师德意识要求高水准。师德意识主要是指从业人员对教师职业的观念、想法及态度、职业认识、职业思想、职业信念等内容，是教师职业感情和职业行为的基础。教师职业道德较之其他职业道德有更高的要求，这是由教师职业性质和劳动的特殊性决定的。教师作为社会公众人物，其言谈举止都具有很强的示范性和导向性。

2. 师德行为要成为楷模。教师职业的特点和性质决定了教师要作"人之楷模"。因为教师劳动的对象是有思想、有感情、有意志、有个性的活生生的可塑性极大的人，这一特点要求教师的行为时时处处应当起表率作用。师德不仅是对教师个人行为的规范要求，也是教育学生的重要手段，起着"以身立教"的作用。

对任何一种职业，都要明确其职业性质，然后根据其职业性质落实其相应的社会地位和有关的待遇。对社会发展影响重大的教师职业更不例外，很多发达国家都把教师作为国家公职人员（有的是作为公务员）对待。例如德国1850年颁布的《教育法草案》规定："国民学校和实施义务教育的公立学校，教师享有公职人员的一切权利与义务，教师工资由国家开支。"国家公职人员的显著特点是有具体的职业资格要求，有专门的机构进行严格的考试并认定职业资格。目前，日本、美国、德国、法国、中国等国家都实施教师资格制度。在上述国家，必须取得国家认定的教师资格后，才有可能由政府任用为教师。把教师职业定为公务员或者国家公职人员，对教师职业道德的高要求，主要有以下两方面的原因：

1. 由教师的职业性质所决定。教师是政府雇员，不是学校雇员；教师的"载体"或工作单位由国家举办；教师工资由国家财政支付；教师工作的目标特殊；教师作为公职人员或者公务员，不能反对政府；必须服从政府的调动。美国教育协会列出了教师职业的八大特征：高度的心智活动、特殊的知识领域、专门的知识训练、不断的在职进修、稳定的终身职业、必备的专业标准、以服务社会为目的、健全的专业组织。

2. 由教师的劳动特点所决定。第一，积累性劳动与其教育教学能力的一致性。据"面向21世纪中国中小学教师队伍建设研究"的成果显示：教师从入门到基本胜任教育教学工作要3年左右；独立承担教育教学任务和尝试创新约需4—8年；从成熟到教学效果的最佳状态需要8—15年；到出教育研究成果阶段则需15—30年。2005年首都师大教育科学院对北京中学教师的调查显示，学生和家长最欢迎的是36—45岁、有5—15年教龄的教师。第二，教师职业稳定与教师地位一致。第三，教师职业稳定是因为教师要不断培训。第四，教师的劳动成果体现滞后。

师德对教师职业从业人员极为重要，这已是不争的事实。要使全体教师真正理解其重要性，从而在自己的职业活动中自觉加强师德修养，应当进一步加强师德基本理论学习。师德基本理论的学习重点，应当放在师范专业学生在校学习期间和社会人员申请教师资格的考试和面试环节中，使他们在选择教师职业时对师德要求就有充分的了解。

结合《纲要》贯彻推进《规范》落实

职业道德是随着社会发展对某种职业在不同时期的要求而发展变化的。教育涉及到全社会每个家庭每个人，可以说教师职业是现代社会关注度最高的职业，也是道德要求最高的职业。因此，师德内容特别是制度性的规范和要求，必须充分考虑社会发展、时代变迁及教育改革发展要求。基于上述原因，1984年，教育部制定了《中小学教师职业道德规范》（试行）；1991年，原国家教委和全国教育工会将试行的规范修订为正式的规范；1997年又对其进行修订后重新颁发；2008年，根据推进素质教育，深化课程改革等方面新要求，又重新修订和颁发。

《中小学教师职业道德规范》是新中国成立以来第一个由其行业的最高主管部门制定的职业道德规范。笔者认为，由于《规范》的颁布、修订和实施，整体而言，中小学教师的职业道德水平是当今所有行业中最高的。

1997年以后的十多年，是中国社会变革最大、教育改革发展最快、教师队伍素质提升最高的阶段，特别是素质教育由理论到实践的推进，课程改革的深化，教育法治的健全，对师德提出了新的要求。市场经济条件下利益关系和分配方式的变化，开放环境下世界范围各种思想文化的相互激荡，使中小学师德建设面临新的严峻的挑战，人民群众对于优质教育的日益增长的需求，对教师素质提出了新的更高的要求。因此，在《规范》的修订中体现了以下的新特点：

1. 突出师德的底线要求。由于师德的重要，在教师考核中师德不合格具有一票否决的权重，因此《规范》内容应当是绝大多数教师通过努力能够达到的标准，而非极少数“标兵”才能达到的过高要求。例如，在第二条中把原来的“无私奉献”修订为“乐于奉献”等。

2. 突出了对学生的爱。在《规范》第三条中把“对学生严格要求”修订为“对学生严慈相济”，主要是考虑中小学教师的职业性质，就是首先要爱学生，这是促进学生全面发展的基础。中国传统的家庭教育和学校教育是严有余而慈不足，把学生当做纯粹的受教育对象，真正爱学生和尊重学生不够。只有严格要求而缺乏关爱，无论愿望多好效果都不会好的，对小学生尤其如此。

3. 把终身学习作为师德内容。终身学习这一理念今天从理论上已经没有争议了，因为社会发展、科技进步使知识的老化更新加快，作为从事脑力劳动职业的人，若不终身学习，不断吸收新知识，很快就会不适应职业要求而被淘汰。特别是教师，除了知识老化对其职业活动有影响外，更重要的是教育方法随着社会进步在不断变化，故必须终身学习。

4. 增加了保护学生安全方面的内容。社会越发展，越现代化，特别是中国处在由计划经济向市场经济转换时期，法制还有待建立健全，中小学学生面临的危险增多，故对劳动对象以儿童和少年为主的中小学教师，应当从职业道德方面提出保护学生安全的要求。《规范》中规定：“保护学生安全，关心学生健康，维护学生权益。”在这方面世界上很多国家都是有明确规定的。例如美国《教师职业伦理规范》规定：“当学生健康及安全受危害时，教师应当为保护学生做出恰当努力，不应当故意使学生处于尴尬或者危险之中。”

5. 突出了素质教育。人的素质主要包括人格、价值观、人生观、道德品质、集体意识、责任心、自觉遵守规范等综合素质。学生素质归纳起来主要有科学素质、艺术素质、信仰素质、人文素质，也就是人类普遍认同的价值标准：真、善、美、爱。

经过新中国成立60年、改革开放30年的发展，中国实现了从人口大国向人力资源大国的转变；现在开始要加快从教育大国向教育强国、从人力资源大国向人力资源强国迈进。要实现这一目标，教育必须优先发展、师德水平必须大力提高。这是制定《纲要》最重要的背景和出发点。要实现《纲要》提出的教育改革发展的战略主题是：“坚持以人为本、重点是面向全体学生、促进学生全面发展，着力提高学生服务国家人民的社会责任感、勇于探索的创新精神和善于解决问题的实践能力。坚持德育为先。把社会主义核心价值体系融入国民教育全过程。”要实现这些要求，首先要有一支师德高尚的教师队伍。为此，《纲要》提出：“加强教师职业理想和职业道德教育，增强广大教师教书育人的责任感和使命感。教师要关爱学生，严谨笃学，淡泊名利，自尊自律，以人格魅力和学识魅力教育感染学生，做学生健康成长的指导者和引路人。将师德表现作为教师考核、聘任（聘用）和评价的首要内容。采取综合措施，建立长效机制，形成良好学术道德和学术风气，克服学术浮躁，查处学术不端行为。”《纲要》提出的新形势下的师德要求与《规范》是一致的，加强新形势下的师德建设，应当把贯彻落实《纲要》和《规范》相结合。

师德修养中教师应正确处理的几个关系

教师应当珍惜自己的职业，消除职业倦怠，充满职业激情。教师是靠教书育人体现自己人生价值的。选择教师职业注定必须爱人生、爱生活、有激情，应当把自己对人生的理解、感悟点点滴滴地渗入教育教学过程，渗入学生的心灵。让学生与教师一同去体味人生、去思索人生。这样快乐、高尚、成就便与教师同在。教师的人生轨迹应是：学业、专业、职业、事业、伟业。在教育过程中，加强师德修养，教师要着重处理好以下几个关系：

1. 在对待全体学生的关系上强调尊重。“为了每位学生的发展”是素质教育、课程改革的核心理念，也是纲要提出的明确要求。教师应尊重每位学生做人的尊严和价值，尤其要在其职业活动中尊重智力发育迟缓、学业成绩不良、被孤立和拒绝、有过错甚至有严重缺点和缺陷、与教师意见不一致这6种学生。

2. 在教与学的关系上强调帮助。要从学生特点出发，努力做到从以下7个方面帮助学生：帮助学生确立能够达到的目标；帮助学生根据所处环境寻找、选择、利用学习资源；帮助学生发现所学东西的个人意义和社会价值；帮助学生设计适合自己的恰当有效的学习方式；帮助学生营造和维持学习过程中积极的心理氛围；帮助学生对学习过程和结果进行科学客观的评价；帮助学生发现自己的特长和潜能。

3. 在教学方法上加强引导作用。教的本质在于引导。教师引导的特点是含而不露，指而不明，引而不发。应把引导作为一种哲学，教给学生学习知识的科学方法、处理问题的正确思维方法；把引导作为一种修养过程，教会学生如何做人；把引导作为一种启迪，学生迷路，不是简单告诉他向哪个方向走，而是引导他学会在不同情况下辨明方向的方法；把引导作为一种激励，学生遇到困难丧失信心时，教师不是拖着他走，而是唤起他内在的动力，鼓励他不断向上攀登。

4. 从教师劳动对象特点出发强调赞赏。要赞赏每位学生的特长、兴趣、爱好；赞赏每位学生所取得的哪怕是极微小的成绩；赞赏每位学生付出的努力和表现出来的良好愿望；赞赏学生对教科书的质疑，对教师授课的质疑。

5. 在对待“差生”的关系上坚守师德底线。做到不体罚、不辱骂、不训斥、不冷落、不羞辱嘲笑、不随意当众批评学生。

（作者单位：教育部中国教师发展基金会秘书长、教授）

发挥新形势下大学生党员先锋模范作用

毛　静

大学生党员作为学生群体中的优秀代表，是校园精神文明建设的主力军。他们的思想和行为不仅决定着自身的发展，而且对其他学生都有很强的示范和带动作用，关系到高校人才的培养和党的组织建设。因此，加强高校学生党建工作，最主要的就是要提高大学生党员的自身素质，充分发挥新形势下大学生党员的先锋模范作用。

当前大学生党员发挥先锋模范作用的现状

大多数学生党员作为学生中的先进分子，有坚定的理想信念和较强的社会责任感，平时能够积极奉献，在同学中起到带头作用。因此，从总体上说，学生党员队伍主流是好的，他们能够正确处理自己与他人、与社会、与国家的关系，按照共产党员的标准严格要求自己。然而，也有部分学生党员在发挥先锋模范作用方面存在一些不容忽视的问题，主要表现在：

1. 政治意识淡薄，立场不够坚定。思想建设是党的建设的根本。当前，随着我国经济和社会的迅速发展，一些深层次的社会矛盾开始凸显。与此同时，由于受西方资产阶级自由化思想的影响，部分学生党员对复杂的社会环境、不良的社会风气、党内存在的不正之风、前进道路上暂时遇到的矛盾和困难等缺乏清醒认识，对社会主义制度的前途心存疑惑，政治立场产生了一定程度的偏离。

2. 入党动机有功利性，奉献精神不够。随着改革开放的不断深入，社会价值观念呈现多元化。受此影响，部分大学生也存在着价值观念混乱、诚信意识缺乏、社会责任意识淡薄等问题，在入党动机上存在狭隘的功利主义倾向。在工作中，付出辛苦就要求回报，只讲个人前途和实际功利，不讲为国家和社会奉献的理想信念。

3. 集体观念缺乏，宗旨意识淡薄。少数学生党员缺乏党性原则和组织纪律观念，单纯强调个人的个性发展，忽视集体和他人的利益。

出现这些问题的原因，一方面是由于在新形势下，大学生党员处于世界观、人生观、价值观形成的关键时期，对许多问题没有形成正确的认识，政治坚定性不够，党性修养缺乏锻炼；另一方面是由于一些高校的学生党建工作还比较滞后，对于党务工作队伍建设、学生党员的发展和教育管理等方面没有形成有效的机制。这些问题都不同程度地影响了大学生党员先锋模范作用的发挥，成为高校学生党建工作急需改进的重要内容。

充分体现大学生党员先锋模范作用

学生党员是经过党组织严格审查和长期考验的优秀学生，在学生中具有较高威望和良好的群众基础，是在学习、生活、工作等方面表现突出的青年学生骨干，应该在以下四个方面起到先锋模范作用。

1. 成为政治理论学习的表率。胡锦涛同志强调："共产党员加强学习，首先要加强理论学习。马克思主义政党的先进性首先表现在理论上的先进性。"理论素质是共产党员政治思想素质的核心，学生党员要发挥先锋模范作用，必须加强政治学习，自觉努力学习马列主义、毛泽东思想、邓小平理论和"三个代表"重要思想，深刻领会并贯彻落实科学发展观，通过入党后的继续学习，深化个人理论素养和对党的认识，努力改造自己的主观世界。

2. 成为专业知识学习的表率。邓小平说过："共产党员的模范作用，包括努力学习专业知识，成为各种专业的内行，并且吃苦在前，享受在后，比一般人负担更多的工作。"学生党员在专业知识学习方面要起模范带头作用，带动其他同学形成良好的学习风尚。作为大学生党员，要努力学好专业知识，不断拓宽自己的知识面，丰富自己的头脑，在学习上发挥表率作用。

3. 成为志愿服务的表率。党的十七大报告提出："拓宽党员服务群众渠道，构建党员联系和服务群众工作体系，健全让党员经常受教育、永葆先进性长效机制，使党员真正成为牢记宗旨、心系群众的先进分子。"大学生党员通过志愿服务的形式来体现自身的先进性，是发挥党员先锋模范作用的一条重要途径。在具体的学习和生活中，大学生党员应该及时了解同学们的需求，有针对性地为大家做一些服务性的工作，为同学们排忧解难。

4. 成为律己明人的表率。大学生党员要得到其他同学的普遍认可，起到良好的带头和示范作用，就要在生活中强化自律意识，增强社会责任感，提高对自我行为的约束力。要努力做到品行端正，敢于坚持原则，认真开展批评和自我批评，勇于纠正学习和工作中的缺点和错误。特别是在现在的学生群体中，很多学生害怕得罪同学，不愿指出其存在的问题和不足；对于自身的缺点错误，由于自尊心的驱使，也不敢面对和承认。为此，更需要大学生党员作出表率。

发挥大学生党员先锋模范作用的措施

大学生党建工作不仅是党的建设的重要组成部分，也是高校学生思想政治工作的重要内容。面对新形势以及学生党员队伍中出现的一些问题，高校学生党建工作必须与时俱进，在对学生党员进行教育、管理、激励等方面不断进行改革和制度创新，才能更好地发挥学生党员的先锋模范作用，保持党员队伍的先进性。

1. 将培养教育贯穿于党员发展工作的始终。加强培养教育，特别是大学生入党后的再教育，是提高大学生党员素质、保证党员质量的基础。加强教育培训，需要注重学习教育活动的方式创新，增强组织生活和党员教育的实效性。在教育模式方面，以课堂教育、网络教育与实践教育相结合的方式开展活动。

2. 坚持学生党员民主评议制度。实行学生党员民主评议制度，不仅是加强对大学生党员经常性教育、管理和监督的一项基本制度，也是提高他们的党性修养，充分发挥学生党支部的战斗堡垒作用和学生党员先锋模范作用的有效措施。

3. 实行学生党员年度量化考核制度。以学年为单位对党员进行量化考核，每学年支部向每位学生党员发放党员年度任务卡，让党员明晰自己本年度的任务，考核内容包括学习、生活、服务社会等各方面，最终的考核结果可以反映出学生党员的真实表现，优则奖之，劣则教之。

4. 建立群众参与、监督和评价机制。建立群众参与、监督和评价机制需要开展以下工作：第一，建立新党员发展测评机制。将党员发展环节中的“群众座谈会”深入化，对发展对象进行民意测评，对测评中不及格的发展对象延期发展，严把党员“入口”关。第二，建立非党员同学参与机制。

（作者：中央财经大学金融学院党总支副书记）

我国高校思想政治工作现状与对策

朱喜坤

高度重视思想政治工作，是我们党的优良传统和政治优势。改革开放以来，高校宣传思想文化工作在实践中探索、在探索中前进、在前进中创新，取得了显著成绩。广大师生思想主流积极健康向上；对中国特色社会主义的理论认同、政治认同、情感认同显著增强，对全面建设小康社会和推进社会主义现代化前景充满信心，为高校落实人才培养的根本任务、推动高校改革发展稳定提供了有力的思想保证和良好的舆论氛围。在看到成绩的同时也要看到，在深刻变化的世情、国情、党情面前，要解决好高等学校改革发展过程中不断出现的新情况新问题，任重而道远。

一、近年来高校思想政治工作取得的突出成就

近年来，高校思想政治工作紧紧围绕改革发展稳定的大局，凸显与时俱进、导向鲜明、突出典型、形式多样等特点，为高校的健康发展营造了良好的舆论氛围。

1. 理论武装工作不断推进。注重用科学的理论武装师生头脑，保证思想统一、步调一致，是思想政治工作的根本要求。近年来，各地各高校充分发挥报纸、广播、电视、网络、橱窗等校园媒介的作用，积极参与马克思主义理论研究和建设工程，切实抓好党委中心组的学习型组织建设，认真举办全校师生的学习教育活动，广泛开展热点难点问题的理论研究与宣传，有效促进马克思主义中国化最新成果的“三进”工作，为高校师生坚定理想信念提供正确理论指导和强大精神支柱。

2. 校园舆论引导富有成效。近年来，各地各高校坚持以团结、稳定、鼓劲和正面宣传为主，坚持围绕国际国内的重大事件，深入开展党的基本理论、基本路线、基本纲领、基本经验的宣传教育，“唱响主旋律、打好主动仗”；开辟专栏，广泛开展向方永刚同志学习的活动，继续推进社会主义荣辱观教育活动，加强对广大师生关注的热点、难点问题的引导；大力加强有关学校办学思想、重大决策、重要会议、学术活动和社团活动的宣传引导工作，确保社会主义大学的办学方向；大力推动校园网络建设，坚持疏导结合，对网络信息实行全方位、全天候监控，组织网络评论员对网络舆论进行引导，积极营造健康向上的网络文化氛围。

3. 思想政治工作不断改进。近年来，各地各高校把加强和改进思想政治工作作为宣传思想领域的一项基础性工作和宣传思想战线的一项基本职责，深化思想政治理论课课程改革，积极稳妥地实施高校思想政治理论课新课程方案；积极推进马克思主义理论学科体系创新，努力把社会主义核心价值体系贯穿于教育教学和日常管理全过程；积极扩大先进典型人物的示范效应，着力构建具有时代精神和高校特色的校园文化；积极创新思想政治工作载体，结合一系列重大活动，深入挖掘新媒体技术的思想政治教育功能，不断拓展以文化人的育人平台；充分发挥思想政治教育主阵地主课堂主渠道的作用，努力完善“三全育人”机制，不断形成党委统一领导、党政齐抓共管、部门各负其责的工作合力。

4. 宣传思想工作干部队伍建设不断加强。近年来，各地各高校按照“大宣传”工作格局，举办宣传工作研讨班，组织开展业务研讨，不断提高宣传思想工作干部队伍整体水平；中央五部委联合举办“高校哲学社会科学骨干教师研修班，实施思想政治理论课教师创新团队工程，推进高校思想政治理论课学科带头人培养，鼓励他们兼职辅导员或班主任工作，努力打造一支高水平的哲学社会科学骨干教师队伍；紧密结合保持共产党员先进性教育活动，深入持久地开展师德建设，把“教书育人”作为教师培养工作和学生管理工作的有机结合点；落实宣传责任制，初步形成宣传工作与学校教学、科研、人才培养工作，与部门、学院工作密切结合的工作格局。

二、当前高校思想政治工作存在的问题与不足

站在新的历史起点上，高校思想政治工作面临着前所未有的挑战，也面临着前所未有的发展机遇。

1. 新媒体技术的广泛应用对高校思想政治工作提出了新的要求。新媒体技术是“双刃剑”，高校思想政治工作在如何发扬新兴媒体的优势、努力克服新媒体发展中存在的不足等问题上还需要进一步理清思路；在发展积极健康的网络文化、扩大覆盖面、增强吸引力等方面还需要提高技术水平；在有效引导网上理论热点、避免让错误信息或者模糊信息成为舆论形

成的信息基础等问题上还需要不断提高引导能力。

2. 新宣传阵地竞争的日益激烈对思想政治工作队伍建设提出新的要求。当前，我国大部分高校的宣传思想文化工作的组织机构比较完备，但也存在专职人员紧缺、人员年龄结构不合理、素质参差不齐等情况，随着学校新闻中心效能的不断扩展，这种情况显得更为突出。另一方面，岗位培训工作滞后，宣传队伍政治理论水平及各方面业务水平还有待提高。

3. 持续增长的经费需求对高校思想政治工作的投入机制提出新的要求。长期以来，各高校政治部门普遍存在工作经费投入不足的问题。目前，很多高校采取校拨经费与自筹资金相结合的方式维持宣传工作的正常开展，这显然会增加宣传部门的工作压力。从高校目前的财务状况看，完全由学校来增加对宣传思想工作的经费投入是不现实的，构建高校思想政治工作的专项投入长效机制，还有待进一步研究。

4. 高等教育事业的快速发展对高校思想政治工作的改革创新提出新的要求。随着高等教育改革发展的不断深入，高校思想政治工作者在理论水平、政策水平、业务能力和宣传意识等方面，与学校发展的要求和师生的期望还存在不小的差距，突出表现在：高校思想政治工作在贴近实际、贴近生活、贴近群众方面的力度不足，师生主动地广泛地参与主题活动的积极性不够；对高校思想政治工作的方式方法的改进创新不够，策划能力还有待提高；对建立校园文化建设的统筹联运机制还不够重视，对校园文化建设的深刻内涵挖掘不够。

5. 构建大政工的迫切需要对高校思想政治工作的资源整合提出新的要求。做好思想政治工作不仅仅需要政工部门的努力，更需要全校上下的协同联动。当前，高校宣传思想文化工作资源整合还不够，联合作战的团队优势尚未得到充分发挥，各个学院之间的资源与信息共享不够及时，各基层院系的思想文化宣传工作比较缺乏，特别是师生兼职宣传思想工作队伍和工作机制还没有完全建立起来，"人人都是辅导员"的理念还没有深入人心，未能形成大宣传、大教育、大服务的格局，思想政治工作合力不强。

三、进一步加强和改进高校宣传思想文化工作的对策建议

改革创新是时代的主题。思想政治工作要始终保持蓬勃生机和旺盛活力，必须用时代发展的要求审视自己，用创新的观念要求自己，用改革的精神完善自己，努力做到体现时代性、把握规律性、富于创造性，不断增强高校思想政治工作的吸引力和感染力。

1. 创新理论武装工作，巩固发展全校师生团结奋斗的共同思想基础。马克思主义是我们立党立国的根本指导思想，是全党全国人民团结奋斗的共同思想基础，因此，理论武装工作是宣传思想文化工作的首要任务。要按照武装头脑、指导实践、推动工作的要求，结合师生思想实际和各项工作实践，切实把科学发展观的要求贯穿在办学兴校的各个方面；要不断完善校、院、系、班"四个层次"的政治理论学习制度，切实加强思想政治理论课课程改革，积极推进科学发展观"三进"工作；要充分利用各种资源，不断改进方式方法，增强理论武装工作的凝聚力和吸引力；要坚持把集中学习与日常学习、网上论坛与实地调研考察、创新媒介与丰富宣传内容很好地结合起来。

2. 创新新闻宣传工作，坚持正确舆论导向。"舆论导向正确，是党和人民之福；舆论导向错误，是党和人民之祸。"新闻宣传工作是党的生命的一部分，在宣传思想工作中占据不可替代的重要地位。创新新闻宣传工作，要始终坚持"团结鼓劲、正面宣传为主"的原则，全面、及时、准确地宣传党的路线、方针、政策，努力打造正面舆论强势；要精心组织策划重大主题宣传和重点活动报道，以各种重大节日和重大活动

为契机，做好主题宣传，唱响主旋律、打好主动仗；要将真实准确视为新闻的生命，坚持从实际出发，用事实讲话，反映事物的本来面貌和客观规律，做好舆论监督，积极引导社会热点；要处理好报道数量与报道质量、集中宣传与经常性宣传的关系，不断扩展先进典型的辐射领域和群体；要充分发挥高校各种宣传媒介的协同配合作用，努力形成宣传合力。

3. 创新思想政治工作，营造构建和谐校园的良好环境。思想政治工作是经济工作和其他一切工作的生命线，这是我们党总结历史经验得出的一条重要结论。创新思想政治工作，要坚持把立德树人作为根本任务，树立以人为本的育人理念，在关心人爱护人中教育人引导人；要以理想信念教育为核心，努力打造既仰望天空、又脚踏实地的拔尖创新型人才；要以工作实效为着眼点，深入挖掘途径载体的深刻内涵，不断创新途径载体；要以形成合力为突破口，不断完善高校思想政治工作的长效机制。

4. 创新舆情调查工作，努力增强宣传思想工作的预见性主动性。宣传思想工作的一条成功经验，就是加强调查研究，注重舆情研判，做到耳聪目明、心中有数。创新舆情调查工作，要进一步增强舆情意识，提高调研水平，更加关注社情民意，及时研究新情况新问题，找准着力点，打好主动仗；要密切关注各种社会思潮的新变化、新动向，深入分析其历史背景、性质特点、发展趋势和影响范围，及时有效地加强正面引导；要密切关注师生关注的热点、难点，把握师生的思想状况和心理情绪，发现倾向性、苗头性问题，及时提出思想教育、舆论引导的对策措施；要加强全局性、前瞻性、战略性问题研究，特别是围绕高水平大学建设、高校服务地方经济社会发展等问题，进行深入系统的调查研究，出思想、出思路、出对策；要加强宣传思想工作社会效果的跟踪研究，特别是了解师生员工对宣传思想工作的评价和意见，使宣传思想工作经得起历史的检验和实践的考验。

5. 创新人才队伍建设工作，着力造就一支高素质的宣传思想工作队伍。人才是兴业之本。打造全方位、多渠道、立体式的“大宣传”工作格局，政治坚定、业务精通、纪律严明、作风优良的工作队伍是根本。要采取切实措施，既培养综合型、复合型人才，也培养管理人才和专业技术人才，为做好工作提供组织和人才保证；要用心保护、充分调动宣传思想工作人员积极性和创造性，从政治上、思想上、工作上、生活上关心他们，切实解决他们的实际问题，为他们努力工作创造条件、提供保障；要切实加强宣传思想工作队伍的作风建设，大兴调查研究之风，多谋开拓创新之策，多办合民情、顺民意、得民心的事情，树立宣传思想工作干部的良好形象。

（作者单位：教育部社科中心。此文是《我国高校宣传思想文化工作基本情况调研报告》的一部分）

坚持知识教育与价值观教育紧密结合

骆郁廷

全国加强改进大学生思想政治教育工作座谈会强调，要“坚持知识、能力培育和价值观培育相结合”，这实际上就是要求我们遵循大学生成长成才规律和思想政治教育规律，把知识教育和价值观教育有机结合起来，不断提高大学生思想政治教育的科学化水平。

一、坚持知识传授与价值导向相结合

大学生思想道德素质与科学文化素质的发展是密不可分的，大学生思想道德教育与科学文化教育也是密不可分的。因此，加强和改进大学生思想政治教育，要坚持知识传授与价值导向相结合。一方面，高校要把知识传授和智力培育放在重要地位。大学是培养高级专门人才的重要平台，高等教育是开发人才资源的重要途径，大学期间是系统学习科学文化知识、深入开发人才智力资源的重要阶段。因此，大学要为国家系统深入地开发人力资源，就必须把智力资源的开发放在重要位置，通过系统的科学文化知识教育，着力培养掌握现代科学文化知识的高级专门人才，促进学生智力发展。另一方面，知识传授往往包含着一定的价值取向，直接或间接地影响着学生的发展与成长。因此，要注重把知识传授和价值导向结合起来，把学习科学知识和加强思想修养结合起来，在智育活动中注重育人，在知识传授中注重对学生进行价值观教育和引导。

任何课程都具有价值导向功能，都需要结合专业教学的实际进行价值引导。在传授自然科学知识时，不仅要告诉学生什么是自然科学知识，这些知识反映和揭示了哪些自然界的规律，还要告诉学生，这些自然科学知识有什么用，为什么要掌握这些自然科学知识，学习掌握这些自然科学知识要为谁服务，满足谁的需要，在学习掌握现代科学技术中肩负怎样的使命和责任。这就是自然科学的价值导向问题。在科学技术成为第一生产力，人才资源成为第一资源，人才成为核心竞争力，经济全球化时代人才资源国际竞争日趋激烈的时候，加强自然科学知识传授和科技人才培养过程中的价值教育和引导，显得尤为重要。

哲学社会科学课程不仅具有突出的科学性，而且具有鲜明的价值性。哲学社会科学课程作为系统的科学知识的结晶，既要揭示世界特别是人类社会发展的客观规律，又总是会反映一定阶级的经济利益、社会需要和历史使命，总是要打上一定阶级的烙印，总是要体现并为维护和实现一定阶级的利益服务，因此，哲学社会科学的传授，更要把科学性和价值性有机结合起来，注重进行价值引导。要以马克思主义科学的世界观和方法论作指导，推进哲学社会科学课程的建设和教学，把社会主义核心价值体系和爱国主义、集体主义、社会主义教育贯穿于哲学社会科学课程教学之中，引导学生运用马克思主义的立场、观点、方法分析哲学社会科学领域的各种社会思潮，以社会主义核心价值体系为引领，自觉把哲学社会科学的符合客观规律的真理性和反映工人阶级和劳动人民需要的价值性有机统一起来，牢固确立正确的世界观、人生观、价值观。

坚持在知识传授过程中进行价值引导，关键是要以马克思主义理论为指导，以社会主义核心价值体系教育为重点，引导大学生正确认识和处理自我价值与社会价值的关系，把实现自我价值与服务祖国人民有机结合起来，把个人理想融入社会理想，把个人智慧融入集体智慧，把个人力量融入集体力量，在自觉服务祖国和人民、实现社会价值的过程中实现自我价值。

坚持在知识传授中进行价值引导不仅非常必要，而且具有特殊的优势。这种优势就在于，知识本身具有科学性，传授知识时进行价值引导，就使深刻的价值观念和正确的价值取向渗透在深奥严谨的科学知识之中，赋予价值观教育以深刻的科学内涵和严谨的科学形态，使价值观教育更具有科学性；教师作为知识传授的主体，有渊博的知识和良好的学术形象，把传道、授业、解惑结合起来，把价值引导贯穿于知识传授之中，可对学生产生更大的启迪作用，使价值观教育更加智慧，更加艺术，也更加具有感染力和影响力。因此，加强改进大学生思想政治教育，一定要把教书和育人、德育和智育、知识传授和价值导向紧密结合和高度统一起来。

二、坚持科学内化与自觉外化相结合

坚持知识教育与价值观教育相统一，不仅需要坚持把知识传授与价值导向结合起来，还需要把内化和外化有机结合起来。

坚持知识教育与价值观教育相统一，需要把体现一定价值取向的科学知识，特别是哲学社会科学和思想政治理论课的规律性认识和科学性知识，内化为学生的思想道德素质，使学生自觉按照科学知识特别是哲学社会科学和思想政治理论课的科学知识揭示的客观规律办事，认同、接受和遵循正确的社会道德规范，促进和实现个人的社会化。这就是说，要实行科学的内化，不仅要引导学生区分真伪，把真科学和伪科学区分开来，把正确的理论和错误的理论区别开来，着力内化正确的、科学的理论，尤其要教育引导学生把科学理论，特别是哲学社会科学的理论和思想政治理论课的科学理论，不仅当作科学的知识体系来学习，更要当作正确的价值体系来内化，把学习科学理论与改造主观世界结合起来，不断提高自身的思想道德素质和综合素质，促进学生的全面发展和健康成长。

坚持知识教育与价值观教育相统一，还需要引导学生知行结合，把内化的科学理论和价值观念外化为自己的行为习惯，在促进自身的全面发展和健康成长的同时，更好地促进社会的发展和全面进步。“纸上得来终觉浅，绝知此事要躬行”。人的科学文化水平和思想道德水平的高低，不在于他懂得多少，而在于他践行了多少，实践是检验真理的唯一标准，实践也是检验人才的唯一标准，是检验一个人科学文化水平和思想道德水平高低的根本标准。判断一个人科学文化水平和思想道德素质的高低，不是要看他的认知，看他的记忆，看他的言论，而是要看他的行动。因此，不仅要引导学生由外而内注重内化，更要引导学生由内而外注重外化，把自己的认知转化为行为，把自己的思想转化为行动，在实践中进一步体现、检验和提高自身的科学理论水平和思想道德素质。大学生把内化的科学理论知识和思想道德规范外化为行为习惯的过程，既是促进大学生全面发展的过程，又是促进社会全面发展的过程。人的全面发展和社会的全面发展是互为条件、互为目的的，只有把内化和外化统一起来，才能把人的全面发展和社会的全面发展有机结合起来，使二者相互促进、相得益彰。

因此，在知识教育和价值观教育结合的过程中，既要引导学生实行科学的内化，又要引导学生实行自觉的外化。

引导学生坚持科学内化与自觉外化相统一，最根本的就是要坚持以学生为主体。内化和外化在大学德育中都是相对于学生而言的，内化是学生的内化，外化是学生的外化，无论内化还是外化，都要启发学生的主体意识，尊重学生的主体地位，发挥学生的主体作用。当然，学生在内化和外化中的主体作用也离不开教师的指导、支持和帮助，离不开教师主导作用的发挥。因此，要以教师为主导、学生为主体，把教师的主导作用和学生的主体作用结合起来，在教师的启发和引导下，充分发挥大学生的主动性，使他们自觉地内化和践行科学理论和价值观念。

三、坚持知识评价与价值评价相结合

坚持知识教育与价值观教育紧密结合，还必须自觉坚持知识评价与价值评价相结合。通过知识评价与价值评价的结合，在知识教育的过程中更好地推动和升华价值观教育。

高校必须对课程教学特别是哲学社会科学和思想政治理论课的教学进行必要的知识评价，看看一定的课程和教材是否体现了一定的科学知识体系，是否进行了必要的知识更新，这些课程教学是否真正传授了一定的科学知识和方法，这些科学知识是否真正为学生所理解和掌握，教学过程是否真正做到了良性互动、教学相长，是否真正促进了大学生的能力发展。这些评价包括对教材、教师、教学、教法以及对学生学习掌握知识程度的评价。重点是对课程教学内容、教师教学活动和学生学习活动进行科学评价。这些评价主要以教学评估的方式表现出来，主要是一种知识评价。这种知识评价，对于增强教师教学的事业心责任感，优化知识结构，增强学术魅力，改革教学内容和方法，调动教师教和学生学的积极性、主动性、创造性，促进教学相长，提高教学质量，具有重要作用。

同时，高校还必须对课程教学特别是哲学社会科学和思想政治理论课程的教学进行深入的价值评价。如前所述，课程教学往往内含一定的价值意蕴，都具有不同程度的价值引导功能。因此，在教育教学评价中，要把价值评价作为评价的重要内容，看看这些课程和教材是否把社会主义核心价值体系教育纳入其中，是否体现了正确的价值观念和价值取向，课程教学是否进行了正确的价值观念和价值取向的引导，价值教育是否贯穿了教学活动和知识教育的全过程，教师是否真正做到了既教书又育人。只有坚持知识评价与价值评价相结合，才能更好地促进知识教育与价值观教育紧密结合。

为了发挥知识评价与价值评价在促进知识教育与价值观教育相结合过程中的作用，还必须创新知识评价与价值评价的思路，扩大知识评价与价值评价的主体和范围，改变知识评价与价值评价的方法。高校课程教学是否体现了知识教育和价值观教育的统一，是否提高了学生的科学文化素质和思想道德素质，是否促进了学生的全面发展和健康成长，在高校内部乃至高等教育系统内部是无法得到全面的检验和证实的。高校是培养人才的地方，高等教育体系是培养人才的体系，高校培养的人才综合素质和整体质量如何，不应该仅仅由高校或高教系统来评价，而主要应该由社会实践和社会用人单位来评价，看看培养的人才素质和质量是否满足了社会用人单位的要求，是否满足了社会实践发展的需要。人才素质和质量的评价要把培养单位和使用单位分开，就像任何产品的质量主要不是由生产产品的厂家说了算而是由使用产品的顾客说了算一样，人才产品的素质和质量主要也应该由使用人才的社会用人单位说了算，由社会用人单位根据人才在社会实践中的表现给予综合的评价。只有这样，这种评价才是客观的、科学的。而高校教育教学中，知识教育和价值观教育是否实现了有机统一，是否对学生的成长产生了良好的影响，不仅是一个理论的问题，而且是一个实践的问题。因此，在开展高校课程教育教学的知识评价和价值评价的过程中，必须把社会用人单位纳为评价的主体，把社会实践纳入评价的范围，使社会实践成为评价人才知识教育和价值观教育实效的根本标准和主要方式。只有这样，才能极大地改进和完善知识评价和价值评价，进一步推进知识教育和价值观教育的结合，有力地促进大学生的全面发展和健康成长。

（作者单位：武汉大学党委）

把学校教育与家庭教育紧密结合起来

曲建武

不久前，全国加强和改进大学生思想政治教育工作座谈会提出，大学生思想政治教育应当把学校教育和家庭教育结合起来。这既是对当前加强和改进大学生思想政治教育工作的新要求，也是做好大学生思想政治教育工作的一个着力点和有效途径。

一、学校教育与家庭教育紧密结合的必要性

1. 学校教育与家庭教育紧密结合符合大学生成长规律

孟母三迁的故事千古流传。故事有一个重要的寓意，即人的成长离不开家庭教育。现在的大学生是不是就不需要家庭教育了？常常听到这样的声音：现在的大学生喜欢独立思考，凡事愿意自己做主，包括家长的意见他们也不愿听，以彰显自己的独立性和个性。这样的概括有点绝对。在与大学生的交往中我们感觉到，许多大学生没有自己的“思想”，虽然他们自诩为“思考的一代”。有的学生说，我所以写了入党申请，是我爸妈“逼”的。政治追求上是这样，生活上也是极度依赖。有的学生说，连买什么、穿什么都要听家长的意见。学业上也好不了多少。可以说有为数众多的学生在报考大学、选择专业的时候，都是以家长的意见为主导的，还有的学生也是家长“让”考研才决定考研的。事实上，无论怎样来描述当今大学生的“自我发展”，他们与家庭的联系是无法割舍的。这一方面是由血缘关系决定的，另外也是由经济发展阶段决定的，没有经济的独立性，不可能有思想的独立性。这还与现今的教育体制有关，我们的基础教育主要还是培养“听话”、“顺从”的学生，“个性”、“独立性”发展的土壤还不丰厚。所以，大学生的成长与家庭的联系必然是紧密的。

2. 学校教育与家庭教育紧密结合符合大学生教育规律

大学生思想政治教育实践告诉我们，思想政治教育需要“以理服人，以情感人”。受教育者是否接纳教育者的教育，一方面取决于教育者讲得是否有道理，还有一个重要的方面就是教育者和受教育者之间是否有情感。同样的道理，教育者和受教育者之间的情感越深，道理似乎就越明。情感来源于哪里？来自教育者对受教育者的爱，来自教育者对受教育者成长的关心。而学校教育与家庭教育紧密结合，是产生这种情感的重要纽带。许多有过家访经历的辅导员都有这样的共识：当辅导员风尘仆仆、牺牲自己的节假日来到学生家走访的时候，就使得辅导员与学生的距离一下子拉近了，思想政治教育就真正贴近了学生，走进了学生的心灵。在学生们看来，辅导员是真心地关爱自己，是在为他们的健康成长操劳，因而平日里辅导员在学生心目中那种“管教”的面孔瞬间消失了，学生们从心里由衷地产生出一种对辅导员的敬重和感激之情。正是有了这样的情感基础，学生回到学校之后，辅导员的教育工作便“省事”多了，许多学生在辅导员面前表现的非常“顺从”，学习的劲头足了，人生的追求更积极健康向上。

3. 学校教育与家庭教育紧密结合符合高等教育大众化时代大学生思想政治教育的规律

家庭教育是学校教育的重要补充力量，在高等教育大众化时代里变得更加明显和突出。简单说来，大众化之前的大学生思想政治教育，家庭教育对学校教育的配合主要是靠着家长的亲情来实现的。那时家长读过大学的很少，对大学教育了解得不多，家长所能做的就是嘱咐孩子到了大学一定要听老师的话。从许多亲自把孩子送到大学里的家长们那一双双渴求的目光里可以感觉到，大学在他们的心目中既是一个神圣的地方，更是一个陌生的地方。家长们离开学校时，紧握辅导员的手说得最多的一句话就是，俺没念过大学，不会教育孩子，您替俺好好管一管。高等教育大众化时代的家长对孩子的教育引导，在天然存在着的情感基础上，又融进了理性的成分。许多学生的家长都有大学的经历，大学给他们带来了什么他们都有切身的体会。怎样度过大学生活，家长曾经留下的足迹能为一些学生带来有益的启发。许多学生讲，他们的父母都是大学生，听父母的话，就能懂得如何读好大学。毫无疑问，随着高等教育

大众化的发展,家庭教育在大学生思想政治教育中的地位和作用必定会更加突出。

二、积极探索学校教育与家庭教育紧密结合的多种形式

1. 通过信函形式使家长更早、更多地了解学校和学生的情况

社会学的一个基本原理认为,人的第一印象对他以后的发展会产生深刻的影响。让家长更早、更多地了解学校和学生的情况,有利于家长配合学校把学生(孩子)教育引导好。这里可以做这样两件事情:一件是精心设计新生录取通知书。在"通知书"的背面,印上"致学生家长的一封信"。信中在向学生和家长们介绍学校概况的同时,要特别介绍学校是如何重视大学生党建和思想政治教育的。由于家长对学校的思想政治教育工作有了了解,家长便会主动配合学校做好引导工作。某大学常年坚持这样一个做法,全校97%的学生都写了入党申请书,一些学生一入学就递交了入党申请,这其中无不凝结着许多家长教育的心血。再一件是每学年度结束的时候,让辅导员给每个学生家长写封信。信中先是简略地介绍一下学校、学院一年来各方面的突出变化情况,重点是介绍学生在校期间的表现,征求家长对学校、学院和辅导员自身的工作有什么意见建议。学校可以要求家长看完了这封信之后,签上自己的名字,在孩子开学时把信带回。通过这样的交流,学校和家庭始终保持着密切的联系,家长不仅会积极配合学校做好学生(孩子)的教育工作,还会关心学校的建设,主动献计献策促进学校的发展。可以想像到,随着网络技术的发展,学校教育与家庭教育相结合必将产生更多便捷的交往方式。

2. 通过会议形式把学校教育与家庭教育结合起来

一般来说,做家长的都希望能够通过"面对面"的方式加强与学校的接触,增进对学校和孩子情况的了解,这使得学校教育与家庭教育有了共同的结合点。这些年,每年新生入学时,家长送孩子上学成了学校里一道风景。学校可以充分利用新生入学这一契机,召开两个层面的家长会。一个是学校层面的,可以由学校领导向家长们介绍学校的有关情况,征询家长对学校工作的意见和建议。这样的家长会准备得好,还是很受家长们欢迎的。学校还可以要求各个二级学院结合学院的实际情况召开家长会,更具体地介绍学院对学生在政治思想和专业学习上都有些什么样的要求,请家长与学校配合共同做好学生的培养教育工作。实践中我们还认识到,邀请一些表现优秀的学生家长到学校参加一些相关的会议,也是实现学校教育与家庭教育紧密结合的好形式。例如在召开嘉奖品学兼优的特困生会议时,可以选一些获奖的学生家长参加,这些学生家长可以安排在他们孩子的寝室里住上一晚。这样的嘉奖会不但会充分地发挥榜样的引领作用,也会使家长们在感谢学校的同时,更多地鼓励自己的孩子再接再厉。

3. 通过家访形式密切学校教育与家庭教育的结合

许多辅导员在总结工作时都有这样一种体会:家访,是建立学校教育与家庭教育相结合的一种有效方式。这种"面对面"的接触,使辅导员与学生、学生家长之间产生了情感共鸣:辅导员希望自己的学生能够好好成长;学生自身希望能在辅导员的帮助下不断进步;家长更是希望自己的孩子能在辅导员的关心下,通过自己的努力早日成才。这种情感共鸣拉近了学校和家庭之间的距离,赢得了学生对辅导员的信任。事实说明,受教育者对教育者的信任度是思想政治教育取得实效的一个重要条件。许多学生谈到,辅导员到过他们家之后,在他们眼里,辅导员就像是他们家的人了,所以他们都非常愿意听辅导员的话。从2008年寒假开始,辽宁省开展了"千名辅导员万家行"活动。全省几千名辅导员先后走访了数万名学生家庭,加深了与学生、家长的情感交流。辅导员们说,不好好

工作真是对不起学生家长那一双双渴望和期待的眼神。现在各方面情况都有了好转，这为家访提供了较为有利的条件。大学生思想政治教育一定要利用好家访这种有效形式，使思想政治教育的合力不断增强。

三、学校教育与家庭教育紧密结合需要注意的几个问题

1. 处理好学校教育与家庭教育的关系

业已形成的诸多大学生思想政治教育工作的经验和做法，不可能一劳永逸，需要不断地加以研究和总结。大学生思想政治教育的主阵地是学校，特别是在高等教育内外部环境不断变化的情况下，学校教育更应当适时应对这种变化所带来的机遇和挑战，积极把握思想政治教育的新规律，探索新途径。把学校教育与家庭教育相结合，正是为了更好地体现学校教育的主导地位，增强思想政治教育的针对性，更好地完成学校教育所应当完成的教育任务。因此，从事大学生思想政治教育的同志一定要发挥好学校教育在引导大学生成长中的作用，要明确家庭教育永远只能是学校教育的一种辅助。有这样的同志，学生出了事，不是首先从自身找原因，而是一味地把责任推到家长那里；还有的同志，学生有了问题，不是采取积极的态度加以解决，而是简单化地、"原汁原味"地反映给家长，学生教育的好坏，似乎责任全在家长那里。这些都不符合我们所强调的把学校教育与家庭教育相结合的本质内涵，更不是把学校教育与家庭教育紧密结合的科学体现。当然，还有的同志缺乏把学校教育与家庭教育相结合的认识，忽视家庭教育，这也是不可取的。

2. 处理好普遍联系和个别联系的关系

大学思想政治教育面对的是一切学生，为的是学生的一切。教育引导好每个学生健康成长，既是学校教育与家庭教育紧密结合的出发点又是归结点。因此，学校教育与家庭教育的紧密结合一定要注意事物的普遍性，要通过这种普遍联系，找到学校教育与家庭教育相结合的基本规律和最佳途径。普遍性的意义还在于体现了一种平等性、公平性。学校教育与家庭教育相结合，特别需要注意的是在学生看来学校与家长的联系是分为"三六九等"的，决不能以家庭条件的优劣来确定和家长联系的密切程度，要努力创造条件，力所能及地与每个学生家长建立起正常的工作联系。从一定意义上讲，普遍联系也是为个别联系服务的。由于每个学生的家庭成长环境不一样，这就决定了家庭教育在学生（孩子）成长过程中所起到的作用有所不同，方式方法也不一样。学校教育与家庭教育相结合一定要注意这种差异性，一个发生在不同学生身上的同样的一个问题，是通过家访、电访、还是把家长请到学校等方式来解决（包括与家长说到什么样的程度），对问题的解决所产生的效果是不一样的。还需要特别注意的一点是，个别联系一定不能让学生感觉到是因为出现了问题学校才与家庭联系的。

3. 对学校教育与家庭教育相结合作出制度安排

实践证明，学校教育与家庭教育相结合，符合大学生思想政治教育的规律，是做好大学生思想政治教育的有效途径。这就要求我们必须从遵循事物发展规律的角度，对学校教育与家庭教育相结合做出制度安排，只有制度的保证才能使两者的结合更加紧密，使工作取得最佳效果。有的学校规定，凡获得校级"三好学生"、"优秀学生干部"荣誉称号的学生，都要给他们的家长邮寄喜报。有些家长在感谢学校教育的同时，也积极"请求"学校让他们做些教育工作。为使家访工作常态化，有的教育部门规定，辅导员评优评先和评聘职称必须有家访经历。同时，每年还安排专项资金，保证家访活动的有序进行。这样的制度安排就能很好地调动辅导员开展家访活动的积极性，使学校教育与家庭教育的结合变得十分紧密。

（作者单位：中共辽宁省委高校工委）

"以社会主义核心价值体系引领大学校园文化建设"研讨会综述

徐德荣　王　琰　邓铁男

日前，由教育部高等学校社会科学发展研究中心主办、哈尔滨师范大学承办的"以社会主义核心价值体系引领大学校园文化建设"研讨会在哈尔滨举行。来自北京大学、清华大学、中国人民大学等高校的专家学者参加了会议。与会专家就大学校园文化建设面临的社会环境及如何充分发挥社会主义核心价值体系对大学校园文化的引领作用等问题展开了讨论。

一、大学校园文化建设面临的机遇与挑战

专家们指出，十六大以来，我国大学校园文化建设稳步发展，成果显著。与此同时，大学校园文化建设也面临着更加复杂的形势，具体表现在：

经济社会发展深层次矛盾的影响。当前，随着社会主义市场经济的深入发展，我国已进入改革发展的关键时期，经济体制深刻变革，社会结构深刻变动，利益格局深刻调整，思想观念深刻变化。这些对大学校园文化建设都带来了不同程度的影响。如各行各业的就业竞争态势，特别是当前国际金融危机对大学生就业前景的冲击，使技能、考证、应聘成了校园文化价值的重要表现，全面发展的人才培养目标与技能至上的冲突显得尤为突出；国际国内各种思潮的交汇，使个人主义、自由主义、后现代主义等思想文化影响着青年学生的观念和行为。

意识形态领域错误思潮的渗透。文化多样化是当代中国社会的显著特征。高等学校始终是国内外敌对势力进行政治颠覆和思想渗透、实现"西化"、"分化"图谋的重点，是多元文化展示、交流、碰撞、交锋的重要舞台与阵地。目前，高校思想理论领域各种思潮此起彼伏，正确的与错误的、先进的与落后的、积极的与消极的彼此交织，思想认识问题与现实社会问题相互影响。这就不可避免使一些人在思想上产生混乱，甚至在一些重大原则问题上产生疑虑、动摇，造成各种非马克思主义、反马克思主义思想意识滋长。比如有的将西方学术和政治思想作为普世价值，以之为标准片面评价中国社会的现实，否定党领导人民开展革命斗争和进行社会主义建设的辉煌历史，否定中国特色社会主义的共同理想；将马克思主义的学术性与意识形态性截然分离，否定马克思主义的指导地位；抹杀教育的意识形态属性，否定党对高等学校的领导和中国高等教育的社会主义办学方向，等等。

互联网等现代媒体的挑战。随着互联网技术的不断发展，网络日益成为各种思潮和利益诉求的集散地，对人们思想和行为的影响越来越广泛、深刻。3G手机的应用，实现了由固定互联网向移动互联网的延伸，进一步拓展了互联网的影响范围与深度，这为我们开展思想教育工作提供了新的更便捷的手段。但由于网络也会被敌对势力加以利用，成为意识形态渗透和促使腐朽思想文化沉渣泛起的重要渠道，给我们有效传播正确思想带来了极大的挑战。另外，报纸、杂志、广播、电视等传统传媒在市场经济条件下，某种程度上的多元化表现，对大学校园文化建设的影响也不容忽视。

二、以社会主义核心价值体系引领大学校园文化建设

专家们指出，用社会主义核心价值体系引

领大学校园文化建设，就是用社会主义意识形态中最本质的东西引导和统领多样化的校园文化思潮、文化活动、文化现象，指导大学校园文化的整体发展方向与态势。社会主义核心价值体系对高校校园文化建设的引领是一个复杂的系统工程，是多种因素相互联系、相互作用构成的实践过程与活动系统，只有建立起协调、平衡、有效的运行机制，才能真正保证社会主义核心价值体系对高校校园文化建设的引领作用。

加强高校社会主义核心价值体系建设。坚持不懈地用马克思列宁主义、毛泽东思想、邓小平理论和“三个代表”重要思想以及科学发展观教育广大师生员工，帮助他们牢固树立辩证唯物主义和历史唯物主义的世界观和方法论，系统掌握中国特色社会主义理论体系。自觉划清马克思主义同反马克思主义的界限，社会主义公有制为主体、多种所有制经济共同发展的基本经济制度同私有化和单一公有制的界限，中国特色社会主义民主同西方资本主义民主的界限，社会主义思想文化同封建主义、资本主义腐朽思想文化的界限，坚决抵制各种错误思想影响，始终保持立场坚定、头脑清醒；加强历史和国情教育，使广大师生了解西方资本主义国家的发展史，了解中国人民为摆脱剥削和压迫所进行的英勇斗争，了解新中国成立以来所取得的历史性进步，进而增强对错误思潮的鉴别力和判断力；大力弘扬爱国主义和集体主义，加强师德师风和学风建设，反对个人主义和拜金主义。

发挥教师在大学校园文化建设中的教育引领作用。在校园文化建设中，要用社会主义核心价值体系引导教师牢固树立正确的世界观、人生观和价值观，并努力形成具有感召力的人格魅力和精神气质，在此基础上更有效地帮助学生提升人生境界。在工作实践中，教师要努力促使先进文化、主流意识形态在包容中实现引领，在共存中巩固主导。首先要坚定理想信念，这是引领的根本。在当前复杂的国际形势下，高校教师尤其要头脑清醒、立场鲜明。二是坚持马克思主义的指导地位，这是引领的基础。坚持马克思主义指导地位，与尊重学术研究的客观规律并不矛盾，高校教师要在二者的结合方面成为典范。三是坚持解放思想，这是引领的前提。只有解放思想，才能保证马克思主义理论之树常青，保证科学研究的生命力。四是强化以人为本的理念，这是引领的核心。要充分把握青年学生的思想实际，以全面发展人格为目标，在激励青年学生为民族复兴奋发争先的追求中，不断升华大学校园文化的内在品格。

把社会主义核心价值体系融入大学校园文化育人全过程。用社会主义核心价值体系引领校园文化，根本地是要把学校传统和社会主义核心价值体系有机融合起来，赋予学校的精神、学校的传统以时代内涵，既要体现本校的办学理念和办学特色，又要体现马克思主义指导思想、中国特色社会主义共同理想、民族精神和时代精神、社会主义荣辱观的本质要求，使社会主义核心价值体系随着学校精神的传承融化到师生的血液里。用社会主义核心价值体系引领校园文化，还要积极拓展校园文化载体。有效的课堂教学可以坚定学生的理想信念，锤炼学生的道德品质，培养学生的健全人格，提高学生的创新能力；丰富的社会调查、社会考察、教学实践、科技创新和创业实践，可以使青年学生真正体会到坚持马克思主义指导思想、中国特色社会主义共同理想的必要性和迫切性，增强奉献精神、责任意识；通过有助于学生提高理论水平、确立理想信念、提升爱国精神和创新精神、提升道德情操的校园文化活动，如时事讲坛、论坛，科普活动与科技竞赛及入党入团宣誓、升旗降旗等，潜移默化地将社会主义核心价值体系教育融入到校园生活的方方面面。

创新以社会主义核心价值体系引领大学校园文化建设的体制机制。社会主义核心价值体系对大学校园文化建设的引领机制的创新问题，就是有效实现高校校园文化建设目标的工作内容、工作程序与工作方式的建设问题。以社会主义核心价值体系引领大学校园文化建设的引领机制的创新，应遵循以下几个原则：首先，应充分认识和把握社会主义核心价值体系引领大学校园文化建设的客观规律。如果违背这些客观要求与规律，凭主观意志办事，人为地建构一些所谓的机制，开展一些形式主义的活动，将妨碍大学校园文化建设的正常发展。其次，应牢牢把握高校校园文化建设的方向性。这是由我国高等学校的社会主义性质所决定的，也是由建设社会主义先进文化的基本要求决定的。在多样化的文化环境中建设社会主义大学校园文化，尤其需要有效的机制来保证社会主义核心价值体系对大学校园文化发展基本方向的指引、统领。再次，应充分尊重师生员工在校园文化建设中的主体地位，有效调动他们的主动性和创造性，有效动员他们在社会主义核心价值体系的引领下积极参与大学校园文化建设。在制度设计上，一方面要立足于规范管理，使师生遵循党的教育方针，坚定走中国特色社会主义道路，遵守基本的道德规范；另一方面，要立足于创新，着力形成人性化的组织管理制度、鼓励创新的教学管理制度和各尽其才的人事管理制度，充分发挥和开发人的创新思维、创造能力与创业精神。

（作者单位：哈尔滨师范大学党委宣传部）

“研究生思想政治教育与创新人才培养”理论研讨会综述

朱喜坤

2010年5月22日，第二届“研究生思想政治教育与创新人才培养”理论研讨会在西南交通大学举行。部分高校党委负责同志、研究生工作部门负责同志和有关专家学者80余人参加了研讨会。会议围绕创新人才成长的特征及其规律、研究生与本科生的思想特点与变化规律差异、研究生思想政治教育在创新人才培养中的地位与作用、研究生思想政治教育面临的机遇和挑战、在推进研究生培养机制改革过程中提升研究生思想政治素质等问题进行了深入研讨。教育部高等学校社会科学发展研究中心主任冯刚、国务院学位办副主任李军、华中科技大学党委副书记欧阳康等出席会议并作专题报告。

与会者指出，创新能力的培养是研究生教育的核心，也是评价研究生教育质量的根本标准。人才培养尤其是拔尖创新人才的培养是社会各界极为关注的问题，要深化对研究生思想政治教育推动培养创新人才重要意义的认识，进一步统一思想，不断创新研究生思想政治教育的新思路新举措，切实增强其吸引力，提高其实效性，发挥其在研究生培养中的引领作用。

与会学者主张，高校应进一步深化对拔尖创新人才培养内涵的认识。按照人才培养的总体要求和主要任务设计培养规划，是培养拔尖创新人才的基础。高校应着眼于研究生的成才规律，培养他们“仰望天空”的胸怀和“脚踏实地”的意识，引导他们将共同理想与成长愿景结合起来；要着眼于塑造创造性人格，重视“人格养成”，创新人才培养模式，推进创新创业教育，加强研究生创新基地建设，培育崇尚创新、景仰创新的校园风尚；要着眼于完善自我超越能力，不断提高研究生的学习能力，不断增强自控和自我教育能力；要着眼于提升人文素养，切实加强通识教育，不断拓展“以文化人”的育人平台；要着眼于强化团队协作的意识，着力培育研究生的“竞合”理念，大力加强合作能力训练，形成良好的合作机制。

大家认为，研究生培养机制改革同国际国内形势紧密相关，同党和国家事业发展紧密相连。要理清工作思路，把推进研究生培养机制改革放在当今世界深刻变化和当代中国深刻变革的大环境中来审视，放在提高人才培养质量这一核心任务上来谋划；要牢固确立人才培养在高校工作中的中心地位，把培养信念执著、品德优良、知识丰富、本领过硬的高素质专门人才和拔尖创新人才，作为推进研究生培养机制改革的根本出发点；要把加强研究生培养机制改革作为一项贯穿高等教育改革发展全过程的长期而紧迫的任务，着眼长远、立足当前，有计划、有步骤、有重点地推进拔尖创新人才培养工作。

与会人员认为，研讨会倡导和促进了理论与实践的有效结合，推动了理论成果的转化和实践经验的升华，对于进一步提高研究生思想政治教育及创新人才培养的针对性和实效性有着积极而重要的意义。大家建议，围绕研究生思想政治教育及创新人才培养的理论与实际问题，结合中国高等教育改革、发展的实践，每年确定一个主题，举办一次这样的研讨会，以更好地组织系统研究、交流工作经验。

（作者单位：教育部社科中心）

第十七部分

国企政工与企业文化建设

致第六届中国企业文化论坛的贺信

刘云山

在全党全国深入学习贯彻党的十七届五中全会精神之际，中国思想政治工作研究会举办第六届中国企业文化论坛，这是一件很有意义的事情，谨表示热烈的祝贺！

党的十七届五中全会是一次总结过去、规划未来、明确发展主向和奋斗目标的重要会议。全会通过的《中共中央关于制定国民经济和社会发展第十二个五年规划的建议》，是今后五年我国经济社会发展的基本遵循和行动纲领。加强企业思想政治工作、推进企业文化建设，要把学习宣传贯彻十七届五中全会精神作为当前和今后一个时期的重要政治任务，突出科学发展这个主题，把握加快转变经济发展方式这一主线，围绕今后五年经济社会发展的目标任务和重大举措，推动兴起学习贯彻全会精神的热潮，激励和动员干部职工为实现经济又好又快发展、夺取全面建设小康社会新胜利贡献智慧和力量。

文化是一个民族的精神和灵魂，是国家发展和民族振兴的强大力量。企业是推动经济社会发展的重要经济组织，也是实现人们价值追求的重要社会组织。构建先进的企业文化、推动建设中华民族共有精神家园，是企业思想政治工作和中国特色企业文化建设的重要职责。要始终以邓小平理论和“三个代表”重要思想为指导，深入贯彻落实科学发展观，扎实做好马克思主义中国化最新成果宣传普及，引导干部职工坚持中国特色社会主义旗帜、道路和理论体系不动摇。要广泛开展理想信念教育、国情教育和形势政策教育，大力弘扬以爱国主义为核心的民族精神和以改革创新为核心的时代精神，深入进行职业道德和职业精神教育，更好地把社会主义核心价值体系要求融入企业思想政治工作和企业文化建设全过程，转化为企业经营发展的价值理念，转化为企业干部职工的自觉追求。要坚持与时俱进，大力改革创新，积极适应企业发展环境的新变化和干部职工精神文化生活的新需求，不断增强企业思想政治工作和企业文化的吸引力感染力。

祝第六届中国企业文化论坛圆满成功。

在第六届中国企业文化论坛上的讲话

申维辰

在全党全国上下深入学习贯彻党的十七届五中全会精神之际，中国政研会在这里举办第六届中国企业文化论坛。中央政治局委员、书记处书记、中宣部部长刘云山同志对这次论坛高度重视，专门发来贺信，寄予殷切希望。大家汇聚一堂，交流企业文化建设的做法和经验，研讨企业文化建设的形势和任务，探索加强和改进企业文化建设的思路和对策，对于推动企业文化创新、促进企业发展方式转变、推动企业科学发展，将产生积极的影响。借此机会，我就加强企业文化建设谈几点意见。

一、充分认识新形势下加强企业文化建设的重要意义

十七届五中全会指出,当前和今后一个时期,我国发展仍处于可以大有作为的重要战略机遇期,既面临难得的历史机遇,也面对诸多可以预见和难以预见的风险挑战。这不仅是对我国发展形势的科学把握,也是对企业发展方位的准确判断。面对新的形势,企业调整经济结构、转变经济发展方式的任务异常繁重,企业改革发展中的一些深层次矛盾和问题不断显现,企业面临的市场竞争日趋激烈,企业员工的思想观念和利益诉求日益复杂多样。完成新任务,应对新挑战,实现新发展,对企业文化建设提出了新的更高要求。我们要以新的视角,深刻认识新形势下企业文化建设的重要地位和作用,切实增强建设企业文化的责任感和使命感。

1. 企业文化建设是提高企业经济效益、实现企业可持续发展的基础性工程。当今时代,文化与经济、政治相互交融的程度不断加深,与科学技术的结合更加紧密,经济的文化含量日益提高,文化的经济功能越来越强。文化作为一种宝贵资源和独特生产要素,在企业生产经营管理活动中的影响和作用越来越大。良好的企业文化作用于企业生产经营活动的全过程,可以从源头上节约企业制度安排和执行的时间与成本,提高企业生产经营活动的运行效率,直接影响企业产品和服务的数量和质量,进而影响企业的美誉度和长远利益。因此,企业文化建设越来越成为决定企业可持续发展的重要内生变量,成为企业又好又快发展的重要支撑。

2. 企业文化建设是增强企业凝聚力、打造企业核心竞争力的战略举措。传统的经济学理论认为,政府政策与市场调节是调控经济运行的两种重要手段。但当今世界经济运行的实际状况充分表明,还有一种因素在经济活动中起着重要作用,就是人的思想观念、价值取向和道德素质。所谓企业文化建设,就是通过培育共同理想、引导员工树立正确的思想观念和价值追求、提高员工科学文化水平和职业技能,养成良好的职业道德,增强社会责任意识、提升企业管理水平,从而为企业的生产经营活动提供精神支撑、思想保证和文化条件。加强和改进企业文化建设,就是要把上述的工作落实好,把它们转化为企业的核心竞争力,激励员工增强创新意识,发挥主观能动性,提高企业自主创新能力,为企业的科学发展提供不竭的动力。

3. 企业文化建设是提高员工综合素质、做到“以人为本”的必然要求。“以人为本”是科学发展观的核心。企业的竞争,说到底是人的竞争;企业的发展,说到底是人的全面发展。没有一流的职工队伍,就没有一流的企业。坚持以人为本,实现以文化人,促进职工全面发展,是企业文化建设的重要任务,也是企业文化建设的根本目的。加强文化的引领熏陶,培养具有一流职业素质、一流岗位技能、一流工作作风、一流工作业绩的职工队伍,不仅是提高企业管理水平的急需,更是全面落实科学发展观的迫切要求。

4. 企业文化建设是社会主义文化大发展大繁荣的重要内容。十七届五中全会强调,文化是一个民族的精神和灵魂,是国家发展和民族振兴的强大力量,要推动文化大发展大繁荣,提升国家文化软实力。这为社会主义文化建设指明了方向,也为加强企业文化建设提供了指南。无论是国有企业、国有控股企业还是非公有制企业,既是发展经济、创造物质财富的重要经济组织,又是实现人们精神追求和价值目标的重要社会组织。在企业文化中,企业的核心价值理念、企业宗旨、企业愿景、企业特色等,必须符合社会主义市场经济的规律,体现社会主义核心价值体系的要求。因此,企业文化建设搞好了,对于促进文化的繁荣发展、增强民族凝聚力创造力,具有重要的意义。

二、切实抓好企业文化建设的主要任务

当前和今后一个时期,加强企业文化建设,

要以邓小平理论和“三个代表”重要思想为指导，深入贯彻科学发展观，全面落实十七届五中全会提出的任务，紧紧围绕科学发展这一主题，围绕加快转变经济发展方式这一主线，围绕企业改革发展的中心工作，坚持以人为本，坚持贴近实际、贴近生活、贴近职工，坚持主题内容创新、方法手段创新、体制机制创新，着力建立与社会主义市场经济相适应、与现代企业制度相符合、与企业和员工共同发展需求相一致的企业文化体系，不断培养有理想、有道德、有文化、有纪律的社会主义劳动者，为推动“十二五”时期的科学发展，为全面建成小康社会打下具有决定性意义的基础。具体来说，主要抓好以下几方面工作。

1. 加强理论武装，巩固共同理想。一是加强中国特色社会主义理论教育，形成思想共识和政治认同。要按照中央统一部署，结合实际，坚持用中国特色社会主义理论体系武装党员干部、教育职工群众。要加强理论的深度引导，着力增强广大职工对中国特色社会主义一面旗帜、一条道路、一个理论体系的认同，增强对中国发展模式、发展理念、发展目标、发展方式的认同。要积极回应职工群众的普遍关切，解答他们的思想困惑，引导职工自觉划清“四个重大界限”。二是加强科学发展观的宣传普及。结合全球需求结构的重大变化、后金融危机时代世界经济发展的新特点和企业改革发展的现实要求，组织职工深入学习领会科学发展观的科学内涵和精神实质，学习领会转变经济发展方式、促进科学发展的重要意义和重大举措，进一步增强贯彻落实科学发展观的自觉性坚定性。三是加强爱国主义教育和民族团结教育。组织开展“报效祖国、振兴企业”主题教育活动，弘扬爱国主义精神，培育企业核心价值，引导职工把对祖国的深厚感情转化为爱岗敬业、积极推进企业改革发展的实际行动。要结合实际，在职工群众中广泛开展民族团结宣传教育，让“三个离不开”的重要思想深入职工心灵，营造各民族共同团结奋斗、共同繁荣发展的良好氛围。四是加强形势政策教育。面向广大职工把党和国家的重大战略部署讲清楚，把国际国内经济形势和企业发展任务讲透彻，把改革的具体举措和职工的利益安排讲明白，进一步增强职工战胜各种困难、实现发展目标的信心和力量。

2. 开展企业社会责任教育，培育各具特色的企业精神。一是明确企业的历史使命、发展目标和追求愿景，培育和升华企业精神。企业精神反映的是企业职工的价值认同、思想境界和理想追求，是企业文化的内核。昂扬奋发的企业精神，有利于引导和激励广大职工心系企业、勤奋工作，有利于增强企业的创造力、凝聚力、竞争力。要把培育企业精神作为企业文化建设的重要课题，加强研究阐释，总结提炼企业的核心价值理念，通过扎实有效的工作，使核心价值理念成为职工共同的价值取向和自觉的精神追求。二是强化企业的社会责任意识。要以依法经营、诚实守信、提高产品质量和服务水平、节约资源和保护环境、保障生产安全、维护职工合法权益、参与社会公益事业等内容为重点，经常性地开展企业社会责任全员培训和教育工作，提高职工履行企业社会责任的自觉性、主动性。

3. 促进企业文化与企业管理制度的深度融合，提升企业管理层次和水平。一是狠抓制度文化建设，建立全新的企业行为规范体系。企业管理制度既是搞好企业生产经营的必要条件，也是推进企业文化建设的制度保障。要加强企业管理制度的宣传教育，增强制度的执行力、约束力，在提高制度效能的同时，增强企业文化的辐射力。二是做好企业文化落地的工作。要把企业文化的核心理念融入到各项管理制度和生产经营管理之中，使每一个职工都能从思想上认同企业管理文化、行动上遵守企业管理制度，达到内化于心、外化于行。三是促进企业文化与企业战略、市场营销和人力资源管理等工作的深度融合。要坚持以人为本，注重民主管理、自主管理和人本管理的有机统一，使制度运用刚柔结合、宽严有度、情理交融，实现制度标准与价值准则协调同步、激励约束与文化导向优势互补，使企业管理收到更好的效果。

4. 提高员工综合素质，促进人的全面发展。 衡量企业文化建设的成效，一个重要的方面就是要看企业文化建设是否促进了职工队伍综合素质的提升，是否促进了职工个人的全面发展。一是在企业文化建设中要注意“立德”，提高职工思想道德素质。要大力弘扬以“八荣八耻”为主要内容的社会主义荣辱观，积极开展个人品德、社会公德、职业道德、家庭美德教育。二是加强职业素质教育，提高职工职业技术技能。要根据企业发展需要和岗位职责要求，对职工开展专业技术培训，鼓励他们学习科学知识、培育科学精神，不断提升专业技术素质和水平。三是强化心理健康教育，塑造职工健全人格。要加强人文关怀和心理疏导，定期开展心理健康知识讲座，普及心理健康知识，帮助职工掌握各种心理调节方法，为职工提供必要的情感抚慰和心理支持，帮助他们化解消极情绪、消除精神压力、恢复心理平衡、保持身心健康。

5. 丰富职工精神文化生活，实现企业文化发展成果共享。 一是开展丰富多彩的文体活动，充实职工业余生活。要积极为广大职工提供内容丰富、形式多样的精神文化产品和服务，开展喜闻乐见、益于身心的职工文化活动，活跃职工精神文化生活。二是注重调动职工参与活动的积极性。要根据新形势下职工精神文化需求的新特点，把领导者的主导作用与全体职工的主体作用紧密结合起来，充分尊重职工的首创精神，激发他们参与企业文化建设的热情，挖掘释放蕴藏于职工中的智慧和力量，鼓励支持职工开展积极健康的文化创造活动。三是建立完善覆盖广泛的企业文化服务体系。要把实现好维护好发展好职工的基本文化权益作为企业文化建设的出发点和落脚点，优先安排与职工利益密切相关的企业文化项目，切实为职工提供实实在在的文化服务。要注重满足不同职工群体的精神文化需求，特别是要关注农民工等群体的精神文化需求，不断扩大企业文化建设的覆盖面，让企业文化建设成果惠及全体职工。

三、加强领导、注重创新，不断开创企业文化建设新局面

加强企业文化建设，是关系企业长远发展的基础性工作。这些年来，我国企业在深化改革、加快发展的过程中，对企业文化建设越来越重视。企业文化建设领域和内容不断拓展，形式和载体更加丰富，作用和成效日益显现，已经成为职工精神家园的重要依托，成为和谐人际关系的重要纽带，成为企业改革发展的重要支撑。当前，我国企业正处于加快转变发展方式、积极建设现代企业、全面参与市场竞争的新的发展阶段，我们要适应新形势新要求，把企业文化建设摆在更加突出的战略位置，加强领导、加大力度，贴近实际、改进创新，切实把企业文化建设提高到一个新水平，更好地发挥文化引导企业、教育职工、推动发展的重要功能。

1. 进一步把握企业文化建设的特点规律。 总结经验、把握规律，是做好工作的重要方法。在多年实践中，特别是在应对国际金融危机冲击的过程中，企业文化建设创造了许多好经验好做法，成绩来之不易，经验弥足珍贵。我们要通过认真总结经验，不断形成规律性认识，使企业文化建设的思路更加清晰、目标更加明确、措施更加有效。要立足新的实践和新的发展，认真思考和回答涉及企业文化建设的重要理论和实际问题，更好地把握新形势下企业文化建设的特点和规律，努力提高工作科学化水平。要深入研究如何围绕企业转变发展方式、实现又好又快发展的根本任务，找准企业文化建设的方位和着力点，更好地发挥服务大局的作用。要深入研究如何在思想意识多元多样条件下，用社会主义核心价值体系培育企业精神内核、引领职工价值追求，增强企业内在活力和凝聚力。要深入研究如何针对利益格局调整给职工思想心理带来的影响，把解决思想问题和解决实际问题结合起来，有效理顺情绪、平衡心理、增进和谐。要深入研究如何适应现代企业制度

设计，建立完善企业文化建设的长效机制，促进企业文化建设经常化、制度化、规范化。

2. 进一步拓展企业文化建设的眼界视野。企业文化建设涉及经济与文化、涉及传承与发展、涉及吸收与借鉴，需要有开阔的视野、宽广的眼界、开放的胸怀。从我国企业发展和企业文化建设的现实出发，应当着力在三个方面拓展视野。一是文化视野。建设企业文化，归根到底要在文化上下功夫，注重文化内涵、突出文化特色，发挥文化滋养人、涵育人、熏染人的作用。离开文化这个源头、这个根本，企业文化建设就显得苍白无力、就成为无本之木。要大力弘扬中华优秀传统文化、传承优秀革命文化，深入挖掘历史文化资源、特色文化资源，使企业文化深深植根于我们民族的文化血脉之中，具有独特魅力、强大活力、持久生命力。二是时代视野。要立足于时代和实践的发展，从人民群众的火热生活中汲取精神之源，从各行各业的文化创造中吸收丰富养分，从日新月异的科技进步中获得有力支撑，使企业文化体现时代潮流、富于时代气息、更加新鲜活泼。三是国际视野。在经济全球化深入发展和我国对外开放不断扩大的条件下，在中国日益走向世界的过程中，越来越多的企业走上国际舞台，直接参与国际经济竞争。在这样的形势下推进企业文化建设，就要自觉树立世界眼光，着眼企业发展的前沿，以开阔宽广的视野、开放包容的胸怀，积极借鉴国外企业文化建设的有益成果，在消化吸收中创新超越，不断壮大自身文化软实力，以先进的企业文化推动建设国际一流的企业。

3. 进一步丰富企业文化建设的渠道载体。企业文化是广大职工共建共享的文化。要立足实际、面向职工、激活主体，多运用人们喜闻乐见的方式，多搭建人们便于参与的平台，多开辟人们乐于接受的渠道，充分调动广大职工参与企业文化建设的积极性、主动性和创造性。要适应职工群众审美情趣和接受心理的新特点，广泛运用宣讲报告、知识竞赛、展览展示、文体活动等形式，广泛开展建设学习型党组织、创先争优、向先进典型学习等活动，把思想性、知识性和趣味性统一起来，打造特色鲜明的企业文化品牌，使企业文化建设有声有色、扎实有效。要适应信息技术和传播手段迅速发展的新趋势，充分发挥大众传媒特别是互联网、手机等新兴媒体的优势，用先进技术传播先进文化，用新兴手段传扬高尚思想，使企业文化建设借助科技力量得到不断加强和提升。要适应职工思想动态的新变化，拓展企业思想政治工作方式方法，积极开展个别谈心、平等交流、民主讨论等耐心细致的思想工作，彰显人文关怀，注重心理疏导，使企业文化建设更加具有亲和力感染力。要适应企业与社会融合互动的新特点，坚持开门搞建设，组织职工到爱国主义教育基地、革命老区、红色景区、改革开放的标志地等，进行参观考察和学习交流，让人们在参与中增强体验、获得启迪、得到提高。

4. 进一步完善企业文化建设的保障措施。企业文化建设要持续推进，必须做到领导到位、人员到位、投入到位。对一个企业来说，企业文化与生产经营犹如车之两轮、鸟之两翼，不可或缺。要建立健全企业文化建设的领导体制和工作机制，确保企业文化建设与生产经营工作同部署、同落实、同考核。企业文化建设关键在党，企业党委要认真履行文化建设的职责，主要负责同志要加强对企业文化建设工作的研究指导，切实负起领导责任。要科学设置企业文化机构，安排专（兼）职人员负责，注重调动企业党团组织和群众社团的积极性，形成一支素养好、能力强、结构合理的企业文化工作者队伍。企业文化建设有形投入、无形产出，是企业价值创造的重要支点，这方面的投入是战略投资、长远回报。要健全投入保障机制，把企业文化建设经费纳入企业经常性预算，加强企业文化基础设施建设，加大企业文化活动经费投入，为企业文化建设提供有力支持。

同志们，企业文化建设意义重大、责任重大。我们要紧密团结在以胡锦涛同志为总书记的党中央周围，认真贯彻党的十七大和十七届五中全会精神，开拓进取、求真务实、扎实工作，推动企业文化建设不断取得新的长足进展，为促进企业又好又快发展做出新的更大贡献。

（此文是中宣部副部长申维辰在2010年10月29日召开的“第六届中国企业文化论坛”上的讲话）

研究新问题　探索新办法
开创中央企业党建思想政治工作新局面

黄丹华

党的建设和思想政治工作是国有企业的优良传统和政治优势。继承发扬这一优良传统和政治优势，必须坚持解放思想、实事求是、与时俱进、开拓创新。中央企业是国有企业的骨干和中坚，在深化改革、加快发展的进程中，始终把加强和改进党建思想政治工作、发挥国有企业的政治优势摆在重要地位，注重研究新情况新问题，探索新途径新办法，推动企业党建思想政治工作在继承中创新、在创新中加强，为企业科学发展提供有力保证。

一、中央企业党建思想政治工作研究不断深入，有力地推动了中央企业党建思想政治工作创新发展

党的十七大以来，中央企业坚持以邓小平理论和“三个代表”重要思想为指导，深入贯彻落实科学发展观，按照围绕中心、服务大局、立足应用、指导实践的基本思路，突出重点，大力推进企业党建思想政治工作理论研究和实践探索，取得了新的成绩。

（一）以发挥党组织政治核心作用为重点，中央企业党建工作研究不断深入。中央企业主动适应深化公司制股份制改革和建立现代企业制度的新要求，主动适应参与国际化竞争和扩大对外开放的新特点，坚持把党建工作作为独特政治资源和企业核心竞争力有机组成部分，深入研究新形势下发挥党组织政治核心作用这一重大课题，推动了中国特色现代企业制度的建立和企业科学发展。宝钢集团有限公司结合推进董事会建设，不断深化对国有企业党组织政治核心作用这一独特优势的研究，提出了在现代企业制度条件下党组织发挥政治核心作用的方法途径。东风汽车公司不断深化中外合资大型企业党建工作研究，较好地回答了中外合资企业党组织如何发挥政治核心作用、做到有为有位，如何寻求新载体、创造新优势这一难题，为中外合资企业党建工作探索了新路子。中国海洋石油总公司从转化党建优势、提升企业核心竞争力出发，提出了如何将长期形成的党建优势转化为企业核心竞争力的途径、机制和工作体系，从新的视角和高度上进一步深化了党建理论研究。许多企业积极研究企业党建工作目标管理和信息化，促进了企业党建工作科学化水平的提升。

（二）以创新方法为重点，中央企业思想政治工作研究不断拓展。中央企业认真落实党的十七大报告中关于思想政治工作要注重人文关怀和心理疏导的要求，积极研究探索如何在思想政治工作中开展心理疏导、更好地体现人文关怀的方式方法，拓宽了思想政治工作研究领域，促进了企业思想政治工作方法创新。中国石油大庆油田采油一厂开展油田思想政治工作心理疏导长效机制研究，提出了以组织、运行、评估为内容的油田思想政治工作心理疏导的有

效方法，增强了思想政治工作的时代感、针对性与实效性。中国南方电网有限责任公司研究实施员工辅导计划，从而把人文关怀和心理疏导作为新形势下思想政治工作的重要内容和有效载体，加以制度化、规范化、常态化。中国移动集团公司在基层员工中广泛开展心理咨询，进行心理疏导，理顺思想情绪，为企业发展营造了和谐氛围。一些企业在总结实践经验的基础上，从理论高度上深入研究并进一步确立了思想政治工作在企业科研生产中的定位，创造性地构建了与企业生产经营相适应的思想政治工作体系和评价工作机制。

（三）以企业价值理念培育与转化为重点，企业文化建设研究不断深化。中央企业把企业文化建设作为凝聚职工力量、激发职工积极性和创造性、提升企业管理水平、培育企业核心竞争力的重要途径，作为创新企业党建思想政治工作的重要载体，不断深化企业文化建设的研究与实践。一是把社会主义核心价值体系建设融入企业文化建设全过程，加强企业价值体系建设研究。中央企业进一步明晰了企业使命、愿景和核心价值观，继承弘扬了以大庆精神、铁人精神为代表的企业精神，培育形成了以“特别能吃苦、特别能战斗、特别能攻关、特别能奉献”的载人航天精神和“挑战极限、勇创一流”青藏铁路建设精神，增强干部职工团结奋斗的精神动力和共同思想基础。二是加强企业价值理念转化研究，有力地推动了企业安全文化、质量文化、廉洁文化、项目文化等子文化建设的深入开展，企业价值理念日益融入企业管理制度，转化为干部职工行为规范，并内化为广大干部职工的思想意识和行为习惯。三是加强企业文化建设评价工作研究，提出了具有中央企业特色的企业文化建设评价体系，企业文化建设的管理体系进一步完善，推动了企业文化建设规范、健康发展。一些企业结合自身特点研究制定企业文化建设考核评价办法，开展企业文化建设评价工作，企业文化建设水平不断提高。企业文化建设增强了企业文化软实力，也极大地丰富了企业党建思想政治工作的内容和形式，增强了工作的针对性、实效性和时代感。

中央企业的实践经验表明，搞好企业党建思想政治工作研究必须坚持和把握以下几点：

一是必须坚持以马克思主义中国化最新成果为指导。这是企业党建思想政治工作研究健康发展的根本保证。只有坚持用马克思主义中国化最新成果武装头脑，自觉以邓小平理论和“三个代表”重要思想为指导，牢固树立、认真贯彻落实科学发展观，企业党建思想政治工作理论研究与实践探索才能与时代同进步、与党的事业共发展，沿着正确的方向不断取得新的成绩。

二是必须坚持围绕中心、服务大局。这是企业党建思想政治工作研究的生命力所在。只有紧密结合企业的中心工作，服务企业改革发展稳定大局，紧紧围绕科学发展的主题，适应新形势新任务新要求，源于实际需要，以当前为主，以应用为主，破解现实课题，解决实际问题，研究工作才能有广阔的空间和舞台，才能始终充满生机与活力，也才能产生广泛的影响力。

三是必须坚持改革创新。这是提高研究工作水平的内在要求。既善于从生动实践中总结经验、探索规律，又善于学习借鉴其他相关学科和工作领域的理论成果和研究方法，开阔视野，启迪思维；既继承弘扬优良传统，又与时俱进、勇于改革创新，企业党建思想政治工作研究才能不断深化，有所突破。

四是必须注重抓好研究成果的转化应用工作。这是研究工作切实发挥作用的有效途径。要坚持把服务实际工作作为理论研究的出发点与落脚点，着眼于解决现实问题，提高研究选题的针对性，打好成果转化应用的可靠基础。注意创新研究工作机制，改变党建思想政治工作研究局限于党群部门的“小循环”，形成政工部门与行政管理、科技研发等部门之间工作互动、研究互促、成果转化共抓的“大循环”格局，保证研究成果转化应用取得好的效果。

五是必须加强领导，抓好协作。这是卓有成效地开展理论和实践研究的重要保障。企业党组织要高度重视党建思想政治工作研究，切实加强领导，大力支持和积极推动。注重发挥政研组织的作用，善于运用课题组等各种有效协作形式，以课题研究为纽带，调动各方面的积极力量，推动课题研究的协作攻关，促进研究水平和质量不断提高。

二、把握新形势新任务新要求，进一步明确中央企业党建思想政治工作研究的指导思想

当前我国正处在进一步发展的重要战略机遇期，中央企业改革发展处在一个新的阶段，中央企业党建思想政治工作面临着新的形势和任务。必须深刻认识做好新形势下中央企业党建思想政治工作的重要意义，进一步增强推进中央企业党建思想政治工作研究的责任感、使命感和自觉性。

（一）加强和改进中央企业党建思想政治工作，是贯彻党的十七届四中全会精神、推进党的建设新的伟大工程的迫切需要。党的十七届四中全会深入分析了党的建设面临的新形势新任务，全面总结了我们党执政60年来加强自身建设的基本经验，提出了加强和改进党的建设的总体要求、目标任务和重要举措，对加强和改进新形势下党的建设、推进党的建设新的伟大工程做出了战略部署。中央企业是全面建设小康社会的重要力量，是中国特色社会主义的重要支柱，是我们党执政的重要基础。中央企业党的建设是我们党的建设的有机组成部分。深入学习贯彻落实十七届四中全会精神，不断加强和改进中央企业党建工作，为推进党的建设新的伟大工程做出中央企业应有的贡献，是摆在我们面前的一项重大政治任务。

（二）加强和改进中央企业党建思想政治工作，是深入贯彻落实科学发展观、推动中央企业科学发展的迫切需要。中央企业按照中央的部署和要求，集中开展了深入学习实践科学发展观活动，进一步增强了贯彻落实科学发展观的自觉性和坚定性，中央企业科学发展水平有了新的提高，党的建设得到了进一步加强和改进。但我们要看到，中央企业布局结构调整、转变发展方式的任务非常艰巨，深化公司制股份制改革和建立现代企业制度等任务依然繁重。贯彻落实科学发展观，实现中央企业科学发展上水平，是一项战略任务，也是一个长期的过程。加强和改进企业党建思想政治工作，既是中央企业科学发展的重要内容，也是中央企业科学发展的重要保证。不断加强和改进企业党建思想政治工作，为推动中央企业科学发展提供坚强政治保证和强大精神动力，始终是我们必须研究探索的重大课题。

（三）加强和改进中央企业党建思想政治工作，是适应职工思想观念和利益诉求新变化的迫切需要。随着经济全球化的发展，全球范围内各种思想文化交流、交融、交锋更加频繁，各种思想文化在更大范围、更深层次相互激荡与碰撞。随着我国经济体制深刻变革、社会结构深刻变动、利益格局深刻调整，特别是数字技术、网络技术的广泛应用深刻影响着人们的生产生活、思维方式和思想观念，人们思想多元、多样、多变特征更加明显，思想活动独立性、选择性、多变性、差异性日益增强，求知、求美、求乐的需求更加强烈，宣传思想工作的对象和环境更加复杂。随着中央企业深化劳动、人事、分配制度等项改革，职工观念、身份等方面发生了深刻变化，帮助职工思想上解惑、精神上减负、心理上减压，增强职工改革承受力的任务日益繁重。

面对新形势新任务，中央企业党建思想政治工作研究要坚持以邓小平理论和“三个代表”重要思想为指导，深入贯彻落实科学发展观，深入贯彻落实党的十七大、十七届四中全会精神，深入贯彻落实中央关于加强和改进国有企业党的建设和思想政治工作的新部署新要求，围绕中心，服务大局，深入研究企业党建思想政治工作的一般规律，研究职工思想的新变化，认真总结实践经验，进一步探索新途径新方

法，推动中央企业党建思想政治工作在内容、形式、方法、手段、机制等方面不断改进和创新。要坚持实事求是、一切从实际出发，坚持继承、借鉴、创新相结合，坚持面向基层、为基层服务的原则，贯彻理论研究与实践探索并举、重在应用研究、指导推动实践的宗旨，以重大理论和现实问题为主攻方向，着力研究企业改革发展稳定中的重点、难点、热点问题，为加强和改进中央企业党建思想政治工作、推动中央企业科学发展做出更大贡献。

三、明确任务，深入研究探索，开创中央企业党建思想政治工作新局面

开创中央企业党建思想政治工作新局面，必须以改革创新精神，不断推进理论研究和实践探索，把研究探索的过程变成解决实际问题的过程，变成围绕中心、服务大局的过程，变成指导实践、促进发展的过程，努力形成一批具有理论前瞻性、实践指导性的成果。当前和今后一个时期，中央企业党建思想政治工作研究要着力在以下方面取得新进展。

（一）积极研究探索中央企业学习型党组织建设和学习实践科学发展观的长效机制。建设马克思主义学习型政党，是党的十七届四中全会从全面推进中国特色社会主义伟大事业和党的建设新的伟大工程的全局出发，提出的一项重大战略任务。把各级党组织建设成为学习型党组织，是建设马克思主义学习型政党的基础工程。深入学习实践科学发展观，用中国特色社会主义理论体系武装全党，是深入推进改革开放、推动经济社会又好又快发展、促进社会和谐稳定的迫切需要，是提高党的执政能力、保持发展党的先进性的必然要求，也是深化国有企业改革、发展壮大国有经济的迫切要求。要紧密结合中央企业的实际，在认真总结党员先进性教育活动和学习实践科学发展观活动的成果经验的基础上，加强中央企业学习型党组织建设和贯彻落实科学发展观长效机制的研究探索，并将两者有机结合起来，推动中央企业学习型党组织建设和学习贯彻落实科学发展观不断深入。

（二）深入研究探索中国特色现代国有企业制度条件下党组织发挥政治核心作用的有效途径。要贯彻落实全国国有企业党建工作会议精神，在建立中国特色现代国有企业制度的过程中，加强党组织发挥政治核心作用的制度设计研究，从制度上保证党组织政治核心作用的发挥。认真研究在董事会依法行使决策权的同时，保证党组织参与重大问题决策的方法途径。认真研究党组织在企业选人用人中发挥作用的有效途径和办法，更好地坚持党管干部的原则与市场化选人相结合。认真研究如何发挥企业党组织的保证监督作用，确保党和国家的方针政策在企业正确贯彻执行。认真研究如何发挥中央企业独特的政治优势，进一步转化为企业核心竞争力。要通过研究，进一步推动党组织的政治优势、组织优势转化为企业科学发展的强大动力。

（三）积极研究加强与改进中央企业宣传思想工作的有效方法。进一步研究探索理论武装工作的有效形式，提高理论学习的效果。加强与改进新闻宣传工作，塑造中央企业品牌形象，为企业发展营造良好的舆论氛围。加强中央企业思想政治工作和精神文明建设的研究，突出研究如何结合企业实际推进社会主义核心价值体系建设，加强员工心理疏导，增强思想政治工作和精神文明建设的时代感和有效性。进一步深化企业文化建设研究，进一步推进企业核心价值理念的转化，促进企业文化落地生根。结合中央企业并购重组加快的具体实际，研究企业调整重组中文化融合的途径与方法，为中央企业并购重组取得成功和可持续发展提供有力文化支撑。结合企业的行业特征和自身特点，进一步研究如何建设形成特色鲜明的企业文化，使企业文化真正成为企业核心竞争力。

（四）加强成果转化应用的研究，推动研究成果的转化与应用。成果的转化和应用，是整个研究工作的重要环节，是研究工作服务于企

业党建思想政治工作的具体体现。要把研究成果的理论创新程度和实践应用性作为评估研究成果价值的重要指标，认真总结和推广研究成果转化应用的经验，研究探索成果宣传推广和转化应用的有效方式和途径，更加有效地做好成果的宣传推广和评优表彰工作，促进研究成果交流，推动研究成果转化和应用，使研究成果在实际工作中实现应有的价值。

（五）加强研究队伍建设。要深入调查和研究党建思想政治工作研究队伍状况，积极探索推进队伍建设的内容和方式，增强队伍建设的针对性和有效性。把加强研究队伍建设与加强企业党建思想政治工作队伍建设结合起来，完善教育培训机制，改进方式方法，切实加强培训工作，提高研究人员的研究素质和能力。坚持"内脑"和"外脑"相结合，在立足开发整合自身研究力量的同时，注意联系一批专业造诣深、社会影响大的专家学者，善于利用社会研究力量，开展研究合作，推动中央企业党建思想政治工作研究水平不断提升。

（作者：国务院国资委党委委员、副主任，中央企业党建政研会会长）

进一步推进国有经济结构战略性调整

中共中央党校省部班课题组

改革开放以来，我国国有企业改革取得了巨大成就，国有经济结构调整成效显著。国有经济结构和布局不断优化，逐步向关系国家安全和国民经济命脉的重要行业和关键领域集中。国有企业公司制股份制改革深入推进，自主创新能力进一步提高，运行机制进一步转换。此外，国有企业兼并重组成效初显，"走出去"战略深入推进。国有企业改革是整个经济体制改革的中心环节，从战略上调整国有经济结构和布局，是推进国有企业健康发展的必由之路。但必须看到，进一步推进国有企业改革和国有经济结构战略性调整的任务依然十分艰巨。

国有经济结构存在的主要问题和调整思路

1999 年，党的十五届四中全会提出"从战略上调整国有经济布局和改组国有企业"重要任务，要求"着眼于搞好整个国有资产合理流动和重组，调整国有经济布局和结构，积极发展大型企业和企业集团，放开搞活中小企业"，同时要求"从战略上调整国有经济布局，要同产业结构的优化和所有制结构调整完善结合起来，坚持有进有退，有所为有所不为"。这是我国开展结构调整的基本指导思想。

（一）当前国有经济结构存在的主要问题

我国国有经济总量大，涉及行业多、地域分布广，构成了中国现代经济的主体，在控制国民经济命脉、促进国民经济发展中发挥了巨大作用。但国有经济结构和布局仍存在着较为突出的矛盾和问题。主要表现在：

1. 资源分散，条块分割。一是国有经济行业分布过宽。目前，国有企业在国民经济全部 20 个门类中都有分布，在国民经济行业 95 个大类中也基本都有分布。中央三级以上子企业在国民经济 20 个门类中都有分布，在国民经济 95 个大类行业中，涉及 86 个行业。二是国有企业户数尤其是小企业户数过多，仍占全国国有企业总户数的近 50%。从盈利能力看，小型国有企业和大型国有企业相比，总资产报酬率相差 8 倍多。三是国有经济布局条块分割现象突出。在原计划经济管理体制下，国有资本根据管理权限在部门、地区间进行分布，根据主管单位管辖范围开展生产经营，导致国有资本形成以主管单位行业管辖范围为纵向、以区域管辖范围为横向的条块分割状态。

2. 国有资本合理流动的机制不健全。一是国有企业重组整合多以政府为主导。由于政府需要考虑调整对当地经济、社会稳定的影响，从而造成落后未必被淘汰、先进未必被扶持的问题，市场机制没有发挥主要作用。二是国有企业退出机制仍不健全。在实际操作中，国有企业尤其是大型企业破产带来的职工安置、社会保障、社会稳定等问题，还需要在实践中逐步探索解决，优胜劣汰的市场竞争机制对国有经济没有充分发挥作用。三是推进国有资本合理流动的手段不完善。目前，国有资本经营预算尚处于探索阶段，来源主要是从税后利润中收取的一小部分收益，尚未真正开展资本经营，规模较小、渠道单一、收取比例不够灵活，尚不具备对国有资本布局和结构进行预算调整控制的能力。

3. 地区经济发展结构趋同。在传统的计划经济体制下，各地方政府长期追求工业自成体系，造成重复投资、重复引进、重复生产的现象十分严重，最终导致各地区之间产业结构严重趋同，分工协作程度弱化。尽管东、中、西部的资源和经济技术环境存在很大差别，但在工业产品结构中，相似程度却很高。趋同化涉及的产业和产品众多，从初级产品到机电产品，再到支柱产业，目前雷同现象还有继续增加的趋势。

4. 企业自主创新能力不足。近年来，国有企业尤其是大型工业企业和科研单位围绕行业发展和市场需求，积极推进自主创新，加大科技研发投入，开发了一批具有国际、国内领先水平的新技术、新产品，为结构调整和产业升级提供了有力的技术支撑。但从总体情况看，我国国有企业技术装备水平与发达国家相比仍有不小的差距，企业技术创新尤其是自主创新投入和能力不足的问题依然较为突出。

5. 国有企业内部资源配置不合理。国有经济布局过宽、条块分割现象严重、多元化经营、投资管理不规范等历史遗留问题导致国有企业内部资源配置不合理。一部分企业涉足领域过多，业务范围过宽，主业不突出，业务之间缺乏有机联系，企业在非主业领域投资和跨行业收购的现象时有发生。相当部分企业业务趋同、交叉重叠，在同一行业、同一领域、同一区域存在多家业务和经济规模相同或相近的国有企业，由此引起重复建设、同业过度竞争的现象十分普遍。

（二）国有经济结构战略性调整原则

国有经济结构战略性调整，关系到国民经济布局与结构调整的全局，是一项艰巨、复杂的系统工程。总体来说，国有经济结构战略性调整应坚持以下原则。

1. 坚持结构调整与产业升级相结合的原则。重组不是目的，而是手段。通过国有经济结构进行进一步战略性调整，要能够实现资源的有效配置，加强企业的技术改造，加快产品的更新换代，增强产品的技术含量和附加价值，促进我国产业结构的优化升级。

2. 坚持结构调整与培育国际竞争力相结合的原则。在经济全球化的背景下，“国内企业竞争国际化，国际竞争国内化”已成为我国市场竞争的主要特征。为此，在调整中必须充分利用我国国有企业的比较优势，扬长避短，积极借助外国的资本、资源、技术和人才等，培育一批具有较强国际竞争力、能真正参与国际竞争的大型企业集团。

3. 坚持政府分类指导的原则。国有企业的情况千差万别，调整首先应当对国有企业及其资产进行正确分类，明确区分哪些企业是以增值为目的的，哪些是需要以“进”为主的，哪些是可以退出的。这样，国有经济结构战略性调整才能目标明确、有的放矢地进行。

4. 坚持以市场配置资源的原则。市场经济中，企业重组是在不同的企业主体间进行的，应该使企业成为资产重组的动力源和操作者。企业可根据市场和自身发展的需要,在利润吸引力和生存压力的双重作用下,自主、合理地选择是否重组、重组对象、重组方式和重组规模,积极进行相应组织结构的调整和创新。

5. 坚持有进有退、有所为有所不为的原则。要完善国有资本有进有退、合理流动的机制,进一步推动国有资本更多地投向关系国家经济安全和国民经济命脉的重要行业和关键领域。

(三)中央企业结构调整的主要设想

深入推进中央企业结构和布局的战略性调整,必须坚持科学发展观,充分考虑中央企业的具体情况,发挥优势,分类推进,把调整和发展有机结合起来,重点解决国有经济布局、产业结构调整、推进技术创新、提高竞争力、突出企业主业等问题。通过重组培育一批主业突出、有较强竞争力的大企业和企业集团,提高中央企业的活力、控制力和影响力。

1. 进一步加大中央企业之间的重组力度。目前中央企业大致分为三类:第一类是关系到国家安全的战略性产业中的企业,包括军工、石油石化、电力、通信、煤炭、航空及水运等七大行业的中央企业,这类企业占中央企业总数的20%左右,在中央企业资产和利润总额中的比重均占70%左右;第二类是国民经济支柱行业中的一些骨干企业,主要指建筑、汽车、电子、重大装备、冶金、科研等基础性和支柱性行业中的中央企业,以及其他行业中已具备相当实力和市场竞争力的企业,约占中央企业总数的50%左右;第三类是规模较小、不具有行业影响力和发展前景,扭亏无望、管理混乱或资源枯竭型企业,约占中央企业总数的30%。前两类企业大约有80—100家。因此,国资委确定的目标是力争到2010年将中央企业整合到80—100家。

2. 抓紧培育具有国际竞争力的大企业大集团。从某种意义上说,国与国之间的竞争,就是不同国家跨国公司之间的竞争。加快经济结构的战略性调整,加快经济增长方式的转变,提高国际竞争力,就必须着力培育具有国际竞争实力的大企业大集团。现阶段,虽然民营经济发展迅速,在某些领域已经具备相当的规模和竞争优势,但由我国的社会经济制度、国民经济结构以及科技和工业基础所决定,目前,在重要行业和关键领域培育出具有较强竞争力的跨国公司的历史使命,只能落在国有经济尤其是中央企业的肩上。

3. 推进内部产业整合,提高资源配置效率。通过重组整合,在集团层面保留80—100家企业只是对中央企业结构调整的阶段性目标。目前,中央企业内部资源配置不合理的问题仍然较为突出,一些企业存在大量非主业资产,涉及领域过多,业务范围过宽,主业不突出;一些企业子企业户数过多,同质化现象严重,经营过于分散,甚至存在内部竞争;一些企业管理链条过长,甚至一些重要子企业如上市公司在5级以下,集团的控制力不断衰减,严重影响了运行效率,影响国有资产安全。下一步的工作重点应当转移到加强中央企业的内部产业整合,优化企业内部资源配置上来。

推进国有经济结构战略性调整的几点思考

对国有经济结构进行战略性调整不仅是为了解决当前国有经济运行中的问题,更重要的是,要把经济结构战略性调整与国有经济发展有机结合起来,带动我国未来经济的持续快速健康发展。

(一)实现国民经济持续健康发展必须推动国有经济结构战略性调整

改革开放以来,我国国民经济发展取得了举世瞩目的历史性成就。从1978年到2007年,近30年间,我国国内生产总值由3645亿元增长到24.95万亿元,年均实际增长9.8%。支撑这30年经济增长的主要因素,除了解放生产力之外,主要是物质投入的增加,包括资源消耗的持续增长。从总体上说,这种高速增长在某种程度上仍然是靠粗放型增长方式驱动的,粗放型增长方式加剧了资源的瓶颈制约,使生态环境不堪重负。要实现国民经济未来30—

60年的持续增长，长期依赖投资带动增长的模式是难以为继的。因此，改善产业结构，提高产品附加值，突破资源瓶颈，改变粗放型发展方式，显得尤为重要，是我们的必然选择。

(二)从经济大国转向经济强国关键在于国有经济结构战略性调整

2008年，我国GDP达到4.4万亿美元，人均超过3000美元，这其中制造业贡献突出。同年，美国GDP总量为14.3万亿美元，人均4.7万美元。我国经济总量要达到美国水平，我国的工业需要创造大约4.3万亿美元的GDP；人均要达到美国水平，需要创造大约40万亿美元的GDP。目前，我国的制造业在相关领域世界市场上已经占据了较高市场份额，继续依靠低附加值大量出口拉动增长的空间有限。只有改变经济产业结构，在国际分工中占据价值链顶端，才能完成从经济大国向经济强国转变这一目标。尤其是国有经济占主导地位的关键行业和重点领域经济结构的优化调整，是我国实现工业强国的关键。

(三)提高自主创新能力是国有经济结构战略性调整的主要动力

目前，我国依靠自主创新的产业主要集中在发达国家对我国进行技术贸易限制的航空航天、核工业、基础电子等涉及国家军事安全的战略性高技术产业领域。在其他领域，一是我国工业生产面临的资源"瓶颈"问题越来越突出，资源价格不断上涨，企业低成本竞争优势在逐步减弱，使企业不得不加速技术进步，推进产业和产品升级换代。二是国际金融危机导致国际市场有效需求不足，产品供大于求的局面更加突出，企业利润空间已被压缩到最低，只能通过技术进步和产业升级，提高产品附加值，拓展盈利空间。三是我国宏观经济经过长期持续高速增长，已经形成了一批具有相当经济规模、技术储备和产业基础的大中型企业集团，推进产业结构的优化升级有了微观基础。

(四)推进全球化经营是国有经济结构战略性调整的必然选择

随着经济总量的不断扩大，我国以加工出口为目的的经济模式已越来越难以适应经济发展的需要。一方面，大量重复建设导致相当一部分行业产能严重过剩；另一方面，在为全球提供廉价商品的同时，我国每年消耗的资源量非常巨大，不得不大量进口。资源需求量大、产能过剩、产品缺乏核心竞争力的现状，造成众多企业在出口产品和进口原材料两个环节展开激烈竞争，不得不压价出售、高价采购，形成"买什么什么涨，卖什么什么降"的尴尬局面。这就需要对内推动产业结构调整，培育具有国际竞争力的特大型企业集团，增强国际市场话语权；在全球配置资源，延伸产业链条，为过剩产能寻找市场，保障经济安全。

(五)推动股份制改革是国有经济结构战略性调整的重要手段

以公有制为主体、多种所有制经济共同发展是我国一项基本经济制度，在社会主义初级阶段，这种多种所有制经济并存的格局还将长期存在。对国有经济进行结构调整的目的是发展壮大国有经济，在保持必要行业和关键领域绝对控股地位的前提下，通过对国有企业进行股份制改革和股票上市，一方面可以吸引各种经济资源共同参与国有经济发展，筹集发展所需资金，增强国有经济的控制力和影响力；另一方面，可以通过发展混合所有制经济，促进国有企业按照产权关系建立现代企业制度，完善法人治理结构，接受有关监管机构、资本市场和投资者的监督，形成企业运行的制衡机制，真正建立现代企业制度。

(六)以市场配置资源是国有经济结构战略性调整的主要方式

企业是市场经济的主体，市场是配置资源最有效的方式。尊重企业的市场主体地位，建立以市场配置资源为主的运行机制，是国有经济结构调整的重要原则。从国有经济结构调整的主要方式看，不论是企业重组、改制上市，还是引入战略投资者，实行劣势企业退出市场的机制，都必然涉及产权的流转和交易成本的确定。坚持以市场化运作为主要方式，充分遵循市场经济规律，利用产权交易市场和资本市场平台，发挥市场在资源配置中的基础作用，形成国有企业优胜劣汰的市场机制，促进国有资本向优势领域流动和集中，可以为深入推进国有经济结构调整提供更加高效、经济的渠道。

（七）政府政策有效引导在国有经济结构战略性调整中发挥关键作用

经济结构的有效调整，离不开政府的有效指导。但结构调整是一个渐进过程，一方面需要有渐进发展的过程，不能产业发展“一哄而上”、产业调整“一哄而散”；另一方面，尽可能避免政府直接组织或行政命令方式。政府从国民经济全局出发，制定必要的产业规划、产业扶持政策，尊重企业的市场经济主体地位，遵循市场价值规律，加以必要的督促和协调，避免“一刀切”，防止从一个极端走向另一个极端。只有市场这支“看不见的手”和政府宏观调控这支“看得见的手”相互协调、共同作用，才能更好地促进国有企业健康发展，引导国有经济结构优化升级。

（八）不断提高工业技术标准是促进国有经济结构战略性调整的重要推手

我国是制造业大国，技术标准是制造业国际竞争力的集中体现。虽然近年来我国通过引进和自主创新，技术标准不断提高，但总体水平仍然较低。我国制造业与国际技术标准在生产制造领域的总体差距仍然较大。根据相关产业国际标准和我国工业发展水平，不断提高我国工业技术标准，是产业结构调整升级的重要推手。如钢铁行业，粗钢产能约7亿吨，存在过剩；而一些高附加值特种钢材产能不足，需要大量进口。通过不断提高技术产能标准，可以促进钢铁产业技术升级，淘汰落后产能，实现节能减排的目标。

（九）提高工业发展水平是优化经济结构的重要基础

制造业和服务业都是国民经济发展的重要组成部分。在现代产业不断推进的过程中，现代服务业发展对推进经济结构调整、增长方式转变和竞争力提高的重要性越来越突出。工业是服务业发展的前提和基础，没有工业发展水平的提高，服务业就失去了需求的来源。加快工业结构调整和产业升级转型，细化深化专业分工，在布局上彻底打破“条块分割”局面，鼓励制造企业改造现有业务流程，推进业务外包，加快从生产加工环节向自主研发、品牌营销等服务环节延伸，降低资源消耗，提高产品的附加值，可以更好地促进现代服务业发展，改善国有经济结构，带动国民经济结构的优化调整。

（课题组组长：孟建民，国有资产监督管理委员会副主任；课题组成员：李士祥，中共北京市委常委、秘书长；赵立新，中国第一重型机械集团公司党委书记、副总经理；史济春，河南省政府副省长；刘奇，浙江省人大常委会副主任、省总工会主席；于亚利，交通银行副行长兼首席财务官；执笔人：孟建民）

加强中央企业领军人才队伍建设

樊友山

领军人才是人才资源中十分宝贵的稀缺资源。一个杰出的领军人才，往往能够突破一项重大技术，带动一个学科，催生一个产业。中央企业是国有经济的骨干力量，是综合国力的集中体现。加强中央企业领军人才队伍建设，是加快转变经济发展方式、实施“十二五”规划的重要保证，是贯彻落实党的十七届四中、五中全会和全国人才工作会议精神的根本要求。从中央企业的实践来看，加强领军人才队伍建设要重点抓好以下工作。

畅通职业发展通道。作为高层次人才中的核心人才，领军人才比其他层次的人才更为重视才能价值的实现。有证据表明，目前中央企业领军人才特别是技术、技能领域中的领军人才，其才能价值尚未得到充分体现。究其原因，主要还在于缺乏通畅的职业发展通道。专业技术职称因为评聘面广、缺乏具体的职责要求，项目职务因为项目的临时性和缺乏严格层级，技术管理职务因为其本身属于管理岗位，都不是技术与技能领军人才合适的职业发展通道。虽然也有不少企业为领军人才设置了专门岗位，但这些岗位被行政领道“挤占”的现象时有发生。畅通领军人才职业发展通道，关键要把握以下两点：一要设计好领军人才职业发展岗位序列。特别是对于技术、技能领域的领军人才，一定要为他们设计专有的岗位序列，防止被管理人员挤占。岗位设计要充分体现企业发展的目标导向和战略需求，并且符合领军人才的特点和成长规律。二要给予领军人才相应的事业平台。事业平台是领军人才职业发展的基本保证，是领军人才创新创业的重要载体。要通过明确领军人才的事业内涵、事业许可权和事业资源，保证他们在工作中“有事、有职、有权”，从而充分调动领军人才的积极性，确保他们的聪明才智得到有效发挥。

创新使用体制机制。人才发展，以用为本。只有科学使用，才能充分发挥领军人才的作用。自引进海外高层次人才工作开展以来，各中央企业纷纷出台政策措施，引进了一批创新型人才。但从实际情况看，一些企业并没有充分发挥引进人才的作用。特别是一些懂技术、善经营的创业型领军人才，由于机制僵化、管控过死等原因，很难施展其创业才华。要充分发挥领军人才作用，根本之策是创新领军人才使用的体制机制，为领军人才创新创业营造良好的政策环境。一是树立正确的领军人才使用观。领军人才一方面潜力巨大，另一方面其创新创业又面临较大的不确定性，许多重大创新都不可能在短期内产生明显效果。因此，各企业应摒弃急功近利、片面追求投入产出比的观念，从长远考量领军人才的价值，给予其充分的自主权，从“管人才”向“服务人才”转变，强化服务力度，弱化“管”的束缚。二是健全领军人才管理体制机制。领军人才的事业在一线，工作在基层。要使他们既能在一线创新创业，又能在行业和集团层面发挥引领作用，就应加强对领军人才所从事行业的顶层规划，加强对领军人才的集团化管理，为领军人才创造优越的工作条件。对于那些创新潜质巨大但又特立独行的领军人才，甚至可以研究建立符合其个性特点的特殊管理机制，建立弹性工作制度，配备专门的实验室或研究中心。三是充分利用资本市场的融资功能。创业型领军人才需要大量的资金投入，而企业自身往往难以持续提供大额创新支援资金。充分利用资本市场中风险投资、创业板等平台为领军人才筹措资金，是一条理想路径。四是给予相应的经济待遇。经济待遇是领军人才努力和贡献应得的回报，是其才能价值的直接体现。应改变单一的即期薪酬结构，采用股权分配、按技术成果转产后收入提成等方式。

建立荣誉表彰体系。企业留住领军人才更多地应采用精神激励的方式。荣誉表彰是精神激励的重要载体，但近年来荣誉表彰对领军人才所产生的激励效果似乎越来越弱，这主要是因为荣誉表彰不规范，过多、过乱、过松。比如对同一领域领军人才表彰过多，使得荣誉的价值缩水；同一荣誉往往授予不同群体，使得公众搞不清颁发该荣誉的真正目的；一些人被表彰仅仅是由于其先前获得过其他表彰，形成表彰的“马太效应”等。因此，应着力加强领军人才荣誉表彰体系化建设，提升荣誉表彰科学化、规范化水准。一是应加强荣誉称号管理，根据实际需要设立荣誉称号，限制荣誉授予主体数量，使荣誉称号“少而精”，提升荣誉表彰的社会认可度。二是建立第三方评价制度，将荣誉授予真正有贡献的人，切实提升荣誉获得者的荣誉感、成就感和自豪感。三是建立监督与责任追究机制，充分利用学术机构、社会公益团体和舆论监督的力量，对荣誉表彰结果进行监督。

完善培养机制。领军人才数量少，流动率低，全部依靠外部引进不现实，也难以做到。因此，培养领军人才还应该立足企业自身。一是制定切实可行的领军人才培养计划，对具有较大培养潜力的骨干人才进行个性化的职业生涯设计，明确各阶段培养目标、培养方法和培养措施。二是充分发挥现有领军人才的传帮带作用，着力发挥领军人才在后备人才培养中的带头作用。三是突出企业的实践特色，把在实践中发现和培养人才作为加快领军人才队伍建设的重要途径。对那些发展潜力大的年轻骨干人才，要及时选拔到关键岗位，以重点工程和重大项目为平台，做到每完成一批工程项目，就跟进一批人才，使人才培养和重点任务同部署、同推进、同发展，促进形成领军人才梯队发展的良好格局。

建立全面保障体系。排除后顾之忧，方能使领军人才安心工作岗位，将更多的时间和精力投入到创新创业的事业中去。发达国家往往把解决人才的后顾之忧作为吸引人才、留住人才的重要手段。相比较而言，我国的领军人才保障体系尚不够健全，应从三个方面着手解决。一是建立安全保障机制。注重对领军人才财产（有形财产和无形财产）及其他合法权益的保护，及时有效地保护人才的合法权益，使领军人才劳有所获、获有所保。对承担国家级重点工程以及涉及重要机密和企业核心技术的人才提供有关保护措施。二是建立生活保障机制。要从国家层面建立相应的保障性政策，让优秀的领军人才在落户、配偶就业、子女上学、医疗保健、养老保险等方面优先享受相应的待遇，实现领军人才社会保障和福利待遇规范化、标准化、制度化。三是建立专业服务机制。领军人才个人业务涉及金融、法律、税务、专利、管理咨询、产权交易等诸多方面，有条件的企业应积极建立专业服务供应网路或综合服务中心，为领军人才提供便利服务。

（作者：中国电子科技集团公司党组书记、副总经理）

推动企业走科学发展新路

陈建华

作为国有大型发电企业，华电国际电力股份有限公司迄今为止已向社会提供电能6200多亿千瓦时，装机容量增长了12倍，资产规模增长了23倍，为满足社会用电需求、推进国民经济繁荣做出了贡献。但近年来，随着社会用电需求的变化，华电国际发展中的结构性问题开始凸显，主要表现在区域布局不均衡和产业结构互补性不强两个方面。为扭转这一局面，我们着重在转方式、调结构、促和谐三个环节上下功夫，努力实现企业又好又快的科学发展。

一

电力是国民经济的支柱产业，要实现科学发展，关键在于其发展规模与速度必须与国民经济的发展水平相一致，与资源环境的现实要求相协调；发展过快会导致资源浪费，过慢则会阻碍经济发展。

电力发展要与国民经济发展相协调。公司在规划企业电力发展速度时，紧紧依托国家和行业发展规划，科学测算发展容量，精心布点，掌控速度。在国民经济高速发展的2005—2007年，我们抓住时机，短短3年时间就投产了21台30万千瓦及以上发电机组，年装机增速达到了30%以上。国际金融危机爆发后，公司主动放缓发展速度，努力与国民经济的增速保持一致。

电力发展要与资源环境发展相协调。为实现“十一五”节能减排目标，公司主动将老小机组的关停容量由国家规定的10.5万千瓦提高到91万千瓦。投入大量资金先后对605万千瓦现役机组进行脱硫技术改造，目前公司新投产机组的烟气脱硫率达95%以上，除尘率达99.5%以上。我们坚持开发与保护同步，在所属泸定水电站采取修建鱼类增殖放流站、开展库区珍稀树种和古树移植等措施，有效保护了当地的生态环境。

电力发展速度要与发展质量相协调。在把握发展速度的同时公司更加注重提高发展质量。一是严格监管项目质量。我们在项目选址、机型选择、设备采购等重大问题上严格把关，形成了一整套相对完善的内部控制体系，从源头上加强项目质量管理。二是着力提高项目品质。我们通过建立机组建设系列管理办法，对新项目建设实施标准化管理，进行全过程监督，严控建设成本。三是不断强化项目管理。我们不断将新评价理念引入企业管理，聘请专家对企业的经营管理、安全生产、节能管理进行诊断评估，查找根源，督促整改。

二

实践使我们清楚地认识到，企业科学发展的根本动力来源于结构的优化与升级，来源于发展方式的根本转变，来源于自主创新能力的不断提升。

推行绿色低碳发展。在后国际金融危机时期，传统发电企业要想实现绿色低碳发展，核心在于不断提高不可再生能源的终端利用效率，积极开发和利用新能源。为此，我们根据企业实际采取了四项措施。一是确立了“优化发展火电，大力发展水电，积极发展风电，探索发展核电”的方针，逐步减少对煤电的依赖，提高非化石能源发电的比例。二是以所属区域为单位，对现有火力发电机组实施统筹优化管理，坚决关停高能耗、高污染的小机组，提高大容量、低能耗机组的设备利用小时数。2008年以来，公司60万千瓦以上机组、热电联产机组的设备年利用小时数均高出30万千瓦纯凝机组的平均数11.78%，经济社会效益良好。三是对现役机组实施节能技术改造，大力推进小油枪点火技术改造、汽轮机通流部分改造。与2008年相比，公司机组热效率平均提高了3.1个百分点，明显提高了机组的综合效能。四是积极推行热电联产方式，取代了传统供热用小锅炉，煤炭终端利用效率显著提高，对整体控制碳排放量起到了积极作用。

调整优化企业结构。在推进企业战略转型、实现优化升级的过程中，我们针对产业结构互补性不强、电源结构不合理、区域布局不均衡等问题，提出“三个着力”的发展思路，取得了扎实成效。一是着力拓展与发电产业紧密相关的产业。2009年以来，我们在煤炭资源相对充裕的山西、宁夏、内蒙古区域开展了一系列收购活动，煤炭资源的占有量达到14.9亿吨，规划产能达到1080万吨，初步形成了“煤电一体、电热一体、优势互补”的产业格局。二是着力推进所属老企业“上大压小”。截至目前，我们先后有6家企业通过设备结构调整，实现了机组更新换代，30万千瓦及以上发电机组比例达到87.2%。三是着力开拓经济发达、资源保障能力强、电量需求潜力大的地区市场。截至目前，公司管理区域已由最初的山东省成功扩展至安徽、宁夏、河南等12个省市自治区，公司控股参股发电企业增加到了30多家，运行装机容量达到2995万千瓦。

提升自主创新能力。多年来，我们坚持跟踪世界先进技术研究成果，积极研究推广、消化吸收电力产业的新技术、新工艺，始终把增强科技创新能力作为企业塑造竞争优势的重要途径。2007年，我国国产首台百万千瓦机组在邹县电厂建成投产。2010年底，代表当今世界最高技术水平的百万千瓦空冷机组在宁夏灵武公司投产发电，填补了多项国内电力产业的技术空白。此外，我们还不断加大城市污泥、生物质能等先进发电技术的研发推广和应用力度，获得了成功。截至2010年10月，公司拥有自主知识产权的技术创新有160多项。新型尖端技术的探索和应用，为提升行业发展水平发挥了重要推动作用。

三

实践使我们深深体会到，企业走科学发展新路的一个重要方面，就是要始终恪守"尽责、诚信、创新、和谐"的价值观，主动承担社会责任、履行纳税义务、支持员工发展。只有这样，才能实现经济效益与社会效益的双赢。

积极承担社会责任。我们始终把承担社会责任融入到生产经营发展的全过程，用自身的发展来回馈社会。寒冬季节，公司所属热电企业通过"压电保热"为社会尽责；奥运期间，发电企业做到了"赔本也发电"；抗冰保电期间，干部职工齐上阵，日夜奋战在抗灾第一线。多年来，公司还通过捐款捐物等方式积极参与社会公益事业。

认真履行纳税义务。我们奉行"提供可靠、清洁、经济之能源，输出发展、进步、文明之动力，实现报效祖国、回报股东、成就员工之宏愿"的企业使命，坚持走科学发展道路，在加快发展中积极缴纳利税，让国家和人民分享企业发展成果。公司成立16年来上交利税近250亿元。

用心呵护员工成长。多年来，我们大力实施"人才强企"战略，努力营造有利于人才成长的体制、机制和环境，为公司健康快速发展奠定了人才基础。公司还根据岗位需要，积极开展系统化培训，举办各类专业技术培训班，员工队伍综合素质和业务能力持续提高。人员素质的提高带动了劳动效率的提高，公司用工水平由1994年的28人/万千瓦降至目前的7.4人/万千瓦。

（作者：中国华电集团公司党组成员，华电国际电力股份有限公司董事、总经理）

以创先争优推动企业跨越式发展

陈亚杰

冀中能源峰峰集团是集煤炭采选、煤化工、电力、装备制造、基建施工、现代物流等多产业综合发展的国有大型企业。现有职工3.9万人，基层党委37个，党支部544个，党员16238名。创先争优活动中，我们结合企业实际，围绕中心任务，突出实践特色，创新活动载体，为企业改革发展增添了动力，让职工群众看到了实实在在的成效。

结合党员思想实际创先争优。把党性教育作为创先争优的"加油站"。在全体党员中深入开展以"五对照五查找"为主要内容的党性分析活动，对照党章，查找理想信念问题；对照党员先进性标准，查找素质能力问题；对照党员先进典型，查找先进性发挥问题；对照党员标准和职业道德，查找工作实绩问题；对照党纪企规，查找纪律观念问题。集团公司领导班子成员带头撰写党性分析报告，开展批评与自我批评，制定整改措施，起到了示范作用。近万名在职党员深刻剖析了自身党性方面存在的问题。组织全体党员集体重温入党誓词、新党员集中进行入党宣誓，开展“颂党恩”红歌比赛，组织访贫问苦和义工服务，进一步增强党员意识，锤炼党性，为深入开展创先争优活动奠定了坚实的思想基础。

结合企业生产经营实际创先争优。确立以“创新发展、跨越发展、和谐发展、科学发展”为主题的活动方案，重点围绕转变发展方式、实现安全生产、加强党组织建设等七个方面开展创先争优，着力打造“八个一批”（创建一批“四好”领导班子，选树一批先进基层党组织，培育一批建设学习型党组织先进单位，推广一批支部建设先进经验，培养一批优秀基层党组织带头人，打造一批党建工作示范点，创建一批党员明星岗，实施一批“四创”精品项目）先进典型，深入推进创先争优活动。瞄准企业全年生产经营目标，以争创党员先锋岗为载体，在党员中开展“带头搞好安全生产，争当安全生产先锋；带头搞好工程质量，争当质量创精品先锋；带头搞好攻关创效，争当节支降耗先锋；带头搞好形势任务教育，争当抓学习带队伍先锋”为主要内容的“四带头、四争先”创争活动和“比安全、比产量、比质量、比降耗、比学习”为主要内容的“五比”竞赛活动，广大党员当先锋、打硬仗、打胜仗，当功勋、创佳绩。今年上半年，各项经济指标均创历史同期最好水平。

结合党建工作重点创先争优。以学习型党组织建设为抓手，建立健全领导管理机制和开放互动的学习机制、投入机制、考核机制、激励约束机制，探索实施领导带头示范学、丰富载体互动学、结合实际重点学、结成对子互助学、岗位练兵实践学“五位一体”学习法，形成浓厚的学习氛围，以学习提高素质、推动工作已成为各级党组织和广大党员的自觉行动。积极探索党建信息化建设新途径，构建以党员信息、党组织信息、干部人才信息、文档资料等四个数据库为基础，以信息化运行、视频会议和远程教育管理、安全保障管理等四个系统为支撑，党建网、党建业务管理、党建工作智能办公等三个平台为实现途径的具有集团特色的党建信息化建设新模式，提高了党建工作的效率和水平。强化党组织优秀带头人队伍建设，扎实开展基层党组织书记培训工程，在对基层党委、党支部正副书记全部轮训一遍的基础上，分批选送基层党委书记到中央党校学习，开阔视野，提升素质，增强本领。

（作者：冀中能源峰峰集团党委书记、董事长）

深化三项制度改革　优化企业人才成长环境

中国华能集团公司党组

中国华能集团公司是中央直接管理的国有骨干能源企业，发电装机容量已突破一亿千瓦，是亚洲最大、世界第二的发电集团，世界500强企业之一。近年来，公司党组始终将人才资源作为企业的“第一资源”，大力实施人才强企战略，紧密结合企业人事、劳动、分配三项制度改革，大力推进人才体制机制创新，努力营造有利于人才成长的环境，使人才成为推动公司各项事业发展的坚强支撑。

一、深化人事制度改革，消除制约企业培养、选拔、使用人才的体制性障碍

畅通集聚人才的通道，建立以公开平等、竞争择优为基本特征的人才选用机制。华能通过深化人事制度改革，以内部竞争上岗和人才市场选聘为抓手，进行人才的公开选拔。选用经营管理人才，推行聘任制和任期制，实行契约化管理；选用专业技术人才，采取竞争上岗、公开招聘、专家推荐、海外引进等方式。公司先后为华能景洪、糯扎渡等国家级水电工程，华能资本、财务、核电公司，以及海外收购的澳洲电力公司等单位，公开选聘高级管理和高级专业人才。截至2009年底，公司各级企业中层以上管理人员通过公开招聘、竞争上岗方式配备的达到1000余人。

以业绩、能力和贡献为导向，形成科学的人才评价考核机制。对深化三项制度改革经营管理人才，坚持“德才兼备、注重实际、群众公认”的原则，实行领导干部考核常态化、后备干部考核动态优化人才成长环境化的“两化”管理方式，形成了干部能上能下的机制，充分激发了各级领导干部的岗位竞争意识和职业风险意识。公司初步建立了以预算为龙头、对标为主线、责任制为载体、绩效与薪酬挂钩的绩效管理体系，对企业负责人实行经营、安全、发展、党建四项绩效考核。对专业技术人才，实行社会化的专业技术职业资格认证制度，并积极推选国家级专业人才。目前公司拥有国家级人才117人。

加强能力建设，建立多元化、制度化的人才培养机制。华能充分发挥规划的“龙头”作用，在人才强企总体战略方案下，根据公司产业门类和专业化人才需求，相应制订了“绿色煤电”、核电、“走出去”战略、海外高层次人才引进、边远艰苦地区人才援助等一系列重点专业人才规划。同时，还根据经营管理人才、专业技术人才、高技能人才三支队伍的各自特点，建立了集团公司抓干部培训、产业公司抓专业培训、基层企业抓技能培训的分层分类培训体系。并以“一校、两院、三站”为载体，进一步加强人才培养工作。近年来，公司管理人员参加各类培训超过2万人次，技能人员参加各类培训超过8万人次，培训为各类人才成长发挥了重要的推动作用。

以人事制度改革为主要内容的人才工作机制创新，使一大批年富力强的中青年管理人才和具有世界前沿水平的科技人才脱颖而出、大显身手。华能国际电力股份有限公司总经理刘国跃，从基层企业车间技术员做起，45岁成长为国内最大电力上市公司领军人物，并被评为我国“新世纪百千万人才工程”国家级人才。学成归国的华能绿色煤电公司总经理苏文斌，率领团队研发和推广的以污染物（包括二氧化碳）近零排放为目标的绿色煤电项目已被列入国家中长期科技发展规划，并被推荐为国际间技术合作项目。

二、深化劳动制度改革，营造“人人都能成才”的良好氛围

坚持素质优良、结构合理的进人原则，建立公开选拔、择优录用的进人机制。华能以先进的定员标准和高效的用人水平为前提，采用网上招聘等公开透明的选拔方式，坚持公开公平公正选人和同等条件下择优录用等原则，严把进人关，杜绝了打招呼、递条子、暗箱操作等不良现象。近年来公开招聘人员数量占企业进人总数的八成以上（其他方式引进人才多为企业急需的特殊专业人才）。自2003年以来，公司坚持面向国内外公开招聘大学毕业生，共招聘优秀应届毕业生8000多人，为企业发展注入了新鲜的血液。

打破身份界限，推行全员竞争上岗，建立有利于基层员工岗位成长的激励机制。作为技术密集型企业，基层员工的技能水平对发电企业的效益和安全具有至关重要的作用。为激励基层员工成长为爱岗敬业、技艺精湛的高技能人才，华能在采用职业技能鉴定、技术比武、公开招聘等方式选拔高技能人才的同时，还通过人

事用工制度改革，打破传统的“干部”和“工人”之间的界限，变身份管理为岗位管理，进一步激发高技能人才干事创业的积极性。集团还在“主业高工资低就业、辅业低工资高就业”的格局下，对员工实行工作动态考核、岗位动态管理、职位动态轮换，使员工普遍树立起“岗位靠竞争、收入凭贡献”的观念，极大地激发了广大基层员工立足岗位成才的积极性和主动性。华能新华电厂煤化验班班长沈秀香，刻苦钻研业务，总结归纳出“标准煤样反校法”和“灰分快速试验方法”，成功地解决了煤质化验中的“老大难”问题，被评为“全国电力行业技术能手”、全国“三八”红旗手，享受国务院特殊津贴。

三、深化分配制度改革，以鼓励劳动和创造为目的，加大对人才的激励和保障

收入分配向各类人才适度倾斜，建立规范有效的激励机制。一是形成以岗定薪、岗变薪变的动态工资管理机制。华能以岗位责任和经济效益为依据，参照国内、国际同行业企业先进经验，结合公司内部发电、煤炭、金融等各产业门类的不同特点，进一步深化工资分配制度改革，在保证企业薪酬总水平具有一定市场竞争力的同时，根据岗位市场价值，合理拉开内部分配差距，向优秀人才、向一线岗位倾斜。二是完善企业负责人薪酬分配体系，对所属企业负责人逐步实行年度薪酬制度，并探索期权、股权等中长期激励方式。三是根据按劳分配与按生产要素分配相结合、短期激励与长期激励相结合、物质激励和精神激励相结合的原则，建立有利于各类人才发挥创造力的激励机制，探索知识、技术、管理等生产要素按贡献参与分配的有效形式和方式。

以优化人才工作环境和生活环境为重点，健全人才保障机制。华能一方面按照国资委有关规定，就职工住房、企业年金、重大疾病医疗救助等方面出台了规范性文件，完善了职工福利保障体系；另一方面，对优秀人才实行适度的待遇倾斜，体现人才的价值。为吸引海外高层次人才，公司设立了专项人才资金，激发海外高层次人才的贡献热情和创造潜能。公司还在部分基层企业探索设立首席工程师岗位，享受基层企业副总级待遇；在部分基层企业试行技师津贴制度。

人才支撑发展，发展造就人才。目前公司发电装机规模、销售收入等指标均居行业领先水平，除电力产业保持快速发展外，煤炭产业从无到有，新能源、金融、交通等产业从小到大，境外业务也大幅扩展和提升。我们将继续深入贯彻落实科学发展观，遵循市场规律和人才成长规律，锐意改革，奋力开拓，努力开创人才活力竞相迸发、聪明才智充分涌流的新局面，为促进国民经济平稳较快发展作出新的更大贡献！

“融入＋服务”　创新企业思想政治工作

冀中能源峰峰集团党委

“主动融入、主动服务，才能赢得地位，有作为才能有地位。”思想政治工作只有在融入、服务上开动脑筋，才能在工作中争取主动、收获实效、赢得地位。

思想政治工作是国有企业的优良传统和政治优势。峰峰集团党委历来高度重视思想政治工作。近年来，峰峰集团以科学发展观为指导，按照“三贴近”原则，创造性地提出思想政治工

作要“融入企业融入职工，服务企业服务职工”（以下简称“双融入双服务”）的总体要求，提高思想政治工作的质效，为企业改革发展注入了强大的动力，使一个衰老矿井多、社会包袱沉重、生产经营极其困难的老企业步入了持续、稳定、高速发展的快车道。

一、找准定位，创新理念，提升“双融入双服务”认知度

把融入服务的理念导入思想政治工作，是适应企业改革发展的要求，也是思想政治工作不断探索、不断完善、不断发展的需要。在新时期，“双融入双服务”更加符合提高思想政治工作科学化水平的新要求，更加适应企业科学发展的新形势，更加贴近企业经营管理的新实际，更加满足职工思想行为的新需求。只有融入服务，才能不断增强思想政治工作活力，才能有作用有作为有地位。在找准定位的前提下，加大了学习认知的力度，并区别层次，突出重点，广泛开展了一系列学习研讨活动。一是抓好领导干部的基础理论学习。组织各级领导干部认真学习《毛泽东、邓小平、江泽民论思想政治工作》、《思想政治工作学教程》、《思想政治工作概论》等基础理论，深入学习《面向新世纪的思想政治工作》、《比较中西政治思想》、《现代思想政治教育与心理研究》等前沿理论，从思想层面筑牢了理论基础。二是抓好职工群众的基本要点学习。组织职工学习党的历届（次）代表大会工作报告，认真学习胡锦涛等中央领导同志关于思想政治工作的讲话精神，学习全国宣传部长工作会议精神，并编写思想政治工作通俗读本和领导讲话要点，为更好地发挥思想政治工作优势，从认识层面奠定了群众基础。三是抓好理论研讨的专题强化学习。集团公司党委每年召开一次“双融入双服务”专题研讨会，组织全公司党群干部开展“大调研”活动，并编辑教材，对党群干部进行脱产轮训。各单位通过举办学习班、专题辅导、印发学习资料、开展学习讨论等多种形式，提高广大党群干部对“双融入双服务”的认知度，从实践层面夯实了工作基础。

二、调准频率，放大功效，唱响“双融入双服务”主旋律

“双融入双服务”是开展思想政治工作的总体要求和根本指导，是思想政治工作的主旋律。为此，集团公司借助广播、电视、报纸、网站、橱窗等阵地，开设论坛、专题、专栏，加大“双融入双服务”宣传教育力度，从舆论宣传上形成“五位一体”的浓郁氛围，扩大了辐射面和穿透力。充分发挥政研会的优势，从理论、方法、制度等方面探究“双融入双服务”转化为实践成果的依赖路径，相继召开了工作推进会、举办了成果展示会、组织了现场观摩会，整理了560个“双融入双服务”背后的故事，并把20个具有鲜明个性的实践成果辑印成《案例集》，在全集团公司推广。其中，新三矿《职工24小时思想动态掌控》被中煤政研会评为创新成果奖，一批研究成果和典型案例在《思想政治工作研究》、《党建研究》、《工人日报》等报刊发表，创出了“双融入双服务”的品牌。各基层党委借助内刊、音像、手机等技术优势，创造了更为新颖、有效、适应职工信息交流特点的思想政治工作的新形式。大淑村矿采取声像并茂的电化教育方式，不断地对职工进行感恩教育，增强职工的感恩意识，升华“心怀感恩、报效企业、回赠社会”的感恩文化，提升企业的软实力。三矿社区建立了思想信息和服务信息两大系统，通过360°全方位的扫描，形成了机关与基层、基层与岗位、岗位与用户的无遗漏、无缺陷、无缝隙对接，使思想政治工作的视野更加开阔、方法更加灵活、速度更加快捷，进一步扩展了思想政治工作的功能。

三、定准主题，活化形式，赋予“双融入双服务”灵动性

思想政治工作只有理论联系企业发展的实际、联系客观情况发生变化的实际和联系企业

职工的思想实际，才能提高思想政治工作的吸引力和说服力。集团公司党委紧密结合发展战略、安全生产、经营管理和职工队伍的思想实际，坚持在不同阶段开展不同内容的主题教育和主题实践活动，通过多种形式的创先争优劳动竞赛，用主题思想统一职工，用主题目标凝聚职工，用主题实践带动职工，推动了各项工作目标的顺利实现。把"双融入双服务"与企业文化建设有机融合，用美好的愿景鼓舞人，用宏伟的事业凝聚人，用科学的机制激励人，用优美的环境熏陶人，充分调动职工的主动性、积极性和创造性，达到"人企合一"的境界。梧桐庄矿党委针对青工多、技校生多的实际，探索实践了"1+3"思想政治工作法，把矿、区科和家庭三方结合起来，形成共同培养、教育、管理的运行机制。牛儿庄采矿公司党委将思想政治工作关口前移，开展了"安全合作伙伴"活动，通过"手拉手"，实现了职工与职工间的零距离沟通、全程化合作、互助式提高，保证了个人安全和企业安全。

四、把准基调，刚化标准，实现"双融入双服务"规范化

落实思想政治工作任务，使思想政治工作由虚变实、由实务虚，就必须建立健全保障机制。集团公司党委把构建"双融入双服务"机制当作研究和探讨的重点，制定了《指导意见》，出台了《考评细则》，建立了《考评标准》，对思想政治工作的各个环节进行严格考评，使之常改常新，长期管用，发挥作用。薛村矿党委强化思想政治工作的过程管理，实施 PDCA 循环闭合控制，做到跟踪检验，双向确认，确保一人一事的思想政治工作落到实处。马头洗选厂党委在深化思想政治工作"点检制"中，对思想工作的每一个"点"，都做到了定人、定点、定量、定周期、定标准、定记录、定流程、定考核，形成了长效机制。大力公司党委在矿内和社区设立了职工群众"连心站"，在各支部建立信息反馈小组，在各班组设立了信息员，在集体工、离退休职工、家属工和居民家属等特殊群体中设立了信息员队伍，每月填写"连心卡"，定期组织座谈，实现了职工群众思想动态和建议呼声的常态化、迅捷化掌控。

"灿烂的思想政治之花，必然结成丰满的经济之果"。坚持"双融入双服务"，开创了思想政治工作新局面，为提升企业竞争力、促进企业又好又快发展提供了思想保障和精神动力。2007 年以来，企业总资产、营业收入、职工收入和利税分别以每年 20%、41%、26%、34% 的速度递增，实现了资产翻一番，营业收入增长 4.6 倍，成为企业历史上发展最快、变化最大、效益最好、职工受益最多的时期。

"双融入双服务"是在新形势新任务下，对思想政治工作的新探索新实践。只有主动融入主动服务，才能赢得地位，有作为才能有地位。在新形势下，职工思想的复杂性、多样性、矛盾性比以往任何时候都突出、都明显，各种思想矛盾、热点难点相互交织、错综复杂。开展"双融入双服务"，必须摆正位置、端正姿态，自觉服从和服务于企业中心工作；必须增强主动意识，紧密结合企业经济建设和改革的实际，主动融入服务工作对象。"双融入双服务"实践证明：思想政治工作只有在融入、服务上开动脑筋，才能在工作中争取主动、收获实效、赢得地位。

（执笔：许凯、汪丽英、张和平）

首钢企业改制的实践与启示

姜兴宏

2003年底，首钢依据国家、北京市的有关政策，积极稳妥地推进主辅分离、辅业改制。首钢企业改制规模大、人员多、时间长、情况复杂，能够平稳顺利地推进，关键是坚持国有企业深化改革的正确方向，充分发挥党的领导核心和战斗堡垒作用，着眼于维护和实现广大职工的根本利益，有组织、有步骤地依法向前推进。2008年底，首钢辅业改制工作基本完成。总结起来，主要做法有这样几个方面。

一是试点先行，循序渐进。首钢集团的主辅分离、辅业改制工作，在掌握政策规定、吃透改制精神的基础上，2004年首先对10余家规模小、人数少的小企业进行改制。通过改制试点，摸索规律，发现问题，制定相应的措施办法。在试点成功的基础上，全面推进辅业改制，2005年和2006年完成了30多家中等规模企业的改制，改制工作取得突破性进展。2007年，首钢全力推进数千人以上规模大、人数多的大单位的改制工作。到2008年底，首钢辅业改制工作基本完成。

二是严格程序，民主公开。首钢严格按国家规定的操作程序进行改制。改制工作启动前，对改制过程进行全面系统研究，制定标准化的工作程序。不论是几十人的企业，还是几百、几千人的企业，都按照程序操作。一是首钢总公司成立改制办公室，组织推进辅业各单位的改制工作。二是首钢改制办对改制企业的基本情况，如：产权界定、资产负债、经营效益、人员素质、发展后劲、职工对改制的认同度等进行调查摸底。三是改制企业根据调查摸底和审计结果，形成改制预案。四是召开职工代表大会，审议通过改制预案。五是对改制企业进行清产核资评估，根据评估情况对改制预案修改完善，形成正式方案后报首钢总公司审议批复。六是按照改制方案，在国有资产管理部门与产权受让方签订产权转让合同并注册成立新企业后，企业在现代法人治理结构下开始运作。首钢在推进改制中坚持民主公开，坚决做到“四个必须”：必须向职工群众公布企业总资产、总负债、净资产、净利润等主要财务指标的财务审计、资产评估结果；召开职代会必须有三分之二以上的职工代表出席；职工代表大会审议改制方案作出的决议，必须经企业全体职工代表半数以上通过方为有效；职工代表大会必须以无记名投票方式对职工安置方案、分流安置职工的资产处置和改制过渡期推荐的召集人进行表决。通过民主公开，首钢严格把住资产审计评估、改制方案审批、产权交易、债务处置等关口，改制企业资产实行“阳光交易”，全部进入产权交易中心，坚决避免国有资产处置的违规操作。

三是有情操作，坚守底线。在改制过程中，凡是涉及职工切身利益的问题，必须经过职工代表大会讨论通过。首钢对分流到非国有法人控股改制企业的职工，依法支付经济补偿金。为改制职工及时办理接续养老、失业、医疗、工伤等多项社会保险关系。对企业全部退休人员、退养职工、长期病假、工伤、精神病患者等人员，改制企业与原企业主管单位签订协议，明确责任。这样，使每个单位的每一部分职工、每一种情况的职工、每一个职工的每一种费用都得到了可靠的保障，使每一个人都无后顾之忧，改制才真正实施。首钢在企业改制中，对可能发生群体上访的企业，改制方案不予批准。有的单位改革方案获得批准后，发生上访，总公司要求暂缓改制。按照原来最初工作目标，首钢准备用2年左右时间完成改制分流工作，后来根据实际情况，用了5年的时间才完成。进度虽然慢了些，但保持了企业的总体稳定，发展的速度明显加快，实现了改制的目标。

当前，对首钢改制工作进行回顾和总结，有几点启示。

一是坚持党的领导。在整个改制过程中，首钢始终坚持党的领导，坚持党在企业中的政治核心地位，加强党的建设，加强思想政治工作，为企业改革改制提供了根本保证。首钢党委在改制过程中充分发挥党的政治优势，有针对性地强化思想政治工作，把改制意义、目的、方法、步骤，原原本本向职工宣传，深入到车间班组、家庭社区反复宣传。使改制的重要性、必要性，改制给职工带来的好处逐步深入人心，变被改制到主动改制，变让我改到我要改。

二是坚定改革信念。首钢改制的实践证明，国企改革与改制的方向是正确的，人们进一步坚定了继续推进改革改制的决心和信心。改制过程就是企业干部职工从思想保守到思想解放、从认识模糊到高度统一、从犹豫观望到积极参与、从信心不足到信心十足的转变过程。人们看到，改革改制是企业正确的选择，国企发展的动力来自改革，国企经济增长的源泉来自改革；国企的可喜变化，根本原因在于持续不断的改革。

三是坚持以人为本。首钢总公司要求，在企业改制中，一切违背职工切身利益的事，都坚决防止和避免；对于职工群众一时难以理解的事，不能操之过急，即使改制方案正确合理，但职工尚未通过，也不强迫推进；对于职工群众的合理建议，尽快付诸实施，一时不能实施的，要向职工讲清原因。改革改制实质上是利益关系的调整，涉及人的权利、尊严、地位，要充分考虑各类人员权利和需求，保证他们的利益在调整中平衡、周到、公正。如果其中有一部分人，甚或是其中一个人，利益受侵害，考虑不周到，都有可能成为改革方案的否定因素。

四是以发展解决问题。首钢总公司正是通过改制，实现了瘦身强体，逐步做强钢铁主业；东星、首建、汽运等企业，正是通过改制，建立了适应市场的体制机制，实现了企业的快速发展。发展不但给国家、企业、个人都带来利益，也给解决改制中多种问题创造了条件，发展成果是改制的物化，是一种现实力量，让人们看到了改制的必要性，使人们摆脱了那种姓“社”姓“资”、姓“公”姓“私”的忧虑，摆脱了“国有资产流失”的无谓争论，发展成为改制是否成功的标志和标准。

五是坚持改革成果共享。首钢在改制中严格把住资产审计评估、改制方案审批、产权交易、债务处置、职工参与等关口，首钢改制企业资产实行“阳光交易”，全部进入产权交易中心，坚决避免国有资产处置的违规操作。改制将部分国有资产以控股或参股形式由非国有企业经营，在市场机制作用下激活经济要素，实现国有资产的保值增值。进入改制企业后，把员工原有企业的经济补偿变为股份，员工成为股权人。新企业的经营者由改制企业职工推荐产生，新企业经营团队、技术骨干与员工的股比为4：3：3，有差别，但适度，得到大家的认可和社会的承认。改制后经营者与员工的收入水平合理、公平、差距适当。红利分配方案由股东会民主确定。财富的形成、分配、流向，合情合理合法，体现了改革成果共享，得到广大职工和社会公众的理解和支持，使改制扎扎实实，平稳顺利。

六是坚持依法依规有序推进。首钢在改制过程中制定了一系列的重要指导性文件。首钢在改制中严格执行改制方案必须提交职工代表大会或职工大会通过的规定。广大职工通过职代会从源头参与，凡是涉及职工切身利益的问题，必须经过职工代表大会讨论通过。职代会不是形式、不是过场、不是摆设，而是有具体内容并且必须履行的民主程序。完善的制度规定，配套的方法措施，确保了首钢改制平稳有序地进行。

（作者：首钢党委副书记）

在企业社会责任视域中重新理解国企改革与发展

徐敏生

随着全球化浪潮的全面席卷和市场化改革的逐步深入，传统的企业价值观和责任观正在发生变化，更加关注生态环境、雇员权益、社会慈善和商业伦理，更多地响应社会需求、承担社会责任，已成为全球企业发展的基本趋势。转型社会中的中国国有企业长期承担着企业和政府的双重职能，在经济和社会生活中无所不在却又力不从心，社会对国有企业有太多的期许，而国有企业承担社会责任的现状却不容乐观。如何理清国有企业社会责任，使其在卸载过多社会负累的同时有效地履行社会责任，我们尚需要进一步探索。

一、何谓国有企业的社会责任

一般来讲，国有企业社会责任就是国有企业在追求经济效益的同时所肩负的维护和增进社会利益的责任。笔者认为，国有企业履行社会责任应遵循权责对等的原则，权利越大，责任就越大。

国有企业社会责任具有以下特征：第一，更多地着眼于非经济目标的实现。在我国历史文化传统、国际政治经济环境及生产力发展水平等诸多因素的制约和决定下，在较长的历史时期内，国有企业仍将是政府参与经济的重要手段，所以其社会责任就更侧重于提供就业岗位、调节收入分配、维护市场秩序等宏观非经济目标的实现。第二，更多地注重于宏观积极性的责任。对于国有企业来说，更应关注民族安危、国计民生、社会和谐、公共安全，在做好分内之事的同时，积极促进社会公共利益的实现，而不仅仅是承担违反法律义务的否定性后果。第三，国有企业承担社会责任应具有量力而行的边界意识。

总而言之，从国家和社会的发展大局以及国企的性质和地位角度出发，国有企业应当承担的主要社会责任在于，在国家社会经济活动中提高核心竞争力，显示先进性特征；在国家宏观经济调控中体现国家意志，发挥基础性作用；在推进和谐社会建设中维护民生民利，彰显中流砥柱风范；在维护社会公平正义和可持续发展方面，显现榜样性力量。但是，我们也应该看到，国有企业和其他性质的企业一样，都是市场经济中平等的经营主体，所以，我们不能苛求国有企业承担“莫须有”的社会责任，国有企业承担社会责任应该量力而行、细水长流。

二、国有企业社会责任履行状况及问题

改革开放以来，伴随着经济体制改革的深化和对外开放格局的形成，国有企业按照现代企业制度的要求，实行“政企分开”和“国企改制”，得到了很大发展。国有企业在这个过程中尽到自己经济责任的同时，许多企业特别是国有大型企业，也没有放松履行自己承担的政治、经济、社会责任，它们认真贯彻执行国家产业政策，致力于企业和社会的可持续发展，并积极参与社会公益事业，努力实践企业社会责任。

不可否认，也有一些企业在一定程度上把企业社会责任放到了次要位置，或把企业社会责任片面理解为向社会公益事业捐款捐物，把其他更直接、影响更大的社会责任放到了次要位置。一些国有企业出于市场竞争的压力和自

身利益的考量,甚至出现了只讲经济责任不讲社会责任的倾向。国有企业改革过程中的下岗分流、买断工龄、企业改制等不加区分的粗暴手段,将理应由企业承担的社会职能推向社会,把利润装入腰包,包袱甩给社会,责任由社会承担,滋生了一系列带有普遍性的社会问题。

随着国企改革的深入和利益格局的调整,社会针对国有企业的不满越积越多,某些企业赚取的是垄断利润,但对社会责任的履行不够。不仅生产安全问题、劳动合同与劳资纠纷问题、劳动保障与社会保险等问题与建设和谐社会、维护社会稳定不相适应的问题不断发生,近几年国有煤矿的重大矿难事故等重大安全生产事故以及频发的以广州为代表的华南地区"油荒"等事件,更是给环境和社会发展带来了极大的危害。这些事件的主角都是国有企业,因为经济上的逐利需求而放弃基本的社会责任,从而造成环境、员工权益和国家利益的损失,是对国有企业基本性质和公共目标的背离。

造成一些国有企业社会责任缺失的主要原因,一是企业对社会责任重要性的认识与政府对企业社会责任的监督指导尚未形成有机的统一体,企业一味追求效益最大化,而政府放松监督使得企业社会责任失控。二是社会上也未形成有效的监督机制。总的说来,国有企业之所以会被全社会指责为不履行社会责任,其深层次原因在于,国有企业在既有的制度框架下对责任的自我认知与社会期望发生了冲突。因此必须追根溯源,重新审视国企改革的制度安排和改革目标。从根本上我们必须回答两个逻辑相关的问题:国企改革为了谁?国企改革目标定位于何方?

三、国有企业改革和发展不应以保值增值为唯一目标

有人认为国企改革目标只有一个,就是国有资产保值增值,并将之作为判断国企改革是否成功的依据。事实上,单纯依靠这一目标的达成,并不能实现国企改革的初衷——增进社会福利。传统企业目的理论认为,企业的目标只有一个,就是实现自身利润最大化,这对于国有企业而言就是保值增值。与传统企业目的理论不同,企业社会责任理论则主张,企业的目标是二元的:除追求利润最大化之外,企业还应当保障和提升社会公益。或者说,在确保股东利润最大化的同时,实现企业非股东利益相关者福利的最大化。

"企业的非股东利益相关者",是企业的利益相关者的构成部分,系指在股东以外,受企业决策与行为现实的和潜在的、直接的和间接的影响的一切人。具体包括企业的雇员、企业产品的消费者、企业的债权人、经济和社会发展规划、资源和环境、社会保障和福利事业的受益者等方面的个体或群体。中国的国企改革问题不仅要置于向市场经济转轨的框架下来审视,还要置于社会福利保障的维度中来考虑,改革的目标同样不是单一性的,而是多元性的,即国有资产的保值增值和社会公益的提升。

在国企改革中,片面追求国有资产保值增值,简单剥离企业非经济功能,一味降低企业的社会成本,必然带来某些负面效应和社会代价。国有资产价值升高或降低与公共利益的增加与流失有时在逻辑上并非是正比或顺向关系。很多地方在国企改制时仅考虑保值增值最大化,而没有综合考虑其对地方社会福利的最优化。将国有企业"一卖了之","早卖赶个好价钱",甚至"低价贱卖";将国企职工买断工龄、下岗分流、抛向社会,等等,数不胜数的国企改革"怪招"、"狠招"、"损招"都是不想社会福利、不管百姓民生、不顾潜在后果的粗暴行为,它们只考虑国企的保值增值,甚至只维护部门利益和集团利益。国企改革,不仅仅要把一个企业改好了、搞活了,还要履行企业公民的社会责任,促进地方经济的健康发展,保持企业职工的就业稳定,增加基层员工的福利保障,提高财政收入的增长速度。这才是好的企业改革,才是为人民的企业改革,才能保证改革收益为人民所共享。

回首30年国企改革之路，得失成败尽在心间。从“扩大企业经营自主权”到“政企分开”，从“承包制”到“股份制”，再到最近的管理层收购(MBO)，每一轮改革都会造出一个新名词，并且留下一连串的经验和教训。笔者认为，国企改革不仅仅是一项经济改革，它还是一项社会改革，更是一项政治改革，改革的推力是复杂的，改革的手段是多样的，改革的目标是多元的，它联系着国家经济的命脉，触动到社会各团体的利益，牵动了政治参与者的神经。因此，国企改革的最终目的应是多元的、系统的、人本的，即要努力提升国有企业履行社会责任的能力，实现整个社会利益和民众福祉的增进。只要是符合增进社会利益和大众福利这一最终目标的改革方式，我们都可以而且应该探索。

（作者：海南省海口市人民政府副市长）

自主创新：为企业发展方式转变奠基

徐　龙

转变企业的发展方式任重道远，其中一个关键环节就是自主创新，提高核心竞争力。近年来，中国移动通信集团广东有限公司(简称广东移动公司)从实际出发，以技术、管理创新为抓手，在结构调整中获得了快速发展，实现了经济效益和社会效益的双赢。

一

作为通信行业的试验田，我们合理配置生产要素，狠抓自主研发，多项技术指标不仅领先全国通信行业，甚至领跑国际先进水平。2005年以来，我们将1万多项新产品推向市场，有3万余种信息增值产品稳占移动通信的个人市场、家庭市场、企业市场和信息化应用的市场份额。实践使我们深刻认识到：自主创新是一个系统工程，技术、管理、业务创新是奠基石。

技术创新，企业转变发展方式的关键。TD—SCDMA(简称“TD”)是由我国率先提出的3G国际标准。这一网络的正式商用，标志着中国特色移动通信自主创新体系的形成和完善。广东移动公司创新3G模式，先行先试力推TD，截至今年3月，我们的TD网络共计完成了三期建设优化工作。TD是第三代移动通信网络国产标准的商业运营，没有任何国际经验可以借鉴。在这样的情况下，我们攻坚克难、自主创新，着力唱响“规划—建设—优化”三部曲，打造了一张精品TD网络。我们创造性地提出了“无线城市群”的建设理念，率先在珠三角地区构筑了无所不在、无所不有、无所不能的智慧城市。无线城市是移动互联网的门户，是民生服务和各行各业信息的聚集平台，融合了移动互联网、物联网、云计算、三网/三屏融合、移动电子商务的技术与优势，是移动通信行业未来发展的战略高地，是信息服务的复合增长模式。

管理创新，企业转变发展方式的基础。在过去很长的时间里，我国的企业主要是以KPI(关键绩效指标)来统领和引导运营的。随着社会经济的发展，特别是移动通信业的特殊性质，要求我们必须在强调经济增长指标的同时，更多地关注人才的培养与用户的感受。我们创造性地提出了KHI(关键和谐指标)，将其作为引导与考察企业运营的主要评价标准。KHI具有结构系统性、指标导向性和微观主体性的特点，着重从“员工幸福感”、“员工敬业度”和“企业社会责任心”三个维度进行综合设计，始终坚持人本氛围、团队建设、成长环境与社会责任的理念。我们坚持 KPI 和 KHI“双轮驱动”，强调像服务客户一样服务员工，像节能减排一样为员工减压降负，像创造利润一样为员工创造幸福，这一评价体系的实施不仅使企业的经济效益大幅提升，更重要的是培养了一支能打科技硬仗的人才队伍，使自主创新之源永驻。

业务创新，企业转变发展方式的保障。在不断拓展主营业务的同时，我们率先提出了“网络创业大学”的构想，充分利用自身技术优势，以虚拟网络创业大学为载体，为大众搭建网络创业的平台。“网络创业大学”包括三大学院，即网络文学院、网络应用学院和网络商学院。网络文学院以“红段子”为载体，网络应用学院以 MM（移动应用商场）为核心，网络商学院以移动电子商务为内容，帮助高校大学毕业生、失业待业人员、网络爱好者实现网络创业。这一新型的创业模式，不仅帮助当地政府缓解了就业压力，也实现了企业自身业务的新突破。

二

为了使自主创新成为全体员工的自觉行动，我们紧紧抓住制度设计、智力支撑和队伍建设等关节点，有力地保障了企业创新目标的实现。

千方百计推出各类创新项目。我们采取年度计划、工程会战、全员提案等手段推进各类创新项目。重点创新项目立项后纳入年度计划进行管理，由项目牵头部门每月汇报进度，由公司年度计划项目管理员协同技术创新主管进行专项跟踪并向管理层汇报。对事关重大的项目，由公司管理层亲自牵头，以工程会战的方式进行实施。如 2005 年的优势 100 网络工程会战，对网络覆盖、质量、畅通、速度、安全五个方面的网络建设和维护技术进行了整体提升和优化。我们还综合施策，鼓励全体员工提出符合公司规划方向但未列入年度计划的创新提案，并建立了专门的电子平台对这些提案进行文本管理，由提案人指定的部门具体实施，并在取得成果后进行推广。

以充足资源保障创新的实施。公司的创新投入主要包括三个方面，一是依照集团公司对全国创新研发经费的统筹安排预列的科技研发投资；二是包括研发部门在内的各部门用于自主创新项目的研发成本；三是创新运营投入，包括平台建设费用和产品运营费用。为高效率地运用这些投资，我们制定了《科技创新经费管理办法》，成立了立项审定委员会，将经审定准予立项的项目列入公司投资计划，经董事会审批后，项目承担单位即可牵头组织实施科技创新。我们逐年加大自主创新投入，为创新研发和高效运转提供了资金保障。

致力于完善创新激励机制。为激发员工的创新热情，我们制定了行之有效的奖励办法，先后开展了“123 创新工程”（设立 100 万总经理创新奖，成立 200 个质量管理小组，开展 3000 人参与的创新活动）和“139”创新工程（1 万人参与创新活动，3000 条创新提案得到转化，90 个重要创新成果得到推广），对取得经济效益和获得专利、商标的创新成果进行表彰和重奖。在物质激励的同时，还在内部刊物上开辟了“创新风云人物”、“创新龙虎榜”等栏目；定期邀请业绩突出的员工与公司领导面对面交流，使之充分感受公司对创新活动的重视，引导员工实现人人创新、时时创新、事事创新，不断推进公司自主创新活动向高产优质的方向发展。

推进梯队建设，为创新提供智力支持。人才是创新的源泉和保障。我们重点实施了特色创新人才培养、技能培训和创新激励机制三项基础工作。不断夯实创新行家、创新管家、创新专家三支队伍的梯级建设，为企业的持续创新提供人才保障。“创新行家”是公司创新活动的主力军。我们在人力资源职位体系中专设了研发“项目经理”、“产品经理”、“行业经理”的岗位，为创新骨干人才的职业发展提供广阔的空间和有吸引力的薪酬待遇。“创新管家”是创新活动的管理者和引导者、创新文化的传播者和创新制度的解释者。“创新专家”是构建公司绩效导向的创新管理体系的重要保障。公司通过开展“专家凝聚计划”，吸收了700多名创新提案评审专家、60多名科技项目管理专家、100多名创新成果评审专家进入专家库，并通过多种渠道培养了220多名省级、国家级QC（质量管理）诊断师、50多名QC内部讲师，在创新管理中发挥着主力军的作用。

培育自觉、自主的创新文化与创新氛围。通过专门召开总经理创新沟通会、表彰大会，我们实现了企业领导与创新之星的面对面交流。同时，我们充分利用宣传栏、电子杂志、彩邮等方式，开通了全员参与创新的渠道。为保护创新热情，我们将网络规划、网路维护、工程建设等方面的攻关成果纳入专利产权保护范围，对其中可以申请发明专利的，及时依照公司管理流程申请保护。对代表公司形象、体现公司特色和涉及公司业务服务品牌的产品，纳入商标产权保护范围，按照公司商标注册管理流程进行保护。我们还组织了丰富多彩的企业创新活动，如主题式创新活动、竞争式创新活动，鼓励全体员工围绕公司发展战略和创新规划，确立自己的攻关课题或创新主题，运用头脑风暴，寻找创新性解决方案。我们不仅在全省率先应用了集团公司内部电子化创新活动管理系统，而且还倾力打造了面向全社会的创新活动管理平台，使创新活动的全流程闭环管理实现了固化和显性化，为公司的管理创新打造了坚实的信息化支撑平台。

三

总结经验，我们深深体会到：自主创新是一场持久战，更是一场攻坚战。要赢得胜利，最根本的就是要从实际出发，创新思维；就是要制定一个以自主创新为核心的发展战略；就是要舍得在科技研发上花大钱、下狠劲；就是要善于组织科技队伍攻关。创新的实践，使我们得到了深刻的启示。

要有坚定不移的创新理念。实践告诉我们，创新不仅是对现有科学技术的变革，也是对人们固有思维模式的挑战，从来都不是一帆风顺，更不是一劳永逸的。只有彻底地解放思想，人们的聪明才智才能充分涌流出来。可以说，固有的思维模式破除到哪一步，科技创新才能跟进到哪一步。因此，自主创新的关键不是资金，不是设备，而是企业有没有一支拥有坚定不移创新理念的员工队伍，只要有了敢于创新的人，任何奇迹都是可以创造出来的。我们正是秉持了这一理念，按照“做卓越品质创造者”的目标，使自主创新成为全体员工的共识与自觉行动。

要把创新与开拓市场结合起来。在社会主义市场经济条件下，市场与客户的需求不仅是企业推进自主创新的动力和目标，也是创新活动得以持续发展的关键。从TD技术水平的运用到“无线城市群”建设，从开办“网络创业大学”，为人们提供就业机会，到为边远地区农民提供气象、病虫害、农产品价格等信息服务，我们始终将自主创新活动匡定在国内外市场最需要的技术、服务和产品上。实践证明，与市场需求紧密结合的创新才是富有生机的创新，才是可持续发展的创新。

要使创新成为一种制度。为确保自主创新的可持续性，我们从根本上变革了管理体制，健全了上下信息充分对接的扁平化创新组织架构，为公司创新活动提供了坚实的组织保障；构建了“跨部门、跨公司、跨行业”的创新管理组织模式，打造了一张网络化的创新组织网；成立了专职的产品创新研发机构——数据业务中心，负责公司新业务技术的研发和新产品的市场推广；将创新理念融入公司战略规划、工作计划、企业文化和各项规章制度，特别是将创新意识和能力作为选拔经理人员的重要标准，使自主创新成为企业制度的重要内容，不因领导班子的变动而中断。

要致力培植创新的源泉。自主创新是智力活动，它寓于人们的头脑之中。只有充分激发员工的创造精神，创新成果才能源源不断。我们从“和谐动力计划”，到创新管理制度的安排，都将提升员工创新的历史责任感和自信心放在首位，真抓实干，绝不打折扣。在人才招聘环节，重视员工的创新水平和创新能力，不求全责备，真正实践了“让创新者进”；在激励机制的设计上，加大了创新在考核中的比重，重奖创新，使有创新能力的人才脱颖而出，真正做到了“让创新者上”，从而使企业的自主创新蓬勃向上。

（作者：中国移动通信集团广东有限公司党组书记、总经理）

提高国有企业党建工作科学化水平

杜茂华

中央企业是国有企业的骨干和中坚力量，在促进我国经济发展和社会全面进步、维护和实现最广大人民根本利益方面负有重大责任和重要使命。中国盐业总公司经过数年不懈努力，目前已成为亚洲最大盐营企业。当前，中盐的改革发展已进入一个攻坚破难的阶段，越是深化改革，越要积极探索新形势下加强和改进企业党建工作的新思路、新途径和新方法，努力把党的政治优势、组织优势转化为中盐的创新优势、竞争优势和发展优势。

一、抓认识，明确党建工作的新思路

在现代企业制度下要搞好党建工作，必须融入中心、进入管理，其核心就是要把服从、服务于企业发展作为中盐党建工作的出发点、落脚点和检验标准。

在指导思想上，坚持以中国特色社会主义理论体系为指导，全面贯彻落实科学发展观，坚持解放思想、实事求是、与时俱进，进一步加强领导班子和党员干部队伍思想政治建设，充分发挥中盐党组织的政治核心作用，把维护出资人利益、企业利益和职工群众合法权益统一起来，为推进中盐改革发展、实现国有资产保值增值提供坚强的政治保证和组织保证。在总体目标上，始终坚持“融入中心抓党建，进入管理起作用”。当前，中盐的中心工作是坚持“好中求快、由大变强”的战略方向，建设世界一流盐营企业。公司党委紧紧围绕发展这一主题，使党建工作的运行机制成为企业运营管理的有机组成部分，努力把党组织的政治优势转化为企业的核心竞争力。在主要任务上，围绕中盐党建工作的总体目标，着力建设一支政治素质好、经营业绩好、团结协作好、作风形象好，致力于为中盐建功立业、得到职工群众拥护的领导班子；开展以争创先进党组织、争做优秀共产党员为主要内容的创先争优活动；建设高素质的经营管理者队伍、人才队伍、党员队伍、职工队伍；建立一套适应中国特色现代国有企业制度要求，保证中盐党组织充分发挥政治核心作用的体制机制。

二、抓重点，发挥党组织的政治核心作用

确立企业党组织在公司治理结构中的政治核心地位，构建确保党组织充分发挥政治核心作用的公司治理结构运行机制，是中国特色现代国有企业制度的鲜明特征和本质要求。公司党委积极探索发挥党组织政治核心作用的有效途径，不断提高中盐党建工作的科学化水平。

把握核心主旨。把党的理想信念通过企业价值理念建设转化为中盐的凝聚力；把党的方针政策通过企业战略规划及实施转化为中盐的发展力；把党组织的政治核心作用通过企业党建工作创新转化为中盐的领导力；把党员的先

进性通过企业先进典型及形象塑造转化为中盐的带动力；把党的纪律作风通过企业规章制度及行为规范转化为中盐的执行力。完善体制机制。不断完善"双向进入、交叉任职"的企业领导体制，建立结构合理、配置科学、程序严密、制约有力、运转高效的权力运行机制，不断推动党委会与董事会、监事会、经理层之间在人员、职能、工作机制上的融合。完善党组织有效参与重大决策机制。如中盐株化公司结合企业自身实际，实行党政联席会议制度、总经理向党委汇报工作制度。完善选人用人机制。按照民主、公开、竞争、择优的原则，成立了由公司领导班子组成的竞聘领导小组，建立了一整套科学的竞聘组织机制，所有高级业务主管以上岗位全部实行公开竞聘。创新方式方法。中盐上海公司坚持"调查研究，掌握主动权，取得话语权；积极参与，行使建议权，实施监督权；履行本职，提供精神动力、组织保证、智力支持"的工作方式，为企业发展保驾护航。中盐新疆公司把党建工作考核评价体系与企业负责人经营业绩考核和企业管理工作有机结合起来，推动了党建工作和企业经营管理工作的相互融合、相互促进。

三、抓关键，加强领导班子建设

把中盐打造成世界一流盐营企业，迫切需要加强中盐领导班子和领导干部队伍建设，全面提升领导班子和领导干部队伍的整体素质和能力。

加强学习型领导班子建设，提高班子的政治素质和业务能力。公司党委不断加强党委中心组学习，建立了学习制度，并根据不同的学习内容和要求，扩大到各党支部书记和总部职能部门的主要负责同志。结合中盐自身发展实际，从理论基础、世界眼光、战略思维、党性修养、共克时艰、确保增长六个方面着力提高班子的整体素质和能力，使班子能够根据市场变化作出正确决策，掌握市场竞争的主动权。

加强民主集中制建设，增强领导班子的团结和活力。进一步建立和完善企业情况通报制度、情况反映制度、重大决策征求意见制度。在议事决策中，坚持"抓住大事定议题、调查论证做准备、提出原则拿预案、个别酝酿求共识、集体讨论做决断、分工负责抓落实"的"六步工作法"。注重健全党内生活制度，提高领导班子民主生活会质量；使民主生活会更具针对性，更加贴近班子思想政治建设的实际。

加强党性党风党纪建设，树立为民、务实、清廉的良好形象。认真抓好党规党纪教育，引导广大党员干部特别是各级领导干部增强廉洁自律意识。全面推进和落实党风廉政建设责任制，健全主要领导问责、分管领导督责、所有领导带头履责的党风廉政责任制度体系。围绕企业经营管理的重点、难点，不断加大监察审计的力度，从源头上预防腐败现象的发生。

四、抓基础，推进基层党建工作创新

企业党的建设重心在基层，创新在基层，活力在基层。公司党委适应当前企业改革发展的新情况新任务，不断创新基层党建工作载体，推进基层党建制度化建设，开展中盐班组建设工程，推动基层党建工作的科学化发展。

创新基层党建工作载体。以发挥党员的先进性为出发点，以解决企业改革发展中的难题为重点，积极创新基层党组织和党员发挥作用的载体和方式。中盐株化公司开展"一个党员一面旗"、"创先争优"、"党员挂牌上岗"等活动，有效增强了基层党组织工作的创造性和内在活力。中盐新干公司围绕"做党的忠诚卫士、当群众的贴心人"这一主题，使党建工作成为企业发展的内在推动力。中盐上海公司以"保增长立新功、出成果促发展"系列劳动竞赛为抓手，为增强基层党组织的凝聚力、战斗力和号召力搭建起广阔的平台。推进基层党建制度化建设。一方面对基层党建工作的各项制度进行认真梳理、修订和完善，另一方面把基层党建工作中一些行之有效的经验和做法以制度化的形式固定下来。中盐长江盐化公司实行党员工作汇报制度、党员教育管理制度、党员组织生活制度、党员监督考核制度，不断加强基层党员队伍的思想教育和引导，提高了党员队伍的整体素质。开展中盐班组建设工程。以建设学习型、技能型、效益型、创新型、和谐型班组为目标，积极开展优秀班组创建活动，努力创新班组建设形式，落实班组学习制度，探索班组建设的长效机制，把班组建设工作纳入中盐党建工作，作为一项重要内容加以贯彻落实，以党建工作促进班组建设，以班组建设深化党建工作。

（作者：中国盐业总公司党委书记）

相融并进：企业文化与学习型组织建设

邓　戈

企业文化和学习型组织建设是两个命题，它们都是促进企业发展的重要手段，各有特点又互相融合。

1. 从管理角度看，二者都是现代企业管理学推崇的有效形式。企业文化建设中提倡的理念、精神、准则、规范、制度等，对企业提高职工队伍素质、提高产品质量、塑造形象都发挥着有效作用。创建学习型企业提倡的学习工作化、工作学习化、终身学习的理念，对企业组织学习，形成学习型组织都发挥着极为有效的作用。

2. 从实现目标看，二者都是为了提高企业的核心竞争力。企业文化建设通过培育职工的共同价值观、行为规范和形象与形象性活动，全面提高职工队伍素质，推动企业的生产经营和改革发展，进而提高企业的核心竞争力。创建学习型组织通过培育职工终身学习的理念和机制，形成开放的学习系统和学习共享与互动的氛围，实现工作学习化、学习工作化，全面提高员工的学习力，最终达到提高企业核心竞争力的目的。

3. 从价值实现看，二者都建立在企业战略目标实现的基础上。企业文化建设注重人的全面发展，注重发挥人的自我约束、自我规范的作用。而学习型组织强调自主管理、系统思考、人的心灵转化等，这些都与企业文化建设相一致。企业文化理念导向与愿景目标激励更有一致性，就是把员工的价值实现建立在企业战略目标实现的基础上。因此，在建设企业文化的过程中可以以学习型组织理念为方法论，相互促进，最终形成学习型企业文化建设模式。

4. 从遵循的原则看，二者都强调以人为本。企业文化的本质是以人为本，学习型组织的本质也是以人为本。强调的都是一切依靠人，一切为了人。其中，一是都提倡实现共同愿景、共同价值观；二是都提倡学习为先的理念；三是都提倡发扬团队精神；四是都要求改善心智模式，超越自我，特别是创新。这些都是把人当成企业最根本的元素，企业要生存和发展，根本在人的素质提高。

5. 从组织形式看，二者都需要党政工团齐抓共干。企业文化是企业家的文化，党政一把手抓责无旁贷。创建学习型组织，领导干部带头学习责任重大。实践中，都是党委领导、行政协调支持，工会、团委密切配合的，没有党政领导的亲历亲为，没有党政工团的合力共促，要落实各项任务是困难的。

6. 从实际效果看，二者都要实现成果转化。企业文化建设的成果要体现在企业有创新能力、产品质量好、有特色品牌、体现企业的形象。学习型组织的成果体现在职工学习成为一种自觉行为，成为工作的一部分，在学习中提高，在工作中创新，全体员工素质的全面提升，企业的品位整体提升。

企业文化与创建学习型组织有着不可分割的联系，二者同属于社会主义精神文明范畴，属于中国先进文化的重要组成部分，是一个问题的两个侧面。良好的企业文化氛围是建立学习型企业的重要条件；反过来，作为企业文化建设的重要内容，企业共性和员工个性统一的实现过程是一个学习的过程，只有重视学习，才有可能统一企业员工的思想，使员工的个性融入到企业共性当中，把个人利益同集体利益相融合，使员工与企业做到同舟共济，增强企业凝聚力，为企业发展服务。总之，企业文化建设与创建学习型组织也是一脉相承的，企业文化建设丰富了学习型组织理论，创建学习型组织提高了企业文化建设水平，学习型组织是企业文化建设的载体，是企业文化建设在广度和深度上发展，企业文化可以运用学习型组织加以深化。

（作者：平煤股份四矿党委书记）

思想政治工作要为企业科学发展提供有力保障

陈善富

随着社会不断发展变化，企业改革不断深入推进，企业员工的心理特点、思维方式和价值取向都发生了很大的变化，这给思想政治工作带来一定难度。我们坚持以邓小平理论、“三个代表”重要思想和科学发展观等重大战略思想为指导，认真开展思想政治工作，党的组织建设到哪里，思想政治工作就落实到哪里，连续多年被评为思想政治工作先进单位，为企业发展提供了强大的精神动力、思想保证和舆论支持。

一、着眼整体，联络成网，构建思想政治工作的一体格局

思想政治工作涉及企业各个方面，在当前新形势下需要着眼企业整体，树立“大政工”观念，构建“大政工”格局，时时体现思想政治工作特色，处处发挥思想政治工作优势，人人是思想政治工作主体，形成全员做思想政治工作的氛围。

把握好一和多的关系，在“联动”上下功夫。党管意识形态，这是我们党的重要工作原则，必须坚持党对思想政治工作的一元化领导。企业管理离不开对人的管理，思想政治工作恰好是做人的工作的。员工的思想状况在管理过程中表现得最充分，如果企业管理不重视抓好思想政治工作，就会人心不稳、人心不顺或人心不齐，直接影响企业健康发展。从这个角度讲，思想政治工作也是企业管理工作的应有之义，必须坚持党委统一领导，党政工团多个部门齐抓共管，每个部门都是思想政治工作的窗口，每个人都成为思想政治工作员，形成人人参与的大好局面。

把握好上和下的关系，在“互动”上下功夫。搞好思想政治工作，需要基层吃透“上情”，机关摸清“下情”，企业上下形成有效互动。构建信息灵通的工作网络，有利于搞好思想政治工作。可以利用网络办公平台，开辟党建栏目，开展网络政工，基层组织有什么情况，基层施工有什么问题，职工思想有什么动态，都可及时反映出来，我们能够在第一时间掌握第一手资料，大大提高思想政治工作的有效性。领导干部要多与基层沟通，要深入调查研究，了解自己的工作对象目前想什么、做什么、需要什

么，增强思想政治工作的针对性。

把握好事和人的关系，在“主动”上下功夫。搞好思想政治工作，需要落实到人，提高各级思想政治工作人员的积极性，做到事有专管之人、人有专管之事。应该加强制度建设，健全目标责任制，强化岗位责任制，实行考核问责制，一层一层地抓、一项一项地抓、一环一环地抓，确保任务分解到位，措施落实到位，目标实现到位。从实际出发，围绕目标体系，制定切实可行的工作保障措施，把思想政治工作各项工作部署细化分解，确定具体的目标、制定具体的措施、规定具体的时限、落实到具体的责任人，形成“千斤重担人人挑、人人肩上有指标”的工作局面。

二、围绕发展，把握重点，明确思想政治工作的努力方向

搞好思想政治工作，需要认识思想政治工作在企业各项工作中的定位。企业是一个经济组织，发展是企业最大的任务。思想政治工作要围绕经营中心，服务发展大局，推动企业持续、健康和快速发展。

形势任务教育，为企业明确发展目标。形势任务教育属于思想政治工作的重要内容，实践证明形势任务教育到位，思想政治的其他工作就好做。开展形势任务教育，需要结合企业实际，具体到我们施工企业，需要结合施工生产，引导广大职工树立“质量是最大的信誉”、“安全是最大的效益”和“事故是最大的风险”等理念，努力在各自岗位创造最佳成绩。开展形势任务教育，需要把握正确口径，教育引导职工既要看到困难，增强危机意识，又要正视困难，增强必胜信心，教育引导职工自觉与企业结成“利益共同体”，引导职工增强工作的危机感和压力感，努力维护企业持续发展的良好局面。

先进典型引路，为企业注入发展动力。榜样的力量是无穷的，充分发挥典型的示范带动作用是开展企业思想政治工作的有效措施。企业需要认真总结企业发展中取得的新成效、新亮点和新经验，用典型的人物感染人，用典型的事迹鼓舞人，用典型的精神激励人，在全体职工中掀起比学赶帮的热潮，为企业快速发展奠定坚实的思想基础。重点抓好三个层次的典型宣传，即生产一线工人中勤劳工作的典型、青年知识分子刻苦钻研的典型、管理干部中创造效益的典型，先后推出一批站得住、推得开和叫得响的先进典型。

思想道德建设，为企业保障发展方向。一个企业思想道德水平的高低不仅是衡量一个企业文化水平的标准，更是决定企业兴衰成败的重要因素。搞好思想政治工作，需要积极培育核心价值观，树立社会主义荣辱观，积极开展社会公德、职业道德和家庭美德教育，形成知荣辱、讲正气、促和谐的良好风尚，为企业健康发展提供有力的思想道德保障。

三、立足实际，狠抓落实，确保思想政治工作的实际效果

思想政治工作要取得实效，必须深深地扎根实际，在落实上狠下功夫，帮助职工统一思想，增强信心，努力营造“聚精会神搞建设，一心一意谋发展”的良好氛围。

着眼于以人为本，始终保持“一条心”。思想政治工作主要对象是广大职工群众，必须坚持党的群众路线，与群众保持一条心。需要走进群众，了解群众，与群众打成一片，反映群众的利益、愿望和要求。具体到企业，就是要重视员工的价值，维护员工的尊严，尊重员工、理解员工和关心员工，这样才能振奋员工的精神。我们坚持以人为本，将思想政治工作与维护职工利益结合起来，将思想政治工作与解决企业实际问题结合起来，在群众的企盼点、兴奋点和关注点上寻找思想政治工作的切入点，针对不同人、不同问题和不同个性特点，采用不同的工作思路、办法和艺术，开展得人心、暖人心和稳人心的思想政治工作，帮助他们解决实际困难，使广大员工感受到组织的关心和企业的温暖，更加积极地投入到工作中去。

着重于形成合力，避免出现"两张皮"。思想政治工作的目的，就是保证党的基本路线在企业的贯彻落实，激发广大职工群众的积极性，确保企业又好又快发展。思想政治工作与生产经营工作相辅相成，并行不悖，既不能厚此薄彼，也不能顾此失彼。仅强调抓经济、抓效益而忽视抓思想政治工作，结果往往导致职工思想混乱，严重影响生产经营。如果单纯搞思想政治工作，就会背离发展经济的宗旨。必须把思想政治工作同生产经营工作有机结合起来，做到同部署、同检查和同落实，在搞好生产经营的同时抓好思想政治工作，以深入细致的思想政治工作推动生产经营工作的顺利发展，以健康发展的生产经营工作促进思想政治工作的深入开展，使党政工作形成"双赢"的良好局面。

着力于创新形式，坚决摈弃"三顽症"。只是简单地重复过去的老办法是难以奏效的。我们必须紧跟时代步伐，在创新工作形式上下功夫，不妨把形式搞得活一点、乐一点和美一点，坚决摈弃假、大、空三大顽症，这样才能始终使思想政治工作保持蓬勃生机。

在深化国有企业改革和发展社会主义市场经济的条件下，思想政治工作对内凝聚积极力量，对外塑造企业形象，地位越来越重要，作用越来越突出，对有力推动企业发展有着重大意义。广大思想政治工作者要认清形势，牢记使命，在新形势下做出新成绩，为企业创造一个井然有序的工作环境、一个宽松和谐的人际环境和一个健康向上的文化环境。

（作者：中铁十八局集团二公司党委书记）

同心聚力　同创佳绩　同享辉煌

石家庄供电公司党委

近年来，为了深入贯彻国家电网公司推进"两个转变"、建设"一强三优"现代公司的战略部署，确保各项工作落到实处，石家庄供电公司发挥思想政治工作优势，以同心为基础，同创为目标，同享为追求，创新实践了"三同"思想政治工作法。

（一）坚持"三个做到"，引导思想政治工作落实到位。一是做到目标明确。紧紧围绕建设"一强三优"现代公司的战略目标，积极推进"两个转变"的贯彻落实，引导干部员工站在更高的层面上审视工作，在各自的岗位上恪尽职守，埋头苦干，脚踏实地做好本职工作，以优良的业绩走在行业前列。二是做到发挥优势。自觉发挥党组织思想政治工作优势，坚持以人为本，从员工的心理需求出发，既尊重员工、教育员工、引导员工，又关心员工、塑造员工、成就员工，注重调动广大员工的积极性、主动性、创造性，为企业科学发展提供强大的思想保证和精神动力。三是做到注重效果。引导员工正确处理个人利益与企业利益、社会责任的关系，使企业的发展与员工个人的价值追求完美结合，实现员工与企业共享国家电网品牌的荣誉和价值，共享发展成果。

（二）推进"三个建设"，思想政治工作跃上新台阶。一是加强党组织建设，充分发挥党员干部的表率示范作用。开展深入学习实践科学发展观活动，强化基层党组织政治核心作用，以创建学习型党组织和电网先锋党支部为载体，选树"党员示范岗"，引导党员群众不断深化对中国特色社会主义理论体系的理解，不断增强贯彻落实的自觉性和坚定性。二是思想政治工作与企业文化建设有机结合，使国网核心价值观根植于心。大力宣灌国网公司优秀企业文化，引导干部员工深刻认识和自觉遵循国网公司核心价值体系。以“诚信、责任、创新、奉献”为主题，开展“讲述身边的故事”活动，形成了“人人身上有故事，个个班组讲故事，每个单位评故事”的良好氛围。三是打造一流员工队伍，在建设“一强三优”现代公司的实践中建功立业。

（三）创新四个载体，促进思想政治工作融入管理。一是打造安全生产“零违章”，切实做到“三个百分之百”。把保证安全生产作为思想政治工作的重要内容，大力增强员工安全意识，规范员工安全行为，改善员工安全环境。响亮地提出了安全生产要实现“零违章”，“作业零时差，现场零违章，监督零宽容”已经成为各级人员自觉遵守的工作标准。二是建设优质服务“零投诉”，树立“诚信履责、可靠信赖”的良好形象。认真践行“四个服务”宗旨，强化“优质服务是国家电网生命线”的教育，以“塑文化、强队伍、铸品质”供电服务提升工程为抓手，打造一流的营销队伍、铸造卓越的服务品质，实施优质服务“零投诉”。三是实施全员创新工程，拓展新思路，开辟新境界，打开新局面。增强员工的创新意识，实施全员创新工程，积极推进技术创新、管理创新和方法手段创新。四是开展思想道德建设，深化自我教育，点滴养成。

（执笔人：刘伟、陈香宇、关军英）

关于加强煤矿企业安全文化建设的思考

魏金奎

安全工作是煤矿企业管理的重点，也是难点；安全生产是企业综合素质的反映，更是企业管理水平的重要体现。搞好安全说到底要靠每一个员工的自觉自律，而每一个员工良好行为的养成，其根本是靠文化。所以，培育优秀的煤矿安全文化，塑造想安全、会安全、能安全的员工，是实现煤矿长治久安的根本途径，也是煤矿企业亟待解决的重要课题。

一、构建安全教育培训引领体系，是加强煤矿企业安全文化建设的先导。安全工作要坚持以人为本，注重思想观念的引领，不断提升人的思想境界和能力素质，特别是要把握好安全理念铸魂和知识技能提素这两个着力点。基于这种思考，安全教育培训引领体系的构建需要从四个层面灌输引导、潜移默化，最终成为全体员工的共识和恪守的行为规范。一是理念表述，即鲜明地提出安全工作的价值取向和基本倡导，形成由主导安全理念、理念释义、行为禁忌、安全人标准、区队安全信条、班组安全格言、岗位安全铭言、管理者安全承诺构成的安全理念表述体系。二是宣灌认知，即通过多种方式，让员工认可、接受和内化理念表述。运用班前理念诵读、安全宣誓、阵地视觉冲击、定期理念测考、岗位随机抽测等方式，组织安全理念内容的学习认知，达到熟记、熟背和熟知。三是心理调适，即按照安全理念表明和倡导的行为取向，调整员工所持有的不适应的思想意识和心理应激，固化员工安全生产的思想观念和良好心态。建立由公司、区科、班组三级调适主体，由糊涂人、鲁莽人、懒惰人、甜蜜人、迷糊人、疲劳人、法盲人、经济人、情绪人十种调适对象构成的工作机制。四是技能培训，即坚持运用每天班前会安全培训、每周安全活动培训、月份作业规程培训、季度操作规程培训、半年应知应会培训和每日一题基本常识培训、每周一课业务知识培训、每旬一个案例剖析培训、每月一次综合考试的培训方法,形成全方位、多视角、经常性、实用性的技能培训实施体系。开展练兵比武、师徒结对、技师评聘、岗位带头人选拔、新工岗前培训等长线活动,提高培训效果。

二、构建安全责任制度约束体系,是加强煤矿企业安全文化建设的关键。在安全管理工作中,必须认真对待责任问题,不断完善制度约束体系,让责任和制度无处不在,使落实责任与执行制度成为员工的一种主观追求。具体应重点抓好两个方面的工作。一是建立全覆盖的责任约束体系。细化安全健康环境委员会、各专业安全管理小组、业务保安部门、区科、班组五个层次的群体安全管理责任,明确什么部门办什么事,办什么事尽什么责。细化从党委书记和矿长一直到岗位操作员工九个层级的个体安全管理责任,并实施多种形式的安全责任追究。二是建立全面完善的制度约束体系。在安全管理方面,建立包括安全教育"培塑"系列、安全思想状态分析系列、安全技术培训系列、安全会议流程系列、安全检查排查系列、事故报告分析处置系列、安全设施器材管理系列、事故应急预案管理系列、各级各类人员基本管理制度系列等制度体系。在安全考核方面,形成安全结构工资考核、安全风险抵押金考核、文明生产质量标准化考核和安全基础工作考核等工作制度。在安全奖惩方面,实施习惯性违章、质量标准化、地面作业等方面的奖惩制度。通过明确责任、完善制度、强化追究、严肃奖惩,形成有效的约束力。

三、构建安全市场化精细管理驱动体系,是加强煤矿安全文化建设的保障。总结安全管理工作中的经验教训,需要把安全工作的关注点从以"事"和"物"为中心的传统思维中转移出来,放到"人"的行为上,并进一步把目光聚集到人的安全生产行为的内在驱动力上。为此,在安全市场化精细管理模式的构建上,要注重在分析人的现实需求,充分考虑各种需求对行为产生的驱动强度的基础上率先将市场机制引入安全管理,即将生产工作中可能出现的诸多安全问题和隐患,按照可能造成事故的危险程度、处理难易程度进行量化,形成"隐患价格",按照价格进行内部安全隐患交易,达到价值利益驱动的目的。一是建立安全市场化运作的组织体制,成立专业化运作的安全市场部。二是形成用于市场化交易的隐患价格。三是建立隐患交易及市场化运作的控制体系,制定安全隐患检查流程、安全隐患服务费用支付流程、安全工资管理流程和安全隐患服务规则、安全事故分析规则、安全市场化精细管理调整仲裁规则。四是建立信息网络支撑体系,形成用于安全隐患市场化交易的网络操作系统,使其具备安全隐患价格查询、安全服务费用收支、安全隐患处理情况显示等功能。

四、构建安全预警分析管控体系,是加强煤矿安全文化建设的动力。凡事预则立。安全工作更需要超前分析和预测,掌握主动权。安全管理工作必须实现由事后查处向超前预防预控的转变,变被动处置为超前分析控制。安全管理活动是一项系统工程,涉及到多个方面,多种因素,需要利用科学的手段,达到整体把握、系统管控的目的。一是依托计算机信息网络,开发系统软件,建立人、机、物、环实时监测体系。监测体系以安全隐患、"三违"行为、轻伤事故、非伤事故、各类事故、职工疲劳情况、员工经验状况、教育培训效果、基础工作为监测要素,通过各种要素的指数化,形成数据信息,利用计算机信息处理功能,对输入的安全工作的具体信息,进行即时统计处理,自动生成监测结果,显示出当期安全状态和红色预警提示等功能。二是建立系统追问工作体系,对不安全状态及各类不安全事件在细节上去查找原因和分析责任。在体系构成上,有公司和区科两级追问主体;有不安全状态、隐患问题、事故、"三违"行为等追问内容;有人、设备、材料、制度措施、环境五大追问要素和追问路径。三是建立走动式管理体系,形成对生产现场进行巡视检查,及时落实管理责任并进一步发现问题的工作机制，明确谁去走动、走动到哪里、什么时间走动、走动几次、发现和解决了哪些问题。另外，全面导入手指口述、安全确认等操作方法，初步实现岗位预警预控。

五、构建安全环境状态优化体系，是加强煤矿安全文化建设的根基。环境能够影响和改变人，要通过不断刷新生产作业环境和优化人的工作状态，达到强化基础，规范行为的目的。在工作的推进上，要在系统分析安全、文明、和谐的物态环境和人文环境的基础上，一方面对外在的物态环境，以质量标准化和亮点部位建设为重点，大力开展创建活动。对于煤矿生产的主要工序，要大力倡导“掘进为安装做标准化，安装为回采做标准化，回采为回撤做标准化”的质量标准化工作的大思路，实现各主要工序相互衔接的程序化管理、标准化实施、闭合式运作。同时引入工程管理市场化机制、质量控制监理化机制、工程竣工验收现场会机制，达到靠管理“动态做标准化”的程度。不间断地开展质量标准化竞赛活动，坚持月安排、旬检查，月底进行考核奖惩。广泛开展“按规范设计、按设计施工、按标准验收”活动，要求所有施工工程都制定具体细化的标准，从材料码放、管线吊挂、设备布置到施工工艺流程，保证工作现场处于动态达标。利用现场会的方式推进精品工程创建，制定现场会奖惩政策，推进环境建设上档次。在各条巷道和施工地点布置醒目的安全标识，形成较强的视觉冲击。另一方面，对内在的人文环境，持续开展“文明礼貌、亲和互动”活动；发挥员工家属的“第二道防线”作用，定期组织“家属进矿讲安全”、“家属班前会安全嘱托”、“安全小卫士助战”、“致员工家属一封信”活动；定期组织层层安全承诺活动；开展丰富多彩的群众文化活动，激发员工热爱生活、珍惜生命、努力搞好安全生产的热情。

（作者：开滦（集团）东欢坨矿业公司党委书记）

“阳光行动”推进文化深耕落地

陈　咏　孙冬丽

企业文化“重在建设，重在实践”。南阳供电公司创新思路，广辟途径，以“阳光行动”为载体，使先进的价值理念落实到广大干部员工的思想行动上，把国网文化根植于员工内心，融合于公司发展战略、经营管理、安全生产、电网建设等各个方面，为深化“两个转变”、建设“一强三优”现代公司提供了持久动力和坚强保障。

（一）以“事业追求阳光”为己任，实施人才强企战略。认真落实国家电网“诚信、责任、创新、奉献”核心价值观，铸就一支结构合理、素质优良、爱岗敬业、执行力强，与建设“一强三优”现代公司发展目标相适应的员工队伍。着重从荣誉、资格、待遇三个方面进行激励，通过展示成果、表彰先进、政策倾斜、岗位晋升等措施，让优秀人才“政治上有荣誉、经济上有实惠、企业中有地位”，激发广大员工“忠诚企业，爱岗敬业，岗位成才”的内在动力。在省公司系统首创了“首席工程师”制，众多知识型、技能型、创新型、复合型人才脱颖而出。

（二）以“管理凝聚阳光”为基础，深化精益化管理。深入开展全员“责任铸金牌”主题活动，在纵向上，从公司本部到所属各单位、各县（市）电业局，不论是主业还是多经，全面延伸开展;在横向上,不断拓展活动广度,按照“分厘必争、不留遗憾”的要求,改进弱势指标,挖掘潜力指标,巩固优势指标,把金牌工程项目覆盖到规划、基建、生产、营销等各业务领域、各工作流程,以争创18个金牌工程为契机,大力营造争金夺标、勇创一流的浓厚氛围,形成了“争先晋位,勇夺金牌”的氛围。

(三)以“服务播撒阳光”为展现,创造服务价值。全面履行国家电网“四个服务”的企业宗旨,实施“塑文化、强队伍、铸品质”供电服务提升工程,创新服务理念,规范服务流程,完善服务机制,创造服务价值。实施业扩报装“契约式”服务和“责任到岗、挂牌服务”客户经理制、首问负责制,开辟“三色鸽”超市代收和“缴费通”网点26个,拓展收费渠道,提升了优质服务水平。

(四)以“和谐铸造阳光”为延伸,履行社会责任。努力践行国家电网“以人为本,忠诚企业,奉献社会”的企业理念,以真诚奉献爱心,以发展回报社会,努力为行业发展和社会进步做出应有的贡献。服务南水北调移民迁安,践行移民电力设施施工费免收承诺,无偿出工累计将超过3000万元。成立“南电光明爱心基金”,累计解决4259个贫困户的交费问题;投资126.55万余元为全市中小学免费提供安装高压设备;投资587.8万元免费为农村盲点村进行农网改造,积极改善农民基本生产生活条件。

(五)以“精神闪烁阳光”为动力,助推企业科学发展。发扬国家电网“努力超越,追求卓越”的企业精神,以“精神闪烁阳光”为动力,用先进的文化引领方向,凝聚人心,规范行为,构建科学发展的环境。公司通过打造现代化多功能的企业文化展厅,发挥了国网文化教育基地作用,以强烈的视听效果在系统内外产生了较大影响。广大员工对以“阳光行动”为载体学习践行国网文化给予的热情与专注,激励公司领导班子坚持不懈地从企业实际出发,内强素质,外塑形象,努力推进国网公司文化落地生根、开花结果,为提升国网公司品牌价值和社会影响力做出了应有的贡献。

“阳光行动”使文化成为一种生产力,推动各项工作取得了优异的成绩,公司呈现出和谐融洽、干事创业、蓬勃向上的良好局面。

(作者单位:南阳供电公司)

新时期国企思想政治工作有所为有所不为

何生杰

思想政治工作,说到底,就是针对人们思想中的种种疑惑、矛盾,通过适当的方式,宣传正确、科学的道理,帮助人们解开思想上的疙瘩,树立正确的世界观、人生观和价值观,以更积极向上的姿态投入生活、投入工作,为企业的持续有效和谐发展作出自己的贡献。必须认识到,社会的进步、稳定和整合,是由多方面因素,特别是由物质的、经济的力量来决定的,即思想政治工作不是万能的。

随着国有企业改革的不断深化,利益的不断调整,种种原因导致的人们的思想问题也不是都能通过思想政治工作来解决的。因此,思想政治工作有其能,也有其不能;要有所为,也要有所不为,这是体现了思想政治工作的一个重要原则、方法和策略。因为如此,思想政治工作就要同其他各种社会调控、整合手段和管理约束结合起来,相互配合、促进,以实现思想政治工作价值最大化。

重点之一：领导抓、抓领导，找准思想政治工作的重点对象

一提思想政治工作，有些人就认为对象是职工群众。确实，对职工群众要做思想政治工作。但笔者以为，新时期国有企业思想政治工作的重点对象是各级领导干部。其一，毛泽东同志在中国革命早期就强调“政治路线确定之后，干部就是决定的因素。”邓小平同志强调指出：“党和政府愈是实行各项经济改革和对外开放的政策，党员尤其是党的高级负责干部，就愈要高度重视、愈要身体力行共产主义思想和共产主义道德。”以胡锦涛同志为总书记的党中央根据新的情况，提出大规模培训干部，大幅度提高干部素质。中国共产党对于干部队伍建设这个关系到我国现代化建设成败的伟大战略工程的认识越来越深刻、越来越全面。其二，只有各级领导亲自抓思想政治工作，真正发挥作用，思想政治工作才能有权威、有力度、有成效。特别是新时期国有企业思想政治工作的价值座标定位在科学发展这个中心后，思想政治工作不单是政工干部的本职工作，也是行政干部的分内事。思想政治工作只有首先“进班子到干部”，才能最后“进班组到人头”。其三，一些单位存在“一手硬、一手软”的问题，主要的还是这个单位的领导在认识上有偏差，在行动上没到位。较之群众，领导干部由于所处地位、掌握权力很不相同，如果他们的思想认识有问题又不能及时解决，危害性更大。现实情况是，部分干部中的思想和作风问题，不仅影响工作，还直接影响群众，成为群众思想问题的“根源”。试想，如果领导拉帮结派顺昌逆亡，企业能形成团结向上生动活泼的氛围吗？如果领导对改革以自我划线，能要求职工开拓创新投身改革吗？因此，只有着重做好领导干部的思想政治工作，才能更好地带动对广大职工群众的思想政治工作。

重点之二：抓信念、转观念，把握思想政治工作核心内容

面对新的复杂的国际国内环境，国有企业几乎没有哪项工作不需要思想政治工作。但认真梳理，有两个是根本。一是坚定信念，二是转变观念。无论是实施科教兴国还是科技兴企，无论是发展知识经济还是创造先进生产力，无论是提高综合国力还是提高企业竞争力，无论是建立社会主义市场经济还是企业重组改制科学发展，关键都要靠提高人的素质，发挥人的创造精神。思想政治工作就是要阐明共同的利益关系，使全国人民和企业员工有一个共同的思想基础、共同的理想信念和共同的奋斗目标，从而焕发出更大的积极性、主动性和创造性，为建设中国特色社会主义而奋斗，为不断提高国有企业的影响力、控制力和带动力贡献力量。胡锦涛总书记指出，“理想信念教育是思想政治工作的核心内容”。李长春同志去年底在中国政研会九代会讲话中也强调，加强和改进思想政治工作，必须紧紧围绕建设社会主义核心价值体系来展开。因此，要把加强理想信念教育作为重中之重，引导广大干部群众坚定在党领导下走中国特色社会主义道路、实现中华民族伟大复兴的信念和信心，坚定国有企业一定能在市场经济大潮中发展壮大的信念和信心。

社会主义现代化建设对人所提出的素质要求中，观念的现代化居于首位。美国学者英格尔斯深刻指出，如果人们“自身还没有从心理、思想、态度和行为方式上都经历一个现代化的转变，失败和畸形发展的悲剧结局是不可避免的。再完美的现代制度和管理方式，再先进的技术工艺，也会在一群传统人的手中变成废纸一堆”。现代化建设要依靠现代化的人，而人的现代化的关键是思想观念的现代化。社会主义市场经济的原则，就是让人们去冲决陈旧传统观念的束缚，形成一种较为先进的思想观念形态，真正获得人的主体性高度自觉，在改革发展中作出更大贡献。当前，国有企业干部职工最大的差距依然是观念上的差距。思想政治工作在帮助干部职工坚定理想信念的同时，要结合培育先进的企业文化，帮助干部职工彻底转变在计划经济下形成的旧思想旧观念，及时修

正不符合科学发展观的做法和思路，树立和社会主义市场经济相适应、和科学发展观相吻合的新思想新观念，如绿色效益观念、市场诚信观念、公平竞争观念以及新的就业观念等，引导人们正确处理竞争与协作、效率与公平、先富与后富、经济效益与社会效益的关系，使思想政治工作真正体现新的时代精神。可以说，信念不牢，地动山摇；观念不变，停滞不前。抓住了"两念"教育，就抓住了思想政治工作的"纲"，纲举而目张。

重点之三：抓阵地、用舆论，用好思想政治工作的有效载体

经过几十年努力，国有企业普遍建立了一整套思想政治工作运行机制，并不断改进加强。随着科技的飞速发展和信息时代的来临，大众传媒和舆情对于人们思想认识的冲击越来越直接、迅猛、突出，特别是以互联网、手机为代表的新兴媒体的发展和普及，以特有的传播方式和特殊的渗透功能，使对干部职工的思想和行为的影响从没有像今天这样广泛、深刻。思想政治工作迫切地需要树立阵地意识，紧紧抓住思想、文化、舆论阵地，"用科学的理论武装人，用正确的舆论引导人，用高尚的精神塑造人，用优秀的作品鼓舞人"，用健康向上的思想陶冶人们的道德情操，塑造人们的美好心灵，以统一思想，凝聚力量，振奋精神，鼓舞斗志。正如江泽民同志所说："舆论工作就是思想政治工作，是党和国家的前途和命运所系的工作。"中共中央1999年在《关于加强和改进思想政治工作的若干意见》中要求："要充分发挥新闻媒体在思想政治工作中重要作用，增强宣传教育的吸引力、感染力和说服力。"李长春同志今年初在全国宣传部长会议上也强调，要适应时代发展要求，努力提高与媒体打交道的能力，切实做到善待媒体、善用媒体、善管媒体，充分发挥媒体凝聚力量、推动工作的积极作用。了解舆情，用好舆论，是新形势下思想政治工作要着重研究的新课题。一般说来，大型国企的内部新闻媒体在企业党委领导下，在政治上都把关较好，需要加强的，是如何用其特有的传播方式、特殊的渗透功能、特别的覆盖范围，对内凝心聚力，对外提升形象，为国有企业强化管理、提高效益、科学发展服务。目前，越是深化改革、搞市场经济，越是贯彻科学发展观，企业的报刊、有线电视、局域网、手机报等内部媒体和载体，越将在统一思想、促进改革、有效发展中发挥重要作用。而有的企业在深化改革过程中一味强调减人压编、撤并甚至取消新闻媒体，这种自动放弃或丧失思想政治工作阵地的现象应引起警觉。胡锦涛同志担任党中央总书记不久就特别指出："值得警惕的是，往往形势好的时候，容易放松、削弱宣传思想工作，结果吃了亏。"

当然，对企业的新闻媒体，有进一步发挥潜在管理功能适应社会主义市场经济的问题，也有客观真实宣传正确有效地引导舆情的问题；有转变观念创新创优问题，也有进行必要投入加强自身建设发展问题等。总之，新闻媒体是做好新时期思想政治工作最快捷、最直观，可旗帜鲜明又潜移默化，容纳量最大、覆盖面最广的有效载体。

重点之四：抓管理、办实事，再铸思想政治工作权威

近年思想政治工作在人们心目中威信没有以前高了。究其原因，除了围绕中心、服务大局需进一步强化外，要着重做好两个方面的结合，再铸新时期思想政治工作的权威。

一是坚持思想教育与依法治企从严管理相结合。思想政治工作必须坚持以人为本，做到尊重人、理解人、关心人、帮助人，但同时要做到教育人、引导人、鼓舞人、鞭策人。现在有些企业领导片面理解"以人为本"，过分强调"人情味"，有的为了"选票"等利益考量甚至无视政策和制度规定，迎合少数人的一些不合理要求，在思想教育中，忽视或不敢提教育人、塑造人和改造人，对人的缺点乃至错误言行，睁只眼闭只眼，致使管理不严，思想政治工作丧失了应有的

权威。有的企业制度不完善,或厂规不合法,或管理不科学,容易引发职工的思想问题,而一旦出现矛盾,就把思想政治工作当作"救火队",此时的思想政治工作很难收到效果,更谈不上权威。实践证明,单纯的思想政治教育不是万能的,必须强调教育与管理辩证统一于思想政治工作之中。教育是软约束,管理是硬约束。规章制度和管理措施带有科学性、根本性、全局性,教而不管,没有严格科学的管理制度和组织纪律,思想政治工作就会软弱无力。当然,光有硬约束不能完全解决思想问题,但光有软约束,就缺乏力度。只有"软""硬"结合,在进行思想教育的同时,结合相对科学规范的规章制度和组织纪律、工作纪律等管理手段,才能把思想问题的产生控制在最低程度,从而保证人们思想行为的正确性,使人们保持一种积极健康的精神状态,各种具体思想问题也易得到解决,思想政治工作的权威也就得到维护提高。

二是坚持思想教育与解决实际问题相结合。随着企业改革不断深化,职工因物质利益调整带来实际问题而诱发的思想问题越来越多。对此,不能简单地从管理角度去教育,也不能空洞地进行说教,只以"正确对待"一言概之,而要把对职工群众进行思想教育与解决职工群众的实际问题统一起来,认真研究解决问题的条件,对确属合理要求而又有条件解决的实际问题,抓紧办实办好;对属于正当要求又一时难以解决的实际问题,则要向职工群众说明情况,得到理解和体谅;同时,在解决和解释的过程中,进行必要的教育引导,让职工群众真正感受到党和政府及企业的关怀,从而深化对改革的理解和认识,摆正长远利益和眼前利益、全局利益和局部利益、整体利益和个人利益的关系,提高参与改革、提高效益、推动科学发展、共建和谐企业的自觉性,也能增强思想政治工作的针对性和有效性,树立思想政治工作的权威。

(作者:中国石化集团安庆石化公司党委宣传部部长、政研会副会长)

关于职工心理状况的调查与启示

刘长华

不久前,锦西石化公司在全公司范围内开展了一次"员工心理指数调查问卷",问卷共发出1119份,收回1097份,调查对象涵盖了生产一线、后勤服务及机关处室,具有一定的覆盖面和代表性。问卷的统计分析结果,对如何在思想政治工作中注重人文关怀与心理疏导具有一定的启示意义。

问卷统计结果及分析。这次问卷能从一个侧面反映出企业员工的心理现状,特别是对于企业思想政治工作的看法和要求,对于我们把握工作重难点、探寻工作薄弱点、找准工作突破点不无裨益。在员工心理状况方面,由于工作或生活的压力,有62.3%的人出现过抑郁或焦虑症状,有12.8%的人时常为抑郁或焦虑所困扰。使人产生心理压力的主要原因源于四个方面:一是工作责任心强,过于追求完美;二是人际关系复杂,难以应付;三是工作量大,身心疲惫;四是家庭负担过重。焦虑、忧愁、苦闷是人们最常出现的消极心态。从统计结果看,过半数被调查员工认为自己或周围人存在心理问题,因为工作生活等原因出现过抑郁、焦虑等症状,这些情况需要引起我们的关注。

对于当前企业思想政治工作现状,有三分之一的人认为"效果不明显"或"没有效果",存在的突出问题集中在“缺乏创新,引不起员工兴趣”和“大而空,缺乏操作性”两项,占了九成以上。说明我们的思想政治工作的确需要改进和创新。而员工对于“当前思想政治工作的重点”集中选择“为职工排忧解难”、“增强企业凝聚力”、“发展企业文化”、“疏导员工思想情绪”等项,又说明员工对思想政治工作抱有很大期望。

对思想政治工作的启示。当前,在企业改革不断深化、各种利益调整持续进行、员工思想观念日益变化的新形势下,思想政治工作不能因循守旧,要时时研究新情况,拓宽新思路,运用新方法,解决新问题。注重人文关怀,加强心理疏导,为思想政治工作注入时代气息,增添新鲜元素。

1. 注重人文关怀与心理疏导,要求牢固树立以人为本的理念。科学发展观的核心是以人为本。人文关怀体现的就是以人为本,就是对人的生存状况的关注,对人的尊严的尊重。人文关怀更注重精神生活,更注重对个体的尊重,更注重平等的沟通。注重人文关怀的思想政治工作,才可能想员工所想,感员工所感,真正做到员工的心里,引起共鸣。

2. 注重人文关怀与心理疏导,要求思想政治工作者要学习心理学知识,懂得沟通之道。广义上讲,思想政治工作者都应该是心理辅导员,不但要善于发现员工思想情绪上的问题,而且能够通过积极的沟通解释等工作,帮助员工解决心理情感上的问题。针对特殊群体,注重心理疏导的思想政治工作,才可能对“症”下“药”,“药”到“病”除。

3. 注重人文关怀与心理疏导,要求采取多方面举措逐步形成良好的人文环境。一是在政工队伍建设上,要加强相关内容培训,增强政工干部人文素养,增加管理学、心理学、哲学、社会学知识。二是在员工教育中,注重提高员工自我认知和疏导能力,面对工作生活中的问题和困扰,善于自我调整,并主动寻求外力正向疏导。三要建立心理咨询室,配备专业心理咨询师。四是群团组织要发挥员工之家的作用,以丰富多彩的业余生活和健康向上的学习交流来疏解员工工作生活中的压力。

(作者:中国石油锦西石化公司党委宣传部部长)

“三违”职工爱心恳谈会

刘雅琴

长期以来,由于煤矿作业环境复杂、职工素质参差不齐以及文化水平、认知能力、心理情绪差异等多种因素的影响,导致“三违”(违章指挥、违章操作、违反劳动纪律)现象时有发生,甚至由此造成事故,给职工个人和家庭带来难以挽回的损失,也直接影响和困扰着企业的安全发展。如何使干部职工真正从思想深处深刻认识到“三违”的严重危害,从而形成全员全方位全过程、自动自发自觉地抵制和杜绝“三违”的强大合力,确保企业长周期安全生产,成为白家庄矿业公司做好安全宣传教育工作的重要切入点和突破口。

白家庄矿业公司在认真总结、反思、探索长期以来安全宣传教育实践的基础上,结合自身实际,转变管理理念,创造性地开展了“三违”职工爱心恳谈会活动,通过整合各种资源、调动各方力量,采用人性化感召和亲情化教育的方式,狠抓安全的基础环节,根治职工的思想隐患,把安全宣传教育工作进一步做深做细做实做活,有效地解决了安全生产中“三违”现象屡禁不止等突出问题，保持了安全生产持续稳定的良好态势。“三违”职工爱心恳谈会有以下几点启示：

（一）安全宣传教育要抓源头抓根本。影响安全的因素，有人的因素，有物的因素，也有环境的因素，等等，但最根本的是人的因素。白家庄矿业公司开展的爱心恳谈会，抓住“人”这个安全工作的根本因素，强化“三违”人员的安全意识，促使“三违”人员从内心深处反思行为，提高认识。最难打开的是人心之门，最难消除的是思想隐患。白家庄矿业公司从消除“三违”人员思想隐患做起，进而消除他们的行为隐患、消除生产现场的安全隐患，达到预防和控制事故发生的目的。这种从源头、从根本抓安全的工作思路，真正体现了“安全发展、预防为主”的安全理念。

（二）安全宣传教育要齐用心共用力。与以往一般性、业余性、分散性的“三违”帮教活动相比，白家庄矿业公司的“三违”职工爱心恳谈会实现了质的飞跃。通过精心设计，爱心恳谈会成为一项制度化、常态化的安全宣传教育活动，成为一项持久发挥作用的长效机制。借助这种机制和平台，白家庄矿业公司齐用心共用力，实现了对“三违”职工帮教工作的齐抓共管。

（三）安全宣传教育要有爱心有诚心。“爱心恳谈会，，这一提法中有两个关键词，一是“爱心”，二是“恳谈”。“爱心”，表明安全宣传教育工作者以人为本，从关爱职工健康和职工生命出发，为职工的根本利益着想，尊重人、关心人、爱护人，相信职工本身的自我反省、自我完善、自我修复能力。“恳谈”，表明安全宣传教育工作者怀着诚恳的态度，采用警醒、引导、激励、督促等各种方式，通过持之以恒的关爱和帮助，增强“三违”职工安全意识。

（四）安全宣传教育要做扎实做到位。白家庄矿业公司的爱心恳谈会，从矿领导到基层队组的各级干部，怀着对“三违”职工的热切关心，抱着“三违”职工可以转变的信念，放下架子、俯下身子，舍得花时间，舍得下功夫，一对一、面对面地与之谈心说理，不厌其烦循循善诱，苦口婆心谆谆教导，在深度沟通中密切了干群关系，在热切交流中解开了顽固心结。

（作者：山西焦煤集团公司党委宣传部部长）

企业思想政治工作的关键点、支撑点和着重点

娄淑华　孙　巨　潘丽萍

企业思想政治工作作为一种精神文化的实际运用，能否真正得到企业员工的认可，关键是在找出问题、总结经验的基础上，在体现以人为本的人性关怀中，切实地做好有针对性的具体工作。企业思想政治工作的对策主要是以下三方面。

关键点：形成统一的核心价值观和树立正确的既得利益观

建设有企业特点的核心价值观，是不断巩固广大员工团结奋斗的共同思想基础。建设社会主义核心价值体系，是我们党思想文化建设的重大理论创新和重大战略任务。作为企业，建设具有企业特点的核心价值观，这既是员工团结奋斗的思想基础，又是社会主义核心价值体系在企业发展中的具体体现，要作为长期的战略任务和现实的紧迫课题切实抓紧抓好。要坚持不懈地用中国特色社会主义理论武装和教育广大员工，用企业发展的共同理想凝聚力量，

用企业精神鼓舞斗志,努力在企业上下形成共同的理想信念、强大的精神力量和基本的道德规范。要加强具有企业特点的核心价值观研究,深刻揭示其重大意义、内涵外延、理论结构和实践要求。要深入开展理想信念、责任使命、地位作用及企业精神的宣传教育,大力倡导精神主旋律,并体现到媒体宣传中,体现到企业的各种活动当中。树立正确的既得利益观,是增强员工对企业的认同感、归属感和自豪感的关键,是其自身价值的充分体现。要做到树立正确的既得利益观,既要注重整体利益的导引,又要注重广大员工的思想道德建设。要以宣传企业道德模范为切入点,以增强诚信意识为重点,推进社会公德、职业道德、家庭美德、个人品德的建设,努力造就一支高素质的员工队伍。要广泛发动员工参与道德榜样的评选,多树立员工身边的典型。要深入开展文明单位、文明行业、文明生态、文明家庭等创建活动,逐步把新理念、新思想、新知识和良好的道德风尚融入到生产生活中去,建设和完善现代文明礼仪礼节,养成良好的文明习惯。要大力开展丰富多彩的文体活动,努力在企业中营造文明祥和、团结向上的氛围,以此提升企业的精神文化内涵,展示企业的崭新风貌和文明成果。

支撑点:形成强烈的主人翁意识和增强员工的爱岗敬业精神

员工主人翁意识就是企业员工作为企业主体和能动力量在企业经营和管理等方面表现出来的积极性、主动性和创造性,具体表现为个人目标与企业目标的一致性;个人利益与企业利益的协调性;员工对企业强烈的责任心、使命感,员工与企业同荣辱、共命运的价值追求。这种强烈的主人翁意识的形成,需要宣传思想文化工作的有效参与,因为它是理顺企业内部生产关系,实现统一意志,形成集体奋斗的思想基础,也是充分调动员工能动性,挖掘人才潜力,增强企业凝聚力,提高企业战斗力,以不断适应市场经济需要的重要措施和方略。要做好这项工作,充分调动每个员工的积极性、主动性、创造性,首先要做到排除员工认识上的盲点,即扭转"老板为主人,员工为仆从"的参与意识淡漠,甚至不合作的态度。其次克服理解上的误区,即坚持"主人就要主事",混淆了拥有管理权与直接行使管理权的不同内涵。最后克服追求上的偏颇,即强调主人翁地位,却漠视主人翁作用,政治上要权力,经济上要利益,却忘了行为上的主人翁责任。只有真正从思想上切实解决这些问题,才能真正体现宣传思想文化工作的补位作用。增强员工的爱岗敬业精神,这是宣传思想文化工作的又一具体任务。"爱岗敬业"是现代企业员工最基础、最直接、最好的职业素养诠释,所以培养企业员工的爱岗敬业精神是摆在每个企业和企业管理层面前的必须要思考的问题。培养员工的爱岗敬业精神,就是培养员工的职业责任和奉献精神,对集体高度负责,为集体利益具有献身精神的状态,不怕困难、百折不挠的意志品格。虽然这种精神状态因所有制形式的不同、社会制度的不同、意识形态的不同,其内涵也有着本质的区别,但在增强企业凝聚力、向心力,调动员工的积极性、创造性方面仍有相通之处,仍然是企业宣传思想文化工作的落脚点和工作的主流,也是保障企业发展振兴的动力源泉。对员工进行爱岗敬业教育,还必须加强对员工"三观"的培养和改造,引导其树立正确的世界观、人生观、价值观,这不仅是社会主义常规教育的思想基础,而且是教育员工科学运用马克思主义唯物观研究问题、分析问题、解决问题的根本所在。同时,还要在爱岗敬业教育中,结合依靠员工办企业、为员工办实事等内容,从转变思想观念入手,提升员工的主人翁地位,保证员工的合法民主权益。总之,培育和保持员工爱岗敬业精神,它不仅是企业发展的首要问题,也是企业的每位管理者和宣传思想文化工作者需要认真深思和探讨的问题。心系企业的发展,权为职工所用,情为职工所系,利为职工所谋,大力培育和营造健康向上、昂扬奋进的氛围,宣传思想文化工作一定会有良好的市场，企业的发展一定会有光明的前途。

着重点：加强企业文化建设，形成全员的企业文化认同感

多年的实践与研究表明，一个能够落地的企业文化主要由三个层次构成：第一是企业发展的定位和未来愿景的企业理念，它是企业文化最核心的层面。第二是明确企业的做事原则，也就是企业要求员工对待客户、对待工作的准则，以及企业对待员工的价值导向和行为态度等内容。第三是企业的形象与标识，主要包括企业对外的形象、员工工作时的着装及用语等一系列行为形象的规范。因此，企业文化是一种企业管理思想、管理科学、管理艺术，价值观是它的核心，以该价值观为核心的理念、标识、策略、制度和流程等是它的表象和支撑，以该价值观为核心的企业行为是它的具体体现。

企业文化是企业发展的一面旗帜。如何挥动这面旗帜，取决于企业的高层领导。毋庸置疑，从依赖企业家的优秀人格打造优秀企业的发展，到今天构建长效发展的企业文化，中国企业发生着质的变化。在挥动旗帜的过程中，如何能达到一呼百应，是企业文化建设的关键。因此，领导的决策、思想、观点，能够真实、有效地体现企业文化，这是推动企业文化形成的最主要因素，而这种文化最终要达到企业中全体员工的认同，只有这样，一种文化的诞生才有其真正的意义。因此，企业文化建设要着眼于“铸魂、育人、塑形、聚力”，切实通过企业各项内部政策的落实和生产管理制度的建立和实施，使企业理念在项目管理中得到充分体现。通过各种实地宣传，对内对外广泛传播企业理念，强化企业精神文化。同时，还要充分认识广大员工日常言行对企业精神文化的强化作用，通过一定的纪律约束和宣传引导，形成以“诚实、守信，文明、守法，爱岗、敬业”等为核心的企业行为文化，更好地实施企业形象战略。

（作者单位：吉林大学马克思主义学院；吉林大学马克思主义学院；第一汽车集团公司）

构建“三角”动力机制　提高党组织合力

杨春权

为推进企业转型发展、跨越发展、科学发展，山西省经贸投资控股集团有限公司积极探索，构建以提高党组织合力为目的的“三角”动力机制，通过“一体化”推进基层建设、“常态化”推进基本功训练，不断提高党组织在推进企业转型跨越发展中的整合力。

一、构建党组织“三角”动力机制

在扎实探索实践的基础上，山西省经贸投资控股集团有限公司以“党组织的凝聚力、基层班子的执行力和党员个人的战斗力”为主要内容，构建党建“三角”动力机制。并依此创造性地推进“一体化”基层建设以及“常态化”基本功训练。

首先，以建设学习型党组织为首要任务，不断提高党组织的凝聚力，是这一动力机制的核心。

推动企业转型发展、跨越发展，必须加强和完善党的领导，推进党组织工作创新，而学习是党组织工作创新的智慧源泉。集团公司将“十二五”发展规划与贯彻党中央部署结合起来，按照党中央的新要求，积极推进学习型党组织建设，从集体学习、个人自学、学习理论、学习本职业务知识、学习新文化五方面狠抓落实。通过学习型党组织建设，努力实现政治引领力强、推动发展力强、改革创新力强、凝聚保障力强的“四强”目标。

在实现“四强”目标过程中，集团公司注重从以下几个方面开展工作：一是进一步健全基层党组织。按照《党章》及有关规定，适应企业组织结构和管理模式的变化，在基层单位及时健全党组织。探索完善新的企业管理体制和模式下基层党组织的设置形式，努力实现党组织设置全覆盖。二是大力加强党支部书记队伍建设。公司党委从选配好基层党支部书记入手，努力把基层党支部书记队伍配齐配强。抓好党支部书记的理论学习和业务学习，不断提高其理论功底和业务水平；扎实开展党支部书记教育培训活动，切实发挥好党支部书记的作用。三是不断创新基层党组织工作内容和活动方式，找准开展活动、发挥作用的着力点；建立健全教育、管理、服务党员的长效机制，增强党员队伍的生机活力，激发广大党员坚定信念、牢记宗旨、爱岗敬业、勇于进取的自觉性。四是健全工作制度，完善工作机制，定期开展活动。按照“领导班子好、党员队伍好、工作机制好、工作业绩好、群众反映好”的“五个好”基本要求，深入开展争创“四强”党组织活动，把广大基层党员干部的积极性、创造力凝聚到转型、跨越发展的生动实践中来，形成转型、跨越发展的强大合力，营造齐心协力谋跨越、促转型的浓厚氛围。以上工作，有力地促进了集团公司基层党组织建设的制度化、规范化和标准化。通过学习型党组织建设，增强了党组织的战斗力、凝聚力和服务力。

其次，以加强基层领导班子建设为重点，不断提高其整体执行力，是这一动力机制有效运转的关键。

为实现企业转型跨越发展，集团公司提出了确保“双六十”的“十二五”发展规划，即到2015年末，总资产达到60亿元，比“十一五”末的25亿元翻一番；实现销售收入60亿元，比2010年的目标任务8亿元翻三番，净资产和利润也得到同步增长。这个发展目标的确立，体现了跨越式发展的思路，也是贯彻落实科学发展观以及省国资委“十二五”发展翻番要求的体现，基本符合集团公司的实际和发展可能，任务光荣而艰巨。

正确目标确定之后，干部起决定性作用。实现这个目标，关键靠执行，靠基层领导班子作用的充分发挥。实现公司转型跨越大发展面临的主要问题是干部思想准备不足，在班子建设、基层队伍建设以及职工队伍建设中不同程度地存在一些问题。为改变现状，重点抓了四项工作。第一，不断健全、优化、配强基层领导班子。按照“事业、团结、开拓、廉洁”的要求，合理设置基层领导岗位，逐步改善基层领导班子文化结构、年龄结构和专业结构，优化配强基层班子，形成和保持有梯次的年龄结构、高层次的文化结构、配套合理的专业结构、优势互补的能力结构和相容和谐的气质结构，不断优化基层领导班子整体功能。第二，在班子建设中引入竞争机制，坚持“德才兼备、以德为先”的原则和“基层成才、岗位成才、劳模成才、廉洁成才”的正确用人导向，选拔“政治上靠得住、工作上有本事、作风上过得硬、职工群众信得过”的基层干部，配齐配强基层领导班子，真正把德才兼备的人员选拔到基层领导岗位。第三，加强基层干部队伍建设。从干部队伍作风建设入手，通过学习型领导班子建设，大力培养干部严细认真的思想作风和求真务实的工作作风。坚持“党管干部”的原则，按照“民主、公开、竞争、择优”的方针，建立基层一线干部培养选拔机制。注重在一线、艰苦环境中培养选拔干部；注重在关键岗位、艰苦岗位培养选拔干部；注重在老实人、正派人中培养选拔干部。倡导在先进站队、标杆站队中优先提拔干部，做到管培养、管标准、管机制、管程序、管考核，建立和完善科学的选人用人配套制度和程序，促进基层干部成长成才。第四，强化对基层领导班子的管理、考核和监督。坚持从严管理干部，建立健全强化预防、及时发现、严肃纠正的工作机制和科学、合理的业绩考核体系，定期对基层领导干部履职情况进行全面、客观、公正的考核评价，并把考核结果作为奖惩、任免和薪酬兑现的重要依据。对不称职的干部，落实责任追究，做到严格管理、科学考核、有效激励、全面监督。这些工作，大大地提高了基层领导班子的执行力。

再次，加强党员队伍建设，不断提高党员自身的战斗力，是这一动力机制高效运行的基础。

党员是公司发展规划、发展目标的参与制定者，也是用自身的工作和模范行动影响群众、团结群众、带领群众为实现集团总体目标而努力奋斗的践行者，因此，不断提高党员自身战斗力是实现集团公司转型跨越发展的基础。同时，加强党员队伍建设也是贯彻落实“推动科学发展、促进社会和谐、服务人民群众、加强基层组织”总体目标的要求。

为此，必须抓好学习型党员队伍建设，把党员的先锋模范作用体现在学习力、战斗力上。各基层党支部以“五带头”为基本要求，坚持不懈地抓好党员的学习和管理工作；深入开展争做“四优”共产党员活动，做到“一名党员就是一面旗帜”，发挥好党员的先锋模范作用，不断把学习型党员队伍建设引向深入，落到实处。在开展争做“四优”党员活动中，集团公司提出了“五看五比”标准，即看谁出谋划策多，比热情；看谁牺牲精神强，比奉献；看谁模范作用好，比带头；看谁雷厉风行快，比落实；看谁工作成果大，比业绩。与此同时，党委注意把各个岗位中的先进分子发展为党员，把符合条件的骨干培养成党员，使党员更好地发挥骨干作用。通过学习型党员队伍建设，不断提高党员队伍的战斗力。

二、“一体化”推进基层建设

加强基层建设，是企业改革、发展、稳定的必然要求。集团公司实现转型、跨越发展，高效是关键，科学而严格的管理是基础。基层作为集团生产经营管理的基本单元，是企业高效运行、管理科学严格的基础。公司党委立足实际，科学运用党组织的凝聚力、基层班子的执行力、共产党员的战斗力的党建“三角”动力机制，“一体化”推进基层建设。

所谓“一体化”推进，就是基层党组织、基层领导班子、基层党员队伍、基层职工队伍、基层工青妇组织“五位一体”整体推进基层建设。

“一体化”推进基层建设主要围绕以下六个方面开展：

（一）强化思想教育。以塑造“事业、团结、开拓、廉洁”的企业文化理念为核心，加强对职工思想教育，形成共同的思想基础、行为规范和价值观念；坚持不懈地抓好形势任务教育、爱岗敬业教育、法律法规和企章企规教育，引导职工将注意力集中到立足本职、遵纪守法、勤奋工作、岗位成才上来；进一步抓好岗位责任心教育，明晰岗位职责，引导职工以强烈的主人翁责任感和爱企如家的实际行动，为企业发展增光添彩。

（二）优化基层员工队伍结构。做好用工需求预测，科学制定用工规划，挖掘内部潜力，盘活员工存量，调整人员充实基层一线。近年来吸收了以优秀大学生为主的大量年轻人，还调入了不少成熟人才，汇聚了各方面的力量；员工队伍的多元化带来了多元的好习惯、好经验，他们当中涌现出不少先进模范人物，产生了较大的影响。公司充分挖掘、发挥其中积极向上的因素，使其成为创先争优的主流价值观。

（三）加强工青妇组织建设。保障工青妇组织各自职能作用的充分发挥，协调改革发展中的各种利益关系，及时化解各类群体矛盾，促进企业内部的和谐。为把广大职工群众组织到工会中来，最大限度地发挥工会组织应有的作用，集团公司工会确立了“健全组织，夯实基础”的工作方针，首先加强工会组织建设。在各子公司各项工作逐步实现正规化的基础上，集团公司开始着手在公司本部和下属子公司组建基层工会的工作。在较短的时间内，职工入会率达到100%，这为集团公司工会工作的顺利开展奠定了坚实的组织基础。为了保证工会选举质量，在集团公司党政的指导和关怀下，认真考察，广泛征求意见，最终使具有一定民主管理水平又热心公益事业的同志进入候选人名单；对于工会委员、经费审查委员和女职工委员候选人，则由各子公司领导研究后，及时上报集团公司工会。

（四）加强对基层员工的关怀引导。探索建立员工的职业发展规划，认真研究基层关键岗位人员的职业化管理，建立基层员工岗位成才、技术成才的有效机制，并团结动员广大职工发扬忠于理想、勤于学习、勇于担当、乐于奉献的团队精神，努力践行科学发展观，广泛深入开展创先争优活动，鼓励员工立足岗位作贡献。同时，为了让困难职工感受到党的关怀，公司工会设立了困难职工帮扶基金，积极组织开展"献爱心、送温暖"活动。集团公司工会还积极引导职工参与到"大公益"活动中来，为圆满完成集团公司"3211""十一五"规划目标作出了积极贡献。

（五）稳步推进民主管理。集团公司注重畅通职工维权渠道，保护员工合法权益，实现员工队伍的稳定。集团公司将立章建制保权益、公开透明促民主，积极推进企业民主管理，建设和谐劳动关系作为企业发展中的重要一环，采取了多项积极有效的民主管理措施。公司在研究经营管理和发展的重大问题时，均要听取工会意见，并通过职工代表大会，通报集团公司当年财务运行情况及重大事项，做到企务公开透明；对于在集团公司发展中涉及的问题以及每年需修改、充实、完善的管理制度，公司都要及时召开职代会，就相关问题充分听取职工代表的意见，以保证集团公司重大决策的贯彻实施以及各项规章制度的有效落实。此外，集团公司还建立了职工监事制度，并通过职代会选举产生了职工监事。

（六）积极开展群众性的企业精神文明创建活动。为了确保职工文化活动经常化，每逢重大节日，集团公司工会都要联合有关部门举办各类丰富多彩的活动，并以制度形式规定下来，构建丰富职工文化生活的长效机制，营造企业"风清、气正、人和"的良好氛围。例如，每逢"三八"妇女节都要召开座谈会或者举办妇女健康知识讲座，并邀请集团公司领导亲临现场，与女职工一起活动；"五四"青年节举办登山春游活动；"七一"党的生日前后组织红色旅游，进行爱国主义教育；"八一"建军节召开退伍军人座谈会；"九九"重阳节举办忆往昔活动。通过"一体化"推进基层建设，为全公司营造了基层稳固、内部和谐稳定的发展基础。

三、"常态化"推进基本功训练

企业的经营管理水平，在很大程度上取决于基层员工素质能力的高低。党组织的凝聚力、基层班子的执行力和党员自身的战斗力"内三角"动力机制的一个基本着力点，是加强以岗位练兵为主要内容、素质升级和岗位成才为重点的"常态化"基本功训练。

首先，加强培训工作体系化建设。一是优化培训内容，不断提高培训内容的针对性和实用性。加强培训需求分析，建立员工能力素质测评体系，按照岗位需要什么培训什么、员工能力缺什么补什么的原则，不断调整、优化培训课程和学习内容，增强培训的针对性和实效性。二是积极探索、创新培训方法，不断丰富培训形式的多样性。以岗位练兵为主，广泛组织岗位适应性培训；结合单位实际，不断创新培训方式，充分利用网络、视频等现代科技手段，积极尝试在线课程学习、在线知识查询、在线学习讨论、在线考试测评、视频监考等远程培训方式，不断满足员工多样化、便捷性的学习需求。三是建立完善员工培训的考核激励机制，不断增强培训考核的强制性。坚持"以考促培、考培结合"的方针，不断完善员工培训考核标准，加强对员工培训学习效果的检查和考核；建立培训激励机制，将员工的培训考核结果与使用、待遇挂钩,不断增强员工学习的主动性、积极性。

其次,加强员工培训的分层分期组织实施。 本着"统筹规划、分层培训、分期实施"的原则,全面抓好各类人员的培训。一是加大基层领导干部的综合能力素质培训。对基层领导干部的培训以提升领导水平和综合管理能力为目标,加强对领导力和基本生产经营管理知识的培训,积极选送优秀基层干部到有关院校进行新知识培训,促进基层干部及时掌握先进管理知识,准确把握发展态势,增强推动科学发展、维护和谐稳定的能力。二是加强专业技术人员和业务骨干的专业技能培训。采取专题研修、技术研讨、导师指导等方式,不断加强各类专业技术人员的专业技能培训,及时进行知识充电、补充、更新和拓展,促进专业技术人员岗位成才。三是加强岗位人员的基本技能培训。以提高岗位操作技能为重点,按照基本要求,强化基本功训练,不断提升基层员工的专业技术和岗位技能素质。四是加强专兼职培训师队伍建设。对培训管理机构的干部、教职工进行培训,不断更新其培训理念,优化培训内容,逐步提高培训者的综合素质和整体实力。

第三,加强员工的职业技能鉴定、素质升级与岗位成才建设。 通过健全岗位序列、完善竞聘机制、实施动态管理等措施,不断推动全员的素质升级与岗位成才。一是加强职业技能鉴定、专业技术职称评定工作,逐步实现规范化、常态化。二是推进员工素质升级。根据集团公司员工所处层次,分门别类地制定员工素质升级的培训规划,重点抓好高技能人员的专业技术培训,通过开展专业理论培训、业务轮训和技师研修、技师协会交流等活动,着力提升其创新能力、技术攻关能力和解决疑难问题的能力,努力打造高水平的技术专家队伍和技术工人队伍。三是促进员工岗位成才。积极探索促进员工岗位成才的渠道,建立以岗选人、以岗用人、以岗育人、以岗励人的工作机制,充分调动广大员工立足岗位提素质、强本领、作贡献的积极性,引导和激励广大员工岗位成才。

(作者单位:山西省经贸投资控股集团有限公司)

第十八部分

民企科学发展之路

积极探索新形势下加强非公有制企业党建工作的有效途径

陆　浩

近年来，甘肃省委认真贯彻落实党的十七大和十七届四中、五中全会精神，坚持以科学发展观为指导，以加强党的执政能力建设和先进性建设为主线，着眼于充分发挥党组织作用、促进企业科学发展，从完善领导体制入手，健全组织体系，创新工作方法，构建长效机制，有效破解非公有制企业党建难题，初步探索出一条加强非公有制企业党建工作的新路子。

一、党委高度重视，形成抓非公有制企业党建工作的浓厚氛围

非公有制经济是社会主义市场经济的重要组成部分，非公有制企业党的建设是党的工作的重要领域。在新的形势下加强非公有制企业党的建设，对于夯实党的阶级基础和群众基础，巩固党的执政地位，促进科学发展，具有十分重要的意义。

随着西部大开发战略的深入实施和甘肃经济社会的迅速发展，非公有制企业日益壮大，已经成为我省实现全面建设小康社会目标、推进现代化进程的一支充满活力、极具潜力的重要力量。非公有制企业聚集了一大批有技术、有文化的现代产业工人和素质较高的人才队伍，把他们凝聚到党组织周围，激励他们充分发挥作用，是各级党组织的重要职责任务。适应新形势新任务的要求，我们对加强非公有制企业党建工作进行认真深入的调查研究，制定出台了《关于加强和改进非公有制企业党的建设工作的意见》，对非公有制企业党建工作作出全面安排部署，明确提出用3到5年的时间，力争使非公有制企业党建工作取得突破性进展。同时，召开全省非公有制企业党建工作座谈会，总结工作、交流经验，分析研究面临的新形势新任务，进一步明确任务、措施和要求，切实增强非公有制企业和有关部门加强党建工作的责任感和紧迫感。注重加强宣传引导，充分发挥报刊、广播、电视、网站等媒体的作用，广泛宣传加强非公有制企业党建工作的重大意义和中央的决策部署，动员全社会关心、支持和参与非公有制企业党的建设。经过不懈努力，全省形成了加强非公有制企业党建工作的浓厚氛围，加强非公有制企业党建工作成为各级党组织的重要职责，成为企业的自觉行动，成为企业职工的热切期盼，全省非公有制企业党建工作新局面业已形成。

实践证明，有什么样的工作态度，就有什么样的工作成绩。不论什么工作，只有真正予以高度重视，切实放在心上、抓在手上，着力营造良好的环境和氛围，才能抓出实效。

二、完善领导体制，为非公有制企业党建工作提供坚强组织保证

总结多年来的非公有制企业党建工作，我们深切体会到，抓好非公有制企业党的建设，必须明确主抓机构，明确工作责任，否则，就会形成诸多体制机制性障碍，严重影响和制约非公有制企业党建工作的开展。我们坚持抓组织、抓党员、抓责任、抓制度，着力建立健全符合中央精神要求、符合省情实际的领导体制，确保非公有制企业党建工作健康有序开展。一是建立四级贯通的非公有制企业党建组织体系。从创

新工作体制机制入手，组建中共甘肃省非公有制企业工作委员会，负责领导、指导和协调全省非公有制企业党建工作。充分考虑到工商部门同非公有制企业联系紧密、能为企业提供及时有效服务的特点，决定将这一机构设在省工商行政管理局。这是一个重大的体制机制创新，有利于节约宝贵的行政资源，有利于履行工商行政管理监督服务职能，实践证明是一个行之有效的方法。截至目前，全省14个市州和86个县市区全部建立了非公有制企业党工委，这一机构绝大多数设在工商部门，同时依托工商所党支部建立党建工作站，形成了省、市、县、乡四级贯通的非公有制企业党建工作组织体系。二是建设高素质的非公有制企业党务工作者队伍。着重抓“四支队伍”建设，即围绕培养一支高素质的非公有制企业党组织书记队伍，加强对全省非公有制企业党组织书记的培训工作；在工商部门推行“一岗双责”，培养一支兼职的党务干部队伍；抽调熟悉党务工作的工商干部，组建专职党务干部队伍；选派党建指导员，联系指导重点企业和党建基础比较薄弱的企业。这四支队伍，已成为促进我省非公有制企业党建工作不断发展的骨干和有生力量。三是严格落实非公有制企业党建工作责任制。省委要求，各级党组织要切实履行好职责，把非公有制企业党建工作纳入党的基层组织建设整体规划，统一安排部署，统一督促检查，统一考核评比。同时，建立市县两级党委常委联系非公有制企业党建工作的制度。四是建立健全联席会议制度。省委决定，要层层建立党委统一领导、组织部门牵头抓总、非公有制企业工委具体落实、有关部门和单位参加的联席会议制度，形成抓党建工作的合力。

经过多年实践，我们深刻认识到，推进非公有制企业党的建设，必须坚持实事求是、与时俱进，切实把中央精神和经济社会发展的阶段性特征结合起来，以改革创新精神推进党的建设实践，调动和发挥各方面的积极性，形成科学的符合实际的领导体制和工作机制。

三、建立健全组织，夯实非公有制企业党建工作基础

基层党组织是开展党的工作的主阵地，是发挥党的作用的战斗堡垒。从现实情况看，非公有制经济领域党组织覆盖面小、组织不健全、党建工作空白点较多的问题较为突出。非公有制企业中党员比例小，党员教育管理工作相对滞后，一些党员长期游离于组织之外，甚至成为“口袋党员”、“隐形党员”。针对这些问题，我们坚持把建立健全党组织、发展壮大党员队伍作为非公有制企业党建工作的突破口和关键点，采取多种措施，着力扭转党员比例低、党组织数量少的状况，不断强化党在非公有制企业中的组织基础。坚持把发展壮大党员队伍作为搞好非公有制企业党建工作的基础来抓，从复员退伍军人、高校毕业生、离退休干部中选拔优秀党员，输送到非公有制企业工作，选派党员干部担任企业党建指导员，使发展壮大党员队伍的工作能够在生产一线开展。深入推进“组织找党员、党员找组织”活动，大力实施“党员安家工程”，鼓励流动党员、“隐形党员”亮明身份，编入组织。从非公有制企业职工流动性强的实际出发，对入党积极分子实行延伸考察、接续培养，积极稳妥地发展新党员。坚持不懈地提高党组织组建率，按照分类指导的原则，探索形成独立组建、依托组建、企企联建、村企联建和党员组织关系挂靠等多种模式。对有3名以上正式党员的企业，单独建立党的基层组织；对只有2名正式党员的企业，采取选派党建指导员担任支部书记的办法，组建党支部；对只有1名正式党员的企业，按照行业相近、地域相邻的原则建立联合党支部；对没有党员的企业，依托党建工作站指导企业建立群团组织，招聘党员职工，培养入党积极分子，逐步创造组建条件。把加强阵地建设作为破解“开展活动难”的一把钥匙，对企业能够提供党员活动室的，参照农村党支部活动室建设办法，多渠道筹集资金，配备活动设施；对难以提供独立活动室的，依托党

建工作站、个体私营企业协会及其会员小组,在非公有制企业党支部相对集中的区域建设一批党员活动室,提供给邻近党支部开展活动。我们还积极引导非公有制企业主提高思想觉悟,争取他们的理解支持,不断巩固和扩大阵地建设成果。

总之,哪里有群众哪里就要有党的工作,哪里有党员哪里就要有党组织,哪里有党组织哪里就要有健全的组织生活。做好非公有制企业党建工作,关键是要千方百计把党的组织组建起来,把党员组织动员起来,把政治觉悟高的企业职工吸收进来,努力实现党组织和党的工作全覆盖。

四、创新工作载体,积极探索非公有制企业党组织和党员发挥作用的有效形式

如何解决好党组织和党员发挥作用的途径和方法,一直是加强非公有制企业党的工作的重要课题。我们坚持把非公有制企业党建工作的着力点放在开展活动、发挥作用上,在扩大党员参与面、提高活动实效上下功夫,根据不同领域、不同行业、不同规模非公有制企业的实际情况,积极探索灵活多样、富有成效的发挥作用的方式方法,努力做到"三个结合"。一是把党建工作与服务企业发展结合起来。围绕完成企业生产经营和急难险重任务,谋划部署党建工作,防止党建工作与企业生产经营"两张皮"的现象。比如,通过设立党员责任区、党员示范岗,建立党员突击队等形式,激励党员立足岗位作贡献;围绕科学管理、增产降耗、技术攻关,组织开展建言献策、爱岗创业等主题实践活动,引导党员发挥先锋模范作用。二是把党建工作与服务职工群众结合起来。通过设立服务职工的岗位,开展党员之间、党员与职工之间的结对帮扶活动,进一步密切党员与群众的联系;开展形式多样、群众喜闻乐见的精神文明创建活动,丰富职工文化生活,不断增强党组织的号召力和战斗力。三是把党建工作与服务中心大局结合起来。积极宣传中央的方针政策和省委的重大决策部署,宣传关于扶持促进非公有制经济发展的各项政策措施,帮助引导企业用好政策、抓住机遇、加快发展。我们还积极鼓励符合党组织书记条件、又得到党员拥护的党员企业主兼任党组织书记,推荐党组织领导班子成员进入企业经营管理班子或担任中层管理人员。在重大问题决策上,在部分企业探索实行党组织和党员"先知、先议",参与发表意见,为企业发展出谋划策。通过多种措施,积极引导非公有制企业党组织和党员在服务非公有制经济科学发展、构建和谐劳动关系中发挥作用。

2010年以来,按照中央的统一部署,我们在非公有制企业党组织和党员中深入开展创先争优活动,积极践行"组织创先进、党员争优秀、企业有发展、职工得实惠"的具体要求,不断深化"帮助扶持企业发展、帮助推进企业党建,促进全省非公有制经济平稳较快发展"为主题的"两帮一促"活动。通过实实在在的努力,党组织的政治优势已成为促进企业发展的优势,党员的先锋模范作用已成为促进企业发展的重要力量。

实践中我们深刻体会到,加强非公有制企业党的建设,是巩固党的执政地位的重要工作,必须既符合党的要求,又符合企业实际,实现党建工作与企业发展互相促进。坚持把服务科学发展作为党建工作的重要目的和核心内容,围绕企业经营发展开展党的工作,积极把党的组织优势转化为发展优势,增强党在政治上的引导力、组织上的凝聚力和发展上的推动力,真正做到服务企业发展有作为,维护职工合法权益有实效,宣传党的方针政策有贡献,在企业中形成依靠党的组织兴事业、促和谐的普遍共识,是推进非公有制企业党建工作的必然选择和有效路径。

(作者:中共甘肃省委书记)

不断优化发展环境 促进中小企业转型创新

刘 昆

中小企业是市场经济中最活跃的个体，是物质财富的主要创造者和社会就业的主渠道，在繁荣城乡经济、增加财政收入、保障民生就业、维护社会稳定等方面都发挥着举足轻重的作用。

一、广东省不断加大扶持中小企业发展力度

近年来，广东省高度重视扶持中小企业发展，不断优化中小企业发展环境。2003年，省委、省政府召开高规格的全省民营经济工作会议，出台了《关于加快民营经济发展的决定》及其配套政策，在全省掀起了发展民营经济的热潮。2008年在应对国际金融危机中，颁布实施了《广东省促进中小企业发展条例》及相关扶持政策，进一步支持中小企业发展。2010年7月，广东省委、省政府专门召开了全省民营经济工作会议，决定出台《关于促进民营经济发展上水平的意见》，成立了广东省民营经济发展服务局，从优化发展环境、提升产业素质、推动自住创新、强化政府服务等方面，提出有效措施，加快中小企业和民营经济转型升级。

从2003年至今，短短7年多时间里，广东省委、省政府先后召开了5次全省中小企业和民营经济的工作会议，出台相关政策文件30多个，初步构建起有利于中小企业和民营经济发展的政策体系和环境氛围，促进民营经济发展上了新台阶。到2009年底，全省民营经济单位数达到416.4万个，其中个体工商户和私营企业数分别位居全国第一、第二位；民营经济完成增加值16708亿元，占全省生产总值的42.8%；民营企业进出口总额达1159亿美元，贸易规模连续多年居全国第一。2010年1—7月，规模以上民营企业工业增加值2765亿元，同比增长19.3%，增幅比同期全省规模以上工业高3.6个百分点，占全省规模以上工业增加值的26.6%，拉动规模以上工业增长5个百分点；私营企业完成进出口总额886亿美元，同比增长49.6%，占全省进出口总额的21.4%。全省中小企业在发展数量与质量不断提升的同时，产业集群进一步发展壮大，自主创新能力明显增强，为全省经济社会又好又快发展作出了重要贡献。

当前，我国正处于加快经济发展方式转变和调整产业结构的关键时期。9月6日，胡锦涛总书记在深圳经济特区建立30周年庆祝大会上发表重要讲话时强调，要把推进经济发展方式转变作为推动科学发展的重要目标和战略举措，推动经济结构调整和产业优化升级，大力提高自主创新能力。这对中小企业的新发展提出了更高更新的要求。应该看到，中小企业在快速成长的同时也存在着明显不足，中小企业扎堆传统劳动密集型产业的格局仍然没有根本改变，多数企业仍处在制造业国际分工的低端，发展方式仍然比较粗放低效，相当一部分企业以贴牌、仿制为主，缺乏核心竞争力。随着形势变化，这种不计环境资源代价的增长越来越不可持续。中小企业和整个经济社会一样正处于一个十分重要的转折点。我们必须加快转变发展方式，促进中小企业转型升级、创新发展，只有这样，中小企业和民营经济才能续写新的更大辉煌。

二、促进中小企业转型创新需要全社会共同努力

第七届中博会组委会专门围绕促进中小企

业转型创新这个主题召开高峰论坛，与全国各地以及澳大利亚专家共同探讨促进中小企业转型创新之路，对中小企业来说是一个难得的学习交流机会。促进中小企业转型创新，是一项长期而艰巨的战略任务，需要全社会共同努力。

一是必须加大自主创新扶持力度。要切实增强新形势下促进中小企业转型创新的责任感与紧迫感，加大对中小企业自主创新的扶持力度。就广东省而言，要充分利用广东省与教育部、科技部建立的产学研合作平台，确立企业在自主创新中的主体地位，推动产学研结合。建设多层次的技术创新公共服务平台，依靠专业镇和行业协会建设各类技术创新中心，提升企业核心竞争力，推动中小企业加快从主要依赖能源资源环境消耗向主要依靠科技进步转变。积极引进和培养创新人才，建立健全中小企业培训网络，努力吸引海内外高层次人才来粤创业发展。

二是必须加快产业转型升级步伐。鼓励中小企业在推进产业和劳动力“双转移”、建设现代产业体系中开拓发展，特别是要把“就地转型”与“异地转型”有机地结合起来，巩固提升优势传统产业，加快发展先进制造业和现代服务业，有效引导企业向产业链的“微笑曲线”两端延伸。要注重优化企业生态，引导支持中小企业与大企业配套发展，拉长产业链和产品链，形成优势产业集群。

三是必须帮助解决融资难问题。融资难仍然是广大中小企业创新发展面临的突出问题。要遵循国际惯例和市场规律，积极发挥政府的引导功能，促进金融资源向民营经济合理配置。引导各类金融机构开展融资产品创新，完善贷款审查机制，增加对中小企业的贷款。要加强中小企业担保机构的信用评级和行业自律，不断健全中小企业信用担保体系。与此同时，鼓励支持符合条件的中小企业上市融资，推进中小企业试点发行集合债券。

四是必须坚持开拓国内外市场。我们将继续办好中博会、广交会、高交会等知名展会，为中小企业合作交流、开拓发展提供平台。继续组织主要面向中小企业的各种经贸活动，鼓励中小企业开展营销创新，以先进的营销模式和高效的营销手段抢占市场先机。同时，引导各类加工贸易企业通过多种途径转型升级，优化产品结构，推动产品内销，力拓国内外市场。

五是必须建立健全公共服务体系。良好的制度环境是中小企业转型创新的有效保证。要通过“政府扶持中介、中介服务企业”的方式，加快制定中小企业服务体系建设规划，着力建设技术支持、融资服务、管理咨询、市场开拓、人才培训、信息化应用等公共服务平台。同时加强对行业协会商会的管理指导，引导中小企业规范发展，畅通诉求渠道，构建和谐劳动关系。

（此文是广东省人民政府副省长刘昆在广州举办的第七届中国国际中小企业博览会上的讲话）

国家应进一步支持中小企业发展

李兴山

关于我国中小企业转型发展的条件、动力和未来的主题，我有三点看法。

第一，促进我国中小企业发展还需要进一步解放思想，深化改革，破除目前尚存的思想束缚和体制障碍；还要进一步从深入贯彻落实科学发展观和根本转变我国经济发展方式的新角

度来认识大力发展中小企业的意义和作用。

谈到我国的中小企业，很自然就联系到民营企业，因为我们现在的中小企业绝大多数都是民营企业，当然民营企业不一定就是中小型企业。改革开放以来，我国的民营企业也就是个体私营等非公有经济，已从原来不到1%发展到现在，从所有制结构来说是“三分天下有其一”，从GDP的贡献来说占全国的一半以上，特别是就业问题80%以上都是由民营企业吸纳解决的。所以我们完全可以说，非公有经济和民营企业从无到有、从少到多地蓬勃发展，是改革开放30多年取得巨大成就的一个显著标志和最大亮点之一，也是我国经济社会30多年持续高速发展的原因之一。

但是，在充分肯定成绩的同时，在充分肯定我国党和政府在改革开放中对发展民营经济包括中小企业的重要性认识在不断提高，政策也在不断放宽的同时，还应该看到，目前有些认识还没有真正到位，一些束缚民营经济或者中小企业发展的思想和体制障碍仍然存在。有些认识，还要随着形势的不断变化而与时俱进、不断提高。如果要问，我国民营企业包括中小企业继续发展或者转型发展的条件、动力和未来是什么？我的回答是：最主要或者最根本的一条，还是要进一步解放思想和深化改革，要进一步扫除一些思想束缚和体制的障碍，只有这样才能为中小企业的发展创造更宽松的条件，提供更强大的动力，展现更美好的未来。

2001年我去浙江调查，就提出了一个观点：民营经济实际上就是“民本经济”。所谓“民本经济”，最主要的特点就是民众创业，市场调节，企业自主，政府服务；最主要的含义就是广大人民群众是社会主义市场经济发展的基本主体和基本动力，他们既是社会财富的主要创造者，又是社会财富的主要享用者。当时有人问我，浙江经济到底是姓“社”还是姓“资”，姓“公”还是姓“私”。我的回答是，既非绝对姓“公”，也非绝对姓“私”，而是姓“民”。实际上，“民本经济”就是社会主义市场经济，就是广大人民群众能够真正当家作主，成为发展的主体和动力的经济，这绝不是单纯能用姓“社”姓“资”、姓“公”姓“私”所能概括和解释得了的。

更进一步说，目前全国都在响应中央号召，深入贯彻落实科学发展观，其中关键的一点就是要转变经济发展方式、调整经济结构。党的十七大报告指出：科学发展观的核心是以人为本。所谓以人为本，这个本不能仅仅理解为是为老百姓做好事、谋利益。真正的以人为本，如果与过去的民本思想划清界线，那就是要做到使广大人民群众真正当家作主。这才是最根本的“本”，也是与一切传统民本思想的最主要的区别。从发展的角度来说，社会主义市场经济的发展就是要使广大人民群众成为真正的主体和动力，要使他们成为社会财富的主要创造者和享用者。之所以说以人为本是科学发展观的核心，这是因为坚持以人为本就是要解决发展中的核心问题。那么，什么是发展的核心问题？主要就是发展为了谁、依靠谁的问题，也就是发展的目的和动力的问题。社会主义市场经济发展究竟要为了谁、依靠谁？显然是为了广大人民群众，要依靠广大人民群众。也就是如以上所说，要使广大人民群众真正成为社会主义市场经济发展基本主体和动力，成为社会财富主要创造者和享用者。

从目前我国经济发展方式来说，存在很多需要转变的方面，但是我认为最根本的转变是发展核心问题的转变，是发展理念、发展体制的转变，也就是要真正从理论和实践上解决社会主义市场经济的发展到底要为了谁、依靠谁的问题。如果我们的发展只是为了GDP的增长而发展，是为了追求所谓的政绩而发展，这种发展既不会健康，也不会持久。因此，我们的经济发展方式转变，如果在这一核心问题上不发生根本转变，就很难发生其他方面的转变。

我讲这个观点，与民营经济的发展、与中小企业的发展有什么关系？这是因为，民营经济的发展、中小企业的发展，在很大程度上体现了民众创业,民众是发展的主体和动力,这恰恰是深入贯彻落实科学发展观和经济发展方式转变的根本内容和任务。所以我们现在认识民营经济和中小企业发展的地位和作用,应该从这个新的、更加深刻的意义上来认识,来理解,而不能只看到他们对GDP贡献多少,对就业的贡献多少,对财政税收贡献多少。仅仅看到这些,还是远远不够的,还不是最本质的贡献。

现在国家对于民营企业和中小企业的发展总体上说是重视的,而且认识在不断提高。但是,目前在一些文件和政策的字里行间,多多少少还是反映出一些思想束缚和认识不到位的问题,有些是由于受当时条件的局限,还需与时俱进、不断提高。比如说,在对中小企业或者民营企业发展地位和作用认识上,到现在还只是强调国有经济或者国有企业是党执政的经济基础,是国民经济的支柱。这当然不错,但是,民营经济或者广大的中小企业是不是党执政的经济基础呢?是不是国民经济的支柱呢?这就值得研究和重新认识。如果说民营企业或者是中小企业发展到现在对GDP贡献已经占一半以上,对就业的贡献达80%以上,对财政税收、外贸,还有自主创新等等都作了很大贡献,那么在这种情况下,也应是党执政的重要经济基础。我们说个别企业不一定能成为支柱,但就民营经济和众多中小企业的总体来说,已经是能撑起我国经济发展半边天甚至是大半边天的重要支柱。

再比如说,在市场准入的规定上,对关系国民经济命脉的重要行业和关键领域中国有经济应该占支配地位的界定也要具体分析。所谓关系国民经济命脉的重要领域,主要包括国家安全、自然垄断、公共服务和支柱产业、高新技术领域。这些领域中国有企业、国有经济要起主导作用,这无可非议,但是民营企业也不是绝对不能进入。我们可以进一步具体分析,比如说涉及国家安全的产业,民营企业能不能进入?涉及国家安全的产业最典型的就是国防工业。可是从世界范围来讲,许多国家一些重要的国防工业企业,大多都是民营企业,它们有的也发展得很好,也不一定影响国家安全。所以,对这一点不要绝对化。特别是关于支柱产业和高新技术领域,民营企业也是可以进入的。所以,从一定意义来说,准入问题不能仅仅以所有制划线,以企业大小划线。这样划线有时是不够公平和不够科学的。

我们的文件上,在谈到准入的问题时,还有这样一句话:允许非公有资本进入法律法规未禁止的行业和领域,允许外资进入的行业和领域也允许国内非公有资本进入。这句话至今看来,说得有些勉强和别扭。因为仔细分析,这在当时看来是对非公有资本准入的放宽,实际还有很多顾虑和犹豫。这是因为其一,如果说非公有资本不能进入法律法规禁止的行业和领域,那么什么资本能进入法律法规禁止的行业和领域呢?如果大家都不能进入法律法规禁止进入的行业和领域,那么为什么唯独强调非公有资本不能进入呢?其二,如果一个国家规定外资能进入的行业和领域本国民间资本才能进入,那么在这个国家自己的民资处于什么地位呢?还谈什么扩大内需?这绝不是咬文嚼字,应当承认,在这些措辞中多多少少还是反映了当时对非公有经济发展的思想疑虑和障碍。

第二,中小企业的转型发展要面向市场,遵循规律,既要选准自己的发展方向和经营主业,又要有相应的素质基础和制度保障。最好的经济结构就是适应市场需求的结构,最好的管理就是因人、因地、因时制宜的管理。

当前产业结构如何调整?总体上说,要重视第三产业的发展,重视高新产业,高新技术的发展。这些都很对,国家也出台了很多产业引导政策和目录,但是这里要讲一个观点:结构调整要发挥政府指导的作用,但更重要的是要发挥市场调节的作用,要以市场为导向来调节产业结构。因为经济结构调整的过程,实际上就是资源优化配置的过程。而市场的最大功能,就是能通过平等竞争、优胜劣汰,从而达到资源的优化配置。所以从这个意义上说,什么样的结构是最好的结构？适应市场需求的结构，就是最好的结构。不论是高的还是低的，是传统的还是现代的，只要适应市场需求，都应积极发展。

这里举一个例子，1999 年我到山东搞国企改革调查，当时山东建起和发展了好几家农用车企业，我就很担心。因为农用车不是高科技产品，这能有发展前途吗？但是，直到现在山东有些农用车企业发展得还很好。为什么这样的行业也可以发展得很好？我看主要有两个特点：一是适应农民之所需，农民买了它很有用；二是相当一部分农民能买得起。具备这两个条件就叫市场需求，有了市场需求，企业就有了发展前途。所以这不在于是高科技产品，还是低科技产品；不在乎是劳动密集型，还是资本密集型。认识到这一点，对于中小企业的转型发展很重要，因为中小企业的一个重要特点，就是小、快、灵，这样就最能适应千变万化的市场需求。而一些高新产业、高新产品，能搞则更好，但不是什么企业都能搞的。而许多传统产业、传统产品，也不一定不能创新，不一定没有市场。为此，中小企业选择发展什么，生产什么，一定要面向市场、研究市场，要根据市场的需求来作决策，不能盲目跟风、盲目追时髦。比如说，劳动密集型产品，就是中小企业的特长，也是有市场的，也是我们国家所需要的。特别是有一个重要的贡献，可以吸纳更多的就业，所以企业不要轻易丢掉，国家也应给予特别的支持。

所谓遵循规律，主要是指企业的经营管理，包括企业制度的建立，一定要从实际出发，一定要遵循企业成长规律。在转型上，特别是在企业制度的转型上，一定不要揠苗助长，不要生硬模仿。家族制是一种传统的企业制度。在企业产权比较单一、经营规模不是很大的情况下，这种企业还有一定的优越性和生命力。公司制是现代企业制度，它是企业产权多元化的产物，也就是说当企业产权多元化，经营规模比较大时，一般就要实行公司制。公司制中的所谓法人治理结构，即股东大会、董事会和经理层等之间的关系，实际都是产权关系，并不是简单的领导班子成员间的关系。所以企业制度由家族制向公司制转变，必须要具备一定的条件，发展到一定程度，至少要在产权多元化以后。现在我们有些民营企业，动不动就讲“二次革命”，这种勇于革命的精神是可贵的，企业到了该革命的时候，就必须革命，否则就会阻碍发展。但是，如果时机未到、条件不成熟，动不动就“革命”，就可能是盲目的革命。所以，企业管理模式多种多样，企业制度也有传统和现代之分。那么，什么是最好的管理？什么是最好的制度？严格地讲，世界上没有放之四海而皆准、最好的管理和制度。如果说有，那因人、因地、因时制宜的管理，就是最好的管理；从企业实际出发，适应企业成长规律的制度，就是最好的制度。

第三，相对大中型企业来说，民营企业特别是中小型企业是弱势群体，所以国家在宏观管理中，应该特别重视和支持民营中小型企业的发展，最关键的一点就是要为民营中小型企业创造宽松平等的竞争环境和竞争规则，要给予他们平等的国民待遇。

我们国家有国有大中型企业，相对来说国家对国有大中型企业是非常重视的。对中小企业的发展不是不重视，但我这里说的是要给予特别的重视和支持。因为相对国有大中型企业来说，他们是弱势群体，又是必不可少并有许多特殊贡献（如就业）的群体，这就像“三农”问题一样，他们在竞争中，在发展中，有更多的难题，他们的船小好掉头，但有时候也经不起太大的风浪，所以要给予特别的重视，特别的关照，特别的支持。

许多西方国家，他们大多是不赞成国家对经济有过多的干预，甚至有的倡导经济自由主义。即使在这种情况下，他们都没有设专门的管理和协调大中型企业的机构，却一般都设有中小企业的管理和协调机构。比如，美国小企业收入占整个企业收入的 40% 左右，里根曾经把小企业比喻为美国经济制度的心脏和灵魂。美国是倡导经济自由主义的，但是在联邦和州政府都设有专门的小企业管理局,支持协调小企业发展。日本号称是中小企业王国,不但在政府有中小企业厅,而且还有许多以中小企业为服务对象的各种社会团体,其中包括中小企业金融公库和国民金融公库,这些是专门为中小企业提供融资贷款的,而且利率比较优惠,有的低到2%—3%。很多国家之所以对中小企业给予特别的关照和支持,理由就是大企业身强力壮,抗风险能力强,很多事都可以自己做,可以少管一点,这样对他们的发展也有利。而中小企业身单力薄,往往在竞争中处于不利地位,因此需要更多的特殊关照和支持。

那么,国家的特别关照和支持,主要应该在哪些方面体现?我认为最重要的支持,第一个是政策的支持。对中小企业的地位和作用,在认识上还要解放思想,对他们的发展要排除一些体制机制障碍。第二个在准入上给予平等的国民待遇,在现有的基础上还可以放宽,特别要改变那种只说不做或只能看得见却不能进得去的“玻璃门”的现象。第三个要创造公正平等的竞争条件和竞争环境,使中小企业能真正成为社会主义市场经济平等竞争的主体。除此之外,鉴于我们国家中小企业数量这么多,贡献这么大,除了政府有专门的管理机构,还要建立和发展更多的民间团体和中介组织,以便动员社会力量,更广泛和经常地帮助和支持中小企业发展,切实及时为他们解决发展难、创业难、融资难、上市难、准入难等一系列难题。

(作者:中共中央党校原教育长、教授)

引导和推进中小企业转型发展的思路

朱宏任

目前,中国中小企业占全部企业总数99%,创造了最终产品和服务价值约占国内生产总值的60%、上缴税收的50%,提供了80%左右城镇就业岗位,中小企业以其灵活的运行机制和市场适应能力,成为推动中国经济社会发展的重要力量。同时也应当看到,中小企业发展面临着新的挑战,在这次国际金融危机过程中,广大中小企业最先受到影响和冲击。原因就是环境及国内外市场竞争日趋激烈,中小企业生存与发展的压力加大。

随着技术进步和产业升级步伐不断加快,对中小企业科技创新提出了更高的要求,深入实施可持续发展战略,节约资源保护环境、履行社会责任,需要付出更多的成本。中国政府始终把引导和促进中小企业健康发展,作为重要的目标,并形成了政策的着力点。在新形势下,推动中小企业的健康发展,必须要着力转变发展方式,加快结构调整,确实增强创新能力,改善外部环境,提高整体素质,走科学发展之路。

一、转变发展方式、加快结构调整是中小企业的当务之急

一是要注重提高发展的质量和效益。从发达国家所走过的道路来看,中小企业都有一个从数量扩张转变为质量提升的阶段。目前中国中小企业分布领域宽泛,数量已达到一定规模,已经到了以提高素质、提高质量为主的发展阶段。因此,我们既要抓住机遇,促进中小企业加快发展;又要提升水平,引导中小企业依靠质量求生存,依靠管理求效益,依靠创新求发展。

二是注重可持续发展。节约资源、保护环

境是我们必须长期坚持的重要政策。中小企业要进一步发展，必须摒弃粗放型发展方式，结合自身实际采取有效措施，努力提高资源利用率，节能降耗、减排治污，改善安全生产条件，走节约发展、清洁发展、安全发展和可持续发展的道路。

三是注重协作配合。中小企业不能因小而散、因小而乱，尤其要适应市场、有序发展，在市场竞争中中小企业要扬长避短，调整定位，建立沟通协作的关系，提升竞争能力，形成产业链共同抵御市场风险。

四是注重社会责任。中小企业必须依法经营、讲求诚信、履行社会责任。企业要对产品负责、对员工负责、对市场负责、对社会负责。要严格执行劳动保护、最低工资、社会保障等国家法规和制度，规范劳动关系，保障劳动者的合法权益。

二、研究编制好中小企业成长“十二五”规划，继续实施中小企业成长工程

2010 年是中国执行国民经济和社会发展第十一个五年规划的最后一年，当前国家正在抓紧编制国民经济和社会发展第十二个五年规划。在“十一五”时期实施中小企业成长工程的基础上，我们在抓紧研究编制中小企业成长“十二五”规划，在“十二五”时期继续实施中小企业成长工程，目前已经形成了一些基本的思路。

“十二五”时期是我国确保 2020 年实现全面建设小康社会目标的关键时期，也是继续加快工业化进程、积极推进工业强国建设的关键时期，更是深入贯彻落实科学发展观、加快“转方式、调结构”的关键时期。

“十二五”时期，受资源、环境、市场和劳动力等因素的影响，我国中小企业生存和发展环境将面临深刻变化，这对我们编制好中小企业成长“十二五”规划，实施中小企业成长工程，推进中小企业加快转变发展方式，提出了更高的要求。

三、“十二五”时期推进中小企业实现转型成长，各级政府要着力做好的工作

一是加强分类指导，扶持发展一批优秀中小企业。支持成长型中小企业成为带动其他中小企业快速发展的龙头企业，扶持一批中小企业成为大企业“配套专家”和合作伙伴。鼓励中小企业走“专、精、特、新”的专业化、差异化发展路子，鼓励扶持发展一批小型化经营企业、特色化经营企业和“小巨人”企业。

二是着力企业技术进步，优化中小企业产品结构。要加大技术改造支持力度，鼓励中小企业开发先进适用的新技术、新工艺、新材料，进行技术改造，提高产品质量，提高节能减排和清洁生产水平。鼓励中小企业开发先进适用的技术、工艺和设备，加强知识产权保护，引导和支持中小企业创建自主品牌。

三是着力拓展企业发展空间，优化中小企业产业分布结构。适应产业结构升级的需要，推进中小企业从制造业向现代服务业和新兴产业延伸；适应城市化发展的需要，推进中小企业从工业制造业向现代农业，特别是农产品加工业延伸。同时，要提高科技型中小企业的比重。

四是着力改善条件，促进中小企业集群化发展。鼓励中小企业围绕关联性大、带动性强的龙头企业，围绕特色专业市场，发展上下游企业分工协作的产业集群。鼓励中小企业借助龙头企业品牌优势打造集群品牌。加快特色园区建设，为企业集聚提供空间平台和配套环境，形成集聚生产要素的“磁场”效应。

五是构建服务中小企业多层次融资的平台。要落实财政支持政策，完善中小企业融资担保体系，鼓励服务中小企业的直接融资产品和金融创新。

六是营造良好市场环境，拓展中小企业市场空间。落实政府采购支持中小企业发展的政策，提高中小企业产品和服务在政府采购中的比重。规范和引导大企业的市场行为，减轻不

合理的负担，为中小企业创造合理的市场环境。

七是引导中小企业苦练“内功”，全面提高经营管理水平。推动中小企业制度创新，建立科学合理的企业治理结构和管理体制，为中小企业的科学决策奠定良好的制度基础。加强企业战略管理，加强培训，提升中小企业经营者素质，帮助中小企业提高经营管理水平。

八是着力统筹协调，大力推进中小企业公共服务体系建设。抓紧国家中小企业公共服务示范平台建设，推动中小企业信息化，健全中小企业统计检测体系，积极鼓励社会资源投入，培育社会化、市场化、专业化的公共服务体系。

（作者：工业和信息化部党组成员、总工程师）

新形势下中小企业的地位作用和发展战略

陈文玲

一、重新认识中小企业的地位和作用

我国中小企业已经超过800万家，总数占到中国企业总数98%以上，中小企业实现利税、工业总值占全国总数的比重都在60%以上，中小企业提供的就业机会占75%以上，中小企业创造的出口额占全国出口总额的40%以上。因此，重新认识中小企业在新形势下地位和作用不仅非常必要，而且是必须解决的战略问题。

应该怎么给中小企业地位？不仅仅要给其一般的国民待遇，而且要给中小企业更优的市场主体待遇。中小企业是社会化再生产重要的组织基础，是我们国家经济社会持续健康发展的重要经济基础。要从四个方面重新认识中小企业的地位作用。

1. 中小企业可以成为全球价值链中重要的链条和环节。世界上很多跨国公司创造的价值，实际上是整合资源为其所用，为其创造价值。比如说通过创造国际采购标准，把一大批符合标准的中小企业和产品，纳入跨国公司创造价值的体系。中国的跨国公司不多，但是要学会通过全球价值链的重组，使更多中小企业成为全球价值链中重要的链条和环节。我们现在走出去，大部分是大型企业孤军作战，没有带动中小企业进入价值链，因此就很难成为国际跨国公司竞争的市场主体。

2. 中小企业可以成为全球产业链中重要的链条和环节。我们讲产业链延伸，就是要使产业链中能把更多中小企业纳入现代产业体系，而不是一个大型企业把所有的产业环节都做完。只要中小企业能够成为产业链中某一个环节、某个链条做得最强或最好的，就应成为这个链条的重要组成部分。更多的中小企业进入主体企业的产业体系和配套服务体系，产业链的延伸和拓展才成为可能，在全球产业重组、要素重组过程中，才能建立中国企业的全球产业链体系。

3. 中小企业可以成为全球供应链中重要的链条和环节。我们做过一些全球跨国公司调研，发现跨国公司全球供应链体系主体并不是若干个大企业，而是一个在全国或全球有影响力的大企业，具有创新能力和资本聚合能力的大企业，通过建立全球现代流通体系，特别是建立全球供应链体系，带动了全球若干个符合其运行规则的中小企业，形成群体企业的规模优势。我国的跨国公司要发展起来，必须形成有更多中小企业加盟的全球供应链体系，主要的构成部分是若干个中小企业。

4. 中小企业可以成为全球创新链中重要的链条和环节。全球真正的创新型企业，80%以上是中小企业。中小企业首先完成创意，完成设计，完成专利，然后通过大企业的资本运作和技术转化，实现规模化和产业化。世界上制造业很多环节都实行服务外包，创意设计、重大研发和物流解决方案等生产性服务都外包给中小企业。因此，创新的主体不仅越来越专业化，而且越来越分工细化，越来越中小型化。要素集成、资本购买、技术转化和产业化，使中小企业的创造变成新的技术、新的产业，这些必须依靠大资本和大企业，但是发明创造的主体是中小企业。

因此，我们可以从新的角度来看，中小企业完全可以进入世界市场，成为我们中国参与国际市场竞争中的主体。我们过去认为中国的中小企业是就业的主体，创造岗位最多的主体，这是远远不够的。除了就业之外，中小企业的地位和作用不可忽视。在我们新一轮竞争中，特别是在国际金融危机之后，中国对外开放形势发生了非常重大的调整，这种调整既是经济发展到一定阶段的自然调整，也是我们应对国际经济形势变化的一种主动调整。过去对外开放更多是引进来，现在对外开放在引进来的同时还要走出去。中小企业能不能走出去，我认为完全可以走出去，不仅如此，还要成为全球价值链、产业链、供应链和创新链这些链条中重要的环节或链条的重要组成部分。只要我们的中小企业能通过新的思路走向国际市场，就能具有国际竞争力，也能解决中小企业过去所存在的散、小、弱的问题。

二、中小企业面临的突出问题和约束

从我们这几年对中小企业跟踪调研，尤其是对民营中小企业的跟踪调研看，发展约束主要表现在七个“获取难”的问题上。

1. 资本获取比较难。中小企业获得资本的权利和机会不如大型国企，在银行贷款、风险基金、创新基金、投资融资等方面，都存在诸多约束。

2. 人才获取比较难。更多的人才还是流向大型国企，或是流向了跨国公司等外资企业，真正流向中小企业的人才比例还占的很小。将来企业竞争力之本就是人才，是人力资本。人才获取难是约束中小企业提高竞争力一个非常关键的问题，没有人才企业就不可能有竞争力。

3. 信用状况获取比较难。中小企业不管在国内还是国际，走入国际市场获取对方的信用信息难，在国内市场获取竞争对手信用信息难，自己本身的信用信息被认知也比较难。世界上社会信用体系建设经历了将近160年的历程，中国社会信用体系没有建立起来，我们和国际上信用信息联通共享并没有形成。我国整个征信国家体系还没有建立，因此不能非常便利获得一个企业的信用状况，别人就很难认知我们的中小企业，中小企业也很难认知别的国家和地区的企业是否可靠。信用状况获取难，这是影响企业走入国际市场的约束，也是影响中小企业竞争力一个非常重要的方面

4. 获取集群发展的机会难。中小企业加入价值链也好，加入产业链也好，加入全球供应链也好，或者进入创新链条也好，这种路径还是比较少的，很难形成中小产业集群发展。这种集群发展不是中小企业放到某一个地方、某一个园区去发展，而是中小企业通过整个集群式产业链条，纳入一个体系协同发展，这一点实现还比较难。

5. 获取公共服务资源比较难。目前政府提供的公共服务包括公共政策、公共财政和公共信息等资源，在整个倾向上还是有所有制歧视，还是有规模歧视。本来公共服务应该向弱势企业倾斜，但很多地方公共服务反而倾向大型企业，向中小企业倾斜度不够。

6. 技术创新成果产业转化机会获取比较难。中小企业创新、也包括一个团队或个人的创新成果，转化为一个有规模的产业或成熟产

业非常难。我们经常看到，很多中小企业有原创性发明，也具备转化为一个产业的技术基础，但是没有产业转化的能力，也没有产业转化的机会，我们并没有形成成果嫁接的体制安排和政策设计，因此中小企业获取这种机会比较难。

7. 获取政策支持的力度还不够。虽然有《中小企业促进法》但是还比较空泛，比较原则，每一条都对，但具体落实起来都不到位。我们研究非公有制经济发展的时候，组织一些民营企业家座谈，一些企业家说，国务院出台了“36 条”支持民营经济发展的措施，“36 条”是开创性的，但是像一个玻璃门，看得见进不去，很多的政策没有量化，没有具体化，没有真正能够实施。

三、几条建议

如何促进中小企业进一步发展？总的来说，中小企业应该成为国家在政策上倾斜度更大的企业群体，应该支持中小企业做成小而精、小而特、小而优、小而强的企业群体。中小企业发展起来之时，将是中国经济真正发展和崛起之日。中国企业结构中有大型企业、中型企业、小型企业和微型企业，这样的企业结构才是合理的。但有时候政府在政策调整方面规模歧视非常严重，如不是按照技术标准关闭企业，而是按照规模标准设计，不符合某个规模要求就要关闭。今后这种规模歧视不应该成为政府制定政策的着眼点，应该制定一系列技术标准，按照技术标准来研究企业差别对待的政策。我提的建议也有五个方面。

1. 立法保护中小企业。虽然有了《中小企业促进法》，但是我们的法总的来说没有落地，缺少其他的法律和政策的配套协同。对中小企业的保护应该渗透在很多法律里面，比如说日本的《大店选址法》，为了保护日本中小零售商在竞争中的弱势地位，规定作为大型商业企业每天的营业时间不能超过 8 小时，营业到这个时间必须关闭。为什么要关门？要照顾其他的中小商业，比如 711、便利店、夫妻店等等。这就是立法保护，给中小企业创造营业的机会。

2. 进一步研究对中小企业支持的配套政策。中小企业在目前来说还是弱势群体，虽然个数多，但是声音并不大，话语权并不多。应该给它更优的政策环境，包括财政、税收和金融等各项政策。加拿大中小企业税收还不到大企业的一半，我们现在企业所得税设计，中小企业和大企业都是一样的。需要研究财政政策、补贴政策、金融政策、政府采购政策、技术转化政策、风险投资基金等各种政策。要建立对中小企业进行担保的体系，研究中小企业进入价值链、产业链以及全球供应链和创新链的政策，系统研究对中小企业支持的政策。

3. 加快建立给中小企业提供公共服务的平台。建立公共服务平台，要靠政府推动，但要采用市场机制提供服务产品。如公共信息平台，包括配套服务信息、国际采购信息、各国国别投资环境，还包括创新平台、技术交易平台、知识产权交易平台等等这些公共服务平台。

4. 进一步提高中小企业的产业集聚能力、技术集聚能力和人才集聚能力。可以通过四种路径，实现中小企业集聚化，或者提高集聚水平，一是可以通过像义乌的市场带领型，义乌市场外向度已经达到 65%，过去是国内市场，现在主要面向国际，国际采购商主要进行采购出口。通过这样的市场带动走向国际市场，开拓国际市场，可以实现中小企业通过市场引领进一步集聚。二是可以通过产业链配套和延伸，靠国际统一的技术质量标准、国际统一认证认可标准，按照水平分工加入新的产业群体。三是要提高中小企业承接国际服务外包的能力，提高创造服务贸易产品和创造分离出来新服务行业服务产品的能力。中小企业完全可以通过新的产业机会进入新的价值链条，比如说印度很多服务外包主体都是中小企业，甚至是个人，越洋提供登记税收，再通过数据传输到美国、欧洲，完成服务产品的输出，这样也可以提高集聚水平。四是可以探寻这样一个发展路径，即中小企业在关键技术突破之后，实现产业化，然后实现产业集聚。比如说新材料的研发，关键零部件、核心零部件的研发完全可以由中小企业单个突破，然后再进行大企业集成、资本集成、市场集成。

5. 要创造对中小企业产品的市场需求。产品主要靠市场，政府采购是不是要向中小企业倾斜，我觉得对中小企业倾斜政策应该是公共政策组成部分，既是市场经济应有之义，也是政府行为应有之义，两者要很好结合，达到一个平衡点，促进中小企业在新形势下加快发展，持续发展，健康发展。

国家经济发展主要动力来自于企业主体，决定于企业生存和发展能力。只要我们的大企业做强，中小企业能够跟得上，能够形成新的经济发展增长动力、源泉，中国经济持续发展将是很长久的一个历史过程。

（作者：国务院研究室综合司司长）

不断加大金融支持力度 服务中小企业转型创新

肖远企

在中国经济30多年发展奇迹中，广大中小企业强势崛起成为最引人注目的亮点。作为非公有制经济的主体，中小企业已成长为社会生产力发展的一大支柱力量，在技术创新、产业结构调整、区域经济崛起、扩大内需、增加就业等方面发挥着越来越重要的作用。但是也应当看到，由于自身特性、市场经济环境等内外因素，中小企业尤其是小型和微型企业还面临着许多困难。

一方面，中小企业通常发展历史较短、规模小而分散，在市场竞争中天然地处于弱势地位。由于市场经济这只“看不见的手”奉行“赢者通吃”法则，大量资源和信息集聚在大型企业手中，中小企业生存环境相对艰难，这在起步阶段体现得尤为明显。这时，政府这只“看得见的手”，也就是宏观政策倾斜和公共产品投入，就扮演着尤为重要的角色。另一方面，部分中小企业存在公司治理结构欠缺、管理制度落后、自主创新能力不强、信用度偏低等缺陷，也亟待政府通过有效的监管和引导措施，督促其加强自身建设，规范内部机制，提升市场竞争力，自内而外地形成中小企业健康发展的良性循环。

正是由于中小企业在一国经济社会发展中具有不可忽视的价值，同时又面临着更多“成长的烦恼”，国家理应对其给予更多支持，应从产业规划、公共财政、融资渠道、技术推广、社会化服务等方面采取措施，解决它们的实际困难，这已成为当代各国政府的共识。在现阶段的中国，关注中小企业生存环境、拓宽中小企业发展空间，与推进产业升级、转变经济发展方式密切相关，具有更为重大和迫切的现实意义。

2009年，国务院出台了《关于进一步促进中小企业发展的若干意见》明确提出要采取积极有效的政策措施，帮助中小企业转变发展方式，实现又好又快发展，为新形势下政府支持中小企业工作提出了新的目标。

在中小企业面临的诸多困难中，融资难是最大的瓶颈之一，也是社会各界关注的热点。作为监管机构，通过改善中小企业金融服务缓解融资难，支持中小企业可持续发展，是中国银监会义不容辞的责任，也是我们常抓不懈的一项重要工作。从2005年起，中国银监会就提出把解决中小企业，尤其是把小型企业、微型企业融资难的问题作为长期战略性的任务推进。

我们明确地将中小企业金融支持定位于商业可持续的前提下，逐步形成了以“六项机制”（商业银行开展中小企业贷款要着重落实利率的风险定价机制、独立核算机制、高效的贷款审批机制、激励约束机制、专业化的人员培训机制、违约信息通报）为基础，以中小企业金融服务专营机构为抓手，以产品开发为重点，以“两个不低于”（信贷投放的增速要确保不低于全部贷款增速，信贷投放的增量要确保不低于上年）为目标的行之有效的工作思路。通过对中小企业增速不低于贷款的平均的增速这样的工作思路，督促银行业金融机构按照市场规律和商业可持续原则，建立和完善风险定价、独立核算、特色审批、激励约束、专门培训和违约信息通报等六项重要机制，大力推进中小企业金融产品和服务创新。

2008年，中国银监会又提出专营机构单列信贷规模、单独配置资源、单独信贷评审、单独进行独立会计核算的“四单”原则，全面提升中小企业金融服务水平。同时，银监会与科技部合作，通过制定科技型中小企业贷款风险补偿政策、设立科技担保公司和创新科技金融合作模式等方式，加大对科技型中小企业的信贷支持。

截至2010年7月末，我国银行业金融机构中小企业贷款余额达到15.87万亿元，比去年同期增长25.5%，其中小企业贷款余额6.49万亿元，增速比企业贷款平均增速高11.1个百分点，比各项贷款增速高7.3个百分点。同时，银监会引导各行业金融机构落实“区别对待有保有压”的政策，限制对高能耗、高排放和资源消耗型企业的贷款，通过信贷资源的配置，加快产业升级步伐。

中小企业金融服务是一项宏大的系统工程，与整个经济金融领域的基础设施及中小企业生态环境建设密不可分。因此，要从根本上缓解融资难，通过金融支持促进中小企业转型创新，有赖于相关部门密切配合，完善中小企业金融服务的外部政策支持与激励体系，为中小企业金融服务创造宽松环境。在银行业金融机构层面，银监会将继续加强中小企业金融服务专业化专项机制建设，推动银行业发挥融资的主渠道作用，着重加大对小型、微型企业的信贷支持力度。

一是引导商业银行转变观念，调整发展战略，积极主动地开展中小企业金融服务。

二是督促商业银行继续落实利率风险定价、成本利润独立核算、贷款审批、激励约束、专业化的人员培训、违约信息通报等“六项机制”，以做实中小企业和微小企业金融服务专营机构为切入点，向下延展服务网点，并继续增设新型农村金融机构，例如村镇银行，提升对中小企业的服务能力。

三是继续要求银行业金融机构加大对中小企业的信贷支持，实现中小企业信贷投放“两个不低于”的目标。

四是鼓励银行业金融机构积极创新，推广“信贷工厂”、“地缘信贷”、“三品三表”（“三品”是要看人品、样品、成品，“三表”是要看水表、电表、报关单表）等中小企业业务新模式，有效满足中小企业的融资需求，投资建立推动建设风险承担机制，建立企业和担保机构、保险机构，财政和地方政府共同参与、共同分担的风险分担机制，发挥多方面积极性。

后危机时代的中国经济正在迈出深化改革、转变方式的有力步伐，这是我国中小企业发展的挑战与机遇，也是银行业发展的挑战与机遇。银行业的发展与广大中小企业的发展相辅相成，密不可分，因为有很多金融机构是中小企业的一部分，与其他中小企业一样，需要理解和支持，这是为中小企业的发展提供服务的主力军。

作为银行业监管部门，我们深知自己肩负的职责和使命，并一直在探索新形势下监管策略、机制和手段的创新。我们愿与广大中小企业和银行业金融机构携手并进，抓住机遇、迎接挑战，为我国经济社会可持续发展而努力。

（作者：中国银行业监督管理委员会银行监管二部主任）

面向中小企业创新网络平台

胥和平

建立面向社会的公共创新平台，成为当代创新组织模式的最大变革。创新网络平台是当前全球创新理论研究的一个较热问题，本质是讲基于网络的创新体系。与创新网络平台相联的商业模式是各种创新要素在网络化的经济环境中寻求价值增值。中小企业转型发展，一个重要内容就是要推动商业模式的变革。产业方向和重点领域确定之后，商业模式成为决定性的内容。由此，构建创新链，寻找新的营利模式，就成为中小企业在新的信息技术发展的背景下研究商业模式变革需要关注的重要问题。

当前，中小企业的发展，不再是单个发展，不再是独立的发展，必须放在整个大的产业生态环境建设中考虑。

从投资的角度看，目前创新网络的建设已经成为非常值得关注的投资形式，特别是值得中小企业高度关注。创新网络成为一个极其有利的投资领域。从各个领域都可以看到这种情况，现在大家都在讲产业链、价值链，讲产业生态环境，从研究开发一直讲到产业化、市场推广、销售、物流整个体系，中小企业在整个产业链里面都可以找到生存空间。

从现代产业体系的角度看，中小企业转型发展的关键就是融入现代产业体系，融入现代创新链和价值链。所以，中小企业转型发展的重要任务，就是要努力使自己成为某个商业模式创新的节点，成为创新网络的节点。这如同渔网，每个节点都非常重要。这是中小企业发展非常关键的问题。

从创新能力建设的角度看，创新能力已经成为中小企业发展生存的关键问题。一方面，利用网络化的创新资源，利用公共科技资源来提高创新能力，去推动中小企业研发活动，成为一个非常重要的事情。另一方面，中小企业的创新能力成为国家创新能力的基础。中小企业充满了创新欲望和动力。所以，我们在这个问题上态度非常鲜明，要大力支持中小企业的创新活动，要努力为中小企业提供科技公共服务，特别是提供高质量的专业化的研发服务和其他科技中介服务。

在创新环境方面，为中小企业营造好的创新环境是政府的职责。现在各地政府都在落实自主创新政策，推动创新活动。各地的工作重心，很多瞄的是项目，瞄的是产业。其实，从政府角度来讲，更应该、更容易做的是科技创新基础能力建设，包括基础设施建设、创新平台建设、创新人才队伍建设。这是政府部门可以上手做、而且可以做得好的事。在政策上站得住，效果上讲得出，可以事半功倍。

从科技工作宏观层面看，支持中小企业创新应该是科技发展改革的重要内容。在过去两年，为应对国际金融危机，国家充分发挥科技的支撑作用，出台一系列重大举措，效果非常明显。例如，实施技术创新工程，促进建立产业技术创新联盟，培育创新性企业，推动建立为中小企业服务的公共科技基础设施和创新网络平台。“十二五”期间，支持中小企业创新创业仍将是科技重点工作之一，创新政策环境将不断改善，中央和地方都会有一些实际的安排，有关科技资源的投入将进一步加大，相信对中小企业的创新发展将有更大促进作用。

（作者：科学技术部研究室主任）

加强中小企业发展的综合环境建设

白津夫

当前,大力发展中小企业关键还是要创造良好的发展环境。环境建设是综合工程,涉及经济社会发展的各个领域,要全面加强综合环境建设,其中最为紧迫的有这样几个方面。

一是融资环境。资金约束是中小企业发展的瓶颈制约,进一步优化中小企业融资环境,对中小企业发展具有关键意义。近年来,在中小企业融资环境方面,总的说是政策优于实践。在政策层面基本上清除了中小企业融资障碍、拓宽了融资渠道。但在实践层面,中小企业的融资状况并不理想,还存在一些机制性障碍、人为性的制约。尽管政策要求各大银行必须建立中小企业融资部,单独到账、单独考核,即便如此,效果并不明显,而且存在功能性错位。从各大金融机构平均贷款规模500万元来看,中小企业特别是小企业难以获得资金支持。因此,真正解决中小企业融资需求,需要在机制上进行探索和突破。例如减免国有商业银行为中小企业贷款的营业税、金融机构对中小企业贷款的风险防范和免责机制、允许民间资本进入金融业成立小型银行、建立国家中小企业银行等等。这些问题不解决,融资环境还不能实质性改善。

二是投资环境。要进一步拓宽中小企业和民营资本投资领域,特别是国有资本已经形成垄断地位的领域,应当为民间资本进入创造条件,为民间资本投资规划好利润区,使民间资本进得来、留得下、有利可图、有钱可赚、有发展空间。但这不意味着中小企业一定要进入到特殊资源领域和垄断行业,尤其是不能在市场驱动下盲目进入产能过剩行业。要加强投资引导,以培育发展战略性新兴产业为导向,以国有资本带动民间资本。发挥国有资本的战略投资功能,重点在新技术、新产业领域进行战略性投资,创造产业环境、形成经济增长点,以国有资本凝聚民间资本,引导民间资本踊跃投资,共同做大产业规模、做强竞争优势。同时,要建立国有资本合理退出机制。要进一步加大对民营经济和中小企业发展的支持力度,鼓励民间资本进行股权投资等多种投资方式,增强经济发展的内在活力。

三是创新环境。中小企业是重要的创新主体,我国大多数创新成果来自中小企业。但是,中小企业在创新过程中面临诸多制约,最主要的是创新待遇不平等,重大项目拿不到、创新过程得不到有效的经费支持、创新成果社会公认程度低、知识产权得不到有效保护。在很多情况下,中小企业往往是倾其所有完成研发过程,等到产业转化时资金已难以为继,最后创新成果不得不被外资掠走,这种创新资源流失现象,已经对我国产业技术安全构成威胁。因此,要从战略安全的高度重视中小企业创新环境建设,发挥中小企业与新技术、新产业、新的产业组织方式相契合的优势,大力度地支持中小企业创新发展。

四是市场环境。中小企业是为数众多的重要市场主体,是市场经济体系的重要支撑。但是,在市场竞争环境方面,市场主体间仍然存在一些不公平。一方面与特殊垄断企业的优势市场地位相比,中小企业处在先天弱势地位,在重要市场价格方面缺少话语权。另一方面在能源资源方面完全依赖市场,保障系数比较低、价格风险比较高、不确定因素比较多。加上国有企业长期税后利润不上缴,而中小企业却不差毫厘如数上缴，起点不公平严重影响发展后劲。为此，要真正按市场经济规律办事，保证市场主体地位公平，加快形成有利于公平竞争的市场环境。

五是社会环境。社会主义基本经济制度使民营中小企业的社会地位有了制度保障，全社会对民营中小企业也已经能够公正认识。但是，现在要着力解决的是地位公平、公共服务不公平问题。也就是说，虽然地位上平等了，但在许多公共服务领域还有很大的差别，许多公共服务民营中小企业享受不到。这仍然是表面公平掩盖事实上的不公平。要进一步促进公共服务社会化、公平化。要使中小企业和民营经济也能够公平享有社会公共服务。

当前，我国经济发展正处在关键时期，必须从战略的高度认识发展中小企业的极端重要性，发展中小企业对于扩大内需、增加就业、强化内生增长，实现科学发展都具有十分重要的意义。中小企业要大发展，支持要有大力度。

（作者：中共中央政策研究室经济局副局长）

给中小企业及其员工创新空间

钟国兴

前几年我在《学习时报》上发过一篇《经济是一种生态》的评论，讲的是整个市场经济就像自然界生态一样。这里有丛林规则的竞争，同时也有各种类型的动物：有大动物，有中等动物，也有小动物。大企业就像狮子老虎等大动物，中小企业就像丛林里面的狐狸、兔子甚至松鼠一样。丛林里大动物很大程度上依赖小动物来生存。在市场里也是一样。比如说，有的时候大企业需要人才、需要原料，把人才待遇提高了、原料价格提高了，中小企业的人才就往他那跑，供应商就会优先把原料供应给大企业。如果没有中小企业，孤零零的大企业很难发展。正因为大企业和中小企业之间的这种竞争，中小企业的竞争压力就很大，促使他们不得不急切地寻求以各种创新的方式来解决危机，所以中小企业有很强的创新动力。

由于一方面中小企业是经济生态丛林里必不可少的“动物”，而且大企业大多都是从中小企业成长起来的，另一方面中小企业在和大企业竞争中常常处于劣势地位，所以中小企业创新方面需要政府特别的扶持。但是，在许多地方我们的政府对于大项目、大企业非常热衷，对于中小企业重视很不够。在一些地方，有的时候个人想办一个企业，刚申请就遇到各种障碍，一个企业注册下来要打通各种关系，结果没有赚钱就已经赔钱。有些小摊小贩被一些“执法部门”追得满街跑。中小企业生存环境也非常艰难，各个部门经常上门“吃拿卡要”。另外，中小企业想贷款，想要一点扶持的资金，层层剥皮，最后到手里已没有多少钱了，所以中小企业很难生存。这种情况下，经济生态很难发育起来。

实际上在一些地方，说严重一点，可以说对于中小企业、特别是对小企业有一种“灭活机制”。一个是小企业搞不起来，就像小动物想出生都没有正常的环境。然后是生长更困难，各方面挤压导致空间狭小，因此创新就更难。所以许多中小企业更多的“创新”是想方设法对政府“公关”上，在这方面花样不断翻新，而不是把资金和力量用在科技方面。

严格说，在这样的地方，经济还很难说是真正的市场经济，因为它没有一种正常的经济生态。政府到处去招商，到处去找大项目，就像丛林里只有老虎、狮子没有其他小动物。实际上这种所谓的市场经济是一种畸形的经济，是一种不正常的经济。一个地方没有有利于中小企业的正常发展、竞争的环境，就说不上有真正的市场经济，有的只可以说是“伪市场经济”。

从经济改革和发展先行地区的发展经验来看，民间存在极大的经济创新能力，就看你是否激活了它。激活了，就有了经济发展的奇迹。市场经济的真正动力在民间，在老百姓里面。现在仍然有些地方不但没有激活这种创新潜力，而且在对它们进行“灭活”，这就是正常的市场经济发展不起来的原因。把这种“灭活机制”转化成激活机制，这是中国市场经济发展的一个至为关键的问题，也是一个政府应该做什么、怎么做的问题。不解决这个问题，靠书记、市长每天带着大队人马外出找项目招商，然后给各种优惠政策、超低价卖土地，就能搞出繁荣的市场经济？这样来理解市场经济，其实根本不懂市场经济，还是在用计划经济的脑袋思考市场经济。

经济是一种生态，每一个企业其实也是一个生态圈。在一个企业里面，一个人要搞创新，如果这种创新真的实现了，就要打破原有企业内部生态平衡，而打破原有生态平衡就要遇到一系列问题。因为企业内部大家都适应了原有的环境，现在因为你的创新而产生了新问题，创新带来了新事物、新环境，就要求大家重新适应、重新学习，这样每一个人的生存成本、工作成本就提高了。因此大家从潜意识上都不愿意创新。实际上在企业里面也常常存在一种反创新的机制，一个人创新了大家就心理不平衡。因此企业中也经常存在一种“灭活机制”，也就是大家挤压创新者，导致创新空间狭小。这是企业经营管理者必须清醒认识的问题。

企业怎么把“灭活机制”转换成一种激活机制，这个问题不容忽视。这需要多方面条件，例如强有力的利益驱动机制等。对于企业来讲还有一点必须做到，就是要给员工提供一个比较大的创新空间。什么是创新空间？就是员工在创新上自由度有多大。有较大自由，就是有较大创新空间。

在这方面，中国企业员工创新空间非常小，其原因在于三个方面。第一，创新职业化。长期以来，我们的创新是科技人员的事情，一般的员工很难参与，一般员工也缺乏必要的科研条件。相反发达国家更加重视的是全员创新。第二，创新计划化。中国的科研单位和企业，长期以来习惯于要在什么方面搞创新，就先做一个大计划，然后组织人马去研究、创新。其实真正的创新需要灵感，许多灵感是没有计划的，如果都按照计划进行，还怎么来创新？第三，创新行政化。中国的各种单位都泛行政化，一说搞创新，就要成立一个小组，这个小组要由行政领导牵头才显得受重视，于是创新的项目组、课题组也搞成了类似行政单位的模式。这样行政化的组织，更多地要听从官员指令，怎么会有创新空间？

创新空间是创新的必要条件，创新空间狭小就必定会窒息创新的活力。从国外来看，人家非常重视扩大一个组织的创新空间。比如说3M公司，特别鼓励大家计划外的创新，所以他们有6800余种创新产品。韦尔奇时代的通用电气，让大家围绕问题成立研讨小组，自由参加、平等研讨、充分民主，大大启发了企业的创新潜力。这些都成为了国外企业广泛学习的标杆。

从这些成功的企业来看，创新空间实际上就是自组织的空间。自组织是借用系统论的一个词。系统论告诉我们，复杂系统产生是靠自组织。要激活它，靠各种要素的自组织来产生新的结构，而靠人工的直接干预是实现不了的。实际上企业的创新也是这样，给大家提供一个空间，让大家自己选题，让大家围绕一些问题组织研讨。这样创新空间就比较大，就能够实现一些料想不到的创新。

由这里联想到现在到处搞的学习型组织。我们搞学习型组织，从上到下包括机关、企业都是按照规定动作来学习，指定读什么书，规定搞什么活动和评比等等。这样的学习其实是死学习，根本不可能推动创新。实际上国外许多企业、机关的学习是首先找到问题，然后列出一个问题清单，这是第一步。第二步是小组研讨，把难点问题找出来，然后大家自由自愿地围绕问题组成各种课题组式的小组，来进行充分平等、民主的研讨。第三步是自主学习，不是指定读多少书（例如有的民营企业还要求学老板的语录），而是大家在研究过程中遇到问题，发现自己缺什么知识，于是就自己去学习、读书、请教专家、上网等等。第四步是知识共享，也就是在自主学习的基础上，给大家提供平台，进行交流。第五步是深入研讨，大家在知识共享的基础上深入研讨问题，找到解决问题的办法。第六步是突破创新，拿出系统的方案，实实在在地在解决问题上创新。实际上以这种方式搞学习型组织，就是围绕问题的学习，找到问题、分析问题、解决问题，是一环扣一环、不断循环的学习模式。

这是学习型组织一种核心的模式，我从中外学习型组织理论和实践中总结出来，把它叫做“链式学习”。没有这样的围绕问题、给大家研究、创新空间和平台的学习，就不是真正的学习型组织，是伪学习型组织。一个企业要真正搞成有创新能力的企业，必须在学习上进行一场大的革命，把传统简单化的学习变成科学的链式学习。所以，学习型组织的目的其实是创新，是激活大家的创新潜力。学习型组织就是创新型组织，它们实际上是一回事。

创新是新事物从无到有的萌芽、成长，它需要必要的空间。就像没有土地、水和空气，植物就无法萌芽、成长一样，没有创新空间，创新就是一句空话。从总体来看，我们社会上在许多方面，创新空间还存在不足甚至严重不足的问题，这样的问题不解决，创新型国家建设就很难很难。

（作者：中共中央党校报刊社副总编、《理论动态》主编）

大力发展非公有制经济　积极促进扩大社会就业

王东峰

社会就业是改善民生的重要任务。随着我国社会主义市场经济的发展和深化国有、集体企业改革，市场化的就业形式越来越成为时代发展的趋势，我国社会就业压力有所加大，而非公有制经济在促进经济发展和扩大社会就业方面发挥了举足轻重的作用。按照党的十七大提出的两个“毫不动摇”，大力发展非公有制经济，是新阶段继续积极扩大社会就业和促进我国经济又好又快发展的重要途径。

大力发展非公有制经济，切实为扩大社会就业开辟更加广阔的市场

大力发展非公有制经济是扩大社会就业的必由之路，这是因为，第一，非公有制企业就业容量相对较大，逐步成为扩大就业新的增长点。第二，非公有制企业创业相对比较容易，能够较好地满足社会就业的多样性需求。第三，非公有制企业创新意识不断增强，不断地创新可以带动更多的社会就业。第四，非公有制企业示范效应相对较强，极易形成高度聚集的新型产业集群，成为吸纳就业的“蓄水池”。第五，非公有制企业用工机制相对灵活，对求职者具有较强吸引力。第六，个体私营企业具有就业和经营合二为一的特征，人民群众只要符合法定条件兴办个体工商业，就自然实现了就业，就业空间无限。

当前大力发展非公有制经济，切实为扩大社会就业开辟更加广阔的市场，应从以下三方面加强和提升。

1. 按科学发展观要求增加非公有制经济总量，创造大量机会以扩大社会就业。要进一步放宽非公有制经济市场准入条件，切实贯彻平等准入、公平待遇的原则，真正实现允许非公有资本进入垄断行业和领域、公用事业和基础设施领域、社会事业领域、金融服务业，鼓励非公有制经济参与国有经济结构调整和国有企业重组，改变一些行业国有一股独大的现状，鼓励、支持非公有制经济参与西部大开发、东北地区等老工业基地振兴和中部地区崛起，这是增加我国非公有制经济总量、扩大社会就业的必然选择。

2. 优化非公有制经济结构，提高就业容量以扩大社会就业。优化非公有制经济结构，形成开辟新岗位与促进多就业良性循环，是扩大社会就业的重要途径之一。一是帮助传统中小企业实现转型，增加社会就业。可以通过帮助粗放型企业进行改造，走集约式增长的道路。因地制宜，根据市场需求和实际条件，尽快做强做大农副产品、化工、电子通讯、冶金建材、食品饮料、机械制造、服装鞋帽等行业，使之成为新的支柱产业。鼓励更多的求职者转变观念，到非公有制企业就职。二是发展地方特色产业，吸纳农村剩余劳动力。扶持农产品深加工龙头企业，促进地方特色劳动密集型中小企业发展。促进农业产业化发展和扶持农业产业化龙头企业，以就地消化农村剩余劳动力。加快发展与农业相关的二三产业，以此带动加工业、运输业、服务业、建筑业等产业向城镇合理聚集。通过市场牵龙头、龙头带基地、基地连农户，产加销一条龙、贸农工一体化的经营格局，实现一般农产品向品牌农产品、常规农业向精品农业、传统农业向现代农业发展的新跨越。因地制宜发展具有地方特色的劳动密集型中小企业。三是扶持社区传统服务业，扩大就业岗位。政府应从资金、工商、税收等优惠政策入手，加大扶持社区服务业健康发展。通过设立专项资金和协调金融部门成立小额贷款公司等举措，积极为社区中小个体私营服务企业发展提供资金扶持。对从事社区居民服务业的人员要进一步简化工商登记手续。四是加强产业集群建设，带动配套型中小企业发展。总之，优化非公有制产业结构，提升产业层次，要有利于扩大就业，而不能以裁减就业岗位为代价来求得产业升级。对于就业容量大的非公有制中小企业，政府应加大扶持，促其扩大发展规模。

3. 引导转变非公有制经济发展方式，拓宽就业渠道以扩大社会就业。当前，根据地区之间经济发展的差异性和就业出现的新趋势，对已完成原始资本积累的企业，可以发挥资金、人才、技术等优势，立足于扩大就业容量，采取产业梯度转移等途径，到经济欠发达地区和人口密集度高的城镇、农村，办连锁店，开分公司，延伸发展空间；而非公有制企业相对薄弱的地区，首先要立足于就业方式的多样性，大力发展个体私营经济和农副产品加工业，为农村富余劳动力向二三产业转移广开门路，要注重引导上规模企业把发展触角伸向第三产业，多兴办一些就业准入门槛低的服务业，以便为城镇下岗职工实现再就业提供更多的就业岗位。

优化非公有制经济发展环境，切实为扩大社会就业提供政策支持和机制保障

实践使我们深刻认识到，大力发展非公有制经济，使广大人民群众成为市场的主体、创业的主体、投资的主体、创新的主体，是解决我国就业问题的根本出路，更是社会主义市场经济保持生机活力和实现可持续发展的内在动力。但是，我们也应该清醒地看到，当前我国还存在一些制约非公有制经济发展的不利因素：一是对现阶段大力发展非公有制经济必要性、重要性的认识有待进一步提升。二是有的部门对非公有制经济的政策支持力度还不够，宏观调控及产业政策引导还较弱。三是促进非公有制经

济持续快速健康发展的体制机制有待进一步建立健全。四是全民创业、自主创业市场氛围还不够浓厚,以创业带动就业的社会氛围还需进一步优化。这些不利因素的存在,制约了我国非公有制经济向更高层次发展,从而也影响了国家扩大就业发展战略的实施。问题不容忽视,亟待进一步采取积极有效的措施,优化非公有制经济发展环境,切实为扩大社会就业提供政策支持和机制保障。

1. 进一步增强支持非公有制经济发展的自觉性和坚定性。在发展非公有制经济的问题上,要继续以邓小平理论和“三个代表”重要思想为指导,全面落实科学发展观,进一步解放思想,充分认识现阶段非公有制经济是社会主义经济的重要组成部分,是坚持和完善基本经济制度的重要内容。对非公有制经济及其实现形式,只要有利于社会主义生产力的发展,有利于增加就业,有利于提高人民的生活水平,就应大力支持和鼓励发展。要始终用科学发展观统领和指导工作,始终从全局和战略的高度充分认识鼓励、支持和引导非公有制经济发展的重要性和紧迫性,坚持“两个毫不动摇”和对非公有制经济“政治平等、政策公平、法律保障、放手发展”的方针政策,认真贯彻落实《关于鼓励支持和引导个体私营等非公有制经济发展的若干意见》,进一步增强发展非公有制经济的自觉性和坚定性,不断提高为非公有制经济服务的能力和水平。

2. 进一步加大对非公有制经济发展的政策支持力度。一是敢于突破条条框框。国家明确提出放宽非公有制经济的市场准入条件,应当逐步完善信贷、用地、税收、能源供应等相关配套政策,打破各种过严、过死的限制和阻碍,为非公有制企业进入一些基础工业、基础设施和新兴服务业提供便利。要加快推进垄断性行业改革,推进公用事业改革,进一步放宽市场准入,积极营造有利于非公有制经济公平竞争的市场环境。二是完善扶持政策。从完善和提高政策可操作性入手,在制定促进非公有制经济发展的优惠政策时,既要充分考虑政策的合理性,又要加大政策扶持的力度,还应当进一步细化已经出台的政策措施以及一些原则性规定,让各类市场主体在市场经济中处于平等地位,享受相同的权利,遵守相同的规则,承担相同的责任。三是注重政策的落实。要把促进就业和完善社会保障体系摆在更加突出的位置,充分发挥非公有制经济就业主渠道的作用,减轻企业负担,维护企业合法权益,从加强政策联动性入手,形成分工合作、部门联动和齐抓共管的工作格局,切实解决政策落实过程中在一些地方和部门存在的相互推诿扯皮的现象,切实保证支持非公有制经济发展的各项政策措施落实到位。

3. 进一步建立健全促进非公有制经济持续健康发展的体制机制。一是建立健全社会中介服务机制。加大对中介服务机构的支持力度,坚持社会化、专业化、市场化原则,不断完善社会服务体系。整顿中介服务市场秩序,规范中介服务行为,为非公有制经济营造良好的服务环境。二是建立健全创业服务机制。进一步落实国家就业和再就业政策,加大对自主创业的政策扶持,鼓励下岗失业人员、退役士兵、大学毕业生和归国留学生等各类人员创办企业,开发新岗位,以创业促就业。支持建立创业服务机构,鼓励为初创小企业提供各类创业服务和政策支持。三是建立健全科技创新服务机制。加大对非公有制企业科技创新活动的支持,加快建立适合非公有制中小企业特点的信息和共性技术服务平台,推进非公有制企业的信息化建设。大力培育技术市场,促进科技成果转化和技术转让。四是建立和完善经营者人才市场机制。随着非公有制企业、特别是私营企业的发展壮大,建立现代企业制度和实行法人治理结构势在必行,尤其是适应规模较大企业实现经营权和所有权分离,需要建立完善经营者人才市场,特别是在选人用人、分配报酬、规范管理等方面建立健全长效机制,为非公有制企业,特别是私营企业的发展提供人才保障。五是推进企业信用制度建设。加快建立适合非公有制中小企业特点的信用征集体系、评级发布制度以及失信惩戒机制，推进建立企业信用档案试点工作，建立和完善非公有制企业信用档案数据库。对资信等级较高的企业，有关登记审核机构应简化年检、备案等手续。强化企业信用意识，健全企业信用制度，建立企业信用自律机制。

4. 进一步大力营造全民创业、自主创业的社会氛围。大力宣传党和国家鼓励、支持和引导非公有制经济发展的方针政策与法律法规，宣传非公有制经济在社会主义现代化建设中的重要地位和作用，宣传和表彰非公有制经济中涌现出的先进典型，形成有利于非公有制经济发展的良好社会舆论环境。积极引导全民进一步解放思想，转变观念，激发全民创业的积极性。大力倡导自主创业精神，强化自主创业意识，全面落实自主创业举措。推动形成鼓励支持干事创业的舆论导向，努力营造全民创业、自主创业、以创业带动就业的良好社会氛围，让全民创业、自主创业、艰苦创业的精神追求和价值取向成为社会主义文化建设的重要组成部分。

（作者：国家工商行政管理总局副局长）

开拓小企业融资新路

樊大志

中小企业融资问题是一个世界性难题。目前，我国中小企业占企业总数的99%，创造了50%以上的国内生产总值和75%以上的城镇就业岗位，提供了66%的发明专利和82%以上的新产品，在繁荣市场、增加税收、保持社会稳定等方面发挥着不可替代的作用。但由于企业规模小、资信总体水平低，小企业很难在金融机构贷到款。因此，尽快破解小企业融资难问题，形成有利于中小企业发展的金融支持制度与机制，已成为有关职能部门与金融机构必须承担的历史责任。

华夏银行根据自身实际，从创业起就将客户主体定位于中小企业，下大气力培植小企业发展。目前，中小型、小型、微型企业客户占全行客户的80%以上。在实践中，我们确立了打造一流中小企业金融服务商的战略目标，着力创新金融服务经营模式，初步形成了以“小、快、灵”为特色的金融服务机制，在银企合作中实现了发展新绩效。

以理念创新为动力，探索小企业金融服务体制和机制。2008年12月，银监会出台了《关于银行建立小企业金融服务专营机构的指导意见》，充分调动了商业银行开展小企业金融服务的积极性。2009年5月，华夏银行正式成立了小企业金融部，并相继在长三角、环渤海等分行成立地区分部，将小企业金融服务的触角一直延伸到支行，走向社区、郊区、街道、乡镇，让客户对小企业金融服务看得见、摸得着。目前，华夏银行已形成了“总行总部—地区分部—支行中心”三级组织管理架构，初步实现了“专业化经营、流程化管理、个性化考核、立体化营销”的企业改革目标，在企业组织结构上呈现出明显的扁平化特点。实践证明，对华夏银行这样的中型股份制商业银行来说，扁平化的金融服务模式有利于挖掘现有的网点资源、人力资源、客户资源效能，在少投入或不投入的情况下，快速有效地开展小企业金融服务，经济上划算，技术上可行。

以流程再造为重点，探索小企业金融全流程风险控制模式。众所周知，开展小企业金融业务风险大，没有有效的风险控制模式，将很难持续。为此，我们根据监管部门的要求，借鉴国内外先进经验，探索建立了小企业金融业务风险控制模式。这一模式的主要特点是：在业务准入上做好贷前风险分析判断，在操作过程中进行独立的小企业信贷操作，在贷后管理上根据客户评级结果、担保方式的不同对小企业进行差别化管理，既实现了在授信流程各个环节上人工或系统的自动预警，又实现了预警与核查流程的合一。与此同时，我们根据小企业财务管理相对薄弱的实际，积极完善小企业信用评级机制，一方面通过对企业实际控制人的资信水平、支付记录、道德操守等指标，测算评估借款人的资信状况；另一方面，通过对小企业的上下游状况、品牌和生产贸易等非财务指标的测算，更加真实地评价企业还款能力。借助于这一评价机制，华夏银行有效地减少了不少优质小企业客户由于缺乏规范的财务报表而被“拒之门外”的现象。我们还认真汲取国内外商业银行中小企业授信管理经验，在风险可控、流程严密、授权审慎的前提下，通过建立专职的风险经理队伍，实行前置参与现场调查制度，大大简化了授信审批流程，尽可能提高贷款审批效率。

以突破“生、难、散、慢”困局为目标，建立小企业客户成长培育机制。由于小企业融资需求具有期限“短”、额度“小”、频率“勤”、用款“急”的特点，从而使金融机构开展小企业金融服务时，始终面临着情况“生”、了解“难”、分布“散”、见效“慢”的困难与障碍。这就要求商业银行在为小企业提供金融服务时，必须首先经历一个对客户了解、理解、培植的过程。在实践中，我们围绕“生”和“难”的问题，在健全小企业金融服务管理机构体系的基础上，与商会、会计师事务所、政府性担保公司等机构联手，共同打造为小企业服务的开放式金融平台，提高为小企业服务的能力。为解决小企业融资“散”的难题，我们制定了独特的小企业客户开发策略，依托核心企业的上下游，通过产品和渠道分地区、分行业批量开发客户。通过开发资金支付管理系统，成功对接小企业的信贷系统与核心企业的管理信息系统，整合了信息流、资金流、物流。通过资金管理、贷款、结算三位一体的综合服务平台，用一个核心企业将上下游小企业打造成一个“产业链”，不仅有效地推进了小企业与核心企业的长期战略协同关系，更重要的是在提升小企业商业信用的同时增强了其竞争能力。为解决见效“慢”问题，我们坚持实施客户培植计划，3 年内在收益覆盖风险的前提下以开发客户和帮助客户成长为主，引导和帮助小企业成为金融机构的忠诚客户。随着小企业生产经营规模的不断扩大，它们对银行的忠诚度也不断提高，从而使银行获得长期稳定的业务收入，这是银企合作共赢的战略选择。

从小企业特征出发，不断创新产品和服务，努力做到“小、快、灵”。“小”，就是专为小企业服务；“快”，就是服务方便快捷；“灵”，就是产品灵活多样。我们根据小企业成长不同阶段的融资需求对小企业产品“精耕细作”，在担保方式、贷款期限、利率定价、还款方式上进行创新，专门为小企业量身打造了联保联贷、接力贷、增值贷、快捷贷、循环贷等专有产品，通过标准化的融资产品，为小企业提供优质、高效、快捷的金融服务。在综合考虑风险和效率因素的基础上，适时推出了小企业网上银行，方便了小企业在网上申请贷款，并实时查询申请进程。特别是小企业网上银行可直接与评审系统对接，这不仅通过在线财务软件，有效引导企业将财务报表录入该系统，而且还可以将未完成的任务通过短信提示给客户经理，方便他们的日常管理，大大提高了审批效率。同时，我们通过评审系统中的在线监控模块，监控人员可以随时监控每笔授信业务的各个环节，及时发现问题并发出处理要求，确保了针对小企业的金融服务效率与安全。

在实践中，华夏银行逐渐积累并开始形成

特色鲜明的客户服务优势，社会效益与经济效益大幅提升。特别是在将这些优势嫁接于小企业金融业务后，不仅有效地提升了小企业综合金融服务能力，而且开辟了更加广阔的金融业务发展空间。探索与实践，使我们清醒地认识到，小企业融资难不仅是阻碍我国企业成长的一个带有根本性的问题，而且是制约我国经济社会发展的一个长期性因素，必须采取有力措施逐步加以解决。其中一个基础性工作，就是制定切实可行的标准，清晰划分小企业类型，在此基础上充分发挥政策、法律的引导作用，切实为小企业发展创造一个良好的金融环境。

一是科学划分企业类型，着力落实小企业金融服务配套政策。由于我国企业情况复杂，在划分企业规模时，通常采用资产、销售、就业等综合指标，这使得商业银行在实践中很难确认中小企业，客观上也是造成中小企业扶持政策落实难的一个因素。鉴于这种情况，我们采用了单一的销售规模指标，即按销售总额，将企业划分为大型、大中型、中型、中小型、小型、微型等六级类型，后三类就是我们通常所说的“中小企业”，最后两类是“小企业”。这一标准的长处在于简单明了，有利于把中央支持小企业发展的金融政策落到实处，做到有的放矢，发挥政策效力。目前，对于金融部门来说，一方面应尽快明确小企业分类标准，加快落实国务院关于支持小企业发展的财政、税收、资本市场等金融政策，鼓励、支持、引导小企业健康发展；另一方面应尽快制定小企业金融服务差异化监管标准，切实为商业银行开展小企业金融业务创造良好的政策环境。

二是完善多方合作机制，营造良好的小企业金融服务环境。现阶段，商业银行开展小企业金融业务，还需要社会各方面的积极参与，形成更加紧密的合作机制。例如，市场营销方面可建立银行与行业协会、商会、小额贷款公司等单位客户的交叉推荐机制，贷款提供方面可建立商业银行之间的银团贷款融资合作机制，贷款退出方面可建立不同类型金融机构之间的转贷等承接机制，风险分担方面应通过地方政府小企业贷款风险补偿基金建立小企业贷款风险分担机制，目的主要是在控制信贷风险的基础上降低小企业融资成本。商业银行要有效开展小企业金融服务，最终还须靠信用做支撑。因此，各类金融机构应加大信用文化的建设力度，引导小企业形成良好的信用文化，增强小企业诚信经营的内部自我约束能力。特别是，监管部门应建立独立的小企业征信平台和违约信息通报机制，形成对小企业不良行为的外部硬约束。这样做，一方面可以促使自我约束能力差的小企业规范管理，不断提升信用等级和社会美誉度，逐渐向优质企业靠拢；另一方面可以引导商业银行更准确地筛选出那些管理规范、产品有市场、发展潜力大的小企业，为它们提供更好的金融服务，支持它们尽快做大做强。

三是探索银企共赢模式，走可持续金融发展道路。商业银行开展小企业金融服务不单纯是贷款，因而支持小企业发展也不仅仅是金融服务，更需要借助银行优势帮助小企业提高信用等级、完善法人治理结构、提升经营管理水平、增强生存发展能力。因此，商业银行要以市场为导向，科学确定银企之间合作原则，建立互信、互利、共赢的合作关系。对于银行来说，拓展小企业金融业务，首先要选择与自身服务能力相当的客户进行重点服务，其次要寻找关系相对稳定、可以长期合作的客户进行持续服务，再次要在考虑投入产出效益的基础上深化综合服务。商业银行开展小企业金融业务盈利周期很长，短期内可能会对资产质量和盈利带来影响，但从长远看却是中小型商业银行开拓发展的最优选择。只要我们深入推动金融创新，逐个企业持续开发，逐步积累经验，就一定能探索形成银企共赢的业务发展模式，真正把华夏银行打造成一流的中小企业金融服务商。

（作者：华夏银行行长）

新形势下民营企业的成功之路

张蔚萍

民营企业，从狭义上讲是指私营企业和私人控股企业，从广义上讲是指私营独资企业、私人控股的混合制企业和个体工商户。据2010年6月统计，我国的私企已从改革初期的几十户发展到现在的755.65万户，占全国注册企业总数的71.60%；注册资本(金)15.32万亿元，占全国注册资本的25.72%。个体工商户从改革初的几百户已发展到3229.95万户，资金总额1.14万亿元。私营和个体从业人员已达15234.78万人，占全国城镇从业人员的70%，占全部新增就业的90%。这些数据说明，民营企业和个体工商户已成为我国国民经济的一支强大而重要的力量。许多民营企业家很关心民营企业30年来为什么能够大发展？今后还能不能继续大发展？新形势下走什么路才能大发展？回答这些问题，实质上是回答新形势下民营企业的成功之路问题。党中央认为，新形势下只有走科学发展之路才是成功之路。本文就民营企业关心的这些问题谈点学习体会。

一、30年来民营企业为什么能够大发展

展望未来就要了解过去，也就是要认真总结过去的经验教训。这是中国共产党由弱变强、从挫折走向胜利的成功经验。我们民营企业要继续发展，应该借鉴这个经验，认真总结自身发展的经验教训，从中找出带有规律性的东西，以便指导今后继续发展。从全国范围来讲，30年来民营企业能够大发展，主要依靠了三条：一是依靠党的改革开放好政策；二是依靠市场经济竞争力的不断推动；三是依靠民营企业家带领员工的艰苦奋斗。

(一)依靠党的改革开放好政策

30年来，民营企业的户数平均每年以25万户的速度增长，资本金平均每年以5000亿的速度增长，可称为民营企业大发展的黄金时代。之所以有这个黄金时代，首先是因为有党中央制定的改革开放好政策，特别是公有制为主体多种所有制共同发展的总政策。只有实行这个政策，才能保证以经济建设为中心的战略任务全面实现。改革开放初期，胡耀邦同志受中央委托搞了10个民营企业试点，提出要给一些优惠政策，不断总结经验，不断扩大影响；后来邓小平同志提出搞特区试验，制定了一系列推动民营企业发展的优惠政策，也取得了很大的成功；跨世纪前后，中央明确提出了中西部大开发战略，进一步推动了中西部民营企业的大发展。特别是最近几年，中央又提出了引导、鼓励和促进民营企业沿着科学发展之路前进的正确政策，使民营企业在调整中继续大发展。据统计，2007年私营企业有420万户，仅两年多时间就发展到755万户，资本金由7万多亿元增加到15万亿元。试想一下，如果没有党的各项政策的及时引导、鼓励和促进，我国民营企业能有今天的大发展吗？所以，研究民营企业的大发展，首先不要忘记党的改革开放好政策。党中央提出“致富思源”，源在那里？源就是党的改革开放好政策。不懂得这一点，就不会充分运用党的好政策，就无法继续大发展。

(二)依靠市场经济竞争活力不断推动

党的政策在前边指引，市场经济在后边推动，这样才能创造一个大发展的局面。从30年来的历史经验看，民营企业大发展主要还是党的十四届三中全会作出关于建立社会主义市场

经济的决定以后。据统计，建立市场经济前10多年，民营企业只有百万户，资金只有几千亿元；建立市场经济以后就猛增到数百万户，资本金猛增到几万亿元。市场经济为何有如此巨大的力量？原因在于市场经济的最大功能就是通过合理配置社会资源来推动生产力发展；通过竞争活力来激发人的积极性和创造性；通过提供大量信息来促使人们观念更新。市场经济的这三大功能是促进民营企业大发展的不竭动力。试想一下，如果我国不搞市场经济，民营企业能够如此大发展吗？国民经济能够大发展吗？据联合国一位官员说，改革开放之前，中国的经济实力还排在世界的第十二位；改革开放10多年之后，一下子跃升到第七、八位；搞了市场经济10多年之后，进一步跃升到第三位。现在，中国在世界的各种重要组织中，都有了较大的发言权，中国在世界的地位日益增强。为什么在世界的地位日益增强？这与社会主义市场经济的推动是分不开的，与全国人民的奋斗包括700多万民营企业的贡献是分不开的。应该看到，市场经济具有两重性，既有积极性，也有消极性。其消极性主要表现为盲目性、滞后性和自发性。特别是这种自发性，能产生一种自发势力，它能把市场经济条件下人们重视金钱、重视享乐、重视个人利益这些正确东西推向极端，使其不知不觉地产生拜金主义、享乐主义和利己主义。这三种主义是资产阶级人生价值观的核心，它会腐蚀人们的灵魂，从而导致一些人腐败堕落，进而导致一些企业包括民营企业破产消亡。据统计，30年来民营企业家因腐败堕落而破产消亡者有近百万。这就告诉我们，市场经济的两重性既可以推动民营企业大发展，又可能导致民营企业受伤害。这里关键是要善于驾驭市场经济，利用其积极性推动民营企业大发展，防止其消极性伤害民营企业健康发展。

（三）依靠民营企业家带领员工艰苦奋斗

在同样的改革开放和市场经济条件下，为什么有的民营企业能够大发展，而有的民营企业不但没有发展，甚至面临破产的危险。关键就在于能否艰苦奋斗。我们这里所说的艰苦奋斗不是狭义上的艰苦奋斗，而是广义的科学艰苦奋斗。所谓科学艰苦奋斗，有两层意思：一是坚忍不拔、顽强拼搏的创业精神，二是善抓机遇、与时俱进的创新精神。艰苦奋斗不仅表现在生活上和工作上，而且表现在思想上和思维上。我国著名企业家张瑞敏和鲁冠球有句名言："思维决定思路，思路决定出路。"思维和思路关系到决策的正确性。思维之艰苦要比生活和工作之艰苦大得多、难得多。所以思想和思维领域的艰苦奋斗是高层次的艰苦奋斗。我国成功的民营企业家，绝大多数是靠这种精神取得成就和业绩的。2009年评出的500强民营企业，绝大多数都强调艰苦奋斗这一条。500强的前三位，江苏沙钢集团、联想控股有限公司和苏宁电器集团，也都强调了这一条。有的优秀民营企业家还把艰苦奋斗精神与社会责任结合起来，不但自己发财致富，而且救助弱势群体战胜贫穷和落后，赢得了社会的高度赞誉。

在民营企业队伍中，也有不少是靠歪门邪道和拉拢腐蚀干部发财致富的，表面上这些人很富有，实际上这些人很空虚，这种企业潜伏着极大的危险性，早晚是要出问题的。过去在东北、华北和华东查处大案时，带出了一大批不正派的民营企业家，有的不仅企业破产，而且还进了监狱，比如北京的亿霖木业集团，姐弟等高层管理人员都进了监狱，企业也破产消亡。最近两年来，在广东等地查处的大案要案中，又涉及一部分不法私人企业家，也受到法律的制裁，使企业的发展受到严重影响。这些活生生的事实告诉我们，民营企业要大发展，必须依靠科学的艰苦奋斗精神，而决不能依靠歪门邪道。

二、民营企业今后能否继续大发展

我国正处在伟大变革和经济结构调整的关键时刻，国际上也处于大变革大调整的重要时期。在这个重要历史阶段，人们对民营企业的发展问题非常关注。大多数学者认为，民营企业正站在一个新的起点上，虽然面临着严峻挑战，但机遇大于挑战，只要善于抓住机遇，今后还会继续大发展。少数学者认为，民营企业的发展已达到了顶峰，这就意味着今后不会再继续大发展。尤其是2008年国际金融危机发生以后，广东和沿海的中小民营企业受到很大的冲击，不少中小民营企业萎缩甚至关闭；在产业结构调整中，山西等地一些企业因破坏资源严重和技术落后，已无法继续经营。在这种情况下，一些国企为了救助民营企业，以混合型企业的形式将其兼并。这就造成了某些学者的误解，于是就发出了“国进民退”的错误论调，并在网上大造舆论，使许多民营企业家惶恐不安。鉴于这种情况，2009年9月，国务院发布了《关于进一步促进中小企业发展的若干意见》，前不久又出台了《关于鼓励和引导民间投资健康发展的若干意见》。国家工商行政管理总局也出台了《关于进一步促进个体私营经济发展的若干意见》。2010年3月“两会”期间，国家主席胡锦涛就民营企业今后继续发展问题专门发表了重要讲话，充分肯定了非公有经济在我国经济社会发展中的重要作用，深刻论述了发展个体私营企业的重要意义，强调我国非公有制经济发展正站在一个新的起点上。只要加快经济发展方式转变，只要在保障改善民生和提高自身素质上多下功夫，就一定会有更大作为。总起来说，党和国家是在引导、鼓励和促进民营企业发展，绝没有让其退的意思。国企与民企共同发展，这是党和政府坚定不移的方针，那种“国进民退”之说，是一种不利于两者共同发展的论调，不符合中央精神。事实上，自从2009年秋季党和政府下发文件并采取了相应措施以后，民营企业迅速由400多万户增加到700多万户，注册资本金由几万亿元增至15万亿元，这表明民营企业正站在一个新起点上向前迈进。

为了做好这个推动工作，我们学会最近召开了民营企业发展座谈会，经过学习讨论，大家提高了认识，澄清了是非，坚定了信念，增强了信心。主要取得了以下两点共识：第一，大力发展个体私营经济是建设中国特色社会主义事业的需要；是坚持“公有制为主体、多种所有制经济共同发展”基本经济制度的需要；是完善社会主义市场经济体制和充分发挥市场配置资源基础性作用的需要；是激发我国经济可持续增长、促进经济平稳较快发展的需要；是扩大社会就业、增加居民收入、解决“三农”问题、拉动国内消费、促进社会和谐稳定的需要。正因为有这五大需要，所以党和国家坚定不移地采取促进民营企业发展的方针。第二，新形势下个体私营经济在经济上、政治上和社会上仍然能够发挥重大作用。首先在经济上，它能够促进国民经济的持续快速发展，能够为国家提供大量的税收和丰富多彩的商品，能够补充人民日益增长的物质和文化需求。其次在政治上，它能够为建设社会主义民主政治贡献力量，不仅能够参政议政、谏言献策，而且能够反映社情民意，提出解决问题的真知灼见。再次，在社会作用上，它能够帮助党和政府实现民生这一战略任务，尤其在解决就业问题上作为更大。据统计，仅2009年就解决了72.69万名下岗失业人员的再就业问题；2010年上半年解决了几百万人的就业问题。同时，在救灾扶困方面也作出了重要贡献，为国家分忧解难。上述两点共识，希望能成为广大民营企业家的共识。只要沿着党和国家指明的方向继续奋进，民营企业在新起点上还会实现新的发展。

三、新形势下走什么样发展之路才能继续大发展

大多数学者和民营企业家认为，未来民营企业要继续大发展，关键是要走科学发展之路。而要走科学发展之路，就必须抓创新、抓人才、抓学习。只有这样，才能提高竞争力，推动企业不断发展。

（一）坚定不移走科学发展之路

党中央提出学习实践科学发展观，目的就是要引导各行各业走科学发展之路。在新的形势下，民营企业再走传统老路，前途不大；想走

歪门邪道，害人害己害国家。必由之路是走科学发展之路。因为这是一条新路，必然要遇到艰难险阻，没有坚定的信念、坚强的毅力是不行的。所谓科学发展之路，就是坚持以人为本，走全面发展之路；就是坚持统筹兼顾，走协调发展之路；就是坚持战略与策略相结合，走持久发展之路。科学发展观的实质是实现又好又快发展，这是我国经济社会发展的大方向，自然也是民营企业继续发展的大方向。

科学发展之路的第一要义，就是坚持以人为本，走全面发展之路。民营企业坚持以人为本，就必须把企业的利益与人民的利益统一起来，依靠企业全体员工的智慧和才能，同心协力推动企业发展。民营企业坚持全面发展，从宏观上讲，就是物质文明、政治文明、精神文明、社会文明、生态文明都要发展。物质文明是中心，这一点毫无疑义，但其他四项文明也不容忽视。一时获得较大物质利益，但企业的形象不佳，这种局面也是难以持久的。要认识到，全面发展并不是没有重点，而重点是随着形势发展不断变化的。这是全面发展的辩证法。科学发展之路的第二要义，就是坚持统筹兼顾，走协调发展之路。民营企业坚持统筹兼顾，就是要处理好主业与其他产业的关系，使其各产业之间协调发展。任何企业都必须有主业优势，但也要注意多样化发展，关键是要协调好它们之间的关系。要认识到，协调能产生合力，合力能形成动力，这一点绝不可忽视。科学发展之路的第三要义，就是坚持战略与策略相结合，走持久发展之路。这里说的战略与策略相结合，是指企业既要有长远发展战略，提出振奋人心的奋斗目标，又要有具体发展策略，提出当前发展目标和有效措施。实践证明，只有把发展战略与具体策略相结合，才能推动企业可持续发展。根据这个思路，企业就要从当前着手，制定好年度规划，在此基础上再制定长远规划，比如三年规划、五年规划。在这方面，浙江万向集团做得比较好。他们的战略目标是创造国家一流企业和世界一流企业，其具体规划有一年、三年、五年到十年，而每一年的规划都要量化到每一季每一月，直到每一周每一天。他们有个响亮的口号“奋斗十年添个零”，“日创利税一千万”。万向集团2009年营业收入是500多亿，十年后就要增加到5000多亿，日创利税现在是一千万，十年之后就要达到一个亿，全年利税就要达到360亿。万向集团董事局主席鲁冠球有很强的战略策略思想，这是保证该集团长期持久发展的重要原因。总之，科学发展之路的实质，是走又好又快发展之路。过去我们总是强调“快”字当头，在快中求好，现在中央强调“好”字当头，在好中求快。这是发展思路的一个重大变化，必须引起高度重视。今后只有走又好又快的科学发展之路，我们民营企业才有大的出路。

（二）抓创新，加快经济发展方式转变

创新是走科学发展之路的强大生命活力。民营企业在新形势下的创新，必须紧紧围绕加快转变经济发展方式来进行。为此就要抓好以下四项工作：一是要抓住国际产业重组的机遇，根据国家产业政策导向，自觉调整产业结构，发挥自己的产业优势，提升竞争能力。二是要抓住本企业关键核心技术的研究开发和转化应用，努力掌握更多的自主知识产权、培育更多的自主品牌，选择向现代农业、现代服务业、现代文化产业、战略性新兴产业和环保产业发展。三是要抓紧淘汰高耗能、高排放、高污染和低技术、低质量、低效益的落后生产能力，积极推行清洁生产和节能技术，积极投身于资源节约型、环境友好型的社会文明建设，努力成为先进生产力的代表。四是要抓好经营管理方式转变，尽快改变家族管理方式和经营方式，努力实现适应市场经济的现代企业管理方式和经营方式。现代企业管理方式和经营方式的重要特点，就是所有权和经营管理权要适当分开，重大问题决策要实现科学化，经营管理责任要实行制度化，利益分配要尽量合理化。只有这样，才能最大限度地调动各层领导人员和全体员工的积极性、创造性，保证企业又好又快的持续发展。

企业创新有三种形态：一是借鉴创新型，也就是在引进和借鉴他人先进技术、先进经验中创新，这是初层次创新；二是集成创新型，主要是依靠研究机构的团队力量、集中集体智慧进行创新，这是中层次创新；三是发明创造型创新，主要是依靠优秀人才独创和发明创造，这属于高层次创新。为了更好地创新，必须抓住两个要点：一是敢创。也就是要有胆量创、要有勇气创、要有信心创。这是创新的大前提。如果没有胆量、勇气和信心，就谈不上创新。二是要善创。也就是要善于在“新”字上下功夫，努力做到五新，即适应时代的新变化，不断与时俱进；研究现实的新情况，抓住机遇知难而进；形成发展的新思路，及时作出科学决策；探索实施决策的新办法，把决策落到实处；开拓企业发展的新局面，为社会做出重要贡献。实践证明，只要抓住创新的这两个要点，创新就一定能够成功。

（三）抓人才，引导人才在促进科学发展中贡献力量

人才是促进企业科学发展的强大动力。在正确的决策作出以后，人才就是决定性因素。成功的企业都很重视人才。专家学者普遍认为，民营企业持续快速发展的秘诀在于人才，企业家的重要本领在善于识人才、用人才、育人才、管人才、爱人才，使人才成为企业科学发展的第一资源。从现实看，人才有四种类型：一是潜在型人才，如优秀大学生和有潜在能力的职工；二是含苞待放型人才，如已经初露头角但成果尚未被认可的人才；三是大展宏图型人才，已在生产经营和管理第一线担任要职并发挥重要作用；四是功成名就型人才，已经在社会上成为名人，功绩卓著。作为一个优秀的企业家，最重要的是善于识别人才和使用人才。识别人才不仅要有慧眼和胆量，而且要善于抓住机遇。在这方面，优秀的民营企业家鲁冠球深有体会。他说：人才是万向集团发展壮大的决定性因素。在把握人才方面，他们抓住了三次大的机遇：第一次是文化大革命中，他们从下乡劳动改造的“臭老九”中（主要是上海高级知识分子）挖掘了一大批人才；第二次是改革开放中，他们从国有企业大批下岗干部、职工和知识分子当中挖掘了一大批人才；第三次是新世纪前后从“海归”当中挖掘了一批人才。这些人才对万向集团的发展起了巨大的推动作用。从历史经验看，既要学会挖人才，又要学会育人才，关键是善于不拘一格用人才。人才一旦挖掘出来就要大胆信任，放手使用，并且建立科学的监督管理机制。有了这几条，人才就可以为企业创造奇迹。比如，万向集团派优秀人才倪频到美国创立汽车分公司，开始年销售额只有350万美元，10年之后就增加到475亿元，年回报率达50%甚至80%。让人才发挥作用，不仅要善于识才，而且要善于管理，实行科学的管理机制。早在2001年，万向美国公司就实行经营者基金管理模式，将每年利润超过26.58%的部分，都划到基金里归经营者所有，并通过购买新股的方式，转化为公司股权。这种管理模式，把人才创造贡献与自身利益融为一体，激励了人才的创业激情和创造精神，值得学习和借鉴。

抓人才建设还必须坚持“德才兼备，以德为先”的标准。这里所说的“德”，包括思想政治觉悟和道德作风素质，它集中表现为对党对国家对人民的忠诚。就企业而言，就是对企业的忠诚。这里所说的“才”，主要是指科学文化水平和业务才能素质，就是人们常说的能力和水平。周恩来同志曾经对身边的工作人员说，在中央工作的干部，必须德才兼备，忠诚第一，水平第二。我们企业培养干部，也要培养这样的优秀干部。群众把他们称为“优秀品”，而把那些德才不合格的人称为“次品”，把那些缺德无才的人称为“废品”，把那些有才无德的人称为“危险品”。从历史经验看，那些“危险品”能量很大，常常操纵“废品”、利用“次品”，对付“优秀品”。所以，我们培养使用干部，一定要重用和保护优秀人才，尽量使“次品”变为合格品，高度警惕和不断清除“危险品”和“废品”。这些经验教训，我们民营企业也要高度重视，决不可忽视。否则，将会给企业造成灭顶之灾。

（四）抓学习，不断提升企业队伍素质

学习是企业成功的基础。党中央提出建设学习型政党以后，企业纷纷提出建设学习型企业。抓学习的直接目标，就是提升企业队伍素质，首先是提升领导层和企业家的素质。胡锦涛同志在今年三月“两会”期间曾经提出，民营企业要在提升自身素质上大有作为。怎样才能大有作为？最重要的措施是抓学习。要看到，建设学习型企业是大势所趋，是时代发展的要求。作为民营企业家，必须结合自身特点抓学习和提升素质。为此，就要做好以下工作：

第一，要结合企业实际确定学习内容。一般来说，首先要抓理论武装。其中包括中国特色社会主义理论武装、科学发展观理论武装、核心价值理论武装、现代管理理论武装等。民营企业一般重视现代经济学和管理理论武装，这是必要的，但一定要从中国企业实际出发，“以我为主、博采众长、融化提炼、自成一家”。只有这样，才能保证企业持久发展。理论武装最重要的还是提高思想觉悟和认识能力。民营企业一定要转变观念，重视中国特色社会主义理论和科学发展观理论的学习，这对把握前进大方向是很重要的，决不可忽视。其次，要抓法规武装。其中包括学习宪法，懂得巩固发展国企和鼓励促进民企是国家的基本经济制度，任何时候都不可动摇，更不要被那些鼓吹“私有化”和“国进民退”的传言所干扰。法规武装，大量的是学习与民企有关的法规，比如《关于城乡个体工商户管理暂行条例》、《私营企业暂行条例》、《个人投资企业法》、《合伙企业法》、《农民专业合作社法》、《公司法》、《关于进一步促进中小企业发展的若干意见》、《关于鼓励民间投资健康发展的若干意见》、《关于充分发挥工商行政管理职能作用积极净化社会文化环境的通知》、《关于积极参与和深入开展社会治安综合治理工作的通知》，等等。实践证明，民企增强了法纪观念，就会持久、健康发展。再次，还要抓科技和文化知识武装，使企业站在新科技发展的前沿，走在知识信息时代的前列。这一点大多数民营企业都很重视，关键是长久地坚持，创造性地应用。

第二，要围绕提升素质建设长效机制。学习必须围绕提升人的素质进行，重点是提升领导人员的素质。从管理领导层讲，素质的内容包括五个方面：一是思想政治素质，二是道德作风素质，三是科学文化素质，四是业务才能素质，五是身心健康素质。建设学习型企业，就要围绕提高这五大素质来进行。抓学习还必须建立长效机制。为此，就必须做好以下三项工作：一是必须提高认识，切身感到学习是企业持久发展的强烈责任，是走科学发展之路的高尚精神境界，是适应知识经济时代的客观要求。只有认识提高了，才能自觉抓学习、带头抓学习，使学习成为企业的良好风气。二是要把建设学习型企业列入高层重要议事日程，定期进行研究部署、检查考评，及时进行表彰批评。实践证明，有了这些组织措施，才能使学习长期坚持下去。三是要建立健全必要的学习制度，包括建立健全高层核心组学习制度、定期聘请专家教授讲座制度、促进企业发展的学习考评制度和学习成果转化制度、管理人员和职工的学习轮训制度、管理人员深造的资助制度，等等。有了切实可行的制度，就有了具体操作性，就容易使学习长期坚持下去。

第三，要围绕“走科学发展之路”同心协力抓学习。走科学发展之路，是民营企业新形势下的成功之路。围绕这个中心议题，领导和员工必须同心协力抓学习。这里说的同心协力，就是要求从领导和个人两方面来共同努力。从领导层面讲，必须努力做到“两抓”，这是同心协力抓学习的前提。所谓两抓，就是既要抓教育培训又要抓管理监督。首先必须抓教育和培训。人不能自发成长，必须进行教育和培训。不仅要抓思想政治教育、道德作风教育和科学文化教育，而且要抓遵纪守法教育、文明礼貌教育和身心健康教育。教育的主要途径是把自我教育、互相教育与正规培训结合起来，建立必要的培训基地和培训制度。其次必须抓管理和监督。教育不是万能的，必须辅之以管理和监督。现代管理学告诉我们，管理分为硬管理和软管理两大部分。硬管理的实质在于有严格的规章制度和纪律，在于有强制性的措施；软管理的实质在于感化人心和管住人心，在于全员对企业文化的认同。管理离不开监督，既要自上而下的监督，又要自下而上的监督，并且要互相监督。监督属于硬管理范畴，但离不开软管理作基础。实践证明，只有把硬管理与软管理结合起来，才能实现真正的科学管理。

从个人层面讲，必须努力做到"三要"。所谓"三要"，是指要勤于学习，要勇于实践，要善于总结。勤于学习是成功者的秘诀。学习贵在勤奋、贵在坚持。在这方面，毛泽东和周恩来是我们的榜样。比如周恩来同志，他不仅懂几国语言，还精通政治、经济、文化、外交、军事、统战等方面的知识。尽管如此，他还是不知疲倦地学习。他的卧室有两个条幅，一个是"学习、学习、再学习"；一个是"活到老、学到老、改造到老"。我们民营企业也有许多酷爱学习的楷模，鲁冠球、张瑞敏、吴仁宝、李书福等优秀企业家，都是这方面的杰出代表。勇于实践是成功者的本性。实践贵在学以致用、敢作敢为。学以致用的过程，就是实践的过程。实践一开始往往是摸着石头过河，但仅仅停留在摸着石头过河的水平，是不能开创新局面的。党中央提倡在科学理论指导下自觉实践。就是说，如果摸不着石头就要造桥过河，这样才能实现既定目标。善于总结是成功者的特征。成功者并不是前进中没有挫折、没有失败，而是在挫折失败中善于总结经验教训，从中找到规律性的东西，这样才能把感性认识上升为理性认识，从而有所发现、有所发明、有所创造、有所前进。这是中国共产党的成功经验，我们民营企业也可以借鉴。

综上所述，民营企业要走科学发展之路，必须抓创新、抓人才、抓学习。只有这样，才能提高企业的竞争力，增强企业的实力。这就是新形势下民营企业的成功之路。

中小企业新一轮创新的三大特点

陈乃醒

中国中小企业的创新发展到今天，走过了辉煌的路程，现在处在一个关键时刻。如果中小企业不能采取措施，不能实现转型升级，就有可能在竞争中失去自己的优势。也就是说，在后危机时代，中小企业必须进行新一轮创新。这一轮创新主要是围绕如下三大特点展开的。

第一是产业转移升级。随着中小企业实力的不断增强，已经由过去纯粹生产必需品加工业，开始向高新技术转移，例如清洁能源、机械和电子等现代制造业、医药卫生、生命科学技术等产业转变，开始向电子转变。

第二是以低碳经济为中心的大面积企业技术改造。所谓节能、低碳应该包括两大部分：一大部分是发展清洁能源，如核能、太阳能、风能、水能等；第二大部分就是改造技术基础，即改造我们落后的技术基础，提高节能水平。这是目前摆在中小企业面前很大的一项任务，而且是很重要的一项任务。就多数企业来说，在这方面是比较落后的，落后就证明潜力大，潜力大就有前途。过去可以通过增加廉价劳动力的方式赚钱，但是现在已经不行了，这就要进行技术改造，我们要通过这些改造来实现经济增长的无缝对接，在实现能源节约的同时，提高劳动生产率，从而提高竞争能力，提高经济效益。

第三是商业模式的转变。早在几年前招工难开始的时候，有些企业就开始了商业模式的转换，通过专业化协作等方式，实现企业间的优势互补。例如温州的巴拉巴拉。巴拉巴拉是一家童装企业，以国内市场为主，前几年开始转换，自己搞设计，自己打市场，而中间的部分承包出去，短短几年销售收入已经达到80亿人民币，计划3—5年要做到300亿人民币。像这样的转化，这样的专业化分工转换，很多企业已经开始了。然而，一个企业在专业化分工中处于哪一环节，不是以个人的主观意志为转移的，而是由企业素质的各方面条件决定的，如果说有选择那就是突出优势。

针对企业转型的需要，我们前两年做了一个项目，叫做广义融资论。我们认为，作为现有企业，其转型主要是扩张转型。传统的扩张转型是从融资开始，经过买地、造房、招工等很多程序，耗费很多时间才能形成生产能力，因而成本高、风险大。而广义融资论就是论述要破除过去企业扩张转型的老路，从生产资料、生产能力、生产要素方面直接切进去，很快形成生产能力。这样就省了一大截路，时间短，效益高，风险小。靠这种方式，最近几年来我们跟踪辅导的企业效果都相当好。

新一轮创新发展的任务十分繁重，因此要通过市场经济体制的深化改革，在强化竞争力度的同时，优化服务，形成宽松的投资环境。否则，就可能弱化市场配置资源的力度，失去公平竞争的机制。

（作者：中国社科院中小企业研究中心主任、研究员）

当前"国进民退"之说不能成立

卫兴华　张福军

近期，学界掀起了"国进民退"的热议，特别是有些人严厉批评"国进民退"，引人注目。从字面上理解，"国进民退"就是让国有企业进入，私营企业退出。现在流行的"民营企业"概念，实际上是私营企业的代名词。究竟有无"国进民退"的政策取向或实际运作，有必要从理论与实际的结合上予以澄清。

一、理论界几种代表性的观点

目前理论界对所谓"国进民退"现象的看法可以归结为三种：一种是对"国进民退"提出批评；一种是支持"国进民退"，认为这是进步；还有一种是认为"国进民退"不存在，或只是局部存在，整体上不存在。

1. 批评"国进民退"的观点

有的学者认为，"国进民退"的深层原因是过去的计划经济思维没有转变，是一种制度上的偏见，即对民营企业存在偏见；"国进民退"强化了国有部门的行政性垄断，削弱了市场竞争的基础，有可能使中国偏离市场经济的轨道。有学者提出，强化"国进民退"的趋势，将会产生五大后果：中国经济模式的转型难以实现；中国的就业增长必然会走下坡路；老百姓的收入增长会受到影响；不利于产业结构的调整；中国的民主法治进程停滞不前。还有的学者认为，"国进民退"属于明显的体制复归，可能蜕变为特殊利益集团在一般竞争性领域的跑马圈地，从而加深中国经济权贵化、寡头化的趋势。当务之急，是必须明确一般竞争性领域"国进民退"的社会危害，在经营范围上为国企划定边界，非经授权一律不得越界经营，否则国企会伤害全体国民的利益并威胁国家经济安全。

2. 支持"国进民退"的观点

针对有些人对"国进民退"的批评，一些学者提出了支持"国进民退"的观点，认为"国进民退"不是倒退，是进步。首先，"国进民退"有利于促进资源合理配置。在我国，重要的资源包括土地、矿山等都归国家所有。在其中某些领域出现国有企业逐渐收购或者兼并重组民营企业的现象，并不是国有化，因为这些资源本来就是国家所有；同时也不是压缩民营企业的生存空间，因为民营企业在这些领域并没有实现健康发展。国有企业进入这些领域，可以改变现有不合理的资源配置方式，体现了"强进弱退、优进劣退"。其次，以国有企业为主导，民营企业为辅助，是解决分配不公乃至两极分化的根本之道，也是保持国家长治久安的关键。第三，从长远来看，资源领域内的"国进民退"是顺乎经济发展规律的，是大势所趋。第四，在经济危机的背景下，特殊类、资源类领域的"国进"能够起到保持社会稳定的作用。

3. 不存在和局部性存在"国进民退"的观点

有学者认为，是否真的存在"国进民退"，有两个考察重点：第一，当下国企收购民企是不是很普遍？第二，收购行为背后是否有政治背景？若既不普遍也无政治背景，说是"国进民退"就有危言耸听之嫌。从目前来看，国企并购民企只是个案而并非普遍，而且虽然背后有政府推动，但绝无政治背景。所以，在特殊情况下的国企收购，不能说是"国进民退"。有学者认为，是否存在传统意义上的"国进民退"现象，要对具体的案例进行具体的研究剖析，到底这是双方自愿的市场化行为，还是由于政府的强迫。在市场竞争中，任何市场主体都有进或退的可能性，但微观市场主体的进与退不能归结为宏观上的"国进民退"或"国退民进"，因此，要慎下"国进民退"结论。还有统计部门的负责人从统计数据的角度对此进行评论，认为从2005年以来的一些经济指标，如企业单位数、工业总产值、资产、利润总额、税金总额、从业人数等方面分析，统计数据不支持"国进民退"的趋势。有的学者认为，我国当前存在选择性的局部"国进民退"现象，不是国策，不能因此否定我国改革开放大方向。有的学者认为，2009年没有出现"国退民进"，他们用具体统计数字说明私企发展快于国企，并指出，不能用"国进"、"民进"或"国退"、"民退"这样的尺子衡量经济发展状态。

二、金融危机中西方国家的国有化举措

对所谓"国进民退"掀起的批评浪潮，实际上涉及对国有经济的地位和作用的认识问题。当代西方国家为实行政府对经济运行的调节，也会建立和发展一定数量的国有经济，在应对金融危机中，采取一些国有化的措施，更显示出它的作用。2008年下半年以来，为控制金融危机的快速蔓延，避免对实体产业造成更大冲击，西方国家政府先后采取措施，对本国的大型企业进行救助。其中，美国、英国、德国等采取的国有化措施比较典型。

为了应对持续恶化的金融危机，美国政府掀起了一轮国有化浪潮。2008年9月7日，美国政府宣布接管陷入困境的两大住房抵押贷款融资机构房利美和房地美，承诺拿出最多200亿美元支撑"两房"资产。几天之后，美联储又与美国保险巨头AIG(美国国际集团)达成协议，AIG获得美联储850亿美元的过渡贷款，美联储将会获得AIG发行的权证，进而获得79.9%的股权。2008年11月23日，美国政府宣布与花旗集团达成协议，拟向后者提供一揽子救助方案；2009年2月底，美国政府同意将250亿美元的优先股转换成普通股，从而以36%的持股比例，一举超越持股4.5%的道富银行，成为花旗银行的最大股东。2009年6月

1日，通用汽车公司向破产法院正式递交破产保护申请，并获得通过。作为独占全球汽车制造商头把交椅70多年的美国通用汽车公司，经过重组后，美国政府也成为大股东。这意味着在金融危机之下，国有化手段不仅被美国用来救助金融业，而且也用于救助实体经济，被救助的金融机构和企业的产权结构发生了从私有向部分国有的转变。

2007年次贷危机导致了英国北岩银行陷入困境，并引发储户挤兑风潮，这是英国140年来的第一遭。2008年初，英国政府拒绝了私人买家收购北岩的请求，暂时将之收归国有。2008年10月13日，英国率先拉开了银行国有化的序幕，宣布用370亿英镑注入苏格兰皇家银行等三大银行，这些措施是政府企图用国家的信誉作担保，使民众放心。

德国内阁2009年2月18日投票通过《救援兼并法》，该法允许政府对陷入困境的银行实行国有化，并强调银行国有化是“最后手段”，国有化银行只能在“没有任何其他合理的法律和经济办法来维持金融市场稳定的情况下”才能实施。法案规定，对银行实行强制性国有化的动议必须在2009年6月30日之前提出，并在10月31日前执行。德国上议院2009年4月3日通过该法案，总统克勒4月7日签署该法案。该法案的主要作用在于防止大型银行破产，这是德国自1931年以来首次通过允许政府对银行进行强制性国有化的法案。德国住房抵押贷款银行是针对德国地方政府及房地产业的主要贷款机构，法令通过后，德国将这家陷入困境的银行收归国有，该银行获得了1020亿欧元贷款及政府担保。

西方资本主义国家根据经济发展形势的需要，对某些企业时而实行国有化，时而又搞私有化，都是维护资产阶级利益的需要。在金融危机冲击下，西方国家采取的国有化措施，虽然不会改变西方国家以私有制经济为基础的所有制格局，国有化也并非社会主义措施，但可以降低金融机构破产风险，恢复金融机构信贷和融资等功能，避免对实体经济造成更大冲击。

三、批评“国进民退”出于什么目的

西方发达国家，在应对国际金融危机中，如此积极地推行国有化，被认为是必要的。我国是以公有制为主体的社会主义国家，更应该发挥国有经济的主导作用。但在应对国际金融危机条件下，国企对陷入困难处境的少数私企参股、控股或进行整合、兼并，却被冠以“国进民退”受到指责、批驳，这是什么道理？我国的4万亿元投资更多地投向基础设施、民生领域、结构调整、自主创新、节能减排和生态工程，这是实现保增长、调结构、扩内需、惠民生的必要之举，使我国率先闯过国际金融危机的难关，保持了全国经济的快速稳定发展，这是对全国人民有利的事情，也给私营经济的继续发展提供了有利的环境和空间。

批评“国进民退”的学者，其出发点和角度并不相同，有的是出于搞好改革与发展，但有的是借批评“国进民退”反对国有经济壮大和发展，主张全盘私有化，说什么国有经济不是社会主义经济，不是共产党的执政基础，私有制可以是主体和执政基础。应当弄清：社会主义国家的国有经济与资本主义国家的国有经济相比，有着更重要的地位和作用。我国是社会主义国家，宪法规定：“中华人民共和国的社会主义经济制度的基础是生产资料的社会主义公有制，即全民所有制和劳动群众集体所有制”，“国有经济，即社会主义全民所有制经济，是国民经济中的主导力量，国家保证国有经济的巩固和发展”。对社会主义来说，国有经济的存在和发展，具有双层的重要作用。首先，它是社会主义经济制度即生产关系体系必要的基础和内在要求，动摇或否定了包括国有经济的公有制，就动摇和否定了社会主义经济制度。第二，以国有经济为主导的公有制经济，又是国民经济运行的需要。国有经济是国家对市场经济实行宏观调控的经济力量。这次应对国际金融危机，我国的国有经济发挥了重要作用。

正因为国有经济对我国社会主义的重要作用，所以中央一直强调要搞好搞活国有企业。然而，在某些学者的笔下竟“异化”为“国退民进”。现在国有企业发展较快，就以“国进民退”的声浪进行谴责。在这个问题上，我们有必要强调，要划清社会主义公有制为主体、多种所有制经济共同发展的基本经济制度同私有化和单一公有制的界限。

四、当前“国进民退”的论断不能成立

当前，不同学者分别从不同的立场和角度对所谓的“国进民退”问题进行评析。但反对者和支持者都是在认同“国进民退”这一论断的前提下进行讨论的。其实，探讨这一问题，首先要弄清何为“国进民退”，如果说“国进民退”这一提法本身就值得商榷，那么，也就不应有“国进民退”是非之争了。所以，对于这一提法本身，需客观辩证地分析。

1. 公有制经济与非公有制经济应是“共同发展”，而不是此进彼退

在中央有关的理论和政策性文件中，从来没有提过“国退民进”或“国进民退”的概念。1999年党的十五届四中全会作出《关于国有企业改革和发展若干重大问题的决定》，明确提出了战略性调整国有经济布局的重要方针，即国有企业“有进有退，有所为有所不为”。党的十六大报告提出了“两个毫不动摇”：必须毫不动摇地巩固和发展公有制经济；必须毫不动摇地鼓励、支持和引导非公有制经济发展。坚持公有制为主体，促进非公有制经济发展，统一于社会主义现代化建设的进程中，不能把这两者对立起来。各种所有制经济完全可以在市场竞争中发挥各自优势，相互促进，共同发展。党的十七大报告对国有经济布局的调整进一步指出：优化国有经济布局和结构，增强国有经济活力、控制力、影响力。深化垄断行业改革，引入竞争机制，加强政府监管和社会监督。可见，中央强调的是包括国有经济在内的公有制经济与非公有制经济共同发展，根本没有提出什么“国进民退”的概念和政策措施。在社会主义市场经济条件下，“国”与“民”、“公”与“私”是在公有制为主体条件下“相互促进，共同发展”的关系，而不是此进彼退、相互排挤的关系。

可见，“国退民进”也好，“国进民退”也好，都是不科学的提法与概念。所谓的“国进民退”的论断无论在理论上还是在实践中都不能成立。这是一个战略布局性的提法或概念，它意味着国有经济从整体上要挤出非公有制经济，即私企退出，由国企取代。之所以说它是个伪命题，一是不存在这样的指导思想与决策；二是并不存在整体上国企取代民企的事实；三是一些学者热情支持发展与壮大国有经济，是符合宪法规定的，但不能与“国进民退”的提法相混淆，因为国有经济的发展与壮大，不是通过排挤和吞并非公有制经济，而是通过自我完善与发展实现的。

2. 对近期个别国企兼并私企的现象，不宜过于渲染与放大

前些年，国企改制过程中存在的大量“通过产权改革侵蚀国有资产”的现象逐渐得到了重视，大型国有企业逐步建立起了规范的法人治理结构，国有企业的整体竞争力得到加强。个别国企兼并私企是市场竞争中优胜劣汰的表现，并不是国家在宏观调控上实行什么“国进民退”的政策取向。事实上也同时存在一些国企和集体企业吸收私企资本或被私企兼并的现象。然而，一些学者对近期的一些国企入股私企，或兼并私企的现象进行渲染并大肆批驳，认为只有私企在市场经济中才是最有效率的，只能由私企吃掉国企，只能“国退民进”，国企不能参股或兼并私企，否则就违背了经济发展的规律。这样的观点显然不符合国有企业改革和发展的方向。

3. 国有经济需要在我国经济发展中发挥主导作用

我国是以公有制为主体的国家，公有制为

主体主要体现在公有资产在社会总资产中占优势，既有量的优势又有质的优势，国有经济控制国民经济命脉，对经济发展起主导作用。这就要求涉及国家安全的行业、自然垄断的行业、提供重要公共产品和服务的行业，以及支柱产业和高新技术产业中的重要骨干企业，国有经济应该处于中坚和优势地位。目前，国有企业主要进入的是涉及国家经济安全、战略资源以及政府应该提供的公共产品、准公共产品等领域，如航空、石油、铁路、水电、公路以及其他一些资源性行业，这些领域国有经济占据优势，并不是“国进民退”的表现，而是我国社会主义性质的必然要求，也是提高国家经济安全的需要。

4. 一些行业中企业兼并重组是市场行为，是市场竞争中的优胜劣汰

以山东钢铁并购日照钢铁为例。山东省钢铁产业振兴规划将对省内钢铁企业实施重组，推动日照钢铁精品基地的建设，并将其作为山东省钢铁产业结构调整的核心。于是山钢集团日照有限公司以增资方式进行资产重组，山东钢铁以现金出资占67%的股权，日钢则以其经过评估的净资产入股，占33%的股权，这是一家由双方共同出资组建的公司。两家钢铁企业的重组，对于促进山东钢铁产业调整振兴，加快日照钢铁精品基地的规划和建设，意义重大。可见，这两家企业之间的重组，是提高市场整体竞争能力的需要，并不能归结为“国进民退”现象，它们之间的重组，不能以国有企业的参股和控股作为评判是非的标准。中央提出，国有企业“有进有退，有所为有所不为”。讲国企“有进”，不等于“国进民退”，讲国企“有退”，也不等于“国退民进”。所以，“国进民退”和“国退民进”这两种提法都不当，更不能认为国企只能“退”、不能“进”，只能“不为”而不能“有所为”。

总之，“国进民退”这一提法和论断，无论在国家的宏观政策取向上，还是在市场竞争的微观操作层面上，或是在国企私企发展的趋势上，都是没有根据的，在理论与概念上也是不准确的。既然如此，批评、指责或赞同都是多余的。

（第一作者：中国人民大学经济学院教授、博士生导师）

不断创新非公企业思想政治工作

曹国旗

随着经济体制改革的不断深入，非公经济不断发展壮大，非公企业思想政治工作也发生重大变化。去年富士康跳楼事件发生后，引发了社会各界对非公企业员工生存情况和思想心理状况的高度关注。民营企业的管理层认识到企业思想政治工作的极端重要性，纷纷采取措施，从机构、人员、经费等多个方面加强员工的思想政治工作。当前，80后、90后等新生代外来务工人员已经成为民营企业员工中的主力军。他们受教育程度比较高，思想观念和价值取向更加趋向多元化多样化，公平意识、平等意识、维权意识和民主意识更加强烈，有着更高的人生目标和追求。满足员工多方面、多样化、多层次的需求成为新形势下企业思想政治工作的主要目标。更加注重人文关怀、坚持“以人为本”、“以情感人、以文化人”、运用网络、手机等新的沟通方式，已成为新形势下非公企业思想政治工作的重要内容和方法。

针对非公企业思想政治工作发生的重大变化，温州市委、市政府准确把握新形势下非公企业发展的规律和特点，坚持以人为本、服务企业，大力推进非公企业思想政治工作不断创新，切实增强非公企业思想政治工作的感染力、渗透力和针对性、实效性。

切实加强党委对非公企业思想政治工作的领导，坚持正确的政治导向。我们进一步健全了党委统一领导、政府积极参与、企业思想政治工作领导小组和党委宣传部门统筹协调、各有关部门分头负责、企业政工组织具体落实的工作机制，构建了“一网四有”的工作格局。“一网”，即建立由市委统一领导、市企业思想政治工作领导小组和市委宣传部统筹协调、各有关部门分头负责、企业党群组织具体落实，覆盖全市广大非公企业的思想政治工作网络。“四有”，即有组织、有队伍、有阵地、有经费。目前，温州市非公企业已建立党组织4200多个、工会组织24000多个、共青团组织6000多个；已建党组织的非公企业都建立了一支专兼职结合的企业思想政治工作队伍；全市共创办民营企业党校160多所，创设了温州党员教育网、“民营企业思想道德教育大讲坛”等教育平台；非公企业党组织活动经费、职工教育培训经费也得到了有力保障。

坚持抓思想教育，着力提高企业主和广大员工的思想道德素质。坚持以社会主义核心价值观来引领广大企业主和企业员工的思想，深入开展理想信念教育、社会主义荣辱观教育和形势政策教育，解决和纠正部分企业主和员工理想迷失、道德缺失、信仰危机、感情困惑等问题。一是充分利用民营企业党校，精心组织举办十七大精神、科学发展观、生态文明等各类主题培训班500多批次，进一步提高广大企业党员干部的思想政治素质。二是专门创立了温州“民营企业思想道德教育大讲坛”，邀请全国知名专家学者为广大民营企业主定期讲课。三是深入推进学习型企业创建，进一步提高企业员工的综合素质和文明程度。四是坚持抓心理健康教育，从塑造企业员工健康心理着手，广泛深入开展了“健康心理”塑造行动。各民营企业纷纷设立有关专兼职机构，经常组织举办各种形式的职工心理健康专题讲座，大力加强企业员工的心理健康教育，做好心理疏导工作，及时解决企业员工的思想、心理和情感问题，消除不稳定、不和谐因素。

不断创新工作理念，牢固树立“以人为本、服务企业”的非公企业思想政治工作新理念。坚持“以人为本、服务企业”的理念，就是在企业思想政治工作中，把企业和企业员工看成一个有机的、统一的整体，把企业员工的个人利益、个人发展和企业的利益、企业的发展有机地结合起来，使广大企业员工在企业的发展中同步实现个人的发展。为此，各级党委、政府和有关部门通过制订法律、出台政策，逐步消除制度性障碍，从各个方面给予外来务工人员平等权利。各民营企业进一步建立健全现代企业管理制度，建立职工代表大会制度、困难员工救助制度、员工思想动态反馈制度、青年员工心理调适机制、思想政治工作经费投入机制等，形成科学的、人性化的企业管理方式。我们还在全市深入开展了“关爱职工”主题活动，积极引导广大民营企业树立“以人为本、反哺职工”的理念。目前，温州多数民营企业建立了职工结婚、生病、遇到困难和发生纠纷“四个必访”制度，设立了“谈心接待日”和劳动争议调解中心，成立了“职工互助基金”，定期组织开展“送温暖、献爱心”活动。一些规模企业不仅努力改善本企业员工吃、住、行、娱乐等生活条件，还积极创造条件，满足员工的精神文化需求、情感需求、政治参与需求等多方面需求。通过为员工办实事、办好事，在赢得人心中不断增强企业思想政治工作的实效性。

大力推进工作方式方法创新，努力开创非公企业思想政治工作新局面。坚持以文化人，充分发挥文化渗透人心的力量和潜移默化的作用，大力加强企业文化建设和学习型企业建设。我们组织开展了“先进文化进企业”、“创建活力和谐企业”和“民企文化建设十佳”评选、“民营企业文化节”、“新温州人歌手大赛”、“情暖温州,共创和谐,共享文明”等文化活动。我们在全市深入推进非公企业文化建设“六个一”工程,即“创作一首企业之歌,创办一份企业报刊或网站,培育一支文艺团队,创建一个职工书屋,建设一个职工俱乐部,打造一项品牌文化活动”。通过这些活动使广大员工接受了企业精神、企业共同价值观、正确荣辱观等教育。充分发挥党群组织密切联系员工的优势和作用,以党支部、工会、团支部等为依托,以帮助解决员工实际困难和问题为切入点,适时开展座谈会、个别谈心、民主对话等活动,促进企业管理层与员工之间、员工与员工之间的沟通交流,密切联系,消除隔阂,促进和谐。

（作者:中共温州市委常委、宣传部长）

关于引领民营企业走科学发展之路的思考

戴海东　谢建芬　贺　李

面对全新的国内外经济形势,尤其是始于2008年的全球性金融危机,民营企业遭遇了前所未有的压力和挑战。民营企业要顶得住压力和挑战,变危为机实现自己的持续发展,关键是要摈弃旧的发展模式,走科学发展之路。而实现走科学发展之路,不仅需要企业自身的努力,在中国当前的经济体制和制度背景下,民营企业的科学发展更需要政府部门的正确引领和悉心服务。

一、责任和能力:政府引领的现实要求

民营企业能否走上科学发展的康庄大道,不仅是民营企业主的事业,也是国家政府乃至全国人民共同的事业。在当前的国内国际形势下,要民营企业独善其身地实现企业发展模式的转型是不现实的。

1. 民营企业在应对金融危机和激烈的国际竞争中需要政府引领

在当前的金融危机中,民营企业受到了前所未有的震荡和冲击,特别是外向型企业。以劳动密集型为主要特征的中国眼镜出口企业为例:截至2008年8月,全国至少有近400家中小眼镜制造企业或主动歇业或倒闭破产,另外还有大量企业(据保守估计有近三分之一)处于半停产、减产减员的状态中。2008年全年中国眼镜出口总额为21亿美元,同比增长13%,比2007年增幅回落了11个百分点,受国际金融危机的影响,眼镜业出口增幅回落了近一半。

虽然说这种状况的原因在于国际金融危机的波及,但从内因上说,对国际市场规则的陌生、对国际金融危机和经济危机的后知后觉、企业自身的低效率、技术落后、规模不经济、管理落后等等弊端,无疑是民营企业应对乏力的内在原因。

2. 民营企业面对国内宏观经济形势的深刻变化需要政府科学引领

企业面对的政策环境对企业的发展无疑具有显著的影响。中国民主建国会中央委员会与中国企业家调查系统在2004年曾就当年国家宏观调控对民营企业的影响作过调查。调查表明,极少有企业没有受到宏观调控的影响,认为“没有影响”的民营企业仅占5.6%,在受到影响的企业中,57.1%的民营企业经营者认为宏观调控“加大了贷款难度”,另外,还有很多的企业家认为宏观调控加大了“征地难度”、“市场需求减弱”和“企业发展前景难以判断”。中国社会科学院民营企业竞争力研究课题组从已

颁布促进民营企业发展政策规定，举行民营企业和企业家评优活动，政府部门经常与民营企业家进行沟通、听取意见，税收减免优惠，减免各种收费与摊派，土地占用和使用优惠，贴现贷款支持等方面切入，通过对浙江、吉林等4省的民营企业发展的制度和政策环境比较研究，令人信服地揭示了外部制度、政策环境与民营企业的竞争力呈明显正相关关系。就社会效率而言，政府政策具有市场体系本身无法替代和无法比拟的社会效率：其一，政府作为“竞争规则”的制定者、解释者和强制执行这些规则的裁判者，为保护企业产权、监管市场，为企业生产的高效率、竞争的活而有序提供充分保证；其二，政府通过规范产业发展战略和实施国民经济总量与结构的政策性调整，为广大企业、居民提供稳定的经济活动平台；其三，政府借助于国际经济组织积极参与国际贸易和发展政策制定及行为协调活动，保护和最大化本国企业的经济利益，提高企业的竞争能力。

3. 民营企业自身困顿的解决需要政府的引领和支持

严峻的经济形势当然是当前民营企业科学发展的一大克星。但从长远和深层次看，民营企业实现科学发展的困境有更内在的原因。以温州民营企业为例，除了少数优秀的民营企业外，更多的企业没能走出传统发展模式。借用经济学家的说法，温州非公有制企业的发展存在着形形色色的“锁定”：

产业锁定：温州的产业结构调整和升级相当缓慢。到目前为止，服装、包装印刷、塑编、制锁、眼镜、打火机、剃须刀、纽扣拉链等传统产业一直唱主角，产品趋同现象非常严重，产业的发展仍然处于数量扩张状态，制造业拓展的空间十分有限。

企业制度和企业管理锁定：在温州，虽然也有不少企业主认识到稀释股权、建立现代企业制度的重要意义，但由于关系财产和股权利益问题，更多的企业主仍然很难摆脱家族企业制度的束缚，成为制约企业突破的一大樊篱。

企业家素质的锁定：大多数企业主仍然局限于生意人角色，他们并不在意企业本身的长远发展，更关心的是近期投入的利润回报。有的则不顾客观条件的变化，把“暴发”当作常态，对高风险置若罔闻，盲目追求扩张，或者触碰法律和道德禁区，结果导致投资失控和企业崩溃。

人才和人力资源的锁定：30年的发展并没有让温州民营企业在人才的引进和培养方面有明显的进步。人才短缺和结构性缺陷依然普遍且严重，如在人才的引进上，重技术型人才而轻视管理型人才，重视人才引进而轻视人才培养；在人才的使用上，存在着人力资源安排上的随意性和激励机制上的单一性，缺少人文关怀，企业形不成应有的凝聚力和向心力，造成人才资源的浪费。

创新能力锁定：温州民营企业的创新现状不容乐观：一是传统产业缺少自主创新的空间；二是创新作为高风险事业，回报周期很长，对于民营企业创新投入的意愿不强；三是技术创新要素的短缺；四是国家和地方政府政策和制度一定程度的缺位。

综上种种，仅仅靠民营企业自身的努力，其转型之路必然是漫长而艰难，而且也必将使大量民营企业走向绝地。但如果有政府及其他社会力量的介入和助推，势必会减少民营企业的转型风险，降低走科学发展之路所必需的成本，为中国民营经济的健康发展发挥关键作用。

二、经验和不足：政府引导的深度反思

改革开放以来，中国各级政府部门在促进中国民营企业发展上发挥了重要作用，也在如何引导和服务民营企业发展上积累了许多宝贵经验，但也暴露了一些不足。

1. 通过政策法规引导企业科学发展的经验和不足

作为相对刚性的引领手段，党和政府通过奖励或限制的政策措施引导，促使企业走科学

发展之路。比如，为了激励企业自主创新，走科学发展之路，国家出台了对有科技创新投入的企业实行一定额度退税的政策，以激发企业进行自主创新、自主研发的积极性。又如，颇受争议的新《劳动法》，虽然短时期内对劳动密集型企业造成了事实上的冲击，但从长远的角度看，它是从法律上促使企业走科学发展之路。而《中华人民共和国清洁生产促进法》的颁布，可以促使企业在生产经营中注重环保，节约成本。在温州，早在1994年就颁布了《温州质量立市实施办法》，把企业的发展从注重数量转向注重质量和效率。从2003年开始，针对温州企业规模小、科技含量低、能源消耗和对环境的污染大、劳动者工资水平低等等与科学发展观不相适应状况，温州市陆续出台了一系列政策措施，为企业发展提供了有效的服务和引导。

但是，缺憾与不足也客观存在：(1)政策法规的数量和出台速度不能满足企业科学发展要求，存在一定的政策盲区。(2)有些政策的出台方式和出台时机缺乏前期的科学论证，以至造成与企业发展要求脱节，给企业带来不必要的伤害。(3)比较具体的行业性政策不够，存在一定程度的“一刀切”现象。(4)政策的宣传不到位，宣传面不广、政策内容把握不准确。(5)更多的政策停留在文件或理论层面，缺少操作层面的研究和有效的实施。可见，在引导非公有制企业走科学发展之路上，国家和地方政府及各职能部门依然存在作为的空间。

2. 教育引导层面的经验和不足

通过教育培训，全面提高非公经济人士的能力和素质，是促使非公有制企业走科学发展之路的重要手段。在之前的政府工作中，温州市有关部门曾经有过许多尝试，比如联合地方高校、温州民营企业研究中心等机构定期举办培训班，聘请各方面的专家学者对企业家进行各种专题的培训及相关讨论等，使非公有制经济人士在对国内外政治经济形势的认识、自身思想修养、企业管理业务等方面的水平和能力有了一定程度的提高。

但问题依然存在：(1)受教育对象范围较小，一般仅限于那些发展较好企业的企业主；(2)教育的内容有待拓展。在以往的培训中，一般侧重业务方面的培训，而对经济政治形势、科学发展观、企业家守法和责任等方面的培训、教育相对较弱；(3)培训教育还没有形成长效机制，随意性较大。

3. 服务引导上的探索和不足

在通过服务引导和助力企业科学发展方面，各级政府都在不断探索，如温州市实行的行政中心集中办公的举措，温州市在全国范围率先实行“效能革命”，浙江省政府近年推出的优秀博士进企业服务等举措。

但是值得期待的地方同样不少。(1)服务意识有待于进一步加强。通过“效能革命”，机关工作人员的服务意识已经今非昔比，但也有个别关键部门和个别服务人员依然缺乏服务意识或认识不端正，不能满足企业合理合法的服务需要。(2)服务的主动性需要增强。在目前的政府服务方面，比较普遍的是单向式的企业上门求助，内容一般局限于常规式的服务，政府缺乏主动性服务，尤其缺乏诸如信息服务、企业预警、主动了解并满足企业发展需求等方面的服务，无法体现政府的引导式服务。(3)在如何整合服务力量上需要进一步探索。在服务理念上，一般停留在政府部门这一单一服务主体上，服务内容停留在日常的、常规的部门审批之类的服务，服务范围、渠道依然单一偏狭，与引导企业科学发展相去甚远。其实，引导企业走科学发展之路，在服务的问题上必须放开眼界，拓宽思路，党和政府需要探讨如何动员全社会的力量，如中介机构，尤其是行业协会的专业人士、科研机构的科研人员、高校教师等相关的社会力量，群策群力，共同为企业的科学发展服务。

4. 监管引导的经验和不足

对于民营企业，有效、合理的监管不仅利国利民，更重要的是通过管理促使企业遵循法律规制，健康科学发展。而在监管过程中，管得过多过严过死和信马由缰、放任不管并不少见。(1)对监管存在着认识上的偏差。无论是企业还是管理部门,往往把必要的监管理解为刁难设卡,所以企业千方百计逃避监管,而监管部门也把放弃监管作为对企业的奖励。这就导致企业因为缺失有效的外部监管而放松自身监管,造成产品质量、环境保护等方面的问题,既损害了国家与公众的利益,也引火自烧。(2)重结果监管而轻过程监管。在对企业的监管中,往往更多的关注结果的监督,对日常的常规监督明显不足。(3)监督主体有待拓展。对企业的监管仅仅靠政府部门,显然力量不足,监管不力是不可避免的,我国还缺乏形成全社会监督的机制和氛围,政府在这个方面需要加强探索。(4)惩处力度需要加强。对企业的不法经营惩处过轻,不足以形成威慑,这既是对企业违规违法经营的激励,也是对那些守法者的打击和惩处,最终将形成对整个市场经济体制的伤害和破坏。

三、对策与思考:政府引领的必然选择

1. 明确政府定位,引领科学发展

在引导非公有制经济人士走科学发展之路上,政府定位是否得当非常重要。这种定位包括:(1)角色定位。在引导企业走科学发展之路方面,政府不是市场的主体,不是参与者、实施者,而只是引导者。作为引导者,政府能做的只是动员、教育、号召、制定规则、促进和服务企业,而不是命令更不能干预。这样定位有利于政府保持清醒的、理性的头脑,尊重经济发展规律,从企业的实际需要和实际情况出发,实事求是,成熟一个推进一个,从而避免一刀切和"大跃进",做到在长远目标的指导下循序渐进。(2)功能定位。在引领民营企业走科学发展之路方面,政府应该根据自身的科学定位,制定具有可行性的引导方式或举措。一般包括政策引导、教育引导、服务引导和监管引导等内容。在政府引领民营企业走科学发展之路的实践中,政府应该通过这些举措始终成为促使企业健康、持续、科学发展的有效保障。

2. 搭建服务平台,促进科学发展

(1)党委和政府有关职能部门要构建良好的服务平台,加大服务力度,提高工作效率,为纳税人服务,保护企业家的生产积极性;有关职能部门工作人员要树立时效观念,规范办事程序,提高部门办事的效率。(2)积极引导民营企业转型,提高抵抗风险能力。党委和政府有关职能部门要向民营企业提供国内外市场信息,整合全世界的资源为我所用,鼓励企业家转型,鼓励民营企业上规模、上水平、上档次,不断提升企业发展水平。(3)改善融资环境,解决中小企业资金短缺问题。去年以来,银根继续紧缩,银行信贷从紧,致使本来就存在贷款难、担保难的中小民营企业融资更困难。中小企业普遍存在资金回笼时间延长现象,导致资金周转期变长,企业财务成本上升。政府需要正视企业融资难的问题,银行应加强对中小企业的支持力度,对宏观调控诸如银行的存款准备金率应根据不同地区、不同时期进行大幅调整。(4)形成调研机制,畅通沟通渠道。了解企业发展动态,洞悉企业发展需求和困难,使自己的引导和服务成为企业发展的及时雨,使企业和政府间建立起良性互动的关系。(5)搭建科技服务平台,一方面加大科技投入力度和奖励力度,另一方面为企业引进科技项目和科研人员搭桥牵线,并积极探索温州科技兴企、科技兴市之路。

3. 营造良好环境,鼓励科学发展

党委和政府要重视科学发展的软环境建设,对民营企业提供政策支持和政治关怀。(1)改善民营企业发展的外部环境。进一步修订促进民营企业发展的法律法规、部门规章和相关文件,加强对民营企业的政策协调,在融资、办事程序方面平等地对待民营企业和企业家,确立民营企业平等的主体地位。新劳动法出台后,地方要出台履行细则,让企业有一个消化过程。(2)改善宏观调控的手段。要把握宏观调控的力度和节奏,在全国经济面临下滑和

出现全球经济危机的背景下，宏观调控要及时调整，以促进发展。

4. 拓展培训渠道，推动科学发展

党委和政府要从三个层面加强培训，推动企业和非公有制经济人士走科学发展之路：（1）加强政府有关部门领导及公务人员的学习培训，提高他们的“引领”水平和能力。引导者首先要在理论水平、政策水平、行政水平、管理水平、服务意识等方面适应科学发展的要求，这一方面要求有关政府官员及工作人员应不断加强学习、加强自我修养，使自己的水平和能力保持与时俱进的状态；另一方面，党委和政府部门需要完善教育培训机制，对政府官员及工作人员进行常规性的培训，提高他们在引导企业科学发展中的水平。（2）建立完善企业家培训机制，加强对非公有制经济人士的培训，努力提高企业家的自身修养，培育企业家精神。在对温州民营企业家的调研中，30%的人认为应培养一大批高素质的企业家和职业经理人，而高素质企业家的培养需要政府相关部门的组织和引导。（3）帮助企业加强员工培训，提高员工素质和企业经营管理的整体水平。政府及有关职能部门要建立职业资格准入制度，加大对企业员工的培训力度，通过组织各种讲座、宣传，提高员工素质，引导企业升级转型，使企业更具国际视角。

5. 整合社会力量，助力科学发展

民营企业的科学发展事关整个经济社会的发展，企业健康发展是人们共同的事业，需要全体有识之士的协同努力。因此，民间商会、中介组织和人士、科研人员、知识分子乃至广大市民都可以参与到为民营企业的健康发展出谋划策的行列中来。如涉及温州社会生活的各个领域的民间组织，在引导企业科学发展中就有着不可代替的作用。2007年上半年，国家将出台新的出口退税政策时，温州合成革商会经过多方调查，有理有据地提出了具体意见，引起了国家有关部门的重视，当国家公布新的出口退税政策时，温州合成革行业产品没有受到影响；温州市服装商会与中国银行温州市分行签订了战略合作协议，“十一五”发展期间，该行将为温州市服装商会会员企业提供总金额50亿元的新增贷款和贸易融资授信，协助服装企业缓解融资难问题；温州市眼镜商会成为温州市对外贸易预警机制示范点，应对和防范贸易壁垒的能力得到提高，积极为温州眼镜企业开拓国际市场保驾护航。我们应继续借助行业商会（协会）作用，助推企业可持续发展。

6. 加强法制建设，保障科学发展

（1）加强对企业在违法、违纪、缺德经营方面的监管力度，努力保证企业经营的合法性、合理性，确保企业健康持续发展。政府有关部门一方面要依法加强私人财产保护，坚决制止任何单位和个人对民营企业合法财产、合法收入和合法权益的侵犯；另一方面全面推进并监督民营企业依法参加基本养老、基本医疗、失业、工伤和生育保险、从业人员享受国家规定、遵守劳动合同等方面的情况，加强劳动保障监察工作，严厉打击非法使用童工、恶意拖欠工资等行为。鼓励企业清洁生产，严格控制污染物排放，加速淘汰高耗能设备，为保护环境立法，切实走资源节约型与生态环保型发展之路。（2）加强过程监督，及时引导民营企业合法诚信经营，培养良好的市场法律秩序和诚信机制。坚决制止各种不正当竞争和侵犯消费者权益的行为。（3）发动社会监督力量，优化监督文化，形成全社会本着助力企业健康发展的立场，全方位地加强对民营企业的监督。

（作者：温州大学教授；温州大学副教授；温州大学研究生）

积极探索外企党建工作途径

杜永亮

三星电子(山东)数码打印机有限公司坐落于山东威海火炬高技术产业开发区,成立于1993年3月,现在是一家韩国独资企业。公司1993年10月成立党支部,2007年6月成立党委,现有党员110名。党组织成立以来,坚持从外企实际出发,团结带领广大党员为企业的发展尽智出力,以卓有成效的业绩赢得了外方的信赖,走出了一条外资企业党建工作的新路子。

以行动赢得外商信任

公司初期是韩国三星公司与威海北洋电气公司联合成立的一家中外合资企业。当时公司只有10余名党员,在成立党支部的问题上,由于中韩两国制度和文化的差异,双方发生了分歧。部分党员对外资企业应不应该建立党组织、党员应该发挥什么作用、怎样发挥作用一度感到困惑。开发区党工委一方面与外商积极沟通,耐心解释建立党支部的意义,使其了解建立党组织的真实意图,消除思想顾虑;另一方面对公司党员积极加以引导,使他们认识到,要在外资企业中赢得地位,就必须掌握过硬本领,成为业务骨干,靠实际行动赢得外方的认可。为此,公司党员自发开展了“我为党旗添光彩”、“一个党员一盏灯”等活动,全体党员带领职工加班加点调试设备,仅用5个月就使公司正式投产运营。党员的表现得到了外方的认可,公司党支部顺利成立。此后,无论是在企业的发展壮大过程中,还是在2001年5月改为韩国独资企业后,公司全体党员始终冲在生产管理、技术攻关的第一线,处处发挥先锋模范作用。为了完成SELL生产线的改造任务,党员们带领攻关小组夜以继日,吃住在现场,仅用1个月就完成了4条生产线的改造任务,比原计划提前了1个月。党员的出色表现,给外方经理留下了深刻印象。他们发现,在企业生产经营中,起骨干作用最多的是共产党员;在企业遇到困难时,最能理解、支持企业的,也是共产党员;当员工遇到困难时,伸出热情之手的,还是共产党员。目前,公司90%以上的党员都成为业务骨干,党员也成为公司招聘员工时“最受欢迎的人”。

以作为赢得党组织地位

按照党章赋予的职责,在促进企业健康发展实践中,公司党委坚持“参与而不干预、协调而不包揽”的原则,做到既依法行使职权,有效发挥党组织的政治核心作用,又注意把握好尺度,促进企业的决策管理。公司成立初期,主要产品是小型数字程控交换机,由于市场仅仅局限于国内,缺乏竞争力,市场占有率逐年降低,效益持续下滑,1996年甚至出现了亏损。这个时候,公司党支部及时召集管理层党员进行分析研究,提出了进行产品结构调整的建议,公司采纳后,很快摆脱了经营困境,走上了良性发展轨道。在加强企业管理上,党支部不仅帮助公司通过ISO9000系列质量体系认证,实现了生产、采购、财务网络化,而且制定了提案制度,充分调动了广大员工提合理化建议的积极性,共为企业节省资金1000多万元。为进一步增强企业的产品竞争力,实现可持续发展,党支部一班人审时度势,组成专门班子外出推介招商,积极宣传威海毗邻韩国,劳动力价格低、素质高,投资成本低等优势,先后引进70多家为三星电子产品配套的内外资企业。目前,在三星公司党委的辐射带动下,有21家配套企业建立了党组织，构建起了以三星公司党委为“龙头”的产业链党组织体系，这在山东省尚属首家。目前，公司党委6名成员全部进入公司高管层，直接参与企业的决策和管理，60%以上的党员担任了中层以上干部。公司作出重大决策前，都要征求公司党委的意见，党委真正成为了外商心目中“最可靠的伙伴”。2009年，面对国际金融危机造成外需低迷的严峻形势，公司党委及时调整出口产品和市场结构，大力培植新的增长点，从2009年下半年开始订单持续增多，全年利润、利税分别增长30.1%和18.5%。

以共建赢得职工拥护

在开展党建工作的同时，公司党委还注重发挥政治核心作用，坚持“以党建带工建团建妇建、以工建团建妇建促党建”，实现了党、工、青、妇建全面发展，形成了党建工作合力。1994年9月，三星电子组建了威海市第一家合资企业工会。1999年6月，由于转产等原因，公司裁员200人，这在员工中引起了较大震动。为了稳定员工情绪，保证公司的正常生产不受影响，党支部积极指导和帮助工会协调劳资双方关系，妥善解决了裁减员工的再就业问题，使公司、工会、裁减员工三方都很满意，没有发生一起职工集体上访、劳动争议事件。在公司党支部的支持倡导下，威海三星电子成为三星集团在华投资的16家企业中，第一家推行平等协商谈判、第一家签订集体合同的企业。公司党支部在做好员工思想政治工作的同时，时刻把员工的冷暖装在心上，设身处地为员工办实事、办好事。为了丰富他们的文化生活，公司党支部指导团委成立了各种学习小组，每天清晨组织他们学习韩语、日语，组织成立了篮球、足球和乒乓球队，每年组织举办春、秋两季运动会，春游，元旦、春节晚会等活动；为了改善员工的伙食，党支部想出了用投围棋子来评价饭菜质量的办法，员工就餐后对当天的饭菜表示满意就投白子，不满意就投黑子，根据黑白子的多少来指导后勤部分析问题，改进饭菜质量；为了解决青年员工的个人问题，党支部指导工会定期举办“鹊桥会”，并积极为成家的员工解决住房问题。通过细致入微的工作，既增强了党组织在企业中的凝聚力和影响力，又培养了员工的团队精神，增强了他们对企业的归属感。

以公益赢得社会认可

公司党委坚持“来源于社会，奉献于社会”的理念，先后开展了“奉献农村、服务社会”、“一心一村”等活动，树立企业和员工回报社会的强烈责任感。2006年3月，由当时的党支部牵线，公司与威海高新区初村镇辇子村结缘，党支部多次组织党员和员工组成“三星志愿者服务队”到该村进行支农活动，农忙时为村子送去化肥、农药等物资，寒冬时为孤寡老人送去羽绒服、米、面、鸡蛋等，还经常帮助村里销售土豆和苹果。公司党委与辇子村党支部结对，定期请村里的老党员给公司年轻党员和入党积极分子上党课，不断增强他们的党性意识，坚定理想信念。在党委的感召下，公司还设立了三星“爱心马拉松”基金，出资40万元，先后资助威海高新区贫困学生50名。定期组织“爱心大使”看望福利院的儿童、慰问敬老院的孤寡老人、走访消防大队的官兵。四川汶川、青海玉树地震灾害发生后，公司党委在第一时间内发动党员和员工捐款捐物，帮助灾区人民抗震救灾、重建家园。公司的义举，使三星树立了良好的社会形象和品牌效应，实现了经济效益与社会效益的“双赢”。目前，公司已经发展成为拥有1000多名员工，产品远销世界40多个国家和地区的极具影响力的企业。公司党委多次荣获山东省、威海市“先进基层党组织”、“党建工作示范点”等荣誉称号。

（作者单位：人民日报海外版）

深圳市非公企业员工思想状况调研报告

李卫星

为全面了解和掌握非公企业员工的思想和生活状况，加强和完善非公企业思想政治工作和企业文化建设，构建非公企业员工温馨的精神家园，推动非公企业健康和谐发展，我们通过问卷调查、访问座谈、开会研讨等方式，对深圳市非公企业员工思想状况进行了较为全面深入的调研。

一、深圳市非公企业员工思想主流状况分析

深圳经历30年的改革开放发展，已经取得了令世人瞩目的伟大成就。在这个光辉的发展历程中，深圳涌现了一大批优秀的非公企业，形成了一支优秀的非公企业员工队伍。这支队伍的思想状况的总体情况是健康、积极、向上的。

1. 积极向上，奋斗目标明确。深圳市的非公企业员工的主要特点是：年龄轻，身体强健，头脑机敏，精明热情、有一定的人生阅历和人生经验，也有一定的文化程度、工作经验和技术技能，他们对未来充满期望，有明确的奋斗目标。有32%的非公企业新生代员工，希望自己创业当老板。他们用无悔的奋斗、开拓、探索，铸炼自己开拓创新的人生境界。正是由于这种心理和精神上的特点，铸就了以广大的非公企业员工为重要成分的深圳人开拓、创新、进取的“深圳精神”。

2. 勤劳智慧，汗水换得辉煌。深圳的非公企业员工是一群成分丰富、人才多样的群体。在深圳改革开放30多年的发展中，他们在为深圳这座高速发展的城市做出自己巨大贡献的同时，也不断创造自己生活的新内容，更不同程度实现了自己的各种人生理想和价值。这种通过自己一定周期的艰苦奋斗，赢得自己人生价值实现的过程，几乎是每一个能够在深圳特区坚持发展的人们最基本、最严肃的人生追求和工作态度。

3. 遵纪守法，畅游市场海洋。强烈的守法意识和自律精神，坚忍不拔的奋斗精神和克己向前的人生态度，是非公企业员工的思想、人生态度基调。非公企业没有国有企业的较为优越的“福利”政策和优厚待遇，更多地靠严格的工作制度来维护其经济运转，靠非公企业员工自己劳动付出和智慧奉献，使得非公企业获得生产发展和经济效益的提升，员工获得个人应有的劳动报酬。这既是市场经济的法则规律使然，也是非公企业员工获得自身价值实现的必由途径。这些内涵也不同程度地为深圳每个非公企业员工所认同，成为他们思想、感情中的重要特点。

4. 团结协作，共创劳资双赢。深圳广大的非公企业员工来自全国各地，他们具有数千年中国劳动者传统文化中吃苦耐劳的特点，对物质生活要求相对偏低，能够忍耐工作和生活中出现的许多艰难困苦。因此他们在自己的企业中，能够与企业一道共担生产发展的艰辛，在企业生产发展的过程中，能够以中国人特有的团结协作精神，为企业的发展做出自己一份有效而独到的贡献。

二、非公企业员工思想状况中存在的主要问题

随着形势不断发展，人们的观念不断变化，我市非公企业中存在的各种矛盾、问题也逐渐

暴露出来。综合对各非公企业员工思想观念等方面出现的主要问题分析，深圳市非公企业员工的思想状况中的主要问题是：

1. 社会发展中出现的问题造成的价值迷失。在目前深圳社会诸多社会结构断裂中，首推社会保障制度存在着严重的制度性"断裂"，对非公企业员工的心态造成的负面影响最大。现有的社会保障制度是建立在户籍制度基础之上，在养老保险、医疗保险方面，实行的是城镇居民与农民工不同的保险制度。此外在子女教育、公共服务、社会救济、住房等诸多方面，外来务工人员同样无法分享当地经济发展成果。这些情况，已经开始对新生代非公企业员工的心态造成深刻的负面影响。

2. 旧的发展模式对非公员工产生了负面影响。由于深圳市仍有一定比例的非公企业还在走大规模消耗资源、大规模使用廉价劳动力、大规模发展简单加工制造业的传统工业化路径，在竞争日益激烈的市场经济环境下，深圳非公企业的新生代外来务工人员面对的是比较典型的市场经济下的劳资关系，严密控制的劳动过程、高强度的工作方式，一些非公企业在运作上把低薪和加班当作"常态"，把工人当作"物"一样的生产要素，当作用钱买回来的"商品"，没有真正把员工看成是有血有肉有感情的人，形成了劳资关系领域中一系列的问题。

3. 生硬的企业管理诱发了极少数人极端心态。深圳市不少非公企业的生产管理，大都简单沿用港台地区许多年前的模式进行管理，这些管理缺乏对中国国情的充分考虑，也缺乏符合中国传统文化中内涵的人文关怀，忽视了新一代企业员工在心理和情感问题上的特殊性等特点。以80后、90后为主体的新生代外来工，向往城市，希望融入城市，追求体面劳动和有尊严的生活，已成为"新生代外来务工人员"的价值取向和集体意识。他们对传统发展模式的忍耐力下降，在心理上常常因现实问题而不断积累抑郁，一旦压力集中爆发，有的人便可能走上极端的道路。

4. 生存环境相对紧张，身心压力相对增大。根据我们的调查统计，深圳市86%的非公企业员工的月收入在1200—2000元之间。2010年深圳市新生代务工人员的月平均工资为1838.6元，大约为2009年深圳市在岗职工月平均工资的47%，这些工资仅能够维持其本人最低生活水平，大多数人只能精打细算，节俭度日。由于待遇偏低，导致了非公企业员工普遍缺乏正常的社会生活和家庭生活。

三、加强非公企业员工思想教育工作的对策和建议

改善城市用工环境，优化非公企业员工工作和生存状况，引导非公企业员工转变观念，提高思想认识，是一项关系深圳市未来经济、社会发展的重要战略课题，必须引起全社会高度重视和关注。

1. 切实加强人文关怀，改善深圳用工环境。目前深圳市非公企业员工思想状况中存在一些问题的根本原因，在于社会和企业对员工缺少足够的人文关怀，这是导致我市非公企业员工存在各种思想问题的症结所在。有关部门首先要明确加快转变经济发展方式的基本思路，即通过加快转变经济发展方式解决劳动关系不和谐引发的突出问题，是解决非公企业员工目前存在较为突出问题的根本出路。

2. 加强正面宣传，引导企业顺应时代变化。要通过集中正面宣传非公企业在企业管理上的先进典型，推广在关爱企业员工、和谐发展生产经营的非公企业的先进经验，使广大的非公企业认识到，企业经营和管理以人为本，加强人文关怀，既是企业必须承担的社会责任，也是企业核心竞争力的重要内容。

3. 进一步发挥好党团组织和群众组织的作用。在有关部门的努力下，深圳市非公企业中党组织的发展比较迅速。但由于观念认识的差异，深圳仍有很多非公企业，尤其是产生较多问题的规模以下的非公企业，没有建立完善本企业的党团组织和群众组织。有关部门要针对新

情况、新问题,通过强化对企业的考核评价等方式,在全市推进建立非公企业的党团组织、工会群众组织和员工关爱部门,不断扩大党团组织的覆盖面,不断完善党团、工会组织在非公企业中的工作方式。

4. 加大力度解决非公企业员工的实际问题。社会和非公企业切实解决非公企业员工的实际问题,是其应尽的职责之一。将温暖送到员工的心坎里,用制度保障每个员工的生活和身心愉悦的质量,开展有益的文化生活,是深圳非公企业保持自身旺盛活力的动力源泉。我们的社会和非公企业不能仅仅只享受或获取非公企业员工对城市发展的巨大贡献,而不去充满爱心地为他们合理地解决实际问题,以充分、合理满足非公企业员工在物质、精神等方面的需求。政府有关部门要引导非公企业,通过解决员工的实际问题,切实改善员工的生存和发展环境。

(作者单位:深圳市政研会)

杭州市萧山区民企廉洁文化建设“3 + 3”模式综述

杭州市萧山区纪委监察局

目前杭州市萧山区已有1.9万家民营企业,占全区企业总数的90.66%。民营企业已成为全区经济发展的中坚力量。

为切实加强民营企业廉洁文化建设,萧山区结合实际,积极推进企业反腐倡廉工作,在民营企业廉洁文化建设中探索出“3 + 3”廉洁文化发展模式,即述职述廉制度、签订廉洁合同制度、物资采购廉洁公示制度“三廉”制度,通过三种廉洁文化建设活动形式,即“建廉”、“宣廉”、“考廉”,在全区民营企业中进行推广。

扎根:“三廉”制度应声落地

一位分公司的总经理,在公司举行的“述职述廉”评议中,因为经营业绩和廉洁自律等方面存在问题,被几名职工代表点名批评。后来这位总经理引咎辞职……这一幕发生在萧山区戴村镇的浙江华东钢业集团公司。

华东钢业集团是从2005年开始推行“述职述廉”制度的。这项制度的主要内容是:每年企业领导班子成员在职代会上进行述职述廉,接受职工代表的民主评议,评议结果作为评优、晋级、晋职等的重要依据。企业在推行该制度时做到四个明确:明确开展述职述廉评议是廉洁文化建设的重要抓手;明确开展述职评议的具体要求;明确开展述职评议人人有责任和义务;明确开展述职述廉评议活动的根本目的是促进企业健康发展。5年来,华东钢业集团每年都要对公司中层以上的干部进行“述职述廉”评议,监督效果非常明显,公司呈现了风清气正、上下崇廉的良好局面。

阳光是最好的防腐剂。为了杜绝销售员在采购中收取供货商商业贿赂的现象,萧山区有许多民营企业都有一个共同的特点,就是把权力放在阳光下让职工监督。

万向集团制定了物资采购廉洁公示制度。在万向集团大大小小的生产车间里,在醒目处都可以看到这样一块公示栏,上面写着本车间所有生产用原料的进货价格及数量,让工人监督。一旦有人发现进货价格与自己掌握的有出入,可以向车间负责人举报。公司在调查核实后,会奖励举报人,处理进货人。

浙江爱迪尔包装集团公司是萧山区党山镇的一家民营企业。在日常生产过程中,企业每年用于采购的纸张、油墨、版辊、刀具、电化铝等原材料的费用达上亿元。为保证企业在原料采购、产品销售等重要环节避免腐败行为，制定了公司与供应商在签订购销合同时签订廉政合同的制度。合同规定：公司及其工作人员不得向供应商索要现金、有价证券和贵重物品，不得向供应商报销任何应由公司或个人支付的费用。

为加强民营企业廉洁文化建设，萧山区专门召开廉洁文化进民企工作会议，将述职述廉制度、签订廉洁合同制度、物资采购廉洁公示制度"三廉"制度在全区民营企业中进行推广。由于这些制度针对性强，便于操作，符合民企发展特点，成效明显，为进一步推动民企廉政文化建设打下坚实基础。

成长："三廉"活动相映成辉

萧山民营企业在开展廉洁文化建设的实践过程中，提炼出三种廉洁文化建设活动形式，即"建廉"、"宣廉"、"考廉"。

"建廉"——建立一批廉洁文化阵地。万向集团独创的"为员工办实事"活动，至今已坚持10多年；传化集团、恒达实业集团等民营企业设立"民主听证制度"，扩大群众参与面。还有一些企业专门修建大型"廉政文化宣传栏"、设立廉政文化活动室、在企业报刊上设置专栏、开辟廉洁文化学习角、精心制作一批廉政格言警句牌等等，既给人以思想上的启发，又给人以艺术上的享受。

"宣廉"——开展丰富多彩的廉洁文化宣传活动。德意集团组织广大员工开展廉洁文化知识竞赛、廉洁文化与企业文化大讨论等活动；传化集团组织广大员工观看反腐倡廉电教片和传化艺术团自编自演廉政文艺节目等等。这些活动形象生动，增强了廉洁文化的吸引力和感染力，既丰富了广大员工的业余文化生活，又使他们从中受到启发，受到教育，深受广大员工欢迎。

"考廉"——开展一系列企业内部廉洁建设管理考核。根据"三廉"制度要求，有关企业结合实际建立一系列廉洁建设管理考核制度。如万向集团、传化集团、华东钢业集团等都建立了《部门领导干部廉政守则》、《部门负责人重大事项报告制度》、《企业廉洁文化建设工作责任考核制度》等制度，增加对企业领导干部考核内容，加强对领导干部提拔、奖励、管理等的监督，把制度作为落实廉洁文化建设的重要工作来抓，加强管理层的责任心和廉洁观。

绽放：廉洁奇葩艳丽夺目

廉洁文化如春风化雨，令萧山民营企业内外环境悄悄发生变化：

——廉洁从业意识得到增强。通过大量的、经常性的、形式多样的宣传教育活动，使员工对以往不太关注的反腐倡廉工作有了新的认识和了解，廉洁意识得到强化，管理层和关键岗位人员自省自警观念增强，企业荣誉感和凝聚力也得到提升。

——党建工作有了新载体。在民营企业廉洁文化建设"3+3"模式的推广过程中，许多企业结合自身实际，实践了许多颇有新意的活动。通过这些活动，既提高企业党组织的影响力，又加强了党组织自身建设。

——拓展了企业文化内涵。"三廉"制度结合"三廉"活动的开展，许多民营企业都把这一点作为企业文化的重要内容之一。主动把廉洁文化融入到企业文化建设之中，融入到企业的采购、生产、销售等各个环节中，力求在经营与生产每个经济要素中，培育和提炼廉洁文化的理念和意识。管理层以身作则，影响一大片，带动了全体，使"诚信、廉洁"的新风在企业扎根，从而深化民营企业廉洁文化建设，"3+3"模式的内涵。

实践证明，开展民营企业廉洁文化建设，推广民营企业廉洁文化建设"3+3"模式，深化廉洁文化内涵，把廉洁文化建设与经营理念、社会公德、职业道德和法制教育等结合起来，可以有效增强企业聚合力，提升企业形象，提高企业的市场竞争力。

甘肃非公企业党组织和党员在抢险救灾中创先争优

李爱珍　徐　强

甘南州舟曲县发生特大山洪泥石流灾害，人民生命财产遭受巨大损失。面对突如其来的重大灾难，设在省工商局的甘肃省委非公有制企业工作委员会（以下简称非公企业工委）充分发挥省、市、县、乡镇四级贯通的体制机制优势，通过组织非公企业党组织和党员在抢险救灾中开展创先争优活动，把非公企业和党员职工的力量和爱心凝聚起来。

一、非公经济组织迅速动员，参加抢险救灾，恢复市场供应。灾情发生后，群众生活陷入困难，恢复市场供应、保证流通环节食品安全成为工商部门抢险救灾第一位的任务。工商局和非公企业工委发挥"一岗双责"的体制优势，把市场服务监管和非公企业党建工作有机结合，深入细致地动员党员业主带头救灾自救、恢复经营、平价销售，以实际行动体现党组织的战斗堡垒和党员的先锋模范作用。舟曲县宏源超市是县内最大的商贸流通企业，是省非公企业工委的党建工作示范点。特大山洪泥石流灾害致使宏源超市配送中心、15 辆配送车辆、10 家直营店被淹没，1 家直营店被泥石流掩埋，7 名员工遇难，25 名员工受伤，45 名员工家中房屋被毁或受损，超市价值 1800 多万元的货物被毁，360 余万元的固定资产受损。超市党支部在灾难发生后第二天立即成立党员抢险突击队，积极组织自救。为了百姓的生活，在工商局的帮助下，克服重重困难，于 8 月 10 日第一家恢复营业，随之 23 家经营门店也开门经营，为保障灾区物资供应、稳定市场和人心起到积极作用。回良玉副总理在视察抢险救灾工作时，对工商部门积极做好市场恢复工作给予充分肯定。舟曲县龙舟大酒店在特大山洪泥石流灾害中，有 32 名职工和家属遇难，36 名职工的房屋被摧毁或受损，总经理杨隆江有 3 位亲人遇难，房屋被毁。在酒店党支部的坚强领导下，连夜成立党员抢险突击队，发动 60 余名员工，积极做好各项救灾工作，受到抗洪救灾指挥部的高度评价。

特大灾害造成舟曲公路多处严重损毁，大量救灾物资无法及时运抵县城。工商系统克服重重困难，启动"灾区急需商品临时市场"，从周边调运蔬菜等急需物资；开辟了 3 个"帐篷市场"，发动城郊 70 户农民组建"背篓市场"，迅速恢复灾区市场供应，商品价格平稳，受到省委领导的充分肯定，称赞工商部门组织有力，勇挑重担，在灾区过渡性市场恢复中发挥了独特作用，在特殊时期为灾区市场作出了特殊贡献。

灾区急需挖掘机清除淤泥石块，在兰州的甘肃斗山机械设备有限公司党支部立即派出员工，开着 5 台挖掘机从兰州赶赴舟曲灾区参加救灾；在舟曲的县建筑安装公司 15 名入党积极分子开着公司的挖掘机救灾；党员个体户和许多在党员带动下的个体户无偿为救灾人员提供食品和饮用水、提供各项服务……充分说明非公经济领域的党组织和党员在特殊时期能够发挥出特殊作用，是非公企业中名副其实的"主心骨"。

二、非公经济组织及党员职工带头捐献，互帮互助。在大灾大难面前，全省各地非公企业党组织和广大党员、企业家积极响应各级工委的号召，大力弘扬"一方有难、八方支援"的精神，主动承担社会责任，尽最大力量帮助灾区抗洪救灾和恢复重建。据不完全统计，10 天内，全省非公经济组织为灾区捐款捐物 2125 万元，凸显了非公企业党组织的巨大感召力和动员组织效能。在捐款捐物方面,典型事例无数:甘肃白银大地公司党委在第一时间组织党员职工个人捐款总计近5万元;兰州国芳工贸(集团)公司一次捐款200万元;临夏古河州酒业公司党支部书记、董事长朱殿昶组织党员职工捐款捐物109.59万元;酒泉博奥汽贸公司等14户非公企业联合党支部,有效组织党支部14家成员单位捐款,发挥了"连零为整"的联合作用;定西市扶正药业等企业加班加点生产,赶制灾区急需的药品,冒着泥石流继发的危险紧急送往灾区,仅定西市非公企业工委就组织300多吨各类物资直接送到灾区。

为帮助灾区非公经济组织恢复生产经营,省非公企业工委组织实施了"结对援建"工程,组织动员非公企业与灾区企业结成对子。兰州市升业物资公司党支部和舟曲宏源超市党支部结成共建对子,升业公司捐助24.7万元帮助宏源超市建立爱心超市,平价供应灾区急需的生活必需品;武威市的全圣集团公司在已经向民政部门捐款20万元后,又拿出10万元结对援建;定西市的陇西清吉公司、甘肃海旺建筑安装公司、兰州市的义乌商贸城等企业也分别与舟曲3家企业实施对口捐款援建。

对于尚没有建立党组织的12户受灾企业,各级非公企业工委一方面帮助其建立党组织,一方面积极联系非公企业进行结对帮扶。省工商局、省非公企业工委积极筹措经费,对9月8日前恢复营业的个体户给予1000元的启动资金补助,对非公企业每户给予10000元启动资金补助。非公企业工委真正成为非公企业的"娘家人"。

三、各级非公企业工委带领党员干部奋战抗洪救灾一线。舟曲重大灾难发生后,省非公企业工委立即启动突发事件应急预案,各级工委、党建工作站和非公企业党组织、广大党员,积极行动起来,迅速投入到抗洪救灾工作中,将创先争优活动体现在这场特殊的考验中。省非公企业工委印发《关于贯彻省委组织部紧急通知精神,在抗洪救灾中进一步发挥非公有制企业党组织和共产党员先锋模范作用的通知》和《关于在抗洪救灾中深入开展创先争优活动的紧急通知》,要求全省各级非公企业工委、非公企业党组织和党员充分发挥战斗堡垒作用和先锋模范作用,在抗洪救灾工作中开展创先争优活动。成立由省非公企业工委书记任组长的抗洪救灾领导小组,带领5个工作组进入灾区,在一线指挥工商系统和非公经济组织的抗洪救灾工作。

党的旗帜在,岗位就在,责任就在。全省各级非公企业工委及其办公室、党建工作站的党员干部积极响应党组织号召,积极组织非公企业捐款捐物,夜以继日地工作。舟曲县非公企业工委、舟曲县城关工商分局党建工作站30多名干部职工中,2人遇难,失去了7位直系亲属和200多位亲人。但大家强忍悲痛,牢记责任,舍小家顾大局,不惧危险、不怕疲劳,勇挑重担、连续作战,冲在最前面,战斗在第一线,用实际行动带领和激励着群众,表现出共产党员的高尚品格和良好风范。非灾区的同志把灾区的需要作为行动的命令,调运物资,紧急驰援,许多干部通宵达旦地工作,为抗洪救灾、恢复供应、平抑物价、维持秩序、保障稳定作出最大努力和贡献。

(作者单位:中共甘肃省委非公有制企业工作委员会办公室)

关于两新组织党建指导员队伍建设的调查

谢 冰

自2003年广东省实施固本强基工程以来，珠海市积极探索率先在全省招聘“两新”组织党建指导员，以强化队伍建设为抓手，创新工作方法，完善工作机制，着力打造一支思想素质好、党性观念强、工作作风实、业务水平高的“两新”组织党建专职人才队伍。

“两新”组织党建指导员队伍建设的基本情况

珠海市在2001年10月就在全国率先成立了非公有制经济组织工委(现更名为市委新经济组织工委)，将市外商投资企业、个体私营企业、已实施改制的内联企业、流动党员、中介组织等纳入管理。2003年市委组织部、市非公经济组织工委首次公开招聘14名“两新”组织党建指导员，派驻各联系点开展工作。2006年又通过竞争择优，招聘10名年轻的党建指导员，他们的工资待遇由原来从市管党费中支付转为财政拨款，身份由原短期“合同工”转变为合同编制职员，队伍趋向稳定。2004年，3个行政区尝试返聘一批机关事业单位退休干部协助开展“两新”组织党建工作。2005年至2008年，各区分别公开招聘党建指导员20名，队伍突出年轻化、知识化。近年，陆续有部分“两新”组织党建指导员通过考试转入机关事业单位、企业或选择个体经商，还有个别离退休人员，队伍人数整体呈逐年减少态势。目前全市在岗的“两新”组织专职党建指导员48名。

1. 主要做法：一是公开招聘，契约管理。采取面向社会公开招聘的方式，通过笔试、面试、组织考察等程序，择优录用熟悉党群工作的复合型人才。党建指导员为合同编制职员，实行契约管理，薪金由财政拨款。二是一岗多责，动态轮岗。针对“两新”组织党员人数和行业特点，实行联系同一行业的不同党建指导员间的对调交流，同时根据企业特点和个人能力专长，实行党建指导员间的轮岗锻炼。三是加强教育，定期培训。将党建指导员培训纳入干部培训年度计划，邀请党建理论专家讲授“两新”组织党建工作的政策、理论、实务操作以及企业管理知识，依托现代远程教育频道、党员手机短信平台、电子邮箱、工作QQ群等信息化手段加强日常教育。同时定期召开党建指导员业务交流会、经验介绍会和“七一”座谈会，实现以会代训。四是完善体系，强化考核。由各主管部门分别制定考核管理办法，负责对党建指导员每年个人学习、日常业务履行、服务基层、信息调研等情况进行量化考核，同时要求党建指导员定期向主管部门和各基层党组织等进行述职汇报，综合形成年度考评结果，作为续签工作合同、年度奖惩的重要依据。

2. 主要成效：一是推动“两新”组织党建工作稳步、长效开展。近年经济社会的快速发展不断拓宽党建新领域，带来党建新课题，正是有了党建指导员这支专职队伍的具体推动，跟进落实，才有效保证了我市“两新”组织党建工作的扎实开展，保持各类党建主题实践活动成果的巩固。二是创造多项“两新”组织党建成果。中央政治局委员、国务院副总理张德江两次作出重要批示：“珠海在新经济组织中‘实行党群一体化’党建模式带有方向性”，“珠海市加强非公党建工作的经验很好，应总结推广。”中央党建领导小组秘书组《党建要报》、《人民日报》情况汇编转载了我市“党群工作一体化”的经验做法，珠海市2003年上半年被确定为中央党建工作领导小组秘书组新经济组织党建工作联系点。珠海醋酸纤维有限公司党委的“四沟通”工作机制，得到中央党建领导小组、中组部、省委领导肯定；珠海市外经贸专修学院党委“党建工作保证民办高校发展壮大”的经验受到中央政治局委员、国务委员刘延东批示：“要认真总结民办高校党建的经验，促进民办高校健康发展。”党建指导员制度正是我市解放思想，创新思维，在全省率先推出的“两新”组织党建工作新举措，这支队伍已经成为我市“两新”组织党建工作的不可或缺的重要力量。三是培养了一批新的党务工作人才。党建指导员发挥自身优势，经常深入企业一线，通过座谈讨论、实地走访、个别谈话等形式与业主和职工交流沟通，在具体指导中服务，在服务过程中指导。

“两新”组织党建指导员队伍建设中存在的问题

1. 队伍总量不足。目前全市共有“两新”组织3万多家，已建党组织1325个，共有党员9011名，党员发展对象和入党积极分子1232名。按300个企业配一名党建指导员需要100人，而全市目前只有48人，仅占全市“两新”组织总数的0.0016%，数量严重不足。此外，珠海市“两新”领域党组织组建率仍然很低，随着“两新”组织数量逐年增加，工作量将逐年加大，人员少、任务重的压力会更大。

2. 薪酬待遇不均。目前市、区两级聘用的党建指导员，实行的是分级聘用、分级管理，统一任务。市级聘用的，薪酬由市级财政支付，定为四级合同制职员，月薪3250元。区级聘用的，薪酬由区级财政支付，一般在1750元—2250元之间，待遇偏低无疑会影响他们的工作热情。

3. 晋升渠道不畅通。“两新”党建指导员无正式编制，即使连续多年考核优秀亦无渠道晋升，久之容易产生职业倦怠、考核约束作用弱化。部分人员通过考取公务员、事业编制人员或跳槽到企业等方式逐步离岗。由于党建工作需要丰富的人脉资源，党建指导员的快速流动，影响了工作的连贯性，有时候因个别党建指导员离职后无人接替，党建工作一度瘫痪。

4. 身份与角色不对称。由于党建指导员工作的临时性、身份的模糊性和角色的特殊性，“两新”组织中部分党员对党建指导员的信服度不高，不少成长型的中小企业、外资企业主，基本上都不愿意接待一名“无职权、无头衔”的党建指导员，他们常常是进企业无人理，找党员遭回避，发展党员，提高组建率成为难题。

5. 业务能力不够强。大多数党建指导员有学历，少经历；有智力，欠能力；有工作热情，缺工作经验；有研究愿望，缺乏系统的党建理论和党群知识支撑；有创新想法，缺乏创新思维和理论思考；在重大调研课题面前显得本领恐慌和知识恐慌。

加强“两新”组织党建指导员队伍建设的对策建议

1. 完善配套制度。由市委组织部牵头，有关部门配合制定《聘用“两新”组织党建工作指导员实施细则》、《向“两新”组织选派党建工作指导员的具体意见》、《“两新”组织党建指导员工作规范》，同时建立和完善实绩考核制度、工作报告制度、工作调研制度、廉洁自律制度，明确党建指导员的组织领导、基本条件、管理办法、工薪待遇、权益保障、基本任务、工作职责、内容和程序等，使党建指导员工作有章可循。

2. 加大选聘力度。除面向有关专业大中专毕业生公开招聘外，还可面向机关、企事业单位退休党群工作人员、已改任非领导职务干部和改制企业原管理人员中的党务工作人员、复转军人中的党员，采用组织推荐、党员举荐、个人自荐相结合方法，动员各级党组织和企业党员积极参与推荐。市委新经济组织工委统一对推荐人选组织资格考试、考察和筛选，列入“两新”组织党建后备人才库，逐步形成“两新”组织党务工作人员“专、兼、聘”的人才体系。

3.实施职业资格认证。由市委组织部牵头,有关部门配合制定《“两新”组织党建工作指导员资格认证暂行办法》,根据党建指导员的学历、工作年限、业绩等指标,将职业资格划分为若干等级,由此设定不同的工作合同期,发放不同等级的薪金。对考评合格者颁发任职资格证书,作为求职、任职、晋升等的有效证件,记入档案,全市通用。对已经通过资格认证的,实行年检和验证制度,对实绩考核不合格者劝退或取消资格。

4.丰富培训内容。除常规的理论知识、业务操作等培训外,还要根据新形势及目标任务,丰富培训内容,包括职业道德教育、理想信念教育、心理健康教育等。引导党建指导员与党员、业主、职工建立良好的人际关系,始终保持良好的心理状态。

5.创新激励手段。政治上爱护,对工作成效突出的党建指导员“三优先”考虑:推荐党代表等候选人时优先,评选优秀共产党员、党务工作者时优先,配备基层党组织领导班子时优先;物质上保障,根据党建指导员的信息调研考核等结果适时发放奖金,提高通讯补贴等;生活上关心,利用“两新”组织党建QQ群和工作论坛平台,主管部门领导定期与党建指导员交心谈心,切实帮助他们解决实际困难。

(作者单位:中共珠海市委新经济组织工委)

实施“四个三”工程　推进非公企业党建工作

李胜基

近年来,沈阳市于洪区的非公有制经济得到了迅猛发展。目前,全区已建立非公有制企业(以下简称“非公企业”)党组织226家,规模以上企业党组织组建率达到了100%。在大力扶持非公有制经济发展的同时,于洪区与时俱进,大胆实践,继续深化“三建三送”等载体活动,切实以党建工作引领、推进企业建设,使党在非公企业的影响力不断扩大,党组织的创造力、凝聚力和战斗力不断增强,为非公有制经济实现大发展快发展提供了坚强保证。

强化“三个保障”
优化非公企业党建工作环境

一是强化组织保障。于洪区委每年通过召开区委常委会和非公企业党建工作联席会议,专题研究非公企业党建工作,明确工作重点,制定工作措施。从2007年起建立了区级领导联系企业制度。同时,各乡(街)党(工)委的党员领导干部,每人联系一至两户规模以上非公企业,帮助企业解决实际问题。

二是强化制度保障。于洪区委专门制定下发了《关于在非公有制经济组织中加强党的建设工作的意见》、《非公企业党组织活动保障制度》等5个文件,为加强全区非公企业党建工作提供了制度保证。各乡(街)党(工)委也结合实际,就非公企业党员发展、党务工作者培养选拔等方面制定出台了具体实施措施。

三是强化阵地保障。于洪区整合现有资源,将党员活动室与职工之家等活动场所融为一体,坚持一室多用,设备共享。从2008年起,区委每年从党费中拿出5万多元,为建立党组织的非公企业订阅《共产党员》、《党支部书记》等党报党刊,并且为部分党组织配备了必要的办公桌椅、党旗、党徽、党员活动标志牌等,还指导非公企业党组织建立了党建宣传栏和活动公示板。目前，全区规模以上非公企业均有党员活动室。

完善“三个制度”
增强非公企业党建工作活力

一是完善超前教育引导制度。由过去对已上交入党申请的同志的培养教育，延伸到对虽未提出入党申请但基本素质较好的同志的主动引导，实现“在重要岗位发展党员、将党员置于重要岗位”的“双赢”。

二是完善“联心结对培养”制度。各基层支部以支委为线、车间科室为块、党员为点，形成党员联系职工的网络，通过结对联系，用正确的思想观念引导联系对象向党组织靠近。2008年以来，有66名业主党员积极响应区委“结对培养1名以上企业员工、联系培养1名普通私营业主”的号召，鼓励、带动了120余名业主和员工向党组织递交了入党申请。

三是完善集中培训制度。以“三会一课”为阵地，以企业和社区党支部、联合支部为依托，以各项党建活动为载体，有计划、有目的地组织集中培训。

注重“三个结合”
搭建非公企业党建工作平台

一是注重党建工作与服务企业相结合。于洪区积极引导企业党组织把党建工作与促进企业发展，完成企业日常生产和急难险重任务结合起来，通过开展“共产党员工程”、党员设岗定责等活动，充分发挥党员在科学管理、增产降耗、技术攻关等方面的先锋模范作用，实现了关键岗位有党员、技术攻关有党员、困难面前有党员，党员身边无事故、党员身边无次品、党员身边无违章的“三有三无”目标。

二是注重党建工作与服务员工相结合。于洪区积极引导企业注意在开展党建活动中了解人、关爱人、激励人、提高人，努力把党组织建设成职工群众的“主心骨”和“贴心人”。区委举办了“一个党员一面旗，星级党员擂台赛”暨非公企业最佳党日活动观摩会，对全区非公企业党建活动的开展起到了很好的促进作用。

三是注重党建工作与服务社会相结合。于洪区还下大气力宣传贯彻党的路线方针政策和国家法律法规，引导企业自觉坚持走爱国、敬业、诚信、守法的发展道路，以企业的和谐来促进社会的和谐。

发挥“三个作用”
提升非公企业党建工作水平

一是积极发挥业主党员的标杆作用。在党员私营业主中开展了“四争先”活动（组织建设争先示范、党员发展争先带头、党建活动争先开展、模范形象争先树立），积极引导业主党员在企业党建工作中树标立杆，以点促面推进非公企业党建工作。

二是积极发挥企业党务工作者的骨干作用。2009年，全区共举办各种形式的企业党务工作者骨干培训班5期，培训企业党务干部210多人次，大大提高了他们的综合素质和业务能力。同时，于洪区还在企业党务工作者中开展了提高业务能力、提高党务工作水平的“双提高”竞赛活动和“三比三带”示范活动（比谁为企业献计多、比谁为企业解困多、比谁为企业增效多，带头学习、带头完成任务、带头搞好班组管理），取得了企业经营与党建工作互促双赢的效果。

三是积极发挥党建工作指导员的纽带作用。建立了全区非公企业党务工作后备人才库，从机关、乡（街）、社区党组织中选派240名有党务工作经验的同志到非公企业等“两新”组织中担任党建工作指导员，具体指导党建工作，通过多方工作，保证党建工作指导员“派得进、站得住、叫得响”。

（此文载《共产党员》2010年第3期下）

国务院鼓励民资“新36条”正式公布

5月13日,《国务院关于鼓励和引导民间投资健康发展的若干意见》(以下简称《意见》正式公布。《意见》全文共36条,是继2005年《国务院关于鼓励和引导个体私营等非公有制经济发展的若干意见》之后,针对民间投资发展出台的又一重要文件。

《意见》提出,要进一步拓宽民间投资的领域和范围,鼓励和引导民间资本进入法律法规未明确禁止准入的行业和领域。规范设置投资准入门槛,创造公平竞争、平等准入的市场环境。市场准入标准和优惠扶持政策要公开透明,对各类投资主体同等对待,不得单对民间资本设置附加条件。同时,要明确界定政府投资范围,进一步调整国有经济布局和结构。

《意见》明确了要鼓励和引导民间资本进入基础产业和基础设施领域、市政公用事业和政策性住房建设领域、社会事业领域、金融服务领域、商贸流通领域、国防科技工业领域。按照《意见》要求,鼓励民间资本以独资、控股、参股等方式投资建设公路、水运、港口码头、民用机场、通用航空设施等项目。鼓励民间资本参与铁路干线、铁路支线、铁路轮渡以及场站设施的建设,允许民间资本参股建设煤运通道、客运专线、城际轨道交通等项目。鼓励民间资本参与风能、太阳能、地热能、生物质能等新能源产业建设。支持民间资本以独资、控股或参股形式参与水电站、火电站建设,参股建设核电站。支持民间资本进入油气勘探开发领域,与国有石油企业合作开展油气勘探开发。支持民间资本参股建设原油、天然气、成品油的储运和管道输送设施及网络。同时,鼓励民间资本以参股方式进入基础电信运营市场。支持民间资本开展增值电信业务。支持民间资本进入城市供水、供气、供热、污水和垃圾处理、公共交通、城市园林绿化等领域。鼓励民间资本参与政策性住房建设。支持和引导民间资本投资建设经济适用住房、公共租赁住房等政策性住房,参与棚户区改造,享受相应的政策性住房建设政策。支持民间资本兴办各类医院、社区卫生服务机构、疗养院、门诊部、诊所、卫生所(室)等医疗机构,参与公立医院转制改组。支持民营医疗机构承担公共卫生服务、基本医疗服务和医疗保险定点服务。支持民间资本兴办高等学校、中小学校、幼儿园、职业教育等各类教育和社会培训机构。研究建立民办学校的退出机制。《意见》还允许民间资本兴办金融机构。支持民间资本以入股方式参与商业银行的增资扩股,参与农村信用社、城市信用社的改制工作。鼓励民间资本发起或参与设立村镇银行、货款公司、农村资金互助社等金融机构,放宽村镇银行或社区银行中法人银行最低出资比例的限制。《意见》鼓励民间资本进入国防科技工业投资建设领域。

此外,《意见》还鼓励和引导民间资本重组联合和参与国有企业改革、积极参与国际竞争,推动民营企业加强自主创新和转型升级,鼓励和引导民营企业积极参与国际竞争。

《意见》要求,清理和修改不利于民间投资发展的法规政策规定,切实保护民间投资的合法权益,培育和维护平等竞争的投资环境。加大对民间投资的融资支持,加强对民间投资的金融服务。全面清理整合涉及民间投资管理的行政审批事项,简化环节、缩短时限,为民间投资创造良好环境。

(此文载《共产党员》2010年第6期下)

非公企业工会存在的问题与对策建议

中国劳动关系学院课题组

一、当前非公企业职工状况

非公企业的范围包括私营企业、外资和港、澳、台投资企业、国家未控股的股份制企业以及股权掌握在少数人手中的乡镇企业。当前，非公企业已经成为我国吸纳就业的主渠道。截至2009年，仅私营企业、外资和港、澳、台投资企业以及乡镇企业的就业人数已达到2.28亿。

（一）非公企业劳动者的构成及典型特征

当前，我国非公企业的劳动者以“80后”、“90后”的新生代为主体。这些新生代劳动者的典型特征是：年龄较轻，伴随着改革开放成长，遇到的困难和经受的挫折较少；文化程度相对较高，多半接受了初中以上甚至大学教育，有较高的文化知识水平；追求城市生活，长期在外求学者或者毕业后直接进城打工者，以及随父母离乡在城市长大者，均以在城市永久生活为最终目标；职业期望值较高，在获得工作的同时还讲求待遇；在文化、娱乐、融入等方面的需求不断增强；价值取向多元化，思想开放，个性突出，自尊心强；追求自由空间和平等地位，维权意识强。这些特征决定了新生代劳动者与其父辈相比，具有更多现代意识和觉悟，需要用不同于以往的方式对待他们。

（二）非公企业劳动关系的问题所在

非公企业的劳动关系主要指私营企业、外资和台、港、澳投资企业的劳动关系。除此之外，还应包括用工单位虽然为国有企业，但劳动关系却具有非公性质的劳务派遣工和外包工。目前，国有企业在苦脏累险岗位大规模使用劳务派遣工和外包工，这些劳动者均与非公性质的劳务派遣和外包公司签订劳动合同，建立的是一种非公企业劳动关系。尤其在《劳动合同法》实施后，更是呈现出国有企业用工非公化的趋势。因此，我国非公企业的劳动关系不仅指存在于非公企业内的劳动关系，也包括国有企业内的一些特殊劳动关系。

我国非公企业在劳动关系领域存在的问题引人关注，其主要表现为：一是劳动合同签订率较低。由于非公企业的劳动者以农民工为主体，所以农民工的劳动合同签订率在一定程度上反映了非公企业劳动者的劳动合同签订状况。《2009年农民工监察调查报告》显示，全国外出农民工总量约1.45亿人，其中近六成农民工没有签订劳动合同。二是工资标准低。几乎所有非公企业制定的劳动者基本工资标准都是当地政府规定的最低工资标准，工资定额过低导致劳动者为满足生活需要只能靠延长劳动时间。三是企业漠视工时法规，劳动者工作时间过长。《劳动法》规定，劳动者每周工作时间为44小时，但非公企业近90%的劳动者工作时间都超过这个标准。调查显示，制造业平均每周工作时间达58.2小时；建筑业达59.4小时；服务业达58.5小时；批发零售业达59.6小时。平均劳动时间最长的是住宿餐饮业的劳动者，他们每周的工作时间超过60小时。四是职工参保率偏低，参保门类缺失。据国际劳工与信息研究所的调查，私营企业劳动者的社会保险参保率很低，参加一项以上各类社会保险的比例只有27.62%。《2009年农民工监察调查报告》显示，雇主为农民工缴纳养老保险、工伤保险、医疗保险、失业保险和生育保险的比例分别只有7.6%、21.8%、12.2%、3.9%和2.3%。五是不按规定支付加班工资。据国际劳工与信息研究所的调查,近3/4的企业违反了加班工资规定。六是劳动者的职业安全缺乏保障,导致安全事故和职业病频发。七是因劳动争议而诱发的职工群体性事件增多。由于部分外商投资企业和台、港、澳资企业党组织和工会组织尚未建立或作用发挥不明显,劳资矛盾协调机制缺失,职工合法权益受侵犯的情况时有发生,最终酿成劳资冲突。

我们认为,非公企业之所以劳动关系不和谐,关键在于其内部没有形成劳动关系的平衡机制。而工会组织不健全或不能发挥维权作用是最根本原因。

二、非公企业工会难以发挥作用的原因

(一)现有法律和制度框架明确了非公企业工会建设的方向

我国《工会法》明确规定,“工会组织代表职工的利益,依法维护职工的合法权益”,在坚持四项基本原则的基础上,“依照工会章程独立自主地开展工作”,“维护职工权益是工会的基本职责”。《中国工会章程》规定,工会“是会员和职工利益的代表”。《企业工会工作条例》规定,“企业工会是工会会员和职工合法权益的代表者和维护者”。不难看出,现有的涉及企业工会的法律制度及章程条例,对非公企业工会的地位、作用和职责都有明确要求,也从制度层面对非公企业工会应发挥的作用作出了原则性规定,为非公企业工会应该成为一个什么样的工会确定了方向。

(二)当前非公企业工会作用发挥不到位的表现

虽然近年各级工会在非公企业工会组建方面已经取得了覆盖面上的显著成果,但我们的调查发现,绝大多数非公企业工会配合企业行政抓生产、促管理有余,而替职工说话、为职工办事、代表和维护职工利益却严重不足。在职工与企业发生重大劳资利益关系矛盾时,一些企业工会不仅不能代表职工说话,也做不到客观介入,甚至还扮演企业代言人的角色,严重损害了工会组织在劳动者心目中的形象。主要表现有:一是企业发生停工、怠工等突发事件时,工会不能明确自己的立场,难以有效地直接指导、协调、代表企业职工进行合理的权益诉求,以妥善处理事件;二是在企业发生重大劳动者伤亡事故或其他卫生、安全事故时,工会不能及时代表劳动者参与事故处理;三是企业劳资双方进行集体协商时,企业工会不能以平等的身份与企业行政进行磋商,出现了“不敢谈”或“不能谈”的尴尬局面,结果使集体合同制度、工资平等协商制度等平衡劳动关系的机制流于形式;四是企业故意拖欠职工工资、违规延长劳动时间损害职工健康时,工会不能表明依法追究资方责任的态度,也不能站在职工一方与资方博弈。

(三)非公企业工会不能有效维权的根本原因

虽然直接劳动关系矛盾主要发生在企业内部,防范和化解劳资矛盾应让企业工会发挥作用,然而,我们近年的调研发现,非公企业工会无法有效维权的根本原因在于非公企业工会对企业资方的依附性。造成这种依附性的具体原因主要有以下几个方面。

一是现有非公企业工会组建模式存在严重缺陷。在过去几年里,为突击完成非公企业工会组建任务,各级工会层层分解目标,自上而下推进非公企业的工会组建力度。然而需要认真思考的是,非公企业工会组建的关键在于上级工会作为建会倡导者和推动者的工作重点是放在企业行政一方还是职工群众一方?实事求是地讲,一些地方工会在完成上级任务时,在非公企业工会组建过程中,为减少建会阻力,加快组建进度,一般不是发动职工建工会,而是做企业资方和管理方的工作,不惜反复动员、说服企业资方同意建立工会,甚至通过“与老板交朋友”的方式请求老板组建工会,结果常常是在资方的主导运作下成立了工会,这样组建的工会必然受企业资方的控制和支配。表面看,工会在

形式上成立了，会费也缴了，但因为其产生过程的不规范导致工会实质上成为“老板工会”或“行政工会”。当初，一些地方工会虽然针对非公企业建会提出了“建工会、像工会、是工会”的三步走建会策略，然而，由于企业工会诞生过程的先天不足，导致工会在劳动关系的协调上很难有效发挥作用，更谈不上站在劳动者立场上代表和维护职工的合法权益。

二是企业工会领导人在职业岗位上没有独立性。企业工会主席作为基层工会的法人代表，与资方的法人代表理应具有平等的法律地位。但由于企业工会主席个人是企业的一员或兼任行政职务，这种劳动关系的存在，不可避免地造成工会主席的制度化角色冲突。一方面，工会主席的身份要求其为职工说话办事，另一方面，作为受雇于企业的劳动者或兼任行政职务者，又要求其服从企业的约束和考核，成为被管理对象。在企业与职工发生利益冲突时，处在角色冲突下的工会主席只能有两种选择：或者回避代表和维护职工利益，或者在维护职工利益的过程中置自身利益于不顾。在后一种选择时，出现的局面大多是“维护了职工权益，自身利益却得不到保护”。

三是现行法律制度使企业工会对资方存在经济依附。现行《工会法》第四十一条规定，“企业、事业单位、机关工会委员会的专职工作人员的工资、奖励、补贴，由所在单位支付。社会保险和其他福利待遇等，享受本单位职工同等待遇”。这意味着企业内的专职工会干部的经济收入来源和福利待遇都要从企业资方那里获取。制定这些条款的原本目的是保证工会干部在企业内部自身利益的实现，结果却导致了专职工会干部在经济上没有独立性，寄生于企业资方。从非公企业工会的现实运行来看，这些源于计划经济体制的条款弊大于利。另外，许多非公企业工会因为企业资方不提供办公场所、活动经费，也不为工会开展活动创造便利条件，甚至阻碍工会开展活动，造成了企业工会对企业资方在经济方面的严重依赖。如果企业工会对企业资方的经济依附无法斩断，非公企业工会实际上就成为“无场地、无经费、无人员”的空壳工会。

四是对工会干部权益的侵害成本过低。现有的对工会干部保护的法律条款只有《工会法》的第十七条对工会主席的岗位调动和罢免程序做了规定，第十八条对工会干部的任职期限和劳动合同期限作了规定。然而，因为这些法条缺乏惩戒性追责内容，再加上资方在企业管理中掌握主导权，以至于在具体实践中，对工会干部的侵权几乎没有成本，导致工会干部在维护职工权益后自身权益难以得到有效保护。近几年，经常出现一些企业随意调动工会干部工作岗位、解除工会干部的劳动合同、通过各种行政管理手段挤兑工会干部等侵害为职工说话办事的工会干部权益的现象，而工会干部的依法维权却苍白无力、缺乏支撑。

五是党企一体化导致党对工会的领导演化为企业管理方对工会的支配。目前企业工会干部是由同级党组织主管和领导，上级工会协管。在已经建立了党组织的非公企业中，往往党企不分，甚至党组织的负责人就是企业管理的负责人，尤其是在改制的非公企业中，党企一体化的企业制度，导致党组织对工会的人事领导、监督管理演化成企业管理者对工会的领导，工会干部的职务升迁、待遇高低、是否续签劳动合同也多是由企业管理方说了算。这种党企关系把工会接受党组织的领导演变为工会接受企业管理者的领导，工会与企业管理方不可能形成地位平等的主体。

六是关于企业工会的相关法律制度无法为工会独立自主开展工作提供规范性保证。现行工会法的很多条款是计划经济时代针对公有制企业而设计的，从目前的现实情况来看，或者存在市场经济条件下非公企业工会的制度性空白，或者一些规定已经过时，无法适应市场经济条件下非公企业工会发挥作用的需要。而已经出台的《企业工会工作条例》是工会系统的内部文件，缺乏上位法层面的权威性，往往得不到资方的认可和执行。

三、为非公企业工会充分发挥作用创造条件的具体对策建议

根据新生代劳动者的特质以及非公企业现实存在的各种问题，我们关注的侧重点在于保护劳动者身心健康的同时，维护劳动者各种合法权益。这既需要法律和政策的合力形成支撑，也需要基层企业工会的领导者能够积极付诸实践。二者的有机结合才能收到实效。因此，应致力于非公企业工会组织与法律制度的同步建设。

(一)改变现有工会组建模式，在上级工会指导下，由职工公推直选工会主席

直接发动职工自下而上组建工会。根据《中国工会章程》，工会是中国共产党领导下职工自愿结合的群众性组织。工会的阶级性和群众性要求各级工会在组建工会、开展工会工作的过程中应该始终坚持“以职工为本”的原则。为保证工会能够在劳动者中树立权威，就应该对组建过程予以规范，改变原来“先建制、后规范”的工会组建指导方针，溯本求源，民主建会，“直接发动职工自下而上组建工会”。只有真正发动职工组建起来的企业工会，才能够具备代表和维护职工群众利益组织的坚实基础。

在上级工会指导下通过直选产生工会领导人。在非公企业，工会主席是决定企业工会能否发挥作用的核心人物。如果工会主席不能真正对职工负责，替职工说话，给职工办事，工会组织作用的发挥无从谈起。以往的工会组建模式，之所以产生“亲资方”的工会主席，是因为工会主席的产生往往有资方若明若暗的干预。为确保我国的一元化工会体制不被伤害，防止出现其他形式的工人维权组织，上一级工会应该主动介入非公企业工会的组建过程，发动和指导职工直接选举信得过的工会领导人。这种直接选举的方式，既能够确保工会主要领导人对职工负责，也能够提高职工手中选票的含金量，促进产业民主进程。特别应该强调的是，直选不要走过场、摆形式，而要实实在在、扎扎实实地赋予每一位职工以决定权。这种形式复杂费力，耗时也长，但只有这种机制下产生的工会干部才会自觉接受职工群众监督，始终代表和维护职工利益。目前，在非公企业直选产生工会领导人的时机已较为成熟，建议全总在总结过去试点经验的基础上，尽快在更大范围内推行。

增加对工会主席候选人的限制性条款。《企业工会工作条例》明确规定，企业主要行政人员和近亲属不得作为工会主席的候选人。但在实践中，企业行政人员或法人代表的近亲属担任工会主席的现象十分普遍。这样的工会主席在劳资关系紧张时，常常会选择放弃维护职工利益，甚至帮助资方侵害职工的合法权益。因此，在推举企业工会主席候选人时，应增加限制性条款，在限制企业行政人员和法人代表的近亲属成为工会主席候选人的同时，进一步明确规定：工会主席不宜兼任其他行政职务。一旦企业行政人员被职工选举为工会主席，他应该辞去行政职务，以保证工会主席应有的独立性。

上级工会加强对基层工会的业务指导。《企业工会工作条例》强调：上级工会负有对企业工会指导和服务的职责，为企业工会开展工作提供法律、政策、信息、培训和会员优惠等服务，帮助企业工会协调解决工作中的困难和问题。企业工会在履行职责遇到困难时，可请上级工会代行企业工会维权职责。从现实情况来看，很多刚组建的非公企业工会因为领导者经验不足，不得不依附于企业行政，导致不会或不敢开展工作。这时候就需要上一级工会加强对基层工会的业务指导，在依靠职工队伍建立工会的前提下，帮助基层工会在企业内部建立一个来自职工群众的、独立于企业的、体现职工意愿的民主参与、民主管理及民主监督的维权机制。

(二)改变工会会费分配方式，阻断企业工会对企业的经济依附

现行的工会经费收缴分配遵循的是“四六开”原则，基层工会将收缴的工会会费上缴上一级工会，上一级工会将经费的60%返还给基层工会。这种经费分配方法使基层工会的经费常常捉襟见肘，没有充足的经费加强自身建设，更难以获得独立自主的经济地位。这使得我国工会的组织架构形成倒三角形态，即越往上走，人员经费越充足，政治地位也越高；越往下走，人员经费越紧张，也越没有地位。这与资方上弱下强的正三角形组织架构正好相反。在宏观层面，资方组织归属中国企协、企联、工商联合会等多家机构领导，与全总相比在政治、经济方面都相对弱势，但越到微观层面，资强劳弱的格局愈加明显。这两种组织架构的特点使得在企业层面的劳动关系运行上，职工一方常常难以和资方抗衡，也难以进行平等正常的劳资博弈。

为保证工会工作重心下移到基层，应对工会独立自主开展工作提供经济支撑。工会经费的收缴分配能否考虑实行“三七开”，即上缴上级工会30%，将70%的经费留给企业工会，专职工会主席经济待遇从企业工会经费中支付。我们认为，工会主席是职工利益的代表，不应将非公企业的工会主席视为管理干部，没必要在收入待遇方面攀比党政副职，将其经济待遇水平保持在职工平均工资2—3倍左右为宜。据测算，以有500名职工规模的非公企业为例，按照职工工资总额2%提取工会经费，200名职工的工会经费就可以为一名专职工会主席提供保证其经济待遇标准的收入来源，其他的经费则可以为工会自身建设提供经费保障。这样一来，将职工工资增长与工会主席的收入待遇捆绑在一起，也让工会主席有代表职工与资方进行工资平等协商的动力。在职工工资增长的同时，上缴上级工会的经费也自然会有所增长。

在基层工会建设得到不断加强的前提下，可适时地自上而下改革推动“劳、资、政”三方机制的务实运行，政府代表国家、资方代表企业、工会代表职工，各个层级的三方就涉及劳动关系的重大问题进行磋商，不仅使三方协商机制真正成为议事平台，讨论并出台一些具有针对性和可操作性的协调劳动关系的政策建议，而且要逐步使三方议决的问题具有执行力，这需要有相应的制度安排与立法保障。

（三）划清党企界限或实现党对企业工会的垂直领导

目前有两种选择：一是如果企业工会仍然按照有关规定接受同级党组织领导，那么应明确规定，党组织的负责人不宜担任行政职务；二是如果不能改变党企一体化的局面，那么建议非公企业工会应当接受上级工会党组的垂直领导，改变企业工会接受与企业行政混同的同级党组织领导的现状。我们认为，可以推行珠海党工一体化模式，在非公企业工会中处理好党组织与企业工会的关系。这样既能实现党对工会的领导，又能保证企业工会在劳动关系中的独立性以及与企业管理方的平等地位。只有如此，才能真正体现“工会跟党走，职工跟工会走”的桥梁纽带作用，破解由于企业内部劳动关系不和谐对党群关系造成的不利影响。

（四）在法律层面取消依附性条款，增加保护性条款

从现实来看，《工会法》的第四十一条已经造成了企业工会对企业资方严重的经济依附，不利于企业工会独立自主开展工作，建议尽快将《工会法》的修改提上议事日程，取消造成企业工会对企业行政的依附性条款。同时，将《企业工会工作条例》中关于工会干部的保护性条款吸收到《工会法》中，增加相应的违法追责条款，加大追究侵害工会干部权益者的责任，提高对工会干部侵权的成本。此外，在县级以上工会设立权益保障金的基础上，增加上级工会对工会干部的保护性投入，以保证工会干部在维护职工合法权益时，既可以用制度性程序保障自身权益，也能够获得必要的经济性援助，使其经济利益不因替职工说话受到影响。一旦工会干部因履行职责遭遇失业，上级工会有义务帮助其实现再就业。

（五）加强专职化、社会化维权渠道建设

在非公企业推行工会干部专职化、社会化的途径有两条。

首先，在200人以上的企业推进企业依法配备专职工会主席，实现工会主席专职化。《企业工会工作条例》第二十三条规定：职工200人以上的企业工会依法配备专职工会主席。这一规定是保证落实企业工会建设的重要组织制度。但目前我国非公企业的工会主席大多是兼职，这带来很多问题：其一，易造成工会主席的角色错位，特别是担任行政职务者，其代表和维护职工合法权益的身份必然受到限制。其二，分散了工会主席的工作精力，无法全身心投入工会工作。其三，制约了工会主席业务能力的提升。我国经济关系、劳动关系的日益复杂化、多元化，要求工会主席的业务能力和知识水平不断提升，这就需要有学习与接受培训的时间保障。

其次，在区域性、行业性工会联合会推进工会主席专职化、社会化。对分散在乡镇、街道、社区的小企业，可以通过建立区域性、行业性工会联合会的形式组建工会。如果这些小企业已经有独立的工会和工会主席，建议工会联合会主席在这些企业工会主席内部选举产生，而且应实现专职化。如果这些小企业没有独立的工会和工会主席，工会联合会主席可以采取向社会招聘的方式产生，或由上级工会委派专职工会干部担任，实现工会主席社会化。当然，社会化的工会主席也应专职化。在推进工会主席社会化的过程中，必须建立对于社会化工会主席的管理制度，包括任期目标管理责任、年度工作目标、季度工作汇报、业绩奖惩等等。特别是要完善社会化工会主席对职工负责的制度，主要由职工对其工作业绩进行考核和评定，并由职工无记名投票决定是否对其继续聘用，以实现社会化工会主席能真正代表职工利益，为职工说话、办事的最终目标。

（六）在职工群体性事件中明确工会立场，规范工会行为

第一，企业工会要摆正位置，明确自己代表职工利益的基本立场。根据《工会法》第二十七条的规定：企业、事业单位发生停工、怠工事件，工会应当代表职工同企业、事业单位或者有关方面协商，反映职工的意见和要求并提出解决意见。这说明，在职工群体性事件中，企业工会作为工人利益诉求的“代表者”和“代言人”是法律的规定，是企业工会义不容辞的责任。同时，在事件的处理过程中，有关各方也要明确各自的位置，最终形成工会代表职工、资方代表企业、政府代表国家的三方谈判格局，而不要都去争当立场与态度模糊不清、貌似公允的仲裁者。

第二，规范企业工会在职工群体性事件中的工作程序。针对一些企业工会在职工群体性事件中工作程序和行为不规范，不仅不能有效解决问题，甚至激化矛盾的问题，我们建议对企业工会在群体性事件发生后的工作过程作出明确规范：企业工会首先要做的工作是深入职工群众，及时了解他们的意愿，倾听他们的声音，并站在职工的立场指导职工对其提出的要求进行合理和合法性分析；然后，企业工会把职工群众的要求进行归纳和梳理，及时反映给企业一方或政府有关部门；如果企业不能接受或不能全部接受职工的要求，企业工会要代表职工向企业提出进行平等协商谈判的要求；企业工会主席作为职工一方的谈判代表与企业进行平等协商谈判，直到双方达成一致意见；企业工会主席代表职工与企业行政签订集体合同；在主要矛盾解决的基础上，积极协助企业做好职工工作，尽快恢复生产、工作秩序，促进企业发展。通过程序的规范，让职工、企业、社会和政府在职工群体性事件中能够听到企业工会的声音，看到企业工会的身影，认识到企业工会的维权和维稳作用。

第三，企业工会必须正确对待职工诉求。企业工会在帮助职工实现其全部或部分诉求的过程中，要注意把握两个原则：一是对员工的合法、合理要求，工会要据理力争，尽量使员工的要求得到满足；二是要教育员工对枝蔓问题不要刻意计较，调整过高的、不合法或不合理的要求，做到“有进有退”。企业工会在分析判断职工诉求是否合理、是否过高的过程中，要做到三种换位思考：一是与党政换位思考，要考虑到党政之所难；二是与职工换位思考，要考虑到职工之所需；三是与资方换位思考，要考虑清楚资方的承受能力与底线。

第四，企业工会要切实发挥团结和领导职工群众的作用。非公企业的群体性事件多属自发产生，开始时往往是无序和失控的。如果企业工会不能及时、有效地发挥其应有的作用，结果只有两个：或者让其他组织趁虚而入；或者加速失控和混乱状态。这都不是我们愿意看到的情况。所以，必须要求企业工会在群体性事件中切实发挥团结和领导职工群众的作用，把自发的维权活动迅速纳入到工会有组织、有领导和有秩序的轨道。通过企业工会鲜明的立场和发挥作用，把工人的自发行为转化为可控的组织行为。

第五，注意团结吸纳在非公企业中已经存在的其他形式的工人维权组织。目前，由于非公企业职工长期无法通过正常渠道维护自身合法权益，在一些非公企业密集的地方和大型非公企业内部已经出现了自发性工人维权组织的萌芽，如同乡会、工友会等。如果对这些潜在组织一味采取压制和排斥态度，必然会造成新的矛盾。我们建议：工会应多方开展工作，予以正面引导，将其纳入到工会组织的制度化框架之内，以防被涉外、涉黑势力所利用。

（七）通过立法推动非公企业工会维权机制真正发挥作用

维护职工合法权益是工会的基本职责，也是非公企业工会工作的重点，建立健全维权机制是非公企业工会履行维权职能的重要保证。以工资集体协商为重点内容的集体合同制度和以职代会为基本形式的职工民主管理制度是当前非公企业维权机制建设中的薄弱环节，也是今后非公企业维权机制建设的关键和重点。

从现实来看，由于相关法律制度建设的滞后，非公企业工会平等协商集体合同制度和职工民主管理这两个工会维权机制不能充分发挥作用。这种滞后已经严重影响了我国劳动关系调整制度建设的完整性和有效性，成为劳动关系调整制度建设的严重障碍。按照时间先后顺序，劳动关系的调整分别在三个阶段进行，即劳动关系建立阶段、劳动关系运行阶段、劳动争议处理阶段。在第一阶段即劳动关系建立阶段，有《劳动合同法》为支撑进行调整；在第三阶段即劳动争议处理阶段，有《劳动争议调解仲裁法》为支撑进行调整；但恰恰在第二阶段即劳动关系运行阶段，对劳动关系平衡和稳定运行最关键和最重要的集体合同制度和职工代表大会制度，至今没有刚性的上位法律规范予以支撑。所以，我们建议尽快对集体合同和集体协商制度以及职工代表大会等职工民主参与管理制度进行立法，而且应是由全国人民代表大会通过的，与《劳动合同法》、《劳动争议调解仲裁法》同一个层次的上位法。

首先，应加快集体协商和集体合同的立法工作。劳动关系中最为敏感和复杂的就是劳动群体和雇主之间的关系。我国除1994年在《劳动法》中提出工会可以进行平等协商外，劳动部、全国总工会还相继颁布了一些办法和规定，如《集体合同规定》、《工会参与平等协商和签定集体合同试行办法》、《工资集体协商试行办法》等。同时，地方人大和政府部门也出台了一些法规和规定，这对建立良好的劳动关系起到了促进作用。另外，《劳动合同法》也对集体合同制度作了专门规定。但总的来看，关于集体协商和集体合同的立法过于简单，层次偏低，而且对集体协商具体运作程序的规定也不多，实施起来难度较大。所以，我们建议：应切实提高集体协商和集体合同的立法层次，在立法中完善集体协商制度，确定凡是涉及职工切身利益的重大问题都应该通过集体协商制度予以解决；规定集体协商的具体运作程序，增加集体协商的法律保护措施，让集体协商制度真正成为沟通、协调劳动关系的重要机制。这里需要特别指出的是，多年来由于强调GDP至上和效率优先的政策环境，致使在非公企业内，涉及工会工作和劳动者权益的企业规章制度许多是资方出于追求自身利益最大化的考虑而制定的。具有企业内部自治法效力的企业规章管理制度已经成为资方及管理方直接制约工会在企业内正常工作和发挥作用的主要依据。这种情况下，若要使非公企业工会在维护职工权益上充分发挥作用，就必须通过国家立法层次的强制规范，在企业内以平等协商方式共决涉及工会运行和劳动者权益的企业规章制度。

其次，应加快职工代表大会制度的立法工作。我国现行的有关职工代表大会制度的立法主要有1986年的《全民所有制工业企业职工代表大会条例》、1988年的《全民所有制工业企业法》以及1991年的《城镇集体所有制企业条例》等。这些立法基本都是计划经济背景下的产物。由于受当时政治、经济条件限制，其适用对象、职权范围、组织制度等都存在很大局限性，已经难以适应现阶段企业民主管理的需要。虽然在发展社会主义市场经济的过程中出台的一些法律如《劳动法》、《公司法》、《工会法》、《劳动合同法》等，对职工代表大会制度也作了一些规定，但都未设专门章节，只是在个别条款中附加了一些简单的原则性规定，缺乏具体的操作性以及国家立法的刚性。尤其是有关非公企业的民主管理问题，直到现在还没有法律上的明确说法，这极不利于非公企业推进工会参与企业民主管理。道理很简单，由于国家对非公有制企业的职工代表大会制度没有明确规定，因而在非公有制企业推行职工代表大会制度缺乏具体法律依据，这就给一些非公有制企业抵制职工代表大会制度提供了借口和理由。法律在一个国家内部应当是放之四海而皆准的。我们建议：在职工代表大会立法中打破所有制界限，把非公有制企业纳入职工代表大会制度的框架之内，为在非公制企业建立职工代表大会制度提供有力的法律支持；同时，根据我国社会主义民主政治的发展需要，按照宪法、法律所赋予的职工民主权利，结合现代企业制度的特点，从民主管理的实际出发，对非公企业职工代表大会的职权进行科学设置；另外，明确职工代表大会制度的执法主体和法律责任，以推动职工民主管理的健康发展。

着力培育“五勤”风气　积极推进科学发展

田立金

科学发展观是全面协调可持续发展的科学理论，也是体现以人为本思想和情怀的伟大实践。2008年底以来，结合克服金融危机蔓延影响和实现油田持续稳定发展实际，我们提出了勤政务实、勤俭持家、勤勉敬业、勤劳为民、勤学上进的“五勤”工作思路，要求党员干部坚持“勤”字当头，“节”字为先，保持良好精神状态，自觉把困难想在前，把工作干在先，把管理抓到位，把服务做到家，把责任摆第一，以科学发展观为指导，全力推动油田低成本内涵发展。

一、勤政务实，建设勤廉双优的党员干部队伍

勤政务实，就是针对一些党员干部中存在的勤政意识差、作风不扎实的现象，坚持以科学发展观为指导，着力解决“不符合”、“不适应”的

问题，建设勤廉双优的党员干部队伍。勤政务实是科学发展的需要，也是实践党的根本宗旨的内在要求，勤廉出凝聚力，勤廉出战斗力。一是坚持解放思想先行，转变观念。坚持用科学发展理论武装头脑，落实实践第一标准，不唯书、不唯上，从提升党员干部引领科学发展能力入手，大兴理论联系实际、调查研究、求真务实之风，坚持问计于民、问需于民，教育引导广大干部以油田持续稳定发展大局为重，牢固树立正确的人生观、价值观和业绩观，多干打基础、利长远的事，多做经得起实践、群众和历史检验的实绩，努力提高服务企业科学发展的能力和水平。二是注重作风问题整改，端正形象。目前，在油田干部队伍中，仍然存在着虚浮不实、执行不力、报喜不报忧、见困难绕着走等现象，影响了党员干部在群众中的威信。为此，必须坚持把解决干部的思想作风突出问题与解决油田生产经营管理的难点问题相结合，把破解制约企业长远发展的"瓶颈"问题与解决员工思想和生活的现实问题相结合，激励党员干部在推动企业科学发展实践中有所作为，切实增强广大党员干部的责任意识、破题能力。高升采油厂在深入学习实践科学发展观活动中，始终坚持把着力点放在解决落实员工群众提出的意见和建议上，放在整改纠正制约全厂持续稳定发展和关系员工群众切身利益的突出问题上，从广泛征集的153条意见和建议中，认真梳理出十个方面的28个问题，集思广益，制定方案，吸引群众全程参与整改，强化17项落实措施，不仅确保了学习实践活动取得成效，而且推动了干部队伍作风转变。三是强化制度运行监督，严肃考核。近年来，我们制定出台了《党员干部作风建设实施细则（试行）》、《目标管理考核办法》、《出差、会议、办公费用管理暂行办法》、《"三控一规范"实施意见》等15项管理制度；在两级机关中开展了"表率机关"创建活动，从建立落实基层对机关、群众对干部、下级对上级的监督机制抓起，努力克服少数干部服务意识不强、沟通协调不力、工作效率不高、业务素质不精等问题，有效杜绝了作风建设中的"空档"和"盲点"。为客观量化考核基层党风建设工作责任，重新修订了《党风建设目标管理百分量化考核实施办法及细则》；建立并实行了每季度一次的调研巡察、每半年一次的作风督察和每年一次的效能监察工作制度；注重加强对科级干部选拔任用和业绩考核，从德、能、勤、绩、廉五个方面规范制度，坚持公平公正，坚持民主评议，着力体现奖勤罚懒、奖优罚劣、奖功罚过，进一步形成了能者上、庸者让、无为者下的用人机制，提升了制度指令的执行力。通过自编《干部勤学简报》、《员工勤业简报》，组织观看《铁人》电影，开展"最佳搭档、最佳助手"、"优秀站队长"、"十佳党员先锋"评选和选树表彰"四廉典型"等活动，营造了勤廉从业的浓厚氛围。

二、勤俭持家，建设艰苦奋斗的党员干部队伍

勤俭持家，就是着力转变习惯于过富日子、不习惯于过紧日子的状况，面对限产减输、成本上升的压力和挑战，坚持以低成本发展为目标，建设艰苦奋斗的党员干部队伍。勤俭立家、勤俭持家、勤俭兴家，既是古训，又是箴言。作为企业一员，必须时时处处体现这一精神要求，切实克服某些粗放管理的毛病和大手大脚的习惯。一是落实领导干部经营管理责任。教育各级干部牢固树立"大预算、大运行、大挖潜、大考核"的经营管理理念，坚持以强化投资成本控制为中心，坚持责、权、利相统一，无论是政策的出台、项目的设立、方案的制定还是措施的实施，都要自觉树立效益优先原则，力避花无效钱、干低效事，以身作则尽好管控责任。2009年，为打赢降本增效进攻仗，采油厂积极推进"勤俭节约、挖潜创效"主题实践活动，扎实开展以量化控制、优化运行、深化节能、实化创效、细化管理为主要内容的"五化"工程，实现挖潜创效近6000余万元，圆满完成了全年生产经营和各项业绩考核指标。二是坚持"讲"与"做"相统一。要求党员干部身体力行，自觉在油田持续稳定发展中担责任、站排头、做贡献，善于

把目标、责任、压力分解传递，凝聚集体的智慧和力量，努力营造人人肩上有指标，千斤重担众人挑的局面。突出"四个讲清、四个引导"，即讲清金融危机对油田的直接影响，引导干部员工切实增强危机感、紧迫感和责任感；讲清油田稳产面临的困难挑战以及投资和成本缺口大的现状，引导干部员工艰苦奋斗、厉行节约；讲清各单位管理现状和费用支出情况，引导干部员工过紧日子、细日子；讲清油田和各单位的工作目标任务和应对措施，引导干部员工解放思想、开拓进取，进一步明确工作职责。以"应对危机、共克时艰"的紧迫感和"五个不动摇"的坚定信念，推动采油厂实现持续发展、稳定发展。三是激发员工参与管理的积极性。进一步适应现代企业管理要求，坚持眼睛向内，苦练内功，积极开展以"抓管理、降成本、挖潜力、增效益"为主题的群众性劳动竞赛，全方位开展以区站为单元的生产成本经营分析活动，引导广大干部员工从大处着眼、小处着手，为厂分忧、主动担责，厉行节约、精打细算，紧密联系勘探开发、科技进步、安全环保、经营管理等各路工作重点环节和难点问题，人人拨算盘子、提金点子、流汗珠子、过紧日子，充分调动群众性挖潜创效的巨大潜能，算好投入与产出、降本与增效、规模与效益账，增强工作的主动性。

三、勤勉敬业，建设履职尽责的党员干部队伍

勤勉敬业，就是针对部分员工对持续发展信心不足、创业激情不高的状态，坚持以"排头兵"文化为动力，防止一定程度上存在的员工"贵族化"倾向，建设履职尽责的党员干部队伍。勤勉敬业、爱企如家是员工最优秀的品质，是大庆精神、铁人精神的生动写照。近年来，受物质利益驱动和社会多元价值观的影响，部分员工的奉献意识和敬业精神有所弱化，迫切需要用文化的力量激发广大干部员工的创业兴业激情。一是凝聚共同的责任使命。辽河油田因油而立、因油而兴，肩负着政治、经济、社会"三大责任"。要大讲国情、油情、厂情，深挖油缘、地缘、血缘，始终保持为国争光、艰苦奋斗、开拓进取的斗志，永远不丢"三老四严"、"四个一样"的作风，倾力高扬尊重劳动、尊重知识、尊重科学、尊重创造的时代旋律。二是突出"站排头"主题。在推进企业文化建设过程中，高升采油厂认真总结开发建设30年的历史经验，赋予"排头兵"文化勇往直前的精神、克难奋进的智慧、坚忍不拔的意志、乐于付出的品格等内涵，把理念争新、能力争强、工作争先、管理争优"四争"作风注入团队精神，积极引导干部员工增强建家、爱家的责任心，增强对企业、岗位的忠诚度，增强对"站排头、争第一"的荣誉感，干部员工自觉用"我在岗位您放心"的行动，对勤勉敬业做了生动的诠释。三是不断挖掘动力资源。企业以辽河油田企业文化教育中心为依托，充分发挥各基层单位文化教育基地、党建教育基地、员工教育基地等阵地的作用，注重凸显特别能战斗的"辽河人"特色；坚持以文兴企，注重吸收和借鉴先进、科学的管理文化为我所用，进一步丰富辽河"家"文化建设内涵。结合庆祝辽河油田开发建设四十周年文化系列活动，开展主题宣讲、群众歌咏、案例分析、典型解剖、专题报告等灵活多样的活动，凸显全员参与的广泛性，凸显文化管理与生产经营的融合性，焕发广大干部员工二次创业的热情和激情，展示他们高昂的斗志和良好的作风，实现企业发展成果共享、人企价值共增。

四、勤劳为民，建设真抓实干的党员干部队伍

勤劳为民，就是正视少数党员干部群众观念淡化、和群众关系疏远的问题，坚持以人为本的发展理念，促进员工与企业的和谐、干部与群众的和谐，建设真抓实干的党员干部队伍。勤劳是中华民族的传统和本色；为民是各级干部义不容辞的责任和义务。勤劳为民必须体现以人为本、以民为先。一是着力建设和谐之家。要求党员干部切实增强勤劳为民的思想意识，

坚持把群众的呼声、愿望和要求作为第一信号，把群众满意当作第一标准，真心实意关爱员工，勤勤恳恳为基层、为群众办实事、解难事、做好事，做到知员工情、解员工疑、暖员工心、聚员工力，着力解决广大员工群众最关心、最直接、最现实的问题，不断改善员工家属的学习、工作和生活条件；切实加强矿区治安综合治理工作，积极开展“保平安、促稳定”活动，不断提高员工群众的法制意识和文明素质，确保矿区生产、生活稳定，员工家属安居乐业，促进员工与企业的和谐、干部与群众的和谐，积极建设发展之家、和谐之家、平安之家、幸福之家。二是努力构建油区本质安全。安全不仅是生产的需要、效益的保证，而且与每个员工家庭平安幸福相系。对企业负责就必须对员工负责，对员工负责就是对企业负责。企业从讲政治的高度落实安全生产指标，严格贯彻集团公司安全生产“六条禁令”，优先安排安全生产活动资金，完善安全生产规章制度，强化杜绝“三违”措施，积极开展“安全生产月”、“百日安全”劳动竞赛以及争当“安全监督哨”和“安全环保型员工”活动，加强隐患治理和事故排查，把各级安全生产责任落到实处，确保每名员工高高兴兴上班来，安安全全回家去。三是高度重视员工精神和心理诉求。受国际国内经济大环境的影响，油田面临的改革、发展、稳定的任务十分繁重。改革意味着各种利益重新调整和再分配，这是员工群众思想和心理问题凸显的敏感期，因此，企业高度重视做好一人一事的思想政治工作，关注不同利益群体的需求，及时化解其思想和心理矛盾，满足其精神文化需求。从领导带动、理想鼓动、真情感动、文化驱动、制度推动、多向互动等方面入手，着力在个体的情绪引领、心理疏导、人文关怀等方面加强实践，探索建立思想政治工作的长效机制，努力培养员工群众乐观豁达、宽容感恩、自尊自信的精神和健康平和的心态，更多地汇集广大干部员工推动企业科学发展的智慧和力量，努力打牢企业持续发展的根基。

五、勤学上进，建设勤奋好学的党员干部队伍

勤学上进，就是着眼一些干部员工学习态度不端正、学习积极性不高的倾向，按照建设学习型企业的要求，注重激发干部员工学政治、学业务、学技术的强烈愿望，建设勤奋好学的党员干部队伍。学习既是为了满足企业不断发展的需要，也是干部员工提高自身素质的需要，只有勤奋好学，才能增长才干；只有勤学上进，才能与时俱进。一是坚持以学促思、以学厉行。按照建设学习型企业的要求，企业注重加强基层党组织学习能力建设，向广大党员讲清保持和提升学习力的重要性和必要性，解决党员干部为什么学、学什么、怎么学的问题，持续激发广大党员干部的学习动力、自学毅力和求知兴趣。今年，结合素质能力和岗位实际需要，采油厂在干部中组织开展了“好书选读”活动，每名干部自选、自学政治理论、企业管理、技术业务“三本书”，干部上报书目在网上公开，要求拟定个人学习计划，撰写读书笔记，在厂刊和网络上进行学习交流，促进了党员干部和员工队伍政治素养、管理能力和操作技能的提高，增强了广大干部和员工的综合素质、竞技能力、思想修养，在全厂形成了浓厚的读书氛围和学习环境。二是坚持学以致用、活学活用。继续深化领导班子中心组学习，认真落实厂领导班子每周一学、机关干部每月一课、全厂干部每季一讲、学习情况半年一查等制度，以厂、区两级领导中心组学习带动两级机关学习，推进党员干部学习。今年以来，企业两级领导班子中心组把贯彻上级工作部署、企业管理法规、党风建设规定和提高领导干部执行力作为重点，采取专题辅导、形势报告、理论研讨等多种形式，进一步提高了学习的针对性和实效性。三是坚持教学结合、赛训结合。按照培训“分层次、上档次、进名次”的工作思路，突出“实用、现场、竞技、应急、全员”五个环节，大力开展管理人员、科技人员、岗位员工三个层面的培训，积极争取参加集团公司、油田公司业

务培训,有序安排厂急需人才、紧缺工种外委培训,组织基层员工岗位练兵和技能鉴定,先后开展了科级干部HSE体系人员培训、耗能设备监测培训、车管干部和AB类驾驶员培训、基层班站长安全教育培训等十多项培训,考核各类管理人员、专业技术人员、操作人员780多人次,评选出技能型员工76名。从7月开始,我厂又组织了为期4个月的基层班站技术对抗赛,与每年一次的技术大比武活动融为一体,评选出了一批采油工团体优胜单位、热注运行工团体优胜单位以及"技术状元"、"技术标兵"、"技术能手"、"技能新秀"等先进个人,推动广大员工技能升级,为油田持续稳定发展培养了一批实用人才。

（作者单位:高升采油厂）

抓住机遇 加快金西开发区建设步伐

张旭辉

机遇是一种极为宝贵的资源。机遇稍纵即逝。无论从一个国家的发展历程看,还是从一个区域的发展历程看,能不能抓住机遇、推进发展,是能不能赢得主动、赢得优势、赢得未来的关键所在。

党的十七届五中全会明确指出,"十二五"时期是全面建设小康社会的关键时期,是深化改革开放、加快转变经济发展方式的攻坚时期。这个战略判断,为"十二五"宏伟蓝图确立了战略方位,为我们满怀信心迈向"十二五"提供了奋斗坐标。

规划未来五年甚至更长时间的发展,对我们来说,不仅取决于领导者和管理者的经验、知识和能力,更重要的取决于视野、境界和胸襟。"不谋全局者,不足谋一域"。如果我们能够站在浙中空间布局的维度进行科学发展机遇期的思考,就会跳出"盆地意识"的局限,就有一种天高任鸟飞、海阔凭鱼跃的信心与希望。

重新审时度势才能抓住后发机遇

金西经济开发区地处金衢盆地的腹地。站在这块黄土地上,我们才真切地感到"盆地"之洼为什么成为浙中的"短板",但也热切地感受到在"十二五"时期崛起的时代期望。

在我们的周边,有不少地方抓住改革开放的先发机遇,走在率先发展的前列,而金西开发区起步较晚,在许多人眼中,既无依托、无辐射而又无原动力的"盆地",难以享有要素、资源和环境的政策优惠,且在其成长期又经历了国际金融危机带来的更为严酷的考验。尽管我们落在后头,却可以分辨前者足迹,力求少走弯路,趋利避害;尽管地处"盆地",却可以借鉴别人"攀高"的轨迹,扬长避短,错位发展。

故此,我们在科学发展观的统领下,不失时机地重审比较优势,重组发展架构,重塑发展形象,跳出传统模式的思维羁绊,坚定地走向"在功能定位上由单一加工制造业向先进制造业与现代服务业并举转型、在经济结构上由单纯工业经济向城市综合经济转型、在管理职能上由只注重经济发展向统筹经济社会协调发展转型"的"后开发区时代"。

在"十二五"的构想与规划中,金西经济开发区冷静审视机遇与挑战并存的态势,旨在践行科学发展观的核心动力之新,旨在区别于传统开发区的统筹推进之新,旨在符合金西区域实际的人文布局之新。实践中,着重力求四大突破:

一是创新驱动的产业新集聚。没有产业的集聚,就没有城市发展的支撑力。要集中发挥自身产业发展的优势,选择适合的产业发展路径，加快粗放型向集约型的发展转型，把“盆地”的原发态势转化为先进制造业汇流的“洼地效应”，促进传统制造业“乔迁”之后的更新换代。目前开发区着力打造现代五金科技、现代食品加工、现代生物医药、现代服务物流和新材料新能源产业，加快培育特色产业集群。国内500强企业伊利集团已落户金西，浙江伊利乳业有限公司一期年产3.75万吨冷饮项目已开工建设。双汇集团日产200吨低温肉质品项目和中国五矿金西钢贸城项目已签约。

二是和谐生态的循环新经济。人与自然的和谐是最基本的和谐，是落实科学发展观最现实、最直接、最具体的体现。而人与社会的和谐，会形成一个区域自然的公关效应，使之拥有吸引力和凝聚力。要凭借丰厚的历史文化资源，依托原生态的绿色环境，让生态工业“低碳”起来，让生态农业“甜蜜”起来，让第三产业“靓丽”起来，做好“生态”这篇大文章，在人与自然、社会的和谐共生中提升区域竞争力。

三是高效完善的服务新体系。公共服务环境和社会服务环境决定区域的发展生命，决定区域的可持续力。加快从依靠政策驱动向提升综合服务功能转型，优化完善管理体制和运行机制，培育以生产性、生活性配套为主的现代服务业价值链，形成城市功能不可或缺的“软件系统”，真正做到用服务吸引投资，用环境留住人才，用机制激励创业。

四是城乡一体的统筹新格局。在区域一体化趋势日益明显的大背景下，要善于打好区域牌、统筹牌，才能更好地实现多方共赢。要把金华的全国“宜居城市”的浓缩内涵向西扩展，将金华“最具幸福感城市”的醇厚品位向西覆盖，营造山水交映、现代时尚的卫星城，在“浙中城市群”的坐标系和未来的发展趋势中找准定位，彰显个性，创造特色，实现乡村城市化，形成新型城市化格局。

构筑新型平台才能用好机遇优势

用好机遇，事关千头万绪，但紧要处常常只有几步。“十二五”发展的机遇，对谁都是“均等”的，各地各行业都在想办法如何用好机遇，用足机遇。我们要登高望远，但绝非是好高骛远，而是要在科学发展的轨道上又好又快地发展。在战略上必须高出一筹，跨前一步，从金西的实际出发，高屋建瓴地盘活资源，进行大视野谋划、大空间布局、大体制整合、大配套建设、大项目推进，对授权开发区管理的区域，必须实行统一功能定位、统一资源配置、统一产业布局、统一项目准入、统一政策标准、统一部署协调，把精品园区、特色园区、高新园区、低碳园区、品牌园区的规划建设，变成引领金西开发区转型升级的突出亮点。

用好机遇，就是要通过科学发展来解决金西发展中不平衡、不协调、不可持续的问题，实现质与量的统一、快与好的统一、物与人的统一、人与自然的统一。近年来，从全省层面来看，金西的区位变优、空间变大、潜力变好，已经成为省市重点布局的新兴区域。近年来，省市领导多次亲临现场考察，提出在加快产业集聚区建设进程中，金西完全可以承载金华当前与今后一个时期经济发展主平台的战略定位。

用好机遇，就是要实事求是，从实际出发，充分利用与挖掘区域资源优势，构筑跨越发展的制高点。金西经济开发区低开高走，轻装上阵，没有生态环境修复的欠账，也没有淘汰落后产能的累赘，而且区域内大面积黄土丘陵的开发与高库容饮用水的储备，日益成为我们倍感珍惜的战略资源“红利”。这不仅是全面推进绿色经济、循环经济以及清洁生产的天时地利，更是得天独厚地实现生态化空间拓展的硬道理、硬实力。

时代正向我们敞开机遇的大门。珍惜机遇、抓住机遇、用好机遇，首要任务就是要走出“围墙经济”，放大溢出效应，着眼于转型升级和可持续发展，把产业集聚区、商贸人居新城区、生态旅游区、现代农业观光区等四大功能区联动发展，使之成为迈开新型开发脚步的进行曲，展示统筹协调、驾驭全局的交响乐。虽然从现实来看，金西的基础还比较弱，缺乏平台内核集聚能力，但是只要在“十二五”时期立足更大范围、站在更高起点、着眼更长时限、谋划更好发展，那么作为金华发展主平台的战略功能，就能在金西功能区的大平台上得到充分体现。

战胜“盆地”意识才能赢得战略机遇

在我们以往的发展历程中，不是完全没有机遇的青睐，问题在于，缺乏浓厚的机遇意识和争先意识。金西的“盆地”意识有着自然地理与经济环境的“存在”局限，也与传统观念沿袭和束缚有关。这通常表现为自惭形秽，自卑悲观，畏难情绪有余，创业激情不足，稍有成绩便满足于“小富即安”。要么浮躁蛮干，急于铺“大饼”，恨不得一口吃成大胖子；要么妄自菲薄，降格以求，不分发展阶段的情况，依旧主张“捡到篮里便是菜”。这种深陷“盆地”的落后观念，习惯于农耕经济的思想方式和生活方式，与当今市场经济所需要的竞争意识相距甚远，与我们所说的思想“攀登”背道而驰。因此，金西发展真正面临的瓶颈，并不是先天不足的经济“盆地”态势，而是在思想上、精神状态上“盆地”意识的障碍。这种“盆地”意识与实现“十二五”目标的精神状态格格不入。如果我们坐井观天，停留在“盆地之洼”，满足于“得过且过”，那么就容易在“温水煮青蛙”的锅底渐渐沉沦，进而再一次丧失发展机遇。

在经济体制深刻变革、社会结构深刻变动、利益格局深刻调整、思想观念深刻变化的大背景下，眼前与长远、局部与全局、效率与公平诸多关系错综复杂、相互博弈，考验着我们的胆识、能力和智慧。要赢得战略机遇，必须战胜“盆地”意识，保持一种源自故土情怀的精神原动力，才能走出自我，超越自我，实现后进变先进。

我们相信，金西近年来获得的新业绩，已为“十一五”画上圆满的句号，也将为“十二五”夯实坚实的基础。我们要牢固树立忧患意识，用辛勤与进取“熨平”3 万亩黄土丘陵坎坷，打出“排头兵”旗帜，发扬“铺路石”精神，构筑金西跨越式发展的康庄大道。

金西还是这个金西，盆地还是这片盆地。今日之金西，生气勃勃，心齐气顺。我们要珍惜良好的发展局面，珍惜难得的发展机遇，珍惜宝贵的发展时间，借金西人的精神之梯，借发展理念创新之梯，借体制机制战略布局之梯，借金西特殊的人文自然资源禀赋之梯，把“盆地”变成充满梦想的“聚宝盆”。在充满机遇的“十二五”期间，金西要在坚持规划“一张图”中成为新亮点，在坚持建设“一盘棋”中当好“车马炮”，在产业“一条龙”中甘为“龙头阵”，把“打造城市群、发展产业带、持续惠民生”的根本任务落到实处。届时，金西 171 平方公里大地上，将形成四大功能区联动、一二三产互动、山水田城相嵌、城乡一体共融的新型发展格局，一座生态环境优美、低碳产业主导、服务体系完善、生活品质高尚，创新型田园式的现代工业新城得以展示世人面前。

（作者：中共浙江省金华市婺城区委常委、浙江金西经济开发区管委会主任）

职工思想动态分析应做到“六见”

栾爱玲　冯启臣

在经济全球化、信息网络化、传播快捷化的新形势下，职工思想呈现出多元、复杂、多变的特点。企业基层单位加强和改进职工思想政治工作，增强针对性、及时性和有效性，就必须在职工思想动态分析上下功夫，努力做到“六见”，即见人、见事、见思想、见原因、见措施、见效果。

一、见人：动员职工群众人人参与

职工思想动态分析的目的，是为了了解和掌握职工群众的真实思想状况，真正知道职工群众想什么、看什么、干什么、盼什么，以便“有的放矢”、“对症下药”，为做好一人一事的职工思想政治工作提供第一手资料。只有发动职工群众人人参与思想动态分析，才能有效避免领导包办代替、凭空臆想、脱离实际的现象，防止信息失真。动员职工群众人人参与动态分析，可采取发放问卷调查表，设计相应的栏目，让所有职工填写自己最关心的问题、个人及家庭存在的实际困难、对单位稳定发展的意见和建议等；也可采取座谈会、个别谈心、家访、职工群众人人撰写思想汇报等方式。基层单位将了解到的情况进行汇总分析，发现倾向性的问题，得出规律性的结论，为开展有效的思想政治工作奠定基础。同时，让职工群众人人参与思想动态分析，既体现了民主管理的要求，充分尊重职工群众的参与权；又能调动职工群众的积极性、主动性和创造性，有利于形成人人关心职工思想政治工作的大政工格局。

二、见事：切实掌握引发职工思想波动的实际问题

从唯物主义的观点来看，职工群众的思想问题大都是由实际问题引起的。当前，随着改革的不断深入，深层次的问题日益凸显，如对有关新出台的政策理解不透、对收入分配有看法、对工作岗位调整有意见等，再有家庭住房、子女上学和就业、生病住院、婚姻变故、意外伤害、工伤事故、人际关系紧张、长期在外部市场工作等，都有可能是引发思想问题的根源。职工思想动态分析，只有切实掌握了这些具体问题和具体事项，采取切实可行的办法加以解决，才能从根本上解决思想问题。一定要防止见人不见事、忽视职工群众具体诉求的现象。

三、见思想：切实把准职工群众的真实思想变化脉搏

任何问题的形成，都有一个过程，思想问题也是如此。如基层单位进行岗位调整，由于现行的收入分配制度与工作岗位挂钩，在同一个基层单位，工作在不同的岗位上，其收入是有差别的。虽然定期的岗位调整或轮换，是为了实现岗位丰富化的要求，目的是为了全方位提高岗位职工的操作技能，但收入上的差距，不可能不对职工思想上造成一定的影响。进行职工思想动态分析，就要了解职工群众对一些敏感问题、难点问题的看法和认识程度，见微知著，把准职工群众的真实思想变化轨迹，切实发现倾向性的思想问题，增强思想政治工作的前瞻性，

及早开展工作，讲清道理、晓以利害、理顺情绪，防止小问题酿成大后果。

四、见原因：透过现象看本质

世界上没有无缘无故的爱，也没有无缘无故的恨。进行职工思想动态分析，就是要弄清职工群众思想问题形成的真正症结，以便采取有效的措施。从实际情况来看，产生思想问题的原因，主要有以下几种情况：职工群众个人的原因，如认识问题偏激、个性固执、心理内向，缺少全局和整体观念、站在自己的立场和自身利益的角度看问题，文化程度偏低，人际关系不够和谐，个人或家庭发生重大变故等。基层领导干部的原因，如工作方法简单生硬、自身形象不佳，对职工群众要求命令多、沟通理解少，不会或不愿做耐心细致的思想工作，与大部分职工群众的关系不和、群众基础较差、群众威信较低等。管理上的原因，学习传达和解读落实上级文件、领导要求、政策法规、规章制度等，不及时、不系统、不准确、不全面，造成职工群众与领导干部之间的信息不够对称；处理问题不公，重行政命令、轻思想工作；重经济处罚、轻教育转化等。制度上的原因，重制定、轻落实，重执行、轻宣贯，重处罚、轻激励，重严格约束、轻人本关怀，还有的没有真正做到制度面前人人平等、一视同仁，存在亲疏厚薄的现象等。

五、见措施：因人而异，“一把钥匙开一把锁”

通过对职工思想动态分析情况的综合，一般应归纳出个性问题、共性问题、干部自身问题、管理问题和制度问题等不同的类型，针对问题制定措施、明确责任、规定时限、逐一解决。对于个性问题，主要是采取解释政策、说服引导、专人负责、重点帮教的办法，一般不宜公开事情的经过和原委，特别是对于关系到个人隐私的问题，应限制知情范围，尊重职工群众的个人权利；对于共性问题，主要是采用集体研究、集中教育、集体谈话、共同解决的方法，一般应公开事情的来龙去脉，让广大职工群众明白真实情况，共同参与讨论，必要时，应采取集中教育上大课的办法，加大思想政治工作的力度；对于领导干部自身的问题，主要采用培训提高、岗位轮换、定期考核、民主评议等措施，让合适的人工作在合适的岗位上；对于管理上的问题，主要是适时组织管理经验、艺术、方法和技巧的交流，进行典型案例剖析，让广大管理工作者在管理中学习管理，在实践中丰富提高；对于制度上的问题，主要是定期进行制度的梳理和整合，根据不断发展变化了的情况，进行修订、补充和完善，及时废止过时或不适用的制度，强化创新，与时俱进。

六、见效果：坚持解决思想问题与解决实际问题相结合，不彻底解决问题不放手

解决职工群众的思想问题，不可能一蹴而就，更不可能毕其功于一役。解决思想问题，必须从解决实际问题入手。由于大部分职工群众的思想问题是由实际问题引发的，因此，只有解决了实际问题，思想问题才能得到彻底解决。解决实际问题必须坚持原则。对符合政策规定的，一定要积极主动、满腔热情，不拖延、不推诿，让职工群众满意、高兴；对虽然符合政策规定，但一时无法解决的，要耐心解释，以理服人，时机一旦成熟，立即给予解决，让职工群众感受到组织的关怀；对既不符合政策规定、又无法解决的问题，要说明情况、不厌其烦、加强引导、细致入微，让职工群众心理得到安慰。解决实际问题要量力而行。既要认真扎实，实事办好，好事办实；又要以政策和原则为底线，不许愿、不假设、不夸大、不缩小，实事求是。同时，如果较多职工群众反映同一问题，基层单位无法解答或解决的，即可视为共性问题，应及时向上级报告，从全局上研究解答或解决的办法。解决实际问题必须从提高职工群众思想认识入手。解决实际问题的根本目的，是为了调动职工群众

的积极性，促使大家干好工作、保证安全、促进稳定、构建和谐。因此，在解决实际问题的过程中，不能就解决问题而解决问题，而应通过解决实际问题，消除职工群众思想上的疑虑、行动上的迟缓、态度上的观望等不良现象，充分体现组织的关怀和温暖，把职工群众的思想认识统一到单位的稳定和谐发展上来，促使职工群众把对组织的感恩之心体现到干好本职工作的具体行动上来。同时，要建立解决职工群众问题的跟踪、评估、考核和奖励等制度，激励广大基层管理人员，正视问题、分析问题、解决问题，满腔热情地为职工群众服务，用实际行动落实全心全意依靠职工群众办企业的根本方针，自觉维护职工群众的主人翁地位，切实赢得职工群众的信任和支持。

职工思想动态分析，是企业基层单位一项经常性、基础性、源头性的工作。只要我们时时处处做有心人，注重发动群众、加强综合分析、找准问题症结、采取有效措施、切实负起责任，就一定能破解当前职工思想政治工作中遇到的具体问题，就一定能营造心齐风正、和谐向上的良好内部环境，就一定能开创单位持续、有效、科学发展的新局面！

（作者单位：中原油田机关党委）

一个成功管理者须具备较高的综合素质

王子文

一个成功的管理者不仅需要有清醒的头脑、宽广的视野、运筹帷幄的能力，而且需要具有人文关怀意识，给职工以关怀、理解、尊重、帮助和激励，充分发挥职工的积极性和潜力。具体讲一个成功的管理者须具备以下几个方面的素质：

一、管理者必须具备较高的政治素质

能坚持以人为本、科学发展的基本原则，坚决贯彻执行党的路线、方针和政策，坚持社会主义前进方向；遵守国家的法律和法令法规，正确处理国家、企业和职工三者之间的关系，维护国家的利益，敢于同违法乱纪和损害国家利益的行为作斗争；有强烈的事业心、责任感和创业精神，带领广大职工走改革创新的新路子，开创事业发展的新局面；有良好的思想作风和工作作风，一心为公，不谋私利，谦虚谨慎，不骄不躁，不文过饰非，严于解剖自己，深入基层，善于调查研究，工作扎实细致，有布置有检查，实事求是，不图虚名；艰苦朴素，与职工同甘共苦，不搞特殊化，品行端正；模范遵守规章制度和道德规范，平等待人，和蔼可亲，不计个人恩怨，密切联系职工、关心职工办好事，搞五湖四海，不拉帮结派，对下属一视同仁。

二、管理者必须具备较强的业务素质

管理者应具有领导和管理的知识和技能。掌握科学发展观的基本原理、社会主义市场经济基本理论，同时具有娴熟运用这些知识的技能和分析、判断、概括能力。管理者应在纷繁复杂的事物中，透过现象看清本质，抓住主要矛盾，运用逻辑思维进行有效的归纳、概括、判断，找出解决问题的方法。管理者应有较强的决策能力，能在掌握大量反映内外环境信息资料的基础上进行预测，对多种可行性方案进行评价、比较和选择，作出正确的决策。应懂得组织设计原则，如因事设职，因职用人，职权一致，管理幅度等等。应善于与人交往，倾听各方面的意见，争取团队的帮助和支持，谦虚谨慎，平等待人，公正客观，有自知之明。管理者应对做过的工作能及时认真总结经验，吸取教训，善于听取不同意见；对新鲜事物敏感，富有想象力，思路开阔，善于提出新的设想、新的方案、新的目标，鼓舞下属去完成任务。管理者应善于发现、培养、提拔和使用人才，扬其所长，避其所短，委以恰当的工作。同时，也善于培养教育，提高下属的业务能力。

三、管理者必须具备较好的身体素质

作为管理者，担负着组织、指挥、领导的重任，因此，必须有强壮的身体、充沛的精力，以便胜任繁重的工作。

四、管理者必须具备领导艺术和优秀品质

管理者首先应做好本职工作，做到分工明确，责任明确，目标明确，授权到位，按章办事，忙而不乱，繁而有序；凡是已经授权给下属去做的事，管理者就要克制自己，不要再去插手。其次，应善于同下属交谈，倾听下属的意见，听懂下属的“言下之意”，抓住要领，态度诚恳地对实质性问题作出简明扼要的回答，且能控制自己的情绪，不感情用事。再次，应争取下属的友谊和合作，建立起战争年代那种真诚合作的同志关系。管理者除品德高尚、作风正派外，还应平易近人，谦虚待人，信任、关心他人，对下属一视同仁，使下属感到，没有远近亲疏，只要干得好，就能得到应有的尊重和信任。最后，管理者应成为时间的主人，能科学地组织管理工作，合理地分层授权，把大量的工作委派副手、助手等下属去进行，以摆脱繁琐事务的纠缠，腾出时间来研究和从事重要的工作，进而养成记录自己时间消耗情况的习惯，学会合理利用时间，提高开会的效率，节约领导者和与会者的宝贵时间。

五、管理者必须具备善于激励下属和调动其工作积极性的本领

管理者在对下属进行工作激励时，善于与其他的激励方式结合，使下属认清目标、坚定信心，发扬成绩、以利再战。同时辅以适当的惩罚措施，做到既严肃慎重，又合理得当，使受罚者心服口服，化消极因素为积极因素。管理者还应善于鼓励和支持职工参加管理，与下属处于平等的地位来商讨组织中的重大问题，使下属感到主管的信任和尊重，从而给人以成就感，焕发下属的工作热情，调动下属的工作积极性。

总之，一个成功的管理者必须具备德才兼备的基本素质，具备领导艺术和优秀品质，并且善于激励下属。这里特别强调，一个管理者在运用权力时应注意：要慎重用权，不滥用权力；要公正用权，不分亲疏，不徇私情，不谋私利；要机动灵活，光明正大，树立正气，强化下属的“期望行为”。只有具备上述条件，才是一个成功的管理者。

（作者：中国思想政治工作网海南工作站站长）

对思想政治工作者劳动价值的再认识

葛　梅

思想政治工作者的劳动是否创造价值?其价值又体现在哪些方面?对此,有部分人存在种种模糊甚至是不正确的认识。思想政治工作者是做好思想政治工作的骨干力量,正确认识和评价他们的劳动价值,对于稳定思想政治工作者队伍,调动这支队伍的积极性,促进企业健康持续发展,有着十分重要的意义。

回望1983年7月,基建工程兵脱下戎装组建北京城建总公司,就此开启一段光荣历史。近30年的栉风沐雨、披荆斩棘,集团在改革发展中走上了做大做强的发展之路。这背后强大的推动力中,很重要的一条就是:始终以发扬军旅文化为核心,坚持不懈地开展思想政治工作,并不断赋予其新的内涵。无论是抗击非典,还是奥运工程建设,无论是四川援建、玉树援建、和田援建,还是重点工程建设、应急抢险任务,每一次面临急难险重任务,集团都充分发挥党委的政治核心作用、党支部的战斗堡垒作用和共产党员的先锋模范作用,圆满完成了各项工作任务。长期形成的思想政治工作优势在实践中得到充分积累和发挥,思想政治工作者的劳动价值在企业的发展壮大中得以体现。

21世纪的第二个十年已经开启,站在新的历史起点上,我们深刻地认识到,虽然北京城建集团思想政治工作取得了明显的成绩,但和时代形势的发展以及企业的现实要求相比,还有不少的差距,思想政治工作还存在薄弱环节,这都需要我们对思想政治工作者的劳动价值进行再认识、再发掘。

一、如何对思想政治工作者的劳动价值再认识、再发掘

(一)认识思想政治工作者的劳动价值必须消除两个偏见

首先,思想政治工作是一门专业,政工干部是专业干部。思想政治工作之所以能成为一门专业,就在于它有完整的理论体系,即马克思列宁主义、毛泽东思想作指导;它有自己特定的性质,就是阶级性和群众性的统一,革命性和科学性的统一;它有自己独立的研究对象,就是人的思想发展规律及其错综复杂的社会关系;它有自己不同于其他工作的特点,就是鲜明的无产阶级党性、广泛的群众性、丰富的社会实践性、严密的科学性、强有力的战斗性;它有自己特定的目的和任务,就是提高人们认识世界和改造世界的能力。作为马克思主义指导下的一门专业,思想政治工作具有很强的科学性、思想性、政策性、群众性、战斗性。思想政治工作者不仅要掌握马克思主义哲学、政治经济学和科学社会主义的基础原理以及党建理论,也要掌握一定的经济管理学、教育学、社会学、心理学、美学、伦理学、法学、逻辑学、历史学等学科的基本知识,还要掌握本行业的生产业务技术基础知识。

其次,思想政治工作是现代企业管理不可缺少的一部分。企业科学管理,就是在企业经营管理全过程的各个环节,全面地按客观规律办事,取得最佳的经济效益和社会效益。按客观规律办事,就包括按客观经济规律、自然规律以及上层建筑反作用于经济基础的规

律办事。企业的思想政治工作，正是运用上层建筑、特别是意识形态反作用于经济基础的规律，把精神力量转化为物质力量的一种创造性工作。

（二）认识思想政治工作者的劳动价值不能脱离企业生产经营的实际

思想政治工作只有源于企业需要，才能获得应有的舞台和空间；只有破解企业难题，才能抓住关键环节，凸显保证作用；只有切实解决职工生产生活中的实际问题，才能深入人心，落地生根。抓生产经营要从思想入手，抓思想要从生产经营出发。只有将思想政治工作融入企业生产经营全过程，才可以收到相互促进、相得益彰、事半功倍的效果。

（三）认识思想政治工作者的劳动价值要看到其劳动是有效的脑力劳动

在企业中，行政管理人员、工程技术人员、思想政治工作人员，都是脑力劳动者、管理工作者。思想政治工作者的工作，是生产精神产品的一种精神生产劳动。这种劳动虽然不直接通过掌握生产工具生产物质产品，但它为明确劳动目标、营造劳动氛围，改善劳动者关系、提高劳动效率服务，直接或间接地作用于生产经营，是行之有效的脑力劳动。

（四）认识思想政治工作者的劳动价值要看到其价值远远超越了物质评价范畴

在当前新的形势下，思想政治工作的加强与改善、改革与发展，转化为潜在和现实生产力的范围更加广泛，作为劳动的生产性质更加明显，劳动价值也加倍提高。其价值有四种基本表现。

第一种是现实价值。思想政治工作紧紧围绕经济建设、围绕生产经营去做，渗透在生产经营过程之中，通过生产过程使物化劳动的价值实现最佳效果的转移，而且使劳动实现最佳效果的增值，经济工作由此获得的推动力，对增强企业的经济效益将起到直接作用。

第二种是长远价值。由于长期坚持党的路线、方针和政策教育，共产主义、爱国主义、集体主义教育，理想纪律教育，职业道德教育，人生观教育，精神文明建设，以及解决职工疑虑和矛盾的思想工作，其综合作用和后续效果将融入在职工的一生中，化成职工坚定信仰、激励工作、终身为共产主义奋斗的强大动力，使职工的精神状态经常处于良好的、积极进取的境界。企业的凝聚力增强了，劳动者的积极性提高了，这样的价值用数字是无法计算的。

第三种是潜在价值。转变人们的世界观，塑造人的灵魂，是思想政治工作的职责。这项属于意识形态范畴的工作，往往会发生持续的、长期的、潜移默化的作用，这就是存在于事物内部而未显现出来的潜在价值。

第四种是社会价值。由于人的社会性，思想政治工作往往会跨越企业的围墙在社会上发挥作用。一个受到良好的教育、具有共产主义理想情操的职工，必然会在自己的社会活动范围内产生积极的影响，这对社会风气的转变、对提高全民族的思想道德水平、对两个文明建设，都有着不可低估的社会价值。

二、要在继承和发扬过去好的经验和做法的基础上，把强化思想政治工作贯穿于企业生产经营活动的始终

开展有效的思想政治工作，是一项长期而艰巨的任务，不可能一蹴而就。我们要在继承和发扬过去好的经验和做法的基础上，把强化思想政治工作贯穿于企业生产经营活动的始终。

（一）要形成思想政治工作新格局

在尊重思想政治工作创造价值的同时，我们强调技术、行政干部也要参与思想政治工作，从而形成思想政治工作的新格局。这样，企业的思想政治工作从表面上看虽然不直接作用于劳动对象，也不是直接凝结在物质产品中，但是通过劳动的媒介，可以将自身的价值潜移默化地转移到物质产品的价值中去，构成产品总价值的一个组成部分，可以向生产直接提供服务，会同专职政工干部对生产

过程中的矛盾进行处理、调解、监督、组织，对生产和流通领域影响人的积极性因素进行协调、疏导，调动人的积极性，使之按照正确的方向协同动作，保证生产经营正常有效地进行。这种直接加入到生产经营中去的服务也会物化在产品中，其劳动价值综合反映在企业的经济效益、职工队伍素质、群体效应、企业精神、企业文化等诸方面。

（二）要尊重思想政治工作者的劳动成果

由于思想政治工作是做人的工作，相比经济工作、技术工作有着特殊的复杂性，是一种创造性的思想活动，是在发挥个人创造性基础上集体智慧的结合过程。无疑，这是要经过专业培养训练、具有多种科学知识素养的较高级的复杂劳动。因此，要重视加强对政工干部的培训，提高政工干部的待遇，注重从实际工作入手，解除政工干部的后顾之忧，从而调动政工干部的积极性。

（三）要加大思想政治工作的物质投入

在企业里，有人认为，“经营工作挣钱，思想工作花钱”。这种看法是片面的。思想政治工作固然要有一定的物质条件做保障，但这项投入必将创造出物质范畴所不可估量的价值。27 年的集团发展实践证明，作为大型国有企业，我们更须重视思想政治工作，不断培育和巩固具有丰富精神内涵的企业文化，从提高职工思想政治觉悟着手，全面提高职工素质，激发职工的工作热情，弘扬职业精神，使思想政治工作内化于心，外化于行。

总之，无论从劳动价值表现形态来说，还是从实际劳动效能来说，思想政治工作者的劳动不仅始终在创造价值，而且所创造的是一种具有重大意义的社会价值。无论企业怎样发展，时代怎样变革，思想政治工作和其社会价值都将历久弥新，与时俱进。

（作者单位：北京城建集团）

企业、事业单位风采

天津双安公司

公司总经理　陈铁

▲公司领导参加与国外客商签约仪式

▲公司领导向客户介绍产品

▲▼国外客商到公司考察

天津双安公司于1956年成立，是中国早期从事劳动防护产品生产的专业化工厂。拥有50多年专业化生产制造和销售经验，产品遍及中国各地，部分产品出口到国际市场。在中国劳动防护用品行业中无论经营规模还是专业化程度都处于领先地位。

天津双安公司拥有较为系统的研发机构和完备的检测试验设备，所有产品都是依据相关的国际标准、国家标准及行业标准要求生产制造，获得中国政府相关部门颁发的生产许可证和特种劳动防护用品安全LA标志。多年来，双安防护用品努力为广大客户提供安全、便捷的服务，深受用户好评。

天津双安公司以为广大劳动者创造安全为己任，不断改进和创新，生产制造的产品形成系列化，主要有：带电作业用绝缘系列产品；绝缘靴鞋系列产品；矿用靴系列产品；耐酸碱系列产品；耐油系列产品；防静电系列产品；PVC模压靴系列产品；头部防护系列产品；绝缘胶带电绝缘橡胶板系列产品，等等。公司的安全牌、双安牌、金盾牌、红叶牌系列产品经历50多年的历史铸造已成为劳动防护用品行业驰名品牌。双安公司将继续发扬专业特长，不断更新服务理念，努力为全世界劳动者的安全和健康提供更多优质产品。

公司产品展示

服务城市发展 方便百姓出行

天津市公共交通集团（控股）有限公司

天津市公共交通集团(控股)有限公司是天津市从事公共交通客运的国有大型骨干企业，是集公共汽车客运、出租汽车客运、汽车维修、汽车配件供销、物业管理、汽车销售、公交广告、公交旅游等多种经营为一体的大型企业集团。集团现有员工18000人，运营车辆6200余部，运营线路350余条。

天津市委、市政府高度重视公交发展，市委书记张高丽、市长黄兴国多次亲临公交集团视察。公交发展也连续多年被列入天津市20项民心工程。

天津公交以服务城市发展、方便百姓出行为光荣责任，艰苦奋斗、无私奉献、锐意进取、开拓创新，通过建设优质服务体系、运营安全体系、技术创新体系、经营管理体系、文明创建体系，实施优质服务提升工程、科技进步推进工程、员工素质提升工程、和谐企业构建工程、文明风尚引领工程，圆满完成了迎保奥运、迎保新中国成立60周年、65岁以上老年人免费乘车等重点任务，实现了线路运营在全市18个区县的全覆盖。

2010年企业被授予天津市创建文明行业先进单位荣誉称号。

2011年2月1日(腊月二十九)，市长黄兴国在5路车队公交站观看车队历史展览，与5路车队涌现出的四代劳模亲切交谈，对公交职工致以新春祝福

落实市委、市政府老年人免费乘车政策，为老年乘客提供贴心服务

天津公交实施科技进步推进工程，建设全国一流水平的运营调度指挥中心

2010年2月17日(正月初四)，中共中央政治局委员、市委书记张高丽莅临体育中心公交站慰问坚守一线的公交职工

天津市民政局
深入开展创先争优活动

天津市民政局各级党组织紧紧围绕民政中心工作，加强基层党组织建设和党员队伍建设,不断深化创先争优活动。他们把开展党员示范岗、党员承诺、慰问帮扶困难党员等活动作为有效载体,不断创新活动形式,丰富活动内容,确保争创活动取得新成效,全局上下形成了“组织创先进、党员争优秀、群众得实惠”的良好局面。

深入开展“党员承诺”活动。局党组制定了《开展创先争优活动党员公开承诺书》,并按照党员“五带头”要求,结合党员实际,细化了具体内容。各支部也都要求每名党员结合本岗特点提出承诺内容，制定落实计划，并在公开栏中予以公布，随时接受广大职工和服务对象的监督。

深化党员示范岗活动。在党员示范岗创建活动中，各级党组织强化责任、强力推动、加强监督,自始至终跟踪抓落实。

党员参观西柏坡纪念馆

每月由各支部就党员在示范岗工作的情况征求相关人员、服务对象意见，每季度由各支部组织党员职工代表对示范岗党员进行一次满意度测评。通过试点示范、巡回观摩、定期讲评、适时表彰、召开推动会等形式，积极推动活动健康顺利的开展，并促使每一位示范岗党员自觉地用高标准要求自己，主动接受职工群众监督，增强“一个岗位一份责任、一个党员一面旗帜”的意识，充分展示党员的良好形象。

深化党员党日活动。针对各单位党员分布点多面广特点，为切实把党员党日活动开展起来，局党组要求各支部开展形式多样的党日活动。一是各支部党日活动都紧紧围绕单位中心工作和党员思想实际来开展，做到主题鲜明、重点突出。二是党日活动内容形式多样，富有特色。既组织党员开展政治业务学习，定期召开民主生活会，还积极开展帮扶困难职工等活动。三是党员活动日由各支部具体安排组织实施，做到人员、时间、形式、内容、效果“五落实”。

志愿服务队做卫生清理工作

卫生部陈啸宏副部长来院视察

医院代表队在全国急救技能比赛中取得冠军，参赛队员与中国红十字会会长华建敏合影留念

全国文明单位

天津市红桥医院

天津市红桥医院承担着为红桥区人民健康服务，保驾红桥区经济建设的政治责任，也承担着践行科学发展观，走在精神文明建设前列的光荣任务。该院党政班子始终坚持两手抓、两手硬，使职工素质得提高，医疗质量上水平，文明创建显实效，医院发展上台阶，老百姓就医享实惠。近5年来，医院固定资产由5000万元增至1.8亿元，住院病床由194张增至348张，年门诊人次由30万人次增至75万人次，住院患者增至1.2万人次。连续4年获得天津市精神文明先进单位称号，并先后获得全国精神文明创建工作先进单位、全国医院感染控制先进单位、全国文明单位、天津市文明示范先进单位等称号。该院妇产科荣获全国三八红旗集体称号。院长白岚荣获全国先进工作者称号，医院4名职工先后荣获天津市劳动模范、天津市十佳医生、天津市第一届人民满意的好医生等称号。在2009年医院等级复审中，红桥医院在天津市二级医院等级评审中以优异的成绩名列第一，并代表天津市参加全国首届红十字应急救护大赛，并在32个代表队中一举夺冠，其后又在世博会上汇报演出，为天津争得了荣誉。

红桥医院党政班子成员

庆祝建党88周年党员活动

组织职工参加歌咏大会

医院外景

夜色中的集装箱码头

天津港太平洋国际集装箱码头有限公司

正在作业中的地中海丹妮拉轮

天津港太平洋国际集装箱码头有限公司位于天津港东疆港区南端西侧，是天津东疆保税港区第一个开发建设的项目，也是该区的标志性、启动性工程和唯一一家集装箱码头公司。

公司于2006年11月28日由国家工商总局批准正式注册成立，投资总额约66亿元人民币，由天津港股份有限公司和PSA天津有限公司共同出资组建，其中天津港股份有限公司持股51%，PSA天津有限公司持股49%，主要从事集装箱货物装卸、堆存、保管、拆装箱等相关服务业务。

公司项目于2007年11月底完成建设，2007年12月11日码头正式封关运作，接卸第一条外贸船舶。公司生产于2008年1月开始投入试运行。截至目前，公司有5条航线，分别为韩国线、东南亚线、欧洲线、美西线、地中海线，航线覆盖全球大部分地区，全部为外贸作业。

公司码头岸线全长2300米，陆域纵深约1公里，设计水深为–16米，预留水深为–18米，年设计集装箱吞吐能力400万标准箱。公司共有6个10万吨级专业化的集装箱泊位，可兼顾15万吨级集装箱船舶停靠作业。堆场面积141.6万平方米，堆存能力可达到14万标准箱。公司还配备有国际先进的集装箱装卸设备。共有集装箱岸桥23台、场桥58台、正面吊车3台、空箱堆高机10台、冷藏箱插槽1200个。

公司享有便捷的交通优势及独特的区位及政策优势。

天津港生活服务有限公司

天津港生活服务有限公司成立于 1997 年，是天津港综合服务产业的骨干企业。注册资金 2582 万元，现有员工 3000 余人。经过多年的艰苦努力，该公司已经发展成以为港口企业提供楼宇物业管理、餐饮供应、干道保洁、供暖供冷、客运等服务为主业的港口综合服务运营商，公司下设港滨物业、金港滨餐饮、保洁、供热及港滨客运 5 个专业化公司。

中共中央政治局常委、全国人大常委会委员长吴邦国到东疆保税港区联检大厦视察

港滨物业管理有限公司为天津滨海新区政府、天津国际贸易航运服务中心、神华集团码头公司、天津东疆保税港区联检大厦等 45 万平方米大型高端写字楼宇和约 30 万平方米库区提供物业管理、礼仪庆典、设备运行、会议接待等星级服务。

金港滨餐饮服务有限公司拥有我国北方港口第一个中央厨房和滨海新区最大的综合食品加工厂，拥有近 600 余名专业餐饮从业人员和遍布港区的近 30 个“金鼎中式餐饮”品牌店，为天津港 3 万余名员工提供 24 小时的餐饮供应服务。在第四届和第五届 PECC 国际贸易投资博览会的独家供餐服务中，被国家商务部、建设部、贸促会和天津市人民政府授予“最佳服务奖”奖杯。

中共中央政治局委员、市委书记张高丽对生活服务公司供餐服务给予高度评价

保洁公司拥有一支 500 多人的港口保洁绿化专业队伍，配有道路吸尘车、高压清洗车等 60 余部专业车辆，为港区 265 万平方米道路和 417 万平方米的码头现场及辅助作业区提供 24 小时保洁服务。

供热公司是一个从事供暖供冷、盐汽水制作和电梯管理等业务的公司。拥有覆盖天津港区域的供暖管网设备设施及自主开发的天津港供热网计算机调度管理系统、先进的超滤膜盐汽水软包装生产线。现承担着天津港近 40 万平方米的办公和生活的供暖供冷、40 余座楼宇电梯的维保与管理、港口万名员工防暑降温饮品生产线的运行。

港滨客运有限公司是滨海新区最大的客运公司。拥有 120 余部大中型封闭空调客车和一支技术精湛的驾驶管理团队，为全港 3 万名员工提供三班客运服务，线路遍布天津市区、滨海新区等地。同时，还为国内外旅游观光、商务考察、会议培训等提供用车服务。

地址：天津市塘沽新港二号路 35 号　邮编：300456

电话：(022)25705632　传真：(022)25705814

邮箱：shengfugongsi@126.com

港滨客运公司实行全港客运规范化运营

拥有覆盖天津港区域的供暖管网设备设施及自主开发的天津港供热网计算机调度管理系统

保洁公司率先在北方港口实

机械化干道清扫

西安秦楚房地产开发有限责任公司

吴育生，1962年12月6日出生，汉族，西安市人（原籍：湖北省蕲春县），中共党员，长安大学本科毕业。

西安秦楚房地产开发有限责任公司董事长；

全国思想政治工作科学专业委员会特约研究员；

中国国际经济发展研究中心高级研究员；

世界杰出华商协会理事长；

中国民营企业家协会常务理事。

西安秦楚房地产开发有限责任公司是以房地产开发为主的民营企业，2003年公司先后获得“陕西省质量服务信誉AAA级单位”、“2008年首批全国建设信用诚信企业”、国家级“用户放心、满意先进单位”和“中国优秀民营企业”等荣誉称号。

公司紧紧抓住西安市人民政府关于加快和扶持城中村改造这一发展机遇，先后承担了西安市灞桥区李家堡村城中村改造项目、雁塔区白杨寨村城中村改造项目、新城区联志村城中村改造项目等。2009年，公司利用国务院批准《大西安规划》的契机，把在西安市场几年来开发改造城中村的成熟经验推广引入到大西安城市圈的新兴卫星县城富平县的改造工程中。目前，公司已与富平县多个乡村签订了城中村合作改造、棚户区改造、新农村建设试点工程等多项合作协议，未来一个新型的现代化富平县城将屹立在关中大地上。

2008年，公司建立党支部，目前已有20多名党员，分别在公司的各个重要部门担任重要职务。公司注重发挥共产

党员的先锋模范作用，把党建工作与企业发展相结合，把党组织的机构设置与现代企业制度相配套，彰显思想政治工作在民营企业的突出地位，努力增强企业的凝聚力。公司注重创新活动方式，使党组织成为公司快速发展的助推器，使民营企业的党建工作有特点、有成效。同时公司加强对工、青、妇等群众社团组织的领导，充分发挥它们的积极作用，把广大职工、共青团员紧紧地团结在党组织周围。

在短短几年的房地产开发经营中，公司在董事长吴育生的带领下，以建筑工程为依托，以市场为导向，秉承“睿智、创新、求精、诚信”的企业精神，努力拼搏，使企业有了长足进步，保持良好发展势头。公司在注重发展的同时，积极参与社会公益事业，近几年先后为印尼海啸、汶川大地震以及西安慈善协会等捐赠100多万元，受到社会的赞扬。公司董事长吴育生先后被授予中国优秀创新企业家、中国优秀企业家、中国公益杰出人物、中国优秀民营企业家等荣誉称号，并曾受到全国人大副委员长周光召和全国政协副主席王文元等国家领导人的接见。

天津市粮食储备有限公司

粮食储备有限公司党委书记、总经理陆侬荣获“2009年度天津市优秀企业家”称号

天津市粮食储备有限公司系国有独资企业，注册资金9.1亿元，其中固定资产6626万元，总资产23亿元，是天津市国有大型企业。该公司主要职能是根据市政府确定的规模、品种，统筹安排市级储备粮油的收购、储存、调运、轮换和销售的具体实施和对相关费用补贴及利息的拨付，以及对储备粮油的安全保管和贷款的管理等工作。公司设有综合办公室、业务部、保管部、财务结算部及2个下属单位：储备分公司及兴稷军粮供应有限公司。储备分公司系市储粮直属库，占地154亩，建有粮仓10栋，建筑面积20126平米，储粮能力15万吨；兴稷军粮供应有限公司是负责驻津市内部队、武装警察部队和消防官兵的军粮供应工作，承担着驻津部队的后勤保障任务。

近几年来，储备公司党委在市发改委和市粮食局党组的正确领导下，坚持以邓小平理论、“三个代表”重要思想和科学发展观为指导，充分发挥系统各级领导班子成员和全体党员的模范带头作用，紧紧围绕市储粮油轮换和储备粮油管理工作，全面完成了公司系统的各项任务。为市政府的宏观调控和天津市粮食市场的稳定发挥了积极作用。

几年来，公司先后荣获国家人事部、国家粮食局授予的“全国粮食系统先进集体”，天津市人民政府授予的“天津市民族团结进步模范集体”，中共天津市委商务工作委员会授予的“天津市商务系统先进党组织”等荣誉称号。公司党委书记、总经理陆侬荣获2006年度市级劳动模范称号和2009年度市级优秀企业家称号。公司财务结算部荣获2010年度市级劳动模范集体称号。

储备公司党委决心在今后的工作中继续坚持以科学发展观指导工作实践，以与时俱进、拼搏进取的精神，努力将公司系统的各项工作提高到一个新的水平，为天津市粮食市场的稳定作出更大贡献。

公司召开2011年工作会议

公司春节联欢活动场面

新党员入党宣誓

公司党委书记、总经理陆侬向来津考察的国家粮食局郄建伟副局长介绍分公司情况

王金明经理向国家粮食局领导介绍军供公司情况

天津泰达热电公司

公司党总支书记 卢兴泉

领导班子成员

科协年会

党课教育

天津泰达热电公司位于天津开发区第11大街，成立于1987年7月21日，系天津泰达控股公司所属的全资专业子公司，承担着开发区东区40平方公里的热力供应、用户服务及西区48平方公里的热力供应。

励精图治23年，热电公司与泰达人共同见证"昔日盐碱滩，沧海变桑田"的历史巨变，走过不平凡的奋斗历程。企业从无到有、从小到大，艰苦创业，锐意进取，取得了辉煌的业绩。现在，公司注册资金已达5.82亿元。2009年销售收入过5亿，实现利润超2千万。目前，开发区东区的热源装机容量（含滨能）为1570吨/小时，西区热源装机总量230吨/小时。东区投资建设管网总长度已达327.8公里，换热站92个，上网能力达1253吨/小时，覆盖95%以上区域的供热系统，为用户提供高品质蒸汽和采暖用热水及生活用热水。在西区投资建设管网总长度约28.73公里，上网能力可达207吨/小时，基本满足了采暖用户供热需求的快速增长。

近年来，公司员工在领导班子带领下，深入学习实践科学发展观，以服务开发区、面向滨海新区、提供热力供应为己任，自觉承担起提高企业经济效益和社会效益的双重责任，为滨海新区的腾飞与开发区的快速发展提供了优质可靠的能源动力，赢得了广大用户的信赖和赞誉，同时铸造了一支具有顽强战斗力和执行能力的队伍，企业自身也获得超速发展。成熟的软环境也逐渐完善，供热计量、综合信息系统已见成效，科技进步与技术创新为创造高品质服务提供了更加有力的支撑。

公司为天津开发区明星企业、百强企业、文明单位，先后获得天津市"供热先进单位"、"供热计量收费先进单位"和"滨海新区开发建设先进单位"等荣誉称号；被评为"天津市供热系统科技节能减排第一批示范单位"、"中国文化管理示范单位"等；中国企业文化促进会连续3年授予公司"企业文化建设优秀单位"称号。同时，公司还涌现出一批市、区、公司级先进集体和先进个人。

公司总经理、党总支书记卢兴泉先后获得"中国优秀职业经理人"、"2009年企业文化建设先进管理者"、2009年交通安全市级先进个人、"中国文化管理特殊贡献人物" 等荣誉称号。

企业精神：内抓管理，求实创新，外拓市场，凝聚发展。

企业价值观：以人为本，诚实守信，奉献温暖，创新发展。

企业宗旨：奉献100%温暖。

江苏常州恒驰路桥工程有限公司

总经理 李建荣

常州恒驰路桥工程有限公司坐落于风景秀丽的常州市奔牛镇工业集中区(南区),紧邻京杭大运河。公司占地面积1.2万平方米,拥有固定资产2320万元,注册资金1000万元,大中型施工设备126台(套)。公司现有职工580人,其中工程师11人,助理工程师26人,技术员32人,经济师1人,年施工能力达2.5亿元。

公司从1992年起就一直从事道路、桥梁工程的建设与施工,先后在京沪高速公路、宁靖高速公路、苏嘉杭高速公路、盐通高速公路、宁常高速公路等项目中,参与建设施工了十几座大型桥梁及道路工程。特别是在近几年中,先后施工了昆山柏庐大桥(转体施工)、昆山沿沪大道4标、郑石高速NO.12标、无锡江海路高架桥、石家庄方台大桥、湟里镇南环一级公路、南京绕越高速5标秦淮河特大桥、上海闵浦大桥A15、昆山元丰路大桥、常州高架二期、宝应京杭运河特大桥、昆明轻轨等项目。

搅拌楼

盐城西绕高速

公司办公大楼

江海路高架桥

宝应京杭运河特大桥

中心试验室

地址:江苏省常州市奔牛镇开发区
(南区)恒驰路2号
电话:86-519-83135288
传真:86-519-83135288

江苏舜通路桥工程有限公司

董事长 党总支副书记 薛建刚

薛建刚同志向兄弟单位介绍公司党建情况

获奖证书

江苏舜通路桥工程有限公司：

你公司承建的小奔线小河至奔牛段养护改善工程、常—X1—G奔牛大桥荣获二OO五年度江苏省"扬子杯"优质工程奖。

获奖证书

路桥工程有限公司：

你公司承建的昆山市柏庐路延伸段荣获二〇〇六年度江苏省"扬子杯"优质工程奖。

江苏舜通路桥工程有限公司创建于1993年，是一家从事公路桥梁、路基及城市道路、航道港口工程施工的民营企业。拥有职工625人，其中各类专业技术人员328人，有中级职称的85人，高级职称的6人、教授级高级政工师1人，一级建造师16人；拥有固定资产8600万元，大中型施工机械351台（套），年生产能力6亿元。

公司2008年5月成立党支部，2010年1月成立党总支。现有3个党支部，58名党员，他们分布在公司各个重要岗位上。

公司凭借自己桥梁工程专业总承包一级、公路路基与路面工程专业承包二级（已申报公路工程总承包一级资质）和爆破与拆除工程专业承包三级的资质，先后参加了同三线、沂淮江线、宁靖盐线、苏嘉杭线、润扬大桥等国家、地方重点工程的建设，工程履约率和优良率均为100%，被誉为江苏交通建设"施工铁军"。润扬大桥北接线A1–Z标项目部，被评为省级文明工地。昆山市柏庐路西延伸段群益大桥、苏州吴中大道工程B标段等4项工程，相继获得江苏省"扬子杯"优质工程奖。

近年来，公司先后通过了ISO9002质量保证体系认证和GB/T28001–2001职业健康安全管理体系认证。连续多年被评为江苏省建筑业最佳企业、质量与安全先进单位、"重合同、守信用"单位。尤其是2008年5月成立党支部以来，根据企业人员流动分散的特点，公司积极探索非公企业加强党建工作、开展创先争优活动的新路子，每一个项目部都有党员责任区，积极开展"一名党员一面旗"、"党员身边无违章、无违纪、无事故"等活动，强化党员作用的发挥，有力地提高了党组织的凝聚力和战斗力，企业做到了：干一项工程，树一块丰碑；插一面党旗，创一流业绩，年年完成目标任务。公司先后被评为"常州市武进区四佳企业党组织"、"常州市武进区文明单位"。

党员参观新四军纪念馆

职工观看廉政建设展览

公司地址：常州市武进区湖塘镇鸣凰科创路59号
联系电话：0519–85063666

内蒙古北方重型汽车股份有限公司

55台电动轮矿用车签字仪式在美国举行

挖掘机

3600B-190吨电动轮

北方股份矿用汽车工业园奠基仪式

总装厂房

北方股份旋挖钻机参加奥运会主会场鸟巢施工建设

内蒙古北方重型汽车股份有限公司是专业从事非公路矿用自卸车和相关工程机械生产的国家级高新技术企业，为中英美合资企业，合作方是世界第三大工程机械制造商——特雷克斯集团。22年来，公司从无到有、从小到大，资本由初期的9600万元，扩展到目前的30亿元。现在，公司拥有北方股份科技园、北方股份工程机械产业园区；产品已由单一品种发展成为矿用自卸车、旋挖钻机、液压缸及备件、液压挖掘机四大系列产业。目前，北方股份矿用车占有国内75%以上的市场份额，产品涉足冶金、煤炭、有色、能源、化工、建材、水电等七大领域，遍布于300多个大型矿山和重点水利水电工地，已出口至巴基斯坦、伊朗、苏丹、印度尼西亚、津巴布韦、卡塔尔、蒙古、摩洛哥、越南、安哥拉、老挝、博茨瓦纳等33个亚、非、拉美国家和地区。

多年来，公司以创新为龙头，重视管理能力、竞争能力和生产能力的培育，认真践行科学发展观，走出一条企业科学发展之路。

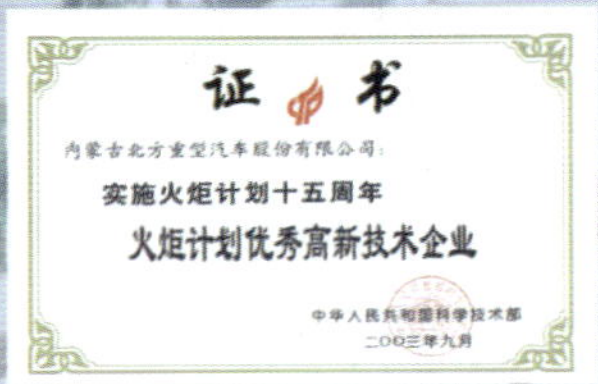

证书

内蒙古北方重型汽车股份有限公司：

实施火炬计划十五周年

火炬计划优秀高新技术企业

中华人民共和国科学技术部

二○○三年九月

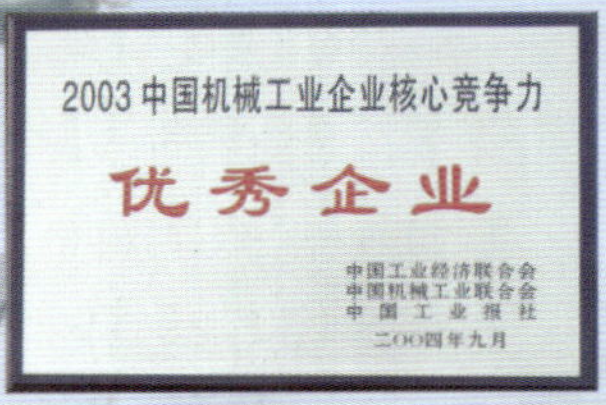

2003中国机械工业企业核心竞争力

优秀企业

中国工业经济联合会
中国机械工业联合会
中国工业报社

二○○四年九月

高新技术企业

内蒙古自治区科学技术厅　内蒙古自治区财政厅
内蒙古自治区国家税务局　内蒙古自治区地方税务局

公司南区一

南车南京浦镇车辆有限公司

CSR NANJING PUZHEN CO LTD

2008年以来，南车南京浦镇车辆有限公司党委深入学习实践科学发展观，在以创建全国思想政治工作优秀企业为主要内容的实践过程中，充分发挥党委的政治核心作用，围绕大局，服务中心，与时俱进，不断创新工作观念、工作内容和形式，创新和完善工作体制机制，思想政治工作不断取得新的成绩。2008年至2010年，公司销售收入从29亿元跃升至70亿元，增长141%。公司连续多年被评为“江苏省文明单位”、“江苏省思想政治工作优秀企业”、“优秀创新型企业”。

党委书记　陶云南

党建工作展览

公司开展青年党员率先成才活动

城轨总装车间

正在生产的香港轻轨车

车体车间

北京首钢建设集团有限公司机械运输分公司

SGCG Mechanical transport branch under Beijing Shougang Construction Group Co., Ltd

党委书记：
郭志强

总经理：
戴利

近几年，特别是企业改制后，北京首钢建设集团有限公司机械运输分公司（简称机运分公司）党委紧密围绕集团党委的工作部署，坚持党对企业的政治领导，发挥党组织的政治核心作用和思想政治工作优势，在落实现代企业制度过程中，积极探索党建和思想文化建设的新内容、新方式、新途径，为企业改革发展稳定提供了强有力的思想保证、政治保证和组织保证，促进了重点工程建设和经营管理工作，使企业呈现出又好又快发展的可喜局面。

机运分公司的基本情况是：分公司党委下设12个党支部，28个党小组，有党员141名，占企业自有员工的42%。公司由9个部门组成，下设12个经营实体单位，员工646名。拥有中国机械设备专家3人，吊装专家4人，还拥有一级建造师、二级建造师，一级项目经理、二级项目经理及其他中、高级专业人才和一支中高级技师队伍。

机运分公司始建于1958年，是以大型垂直吊装、水平运输、设备检修和机械加工为主营业务的大型机械施工专业化公司。公司拥有630—50吨履带吊28台，8—250吨汽车吊13台，大吨位拖车（板）、物运汽车、装载机、推土机等各类重型机械100余台套，设备原值2.28亿元。是北京市一级移动式起重机械修理和汽车修理企业、北京市交通协会理事单位。2008年为全国建筑施工机械租赁50强企业，2009年为中国吊装10强企业。

近几年来，公司出色完成了北京2008年奥运会主会场“鸟巢”钢结构及看台板、国庆60周年联欢晚会焰火网幕制作安装工程；完成了首钢迁厂、京唐钢铁公司、宝钢、武钢等大型钢铁公司改扩建工程大型吊装项目；完成了北京京包高速路马池口分离式立交桥、天安门“国旗杆”吊装、中华世纪坛旋转圆坛结构吊装、首都机场四机库、内蒙古风电场等43项国家重点工程项目建设，显示了企业雄厚的实力和精湛的施工技术水平。其中，北京2008年奥运会主会场“鸟巢”看台板吊装项目被中国六大行业协会评为优秀吊装工程，国庆60周年联欢晚会焰火网幕制作安装工程被评为北京市优质工程。

北京市领导与机运公司员工合影

员工军训

中国铝业广西分公司

党委书记、副总经理　刘永刚

总经理、党委委员　武建强

党委副书记、纪委书记、
工会主席　李兵

中国铝业广西分公司2002年从平果铝业公司分离设立，在改革重组中作为中国铝业股份有限公司的成员企业整体海外上市。由于企业位于百色平果县境内，因此得名“平果铝”。

公司集矿山开采和氧化铝、电解铝生产于一体，是中国改革开放以后由国家投资兴建的第一个现代化大型综合性铝冶炼企业。自1991年5月开工建设一期工程、1995年底全面建成投产以来，公司经过氧化铝二期工程、氧化铝三期工程的建设和挖潜增产技术改造，如今拥有年产氧化铝200万吨、电解铝15万吨生产能力，是中国南方最大的氧化铝生产基地。

公司以“真抓、实干、严管、创一流”为企业精神，建立了包括质量、计量检测、职业安全健康和环境管理在内的先进生产经营管理体系，实现了404项目控制和ERP上线管理，同时拥有自主知识产权和特色的PBS管理制度。

公司生产工艺技术和装备起点较高，科技创新成果显著。其中，氧化铝生产技术位于国际先进水平，已被越南等国家从中铝引进；公司自主开发达到国际先进水平的320KA大型铝电解槽，已输出到印度等国。

公司实施名牌战略。投产以来，公司的氧化铝和电解铝产品多次被评为广西名牌产品，分别荣获中国有色金属产品实物质量认定金杯奖，深受市场青睐。公司两度被评为“全国用户满意企业”，五次荣获“全国实施卓越绩效模式先进企业”荣誉称号。

公司高度自觉履行社会责任，在矿产资源合理开发利用和采空区复垦恢复植被生态方面，被业界誉为全国“经典矿山”，荣获“全国矿产资源合理开发利用先进矿山企业”称号；安全生产工作方面，公司连年做到无轻伤以上事故，从2003年至今已连续7年获评为全国“安康杯”竞赛优胜企业；职业健康方面，自1994年9月电解铝生产线投产以来，全公司没有发现一例职业病病例，2006年4月成为全国首批“职业卫生示范企业”；在环境保护工作上，公司设施完备，所有废弃物达标排放，先后获得“广西环保十佳企业”、“全国环保先进企业”、“全国绿化先进单位”、“全国第五届中华宝钢环境优秀企业”等荣誉称号，是广西命名的第一个“清洁生产企业”和首批“绿色环保企业”；在节能减排方面，企业实现了工业污水和生活污水的零排放，提前完成广西区政府和中铝总部下达给平果铝“十一五”期间的节能减排任务。

企业自投产以来至2009年底，共生产氧化铝1042万吨、电解铝178万吨，销售收入450多亿元，累计缴纳税费61.93亿元。公司历年无偿捐助地方经济社会事业和用于改善周边村民生产生活的扶贫资金超过3000万元，带动平果县连续7年成为广西财政收入首富县。

在国际金融危机冲击和行业性亏损的困难情况下，公司深化管理，改革创新，率先走出困境，2009年生产氧化铝194.25万吨、电解铝10.3万吨，销售收入47.4亿元，缴纳税费5.85亿元，成为中铝系统改革创新和生产经营绩效最突出的标杆企业。

中铁电气化局二公司

董事长、党委书记　张秦洛

总经理　程德勤

中铁电气化局二公司是中国中铁旗下的三级法人单位，从事的是铁路电气化建设，专业化比较强。

公司有五大优势：

一是通过30年的发展，在专业领域有了一定的社会影响，在全国电气化施工的专业队伍里是一支善于攻坚，叫得响、过得硬的专业队伍。在武汉、北京、广州、上海、成都及乌鲁木齐等铁路局有着良好的声誉。公司充分发挥自身优势，在铁路电气化建设市场占有重要地位。

二是公司通过参与秦沈、合武、武广客专等几条电气化铁路的建设，掌握了一定的核心技术，逐步形成了核心竞争力，与其他新建的施工队伍相比有独特的技术优势。

三是有中国中铁和中铁电气化局集团这样在国际上有一定知名度的企业作依托，公司充分利用品牌效应，使发展有了可靠的保障。

四是公司加强人才队伍建设，通过多年的努力，锻炼培养了一支信得过、靠得住的管理技术人才队伍，为公司发展奠定了坚实基础。

五是上下团结一心，公司内部和谐，人心思发展、盼发展，干部职工共同努力拼搏，有顽强的战斗力。